# Das muss ich wissen !

Das
muss ich
wissen !

# Das muss ich wissen !

über Natur,
Technik und Verkehr,
Wirtschaft,
Geschichte und Politik,
Kultur,
Sport,
Staaten und Städte

BERTELSMANN LEXIKON VERLAG

Herausgegeben vom Lexikon-Institut Bertelsmann


Projektleitung: Wolf-Eckhard Gudemann
Redaktion, Satz und Layout: TARGET DATA, Dortmund
Redaktion Grafik: Dr. Matthias Herkt


Grafische Darstellungen: Heinz Baumeister, G. W. Bitterlich, Böcking & Sander, Bochum,
Wilhelm Bruns, Günther Büsemeyer, Helmold Dehne, Dr. Hans Ehrlich, Walter Frohne,
Hans Grohé, Roman Hippéli, HTG-Werbeagentur Tegtmeier+Grube KG, Bielefeld,
Wilfried Koch, August Lüdecke, Anneliese Michler, Age Nissen, Theo Siering,
Horst Spoerr, Heinz Varnholt


Einbandgestaltung: Pro Design, München

# Inhaltsverzeichnis

# Inhaltsverzeichnis

# Inhaltsverzeichnis

# Abkürzungen

**Abkürzung der Ländernamen beim Sport***

| | |
|---|---|
| AFG | Afghanistan |
| AHO | Niederländische Antillen |
| ALB | Albanien |
| ALG | Algerien |
| AND | Andorra |
| ANG | Angola |
| ANT | Antigua und Barbuda |
| ARG | Argentinien |
| ARM | Armenien |
| ARU | Aruba |
| ASA | Amerikanisch-Samoa |
| ATL | Antillen |
| AUS | Australien |
| AUT | Österreich |
| AZE | Aserbaidschan |
| BAH | Bahamas |
| BAN | Bangladesch |
| BAR | Barbados |
| BDI | Burundi |
| BEL | Belgien |
| BEN | Benin |
| BER | Bermudainseln |
| BHO | Britisch-Honduras |
| BHU | Bhutan |
| BIH | Bosnien-Herzegowina (ab 1992) |
| BIR | Birma (Burma) |
| BIZ | Belize |
| BLR | Weißrussland |
| BOH | Böhmen (bis 1918) |
| BOL | Bolivien |
| BOR | Borneo |
| BOT | Botswana |
| BRA | Brasilien |
| BRN | Bahrain |
| BRU | Brunei |
| BUL | Bulgarien |
| BUR | Burkina Faso |
| CAF | Zentralafrikanische Republik |
| CAM | Kambodscha |
| CAN | Kanada |
| CAY | Caymaninseln |
| CEY | Ceylon (bis 1971) |
| CGO | Kongo |
| CHA | Tschad |
| CHI | Chile |
| CHN | China |
| CIV | Elfenbeinküste (Côte d'Ivoire) |
| CMR | Kamerun |
| COK | Cookinseln |
| COL | Kolumbien |
| COM | Komoren |
| CPV | Kap Verde |
| CRC | Costa Rica |
| CRO | Kroatien (ab 1992) |
| CUB | Kuba |
| CYP | Zypern |
| CZE | Tschechische Republik (ab 1994) |
| DEN | Dänemark |
| DJI | Djibouti |
| DMA | Dominica |
| DOM | Dominikanische Republik |
| ECU | Ecuador |
| EGY | Ägypten |
| ENG | England |
| ESA | El Salvador |
| ESP | Spanien |
| EST | Estland (bis 1939, ab 1992) |
| ETH | Äthiopien |
| EUN | Gemeinschaft Unabhängiger Staaten (nur 1992) |
| FER | Faröer |
| FIJ | Fidschi |
| FIN | Finnland |
| FRA | Frankreich |
| FRG | Bundesrepublik Deutschland (1949 bis 1990) |
| GAB | Gabun |
| GAM | Gambia |
| GBR | Großbritannien |
| GDR | Deutsche Demokratische Republik (1949 bis 1990) |
| GEO | Georgien |
| GEQ | Äquatorialguinea |
| GER | Deutschland (bis 1948, olymp. 1956–1964, ab 1990) |
| GHA | Ghana |
| GIB | Gibraltar |
| GRE | Griechenland |
| GRN | Grenada |
| GUA | Guatemala |
| GUI | Guinea |
| GUM | Guam |
| GUY | Guyana |
| HAI | Haiti |
| HKG | Hongkong (bis 1997) |
| HON | Honduras |
| HUN | Ungarn |
| INA | Indonesien |
| IND | Indien |
| IOP | Unabhängiger Olympiateilnehmer (1992) |
| IRI | Iran (ab 1989, s. auch IRN) |
| IRL | Irland |
| IRN | Iran (bis 1988 s. auch IRI) |
| IRQ | Irak |
| ISL | Island |
| ISR | Israel |
| ISV | Jungferninseln (US-amerikanisch) |
| ITA | Italien |
| IVB | Britische Jungferninseln |
| JAM | Jamaika |
| JOR | Jordanien |
| JPN | Japan |
| KAZ | Kasachstan |
| KEN | Kenia |
| KGZ | Kirgisistan |
| KOR | Südkorea |
| KSA | Saudi-Arabien |
| KUW | Kuwait |
| LAO | Laos |
| LAT | Lettland (bis 1939, ab 1992) |
| LBA | Libyen |
| LBR | Liberia |
| LCA | St. Lucia |
| LES | Lesotho |
| LIB | Libanon |
| LIE | Liechtenstein |
| LTU | Litauen (bis 1939, ab 1992) |
| LUX | Luxemburg |
| MAC | Macau |
| MAD | Madagaskar |
| MAR | Marokko |
| MAS | Malaysia |
| MAW | Malawi |
| MDA | Moldawien |
| MDV | Malediven |
| MEX | Mexiko |
| MGL | Mongolei |
| MKD | Mazedonien (ab 1992) |
| MLI | Mali |
| MLT | Malta |
| MON | Monaco |
| MOZ | Mosambik |

# Abkürzungen

| | | | |
|---|---|---|---|
| MRI | Mauritius | UZB | Usbekistan |
| MTN | Mauretanien | VAN | Vanuatu |
| MYA | Myanmar | VEN | Venezuela |
| NAM | Namibia | VIE | Vietnam |
| NCA | Nicaragua | VIN | St. Vincent/Grenadinen |
| NED | Niederlande | WAL | Wales |
| NEP | Nepal | YAR | Republik Jemen |
| NGR | Nigeria | YEM | Jemen |
| NIG | Niger | YUG | Jugoslawien |
| NIR | Nordirland | ZAI | Zaïre |
| NOR | Norwegen | ZAM | Sambia |
| NRU | Nauru | ZIM | Simbabwe |
| NZL | Neuseeland | | |
| OMA | Oman | | |
| PAK | Pakistan | | |
| PAN | Panama | | |
| PAR | Paraguay | | |

\* Offizielle Abkürzungen des Internationalen Olympischen Komitees (IOC) mit einigen international üblichen Ergänzungen

## Sonstige Abkürzungen

| | | | |
|---|---|---|---|
| PER | Peru | Abk. | Abkürzung |
| PHI | Philippinen | Bd. | Band |
| PLE | Palästina | Bde. | Bände |
| PNG | Papua-Neuguinea | bzw. | beziehungsweise |
| POL | Polen | ca. | circa |
| POR | Portugal | d.h. | das heißt |
| PRK | Nordkorea | ehem. | ehemalig, ehemals |
| PUR | Puerto Rico | evtl. | eventuell |
| QAT | Katar | f, ff | folgend(e) |
| RHO | Rhodesien (bis 1980, s. auch ZIM) | GG | Grundgesetz |
| ROM | Rumänien | ggf. | gegebenenfalls |
| RSA | Südafrika | h | Stunde |
| RUS | Russland (bis 1918, ab 1993) | hl. | heilig |
| RWA | Ruanda | Hrsg. | Herausgeber |
| SAM | Westsamoa | Hz | Hertz |
| SAR | Saarland (1951 bis 1955) | Jh. | Jahrhundert |
| SCO | Schottland | Jt. | Jahrtausend |
| SEN | Senegal | Kfz | Kraftfahrzeug |
| SER | Serbien (bis 1919, s. YUG) | kg | Kilogramm |
| SEY | Seychellen | km | Kilometer |
| SIN | Singapur | km/h | Kilometer je Stunde |
| SKN | St. Kitts and Nevis | kW | Kilowatt |
| SLE | Sierra Leone | kWh | Kilowattstunde |
| SLO | Slowenien (ab 1992) | m | Meter |
| SMR | San Marino | MA | Mittelalter |
| SOL | Salomonen | Min. | Minute(n) |
| SOM | Somalia | Mio. | Million(en) |
| SRI | Sri Lanka (ab 1972) | Mrd. | Milliarde(n) |
| STP | Sao Tomé und Principe | N | Nord(en) |
| SUD | Sudan | NO | Nordost(en) |
| SUI | Schweiz | NW | Nordwest(en) |
| SUR | Suriname | O | Ost(en) |
| SVK | Slowakei (ab 1994) | PS | Pferdestärke |
| SWE | Schweden | rd. | rund |
| SWZ | Swasiland | Rep. | Republik |
| SYR | Syrien | s | Sekunde(n) |
| TAN | Tansania | S | Süd(en) |
| TCH | Tschechoslowakei (1918 bis 1993) | S. | Seite |
| TGA | Tonga | Sek. | Sekunde |
| THA | Thailand | SO | Südost(en) |
| TJK | Tadschikistan | sog. | so genannt(e) |
| TKM | Turkmenistan | Std. | Stunde |
| TOG | Togo | SW | Südwest(en) |
| TPE | Taiwan | u. | und |
| TRI | Trinidad und Tobago | u.a. | unter anderem; und andere(s) |
| TUN | Tunesien | ü.M. | über dem Meeresspiegel |
| TUR | Türkei | usw. | und so weiter |
| UAE | Vereinigte Arabische Emirate | v.a. | vor allem |
| UGA | Uganda | VR | Volksrepublik |
| UKR | Ukraine | W | West(en) |
| URS | Sowjetunion (1919-1991, 1992 s. EUN) | z.B. | zum Beispiel |
| URU | Uruguay | z.T. | zum Teil |
| USA | Vereinigte Staaten von Amerika | zus. | zusammen |

## Teil-Geosphären mit ihren wichtigsten materiellen Daten

| Geosphäre | Physikal. Zustand | Hauptbestandteile | Geofaktor | Wirkende Kräfte |
|---|---|---|---|---|
| Atmosphäre | gasförmig | Stickstoff, Sauerstoff, Edelgase und andere Gase | Klima, Wetter | Einstrahlung, Temperatur, Luftdruck, Wind, Verdunstung, Niederschlag, Luftmassen |
| Biosphäre | fest, zum Teil flüssig | Kohlenstoff, Wasserstoff, Sauerstoff, Stickstoff, Schwefel, Wasser | Pflanzen, Tiere | |
| Hydrosphäre | flüssig, seltener fest | Salz- und Süßwasser, Schnee, Eis, gelöste Salze, (Chloride, Sulfate u.a.) | Festland-, Meerwasser | fließendes und stehendes Wasser, Eis, Bewegungen des Meerwassers |
| Lithosphäre | fest | silikatische Gesteine (Granit), basische Gesteine | Relief, geolog. Bau | exogene und endogene Vorgänge |

## Isolinien

| Bezeichnung | Bedeutung | Sachgebiet |
|---|---|---|
| Isakusten | Linien gleicher Schallstärke (Erdbeben) | Geophysik |
| Isallobaren | Linien gleicher Luftdruckänderung in einer bestimmten Periode | Meteorologie |
| Isallothermen | Linien gleicher Temperaturänderung in einer bestimmten Periode | Meteorologie |
| Isanemonen | Linien gleicher mittlerer Windgeschwindigkeit | Meteorologie |
| Isantheren (Isoantheren) | Linien gleicher Aufblühzeit einer bestimmten Pflanze | Botanik |
| Isobaren | Linien gleichen Luftdrucks | Meteorologie |
| Isobasen | Linien gleicher tektonischer Hebung | Geologie |
| Isobathen | Linien gleicher Tiefe unter dem Wasserspiegel | Ozeanografie, Hydrologie |
| Isochionen | Linien gleicher Tageszahl mit Schneefall | Meteorologie |
| Isochoren | Linien gleicher Eisenbahnentfernung | Verkehrsgeografie |
| Isochronen | 1.) Linien zeitgleichen Eintreffens von bestimmten Vorgängen (z.B. Erdbebenwellen, Regen) | Meteorologie, Seismologie |
| | 2.) Linien gleicher Reisezeit (Transportdauer) von einem Ort aus | Verkehrsgeografie |
| Isodensen | Linien gleicher Dichte (z.B. Bevölkerung) | – |
| Isodynamen | Linien gleicher erdmagnetischer Kraft | Geophysik |
| Isogammen | Linien gleicher Abweichung vom Normalfeld der Schwerkraft | Geophysik |
| Isogeothermen | Linien gleicher Tiefentemperatur unter der Erdoberfläche | Geophysik |
| Isoglossen (Isolexen) | Linien, die Gebiete gleichen Gebrauchs von Wörtern bzw. bestimmter sprachlicher Erscheinungen begrenzen | Sprachwissenschaft |
| Isogonen | 1.) Linien gleicher erdmagnetischer Deklination | Geophysik |
| | 2.) Linien gleicher Windrichtung | Meteorologie |
| Isohalinen | Linien gleicher Salzgehalts des Meerwassers | Ozeanografie |
| Isohelien | Linien gleicher mittlerer Sonnenscheindauer | Meteorologie |
| Isohumiden | Linien gleicher relativer Luftfeuchtigkeit | Meteorologie |
| Isohyeten | Linien gleicher Niederschlagsmenge | Meteorologie |
| Isohygromenen | Linien gleicher Anzahl humider und arider Monate | Klimatologie |
| Isohypsen | Linien gleicher Höhenlage | Topografie |
| Isokatabasen | Iinien gleicher tektonischer Senkung | Geologie |
| Isoklinen | Linien gleicher erdmagnetischer Inklination | Geophysik |
| Isomenen | Linien gleicher mittlerer Monatstemperatur | Meteorologie |
| Isooiken | Linien gleicher Bevölkerungsdichte | Bevölkerungsgeografie |
| Isopagen | Linien gleicher Dauer der Eisbedeckung auf Gewässern | Meteorologie |
| Isophanen | Linien gleichen Vegetationsbeginns | Meteorologie |
| Isoseisten | Linien gleicher Erdbebenstärke | Seismologie |
| Isotachen | Linien gleicher Geschwindigkeit (z.B. von Wasser oder Wind) | Hydro-, Meteorologie |
| Isothermen | Linien gleicher Temperatur | Meteorologie |

# Geografie

| Bedeutende geografische Entdeckungen | |
| --- | --- |
| Jahr | Ereignis |
| Um 600 v. Chr. | Phöniker umsegeln Afrika von Osten her |
| Um 450 v. Chr. | Reisen Herodots (*um 485, †425 v. Chr.) nach Vorderasien, Persien, Ägypten und Nordafrika |
| 327–326 v. Chr. | Alexander der Große (*356, †323 v. Chr.) in Indien |
| 325 v. Chr. | Erste Nordfahrt des Phytheas von Marseille nach der »Insel Thule« (Norwegen oder die Shetlandinseln?) |
| 795 n. Chr. | Irische Mönche in Island |
| 878 | Gründung arabischer Handelsniederlassungen in China |
| 983 | Die Wikinger (Erich der Rote; *um 950, †1007) an der Westküste Grönlands |
| 1000 | Erste Entdeckung Amerikas (»Markland«, »Helluland« und »Vinland«) durch Wikinger unter Führung Leifs, des Sohnes des Roten |
| 1254–1295 | Der Venezianer Marco Polo (*1254, †1341) in Zentral- und Ostasien |
| 1325–1352 | Reisen des Arabers Ibn Battuta (*1304, †1377) nach Persien, Indien, China, Ost- und Zentralafrika |
| 1341 | Portugiesen auf den Kanarischen Inseln |
| seit 1415 | Fahrten der Portugiesen (Heinrich der Seefahrer; *1394, †1460) an der Westküste Afrikas |
| 1485 | Entdeckung der Kongomündung durch Diego Cão (†1486) und M. Behaim (*1459, †1507) |
| 1487/88 | B. Diaz (*um 1450, †1500) umfährt als erster das Kap der Guten Hoffnung |
| 1492 | (Wieder-)Entdeckung Amerikas (Guanahani, eine der Bahamainseln) durch C. Columbus (*1451, †1506) |
| 1497/98 | Vasco da Gama (*1469, †1524) erreicht Ostindien |
| 1497/98 | Die italienischen Seefahrer G. (*um 1450, †1498 oder 1499) und S. Caboto (*1472 oder 1483, †um 1557) befahren die Ostküste Nordamerikas von Neufundland bis Florida |
| 1498 | Kolumbus entdeckt das Festland von Südamerika |
| 1499/1500 | Amerigo Vespucci (*1454, †1512) an der Orinocomündng |
| 1500 | Der Portugiese Pedro Alvares Cabral (*um 1467, †1526) landet an der Ostküste Brasiliens |
| 1502–1504 | Kolumbus landet an der Festlandsküste Mittelamerikas |
| 1513 | Der Spanier Vasco Nuñez de Balboa (*1475, †1517) erreicht über die Landenge von Panama als erster den Stillen Ozean |
| 1519–1521 | H. Cortez (*1485, †1547) erobert Mexiko; das dortige Aztekenreich wird bei schweren Kämpfen vernichtet |
| 1520/21 | Der Portugiese F. Magalhães (*1480, †1521) umfährt Südamerika (Magalhães-Straße) und erreicht die Philippinen |
| 1526 | Entdeckung Neuguineas (durch Spanier) |
| 1531–1533 | F. Pizarro (*um 1478, †1541) erobert Peru; das Reich der Inkas wird bei der Eroberung vernichtet |
| 1535–1542 | Der Franzose J. Cartier (*1491, †1557) in Kanada |
| 1542 | Der Portugiese F. Mendez Pinto (*1509, †1583) in Japan |
| 1567 | Entdeckung der Salomoninseln |
| 1578 | Der Engländer F. Drake (*1540, †1596) fährt an der Westküste Nordamerikas entlang (Oregon) |
| 1579–1582 | Der Kosakenführer T. Jermak (*1525, †1584) erobert Sibirien |
| 1594–1597 | Der holländische Seefahrer W. Barents (*1550, †1597) entdeckt Nowaja Semlja und Spitzbergen |
| 1602–1605 | Reise des Jesuiten B. Goes (*1552, †1607) von Indien durch Zentralasien und durch China |
| 1605 | Der Holländer W. Jansz (*1570, †1636) entdeckt Australien |
| 1609/10 | Der Engländer H. Hudson (*1550, †1611) entdeckt Hudsonfluss, Hudsonstraße und Hudsonbai |
| 1610 | Eine russische Expedition fährt den Jenissej abwärts bis zum Nordpolarmeer |
| 1616 | Die Holländer C. Schouten (*1580, †1625) und J. Le Maire (*1585, †1616) umfahren Kap Hoorn |

| Jahr | Ereignis |
|------|----------|
| 1639 | Erste Durchquerung Sibiriens auf dem Landwege |
| 1642–1644 | Der Niederländer A. Tasman (*1603, †1659) umfährt Australien und entdeckt Tasmanien, Neuseeland, die Tonga- und Fidschi-Inseln |
| 1643 | Der Holländer de Vries entdeckt die Ostküste Japans, die Kurilen und die Insel Sachalin |
| 1648 | Der Kosake S. I. Deschnew (*1605, †1673) entdeckt die Beringstraße (Meeresweg zwischen Asien und Nordamerika), benannt nach dem dänischen Seefahrer V. Bering (*1680, †1741), der sie 1728 als Leiter einer russischen Expedition (1625-1642) zum ersten Mal durchfuhr |
| 1722 | Entdeckung der Samoainseln |
| 1741 | V. Bering und A. Tschirikow erreichen die Westküste Amerikas südlich von Alaska |
| 1767 | Entdeckung der Marshallinseln und Tahitis |
| 1768–1771, 1772–1775, 1776–1779 | drei Weltreisen (erste Erdumsegelung) des englischen Seefahrers und Entdeckers J. Cook (*1728, †1779) |
| 1789–1793 | A. Mackenzie (*1755, †1820) im nördlichen Nordamerika |
| 1792/93 | Erste Durchquerung Nordamerikas durch Mackenzie |
| 1795 | Reise des Engländers Mungo Park (*1771, †1806) zum Niger |
| 1797–1800 | F. K. Hornemann (*1772, †1801) durchquert Afrika von Ägypten zum Niger |
| 1799–1804 | A. von Humboldt (*1769, †1859) in Mittel- und Südamerika (Besteigung des Chimborazo) |
| 1820–1823 | F. P. Wrangel (*1797, †1870) und Anjou erforschen die Nordküste Sibiriens |
| 1831 | J. Ross (*1777, †1856) entdeckt den magnetischen Nordpol (auf Boothia Felix) |
| 1840–1847 | R. Campbell (*1808, †1894) und J. Bell in Alaska |
| 1844–1846 | E. R. Huc (*1813, †1860) und J. Gabet in Tibet |
| 1844–1846, 1847/48 | L. Leichhardt (*1813, †1848; verschollen) erforscht Australien |
| 1850–1854 | R. J. Mac Clure (*1807, †1873) entdeckt die Nordwestliche Durchfahrt |
| 1850–1855 | H. Barth (*1821, †1865) in der Sahara und im Sudan |
| 1852–1856 | D. Livingstone (*1813, †1873) durchquert das südliche Afrika (Sambesi) |
| 1854–1857 | H. (*1826, †1882) und R. (*1833, †1885) von Schlagintweit in Indien und Chinesisch-Turkestan |
| 1857/58 | J. H. Speke (*1827, †1864) entdeckt den Tanganjika- und den Victoriasee |
| 1860/61 | Erste Durchquerung des australischen Kontinents durch R. O'Hara Burke (*1821, †1861) |
| 1861–1874 | A. E. Nordenskiöld (*1832, †1901) erforscht Spitzbergen |
| 1862 | Speke und A. Grant (*1827, †1892) entdecken die Nilquellen |
| 1865–1867 | R. Rohlfs (*1831, †1896) durchquert Nordafrika von Tripolis nach Lagos |
| 1867–1873 | Livingstone im Kongogebiet |
| 1868–1872 | F. Freiherr von Richthofen (*1833, †1905) in China |
| 1869/70 | G. Schweinfurth (*1836, †1925) im Nil- und Kongogebiet |
| 1869–1874 | G. Nachtigal (*1834, †1885) durchquert die Sahara und den Sudan |
| 1872–1874 | J. Ritter von Payer (*1842, †1915) und K. Weyprecht (*1838, †1881) entdecken Franz-Joseph-Land |
| 1874–1877 | H. M. Stanley (*1841, †1904) durchquert Südafrika |
| 1879 | Nordenskiöld entdeckt die nordöstliche Durchfahrt |
| 1880 | O. Lenz (*1848, †1925) durchquert die Sahara von Marokko bis Timbuktu |
| 1881/82 | H. von Wißmann (*1852, †1905) durchquert Zentralafrika |
| 1887–1889 | Stanley durchquert Zentralafrika |
| 1887–1890 | F. E. Younghusband (*1863, †1942) durchquert Zentralasien |
| 1888 | F. Nansen (*1861, †1930) durchquert Südgrönland |
| 1889 | H. Meyer (*1858, †1929) ersteigt den Kilimandscharo |
| 1891 | R. E. Peary (*1856, †1920) an der West- und Nordküste Grönlands |
| 1893–1896 | Nansen mit der »Fram« im Nördlichen Eismeer (bis 86°13' n. Br.) |
| 1894–1897 | S. Hedin (*1865, †1952) in Zentralasien (Tarimbecken) |
| 1897 | Luftballonfahrt des Schweden S. A. Andrée (*1854, †1897) zum Nordpol; verunglückt (Leiche 1930 aufgefunden) |
| 1899–1902 | Hedin in Zentralasien (Tarimbecken und Tibet) ⇒ S. 14 |

# Geografie

| Jahr | Ereignis |
| --- | --- |
| 1901–1903 | Deutsche Südpolexpedition unter E. von Drygalski (*1865, †1949); Entdeckung von Kaiser-Wilhelm-II.-Land (1902) |
| 1903–1906 | R. Amundsen (*1872, †1928) durchfährt die Nordwestliche Durchfahrt |
| 1904 | W. Filchner (*1877, †1957) im Quellgebiet des Huang He |
| 1904–1906 | Deutsche Expedition unter L. Frobenius (*1873, †1938) in Innerafrika |
| 1905–1908 | Hedin in Zentralasien (Transhimalaya) |
| 1907–1909 | Eine englische Expedition unter E. H. Shackleton (*1874, †1922) erreicht den magnetischen Südpol um 88°23' |
| 1909 | Peary am Nordpol (6. April) |
| 1910/11 | Frobenius im westlichen Sudan |
| 1910–1912 | Amundsen am Südpol (14.12.1911) |
| 1910–1912 | R. F. Scott (*1868, †1912) mit einer englischen Expedition am Südpol (18. 1. 1912) |
| 1911/12 | Filchner im Südpolargebiet |
| 1912/13 | A. Wegener (*1880, †1930) durchquert Grönland |
| 1913 | H. Stock (USA) besteigt als erster Mensch den Mount McKinley in Alaska, mit 6194 m der höchste Berg Nordamerikas |
| 1915 | Eine russische Expedition umfährt Nordasien von Ost nach West |
| 1916–1918 | K. Rasmussen (*1879, †1933) in Nordgrönland |
| 1925 | Erster Nordpolarflug Amundsens (bis 87°44' n. Br.) |
| 1925–1927 | Maritime Forschungsexpedition der »Meteor« im Südatlantik |
| 1926 | Amundsen, U. Nobile (*1885, †1978) und R. Byrd (*1888, †1957) überfliegen den Nordpol |
| 1926–1928 | Filchner in Tibet |
| 1927/28 | Hedin und Trinkler in Zentralasien |
| 1928 | Nobiles Nordpolexpedition mit dem Luftschiff »Italia« verunglückt; Amundsen seit seinem Rettungsversuch mit dem Flugzeug verschollen |
| 1928 | Mitglieder des deutsch-österreichischen Alpenvereins besteigen den Illampu, mit 6550 m der höchste Berg der bolivianischen Anden |
| 1928–1930 | Hedin in der Wüste Gobi |
| 1929 | Byrd überfliegt den Südpol |
| 1929/30 | Wegener (†) in Grönland |
| 1931 | H. Eckeners (*1868, †1954) Arktisfahrt mit »Graf Zeppelin« |
| 1931 | U-Boot »Nautilus« mit G. H. Wilkins (*1888, †1958) und O. Sverdrup (*1854, †1930) erreicht von Spitzbergen aus 82° n. Br. |
| 1932–1937 | Filchner in Zentralasien |
| 1938 | Eine deutsch-österreichische Bergsteigergruppe erklimmt erstmals die Eiger Nordwand, mit 1800 m die höchste Bergsteilwand Europas |
| 1938/39 | Deutsche Antarktische (»Schwabenland«-)Expedition |
| 1947 | T. Heyerdahls *1914) »Kon-tiki«-Expedition |
| 1950 | Die Franzosen M. Herzog und L. Lachenal besteigen als erste Menschen einen Achttausender – den Anapurna I im Himalaya (8091 m) |
| 1953 | Erstbesteigung des Mount Everest durch E. Hillary (*1919) und T. Norgay (*1914, †1986) und des Nanga Parbat durch H. Buhl (*1924, †1957) |
| 1954 | Erstbesteigung des K 2 und Cho Oyu |
| 1954 | Französisches Tiefseetauchboot erreicht 4050 m |
| 1955 | Erstbesteigung des Gangtschhendsönga und Makalu |
| 1955–1958 | »Transantarktis-Expedition des Commonwealth« unter Leitung des Geologen V. Fuchs (*1908); erste Durchquerung des Kontinents über den Südpol durch Fuchs und Edmund P. Hillary |
| 1956 | Erstbesteigung des Manaslu, Lhotse und Gasherbrum II |
| 1957 | Erstbesteigung des Broad Peak |
| 1957/58 | Internationales Geophysikalisches Jahr |
| 1958 | Erstbesteigung des Gasherbrum I |
| 1958 | Das amerikanische Atom-U-Boot »Nautilus« erreicht als erstes Unterwasserfahrzeug unter dem Polareis den Nordpol |
| 1958 | Sowjetische Forscher erreichen den meerfernsten Punkt der Antarktis, den »Pol der Unzugänglichkeit« |

| Jahr | Ereignis |
|------|----------|
| 1960 | Erstbesteigung des Dhaulagiri |
| 1960 | Das von A. Piccard (*1884, †1962) entwickelte Tauchboot »Trieste« erreicht im Marianengraben (Südostasien) eine Tiefe von 10910 m |
| 1964 | Erstbesteigung des Gösainthang Ri |
| 1966 | Erstbesteigung des Mount Vinson, des höchsten Berges der Antarktis, durch amerikanische Forscher |
| 1970–1977 | Internationales antarktisches glaziologisches Forschungsprojekt |
| 1975 | Die Japanerin J. Tabei ist – im Rahmen einer Expedition – die erste Frau, die den Mount Everest bezwingt |
| 1978 | Dem Südtiroler R. Messner und dem Österreich. P. Habeler gelingt die erste Besteigung des Mount Everest ohne Sauerstoffgerät |
| 1980 | R. Messner ist der erste Mensch, der den Mount Everest im Alleingang ohne Sauerstoffgerät bezwingt |
| 1989/90 | A. Fuchs und R. Messner durchqueren die Antarktis zu Fuß zu umrunden, scheitert trotz Rekordfahrt nach 22910 km |
| 1999 | Der Schweizer Bertrand Piccard und der Brite Brian Jones umrunden mit ihrem Ballon »Breitling Orbiter III« als erste Menschen die Erde |

## Geografische Höchstwerte der Erde

| | | |
|---|---|---|
| Größtes Gebirge | Himalaya | 2500 km lang, 150–280 km breit |
| Längstes Gebirge | Anden | rund 14000 km |
| Größtes untermeerisches Gebirge | Mittelatlantischer Rücken | rund 1600 km breit, 15000 km lang, bis über 4000 m hoch |
| Größter Berg | Kilimandscharo (Tansania) | 80 km lang, 60 km breit und 5892 m hoch |
| Absolut höchster Berg | Mauna Loa (Hawaii; USA) | erhebt sich rund 9000 m über dem Tiefseeboden und 4168 m über dem Meer |
| Höchster aktiver Vulkan | Cotopaxi (Ecuador) | 5897 m |
| Größter Monolith | Ayers Rock (Australien) | 4 km lang, rund 350 m hoch |
| Größte Schlucht | Grand Canyon (USA) | 1000–1800 m tief, 350 km lang |
| Tiefster See | Baikalsee (Russland) | 1620 m tief, Seespiegel in 455 m Höhe über N.N. |
| Größter Süßwassersee | Oberer See (Kanada/USA) | 82103 km² |
| Wasserreichster Fluss | Amazonas (Brasilien) | mittlerer jährlicher Abfluss an der Mündung: 180000 m³/s |
| Größte Halbinsel | Arabien | 2730000 km² |
| Größte Insel in einem Binnensee | Manitoulin (Huronensee; Kanada/USA) | 2772 km² |
| Größter Tidenhub | Fundy Bay (Kanada) | mittlerer Tidenhub 14,14 m, extremer Tidenhub 21 m |
| Heißeste Orte | Azizia (Libyen) | 58° C |
| | Death Valley (USA) | 56,7° C; mittlere Jahrestemperatur über 50° C |
| Kälteste Orte | Wostok (Antarktis) | -88,3° C; mittlere Jahrestemperatur -55,6° C |
| | Oimjakon (Sibirien; Russland) | -71° C; mittlere Jahrestemperatur -16,5° C |
| Regenreichste Orte | Mount Waialeale (Hawaii; USA) | 12547 mm mittlerer Jahresniederschlag |
| | Cherrapunji (Indien) | 10798 mm mittlerer Jahresniederschlag |
| Trockenste Gebiete | Wüste Atacama (Chile) | praktisch kein Niederschlag |
| | Oase Dhakla (Ägypten) | 0,5 mm mittlerer Jahresniederschlag |

# Geografie

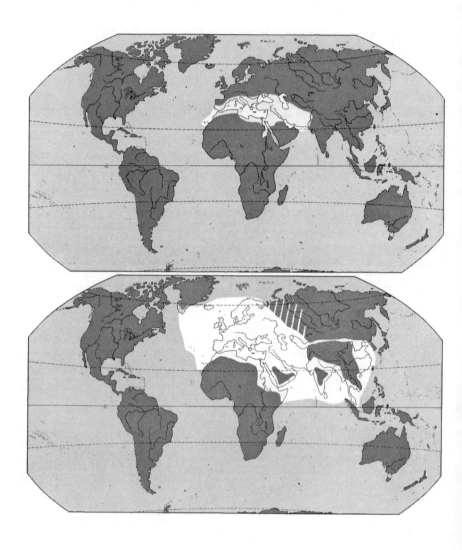

*Die entschleierte Erde im Jahr 400 v. Chr. (oben)*
*Um diese Zeit können aus europäischer Sicht als gut bekannt*
*gelten: das Mittelländische Meer, die Schwarzmeerküste,*
*Ägypten, die Kanarischen Inseln sowie Vorderasien bis Indien.*

*Die entschleierte Erde im Jahr 1400 (unten)*
*Die skandinavische Küste, Island und die Südküste Grönlands*
*können als bekannt gelten. Im Osten sind vorübergehend in*
*Vergessenheit geratene Gebiete wieder entdeckt worden.*

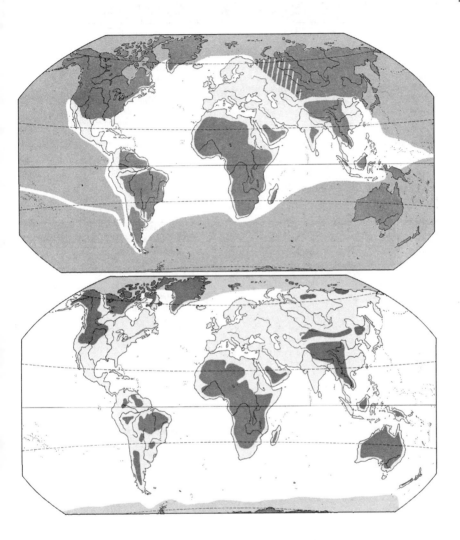

Die entschleierte Erde im Jahr 1550 (oben)
Innerhalb eines halben Jahrhunderts war der bekannte Teil der Erde auf
etwa ein Drittel angewachsen; man ahnte die überragende Größe der
Ozeane. Von Südamerika waren der Küstenverlauf, große Teile der Anden,
der Amazonas und eine Querverbindung zur La-Plata-Mündung bekannt.

Die entschleierte Erde im Jahr 1800 (unten)
Etwa 60% der Landoberfläche und 92% der Meeresfläche mögen bekannt
gewesen sein.

# Geografie

## Höchste und tiefste Punkte der Erde

| Erdteil/Gebiet | Tiefster Punkt | Höchster Punkt |
|---|---|---|
| Afrika | Assal-See (Djibouti) -155 m | Kilimandscharo (Tansania) 5892 m |
| Antarktis | Bently-Graben (subglazial) -2538 m | Vinson-Massiv 5140 m |
| Asien | Totes Meer (Israel/Jordanien) -400 m | Mount Everest (Nepal/Tibet) 8846 m |
| Australien/Ozeanien | Eyre-See (Südaustralien) -15 m | Puncak Jaya (Neuguinea, Pulu) 5030 m |
| Europa | Haarlemmer Meer (Niederlande) -4,65 m | Mont Blanc (Frankreich) 4807 m |
| Nordamerika | Death Valley (Kalifornien) -86 m | Mount McKinley (Alaska) 6194 m |
| Südamerika | Valdez-Halbinsel (Argentinien) -40 m | Aconcagua (Argentinien) 6960 m |

| Meeresgebiete | Tiefster Punkt | Durchschnittliche Tiefe |
|---|---|---|
| Atlantischer Ozean | Puerto-Rico-Graben -8648 m | -3700 m |
| Indischer Ozean | Java-Graben -7725 m | -3900 m |
| Nordpolarmeer | Eurasisches Becken -5122 m | -1330 m |
| Pazifischer Ozean | Marianen-Graben -11040 m | -4300 m |

## Die wichtigsten Gebirge in Deutschland

| Gebirge | Bundesland | Höchste Erhebung | m |
|---|---|---|---|
| Alpen | | | |
|   Wettersteingebirge | Bayern | Zugspitze | 2962 |
|   Berchtesgadener Alpen | Bayern | Watzmann | 2713 |
|   Allgäuer Alpen | Bayern | Hochfrottspitze | 2649 |
| Schwarzwald | Baden-Württemberg | Feldberg | 1493 |
| Bayerischer Wald | Bayern | Großer Arber | 1456 |
| Erzgebirge | Sachsen | Fichtelgebirge | 1214 |
| Harz | Niedersachsen/Sachsen-Anhalt | Brocken | 1142 |
| Fichtelgebirge | Bayern | Schneeberg | 1051 |
| Schwäbische Alb | Baden-Württemberg | Lemberg | 1015 |
| Thüringer Wald | Thüringen | Großer Beerberg | 982 |
| Rhön | Hessen/Bayern | Wasserkuppe | 950 |
| Taunus | Hessen | Großer Feldberg | 879 |
| Rothaargebirge | Nordrhein-Westfalen | Langenberg | 843 |
| Hunsrück | Rheinland-Pfalz | Erbeskopf | 818 |
| Frankenwald | Bayern | Döbraberg | 795 |
| Vogelsberg | Hessen | Taufstein | 773 |
| Fulda-Werra-Bergland | Hessen | Hoher Meißner | 754 |
| Eifel | Rheinland-Pfalz | Hohe Acht | 747 |
| Fränkischer Jura | Bayern | Hesselberg | 689 |
| Haardt | Rheinland-Pfalz | Kalmit | 673 |
| Westerwald | Rheinland-Pfalz | Fuchskauten | 656 |
| Odenwald | Hessen/Baden-Württemberg | Katzenbuckel | 626 |
| Spessart | Bayern | Geyersberg | 585 |
| Siebengebirge | Nordrhein-Westfalen | Ölberg | 460 |

## Die wichtigsten Gebirge in Europa

| Gebirge | Land | Höchste Erhebung | m |
|---|---|---|---|
| Alpen | Österreich/Italien/Schweiz/ Frankreich/Deutschland/ | Mont Blanc | 4807 |
| Sierra Nevada | Spanien | Cumbre de Mulhacén | 3478 |
| Pyrenäen | Spanien/Frankreich | Pico de Aneto | 3404 |
| Rhodopen | Bulgarien/Griechenland | Musala | 2925 |

| Gebirge | Land | Höchste Erhebung | m |
|---|---|---|---|
| Apenninen | Italien | Corno Grande | 2914 |
| Thessalisches Gebirge | Griechenland | Olymp | 2911 |
| Nordalbanische Alpen | Albanien/Jugoslawien | Jezercë | 2692 |
| Hohe Tatra (Karpaten) | Polen/Slowakei | Gerlsdorfer Spitze | 2654 |
| Kantabrisches Gebirge | Spanien | Picos de Europa | 2642 |
| Sierra de Gredos | Spanien | Plaza de Almanzor | 2592 |
| Südkarpaten | Rumänien | Moldoveanul | 2543 |
| Montenegro | Jugoslawien | Durmitor | 2528 |
| Píndhós | Griechenland | Kiona | 2512 |
| Jotunheim | Norwegen | Glittertind | 2472 |
| Hoher Balkan | Bulgarien | Jumruktschal | 2375 |
| Sar planina | Jugoslawien | Ljuboten | 2350 |
| Dovre Fjell | Norwegen | Snöhätta | 2306 |
| Serra de Estrêla | Portugal | Malhão | 1991 |
| Aspromonte | Italien | Montalto | 1956 |
| Ural | Russland | Narodnaja | 1894 |
| Zentralplateau | Frankreich | Mont Dore | 1886 |
| Bihorgebirge | Rumänien | Cucurbeta | 1849 |
| Karst | Slowenien | Schneeberg | 1796 |
| Cevennen | Frankreich | Mont Mézenc | 1754 |
| Westbeskiden | Polen/Slowakei | Babia Gora | 1725 |
| Schweizer Jura | Frankreich/Schweiz | Crêt de la Neige | 1723 |
| Riesengebirge | Polen/Tschechische Republik | Schneekoppe | 1602 |
| Vogesen | Frankreich | Sulzer Belchen | 1423 |
| Grampians | Großbritannien | Ben Nevis | 1343 |
| Mátra | Ungarn | Kékes | 1015 |

## Die wichtigsten Gebirge in den übrigen Erdteilen

| Gebirge | Kontinent (Land) | Höchste Erhebung | m |
|---|---|---|---|
| Himalaya | Asien (Indien/Tibet) | Mount Everest | 8846 |
| Karakorum | Asien (Kaschmir) | K 2, Mt. Godwin Austen | 8611 |
| Kunlun | Asien (China) | Ulugh Muz Tagh | 7723 |
| Hindukusch | Asien (Afghanistan/Pakistan) | Tirich Mir | 7699 |
| Pamir-Hochland | Asien (China) | Muztagata | 7546 |
| | Asien (Tadschikistan) | Pik Kommunisma | 7483 |
| Tian Shan | Asien (Kirgisistan/China) | Pik Pobedy | 7439 |
| Anden | Südamerika | Aconcagua | 6960 |
| Alaska | Nordamerika (USA) | Mount McKinley | 6194 |
| St. Elias Mountains | Nordamerika (Kanada) | Mount Logan | 6050 |
| Kilimandscharo | Afrika (Tansania) | Kibo | 5892 |
| Sierra Nevada de Santa Marta | Südamerika (Kolumbien) | Pico Cristobal | 5800 |
| Sierra Madre Oriental | Nordamerika (Mexiko) | Pik von Orizaba (Citlaltépetl) | 5700 |
| Kaukasus | Asien (Russland, Georgien, Aserb.) | Elbrus | 5642 |
| Elburs (Ălborz) | Asien (Iran) | Demawend | 5604 |
| Hochland von Armenien | Asien (Armenien/Türkei/Iran u.a.) | Ararat | 5165 |
| Ruwenzori (Runsoro) | Ostafrika (Uganda) | Margherita | 5109 |
| Kordillere von Mérida | Südamerika (Venezuela) | Pico Bolívar | 5002 |
| Hochland von Habesch | Afrika (Äthiopien) | Ras Daschen | 4620 |
| Altai | Asien (China) | Belucha | 4506 |
| Sierra Nevada | Nordamerika (USA) | Mount Whitney | 4418 |
| Flesengebirge (Rocky Mountains) | Nordamerika (USA/Kanada) | Mount Elbert | 4399 |
| Kaskadengebirge | Nordamerika (USA) | Mount Tacoma (Mount Rainier) | 4391 |
| Hoher Atlas | Afrika (Marokko) | Dschebel Tubkal | 4165 |
| Anatolische Hochebene | Asien (Türkei) | Erciyas Daği | 3916 |

# Geografie

| | | | |
|---|---:|---|---:|
| Zugspitze (Alpen) | 2962 | Hohenzollern (Schwäbische Alb) | 855 |
| Watzmann (Alpen) | 2713 | Kahler Asten (Rothaargebirge) | 841 |
| Hochfrottspitze (Allgäu) | 2649 | Erbeskopf (Hunsrück) | 818 |
| Mädelegabel (Allgäu) | 2645 | Döbraberg (Frankenwald) | 795 |
| Hochkalter (Alpen) | 2607 | Lausche (Lausitzer Gebirge) | 793 |
| Hochvogel (Allgäu) | 2593 | Taufstein (Vogelsberg) | 773 |
| Östl. Karwendelspitze (Karwendel) | 2537 | Kapellenberg (Elstergebirge) | 759 |
| Hoher Göll (Alpen) | 2522 | Hohe Acht (Eifel) | 747 |
| Nebelhorn (Allgäu) | 2224 | Hohentwiel (Hegau) | 689 |
| Untersberg (Alpen) | 1973 | Donnersberg (Pfälzer Bergland) | 686 |
| Wendelstein (Alpen) | 1838 | Hohenstaufen (Albvorland) | 684 |
| Feldberg (Schwarzwald) | 1493 | Kalmit (Haardt) | 673 |
| Arber, Großer (Bayerischer Wald) | 1456 | Fuchskauten (Westerwald) | 656 |
| Rachel (Bayerischer Wald) | 1453 | Katzenbuckel (Odenwald) | 626 |
| Belchen (Schwarzwald) | 1414 | Geyersberg (Spessart) | 585 |
| Lusen (Bayerischer Wald) | 1371 | Kaiserstuhl (Oberrhein) | 557 |
| Dreisesselberg (Bayerischer Wald) | 1332 | Staffelberg (Fränkische Alb) | 539 |
| Fichtelberg (Erzgebirge) | 1214 | Melibocus (Odenwald) | 517 |
| Hornisgrinde (Schwarzwald) | 1164 | Köterberg (Lipper Bergland) | 497 |
| Brocken (Harz) | 1142 | Velmerstot (Teutoburger Wald) | 468 |
| Schneeberg (Fichtelgebirge) | 1051 | Kyffhäuser (Thüringen) | 457 |
| Ochsenkopf (Fichtelgebirge) | 1024 | Landeskrone (bei Görlitz) | 420 |
| Auersberg (Erzgebirge) | 1019 | Deister (Weserbergland) | 405 |
| Lemberg (Schwäbische Alb) | 1015 | Wartburg (Thüringer Wald) | 394 |
| Hoher Peißenberg (Alpenvorland) | 988 | Grotenburg (Teutoburger Wald) | 386 |
| Großer Beerberg (Thüringer Wald) | 982 | Bückeberg (Weserbergland) | 367 |
| Wurmberg (Harz) | 971 | Bastei (Elbsandsteingebirge) | 317 |
| Wasserkuppe (Rhön) | 950 | Hagelberg (Fläming) | 201 |
| Bruchberg (Harz) | 928 | Ruhner Berge (Mecklenburg) | 178 |
| Inselsberg (Thüringer Wald) | 916 | Wilseder Berg (Lüneburger Heide) | 169 |
| Entenbühl (Oberpfälzer Wald) | 901 | Bungsberg (Schleswig-Holstein) | 168 |
| Großer Feldberg (Taunus) | 879 | Piekberg (Rügen) | 161 |

| | | | |
|---|---:|---|---:|
| Mont Blanc (Frankreich/Italien) | 4807 | Musala (Rila, Bulgarien) | 2925 |
| Monte Rosa (Schweiz/Italien) | 4634 | Corno Grande (Apennin, Italien) | 2914 |
| Dom (Schweiz) | 4545 | Olymp (Griechenland) | 2911 |
| Weißhorn (Schweiz) | 4506 | Triglav (Slowenien) | 2863 |
| Matterhorn (Schweiz/Italien) | 4478 | Gerlsdorfer Spitze (Hohe Tatra) | 2654 |
| Finsteraarhorn (Schweiz) | 4274 | Picos de Europa (Spanien) | 2642 |
| Jungfrau (Schweiz) | 4158 | Moldoveanul (Karpaten, Rumänien) | 2543 |
| Mönch (Schweiz) | 4099 | Glittertind (Norwegen) | 2472 |
| Gran Paradiso (Italien) | 4061 | Pico Alto (Azoren) | 2351 |
| Piz Bernina (Schweiz) | 4049 | Kebnekajse (Lappland) | 2123 |
| Ortler (Italien) | 3899 | Hvannadalshnúkur (Island) | 2119 |
| Großglockner (Österreich) | 3798 | Malhão da Estrêla (Portugal) | 1991 |
| Wildspitze (Österreich) | 3774 | Narodnaja (Ural, Russland) | 1894 |
| Großvenediger (Österreich) | 3674 | Puy de Sancy (Mont Dore, Frankreich) | 1886 |
| Tödi (Schweiz) | 3623 | Newtonberg (Spitzbergen) | 1717 |
| Mulhacen (Sierra Nevada, Spanien) | 3478 | Schneekoppe (Riesengebirge) | 1603 |
| Pico de Aneto (Pyrenäen, Spanien) | 3404 | Hohes Rad (Riesengebirge) | 1509 |
| Ätna (Sizilien) | 3369 | Sturmhaube (Riesengebirge) | 1436 |
| Marmolada (Dolomiten, Italien) | 3343 | Gr. Schneeberg (Sudeten) | 1423 |
| Parseierspitze (Österreich) | 3036 | Plöckenstein (Böhmerwald) | 1378 |
| Hoher Dachstein (Österreich) | 2995 | Ben Nevis (Schottland) | 1343 |

## Die höchsten Berge in den übrigen Erdteilen

| | | | |
|---|---|---|---|
| Mount Everest (Himalaya, Nepal/Tibet) | 8846 | Mount St. Elias (Kanada) | 5489 |
| K 2, Mt. Godwin Austen (Karakorum, Pakistan) | 8611 | Popocatépetl (Mexiko) | 5452 |
| Gangtschhendsönga (Himalaya, Nepal/Indien) | 8586 | Ixtaccihuatl (Mexiko) | 5286 |
| Makalu (Nepal) | 8470 | Kenia (Kenia) | 5200 |
| Dhaulagiri (Himalaya, Nepal) | 8168 | Ararat (Armenien/Türkei) | 5165 |
| Nanga Parbat (Himalaya, Pakistan) | 8126 | Vinson Massif (Antarktis) | 5140 |
| Ulugh Muz Tagh (Kunlun, China) | 7723 | Carstenszspitze (Neuguinea, Indonesien) | 5029 |
| Qungur Tagh (Pamir, China) | 7719 | Pico Bolívar (Venezuela) | 5002 |
| Tirich Mir (Hindukusch, Pakistan) | 7699 | Mount Whitney (S. Nevada, USA) | 4418 |
| Minyag Gongkar (China) | 7590 | Mount Elbert (Rocky Mountains, USA) | 4399 |
| Muztagata (Pamir, China) | 7546 | Tajumulco (Guatemala) | 4211 |
| Pik Kommunisma (Pamir, Tadschikistan) | 7483 | Mauna Kea (Hawaii, USA) | 4206 |
| Pik Pobedy (Tian Shan, Kirgisistan) | 7439 | Dschebel Tubkal (Atlas, Marokko) | 4165 |
| Gaurisankar (Himalaya, Nepal/Tibet) | 7145 | Kamerunberg (Kamerun) | 4070 |
| Pik Lenin (Pamir, Kirgisistan) | 7134 | Erciyas Daği (Türkei) | 3916 |
| Aconcagua (Anden, Argentinien) | 6960 | Erebus (Antarktis) | 3795 |
| Illimani (Anden, Bolivien) | 6882 | Fudschiyama (Japan) | 3776 |
| Ojos del Salado (Anden, Argentinien/Chile) | 6880 | Mount Cook (Neuseeland) | 3764 |
| Tupungato (Anden, Argentinien/Chile) | 6800 | Pico de Teide (Teneriffa, Spanien) | 3718 |
| Mercedario (Anden, Argentinien) | 6770 | Gunnbjörns Fjeld (Grönland) | 3700 |
| Huascaran (Anden, Peru) | 6768 | Semeru (Java, Indonesien) | 3676 |
| Illampu (Anden, Bolivien) | 6550 | Chiriqui (Panama) | 3477 |
| Chimborazo (Anden, Ecuador) | 6267 | Apo (Philippinen) | 2954 |
| Mount McKinley (Alaska, USA) | 6194 | Mount Michelson (Alaska, USA) | 2816 |
| Mount Logan (Kanada) | 6050 | Agulhas Negras (Brasilien) | 2787 |
| Cotopaxi (Anden, Ecuador) | 5897 | Ruapehu (Neuseeland) | 2797 |
| Kilimandscharo (Ostafrika, Tansania) | 5892 | Orehanu (Tahiti, Frankreich) | 2237 |
| Citlaltépetl (Mexiko) | 5700 | Mount Mitchell (USA) | 2037 |
| Elbrus (Kaukasus, Russland) | 5642 | Pico Turquino (Kuba) | 2005 |
| Demawend (Elbursgebirge, Iran) | 5604 | Silisili (Samoa) | 1857 |

## Erstbesteigungen der höchsten Berge

| Name | Land | Höhe (in m) | Jahr | bestiegen durch |
|---|---|---|---|---|
| Aconcagua | Argentinien | 6960 | 1897 | M. Zurbriggen (Schweiz) |
| Annapurna I | Nepal | 8091 | 1950 | M. Herzog u. L. Lachenal |
| Batura I | Kaschmir | 7785 | 1976 | H. Bleicher u. H. Oberhofer |
| Broad Peak | Kaschmir | 8047 | 1957 | H. Buhl (Österreich) u.a. |
| Chimborazo | Ecuador | 6267 | 1880 | E. Whymper (Großbritannien) |
| Citlaltépetl | Mexiko | 5700 | 1851 | A. Doignon (Frankreich) |
| Cotopaxi | Ecuador | 5897 | 1872 | W. Reiss (Deutschland) |
| Dhaulagiri | Nepal | 8168 | 1960 | K. Diemberger (Schweiz) u.a. |
| Dhaulagiri III | Nepal | 7715 | 1971 | K. u. H. Schreckenbach u.a. |
| Eiger | Schweiz | 3970 | 1858 | C. Barrington (Großbrit.) u.a. |
| Elbrus | Russland | 5642 | 1874 | F. Gardiner u.a. (Großbrit.) |
| Everest, Mount | Nepal/China | 8846 | 1953 | E. Hillary (Neuseel.), Tenzing Norgay (Nepal) |
| Gangtschhendsönga | Nepal/Sikkim | 8586 | 1955 | G. Band und J. Brown |
| Gasherbrum II | Kaschmir | 8035 | 1956 | F. Moravec, S. Larch u.a. |
| Godwin Austin (K 2) | Kaschmir | 8611 | 1954 | A. Compagnoni u. L. Lacedelli |
| Gösainthang Ri | China (Tibet) | 8013 | 1964 | chinesische Bergsteiger |
| Großglockner | Österreich | 3798 | 1800 | Horrasch (Österreich) u.a. |
| Jungfrau | Schweiz | 4158 | 1811 | H. und J. R. Meyer u.a. |
| Kamerunberg | Kamerun | 4070 | 1861 | G. Mann (Deutschl.), R. F. Burton (Großbrit.) |
| Kilimandscharo | Tansania | 5892 | 1889 | H. Meyer und L. Purtscheller ⇒ S. 22 |

# Geografie

| Name | Land | Höhe (in m) | Jahr | bestiegen durch |
|------|------|-------------|------|-----------------|
| Lhotse | Nepal/China | 8516 | 1956 | F. Luchsinger und E. Reiß |
| Logan, Mount | Kanada | 6050 | 1925 | nordamerikan. Bergsteiger |
| Makalu | Nepal | 8470 | 1955 | J. Couzy (Frankreich) u.a. |
| Malubiting | Kaschmir | 7350 | 1971 | österreichische Bergsteiger |
| Manaslu | Nepal | 8128 | 1956 | T. Imanishi (Japan) u.a. |
| Matterhorn | Schweiz/Italien | 4478 | 1865 | E. Whymper (Großbrit.) u.a. |
| McKinley, Mount | Alaska | 6194 | 1913 | H. Stuck (USA) u.a. |
| Mont Blanc | Frankreich | 4807 | 1786 | J. Balmat u. M. Paccard |
| Nanga Parbat | Kaschmir | 8126 | 1953 | H. Buhl (Österreich) |
| Popocatépetl | Mexiko | 5452 | 1827 | J. Taylor, F. u. W. Glennie |
| Kommunisma, Pik | Tadschikistan | 7483 | 1933 | N. P. Gorbunow u. J. M. Abalakow (Sowjetunion) |
| Whitney, Mont | USA | 4418 | 1873 | C. D. Bengola u. A. H. Johnson |
| Zugspitze | Deutschland | 2962 | 1820 | K. Naus (Deutschland) u.a. |

## Bekannte Alpentunnel und -pässe

| Name | Land | größte Steigung in % | Höhe in m/Länge in km |
|------|------|----------------------|------------------------|
| Albula | Schweiz | 12 | 2312 m |
| Albula-Tunnel* | Schweiz | | 5,86 km |
| Arlberg | Österreich | 13 | 1792 m |
| Arlberg-Tunnel | Österreich | | 13,972 km |
| Bernina | Schweiz | 12 | 2304 m |
| Bonette | Frankreich | 17 | 2802 m |
| Brenner-Autobahn | Österreich/Italien | 6 | 1375 m |
| Falzaregopass | Italien | 11 | 2105 m |
| Felbertauern-Tunnel | Österreich | | 5,2 km |
| Fernpass | Österreich | 8 | 1209 m |
| Flexenpass | Österreich | 10 | 1784 m |
| Flüela | Schweiz | 11 | 2383 m |
| Furka | Schweiz | 14 | 2431 m |
| Furka-Basistunnel* | Schweiz | | 15,442 km |
| Gerlos | Österreich | 17 | 1507 m |
| Grimsel | Schweiz | 11 | 2165 m |
| Grödner Joch (Gardena) | Italien | 12 | 2121 m |
| Großer Sankt Bernhard | Schweiz/Italien | 11 | 2469 m |
| Großer Sankt-Bernhard-Tunnel | Schweiz/Italien | | 5,828 km |
| Großglocknerstraße (Hochtor) | Österreich | 12 | 2505 m |
| Col de l'Iseran | Frankreich | 12 | 2770 m |
| Jaufenpaß (Monte Giovo) | Italien | 12 | 2094 m |
| Julierpass | Schweiz | 13 | 2284 m |
| Karawankentunnel | Österreich/Slowenien | | 7,864 km |
| Klausenpass | Schweiz | 10 | 1948 m |
| Kleiner Sankt Bernhard | Frankreich/Italien | 9 | 2188 m |
| Loibl-Tunnel | Österreich/Slowenien | | 1,59 km |
| Lukmanierpass | Schweiz | 10 | 1916 m |
| Malojapass | Schweiz | 15 | 1809 m |
| Mont-Blanc-Tunnel | Frankreich/Italien | | 11,690 km |
| Mont Cenis | Frankreich | 11 | 2083 m |
| Mont Cenis* | Frankreich/Italien | | 13,655 km |
| Mont Genèvre | Frankreich/Italien | 12 | 1854 m |
| Nufenen | Schweiz | 10 | 2478 m |
| Oberalppass | Schweiz | 10 | 2044 m |
| Ofenpass | Schweiz | 14 | 2149 m |
| Plöckenpass | Österreich | 13 | 1360 m |

| Name | Land | größte Steigung in % | Höhe in m/Länge in km |
|------|------|---------------------|----------------------|
| Pordoi Joch (Passo di Pordoi) | Italien | 8 | 2239 m |
| Radstädter Tauern | Österreich | 15 | 1739 m |
| Reschenpass | Österreich/Italien | 9 | 1508 m |
| San Bernardino | Schweiz | 12 | 2065 m |
| San-Bernardino-Tunnel | Schweiz | | 6,596 km |
| Sankt Gotthard | Schweiz | 10 | 2108 m |
| Sankt-Gotthard-Tunnel | Schweiz | | 16,320 km |
| Sella Joch | Italien | 11 | 2214 m |
| Semmering | Österreich | 6 | 985 m |
| Splügenpass | Schweiz | 13 | 2113 m |
| Stilfser Joch (Passo dello Stèlvio) | Italien | 15 | 2757 m |
| Sustenpass | Schweiz | 9 | 2224 m |
| Tauern-Tunnel | Österreich | | 6,4 km |
| Tauern-Tunnel* (Hohe Tauern) | Österreich | | 8,5 km |
| Timmelsjoch | Österreich/Italien | 13 | 2497 m |
| Umbrailpass | Schweiz/Italien | 11 | 2501 m |
| Wurzenpass | Österreich/Slowenien | 18 | 1073 m |

* Eisenbahntunnel mit Autoverladung

## Depressionen (Senken) unter Meeresspiegel

| Name (Land) | Tiefe (in m) |
|-------------|-------------|
| Totes Meer (Jordanien/Israel) | 397 |
| Assalsee (Djibouti) | 173 |
| Turpansenke (China) | 154 |
| Kattarasenke (Libysche Wüste) | 137 |
| Assalsee (Äthiopien) | 116 |
| Death Valley (Kalifornien, USA) | 85 |
| Wadi Rayan (Ägypten) | 60 |
| Lago Enriquillo (Haiti) | 40 |
| Kaspisches Meer (Kasachstan) | 28 |
| Schott Melrhir (Algerien) | 24 |

## Längste Höhlensysteme der Erde

| Name (Gebiet/Land) | Länge (in km) |
|--------------------|---------------|
| Flint Ridge/Mammoth Cave System (Kentucky, USA) | 500,5 |
| Optimistitscheskaja peschtschera (West-Ukraine) | 157,0 |
| Hölloch (Schwyz, Schweiz) | 133,0 |
| Jewel Cave (South Dakota, USA) | 117,9 |
| Ozernaja peschtschera (West-Ukraine) | 105,3 |
| Ojo Guarena (Burgos, Spanien) | 88,9 |
| Coume d'Hyouernedo (Haute-Garonne, Frankreich) | 82,5 |
| Zoluška (West-Ukraine) | 80,0 |
| Siebenhengste-Hohgant (Bern, Schweiz) | 80,0 |
| Wind Cave (South Dakota, USA) | 70,0 |

## Tiefste Höhlen(-systeme) der Erde

| Name (Gebiet/Land) | Tiefe (in m) |
|--------------------|-------------|
| Réseau Jean Bernard (Haute-Savoie, Frankreich) | 1602 |
| Lamprechtshofen (Österreich) | 1538 |
| Gouffre Mirolda (Frankreich) | 1520 |
| Schakta Wjatscheslaw Pantjukina (Georgien) | 1508 |
| Sistema Huautla (Mexiko) | 1475 |
| Sistema del Trave (Spanien) | 1444 |
| Boj-Bulok (Usbekistan) | 1415 |
| Ilaminako Ateeneko Leizea (Spanien) | 1408 |
| Lukina Jama (Kroatien) | 1393 |
| Sistema Cuicateca (Mexiko) | 1386 |
| Sistema Cheve (Mexiko) | 1388 |
| Sneschnaja (Georgien) | 1375 |
| Ceki II (Slowenien) | 1370 |
| Réseau de la Pierre Saint-Martin (Frankreich/Spanien) | 1342 |
| Siebenhengste-Höhlensystem (Bern, Schweiz) | 1340 |
| Pozo del Madejuno (Navarra, Spanien) | 1255 |
| Torca de los Rebecos (Kantabrien, Spanien) | 1255 |
| Abisso Paolo Roversi (Toskana, Italien) | 1249 |
| Réseau Rhododendrons-Berger (Isère, Frankreich) | 1241 |
| Wladimira Iljuschina (Kaukasus, Georgien) | 1240 |
| Schwer-Höhlensystem (Salzburg, Österreich) | 1219 |
| Complesso Corchia – Fighiera (Toskana, Italien) | 1215 |

# Geografie

| Große Schauhöhlen in D, A, CH | | |
|---|---|---|
| Name (Lage) | Länge (in m) bekannt | erschlossen |
| Hölloch (Muotatal) | 156000 | 110 |
| Mammuthöhle (Dachstein) | 40350 | 1800 |
| Attahöhle (Sauerland) | 6670 | 500 |
| Kluterthöhle (Sauerland) | 5443 | 2000 |
| Schellenberger Eishöhle (Berchtesgadener Alpen) | 2815 | 500 |
| Rieseneishöhle (Dachstein) | 2000 | 1000 |
| Kalkberghöhle (Bad Segeberg) | 1985 | 600 |
| Heimkehle (Harz) | 1780 | 1300 |
| Hermannshöhle (Harz) | 1750 | 1000 |
| Tropfsteinhöhle (Wiehl) | 1600 | 400 |
| Teufelshöhle (Fränkische Alb) | 1500 | 800 |
| Tiefenhöhle (Laichingen) | 1253 | 320 |
| Baumannshöhle (Harz) | 1200 | 1000 |
| Barbarossahöhle (Kyffhäuser) | 1100 | 600 |
| Feengrotten (Saalfeld/Thür. | 1000 | 700 |
| Dechenhöhle (Sauerland) | 870 | 360 |
| Nebelhöhle (Schwäbische Alb) | 810 | 480 |
| Eberstädter Höhle (Odenwald) | 630 | 600 |

| Bekannte Gletscher | | | |
|---|---|---|---|
| Name | Gebirge/Gebiet | Länge (in km) | Fläche (in km |
| Aletsch-G. | Berner Alpen | 23,3 | 86,8 |
| Batura-G. | Karakorum | 57 | 277 |
| Chogo-Lungma-G. | Karakorum | 44,8 | 345 |
| Fedtschenko-G. | Pamir | 77 | 922 |
| Gepatsch-Ferner | Ötztaler Alpen | 8,7 | 18,2 |
| Gorner-G. | Walliser Alpen | 14,1 | 68,9 |
| Hintereisferner | Ötztaler Alpen | 7,7 | 9,7 |
| Hispar-G. | Karakorum | 64 | 720 |
| Jostedalsbre | Norwegen | 100 | 1000 |
| Malaspina-G. | Alaska | 113 | 4295 |
| Mer de Glace | Mont-Blanc-Massiv | 12 | 33 |
| Morteratsch-G. | Bernina-Gruppe | 7,5 | 17,2 |
| Muir-G. | Fairweather Range | 20 | 1200 |
| Rimo-G. | Karakorum | 45 | 496 |
| Siachen-G. | Karakorum | 72 | 1216 |
| Pasterze | Großglockner-Gruppe | 9,2 | 19,8 |
| Siachen-G. | Karakorum | 72 | 1216 |
| Tasman-G. | Neuseeland | 29 | 101 |
| Vatnajökull | Island | 142 | 8300 |

**Bau eines Gletschers**

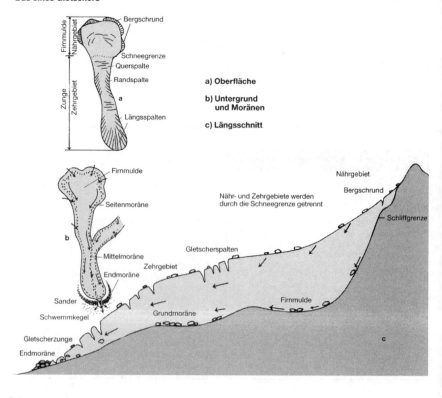

a) Oberfläche

b) Untergrund und Moränen

c) Längsschnitt

Nähr- und Zehrgebiete werden durch die Schneegrenze getrennt

24

## Bedeutende Vulkane der Erde

| Vulkan | Lage (Land) | Höhe (in m) | Bemerkungen (l.A. = letzter Ausbruch) |
|---|---|---|---|
| **Mittelmeergebiet** | | | |
| Vesuv | Golf von Neapel (Italien) | 1277 | 79 n. Chr. Pompeji, Herculaneum und Stabiä vernichtet; letzter Ausbruch 1944 |
| Ätna | Sizilien (Italien) | 3369 | letzter Ausbruch 1998 |
| Stromboli | Liparische Inseln (Italien) | 926 | letzter Ausbruch 1998 |
| Santorin | Kykladen (Griechenland) | 556 | letzter Ausbruch 1956 |
| **Atlantischer Ozean** | | | |
| Hekla | Island | 1491 | mehrere Krater; l.A. 1991 |
| Surtsey | Island | 173 | 1963–1967 entstanden |
| Kirkjufell | Heimaey (Island) | 221 | 1973 entstanden |
| Askja | Island | 1510 | letzter Ausbruch 1961 |
| Krafla | Island | 654 | letzter Ausbruch 1984 |
| Pico de Teide | Teneriffa, Kanarische Inseln (Spanien) | 3718 | letzter Ausbruch 1909 |
| Mont Pelée | Martinique, Kleine Antillen (Frankreich) | 1397 | größter Ausbruch 1902 (Zerstörung der Stadt St. Pierre, fast 30 000 Tote); l.A. 1929 |
| La Soufrière | Guadeloupe, Kleine Antillen (Frankreich) | 1467 | letzter Ausbruch 1998 |
| **Afrika** | | | |
| Fako (Kamerunberg) | Kamerun | 4070 | mehrere Krater; l.A. 1995 |
| Niragongo | Dem. Rep. Kongo | 3475 | letzter Ausbruch 1994 |
| Meru | Tansania | 4567 | letzter Ausbruch 1910 |
| **Indischer Ozean** | | | |
| Kartala | Komoren | 2361 | letzter Ausbruch 1991 |
| Piton de la Fournaise | Réunion (Frankreich) | 1823 | letzter Ausbruch 1998 |
| **Südwestpazifik** | | | |
| Erebus | Victorialand (Antarktis) | 3795 | letzter Ausbruch 1998 |
| Ruapehu | Nordinsel (Neuseeland) | 2797 | letzter Ausbruch 1996 |
| Lopevi | Neue Hebriden (Vanuatu) | 1449 | letzter Ausbruch 1996 |
| Bagana | Bougainville (Neuguinea) | 1702 | letzter Ausbruch 1998 |
| Niuafu | Samoa/Fidschi-Inseln | 179 | letzter Ausbruch 1946 |
| Tambora | Sumbava (Indonesien) | 2850 | großer Ausbruch 1815/16 |
| Semeru | Java (Indonesien) | 3676 | letzter Ausbruch 1998 |
| Bromo | Java (Indonesien) | 2392 | letzter Ausbruch 1972 |
| Marapi | Java (Indonesien) | 2911 | letzter Ausbruch 1998 |
| Galunggung | Java (Indonesien) | 2168 | zwei große Ausbrüche 1822; letzter Ausbruch 1984 |
| Agung | Bali (Indonesien) | 3142 | letzter Ausbruch 1964 |
| Krakatau | Java/Sumatra | 816 | großer Ausbruch 1883 (über 36 000 Tote); l.A. 1995 |
| Kerinci | Sumatra (Indonesien) | 3800 | letzter Ausbruch 1987 |
| **Nordwestpazifik** | | | |
| Awatscha | Kamtschatka (Russland) | 2725 | letzter Ausbruch 1945 |
| Kljutschewskaja Sopka | Kamtschatka (Russland) | 4750 | letzter Ausbruch 1997 |
| Fujiyama | Honshu (Japan) | 3776 | letzter Ausbruch 1972 |
| Bandaisan | Honshu (Japan) | 1964 | heftiger Ausbruch 1888 |
| Asoyama | Kyushu (Japan) | 1690 | größter Krater der Welt; letzter Ausbruch 1953 |
| Sakuraschima | Kyushu (Japan) | 1118 | große Ausbrüche 1779 und 1914; l.A. 1984 |
| Macaturin | Luzón (Philippinen) | 2753 | mehrere Ausbrüche 1765–1847 |
| Mayon | Luzón (Philippinen) | 3045 | letzter Ausbruch 1984 |
| Taal | Luzón (Philippinen) | 300 | letzter Ausbruch 1988 ⇒ S. 26 |

# Geografie

| Vulkan | Lage (Land) | Höhe (in m) | Bemerkungen (I.A. = letzter Ausbruch) |
|---|---|---|---|
| Mauna Kea | Hawaii (USA) | 4202 | zurzeit ruhend |
| Mauna Loa | Hawaii (USA) | 4170 | größte Lavaförderung der Welt; I.A. 1987 |
| Kilauea | Hawaii (USA) | 1243 | letzter Ausbruch 1998 |
| **Ostrand des Pazifiks** | | | |
| Mount Katmai | Alaska (USA) | 2047 | letzter Ausbruch 1962 |
| Mount St. Helens | Washington (USA) | 2950 | letzter Ausbruch 1991 |
| Lassen Peak | Kalifornien (USA) | 3190 | letzter Ausbruch 1914–1916 |
| Colima | Mexiko | 3960 | letzter Ausbruch 1994 |
| Popocatépetl | Mexiko | 5452 | letzter Ausbruch 1998 |
| Citlaltépetl | Mexiko | 5700 | zeitweise tätig |
| Paricutin | Mexiko | 2774 | 1943 entstanden; I.A. 1952 |
| Santa Maria | Guatemala | 3768 | letzter Ausbruch 1998 |
| Tajumulco | Guatemala | 4211 | leicht tätig |
| Atitlán | Guatemala | 3524 | leicht tätig |
| Izalco | El Salvador | 2362 | bis 1956 ständig tätig |
| Telica | Nicaragua | 1039 | letzter Ausbruch 1987 |
| Cosigüina | Nicaragua | 845 | 1835 Ausbruch großer Lockermassen (etwa 50 km³) |
| Cerro Negro | Nicaragua | 977 | letzter Ausbruch 1995 |
| Poas | Costa Rica | 2722 | anhaltend leicht tätig, zuletzt stärker 1982 |
| Irazú | Costa Rica | 3432 | letzter Ausbruch 1992 |
| Arenal | Costa Rica | 1552 | letzter Ausbruch 1984 |
| Tolima | Kolumbien | 5620 | Ausbruch 1829 |
| Nevado del Huila | Kolumbien | 5750 | ständig tätig |
| Nevado del Ruiz | Kolumbien | 5400 | letzter Ausbruch 1992 |
| Puracé | Kolumbien | 4756 | letzter Ausbruch 1977 |
| Cayambe | Ecuador | 5796 | |
| Cotopaxi | Ecuador | 5897 | letzter Ausbruch 1975 |
| Sangay | Ecuador | 5230 | letzter Ausbruch 1998 |
| Misti | Peru | 5842 | ständig tätig |
| Sajama | Bolivien | 6520 | |
| Licancaur | Bolivien | 5960 | |
| Lascar | Chile | 5990 | letzter Ausbruch 1995 |
| Villarica | Chile | 2840 | letzter Ausbruch 1998 |
| Maipó | Chile | 5290 | ständig tätig |

## Die schwersten Erdbeben

| Jahr | Ort/Land | Tote |
|---|---|---|
| 856 | Korinth (Griechenland) | 45000 |
| 1290 | Tschili (China) | 100000 |
| 1348 | Villach | 5000 |
| 1509 | Istanbul | 13000 |
| 1556 | Shaanxi (China) | 830000 |
| 1693 | Catània, Sizilien | 60000 |
| 1703 | Tokio | 150000 |
| 1730 | Jeddo (Japan) | 137000 |
| 1737 | Kalkutta | 300000 |
| 1755 | Lissabon | 70000 |
| 1783 | Kalabrien | 50000 |
| 1797 | Quito (Ecuador) | 40000 |
| 1855 | Tokio | 100000 |
| 1876 | Calcutta | 215000 |
| 1891 | Mino Owari (Japan) | 7000 |
| 1896 | Riku-Ugo (Japan) | 22000 |

| Jahr | Ort/Land | Tote |
|---|---|---|
| 1905 | Kangra (Indien) | 20000 |
| 1906 | San Francisco | 700 |
| 1908 | Messina, Sizilien | 120000 |
| 1915 | Avezzano (Italien) | 30000 |
| 1920 | Gansu (China) | 180000 |
| 1923 | Sagami-Bucht (Japan) | 150000 |
| 1927 | Japan | 34500 |
| 1932 | Gansu (China) | 70000 |
| 1935 | Quetta (Pakistan) | 50000 |
| 1939 | Chillan (Chile) | 30000 |
| 1939 | Erzincan (Türkei) | 23000 |
| 1950 | Assam (Indien) | 25000 |
| 1954 | China | 10000 |
| 1960 | Agadir (Marokko) | 14000 |
| 1960 | Lar (Iran) | 3500 |
| 1960 | Süd- und Mittelchile | 6000 |
| 1962 | Iran westlich von Teheran | 14000 |
| 1963 | Skopje (Makedonien) | 1200 |

| Jahr | Ort/Land | Tote |
|------|----------|------|
| 1966 | Östliche Türkei | 2400 |
| 1968 | Nord- und Ostiran | 11 600 |
| 1970 | Gediz (Türkei) | 1100 |
| 1970 | Peru | 66 000 |
| 1971 | Bingöl (Türkei) | 1000 |
| 1972 | Südiran | 5000 |
| 1972 | Managua (Nicaragua) | 5000 |
| 1973 | Mexiko | 1000 |
| 1974 | Nordpakistan | 5000 |
| 1975 | Lice (Türkei) | 3000 |
| 1976 | Guatemala | 22 525 |
| 1976 | Friaul (Italien) | 980 |
| 1976 | Westiran (Indonesien) | 9000 |
| 1976 | Tangschan (China) | 655 237 |
| 1976 | Van (Türkei) | 5300 |
| 1977 | Rumänien | 1570 |
| 1978 | Tabas (Iran) | 25 000 |
| 1980 | Asnam (Algerien) | 20 000 |
| 1980 | Süditalien | 3000 |
| 1981 | Provinz Kerman (Iran) | 5000 |
| 1982 | Nordjemen | 1588 |
| 1983 | Erzurum (Türkei) | 1342 |
| 1985 | Mexico City | 10 000 |
| 1987 | Ecuador | 2000 |
| 1988 | Armenien | 24 000 |
| 1990 | Nordwest-Iran | 40 000 |
| 1992 | Ost-Indonesien | 2500 |
| 1993 | Maharashtra (Indien) | 25 000 |
| 1995 | Kobe (Japan) | 6100 |
| 1995 | Sachalin (Russland) | 1825 |
| 1998 | Rostak (Afghanistan) | 4500 |
| 1998 | Shahar Buzarg (Afghanistan) | 5000 |
| 1999 | Izmit (Türkei) | 17 200 |
| 1999 | Taiwan | 2400 |

## Erdbeben-Stärkeskala nach Mercalli

| Stärke | Auswirkungen |
|--------|--------------|
| I | nur durch Messgeräte nachweisbar |
| II | nur in Ausnahmen fühlbar |
| III | im Haus fühlbar; hängende Objekte schwingen |
| IV | mäßig; im Haus fühlbar |
| V | ziemlich stark; meist im Freien spürbar; |
| VI | stark; allgemein als Erdbeben empfunden; Fenster und Glas splittern |
| VII | sehr stark; Zerstörungen an Häusern beginnen; Möbel zerbersten, große Glocken läuten |
| VIII | verwüstend; 25% der Steinhäuser zerstört; |
| IX | zerstörend; 50% der Häuser zerstört; Versorgungsleitungen in der Erde brechen |
| X | vernichtend; 75% aller Bauten zerstört; schwere Schäden in der Natur |
| XI | Katastrophe; Einsturz sämtlicher Steinbauten; |
| XII | schwerste Katastrophe; Gesteinsmassen werden versetzt und Objekte in die Luft geworfen |

## Erdbeben-Stärkeskala nach Richter

| Stärke | Auswirkungen |
|--------|--------------|
| 2,0–3,4 | nur durch Messgeräte nachweisbar |
| 3,5–4,2 | nur in Ausnahmen fühlbar |
| 4,3–4,8 | von den meisten Menschen wahrgenommen |
| 4,9–5,4 | von allen Menschen wahrgenommen |
| 5,5–6,1 | sichtbare Schäden an Häusern |
| 6,2–6,9 | beträchtliche Schäden an Häusern |
| 7,0–7,3 | große Schäden an Häusern |
| ≥ 7,4 | sehr große Schäden |
| ≥ 8 | weitgehender Totalschaden |

## Bekannte schwere Seebeben

| Jahr | Entstehungsort | Höhe (in m) | Ort der Zerstörung | Tote |
|------|----------------|-------------|--------------------|------|
| 1707 | Japan | 11,5 | Japan | 30 000 |
| 1724 | Peru | 24 | Peru | unbekannt |
| 1737 | Südost-Kamtschatka | 30 | Kamtschatka/Kurilen | unbekannt |
| 1741 | Japan | 9 | Japan | über 1000 |
| 1746 | Peru | 24 | Peru | 5000 |
| 1771 | Ryukyu-Inseln | 12 | Ryukyu-Inseln | 12 000 |
| 1775 | Portugal | 16 | Westeuropa, Südeuropa, Marokko | 60 000 |
| 1783 | Italien | unbekannt | Italien | 30 000 |
| 1792 | Ariake-See | 9 | Japan | 9750 |
| 1800 | Flores-See | 24 | Indonesien | 500 |
| 1854 | Japan | 6 | Japan | 3000 |
| 1868 | Hawaii | 20 | Hawaii | 81 |
| 1868 | Chile | 21 | Chile, Hawaii | 25 000 |
| 1877 | Chile | 23 | Chile, Hawaii | mehrere Tausend |
| 1883 | Sunda-Inseln | 35 | Java, Sumatra | 36 000 |
| 1896 | Sanriku (Japan) | 30 | Japan | 27 100 |
| 1918 | Süd-Kurilen | 12 | Kurilen, Sowjetrussland, Japan, Hawaii | 23 |
| 1923 | Ost-Kamtschatka | 20 | Kamtschatka, Hawaii | 3 |

⇒ S. 28

**27**

# Geografie

| Jahr | Entstehungsort | Höhe (in m) | Ort der Zerstörung | Tote |
|------|----------------|-------------|--------------------|------|
| 1933 | Sanriku (Japan) | 28,2 | Japan, Hawaii | 3000 |
| 1944 | Kii (Japan) | 7,5 | Japan | 1000 |
| 1946 | Nankaido (Japan) | 6,1 | Japan | 2000 |
| 1946 | Aleuten | 32 | Aleuten, Hawaii, Kalifornien | 165 |
| 1952 | Kamtschatka | 18,4 | Kamtschatka, Kurilen, Hawaii | mehrere Tausend |
| 1957 | Aleuten | 16 | Hawaii, Japan | – |
| 1960 | Chile | 25 | Chile, Hawaii, Japan | 1260 |
| 1964 | Alaska | 32 | Alaska, Aleuten, Kalifornien | 122 |
| 1976 | Celebes-See | 30 | Philippinen | 5000 |
| 1979 | Indonesien | 10 | Indonesien | 190 |
| 1983 | Japan | 15 | Japan, Korea | 110 |
| 1993 | Nordjapan | 12 | Japan | 250 |
| 1998 | Papua-Neuguinea | 22 | Papua-Neuguinea | 5000 |

## Schwere Naturkatastrophen (außer Erd- und Seebeben sowie Vulkanausbrüche)

| Jahr | Phänomen | betroffene Gebiete | Folgen (Zerstörungen, Opfer) |
|------|----------|--------------------|------------------------------|
| 1164 | Nordsee-Sturmflut | Nordseeküste | Entstehung des Jadebusens |
| 1277 | Nordsee-Sturmflut | Nordseeküste | etwa 50 Dörfer zerstört |
| 1362 | Nordsee-Sturmflut | Nordseeküste | Land zerstört, Entstehung von Dollart und Halligen |
| 1570 | Nordsee-Sturmflut | Nordseeküste | Deichzerstörungen, 1 Mio. Tote |
| 1618 | Bergsturz | Plurs (Schweiz) | 2000 Tote |
| 1634 | Nordsee-Sturmflut | Nordseeinseln | Insel Nordstrand größtenteils zerstört |
| 1717 | Nordsee-Sturmflut | Ostfriesland | Küstenzerstörungen, 8500 Tote |
| 1806 | Bergsturz | Goldau (Schweiz) | 457 Tote |
| 1884 | Tornados | USA | etwa 50 Tornados, 1000 Tote |
| 1887 | Huang-He-Flutwellen | China | 900 000 Tote |
| 1893 | Tornado | Mississippi-Delta | 1800 Tote |
| 1905 | Chang-Jiang-Fluten | China | 30 000 Tote |
| 1908 | Meteoritensturz | Sibirien | Landverwüstung im 80-km-Radius |
| 1925 | Tornados | USA | drei starke Tornados, 700 Tote |
| 1931 | Chang-Jiang- und Huang-He-Fluten | China | mehrere hunderttausend Tote |
| 1953 | Nordsee-Sturmflut | Nordseeküste | Küstenschäden, 2400 Tote in den Niederlanden, Belgien und Großbritannien |
| 1954 | Taifun | Japan | 2000 Tote |
| 1956 | Taifun | ostchinesische Küste | 2000 Tote |
| 1957 | Tornado | Mississippi-Delta | 500 Tote, 150 Mio. US-$ Sachschaden |
| 1962 | Bergsturz | Nevado Huascaran (Peru) | 3800 Tote |
| 1962 | Nordsee-Sturmflut | Nordseeküste | Gebäudezerstörung in Hamburg, 300 Tote |
| 1963 | Bergrutsch und Seeflut | Norditalien | Mt.-Toc-Bergrutsch, Vaiontsee ausgebrochen, 200 Tote |
| 1964 | Überschwemmungen | Südvietnam | über 5000 Tote |
| 1965 | Wirbelsturm | Bangladesch | 12 000 Tote |
| 1970 | Bergsturz | Nevado Huascaran (Peru) | 18 000 Tote |
| 1970 | Sturmflut | Bangladesch | 200 000 Tote |
| 1972 | Zyklone und Sturmflut | Indien | 20 000 Tote |
| 1973 | Sturmfluten | Bangladesch | 975 000 Obdachlose |
| 1973/75 | Dürrekatastrophe | Äthiopien, Sahel | 100 000 Hungertote, 25 Mio. vom Tod bedroht |
| 1974 | Bergsturz | Mayunmarca (Peru) | 451 Tote, 1270 ha Kulturland verwüstet |
| 1974 | Wirbelsturm | Honduras | 10 000 Tote |
| 1977 | Wirbelsturm und Flut | Südost-Indien | 50 000 Tote, 3 Mio. Obdachlose |
| 1978 | Schneestürme | Ostküste der USA | 65 Tote |
| 1978 | Überschwemmungen | Indien | 15 000 Tote |
| 1981 | Chang-Jiang-Flut | China | 920 Tote, 1,5 Mio. Obdachlose |
| 1982 | Überschwemmungen | Japan (Region Nagasaki) | 300 Tote |

| Jahr | Phänomen | betroffene Gebiete | Folgen (Zerstörungen, Opfer) |
|---|---|---|---|
| 1983 | Kältewelle | USA | 451 Tote |
| 1985 | Wirbelsturm und Flut | Bangladesch | 10 000 Tote |
| 1985 | Wirbelsturm und Flut | Bangladesch | 11 000 Tote |
| 1986 | Giftgase aus Vulkansee | Kamerun | über 1700 Tote |
| 1987 | Waldbrände | Nordost-China | über 190 Tote, über 50 000 Obdachlose |
| 1987 | Bergsturz | Veltlin (Italien) | über 20 Tote (schwerster Bergsturz seit 1806) |
| 1988 | Überschwemmung | Bangladesch | 1800 Tote, 30 Mio. Obdachlose |
| 1988 | Hurrikan »Gilbert« | Jamaika, Mexiko | rund 400 Tote, über 200 000 Obdachlose |
| 1988 | Taifun | Bangladesch | über 2100 Tote |
| 1989 | Wirbelsturm | Bangladesch | 1300 Tote, 150 000 Obdachlose |
| 1990 | Orkan | Mittel- und Westeuropa | 200 Tote |
| 1991 | Taifun | Süd-Bangladesch | 140 000 Tote |
| 1991 | Flutwelle | Nordchina | 1400 Tote |
| 1992 | Lawine | Anatolien (Türkei) | 200 Tote |
| 1992 | Zecheneinsturz | Zonguldak (Türkei) | 275 Tote |
| 1994 | Hochwasser | Norditalien | 80 Tote |
| 1996 | Lawine | Biescas (Spanien) | 83 Tote |
| 1997 | Hochwasser an der Oder | Deutschland, Polen | 55 Tote |
| 1997 | Hurrikan und Hochwasser | Südmexiko | 400 Tote |
| 1998 | Schlammlawine | Sarno (Italien) | 150 Tote |
| 1998 | Hochwasser | China, Bangladesch | 4500 Tote, Hunderttausende Obdachlose |
| 1998 | Hurrikan | Mittelamerika | 11 000 Tote |
| 1999 | Lawinen | Mitteleuropa | 53 Tote; schwerstes Unglück in Galtür (Österreich) |
| 1999 | Tornados | Mittlerer Westen der USA | 47 Tote, Tausende Obdachlose |

## Die Ozeane und ihre wichtigsten Nebenmeere

| Name | Fläche (in Mio. km²) | mittlere Tiefe (in m) | größte Tiefe (in m) |
|---|---|---|---|
| Atlantischer Ozean | 106,50 | 3332 | 9219 Milwaukeetiefe (Puerto-Rico-Graben) |
| | | | 8264 Meteortiefe (Südsandwichgraben) |
| Amerikanisches Mittelmeer | 3,43 | 2174 | 7680 |
| Hudsonbai | 1,23 | 128 | 218 |
| Sankt-Lorenz-Golf | 0,24 | 127 | 549 |
| Europäisches Mittelmeer | 2,97 | 1429 | 5121 |
| Nordsee | 0,58 | 94 | 725 |
| Ostsee | 0,42 | 55 | 459 Landsorttiefe |
| Indischer Ozean | 74,92 | 3897 | 7455 Planettiefe (Sundagraben) |
| | | | 6857 Diamantinatiefe (Südostindisches Becken) |
| Rotes Meer | 0,44 | 491 | 2920 |
| Persischer Golf | 0,24 | 25 | 170 |
| Andamanensee | 0,80 | 870 | 4198 |
| Pazifischer Ozean | 179,68 | 4028 | 11 034 Vitiaztiefe I (Marianengraben) |
| | | | 10 916 Triestetiefe (Marianengraben) |
| | | | 10 882 Vitiaztiefe II (Tongagraben) |
| | | | 10 647 Horizontiefe (Tongagraben) |
| | | | 10 542 Kurilengraben (Nordwestpazifisches Becken) |
| | | | 10 540 Galatheatiefe (Philippinengraben) |
| | | | 10 497 Cape-Johnson-Tiefe (Mindanaograben) |
| | | | 10 347 Ramapotiefe (Nordwestpazif. Becken) |

⇒ S. 30

# Geografie

| Name | Fläche (in Mio. km²) | mittlere Tiefe (in m) | größte Tiefe (in m) |
|------|------|------|------|
| noch: Pazifischer Ozean | | | 10047 Vitiaztiefe III (Kermadecgraben) |
| | | | 9810 Boningraben (Nordwestpazifisches Becken) |
| | | | 9140 Bougainvillegraben (Ostkarolinenbecken) |
| Beringmeer | 2,27 | 1437 | 4096 |
| Ochotskisches Meer | 1,53 | 838 | 5210 |
| Japanisches Meer | 1,01 | 1350 | 4225 |
| Ostchinesisches Meer | 1,25 | 188 | 2719 |
| Austral-Asiatisches Mittelmeer | 8,14 | 1212 | 7440 |
| Golf von Kalifornien | 0,16 | 813 | 2800 |
| Nordpolarmeer | 14,06 | 1526 | 5449 Litketiefe (Frambecken) |

**Meeresströmungen**

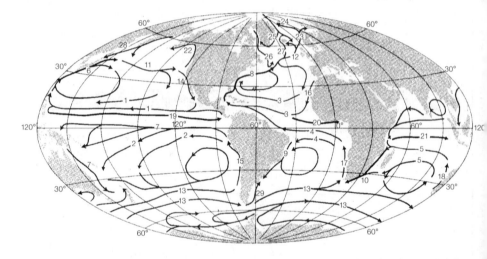

◄─── besonders schmale, starke Strömungen

*Meeresströmungen:*
*Oberflächenströmungen im Weltmeer:*
*1–5 Nord- und Südäquatorialströme, 6 Kuro Schyo, 7 Ostaustralstrom,*
*8 Golfstrom, 9 Brasilstrom, 10 Agulhasstrom, 11 Nordpazifischer Strom,*
*12 Nordostatlantischer Strom, 13 Westwinddrift, 14 Kalifornischer Strom,*
*15 Humboldtstrom, 16 Kanarenstrom, 17 Benguelastrom, 18 Westaustralstrom,*
*19–21 Äquatoriale Gegenströme, 22 Alaskastrom, 23 Norwegischer Strom,*
*24 Westspitzbergenstrom, 25 Ostgrönlandstrom, 26 Labradorstrom, 27 Irminger*
*Strom, 28 Oya Schyo, 29 Falklandstrom*

## Wichtige Meeresströmungen

| Name | Seegebiet | Erläuterung |
|---|---|---|
| Benguelastrom | Südatlantik | eher kalter Strom an der westlichen Küste von Afrika |
| Golfstrom | Atlantik | warmer Strom; entsteht im Golf von Mexiko durch Aufstauen des atlantischen Nordäquatorialstroms; bestehend aus drei Teilen: Floridastrom, Irlandstrom und Norwegischer Strom |
| Guineastrom | Südatlantik | warmer südäquatorialer Gegenstrom zum weitaus kühleren Nordäquatorialstrom |
| Humboldtstrom | Pazifik | kalter Strom entlang der südamerikanischen Westküste; überaus fischreich |
| Kuro Schyo | Pazifik | warmer Ausläufer des pazifischen Nordäquatorialstroms an der japanischen Ostküste; sehr salzhaltig |
| Labradorstrom | Nordatlantik | eher kälterer Strom, der von Grönland bis zur Insel Neufundland verläuft |
| Westwinddrift | Meere des Südens | durch dauernde Westwinde angetriebener kalter Strom, der einen reichen Fischbestand garantiert |

## Größte Meerestiefen

| Name | Tiefe (in m) |
|---|---|
| Marianengraben | 11034 |
| Tongagraben | 10882 |
| Japangraben | 10554 |
| Kurilengraben | 10542 |
| Mindanaograben | 10497 |
| Kermadecgraben | 10047 |
| Puerto-Rico-Graben | 9219 |
| Peru-Chile-Graben | 8050 |
| Aleutengraben | 7822 |
| Caymangraben | 7680 |
| Javagraben | 7450 |
| Mittelamerikanischer Graben | 6662 |
| Molloy-Tiefe | 5608 |
| Golf von Mexiko | 5203 |
| Mittelmeer | 5121 |
| Rotes Meer | 2920 |
| Schwarzes Meer | 2211 |

## Bedeutende Meeresstraßen

| Name | engste Stelle (in km) |
|---|---|
| Kleiner Belt (zw. dänischem Festland und Insel Fünen) | 0,6 |
| Bosporus (verbindet Schwarzes Meer und Marmarameer/Türkei) | 0,7 |
| Dardanellen (verbindet Ägäis und Marmarameer/Türkei) | 1,6 |
| Magalhaesstraße (zw. chilen. Festland und Feuerland) | 2,0 |
| Öresund (zw. Schweden und Insel Seeland/Dänemark) | 3,0 |

| Name | engste Stelle (in km) |
|---|---|
| Straße von Messina (zw. italien. Festland und Sizilien) | 3,5 |
| Straße von Kertsch (verbindet Schwarzes und Asowsches Meer) | 4,0 |
| Straße von Bonifacio (zw. Korsika und Sardinien) | 11,0 |
| Straße von Gibraltar (zw. Spanien und Marokko) | 14,0 |
| Großer Belt (zw. Fünen und Seeland/Dänemark) | 16,0 |
| Bab al Mandab (verbindet Rotes Meer und Golf von Aden) | 18,0 |
| Belle-Isle-Straße (zw. kanad. Festland und Insel Neufundland) | 20,0 |
| Sundastraße (zw. Sumatra und Java) | 25,0 |
| Straße von Calais (zw. Frankreich und Großbritannien) | 31,0 |
| Straße von Malakka (zw. Sumatra und Malaiischer Halbinsel) | 35,0 |
| Straße von Hormus (verbindet Persischen Golf u. Golf von Oman) | 63,0 |
| Straße von Otranto (zw. Italien und Albanien) | 71,0 |
| Beringstraße (zw. Alaska und Sibirien/Russland) | 92,0 |
| Straße von Tunis (zw. Tunesien und Sizilien/Italien) | 140,0 |
| Koreastraße (zw. Südkorea und Insel Tsuschima/Japan) | 160,0 |
| Floridastraße (zw. Kuba und Florida/USA) | 200,0 |
| Davisstraße (zw. Grönland und Baffinland/Kanada) | 350,0 |

# Geografie

| | | Seegangübersicht | | | |
|---|---|---|---|---|---|
| Stufe/Stärke | Kennzeichen | Charakterisierung | Wellenlänge | Wellenhöhe | Windstärke |
| 0 | spiegelglatte See | spiegelglatte See | – | – | 0 |
| 1 | gekräuselte, ruhige See | kleine Kräuselwellen ohne Schaumkämme | bis 5 m | bis 0,25 m | 1 |
| 2 | schwach bewegte See | Kämme beginnen zu brechen; vereinzelte Schaumköpfe | bis 25 m | bis 1 m | 2–3 |
| 3 | leicht bewegte See | häufigeres Auftreten der weißen Schaumköpfe, aber noch kleine Wellen | bis 50 m | bis 2 m | 4 |
| 4 | mäßig bewegte See | mäßige Wellen und überall weiße Schaumkämme | bis 75 m | bis 4 m | 5 |
| 5 | grober Seegang | schon große Wellen, deren Kämme brechen und Schaumflächen hinterlassen | bis 100 m | bis 6 m | 6 |
| 6 | sehr grober Seegang | Wellen türmen sich; der weiße Schaum bildet Streifen in Windrichtung | bis 135 m | bis 7 m | 7 |
| 7 | hoher Seegang | hohe Wellenberge mit dichten Schaumstreifen; See beginnt zu »rollen« | bis 200 m | bis 10 m | 8–9 |
| 8 | sehr hoher Seegang | sehr hohe Wellenberge; lange überbrechende Kämme; Gischt beeinträchtigt Sicht | bis 250 m | bis 12 m | 10 |
| 9 | schwerer Seegang | Schaum und Gischt erfüllen die Luft; See weiß; keine Fernsicht mehr | >250 m | >12 m | >10 |

## Gelöste Hauptinhaltsstoffe

| Inhaltsstoff | Konzentration (in ppm*) |
|---|---|
| **Meerwasser** | |
| Chlorid | 19000 |
| Natrium | 10550 |
| Sulfat | 2460 |
| Magnesium | 1290 |
| Calcium | 400 |
| Kalium | 380 |
| Hydrogencarbonat | 140 |
| Bromid | 65 |
| Borsäure | 25 |
| **Flusswasser** | |
| Hydrogencarbonat | 58,4 |
| Calcium | 15,0 |
| Siliciumdioxid | 13,1 |
| Sulfat | 11,2 |
| Chlorid | 7,8 |
| Natrium | 6,3 |
| Magnesium | 4,1 |
| Kalium | 2,3 |
| Eisen | 0,67 |

* ppm = parts per million (1 Teil auf 1 Mio. Teile)

## Gezeitenunterschied einiger Häfen (in m)

| Hafen | Springtiden | Nipptiden |
|---|---|---|
| Hamburg | 2,28 | 1,97 |
| Wilhelmshaven | 3,96 | 3,06 |
| Bremerhaven | 3,65 | 2,88 |
| Bremen | 3,34 | 2,94 |
| London, Bridge | 6,57 | 4,80 |
| Liverpool | 8,25 | 4,66 |
| Brest | 6,10 | 2,90 |
| Honolulu | 0,41 | 0,22 |

## Über die Gezeitenunterschiede ▲

Gezeiten (Tiden) bezeichnen das periodische Steigen (Flut) und Fallen (Ebbe) des Wasserspiegels von Meeren und großen Seen. Der Wasserstand schwankt zwischen Hoch- und Niedrigwasser, die Differenz wird als Tidenhub, das arithmetische Mittel als Mittelwasser bezeichnet. Hauptursache der Gezeiten ist die Anziehungskraft des Mondes. Die Gezeitenwelle setzt sich aus vielen Einzelwellen mit verschiedenen Perioden zusammen, die sich gegenseitig verstärken oder abschwächen können.

## Die wichtigsten Flüsse

| Fluss | Länge (in km) in Deutschl. | Einzugsgebiet (in km²) in Deutschl. | Fluss | Länge (in km) | Einzugsgebiet (in 1000 km²) |
|---|---|---|---|---|---|
| **Deutschland** | | | **Europa** | | |
| Donau | 647 | 56215 | Wolga | 3685 | 1360 |
| Inn | 218 | 8066 | Kama | 2032 | 507 |
| Isar | 263 | 8003 | Belaja | 1420 | 142 |
| Altmühl | 195 | 3257 | Wjatka | 1314 | 129 |
| Regen | 165 | 2698 | Oka | 1480 | 245 |
| Lech | 167 | 2763 | Donau | 2858 | 817 |
| Naab | 145 | 5225 | Theiß | 966 | 153 |
| Iller | 147 | 2086 | Maros | 756 | 30 |
| Rhein | 867 | 102111 | Drau | 719 | 40 |
| Main | 524 | 26507 | Save | 712 | 95 |
| Fränkische Saale | 135 | 2763 | Inn | 510 | 26 |
| Tauber | 120 | 1799 | Dnjepr | 2285 | 504 |
| Nidda | 98 | 1933 | Desna | 1130 | 89 |
| Regnitz | 58 | 7540 | Pripjat | 775 | 122 |
| Neckar | 367 | 13958 | Don | 1970 | 422 |
| Jagst | 196 | 1837 | Donez | 1053 | 99 |
| Kocher | 180 | 1983 | Petschora | 1809 | 322 |
| Enz | 112 | 2223 | Dnjestr | 1411 | 72 |
| Mosel | 242 | 9387 | Nördliche Dwina | 1326 | 357 |
| Saar | 120 | 3575 | Wytschegda | 1130 | 121 |
| Lahn | 245 | 5947 | Rhein | 1320 | 252 |
| Lippe | 255 | 4891 | Mosel | 545 | 28 |
| Ruhr | 213 | 4489 | Elbe | 1165 | 144 |
| Sieg | 130 | 2875 | Weichsel | 1068 | 194 |
| Nahe | 116 | 4010 | Düna (Westl. Dwina) | 1020 | 88 |
| Ems | 371 | 12649 | Loire | 1020 | 121 |
| Weser | 440 | 41094 | Tajo | 1007 | 80 |
| Werra | 292 | 5505 | Maas | 933 | 49 |
| Aller | 262 | 15593 | Ebro | 910 | 84 |
| Leine | 281 | 6512 | Duero | 895 | 98 |
| Fulda | 218 | 6947 | Memel | 879 | 98 |
| Eder | 177 | 3357 | Oder | 860 | 119 |
| Hunte | 189 | 2785 | Warthe | 700 | 54 |
| Elbe | 700 | 97464 | Bug (Schwarzmeer-Bug) | 856 | 75 |
| Saale | 427 | 23737 | Rhône | 813 | 99 |
| Weiße Elster | 257 | 5100 | Guadiana | 778 | 68 |
| Unstrut | 192 | 6350 | Bug (Narew-Bug) | 776 | 39 |
| Bode | 169 | 3300 | Seine | 776 | 79 |
| Havel | 343 | 24273 | Götaälv (mit Klarälv) | 720 | 43 |
| Spree | 382 | 10100 | Guadalquivir | 657 | 57 |
| Mulde | 433 | 7386 | Po | 652 | 75 |
| Elde | 220 | 3050 | Glomma | 587 | 42 |
| Schwarze Elster | 181 | 5498 | Garonne | 575 | 85 |
| Ilmenau | 107 | 2869 | Torneälv (mit Muoniälv) | 570 | 40 |
| Eider | 188 | 1891 | Dalälv | 520 | 29 |
| Trave | 118 | 1854 | Maritza | 514 | 35 |
| Oder | 162 | 4399 | Inn (zur Donau) | 510 | 26 |
| Lausitzer Neiße | 199 | 1225 | | | |
| Peene | 128 | 5099 | | | |

⇒ S. 34

# Geografie

| Fluss | Länge (in km) | Einzugsgebiet (in1000 km²) |
|---|---|---|
| **übrige Erdteile** | | |
| Nil (mit Kagera) | 6671 | 2870 |
| Amazonas | 6437 | 7180 |
| Chang Jiang | 5472 | 1808 |
| Huang He | 4667 | 745 |
| Kongo | 4374 | 3690 |
| Amur | 4345 | 1855 |
| Ob | 4345 | 2975 |
| Irtysch | 4248 | 1643 |
| Lena | 4313 | 2490 |
| Paraná (mit La Plata) | 4264 | 3100 |
| Niger | 4184 | 2092 |
| Mekong | 4184 | 810 |
| Jenissej | 4092 | 2580 |
| Angara | 1852 | 1039 |
| Mississippi | 3778 | 3230 |
| Arkansas | 2410 | 470 |
| Ohio | 2102 | 528 |
| Missouri | 3725 | 1370 |
| Euphrat | 3597 | 673 |
| Madeira | 3240 | 1160 |
| Rio Grande | 3034 | 570 |
| Syrdarja | 2991 | 465 |
| Indus | 2897 | 960 |
| Brahmaputra | 2896 | 935 |
| Yukon | 2849 | 855 |
| Tarim | 2750 | 1000 |
| Sambesi | 2736 | 1330 |

| Fluss | Länge (in km) | Einzugsgebiet (in1000 km²) |
|---|---|---|
| Nelson | 2575 | 1132 |
| Orinoco | 2575 | 1086 |
| Murray | 2570 | 1160 |
| Darling | 2740 | 520 |
| Paraguay | 2549 | 1150 |
| Amudarja | 2539 | 465 |
| Ural | 2535 | 231 |
| Kolyma | 2513 | 647 |
| Ganges | 2511 | 1125 |
| Saluen | 2414 | 325 |
| Colorado | 2333 | 428 |
| Mackenzie | 2318 | |
| Oranje (Orange) | 2092 | 1020 |
| Irrawaddy | 2092 | 430 |
| Columbia | 1953 | 822 |
| Tigris | 1899 | 375 |
| Cubango (Okawango) | 1800 | 800 |
| Uruguay | 1609 | 306 |
| Limpopo | 1600 | 440 |
| Volta | 1600 | 388 |
| Magdalena | 1538 | 250 |
| Godavari | 1445 | 290 |
| Senegal | 1430 | 441 |
| St.-Lorenz-Strom | 1170 | 1269 |
| Gambia | 1127 | 185 |
| Ussuri | 909 | 187 |
| Hudson | 492 | 35 |
| Jordan | 322 | |

## Bedeutende Flussdeltas

| Name (Lage) | Fläche (in km²) |
|---|---|
| Ganges-Brahmaputra (Golf von Bengalen/Indischer Ozean) | 80000 |
| Mekong (Südchinesisches Meer) | 70000 |
| Lena (Laptewsee/Nordpolarmeer) | 45000 |
| Niger (Golf von Guinea/Atlantik) | 40000 |
| Irrawaddy (Andamanensee/ Indischer Ozean) | 35000 |
| Mississippi (Golf von Mexiko) | 30000 |
| Orinoco (Guayana-Becken/Atlantik) | 24000 |
| Nil (Mittelmeer) | 20000 |
| Wolga (Kaspisches Meer) | 18000 |
| Roter Fluss (Südchinesisches Meer) | 15000 |
| Cauveri (Indischer Ozean) | 10000 |
| Indus (Arabisches Meer) | 8000 |
| Sambesi (Straße von Mosambik/ Indischer Ozean) | 8000 |
| Donau (Schwarzes Meer) | 4000 |
| Rhein (Nordsee) | 2000 |
| Dodavari (Golf von Bengalen/ Indischer Ozean) | 900 |
| Rhône (Mittelmeer) | 750 |

## Größte Flüsse (nach Wasserführung)

| Fluss | m³/sec |
|---|---|
| Amazonas | 180000 |
| Kongo | 75000 |
| Jenissej | 75000 |
| Ganges-Brahmaputra | 39000 |
| Niger | 25000 |
| Jangtsekiang (Chang Jiang) | 22000 |
| Sambesi | 22000 |
| Lena | 20000 |
| Paraná | 20000 |
| La Plata | 19500 |
| Mississippi | 18400 |
| Ob | 12500 |
| Mekong | 12000 |
| St.-Lorenz-Strom | 10000 |
| Wolga | 10000 |
| Donau | 6240 |
| Indus | 5700 |
| Huang He | 3285 |
| Nil | 3120 |
| Rhein | 2330 |
| Po | 1700 |

## Bedeutende (See-)Kanäle der Erde

| Kanal | Land | eröffnet | Verbindung | Länge (in km) | Tiefe (in m) | Schleusen |
|---|---|---|---|---|---|---|
| **Europa** | | | | | | |
| Nordostseekanal | Deutschland | 1895 | Nordsee – Ostsee | 98,7 | 11,3 | 2 |
| Nordseekanal | Niederlande | 1876 | Nordsee – IJsselmeer | 27,0 | 15,5 | 4 |
| Amsterdam-Rhein-Kanal | Niederlande | 1952 | Waal (Rhein) – IJsselmeer | 72,4 | 6,0 | 4 |
| Brügger Seekanal* | Belgien | 1907 | Nordsee (Zeebrügge) – Brügge | 12,0 | 8,5 | – |
| Brüsseler Seekanal* | Belgien | 1922 | Brüssel – Antwerpen | 32,0 | 6,4 | 4 |
| Manchester-Kanal | Großbrit. | 1894 | Manchester – Liverpool | 64,0 | 8,5 | 5 |
| Alfons-XIII.-Kanal | Spanien | 1926 | Sevilla – Golf von Cádiz | 85,0 | – | 8 |
| Kanal von Korinth | Griechenland | 1893 | Ionisches – Ägäisches Meer | 6,5 | 7,0 | – |
| Wolga-Don-Kanal | Russland | 1952 | Don (Schw. Meer) – Wolga | 101,0 | – | 13 |
| Moskaukanal | Russland | 1937 | Moskau – Wolga | 128,0 | 5,5 | 11 |
| Weißmeer-Kanal** | Russland | 1933 | Weißes Meer – Onegasee | 227,0 | 5,0 | 19 |
| **Afrika/Asien** | | | | | | |
| Suezkanal | Ägypten | 1869 | Mittelmeer – Rotes Meer | 161,0 | 20,4 | – |
| **Amerika** | | | | | | |
| Panamakanal | Panama | 1914 | Atlantik – Pazifik | 81,3 | 14,3 | 6 |
| Wellandkanal | Kanada | 1931 | Eriesee – Ontariosee | 45,0 | 8,8 | 8 |
| Sankt-Lorenz-Seeweg | Kanada/USA | 1959 | Montreal – Ontariosee | 204,0 | 8,2 | 7 |
| Cape-Cod-Kanal | USA (Mass.) | 1914 | Cape Cod Bay – Buzzard Bay | 13,0 | 9,7 | – |
| Houstonkanal | USA (Texas) | 1940 | Houston – Galveston (Golf von Mexiko) | 91,2 | 10,3 | – |

Alle Kanäle sind für Seeschiffe befahrbar, außer: * bis 6000-t-Schiffe, ** bis 3000-t-Schiffe.

## Berühmte Wasserfälle

| Name (Land) | Höhe (in m) |
|---|---|
| Angelfall (Venezuela) | 978 |
| Tugelafall (Südafrika) | 948 |
| Yosemitefälle (Kalifornien, USA) | 740 |
| Itatinga (Brasilien) | 628 |
| Cuquenan (Guyana/Venezuela) | 610 |
| Sutherlandfälle (Südafrika) | 571 |
| Ormeli (Norwegen) | 563 |
| Piläo (Brasilien) | 524 |
| Ribbonfall (Kalifornien, USA) | 490 |
| Wolomombifälle (Australien) | 482 |
| Roraimafall (Guyana) | 457 |
| Cleve-Garth (Neuseeland) | 450 |
| Kalambofälle (Tansania) | 427 |
| Gavarniefall (frz. Pyrenäen) | 415 |
| Lofoifall (DVR Kongo) | 384 |
| Krimmler Fälle (Österreich) | 380 |
| Seriofall (Italien) | 315 |
| Tyssestrenge (Norwegen) | 300 |
| Gießbachfälle (Schweiz) | 300 |
| Staubbachfall (Schweiz) | 287 |
| Vettisfälle (Norwegen) | 260 |
| Gersoppafälle (Indien) | 250 |
| Kaieteurfall (Guyana) | 226 |
| Velinofälle (Italien) | 180 |

### Kreislauf des Wassers

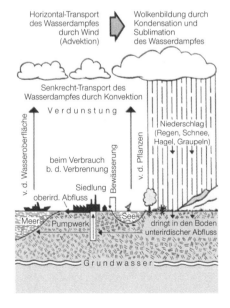

⇒ S. 36

# Geografie

| Name (Land) | Höhe (in m) |
|---|---|
| Vöringfall (Norwegen) | 163 |
| Tribergfälle (Deutschland) | 162 |
| Tocefall (Italien) | 160 |
| Tequendamafall (Kolumbien) | 147 |
| Ilja-Muromec-Fall (Kurilen, Russland) | 141 |
| Victoriafälle (Simbabwe/Sambia) | 110 |
| Teveronefälle (Italien) | 108 |
| Yellowstonefall (USA) | 94 |
| Gasteiner Fälle (Österreich) | 85 |
| Krkafälle (Kroatien) | 84 |
| Montmorencyfälle (Kanada) | 82 |
| Paulo-Afonso-Fälle (Brasilien) | 81 |
| Iguacufälle (Brasilien) | 69 |
| Niagarafälle (USA/Kanada) | 60 |
| Rheinfall (Schweiz) | 19 |

## Die größten Seen

| See (Region) | Fläche (in km²) | Tiefe (in m) |
|---|---|---|
| **Deutschland** | | |
| Bodensee | 538,5* | 252,0 |
| Müritz (Mecklenburg) | 115,3 | 31,0 |
| Chiemsee (Oberbayern) | 82,0 | 73,0 |
| Schweriner See (Mecklenburg) | 65,5 | 51,0 |
| Starnberger See (Oberbayern) | 57,2 | 128,0 |
| Ammersee (Oberbayern) | 47,6 | 83,0 |
| Plauer See (Mecklenburg) | 38,7 | 23,8 |
| Kummerower See (Mecklenburg) | 32,9 | 25,5 |
| Steinhuder Meer (Niedersachsen) | 29,4 | 3,0 |
| Großer Plöner See (Schlesw.-Holst.) | 29,0 | 60,0 |
| Schaalsee (Schlesw.-Holst./Meckl.) | 23,3 | 72,0 |
| Selenter See (Schlesw.-Holst.) | 22,4 | 34,0 |
| Kölpinsee (Mecklenburg) | 20,5 | 27,8 |
| Tollensesee (Mecklenburg) | 17,4 | 33,2 |
| Walchensee (Oberbayern) | 16,1 | 192,0 |
| Dümmer (Niedersachsen) | 16,0 | 3,0 |
| Krakower See (Mecklenburg) | 15,7 | 29,0 |
| Malchiner-See (Mecklenburg) | 14,4 | 10,6 |
| Ratzeburger See (Schlesw.-Holst.) | 14,1 | 24,0 |
| Scharmützelsee (Brandenburg) | 13,8 | 29,0 |
| Parsteiner See (Brandenburg) | 11,0 | 30,0 |
| Unterueckersee (Brandenburg) | 10,7 | 19,3 |
| Schwielochsee (Brandenburg) | 10,5 | 7,0 |
| Beetzsee (Berlin) | 10,0 | 9,0 |
| Tegernsee (Oberbayern) | 8,9 | 72,0 |
| Werbellinsee (Brandenburg) | 8,1 | – |
| Staffelsee (Oberbayern) | 7,7 | 38,0 |
| Großer Müggelsee (Berlin) | 7,5 | 7,7 |
| Kochelsee (Oberbayern) | 6,0 | 66,0 |
| Königssee (Oberbayern) | 5,2 | 189,0 |
| Schluchsee (Schwarzwald) | 5,1 | 61,0 |
| Arendsee (Altmark) | 5,1 | 49,5 |
| Großer Stechlinsee (Brandenburg) | 4,3 | 68,0 |
| Tegeler See (Berlin) | 4,1 | 16,0 |

| See (Region) | Fläche (in km²) | Tiefe (in m) |
|---|---|---|
| Laacher See (Eifel) | 3,2 | 51,0 |
| Wannsee (Berlin) | 2,7 | 9,0 |
| Schliersee (Oberbayern) | 2,2 | 39,0 |
| Eibsee (Oberbayern) | 1,8 | 32,0 |
| Sakrower See (Brandenburg) | 1,1 | – |
| Titisee (Schwarzwald) | 1,1 | 40,0 |

\* Gesamtfläche: 571,5 km²

| **Europa** | | |
|---|---|---|
| Ladogasee (Russland) | 17 703 | 225,0 |
| Onegasee (Russland) | 9609 | 115,0 |
| Vänern (Schweden) | 5584 | 100,0 |
| Peipussee (Estland/Russland) | 3550 | 15,0 |
| Vättern (Schweden) | 1899 | 119,0 |
| Saimaa (Finnland) | 1460 | 58,0 |
| Segozero (Russland) | 1200 | 99,0 |
| Mälaren (Schweden) | 1140 | 64,0 |
| Beloje Ozero (Russland) | 1125 | 20,0 |
| Inarisee (Finnland) | 1085 | 80,0 |
| Päijänne (Finnland) | 1065 | 93,0 |
| Ilmensee (Russland) | 610 | 10,0 |
| Plattensee (Ungarn) | 592 | 11,0 |
| Genfer See (Schweiz) | 581 | 310,0 |
| Hjälmaren (Schweden) | 493 | 18,0 |
| Gardasee (Italien) | 370 | 346,0 |
| Mjösensee (Norwegen) | 366 | 443,0 |
| Skutarisee (Jugoslawien/Albanien) | 356 | 44,0 |
| Neusiedlersee (Ungarn/Österreich) | 356 | 62,0 |
| Siljan (Schweden) | 330 | 120,0 |
| Lough Neagh (Irland) | 320 | 34,0 |
| Prespasee (Makedonien/Albanien/ Griechenland) | 278 | 54,0 |
| Ohridsee (Makedonien/Albanien) | 268 | 286,0 |
| Neuenburger See (Schweiz) | 218 | 153,0 |
| Lago Maggiore (Italien/Schweiz) | 216 | 372,0 |
| Comer See (Italien) | 146 | 412,0 |
| Vierwaldstätter See (Schweiz) | 114 | 214,0 |
| Zürichsee (Schweiz) | 90 | 143,0 |
| Luganer See (Schweiz) | 49 | 288,0 |
| Thuner See (Schweiz) | 48 | 217,0 |
| Attersee (Österreich) | 46 | 171,0 |
| Bieler See (Schweiz) | 40 | 74,0 |
| Traunsee (Österreich) | 26 | 191,0 |
| Wörther See (Österreich) | 19 | 86,0 |
| Mondsee (Österreich) | 14 | 68,0 |
| Millstätter See (Österreich) | 13 | 140,0 |
| St.-Wolfgang-See (Österreich) | 13 | 114,0 |

| **übrige Erdteile** | | |
|---|---|---|
| Kaspisches Meer (Russland/ Kasachstan/Aserbaidschan/ Turkmenistan/Iran) | 371 000 | 995,0 |
| Oberer See (USA/Kanada) | 82 103 | 405,0 |
| Victoriasee (Kenia/Tans./Uganda) | 69 484 | 81,0 |

| See (Region) | Fläche (in km²) | Tiefe (in m) |
|---|---|---|
| Aralsee (Kasachstan/Usbekistan) | 64 501 | 68,0 |
| Huronsee (USA/Kanada) | 59 570 | 229,0 |
| Michigansee (USA) | 57 757 | 281,0 |
| Tanganjikasee (Burundi/ Sambia/Tansania/DVR Kongo) | 32 893 | 1417,0 |
| Baikalsee (Russland) | 31 500 | 1620,0 |
| Großer Bärensee (Kanada) | 31 329 | 413,0 |
| Malawisee (Malawi/ Mosambik/Tansania) | 29 604 | 678,0 |
| Großer Sklavensee (Kanada) | 28 570 | 614,0 |
| Eriesee (USA/Kanada) | 25 667 | 64,0 |
| Winnipegsee (Kanada) | 24 390 | 18,0 |
| Ongariosee (USA/Kanada) | 19 011 | 244,0 |
| Balchaschsee (Kasachstan) | 18 428 | 26,0 |
| Maracaibosee (Venezuela) | 16 317 | 35,0 |
| Tschadsee (Niger/Nigeria/Tschad) | 16 000 | 7,0 |
| Eyresee (Australien) | 10 000 | 1,0 |
| Turkanasee (Kenia/Äthiopien) | 6504 | 73,0 |
| Nicaraguasee (Nicaragua) | 8029 | 70,0 |
| Titicacasee (Peru/Bolivien) | 8300 | 281,0 |
| Athabaskasee (Kanada) | 7936 | 124,0 |
| Issyk-kul (Kirgisistan) | 6099 | 702,0 |
| Torrenssee (Australien) | 5776 | seicht |
| Albertsee (Uganda/DVR Kongo) | 5300 | 51,0 |
| Quinghai (China) | 5000 | 38,0 |

## Die größten Talsperren

| Talsperre (Fluss) | Stauraum (Mio. m³) | Fläche (km²) |
|---|---|---|
| **Deutschland** | | |
| Bleiloch (Saale) | 215 | 9 |
| Schwammenauel (Rur) | 205 | 8 |
| Edersee (Eder, Fulda) | 202 | 12 |
| Hohenwarte (Saale) | 182 | 7 |
| Forggensee (Lech) | 165 | 16 |
| Bigge (Bigge, Lenne, Ruhr) | 150 | 7 |
| Möhne (Möhne, Ruhr) | 135 | 10 |
| Rappbode (Bode, Saale) | 109 | 4 |
| Sylvensteinsee (Isar) | 108 | 6 |
| Schluchsee (Schwarza, Wutach) | 108 | 5 |

| Talsperre (Land) | Stauraum (Mio. m³) | Fläche (km²) |
|---|---|---|
| **weltweit** | | |
| Itaipú (Brasilien/Paraguay) | 290 000 | 1460 |
| Kariba (Simbabwe) | 183 000 | 5230 |
| Bratsk (Russland) | 180 000 | 5500 |
| Akosombo (Ghana) | 165 000 | 8700 |
| Sadd Al Ali; Assuan (Ägypten) | 164 000 | 5500 |
| Cabora Bassa (Mosambik) | 160 000 | 2700 |

| Talsperre (Land) | Stauraum (Mio. m³) | Fläche (km²) |
|---|---|---|
| Daniel Johnson (Kanada) | 142 000 | 1942 |
| Krasnojarsk (Russland) | 73 500 | 2130 |
| Portage Mountain (Kanada) | 70 000 | 1761 |
| Sejsk (Russland) | 68 400 | 2740 |
| Sanmen (VR China) | 65 000 | 2350 |
| Ust-Ilimsk (Russland) | 59 400 | 1873 |
| Samara (Russland) | 58 000 | 6500 |
| Buchtarma (Kasachstan) | 53 000 | 5500 |
| Atatürk (Türkei) | 49 000 | 817 |

## Die größten Inseln

| Insel (Region/Land) | Größe (in km²) |
|---|---|
| **Deutschland** | |
| Rügen (Mecklenburg-Vorpommern) | 926,4 |
| Usedom (Mecklenburg-Vorpommern) | 354,2* |
| Fehmarn (Schleswig-Holstein) | 185,3 |
| Sylt (Nordfriesische Inseln) | 99,1 |
| Föhr (Nordfriesische Inseln) | 82,8 |
| Nordstrand (Nordfriesische Inseln) | 50,1 |
| Pellworm (Nordfriesische Inseln) | 37,3 |
| Poel (Mecklenburg-Vorpommern) | 37,0 |
| Borkum (Ostfriesische Inseln) | 30,7 |
| Norderney (Ostfriesische Inseln) | 26,3 |
| Amrum (Nordfriesische Inseln) | 20,4 |
| Ummanz (Mecklenburg-Vorpommern) | 19,7 |
| Langeoog (Ostfriesische Inseln) | 19,7 |
| Hiddensee (Mecklenburg-Vorpommern) | 18,6 |
| Spiekeroog (Ostfriesische Inseln) | 17,5 |
| Juist (Ostfriesische Inseln) | 16,3 |
| Nordmarsch-Langeneß (Nordfriesische Inseln) | 11,6 |
| Maasholm (Schleswig-Holstein) | 8,4 |
| Baltrum (Ostfriesische Inseln) | 6,5 |
| Hallig Hooge (Nordfriesische Inseln) | 5,9 |
| Wangerooge (Ostfriesische Inseln) | 4,7 |
| Reichenau (Bodensee) | 4,5 |
| Scharhörn (Elbe, Hamburg) | 4,1 |
| Herrenchiemsee (Bayern) | 3,3 |
| Neuwerk (Elbe, Hamburg) | 2,9 |
| Helgoland (mit Düne) | 2,1 |
| Mainau (Bodensee) | 0,4 |
| Frauenchiemsee (Bayern) | 0,2 |

* Gesamtfläche: 445 km²

| | |
|---|---|
| **Europa** | |
| Großbritannien | 219 801 |
| Island | 103 000 |
| Irland | 84 426 |
| Nowaja Semlja (Nordinsel, Russland) | 48 200 |
| Spitzbergen (Westinsel, Norwegen) | 39 434 |
| Nowaja Semlja (Südinsel, Russland) | 33 100 |

⇒ S. 38

# Geografie

| Insel (Land) | Größe (in km²) |
|---|---|
| Sizilien (Italien) | 25 708 |
| Sardinien (Italien) | 24 090 |
| Spitzbergen (Nordost-Insel, Norwegen) | 14 789 |
| Korsika (Frankreich) | 8682 |
| Kreta (Griechenland) | 8331 |
| Seeland (Dänemark) | 7434 |
| Kolgujewinsel (Russland) | 5250 |
| Edgeinsel (Spitzbergen, Norwegen) | 5030 |
| Mallorca (Spanien) | 3660 |
| Euböa (Griechenland) | 3654 |
| Fünen (Dänemark) | 3482 |
| Wajgatsch (Russland) | 3400 |
| Gotland (Schweden) | 3140 |
| Ösel (Estland) | 2714 |
| Lewis (Hebriden, Großbritannien) | 2273 |
| Hinnöy (Norwegen) | 2198 |
| Lesbos (Griechenland) | 1630 |
| Rhodos (Griechenland) | 1398 |
| Öland (Schweden) | 1344 |
| Lolland (Dänemark) | 1241 |
| Mainland (Shetland, Großbritannien) | 970 |
| Dagö (Estland) | 965 |
| Langöy (Norwegen) | 860 |
| Chios (Griechenland) | 842 |
| Soröy (Norwegen) | 816 |
| Kefallinia (Griechenland) | 781 |
| São Miguel (Azoren, Portugal) | 747 |
| Menorca (Spanien) | 668 |
| Islay (Hebriden, Großbritannien) | 608 |
| Korfu (Griechenland) | 592 |
| Bornholm (Dänemark) | 588 |
| Man (Großbritannien) | 588 |
| Ibiza (Spanien) | 572 |
| Falster (Dänemark) | 514 |
| Lemnos (Griechenland) | 482 |
| Samos (Griechenland) | 476 |
| Naxos (Griechenland) | 428 |
| Krk (Kroatien) | 408 |
| Zakynthos (Griechenland) | 402 |

| übrige Erdteile | |
|---|---|
| Grönland | 2 175 600 |
| Neuguinea | 771 900 |
| Kalimantan (Indonesien) | 737 000 |
| Madagaskar | 587 041 |
| Baffinland (Kanada) | 470 000 |
| Sumatra (Indonesien) | 424 979 |
| Honshu (Japan) | 230 636 |
| Ellesmereland (Kanada) | 212 700 |
| Victoriainsel (Kanada) | 212 200 |
| Sulawesi, Celebes (Indonesien) | 179 400 |
| Neuseeland, Südinsel | 153 947 |
| Java (Indonesien) | 126 650 |
| Neuseeland, Nordinsel | 114 729 |
| Neufundland (Kanada) | 111 108 |
| Kuba | 110 900 |

| Insel (Land) | Größe (in km²) |
|---|---|
| Luzón (Philippinen) | 104 647 |
| Mindanao (Philippinen) | 94 594 |
| Hokkaido (Japan) | 78 512 |
| Hispaniola (Haiti/Dominikan. Rep.) | 76 484 |
| Sachalin (Russland) | 76 400 |
| Banksland (Kanada) | 67 340 |
| Sri Lanka, Ceylon | 65 601 |
| Tasmanien (Australien) | 64 880 |
| Devon (Kanada) | 54 130 |
| Marajó (Brasilien) | 47 573 |
| Feuerland (Argentinien) | 47 000 |
| New Britain (Papua-Neuguinea) | 36 647 |
| Taiwan, Formosa | 35 961 |
| Kyushu (Japan) | 35 660 |
| Hainan (China) | 34 000 |
| Timor (Indonesien) | 33 850 |
| Vancouver (Kanada) | 32 124 |
| Halmahera (Indonesien) | 17 998 |
| Shikoku (Japan) | 17 766 |
| Seram (Indonesien) | 17 150 |
| Neukaledonien (Frankreich) | 16 750 |
| Flores (Indonesien) | 15 175 |
| Samar (Philippinen) | 13 429 |
| Sumbawa (Indonesien) | 13 280 |
| Negros (Philippinen) | 12 703 |
| Bangka (Indonesien) | 11 940 |
| Palawan (Philippinen) | 11 784 |
| Sumba (Indonesien) | 11 082 |
| Jamaika | 10 991 |
| Hawaii (USA) | 10 414 |
| Viti-Levu (Fidschi) | 10 388 |
| Zypern | 9251 |
| Bougainville (Papua-Neuguinea) | 8754 |
| Puerto Rico (USA) | 8683 |
| New Ireland (Papua-Neuguinea) | 8651 |
| Disko (Grönland) | 8578 |
| Chiloé (Chile) | 8395 |
| Wrangelinsel (Russland) | 7542 |
| Wellington (Chile) | 6750 |
| Guadalcanal (Salomonen) | 6470 |
| Bali (Indonesien) | 5561 |
| Vanua Levu (Fidschi) | 5516 |
| Espíritu Santo (Vanuatu) | 4860 |
| Trinidad | 4827 |
| Isabela (Galapagos, Ecuador) | 4278 |
| Long Island (USA) | 3630 |
| Socotra (Jemen) | 3626 |
| Malekula (Vanuatu) | 2539 |
| Réunion (Frankreich) | 2510 |
| Teneriffa (Kanarische Inseln, Spanien) | 2352 |
| Bioko (Äquatorialguinea) | 2017 |
| Mauritius | 1864 |
| Fuerteventura (Kanarische Inseln, Spanien) | 1731 |
| Savai'i (Samoa) | 1715 |
| Sansibar (Tansania) | 1659 |
| Martinique (Frankreich) | 1102 |
| Tahiti (Gesellschaftsinseln, Frankreich) | 1042 |
| São Tomé | 836 |

38

## Bedeutende Wüsten der Erde

| Name (Land) | Fläche (in km²) | Name (Land) | Fläche (in km²) |
|---|---|---|---|
| **Afrika** | | **Asien** | |
| Sahara (Ägypten/Libyen/Mali/ Niger/Sudan/Tschad) | 8,7 Mio. | Gobi (Mongolei/VR China) | 2 Mio. |
| Libysche Wüste (Ägypten/Libyen/ Sudan)* | 2 Mio. | Takla Makan (VR China) | 327 400 |
| | | Kysylkum (Usbekistan) | 300 000 |
| Kalahari (Botswana/Namibia/ Südafrika) | 582 750 | Karakum (Turkmenistan) | 280 000 |
| Somali (Somalia) | 260 000 | Lut (mit Dasht-e Lut, Dasht-e Kavir; Iran) | 274 100 |
| Nubische Wüste (Sudan)* | 259 000 | Thar (Indien) | 259 000 |
| Arabische Wüste (Ägypten/Sudan) | 181 300 | Syrische Wüste (Irak/Jordanien/ Saudi-Arabien/Syrien) | 259 000 |
| Namib (Namibia) | 50 000 | Betpak Dala (Kasachstan) | 155 000 |
| | | Tschungarische Wüste (VR China) | 142 000 |
| * Teil der Sahara | | Rub al Khali (Jemen/Saudi-Arabien/ Vereinigte Arabische Emirate) | 132 000 |
| | | Dahna (Saudi-Arabien) | 132 000 |
| | | Ordoswüste (VR China) | 130 000 |
| **Amerika** | | Nafud (Saudi-Arabien) | 103 600 |
| Patagonische Wüste (Argentinien) | 673 000 | Negev (Israel) | 12 000 |
| Great Basin (USA; Colorado, Utah) | 600 000 | | |
| Chihuahua (Mexiko/USA) | 362 600 | **Australien** | |
| Sonora (USA; Arizona, Kalifornien) | 181 300 | Große Sandwüste (Westaustralien) | 388 500 |
| Atacama (Chile) | 180 000 | Gibsonwüste (Westaustralien) | 310 800 |
| Bolson de Mapimi (Mexiko) | 130 000 | Simpsonwüste (Nordterritorium, Queensland, Südaustralien) | 260 600 |
| Mojave (USA; Arizona, Kalifornien) | 38 850 | Große Victoriawüste (West-, Südaustralien) | 200 000 |
| Death Valley (USA; Arizona, Kalifornien) | 8547 | Sturt (Südostaustralien) | 130 000 |
| Imperial Valley (USA; Arizona, Kalifornien) | 400 | Tanamiwüste (Nordterritorium) | 100 000 |

## Größe und Aufbau der Erde

| Gebiet | Fläche (in Mio. km²) | Oberflächen- anteil (in %) | mittlere Höhe (in m) |
|---|---|---|---|
| Asien | 44,0 | 29,8 | 950 |
| Afrika | 30,3 | 20,3 | 650 |
| Nord- und Mittelamerika | 24,2 | 16,2 | 700 |
| Südamerika | 17,8 | 11,9 | 580 |
| Antarktis | 14,0 | 9,4 | – |
| Europa | 10,4 | 6,7 | 300 |
| Australien/Ozeanien | 8,4 | 5,7 | 350 |
| Landfläche gesamt | 149,1 | 29,3 | |
| Pazifischer Ozean | 179,6 | 49,8 | |
| Atlantischer Ozean | 106,5 | 29,5 | |
| Indischer Ozean | 74,9 | 20,7 | |
| Wasserfläche gesamt | 361,0 | 70,7 | |
| Erde gesamt | 510,1 | | |

# Geografie

| Bezeichnung | Vorkommen | Klima | Pflanzenwelt |
|---|---|---|---|
| **Tropen**<br>innere Tropen | Zentralafrika (Kongobecken), Südamerika (Amazonasbecken), Südostasien (Teile Vorder- und Hinterindiens, gesamt Inselindien) | ganzjährig hohe Luftfeuchtigkeit und Temperaturen; Niederschlagsmenge liegt über 2000 mm/Jahr; 10–12 feuchte Monate; die Temperatur des kältesten Monats liegt über 18°C; Tageszeitenklima | immergrüner tropischer Regenwald: Stockwerkbau, Baumhöhe bis über 60 m; Mangroven- und Nebelwald; artenreichste Region |
| äußere Tropen | | wechselfeucht; 1–2 Trockenzeiten jährlich | Baumhöhe bis ca. 35 m |
| | Teile Vorder- und Hinterindiens; Venezuela, Brasilien | Niederschlagsmenge beträgt über 1000 mm/Jahr; 9–10 feuchte Monate | Feuchtwald, Monsunwald; z.T. werfen die Bäume das Laub in der Trockenzeit ab; Teak- und Salwälder (Asien) |
| | Afrika (Guinea, Nigeria, südliches Afrika), Australien, Südamerika | Niederschlagsmenge beträgt über 1000 mm/Jahr; 2–9 feuchte Monate | Savannen, durch Feuchtigkeitsverhältnisse differenziert in: Feucht-, Trocken- und Dornsavanne; mit zunehmender Trockenheit Auflockerung des Waldes, Übergang zu Grasländern mit Dornsträuchern, Stauden und Kräutern; an den Wasserläufen Galeriewälder |
| **Subtropen**<br>Trockengebiete | Nordhalbkugel: Nordafrika (Sahara), Arabien, Innerasien (Iran, Turkestan, Pakistan, Afghanistan), Südwesten der USA, Süden Russlands Südhalbkugel: Südwestafrika, Westküste Südamerikas und Westaustraliens | Niederschlag ist immer höher als die Verdunstung. Niederschlagsmenge liegt unter 400 mm/Jahr; die Niederschläge fallen sehr unregelmäßig; höchstens ein feuchter Monat im Jahr | Wüsten, Savannen (Wald-, Kraut-, Grassavannen); Pflanzen sind an extreme Bedingungen angepasst. Sie überdauern die Trockenperiode durch Wasserspeicherung; Kakteen, Wolfsmilchgewächse, Salzpflanzen |
| Monsunale Sommerregengebiete | Nordhalbkugel: Hinterindien, z.T. Japan, China, Süden der USA Südhalbkugel: Argentinien, Ostküste des südl. Afrikas, Südaustralien | Monsunsystem entsteht durch den Wärmegegensatz zwischen Land und Meer (am stärksten im südasiatischen Raum); mittlere Jahresmengen der Niederschläge stark schwankend, unter Umständen Dürre möglich | Monsunwälder (Dschungel), überwiegend laubwerfend, mit Unterwuchs (Bambus, Farne, Lianen); charakteristisch: Magnolien, Camelien, Teakbaum (Asien), Eukalyptus (Australien), Araukarien (Südamerika) |

## Landschaftszonen der Erde

| Tierwelt | Wirtschaftsformen des Menschen | gegenwärtiger Zustand |
| --- | --- | --- |
| Insekten, Nagetiere, Amphibien, Reptilien (Krokodile, Schlangen), Vögel (Papageien); artenreichste Region | Vier Kulturkreise: ibero-amerikanisch, afrikanisch, hinduistisch, malaiisch-polynesisch; keine einheitliche Kulturlandschaft, sondern ein Nebeneinander von hoch entwickelter Plantagenwirtschaft mit Monokultur (Bananen, Kautschuk, Kakao, Rohrzucker) und Subsistenzwirtschaft, die nur für den Eigenbedarf betrieben wird (Yams, Maniok, Hirse u.a.) | In den letzten Jahren großflächige Erschließung der tropischen Regenwälder aus wirtschaftlichen Gründen: Gewinnung von Edelhölzern, Abbau von Bodenschätzen, Straßenbau. Dadurch wurden dem Ökosystem Regenwald irreparable Schäden zugefügt. Rückzugsgebiete für Naturvölker: Xingu (Südamerika), Pygmäen (Afrika), Iban (Borneo) |
| Großwild: Giraffe, Elefant, Löwe, Zebra, Antilope, Känguru, Strauß | Plantagen- und Subsistenzwirtschaft, Viehhaltung (Rinder, Schafe, Ziegen) | Dorn- und Trockensavanne von Ausbreitung der Wüste betroffen; infolge von unsachgemäßer Bodennutzung (Überweidung u.a.) Gefahr der Bodenzerstörung durch Bodenabtrag |
| Kamel, Schakal, Lama, Wüstenfuchs, Springmaus, Strauß, Schlangen | Gewinnung und Speicherung von Wasser ist lebensnotwendig; verschiedene Arten der Gewinnung bzw. des Transports von Wasser. Brunnen, oberirdische oder unteriridische Kanäle (z.B. Khanate); Oasen; der Nomadismus als spezielle Wirtschaftsform in der Alten Welt; Ausweitung der Wirtschaftsfläche durch Bewässerung aus umfangreichen Stauanlagen am Rande der Gebirge | anomal lange Trockenperioden; Versalzung des Bodens infolge Bewässerungswirtschaft |
| Büffel, Elefant, Affen, Papageien, Schlangen, Termiten, Insekten | Bevölkerungsdichtezentren; kleine landwirtschaftliche Nutzflächen pro Kopf; Talhänge werden durch Terrassen in Anbaubereich einbezogen; Weizen- und Reisanbau, vielfach mit traditionellen Anbaumethoden | bevölkerungsreichste Region; fast völlig entwaldet und in Kulturlandschaft umgewandelt |

⇒ S. 42

# Geografie

| Bezeichnung | Vorkommen | Klima | Pflanzenwelt |
|---|---|---|---|
| Winterregengebiete | Westseiten der Kontinente Nordhalbkugel: europäischer Mittelmeerraum, Kalifornien Südhalbkugel: Teile Chiles, Südwestspitze Afrikas, Südwestaustralien | Sommertrockenheit und Winterregen, sog. Jahreszeitenklima. Landschaftsprägend ist das Verhältnis zwischen trockenen und feuchten Jahreszeiten | Anpassung an die Sommerdürre: immergrüne Hartlaub- und Holzgewächse (Olive), die Vegetation ist oft degradiert zu Gariden: Macchie im feuchten Mittelmeerraum (Sträucher u.a.) sowie Garigue in Frankreich und Nordafrika (Strauchheide) |
| **Gemäßigte Zone** kühlgemäßigte Zone (ozeanisch) | West- und Mitteleuropa, Südskandinavien, Osten der USA, Neuseeland, Ostaustralien, Ostchina, Patagonien | mäßig warme Sommer und mäßig kühle Winter, ständig feucht; mittlere Temperatur des kältesten Monats nicht unter -3°C; Jahreszeitenklima | Flachland: sommergrüne Laubmischwälder (Buche, Eiche, Ahorn) Gebirge: Nadelwälder (Kiefer, Tanne); USA und Ostasien sind artenreicher als Europa; Wiesen und Moore |
| kühlgemäßigte Zone (kontinental) | Osteuropa, Ukraine, Nordkasachstan, Teile Nordostasiens, Teile Nordamerikas | meist mäßig bis schwach feucht; Temperatur des wärmsten Monats liegt über 22°C; hohe Temperaturschwankungen im Jahr | Steppen; Prärie mit Kräutern, Federgras, Wacholder, Eiche, Ulme, Schlehe |
| boreale Nadelwaldzone | nur auf der Nordhalbkugel: Teile Nordamerikas (u.a. Alaska), Skandinavien, europäisches und asiatisches Russland (u.a. Sibirien); von Westen nach Osten zunehmende Nord-Süd-Ausdehnung | winterkaltes kontinentales Klima mit langem Winter und nur mäßigen Sommertemperaturen; die kurze Auftauperiode erfasst nur die oberen Bodenschichten. Die kalte Jahreszeit dauert über 6 Monate, weniger als 4 Monate haben Lufttemperaturen über 10°C; ausreichende Niederschläge, die aber unter 500 mm/Jahr liegen | Nadelwald (= Taiga in Russland, Sibirien) Fichten, Tannen, Lärchen und Kiefern mit Heidelbeere und Preißelbeere als Unterwuchs; Moore; Bereich der Waldgrenze |
| **Subpolarzone** | Nordhalbkugel: Küsten des Eismeeres Südhalbkugel: Falklandinseln, Feuerland, Südgeorgien, Kerguelen | mittlere Temperatur des wärmsten Monats unter 10°C; Niederschlagsmenge liegt meist unter 250 mm/ Jahr; Boden taut nur oberflächlich auf (bis ca. 1 m Tiefe) | Tundra (Wald-, Flechten- und Moostundra, arktische Moostundra) |
| **Polarzone** | Nordhalbkugel: Grönland, Spitzbergen, Franz-Josef-Land, Nowaja Semlja, Sewernaja Semlja Südhalbkugel: Antarktis | ewiges Eis, Dauerfrost auch am Polartag; die mittlere Lufttemperatur liegt immer unter 0°C | nur an geschützten Stellen Flechten, Moos und Polsterpflanzen, Gräser |

| Tierwelt | Wirtschaftsformen des Menschen | gegenwärtiger Zustand |
| --- | --- | --- |
| Damhirsch, Schakal, Flamingo, Seidenraupen | Intensive Nutzung, meist mit Hilfe künstlicher Bewässerung und auf künstlichen Terrassen; Getreide, Zitrusfrüchte, Wein, Oliven, Sonderkulturen | Frühe Inkulturnahme führte zu Raubbau und hat eine gestörte Ökologie der Landwirtschaft besonders im mediterranen Raum zur Folge; niedere oder fehlende Vegetation fördert die Bodenabspülung |
| Kleinwild, Rotwild, Vögel, Fische, Biber | Aufgrund des günstigen Klimas hochentwickelte und technisierte Landwirtschaft und Industrie; Anbau von Getreide, Gemüse, Obst, Wein; Milchwirtschaft | Der Wald hat seit dem Mittelalter zugunsten des Kulturlandes stark abgenommen, z.T. wurde er mit Fichtenmonokulturen wieder aufgeforstet; infolge der Industrialisierung Belastung der Umwelt: Wasser, Luft, Wälder, Boden |
| Büffel, Bär, Wolf, Bison | Indianer, Mongolen (ursprünglich); extensive Landnutzung (Nomadismus), aber auch intensive Landwirtschaft, da Schwarzerdesteppen sehr fruchtbar sind; Kornkammern und größte Viehzuchtgebiete (Schafe, Rinder) | relativ gering besiedelt; Nomadismus in der Alten Welt und großflächiger Ackerbau (Nordamerika, Osteuropa) |
| Elch, Bär, Wolf, Pelztiere | Holzwirtschaft, Pelztierjagd, Fischfang | Besiedlung und Bewirtschaftung schwierig, da Boden im Sommer sumpfig und im Winter tiefgründig gefroren; in neuerer Zeit sind größere Dauersiedlungen infolge der Bodenschatzgewinnung entstanden |
| Ren, Moschusochse, Eisbär, Polarfuchs, Lemminge, Walross, Lachs, Wasservögel | Rentierwirtschaft, Fischfang, Jagd | |
| Eisbär, Robbe, Wal, Möwe, Pinguin | außerhalb der Ökumene; allenfalls temporär bewohnte Bergbausiedlungen sowie Walfang-, Forschungs- und Wetterstationen | Antarktis vermutlich reich an Bodenschätzen, daher besteht ein großes internationales Interesse an ihrer Erforschung |

# Klima und Wetter

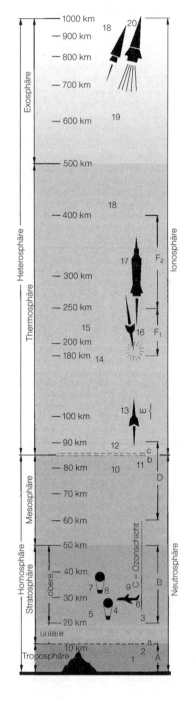

**Querschnitt durch die Atmosphäre**

A | Troposphäre: bis 12 km; mittlere Temperatur am Boden +15° C; mittlerer Luftdruck 1013 Hektopascal; Cumulus- (1) und Cirruswolken (2)

a | Grenze des Wettergeschehens, Obergrenze der Troposphäre: –55° C (Tropen: bis –90°C); 265 Hektopascal

B | Obergrenze der Stratosphäre, 50 Kilometer; 8–10 Hektopascal; Perlmutterwolken (3); höchste bemannte Ballonaufstiege (4); tiefste Polarlichter (5); höchste Flugzeugaufstiege (6)

C | Ozonschicht der Ozonosphäre, zwischen 25 und 60 Kilometer, –10 bis +10° C; strahlenförmige Polarlichter (7); Wetterballons (8); zerplatzende Meteoriten (9)

b | Grenze der Dämmerung, bis zu 85 Kilometer

D | obere Mesosphäre, 60–90 Kilometer, –70 bis –120° C; leuchtende Nachtwolken (10); Ende der Sternschnuppen (11); untere girlandenförmige Polarlichter (12)

c | Mesopause, 85 Kilometer

E | E-Region, um 110 Kilometer, –70 bis +300° C; von V-2-Rakete erreichte Höhe (13); Untergrenze der Thermosphäre

$F_1$ | untere Grenze der Appleton-Schicht, 180 bis 250 Kilometer, nur tagsüber und im Sommer ausgebildet, bis +1000° C; hier beginnen die Sternschnuppen aufzuleuchten (14); obere, größere Polarlichtergirlanden und -draperien (15); Zone, in der künstliche Erdsatelliten verglühen (16)

$F_2$ | obere Appleton-Schicht, nachts zwischen 180 und 250 Kilometer, tagsüber zwischen 250 und 400 Kilometer, bemannte Raketen (17); darüber die oberste Schicht der Atmosphäre, die Exosphäre; in 350 bis 1100 Kilometer sonnenbeschienene Polarlichter (18), zwischen 550 und 650 Kilometer ein besonderer Typ der Polarlichter, die homogenen Bögen (19); darüber verlassen künstliche Erdsatelliten, Raumsonden und die Endstufen kosmischer Raketen die Atmosphäre (20)

Außerhalb der Atmosphäre ist die Erde außerdem noch von zwei Strahlengürteln umgeben.

## Zusammensetzung der Atmosphäre

| Bestandteile | Volumen (in %) | Masse (in kg) |
|---|---|---|
| Stickstoff | 78,09 | $3,84 \times 10^{18}$ |
| Sauerstoff | 20,95 | $1,18 \times 10^{18}$ |
| Argon | 0,93 | $6,5 \times 10^{16}$ |
| Kohlendioxid | 0,33 | $2,6 \times 10^{15}$ |
| Neon | 0,0018 | $6,4 \times 10^{13}$ |
| Helium | 0,00052 | $3,7 \times 10^{12}$ |
| Methan | 0,00015 | $4,3 \times 10^{12}$ |
| Krypton | 0,00010 | $1,5 \times 10^{13}$ |
| Distickstoffmonoxid | 0,00005 | $4,0 \times 10^{12}$ |
| Wasserstoff | 0,00005 | $1,8 \times 10^{11}$ |
| Ozon | 0,00004 | $3,1 \times 10^{12}$ |
| Xenon | 0,000008 | $1,8 \times 10^{11}$ |

## Planetenatmosphären im Vergleich

| Bestandteile | Erde | Venus | Mars |
|---|---|---|---|
| Stickstoff | 76,084 % | Spuren | 2,7 % |
| Sauerstoff | 20,946 % | – | 0,13 % |
| Kohlendioxid | 0,031 % | 97,0 % | 95,32 % |
| Wasser | < 1,0 % | 0,1 % | 0,03 % |
| Methan | 0,00015 % | – | – |
| Kohlenmonoxid | Spuren | 0,005 % | 0,07 % |
| Edelgase | 0,94 % | Spuren | 1,65 % |
| Halogene | – | Spuren | – |
| Oberflächen-temperatur | 20°C | 465°C | –120°C |
| Oberflächen-druck | 1000 hPa | 90 000 hPa | 10 hPa |

## Klimatische Extremwerte auf der Erde

| | Ort | Wert |
|---|---|---|
| Heißester Ort im jährlichen Mittel | Dallol (Äthiopien) | 34,4°C |
| Kältester Ort im jährlichen Mittel | Plateau-Station (Antarktis) | –89°C |
| Höchste gemessene Temperatur | Azizia (Libyen) | 58°C (13.9.1922) |
| Trockenster Ort | Calama/Wüste Atacama (Chile) | bis 1972 über 400 Jahre kein Regen |
| Größte Regenmenge in 24 Stunden | Cilaos/Réunion (Frankreich) | 1870 mm (März 1952) |
| Höchste Schneefallmenge in einem Jahr | Mount Rainier (USA) | 31,1 m (Winter 1971/72) |
| Meiste Regentage in einem Jahr | Mount Waialeale/Hawaii | 350 Tage |
| Geringste Sonnenscheindauer pro Jahr | Nord- und Südpol | 182 Tage ohne Sonnenschein |

## Meteorologische Wolkenklassifikationen

| Wolkenart | Erläuterung |
|---|---|
| **Hauptgruppen** | |
| Schichtwolken (Stratus) | Wolken, deren horizontale Ausdehnung größer ist als ihre vertikale |
| Haufenwolken (Cumulus) | Wolken, deren horizontale und vertikale Ausdehnung vergleichbar ist |
| Hohe Wolken (Alto) | Wolken, deren Untergrenze über etwa 2500 m liegt |
| Mächtige Wolken (Nimbus) | Wolken mit großer vertikaler Ausdehnung |
| Eiswolken (Cirren) | Wolken, die häufig eine Federform aufweisen |
| **Untergruppen und Kombinationen** | |
| Stratus | Schichtwolken mit Untergrenze unter 2500 m |
| Altostratus | Schichtwolken mit Untergrenze über 2500 m |
| Nimbostratus | Schichtwolken mit großer vertikaler Mächtigkeit (z.B. über 5 km) |
| Cumulus | Schönwetterhaufenwolken mit Untergrenze unter 2500 m; vertikal bis 2 km |
| Altocumulus | flache Haufenwolken (Schäfchenwolken) mit Untergrenze über 2500 m |
| Cumulonimbus | Haufenwolken (Gewitterwolken) unter 2500 m; vertikal um 5 km |
| Cirrostratus | Schichtwolken im Niveau der Eiswolken; Untergrenze meist über 5 km |
| Cirrocumulus | Eiswolken in Form kleiner Haufenwolken; Untergrenze meist über 5 km |
| Cirrus uncinus | häufig auftretende hakenförmige Cirruswolken |

Die o.g. Klassifikation kann noch weiter untergliedert werden. Die angegebenen Untergrenzen gelten im Durchschnitt für die mittleren Breiten, sie verändern sich allerdings mit den jeweiligen Klimazonen bzw. mit den entsprechenden Jahreszeit.

# Klima und Wetter

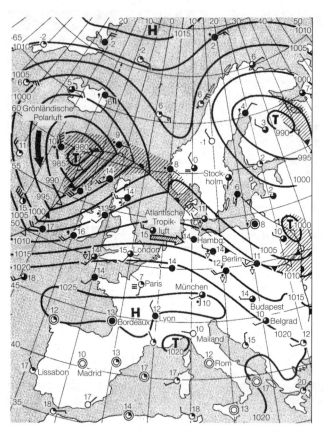

| | | | |
|---|---|---|---|
| ○ | wolkenlos | | |
| ◑ | ¼ bedeckt | | |
| ◑ | ½ bedeckt | | |
| ◕ | ¾ bedeckt | | |
| ● | bedeckt | | |
| ∞ | Dunst | | |
| ≡ | starker Dunst | | |
| ≡ | Nebel | | |
| /// | ausgedehntes Niederschlags-gebiet | | |
| • | Regen | | |
| , | Nieseln | | |
| (•) | Niederschlag in der Umgebung | | |
| ✳ | Schneefall | | |
| ▽ | Schauer | | |
| △ | Graupeln | | |
| ▲ | Hagel | | |
| ⏚ | Gewitter | | |
| •] | nach Regen, | | |
| ⏚] | Gewitter usw. | | |
| 12 | Temperatur in °C | | |
| 1015 | Luftdruck in Hektopascal (1000 hPa = 750 mm) | | |
| H | Hoch- und | | |
| T | Tiefdruckgebiet | | |
| ▲▲▲ | Warmfront | | |
| ▲△△ | Kaltfront | | |
| △▲△△ | Okklusion | | |
| ⟹ | Bewegung gr. Luftmassen | | |

Windgeschwindigkeit in Knoten Symbol

Pfeilrichtung = Windrichtung
(1m/sec ≈ 2 Knoten)

## Bekannteste Winde an der Erdoberfläche

| System und Art | Name | Verbreitung | Häufigkeit | Merkmale |
|---|---|---|---|---|
| **planetarisches Windsystem** | | | | |
| Passate | – | Ostbrasilien, W- und SW-Afrika, Ozeanien, Mittelamerika, Kanaren | permanent | von den Subtropen hin zur äquatorialen Tiefdruckzone |
| | Harmattan | Westafrika | Nordwinter | trockenheißer NO-Staubsturm |
| Etesienwinde | Etesien | Griechischer Mittelmeerraum | Juni–Oktober | kühler Nord–Nordwestwind |
| Tropische Wirbelstürme | Hurrikan | Westindien, Golf von Mexiko | August–Oktober | tropischer NO–SW-Sturm |
| | Taifun | Ostasien | Juli–Oktober (November) | W–NO-Sturm, südäquatoriale Kaltluft |
| | Tornado | Südostküste Nordamerikas | März/April, Okt. | nordöstliche Gewitterböen |
| | Willy-Willy | NW-Australien | Nov.–März | N–NO-Sturm |
| Monsune | – | Subtrop. Süd- und Ostasien | ganzjährig; Sommer landein-, Winter landauswärts | im Sommer Regen bringender SW-Wind, im Winter trockener NO-Monsun |

46

| System und Art | Name | Verbreitung | Häufigkeit | Merkmale |
|---|---|---|---|---|
| (Anti-)Zyklonale | Chamsin | Ägypten | Frühjahr | trockenheißer Wüstensturm |
| Winde | Schirokko | Mittelmeergebiet | Frühjahr | heißer afrikan. Wüstenwind, oft feucht und regnerisch |
| | Bise | NO-Schweiz, franzős. Alpen | Hochwinter | trockenkalter N–NO–Wind |
| | Mistral | Rhônetal, Südfrankreich | Winter/Frühjahr | trockenkalter N–NW–Wind |
| | Pampero | La-Plata-Gebiet | Winter | S–SW–Kaltlufteinbrüche |
| Westwinde | Äquinoktial-stürme | Ozeane | Frühjahr, Herbst | oft gewittrige Weststürme |
| | Brave West-winde | Ozeane gemäßigte Breiten | permanent | relativ beständige Westwinde |
| | Roaring Forties | Ozeane in 40° südl. Breite | permanent | stürmische Westwinde |
| Staubstürme | Afghanez | Afghanistan, Mittelasien | Sommer | heißer, staubführender Wind |
| | Ghibli | Libyen | Frühjahr | trockenheißer S–Wüstenwind |
| | Samum | Wüsten des Maghreb | April/Mai | trockenheißer S–Wüstenwind |
| Schneestürme | Blizzard | Kanada und USA | Winter | N–NW–Kaltlufteinbrüche |
| | Buran | Sibirien | Winter | N–NO–Kaltlufteinbrüche |
| **lokale Winde** | | | | |
| Berg-, Talwinde | – | in Gebirgen | permanent | nachts bergab, tags bergauf |
| Land-, Seewinde | – | an Seen und Küsten | permanent | tags landein-, nachts seewärts |
| Föhnwinde | Alpenföhn | Alpen | Frühjahr, Herbst | warmer N– oder S–Fallwind |
| | Chinook | Ostseite der Rocky Mountains (USA, Kanada) | u. a. im Winter | warmtrockener Fallwind |
| | Santa Ana | Los Angeles (USA) | Winter | NO–Föhn (Fallwind) |
| | Trauben-kocher | Nordalpen | Herbst | warmer Fallwind (Südföhn) |
| Borawinde | Böhm. Wind | Bayerischer Wald, Böhmerwald | Ende November | kalter, böiger O–Fallwind |
| | Bora | Dalmatien | Winter | kalttrockener Fallwind |

## Windstärken nach Beaufort

| Windstärke | Bezeichnung | Auswirkungen | Geschwindigkeit des Windes in | | |
|---|---|---|---|---|---|
| | | | m/s | km/h | Knoten |
| 0 | Windstille | völlige Luftruhe, Rauch steigt senkrecht auf | 0–0,2 | unter 1 | unter 1 |
| 1 | leiser Zug | Rauch steigt fast senkrecht auf, Blätter bleiben unbewegt | 0,3–1,5 | 1–5 | 1–3 |
| 2 | leichte Brise | Blätter säuseln; Wind im Gesicht leicht spürbar | 1,6–3,3 | 6–11 | 4–6 |
| 3 | schwache Brise | Blätter und dünne Zweige bewegen sich; Wimpel werden gestreckt | 3,4–5,4 | 12–19 | 7–10 |
| 4 | mäßige Brise | Zweige und dünne Äste bewegen sich; loses Papier wird vom Boden aufgewirbelt | 5,5–7,9 | 20–28 | 11–16 |
| 5 | frische Brise | größere Zweige und Bäume bewegen sich; auf Seen bilden sich Schaumköpfe | 8,0–10,7 | 29–38 | 17–21 |
| 6 | starker Wind | auch starke Äste bewegen sich; an Hausecken und Drähten hörbares Pfeifen | 10,8–13,8 | 39–49 | 22–27 |
| 7 | steifer Wind | Bäume bewegen sich; spürbare Behinderung beim Gehen gegen den Wind | 13,9–17,1 | 50–61 | 28–33 |
| 8 | stürm. Wind | Zweige brechen ab; erhebliche Gehbehinderung | 17,2–20,7 | 62–74 | 34–40 |
| 9 | Sturm | Dachziegel werden von den Häusern abgehoben | 20,8–24,4 | 75–88 | 41–47 |
| 10 | schwerer Sturm | Bäume werden entwurzelt; an Häuser entstehen bedeutende Schäden | 24,5–28,4 | 89–102 | 48–55 |
| 11 | orkanart. Sturm | verbreitete schwere Sturmschäden | 28,5–32,6 | 103–117 | 56–63 |
| 12 | Orkan | Verwüstungen schwerster Art | > 32,6 | >117 | >63 |

# Klima und Wetter

## Klimatische Verhältnisse an ausgewählten Orten

| Ort | Geogr. Breite | Höhe (in m ü. M.) | Lufttemperatur (in °C) | | Niederschlag (in mm) | |
|---|---|---|---|---|---|---|
| | | | Jahres-mittel | kältester/wärmster Monat | Jahres-mittel | nassester/trockenster Monat |
| Athen | 38° N | 107 | 17,8 | 9,3 (JA)/27,6 (JL) | 402 | 71 (NO)/6 (JL) |
| Berlin | 52,5° N | 51 | 8,9 | -0,6 (JA)/18,6 (JL) | 581 | 70 (JL)/31 (MÄ) |
| Buenos Aires | 34,5° S | 25 | 16,9 | 10,5 (JL)/23,7 (JA) | 1027 | 122 (M)/61 (JL) |
| Chicago | 42° N | 185 | 10,5 | -3,3 (JA)/24,3 (JL) | 843 | 103 (JN)/41 (FE) |
| Genf | 46° N | 405 | 10,3 | 1,1 (JA)/19,9 (JL) | 852 | 99 (SE)/51 (AP) |
| Hongkong | 22° N | 33 | 22,5 | 15,0 (FE)/28,1 (AU) | 2162 | 394 (JL)/30 (DE) |
| Honolulu | 21° N | 10 | 23,9 | 21,9 (FE)/25,9 (AU) | 643 | 104 (DE)/18 (JN) |
| Jerusalem | 32° N | 757 | 17,6 | 8,9 (JA)/24,2 (AU) | 533 | 132 (FE)/0 (AU) |
| Kairo | 30° N | 20 | 21,7 | 13,3 (JA)/28,3 (AU) | 24 | 8 (DE)/0 (AU) |
| Kalkutta | 22,5° N | 6 | 26,3 | 19,4 (DE)/30,3 (MÄ) | 1599 | 328 (AU)/5 (DE) |
| Kapstadt | 34° S | 17 | 17,0 | 12,6 (JL)/21,5 (FE) | 506 | 85 (JL)/8 (FE) |
| Libreville | 0° | 12 | 26,0 | 24,3 (JL)/27,2 (AP) | 2592 | 416 (NO)/1 (JL) |
| Lissabon | 39° N | 77 | 16,6 | 10,8 (JA)/22,5 (AU) | 708 | 111 (JA)/3 (JL) |
| Los Angeles | 34° N | 103 | 18,0 | 13,2 (JA)/22,8 (AU) | 373 | 85 (FE)/1 (AU) |
| Madrid | 40,5° N | 667 | 13,9 | 4,9 (JA)/24,2 (JL) | 438 | 48 (DE)/12 (JL) |
| Mexico City | 19,5° N | 2485 | 15,9 | 12,2 (JA)/18,9 (MÄ) | 748 | 170 (JL)/5 (JA) |
| Moskau | 56° N | 156 | 3,6 | -10,3 (JA)/17,8 (JL) | 575 | 74 (JL)/28 (FE) |
| New York | 41° N | 96 | 12,5 | 0,7 (JA)/24,9 (JL) | 1076 | 113 (AU)/72 (FE) |
| Paris | 49° N | 52 | 10,9 | 3,1 (JA)/19,0 (JL) | 585 | 62 (AU)/32 (MÄ) |
| Quito | 0° | 2818 | 13,0 | 12,8 (NO)/13,2 (SE) | 1250 | 180 (AP)/18 (JL) |
| Rio de Janeiro | 23° S | 31 | 22,7 | 20,2 (JL)/25,6 (FE) | 1093 | 157 (JA)/40 (AU) |
| Rom | 42° N | 46 | 15,6 | 6,9 (JA)/24,7 (JL) | 874 | 128 (OK)/14 (JL) |
| Santiago de Chile | 33,5° S | 520 | 14,0 | 8,1 (JL)/20,0 (JA) | 361 | 85 (JN)/2 (JA) |
| Stockholm | 59° N | 44 | 6,6 | -3,1 (FE)/17,8 (JL) | 555 | 76 (AU)/26 (MÄ) |
| Sydney | 34° S | 42 | 17,4 | 11,8 (JL)/22,0 (JA) | 1205 | 141 (JN)/72 (SE) |
| Tokio | 36° N | 4 | 14,7 | 3,7 (JA)/26,4 (AU) | 1562 | 220 (OK)/48 (JA) |
| Washington | 39° N | 4 | 13,9 | 2,9 (JA)/25,7 (JL) | 1036 | 124 (AU)/63 (FE) |
| Wien | 48° N | 203 | 9,8 | -1,4 (JA)/19,9 (JL) | 660 | 84 (JL)/39 (JA) |

## Regentage nach Monaten in ausgewählten Orten

| Ort | Jan. | Feb. | März | April | Mai | Juni | Juli | Aug. | Sept. | Okt. | Nov. | Dez. |
|---|---|---|---|---|---|---|---|---|---|---|---|---|
| Amsterdam | 10 | 8 | 11 | 8 | 9 | 9 | 11 | 11 | 10 | 13 | 11 | 13 |
| Athen | 12 | 11 | 11 | 9 | 7 | 4 | 3 | 3 | 4 | 9 | 12 | 13 |
| Auckland | 10 | 10 | 11 | 13 | 19 | 20 | 21 | 19 | 17 | 17 | 15 | 10 |
| Bangkok | 1 | 3 | 4 | 6 | 17 | 18 | 19 | 19 | 21 | 17 | 7 | 3 |
| Bogota | 7 | 8 | 8 | 16 | 21 | 17 | 17 | 18 | 13 | 22 | 16 | 12 |
| Brüssel | 15 | 15 | 15 | 16 | 16 | 17 | 16 | 16 | 16 | 17 | 18 | 16 |
| Buenos Aires | 7 | 6 | 7 | 8 | 7 | 7 | 8 | 9 | 8 | 9 | 9 | 8 |
| Caracas | 6 | 2 | 3 | 4 | 9 | 14 | 15 | 15 | 13 | 12 | 13 | 10 |
| Casablanca | 8 | 8 | 9 | 8 | 5 | 2 | 0 | 0 | 2 | 7 | 8 | 6 |
| Chicago | 11 | 10 | 12 | 11 | 12 | 11 | 9 | 9 | 9 | 9 | 10 | 11 |
| Dakar | 0 | 0 | 0 | 0 | 0 | 1 | 10 | 14 | 15 | 14 | 1 | 0 |
| Damaskus | 4 | 5 | 3 | 6 | 0 | 1 | 0 | 0 | 0 | 5 | 5 | 5 |
| Dublin | 21 | 18 | 19 | 17 | 16 | 15 | 18 | 19 | 16 | 19 | 19 | 21 |
| Frankfurt/M. | 15 | 15 | 15 | 13 | 13 | 13 | 15 | 14 | 13 | 14 | 14 | 15 |
| Genf | 12 | 13 | 13 | 15 | 15 | 15 | 14 | 13 | 12 | 12 | 12 | 13 |
| Havanna | 8 | 6 | 5 | 5 | 10 | 13 | 12 | 14 | 15 | 15 | 10 | 8 |
| Helsinki | 18 | 16 | 14 | 12 | 12 | 13 | 12 | 16 | 16 | 17 | 19 | 19 |
| Hongkong | 6 | 8 | 11 | 12 | 16 | 21 | 19 | 17 | 14 | 8 | 6 | 5 |
| Honolulu | 14 | 10 | 13 | 12 | 11 | 11 | 13 | 13 | 13 | 13 | 14 | 15 |

| Ort | Jan. | Feb. | März | April | Mai | Juni | Juli | Aug. | Sept. | Okt. | Nov. | Dez. |
|---|---|---|---|---|---|---|---|---|---|---|---|---|
| Istanbul | 10 | 8 | 9 | 7 | 7 | 5 | 3 | 4 | 6 | 7 | 11 | 12 |
| Jerusalem | 12 | 12 | 8 | 4 | 2 | 0 | 0 | 0 | 0 | 2 | 6 | 9 |
| Juneau | 18 | 15 | 18 | 18 | 17 | 14 | 17 | 18 | 20 | 23 | 20 | 20 |
| Kairo | 3 | 2 | 2 | 1 | 0 | 0 | 0 | 0 | 0 | 0 | 1 | 2 |
| Kalkutta | 1 | 2 | 2 | 3 | 7 | 13 | 18 | 18 | 13 | 6 | 1 | 0 |
| Kapstadt | 4 | 4 | 4 | 7 | 10 | 12 | 11 | 11 | 9 | 7 | 6 | 5 |
| Karatschi | 1 | 1 | 1 | 0 | 0 | 1 | 2 | 2 | 1 | 0 | 0 | 1 |
| Kingston | 5 | 4 | 4 | 5 | 7 | 6 | 5 | 9 | 10 | 12 | 7 | 5 |
| Kopenhagen | 15 | 14 | 15 | 12 | 13 | 12 | 15 | 16 | 14 | 17 | 16 | 17 |
| La Paz | 25 | 16 | 15 | 7 | 1 | 6 | 1 | 6 | 12 | 11 | 10 | 24 |
| Lissabon | 13 | 12 | 14 | 12 | 9 | 5 | 2 | 2 | 6 | 11 | 13 | 14 |
| Los Angeles | 6 | 6 | 6 | 4 | 2 | 1 | 0 | 0 | 1 | 2 | 3 | 6 |
| Madrid | 9 | 10 | 10 | 10 | 10 | 6 | 3 | 3 | 7 | 9 | 10 | 10 |
| Mallorca | 11 | 7 | 10 | 7 | 2 | 9 | 6 | 3 | 8 | 13 | 8 | 10 |
| Manila | 5 | 3 | 3 | 4 | 10 | 16 | 21 | 22 | 21 | 17 | 12 | 9 |
| Mexico City | 3 | 4 | 6 | 11 | 15 | 19 | 25 | 24 | 20 | 12 | 6 | 4 |
| Miami | 8 | 6 | 7 | 7 | 11 | 13 | 16 | 15 | 18 | 15 | 10 | 8 |
| New Orleans | 10 | 9 | 9 | 7 | 8 | 13 | 15 | 14 | 11 | 7 | 8 | 10 |
| New York | 12 | 10 | 11 | 11 | 11 | 11 | 11 | 10 | 9 | 9 | 9 | 11 |
| Oslo | 12 | 12 | 13 | 10 | 11 | 10 | 12 | 15 | 11 | 12 | 12 | 15 |
| Paris | 14 | 14 | 14 | 13 | 14 | 12 | 12 | 12 | 11 | 15 | 15 | 15 |
| Quito | 17 | 18 | 21 | 22 | 20 | 11 | 6 | 7 | 13 | 19 | 17 | 16 |
| Rangun | 1 | 1 | 1 | 2 | 13 | 23 | 25 | 24 | 20 | 11 | 4 | 1 |
| Rio de Janeiro | 13 | 11 | 12 | 10 | 10 | 7 | 6 | 7 | 11 | 12 | 12 | 14 |
| Rom | 10 | 10 | 9 | 9 | 8 | 5 | 2 | 3 | 6 | 11 | 12 | 12 |
| Saigon | 3 | 4 | 2 | 8 | 21 | 27 | 25 | 24 | 22 | 15 | 14 | 12 |
| San Francisco | 11 | 11 | 10 | 6 | 4 | 2 | 0 | 0 | 2 | 4 | 7 | 10 |
| San Salvador | 1 | 1 | 2 | 4 | 12 | 19 | 20 | 20 | 17 | 16 | 15 | 2 |
| Santiago de Chile | 0 | 0 | 1 | 1 | 10 | 12 | 11 | 9 | 3 | 1 | 1 | 0 |
| Singapur | 16 | 11 | 14 | 15 | 14 | 14 | 13 | 14 | 13 | 16 | 18 | 19 |
| Stockholm | 15 | 13 | 14 | 11 | 12 | 12 | 15 | 16 | 14 | 16 | 15 | 17 |
| Sydney | 14 | 14 | 15 | 14 | 15 | 13 | 12 | 11 | 12 | 12 | 12 | 13 |
| Tokio | 7 | 8 | 13 | 14 | 14 | 16 | 15 | 13 | 17 | 14 | 10 | 7 |
| Washington | 11 | 10 | 12 | 11 | 12 | 11 | 11 | 11 | 8 | 8 | 9 | 10 |
| Wien | 7 | 5 | 7 | 8 | 9 | 10 | 10 | 8 | 7 | 8 | 7 | 7 |

## Jahreszeiten und Wetterlagen in Deutschland/Mitteleuropa

| Bezeichnung | Dauer | Merkmale |
|---|---|---|
| Hochwinter | 1.1.–14.2. | kälteste Jahreszeit mit den meisten Frosttagen |
| Vorfrühling (Spätwinter) | 15.2.–31.3. | Sonnenscheindauer doppelt so lang wie im Hochwinter |
| Vollfrühling | 1.4.–16.5. | Jahreszeit mit dem deutlichsten Temperaturanstieg |
| Vorsommer (Frühsommer) | 17.5.–30.6. | sonnenreichste Jahreszeit in Mitteleuropa |
| Hochsommer | 1.7.–15.8. | wärmste Jahreszeit mit den stabilsten Hochdruckgebieten |
| Spätsommer (Frühherbst) | 16.8.–30.9. | Jahreszeit mit den häufigsten antizyklonalen Wetterlagen |
| Vollherbst | 1.10.–15.11. | Jahreszeit mit dem stärksten Temperaturrückgang |
| Vorwinter | 16.11.–31.12. | Jahreszeit mit dem geringsten Sonnenscheinanteil |

### Kalendarische Jahreszeiten

| | | Die kalendarischen Jahreszeiten stimmen mit den meteorologischen |
|---|---|---|
| | | Jahreszeiten nicht überein. Nach dem Kalender steht die Sonne am |
| Frühling | 21.3.–20.6. | 21.3. und am 23.9. senkrecht über dem Äquator, am 21.6. über dem |
| Sommer | 21.6.–22.9. | nördlichen Wendekreis und am 21.12. über dem südlichen Wende- |
| Herbst | 23.9.–20.12. | kreis. Der kalendarische Beginn der jeweiligen Jahreszeit kann sich |
| Winter | 21.12.–20.3. | geringfügig um wenige Stunden verschieben. |

# Klima und Wetter

## Klimatische Verhältnisse in Deutschland (langjähriges Mittel)

| Ort | Sommertage* | Gewittertage | Schneefalltage | Frosttage** | Eistage*** |
|---|---|---|---|---|---|
| Aachen | 27 | 24 | 29 | 58 | 11 |
| Berlin | 31 | 21 | 32 | 90 | 22 |
| Bremen | 17 | 23 | 29 | 72 | 17 |
| Emden | 13 | 17 | 22 | 67 | 15 |
| Flensburg | 11 | 13 | 28 | 78 | 16 |
| Frankfurt/M. | 39 | 22 | 24 | 66 | 16 |
| Freiburg i. Br. | 44 | 26 | 24 | 73 | 16 |
| Freudenstadt | 20 | 29 | 53 | 123 | 32 |
| Friedrichshafen | 28 | 23 | 25 | 97 | 24 |
| Geisenheim | 47 | 26 | 26 | 78 | 15 |
| Hamburg | 13 | 23 | 33 | 67 | 18 |
| Hannover | 22 | 21 | 26 | 73 | 18 |
| Karlsruhe | 41 | 25 | 24 | 75 | 16 |
| Kassel | 29 | 22 | 35 | 79 | 22 |
| Köln | 30 | 19 | 23 | 44 | 12 |
| Lübeck | 15 | 18 | 30 | 82 | 20 |
| München | 21 | 32 | 50 | 119 | 36 |
| Münster | 30 | 21 | 26 | 75 | 14 |
| Stuttgart | 41 | 25 | 21 | 68 | 17 |
| Trier | 39 | 22 | 21 | 72 | 12 |
| Ulm | 28 | 20 | 29 | 113 | 29 |
| Wuppertal | 25 | 25 | 35 | 57 | 13 |
| Würzburg | 36 | 20 | 26 | 81 | 18 |

\* Tage mit Temperaturen über 25°C
\*\* Tage mit Temperaturen unter 0°C
\*\*\* Tage, an denen die Temperaturen nicht über 0°C ansteigen

## Wetterbestimmende Luftmassen

| Bezeichnung | Wegstrecke | Wetter in Deutschland |
|---|---|---|
| Nordsibirische Polarluft | Nordsibirien – Osteuropa | Extreme Kälte |
| Arktische Polarluft | Arktis – Nordmeer | Starke Kälte, Feuchtigkeit |
| Nordosteurop. Polarluft | Nordosteuropa – Osteuropa | Kälte |
| Grönländ. Polarluft | Arktis – Grönland | Kälte, Feuchtigkeit |
| Rückkehrende Polarluft | Arktis – Südosteuropa | Trockenheit |
| Erwärmte Polarluft Festlandsluft | Arktis – Azoren Mitteleuropa | Feuchtigkeit |
| Meeresluft | Nordatlantik – England | Milde, Feuchtigkeit |
| Asiatische Tropikluft | Südl. Balkan – Südosteuropa | Trockenheit |
| Atlantische Tropikluft | Azoren – Westeuropa | Feuchtigkeit, Wärme |
| Afrikan. Tropikluft | Sahara | Hitze |
| Mittelmeer-Tropikluft | Afrika – Mittelmeer | Schwüle |

## Klimaeinteilung (nach Köppen)

| Bezeichnung | Klima/Vegetation |
|---|---|
| Urwaldklima der Tropen | hohe Temperaturen, heftige Niederschläge |
| Tropisches Baumsteppenklima | hohe Temperaturen, heftige Niederschläge, kurze Trockenzeit |
| Steppenklima | lange Trockenzeit, kurze Regenzeit; kein Baumwuchs |
| Wüstenklima | wenige, seltene Niederschläge; nur Wuchs von wasserspeichernden Pflanzen, Dornensträucher |
| Subtropisches Savannenklima | mäßig hohe Temperaturen, Winter-Trockenzeit, heftige Sommerregen; Regenwald bzw. Savanne |
| Warmes subtropisches Klima | hohe Temperaturen, wenig Sommerregen; Hartlaubgehölze |
| Ozeanisches Klima | mäßige Temperaturen, regelmäßige Niederschläge; sommergrüne Laubwälder |
| Festlandklima | warme Sommer, kalte Winter; Laub- und Nadelwälder |
| Polar- und Alpinklima | kurze, kühle Sommer, geringe Niederschläge; Moose, Flechten |

## Klimaveränderungen der Erdgeschichte

| Jahr | Klima |
|------|-------|
| **vor Christus** | |
| 14000 | Beginn des Tauwetters |
| 10900 | Plötzliche Abkühlung, vermutlich durch frisches Schmelzwasser |
| 10300 | langsame Erwärmung |
| 9800 | warmer Monsun in Indien |
| 9000 | warmes Klima in Europa, in Afrika feucht |
| 5800 | schnelle Abkühlung |
| 4920 | schnelle Erwärmung; biblische Sintflut |
| 3280 | schnelle Abkühlung |
| **nach Christus** | |
| 390 | sehr warm |
| 1530–1850 | Abkühlung: »kleine Eiszeit« |
| 1900 | globale Erwärmung, vorwiegend durch den Menschen verursacht |

| | |
|------|-------|
| 1873 | Die Geosynklinaltheorie von J.D. Dana erklärt Faltengebirgs- und Tiefseegrabenbildung |
| um 1900 | Die Erforschung des Holozäns beginnt |
| 1900 | Die Planetesimalhypothese von T.C. Chamberlain und F.R. Moulton beschreibt die Erde als Ansammlung kosmischer Materie |
| 1900 | E. Wiechert beschreibt den schalenförmigen Aufbau der Erde |
| 1912 | Der Deutsche A. Wegener veröffentlicht seine Theorie der Kontinentalverschiebung |
| 1924 | Der geotektonische Zyklus von H. Stille verändert das Wissen über Gesteinsbildung |
| 1957 | B.C. Heezen beschreibt das System der Mittelozeanischen Rücken |
| 1962 | R. Dietz und H. Hess legen die Theorie der Meeresbodenspreizung vor |
| 1990 | Start des Kontinentalen Tiefbohrprogramms in Windischeschenbach. Statt 14 km Tiefe werden nur 9,1 km erreicht (Abbruch 1994) |

## Chronik der Geologie

| | |
|------|-------|
| um 1020 | Erste geologische und mineralogische Messungen durch Abu al Biruni |
| 1517 | Fossilien werden vom Italiener G. Fracastoro als versteinerte Meerestiere gedeutet |
| 1669 | Der Däne N. Stensen begründet die Stratigrafie und schafft ein geologisches Erdprofil |
| 1703 | Beginn der Erdbebenmessung durch den Seismographen des Franzosen Haute Feuille |
| 1743 | Der Engländer C. Packe zeichnet eine erste geologische Karte (Grafschaft Kent) |
| 1763 | Bewegungen der Erdkruste deutet der Russe M. Lomonossow als Folge erdinnerer Kräfte |
| um 1774 | Der Deutsche A.G. Werner begründet die moderne Geologie und entwirft eine Methodologie der Mineralogie |
| 1778 | Der Franzose G. Buffon erläutert die Erdentstehung im Rahmen des Planetensystems |
| 1787 | A.G. Werner begründet mit einer logischen Gesteinssystematik die moderne Petrologie |
| um 1820 | Das System der Leitfossilien wird allgemein anerkannt und bietet die Basis zur zeitlichen Bestimmung geologischer Schichten |
| ab 1835 | Erforschung des Tertiär durch H.G. Bronn und P.G. Deshayes |
| um 1840 | Gliederung des Paläozoikums durch A. Sedgwick und R. Murchison |
| 1840 | K. v. Hoff und A. Berghaus erstellen eine Chronik der Vulkanausbrüche und Erdbeben |
| um 1850 | Beschreibung von Trias, Jura und Kreidezeit durch deutsche Forschergruppen |
| um 1850 | Erforschung des Präkambriums beginnt in Kanada und Deutschland |

## Basisdaten der Erde

| | |
|------|-------|
| Durchmesser am Äquator | 12756 km |
| Radius am Äquator | 6378 km |
| Polardurchmesser | 12714 km |
| Radius am Pol | 6357 km |
| Volumen | $1084 \times 10^{12}$ km³ |
| Masse | $59742 \times 10^{24}$ kg |
| mittlere Dichte | das 5,52-fache von Wasser |
| Oberflächenschwerkraft | 9,78 ms⁻² |
| Dauer der Erdumdrehung | 23,9345 Stunden |
| Mittlere Umlaufgeschwindigkeit | 29,77 km/s |
| Drehgeschwindigkeit | $7,292 \times 10^{-5}$ rad/s* |
| Dauer eines Jahres | 365,256 Tage |
| Neigung der Erdachse | 23°44' |
| Sonnenentfernung | Minimum 147 Mio. km Maximum 152 Mio. km |
| Oberfläche | 510,1 Mio. km² |
| Landfläche | 149 Mio. km² |
| Mittlere Landhöhe | 623 m |
| Atmosphäre | 78% Stickstoff, 21% Sauerstoff |
| Wasserfläche | 361 Mio. km² |
| Mittlere Meerestiefe | 3,8 km |
| kontinentale Kruste | 35 km dick (im Mittel) |
| ozeanische Kruste | 7 km dick (im Mittel) |
| Lithosphäre | bis zu 75 km dick |
| Mantel | 2900 km dick |
| äußerer Kern | 2200 km dick |
| innerer Kern | 1200 km dick |

* entspricht 40000 km pro Tag am Äquator

**51**

# Geologie

## Schalenaufbau der Erde

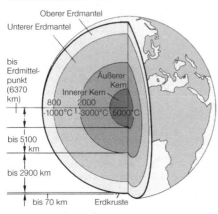

Oberer Erdmantel
Unterer Erdmantel
bis Erdmittelpunkt (6370 km)
Äußerer Kern
Innerer Kern
800    2000
-1000°C  -3000°C  5000°C
bis 5100 km
bis 2900 km
bis 70 km    Erdkruste

## Dimensionen der Erdkugel

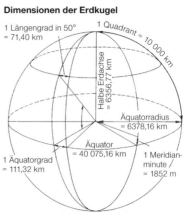

1 Längengrad in 50° = 71,40 km
1 Quadrant = 10 000 km
Halbe Erdachse = 6356,77 km
Äquatorradius = 6378,16 km
Äquator = 40 075,16 km
1 Äquatorgrad = 111,32 km
1 Meridianminute = 1852 m

| Strukturdaten der Erde | | | | |
|---|---|---|---|---|
| | Tiefe (km) | Gesteinsphasen | Temperatur (in °C) | P-Wellengeschwindigkeit (in km/s) |
| kontinentale Kruste | 35 | Aluminiumsilikat | 0–1000 | 5,8–6,4 |
| ozeanische Kruste | 7 | Magnesiumsilikat | 0–600 | 6,5–6,9 |
| Lithosphäre | 75 | | 300–1200 | 6,1–7,5 |
| Asthenosphäre | 250 | Olivin | 600–1500 | 8 |
| oberer Mantel | 650 | Spinell | 600–1500 | 8–10 |
| unterer Mantel | 2650 | Perowskit | 1500–3000 | 10,5–13,5 |
| Gutenberg-Diskontinuität | 2890 | Eisenoxid, Silikate | 3000 | 13,5 |
| äußerer Kern | 5150 | flüssiges Eisen | 3500–4000 | 7,5–10,2 |
| innerer Kern | 6371 | festes Eisen | bis zu 5000 | 10,5–11,6 |

| Zusammensetzung und Hauptelemente der Erdkruste | | | |
|---|---|---|---|
| Element | Anteil (in %) | Element | Volumen (in %) |
| Sauerstoff | 49,42 | | |
| Silicium | 25,75 | Sauerstoff | 94,07 |
| Aluminium | 7,51 | Kalium | 1,17 |
| Eisen | 4,70 | Calcium | 1,15 |
| Calcium | 3,39 | Natrium | 1,07 |
| Natrium | 2,64 | Silicium | 0,88 |
| Kalium | 2,40 | Aluminium | 0,44 |
| Magnesium | 1,94 | Eisen | 0,34 |
| Wasserstoff | 0,88 | Magnesium | 0,26 |
| Titan | 0,58 | Titan | 0,04 |
| Chlor | 0,19 | | |
| Phosphor | 0,12 | | |

**Großgliederung der Erde nach dem plattentektonischen Modell**

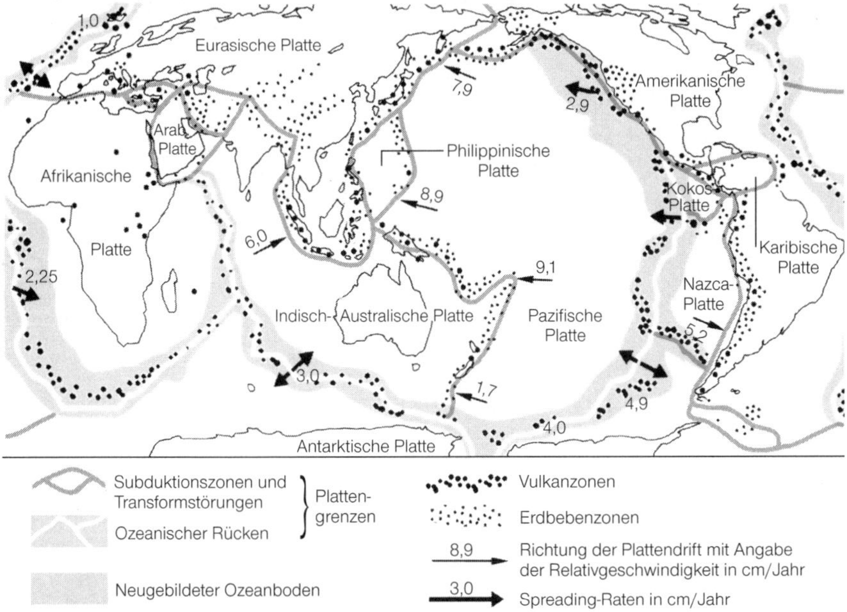
Eurasische Platte
Amerikanische Platte
Arab. Platte
Afrikanische Platte
Philippinische Platte
Kokos-Platte
Karibische Platte
Nazca-Platte
Indisch-Australische Platte
Pazifische Platte
Antarktische Platte
1,0
7,9
2,9
8,9
6,0
2,25
9,1
5,2
3,0
1,7
4,9
4,0
Subduktionszonen und Transformstörungen
Ozeanischer Rücken
Plattengrenzen
Neugebildeter Ozeanboden
Vulkanzonen
Erdbebenzonen
8,9 Richtung der Plattendrift mit Angabe der Relativgeschwindigkeit in cm/Jahr
3,0 Spreading-Raten in cm/Jahr

**Vereisungsgrenzen in Mitteleuropa**

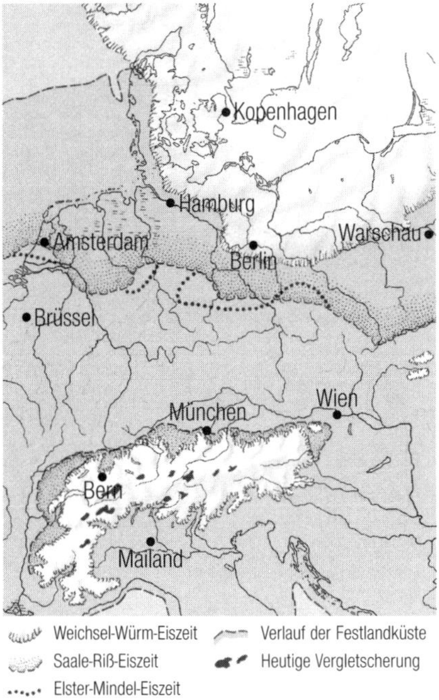
Kopenhagen
Hamburg
Amsterdam
Berlin
Warschau
Brüssel
München
Wien
Bern
Mailand
Weichsel-Würm-Eiszeit
Saale-Riß-Eiszeit
Elster-Mindel-Eiszeit
Verlauf der Festlandküste
Heutige Vergletscherung

**Eiszeiten**

| Name | Zeitraum |
|---|---|
| Günz-Eiszeit | 590000 – 540000 |
| Günz-Mindel-Zwischeneiszeit | 540000 – 480000 |
| Mindel-Eiszeit | 480000 – 424000 |
| Zwischeneiszeit | 420000 – 240000 |
| Riß-Eiszeit | 240000 – 180000 |
| Riß-Würm-Zwischeneiszeit | 180000 – 120000 |
| Würm-Eiszeit | 120000 – 20000 |
| Nacheiszeit bis zur Gegenwart | seit 20000 |

| Zeitalter | Zeit (vor Mio. Jahren) | von Eis bedeckt |
|---|---|---|
| Spät-känozoikum | 7–0 | Antarktis, Grönland, Nordeurasien, Nord- und Südamerika, Neuseeland |
| Spät-paläozoikum | 250–200 | Australien, Südafrika, Südamerika, Indien, Antarktis |
| Spät-präkambrium | 650–570 | Australien, Spitzbergen, Nordatlantik, Russland |
| | 750–700 | Afrika, Nordostasien, Südamerika |

# Geologie

## Erdzeitalter und Lebensentwicklung

| Beginn v. Mio. Jahren | Dauer in Mio. Jahren | Erd-zeit-alter | Formation | Abteilung | | Erdgeschichtliche Vorgänge | Entwicklung des Lebens |
|---|---|---|---|---|---|---|---|
| 2 | 2 | Neo- oder Känozoikum (Erdneuzeit) | Quartär | Holozän (Alluvium, Nacheiszeit) | | Herausbildung der heutigen Landschaftsformen, Entwicklung der heutigen Küstenlinien | Ausbreitung des Menschen, Domestikation von Tier- und Pflanzenwelt |
| | | | | Pleistozän (Diluvium, Eiszeit/Kaltzeit) | | Gewaltige Vereisung der Nordhalbkugel, Hebung der deutschen Mittelgebirge, abklingender Vulkanismus | Verschiebung der Floren- und Faunengürtel, differenzierte biolog. Entwicklung, rasche Entwicklung des Menschen |
| 65 | 63 | | Tertiär | Jung-Tertiär | Pliozän Miozän | Alpidische Gebirgsbildungen auf der Erde, starker Vulkanismus, Einbruch des Mittelmeeres | Entwicklung der Prähomininae, zunehmende Abkühlung |
| | | | | Alt-Tertiär | Oligozän Eozän Paläozän | | Rasche Entfaltung der Säugetiere, Koniferen, Blütenpflanzen und Meeresfauna |
| 135 | 70 | Mesozoikum (Erdmittelalter) | Kreide | Obere Kreide | | Ablagerungen des Kreidemeeres, Beginn der alpidischen Gebirgsbildung | Angiospermen nach Florensprung, Höhepunkt der Reptilienentwicklung |
| | | | | Untere Kreide | | | |
| 190 | 55 | | Jura | Malm (Weißer Jura) | | Weite Meeresüberflutungen (Tethys im Bereich Mittelmeer-Alpen) | Gymnospermen; rasche Entwicklung von Reptilien-Großformen (Saurier), erste Vögel, reiche Meeresfauna; kleinwüchsige Säuger |
| | | | | Dogger (Brauner Jura) | | | |
| | | | | Lias (Schwarzer Jura) | | | |
| 220 | 30 | | Trias | Keuper | | Keine größeren tektonischen Ereignisse, wüstenhaftes Festland herrscht vor | Schachtelhalme und Farne, Gymnospermen; kleinwüchsige Säuger neben Reptilien und Amphibien. Paläoammonidea durch Ceratiten abgelöst |
| | | | | Muschelkalk | | | |
| | | | | Buntsandstein | | | |
| 280 | 60 | Paläozoikum (Erdaltertum) | Perm | Zechstein | | Abklingen der variszischen Gebirgsbildung, Vereisung auf der Südhalbkugel, Kali- und Salzablagerungen in Zechstein-Meeren | Florenschnitt an Wende Rotliegendes/Zechstein. Gefäßsporenpflanzen durch Gymnospermen abgelöst |
| | | | | Rotliegendes | | | |
| 350 | 70 | | Karbon | Oberkarbon | | Rückgang der Meeresüberflutungen, Vereisung der Südhalbkugel, variszische Gebirgsbildung, große Sumpfwälder als Grundlage späterer Steinkohlenbildung | Differenzierung der Pflanzenwelt in Florenprovinzen, Bärlapp, Farne, Schachtelhalme, Gymnospermen. Fauna mit Amphibien, Brachiopoden, Insekten, erste Reptilien |
| | | | | Unterkarbon | | | |
| 400 | 50 | | Devon | Oberdevon | | Weite Meeresüberflutungen, Ausklingen der kaledonischen, Beginn der variszischen Gebirgsbildung | Florenschnitt, Wende Thallophytikum/Paläophytikum mit Psilophyten, Pteridophyten. Wirbellose, erste Amphibien |
| | | | | Mitteldevon | | | |
| | | | | Unterdevon | | | |
| 440 | 40 | | Silur | Obersilur | | Kaledonische Gebirgsbildung (besonders in Nordeuropa), Vulkanismus | Thallophytenflora, Brachiopoden, Cephalopoden, Schnecken, Muscheln, Panzerfische |
| | | | | Untersilur | | | |
| 500 | 60 | | Ordovizium | Oberordovizium | | Beginn der kaledonischen Gebirgsbildung, z.T. Vulkanismus | Marine Thallophyten, Wirbeltiere; Graptolithen, Brachiopoden, Trilobiten, Schnecken |
| | | | | Unterordovizium | | | |
| 580 | 80 | | Kambrium | Oberes Kambrium | | Ablagerung der ersten fossilführenden Sedimente | Alle Stämme des Tierreichs vertreten (außer Wirbeltiere) bes. Trilobiten, Brachiopoden Cephalopoden, Medusen |
| | | | | Mittleres Kambrium | | | |
| | | | | Unteres Kambrium | | | |
| -2600 | 2000 | Prä-kam-brium | Algonkium | Oberes Algonkium | | Erste gebirgsbildende und vulkanische Vorgänge, Vereisungen, Rotsedimente | Erste Metazoen, Medusen, Anneliden, Invertebraten, Biostratigraphie per Kalkalgen |
| | | | | Unteres Algonkium | | | |
| -4500 | 1900 | | Archaikum | | | Bildung der Urkontinente und Urmeere | Beginn des Thallophytikums; Stromatolithen, Photosynthese |
| | | | Erdurzeit | | | Erde im Zustand eines glühenden Planeten | |

## Leitfossilien

| Formation | Fossilienarten |
|---|---|
| Quartär/Tertiär | Foraminiferen, Nannoplankton |
| Oberkreide | Foraminiferen, Ammoniten, Belemniten |
| Unterkreide | Ammoniten |
| Jura | Ammoniten, kleine Krustentiere, Muscheln |
| Trias | Ammoniten, Seelilien |
| Perm | Foraminiferen, Ammoniten, Goniatiten |
| Oberkarbon | Foraminiferen, Goniatiten, Süßwassermuscheln |
| Unterkarbon | Korallen, Brachiopoden, Pflanzen |
| Devon | Goniatiten, Süßwasserfische, Pflanzen |
| Silur | Graptolithen, Trilobiten |
| Ordovizium | Graptolithen |
| Kambrium | Trilobiten, Brachiopoden |

## Härteskala nach Mohs

| Mineral/Edelstein | Mohs'sche Härte |
|---|---|
| Talk | 1 |
| Gips oder Steinsalz | 2 |
| Kalkspat | 3 |
| Flussspat | 4 |
| Apatit | 5 |
| Feldspat | 6 |
| Quarz | 7 |
| Topas | 8 |
| Korund | 9 |
| Diamant | 10 |

Die von dem deutschen Mineralogen F. Mohs im frühen 19. Jahrhundert aufgestellte zehnstufige Skala bestimmt die Ritzhärte von Mineralien und Edelsteinen. Jedes Mineral einer Härtestufe ist in der Lage, ein Element der vorherigen Stufe zu ritzen.

## Radioaktive Elemente zur radiometrischen Altersbestimmung

| Isotope Mutterisotop | Tochterisotop | Halbwertszeit (in Jahren) | Datierbare Substanzen |
|---|---|---|---|
| Kohlenstoff-14 | Stickstoff-14 | 5730 | bis zu 50 000 Jahre alte organische Reste |
| Uran-235 | Blei 207 | 710 Mio. | Gesteinsintrusionen |
| Uran-238 | Blei 206 | 4,5 Mrd. | bis zu 4,6 Mrd. alte Kruste |
| Kalium-40 | Argon-40 | 1,3 Mrd. | bis zu 4,6 Mrd. alte Kruste, vor allem Vulkanite |
| Rubidium-87 | Strontium-87 | 47 Mrd. | Magmatite und Metamorphite |
| Samarium-147 | Neodymium-143 | 250 Mrd. | sehr alte Meteorite |

## Klassifizierung von Gesteinen

| | Magmatisch | Metamorph | Sedimentär |
|---|---|---|---|
| Entstehungsort | Magma fließt aus Vulkanen aus oder dringt in die Kruste ein | Durch Einsinken in die Kruste oder Intrusionen | Flusstäler und Deltas, seichte Meere, Riffe und Kontinental-schelfe, Wüsten, Seen und Gletscherränder |
| Gesteinsentstehung | Abkühlung und Verfestigung des geschmolzenen Magmas | Durch intensive Hitze und/oder Druck | Durch Verdichtung und/oder Zementierung der Partikel |
| Gefüge der Gesteins-formation | Große Intrusionen (Batholithe), kleinere Intrusionen (Gänge, Stöcke) und Vulkankegel, vulkanische Ergüsse | Ränder größerer Intrusionen, Verwer-fungszonen und Kerne gehobener Massive | Geschichtete Ablagerungen, Sedimentationsbecken und Geosynklinalen |
| Struktur des ent-standenen Gesteins | Kristallin; feinkörnig bei schneller Abkühlung, grobkörnig bei langsamer Abkühlung | Gefaltet, geschiefert oder gebändert; oft kristallin, feine oder mittelkörnige Struktur | Feine oder grobkörnige Struktur, die Körner sind eher gerundet oder eckig als kristallin; meist geschichtet, manchmal Fossilien führend |
| Änderungen in der Mineralzusammen-setzung | Durch teilweises Auf-schmelzen des Mutter-gesteins; durch Absetzen aus kristallinem Material der Schmelze | Mischung und teil-weises Schmelzen; Diagenese durch Ein-sickerung minerali-sierender Flüssigkeiten | Abtragung durch Auslaugung; Auswechslung durch Nieder-schlag, Mineralisation und Verkittung |

# Geologie

## Die wichtigsten Erstarrungsgesteine (Magmagesteine)

| Tiefengesteine | Ergussgesteine alte | junge | Ganggesteine | Mineralbestand |
|---|---|---|---|---|
| Granit | Quarzporphyr | Liparit | Granitporphyr | Quarz, Kalifeldspat, Plagioklas, Biotit |
| Diorit | Porphyrit | Andesit | Dioritporphyrit | Plagioklas, Hornblende, Diopsid, Hypersthen, Biotit |
| Gabbro | Diabas | Basalt | Gabbroporphyrit | Plagioklas, Augit |
| Olivingabbro | Melaphyr | Olivinbasalt | | Plagioklas, Olivin, Augit |
| Peridotit | Pikrit | Pikritbasalt | Kimberlit | Olivin, Augit (oder Hornblende) |
| Syenit | Orthophyr | Trachyt | Syenitporphyr | Kalifeldspat, Plagioklas, Hornblende, Augit |

## Die wichtigsten kristallinen Schiefer

| Name | Mineralbestand | Ausgangsgesteine Magmagesteine | Sedimentgesteine |
|---|---|---|---|
| Quarzit | Quarz (z.T. Glimmer, Feldspat, Disthen) | Quarzgänge | Sandsteine |
| Gneis | Quarz, Feldspat, dkl. Gemengteile | Granit | Tonschiefer, Sandsteine |
| Granulit | Quarz, Feldspat, Granat | Granit mit sediment. Material | |
| Glimmerschiefer | Quarz, Glimmer, Cordierit, Andalusit, Staurolith, Sillimanit u.a. | Granodiorite | sandige Tone |
| Phyllit | Quarz, Glimmer, Chlorit, Almandin | | Tone |
| Amphibolit | Plagioklas, Hornblende, Diopsid | Gabbros, Diabase | |
| Marmor | Kalzit, Dolomit | | Kalkstein, Dolomit |

## Sedimentgesteine

| Klastische Sedimente | Chemische Sedimente | Organogene Sedimente |
|---|---|---|
| Eckiger Schutt (Block-, Gehängeschutt) →Brekzien | | Kalkschlamm →Kalksteine |
| | Kalkstein z.T. | Muschelkalk |
| Abgerundeter Schutt →Konglomerate (Schotter, Gerölle, Kies) | Kalksinter | Schreibkreide |
| | Kalktuff | Korallenkalk |
| | Travertin | Kieselschiefer |
| Sand →Sandsteine | Tropfstein | Kieselgur (Diatomeenerde) |
| Grauwacken | Kalkoolithe | Phosphatgesteine |
| Vulkanische Tuffe | Dolomite z.T. | |
| | Eisengesteine | Humus →Torf →Braunkohle |
| Tone →Schiefertone →Tonschiefer | Kieselgesteine z.T. | →Steinkohle →Anthrazit |
| Mergel | | |
| Lehm →Mergelschiefer | Anhydrit | Harz →Bernstein |
| →Tillite | Gips | |
| Kalkstein z.T. | Steinsalz | Bitumen →bituminöser Faulschlamm |
| Löß | Kali- und Magnesiasalze | →Bitumenkohlen →Bitumenschiefer |
| Vulkanische Asche | Soda | →Erdöl →Asphalt →Erdwachs |

Die → kennzeichnen den Prozess der Umwandlung von lockeren Sedimenten in festes Sedimentgestein

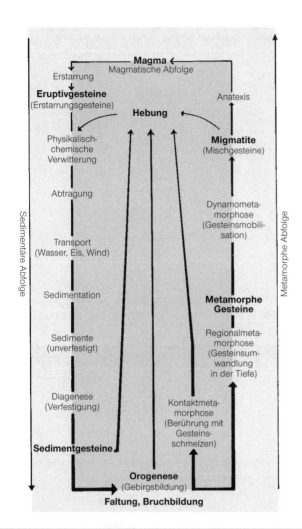

*Kreislauf der gesteins-
bildenden Stoffe*

| Korngrößen der klastischen Sedimente (Trümmergesteine) | | |
|---|---|---|
| Korndurchmesser in mm | Bezeichnung der Gesteinsart | |
| | bei Lockergesteinen | bei verfestigten Trümmergesteinen |
| über 60 | Steine, Blöcke | Brekzie, Konglomerat |
| 20 – 60 | Grobkies | Brekzie, Konglomerat |
| 6 – 20 | Mittelkies | Brekzie, Konglomerat |
| 2 – 6 | Feinkies | Brekzie, Konglomerat |
| 0,6 – 2 | Grobsand | Sandstein, Arkose, Quarzit, Grauwacke |
| 0,2 – 0,6 | Mittelsand | Sandstein, Arkose, Quarzit, Grauwacke |
| 0,06 – 0,2 | Feinsand | Sandstein, Arkose, Quarzit, Grauwacke |
| 0,002 – 0,06 | Schluff | Schieferton, Tonschiefer |
| unter 0,002 | Ton | Schieferton, Tonschiefer |

57

# Geologie/Mineralogie

## Bodenarten: Einteilung und Bezeichnung der Kornfraktionen

| Äquivalent-Durchmesser * (in mm) | (in μm) | Bezeichnung der Kornfraktionen |
|---|---|---|
| > 200 | | Blöcke, Geschiebe |
| 200 – 63 | | Gerölle, Gesteine |
| 63 – 20 | | Grobkies |
| 20 – 6,3 | | Mittelkies |
| 6,3 – 2 | | Feinkies |
| | 2000 – 630 | Grobsand |
| 2 – 0,063 | 630 – 200 | Mittelsand |
| | 200 – 63 | Feinsand |
| | 63 – 20 | Grobschluff |
| 0,063 – 0,002 | 20 – 6 | Mittelschluff |
| | 6 – 2 | Feinschluff |
| | 2 – 0,6 | Grobton |
| < 0,002 | 0,6 – 0,2 | Mittelton |
| | < 0,2 | Feinton |

\* Da Gesteins- und Mineralpartikel nur selten kugelförmig sind, wird der Äquivalent-Durchmesser angegeben, der dem Durchmesser einer Kugel entspricht, die im Wasser genauso schnell absinkt wie ein nicht kugelförmiges Teilchen.

## Bodenbildung: Faktoren, Horizonte, Profile, Typen

| Faktoren | Prozesse | Horizonte | Horizonte ermöglichen Einordnung in Bodenprofile bzw. -typen: |
|---|---|---|---|
| BODENBILDUNG VOR ALLEM DURCH EIN-WIRKUNG VON: | FAKTOREN DER BODENBIL-DUNG LÖSEN AUS: | FAKTOREN UND PROZESSE FÜHREN ZUR ENTSTEHUNG VON BODEN-HORIZONTEN: | zonal |
| | | | Tundra: Staunässeböden, Moore |
| Klima, Tempera-tur, Niederschlag, Vegetation, Aus-gangsgestein, Relief, menschli-che Bearbeitung, Zeit | Abbauprozesse (Ver-witterung, Verwesung) | A mineralisch, mit organi-scher Substanz vermischt | Taiga: Podsole |
| | | B mineralisch | gemäßigte Zone: Braunerden |
| | Aufbauprozesse (Mine-ral- und Humusbildung) | C Ausgangsgestein | Steppe: Tschernoseme (Schwarzerden), |
| | | E Auswaschungshorizont | Seroseme (Grauerden) |
| | Verlagerungsprozesse (von Salz, Kalk, Ton, Silicium, Eisen, Man-gan, Aluminium) | G vom Grundwasser beeinflusst | Subtropen: rote und rotbraune Erden |
| | | O organisch | Tropen: Latosole |
| | | S durch Stauwasser beeinflusst | intrazonal |
| | | | von Gesteinsuntergrund bestimmt |
| | | | von Stau- und Grundwasser bestimmt |
| | | | Salzböden |

## Bodengefüge

| Gefüge | Charakteristik |
|---|---|
| Elementargefüge | Bodenpartikel liegen isoliert nebeneinander (loser Sand) |
| Kohärentgefüge | Bodenpartikel hängen dicht zusammen (ständig feuchte, tonreiche Böden) |
| Aggregatgefüge | Bodenpartikel bilden Aggregate unterschiedlicher Form und Größe (A-Horizont der Tschernoseme) |
| Segregatgefüge | mineralische Bodenpartikel bilden Absonderungsformen (Säulengefüge bei Salzböden) |

## Verschiedene Kristallformen

### Kubisch = Regulär

| Tetraeder (Fahlerz) | Hexaeder (Würfel) (Steinsalz) | Oktaeder (Magnetit) | Ikositetraeder (Leuzit) | Rhombendode-kaeder (Granat) | Pyramidenwürfel (Flussspat) |
|---|---|---|---|---|---|

### Hexagonal

| Prisma (Nephelin) | Prisma + Protopyramide (Quarz) | hexagonale Doppelpyramide | ditrigonales Prisma | Skalenoeder (Kalkspat) | Rhomboeder (Eisenglanz) |
|---|---|---|---|---|---|

### Tetragonal                                    Rhombisch

| Prisma + Pyramide (Zirkon) | tetragonale Doppelpyramide | Trapezoeder | Prisma + Pyramide (Topas) | Prisma, Makrodoma (Liévrit) | Pyramidenkombination (Schwefel) |
|---|---|---|---|---|---|

| **Mineralien** | |
|---|---|
| Merkmale: | natürlich gebildete chemische Substanzen der Erdkruste (und des Mondes) mit mehr oder weniger homogener chemischer Zusammensetzung sowie mit charakteristischer Kristallstruktur viele organische Verbindungen (z.B. vulkanische Gläser) ohne Kristallstruktur |
| Bildung: | zumeist aus übersättigten, wässrigen Lösungen oder Schmelzlösungen; die sich bildenden Kristalle halten bestimmte Formgesetze (Kristallsysteme) ein |
| Forschungs-interesse: | PHYSIKALISCH: optische Eigenschaften (Farbe, Glanz, Transparenz, Lichtbrechung, Dichroismus, Fluoreszenz CHEMISCH: qualitative Analysen mittels röntgenografischer Verfahren |
| Klassifizierung: | (nach chemischen Prinzipien:) 1. Elemente 2. Sulfide 3. Halogenide 4. Oxide und Hydroxide 5. Carbonate, Borate, Nitrate 6. Sulfate, Chromate, Molybdate, Wolframate 7. Phosphate, Arsenate, Vanadate 8. Silikate 9. Harze |
| Anzahl: | über 3000, davon viele als natürliche Rohstoffe von wirtschaftlichem Interesse |

# Geologie/Mineralogie

| Die wichtigsten gesteinsbildenden Mineralien | | | | |
|---|---|---|---|---|
| Name | Mohshärte | Dichte | Farbe | Vorkommen |
| Andalusit | 7,5–8 | 2,6–2,8 | grau, rötlichgelb | Kontaktmineral; in Gneisen und Schiefern |
| Anhydrit | 3–3,5 | 2,9–3 | farblos, weiß, grau, bläulich | in Salzlagern (mit Steinsalz, anderen Kalisalzen und Gips oder selbstständig) |
| Apatit | 5 | 3,2 | farblos oder sehr verschieden gefärbt | in Magmagesteinen, als Knollen in Kalk- oder Dolomitgesteinen |
| Augit | 5,5–6 | 3,3–3,5 | pechschwarz, grünlichschwarz | in Ergussgesteinen (Basalt, Gabbro) und metamorphen Gesteinen |
| Biotit (Magnesia-eisenglimmer) | 2,5–3 | 2,8–3,2 | braun, braun-schwarz, dunkelgrün | in Magmagesteinen und kristallinen Schiefern |
| Chlorit | 1–2 | 2,8–2,9 | graugrün | in Chloritschiefer |
| Disthen | 4,5–7 | 3,5–3,7 | grau, weiß, blau gestreift | in kristallinen Schiefern |
| Dolomit | 3,5–4 | 2,85–2,95 | grau-weiß, gelblich, bräunlich | in Dolomit- und Gipsgest., Chlorit- und Talkschiefer |
| Epidot | 6–7 | 3,3–3,5 | dunkelgrün, grau | Kontaktmineral |
| Flussspat | 4 | 3,1–3,2 | farblos oder verschieden | auf Gängen (häufig Erzgängen) |
| Gips | 1,5–2 | 2,3–2,4 | farblos, weiß, gelblich | in Salzlagern (hauptsächlich mit Stein-salz); in tonigen Bodenbestandteilen |
| Glaukonit | 2 | 2,3 | graugrün, olivgrün | in Meeressedimenten |
| Graphit | 1 | 2,1–2,3 | schwarz, braunschwarz, stahlgrau | in Gneis, Phyllit und Glimmerschiefer, auf Gängen |
| Hornblende | 5–6 | 2,9–3,4 | schwarz, graubraun, grün | in Magmagesteinen und kristallinen Schiefern |
| Kalkspat (Kalzit) | 3 | 2,6–2,8 | farblos, weiß, gelb | in Magmagesteinen; häufig Gangmineral |
| Kaolinit | 1 | 2,2–2,6 | weiß, gelb, grünlich, bläulich | Hauptmineral der Kaolinlager |
| Leuzit | 5,5–6 | 2,5 | weiß, grau | in Ergussgesteinen (Phonolit, Basalt) |
| Magnetit (Magneteisenerz) | 5,5 | 5–5,2 | eisenschwarz | in alten Magmagesteinen |
| Muskowit (Kaliglimmer) | 2–2,5 | 2,78–2,88 | farblos, gelblich, bräunlich | in kristallinen Schiefern (Glimmerschiefer, Gneis) |
| Nephelin | 5,5–6 | 2,6–2,65 | weiß, farblos, lichtgrau | in jüngeren Ergussgesteinen (Basalt) |
| Olivin | 6,5–7 | 3,3 | grün, braun, schwarz, gelbgrün | in basischen Magmagesteinen (Basalt, Melaphyr) und kristallinen Schiefern |
| Orthoklas (Kali-feldspat) | 6 | 2,53–2,56 | farblos, weiß, grünlich, fleischfarben | in fast allen magmatischen und metamorphen Gesteinen |
| Plagioklas (Kalk-natronfeldspat) | 6–6,5 | 2,61–2,77 | farblos, weiß, gelb, grünlich, grauschwarz | in fast allen magmatischen und metamorphen Gesteinen |
| Pyrit (Eisen-, Schwefelkies) | 6–6,5 | 5–5,2 | messinggelb | in verschiedenartigen Lagerstätten |
| Quarz | 7 | 2,65 | farblos, verschieden gefärbt | in Magma-, Sediment- und metamorphen Gesteinen |
| Schwerspat | 3–3,5 | 4,48 | an sich farblos, weiß, grau | auf Gängen und als Begleiter sulfider Erze |
| Serpentin | 3–4 | 2,5–2,6 | graugrün, gelb | in kristallinen Schiefern und Kalksteinen |
| Siderit (Spat-eisenstein) | 4–4,5 | 3,7–3,9 | gelblich, gelbbraun, grau | wichtiges Eisenerz; auf Gängen und in sedimentären Lagerstätten |
| Sillimanit | 6–7 | 2 | gelblich-grau, grünlich, bräunlich | in Gneis und Glimmerschiefer, auf Gängen |
| Staurolith | 7–7,5 | 3,7–3,8 | bräunlich-gelb, rot-braun, schwarzbraun | in metamorphen Gesteinen |
| Steinsalz | 2 | 1,9–2 | farblos, verschieden gefärbt | auf Kalisalzlagerstätten |
| Talk | 1 | 2,7–2,8 | blaßgrün, grau, weiß | in Talkschiefer |
| Titanit | 5–5,5 | 3,4–3,6 | gelb, grünlich, braun, rotbraun | in Magmagesteinen (Syenit) und kristallinen Schiefern |

## Die wichtigsten Schmuck- und Edelsteine

| Name | Mohshärte | Dichte (g/cm3) | Kristallsystem | Farbe | Chem. Zusammensetzung |
|---|---|---|---|---|---|
| Achat | 6,5–7 | 2,60–2,65 | – | buntes Farbenspiel | $SiO_2$ + Zusätze |
| Alexandrit | 8,5 | 3,70–3,72 | rhombisch | grün, rot bei Kunstlicht | $Al_2[BeO_4]$ |
| Amazonit | 6–6,5 | 2,56–2,58 | triklin | grün | $K[AlSi_3O8]$ |
| Amethyst | 7 | 2,63–2,65 | hexagonal | violett | $SiO_2$ + Zusätze |
| Aquamarin | 7,5–8 | 2,67–2,71 | hexagonal | blau | $Al_2B_3[Si_6O_{18}]$ |
| Bergkristall | 7 | 2,65 | hexagonal | farblos | $SiO_2$ |
| Bernstein | 2–2,5 | 1,05–1,10 | amorph | gelbbraun | $C_{10}H_{16}O$ |
| Chalzedon | 6,5–7 | 2,58–2,64 | trigonal | gelblich-rot, braun, grün | $SiO_2$ + Zusätze |
| Chrysopras | 6,5–7 | 2,58–2,64 | trigonal | grün | $SiO_2$ + Zusätze |
| Citrin | 7 | 2,65 | trigonal | hellgelb-goldbraun | $SiO_2$ + Zusätze |
| Diamant | 10 | 3,51–3,52 | regulär | farblos, alle Farben | $C$ |
| Goldberyll | 7,5–8 | 2,65–2,75 | hexagonal | gelb-gold | $Al_2B_3[Sl_6O_{18}]$ |
| Granate | | | verschieden | | |
|   Almandin | 7,5–7 | 3,95–4,20 | | rot, violett, braun | $Fe_3 \cdot Al_2[SiO_4]_3$ |
|   Demantoid | 6,5–7 | 3,82–3,85 | | grün, gelbgrün | $3CaO \cdot Fe_2O_3 \cdot 3SiO_2$ |
|   Grossular | 7–7,5 | 3,60–3,68 | | braungelb, gelbgrün | $3CaO \cdot Al_2O_3 \cdot 3SiO_2$ |
|   Melanit | 7–7,5 | 3,77 | | schwarz | $3CaO \cdot Fe_2O_3 \cdot 3SiO_2$ |
|   Spessartin | 7–7,5 | 3,98–4,25 | | gelbrot-rotbraun | $3MnO \cdot Al_2O_3 \cdot 3SiO_2$ |
|   Uwarowit | 7,5 | 3,77 | | smaragdgrün | $3CaO \cdot Cr_2O_3 \cdot 3SiO_2$ |
| Hämatit | 5,5–6,5 | 4,95–5,16 | trigonal | schwarz, stahlfarben | $Fe_2O_3$ |
| Heliotrop | 6,5–7 | 2,65 | trigonal | dunkelgrün, rote Flecken | $SiO_2$ + Zusätze |
| Jadeit | 6,5–7 | 3,30–3,35 | monoklin | grün, weißlich, gelblich | $NaAl[Si_2O_6]$ |
| Jaspis | 6,5–7 | 2,58–2,91 | trigonal | verschieden | $SiO_2$ + Zusätze |
| Karneol | 7 | 2,59–2,61 | – | fleischfarben | $SiO_2$ + Zusätze |
| Labrador | 6–6,5 | 2,69–2,70 | triklin | buntes Farbenspiel | $(KNa)Si_3AlO_8$ |
| Lapislazuli | 5–6 | 2,38–2,90 | regulär | tiefblau | $Na_8[Al_6Si_6O_{24}]S_2$ |
| Malachit | 3,5–4 | 3,70–4,00 | monoklin | grün | $Cu_2[(OH)_2/CO_3]$ |
| Meerschaum | 2–2,5 | 2,00 | rhombisch | weiß, gelblich | $H_4Mg_2Si_3O_{10}$ |
| Nephrit | 5,5–6 | 2,90–3,02 | monoklin | grün | $CaO \cdot 3MgO \cdot 4SiO_2$ |
| Opal | 5,5–6 | 1,98–2,20 | amorph | weiß, rot, grün | $SiO_2 \cdot nH_2O$ |
| Rosenquarz | 7 | 2,65 | trigonal | rosa | $SiO_2$ |
| Rubin | 9 | 3,94–4,10 | trigonal | rot | $Al_2O_3$ |
| Saphir | 9 | 3,99–4,00 | trigonal | blau, grünblau | $Al_2O_3$ |
| Smaragd | 7,5–8 | 2,65–2,78 | hexagonal | gelbgrün, blaugrün | $Al_2Be_3[Si_6O_{18}]$ |
| Spinell | 8 | 3,58–3,61 | regulär | alle Farben | $MgAl_2O_4$ |
| Spodumen | 6,5–7 | 3,16–3,20 | monoklin | rosarot, grün | $AlLi(Si_2O_6)$ |
| Titanit | 5–5,5 | 3,40–3,60 | monoklin | gelb, braun, schwarz | $CaTi[O/SiO_4]$ |
| Topas | 8 | 3,50–3,56 | rhombisch | farblos, gelb, hellblau | $Al_2[Fe_2/SiO_4]$ |
| Türkis | 5–6 | 2,60–2,80 | triklin | blau, blaugrün | $CuAl_6[(OH)_2/PO_4]_4 \cdot 4H_2O$ |
| Turmalin | 7–7,5 | 3,02–3,26 | trigonal | grün, rot, braun, gelb, rosa, blau, schwarz | Aluminium-Borat-Silikat |
| Zirkon | 6,5–7,5 | 3,90–4,71 | tetragonal | braunrot, farblos | $Zr[SiO_4]$ |

### Berühmte Diamanten

| Name | Karat (roh) | geschliffen | Fundjahr |
|---|---|---|---|
| Cullinan | 3106 | 1063,65 | 1905 |
| Cullinan I | | 530,2 | |
| De Beers | 440 | 235 | |
| Excelsior | 995,2 | 373,75 | 1893 |
| Hope (blau) | 112 | 44,5 | |
| Jonker | 726 | | 1934 |
| Jubilee | 650,8 | 245,3 | 1895 |

| Name | Karat (roh) | geschliffen | Fundjahr |
|---|---|---|---|
| Kohinoor | 186 | 108,93 | |
| Maseru | 527 | | 1968 |
| Präs. Vergas | 726,8 | | 1938 |
| Premier Rose | 353,9 | 137,02 | 1978 |
| Red Cross | 375 | 205,07 | 1901 |
| Regent (Pitt) | 410 | 140,5 | 1701 |
| Stern d. Südens | 361,88 | 128,8 | 1853 |
| Stern v. Si. Leone | 969,8 | | 1972 |
| Victoria | 469 | 184,5 | |

# Geologie/Mineralogie

## Farbe und Reinheit von Diamanten

| Rang | Abk. | Fachbegriff | Bedeutung |
|------|------|-------------|-----------|
| 1. | R | River | blauweiß |
| 2. | TW | Top Wesselton | feines weiß |
| 3. | W | Wesselton | weiß |
| 4. | TCr | Top Crystal | ganz leicht gelblich |
| 5. | Cr | Crystal | leicht gelblich |
| 6. | TCa | Top Cape | leicht gelblich |
| 7. | Ca | Cape | gelblich |

| Rang | Abk. | Fachbegriff | Bedeutung |
|------|------|-------------|-----------|
| 1. | if | internally flawless | lupenrein |
| 2. | vvs | very, very small inclusions | sehr, sehr kleine Einschlüsse |
| 3. | vs | very small inclusions | sehr kleine Einschlüsse |
| 4. | si | small inclusions | kleine Einschlüsse |
| 5. | p1 | Piqué 1 | Einschlüsse mindern Brillanz nicht |
| 6. | p2 | Piqué 2 | Einschlüsse mindern Brillanz nur schwach |
| 7. | p3 | Piqué 3 | Einschlüsse mindern Brillanz deutlich |

## Bedeutende Erzmineralien

| Name | Zusammensetzung | Farbe | Mohshärte |
|------|-----------------|-------|-----------|
| Anatas | Titandioxid | gelb, braun | 5,5–6 |
| Anglesit | Bleisulfat | farblos bis weiß | 2,5–3 |
| Antimonglanz | Antimonsulfid | grau | 2 |
| Arsenkies | Eisen- und Arsensulfid | grauweiß | 5,5–6 |
| Baryt | Bariumsulfat | farblos bis weiß | 2,5–3,5 |
| Bauxit | Aluminiumhydroxid | ocker, braun, grau | 1,5–2,5 |
| Bismutit | Wismutsulfid | hellgrau | 2 |
| Bleiglanz | Eisensulfid | hellgrau | 2,5 |
| Buntkupferkies | Eisen- und Kupfersulfid | rotbraun | 3 |
| Coelestin | Strontiumsulfat | farblos bis weiß | 3–3,5 |
| Cerussit | Bleikarbonat | weiß, grau | 3,5–4 |
| Chromeisenstein | Eisen- und Chromoxid | braun bis schwarz | 5,5 |
| Covellin | Kupfersulfid | blau bis purpur | 1,5–2 |
| Eisenglanz | Eisenoxid | rotbraun bis schwarz | 6 |
| Eisenspat | Eisenkarbonat | grau, braun | 3,5–4,5 |
| Hornsilber | Silberchlorid | farblos bis grau | 1,5–2,5 |
| Ilmenit | Eisen- und Titanoxid | schwarz | 5–6 |
| Kobaltglanz | Kobalt- und Arsensulfid | hellgrau | 5,5 |
| Kupferglanz | Kupfersulfid | dunkelgrau, schwarz | 2–3 |
| Kupferkies | Kupfer- und Eisensulfid | gelb | 3–4 |
| Limonit | Eisenoxid- und hydroxid | gelbbraun bis schwarz | 5–5,5 |
| Magnetit | Mehrere Eisenoxide | schwarz | 6 |
| Malachit | Kupferhydroxid und -karbonat | hellgrün | 3,5–4 |
| Molybdänit | Molybdänsulfid | blaugrau | 1–1,5 |
| Monazit | Cer-, Lanthan- und Thoriumphosphat | braun | 5–5,5 |
| Pechblende | Uranoxid | dunkelbraun | 5–6 |
| Pyrargyrit | Silber- und Antimonsulfid | schwarz | 2,5 |
| Pyrit | Eisensulfid | gelb | 6–6,5 |
| Pyrrhotin | Eisensulfid | gelb | 3,5–4,5 |
| Rotbleierz | Bleichromat | orangerot bis braun | 2,5–3 |
| Rotkupfererz | Kupferoxid | rot bis dunkelbraun | 3,5–4 |
| Rotzinkerz | Zinkoxid | rot, orange | 4–4,5 |
| Scheelit | Kalziumwolframat | weiß | 4,5–5 |
| Silberglanz | Silbersulfid | schwarz | 2–2,5 |
| Strontianit | Strontiumkarbonat | weiß, grau, grün | 3,5–4 |
| Vanadinit | Bleichlorid und -vanadat | orange, rot, braun | 3 |
| Wolframit | Eisen- und Manganwolframat | dunkelgrau, schwarz | 5–5,5 |
| Zinkblende | Zinksulfid | weiß, grün, braun, schwarz | 3,5–4 |
| Zinkspat | Zinkkarbonat | grau, braun | 4–4,5 |
| Zinnober | Quecksilbersulfid | rot, braun | 2–2,5 |
| Zirkon | Zirkonsilikat | braun | 7,5 |

## Wichtige Erze

| Erz | Mineral | Zusammensetzung | Aussehen |
|---|---|---|---|
| Aluminium | Bauxit | Hydroxide | verschiedene Braunschattierungen |
| | Kyrolith | $Na_3AlF_6$ | weiß, wird durch Elektrolyse gewonnen |
| Antimon | Stibnit | Sulfid | bleigrau |
| Arsen | Realgar | Sulfid | rot |
| | Orpiment | Sulfid | gelb |
| Blei | Galenit | Sulfid | bleischwarz |
| Chrom | Chromit | Chromeisenoxid | dunkel, undurchsichtig |
| Eisen | Pyrit | Sulfid | messinggelb |
| | Magnetit | Oxid | schwarz |
| | Hämatit | $Fe_2O_3$ | schwarz/rötlich |
| | Siderit | Carbonat | orange |
| Gold | gediegen | Metall | goldgelb |
| Kupfer | Chalkopyrit | Sulfid | messinggelb |
| | Cuprit | Oxid | schwarz |
| | Malachit | Carbonat | grün |
| Nickel | Nickelin | Arsenid | silbermetallisch |
| Platin | gediegen | Metall | metallisch |
| Quecksilber | Zinnober | Sulfid | rot |
| Silber | gediegen | Metall | silbern |
| Titan | Ilmenit | Oxid | braun/schwarz |
| Uran | Uraninit | Oxid | dunkelbraun/schwarz |
| Vanadium | Vanadinit | $Pb_5[Cl(VO_4)_3]$ | rot/orange |
| Wolfram | Wolframit | $(FeMn)WO_4$ | schwarz, metallartig |
| Zinn | Cassiterit | Oxid | schwarz/braun |

## Mineralische Ressourcen

| Mineral | Verwendung | Vorkommen |
|---|---|---|
| Bauxit | Aluminium (Folien, Dosen), Autobau, Sportgeräte, Architektur | Aluminiumoxid (USA, Kanada, Russland, Brasilien, Australien) |
| Diamanten | Schmuck, Schneid- u. Schleifwerkzeug | Südafrika, Brasilien, Indien |
| Eisenerz | Stahlproduktion | Hämatit, Magnetit (Russland, Brasilien, China, Australien, Kanada, Südafrika, Schweden) |
| Gold | Schmuck, Geld, Schmiedekunst | Südafrika, Russland, Kanada, USA, Australien |
| Kali | Düngemittel, für Sprengstoffe | Salze (China, USA, Australien, Europa) |
| Kupfer | Elektrokabel, Legierungen, Farbpigmente, Insektizide | Kupfersulfid (Chile, USA, Kanada, Russland, Sambia, Kongo) |
| Zinn | Stahl- und Eisenüberzug, in Legierungen, Lötmetallen | Cassiterit (Malaysia, Peru, Russland, USA, Kanada, Polen, Australien) |

## Metallgewinnung aus Erzen

| Metall | Gewinnung |
|---|---|
| Aluminium | Elektrolyse in der Erzschmelze (üblich bei reaktiven Metallen) |
| Blei | Verhüttung (Erhitzen von Erz in einer reduzierenden Atmosphäre) |
| Eisen | Verhüttung im Hochofen (hohe Temperaturen) |
| Gold | mechanisch (waschen) aus gebrochenem Gestein |
| Kupfer | Verhüttung (Erhitzen von Erz in einer reduzierenden Atmosphäre) |
| Titan | chemische Reaktion mit unedleren Metallen |
| Zink | Verhüttung (Erhitzen von Erz in einer reduzierenden Atmosphäre) |
| Zinn | Schaumschwimmverfahren (mechanisch aus gebrochenem Erzgestein) |

Zusätzlich zu diesen Gewinnungsmethoden wird zunehmend mit biologischen Verfahren experimentiert. So werden beispielsweise Pflanzen und Bakterien eingesetzt, um die Kosten für die Metallproduktion aus Erzen zu verringern.

63

# Astronomie

## Meilensteine der Astronomie

**vor Christus**

| | |
|---|---|
| um 500 | Die Pythagoreer lehren den Umlauf der Erde um einen zentralen Himmelskörper |
| um 430 | Meton (*um 460) bringt durch eine Kalenderreform die griech. Zeitrechnung in Ordnung |
| 391 | Demokrit (um 460–370) erklärt die Milchstraße als eine Anhäufung von Sternen |
| 374 | Eudoxos (um 409–356) gründet eine mathematisch-astronomische Schule |
| 289 | Aristarch (um 320–250) ermittelt Entfernung und Größe von Sonne und Mond |
| 288 | Erastosthenes (276–195) berechnet den Erdumfang recht genau auf 39 816 km |
| 131 | Hipparch (um 190–125) stellt 1008 Fixsterne in einem Sternkatalog zusammen |

**nach Christus**

| | |
|---|---|
| 153 | C. Ptolemäus (um 75–160) vertritt ein Weltsystem mit der Erde als Mittelpunkt |
| 1250 | Alfons X. (1221–1284) von Kastilien läßt Planetentafeln (Alfonsin. Tafeln) zusammenstellen |
| 1428 | Der persische Astronom Ulug Beg (1394–1449) erbaut die Sternwarte von Samarkand |
| 1460 | Regiomontanus (1436–1476) erbaut in Nürnberg die erste deutsche Sternwarte |
| 1543 | N. Kopernikus (1473–1543) veröffentlicht »De revolutionibu orbium coelestium« (Lehre vom heliozentrischen Planetensystem) |
| 1609 | J. Kepler (1571–1630) stellt das 1. und 2. Keplersche Gesetz auf; 1619 folgt das 3. Gesetz |
| 1610 | G. Galilei (1564–1642) entdeckt vier Jupitermonde, die Sonnenflecken und den Phasenwechsel der Venus |
| 1676 | O. Römer (1644–1710) berechnet die Lichtgeschwindigkeit |
| 1679 | E. Halley (1656–1742) veröffentlicht ein erstes Sternverzeichnis des Südhimmels |
| 1687 | I. Newton (1643–1727) stellt das Gravitationsgesetz auf |
| 1755 | I. Kant (1724–1804) veröffentlicht seine Theorie über die Entwicklung des Sonnensystems |
| 1774 | J. E. Bode (1747–1826) beginnt mit der Herausgabe des Berliner Astron. Jahrbuchs |
| 1796 | P. S. Laplace (1749–1827) entwickelt eine Theorie der Entstehung des Sonnensystems |
| 1815 | J. Fraunhofer (1787–1826) entdeckt im Sonnenspektrum die nach ihm benannten Linien |
| 1846 | J. G. Galle (1812–1910) entdeckt den Neptun aufgrund von Angaben Leverriers |
| 1859 | G. Kirchhoff (1824–1887) und R. Bunsen (1811–1899) entwickeln die Spektralanalyse |

| | |
|---|---|
| 1870 | B. A. Gould (1824–1896) errichtet eine Sternwarte in Córdoba (Argentinien) und führt später die Córdoba-Durchmusterung des südlichen Sternhimmels durch |
| 1889 | G. E. Hale (1868–1938) erfindet den Spektroheliographen |
| 1914 | A. Einstein (1879–1955) formuliert seine Allgemeine Relativitätstheorie |
| 1917 | H. D. Curtis (1872–1942) bestimmt die Entfernung des Andromedanebels |
| 1929 | E. P. Hubble (1889–1953) schließt von der Flucht der Spiralnebel auf die Ausdehnung des Weltalls |
| 1954 | J. H. Oort (*1900) legt die erste Karte der Spiralstruktur der Milchstraße vor |
| 1959 | Die sowjetische Mondsonde Luna 3 fotografiert die erdabgewandte Seite des Mondes |
| 1963 | M. Schmidt (*1923) erklärt die Spektren der Quasare durch die Rotverschiebung |
| 1964 | Kosmische Röntgenstrahlung wird mit Hilfe von Raketen registriert |
| 1965 | Die US-amerikanische Sonde Mariner 4 funkt Fotos von der Marsoberfläche |
| 1969 | Im Rahmen des US-Apollo-Programms betritt N. Armstrong den Mond |
| 1971 | Das größte frei bewegliche Radioteleskop wird in der Sternwarte Effelsberg errichtet |
| 1977 | Das Ringsystem des Uranus wird entdeckt |
| 1977 | Anhaltspunkte für Existenz eines Schwarzen Lochs in der Röntgenquelle Cygnus X-1 |
| 1979 | Die US-amerikanische Raumsonde Voyager 1 entdeckt das Ringsystem des Jupiters |
| 1981 | Voyager 2 fliegt am Saturn vorbei und entdeckt mehr als zehn Monde |
| 1984 | Das größte europäische Spiegelteleskop (3,5 m) auf dem Calar Alto wird in Betrieb genommen |
| 1986 | Die Raumsonde Giotto begegnet dem Halleyschen Kometen |
| 1986 | Auf Aufnahmen von Voyager 2 werden zehn Uranusmonde entdeckt |
| 1987 | US-Forscher beobachten in der Großen Magellan'schen Wolke eine helle Supernova |
| 1992 | Forschungssonde COBE entdeckt Unregelmäßigkeiten der kosmischen Hintergrundstrahlung als erste Strukturen nach dem Urknall |
| 1995 | Nachweis eines Planeten um einen sonnenähnlichen Stern |
| 1998 | Auf dem Mond werden Spuren von Wassereis entdeckt |
| 1998 | Das VLA-Radioteleskop beobachtet die Geburt eines Doppelsternsystems |
| 1999 | Eine europäische Sternwarte entdeckt einen überaus lithiumreichen Sternriesen |

## Entwicklungsphasen des Weltalls nach dem Urknall

| Zeitalter | Bermerkungen |
|---|---|
| Planck-Ära | Das Weltall zeigt die größtmögliche Einfachheit. Alle vier Naturkräfte sind vermutlich noch in einer einzigen Kraft vereint. |
| Quark-Ära | Quarks, Leptonen und Photonen entstehen. |
| Hadronen-Ära | Die Quarks bilden stabile Protonen und Neutronen. |
| Leptonen-Ära | Entstehung stabiler Elektronen |
| Strahlungs-Ära | Bildung von Deuterium, Tritium und Helium. Es entsteht neutraler Wasserstoff. |
| Materie-Ära | Galaxien und Sterne entwickeln sich. In dieser Epoche leben wir noch heute. |

## Wichtige Radioteleskope

| Name | Standort | Größe |
|---|---|---|
| Australia Telescope | New South Wales | sieben Antennen à 22 m; eine Antenne à 64 m Durchmesser |
| VLA (Very Large Array) | Socorro/New Mexico | 27 Antennen à 25 m Durchmesser in Y-Form über 36 km |
| James Clerk Maxwell Telescope | Mauna Kea/Hawaii | 15 m Durchmesser |
| California Submillimeter Observatory | Mauna Kea/Hawaii | 10,4 m Durchmesser |
| Ryle | Cambridge (England) | 5-km-Anordnung |
| CSIRO Radioheliograph | Culgoora (Australien) | 3-km-Anordnung |
| Molonglo | Australien | 1,6-km-Anordnung |
| Westerbork | Niederlande | 1,6-km-Anordnung |
| MERLIN (Multi-Element Radio-Linked Interferometer Network) | Manchester (England) | 230-km-Anordnung |
| Arecibo | Puerto Rico | 305 m Durchmesser |
| Effelsberg | Deutschland | 100 m Durchmesser |
| Green Bank | West Virginia (USA) | Ersatzspiegel für zerstörten 92-m-Spiegel geplant |
| Jodrell Bank | England | 76 m Durchmesser |

## Astronomische Entfernungseinheiten

| Begriff | Erläuterung |
|---|---|
| Astronomische Einheit (AE) | Mittlere Entfernung der Erde von der Sonne: |
| | $1,49598 \times 10^8$ km |
| | $4,848 \times 10^{-6}$ parsec |
| | $1,58129 \times 10^{-5}$ Lichtjahre |
| Parsec (pc) | Entfernung, von der aus betrachtet 1 AE unter einem Winkel von einer Bogensekunde erscheint: |
| | $3,0856 \times 10^{13}$ km |
| | 206264,8 AE |
| | 3,2616 Lichtjahre |
| Lichtjahr | Strecke, die das Licht in einem Jahr zurücklegt: |
| | $9,4605 \times 10^{12}$ km |
| | $6,324 \times 10^4$ AE |
| | 0,3066 parsec |
| Lichtgeschwindigkeit (c) | $2,998 \times 10^5$ km/s |

## Anzahl der Sterne nach Größenklassen

| Größe | Anzahl |
|---|---|
| heller als 0 | 2 |
| 0 – 1 | 10 |
| 1 – 2 | 29 |
| 2 – 3 | 97 |
| 3 – 4 | 392 |
| 4 – 5 | 1090 |
| 5 – 6 | 3230 |
| 6 – 7 | 9450 |
| 7 – 8 | 26000 |
| 8 – 9 | 76000 |
| 9 – 10 | 207000 |
| 10 – 11 | 546000 |
| 11 – 12 | 1400000 |
| 12 – 13 | 3430000 |
| 13 – 14 | 8100000 |
| 14 – 15 | 18200000 |
| 15 – 16 | 39000000 |
| 16 – 18 | 225000000 |

# Astronomie

| Wichtige optische Teleskope | | | |
|---|---|---|---|
| Name | Ort | Höhe über NN (in m) | Spiegeldurchmesser (in m) |
| Hubble-Space-Teleskop | Erdumlaufbahn | 60000 | 2,4 |
| VLT (Very Large Telescope) | Paranal (Chile) | | 4 x 8,2 (= 16 m äquivalent) |
| NNTT | Mauna Kea/Hawaii | | 4 x 7,5 (= 15 m äquivalent) |
| Keck-Teleskop | Mauna Kea/Hawaii | 4150 | 10 (36 Segmente) |
| Selintschukskaja | Russland | 2100 | 6,1 |
| Hale-Teleskop | Mt. Palomar/Kalifornien | 1706 | 5 |
| MMT | Mt. Hopkins/Arizona | 2606 | 6,5 |
| Wilhelm-Herschel-Teleskop | La Palma (Spanien) | 2423 | 4,2 |
| Cerro Tololo | Chile | 2160 | 4 |
| Mayall-Teleskop | Kitt Peak/Arizona | | 4 |
| Angloaustralisches Teleskop | Siding Spring (Australien) | | 3,9 |
| UKIRT | Mauna Kea/Hawaii | 4180 | 3,6 |
| CFHT | Mauna Kea/Hawaii | 4180 | 3,6 |
| ESO | La Silla (Chile) | 2400 | 3,6 |
| ESO New Technology | La Silla (Chile) | 2400 | 3,58 |
| Calar Alto | Spanien | 2160 | 3,5 |
| Shane-Teleskop | Mt. Hamilton/Kalifornien | 1277 | 3 |

| Die 20 scheinbar hellsten Sterne | | | | |
|---|---|---|---|---|
| Name des Sterns (und Sternbilds) | Helligkeit (Größe) | Entfernung (in Lichtjahren) | Leuchtkraft (Sonne = 1) | Spektraltypus |
| * Sirius (Gr. Hund) | -1,58 | 9 | 22 | A (Doppelsterne) |
| ** Canopus (Kiel des Schiffes) | -0,86 | 230 | 8600 | F |
| * α Centauri (Centaur) | 0,06 | 4 | 1,3 | G (Doppelsterne) |
| Wega (Leier) | 0,14 | 27 | 44 | A |
| Capella (Fuhrmann) | 0,21 | 46 | 120 | G (Doppelsterne) |
| Arktur (Bootes) | 0,24 | 38 | 79 | K (Riese) |
| * Rigel (Orion) | 0,34 | 550 | 16000 | B |
| Prokyon (Kl. Hund) | 0,48 | 11 | 5,6 | F (Doppelsterne) |
| ** Achernar (Eridanus) | 0,60 | 72 | 210 | B |
| ** β Centauri (Centaur) | 0,86 | 190 | 1200 | B (Doppelsterne) |
| Atair (Adler) | 0,89 | 16 | 7,6 | A |
| Beteigeuze (Orion) | 0,1-1,2 | 300 | 2100-5800 | M (Riese, Va.) |
| ** α Crucis (Südl. Kreuz) | 1,05 | 220 | 1300 | B (Doppelsterne) |
| Aldebaran (Stier) | 1,06 | 46 | 55 | K (Riese) |
| Pollux (Zwillinge) | 1,21 | 33 | 25 | K |
| * Spika (Jungfrau) | 1,22 | 190 | 860 | B |
| * Antares (Skorpion) | 1,22 | 230 | 1250 | M (Riese, Doppelsterne) |
| * Formalhaut (Südl. Fisch) | 1,29 | 23 | 11 | A |
| Deneb (Schwan) | 1,33 | 650 | 9500 | A |
| Regulus (Löwe) | 1,34 | 78 | 120 | B (Doppelsterne) |

* Sterne liegen auf der Südhalbkugel    ** Sterne sind in unseren Breiten nicht sichtbar

Letzte Spalte = physikalische Beschaffenheit der Sterne: Spektraltypus (durch große Buchstaben B, A, F, G, K, M gekennzeichnet; steht in enger Beziehung zur Farbe und Oberflächentemperatur der Sterne). Allgemein gilt:

Typus B: Weiß, Temperatur 12000-40000 K    Typus A:  Gelbweiß, Temperatur 8000-12000 K
Typus F: Weißgelb, Temperatur 6000-8000 K    Typus G:  Gelb, Temperatur 4500-6000 K
Typus K: Rötlichgelb, Temperatur 4500-5000 K    Typus M:  Gelbrot bis Rot, Temperatur 3000-3500 K

Bei den K- und M-Sternen unterscheidet man Riesen (große Durchmesser, geringe Dichte) und Zwerge (kleine Durchmesser, große Dichte). Beteigeuze im Orion ist ein veränderlicher Stern (Va.), dessen Helligkeit schwankt.

## Erde, Mond und Sonne

**Bahn der Erde um die Sonne
im Laufe eines Jahres**

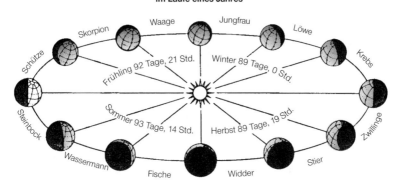

Skorpion — Waage — Jungfrau — Löwe
Schütze — Krebs
Frühling 92 Tage, 21 Std. — Winter 89 Tage, 0 Std.
Steinbock — Zwillinge
Sommer 93 Tage, 14 Std. — Herbst 89 Tage, 19 Std.
Wassermann — Stier
Fische — Widder

**Tagebogen der Sonne**
(schematisch, für 50 Grad nördl. Breite)

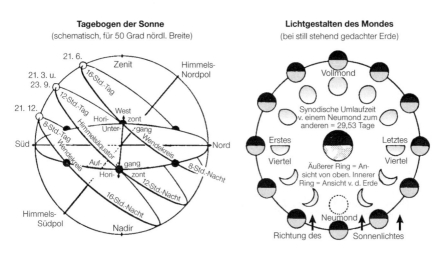

21. 6.
21. 3. u.
23. 9.
21. 12.
Zenit
Himmels-Nordpol
16-Std.-Tag
12-Std.-Tag
West
Hori-zont
Untergang
8-Std.-Tag
Himmelsäquator
Wendekreis
Süd
Wendekreis
Auf-gang
Hori-zont
Nord
8-Std.-Nacht
12-Std.-Nacht
16-Std.-Nacht
Himmels-Südpol
Nadir

**Lichtgestalten des Mondes**
(bei still stehend gedachter Erde)

Vollmond
Synodische Umlaufzeit
v. einem Neumond zum
anderen = 29,53 Tage
Erstes Viertel
Letztes Viertel
Äußerer Ring = Ansicht von oben. Innerer
Ring = Ansicht v. d. Erde
Neumond
Richtung des Sonnenlichtes

**Mondfinsternis**

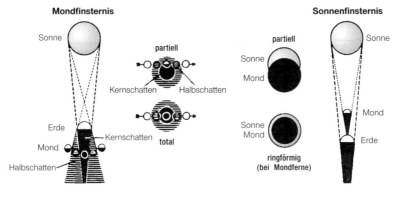

Sonne
partiell
Kernschatten — Halbschatten
Erde
Mond
Kernschatten — total
Halbschatten

**Sonnenfinsternis**

partiell
Sonne
Mond
Sonne
Mond
ringförmig
(bei Mondferne)
Sonne
Mond
Erde

# Astronomie

## Mitglieder der lokalen Gruppe

| Name | Typ* | Entfernung (in Mio. Lichtjahren) |
|---|---|---|
| M 31 Andromeda-Nebel | S | 2,25 |
| Milchstraße | S | – |
| M 33 Triangulum | S | 2,6 |
| LMC | I | 0,165 |
| SMC | I | 0,19 |
| IC 10 | I | 4,1 |
| NGC 205 | E | 2,25 |
| M 32 | E | 2,25 |
| NGC 6822 | I | 1,6 |
| WLM | I | 3,1 |
| NGC 185 | E | 2,25 |
| IC 5152 | I | 2,0 |
| IC 1613 | I | 2,3 |
| NGC 147 | Zwerg E | 2,25 |
| DDO 210 | Zwerg I | 3,0 |
| Pegasus | Zwerg E | 0,55 |
| SAGDIG | Zwerg I | 4,0 |
| Fornax | Zwerg E | 0,75 |
| Sculptor | Zwerg E | 0,28 |
| Andromeda I | Zwerg E | 2,25 |
| Andromeda II | Zwerg E | 2,25 |
| Andromeda III | Zwerg E | 2,25 |
| Leo I | Zwerg E | 0,75 |
| LGS 3 | Zwerg I | 2,0 |
| Leo II | Zwerg E | 0,75 |
| Carina | Zwerg E | 0,3 |
| Draco | Zwerg E | 0,25 |
| Ursa Minor | Zwerg E | 0,26 |

\* S: Spirale, I: Irregulär, E: Elliptisch

## Sterne mit bekanntem großem Durchmesser

| Stern | Durchmesser (Mio. km) | Durchmesser (Sonne = 1) |
|---|---|---|
| Sonne | 1,39 | 1 |
| Arktur (a Bootes) | 36 | 26 |
| Aldebran (a Tauri) | 63 | 45 |
| Scheat (ß Pegasi) | 106 | 150 |
| e Aurigae | 1770 | 1278 |
| Antares (a Scorpii) | 1030 | 740 |
| o Auriage | 340 | 245 |
| Beteigeuze (Orionis) | 560 | 400 |
| Mira (Ceti) | 540 | 390 |
| Ras Algheti (Herculis) | 945 | 680 |
| VV Cephei | 2320 | 1943 |

## Sterne mit besonderen Namen

| Name des Sterns | Bezeichnung im Sternbild |
|---|---|
| Achernar | α Fluß Eridanus |
| Akrab | β Skorpion |
| Alamak | γ Andromeda |
| Albireo | β Schwan |
| Aldebaran | α Stier |
| Alderamin | α Cepheus |
| Algenib | γ Pegasus |
| Algenib | α Perseus |
| Algol | β Perseus |
| Algorab | δ Rabe |
| Alioth | ε Großer Bär |
| Alkor | o Großer Bär |
| Alkyone | η Stier (Plejaden) |
| Alphard | α Wasserschlange |
| Antares | α Skorpion |
| Arktur | α Bootes |
| Atair | α Adler |
| Bellatrix | γ Orion |
| Benetnasch | η Großer Bär |
| Beteigeuze | α Orion |
| Capella | α Fuhrmann |
| Castor | α Zwillinge |
| Deneb | α Schwan |
| Denebola | β Löwe |
| Dubhe | α Großer Bär |
| Gemma | α Nördliche Krone |
| Hamal | α Widder |
| Kanopus | α Kiel des Schiffes |
| Kochab | β Kleiner Bär |
| Markab | α Pegasus |
| Megrez | δ Großer Bär |
| Menkar | α Walfisch |
| Merak | β Großer Bär |
| Mira | o Walfisch |
| Mirach | β Andromeda |
| Mizar | ζ Großer Bär |
| Nath | β Stier |
| Phekda | γ Großer Bär |
| Pherkad | γ Kleiner Bär |
| Polaris (Polarstern) | α Kleiner Bär |
| Pollux | β Zwillinge |
| Prokyon | α Kleiner Hund |
| Ras Algheti | α Herkules |
| Ras Alhague | α Ophiuchus |
| Regulus | α Löwe |
| Rigel | β Orion |
| Scheat | β Pegaus |
| Schedir | α Kassiopeia |
| Sirius | α Großer Hund |
| Sirrah | α Andromeda |
| Spika | α Jungfrau |
| Unuk | α Schlange |
| Vindemiatrix | ε Jungfrau |
| Wega | α Leier |
| Zuben-el-genubi | α Waage |
| Zuben-es-schemali | β Waage |

| Sternbilder der nördlichen Halbkugel | |
|---|---|
| Name (lateinisch) | Name (deutsch) |
| Andromeda | Andromeda |
| Aquila | Adler |
| Aries | Widder |
| Auriga | Fuhrmann |
| Bootes | Bootes (Ochsentreiber) |
| Camelopardalis | Giraffe |
| Cancer | Krebs |
| Canes venatici | Jagdhunde |
| Canis minor | Kleiner Hund |
| Cassiopeia | Kassiopeia |
| Cepheus | Kepheus |
| Cetus | Walfisch |
| Coma Berenices | Haar der Berenike |
| Corona borealis | Nördliche Krone |
| Cygnus | Schwan |
| Delphinus | Delfin |
| Draco | Drache |
| Equuleus | Füllen |
| Gemini | Zwillinge |
| Hercules | Herkules |
| Hydra | Nördliche Wasserschlange |
| Lacerta | Eidechse |
| Leo | Löwe |
| Leo minor | Kleiner Löwe |
| Lynx | Luchs |
| Lyra | Leier |
| Monoceros | Einhorn |
| Ophiuchus | Schlangenträger |
| Orion | Orion |
| Pegasus | Pegasus |
| Perseus | Perseus |
| Pisces | Fische |
| Sagitta | Pfeil |
| Serpens | Schlange |
| Sextans | Sextant |
| Taurus | Stier |
| Triangulum | Dreieck |
| Ursa major | Großer Bär |
| Ursa minor | Kleiner Bär |
| Virgo | Jungfrau |
| Vulpecula | Füchschen |

| Sternbilder der südlichen Halbkugel | |
|---|---|
| Name (lateinisch) | Name (deutsch) |
| Antlia | Luftpumpe |
| Apus | Paradiesvogel |
| Aquarius | Wassermann |
| Ara | Altar |
| Caelum | Grabstichel |
| Canis major | Großer Hund |
| Capricornus | Steinbock |
| Carina | Schiffskiel |
| Centaurus | Kentaur |
| Chamaeleon | Chamäleon |
| Columba | Taube |
| Corona austrina | Südliche Krone |
| Corvus | Rabe |
| Crater | Becher |
| Crux | Kreuz (des Südens) |
| Dorado | Schwertfisch |
| Eridanus | Fluss Eridanus |
| Grus | Kranich |
| Horologium | Pendeluhr |
| Hydrus | Südliche Wasser-schlange |
| Lepus | Hase |
| Libra | Waage |
| Lupus | Wolf |
| Mensa | Tafelberg |
| Musca | Fliege |
| Octans | Oktant |
| Phoenix | Phönix |
| Pictor | Maler |
| Piscis austrinus | Südlicher Fisch |
| Puppis | Hinterdeck des Schiffes |
| Pyxis | Kompass des Schiffes |
| Reticulum | Netz |
| Sagittarius | Schütze |
| Scorpius | Skorpion |
| Telescopium | Fernrohr |
| Triangulum austrinum | Südliches Dreieck |
| Vela | Segel des Schiffes |
| Volans | Fliegender Fisch |

| Tierkreiszeichen | | | |
|---|---|---|---|
| Name | Zeitraum | chinesisches Tierzeichen | Stein |
| Widder | 21.3.–20.4. | Ratte | Jaspis |
| Stier | 21.4.–21.5. | Ochse | Saphir |
| Zwillinge | 22.5.–21.6. | Tiger | Chalzedon |
| Krebs | 22.6.–22.7. | Hase | Smaragd |
| Löwe | 23.7.–22.8. | Drache | Sardonyx |
| Jungfrau | 23.8.–22.9. | Schlange | Sarder |
| Waage | 23.9.–23.10. | Pferd | Chrysolith |

| Name | Zeitraum | chinesisches Tierzeichen | Stein |
|---|---|---|---|
| Skorpion | 24.10.–22.11. | Schaf | Beryll |
| Schütze | 23.11.–21.12. | Affe | Topas |
| Steinbock | 22.12.–20.1. | Huhn | Chrysopras |
| Wassermann | 21.1.–20.2. | Hund | Hyazinth |
| Fische | 21.2.–20.3. | Schwein | Amethyst |

Seit alten Zeiten teilt man die Ekliptik (den Tierkreis) vom Frühlingspunkt aus in zwölf gleiche Teile von je 30° ein.

**69**

# Astronomie

## Nördlicher Sternhimmel

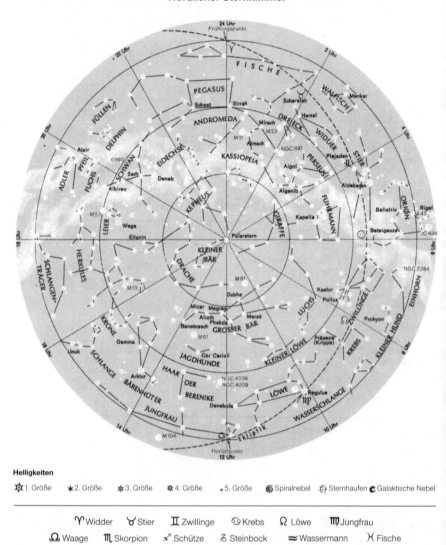

**Helligkeiten**

☼ 1. Größe  ✷ 2. Größe  ✸ 3. Größe  ✹ 4. Größe  . 5. Größe  ⑥ Spiralnebel  ⁂ Sternhaufen  ⊂ Galaktische Nebel

♈ Widder  ♉ Stier  ♊ Zwillinge  ♋ Krebs  ♌ Löwe  ♍ Jungfrau

♎ Waage  ♏ Skorpion  ♐ Schütze  ♑ Steinbock  ♒ Wassermann  ♓ Fische

Ein Teil der Sternbilder des nördlichen Himmels geht für die geografische Breite von Mitteleuropa nie unter und kann stets in etwa Nordrichtung beobachtet werden (Zirkumpolar-Sternbilder): Kleiner und Großer Bär, Drache, Giraffe, Kassiopeia, Kepheus sowie teilweise Perseus, Fuhrmann, Schwan und Luchs. Oft fügt man die hellsten Sterne noch zu besonderen Figuren zusammen, z.B. das »Sommerdreieck« Deneb – Atair – Wega oder das »Wintersechseck« Kapella – Kastor – Prokyon – Sirius – Rigel – Aldebaran. Von diesen ist Sirius auf der Karte des südlichen Himmels. Zu den Frühjahrssternbildern gehört das Gebiet zwischen Löwe und Bärenhüter, zu den Herbststernbildern Pegasus bis Widder. Das bedeutet, dass diese Sternbilder in den betreffenden Jahreszeiten am besten abends zu beobachten sind. Von den Sternhaufen können bereits die Plejaden und Präsepe mit bloßen Augen erkannt werden. Von den Spiralnebeln ist M 31 in der Andromeda ohne Fernrohr als Nebelfleck sichtbar.

## Südlicher Sternhimmel

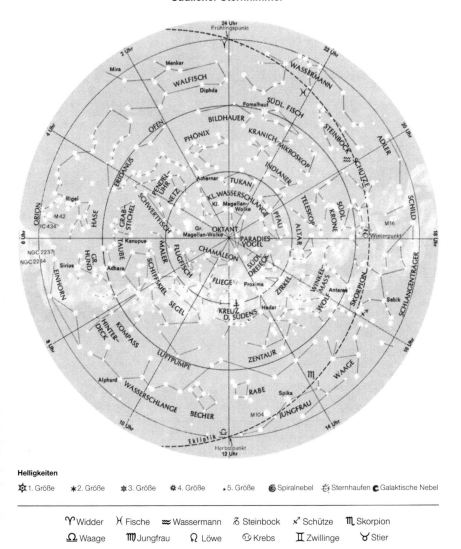

**Helligkeiten**

☼ 1. Größe   ✳ 2. Größe   ✳ 3. Größe   ✳ 4. Größe   • 5. Größe   ⑥ Spiralnebel   ✳ Sternhaufen   ☾ Galaktische Nebel

♈ Widder   ♓ Fische   ♒ Wassermann   ♑ Steinbock   ♐ Schütze   ♏ Skorpion
♎ Waage   ♍ Jungfrau   ♌ Löwe   ♋ Krebs   ♊ Zwillinge   ♉ Stier

Die Sternbilder, die etwas südlich der Linie Formalhaut – Antares – Adhara liegen, kommen für Mitteleuropa kaum oder überhaupt nicht mehr über den Horizont. Das bekannteste Sternbild des südlichen Himmels ist das Kreuz des Südens. Der Längsbalken dieses Kreuzes weist in Richtung auf den Himmelssüdpol. Proxima im Zentaur ist ein schwacher, nicht mehr mit bloßem Auge sichtbarer Begleiter des hellen, eingezeichneten Sterns Alpha dieses Sternbilds. Er ist mit 4,3 Lichtjahren Abstand der nächste Stern. Die Milchstraße zeigt ihre größte Helligkeit im Sternbild Schild und Schütze. Diese Gebiete gelangen für Mitteleuropa nur wenig über den Horizont. Der hellste Stern von der Erde aus gesehen ist Sirius im Großen Hund. In der Nachbarschaft der Milchstraße befinden sich die beiden Magellan'-schen Wolken, die bereits sehr gut mit freiem Auge zu sehen sind. Es sind selbstständige Sternsysteme, die aber in unmittelbarer Nähe unseres eigenen Milchstraßensystems stehen.

71

# Astronomie

## Basisdaten über die Sonne

**Physikalische Daten**

| | |
|---|---|
| Durchmesser | 1392530 km |
| Volumen | $1,414 \times 10^{18}$ km³ |
| Masse | $1,989 \times 10^{30}$ kg |

**Chemische Zusammensetzung der Photosphäre (in Gewichtsprozenten)**

| | |
|---|---|
| Wasserstoff | 73,46 |
| Stickstoff | 0,09 |
| Helium | 24,85 |
| Silicium | 0,07 |
| Sauerstoff | 0,77 |
| Magnesium | 0,05 |
| Kohlenstoff | 0,29 |
| Schwefel | 0,04 |
| Eisen | 0,16 |
| Sonstige | 0,10 |
| Neon | 0,12 |

**Dichte (Wasser = 1)**

| | |
|---|---|
| mittlere Dichte der Sonne | $1,41$ g cm⁻³ |
| Zentrum der Sonne | $150$ g cm⁻³ |
| Oberfläche (Photosphäre) | $10^{-3}$ g cm⁻³ |
| Chromosphäre | $10^{-6}$ g cm⁻³ |
| untere Korona | $1,7 \times 10^{-16}$ g cm⁻³ |

**Temperatur**

| | |
|---|---|
| Zentrum | 15 Mio.°C |
| Oberfläche (Photosphäre) | 5780°C |
| Kerne der Sonnenflecken | 3970°C |
| Höfe der Sonnenflecken | 5410°C |
| Chromosphäre | 4030 bis 50000°C |
| Korona | 800000 bis 5 Mio.°C |

**Rotation (von der Erde aus gesehen)**

| | |
|---|---|
| am Äquator | 26,8 Tage |
| in 30° Breite | 28,2 Tage |
| in 60° Breite | 30,8 Tage |
| in 75° Breite | 31,8 Tage |

## Sonnenfinsternisse weltweit bis 2010

| Datum | Art | Sichtbarkeitsgebiet |
|---|---|---|
| 21.6.2001 | total | Süd-Atlantik, Südafrika, Madagaskar |
| 14.12.2001 | ringförmig | Pazifik, Mittelamerika |
| 10.6.2002 | ringförmig | Indonesien, Pazifik, Mexiko |
| 4.12.2002 | total | Südafrika, Indischer Ozean, Australien |
| 31.5.2003 | ringförmig | Island, Grönland |
| 23.11.2003 | total | Antarktis |
| 8.4.2005 | ringf./total | Pazifik, Panama, Venezuela |
| 3.10.2005 | ringförmig | Atlantik, Mittelmeer, Indischer Ozean |
| 29.3.2006 | total | Atlantik, Nordafrika, Zentral-Asien |
| 22.9.2006 | ringförmig | Nordost-Südamerika, Atlantik |
| 7.2.2008 | ringförmig | Süd-Pazifik, Antarktis |
| 1.8.2008 | total | Sibirien, Mongolei |
| 26.1.2009 | ringförmig | Indischer Ozean |
| 22.7.2009 | total | China, Pazifik |
| 15.1.2010 | ringförmig | Indischer Ozean, Sri Lanka, Süd-Indien |
| 11.7.2010 | total | Süd-Pazifik |

## Sonnenfinsternisse in Europa bis 2050

| Datum | Art |
|---|---|
| 3.10.2005 | ringförmig |
| 20.3.2015 | total |
| 12.8.2026 | total |
| 2.8.2027 | total |
| 25.1.2028 | total |
| 1.6.2030 | ringförmig |
| 21.6.2039 | ringförmig |
| 11.6.2048 | ringförmig |

## Mondfinsternisse bis 2010

| Datum | Typ | Sichtbarkeitsgebiet | Datum | Typ | Sichtbarkeitsgebiet |
|---|---|---|---|---|---|
| 9.1.2001 | total | Europa, Asien, Afrika | 7.9.2006 | partiell | Mittel- und Ost-Europa, Asien, Australien, Ost-Afrika |
| 5.7.2001 | partiell | Asien, Australien, Pazifik | 4.3.2007 | total | Europa, Asien, Afrika |
| 16.5.2003 | total | Amerika, West-Europa, Afrika | 28.8.2007 | total | Australien, Pazifik, Teile von Nordamerika |
| 9.11.2003 | total | Amerika, Europa, Afrika, West-Asien | 21.2.2008 | total | Amerika, Europa, Afrika |
| 4.5.2004 | total | Europa, Afrika, Asien | 16.8.2008 | partiell | Europa, Afrika, West-Asien |
| 28.10.2004 | total | Amerika, Europa, Afrika | 31.12.2009 | partiell | Europa, Asien, Afrika |
| 17.10.2005 | partiell | Ostasien, Pazifik, Nordamerika | 26.6.2010 | partiell | Ostasien, Australien |

## Die Planeten des Sonnensystems

| Planet | Mittlere Entfernung von der Sonne (Mio./km) | Umlaufzeit um die Sonne (Tage T./ Jahre J.) | Rotations- dauer | Äquator- durch- messer (km) | Volumen (Erde = 1) | Masse (Erde = 1) | Dichte (g/cm³) | Zahl der Monde | Ring- system |
|---|---|---|---|---|---|---|---|---|---|
| Merkur | 57,9 | 87,9 T. | 58,6 Tage | 4 880 | 0,06 | 0,055 | 5,42 | 0 | – |
| Venus | 108,2 | 224,7 T. | 243 Tage | 12 104 | 0,88 | 0,813 | 5,25 | 0 | – |
| Erde | 149,6 | 365,3 T. | 1 Tag | 12 756 | 1 | 1 | 5,517 | 1 | – |
| Mars | 227,0 | 686,98 T. | 24 h 37 min | 6 793 | 0,151 | 0,108 | 3,94 | 2 | – |
| Jupiter | 778,3 | 11,86 J. | 9 h 50 min | 143 800 | 1318 | 317,9 | 1,314 | 16 | ja |
| Saturn | 1427 | 29,46 J. | 10 h 14 min | 120 000 | 755 | 95,1 | 0,69 | >20 | ja |
| Uranus | 2870 | 84,02 J. | 17 h 14 min | 52 300 | 67 | 14,6 | 1,19 | 15 | a |
| Neptun | 4497 | 164,8 J. | 17 h 50 min | 49 500 | 57 | 17,2 | 1,66 | 2 | ? |
| Pluto | 5899 | 247,7 J. | 6,38 Tage | 2 200 | 0,005 | 0,002 | 2,1 | 1 | – |

## Wichtige Kleinplaneten

| Nr. | Name | Entdeckungs- jahr | Abstand v. d. Sonne (in Mio. km) Min. | Max. | Umlaufzeit (in Jahren) | Durchmesser (in km) |
|---|---|---|---|---|---|---|
| 1 | Ceres | 1801 | 381,5 | 439,8 | 4,60 | 1020 |
| 2 | Pallas | 1802 | 315,7 | 511,6 | 4,60 | 535 |
| 3 | Juno | 1804 | 296,2 | 501,2 | 4,36 | 250 |
| 4 | Vesta | 1807 | 321,6 | 384,5 | 3,63 | 500 |
| 5 | Astrea | 1845 | 314,2 | 457,8 | 4,14 | 180 |
| 6 | Hebe | 1847 | 288,7 | 436,8 | 3,78 | 195 |
| 7 | Iris | 1847 | 275,3 | 439,8 | 3,69 | 209 |
| 8 | Flora | 1847 | 278,3 | 381,5 | 3,27 | 151 |
| 9 | Metis | 1848 | 312,7 | 400,9 | 3,68 | 151 |
| 10 | Hygeia | 1849 | 424,9 | 517,6 | 5,59 | 430 |
| 15 | Eunomia | 1851 | 321,6 | 469,7 | 4,30 | 272 |
| 24 | Themis | 1853 | 412,9 | 526,6 | 5,53 | 249 |
| 65 | Cybele | 1861 | 450,3 | 573,0 | 6,33 | 309 |
| 451 | Patienta | 1899 | 421,9 | 493,7 | 5,34 | 276 |
| 611 | Patroklus | 1906 | 670,2 | 888,6 | 11,88 | 147 |
| 944 | Hidalgo | 1920 | 302,2 | 1448,1 | 14,04 | 15 |
| 1221 | Amot | 1932 | 161,6 | 412,9 | 2,66 | 5 |
| 1566 | Ikarus | 1949 | 28,4 | 294,7 | 1,12 | 1 |
| 1862 | Apollo | 1932 | 97,2 | 342,6 | 1,78 | 3 |
| 2060 | Chiron | 1977 | 1261,1 | 2812,4 | 50,70 | 500? |

## Basisdaten über den Mond

| | |
|---|---|
| Durchmesser | 3476 km |
| Oberfläche | 38 Mio. km² |
| Volumen | 22 Mrd. km³ |
| Oberflächenschwerkraft | 17% der Erdschwere am Äquator |
| Tages-/Nachttemperatur | ca. 130°C/ca. –150°C |
| Mittlere Entfernung von der Erde | 384 700 km |
| Dauer der Erdumrundung | 27,32 Tage |
| Mond-Sonne-Begegnungen (Neumond) | alle 29,53 Tage (Mittelwert) |

# Astronomie

## Größe der Planeten im Vergleich

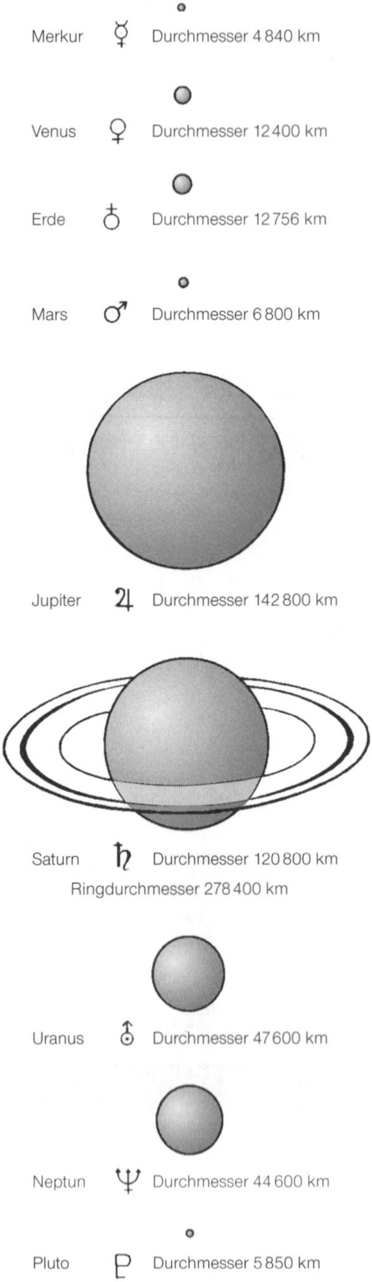

Merkur ☿ Durchmesser 4 840 km

Venus ♀ Durchmesser 12 400 km

Erde ♁ Durchmesser 12 756 km

Mars ♂ Durchmesser 6 800 km

Jupiter ♃ Durchmesser 142 800 km

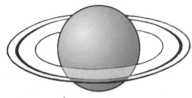

Saturn ♄ Durchmesser 120 800 km
Ringdurchmesser 278 400 km

Uranus ♅ Durchmesser 47 600 km

Neptun ♆ Durchmesser 44 600 km

Pluto ♇ Durchmesser 5 850 km

## Mondmeere (Tiefebenen auf dem Mond)

| lateinischer Name | deutscher Name |
| --- | --- |
| Mare Orientale | Östliches Meer |
| Oceanus Procellarum | Ozean der Stürme |
| Mare Cognitum | Bekanntes Meer |
| Mare Imbrium | Regenmeer |
| Mare Nubium | Wolkenmeer |
| Mare Humorum | Meer der Feuchtigkeit |
| Mare Serenitatis | Meer der Heiterkeit |
| Mare Tranquillitatis | Meer der Ruhe |
| Mare Nectaris | Honigmeer |
| Mare Foecunditatis | Meer der Fruchtbarkeit |
| Mare Vaporum | Meer der Dünste |
| Mare Crisium | Meer der Gefahren |
| Mare Smythii | Smith-Meer |
| Mare Marginis | Randmeer |
| Mare Undarum | Wellenmeer |
| Mare Spumans | Schäumendes Meer |
| Mare Moscoviense | Moskau-Meer |
| Mare Ingenii | Meer der Begabung |
| Mare Australe | Südliches Meer |
| Mare Frigoris | Meer der Kälte |
| Mare Humboldtianum | Humboldt-Meer |
| Sinus Iridum | Regenbogenbucht |
| Sinus Roris | Taubucht |
| Sinus Aestuum | Bucht der Fluten |
| Sinus Medii | Bucht der Mitte |
| Palus Putredinis | Sumpf der Fäulnis |
| Lacus Somniorum | See der Träume |
| Lacus Mortis | See des Todes |
| Palus Epidemiarum | Sumpf der Krankheiten |

## ◄ Über die Planeten des Sonnensystems

Unsere Sonne ist der einzige bekannte Stern, der ein Planetensystem hat. Sechs der neun Planeten waren schon im Altertum bekannt, drei wurden erst in neuerer Zeit entdeckt, als letzter 1930 Pluto. Auf Venus und Mars sind bereits Raumsonden gelandet, die übrigen Planeten außer Neptun und Pluto wurden im Vorbeiflug beobachtet. Alle Planeten außer Merkur und Venus haben einen oder mehrere Monde, Jupiter, Saturn und Uranus auch noch ein Ringsystem.

Zwischen Mars und Jupiter kreist eine sehr große Anzahl von kleinen Planeten um die Sonne, von denen bislang über 5000 gefunden wurden (davon 3000 mit Nummern/Namen versehen). Die vier größten sind Ceres (700 km Durchmesser), Pallas (500 km), Vesta (400 km) und Juno (200 km). Bemerkenswert ist Eros (Durchmesser 10–20 km), der der Erde bis auf 22 Mio. km nahe kommt; allerdings kommen einige sehr kleine Planetoiden (Amor, Apollo, Adonis, Hermes) in noch größere Erdnähe: Hermes war bei seiner Entdeckung weniger als 1 Mio. km entfernt.

## Die Planeten und ihre Monde

| Planet | Name des Mondes | Mittlerer Abstand zum Planeten (in km) | Durchmesser (in km) | Umlaufzeit (in Tagen) | Entdecker | Jahr |
|---|---|---|---|---|---|---|
| Erde | Mond | 384 403 | 3476 | 27,321 | | |
| Mars | Phobos | 9380 | 22 | 0,318 | Hall | 1877 |
| | Deimos | 23 500 | 12 | 1,262 | | |
| Jupiter | Metis XVI | 127 200 | 40 | 0,295 | Synnott | 1979 |
| | Andrastea XIV | 128 000 | 30–40 | 0,297 | Jewitt/Danielson | 1979 |
| | Amalthea V | 181 500 | 240 | 0,498 | Barnard | 1892 |
| | Thebe XV | 221 900 | 70–80 | 0,675 | Synnott | 1979 |
| | Io I | 422 000 | 3636 | 1,769 | | |
| | Europa II | 671 400 | 3130 | 3,551 | Galiliei | 1610 |
| | Ganymed III | 1 071 000 | 5276 | 7,155 | | |
| | Kallisto IV | 1 884 000 | 4820 | 16,689 | | |
| | Leda I | 11 094 000 | 2–15 | 239 | Kowal | 1974 |
| | Himalia VI | 11 487 000 | 170 | 250,6 | Perrine | 1904 |
| | Lysithea X | 11 710 000 | 6–35 | 260 | Nicholson | 1938 |
| | Elara VII | 11 747 000 | 80 | 260,1 | Perrine | 1905 |
| | Ananke XII | 21 250 000 | 6–30 | 631 | Nicholson | 1951 |
| | Carme XI | 22 540 000 | 8–40 | 692 | Nicholson | 1938 |
| | Pasiphae VIII | 23 510 000 | 8–45 | 793 | Melotte | 1908 |
| | Sinope IX | 23 670 000 | 6–35 | 758 | Nicholson | 1914 |
| Saturn[1] | 1980 S 28 (Atlas) | 137 670 | ca. 30 | 0,602 | | |
| | 1980 S 27 | 139 350 | ca. 100 | 0,613 | | |
| | 1980 S 26 | 141 700 | ca. 45 | 0,628 | | |
| | 1980 S 3 (Epimetheus) | 151 522 | ca. 60 | 0,694 | | |
| | 1980 S 1 (Janus) | 151 472 | ca. 100 | 0,695 | | |
| | Mimas | 185 540 | 196 | 0,942 | Herschel | 1789 |
| | Mimas-Begleiter | ca. 186 000 | ca. 5 | | | |
| | Enceladus | 238 040 | 250 | 1,370 | Herschel | 1789 |
| | Thetys | 294 670 | 530 | 1,888 | Cassini | 1684 |
| | Thetys-Begleiter | 294 670 | ca. 8 | 1,888 | | |
| | 1980 S 13 (Kalypso) | 294 670 | ca. 15 | 1,888 | | |
| | 1980 S 25 (Telesto) | 294 670 | ca. 15 | 1,888 | | |
| | unbenannt | ca. 350 000 | ca. 8 | 2,44 | | |
| | Dione | 377 420 | 560 | 2,737 | Cassini | 1684 |
| | 1980 S 6 | 378 060 | ca. 16 | 2,739 | | |
| | Dione-Begleiter | 378 060 | | 2,739 | | |
| | unbenannt | ca. 470 000 | ca. 8 | 3,8 | | |
| | Rhea | 527 100 | 765 | 4,518 | Cassini | 1672 |
| | Titan | 1 221 860 | 2575 | 15,954 | Huygens | 1655 |
| | Hyperion | 1 481 000 | ca. 150 | 21,277 | Bond | 1848 |
| | Iapetus | 3 560 800 | 730 | 79,331 | Cassini | 1672 |
| | Phoebe | 12 954 000 | 110 | 550,45 | Pickering | 1898 |
| Uranus[2] | Miranda | 130 000 | 160 | 1,414 | Kuiper | 1948 |
| | Ariel | 192 000 | 430 | 2,520 | Lassell | 1851 |
| | Umbriel | 267 000 | 450 | 4,144 | | |
| | Titania | 438 000 | 520 | 8,706 | Herschel | 1787 |
| | Oberon | 586 000 | 460 | 13,463 | | |
| Neptun[3] | Triton | 355 000 | 1900 | 5,877 | Lassell | 1846 |
| | Nereid | 5 562 000 | 470 | 359,88 | Kuiper | 1949 |
| Pluto[4] | Charon | 20 000 | 1160 | 6,38 | Christy | 1978 |

[1] Die Existenz mancher kleiner Monde des Saturn ist nicht eindeutig gesichert
[2] Die Raumsonde Voyager 2 entdeckte 1986 zehn weitere Monde, die sehr klein sind (Durchmesser von 15 bis 100 km)
[3] Die Raumsonde Voyager 2 entdeckte 1989 sechs weitere Monde; der größte misst im Durchmesser 420 km
[4] Neuere Forschungen liefern Anhaltspunkte dafür, dass Pluto mit Charon ein Doppelsternsystem bildet

# Astronomie

| Bedeutende Meteoritenkrater | | |
|---|---|---|
| Name | Land | Durchmesser (in km) |
| Chicxulub | Mexiko | 180 |
| Acraman | Australien | 160 |
| Sudbury | Ontario (Kanada) | 140 |
| Vredefort | Südafrika | 140 |
| Popigay | Russland | 100 |
| Manicouagan | Québec (Kanada) | 70 |
| Kara | Russland | 70 |
| Manson | Iowa (USA) | 35 |
| Clearwater Lake | Québec (Kanada) | 32 |
| Steen Rive | Alberta (Kanada) | 25 |
| Nördlinger Ries | Deutschland | 25 |
| Chubb-Krater | Québec (Kanada) | 3,6 |
| Talemzane | Algerien | 1,75 |
| Barringer-Krater | Arizona (USA) | 1,3 |

| Physikalische Daten der Planetenmonde (Satelliten) | | | | | |
|---|---|---|---|---|---|
| Planet | Satellit | Masse relativ zum Planeten | Größter Durchmesser (in km) | Rotationsperiode | Bahnneigung gegen Planetenäquator (in °) |
| Erde | Mond | 0,01230002 | 3476 | G | 18,28−28,58 |
| Mars I | Phobos | $1,5 \times 10^{-8}$ | 27 | G | 1,0 |
| II | Deimos | $3 \times 10^{-9}$ | 15 | G | 0,9−2,7 |
| Jupiter I | Io | $4,7 \times 10^{-5}$ | 3630 | G | 0,04 |
| II | Europa | $2,5 \times 10^{-5}$ | 3400 | G | 0,47 |
| III | Ganymed | $7,8 \times 10^{-5}$ | 5262 | G | 0,21 |
| IV | Kallisto | $5,7 \times 10^{-5}$ | 4800 | G | 0,51 |
| V | Amalthea | $38 \times 10^{-10}$ | 270 | G | 0,4 |
| VI | Himalia | $1 \times 10^{-9}$ | 170 | 9,5 Stunden | 27,63 |
| VII | Elara | $4 \times 10^{-10}$ | 76 | | 24,77 |
| VIII | Pasiphae | $1 \times 10^{-10}$ | 50 | | 145,0 |
| IX | Sinope | $0,4 \times 10^{-10}$ | 36 | | 153,0 |
| X | Lysithea | $0,4 \times 10^{-10}$ | 36 | | 29,02 |
| XI | Carme | $0,5 \times 10^{-10}$ | 40 | | 164,0 |
| XII | Ananke | $0,2 \times 10^{-10}$ | 30 | | 147,0 |
| XIII | Leda | $0,03 \times 10^{-10}$ | 16 | | 26,07 |
| XIV | Thebe | $4 \times 10^{-10}$ | 110 | G | 0,8 |
| XV | Adrastea | $0,1 \times 10^{-10}$ | 25 | G | ≈ 0 |
| XVI | Metis | $0,5 \times 10^{-10}$ | 40 | G | ≈ 0 |
| Saturn I | Mimas | $8,0 \times 10^{-8}$ | 392 | G | 1,53 |
| II | Enceladus | $1,3 \times 10^{-7}$ | 500 | G | 0,02 |
| III | Tethys | $1,3 \times 10^{-6}$ | 1060 | G | 1,86 |
| IV | Dione | $1,85 \times 10^{-6}$ | 1120 | G | 0,02 |
| V | Rhea | $4,4 \times 10^{-6}$ | 1530 | G | 0,35 |
| VI | Titan | $2,38 \times 10^{-4}$ | 5150 | G | 0,33 |
| VII | Hyperion | $3 \times 10^{-8}$ | 410 | 14 Tage* | 0,43 |
| VIII | Iapetus | $3,3 \times 10^{-6}$ | 1460 | G | 14,72 |
| IX | Phoebe | $7 \times 10^{-10}$ | 220 | 9,4 Stunden | 175,0 |
| X | Janus | | 220 | G | 0,14 |
| XI | Epimetheus | | 140 | G | 0,34 |
| XII | Helene | | 36 | G | 0,0 |
| XIII | Telesto | | 34 | G | |
| XIV | Calypso | | 34 | G | |

| Planet | Satellit | Masse relativ zum Planeten | Größter Durchmesser (in km) | Rotationsperiode | Bahnneigung gegen Planetenäquator (in °) |
|---|---|---|---|---|---|
| | XV | Atlas | | 40 | G | 0,3 |
| | XVI | Prometheus | | 140 | G | 0,0 |
| | XVII | Pandora | | 110 | G | 0,0 |
| | XVIII | Pan | | 20 | G | |
| Uranus I | Ariel | $1{,}56 \times 10^{-5}$ | 1158 | G | 0,3 |
| II | Umbriel | $1{,}35 \times 10^{-5}$ | 1172 | G | 0,36 |
| III | Titania | $4{,}06 \times 10^{-5}$ | 1580 | G | 0,14 |
| IV | Oberon | $3{,}47 \times 10^{-5}$ | 1524 | G | 0,1 |
| V | Miranda | $0{,}08 \times 10^{-5}$ | 480 | G | 3,4 |
| VI | Cordelia | | 26 | G | 0,1 |
| VII | Ophelia | | 30 | G | 0,1 |
| VIII | Bianca | | 42 | G | 0,2 |
| IX | Cressida | | 62 | G | 0,0 |
| X | Desdemona | | 54 | G | 0,2 |
| XI | Juliet | | 84 | G | 0,1 |
| XII | Portia | | 108 | G | 0,1 |
| XIII | Rosalind | | 54 | G | 0,3 |
| XIV | Belinda | | 66 | G | 0,0 |
| XV | Puck | | 154 | G | 0,31 |
| Neptun I | Triton | $2{,}09 \times 10^{-4}$ | 2706 | G | 157,35 |
| II | Nereid | $2 \times 10^{-7}$ | 340 | | 27,6 |
| III | Naiad | | 58 | G | 4,74 |
| IV | Thalassa | | 80 | G | 0,21 |
| V | Despina | | 148 | G | 0,07 |
| VI | Galatea | | 158 | G | 0,05 |
| VII | Larissa | | 208 | G | 0,2 |
| VIII | Proteus | | 436 | G | 0,55 |
| Pluto | Charon | 0,22 | 1186 | G | 99,0 |

\* Chaotische Rotation. G = Gebundene Rotation: Die Rotationszeit ist mit der Umlaufzeit identisch

## Wichtige Meteorströme

| Bezeichnung | Radiant im Sternbild | Zeitraum | Zahl pro Stunde | mittl. Geschwindigkeit relativ zur Erde (km/s) | Herkunft |
|---|---|---|---|---|---|
| Quadrantiden | Bootes | 1.1.–4.1. | 145 | 42,7 | planetarisch |
| Hydraiden | Wasserschlange | 12.3.–5.4. | 15 | | ekliptikal |
| Virginiden | Jungfrau | 2.3.–10.5. | 20 | 30,8 | ekliptikal |
| Lyriden | Leier | 12.4.–24.4. | 40 | 48,4 | Komet 1861 I |
| η Aquariden | Wassermann | 29.4.–21.5. | 120 | 64 | Komet Halley |
| Scorpius-Sagittariiden | Skorpion-Schütze | 20.4.–30.7. | 20 | | ekliptikal |
| δ Aquariden | Wassermann | 25.7.–10.8. | 40 | 30 | ekliptikal |
| Perseiden | Perseus | 20.7.–19.8. | 300 | 60,4 | Komet 1862 III |
| Cygniden | Schwan | 25.7.–8.9. | 15 | 26,6 | planetarisch |
| Cepheiden | Cepheus | 18.8. | 10 | | planetarisch |
| Pisciden | Fische | 16.8.–8.10. | 15 | | ekliptikal |
| Draconiden | Drache | 8.10.–10.10. | var. | 23,1 | Komet Giacobini Zinner |
| Orioniden | Orion | 11.10.–30.10. | 50 | 66,5 | Komet Halley |
| Tauriden | Stier | 24.9.–10.12. | 25 | 31 | Komet Encke? |
| Leoniden | Löwe | 14.11.–20.11. | var. | 72,0 | Komet 1866 I |
| Geminiden | Zwillinge | 5.12.–19.12. | 50 | 36,5 | ekliptikal |
| Ursiden | Kleiner Bär | 17.12.–24.12. | 10 | 35,2 | Komet Tuttle |
| Velaiden | Segel | 5.12.– 7.1. | 12 | | planetarisch |

# Astronomie

## Wichtige periodische Kometen

| Name | letzte Sonnennähe | Umlaufzeit (in Jahren) | Sonnenabstand in Einheiten Erde – Sonne kleinster | größter | Zahl der beobachteten Umläufe |
|------|-----------|-----------|---------|---------|--------|
| Encke | 1987 | 3,30 | 0,34 | 4,09 | 54 |
| Grigg-Skjellerup | 1987 | 5,09 | 0,99 | 4,92 | 15 |
| Honda-Mrkos-Pajdusáková | 1985 | 5,30 | 0,54 | 5,54 | 7 |
| Tempel 2 | 1983 | 5,31 | 1,39 | 4,69 | 17 |
| Tempel 1 | 1983 | 5,49 | 1,49 | 4,73 | 7 |
| Pons-Winnecke | 1983 | 6,36 | 1,25 | 5,61 | 19 |
| d'Arrest | 1982 | 6,38 | 1,29 | 5,59 | 14 |
| Kopff | 1983 | 6,44 | 1,58 | 5,35 | 12 |
| Giacobini-Zinner | 1984 | 6,59 | 1,03 | 6,03 | 11 |
| Borrelly | 1981 | 6,77 | 1,32 | 5,84 | 10 |
| Brooks 2 | 1980 | 6,90 | 1,85 | 5,41 | 12 |
| Faye | 1984 | 7,34 | 1,59 | 5,96 | 18 |
| Ashbrook-Jackson | 1985 | 7,47 | 2,31 | 5,34 | 6 |
| Harrington-Abell | 1983 | 7,62 | 1,79 | 5,96 | 5 |
| Wolf | 1984 | 8,21 | 2,44 | 5,75 | 13 |
| Schaumasse | 1984 | 8,26 | 1,21 | 6,96 | 8 |
| Whipple | 1986 | 8,49 | 3,08 | 5,25 | 8 |
| Comas Solá | 1978 | 8,94 | 1,87 | 6,75 | 7 |
| Tuttle | 1980 | 13,70 | 1,02 | 10,40 | 10 |
| Neujmin 1 | 1984 | 18,20 | 1,54 | 12,30 | 5 |
| Pons-Brooks | 1954 | 70,87 | 0,78 | 33,50 | 3 |
| Olbers | 1956 | 69,60 | 1,18 | 32,60 | 3 |
| Halley | 1986 | 76,03 | 0,59 | 35,31 | 31 |

## Bedeutende Sternwarten

| Ort | Land | Höhe über NN (in m) | Refraktor Durchmesser (in cm) | Spiegelteleskop Durchmesser (in cm) | Radioteleskop Durchmesser (in m) |
|-----|------|------|------|------|------|
| Alleghenny/Pittsburgh | USA | 370 | 76 | | |
| Ann Arbor | USA | 285 | | 95 | |
| Arecibo | Puerto Rico | 364 | | | 305 (fest) |
| Asiago | Italien | 1045 | | 182 | |
| Bamberg | Deutschland | 288 | 26 | 60/44 | |
| Berlin-Adlershof | Deutschland | 50 | | | 36/8/4 |
| Berlin-Babelsberg | Deutschland | 82 | 65 | 70/52 | |
| Big Pine | USA | 1236 | | | 40/2x27 |
| Bjurakan | Russland | 1500 | | 260 | |
| Bloemfontein/Boyden Stat. | Südafrika | 1387 | | 152 | |
| Bonn (Hoher List, Eifel) | Deutschland | 541 | 36 | 100/50/35 | |
| (Stockert, Eifel) | | 435 | | | 25 |
| (Effelsberg) | | 290 | | | 100 |
| Brüssel-Uccle | Belgien | 105 | | 120 | |
| Calar Alto | Spanien[1] | 2168 | | 350 | |
| Cambridge | Großbritannien | 28 | 64 | 91 | |
| Cambridge/Mass. | USA | 24 | | 154/84/61 | |
| Cerro Las Campanas | Chile[2] | 2282 | | 254 | |
| Cerro La Silla | Chile[3] | 2347 | | 360 | |
| Cerro Tololo | Chile[4] | 2215 | | 400 | |
| Coonabarabran | Australien[5] | 1164 | | 390 | |
| Córdoba/Bosque Alegre | Argentinien | 439 | | 154 | |

| Ort | Land | Höhe über NN (in m) | Refraktor Durchmesser (in cm) | Spiegelteleskop Durchmesser (in cm) | Radioteleskop Durchmesser (in m) |
|---|---|---|---|---|---|
| Flagstaff (Anderson Mesa) | USA | 2300 | | 175 | |
| (US Naval Obs.) | | 2310 | | 155/102 | |
| (Lowell Obs.) | | 2210 | 61 | 107 | |
| Fort Davis/Texas | USA | 2081 | | 273/208/91 | |
| Göttingen | Deutschland | 161 | | 50 | |
| Green Bank/West-Virginia | USA | 823 | | | 91,5/42,7 |
| Greenwich/Herstmonceux | Großbritannien | 32 | 71/66 | 93 | |
| Hamburg-Bergedorf | Deutschland | 41 | 60 | 125 | |
| Hamilton/Mass. | USA | | | | 45,8 |
| Heidelberg-Königstuhl | Deutschland | 570 | 30 | 72 | |
| Helwan/Kotamina | Ägypten | 115 | | 188 | |
| Hyderabad | Indien | 554 | | 122 | |
| Jodrell Bank | Großbritannien | 70 | | | 76 |
| Johannesburg | Südafrika | 1806 | 67 | | |
| Kitt Peak/Arizona | USA | 2064 | 91 | 400/213/127 | |
| Krim | Ukraine | 346 | 40 | 264/122/125 | |
| La Palma | Spanien[6] | 2327 | | 420 | |
| Mauna Kea/Hawaii | USA[7] | 4215 | | 380/320/220 | |
| Mendoza | Argentinien | 17 | | 213 | |
| Merate | Italien | 380 | | 137 | |
| Moskau | Russland | 142 | 40 | 70/25/20 | |
| Mount Chikurin | Japan | 372 | | 188/91 | |
| Mount Hamilton/Lick | USA | 1283 | 91 | 305 | |
| Mount Hopkins | USA | 2608 | 446 (6x1,82) | | |
| Mount Palomar | USA | 1706 | | 508/183 | |
| Mount Stromlo | Australien | 768 | 66 | 188/127 | |
| Mount Wilson | USA[8] | 1742 | | 254/152/51 | |
| Ondrejov | Tschechien | 533 | | 200 | |
| Paris-Meudon | Frankreich | 162 | 83/62/60 | 100 | |
| Parkes | Australien | 375 | | | 64 |
| Pic du Midi | Frankreich | 2850 | 60 | 200 | |
| Potsdam | Deutschland | 97 | 80 | 70 | |
| Pretoria | Südafrika | 1542 | | | 188 |
| Pulkowo/Leningrad | Russland | 75 | 65 | 50/28/25 | |
| Richmond Hill/Toronto | Kanada | 110 | | 188 | |
| Robledo | Spanien | | | | 64 |
| Saint Michel | Frankreich | 651 | | 193/120/100 | |
| Schöpfl | Österreich | 890 | | 152 | |
| Selintgschukskaia | Russland | 2080 | | 610 | |
| Socorro | USA | 2124 | | | 27x25 |
| Sonneberg | Deutschland | 640 | 40 | 72 | |
| Stockholm | Schweden | 44 | 60/40 | 100 | |
| Tautenburg/Jena | Deutschland | 331 | | 200 | |
| Tidbinbilla | Australien | 656 | | | 64 |
| Uppsala | Schweden | 11 | | 135 | |
| Victoria | Australien | 229 | | 185/122 | |
| Washington | USA | 86 | 66 | 102 | |
| Westerbork | Niederlande | 5 | | | 14x25 |
| Williamsbay/Yerkes | USA | 334 | 102 | 61 | |

[1] Max-Planck-Institut für Astronomie, Heidelberg   [2] Carnegie, Süd-Observatorium (USA)
[3] Europäisches Süd-Observatorium (ESO)   [4] Interamerikanisches Observatorium
[5] Interamerikanisches Observatorium   [6] Beteiligung von Kanada, Großbritannien, Frankreich
[7] Anglo-australisches Observatorium   [8] seit 1986 teilweise geschlossen

# Weltraumfahrt

## Meilensteine der Weltraumfahrt

| | |
|---|---|
| um 1900 | Der Russe K.E. Ziolkowski befasst sich als Erster fundiert mit Raketentechnik und regt den Einsatz von flüssigem Sauerstoff als Treibstoff an |
| 1914 | In den USA werden Vorstufen erster Versuchsraketen entwickelt |
| 1924 | Der Deutsche H. Oberth legt das wissenschaftliche Basiswerk »Die Rakete zu den Planetenräumen« vor |
| 1925/26 | R.H. Goddard baut in den USA einen Raketen-Prototyp; seine erste Flüssigtreibstoff-Rakete hebt rd. 12 m vom Boden ab |
| 1937 | In Deutschland beginnen die Arbeiten von W.R. Dornberger an der V2-Rakete |
| 1944 | Das Deutsche Reich setzt V1- und V2-Raketen im Zweiten Weltkrieg ein |
| um 1950 | Die ersten zweistufigen Raketen werden erfolgreich in den USA getestet |
| 1957 | Die sowjetische Sputnik I ist der erste Satellit im Weltall |
| 1957 | Die Hündin Laika an Bord des sowjetischen Raumsatelliten Sputnik II ist das erste Lebewesen im Weltall |
| 1961 | Der UdSSR gelingt mit J. Gagarin an Bord der Wostok I der erste bemannte Raumflug |
| 1962 | Die UdSSR startet die erste Sonde (Mars I), die zum Mars fliegen soll (Scheitern 1963) |
| 1962 | Der US-Satellit Telstar eröffnet das Zeitalter der Satellitenkommunikation |
| 1965 | Als erster Mensch bewegt sich A. Leonow frei im Weltraum |
| 1966 | Die sowjetische Raumsonde Luna landet als erste auf dem Mond |
| 1969 | Der US-Astronaut N. Armstrong betritt als erster Mensch den Mond |
| 1972 | Pioneer 10 verlässt als erster Raumflugkörper unser Sonnensystem |
| 1973 | Das US-Weltraumlabor Skylab nimmt seine Arbeit auf |
| 1981 | Die USA setzen erstmals den wieder verwendbaren Raumtransporter Columbia ein |
| 1986 | Die UdSSR bringt die Mir ins All, die erste ständig bemannte Raumstation |
| 1997 | Das Weltraumteleskop Hubble wird zur Planetenbeobachtung eingesetzt |
| 1997 | Die USA schießen ein fernsteuerbares Forschungsfahrzeug auf den Mars |
| 1998 | In den USA, Russland und Europa wird mit der Installierung der gemeinsamen bemannten Raumstation ISS begonnen |

## Bedeutende Raumflüge

| Mission/Land | Start | Bemerkungen |
|---|---|---|
| Sputnik 1/UdSSR | 4.10.1957 | erster künstlicher Satellit |
| Sputnik 2/UdSSR | 3.11.1957 | Hündin Laika an Bord |
| Explorer 1/USA | 1.2.1958 | Entdeckung der Van-Allen-Gürtel |
| Luna 1/UdSSR | 2.1.1959 | Mondannäherung bis auf ca. 5000 km |
| Luna 2/UdSSR^ | 12.9.1959 | Aufschlag auf den Mond am 14.9.1959 |
| Luna 3/UdSSR | 4.10.1959 | Aufnahme der Mondrückseite am 7.10.1959. |
| TIROS 1/USA | 1.4.1960 | erster Anwendungs-(Wetter-)satellit |
| Wostok 1/UdSSR | 12.4.1961 | erste bemannte Erdumkreisung |
| Mariner 2/USA | 26.8.1962 | Venusvorüberflug am 14.12.1962 |
| Ranger 7/USA | 28.7.1964 | Aufnahmen vom Mond am 31.7.1964 |
| Mariner 4/USA | 28.11.1964 | Marsvorüberflug mit Aufnahmen vom 14.7.1965 |
| Woschod 2/UdSSR | 18.3.1965 | erster Ausstieg aus einem Raumfahrzeug |
| Early Bird/USA | 6.4.1965 | kommerzieller geostationärer Nachrichtensatellit |
| Venera 3/UdSSR | 16.11.1965 | Aufschlag auf der Venus am 1.3.1966 |
| Gemini 6/USA | 15.12.1965 | bemanntes Rendezvous mit Gemini 7 |
| Luna 9/UdSSR | 31.1.1966 | weiche Mondlandung am 3.2.1966 |
| Gemini 8/USA | 16.3.1966 | Kopplungs-Rendezvous mit einer Agena-Rakete |
| Luna 10/UdSSR | 31.3.1966 | Mondumkreisung ab 3.4.1966 |
| Zond 5/UdSSR | 14.9.1968 | Mondumkreisung mit Mikroorganismen |
| Apollo 8/USA | 21.12.1968 | bemannte Mondumkreisung am 24.12.1968 |
| Sojus 4/UdSSR | 14.1.1969 | Kopplungs-Rendezvous mit Sojus 5 |
| Sojus 5/UdSSR | 15.1.1969 | Überwechseln der Mannschaft in die Sojus 4 |
| Apollo 11/USA | 16.7.1969 | bemannte Mondlandung am 20.7.1969 |

| Mission/Land | Start | Bemerkungen |
|---|---|---|
| Venera 7/UdSSR | 17.8.1970 | weiche Landung auf der Venus am 15.12.1970 |
| Luna 16/UdSSR | 12.9.1970 | Rückkehr mit Mondproben am 21.9.1970 |
| Luna 17/UdSSR | 10.11.1970 | unbemanntes Mondfahrzeug am 17.11.1970 ausgesetzt |
| Saljut 1/UdSSR | 19.4.1971 | erste Raumstation im Erdorbit |
| Mars 2/UdSSR | 19.5.1971 | Marsumkreisung ab 27.11.1971 |
| Mars 3/UdSSR | 28.5.1971 | weiche Marslandung am 2.12.1971 |
| Mariner 9/USA | 30.5.1971 | Marsumkreisung ab 13.11.1971 |
| Pionier 10/USA | 3.3.1972 | Jupitervorüberflug am 3.12.1973 |
| Pionier 11/USA | 5.4.1973 | Jupiter- und Saturnvorüberflug am 3.12.1974 bzw. 1.9.1979 |
| Skylab/USA | 14.5.1973 | Start des bemannten Weltraumlabors |
| Mariner 10/USA | 3.11.1973 | Vorüberflüge an Venus (5.2.1974) und Merkur (29.3.1974) |
| Venera 9/UdSSR | 8.6.1975 | Venusumkreisung ab 22.10.1975; Landung |
| Apollo-Sojus/USA/UdSSR | 15.7.1975 | erste gemeinschaftliche Mission von USA und UdSSR; Ankopplung am 17.7.1975 |
| Viking 1/USA | 20.8.1975 | Marsumkreisung, Landung am 20.7.1976 |
| Viking 2/USA | 9.9.1975 | Marsumkreisung, Landung am 3.9.1976 |
| Voyager 2/USA | 20.8.1977 | Vorbeiflug an Jupiter (9.7.1979), Saturn (25.8.1981), Uranus (24.1.1986) und Neptun (24.8.1989) |
| Voyager 1/USA | 5.9.1977 | Vorbeiflug an Jupiter (5.3.1979) und Saturn (12.11.1980) |
| Pionier-Venus 1/USA | 20.5.1978 | Venus-Radarkartierung ab 4.12.1978 |
| ICE/USA | 12.8.1978 | 1985 beim Kometen Giacobini-Zinner |
| Ariane 1/Europa | 24.12.1979 | Start der europäischen Trägerrakete |
| STS 1/USA | 12.4.1981 | erster Start eines Spaceshuttle |
| STS 9/USA | 28.11.1983 | Flug mit dem europäischen Spacelab |
| STS 61a/USA | 30.10.1985 | deutsche D1-Mission mit Spacelab |
| Mir/UdSSR | 19.2.1986 | erstes Modul der Raumstation Mir im Orbit |
| Galileo/USA | 18.10.1989 | Erreichen von Venus (10.2.1990), Gaspra (29.10.1991), Ida (28.8.1993) und des Jupitersystems (ab 7.12.1995) |
| STS 31/USA | 24.4.1990 | Hubble-Weltraumteleskop im Erdorbit |
| Ulysses/Europa/USA | 6.10.1990 | Überquerung der Sonnenpole 1994/95 |
| STS 55/USA | 26.4.1993 | deutsche D2-Mission mit Spacelab |
| Clementine/USA | 25.1.1994 | Mondsonde liefert Hinweise auf Wassereis |
| STS 71/USA | 27.6.1995 | Ankopplung eines Spaceshuttle an die Mir |
| Mars Pathfinder/USA | 4.12.1996 | Marslandung am 4.7.1997, Marsrover ausgesetzt |
| Cassini/USA | 15.10.1997 | Saturnmission, Ankunft für Sommer 2004 geplant |
| 1A/R/Russland | 20.11.1998 | erstes Modul der Internationalen Raumstation ISS im Orbit |

## Raumsondenmissionen zu den verschiedenen Planeten

| Sonde | Nation | Start | Bermerkungen |
|---|---|---|---|
| **Merkurvorüberflug** | | | |
| Mariner 10 | USA | 3.11.1973 | drei Vorüberflüge an Merkur, ein Vorüberflug an der Venus |
| **Erste Venus-Landungen** | | | |
| Venera 3 | UdSSR | 16.11.1965 | Zerstörung durch atmosphärischen Druck bei Abstieg mit Fallschirm |
| Venera 7 | UdSSR | 18.8.1970 | Datenübertragung 23 Minuten lang nach der Landung |
| Pionier-Venus 2 | USA | 8.8.1978 | mehrfache Nutzlast: fünf Landestufen, eine übertrug Daten 67 Minuten nach der Landung |
| Venera 13 | UdSSR | 30.10.1981 | Datenübertragung über zwei Stunden nach der Landung; Bodenprobenanalyse |
| Vega 1 | UdSSR | 15.12.1984 | zunächst Vorüberflug am Kometen Halley (1986) im Abstand von 8888 km; dann Absetzen eines Ballons in der Venusatmosphäre  ⇒ S. 82 |

# Weltraumfahrt

| Sonde | Nation | Start | Bermerkungen |
|---|---|---|---|
| **Wichtige Vorüberflüge an Venus** | | | |
| Mariner 2 | USA | 26.8.1962 | erster erfolgreicher Vorüberflug |
| Pionier-Venus 1 | USA | 20.5.1978 | Umkreisung: Radarkartierung |
| Venera 15 | UdSSR | 2.6.1983 | Umkreisung: Radarkartierung |
| Magellan | USA | 4.5.1989 | Umkreisung: Radarkartierung |
| **Mars** | | | |
| Mariner 4 | USA | 28.11.1964 | Vorüberflug |
| Mariner 6 | USA | 25.2.1969 | Vorüberflug |
| Mariner 7 | USA | 27.3.1969 | Vorüberflug |
| Mars 2 | UdSSR | 19.5.1971 | Umkreisung |
| Mars 3 | UdSSR | 28.5.1971 | Umkreisung, Landestufe |
| Mariner 9 | USA | 30.5.1971 | Umkreisung |
| Viking 1 | USA | 20.8.1975 | Umkreisung, Landestufe sandte Bilder und Messdaten |
| Viking 2 | USA | 9.9.1975 | Umkreisung, Landestufe vier Jahre in Betrieb |
| Mars Pathfinder | USA | 4.12.1996 | Landestufe (4.7.1997), Marsrover |
| Mars Polar Lander | USA | 3.1.1999 | Landestufe (3.12.1999), Wassersuche am Südpol |
| **Äußere Planeten: Vorüberflüge** | | | |
| Pionier 10 | USA | 3.3.1972 | Jupiter (Dezember 1973) |
| Pionier 11 | USA | 5.4.1973 | Jupiter (Dezember 1974), Saturn (September 1979) |
| Voyager 2 | USA | 20.8.1977 | Jupiter (Juli 1979), Saturn (August 1981), Uranus (Januar 1986), Neptun (August 1989) |
| Voyager 1 | USA | 5.9.1977 | Jupiter (März 1979), Saturn (November 1980) |
| Galileo | USA | 18.10.1989 | Jupiter (Dezember 1995), Umkreisung, Atmosphärensonde |
| Ulysses | Europa/USA | 6.10.1990 | Jupiter (Februar 1992), Flüge über die Pole der Sonne |

## Erfolgreichste Apollo-Missionen

| Apollo-Mission | Zeitraum | Flugdauer (in Std.) | Aufenthalt auf dem Mond (in Std.) | Astronauten |
|---|---|---|---|---|
| 7 | 11.–22.10.1968 | 256:22 | –[1] | Cunningham, Eisele, Schirra |
| 8 | 21.–27.12.1968 | 131.56 | –[2] | Anders, Borman, Lovell |
| 9 | 3.–13.3.1969 | 236:12 | –[3] | McDivitt, Schweickart, Scott |
| 10 | 18.–26.5.1969 | 188:46 | –[4] | Cernan, Stafford, Young |
| 11 | 16.–24.7.1969 | 195:18 | 21:36 | Aldrin, Armstrong, Collins |
| 12 | 14.–24.11.1969 | 244:36 | 31:30 | Bean, Conrad, Gordon |
| 13 | 11.–17.4.1970 | 142:54 | –[5] | Haise, Lovell, Swigert |
| 14 | 31.1.–9.2.1971 | 215:34 | 33:30 | Mitchell, Roosa, Shepard |
| 15 | 26.7.–7.8.1971 | 294:12 | 66:05 | Irwin, Scott, Worden |
| 16 | 16.–27.4.1972 | 265:51 | 71:02 | Duke, Mattingly, Young |
| 17 | 7.–19.12.1972 | 301:52 | 74:59 | Cernan, Evans, Schmitt |

[1] Apollo 7 kreist mehrfach um die Erde.
[2] Erstmals gelingt eine bemannte Mondumkreisung. Die Kommandoeinheit von Apollo 8 umkreist zudem mehrfach die Erde.
[3] Die geplante Mondlandung scheitert; es gelingen nur Erdumkreisungen.
[4] Apollo 10 umkreist mehrfach den Mond und führt mehrere erfolgreiche Tests mit dem Raumfahrzeug durch.
[5] Die geplante Mondlandemission muss vorzeitig abgebrochen werden, nachdem an Bord von Apollo 13 ein Sauerstofftank explodiert ist.

Die Missionen Apollo 1 bis Apollo 6 dienten dem Test der Trägerrakete und waren unbemannt.

## Internationale Zeitunterschiede

| Land | Abweichung von Greenwich-Zeit | Land | Abweichung von Greenwich-Zeit | Land | Abweichung von Greenwich-Zeit |
|---|---|---|---|---|---|
| Afghanistan | +4,5 | Guatemala | -6 | Mauretanien | 0 |
| Ägypten | +2 | Guinea | 0 | Mauritius | +4 |
| Albanien | +1 | Guinea-Bissau | 0 | Mazedonien | +1 |
| Algerien | 0 | Guyana | -3 | Mexiko | -6 bis -8 |
| Andorra | +1 | Haiti | -5 | Mikronesien | +10 bis +11 |
| Angola | +1 | Honduras | -6 | Moldawien | +2 |
| Antigua/Barbuda | -4 | Indien | +5,5 | Monaco | +1 |
| Äquatorialguinea | +1 | Indonesien | +7 bis +9 | Mongolei | +8 |
| Argentinien | -3 | Irak | +3 | Mosambik | +2 |
| Armenien | +4 | Iran | +3,5 | Myanmar | +6,5 |
| Aserbaidschan | +4 | Irland | 0 | Namibia | +1 |
| Äthiopien | +3 | Island | 0 | Nauru | +12 |
| Australien | +8 bis +10 | Israel | +2 | Nepal | +5,5 |
| Bahamas | -5 | Italien | +1 | Neuseeland | +12 |
| Bahrain | +3 | Jamaika | -5 | Nicaragua | -6 |
| Bangladesch | +6 | Japan | +9 | Niederlande | +1 |
| Barbados | -4 | Jemen | +3 | Niger | +1 |
| Belgien | +1 | Jordanien | +2 | Nigeria | +1 |
| Belize | -6 | Jugoslawien | +1 | Norwegen | +1 |
| Benin | +1 | Kambodscha | +7 | Oman | +4 |
| Bhutan | +6 | Kamerun | +1 | Österreich | +1 |
| Bermuda | -4 | Kanada | -3,5 bis -9 | Pakistan | +5 |
| Bolivien | -4 | Kap Verde | -1 | Palau | +9 |
| Bosnien-Herzeg. | +1 | Kasachstan | +4 bis +6 | Panama | -5 |
| Botswana | +2 | Katar | +3 | Papua-Neuguinea | +10 |
| Brasilien | -2 bis -5 | Kenia | +3 | Paraguay | -3 bis -4 |
| Brunei | +8 | Kirgisistan | +5 | Peru | -5 |
| Bulgarien | +2 | Kiribati | +12 | Philippinen | +8 |
| Burkina Faso | 0 | Kolumbien | -5 | Polen | +1 |
| Burundi | +2 | Komoren | +4 | Portugal | 0 |
| Chile | -4 | Kongo, Dem. Rep. | +1 bis +2 | Ruanda | +2 |
| China | +8 | Kongo, Rep. | +1 | Rumänien | +2 |
| Costa Rica | -6 | Korea, Nord | +9 | Russland | +2 bis +12 |
| Côte d'Ivoire | 0 | Korea, Süd | +9 | Salomonen | +11 |
| Dänemark | +1 | Kroatien | +1 | Sambia | +2 |
| Deutschland | +1 | Kuba | -5 | Samoa | -11 |
| Dominica | -4 | Kuwait | +3 | San Marino | +1 |
| Dominikan. Rep. | -4 | Laos | +7 | São Tomé | 0 |
| Djibouti | +3 | Lesotho | +2 | Saudi-Arabien | +3 |
| Ecuador | -5 | Lettland | +2 | Schweden | +1 |
| El Salvador | -6 | Libanon | +2 | Schweiz | +1 |
| Eritrea | +3 | Liberia | 0 | Senegal | 0 |
| Estland | +2 | Libyen | +1 | Seychellen | +4 |
| Fidschi | +12 | Liechtenstein | +1 | Sierra Leone | 0 |
| Finnland | +2 | Litauen | +2 | Simbabwe | +2 |
| Frankreich | +1 | Luxemburg | +1 | Singapur | +8 |
| Gabun | +1 | Madagaskar | +3 | Slowakei | +1 |
| Gambia | 0 | Malawi | +2 | Slowenien | +1 |
| Georgien | +5 | Malaysia | +8 | Somalia | +3 |
| Ghana | 0 | Malediven | +5 | Spanien | +1 |
| Grenada | -4 | Mali | 0 | Sri Lanka | +5,5 |
| Gibraltar | +1 | Malta | +1 | St. Kitts and Nevis | -4 |
| Griechenland | +2 | Marokko | 0 | St. Lucia | -4 |
| Großbritannien | 0 | Marshall-Inseln | +12 | St. Vincent | -4    ⇒ S. 84 |

# Zeit

| Land | Abweichung von Greenwich-Zeit | Land | Abweichung von Greenwich-Zeit | Land | Abweichung von Greenwich-Zeit |
|---|---|---|---|---|---|
| Südafrika | +2 | Trinidad u. Tobago | -4 | USA | -5 bis -11 |
| Sudan | +2 | Tschad | +1 | Usbekistan | +5 |
| Suriname | -3,5 | Tschechien | +1 | Vanuatu | +11 |
| Swasiland | +2 | Tunesien | +1 | Vatikanstadt | +1 |
| Syrien | +2 | Türkei | +3 | Venezuela | -4 |
| Tadschikistan | +5 | Turkmenistan | +5 | Ver. Arab. Emirate | +4 |
| Taiwan | +8 | Tuvalu | +12 | Vietnam | +7 |
| Tansania | +3 | Uganda | +3 | Weißrussland | +2 |
| Thailand | +7 | Ukraine | +2 | Zentralafrik. Rep. | +1 |
| Togo | 0 | Ungarn | +1 | Zypern | +2 |
| Tonga | +13 | Uruguay | -3 | | |

## Bedeutende Zeitrechnungen

| Zeitalter | Epoche | Gültigkeitsbereich |
|---|---|---|
| Byzantinische Ära | Erschaffung des Welt (5508 v.Chr.) | orthodoxe Völker |
| Ära des Amianus (ägypt. Mönch) | Erschaffung der Welt (5492 v. Chr.) | Äthiopien |
| Jüdische Weltära | Erschaffung der Welt (7.10.3761 v. Chr.) | Juden |
| Ära Kaliyuga | Vermeintl. Konjunktion aller Planeten am 17.2.3102 v. Chr. | Nordindien |
| Pythiaden-Ära (Vierjahreszyklus) | Pythische Spiele ab 1590 v. Chr. | Griechenland |
| Olympiaden-Ära (Vierjahreszyklus) | Olympische Spiele (seit 8.7.766 v. Chr. Siegerlisten) | Griechenland |
| Ära der Gründung Roms | 1. Kapitolinische Ära ab 21.4.752 v. Chr. 2. Varronische Ära ab 21.4.753 v. Chr. | Rom |
| Nabonassarische Ära | Thronbesteigung Nabonassars (747 v. Chr.) | Babylonien |
| Japanische Ära (Nino) | Thronbesteigung des Jimmu-Tenno (660 v. Chr.) | Japan |
| Isthmiaden-Ära (Zweijahreszyklus) | Isthmische Spiele (582 v. Chr.) | Griechenland |
| Nemeaden-Ära (Vierjahreszyklus) | Nemeische Spiele (568 v. Chr.) | Griechenland |
| Buddhistische Ära (Nirwana) | Todesjahr Buddhas (ca. 544 v. Chr.) | buddhistische Länder |
| Römische Konsularära | Vertreibung der Könige (509 v. Chr.) | Rom |
| Philippische Ära (Ära Alexanders, Ära von Edessa) | Tod Alexanders d. Gr. (12.11.324 v. Chr.) bzw. Thronbesteigung von Philippos Arrhidäos | Orient |
| Ära der Seleukiden (Ära contractuum) | Reichsgründung von Seleukos I. (1.10.312 v. Chr.) | Araber, Syrer, Juden |
| Ära der Hasmonäer | Befreiung Jerusalems (142 v. Chr.) | Juden |
| Samvet-Ära | Thronbesteigung Wikramaditjas (56 v. Chr.) | Indien |
| Antiochische Ära | Freierklärung der Stadt Antiochia; erstes Jahr der Herrschaft Cäsars (49 v. Chr.) | Rom |
| Julianische Ära | Einführung des Julianischen Kalenders (46 v. Chr.) | Rom |
| Spanische Ära | Sieg der Römer über die Spanier (38 v. Chr.) | Spanien, Portugal |
| Aktische Ära (Alexandrische Ära) | Eroberung Ägyptens durch Octavian (29.8.30 v. Chr.) | Orient |
| Christliche Ära | Christi Geburt (1.1.1754 Varronischer Ära) | christliche Länder |
| Saka-Ära | Geburt des Königs Saliwahana (15.3.78) | Mittel- und Südindien |
| Diokletianische Ära (Märtyrer-Ära) | Regierungsantritt Diokletians (29.8.284) | Rom, Ägypten, Äthiop. |
| Mohammedanische Ära | Flucht des Propheten nach Medina (15.7.622) | islamische Länder |
| Ära der Französischen Revolution | Beginn der Französischen Republik (22.9.1792) | Frankreich |
| Faschistische Ära | Mussolinis Marsch auf Rom (28.10.1922) | Italien |

## Zeiträume

| Bezeichnung | Dauer |
|---|---|
| Millennium | 1000 Jahre |
| Zentenarium | 100 Jahre |
| Dezennium | 10 Jahre |

| Bezeichnung | Dauer |
|---|---|
| Biennium | 2 Jahre |
| Semester | 6 Monate |
| Tertial | 4 Monate |
| Trimester | 3 Monate |
| Quartal | 3 Monate |

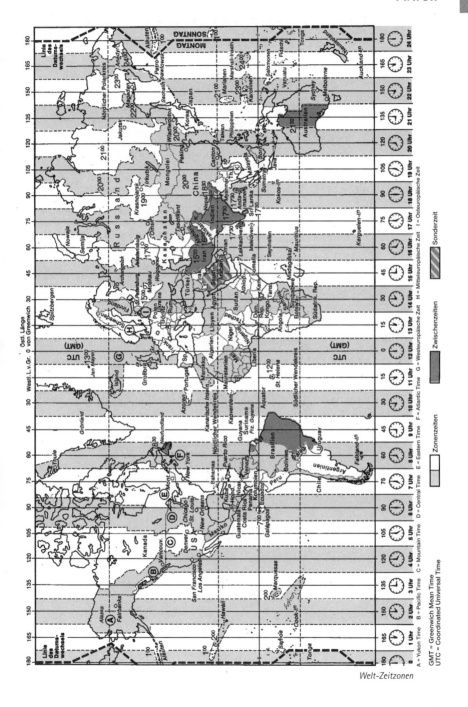

*Welt-Zeitzonen*

# Zeit

| Kalender der | Urheber/Geltungsdauer | Kalenderberechnung | Schaltverfahren |
|---|---|---|---|
| Ägypter | seit dem 4. Jahrtausend v. Chr. | reines Sonnenjahr zu 365 Tagen; 12 Monate zu je 30 Tagen + 5 Zusatztage | keine Schalttage; Jahresanfang durchläuft in 1461 ägyptischen Jahren das ganze Jahr |
| | 238 v. Chr. | reines Sonnenjahr zu 365,25 Tagen | vermutlich in jedem 4. Jahr ein Schalttag |
| Babylonier | bis zum 6. Jh. v. Chr. | Mondjahr zu 354 Tagen; 12 Monate, abwechselnd 30 und 29 Tage | bei Abweichung vom Sonnenstand willkürlich ein Monat ein- oder ausgeschaltet |
| | vom 6. Jh. an | | zyklische (auf Rechnung beruhende) Schaltungsweise |
| Griechen | seit 383 v. Chr. | | sieben Schaltmonate für 19 Jahre |
| | 7. Jh. v. Chr. | | Oktaeteris-Zyklus von 2992 Tagen; acht Sonnenjahre = 99 Mondmonate |
| | Solon (594 v. Chr.) | | Oktaeteris, verbessert auf 2923,5 Tage |
| | Meton (432 v. Chr.) | Mond-Sonnenjahr zu 12 und 13 Monaten | 19jähriger Zyklus von 235 Monaten. Schaltjahre sind die Jahre 3, 5, 8, 11, 13, 16, 19 in diesem Zyklus |
| | Kalippos (330 v. Chr.) | | verbesserter Metonzyklus; vier solcher Zyklen = 76 Jahre um einen Tag vermindert, unabhängig davon 10-tägige Woche |
| Römer | 8 und 7. Jh. v. Chr. und auch später | Mondjahr zu 10, seit dem König Numa (715 v. Chr.) zu 12 Monaten | unregelmäßig |
| | Julius Cäsar (Julianischer Kalender): 46 v. Chr.; in den griech.-orth. Ländern bis 1923 | reines Sonnenjahr zu 365,25 Tagen | Jedes 4. Jahr ein Schalttag |
| Moslems | seit 16. Juli 622 (Hedschra) reines Mondjahr | reines Mondjahr | 30-jähriger Zyklus, in dem 11-mal je ein Tag eingeschaltet wird; unabhängig davon 7-tägige Woche; Tage beginnen mit Sonnenuntergang |
| Türken | vor dem islamischen Kalender: seit 1677: seit 1916: Gregor. Kalender | reines Mondjahr zu 354 Tagen; reines Sonnenjahr | 8-jähriger Zyklus, davon das 2., 5. und 7. Jahr zu 355 Tagen |
| Juden | bis Beginn unserer Zeitrechnung Reform (vielleicht Rabbi Samuel 338) | | bei Bedarf ein ganzer Monat eingeschaltet Monate abwechselnd 29 und 30 Tage |
| | | Mond-Sonnenjahr | 19-jähriger Zyklus; Jahreslängen mit 353, 354 oder 355 Tagen; Schaltjahre mit 383, 384 oder 385 Tagen; Schaltjahre sind die Jahre 3, 6, 8, 11, 14, 17, 19 des Zyklus |
| Inder | Zeit des Veda | Mond-Sonnenjahr; 12 Monate zu je 30 Tagen | ursprünglich nur Mondjahr, durch willkürliche Spaltung eines 13. Monats mit der Sonne in Einklang gebracht |
| | Zeit des Siddhânta (4. bis 6. Jh.) | 60-jährig (5 Jupiterumläufe) und 12-jährig (1 Umlauf) | Rechnung nach Sonnenmonaten |
| Chinesen und Japaner | 3. Jahrtausend v. Chr. um 2258 (?) v. Chr. | Jahr zu 360 Tagen Mond-Sonnenjahr | von je 19 Jahren 12 Gemeinjahre zu 12 und 7 Schaltjahre zu 13 Monaten; Jahresanfang veränderlich |

| Kalender der | Urheber/Geltungsdauer | Kalenderberechnung | Schaltverfahren |
|---|---|---|---|
| Japaner Altgermanischen Völker Isländer und Norweger | Seit 1873: Gregor. Kalender bis Einführung des Christentums | unvollkommenes Mond-Sonnenjahr Jahr zu 364 Tagen, 7-tägige Woche | Schaltungsweise durch ganze Mondmonate nach Bedarf 6 Winter- und 6 Sommermonate zu 30 Tagen, im 3. Sommermonat vier Ergänzungstage; 5-mal in 28 Jahren eine Schaltwoche im 3. Sommermonat |
| Neuzeit | Papst Gregor XIII. (Gregorianischer Kalender): in den kath. Ländern seit 15.10. 1582, im protestantischen Deutschland 1.3.1700, England 1752, Schweden 1753, Japan 1873, Bulgarien und Türkei 1916, UdSSR 1918, Rumänien 1919, Griechenland 1923, China 1949 | reines Sonnenjahr zu 365 Tagen | bei Ersteinführung folgte auf den 4.10.1582 des seitherigen Julianischen Kalenders sofort der 15.10.1582. Der Frühlingsanfang wurde auf den 21.3. gelegt; jedes 4. Jahr zu 366 Tagen, mit Ausnahme der durch 400 nicht teilbaren Jahrhunderte. Jahreslänge: 365 Tage 5 Stunden 49 Minuten 12 Sekunden: d.h. das Jahr ist um 26 Sekunden größer als die jetzige Jahreslänge |
| | Neuer oriental. Kalender (für Griech.-Orthod.): 14.10.1923 von der griech.-orthod. Kirche angenommen | | |
| | franz. Revolutionskalender seit dem 14.7.1790 schrittweise eingeführt. Endgültige Fassung seit dem 5.10.1793. Abgeschafft Ende 1805 | 12 Monate zu je 30 Tagen + 5 »jours complémentaires« | Jahresbeginn z.Z. des Herbstanfangs: Jahr I ab 1792 bis XIV = 1805, Schaltjahre waren das 3., 7. und 11. Jahr (Revolutionstag). Monate teilweise in drei Dekaden eingeteilt |

## Kosmischer Kalender

| Zeitabschnitt* | Ereignis | Zeitabschnitt* | Ereignis |
|---|---|---|---|
| 1. Januar | Urknall | 31. Dezember: | |
| 1. Mai | Entstehung der Milchstraße | 13.30 h | Entwicklung der Vormenschen |
| 14. September | Entstehung der Erde | 22.30 h | erste Menschen leben auf der Erde |
| 25. September | auf der Erde entsteht Leben | 23.00 h | Nutzung von Steinwerkzeugen |
| 9. Oktober | früheste Algen, Bakterien, Fossilien | 23.56 h | Beginn der bislang letzten Eiszeit |
| 15. November | Existenz erster Zellen mit Zellkern | 23.59 h | Höhlenmalerei in Teilen Europas |
| 1. Dezember | Erdatmosphäre entwickelt sich | 23:59,20 h | Menschen werdenb zu Ackerbauern |
| 16. Dezember | erste Kriechtiere auf der Erde | 23:59,51 h | Entwicklung des Alphabets |
| 17. Dezember | erste wirbellose Tiere auf der Erde | 23:59,55 h | Lebensphase Buddhas |
| 18. Dezember | Meeresplankton und Trilobiten | 23:59,56 h | Leben Christi |
| 19. Dezember | erste Fische und Wirbeltiere | 23:59,58 h | Blütezeit des Byzantinischen Reichs |
| 20. Dezember | Pflanzen wachsen an Land | 23:59,59 h | frühe Wissenschaften |
| 21. Dezember | frühe Landlebewesen (Insekten) | 0 h | Technologiezeitalter |
| 23. Dezember | Reptilien und größere Bäume | | |
| 24. Dezember | Dinosaurier auf der Erde | | |
| 26. Dezember | frühe Säugetiere auf der Erde | * Der Zeitraum vom Urknall bis in die Gegenwart wird | |
| 27. Dezember | erste Vögel entstehen | anhand eines einzigen Jahres dargestellt. | |
| 28. Dezember | Aussterben der Dinosaurier Entstehung der Blumenvielfalt | | |
| 29. Dezember | Entstehung der Primaten | | |
| 30. Dezember | Hominiden und große Säugetiere leben auf der Erde | | |

# Zeit

## Jahre des chinesischen Kalenders

| Jahr | Bezeichnung |
|---|---|
| 2000 | Jahr des Drachen |
| 2001 | Jahr der Schlange |
| 2002 | Jahr des Pferdes |
| 2003 | Jahr des Schafes |
| 2004 | Jahr des Affen |
| 2005 | Jahr des Huhnes |
| 2006 | Jahr des Hundes |
| 2007 | Jahr des Schweines |
| 2008 | Jahr der Ratte |
| 2009 | Jahr des Ochsen |
| 2010 | Jahr des Tigers |
| 2011 | Jahr des Hasen |
| 2012 | Jahr des Drachen |

## Chinesischer Agrarkalender

| Jahresphasen* | Jahresphasen* |
|---|---|
| Frühling beginnt | Große Hitze |
| Regenwasser | Herbst beginnt |
| Aufgeregte Insekten | Weißer Tau |
| Tag- und Nachtgleiche | Kalter Tau |
| Klar und schön | Frost kommt |
| Kornregen | Winter beginnt |
| Sommer beginnt | Leichter Schnee |
| Korn füllt sich | Starker Schnee |
| Korn im Ohr | Winter-Sonnenwende |
| Sommersonnenwende | Leichte Kälte |
| Leichte Hitze | Strenge Kälte |

* Der chinesische Agrarkalender ist in Vierzehn-Tages-Schritte eingeteilt; er beginnt mit dem Frühling.

## Monate im Vergleich

| Gregorianischer Kalender | Jüdischer Kalender | Islamischer Kalender | Hinduistischer Kalender |
|---|---|---|---|
| Januar | Tishri (Sept.–Okt.) | Muharram (Sept.-Okt.) | Caitra (März–Apr.) |
| Februar | Heshvan (Okt.–Nov.) | Safar (Okt.–Nov.) | Vaisakha (Apr.–Mai) |
| März | Kislev (Nov.–Dez.) | Rabi I (Nov.–Dez.) | Jyaistha (Mai–Juni) |
| April | Tevet (Dez.–Jan.) | Rabi II (Dez.–Jan.) | Asadha (Juni–Juli) |
| Mai | Shevat (Jan.–Feb.) | Jumada I (Jan.–Feb.) | Dvitiya Asadha* |
| Juni | Adar (Feb.–März) | Jumada II (Feb.–März) | Sravana (Juli–Aug.) |
| Juli | Adar Sheni* | Rajab (März–Apr.) | Dvitiya Sravana* |
| August | Nisan (März–Apr.) | Shaban (Apr.–Mai) | Bhadrapada (Aug.–Sept.) |
| September | Iyar (Apr.–Mai) | Ramadan (Mai–Juni) | Asvina (Sept.–Okt.) |
| Oktober | Sivan (Mai–Juni) | Shawwal (Juni–Juli) | Karttika (Okt.–Nov.) |
| November | Tammuz (Juni–Juli) | Dhu al-Qadah (Juli–Aug.) | Margasirsa (Nov.–Dez.) |
| Dezember | Av (Juli–Aug.) | Dhu al-Hijjah (Aug.–Sept.) | Pausa (Dez.–Jan.) |
| | Elul (Aug.–Sept.) | | Magha (Jan.–Feb.) |
| * nur Schaltjahre | | | Phalguna (Feb.–März) |

### Zeichen der Wochentage

Montag ........ ☾
Dienstag ........ ♂
Mittwoch ........ ☿
Donnerstag ........ ♃
Freitag ........ ♁
Samstag ........ ♄
Sonntag ........ ☉

## Den Monaten zugeschriebene Symbole

| Monat | Edelsteine | Blumen |
|---|---|---|
| Januar | Granat | Nelke, Schneeglöckchen |
| Februar | Amethyst | Primel |
| März | Aquamarin | Veilchen |
| April | Diamant | Gänseblümchen, Gartenwicke |
| Mai | Smaragd | Weiß-, Rotdorn, Lilie |
| Juni | Mondstein | Geißblatt, Rose |
| Juli | Rubin | Wasserlilie |
| August | Sardonyx | Gladiole, Mohn |
| September | Saphir | Aster |
| Oktober | Opal | Ringelblume |
| November | Topas | Chrysantheme |
| Dezember | Türkis | Narzisse |

## Osterfeste bis 2010

| Jahr | Datum |
|------|-------|
| 2001 | 15./16.April |
| 2002 | 31. März/1. April |
| 2003 | 20./21. April |
| 2004 | 11./12. April |
| 2005 | 27./28. März |
| 2006 | 16./17. April |
| 2007 | 8./9. April |
| 2008 | 23./24. März |
| 2009 | 12./13. April |
| 2010 | 4./5. April |

## ◄ Berechnung des Osterdatums

Ostern fällt auf den Sonntag nach dem ersten Vollmond im Frühling. Das Datum des Osterfestes lässt sich nach dem mathematiker C.F. Gauß auf folgende Weise ermitteln:
Man teilt die Jahreszahl (J) durch 19 und bezeichnet den Rest mit a; also: J:19, Rest a. Entsprechend gilt: J:4, Rest b. J:7, Rest c. (19 a+m):30, Rest d. (2b+4c+6d+n):7, Rest e.
Ostern fällt nun entweder auf den (22+d+e)ten März oder auf den (d+e-9)ten April. Die Werte für m und n finden sich in der folgenden Tabelle:

| Jahr | m | n | Jahr | m | n | Jahr | m | n |
|------|---|---|------|---|---|------|---|---|
| 1583–1699 | 22 | 2 | 1800–1899 | 23 | 4 | 2100–2199 | 24 | 6 |
| 1700–1799 | 23 | 3 | 1900–2099 | 24 | 5 | 2200–2299 | 25 | 0 |

## Immerwährender Kalender

| Jahr (• = Schaltjahre) | | | | | | | Jan | Feb | Mär | Apr | Mai | Jun | Jul | Aug | Sep | Okt | Nov | Dez |
|---|---|---|---|---|---|---|---|---|---|---|---|---|---|---|---|---|---|---|
| | 1801 | 1829 | 1857 | 1885 | | 1925 | 1953 | 1981 | 4 | 0 | 0 | 3 | 5 | 1 | 3 | 6 | 2 | 4 | 0 | 2 |
| | 1802 | 1830 | 1858 | 1886 | | 1926 | 1954 | 1982 | 5 | 1 | 1 | 4 | 6 | 2 | 4 | 0 | 3 | 5 | 1 | 3 |
| | 1803 | 1831 | 1859 | 1887 | | 1927 | 1955 | 1983 | 6 | 2 | 2 | 5 | 0 | 3 | 5 | 1 | 4 | 6 | 2 | 4 |
| • | 1804 | 1832 | 1860 | 1888 | | 1928 | 1956 | 1984 | 0 | 3 | 4 | 0 | 2 | 5 | 0 | 3 | 6 | 1 | 4 | 6 |
| | 1805 | 1833 | 1861 | 1889 | 1901 | 1929 | 1957 | 1985 | 2 | 5 | 5 | 1 | 3 | 6 | 1 | 4 | 0 | 2 | 5 | 0 |
| | 1806 | 1834 | 1862 | 1890 | 1902 | 1930 | 1958 | 1986 | 3 | 6 | 6 | 2 | 4 | 0 | 2 | 5 | 1 | 3 | 6 | 1 |
| | 1807 | 1835 | 1863 | 1891 | 1903 | 1931 | 1959 | 1987 | 4 | 0 | 0 | 3 | 5 | 1 | 3 | 6 | 2 | 4 | 0 | 2 |
| • | 1808 | 1836 | 1864 | 1892 | 1904 | 1932 | 1960 | 1988 | 5 | 1 | 2 | 5 | 0 | 3 | 5 | 1 | 4 | 6 | 2 | 4 |
| | 1809 | 1837 | 1865 | 1893 | 1905 | 1933 | 1961 | 1989 | 0 | 3 | 3 | 6 | 1 | 4 | 6 | 2 | 5 | 0 | 3 | 5 |
| | 1810 | 1838 | 1866 | 1894 | 1906 | 1934 | 1962 | 1990 | 1 | 4 | 4 | 0 | 2 | 5 | 0 | 3 | 6 | 1 | 4 | 6 |
| | 1811 | 1839 | 1867 | 1895 | 1907 | 1935 | 1963 | 1991 | 2 | 5 | 5 | 1 | 3 | 6 | 1 | 4 | 0 | 2 | 5 | 0 |
| • | 1812 | 1840 | 1868 | 1896 | 1908 | 1936 | 1964 | 1992 | 3 | 6 | 0 | 3 | 5 | 1 | 3 | 6 | 2 | 4 | 0 | 2 |
| | 1813 | 1841 | 1869 | 1897 | 1909 | 1937 | 1965 | 1993 | 5 | 1 | 1 | 4 | 6 | 2 | 4 | 0 | 3 | 5 | 1 | 3 |
| | 1814 | 1842 | 1870 | 1898 | 1910 | 1938 | 1966 | 1994 | 6 | 2 | 2 | 5 | 0 | 3 | 5 | 1 | 4 | 6 | 2 | 4 |
| | 1815 | 1843 | 1871 | 1899 | 1911 | 1939 | 1967 | 1995 | 0 | 3 | 3 | 6 | 1 | 4 | 6 | 2 | 5 | 0 | 3 | 5 |
| • | 1816 | 1844 | 1872 | | 1912 | 1940 | 1968 | 1996 | 1 | 4 | 5 | 1 | 3 | 6 | 1 | 4 | 0 | 2 | 5 | 0 |
| | 1817 | 1845 | 1873 | | 1913 | 1941 | 1969 | 1997 | 3 | 6 | 6 | 2 | 4 | 0 | 2 | 5 | 1 | 3 | 6 | 1 |
| | 1818 | 1846 | 1874 | | 1914 | 1942 | 1970 | 1998 | 4 | 0 | 0 | 3 | 5 | 1 | 3 | 6 | 2 | 4 | 0 | 2 |
| | 1819 | 1847 | 1875 | | 1915 | 1943 | 1971 | 1999 | 5 | 1 | 1 | 4 | 6 | 2 | 4 | 0 | 3 | 5 | 1 | 3 |
| • | 1820 | 1848 | 1876 | 1900 | 1916 | 1944 | 1972 | 2000 | 6 | 2 | 3 | 6 | 1 | 4 | 6 | 2 | 5 | 0 | 3 | 5 |
| | 1821 | 1849 | 1877 | | 1917 | 1945 | 1973 | 2001 | 1 | 4 | 4 | 0 | 2 | 5 | 0 | 3 | 6 | 1 | 4 | 6 |
| | 1822 | 1850 | 1878 | | 1918 | 1946 | 1974 | 2002 | 2 | 5 | 5 | 1 | 3 | 6 | 1 | 4 | 0 | 2 | 5 | 0 |
| | 1823 | 1851 | 1879 | | 1919 | 1947 | 1975 | 2003 | 3 | 6 | 6 | 2 | 4 | 0 | 2 | 5 | 1 | 3 | 6 | 1 |
| • | 1824 | 1852 | 1880 | | 1920 | 1948 | 1976 | 2004 | 4 | 0 | 1 | 4 | 6 | 2 | 4 | 0 | 3 | 5 | 1 | 3 |
| | 1825 | 1853 | 1881 | | 1921 | 1949 | 1977 | 2005 | 6 | 2 | 2 | 5 | 0 | 3 | 5 | 1 | 4 | 6 | 2 | 4 |
| | 1826 | 1854 | 1882 | | 1922 | 1950 | 1978 | 2006 | 0 | 3 | 3 | 6 | 1 | 4 | 6 | 2 | 5 | 0 | 3 | 5 |
| | 1827 | 1855 | 1883 | | 1923 | 1951 | 1979 | 2007 | 1 | 4 | 4 | 0 | 2 | 5 | 0 | 3 | 6 | 1 | 4 | 6 |
| • | 1828 | 1856 | 1884 | | 1924 | 1952 | 1980 | 2008 | 2 | 5 | 6 | 2 | 4 | 0 | 2 | 5 | 1 | 3 | 6 | 1 |

| 1 | 8 | 15 | 22 | 29 | 36 | Sonntag |
| 2 | 9 | 16 | 23 | 30 | 37 | Montag |
| 3 | 10 | 17 | 24 | 31 | | Dienstag |
| 4 | 11 | 18 | 25 | 32 | | Mittwoch |
| 5 | 12 | 19 | 26 | 33 | | Donnerstag |
| 6 | 13 | 20 | 27 | 34 | | Freitag |
| 7 | 14 | 21 | 28 | 35 | | Samstag |

Welcher Wochentag war der 1. Mai 1900? Man sucht in der linken Jahrestabelle das Jahr 1900 und wandert auf dieser Höhe rechts zum Monat Mai. Dort steht die Zahl 2, zu der man das Datum (also die 1) addiert; Resultat: 3. In der Tagestabelle unten steht rechts neben der 3 der Wochentag: Dienstag.

# Zeit

| Hochzeitsjubiläen | | |
|---|---|---|
| Hochzeitstag | Deutschland | Großbritannien/USA |
| 1. | Baumwollene Hochzeit | Papierene Hochzeit |
| 2. | – | Baumwollene Hochzeit |
| 3. | – | Lederne Hochzeit |
| 4. | – | Seiden- oder Leinenhochzeit |
| 5. | Hölzerne Hochzeit | Hölzerne Hochzeit |
| 6. | – | Eiserne Hochzeit |
| 7. | Kupferne Hochzeit | Kupferne oder Wollhochzeit |
| 8. | Blecherne Hochzeit | Bronzene Hochzeit |
| 9. | – | Keramikhochzeit |
| 10. | Rosenhochzeit | Zinn- oder Aluminiumhochzeit |
| 11. | – | Stahlhochzeit |
| 12. | – | Seidenhochzeit |
| 12,5. | Nickelhochzeit | – |
| 13. | – | Spitzenhochzeit |
| 14. | – | Elfenbeinhochzeit |
| 15. | Gläserne Hochzeit | Kristallhochzeit |
| 20. | Porzellanhochzeit | Porzellanhochzeit |
| 25. | Silberhochzeit | Silberhochzeit |
| 30. | Perlenhochzeit | Perlenhochzeit |
| 35. | Leinwandhochzeit | Korallenhochzeit |
| 40. | Rubinhochzeit | Rubinhochzeit |
| 45. | – | Saphirhochzeit |
| 50. | Goldene Hochzeit | Goldene Hochzeit |
| 55. | – | Smaragdhochzeit |
| 60. | Diamantene Hochzeit | Diamantene Hochzeit |
| 65. | Eiserne Hochzeit | – |
| 67,5. | Steinerne Hochzeit | – |
| 70. | Gnadenhochzeit | – |
| 75. | Kronjuwelenhochzeit | – |

## Gesetzliche Feiertage in Deutschland

| Datum | Bezeichnung |
|---|---|
| 1. Januar | Neujahr |
| beweglich | Karfreitag |
| beweglich | Ostermontag |
| 1. Mai | Maifeiertag/Tag der Arbeit |
| beweglich | Christi Himmelfahrt |
| beweglich | Pfingstmontag |
| 3. Oktober | Tag der deutschen Einheit |
| 25. Dezember | Erster Weihnachtstag |
| 26. Dezember | Zweiter Weihnachtstag |

## Feiertage in den einzelnen Bundesländern

| Feiertag | Bundesland |
|---|---|
| Hl. Drei Könige (6. Januar) | Baden-Württemberg, Bayern, Sachsen-Anhalt |
| Fronleichnam (beweglich) | Baden-Württemberg, Bayern, Hessen, Nordrhein-Westfalen, Rheinland-Pfalz, Saarland, Sachsen*, Thüringen* |

| Feiertag | Bundesland |
|---|---|
| Mariä Himmelfahrt (15. August) | Bayern*, Saarland |
| Reformationstag (31. Oktober) | Brandenburg, Mecklenburg-Vorpommern, Sachsen, Sachsen-Anhalt, Thüringen |
| Allerheiligen (1. November) | Baden-Württemberg, Bayern, Nordrhein-Westfalen, Rheinland-Pfalz, Saarland, Sachsen, Thüringen |
| Buß- und Bettag | Sachsen |

* Feiertag in Gemeinden mit überwiegend katholischer Bevölkerung

## Über die Feiertage  ▲

1995 wurde der Buß- und Bettag als offizieller gesetzlicher Feiertag abgeschafft. Seither ist es Sache der einzelnen Länder, den Buß- und Bettag als Feiertag zu begehen.

## Gesetzliche Feiertage in Österreich

| Datum | Bezeichnung |
|---|---|
| 1. Januar | Neujahr |
| 6. Januar | Heilige Drei Könige |
| beweglich | Karfreitag* |
| beweglich | Ostersonntag, Ostermontag |
| 1. Mai | Maifeiertag/Tag der Arbeit |
| beweglich | Christi Himmelfahrt |
| beweglich | Pfingstsonntag, Pfingstmontag |
| beweglich | Fronleichnam |
| 15. August | Mariä Himmelfahrt |
| 26. Oktober | Nationalfeiertag |
| 1. November | Allerheiligen |
| 8. Dezember | Mariä Empfängnis |
| 25. Dezember | Erster Weihnachtstag (Christtag) |
| 26. Dezember | Zweiter Weihnachtstag (Stephanitag) |

* nur für Angehörige bestimmter Kirchen

## Gesetzliche Feiertage in der Schweiz

| Datum | Bezeichnung |
|---|---|
| 1. Januar | Neujahr |
| 6. Januar | Heilige Drei Könige* |
| beweglich | Karfreitag* |
| beweglich | Ostersonntag, Ostermontag |
| 1. Mai | Maifeiertag/Tag der Arbeit* |
| beweglich | Christi Himmelfahrt (Auffahrt) |
| beweglich | Pfingstsonntag, Pfingstmontag |
| beweglich | Fronleichnam* |
| 1. August | Bundesfeier |
| 15. August | Mariä Himmelfahrt* |
| beweglich | Buß- und Bettag** |
| 1. November | Allerheiligen* |
| 25. Dezember | Erster Weihnachtstag |
| 26. Dezember | Zweiter Weihnachtstag (Stefanstag)* |

* nicht in allen Kantonen
** in der Schweiz am dritten Sonntag im September

## Besondere Feiertage in einigen europäischen Staaten

| Land | Datum | Feiertag |
|---|---|---|
| Belgien | 21. Juli | Nationalfeiertag |
| Dänemark | 18. Mai | Bußtag |
| | 5. Juni | Nationalfeiertag |
| Deutschland | 3. Oktober | Tag der dt. Einheit |
| Frankreich | 14. Juli | Nationalfeiertag |
| Großbritannien | letzter Montag im August | Bankfeiertag |
| Irland | 17. März | St. Patrick's Day |

| Land | Datum | Feiertag |
|---|---|---|
| Italien | 25. April | Tag der Befreiung |
| Niederlande | 30. April | Nationalfeiertag |
| Österreich | 26. Oktober | Nationalfeiertag |
| Portugal | 25. April | Nationalfeiertag |
| | 5. Oktober | Ausrufung der Republik |
| | 1. Dezember | Unabhängigkeitstag |
| Schweiz | 1. August | Bundesfeier |
| Spanien | 12. Oktober | Nationalfeiertag |

## Die wichtigsten jüdischen Feiertage

| Datum | Feiertag | Anmerkung |
|---|---|---|
| 1. Tischri | Rosch-Ha Schana | Nicht mittwochs, freitags oder sonntags |
| 3. Tischri | Fasten-Gedalja | Am 4. Tischri, falls der 3. Tischri ein Samstag ist |
| 10. Tischri | Jom Kippur (Große Versöhnung) | Nicht freitags oder sonntags |
| 15. Tischri | Laubhüttenfest | |
| 21. Tischri | Hoschana Rabba | Nicht samstags |
| 23. Tischri | Gesetzesfreude | |
| 25. Kislew | Tempelweihfest | |
| 2. oder 3. Tewet | Lichterfest | |
| 10. Tewet | Fasten-Tewet | |
| 13. Adar | Fasten-Esther | Fällt auf den 13. Adar II (bzw. den 11., falls der 13. ein Samstag ist) in einem Schaltjahr |
| 14. Adar | Purim | In Schaltjahren am 14. Adar II; der 14. Adar wird dann als Kleiner Purim gefeiert |
| 14. Nisan | Pessach | |
| 5. Ijjar | Unabhängigkeitstag Israels | |
| 18. Ijjar | Lag Ba-Omer | |
| 6. Siwan | Schawuot (Wochenfest) | |
| 17. Tammus | Tammus-Fasten | Am 18. Tammus, falls der 17. auf einen Samstag fällt |
| 9. Aw | Aw-Fasten | Am 10. Aw, falls der 9. auf einen Samstag fällt |

# Mathematik

**vor Christus**

| | |
|---|---|
| Vor 30000 | Man kennt bereits das Fingerzählen; Gegenstände werden schon durch Zahlzeichen und Zahlwörter gezählt. |
| Um 3000 | In Ägypten gibt es Zahlzeichen bis 100 000. |
| | Die Babylonier kennen das Sexagesimalsystem. |
| 2000–1800 | Der Papyrus Rhind (Ägypten) wird geschrieben; er enthält u.a. die Rechentechnik der Multiplikation, der Division und der Bruchrechnung. |
| Um 450 | Die Pythagoreer erkennen, dass $\sqrt{2}$ (bei der Berechnung der Diagonale eines Quadrats) keine Zahl im üblichen Sinn ergibt. |
| Um 300 | Euklid kennt die Anfänge der Wurzelgesetze. |
| | Archimedes berechnet den Kreisumfang und den Kreisinhalt durch eine Grenzwertbetrachtung. |

**nach Christus**

| | |
|---|---|
| Um 700 | Das Zeichen Null (0) wird in Indien in die Mathematik eingeführt; es erlaubt das Positionsrechnen. |
| 850 | Al Chwarizimi (*etwa 780, †850) schreibt seine »Algebra«. |
| 1202 | Leonardo von Pisa (*etwa 1180, †um 1250) verwendet arabische Ziffern im kaufmännischen Rechnen. |
| 1544 | M. Stifel (*1486, †1567) schreibt über die negative Zahl. |
| 1518–1550 | A. Ries(e) (*1492, †1559) veröffentlicht die ersten deutschen Rechenlehrbücher. |
| 1545 | G. Cardano (*1501, †1576) veröffentlicht die (zu Unrecht nach ihm benannte) Formel zur Lösung kubischer Gleichungen. |
| Um 1600 | J. Bürgi (*1552, †1632) berechnet die erste Logarithmentafel. |
| 1630 | P. de Fermat (*1601, †1665) arbeitet über Zahlentheorie und Flächenberechnungen. |
| 1637 | R. Descartes (*1596, †1650) begründet die Methode der Analytischen Geometrie. |
| 1640 | B. Pascal (*1623, †1662) verfasst eine Abhandlung über Kegelschnitte. |
| 1665/1666 | I. Newton (*1642, †1727) arbeitet über die Grundlagen der Differenzial- und Integralrechnung. |
| 1672–1676 | G.W. Leibniz (*1646, †1716) baut eine Rechenmaschine; er entwickelt die Basis der Differenzial- und Integralrechnung. |
| 1872 | F. Klein (*1849, †1925) veröffentlicht das so genannte Erlanger Programm. |

| | |
|---|---|
| 1693 | G.W. Leibniz (*1646, †1716) entwickelt die Grundlagen der Determinantenrechnung. |
| 1701 | J. Bernoulli (*1654, †1705) veröffentlicht seine viel beachteten Arbeiten über Variationsrechnung. |
| 1713 | Posthum wird eine Darstellung der Wahrscheinlichkeitsrechnung, die J. Bernoulli geschrieben hatte, veröffentlicht. |
| 1738 | D. Bernoulli veröffentlicht eine mathematische Arbeit zur Hydrodynamik. |
| 1739 | J.B. D'Alembert (*1717, †1783) schreibt u.a. über Differenzialgleichungen. |
| 1755 | J.L. Lagrange (*1736, †1813) arbeitet über Variationsrechnung sowie Differenzialgleichungen der Minimalflächen. |
| 1795 | G. Monge (*1746, †1818) begründet die Darstellende Geometrie. |
| 1796 | C.F. Gauß (*1777, †1855) konstruiert das regelmäßige 17-Eck mit Hilfe von Zirkel und Lineal. |
| 1799 | C.F. Gauß gibt den ersten einwandfreien Beweis des Fundamentalsatzes der Algebra. |
| 1810 | J.B. Fourier (*1768, †1830) arbeitet über trigonometrische Reihen. |
| 1812 | P.S. Laplace (*1749, †1827) veröffentlicht seine Arbeiten zur »Theorie der Wahrscheinlichkeiten«. |
| 1817 | B. Bolzano (*1781, †1848) liefert eine relativ strenge Fassung des Stetigkeitsbegriffes. |
| 1822 | J. V. Poncelet (*1788, †1867) gibt eine systematische Darstellung der projektiven Geometrie. |
| 1827 | A.F. Möbius (*1790, †1868), der Mitbegründer der neueren Geometrie, veröffentlicht sein Hauptwerk »Der baryzentrische Kalkül«. |
| 1830 | E. Galois (*1811, †1832) schreibt seine Arbeit über die Auflösbarkeit algebraischer Gleichungen. |
| 1832 | J. Bolyai (*1802, †1860) bringt eine Veröffentlichung über nichteuklidische Geometrie heraus. |
| 1854 | G. Boole (*1815, †1864) arbeitet über die Grundlagen der mathematischen Logik. |
| | B. Riemann (*1826, †1866) schreibt »Über die Hypothesen, welche der Geometrie zugrunde liegen«. |
| 1867 | H. Hankel (*1839, †1873) stellt das später nach ihm benannte Permanenzprinzip auf. |

| | | | |
|---|---|---|---|
| 1873 | G. Cantor (*1845, †1918) begründet die Mengenlehre. | 1925/26 | K. Weyl (*1885, †1955) arbeitet über die Darstellungstheorie von Gruppen. |
| 1879 | K. Weierstraß (*1815, †1897) arbeitet über analytische Funktionen komplexer Variabler. | 1928 | J. v. Neumann (*1903, †1957) liefert seine ersten bahnbrechenden Arbeiten zur Spieltheorie. |
| 1879 | G. Frege (*1848, †1925) veröffentlicht seine »Begriffsschrift«, die u.a. die Voraussetzung für Programmiersprachen bildet. | 1931 | K. Gödel (*1906, †1978) veröffentlicht den nach ihm benannten Vollständigkeitssatz. |
| 1882 | F. Lindemann (*1852, †1939) beweist die Transzendenz der Zahl p. | 1933 | A. Kolmogorow (*1903) schafft die axiomatischen Grundlagen der modernen Statistik. |
| 1887 | L. Kronecker (*1823, †1891) veröffentlicht Arbeiten zur Algebra und Zahlentheorie. R. Dedekind (*1831, †1916) schreibt die Arbeit: »Was sind und was sollen die Zahlen?« | 1934 | Nicolas Bourbaki (Pseudonym für eine Gruppe französischer und amerikanischer Mathematiker) beginnt die Grundzüge der Mathematik auf mengentheoretischer Grundlage darzustellen. |
| 1889 | G. Peano (*1858, †1923) stellt fünf Axiome des Aufbaues des Systems der natürlichen Zahlen auf. | 1948 | N. Wiener (*1894, †1964) veröffentlicht sein berühmtes Buch über Kybernetik. |
| 1895 | H. Poincaré (*1854, †1912) liefert Beiträge zur Topologie. | 1954 | A.A. Markow (*1856, †1922) veröffentlicht seine Theorie der Algorithmen. |
| 1899 | D. Hilbert (*1862, †1943) bringt sein Werk »Grundlagen der Geometrie« heraus. | 1972 | R. Thom (*1923) entwickelt die Katastrophentheorie (Stabilität geometrischer Formen in der Natur). |
| 1907 | L.E. Brouwer (*1881, †1966) begründet den Intuitionismus in der mathematischen Grundlagenforschung. | 1976 | Lösung des berühmten Vierfarbenproblems. |
| 1910 | B. Russell (*1872, †1970) und N. Whitehead (*1861, †1947) beginnen mit der Veröffentlichung der »Principia mathematica«. | 1983 | G. Faltings (*1954) beweist die Mordell'sche Vermutung, ein wichtiger Schritt auf dem Weg zur Lösung des Fermatproblems. |
| 1920–1930 | Emmy Noether (*1882, †1935) erkennt die Bedeutung der algebraischen Strukturen und wird zur Mitbegründerin der modernen Algebra. | 1993 | A. Wiles (*1953) beweist den Fermat'schen Satz. |
| | | 1998 | T.C. Hales (*1958) legt einen Beweis für die Kepler'sche Vermutung (1611) über die dichteste Anordnung von Kugeln vor. |

## Klassifizierung der Mathematik im 19. und 20. Jahrhundert

**Klassifizierung von 1868[1]**
Geschichte und Philosophie
Algebra
Zahlentheorie
Wahrscheinlichkeitsrechnung
Reihen
Differenzial- und Integralrechnung
Funktionentheorie
Analytische Geometrie
Synthetische Geometrie
Mechanik
Mathematische Physik
Geodäsie und Astronomie

38 Unterabteilungen

**Klassifizierung von 1979[2]**
Allgemeines
Geschichte und Biografie

Logik und Grundlagen
Mengenlehre
Kombinatorik, Graphentheorie

Ordnung, Verbände, geordnete algebraische Strukturen
Allgemeine mathematische Systeme

Zahlentheorie
Algebraische Zahlentheorie, Körpertheorie und Polynome
Kommutative Ringe und Algebren
Nicht assoziative Ringe und Algebren
Kategorientheorie, homologische Algebra

Gruppentheorie und Verallgemeinerungen
Topologische Gruppen, Lie-Gruppen

Funktionen reeller Variablen
Maß und Integration
Funktionen einer komplexen Variablen
Potenzialtheorie
Mehrere komplexe Variablen und analytische Räume
Spezielle Funktionen
Gewöhnliche Differenzialgleichungen
Partielle Differenzialgleichungen
Differenzen und Funktionalgleichungen ⇒ S. 94

# Mathematik

Folgen, Reihen, Summierbarkeit
Approximationen und Entwicklungen
Fourier-Analyse
Abstrakte harmonische Analyse
Integraltransformationen, Operatorenrechnung
Integralgleichungen
Funktionalanalysis
Theorie der linearen Operatoren
Variationsrechnung und optimale Regelung

Geometrie
Konvexe Mengen und geometrische Ungleichungen
Differenzialgeometrie
Allgemeine Topologie
Algebraische Topologie
Mannigfaltigkeiten und Zellenkomplexe
Globale Analysis, Analysis auf Mannigfaltigkeiten

Wahrscheinlichkeitstheorie und stochastische Prozesse
Statistik
Numerische Analysis
Informatik
Allgemeine angewandte Mathematik
Mechanik der Teilchen und Systeme
Mechanik der festen Körper
Strömungslehre, Akustik
Optik, Elektromagnetismus

Klassische Thermodynamik, Wärmeleitung
Quantenmechanik

Statistische Physik, Struktur der Materie
Relativität
Astronomie und Astrophysik
Geophysik

Ökonomie, Operations Research, Programmieren, Spiele
Biologie und Verhaltensforschung
Systeme, Steuerung
Information, Kommunikation, Schaltkreise, Automaten

Ungefähr 3400 Unterabteilungen

[1] nach »Jahrbuch über die Fortschritte der
Mathematik«, 1868
[2] nach »Mathematical Reviews«, 1979

## Über die Zahlensysteme ▶

Bei den römischen Zahlen werden außerdem die
Buchstaben L (50),
C (100),
D (500) und
M (1000) verwendet.
In den rechts beschriebenen Systemen sieht die Zahl
45 z.B. so aus: XLV, 45, 101101 und 2D.

## Vergleich von Bruchzahlen

| normaler Bruch | Prozentzahl | Dezimalzahl |
|---|---|---|
| 1/2 | 50,00% | 0,5 |
| 1/3 | 33,33...% | 0,333... |
| 1/4 | 25,00% | 0,25 |
| 1/5 | 20,00% | 0,2 |
| 1/6 | 16,66...% | 0,166... |
| 1/8 | 12,50% | 0,125 |
| 1/10 | 10,00% | 0,1 |
| 2/3 | 66,66...% | 0,666... |
| 3/4 | 75,00% | 0,75 |
| 3/5 | 60,00% | 0,6 |
| 4/5 | 80,00% | 0,8 |
| 3/8 | 37,50% | 0,375 |
| 5/8 | 62,50% | 0,625 |
| 7/8 | 87,50% | 0,875 |
| 3/10 | 30,00% | 0,3 |
| 7/10 | 70,00% | 0,7 |
| 9/10 | 90,00% | 0,9 |

## Über die Bruchzahlen ▲

Bruchzahlen können auch binär wiedergegeben
werden. So entspricht beispielsweise die Binärzahl
1001,01 der 9,5.

## Zahlensysteme

| römisch | dezimal | binär | hexadezimal |
|---|---|---|---|
| I | 1 | 1 | 1 |
| II | 2 | 10 | 2 |
| III | 3 | 11 | 3 |
| IV | 4 | 100 | 4 |
| V | 5 | 101 | 5 |
| VI | 6 | 110 | 6 |
| VII | 7 | 111 | 7 |
| VIII | 8 | 1000 | 8 |
| IX | 9 | 1001 | 9 |
| X | 10 | 1010 | A |
| XI | 11 | 1011 | B |
| XII | 12 | 1100 | C |
| XIII | 13 | 1101 | D |
| XIV | 14 | 1110 | E |
| XV | 15 | 1111 | F |
| XVI | 16 | 10000 | 10 |
| XVII | 17 | 10001 | 11 |
| XVIII | 18 | 10010 | 12 |
| XIX | 19 | 10011 | 13 |
| XX | 20 | 10100 | 14 |
| XXI | 21 | 10101 | 15 |
| XXII | 22 | 10110 | 16 |
| XXIII | 23 | 10111 | 17 |
| XXIV | 24 | 11000 | 18 |

## Mathematische Zeichen

| Zeichen | Sprechweise (Erläuterung) |
|---|---|
| % | von Hundert (Prozent) |
| ‰ | von Tausend (Promille) |
| / | je, pro, durch (Beispiel km/h) |
| + | plus, und (Additionszeichen und Kennzeichen positiver Zahlen) |
| − | minus weniger (Substraktionszeichen und Kennzeichen negativer Zahlen) |
| ± | plus oder minus |
| ·, x | mal (Multiplikationszeichen) |
| :, /, − | geteilt durch (Divisionszeichen) |
| = | gleich |
| ≡ | identisch, gleich |
| ≠ | nicht gleich, ungleich |
| ≈ | angenähert, nahezu gleich |
| < | kleiner als (z. B. 2 < 5) |
| ≤ | kleiner oder gleich |
| > | größer als (z. B. 5 > 0) |
| ≥ | größer oder gleich |
| ∞ | unendlich |
| π | (pi) Ludolf'sche Zahl = 3,14159... |
| √ | Wurzel |
| $a^x$ | a hoch x; xte Potenz von a |
| $\log_a$ | Logarithmus zur Basis a |
| lg | (dekadischer) Logarithmus |
| ln | natürlicher Logarithmus ($\log_e$) |
| Σ | (Sigma) Summenzeichen |
| ∏ | Produkt |
| \|x\| | Betrag von x |
| n! | n Fakultät |
| a\b | a teilt b |
| a∤b | a teilt nicht b |
| ∫ | Integralzeichen |
| → | gegen, nähert sich, strebt nach |
| lim | Limes, Grenzwert |
| i | imaginäre Einheit |
| ° | Grad (= 60') |
| ' | Minute (= 60") |
| " | Sekunde |
| ∥ | parallel |
| ⊥ | rechtwinklig zu, senkrecht auf |
| △ | Dreieck |
| ≅ | kongruent, isomorph |
| ≙ | entspricht |
| ~ | ähnlich, proportional |
| ∡ | Winkel |
| ∅ | Durchmesser |
| $\bar{z}$ = a+ib | komplexe Zahl |
| z, z* | konjugiert komplexe Zahl zu z |
| Re z | Realteil von z |
| Im z | Imaginärteil von z |
| f (x) | Funktion von x |
| df (x) | Differenzial der Funktion f (x) |
| ∧ | und (Konjunktion) |
| ∨ | oder (Disjunktion) |
| ¬ | nicht (Negation) |

| Zeichen | Sprechweise (Erläuterung) |
|---|---|
| ⇒ | wenn..., dann; daraus folgt (Implikation) |
| ⇔ | genau dann, wenn; dann und nur dann, wenn (logische Äquivalenz) |
| **N** | Menge der natürlichen Zahlen |
| **Z** | Menge der ganzen Zahlen |
| **Q** | Menge der rationalen Zahlen |
| **R** | Menge der reellen Zahlen |
| $\mathbf{R}^n$ | n-dimensionaler euklidischer Raum (über **R**) |
| ∈ | Element von |
| ∉ | kein Element von |
| ∅,{ } | leere Menge |
| {x\|A(x)} | Menge aller x mit der Eigenschaft A(x) |
| ∪ | vereinigt (Vereinigung von Mengen) |
| ∩ | geschnitten (Durchschnitt von Mengen) |
| ⊆ | enthalten in, Teilmenge von |
| ⊂ | echt enthalten in, echte Teilmenge von |
| A x B | Produktmenge (kartesisches Produkt) von A und B |
| x R y | x steht zu y in der Relation R |
| (a, b) | geordnetes Paar |
| ∘ | Verknüpfungszeichen für Relationen, Funktionen usw. |
| f: A→B | Funktion f aus der Menge A in die Menge B |
| f: x→y | Funktion f, unter der dem Element x das Element y zugeordnet wird |

## Zahlen

Zahlen werden meist in ihrer Dezimaldarstellung geschrieben (Zehnerdarstellung). Das Dezimalsystem besteht aus den zehn arabischen Ziffern (0, 1, 2, 3, 4, 5, 6, 7, 8, 9) und dem Komma. Die Ziffern einer Zahl sind nach Stellen geordnet (Stellenwertsystem), jede Stelle hat eine zehnmal kleinere Wertigkeit als ihr linker Nachbar; das Komma trennt die Einer von den Zehnteln.

$$1835 = 1 \cdot 1000 + 8 \cdot 100 + 3 \cdot 10 + 5 \cdot 1 =$$
$$1 \cdot 10^3 + 8 \cdot 10^2 + 3 \cdot 10^1 + 5 \cdot 10^0$$

└ Einer
└ Zehner
└ Hunderter
└ Tausender

$$436,57 = 4 \cdot 100 + 3 \cdot 10 + 6 \cdot 1 + {}^5/_{10} + {}^7/_{100}$$

└ Hundertstel
└ Zehntel

# Mathematik

Die *Basis* (Grundzahl) des Dezimalsystems ist die 10, d.h., jede Zahl läßt sich als Summe von Vielfachen von Zehner-potenzen darstellen. In der Datenverarbeitung gebräuchlich sind die Binär- oder Dual-, die Oktal- und die Hexadezi-maldarstellung von Zahlen, die wie die Zehnerdarstellung Stellenwertsysteme sind. Die Basis des Binärsystems ist die 2, die verwendeten Ziffern sind 0 und 1 (oft auch O und L).
Das Oktalsystem hat die Basis 8, als Ziffern dienen 0, 1, 2, 3, 4, 5, 6, 7. Basis des Hexadezimalsystems ist die 16, die benutzten Ziffern sind 0, 1, 2, 3, 4, 5, 6, 7, 8, 9, A, B, C, D, E, F.
Die Basis als unterer Index an der Zahl kennzeichnet das verwendete Zahlensystem.

$$1875_{10} = 11101010011_2 = 3523_8 = 753_{16}$$

$$11101010011_2 = 1 \cdot 2^{10} + 1 \cdot 2^9 + 1 \cdot 2^8 + 0 \cdot 2^7 + 1 \cdot 2^6 + 0 \cdot 2^5 + 1 \cdot 2^4 + 0 \cdot 2^3 + 0 \cdot 2^2 + 1 \cdot 2^1 + 1 \cdot 2^0$$
$$3523_8 = 3 \cdot 8^3 + 5 \cdot 8^2 + 2 \cdot 8^1 + 3 \cdot 8^0$$
$$753_{16} = 7 \cdot 16^2 + 5 \cdot 16^1 + 3 \cdot 16^0$$

Im Nachfolgenden wird das Dezimalsystem ohne Angabe der Basis verwendet.
Die Zahlen, die man für das Abzählen und Ordnen von Objekten verwendet, bezeichnet man als
*natürliche Zahlen* (Mengensymbol $\mathbb{N}$):
Menge der natürlichen Zahlen: $\mathbb{N} = \{0, 1, 2, 3, ...\}$
Natürliche Zahlen lassen sich ohne Komma schreiben und enden mit der Einer-Stelle, z.B.:
8          3427          1607435
Die *ganzen Zahlen* (Mengensymbol $\mathbb{Z}$) bestehen aus den natürlichen Zahlen und den negativen ganzen Zahlen, die man erhält, wenn man die natürlichen Zahlen auf der *Zahlengeraden* an der 0 spiegelt:

... negative Zahlen ...                              ... positive Zahlen ...

Negative Zahlen führen ein Minuszeichen ( - ) und werden z.B. zur Kennzeichnung von Schuldbeträgen oder für Temperaturangaben benutzt:

$-8$          $-12,3$          $-24\,900$          $-39,80$ DM          $-1°$ C

Es gibt unendlich viele ganze Zahlen; sie sind auf der Zahlengeraden in aufsteigender Reihenfolge veranschaulicht. Zwischen den oben eingetragenen ganzen Zahlen befinden sich alle anderen Zahlen: Es sind die gebrochenen rationa-len (echte Brüche) und die irrationalen Zahlen.
Die *rationalen* (lat. *ratio* »Verhältnis«) *Zahlen* (Mengensymbol $\mathbb{Q}$) sind all diejenigen Zahlen, die sich als *Brüche* ganzer Zahlen schreiben lassen; sie enthalten insbesondere alle ganzen Zahlen:

$-12 \ (= {}^{-12}/_1)$          $4,5 \ (= {}^9/_2)$          $30,88 \ (= {}^{3088}/_{100})$          $0,333... \ (= {}^1/_3)$

Bei rationalen Zahlen bricht die Folge der Nachkommastellen entweder ab oder sie wiederholt sich periodisch.

Die *irrationalen* Zahlen dagegen lassen sich nicht als Bruch darstellen, haben eine unendliche, nichtperiodische Nach-kommastellenfolge und sind dabei im Dezimalsystem nur näherungsweise darstellbar, wie z.B.:

$\sqrt{2} = 1,414 ...$          $\pi = 3,14159 ...$ (Kreiszahl)          $e = 2,71828 ...$ (Euler'sche Zahl)

Rationale und irrationale Zahlen bilden zusammen die *reellen Zahlen* (Mengensymbol $\mathbb{R}$). Jedem Punkt auf der Zah-lengeraden entspricht eine bestimmte reelle Zahl.

Zahlen $z$ der Form $z = a + b \cdot i$ heißen *komplexe Zahlen* (Mengensymbol $\mathbb{C}$). Dabei nennt man a den Realteil und b den Imaginärteil von z. Die imaginäre Einheit i ist eine Zahl, deren Quadrat $-1$ ergibt: $i^2 = -1$; hieraus folgt formal:
$i = \sqrt{-1}$.

## Gauß'sche Zahlenebene

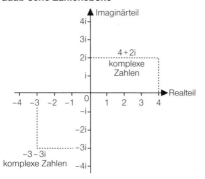

*Komplexe Zahlen werden in der Gauß'schen Zahlenebene grafisch dargestellt*

### Die römischen Zahlzeichen

Die Römer benutzten kein Stellenwertsystem, jede Ziffer hat in einer römischen Zahl einen festen Wert. Die Grundzeichen der römischen Zahlenschreibweise sind: I = 1, X = 10, C = 100, M = 1000; je 10 der Grundzeichen werden zur nächst höheren Gruppe zusammengefasst. Hilfszeichen sind: V = 5, L = 50, D = 500.

Die Zahlen werden durch Aneinanderreihen der Grund- und Hilfszeichen gebildet. Außerdem gilt, dass das Zeichen für die größere Zahl links von dem Zeichen für die kleinere Zahl steht: VIII = 8. Ausnahmen sind z. B.: IV = 4, IX = 9. Steht das Zeichen der kleineren Zahl links, dann ist die Zahl abzuziehen (statt hinzuzufügen).

| I | II | III | IV | V | VI | VII | VIII | IX | X |
|---|----|-----|----|----|----|-----|------|----|----|
| = 1 | = 2 | = 3 | = 4 | = 5 | = 6 | = 7 | = 8 | = 9 | = 10 |

| XX | XXX | XL | L | LX | LXX | LXXX | XC | IC | C |
|----|-----|----|----|----|-----|------|----|----|----|
| = 20 | = 30 | = 40 | = 50 | = 60 | = 70 | = 80 | = 90 | = 99 | = 100 |

| CC | CCC | CD | D | DC | DCC | DCCC | CM | XM | M |
|----|-----|----|----|----|-----|------|----|----|----|
| = 200 | = 300 | = 400 | = 500 | = 600 | = 700 | = 800 | = 900 | = 990 | = 1000 |

MDCCLXXIX = 1779      MCMXCII = 1992

## Rechnen

Beim Rechnen werden mehrere Zahlen zu einer neuen (Ergebnis-)Zahl verknüpft. Die vier einfachsten Verknüpfungen (*Rechenoperationen*) bezeichnet man als Grundrechenarten; es sind dies die *Addition* (Zusammenzählen), die *Subtraktion* (Abziehen), die *Multiplikation* (Malnehmen) und die *Division* (Teilen). Die zu verknüpfenden Zahlen heißen allesamt Operanden; für sie wie auch für das Rechenergebnis gibt es ferner folgende spezielle Bezeichnungen:

| Operation | Zeichen | 1. Operand | 2. Operand | Rechenergebnis |
|-----------|---------|------------|------------|----------------|
| Addition | + | Summand | Summand | Summe |
| Subtraktion | - | Minuend | Subtrahend | Differenz |
| Multiplikation | · | Faktor | Faktor | Produkt |
| Division | :, /, - | Dividend | Divisor | Quotient |

Die Division durch Null macht keinen Sinn; das Ergebnis stellt keine eindeutig bestimmte Zahl dar.

### Algebraische Ausdrücke

In der Algebra verwendet man oft Platzhalter (*Variablen*) für Zahlen, kennzeichnet sie durch kleine Buchstaben des Alphabets und rechnet mit ihnen wie mit konkreten Zahlen. Eine Verbindung aus Zahlen, Platzhaltern, Rechenzeichen und Klammern stellt einen algebraischen Ausdruck dar, z.B.:

$$3 + a \qquad 6 \cdot a + 5 \qquad -a + 21 - (-b) \qquad a \cdot (b + c) - d$$

# Mathematik

Ersetzt man die Platzhalter durch Zahlenwerte, nimmt der Ausdruck einen konkreten Zahlenwert an: Für $a = 4$ ist z.B. $3 + a = 7$. Vor Platzhaltern wird der Mal-Punkt oft weggelassen: $6a = 6 \cdot a$. Eingeklammerte Ausdrücke werden getrennt und vorrangig behandelt; bei geschachtelten Klammern beginnt man mit der innersten Klammer. Ferner geht Punktrechnung ($\cdot$, :) vor Strichrechnung ($+$, $-$); Potenzrechnung geht vor Punktrechnung. Bei gleicher Priorität wird von links nach rechts gerechnet:

$7 + 5 \cdot 3 + 4 \cdot 9 = 7 + 15 + 36 = 58$

$6 \cdot [2 + 12 - 4 \, (^{27}/_3 - 7)] + \,^9/_3 \ = \ 6 \cdot (2 + 12 - 8) + \,^9/_3 \ = \ 6 \cdot 6 + 3 \ = \ 39$
$180 : 5 \cdot 2 = 36 \cdot 2 = 72$
$180 : (5 \cdot 2) = 18$

---

Für alle Einsetzungen reeller Zahlen in die Platzhalter a, b, c gelten die folgenden Rechengesetze:

| | |
|---|---|
| $a + b = b + a$ | *Vertauschungsgesetze (Kommutativgesetze)* |
| $a \cdot b = b \cdot a$ | Summanden bzw. Faktoren lassen sich vertauschen: |
| | $2 + 5 = 5 + 2 = 7$; $4 \cdot 2 = 2 \cdot 4 = 8$; |
| | aber $4 - 3 \neq 3 - 4$ |
| $a + (b + c) = (a + b) + c$ | *Zusammenfassungsgesetze (Assoziativgesetze)* |
| $a \cdot (b \cdot c) = (a \cdot b) \cdot c$ | Summanden bzw. Faktoren können beliebig eingeklammert werden: |
| | $6 + (9 + 4) = (6 + 9) + 4 = 19$ |
| $a + (- a) = 0$ | $-a$ ist die Gegenzahl zu a: |
| | $5 + (-5) = 0$; 5 ist die Gegenzahl zu $-5$ |
| $a \cdot \,^1/_a = 1$ (für $a \neq 0$) | $^1/_a$ ist der Kehrwert von a: |
| | z.B. $7 \cdot \,^1/_7 = 1$ |
| | $^1/_7$ ist der Kehrwert von 7 |
| $a + 0 = a$; $a \cdot 1 = a$ | Addieren von 0 und Multiplizieren mit 1 haben keine Wirkung: |
| | $3 + 0 = 3$; $2 \cdot 1 = 2$ |
| $a \cdot 0 = 0$ | Multiplizieren mit Null ergibt immer Null |
| $a \cdot (b + c) = a \cdot b + a \cdot c$ | *Verteilungsgesetz (Distributivgesetz)* |
| | Man multipliziert eine Zahl mit einer Summe, indem man die Zahl mit jedem Summanden multipliziert und diese Produkte addiert: |
| | $2 \cdot (6 + 9) = 2 \cdot 6 + 2 \cdot 9 = 12 + 18 = 30$ |

Algebraische Ausdrücke werden miteinander multipliziert, indem man jedes Glied des einen Ausdrucks mit jedem Glied des anderen multipliziert und diese Produkte addiert:
$(a + b) \cdot (c + d) = a \cdot (c + d) + b \cdot (c + d)$
$= a \cdot c + a \cdot d + b \cdot c + b \cdot d$

---

### Einfache Regeln für das Kopfrechnen

Man multipliziert eine Zahl mit 10, 100 oder 1000, indem man ihr eine, zwei oder drei Nullen anhängt bzw. das Komma um eine, zwei oder drei Stellen nach rechts verschiebt:

$55 \cdot 10 = 550$ $\qquad$ $0,6 \cdot 10 = 6$ $\qquad$ $2,5 \cdot 100 = 250$ $\qquad$ $13,625 \cdot 1000 = 13\,625$

Entsprechendes gilt auch für das Teilen durch 10, 100, 1000:

$^{480}/_{10} = 48$ $\qquad$ $^{216}/_{100} = 2,16$ $\qquad$ $^{38}/_{100} = 0,38$ $\qquad$ $^{17}/_{1000} = 0,017$

Man multipliziert eine Zahl mit 5, indem man sie mit 10 multipliziert und dann halbiert; entsprechend teilt man eine Zahl durch 5, indem man sie durch 10 teilt und dann mit 2 multipliziert:

$48 \cdot 5 = \,^{480}/_2 = 240$ $\qquad\qquad\qquad\qquad\qquad$ $^{120}/_5 = 12 \cdot 2 = 24$

Oft ist das Verteilungsgesetz beim Multiplizieren hilfreich:

$47 \cdot 11 = 47 \cdot (10 + 1) = 47 \cdot 10 + 47 \cdot 1 = 470 + 47 = 517$
$9 \cdot 18 = 9 \cdot (20 - 2) = 9 \cdot 20 - 9 \cdot 2 = 180 - 18 = 162$

## Magische Quadrate

Magische Quadrate sind schachbrettartige Quadrate mit Zahlen, deren Summe in jeder Reihe, jeder Spalte und jeder Diagonalen dieselbe Zahl ergibt.

Altes chinesisches magisches Quadrat mit den Ziffern 1 bis 9 (Summe: 15);
$3 \cdot 15 = 1 + 2 + 3 + 4 + 5 + 6 + 7 + 8 + 9$

16-zelliges magisches Quadrat von A. Dürer aus dem Jahr 1514 (Summe: 34) mit den Zahlen 1 bis 16:
$4 \cdot 34 = 136 = 1 + 2 + ... + 16$

| 4 | 9 | 2 |
|---|---|---|
| 3 | 5 | 7 |
| 8 | 1 | 6 |

| 16 | 3 | 2 | 13 |
|----|----|----|----|
| 5 | 10 | 11 | 8 |
| 9 | 6 | 7 | 12 |
| 4 | 15 | 14 | 1 |

## Teilbarkeit

Eine ganze Zahl ist durch eine andere ganze Zahl *teilbar*, wenn der Rest der Division Null ist: 36 ist durch 9 teilbar; 16 ist nicht durch 5 teilbar (Rest = 1). Die Zahlen, durch die eine ganze Zahl teilbar ist, nennt man ihre Teiler. Teiler von 36: 1, 2, 3, 6, 9, 12, 18, 36. *Primzahlen* sind Zahlen, die nur durch 1 und sich selbst teilbar sind: 2, 3, 5, 7, 11, 13...

## Primzahlen-Tafel von 0–997

| 2 | 79 | 191 | 311 | 439 | 577 | 709 | 857 |
|---|----|-----|-----|-----|-----|-----|-----|
| 3 | 83 | 193 | 313 | 443 | 587 | 719 | 859 |
| 5 | 89 | 197 | 317 | 449 | 593 | 727 | 863 |
| 7 | 97 | 199 | 331 | 457 | 599 | 733 | 877 |
| 11 | 101 | 211 | 337 | 461 | 601 | 739 | 881 |
| 13 | 103 | 223 | 347 | 463 | 607 | 743 | 883 |
| 17 | 107 | 227 | 349 | 467 | 613 | 751 | 887 |
| 19 | 109 | 229 | 353 | 479 | 617 | 757 | 907 |
| 23 | 113 | 233 | 359 | 487 | 619 | 761 | 911 |
| 29 | 127 | 239 | 367 | 491 | 631 | 769 | 919 |
| 31 | 131 | 241 | 373 | 499 | 641 | 773 | 929 |
| 37 | 137 | 251 | 379 | 503 | 643 | 787 | 937 |
| 41 | 139 | 257 | 383 | 509 | 647 | 797 | 941 |
| 43 | 149 | 263 | 389 | 521 | 653 | 809 | 947 |
| 47 | 151 | 269 | 397 | 523 | 659 | 811 | 953 |
| 53 | 157 | 271 | 401 | 541 | 661 | 821 | 967 |
| 59 | 163 | 277 | 409 | 547 | 673 | 823 | 971 |
| 61 | 167 | 281 | 419 | 557 | 677 | 827 | 977 |
| 67 | 173 | 283 | 421 | 563 | 683 | 829 | 983 |
| 71 | 179 | 293 | 431 | 569 | 691 | 839 | 991 |
| 73 | 181 | 307 | 433 | 571 | 701 | 853 | 997 |

### Teilbarkeitsregeln

Eine ganze Zahl ist teilbar durch

2, wenn die letzte Ziffer durch 2 teilbar ist.

3, wenn ihre Quersumme durch 3 teilbar ist.

4, wenn die beiden letzten Ziffern eine durch 4 teilbare Zahl bilden.

5, wenn die letzte Ziffer 0 oder 5 ist.

8, wenn die drei letzten Zahlen eine durch 8 teilbare Zahl bilden.

9, wenn ihre Quersumme durch 9 teilbar ist. → Neunerprobe.

11, wenn ihre alternierende Quersumme durch 11 teilbar ist. → Elferprobe.

25, wenn die letzten beiden Ziffern eine durch 25 teilbare Zahl bilden.

# Mathematik

### Neunerprobe
Die Probe ist vor allem ein Verfahren zur Prüfung der Richtigkeit von Multiplikationen, gilt aber auch für Addition, Subtraktion und Division. Dividiert man die Quersumme einer Zahl durch 9, so erhält man einen so genannten »Neunerrest«. Eine Multiplikation ist richtig, wenn das Produkt zweier Zahlen denselben Neunerrest hat wie das Produkt aus den Neunerresten ihrer Faktoren. Beispielsweise sind bei der Multiplikation $275 \cdot 17 = 4675$ die Neunerreste: $(2 + 7 + 5) : 9 = 14 : 9 = R\ 5; (1 + 7) : 9 = R\ 8; (4 + 6 + 7 + 5) : 9 = R\ 4$. Die Multiplikation der Neunerreste der Faktoren ergibt $5 \cdot 8 = 40 : 9 = R\ 4$. Die Multiplikation ist richtig, da die beiden Neunerreste (R 4) übereinstimmen.

### Elferprobe
Die Probe auf Teilbarkeit durch 11 ist erfüllt, wenn die Differenz der Summe aus der 1., 3., 5., ... und der 2., 4., 6., ... Ziffer einer Zahl durch 11 teilbar ist. So ist z.B. 918291 durch 11 teilbar, da $(9 + 8 + 9) - (1 + 2 + 1) = 26 - 4 = 22$ durch 11 teilbar ist.

### Runden
Für viele Berechnungen mit vielstelligen Zahlen genügt es, auf n Stellen genau zu rechnen. Zum Beispiel ist
$\pi = 3{,}1415926535$ ...
eine Dezimalzahl mit unendlicher Dezimalstellenfolge, die man für das praktische Rechnen in geeigneter Weise *rundet*. Beim Runden werden eine oder mehrere Ziffern am Ende einer Zahl durch Nullen ersetzt. Stehen die Nullen nach dem Dezimalkomma, können sie weggelassen werden. Beim Aufrunden wird die letzte, nicht durch Null ersetzte Ziffer um 1 erhöht, beim Abrunden bleibt sie erhalten. Um den Rundungsfehler klein zu halten, sind folgende Regeln zu beachten.
*Abgerundet* wird, wenn der letzten, nicht ersetzten Ziffer eine 0, 1, 2, 3 oder 4 folgt:
$a = 5384, a \approx 5380, a \approx 5000$
$\pi = 3{,}141592$ ..., $\pi \approx 3{,}14159$
*Aufgerundet* wird, wenn der letzten, nicht ersetzten Ziffer eine 5, 6, 7, 8 oder 9 folgt:
$a = 7139, a \approx 7140$
$\pi = 3{,}14159, \pi \approx 3{,}1416$

Eine Sonderstellung nimmt die *Ziffer 5* ein. Eine durch Abrunden entstandene 5 bewirkt beim weiteren Runden ein Aufrunden. Eine durch Aufrunden entstandene 5 bewirkt beim nochmaligen Runden ein Abrunden:
$a = 17{,}518, a \approx 17{,}5, a \approx 18{,}0$
$b = 9348, b \approx 9350, b \approx 9300$

### Rechnen mit Vorzeichen
Positive ganze Zahlen sind natürliche Zahlen; sie können (aber müssen nicht) mit dem Vorzeichen + versehen werden:
$3 = +3$

Zwischen Vorzeichen (+, –) und den Rechenzeichen +, – muss streng unterschieden werden:
$3 - (-7) = + 10; -5 + 3 = - 2$

Anschaulich addiert man Zahlen, indem man sie als Pfeile auf der Zahlengeraden darstellt und diese Pfeile dann aneinander hängt:

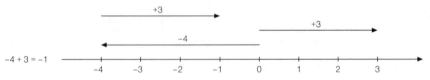

$-4 + 3 = -1$

Zahlen mit gleichem Vorzeichen addiert man, indem man sie zunächst ohne Vorzeichen addiert und dann dem Ergebnis das gemeinsame Vorzeichen gibt:

$-5 + (- 7) = -12$

Zahlen mit ungleichen Vorzeichen addiert man, indem man zunächst ohne Vorzeichen die kleinere von der größeren abzieht und dann dem Ergebnis das Vorzeichen der größeren gibt:

$-5 + 2 = -3$
$-4 + 7 = 3$

Eine Zahl subtrahiert man, indem man sie mit umgekehrtem Vorzeichen addiert:

$a - b = a + (-b)$; z.B. $2 - (-5) = 2 + (+5) = 2 + 5 = 7$

Produkt und Quotient zweier Zahlen mit gleichen Vorzeichen sind positiv; mit ungleichen Vorzeichen negativ:
$(+6) \cdot (+4) = +24$; $(+2) \cdot (-8) = -16$;    $(-3) \cdot (-3) = +9$

## Rechnen mit Klammern

Rechenzeichen und Vorzeichen dürfen niemals direkt nebeneinander stehen: Nicht $2 + -4$, sondern $2 + (-4)$.

Steht vor einem Klammerausdruck das Rechenzeichen +, kann die Klammer weggelassen werden:

$a + (b - c) = a + b - c$
$4 + (-3 + 6) = 4 + (-3) + 6 = 7$

Steht ein Minuszeichen (–) vor der Klammer um eine algebraische Summe, so müssen beim Weglassen der Klammer die Vorzeichen aller Glieder der Summe umgekehrt werden:

$a - (b - c) = a - b + c$
$2 - (-3 + 4) = 2 - (-3) - 4 = 2 + 3 - 4 = 1$

Die Klammer um eine algebraische Summe, die mit einer Zahl multipliziert wird, wird gemäß dem Verteilungsgesetz aufgelöst:

$a \cdot (b + c) = a \cdot b + a \cdot c$
$9 \cdot (-3 + 5) = 9 \cdot (-3) + 9 \cdot 5 = -27 + 45 = 18$

Die Klammer um eine algebraische Summe, die durch eine Zahl geteilt wird, wird entsprechend aufgelöst:

$(a + b) : c = a : c + b : c$
$(-4 + 12) : (-2) = (-4) : (-2) + 12 : (-2) = 2 + (-6) = -4$

Durch *Ausklammern* eines gemeinsamen Faktors lassen sich algebraische Summen gemäß dem Verteilungsgesetz in Produkte verwandeln:

Ausklammern von a:              $a \cdot b + a \cdot c = a \cdot (b + c)$
Ausklammern von 4:              $12 + 8a - 4b = 4 \cdot (3 + 2a - b)$
Ausklammern von -1:             $-3 + 7 - c = -1 \cdot (3 - 7 + c)$

**Binomische Formeln:**          $(a + b)^2 = a^2 + b^2 + 2 \cdot a \cdot b$      (1. binomische Formel)
                                 $(a - b)^2 = a^2 + b^2 - 2 \cdot a \cdot b$      (2. binomische Formel)
                                 $(a + b) \cdot (a - b) = a^2 - b^2$      (3. binomische Formel)

Entsprechende binomische Formeln können auch für höhere Exponenten als 2 aufgestellt werden:

$(a + b)^3 = a^3 + 3a^2b + 3ab^2 + b^3$
$(a + b)^4 = a^4 + 4a^3b + 6a^2b^2 + 4ab^3 + b^4$

Die allgemeine Formel, die sich aus diesen binomischen Formeln ergibt, heißt der *binomische Lehrsatz* (Darstellung der Potenz eines Binoms durch die Summe):

**101**

# Mathematik

$$(a + b)^n = \binom{n}{0} a^n + \binom{n}{1} \cdot a^{n-1} \cdot b + \binom{n}{2} \cdot a^{n-2} \cdot b^2 + \dots + \binom{n}{n} \cdot b^n$$

Man sieht:

1. die Exponenten von a fallen und die von b steigen,

2. die so genannten Binominalkoeffizienten werden nach dem Ausdruck $\binom{n}{k}$ gebildet, und zwar ist:

$$\binom{n}{k} = \frac{n \,(n-1) \cdot (n-2) \cdot \dots \cdot (n - k - 1)}{1 \cdot 2 \cdot 3 \cdot \dots \cdot k}$$

Der Ausdruck $\binom{n}{k}$ wird gelesen: n über k.

Die Binominalkoeffizienten erhält man leicht mit Hilfe des *Pascal'schen Dreiecks*:

## Pascal'sches Dreieck

```
                1
             1     1
          1     2     1
       1     3     3     1
     1     4     6     4     1
   1     5    10    10     5     1
 1     6    15    20    15     6     1
```

Die Koeffizienten des oben angeführten Beispiels $(a + b)^3$ findet man in der vierten Zeile des Pascal'schen Dreiecks: $(a + b)^3 = 1a^3 + 3a^2b + 3ab^2 + 1b^3$. Man erhält es, indem man, beginnend mit $(a + b)^0 = 1$ und $(a + b)^1 = 1 \cdot a + 1 \cdot b$, die Koeffizienten dreieckförmig untereinander schreibt. Die Zahlen jeder Reihe entstehen, indem die zwei benachbarten Zahlen der darüber stehenden Reihe addiert werden.

## Potenz und Wurzel

Das *Potenzieren* (Hochnehmen) mit einer natürlichen Zahl ist ein fortgesetztes Multiplizieren:

$a^2 = a \cdot a$     a heißt *Basis* (Grundzahl), 2 *Exponent* (Hochzahl).
$5^3 = 5 \cdot 5 \cdot 5 = 125$     $(-2)^3 = (-2) \cdot (-2) \cdot (-2) = 4 \cdot (-2) = -8$
$a^m = a \cdot a \cdot \dots \cdot a$     (m Faktoren)

Das Potenzieren mit der Hochzahl 2 nennt man *Quadrieren*. 4, 9, 16, 25 sind Quadratzahlen; sie sind immer positiv: $3^2 = 9$; $(-3)^2 = 9$

Die Umkehrung des Quadrierens ist das (Quadrat-)Wurzelziehen. Die *Quadratwurzel* einer Zahl a ist diejenige positive Zahl, deren Quadrat gleich a ist: $\sqrt{81} = 9$; da $9^2 = 81$

Im Bereich der reellen Zahlen darf unter einer Quadratwurzel keine negative Zahl stehen!

Rechenregeln für Potenzen und Wurzeln sind:

$a^0 = 1$     $a^m \cdot a^n = a^{m+n}$     $a^m : a^n = a^{m-n}$     $\sqrt{a \cdot b} = \sqrt{a} \cdot \sqrt{b}$

$(a \cdot b)^n = a^n \cdot b^n$     $(a^m)^n = a^{m \cdot n}$     $a^{-n} = {}^1/a^n$     $a^{1/n} = \sqrt[n]{a}$

## Quadrate, Kuben, Quadrat- und Kubikwurzeln

| n | $n^2$ | $n^3$ | $\sqrt{n}$ | $\sqrt[3]{n}$ | n | $n^2$ | $n^3$ | $\sqrt{n}$ | $\sqrt[3]{n}$ |
|---|---|---|---|---|---|---|---|---|---|
| 1 | 1,00 | 1,0 | 1,0000 | 1,0000 | 51 | 2601,00 | 132651 | 7,1414 | 3,7084 |
| 2 | 4,00 | 8,0 | 1,4142 | 1,2599 | 52 | 2704,00 | 140608 | 7,2111 | 3,7325 |
| 3 | 9,00 | 27,0 | 1,7321 | 1,4422 | 53 | 2809,00 | 148877 | 7,2801 | 3,7563 |
| 4 | 16,00 | 64,0 | 2,0000 | 1,5874 | 54 | 2916,00 | 157464 | 7,3485 | 3,7798 |
| 5 | 25,00 | 125,0 | 2,2361 | 1,7100 | 55 | 3025,00 | 166375 | 7,4162 | 3,8030 |
| 6 | 36,00 | 216,0 | 2,4495 | 1,8171 | 56 | 3136,00 | 175616 | 7,4833 | 3,8259 |
| 7 | 49,00 | 343,0 | 2,6458 | 1,9192 | 57 | 3249,00 | 185193 | 7,5498 | 3,8485 |
| 8 | 64,00 | 512,0 | 2,8284 | 2,0000 | 58 | 3364,00 | 195112 | 7,6158 | 3,8709 |
| 9 | 81,00 | 729,0 | 3,0000 | 2,0801 | 59 | 3481,00 | 205379 | 7,6811 | 3,8930 |
| 10 | 100,00 | 1000,0 | 3,1623 | 2,1544 | 60 | 3600,00 | 216000 | 7,7460 | 3,9149 |
| 11 | 121,00 | 1331,0 | 3,3166 | 2,2239 | 61 | 3721,00 | 226981 | 7,8102 | 3,9365 |
| 12 | 144,00 | 1728,0 | 3,4641 | 2,2894 | 62 | 3844,00 | 238328 | 7,8740 | 3,9579 |
| 13 | 169,00 | 2197,0 | 3,6056 | 2,3513 | 63 | 3969,00 | 250047 | 7,9373 | 3,9791 |
| 14 | 196,00 | 2744,0 | 3,7417 | 2,4101 | 64 | 4096,00 | 262144 | 8,0000 | 4,0000 |
| 15 | 225,00 | 3375,0 | 3,8730 | 2,4662 | 65 | 4225,00 | 274625 | 8,0623 | 4,0207 |
| 16 | 256,00 | 4096,0 | 4,0000 | 2,5198 | 66 | 4356,00 | 284716 | 8,1240 | 4,0412 |
| 17 | 289,00 | 4913,0 | 4,1231 | 2,5713 | 67 | 4489,00 | 300763 | 8,1854 | 4,0615 |
| 18 | 324,00 | 5832,0 | 4,2426 | 2,6207 | 68 | 4624,00 | 314432 | 8,2462 | 4,0817 |
| 19 | 361,00 | 6859,0 | 4,3589 | 2,6684 | 69 | 4761,00 | 328508 | 8,3066 | 4,1016 |
| 20 | 400,00 | 8000,0 | 4,4721 | 2,7144 | 70 | 4900,00 | 343000 | 8,3666 | 4,1213 |
| 21 | 441,00 | 9261,0 | 4,5826 | 2,7589 | 71 | 5041,00 | 357911 | 8,4261 | 4,1408 |
| 22 | 484,00 | 10648,0 | 4,6904 | 2,8020 | 72 | 5184,00 | 373248 | 8,4853 | 4,1602 |
| 23 | 529,00 | 12167,0 | 4,7958 | 2,8439 | 73 | 5329,00 | 389017 | 8,5440 | 4,1793 |
| 24 | 576,00 | 13824,0 | 4,8990 | 2,8845 | 74 | 5476,00 | 405224 | 8,6023 | 4,1983 |
| 25 | 625,00 | 15625,0 | 5,0000 | 2,9240 | 75 | 5625,00 | 421875 | 8,6603 | 4,2172 |
| 26 | 676,00 | 17576,0 | 5,0990 | 2,9625 | 76 | 5776,00 | 438976 | 8,7179 | 4,2358 |
| 27 | 729,00 | 19683,0 | 5,1962 | 3,0000 | 77 | 5929,00 | 456533 | 8,7750 | 4,2543 |
| 28 | 784,00 | 21952,0 | 5,2915 | 3,0366 | 78 | 6084,00 | 474552 | 8,8318 | 4,2727 |
| 29 | 841,00 | 24389,0 | 5,3851 | 3,0723 | 79 | 6241,00 | 493039 | 8,8882 | 4,2908 |
| 30 | 900,00 | 27000,0 | 5,4772 | 3,1072 | 80 | 6400,00 | 512000 | 8,9443 | 4,3089 |
| 31 | 961,00 | 29791,0 | 5,5678 | 3,1414 | 81 | 6561,00 | 531441 | 9,0000 | 4,3267 |
| 32 | 1024,00 | 32768,0 | 5,6569 | 3,1748 | 82 | 6724,00 | 551368 | 9,0554 | 4,3445 |
| 33 | 1089,00 | 35937,0 | 5,7446 | 3,2075 | 83 | 6889,00 | 571787 | 9,1104 | 4,3621 |
| 34 | 1156,00 | 39304,0 | 5,8310 | 3,2396 | 84 | 7056,00 | 592704 | 9,1652 | 4,3795 |
| 35 | 1225,00 | 42875,0 | 5,9161 | 3,2711 | 85 | 7225,00 | 614125 | 9,2195 | 4,3968 |
| 36 | 1296,00 | 46656,0 | 6,0000 | 3,3019 | 86 | 7396,00 | 636056 | 9,2736 | 4,4140 |
| 37 | 1369,00 | 50563,0 | 6,0828 | 3,3322 | 87 | 7569,00 | 658503 | 9,3274 | 4,4310 |
| 38 | 1444,00 | 54872,0 | 6,1644 | 3,3620 | 88 | 7744,00 | 681472 | 9,3808 | 4,4480 |
| 39 | 1521,00 | 59319,0 | 6,2450 | 3,3912 | 89 | 7921,00 | 704969 | 9,4340 | 4,4647 |
| 40 | 1600,00 | 64000,0 | 6,3246 | 3,4200 | 90 | 8100,00 | 729000 | 9,4868 | 4,4814 |
| 41 | 1681,00 | 68921,0 | 6,4031 | 3,4482 | 91 | 8281,00 | 753571 | 9,5394 | 4,4979 |
| 42 | 1764,00 | 74088,0 | 6,4807 | 3,4760 | 92 | 8464,00 | 778688 | 9,5917 | 4,5144 |
| 43 | 1849,00 | 79507,0 | 6,5574 | 3,5034 | 93 | 8649,00 | 804357 | 9,6437 | 4,5307 |
| 44 | 1936,00 | 85184,0 | 6,6332 | 3,5303 | 94 | 8836,00 | 830584 | 9,6954 | 4,5468 |
| 45 | 2025,00 | 91125,0 | 6,7082 | 3,5569 | 95 | 9025,00 | 857375 | 9,7468 | 4,5629 |
| 46 | 2116,00 | 97336,0 | 6,7823 | 3,5830 | 96 | 9216,00 | 884736 | 9,7980 | 4,5789 |
| 47 | 2209,00 | 103823,0 | 6,8557 | 3,6088 | 97 | 9409,00 | 912673 | 9,8489 | 4,5947 |
| 48 | 2304,00 | 110592,0 | 6,9282 | 3,6342 | 98 | 9604,00 | 941192 | 9,8995 | 4,6104 |
| 49 | 2401,00 | 117649,0 | 7,0000 | 3,6593 | 99 | 9801,00 | 970299 | 9,9499 | 4,6261 |
| 50 | 2500,00 | 126000,0 | 7,0711 | 3,6840 | | | | | |

# Mathematik

Der *Logarithmus zur Basis a* einer positiven Zahl c ist die Zahl b, mit der man in der Gleichung $a^b = c$ die Zahl a (Basis) potenzieren muss, um die Zahl c zu erhalten. Man schreibt $b = \log_a c$; z.b. ist 3 der Logarithmus von 1000 zur Basis 10, da $10^3 = 1000$; 5 ist der Logarithmus von 32 zur Basis 2, da $2^5 = 32$. Man kann zu jeder Basis Logarithmen berechnen, besonders wichtig ist aber die Basis 10 (*Brigg'sche* oder *dekadische Logarithmen*; stets mit lg gekennzeichnet).

Die Logarithmen der Zahlen größer als 1 sind positiv, die der Zahlen zwischen 0 und 1 negativ, $\lg 1 = 0$. Die Logarithmen negativer Zahlen sind imaginär.

Logarithmen sind transzendente Zahlen und werden mit Hilfe von Reihen berechnet und in *Logarithmentafeln* zusammengestellt oder mit Taschenrechnern bestimmt. Bei den Logarithmen unterscheidet man die *Kennziffer* und die *Mantisse*, z.B. hat lg 20 = 1,30103... die Kennziffer 1 und die Mantisse 30103... Die Logarithmen der 2-stelligen Zahlen liegen zwischen 1 und 2, da lg 10 = 1 und lg 100 = 2 ist. Die Logarithmen von n-stelligen Zahlen haben die Kennziffer (n-1).

**Rechnen mit Logarithmen:** Der Logarithmus eines Produkts ist gleich der Summe der Logarithmen seiner Faktoren; der Logarithmus eines Quotienten ist gleich der Differenz des Dividenden und des Divisors:

$$\lg (ab) = \lg a + \lg b$$
$$\lg (a:b) = \lg a - \lg b$$

Der Logarithmus einer Potenz ist gleich dem Logarithmus der Grundzahl, multipliziert mit dem Exponenten der Potenz:

$$\lg a^n = n \lg a$$

Der Logarithmus einer Wurzel ist gleich dem durch den Wurzelexponenten geteilten Logarithmus des Radikanden:

$$\lg \sqrt{a} = \tfrac{1}{2} \cdot \lg a \qquad\qquad \lg \sqrt[n]{a} = \tfrac{1}{n} \cdot \lg a$$

Durch die Logarithmen werden Multiplikation und Division auf Addition und Subtraktion, Potenzieren und Radizieren auf Multiplikation und Division zurückgeführt. Logarithmen erleichtern also das Rechnen mit vielstelligen Zahlen. Eine wichtige Rolle in Naturwissenschaft und Technik spielen die Logarithmen zur Basis e = 2,718... (*Euler'sche Zahl*), die *natürliche Logarithmen* heißen. Anstelle von $\log_e a$ schreibt man ln a (Logarithmus naturalis). Dekadische Logarithmen können in natürliche Logarithmen (und umgekehrt) umgerechnet werden. Es gelten die Beziehungen:

$$\lg a = M \cdot \ln a \qquad\qquad \ln a = \tfrac{1}{M} \lg a$$

M heißt *Modul* des dekadischen Logarithmus:
$$M = \tfrac{1}{\ln 10} = \lg e = 0{,}4342945... \qquad\qquad \tfrac{1}{M} = \ln 10 = \tfrac{1}{\lg e} = 2{,}3025851...$$

Ein Bruch ist der Quotient zweier ganzer Zahlen. An die Stelle des Divisionszeichen tritt der waagerechte oder schräge Bruchstrich. Den Dividenden schreibt man über, den Divisor unter den Bruchstrich:
$$\tfrac{2}{3} = 2 : 3 \qquad\qquad \tfrac{-6}{2} = (-6) : 2 \qquad\qquad \tfrac{a}{b} = a : b$$

Anschaulich zählen Brüche die Bruchteile eines Ganzen: $\tfrac{3}{4}$ (»drei Viertel«) eines Kuchens bekommt man, indem man den ganzen Kuchen in vier Stücke teilt (»Viertel«) und drei davon nimmt. Daher bezeichnet man die Zahl über dem Bruchstrich auch als *Zähler*, die Zahl unter dem Bruchstrich als *Nenner*.

*Stammbrüche* haben den Zähler 1: $\tfrac{1}{2}, \tfrac{1}{5}, \tfrac{1}{12}$

*Echte Brüche* stellen eine Zahl dar, die kleiner als 1 ist: $\tfrac{3}{4}, \tfrac{5}{6}$

*Unechte Brüche* sind größer als 1, z.B. $^5/_3$

*Gleichnamige Brüche* sind Brüche mit gleichem Nenner: $^3/_4$, $^1/_4$, $^{12}/_4$ ...

*Ungleichnamige Brüche* sind z.B. $^3/_7$ und $^5/_{12}$

*Brüche mit dem Nenner 1* sind ganze Zahlen: $^a/_1 = a$ $\qquad$ $^5/_1 = 5$

*Dezimalbrüche* sind Brüche mit dem Nenner 10, 100, 1000...

Eine Summe aus einer ganzen Zahl und einem echten Bruch wird oft kurz als *gemischte Zahl* geschrieben:

$2\,^3/_5 = 2 + ^3/_5$

Eine bestimmte (rationale) Zahl kann durch viele verschiedene Brüche dargestellt werden:

$^1/_2 = ^2/_4 = ^3/_6 = ^{10}/_{20} = ^{50}/_{100}$ ...

Multipliziert man Zähler und Nenner eines Bruches mit derselben Zahl (*erweitern*), ändert sich sein Wert nicht.

$$\frac{a}{b} = \frac{a \cdot c}{b \cdot c} \qquad \frac{3}{4} = \frac{3 \cdot 2}{4 \cdot 2} = \frac{6}{8}$$

Teilt man Zähler und Nenner eines Bruches durch dieselbe Zahl (*kürzen*), ändert sich sein Wert nicht:

$$\frac{a}{b} = \frac{a : c}{b : c} \qquad \frac{12}{4} = \frac{12 : 4}{4 : 4} = \frac{3}{1} = 3$$

**Addition und Subtraktion:** Gleichnamige Brüche addiert oder subtrahiert man, indem man ihre Zähler addiert bzw. subtrahiert und den Nenner beibehält:

$$\frac{a}{c} + \frac{b}{c} = \frac{a + b}{c} \qquad \frac{3}{8} + \frac{2}{8} = \frac{5}{8}$$

Sind die Brüche nicht gleichnamig, müssen sie erst gleichnamig gemacht werden.
Dies geschieht dadurch, dass man sie auf ihren Hauptnenner erweitert. Der Hauptnenner ist das *kleinste gemeinsame Vielfache* (kgV) aller Nenner:

$^3/_8 + ^5/_{12} = ^9/_{24} + ^{10}/_{24} = ^{19}/_{24}$

Kleinstes gemeinsames Vielfaches von 8 und 12 ist 24, denn $24 = 3 \cdot 8 = 2 \cdot 12$

Bei der Addition zweier ungleichnamiger Brüche geht es oft schneller, wenn man einfach jeden Bruch mit dem Nenner des anderen erweitert:

$$\frac{3}{8} + \frac{5}{12} = \frac{3 \cdot 12}{8 \cdot 12} + \frac{8 \cdot 5}{8 \cdot 12} = \frac{36}{96} + \frac{40}{96} = \frac{76}{96} = \frac{19}{24}$$

**Multiplikation:** Brüche multipliziert man, indem man ihre Zähler und ihre Nenner miteinander multipliziert:

$$\frac{a}{b} \cdot \frac{c}{d} = \frac{a \cdot c}{b \cdot d} \qquad \frac{3}{4} \cdot \frac{2}{3} = \frac{3 \cdot 2}{4 \cdot 3} = \frac{6}{12} = \frac{1}{2}$$

Man multipliziert einen Bruch mit einer ganzen Zahl, indem man nur seinen Zähler mit der Zahl multipliziert:

$$\frac{a}{b} \cdot c = \frac{a \cdot c}{b} \qquad \frac{2}{3} \cdot 4 = \frac{2 \cdot 4}{3} = \frac{8}{3}$$

**Division:** Den Kehrwert eines Bruches erhält man, indem man Zähler und Nenner vertauscht:

$^c/_a$ ist der Kehrwert von $^a/_c$

# Mathematik

Das Produkt eines Bruches mit seinem Kehrwert ist gleich 1. Zwei Brüche dividiert man, indem man den ersten mit dem Kehrwert des anderen multipliziert:

$$\frac{a}{b} : \frac{c}{d} = \frac{a}{b} \cdot \frac{d}{c} \qquad \frac{3}{4} : \frac{1}{2} = \frac{3}{4} \cdot \frac{2}{1} = \frac{6}{4}$$

Man dividiert einen Bruch durch eine ganze Zahl, indem man seinen Nenner mit dieser Zahl multipliziert:

$$\frac{a}{b} : c = \frac{a}{b \cdot c} \qquad \frac{1}{2} : 2 = \frac{1}{4}$$

## Gleichungen

Verbindet man zwei algebraische Ausdrücke, in denen Variablen (Platzhalter) vorkommen, durch ein Gleichheitszeichen ( = ), erhält man eine Gleichung. In der Regel ergibt eine Gleichung für gewisse Einsetzungen eine wahre, für andere dagegen eine falsche Aussage:
Die Gleichung a + 4 = 8 ist für die Einsetzung 4 wahr und für alle anderen Werte von a falsch.
Die Gleichung a + 1 = b ist für sehr viele Einsetzungen wahr, z.B. a = 1, b = 2;    a = 2, b = 3;    a = 3, b = 4 usw., für a = 1, b = 5 ist sie dagegen falsch.

*Bestimmungsgleichungen* sind Gleichungen, aus denen die unbekannten Platzhalter (meist mit x, y, z bezeichnet) zahlenmäßig bestimmt werden können.
Die Werte, für deren Einsetzung eine wahre Aussage entsteht, sind die Lösungen der Gleichung:
3 ist die Lösung der Gleichung x + 5 = 8.
Als *Grundmenge* oder *Definitionsmenge* einer Gleichung bezeichnet man die Menge der Elemente (Zahlen, Wertepaare), die man für die Variablen einsetzen darf. Die Menge der Lösungen einer Gleichung ist die *Lösungsmenge*.
Die Lösungsmenge einer Gleichung ändert sich nicht, wenn man auf beiden Seiten dieselbe Operation ausführt.
Addieren von 2 auf beiden Seiten der Gleichung x + 5 = 8 ergibt z.B. x + 7 = 10; beide Gleichungen haben die Lösung 3.

*Lineare Gleichungen* (oder Gleichungen 1. Grades) sind Gleichungen mit einer Unbekannten (x), die die *Normalform* a · x = b haben, oder sich in diese Form bringen lassen; a, b konstant, a ≠ 0. Der Summand a · x ist das lineare Glied, b das absolute Glied.
Lineare Gleichungen besitzen eine einzige, eindeutige Lösung:
2 · x + 18 = 0 ist eine lineare Gleichung mit der Lösung –9.
Durch geeignete Operationen, die man jeweils beidseitig ausführt, nehmen lineare Gleichungen eine Gestalt an, aus der sich ihre Lösung ablesen lässt: Ein solches schrittweises Umformen einer Bestimmungsgleichung bezeichnet man als Lösen der Gleichung:

| | | |
|---|---|---|
| 3 · x + 13 | = 49 | – 13 |
| 3 · x | = 49 – 13 | |
| 3 · x | = 36 | : 3 |
| x | = 36 : 3 | |
| x | = 12 | |

Die Normalform der *Quadratischen Gleichung* (oder Gleichung 2. Grades) ist:
$x^2 + p \cdot x + q = 0$

Dabei wird $x^2$ als quadratisches Glied, p · x als lineares und q als absolutes Glied bezeichnet. Die Lösung der quadratischen Gleichung lautet:

$$x_{1/2} = -\frac{p}{2} \pm \sqrt{\left(\frac{p}{2}\right)^2 - q}$$

$$D = \left(\frac{p}{2}\right)^2 - q \qquad \text{wird als Diskriminante bezeichnet.}$$

Im Fall D > 0 gibt es 2 reelle Lösungen: Ist D = 0, so gibt es eine (zweifache) reelle Lösung.
Im Fall D < 0 gibt es keine reelle Lösung, sondern zwei komplexe Lösungen.

**106**

$x^2 + 5x + 6 = 0$

$$x_{1/2} = -\,^5/_2 \pm \sqrt{\left(\frac{5}{2}\right)^2 - 6} = -\,^5/_2 \pm \sqrt{\frac{25}{4} - \frac{24}{4}}$$

$$= -\,^5/_2 \pm \sqrt{\frac{1}{4}}$$

$$= -\,^5/_2 \pm \,^1/_2$$

Die beiden Lösungen sind $x_1 = -2$ und $x_2 = -3$.

## Prozentrechnung

Will man zwei Verhältnisse miteinander vergleichen, dann bringt man sie auf einen gemeinsamen Nenner. Aus Gründen der Zweckmäßigkeit benutzt man als gemeinsamen Nenner 100.

Die Bezugszahl (Bezugsgröße) für einen relativen Vergleich nennt man *Grundwert G*. Der hundertste Teil des Grundwertes heißt *ein Prozent*, als Zeichen 1% ($^1/_{100} = 0,01$). Die Prozentrechnung rechnet mit Hundertstel und ist damit ein Teilgebiet der Bruchrechnung. Das Wort Prozent bedeutet »je Hundert« und kommt vom lateinischen »pro centum«. *Prozentsatz (Prozentzahl)* p heißt die Zahl, die angibt, wie viel Prozent des Grundwerts zu berechnen sind. Das Ergebnis nennt man den *Prozentwert W*.

Setzt man die vier genannten Größen zueinander in Beziehung, dann ergibt sich folgende Verhältnisgleichung:

Grundwert : 100 = Prozentwert : Prozentsatz oder

$\dfrac{\text{Grundwert}}{100} \cdot$ Prozentsatz = Prozentwert oder $W = \dfrac{p \cdot G}{100}$

Sind von den vier Größen drei gegeben, so lässt sich die vierte mit Hilfe dieser Formel errechnen.

1. Berechnung des Prozentwerts
*Beispiel:* Berechne 4% von 250 DM!
*Lösung:* Es ist der Grundwert G = 250 DM und der Prozentsatz p = 4%.
Setzt man die Werte in die Grundformel $W = \dfrac{p \cdot G}{100}$ ein, so ergibt sich: $W = \dfrac{4 \cdot 250}{100} = 10$ DM.

2. Berechnung des Grundwerts
*Beispiel:* Nach einer Preissenkung von 9,5% sparte man bei einem Kleid 21,50 DM ein. Wie teuer war es ursprünglich?
*Lösung:* Es gilt die Formel:

Grundwert $= \dfrac{\text{Prozentwert} \cdot 100}{\text{Prozentsatz}}$ oder $G = \dfrac{W \cdot 100}{p}$

Setzt man die entsprechenden Werte ein, so ergibt sich:

$G = \dfrac{21,50 \cdot 100}{9,5} = 226,30$ DM.

3. Berechnung des Prozentsatzes
*Beispiel:* Von 14,3 Mio. Einwohnern wählten 12,7 Mio. Wie hoch war die Wahlbeteiligung in %?
*Lösung:* Es gilt die Formel:

Prozentsatz $= \dfrac{\text{Prozentwert} \cdot 100}{\text{Grundwert}}$ oder $p = \dfrac{W \cdot 100}{G}$ %

Setzt man die entsprechenden Werte ein, so ergibt sich:

$p = \dfrac{12,7 \cdot 100}{14,3} = 88,81$%.

# Mathematik

Die einfache Zinsrechnung ist eine besondere Prozentrechnung im Bankwesen: Das Überlassen von Geldbeträgen bringt dem Sparer einen jährlichen Gewinn.
Die Höhe Z von *Zinsen* richtet sich nach dem vereinbarten *Zinssatz* p (in %) und hängt von der Höhe K des zu verzinsenden Geldbetrages (Kapital, Spareinlage, Kredit) sowie von der *Laufzeit* n (in Jahren) ab. Bei einfachen Zinsen bezieht sich der Zinssatz stets auf den Anfangsbetrag; für sie gilt die Zinsformel:

$$Z = \frac{K \cdot p \cdot n}{100}$$

Bei einer Spareinlage von z. B. 2000 DM und einem jährlichen Zinssatz von 6% betragen die Zinsen nach drei Jahren 360 DM.
Im Bankwesen ist es jedoch üblich, bei Laufzeiten über einem Jahr die am Ende eines jeden Jahres angefallenen Zinsen dem Kapital zuzurechnen und im folgenden Jahr mitzuverzinsen.
Wird ein Geldbetrag mit dem Anfangswert $K_0$ bei einem Zinssatz p verzinsbar angelegt, so beträgt sein Endwert nach n Jahren:

$$K_n = K_0 \cdot q^n,$$

wobei $q = 1 + {}^p/_{100}$ der *Aufzinsungsfaktor* (auch Zinsfaktor) ist. Die in dieser Zeit angefallenen Zinseszinsen errechnen sich nach der Formel:

$$Z = K_0 \cdot (q^n - 1).$$

Für ein Anfangskapital von z.B. $K_0$ = 2000 DM, einen Zinssatz von 6% (q = 1,06) und eine Laufzeit von n = 3 Jahren belaufen sich die Zinseszinsen auf 382,03 DM, das Endkapital mithin auf 2382,03 DM.

Bei laufenden Zahlungen eines Festbetrages R (*Rente*, Tilgungsrate einer Anleihe) am Ende eines jeden Jahres auf ein Konto führt eine jährliche Verzinsung nach n Jahren zu einem Endwert

$$E_n = R \; \frac{q^n - 1}{q - 1}$$

So ergibt z.B. eine jährliche Zahlung von R = 200 DM über 10 Jahre hinweg bei 6-prozentiger Verzinsung die Endsumme $E_{10}$ = 2636,16 DM.

Für die Tilgung einer Anleihe K in n festen Jahresraten zu R DM (*Annuität*) bei jährlicher Verzinsung um p% gilt die Tilgungsformel:

$$K \cdot q^n = R \cdot \frac{q^n - 1}{q - 1}$$

wobei die linke Seite dem Endwert der Anleihe und die rechte Seite dem Endwert der laufenden Raten nach n Jahren entspricht. Aus dieser Formel leiten sich die Formeln zur Berechnung der Annuität bzw. der Laufzeit ab:

$$R = K \cdot q^n \cdot \frac{q - 1}{q^n - 1}$$

$$n = - \frac{\log \left[ 1 - K \cdot \frac{q - 1}{R} \right]}{\log q}$$

Soll z.B. ein Kredit über K = 2000 DM bei 6-prozentiger Verzinsung in n = 3 Jahren zurückgezahlt werden, beträgt die Annuität R = 748,22 DM.
Um diesen Kredit in Raten zu R = 500 DM zu tilgen, wäre eine Laufzeit von n = 4,71 Jahren nötig.

Häufig gewähren Geldinstitute Kredite auf der Grundlage eines monatlichen *nominellen Zinssatzes* $p_{nom}$; die Zinsen Z zuzüglich einer Bearbeitungsgebühr B errechnen sich dabei aus der Kreditsumme K, der Laufzeit m (in Monaten) und dem Prozentsatz p für die Bearbeitungsgebühr wie folgt:

$$Z + B = \frac{K \cdot (p_{nom} \cdot m + p)}{100}$$

Die Kreditsumme ergibt zusammen mit den Zinsen und der Bearbeitungsgebühr die Gesamtdarlehenssumme, die in m gleiche Monatsraten R aufgeteilt wird:

$$R = \frac{(K + Z + B)}{m}$$

Der nominale Zinssatz, der zur Berechnung der Zinsen dient, bezieht sich für die gesamte Laufzeit auf die anfängliche Kreditsumme, obwohl der dem Kreditinstitut tatsächlich fehlende Betrag wegen der zurückgezahlten Raten von Monat zu Monat abnimmt; den tatsächlichen Zinssatz, der dieser Tatsache gerecht wird, bezeichnet man als den *effektiven Zinssatz*. Der jährliche effektive Zinssatz $p_{eff}$ ergibt sich aus dem (monatlichen) nominellen Zinssatz nach der Formel:

$$p_{eff} = p_{nom} \cdot 24 \, \frac{m}{m + 1}$$

*Beispiel:* Für einen Kredit von K = 15 000 DM über m = 18 Monate bei einem nominellen Zinssatz von 0,38% betragen die Zinsen Z = 1026 DM. Eine 2-prozentige Bearbeitungsgebühr führt zu einer Gesamtdarlehenssumme von 16 326 DM und zu monatlichen Raten von R = 907 DM. Der jährliche effektive Zinssatz beläuft sich dabei auf 8,64%.

---

**Zinseszinstafel**

*Anwachsen eines Kapitals von 100 DM durch Zins und Zinseszins*

| Nach ... Jahren | 3% | 3¹/2% | beträgt das Kapital bei einem Zinssatz von 4% | 5% | 6% | 7% | 8% |
|---|---|---|---|---|---|---|---|
| 1 | 103,00 | 103,50 | 104,00 | 105,00 | 106,00 | 107,00 | 108,00 |
| 2 | 106,09 | 107,12 | 108,16 | 110,25 | 112,36 | 114,49 | 116,64 |
| 3 | 109,27 | 110,87 | 112,49 | 115,76 | 119,10 | 122,50 | 125,97 |
| 4 | 112,55 | 114,75 | 116,99 | 121,55 | 126,25 | 131,08 | 136,05 |
| 5 | 115,93 | 118,77 | 121,67 | 127,63 | 133,82 | 140,26 | 146,93 |
| 6 | 119,41 | 122,93 | 126,53 | 134,01 | 141,85 | 150,07 | 158,69 |
| 7 | 122,99 | 127,23 | 131,59 | 140,71 | 150,36 | 160,58 | 171,38 |
| 8 | 126,67 | 131,68 | 138,86 | 147,75 | 159,38 | 171,82 | 185,09 |
| 9 | 130,48 | 136,29 | 142,33 | 155,13 | 168,95 | 183,85 | 199,90 |
| 10 | 134,39 | 141,06 | 148,02 | 162,89 | 179,08 | 196,72 | 215,89 |
| 15 | 155,80 | 167,53 | 180,09 | 207,89 | 239,66 | 275,88 | 317,22 |
| 20 | 180,61 | 198,98 | 219,11 | 265,33 | 320,71 | 386,97 | 466,10 |
| 25 | 209,38 | 236,32 | 266,58 | 338,64 | 429,19 | 542,60 | 684,85 |
| 30 | 242,73 | 280,70 | 324,34 | 432,19 | 574,35 | 761,23 | 1006,27 |
| 35 | 281,39 | 333,40 | 394,61 | 551,60 | 768,61 | 1065,21 | 1478,54 |
| 40 | 326,20 | 395,90 | 480,10 | 704,00 | 1028,50 | 1497,45 | 2172,45 |
| 45 | 378,16 | 470,20 | 584,12 | 989,50 | 1376,46 | 2100,35 | 3192,06 |
| 50 | 438,39 | 558,50 | 710,67 | 1146,74 | 1842,02 | 2945,70 | 4690,16 |

# Mathematik

Unter einer Menge versteht man in der Mathematik die Zusammenfassung bestimmter, eindeutig unterschiedener Dinge zu einem Ganzen. Diese Bestandteile nennt man Elemente der Menge. Eine Menge ist festgelegt, wenn von jedem Element feststeht, ob es zur Menge gehört oder nicht. Ist a ein Element der Menge M, so schreibt man a $\in$ M. Ist b kein Element von M, so schreibt man b $\notin$ M.

Eine Menge kann auf zwei Arten dargestellt werden: Entweder zählt man alle ihre Elemente auf und schreibt sie in beliebiger Reihenfolge, durch Komma oder Semikolon getrennt, zwischen geschweifte Klammern, oder man beschreibt die Elemente durch die charakteristische Eigenschaft, die sie von Objekten unterscheidet, die nicht Elemente der Menge sind.

Beispiel: Die Menge B aller Pflanzen P im Balkonkasten kann auf zwei Arten dargestellt werden:

1.　　　　B = {Begonie, Petunie, Geranie}
2.　　　　B = {P | P ist im Balkonkasten gepflanzt}

Beziehungen zwischen Mengen werden veranschaulicht durch *Venn-Diagramme*, in denen die Elemente einer Menge durch eine Linie zusammengefasst werden.

Die Anzahl der Elemente einer Menge kann endlich oder unendlich sein, je nachdem spricht man von einer endlichen oder unendlichen Menge. Die Menge, die kein Element enthält, heißt leere Menge. Sie wird mit $\varnothing$ oder {} bezeichnet. Die Anzahl ihrer Elemente bezeichnet man als *Mächtigkeit* der Menge. Zwei endliche Mengen mit gleicher Elementanzahl heißen *gleichmächtig*. Bei unendlichen Mengen ist es schwieriger, diesen Begriff zu definieren. Unendliche Mengen sind zum Beispiel die Menge der natürlichen Zahlen $\mathbb{N}$, der ganzen Zahlen $\mathbb{Z}$, der rationalen Zahlen $\mathbb{Q}$, der reellen Zahlen $\mathbb{R}$.
Zwei Mengen sind dann und nur dann gleich, wenn sie dieselben Elemente enthalten.
Beispiel: {Petunie, Begonie, Geranie} = {Geranie, Begonie, Petunie}

Eine Menge A heißt *Teilmenge* einer Menge B (Schreibweise A $\subseteq$ B), wenn jedes Element von A auch Element von B ist: A ist nicht Teilmenge von B (Schreibweise A $\nsubseteq$ B), wenn mindestens ein Element von A nicht zu B gehört. Eine Menge A heißt echte Teilmenge von B (Schreibweise A $\subset$ B), wenn alle Elemente von A zu B gehören und B darüber hinaus mindestens noch ein weiteres Element enthält.
Beispiel: {Geranie, Petunie} $\subset$ {Begonie, Petunie, Geranie}.

Die Menge aller Teilmengen einer gegebenen Menge nennt man ihre *Potenzmenge*. Wenn die Menge n Elemente hat, so hat die Potenzmenge $2^n$ Elemente.

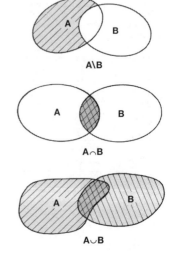

*Venn-Diagramme*
*oben: Restmenge, Mitte: Schnittmenge,*
*unten: Vereinigungsmenge*

## Verknüpfungen von Mengen

Als *Schnittmenge* zweier Mengen A und B bezeichnet man die Menge, die alle Elemente enthält, die sowohl in der einen wie auch in der anderen Menge enthalten sind. (Schreibweise A ∩ B; gelesen A geschnitten mit B).

Als *Vereinigungsmenge* zweier Mengen A und B bezeichnet man die Menge, die alle Elemente enthält, die mindestens in einer der beiden Mengen enthalten sind. (Schreibweise A ∪ B; gelesen A vereinigt mit B).

Als *Restmenge* von B bezüglich A bezeichnet man die Menge, die alle Elemente von A enthält, die nicht in B vorkommen. (Schreibweise A \ B).

Für die Verknüpfungen von Mengen gelten mathematische Gesetze. Sie heißen Gesetze der Mengenalgebra.

| Gesetz \ Verknüpfung | ∩ | ∪ |
|---|---|---|
| Kommutativgesetz | A ∩ B = B ∩ A | A ∪ B = B ∪ A |
| Assoziativgesetz | A ∩ (B ∩ C) = (A ∩ B) ∩ C | A ∪ (B ∪ C) = (A ∪ B) ∪ C |
| Distributivgesetz | A ∩ (B ∪ C) = (A ∩ B) ∪ (A ∩ C) <br> A ∪ (B ∩ C) = (A ∪ B) ∩ (A ∪ C) | |
| De Morgan'sche Regeln | Seien A ⊆ M, B ⊆ M, dann gilt: <br> M \ (A ∩ B) = M \ A ∪ M \ B <br> M \ (A ∪ B) = M \ A ∩ M \ B | |

## Geometrie

### Ebene und räumliche Figuren

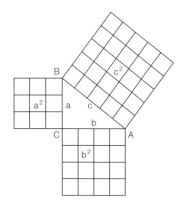

**Der pythagoreische Lehrsatz am rechtwinkligen Dreieck**
*Das Quadrat über der Hypotenuse c ist gleich der Summe der beiden Quadrate über den Katheten a und b :*
$a^2 + b^2 = c^2$.
*In einem rechtwinkligen Dreieck mit der Hypotenuse c = 5 cm und den beiden Katheten a = 3 cm und b = 4 cm*
*also $5^2$ (25) = $3^2$ (9) + $4^2$ (16).*

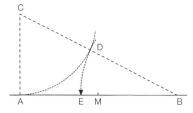

**Der Goldene Schnitt**
*Der Goldene Schnitt ist die Teilung einer Strecke (AB) in 2 Teile, deren größere (EB) zum kleineren Teil (AE) sich verhält wie die ganze Strecke zum größeren Teil: AB : EB = EB : AE. Trägt man den kleineren Teil AE auf dem größeren Teil EB auf, so ist dieser wieder nach dem Goldenen Schnitt geteilt, der daher auch stetige Teilung heißt.*

# Mathematik

## Flächenberechnung

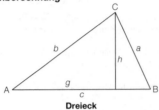

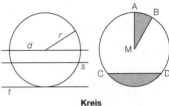

### Dreieck

$U = a + b + c$

$$F = \frac{g \cdot h}{2}$$

### Kreis

$U = 2\,\pi\,r$ oder $\pi\,d$

$$F = \pi\,r^2 \text{ oder } \frac{\pi}{4}\,d^2$$

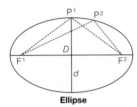

### Ellipse

$$U = {\sim}\,\pi\,\frac{D + d}{2}$$

$$F = \frac{\pi}{4} \cdot D \cdot d$$

### Kreisring

$F = \pi\,(R^2 - r^2)$

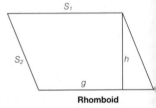

### Quadrat

$U = 4\,s$
$F = s^2$

### Rechteck

$U = 2\,(g + h)$
$F = g \cdot h$

### Rhomboid

$U = 2\,(S_1 + S_2)$
$F = g \cdot h$

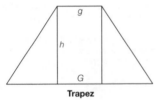

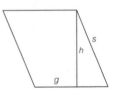

### Trapez

$U = $ Summe der Seiten

$$F = \frac{G + g}{2}\,h$$

### Rhombus

$U = 4\,s$
$F = g \cdot h$

| | | |
|---|---|---|
| $U$ = Umfang | $G$ = große Grundlinie | $D$ = große Achse |
| $F$ = Flächeninhalt | $r$ = (kleiner) Halbmesser | $s$ = Seite(n)länge, beim Kreis: Sekante |
| $g$ = (kleine) Grundlinie | $R$ = großer Halbmesser | $t$ = Tangente |
| $h$ = Höhe | $d$ = Durchmesser | $\pi$ = 3,14159265 |

## Körperberechnung

**Würfel**

$O = 6\,s^2 = 6 \cdot s \cdot s$

$V = s^3 = s \cdot s \cdot s$

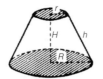

**Kegelstumpf**

$O = F_1 + F_2 + \pi\,(R + r)\,h$

$V = \dfrac{\pi}{3} \cdot H\,(R^2 + Rr + r^2)$

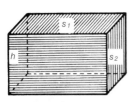

**vierseitiges Prisma**

$O = 2\,(s_1 + s_2) \cdot h + 2\,s_1 \cdot s_2$

$V = s_1 \cdot s_2 \cdot h$

**Zylinder**

$O = 2\,\pi\,r \cdot h + 2\,\pi\,r^2$

$V = \pi\,r^2\,h$

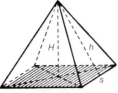

**Pyramide**

$O = F + \dfrac{sh}{2}\,n$

$V = \dfrac{F \cdot H}{3}$

**Kugel**

$O = 4\,\pi\,r^2 \text{ oder } \pi\,d^2$

$V = \dfrac{4}{3}\,\pi\,r^3 \text{ oder } \dfrac{\pi}{6}\,d^3$

**Kegel**

$O = \pi\,r^2 + \pi\,r\,h$

$V = \dfrac{F \cdot H}{3}$

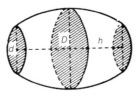

**Fass**

$V = \dfrac{\pi}{3}\,h\left(\dfrac{D^2}{2} + \dfrac{d^2}{4}\right)$

O = Oberfläche;
V = Rauminhalt (Volumen);
s = Seite, Würfelkante;
h, H = Höhe;
r, R = Halbmesser;
d, D = Durchmesser;
n = Seitenzahl;
F = Grundfläche;
$F_1$ = Grundfläche (mit R);
$F_2$ = Grundfläche (mit r);
$\pi$ = 3,14159265

# Mathematik

Die Kegelschnitte sind gekrümmte Linien (Kurven), die durch den Schnitt einer Ebene mit einem geraden Kreiskegel entstehen; ihre Form hängt von dem Winkel ab, den die Schnittebene mit der Achse des Kegels bildet. Ist dieser Winkel ein rechter (die Ebene liegt senkrecht zur Kegelachse), so entsteht ein Kreis. Ist der Winkel gleich dem halben Öffnungswinkel (d.i. der Winkel an der Spitze des Kegels), so entsteht eine Parabel; die schneidende Ebene steht parallel zum Mantel des Kegels. Ist der Winkel kleiner als ein rechter, aber größer als der halbe Öffnungswinkel, so entsteht eine Ellipse. Ist der Winkel kleiner als der halbe Öffnungswinkel, so entsteht ein Hyperbelast bzw. bei einem Doppelkegel eine vollständige Hyperbel.
Kreis und Ellipse schneiden alle Mantellinien und sind geschlossen. Hyperbel und Parabel gehen ins Unendliche.

Im Einzelnen können die Kegelschnitte als Ortskurven definiert werden.
Die *Ellipse* ist der geometrische Ort aller Punkte einer Ebene, für die die Summe der Entfernungen von zwei festen Punkten (den Brennpunkten) konstant ist.
Die *Hyperbel* ist der geometrische Ort aller Punkte einer Ebene, für die der Unterschied der Entfernungen von zwei festen Punkten (Brennpunkten) konstant ist.
Die *Parabel* ist der geometrische Ort aller Punkte einer Ebene, die von einem festen Punkt und einer festen Geraden dieser Ebene gleichen Abstand haben.

**Kegelschnitte mit Brennpunkten oben und Schnittfiguren unten**

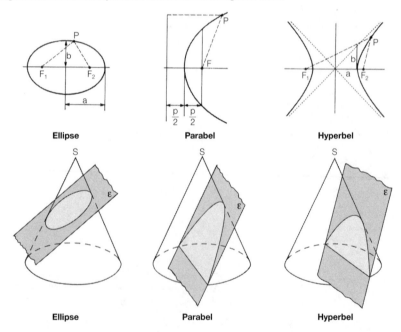

| Ellipse | Parabel | Hyperbel |

| Ellipse | Parabel | Hyperbel |

## Meilensteine der Informatik

| | |
|---|---|
| 500 v. Chr. | Verwendung des Abakus (in China) |
| 1617 | J. Napier entwickelt die Napier'schen Stäbchen, ein Hilfsmittel für die Multiplikation |
| 1621 | W. Oughtred erfindet den Rechenschieber |
| 1642 | B. Pascal baut eine Additionsmaschine |
| 1832 | C. Babbage baut eine analytische Maschine, einen mechanischen Computer |
| 1876 | Lord Kelvin (W. Thomson) zeigt, dass man Maschinen programmieren kann, um Aufgaben zu lösen |
| 1885 | D. Felt entwickelt eine mit Schlüsseln betriebene Addiermaschine |
| 1890 | H. Hollerith entwickelt ein elektrisch betriebenes Lochkartensystem |
| 1893 | Ein Rechenautomat mit vier Funktionen kommt auf den Markt |
| 1896 | H. Hollerith gründet die Firma, aus der später IBM wird |
| 1925 | V. Bush u. a. konstruieren einen analogen Computer zum Lösen von Differenzialgleichungen |
| 1936 | K. Zuse baut einen primitiven digitalen Computer unter Verwendung von elektrischen Relais |
| 1937 | J. Atanasoff entwickelt einen elektronischen Computer zum Lösen linearer Gleichungen |
| 1938 | T. Ross konstruiert eine Maschine, die Wege durch ein Labyrinth findet (und aus Erfahrungen lernt) |
| 1938 | K. Zuse baut eine binäre Rechenmaschine (Z1) |
| 1941 | K. Zuse baut einen Computer (Z3), der mit elektrischen Relais und Lochstreifen arbeitet |
| 1942 | Der ABC (Atanasoff-Berry-Computer), eine Lochkartenversion der Maschine Atanasoffs (1937), ist mit Unterbrechungen in Betrieb |
| 1943 | A. Turing u. a. entwickeln die Colossus, die erste voll elektronische Rechenmaschine |
| 1944 | H. Aiken u. a. bauen den zweiten elektronischen Computer (automatischer sequenzgesteuerter Rechner), der mit Lochstreifen und Ventilen funktioniert |
| 1945 | J. Eckert und J. Mauchley entwickeln den ENIAC (Electronic Numerical Integrator and Computer), den ersten echten Computer mit gespeichertem Programm |
| 1946 | J. von Neumann beginnt in Princeton mit Computerforschung |
| 1948 | Der Mark-I-Prototyp, ein Computer mit gespeichertem Programm, wird an der Universität Manchester in Betrieb genommen |
| 1951 | J. Eckert und J. Mauchley bauen UNIVAC I, den ersten kommerziellen elektronischen Computer, der Magnetbänder zum Speichern verwendet |
| 1956 | S. McCarthy programmiert einen Computer zum Schachspielen (MANIAC I) |
| 1967 | G. Amdahl entwirft ein Doppelrechnersystem (Parallelcomputer) |
| 1970 | Disketten kommen auf den Markt |
| 1971 | Intel stellt den ersten Mikroprozessor (2300 Transistoren) her |
| 1971 | Texas Instruments vermarktet den ersten Taschenrechner |
| 1974 | Hewlett Packard vertreibt einen programmierbaren Taschenrechner |
| 1975 | Der erste PC mit Intel-Prozessor, der Altair 8800, kommt in den USA auf den Markt |
| 1976 | IBM entwickelt den Tintenstrahldrucker |
| 1977 | Der Apple II, ein betriebsbereit ausgerüsteter PC, wird vorgestellt |
| 1978 | Ein Diskettenlaufwerk für PC wird von Apple Company auf den Markt gebracht |
| 1981 | IBM bringt einen PC mit dem Microsoft-Betriebssystem DOS auf den Markt |
| 1983 | IBM stellt den PC-XT vor, den ersten PC mit eingebauter Festplatte |
| 1983 | Apple bringt Lisa auf den Markt, einen PC mit Maus und Pulldown-Menüs |
| 1983 | In Japan entsteht ein Mikrochip mit einer Dichte von 1 Mrd. Transistoren pro $cm^2$ |
| 1984 | IBM stellt einen Megabit-RAM-Chip her, der im PC-AT eingesetzt wird |
| 1984 | Erste CD-ROMs werden angeboten |
| 1987 | Ein Supercomputer (Numerical Aerodynamic Simulation Facility) wird in den USA in Betrieb genommen |
| 1991 | Thinking Machines Corp. stellt den CM-5 vor, einen Computer mit Tausenden von parallel arbeitenden Rechnern |
| 1993 | Jordans und Henring konstruieren den ersten optischen Computer mit eigenem Programmspeicher |
| 1994 | IBM und Analog Devices entwickeln Chips aus einer Silicium-Germanium-Legierung, die schneller sind als reine Silicium-Chips |
| 1997 | Zum ersten Mal triumphiert im Kampf »Mensch gegen Maschine« ein Super-Computer (Deep Blue von IBM) über einen Schachweltmeister (Garri Kasparow) |
| 1999 | Siemens, Toshiba und IBM entwickeln ein neues Produktionsverfahren für wesentlich kleinere und dennoch leistungsfähigere Speicherchips |

# Informatik

| | Hersteller | Rechner | Übertragung (in Rmax) | Betreiber/Benutzer | Land |
|---|---|---|---|---|---|
| | | | **Die leistungsstärksten Rechner** | | |
| 1 | Intel | ASCI Red | 2379,6 | Sandia National Labs Albuquerque | USA |
| 2 | IBM | ASCI Blue-Pacific SST | 2144 | Lawrence Livermore National Laboratory | USA |
| 3 | SGI | ASCI Blue Mountain | 1608 | Los Alamos National Laboratory | USA |
| 4 | IBM | SP Power3 375 MHz | 1417 | IBM/Naval Oceanographic Office Poughkeepsie | USA |
| 5 | Hitachi | SR8000-F1/112 | 1035 | Leibniz-Rechenzentrum München | D |
| 6 | Hitachi | SR8000-F1/100 | 917,2 | High Energy Accelerator Research Organization | Japan |
| 7 | Cray Inc. | T3E1200 | 891,5 | US-Regierung | USA |
| 7 | Cray Inc. | T3E1200 | 891,5 | US Army HPC Research Center, Minneapolis | USA |
| 9 | Hitachi | SR8000/128 | 873,6 | Universität von Tokio | Japan |
| 10 | Cray Inc. | T3E900 | 815,1 | US-Regierung | USA |
| 11 | IBM | SP Power3 375 MHz | 723,4 | Oak Ridge National Laboratory | USA |
| 12 | SGI | ORIGIN 2000 250 MHz | 690,9 | Los Alamos National Laboratory | USA |
| 13 | Cray Inc. | T3E900 | 675,7 | Naval Oceanographic Office Bay Saint Louis | USA |
| 14 | Cray Inc. | T3E1200 | 671,2 | CSAR, Universität von Manchester | GB |
| 14 | Cray Inc. | T3E1200 | 671,2 | Deutscher Wetterdienst Offenbach | D |
| 16 | IBM | SP Power3 222 MHz | 613 | UCSD/San Diego Supercomputer Center | USA |
| 17 | Hitachi | SR8000-F1/60 | 577,5 | University/Institute for Solid State Physics Tokio | Japan |
| 18 | Cray Inc. | T3E900 | 552,9 | United Kingdom Meteorological Office Bracknell | GB |
| 19 | IBM | SP PC604e 332 MHz | 547 | Charles Schwab | USA |
| 20 | Cray Inc. | T3E1200 | 526,6 | United Kingdom Meteorological Office Bracknell | GB |
| 21 | IBM | SP Power3 375 MHz | 523 | ERDC MSRC Vicksburg | USA |
| 21 | IBM | SP Power3 375 MHz | 523 | IBM Poughkeepsie | USA |
| 23 | Compaq | AlphaServer SC ES40 | 507,6 | Compaq Computer Corporation Littleton | USA |
| 23 | Compaq | AlphaServer SC ES40 | 507,6 | Lawrence Livermore National Laboratory | USA |
| 25 | Fujitsu | VPP5000/56 | 492,4 | Universität von Nagoya | Japan |
| 26 | Fujitsu | VPP800/63 | 482,5 | Universität von Kyoto | Japan |
| 27 | IBM | ASCI Blue-Pacific CTR | 468,2 | Lawrence Livermore National Laboratory | USA |
| 28 | Hitachi | SR8000/64 | 449,7 | Tsukuba Advanced Computing Center/AIST | Japan |
| 29 | Cray Inc. | T3E | 448,6 | NASA/Goddard Space Flight Center Greenbelt | USA |
| 30 | Cray Inc. | T3E1200 | 447,8 | Cray Inc. Chippewa Falls | USA |
| 30 | Cray Inc. | T3E1200 | 447,8 | ERDC MSRC Vicksburg | USA |
| 30 | Cray Inc. | T3E1200 | 447,8 | Forschungszentrum Jülich | D |
| 30 | Cray Inc. | T3E1200 | 447,8 | US-Regierung | USA |
| 34 | Cray Inc. | T3E900 | 444,2 | NERSC/LBNL Berkeley | USA |
| 35 | Hitachi | CP-PACS/2048 | 368,2 | Center for Computational Physics Tsukuba | Japan |
| 36 | Cray Inc. | T3E | 355,1 | Max-Planck-Gesellschaft MPI/IPP Garching | D |
| 37 | IBM | SP Power3 200 MHz | 350,4 | National Centers for Environmental Prediction | USA |
| 38 | Fujitsu | VPP5000/38 | 345 | ECMWF Reading | GB |
| 39 | Cray Inc. | T3E900 | 341,3 | HWW/Universität Stuttgart | D |
| 39 | Cray Inc. | T3E900 | 341,3 | Pittsburgh Supercomputer Center | USA |
| 41 | Cray Inc. | T3E1200 | 334,7 | US-Regierung | USA |
| 42 | Cray Inc. | T3E1200 | 328 | US-Regierung | USA |
| 43 | IBM | SP Power3 375 MHz | 326 | University of Minnesota/Supercomputing Institute | USA |
| 44 | Fujitsu | VPP700/160E | 319,4 | Institute of Physical and Chemical Research Wako | Japan |
| 45 | IBM | SP Power3 200 MHz | 310,3 | NERSC/LBNL Berkeley | USA |
| 46 | Fujitsu | VPP5000/31 | 286,9 | Meteo-France Toulouse | F |
| 47 | Cray Inc. | T3E750 | 284,1 | CSC (Center for Scientific Computing) Espoo | Finnl. |
| 48 | NEC | SX-5/38M3 | 280 | CNRS/IDRIS Orsay | F |
| 49 | Fujitsu | VPP5000/30 | 277 | National Institute for Molecular Science Okazaki | Japan |
| 50 | Sun | HPC 4500 Cluster | 272,1 | Sun Burlington | USA |
| 51 | Fujitsu | VPP700/128E | 268,9 | Institute of Physical and Chemical Research Wako | Japan |
| 52 | SGI | ORIGIN 2000 195/250 | 264,9 | NCSA Urbana-Champaign | USA |
| 53 | Hitachi | SR8000/36 | 255,9 | Meteorological Research Institute | Japan |
| 54 | Cray Inc. | T3E900 | 253 | Zuse-Zentrum für Informationstechnik Berlin | D |

## Bedeutende Programmiersprachen

| Jahr | Name | Anwendung |
|------|------|-----------|
| 50er | ASSEMBLER (Assembly Language) | maschinenorientierte Programmiersprache |
| 1956 | FORTRAN (Formula Translator) | frühe Programmiersprache für Computer |
| 1956 | LISP (List Processor) | Listen verarbeitende Sprache für Berechnungen |
| 1959 | COBOL (Common Business-Oriented Language) | erste kaufmännische Programmiersprache |
| 1960 | ALGOL | Sprache zur Algorithmendarstellung |
| 1965 | BASIC (Beginner's All-purpose Symbolic Instruction Code) | verbesserte Programmiersprache |
| 1967 | BCPL | verbesserte ALGOL-Nachfolgesprache |
| 1970 | PASCAL | im Lehrbetrieb verwendeter ALGOL-Nachfolger |
| 1970 | Prolog (Programming in Logic) | Sprache für Künstliche Intelligenz |
| 70er | BASIC | Programmiersprache für Einsteiger |
| 1974 | C | BCPL-Nachfolger zur Systemprogrammierung |
| 1979 | FORTH | verbesserte C-Programmiersprache |
| 80er | C++ | verbesserte C-Programmiersprache |
| 1990 | Java | objektorientierte Programmiersprache |

## Domaine-Abkürzungen

| Kennzeichen | Bedeutung |
|-------------|-----------|
| com | kommerzielle Einrichtung/Firma |
| edu | Bildungs-, Forschungseinrichtungen |
| gov | Regierung der USA |
| int | Internationale Organisationen |
| mil | Militärische Einrichtungen der USA |
| net | Netzwerke |
| org | Sonstige Nutzer |

## PC-Register

| Register | Nutzung |
|----------|---------|
| AX, BX, CX, DX | Allzweckregister |
| BP | Zwischenspeicherregister |
| CS | Beginn des Programmspeicherbereichs |
| DI, SI | Allzweckregister |
| ES | Segmentadressierung |
| SP | Stack-Adresse |
| SS | Stack-Segment |

## PC-Befehlssätze

| Befehl | Bedeutung |
|--------|-----------|
| ADD | Addierung von Integer-Zahlen |
| AND | Auslösung der Ergebnisbits nach Vorlage der Eingabebits |
| CALL | Aufrufen von Unterprogrammen |
| CMP | Vergleich von Integer-Zahlen |
| DEC | Integer-Zahl minus 1 |
| IN | Datei-Lesen von einem Port |
| INC | Integer-Zahl plus 1 |
| INT | Interrupt; Systemaufruf |
| IRET | Beendigung des Interrupts |
| Jc | Sprung zu einer anderen Adresse, sofern die vorgegebene Bedingung (hier: c) erfüllt ist |
| JMP | Sprung zu einer anderen Adresse |
| LOOP | Register CX minus 1; Sprung zur angegebenen Adresse, falls CX $\neq$ 0 |
| MOV | Verschiebung eines Speicherbereichinhalts |
| NOT | Auslösung der Ergebnisbits, sofern ein bestimmtes Eingabebit nicht vorliegt |
| OR | Auslösung der Ergebnisbits, sofern eines der beiden bestimmten Eingabebits vorliegt |
| OUT | Schreiben von Daten in einen Port |
| POP | Lesen des obersten Stack-Wertes |
| POPF | Lesen der Flags vom Stack |
| PUSH | Sicherung eines Wertes auf dem Stack |
| PUSHF | Sicherung der Flags auf dem Stack |
| RLC, ROL | Linksrotation |
| RCR | Rechtsrotation |
| RET | Beendigung eines Unterprogramms |

# Physik

| vor Christus | |
| --- | --- |
| um 600 | Eigenschaften des geriebenen Bernsteins bekannt (Thales von Milet) |
| um 400 | Körper bestehen aus Atomen (Demokrit) |
| 250 | Mechanische Maschinen und Hebelgesetz (Archimedes) |

| nach Christus | |
| --- | --- |
| 1589 | Begründung der modernen Physik (G. Galilei) |
| 1649 | Luftpumpe (O. von Guericke) |
| 1687 | Klassische Mechanik (I. Newton) |
| 1690 | Wellentheorie des Lichts (Huygens'sches Prinzip; C. Huygens) |
| 1789 | Entdeckung der Elektrizität (L. Galvani) |
| 1796 | Theorie des elektrischen Stroms (A. Volta) |
| 1815 | Entdeckung der Fraunhofer'schen Linien (J. Fraunhofer) |
| 1820 | Elektromagnetismus (H.C. Oersted); Gesetze in Stromkreisen (A.M. Ampére) |
| 1826 | Ohm'sches Gesetz (G.S. Ohm) |
| 1831 | Induktion (M. Faraday) |
| 1842 | Prinzip von der Erhaltung der Energie (J.R. Mayer) |
| 1859 | Spektralanalyse (R.W. Bunsen und G.R. Kirchhoff) |
| 1862 | Elektromagnetische Lichttheorie (J.C. Maxwell) |
| 1886 | Nachweis der elektromagnetischen Wellen (H. Hertz) |
| 1895 | Röntgenstrahlen (W.C. Röntgen) |
| 1896 | Radioaktive Strahlung (A.H. Becquerel) |
| 1897 | Elektron (J.J. Thomson) |
| 1898 | Entdeckung radioaktiver Elemente (P. Curie und M. Curie) |
| 1900 | Quantentheorie (M. Planck) |
| 1905 | Spezielle Relativitätstheorie (A. Einstein); Photon (A. Einstein) |
| 1906 | Dritter Hauptsatz der Thermodynamik (W. Nernst) |
| 1911 | Rutherford'sches Atommodell (E. Rutherford); Supraleitung (H. Kamerlingh Onnes) |
| 1913 | Bohr'sches Atommodell (N. Bohr) |
| 1915 | Allgemeine Relativitätstheorie (A. Einstein) |
| 1919 | Erste künstliche Atomumwandlung (E. Rutherford) |
| 1924 | Theorie von der Wellennatur der Materie (L.V. de Broglie) |
| 1925 | Quantenmechanik (W. Heisenberg) |
| 1926 | Wellenmechanik (E. Schrödinger) |

| 1927 | Unschärferelation (W. Heisenberg) |
| --- | --- |
| 1928 | Quantentheorie der Strahlung (P. A. Dirac) |
| 1932 | Entdeckung des Neutrons (J. Chadwick); Nachweis der Positrons (C. D. Anderson); |
| 1932 | Theorie über den Aufbau der Atomkerne (W. Heisenberg) |
| 1938 | Spaltung des Urankerns (U 235) (O. Hahn und F. Straßmann) |
| 1942 | Erster Kernreaktor (E. Fermi) |
| 1948 | Entdeckung des Transistoreffekts (J. Bardeen und W. Brattain) |
| 1949 | Schalenmodell des Atomkerns (M. Goeppert-Mayer und H.D. Jensen) |
| 1955 | Entdeckung des Antiprotons (E.G. Segrè; O. Chamberlain; C. Wiegand, T. Ypsilantis) |
| 1956 | Antineutrino (C. Cowan, F. Reines) |
| 1957 | Theorie der Supraleitung (J. Bardeen; L. Coope; R. Schriffer), Verletzung des Satzes von der Erhaltung der Parität (T.D. Lee; C.N. Yang) |
| 1958 | Heisenberg'sche Weltformel; rückstoßfreie Kernresonanz (R. Mößbauer); Lasertheorie (C.H. Townes; N.G. Basow, A.M. Prochorow) |
| 1964 | Quarkhypothese (M. Gell-Mann; G. Zweig) |
| 1967 | Theoretische Vereinigung der schwachen und der elektromagnetischen Wechselwirkung (S.L. Glashow; S. Weinberg und A. Salam) |
| 1974 | J/ψ Teilchen (S.C.C. Ting und B. Richter) |
| 1976 | »Charm«-Elementarteilchen nachgewiesen (DESY) |
| 1977 | Υ-Teilchen (Fermi-Laboratorium) |
| 1980 | Quanten-Hall-Effekt (K. v. Klitzing) |
| 1983 | Austauschteilchen für schwache Wechselwirkung (C. Rubbia) |
| 1986 | Entwicklung von Hochtemperatur-Supraleitern durch K.A. Müller und J.G. Bednorz |
| 1989 | Existenz von nur drei Quark-Familien nachgewiesen (CERN, SLAC) |
| 1994 | Nachweis der Top-Quarks (Fermi-Laboratorium) |
| 1995 | Synthese von Antiwasserstoff (CERN) |
| 1996 | Element 112 nachgewiesen (Gesellschaft für Schwerionenforschung) |
| 1997 | Bau des ersten funktionsfähigen Atomlasers (MIT) |
| 1998 | Erster Hinweis auf eine von Null verschiedene Neutrino-Masse (Super-Kamiokande-Experiment) |

## Physik-Nobelpreisträger

| | | | |
|---|---|---|---|
| 1901 | W.C. Röntgen (Deutschland) | 1952 | F. Block, E.M. Purcell (USA) |
| 1902 | H.A. Lorentz, P. Zeemann (Niederlande) | 1953 | F. Zernike (Niederlande) |
| 1903 | H.A. Becquerel, P. und M. Curie (Frankreich) | 1954 | M. Born, W. Bothe (BR Deutschland) |
| 1904 | J.W. Rayleigh (Großbritannien) | 1955 | W.E. Lamb, P. Kusch (USA) |
| 1905 | P. Lenard (Deutschland) | 1956 | W. Shockley, J. Bardeen, H. Brattain (USA) |
| 1906 | J.J. Thomson (Großbritannien) | 1957 | Tsung Dao Lee, Cheng Ning Yang (USA) |
| 1907 | A.A. Michelson (USA) | 1958 | P.A. Tscherenkow, I.M. Frank, I. Tamm (UdSSR) |
| 1908 | G. Lippmann (Frankreich) | 1959 | E. Segré, O. Chamberlain (USA) |
| 1909 | G. Marconi (Italien), F. Braun (Deutschland) | 1960 | D. Glaser (USA) |
| 1910 | J.D. van der Waals (Niederlande) | 1961 | R. Hofstadter (USA), R. Mößbauer |
| 1911 | W. Wien (Deutschland) | | (BR Deutschland) |
| 1912 | G. Dalén (Schweden) | 1962 | L.D. Landau (UdSSR) |
| 1913 | H. Kamerlingh-Onnes (Niederlande) | 1963 | E.P. Wigner, M. Goeppert-Mayer (USA), |
| 1914 | M. von Laue (Deutschland) | | H.D. Jensen (BR Deutschland) |
| 1915 | H.W. Bragg, W.L. Bragg (Großbritannien) | 1964 | C.H. Townes (USA), N. Bassow, |
| 1916 | – | | A. Prochorow (UdSSR) |
| 1917 | C.G. Barkla (Großbritannien) | 1965 | S. Tomonaga (Japan), R.P. Feynman, |
| 1918 | M. Planck (Deutschland) | | J. S. Schwinger (USA) |
| 1919 | J. Stark (Deutschland) | 1966 | A. Kastler (Frankreich) |
| 1920 | C.E. Guillaume (Frankreich) | 1967 | H.A. Bethe (USA) |
| 1921 | A. Einstein (Deutschland) | 1968 | L.W. Alvarez (USA) |
| 1922 | N. Bohr (Dänemark) | 1969 | M. Gell-Mann (USA) |
| 1923 | R.A. Millikan (USA) | 1970 | H. Alfvén (Schweden), L. Néel (Frankreich) |
| 1924 | K.M. Siegbahn (Schweden) | 1971 | D. Gabor (Großbritannien) |
| 1925 | J. Franck, G. Hertz (Deutschland) | 1972 | J. Bardeen, L. Cooper, R. Schrieffer (USA) |
| 1926 | J. Perrin (Frankreich) | 1973 | B.D. Josephson (Großbritannien), L. Esaki, |
| 1927 | A.H. Compton (USA), C.T. Wilson (Groß- | | J. Giaever (USA) |
| | britannien) | 1974 | M. Ryle, A. Hewish (Großbritannien) |
| 1928 | O.W. Richardson (Großbritannien) | 1975 | A. Bohr, B. Mottelson (Dänemark), |
| 1929 | L.V. de Broglie (Frankreich) | | J. Rainwater (USA) |
| 1930 | C. v. Raman (Indien) | 1976 | B. Richter, S. Ting (USA) |
| 1931 | – | 1977 | P. Anderson, J. van Vleck (USA), N. Mott |
| 1932 | W. Heisenberg (Deutschland) | | (Großbritannien) |
| 1933 | E. Schrödinger (Österreich), P. A. Dirac | 1978 | P. Kapiza (UdSSR), A. Penzias, R. Wilson |
| | (Großbritannien) | | (USA) |
| 1934 | – | 1979 | H. Glashow, S. Weinberg (USA), A. Salam |
| 1935 | J. Chadwick (Großbritannien) | | (Pakistan) |
| 1936 | C.C. Anderson (USA), V.F. Heß (Österreich) | 1980 | J.W. Cronin, V.L. Fitch (USA) |
| 1937 | C. J. Davisson (USA), G. P. Thomson (Groß- | 1981 | N. Bloembergen, A.L. Schawlow (USA), |
| | britannien) | | K.M. Siegbahn (Schweden) |
| 1938 | E. Fermi (Italien) | 1982 | K.G. Wilson (USA) |
| 1939 | E. O. Lawrence (USA) | 1983 | S. Chandrasekhar (USA), W. Fowler (USA) |
| 1940–1942 | – | 1984 | C. Rubbia (Italien), S. van der Meer |
| 1943 | O. Stern (USA) | | (Niederlande) |
| 1944 | I.I. Rabi (USA) | 1985 | K. von Klitzing (BR Deutschland) |
| 1945 | W. Pauli (Österreich) | 1986 | R. Ruska, G. Binnig (BR Deutschland), |
| 1946 | P.W. Bridgman (USA) | | H. Rohrer (Schweiz) |
| 1947 | E.V. Appleton (Großbritannien) | 1987 | J.G. Bednorz (BR Deutschland), K.A. Müller |
| 1948 | P. M. Blackett (Großbritannien) | | (Schweiz) |
| 1949 | H. Yukawa (Japan) | 1988 | L. Lederman, M. Schwartz, J. Steinberger |
| 1950 | C. F. Powell (Großbritannien) | | (USA) |
| 1951 | J.D. Cockcroft (Großbritannien), | 1989 | W. Paul (BR Deutschland), H.G. Dehmelt, |
| | E. T. Walton (Irland) | | N.F. Ramsey (USA) |

⇒ S. 120

# Physik

| 1990 | J.I. Friedman, H.W. Kendall (USA), R.E. Taylor (Kanada) | 1997 | C. Cohen-Tannoudji (Frankreich), S. Chu, W.D. Philips (USA) |
|------|---------|------|---------|
| 1991 | P.-G. de Gennes (Frankreich) | 1998 | R.B. Laughlin, D.C. Tsui (USA), H.L. Störmer |
| 1992 | G. Charpak (Frankreich) | | (Deutschland) |
| 1993 | J.H. Taylor, R.H. Hulse (USA) | 1999 | G. 't Hooft, M.J. Veltman (Niederlande) |
| 1994 | B. Brockhouse (Kanada), C. Shull (USA) | 2000 | H. Kroemer (Deutschland), Z. Alferow |
| 1995 | F. Reines, M.L. Perl (USA) | | (Russland), J. Kilby (USA) |
| 1996 | D. Lee, R. Richardson, D. Osheroff (USA) | | |

## Teilgebiete der Physik

| Teilgebiet/Untergruppe | Beschäftigungsfeld |
|---------|---------|
| **Klassische Physik** | |
| Mechanik | Lehre von den Bewegungen und deren Hervorrufung/Beeinflussung |
|   Kinematik | Ablauf von Bewegungen |
|   Dynamik | den Bewegungsablauf erzeugende Kräfte |
|   Statik | zusammengesetzte Kräfte, die auf einen Körper wirken (v.a. Gleichgewichtsprobleme) |
| Akustik | Lehre vom Schall |
| Wärmelehre | Wärme, Temperatur, Thermodynamik |
| Optik | Lehre vom Licht |
|   Strahlenoptik | Behandlung des Lichtes als geradliniger Strahl |
|   Wellenoptik | Licht als elektromagnetische Wellenerscheinung |
| Magnetismus | Erscheinungen des magnetischen Feldes und dessen Wirkung auf die Materie |
| Elektrizitätslehre | elektrische Ladungen und deren Felder |
|   Elektronik | Elektrizitätsleitung in Gasen, im Vakkum und in Halbleitern |
| **Moderne Physik** | |
| Relativitätstheorie | Lehre von der Abhängigkeit physikalischer Gesetzmäßigkeiten vom Bezugssystem des Betrachters |
|   Spezielle R. | alle Bezugssysteme sind untereinander gleichberechtigt |
|   Allgemeine R. | alle raumzeitlichen Systeme sind gleichberechtigt |
| Quantenphysik | mikrophysikalische Erscheinungen und Objekte |
| Atomphysik | Vorgänge in der Elektronenhülle der Atome |
| Kernphysik | Eigenschaften und Umwandlungen der Atomkerne |
| Elementarteilchenphysik | Hochenergie; Elementarteilchenbeschleunigung und Wechselwirkungen der Teilchen |

## Bedeutende physikalische Begriffe

| Bereich/Begriff | Erläuterung |
|---------|---------|
| **Mechanik** | |
| Geschwindigkeit | Quotient aus Weglänge und benötigter Zeit ($v = s : t$) |
| Beschleunigung | Geschwindigkeitsänderung in einer Zeitspanne ($a = \Delta v : \Delta t$) |
| Kraft | Ursache der Bewegungsänderung oder Verformung eines Körpers (Gewicht = Masse · Erdbeschleunigung; $G = m \cdot g$) |
| Dichte | Verhältnis von Masse und Volumen ($\rho = m : V$) |
| Arbeit | aufgenommene oder abgegebene Energie; Arbeit = in Wegrichtung wirkende Kraft · verschobene Wegstrecke ($W = F \cdot s$) |
| Hubarbeit | Heben eines Körpers einer bestimmten Gewichtskraft um einen bestimmten Höhenunterschied ($W = G \cdot h$) |
| kinetische Energie | Beschleunigung eines ruhenden Körpers auf eine Geschwindigkeit v. $W = 0{,}5 \, m \cdot v^2$ |
| Leistung | Energiezuführung in einer Zeitspanne; $P = W : t$ |
| **Akustik** | |
| Lautstärke | die per Schall hervorgerufene Empfindung |

| Bereich/Begriff | Erläuterung |
|---|---|
| Ton | sinusartige Schwingungen, deren Frequenzen die Tonhöhe bestimmen |
| Klang | Zusammensetzung aus mehreren Tönen |
| Geräusch | Zusammensetzung aus Einzeltönen |
| Knall | kurze Druck- oder Dichteänderung von großer Schallstärke |
| Echo | von einer lotrechten Fläche in mind. 17 m Entfernung zurückgeworfene Schallwellen |
| Schallstärke | Schallenergie, die eine senkrecht zum Schallstrahl aufgestellte Flächeneinheit in der Sekunde trifft |

### Wärmelehre

| | |
|---|---|
| Temperatur | Thermodynamik: Bestimmung der inneren Energie eines idealen Gases |
| spezifische Wärmekapazität | benötigte Wärme, um 1 kg eines Stoffes um 1 Kelvin zu erwärmen |
| Wärmeausbreitung | Übertragung von Wärme durch Wärmeleitung, Wärmeströmung oder Wärmestrahlung |
| Aggregatzustände | Zustand von Stoffen: fest, flüssig oder gasförmig (z.B. Eis, Wasser, Dampf) |

### Optik

| | |
|---|---|
| Brechung | Ablenkung eines Lichtstrahls durch den Eintritt aus einem »optisch dünneren« in ein »optisch dichteres« Mittel |
| Brennpunkt | Sammlung von Lichtstrahlen in einem Punkt (z.B. hinter einer Konvexlinse) |
| Brennweite | Entfernung des Brennpunkts vom Linsenmittelpunkt |
| Sehwinkel | Winkel, unter dem die Strahlen von einem fernen Gegenstand einfallen |
| Spektrum | Farbband, das entsteht, wenn weißes Licht auf ein Prisma fällt und dort abgelenkt und zerlegt wird |
| Interferenz | Überlagerung von Lichtwellen |
| Lichtgeschwindigkeit | Konstante; 2 997 925 km/s (im Vakuum) |
| Lichtstreuung | Ablenkung des Lichts durch kleine Teilchen (z.B. Staub) |

### Magnetismus

| | |
|---|---|
| Diamagnetismus | Stoffe werden von Magnetfeldern abgestoßen, da ihre Atome kein natürliches magnetisches Moment haben |
| Paramagnetismus | Stoffe werden in ein Magnetfeld hineingezogen und richten sich dort zumeist in Richtung der magnetischen Feldlinien aus; die Atome haben ein magnetisches Moment |
| Ferromagnetismus | betrifft nur die vier chemischen Elemente Eisen, Gadolinium, Kobalt und Nickel; sie stellen sich schon ohne äußeres Feld parallel und werden im Magnetfeld zu Magneten, die auch nach Abschalten des Feldes noch magnetisch sind (Remanenz). |
| Anti-Ferromagnetismus | einige Metalle und Metalloxide; Elementarmagnete richten sich wie beim Ferromagnetismus in ganzen Kristallbereichen aus, stehen jedoch bei direkt benachbarten Atomen antiparallel |

### Elektrizität

| | |
|---|---|
| Reibungs-Elektrizität | Entstehen von Elektrizität durch Reibung (z.B. beim Bandgenerator) |
| galvanische Elektrizität | Entstehen von Elektrizität durch chemische Umsetzungen |
| Thermo-Elektrizität | Entstehen von Elektrizität durch Erwärmung an Lötstellen zweier verschiedenartiger Metalle |
| Piezo-Elektrizität | Entstehen von Elektrizität durch Druckbeanspruchung von Kristallen |
| Induktions-Elektrizität | Entstehen von Elektrizität durch Relativbewegung eines Leiters und eines Magnetfeldes |
| Elektrostatik | von ruhenden Ladungsträgern hervorgerufene Elektrizität |
| Elektrodynamik | Lehre von bewegten elektrischen Ladungen |
| elektrische Energie | Produkt aus Spannung, Stromstärke und Zeit ($W = U \cdot I \cdot t$) |
| elektrische Leistung | Produkt aus Spannung und Stromstärke ($P = U \cdot I$) |
| Halbleiter | feste Stoffe, deren Leitfähigkeit zwischen der von Leitern und Isolatoren liegt und die sich durch Energiezufuhr (Wärme, Licht) verändern kann |
| Halbleiterdiode | lässt Strom nur in einer Richtung passieren |
| Transistor | Bauelement für Halbleiter zur Leistungsverstärkung |
| Thyristor | vierschichtiges Halbleiter-Bauelement, das mit geringen Steuerströmen große Leistungen steuern kann |
| Integrierte Schaltung | Schaltung, bei der zahlreiche Bauelemente auf einem wenige Millimeter großen Halbleiterplättchen untergebracht sind |

⇒ S. 122

# Physik

| Bereich/Begriff | Erläuterung |
|---|---|
| elektromagnetische Wellen | sich räumlich ausbreitende Schwingungen, die durch periodische Veränderungen von elektromagnetischen Feldern entstehen und sich auch im luftleeren Raum mit Lichtgeschwindigkeit fortbewegen |
| **Atom- und Kernphysik** | |
| Atomhülle | um den Atomkern kreisende Elektronen, wobei die Zahl der negativen Elektronen gleich der im Kern liegenden positiven Protonen ist; daher ist jedes Atom nach außen elektrisch neutral. Elektronen sind in der Atomhülle auf maximal sieben Schalen angeordnet (entsprechend bestimmter Energiestufen) |
| Ordnungszahl des Atoms | Kernladungszahl (Zahl der im Kern liegenden Protonen) |
| Atomkern | Kern mit einem Durchmesser von $10^{-13}$ cm; außer bei Wasserstoff aus Protonen und Neutronen (Nukleonen) aufgebaut |
| Atomgewicht | wird bestimmt von der Zahl der Nukleonen |
| Elementarteilchen | elementare kleinste Bauteilchen der Atome: Photonen, Leptonen (z.B. Elektronen) und Hadronen (z.B. Protonen); seit den 90er Jahren sind auch die Quarks als noch kleinere Einheiten bekannt |
| Isotope | Atome, deren Kerne eine gleiche Zahl von Protonen, aber eine unterschiedliche Anzahl von Neutronen enthalten |

## Dosisgrößen und -einheiten

| Anwendungs-bereich | Dosisgröße | Definition | SI-Einheit | Alte Einheit | Beziehung zwischen den Einheiten |
|---|---|---|---|---|---|
| Strahlentherapie | Energiedosis D | absorbierte Energie / absorbierende Masse | Joule/kg = Gray (Gy) | Rad (rd) | 1 Gy = 100 rd |
| Messtechnik | Ionendosis J | in Luft erzeugte Ladung / Masse der Luft | Coulomb/kg | Röntgen | 1 R = $2,58 \cdot 10^{-4}$ C/kg |
| | Kerma K | Summe der kinetischen Energie der geladenen Sekundarteilchen / absorbierende Masse | Joule/kg | Rad (rd) | 1 Gy = 100 rd |
| Strahlenschutz | Äquivalent-dosis H | $\left\{ \begin{array}{l} \text{Energiedosis D} \cdot \\ \text{Bewertungsfaktor q} \end{array} \right\}$ | Joule/kg = Sievert (Sv) | Rem (rem) | 1 Sv = 100 rem |

## Strahlungsquellen und -belastungen

| Strahlung | auf Keimdrüsen wirkende Mengen (in % der natürlichen Strahlung) |
|---|---|
| Weltraum | 25 |
| radioaktive Strahlung des eigenen Körpergewebes | 25 |
| Boden und Häuserwände | 50 |
| »natürliche« Quellen gesamt | 100 |
| Röntgenuntersuchungen | 22 (mindestens) |
| Leuchtzifferblätter (Uhren) | 1 |
| Fernsehapparate | 1 (höchstens) |
| radioaktives Material von Atombombentests | 1 (höchstens) |
| »künstliche« Quellen gesamt | 25 |

## Vorsatzsilben – dezimale Vielfache und Teile

| | | | |
|---|---|---|---|
| E | Exa | = $10^{18}$ | = 1 Trillion |
| P | Peta | = $10^{15}$ | = 1 Billiarde |
| T | Tera | = $10^{12}$ | = 1 Billion (GB: billion; US: trillion) |
| G | Giga | = $10^{9}$ | = 1 Milliarde (GB: milliard; US:billion) |
| M | Mega | = $10^{6}$ | = 1 Million |
| k | Kilo | = $10^{3}$ | = 1000 |
| h | Hekto | = $10^{2}$ | = 100 |
| da | Deka | = $10^{1}$ | = 10 |
| d | Dezi | = $10^{-1}$ | = 0,1 |
| c | Zenti | = $10^{-2}$ | = 0,01 |
| m | Milli | = $10^{-3}$ | = 0,001 |
| μ | Mikro | = $10^{-6}$ | = 0,000 001 |
| n | Nano | = $10^{-9}$ | = 0,000 000 001 |
| p | Piko | = $10^{-12}$ | = 0,000 000 000 001 |
| f | Femto | = $10^{-15}$ | = 0,000 000 000 000 001 |
| a | Atto | = $10^{-18}$ | = 0,000 000 000 000 000 001 |

## Physikalische Konstanten

| Konstante | Symbol | Wert (SI-Einheit)* | Konstante | Symbol | Wert (SI-Einheit) |
|---|---|---|---|---|---|
| atomare Masse-Einheit | u | $1,66043 \cdot 10^{-27}$ kg | Gravitationskonstante | G | $6,672 \cdot 10^{-11}$ N m² kg⁻² |
| Avogadro'sche Zahl | $N_A$ | $6,02214 \cdot 10^{23}$ mol⁻¹ | Lichtgeschwindigkeit | c | $2997925 \cdot 10^{8}$ m s⁻¹ |
| Bohr'sches Magneton | $\mu_B$ | $9,2732 \cdot 10^{-24}$ J T⁻¹ | Magnet. Feldkonstante | $\mu_0$ | $4\pi \cdot 10^{-7}$ Js² C⁻² m⁻¹ |
| Boltzmann-Konstante | k | $1,38054 \cdot 10^{-23}$ J K⁻¹ | Neutronen-Ruhemasse | $m_n$ | $1,67492 \cdot 10^{-27}$ kg |
| Elektr. Feldkonstante | $\varepsilon_0$ | $8,854 \cdot 10^{-12}$ J⁻¹ C² m⁻¹ | Planck'sches Wirkungs- | | |
| Elektronenradius | $r_e$ | $2,81777 \cdot 10^{-15}$ m | quantum | h | $6,62559 \cdot 10^{-34}$ J s |
| Elektronen-Ruhemasse | $m_e$ | $9,10908 \cdot 10^{-31}$ kg | Protonen-Ruhemasse | $m_p$ | $1,67252 \cdot 10^{-27}$ kg |
| Elementarladung | e | $1,6021 \cdot 10^{-19}$ C | Rydberg-Konstante | R | $1,097373 \cdot 10^{7}$ m⁻¹ |
| Erdbeschleunigung | g | $9,80665$ ms⁻² | Standardatmosphäre | | $101325$ N m⁻² |
| Faraday-Konstante | F | $9,6487 \cdot 10^{4}$ C mol⁻¹ | Stefan-Boltzmann- | | |
| Gaskonstante | $R_0$ | $8,31434$ J K⁻¹ mol⁻¹ | Konstante | σ | $5,6697 \cdot 10^{-8}$ W m⁻²K⁻⁴ |

* SI-Einheiten = gesetzlich vorgeschriebene physikalische Einheiten

## Basisgrößen und -einheiten des SI-Systems

| Basisgröße | Basiseinheit | Definition der Einheit | Kurzzeichen der Einheit | Größen-symbol |
|---|---|---|---|---|
| Länge | Meter | 1 Meter ist die Länge der Strecke, welche Licht im Vakuum im Zeitintervall von ¹/₂₉₉₇₉₂₄₅₈ einer Sekunde zurücklegt. | m | l |
| Masse | Kilogramm | 1 Kilogramm ist die Masse des Internationalen Kilogramm-Prototyps | kg | m |
| Zeit | Sekunde | 1 Sekunde ist das 9 192 631 770-fache der Schwingungsdauer der dem Übergang zwischen den beiden Hyperfeinstrukturniveaus des Grund-zustandes von Atomen des Nuklids ¹³³Cs (Cäsium) entsprechenden Strahlung | s | t |
| Elektrische Stromstärke | Ampere | 1 Ampere ist die Stärke eines zeitlich unverän-derlichen elektrischen Stromes, der – durch zwei im Vakuum parallel im Abstand 1 Meter vonein-ander angeordnete, geradlinige, unendlich lange Leiter von vernachlässigbar kleinem, kreisförmi-gem Querschnitt fließend – zwischen diesen Leitern je 1 Meter Leiterlänge die Kraft ¹/₅₀₀₀₀₀₀ Newton hervorrufen würde | A | I |
| Temperatur | Kelvin | 1 Kelvin ist der 273,16-te Teil der thermodynami-schen Temperatur des Tripelpunktes des Wassers | K | T |
| Lichtstärke | Candela | 1 Candela ist die Lichtstärke, mit der ¹/₆₀₀₀₀₀ m² der Oberfläche eines schwarzen Strahlers bei der Temperatur des beim Druck 101 325 Newton erstar-renden Platins senkrecht zu seiner Oberfläche leuchtet | cd | J |
| Stoffmenge | Mol | 1 Mol ist die Stoffmenge eines Systems, das aus ebenso vielen Teilchen besteht wie Atome in 0,012 kg des Kohlenstoffnuklids ¹²C enthalten sind. Bei Benutzung des Mol müssen die Teilchen spezifiziert werden. Es können Atome, Moleküle, Ionen, Elektronen usw. oder eine Gruppe solcher Teilchen genau angegebener Zusammensetzung sein | mol | n |

### Zusätzliche Einheiten

| | | | | |
|---|---|---|---|---|
| ebener Winkel | Radiant | Winkeleinheit im Bogenmaß; der Mittelpunktswinkel eines Kreisbogens, dessen Länge gleich dem Radius ist | rad | |
| Raumwinkel | Steradiant | Raumwinkel, der als räumlicher Mittelpunktswinkel ei-ner Kugel den 4π-ten Teil der Oberfläche ausschneidet | sr | |

## Abgeleitete Einheiten

| Einheit | Symbol | Größe | Definition |
|---|---|---|---|
| Becquerel | Bq | Radioaktivität | Aktivität einer Menge eines Radioisotops, in der durchschnittlich ein Kern pro Sekunde zerfällt |
| Coulomb | C | elektr. Ladung | Ladung, die durch einen Strom der Stärke 1 A in einer Sekunde in einem Leiter fließt |
| Farad | F | elektr. Kapazität | Kapazität eines Kondensators, der bei einer Spannung von 1 V auf eine Ladung von 1 C aufgeladen wird |
| Gray | Gy | Energiedosis | Dosis ionisierender Strahlung, die einer Energie von 1 J pro kg entspricht |
| Henry | H | Induktivität | Induktivität einer geschlossenen Leiterwindung, in der eine elektrische Spannung von 1 V von einem Strom erzeugt wird, der sich mit 1 A pro Sekunde ändert |
| Hertz | Hz | Frequenz | eine vollständige Schwingung pro Sekunde |
| Joule | J | Energie | verrichtete Arbeit, wenn eine Kraft von 1 N den Angriffspunkt der Kraft um 1 m in Angriffsrichtung bewegt |
| Lumen | lm | Lichtstrom | Lichtstrom, der von einer punktförmigen Lichtquelle der Stärke 1 cd in den Raumwinkel 1 sr ausgestrahlt wird |
| Newton | N | Kraft | Kraft, die einem Körper der Masse 1 kg die Beschleunigung 1 m/s$^2$ erteilt |
| Ohm | Ω | elektr. Widerstand | Widerstand eines Leiters, in dem eine Spannung von 1 V einen Strom von 1 A erzeugt |
| Pascal | Pa | Druck | Druck, den eine Kraft von 1 N auf eine Fläche von 1 m$^2$ ausübt |
| Sievert | Sv | Äquivalentdosis | Strahlungsdosis, die 1 J Strahlungsenergie pro kg entspricht |
| Tesla | T | magn. Flussdichte | Flussdichte (oder magnetische Induktion) von 1 Wb (Magnetfluss) pro m$^2$ |
| Volt | V | elektr. Spannung | Spannung an einem Leiter, in dem ein konstant fließender Strom von 1 A eine Leistung von 1 W erzeugt |
| Watt | W | Leistung | Leistung, die einer Energieübertragungsrate (oder geleisteten Arbeit) von 1 J pro Sekunde entspricht |
| Weber | Wb | magnet. Fluss | Menge des Magnetflusses, der eine elektromotorische Kraft von 1 V in einem Stromkreis mit einer Windung induziert und in einer Sekunde gegen Null geht |

## Dezimale Vielfache und Teile von geläufigen Einheiten

### Längeneinheiten

| | |
|---|---|
| 1 Kilometer (km) | = 10 hm = 100 dam = 1000 m = 10000 dm = 100000 cm = 1000000 mm |
| 1 Hektometer (hm) | = 10 dam = 100 m = 1000 dm = 10000 cm = 100000 mm |
| 1 Dekameter (dam) | = 10 m = 100 dm = 1000 cm = 10000 mm |
| 1 Meter (m) | = 10 dm = 100 cm = 1000 mm |
| 1 Dezimeter (dm) | = 10 cm = 100 mm |
| 1 Zentimeter (cm) | = 10 mm |
| 1 Millimeter (mm) | |
| 1 Mikrometer (µm) | = 1/1000 mm |

### Flächeneinheiten

| | |
|---|---|
| 1 Quadratkilometer (km$^2$) | = 100 ha = 10000 a = 1000000 m$^2$ |
| 1 Hektar (ha) | = 100 a = 10000 m$^2$ |
| 1 Ar (a) | = 100 m$^2$ |
| 1 Quadratmeter (m$^2$) | = 100 dm$^2$ = 10000 cm$^2$ = 1000000 mm$^2$ |
| 1 Quadratdezimeter (dm$^2$) | = 100 cm$^2$ = 10000 mm$^2$ |
| 1 Quadratzentimeter (cm$^2$) | = 100 mm$^2$ |
| 1 Quadratmillimeter (mm$^2$) | |

### Volumeneinheiten

| | |
|---|---|
| 1 Kubikmeter (m$^3$) | = 1000 dm$^3$ = 1000000 cm$^3$ |
| 1 Hektoliter (hl) | = 100 dm$^3$ (= 100 l) |

| | |
|---|---|
| 1 Kubikdezimeter (dm³) | = 1 Liter (l) = 1000 cm³ |
| 1 Deziliter (dl) | = ¹/₁₀ l = 100 cm³ |
| 1 Zentiliter (cl) | = ¹/₁₀₀ l = 10 cm³ |
| 1 Milliliter (ml) | = ¹/₁₀₀₀ l = 1 cm³ |
| 1 Kubikzentimeter (cm³) | = 1000 Kubikmillimeter (mm³) |

**Masse-Einheiten**

| | |
|---|---|
| 1 Tonne (t) | = 10 dt = 1000 kg = 10000 hg = 100000 dag = 1000000 g |
| 1 Dezitonne (dt) | = 100 kg = 1000 hg = 10000 dag = 100000 g |
| 1 Kilogramm (kg) | = 10 hg = 100 dag = 1000 g |
| 1 Hektogramm (hg) | = 10 dag = 100 g |
| 1 Dekagramm (dag) | = 10 g |
| 1 Gramm (g) | = 10 dg = 100 cg = 1000 mg |
| 1 Dezigramm (dg) | = 10 cg = 100 mg |
| 1 Zentigramm (cg) | = 10 Milligramm (mg) |

## Gesetzlich gültige und ungültige Einheiten

| Zeichen gültig | Zeichen ungültig | Einheiten-name | ersetzt durch | Umrechnung | Größe |
|---|---|---|---|---|---|
| A | | Ampere | | SI-Basiseinheit | elektrische Stromstärke |
| | Å | Ångström | m | $1\ \text{Å} = 10^{-10}$ m | Länge in der Spektroskopie und Mikroskopie |
| | at | techn. Atmosphäre | Pa, bar | $1\ \text{at} = 1\ \text{kp/cm}^2 =$ 0,980665 bar = 98066,5 Pa | Druck |
| | ata | techn. Atmosphäre | | | absoluter Druck |
| | atm | physik. Atmosphäre | Pa, bar | 1 atm = 1,01325 bar | Normalwert des Luftdrucks |
| | atü | techn. Atmosphäre | | | Überdruck |
| | atu | techn. Atmosphäre | | | Unterdruck |
| bar | | Bar | | $1\ \text{bar} = 10^5\ \text{Pa} = 10^5\ \text{N/m}^2$ | Druck |
| Bq | | Becquerel | | 1 Bq = 1 Zerfall/s | Aktivität einer radioaktiven Substanz |
| °C | | Grad Celsius | | 1 °C = 1 K (nur bei Temperaturdifferenzen) | Celsius-Temperatur = T–To To = 273,15 K, Temperatur des Eispunktes |
| | cal | Kalorie | J | 1 cal = 4,1868 J | Wärmemenge |
| | cbm | Kubikmeter | m³ | 1 cbm = 1 m³ | Volumen (Name weiter erlaubt, Zeichen nicht mehr) |
| cd | | Candela | | SI-Basiseinheit | Lichtstärke |
| | den | Denier | tex | 1 den = (¹/₉)tex = 0,111 g/km | längenbezogene Masse |
| | dyn | Dyn | N | $1\ \text{dyn} = 10^{-5}$ N | Kraft |
| | dz | Doppelzentner | kg | 1 dz = 100 kg | Masse, Gewicht |
| | erg | Erg | J | $1\ \text{erg} = 10^{-7}$ J | Energie |
| eV | | Elektronenvolt | | $1\ \text{eV} = 1,602 \cdot 10^{-19}$ J | Energie |
| | Fm | Festmeter | m³ | 1 Fm = 1 m³ | Volumen von Holz |
| Gy | | Gray | | 1 Gy = 1 J/kg | Energiedosis |
| | grd | Grad | K | 1 grd = 1 K | Temperaturdifferenz |
| | HK | Hefnerkerze | cd | 1 HK = 0,903 cd | Lichtstärke |
| | IK | Internationale Kerze | cd | 1 IK = 1,019 cd | Lichtstärke |
| J | | Joule | | 1 J = 1 Nm = 1 Ws | Arbeit, Energie, Wärmemenge |
| K | | Kelvin | | SI-Basiseinheit | thermodynamische Temperatur, Temperaturdifferenz |
| | °K | Grad Kelvin | K | 1 °K = 1 K | thermodynam. Temperatur |
| | kcal | Kilokalorie | J | 1 kcal = 4186,8 J | Wärmemenge |
| kg | | Kilogramm | | SI-Basiseinheit | Masse, Gewicht |
| | kp | Kilopond | N | 1 kp = 9,80665 N | Kraft im technischen Einheitensystem |

⇒ S. 126

# Physik / Einheiten, Maße und Gewichte

| Zeichen gültig | Zeichen ungültig | Einheitenname | ersetzt durch | Umrechnung | Größe |
|---|---|---|---|---|---|
| | Lj | Lichtjahr | m | 1 Lj = 9,46053 · $10^{15}$ m | Länge in der Astronomie |
| m | | Meter | | SI-Basiseinheit | Länge |
| | mmHg | Millimeter Quecksilbersäule | hPa, Pa | 1 mmHg = 1,333224 hPa = 1,33,3224 Pa | Druck |
| | mmWS | Millimeter Wassersäule | hPa, Pa | 1 mmWS = 0,0980665 hPa = 9,80665 Pa | Druck |
| mol | | Mol | | SI-Basiseinheit | Stoffmenge |
| | Morgen | Morgen | ha | 1 Morgen = 0,25–0,576 ha | Feldflächen |
| | mWS | Meter Wassersäule | hPa, Pa | 1 mWS = 98,0665 hPa = 9806,65 Pa | Druck |
| N | | Newton | | 1 N = 1 kgm/$s^2$ | Kraft |
| | p | Pond | N | 1 p = 9,80665 mN | Kraft im technischen Einheitensystem |
| Pa | | Pascal | | 1 Pa = 1 N/$m^2$ = $10^{-5}$ bar | Druck, Kraft durch Fläche |
| pc | | Parsec | | 1 pc = 30857 · $10^{12}$ m | Länge (in der Astronomie) |
| | PS | Pferdestärke | kW | 1 PS = 0,73549875 kW | Leistung |
| | qm | Quadratmeter | $m^2$ | 1 qm = 1 $m^2$ | Fläche (Name weiter erlaubt, Zeichen nicht mehr) |
| | rd | Rad | | 1 rd = $10^{-2}$ J/kg | Energiedosis |
| | rem | Rem | | 1 rem = $10^{-2}$ J/kg | Äquivalentdosis |
| | R | Röntgen | | 1 R = 258 · $10^{-6}$ C/kg | Ionendosis |
| s | | Sekunde | | SI-Basiseinheit | Zeit, Zeitspanne, Dauer |
| | Torr | Torr | hPa, Pa | 1 Torr = 1,333224 hPa = 133,3224 Pa | Druck |
| | Ztr | Zentner | kg | 1 Ztr = 50 kg | Masse, Gewicht |
| Sv | | Sievert | | 1 Sv = 1 J/kg = 100 rem | Äquivalentdosis |

## Gemeinsam mit dem SI-System benutzte Einheiten

| Größe | Einheit | Kurzzeichen | Beziehung zu SI-Einheiten |
|---|---|---|---|
| Zeit | Minute | min | 1 min = 60 s |
| | Stunde | h | 1 h = 60 min = 3600 s |
| | Tag | d | 1 d = 24 h = 86400 s |
| Winkel | Grad | ° | 1° = π/180 rad |
| | Minute | ' | 1' = ($^1$/60)° = π/10800 rad |
| | Sekunde | " | 1" = ($^1$/60)' = π/64800 rad |
| Volumen | Liter | l | 1 l = $dm^3$ |
| Masse | Tonne | t | 1 t = 1000 kg |

## Neben dem SI-System verwendete Einheiten

| Größe | Einheit | Kurzzeichen | Beziehung zu SI-Einheiten |
|---|---|---|---|
| Länge (im Schiffsverkehr) | Seemeile | | 1 Seemeile = 1852 m |
| Geschwindigkeit (im Schiffsverkehr) | Knoten | | 1 Knoten = 1 Seemeile/h = 0,514 m/s |
| Fläche | Ar | a | 1 a = 100 $m^2$ |
| | Hektar | ha | 1 ha = 10000 $m^2$ |
| Masse (von Edelsteinen) | metrisches Karat | | 1 Karat = 0,2 g |

## Umrechnung von britischen und US-Einheiten in metrische Einheiten

| Einheit (Symbol) | GB | US |
|---|---|---|
| **Längeneinheiten** | | |
| 1 mil | – | 25,4 µm |
| 1 inch (in) | 25,4 mm | 25,4 mm |
| 1 hand | – | 10,16 cm |
| 1 link | – | 20,1168 cm |
| 1 foot (ft) | 0,3048 m | 0,3048 m |
| 1 yard (yd) | 0,9144 m | 0,9144 m |
| 1 fathom | 1,8288 m | 1,8288 m |
| 1 rod | 5,0292 m | 5,0992 m |
| 1 chain | 20,1168 m | 20,1168 m |
| 1 furlong | 201,168 m | 201,168 m |
| 1 mile (= 1 statute mile) (mile/mi) | 1,609344 km | 1,609344 km |
| 1 nautical mile | 1,853184 km | – |
| 1 int. nautical mile (n mile) | 1,852 km | 1,852 km |
| **Flächeneinheiten** | | |
| 1 circular mil | $5,067 \cdot 10^{-10}$ m² | $5,067 \cdot 10^{-10}$ m² |
| 1 circular inch | 5,06707 cm² | 5,06707 cm² |
| 1 square inch (in²) | 6,4516 cm² | 6,4516 cm² |
| 1 square foot (ft²) | 929,0304 cm² | 929,0304 cm² |
| 1 square yard (yd²) | 0,83612736 m² | 0,83612736 m² |
| 1 square chain | – | 404,686 m² |
| 1 rood | 1011,71 m² | – |
| 1 acre | 4046,85642 m² | 4046,85642 m² |
| 1 square mile (mile²) | 2,58998811 km² | 2,58998811 km² |
| **Raumeinheiten** | | |
| 1 cubic inch (in³) | 16,38706 cm³ | 16,38706 cm³ |
| 1 board foot | – | 2,35974 dm³ |
| 1 cubic foot (ft³) | 28,3168 dm³ | 28,3168 dm³ |
| 1 cubic yard (yd³) | 0,764555 m³ | 0,764555 m³ |
| 1 cord (cd) | – | 3,62456 m³ |
| **für Flüssigkeiten** | | |
| 1 minim (UK min) | 59,1939 mm³ | – |
| 1 minim (US min) | – | 61,6115 mm³ |
| 1 fluid dram (UK fl dr) | 3,55163 cm³ | – |
| 1 fluid dram (US fl dr) | – | 3,69669 cm³ |
| 1 fluid ounce (UK fl oz) | 28,4131 cm³ | – |
| 1 liquid ounce (US liq oz) | – | 29,5735 cm³ |
| 1 gill (gi) | 142,065 cm³ | 118,29483 cm³ |
| 1 pint (UK pt) | 0,568261 dm³ | – |
| 1 liquid pint (US liq pt) | – | 473,176 cm³ |

| Einheit (Symbol) | GB | US |
|---|---|---|
| 1 quart (UK qt) | 1,13652 dm³ | – |
| 1 liquid quart (US liq qt) | _ | 0,946353 dm³ |
| 1 gallon (UK gal) | 4,54609 dm³ | – |
| 1 gallon (US gal) | – | 3,78541 dm³ |
| 1 peck | 9,09218 dm³ | – |
| 1 bushel | 36,3687 dm³ | – |
| 1 quarter | 1,13652 dm³ | – |
| **für trockene Stoffe** | | |
| 1 dry pint (dry pt) | – | 0,550610 dm³ |
| 1 dry quart (dry qt) | – | 1,10122 dm³ |
| 1 peck (pk) | – | 8,80977 dm³ |
| 1 bushel (bu) | – | 3,52391 dm³ |
| 1 dry barrel (bbl) | – | 0,115627 m³ |
| **Masse-Einheiten** | | |
| Avoirdupois-System | | |
| 1 grain (gr) | 64,79891 mg | 64,79891 mg |
| 1 dram (dr) | 1,77185 g | 1,77185 g |
| 1 ounce (oz) | 28,3495 g | 28,3495 g |
| 1 pound (lb) | 0,45359237 kg | 0,45359237 kg |
| 1 stone | 6,35029 kg | – |
| 1 quarter | 12,7006 kg | – |
| 1 cental | 45,3592 kg | – |
| 1 short hundred-weight (sh cwt) | – | 45,3592 kg |
| 1 (long) hundred-weight (cwt) | 50,8023 kg | – |
| 1 short ton (sh tn) | – | 907,185 kg |
| 1 (long) ton (UK ton) | 1016,047 kg | – |
| Troy-System (für Edelsteine) | | |
| 1 pennyweight (dwt) | 1,55517 g | 1,55517 g |
| 1 troy ounce (oz tr) | 31,1035 g | 31,1035 g |
| 1 troy pound (lb tr) | 373,242 g | 373,242 g |
| Apothecaries-System (für Drogen) | | |
| 1 scruple | 1,29598 g | 1,29598 g |
| 1 dram (= 1 drachm) (dr ap) | 3,88793 g | 3,88793 g |
| 1 apothecaries' ounce (oz apoth) | 31,1035 g | 31,1035 g |

# Physik / Einheiten, Maße und Gewichte

## Historische nichtmetrische Maße und Gewichte in Deutschland

### Zählmaße (Stückmaße)

| | |
|---|---|
| 1 Decher | 10 Stück |
| 1 Dutzend | 12 Stück |
| 1 (kleine) Mandel | 15 Stück |
| 1 (große) Mandel | 16 Stück |
| 1 Stiege | 20 Stück |
| 1 Zimmer | 40 oder 60 Stück |
| 1 Schock | 60 Stück |
| 1 Gros | 12 Dutzend = 144 Stück |
| 1 Ballen (Papier) | 10 Ries = 10 000 Bogen |

### Längenmaße

| | |
|---|---|
| 1 Zoll | $^1/_{12}$ (oder $^1/_{10}$) Fuß ≈ 2–2,5 cm |
| 1 Fuß | 0,25–0,376 m (P: 0,314 m, B: 0,2918 m, S: 0,283 m; H: 0,2866 m) |
| 1 Elle | 0,5473–0,833 m (P: 0,6669 m, B: 0,833 m, S: 0,566 m) |
| 1 Klafter (Lachter) | 2–2,5 m (P: 2,092 m, S: 2,0 m) |
| 1 Rute | 2,918–5,326 m (P: 3,716 m = 12 Fuß, B: 2,918 m = 10 Fuß, S: 4,531 m = 16 Fuß, H: 4,585 m = 16 Fuß) |
| 1 Meile | rd. 7500 m (P: 7532,485 m, S: 7500 m) |

### Flächenmaße

| | |
|---|---|
| 1 Quadratrute | 8,2–25 m² (P: 14,2 m², S: 18,477 m², H: 21,846 m²) |
| 1 Morgen | 26–36 a (P: 25,53 a, B: 34,07 a, S: 27,67 a) (heute wird allgemein 1 Morgen = 25 a gerechnet; 1 ha = 4 Morgen) |
| 1 Acker | meist = 2 Morgen |

### Hohlmaße

| | |
|---|---|
| 1 Schoppen | 0,42–0,5 l (u.a. Hessen, Württemberg) |
| 1 Quartier | 0,8897–0,9735 l (Norddeutschland; H: 0,9057 l) |
| 1 Maß | 0,9–2 l |
| 1 Metze | 1,9465–61,487 l (P: 3,435 l, B: 37,06 l, S: 6,49 l) |

### Gewichte

| | |
|---|---|
| 1 Pfund | 500 g |
| 1 Zentner | 100 (–116) Pfund = 50(–57,826) kg |

Die Maße und Gewichte weichen bzw. wichen in den verschiedenen Ländern z.T. erheblich voneinander ab; Einzelangaben für Preußen (P), Bayern (B), Sachsen (S), Hamburg (H)

## Historische nichtmetrische Maße und Gewichte im Ausland

| Längenmaße | Flächenmaße | Hohlmaße | Gewichte |
|---|---|---|---|
| **Argentinien** | | | |
| 1 Legua = 6000 Varas = 5196 m | Legua cuadrada = 2699,84 ha | 1 Pipa = 456 l | 1 Quintal = 100 kg |
| 1 Vara = 3 Pie = 0,866 m | | 1 Fanega = 137,2 l | 1 Libra = 0,4594 kg |
| | | | 1 Arroba = 25 Libras = 11,49 kg |
| **China** | | | |
| 1 Li = 18 Yen = 180 Zhang = 1800 Chi = 18000 Cun = 576 m | 1 Qing = 100 Mu = 1000 Fan = 6,1 ha | 1 Dan = 2 Hu = 10 Dou = 100 Bing = 103,5 l | 1 Jin = 16 Liang = 160 Qian = 1600 Fan = 0,56 kg |
| **Dänemark** | | | |
| 1 Rode = 5 Alen = 10 Fod = 3,14 m | 1 Qvadratrode = 10 Qvadratfod = 9,85 m² | 1 Kande = 2 Potter = 1,93 l | 1 Centner = 100 Pfund = 50 kg |
| | | 1 Aam = 154,5 l | |
| **Frankreich/Belgien** | | | |
| 1 Pied = 12 Pouces = 144 Lignes = 0,325 m | 1 Arpent (Morgen) = 100 Perches carrées = 34,18 a oder 51,07 a | 1 Pinte = 0,93 l | 1 Quintal = 100 Livres = 48,95 kg |
| 1 Perche = 18 Pieds = 5,85 m | | | |

| Längenmaße | Flächenmaße | Hohlmaße | Gewichte |
|---|---|---|---|
| **Japan** | | | |
| 1 Jo = 10 Shaku<br>  = 100 Sun<br>  = 3,033 m<br>1 Ken = 6 Shaku<br>  = 1,818 m | 1 Tan = 10 Se<br>  = 300 Tsubo<br>  = 991,7 m² | 1 Koku = 10 To<br>  = 100 Sho<br>  = 180,39 l | 1 Momme = 3,75 g<br>1 Hyakume = 100 Momme<br>  = 375 g<br>1 Komme = 1000 Momme<br>  = 3,75 kg |
| **Niederlande** | | | |
| 1 Roede = 12 Voet<br>  = 3,677 m | 1 Vierkante-roede<br>  = 13,54 m² | 1 Stoop = 4 Pintjes<br>  = 2,43 l | 1 Centenaar = 100 Ponden<br>  = 49,4 kg |
| **Österreich** | | | |
| 1 Rute = 2 Klafter<br>  = 12 Fuß<br>  = 3,793 m<br>1 Postmeile = 7585,94 m | 1 Joch = 400 Quadratruten<br>  = 57,55 a | 1 Maß = 4 Seidel<br>  = 1,41 l<br>1 Metzen = 61,49 l | 1 Zentner = 100 Pfund<br>  = 56 kg |
| **Russland** | | | |
| 1 Arschin = 0,7112 m<br>1 Saschen = 2,1336 m<br>1 Werst = 1,066,8 m | 1 Deßjatine = 109,25 a | 1 Kruschka = 1,23 l<br>1 Wedro = 12,3<br>1 Garnetz = 4,373 l<br>1 Tschetwerik = 26,238 l<br>1 Botschka= 492 l | 1 russ. Pfund = 409,5 g<br>1 Pud      = 40 Pfund<br>  = 16,38 kg<br>1 Berkowetz = 163,8 kg |
| **Schweden** | | | |
| 1 Stång = 5 Aln<br>  = 10 Fot<br>  = 2,97 m | 1 Tunnland = 32 Kappland<br>  = 49,36 a | 1 Kanna = 32 Jumfrur<br>  = 2,62 l | 1 Skålpund = 100 Ort<br>  = 0,425 kg |
| **Schweiz** | | | |
| 1 Stab = 4 Fuß<br>  = 2 Ellen<br>  = 1,20 m<br>1 Wegstunde = 16000 Fuß<br>  = 4800 m | 1 Juchart = 40000<br>  Quadratfuß<br>  = 36 a | 1 Maß = ¹/₁₀₀ Ohm<br>  = 1,5 l | 1 Zentner = 100 Pfund<br>  = 50 kg |
| **Spanien** | | | |
| 1 Pulgada = 2,62 cm<br>1 Palmo = 20,9 cm<br>1 Pie = 27,86 cm<br>1 Vara = 83,59 cm<br>1 Braza = 1672 m<br>1 Legua = 5555,25 m | 1 Pie cuadrado = 0,0776 m²<br>1 Vara cuadrada = 0,6987 m²<br>1 Estadel = 11,18234 m²<br>1 Fanega = 64,396 a | 1 Arroba = 12,56 l<br>1 Cantara = 16 l<br>1 Cuartillo = 1,16 l<br>1 Fanega = 55,49 l<br>1 Pipa = 432 l<br>1 Bota = 480 l<br>1 Cahiz = 666 l | 1 Libra (Pfund) = 460,1 g<br>1 Quintal (Zentner) = 46,01 kg |

## Antike Maße und Gewichte

| Bezeichnung | Erläuterung |
|---|---|
| 1 Stadion | = 6 Plethra (184,97 m) |
| 1 olympisches Stadion | = 192,27 m |
| 1 (römische) Meile | = 1000 Passus (Schritt) = 1479 m |
| 1 Talent | = 60 Minen = 26,2 kg |
| 1 Drachme | = 6 Obolen = 4,4 g |
| 1 Libra (Pfund) | = 12 Unzen = 327 g |

# Physik

## Physikalische Formeln und Gesetze

| Bereich | Formel | Erläuterung |
|---|---|---|
| Arbeit (Energie) | $E = F \cdot s$ | $F$ = Kraft; $s$ = Weg |
| | $E = m \cdot g \cdot h$ | $m$ = Masse; $g$ = Fallbeschleunigung; $h$ = Höhe |
| | $E = \frac{1}{2} m \cdot v^2$ | $m$ = Masse; $v$ = Geschwindigkeit |
| Beschleunigung | $a = F : m$ | $F$ = Kraft; $m$ = Masse |
| | $a = (v - u) : t$ | $v$ = End-, $u$ = Anfangsgeschwindigkeit; $t$ = Zeit |
| Brechkraft (Linse, Linsensystem) | $D = 1 : f$ | $f$ = Brennweite |
| Brechzahl, absolute (Brechungsindex) | $n = \sin \alpha_1 : \sin \alpha_2$ | $\sin$ = Winkelfunktion Sinus; $\alpha_1$ = Auftreffwinkel beim ersten Medium; $\alpha_2$ = Brechungswinkel im zweiten Medium |
| | $n = 1 : \sin c$ | $\sin$ = Winkelfunktion Sinus; $c$ = kritischer Winkel |
| Brennweite | $f = r : 2$ | (sphärischer Spiegel:) $r$ = Krümmungsradius |
| | $f = 1 : D$ | (Linse, Linsensystem:) $D$ = Brechkraft |
| Dichte | $d = m : V$ | $m$ = Masse; $V$ = Volumen |
| Drehmoment | $M = F \cdot d$ | $F$ = Kraft; $d$ = senkrechter Abstand der Wirkungslinie der Kraft vom Drehpunkt |
| Druck | $p = F : A$ | $F$ = Kraft; $A$ = Fläche |
| | $p = h \cdot d \cdot g$ | (bei Flüssigkeiten:) $h$ = Höhe der Flüssigkeit; $d$ = Dichte der Flüssigkeit; $g$ = Fallbeschleunigung |
| | $p = k \cdot T / V$ | (bei idealen Gasen:) $k$ = Boltzmann-Konstante; $T$ = absolute Temperatur; $V$ = Volumen |
| Energie | $E = m \cdot c^2$ | $m$ = Masse; $c$ = Lichtgeschwindigkeit |
| Fallbeschleunigung | $g = v : t$ | $v$ = Geschwindigkeit; $t$ = Zeit |
| Fallweg | $s = \frac{1}{2} g \cdot t^2$ | $g$ = Fallbeschleunigung; $t$ = Zeit |
| Feldstärke, elektrische | $E = F : Q$ | $F$ = Kraft; $Q$ = Ladung |
| | $E = U : s$ | $U$ = Spannung; $s$ = Weg |
| Geschwindigkeit | $v = s : t$ | $s$ = zurückgelegte Wegstrecke; $t$ = Zeit |
| Gewicht, spezifisches | $\gamma = G : V$ | $G$ = Gewicht; $V$ = Volumen |
| Gewichtskraft | $G = m \cdot g$ | $m$ = Masse; $g$ = Beschleunigung im freien Fall |
| Hebelgesetz | $K \cdot p = L \cdot l$ | Gleichgewicht am Hebel, wenn Kraft $\cdot$ Kraftarm = Last $\cdot$ Lastarm |
| Impuls | $I = m \cdot v$ | $m$ = Masse; $v$ = Geschwindigkeit |
| | $I = F \cdot t$ | $F$ = Kraft; $t$ = Zeit |
| Kapazität | $C = Q : U$ | $Q$ = Ladung; $U$ = Spannung |
| Kraft | $F = m \cdot a$ | $m$ = Masse; $a$ = Beschleunigung |
| | $F = E : s$ | $E$ = Arbeit (Energie); $s$ = Weg |
| Kraft, elektromotorische | $EMK = I : (R + r)$ | $I$ = Stromstärke; $R + r$ = Gesamtwiderstand eines Stromkreises |
| Krümmungsradius (Spiegel) | $r = 2 \cdot f$ | $f$ = Brennweite |
| Ladung | $Q = I \cdot t$ | $I$ = Stromstärke; $t$ = Zeit |
| | $Q = C \cdot U$ | (für Kondensatoren:) $C$ = Kapazität; $U$ = Spannung |
| Leistung (Mechanik) | $L = E : t$ | $E$ = Arbeit; $t$ = Zeit |
| Leistung (Elektrizität) | $P = W : t$ | $W$ = elektrische Energie/Arbeit; $t$ = Zeit |
| | $P = U \cdot I$ | $U$ = Spannung; $I$ = Stromstärke |
| | $P = I^2 \cdot R$ | $I$ = Stromstärke; $R$ = Widerstand |
| | $P = U^2 : R$ | $U$ = Spannung; $R$ = Widerstand |
| Masse | $m = F : a$ | $F$ = Kraft; $a$ = Beschleunigung |
| | $m = G : g$ | $G$ = Gewicht; $g$ = Beschleunigung im freien Fall |
| Reflexionsgesetz | $\alpha_i = \alpha_r$ | $\alpha_i$ = Einfallswinkel; $\alpha_r$ = Reflexionswinkel |
| Spannung | $U = I \cdot R$ | $I$ = Stromstärke; $R$ = Widerstand |
| | $U = Q : C$ | (für Kondensatoren:) $Q$ = Ladung; $C$ = Kapazität |
| | $U = W : Q$ | $W$ = elektrische Energie; $Q$ = Ladung |
| Strecke, bei konstanter Geschwindigkeit | $s = v \cdot t$ | $v$ = Geschwindigkeit; $t$ = Zeit |

| Bereich | Formel | Erläuterung |
|---|---|---|
| Stromstärke | I = U : R | U = Spannung; R = Widerstand |
| | I = Q : t | Q = Ladung; t = Zeit |
| | I = P : U | P = Leistung; U = Spannung |
| Wärme (lineare Ausdehnung) | $l_t$ = lo (1 + $\alpha \cdot$ t) | $l_t$ = Länge bei der Temperatur; lo = Länge bei der Temperatur 0°C; $\alpha$ = Wärmeausdehnungs-Koeffizient; t = Temperatur in °C |
| Wärme, spezifische (Artwärme) | c = C : M | C = Wärmekapazität; m = Masse |
| | c = $\Delta$Q / m $\cdot \Delta$t | $\Delta$Q = Wärmeenergie; m = Masse; $\Delta$t = Temperaturänderung |
| Wärmekapazität | C = m $\cdot$ c | m = Masse des Körpers; c = Artwärme d. Körpers |
| | C = $\Delta$Q : $\Delta$t | $\Delta$Q = zugeführte Wärmemenge; $\Delta$t = dadurch ausgelöste Temperaturerhöhung |
| Widerstand | R = U : I | U = Spannung; I = Stromstärke |
| Wirkungsgrad | $\eta$ = abgegebene Energie : zugeführte Energie | |

## Geschwindigkeiten

| | m/s | km/h |
|---|---|---|
| Schnecke | 0,002 | 0,007 |
| Mittlere Strömung deutscher Flüsse | 1,0 | 3,6 |
| Fußgänger | 1,4–1,7 | 5–6 |
| Stubenfliege | 1,5–2 | 5,4–7,2 |
| Schwimmer | 2,4 | 8 |
| Dauerläufer | 2,5 | 9 |
| Pferd im Trab | 4 | 15 |
| Wasser in schnellen Flüssen | 4 | 15 |
| Elektrokarren | 4 | 15 |
| Fahrrad | 5 | 18 |
| Sprinter | 7–10 | 25–34 |
| Schnelles Segelboot | 8 | 29 |
| Pferd im Galopp | 8 | 30 |
| Regentropfen | bis 8 | bis 29 |
| Schlittschuhläufer | 10 | 36 |
| Rennpferd | 12–16 | 45–60 |
| Biene | 12–16 | 40–60 |
| Motorboot | 14–90 | 50–326 |
| Geworfener Stein | 16 | 58 |
| Passagierschiff (Rekord) | 20 | 71 |
| Windhund | 20 | 70 |
| Brieftaube | 20–30 | 70–108 |
| Güterzug | bis 39 | bis 140 |
| Personenwagen | bis 70 | bis 250 |
| Tennis (Aufschlag) | 73 | 263 |
| Schwalbe | 90 | 320 |
| Hochgeschwindigkeitszug | 134 | 482 |
| Motorrad (Rekord) | 143 | 513 |
| Rennwagen (Rekord) | 178 | 644 |
| Schall in Luft (15°C) | 340 | 1225 |
| Erddrehung am Äquator | 440 | 1650 |
| Überschallflugzeug | 694 | 2500 |
| Gewehrkugel | 870 | 3130 |
| Mondrakete | 11084 | 39903 |
| Erde um die Sonne | 30000 | 108000 |
| Licht | 300 Mio. | 1,08 Mrd. |

## Lautstärken

| | dB (A) |
|---|---|
| Untere Hörschwelle | 0 |
| Büro (ohne Maschinengeräusche) | 10 |
| Blätterrauschen | 20 |
| Straßenlärm in Vorortstraße | 30 |
| Straßenlärm in Wohnviertel | 40 |
| Blechmusik | 40–70 |
| Außenbordmotor | 40–90 |
| Umgangssprache | 50 |
| Eisenbahnwagen (Inneres) | 60 |
| Hauptverkehrsstraße in New York | 70 |
| Tigergebrüll, Auto, Motorrad | 80 |
| Löwengebrüll | 90 |
| Nieten | 100 |
| Hämmern auf Stahlplatten | 110 |
| Flugzeug | 120 |
| Schmerzschwelle des Ohres | 130 |

## Schallgeschwindigkeiten

| Feste Stoffe | m/s |
|---|---|
| Glas | 65000 |
| Eisen | 5170 |
| Aluminium | 5080 |
| Gold | 2030 |
| Blei | 1200 |
| Kautschuk | 50 |
| **Flüssigkeiten bei 20°C** | |
| Wasser | 1465 |
| Petroleum | 1326 |
| Tetrachlorkohlenstoff | 950 |
| **Gase bei 20°C** | |
| Wasserstoff | 1306 |
| Sauerstoff | 326 |
| Kohlenstoffdioxid | 267 |

**131**

# Physik

### Verschiedene Thermometer

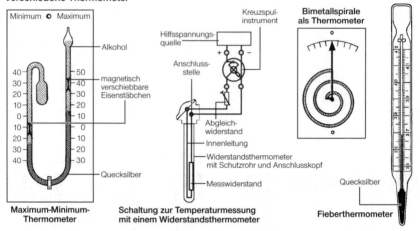

**Maximum-Minimum-Thermometer**

**Schaltung zur Temperaturmessung mit einem Widerstandsthermometer**

**Fieberthermometer**

| Hauptsätze der Thermodynamik | |
|---|---|
| **Satz** | **Bedeutung** |
| 1. Hauptsatz (Energieerhaltungssatz) | Bei allen Naturvorgängen bleibt die Energie insgesamt erhalten; sie tritt in unterschiedlichen Formen (Trägern) auf, vermehrt sich aber nicht und geht auch nicht verloren. |
| 2. Hauptsatz | Ein Prozess wie z.B. das Abkühlen eines Körpers ist irreversibel, obwohl vom Energiesatz her nichts dagegen einzuwenden wäre, wenn z.B. ein warmer Körper »von selbst« noch wärmer würde, dafür ein kalter Körper noch kälter. |

## Thermometer und Temperaturen

| Wert/Symbol | Bedeutung |
|---|---|
| Kelvin (K) | Einheit der thermodynamischen Temperaturskala |
| 0 K | Absoluter Nullpunkt (= −273,15°C) |
| 82 K | Luft wird flüssig (= −213°C) |
| Grad Celsius (°C) | In Mitteleuropa gebräuchliche Einheit |
| 0°C | Gefrierpunkt des Wassers |
| 100°C | Siedepunkt des Wassers |

| Verhältnis der Temp.-Skalen | Bedeutung |
|---|---|
| Kelvin–Celsius | Um die Kelvin-Temperatur zu erhalten, muss zur jeweiligen Celsius-Angabe 273,15 addiert werden. |
| Celsius–Fahrenheit | Celsius = Fahrenheitangabe minus 32 mal 5 geteilt durch 9. |
| Celsius–Réaumur | Celsius = Réaumurangabe mal 5 geteilt durch 4 (Réaumur wird nicht mehr verwendet). |

## ◄ Über Temperaturen

Hohe Temperaturen von etwa 4000 K entstehen bei elektrischen Bogenentladungen. 50000 K erreicht man kurzzeitig im Hochstromlichtbogen. Höchste Temperaturen (mehrere Mio. K) sind möglich durch elektrische Gasentladungen.

Temperaturen unter 273 K (0°C) erreicht man mit Hilfe von Kältemischungen (z.B. Eis und Salz), tiefere Temperaturen werden durch Kältemaschinen erzeugt (Abkühlung durch Entspannung komprimierter Gase). Bei tiefen Temperaturen ändern manche Materialien sprunghaft ihre physikalischen Eigenschaften, sie werden zu Supraleitern (kein elektrischer Widerstand unterhalb einer bestimmten Temperatur). Seit der Entdeckung der keramischen Hochtemperatur-Supraleiter wurde die »Sprungtemperatur« mit 85 K über die Siedetemperatur des billigen Kältemittels flüssiger Stickstoff hinausgeschoben.

## Eigenschaften von Festkörpern, Flüssigkeiten und Gasen

| Festkörper | Dichte (g / cm³) | Längenausdehnungskoeffizient (1 / K) | Spezif. Wärmekapazität (J / g · K) | Schmelzpunkt (°C) | Siedepunkt (°C) |
|---|---|---|---|---|---|
| Aluminium | 2,70 | 0,000024 | 0,90 | 660 | 2450 |
| Blei | 11,34 | 31 | 0,13 | 327 | 1750 |
| Eisen | 7,86 | 12 | 0,45 | 1539 | 2735 |
| Jenaer Glas | 2,50 | 8 | 0,67 | – | – |
| Gold | 19,30 | 14 | 0,13 | 1063 | 2700 |
| Kalium | 0,86 | 84 | 0,75 | 63 | 757 |
| Kupfer | 8,93 | 17 | 0,38 | 1083 | 2590 |
| Magnesium | 1,74 | 26 | 1,02 | 650 | 1120 |
| Marmor | 2,50 | 5 | 0,83 | – | – |
| Messing | 8,30 | 19 | 0,38 | 920 | – |
| Platin | 21,40 | 9 | 0,13 | 1769 | 4300 |
| Silber | 10,51 | 20 | 0,24 | 960 | 2200 |
| Tannenholz | 0,50 | 3 | 1,40 | – | – |
| Wolfram | 19,30 | 4 | 0,13 | 3370 | 5500 |
| Zink | 7,14 | 26 | 0,38 | 419 | 907 |

| Flüssigkeiten | Dichte bei 18°C (g / cm³) | Raumausdehnungskoeffizient bei 18°C (1 / K) | Spezif. Wärmekapazität (J / g · K) | Schmelzpunkt (°C) | Siedepunkt (°C) |
|---|---|---|---|---|---|
| Benzol | 0,879 | 1230 | 1,72 | + 5,5 | 80,1 |
| Ethanol | 0,790 | 0,001100 | 2,43 | – 114,4 | 78,3 |
| Ethylether | 0,716 | 1620 | 2,25 | – 123,4 | 34,6 |
| Olivenöl | 0,915 | 720 | 2,0 | – | – |
| Petroleum | 0,85 | 960 | 2,1 | – | – |
| Quecksilber | 13,55 | 182 | 0,14 | – 38,87 | 357 |
| Wasser | 0,9986 | 200 | 4,19 | 0,00 | 100 |

| Gase | Dichte bei 0°C und 1013 mbar (g / cm³) | Spezif. Wärmekapazität bei konst. Druck (J / g · K) | Schmelzpunkt (°C) | Siedepunkt bei 1013 mbar (°C) | Dichte als Flüssigkeit (g / cm³) |
|---|---|---|---|---|---|
| Ammoniak | 0,771 | 2,16 | – 77,7 | – 33,4 | 0,68 |
| Chlor | 3,21 | 0,74 | –101 | – 34,1 | 1,56 |
| Helium | 0,178 | 5,23 | –272 | –269 | 0,13 |
| Kohlendioxid | 1,98 | 0,84 | – 57 | – 78,5 | 1,56 |
| Luft | 1,293 | 1,005 | –213 | –191 | – |
| Sauerstoff | 1,43 | 0,92 | –219 | –183 | 1,13 |
| Stickstoff | 1,25 | 1,04 | –210 | –196 | 0,81 |
| Wasserdampf bei 100°C, 1013 mbar | 0,6 | 1,95 | – | – | 0,96 |
| Wasserstoff | 0,0899 | 14,32 | –259 | –253 | 0,07 |

# Physik

## Optische Linsen

### Sammellinsen

bikonvex    plankonvex    konkavkonvex

### Zerstreuungslinsen

konvexkonkav    plankonkav    bikonkav

Das Verhältnis der Sinus des Einfalls- ($\alpha$) und des Brechungswinkels ($\beta$) ergibt den Brechungskoeffizienten (Brechungszahl); es ist eine von der Natur beider durchlaufender Stoffe (Medien) abhängige Konstante (n):

$$\frac{\sin \alpha}{\sin \beta}$$

Bei isotropen Medien liegen einfallender Strahl, Lot und gebrochener Strahl in einer Ebene, der Einfallsebene. Handelt es sich um anisotrope Stoffe (viele Kristalle), so tritt Doppelbrechung auf. Der einfallende Lichtstrahl wird in einen ordentlichen und einen außerordentlichen Strahl aufgespalten.

## ▲▼ Über Linsen und Lichtbrechung

Die Gesetze der Lichtbrechung werden in Linsen und in verschiedenen optischen Instrumenten, fotografischen Apparaten usw. angewendet. Linsen sind durchsichtige gekrümmte Körper. Man unterscheidet:

1.) Konvex-Linsen (Sammel-Linsen), bei denen die stärker gekrümmte Fläche nach außen geht, und zwar:
   a) bikonvexe Linsen (beide Seiten sind konvex)
   b) plankonvexe Linsen (eine Seite ist eben, die andere konvex)
   c) konkav-konvexe Linsen (die stärker gekrümmte Fläche ist konvex, die andere konkav)

2.) Konkav-Linsen (Zerstreuungslinsen), bei denen die stärker gekrümmte Fläche nach innen geht, und zwar:
   a) bikonkave Linsen (beide Seiten sind konkav)
   b) plankonkave Linsen (eine Seite ist eben, die andere konkav)
   c) konvex-konkave Linsen (die stärker gekrümmte Fläche ist konkav, die andere konvex)

### Strahlenverlauf

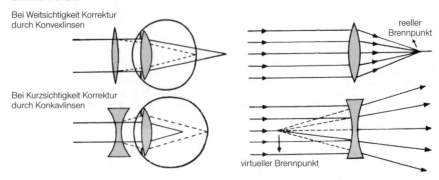

Bei Weitsichtigkeit Korrektur durch Konvexlinsen

Bei Kurzsichtigkeit Korrektur durch Konkavlinsen

reeller Brennpunkt

virtueller Brennpunkt

## Optische Täuschungen

Die Scheibe dreht sich bei längerem Hinsehen

Punkt a = b = c

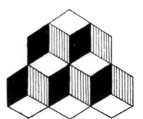

Man sieht 3 Würfel von oben oder 5 Würfel von unten

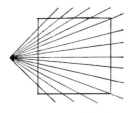

Ein regelrechtes Quadrat

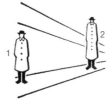

1 ist so groß wie 2

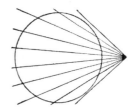

Der Kreis ist rechts nicht abgeplattet

Die beiden Waagerechten laufen jeweils parallel – xy ist nicht gebrochen

Die Senkrechte ist genauso groß wie die Waagerechte

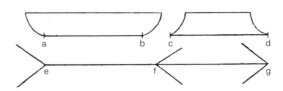

ab = cd    ef = fg

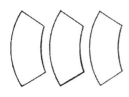

Alle 3 Stücke sind gleich groß

Die Senkrechten laufen parallel

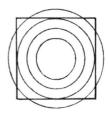

Die Quadratseiten sind gerade

**135**

# Physik

| Frequenzbereiche elektromagnetischer Wellen | | | |
|---|---|---|---|
| **Wellenlänge ($\lambda$)** | **Frequenz (f)** | | **Bezeichnung** |
| | $3 \cdot 10^{20}$ Hz | | $\gamma$-Strahlen |
| | $3 \cdot 10^{19}$ Hz | | |
| $10^{-10}$ m | $3 \cdot 10^{18}$ Hz | (= 1 Trillion Hz) | Röntgenstrahlen |
| | $3 \cdot 10^{17}$ Hz | | |
| | $3 \cdot 10^{16}$ Hz | | |
| | | | Ultraviolett |
| $0,1\ \mu m = 10^{-7}$ m | $3 \cdot 10^{15}$ Hz | (= 1 Billiarde Hz) | |
| | | | sichtbares Licht |
| | $3 \cdot 10^{14}$ Hz | | |
| | $3 \cdot 10^{13}$ Hz | | Infrarot |
| $0,1$ mm $= 10^{-4}$ m | $3 \cdot 10^{12}$ Hz | | |
| | 300 GHz | | |
| | | | Mikrowellen |
| | 30 GHz | | |
| 10 cm $= 10^{-1}$ m | 3 GHz | (1 GHz = 1 Gigahertz) | |
| | | | Dezimeterwellen |
| | 300 MHz | | |
| | | | Ultrakurzwellen |
| | 30 MHz | | |
| | | | Kurzwellen |
| 100 m $= 10^2$ m | 3 MHz | (1 MHz = 1 Megahertz) | |
| | | | Mittelwellen |
| | 300 kHz | | |
| | | | Langwellen |
| 10 km $= 10^4$ m | 30 kHz | | |
| | 3 kHz | (1 kHz = Kilohertz) | Wechselströme im Hörbereich |
| | 300 Hz | | |
| | 30 Hz | | |
| | | | technische Wechselströme |
| 100000 km $= 10^8$ m | 3 Hz | (Hertz = Schwingungen pro Sekunde) | |

## Über die elektromagnetischen Wellen  ▲ ▶

Als elektromagnetische Wellen werden sich räumlich ausbreitende Schwingungen bezeichnet, die durch periodische Veränderungen von elektromagnetischen Feldern entstehen und sich auch im luftleeren Raum mit Lichtgeschwindigkeit fortbewegen.

Je nach Wellenlänge $\lambda$ und Frequenz $f$ unterscheidet man verschiedene Arten elektromagnetischer Wellen; auch das Licht gehört dazu. Hörfunk, Fernsehen, Mikrowellenherd, aber auch Röntgengeräte arbeiten mit elektromagnetischer Strahlung.

Elektromagnetische Wellen kommen z.B. dadurch zu Stande, dass sich in einem Schwingkreis, der im einfachsten Fall aus einem Kondensator und einer Spule besteht, der Kondensator über die Spule entlädt, worauf sich, wegen der Selbstinduktion der Spule, der Kondensator wieder auflädt. Dann läuft der Vorgang in umgekehrter Richtung ab. Elektrische bzw. magnetische Feldenergie wandelt sich jeweils ineinander um.

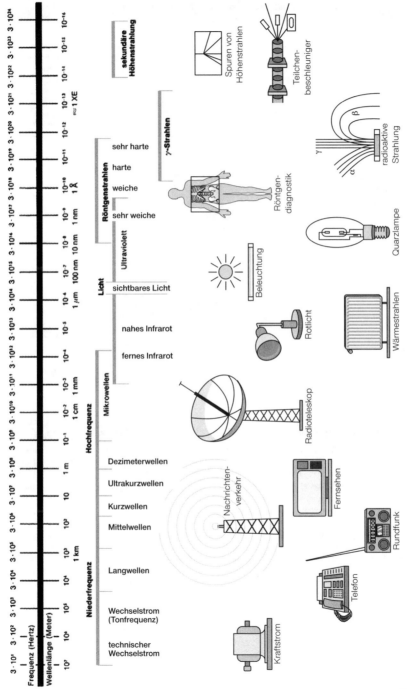

Übersicht über das gesamte Spektrum der elektromagnetischen Wellen

# Physik

## Bedeutende Leistungen Albert Einsteins

| Jahr | Leistung | Bedeutung |
|------|----------|-----------|
| 1905 | Spezielle Relativitätstheorie | Ereignisse finden nicht in einem als absolut anzusehenden Raum statt, sondern in einem Kontinuum von Raum und Zeit; Energie = Masse · Quadrat der Lichtgeschwindigkeit |
| 1905 | Photoelektrischer Effekt | Grundlagen für die Entwicklung von Solarzellen sowie für Teilgebiete der Atomphysik; die Arbeit wird 1921 mit dem Physik-Nobelpreis ausgezeichnet |
| 1905 | Theorie der Brown'schen Bewegung | liefert u. a. den Beweis für die Existenz von Molekülen |
| 1915 | Allgemeine Relativitätstheorie | Gravitationstheorie; hebt das Newton'sche Trägheitsgesetz auf |

**Lichtablenkung durch das Gravitationsfeld der Sonne**

A = wirklicher Sternort
B = scheinbarer Sternort

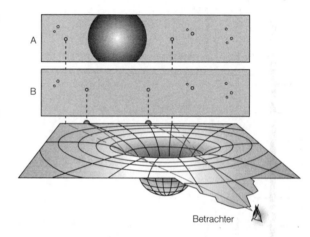

Betrachter

## Über die Relativitätstheorie ▲

Nach der Allgemeinen Relativitätstheorie von Albert Einstein stellt sich der Weltraum gekrümmt als Folge der Anwesenheit von Massen dar. In der Nachbarschaft einer großen Masse, beispielsweise der Sonne, ist die Raumkrümmung entsprechend größer und nimmt mit zunehmendem Abstand von dieser Masse ab.

Eine wesentliche Schlussfolgerung, die sich daraus ergibt, ist die Ablenkung von Licht in einem Gravitationsfeld. So wird das Licht von Sternen, das sich nahe am Sonnenrand vorbei bewegt, im Gravitationsfeld der Sonne durch die Raumkrümmung abgelenkt und wandert auf einem »verbogenen« Weg um die Sonne herum. Der Stern scheint dann seine Position etwas zu verändern.

Wegen der Helligkeit der Sonne kann die Lichtablenkung nur während einer totalen Sonnenfinsternis gemessen werden.

## Über Atome und Isotope ▶

Das einfachste Atom ist das Wasserstoffatom. Es besteht aus einem Proton als Kern und einem Elektron als Hülle.

Das kleinste Atom ist das Heliumatom. Es enthält im Kern zwei Protonen und zwei Neutronen und in der Atomhülle zwei Elektronen.

Das schwerste natürlich vorkommende Atom ist das Uran-Atom. Es hat 92 Protonen und 146 Neutronen im Kern sowie 92 Elektronen in der Hülle.

Atome, deren Kern eine gleiche Zahl von Protonen, aber eine verschiedene Zahl von Neutronen aufweisen, heißen Isotope. So setzt sich z.B. der Kern des schweren Wasserstoffs oder Deuteriums aus einem Proton und einem Neutron zusammen. Auf 7000 normale Wasserstoffatome kommt ein schweres Wasserstoffatom. Der Kern des überschweren Wasserstoffes oder Tritiums enthält ein Proton und zwei Neutronen.

## ▼ Über die Kernspaltung

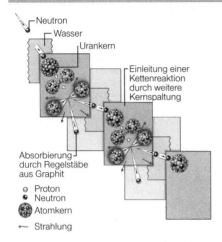

Neutron
Wasser
Urankern

Einleitung einer
Kettenreaktion
durch weitere
Kernspaltung

Absorbierung
durch Regelstäbe
aus Graphit

○ Proton
● Neutron
🔮 Atomkern

←⁓ Strahlung

Für eine kontrollierte Kettenreaktion wird ein schnelles Neutron durch Wasser so weit gebremst, dass es einen Urankern spalten kann. Die Kernteile werden schnell auseinander geschleudert und erzeugen beim Aufprall auf Moleküle Wärme. Zudem entstehen zwei bis drei freie Neutronen. Manche werden von den Regelstäben aus Graphit absorbiert, andere führen zu weiteren Kernspaltungen und leiten Kettenreaktionen ein.

Bei der Beschießung z.B. von Uran 235 mit langsamen Neutronen, die sich nur zur Reaktion eignen, finden Kernspaltungen statt. Oft vorkommende Reaktionen sind:

1. $$^{235}_{92}U + ^{1}_{0}n \to ^{89}_{36}Kr + ^{144}_{56}Ba + 3\ ^{1}_{0}n$$

2. $$^{235}_{92}U + ^{1}_{0}n \to ^{90}_{38}Sr + ^{144}_{54}Xe + 2\ ^{1}_{0}n$$

Im ersten Fall bilden sich die Spaltprodukte Krypton und Barium sowie drei Neutronen, im zweiten Fall Strontium, Xenon und zwei Neutronen.

### Hochenergie-Teilchenbeschleuniger

| Einrichtung (Ort) | Name | Länge (in km) |
|---|---|---|
| CERN (Genf) | LEP | 27 |
| DESY (Hamburg) | HERA | 6,3 |
| FNAL (Chicago) | TEVATRON | 6,3 |
| IHEP (Russland) | UNK | 21 |
| KEK (Tokio) | TRISTAN | 3 |
| SLAC (Stanford) | SLC | 3,2 |
| SUPERCOLLIDER (Dallas) | SSC | 85 |

Beschleunigt werden Elektronen, (Anti-)Protonen und Positronen; für 2005 plant CERN einen Hadronen-Beschleuniger

### Klassen von Elementarteilchen

| massenlose | |
|---|---|
| Bosonen | Photonen, Gravitonen |
| Leptonen | Elektronen, Neutrinos, Myonen |
| Hadronen | Mesonen (Pionen, Kaonen), Baryonen (Nukleonen: Protonen*, Neutronen*; Hyperonen) |

* In den letzten Jahren wurden in Elementarteilchen, die als die kleinsten Bausteine der Atome angesehen werden, noch kleinere Einheiten entdeckt. Diese Teilchen werden als Quarks bezeichnet. Bekannt sind sechs Typen von Quarks und Antiquarks: up, down,

**Wasserstoff- und Helium-Atom (Modelle);**
**Wasserstoff-Isotope (Modelle)**

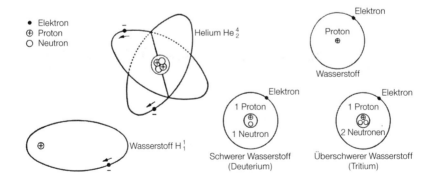

● Elektron
⊕ Proton
○ Neutron

Elektron
Helium He $^4_2$

Elektron
Proton ⊕
Wasserstoff

Wasserstoff H $^1_1$

Elektron
1 Proton
1 Neutron
Schwerer Wasserstoff
(Deuterium)

Elektron
1 Proton
2 Neutronen
Überschwerer Wasserstoff
(Tritium)

# Chemie

## Meilensteine der Chemie

| | | | |
|---|---|---|---|
| 11. Jh. | Alkohol durch Destillation | 1867 | Dynamit (A. Nobel) |
| 13. Jh. | Mineralsäuren | 1868–1871 | Periodensystem der Elemente |
| 14. Jh. | Schwarzpulver | | (D. Mendelejew; L. Meyer) |
| 1530 | Begründung der wissenschaftlichen Chemie | 1874 | Stereochemie (J.H. van't Hoff; J.A. Le Bel) |
| | (Paracelsus) | 1884 | Kunstseide (L.B. Chardonnet) |
| 1556 | Begründung der Bergbaukunde (G. Agricola) | 1887 | Dissoziationstheorie (S. Arrhenius) |
| 1579 | Erstes Lehrbuch (A. Libavius) | 1894–1898 | Entdeckung der Edelgase (W. Ramsay) |
| 1642 | Einführung der Waage bei der Beobach- | 1906 | Chromatographie (M.S. Tswett) |
| | tung chemischer Vorgänge (J. Jungius) | 1907 | Bakelit (L.H. Baekeland) |
| 1648 | Trockene Destillation von Holz, Steinkohle | 1908 | Ammoniaksynthese (F. Habe) |
| | und Fetten (J. R. Glauber) | 1913 | Kohlenhydrierung (F. Bergius) |
| 1674 | Entdeckung des Phosphors (H. Brand) | 1913 | Atommodell (N. Bohr) |
| um 1700 | Phlogistontheorie (G.E. Stahl) | 1913 | Mikroanalyse (F. Pregl) |
| 1750 | Schwefelsäure nach dem Bleikammer- | 1919 | Atomzertrümmerung (E. Rutherford) |
| | verfahren | ab 1928 | Synthetische Waschmittel |
| 1766 | Entdeckung des Wasserstoffs (H. Caven- | 1935 | Nylon (W.H. Carothers) |
| | dish) | 1935 | Sulfonamide (G. Domagk) |
| 1771/72 | Entdeckung des Sauerstoffs (C.W. Scheele) | 1938 | Atomkernspaltung (O. Hahn; F. Straßmann) |
| 1774 | Entdeckung des Chlors (C.W. Scheele) | ab 1940 | Künstliche Elemente: Transurane |
| 1774 | Darstellung des Sauerstoffs (J. Priestley) | 1954 | Synthetische Diamanten |
| 1777 | Theorie der Verbrennung (A.L. Lavoisier) | 1960 | Chlorophyllsynthese (R.B. Woodward) |
| 1783 | Analyse der Luft (H. Cavendish) | ab 1964 | Energiegewinnung durch Atomkern- |
| 1791 | Technische Herstellung von Soda (N. Le- | | spaltung |
| | blanc) | 1964 | Element 104 (I. Kurtschatow) |
| 1798 | Begründung der Elektrochemie (J.W. Ritter) | 1968 | Synthese von Tetracyclinen (Antiobiotika) |
| 1808 | Atomtheorie (J. Dalton) | 1969 | Isolierung eines Bakterien-Gens |
| 1818 | Dualistische Theorie (J.J. Berzelius) | 1970 | Element 105 synthetisiert |
| 1828 | Herstellung von Aluminium (F. Wöhler) | 1972 | Neuentwicklung der Elektronenspektrosko- |
| 1835 | Katalyse (J.J. Berzelius) | | pie und der Hochdruckflüssigkeits-Chroma- |
| 1839 | Vulkanisation des Kautschuks (J. Goodyear) | | tographie |
| 1839 | Fotografie (J. Daguerre) | 1973 | Anwendung von Flüssigkristallen |
| 1842 | Gesetz von der Erhaltung der Energie | 1973 | Kohlevergasung |
| | (R.J. Mayer) | 1973 | Element 104 bestätigt |
| ab 1856 | Teerfarben-Industrie | 1974 | Element 106 synthetisiert |
| 1858 | Organ. Strukturformeln (A. Kelulé) | 1979 | Laserfluorimetrie (R. Zare u.a.) |
| 1859 | Spektralanalyse (R.W. Bunsen; G.S. Kirch- | 1981 | Totalsynthese eines Interferon-Gens |
| | hoff) | | (M.D. Edge u.a.) |
| 1861 | Kolloide (T. Graham) | 1985 | Synthese des $C_{60}$-Fullerens |
| 1863 | Ammoniak-Soda-Verfahren (E. Solvay) | 1996 | Synthese des Elements 112 |
| 1867 | Massenwirkungsgesetz (C.M. Guldberg; | | |
| | P. Waage) | | |

## Definition und klassische Teilbereiche* der Chemie

| Begriff | Erläuterung |
|---|---|
| Chemie | Lehre von den Stoffen, ihrem Aufbau, ihren Eigenschaften, ihrer Zusammensetzung (Synthese) und Zerlegung (Analyse) sowie ihren Umwandlungen (Reaktionen) |
| Anorganische Chemie | umfasst alle Elemente außer Kohlenstoff |
| Organische Chemie | Chemie der Kohlenstoff-Verbindungen |
| Physikalische Chemie | Beschäftigung mit den physikalischen Gesetzen bei chemischen Vorgängen |

* Es existiert eine Reihe von Spezialgebieten der Chemie, z.B. Analytische, Physiologische, Pharmazeutische Chemie, Nahrungsmittel-, Agrikultur-, Elektro-, Kunststoff- und Kolloidchemie …

## Grundbegriffe der Chemie

| Begriff | Erläuterung |
|---|---|
| Atom | kleinster Teil eines Moleküls (z.B. Wasserstoff) |
| Base (Lauge) | seifenartig schmeckender Stoff, hervorgerufen durch in Wasser per Reaktion gebildete Hydroxidionen |
| Element | Stoff, dessen Atome alle die gleiche Kernladungszahl besitzen. Elemente bilden die Basis aller chemischen Reaktionen |
| Molekül | kleinster Teil einer Verbindung (z.B. von Wasser) |
| Oxide | alle Verbindungen, die aus einem beliebigen Element und aus Sauerstoff bestehen |
| Säure | sauer schmeckender Stoff, der in wässriger Lösung mit den Wassermolekülen raegiert. Dabei entstehen Wasserstoffionen, die an das Wasser abgegeben werden und die saure Wirkung hervorrufen. Namen für Salze der Säuren: Sulfat = Salz der Schwefelsäure, Nitrat = Salz der Salpetersäure, Phosphat = Salz der Phosphorsäure, Silicat = Salz der Kieselsäuren, Chlorat = Salz der Chlorsäure |
| Strukturformel | Anzeige in ebener Form, in welcher Weise die einzelnen Atome räumlich verbunden sind |
| Summenformel | Formel mit Elementsymbol und Indexzahl (falls mehrere Atome des gleichen Elements in einer Verbindung enthalten sind) |
| Verbindung | einheitlich zusammengesetzter Stoff aus gleichen Molekülen mit eindeutigen Eigenschaften (Gegensatz: Gemisch, Gemenge) Namen für Verbindungen aus zwei Elementen: Carbid = Kohlenstoffverbindung, Sulfid = Schwefelverbindung, Chlorid = Chlorverbindung, Iodid = Jodverbindung |

## Namen organischer Verbindungen

Namen organischer Verbindungen, die einer Reihe angehören, werden durch Nachsilben charakterisiert:

| Nachsilbe | Bedeutung | Beispiel |
|---|---|---|
| -an | gesättigte Kohlenwasserstoffe | Propan |
| -en | Kohlenwasserstoffe mit Doppelbindung | Propen |
| -in | Kohlenwasserstoffe mit Dreifachbindung | Propin |
| -yl | einwertige Reste | Propyl |
| -ol | Alkohole | Propanol |
| -al | Aldehyde | Propanal |
| -on | Ketone | Propanon |

## Trivialnamen von Chemikalien

| Substanz | Chemikalie | Formel |
|---|---|---|
| Backsoda | Natriumhydrogencarbonat | $NaHCO_3$ |
| Kupfervitriol | Kupfer-(II)-sulfat | $CuSO_4$ |
| Tafelkreide | Calciumsulfat | $CaSO_4$ |
| Ätznatron | Natriumhydroxid | $NaOH$ |
| Kochsalz | Natriumchlorid | $NaCl$ |
| Glaubersalz | Natriumsulfat | $Na_2SO_4$ |
| Kalk | Calciumoxid | $CaO$ |
| Magnesia | Magnesiumoxid | $MgO$ |
| Mineralkreide | Calciumcarbonat | $CaCO_3$ |
| Salpeter | Kaliumnitrat | $KNO_3$ |
| Essig | Essigsäure | $C_2H_5COOH$ |

## Chemische Grundstoffe (Elemente)

| Element | Zeichen | Ordnungszahl | Atommasse | Entdecker und Jahr |
|---|---|---|---|---|
| Actinium | Ac | 89 | 227,0278 | Debierne, Giesel 1899 |
| Aluminium | Al | 13 | 26,9815 | Oersted 1825 |
| Americium | Am | 95 | [243] | Seaborg, James, Morgan 1945 |
| Antimon | Sb | 51 | 121,75 | seit dem Altertum bekannt |
| Argon | Ar | 18 | 39,948 | Rayleigh, Ramsay 1895 |
| Arsen | As | 33 | 74,9216 | seit dem Altertum bekannt |
| Astat | At | 85 | [210] | Corson, Mackenzie, Segré 1940 |
| Barium | Ba | 56 | 137,33 | Davy 1808 |
| Berkelium | Bk | 97 | [247] | Seaborg, Thomson, Ghiorso 1949 |
| Beryllium | Be | 4 | 9,01218 | Vauquelin 1798 |
| Bismut | Bi | 83 | 208,980 | 15. Jahrhundert |

⇒ S. 142

# Chemie

| Element | Zeichen | Ordnungs-zahl | Atom-masse | Entdecker und Jahr |
|---|---|---|---|---|
| Blei | Pb | 82 | 207,2 | seit dem Altertum bekannt |
| Bohrium | Bh | 107 | [264] | sowjetische Gruppe 1976 |
| Bor | B | 5 | 10,811 | Gay-Lussac, Thénard 1808 |
| Brom | Br | 35 | 79,904 | Balard 1825 |
| Cadmium | Cd | 48 | 112,41 | Stromeyer 1817 |
| Calcium | Ca | 20 | 40,08 | Davy 1808 |
| Californium | Cf | 98 | [251] | Seaborg, Thomson u.a. 1950 |
| Cäsium | Cs | 55 | 132,9054 | Bunsen, Kirchhoff 1860 |
| Cer | Ce | 58 | 140,12 | Klaproth 1803 |
| Chlor | Cl | 17 | 35,453 | Scheele 1774 |
| Chrom | Cr | 24 | 51,996 | Vauquelin 1797 |
| Cobalt | Co | 27 | 58,9332 | Brandt 1735 |
| Curium | Cm | 96 | [247] | Seaborg, James, Ghiorso 1944 |
| Dubnium | Db | 105 | [262] | USA 1970; UdSSR |
| Dysprosium | Dy | 66 | 162,50 | Lecoq de Boisbaudran 1886 |
| Einsteinium | Es | 99 | [252] | Thomson, Ghiorso u.a. 1954 |
| Eisen | Fe | 26 | 55,847 | seit dem Altertum bekannt |
| Element 110 (Eka-Platin) | Uun | | [271] | Gesellschaft für Schwerionenforschung 1994 |
| Element 111 (Ununnium) | Uuu | | [272] | Gesellschaft für Schwerionenforschung 1994 |
| Element 112 (Eka-Quecksilber) | Unb | | [277] | Gesellschaft für Schwerionenforschung 1996 |
| Element 114 | Uuq | | [285] | – |
| Element 116 | Uuh | | [289] | – |
| Element 118 | Uuo | | [293] | – |
| Erbium | Er | 68 | 167,26 | Mosander 1843 |
| Europium | Eu | 63 | 151,96 | Demarçay 1896 |
| Fermium | Fm | 100 | [257] | Thomson, Ghiorso u.a. 1954 |
| Fluor | F | 9 | 18,9984 | Moissan 1886 |
| Francium | Fr | 87 | [233] | Perey 1939 |
| Gadolinium | Gd | 64 | 157,25 | Marignac 1880 |
| Gallium | Ga | 31 | 69,72 | Lecoq de Boisbaudran 1875 |
| Germanium | Ge | 32 | 72,59 | Winkler 1886 |
| Gold | Au | 79 | 196,9665 | seit dem Altertum bekannt |
| Hafnium | Hf | 72 | 178,49 | Coster, de Hevesy 1923 |
| Hassium | Hs | 108 | [265] | Gesellschaft für Schwerionenforschung 1984 |
| Helium | He | 2 | 4,0026 | Ramsay 1895 |
| Holmium | Ho | 67 | 164,9304 | Cleve 1879 |
| Indium | In | 49 | 114,82 | Reich, Richter 1863 |
| Iod | I | 53 | 126,9045 | Courtois 1811 |
| Iridium | Ir | 77 | 192,22 | Tennant 1804 |
| Kalium | K | 19 | 39,0983 | Davy 1807 |
| Kohlenstoff | C | 6 | 12,011 | seit dem Altertum bekannt |
| Krypton | Kr | 36 | 83,80 | Ramsay, Travers 1898 |
| Kupfer | Cu | 29 | 63,546 | seit dem Altertum bekannt |
| Lanthan | La | 57 | 138,9055 | Mosander 1839 |
| Lawrencium | Lr | 103 | [206] | US-amerikan. Gruppe 1961 |
| Lithium | Li | 3 | 6,941 | Arfvedson 1817 |
| Lutetium | Lu | 71 | 174,967 | Urbain, Auer von Welsbach 1907 |
| Magnesium | Mg | 12 | 24,035 | Davy, Bussy 1831 |
| Mangan | Mn | 25 | 54,9380 | Gahn 1774 |
| Meitnerium | Mt | 109 | [266] | Gesellschaft für Schwerionenforschung 1982 |
| Mendelevium | Md | 101 | [258] | Seaborg, Ghiorso u.a. 1955 |
| Molybdän | Mo | 42 | 95,94 | Hjelm 1790 |

| Element | Zeichen | Ordnungs-zahl | Atom-masse | Entdecker und Jahr |
|---|---|---|---|---|
| Natrium | Na | 11 | 22,98977 | Davy 1807 |
| Neodym | Nd | 60 | 144,24 | Auer von Welsbach 1885 |
| Neon | Ne | 10 | 20,179 | Ramsay 1898 |
| Neptunium | Np | 93 | 237,0482 | McMillan, Abelson 1940 |
| Nickel | Ni | 28 | 58,70 | Cronstedt 1751 |
| Niobium | Nb | 41 | 92,9064 | Hatchett 1801 |
| Nobelium | No | 102 | [259] | Nobel-Inst. Stockholm 1957 |
| Osmium | Os | 76 | 190,2 | Tennant 1804 |
| Palladium | Pd | 46 | 106,4 | Wollaston 1803 |
| Phosphor | P | 15 | 30,97376 | Brand 1669 |
| Platin | Pt | 78 | 195,08 | De Ulloa 1735 |
| Plutonium | Pu | 94 | [244] | Seaborg, McMillan u.a. 1940 |
| Polonium | Po | 84 | [209] | M. Curie 1898 |
| Praseodym | Pr | 59 | 140,9077 | Auer von Welsbach 1885 |
| Promethium | Pm | 61 | [147] | Marinsky, Coryell 1945 |
| Protactinium | Pa | 91 | 213,0359 | Hahn, Meitner 1917 |
| Quecksilber | Hg | 80 | 200,59 | seit dem Altertum bekannt |
| Radium | Ra | 88 | 226,0254 | M. Curie 1898 |
| Radon | Rn | 86 | [222] | Dorn 1900 |
| Rhenium | Re | 75 | 186,207 | W. u. I. Noddack, Berg 1925 |
| Rhodium | Rh | 45 | 102,9055 | Wollaston 1804 |
| Rubidium | Rb | 37 | 85,4678 | Bunsen 1860 |
| Ruthenium | Ru | 44 | 101,07 | Claus 1844 |
| Rutherfordium | Rf | 104 | [261] | sowjetische Gruppe 1964 |
| Samarium | Sm | 62 | 150,36 | Lecoq de Boisbaudran 1879 |
| Sauerstoff | O | 8 | 15,9994 | Scheele 1771/72, Priestley 1774 |
| Scandium | Sc | 21 | 44,9559 | Nilson 1879 |
| Schwefel | S | 16 | 32,06 | seit dem Altertum bekannt |
| Seaborgium | Sg | 106 | [263] | UdSSR 1974; USA |
| Selen | Se | 34 | 78,96 | Berzelius 1817 |
| Silber | Ag | 47 | 107,868 | seit dem Altertum bekannt |
| Silicium | Si | 14 | 28,0855 | Berzelius 1823 |
| Stickstoff | N | 7 | 14,0067 | Scheele, Rutherford 1770 |
| Strontium | Sr | 38 | 87,62 | Crawford 1790, Davy 1808 |
| Tantal | Ta | 73 | 180,947 | Rose 1846 |
| Technetium | Tc | 43 | [98] | Segré, Perrier 1937 |
| Tellur | Te | 52 | 127,60 | Müller 1783 |
| Terbium | Tb | 65 | 158,925 | Mosander 1843 |
| Thallium | Tl | 81 | 204,383 | Crookes 1861 |
| Thorium | Th | 90 | 232,0381 | Berzelius 1828 |
| Thulium | Tm | 69 | 168,934 | Cleve 1879 |
| Titan | Ti | 22 | 47,88 | Klaproth 1795 |
| Uran | U | 92 | 238,0289 | Klaproth 1789 |
| Vanadium | V | 23 | 50,9415 | Sefström 1831 |
| Wasserstoff | H | 1 | 1,0079 | Boyle, Cavendish 1766 |
| Wolfram | W | 74 | 183,85 | de Elhuyar 1783 |
| Xenon | Xe | 54 | 131,29 | Ramsay, Travers 1898 |
| Ytterbium | Yb | 70 | 173,04 | Marignac 1878 |
| Yttrium | Y | 39 | 88,9059 | Mosander 1843 |
| Zink | Zn | 30 | 65,38 | in Europa seit 1600 |
| Zinn | Sn | 50 | 118,69 | seit dem Altertum bekannt |
| Zirkonium | Zr | 40 | 91,22 | Berzelius 1824 |

[ ] = Radioaktives Element; Atommasse des längstlebigen Isotops

# Chemie

| | | **Wichtige organische Verbindungen** | | |
|---|---|---|---|---|
| Trivialname | Wissenschaftlicher Name | Formel | Eigenschaften und Verwendung | |

| Trivialname | Wissenschaftlicher Name | Formel | Eigenschaften und Verwendung |
|---|---|---|---|
| Anilin | Aminobenzol | —$NH_2$ | farblose Flüssigkeit, für Farbstoffe und Arzneimittel |
| Anthracen | Anthracen | | farblose Blättchen, für Alizarin- und Indanthrenfarbstoffe |
| Aceton | Aceton 2-Propanon Dimethylketon | $CH_3COCH_3$ | farblose, feuergefährliche Flüssigkeit, Lösungsmittel |
| Acetylen | Ethin | $HC \equiv CH$ | farbloses Gas, Heizgas für autogenes Schweißen, Zwischenprodukt bei Synthesen |
| Benzol | | | eigenartig riechende farblose Flüssigkeit, Lösungsmittel, Treibstoff, Ausgangsmaterial für Synthesen |
| Butan | Butan | $C_4H_{10}$ | brennbares Gas, Leuchtgas, Heizgas (Schweißen); Ausgangsprodukt für Synthesekautschuk |
| Buttersäure | Propancarbonsäure | $C_3H_7COOH$ | farblose, übel riechende Flüssigkeit, an Glycerin gebunden in Fetten |
| Chloral | Trichloracetaldehyd Trichlorethanal | $Cl_3C-CHO$ | farblose, ätzende Flüssigkeit, zur Herstellung von Chloralhydrat |
| Chloralhydrat | | $Cl_3C-CH(OH)_2$ | durchsichtige Kristalle, Schlafmittel, zur Wundbehandlung, Narcoticum; giftig |
| Chloroform | Trichlormethan | $CHCl_3$ | farblose Flüssigkeit, früher Narkosemittel, Lösungsmittel und für Synthesen |
| Ether | Diethylether | $C_2H_5-O-C_2H_5$ | bei 35°C siedende Flüssigkeit, Lösungsmittel und zur Narkose |
| Ethylen | Ethen | $H_2C = CH_2$ | farbloses Gas, Ausgangsmaterial für Kunststoffe (Polymerisate) |
| Formalin Formol | Formaldehyd Methanal | $HCHO$ | stechend riechendes Gas, leicht in Wasser löslich, hauptsächlich zur Kunststoffsynthese verwendet, als Desinfektionsmittel Verwendung stark eingeschränkt |
| Fruchtzucker | Fructose Lävulose | | Süßmittel für Diabetiker, Bestandteil von Di- und Polysacchariden |
| Glycerin | 1.2.3-Trihydroxypropan | $CH_2OH$ $\mid$ $CHOH$ $\mid$ $CH_2OH$ | farblose, süß schmeckende Flüssigkeit, Bestandteil aller Nahrungsfette, Rohstoff für viele Synthesen |
| Glycin | Aminoessigsäure Aminoethansäure | $H_2N-CH_2-COOH$ | farblose Kristalle, einfachste Aminosäure, Baustein der Eiweißstoffe |

**144**

| Trivialname | Wissenschaftlicher Name | Formel | Eigenschaften und Verwendung |
|---|---|---|---|
| Harnstoff | Carbamid | $CO\begin{smallmatrix}NH_2\\NH_2\end{smallmatrix}$ | farblose Kristalle, Bestandteil des Urins, für Kunststoffsynthesen |
| Hexan | Hexan | $C_6H_{14}$ | farblose, feuergefährliche Flüssigkeit, Bestandteil des Benzins |
| Karbolsäure | Phenol Hydroxybenzol | OH (Benzolring) | farblose bis rötliche Kristalle, in wässriger Lösung stark riechendes Desinfektionsmittel, für Kunstharz-, Farbstoff-, Arzneimittelsynthesen |
| Methylalkohol | Methanol | $CH_3OH$ | farblose, brennbare Flüssigkeit, für viele Synthesen, Lösungsmittel. Sehr giftig! |
| Naphthalin | Naphthalin | (Naphthalin-Struktur, nummeriert 1–8) | weiße, charakteristisch riechende Blättchen, für Kunststoffe, Farbstoffe, Schädlingsbekämpfungsmittel |
| Naphthol | Naphthol 1-Hydroxynaphthalin | OH, $\alpha$-Naphthol | farblose Kristalle, Konservierungs- und Imprägnierungsmittel |
| Nitroglycerin | Glycerintrinitrat | $C_3H_5(ONO_2)_3$ | ölige, schwach gelb gefärbte Flüssigkeit, wichtigster Bestandteil von Sprengstoffen, Treibmitteln, Pulvern und Raketenfesttreibstoffen |
| Palmitinsäure | Hexadecansäure | $C_{15}H_{31}COOH$ | farblose Kristalle, Bestandteil der tierischen und pflanzlichen Fette und Öle |
| Pentan | Pentan | $C_5H_{12}$ | farblose, feuergefährliche Flüssigkeit, Bestandteil von Petroleum und Benzin |
| Phosgen | Carbonyldichlorid | $CO\begin{smallmatrix}Cl\\Cl\end{smallmatrix}$ | farbloses Gas, für Arzneimittel- und Kunststoffsynthesen; wurde im Ersten Weltkrieg als Kampfgas in Granaten verschossen |
| Pikrinsäure | 2.4.6-Trinitrophenol | $O_2N$, $NO_2$, $NO_2$ (Trinitrophenol-Struktur) | hellgelbe Blättchen, Explosivstoff, mehr und mehr durch Trinitrotoluol verdrängt |
| Propan | Propan | $CH_3-CH_2-CH_3$ | farbloses, geruchfreies, ungiftiges Gas, Heizgas in Haushalt und Industrie |
| Pyridin | Pyridin | (Pyridin-Struktur) | farblose, scharf riechende Flüssigkeit, Lösungsmittel, für Synthesen von Alkaloiden, Farbstoffen, Arzneimitteln |
| Salicylsäure | 1-Hydroxybenzoesäure | OH, COOH (Struktur) | farblose Kristalle, Heilmittel, Imprägnierungs- und Konservierungsmittel, für Farbstoffsynthesen |

⇒ S. 146

**145**

# Chemie

| Trivialname | Wissenschaftlicher Name | Formel | Eigenschaften und Verwendung |
|---|---|---|---|
| Stärke | | $(C_6H_{10}O_5)_x$ | Nahrungsmittel, zur Alkoholgewinnung, als Schlichte in der Textilindustrie, zum Steifen der Wäsche |
| Stearinsäure | Octadecansäure | $C_{17}H_{35}COOH$ | farblose Kristalle, mit Glycerin verestert in tierischen und pflanzlichen Fetten |
| Tetrachlorkohlenstoff Tetra | Tetrachlormethan | $CCl_4$ | farblose, unbrennbare, schwere Flüssigkeit; Lösungs- und Reinigungsmittel |
| Toluol | Methylbenzol | | aromatisch riechende, feuergefährliche Flüssigkeit, Lösungsmittel, Ausgangsprodukt für Synthesen |
| Traubenzucker | Glucose | | rasch vom Blut aufgenommenes Stärkungsmittel |
| Trinitrotoluol TNT | 2.4.6-Trinitrotoluol | | weiße bis gelbe Kristalle, handhabungssicherer, stoßunempfindlicher Explosivstoff |
| Zellulose Zellstoff | Cellulose | $(C_6H_{10}O_5)_x$ | in reinster Form als Watte, Baumwolle, Filtrierpapier, mit Hemicellulosen, und Lignin Hauptbestandteil der pflanzlichen Zellwandungen |

## Metalle

| Name | Symbol | Atommasse g/mol | Aggregatzustand | Dichte* | Schmelzpunkt (in °C) | Siedepunkt (in °C) | Anteil an Erdkruste und Atmosphäre (in %) |
|---|---|---|---|---|---|---|---|
| Schwermetalle (Dichte >4,5 g/cm³) nach der Dichte geordnet Edelmetalle | | | | | | | |
| Osmium | Os | 190,2 | fest | 22,48 | 2725 | 4400 | $10^{-7}$ |
| Iridium | Ir | 192,22 | fest | 22,4 | 2447 | 4350 | $10^{-7}$ |
| Platin | Pt | 195,08 | fest | 21,5 | 1772 | 4300 | $5 \cdot 10^{-7}$ |
| Gold | Au | 196,97 | fest | 19,3 | 1064,4 | 2707 | $3 \cdot 10^{-7}$ |
| Rhodium | Rh | 102,91 | fest | 12,5 | 1963 | 3960 | $10^{-7}$ |
| Ruthenium | Ru | 101,07 | fest | 12,3 | 2500 | 4110 | $< 10^{-7}$ |
| Palladium | Pd | 106,42 | fest | 12,1 | 1554 | 3560 | $10^{-7}$ |
| Silber | Ag | 107,87 | fest | 10,5 | 961,9 | 2180 | $6 \cdot 10^{-6}$ |

| Name | Symbol | Atom-masse g/mol | Aggregat-zustand | Dichte* | Schmelz-punkt (in °C) | Siede-punkt (in °C) | Anteil an Erdkruste und Atmosphäre (in %) |
|---|---|---|---|---|---|---|---|
| **Sonstige Schwermetalle** | | | | | | | |
| Rhenium | Re | 186,21 | fest | 21,05 | 3180 | 5600 | $10^{-7}$ |
| Wolfram | W | 183,25 | fest | 19,27 | 3187 | 5500 | $10^{-4}$ |
| Tantal | Ta | 180,95 | fest | 16,6 | 2996 | 5400 | $2,9 \cdot 10^{-4}$ |
| Quecksilber | Hg | 200,59 | flüssig | 13,55 | −38,86 | 356,7 | $10^{-5}$ |
| Hafnium | Hf | 178,49 | fest | 13,36 | 2220 | 5200 | $2,8 \cdot 10^{-4}$ |
| Thallium | Ta | 204,38 | fest | 11,85 | 303,5 | 1457 | $10^{-4}$ |
| Blei | Pb | 207,2 | fest | 11,34 | 327,5 | 1751 | 0,002 |
| Molybdän | Mo | 95,94 | fest | 10,22 | 2620 | 4800 | $10^{-4}$ |
| Bismut | Bi | 208,98 | fest | 9,78 | 271 | 1560 | $3 \cdot 10^{-6}$ |
| Kupfer | Cu | 63,55 | fest | 8,96 | 1084,5 | 2595 | 0,01 |
| Nickel | Ni | 58,69 | fest | 8,91 | 1455 | 2800 | 0,015 |
| Cobalt | Co | 58,93 | fest | 8,9 | 1494 | 2880 | $10^{-3}$ |
| Cadmium | Cd | 112,41 | fest | 8,64 | 321,11 | 765 | $10^{-5}$ |
| Niob | Nb | 92,91 | fest | 8,55 | 2468 | 4900 | $1,8 \cdot 10^{-3}$ |
| Eisen | Fe | 55,85 | fest | 7,87 | 1536 | 3070 | 3,38 |
| Mangan | Mn | 54,95 | fest | 7,41 | 1244 | 2095 | 0,064 |
| Zinn | Sn | 118,71 | fest | 7,30 | 231,97 | 2687 | $4 \cdot 10^{-3}$ |
| Indium | In | 114,82 | fest | 7,30 | 156,63 | 2047 | $10^{-5}$ |
| Chrom | Cr | 52,0 | fest | 7,2 | 1903 | 2642 | 0,019 |
| Zink | Zn | 65,39 | fest | 7,13 | 419,58 | 907 | 0,012 |
| Antimon | Sb | 121,75 | fest | 6,68 | 630,5 | 1637 | $3 \cdot 10^{-5}$ |
| Zirkonium | Zr | 91,22 | fest | 6,50 | 1855 | 4400 | 0,014 |
| Lanthan | La | 138,91 | fest | 6,16 | 920 | 3470 | $4,4 \cdot 10^{-3}$ |
| Vanadium | V | 50,94 | fest | 6,12 | 1890 | 3400 | 0,014 |
| Gallium | Ga | 69,72 | fest | 5,91 | 29,78 | 2227 | $1,5 \cdot 10^{-3}$ |
| Radium | Ra | 226,03 | fest | 5 | 700 | 1525 | $7 \cdot 10^{-12}$ |
| Titan | Ti | 47,88 | fest | 4,51 | 1668 | 3280 | 0,43 |
| **Leichtmetalle** | | | | | | | |
| Yttrium | Y | 88,91 | fest | 4,47 | 1500 | 3600 | $3 \cdot 10^{-3}$ |
| Barium | Ba | 137,33 | fest | 3,61 | 704 | 1638 | 0,054 |
| Scandium | Sc | 44,96 | fest | 2,99 | 1538 | 2730 | $1,2 \cdot 10^{-3}$ |
| Aluminium | Al | 26,98 | fest | 2,7 | 660,4 | 2447 | 7,30 |
| Strontium | Sr | 27,62 | fest | 2,67 | 770 | 1367 | 0,014 |
| Caesium | Cs | 132,91 | fest | 1,87 | 28,64 | 685 | $7 \cdot 10^{-4}$ |
| Beryllium | Be | 9,01 | fest | 1,84 | 1286 | 2744 | $6 \cdot 10^{-4}$ |
| Magnesium | Mg | 24,31 | fest | 1,74 | 650 | 1117 | 1,2 |
| Calcium | Ca | 40,01 | fest | 1,54 | 850 | 1487 | 2,79 |
| Rubidium | Rb | 85,47 | fest | 1,53 | 38,8 | 701 | 0,011 |
| Natrium | Na | 22,99 | fest | 0,97 | 97,82 | 889 | 2,19 |
| Kalium | K | 39,10 | fest | 0,86 | 63,3 | 753,8 | 2,58 |
| Lithium | Li | 6,94 | fest | 0,53 | 180,55 | 1317 | $6 \cdot 10^{-3}$ |

* Dichte bei Gasen in g/l bei 0°C und 1013,24 h Pa, bei Flüssigkeiten und Feststoffen in g/cm³

147

# Chemie

| Nichtmetalle* | | | | | | | |
|---|---|---|---|---|---|---|---|
| Name | Symbol | Atom-masse g/mol | Aggregat-zustand | Dichte** | Schmelz-punkt (in °C) | Siede-punkt (in °C) | Anteil an Erdkruste und Atmosphäre (in %) |
| **Edelgase** | | | | | | | |
| Helium | He | 4,00 | gasförmig | 0,178 | −269,4 | −268,9 | $4,2 \cdot 10^{-7}$ |
| Neon | Ne | 20,18 | gasförmig | 0,900 | −248,6 | −246,1 | $5 \cdot 10^{-7}$ |
| Argon | Ar | 39,95 | gasförmig | 1,784 | −189,4 | −185,9 | minimal |
| Krypton | Kr | 83,80 | gasförmig | 3,744 | −157,2 | −153,4 | minimal |
| Xenon | Xe | 131,29 | gasförmig | 5,896 | − 111,8 | −108,1 | minimal |
| Radon | Rn | 222 | gasförmig | 10 | − 71,7 | −62,1 | minimal |
| **Sonstige Nichtmetalle** | | | | | | | |
| Wasserstoff | H | 1,01 | gasförmig | 0,090 | −259,2 | −252,8 | 1,02 |
| Kohlenstoff | C | 12,01 | | | | | 0,12 |
| Diamant | | | fest | 3,51 | 3550 | 4200 | |
| Graphit | | | fest | 2,25 | 3600 | 4000 | |
| Stickstoff | N | 14,01 | gasförmig | 1,250 | −210,0 | −195,8 | 0,33 |
| Sauerstoff | O | 16,00 | gasförmig | 1,429 | −218,8 | −183,0 | 50,5 |
| Fluor | F | 19,00 | gasförmig | 1,696 | −219,6 | −188,1 | 0,066 |
| Phosphor | P | 30,97 | | | | | 0,073 |
| rot | | | fest | 2,3 | 590 | 725 | |
| weiß | | | fest | 1,82 | 44,2 | 281 | |
| Schwefel | S | 32,01 | fest | 2,07 | 119 | 444,6 | 0,055 |
| Chlor | Cl | 32,45 | gasförmig | 3,214 | − 101,0 | −34,1 | 0,19 |
| Selen | Se | 78,96 | fest | 4,46 | 217,4 | 688 | $10^{-5}$ |
| Brom | Br · | 79,90 | flüssig | 3,119 | −7,2 | 58,8 | $1,6 \cdot 10^{-4}$ |
| Iod | I | 126,91 | fest | 4,93 | 113,6 | 184,4 | $6,1 \cdot 10^{-5}$ |
| Astat | At | 210 | fest | | 302 | 377 | minimal |
| **Halbmetalle (Halbleiter)** | | | | | | | |
| Bor | B | 10,81 | fest | 2,33 | 2030 | 3925 | 0,003 |
| Silicium | Si | 28,09 | fest | 2,33 | 1423 | 2355 | 27,5 |
| Germanium | Ge | 72,59 | fest | 5,33 | 937,2 | 2830 | $6,7 \cdot 10^{-4}$ |
| Arsen | As | 74,92 | | | | | 0,0003 |
| grau | | | fest | 5,73 | | 618 | |
| gelb | | | fest | 2,0 | | | |
| schwarz | | | fest | 4,7 | | | |
| Tellur | Te | 127,60 | fest | 6,25 | 450 | 1390 | $10^{-5}$ |

\* Innerhalb der Gruppen nach der Atommasse geordnet
\*\* Dichte bei Gasen in g/l bei 0°C und 1013,25 h Pa, bei Flüssigkeiten und Feststoffen in g/cm³

| Legierungen | | |
|---|---|---|
| Name | Zusammensetzung | Eigenschaften/Verwendung |
| Aluminiumbronze | 80–98% Kupfer, bis 14% Aluminium | fest, seewasserbeständig, für Münzen |
| Britanniametall | 90–95% Zinn, 4,5–9% Antimon, 1% Kupfer | Tafelgeräte |
| Bronze | mind. 60% Kupfer und andere Hauptlegierungs-bestandteile, jedoch nicht überwiegend Zink | Glockenguss, Armaturen, Lagerwerkstoff |

| Name | Zusammensetzung | Eigenschaften/Verwendung |
|------|-----------------|--------------------------|
| Cromargan | Wz., V2A-Stahl mit 18% Chrom, 8% Nickel, maximal 0,12% Kohlenstoff | korrosionsbeständig, auch bei Speisen |
| Delta-Metall | 58% Kupfer mit Zusätzen bis zu 1% Eisen, 1,5% Aluminium, 2% Mangan, 2,5% Nickel, Rest Zink | Messing für Maschinenbau |
| Duraluminium | 2,5–5,5% Kupfer, 0,2–1% Silicium, bis 1,2% Mangan, 0,2–2% Magnesium, Rest Aluminium | Flugzeug-, Fahrzeug- und Maschinenbau |
| Goldamalgam | Quecksilber, bis zu 40% Gold | Feuervergoldung, die Goldamalgambildung wird zur Bestimmung der Quecksilberkonzentration in der Luft genutzt |
| Hydronalium | Aluminiumlegierungen mit 3–12% Magnesium und ggf. Zusätzen an Mangan, Silicium, Zink, Kupfer, Nickel u.a. | seewasserbeständige Gusslegierung |
| Krupp-Baustahl | 0,1–0,2% Kohlenstoff, 0,3–0,5% Silicium, 1,2–1,6% Mangan, 0,3–0,5% Kupfer, Rest Eisen | hochwertiger Baustahl |
| Krupp-V2A-Stahl | 18% Chrom, 8% Nickel, 0,1% Kohlenstoff, Rest Eisen | hoch korrosionsbeständiger Stahl |
| Letternmetall | 62–96% Blei, 2–24% Antimon, 2–14% Zinn | Lettern, Schriftzeichen |
| Magnalium | Aluminium mit rd. 10% Magnesium | Aluminium-Guss und Knetlegierung |
| Manganin | Wz., 86% Kupfer, 12% Mangan, 2% Nickel | Widerstandslegierung |
| Messing | meistens über 55% Kupfer, Rest Zink | |
|   Gelbguss | 65–80% Kupfer, 20–35% Zink | Maschinenteile |
|   Weißguss | 20–50% Kupfer, 50–80% Zink | Maschinenteile |
|   Tombak | 72–95% Kupfer, Rest Zink | sehr dehnbar und widerstandsfähig, unechtes Blattgold |
| Monelmetall | 65–70% Nickel, 25–30% Kupfer, Rest Eisen, Mangan, Silicium | Rohre, Hausgeräte |
| Neusilber (Alpaka, Argentan) | 47–64% Kupfer, 15–42% Zink, 10–25% Nickel | korrosionsfest, Essbestecke, Münzen |
| Nirosta | Wz., 10–15% Chrom, 1–3% Nickel, 0,1–0,5% Kohlenstoff, Rest Eisen | korrosionsbeständiger Stahl, für Bestecke, Ventile |
| Nitinol | ca. 55% Nickel, ca. 45% Titan | Werkstoff für »Gedächtnis«; ein im kalten Zustand verformtes Werkstück nimmt beim Erwärmen seine ursprüngliche Gestalt an; Medizin, Maschinenbau |
| Patentnickel | 75% Kupfer, 25% Nickel | Widerstandsmaterial |
| Silumin | Wz., 12% Silicium, Rest Aluminium | Aluminium-Knetlegierung |
| Weißmetall | 5–15% Antimon, 73,5–78,5% Blei, 5–10% Zinn, 1% Kupfer | Lagerwerkstoff |

## Säuren und Salze

| Name der Säure (Synonyme) Formel Bezeichnung der Salze | Salze | | |
|---|---|---|---|
| | Trivialname oder Mineralbezeichnung oder Vorkommen | Wissenschaftl. Name | Formel (meist ohne Kristallwasserangaben) |
| **Mineralsäuren** | | | |
| *Fluorwasserstoff* | Eisstein, Kryolith | Natriumaluminiumfluorid | $Na_3(AlF_6)$ |
| *(Hydrogenfluorid,* | Mattsalz | Ammoniumhydrogenfluorid | $(NH_4)HF_2$ |
| *Flusssäure)* | Flussspat | Calciumfluorid | $CaF_2$ |
| HF | | | |
| Fluoride | | | |

⇒ S. 150

**149**

# Chemie

| Name der Säure (Synonyme) Formel Bezeichnung der Salze | Salze | | |
|---|---|---|---|
| | Trivialname oder Mineralbezeichnung oder Vorkommen | Wissenschaftl. Name | Formel (meist ohne Kristallwasser-angaben) |
| Chlorwasserstoff (Salzsäure, Hydrogenchlorid) HCl Chloride | Kochsalz, Steinsalz | Natriumchlorid | NaCl |
| | Sylvin | Kaliumchlorid | KCl |
| | Salmiak | Ammoniumchlorid | $NH_4Cl$ |
| | Chlorcalcium | Calciumchlorid | $CaCl_2$ |
| | Chlorsilber | Silberchlorid | AgCl |
| | Kalomel | Quecksilber(I)-chlorid | $Hg_2Cl_2$ |
| | Sublimat | Quecksilber(II)-chlorid | $HgCl_2$ |
| | Chlorkalk, Bleichkalk | Calcium-hypochlorit-chlorid | CaCl(OCl) |
| Bromwasserstoff (Hydrogenbromid) HBr Bromide | Bromnatrium | Natriumbromid | NaBr |
| | Bromsilber | Magnesiumbromid | $MgBr_2$ |
| | | Silberbromid | AgBr |
| Iodwasserstoff (Hydrogeniodid) HI Iodide | Jodnatrium | Natriumiodid | NaI |
| | Jodkalium | Kaliumiodid | KI |
| | Jodsilber | Silberiodid | AgI |
| Schwefelwasserstoff (Dihydrogensulfid) $H_2S$ Sulfide | Magnetkies | Eisen(II)-sulfid | FeS |
| | Pyrit (Eisenkies) | Eisendisulfid | $FeS_2$ |
| | Bleiglanz, Schwefelblei | Blei(II)-sulfid | PbS |
| | Zinnober | Quecksilber(II)-sulfid | HgS |
| Schweflige Säure (Schwefel(IV)-säure) $H_2SO_3$ Sulfite Sulfate (IV) | schweflig-saures Natrium | Natriumsulfit | $Na_2SO_3$ |
| | Natriumbisulfit | Natriumhydrogensulfit | $NaHSO_3$ |
| | | Calciumhydrogensulfit | $Ca(HSO_3)_2$ |
| Schwefelsäure (Schwefel(IV)-säure) $H_2SO_4$ Sulfate Sulfate (VI) | Glaubersalz | Natriumsulfat | $Na_2SO_4$ |
| | Kaliumbisulfat | Kaliumhydrogensulfat | $KHSO_4$ |
| | Alaun | Kaliumaluminiumsulfat | $KAl(SO_4)_2$ |
| | schwefelsaures Ammoniak | Ammoniumsulfat | $(NH_4)_2SO_4$ |
| | Bittersalz | Magnesiumsulfat | $MgSO_4$ |
| | Gips, Alabaster | Calciumsulfat | $CaSO_4$ |
| | Schwerspat, Baryt | Bariumsulfat | $BaSO_4$ |
| | Zinkvitriol | Zink(II)-sulfat | $ZnSO_4$ |
| | Eisenvitriol | Eisen(II)-sulfat | $FeSO_4$ |
| | Kupfervitriol | Kupfer(II)-sulfat | $CuSO_4$ |
| | Bleivitriol | Blei(II)-sulfat | $PbSO_4$ |
| Thioschwefelsäure (Dischwefel(II)-säure) $H_2SO_3$ Thiosulfate Disulfate (II) | Antichlor | Natriumthiosulfat | $Na_2S_2O_3$ |
| | Bariumthiosulfat | Bariumthiosulfat | $BaS_2O_3$ |
| Salpetrige Säure (Stickstoff(II)-säure) $HNO_2$ Nitrite Nitrate (III) | salpetrigsaures Natrium | Natriumnitrit | $NaNO_2$ |
| | Bariumnitrit | Bariumnitrit | $Ba(NO_2)_2$ |

| Name der Säure (Synonyme) Formel Bezeichnung der Salze | Salze | | |
|---|---|---|---|
| | Trivialname oder Mineralbezeichnung oder Vorkommen | Wissenschaftl. Name | Formel (meist ohne Kristallwasser-angaben) |
| Salpetersäure (Stickstoff(V)-säure) $HNO_3$ Nitrate | Natronsalpeter (Chile-)Kalisalpeter salpetersaures Kupfer | Natriumnitrat Kaliumnitrat Kupfernitrat | $NaNO_3$ $KNO_3$ $Cu(NO_3)_2$ |
| Metaphosphorsäure (Metaphosphor(V)-säure) $HPO_3$ Metaphosphate | Grahams Salz, Calgon | Natriummetaphosphat Calciummetaphosphat | $NaPO_3$ $Ca(PO_3)_2$ |
| Phosphorsäure (Phosphorsäure(V)) $H_3PO_4$ Phosphate Phosphate (V) | doppelsaures Natrium-phosphat saures Natriumphosphat Natriumphosphat einbasisches Calcium-phosphat zweibasisches Calcium-phosphat Apatit, Phosphorit | Natriumdihydrogenphosphat Natriumhydrogenphosphat Natriumphosphat Calciumdihydrogenphosphat Calciumhydrogenphosphat Calciumphosphat | $NaH_2PO_4$ $Na_2HPO_4$ $Na_3PO_4$ $Ca(H_2PO_4)_2$ $CaHPO_4$ $Ca_3(PO_4)_2$ |
| Diphosphorsäure (Diphosphor(V)-säure) $H_4P_2O_7$ Diphosphate | Natriumpyrophosphat | Natriumdiphosphat | $Na_4P_2O_7$ |
| Borsäure $H_3BO_3$ Borate | Tinkal, Borax | Natriumtetraborat | $Na_2B_4O_7$ |
| Kieselsäure $Si(OH)_4$ Silicate | Granat Natronwasserglas Kaliwasserglas | Calciumaluminiumorthosilicat Natriumsilicat Kaliumsilicat | $Ca_3Al_2(SiO_4)_3$ $Na_2SiO_3 \cdot nH_2O$ $K_2SiO_3 \cdot nH_2O$ |
| Kohlensäure $(H_2CO_3)$ Carbonate | Calcinierte Soda Kristallsoda Natron, Natriumbicarbonat Pottasche kohlensaures Ammonium Magnesit Kalkstein, Marmor Strontianit Witherit Zinkspat in Eisensäuerlingen Weißbleierz | Natriumcarbonat wasserfrei Natriumcarbonat kristallin Natriumhydrogencarbonat Kaliumcarbonat Ammoniumcarbonat Ammoniumhydrogencarbonat Magnesiumcarbonat Calciumcarbonat Strontiumcarbonat Bariumcarbonat Zinkcarbonat Eisenhydrogencarbonat Bleicarbonat | $Na_2CO_3$ $Na_2CO_3 \cdot 10H_2O$ $NaHCO_3$ $K_2CO_3$ $(NH_4)_2CO_3$ $NH_4HCO_3$ $MgCO_3$ $CaCO_3$ $SrCO_3$ $BaCO_3$ $ZnCO_3$ $Fe(HCO_3)_2$ $PbCO_3$ |
| Cyanwasserstoffsäure (Blausäure) HCN / Cyanide | Cyankalium Cyancalcium | Kaliumcyanid Calciumcyanid | $KCN$ $Ca(CN)_2$ |

⇒ S. 152

# Chemle

| Name der Säure (Synonyme) Formel Bezeichnung der Salze | Salze | | |
|---|---|---|---|
| | Trivialname oder Mineralbezeichnung oder Vorkommen | Wissenschaftl. Name | Formel (meist ohne Kristallwasser– angaben) |
| **Organische Säuren** | | | |
| *Ameisensäure* *(Methansäure)* HCOOH Formiate Mathanoate | | Natriumformiat Bleiformiat | HCOONa $(HCOO)_2Pb$ |
| *Essigsäure* *(Ethansäure)* $CH_3COOH$ Acetate Ethanoate | essigsaure Tonerde | Natriumacetat basisches Aluminiumacetat | $CH_3COONa$ $(CH_3COO)_2Al(OH)$ |
| *Weinsäure* *(Weinsteinsäure, 1,2-Dihy- droxy-ethan-di-carbonsäure)* CH(OH)-COOH | CH(OH)-COOH Tartrate | weinsteinsaures Kalium doppelweinsteinsaures Kalium Brechweinstein | Kaliumtartrat Kaliumbitartrat Kaliumantimonyltartrat | $K_2C_4H_4O_6$ $KHC_4H_4O_6$ $K(SbO)C_4H_4O_6$ |
| *Oxalsäure* *(Dicarbonsäure, Ethandisäure)* COOH | COOH Oxalate | Kleesalz | Kaliumoxalat Kaliumhydrogenoxalat | $K_2C_2O_4$ $KHC_2O_4$ |
| *Citronensäure* *(2-Hydroxy-1.2.3- tricarbonsäure)* $CH_2COOH$ | C(OH)-COOH | $CH_2COOH$ Citrate | zitronensaures Kalium zitronensaures Calcium | Trikaliumcitrat Tricalciumcitrat | $K_3(C_6H_5O_7)$ $Ca_3(C_6H_5O_7)_2$ |

| Basen | | | |
|---|---|---|---|
| Trivialname | Wissenschaftlicher Name, Formel | Trivialname | Wissenschaftlicher Name, Formel |
| Natronlauge Kalilauge Ammoniakwasser | Natriumhydroxid, NaOH Kaliumhydroxid, KOH Ammoniumhydroxid, $NH_4OH$ | – Kalkwasser Tonerdehydrat | Magnesiumhydroxid, $Mg(OH)_2$ Calciumhydroxid, $(Ca(OH)_2$ Aluminiumoxidhydroxid, AlO(OH) Aluminiumtrihydroxid $Al(OH)_3$ |

# Periodensystem der Elemente

| Periode | 1 I Hauptgruppe | 2 II Hauptgruppe | 3 III Nebengruppe | 4 IV Nebengruppe | 5 V Nebengruppe | 6 VI Nebengruppe | 7 VII Nebengruppe | 8 | 9 VIII Nebengruppe | 10 | 11 I Nebengruppe | 12 II Nebengruppe | 13 III Hauptgruppe | 14 IV Hauptgruppe | 15 V Hauptgruppe | 16 VI Hauptgruppe | 17 VII Hauptgruppe | 18 VIII Hauptgruppe |
|---|---|---|---|---|---|---|---|---|---|---|---|---|---|---|---|---|---|---|
| 1 | Wasserstoff H 1 1,008 | | | | | | | | | | | | | | | | | Helium He 2 4,003 |
| 2 | Lithium Li 3 6,94 | Beryllium Be 4 9,01 | | | | | | | | | | | Bor B 5 10,81 | Kohlenstoff C 6 12,011 | Stickstoff N 7 14,007 | Sauerstoff O 8 15,999 | Fluor F 9 18,998 | Neon Ne 10 20,18 |
| 3 | Natrium Na 11 22,99 | Magnesium Mg 12 24,31 | | | | | | | | | | | Aluminium Al 13 26,98 | Silicium Si 14 28,086 | Phosphor P 15 30,974 | Schwefel S 16 32,066 | Chlor Cl 17 35,45 | Argon Ar 18 39,95 |
| 4 | Kalium K 19 39,10 | Calcium Ca 20 40,08 | Scandium Sc 21 44,96 | Titan Ti 22 47,90 | Vanadium V 23 50,94 | Chrom Cr 24 51,996 | Mangan Mn 25 54,94 | Eisen Fe 26 55,85 | Cobalt Co 27 58,93 | Nickel Ni 28 58,70 | Kupfer Cu 29 63,55 | Zink Zn 30 65,37 | Gallium Ga 31 69,72 | Germanium Ge 32 72,59 | Arsen As 33 74,92 | Selen Se 34 78,96 | Brom Br 35 79,90 | Krypton Kr 36 83,80 |
| 5 | Rubidium Rb 37 85,47 | Strontium Sr 38 87,62 | Yttrium Y 39 88,91 | Zirkonium Zr 40 91,22 | Niob Nb 41 92,91 | Molybdän Mo 42 95,94 | Technetium Tc 43 [97] | Ruthenium Ru 44 101,07 | Rhodium Rh 45 102,91 | Palladium Pd 46 106,40 | Silber Ag 47 107,87 | Cadmium Cd 48 112,40 | Indium In 49 114,82 | Zinn Sn 50 118,69 | Antimon Sb 51 121,75 | Tellur Te 52 127,60 | Iod I 53 126,90 | Xenon Xe 54 131,30 |
| 6 | Cäsium Cs 55 132,91 | Barium Ba 56 137,33 | Lanthan La* 57 138,91 | Hafnium Hf 72 178,49 | Tantal Ta 73 180,95 | Wolfram W 74 183,85 | Rhenium Re 75 186,21 | Osmium Os 76 190,2 | Iridium Ir 77 192,2 | Platin Pt 78 195,09 | Gold Au 79 196,97 | Quecksilber Hg 80 200,59 | Thallium Tl 81 204,37 | Blei Pb 82 207,19 | Wismut Bi 83 208,98 | Polonium Po 84 [210] | Astat At 85 [210] | Radon Rn 86 [222] |
| 7 | Francium Fr 87 [223] | Radium Ra 88 226,03 | Actinium Ac** 89 [227] | Rutherfordium Rf 104 [261] | Dubnium Db 105 [262] | Seaborgium Sg 106 [263] | Bohrium Bh 107 [264] | Hassium Hs 108 [265] | Meitnerium Mt 109 [266] | Element 110 (Uun) 110 [271] | Element 111 (Uuu) 111 [272] | Element 112 (Uub) 112 [277] | 113 | Element 114 (Uuq) 114 [289] | 115 | Element 116 (Uuh) 116 [289] | 117 | Element 118 (Uuo) 118 [293] |

— Transurane —

\* Lanthanoide

| Periode | | | | | | | | | | | | | | |
|---|---|---|---|---|---|---|---|---|---|---|---|---|---|---|
| 6 | Cer Ce 58 140,12 | Praseodym Pr 59 140,91 | Neodym Nd 60 144,24 | Promethium Pm 61 [145] | Samarium Sm 62 150,36 | Europium Eu 63 151,96 | Gadolinium Gd 64 157,25 | Terbium Tb 65 158,93 | Dysprosium Dy 66 162,50 | Holmium Ho 67 164,93 | Erbium Er 68 167,26 | Thulium Tm 69 168,94 | Ytterbium Yb 70 173,04 | Lutetium Lu 71 174,97 |

** Actinoide — Transurane

| Periode | | | | | | | | | | | | | | |
|---|---|---|---|---|---|---|---|---|---|---|---|---|---|---|
| 7 | Thorium Th 90 232,04 | Protactinium Pa 91 231,04 | Uran U 92 238,05 | Neptunium Np 93 [237] | Plutonium Pu 94 [244] | Americium Am 95 [243] | Curium Cm 96 [247] | Berkelium Bk 97 [247] | Californium Cf 98 [251] | Einsteinium Es 99 [252] | Fermium Fm 100 [257] | Mendelevium Md 101 [258] | Nobelium No 102 [259] | Lawrencium Lr 103 [260] |

Gold Au 79 196,97 — chem. Zeichen, relative Atommasse, Protonenzahl (Ordnungszahl)

In Klammern [ ] die relative Atommasse des längstlebigen bekannten Isotops

153

# Chemie

## Kunststoffe

| | Modifizierte Naturstoffe | Vollsynthetische Kunststoffe | | | | | | |
|---|---|---|---|---|---|---|---|---|
| | | Polykondensate | | Polymerisate | | Polyaddukte | | |
| Duroplaste | Thermoplaste | Duroplaste | Thermoplaste | Duroplaste | Thermoplaste | Duroplaste | Thermoplaste | |
| Kunsthorn (Galalith) | Celluloseester Cellulosenitrat Celluloseacetat Cellulosetriacetat Celluloseacetobutyrat Cellulosepropionat Celluloseether Methylcellulose Ethylcellulose Benzylcellulose | Alkydharze Polyesterharze Maleinatharze Phenolharze Carbamidharze Melaminharze Silicone | Polyethylenterephtalat lineare gesättigte Polyesterharze Polyamide Anilinharz Polycarbonate | Allylesterharz vernetzte ungesättigte Polyesterharze | Polyethylen Polypropylen Polystyrol Polyvinylchlorid Polyisobutylen Polymethacrylate Polyvinylidenchlorid Polytetrafluorethylen Polytrifluorethylen Polyacrylnitril Polyoxymethylene | Epoxidharze vernetzte Polyurethane | lineare Polyurethane | |

nach H. Penkert, 1962

| Kunststoffe | | |
|---|---|---|
| Kurzzeichen | Bezeichnung | Verwendung/Warenzeichen |
| ABS | Acrylnitril-Butadien-Styrol | Gehäuse für Elektrogeräte, im Automobilbau |
| AMMA | Acrylnitril-Methylmethacrylat | glasklare Schutzüberzüge |
| CA | Celluloseacetat | Textilfasern (Acetatseiden), Acetatfolien, Verpackungen, Klarsichthüllen, Elektroisoliermaterial, Briefumschlag-Sichtfenster |
| CAB | Celluloseacetobutyrat | Schutzhäute (z.B. für Gefrierfleisch), Rohrleitungen für die Ölindustrie, Staubsaugerteile, Koffer- und Werkzeuggriffe, Brillengestelle, Lackbestandteil |
| CF | Kresol-(Formaldehyd)-Harze | elektrische Isolation, Bindemittel für Pressmaschinen, Herstellung elektronischer Sondermassen, Lackharze |
| CMC | Carboxymethylcellulose | wasserlösliches Verdickungsmittel, Suspendierhilfe und Schutzkolloid in der Farben-, pharmazeutischen, kosmetischen und Lebensmittelindustrie, in Waschmitteln und Seifen als Schmutzträger, in der Papierindustrie zur Masse- und Oberflächenleimung, in der Textilindustrie als Appretur, als Tapetenkleister, zur Herstellung von Schweißelektroden, Schuhweißpräparaten, in der Akkumulatoren-, Bleistift-, Foto- und Filmindustrie, in der Pyro- und Sprengstofftechnik, in der Gummi- und Kabelindustrie, bei der Schädlingsbekämpfung, bei Filter-, Klär- und Flotationsprozessen im Bergbau, zur Bodenverfestigung, in Futtermitteln, als Druckereihilfsmittel, für Dünnschicht- und Ionenaustauschchromatographie; in der Medizin in Laxantien und Antiacida |
| CS | Casein | Herstellung von Caseinkunststoffen (Kunsthorne), Klebstoffen, Kitten, Appreturen, Lederdeckfarben und Linoleum, als Bindemittel für Anstrichfarben, zur Sperrholzverleimung, zum Leimen und Streichen von Papier, zum Abdichten von Geweben |

154

| Kurzzeichen | Bezeichnung | Verwendung/Warenzeichen |
|---|---|---|
| DAP | Diallylphthalat | Weichmacher für PVC, als fettfreie Schmiermittel, Vorprodukt für synthetische Fasern |
| EC | Ethylcellulose | lichtechte Celluloseetherlacke, Verpackungsmaterialien, thermoplastische Kunststoffe, künstlichen Schnee, Dichtungen, Kabelisolierungen, Schutzhäute, Zusatz zu Kunstharzen, Wachsen |
| EP | Epoxid | als Lackharze, als Einbettungsmittel für Klebstoffe |
| EPS | Expandierbares Polystyrol | Hartschaum (Schaumkunststoffe), Verpackungen, Bauwesen: Wärme- und Schalldämmung |
| EVA | Ethylen-Vinylacetat | in Schmelzklebstoffen, in Polymerdispersionen für die Bauindustrie (Profile für Fensterrahmen), als Elastifizierungsmittel für PVC, als weicher, flexibler Rohstoff für Folien, Platten, Profile und Hohlkörper |
| FEP | Tetrafluorethylen-Hexafluorpropylen | Ummantelung von Leitungen und Kabeln, Endlosfäden für Filternetze u.a. |
| HDPE | Polyethylen hoher Dichte (Hart-PE) | zum Bau von Transport- und Lagerbehältern mit Fassungsvermögen bis zu 2000 l, Benzinkanistern, Einwegflaschen für Steril- und Frischmilch, Bau chemischer Apparate, in der Medizin für Prothesen, als Filterstoff für Zigarettenfilter und Kaugummimasse, im Fahrzeugbau, in der Isolierstoffindustrie |
| LDPE | Polyethylen niederer Dichte (Weich-PE) | als Teichfolien und zur Herstellung von papierähnlichen Folien (Packmaterial) |
| MC | Methylcellulose | als Verdickungs-, Binde-, Klebe-, Dispergier-, Suspendier-, Emulgier-, Sedimentations-, Filterhilfs-, Flockungs-, Quell-, Gleit- und Wasserrückhaltemittel, als Schutzkolloid und Filmbildner, zur Herstellung von Bau-, Anstrich- und Klebstoffen, kosmetischen und pharmazeutischen Präparaten (z.B. Zahnpasten), Nahrungs- und Genussmitteln, in der Waschmittel-, Textil-, Leder-, Keramik-, Tabak- und Bleistiftindustrie, bei der Herstellung von Kunststoffen |
| MF | Melamin-Formaldehyd | zur Herstellung von Pressmassen, dekorativen Schichtstoffen, wasserfesten Leimen, Lacken, Textilveredelungsmitteln (Knitter- und Schrumpffestausrüstung), nassfesten Spezialpapieren, Kunstharzgerbstoffen, Einbrennlacken, Wasserlacken |
| PA | Polyamid | als Formstoffe für die Elektrotechnik, den Fahrzeugbau, die Bau- und Möbelindustrie (Dübel), den Maschinenbau, die Verpackung, in der Textilindustrie zur Herstellung von Teppichen, Wäschestoffen, Damenstrümpfen, Tüll, Reifencord u.a. |
| PA 6 | Polymeres aus $\varepsilon$-Caprolactam | Heim- und Industrie-Textilien; Wz.: Perlon |
| PA 66 | Polykondensat aus Hexamethylendiamin und Adipinsäure | Textilindustrie, Werkstofftechnik, Haushaltswarenindustrie; Wz.: Nylon |
| PAN | Polyacrylnitril | Fasern für Oberbekleidungsstoffe (Web- und Maschenwaren), Decken, Teppiche, Vorhänge, Markisen; Wz.: Dralon, Dolan |
| PB | Polybuten | Warmwasserrohre, chemische Apparate |
| PBTP | Polybutylenglykolterephthalat | zur Herstellung von Präzisionsteilen, die wärmebeständig und dimensionsstabil sein müssen |
| PC | Polycarbonat | Filme, Fasern, Folien, Spritzgusskörper, Presskörper, Haushaltswaren, Bürobedarf, Fenster- und Windschutzscheiben, elektrotechnische Artikel; Wz.: Makrolon |
| PCTFE | Polychlortrifluorethylen | wärmebeständige Isolierfolien, Drahtisolation, Spulenkörper, chemische Apparate mit Membranen und Dichtungen, Schmiermittel |
| PE | Polyethylen | zur Herstellung von Haushaltswaren aller Art, Spielwaren, als Verpackungsmaterial (Molkereiprodukte), zur Herstellung von Mülltonnen, Hohlkörpern für Chemikalien, Kosmetika, pharmazeutischen Präparaten, Speiseessig; Wz.: Lupolen, Baylon, Hostalen |

⇒ S. 156

# Chemie

| Kurzzeichen | Bezeichnung | Verwendung/Warenzeichen |
|---|---|---|
| PEC | Chloriertes Polyethylen | die Schlagfestigkeit erhöhender Zusatz zu PVC |
| PEP | Ethylen-Propylen | Draht- und Kabelumwicklungen, Treibriemen, Schläuche u.a. |
| PETP | Polyethylenterephthalat | Kombinationen in Geweben mit Wolle oder Baumwolle, als Folie für elektrische Isolierungen, Trägermaterial für fotografische Emulsionen, Magnetbandfolie, zur Herstellung von Lagern, Zahnrädern, Ketten, Gehäusen; Wz.: Terylene, Trevira, Dacron, Diolen |
| PF | Phenol-Formaldehyd | Pressmassen, Imprägnierungsmittel, Kupplungsverkleidungen, Einarbeitung in Nitrilkautschuk, Spiritus-, Isolier- und Kleblacke, Gerbstoffe, Fasern; Wz.: Laccain |
| PI | Polyimid | in der Luft- und Raumfahrt und Elektrotechnik, als Lagerwerkstoff, Bindemittel für diamantbestückte Schleifscheiben; Wz.: Kapton, Kinel, Kerimid |
| PIB | Polyisobutylen | Kabelisolierungen, kombiniert mit Polyethylen, Korrosionsschutz, Bauwesen: füllstoffhaltige Folien, Herstellung von Schläuchen, Ölverdickungsmittel, Elastifizierung von Bitumen, Klebstoffen, Streichzwecke, Zusatz zu Kautschukmischungen; Wz.: Oppanol B |
| PMMA | Polymethylmethacrylat | »organisches«, nicht splitterndes Glas (Acrylglas); Wz.: Plexiglas |
| POM | Polyoxymethylen (Polyacetalharz) | Zahnräder, Lager, Gerätegehäuse, Armaturen |
| PP | Polypropylen | hoch beanspruchte technische Teile, elektrische Haushaltsgeräte, Färbespulen, Damenschuhabsätze, Koffer, Wasch- und Geschirrspülmaschinen, Apparatebau, Folien, Beschichtung von Papier, Gewebe, zu Rohrleitungen für Gase und Flaschen, auch für Fasern; Wz.: Novolen, Vestolen P, Hostalen PP |
| PPO | Polyphenylenoxid | medizinische Instrumente, Teile von Haushaltsmaschinen, Heißwasserventile, in der Hochfrequenztechnik, für Fernsehapparate, als Kondensatorfolien und zur Kabelisolation |
| PPS | Polyphenylensulfid | Formteile, Überzüge auf Metallen und Glas, Isoliermaterial |
| P | Polystyrol | Verpackungsbehälter, Haushaltsgegenstände, preiswerte Gebrauchsartikel, Spielzeug, Elektroisolierfolien (bruchsicher), Schaumfolien (Untertapeten und warm geformte Verpackungsmittel); Wz.: Vestyron, Hostapor, Styropor |
| PTFE | Polytetrafluorethylen | Beschichtung von Brat- und Kochgeräten, Beschichtungen und Auskleidungen im chemischen Apparatebau, Laborgeräte und -ausstattungen, wartungsfreie Lager, Dichtungen, antiadhäsive Überzüge in der Papier-, Textil-, Nahrungsmittel- und Kunststoffverarbeitung, Elektro-, Raumfahrtindustrie und Flugzeugbau; Wz.: Hostaflon, Teflon, Fluon, Algoflon, Soreflon |
| PUR | Polyurethan | Spezialklebstoffe mit ausgezeichneter Haftfestigkeit, wärmefeste Lacke, Schaumstoffe (Kissen, Teppichunterlagen, Polstermöbel, Schwämme), Verpackungsmaterial, Isoliermaterial bei Bauten, Kühlmöbeln, Beschichtung von Teppichen, Winterbekleidung, Pressmassen, gummielastische Stoffe; Wz.: Durethan U, Moltopren |
| PVAC | Polyvinylacetat | für die Herstellung von Lacken, Klebstoffen, Holzleimen, Streichstoffen, als Faserbindemittel, Verpackungsfolien, Sicherheitsgläser, Käsewachse, Klebstoffe für Zigarettenfilter |
| PVAL | Polyvinylalkohol | Verdickungsmittel, Schutzkolloid, Klebrohstoff, in höher molekularer Form mit hydrophilen Weichmachern, z.B. Glycerin, zur Herstellung von Fäden und benzinfesten Schläuchen, Korrosionsschutz, zur Herstellung von Salben und Emulsionen, wasserlöslichen Beuteln und Verpackungsfolien, als Rasiercreme, Seifenzusatz, Verdickungsmittel in kosmetischen Präparaten, für elastische Verbände in der Medizin, Zusatz zu Tonen in der Keramik; Wz.: Mowiol, Polyviol |

| Kurzzeichen | Bezeichnung | Verwendung/Warenzeichen |
|---|---|---|
| PVC<br>Hart-PVC | Polyvinylchlorid | für technische Zwecke, z.B. für Trinkwasser-, Abwasser- und Chemikalienleitungen und für den Apparatebau im Baugewerbe, als Dachschindeln, Fassadenverkleidungen, Dachrinnen, Regenfallrohre, Rolladen, Profile, Rohre usw. |
| Weich-PVC | | Tischtücher, Vorhänge, Fußbodenbeläge, Fußleisten, Geländerhandläufe, ummantelte Wäscheleinen, Drahtisolationen, Klebefolien für Haushalt und Kunstgewerbe; Wz.: Vinoflex, Vestolit, Solvic, Hostalit, Vinol |
| PVDC | Polyvinylidenchlorid | Folien zum Verpacken feuchtigkeitsempfindlicher oder fettender Güter, Schrumpffolien, wässrige Dispersionen zur Herstellung von Lacken und von wasserdampfdichten und fettfesten Papieren; Wz.: Diofan, Saran, Rhodopas, Daran |
| PVDF | Polyvinylidenfluorid | chemischer Apparatebau, Maschinenbau (Dichtungen), Kabel- und elektronische Industrie, Auskleiden von Rohrleitungen, Pumpen, Lackrohstoff, Schutzüberzüge; Wz.: Kynar |
| PVK | Polyvinylcarbazol | Isolierteile in der Elektrotechnik und Elektronik, in der Daten- und Trockenkopiertechnik |
| PVP | Polyvinylpyrrolidon | in der Medizin Blutersatzstoff, der natürlich die chemischen Funktionen des Bluts (Sauerstofftransport usw.) nicht übernimmt; bildet mit Toxinen labile, wasserlösliche Verbindungen, die durch die Nieren ausgeschieden werden; als Depotsubtanz für Hormone, Antibiotika, Alkaloide, Anästhetika, zur Ausschwemmung von Ödemen usw., als Träger für Enzyme, als Schutzkolloid, Stabilisierungs- und Bindemittel in kosmetischen Präparaten, Wachsen, Poliermitteln, Anstrichmitteln, als Fixateur für Parfüms, Verdickungs- und Schmiermittel, Filmbildner in Haarfestigern, Klärmittel für Getränke; Wz.: Periston, Plasdone, Collacral |
| SAN | Styrol-Acrylnitril | Verpackungen für Lebensmittel, Pharmazeutika, Kosmetika, Zählwerke, Sichtscheiben, Bedienungsknöpfe, Geschirr, Gehäuse für Radio-, Phono- und Fernsehgeräte, Akkus, Batterien und Telefonapparate; Wz.: Luran |
| SB | Styrol-Budatien | Verpackungen für Lebensmittel, Pharmazeutika, Kosmetika, in Textilspulen, Luftführungskanälen, Möbeln, Türverkleidungen, Schuhabsätzen, Radio- und Fernsehgehäusen, für Klebstoffe |
| SI | Silicon | als Schaumdämpfungsmittel (Siliconentschäumer), Hydrauliköl, Formtrennmittel (Silicontrennmittel), zum Hydrophobieren von Glas, Keramik, Textilien, Leder (Siliconimprägniermittel), als Poliermittelzusatz, als Bestandteil von Metallputzmitteln, in Medizin und Kosmetik (Siliconöle), in Siliconpasten (Schutz- und Dichtungspasten) oder Siliconfetten (Schmiermittel), zur Erzeugung von Pressmassen und Laminaten (Siliconharze), Siliconkautschuke in der Bauindustrie, als Fugendichtungsmassen, Beschichtungsmassen für Gewebe |
| UF | Harnstoff-Formaldehyd | Pressmassen, Textilausrüstung, pharmazeutische und kosmetische Pudergrundlagen, Klebstoffgrundlagen, Lackrohstoffe, Schaumstoffe als Wärme- und Schallisoliermaterial im Bauwesen |
| UP | Ungesättigter Polyester | Gießharze, Vergussmassen, glasfaserverstärkte Polyester-Kunststoffe, große Formstücke wie Bootskörper, Fahrzeugteile, Badewannen, für lichtdurchlässige Platten, Verbundplatten, Welttafeln, Stäbe, Rohre, Profile, Beschichtungen und für Lacke |

# Chemie

| Jahr | Preisträger | Jahr | Preisträger |
|------|-------------|------|-------------|
| 1901 | J.H. van't Hoff (Niederlande) | 1949 | W.F. Giauque (USA) |
| 1902 | E. Fischer (Deutschland) | 1950 | O. Diels, K. Alder (BR Deutschland) |
| 1903 | S. A. Arrhenius (Schweden) | 1951 | E. McMillan, G.T. Seaborg (USA) |
| 1904 | W. Ramsay (Großbritannien) | 1952 | A.J.P. Martin, R. L. M. Synge (Großbritannien) |
| 1905 | A. von Baeyer (Deutschland) | 1953 | H. Staudinger (BR Deutschland) |
| 1906 | H. Moissan (Frankreich) | 1954 | L. Pauling (USA) |
| 1907 | E. Buchner (Deutschland) | 1955 | V. du Vigneaud (USA) |
| 1908 | E. Rutherford (Großbritannien) | 1956 | N.N. Semjonow (UdSSR), C.N. Hinshelwood |
| 1909 | W. Ostwald (Deutschland) | | (Großbritannien) |
| 1910 | O. Wallach (Deutschland) | 1957 | A. Todd (Großbritannien) |
| 1911 | M. Curie (Frankreich) | 1958 | F. Sanger (Großbritannien) |
| 1912 | V. Grignard, P. Sabatier (Frankreich) | 1959 | J. Heyrovsky (Tschechoslowakei) |
| 1913 | A. Werner (Schweiz) | 1960 | W.F. Libby (USA) |
| 1914 | T.W. Richards (USA) | 1961 | M. Calvin (USA) |
| 1915 | R. Willstätter (Deutschland) | 1962 | J.C. Krendrew, M.F. Perutz (Großbritannien) |
| 1916 | – | 1963 | K. Ziegler (BR Deutschland), G. Natta (Italien) |
| 1917 | – | 1964 | D. Crawfoot-Hodgkin (Großbritannien) |
| 1918 | F. Haber (Deutschland) | 1965 | R.B. Woodward (USA) |
| 1919 | – | 1966 | R. Mulliken (USA) |
| 1920 | W. Nernst (Deutschland) | 1967 | M. Eigen (BR Deutschland), R.G.W. Norrish, |
| 1921 | F. Soddy (Großbritannien) | | G. Porter (Großbritannien) |
| 1922 | F.W. Aston (Großbritannien) | 1968 | L. Onsager (USA) |
| 1923 | F. Pregl (Österreich) | 1969 | O. Barton (Großbritannien), O. Hassel |
| 1924 | – | | (Norwegen) |
| 1925 | R. Zsigmondy (Deutschland) | 1970 | L. Leloir (Argentinien) |
| 1926 | T. Svedberg (Schweden) | 1971 | G. Herzberg (Kanada) |
| 1927 | H. Wieland (Deutschland) | 1972 | C. Antinsen, S. Moore, W. Stein (USA) |
| 1928 | A. Windaus (Deutschland) | 1973 | E.O. Fischer (BR Deutschland), G. Wilkinson |
| 1929 | A. Harden (Großbritannien), H. von Euler- | | (Großbritannien) |
| | Chelpin (Schweden) | 1974 | P.L. Flory (USA) |
| 1930 | H. Fischer (Deutschland) | 1975 | J.W. Cornforth (Großbritannien), V. Prelog |
| 1931 | C. Bosch, F. Bergius (Deutschland) | | (Schweiz) |
| 1932 | J. Langmuir (USA) | 1976 | W.N. Lipscomb (USA) |
| 1933 | – | 1977 | J. Prigogine (Belgien) |
| 1934 | H.C. Urey (USA) | 1978 | P. Mitchell (Großbritannien) |
| 1935 | F. Joliot, I. Curie-Joliot (Frankreich) | 1979 | G. Wittig (BR Deutschland), H. Brown (USA) |
| 1936 | P.J.W. Debye (Niederlande) | 1980 | F. Sanger (Großbritannien), W. Gilbert, P. |
| 1937 | W.N. Haworth (Großbritannien), P. Karrer | | Berg (USA) |
| | (Schweiz) | 1981 | K. Fukui (Japan), R. Hoffmann (USA) |
| 1938 | R. Kuhn (Deutschland) | 1982 | A. Klug (Großbritannien) |
| | | 1983 | H. Taube (USA) |
| 1939 | L. Ruzicka (Schweiz), A.F.. Butenandt | 1984 | R.B. Merrifield (USA) |
| | (Deutschland) | 1985 | H.A. Hauptmann, J. Karle (USA) |
| 1940 | – | 1986 | D.R. Herschbach, Y.T. Lee (USA), J.C. Polanyi |
| 1941 | – | | (Kanada) |
| 1942 | – | 1987 | C.J. Pedersen, D.J. Cram (USA), J.-M. Lehn |
| 1943 | G. Hevesy de Heves (Ungarn) | | (Frankreich) |
| 1944 | O. Hahn (Deutschland) | 1988 | J. Deisenhofer, R. Huber, H. Michel (BR |
| 1945 | A.I. Virtanen (Finnland) | | Deutschland) |
| 1946 | J.B. Summer, J.H. Northrop, W.M. Stanley | 1989 | S. Altmann (Kanada), T.R. Cech (USA) |
| | (USA) | 1990 | E.J. Corey (USA) |
| 1947 | R. Robinson (Großbritannien) | 1991 | R. Ernst (Schweiz) |
| 1948 | A.W.K. Tiselius (Schweden) | 1992 | R. A. Marcus (USA) |

| 1993 | M. Smith (Kanada), K.B. Mullis (USA) | 1997 | P.D. Boyer (USA), C. Skou (Dänemark), |
| --- | --- | --- | --- |
| 1994 | G. Olah (USA) | | J.E. Walker (Großbritannien) |
| 1995 | P. Crutzen (Niederlande), M. Molina | 1998 | W. Kohn (USA), J.A. Pope (Großbritannien) |
| | (Mexiko), S. Rowland (USA) | 1999 | A. Zewail (Ägypten/USA) |
| 1996 | R.F. Curl, R.E. Smalley (USA), H.W. Kroto | 2000 | A. Heeger (USA), A. MacDiarmid (USA), |
| | (Großbritannien) | | H. Shirakawa (Japan) |

## Große Chemiekatastrophen

| Jahr | Ort | Ereignis/Ursache | Bilanz |
| --- | --- | --- | --- |
| 1912 | Oppau (Deutschland) | Explosion von Dünger | 565 Tote; etwa 2000 Verletzte |
| um 1960 | BR Deutschland | Missbildungen durch Contergan | Missbildungen bei über 2600 Neugeborenen, deren Mütter das Beruhigungsmittel Contergan genommen hatten |
| 1976 | Seveso (Italien) | Dioxin-Giftgaswolke bei Trichlor-phenol-Herstellung | Schwere Hautveränderungen bei Anwohnern |
| 1984 | Bhopal (Indien) | Giftgaswolke bei Pflanzenschutz-Produktion einer US-Fabrik | über 2500 Tote; mehrere Tausend Verletzte und Erblindete |
| 1986 | Schweiz/Oberrhein | Giftstoffe aus einer Pharmafirma bei Basel geraten in den Rhein | Leben im Oberrhein stirbt fast vollständig ab |
| 1993 | Griesheim (Hessen) | nach Unfällen bei Hoechst entweichen gefährliche Chemikalien | nachhaltige Störung der Umwelt; Gesundheitsgefährdung für die Anwohner |
| 1998 | Coto de Doñana (Spanien) | 5 Mio. m³ Giftschlamm fließen in ein Naturschutzgebiet | Europas größtes Naturreservat verseucht; Leben großflächig abgestorben |

# Mensch und Gesundheit

| Wichtige Entwicklungsstufen der Menschheit | | | | |
|---|---|---|---|---|
| Erdzeitalter | Zeitraum (v. Chr.) | Menschentyp/ Fundstelle | Gruppe | Kennzeichen |
| Holozän | 10 000 | | | |
| Jungpleistozän | 20 000 | Cro-Magnon/ Rudolfsee | Homo sapiens sapiens | hohe Stirn, Kinn, große eckige Augenhöhle, bis ca. 1500 cm³ Gehirnvolumen (Ausbildung der heutigen Hauptrassen) |
| | | Oberkassel | | |
| | 50 000 | | Neuzeitmensch | |
| | 100 000 | Neandertaler | Homo sapiens praesapiens | niedrige Stirn, Augenwülste, kinnlos, nicht ganz aufrechter Gang |
| | 200 000 | | | |
| | | Steinheimer | | |
| Mittelpleistozän | 500 000 | Heidelberger Peking-Mensch Homo erectus von Ostafrika (»Oldoway«) Homo erectus von Lantian | Frühmensch Pithecanthropus | ca. 1000 cm³ Gehirnvolumen |
| | 1 Mio. | | | |
| Altpleistozän | 3 Mio. | Homo habilis von Ostafrika | Vormensch Homo habilis Australopithecus | aufrechter Gang, menschen- ähnliches Gebiss, ca. 400–600 cm³ Gehirnvolumen |
| Pliozän | 12 Mio. | Ramapithecus | Bindeglied zwischen Affe und Mensch | |
| Miozän | 20 Mio. | Dryopithecus/ Transvaal | Menschenaffen | |
| | 30 Mio. | | | |
| Oligozän | 40 Mio. | Propliopithecus | Menschenaffen | |

**Hominidenschädel**

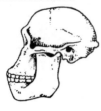
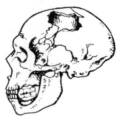
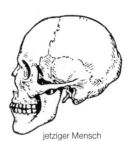

Plesianthropus          Neandertaler          jetziger Mensch

## Menschenrassen

| Rasse | Merkmale | Hauptverbreitungsgebiet |
|---|---|---|
| Europider Rassenkreis | reliefreiches Gesicht, schmale Nase, Tendenz zur Aufhellung von Haut-, Haar- und Augenfarbe | Europa, Nordafrika, Westasien |
| Nordide | hellfarbig, hochwüchsig, schlank, schmale Nase und Lippen, relativ langköpfig | Nord- und Westeuropa |
| Osteuropide | mittelgroß, gedrungen, kurzbreiter Kopf, hellfarbig | Osteuropa |
| Dinaride | hochwüchsig, schlank, braune Haar- u. Augenfarbe, kurzköpfig | Mittel- u. Südosteuropa, Westukraine |
| Alpinide | klein bis mittelgroß, kurzer und runder Kopf, braune Haar- und Augenfarbe | westliches Mitteleuropa |
| Lappide | kurzköpfig, dunkelbraune Haar- und Augenfarbe | Lappland |
| Mediterranide | klein bis mittelgroß, relativ langköpfig, dunkelbraune Haar- und Augenfarbe, stark pigmentiert | Mittelmeerküsten, Schwarzmeerküsten |
| Orientalide | langköpfig, mittelgroß, schwarzes, lockiges Haar, braunäugig, mandelförmige Augen | Arabien, Mesopotamien, Nordafrika |
| Indide | mittelgroß, schlank, langköpfig, schwarzbraunes Haar, dunkelbraune Augen, hellbraune Haut | Vorderindien |
| Polyneside | groß, kräftig, schwarzes, gewelltes Haar, dunkelbraune Augen, lichtbraune Haut | Polynesien, Mikronesien |
| Weddide | klein, untersetzt, schwarzes, gewelltes Haar, dunkelbraune Augen, langköpfig mit rundem Gesicht | Vorderindien, Sri Lanka |
| Armenide | mittelgroß, braune Augen, schwarzbraunes Haar, kurzköpfig, große Nase, bräunliche Haut | Armenien |
| Turanide | mittelgroß, schlank, dunkle Augen-, Haut- und Gesichtsfarbe | Westturkestan |
| Ainuide | kleinwüchsig, schwarzes Haar, braune Augen, breite und kurze Nase, starke Körperbehaarung | Nordjapan |
| Mongolider Rassenkreis | Gelbton der Haut, schwarzhaarig, Mongolenfalte, großflächiges Gesicht mit betonten Jochbeinen | Ostasien, Indonesien |
| Tungide | untersetzt, kurzköpfig, stark ausgeprägte Mongolenfalte | nördliches Zentralasien |
| Sinide | relativ hoher und schlanker Wuchs, schwache Flachgesichtigkeit | China |
| Palämongolide | kleinwüchsig, rundes Gesicht mit breiter Nase, gering ausgeprägte Mongolenfalte | Südostasien |
| Sibiride | kleinwüchsig, untersetzt, relativ langköpfig mit großem rautenförmigen Gesicht | Sibirien |
| Eskimide | | Arktis |
| Indianide | schwarzhaarig, Gelbton der Haut | Amerika |
| Pazifide | großköpfig mit breitem Gesicht, mittelgroß | Nordwest-Amerika |
| Silvide | hochwüchsig, kräftig, großes und breites Gesicht, hohe, oft konvexe Nase | Wälder und Prärien Nordamerikas |
| Margide | kleiner, länglicher Kopf, dunkle Hautfarbe, kleinwüchsig, grobknochig | Kalifornien, Sonora (Mexiko) |
| Zentralide | mittelgroß, dunkelhäutig, stark kurzköpfig, breite Nase | Süden Nordamerikas |
| Andide | kleinwüchsig, untersetzt, kurzköpfig mit großer Nase | Anden |
| Patagonide | hochwüchsig, breiter, massiger Körperbau, großes, flaches Gesicht mit breiten Jochbögen | Steppen Südamerikas |
| Brasilide | kleinwüchsig, weiche Gesichtszüge | Amazonasgebiet |
| Lagide | mittelgroß, grobes Gesicht mit breiter Nase und breiten Jochbögen, starke Überaugenbögen | ostbrasilianisches Bergland |
| Negrider Rassenkreis | dunkle Hautfarbe, Kraushaar, breite Nase, wulstige Lippen | Afrika südlich der Sahara |
| Sudanide | mittelgroß, stämmig, sehr dunkle Haut, dicke Wulstlippen | Sudan, Guinea-Küste |
| Kalfride (Bantuide) | etwas hellere Hautfarbe, mittelgroß, kräftig, gerade u. breite Nase | Süd- und Ostafrika |
| Nilotide | hochwüchsig, langbeinig, sehr dunkle Hautfarbe, langer, schmaler Kopf, relativ schmale Lippen | Oberlauf des Weißen Nils |

⇒ S. 162

# Mensch und Gesundheit

| Rasse | Merkmale | Hauptverbreitungsgebiet |
|---|---|---|
| Äthiopide | Übergangsform von Europiden zu Negriden, hochwüchsig, schlank, langköpfig mit europid-hoher Nase, Kraushaar | Äthiopien, Ostafrika |
| Palänegride | mittelgroß mit langem Rumpf, breites Gesicht mit breiter Nase und Wulstlippen | tropische Regenwaldgebiete Afrikas |
| **Sonderformen** | | |
| Khoisanide | kleinwüchsig mit kindlichen Proportionen, Pfefferkornhaar, gelblich braune Haut | Kalahari, Namib |
| Hottentotten | etwas größer als die Buschmänner, Fettsteiß und verlängerte innere Schamlippen bei den Frauen | Namibia |
| Buschmänner | relativ langköpfig, starke Oberlidfalte, breite und niedrige Nase | Kalahari |
| Pygmide | zwergwüchsig, Kraushaar, dunkle Haut | Südostasien, Zentralafrika |
| Bambutide | hellbraune Haut, Pfefferkornhaar, kindliche Proportionen mit großem Kopf und langem Rumpf | Zentralafrika |
| Negritos | kräftig, schlank, normale Proportionen, dunklere Haut | Südostasien |
| Melaneside | dunkelhäutig, spiralkrauses Haar | Melanesien, Neuguinea |
| Palämelaneside | mittelgroß, untersetzt, niedriges Gesicht mit breiter, fleischiger Nase und großem Mund | Melanesien |
| Neomelaneside | mittelgroß, schlank, kräftig, langes Gesicht mit hoher, oft gebogener und breiter Nase | Neuguinea |
| Australide | mittelgroß, hochbeinig, langer, schmaler Kopf mit starken Überaugenbögen, breiter Nase und fliehendem Kinn | Australien |

## Entwicklung des Menschen

| Zeitraum (v. Chr.) | Entwicklungsstufe |
|---|---|
| vor 8–4 Mio. J. | Abspaltungsprozess der Hominiden-linie vom Menschenaffenahn in Afrika |
| 5–2,3 Mio. | Australopithecus (Ardipithecus) ramidus, Australopithecus afarensis erste Hominiden |
| 3,3–2 Mio. | Australopithecus africanus; aufrecht gehend, 27–43 kg, Süd- und Ostafrika |
| 2,5 Mio. | erste Steinwerkzeuge der Oldowan-Kultur des Homo habilis bzw. Homo rudolfensis in Hadar (Äthiopien) |
| 2–1 Mio. | Australopithecus robustus, Australopithecus boisei: bis 60 kg schwere Pflanzenfresser; zeitgleich mit Homo habilis und Australopithecus africanus. Funde im Ostafrikanischen Graben |
| 1,8 Mio. | Entstehung des Homo erectus in Ostafrika mit größerem Hirnvolumen als der Homo habilis; entwickelte Acheuléen-Faustkeilkultur; verlässt als Erster den afrikanischen Kontinent |
| 1,8–0,5 Mio. | Spuren des Homo erectus in ganz Afrika, im Mittleren Osten, Südostasien und später in Südeuropa |
| 460 000 | früheste menschliche Feuerstellen in Zhoukoudian (China) |
| 450 000 | archaischer Homo sapiens in Afrika |
| ca. 250 000 | Homo erectus entwickelt sich in der Alten Welt zu lokal unterschiedlichen Formen des archaischen Homo sapiens |

| Zeitraum (v. Chr.) | Entwicklungsstufe |
|---|---|
| 150 000 | aus dem archaischen Homo sapiens entwickelt sich in Europa der Neandertaler (Homo sapiens neanderthalensis); nachweisbar auch im Iran und Mittleren Osten |
| 120 000 | Entstehung des Homo sapiens sapiens in Afrika. Nach DNA-Untersuchungen stammt der heutige moderne Mensch von dieser »Ur-Eva« ab, deren Nachkommen die ganze Erde besiedelten und alle anderen archaischen Homo-sapiens-Gruppen ablösten |
| 60 000 | eine Neandertaler-Grabstelle in Shamidar (Irak) belegt rituelle Begräbnispraktiken |
| ca. 50 000 | Besiedelung Nordaustraliens. Erstmals überqueren Menschen mindestens 60 km offenes Meer |
| 45 000 | früheste Felskunst (Petroglyphen) in Panaramitee (Australien) |
| 45 000–35 000 | Homo sapiens sapiens besiedelt vom Nahen Osten her ganz Europa |
| 35 000 | Neandertaler werden aus unbekannten Gründen komplett vom Homo sapiens sapiens verdrängt |
| 30 000 | erste Höhlenmalereien in Südfrankreich (Chauvet-Höhle). |
| 24 000 | früheste Felsmalereien in Afrika |
| 23 000–10 000 | Höhepunkt der Höhlenmalerei in Frankreich (Lascaux), Spanien und ganz Europa. |

## Besiedelung der Welt

| Jahr | Ereignis |
|---|---|
| **vor Christus** | |
| 1,8 Mio. | Homo-erectus-Gruppen verlassen Afrika |
| ab 700 000 | Homo erectus beherrscht das Feuer; älteste Feuerstellen in Zhoukoudian, Lantian (China) |
| um 500 000 | Homo erectus besiedelt Europa |
| ab 400 000 | In Afrika, Asien und Europa entsteht der Homo sapiens |
| um 110 000 | Entwicklung des Homo sapiens sapiens in Afrika |
| 100 000–40 000 | Homo sapiens sapiens im Nahen Osten, Europa und Asien |
| 55 000–40 000 | Besiedelung Australiens durch den Homo sapiens |
| 33 000–12 000 | Homo sapiens sapiens überquert die Beringstraße von Sibirien nach Nordamerika; früheste gesicherte Spuren 12 000 v. Chr.; älteste Spuren in Fudra (Brasilien) |
| 2000 | Arier siedeln im Iran und Nordindien |
| 1800 | Indo-Europäer bevölkern den Nahen Osten und das Ägäisgebiet |
| 1300 | Auszug der Juden aus Ägypten nach Palästina |
| 1200–1000 | Indonesier besiedeln Fidschi, Melanesien, Tonga, West-Samoa und West-Polynesien |
| **nach Christus** | |
| 5. Jh. | Germanische Völker dringen nach Britannien, Frankreich, Spanien, Italien und in die Türkei vor |

| Jahr | Ereignis |
|---|---|
| 7.–10. Jh. | Araber stoßen nach Nordafrika, Spanien, in die Türkei, Süditalien und nach Südwestasien vor |
| um 800 | Siedler aus Polynesien erreichen die Osterinsel und um 850 Neuseeland |
| 13. Jh. | Mongolen und zentralasiatische Nomaden bedrohen Europa; Turkstämme breiten sich über Westasien aus Chinesische Händler und Handwerker lassen sich in Ostasien nieder |
| 16. Jh. | Die Spanier erobern Mittel- und Südamerika, die Portugiesen Brasilien |
| 17. Jh. | Engländer, Holländer, Deutsche und Franzosen wandern nach Nordamerika aus. Erste Kolonien in Virginia, Neuengland und Québec. Kolonisten führen erste afrikanische Sklaven ein |
| 1788 | Erstmals werden britische Gefangene nach Neusüdwales (Australien) deportiert |
| 19. Jh. | Auswanderung vieler Millionen Europäer nach Nordamerika, Südafrika und Australien. Chinesische Auswanderer lassen sich in Siam, Java, auf der Malaiischen Halbinsel, dem amerikanischen Kontinent und in Neusüdwales nieder. Inder emigrieren auf Westindische Inseln, nach Süd- und Ostafrika |
| 20. Jh. | Bis zum Zweiten Weltkrieg Emigration vieler Europäer nach Nordamerika |
| Nach 1945 | Auswanderung aus britischen Kolonien nach Großbritannien und in die USA. Lateinamerikanische und asiatische Flüchtlinge emigrieren in die USA |

## Körpergröße des Menschen*

| Alter | Länge (in cm) | |
|---|---|---|
| | männlich | weiblich |
| 0 | 51 | 50 |
| 1 | 75 | 74 |
| 3 | 96 | 95 |
| 6 | 116 | 115 |
| 10 | 136 | 135 |
| 15 | 161 | 160 |
| 20 | 175 | 165 |
| 30 | 177 | 167 |
| 40 | 177 | 167 |
| 50 | 177 | 167 |
| 60 | 176 | 166 |
| 70 | 174 | 165 |
| 80 | 171 | 163 |
| 90 | 169 | 161 |

* im Weltdurchschnitt

## Körpergröße einzelner Völker

| Volk | Durchschnittslänge (in cm)* |
|---|---|
| Saraneger (Tschad) | 182 |
| Schotten | 179 |
| Skandinavier | 175 |
| Cheyenne-Indianer | 174 |
| Engländer | 173 |
| Deutsche | 168 |
| Russen | 168 |
| Italiener | 166 |
| Franzosen | 166 |
| Spanier | 162 |
| Japaner | 158 |
| Aymara (Südamerika) | 157 |
| Buschmänner | 143 |
| Pygmäen | 139 |

* Die durchschnittliche Körperlänge nimmt bei den meisten Völkern mit jeder Generation leicht zu.

# Mensch und Gesundheit

| Alter | | Gewicht (in kg) | | Größe (in cm) | |
|---|---|---|---|---|---|
| Monate | Jahre | Jungen | Mädchen | Jungen | Mädchen |
| 0 | 0 | 3,4 | 3,3 | 51 | 50 |
| 1 | | 4,1 | 3,9 | 54 | 53 |
| 2 | | 5,0 | 4,8 | 58 | 56 |
| 3 | $^1/_4$ | 5,8 | 5,6 | 61 | 59 |
| 4 | | 6,6 | 6,4 | 64 | 62 |
| 5 | | 7,3 | 7,0 | 66 | 64 |
| 6 | $^1/_2$ | 7,8 | 7,5 | 68 | 66 |
| 7 | | 8,3 | 8,0 | 70 | 68 |
| 8 | | 8,8 | 8,4 | 71 | 70 |
| 9 | $^3/_4$ | 9,2 | 8,8 | 72 | 71 |
| 10 | | 9,6 | 9,2 | 73 | 72 |
| 11 | | 9,9 | 9,5 | 74 | 73 |
| 12 | 1 | 10,2 | 9,8 | 75 | 74 |
| | 2 | 12,7 | 12,3 | 87 | 86 |
| | 3 | 14,5 | 14,1 | 96 | 95 |
| | 4 | 16,6 | 15,8 | 104 | 103 |
| | 5 | 18,4 | 17,6 | 110 | 109 |
| | 6 | 20,6 | 20,0 | 116 | 115 |
| | 7 | 22,7 | 22,5 | 121 | 120 |
| | 8 | 25,0 | 24,5 | 126 | 125 |
| | 9 | 27,3 | 27,0 | 131 | 130 |
| | 10 | 30,0 | 29,0 | 136 | 135 |
| | 11 | 32,3 | 31,5 | 140 | 140 |
| | 12 | 35,5 | 35,5 | 144 | 145 |
| | 13 | 38,0 | 40,0 | 149 | 151 |
| | 14 | 42,0 | 45,0 | 154 | 156 |
| | 15 | 48,0 | 49,5 | 161 | 160 |
| | 16 | 54,5 | 52,5 | 168 | 163 |
| | 17 | 59,0 | 54,5 | 172 | 164 |
| | 18 | 65,0 | 56,0 | 175 | 165 |
| | 19 | 66,5 | 57,0 | 175 | 165 |

## Wassergehalt des Körpergewebes

| Körperteile/Substanz | Wassergehalt (in %) |
|---|---|
| Blut | 80 |
| Niere | 80 |
| Muskel | 75 |
| Nerven | 70–85 |
| Leber | 70 |
| Haut | 70 |
| Bindegewebe | 60 |
| Knochen | 25–30 |
| Fett | 20 |

Der Gesamtanteil des Wassers im menschlichen Körper liegt bei einem durchschnittlich großen und schweren Erwachsenen bei 60%.

## Körper: Gewicht und Zusammensetzung

Der menschliche Körper besteht durchschnittlich aus:

| | |
|---|---|
| Wasser | 60% |
| Eiweißstoffen | 19% |
| Fett | 15% |
| mineralischen Bestandteilen | 5% |
| Kohlenhydraten | 1% |

Am Körpergewicht sind beteiligt:

| | |
|---|---|
| Muskeln | 43,5% |
| Eingeweide | 19,0% |
| Haut, Unterfettgewebe | 17,8% |
| Knochen | 17,5% |
| Gehirn | 2,2% |

## Konstitutionstypen

Unterscheidung aus dem griechischen Altertum:

| | |
|---|---|
| Sanguiniker | lebhaft, beweglich, optimistisch |
| Phlegmatiker | schwerfällig, bequem, gleichgültig |
| Choleriker | leidenschaftlich, aufbrausend, jähzornig |
| Melancholiker | schwermütig, langsam, pessimistisch |

Unterscheidung nach dem Psychiater E. Kretschmer:

| | |
|---|---|
| Pykniker | gedrungener, rundlicher Körperbau; geringe Muskulatur; zarter Knochenbau; Neigung zum Fettansatz; behäbig, gesellig, heiter, gutherzig, weich |
| Athletiker | muskulöser Körperbau; starker Knochenbau; breite Schultern; schlank; heiter, forsch, aktiv |
| Astheniker/ Leptosome | schwacher Knochenbau; geringe Muskulatur; mager, zart, flachbrüstig; dünne Arme und Beine; empfindlich, kompliziert, sprunghaft |

**Konstitutionstypen**

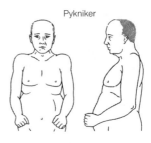
Pykniker

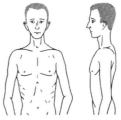
Astheniker

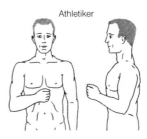
Athletiker

## Ermittlung des Idealgewichts

Frühere Methoden

| | |
|---|---|
| Normalgewicht | Körpergröße (in cm) minus 100 |
| Idealgewicht | Normalgewicht minus 10% (Männer); Normalgewicht minus 15% (Frauen) |
| Übergewicht | Normalgewicht plus 10–20% |
| Fettsucht | Normalgewicht plus 20% |

Neuere Methode

Body-Maß-Index $\dfrac{\text{Körpergewicht (in kg)}}{\text{(Körpergröße in m)}^2}$

| Alter | BMI unter | BMI zwischen | BMI über |
|---|---|---|---|
| 19–24 | 19 | 19–24 | 24 |
| 25–34 | 20 | 20–25 | 25 |
| 35–44 | 21 | 21–26 | 26 |
| 45–54 | 22 | 22–27 | 27 |
| 55–64 | 23 | 23–28 | 28 |
| über 64 | 24 | 24–29 | 29 |
| | zu dünn | ideal | zu dick |

## Funktionen des menschlichen Körpers

Nach den Funktionen werden folgende Organgruppen oder -systeme unterschieden:

- Stütz- und Bewegungssystem (Knochen, Muskeln)
- Verdauungssystem (Mund, Speiseröhre, Magen, Leber und Galle, Bauchspeicheldrüse, Darm)
- Atmungssystem (Nase und Mund, Luftröhre, Lunge)
- Blutkreislaufsystem (Herz und Blutgefäße)
- Nervensystem (Gehirn, Rückenmark, Nerven)
- System der Sinnesorgane

- Hautsystem
- hormonales System (Hirnanhangdrüse, Schilddrüse, Nebennieren)
- Immunsystem (Milz, Thymus, Lymphknoten, immunkompetente Blutzellen)
- Harn- und Geschlechtssystem (Nieren, Harnleiter, Harnblase, Geschlechtsorgane)

# Mensch und Gesundheit

## Skelett des Menschen

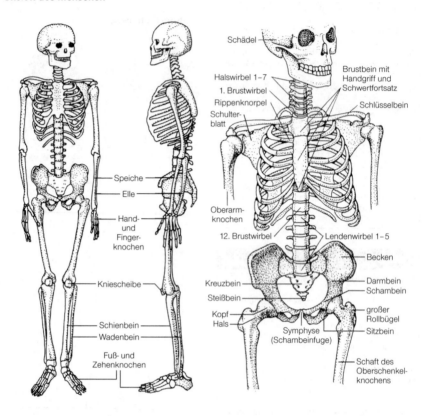

Schädel

Halswirbel 1–7

1. Brustwirbel

Rippenknorpel

Schulterblatt

Brustbein mit Handgriff und Schwertfortsatz

Schlüsselbein

Speiche

Elle

Hand- und Fingerknochen

Oberarmknochen

12. Brustwirbel

Lendenwirbel 1–5

Becken

Kniescheibe

Kreuzbein

Steißbein

Kopf

Hals

Darmbein

Schambein

großer Rollbügel

Symphyse (Schambeinfuge)

Sitzbein

Schienbein

Wadenbein

Fuß- und Zehenknochen

Schaft des Oberschenkelknochens

## Über das menschliche Skelett ▲

Die Knochen bestehen aus 50% Wasser, 21,85% mineralischen Bestandteilen, 15,75% Fett, 12,4% Knorpelmasse. Das Skelett des Menschen wiegt ca. 12 kg und besteht aus 204–205 bzw. 208–209 Knochen, mit den 32 Zähnen aus 236–237 bzw. 240–241 Knochen.

| Bereich | Knochen |
| --- | --- |
| Schädel | 22 Schädelknochen |
| Wirbelsäule (33–34 Knochen) | 7 Hals-, 12 Brust-, 5 Lendenwirbel, 5 Kreuzbeinwirbel, 4–5 Steißbeinwirbel |
| Schultergürtel (4 Knochen) | 2 Schlüsselbeine, 2 Schulterblätter |
| Brustkorb (25 Knochen) | 24 Rippen, 1 Brustbein |
| Beckengürtel (2/6 Knochen) | 2 Hüftbeine (je Darmbein, Sitzbein und Schambein) |
| Arme und Hände (60 Knochen) | 2 Oberarmknochen, 4 Unterarmknochen, 16 Handwurzelknochen, 10 Mittelhandknochen, 28 Fingerknochen |
| Beine und Füße (58 Knochen) | 2 Oberschenkelknochen, 4 Unterschenkelknochen, 14 Fußwurzelknochen, 10 Mittelfußknochen, 28 Zehenknochen |

**Das menschliche Gebiss**

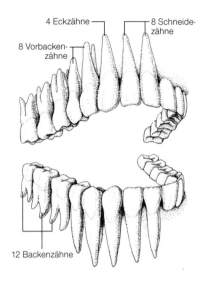

4 Eckzähne

8 Schneide-
zähne

8 Vorbacken-
zähne

12 Backenzähne

**Halswirbel mit Drehgelenk von vorn**

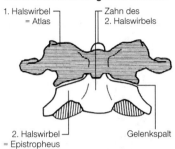

1. Halswirbel
= Atlas

Zahn des
2. Halswirbels

2. Halswirbel
= Epistropheus

Gelenkspalt

**Halswirbel mit Drehgelenk von oben**

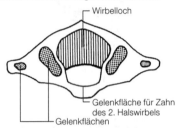

Wirbelloch

Gelenkfläche für Zahn
des 2. Halswirbels

Gelenkflächen

▲  **Über das menschliche Gebiss**

Das Gebiss des erwachsenen Menschen besteht aus 32 Zähnen, das etwa mit dem 14. Lebensjahr vollständig ausgebildet ist: acht Schneidezähne, vier Eckzähne, acht Vormahlzähne, acht Mahl- oder Backenzähne sowie (später) vier Weisheits-(Backen-)Zähne.

Das so genannte Milchgebiss (auch erstes Gebiss) ist mit etwa zwei bis drei Jahren ausgebildet. Es besteht aus
20 Zähnen, die im Alter von etwa fünf Jahren auszufallen beginnen und damit dem zweiten Gebiss (Dauergebiss)
Platz machen.

**Wechselbeziehung zwischen Muskel und Gelenk**

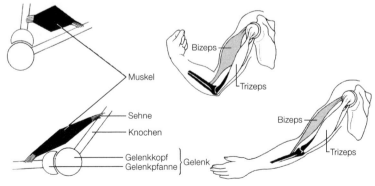

Muskel

Bizeps

Trizeps

Sehne

Knochen

Gelenkkopf
Gelenkpfanne } Gelenk

Bizeps

Trizeps

Wechselbeziehung zwischen Armbeuger (Bizeps) und Armstrecker (Trizeps)

# Mensch und Gesundheit

### Funktionsweise des Daumengrundgelenks

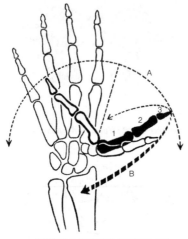

1 Mittelhandknochen des Daumens
2 u. 3 Glieder des Daumens
A Gegenüberstellung des Daumens
  zu den übrigen Fingern
B Abspreizen des Daumens

| Menschliche Muskulatur | |
|---|---|
| **Begriff** | **Erläuterung** |
| glatte Muskeln | Eingeweidemuskulatur; wird vom vegetativen Nervensystem gesteuert und unterliegt daher nicht dem Willen |
| willkürl. Muskeln (quergestreift) | Skelettmuskulatur; wird vom Zentralnervensystem gesteuert |
| kontraktil | die Fähigkeit der Muskeln, sich zusammenziehen zu können. Da sich die Muskeln nur entweder auf diese Weise verkürzen oder aber erschlaffen können (also nur in eine Richtung wirken), werden in allen Gelenken mindestens zwei Muskeln als Gegenparts gebraucht (Beuger und Strecker). |
| Nutzeffekt | 25–40%; der Prozentwert gibt an, wie viel der den Muskeln mit den Nährstoffen zugeführten Energie in nutzbare mechanische Arbeit umgesetzt werden. |
| Muskelkraft | ca. 8 kg auf 1 cm$^2$ Querschnitt |
| **Anzahl der Muskeln** | |
| beim Mann: | 316 Muskelpaare 7 unpaare Muskeln |
| bei der Frau: | 315 Muskelpaare 8 unpaare Muskeln |

### Gelenkarten

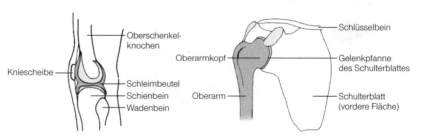

**Scharniergelenk:** Kniegelenk mit Schleimbeutel; linkes Knie, von der Seite.
**Kugelgelenk:** Schultergelenk, Oberarm mit Oberarmkopf, Gelenkpfanne des Schulterblatts

## Säfte des Verdauungssystems

| Verdauungssäfte | Bestandteile der Säfte Fermente (Enzyme) | Wirkung auf die Nahrungsbestandteile |
|---|---|---|
| A = Speichel | *Schleim* Ptyalin | Durchfeuchtung des Nahrungsbreies spaltet Stärke in Maltose (Malzzucker) |
| B = Magensaft | *Salzsäure* Pepsin Lipase Lab | Vorverdauung von Eiweiß Vorverdauung von Eiweiß Spaltung schon emulgierter Fette (geringe Mengen) Gerinnung des Kaseins der Milch |
| C = Pankreassaft | Pankreas-Ptyalin Trypsin Erepsin Lipase | spaltet Stärke in Glucose spaltet Eiweiß in Aminosäuren spaltet Eiweiß in Aminosäuren spaltet Fette in Fettsäure und Glycerin |
| D = Gallensaft (Sekret der Leber) | *Cholesterin* *Lecithin* *Gallensäuren* | Beihilfe bei der Endverdauung der Fette (Emulgierung wasserunlöslicher Fette, Überführung von Fettsäuren in wasserlöslichen Zustand); Förderung der Eiweißverdauung |
| Ea = Darmsaft (Dünndarm) | *Schleim* Maltase Lipase Laktase Erepsin | Vermischung: Darminhalt und Verdauungssäfte spaltet Maltose in Glucose spaltet Fette in Fettsäuren und Glycerin spaltet Lactose in Glucose spaltet Eiweiß in Aminosäuren |
| Eb = Darmsaft (Dickdarm) | *Scheim* *Bakterien* *und Spaltpilze* | macht den Darm schlüpfrig bakterielle Zelluloseverdauung Gärung der Fette und Eiweißkörper |

Die *kursiv* gesetzten Bestandteile der Verdauungssäfte sind keine Enzyme

## Verdauungssystem

Ohrspeicheldrüse
Mundhöhle
Speicheldrüsen
Zwölffingerdarm
Dünndarm (Krummdarm, Ileum)
Magen
Bauchspeicheldrüse
Dünndarm (Leerdarm, Jejunum)
Blinddarm
Wurmfortsatz
Mastdarm
Dickdarm

## ◄ Über das Verdauungssystem

- Das Verdauungssystem besteht aus Verdauungskanal (Mundhöhle, Schlund, Speiseröhre, Magen, Darm), Verdauungsdrüsen (Speicheldrüsen, Leber, Bauchspeicheldrüse) und Gebiss
- Die Speicheldrüsen (Unterzungendrüse, Unterkieferdrüse, Ohrspeicheldrüse) sondern täglich bis zu 1,5 l Speichel ab, beim Kauen in einer Stunde etwa 500–700 ml
- Die Speiseröhre ist 25–30 cm lang
- Der Magen besteht aus Magenmund, -grund, -körper und Pförtner. Magen-Rauminhalt: 1,5 l; Magen-Länge: 30 cm. Dauer der Verdauung im Magen: 2–3 Stunden: Milch, Eier, Kartoffeln, Obst, Fisch; 4–5 Stunden: Bohnen, Gänsebraten
- Die Leber ist ca. 30x20 cm groß; Gewicht: 1,8 kg. In der Leber wird pro Tag bis 1 kg Galle produziert.
- Bauchspeicheldrüse: Länge 12 cm; Produktion 1,5 l
- Darm: Länge 8–9 m. Dünndarm-Aufnahme bis 10 l täglich, Verweildauer 4–5 h (Dickdarm: 8–12 h).

# Mensch und Gesundheit

## Atmungssystem

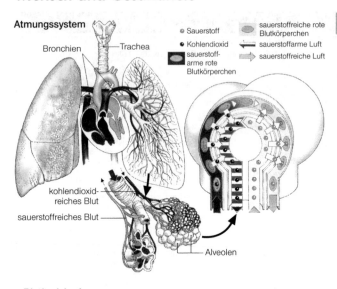

- ⊙ Sauerstoff
- ● Kohlendioxid

sauerstoff-arme rote Blutkörperchen

sauerstoffreiche rote Blutkörperchen

sauerstoffarme Luft

sauerstoffreiche Luft

Bronchien — Trachea

kohlendioxid-reiches Blut

sauerstoffreiches Blut

Alveolen

◀ Über die Lunge

Fassungsvermögen: 4–5 l
Lungenbläschen: 300 Mio.
Gesamtoberfläche der
  Lungenbläschen: 200 m²
Bronchien: 25 000
Atemfrequenz/Minute:
  Mann: 14–16-mal
  Frau: 18–22-mal
Luftwechsel der Lunge
  pro Tag: 13 000 l

Zusammensetzung der
  Atmungsluft:
  Einatmen:
  78% Sauerstoff
  21% Stickstoff
  0,03% Kohlendioxid

Ausatmen:
  79,3% Stickstoff
  16% Sauerstoff
  4,3% Kohlendioxid

## Blutkreislauf

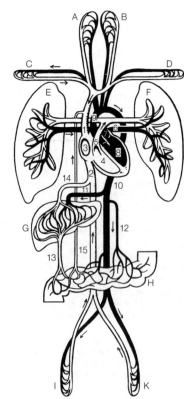

A rechter Kopfseite, B linke Kopfseite, C rechter Arm, D linker Arm, E rechte Lunge, F linke Lunge, G Leber, H Darm, I rechtes Bein, K linkes Bein

### Blutgruppen

**Hauptgruppen des ABO-Systems**

| Gruppe | Vorhandene Antigene | Vorkommen* |
|---|---|---|
| A | A | 40% der Bevölkerung |
| B | B | 13% der Bevölkerung |
| AB | A und B | 7% der Bevölkerung |
| 0 | keine | 40% der Bevölkerung |

**Rhesussystem**

| | | |
|---|---|---|
| Rh+ | Erythrozyten | 85% der Bevölkerung |
| Rh– | keine Erythrozyten | 15% der Bevölkerung |

* in Mitteleuropa

◀ Über den Blutkreislauf

Blutkreislauf (schematisch):
1 obere große Vene, 2 untere große Vene,
3 rechter Vorhof, 4 rechte Herzkammer,
5 Lungenschlagader, 6 Lungenvene, 7 linker Vorhof,
8 linke Herzkammer, 9 Hauptschlagader (Aorta),
10 Bauchschlagader, 11 Leberschlagader,
12 Darmschlagader, 13 Pfortader, 14 Lebervene,
15 Milchbrustgang

A rechte Kopfseite, B linke Kopfseite, C rechter Arm,
D linker Arm, E rechte Lunge, F linke Lunge, G Leber,
H Darm, I rechtes Bein, K linkes Bein

**Phasen des Herzschlags**

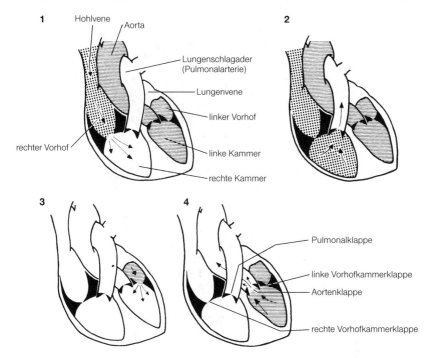

1

Hohlvene
Aorta

2

Lungenschlagader
(Pulmonalarterie)

Lungenvene

linker Vorhof

rechter Vorhof

linke Kammer

rechte Kammer

3

4

Pulmonalklappe

linke Vorhofkammerklappe

Aortenklappe

rechte Vorhofkammerklappe

| Blut | | |
|---|---|---|
| Blutmenge bei Erwachsenen: | 5,7 l, davon | |
| Plasma | 55% | |
| Blutzellen | 45% | |

Bestandteile von 1 mm³ Blut:
bis zu 5 Mio. rote Blutkörperchen (Erythrozyten)
bis zu 10 000 weiße Blutkörperchen (Leukozyten)
bis zu 600 000 Blutplättchen (Thrombozyten)

| | |
|---|---|
| Normale Herzgröße: | 15 x 9 cm |
| Normales Herzgewicht: | 300 g |
| Normale Schlagfrequenz: ca. 70-mal/Min. | |

| | |
|---|---|
| Pumpleistung pro Minute: | 3,5 – 5 l |
| Pumpleistung pro Stunde: | 210 – 315 l |
| Pumpleistung pro Tag: | 5000 – 7500 l |

| | |
|---|---|
| Dauer eines Schlagvorgangs: | ca. 0,9 Sek. |

**▲ Über die vier Phasen des Herzschlags**

1. Aus dem Körperkreislauf kommt das venöse (verbrauchte) Blut durch die Hohlvenen in den rechten Herzvorhof, von dem es in die rechte Herzkammer strömt.

2. Die rechte Herzkammer treibt das Blut durch die Lungenschlagadern in die beiden Lungenflügel, wo es »arterialisiert« wird, d.h. Kohlensäure abgibt und erneut Sauerstoff aufnimmt.

3. Das arterielle (frische) Blut strömt danach in den linken Vorhof, aus dem es in die linke Kammer gelangt.

4. Die linke Herzkammer treibt das Blut in die Aorta, die es in den Körperschlagadern verteilt.

**Schnitt durch den Kopf des Menschen**

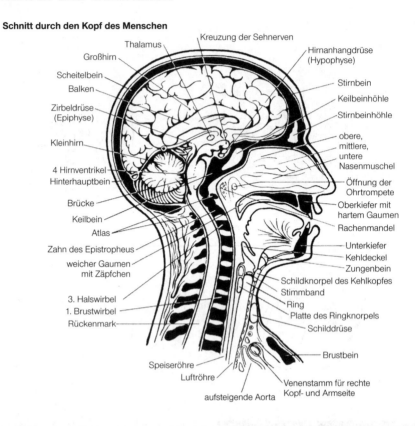

| Abschnitte von Gehirn und Rückenmark | |
|---|---|
| **Abschnitt** | **Bedeutung** |
| **Rautenhirn** | |
|   Nachhirn | (verlängertes Rückenmark), Regulation von Atmung und Blutkreislauf |
|   Hinterhirn | Reflexzentrum, Koordinierung der Muskelbewegungen |
| **Mittelhirn** | Reflexhemmung, Gleichgewicht, Bewegungsregulierung |
| **Vorderhirn** | |
|   Zwischenhirn | Steuerung des Wärme- und Wasserhaushalts, von Stoffwechselvorgängen, des Kreislaufs; Verbindung zum Hormonsystem |
|   Endhirn | (mit **Großhirn**) Bewusstseinsvorgänge |
| **Hirnnerven** (ausgehend vom Gehirn) | Riechnerv, Sehnerv, 3., 4. und 6. Hirnnerv (Augenmuskulatur-Versorgung), 5. Hirnnerv (Gesicht, Schleimhaut, Zähne), 7. Hirnnerv (Mimik), 8. Hirnnerv (Hör- und Gleichgewichtsnerv), 9. Hirnnerv (Berührungsempfindungen von Zunge und Rachenschleimhaut; Geschmacksnerv), 10. Hirnnerv (Eingeweidenerv; Kehlkopfversorgung), 11. Hirnnerv (Versorgung von Schulter und Kopfwender), 12. Hirnnerv (Versorgung der Zungenmuskulatur) |
| **Rückenmark** | 40–45 cm langer Strang, von dem 31 Rückenmarksnerven abzweigen: 8 Hals-, 12 Brust-, 5 Lenden-, 5 Kreuznervenpaare, ein Steißbeinnervenpaar |

## Über das Auge ▶

Der Augapfel ist von der Lederhaut umgeben, die vorn in die Hornhaut übergeht. Dahinter liegt die Regenbogenhaut (Iris), die das Sehloch (Pupille) frei gibt. Durch dieses fällt das Licht, wird in der Linse gebrochen und durch den Glaskörper auf die Netzhaut geworfen. Deren lichtempfindliche Sinneszellen sind verbunden mit den Enden des Sehnervs, der die Lichteindrücke an das Gehirn weiter leitet.

### Schnitt durch das Auge

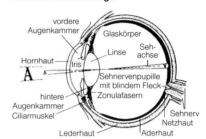

## Über das Ohr ▶

Das Ohr besteht aus äußerem Ohr, Mittel- und Innenohr. Zum äußeren Ohr gehören die Ohrmuschel und der äußere Gehörgang, der durch das Trommelfell vom Mittelohr getrennt wird. Dieses besteht aus der Paukenhöhle mit den Gehörknöchelchen Hammer am Trommelfell, Amboss und Steigbügel, die den Schall leiten. Das ovale und das Schneckenfenster führen zum inneren Ohr, das die Bogengänge und Schnecke mit dem Corti'schen Organ enthält. Die Ohrtrompete (Eustachische Röhre) verbindet die Paukenhöhle mit der Rachenhöhle.

### Schnitt durch das Ohr

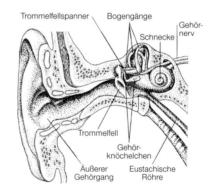

## Kennzeichnung von Duftklassen

| Duftklasse | bekannte Verbindungen | riecht nach |
|---|---|---|
| blumig | Geraniol | Rosen |
| ätherisch | Benzylacetat | Birnen |
| moschusartig | Moschus | Moschus |
| kampherartig | Campher, Cineol | Eukalyptus |
| faulig | Schwefelwasserstoff | faulen Eiern |
| stechend | Ameisen-, Essigsäure | Essig |

## ◀ Geschmack und Geruch

- Wahrnehmung über Chemorezeptoren in der Riechschleimhaut der Nase/den Zungenpapillen. Über die Riechzellen und -nerven kommen die Impulse zu den Riechkolben und von dort über die Riechbahnen (1. Hirnnerv) zum Großhirn.
- Der Mensch hat etwa 9000 Geschmacksknospen; er kann etwa 350 Gerüche unterscheiden.
- Geschmacksqualitäten: bitter, salzig, sauer, süß.

# Mensch und Gesundheit

## Schematischer Längsschnitt durch die Haut

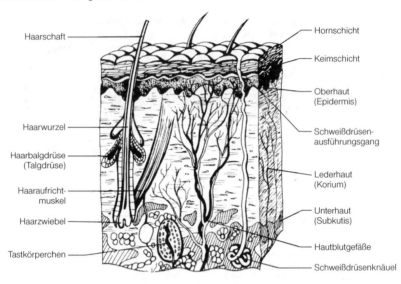

Haarschaft

Haarwurzel

Haarbalgdrüse (Talgdrüse)

Haaraufricht-muskel

Haarzwiebel

Tastkörperchen

Hornschicht

Keimschicht

Oberhaut (Epidermis)

Schweißdrüsen-ausführungsgang

Lederhaut (Korium)

Unterhaut (Subkutis)

Hautblutgefäße

Schweißdrüsenknäuel

## Über die Haut ▲

Das größte Organ des menschlichen Körpers dient dem Stoffwechsel, der Ausscheidung sowie dem Schutz der Körperoberfläche z.B. gegen Wärme, Kälte, Strahlung, Infektionen.

Sie besteht aus drei Schichten:
- der dünnen Oberhaut (Epidermis), deren obere Zellschichten verhornen und absterben (im Gegensatz zur darunter liegenden Keimschicht mit dem Hautpigment);
- der dickeren elastischen Lederhaut, in der sich viele Haargefäße und Nerven sowie die Haarbälge mit Talg- und Schweißdrüsen befinden;
- dem Unterhautzellgewebe mit eingelagerten Fettzellen.

Die Haut bedeckt eine Fläche von ca. 1,6–2 $m^2$; sie ist 1–4 mm dick, besteht aus 120 Mrd. Zellen und enthält 2 Mio. Drüsen.

An den Endgliedern von Fingern und Zehen liegen auf 1 $cm^2$ Hautfläche etwa 100–200, an der Vorderseite der Unterschenkel nur etwa zehn Tastkörperchen. Auf der Körperoberfläche gibt es etwa 250 000 Kältepunkte und 30 000 Wärmepunkte. Auf 1 $cm^2$ befinden sich ca. 100 Schmerzpunkte.

Der Mensch hat etwa 2 Mio. Schweißdrüsen, die pro Tag 0,5 l Flüssigkeit absondern.

## Anzahl der Schweißdrüsen beim Menschen

| Lage | Anzahl (auf 1 $cm^2$ Haut) |
|---|---|
| Innenseite der Hand | 370–375 |
| Fußsohle | 360–370 |
| Handrücken | 200–205 |
| Hals | ca. 175 |
| Stirn | ca. 170 |
| Brust und Bauch | ca. 155 |
| Arm | 150–160 |
| Bein | ca. 80 |
| Wangen | 75–80 |
| Nacken, Rücken, Gesäß | 55–60 |

## Haare

| | |
|---|---|
| Anzahl beim Menschen | 100 000–160 000 |
| davon Kopfhaare | 80 000–140 000 |
| Haarwuchs pro Tag | 0,25 mm |
| Lebensdauer | 0,5 – 6 Jahre |
| Zahl pro $cm^2$: | |
| blonde Haare | 790 |
| braune Haare | 610 |
| schwarze Haare | 570 |
| rötliche Haare | 495 |

**Die endokrinen Drüsen und ihre Hormone**

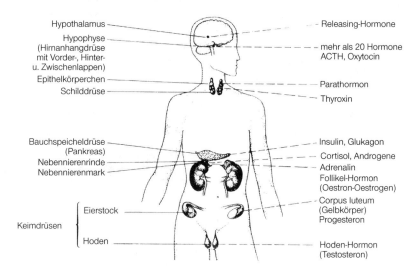

| Hypothalamus | Releasing-Hormone |
| Hypophyse (Hirnanhangdrüse mit Vorder-, Hinter- u. Zwischenlappen) | mehr als 20 Hormone ACTH, Oxytocin |
| Epithelkörperchen | Parathormon |
| Schilddrüse | Thyroxin |

| Bauchspeicheldrüse (Pankreas) | Insulin, Glukagon |
| Nebennierenrinde | Cortisol, Androgene |
| Nebennierenmark | Adrenalin |
| | Follikel-Hormon (Oestron-Oestrogen) |
| Eierstock | Corpus luteum (Gelbkörper) Progesteron |
| Keimdrüsen | |
| Hoden | Hoden-Hormon (Testosteron) |

## Endokrine Drüsen

| Name | Funktion/Bedeutung |
|------|--------------------|
| Schilddrüse | Hormone Thyroxin und Trijodthyronin regen die Stoffwechselvorgänge des Körpers an |
| Epithelkörperchen | Vier Drüsen an der Rückseite der Schilddrüse; sie bilden das Parathormon, das den Kalkstoffwechsel reguliert |
| Hirnanhangdrüse (Hypophyse) | Scheidet über 20 Hormone aus; u.a. Sekretionssteuerung der anderen Hormondrüsen, Milchabsonderung, Körperwachstum, Fett- und Kohlenhydratstoffwechsel |
| Hypothalamus | Bildung der Releasing-Hormone; Regulation der Hormonsynthese in der Hirnanhangdrüse |
| Bauchspeicheldrüse (Pankreas) | Scheidet Verdauungssaft in den Zwölffingerdarm aus und bildet in den Langerhans'schen Inseln Insulin und Glukagon (Regulierung des Zuckerstoffwechsels) |
| Nebennieren | Erzeugen in der Markschicht Adrenalin, das den Blutzuckerspiegel erhöht, im Blutkreislauf die Gefäße verengt, den Blutdruck steigert, den Herzschlag beschleunigt und die Pupillen erweitert. In der Nebennierenrinde entstehen Androgene und Östrogene (verantwortlich für Geschlechtsmerkmale) sowie Aldosteron (Salz-Wasserhaushalt) und Cortisol (Kohlenhydratstoffwechsel) |
| Keimdrüsen (Hoden, Eierstöcke) | Bildung der männlichen und weiblichen Keimzellen und der Geschlechtshormone (Testosteron in den Hoden; Östrogene in den Eierstöcken) |

## Immunsystem

| Begriff | Funktion/Bedeutung |
|---------|--------------------|
| Antigene | Stoffe, die gegen die genetische Substanz gerichtet sind (z.B. Bakterien, Viren, Pilze, Pollen) |
| antiinfektiöse Immunität | erhöhte Abwehrfähigkeit des Körpers nach einer Infektion mit Krankheitserregern |
| antitoxische Immunität | erhöhte Abwehrfähigkeit des Körpers nach einer Vergiftung |
| humorale Immunität | auf ein bestimmtes Antigen abgestimmte Antikörper (spezifische Form der Immunität) |
| Phagozytose | weiße Blutkörperchen (unspezifische Faktoren) der vorderen Abwehrkette des Immunsystems |
| zelluläre Immunität | spezielle weiße Blutkörperchen (Lymphozyten), die Abwehrreaktionen einleiten und steuern |

# Mensch und Gesundheit

## Harnsystem

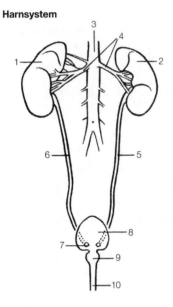

1 *rechte Niere,* 2 *linke Niere,* 3 *Bauchschlagader,* 4 *Nierenschlagader,* 5 *linker Harnleiter,* 6 *rechter Harnleiter,* 7 *Mündung des Harnleiters,* 8 *Harnblase,* 9 *Vorsteherdrüse (Prostata),* 10 *Harnröhre*

| Harnsystem | |
|---|---|
| Harnorgane: | Nieren, Harnleiter, Harnblase, Harnröhre |
| Größe einer Niere: | ca. 10 x 6 cm |
| Gewicht einer Niere: | ca. 140 g |
| Durchfluss pro Tag: | 300-mal über 5 l Blut |
| Endharn pro Tag: | 1–1,5 l |
| Volumen der Harnblase: | 0,8 l |
| Länge der Harnröhre: | |
| bei Männern | 20–25 cm |
| bei Frauen | 4 cm |

| Feste Bestandteile des Harns | |
|---|---|
| Stoff | Menge (pro Tag) |
| Feste Stoffe | 3,5% (= 50–70 g), davon: |
| Harnstoff | 30–40 g |
| Chlor | 6–9 g |
| Natrium | 4–5 g |
| Kalium | 2–3 g |
| Kreatinin | 1–2 g |
| Harnsäure | 0,5–1 g |
| Ammoniak | < 0,1 g |
| Phosphor | < 0,1 g |
| Schwefel | < 0,1 g |
| Hippursäure | < 0,1 g |
| Calcium | < 0,1 g |
| Magnesium | < 0,1 g |

## Männliche Geschlechtsorgane

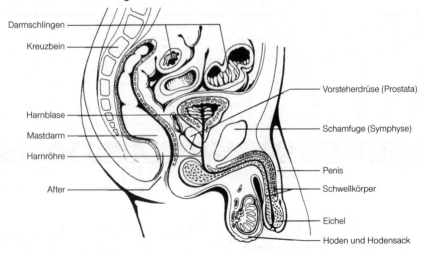

Darmschlingen
Kreuzbein
Harnblase
Mastdarm
Harnröhre
After
Vorsteherdrüse (Prostata)
Schamfuge (Symphyse)
Penis
Schwellkörper
Eichel
Hoden und Hodensack

### Geschlechtsreife bei Jungen

| | |
|---|---|
| Beginn der Geschlechtsreife: | 12./13. Lebensjahr |
| Äußere Kennzeichen: | Entwicklung der Hoden, Wuchs der Scham- und Achselhaare, Zunahme von Gewicht und Länge, Stimmbruch; erste Ejakulation |

### Geschlechtsreife bei Mädchen

| | |
|---|---|
| Beginn der Geschlechtsreife: | 11. Lebensjahr |
| Äußere Kennzeichen: | Entwicklung der Brust, Wuchs der Scham- und Achselhaare, Zunahme von Gewicht und Länge, Fettpolster an Schultern, Hüfte und Brust |

Periode: Das Eibläschen platzt, die Eizelle wird herausgeschwemmt (Eisprung). Vom Eierstock gelangt die Eizelle durch den Eileiter in die Gebärmutter. Hat keine Befruchtung und Einnistung der ca. 6 Std. befruchtungsfähigen Eizelle stattgefunden, wird die obere Schicht der Gebärmutterschleimhaut abgestoßen (Menstruation).

### Über die Geschlechtsorgane ▼

**Männliche Geschlechtsorgane**

**Äußere**
Glied (Penis), bestehend aus Rutenschwellkörper und Harnröhre

**Innere**
Im Hodensack die paarigen Hoden (3–5 cm), in denen täglich ca. 200 Mio. Samenzellen (Spermien) gebildet werden; Nebenhoden, Bläschendrüse, Vorsteherdrüse

Die Samenzellen bestehen aus Akrosomkappe, Kopf (mit Zellkern), Hals, Mittelstück und Schwanz. 1 mm$^3$ Samenflüssigkeit enthält etwa 60 000 Samenzellen (Samenzellen pro Erguss: etwa 300 Mio.).

**Weibliche Geschlechtsorgane**

**Äußere**
Große und kleine Schamlippen, Kitzler (Klitoris) und Scheide (Vagina). Das Einnisten von Krankheitserregern in der Scheide wird durch das saure Milieu der Milchsäure bildenden Bakterien verhindert.

**Innere**
Paarige Eierstöcke (4 x 2 x 1 cm); dort sind 200 000 Eier angelegt, von denen im Laufe des Lebens insgesamt nur etwa 500 zur Reife gelangen.
Am hinteren Ende der Scheide führt eine kleine Öffnung, der Gebärmuttermund (Portio), über den Gebärmutterhals (Cervix) mit seinem Bakterien abwehrenden Schleimpfropf in die Gebärmutter (Uterus; 10 cm lang).

**Weibliche Geschlechtsorgane**

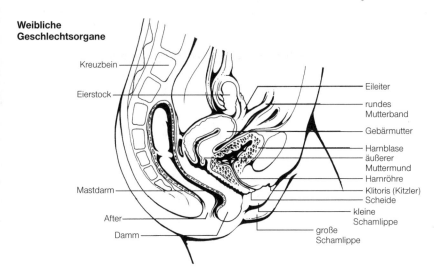

Kreuzbein — Eierstock — Mastdarm — After — Damm — Eileiter — rundes Mutterband — Gebärmutter — Harnblase — äußerer Muttermund — Harnröhre — Klitoris (Kitzler) — Scheide — kleine Schamlippe — große Schamlippe

# Mensch und Gesundheit

## Geschlechtsbestimmung

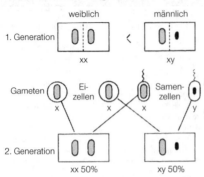

### ◀ Über die Geschlechtsbestimmung

Weibliche Individuen haben nur x-Chromosomen; in ihren Gameten (Eizellen) können sich daher auch nur diese finden.

Die männlichen Individuen haben x- und y-Chromosomen; in ihren Gameten (Samenzellen) finden sich zur Hälfte x- und zur Hälfte y-Chromosomen.

Durch die Vereinigung der Gameten entsteht wieder eine gleiche Anzahl männlicher (xy) und weiblicher (xx) Individuen (genotypische Geschlechtsbestimmung).

## Schwangerschaft

| Zeit (nach der Befruchtung) | Entwicklungsstadium |
|---|---|
| 30 Std. | Teilung der Keimzelle |
| 40 Std. | nächste Zellteilung (fortlaufender Prozess) |
| 120 Std. | Einnistung in der Gebärmutterschleimhaut |
| 4 Wochen | beginnende Ausbildung von Nerven, Adern und Herz; Länge des Embryos: 5 mm |
| 9 Wochen | Organe sind angelegt; menschliche Grundform ist erkennbar; Länge: 4 cm |
| 14 Wochen | Gesichtszüge (Augen, Nase, Mund, Ohren) sind erkennbar; beginnende Ausbildung der Geschlechtsorgane; Länge des Fötus: 12 cm |
| 20 Wochen | Finger- und Zehennägel sind ausgebildet; Länge des Fötus: 20 cm |
| 28 Wochen | heftige Kindsbewegungen im Mutterleib spürbar; Aufbau einer isolierenden Fettschicht (Gewichtszunahme pro Woche: 200 g); Länge des Fötus: 35 cm |
| 34 Wochen | Kopf liegt Richtung Geburtskanal; um den Fötus bildet sich eine fett- und nährstoffhaltige Schutzschicht (Käseschmiere) |
| 38/40 Wochen | Geburtsbereitschaft; Senkung der Gebärmutter; beginnende Wehen; Fruchtwasser tritt aus (Fruchtblase platzt bzw. wird zerstochen); Kind wird geboren und atmet selbstständig |

## Entwicklung des Kindes im Mutterleib während der Schwangerschaft

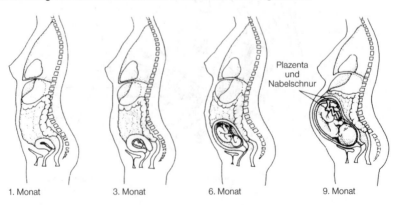

1. Monat   3. Monat   6. Monat   9. Monat

## Vorsorgeuntersuchungen während der Schwangerschaft

Zusätzlich zu den Routine-Untersuchungen während einer Schwangerschaft (körperliche Untersuchungen, Blutuntersuchungen, Urinuntersuchungen, Ultraschall) können weitere Diagnoseverfahren angewandt werden, wenn das Risiko einer Anomalie des Kindes besteht.

| Untersuchung | Woche | Durchführung | Zweck der Untersuchung | Risiken |
|---|---|---|---|---|
| Chorionzotten-biopsie | 7.–12. | Mit Hilfe einer Kanüle, die durch die Vagina oder die Bauchdecke in den Uterus eingeführt wird, wird eine Gewebeprobe von den Zotten der Plazenta entnommen | Entdeckung genetischer Störungen wie Down-Syndrom. Falls eine Anomalie vorliegt, kann sich die Mutter für einen Schwangerschaftsabbruch entscheiden | Geringes Risiko, den Fötus zu verletzen; größeres Risiko einer Fehlgeburt (2%) als bei Fruchtwasseruntersuchungen |
| Ultraschall-diagnostik | nach 12. | Ultraschallwellen, die in den Unterleib geleitet werden, erzeugen auf einem Monitor ein Bild des Fötus | Kontrolle der Bewegungen des Fötus einschließlich des Blutstroms und Überprüfung des Herzschlags | Keine – die Untersuchung gilt als gefahrlos |
| Fruchtwasseruntersuchung (Amniozentese) | 16.–18. | Durch die Bauchdecke wird eine Nadel in die Gebärmutter gestochen und etwas Fruchtwasser abgesaugt | Entdeckung von Anomalien: Down-Syndrom, Spina bifida (Spaltbildung der Wirbelsäule) | Risiko einer Fehlgeburt bei 1%. Ergebnis kann für Schwangerschaftsabbruch zu spät vorliegen |
| Alpha-Fetoprotein-Diagnostik | 16.–18. | Der Mutter wird eine Blutprobe entnommen | Erhöhte Werte von Alpha-Fetoprotein im Blut können eine Anomalie wie Spina bifida anzeigen | Erhöhte AFP-Werte können auch auf Zwillinge hindeuten. Weitere Untersuchungen notwendig |
| Ultraschall-diagnostik | 16.–18. | Ultraschallwellen, die in die Gebärmutter geleitet werden, erzeugen auf einem Monitor ein Bild des Fötus | Überprüfung von Wachstum, Alter und Lage des Fötus; Erkennen von Zwillingen; Aufspüren von Fehlbildungen | Untersuchung gilt als gefahrlos |
| Blutuntersuchung am Fötus | 16.–18. | In den Uterus wird eine Nadel gestochen, um aus der Nabelschnur Blut zu entnehmen | Untersuchung auf Anomalien, auf die andere Tests hinweisen | Etwas höheres Risiko einer Fehlgeburt als bei Fruchtwasseruntersuchung |

## Methoden der Empfängnisverhütung/Sterilisation

| Methode | Erläuterung | Zuverlässigkeit |
|---|---|---|
| Coitus interruptus | Unterbrechung des Geschlechtsakts vor dem Samenerguss | sehr unsicher |
| Diaphragma | mit Gummi überspannter Ring zur Abdeckung des Muttermundes | mit Spermizid gut |
| Dreimonatsspritze | Anlage eines Hormondepots zur Hemmung des Eisprungs | relativ sicher |
| Intrauterinpessar | (Spirale); verhindert Ei-Einnistung in der Gebärmutter | sicher |
| Knaus-Ogino-Methode | kein Geschlechtsverkehr während der »kritischen« Tage | eher unsicher |
| Kondom | Latexüberzieher für den Penis; einfach handhabbar | sicher |
| Minipille | Samen wird am Aufsteigen zur Eizelle gehindert | eher unsicher |
| Pille | hormonelle Hemmung des Eisprungs | sehr sicher |
| »Pille danach« | bis fünf Tage nach dem Geschlechtsverkehr einzunehmen | relativ sicher |
| Scheidenspülungen | Ausspülen des Samens aus der Scheide nach dem Samenerguss | sehr unsicher |
| Spermizide | chemische Substanzen (Schaum, Zäpfchen) töten Spermien ab | mit Kondom gut |
| Temperaturmessung | regelmäßige Messung der morgendlichen Körpertemperatur | sehr unsicher |
| Tubenligatur | Eileiter werden unterbunden oder durchtrennt | weitgehend irreversibel |
| Vasektomie | operativer Verschluss des Samenleiters | weitgehend irreversibel |

# Mensch und Gesundheit

## Arten der Psychotherapie

| Therapieform | Therapieziel | Vorgehensweise |
|---|---|---|
| Verhaltenstherapie | Veränderung unerwünschter Verhaltensweisen, wobei gestörte Verhaltensstrukturen durch erwünschte ersetzt werden | Gewöhnlich kurzfristige Therapieform, um Verhaltensstörungen wie Phobien oder Zwangshandlungen zu behandeln |
| Kognitive Verhaltenstherapie | Erkennen belastender Situationen, die die emotionalen Schwierigkeiten hervorrufen | Hilfe, um belastende Interpretationen der Wirklichkeit zu erkennen und durch eine positive Sicht- und Denkweise zu ersetzen |
| Gestalttherapie | Erkennen der Gesamtpersönlichkeit durch das erneute Durchspielen ungelöster Konflikte und die Analyse, wie sich jemand dabei fühlt und verhält | In Gruppen durchgeführte Therapieform, wobei jeweils mit einem Patienten gearbeitet wird. Das Durchspielen von Träumen und Konflikten soll die Selbstwahrnehmung steigern. Langfristig angelegte Form der Analyse mit zwei Sitzungen pro Woche |
| Klientenzentrierte Therapie | Verstärkung der jedem Menschen innewohnenden Kräfte für Wachstum und Selbstverwirklichung | Der Therapeut bewertet oder verändert das Verhalten seiner Klienten nicht; er versetzt sie in die Lage, selbst Lösungen zu finden, indem sie ihre Gedanken und Gefühle erforschen |
| Hypnotherapie | Anregung einer Verhaltensänderung durch indirekte Suggestionen, die eine Reihe von inneren Prozessen in Gang setzen sollen | Verhaltensänderungen sollen durch direkte Beeinflussung unter Hypnose erzielt werden. Wird zur Entwöhnung von Rauchern und Behandlung von Phobien und psychosomatischen Störungen eingesetzt |
| Psychoanalyse | Erkennen, wie die Vergangenheit die Gegenwart beeinflusst und wie Handlungen in der Gegenwart dazu dienen können, die Folgen der Vergangenheit zu korrigieren | Der Therapeut benutzt freie Assoziationen und die Analyse von Träumen oder frühen Lebenserfahrungen, um die Selbstachtung des Klienten und das Vertrauen in die eigenen Fähigkeiten zu fördern |
| Rational-emotive Therapie | Änderung emotionaler Verhaltensmuster, wobei irrationale Vorstellungen (»Ich muss von jedem geliebt werden«) durch realistische Einstellungen ersetzt werden | Der Therapeut versucht, den Klienten zu einer rationaleren Haltung zu bewegen, indem er dessen Vorstellungen widerlegt und alternative Wahrnehmungsweisen formuliert und einübt |
| Transaktionsanalyse | Vermittlung der Fähigkeit, das eigene Verhalten genau zu deuten | Der Therapeut analysiert die Kommunikation zwischen Individuen in einer Gruppe und deckt dabei destruktive Verhaltensmuster auf |

## Phasen und Ebenen der Psychoanalyse

| Phase | Lebensjahr | Erläuterung |
|---|---|---|
| Orale Phase | bis 1. | Lustgewinn durch Saugen, Beißen, Lutschen (erogene Hauptzone ist der Mund) |
| Anale Phase | 2./3. | Lustgewinn bei Ausscheidungsvorgängen (erogene Hauptzone ist der After) |
| Phallische Phase | 4./5. | jeweilige Geschlechtsorgane als erogene Hauptzonen |
| Latenzphase | 6.–12. | nach frühkindlicher Triebentfaltung kurzer Stillstand der Sexualentwicklung |
| Genitale Phase | ab 12. | erste sexuelle Erfahrungen in der Pubertät; Ausprägung der sekundären Geschlechtsmerkmale (z.B. Bartwuchs, Stimmlage) |

| Ebene | Erläuterung |
|---|---|
| Es | unbewusster, triebhafter Teil der Persönlichkeit |
| Ich | vermittelt zwischen den Ansprüchen des Es, den Befehlen des Über-Ich und den Anforderungen der Realität; setzt Abwehrmechanismen zur Vermeidung lusthemmender Gefühle ein |
| Über-Ich | psychische Kontrollinstanz des Ich, entstanden aus Forderungen, Verboten und Normen von Eltern und Gesellschaft; z.B. ist das Gewissen eine Funktion des Über-Ich |

## Verdopplung der DNS

ursprüngliche Doppelhelix

Basenpaare bilden eine Leiter

Basen trennen sich

neue Basenpaare bilden sich

2 neue identische Doppelhelix-Stränge sind entstanden

Z Zucker
P Phosphate
C Cytosin
G Guanin
A Adenin
T Thymin

## Meilensteine der Genforschung

| | |
|---|---|
| 1865 | Der Österreicher G. Mendel veröffentlicht die später nach ihm benannten Vererbungsgesetze |
| 1900 | Neuentdeckung der Mendel'schen Gesetze durch mehrere Wissenschaftler |
| 1901 | Der Niederländer H. de Vries beschreibt sprunghafte Veränderungen des Erbguts (Mutationen) |
| 1909 | W. Johannsen führt den Begriff des Gens für die Mendel'schen Erbfaktoren ein |
| 1910 | T. Hunt Morgan erkennt, dass die Gene auf den Chromosomen liegen |
| 1926 | Untersuchungen von H. Muller weisen Genmutationen durch Röntgenstrahlen nach |
| 1944 | O. Avery erkennt die DNA als Trägerin der Erbinformationen |
| 1944 | E. Schrödinger entwickelt die Idee, dass es einen »genetischen Code« geben müsse |
| 1947 | B. McClintock entdeckt die so genannten springenden Gene |
| 1950 | Der Aufbau der DNA aus vier paarweise angeordneten Basen wird von E. Chargaff nachgewiesen |
| 1953 | Präsentation der Doppelhelix als räumliches Modell der DNA durch J.D. Watson und F.H.C. Crick |
| 1956 | Die Anzahl der menschlichen Chromosomen wird mit 46 angegeben |
| 1961 | Die Franzosen F. Jacob und J. Monod legen ihr Konzept der Genregulation vor |
| 1966 | Entschlüsselung des genetischen Codes |
| 1973 | Das erste gentechnisch veränderte Bakterium wird hergestellt (Geburtsstunde der Gentechnik) |
| 1977 | Zum ersten Mal klonen Wissenschaftler ein menschliches Gen |
| 1978 | Geburt des weltweit ersten »Retortenbabys« (Louise Brown) |
| 1982 | Das erste gentechnisch hergestellte Medikament (Insulin) wird verkauft |
| 1983 | K. Mullis entwickelt die entscheidende Methode zur DNA-Entschlüsselung (so genannte Polymerase-Kettenreaktion) |
| 1986 | In den USA beginnt der erste Freilandversuch mit genmanipulierten Pflanzen |
| 1988 | In den USA wird das erste Säugetier patentiert (so genannte Krebs-Maus) |
| 1990 | Verkauf des ersten transgenen Organismus (gentechnisch veränderte Hefe) |
| 1990 | Start des internationalen Human-Genom-Projekts zur Entschlüsselung des menschlichen Erbguts |
| 1997 | Die Existenz des Klonschafes »Dolly« wird bekannt gegeben |
| 1998 | Erstmals werden menschliche embryonale Stammzellen gezüchtet |
| 1999 | Das erste menschliche Chromosom (22) ist entschlüsselt |
| 2000 | Die Entschlüsselung des menschlichen Erbguts ist (fast) abgeschlossen |

# Mensch und Gesundheit

**vor Christus**

| | |
|---|---|
| 5000–500 | Heilkunde der alten Kulturvölker: Sumerer (Zahnplomben), Babylonier (organisierter Ärztezustand), Assyrer. Erste medizinische Systeme mit starker Anlehnung an die Astrologie. Berücksichtigung günstiger Tage. Andeutung der Säftelehre |
| 4000–1800 | Krankheit wird als Strafe oder Prüfung von Göttern gesandt. Heilung durch Priesterärzte. Instinktive, zweckmäßige Heilmethoden, pflanzliche Heilmittel |
| 3000 –1000 | Altindische Heilkunde: Ausbildung eines Ärztestandes. Theorie der drei Säfte (Tridosa-Lehre: Windgalle, Schleim, später noch Blut) und den sechs Rasas (Wirkstoffe, die Harmonie und Disharmonie im Körper bedingen). Ausgezeichnete chirurgische Kenntnisse (Nasenplastik), hervorragende Arzneimittellehre |
| 3000–300 | Altägyptische Heilkunde: hervorragende praktische Kenntnisse in Chirurgie, innerer Medizin, Augenheilkunde, Arzneimittellehre (über 700 Mittel). Ausgeprägte hygienische und arbeitsmedizinische Vorschriften (Mumifizierung) |
| 2500 | Altchinesische Heilkunde: ältestes medizinisches Buch (»Nei-king«), Lehre vom Lebensprinzip der Gegensätze im Yin und Yang. Lehre von den fünf Elementen (Holz, Feuer, Erde, Metall, Wasser), denen ein Hauptorgan (Leber, Milz, Herz, Lunge, Niere) entspricht. Akupunktur, Pockenschutz durch Inokulation (Einpflanzung) von Pockenmaterial. Massage entdeckt |
| 1500–70 n. Chr. | Jüdische Heilkunde: Krankheit als seelisch-körperliche Einheit. Ausgeprägte hygienische Grundhaltung |
| 1500–1500 n. Chr. | Altamerikanische Heilkunde der Azteken (Mexiko), Mayas (Mittelamerika) und Inkas (Peru). Ausgeprägter Dämonenglaube. Gute chirurgische Kenntnisse (Schädelöffnung/Trepanation, plastische Chirurgie). Viele wertvolle Arzneimittel, wie Perubalsam, Koka u.a. berauschende Drogen werden bekannt |
| Zeit der Griechen und Römer | Griechische Heilkunde: In Form des Tempelschlafes werden angebliche Wunderheilungen durch den Heilgott Asklepios durchgeführt. Kultstätten sind Epidauros und Kos. Alkmaion von Kroton (*um 520, †450 v. Chr.) begründet die ärztliche Forschung. Hippokrates von Kos (*460, †um 377 v. Chr.) gilt als Begründer der abendländischen wissenschaftlichen Heilkunde, weil er Beobachtung (u.a. Abfühlen, Abhorchen), Erfahrung und sachliche Krankheitsbehandlung in den Vordergrund stellt. Er löst den Arzberuf von religiös-abergläubischen Bindungen. Mit Hippokrates beginnt die Humoralpathologie: gleichmäßige Mischung der vier Kardinalsäfte, Blut, Schleim, gelbe und schwarze Galle (heute noch als Temperamente: Sanguiniker, Phlegmatiker, Choleriker, Melancholiker bekannt), bewirkt als Eukrasie Gesundheit, fehlerhafte Mischung oder Überwiegen eines Saftes führt als Dyskrasie zur Krankheit. Die Behandlung strebt danach, den harmonischen Zustand durch Diät (in der Antike ganz allgemein Lebensführung, nicht nur Koständerung!), Blutentziehung, Gymnastik und Massage sowie geeignete Arzneimittel wieder herzustellen. Galen (*129, †199 n. Chr.), Leibarzt des römischen Kaisers Marc Aurel, schreibt eine Lehre von Anatomie und Physiologie, die noch die Medizin des ausgehenden Mittelalters bestimmt |

**nach Christus**

| | |
|---|---|
| Um 370 | Erstes christliches Hospital zur Pflege von Pilgern, Armen, Kranken und Siechen von Bischof Basilios in Caesarea begründet. Berühmtestes ältestes Krankenhaus ist das Pantokrator in Konstantinopel, 1163 erbaut |
| 600–1500 | Arabische Heilkunde: Diese bewahrt in der Zeit der Völkerwanderung und des Zusammenbruchs des Römischen Reiches die griechisch-antike Medizin und fügt wesentliche Erkenntnisse vor allem der Psychiatrie, der Augenheilkunde (besonders durch Ali ben Issa, um 1000) und der Pharmazie hinzu. Avicenna, arabisch Ali ibn Sina (*980, †1037) verfasst ein Lehrbuch der Medizin (»Canon medicinae«). Ibn Al-Nafis (*1288) ist Erstbeschreiber des kleinen Lungenkreislaufs des Blutes, während man bis dahin annahm, dass (nach Galen) das Blut sich in den Arterien und Venen getrennt hin und her bewege, wie das Wasser bei Ebbe und Flut |
| 800–1300 | Übersetzerschulen in Toledo und Montecassino übermitteln das islamische Wissen in Form lateinischer Übertragungen. |

| | |
|---|---|
| | Das päpstliche Verbot zur Ausübung der Chirurgie durch Mönche führt zur allmählichen Bildung eines Laien-Ärztestandes |
| 1107 | Höhepunkt der Medizinschule von Salerno (bei Neapel) |
| 1231 | Medizinalordnung Kaiser Friedrichs II. mit Trennung des Apothekers vom Arzt |
| 1286 | Erste Sektion einer Leiche (zur Klärung einer Seuche) durch den Bologneser Arzt Mondino de Luzzi (†1326) |
| Um 1300 | Die Harnschau wird eines der wichtigsten diagnostischen Verfahren. Trennung von innerer Medizin und Chirurgie. Die akademische Bildung mit Erwerb des Doktorgrades, der dem niederen Adel gleichgestellt ist, steht der handwerklichen Ausbildung als Barbier, Bader und Wundarzt gegenüber |
| 1452 | Älteste deutsche Hebammenordnung |
| 1492 | Mit der Entdeckung Amerikas wird in Europa eine neue Seuche eingeführt, die Syphilis (»Franzosenkrankheit«), die erstmals 1495 bei der Belagerung von Neapel bekannt wird. Sie tritt zu den Geißeln des Mittelalters, wie Pest, Lepra, Ergotismus (Mutterkornvergiftung) |
| Um 1500 | Theophrastus Bombastus von Hohenheim (*1493 oder 1494, †1541), genannt Paracelsus, bekämpft scholastisches Denken, erkennt seelisch-geistige Ursachen bei körperlichen Krankheiten, lehrt Selbsthilfe der Natur, sucht für jede Krankheit ein spezifisch wirkendes Heilmittel. Paracelsus, zu seiner Zeit stark bekämpft, legt die Grundlagen der modernen Medizin |
| 1540 | Erster historisch belegter Kaiserschnitt an einer lebenden Schwangeren |
| 1543 | Andreas Vesal (*1514, †1564), Leibarzt Karls V., veröffentlicht in Basel sein berühmt gewordenes Anatomielehrbuch. Die hervorragenden Holzschnitte stammen von dem Tizian-Schüler Stefan von Calcar. Bereits Leonardo da Vinci (*1452, †1519) hatte anatomische Zeichnungen von großer Eindruckskraft geschaffen. Aus der Anatomie erwächst allmählich die Pathologie durch die Beschäftigung mit den durch Krankheiten im Organismus hervorgerufenen Veränderungen. Ambroise Paré (*1510, †1590) leitet die Blütezeit der Chirurgie ein |
| 1628 | Wilhelm Harvey (*1578, †1657) beschreibt zum ersten Mal den Blutkreislauf richtig, womit die These Galens vom Hin- und Herbewegen des Blutes in den Gefäßen und der völligen Trennung von venösem |

| | |
|---|---|
| | und arteriellem Gefäßsystem überwunden wird. Er ist der Begründer der modernen Physiologie |
| 1640 | Thomas Sydenham (*1624, †1689) führt die Chinarinde (»Jesuitenpulver«) als Malariaheilmittel ein |
| 1650 | Erste Beschreibung der »Englischen Krankheit« (Rachitis) durch Francis Glisson (*1597, †1677) |
| 1661 | Marcello Malpighi (*1628, †1694) entdeckt die Kapillaren als feinste Verbindungswege zwischen Arterien und Venen |
| 1665 | Erste intravenöse Injektion von Arzneimitteln an Menschen durch Johann Sigismund Elsholtz (*1623, †1688) |
| 1667 | Erste Bluttransfusion vom Schaf auf einen Menschen durch Jean Denis (*1704) |
| 1673 | Anton van Leeuwenhoek (*1632, †1723) entdeckt unter dem Mikroskop im Menschenblut die roten Blutkörperchen. Die Medizin des 18. Jahrhunderts ist geprägt durch die theoretischen Systeme der Humoralpathologie, vertreten durch Gerard van Swieten (*1700, †1772), Leibarzt der Kaiserin Maria Theresia, die auf Hippokrates und Galen zurückgeht, und der Solidarpathologie (Faserlehre, begründet von dem englischen Arzt Francis Glisson) |
| 1710 | Gründung der Charité (Berlin) |
| 1751 | Erste deutsche geburtshilfliche Klinik (in Göttingen). Erste Irrenanstalt (London) |
| 1761 | Der Wiener Arzt Leopold Auenbrugger (*1722, †1809) entwickelt die Perkussion, d.h. die Möglichkeit, durch Abklopfen des Brustkorbes krankhafte Veränderungen der Lungen und des Herzens wahrnehmen zu können. Giovanni Battista Morgagni (*1682, †1771) veröffentlicht sein pathologisch-anatomisches Werk, das den Sitz der Krankheiten in den Organen nachweist. Begründer der pathologischen Anatomie |
| 1762 | Albrecht v. Haller (*1708, †1777) stellt die Begriffe Irritabilität und Sensibilität der Muskulatur und des Nervensystems auf |
| 1768 | Klassische Beschreibung der Angina pectoris durch William Heberden (*1710, †1801) |
| 1779 | Franz Anton Mesmer (*1734, †1815) vollzieht mit Hilfe spiritistischer Lehren vom »tierischen Magnetismus« zahlreiche Experimente (Vorläufer der Hypnose und Suggestionsbehandlung) |
| 1785 | Entdeckung der Wirkung der Fingerhutpflanze (Digitalis) auf Wassersucht und krankes Herz |

⇒ S. 184

**183**

# Mensch und Gesundheit

| | |
|---|---|
| 1789 | William Cullen (*1712, †1790) begründet seine Lehre von der Nervenkraft, die Neuropathologie |
| 1796 | Einführung der Pockenschutzimpfung durch Edward Jenner (*1749, †1823) |
| 1797 | Samuel Hahnemann (*1755, †1843) begründet die Homöopathie mit dem Grundsatz: »similia similibus currentur« (»Gleiches soll durch Gleiches geheilt werden«) |
| 1804 | Darstellung des Morphins aus Opium durch Friedrich Wilhelm Sertürner (*1783, †1841) |
| 1816 | Der Franzose René Théophile Hyacinthe Laennec (*1781, †1826) führt mit der Erfindung des Stethoskops (Hörrohr) die Auskultation (Untersuchung durch Abhorchen) in die Diagnose ein |
| 1824 | Erste Bluttransfusion von Mensch zu Mensch durch James Blundell (*1790, †1878) |
| 1826 | Beschreibung der Diphtherie durch Pierre Bretonneau (*1771, †1862) |
| 1840 | Karl Adolf von Basedow (*1799, †1854) beschreibt die Krankheit der Schilddrüse |
| 1841 | Charles Th. Jackson (*1805, †1880) entdeckt die anästhesierende Wirkung des Äthers |
| 1842 | Long führt erste Operationen in tiefer Äthernarkose durch |
| 1847 | Ignaz Philipp Semmelweis (*1818, †1865) erkennt die Kontaktinfektion (Leichengift) als Ursache des Kindbettfiebers. Desinfektion der Hände und Chlorkalkwaschungen lassen die Erkrankung verschwinden; »Retter der Mütter«. James Young Simpson (*1811, †1870) führt erste Chloroform-Narkose durch |
| 1848 | Erste Wasserkuren durch Sebastian Kneipp (*1821, †1897) in Wörishofen |
| 1849 | Aloys Pollender sieht zum ersten Mal Milzbrandbakterien im Blut von Tieren |
| 1850 | Entdeckung des Augenspiegels durch Hermann von Helmholtz (*1821, †1894). |
| 1851 | Mathiyson erfindet den Gipsverband |
| 1853 | Metzger begründet die Massage |
| 1854 | Der spanische Gesangslehrer Manuel Garcia (*1805, †1906) führt sich selbst erstmals einen Kehlkopfspiegel ein |
| 1857 | Louis Pasteur (*1822, †1895) weist nach, dass die Milchsäuregärung durch Hefepilze erfolgt; schafft die Grundlage der praktischen Sterilisation; begründet die Bakteriologie (Pasteur-Institut) |
| 1858 | Rudolf Virchow (*1821, †1902) begründet seine Zellularpathologie. Für ihn ist die |

| | |
|---|---|
| | Zelle der entscheidende Baustein des Körpers, alle Erkrankungen gehen von den Zellen aus. Entdeckt Embolie und Thrombose |
| 1863 | Jean Henri Dunant (*1821, †1910) gründet das Internationale Komitee vom Roten Kreuz |
| 1865 | Gregor Mendel (*1822, †1884) veröffentlicht seine Vererbungsgesetze Max von Pettenkofer (*1818, †1901) begründet mit dem Lehrstuhl für Hygiene (München9 die wissenschaftliche Hygiene |
| 1867 | Joseph Lister (*1827, †1912) führt die Antisepsis (Entkeimung bei der Operationsvorbereitung mit Hilfe von bakterientötenden Stoffen) ein |
| 1874 | Biegelow führt die erste Nierensteinzertrümmerung durch |
| 1876 | Robert Koch (*1843, †1910) kann erstmals Milzbrandbazillen auf Nährboden in Reinkultur züchten und damit auf Versuchstiere übertragen |
| 1879 | Albert Neisser (*1855, †1916) entdeckt den Gonokokkus, den Erreger des Trippers |
| 1880 | Charles Louis Alphonse Laveran (*1845, †1922) findet den Erreger der Malaria, Karl J. Eberth (*1835, †1926), Robert Koch und Gaffky (*1850, †1918) den Thyphuserreger; Gerhard Henrik Hansen (*1841, †1912) den Leprabazillus |
| 1882 | Robert Koch entdeckt den Tuberkuloseerreger und 1883 den Erreger der Cholera |
| 1884 | Friedrich August Löffler (*1852, †1915) entdeckt die Diphtheriebakterien |
| 1886 | Ernst von Bergmann (*1836, †1907) und Curt Schimmelbusch (*1860, †1895) begründen die Asepsis |
| 1888 | Von Wilhelm v. Waldeyer (*1836, †1921) wird der Begriff der Chromosomen als Träger der Erbmasse geprägt |
| 1890 | Emil von Behring (*1854, †1917) entdeckt das Diphtherie- und Wundstarrkrampfantitoxin und baut seine Entdeckung zur Serumtherapie aus |
| 1892 | Carl Ludwig Schleich (*1859, †1922) führt die erste Lokalanästhesie durch |
| 1895 | Der Physiker Wilhelm Conrad Röntgen (*1845, †1923) entdeckt eine neue Art von Strahlen, die er X-Strahlen nennt (Röntgenstrahlen) |
| 1898 | F. Löffler und Paul Frosch (*1860, †1928) entdecken die Viren als Krankheitserreger |
| 1901 | Entdeckung der Blutgruppen durch Karl Landsteiner (*1868, †1943). J. Everett Dutton (*1874, †1905) entdeckt den Erreger der Schlafkrankheit |

| 1903 | Ferdinand Sauerbruch (*1875, †1951) entwickelt seine Methode der Lungenoperationen in der Unterdruckkammer (Ära der Thorax-Chirurgie beginnt) |
|------|-------------------------------------------------------------------------------------------------------------------------------------------------|
| 1904 | Die erste synthetische Darstellung eines Hormons, des kreislaufwirksamen Adrenalins, gelingt Friedrich Stolz (*1860, †1936); bereits 1901 wurde das Adrenalin aus Ochsennebennieren isoliert |
| 1905 | Entdeckung der Spirochaeta pallida als Syphilis-Erreger durch den Zoologen Fritz Schaudinn (*1871, †1906) und den Dermatologen Erich Hoffmann (*1868, †1959) |
| 1913 | Casimir Funk (*1884, †1967) prägt für bestimmte Wirkstoffe in der Nahrung die Bezeichnung Vitamine |
| 1920 | Tuberkulose-Schutzimpfung (BCG) durch Albert Calmette (*1863, †1933) eingeführt |
| 1921 | Frederik Grant Banting (*1891, †1941), Charles Herbert Best (*1899, †1978) und John James Richard Macleod (*1876, †1935) isolieren das Insulin aus der Bauchspeicheldrüse. Ernst Kretschmer (*1888, †1964) begründet anhand von Konstitutionstypen eine Typenlehre |
| 1923 | Erste Operation einer Mitralstenose (Herzerkrankung). Einrichtung von Anästhesieabteilungen tragen wesentlich zu diesem Erfolg bei |
| 1929 | Werner Forßmann (*1904, †1979) führt sich in einem Aufsehen erregenden Selbstversuch einen Herzkatheter ein; der Aufschwung der Herzchirurgie beginnt. Hans Berger (*1873, †1941) weist elektrische Aktionsströme im Gehirn mit Hilfe des Elektroenzephalogramms (EEG) nach. Alexander Fleming (*1881, †1955) entdeckt die Wirkung des Penicillins auf Bakterien |
| 1934 | In den Bayer-Laboratorien entdeckt Gerhard Domagk die Wirkung der Sulfonamide auf Bakterien |
| 1938 | Erstmals werden Viren im Elektronenmikroskop (1931 erfunden) sichtbar gemacht. |
| 1941 | Einführung des Penicillins zur Bekämpfung von Infektionskrankheiten |
| 1944 | Die erste künstliche Niere wird zur Behandlung bei Nierenversagen angewandt |
| 1945 | Alfred Blalock (*1899, †1964) und Hellen Brooke Taussig (*1898, †1986) führen erste Operationen an Patienten mit angeborenen Herzfehlern durch. Mit Hilfe künstlicher Unterkühlung und anderer Anästhesieverfahren ist es möglich, am offenen Herzen zu operieren (1952) und Herzklappendefekte zu beseitigen |

| 1946 | Erste Versuche, akute Nierenerkrankungen mit Hilfe einer Bauchfellspiegelung (Peritonealdialyse) zu behandeln |
|------|----------------------------------------------------------------------------------------------------------------|
| 1948 | Gründung der Weltgesundheitsorganisation (WHO) |
| 1950 | Einführung des neuen Malariamittels Primaquine. Weltweit wird auch das Nebennierenrinden-Präparat Cortison eingeführt und vor allem bei entzündlichen Erkrankungen erfolgreich eingesetzt. Hans Selye (*1907, †1982) verfasst eine Lehre vom Stress. Fluorprophylaxe gegen Zahnfäule |
| 1952 | Medikamente aus der Gruppe der Isoniazidderivate werden als Mittel gegen die Tuberkulose eingeführt. Die Behandlung in Heilstätten wird zum Teil überflüssig. Mit Einführung des aus der indischen Rauwolfiawurzel gewonnenen Alkaloids Reserpin beginnt eine neue Ära in der Behandlung des Bluthochdrucks. In der Augenheilkunde werden Acryllinsen nach Staroperationen in den Augapfel eingesetzt und ergänzen damit die seit 1933 bekannten Kontaktlinsen |
| 1953 | Die in den USA entwickelten Herz-Lungen-Maschinen werden in der Thoraxchirurgie bei Herz- und Lungenoperationen unter vorübergehender Ausschaltung der Pumparbeit des Herzens eingesetzt |
| 1954 | Jonas Edward Salk (*1914, †1995) entwickelt Impfstoff gegen Kinderlähmung |
| 1955 | Entdeckung der oralen Antidiabetika (Sulfonylharnstoffe), die bei der Behandlung der Zuckerkrankheit eingesetzt werden. Der molekulare Aufbau des Insulins gelingt Fredrik Sanger (*1918). Damit ist die chemische Synthese des Medikaments bei Zuckerkrankheit möglich. Schutzimpfung gegen Kinderlähmung (Poliomyelitis) wird eingeführt |
| 1957 | Es gelingt u.a. auf gentechnischem Gebiet, menschliches Insulin herzustellen, das zuvor in umständlichen chemischen Syntheseverfahren aus Bauchspeicheldrüsen von Schweinen und Rindern isoliert werden musste. Fortschritte in der Mikrochirurgie führen zu verbesserten Verfahren bei Operationen von Ohr, Auge und Gehirn. Bereits 1953 wurden die ersten hörverbessernden Operationen an den Gehörknöchelchen vorgenommen. Der Ultraschall, seit 1939 therapeutisch eingesetzt, wird zum diagnostischen Mittel ausgebaut |

⇒ S. 186

# Mensch und Gesundheit

| | | | |
|---|---|---|---|
| 1957 | Erste erfolgreiche Übertragung (Organtransplantation) einer menschlichen Niere bei eineiigen Zwillingen | 1982 | Die Methode, Steine (Konkremente) der Harnwege auf unblutige Weise mit Hilfe von Stoßwellen zu zertrümmern, findet praktische Anwendung (Lithotripsie). |
| 1962 | Einführung oral einzunehmender Ovulationshemmer (Antibabypille) zur Empfängnisverhütung | | Ein aus Kunststoff angefertigtes Herz (so genannte Herzprothese) wird erstmals von dem amerikanischen Arzt William C. De Vries (*1943) eingesetzt. |
| 1964 | Baruch Samuel Blumberg (*1925) entdeckt bei einem australischen Eingeborenen ein bisher unbekanntes Antigen (Australia-Antigen), das sich als Erreger einer Form der Gelbsucht der Serumhepatitis B erweist | | Einführung der Magnetfelddiagnostik. Mit Hilfe der Kernspintomographie können Querschnittbilder des Körpers ohne Belastung mit ionisierenden Strahlen gewonnen werden |
| 1967 | Christiaan Barnaard (*1922) führt die erste erfolgreiche Herztransplantation am Menschen aus | 1983 | Luc Montagnier (*1932) vom Institut Pasteur entdeckt das AIDS-Virus. Robert Gallo (USA) entwickelt einen Aids-Test |
| 1974 | Rosalyn Yalow (*1921) entwickelt ein Verfahren der Nuklearmedizin, den Radioimmuntest, mit dem auch kleinste Mengen eines Wirkstoffs in Geweben nachzuweisen sind. Viele Serumstoffe (bzw. Hormone) können so erstmals im Blut bestimmt werden | 1988 | Entdeckung des Hepatitis Non-A-Non-B-Erregers, nunmehr Hepatitis-C-Virus genannt |
| | | 1989 | M. J. Bishop und H. E. Vermus entdecken, dass Krebs auslösende Gene normale Bestandteile des Genoms (Erbguts) aller Zellen sind |
| 1977 | Der letzte Fall von Pocken wird in Somalia beobachtet. Die Impfpflicht zum Pockenschutz erlischt in der BR Deutschland 1976 | 1990 | Allen Lindsay operiert ein Kind im Mutterleib am Herzen (erste pränatale Operation) |
| 1978 | Einführung der außerkörperlichen (extrakorporalen) Befruchtung, die zur Geburt eines gesunden Kindes führt, durch die britischen Ärzte P. C. Steptoe und R. G. Edwards | 1991 | In London wird das Gen, das für eine erbliche Form der Alzheimer-Krankheit verantwortlich ist, identifiziert |
| 1979 | Ein von Godfrey Hounsfield (*1919) und Allen Cormack (*1924) entwickeltes Röntgenverfahren, die Computertomographie, wird eingeführt | 1992 | In den USA wird ein Gen identifiziert, das an der Entstehung von Dickdarmkrebs beteiligt ist |
| | | | In den USA wird einem Patienten erstmals eine Pavianleber eingesetzt. |
| 1980 | Den weißen Blutkörperchen anhaftende Antigene, die für die Transplantationsmedizin von großer Bedeutung sind, werden entdeckt. | 1993 | Erste Vervielfältigung menschlicher Embryonen |
| | | 1996 | Durch Kombination verschiedener antiviraler Substanzen werden Erfolge bei der Behandlung von Aids erzielt |
| | In den USA wird eine Erkrankung beobachtet, die mit AIDS (Acquired Immune Deficiency Syndrome) bezeichnet wird | 1998/99 | Erste Gen-Chips werden zur Diagnostik von Aids-und Brustkrebserkrankungen klinisch erprobt |

## Wichtige Krankheitserreger

**Kokken**
1.) grampositiv (Staphylo-, Strepto-, Pneumokokken)
2.) gramnegativ (Gono-, Meningo-, Mikrokokken)

**Stäbchenbakterien**
1.) Stäbchen ohne Sporen
   a) grampositive Bakterien (Listerien, Koryne-, Mykobakterien, Aktinomyzeten)
   b) gramnegative Bakterien (Pyocyaneus-, Proteusbakterien, Koli-, Dysenterie-, Kapselbakterien,

Hämophilus, Fusobakterien, Bruzellen, Pasteurellen, TPE-Gruppe mit: Typhus-, Paratyphus-, Enteritisbakterien)
2.) Stäbchen mit Sporen (Bazillen)
   a) aerobe Bazillen (Milzbrandbazillen)
   b) anaerobe Bazillen (Wundstarrkrampf-, Botulismus-, Gasbrandbazillen)

**Vibrionen (Kommabakterien)**
Cholera-Vibrionen

**Spirillen (Korkenzieherbakterien)**
Spirillum minus

**Spirochäten (Schraubenbakterien)**
1.) Schleimhaut-Spirochäten
2.) Rekurrens-Spirochäten
3.) Leptospiren (Weil'sche Leptospiren, Kanikola-, Feld-
    fieber-Leptospiren)
4.) Treponemen (Lues-, Frambösie-Treponemen)

**Rickettsien**
eigentliche Rickettsien, Bartonellen, Chlamydien

**Mykoplasmen**

**Viren**
1.) dermatotrope Viren (Masern-, Röteln-, Windpocken-,
    Ringelröteln-, Pocken-Virus)

2.) neurotrope Viren (Tollwut-, Kinderlähmungs-,
   Meningitis-, Enzephalitis-Virus)
3.) pneumotrope Viren (Grippe-, Pneumonie-Virus)
4.) adenotrope Viren (Mumps-, Drüsenfieber-,
   Katzenkratzkrankheit-Virus)
5.) hepatotrope Viren (Hepatitis-, Gelbfieber-, Dengue-
   fieber-, Pappatacifieber-Virus)

**Protozoen (Urtierchen)**
1.) Leishmanien (Kala-Azar-Leishmanien, Orientbeulen-
   Leishmanien)
2.) Trypanosomen (afrikanische Schlafkrankheit-
   Trypanosomen, Chagas-Krankheit-Trypanosomen)
3.) Trichomonaden (Trichomonas vaginalis)
4.) Amöben (Ruhr-Amöben)
5.) Plasmodien (Malaria-Plasmodien)
6.) Toxoplasmen (Toxoplasma gondii)

## Infektionskrankheiten

| Name | Erreger | Ansteckungsweg | Inkubation | Symptome | Behandlung |
|------|---------|----------------|------------|----------|------------|
| **Viruserkrankungen** | | | | | |
| Aids | HIV (Abk. für Human immunodeficiency virus) | Geschlechtsverkehr, gemeinsamer Spritzengebrauch unter Drogenabhängigen, von Mutter zu Kind, Bluttransfusion | unterschiedlich, gewöhnlich mehrere Jahre | Fieber, Lethargie, vergrößerte Lymphknoten, Gewichtsverlust, Durchfall, Kurzatmigkeit, Virus- u. Pilzinfektionen; tödlich | neuartige Kombinationstherapie, aber letztlich unheilbar |
| Bronchiolitis (Babys und Kleinkinder) | RS-Virus (Abk. für respiratory syncytial virus) | Tröpfcheninfektion durch die Luft | 1 bis 3 Tage | Husten, bedrohliche Atemnot, Fieber | in schweren Fällen Krankenhaus |
| Dengue-Fieber | Arboviren | Stich der Stechmücke Aedes aegypti | 5 bis 8 Tage | Fieber, Gelenk- u. Muskelschmerzen, Kopfschmerzen | Schmerzmittel |
| Ebola-Fieber | Filovirus | Schmierinfektion über Urin, Kot, Sperma, Blut, Speichel | 7 bis 14 Tage | heftige Kopfschmerzen, Fieber, Durchfall, Erbrechen, innere Blutungen; gewöhnlich tödlich | Linderung der Symptome; Antikörper |
| Erkältung | Rhinoviren, Coronaviren und andere | Tröpfcheninfektion oder Kontakt von Hand zu Hand | 1 bis 3 Tage | laufende oder verstopfte Nase, Niesen, Frösteln, Hals-, Muskelschmerzen | Linderung der Symptome |
| Gehirnentzündung | Herpes-Viren und andere | Folge einer anderen Virusinfektion | unterschiedlich | Kopfschmerzen, Fieber, Verwirrtheit, Sprach- und Verhaltensstörung, Koma | antivirale Mittel |
| Gelbfieber | Togavirus | Stich der Stechmücke Aedes aegypti | 3 bis 6 Tage | Fieber, starke Kopfschmerzen, Schmerzen in Nacken, Rücken und Beinen, Gelbsucht, Nierenversagen; evtl. tödlich | Linderung der Symptome |
| Genitalherpes | Herpes-simplex-Virus Typ 2 | Geschlechtsverkehr | 1 Woche; gewöhnlich wiederkehrend | schmerzhafter Bläschenausschlag an den Geschlechtsorganen | antivirale Mittel; Linderung der Symptome |
| Genitalwarzen | Papillomavirus | Geschlechtsverkehr | bis 18 Monate | blumenkohlartige Warzen an Geschlechtsorganen | Podophyllin; Kryochirurgie |
| Grippe | Influenza-Virus Typ A, B oder C | Tröpfcheninfektion durch die Luft | 1 bis 3 Tage | Fieber, Schwitzen und Frieren, Kopf-, Hals-, Muskelschmerzen, Husten | Linderung der Symptome |

⇒ S. 188

# Mensch und Gesundheit

| Name | Erreger | Ansteckungsweg | Inkubation | Symptome | Behandlung |
|------|---------|----------------|------------|----------|------------|
| Gürtelrose | Varicella-zoster-Virus | Reaktivierung von Varicella-zoster-Viren, die nach einer Windpockeninfektion im Körper überdauern | unterschiedlich | schmerzhafter Ausschlag von verkrustenden Bläschen, meist über den Rippen | antivirale Mittel und Schmerzmittel |
| Hepatitis (virale) | Hepatitis-A-Virus | mit Fäkalien verunreinigte Lebensmittel oder Wasser | 3 bis 6 Wochen | leichte grippeähnliche Symptome | Linderung der Symptome |
| | Hepatitis-B-Virus | Geschlechtsverkehr, gemeinsamer Spritzengebrauch, Bluttransfusion | einige Wochen bis mehrere Monate | wie Hepatitis A; Erbrechen, Gelbsucht, Muskelschmerzen; evtl. tödlich | Linderung der Symptome |
| Herpes simplex | Herpes-simplex-Virus Typ 1 | direkter Kontakt | unterschiedlich; schlafende Viren werden immer wieder aktiviert | von Zeit zu Zeit Bläschen und Rötungen an den infizierten Stellen, die dann wieder verschwinden | Linderung der Symptome; antivirale Mittel |
| Hirnhautentzündung (virale) | verschiedene Viren | verschiedene Möglichkeiten | unterschiedlich | grippeähnliche Symptome, Fieber, Kopfschmerzen | Linderung der Symptome |
| Kehlkopfentzündung | Rhinoviren, Coronaviren und andere | Tröpfcheninfektion durch die Luft | 1 bis 3 Tage | Heiserkeit, Halsentzündung, Husten, Stimmverlust | Linderung der Symptome |
| Kinderlähmung (Poliomyelitis) | Poliomyelitis-Viren | Tröpfcheninfektion durch die Luft, Schmierinfektion über den Stuhl | leichte Form: 3 bis 5 Tage; schwere Form: 7 bis 14 Tage | leichtere Form: Fieber, Halsentzündung, Erbrechen, Kopfschmerzen; schwerer Form: Fieber, heftige Kopfschmerzen, Hals- und Muskelsteife, manchmal Lähmungen | Linderung der Symptome |
| Lassa-Fieber | Arenavirus | Einatmen von Urintröpfcheninfizierter Ratten | 3 bis 17 Tage | Fieber, Halsentzündung, Muskelschmerzen, Kopfschmerzen, heftiger Durchfall; evtl. tödlich | antivirale Mittel und Serum |
| Lebensmittelvergiftung (virale) | 1. Norwalk-Virus | kontaminierte Schalentiere | 2 Tage | Durchfall und Erbrechen | Flüssigkeitszufuhr |
| | 2. Rotavirus | mit Fäkalien verunreinigte Lebensmittel oder Wasser | 1 bis 2 Tage | Durchfall, Erbrechen und Austrocknung; für kleine Kinder sehr gefährlich | Linderung der Symptome; Flüssigkeitszufuhr |
| Lungenentzündung (virale) | verschiedene Viren | Tröpfcheninfektion durch die Luft | unterschiedlich | Husten, Fieber | Linderung der Symptome |
| Mandelentzündung | Rhinoviren, Coronaviren und andere | Tröpfcheninfektion durch die Luft | 1 bis 3 Tage | Halsentzündung, vergrößerte Mandeln, Schluckbeschwerden, Fieber | Linderung der Symptome; Antibiotika |
| Marburg-Fieber | Filovirus | Kontaktinfektion über Hautwunden und Schleimhäute | 4 bis 9 Tage | hohe Temperatur, Durchfall, Erbrechen, Ausschlag, ernste innere Blutungen, oft tödlich | Linderung der Symptome |
| Masern | Paramyxovirus | Tröpfcheninfektion durch die Luft | 7 bis 14 Tage | Fieber, heftige Erkältungssymptome, roter Ausschlag | Linderung der Symptome |
| Mumps | Paramyxovirus | Tröpfcheninfektion durch die Luft | 2 bis 3 Wochen | Anschwellen der Ohrspeicheldrüsen, Schmerzen im Kiefer, Fieber | Linderung der Symptome |
| Pfeiffer'sches Drüsenfieber | Epstein-Barr-Virus | über den Speichel eines Erkrankten | 1 bis 6 Wochen | Halsentzündung, Fieber, geschwollene Drüsen, Lethargie | Linderung der Symptome, Ruhe |
| Pocken | Pocken-Virus | weltweit ausgerottet | 12 Tage | Fieber, Ausschlag; oft tödlich | |

| Name | Erreger | Ansteckungsweg | Inkubation | Symptome | Behandlung |
|---|---|---|---|---|---|
| Rachenentzündung | Rhinoviren, Coronaviren und andere | Tröpfcheninfektion durch die Luft | 3 bis 5 Tage | Schmerzen beim Schlucken, Halsentzündung, leichtes Fieber, geschwollene Halsdrüsen | Linderung der Symptome |
| Röteln | Röteln-Virus | Tröpfcheninfektion durch die Luft | 17 bis 21 Tage | Fieber, Ausschlag | Linderung der Symptome |
| Tollwut | Rhabdovirus | Biss oder Lecken eines infizierten Tieres | 10 Tage bis 8 Monate | Fieber, Kopfschmerzen, Desorientierung, Durst, Schlucksperre, Krämpfe, Koma, zumeist tödlich | Linderung der Symptome |
| Warzen (Sohlenwarzen) | Papillomavirus | über infizierte Böden in Schwimmbädern und Duschräumen | unterschiedlich | harte, schwielige Stelle auf der Fußsohle; verursacht Gehbeschwerden | Herausoperieren; Kryochirurgie |
| Windpocken | Varicella-zoster-Virus | Tröpfchen- und Kontaktinfektion | 11 bis 21 Tage | Fieber, Kopfschmerzen, Ausschlag | Linderung der Symptome |

**Mykoplasmainfektionen**

| Name | Erreger | Ansteckungsweg | Inkubation | Symptome | Behandlung |
|---|---|---|---|---|---|
| Lungenentzündung | Mycoplasma pneumoniae | Tröpfcheninfektion | 1 bis 3 Wochen | Husten, erhöhte Temperatur | Antibiotika |
| unspezifische Harnröhrenentzündung | Mycoplasma genitalium | Geschlechtsverkehr | 2 bis 3 Wochen | Schmerzen beim Wasserlassen; Ausfluss | Antibiotika |

**Chlamydieninfektionen**

| Name | Erreger | Ansteckungsweg | Inkubation | Symptome | Behandlung |
|---|---|---|---|---|---|
| Psittakose | Chlamydia psittaci | Staub mit Exkrementen infizierter Vögel | 1 bis 3 Wochen | Fieber, grippeähnliche Symptome, Atemprobleme | Antibiotika |
| Trachom | Chlamydia trachomatis | direkter Kontakt; mangelnde Hygiene | 5 Tage | Bindehautentzündung, Lichtscheu, Lichtundurchlässigkeit der Hornhaut; Erblindung | Antibiotika |
| unspezifische Harnröhrenentzündung | Chlamydia trachomatis | Geschlechtsverkehr | 2 bis 3 Wochen | Schmerzen beim Wasserlassen; Ausfluss | Antibiotika |

**Rickettsieninfektionen**

| Name | Erreger | Ansteckungsweg | Inkubation | Symptome | Behandlung |
|---|---|---|---|---|---|
| epidemisches Fleckfieber | Ricketsia prowazekii | Bisse von infizierten Läusen | 7 Tage | Fieber, Kopf- u. Muskelschmerzen, Ausschlag, Delirium; evtl. tödlich | Antibiotika |
| Felsengebirgsfieber | Ricketsia ricketsi | Bisse infizierter Schildzecken | nicht bekannt | Fieber, blutende Flecken am Körper | Antibiotika |
| Q-Fieber | Coxiella burnetti | Einatmen von Staub mit Ausscheidungen infizierter Schafe und Kühe | 7 bis 14 Tage | Fieber, heftige Kopf- u. Brustschmerzen, Husten; später Lungenentzündung, evtl. Gelbsucht | Antibiotika |

**Bakterielle Erkrankungen**

| Name | Erreger | Ansteckungsweg | Inkubation | Symptome | Behandlung |
|---|---|---|---|---|---|
| Bindehautentzündung | Staphylokokken, andere Bakterien oder Viren | von den Händen in die Augen | unterschiedlich | Jucken, Augenreizung und -rötung, manchmal Eiterabsonderung | Antibiotika |
| Botulismus | Clostridium botulinum | schlecht konservierte, durch Bakterien vergiftete Lebensmittel | 8 bis 36 Stunden | Übelkeit, Erbrechen, Doppelbilder, Sprech-, Schluckbeschwerden; oft tödlich | Antitoxin |
| Bruzelose | Brucella abortus | infizierte Rinder, Schweine und Ziegen | 3 bis 6 Tage | Fieber, Schweißausbrüche | Antibiotika |

⇒ S. 190

# Mensch und Gesundheit

| Name | Erreger | Ansteckungsweg | Inkubation | Symptome | Behandlung |
|------|---------|----------------|-----------|----------|------------|
| Cholera | Vibrio cholerae | verunreinigte Lebensmittel oder Wasser | 1 bis 5 Tage | heftiger Durchfall und Austrocknung; kann lebensgefährlich sein | Flüssigkeitszufuhr, Antibiotika |
| Diphtherie | Corynebacterium diphtheriae | Tröpfcheninfektion oder direkter Kontakt | 4 bis 6 Tage | Fieber, grauer Zungenbelag; Herzschädigung | Antibiotika und Antitoxin |
| Dysenterie (bakterielle) | Shigella | mit Fäkalien verunreinigte Lebensmittel oder Wasser oder direkter Kontakt | 1 bis 2 Tage | heftiger Durchfall und Austrocknung | Flüssigkeitszufuhr; Antibiotika |
| Gastroenteritis | verschiedene Bakterien (und Viren) | verunreinigte Lebensmittel oder Wasser | unterschiedlich | Magen- und Darmbeschwerden mit Erbrechen und Durchfall; allgemeiner Begriff für verschiedene Krankheiten | siehe Cholera, Dysenterie, Lebensmittelvergiftung und Typhus |
| Gonorrhö | Neisseria gonorrhoeae | Geschlechtsverkehr; von Mutter zu Kind | 2 bis 10 Tage | beim Mann: Schmerzen beim Wasserlassen, Ausfluss; bei der Frau: keine Symptome oder Ausfluss | Antibiotika |
| Halsentzündung | Streptokokken | Tröpfcheninfektion | 2 bis 4 Tage | Halsschmerzen, Fieber, vergrößerte Lymphknoten | Antibiotika |
| Harnblasenentzündung | Darmbakterien | häufig bei Frauen, wenn Bakterien vom Darm in die Harnröhre gelangen | unterschiedlich | brennender Schmerz beim Wasserlassen, häufiger Harndrang | viel Flüssigkeit; in schweren Fällen Antibiotika |
| Hirnhautentzündung | Neisseria meningitidis und andere Erreger | Bakterien, die von einem Infektionsherd mit dem Blut zum Gehirn gelangen | 1 Tag bis 3 Wochen | starke Kopfschmerzen, Fieber, Nackensteife, Erbrechen; Lichtempfindlichkeit, kann lebensgefährlich sein | Antibiotika |
| Keuchhusten | Bordetella pertussis | Tröpfcheninfektion | 1 bis 3 Wochen | heftiger, anhaltender Husten, »ziehendes« Einatmen | in frühem Stadium Antibiotika |
| Lebensmittelvergiftung (bakterielle → Botulismus, Listeriose, Dysenterie) | 1. Campylobacter | mit Fäkalien verunreinigtes Wasser | 1 bis 4 Tage | Durchfall, Bauchschmerzen, Fieber | Antibiotika |
| | 2. Salmonella | ungenügend erhitztes infiziertes Geflügel oder Ei | 1 bis 2 Tage | Durchfall, Bauchschmerzen, Erbrechen, Fieber | antibakterielle Medikamente |
| | 3. Bacillus cereus | Lebensmittel, besonders Reisprodukte; Bakteriensporen überleben Erhitzen und erzeugen Giftstoffe | 2 bis 14 Stunden | Durchfall, Erbrechen, Bauchschmerzen | Antibiotika |
| | 4. Staphylokokken | durch Kontakt mit Hautwunde verunreinigte Lebensmittel | 1 bis 6 Stunden | Erbrechen | Antibiotika |
| | 5. Clostridium perfringens | verunreinigtes Fleisch oder Gemüse | 6 bis 12 Stunden | Bauchkrämpfe, Erbrechen | Antibiotika |
| Legionärskrankheit | Legionella pneumophila | Einatmen von Tröpfchen bakteriell verseuchten Wassers aus der Klimaanlage oder beim Duschen | 1 bis 7 Tage | Kopfschmerzen, Muskelschmerzen, trockener Husten, Lungenentzündung, Delirium; kann lebensgefährlich werden | |
| Lepra | Mycobacterium leprae | Tröpfcheninfektion bei engem Kontakt mit Infizierten über längere Zeit; nicht sehr ansteckend | 3 bis 5 Jahre | helle Flecken auf der Haut; die Zerstörung peripherer Nerven führt zu Sensibilitätsverlust | antibakterielle Medikamente |
| Leptospirose | Spirochaeten | Kontakt mit Urin von infizierten Ratten | 1 bis 3 Wochen | Fieber, Frösteln, Kopfschmerz, Hautausschlag | Antibiotika |

| Name | Erreger | Ansteckungsweg | Inkubation | Symptome | Behandlung |
|---|---|---|---|---|---|
| Listeriose | Listeria mono-cytogenes | Verzehr von Weich-käse, gekühlten Fer-tiggerichten, Fertig-salaten und schlecht gebratenem Fleisch | 1 bis 2 Tage | Fieber, Schmerzen, Hals-entzündung, Durchfall; kann zu Fehlgeburt füh-ren; für Neugeborene le-bensgefährlich | Antibiotika |
| Lungenent-zündung | 1. Haemophi-lus influenzae und andere | Tröpfcheninfektion | 1 bis 3 Wochen | Fieber, Husten, grüner oder gelber Auswurf | Antibiotika und Schmerzmittel |
| | 2. Streptococ-cus pneumo-niae | Tröpfcheninfektion | 1 bis 3 Wochen | Fieber, Husten, Schmer-zen beim Atmen, brauner Auswurf | Antibiotika |
| Lyme-Krankheit | Borrelia burg-dorferi | Biss einer mit Bakte-rien infizierten Zecke | einige Tage | manchmal roter Fleck um den Zeckenbiss; Fieber, Kopfschmerzen, Abge-schlagenheit, Gelenk-schmerzen; schreitet un-behandelt fort | Antibiotika |
| Magenge-schwür | Helicobacter pylori | Quelle unbekannt; evtl. sind mehr als 60% der über 65-Jährigen infiziert | unterschiedlich; das Bakterium kann vorhanden sein, ohne Symp-tome zu zeigen | brennender Schmerz im Bauch, Appetitverlust, Übelkeit, Aufstoßen; in schweren Fällen Erbrechen von Blut, schwarzer Stuhl | Antibiotika |
| Milzbrand | Bacillus an-thracis | Kontakt mit infizier-ten Tieren und deren Produkten | 1 bis 3 Tage | Schwellungen und große Blasen auf der Haut; kann tödlich sein | Antibiotika |
| Mittelohrent-zündung | Bakterien/Vi-ren, lösen In-fektion der oberen Atem-wege aus | Infektion der oberen Atemwege, die sich über die Ohrtrompe-te ausbreitet | unterschiedlich | heftige Ohrenschmerzen, Hörverlust, Ohrensausen, Fieber | Antibiotika, Schmerzmittel |
| Nierenbecken-entzündung | verschiedene Bakterien | über die Harnwege gelangen Bakterien zu den Nieren | unterschiedlich | hohes Fieber, Schüttel-frost, Rückenschmerzen | Antibiotika |
| Osteomyelitis | Staphylococ-cus aureus | über Hautwunde oder andere Infektion gelangen Bakterien zu den Knochen | 1 bis 10 Tage | Fieber, heftige Schmer-zen und Druckempfind-lichkeit | Antibiotika |
| Peritonitis | Darmbakterien wie Escheri-chia coli | Darmperforation, wo-bei Bakterien in die Bauchhöhle kommen | unterschiedlich | Fieber, Bauchschmerzen, Erbrechen, Blähungen, Austrocknung, Schock | Operation; Antibiotika |
| Pest | Yersinia pestis | Rattenflöhe, die das Bakterium in sich tragen | 2 bis 5 Tage | Fieber, Kopfschmerzen, geschwollene Lymphkno-ten; häufig tödlich | Antibiotika |
| Scharlach | Streptococcus pyogenes | Tröpfcheninfektion | 2 bis 4 Tage | Halsentzündung, Kopf-schmerzen, Fieber, roter Hautausschlag | Antibiotika |
| Syphilis | Treponema pallidum | Geschlechtsverkehr | erste Symptome nach 3 bis 4 Wochen | 1.) nach 3 bis 4 Wochen: Geschwüre an den Geni-talien 2.) nach 6 bis 12 Wochen: Ausschlag, Kopfschmer-zen, Fieber, Müdigkeit 3.) Nach 10 bis 25 Jah-ren: Gewebezerstörung, Hirnschäden | Antibiotika in frühem Stadium |
| Tetanus | Clostridium tetani | Wunde, über die Erd-bakterien eindringen können | 2 Tage bis meh-rere Wochen | Kieferklemme, starres Lächeln, Muskelkrämpfe; lebensgefährlich | Antitoxin |

⇒ S. 192

# Mensch und Gesundheit

| Name | Erreger | Ansteckungsweg | Inkubation | Symptome | Behandlung |
|------|---------|----------------|------------|----------|------------|
| Toxisches Schocksyndrom | Staphylococcus aureus | Wachstum von S. aureus und Freisetzung von Toxinen in der Scheide durch längeren Tampongebrauch | unterschiedlich | Fieber, Durchfall, Ausschlag, Erbrechen, Kopfschmerzen, Muskelschmerzen, Schwindel, Schock; selten tödlich | Antibiotika |
| Tuberkulose | Mycobacterium tuberculosis | Tröpfcheninfektion; Trinken infizierter Kuhmilch | einige Wochen bis einige Jahre | Husten mit blutigem Auswurf, Gewichtsverlust, Brustschmerzen, Fieber; evtl. tödlich | Antibiotika |
| Typhus | Salmonella typhi | mit Fäkalien verunreinigte Lebensmittel oder Wasser | 7 bis 14 Tage | Kopfschmerzen, Bauchbeschwerden, Fieber, Durchfall; evtl. tödlich | Antibiotika |
| **Pilzinfektionen** | | | | | |
| Aspergillose | Aspergillus sp. | Einatmung von Sporen | unterschiedlich | Bluthusten bei geschädigten Lungen; oft tödlich bei verminderter Immunabwehr | Antimykotika |
| Candidiasis | Candida albicans | Veränderungen in der Scheidenflora | unterschiedlich | Frauen: Scheidenreizung, weißer Ausfluss; Männer: Eichelreizung | Antimykotika |
| Fußpilz | Dermatophyten | Sporen, mit den Füßen von feuchten Böden aufgenommen | unterschiedlich | entzündete, juckende Haut zwischen den Zehen, die aufreißt | Antimykotischer Puder |
| Hautpilz | Dermatophyten | direkter Kontakt | unterschiedlich | schuppige Flecken auf Kopf- oder Körperhaut | Antimykotika |
| Hirnhautentzündung (Pilzinfektion) | Cryptococcus neoformans | Einatmung von Pilzsporen aus Taubenkot | unterschiedlich | Kopfschmerzen, Nackensteife, Lichtempfindlichkeit | Antimykotika |
| **Parasitenkrankheiten** | | | | | |
| Amöbiasis (Amöbenruhr) | Entamoeba histolytica | mit Fäkalien verunreinigte Lebensmittel oder Wasser | bis zu mehreren Wochen | heftiger Durchfall, Fieber | Protozoenmittel |
| Chagas-Krankheit | Trypanosoma cruzi | Raubwanzen übertragen die Parasiten, die über Kratzer ins Blut gelangen | einige Wochen | Fieber und geschwollene Lymphknoten; Langzeitfolge: Herzschädigungen möglich | Nifurtimox |
| Giardiasis | Giardia lamblia | mit Fäkalien verunreinigte Lebensmittel oder Wasser | 3 bis 40 Tage | Übelkeit, Brechdurchfall, Bauchkrämpfe | Protozoenmittel |
| Leishmaniase (Kala-azar) | Leishmania | Stiche von Sandmücken, die Parasiten tragen | gewöhnlich 1 bis 2 Monate | Fieber, Milzvergrößerung, Anämie, dunkle Hautverfärbung; evtl. tödlich | verschiedene Medikamente |
| Malaria | Plasmodium falciparum, P. vivax, P. malariae | Stiche von Anopheles-Mücken, die Parasiten tragen | 10 bis 40 Tage | Fieberstadien mit Kälteschauern, Hitze und starkem Schwitzen, Müdigkeit, Kopfschmerzen | Malariamittel |
| Schlafkrankheit (Trypanosomiasis) | 1.) Trypanosoma brucei gambiense | Stiche von Tsetsefliegen, die Parasiten tragen | Wochen oder Monate | Fieber, Erschöpfung, Kopfschmerzen, Koma, Tod | Protozoenmittel |
| | 2.) T. brucei rhodesiense | Stiche von Tsetsefliegen, die Parasiten tragen | 7 bis 14 Tage | Heftiges Fieber, Erschöpfung, Koma, Tod | Protozoenmittel |
| Toxoplasmose | Toxoplasma gondii | Genuss von schlecht gegartem Fleisch | einige Tage | Fieber; evtl. Fehlgeburt oder Kindsschädigungen | Pyrimethamin, ein Sulfonamid |

| Name | Erreger | Ansteckungsweg | Inkubation | Symptome | Behandlung |
|------|---------|----------------|------------|----------|------------|
| Trichomoniasis | Trichomonas vaginalis | Geschlechtsverkehr; indirekt durch infizierte Handtücher | unterschiedlich; Erreger kann vorhanden sein, ohne Symptome zu verursachen | Entzündung der Scheide, starker, gelber Ausfluss; bei Männern manchmal Harnröhrenentzündung | Protozoenmittel |

**Parasitische Wurminfektionen**

| Name | Erreger | Ansteckungsweg | Inkubation | Symptome | Behandlung |
|------|---------|----------------|------------|----------|------------|
| Ascariasis | Ascaris lumbricoides | mit Fäkalien, die Wurmeier enthalten, verunreinigte Lebensmittel | einige Wochen | Übelkeit, Bauchschmerzen; in schweren Fällen Anämie, Unterernährung | Anthelmintika |
| Bandwurmbefall | zumeist Rind-, Schweine- oder Fischbandwurm | mit Bandwurmlarven verseuchte Lebensmittel | einige Wochen | kaum Symptome; doch können sich Wurmglieder lösen und über den After oder mit Stuhl austreten | Anthelmintika |
| Bilharziose (Schistosomiasis) | Arten von Saugwürmern, Schistosoma | im Süßwasser lebende Larven durchbohren die Haut von Badenden | abhängig von der Lebenszeit des Parasiten | Fieber, Muskelschmerzen, Bauchschmerzen | Anthelmintika |
| Elephantiasis | verschiedene Arten von Rundwürmern | die Larven werden durch Mückenstiche übertragen | unterschiedlich | die Würmer befallen das Lymphsystem und verursachen enorme Schwellungen einer Extremität und – bei Männern – des Skrotums | Diäthylcarbamazin |
| Fadenwurmerkrankung | Enterobius vermicularis | Wurmeier, die an den Fingern haften | einige Wochen | Juckreiz in der Analregion | Anthelmintika |
| Flussblindheit | Onchocerca volvulus | Mücken der Gattung Simulium übertragen die Wurmlarven | die Würmer reifen in 2 bis 4 Monaten heran | Knoten in der Haut; Larven, die ins Auge gelangen, können zur Erblindung führen | Diäthylcarbamazin |
| Hakenwurmerkrankung | Ancylostoma duodenale oder Necator americanus | die Larven gelangen durch die Haut oder mit der Nahrung ins Blut | einige Wochen | Bauchschmerzen; schwerer Befall ruft Anämie hervor, da sich die Würmer von Blut ernähren | Anthelmintika |
| Toxokariasis | Toxocara canis | Hunde scheiden die Eier mit dem Kot aus, und Kinder infizieren sich beim Spiel mit verunreinigter Erde | einige Wochen | leichtes Fieber, in schweren Fällen Lungenentzündung, Krämpfe und möglicherweise Blindheit | Anthelmintika |
| Trichinose | Trichinella spiralis | durch ungenügend erhitztes Schweinefleisch, das Wurmlarven enthält | 1 Woche | Durchfall, Erbrechen, Fieber, Muskelschmerzen; selten tödlich | Anthelmintika |

## Nichtinfektiöse Krankheiten

| Name | Name |
|------|------|
| Allergien | Kreislauferkrankungen |
| Atmungsorgan-Erkrankungen | Herzinfarkt |
| Bronchitis | Schlaganfall |
| Emphysem | Nervensystem-Erkrankungen |
| Diabetes mellitus | Nierenerkrankungen |
| Krebs | Verdauungssystem-Erkrankungen |

# Mensch und Gesundheit

## Krebserkrankungen weltweit

| Krebsart | Gehäuftes Vorkommen |
|---|---|
| Blasenkrebs | Connecticut (USA) |
| Brustkrebs | British Columbia (Kanada) |
| Dickdarmkrebs | Connecticut (USA) |
| Gebärmutterhalskrebs | Kolumbien |
| Kehlkopfkrebs | Brasilien |
| Leberkrebs | Moçambique |
| Lungenkrebs | Großbritannien; Süden der USA |
| Mundkrebs | Bombay (Indien) |
| Speiseröhrenkrebs | Iran; Nordfrankreich; Ostchina |
| Eierstockkrebs | Dänemark |
| Prostatakrebs | USA (schwarze Amerikaner) |
| Mastdarmkrebs | Dänemark |
| Hautkrebs | Queensland (Australien) |
| Magenkrebs | Japan; Chile |
| Rachenkrebs | Bombay (Indien) |

## Krebs auslösende Faktoren

| Faktor | Erläuterung |
|---|---|
| Karzinogene | chemische Substanzen (z.B. Nitrosamine) |
| Strahlung | radioaktive bzw. energiereiche Strahlung |
| Viren | tumorauslösende Wirkung in Tierversuchen nachgewiesen |
| Mutationen | sprunghafte Veränderungen im Erbgefüge eines Organismus |
| Erkrankungen | z.B. perniziöse Anämie (kann Magenkrebs auslösen); Darmpolypen (können Darmkrebs auslösen); Leberzirrhose (kann Leberkrebs auslösen) Leistenhoden (können Hodenkrebs auslösen) zystische Brusterkrankung (nur schwer von Brustkrebs abgrenzbar) |

## Methoden der Krebsdiagnose

| Methode | Erläuterung/Symptome |
|---|---|
| Anamnese | Leistungsschwäche, Appetitlosigkeit, schnelle Gewichtsabnahme, Erbrechen, Schmerzen, Fieber, Blut in Auswurf, Stuhl, Urin |
| gründliche Untersuchung | Austastung des Mastdarms, Gebärmutterhalsabstrich, Abtasten der Brustdrüse, Stuhl- und Harnuntersuchung auf Blut, Röntgen-Lungenaufnahme, Blutbild |
| Laboruntersuchungen | diverse Tests mit Gewebe, Körperflüssigkeiten etc. |
| Technische Untersuchungen | Röntgenuntersuchung, Gewebsprobenentnahme, Kernspintomographie |

## Häufige Phobien

| Angst vor | Phobie | Angst vor | Phobie |
|---|---|---|---|
| allem | Pantophobie | Licht | Photophobie |
| Ängsten | Phobophobie | Männern | Androphobie |
| Arbeit | Ergasiophobie | Mäusen | Musophobie |
| Berührung | Haphephobie | Menschenmengen | Demophobie |
| Blut | Hämatophobie | Nadeln | Belonephobie |
| Donner | Brontophobie | Neuem | Neophobie |
| Dreizehn | Triskaidekaphobie | Reisen | Hodophobie |
| Dunkelheit | Achluophobie | Schlaf | Hypnophobie |
| Erröten | Ereuthophobie | Schlangen | Ophidiophobie |
| Ersticken | Pnigerophobie | Situationsangst | Kairophobie |
| Feuer | Pyrophobie | Spinnen | Arachnophobie |
| Frauen | Gynophobie | Stichen | Cnidophobie |
| freien Plätzen | Agoraphobie | Tagesanbruch | Eosophobie |
| Fremden | Xenophobie | Tieren | Zoophobie |
| geschlossenen Räumen | Klaustrophobie | Tod | Thanatophobie |
| Gott | Theophobie | Verantwortung | Hypegiaphobie |
| Hochwasser | Antlophobie | Versagen | Kakoraphiaphobie |
| Höhen | Acrophobie | Vögeln | Ornithophobie |
| Hunden | Cynophobie | Wahnsinn | Lyssophobie |
| Insekten | Entomophobie | Wasser | Hydrophobie |
| Katzen | Ailurophobie | Wind | Anemophobie |
| Krankheit | Nosophobie | Würmern | Helminthophobie |
| Leichen | Nekrophobie | | |

| Drogen und Suchtmittel | | | | |
|---|---|---|---|---|
| Art | Name | Einnahme | Wirkung | Gefahren bei Missbrauch |
| **Alkohol und Tabak** | | | | |
| Beruhigungsmittel | Ethanol–Alkohol: Wein, Whiskey … | alkoholische Getränke | kleine Mengen rufen Wohlbefinden hervor und bauen Hemmungen ab; größere Mengen wirken dämpfend auf bestimmte Gehirnzentren und beeinträchtigen die Bewegungskoordination | kurzfristig: Bewusstlosigkeit, Koma, Tod; längerer Missbrauch: Abhängigkeit, Gewöhnung, Krebs des Verdauungskanals, Leberzirrhose, Hirnschäden |
| Anregungsmittel | Nikotin (aus Tabak) | im Tabak geraucht | wirkt anregend auf das sympathische Nervensystem, erhöht den Herzschlag; baut psychische Spannungen ab | Abhängigkeit, Gewöhnung; Krebsgefahr, Herzkrankheiten, Bronchitis, Lungenemphysem |
| **Illegale Drogen** | | | | |
| Beruhigungsmittel | Barbiturate: Barbital, Pentobarbital, Phenobarbital, Thiopental | geschluckt oder gespritzt | Euphorie, Müdigkeit, Verringerung von Ängsten, undeutliche Sprache, Verlangsamung von Atmung und Herzschlag | Abhängigkeit und Gewöhnung; die Kombination mit Alkohol kann tödlich sein |
| Betäubungsmittel | Heroin | gespritzt | Euphorie, Schmerzverringerung, undeutliche Sprache, Verlust an Selbstkontrolle, Stimmungsumschwünge | Abhängigkeit, Gewöhnung; Risiko einer Überdosis oder Vergiftung; mögliche HIV- oder Hepatitisinfektion (verunreinigte Spritzen) |
| Halluzinogene | Cannabis | geraucht oder in Lebensmittel gemischt | Euphorie, veränderte Wahrnehmung von Zeit und Sinneseindrücken, Hunger | umstritten; bei Langzeitgebrauch evtl. psychische Abhängigkeit |
| | Lysergsäurediethylamid (LSD) | geschluckt | verzerrte Sinneseindrücke, Halluzinationen, unberechenbares Verhalten | manchmal »Horrortrip« mit Verfolgungswahn und Selbstmordgedanken |
| Lösungsmittel | Klebstoffe, Reinigungs- und Lösungsmittel | geschnüffelt | Verwirrtheit, Wohlgefühl, Schwindelgefühl | tödlich, wenn Atmung oder Herz aussetzen; Gehirn-, Leber- und Nierenschäden |
| Stimulanzien | Amphetamine: Ephedrin, Benzedrin | geschluckt, selten gespritzt | Gefühl von Selbstvertrauen, Hyperaktivität, Aufgeregtheit, Rastlosigkeit, rasender Puls; gefolgt von Depressionen | Abhängigkeit, Gewöhnung, Verfolgungswahn, Gewalttätigkeit, Gewichtsverlust, Halluzinationen; Tod (Überdosis) |
| | Kokain | geschnupft | vorübergehendes Gefühl von Euphorie und Selbstvertrauen, Appetitlosigkeit, beschleunigter Herzschlag; gefolgt von Angst, Unruhe, Depressionen | bei Langzeitgebrauch Bewusstseinstrübungen möglich, Halluzinationen, Schädigung der Nasenschleimhäute; Tod durch Überdosis |
| | Crack | geraucht oder eingeatmet (Dämpfe) | kurzes euphorisches Gefühl, dann heftiger Absturz und Wunsch nach neuem Rausch | Verfolgungswahn, Gewalttätigkeit, Selbstmordgedanken, Verlust des Sexualtriebs, Tod durch Herzanfall |
| | MDMA–»Ecstasy« | geschluckt | Hochgefühl, Energiezunahme, Euphorie | starke Austrocknung, geringe Gefahr eines plötzlichen Todes |

# Mensch und Gesundheit

| Wirkungen des Alkohols | |
|---|---|
| **Konzentration\*** | **Wirkung** |
| 30–50 | Spannungen und Hemmungen lassen nach, der Trinker wird selbstsicherer und gesprächiger und entwickelt ein Empfinden von Wohlgefühl. |
| 50–150 | Der Trinker spricht oder benimmt sich verantwortungslos, tut oder sagt Dinge, die er später womöglich bereut. Die Gedanken verlieren an Klarheit. |
| 150–250 | Der Trinker erscheint verworren, er schwankt, und die Sprache wird undeutlich. Sein Verhalten wird unberechenbar mit Anzeichen von Aggression. |
| 250–400 | Der Trinker fühlt sich sehr verwirrt und desorientiert, hat große Mühe, aufrecht zu stehen und fällt schließlich ins Koma. |
| 400–500 | Bei dieser Konzentration kann der Alkohol das Nervensystem derart schädigen, dass die Atmung aussetzt und der Tod eintritt. |

\* Angaben in mg Alkohol pro 100 ml Blut. Starke Trinker vertragen sehr viel mehr Alkohol und zeigen diese Wirkungen erst bei einer höheren Blutalkoholkonzentration. Man kann davon ausgehen, dass ein Mann mit einem Gewicht von 70 kg nach drei Flaschen Bier, verteilt auf zwei Stunden, einen Blutalkoholspiegel von 50 mg/100 ml aufweist.

| Wichtige Arzneimittel | | |
|---|---|---|
| **Arzneimittelgruppe** | **Merkmale/Einsatz** | **Beispiele** |
| Analgetika | schmerzlindernd | Acetylsalicylsäure, Paracetamol |
| Antazida | neutralisieren Magensäfte | Natriumbikarbonat (Natron), Aluminiumhydroxid |
| Antiarrhythmika | wirken Herzrhythmusstörungen entgegen | Digoxin, Chinidin |
| Antibiotika | hemmen Bakterienwachstum, einige wirken auch bakteriellen Infektionen entgegen | Penicillin, Ampicillin, Tetracyclin, Chloramphenicol |
| Antidepressiva | stimmungsaufhellend | Imipramin, Phenelzin |
| Antiemetika | gegen Reisekrankheit und Erbrechen | Meclozin, Prochlorperazin, Trimethobenzamid |
| Antiepileptika (Antikonvulsiva) | unterdrücken epileptische und andere Anfälle | Phenobarbital, Diazepam, ACTH |
| Antihistaminika | wirken Freisetzung größerer Histaminmengen bei allergischen oder traumatischen Reaktionen entgegen, auch gegen Erbrechen und als Sedativa | Brompheniramin, Promethazin |
| Antihypertonika | senken Bluthochdruck, normalisieren Herzleistung | Thiazide, Betablocker |
| Antikoagulantien | hemmen Gerinnungsvorgang im Blut | Heparin, Kumarine |
| Antipyretika | fiebersenkend oder -unterdrückend | Indomethacin |
| Antirheumatika | schmerzlindernd bei Gelenkrheuma | Phenylbutazon |
| Antitussiva | unterdrücken Husten | Noscapin, Codein |
| Breitbandantibiotika | antibiotisch mit breitem Wirkungsbereich, nicht wirksam gegen echte Viren | Tetrazycline, Streptomyzin |
| Chemotherapeutika | synthetisch gewonnene Antibiotika | Sulfonamide, Tuberkulostatika |
| Corticosteroide (Nebennierenrindenhormone) | entzündungshemmend, lindern allergische oder rheumatische Symptome | Hydrocortison |
| Diuretika | wirken auf die Nieren (vermehrte Urinausscheidung) | Thiazide, Coffein |
| Emetika | lösen Erbrechen aus | Salzlösung, Emetin, Apomorphin |
| Gegengifte | Behandlung von Bissen und Stichen giftiger Schlangen oder Spinnen | tierspezifisch |
| Globuline (Eiweiße des Blutplasmas) | antikörperhaltig, schutzwirksam, Anwendung bei Transfusionen, passive Schutzimpfung | Gammaglobulin, Hyperimmunglobuline |
| Hormone | körpereigene oder chemisch synthetisierte Hormone (bei Unterfunktion oder Versagen von Hormondrüsen) | anabolische Steroide, männliche u. weibliche Geschlechtshormone |
| Immunsuppressiva | unterdrücken unerwünschte Immunreaktionen (z.B. Abstoßungsreaktionen bei Transplantationen) | Azathioprin, Cyclophosphamid, Prednison |
| Impfstoffe | immunisieren gegen bestimmte Infektionskrankheiten (enthalten abgetötete oder abgeschwächte Erreger, die die Bildung von Abwehrstoffen im Körper anregen) | Masernimpfstoff |

| Arzneimittelgruppe | Merkmale/Einsatz | Beispiele |
|---|---|---|
| Kontrazeptiva | verhindern den Eisprung im weiblichen Organismus | Östrogen-Progestagen-Hormonkombinationen |
| Laxantien (Abführmittel) | lösen die Darmentleerung aus | Rizinusöl, Faulbaumrinde, Sennesblätter, Paraffinöl |
| Malaria-Suppressiva | vorbeugend oder zur Behandlung von Malaria | Chloroquin, Fansidar |
| MAO-Hemmer | stimmungsaufhellend, häufig bei psych. Störungen | Phenelzin, Isocarboxazid |
| Morphin (und andere starke Analgetika) | unterdrücken schwerste Schmerzzustände, in höheren Dosen schlaffördernd | Morphin, Codein, Methadon |
| Narkotika | schalten Bewusstsein und Schmerzempfindung aus (örtlich: Lokalanästhesie; allgemein: Narkose) | Halothan, Äther, Lachgas (Narkose), Procain (örtliche Betäubung) |
| Psychotonika | steigern psychische Aktivität, beseitigen Müdigkeit, | Amphetamin, Coffein |
| Relaxanzien | entspannen Muskeln, beseitigen Muskelkrämpfe | Atropin, Scopolamin |
| Schlafmittel | erzeugen Schlaf, in höheren Mengen narkoseartig | Barbiturate, Diazepin, Chloralhydrat |
| Schnupfenmittel | gefäßverengend, Abschwellen der Schleimhaut- | Antihistaminika, Antispamodika |
| Sedativa | dämpfen Gehirnfunktionen, besonders zentralnervöse Überregbarkeit, bewirken meist Müdigkeit | Barbiturate, Meprobamat |

## Psychopharmaka

| Arzneimittelklasse | Indikation | Medikament | Wirkungsweise | Risiken/Nebenwirkungen |
|---|---|---|---|---|
| Tranquillantien | Nervosität und starke Angst-gefühle, die die Bewältigung des Alltags be-einträchtigen | BENZODIAZEPINE: Adumbran®, Lexotanil®, Praxiten®, Tavor®, Diazepam®, Librium®, Valium® | verringern Erregung des Zentralnervensystems, fördern Entspannung und Schläfrigkeit | Abhängigkeit und ernste Entzugserscheinungen; Benommenheit, Müdigkeit und verringertes Konzentrationsvermögen; Kurzatmigkeit, kalte Hände u. Füße, Anstrengungen nur schwer auszuhalten |
| | | BETABLOCKER: Atenolol®, Dociton®, Propanolol® | blockieren Nervenenden, verhindern Freisetzung v. Neurotransmittern; Herzklopfen, Zittern u. Schweißausbrüche verringert | |
| Antidepressiva | schwere Depressionen, Stimulation des Zentralnervensystems soll Stimmung heben | MONOAMINO-OXIDASEHEMMER: Aurorix®, Jatrosom® | Monoaminooxidasehemmer u. trizyklische Antidepressiva erhöhen den Serotonin- und Noradrenalinspiegel im Gehirn und stimulieren so die Aktivität der Gehirnzellen | Können gefährlich hohen Blutdruck hervorrufen, wenn sie mit tyraminhaltigen Nahrungsmitteln eingenommen werden (Rotwein, Käse, Bier) Gewichtszunahme, verschwommene Sicht, trockener Mund, Benommenheit, Müdigkeit, Verstopfung; Überdosis kann zum Koma oder Tod führen. Übelkeit, Nervosität, Schlaflosigkeit, Kopfschmerzen |
| | | TRI-, TETRAZYKLISCHE ANTIDEPRESSIVA: Anafranil®, Aponal®, Insidon®, Laroxyl®, Noveril®, Saroten®, Sinquan® | erhöhen Serotoninspiegel und stimulieren so die Aktivität der Gehirnzellen | |
| | | ANDERE ANTIDEPRESSIVA: Fluoxetin (Fluctin®), Paroxetin (Seroxat®) | | |
| Neuroleptika | Behandlung psychotischer Patienten, die unter Wirklichkeitsverlust leiden (bes. bei Schizophrenie) | PHENOTHIAZINDERIVATE: Promethazin (Atosil®), Fluphenazin (Dapotum®, Lyogen®), Thioridazin (Melleril®) Perphenazin (Decentan®) BUTYROPHENONDERIVATE: Haloperidol® | Neuroleptika unterdrücken die Wirkung des Neurotransmitters Dopamin und hemmen so die Aktivität der Gehirnzellen | Verschwommene Sicht, trockener Mund, Harnverhalten, Benommenheit, Teilnahmslosigkeit, Mund- und Gesichtszucken |
| andere Psychopharmaka | manische Depression | LITHIUM | wirkt auf Neurotransmitter im Gehirn und verringert extreme Stimmungsschwankungen | Trockener Mund; Überdosis: Zuckungen, Erbrechen, mangelnde Sicht möglich |

# Mensch und Gesundheit

## Impfkalender für Säuglinge, Kinder und Jugendliche

| Alter | Impfung gegen | Impfstoff |
|---|---|---|
| ab 3. Monat | 1. Diphtherie, Keuchhusten (Pertussis), Tetanus, Haemophilus influenzae Typ b, Polio (Kinderlähmung) | DTP-Hib-IPV |
| | 1. Hepatitis B | HB |
| ab 4. Monat | 2. Diphtherie, Pertussis, Tetanus, Haemophilus influenzae Typ b | DTP-Hib |
| ab 5. Monat | 3. Diphtherie, Pertussis, Tetanus, Heamophilus influenzae Tyb b | DTP-Hib-IPV |
| | 2. Polio | |
| | 2. Hepatitis B | HB |
| ab 12.–15. Monat | 4. Diphtherie, Pertussis, Tetanus, Heamophilus influenzae Typ b | DTP-Hib-IPV |
| | 3. Polio | |
| | 3. Hepatitis B | HB |
| | 1. Masern, Mumps, Röteln | MMR |
| ab 6. Jahr | Tetanus, Diphtherie (Auffrischung) | Td |
| | 2. Masern, Mumps, Röteln | MMR |
| 11.–15. Jahr | Tetanus, Diphtherie, Polio (Auffrischung) | Td-IPV |
| | Röteln (alle Mädchen, auch wenn bereits gegen Röteln geimpft) | |

## Impfschutz bei Auslandsreisen

| Krankheit | Länder, in denen Impfschutz erforderlich ist | Impfschutz | |
|---|---|---|---|
| Cholera | Impfung wird von der WHO nicht länger empfohlen, aber einige Länder fordern noch einen Impfnachweis | 6 Monate | [M] |
| Gelbfieber | einige afrikanische und südamerikanische Länder | 10 Jahre | [H] |
| Hepatitis A | Länder mit geringem Hygienestandard | 1 bis 10 Jahre | [M] |
| Meningitis | Länder, für die der Arzt eine Impfung empfiehlt | 3 bis 5 Jahre | [H] |
| Polio (Kinderlähmung) | alle Länder, wenn in der Kindheit kein Impfschutz aufgebaut wurde | 10 Jahre | [H] |
| Tetanus | alle Länder, wenn kein Impfschutz besteht | 10 Jahre | [H] |
| Tollwut | Impfung wird nicht generell empfohlen | 1 bis 3 Jahre | |
| Tuberkulose | Länder, für die der Arzt eine Impfung empfiehlt | über 15 Jahre | [H] |
| Typhus | Länder mit geringem Hygienestandard | 10 Jahre | [M] |

[M] = bietet mäßigen Schutz    [H] = bietet zuverlässigen Schutz

## Medizin–Nobelpreisträger

| | | | |
|---|---|---|---|
| 1901 | E. A. von Behring (Deutschland) | 1921 | – |
| 1902 | R. Ross (Großbritannien) | 1922 | A. v. Hill (Großbritannien), O. Meyerhof |
| 1903 | N. R. Finsen (Dänemark) | | (Deutschland) |
| 1904 | J. P. Pawlow (Russland) | 1923 | F. G. Banting, J. J. R. Macleod (Kanada) |
| 1905 | R. Koch (Deutschland) | 1924 | W. Einthoven (Niederlande) |
| 1906 | C. Golgi (Italien), S. Ramón y Cajal (Spanien) | 1925 | – |
| 1907 | C. L. A. Laveran (Frankreich) | 1926 | J. Fibiger (Dänemark) |
| 1908 | J. Metschnikow (Russland), P. Ehrlich | 1927 | J. Wagner-Jauregg (Österreich) |
| | (Deutschland) | 1928 | C. Nicolle (Frankreich) |
| 1909 | T. Kocher (Schweiz) | 1929 | C. Eijkman (Norwegen), F. Hopkins (Großbritannien) |
| 1910 | A. Kossel (Deutschland) | 1930 | K. Landsteiner (Österreich) |
| 1911 | A. Gullstrand (Schweden) | 1931 | O. H. Warburg (Deutschland) |
| 1912 | A. Carrel (Frankreich) | 1932 | C. Sherrington, E. D. Adrian (Großbritannien) |
| 1913 | C. Richet (Frankreich) | 1933 | T. H. Morgan (USA) |
| 1914 | R. Barany (Österreich) | 1934 | G. Minot, W. Murphy, G. Whipple (USA) |
| 1919 | J. Bordet (Belgien) | 1935 | H. Spemann (Deutschland) |
| 1920 | A. Krogh (Deutschland) | 1936 | H. H. Dale (Großbritannien), O. Loewi (Österreich) |

| | | | |
|---|---|---|---|
| 1937 | A. Szent-Györgyi von Nagyrapolt (Ungarn) | 1970 | B. Katz (Großbritannien), J. Axelrod (USA), |
| 1938 | C. Heymans (Belgien) | | U. von Euler (Schweden) |
| 1939 | G. Domagk (Deutschland) | 1971 | E. W. Sutherland (USA) |
| 1940 | – | 1972 | G. Edelmann (USA), R. Porter (Großbritannien) |
| 1941 | – | 1973 | K. von Frisch, K. Lorenz (Österreich), |
| 1942 | – | | N. Tinbergen (Niederlande) |
| 1943 | H. Dam (Dänemark), E. A. Doisy (USA) | 1974 | A. Claude, C. de Duve (Belgien), G. Palade (USA) |
| 1944 | J. Erlanger, H. S. Glasser (USA) | 1975 | D. Baltimore, H. Temin (USA), R. Dulbecco (Italien) |
| 1945 | A. Fleming, E. Chain, H. Florey (Großbritannien) | 1976 | B. S. Blumberg, D. C. Gajdusek (USA) |
| 1946 | H. J. Muller (USA) | 1977 | R. Yalow, R. Guillemin, A. Schally (USA) |
| 1947 | C. Cori, G. Cori (USA), B. Houssay (Argentinien) | 1978 | W. Arber (Schweiz), D. Nathans, H. Smith (USA) |
| 1948 | P. H. Müller (Schweiz) | 1979 | A. Cormack (USA), G. Hounsfield (Großbritannien) |
| 1949 | W. R. Heß (Schweiz), A. C. Moniz (Portugal) | 1980 | B. Benacerraf, G. Snell (USA), J. Dausset (Frankreich) |
| 1950 | E. Kendall, P. Hench (USA), T. Reichstein (Schweiz) | 1981 | R. W. Sperry, H. Hubel, T. N. Wiesel (USA) |
| 1951 | M. Theiler (USA) | 1982 | S. Bergström (Schweden), B. Samuelson, |
| 1952 | S. A. Waksman (USA) | | J. Vane (USA) |
| 1953 | F. A. Lipman (USA), H. A. Krebs (Großbritannien) | 1983 | B. McClintock (USA) |
| 1954 | J. Enders, F. Robbins, T. Weller (USA) | 1984 | N. K. Jerne (Großbritannien), J. F. Köhler |
| 1955 | H. Theorell (Schweden) | | (Deutschland), C. Milstein (Argentinien) |
| 1956 | D. Richards, A. Cournand (USA), W. Forßmann | 1985 | M. S. Brown, J. L. Goldstein (USA) |
| | (Deutschland) | 1986 | R. Levi-Montalcini (Italien), S. Cohen (USA) |
| 1957 | D. Bovet (Italien) | 1987 | S. Tonegawa (Japan) |
| 1958 | G. W. Beadle, E. L. Tatum, J. Lederberg (USA) | 1988 | J. Black (Großbrit.), G. Elion, G. Hitchings (USA) |
| 1959 | S. Ochoa, A. Kornberg (USA) | 1989 | M. J. Bishop, H. E. Varmus (USA) |
| 1960 | F. Burnet (Australien), P. Medawar (Großbritannien) | 1990 | J. W. Murray, E. D. Thomas (USA) |
| 1961 | G. von Békésy (USA) | 1991 | E. Neher, B. Sakmann (Deutschland) |
| 1962 | F. H. C. Crick, M. H. F. Wilkins (Großbritannien), | 1992 | E. H. Fischer, E. G. Krebs (USA) |
| | J. D. Watson (USA) | 1993 | J. Roberts (Großbritannien), P. A. Sharp (USA) |
| 1963 | A. L. Hodgkin, A. F. Huxley (Großbritannien), | 1994 | A. G. Gilman, M. R. Rodbell (USA) |
| | J. C. Eccles (Australien) | 1995 | C. Nüsslein-Volhard (Deutschland), E. B. Lewis, |
| 1964 | F. Lynen (Deutschland), K. Bloch (USA) | | E. F. Wieschaus (USA) |
| 1965 | F. Jacob, A. Lwoff, F. Monod (Frankreich) | 1996 | P. Doherty (Australien), R. Zinkernagel (Schweiz) |
| 1966 | F. P. Rous, C. B. Huggins (USA) | 1997 | S. B. Prusiner (USA) |
| 1967 | R. Granit (Schweden), G. Wald (USA), H. Hartline | 1998 | R. F. Furchgott, L. J. Ignarro, F. Murad (USA) |
| | (USA) | 1999 | G. Blobel (USA) |
| 1968 | M. Nirenberg, H. G. Khorana, R. Hulley (USA) | 2000 | A. Carlsson (Schweden), P. Greengard (USA), |
| 1969 | M. Delbrück, S. Luria, A. Hershey (USA) | | E. Kandel (USA) |

# Tiere

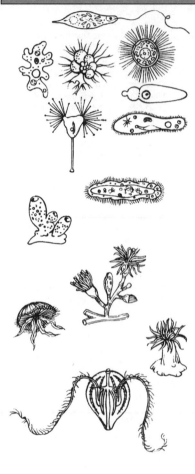

UNTERBEREICH PROTOZOA – URTIERE (20 000 ARTEN)

Abteilung Cytomorpha

Stamm Flagellata oder Mastigophora – Geißeltierchen oder Geißelträger

Stamm Rhizopoda – Wurzelfüßer (Amöben, Foraminiferen, Heliozoen, Radiolarien)

Stamm Sporozoa – Sporentierchen

Abteilung Cytoidea

Stamm Ciliata – Wimpertierchen (Euciliaten, Suctorien)

UNTERREICH METAZOA – VIELZELLER ODER ZELLVERBANDSTIERE (1,05 MIO. ARTEN)

Abteilung Mesozoa (50 Arten)

Stamm Mesozoa

Abteilung Parazoa (5000 Arten)

Stamm Porifera oder Spongia – Schwämme

Abteilung Histozoa oder Eumetazoa – Gewebetiere oder Echte Vielzeller (1,044 Mio. Arten)

Unterabteilung Coelenterata oder Radiata – Hohltiere

Stamm Cnidaria – Nesseltiere (8900 Arten)

    Klasse Hydrozoa (2700 Arten, davon 700 mit frei lebenden Quallen)
    Klasse Scyphozoa – Schirm- oder Scheibenquallen (200 Arten)
    Klasse Anthozoa – Blumen- oder Korallentiere, Blumenpolypen (80 Arten)

Stamm Acnidaria – Hohltiere ohne Nesselzellen (80 Arten)

    Klasse Ctenophora – Rippen-, Kammquallen

Unterabteilung Bilateralia – Zweiseitig-symmetrische Tiere (1,035 Mio. Arten)

STAMMREIHE PROTOSTOMIA ODER GASTRONEURALIA – URMUND- ODER BAUCHMARKTIERE (984 000 ARTEN)

Stamm Plathelminthes – Plattwürmer (12 500 Arten)

    Klasse Turbellaria – Strudelwürmer (3000 Arten)
    Klasse Trematoda – Saugwürmer (600 Arten)
    Klasse Cestoda – Bandwürmer (3400 Arten)

Stamm Kamptozoa, Entoprocta – Kelchwürmer (60 Arten)

Stamm Nemertini – Schnurwürmer (800 Arten)

Stamm Nemathelminthes oder Aschelminthes – Schlauchwürmer (12 500 Arten)

    Klasse Nematodes – Rund- oder Fadenwürmer (10 000 Arten)
    Klasse Rotatoria – Rädertiere (1500 Arten)

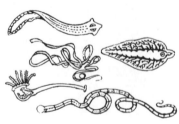

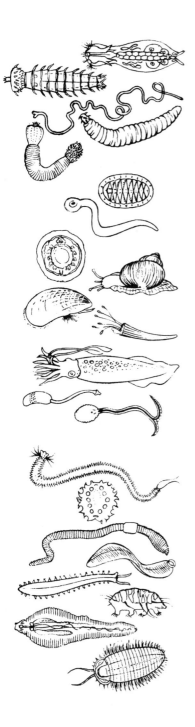

Klasse Gastrotricha – Bauchhaarlinge oder
Flaschentierchen (150 Arten)
Klasse Kinorhyncha (100 Arten)
Klasse Nematomorpha oder Gordiacea –
Saitenwürmer (230 Arten)
Klasse Acanthocephala – Kratzer
(500 Arten)

Stamm Priapulida – Priapswürmer (4 Arten)

Stamm Mollusca – Weichtiere (128000 Arten)

Unterstamm Amphineura – Urmollusken (1150 Arten)

Klasse Polyplacophora, Placophora oder
Loricata – Käferschnecken (1000 Arten)
Klasse Solenogastres oder Aplacophora –
Wurmmollusken (150 Arten)

Unterstamm Conchifera (126000 Arten)

Klasse Monoplacophora (2 Arten)
Klasse Gastropoda – Schnecken oder
Bauchfüßer (105000 Arten)
Klasse Bivalvia oder Lamellibranchiata –
Muscheln (20000 Arten)
Klasse Scaphopoda oder Solenoconcha –
Kahnfüßer, Grabfüßer, Zahnschnecken
oder Röhrenschaler (350 Arten)
Klasse Cephalopoda – Kopffüßer oder
Tintenfische (730 Arten)

Stamm Sipunculida – Spritzwürmer (250 Arten)

Stamm Echiurida – Igelwürmer (150 Arten)

**Stammgruppe Articulata – Gliedertiere**

Stamm Annelida – Ringel- oder Gliederwürmer
(8700 Arten)

Klasse Polychaeta – Vielborster (4770 Arten)
Klasse Myzostomida – Saugmünder
(30 Arten)
Klasse Oligochaeta – Wenigborster
(3500 Arten)
Klasse Hirudinea – Egel oder Blutegel
(400 Arten)

Stamm Onychophora – Stummelfüßer (70 Arten)

Stamm Tardigrada – Bärtierchen (200 Arten)

Stamm Linguatulida oder Pentastomida – Zungen-
würmer (60 Arten)

Stamm Arthropoda – Gliederfüßer (816000 Arten)

Unterstamm Trilobitomorpha – Dreilapper oder Trilobiten†

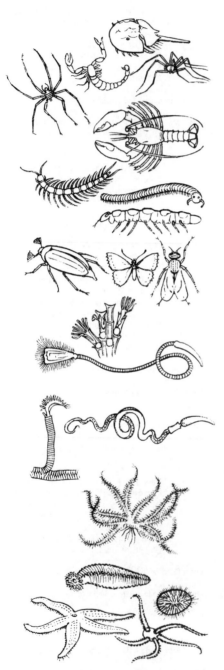

Unterstamm Chelicerata – Fühlerlose oder Spinnentiere

    Klasse Merostomata – Merostomen (5 Arten)
    Klasse Arachnida – Spinnentiere
    (36000 Arten)
    Klasse Pantopoda – Asselspinnen (500 Arten)

Unterstamm Branchiata oder Diantennata – Tiere mit
zwei Antennenpaaren

    Klasse Crustacea – Krebstiere (20000 Arten)

Unterstamm Tracheata – Tracheentiere

    Klasse Chilopoda – Hundertfüßer
    (2800 Arten)
    Klasse Diplopoda – Tausendfüßer oder
    Doppelfüßer (250 Arten)
    Klasse Pauropoda – Wenigfüßer (500 Arten)
    Klasse Symphyla – Zwergfüßer (130 Arten)
    Klasse Insecta – Insekten oder Kerbtiere
    (800000 Arten)

Stamm Tentaculata oder Lophophorata – Kranz- oder
Armfühler (280 Arten)

    Klasse Phoronidea – Hufeisenwürmer
    (18 Arten)
    Klasse Bryozoa, Ectoprocta oder Polyzoa –
    Moostierchen (25000 Arten)
    Klasse Brachiopoda – Armfüßer (280 Arten)

## STAMMREIHE DEUTEROSTOMIA ODER NOTONEURALIA – NEUMUND- ODER RÜCKENMARKTIERE

Stamm Branchiotremata oder Hemichordata

    Klasse Enteropneusta – Eichelwürmer
    (60 Arten)
    Klasse Pterobranchia (20 Arten)
    Klasse Planctosphaeroidea (20 Arten)

Stamm Echinodermata – Stachelhäuter (6000 Arten)

Unterstamm Pelmatozoa – Gestielte Stachelhäuter

    Klasse Crinoidea – Seelilien und Haarsterne
    (620 Arten)

Unterstamm Eleutherozoa oder Echinozoa – Frei lebende
Stachelhäuter

    Klasse Holothuroidea – Seewalzen oder
    Seegurken (1100 Arten)
    Klasse Echinoidea – Seeigel (860 Arten)
    Klasse Ophiuroidea – Schlangensterne
    (1900 Arten)

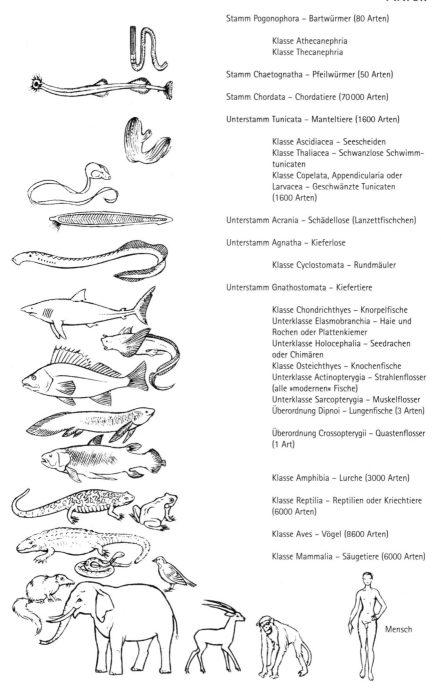

Stamm Pogonophora – Bartwürmer (80 Arten)

    Klasse Athecanephria
    Klasse Thecanephria

Stamm Chaetognatha – Pfeilwürmer (50 Arten)

Stamm Chordata – Chordatiere (70000 Arten)

Unterstamm Tunicata – Manteltiere (1600 Arten)

    Klasse Ascidiacea – Seescheiden
    Klasse Thaliacea – Schwanzlose Schwimm-
    tunicaten
    Klasse Copelata, Appendicularia oder
    Larvacea – Geschwänzte Tunicaten
    (1600 Arten)

Unterstamm Acrania – Schädellose (Lanzettfischchen)

Unterstamm Agnatha – Kieferlose

    Klasse Cyclostomata – Rundmäuler

Unterstamm Gnathostomata – Kiefertiere

    Klasse Chondrichthyes – Knorpelfische
    Unterklasse Elasmobranchia – Haie und
    Rochen oder Plattenkiemer
    Unterklasse Holocephalia – Seedrachen
    oder Chimären
    Klasse Osteichthyes – Knochenfische
    Unterklasse Actinopterygia – Strahlenflosser
    (alle »modernen« Fische)
    Unterklasse Sarcopterygia – Muskelflosser
    Überordnung Dipnoi – Lungenfische (3 Arten)

    Überordnung Crossopterygii – Quastenflosser
    (1 Art)

    Klasse Amphibia – Lurche (3000 Arten)

    Klasse Reptilia – Reptilien oder Kriechtiere
    (6000 Arten)

    Klasse Aves – Vögel (8600 Arten)

    Klasse Mammalia – Säugetiere (6000 Arten)

Mensch

**203**

# Tiere

| Wirbellose | | | |
|---|---|---|---|
| **Klasse/Name** | **Länge\*** | **Merkmale** | **Verbreitung** |
| **Weichtiere: Stamm Mollusca** | | | |
| Schnecken/Gastropoda | | (ca. 50 000 Arten) | |
| Meerohren (Abalonen) *Haliotis* (mehrere Arten) | < 30 cm | weiden Algen ab; Bewohner der Brandungs-zone; werden als Nahrungsmittel und wegen ihrer Perlmuttgehäuse gesammelt | warme Meere weltweit |
| Gemeine Napfschnecke *Patella vulgata* | < 5,5 cm | weidet Algen in der Brandungszone ab; bei Ebbe presst sie ihr kegelförmiges Gehäuse fest gegen die Felsen | weltweit |
| Flügelschnecken *Strombus* (mehrere Arten) | < 33 cm | weiden Algen ab; Mündungsrand der Gehäuse ist flügelartig verbreitert | tropische Meere |
| Kegelschnecken *Conus* (ca. 600 Arten) | < 23 cm | ernähren sich von Fischen und Weichtieren, die sie mit Hilfe von Giftpfeilen töten; einige Arten werden dem Menschen gefährlich; die Gehäuse sind bei Sammlern begehrt | warme Meere weltweit |
| Porzellanschnecken (ca. 150 Arten; verschied. Gattungen) | < 10 cm | ernähren sich von Korallen, Schwämmen, Algen; porzellanartige Gehäuse der Kauri-schnecken dienten früher als Zahlungsmittel | warme Meere weltweit |
| Große Egelschnecke *Limax maximus* | < 20 cm (K) | ernährt sich von Pilzen und verrottendem Material; häufig in Gärten; bei der Paarung hängen die Partner an einem Schleimfaden | Europa |
| Posthornschnecke *Planorbarius corneus* | < 3 cm | Pflanzenfresser, ernährt sich oft von Algen; das Gehäuse bildet eine flache Spirale; ihr Blut enthält roten Blutfarbstoff | Europa; stehende und langsam fließende Süß-gewässer |
| Weinbergschnecke *Helix pomatia* | < 5 cm | als Pflanzenfresser oft schädlich, in manchen Gegenden als Delikatesse geschätzt | Ost- und Südeuropa; auf Kalkböden |
| Seeschmetterlinge (ca. 100 Arten; mehrere Gattungen) | < 5 cm | ernähren sich von den Kleinstlebewesen des Planktons; schwimmen mit Hilfe flügelartiger Ausbildungen ihrer Fußlappen | Ozeane weltweit; häufig in warmen Gewässern |
| Pantoffelschnecke *Crepidula fornicata* | < 6 cm | strudelt Nahrungspartikel aus dem Wasser; ein gefürchteter Schädling in Austernkulturen, wo sie als Nahrungskonkurrent auftritt; Tiere setzen sich zu Turmketten aufeinander | ursprünglich Nordamerika, nun oft an europäischen Küsten |
| Wellhornschnecke *Buccinum undatum* | < 12 cm | ernährt sich von Aas; wird in großer Zahl für die menschliche Ernährung gesammelt | Nordatlantik und benach-barte Meere |
| **Muscheln/Lamellibranchia** | | (ca. 8000 Arten) | |
| Gewöhnliche Herzmuschel *Cardium edule* | < 5 cm | gräbt sich in der Gezeitenzone in den Sand ein; wichtige Nahrung für Fische und Wattvögel | europäische Küsten |
| Gemeine Miesmuschel *Mytilus edulis* | < 11 cm | setzt sich mit Haftfäden an Felsen fest; wird vor allem in Südeuropa in großem Umfang für die menschliche Ernährung gezüchtet | Küsten Europas und des östlichen Nordamerikas |
| Große Kammmuschel *Pecten maximus* | < 15 cm | Schalen stark gerippt mit flacherer oberer Hälfte und gewölbterer unterer Hälfte; lebt frei beweglich am Meeresboden; schwimmt durch Öffnen und Schließen ihrer Schalen | europäische Küsten; ge-wöhnlich unterhalb des Niedrigwasserstandes |
| Europäische Auster *Ostrea edulis* | < 15 cm | mit der unteren, stärker gewölbten Schale auf Gestein fest zementiert, auf der die obere Schale wie ein flacher Deckel liegt; in großer Zahl für den menschlichen Verzehr gezüchtet | Küsten Europas u. Afrikas |
| Gemeine Bohrmuschel *Pholas dactylus* | < 12 cm | bohrt sich in weiches Gestein; ernährt sich durch Strudeln, indem sie ihre langen Siphone aus der Wohnröhre streckt | Küsten Europas und des östlichen Nordamerikas |
| Taschenmessermuschel *Ensis siliqua* | < 20 cm | schmale, lange Schale, geformt wie ein Ra-siermesser, die an beiden Enden offen ist; gräbt sich in Sand ein | europäische Küsten |

| Klasse/Name | Länge* | Merkmale | Verbreitung |
|---|---|---|---|
| **Kopffüßer/Cephalopoda** | | **(ca. 750 Arten)** | |
| Blaugeringelter Oktopus *Hapalochlaena maculosa* | 10 cm | gefährlichste Art trotz ihrer geringen Größe; der einzige Oktopus, dessen Gift sogar Menschen töten kann | Australiens Küsten |
| Gemeiner Tintenfisch *Sepia officinalis* | < 30 cm | frisst Krebstiere, die er mit seinen Tentakeln fängt; lebt am Meeresboden; der flache, ovale Körper kann die Farbe wechseln; die Schale, Schulp genannt, liegt innen | Küstengewässer des Atlantik und benachbarter Meere |
| Gemeiner Krake *Octopus vulgaris* | < 3 m | frisst kleine Fische und Krebstiere, die er mit einem Giftbiss tötet; für Menschen nicht gefährlich | Küstengewässer des Atlantik und des Mittelmeers |
| Gemeiner Kalmar *Loligo vulgaris* | < 50 cm | frisst hauptsächlich Fische, seltener Krebstiere und kleine Kalmare; der torpedoförmige Körper weist hinten zwei Dreiecksflossen auf | Küstengewässer des Atlantik und des Mittelmeers |
| Riesenkalmar *Architeuthis princeps* | < 15 m | der größte Wirbellose, auch wenn die Fangarme mehr als die Hälfte der Länge ausmachen; Hauptnahrung des Pottwals | Ozeane weltweit |

| Klasse/Name | Länge* | Merkmale | Verbreitung |
|---|---|---|---|
| **Krebstiere: Stamm Gliederfüßer (Arthropoda)** | | | |
| **Krebstiere/Crustacea** | | **(ca. 30000 Arten)** | |
| Gemeine Seepocke *Semibalanus balanoides* | < 1,5 cm | lebt festgeheftet an Felsen in der Brandungszone; bei Flut öffnen sich die Kalkplatten, und die Füße filtern Nahrung aus dem Wasser | weltweit |
| Nordseegarnele *Crangon crangon* | < 7 cm | frisst Kleintiere und Aas; lebt im Wattenmeer auf Sandboden und ist unser wirtschaftlich am stärksten genutzte Krebs | Küsten Europas und des östlichen Nordamerikas |
| Taschenkrebs *Cancer pagurus* | < 20 cm | Aasfresser; lebt an Felsküsten bis 50 m Tiefe; wird intensiv wirtschaftlich genutzt | östlicher Nordatlantik und benachbarte Meere |
| Winkerkrabben *Uca* (viele Arten) | < 3 cm | Aasfresser; das Männchen hat eine riesige farbige Schere, mit der es Winkbewegungen zur Anlockung des Weibchens ausführt | tropische Meeresküsten, Mangrovesümpfe |
| Einsiedlerkrebse (viele Arten und Gattungen) | < 15 cm | Aasfresser; längliche Krebse mit weichem Hinterleib, die leere Schneckenhäuser als tragbare Behausung nutzen | weltweit; überwiegend in Küstengewässern |
| Krill *Euphausia superba* | < 5 cm | garnelenartige Tiere des Planktons; sie bilden die Hauptnahrung der Bartenwale und vieler anderer Tiere der südlichen Meere | überwiegend in südlichen Meeren |
| Europäischer Hummer *Homarus gammarus* | < 70 cm | Aasfresser von blauschwarzer Farbe; lebt an Felsenküsten bis in etwa 30m Tiefe; an vielen Stellen heute selten geworden | europäische Küsten |
| Europäischer Flusskrebs *Astacus astacus* | < 15 cm | lebt in flachen, sauberen Flüssen und ernährt sich von Tieren und Pflanzen; als Speisekrebs geschätzt, doch vielerorts ausgerottet | Europa |
| Norwegischer Hummer *Nephrops norvegicus* | < 25 cm | ein Aasfresser mit schlanken Scheren, der auf weichen, sandigen Böden in Tiefen bis über 200 m lebt | europäische Meere |
| Palmendieb *Birgus latro* | < 45 cm | mit dem Einsiedlerkrebs verwandt; ein Allesfresser, der auf dem Land lebt und auf Palmen klettert, um Kokosnüsse abzuschneiden | Inseln und Küsten des Ind. und Pazif. Ozeans |
| Europäische Languste *Palinurus vulgaris* | < 45 cm | hat stachelige Körperfortsätze und mehr als körperlange Antennen, keine großen Greifscheren; gilt als wertvoller Speisekrebs | Felsenküsten des Mittelmeers und Atlantiks |
| Wasserflöhe *Daphnia* (viele Arten) | < 0,5 cm | kommen zahlreich in schlammigen Tümpeln und anderen Süßgewässern vor; Hauptnahrung kleiner Fische und vielfach lebend oder getrocknet zur Fütterung von Aquarienfischen verwendet | weltweit in Süßgewässern |

⇒ S. 206

**205**

# Tiere

| Klasse/Name | Länge* | Merkmale | Verbreitung |
|---|---|---|---|
| **Spinnentiere: Stamm Gliederfüßer (Arthropoda)** | | | |
| Arachnida | | (ca. 40 000 Arten) | |
| Vogelspinnen (ca. 800 Arten in mehreren Gattungen) | < 10 cm (K) | behaarte Spinnen von kräftigem Körperbau, nachtaktive Jäger; erbeuten auch nistende Vögel; Gift ist für Menschen ungefährlich, aber die Haare rufen eine starke Reizung der Atemwege hervor | wärmere Gegenden Amerikas und südliches Afrika |
| Schwarze Witwe *Latrodectus mactans* | < 1,6 cm (K) | schwarz mit roten Flecken auf dem Hinterleib; eine gefährliche Spinne, die vielen Menschen den Tod gebracht hat, inzwischen steht ein Gegengift zur Verfügung; nach der Paarung frisst das Weibchen oft das Männchen | in den meisten wärmeren Gegenden, einschließlich Südeuropa |
| Bola-Spinnen (mehrere Arten und Gattungen) | < 1,5 cm (K) | fangen Schmetterlinge, indem sie einen Klebtropfen an einem Faden pendeln lassen | Nord- und Südamerika, Afrika und Australasien |
| Krabbenspinnen (ca. 3000 Arten; diverse Gattungen) | < 2 cm (K) | krabbenähnliche Spinnen, die – oft in Blüten – auf der Lauer liegen und Beutetiere blitzschnell mit den langen Vorderbeinen greifen | weltweit |
| Trichterspinnen *Atrax* (3 Arten) | < 5 cm (K) | gehören zu den gefährlichsten Spinnen, obwohl inzwischen ein Gegengift zur Verfügung steht; sie spinnen ein Trichternetz in Höhlungen im Boden oder zwischen Felsen | Australien |
| Kreuzspinne *Araneus diadematus* | < 1,2 cm (K) | charakteristisch ist die weiße Kreuzzeichnung auf dem Hinterleib; baut Radnetze bis zu 50 cm im Durchmesser | nördliche Hemisphäre |
| Käscher-Spinnen *Dinopis* (mehrere Arten) | < 2,5 cm (K) | schlanke Spinnen mit riesigen Augen; sie spinnen ein Netz, das sie über anfliegende Beutetiere werfen | in warmen Regionen und kühleren Gebieten Nordamerikas und Australiens |
| Hauswinkelspinnen *Tegenaria* (ca. 90 Arten) | < 2 cm (K) | langbeinige, schnell laufende, harmlose Spinnen; sie bauen Trichternetze in ruhigen Ecken von Häusern und Scheunen | vorwiegend nördliche Hemisphäre |
| Springspinnen (ca. 4000 Arten; viele Gattungen) | < 1,5 cm (K) | tagaktive Spinnen mit großen Augen, die ihre Beute im Sprung überwältigen; häufig prächtig gefärbt | weltweit |
| Listspinne *Dolomedes fimbriatus* | < 0,6 cm (K) | räuberische Spinnen, die an Bach-, Seenund Flussufern auf Beute (Insekten und kleine Fische) lauern | weltweit |
| Radnetzspinnen (ca. 2500 Arten; viele Gattungen) | < 3 cm (K) | Hersteller der bekannten radförmigen Netze; die meisten sind unscheinbar braun, manche aber auch farbenprächtig | weltweit |
| Speispinne *Scytodes thoracica* | 0,6 cm (K) | fängt kleine Insekten, indem sie ein Klebsekret aus den Klauen auf ihre Beute schleudert | weltweit; normalerweise nur in Gebäuden |
| Tarantel *Lycosa narbonensis* | < 3 cm (K) | eine Wolfsspinne, deren Biss – wie man früher glaubte – nur durch einen wilden Tanz, die Tarantella, geheilt werden könnte, der Biss ist schmerzhaft, aber nicht gefährlich | Südeuropa |
| Falltürspinnen (ca. 700 Arten; mehrere Gattungen) | < 3 cm (K) | leben in selbst gegrabenen Erdröhren, die sie mit einem aufklappbaren Deckel aus Seide und Erde verschließen; sie lauern unter dem Deckel und ergreifen vorbeilaufende Beutetiere | in den meisten warmen Gebieten, einschließlich Südeuropa |
| Wasserspinne *Argyroneta aquatica* | < 1,5 cm (K) | die einzige echte Wasserspinne, die in einer luftgefüllten Taucherglocke lebt, die sie an Wasserpflanzen befestigt; sie schießt heraus, wenn Beutetiere vorbeischwimmen | Eurasien; in Teichen und langsam fließenden Gewässern |
| Wolfsspinnen (ca. 2500 Arten; viele Gattungen) | < 3 cm (K) | Jagdspinnen mit großen Augen, meistens am Boden lebend; erbeuten ihre Beute im Sprung; die meisten sind harmlos, doch die größeren können gefährlich beißen | weltweit, aber am häufigsten in den kühleren Gebieten der nördlichen Hemisphäre |

| Klasse/Name | Länge* | Merkmale | Verbreitung |
|---|---|---|---|
| Zebra-Springspinne *Salticus scenicus* | < 0,6 cm (K) | schwarzweiß gestreifte Springspinne, oft auf Felsen und Mauern jagend, besonders wenn sie mit Flechten bedeckt sind | nördliche Hemisphäre; oft in der Nähe von Häusern |
| Raubspinne *Pisaura mirabilis* | < 1,3 cm (K) | interessant ist das Paarungsverhalten: Um während der Paarung nicht gefressen zu werden, gibt das Männchen dem Weibchen eine in Spinnfäden eingehüllte Fliege | Europa und nördliches Asien |

## Insekten: Stamm Gliederfüßer (Arthropoda)

| Ordnung/Name | Größe** | Merkmale | Verbreitung |
|---|---|---|---|
| **Borstenschwänze/Thysanura** | | **(ca. 600 Arten)** | |
| Silberfischchen *Lepisma saccharina* | 10 mm | flügelloses Insekt; in Häusern anzutreffen, wo es sich von stärkehaltigen Stoffen ernährt | weltweit |
| **Eintagsfliegen/Ephemeroptera** | | **(ca. 2500 Arten)** | |
| Eintagsfliege *Ephemera danica* | 25 mm | zarte Insekten mit meist drei langen Körperanhängen; entwickeln sich im Wasser | Europa |
| **Libellen/Odonata** | | **(ca. 5000 Arten)** | |
| Libellen (viele Arten) | 20–130 mm | längliche Insekten mit hauchdünnen Flügeln von bis zu 150 mm Spannweite; fangen im Flug Insekten; Entwicklung im Wasser | weltweit |
| **Heuschrecken/Saltatoria** | | **(ca. 17000 Arten)** | |
| Laubheuschrecken (Tausende von Arten) | < 150 mm | Allesfresser; charakteristisch sind die langen Fühler | weltweit |
| Wüstenwanderheuschrecke *Schistocerca gregaria* | 85 mm | Pflanzenfresser; Schwärme zerstören in regelmäßigen Abständen in Afrika die Ernte | Afrika und Südasien |
| Heimchen *Acheta domestica* | < 20 mm | wärmeliebend; als Kulturfolger in Häusern | weltweit |
| Wanderheuschrecke *Locusta migratoria* | < 50 mm | Pflanzenfresser; bildet in Afrika die gefürchteten Schwärme, in Europa einzeln lebend | Afrika und Südeuropa |
| **Gespenstheuschrecken/Phasmida** | | **(ca. 2500 Arten, die meisten in den Tropen)** | |
| Stabheuschrecken (über 2400 Arten) | < 350 mm | Pflanzenfresser; zweigförmige grüne oder braune Insekten | Afrika, Südeuropa |
| Wandelnde Blätter (ca. 50 Arten) | < 90 mm | sehr flache, blattähnliche, grüne oder braune Pflanzenfresser | warme Gebiete |
| **Ohrwürmer/Dermaptera** | | **(ca. 1300 Arten)** | |
| Ohrwürmer (viele Arten) | < 30 mm | schlanke, braune Insekten mit kräftigen Hinterleibszangen; ernähren sich von kleinen Insekten und organischen Resten | weltweit |
| **Schaben/Blattariae** | | **(ca. 3500 Arten)** | |
| Amerikanische Schabe *Periplaneta americana* | 40 mm | Allesfresser; wärmeliebend, daher in Mitteleuropa nur in Gebäuden; kastanienbraun | ursprünglich Afrika, jetzt weltweit |
| **Fangschrecken/Mantodea** | | **(ca. 2000 Arten)** | |
| Gottesanbeterin *Mantis religiosa* | < 75 mm | erbeuten mit langen Fangarmen Insekten | weltweit |
| **Termiten/Isoptera** | | **(über 2000 Arten)** | |
| Termiten (viele Arten) | < 22 mm | klein und ameisenähnlich, mit oder ohne Flügel; bilden Kolonien in Erdhügeln, totem Holz oder im Erdboden; viele sind Holzschädlinge | hauptsächlich in den Tropen |

⇒ S. 208

# Tiere

| Ordnung/Name | Größe** | Merkmale | Verbreitung |
|---|---|---|---|
| **Schnabelkerfe/Hemiptera** | | (ca. 70 000 Arten) | |
| Blattläuse (zahlreiche Arten) | < 5 mm | Pflanzensauger, mit oder ohne Flügel; viele sind gefährliche Pflanzenschädlinge | weltweit |
| Gemeine Bettwanze *Cimex lectularius* | 5 mm | Blutsauger; überfällt nachts oft Menschen in ihren Betten | weltweit |
| Zikaden (zahlreiche Arten) | < 40 mm (F) | Pflanzensauger; die Männchen erzeugen einen lauten Gesang | weltweit |
| Wiesenschaumzikade *Philaenus spumarius* | 6 mm | Pflanzensauger; Larven in Schaumnestern an Pflanzenstängeln | Nordhalbkugel |
| Wasserläufer *Gerris lacustris* | 10 mm | gleitet über die Oberfläche stiller Gewässer und fängt Insekten | Nordhalbkugel |
| **Fransenflügler/Thysanoptera** | | (über 3000 Arten) | |
| Thripse (viele Arten) | 2,5 mm | winzige Pflanzensauger, nahezu allgegenwärtig, die in Massen beträchtliche Schäden anrichten können | weltweit |
| **Netzflügler/Neuroptera** | | (über 6000 Arten) | |
| Gemeine Ameisenjungfer *Myrmeleon formicarius* | 90 mm (F) | Larven (»Ameisenlöwen«) bohren kleine Trichter in sandigen Boden und lauern auf jineinfallende Ameisen und andere Insekten | Eurasien |
| Florfliegen (mehrere Gattungen, zahlreiche Arten) | < 50 mm | ernähren sich fast ausschließlich von Blattläusen; charakteristisch sind die hauchzarten grünen Flügel | weltweit |
| **Schnabelhafte/Mecoptera** | | (ca. 400 Arten) | |
| Skorpionsfliege *Panorpa communis* | 20 mm | Aas fressende Insekten; der Hinterleib der Männchen ragt zangenartig nach oben wie ein Skorpionsschwanz; völlig harmlos | weltweit |
| **Schmetterlinge/Lepidoptera** | | (ca. 150 000 Arten) | |
| Vogelfalter (mehrere Gattungen und Arten) | < 300 mm (F) | sie bewohnen tropische Regenwälder und umfassen die größten Schmetterlinge der Welt; begehrte Sammlerobjekte; selten | Südostasien und Nordaustralien |
| Großer Kohlweißling *Pieris brassicae* | < 70 mm (F) | die Raupen sind gefürchtete Schädlinge an verschiedenen Kohlarten | Eurasien, Nordafrika |
| Perlmutterfalter (mehrere Gattungen und Arten) | < 80 mm (F) | meistens orange mit schwarzen Flecken auf der Oberseite und silbrigen Flecken auf der Unterseite; bewohnen Wälder und offene Flächen in nahezu ganz Europa | hauptsächlich nördliche Hemisphäre |
| Monarchfalter *Danaus plexippus* | < 100 mm (F) | orange mit schwarzer Zeichnung; unternimmt weite Wanderungen; überwintert in Schwärmen in Mexiko und den südl. USA | pazifischer Raum und Nordamerika |
| Dickkopffalter (viele Gattungen und Arten) | < 80 mm (F) | meistens kleine braune oder orangefarbene Schmetterlinge mit pfeilschnellem Flug | weltweit |
| Schwalbenschwänze (viele Gattungen und Arten) | < 120 mm (F) | groß, gewöhnlich farbenprächtig und mit schwanzartiger Verlängerung der Hinterflügel; selten geworden | weltweit, aber hauptsächlich Tropen |
| Blutströpfchen *Zygaena* (viele Arten) | < 40 mm (F) | Tagtiere, geschützt durch eine bitter schmeckende Körperflüssigkeit in Verbindung mit auffälliger schwarzroter Warnfärbung | Eurasien und Nordafrika |
| Kleidermotten (zahlreiche Arten) | < 15 mm (F) | kleine, unscheinbare Schmetterlinge, deren Raupen sich in Wollsachen und Stoffe hineinfressen; leben hauptsächlich in Wohnungen | weltweit |
| Totenkopfschwärmer *Acherontia atropos* | < 135 mm (F) | kräftiger Schmetterling mit totenkopfähnl. Zeichnung auf dem Rückenschild; die Raupen leben an Nachtschattengewächsen | Afrika und Eurasien |

| Ordnung/Name | Größe** | Merkmale | Verbreitung |
|---|---|---|---|
| Pinienprozessionsspinner *Thaumetopoea pityocampa* | < 40 mm (F) | Raupen leben in Gespinstnestern auf Pinien und wandern nachts in langer Prozession zum Fressen; gefährlicher Forstschädling | Südeuropa |
| Maulbeerspinner *Bombyx mori* | < 60 mm (F) | wird zur Gewinnung der Seide, aus denen seine Kokons bestehen, gezüchtet; Raupen fressen Maulbeerblätter | ursprünglich China |
| Bärenspinner (viele Gattungen und Arten) | < 100 mm (F) | meistens leuchtend gefärbt und behaart; dank scheußlich schmeckender Körperflüssigkeit ungenießbar | weltweit |
| **Zweiflügler/Diptera** | | **(ca. 90 000 Arten, einige ohne Flügel)** | |
| Wiesenschnaken (viele Gattungen und Arten) | < 35 mm (F) | schlanke Fliegen mit langen Beinen, die oft mit ausgebreiteten Flügeln rasten | weltweit |
| Stubenfliege *Musca domestica* | 7 mm | in menschlichen Behausungen; legt ihre Eier auf Misthaufen und anderes verfaulendes Material; kann Krankheitskeime übertragen | weltweit |
| Schwebfliegen (viele Gattungen und Arten) | < 40 mm | viele haben die Fähigkeit zu schweben; viele imitieren die gelbe und schwarze Warntracht der Bienen und Wespen | weltweit |
| Stechmücken (viele Gattungen und Arten) | < 15 mm | weibliche Tiere sind Blutsauger; manche Arten übertragen Krankheiten (z. B. Malaria) | weltweit |
| Tsetsefliegen *Glossina* (ca. 20 Arten) | 10 mm | Blutsauger; sie übertragen die Schlafkrankheit auf den Menschen sowie verschiedene Viehkrankheiten | tropisches Afrika |
| **Flöhe/Siphonaptera** | | **(ca. 1800 Arten)** | |
| Flöhe (zahlreiche Arten) | 3 mm | flügellose, Blut saugende Parasiten; können Sprünge von einem Vielfachen ihrer Körpergröße vollführen | weltweit |
| **Hautflügler/Hymenoptera** | | **(über 120 000 Arten)** | |
| Treiberameisen (mehrere Gattungen und Arten) | < 40 mm | leben in mobilen Kolonien mit oftmals über einer Million Ameisen; sie töten jedes Tier, das ihnen nicht rechtzeitig aus dem Weg geht | Tropen |
| Hummeln *Bombus* (viele Arten) | < 35 mm | kräftige, stark behaarte Bienen, die in einjährigen Kolonien leben; nur die befruchtete Königin überlebt den Winter, um im Frühjahr eine neue Kolonie zu gründen | weltweit, außer Australien |
| Hornisse *Vespa crabro* | < 35 mm | große, schwarzgelbe Wespe, die in hohlen Bäumen ihr Nest anlegt und sich von anderen Insekten ernährt | Eurasien und jetzt auch Amerika |
| Honigbiene *Apis mellifera* | < 20 mm | sie lebt in dauerhaften Kolonien, manchmal in hohlen Bäumen, doch meistens in künstlichen Bienenkörben; legt Honigvorräte für den Winter an | weltweit (wahrscheinlich ursprünglich Südostasien) |
| Wüstenameisen (mehrere Gattungen und Arten) | 20 mm | einige Arbeiterinnen stopfen sich mit zuckerreicher Nahrung voll und werden zu lebenden »Honigtöpfen«, von denen sich die anderen Ameisen ernähren können | Wüstengebiete |
| Schlupfwespen (Tausende Gattungen und Arten) | < 50 mm | Parasiten, die ihre Eier hauptsächlich in den Larven anderer Insekten ablegen; die Jungen wachsen in ihrem Wirt heran und bringen ihn dabei allmählich um | weltweit |
| Pflanzenwespen (viele Familien) | < 50 mm | charakteristisch ist der sägeartige Legeapparat der Weibchen, mit dem sie Pflanzen aufschlitzen können, um dort ihre Eier abzulegen | weltweit |

⇒ S. 210

# Tiere

| Ordnung/Name | Größe** | Merkmale | Verbreitung |
|---|---|---|---|
| Käfer/Coleoptera | | (über 350000 Arten, Vorderflügel als harte Flügeldecken ausgebildet) | |
| Totengräber *Necrophorus* (mehrere Arten) | < 25 mm | häufig orange und schwarz gefärbt; arbeiten paarweise zusammen, um kleine tote Tiere zu vergraben, an denen sie ihre Eier ablegen | weltweit |
| Schnellkäfer (viele Gattungen und Arten) | < 40 mm | können sich aus der Rückenlage mit einem deutlichen »Klick« hochschnellen, um wieder auf den Füßen zu landen | weltweit |
| Kartoffelkäfer *Leptinotarsa decemlineata* | 10 mm | schwarz und gelb gestreifte Käfer, die ebenso wie ihre Larven Kartoffelkulturen ernste Schäden zufügen | Nordamerika und jetzt auch Europa |
| Bunter Klopfkäfer *Xestobium rufovillosum* | 7 mm | die Larven legen ihre Fraßgänge im Holz an und können Möbel und Bauholz beträchtlich schädigen; die Käfer erzeugen zur Balzzeit Klopfgeräusche im Holz; Vorkommen auch in abgestorbenen Bäumen | Nordhalbkugel |
| Schwarzer Moderkäfer *Staphylinus olens* | 25 mm | schlanker, schwarzer Käfer mit kurzen Flügeldecken; lebt in Gärten und gelangt auch oft ins Haus; in der Drohhaltung wird der Hinterleib dem Angreifer über den Vorderkörper entgegen gestreckt | Eurasien |
| Großer Leuchtkäfer *Lampyris noctiluca* | 15 mm | das flügellose Weibchen sendet Leuchtsignale aus, um ein vorbeifliegendes Männchen anzuziehen; Larven leben von Schnecken | Europa |
| Totenuhr *Anobium punctatum* | 5 mm | die als Holzwurm bekannten Larven fressen Gänge in totes Holz und verursachen große Schäden an Möbeln und Bauholz | weltweit |
| Goliathkäfer *Goliathus* (mehrere Arten) | < 150 mm | der schwerste Käfer der Welt, bis zu 100 g; ernährt sich von Früchten | Afrika |
| Marienkäfer (ca. 3500 Arten in vielen Gattungen) | 10 mm | als Blattlausvertilger die Freunde jedes Gärtners; die meisten sind rot oder gelb mit schwarzen Flecken | weltweit |
| Pillendreher *Scarabäus* (viele Arten) | < 30 mm | Dungfresser – einige formen Dungkugeln, die sie wegrollen und vergraben zur eigenen Ernährung und zur Eiablage | in den meisten warmen Regionen |
| Hirschkäfer *Lucanus cervus* | 50 mm | die Männchen haben riesige geweihartige Kiefer, mit denen sie gegen Rivalen kämpfen | Eurasien |

\* Längenangabe: normalerweise Länge der Schalen, aber (K) gibt die Körperlänge an
\*\* Größenangabe: normalerweise Körperlänge, aber (F) gibt die Flügelspannweite an

| Fische | | | |
|---|---|---|---|
| Ordnung/Name* | Länge | Ernährung/Lebensweise | Verbreitung |
| **Kieferlose: Neunaugen und Inger Agnatha (ca. 50 Arten)** | | | |
| Meerneunauge (s/m) *Petromyzon marinus* | 60–75 cm | Jungtiere leben in Flüssen und wandern dann ins Meer; zur Eiablage kehren sie in die Flüsse zurück und sterben | Nordatlantik und angrenzende Flüsse |
| Inger *Myxine* (mehrere Arten) | < 60 cm | bohren sich mit den Hornzähnen auf ihrer Zunge in tote Fische | weltweit |
| **Knorpelfische: Haie und Rochen Chondrichthyes (ca. 800 Arten)** | | | |
| Haie/Selachii | | (über 350 Arten) | |
| Riesenhai (m) *Cetorhinus maximus* | 12 m | harmloser Planktonfresser; filtert Plankton mit seinem riesigen Kiemenkorb aus dem Wasser | Atlantik und Mittelmeer |

| Ordnung/Name* | Länge | Ernährung/Lebensweise | Verbreitung |
|---|---|---|---|
| Ammenhaie (m) | 3,2 m | liegen gut getarnt auf dem Meeresboden | australische Küsten- |
| Orectolobidae | | und ergreifen vorbeiziehende Fische und | gewässer |
| | | Krebse; abgeplatteter als die meisten Haie | |
| Kleingefleckter Katzenhai (m) | < 1 m | frisst Fische, Krebse und Weichtiere; legt | europäische Küsten- |
| Scyliorhinus caniculus | | Eier in Form rechteckiger Kapseln, die sich | gewässer |
| | | mit Fäden an Seetang festheften | |
| Weißhai (m) | < 6 m | frisst Fische und Tintenfische; der gefähr- | weltweit; in tropischen |
| Carcharodon carcharias | | lichste Hai, von dem mehr Angriffe auf | und gemäßigten Meeren |
| | | Menschen bekannt sind als von anderen | |
| Hammerhaie (m) | < 7 m | fressen überwiegend Fische; Kopf hammer- | weltweit; in warmen |
| Sphyrna (5 Arten) | | artig mit Augen und Nasenlöchern an den | Meeren |
| | | Enden; aggressiv und gefährlich | |
| Heringshai (m) | < 3,5 m | frisst Schwarmfische wie Hering und | Nordatlantik und Mittel- |
| Lamna nasus | | Makrele; schnell und furchterregend, | meer |
| | | aber nicht gefährlich | |
| Fuchshai (m) | < 6 m | frisst Schwarmfische; jagt im Rudel, wobei | weltweit, außer in sehr |
| Alopias vulpinus | | die Tiere die Beute mit ihren langen | kalten Meeren |
| | | peitschenartigen Schwänzen umkreisen | |
| Tigerhai (m) | < 5,4 m | frisst Fische und Tintenfische; einer der | weltweit; in warmen |
| Galeocerdo cuvieri | | großen Haie und einer der gefährlichsten; | Meeren oft in Küstennähe |
| | | greift auch Schwimmer an | |
| Walhai (m) | < 15 m | frisst Plankton und kleine Fische; der größte | tropische Meere |
| Rhincodon typus | | Fisch der Welt mit einem Maul von über | |
| | | 1,5 m Breite; für Menschen ungefährlich | |
| | | | |
| Rochen/Rajiformes | | (über 400 Arten) | |
| Zitterrochen (m) | < 1,5 m | ernähren sich von bodenlebenden Fischen | warme und gemäßigte |
| Torpedo (ca. 30 Arten) | | und Krebsen, die mit einem Stromschlag | Meere; überwiegend |
| | | getötet werden; größere Arten können über | küstennah |
| | | 200 Volt aufbauen – genug um einen | |
| | | Menschen zu betäuben | |
| Riesenmanta (Teufelsrochen) (m) | < 6 m | kleine Fische und Krebse werden ins Maul | tropische und subtropische |
| Manta birostris | | gesaugt und ausgefiltert; schwimmt durch | Meere |
| | | Schlagen seiner riesigen dreieckigen Flossen | |
| Glattrochen (m) | < 2,5 m | frisst bodenlebende Fische und andere Tiere; | Atlantikküsten Europas |
| Raja batis | | legt Eier in Form von Hornkapseln; größter | |
| | | atlantischer Rochen, wichtiger Speisefisch | |
| Stachelrochen (m) | < 2,5 m | frisst Weichtiere und andere bodenlebende | weltweit; in flachen |
| Dasyatis (mehrere Arten) | | Tiere; der Schwanz ist mit einem Gift- | Meeren |
| | | stachel bewehrt, der Verletzungen und sogar | |
| | | Todesfälle bei Menschen verursachen kann | |
| Nagelrochen | < 1,2 m | frisst Krebse und andere bodenlebende Tiere; | Küsten Europas und |
| Raja clavata | | die Oberseite des Körpers ist mit großen | Nordafrikas |
| | | Dornen besetzt | |
| | | | |
| Knochenfische Osteichthyes – Urtümliche Knochenfische Sarcopterygii (7 Arten) | | | |
| Quastenflosser (m) | 1,5 m | Überlebender einer Fischgruppe, die lange | Indischer Ozean |
| Latimeria chalumnae | | als ausgestorben galt; 1938 wiederentdeckt | |
| Lungenfische (s) | < 2,0 m | fressen Schnecken und andere Meerestiere; | tropische Flüsse |
| (6 Arten in 3 Familien) | | einige können im Schlamm überdauern, | |
| | | wenn die Gewässer im Sommer austrocknen | |
| | | | |
| Moderne Knochenfische Acanthopterygii (über 20 000 Arten) | | | |
| Störe/Acipenseriformes (s/m) | | (ca. 28 Arten) | |
| Störe (ca. 26 Arten | < 9 m | fressen Fische und andere Bodentiere; | nördliche Hemisphäre |
| in mehreren Gattungen) | | verbringen den größten Teil ihres Lebens im | |
| | | Meer, aber laichen in Flüssen; Eier liefern Kaviar | ⇒ S. 212 |

# Tiere

| Ordnung/Name* | Länge | Ernährung/Lebensweise | Verbreitung |
|---|---|---|---|
| **Kahlhechte/Amiiformes** | | (1 Art) | |
| Amerikanischer Schlamm-fisch (s) *Amia calva* | < 90 cm | frisst Wassertiere und Aas; lebt in stehenden und langsam fließenden Gewässern | Flüsse und Seen Nord-amerikas |
| **Knochenhechte/Lepisosteiformes** | | (8 Arten) | |
| Mississippi-Knochenhecht (s) *Lepisosteus spatula* | < 3,5 m | frisst Fische und andere Wassertiere, denen er auflauert, um dann mit seiner langen zahnbewehrten Schnauze zuzustoßen | Nordamerika; überwiegend entlang des Mississippi |
| **Tarpunähnliche Fische/Elopiformes** | | (12 Arten) | |
| Atlantischer Tarpun (s/m) *Megalops atlanticus* | < 2,4 m | frisst Fische; kraftvoller, schneller Schwim-mer; bei Sportanglern beliebt; atmet Luft | warme Küstengebiete des Atlantik und Flüsse |
| **Aalartige/Anguilliformes** | | (über 500 Arten) | |
| Europäischer Flussaal (s/m) *Anguilla anguilla* | < 1 m | bekannt für seine Wanderungen; laicht in der Sargassosee im Westatlantik; die Jungen wandern in die Flüsse, wo sie einige Jahre verbringen, bevor sie in die Sargassosee zurückkehren, um zu laichen | Atlantik und Flüsse Europas und Nordamerika |
| Muränen (m) (ca. 120 Arten in mehreren Gattungen) | < 3 m | fressen Fische, andere Tiere und Aas; ihre scharfen Zähne können unvorsichtigen Tauchern ernste Verletzungen zufügen | warme Meere; besonders um Korallenriffe herum |
| **Heringsfische/Clupeiformes** | | (über 400 Arten) | |
| Europäische Sardelle (m) *Engraulis encrasicolus* | < 20 cm | frisst Fischeier und Plankton; Schwarmfisch des freien Wassers; Hauptnahrung vieler Seevögel; auch zur menschlichen Ernährung | Küsten Europas bis zum Schwarzen Meer |
| Hering (m) *Clupea harengus* | < 45 cm | Planktonfresser; einst in riesigen Schwärmen; heute in vielen Gebieten durch Überfischung dezimiert, aber immer noch von großer Bedeutung für die menschliche Ernährung | Nordatlantik, einschließlich Nord- und Ostsee |
| Pilchard (m) *Sardina pilchardus* | < 25 cm | frisst Fischeier und Planktontiere; Schwarm-fisch, dessen Jugendform als »Sardine« bekannt ist; bedeutender Speisefisch | Küstengewässer Europas und Nordafrikas |
| Sprotte (m) *Sprattus sprattus* | < 15 cm | Planktonfresser; ein Schwarmfisch, der die Hauptnahrung für viele größere Arten ist | Küsten Europas, besonders im Norden |
| **Knochenzüngler/Osteoglossiformes** | | (ca. 20 Arten) | |
| Arapaima (s) *Arapaima gigas* | < 4,6 cm | Allesfresser, aber hauptsächlich andere Fische; ein zylindrischer, hechtartiger Fisch; einer der größten Süßwasserfische | Flüsse des tropischen Südamerikas |
| **Lachsfische/Salmoniformes** | | (ca. 1000 Arten) | |
| Hecht (s) *Esox lucius* | < 1,5 m | frisst Fische, einschließlich anderer Hechte, gelegentlich Wasservögel und Säugetiere; lauert zwischen Wasserpflanzen auf Beute | Nordhalbkugel, in Seen und langsam fließenden Flüssen |
| Atlantischer Lachs (s/m) *Salmo salar* | < 1,5 m | frisst Krebstiere und kleine Fische; Wander-fisch, der seine Jugendstadien in Flüssen verbringt und dann ins Meer wandert; kehrt stets zum Laichen in seinen Geburts-fluss zurück; ein wertvoller Speisefisch, der in großer Zahl in Fischfarmen gezogen wird | Nordatlantik und angren-zende Flüsse |
| Europäische Forelle (s/m) *Salmo trutta* | < 1,4 m | frisst kleine Fische und andere Wassertiere; es gibt mehrere Rassen, von denen manche nur in Seen und Flüssen leben, andere (Meer-forelle) wie die Lachse ins Meer wandern; vielfach in Farmen gezogen | Süßwasserforelle: Eurasien; Meerforelle: Nord- und Westeuropa |

| Ordnung/Name* | Länge | Ernährung/Lebensweise | Verbreitung |
|---|---|---|---|
| **Karpfenfische/Cypriniformes** | | **(über 3500 Arten)** | |
| Karpfen (s) *Cyprinus carpio* | < 1 m | frisst Insekten und andere kleine Wassertiere in stehenden oder langsam fließenden Gewässern; ein wertvoller Speisefisch | ursprünglich Asien; erreichte Europa vor ca. 2000 Jahren |
| Zitteraal (s) *Electrophorus electricus* | < 2 m | frisst Fische und Amphibien, die er durch kräftige Elektroschocks bis zu 550 Volt betäubt; lebt in trübem Wasser und benutzt schwache elektr. Entladungen zur Navigation | tropisches Amerika; in Seen und Flüssen |
| Goldfisch (s) *Carassius auratus* | < 45 cm | frisst Insekten und kleine Krebse; wird seit Jahrhunderten gezüchtet, es existieren heute viele eigenartige Zuchtformen | ursprünglich Ostasien, nun vielerorts in Teichen |
| Elritze (s) *Phoxinus phoxinus* | < 10 cm | frisst kleine Wassertiere; lebt in Schwärmen in flachen Seen und den Oberläufen von Flüssen; Hauptnahrung größerer Fische | Norden Eurasiens |
| Piraya (s) *Serrasalmus piraya* | < 40 cm | frisst überwiegend Fische; lebt in Schwärmen; seine Opfer werden mit rasiermesserscharfen Zähnen blitzschnell zerstückelt | Flüsse des tropischen Südamerikas |
| Plötze (s) *Rutilus rutilus* | < 40 cm | Allesfresser, weidet Algen und andere Pflanzen in Seen; häufiger Süßwasserfisch | Eurasien |
| **Welse/Siluriformes (s/m)** | | **(über 2500 Arten)** | |
| Welse (über 2000 Arten in ca. 30 Familien) | < 3 m | überwiegend Fleischfresser; alle tragen schnurrbartartige Barteln um das Maul herum, die Geschmacksorgane enthalten | weltweit; in Süß- und Salzwasser |
| **Dorschfische/Gadiformes** | | **(über 800 Arten)** | |
| Kabeljau (m) *Gadus morhua* | < 2 m | frisst andere Fische und Wirbellose; einer der wichtigsten Speisefische, aber durch Überfischung zurückgegangen | Nordatlantik und arktische Meere |
| Schellfisch (m) *Melanogrammus aeglefinus* | < 1 m | frisst bodenlebende Wirbellose und Jungfische; ein wichtiger Speisefisch, dessen Bestände aber zurückgehen | Nordatlantik und arktische Meere |
| Seehecht (m) *Merluccius merluccius* | < 1 m | frisst andere Fische, besonders Heringe und andere Schwarmfische, ein wichtiger Speisefisch, besonders in Südeuropa | Mittelmeer und küstennahe Gewässer Nordwesteuropas |
| Wittling (m) *Merlangius merlangus* | < 70 cm | frisst Krebse und kleine Fische, die er am Meeresboden erbeutet; wird von Anglern vom Ufer aus gefangen | europäische Küstengewässer |
| **Anglerfischartige/Lophiiformes** | | **(ca. 210 Arten)** | |
| Atlantischer Seeteufel (m) *Lophius piscatorius* | < 1,7 m | frisst andere Fische, die der auf dem Meeresboden liegende Seeteufel anlockt, indem er mit einer umgewandelten Flosse winkt, an deren Spitze ein fleischiger »Köder« sitzt | Mittelmeer und Nordostatlantik |
| **Ährenfischartige/Atheriniformes** | | **(ca. 200 Arten)** | |
| Fliegende Fische (m) *Exocoetidae* (viele Gattungen/Arten) | < 50 cm | Planktonfresser; können aus dem Wasser springen und mit Hilfe ihrer flügelartigen Flossen durch die Luft gleiten | tropische und subtropische Meere |
| Guppy (s) *Poecilia reticulata* | < 5 cm | frisst kleine Krebstiere; beliebter Fisch für Süßwasseraquarien | tropische Seen und Flüsse |
| **Stichlingsfische/Gasterosteiformes** | | **(ca. 220 Arten)** | |
| Seenadeln (m) (ca. 150 Arten in mehreren Gattungen) | < 60 cm | fressen Plankton, das durch die röhrenförmige Schnauze eingesogen wird; schlanke Fische, die oft senkrecht zwischen Seetang schweben; die Männchen tragen die Eier | Küsten tropischer und gemäßigter Regionen |

⇒ S. 214

**213**

# Tiere

| Ordnung/Name* | Länge | Ernährung/Lebensweise | Verbreitung |
|---|---|---|---|
| Seepferdchen (m) *Hippocampus* (ca. 20 Arten) | < 20 cm | fressen Plankton, das sie durch die Röhrenschnauze ihres pferdeähnlichen Kopfes einsaugen; heften sich mit ihrem Greifschwanz an Seetang; die Männchen tragen die Eier in einer Bauchtasche | Küsten tropischer und gemäßigter Regionen |
| Dreistachliger Stichling (s/m) *Gasterosteus aculeatus* | < 10 cm | frisst kleine Krebse, Insekten und Jungfische; trägt drei Stacheln auf dem Rücken; das Männchen, zur Paarungszeit an seinem roten Bauch erkennbar, baut ein Nest und bewacht die Eier | Nordhalbkugel; in Süß- und Salzwasser |
| **Panzerwangen/Scorpaeniformes** | **(über 1000 Arten)** | | |
| Knurrhähne (m) *Triglidae* (viele Gattungen und Arten) | < 60 cm | fressen Fische, Krebse und Muscheln vom Meeresboden; Kopf mit Knochenplatten gepanzert; Brustflossen bilden fingerförmige Strahlen, mit denen die Fische über den Meeresboden »gehen« | tropische und gemäßigte Meere; küstennah |
| Steinfisch (m) *Synanceja verrucosa* | < 60 cm | frisst Fische; er lauert halb im Boden verborgen und ähnelt einem bewachsenen Stein; seine Rückenflossenstachatin sind stark giftig | Küsten des Indopazifiks |
| Eigentlicher Rotfeuerfisch (m) *Pterois volitans* | < 30 cm | frisst kleine Krebse; die schön gestreiften Flossen verbergen giftige Stacheln | Meeresküsten des tropischen Asiens |
| **Barschartige Fische/Perciformes** | **(über 6000 Arten)** | | |
| Segelflosser (m) *Pterophyllum scalare* | < 15 cm | frisst kleine Krebse und Insekten; seine eleganten Streifen und segelartigen Flossen machen ihn zu einem beliebten Aquarienfisch | tropisches Amerika |
| Schützenfisch (s/m) *Toxotes jaculatrix* | < 30 cm | frisst Insekten, die er mit einem Wasserstrahl aus seinem Maul von überhängenden Pflanzen abschießt; lebt in Mangrovesümpfen | Südostasien und Nordaustralien |
| Meerschwalbe (m) *Labroides dimidiatus* | < 12 cm | ernährt sich von Parasiten, die sie größeren Fischen von der Haut absucht; bestimmte Korallenriffe dienen als »Putzerstationen« | Indopazifik |
| Barrakudas (m) *Sphyraena* (ca. 20 Arten) | < 2,7 m | fressen Fische; gefräßige Jäger, mit mächtigen Zähnen bewaffnet; die größeren können Menschen gefährlich werden | warme Meere |
| Unbeschuppte Schleimfische (s/m) *Blenniidae* | < 30 cm | Fleisch und Pflanzen fressende Arten; sie leben überwiegend am Meeresgrund, häufig auf Felsgestein | weltweit; überwiegend im Küstenwasser |
| Grundeln (s/m) *Gobiidae* (ca. 700 Arten) | < 30 cm | Fleischfresser; die Bauchflossen bilden ein Saugorgan, um sich an Felsen festzuhalten | weltweit; überwiegend im Küstenwasser |
| Europäische Makrele (m) *Scomber scombrus* | < 50 cm | frisst kleine Fische und Plankton; ein bedeutender Speisefisch; lebt oft in großen Schwärmen im freien Wasser | Nordatlantik und angrenzende Meere |
| Marline (m) *Makaira* (mehrere Arten) | < 4 m | fressen Fische, die sie mit Schlägen ihres speerförmigen Schnabels töten; darunter der schnellste Fisch mit 80 km/h | warme Meere |
| Schlammspringer (m) *Periophthalmus* (viele Arten) | < 30 cm | fressen Algen und kleine Tiere; bei Ebbe hüpfen sie über den Schlamm, indem sie die vorderen Flossen als einfache Beine benutzen und Luft atmen; manche klettern sogar auf Bäume | tropische Küsten und Mangrovesümpfe Asiens, Afrikas und des Pazifiks |
| Gestreifte Meerbarbe (m) *Mullus surmuletus* | < 50 cm | frisst Bodentiere, die sie mit Barteln auf ihrer Unterlippe aufspürt; guter Speisefisch | europäische Küsten |
| Papageifische (m) *Scaridae* (viele Arten) | < 1 m | fressen Algen und Korallen, die sie mit dem scharfen, papageiartigen Schnabel abzwicken, der ihnen den Namen gab | tropische Meere; überwiegend an Korallenriffen |

**214**

| Ordnung/Name* | Länge | Ernährung/Lebensweise | Verbreitung |
|---|---|---|---|
| Flussbarsch (s) *Perca fluviatilis* | < 50 cm | frisst kleine Fische und andere Wassertiere; guter Speisefisch, der in manchen Gebieten zu kommerziellen Zwecken gefangen wird | Eurasien, Nordamerika; Seen, Flüsse |
| Lotsenfisch (m) *Naucrates ductor* | < 60 cm | frisst kleine Fische und Nahrungsreste, die Haie und Rochen, die er begleitet, fallen lassen | Küsten Amerikas |
| Schiffshalter (m) *Echeneidae* (viele Arten/Gattungen) | < 60 cm | fressen kleine Fische; heften sich mit einer Saugscheibe auf dem Kopf an größere Fische und lassen sich durchs Wasser ziehen | überwiegend tropische Meere |
| Fächerfisch (m) *Istiophorus platypterus* | < 4 m | frisst Fische und Tintenfische, die er mit seinem speerartigen Oberkiefer durchbohrt; verwandt mit den Marlinen | tropische Meere |
| Sandaale (m) *Ammodytidae* (mehrere Arten/Gattungen) | < 30 cm | fressen kleine Krebse, Würmer und Fischeier; sehr schlanke Tiere, die sich in den Sand einbohren, wenn sie gestört werden | überwiegend in Küstengewässern der Nordhalbkugel |
| Schwertfisch (m) *Xiphias gladius* | < 4,5 m | frisst andere Fische, die er durch Schläge mit seinem schwertförmigen Schnabel betäubt; ein schneller Schwimmer | in den meisten tropischen und gemäßigten Meeren |
| Gewöhnlicher Tunfisch (m) *Thunnus thynnus* | < 4 m | macht Jagd auf Schwarmfische; wegen des ölhaltigen Fleisches ein beliebter Speisefisch, der oft in Konserven angeboten wird | tropische und gemäßigte Meere |
| Eigentliche Drachenfische (m) *Trachinus* (4 Arten) | < 45 cm | fressen bodenlebende Tiere; liegen halb eingegraben im Sand und verursachen mit ihren giftigen Stacheln schmerzhafte Verletzungen | Küsten Europas und Nordwestafrikas |
| **Plattfische/Pleuronectiformes** | | **(ca. 500 Arten)** | |
| Kliesche (m) *Limanda limanda* | < 40 cm | frisst bodenlebende Wirbellose, einschließlich Seeigel; dient vielfach als Speisefisch, ist aber weniger bekannt als die Flunder | Küsten Europas; besonders in der Nordsee |
| Flunder (m) *Platichthys flesus* | < 50 cm | frisst bodenlebende Wirbellose und kleine Fische; überwiegend nachtaktiv; beliebter Speisefisch | Küsten Europas; oft in Flussmündungen |
| Weißer Heilbutt (m) *Hippoglossus hippoglossus* | < 4 m | frisst Fische und bodenlebende Wirbellose; er ist der größte Plattfisch und ein wichtiger Speisefisch | Küsten Europas; oft in Flussmündungen |
| Scholle (m) *Pleuronectes platessa* | < 95 cm | frisst Muscheln und andere bodenlebende Wirbellose; kann wie andere Plattfische seine Farbe verändern und sich so diversen Umgebungen anpassen; wichtiger Speisefisch | Küsten des Nordatlantiks und Nordpazifiks |
| Seezunge (m) *Solea solea* | < 60 cm | frisst Muscheln und andere bodenlebende Tiere; überwiegend nächtliche Lebensweise; begehrter Speisefisch | Mittelmeer und Küsten Nordwesteuropas |
| Steinbutt (m) *Scophthalmus maximus* | < 1 m | frisst überwiegend bodenlebende Fische, aber auch Krebse und Weichtiere; gilt als wertvoller Speisefisch | europäische Küsten, auch im Schwarzen Meer |
| **Kugelfischverwandte/Tetraodontiformes** | | **(ca. 320 Arten)** | |
| Igelfische (m) *Diodon* (mehrere Arten) | < 45 cm | fressen Weichtiere und Korallen; bei Gefahr schlucken sie Wasser und blasen so den Körper kugelförmig auf; durch den Zug richten sich ihre Stacheln auf und stehen nach allen Seiten | alle tropischen Meere |
| Kugelfische (s/m) *Tetraodontidae* (mehrere Arten und Gattungen) | < 45 cm | fressen Weichtiere und Korallen; bei Gefahr blasen sie sich auf; einige enthalten tödliches Gift, werden aber in Japan nach Entfernen der giftigen Teile gegessen (Fugu) | tropische Meere, überwiegend an Korallenriffen; afrikanische Flüsse |

\* s = Süßwasser, m = Meerwasser

# Tiere

| Amphibien | | | |
|---|---|---|---|
| **Ordnung/Name** | **Länge*** | **Besondere Merkmale** | **Verbreitung** |
| **Schwanzlurche/Urodela** | | **(ca. 300 Arten)** | |
| Axolotl *Ambystoma mexicanum* | < 18 cm | ein wasserlebender Salamander, der seine Kiemen und larvale Erscheinung sein Leben lang behält | Mexiko; in wenigen Süßwasserseen |
| Feuersalamander *Salamandra salamandra* | < 25 cm | überwiegend landlebend; bringt gut entwickelte Kaulquappen zur Welt; die gelbschwarze Zeichnung warnt vor seinem Gift | Europa, Nordafrika, Westasien; feuchte Bergwälder |
| Gefleckter Furchenmolch *Necturus maculosus* | < 60 cm | behält seine äußeren Kiemen und andere larvale Merkmale zeitlebens | Nordamerika; in Tümpeln und Flüssen |
| Grottenolm *Proteus anguineus* | < 25 cm | behält seine äußeren Kiemen und andere larvale Merkmale zeitlebens | Südosteuropa; nur in Höhlenseen und -flüssen |
| Teichmolch *Triturus vulgaris* | < 11 cm | außerhalb der Fortpflanzungszeit zumeist landlebend, oft weit entfernt vom Wasser | Europa (außer Südwesten); Westasien; oft in Gärten |
| Kammmolch *Triturus cristatus* | < 16 cm | bleibt im Sommer im Wasser; Haut ziemlich rau; Männchen zur Paarungszeit mit häutigem Rückenkamm | Westen Eurasiens, außer Iberische Halbinsel; in Wassernähe |
| **Froschlurche/Anura** | | **(ca. 4000 Arten)** | |
| Glatter Krallenfrosch *Xenopus laevis* | < 12 cm | frisst Aas ebenso wie lebende Beute, die er mit den Vorderbeinen ergreift; besitzt keine Zunge; verlässt nur selten das Wasser | südliches Afrika; in Sümpfen, Tümpeln und Flüssen |
| Pfeilgiftfrösche (ca. 100 Arten in 4 Gattungen) | < 5 cm | ihre leuchtenden Farben warnen vor giftigen Sekreten, mit denen die tropischen Amerikas Pfeilspitzen vergiftet haben; Männchen tragen die Eier auf dem Rücken | tropisches Amerika; gewöhnlich in Wäldern |
| Ochsenfrosch *Rana catesbeiana* | < 20 cm | gehört mit zu den größten Fröschen; frisst sogar kleine Krokodile; entfernt sich selten weit vom Wasser | Nordamerika; in und an Tümpeln |
| Grasfrosch *Rana temporaria* | < 10 cm | der häufigste Frosch in weiten Teilen Europas; er überwintert gewöhnlich im Schlamm auf dem Grund von Tümpeln | Europa, aber nicht im Süden |
| Erdkröte *Bufo bufo* | < 15 cm | hat eine raue Haut und bewegt sich mehr laufend als springend | Eurasien und Nordafrika |
| Wasserfrosch *Rana esculenta* | < 12 cm | stärker ans Wasser gebunden als der Grasfrosch; bei den Männchen treten beiderseits des Mauls aus zwei Schlitzen Schallblasen aus | Europa; besonders an Teichen |
| Rotbauchunke *Bombina bombina* | < 5 cm | Nahrung wird mit den Kiefern geschnappt, da die Zunge nicht hervorschnellen kann; | Mittel- und Osteuropa; in flachen Tümpeln |
| Ruderfrösche *Rhacophorus* (mehrere Arten) | < 12 cm | baumlebende Frösche; ihre mit Spannhäuten versehenen Füße wirken wie Fallschirme und ermöglichen ein Gleiten von Baum zu Baum | tropisches Asien |
| Goliathfrosch *Gigantorana goliath* | < 35 cm | der größte Frosch der Welt, mit ausgestreckten Beinen etwa einen Meter lang | tropisches Afrika; in Flüssen |
| Agakröte *Bufo marinus* | < 25 cm | sondert ein starkes Gift ab; wurde in Queensland in Australien zur Bekämpfung des Zuckerrohrkäfers eingeführt, wo sie sich rasch vermehrte und die heimische Fauna schädigte | Süd- und Mittelamerika; in Australien und auf Pazifikinseln eingeführt |
| Mittelmeer-Laubfrosch *Hyla meridionalis* | < 5 cm | das Männchen gibt nachts tiefe, laute Quakgeräusche aus einem ballonartigen Kehlsack von sich | Südeuropa und Nordafrika; in Feuchtgebieten |
| Geburtshelferkröte *Alytes obstetricans* | < 5 cm | überwiegend nachtaktiv, lässt laute Rufe ertönen; das Männchen wickelt die Eischnüre um seine Hinterbeine und trägt sie umher | Westeuropa (nicht in Großbritannien) |
| Darwin-Nasenfrosch *Rhinoderma darwini* | 3 cm | die Männchen befördern die Eier in ihren Schallsack, wo sich kleine Frösche entwickeln | südliches Südamerika; am Waldboden |

| Ordnung/Name | Länge* | Besondere Merkmale | Verbreitung |
|---|---|---|---|
| Kreuzkröte *Bufo calamita* | < 10 cm | nachtaktiv, mit sehr lauten Rufen; bei Störungen beginnt sie zu rennen | Europa; in Tümpeln und Seen |
| Krötenfrösche *Pelobatidae* (mehrere Gattungen/Arten) | < 10 cm | grabende Kröten mit einer Grabschaufel aus Horn an den Hinterbeinen; einige leben in Wüsten und durchlaufen in der feuchten Jahreszeit das Ei- und Kaulquappenstadium in rasender Geschwindigkeit, bevor die Tümpel austrocknen | Nordhalbkugel (nicht in Großbritannien); in verschiedenen Lebensräumen |
| Wabenkröte *Pipa pipa* | 10 cm | frisst Aas sowie lebende Beute; zungenlos; sehr flach, verlässt selten das Wasser; das Weibchen trägt die Eier in Gruben auf seinem Rücken | nordöstliches Südamerika |

* Längenangaben = gesamte Körperlänge einschließlich Schwanz

## Reptilien

| Ordnung/Name | Länge | Ernährung/besondere Merkmale | Verbreitung |
|---|---|---|---|
| **Schildkröten/Testudines** | | (ca. 215 Arten) | |
| Riesenschildkröten *Testudo gigantea, T. elephantopus* | < 150 cm | Pflanzenfresser; werden über 100 Jahre alt und erreichen ein Gewicht von über 250 kg | Aldabrainseln und Galàpagosinseln |
| Lederschildkröte *Dermochelys coriacea* | < 220 cm | frisst überwiegend Quallen und Weichtiere; statt eines Knochenpanzers hat sie eine dicke lederartige Haut; größte lebende Schildkröte | alle warmen Meere |
| Unechte Karettschildkröte *Caretta caretta* | < 110 cm | frisst Quallen; selten geworden, weil ihre Brutplätze häufig gestört werden | alle warmen Meere |
| Zierschildkröte *Chrysemys picta* | < 18 cm | frisst Wasserpflanzen und -tiere; weist leuchtend rote und gelbe Streifen auf; eine beliebte Schildkröte fürs Aquarium | Nordamerika; Tümpel und langsam fließende Flüsse |
| Schnappschildkröte *Chelydra serpentina* | < 50 cm | frisst alles, doch überwiegend Fische und andere Tiere, die sie mit einem schnellen Zuschnappen ihrer mächtigen Kiefer erbeutet | Nordamerika; schlammige Tümpel und Flüsse |
| **Krokodile/Crocodylia** | | (ca. 25 Arten) | |
| Mississippi–Alligator *Alligator mississippiensis* | < 6 m | frisst Fische, Vögel und Säugetiere; hat eine stumpfere Schnauze als Krokodile; untere Zähne sind bei geschlossenem Maul verdeckt | südöstl. USA; Sümpfe und Flüsse |
| Leistenkrokodil *Crocodylus porosus* | < 8 m | frisst Fische, Vögel und Säugetiere; größte und gefährlichste Art; erreicht ein Gewicht von 700 kg und mehr | Australien und Südostasien; Küstengewässer |
| Ganges-Gavial *Gavialis gangeticus* | < 6 m | frisst Fische, die er mit seiner sehr langen, schmalen Schnauze fängt | Nordindien; große Flüsse |
| **Echsen/Squamata** | | (ca. 3000 Arten) | |
| Chamäleons *Chamaeleonidae* (ca. 85 Arten) | < 60 cm | fangen mit ihrer langen, klebrigen Zunge Insekten; bewegen sich langsam im Geäst, können ihre Farbe der Umgebung anpassen | Afrika, besonders Madagaskar, und Südeurasien |
| Kragenechse *Chlamydosaurus kingii* | < 100 cm | frisst Insekten, Spinnen und Säugetiere; bei Gefahr reißt sie das Maul auf und spreizt ihren schirmartigen Kragen | Australien und Neuguinea |
| Geckos *Gekkonidae* (ca. 400 Arten, mehreren Gattungen) | < 30 cm | fressen Insekten und Spinnen; ihre Zehen tragen Haftlamellen, so dass sie auf glatten Wänden und sogar kopfüber an Zimmerdecken laufen können | in allen warmen Gebieten; viele Lebensräume<br>⇒ S. 218 |

# Tiere

| Ordnung/Name | Länge | Ernährung/besondere Merkmale | Verbreitung |
|---|---|---|---|
| Gila-Krustenechse *Heloderma suspectus* | < 60 cm | frisst Eier, junge Vögel und Nagetiere; eine von nur zwei giftigen Echsen; kann sogar Menschen gefährlich werden | Wüsten Nordamerikas |
| Komodo-Waran *Varanus komodoensis* | < 3,6 m | frisst Säugetiere bis zur Größe eines Wildschweins; die größte aller Echsen, aber von überraschender Schnelligkeit | Komodo und andere Inseln Indonesiens; Wälder |
| Warane *Varanus* (ca. 24 Arten) | < 3,6 m | Fleischfresser; große, schwer gebaute Tiere, zu denen auch der Komodo-Waran gehört | in allen warmen Gebieten der Alten Welt |
| Perleidechse *Lacerta lepida* | 25 cm | frisst überwiegend Insekten, aber auch Vogeleier, kleine Wirbeltiere und Früchte; eine sonnenliebende Echse mit großem Kopf | Südeuropa; trockene Gebiete, vor allem Weinberge |
| Blindschleiche *Anguis fragilis* | < 50 cm | frisst überwiegend Regenwürmer und Nacktschnecken; eine fußlose, aber keineswegs blinde Echse | Westeurasien und Nordafrika |
| Gewöhnliche Mauereidechse *Lacerta muralis* | < 25 cm | frisst Insekten und Spinnen; die häufigste Eidechse Europas, eine wärmeliebende Art, die sich gern auf Mauern sonnt | Süd- und Mitteleuropa; steinige Plätze, z.B. Mauern |
| **Schlangen/Squamata** | | **(ca. 2700 Arten)** | |
| Kreuzotter *Vipera berus* | < 90 cm | frisst kleine Säugetiere; giftig, aber für den Menschen selten gefährlich; einzige Schlange, die bis zum Polarkreis vorgedrungen ist | Eurasien; verschiedenartige Lebensräume |
| Anakonda *Eunectes murinus* | < 8 m | frisst Wasserschweine, aber auch Vögel und kleinere Kaimane; zählt zu den größten Riesenschlangen; wahrscheinlich die schwerste | Amazonien; Sümpfe und langsam fließende Flüsse |
| Aspisviper *Vipera aspis* | < 75 cm | frisst kleine Säugetiere; giftig, auch für den Menschen gefährlich | Süd- und Mitteleuropa |
| Königsschlange *Boa constrictor* | < 5 m | frisst Vögel, Echsen und kleine Säugetiere; eine Riesenschlange, die sich langsam bewegt und für den Menschen nicht gefährlich ist | tropisches Südamerika; Wälder, selten im Wasser |
| Echte Kobras *Naja* (mehrere Arten) | < 2,5 m | fressen Vögel und kleine Säugetiere; sehr giftig; bei Gefahr richten sie ihren Vorderkörper auf und spreizen den Nackenschild; in Indien zur Schlangenbeschwörung verwendet | Afrika und Südasien; viele Lebensräume, auch in Gärten |
| Korallenschlangen (viele Arten) | < 1,3 m | fressen Schlangen und kleine Wirbeltiere; sie sind auffällig mit gelben, schwarzen und roten Bändern gemustert; einige Arten sind sehr giftig | Amerika, Tropen und Subtropen |
| Eierschlangen *Dasypeltis* (5 Arten) | < 1 m | fressen Eier, die sie ganz verschlingen und die erst in der Speiseröhre von verlängerten Wirbelfortsätzen angeritzt werden | Afrika; überwiegend in Savannen |
| Gabunviper *Bitis gabonica* | < 2 m | fängt mit den längsten Giftzähnen aller Schlangen bodenlebende Wirbeltiere | Afrika; am Boden von Regenwäldern |
| Ringelnatter *Natrix natrix* | < 2 m | frisst überwiegend Frösche und Kröten; nicht giftig | Eurasien und Afrika |
| Königskobra *Ophiophagus hannah* | < 5,5 m | frisst Schlangen; größte Giftschlange; sehr giftig, beißt selten Menschen | Südostasien |
| Bungars *Bungarus* (mehrere Arten) | < 1,5 m | fressen andere Schlangen; äußerst giftig, aber beißt selten Menschen | Asien; verschiedene Lebensräume |
| Pythons *Python* (mehrere Arten) | < 10 m | fressen Wirbeltiere bis zur Größe von Antilopen; ungiftige Riesenschlangen, die ihre Beute erdrosseln | Afrika und Südostasien |
| Klapperschlangen *Crotalus* (mehrere Arten) | < 2,4 m | fressen kleine Säugetiere, deren Körperwärme sie mit Hilfe von Wärmerezeptoren ihres Grubenorgans wahrnehmen; sehr giftig | Nordamerika; überwiegend in offenem Gelände |
| Taipan *Oxyuranus scutellatus* | < 3 m | frisst Säugetiere und Vögel; äußerst giftig, kommt aber kaum mit Menschen in Kontakt | Nordostaustralien; in dichtem Wald |

## Vögel (Klasse Aves)

| Ordnung/Name | Größe* | Nahrung/Lebensraum/Lebensweise | Verbreitung |
|---|---|---|---|
| **Straußenvögel/Struthioniformes** | | (1 Art) | |
| Strauß *Struthio camelus* | 2,5 m (h) | Allesfresser; Steppen, Savannen, Halbwüsten; flugunfähig, kann aber sehr schnell laufen; der größte lebende Vogel; mancherorts zur Fleischgewinnung gehalten | Afrika, vorwiegend im Süden und Osten |
| **Nandus/Rheiformes** | | (2 Arten) | |
| Nandu *Rhea americana* | 1,3 m (h) | Allesfresser; Grasländer; flugunfähig; größter amerikanischer Vogel; stark dezimiert durch Bejagung und Ausbreitung landwirtschaftlicher Flächen | Südamerika, vor allem in argentinischen Pampas |
| **Kasuarvögel/Casuariiformes** | | (4 Arten) | |
| Helmkasuar *Casuarius casuarius* | 1,8 m (h) | Allesfresser; tropische Wälder; flugunfähig, mit kräftigen Beinen und helmartigem Hornaufsatz auf dem Kopf | Neuguinea und Nordaustralien |
| Emu *Dromaius novaehollandiae* | 1,6 m (h) | frisst hauptsächlich Pflanzen, aber auch Insekten; Buschsteppen; flugunfähig; gilt in manchen Gegenden als landwirtschaftlicher Schädling | Australien |
| **Kiwivögel/Kiwis** | | (3 Arten) | |
| Streifenkiwi *Apteryx australis* | 70 cm | frisst Insekten, Würmer und Beeren; Waldgebiete; flugunfähig und nachtaktiv; langer Schnabel zum Aufspüren von Nahrung | Neuseeland |
| **Pinguine/Sphenisciformes** | | (18 Arten) | |
| Kaiserpinguin *Aptenodytes forsteri* | 1,15 m | frisst Fische; größter und am weitesten südlich vorkommender Pinguin; brütet im antarktischen Winter an Land, lebt die übrige Zeit im Meer | Antarktis |
| Galàpagospinguin *Spheniscus mendiculus* | 50 cm | frisst Fische; kalte Küstengewässer; brütet oft in Höhlen; am weitesten nördlich vorkommender Pinguin, in Äquatorhöhe | Galàpagosinseln |
| Zwergpinguin *Eudyptula minor* | 40 cm | frisst Fische; Küstengewässer; brütet in Höhlen; kleinster Pinguin | Neuseeland und Südaustralien |
| **Seetaucher/Gaviiformes** | | (4 Arten) | |
| Sterntaucher *Gavia stellata* | < 70 cm | frisst Fische; von entenähnlicher Gestalt, aber mit spitzem Schnabel; brütet im Süßwasser, aber überwintert an der Küste; taucht nach seiner Nahrung | Nordhalbkugel; brütet weit im Norden |
| **Lappentaucher/Podicipediformes** | | (20 Arten) | |
| Haubentaucher *Podiceps cristatus* | 50 cm | frisst Fische und andere Wassertiere; lebt im Süßwasser, ist im Winter aber auch oft an der Küste anzutreffen | gemäßigte Regionen weltweit, aber nicht in Amerika |
| **Röhrennasen/Procellariiformes** | | (ca. 110 Arten) | |
| Eissturmvogel *Fulmarus glacialis* | < 1,35 m | frisst Fische und andere kleinere Wassertiere, auch die Fischabfälle von Fischereibooten; Meeresvogel, der an Felsenküsten brütet | Arktis, Nordpazifik und Nordatlantik<br>⇒ S. 220 |

# Tiere

| Ordnung/Name | Größe* | Nahrung/Lebensraum/Lebensweise | Verbreitung |
|---|---|---|---|
| Schwarzschnabel-Sturm-taucher *Puffinus puffinus* | 50 cm | frisst Fische und Tintenfische; Meeresvogel, der sehr nah über den Wellen dahingleitet; brütet in Höhlen von Klippenküsten | Südatlantik; brütet im Nordatlantik |
| Wanderalbatros *Diomedea exulans* | 38 cm | frisst Fische und Tintenfische; Meeresvogel, der nur zum Brüten an Land kommt; Flügel-spannweite bis 3,65 m, damit größter Vogel der Erde | südliche Meere |
| **Ruderfüßer/Pelecaniformes** | | **(ca. 60 Arten)** | |
| Brauner Pelikan *Pelecanus occidentalis* | > 1,4 m | frisst Fische, die er im Sturzflug aus mehreren Metern Höhe erbeutet; überwiegend in Küstengewässern | Nord- und Südamerika |
| Kormoran *Phalacrocorax carbo* | < 1 m | frisst Fische; Küsten- und Süßgewässer; taucht nach Nahrung und kann länger als 1 Minute unter Wasser bleiben; nistet auf Felsen und in Bäumen | nahezu weltweit, aber nicht in Südamerika |
| Bindenfregattvogel *Fregata minor* | 1 m | frisst Fische und Tintenfische; Meeresvogel, der aber kaum auf dem Wasser landet; jagt mit Vorliebe anderen Vögeln die Beute ab | Tropen und Subtropen, besonders im Indopazifik |
| Rosapelikan *Pelecanus onocrotalus* | < 1,75 m | frisst Fische; Seen und langsam fließende Flüsse; lebt in großen Kolonien; viele Tiere bilden eine Treiberkette und jagen Fische in flaches Wasser, wo sie sie mit ihrem sack-förmigen Schnabel abschöpfen | Afrika, Asien und Südeuropa |
| Basstölpel *Morus bassanus* | 90 cm | frisst Fische, die er stoßtauchend aus einiger Höhe erbeutet; Meeresvogel, der in großen Kolonien auf Felsen und Inseln nistet; Beutefang häufig im Schwarm | Nordatlantik |
| **Flamingos/Phoenicopteriformes** | | **(5 Arten)** | |
| Flamingo *Phoenicopterus ruber* | 1,40 m | frisst kleine Krebse, die er mit Hilfe seiner kammartigen Schnabelränder aus dem Wasser ausseiht; Seen und Sümpfe, über-wiegend in Küstenregionen | Afrika, Südeuropa, Asien, Südamerika, Westindien |
| **Stelzvögel/Ciconiiformes** | | **(ca. 120 Arten)** | |
| Kuhreiher *Ardeola ibis* | 50 cm | frisst Insekten und andere kleine Tiere einschließlich Zecken und anderer Blut-sauger; Sümpfe und Grasland; folgt den weidenden Herden | wärmere Regionen ein-schließlich Südeuropas |
| Graureiher *Ardea cinerea* | < 1 m | frisst überwiegend Fische und Frösche; Süß-wasser, im Winter oft an der Küste; nistet auf Bäumen | Eurasien und Afrika |
| Heiliger Ibis *Threskiornis aethiopica* | 75 cm | frisst Fische, Frösche und andere kleine Tiere; Sümpfe und seichte Gewässer; von den alten Ägyptern verehrt, heute jedoch in Ägypten ausgestorben | Mittlerer Osten und Afrika südlich der Sahara |
| Löffler *Platalea leucorodia* | < 90 cm | frisst kleine Krebse, die er mit seinem löffel-förmigen Schnabel aus dem Wasser aufnimmt; Sümpfe und andere flache Brack- und Süß-gewässer | Süden Eurasiens und Nordafrika |
| Schuhschnabel *Balaeniceps rex* | 1,2 m | frisst große Fische und sogar junge Krokodile, die er mit seinem riesigen schuhförmigen Schnabel fängt | tropisches Afrika |
| Weißstorch *Ciconia ciconia* | < 1,15 m | frisst Frösche, Insekten und andere Kleintiere; Feuchtgebiete, auch im Brackwasser | Eurasien und Afrika |

| Ordnung/Name | Größe* | Nahrung/Lebensraum/Lebensweise | Verbreitung |
|---|---|---|---|
| **Gänsevögel/Anseriformes** | | (ca. 150 Arten) | |
| Trauerschwan *Cygnus atratus* | < 1,40 m | Pflanzenfresser an Land oder im Wasser; Feuchtgebiete auch Brackwasser | Australien und Neuseeland |
| Ringelgans *Branta bernicla* | 60 cm | Pflanzenfresser, frisst Seegras oder weidet an Land; brütet in der arktischen Tundra, überwintert aber an südlicheren Küsten; Kopf vollkommen schwarz | Arktis und Nordatlantik |
| Kanadagans *Branta canadensis* | < 1,1 m | Pflanzenfresser, kann bei massenhaftem Auftreten zum Schädling werden; Seen und Sumpfgebiete und umgebende Grasländer | Arktis und Nordamerika; in Europa eingeführt |
| Eiderente *Somateria mollissima* | < 70 cm | frisst wirbellose Wassertiere; Küstengewässer und Flussmündungen; ihre Gefiederdaunen, mit denen sie ihre Nester auspolstert, werden für Bettfüllungen verwendet | Arktis und nördliche gemäßigte Regionen |
| Stockente *Anas platyrhynchos* | 65 cm | Allesfresser, frisst an Land und im Wasser; Süßwasser und Küstengewässer; Vorfahr unserer Hausenten | Nordhalbkugel; in Australasien eingeführt |
| Höckerschwan *Cygnus olor* | 1,5 m | frisst Wasserpflanzen; Süßwasser, manchmal an der Küste; einer der schwersten flugfähigen Vögel, bis zu 18 kg schwer | gemäßigtes Eurasien, aber auch in andere Gebiete eingeführt |
| **Greifvögel/Falconiformes** | | (ca. 290 Arten) | |
| Anden-Kondor *Vultur gryphus* | 1,1 m | frisst Aas und erbeutet manchmal schwache oder verletzte Tiere; Gebirge; größter Greifvogel, Flügelspannweite von über 3 m | Anden |
| Weißkopf-Seeadler *Haliaeëtus leucocephalus* | < 95 cm | frisst Fische, Vögel und kleine Säugetiere; offenes Gelände; charakteristisch sind die weißen Federn auf dem Kopf; Nationalvogel der USA | Nordamerika |
| Bartgeier *Gypaetus barbatus* | 1,1 m | frisst die Knochen von Kadavern, die er aus großer Höhe fallen lässt, damit sie zersplittern; Gebirge; auch fälschlich als Lämmergeier bezeichnet | Afrika und Südeurasien |
| Turmfalke *Falco tinnunculus* | 35 cm | frisst kleine Säugetiere, Vögel und Insekten; offene Landschaften und auch Städte; auf der Suche nach Beute kann er lange auf der Stelle schweben; häufig an Straßenrändern | Afrika und Eurasien |
| Mäusebussard *Buteo buteo* | 55 cm | frisst kleine Säugetiere und Aas; offene Landschaften und lichte Wälder; verbringt viel Zeit hoch oben in der Luft | Eurasien |
| Steinadler *Aquila chrysaetos* | < 1 m | frisst Kaninchen und andere Säugetiere sowie große Vögel; Gebirge, Ebenen und Wälder | Nordhalbkugel |
| Gänsegeier *Gyps fulvus* | 1 m | Aasfresser; offene Landschaften, überwiegend im Hochland; findet sich im Schwarm an Kadavern ein | Südeurasien und Nordafrika |
| Harpyie *Harpia harpyja* | < 1,1 m | frisst Vögel und Säugetiere, einschließlich Affen, die sie in den Baumwipfeln erbeutet; tropische Wälder | tropisches Amerika |
| Weihen (10 Arten) | < 60 cm | fressen kleine Säugetiere, Vögel und Amphibien; offene Landschaften; fliegen in geringer Höhe über den Boden auf Suche nach Beute | weltweit |
| Königsgeier *Sarcorhamphus papa* | 75 cm | frisst Aas inkl. toter Fische; tropische Wälder; einer der farbenprächtigsten Greifvögel | tropisches Amerika |

⇒ S. 222

**221**

# Tiere

| Ordnung/Name | Größe* | Nahrung/Lebensraum/Lebensweise | Verbreitung |
|---|---|---|---|
| Habicht<br>*Accipiter gentilis* | < 65 cm | frisst Vögel und Säugetiere einschließlich Hühnervögel und Kaninchen; Waldgebiete; ein schneller, wendiger Flieger | kältere Regionen der Nordhalbkugel |
| Sperber<br>*Accipiter nisus* | < 40 cm | frisst Vögel, die er im Flug erbeutet, gelegentlich kleine Säugetiere; Waldgebiete; sehr schnell und wendig | Eurasien und Nordafrika |
| Fischadler<br>*Pandion haliaetus* | 55 cm | frisst Fische, die er mit seinen kräftigen Füßen ergreift; Küsten- und Binnengewässer | weltweit |
| Wanderfalke<br>*Falco peregrinus* | < 50 cm | frisst überwiegend Vögel, die er im rasanten Sturzflug in der Luft erbeutet; Küsten und Binnenland; nistet auf Felsen und in Felsmulden | nahezu weltweit |
| Sekretär<br>*Sagittarius serpentarius* | < 1,5 m | frisst Schlangen, kleine Vögel und Säugetiere; Savanne; sein Name bezieht sich auf die schwarzen Kopffedern, die an einen Sekretär mit Federkielen hinter den Ohren erinnern | Afrika |
| Seeadler<br>*Haliaeëtus albicilla* | < 1,9 m | frisst Fische und Wasservögel, die er an der Wasseroberfläche erbeutet, kleine Säugetiere und Aas; Küsten- und Binnengewässer | Grönland und Nordeurasien |
| **Hühnervögel/Galliformes** | | **(ca. 275 Arten)** | |
| Auerhuhn<br>*Tetrao urogallus* | < 85 cm | frisst Samen und Nadeln von Tannen, Fichten und Kiefern (im Winter) sowie Beeren, Knospen und junge Triebe, aber auch Insekten; Nadelwälder | Nordeuropa |
| Jagdfasan<br>*Phasianus colchicus* | < 90 cm | Allesfresser; offene Wald- und Ackerflächen; viele Rassen, die sich in der Färbung der Männchen unterscheiden; wird in vielen Ländern für die Jagd gezüchtet | ursprünglich Südasien, heute nahezu weltweit |
| Wachtel<br>*Coturnix coturnix* | 20 cm | frisst Samen und Insekten; offene Wiesen-, Acker- und Heideflächen; Europas einziger wandernder Hühnervogel | Eurasien und Afrika |
| Rebhuhn *Perdix perdix* | 30 cm | frisst Samen, Blätter und Insekten; offene Gras- und Ackerflächen | Europa |
| Helmperlhuhn<br>*Numida peleagris* | 55 cm | überwiegend Pflanzenfresser; Savanne; seinen Namen hat es von dem hornigen Helm auf seinem Kopf | ursprünglich Ostafrika, weltweit als Haustier |
| Thermometerhuhn<br>*Leipoa ocellata* | 60 cm | Allesfresser; trockene Buschgebiete (Malleebusch); legt seine Eier in einem Blätterhaufen ab, in dem sich die zum Ausbrüten benötigte Wärme entwickelt | südliches Australien |
| Blauer Pfau<br>*Pavo cristatus* | < 2,2 m | Allesfresser; offene Waldgebiete mit Flüssen und dichtem Unterholz; charakteristisch ist der Schwanzfächer des Männchens, den es bei der Balz einsetzt | ursprünglich Indien, doch heute weltweit in Parks |
| Präriehuhn<br>*Tympanuchus cupidus* | < 50 cm | überwiegend Pflanzenfresser, frisst aber auch Insekten; offene Grasflächen; wird durch zunehmenden Ackerbau selten | nordamerikanische Prärien |
| Bankivahuhn<br>*Gallus gallus* | < 80 cm | frisst vorwiegend Samen und Insekten; offene Waldgebiete mit dichtem Unterholz; Vorfahr unseres Haushuhns | Südostasien |
| Truthahn<br>*Meleagris gallopavo* | < 1,2 m | Allesfresser; Wald und Gebüsch; rastet nachts auf Bäumen; Wildvögel sind viel schlanker als ihre domestizierten Nachkommen | ursprünglich Nordamerika, doch in viele Gebiete eingeführt |

| Ordnung/Name | Größe* | Nahrung/Lebensraum/Lebensweise | Verbreitung |
|---|---|---|---|
| **Kranichvögel/Gruiformes** | | (ca. 190 Arten) | |
| Blässhuhn *Fulica atra* | 45 cm | frisst Wasserpflanzen und Insekten; alle Arten von Süßgewässern; eine weiße Blässe über dem Schnabel unterscheidet es vom Teichhuhn | Eurasien und Australasien |
| Großtrappe *Otis tarda* | < 1,05 m | Allesfresser; offene Wiesen und Weidegebiete; das Männchen wird bis zu 18 kg schwer | Nordafrika, Spanien und eurasische Steppen |
| Teichhuhn *Gallinula chloropus* | 35 cm | frisst Wasserpflanzen und Insekten; Teiche, Flüsse, Sümpfe und umgebende Wiesen; charakteristisch ist die rote Stirn | weltweit außer Australasien |
| Schreikranich *Grus americana* | 1,3 m | Allesfresser; Feuchtgebiete, brütet im Sommer in sumpfigen Gebieten und überwintert in küstennahen Gebieten; einer der am stärksten gefährdeten Vögel | brütet in Kanada, überwintert im Golf von Mexiko |
| **Wat- und Möwenvögel/Charadriiformes** | | (ca. 340 Arten) | |
| Küstenseeschwalbe *Sterna paradisaea* | 35 cm | fängt Fische an der Wasseroberfläche; unternimmt von allen Vögeln die weitesten Wanderungen, brütet im Norden | Meere weltweit |
| Säbelschnäbler *Recurvirostra avosetta* | 45 cm | fängt wirbellose Wassertiere, indem er den leicht geöffneten Schnabel durch das Wasser oder den Schlamm zieht; überwiegend in Küstennähe | Nordeuropa, Westasien und Afrika |
| Großer Brachvogel *Numenius arquata* | < 60 cm | frisst Würmer und andere Wirbellose, die er mit dem langen, gebogenen Schnabel aus dem Schlamm holt; feuchte Wiesen und Moore | Eurasien und Afrika |
| Skua *Stercorarius skua* | < 65 cm | frisst Fische, die sie oft anderen Meeresvögeln abjagt; Tundra und Küsten | Arktis und Nordatlantik |
| Trottellumme *Uria aalge* | 40 cm | frisst Fische und andere Meerestiere; nistet an Küstenfelsen; das einzige Ei wird ohne Unterlage auf Felssimsen abgelegt | Nordeurasien und Nordamerika |
| Möwen *Larus* (ca. 40 Arten) | < 80 cm | viele fangen Fische; einige machen Jagd auf andere Meeresvögel; überwiegend an der Küste, doch viele auch im Binnenland auf Mülldeponien und Ackerland | kühle Gebiete außer Antarktis |
| Kiebitz *Vanellus vanellus* | 30 cm | frisst Insekten und andere Wirbellose; Moore, Wiesen, Weiden und Ackerland; nördliche Populationen wandern im Winter südwärts | Eurasien |
| Blatthühnchen (8 Arten in 6 Gattungen) | < 30 cm | fressen Wasserpflanzen und -tiere; Seen und Flüsse mit reichlich schwimmender Vegetation; laufen über die Blätter | Tropen und Ostaustralien |
| Austernfischer *Haematopus ostralegus* | 45 cm | frisst Würmer, Krebse, Schnecken und Muscheln – keine Austern –, die er mit seinem langen Schnabel öffnet; überwiegend Meeresküsten | Eurasien, im Winter Afrika |
| Regenpfeifer (viele Gattungen) | < 35 cm | fressen Wirbellose; Meeresküsten, Binnenlandschaften; kurzschnäblige Watvögel | weltweit |
| Papageitaucher *Fratercula arctica* | 30 cm | frisst Fische, besonders Sandaale, die er im offenen Meer fängt, während er unter Wasser »fliegt«; gräbt zum Nisten längere Gänge, nistet seltener in Felsspalten | Nordatlantik und Arktis |
| Tordalk *Alca torda* | 40 cm | frisst Fische und andere Meerestiere; lebt auf dem offenen Meer, nistet an Felshängen | Nordatlantik und (nur im Winter) Mittelmeer |

⇒ S. 224

# Tiere

| Ordnung/Name | Größe* | Nahrung/Lebensraum/Lebensweise | Verbreitung |
|---|---|---|---|
| Sumpfschnepfe<br>*Gallinago gallinago* | 25 cm | frisst Wirbellose, die sie mit ihrem langen Schnabel aus dem morastigen Boden zieht; Moore, feuchte Wiesen | Eurasien und Nordamerika |
| **Taubenvögel/Columbiformes** | | **(ca. 300 Arten)** | |
| Türkentaube<br>*Streptopelia decaocto* | < 35 cm | frisst Samen; Städte, Gärten und Ackerland; bis zum 20. Jahrhundert auf Südwestasien beschränkt; inzwischen auch in Europa verbreitet | Eurasien |
| Haustaube<br>*Columba livia* | 40 cm | frisst Samen; wird in Städten oft zur Plage; es sind Nachfahren domestizierter Felsentauben, die immer wieder aus Gefangenschaft entwichen sind | weltweit |
| Ringeltaube<br>*Columba palumbus* | 30 cm | frisst Samen und Blätter; Waldgebiete und angrenzendes Ackerland; ein ernst zu nehmender Schädling vor allem in Getreidefeldern | Eurasien und Nordafrika |
| **Papageien/Psittaciformes** | | **(ca. 340 Arten)** | |
| Wellensittich<br>*Melopsittacus ondulatus* | 16 cm | frisst Samen; Wiesen, Gebüsch und offene Waldgebiete; oft in riesigen Schwärmen; Wildvögel sind immer grün, aber Zuchttiere gibt es in vielen Farben | ursprünglich Australien |
| Graupapagei<br>*Psittacus erithacus* | < 50 cm | frisst Früchte und Samen; tropischer Wald und Savanne; ein beliebter Käfigvogel, der menschliche Stimmen nachahmen kann | tropisches Afrika |
| Kakapo<br>*Strigops habroptilus* | 60 cm | Allesfresser; flugunfähig und nachtaktiv (daher auch Eulenpapagei); durch eingeführte Säugetiere fast ausgerottet | Neuseeland |
| Kea<br>*Nestor notabilis* | 45 cm | Allesfresser, mit einer Vorliebe für Früchte und Aas; er soll verletzte Schafe mit seinem scharfen, gebogenen Schnabel attackieren; Hochlandwälder | Neuseeland (Südinsel) |
| Aras<br>(17 Arten in 3 Gattungen) | < 1 m | Pflanzenfresser; tropische Wälder; langschwänzige Papageien mit leuchtenden Farben; als Haustiere gefragt; viele Arten sind vom Aussterben bedroht | tropisches Amerika |
| Gelbhaubenkakadu<br>*Kakatoe galerita* | 30 cm | frisst Früchte, Samen und Insekten; Wald und Savanne; in manchen Gebieten ein landwirtschaftlicher Schädling, aber auch ein beliebter Käfigvogel | Neuguinea, Australien und Pazifik |
| **Kuckucksvögel/Cuculiformes** | | **(ca. 160 Arten)** | |
| Kuckuck<br>*Cuculus canorus* | 30 cm | frisst Raupen; Wälder und offene Landschaften einschließlich Ackerland; berühmt für seine »Kuckuck-Rufe« und dafür, dass er seine Eier in fremde Nester legt | Eurasien im Sommer, Afrika im Winter |
| Erdkuckuck<br>*Geococcyx californianus* | < 60 cm | frisst Kleintiere einschließlich junger Klapperschlangen; Gebüsch und offene Landschaften | Süden Nordamerikas |
| **Eulen/Strigiformes** | | **(ca. 160 Arten)** | |
| Schleiereule *Tyto alba* | 35 cm | frisst kleine Nagetiere und Vögel; Ackerland und anderes offenes Gelände | weltweit |
| Kanincheneule<br>*Speotyto cunicularia* | < 25 cm | frisst Insekten und kleine Säugetiere; Wüsten und anderes offenes Gelände | Nord- und Südamerika |

| Ordnung/Name | Größe* | Nahrung/Lebensraum/Lebensweise | Verbreitung |
|---|---|---|---|
| Uhu *Bubo bubo* | > 75 cm | frisst Vögel und Säugetiere bis Hasengröße; Hochlandwälder | Eurasien und Nordafrika |
| Schnee-Eule *Nyctea scandiaca* | < 65 cm | frisst kleine Vögel und Säugetiere, besonders Lemminge; Tundra und angrenzende Heidemoore | arktische Tundra |
| Waldkauz *Strix aluco* | 40 cm | frisst kleine Vögel und Säugetiere; Waldgebiete einschließlich Parks und Friedhöfe | Eurasien und Nordafrika |
| **Nachtschwalben/Caprimulgiformes** | | **(ca. 100 Arten)** | |
| Europäischer Ziegenmelker *Caprimulgus europaeus* | < 30 cm | frisst Insekten, die er nachts im Flug mit weit geöffnetem Schnabel fängt; offene Wald- und Weidegebiete | brütet in Eurasien, überwintert in Afrika |
| Eulenschwalm *Podargus strigoides* | < 50 cm | frisst kleine Tiere wie Insekten, Frösche und Mäuse, die er nachts am Boden fängt; offene Waldgebiete | Australien |
| Whip-Poor-Will *Caprimulgus vociferus* | 25 cm | frisst Insekten, die er nachts im Flug fängt; Waldgebiete; sein Name gibt seine ständig wiederholten Rufe wieder | brütet in Nordamerika, überwintert in Mittelamerika |
| **Seglervögel/Apodiformes** | | **(ca. 430 Arten)** | |
| Bienenelfe *Calypte helenae* | 6 cm | ernährt sich von Nektar; Wälder und Gärten; der kleinste Vogel der Erde, erreicht kaum 6 cm Körpergröße und nur 2–3 g Gewicht | Kuba |
| Mauersegler *Apus apus* | 15 cm | frisst Insekten, die er im Flug fängt; stößt beim Jagen scharfe Schreie aus; verbringt von allen Vögeln die meiste Zeit in der Luft; landet nur zum Nisten und zur Aufzucht der Jungen – häufig an Gebäuden | brütet in Eurasien, überwintert im tropischen Afrika |
| **Rackenvögel/Coraciiformes** | | **(ca. 200 Arten)** | |
| Bienenfresser *Merops apiaster* | 25 cm | frisst Bienen, Hummeln und andere große Insekten, die er in der Luft fängt oder an Pflanzen aufliest; mit Bäumen bestandene offene Landschaften | brütet in Eurasien, überwintert im tropischen Afrika |
| Doppelhornvogel *Buceros bicornis* | < 1,2 m | frisst Früchte, die er mit seinem großen, aber sehr leichten Schnabel von den Zweigen pflückt; tropischer Wald; selten geworden durch Waldvernichtung | Indien und Südostasien |
| Wiedehopf *Upupa epops* | 25 cm | frisst Insekten, die er am Boden fängt; bewaldete Gebiete, einschließlich Parks, Gärten und Obstwiesen | Eurasien und Afrika, überwintert in tropischen Gebieten |
| Eisvogel *Alcedo atthis* | 15 cm | fängt Fische, indem er sich von einem überhängenden Ast aus senkrecht ins Wasser auf die Beute stürzt; klare Flüsse und Kanäle | Eurasien, Südostasien und Nordafrika |
| Kookaburra *Dacelo gigas* | < 45 cm | frisst Wirbellose und kleine Wirbeltiere; offene Waldgebiete und Städte; auch »Lachender Hans« genannt, weil er bei Tagesanbruch eine Art Gelächter anstimmt | Australien und Neuguinea |
| **Spechtvögel/Piciformes** | | **(ca. 380 Arten)** | |
| Grünspecht *Picus viridis* | 20 cm | frisst Ameisen und andere Insekten sowie Samen; offene Waldgebiete, Parks und Gärten; verbringt die meiste Zeit mit der Nahrungssuche am Boden | Westeurasien |

⇒ S. 226

# Tiere

| Ordnung/Name | Größe* | Nahrung/Lebensraum/Lebensweise | Verbreitung |
|---|---|---|---|
| Schwarzkehl-Honiganzeiger *Indicator indicator* | 60 cm | frisst Bienenlarven und Honigwaben; Waldgebiete und Savanne; hat er ein Bienennest gefunden, macht er einen Honigdachs aufmerksam, der dann das Nest öffnet | tropisches Afrika |
| Elfenbeinspecht *Campephilus principalis* | < 20 cm | frisst Insektenlarven, die er aus Baumrinden pickt; alte Wälder; einer der größten Spechte, durch Abholzungeneiner der seltensten Vögel | Kuba |
| Saftlecker *Sphyrapicus* (4 Arten) | 30 cm | ernährt sich von Baumsäften, indem er kleine Löcher in die Rinde bohrt, sowie von den Insekten, die von dem Saft angezogen werden; vor allem Waldgebiete und Obstgärten | Nord- und Mittelamerika |
| Riesentukan *Ramphastus toco* | 50 cm | ernährt sich von Früchten, die er mit seinem langen, aber sehr leichten Schnabel sammelt; offene Waldgebiete, Plantagen, Dörfer | tropisches Südamerika |
| **Sperlingsvögel/Passeriformes** | | **(ca. 5400 Arten)** | |
| Wanderdrossel *Turdus migratorius* | 25 cm | frisst Würmer, andere Wirbellose, Früchte; Wälder, Parks und Gärten; die größte nordamerikanische Drossel | Nordamerika |
| Paradiesvögel (42 Arten in mehreren Gattungen) | < 1,35 m | fressen Früchte und Insekten; Regenwälder; das prächtige Gefieder der Männchen wird in aufwändigen Balzritualen präsentiert | Neuguinea und Nordaustralien |
| Blauhäher *Cyanocitta cristata* | 30 cm | frisst überwiegend Samen, Nüsse und Insekten; bewaldete Gebiete einschließlich Parks und Gärten; ziemlich lärmend | Nordamerika |
| Blaukehlchen *Luscinia svecica* | 15 cm | frisst Insekten; Tundra, Birkengehölze, buschbestandene Ufer; viele Rassen | Eurasien und Afrika |
| Blaumeise *Parus caeruleus* | 11 cm | frisst Insekten und Samen; bewaldete Gebiete, im Winter ein häufiger Gartenbesucher | Eurasien und Nordafrika |
| Laubenvögel (18 Arten in mehreren Gattungen) | < 35 cm | fressen überwiegend Früchte und Insekten; Regenwald und andere bewaldete Gebiete; die Männchen errichten zur Balz so genannte Liebeslauben, die sie mit Blumen und anderen farbigen Dingen dekorieren | Neuguinea und Australien |
| Kanarienvogel *Serinus canaria* | 12 cm | frisst Samen; Wälder, Gärten und offene Landschaften; die Wildvögel sind brauner als die Käfigzüchtungen | Kanarische Inseln und Azoren |
| Aaskrähe *Corvus corone* | < 50 cm | Allesfresser; Ackerland, Parks und offenes Gelände mit Baumbestand; tief schwarz oder mit grauen Schultern und grauer Unterseite | Eurasien; die schwarze Form nur in Westeuropa |
| Buchfink *Fringilla coelebs* | 15 cm | frisst Samen; Wälder, Parks und Gärten; einer der häufigsten Vögel Europas | Eurasien |
| Graubülbül *Pycnonotus barbatus* | 20 cm | frisst Früchte und Knospen; offene Waldgebiete und Gärten; einer der häufigsten Vögel in den Dörfern und Städten Nordafrikas | nördliches und mittleres Afrika |
| Waldbaumläufer *Certhia familiaris* | 12 cm | frisst Insekten, die er von der Baumrinde absucht, während er den Stamm hinaufläuft; Waldgebiete | Eurasien |
| Nordamerikanischer Kuhstärling *Molothrus ater* | 16 cm | frisst Samen und Insekten; offenes Gelände, örfer; legt seine Eier in Nester anderer Vögel | Nordamerika |
| Fichtenkreuzschnabel *Loxia curvirostra* | 16 cm | frisst Fichtensamen, die er mit den gekreuzten Spitzen seines Schnabels aus den Zapfen holt; Fichtenwälder und manchmal in Parks; brütet im Winter | Eurasien, Nordafrika und Nordamerika |

| Ordnung/Name | Größe* | Nahrung/Lebensraum/Lebensweise | Verbreitung |
|---|---|---|---|
| Wasseramsel<br>*Cinclus cinclus* | 20 cm | frisst kleine Wassertiere wie Insektenlarven, Kaulquappen und Fischbrut; schnell fließende Bäche in Steppen- und Gebirgsregionen; kann sogar unter Wasser laufen | Eurasien |
| Kleiber<br>*Sitta europaea* | 12 cm | frisst Insekten, Samen und Nüsse; Waldgebiete; Nüsse klemmt er in die Spalten der Baumrinde und hämmert sie mit dem Schnabel auf | Eurasien |
| Amsel<br>*Turdus merula* | 25 cm | Allesfresser, aber besonders Früchte und Würmer; alle Lebensräume außer Tundra und Hochgebirge; sehr häufig in Gärten, auch mitten in der Stadt | Eurasien und Nordafrika; Australien, Neuseeland |
| Rotkehlchen<br>*Erithacus rubecula* | 15 cm | frisst Insekten und Spinnen, im Winter Samen; besiedelt alle Lebensräume, vor allem offene Landschaften; sehr häufig in Städten | Eurasien |
| Beo<br>*Gracula religiosa* | 30 cm | frisst Früchte, Nektar und kleine Tiere; Waldgebiete; ein ausgezeichneter Nachahmer von Stimmen und Geräuschen | Indien und Südostasien |
| Mehlschwalbe<br>*Delichon urbica* | 13 cm | frisst Insekten, die sie im Flug fängt; überwiegend in Städten und Dörfern, wo sie an Gebäuden, besonders Bauernhäusern nistet | Eurasien; Vögel aus Europa überwintern in Afrika |
| Haussperling<br>*Passer domesticus* | 15 cm | frisst Samen und Insekten, aber auch menschliche Abfälle; Städte und Dörfer; kann u.a. in Kornfeldern als Schädling auftreten | ursprünglich Eurasien und Afrika, nun weltweit |
| Dohle<br>*Corvus monedula* | 35 cm | Allesfresser; sucht ihre Nahrung auch auf Abfallhalden; Wälder, Ackerland und Städte; der kleinste europäische Rabenvogel, erkennbar am grauen Nacken | Eurasien |
| Eichelhäher<br>*Garrulus glandarius* | 33 cm | frisst Insekten und Nüsse, besonders Eicheln; Wälder und Parks; ein lärmender Vogel | Eurasien |
| Schwanzmeise<br>*Aegithalos caudatus* | 15 cm | frisst Insekten und Samen; Wälder, Parks und Gärten; der Schwanz ist länger als der Körper | Eurasien |
| Elster *Pica pica* | 45 cm | Allesfresser, vergreift sich an Eiern anderer Vögel; Wälder, Weiden, Gärten | Eurasien und Nordamerika |
| Spottdrossel<br>*Mimus polyglottos* | < 28 cm | frisst Früchte und Wirbellose; offenes Gelände und Stadtparks; ein ausgezeichneter Nachahmer, der oft nachts singt | Nordamerika und Karibik |
| Nachtigall<br>*Luscinia megarhynchos* | 16 cm | frisst Insekten und Früchte; Waldgebiete; berühmt ist ihr vielseitiger, melodiöser Gesang, der tagsüber und nachts erschallt | brütet in Eurasien, überwintert in Afrika |
| Zaunkönig<br>*Troglodytes troglodytes* | 8 cm | frisst Insekten und Spinnen; besiedelt fast alle Lebensräume, vom Wald bis zur Küste; häufig in Gärten | Eurasien, Nordafrika und Nordamerika |
| Madenhacker *Buphagus*<br>(2 Arten) | 18 cm | fressen Zecken und andere Blut saugende Insekten, die sie den Weidetieren von der Haut absuchen; Savanne | Afrika |
| Bachstelze<br>*Motacilla alba* | 18 cm | frisst Insekten und andere kleine Wirbellose; Weiden, Parks und Gärten, oft in Wassernähe; ihr Schwanz wippt ständig auf und nieder | Eurasien; viele Vögel überwintern in Nordafrika |
| Rabe *Corvus corax* | 65 cm | frisst Aas und tötet auch Kleintiere; Gebirge, Tundra und Küsten; der größte Rabenvogel | Eurasien; Nordamerika und Nordafrika |
| Rotschulterstärling<br>*Agelaius phoeniceus* | 20 cm | frisst Insekten; Feuchtgebiete und Farmland, oft in riesigen Schwärmen; vermutlich der häufigste Landvogel Nordamerikas | Nord- und Mittelamerika |

⇒ S. 228

# Tiere

| Ordnung/Name | Größe* | Nahrung/Lebensraum/Lebensweise | Verbreitung |
|---|---|---|---|
| Saatkrähe<br>*Corvus frugilegus* | 45 cm | Allesfresser; Weiden und andere offene, baumbestandene Landschaften; nistet in Kolonien in Baumwipfeln | Westeurasien |
| Töpfervogel<br>*Furnarius rufus* | 20 cm | frisst Würmer und Insekten; offene und licht bewaldete Landschaften; das Nest aus Lehm und Stroh erinnert an einen Backofen | Südamerika |
| Würger (ca. 70 Arten in mehreren Gattungen) | < 30 cm | fressen Insekten und kleine Wirbeltiere; Wald und offenes Gelände; einige, wie der Neuntöter, spießen ihre Beute auf Dornen auf, bis sie sie fressen | überwiegend in Afrika; Eurasien, Nordamerika |
| Feldlerche<br>*Alauda arvensis* | 18 cm | frisst Samen und Insekten; offene Landschaften wie Moore und Felder; sie singt, während sie in den Himmel hinaufsteigt | Eurasien; nach Neuseeland und Australien eingeführt |
| Schneeammern (ca. 70 Arten in mehreren Gattungen) | 16 cm | fressen Samen, Knospen und Insekten; arktische Tundra und Gebirge; im Winter an der Küste; einige überwintern weit im Süden, in Nordafrika und in Kalifornien | Arktis, Amerika und Eurasien |
| Singdrossel<br>*Turdus philomelos* | 23 cm | frisst Wirbellose und Früchte; Wälder, Parks und Gärten; zerbricht Schneckengehäuse auf Steinen, um an das Fleisch heranzukommen | Eurasien; nach Australien und Neuseeland eingeführt |
| Grauschnäpper<br>*Muscicapa striata* | 15 cm | frisst Insekten, die er häufig im Flug fängt; offene Wälder, Parks und Gärten; schwärmt aus, um Beute zu fangen, kehrt aber gewöhnlich zum Ansitz zurück | Eurasien und Afrika; wandert im Winter nach Süden |
| Gemeiner Star<br>*Sturnus vulgaris* | 20 cm | frisst Insekten, Früchte und Samen; offene Waldgebiete, Stadtparks und Gärten; rastet im Winter in riesigen Schwärmen; einer der häufigsten Vögel | ursprünglich Westeurasien, heute weltweit |
| Leierschwanz<br>*Menura novaehollandiae* | < 1 m | frisst Insekten und andere Wirbellose; Waldgebiete; einer der größten Sperlingsvögel, benannt nach dem leierförmigen Schwanz des Männchens | Südostaustralien |
| Rauchschwalbe<br>*Hirundo rustica* | 18 cm | frisst Insekten, die sie im Flug fängt; offene Lebensräume, besonders um menschliche Ansiedlungen herum | brütet auf der Nordhalbkugel, überwintert auf der Südhalbkugel |
| Schneidervogel<br>*Orthotomus sutorius* | < 15 cm | frisst Insekten und Spinnen; Wälder und Gärten; sein Nest besteht aus Blättern, die er mit Pflanzenfasern oder Spinnenseide zusammennäht | Indien und Südostasien |
| Europäischer Seidenschwanz<br>*Bombycilla garrulus* | 20 cm | frisst Früchte und Insekten; Waldgebiete, im Winter manchmal in Stadtparks und Gärten; die Federspitzen der inneren Armschwingen sind zu roten Hornplättchen umgebildet | Eurasien und Nordamerika; wandert im Winter südwärts |
| Webervögel (mehrere Gattungen und Arten) | < 20 cm | fressen Samen und Insekten; Savannen, lichte Wälder und Farmland; die Nester werden aus Pflanzen gewebt, wobei jede Art ihre eigene Nestform hat | Afrika und Südasien |
| Goldammer<br>*Emberiza citrinella* | 16 cm | frisst Samen und Insekten; Weiden und andere offene Landschaften; der Kopf des Männchens ist leuchtend gelb | Eurasien |

* Größenangaben = Körperlänge von Schnabel- zu Schwanzspitze; nur (h) gibt die Körperhöhe an

| Superlative bei Vögeln | | |
|---|---|---|
| Superlativ | Wert | Vogel |
| Größte Flughöhe | 11,275 km | Sperbergeier |
| Längste Flüge/Jahr | 36 000 km | Küstenseeschwalbe |
| Schnellster Flieger | 180 km/h | Wanderfalke |
| Kleinster Vogel | 6 cm | Bienenelfe |
| Größte Spannweite | 3,65 m | Wanderalbatros |
| Schwerster Flieger | 18 kg | Großtrappe |
| Größte Tauchtiefe | 265 m | Kaiserpinguin |
| Häufigster Vogel | 1,5 Mio. | Blutschnabelweber |
| Meiste Federn | 25 261 | Schwan |

| Zuggeschwindigkeiten bei Vögeln | |
|---|---|
| Vogel | Geschwindigkeiten (in km/h) |
| Segler | 150 |
| Krickente | 120 |
| Star | 74 |
| Dohle | 62 |
| Kreuzschnabel | 60 |
| Wanderfalke | 59 |
| Zeisig | 56 |
| Fink | 53 |
| Saatkrähe | 52 |

## Flugbilder beim Vogelzug

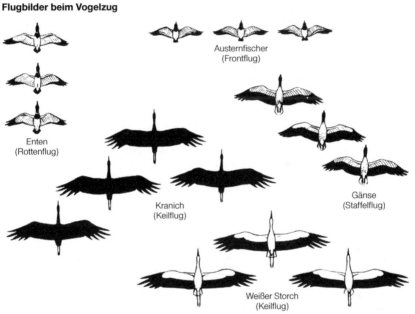

Austernfischer
(Frontflug)

Enten
(Rottenflug)

Kranich
(Keilflug)

Gänse
(Staffelflug)

Weißer Storch
(Keilflug)

| Deutsche Zugvögel | |
|---|---|
| Bachstelze | Mehlschwalbe |
| Baumpieper | Nachtigall |
| Buchfink | Neuntöter |
| Feldlerche | Pirol |
| Fischadler | (Rauch-)Schwalben |
| Gartengrasmücke | Ringeltaube |
| Garten-, Hausrotschwanz | Rotkehlchen |
| Gelbspötter | Singdrossel |
| Girlitz | Sprosser |
| Kranich | Star |
| Kuckuck | Storch |
| Mauersegler | Weidenlaubsänger |
| Mäusebussard | Wiedehopf |

| Deutsche Standvögel | |
|---|---|
| Amsel | Haussperling |
| Blaumeise | Hühnerhabicht |
| Buntsprecht | Kernbeißer |
| Eichelhäher | Kleiber |
| Eisvogel | (Kohl-/Schwanz-)Meisen |
| Elster | Rebhuhn |
| Gartenbaumläufer | (Schwarz-)Spechte |
| Gimpel | Steinkauz |
| Goldammer | Stieglitz |
| Grünfink | Uhu |
| Grünspecht | Wanderfalke |
| Hänfling | Zaunkönig |
| Haubenlerche | Zeisig |

# Tiere

| Spannweiten ausgesuchter Vögel (in cm) | | | | | |
|---|---|---|---|---|---|
| Mönchsgeier | 270 | Fischreiher | 170 | Haubentaucher | 85 |
| Gänsegeier | 260 | Basstölpel | 170 | Austernfischer | 82 |
| Pelikan | 260 | Graugans | 165 | Blässhuhn | 78 |
| Bartgeier | 250 | Mantelmöwe | 160 | Kiebitz | 75 |
| Kranich | 240 | Silbermöwe | 140 | Moorente | 65 |
| Höckerschwan | 235 | Kormoran | 135 | Krickente | 58 |
| Seeadler | 225 | Rohrdommel | 110 | Teichhuhn | 55 |
| Steinadler | 200–220 | Eiderente | 105 | Bekassine | 43 |
| Singschwan | 200 | Habicht | 100–120 | Meerstrandläufer | 40 |
| Storch | 200 | Lachmöwe | 95 | Flussregenpfeifer | 35 |
| Kaiseradler | bis 190 | Stockente | 90 | | |

| Säugetiere | | | |
|---|---|---|---|
| Ordnung/Name | Länge* | Ernährung/Lebensraum | Verbreitung/Herkunft |
| **Eier legende Säugetiere/Monotremata** | | **(3 Arten)** | |
| Kurzschnabeligel *Tachyglossus aculeatus* | 40 cm | frisst Termiten und Ameisen, die er mit seiner langen, klebrigen Zunge aufnimmt; Waldgebiete und offenes Gelände; legt ein einziges Ei, das Junge wächst im Beutel der Mutter heran | Australien und Neuguinea |
| Schnabeltier *Ornithorhynchus anatinus* | 45 cm | frisst wirbellose Wassertiere, die es mit dem »Entenschnabel« fängt; lebt in Flüssen und legt zwei weichschalige Eier, die es in einem Nest ausbrütet | Osten und Süden Australiens |
| **Beuteltiere/Marsupialia** | | **(über 270 Arten)** | |
| Nasenbeutler (ca. 20 Arten in mehreren Gattungen) | < 50 cm | fressen Insekten, Würmer und Pflanzen; alle Lebensräume; rattenähnliche Tiere; durch Bejagung und die Konkurrenz eingeführter Tiere selten geworden | Australien |
| Gewöhnlicher Fuchskusu *Trichosurus vulpecula* | 60 cm | Pflanzenfresser; ein guter Kletterer, ausgestattet mit einem Greifschwanz; lebt überall, wo es Bäume gibt; Australiens häufigstes Beuteltier | Australien; eingeführt in Neuseeland |
| Graues Riesenkänguru *Macropus giganteus* | < 2,1 m (h) | Grasfresser in offenem Waldgelände; der bis zu 1,2 m lange Schwanz dient zur Balance und zum Steuern beim Springen | Osten Australiens |
| Koala *Phascolarctos cinereus* | 60 cm | frisst Eukalyptusblätter und lebt fast ausschließlich in den Bäumen; im Bestand rückläufig, da sein Lebensraum zerstört wird | Osten Australiens |
| Kletterbeutler (mehrere Gattungen und Arten) | < 65 cm | größere Arten sind Pflanzenfresser, kleinere fressen Insekten und Nektar; baumlebend, viele mit Greifschwanz | Australien und Neuguinea |
| Rotes Riesenkänguru *Macropus rufus* | < 2,1 m (h) | grast in riesigen Herden in offenen Graslandschaften; gilt als Konkurrent für Schafe und Kühe und wird daher bejagt | Australien |
| Beutelteufel *Sarcophilus harrisii* | 60 cm | frisst Säugetiere und Vögel einschließlich Aas; Waldgebiete; nimmt unter den Beuteltieren die Stelle der Hyänen ein | Tasmanien |
| Zentralamerik. Opossum *Didelphis marsupialis* | 60 cm | Allesfresser; ein ausgezeichneter Kletterer mit langem Greifschwanz; Waldgebiete, oft in der Nähe menschlicher Ansiedlungen | Nord- und Südamerika |

| Ordnung/Name | Länge* | Ernährung/Lebensraum | Verbreitung/Herkunft |
|---|---|---|---|
| Wallabys (mehrere Gattungen und Arten) | < 100 cm | Pflanzenfresser; überwiegend bewaldete Lebensräume; mittelgroße Kängurus, die sich aber rein äußerlich kaum von Riesenkängurus unterscheiden | Australien und Neuguinea |
| Nacktnasenwombat *Vombatus ursinus* | < 1,3 m | Pflanzenfresser; nachtaktiv; ein plumpes, gedrungenes Tier mit kurzen, stämmigen Beinen; bewohnt Hartlaubwälder, Felsregionen, Küsten | Südostaustralien und Tasmanien |
| **Insektenfresser/Insectivora** | | **(ca. 345 Arten)** | |
| Europäischer Maulwurf *Talpa europaea* | < 16 cm | frisst Regenwürmer, Schnecken und Insektenlarven; verbringt die meiste Zeit seines Lebens mit dem Bau unterirdischer Gänge | Europa und Nordwestasien |
| Spitzmäuse (ca. 170 Arten in vielen Gattungen) | < 15 cm | fressen Würmer, Insekten und andere Wirbellose; können an einem Tag so viel fressen, wie sie selbst wiegen; alle Lebensräume; sehen Mäusen ähnlich, aber mit längerer Schnauze | weltweit außer Australasien und Polargebiete |
| Europäischer Igel *Erinaceus europaeus* | < 27 cm | frisst Wirbellose und kleine Wirbeltiere; Waldränder, Hecken und Gärten; hat ungefähr 6000 Stacheln, bei denen es sich um umgewandelte Haare handelt | Westeuropa |
| **Fledertiere/Chiroptera** | | **(ca. 950 Arten)** | |
| Flughunde (ca. 170 Arten in mehreren Gattungen) | < 30 cm | ernähren sich von Früchten und Nektar; vorwiegend bewaldete Gebiete; die größten Arten erreichen eine Flügelspannweite von bis zu 1,5 m | Tropen der Alten Welt |
| Gemeiner Vampir *Desmodus rotundus* | < 9 cm | ernährt sich von Blut; nachtaktiv; greift schlafende Säugetiere mit seinen rasiermesserscharfen Zähnen an | Süd- und Mittelamerika |
| **Herrentiere/Primates** | | **(ca. 180 Arten)** | |
| Fingertier *Daubentonia madagascariensis* | 40 cm | frisst Früchte und Insektenlarven, die es mit seinem überlangen, dürren Mittelfinger aus Ritzen in der Baumrinde fischt; nachtaktiver Baumbewohner | Madagaskar |
| Paviane *Papio* (5 Arten) | < 1 m | Allesfresser; hundeartige Affen der Savannen und trockener Felsgebiete; leben in Trupps mit wohl geordneter Sozialstruktur | Afrika und Arabien |
| Buschbaby oder Senegalgalago *Galago senegalensis* | < 20 cm | frisst Insekten, Blüten und Früchte; Wald und Gebüsch; ein lebhafter, nachtaktiver Kletterer, dessen Schreie an die eines menschlichen Babys erinnern | Afrika; südlich der Sahara |
| Kapuzineraffen *Cebus* (mehrere Arten) | < 45 cm | fressen Früchte und Insekten; tropische Wälder; lebhafte Baumbewohner mit Greifschwänzen, die gewöhnlich nur zum Trinken auf den Boden kommen | Süd- und Mittelamerika |
| Schimpanse *Pan troglodytes* | < 1,5 m (h) | Allesfresser, aber überwiegend Früchte; lebt in Wäldern in Familiengruppen und ist der nächste lebende Verwandte des Menschen | tropisches Afrika |
| Stummelaffen *Colobus* (2 Arten) | < 60 cm | fressen überwiegend Blätter; bewohnen dichte Wälder; mehrere Rassen, einige mit langen weißen Haaren auf Kopf und Schultern | tropisches Afrika |
| Gibbons *Hylobates* (10 Arten) | < 1 m (h) | fressen Früchte, Blätter, Insekten; schwingen sich mit langen Armen durchs Baumgeäst | Südostasien ⇒ S. 232 |

**231**

# Tiere

| Ordnung/Name | Länge* | Ernährung/Lebensraum | Verbreitung/Herkunft |
|---|---|---|---|
| Gorilla<br>*Gorilla gorilla* | < 2 m (h) | Pflanzenfresser; lebt im tropischen Wald in Familiengruppen; größter Menschenaffe; bedroht von Wilderei und Lebensraumzerstörung | tropisches Afrika |
| Brüllaffen<br>*Alouatta* (6 Arten) | < 60 cm | Pflanzenfresser, fressen besonders Früchte; leben in kleinen Gruppen im Wald; ihr Brüllen und Bellen ist etwa 5 km weit zu hören | Süd- und Mittelamerika |
| Lemuren (mehrere Familien einschließlich des Fingertiers) | < 1 m | Allesfresser; überwiegend baumlebend; mit langen Schwänzen und fuchsartigen Gesichtern; als Halbaffen nur entfernt mit den Affen verwandt; bedroht durch Lebensraumverlust | Madagaskar |
| Makaken<br>*Macaca* (mehrere Arten) | < 60 cm | Allesfresser in Wäldern und offenem Gelände einschließlich Gebirgen; häufig mit langem Schwanz, einige auch schwanzlos; die häufigsten Affen Asiens | Südasien, Japan und Nordafrika |
| Mandrill<br>*Mandrillus sphinx* | < 85 cm | überwiegend Pflanzenfresser in tropischen Wäldern; bodenlebender, pavianartiger Affe; Männchen mit leuchtend farbigem Gesicht | Westafrika |
| Marmosetten (mehrere Gattungen und Arten) | < 25 cm | fressen Insekten und Früchte; baumlebend mit scharfen, spitzen Nägeln; das Zwergseidenäffchen ist mit nur 13 cm Länge (ohne Schwanz) der kleinste Affe | Süd- und Mittelamerika |
| Orang-Utan<br>*Pongo pygmaeus* | < 1,35 m (h) | frisst überwiegend Früchte; lebt in den Bäumen tropischer Wälder; hangelt sich ebenso gut mit den Armen wie mit den Beinen durchs Geäst; gefährdet durch Verfolgung und Lebensraumzerstörung | Indonesien |
| Rhesusaffe<br>*Macaca mulatta* | 60 cm | frisst Früchte und Insekten; in Waldgebieten und in offenem Gelände; den Hindus heilig; fällt in großen Trupps in Dörfern ein | Nordindien und angrenzende Länder |
| Schwarzer Klammeraffe<br>*Ateles paniscus* | < 65 cm | frisst Früchte, die er hoch in Bäumen sammelt; schlank mit langen Beinen und einem Greifschwanz, der länger als der Körper ist | Süd- und Mittelamerika |
| Koboldmakis<br>*Tarsius* (3 Arten) | < 25 cm | fressen Insekten, Eidechsen und andere kleine Tiere; baumlebend in dichten Wäldern; der Schwanz ist zweimal so lang wie der Körper | Indonesien und Philippinen |
| **Nebengelenktiere/Xenarthra** | | **(ca. 30 Arten)** | |
| Großer Ameisenbär<br>*Myrmecophaga tridactyla* | 1,2 m | frisst Ameisen und Termiten, deren Nester er öffnet, um die Insekten mit seiner langen Zunge aufzulecken; Waldgebiete und Ebenen | Süd- und Mittelamerika |
| Neunbinden-Gürteltier<br>*Dasypus novemcinctus* | < 60 cm | frisst Insekten und andere Wirbellose; trockene Graslandschaften und Halbwüsten; überwiegend nachtaktiv; schläft eingegraben in einer Wohnhöhle | Nord- und Südamerika |
| Dreifinger-Faultier<br>*Bradypus tridactylus* | 50 cm | frisst Blätter und Knospen; baumlebend, hängt kopfüber mit seinen Klauen – drei an jedem Fuß – an einem Ast | Süd- und Mittelamerika; tropische Wälder |
| **Schuppentiere/Pholidota** | | **(7 Arten)** | |
| Schuppentiere<br>*Manis* (7 Arten) | < 75 cm | fressen Termiten und Ameisen; Wälder und offene Landschaften; sie sind vollständig mit überlappenden Schuppen bedeckt | Afrika und Südostasien |

| Ordnung/Name | Länge* | Ernährung/Lebensraum | Verbreitung/Herkunft |
|---|---|---|---|
| Röhrchenzähner/Tubulidentata | | (1 Art) | |
| Erdferkel<br>*Orycteropus afer* | < 2 m | frisst Termiten, deren Nester es mit seinen kräftigen Klauen öffnet und die es mit seiner langen Zunge aufnimmt; bewohnt Savannen | Süd- und Ostafrika |
| Nagetiere/Rodentia | | (ca. 1700 Arten) | |
| Biber<br>*Castor fiber* | < 90 cm | frisst Pflanzen, auch Baumrinde; an Flüssen, Bächen und Seen in bewaldeten Gebieten; baut Dämme, um Bäche aufzustauen, so dass er genug Wassertiefe für seine Wohnburg hat | Nordamerika, Europa und Westasien |
| Wanderratte<br>*Rattus norvegicus* | < 30 cm | Allesfresser; meist in der Nähe menschlicher Siedlungen und eine ernste Plage | wahrscheinlich Asien |
| Urson<br>*Erethizon dorsatum* | < 90 cm | frisst Blätter und Baumrinde in Laubwäldern; baumlebend, auch Baumstachler genannt; Fell von Stacheln mit Widerhaken durchsetzt | Nordamerika |
| Wasserschwein oder Capybara<br>*Hydrochaeris hydrochaeris* | < 1,2 m | weidet Wasserpflanzen ab; Sümpfe und Flüsse; einem Schwein ähnlich das größte Nagetier; läuft und schwimmt sehr gut | Südamerika |
| Langschwanzchinchilla<br>*Chinchilla lanigera* | 25 cm | weidet die Vegetation an trockenen Berghängen ab; selten geworden durch Bejagung | Anden |
| Streifenhörnchen<br>(mehrere Arten) | < 18 cm | fressen Früchte, Samen, Pilze und kleine Tiere; Laubwald, Gebüsch und Grasland; bodenlebende Hörnchen mit gestreiftem Fell | Nordamerika und Ostasien |
| Sumpfbiber oder Nutria<br>*Myocastor coypus* | < 65 cm | frisst Wasserpflanzen, tritt als Schädling an Getreide auf; Sümpfe und Flüsse; legt seinen Bau in Uferböschungen an; vielfach als Pelzlieferant gezüchtet | Südamerika |
| Nordafrikan. Stachelschwein<br>*Hystrix cristata* | < 80 cm | frisst Pflanzen aller Art, auch Aas; bewohnt Wälder und Gebüsch; am Hinterende des Körpers sind die Stacheln besonders lang, bis zu 40 cm | Nordafrika und Italien |
| Haselmaus<br>*Muscardinus avellanarius* | < 9 cm | frisst Haselnüsse und andere Früchte sowie Insekten; bewohnt Laubwald mit dichtem Unterholz; zählt nicht zu den Echten Mäusen | Europa und Westasien |
| Goldhamster<br>*Mesocricetus auratus* | < 15 cm | frisst Samen, Wurzeln und andere Pflanzenteile, gelegentlich auch Insekten; trockenes Grasland; ein beliebtes Haustier | Syrien |
| Grauhörnchen<br>*Sciurus carolinensis* | < 30 cm | Allesfresser, überwiegend Pflanzen; bewohnt Laub- und Mischwald, Parks und Gärten; beschädigt Bäume | Osten Nordamerikas; eingeführt nach England und Südafrika |
| Hausmeerschweinchen<br>*Cavea aperea f. porcellus* | < 30 cm | Pflanzenfresser; in seinem Ursprungsgebiet lange als Fleischlieferant genutzt, heute in vielen Ländern als Haustier eingeführt | Norden Südamerikas |
| Hausmaus<br>*Mus musculus* | < 10 cm | Allesfresser; meist in der Umgebung menschlicher Siedlungen; richtet Schäden in Getreidespeichern und an anderen Vorräten an | ursprünglich Zentralasien, jetzt weltweit |
| Springmäuse (mehrere Gattungen und Arten) | < 15 cm | fressen Samen und Pflanzen; der Schwanz ist länger als der Körper und dient als Steuerruder bei ihren känguruartigen Sprüngen auf den langen Hinterbeinen | Nordafrika und Asien |
| Mongolische Rennratte<br>*Meriones unguiculatus* | 10 cm | frisst Samen, Gras und Wurzeln; bewohnt offene Grasflächen; gelehrig und leicht zu halten; seit den 1960er Jahren als Haustier beliebt | Zentralasien |

⇒ S. 234

# Tiere

| Ordnung/Name | Länge* | Ernährung/Lebensraum | Verbreitung/Herkunft |
|---|---|---|---|
| Berglemming *Lemmus lemmus* | < 15 cm | frisst Gras, Moos und andere Pflanzen; bewohnt die Tundra; berühmt geworden durch »Massenselbstmorde« – bei Nahrungsknappheit begeben sich viele Tiere auf eine lebensgefährliche Wanderung | Skandinavien |
| Gewöhnlicher Präriehund *Cynomys ludovicianus* | 30 cm | frisst Gras und andere Pflanzen; lebt gesellig in unterirdischen Gangsystemen; bewohnte früher riesige Gebiete der Prärie, heute jedoch stark dezimiert | Mitte und Westen Nordamerikas |
| Europäisches Eichhörnchen *Sciurus vulgaris* | < 24 cm | frisst Samen, Nüsse, Rinde, Insekten, Jungvögel und Pilze; bewohnt Nadel- und Mischwald; in England vielfach durch das Grauhörnchen verdrängt | Eurasien |
| **Hasentiere/Lagomorpha** | | **(ca. 60 Arten)** | |
| Europäischer Feldhase *Lepus europaeus* | < 70 cm | frisst Gras einschließlich Getreide und niedrig wachsende Pflanzen in offenem Gelände; unterscheidet sich vom Kaninchen durch seine Größe, durch längere Ohren und seine Art, auf der Flucht Haken zu schlagen | Eurasien |
| Europäisches Wildkaninchen *Oryctolagus cuniculus* | < 50 cm | frisst Gras und andere Pflanzen; bewohnt Mischwald und alle Arten von offenem Gelände; ein Schädling in der Landwirtschaft, dessen Einführung nach Australien dort zu einer regelrechten Plage geführt hat | Europa und Nordafrika; eingeführt nach Australien |
| **Raubtiere/Carnivora** | | **(ca. 240 Arten)** | |
| Amerikanischer Dachs *Taxidea taxus* | 60 cm | frisst Nagetiere und andere kleine Wirbeltiere, Insekten und Aas; lebt in offenem Grasland in selbst gegrabenen Höhlen; zumeist nachtaktiv | Nordamerika |
| Rotluchs *Lynx rufus* | < 75 cm | frisst Säugetiere und Vögel; bewohnt ein weites Spektrum von Lebensräumen | Nord- und Mittelamerika |
| Afrikanischer Wildhund *Lycaon pictus* | < 1,1 m | jagt im Rudel Antilopen und anderes Wild; lebt in der Savanne; nicht näher verwandt mit anderen Hunden | Afrika |
| Hauskatze *Felis libyca f. catus* | < 60 cm | frisst Fleisch und Fisch; stammt von eurasischen und afrikanischen Rassen der Wildkatze ab und existiert nun in vielen Varietäten und Farbschlägen | weltweit |
| Gepard *Acinonyx jubatus* | 1,5 m | jagt kleine Säugetiere wie Gazellen; lebt in der Savanne; eine langbeinige Katze und das schnellste Landtier; erreicht in kurzen Sprints 80–112 km/h | Afrika und Südasien |
| Kojote *Canis latrans* | 90 cm | Allesfresser, aber überwiegend kleine Säugetiere und Aas; überwiegend offene Landschaften, aber auch besiedelte Gebiete | Nord- und Mittelamerika |
| Australischer Dingo *Canis lupus f. dingo* | 1 m | frisst Vögel, Säugetiere und Insekten; von den Aborigines vor mindestens 8000 Jahren eingeführt und nun vollkommen wild; kein echter Wildhund, sondern ein Nachfahre verwilderter Haushunde | Australien |
| Haushund *Canis lupus f. familiaris* | 20–100 cm | Fleischfresser; das erste domestizierte Tier; stammt vom Wolf ab und existiert nun in über 400 Rassen | weltweit |

| Ordnung/Name | Länge* | Ernährung/Lebensraum | Verbreitung/Herkunft |
|---|---|---|---|
| Dachs<br>*Meles meles* | < 80 cm | Allesfresser mit einer Vorliebe für Regen-<br>würmer; Mischwald, durchsetzt mit Ackerland;<br>lebt in Familiengruppen in verzweigten<br>Höhlensystemen | Eurasien |
| Bambusbär oder Großer Panda<br>*Ailuropoda melanoleuca* | < 1,8 m | ernährt sich fast ausschließlich von Bambus-<br>schößlingen; lebt nur noch in einem kleinen<br>Gebiet von Bambuswäldern an den Gebirgs-<br>hängen; eines der seltensten und bedrohtesten<br>Säugetiere, heute völlig unter Schutz gestellt | Südwestchina |
| Goldschakal<br>*Canis aureus* | < 1 m | Allesfresser, auch Aas und Abfall und kleine<br>Tiere; trockene, offene Landschaften; lebt in<br>kleinen Familiengruppen | Afrika, Mittlerer Osten<br>und Südosteuropa |
| Grizzlybär<br>*Ursus arctos horribilis* | 2,8 m | Allesfresser; bewohnt Wälder und Berge;<br>eine große Unterart des Braunbären; heute<br>selten geworden infolge von Bejagung | Westen Nordamerikas,<br>überwiegend im Norden |
| Jaguar<br>*Panthera onca* | 1,6 m | Fleischfresser, landlebende und Süßwasser-<br>tiere einschließlich Wasserschweine und<br>Alligatoren; dichte Wälder, in Wassernähe;<br>die größte Katze Amerikas | Süd- und Mittelamerika |
| Leopard<br>*Panthera pardus* | 1,5 m | Fleischfresser, z. B. kleine bis mittelgroße<br>Huftiere; Wälder und offene Landschaften;<br>schleppt seine Beute oft auf Bäume, um sie<br>aufzubewahren; schwarze Tiere werden<br>Panther genannt | Afrika und Südasien |
| Löwe<br>*Panthera leo* | < 1,8 m | frisst Zebras, Gnus und andere große Weide-<br>tiere; Savannen; lebt in wohl organisierten<br>Rudeln von bis zu 20 Tieren; Anzahl in den<br>letzten 100 Jahren stark reduziert, aber in<br>vielen Reservaten Ostafrikas noch häufig | Afrika und Indien,<br>indische Rasse jedoch<br>sehr selten |
| Eurasischer Luchs<br>*Lynx lynx* | 1,3 m | erbeutet Nagetiere, Kleinwild und Vögel;<br>Wald, felsiges Busch- und Grasland; eine<br>kräftig gebaute, hochbeinige Katze | Eurasien und Nordamerika |
| Mangusten (ca. 30 Arten<br>in mehreren Gattungen) | < 65 cm | fressen Wirbeltiere einschließlich Schlangen<br>und Wirbellose, auch Skorpione, manche<br>auch Eier; bewohnen verschiedenartigste<br>Lebensräume | Afrika, Südeuropa und<br>Südostasien |
| Otter (ca. 13 Arten<br>in vier Gattungen) | 1,2 m | fressen Fische und andere Wassertiere;<br>Flüsse, Seen und Meeresküsten; die meisten<br>Otter sind gefährdet, unser heimischer<br>Fischotter ist vom Aussterben bedroht | weltweit außer<br>Australasien |
| Eisbär<br>*Ursus maritimus* | < 2,5 m | erbeutet Robben, gelegentlich Meeresvögel;<br>lebt auf dem Packeis und den angrenzenden<br>Küsten; steht unter Naturschutz | Arktis |
| Puma<br>*Profelis concolor* | < 1,5 m | frisst Kleinwild und andere Säugetiere;<br>Berge, Grasland, Halbwüsten und Wälder;<br>strikter Einzelgänger, der Artgenossen aus<br>dem Weg geht | Nord-/Südamerika;<br>meist im Gebirge |
| Waschbär<br>*Procyon lotor* | 50 cm | Allesfresser, aber überwiegend Wassertiere;<br>Waldgebiete mit Flüssen und Seen, aber nun<br>ebenso in städtischen Gebieten, wo er Abfall-<br>behälter plündert | Nord- und Mittelamerika |
| Honigdachs<br>*Mellivora capensis* | 75 cm | frisst lebende oder tote kleine Tiere; lichte<br>Waldgebiete; liebt Bienenwaben, wird vom<br>Honiganzeiger oft zu ihren Nestern geführt | Afrika und Südasien<br>⇒ S. 236 |

# Tiere

| Ordnung/Name | Länge* | Ernährung/Lebensraum | Verbreitung/Herkunft |
|---|---|---|---|
| Rotfuchs *Vulpes vulpes* | < 90 cm | frisst Kleingetier aller Art, auch Aas; in allen Lebensräumen heimisch | Nordhalbkugel |
| Katzenbär oder Kleiner Panda *Ailurus fulgens* | 60 cm | frisst Bambusschößlinge, Gräser, Wurzeln und Früchte; in Bergwäldern auf Bäumen und am Boden; scheuer Einzelgänger; dämmerungs- und nachtaktiv | Südosthänge des Himalaya |
| Skunks oder Stinktiere (8 Arten in 3 Gattungen) | < 55 cm | fressen Nagetiere und andere Kleintiere; Wälder und offene Landschaften; bei Gefahr können sie einem Angreifer einen gezielten Strahl einer stinkenden Flüssigkeit aus ihren Afterdrüsen ins Gesicht spritzen | Nord- und Südamerika |
| Tüpfelhyäne *Crocuta crocuta* | < 1,5 m | jagt Antilopen und andere Tiere der Savanne; frisst auch Aas und jagt manchmal sogar Löwen die Beute ab; kann mit ihren Kiefern Knochen zerbeißen | Süd- und Ostafrika |
| Hermelin *Mustela erminea* | < 30 cm | frisst überwiegend Kaninchen und Nagetiere; Wälder und offene Landschaften; bekommt im Winter in nördl. Regionen ein weißes Fell | Eurasien, Nordamerika und Nordafrika |
| Tiger *Neofelis [=Panthera] tigris* | < 3 m | schlägt große Säugetiere bis hin zu Büffeln; Wälder und Grasland, besonders in der Nähe von Flüssen; meidet gewöhnlich die Nähe des Menschen; durch Bejagung und Lebensraumverlust vom Aussterben bedroht | Indien und Ostasien einschließlich südliches Sibirien |
| Mauswiesel *Mustela nivalis* | < 20 cm | frisst überwiegend Nagetiere, gelegentlich Vögel und ihre Eier; in nahezu allen Lebensräumen; Fell wird in kälteren Regionen im Winter weiß | Eurasien, Nordafrika und Nordamerika |
| Wildkatze *Felis silvestris* | < 70 cm | frisst überwiegend Nagetiere und Vögel, gelegentlich Fische; Laubwälder, besonders die Waldränder; der Hauskatze sehr ähnlich, aber kräftiger und mit deutlich geringeltem Schwanz; kann sich mit Hauskatze paaren | Eurasien (überwiegend im Süden) und Nordafrika |
| Wolf *Canis lupus* | < 1,5 m | großes Beutetierspektrum einschließlich Rentiere und Aas; durch Bejagung stark dezimiert, in Europa nur noch Restbestände | Nordhalbkugel |
| Vielfraß *Gulo gulo* | < 1 m | Allesfresser, einschließlich Aas; greift auch Tiere an, die viel größer sind als er selbst; Tundra und Wälder; durch Bejagung bedroht | Norden Eurasiens und Nordamerika |
| **Robben/Pinnipedia** | | **(33 Arten)** | |
| Kalifornischer Seelöwe *Zalophus californianus* | < 2,4 m | frisst Fische und andere Meerestiere; lebt in Küstengewässern; gehört zu den Ohrenrobben und ist an Land viel beweglicher als die Seehunde; außerordentlich lernfähig und daher ein beliebtes Zoo- und Zirkustier | Pazifikküste Nordamerikas, Japan und Galápagos-Inseln |
| See-Elefanten *Mirounga* (zwei ähnliche Arten) | < 6 m | frisst Fische und Tintenfische; lebt im Meer, bekommt seine Jungen an Land wie alle Robben; Männchen mit verlängerter Nase | Pazifikküste Nordamerikas; Subantarktis |
| Seehund *Phoca vitulina* (5 Arten) | < 1,9 m | frisst Fische und Krabben; lebt in seichten Küstengewässern, Wattenmeer; gehört zu den Hundsrobben | nördliche Halbkugel |
| Eismeer-Ringelrobbe *Phoca hispida* | < 1,7 m | frisst kleine Fische und Krebse; lebt auf dem Packeis; häufigste Robbe in arktischen Gewässern | Arktis, in europäischen Gewässern selten |

| Ordnung/Name | Länge* | Ernährung/Lebensraum | Verbreitung/Herkunft |
|---|---|---|---|
| Walross<br>*Odobenus rosmarus* | < 3,5 m | frisst Weichtiere und andere Wirbellose, die es mit seinen bis zu 60 cm langen Hauern aus dem Meeresboden ausgräbt; lebt in großen Herden | Packeis der Arktis, selten weit vom Land |
| **Wale/Cetacea** | | **(76 Arten)** | |
| Blauwal<br>*Balaenoptera musculus* | < 30 m | frisst Krill, den er mit seinen Barten aus dem Wasser ausseiht; wiegt bis zu 150 t und ist das größte lebende Tier; durch Fang beinahe ausgerottet, nun geschützt; bekommt seine Jungen in den Subtropen | alle Meere, jedoch am häufigsten auf der Südhalbkugel |
| Großer Tümmler<br>*Tursiops truncatus* | < 4 m | frisst Fische und Tintenfische; überwiegend in Küstengewässern; wird häufig in Delphinarien gezeigt | Atlantik und Mittelmeer |
| Grauwal<br>*Eschrictius robustus* | < 15 m | frisst Krebse und kleine Fische, die er aus dem Wasser seiht; durch Walfang beinahe ausgerottet, erholt sich nun langsam; wandert zwischen Arktis und Tropen | Pazifik |
| Buckelwal<br>*Megaptera novaeangliae* | < 18 m | frisst Krebse und kleine Fische, die er mit Hilfe von Barten aus dem Wasser seiht; durch Walfang stark dezimiert | weltweit; meistens in Küstengewässern |
| Schwertwal<br>*Orcinus orca* | < 9,5 m | frisst Robben, Pinguine, Fische, Tintenfische und kleinere Wale; jagt in Gruppen; gehört zu den Zahnwalen | weltweit; meistens in Küstengewässern |
| Narwal<br>*Monodon monoceros* | < 5,5 m | frisst Fische, Tintenfische und Krebse; in der Nähe des Packeises; das Männchen hat einen einzigen Zahn, der bis zu 2,70 m lang wird | arktische Gewässer |
| Schweinswal<br>*Phocoena phocoena* | < 1,9 m | frisst Fische (vor allem Heringe), Tintenfische und Krebse; in Küstengewässern; kleiner als Tümmler, mit kleiner Rückenfinne | Nordhalbkugel |
| Pottwal<br>*Physeter catodon* | < 20 m | frisst überwiegend Tintenfische; der größte Zahnwal; sein massiger Kopf enthält das ölähnliche Walrat, das früher in kosmetischen und medizinischen Produkten Verwendung fand; heute ist jeder kommerzielle Fang verboten | weltweit im offenen Meer |
| **Rüsseltiere/Proboscidea** | | **(2 Arten)** | |
| Afrikanischer Elefant<br>*Loxodonta africana* | < 3,5 m (h) | Pflanzenfresser, frisst Früchte, Zweige und Blätter; bewohnt die Savanne und ist das größte Landtier; wiegt bis zu 6 t; hat größere Ohren als der Asiatische Elefant; ist weniger leicht zu zähmen und auszubilden | Afrika |
| Asiatischer Elefant<br>*Elephas maximus* | < 3 m (h) | frisst Pflanzen aller Art; lebt in dichtem Wald; wiegt bis zu 4 t; wird vielfach gezähmt und bei Waldarbeiten eingesetzt | Indien und Südostasien |
| **Seekühe/Sirenia** | | **(4 Arten)** | |
| Dugong<br>*Dugong dugong* | < 2,5 m | weidet Seegras ab; in Flussmündungen und Küstengewässern; verlässt nie das Wasser; Schwanz breit und ähnlich wie beim Wal | Küsten des Indischen und Pazifischen Ozeans |
| Manatis<br>*Trichechus* (3 Arten) | < 2,75 m | fressen Wasserpflanzen in Flüssen und Küstengewässern; verlassen nie das Wasser; Schwanz abgerundet; möglicherweise die Ursache für die Geschichten von Seejungfern | Karibik, Amazonas und Atlantikküste Westafrikas<br>⇒ S. 238 |

**237**

# Tiere

| Ordnung/Name | Länge* | Ernährung/Lebensraum | Verbreitung/Herkunft |
|---|---|---|---|
| **Unpaarhufer/Perissodactyla** | | **(16 Arten)** | |
| Spitzmaulnashorn<br>*Diceros bicornis* | 3,75 m | weidet Blätter und Zweige mit der finger-<br>artig verlängerten Oberlippe ab; bewohnt<br>Savannen; durch Bejagung gefährdet | Afrika |
| Indisches Panzernashorn<br>*Rhinoceros unicornis* | < 4,5 m | ein reiner Grasfresser; bewohnt Grassteppen<br>mit eingestreuten Büschen und Bäumen;<br>besitzt zwei Hörner, von denen das vordere<br>wesentlich größer wird | Nordindien |
| Wildpferd<br>*Equus przewalskii* | < 1,5 m (h) | grast in Steppen, Wüsten und Halbwüsten;<br>das letzte überlebende Wildpferd, das aber<br>nirgends mehr in freier Wildbahn existiert,<br>nur noch in Tiergärten | Zentralasien; Innere<br>Mongolei |
| Tapire<br>*Tapirus* (4 Arten) | < 2,3 m | fressen Wasserpflanzen und niedrig wach-<br>sende Pflanzen in dichtem Wald; schweine-<br>ähnlich; Nase und Oberlippe zum Rüssel<br>umgebildet | Südostasien (1 Art)<br>und Südamerika |
| Breitmaulnashorn<br>*Ceratotherium simum* | < 4,5 m | Grasfresser in offenen Landschaften; der<br>Name »Weißes Nashorn« beruht auf einer<br>falschen Übersetzung des burischen Wortes<br>»wijde« (= breit) | Afrika |
| Zebras<br>*Equus* (3 Arten) | < 1,5 m (h) | Grasfresser in Grasländern, Wüsten und<br>Halbwüsten; ein Verwandter unserer<br>Pferde; schwarzweiß gestreift, jedes Tier<br>hat sein individuelles Streifenmuster | Süd- und Ostafrika |
| **Paarhufer/Artiodactyla** | | **(ca. 190 Arten)** | |
| Amerikanischer Bison<br>*Bison bison* | < 3,3 m | Grasfresser in offenen Landschaften; bis<br>zu 2 m hoch und 800 kg schwer; im<br>19. Jh. von Mio. Tieren auf einige hundert<br>reduziert; heute in Reservaten geschützt | Nordamerika |
| Antilopen (viele<br>Gattungen und Arten) | 30–200 cm<br>(h) | Weidetiere in verschiedenartigen Lebens-<br>räumen; meistens tragen beide Geschlechter<br>Hörner, oft gedreht, aber niemals verzweigt | Afrika und Asien |
| Dromedar<br>*Camelus dromedarius* | 3 m | Pflanzenfresser in Trockengebieten; Kamel<br>mit einem Höcker, bis zu 2 m Schulterhöhe;<br>es existiert nur noch als Haustier, das vor<br>allem zum Reiten gezüchtet wurde | Nordafrika und Arabien;<br>nach Indien und<br>Australien eingeführt |
| Trampeltier<br>*Camelus ferus* | 3 m | Pflanzenfresser in Trockengebieten; Kamel<br>mit zwei Höckern; existiert als Wildtier nur<br>noch in Restbeständen in der Wüste Gobi | Zentralasien |
| Dickhornschaf<br>*Ovis canadensis* | < 1 m (h) | weidet an Berghängen; die Männchen tragen<br>ihre Rivalenkämpfe aus, indem sie mit den<br>Hörnern aufeinanderprallen | Rocky Mountains |
| Kaffernbüffel<br>*Syncerus caffer* | 3,4 m | Weidetier der Savannen und tropischen<br>Wälder; lebt in großen Herden; reagiert<br>aggressiv, wenn er angegriffen wird | Afrika südlich der<br>Sahara |
| Gämse<br>*Rupicapra rupicapra* | 1,2 m | weidet an Berghängen, steigt im Winter<br>herab in die Wälder; beide Geschlechter<br>tragen steil aufragende, an der Spitze<br>zurückgebogene Hörner | Gebirge Eurasiens |
| Hirsche (viele<br>Gattungen und Arten) | 60–250 cm<br>(h) | Weidetiere mit knöchernen Geweihen, die<br>in jedem Jahr abgeworfen und durch neue<br>ersetzt werden; nur die männlichen Tiere<br>tragen ein Geweih | Eurasien, Nord- und<br>Südamerika, Afrika |

| Ordnung/Name | Länge* | Ernährung/Lebensraum | Verbreitung/Herkunft |
|---|---|---|---|
| Ducker (mehrere Gattungen und Arten) | < 90 cm (h) | Weidetier in dichtem Wald; kleine Antilopen mit kleinen Hörnern beim männlichen Tier | Afrika |
| Elenantilope *Tragelaphus oryx* | < 2 m (h) | Weidetier in Savannen und lichten Waldgebieten; die größte Antilope; wurde lange zur Fleischgewinnung gejagt und dadurch dezimiert | Afrika, vor allem südlich der Sahara |
| Elch *Alces alces* | < 2,5 m (h) | frisst Gräser, Blätter, Zweige und Wasserpflanzen; bewohnt Wälder und angrenzende offene Landschaften, besonders in Wassernähe; der größte Hirsch | nördliches Eurasien und Nordamerika |
| Gazellen *Gazella* (mehrere Arten) | < 1 m (h) | Weidetiere der offenen Graslandschaften; zierliche Antilopen mit geringelten Hörnern und zumeist schöner schwarz-weißer Gesichtszeichnung | Afrika sowie West- und Zentralasien |
| Giraffe *Giraffa camelopardalis* | < 5,5 m (h) | frisst Blätter und frische Triebe von Bäumen in der Savanne; erreicht von allen Tieren die größte Höhe; Unterarten mit verschiedenen Fellzeichnungen | Afrika |
| Streifengnu *Connochaetes taurinus* | < 2,1 m | Weidetier der Savanne; lebt in riesigen wandernden Herden; hat eine Mähne und einen Schwanz wie ein Pferd | Afrika |
| Flusspferd *Hippopotamus amphibius* | < 4,2 m | frisst Gras und andere Ufervegetation; lebt im Wasser und kommt nachts zum Fressen an Land; wiegt bis zu 4 Tonnen und ist mit den Schweinen verwandt | tropisches Afrika |
| Steinbock *Capra ibex* | < 1,2 m (h) | weidet an Berghängen; während der meisten Zeit des Jahres oberhalb der Baumgrenze; Wildziege mit langen, gebogenen Hörnern | Gebirge Asiens und Südeuropas |
| Impala *Aepyceros melampus* | < 1 m (h) | Weidetier in buschreichen Savannen, meist in Wassernähe; lebt in großen Herden; charakteristisch ist die enorme Sprungkraft | Afrika |
| Lama und Alpaka *Lama guanacoë f. glama* | < 1,8 m (h) | Pflanzenfresser; Haustierformen, die beide vom wilden Guanako abstammen; höckerlose Kamele und damit Verwandte von Dromedar und Trampeltier | Anden |
| Mufflon *Ovis orientalis* | 1,3 m | Weidetier der Bergwälder und Bergwiesen; das kleinste Wildschaf; wurde in vielen Gebieten eingebürgert (auch in Mitteleuropa) | Südwestasien, Korsika und Sardinien |
| Moschusochse *Ovibos moschatus* | < 1,5 m (h) | Weidetier der arktischen Tundra, auch im Winter; dichtes, zottiges Fell schützt ihn vor Feuchtigkeit und Kälte; hat die Gestalt eines kurzbeinigen Rindes, steht aber wohl den Schafen und Ziegen näher | Kanada, Grönland; in Norwegen eingeführt |
| Okapi *Okapia johnstoni* | < 2 m (h) | Pflanzenfresser in trop. Wäldern; durch Lebensraumzerstörung gefährdet | Zentralafrika |
| Gabelbock *Antilocapra americana* | < 1,35 m | Weidetier der trockenen Graslländer; ähnelt Antilopen, hat aber verzweigte Hörner; bevölkerte früher die Prärien | Nordamerika |
| Rentier *Rangifer tarandus* | < 2,2 m | Weidetier der Tundra, wandert im Winter südwärts in die Wälder; beide Geschlechter tragen ein Geweih; lebt in Nordamerika wild (Karibu); europäische Tiere werden in Herden gehalten und liefern Fleisch, Milch und Leder | arktische Regionen |

⇒ S. 240

**239**

# Tiere

| Ordnung/Name | Länge* | Ernährung/Lebensraum | Verbreitung/Herkunft |
|---|---|---|---|
| Springbock<br>*Antidorcas marsupialis* | 75 cm (h) | Weidetier in offenen Landschaften; sein Name bezieht sich auf die Fähigkeit, aus dem Stand 3 m hoch zu springen | südliches Afrika |
| Vikunja<br>*Lama vicugna* | 1,5 m (h) | Weidetier an Berghängen oberhalb von 3500 m; ein zierliches Mitglied der Kamelfamilie, das die feinste Wolle liefert | Anden |
| Wasserbüffel<br>*Bubalus arnee* | < 1,8 m (h) | frisst hohes Gras und andere Pflanzen; in Waldgebieten und besonders in Sumpfniederungen; Hausbüffel dienen in Südostasien als Zugtiere | Indien und Südostasien |
| Yak<br>*Bos mutus* | < 1,9 m (h) | Weidetier rauer Gebirgsregionen bis zu 6000 m Höhe; seine Ausdauer macht ihn zu einem idealen Lasttier, besonders in Gebirgsgegenden | Tibet |

\* Längenangaben = Kopf-Rumpf-Länge ohne Schwanz, doch (h) = Höhe

## Geschwindigkeiten im Tierreich

| Tier | Geschwindigkeit<br>(1m/s = 3,6 km/h) | Tier | Geschwindigkeit<br>(1m/s = 3,6 km/h) |
|---|---|---|---|
| Mauersegler | 80 m/s | Pferd im Trab | 3,75 m/s |
| Schwalbe | 50–60 m/s | Hummel | 3–5 m/s |
| Brieftaube | 18–19 m/s | Maikäfer | 2,2–3 m/s |
| Schwärmer | bis 15 m/s | Kohlweißling | 1,8–2,3 m/s |
| Pferd im Galopp | 10 m/s | Pferd im Schritt | 2 m/s |
| Elefant | 6,5 m/s | Grönlandwal | 2 m/s |
| Honigbiene | 6,5 m/s | Stubenfliege | 1,5–2 m/s |
| Abendpfauenauge | 6 m/s | Pantoffeltierchen | 2–3 mm/s |
| Finnwal | 5 m/s | Ackerschnecke | 2 mm/s |
| Lachs (auf Wanderung) | 5 m/s | Weinbergschnecke | 0,9 mm/s |
| Libelle | 4–15 m/s | Seestern | 0,16 mm/s |

## Gewicht ausgewählter Tiere

| Tier | Gewicht<br>(in kg) | Tier | Gewicht<br>(in kg) | Tier | Gewicht<br>(in kg) |
|---|---|---|---|---|---|
| Wal | bis 150000 | Wels | 300 | Karpfen | bis 25 |
| Elefant | 6000 | Stör | 250 | Dachs | 20 |
| Nilpferd | 2500 | Brauner Bär | 250 | Reh | 20 |
| Nashorn | 2000 | Anakonda | 230 | Höckerschwan | bis 20 |
| Krokodil | 1500 | Rothirsch | 220 | Schleie | bis 7 |
| Walross | 1000 | Wildschwein | 200 | Fuchs | 6–10 |
| Eisbär | 800 | Tiger | 180 | Bartgeier | 5–6 |
| Wisent | 700 | Rentier | 150 | Forelle | bis 5 |
| Rochen (Teufels-) | 600 | Löwe | 130 | Habicht | bis 1,25 |
| Tunfisch | bis 500 | Strauß | 100 | Bussard | bis 1,2 |
| Grizzlybär | 450 | Lachs | bis 45 | Turmfalke | bis 0,275 |
| Schildkröte | bis 450 | Wolf | 35–50 | Kolibri | 0,002 |
| Elch | 400 | Hecht | bis 35 | | |
| Seekuh | 400 | Biber | 30 | | |
| Gorilla | 350 | Kabeljau | bis 25 | | |

## Größe ausgewählter Tiere

| Tier | Länge/Höhe (in cm) | Tier | Länge/Höhe (in cm) | Tier | Länge/Höhe (in cm) |
|---|---|---|---|---|---|
| **Säugetiere** | | Frettchen | 45 | Flussbarsch | 50 |
| Blauwal | 3000 | Fliegender Hund | 40 | Hering | 45 |
| Grönlandwal | 2000 | Maulwurf | 16 | | |
| Pottwal | 2000 | Maus (Feldmaus) | 10 | **Kriechtiere** | |
| Giraffe | 550 | | | Netzschlange | 1000 |
| Nashorn | 500 | **Vögel** | | Krokodil | 800 |
| Nilpferd | 400 | Strauß | 250 | Alligator | 600 |
| Tümmler | 400 | Kranich | 130 | Kobra | 250 |
| Elefant | 350 | Pinguin | 115 | Klapperschlange | 240 |
| Walross | 350 | Storch | 115 | Schildkröte | 220 |
| Tiger | 300 | Kondor | 110 | Ringelnatter | 200 |
| Grizzlybär | 280 | Auerhahn | 100 | Leguan | 150 |
| Eisbär | 250 | Bussard | 55 | Riesensalamander | 150 |
| Elch | 250 | Schleiereule | 35 | Kreuzotter | 90 |
| Hirsch (Rot-H.) | 250 | Buntspecht | 24 | Chamäleon | 60 |
| Brauner Bär | 225 | | | Smaragdeidechse | 40 |
| Rentier | 220 | **Fische** | | Teichschildkröte | 35 |
| Gorilla | 200 | Riesenhai | 1200 | Feuersalamander | 25 |
| Seehund | 190 | Stör | 900 | Zauneidechse | 18 |
| Löwe | 180 | Rochen (Teufelsrochen) | 400–600 | | |
| Schimpanse | 150 | Menschenhai | 400–500 | **Sonstige** | |
| Wildschwein | 150 | Tunfisch | bis 400 | Bandwurm | bis 1000 |
| Wolf | 150 | Heringshai | 350 | Hummer | 70 |
| Orang-Utan | 135 | Sonnenfisch | 300 | Goliathfrosch | 35 |
| Reh | 130 | Wels | 300 | Regenwurm | 35 |
| Ameisenbär | 120 | Kabeljau | 200 | Tintenfisch | 30 |
| Biber | 90 | Zitteraal | 200 | Gespenstheuschrecke | 30 |
| Fuchs | 90 | Lachs | 150 | Skorpion | 22 |
| Dachs | 80 | Hecht | 150 | Krebs | 20 |
| Feldhase | 70 | Forelle | 140 | Ochsenfrosch | 20 |
| Hase | 70 | Zander | 120 | Auster | 15 |
| Marder | 50 | Aal | 100 | Flusskrebs | 15 |
| Schnabeltier | 45 | Dornhai | 100 | Vogelspinne | 10 |
| Fledermaus | 45 | Karpfen | 100 | Frosch | 10 |

## Höchstalter von Tieren

| Tier | Alter (in Jahren) | Tier | Alter (in Jahren) |
|---|---|---|---|
| Elefantenschildkröte | 150 | Blindschleiche | 33 |
| Stör | bis 150 | Austernfischer | 29 |
| Sumpfschildkröte | bis 120 | Kobra | 28 |
| Landschildkröte | bis 116 | Graureiher | 24 |
| Aaskrähe, Kakadu | 100 | Laubfrosch | 22 |
| Elefant | bis 70 | Mauersegler | 21 |
| Kolkrabe | 69 | Ameisenkönigin | 20 |
| Hecht | 60–70 | Katze | bis 20 |
| Silbermöwe | 31 | Hund (je nach Rasse) | 12–20 |
| Krokodil | 44 | Rotkehlchen | 11 |
| Riesensalamander | 40 | Bienenkönigin | 7 |
| Pferd (je nach Rasse) | bis 40 | Ameisenarbeiterin | 6 |

# Tiere

## Fortpflanzung des Wildes

| Art | Begattung | Tragezeit (in Wochen) | Junge | setzt/wirft im |
|---|---|---|---|---|
| Rotwild | September–Oktober | 33–40 | 1 | Mai |
| Elchwild | September | 36–40 | 1–2 | Mai |
| Rentier | Oktober | 38–40 | 1 | Juni |
| Damwild | Oktober | 35–38 | 1–2 | Juni |
| Reh | M Juli–M August | 40 | 1–2 | Mai |
| Gämse | November–A Dezember | 21 | 1–2 | E April–A Mai |
| Steinbock | E Dezember–Januar | 21 | 1 | Mai–Juni |
| Mufflon | Herbst | 21 | 1 | Frühjahr |
| Wildschwein | Spätherbst | 18–20 | 5–12 | Februar–April |
| Hase | Februar–August | 4 | 2–5 | 3–5mal März–September |
| Kaninchen | Februar–August | 4 | 4–10 | 5–7mal März–September |
| Murmeltier | April–Mai | 6 | 3–4 | Juni |
| Fuchs | Februar | 9 | 3–7 | April |
| Dachs | Juli–August | 31–32 | 3–5 | Februar–März |
| Marder | E Juli–A August | 36 | 2–4 | März–April |
| Iltis | Februar | 9 | 3–6 | April |
| Wiesel | Februar–März | 5 | 3–6 | April |
| Fischotter | E Februar und Juli | 8–9 | 2–4 | A Mai und September |

(A: Anfang; M: Mitte; E: Ende)

## Gehirngewichte

| Lebewesen | Durchschnittsgewicht (in g) |
|---|---|
| Elefant | 4000–5000 |
| Wal | 2000–3000 |
| Mann | 1375 |
| Frau | 1245 |
| Pferd | 600–800 |
| Gorilla | 400–500 |
| Ochse | 400–500 |
| Orang-Utan | 370–400 |
| Schimpanse | 350–400 |
| Löwe | 200–250 |

| Auf 1 g Gehirngewicht entfallen an Körpergewicht beim: | |
|---|---|
| Tunfisch | 37 440 |
| Haifisch | 2496 |
| Strauß | 1200 |
| Elefanten | 500 |
| Ochsen | 500 |
| Pferd | 500 |
| Tiger | 500 |
| Löwen | 500 |
| Karpfen | 248 |
| Hund | 200–300 |
| Frosch | 172 |
| Adler | 160 |
| Gorilla | 100 |
| Menschen | 36–37 |

## Jagdzeiten (laut Bundesverordnung)

| Tiere | Zeitraum |
|---|---|
| **Rotwild** | |
| Kälber | 1.8.–28.2. |
| Schmalspießer | 1.6.–28.2. |
| Schmaltiere | 1.6.–31.1. |
| Hirsche und Alttiere | 1.8.–31.1. |
| **Dam- und Sikawild** | |
| Kälber | 1.9.–28.2. |
| Schmalspießer | 1.7.–28.2. |
| Schmaltiere | 1.7.–31.1. |
| Hirsche und Alttiere | 1.9.–31.1. |
| **Rehwild** | |
| Kitze | 1.9.–28.2. |
| Schmaltiere | 16.5.–31.1. |
| Ricken | 1.9.–31.1. |
| Böcke | 16.5.–15.10. |
| Gamswild | 1.8.–15.12. |
| Muffelwild | 1.8.–31.1. |
| Schwarzwild | 16.6.–31.1. |
| Feldhasen | 1.10.–15.1. |
| Stein- und Baummarder | 16.10.–28.2. |
| Iltisse, Hermeline, Mauswiesel | 1.8.–28.2. |
| Dachse | 1.8.–31.10. |
| Seehunde | 1.9.–31.10. |
| Auer-, Birk- und Rackelhähne | 1.5.–31.5. |
| Rebhühner | 1.9.–15.12. |
| Fasanen | 1.10.–15.1. |
| Wildtruthähne | 15.3.–15.5. und 1.10.–15.1. |
| Wildtruthennen | 1.10.–15.1. |

| Tiere | Zeitraum |
|---|---|
| Ringel- und Türkentauben | 1.7.–30.4. |
| Höckerschwäne | 1.9.–15.1. |
| Graugänse | 1.8.–31.8. |
| | und 1.11.–15.1. |
| Bläss-, Saat-, Ringel- und Kanadagänse | 1.11.–15.1. |
| Stockenten | 1. 9.–15.1. |
| alle übrigen Wildenten (außer Brand-, Eider-, Eis-, Kolben-, Löffel-, Moor-, Schell- und Schnatterenten) | 1.10.–15.1. |
| Waldschnepfen | 16.10.–15.1. |
| Blässhühner | 1.9.–15.1. |
| Lachmöwen | 16.7.–30.4. |
| Sturm-, Silber-, Mantel- und Heringsmöwen | 16.8.–30.4. |

Das ganze Jahr über dürfen gejagt werden: Schwarzwild (Frischlinge und Überläufer), Wildkaninchen und Füchse.

## Tragezeiten

| Tier | durchschnittliche Dauer der Trächtigkeit (in Tagen) |
|---|---|
| Elefant | 630 |
| Giraffe | 450 |
| Kamel | 360 |
| Esel | 360 |
| Pferd | 340 |
| Rind | 280 |
| Eisbär | 240 |
| Schimpanse | 230 |
| Ziege | 150 |
| Schaf | 150 |
| Biber | 120 |
| Schwein | 115 |
| Löwe | 100 |
| Hund | 64 |
| Katze | 63 |
| Fuchs | 52 |
| Kaninchen | 30 |

## Fährten – Spuren – Geläufe

| 1 Gämse | 2 Hirsch | 3 Wildschwein | 4 Dachs | 5 Hase | 6 Katze | 7 Fuchs | 8 Eichhorn | 9 Auerhahn | 10 Rebhuhn | 11 Krähe |
|---|---|---|---|---|---|---|---|---|---|---|

1–3 = Fährten (Hochwild)  4–8 = Spuren (Niederwild)  9–11 = Geläufe (Wildgeflügel)

# Tiere

| Gifttiere des Landes | | | | |
|---|---|---|---|---|
| Name | systematische Zuordnung | Verbreitung | Giftorgan | Giftwirkung bei Menschen |
| Skorpione (*Androctonus, Buthus, Centruroides, Leiurus, Tityus*) | Skorpione (*Scorpiones*) | Afrika, Amerika, Arabien | Stachel am schwanzartigen Hinterleib | Brennen und starke Schmerzen an der Stichstelle; lokale Schwellung über mehrere Tage; erhöhte Speichelabsonderung, Tränenfluss, Schwitzen, Muskelkrämpfe; Herzjagen; Tod durch Atemlähmung möglich |
| (*Euscorpius, Buthus*) | | Südeuropa Nordafrika | | *Euscorpius* verhältnismäßig harmlos; Stich ähnelt dem einer Biene. *Buthus* ist giftiger, aber nicht tödlich |
| Trichterspinnen (*Trechona, Atrax*) | Trichterspinnen (*Dipluridae*) | Südamerika, Australien, Tasmanien, Neuseeland | Kieferklauen | der Biss von *Atrax*-Weibchen führt zu lokalen Schmerzen; der Biss der Männchen kann tödlich sein |
| Vogelspinnen (*Aricularia, Theraphosa, Grammostola*) | Vogelspinnen (*Theraphosidae*) | Südamerika | Kieferklauen | verhältnismäßig harmlos; Todesfälle nicht bekannt |
| Falltürspinnen (*Harpactirella*) | Falltürspinnen (*Barychelidae*) | Südafrika | Kieferklauen | kaum lokale Schmerzen; große Müdigkeit, die zum Einschlafen führt; bei hoher Giftdosis wacht das Opfer nicht mehr auf |
| Einsiedlerspinnen (*Loxoceles sp.*) | Sechsaugenspinnen (*Sicariidae*) | Amerika | Kieferklauen | Gewebezerstörung an der Bissstelle; größere Giftmengen können zum Zerfall der roten Blutkörperchen und zu Leberzirrhose führen und so den Tod herbeiführen |
| Schwarze Witwe (*Latrodectus mactans*) | Kugelspinnen (*Theridiidae*) | weltweit | Kieferklauen | zunehmende Schmerzen; Schweißausbruch; Muskelkrämpfe; starke Nervosität; Angstgefühle; nach Stunden oder Tagen zunehmende Krämpfe und Lähmungen, die zum Tode führen können |
| Malmignatte (*Latrodectus mactans tredecimguttatus*) | Kugelspinnen (*Theridiidae*) | Mittelmeergebiet bis Zentralasien | Kieferklauen | verhältnismäßig harmlos |
| Bolaspinnen (*Mastophora sp.*) | Webspinnen (*Araneidae*) | Südamerika | Kieferklauen | starke Gewebezerstörungen an der Bissstelle |
| Wolfsspinne (*Lycosa erythrognatha*) | Wolfsspinnen (*Lycosidae*) | Süd- und Mittelamerika | Kieferklauen | starke Schmerzen; lokale Gewebezerstörung; Blutzerfall |
| Tarantel (*Lycosa tarentula*) | Wolfsspinnen (*Lycosidae*) | Eurasien, Afrika | Kieferklauen | harmlos; einem Wespenstich ähnlich |
| Dornfingerspinne (*Cheiracanthium punctorium*) | Sackspinnen (*Clubionidae*) | Süddeutschland; Südeuropa | Kieferklauen | Biss ähnelt Wespenstich; starke lokale Schmerzen; leichtes Fieber |
| Bananen- oder Kammspinne (*Phoneutria nigriventer*) | Wanderspinnen (*Ctenidae*) | Südamerika | Kieferklauen | starke Schmerzen über Stunden; Herzklopfen; Schweißausbrüche; Muskelzuckungen; Sinken der Körpertemperatur; Tod (Atemlähmung) möglich |

| Name | systematische Zuordnung | Verbreitung | Giftorgan | Giftwirkung bei Menschen |
|---|---|---|---|---|
| Skolopender (*Scolopendra sp.*) | Hundertfüßer (*Chilopoda*) | weltweit | Kieferklauen | starke lokale Schmerzen; Atembeschwerden; Schwindelgefühl; unregelmäßiger Puls; Symptome klingen nach einer Woche ab |
| Saftkugler (*Glomeris sp.*) | Tausendfüßer (*Diplopoda*) | Eurasien, Afrika | Wehrdrüsen | Rötung und Blasenbildung auf der Haut, kann im Auge zur Erblindung führen |
| Laufkäfer (*Anthia sp.*) | Laufkäfer (*Carabidae*) | Afrika | Hinterleib verspritzt Sekret | starke lokale Schmerzen; gelangt Gift in die Augen, ist Erblindung möglich |
| Kurzflügler (*Paederus sp.*) | Käfer (*Coleoptera*) | Europa, Afrika | Drüsensekret | nach zwei Tagen schmerzhafte Blase, die nach dem Abheilen eine Narbe hinterläßt |
| Spanische Fliege (*Lylta vesicatoria*) | Ölkäfer (*Meloidae*) | Südeuropa | Blut enthält Cantharidin | Cantharidin diente früher als Aphrodisiakum, Abtreibungsmittel und zu anderen pharmazeutischen Zwecken; bei Vergiftung Entzündung der Schleimhäute; brennende Schmerzen in den Harnorganen; keine Harnausscheidung mehr; oft mit Todesfolge |
| Augenspinner (*Hylesia*) | Augenspinner (*Saturniidae*) | Mittel- und Südamerika | Brennhaare am Hinterleib der Schmetterlinge | intensives Brennen auf der Haut, Rötungen, Schwellungen, Blasen; Kopfschmerzen; Übelkeit; oft auch Asthma und Bronchitis, wenn die Brennhaare in die Atemwege gelangen; Abklingen der Symptome nach 1 Woche |
| Prozessionsspinner (*Thaumetopoea sp.*) | Prozessionsspinner (*Thaumetopoeidae*) | Eurasien, Afrika | Brennhaare der Raupen | Nesselsucht; lokale Gewebezestörungen; Nerven- und Gliederschmerzen; Reizung der Nasen-, Rachen- und Bronchienschleimhaut; Bindehautentzündung |
| Schwammspinner (*Lymantria dispar*) | Schadspinner (*Lymantriidae*) | weltweit | Brennhaare der Raupen | Rötungen, Schmerzen; bei Eindringen der Haare können eiternde Wunden entstehen; gefährlich im Auge |
| Goldafter (*Euproctis chrysorrhoea*) | Schadspinner (*Lymantriidae*) | Eurasien, Amerika | Brennhaare der Raupen | Rötungen; Schmerzen; eiternde Wunden; Gefahr für die Augen |
| *Sibine stimulea* | *Cochlidiidae* | Amerika | Giftstacheln, Brennhaare der Raupen | Taubheitsgefühle; Krämpfe; Kopfschmerzen; Fieber; starkes Anschwellen des betroffenen Körpergliedes; Schmerzen verschwinden nach 1–2 Tagen, die übrigen Symptome nach 7–15 Tagen |
| *Megalopyge opercularis* | *Megalopygidae* | Mittel- und Südamerika, Südafrika | Giftstacheln der Raupen | ähnlich wie *Sibine stimulea* |
| Augenspinner (*Automeris sp.*) | *Saturniidae* | Nordamerika | Giftstacheln der Raupen | Schmerzen und Blutungen an der Stichstelle; Ödeme und Juckreiz |

⇒ S. 246

# Tiere

| Name | systematische Zuordnung | Verbreitung | Giftorgan | Giftwirkung bei Menschen |
|------|------------------------|-------------|-----------|--------------------------|
| Biene (*Apis mellifera*) | Bienen (*Apidae*) | weltweit | Giftstachel | Giftwirkung unterschiedlich, je nach Stichstelle, Zahl der Stiche und Empfindlichkeit des Opfers. Örtliche Symptome: Schmerzen oft über mehrere Stunden, Rötung, Temperaturanstieg an der Stichstelle; Erstickungsgefahr bei Stichen in Mund oder Kehle. Im Falle einer Bienenallergie kann Tod durch anaphylaktischen Schock eintreten |
| Wespe (*Paravespula, Dolichovespula*) | Wespen (*Vespidae*) | Eurasien, Afrika, Amerika | Giftstachel | ähnliche Giftwirkung wie bei der Biene. Gefahr mehrfacher Stiche. Bei ca. 50 bis 100 Stichen: Lähmungserscheinungen, Muskelkrämpfe, hohes Fieber, Herzjagen, Atembeschwerden, Kollaps |
| Hummel (*Bombus sp.*) | Bienen (*Apidae*) | Eurasien | Giftstachel | ähnliche Giftwirkung wie bei der Biene. Stiche sind jedoch selten |
| Hornisse (*Vespa crabro*) | Wespen (*Vespidae*) | Eurasien | Giftstachel | viel schmerzhafter aber nicht gefährlicher als ein Bienenstich; allgemeine Symptome aber weniger heftig. |
| Bulldoggenameise (*Myrmecia pyriformis*) | Stichameisen (*Ponerinae*) | Australien | Giftstachel | brennender Schmerz an der Stichstelle, der nach fünf Minuten nachlässt; allgemeines Unwohlsein, kann etwa 5 Stunden anhalten. Allergiegefahr wie bei Bienenstich |
| Feuerameise (*Solenopsis sp.*) | Knotenameisen (*Myrmicinae*) | Amerika | Giftstachel | Stiche brennen wie Feuer |
| Waldameise (*Formica*) | Schuppenameisen (*Formicinae*) | Eurasien | Hinterleib verspritzt Wehrsekret | Brennen auf der Haut |
| Kopflaus (*Pediculus humanus*) | Läuse (*Pediculidae*) | weltweit | Mundwerkzeug | andauernder Juckreiz |
| Bettwanze (*Cimex lectularius*) | Plattwanzen (*Cimicidae*) | Eurasien, Amerika | Mundwerkzeuge | Quaddelbildung, Juckreiz |
| Raubwanzen (*Rodnius, Triatoma*) | Raubwanzen (*Reduviidae*) | Amerika | Mundwerkzeuge | Überträger der Chagaskrankheit |
| Tsetsefliege (*Glossina sp.*) | Fliegen (*Muscidae*) | Afrika | Steckrüssel | Überträger de Naganaseuche bei Rindern und der Schlafkrankheit beim Menschen |
| Bremse (*Tabanus, Chrysops*) | Bremsen (*Tabanidae*) | Eurasien, Afrika | Stechrüssel | Stiche sehr schmerzhaft, bluten nach |
| Fiebermücke (*Anopheles sp.*) | Stechmücken (*Culicidae*) | weltweit | Stechrüssel | Überträger der Malaria |
| Gelbfiebermücke (*Stegomia aegypti*) | Mücken (*Nematocera*) | Afrika-, Mittel- und Südamerika | Stechrüssel | Überträger des Gelbfiebers |
| Stechmücken (*Culex sp.*) | Mücken (*Nematocera*) | weltweit | Stechrüssel | Stiche verursachen Juckreiz |
| Gnitzen (*Culicoides sp.*) | Gnitzen (*Ceratopogonidae*) | Eurasien | Stechrüssel | Stiche brennen heftig und rufen Quaddeln hervor |

| Name | systematische Zuordnung | Verbreitung | Giftorgan | Giftwirkung bei Menschen |
|---|---|---|---|---|
| Kriebelmücken (*Melusinidae*) | Kriebelmücken (*Melusinidae*) | weltweit | Stechrüssel | Durch den Stich können Krankheiten übertragen werden, z.B. Onchozerkose (Afrika und Mittelamerika). Massenbefall mit Kriebelmücken kann zu Viehsterben führen |
| Rheinschnaken (*Aedes sp.*) | Stechmücken (*Culicidae*) | Rheinauen | Stechrüssel | Stiche jucken heftig |
| Flöhe (*Pulex, Ctenocephalides, Xenopsylla*) | Flöhe (*Siphonaptera*) | weltweit | Stechborsten | Stiche verursachen starken Juckreiz. Viele Arten sind Krankheits- und Bandwurmüberträger. Rattenfloh ist Überträger der Pestbakterien |
| Unken (*Bombina sp.*) | Scheibenzüngler (*Discoglossidae*) | Eurasien | Haut sondert Giftsekret ab | Sekret wirkt schleimhautreizend |
| Kröten (*Bufo sp.*) | Kröten (*Bufonidae*) | weltweit | Haut sondert giftiges Sekret ab | Sekret wirkt schleimhautreizend; gelangt es ins Blut, wirkt es stark giftig |
| Baumsteigerfrösche (*Dendrobates, Phyllobates*) | Farbfrösche (*Dendrobatidae*) | Süd- und Mittelamerika | Haut sondert giftiges Sekret ab | gelangt Sekret in die Blutbahn, wirkt es als starkes Nervengift; ruft Atem- und Kreislaufbeschwerden hervor |
| Feuersalamander (*Salamandra salamandra*) | Echte Molche (*Salamandridae*) | Eurasien | Haut sondert giftiges Sekret ab | Sekret wirkt stark ätzend |
| Krustenechsen (*Heloderma sp.*) | Krustenechsen (*Helodermatidae*) | südl. Nordamerika, Mexiko | Giftzähne | Anschwellen und Verfärbung der Bissstelle; leichtes Fieber; Blutdruckabfall; Verlauf kann tödlich sein |
| Kreuzotter (*Vipera berus*) | Vipern (*Viperidae*) | Eurasien | Giftzähne | Gift wirkt blut- und gefäßschädigend. Biss verursacht brennenden Schmerz, Hautverfärbung, Übelkeit und Schwäche. Giftwirkung meistens nicht sehr stark |
| Aspisviper (*Vipera aspis*) | Vipern (*Viperidae*) | Südwesteuropa | Giftzähne | Giftwirkung ähnlich wie bei der Kreuzotter, aber für den Menschen gefährlicher |
| Sandotter (*Vipera ammodytes*) | Vipern (*Viperidae*) | Südosteuropa | Giftzähne | giftigste Schlange Europas. Giftwirkung ähnlich wie bei der Kreuzotter, Biss kann aber für den Menschen tödlich sein |
| Stülpnasenotter (*Vipera latasi*) | Vipern (*Viperidae*) | Spanien, Nordafrika | Giftzähne | Giftwirkung ähnlich wie bei Kreuzotter, aber gefährlicher |
| Levanteotter (*Vipera lebetina*) | Vipern (*Viperidae*) | Südosteuroropa, Mittel- und Westasien, Nordafrika | Giftzähne | größte Giftschlange Europas, deren Biss auch größere Haustiere töten kann |
| Wiesenotter (*Vipera ursinii*) | Vipern (*Viperidae*) | Südosteuropa bis Mittelasien | Giftzähne | harmoseste europäische Viper. Giftbiss wenig wirksam |
| Sandrasselotter (*Echis carinatus*) | Vipern (*Viperidae*) | Afrika, Asien | Giftzähne | Gift hoch wirksam; starke Schmerzen, Hautverfärbung und Gewebezerstörungen. Folge: Blutzerfall, Blutdruckabfall und evtl. Schock. Nicht selten tödlich |

⇒ S. 248

# Tiere

| Name | systematische Zuordnung | Verbreitung | Giftorgan | Giftwirkung bei Menschen |
|------|------------------------|-------------|-----------|--------------------------|
| Kettenviper (*Vipera russelli*) | Vipern (*Viperidae*) | Asien | Giftzähne | Biss verursacht sehr starke Schmerzen, Hautverfärbung und Gewebeauflösung; Bauchschmerzen, Übelkeit, Erbrechen, Durchfall; Blutzerfall, Blutdruckabfall, Schock. Verhältnismäßig langsame Giftwirkung, jedoch nicht selten tödlich |
| Hornviper (*Cerastes cerastes*) | Vipern (*Viperidae*) | Afrika, Arabien | Giftzähne | Giftwirkung relativ schwach |
| Puffotter (*Bitis arietans*) | Vipern (*Viperidae*) | Afrika | Giftzähne | Biss außerordentlich giftig; sehr schmerzhaft; geht mit Übelkeit, Erbrechen und Durchfall einher; starke Gewebezerstörungen; Blutdruckabfall, Schock. In Afrika die meisten durch Schlangen verursachten Todesfälle |
| Gabunviper (*Bitis gabonica*) | Vipern (*Viperidae*) | Zentral- und Südafrika | Giftzähne | Gift enthält neben den blut- und gefäßschädigenden Bestandteilen auch Nervengifte – eine Ausnahme unter den Vipern. Biss verursacht starke Verfärbung und Schwellung; Blutzerfall; Atemnot, Bewusstlosigkeit, Todesfälle |
| Klapperschlangen (*Crotalus sp.*) | Grubenottern (*Crotalidae*) | Amerika | Giftzähne | Biss verursacht brennenden Schmerz, starke Schwellung, Hautverfärbung und Gewebezerstörung; Erbrechen; Schwindelgefühl; Absinken des Blutdrucks und der Temperatur. Blutzerfall; Atemnot; Schock. Lebensgefahr |
| Amerikanische Lanzenottern (*Bothrops sp.*) | Grubenottern (*Crotalidae*) | Mittel- und Südamerika | Giftzähne | Biss sehr schmerzhaft. Hautverfärbung, Schwellung, weit reichende Gewebezerstörung; Blutzerfall; Absinken des Blutdrucks; Atemnot; Schock. Lebensgefahr |
| Asiatische Lanzenottern (*Trimeresurus sp.*) | Grubenottern (*Crotalidae*) | Südostasien | Giftzähne | Biss schmerzhaft; Hautverfärbung, Schwellung; Blutdruckabfall; Schock. Todesfälle |
| Buschmeister (*Lachesis mutus*) | Grubenottern (*Crotalidae*) | Mittel- und Südamerika | Giftzähne | Giftwirkung schächer als bei den Amerikanischen Lanzenottern. Bei großer Giftmenge kommt es vereinzelt zu Todesfällen |
| Dreieckskopfottern oder Mokassinschlangen (*Agkistrodon sp.*) | Grubenottern (*Crotalidae*) | Amerika, Asien | Giftzähne | Biss selten tödlich. Erhebliche kurzfristige örtliche Beschwerden wie Anschwellen der Bissstelle und Verfärbungen; Schwächeanfälle |

| Name | systematische Zuordnung | Verbreitung | Giftorgan | Giftwirkung bei Menschen |
|------|------------------------|-------------|-----------|--------------------------|
| Korallenschlangen (*Micrurus, Micruroides*) | Giftnattern (*Elapidae*) | Amerika | Giftzähne | Biss schmerzhaft; nur leichte Schwellung; Kopfschmerzen; Schwächezustände; Atemnot.; Todesfälle möglich |
| Königskobra (*Ophiophagus hannah*) | Giftnattern (*Elapidae*) | Vorder- und Hinterinidien, Südchina, Indonesien, Malaysia, Andamanen, Philippinen | Giftzähne | größte Giftschlange der Erde. Gift wirkt wie bei allen Giftnattern als Nervengift. Biss verursacht nur leichte Schwellung; Übelkeit, Erregungszustände; schwere Schwindelanfälle; Atemnot. Ohne Serumbehandlung kann nach 15 Minuten der Tod eintreten |
| Brillenschlange (*Naja naja*) | Giftnattern (*Elapidae*) | Südasien, Sundainseln, Philippinen | Giftzähne | Gift wirkt als Nervengift. Es verursacht Kopfschmerzen, Schwächezustände, Blutdruckabfall, Atemnot, Lähmungen, Schock und kann für den Menschen tödlich sein |
| Uräusschlange (*Naja haje*) | Giftnattern (*Elapidae*) | Nordafrika bis Arabien | Giftzähne | Gift wirkt als Nervengift und kann auch dem Menschen sehr gefährlich werden |
| Speikobra (*Naja nigricollis*) | Giftnattern (*Elapidae*) | Zentral- und Südafrika | Giftzähne | das Gift wird dem Angreifer über 1–2 Meter Entfernung entgegen gespuckt und ruft im Auge schwere Entzündungen hervor. Gefahr der Erblindung |
| Schwarze Mamba (*Dendroaspis*) | Giftnattern (*Elapidae*) | Zentral- und Südafrika | Giftzähne | größte Giftschlange Afrikas. Ihr Gift ruft starke Übelkeit und Leibschmerzen hervor. Hinzu kommen Kopfschmerzen, Blutdruckabfall, Atemnot, Lähmungen, Schock. Biss kann innerhalb von 20 Minuten zum Tode führen |
| Krait (*Bungarus fasciatus*) | Giftnattern (*Elapidae*) | Südostasien | Giftzähne | Gift wirkt als starkes Nervengift und lähmt das Atemzentrum. Der Tod kann schon nach einer halben Stunde eintreten |
| Taipan (*Oxyuranus scutellatus*) | Giftnattern (*Elapidae*) | Australien, Neuguinea | Giftzähne | gefährlichste australische Giftschlange. Gift lähmt das Zentralnervensystem und zerstört die roten Blutkörperchen. Wirkt oft tödlich |
| Todesotter (*Acanthophis antarcticus*) | Giftnattern | Australien, Neuguinea | Giftzähne | Gift ist wirksamer als Kobragift. Häufig tritt der Tod durch Atemlähmung ein |
| Boomslang (*Dispholidus typus*) | Trugnattern (*Boiginae*) | Zentral- und Südafrika | Giftzähne | Gift sehr wirksam. Biss kann für Menschen tödlich sein |
| Eidechsennattern (*Malpolon monspessulanus*) | Trugnattern (*Boiginae*) | Südeuropa, Vorderasien, Nordafrika | Giftzähne | Biss wirkt beim Menschen nicht tödlich, kann aber doch sehr unangenehme Folgen haben |

⇒ S. 250

**249**

# Tiere

| Name | systematische Zuordnung | Verbreitung | Giftorgan | Giftwirkung bei Menschen |
|---|---|---|---|---|
| Schnabeltier (*Ornithorhynchus anatinus*) | Kloakentier (*Monotremata*) | Australien, Tasmanien | Giftsporne an den Hinterbeinen der Männchen | beim Menschen ruft das Gift Schmerzen, Schwellungen, auch Lähmungserscheinungen hervor |
| Ameisenigel (*Tachyglossus aculeatus*) | Kloakentiere (*Monotremata*) | Australien, Tasmanien, Neuguinea | Giftsporne an den Hinterbeinen der Männchen | Unfälle passieren eher mit dem Stachelkleid |
| Wasserspitzmaus (*Neomys fodiens*) | Spitzmäuse (*Soricidae*) | Europa | Speichel | Biss für den Menschen harmlos, Anschwellen der Wunde und brennender Schmerz |

| Gifttiere des Meeres | | | | |
|---|---|---|---|---|
| Name | systematische Zuordnung | Verbreitung | Giftorgan | Giftwirkung bei Menschen |
| Geißeltierchen (*Flagellata*) der Gattungen *Gonyaulax*, *Gymnodinium*, *Pyrodinium* | Einzeller (*Protozoa*) | alle Meere | Körper produziert Nervengifte, die sich in Plankton fressenden Meerestieren anreichern | Verzehr von Muscheln und Fischen, die das Gift gespeichert haben, kann tödlich sein. Mund und Gesicht beginnen nach ca. 30 Minuten zu brennen; Brennen breitet sich über den ganzen Körper aus; Gefühllosigkeit; Sprechen und Schlucken fallen schwer; Kopfschmerzen; beschleunigter Puls; Tod durch Atemlähmung |
| Portugiesische Galeere (*Physalia physalis*) | Staatsquallen (*Siphonophora*) | Atlantik, Pazifik | Nesselkapseln der bis 50 m langen Fangfäden | Berührung verursacht Schmerzen, Übelkeit, Kopfschmerzen, Muskelkrämpfe, Fieber, Lähmungserscheinungen, Herzbeschwerden. Symptome verschwinden meistens nach 24 Stunden |
| Kompassqualle (*Chrysaora hyoscella*) | Schirmquallen (*Scyphozoa*) | Atlantik | Nesselkapseln der Fangfäden | Berührung verursacht schmerzhaftes Brennen |
| Feuerqualle (*Cyanea capillata*) | Schirmquallen (*Scyphozoa*) | alle Meere | Nesselkapseln der Fangfäden | heftig brennende Ausschläge bei Berührung; allergische Schocks |
| »Seewespen« (*Chironex fleckeri*, *Carybdea sp.*) | Schirmquallen (*Scyphozoa*) | Indopazifik (bes. Australien) | Nesselkapseln der Fangfäden | starker Schmerz; Blasenbildung, dann tief greifende Hautzerstörung; Muskelkrämpfe, Atemnot; oft Tod durch Herzversagen |
| Seeanemonen (*Anemonia, Actinia*) | Blumentiere (*Anthozoa*) | alle Meere | Nesselkapseln an den Fangarmen | Symptome bei Berührung relativ harmlos; Brennen; Schwellungen; Fieber; Kopfschmerzen; Kältegefühl |
| Kegelschnecken (*Conus sp.*) | Giftzüngler (*Toxoglossa*) | Indopazifik | pfeilförmige Giftzähne, die aus dem Rüssel abgeschossen werden | starke lokale Schmerzen; Kopfschmerzen; Schwellungen; Lähmungen; Koma; Tod durch Atemlähmung schon nach wenigen Stunden |

| Name | systematische Zuordnung | Verbreitung | Giftorgan | Giftwirkung bei Menschen |
|---|---|---|---|---|
| Blauringel-Krake (*Hapalochlaena maculosa*) | Kopffüßer (*Cephalopoda*) | Küsten von Australien | schnabelförmige Kiefer mit Giftdrüse | Biss kann tödlich sein |
| Ringelwürmer (*Eurythoë complanata*) | Gliederwürmer (*Annelida*) | warme Meere | Borsten | Hautörungen, Schwellungen, Taubheitsgefühle; Gefahr von Sekundärinfektionen |
| Pfeilschwanzkrebs (Carcinoscorpius rotundicauda, Tachypleus gigas, Tachypleus tridentatus) | Schwertschwänze (*Metrostomata*) | Küsten Südostasiens | Eingeweide | etwa 30 Minuten nach Verzehr setzen Kopfschmerzen ein; Temperaturerhöhung; Pulsverlangsamung; Bauchkrämpfe und Durchfall; Bewusstlosigkeit; Todesfälle |
| Seegurken (*Holothuria sp.*) | Seewalzen (*Holothurioidea*) | alle Weltmeere | Hautsekret und Sekret der Cuvier-Schläuche | Kontakt verursacht starke Schmerzen. Werden Seegurken nicht richtig zubereitet, können schwere Vergiftungen mit Todesfolge auftreten |
| Diademseeigel (*Diadema, Centrostephanus*) | Seeigel (*Echinoidea*) | Indopazifik, östl. Mittelmeer | Giftstacheln | Verletzungen sehr schmerzhaft; Gefühllosigkeit; Lähmungserscheinungen, Entzündungen |
| Giftseeigel (*Toxopneustes, Asthenosoma*) | Lederseeigel (*Echinothuriidae*) | tropische Meere | Giftstacheln, Giftzangen | starker Schmerz, Kreislaufstörungen, Lähmungserscheinungen |
| Dornenkrone (*Acanthaster planci*) | Seesterne (*Asteroidea*) | Indopazifik | Stacheln | Stiche sind schmerzhaft; Schwellungen |
| Dornhai, Doggenhai (*Squalus acanthias; Heterodontus sp.*) | Stachelhaie (*Squaloidei*) | weltweit | Stacheln der Rückenflossen | Stiche sehr schmerzhaft; Rötung; Schwellung; beschleunigter Herzschlag |
| Stechrochen (*Dasyatidae*) | Rochen (*Batoidei*) | weltweit | Schwanzstachel | brennender Schmerz, der sich ausbreitet; Rötung; Schwellung, Hautverfärbung und Gewebezerstörung; Herzrasen; Atemnot; Schock; Todesgefahr (Atemlähmung) |
| Petermännchen (*Trachinus draco*) | Drachenfische (*Trachinidae*) | Nordsee, Atlantik, Mittelmeer, Schwarzes Meer | Stacheln an Kiemendeckeln und Rückenflosse | sehr starke Schmerzen, die 24 Stunden anhalten können. Rötung, Schwellung; Kreislaufstörung; Schüttelfrost, Fieber, Schweißausbrüche; Muskelkrämpfe |
| Himmelsgucker (*Uranoscopus scaber*) | Himmelsgucker (*Uranoscopidae*) | alle wärmeren Meere | Stachel hinter den Kiemendeckeln | ähnliche Giftwirkung wie beim Petermännchen |
| Meersau (*Scorpaena scrofa*) | Drachenköpfe (*Scorpaenidae*) | Atlantik | Flossenstacheln | Schmerzen, Schwellung; Herzklopfen; Schüttelfrost |
| Rotfeuerfisch (*Pterois volitans*) | Drachenköpfe (*Scorpaenidae*) | Indopazifik | Flossenstacheln | starke Schmerzen; starke Schwellungen; Gewebezerstörung; Kreislaufschwäche; Atemnot |
| Steinfisch (*Synanceja verrucosa*) | Drachenköpfe (*Scorpaenidae*) | Indopazifik | Flossenstacheln | brennender Schmerz; starke Schwellung; Hautverfärbung von Rot nach Blau; Lähmungen; Todesfälle |
| Kugelfische (*Tetraodontidae*) jap.: Fugu | Haftkiemer (*Plectognathi*) | Indopazifik | Fleisch, Blut und besonders Leber und Gonaden | gelten in Japan als Leckerbissen. Bei unsachgemäßer Zubereitung Vergiftungen, z.T. tödlich |

⇒ S. 252

**251**

# Tiere

| Name | systematische Zuordnung | Verbreitung | Giftorgan | Giftwirkung bei Menschen |
|---|---|---|---|---|
| Muränen (*Muraena sp.*) | Aalartige (*Apodes*) | Mittelmeer, Indopazifik, in Korallenriffen und an Felsküsten | Giftdrüsen hinter den Zähnen | Bisse einiger Arten können tödlich sein |
| Seeschlangen (*Hydrophiidae*) | Seeschlangen (*Hydrophiidae*) | Indischer und Pazifischer Ozean | Giftzähne | Nervengift führt zu Lähmungen, z.T. mit tödlichem Ausgang |

## Haustiere: Haushund

| Wichtige Rassen | Ursprungsland | Beschreibung (R. = Rüde, H. = Hündin) | Nutzung |
|---|---|---|---|
| Boxer | Deutschland | **Schulterhöhe:** R. bis 63 cm, H. bis 59 cm **Erscheinung:** quadratischer Körperbau, Rute hoch angesetzt, kupiert, Ohren kupiert. **Haar** kurz, eng anliegend; **Farben** gestromt und Gelb in allen Schattierungen, weiße Abzeichen möglich. **Wesen:** sehr gutmütig und gelehrig | Wach- und Schutzhund; Diensthund; Blindenhund |
| Cocker Spaniel | England | **Größe:** R. bis 41 cm, H. bis 39 cm **Körperbau:** mittelgroß, kompakter langhaariger Hund mit tief angesetzten, langen Hängeohren und tief angesetzter, kupierter Rute. **Haar:** anliegend, seidig, weder rauh noch wellig, nicht zu üppig und nicht gelockt; **Farben** unterschiedlich. **Wesen:** gutmütig, sanft, anhänglich, folgsam, sehr kinderfreundlich | Jagdhund, Begleithund |
| Collie | England | **Größe:** R. bis 61 cm, H. bis 56 cm **Körperbau:** schäferhundähnlich, Ohren mit leicht geknickter Spitze, **Haar** dicht und lang; **Farbe** Gelbweiß, dreifarbig oder Silberblau mit schwarzen Flecken. **Wesen:** sanft, empfindsam; ausgeprägter Schutztrieb; intelligent, treu, nicht aggressiv, aber misstrauisch | Hüte-, Wach- und Diensthund |
| Dachshund (Dackel, Teckel) | Deutschland | **Größe:** R. bis 25 cm, H. bis 23 cm **Körperbau:** kurzbeiniger, lang gestreckter Kleinhund mit großen Hängeohren und langer, kräftiger Rute. **Haar** kurz-, rauh- und langhaarig; **Farben** Rot, Rotgelb, Gelb, Schwarz, Braun oder Grau, helle oder dunkle Flecken, gestromt oder getigert **Wesen:** mutig, zäh, lebhaft, anhänglich, schlau | Jagdhund, hervorragend zur Erdarbeit geeignet; Begleithund |
| Deutsch Kurzhaar | Deutschland | **Größe:** R. bis 64 cm, H. bis 60 cm **Körperbau:** mittelgroß, im Körperbau sehr wolfsähnlicher Hund mit mäßig langen, lappigen Hängeohren und hoch angesetzter, nicht zu kurz kupierter Rute. **Haar** dicht anliegend, kurz und hart. **Farben:** einfarbig braun, braun mit kleinen weißen Abzeichen, Braunschimmel und Schecken mit jeweils braunem Kopf. **Wesen:** munter, gelehrig, offen, intelligent, fröhlich, folgsam, kinderfreundlich | Fährtenhund mit guten Apportier-, Vorsteh- und Schweißhundeigenschaften |
| Deutsche Dogge | Deutschland | **Größe:** R. mind. 80 cm, H. mind. 72 cm **Körperbau:** großer, muskulöser Hund mit schmalem Kopf und schlankem, langem Körper und gut aufgezogenem Bauch; mittellange, schlanke Hängerute; Ohren hoch angesetzt, Spitzen kupiert. Fell kurz, glatt anliegend, glänzend. **Farben:** Gelb, gelbgestromt, schwarz-weiß gefleckt. **Wesen:** ausgeglichen, geduldig | Wachhund |

| Wichtige Rassen | Ursprungsland | Beschreibung (R. = Rüde, H. = Hündin) | Nutzung |
|---|---|---|---|
| Deutscher Schäferhund | Deutschland | **Größe:** R. bis 65 cm, H. bis 60 cm **Erscheinung:** am ehesten wolfsähnlich, kurz- bis langhaarig, alle Farben, lange Rute, Stehohren. **Wesen:** mutig, folgsam, ausgeglichen, anhänglich, treu, kinderfreundlich, gelehrig | Hüte-, Wach- und Schutzhund; Dienst-hund; Blindenhund |
| Dobermann | Deutschland | **Größe:** R. bis 70 cm, H. bis 66 cm **Erscheinung:** vorn leicht überbaut, Vorderkörper kräftig, Rute hoch angesetzt, kupiert, Ohren hoch stehend kupiert. **Haar** kurz, glatt und hart. **Farbe** Schwarz, Dunkelbraun. **Wesen:** Hündin ruhig, empfindsam, anhänglich; Rüde stürmisch, häufig scharf | Wach-, Schutz- und Diensthund |
| Foxterrier | England | **Größe:** R. bis 40 cm, H. bis 38 cm **Körperbau:** kleiner, fast rechteckiger Hund mit kleinen, V-förmig nach vorn gekippten Ohren und hoch angesetzter gerader, kupierter Rute, **Haar** glatt oder rauh, lässt Kopf rechteckig erscheinen. **Farben** überwiegend weiß, dazu Flecken oder Platten rot, lederbraun oder schiefergrau. **Wesen:** lebhaft, fröhlich, spielfreudig, intelligent, anhänglich, kinderfreundlich, neugierig | Jagdhund mit einzig-artigen Stöber- und Schweißhundeigen-schaften. Gut für Erdarbeit; Begleit-hund |
| Greyhound | England | **Größe:** R. bis 69 cm, H. bis 66 cm **Körperbau:** großer, schlanker, wohl proportionierter Windhund mit langer, tief angesetzter Rute und leicht zur Seite stehenden, seitlich etwas abgeknick-ten Ohren. **Haar** äußerst fein, glatt und eng anliegend. **Farben:** schwarz, weiß, braun, gelb oder grau, gestromt oder jeweils mit Weiß. **Wesen:** intelligent, zurückhaltend, empfindsam, mutig, treu | Wach- und Renn-hund, geeignet für Hetzjagd; als Haus-hund ungeeignet |
| Pudel | Frankreich | **Größe:** R. bis 60 cm, H. bis 55 cm; 3 Größenschläge: Groß- oder Königspudel, Kleinpudel und Zwergpudel (mit Toypudel). **Körperbau:** kleiner bis mäßig großer, fast quadratischer Hund, dessen Rü-ckenlänge fast der Schulterhöhe entspricht. Lange, flache, schmale Hängeohren und hoch angesetzte, kupierte Rute. **Haar** dicht, drahtig, kraus, wollig, erhält erst durch Schur die klassischen Eigenschaften. **Farben** Schwarz, Weiß, Braun, Silbergrau, Apricot. **Wesen:** gutmütig, intelligent, kühn, fröhlich, empfind-sam, sehr gelehrig | Ursprünglich ausge-zeichneter Apportier-hund für Wasser-geflügel; heute nur nur Begleithund |
| Rottweiler | Deutschland | **Größe:** R. bis 68 cm, H. bis 63 cm **Körperbau** breit, stämmig, kräftig; kleine Hängeohren, Rute hoch angesetzt, meist kupiert. **Haar** kurz, glatt bis mittellang, rauh; **Farbe** Schwarz mit braunen Ab-zeichen. **Wesen:** ausgeglichen, ruhig, folgsam, gelehrig, mutig | Wach- und Schutz-hund; Diensthund, Hütehund |
| Spitz | Deutschland | **Größe:** R. bis über 45 cm, H. bis mindestens 40 cm. 4 Größenvarianten: Wolfsspitz, Großspitz, Mittelspitz und Kleinspitz. **Körperbau:** kurze Hunde mit mittel-langen Läufen, hoch getragener Ringelrute und spitzen Stehohren. **Haar** dicht, lang, seidig, mit reicher Unterwolle. **Farbe:** Wolfsspitz nur wolfsfarben, Groß-spitz nicht in Orange, sonst alle Farben. Wesen: lebhaft, treu, intelligent; Kläffer; misstrauisch gegen Fremde | Begleit- und Wach-hund |

# Tiere

| Haustiere: Hauskatze | | |
|---|---|---|
| **Wichtige Rassen** | **Ursprungsland** | **Beschreibung (männl. Tier: Kater; weibl. Tier: Katze)** |
| Siam | Thailand<br>Rassezucht: England | Kopf: lang mit gerader Nasenlinie und kräftigem Kinn, Ohren groß, breit, Augen schräg; Körper: mittelgroß, lang und schlank; Schwanz lang gerade und zugespitzt; Haar sehr fein, kurz und eng anliegend.<br>Folgende Farbschläge: Sealpoint: hellbeige mit dunkler Maske<br>Bluepoint: eisweiß mit blauer Maske<br>Ebony: ebenholzschwarz<br>Tabbypoint: alle Farben, gestromt<br>viele weitere Farben der Abzeichen möglich |
| Orientalisch Kurzhaar | Thailand<br>Rassezucht: England | Aus der Siam-Katze gezüchtet und erstmals 1972 unter ihrem jetzigen Namen anerkannt; im Äußeren der Siam sehr ähnlich<br>Ähnlich viele Farbschläge: Ebony: ebenholzschwarz<br>Blau: einfarbig graublau<br>Braun, Havanna: kastanienbraun<br>Lila, Lavender: lavendelblau mit rosa Schimmer<br>Smoke: rauchfarben<br>viele weitere Farben möglich |
| Perser | Russisch/chinesisch/<br>afghanisches<br>Grenzgebiet<br>Rassezucht: China | Mittelgroße Katze mit langem, dichtem, seidigem Fell, kurzen gedrungenen Beinen, rundem Kopf mit flachem Gesicht, Unterkiefer mit leichtem Vorbiss. Verschiedene Farbschläge: Schwarz, Weiß, Blau, Rot, Creme, Blue Smoke, Blaugestromt, Schildpatt. Weitere Farben und Farbkombinationen. Augenfarben Blau, Kupfer und Orange. |
| Türkisch Angora | Amerika | Langhaarige bis halblanghaarige Katze ohne Unterwolle, sehr ähnlich unserer durchschnittlichen Hauskatze. Große Augen in Gelb bis Orange; dichte Halskrause; buschiger Schwanz |
| Birma | Birma<br>Rassezucht:<br>Frankreich/England | In der Gestalt eine etwas kurzhaarige Perser<br>Colourpoint mit massivem Körper auf kräftigen, niedrigen Beinen. Das Fell ist seidig mit leichten Kräuseln an der Bauchseite, cremefarben mit dunkler Gesichtsmaske, dunklen Ohren und Schwanz. Die Füße sind am Gelenk ebenfalls dunkel, gehen dann aber in Weiß über. Die Birma entstand aus einer Kreuzung von Siam und Perser, der Hauskatzen mit weißen Pfötchen eingekreuzt wurden. |
| Van-Katze | Türkei | Angorakatze mit nicht ganz so langem, seidigem Fell, schwimmt gut und gerne. Fell kalkweiß mit kastanienbraunen Flecken an Kopf und Schwanz. |
| Maine Coon | USA (Maine) | Lange, kräftige Katze auf mittellangen Beinen mit breitem Kopf und schräg gestellten Augen. Fell mittellang und leicht kraus, einfarbig, gestromt oder zweifarbig. Zählt mit bis zu 17 kg zu den größten Rassen. |
| Manxkatze (Mankatze) | England | Mittelgroße Katze, die hinten stark überbaut ist und deren Schwanz verkrüppelt ist, so dass er äußerlich nicht mehr in Erscheinung tritt. Der Rücken ist relativ kurz. Klettert schlecht, ist aber am Boden eine der schnellsten Hauskatzen. Das mittellange Haar ist blaugrau gestromt. |
| Tigerkatze »Hauskatze« | | Die normale »rasselose« Hauskatze vertritt die Mehrheit der in Menschenhand lebenden Katzen. Sie kommt in vielen Farben, getigert, gestromt, ein-, zwei- und dreifarbig vor, letztere nur als Weibchen. |
| Kartäuserkatze | | Massive, schwere Katze mit dickem, rundem Kopf, ziemlich kurzem Schwanz und dichtem, etwas wolligem Haarkleid in Blautönen. |
| Abessinier | Äthiopien<br>Rassezucht:<br>England | Elegante, anmutige Katze. Schlanker Körper mit langem Schwanz, große, an der Spitze abgerundete Ohren. Kurzes, dichtes Fell, wildfarben und kupferrot. Auffällig sind die sich ändernden Schattierungen. |
| Rex | | Kurzhaarkatze mit schlankem Körper. Zwei Rasseformen: Cornish Rex (German Rex) und Devon Rex. Fell ist plüschig, alle Farbvarietäten, gekräuselte Schnurhaare. |

| Haustiere: Hauspferde | | | |
|---|---|---|---|
| Wichtige Rassen | Ursprungsland | Beschreibung (männl. Tier: Hengst; weibl. Tier: Stute) | Nutzung |
| Falabella | Argentinien | Größe: bis 72 cm Kleinstes Pferd der Welt; kommt in allen Farben vor, bevorzugt jedoch appaloosafarben | Abgehärtetes Wagenpony und Haustier; nur sehr begrenzt als Reitpferd |
| Shetland-Pony | Nordschottland | Größe: 95 bis 104 cm Kompaktes, kräftiges Kleinpferd, kurzrückig, wirkt daher fast quadratisch; legt dichtes Winterfell an; alle Farben, Schwarz und Braun überwiegen; nach Körpergröße kräftiges Pferd; wird leicht übermütig, wenn es nicht gefordert wird | Als Fahr-, leichtes Zug- und Reitpferd gleichermaßen geeignet |
| Dülmener »Wildpferd« | Deutschland | entstanden Ende des 19. Jh. im Wildgehege Merfelder Bruch bei Dülmen Größe: um 125 cm Kleinpferd, das meist in freier Wildbahn gehalten wird; Farben Mausfalb, Dunkelbraun mit hellem Bauch und Maul, Schwarz und Rot. | Ausdauernde Reit- und Wagenpferde |
| Haflinger | Österreich | Größe: etwa 143 cm Genügsames, kräftiges Kleinpferd. Farbe: Fuchs mit flachsfarbener Mähne und Schweif. Durch Einkreuzung von Araberblut veredelt. | Ausdauerndes, genügsames Arbeits- und Reitpferd, sehr trittsicher |
| Mustang | USA | Größe: 143 bis 153 cm Leichter Reitpferdtyp, der von verwilderten spanischen Reitpferden abstammt; das verwilderte Hauspferd Nordamerikas, sehr zäh, ausdauernd und genetisch gesund, alle Farben und Typen. | »Cowboypony« und »Indianerpferd« |
| Appaloosa | USA | Größe: 145 bis 155 cm Kompaktes, rechteckiges Pferd mit kurzem, geradem Rücken, dünnem Schweif und dünner Mähne; 6 Grundmuster: Deckenbunt, Schabrack-Schneeflockenbunt, Leopardbunt, Schneeflockenbunt, Marmorbunt, Schabrackbunt; von den Nez-Percè-Indianern gezüchtet. | Gefügiges Gebrauchspferd |
| Englisches Vollblut | England | Größe: um 163 cm Leichtes, elegantes Reitpferd mit ausgeprägtem Widerrist; Farben: Rappe, Brauner, Fuchs und Schimmel. Anfang des 18. Jh. durch Einkreuzungen aus Arabern entstanden. Alle Englischen Vollblüter gehen auf drei Araber zurück. | Rennsportpferd |
| Arabisches Vollblut | Arabien | Größe: 145 bis 157 cm Elegantes, leichtes, sehr gut bemuskeltes Reitpferd von hoher Lernfähigkeit mit großem Temperament. Farben: Schimmel, Brauner, Fuchs, Rappe. Seit Einführung des Pferdes nach Arabien im 2. Jh. n. Chr. unterlag es einer strengen Zuchtauslese durch die Beduinen. Ausdauernder, großen Entbehrungen gewachsener Pferdetyp. | Veredelungsrasse nahezu aller Hauspferde |

⇒ S. 256

# Tiere

| Wichtige Rassen | Ursprungsland | Beschreibung (männl. Tier: Hengst; weibl. Tier: Stute) | Nutzung |
|---|---|---|---|
| Lippizaner | Slowenien | Größe: 153 bis 163 cm Leichter, eleganter Pferdetyp; Farben: überwiegend Schimmel, wenig Braune und Rappen. Wurde im 16. Jh. im Stammgestüt Lipizza aus spanischen und oberitalienischen Pferden unter wiederholter Einkreuzung von Original-Arabern gezüchtet. | Vorbildliche Reitpferde, die den Begriff der »Hohen Schule« in die Reitkunst eingebracht haben |
| Oldenburger | Deutschland | Größe: 165 cm Großes, kräftiges Pferd, schwerste deutsche Warmblutrasse. Farben: Rappe, Schwarzbrauner, Dunkelbrauner, Fuchs. Vielseitiger Wirtschaftstyp, durch Einkreuzung von Arabern und Hannoveranern entstanden. | Reit- und Springpferd |
| Hannoveraner | Deutschland | Größe: 160 bis 170 cm Kräftiges, aber elegantes Leistungspferd; Farben: alle klaren Farben. Einkreuzungen von Vollblut- und Trakehnerhengsten. | Dressur- und Springpferd |
| Trakehner | Ostpreußen | Größe: 158 bis 164 cm Harmonisch gebautes Reitpferd in allen klaren Farben. | Vielseitiges Sportpferd und Veredlerrasse |
| Holsteiner | Deutschland | Größe: 160 bis 170 cm Gut gebautes, kräftiges Warmblutpferd, Farben: Schwarzbrauner, Hellbrauner, seltener Fuchs und Schimmel | Gebrauchspferd |
| Ardenner | Frankreich/Belgien | Größe: 160 cm Massives, mächtiges Kaltblutpferd mit stark bewachsenen, mächtigen Beinen. Schwanz ursprünglich kupiert. Farben: meist Schimmel, selten Dunkelfuchs, Dunkelbrauner | Arbeitspferd; Fleischlieferant |
| Schleswiger | Deutschland | Größe: 155 bis 163 cm Kompaktes, gedrungenes Kaltblutpferd mit grobem, ziemlich großen Kopf mit Ramsnase. Farben: fast immer Fuchs mit flachsfarbener Mähne und Schweif (kupiert), seltener Schimmel oder Dunkelbrauner; vom Aussterben bedroht | Arbeitspferd für die Landwirtschaft |
| Belgier | Belgien | Größe: 165 bis 175 cm Besonders massiges Kaltblutpferd, bis 22 Zentner schwer; wesentlich an der Entstehung vieler Kaltblutrassen beteiligt | Gutmütiges, ausdauerndes Arbeitspferd; heute vor allem Fleischlieferant |

## Haustiere: Hauskaninchen

| Wichtige Rassen | Ursprungsland | Beschreibung (männl. Tier: Rammler; weibl. Tier: Häsin) | Nutzung |
|---|---|---|---|
| Angorakaninchen | Europa | Gewicht: über 3,5 kg. Sehr feines Haar, das in 3 Monaten 7 cm wächst | Wollkaninchen |
| Kleinsilber | Europa | sehr alte Rasse in verschiedenen Farben, deren Haarspitzen aber immer weiß sind | Fellkaninchen |
| Deutscher Widder | Deutschland | Gewicht: 5,5 kg; Schlappohren | Fleisch- und Fellrasse |
| Deutscher Riese | Deutschland | Gewicht: 7,5 kg; Stehohren, sehr anspruchsvoll in der Pflege | Fleischrasse |

## Haustiere: Hausrind

| Wichtige Rassen | Ursprungsland | Beschreibung (männl. Tier: Stier, Bulle; weibl. Tier: Kuh) | Nutzung |
| --- | --- | --- | --- |
| Deutsche Schwarzbunte | Deutschland/Holland/Dänemark | Gewicht: 700 bis 1000 kg<br>Größe: 132 cm<br>Gezüchtet seit 1878; Milchleistung: 6000 kg; Milch mit 4% Fett | Milchbetontes Zweinutzungsrind |
| Deutsches Braunvieh | Schweiz | Gewicht: 600 kg<br>Größe: 135 cm<br>In Deutschland, besonders im Süden weit verbreitet; Milchleistung: keine Angaben | Milch-Fleischrind mit Nutzung als Arbeitstier |
| Jerseyrind | England (Insel Jersey) | Gewicht: 400 kg<br>Größe: 120 cm<br>Kleines, leichtes, überwiegend braunes oder gelbes Rind; eine der weitest verbreiteten Rinderrassen der Welt; Milchleistung 3463 kg; Milch mit 6,22% Fett, sehr fettreich | Milchrind |
| Deutsche Rotbunte | Norddeutschland | Gewicht: 600 kg<br>Größe: 130 cm<br>Mittelgroß, von rotbrauner Farbe; Milchleistung: 4688 kg mit 3,81% Fett | Milrchrind |
| Highland | Schottland | Gewicht: 200 bis 500 kg<br>Größe: 120 bis 130 cm<br>Wenig spezialisiertes, ursprüngliches Rind mit wolligem, langhaarigem, rötlichbraunem Fell | Liebhabertier |
| British White (Engl. Parkrind) | England | Gewicht: 450 kg<br>Größe: 125 cm<br>Sehr alte, hornlose Rasse; lebt verwildert in englischen Parks | Liebhaber- und Zootier |
| Zebu | meist tropisches Asien | Mehrere Rassen und lokale Varietäten von sehr unterschiedlicher Größe und unterschiedlichem Gewicht; typische Halswamme | Überwiegend Fleischrinder, sehr häufig »heilige Kühe«, die nicht genutzt werden |

## Haustiere: Hausschaf

| Wichtige Rassen | Ursprungsland | Beschreibung (männl. Tier: Widder; weibl. Tier: Schaf) | Nutzung |
| --- | --- | --- | --- |
| Merino | Spanien | Gewicht: 50 kg; bis 8 kg Wolle jährlich Weitest verbreitete Rasse der Welt; | Reines Wollschaf |
| Merino-Fleischschaf | Spanien | Gewicht: 80-100 kg; 4-6 kg Wolle/Jahr | Woll- und Fleischschaf |
| Oxford Down | England | Gewicht: 100 kg<br>Hornlos, 4-6 kg Wolle jährlich | Wollschaf |
| Ostfriesisches Milchschaf | Küstengebiet Nordwestdeutschlands | Gewicht: 80 kg; hornlos, Milchleistung: 500 kg/Jahr mit 5-6% Fett; die Wolle ist lang und grob | Milch- und Fleischschaf |
| Texel | Holland | Gewicht: 70-75 kg | Reines Fleischschaf |
| Karakul | Asien | Gewicht: 45 kg<br>Als Junges schwarzes, später silbergraues Schaf mit lockiger Fellstruktur | Reines Fellnutzungsschaf; Lieferant des von ungeborenen Lämmern stammenden Persianerfells |
| Heidschnucke | Nordwestdeutschland | Gewicht: 40-70 kg<br>Meist in beiden Geschlechtern gehörnt | Woll-, Fleisch- und Milchschaf |

# Tiere

## Haustiere: Hausziege

| Wichtige Rassen | Ursprungsland | Beschreibung (männl. Tier: Ziegenbock; weibl. Tier: Ziege) | Nutzung |
|---|---|---|---|
| Walliser Ziege | Schweiz | Vorne schwarze, hinten weiße Ziege mit langem, glattem Haar | Sehr selten geworden |
| Saanenziege | Schweiz | Gewicht: 50 kg Sehr weit verbreiteter Prototyp der »Hausziege«, hornlos; jährliche Milchleistung: 1200 kg | Hochleistungs-Milchziege |
| Grenadaziege | Spanien | Gewicht: 50–60 kg 600–800 kg jährliche Milchleistung | Milchziege |
| Anglo-Nubier-Ziege | England | Gewicht: 60–80 kg Kreuzung aus englischen und afrikanischen Rassen; Milchleistung: bis 1000 kg jährlich | Milchziege |
| Angoraziege | Tibet | Gewicht: 50 kg Besonders langhaarige Ziege | Reine Wollziege, Haar in zwei Qualitäten: feine Wolle = Mohair grobe Wolle = Kamelhaar |

## Haustiere: Haushuhn

| Wichtige Rassen | Ursprungsland | Beschreibung (männl. Tier: Hahn; weibl. Tier: Henne) | Nutzung |
|---|---|---|---|
| Rebhuhnfarbiger Italiener | Italien | Gewicht: 1,8 bis 2,2 kg Weltweit verbreitetes »Standardhuhn«, Legeleistung: 220 Eier jährlich | Legehuhn |
| Weißes Leghorn | Italien | Reine Legerasse, Legeleistung: 260 Eier jährlich, kein Bruttrieb mehr | |
| Roter Rodeländer | USA | Gewicht: 2,7 bis 3,5 kg Nach Italiener weitest verbreitete Rasse; Eierschalen braun | Überwiegend Fleischhühner |
| Wyandotte | USA | Gewicht: 2,5 bis 3,5 kg Nach Indianerstamm benannt, der sie erstmals züchtete | Lege- und Masthuhn |
| Helle Brahma | Indien Veredelung USA/ England | Gewicht: 4 bis 5 kg Da noch ein Bruttrieb vorhanden, geringe Legeleistung | Fleischhuhn |
| Indischer Kämpfer | Indien/ Zucht: England | Gewicht: 3 bis 4 kg | Fleischhuhn, Kampfhuhn |

## Tiere des Jahres

| Wildtier des Jahres | | Vogel des Jahres | | Fisch des Jahres | |
|---|---|---|---|---|---|
| 1992 | Fledermaus | 1992 | Rotkehlchen | 1992 | – |
| 1993 | Wildkatze | 1993 | Flussregenpfeifer | 1993 | Dorsch |
| 1994 | Rotwild | 1994 | Weißstorch | 1994 | Nasenfisch |
| 1995 | Apollo-Falter | 1995 | Nachtigall | 1995 | Aal |
| 1996 | Feldhamster | 1996 | Kiebitz | 1996 | Meerforelle |
| 1997 | Alpensteinbock | 1997 | Buntspecht | 1997 | Äsche |
| 1998 | Unke | 1998 | Feldlerche | 1998 | Strömer |
| 1999 | Fischotter | 1999 | Goldammer | 1999 | Nordseeschnäpe |
| 2000 | Äskulapnatter | 2000 | Rotmilan | 2000 | Lachs |

| Systematik und Gliederung des Pflanzenreiches | | |
|---|---|---|
| Abteilung/Klasse | Beispiel | Zahl der Arten rd. |
| **Prokaryota** | | |
| A. Bakterien | | 2500 |
|   I. Urbakterien (*Archaebacteria*) | Methanbakterien | |
|   II. Bakterien (*Eubacteria*) | Pestbazillus | |
| B. Prokaryotische Algen | | 2000 |
|   I. Blaualgen (*Cyanophyta*) | Wasserblüte | |
|   II. Urgrünalgen (*Prochlorophyta*) | Prochloron | |
| **Eukaryota** | | |
| A. Eukaryotische Algen | | 33 000 |
|   I. Augentierchen (*Euglenophyta*) | Schönauge | 370 |
|   II. Mikroalgen (*Cryptophyta*) | Cryptomonas | |
|   III. Zweigeißelalgen (*Dinophyta*) | Peridinium | 1000 |
|   IV. Haftalgen (*Haptophyta*) | Coccolithus | |
|   V. Grünalgen (*Chlorophyta*) | Rote Schneealge | 7000 |
|     1. Chlorophyceae | Meersalat | |
|     2. Jochalgen (*Conjugatae*) | Zieralgen | |
|     3. Armleuchteralgen (*Charophyceae*) | Chara | |
|   VI. Goldgelbe Algen (*Chrysophyta*) | | 9000 |
|     1. Gelbalgen (*Xanthophyceae*) | Vaucheria | |
|     2. Goldalgen (*Chrysophyceae*) | Dinobryon | |
|     3. Kieselalgen (*Bacillariophyceae*) | Diatoma | 6000 |
|     4. Braunalgen (*Phaeophyceae*) | Blasentang, Jodalgen | 1500 |
|   VII. Rotalgen (*Rhodophyta*) | Irländisch Moos, Agar-Agar Algen | 4000 |
| B. Schleimpilze | | 500 |
|   I. Acrasiomycota | Dictyostelium | |
|   II. Myxomycota | Lohblüte | |
|   III. Plasmodiophoromycota | Plasmodiophora | |
| C. Pilze (*Fungi*) | | |
|   I. Oomycota | | 600 |
|   II. Echte Pilze (*Eumycota*) | | |
|     1. Chytridiomycetes | Allomyces | 600 |
|     2. Zygomycetes | Köpfchenschimmel | 650 |
|     3. Schlauchpilze (*Ascomycetes*) | Hefen | 30 000 |
|     4. Ständerpilze (*Basidiomycetes*) | Steinpilz | 30 000 |
| D. Flechten (*Lichenes*) | Isländisch Moos | 20 000 |
| E. Moose und Gefäßpflanzen (*Embryophyta*) | | |
|   I. Moose (*Bryophyta*) | | 26 000 |
|     1. Hornmoose (*Anthocerales*) | Hornmoos | |
|     2. Lebermoose (*Marchantiales*) | Marchantia | |
|     3. Laubmoose (*Bryatae*) | Torfmoos | |
|   II. Farnpflanzen (*Pteridophyta*) | | 15 000 |
|     1. Urfane (*Psilophytatae*) | Rhynia | |
|     2. Gabelblattgewächse (*Psilotatae*) | Gabelblatt | |
|     3. Bärlappgewächse (*Lycopodiatae*) | Bärlapp | 400 |
|     4. Schachtelhalmgewächse (*Equisetatae*) | Schachtelhalm | 32 |
|     5. Farne (*Filicatae*) | | |
|   III. Blütenpflanzen (*Spermatophyta*) | | |
|     1. Nacktsamer (*Gymnospermae*) | | 800 |
|       Ginkgoatae | Ginkgobaum | 1 |
|       Pinatae | Kiefer, Tanne, Eibe | 600 |
|     2. Fiederblättrige Nacktsamer (*Cycadophytinae*) | | |
|       Samenfarne (*Pteridospermae*) | Lyginopteris | ausgestorben |
|       Cycadeen (*Cycadatae*) | Palmfarne | 100* |

⇒ S. 260

# Pflanzen

| Abteilung/Klasse | Beispiel | Zahl der Arten rd. |
|---|---|---|
| Bennettitatae | Williamsonia | ausgestorben |
| Mantelsamer (*Gnetatae*) | Ephedra | 66* |
| 3. Bedecktsamer (*Angiospermae*) | | 235 000 |
| Zweikeimblättrige Pflanzen (*Dicotyledoneae*) | Erbse, Linde, Aster | 177 000 |
| Einkeimblättrige Pflanzen (*Monocotyledoneae*) | Lilie, Gras, Palme | 54 000 |

\* rezente Arten

## Untergliederung der Blütenpflanzen

| Ordnung/Familie | Beispiele | Zahl der Arten rd. |
|---|---|---|
| **Zweikeimblättrige Pflanzen (Dicotyledoneae)** | | |
| Magnoliales | | |
| Magnoliengewächse (*Magnoliaceae*) | Magnolie | 220 |
| Muskatnussgewächse (*Myristicaceae*) | Muskatnussbaum | 380 |
| Laurales | | |
| Lorbeergewächse (*Lauraceae*) | Lorbeer-, Zimtbaum | 2500 |
| Ranunculales | | |
| Hahnenfußgewächse (*Ranunculaceae*) | Weidenröschen | 2000 |
| Sauerdorngewächse (*Berberidaceae*) | Berberitze | 600 |
| Piperales | | 3000 |
| Pfeffergewächse (*Piperaceae*) | Pfefferstrauch | 2000 |
| Nymphaeales | | |
| Seerosengewächse (*Nymphaeaceae*) | Lotusblume | 90 |
| Hornblattgewächse (*Ceratophyllaceae*) | Hornblatt | |
| Papaverales | | |
| Mohngewächse (*Papaveraceae*) | Klatschmohn | 250 |
| Caryophyllales | | 9700 |
| Nelkengewächse (*Caryophyllaceae*) | Nelke | 2000 |
| Gänsefußgewächse (*Chenopodiaceae*) | Spinat, Runkelrübe | 1500 |
| Kaktusgewächse (*Cactaceae*) | Kakteen | >2000 |
| Polygonales | | 750 |
| Knöterichgewächse (*Polygonaceae*) | Rhabarber, Sauerampfer | 750 |
| Hamamelidales | | |
| Hamamelisgewächse (*Hamamelidaceae*) | Zaubernuss | |
| Platanengewächse (*Platanaceae*) | Platane | 10 |
| Fagales | | 1200 |
| Birkengewächse (*Betulaceae*) | Birke, Erle | 170 |
| Buchengewächse (*Fagaceae*) | Buche, Eiche | 1000 |
| Juglandales | | |
| Walnussgewächse (*Juglandaceae*) | Walnussbaum | 58 |
| Gagelgewächse (*Myricaceae*) | Gagelstrauch | 56 |
| Urticales | | |
| Ulmengewächse (*Ulmaceae*) | Ulme | >150 |
| Maulbeergewächse (*Moraceae*) | Hanf, Hopfen | 1550 |
| Nesselgewächse (*Urticaceae*) | Brennnessel | >700 |
| Saxifragales | | |
| Steinbrechgewächse (*Saxifragaceae*) | Stachel, Johannisbeer | 1200 |
| Dickblattgewächse (*Crassulaceae*) | Hauswurz | 1400 |
| Rosales | | 7100 |
| Rosengewächse (*Rosaceae*) | Himbeere, Apfel | 3400 |
| Fabales | | 17 000 |
| Schmetterlingsblütler (*Fabaceae*) | Hülsenfrüchte, Klee | |
| Mimosen (*Mimosaceae*) | Sinnpflanze | |
| Rutales | | |
| Rautengewächse (*Rutaceae*) | Citrusfrüchte | 4600 |

| Ordnung/Familie | Beispiele | Zahl der Arten rd. |
|---|---|---|
| Sapindales | | 2900 |
| Ahorngewächse (Aceraceae) | Feldahorn | |
| Rosskastaniengewächse (Hippocastanaceae) | Rosskastanienbaum | |
| Geraniales | | |
| Leingewächse (Linaceae) | Flachs | 500 |
| Storchschnabelgewächse (Geraniaceae) | Pelargonie | 800 |
| Rhamnales | | |
| Weinrebengewächse (Vitaceae) | Weinstock | 1700 |
| Santalales | | 2100 |
| Mistelgewächse (Loranthaceae) | Mistel | |
| Leinblatt- u. Sandelbaumgewächse (Santalaceae) | Bergflachs | |
| Euphorbiales | | 7500 |
| Wolfsmilchgewächse (Euphorbiaceae) | Sonnenwolfsmilch | |
| Araliales (Umbellales) | | |
| Doldengewächse (Umbelliferae) | Möhre, Fenchel | >3000 |
| Guttiferales | | |
| Teegewächse (Theaceae) | Teestrauch | 3200 |
| Violale | | 5250 |
| Veilchengewächse (Violaceae) | Stiefmütterchen | |
| Capparales | | 3800 |
| Kreuzblütler (Brassicaceae) | Kohl, Goldlack | |
| Salicales | | 350 |
| Weidengewächse (Salicaceae) | Pappel, Korbweide | |
| Cucurbitales | | 850 |
| Kürbisgewächse (Cucurbitaceae) | Gurke, Melone, Kürbis | |
| Malvales | | 2700 |
| Lindengewächse (Tiliaceae) | Linde | |
| Malvengewächse (Malvaceae) | Baumwollstrauch | |
| Primulales | | 2000 |
| Primelgewächse (Primulaceae) | Schlüsselblume | |
| Ericales | | 3570 |
| Heidenkrautgewächse (Ericaceae) | Heidelbeere, Azalee | |
| Dipsacales | | |
| Geißblattgewächse (Caprifoliaceae) | Schneeball, Baldrian | 400 |
| Oleales | | 600 |
| Ölbaumgewächse (Oleaceae) | Flieder, Jasmin | |
| Gentianales | | 12600 |
| Enziangewächse (Gentianaceae) | Tausendgüldenkraut | |
| Rötegewächse (Rutaceae) | Kaffeebaum, Waldmeister | |
| Solanales | | |
| Nachtschattengewächse (Solanaceae) | Kartoffel, Tabak | 2300 |
| Boraginales | | |
| Rauhblattgewächse (Boraginaceae) | Vergissmeinnicht | 2000 |
| Scrophulariales | | |
| Rachenblütler (Scrophulariaceae) | Leinkraut, Fingerhut | 3000 |
| Lamiales | | |
| Lippenblütler (Lamiaceae) | Salbei, Minze, Lavendel | 3000 |
| Campanulales | | |
| Glockenblumengewächse (Campanulaceae) | Frauenspiegel, Lobelie | |
| Asterales | | 25000 |
| Korbblütler (Asteraceae) | Dahlien, Disteln | |

⇒ S. 262

# Pflanzen

| Ordnung/Familie | Beispiele | Zahl der Arten rd. |
|---|---|---|
| **Einkeimblättrige Pflanzen (Monocotyledoneae)** | | |
| Alismatales | | |
|   Froschlöffelgewächse | Pfeilkraut | 70 |
|   (Alismataceae) | | |
| Hydrocharitales | | |
|   Froschbissgewächse | Wasserpest | 100 |
|   (Hydrocharitaceae) | | |
| Zosterales | | |
|   Laichkrautgewächse (Potamogetonaceae) | Laichkraut | 105 |
|   Seegrasgewächse (Zosteraceae) | Seegras | 14 |
|   Laichkraut | | |
| Asparagales | | |
|   Maiglöckchengewächse (Convallariaceae) | Spargel | 11 |
| Liliales | | 8700 |
|   Liliengewächse (Liliaceae) | Tulpe, Hyazinthe | |
|   Narzissengewächse | Schneeglöckchen | |
|   (Amaryllidaceae) | | |
|   Schwertliliengewächse (Iridaceae) | Gladiole, Krokus | |
| Orchidales | | 20 000 |
|   Orchideengewächse (Orchidaceae) | Knabenkraut, Vanille | |
| Bromeliales | | 2000 |
|   Ananasgewächse (Bromeliaceae) | Ananas | |
| Juncales | | 300 |
|   Binsengewächse (Juncaceae) | Binsen | |
| Cyperales | | 4000 |
|   Riedgräser (Cyperaceae) | Wollgras | |
| Poales | | 9000 |
|   Gräser (Graminaceae) | Hafer, Zuckerrohr | |
| Arecales | | 3400 |
|   Palmen (Palmaceae) | Dattel-, Sago-, Ölpalme | |
| Arales | | 1825 |
|   Aaronstabgewächse (Araceae) | Philodendron | 1800 |
|   Wasserlinsengewächse (Lemnaceae) | Wasserlinsen | 25 |

## Beispiele für die Nomenklatur der Pflanzensystematik

| Abteilung | Klasse | Ordnung | Familie | Gattung | Art |
|---|---|---|---|---|---|
| Pilze (*Fungi*) | Ständerpilze (*Basidiomycetes*) | Agaricales | Agaricaceae | Agaricus | Champignon (*Agaricus bisporus*) |
| Moose (*Bryophyta*) | Lebermoose (*Hepaticae*) | Marchantiales | Marchantiaceae | Marchantia | Brunnenlebermoos (*Marchantia polymorpha*) |
| Nacktsamer (*Gymnospermae*) | Pinatae | Coniferae | Pinaceae | Pinus | Kiefer (*Pinus silvestris*) |
| Nacktsamer (*Gymnospermae*) | Gnetatae | Welwitschiales | Welwitschiaceae | Welwitschia | Welwitschia mirabilis |
| Bedecktsamer (*Angiospermae*) | Zweikeimblättrige Pflanzen (*Dicotyledoneae*) | Rosales | Rosaceae | Pirus | Birnbaum (*Pirus communis*) |
| Bedecktsamer (*Angiospermae*) | Einkeimblättrige Pflanzen (*Monocotyledoneae*) | Liliales | Liliaceae | Tulipa | Gartentulpe (*Tulipa gesneriana*) |

# Blüte

## Teile der Blüte

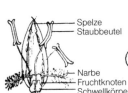

**Roggen**

- Spelze
- Staubbeutel
- Narbe
- Fruchtknoten
- Schwellkörper

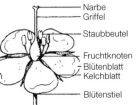

**Birnbaum**

- Narbe
- Griffel
- Staubbeutel
- Fruchtknoten
- Blütenblatt
- Kelchblatt
- Blütenstiel

## Stellung des Fruchtknotens

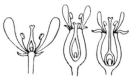

ober-         unter-        mittel-
ständig       ständig       ständig

# Fruchtformen

## Scheinfrüchte

Feige

Hagebutte, Rose

Erdbeere

## Sammelfrüchte

Brombeere

Ananas

## Zapfen

Kiefer

Beerenzapfen
Wacholder

## Kapsel- oder Springfrüchte

septizide Kapsel
Herbstzeitlose

Porenkapsel
Mohn

Deckelkapsel
Bilsenkraut

Balgkapsel
Nieswurz

Hülse
Robinie

Schote
Hederich

Schötchen
Hirtentäschel

## Schließfrüchte

Haselnuss

Nüsschen
od. Achäne
Schafgarbe

Nüsschen
od. Achäne
mit Pappus
Kornblume

Kornfrucht
oder
Karyopse
Roggen

## Spaltfrüchte

Kümmelsamen

Flügelfrucht
Ahorn

## Steinfrüchte

Walnuss

Kirsche

Pflaume

## Beerenfrüchte

Himbeere

Stachelbeere

Tollkirsche

# Pflanzen

| Krautartige Blütenpflanzen | | | | |
|---|---|---|---|---|
| Familie/Name | Blüte | Wuchsform | Lebensraum/Merkmale | Herkunft |

**Zweikeimblättrige Pflanzen**

| Familie/Name | Blüte | Wuchsform | Lebensraum/Merkmale | Herkunft |
|---|---|---|---|---|
| Seerosengewächse/Nymphaeaceae | | (ca. 75 Arten) | | |
| Weiße Wasserlilie *Nymphaea alba* | weiß; Sommer | mehrjährige Wasserpflanze; schwimmende Blätter und Blüten | Flachwasser; Vorfahre vieler kultivierter Formen | Europa |
| Lotusblumengewächse/Nelumbonaceae | | (2 Arten) | | |
| Indischer Lotus *Nelumbo nucifera* | rosa; ganzes Jahr | mehrjährige Wasserpflanze; Blätter und Blüten über Wasser | in Indien und SO-Asien heilig; essbare Samen und Rhizomen | Asien und Australien |
| Hahnenfußgewächse/Ranunculaceae | | (ca. 2000 Arten) | | |
| Christrose *Helleborus niger* | weiß oder rosa, Frühlingsbeginn | mehrjährige Pflanze | felsige Stellen; in Gärten wegen ihrer frühen Blüten beliebt | Südeuropa |
| Akelei (ca. 100 Arten) *Aquilegia* | unterschiedlich; Frühling | mehrjährige Pflanze mit gespornten Blüten | Wälder und Wiesen/Weiden; viele Kulturformen in Gärten | nördliche Halbkugel |
| Kriechender Hahnenfuß *Ranunculus repens* | gelb; Sommer | kriechende, mehrjährige Pflanze | feuchte Lebensräume; ein Gartenunkraut | Eurasien |
| Rittersporn (420 Arten) *Delphinium* | blau, purpur, rot, weiß; Sommer | hohe einjährige und mehrjährige Pflanze | viele kultivierte Hybriden | nördliche Halbkugel |
| Küchenschelle *Pulsatilla vulgaris* | purpur, Frühling | kurz, behaart, mehrjährige Pflanzen | Wiesen/Weiden mit Kalksteinboden; Blüten zu Ostern | Europa |
| Pfingstrosengewächse/Paeoniaceae | | (ca. 35 Arten) | | |
| Pfingstrose (30 Arten) *Paeonia* | rosa, rot, weiß, gelb; Sommer | mehrjährige Stauden und Sträucher | zahlreiche Kulturpflanzen; wegen ihres Dufts gezogen | Eurasien |
| Mohnblumengewächse/Papaveraceae | | (ca. 200 Arten) | | |
| Klatschmohn *Papaver rhoeas* | rot; Sommer | behaarte, einjährige Pflanze | Brachland; Samen keimt bei Bodenbewirtschaftung | Europa |
| Kannenstrauchgewächse/Sarraceniaceae | | (ca. 17 Arten) | | |
| Kannenpflanze (10 Arten) *Sarracenia* | grün, orange, rot; Sommer | kleinwüchsige, mehrjährige Pflanze mit röhrenförmigen Blättern | Sümpfe, Moraste; bunte Kannen ziehen Insekten an, die in ihnen ertrinken und verdaut werden | Nordamerika |
| Maulbeergewächse/Moraceae | | (4 Arten) | | |
| Hanf *Cannabis sativa* | grün mit rosa Färbung; Sommer | hohe, einjährige Pflanze | wegen der Fasern und narkotischen Stoffen angebaut | Zentralasien |
| Hopfen *Humulus lupulus* | grün; Spätsommer | rankende, mehrjährige Pflanze | Hecken und Waldland; weibliche Blüten geben Bier die Würze | nördliche Halbkugel |
| Brennnesselgewächse/Urticaceae | | (ca. 550 Arten) | | |
| Brennnessel *Urtica dioica* | grün, in hängenden Kätzchen; Frühling/Sommer | kriechende, mehrjährige Pflanze | bewirtschaftete Flächen; Härchen injizieren bei Berührung Säure | Europa |
| Knöterichgewächse/Polygonaceae | | (ca. 800 Arten) | | |
| Ampfer (200 Spezies) *Rumex* | grün oder rötlich; Sommer | aufrechte, langwurzelige, mehrjährige Pflanze | oft lästige Unkräuter auf Bauernhöfen und in Gärten | weltweit |
| Aizoazeen/Aizoaceae | | (ca. 1200 Arten) | | |
| Lithops (»Lebender Stein«) *Lithops* (ca. 50 Arten) | unterschiedlich; Sommer | mehrjährige Pflanze | saftige Blätter, leicht mit Steinen zu verwechseln; gänseblümchenartige Blüten | südafrikan. Wüsten |

| Familie/Name | Blüte | Wuchsform | Lebensraum/Merkmale | Herkunft |
|---|---|---|---|---|
| **Gänsefußgewächse/Chenopodiaceae** | | **(ca. 1400 Arten)** | | |
| Queller *Salicornia europaea* | grün, sehr klein; Spätsommer | niedrige, fleischige, einjährige Pflanze | schlammige Seeufer; die Asche wurde einst bei der Glasherstellung verwendet | Europa |
| **Nelkengewächse/Caryophyllaceae** | | **(ca. 1750 Arten)** | | |
| Gartennelke *Dianthus caryophyllus* | weiß, rosa, gelb; Sommer | niedrigwüchsige, mehrjährige Pflanze | viele Kulturformen sind Hybriden | Südeuropa |
| **Kreuzblütler/Brassicaceae** | | **(ca. 3200 Arten)** | | |
| Blaukissen *Aubrieta deltoidea* | rosa oder purpur; Frühling | wuchernde, mehrjährige Pflanze | steinige, trockene Stellen; sehr beliebte Steingartenpflanze | Mittelmeerraum und Westasien |
| Raps *Brassica napus* | gelb; Frühling | ein- oder zweijährige Pflanze | ölreiche Samen zur Futter- und Ölgewinnung | Europa |
| Goldlack *Cheiranthus cheiri* | gelb in wilder Form; Frühling/Sommer | niedrige, mehrjährige Pflanze, z. T. verholzt | trockene Stellen; in vielen Farben – kultiviert | Mittelmeerraum |
| Waid *Isatis tinctoria* | gelb, Frühling | zweijährige oder perennierende Pflanze | Straßenränder, Ufer, Brachland; Blätter liefern blauen Farbstoff | Europa |
| **Kakteen/Cacataceae** | | **(ca. 2000 Arten)** | | |
| Feigenkaktus *Opuntia ficus-indica* | gelb; Frühling, Sommer | stachelige, mehrjährige Pflanze; Stämme in flachen ovalen Abschnitten | in vielen warmen Gebieten gezogen; Früchte sind essbar | tropisches Amerika |
| **Veilchengewächse/Violaceae** | | **(ca. 900 Arten)** | | |
| Stiefmütterchen *Viola tricolor* | unterschiedlich ganzjährig | niedrigwüchsige, mehrjährige Pflanze | grasige Stellen; viele Unterarten von der wilden Form abgeleitet; kultiviert | Europa |
| **Schiefblattgewächse/Begoniaceae** | | **(ca. 950 Arten)** | | |
| Begonie (900 Arten) *Begonia* | unterschiedlich; ganzjährig | mehrjährige Pflanze, oft mit Knollen | es werden viele Spezies und Hybriden kultiviert | Tropen und Subtropen |
| **Primelgewächse/Primulaceae** | | **(ca. 1000 Arten)** | | |
| Alpenveilchen (15 Arten) *Cyclamen* | rosa oder weiß; Frühling, Herbst | mehrjährige Pflanze mit großer runder Knolle | viele kultivierte Formen als Zimmerpflanzen gezogen | Mittelmeerraum und Westasien |
| **Malvengewächse/Malvaceae** | | **(ca. 1000 Arten)** | | |
| Baumwolle (viele Arten) *Gossypium* | weiß, gelb, rosa; ganzjährig | buschige, einjährige und mehrjährige Pflanze | Faser stammt aus den die Samen umgebenden Härchen | Tropen |
| Stockrose *Alcea rosea* | unterschiedlich, Sommer | hohe, zweijährige/mehrjährige Pflanze | viele Kulturformen in Gärten gezogen | vermutlich China |
| **Lindengewächse/Tiliaceae** | | **(ca. 450 Arten)** | | |
| Jute *Corchorus capsularis* | gelb; ganzjährig | buschige, einjährige Pflanze, bis zu 4,5 m hoch | Fasern des Stammes für Sackzeug oder Teppichgrund | Ostasien |
| **Wolfsmilchgewächse/Euphorbiaceae** | | **(ca. 5000 Arten)** | | |
| Kreuzblättrige Wolfsmilch *Euphorbia lathyris* | grün; Sommer | hohe zweijährige Pflanze; Früchte ähneln Kapern | ein kultiviertes Unkraut; ihm wird nachgesagt, Maulwürfe zu vertreiben; giftig | Europa |

⇒ S. 266

# Pflanzen

| Familie/Name | Blüte | Wuchsform | Lebensraum/Merkmale | Herkunft |
|---|---|---|---|---|
| **Dickblattgewächse/Crassulaceae** | | (ca. 1500 Arten) | | |
| Hauswurz *Sempervivum* | rosa oder gelb; Frühling/Sommer | rosettenförmig, mehrjährig, fleischige Blätter | hauptsächlich Berge; eine beliebte Steingartenpflanze | Südeuropa |
| Stechender Mauerpfeffer *Sedum acre* | gelb; Sommer | fleischige, Matten bildende, mehrjährige Pflanze | trockene, kahle Stellen, oft auf Dächern | Europa |
| **Hülsenfrüchtler/Fabaceae** | | (über 10000 Arten) | | |
| Klee (ca. 300 Arten) *Trifolium* | weiß oder rosa; Sommer | wuchernde bzw. aufrechte, einjährige oder perennierende Pflanze | gewöhnlich auf Wiesen-/Weideland; überall als Futterpflanze angebaut | nördliche Halbkugel |
| Lupine (viele Arten) *Lupinus* | unterschiedlich; gewöhnlich in langen Ähren | einjährige oder mehrjährige Krautgewächse; manchmal strauchig | viele bunte Hybriden in Gärten gezogen | Nordamerika, Mittelmeerraum |
| Luzerne *Medicago sativa* | malvenfarbig; Sommer | tief verwurzelte, dürrefeste, mehrjährige Pflanze | heute weltweit als Hauptfutterpflanze angebaut | Südwestasien |
| Edelwicke *Lathyrus odoratus* | unterschiedlich; Sommer | rankende einjährige Pflanze mit vielen Kulturformen | weltweit wegen ihrer bunten, duftenden Blüten kultiviert | vermutlich Südeuropa |
| **Sonnentaugewächse/Droseraceae** | | (ca. 100 Arten) | | |
| Sonnentau (viele Arten) *Drosera* | weiß; Sommer | rosettenförmige mehrjährige Pflanze | Sümpfe; klebrige Härchen an Blättern fangen Insekten | weltweit |
| Venus-Fliegenfalle *Dionaea muscipula* | weiß; Sommer | rosettenförmige mehrjährige Pflanze | Sümpfe; die Blattenden bilden Fallen für Insekten | Nordamerika |
| **Nachtkerzengewächse/Onagraceae** | | (ca. 650 Arten) | | |
| Nachtkerze *Oenothera biennis* | gelb; Sommer, gibt nachts Duft ab | aufrechte, zweijährige Pflanze | weithin in Gärten gezogen; entkommt oft in die Wildnis | Nordamerika |
| Weidenröschen *Epilobium angustifolium* | rosa; Sommer | hohe, Blütentupfer bildende, mehrjährige Pflanze | verbrannter, freier und angeregter Boden | nördliche Halbkugel |
| **Leingewächse/Linaceae** | | (ca. 300 Arten) | | |
| Flachs *Linum usitatissimum* | blau; Sommer | schlanke, einjährige Pflanze mit leicht hängenden Köpfen | wird wegen der Leinenfasern in den Stängeln und Leinsamenöl in den Samen angebaut | vermutlich Europa |
| **Storchschnabelgewächse/Geraniaceae** | | (ca. 750 Arten) | | |
| Storchschnabel (Pelargonie) *Geranium* (mehrere Arten) | blau, rosa, malvenfarbig; Frühling–Herbst | einjährige oder mehrjährige Pflanze; aufrecht oder wuchernd | nach den schnabelförmigen Früchten benannt | weltweit; hauptsächlich gemäßigte Klimazonen |
| Geranie (mehrere Arten) *Pelargonium* | rot, rosa, weiß; kultivierte Form ganzjährig | aufrechte oder kriechende mehrjährige Pflanzen | in Gärten und Gewächshäusern gezogen | Südafrika |
| Ruprechtskraut *Geranium robertianum* | rosa; Frühling/Herbst | zierliche, ein- oder zwei-jährige Pflanze | schattige Stellen; Unkraut mit fuchsähnlichem Geruch | Eurasien |
| **Kapuzinerkressengewächse/Tropaeolaceae** | | (ca. 100 Arten) | | |
| Kapuzinerkresse *Tropaeolum majus* | rot, orange, gelb; Sommer | zarte, rankende oder wuchernde einjährige Pflanze | Blätter essbar; viele Kulturformen | tropisches Amerika |

| Familie/Name | Blüte | Wuchsform | Lebensraum/Merkmale | Herkunft |
|---|---|---|---|---|
| **Balsaminengewächse/Balsaminaceae** | | (ca. 600 Arten) | | |
| Fleißiges Lieschen *Impatiens walleriana* | unterschiedlich; kultivierte Form ganzjährig | zarte, mehrjährige Pflanze | viele Kulturfomen als Zimmerpflanzen gezogen | tropisches Amerika |
| **Doldengewächse/Umbelliferaue** | | (ca. 3000 Arten) | | |
| Schierling *Conium maculatum* | an gewölbten Köpfen weiß; Sommer | hohe, riechende, zweijährige Pflanze mit purpurfarbenen Flecken am Stiel | Flussufer und feuchter Boden; sehr giftig | Europa |
| **Mistelgewächse/Loranthaceae** | | (ca. 900 Arten) | | |
| Mistel *Viscum album* | grün; Frühling | verholzte, mehrjährige Pflanze mit gabelförmigen Verzweigungen | ein Parasit auf Pappeln und anderen Bäumen; im Winter weiße Beeren | Eurasien |
| **Rafflesiazeen/Rafflesiaceae** | | (ca. 50 Arten) | | |
| Rafflesia *Rafflesia arnoldii* | ziegelrot, bis zu 90 cm Durchmesser, wiegt bis zu 7 kg; ganzjährig | blattloser Parasit, der auf hölzernen Pflanzen wächst | größte Blüte der Welt; Aasgeruch zieht Fliegen zur Bestäubung an | Südostasien |
| **Enziangewächse/Gentianaceae** | | (ca. 900 Arten) | | |
| Frühlingsenzian *Gentiana verna* | leuchtend blau; Frühling/Sommer | niedrigwüchsige, mehrjährige Pflanze | Blüten erscheinen nach der Schneeschmelze | euroasiatisches Gebirge |
| **Rötegewächse/Rubiaceae** | | (ca. 6000 Arten) | | |
| Krapp *Rubia tinctorum* | gelb, sternähnlich; Sommer | kletternde, immergrüne, mehrjährige Pflanze | roter Farbstoff in der Wurzel | Mittelmeerraum und Westasien |
| **Windengewächse/Convolvulaceae** | | (ca. 1700 Arten) | | |
| Heckenwinde *Calystegia sepium* | weiß, glockenförmig; Sommer | krautige, kletternde, mehrjährige Pflanze | klettert über Hecken, wobei sie andere Pflanzen erstickt | nördliche Halbkugel |
| Purpurprunkwinde *Ipomoea purpurea* | blau, purpur, rosa, weiß; Sommer | kletternde, einjährige Pflanze | weithin in Gärten gezogen; am Morgen blühend | tropisches Amerika |
| Teufelszwirn (viele Arten) *Cuscuta* | rosa; Sommer | blattloser Parasit | fadenähnliche, rötliche Stämme klammern an anderen Pflanzen | weltweit |
| **Nachtschattengewächse/Solanaceae** | | (über 2000 Arten) | | |
| Lampionblume *Physalis alkekengi* | cremefarben; Sommer | aufrechte, mehrjährige Pflanze | nach der Blüte bläht sich der Kelch auf, wird orange, bildet eine »Laterne« | China |
| Stechapfel *Datura stramonium* | weiß, trompetenförmig; Sommer, Herbst | buschige, kriechende, einjährige Pflanze | angeregter, kahler Boden; oft ein kultiviertes Unkraut | Nordamerika |
| Tabak *Nicotiana tabacum* | weiß oder rosa; Sommer | hohe, einjährige Pflanze | nicht weit verbreitet kultiviert | Nordamerika |
| **Rachenblütler/Scrophulariaceae** | | (ca. 3000 Arten) | | |
| Efeublättriges Leinkraut *Cymbalaria muralis* | lila mit gelbem Zentrum; Frühling/Herbst | kriechende, mehrjährige Pflanze | hauptsächlich an Felsen und Mauern | Südeuropa |
| Löwenmäulchen *Antirrhinum majus* | rosa, rot, gelb; Frühling/Herbst | buschige, einjährige Pflanze, an der Basis verholzt | Felsen/Steine und trockene Stellen; viele Kulturformen | Europa |

⇒ S. 268

# Pflanzen

| Familie/Name | Blüte | Wuchsform | Lebensraum/Merkmale | Herkunft |
|---|---|---|---|---|
| **Pedaliazeen/Pedaliaceae** | | (ca. 50 Arten) | | |
| Sesam *Sesamum indicum* | gelb; Sommer | hohe, grasähnliche, einjährige Pflanze | Tropen; aus den Samen wird Öl gewonnen | tropisches Afrika |
| **Gesneriengewächse/Gesneriaceae** | | (ca. 2000 Arten) | | |
| Afrikanisches Veilchen *Saintpaulia ionantha* | malvenfarbig, rosa, weiß; kultiviert; ganzjährig | mehrjährige Pflanze mit haarigen Blättern | da sie Schatten verträgt, als Zimmerpflanze beliebt | afrikanische Wälder |
| **Akanthusgewächse/Acanthaceae** | | (ca. 2500 Arten) | | |
| Akanthus (Stachelbärenklau) *Acanthus mollis* | weiß, purpurne Blattnerven; Sommer | mehrjährige Pflanze mit hohen Blütenähren | wegen seiner großen, glänzenden Blätter in Parkanlagen | Mittelmeerraum |
| **Wegerichgewächse/Plantaginaceae** | | (ca. 300 Arten) | | |
| Wegerich (250 Arten) *Plantago* | braun; Frühling/Herbst | Blüten in langen Ähren | Wiesen, Weiden, Brachland; Unkraut und Futterpflanze | weltweit |
| **Lippenblütler/Lamiaceae, Labiatae** | | (ca. 3500 Arten) | | |
| Kriechender Günsel *Ajuga reptans* | blau, blättrige Ähre; Frühling | kriechende, mehrjährige Pflanze | feuchte Wälder sowie Wiesen/ Weideland | Eurasien |
| Weiße Taubnessel *Lamium album* | weiß, in Quirlen um den Stamm; Frühling/Herbst | kriechende, mehrjährige Pflanze, aromatisch | Straßenränder und Brachland | Eurasien |
| **Glockenblumengewächse/Campanulaceae** | | (ca. 2000 Arten) | | |
| Glockenblume *Campanula rotundifolia* | blau, glockenförmig auf schlanken Stängeln | niedrigwüchsige, mehrjährige Pflanze | trockene Wiesen, Weideland | nördliche Halbkugel |
| **Korbblütler/Asteraceae** | | (über 13 000 Arten) | | |
| Löwenzahn *Taraxacum officinale* | gelb; Frühling/Sommer | niedrigwüchsige, rosettenförmige Pflanze | Wiesen/Weideland; Wildkraut; auch als Salatpflanze gezogen | nördliche Halbkugel |
| Edelweiß *Leontopodium alpinum* | weiß, pelzige Köpfe; Sommer | niedrigwüchsige, mehrjährige Pflanze | seltend werdend, da für Steingärten gesammelt | europäische Gebirge |
| Flohkraut *Pulicaria dysenterica* | gelb; Sommer/Herbst | aufrechte, haarige, mehrjährige Pflanze | feuchte Stellen; einst zur Fliegenbekämpfung in Häusern genutzt | Eurasien |
| Strohblume *Helichrysum bracteatum* | unterschiedlich; Sommer | aufrechte, einjährige Pflanze | für Trockenblumenarrangements gezogen | Australien |
| Sonnenblume *Helianthus annuus* | gelb, sehr groß; Sommer | hohe, einjährige Pflanze | in Gärten gezogen und wegen ölreicher Samen agrarisch genutzt | Nordamerika |
| **Einkeimblättrige Pflanzen** | | | | |
| **Liliengewächse/Liliaceae** | | (ca. 4000 Arten) | | |
| Asphodill (12 Arten) *Asphodelus* | weiß oder gelb in Ähren; Frühling/Sommer | schlanke, ein- oder mehrjährige Pflanze mit Zwiebel | Brachland und verbrannte Böden | Südeuropa und Asien |
| Hasenglöckchen *Endymion (Scilla) non-scriptus* | blau; Frühling | mehrjährige Pflanze mit Zwiebel | Waldrand | Europa |
| Hyazinthe *Hyazinthus orientalis* | blau in Wildform; Frühling | mehrjährige Pflanze mit Zwiebel | offene Lebensräume; kultivierte Varietäten in vielen Farben | Mittelmeerraum und Westasien |
| Maiglöckchen *Convallaria majalis* | weiß, stark duftend; Frühling | kriechende Wurzelstöcke, mehrjährige Pflanze | Waldgebiete; zierliche glockenförmige Blüten | Europa |

| Familie/Name | Blüte | Wuchsform | Lebensraum/Merkmale | Herkunft |
|---|---|---|---|---|
| Herbstzeitlose *Colchicum autumnale* | rosa oder purpur; Herbst | mehrjährige Pflanze mit Zwiebel; Blätter treiben im Frühling | feuchte Wiesengründe; oft in Gärten gezogen; giftig | Europa und Zentralasien |
| Schachbrettblume *Fritillaria meleagris* | purpur-scheckig; Frühling | mehrjährige Pflanze mit Zwiebel | alte, feuchte Wiesen/Weiden | Europa |
| Tulpe (ca. 100 Arten) *Tulipa* | unterschiedlich; Frühling | mehrjährige Pflanze mit Zwiebel | trockene, grasige Gebiete; viele Kulturformen | Eurasien, insbesondere Türkei |

| **Amaryllisgewächse/Amaryllidaceae** | | **(ca. 1100 Arten)** | | |
|---|---|---|---|---|
| Schneeglöckchen (20 Arten) *Galanthus* | weiß; Frühlingsbeginn | kurze, mehrjährige Pflanze mit Zwiebel | Blüte besitzt drei Blütenblätter ohne Innentrichter | Eurasien und Westasien |
| Knotenblume (12 Arten) *Leucojum* | weiß, glockenförmig; Frühling/Herbst | mehrjährige Pflanze mit Zwiebel | Blütenblätter bilden eine einfache Glocke ohne Innentrichter | Südeuropa, Nordafrika |

| **Schwertliliengewächse/Iridaceae** | | **(ca. 1600 Arten)** | | |
|---|---|---|---|---|
| Krokus (ca. 75 Arten) *Crocus* | purpurfarben, gelb, weiß; Frühling | niedrigwüchsige, mehrjährige Pflanze mit Zwiebel | sehr beliebt für Steingärten, einige Arten bereits selten | Europa und Südasien |
| Fresie (ca. 20 Arten) *Freesia* | unterschiedlich; Kulturform ganzjährig | mehrjährige Pflanze mit Zwiebel | weithin wegen des herrlichen Duftes gezogen; es existieren jetzt viele Hybriden | Südafrika |
| Gladiole (ca. 300 Arten) *Gladiolus* | unterschiedlich; Sommer | aufrechte, eher steife, mehrjährige Pflanze mit Zwiebel | Gartengladiolen sind Hybriden, meist südafrikanischen Ursprungs | Afrika und Eurasien |
| Iris (ca. 300 Spezies) *Iris* | unterschiedlich; Frühling/Sommer | aufrechte, mehrjährige Pflanze mit Zwiebel, Rhizomen oder Knollen | zu den vielen kultivierten Varietäten zählt die farbenfrohe »Fahneniris« | nördliche Halbkugel |

| **Orchideen/Orchidaceae** | | **(ca. 17000 Arten)** | | |
|---|---|---|---|---|
| Hummelblume *Ophrys apifera* | rosa mit pelzigen, braunen, bienenähnlichen Aussehen; Sommer | kurze, aufrechte Pflanze mit Zwiebel | Wiesen/Weiden und Buschwerk, hauptsächlich in den Tropen; in Südeuropa von Bienen bestäubt; normalerweise selbst befruchtend | Europa, Nordafrika und Westasien |

| **Riedgrasgewächse/Cyperaceae** | | **(ca. 4000 Arten)** | | |
|---|---|---|---|---|
| Wollgras (ca. 20 Arten) *Eriophorum* | bräunlich; Sommer | flockige oder kriechende mehrjährige Pflanze | kühle Sümpfe; Samenköpfe mit baumwollartigen Härchen | nördliche Halbkugel |
| Papyrus *Cyperus papyrus* | bräunlich; Sommer | bis zu 6 m hoch, Blätter an der Spitze büschelig | Sumpfgebiete; Bögen aus verdichtetem Mark hergestellt | oberes Niltal; Zentralafrika |

| **Süßgräser/Poaceae** | | **(ca. 10000 Arten)** | | |
|---|---|---|---|---|
| Moskitogras (Haarschotengras) *Bouteloua gracilis* | bräunlich-grün; Sommer | feinblättrige, mehrjährige Pflanze, pinselähnliche Köpfe | eines der wichtgsten Präriegräser | Nordamerika |
| Quecke *Agropyron repens* | grün, schlanke Ähren; Sommer | kräftige, mehrjährige Pflanze mit kriechenden Rhizomen | an Straßenrändern üppig vorkommend; lästiges Gartenunkraut | nördliche Halbkugel |
| Helmgras *Ammophila arenaria* | braun; Sommer | hohe, kräftige, mehrjährige Pflanze mit kriechenden Rhizomen | weithin zur Befestigung von Sanddünen gepflanzt | Küsten Westeuropas |
| Dreizahn *Triodia pungens* | bräunlich; nasse Jahreszeit | kräftige, dürrefeste, mehrjährige Pflanze | prägende Pflanze auf Wiesen und Weiden | Australien |
| Schilf (Rohr) *Phragmites australis* | silbrig-braun; Sommer | hohe, mehrjährige Pflanze | Flachwasser; Stängel für Rieddächer verwendet | weltweit |

⇒ S. 271

# Pflanzen

**Baumtypen**

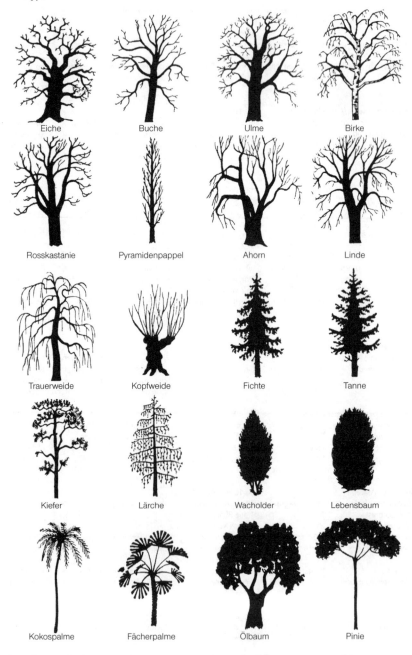

Eiche    Buche    Ulme    Birke

Rosskastanie    Pyramidenpappel    Ahorn    Linde

Trauerweide    Kopfweide    Fichte    Tanne

Kiefer    Lärche    Wacholder    Lebensbaum

Kokospalme    Fächerpalme    Ölbaum    Pinie

| Familie/Name | Blüte | Wuchsform | Lebensraum/Merkmale | Herkunft |
|---|---|---|---|---|
| **Aronstabgewächse/Araceae** | | **(ca. 2000 Arten)** | | |
| Aronstab *Arum maculatum* | grün und braun; Frühling/Sommer | kurze, einjährige Pflanze | Wälder; Blüten in einer Scheide; rote Beeren; giftig | Europa |
| **Rohrkolbengewächse/Typhaceae** | | **(ca. 150 Arten)** | | |
| Breitblättriger Rohrkolben *Typha latifolia* | braun; in zylindrischen Ähren; Sommer | hohe, mehrjährige Pflanze | Sümpfe; federige Samen im Frühling ausgestreut | weltweit |

## Bäume und Sträucher

| Familie/Name* | Charakteristika** | Herkunft |
|---|---|---|
| **Nadelbäume (Nacktsamer, Gymnospermen)** | | |
| **Ginkgogewächse/Ginkgoaceae (1 Art)** | | |
| Ginkgo *Ginkgo biloba* (L) | fächerförmige Blätter; einzige rezente Art einer alten Pflanzengruppe | China |
| **Araukariengewächse/Araucariaceae (38 Arten)** | | |
| Kaurifichte *Agathis australis* (I) | großer Nutzholzlieferant, der durch die starke Abholzung gefährdet ist | Neuseeland |
| Chilenische Araukarie *Araucaria araucana* (I) | Bäume mit schraubig gestellten, gabelnervigen Nadeln | Chile |
| **Zypressengewächse/Cupressaceae (ca. 130 Arten)** | | |
| Gemeiner Wacholder *Juniperus communis* (I) | schlanker Baum oder verzweigter Busch; nach Gin riechende Zapfen | nördliche Halbkugel |
| Lawsons Scheinzypresse *Chamaecyparis lawsonia* (I) | groß und schlank; viele Zuchtformen werden als Zaun angepflanzt | Nordamerika |
| Riesenlebensbaum *Thuja plicata* (I) | hoher, oft konisch wachsender Baum; Holz weich und rötlich, verrottet schwer | Nordamerika |
| **Kieferngewächse/Pinaceae (250 Arten)** | | |
| Balsamtanne *Abies balsamea* (I) | bildet ein wertvolles, gelbliches Harz; wird zur Zellstoffgewinnung genutzt | Nordamerika |
| Grannenkiefer *Pinus aristata* (I) | stachelige Zapfen; wächst im Gebirge; 5000 Jahre alte Art | Westen Nordamerikas |
| Libanonzeder *Cedrus libani* (I) | große Zedernart mit öligem, duftendem Holz | Asien |
| Weißtanne *Abies alba* (I) | schnell wachsender Baum, die größte europäische Art (über 55 m) | europäische Gebirge |
| Himalaya-Zeder *Cedrus deodara* (I) | großer Baum mit waagerechten Verzweigungen und stark duftendem Holz | Asien |
| Douglasfichte *Pseudotsuga menziesii (I)* | groß und kräftig; das widerstandsfähige Holz wird zum Hüttenbau verwendet | Nordamerika |
| Europäische Lärche *Larix decidua* (L) | großer Baum; Stämme werden für die Terpentingewinnung angezapft | europäische Gebirge |
| Drehkiefer *Pinus contorta* (I) | schnell wachsender Baum; wird als Windschutz und zur Zierde angepflanzt | Westen Nordamerikas |
| Strandkiefer *Pinus pinaster* (I) | großer Baum; junge Exemplare oft als Weihnachtsbaum verwendet | Mittelmeerraum |
| Monterey-Kiefer *Pinus radiata* (I) | großer, Holz liefernder Baum; Borke rötlich-braun gefärbt | Kalifornien |
| Gemeine Fichte *Picea abies* (I) | schirmförmiger Kronenaufbau und essbare Samen | Europa |

⇒ S. 272

# Pflanzen

| Familie/Name* | Charakteristika** | Herkunft |
|---|---|---|
| Waldkiefer<br>*Pinus sylvestris* (I) | sehr hartes, stark biegsames, wertvolles Holz | Europa, Asien |
| Pinie *Pinus pinea* (I) | essbare Samen, schirmförmige Krone | Mittelmeerraum |
| **Steineibengewächse/Podocarpaceae (ca. 125 Arten)** | | |
| Harzeibe<br>*Dacrydium franklinii* (I) | langsam wachsender Baum, dessen Holz sehr haltbar und kostbar ist | Tasmanien |
| Steineibe *Podocarpus*<br>*dacrydioides* (I) | wertvoller Holzlieferant; herabhängende Zweige mit schuppigen Blättern | Neuseeland |
| »Rimu« *Dacrydium*<br>*cupressinum* (I) | wertvoller Holzlieferant; herabhängende Zweige mit dreiecksförmigen<br>Blättern | Neuseeland |
| **Sumpfzypressengewächse/Taxodiaceae (ca. 16 Arten)** | | |
| Küstensequoie *Sequoia*<br>*sempervirens* (I) | der größte Baum der Welt mit dicker Borke; wird über 110 m hoch | Kalifornien |
| Mammutbaum *Sequoia*<br>*giganteum* (I) | über 100 m Höhe, 8,6 m Durchmesser | Kalifornien |
| **Eibengewächse/Taxaceae (ca. 20 Arten)** | | |
| Gewöhnliche Eibe<br>*Taxus baccata* (I) | dauerhaftes Holz; Samen in einem roten Samenmantel (Arillus) | Europa,<br>Nordafrika<br>und Westasien |
| **Laubbäume (Zweikeimblättrige Bedecktsamer, Angiospermen)** | | |
| **Magnoliengewächse/Magnoliaceae (ca. 230 Arten)** | | |
| Magnolie (ca. 35 Arten)<br>*Magnolia* (I und L) | dekorative Zierbäume mit becher- oder sternförmigen Blüten | Amerika und<br>Ostasien |
| Tulpenbaum *Liriodendron*<br>*tulipifera* (I) | hohe Bäume mit tulpenförmigen, grünlichen Blüten | Amerika |
| **Zistrosengewächse/Cistaceae (ca. 165 Arten)** | | |
| Zistrose (ca. 20 Arten)<br>*Cistus* (I) | aromatische Sträucher mit rosa oder weißen Blüten | Mittelmeerraum |
| **Platanengewächse/Platanaceae (10 Arten)** | | |
| Ahornblättrige Platane<br>*Platanus x acerifolia* (L) | hohe, gegen Luftverschmutzungen unempfindliche Bäume, vielfach<br>in Städten und an Straßenrändern gepflanzt | Europa |
| **Ulmengewächse/Ulmaceae (ca. 2000 Arten)** | | |
| Weißulme<br>*Ulmus americana* (L) | hoher, Holz liefernder Baum; häufig in Nordamerika als Straßenbaum | Nordamerika |
| Englische Ulme<br>*Ulmus procera* (L) | hoher, Holz liefernder Baum mit kuppelförmiger Krone; häufig in<br>Schallschutzanpflanzungen | Europa |
| Feldulme<br>*Ulmus minor* (L) | großer, stark verzweigter Baum; verträgt Luftverschmutzungen;<br>wird daher häufig in Städten angepflanzt | Europa und<br>Westasien |
| **Maulbeergewächse/Moraceae (ca. 3000 Arten)** | | |
| Brotfruchtbaum<br>*Artocarpus altilis* (I) | wichtiges Nutzholz; 15–20 kg schwere Fruchtstände und<br>Samen essbar | Polynesien |
| **Kasuarinengewächse/Casuarinaceae (ca. 65 Arten)** | | |
| Kasuarine (ca. 45 Arten)<br>*Casuarina* (I) | Bäume oder Sträucher mit schlanken, grünen Zweigen | Australien und<br>Südostasien |
| **Buchengewächse/Fagaceae (ca. 900 Arten)** | | |
| Weißeiche<br>*Quercus alba* (L) | liefert Tannin für pharmazeutische Zwecke; wichtigste amerikanische<br>Art | Nordamerika |

| Familie/Name* | Charakteristika** | Herkunft |
|---|---|---|
| Rotbuche *Fagus sylvatica* (L) | großer Baum mit glatter Borke | Europa |
| Korkeiche *Quercus suber* (I) | Borke wird alle 8 bis 12 Jahre zur Flaschenkorkherstellung entfernt | Mittelmeerraum |
| Stieleiche *Quercus robur* (L) | kräftiger Baum mit ausgedehnter Krone und gestielten Eicheln | Europa |
| Amerikanische Roteiche *Quercus rubra* | Zierbaum; große spitze Blätter färben sich tiefrot im Herbst | Nordamerika |
| Esskastanie *Castanea sativa* (L) | großer Baum mit spiralförmiger Borke und essbaren Nüssen | Südeuropa |

**Birkengewächse/Betulaceae (ca. 100 Arten)**

| | | |
|---|---|---|
| Erle (ca. 35 Arten) *Alnus* (L) | Bäume mit Kätzchen; Samen in holzigen Fruchtständen; wächst meist in Wassernähe | Europa und Asien |
| Hängebirke *Betula pendula* (L) | schlanker Baum mit silbriger Borke; Holz für Furniere verwendet | Europa und Asien |
| Hainbuche *Carpinus betulus* (L) | Baum mit sehr hartem Holz; früher zur Radnabenherstellung verwendet | Europa |
| Haselnuss *Corylus avellana* (L) | kleiner Baum oder Strauch, Zuchtformen bilden essbare Nüsse | Europa und Westasien |

**Walnussgewächse/Juglandaceae (ca. 50 Arten)**

| | | |
|---|---|---|
| Echte Walnuss *Juglans regia* (L) | Baum mit großer Krone; wegen der Nüsse und des Holzes angepflanzt | Südosteuropa und Südasien |
| Hickorynuss (ca. 20 Arten) *Carya* (L) | großer Baum; einige Arten bilden essbare Nüsse (z.B. Pecannuss) | Nordamerika |

**Nyktaginazeen/Nyctaginaceae (ca. 300 Arten; Bäume, Sträucher und Kräuter)**

| | | |
|---|---|---|
| Bougainvillea (ca. 18 Arten) *Bougainvillea* (L) | dekorativer, kletternder Strauch, dessen zarte Blüten durch prächtig gefärbte blütenblattähnliche Brakteen umhüllt sind; viele Zuchtformen | Südamerika |

**Kaktusgewächse/Cactaceae (ca. 2000 Arten)**

| | | |
|---|---|---|
| Saguaro *Cereus giganteus* (I) | verzweigter, baumähnlicher Kaktus, der bis zu 12 m hoch werden kann; neuerdings Zahl der Exemplare stark zurückgegangen | nordamerikanische Wüsten |

**Teegewächse/Theaceae (ca. 500 Arten)**

| | | |
|---|---|---|
| Kamelie *Camellia japonica* (I) | kleiner Strauch mit glänzenden Blättern; wird wegen der hübschen, an Rosen erinnernden Blüten gezogen | Japan |
| Chinesischer Teestrauch *Camellia sinensis* (I) | kleiner Baum; junge Triebe liefern Tee (ca. 2 Mio.t jährlich) | Südostasien |

**Weidengewächse/Salicaceae (ca. 530 Arten)**

| | | |
|---|---|---|
| Zitterpappel, Espe *Populus tremula* (L) | die fein gestielten Blätter »zittern« bei dem leichtesten Windstoß | Europa und Nordasien |
| Säulenpappel *Populus nigra var. italica* (L) | große, säulenförmige Schwarzpappel; oft als Windbrecher angepflanzt | Europa |
| Korbweide *Salix viminalis* (L) | strauchförmige Weide; schlanke Zweige zum Korbflechten verwendet | Europa |
| Salweide *Salix caprea* (L) | wuchernder Baum; duftende, männliche Kätzchen im Frühjahr | Europa und Westasien |
| Trauerweide *Salix babylonica* (L) | stark verzweigter Baum mit hängenden Zweigen; wächst in Wassernähe | China |

**Heidekrautgewächse/Ericaceae (ca. 3000 Arten)**

| | | |
|---|---|---|
| Pontische Alpenrose *Rhododendron ponticum* (I) | große, meist pinkfarbene Blüten; kommt in Wäldern und Parkanlagen vor | Europa |
| (Besen-)heide *Calluna vulgaris* (I) | langsam wachsender Strauch; Charakterpflanze der Heiden und Moore | Europa |
| Erdbeerbaum *Arbutus unedo* (I) | kleiner Baum mit roten Früchten, die an Erdbeeren erinnern | Südeuropa |

⇒ S. 274

# Pflanzen

| Familie/Name* | Charakteristika** | Herkunft |
|---|---|---|
| **Ebenholzgewächse/Ebenaceae (ca. 500 Arten)** | | |
| Ebenholzbaum *Diospyros ebenum* (L) | Baum mit sehr schwerem, dunklem Holz; Bezeichnung auch für andere vergleichbare Holzarten verwendet | Sri Lanka |
| **Bombaxgewächse/Bombacaceae (ca. 180 Arten)** | | |
| Balsabaum *Ochroma pyramidale* (I) | schnell wachsender Baum mit dem leichtesten bekannten Holz | tropisches Amerika |
| Afrikanischer Affenbrot-baum, Baobab *Adansonia digitata* (L) | Baum mit einem weit ausgedehnten, weichen Stamm, der Nutzfasern liefert; Früchte essbar | trockene afri-kan. Subtropen |
| Baumwollbaum *Ceiba pentandra* (L) | Baum wird wegen der leichten Fasern an den Samen (Kapok) kultiviert | tropisches Amerika |
| **Sterkuliengewächse/Sterculiaceae (ca. 700 Arten)** | | |
| Kakaobaum *Theobroma cacao* (I) | Baum mit großen Früchten, die sich am Stamm bilden; wächst heute hauptsächlich in Westafrika; geröstete Samen liefern Kakao | tropisches Amerika |
| Colabaum (ca. 50 Arten) *Cola* (I) | schlanker Baum, dessen Samen (Kola-Nüsse) anregende Wirkstoffe enthalten | Afrika |
| **Lindengewächse/Tiliaceae (ca. 400 Arten)** | | |
| Sommerlinde *Tilia platyphyllos* (L) | stattlicher, großblättriger Baum, der bis zu 40 m hoch und 1000 Jahre alt werden kann | Europa und Kleinasien |
| Winterlinde *Tilia cordata* (L) | weit ausladender, stattlicher Baum (bis 35 m hoch) mit schwärzlicher Borke; Blüten zur Bereitung von Heiltee gegen Erkältungen verwendet | Europa und Westsibirien |
| **Buchsbaumgewächse/Buxaceae (ca. 100 Arten)** | | |
| Buchsbaum *Buxus sempervirens* (I) | kleiner Baum oder Strauch; oft für Beeteinzäunungen verwendet | Europa und Nordafrika |
| **Wolfsmilchgewächse/Euphorbiaceae (ca. 5000 Arten; Bäume, Sträucher, Kräuter)** | | |
| Molukken-Lackbaum *Aleurites moluccana* (I) | Baum mit ölreichen Nüssen, die als »Kerzen« verwendet werden | Asien (tropisch) |
| Weihnachtsstern *Euphorbia pulcherrima* (L) | weit verbreiteter Zierstrauch mit leuchtend roten Brakteen und kleinen Blüten | Amerika (tro-pisch) |
| Kautschukbaum *Hevea brasiliensis* (L) | schlanker Baum, der hauptsächlich in Südostasien gezogen wird; aus dem Latex wird Gummi gewonnen | Brasilien |
| **Rosengewächse/Rosaceae (über 3000 Arten; Bäume, Sträucher, Kräuter)** | | |
| Vogelkirsche *Prunus avium* (L) | liefert Nutzholz; ein Vorfahre der Süßkirsche | Europa und Westasien |
| Eingriffliger Weißdorn *Crataegus monogyna* (L) | ein dorniger Baum, der häufig als Heckenpflanze genutzt wird | Europa und Westasien |
| Rosen (ca. 200 Arten) *Rosa* (L) | stachelige Sträucher und Kletterpflanzen mit duftenden Blüten | nördliche Hemisphäre |
| Eberesche *Sorbus aucuparia* (L) | robuster Baum mit weißen Blüten und roten Früchten; resistent gegen Luftverschmutzungen | Europa |
| **Mimosengewächse/Mimosaceae (ca. 2000 Arten; Bäume, Sträucher, Kräuter)** | | |
| Mesquitebaum *Prosopis juliflora* (I) | stark verzweigter Wüstenbaum; die Wurzeln können auf der Suche nach Grundwasser bis zu 30 m in die Tiefe wachsen | nordamerikan. Wüsten |
| Silberakazie *Acacia dealbata* (I) | guter Holzlieferant mit viel Tannin und reizvollen gelben Blüten | Südaustralien |
| **Schmetterlingsblütler/Fabaceae (über 17000 Arten)** | | |
| Besenginster *Cytisus scoparius* (I) | Strauch mit zahlreichen gelben Blüten; Zuchtformen in Gärten | Europa |

| Familie/Name* | Charakteristika** | Herkunft |
|---|---|---|
| Gemeiner Goldregen *Laburnum anagyroides* (L) | Zierstrauch mit langen, hängenden, gelben Blütentrauben; sehr giftig | europäische Gebirge |
| Robinie *Robinia pseudoacacia* (L) | dorniger Baum mit stark riechenden weißen Blüten; in Europa verbreitet | Nordamerika |
| »Flamboyant« *Delonix regia* (L) | dekorativer Baum mit leuchtend roten Blüten; in den Tropen verbreitet | Madagaskar |
| Stechginster *Ulex europaeus* (I) | dichter, dorniger Strauch; die gelben Blüten haben einen recht üblen Geruch | Westeuropa |
| Judasbaum *Cercis siliquastrum* (L) | dekorativer Baum; pinkfarbene Blüten am Stamm und an Zweigen | Mittelmeerraum |
| Glyzine *Wisteria sinensis* (L) | Kletterpflanze mit traubenförmigen, hängenden, lilafarbenen Blüten | China |

**Manglebaumgewächse/Rhizophoraceae (ca. 120 Arten)**

| | | |
|---|---|---|
| Mangrove *Rhizophora mangle* (I) | Strauch an Küsten; steht auf überirdisch wachsenden Luftwurzeln | Tropen |

**Topffruchtbaumgewächse/Lecythidaceae (ca. 325 Arten)**

| | | |
|---|---|---|
| Paranussbaum *Bertholletia excelsa* (I) | großwüchsiger Baum der tropischen Wälder mit essbaren Samen | Südamerika |
| Kanonenkugelbaum *Couroupita guianensis* (I) | nicht essbare Früchte sehen wie Kanonenkugeln aus; gutes Holz | Südamerika |

**Myrtengewächse/Myrtaceae (ca. 3400 Arten)**

| | | |
|---|---|---|
| Kajeputbaum *Melaleuca leucadendra* (I) | Nutzholz mit dicker, schwammiger Borke; Blätter liefern Heilöl | Australien |
| »Cider gum« *Eucalyptus gunnii* (I) | sehr hartes Nutzholz; Blätter rundlich; oft kultiviert | Tasmanien |
| »Mountain ash« *Eucalyptus regnans* (I) | einer der größten blühenden Bäume (oft über 100 m hoch) | Australien |
| »Red river gum« *Eucalyptus camaldulensis* (I) | wichtiger Holzlieferant; wächst meist in Ufernähe; vielfach angepflanzt | Australien |
| »Snow gum« *Eucalyptus pauciflora* (I) | robuster Baum, der lange Frost- und Schneeperioden schadlos übersteht | australisches Gebirge |

**Nachtkerzengewächse/Onagraceae (ca. 650 Arten)**

| | | |
|---|---|---|
| Fuchsien (ca. 100 Arten) (L) | Zierstrauch mit hängenden Blüten; wird oft durch Vögel bestäubt | Amerika und Pazifik |

**Sumachgewächse/Anacardiaceae (ca. 600 Arten)**

| | | |
|---|---|---|
| Kletternder Giftsumach *Toxidodendron radicans* (L) | Kletterpflanze, deren Inhaltsstoffe schwere Hautausschläge verursachen | Nordamerika |
| Essigbaum *Rhus typhina* (L) | dekorativer Strauch mit behaarten Zweigen; Blätter im Herbst lebhaft rötlich | Osten Nordamerikas |
| Terpentinpistazie *Pistacia terebinthus* (L) | schlanker Baum mit korallenroten Früchten; Harz liefert Terpentin | Mittelmeerraum |

**Bitterholzgewächse/Simaroubaceae (ca. 120 Arten)**

| | | |
|---|---|---|
| Götterbaum *Ailanthus altissima* (L) | häufiger Stadt- und Parkbaum; die Blätter sind jung bronzefarbig | China |

**Zedrachgewächse/Meliaceae (ca. 1400 Arten)**

| | | |
|---|---|---|
| Echter Mahagonibaum *Swietenia mahagoni* (I) | wertvoller Holzlieferant, durch starke Abholzung selten geworden | tropisches Amerika |

**Rosskastaniengewächse/Hippocastanaceae (ca. 15 Arten)**

| | | |
|---|---|---|
| Gemeine Rosskastanie *Aesculus hippocastanum* (L) | ausladender Baum mit stacheligen Früchten; die Samen sind die Kastanien | Südosteuropa |

⇒ S. 276

275

# Pflanzen

| Familie/Name* | Charakteristika** | Herkunft |
|---|---|---|
| **Ahorngewächse/Aceraceae (ca. 200 Arten)** | | |
| Feldahorn *Acer campestre* (L) | attraktiver Straßenbaum; Blätter jung pink- und im Herbst goldfarben | Europa und Westasien |
| Zuckerahorn *Acer saccharum* (L) | hoher Baum; liefert Holz und Ahornsirup; schöne Blattfärbung | Nordamerika |
| Bergahorn *Acer pseudoplatanus* (L) | hoher Baum mit wertvollem Holz; hohe Verbreitungsrate durch die zahlreich gebildeten, geflügelten Früchte | Südosteuropa |
| **Erythroxylazeen/Erythroxylaceae (ca. 250 Arten)** | | |
| Coca-Strauch *Erythroxylum coca* (I) | kleiner Baum oder Strauch, dessen Blätter das Cocain liefern | Anden |
| **Hartriegelgewächse/Cornaceae (ca. 110 Arten; Bäume, Sträucher, Kräuter)** | | |
| Roter Hartriegel *Cornus sanguinea* (L) | typischer Heckenstrauch mit roten Zweigen und blutroten Blättern im Herbst | Europa |
| **Efeugewächse/Araliaceae (ca. 700 Arten, meist tropisch)** | | |
| Efeu *Hedera helix* (I) | holzige Kletterpflanze, die sich mit kleinen Wurzeln aus dem Stängel an der Unterlage festhält; kein Parasit, jedoch Nahrungskonkurrent | Europa und Westasien |
| **Stechpalmengewächse/Aquifoliaceae (ca. 400 Arten)** | | |
| Stechpalme *Ilex aquifolium* (I) | stacheliger Baum oder Heckenstrauch; die Pflanzen sind entweder männlich oder weiblich; die roten Beeren bilden sich nur an der weiblichen Pflanze | Südwesteuropa, Südwestasien |
| **Ölbaumgewächse/Oleaceae (ca. 600 Arten)** | | |
| Gemeine Esche *Fraxinus excelsior* (L) | hoher Baum, der leichtes und zugleich festes Holz für Sportgeräte liefert | Europa und Westasien |
| Forsythie *Forsythia* (7 Arten) | Zierstrauch, der viele gelbe Blüten hervorbringt, bevor die Blätter erscheinen | Südosteuropa und Ostasien |
| Gewöhnlicher Flieder *Syringa vulgaris* (L) | kleiner Zierbaum, wird u.a. wegen der duftenden Blüten angepflanzt | Südosteuropa |
| Ölbaum *Olea europaea* (I) | kleiner, langlebiger Baum, der seit dem klassischen Altertum wegen der ölhaltigen Früchte (Oliven) kultiviert wird | Mittelmeerraum |
| Winterjasmin *Jasminum nudiflorum* (L) | zierlicher, dekorativer Strauch mit duftenden gelben Blüten im Winter | China |
| **Silberbaumgewächse/Proteaceae (ca. 100 Arten)** | | |
| Banksia (ca. 50 Arten) *Banksia* (I) | Sträucher und Bäume mit an Flaschenbürsten erinnernden, gelben oder orangefarbigen Blütenständen | Australien |
| Australische Haselnuss *Macadamia tetraphylla* (I) | kleiner Baum, dessen essbare Nüsse ein kosmetisch nutzbares Öl liefern | Australien |
| **Geißblattgewächse/Caprifoliaceae (ca. 450 Arten, meist Bäume und Sträucher, aber auch Kräuter)** | | |
| Waldgeißblatt *Lonicera periclymenum* (L) | holzige Kletterpflanze mit duftenden, trompetenförmigen Blüten; schädigt bisweilen jung angepflanzte Bäume | Europa |
| Schwarzer Holunder *Sambucus nigra* (L) | Strauch oder kleiner Baum; Marmelade oder Wein aus den Beeren | Europa und Westasien |
| **Hundsgiftgewächse/Apocynaceae (ca. 1500 Arten, meist Kletterpflanzen)** | | |
| Frangipani *Plumeria rubra* (I) | kleiner Baum mit duftenden weißen oder pinkfarbenen Blüten | tropisches Amerika |
| Oleander *Nerium oleander* (I) | aufrecht wachsender Strauch mit weißen oder pinkfarbenen Blüten | Mittelmeerraum |
| **Rötegewächse/Rubiaceae (ca. 7000 Arten; Bäume, Sträucher und Kräuter)** | | |
| Kaffeestrauch *Coffea arabica* (I) | kleiner Baum, in dessen Beeren sich die Kaffeebohnen entwickeln; liefert ca. 75% des Weltkaffeebedarfs, der Rest stammt von *Coffea canephora* | Äthiopien |

| Familie/Name* | Charakteristika** | Herkunft |
|---|---|---|
| **Sommerfliedergewächse/Buddlejaceae (ca. 150 Arten)** | | |
| Sommerflieder | wuchsfreudiger Strauch; Blüten ziehen Schmetterlinge an | China |
| *Buddleja davidii* (L) | | |
| | | |
| **Bignoniengewächse/Bignoniaceae (ca. 650 Arten; Bäume, Sträucher, Kletterpflanzen)** | | |
| Kalebassenbaum | Waldbaum; die holzigen Früchte werden als (Trink-)Gefäße genutzt | tropisches |
| *Crescentia cujete* (I) | | Amerika |
| Trompetenbaum | Zierbaum mit großen, weißen Blüten und bohnenähnlichen Früchten | Nordamerika |
| *Catalpa bignonioides* (L) | | |
| Jacaranda | Straßenbaum in wärmeren Regionen; blaue Blüten und gefiederte | Argentinien |
| *Jacaranda mimosifolia* (L) | Blätter | |
| | | |
| **Eisenkrautgewächse/Verbenaceae (ca. 3000 Arten; Bäume, Sträucher und Kräuter)** | | |
| Teakbaum | großer Baum; kräftiges, ölhaltiges und gegen Insektenfraß | Südostasien |
| *Tectona grandis* (L) | resistentes Holz | |

**Einkeimblättrige Pflanzen (Einkeimblättrige Bedecktsamer, Monokotyledonen)**

| Familie/Name* | Charakteristika** | Herkunft |
|---|---|---|
| **Liliengewächse/Liliaceae (ca. 3500 Arten, meist krautig)** | | |
| Aloe (ca. 300 Arten) | Pflanze mit aufrechten Blütentrauben; Blätter rosettenförmig und | Afrika, Arabien |
| *Aloe* (I) | stachelig | |
| | | |
| **Grasbaumgewächse/Xanthorrhoeaceae (ca. 70 Arten)** | | |
| Grasbaum | Büschel grasförmiger Blätter; kerzenförmige Blüte an dunklem Stängel | Australien |
| *Xanthorrhoea fulva* (I) | | |
| | | |
| **Agavengewächse/Agavaceae (ca. 70 Arten)** | | |
| Agave (ca. 300 Arten) | Pflanze mit großen, oft stechenden Blättern; einige Arten liefern | Amerika (warme |
| *Agave* (I) | Fasern (Sisal); vielfach im Mittelmeerraum angepflanzt | Regionen) |
| Keulenlilie | kräftige Zweige enden in keulenförmigen Büscheln aus lanzett- | Neuseeland |
| *Cordyline australis* (I) | förmigen Blättern | |
| Drachenbaum | kräftige Zweige bilden eine schirmförmige Krone; am Ende der | Kanarische |
| *Dracaena draco* (I) | Verzweigungen Blattrosetten; Stamm scheidet Harz aus (Drachenblut) | Inseln |
| Josuabaum | robuster, langlebiger Baum mit schwertförmigen Blättern am Ende | Nordamerika |
| *Yucca brevifolia* (I) | der Zweige | |
| | | |
| **Süßgräser/Gramineae (Poaceae) (ca. 10000 Arten)** | | |
| Bambusgewächse | großwüchsige Pflanzen bis zu 30 m; hat hohle Stängel (Rohr) | Tropen |
| (ca. 45 Gattungen) (I) | | |
| | | |
| **Palmen/Arecaceae (ca. 2700 Arten; unverzweigter Stamm; Blätter meist nur am obersten Ende)** | | |
| Afrikanische Ölpalme | Öl der Früchte dient der Seifenherstellung und industriellen Zwecken; | westafrikan. |
| *Elaeis guineensis* (I) | Öl der Samen zur Herstellung von Margarine und anderen Lebensmitteln | Tropen |
| Raphiapalme (ca. 20 Arten) | längste Blätter überhaupt (über 25 m lang); Raphia aus den Blattfasern | Afrika |
| *Raphia* (I) | | |
| Rotangpalme (ca. 370 Arten) | kletternde Palme mit 180 m langen Stängeln; liefert wertvolles Rohr | Südostasien |
| *Calamus* (I) | | |

\* (L) = Laub abwerfend; (I) = immergrün]

\*\* Bäume, die über 30 m hoch sind, werden als groß, solche, die grundsätzlich weniger als 6 m Höhe erreichen,
als klein bezeichnet.

# Pflanzen

## Blüte und Reife bei Laubhölzern

| Baum | Blütezeit* | Reifezeit* |
|---|---|---|
| Aspe (Zitterpappel) | März/April | Mitte-E Mai |
| Silber-, Graupappel | E Feb./März | Mai |
| Birke | April | E Juli–Sept. |
| Sommereiche | E April/Mai | E Sept.–A Okt. |
| Roteiche | E Mai | Okt. im 2. Jahr |
| Bergahorn | Mai/Juni | Sept. |
| Linde | Juni/Juli | Sept.–A Okt. |
| Robinie | E Mai/Juni | Okt.–Nov. |
| Rotbuche | Mai | Sept.–A Okt. |
| Hainbuche | Mai | Okt. |
| Vogelbeerbaum | Mai | Sept. |
| Esche | A Mai | Sept.–Okt. |
| Schwarzerle | März/April | Okt.–A Nov. |
| Ulme | März/April | E Mai–A Juni |
| Haselnuss | E Feb./März | Sept.–Okt. |
| Weißdorn | Mai/Juni | Sept.–Okt. |
| Traubenkirsche | E April | E Juli |
| Kornelkirsche | E Feb./März | E Aug.–Sept. |

| Baum | Blütezeit* | Reifezeit* |
|---|---|---|
| Holunder | Mai/Juni | Aug.–Sept. |
| Heckenkirsche | Mai/Juni | E Juni–Juli |
| Liguster | Juni/Juli | Aug.–Sept. |
| Heidelbeere | April/Juni | Juli |
| Brombeere | Juni/Juli | Aug.–Sept. |

\* A = Anfang,   E = Ende

## Reifephasen bei Nadelhölzern

| Baum | Samenreife* | Samenabfall* |
|---|---|---|
| Douglasie | E Sept./A Okt. | Okt.–Nov. |
| Fichte | Okt. | Dez.–April |
| Kiefer | Nov. im 2. Jahr | Winter–Mai |
| Lärche | Okt./Nov. | Winter–Mai |
| Tanne | E Sept./A Okt. | bald nach Reife |

\* A = Anfang,   E = Ende

## Pilze

| Familie/Name | Form und Farbe | Vorkommen | Wert |
|---|---|---|---|
| **Pilze mit Lamellen** | | | |
| **Knollenblätterpilze/Amanitaceae** | | | |
| Grüner Knollenblätterpilz *Amanita phalloides* | Scheide und Ring; leicht grünlicher Hut mit weißen Lamellen | in Laubwäldern, besonders unter Haselnuss | tödlich giftig |
| Weißer oder Spitzkegeliger Knollenblätterpilz *Amanita virosa* | Scheide und Ring; Hut, Lamellen und Stiel reinweiß | in Laub- und Nadelwäldern | tödlich giftig |
| Fliegenpilz *Amanita muscaria* | leuchtend roter Hut mit weißen Flocken; Stiel mit Ring | unter Birken und Nadelbäumen | giftig |
| **Schirmlinge/Lepiotaceae** | | | |
| Parasol *Macrolepiota* oder *Lepiota procera* | Hut braun-gräulich mit braunen Schuppen; Stiel hohl und hart mit Ring | in Wäldern, auf grasigen Stellen | ausgezeichneter Speisepilz |
| **Ritterlingsartige/Tricholomataceae** | | | |
| Hallimasch *Armillariella mellea* | honiggelber Hut mit braunen Schuppen | büschelig auf Holzstrünken | essbar |
| **Täublinge/Russulaceae** | | | |
| Kiefern-Speitäubling *Russula emetica* | roter Hut, weiße Lamellen; weißer Stiel ohne Ring | unter Kiefern | giftig |
| **Seitlinge/Pleurotaceae** | | | |
| Austernpilz *Pleurotus ostreatus* | braun-gräulicher Hut, weiße Lamellen; seitlicher Stiel | auf Laubbaumstrünken | guter Speisepilz |
| **Champignonartige Pilze/Agaricaceae** | | | |
| Wiesenchampignon *Agaricus campestris* | weißer Hut; rosafarbene Lamellen, die im Alter bräunlich werden; beringter Stiel | auf gedüngtem, landwirtschaftlich genutztem Boden | ausgezeichneter Speisepilz |

| Familie/Name | Form und Farbe | Vorkommen | Wert |
|---|---|---|---|
| Weißer Anis-Egerling *Agaricus arvensis* | glänzend weißer Hut mit leicht rost-farbenen bis braunen Lamellen | Wiesen und Waldlichtungen | sehr guter Speisepilz |
| Karbolegerling *Agaricus xanthoderma* | Hut reinweiß, später graubraun und bei Druck gilbend | Waldränder, Wiesen | giftig |

**Träuschlingsartige Pilze/Strophariaceae**

| | | | |
|---|---|---|---|
| Spitzkegeliger Kahlkopf *Psilocybe semilanceata* | brauner, spitzer Hut auf dünnem Stiel; als Rauschdroge wegen seiner hallu-zinogenen Eigenschaften verwendet | auf gedüngten Wiesen | giftig |

**Tintlingsartige Pilze/Coprinaceae**

| | | | |
|---|---|---|---|
| Gesäter Tintling *Coprinus disseminatus* | fingerhutförmiger, grauer Hut; grau-violette Lamellen | totes Holz und Baumstümpfe | wertlos |
| Schopf-Tintling *Coprinus comatus* | weißschuppiger Hut mit deutlichem Ring; im Alter zersetzt er sich zu einer »schwarzen Tinte« | Gras- und Ackerland | jung essbar |

**Leistenpilze/Cantharellaceae**

| | | | |
|---|---|---|---|
| Pfifferling *Cantharellus cibarius* | dottergelber, fester, trichterförmiger, matter Hut; riecht nach Aprikosen | Waldboden | ausgezeichneter Speisepilz |

**Pilze ohne Lamellen**

**Röhrlinge/Boletaceae**

| | | | |
|---|---|---|---|
| Steinpilz *Boletus edulis* | hellbrauner, fleischiger Hut mit leicht gelblichen Röhren | in Laub- und Nadelwäldern | ausgezeichneter Speisepilz |

**Porlinge/Polyporaceae**

| | | | |
|---|---|---|---|
| Schuppiger Porling *Polyporus squamosus* | flacher, fächerförmiger Hut mit brau-nen Schuppen; Stiel seitlich ansetzend; bis zu 50 cm im Durchmesser | auf abgestorbenen Baum-stümpfen | jung essbar |

**Ohrenpilze/Auriculariaceae**

| | | | |
|---|---|---|---|
| Judasohr *Auricularia sam-bucina; A. auricula judae* | gallertiger, ohrförmiger, oliv-bräun-licher Fruchtkörper; Sporen auf der gesamten samtigen Oberfläche | auf abgestorbenem Holz, ins-bes. an Holunderstämmen | essbar, beliebt in Japan und China |

**Boviste, Stäublinge/Lycoperdaceae**

| | | | |
|---|---|---|---|
| Boviste (verschiedene Arten) | blasenförmiger Fruchtkörper; Sporen-wolken verlassen bei Berührung den Fruchtkörper durch eine Pore | auf Wiesen- und Waldböden | jung meist essbar |

**Stinkmorchelartige Pilze/Phallaceae**

| | | | |
|---|---|---|---|
| Gemeine Stinkmorchel *Phallus impudicus* | penisförmiger Fruchtkörper; sein übler Geruch zieht Fliegen an, die die Sporen verbreiten | Waldboden | ungenießbar |

**Morchelpilze/Morchellaceae**

| | | | |
|---|---|---|---|
| Morcheln *Morchella* (verschiedene Arten) | mehr oder weniger spitzkegeliger Hut auf breitem Stiel; Hut taschenförmig strukturiert, braun-gelb bis rußig-grau | Wiesen und lichter Wald | guter Speisepilz |

**Trüffelpilze/Tuberaceae**

| | | | |
|---|---|---|---|
| Périgord-Trüffel *Tuber melanosporum* | blasenförmiger Fruchtkörper; wächst unterirdisch; äußerlich glänzend schwarz mit rot-braunem Fleisch | unter Esskastanien in Südeuropa | ausgezeichneter Speisepilz |
| Sommer-Trüffel *Tuber aestivum* | blasenförmiger Fruchtkörper; wächst unterirdisch; äußerlich braun-warzig mit gelbem Fleisch | unter Buchen auf kalkigem Boden | sehr guter Speisepilz |

# Pflanzen

## Botanische Zeichen

|  |  |  |  |  |  |
|---|---|---|---|---|---|
| ⊙ | einjährige Pflanze | ∞ | Freilandpflanze | 〰 | Wasserpflanze |
| ⊙⊙ | zweijährige Pflanze | ∞ | Freilandpflanze mit Winterschutz | 〰 | Moor- und Sumpfpflanze |
| ♃ | ausdauernde Pflanze, Staude | ≷ | Kletternde Pflanze | ⊓ | Kalthauspflanzen |
| ♄ | Halbstrauch | ⧢ | Ampelpflanze | ⊢ | Warmhauspflanze |
| ♄ | Strauch | + | Gift- bzw. Arzneipflanze | V | Topfpflanze |
| ♄ | Baum | ○ | Sonnenpflanze | ◗◖ | im Frühjahr blühend |
| ♂ | männlich | ⊖ | Halbschattenpflanze | ◗◖ | im Sommer blühend |
| ♀ | weiblich | ○ | Schattenpflanze | ◗◖ | im Herbst blühend |
| ☿ | Zwitter | V | Fels-, Steingartenpflanze | ◗◖ | im Winter blühend |
| ✕ | Kreuzung, Bastard | | | | |

## Pflanzen des Jahres

| Baum des Jahres | | Blume des Jahres | |
|---|---|---|---|
| 1992 | Ulme | 1992 | Rosmarinheide |
| 1993 | Speierling | 1993 | Schachblume |
| 1994 | Eibe | 1994 | Breitblättriges Knabenkraut |
| 1995 | Spitzahorn | 1995 | Trollblume |
| 1996 | Hainbuche | 1996 | Echte Kuhschelle |
| 1997 | Eberesche | 1997 | Silberdistel |
| 1998 | Wildbirne | 1998 | Krebsschere |
| 1999 | Silberweide | 1999 | Sumpfdotterblume |
| 2000 | Sandbirke | 2000 | Purpurroter Steinsame |

| Pilz des Jahres | | Orchidee des Jahres | |
|---|---|---|---|
| 1992 | – | 1992 | Großes Zweiblatt |
| 1993 | – | 1993 | Helm-Knabenkraut |
| 1994 | Rosskappe | 1994 | Glanzkraut |
| 1995 | Zunderschwamm | 1995 | Bienen-Rackwurz |
| 1996 | Habichtpilz | 1996 | Frauenschuh |
| 1997 | Frauentäubling | 1997 | Wanzenknabenkraut |
| 1998 | Schweinsohr | 1998 | Echte Sumpfwurz |
| 1999 | Satanspilz | 1999 | Bocksriemenzunge |
| 2000 | Königs-Fliegenpilz | 2000 | Rotes Waldvögelein |

## Chronik der Landwirtschaft

| vor Christus | |
|---|---|
| ca. 9000 | Schafe und Ziegen in Afghanistan und im Iran domestiziert |
| ca. 8500 | Emmer-Weizen und Gerste in Israel angebaut |
| ca. 8000 | Bohnen in Peru angebaut; Reisanbau in Indochina |
| ca. 7500 | Ägypter beginnen mit der jährlichen Überflutung des Niltals für landwirtschaftliche Zwecke |
| ca. 7000 | Einkornweizen in Syrien angebaut, Hartweizen in der Türkei, Zuckerrohr in Neuguine, Bananen, Kokosnüsse und Süßkartoffeln in Indonesien |
| ca. 6500 | Schweine und Wasserbüffel in China domestiziert; Hühner werden in Teilen Südasiens der Eier wegen und als Nahrungsmittel gehalten |
| ca. 6000 | Flachs in SW-Asien angepflanzt; Rinder in der SO-Türkei domestiziert; Bohnen, Mais, Kürbisse und Pfeffersträucher in Mexiko angebaut |
| ca. 5500 | Chinesen bauen Hirse und Pfirsiche an |
| ca. 5000 | Alpakas und Lamas in Peru domestiziert |
| ca. 4500 | Dattelpalmen in Indien angebaut; Avocados und Baumwolle in Mexiko angebaut; Pferde in Russland domestiziert |
| ca. 4000 | Trauben für Wein in Turkistan angebaut |
| ca. 3500 | Oliven auf Kreta angebaut; Zebu-Vieh in Thailand domestiziert; Bier in Mesopotamien gebraut |
| ca. 3200 | Baumwolle in Südamerika angebaut |
| ca. 3000 | Esel in Israel, Elefanten in Indien und Kamele in Arabien domestiziert; Ägypter und Mesopotamier verwenden von Ochsen gezogene Pflüge und haben große Bewässerungssysteme |
| ca. 2900 | Baumwolle in Indien angepflanzt |
| ca. 2700 | Seidenraupenkulturen für die Seidenherstellung in China |
| ca. 2500 | Kartoffeln in den Anden Südamerikas kultiviert; Brotfrüchte in Südostasien angebaut; Yaks in Tibet domestiziert; Erdnüsse in Mittelamerika angepflanzt |
| ca. 2200 | Ägypter domestizieren Enten und Gänse |
| ca. 2000 | Meerschweinchen in Peru domestiziert (als Nahrungsmittel) |
| ca. 1950 | »Stock«-Pflüge (ohne Pflugschar) in Mesopotamien verwendet; asiatischer Reis in Südostasien angebaut |
| ca. 1900 | Luzerne als Tierfutter in Ägypten angebaut |
| ca. 1750 | Gewürznelken von Südostasien nach Syrien eingeführt |
| ca. 1700 | Sonnenblumen in Nordamerika angebaut (Winterfuttervorrat) |
| ca. 1600 | Mesopotamier erfinden die Pflugschar |

| ca. 1550 | Bronze-Pflüge in Vietnam verwendet |
|---|---|
| ca. 1500 | Sojabohnen in der Mandschurei angebaut; sie werden etwa 300 Jahre später in China eingeführt |
| ca. 1450 | Chinesen entwickeln das Brauen; alkoholische Getränke in Asien destilliert |
| ca. 1400 | Maniok wird in Südamerika angebaut |
| ca. 1100 | Mesopotamier führen eiserne Pflugscharen ein |
| ca. 1000 | Hafer wird in Mitteleuropa angebaut |
| ca. 500 | Rentiere in Asien domestiziert; Chinesen führen landwirtschaftliche Verfahren ein wie Düngen und Unkraut Jäten bei in Reihen angebauten Pflanzen. Sorghum und Hirse im Sudan zur Kulturpflanze gemacht |
| ca. 300 | Truthühner in Mexiko domestiziert; afrikanischer Reis am Niger angebaut |
| 290 | Chinesen entwickeln ein Brustgeschirr für Pferde, die Pflüge ziehen |
| 250 | In Thailand ziehen domestizierte Wasserbüffel Pflüge auf den Reisfeldern |
| 125 | In China werden aus dem Westen eingeführte Weintrauben angebaut |
| 100 | In Albanien werden Mühlen zum Kornmahlen mit Wasserrädern angetrieben; erste spezialisierte Milchviehrasse (Holsteinische Kuh) von Bauern in den heutigen Niederlanden gezüchtet |

| nach Christus | |
|---|---|
| 60 | Der römische Kaiser Nero verbietet die Einfuhr von Pfeffer aus Indien |
| 80 | Chinesische Erfinder bauen eine Kettenpumpe zum Heben von Wasser für die Bewässerung |
| 100 | Chinesische Bauern beginnen mit dem Anbau von Tee und nutzen das Insektizid Pyrethrum |
| 110 | Chinesen bauen mehrrohrige Sämaschine |
| 530 | Chinesen erfinden eine Maschine zum Sieben von Mehl |
| 552 | Byzantiner erproben die Seidenproduktion, wobei sie aus China geschmuggelte Insekten einsetzen |
| 600 | Windmühlen zum Kornmahlen im Iran verwendet |
| 1000 | Araber führen Zitronenpflanzen in Sizilien und Spanien ein |
| 1100 | Italiener destillieren Wein, um Weinbrand herzustellen |
| 1191 | Tee von China nach Japan eingeführt |
| 1400 | Wilder Kaffee wird in Äthiopien geerntet, um ein Getränk herzustellen |
| 1410 | Holländische Fischer führen Treibnetze ein und verwenden Salz, um den Fang zu konservieren |

⇒ S. 282

# Landwirtschaft und Ernährung

| | |
|---|---|
| 1450 | Kaffee wird aus dem arabischen Hafen Mokka exportiert |
| 1484 | Der Spanier Pedro de Vera führt Zuckerrohr auf den Kanarischen Inseln ein und baut die erste Zuckerraffinerie |
| 1500 | Deutsche Kaufleute importieren auf dem Seeweg Gewürze aus Ostindien |
| 1514 | Ananas gelangt nach Europa |
| 1516 | Herzog Wilhelm IV. erlässt in Bayern das Reinheitsgebot, nach dem für die Herstellung von Bier nur Gerstenmalz, Hopfen und Wasser sowie Hefe verwendet werden dürfen |
| 1517 | Kaffee gelangt nach Europa |
| 1519 | Hernán Cortés führt spanische Pferde nach Nordamerika ein |
| 1520 | Portugiesen importieren Orangenbäume aus China; Spanier führen Schokolade aus Mexiko ein; Truthühner und Mais kommen von Amerika nach Europa |
| 1525 | Belgische Hopfenpflanzen werden in England eingeführt |
| 1532 | Kultivierung von Zuckerrohr beginnt in Brasilien |
| 1548 | Pfefferpflanzen aus Afrika erstmals in England angebaut |
| 1550 | Tabak gelangt nach Spanien |
| 1560 | Der Franzose Jean Nicot führt die Tabakpflanzen nach Westeuropa ein |
| 1565 | Kartoffeln aus Südamerika gelangen nach Spanien; John Hawkins führt Tabak und Süßkartoffeln in England ein |
| 1566 | Camillo Torello patentiert eine Sämaschine, die erste in Europa |
| 1573 | Zuckerrohrraffinerie in Deutschland gebaut |
| 1580 | Italiener führen türkischen Kaffee ein |
| 1596 | Tomaten in England eingeführt |
| 1609 | Dutch East India Company beginnt mit der Verschiffung von Tee aus China nach Europa |
| 1612 | Britische Kolonisten pflanzen Tabak in Virginia an |
| 1621 | Deutsche Bauern bauen Kartoffeln an |
| 1701 | Jethro Tull erfindet eine mechanische Sämaschine |
| 1727 | Kaffee erstmals in Brasilien angebaut |
| 1735 | Charles de la Condamine entdeckt den Kautschukbaum |
| 1736 | Briten importieren Kautschuk (Gummi) aus Südamerika |
| 1747 | Andreas Marggraf findet Zucker in der Zuckerrübe, wodurch die europäische Zuckerrübenindustrie begründet wird |
| 1750 | Robert Bakewell nutzt selektive Zucht, um verbesserte Arten von Schafen und anderen Nutztieren hervorzubringen |
| 1765 | Lazzaro Spallanzani schlägt Versiegeln von Nahrungsmitteln vor |
| 1788 | Andrew Meikle erfindet Dreschmaschine |
| 1795 | Nicolas Appert experimentiert mit sterilem Abfüllen von Nahrungsmitteln in Dosen und Flaschen |
| 1797 | John MacArthur führt das Merinoschaf in Australien ein |
| 1804 | Albrecht Daniel Thaer führt die Fruchtwechselwirtschaft ein |
| 1820 | Europas Bauern nutzen Guano-Dünger |
| 1831 | Cyrus McCormick erfindet Mähmaschine |
| 1836 | Mähdrescher in den USA entwickelt |
| 1837 | John Deere stellt Pflüge mit geschwungenen Streichblechen aus Stahl her |
| 1840 | Jean-Baptiste Boussingault entdeckt, dass Nitrate im Boden wichtig für Pflanzen sind. Justus Liebig erklärt, wie Kunstdünger die Ernte verbessern kann |
| 1842 | Samuel Dana entdeckt die Rolle der Phosphate im natürlichen Dünger |
| 1847 | Henry Sorby erklärt die Funktionen von Phosphor und Schwefel beim Wachstum von Ackerpflanzen. Kondensmilch erstmals hergestellt; Justus Liebig stellt konzentrierte Fleischextrakte her |
| 1852 | Kaliumsulfat wird als Kunstdünger in Deutschland verwendet |
| 1864 | Louis Pasteur entwickelt ein Pasteurisierungsverfahren für Wein |
| 1874 | H. Solomon konserviert Nahrungsmittel mit Druckkochern |
| 1880 | Dosenfleisch und -obst im Handel |
| 1896 | Erste selektive Unkrautvernichter in Frankreich eingesetzt |
| 1906 | Jacques-Arsène d'Arsonval erfindet das Gefriertrocknen als Verfahren zur Lebensmittelkonservierung |
| 1910 | US Holt Company entwickelt benzinbetriebenen Mähdrescher |
| 1924 | Häufiger Einsatz von Insektiziden. US-Amerikaner Clarence Birdseye beginnt mit Produktion von Tiefkühlkost |
| 1925 | Clarence Birdseye entwickelt Schnell-Gefrierverfahren zur Konservierung von Nahrungsmitteln |
| 1926 | Erste Grüne Woche in Berlin |
| 1927 | Feldfrüchte werden mit Insektiziden von Flugzeugen aus in Kanada besprüht |
| 1934 | Schiffe mit Kühlräumen zum Transport von Fleischfracht eingeführt |
| 1937 | Löslicher Kaffee in den USA vermarktet |
| 1939 | Vorgekochte, eingefrorene Lebensmittel werden in USA verkauft. Paul Müller entdeckt insektizide Wirkung von DDT. |
| 1944 | Kunstdünger werden eingesetzt |
| 1945 | FAO (Organisation für Ernährung und Landwirtschaft) wird gegründet |
| 1972 | US-Regierung schränkt Einsatz von DDT wegen Auswirkung auf Insekten fressende Vögel ein |

| 1973 | Kälberproduktion unter Verwendung eingefrorener Embryos |
|------|----------------------------------------------------------|
| 1984 | Steen Willadsen klont Schafe |
| 1985 | Erster BSE-Fall in England beobachtet |
| 1986 | American Biologics vermarktet einen Impfstoff, der aus einem geklonten Virus gewonnen wird |
| 1988 | Gentechnisch veränderte »Krebs-Maus« in den USA patentiert. Das Europäische Patentamt erteilt 1992 den Patentschutz |
| 1990 | Beginn des ersten Freisetzungsversuchs von gentechnisch veränderten Pflanzen in Deutschland. – Die deutsche Bierverordnung verpflichtet inländische Brauereien auf das Reinheitsgebot von 1516 |
| 1994 | Anbau und Markteinführung der ersten gentechnisch veränderten Tomatensorte in den USA |
| 1997 | Vorstellung von Schaf »Dolly«, das erste geklonte Säugetier aus den Körperzellen eines erwachsenen Tieres |
| 1998 | EU-Verordnung zur Kennzeichnungspflicht von gentechnisch veränderten Lebensmitteln und -zutaten tritt in Kraft |
| 1999 | Einheitliches Prüfsiegel für Produkte aus ökologischem Landbau ersetzt vorherige Markenzeichen für Ökoprodukte |

## Wichtige Tierprodukte

| Produkt | Lieferanten | Gewinnung/Herstellung |
|---------|-------------|------------------------|
| Milch | Kuh, Schaf, Ziege | Melken |
| Rahm | Kuh | Milchentfettung |
| Doppelrahm | Kuh | Schlagen von Milchfett |
| Butter | Kuh | langes Schlagen von Milchfett |
| Buttermilch | Kuh | Restflüssigkeit bei der Butterherstellung |
| Joghurt | Kuh | entrahmte fermentierte Milch |
| Quark | Kuh | Milch mit Labferment |
| Käse | Kuh, Schaf, Ziege | Milch mit Labferment; Konsistenz je nach Lagerzeit; bei Schimmelkäse Zusatz von Schimmelpilzen |
| Wollstoff | Schaf, Kamel, Ziege | gewebtes Garn (aus kurzen Haaren) |
| Kammgarn | Schaf, Kamel, Ziege | Gekämmte, versponnene Fasern (aus langem Haar) |
| Pelz | diverse Tiere | Felle (gezüchteter) Tiere; zunehmend synthetisch |
| Leder | diverse Tiere | konservierte, gegerbte, chem. behandelte Haut |

## Pflanzen als Nahrungsmittel

| Familie/Name | Essbare Teile | Wuchsform | Ursprung |
|--------------|---------------|-----------|----------|
| **Obst und Gemüse** | | | |
| **Annonengewächse/Annonaceae** | | | |
| Cherimoya *Annona cherimola* | samenreiche Frucht | kleiner, immergrüner Baum | trop. Amerika |
| Zimtapfel *Annona squamosa* | samenreiche Frucht mit apfelartigem Fleisch | kleiner, immergrüner Baum | Mittelamerika |
| **Lorbeergewächse/Lauraceae** | | | |
| Avocado *Persea americana* | Frucht mit hohem Fett- und Eiweißgehalt | großer, immergrüner Baum | Mittelamerika |
| **Maulbeergewächse/Moraceae** | | | |
| Schwarze Maulbeere *Morus nigra* | Frucht; wird oft zur Marmeladenherstellung verwendet | robuster Laubbaum | Westasien |
| Brotfrucht *Artocarpus altilis* | stärkereiche Frucht; wird meist geröstet | bis zu 30 m hoher Baum | pazifische Inseln |
| Feige *Ficus carica* | Frucht; wird frisch oder getrocknet gegessen | kleiner Laubbaum | Westasien |
| Jackfrucht *Artocarpus integrifolia* | sehr große Frucht (ca. 30 kg); wird gekocht oder roh verzehrt | großer, immergrüner Baum | trop. Amerika |
| **Knöterichgewächse/Polygonaceae** | | | |
| Rhabarber *Rheum rhaponticum* | Blattstiele; gekocht als Dessert; Blätter enthalten Oxalsäure | mehrjähriges Kraut | Mittelamerika |
| Gartensauerampfer *Rumex acetosa* | Blätter; roh als Salat oder gekocht wie Spinat verwendet | mehrjähriges Kraut | nördl. Halbkugel |

⇒ S. 284

# Landwirtschaft und Ernährung

| Familie/Name | Essbare Teile | Wuchsform | Ursprung |
|---|---|---|---|
| **Gänsefußgewächse/Chenopodiaceae** | | | |
| Gelbe Rübe *Beta vulgaris var. lutea* | rote, zuckerhaltige Wurzel | zweijähriges Kraut | Eurasien |
| Spinat *Spinacea oleracea* | Blätter; gekocht als Gemüse oder roh als Salat | einjähriges Kraut | Mittelmeerraum |
| Mangold *Beta vulgaris var. vulgaris* | Blatt und Blattstrünke; gekocht als Gemüse | zweijähriges Kraut | Eurasien |
| Zuckerrübe *Beta vulgaris var. altissima* | große, zuckerhaltige Wurzel; liefert heute fast die Hälfte des Weltzuckerbedarfs | zweijährig | europ. Küsten |
| **Hartheugewächse/Guttiferae** | | | |
| Mangostane *Garcinia mangostana* | Frucht mit roter Schale und süßem, weißem Fruchtfleisch | immergrüner Baum | Südostasien |
| **Kürbisgewächse/Cucurbitaceae** | | | |
| Gartenkürbis *Cucurbita pepo* | Frucht; kürbisartige Frucht wird jung als Gemüse zubereitet | einjährige Kletterpflanze | Mittelamerika |
| Gurke *Cucumis sativus* | Frucht; meist roh als Salat gegessen | einjährige Kletterpflanze | Südasien |
| Melone *Cucumis melo* | zuckerreiche Frucht; wird roh gegessen | einjährige Kriechpflanze | Afrika |
| Riesenkürbis *Cucurbita maxima* | Frucht; wird süß-sauer eingelegt oder gekocht | einjährige Kriechpflanze | Südamerika |
| Wassermelone *Citrullus lanatus var. caffer* | große Frucht; Fruchtfleisch süß, rot und wässerig | einjährige Kriechpflanze | Afrika |
| **Kreuzblütler/Brassicaceae** | | | |
| Broccoli *Brassica oleracea var. italica* | ungeöffnete Blütenköpfe | zweijähriges Kraut | Europa |
| Rosenkohl *Brassica oleracea var. gemmifera* | stark geschlossene Knospen; zahlreich an einer Pflanze vorhanden | zweijähriges Kraut | Europa |
| Weiß- oder Rotkohl *Brassica oleracea var. capitata* | Blätter; sind eng gepackt an einem kurzen Stängel | zweijähriges Kraut | Europa |
| Blumenkohl *Brassica oleracea var. botrytis* | stark geschlossene, eng gepackte Blütenköpfe | zweijähriges Kraut | Europa |
| Chinakohl *Brassica chinensis* | Blätter; werden gekocht oder roh gegessen | zweijähriges Kraut | Ostasien |
| Grünkohl *Brassica oleracea var. sabellica* | Blätter; robuste Winterkohlart | zweijähriges Kraut | Europa |
| Kohlrabi *Brassica oleracea var. gongylodes* | ballförmig verdickter Stiel; grün- oder purpurfarben | zweijähriges Kraut | Europa |
| Rettich *Raphanus sativus var. niger* | Wurzel; in der Regel roh als Salat verwendet | einjähriges Kraut | unbekannt |
| Steckrübe *Brassica napus var. napobrassica* | Wurzel und Stängel; vermutlich eine Kreuzung zwischen Weißer Rübe und Weißkohl | zweijähriges Kraut | Europa |
| Brunnenkresse *Nasturtium officinale* | Blätter und Stängel; werden roh gegessen | mehrjähriges Kraut | Europa |
| **Strahlengriffelgewächse/Actinidiaceae** | | | |
| Kiwi *Actinidia chinensis* | Frucht mit vielen kleinen Samen; bräunliche Fruchtschale mit grünem saftigem Fruchtfleisch | Kletterpflanze | Ostasien |
| **Ebenholzgewächse/Ebenaceae** | | | |
| Kakipflaume *Diospyros kaki* | tomatenähnliche Früchte; werden roh oder gekocht gegessen | Laub abwerfender Baum | Nordamerika, Ostasien |
| **Seifenbaumgewächse/Sapotaceae** | | | |
| Breiapfel *Manilkara zapota* | süßes, zuckerhaltiges Fruchtfleisch; Baumlatex wird auch zur Kaugummiherstellung verwendet | immergrüner Baum | Mittelamerika |

| Familie/Name | Essbare Teile | Wuchsform | Ursprung |
|---|---|---|---|
| **Malvengewächse/Malvaceae** | | | |
| Okra *Abelmoschus esculentus* | unreife, schotenförmige Frucht; wird roh oder gekocht gegessen | einjähriges Kraut | trop. Afrika |
| **Wolfsmilchgewächse/Euphorbiaceae** | | | |
| Maniok *Manihot esculentus* | stärkereiche Wurzelknolle; dient der Tapioka-Gewinnung | kleiner Strauch | Südamerika |
| **Melonenbaumgewächse/Caricaceae** | | | |
| Papaya *Carica papaya* | dickfleischige, vielsamige Frucht | kleiner, immergrüner Baum | trop. Amerika |
| **Steinbrechgewäche/Saxifragaceae** | | | |
| Schwarze Johannisbeere *Ribes nigrum* | kleine, schwarze Früchte; Vitamin-C-reich | strauchiges Laubholz | Eurasien |
| Stachelbeere *Ribes grossularia* | behaarte, grüne, gelbliche oder rötliche Beeren | Laub abwerfender Strauch | Europa |
| Rote Johannisbeere *Ribes rubrum* | kleine, rote oder weiße Beeren | Laub abwerfender Strauch | Westeuropa |
| **Rosengewächse/Rosaceae** | | | |
| Mandel *Prunus dulcis* | Samen; meist zu Süßwaren (Marzipan) verarbeitet | kleiner, Laub abwerfender Baum | Westeuropa, Nordafrika |
| Apfel *Malus pumila sylvestris* | Frucht; die wichtigste Frucht der gemäßigten Zonen mit hunderten von Varietäten, die vom Wildapfel abstammen | Laub abwerfender Baum | Europa |
| Aprikose *Prunus armeniaca* | Steinfrucht mit leicht pelziger Haut | Laub abwerfender Baum | Ostasien |
| Brombeere *Rubus armeniacus* | Frucht; ein aus einzelnen Steinfrüchten zusammengesetzter Fruchtstand; zahlreiche Varietäten | stacheliger, kletternder Strauch | Eurasien |
| Sauerkirsche *Prunus cerasus* | leicht bitter schmeckende Frucht; wird vielfach zur Likörbereitung verwendet | Laub abwerfender Baum | Westasien |
| Süßkirsche *Prunus avium* | Frucht; verschiedene Varietäten | großer Laubbaum | Westasien |
| Moltebeere *Rubus chamaemorus* | Frucht; sieht wie eine goldfarbene Brombeere aus; in Skandinavien sehr geschätzt | kleines, ausdauerndes Kraut | nördl. Regionen |
| Damaszenerpflaume *Prunus damascena* | Frucht; kleine, dunkle Pflaume; wird meist gekocht oder als Marmelade verzehrt | Laub abwerfender Baum | Europa |
| Reineclaude *Prunus italica* | Frucht; süße, grünlich-gelbe Pflaume | Laub abwerfender Baum | Westasien |
| Mispel *Mespilus germanica* | Frucht; wird in der Regel überreif verzehrt | Laub abwerfender Baum, oft stachelig | Europa |
| Nektarine *Prunus nectarina* | Frucht; sieht wie Pfirsich mit glatter Haut aus; Kreuzung zwischen Pfirsich und Pflaume | Laub abwerfender Baum | Europa |
| Pfirsich *Prunus persica* | Frucht; samtartige Fruchtschale und raue Kernoberfläche | Laub abwerfender Baum | Ostasien |
| Birne *Pyrus communis* | Frucht; zahlreiche Tafel- und Kochbirnenvarietäten | Laub abwerfender Baum | Europa |
| Zwetschge *Prunus domestica* | Frucht; zahlreiche Varietäten, alles Abkömmlinge einer Kreuzung aus Schlehe und Kirschpflaume | Laub abwerfender Baum | Westasien |
| Quitte *Cydonia oblonga* | Frucht; birnenförmig; meist als Konserve | kleiner Laubbaum | Westasien |
| Himbeere *Rubus idaeus* | Frucht; rot- oder gelbfarben, mit zahlreichen Steinfrüchtchen | Laub abwerfender Strauch | Eurasien |
| **Hülsenfrüchtler/Leguminosae** | | | |
| Tamarinde *Tamarindus indica* | Fruchtfleisch der samenhaltigen Schote (Tamarindenmus); frisch oder getrocknet verwendet | Laub abwerfender Baum | Indien |

⇒ S. 286

# Landwirtschaft und Ernährung

| Familie/Name | Essbare Teile | Wuchsform | Ursprung |
|---|---|---|---|
| Dicke Bohne *Vicia faba* | Samen; gekocht als Gemüsebeilage | robuste, einjährige Pflanze | Europa |
| Kichererbse *Cicer arietinum* | proteinreiche Samen; Hauptnahrungsmittel in Indien | einjähriges Kraut | Westasien |
| Gartenbohne *Phaseolus vulgaris* | unreife Samen in der Hülse | zartes, einjähriges Kraut | Südamerika |
| Erdnuss *Arachis hypogaea* | Samen; werden roh oder gekocht gegessen; wichtiger Öllieferant | einjähriges Kraut; Hülse reift unterirdisch | Südamerika |
| Grüne Bohnen *Phaseolus vulgaris* | reife Samen; in der Regel getrocknet und auf verschiedenste Art gekocht; zahlreiche Varietäten | zartes, einjähriges Kraut | Südamerika |
| Linse *Lens culinaris* | Samen; getrocknet; in Suppen oder Eintöpfen gekocht | zartes, einjähriges Kraut | Mittelmeerraum |
| Erbse *Pisum sativum* | Samen; meist unreif gepflückt und als Gemüse gereicht | einjähriges Kraut | mittlerer Osten |
| Feuerbohne *Glycine max* | Samen; werden frisch oder getrocknet angeboten; wichtiger Öllieferant | einjähriges Kraut | Südamerika |
| **Granatapfelgewächse/Punicaceae** | | | |
| Granatapfel *Punica granatum* | saftiges Fleisch, das die zahlreichen Samen in der orangefarbenen Frucht umgibt; für Erfrischungsgetränke genutzt | Laub abwerfender Strauch mit leuchtend roten Blüten | Westasien |
| **Myrtengewächse/Myrtaceae** | | | |
| Guajave *Psidium guajava* | samenreiche Frucht; als Marmelade oder Erfrischungsgetränk | kleiner, immergrüner Baum | trop. Amerika |
| **Sumachgewächse/Anacardiaceae** | | | |
| Kaschubaum *Anacardium occ.* | Samen; protein- und fettreich; geröstet als Snack | immergrüner Baum | trop. Amerika |
| Mango *Mangifera indica* | große, saftige Frucht | großer, immergrüner Baum | Südostasien |
| Pistazie *Pistacia vera* | grünfarbiger Same; geröstet und gesalzen als Snack | Laub abwerfender Baum | Westasien |
| **Rautengewächse/Rutaceae** | | | |
| Clementine *Citrus reticulata* | Frucht; vermutlich Kreuzung zwischen Orange und Tangerine | kleiner, immergrüner Baum | unbekannt |
| Grapefruit *Citrus paradisi* | Frucht; wird meist frisch verzehrt; vermutlich eine Kreuzung von Süßorange und Pomelo | immergrüner Baum | Mittelamerika |
| Kumquat *Fortunella* | kleine Frucht; meist konserviert angeboten | immergrüner Baum | Ostasien |
| Zitrone *Citrus limon* | saure, gelbe Frucht; ovalförmig | kälteresistenter, immergrüner Baum | Südostasien |
| Limette *Citrus aurantifolia* | kleine, saure, grünliche Frucht; meist als Saft | immergrüner Baum | vermutlich Indien |
| Mandarine *Citrus reticulata* | eine Varietät der Tangerine | kleiner immergrüner Baum | Ferner Osten |
| Pampelmuse *Citrus maxima* | ovale, gelbe Frucht mit rauher Oberfläche; größte Zitrusart; ein Vorfahre der Grapefruit | großblättriger, immergrüner Baum | Südostasien |
| Satsuma-Mandarine *Citrus unshiu* | Frucht; eine Spielart der Tangerine | kleiner, immergrüner Baum | Ferner Osten |
| Pomeranze *Citrus aurantium ssp. aurantium* | bittere Zitrusfrucht; hauptsächlich als Marmelade verarbeitet | kleiner, immergrüner Baum | Südwestasien |
| Orange *Citrus sinensis* | saftige Frucht; Bäume tragen herrlich duftende Blüten | immergrüner Baum | China |
| Tangerine *Citrus reticulata* | Frucht; sieht wie eine kleine Orange aus, schmeckt sehr süß und hat eine leicht zu entfernende Schale | kleiner, immergrüner Baum | Ferner Osten |

| Familie/Name | Essbare Teile | Wuchsform | Ursprung |
|---|---|---|---|
| **Sapindazeen/Sapindaceae** | | | |
| Litchi *Litchi chinensis* | pflaumengroße, süß-säuerliche Frucht mit behaarter Schale | immergrüner Baum | China |
| **Doldenblütler (Umbelliferae)/Apiaceae** | | | |
| Mohrrübe *Daucus carota* | zuckerreiche Wurzel; reich an Provitamin A | zweijähriges Kraut | Europa |
| Knollen-Sellerie *Apium graveolens* | an der Basis vergrößerter Stiel; roh oder gekocht | zweijähriges Kraut | Europa |
| Staudensellerie *Apium graveolens* | verdickte Blattstiele; werden roh oder gekocht gegessen | zweijähriges Kraut | Eurasien |
| Gewürz-Fenchel *Foeniculum vulgare var. dulce* | verdickte Blattbasis, die zwiebelartig zusammengelagert ist; eine Varietät des Fenchels | mehrjähriges Kraut | Südeuropa |
| Pastinak *Pastinaca sativa* | süße, stärkereiche Wurzel | zweijähriges Kraut | Europa |
| **Weinrebengewächse/Vitaceae** | | | |
| Weintraube *Vitis vinifera* | saftige Beere; Hunderte von Kultursorten; einige essbar (Tafeltrauben), jedoch mehrheitlich zur Weingewinnung genutzt | kletternder Strauch | Europa |
| **Windengewächse/Convolvulaceae** | | | |
| Süßkartoffel *Ipomoea batatas* | süße, stärkereiche Knolle | unterirdisch wuchernde Knolle | Südamerika |
| **Nachtschattengewächse/Solanaceae** | | | |
| Aubergine *Solanum melongena* | Frucht; wird als Gemüse gekocht; auch als Eierpflanze bekannt | mehrjähriges Kraut | tropisches Asien |
| Kartoffel *Solamum tuberosum* | stärkereiche, unterirdisch wachsende Knolle | zartes, mehrjähriges Kraut | Südamerika |
| Paprika *Capsicum annuum* | Frucht; wird roh oder gekocht gegessen; getrocknet als pulverförmiges Gewürz verwendet | einjähriges Kraut | trop. Amerika |
| Tomate *Lycopersicon esculentum* | Frucht (Beere); meist roh in Salatform verzehrt | ausdauerndes Kraut, als einjährige Pflanze gehalten | Südamerika |
| **Korbblütler/Asteraceae** | | | |
| Zichorie *Cichorium intybus* | junge Blätter roh als Salat verzehrt; Wurzelextrakt als koffeinfreier Kaffee-Ersatz | mehrjähriges Kraut | Eurasien |
| Endivie *Cichorium endivia* | Blätter; die etwas bitter schmeckenden Blätter werden hauptsächlich roh als Salat gegessen | ein- oder zweijähriges Kraut | Asien |
| Artischocke *Cynara scolymus* | fleischige Schuppen um die Blütenköpfe; werden gekocht gegessen | diestelartige, mehrjährige Pflanze | Mittelmeerraum |
| Topinambur *Helianthus tuberosus* | süße Knolle; wie Kartoffel zubereitet | mehrjährige, krautige Pflanze | Nordamerika |
| Kopfsalat *Lactuca sativa* | Blätter; werden roh als Salat verzehrt; haben einen geringen Nährwert; viele Zuchtsorten | einjähriges Kraut | Mittelmeerraum |
| **Liliengewächse/Liliaceae** | | | |
| Spargel *Asparagus officinalis* | junge Sprosse; als Gemüse gekocht | mehrjähriges Kraut | Europa |
| Küchenzwiebel *Allium cepa* | Zwiebel; fleischige Blätter werden als Gemüse (Gemüsezwiebel) oder als Gewürz roh oder gekocht verwendet | zweijähriges Kraut | vermutlich Westasien |
| **Yamswurzelgewächse/Diocoreaceae** | | | |
| Yamswurzel *Dioscorea* | unterirdisch wachsende Knolle; gekocht | mehrjähriges Kraut | Tropen |

⇒ S. 288

# Landwirtschaft und Ernährung

| Familie/Name | Essbare Teile | Wuchsform | Ursprung |
|---|---|---|---|
| **Bananengewächse/Musaceae** | | | |
| Banane *Musa* | Frucht; zucker- und stärkereich; wird roh oder gekocht gegessen; kultivierte Sorten sind samenlose Hybride | neue Stauden entwickeln sich aus unterirdisch wachsenden Rhizomen; jede Staude blüht nur einmal | Südostasien |
| **Bromeliengewächse/Bromeliaceae** | | | |
| Ananas *Ananas comosus* | zuckerreiche Frucht; wächst eng unterhalb eines Blattschopfes | mehrjähriges Kraut | Südamerika |
| **Süßgräser/Poaceae** | | | |
| Zuckerrohr *Saccharum officinarum* | zuckerreiche, bambusartige Stängel | über 6 m hohes, ausdauerndes Rohr | tropisches Asien |
| **Palmen/Arecaceae** | | | |
| Kokospalme *Cocos nucifera* | Samen; süßes Fleisch wird frisch gegessen oder getrocknet in der Süßwarenherstellung verwendet; meist jedoch zur Ölgewinnung | hohe Palme mit mächtigen, fiederförmigen Wedeln | trop. Küstenregionen |
| Dattelpalme *Phoenix dactylifera* | Frucht; in der Regel getrocknet angeboten | hohe Palme in Wüstenregionen; Fruchtstände reich bestückt; fiederförmige Wedel | Nordafrika und mittlerer Osten |

## Getreide

| Familie/Name | Merkmale | Verwendung | Ursprung |
|---|---|---|---|
| **Süßgräser/Poaceae** | | | |
| Gerste *Hordeum vulgare* | dichte Ähren | als Tierfutter und zur Bierherstellung | Westasien |
| Perlhirse *Pennisetum glaucum* | zylinderförmige Ähre mit braunen oder weißen Körnern | wichtigstes Nahrungsmittel in Ländern, die von Trockenheit betroffen sind; die geschroteten Körner werden zu einem Brei gekocht | Afrika |
| Rispenhirse *Panicum miliaceum* | bürstenförmige Fruchtstände | als Brei gekocht oder zur Brotherstellung verwendet; häufig als Vogelfutter angeboten | Afrika, Asien |
| Fingerhirse *Eleusine coracan* | mehrere, fingerförmige Ähren | wird wie Haferbrei gekocht oder in der Brotherstellung verwendet; die Pflanze ist gegen Trockenheit sehr resistent | Afrika, Indien |
| Kolbenhirse *Setaria italica* | dicke Ähren | für die Ernährung oder zur Heugewinnung angepflanzt | Asien |
| Mais *Zea mays* | großer Fruchtstand (Kolben), wird von einer Blätterhülle umschlossen | wird als Gemüse oder in Form von Cornflakes gegessen; große Mengen werden auch zu Viehfutter oder zur Ölgewinnung verwendet | vermutlich Mexiko |
| Hafer *Avena sativa* | allseits wendige, lockere Rispe | als Haferbrei oder in Müslis gegessen; auch als Tierfutter verwendet | Westasien |
| Reis *Oryza sativa* | bürstenähnliche Rispe | Reiskörner werden ungemahlen gekocht | Ostasien |
| Roggen *Secale cereale* | dichte, nickende Ähre, lang begrannt | hauptsächlich zur Grau- und Schwarzbrotherstellung in Mittel- und Nordeuropa verwendet, wo er hauptsächlich angepflanzt wird | Asien |
| Mohrenhirse *Sorghum bicolor* | Büschel kleiner Ähren | zur menschlichen und tierischen Ernährung | Afrika |
| Weichweizen *Triticum aestivum* | dichte Ähren | hauptsächlich zur Weißbrotherstellung | Südwestasien |
| Hartweizen *Triticum durum* | dichte Ähren | zur Herstellung von Teigwaren (Spaghetti u.a.); Weizen ist das wichtigste Getreide der gemäßigten Klimazonen | Südwestasien |

| Heil- und Gewürzpflanzen | | | |
|---|---|---|---|
| **Familie/Name** | **nutzbare Teile/Verwendung** | **Wuchsform** | **Ursprung** |
| **Myristicazeen/Myristicaceae** | | | |
| Muskatnuss *Myristica fragrans* | Samen wird gerieben und zum Würzen von süßen und würzigen Gerichten gleichermaßen genutzt; verwendet wird auch die Muskatblüte (Macis) | immergrüner Baum | Indonesien |
| **Lorbeergewächse/Lauraceae** | | | |
| Lorbeer *Laurus nobilis* | Blätter; sehr aromatisch, hauptsächlich für Eintöpfe | immergrüner Baum | Mittelmeerraum |
| Ceylonzimt *Cinnamomum zeylanicum* | Rinde junger Triebe; entweder in Form von dünnen Röllchen oder Stangen oder als Pulver erhältlich; zum Würzen von Currys oder Milchreis u.a. | immergrüner Baum | Indien |
| **Pfeffergewächse/Piperaceae** | | | |
| Schwarzer Pfeffer *Piper nigrum* | getrocknete Früchte; universelles Würzmittel | Kletterpflanze | Indien |
| **Mohngewächse/Papaveraceae** | | | |
| Mohn *Papaver somniferum* | Milchsaft der unreifen Kapseln enthalten Morphin, das ein sehr wirksames natürliches Schmerzmittel ist; liefert ebenfalls Codein | einjähriges Kraut | Asien |
| **Zaubernussgewächse/Hamamelidaceae** | | | |
| Zaubernuss *Hamamelis virginiana* | Blätter und Rinde enthalten einen entzündungshemmenden Wirkstoff | Laubbaum | Nordamerika |
| **Kaperngewächse/Capparidaceae** | | | |
| Kapern *Capparis spinosa* | in Essig und Salz eingelegte Blüten u.a. in Saucen | kleiner Strauch | Europa |
| **Kreuzblütler/Brassicaceae** | | | |
| Meerrettich *Armoracia rusticana* | geriebene oder gehackte Wurzel zur Herstellung von Meerrettichsauce | mehrjähriges Kraut | Europa |
| Senf *Brassica nigra, Sinapis alba* | gemahlene Samen sind Grundlage zur Herstellung des gleichnamigen Gewürzes; Blätter sind reich an Vitamin A, B und C | einjähriges Kraut | Europa |
| **Wolfsmilchgewächse/Euphorbiaceae** | | | |
| Rizinus *Ricinus communis* | Öl aus den Samen wird als starkes Abführmittel und als Schmiermittel genutzt; die übrigen Pflanzenteile sind sehr giftig; häufig Zierpflanze | kleiner Baum | Afrika |
| **Schmetterlingsblütler/Fabaceae** | | | |
| Süßholz *Glycyrrhiza glabra* | Wurzeln und unterirdische Sprosse (Rhizome) werden zur Herstellung von Hustensaft, Süßwaren (u.a. Lakritz) und Zahnpasten genutzt | mehrjähriges Kraut | Europa |
| **Myrtengewächse/Myrtaceae** | | | |
| Nelkenpfeffer (Piment) *Pimenta dioica* | unreife Früchte; hat den Geschmack einer Mischung aus Nelken, Zimt und Muskat | immergrüner Baum | Westindien |
| Gewürznelke *Eugenia caryophyllus* | getrocknete, unreife Blütenköpfe; zum Würzen von süßen und würzigen Speisen und Getränken | immergrüner Baum | Indonesien |
| **Doldenblütler/Apiaceae** | | | |
| Engelwurz *Angelica archangelica* | alle Pflanzenteile; mit der Wurzel wird Gin, mit den Samen Wermut aromatisiert; Blattstiele werden in der Konditorei genutzt | zweijährig | Europa |
| Anis *Pimpinella anisum* | mit den Früchten werden Pralinen und alkoholische Getränke aromatisiert | einjährig | Asien |

⇒ S. 290

# Landwirtschaft und Ernährung

| Familie/Name | nutzbare Teile/Verwendung | Wuchsform | Ursprung |
|---|---|---|---|
| Kümmel *Carum carvi* | Früchte; zum Würzen von Brot und Gebäck | zweijährig | Eurasien |
| Kerbel *Anthriscus cerefolium* | frische Blätter; zum Würzen von Suppen und Saucen | einjährig | Asien |
| Koriander *Coriandrum sativum* | frische Blätter und Samen; an Currys und andere würzige Gerichte gegeben; auch als Heilpflanze bei Verdauungsstörungen genutzt | einjährig | Westasien |
| Kreuzkümmel *Cuminum cyminum* | Samen; in den meisten Würzmischungen und Currys enthalten | einjährig | Mittelmeerraum |
| Dill *Anethum graveolans* | Früchte und feine Blätter; zum Würzen von Pickles und Saucen | einjährig | Mittelmeerraum |
| Fenchel *Foeniculum vulgare* | Kraut und Samen; Würzen von Pickles und Saucen; ätherisches Öl gegen Darmwinde bei Säuglingen | mehrjährig | Europa |
| Petersilie *Petroselinum crispum* | Blätter; zum Würzen und Garnieren von kalten und warmen Speisen | zwei- oder mehrjährig | Europa |

**Nachtschattengewächse/Solanaceae**

| Familie/Name | nutzbare Teile/Verwendung | Wuchsform | Ursprung |
|---|---|---|---|
| Chili *Capsicum frutescens* | Früchte und Samen; zu scharfen Gerichten; Pulver = Cayennepfeffer | einjährig | Südamerika |
| Tollkirsche *Atropa belladonna* | Blätter enthalten Atropin und andere medizinisch nutzbare Wirkstoffe; sehr giftige Pflanze | mehrjährig | Eurasien |
| Bilsenkraut *Hyoscyamus niger* | Blätter und junge Triebe enthalten Wirkstoffe mit beruhigendem Effekt; eine übel riechende und sehr giftige Pflanze | mehrjährig | Eurasien |

**Rachenblütler/Scrophulariaceae**

| Familie/Name | nutzbare Teile/Verwendung | Wuchsform | Ursprung |
|---|---|---|---|
| Roter Fingerhut *Digitalis purpurea* | Blätter enthalten Digitalis zur Behandlung von Kreislauferkrankungen | zweijährig | Europa |

**Lippenblütler/Lamiaceae**

| Familie/Name | nutzbare Teile/Verwendung | Wuchsform | Ursprung |
|---|---|---|---|
| Basilikum *Ocimum basilicum* | aromatische Blätter zum Würzen von Gerichten auf Tomatenbasis | einjährig | Tropen |
| Lavendel *Lavandula vera* | ätherisches Öl zu Heilzwecken und in der Aromatherapie genutzt | Strauch | Mittelmeerraum |
| Melisse *Melissa officinalis* | Blätter mit Zitronenaroma für Kräutertees bei fiebrigen Erkrankungen und Verdauungsstörungen; auch zum Würzen von Wein | mehrjährig | Südeurasien, Nordafrika |
| Majoran *Origanum majorana* | frische oder getrocknete Blätter zum Würzen von Salaten, Saucen und Pizza | mehrjährig | Mittelmeerraum |
| Minze *Mentha* | Blätter zum Würzen von Saucen, Gelee, Obstsalat | mehrjährig | Europa |
| Rosmarin *Rosmarinus officinalis* | Blätter; für Fleisch, besonders Lammgerichte; ätherisches Öl in Kölnisch Wasser und in anderen Parfüms | immergrüner Strauch | Mittelmeerraum |
| Salbei *Salvia officinalis* | stark aromatische Blätter; frisch oder getrocknet als Küchengewürz | Strauch | Mittelmeerraum |
| Thymian *Thymus vulgaris* | Blätter und Stängel; wird häufig zum Würzen von Fleischgerichten verwendet; als keimwidriges Mittel in der Phytotherapie verwendet | mehrjährig Zwergstrauch | Mittelmeerraum |

**Korbblütler/Asteraceae**

| Familie/Name | nutzbare Teile/Verwendung | Wuchsform | Ursprung |
|---|---|---|---|
| Kamille *Anthemis nobilis* | Blüten; stark duftend; für Heiltees bei Kopfschmerzen, fiebrigen Erkrankungen und als Lotion gegen eiternde Hautwunden | einjährig | Europa |
| Rainfarn *Tanacetum vulgare* | Blätter und Blüten; Tee wirkt magenstärkend und als Mittel gegen Maden- und Spulwürmer | mehrjährig | Eurasien |
| Estragon *Artemisia dracunculus* | Blätter; zum Würzen von Saucen und Pickles | mehrjährig | Südeuropa |
| Wermut *Artemisia absinthium* | Blütenköpfe; zum Aromatisieren von Absinth und Wermut | mehrjährig | Europa |

| Familie/Name | nutzbare Teile/Verwendung | Wuchsform | Ursprung |
|---|---|---|---|
| **Liliengewächse/Liliaceae** | | | |
| Schnittlauch *Allium schoenoprasum* | gehackte, frische Blätter zum Würzen von zahlreichen kalten und warmen Speisen genutzt | mehrjährig | nördl. Halbkugel |
| Knoblauch *Allium sativum* | Zwiebeln, auch Knoblauchzehen genannt, werden zum Würzen verwendet | mehrjährig | Asien |
| **Schwertliliengewächse/Iridaceae** | | | |
| Safran *Crocus sativus* | Blütennarben (Safranfäden); als Würz- und Färbemittel (gelb) z.B. für Paella genutzt; teuerstes Gewürz der Welt, denn die Ernte erfolgt manuell; oft wird Kurkuma als billiger Safran-Ersatz verwendet | Knolle mit purpurfarbenen Blüten | Westasien |
| **Ingwergewächse/Zingiberaceae** | | | |
| Malabar-Kardamom *Elettaria cardamomum* | kleine Früchte mit schwarzen Samen; getrocknet als Gewürz für indische Gerichte | mehrjähriges Kraut | Indien |
| Ingwer *Zingiber officinale* | frische, eingelegte oder getrocknete und gemahlene Rhizome; zu Fleisch-, Geflügel- und Fischgerichten und zur Konfektherstellung verwendet | mehrjähriges Kraut | Südasien |
| Kurkuma *Curcuma longa* | getrocknete, pulverisierte Rhizome; zum Würzen und Färben von Curry-Gerichten; auch zum Färben von Kleidung verwendet | mehrjähriges Kraut | Südasien |
| **Orchideen/Orchidaceae** | | | |
| Vanille *Vanilla planifolia* | fermentierte Schoten mit ihren Samen; enthalten Vanillin; für Parfüms und zum Aromatisieren von Konfekt und Süßspeisen | kletternde krautige Pflanze | trop. Amerika |

## Gemüsebau

| Gemüseart | Aussaat* | Pflanzung* | Reihenweite der Aussaat ins Freiland (cm) | Pflanzweite (cm) | Erntezeit |
|---|---|---|---|---|---|
| Mohrrübe | März–Juni | – | 30–40 | – | Juli–Okt. |
| Petersilie | März–April | – | 30 | – | Aug.–April |
| Sellerie | Febr./März | M Mai–A Juni | 50 | 50x50 | Sept.–Nov. |
| Meerrettich | – | März/April | – | 30x70 | Okt.–April |
| Schwarzwurzel | Aug. od. April | – | 40 | – | Okt.–März |
| Rote Rübe | April–Juni | Mai–A Juli | 40 | 20x40 | Aug.–Okt. |
| Rettich, Radieschen | April–A Sept. | – | 10–25 | – | Mai–Okt. |
| Kohlrübe | April–Juni | Mai/Juni | 30–40 | 30x40 | Sept./Okt. |
| Zwiebel (Saat) | März | – | 25 | – | September |
| Steckzwiebel | (Juni) | April | – | 10x25 | Juli/Aug. |
| Porree | März/April | Mai/Juni | 25 | 20x35 | Aug.–Nov. |
| Gurke | Mai | M Mai | 1 m | 120x30 | Aug./Sept. |
| Kürbis | April/Mai | M Mai | – | 100x150 | Oktober |
| Tomate | März | M Mai | – | 60x100 | Juli–Okt. |
| Kopfkohlarten | März–April | April–Juni | – | 50x50 | Juli–Okt. |
| Blumenkohl | März–A Juni | April–Juni | – | 50x50 | Juni–Okt. |
| Grünkohl | Mai/Juni | Mai/Juni | – | 50x50 | Okt.–Febr. |
| Rosenkohl | Mai | Mai/A Juni | – | 50x50 | Okt.–Febr. |
| Kohlrabi | März–Juli | April–Juli | – | 25x30 | Mai–Okt. |
| Salat | März–Juli | April–Juli | – | 30x30 | Mai–Okt. |
| Winterendivie | Juli | August | 30 | – | Okt./Nov. |
| Feldsalat | Aug./Sept. | – | 20 | – | Okt.–März |
| Frühjahrsspinat | März/April | – | 25 | – | Mai/Juni |

⇒ S. 292

# Landwirtschaft und Ernährung

| Gemüseart | Aussaat* | Pflanzung* | Reihenweite der Aussaat ins Freiland (cm) | Pflanzweite (cm) | Erntezeit |
|---|---|---|---|---|---|
| Herbstspinat | E Juli/A Aug. | – | 25 | – | Sept.–Nov. |
| Erbsen | März–Juli | – | 25/40–60 | – | Mai–Sept. |
| Buschbohnen | A Mai–A Juli | – | 40 | – | Juli–Sept. |
| Stangenbohnen | Mai | – | 50x100 | – | Aug./Sept. |
| Spargel | April | April | – | 50x120 | Mai/Juni |
| Rhabarber | – | Oktober | – | 130x120 | April–Juni |
| Dill | April/Mai | – | 30 | – | Juni–Aug. |
| Thymian | April | Mai | – | 15x25 | Juli–Sept. |
| Majoran | März/April | Mai | – | 15x25 | Juli–Sept. |
| Bohnenkraut | April | – | 25 | – | Juli–Sept. |
| Schnittlauch | April | Mai/Juni | – | 20x20 | Juli–Sept. |

\* A = Anfang, E = Ende, M = Mitte

## Wichtige Rebsorten

| Rebsorte | Erläuterung |
|---|---|
| **Rotwein** | |
| Cabernet Franc | Ähnlichkeit mit Cabernet Sauvignon, aber fruchtiger, leichter, weniger Tannine; häufig in Verschnitten; Australien, Frankreich, Kalifornien, Südafrika |
| Cabernet Sauvignon | Basis vieler Bordeaux-Weine; gilt als berühmteste Rotweintraube; Frankreich, Kalifornien, Südamerika, Australien |
| Grenache | am häufigsten angebaute rote Rebsorte in Spanien und Südfrankreich; gut geeignet für Verschnitte; liefert gute Rosé-Weine |
| Merlot | Rebsorte, die häufig mit Cabernet Sauvignon verschnitten wird; spielt große Rolle für Bordeaux-Weine; Bedeutung auch im Friaul und im Tessin |
| Pinot Noir | traditionelle Burgunderrebe; seit den 90er Jahren auch mit Erfolg in Australien, Chile und den USA angebaut; in Deutschland als Spätburgunder bekannt |
| Sangiovese | verbreitetste rote Traube in Italien; Basis für viele Weine der Chianti-Region; auch in Argentinien und Kalifornien erfolgreich angebaut |
| Shiraz | australische und südafrikanische Bezeichnung für Syrah |
| Syrah | Weine des Rhônetals; seit den 80er Jahren auch in weiten Gebieten Südfrankreichs sowie in Australien und Südafrika (als Shiraz) und in Kalifornien angebaut |
| Tempranillo | bedeutendste Rotwein-Rebsorte Spaniens; liefert langlebige Weine, beispielsweise als Basis für Rioja |
| Zinfandel | die am häufigsten kultivierte Rotweintraube in Kalifornien; auch in Australien, Südafrika und Südamerika von Bedeutung |
| **Weißwein** | |
| Chardonnay | wesentlicher Bestandteil von Chablis, Champagner und Burgunder; gilt als berühmteste weiße Traubensorte; herausragende Erfolge auch in Kalifornien |
| Chenin Blanc | häufig angebaute Weißweintraube mit hohem Säuregehalt; auch Bestandteil von Schaumweinen; in zahlreichen Weinbauregionen der Welt angebaut |
| Gewürztraminer | in aller Welt kultivierte Traube; liefert vor allem im Elsass gute Resultate |
| Müller-Thurgau | bis in die 80er Jahre beliebteste deutsche Rebe; eher anspruchslos; liefert in der Regel eher mäßige Weine |
| Muscat | in Frankreich in einigen Varianten für liebliche Weine verwendete Rebsorte |
| Pinot Blanc | Basis für einfache Weine; in Italien als Pinot Bianco u.a. zur Herstellung von Schaumwein genutzt; in Deutschland als Weißburgunder bekannt |
| Pinot Grigio | beliebte italienische Weißweinrebsorte; in Frankreich als Pinot Gris, in Deutschland als Grauburgunder (trocken) und Ruländer (lieblich) bekannt |
| Riesling | klassische deutsche Rebsorte; wird vor allem wegen ihrer fruchtigen Säure geschätzt; als früh reifende Traube gut in kühleren Gegenden anbaubar; auch für edelsüße Weine gut geeignet (Beeren- und Trockenbeerenauslesen) |

| Rebsorte | Erläuterung |
|---|---|
| Scheurebe | erfolgreiche deutsche Züchtung aus Riesling und Silvaner; auch im österreichischen Burgenland als Lieferant süßer Weine bekannt |
| Sémillon | wichtigste Traube für weißen Bordeaux und Sauternes, einer der weltweit lagerfähigsten süßen Weißweine |
| Silvaner | in Österreich und im Elsass als Sylvaner bekannt; liefert vor allem kurzlebige Weine mit kräftiger Säure |
| Trebbiano | in Italien weit verbreitete Weißweinrebsorte; liefert eher mäßige Massenweine |
| Vernaccia | bildet die Basis qualitativ hochwertiger Weißweine der Toskana |
| Sauvignon Blanc | Verwendung für Bordeaux und Sancerre; liefert frische, aromatische Weine; auch in Kalifornien und Neuseeland weit verbreitet |

## Wichtige Biersorten

| Biersorte | Max. Alkoholgehalt (in Vol.-%) | Stammwürze (in %) | Gärung | Farbe |
|---|---|---|---|---|
| Altbier | 4,2 | >12,5 | obergärig | dunkel |
| Bockbier | 6 | >16 | untergärig | hell – dunkel |
| Doppelbock | 6,5 | >18 | untergärig | dunkel |
| Edelpils | 4,5 | >12,5 | untergärig | hell |
| Export | 4,5 | >12 | untergärig | zumeist hell |
| Exportweizen | 4,5 | >12,5 | obergärig | hell |
| Kölsch | 4 | >11 | obergärig | hell |
| Lager | 3,5 | >11 | untergärig | hell – dunkel |
| Malzbier | <0,1 | >11 | unter-, obergärig | dunkel |
| Märzen | 4,5 | >12,5 | untergärig | zumeist hell |
| Pilsener | 3,5 | >11 | untergärig | hell |
| Weizen | 3,5 | >11 | obergärig | zumeist hell |
| Weizenbock | 6 | >16 | obergärig | zumeist hell |

## Wichtige Konservierungsverfahren

| Konservierungsmethode | Erläuterung |
|---|---|
| **Allgemeine Verfahren** | |
| Wärmeentzug | Kühlen, Gefrieren |
| Wasserentzug | Trocknen (Dörren), Einsalzen, Pökeln, Räuchern, Zuckern |
| Einlegen | bakterienfeindliche Säuren, Alkohol |
| Erhitzen | Vernichtung von Mikroorganismen (Sterilisieren, Pasteurisieren) |
| chemische Konservierung | diverse chemische Konservierungsmittel |
| Ionisierende Strahlung | Vernichten von Mikroorganismen und Keimen mit Hilfe von Elektronenstrahlen sowie Röntgen- und Gammastrahlen (elektromagnetische Strahlen) |
| **Konservierung von Fleisch** | |
| Kühlen um 0° C | Haltbarkeit auf 3–4 Wochen beschränkt |
| Tiefkühlen (-10 bis -25° C) | Haltbarkeit je nach Lagertemperatur unterschiedlich |
| Sterilisieren in Dosen und Gläsern | Einkochen (roh im eigenen Saft; gegart mit Brühe oder Fett) unter Luftabschluss im Wasserbad |
| Pökeln | Einsalzen mit Pökelsalz |
| Räuchern | Raucherzeugung durch unvollständige Verbrennung von Holz (Kalträuchern bei 12–25° C; Heißräuchern: 60–65° C) |
| Garen | (⇒ Tabelle der Gartechniken auf S. 294) |
| Schnellgefrieren | Einfrieren bei -20 bis -40° C; Lagerung bei -18° C; geeignet bei Fleisch, Fisch, Obst und Gemüse |

# Landwirtschaft und Ernährung

| Gartechniken | | | | | |
|---|---|---|---|---|---|
| Technik | Wärmeleiter | Temperatur (in °C) | Erläuterung | Anwendung | Schutz hitzeempfindl. Nährstoffe |
| Backen | Luft | 160–250 | in heißer Luft garen | Brot, Kuchen, Pizza überbackene Speisen | gut |
| Braten | Fett | 180–200 | in heißem Fett garen | Fleisch, Fisch, Kartoffeln, Buletten | gering |
| Dämpfen | Wasserdampf | 98–100 | in Wasserdampf garen | Gemüse, Kartoffeln, Fisch | gut |
| Druckgaren | Wasser/ Wasserdampf | 104–120 | im Dampfdrucktopf garen | Hülsenfrüchte, Fleisch Kartoffeln, Gemüse | gut |
| Dünsten | Wasserdampf und Wasser | 98–100 | im eigenen Saft garen, bei geringer Zugabe von Flüssigkeit | Gemüse, Fisch, Obst | hoch |
| Fritieren | Fett | 170–180 | in Fett ausbacken | panierte Fleisch- oder Fischstücke, Pommes frites | gering |
| Garziehen | Wasser | 75–95 | in viel Flüssigkeit garen | Reis, Nudeln, Fisch | gut |
| Grillen | Strahlungshitze | 180–200 | Garen durch Strahlungshitze | Fleisch, Fisch | gering |
| Kochen | Wasser | 100 | in viel Flüssigkeit garen | Hülsenfrüchte, Kohl- arten, Muscheln | gering |
| Mikrowellen- Garen | induzierte Wärme | | Molekülbeschleuni- gung in Nahrung | Fleisch, Gemüse, Kartoffeln, Aufläufe | gering |
| Schmoren | Wasser/Fett | 160–250 | in Fett anbraten, im Wasser garen | Wild, Gulasch, Rouladen | gut |

| Vitamine | | | | | |
|---|---|---|---|---|---|
| Vitamin | Bezeichnung | Bedarf* | Quellen | notwendig für | Mangelerscheinungen |
| **Fettlösliche Vitamine** | | | | | |
| A | Retinol Beta-Carotin (wird im Körper in Vitamin A umgewandelt) | 0,7–1,4 mg 2–6 mg (umstritten) | grüne und gelbe Gemüse, bes. Karotten, orangegelbe Früchte, Leber, Lebertran, Eigelb, Milchprodukte, Margarine | Sehvermögen, Knochen-, Zahn- aufbau; Wachs- tum; Harnwe- ge, Verdauungs-, Atmungsorgane vor Infektionen | Nachtblindheit; Trocken- heit der Bindehaut, Trü- bung der Hornhaut; trockene, rauhe Haut, Hautentzündungen; ge- störtes Wachstum; Anfälligkeit für Infekte |
| D | Calciferol (verschiedene Formen) | 5–10 µg | fetter Fisch, Lebertran, Leber, Eigelb, angereicherte Milchprodukte und Mar- garine; in der Haut unter Einfluss von ultraviolettem Licht aus Provitaminen gebildet | Knochen- und Zahnhärte; Blut- gerinnung; Ner- ven- und Mus- kelfunktion | weiche Knochen: Rachitis bei Kindern, Osteomalazie bei Erwachsenen; schwa- che Muskelspannung; Ruhelosigkeit, Reizbarkeit |
| E | Tocopherol | 12 mg | Pflanzenöle, Eigelb, Voll- kornprodukte, Getreide, Weizenkeime, Nüsse, grüne Blattgemüse, getrocknete Bohnen | Zellmembranen (verzögert das Altern); Bildung u. Schutz roter Blutkörperchen | sehr selten; evtl. Blut- armut durch Zerstörung roter Blutkörperchen |
| K | Phytomenadion (Vitamin K1); Farnochinon (Vitamin K2) | 60–90 µg | Blumenkohl, Brokkoli, Kartoffeln Weizenkeimen, Leber, Eigelb, Käse | Gerinnungs- fähigkeit des Blutes | sehr selten; Nasenbluten andere Blutungen wegen eingeschränkter Blutge- rinnung; Blutergüsse |

| Vitamin | Bezeichnung | Bedarf* | Quellen | notwendig für | Mangelerscheinungen |
|---|---|---|---|---|---|
| **Wasserlösliche Vitamine** | | | | | |
| **B-Komplex (einige B-Vitamine haben keine Kennzeichnungsziffer):** | | | | | |
| B1 | Thiamin | 1-1,4 mg | Vollkornprodukte, ungeschälter Reis, Weizenkeime, Bohnen, Nüsse, Eier, Leber, Fisch, Milch | Freisetzung von Energie aus Kohlenhydraten; Nerven- und Muskelfunktion inkl. Herzmuskel | Appetitlosigkeit, Übelkeit, Müdigkeit, Depression, Reizbarkeit, Vergesslichkeit; in schweren Fällen Beriberi und sogar Tod |
| B2 | Riboflavin | 1,2-1,6 mg | Vollkornprodukte, grüne Blattgemüse, Hefe, Erbsen, Bohnen, Leber, Fleisch, Eier, Milch, Käse, Jogurt | Freisetzung von Energie aus Kohlenhydraten, Proteinen, Fett; Erhaltung von Haut und Schleimhäuten | aufgesprungene Lippen, Entzündungen im Mundraum, Hautentzündung, Haarverlust, Lichtempfindlichkeit, verschwommene Sicht, Zittern, Schwindel |
| | Niacin oder Nicotinsäure | 13-18 mg | Vollkornprodukte, Erbsen, Bohnen, Nüsse, bes. Erdnüsse, Trockenfrüchte, Hefe, Leber, Fleisch, Eier, Fisch | Freisetzung von Energie aus Glukose und Fett; Sexualhormone, Erhaltung der Haut; Nerven, Verdauung | selten; Appetitlosigkeit, Gewichtsverlust, Übelkeit, Durchfall, Depression; in schweren Fällen Pellagra: Hautentzündung, Schwachsinn und sogar Tod |
| | Pantothensäure | 4-7 mg | bes. Vollkornprodukte, Weizenkeime, grüne Gemüse, Erbsen, Bohnen, Hefe, Erdnüsse, Leber; zudem Bildung durch Darmbakterien | Freisetzung von Energie; Bildung von Sexualhormonen; Haut, Haare, Nervensystem | sehr selten; Müdigkeit, Appetitlosigkeit, Kopfschmerzen, Krämpfe, Bauchschmerzen; erhöhte Anfälligkeit für Infekte und Allergien |
| B6 | Pyridoxin | 2 mg | die meisten Lebensmittel, bes. Vollkornprodukte, Weizenkeime, Bananen, Kartoffeln, Bohnen, Leber, Fleisch; außerdem Bildung durch Darmbakterien | Kohlenhydrat-, Protein-, Fettstoffwechsel, Bildung von Antikörpern, roten Blutkörperchen, Haut | selten; Hautprobleme, aufgesprungene Lippen, Blutarmut, Schwäche, Reizbarkeit, Depression |
| | Biotin | 30-200 µg | die meisten Lebensmittel, bes. Hafer, Weizenkeime, Nüsse, Bohnen, Leber, Eigelb; außerdem Bildung durch Darmbakterien | Fett- und Kohlenhydratstoffwechsel; Ausscheidung von Abfallprodukten | sehr selten; Appetitlosigkeit, wunde Zunge, Muskelschmerzen, Depression, Haarverlust, Ekzeme |
| | Folsäure | 400 µg | grüne Gemüse, Obst, Vollkornbrot, Nüsse, Erbsen, Bohnen, Hefe, Leber, Eier | Bildung der DNS, der roten Blutkörperchen und der Funktion des Nervensystems | Blutarmut, Entzündungen im Mundbereich; verzögertes Wachstum bei Kindern; kann während der Schwangerschaft und in der Stillzeit auftreten |
| B12 | Cobalamin | 3 µg | besonders Leber, Fleisch, Fisch, Eier, Milchprodukte (außer Butter) | Bildung neuer Zellen, auch der roten Blutkörperchen, Funktion des Nervensystems | perniziöse Anämie; Appetitlosigkeit, Müdigkeit; in schweren Fällen Beschädigung des Nervensystems, kann zu Taubheit führen |
| C | Ascorbinsäure | 75 mg (100 mg für Raucher) | Gemüse, Obst (am besten roh), bes. Paprika, Kartoffeln, Brokkoli, Zitrusfrüchte, schwarze Johannisbeeren, Tomaten | Wachstum, gesunde Knochen, Zähne und Zahnfleisch, Blutgefäße; Abwehrkraft, Wundheilung | selten; allgemeine Schmerzen, Nasenbluten; in schweren Fällen Skorbut, Zahnfleischbluten, lockere Zähne, Blutarmut |

\* Bedarf = empfohlene Tagesdosis für Erwachsene

**295**

# Landwirtschaft und Ernährung

| Mineralien | | | | |
|---|---|---|---|---|
| Mineral | Bedarf | Quellen | notwendig für | Mangelerscheinungen |
| **Makromineralien** | | | | |
| Calcium | 800-1200 mg | hartes Wasser, Hülsenfrüchte, Nüsse, grünes Gemüse, Sojabohnenprodukte, Milchprodukte, Eier | Wachstum und Erhalt von Knochen und Zähnen, Muskeltätigkeit, Leitung von Nervenimpulsen, normale Herztätigkeit und Blutgerinnung | selten; gewöhnlich durch einen Mangel an Vitamin D verursacht, das die Kalziumaufnahme aus dem Darm fördert; ein Mangelsymptom sind weiche Knochen: Rachitis bei Kindern, Osteomalazie bei Erwachsenen |
| Chlor | nicht festgelegt | alle Lebensmittel, Tafelsalz | Blut und andere Körperflüssigkeiten | auf schweren Durchfall und Erbrechen folgen starke Muskelkrämpfe |
| Kalium | geschätzter Mindestbedarf 2000 mg | alle Lebensmittel, bes. Vollkornprodukte, Gemüse, Obst, Fleisch, . Milchprodukte | Bestandteil der Flüssigkeit in den Zellen; Muskel- und Nerventätigkeit | Muskelschwäche, Funktionsstörungen des Herzens |
| Magnesium | 300 mg (Frauen), 350 mg (Männer) | Vollkornprodukte, Nüsse, Hülsenfrüchte, grünes Gemüse, Fleisch, Milch, Fisch | Knochen und Zahnbildung sowie für die Nerven- und und Muskeltätigkeit | Muskelkrämpfe und Zittern, unregelmäßiger Herzschlag, (Männer) Appetitlosigkeit, Übelkeit, Unruhe, Schwächezustände |
| Natrium | nicht festgelegt (Mindestbedarf ca. 550 mg) | die meisten Lebensmittel, Tafelsalz | Blut und andere Körperflüssigkeiten; Muskel- und Nervenfunktion | selten; Muskelkrämpfe, Zuckungen, nach schwerem Durchfall und Erbrechen Nierenversagen |
| Phosphor | 800-1200 mg | Vollkornprodukte, Hülsenfrüchte, Nüsse, Fleisch, Fisch, Eier, Milchprodukte | gesunde Knochen und Zähne, normale Nerven- und Muskeltätigkeit, Bildung von DNS und den Energiestoffwechsel | sehr selten |
| Schwefel | nicht festgelegt | proteinreiche Lebensmittel: Hülsenfrüchte, Fleisch, Eier, Milch | viele Proteine, z.B. Insulin | nicht bekannt |
| **Spurenelemente** | | | | |
| Chrom | 50-200 µg | Vollkornprodukte, Nüsse, Obst, Fleisch, Leber, Hefe | normalen Kohlenhydratstoffwechsel | nicht bekannt |
| Cobalt | 3 µg Vitamin B12 | Fleisch, Leber, Nieren, Eier | rote Blutkörperchen | perniziöse Anämie |
| Eisen | 18 mg (Frauen) 10 mg (Männer) | Vollkornprodukte, Nüsse, Hülsen-, Trockenfrüchte, Fleisch, Leber, Eigelb, Schalentiere | Bestandteil des Hämoglobins, des Farbstoffs der roten Blutkörperchen, der für Sauerstofftransport zuständig ist | Anämie, Müdigkeit, Magen-Darm-Probleme |
| Fluor | 1,5-4 mg | fluoridiertes Wasser, schwarzer Tee, Sardinen | gesunde Knochen und Zähne; beugt Karies vor | Zahnschäden |
| Iod | 180-200 µg | jodiertes Tafelsalz, Vollkornprodukte, Algen, Fisch, Milch | Bildung von Schilddrüsenhormonen, die Wachstum und Stoffwechselrate steuern | herabgesetzte Stoffwechselrate, Müdigkeit, Gewichtszunahme, Kropf; bei Kindern Kretinismus |
| Kupfer | 1,5-3 mg | Vollkornprodukte, Nüsse, Hülsenfrüchte, Fleisch, Leber, Fisch, Schalentiere | Bildung der roten Blutkörperchen und die Funktionsfähigkeit mancher Enzyme | sehr selten; Anämie, Mangel an weißen Blutkörperchen, Veränderungen der Haarfarbe |

| Mineral | Bedarf | Quellen | notwendig für | Mangelerscheinungen |
|---|---|---|---|---|
| Mangan | 2-5 mg | Vollkornprodukte, Gemüse, Nüsse, Hülsenfrüchte | Aktivität vieler Enzyme | selten; vermindertes Wachstum, Knochendeformationen |
| Molybdän | 75-250 µg | Buchweizen, Gerste, Hülsenfrüchte, Leber | Bestandteil vieler Enzyme | sehr selten |
| Selen | 20-100 µg | Vollkornprodukte, Fleisch, Leber, Schalentiere | Funktionsfähigkeit der Leber und als Antioxidationsmittel | sehr selten; Anämie |
| Zink | 12 mg (Frauen), 15 mg (Männer) | Vollkornprodukte, Hülsenfrüchte, Fleisch, Leber, Hefe, Milch, Eier, Fisch, Schalentiere | viele Enzyme; Wachstum, Wundheilung und Samenproduktion | verlangsamte Wundheilung, gestörte geistige, körperliche und sexuelle Entwicklung, weit gehender Verlust von Geschmacks- und Geruchssinn |

## Täglicher Nährstoff- und Energiebedarf*

| Person | Körpergewicht (in kg) | Eiweiß (in g) | Fett (in g) | Kohlenhydrate (in g) | Kilojoule | Kilokalorie |
|---|---|---|---|---|---|---|
| **Männer, bei** | | | | | | |
| schwerster Muskelarbeit | 100 | 100 | 110 | 750 | 18900 | (4500) |
| schwerer Muskelarbeit | 90 | 90 | 95 | 550 | 14700 | (3500) |
| leichter Muskelarbeit | 80 | 80 | 78 | 450 | 12200 | (2900) |
| sitzender Beschäftigung | 70 | 70 | 67 | 390 | 10500 | (2500) |
| **Frauen, bei** | | | | | | |
| schwerer Muskelarbeit | 70 | 70 | 75 | 500 | 12600 | (3000) |
| leichter Muskelarbeit | 65 | 65 | 62 | 485 | 11800 | (2800) |
| geringer Beschäftigung | 60 | 60 | 58 | 350 | 9200 | (2200) |
| **Jugendliche, männlich** | | | | | | |
| 9–12 Jahre | 35 | 65 | 65 | 420 | 10500 | (2500) |
| 12–15 Jahre | 50 | 75 | 75 | 535 | 13400 | (3200) |
| 15–18 Jahre | 60 | 85 | 90 | 590 | 15100 | (3600) |
| **Jugendliche, weiblich** | | | | | | |
| 9–12 Jahre | 35 | 60 | 60 | 340 | 9700 | (2300) |
| 12–15 Jahre | 50 | 65 | 65 | 445 | 10100 | (2400) |
| 15–18 Jahre | 55 | 70 | 70 | 350 | 10900 | (2600) |
| **Kinder** | | | | | | |
| 1–3 Jahre | 12 | 30 | 40 | 170 | 5000 | (1200) |
| 3–6 Jahre | 18 | 40 | 50 | 215 | 6300 | (1500) |
| 6–9 Jahre | 25 | 50 | 55 | 320 | 8400 | (2000) |

* In den westlichen Industrieländern nehmen die Menschen in der Regel mehr Kilojoule auf, als sie für die Stoffwechselvorgänge benötigen. Der Körper legt die nicht benötigte Energie in Form von Fett an; die Folge ist Übergewicht. Hauptbestandteile der kalorienreichen Ernährung – und auch die Ursache für zahlreiche ernährungsbedingte Krankheiten – sind Fette und Zucker.

# Landwirtschaft und Ernährung

## Lebensmittelverzehr

| Im Lauf seines Lebens verzehrt ein Mensch ungefähr | |
|---|---|
| 5000 kg Getreide | 18 900 Eier |
| 3400 kg Gemüse | 8100 l Milch |
| 8300 kg Kartoffeln | 4600 kg Fleisch |
| 6000 kg Obst | 350 kg Käse |
| 1800 kg Fett und Butter | |

## Nutzungswert der Nährstoffe

| Jeweils 1g | entspricht |
|---|---|
| Eiweiß | 17,22 kJ (4,1 kcal) |
| Fett | 38,90 kJ (9,3 kcal) |
| Kohlenhydrate | 17,22 kJ (4,1 kcal) |

Die Hauptnährstoffe können untereinander im Stoffwechsel umgebaut werden.

## Wasserhaushalt des Körpers

| In 24 Stunden werden durchschnittlich vom menschlichen Körper aufgenommen: | |
|---|---|
| durch Getränke | 1200 cm³ |
| durch Speisen | 1100 cm³ |
| aus Stoffwechsel | 400 cm³ |
| | 2700 cm³ |
| abgegeben | |
| im Harn | 1500 cm³ |
| im Kot | 200 cm³ |
| als Schweiß | 500 cm³ |
| durch die Lunge | 500 cm³ |
| | 2700 cm³ |

Bei Wassermangel kommt es zu Durst, Wasserverluste von über 10% sind lebensgefährlich.

## Zusammensetzung von Milch

| 100 g enthalten | Frauen- milch | Kuh- milch | Ziegen- milch |
|---|---|---|---|
| Eiweiß | 1,5–2 g | 3,5 g | 3,8 g |
| Fett | 3,8 g | 4 g | 4,1 g |
| Zucker | 6,5–7 g | 4,5–5 g | 4,6 g |
| Wasser | 87,6 g | 87,3 g | 86,9 g |
| Citronen- säure | 150 mg | 250 mg | – |
| Vitamin A | 350 I.E. | 280 I.E. | 170 I.E. |
| Vitamin B2 | 0,06 mg | 0,17 mg | 0,07 mg |
| Vitamin C | 6 mg | 1,7 mg | 1 mg |
| Salze | 0,2 g | 0,7 g | 0,8 g |
| Brennwert | 293 kJ | 285 kJ | 285 kJ |

Außerdem in wechselnder Menge Vitamin D, Fermente, Hormone und Abwehrstoffe gegen Krankheitserreger

## Nährstoffgehalt und Brennwert von Lebensmitteln

| 100 g enthalten | Eiweiß (in g) | Fett (in g) | Kohlenhy- drate (in g) | Kilojoule (Kilokalorien) | Vitamine | Mineralstoffe |
|---|---|---|---|---|---|---|
| **Eier, Milch und Milchprodukte** | | | | | | |
| Butterkäse 50% Fett i. Tr. | 21,1 | 28,8 | 1 | 1500 (359) | – | Ca, P, K, Mg |
| Buttermilch | 3,5 | 0,5 | 4 | 150 (46) | B1, B6 | K, Ca, P, Na |
| Camembert-Käse 45% Fett i.Tr. | 21 | 22,3 | 2 | 1250 (299) | B1 | Ca, P, K |
| Doppelrahmfrischkäse 60% Fett i.Tr. | 15 | 31 | 2 | 1490 (357) | B1, B6 | Na, P, K, Ca |
| Edamer Käse 30% Fett i. Tr. | 26,4 | 16,2 | 3 | 1110 (266) | B1 | Ca, P, K, Mg |
| Emmentaler Käse 45% Fett i.Tr. | 28,7 | 29,7 | 3 | 1680 (400) | B1, B6 | P, Na, K, Mg |
| Entenei (Gesamtei) | 13 | 14,4 | 0,7 | 830 (198) | A, D | P, K, Na, Ca, Fe |
| Entrahmte Milch (Mager-) | 3,5 | 0,1 | 5 | 150 (35) | B1 | K, Ca, P, Na |
| Gouda-Käse 45% Fett i. Tr. | 23 | 26 | 5 | 1600 (382) | B1, B6, Folsäure | Na, Ca, P, K |
| Harzer Käse | 27 | 3 | – | 810 (167) | – | Na, Ca |
| Hühnerei (Gesamtei) | 13 | 11,2 | 0,7 | 700 (167) | K, Niacin, Bio- tin, Folsäure | K, Na, Ca, Mg, Fe |
| Jogurt mind. 3,5% Fett | 3,9 | 3,7 | 4,9 | 300 (71) | E, B12, D, A, B1, B6, Niacin, Folsäure | K, Ca, P, Na, Fe |
| Kefir | 3,3 | 3,5 | 4,8 | 280 (66) | – | K, P, Na |
| Kondensmilch 10% Fett | 8,8 | 10,1 | 12,5 | 760 (182) | A, B1 | K, Ca, P, Na, Mg |
| Kuhmilch 3,5% Fett | 3,3 | 3,5 | 4,7 | 280 (67) | A, D, E | K, Ca, P, Na, Fe |

| 100 g enthalten | Eiweiß (in g) | Fett (in g) | Kohlenhydrate (in g) | Kilojoule (Kilokalorien) | Vitamine | Mineralstoffe |
|---|---|---|---|---|---|---|
| Limburger Käse 20% Fett i. Tr. | 26,4 | 8,6 | 2 | 820 (195) | A, B1 | Ca, P, K, Mg |
| Milchpulver (Trockenmagermilch) | 35 | 1 | 52 | 1550 (371) | E, D, A, Biotin, Folsäure | Na, Mg |
| Parmesankäse | 36 | 26 | 3 | 1650 (395) | B1, B6, Folsäure | Na, K, Mg |
| Rahm (Sahne) mind. 30% Fett | 2,4 | 31,7 | 3,4 | 1330 (317) | B1 | K, Ca, P, Na, Fe |
| Schafsmilch | 5,3 | 6,3 | 4,7 | 420 (100) | A, B1, Biotin | Ca, K, P, Na |
| Schmelzkäse 45% Fett i. Tr. | 14,4 | 23,6 | 6 | 1780 (282) | B1, B6 | P, Ca, K |
| Speisequark, mager | 13,5 | 0,2 | 4 | 325 (78) | B1, Folsäure | P, K, Ca, Na |
| Stutenmilch | 2,2 | 1,5 | 6,2 | 200 (48) | A, B1, B2, B6 | Ca, Fe, K |
| Tilsiter Käse 45% Fett i. Tr. | 26,3 | 27,7 | 3 | 1560 (372) | B1 | Ca, Na, P, K |
| Ziegenmilch | 3,7 | 3,9 | 4,8 | 300 (72) | A, B1 | K, Ca, P, Fe, Na |
| **Fleisch und Fleischwaren** | | | | | | |
| Bierschinken | 15,5 | 19,2 | – | 1050 (251) | Niacin | Na, K, P, Mg, Ca, Fe |
| Blutwurst (Rotwurst) | 13,3 | 38,5 | – | 1775 (424) | B1 | Na, K, P, Mg, Ca, Fe |
| Cervelatwurst | 17 | 43,2 | – | 2030 (485) | Niacin | K, P, Ca, Mg, Fe |
| Corned Beef, deutsch | 21,7 | 6 | – | 640 (152) | B1, Niacin | Na, K, P, Ca |
| Ente, Durchschnitt | 18 | 17 | – | 1020 (243) | B1, B2, Niacin | K, P, Ca, Fe |
| Fleischwurst | 13,2 | 27 | – | 1320 (316) | – | Na, K, P, Mg, Ca, Fe |
| Gans, Durchschnitt | 15,7 | 31 | – | 1520 (364) | A, Niacin | K, P, Na, Ca, Fe |
| Hammelfleisch, ganze Hälften, mittelfett | 16,4 | 26,4 | – | 1350 (323) | Niacin, Folsäure | K, P, Na, Fe |
| Hammelfleisch, Filet | 20,4 | 3,4 | – | 510 (122) | E, Niacin | K, P, Na, Mg, Ca, Fe |
| Hase, Durchschnitt | 21,6 | 3 | – | 520 (124) | B1, B2, Niacin | K, P, Na, Ca, Fe |
| Hirsch, Durchschnitt | 20,6 | 3,3 | – | 510 (122) | B2 | K, P, Na, Mg, Ca |
| Huhn, Durchschnitt | 20,6 | 5,6 | – | 600 (144) | A, B1, Niacin | K, P, Na, Mg, Ca, Fe |
| Kalbfleisch, ganze Hälften, mittelfett | 20,4 | 3,3 | – | 510 (121) | B12, Niacin, Folsäure | K, P, Na, Mg, Ca, Fe |
| Kalbfleisch, Filet | 20,6 | 1,4 | – | 440 (104) | Niacin | K, P, Na, Ca |
| Lammfleisch, reines Muskelfleisch | 20,8 | 3,7 | – | 530 (127) | – | K, Na, Mg, Ca, Fe |
| Leber, Kalb | 19,2 | 4,1 | – | 520 (124) | A, B2 | K, P, Na, Mg, Ca, Fe |
| Leber, Rind | 19,7 | 3,1 | 1,6 | 510 (123) | A, D | P, K, Na, Mg, Ca, Fe |
| Leber, Schwein | 20,1 | 5,7 | 0,5 | 605 (145) | A, K, B2, B12, C, Niacin, Biotin, Pantothensäure | P, K, Na, Mg, Ca, Fe |
| Leberkäse | 11,5 | 30,4 | – | 1420 (339) | B1 | Na, K |
| Leberpastete | 14,2 | 28,6 | – | 1400 (334) | B1, B12, C, Niacin, Folsäure | Na, P, K, Mg, Ca, Fe |
| Leberwurst | 12,4 | 41,2 | – | 1870 (446) | A, B2, Niacin | P, K, Ca, Fe |
| Plockwurst | 19,3 | 45 | – | 2140 (512) | – | – |
| Reh, Keule | 21,4 | 1,2 | – | 440 (106) | B2 | K, P, Na, Ca, Fe |
| Rindfleisch, ganze Hälften, mittelfett | 17,5 | 21,7 | – | 1185 (283) | A, B1, Niacin | K, P, Na, Mg, Ca, Fe |
| Rindfleisch, Filet | 19,2 | 4,4 | – | 530 (126) | B12, Folsäure, Niacin | K, P, Na |
| Rinderzunge | 16 | 15,9 | – | 920 (221) | H, Niacin, Panthothensäure | K, P, Na, Mg, Ca, Fe |

⇒ S. 300

# Landwirtschaft und Ernährung

| 100 g enthalten | Eiweiß (in g) | Fett (in g) | Kohlenhydrate (in g) | Kilojoule (Kilokalorien) | Vitamine | Mineralstoffe |
|---|---|---|---|---|---|---|
| Schaffleisch, Durchschnitt | 17,6 | 16,6 | – | 980 (235) | A, B12, Niacin | K, P, Na, Mg, Ca, Fe |
| Schinken, gekocht | 21,4 | 12,8 | – | 900 (216) | B1, B2, Niacin, Folsäure | K, P, Mg, Ca, Fe |
| Schinken, roh, geräuchert | 18 | 33,3 | – | 1655 (396) | B1, B6, Niacin | K, P, Mg, Ca, Fe, Na |
| Schweinefleisch, ganze Hälften, mittelfett | 13,5 | 37,9 | – | 1755 (419) | B1, B12, Niacin | K, P, Na, Mg, Ca, Fe |
| Schweinefleisch, Filet | 19,3 | 11,9 | – | 830 (198) | – | K, P, Na |
| Speck, Bauch- | 2,7 | 89 | – | 3590 (857) | – | P, Na, K, Ca |
| Speck, durchwachsen | 9,1 | 65 | – | 2750 (658) | B1, B12, Niacin | K, P |
| **Fisch** | | | | | | |
| Aal | 15 | 24,5 | – | 1250 (300) | A, D, Niacin | K, P, Na, Mg, Ca |
| Aal, geräuchert | 18 | 28,6 | – | 1470 (350) | A, D, B12, Niacin | Na, P, K, Mg, Ca |
| Austern | 9 | 1,2 | 4,8 | 290 (70) | A, D, Niacin | K, P, Ca, Fe |
| Forelle | 19,5 | 2,7 | – | 470 (112) | A, B1, B2, Niacin | K, P, Na, Mg, Ca |
| Heilbutt | 20 | 2,3 | – | 460 (110) | A, D, B1, B2, Niacin, Folsäure | K, P, Na, Mg, Ca |
| Hering | 18,2 | 15 | – | 930 (222) | A, D, E, B1, Niacin | K, P, Na, Mg, Ca, Fe |
| Hummer | 16 | 2 | – | 370 (88) | B2, E, Niacin, H, Pantothensäure | Na, P, K, Ca, Fe |
| Kabeljau | 17,4 | 0,4 | – | 340 (82) | A, D | K, P, Na, Mg, Ca |
| Karpfen | 18 | 4,8 | – | 520 (125) | A, B1, B2, C, Niacin | K, P, Ca, Na, Mg, Fe |
| Kaviar | 26 | 15,5 | – | 1100 (262) | A, D | P, K, Ca, Fe |
| Lachs | 20 | 13,6 | – | 900 (217) | A, D, Niacin | K, P, Na, Mg, Ca, Fe |
| Makrele | 18,7 | 11,9 | – | 820 (195) | D, E | K, P, Na, Mg, Ca, Fe |
| Ölsardinen | 24 | 24 | – | 1000 (238) | A, B1, Niacin, Folsäure | Na, P, K, Ca, Fe |
| Rotbarsch | 18,2 | 3,6 | – | 480 (114) | A, D, E, B2, B12, C, Niacin | K, P, Na, Mg, Ca |
| Scholle | 17 | 0,8 | – | 350 (83) | B12, C, Niacin, Folsäure | K, P, Na, Mg, Ca |
| Seeaal, geräuchert | 26 | 7 | – | 760 (182) | – | Na, P, K, Mg, Ca |
| Seelachs | 18,3 | 0,8 | – | 370 (88) | A, B1, B12, Niacin | K, P, Na, Ca, Fe |
| Tunfisch | 21,5 | 15,5 | – | 1010 (242) | D, B12, Niacin, Folsäure | P, Na, Ca, Fe |
| **Fett und Öle** | | | | | | |
| Butter | 0,7 | 83,2 | 0,7 | 3240 (775) | A, D | P, K, Ca, Na, Mg |
| Kokosfett | 0,8 | 99 | 10 mg | 3870 (925) | E | Fe |
| Leinöl | – | 99,5 | – | 3870 (925) | E | – |
| Margarine, Pflanzen- | 0,2 | 80 | 0,4 | 3120 (746) | A, D, E | Na |
| Margarine, Halbfett- | 1,6 | 40 | 0,4 | 1590 (381) | A, D, E | Na, Fe, Ca |
| Olivenöl | – | 99,6 | 0,2 | 3875 (926) | A, E | Na |
| Schmalz, Schweine- | 0,1 | 99,7 | 0,7 | 3985 (948) | E | Na, K |
| Sonnenblumenöl | – | 99,8 | – | 3880 (928) | A, E | Fe |

| 100 g enthalten | Eiweiß (in g) | Fett (in g) | Kohlenhy-drate (in g) | Kilojoule (Kilokalorien) | Vitamine | Mineralstoffe |
|---|---|---|---|---|---|---|
| **Getreide und Getreideerzeugnisse** | | | | | | |
| Brötchen | 9 | 1,9 | 51,2 | 1100 (263) | E, Niacin | Na, K, P, Mg, Ca |
| Buchweizen | 9,8 | 1,7 | 71,3 | 1450 (346) | E, Niacin, Pan-tothensäure | K, P, Mg, Ca, Fe |
| Gerste, ganzes Korn, entspelzt | 10,6 | 2,1 | 57,7 | 1250 (300) | A | K, P, Mg, Ca, Fe |
| Gerstengraupen | 10,4 | 1,4 | 62,6 | 1290 (310) | $B_1$, $B_2$, Niacin, Folsäure | K, P, Ca, Fe |
| Gerstenmehl | 10,6 | 1,9 | – | 276 (66) | $B_2$, Niacin | K, P, Mg, Ca |
| Grahambrot | 8,4 | 1 | 37,4 | 825 (197) | $B_1$, $B_6$, Niacin | Na, K, P, Mg, Fe |
| Hafer, ganzes Korn, entspelzt | 12,6 | 7,1 | 61,2 | 1540 (368) | E | K, P, Mg, Ca, Fe |
| Haferflocken | 13,5 | 7 | 61,2 | 1550 (371) | $B_1$ | P, K, Mg, Ca, Fe |
| Hirse | 10,6 | 4 | 29,6 | 1250 (323) | E | P, Mg, Fe |
| Kartoffelstärke | 0,5 | 0,1 | 83 | 1400 (335) | – | Ca, K, Na, P, Fe |
| Knäckebrot | 10 | 1,4 | 63,2 | 1300 (312) | $B_1$, $B_2$, $B_6$, Niacin | Na, K, P, Mg, Ca, Fe |
| Mais | 9,2 | 3,8 | 65,2 | 1410 (338) | A, E | K, P, Mg, Ca |
| Maismehl | 8,9 | 2,8 | – | 280 (67) | E, Niacin | P, K, Ca, Fe |
| Maisstärke | 0,4 | – | 86 | 1450 (346) | – | P, K, Na, Mg |
| Reis, unpoliert | 7,4 | 2,2 | 74,6 | 1475 (353) | E | P, K, Mg, Ca, Fe |
| Reisstärke | 0,8 | – | 85 | 1440 (343) | – | Na, Ca, Mg, K |
| Roggen, ganzes Korn | 8,6 | 1,7 | 53,5 | 1130 (270) | E | K, P, Mg, Ca, Na, Fe |
| Roggenbrot | 6,7 | 1 | 39,4 | 825 (197) | $B_1$, $B_2$ | Na, K, P, Mg, Ca, Fe |
| Roggenmehl, Typ 815 | 6,9 | 1 | 65,7 | 1270 (300) | E, Folsäure | K, P, Mg, Ca, Fe |
| Roggenvollkornbrot | 7,3 | 1,2 | 36,3 | 790 (190) | E, $B_1$, $B_2$, Niacin | Na, K, P, Ca, Fe |
| Weizen, ganzes Korn | 11,5 | 2 | 59,4 | 1290 (300) | – | K, P, Mg, Ca, Fe |
| Weizenbrot (Weißbrot) | 8,2 | 1,2 | 49,7 | 1035 (247) | – | Na, K, P, Ca, Mg |
| Weizenvollkornbrot | 7,5 | 0,8 | 40,7 | 860 (205) | $B_1$, $B_2$, $B_6$, Niacin | Na, K, P, Mg, Ca, Fe |
| Weizengrieß | 10,3 | 0,8 | 65,6 | 1325 (317) | E, Niacin | K, Ca, Fe |
| Weizenkleie | 16 | 4,6 | 14 | 720 (172) | E, $B_1$ | K, P, Mg, Ca, Fe |
| Weizenmehl, Typ 405 | 10,6 | 1 | 72,8 | 1560 (350) | $B_1$, Niacin | K, Ca, Na, Fe |
| Weizenstärke | 0,4 | 0,1 | 82,5 | 1390 (333) | – | K, Na |
| **Gemüse** | | | | | | |
| Artischocken | 2,4 | 0,1 | 9,5 | 200 (48) | A, E, C, Niacin | K, P, Ca, Na, Mg, Fe |
| Blumenkohl | 2,5 | 0,3 | 2,7 | 95 (23) | C, Niacin, Pan-thothensäure | K, P, Ca, Mg, Na |
| Bohnen, grün (Schnitt-) | 2,4 | 0,2 | 6 | 155 (37) | C, A | K, Ca, P, Mg |
| Brunnenkresse | 1,6 | 0,3 | – | 37 (9) | C, A | K, Ca, P, Mg, Na, Fe |
| Champignons (Zucht-) | 2,7 | 0,2 | 0,3 | 58 (14) | C, E, Niacin, Pantothensäure | K, P, Mg, Ca, Na, Fe |
| Chicoree | 1,3 | 0,2 | 1,1 | 46 (11) | A, C | K, P, Ca, Mg |
| Erbsen, Schote und Samen | 6,5 | 0,5 | 12,5 | 350 (84) | C, E, Niacin | K, P, Mg, Ca, Fe |
| Gurke | 0,6 | 0,2 | 2,2 | 54 (13) | C, A, E | K, P, Ca, Na, Mg |
| Grünkohl | 4,3 | 1 | 1,2 | 123 (29) | C, E, A, Niacin | K, Ca, P, Na, Mg, Fe |
| Kartoffel | 2 | 0,1 | 15,4 | 290 (70) | $B_1$, $B_6$, C, Niacin | K, P, Mg, Ca |
| Kartoffel, gekocht mit Schale | 2 | – | 15,4 | 330 (80) | $B_1$, C, Niacin | Na, K, P, Ca |
| Knoblauch | 6 | 0,1 | – | 100 (24) | C, E | P, Ca, Fe |
| Kohlrabi | 2 | 0,1 | 4 | 100 (25) | A, Niacin | K, Ca, P, Mg |

⇒ S. 302

**301**

# Landwirtschaft und Ernährung

| 100 g enthalten | Eiweiß (in g) | Fett (in g) | Kohlenhy-drate (in g) | Kilojoule (Kilokalorien) | Vitamine | Mineralstoffe |
|---|---|---|---|---|---|---|
| Kopfsalat | 1,2 | 0,2 | 1 | 44 (10) | C, A, E | K, Ca, P, Mg, Na, Fe |
| Linsen, Samen getrocknet | 23,5 | 1,4 | 50 | 1340 (321) | B6, Niacin, Pantothensäure | P, Mg, Ca, Fe |
| Möhren | 1 | 0,2 | 5,1 | 110 (26) | A, E | K, Na, Ca, P, Mg, Fe |
| Paprika | 1,2 | 0,3 | 3,1 | 83 (20) | C, E | K, P, Mg, Ca |
| Petersilie | 4,4 | 0,4 | – | 84 (20) | C, A | Ca, P, Mg, Na, Fe |
| Pfifferling | 1,5 | 0,5 | – | 43 (10) | C, Niacin | K, P, Mg, Ca, Fe |
| Porree | 2,2 | 0,3 | 3,4 | 105 (25) | C | K, Ca, P, Fe |
| Rosenkohl | 4,4 | 0,3 | 3,8 | 147 (35) | C | K, P, Ca, Mg, Fe |
| Rote Beete | 1,5 | 0,1 | 8,5 | 170 (41) | – | K, Na, P, Ca, Mg |
| Rotkohl | 1,5 | 0,2 | 3,2 | 84 (20) | C, E | K, Ca, P, Mg |
| Sauerkraut | 1,5 | 0,3 | 1,8 | 66 (16) | C, K | Na, K, Ca, P, Mg |
| Schwarzwurzeln | 1,4 | 0,4 | 1,1 | 57 (14) | C, Niacin | K, P, Ca, Mg, Na |
| Sojabohnen, Samen getrocknet | 37 | 18 | 6 | 1493 (357) | E, B6, Niacin, Pantothensäure | K, P, Ca, Mg, Fe |
| Sojasprossen | 5,8 | 1,2 | – | 155 (37) | C, Niacin | K, P, Ca, Na, Mg |
| Spargel | 2 | 0,1 | 1,3 | 57 (14) | C, E, Niacin | K, P, Ca, Mg, Fe |
| Spinat | 2,5 | 0,3 | 0,5 | 60 (14) | C, A, E | K, Ca, Na, Mg, P, Fe |
| Steinpilz | 2,8 | 0,4 | – | 59 (14) | E | K, P, Ca, Mg, Na, Fe |
| Tomaten | 1 | 0,2 | 2,9 | 71 (17) | C, E | K, P, Mg, Ca, Na |
| Wirsingkohl | 3 | 0,4 | 4 | 130 (31) | C, E | K, P, Ca, Mg, Na |
| Zucchini | 1,6 | 0,4 | 2,1 | 77 (18) | C | Ca, P, Fe |
| **Früchte** | | | | | | |
| Ananas | 0,5 | 0,1 | 13,2 | 234 (56) | C | K, Mg, Ca, P |
| Apfel | 0,3 | 0,4 | 12 | 220 (53) | C, E | K, P, Ca, Mg |
| Apfelsine (Orange) | 1 | 0,2 | 9,5 | 183 (44) | C, E | K, Ca, P, Mg |
| Aprikose | 1 | 0,1 | 10 | 186 (44) | C, A, E | K, P, Ca, Mg |
| Banane | 1,2 | 0,2 | 19 | 340 (80) | C, E, Niacin | K, Mg, P, Ca |
| Birne | 0,5 | 0,3 | 10 | 186 (45) | C, E | K, P, Ca, Mg |
| Brombeere | 1,2 | 1 | 8,5 | 200 (48) | B6, E | K, Ca, P, Mg |
| Dattel, getrocknet | 1,8 | 0,5 | 65 | 1140 (273) | C, Niacin, Pantothensäure | K, Ca, P, Mg, Na, Fe |
| Erdbeere | 0,8 | 0,4 | 6,3 | 135 (32) | C, Niacin | K, P, Ca, Mg |
| Erdnuss | 26 | 48 | 8,6 | 2500 (597) | E, B1, Niacin, Pantothensäure | K, P, Mg, Ca, Na, Fe |
| Feige, getrocknet | 3,5 | 1,3 | 54 | 1010 (242) | C, Niacin | K, Ca, P, Mg, Na, Fe |
| Grapefruit (Pampelmuse) | 0,6 | 0,1 | 9,3 | 170 (40) | C, E | K, Ca, P, Mg |
| Guave | 0,9 | 0,5 | 6,7 | 146 (45) | C, Niacin | K, P, Ca, Mg, Na |
| Hagebutte | 3,6 | – | 19,3 | 383 (91) | C | K, P, Ca, Na, Mg |
| Haselnuss | 14 | 61,6 | 10,6 | 2837 (278) | E, C, Niacin, Pantothensäure | K, P, Ca, Mg, Fe |
| Himbeere | 1,3 | 0,3 | 5,8 | 130 (31) | C, E | K, P, Ca, Mg, Fe |
| Johannisbeere, rot | 1,1 | 0,2 | 8 | 159 (38) | C, E | K, Ca, P, Mg |
| Kirsche, sauer | 1 | 0,5 | 10,5 | 210 (50) | C | K, P, Mg |
| Kiwi | 1 | 0,6 | 10,3 | 213 (51) | C, A, Niacin | K, Ca, P, Mg, Na |
| Mandel, süß | 18,3 | 54 | 9,3 | 2600 (622) | E, B2, Niacin | K, P, Ca, Mg, Fe |
| Mango | 0,6 | 0,3 | 12,8 | 236 (56) | C, A, E, Niacin | K, Mg, P, Ca, Na |
| Olive, grün mariniert | 1,4 | 14 | – | 564 (134) | Niacin | Na, Ca, K, P, Fe |
| Pfirsich | 0,8 | 0,1 | 8,7 | 162 (39) | C, A, Niacin | K, P, Mg, Ca |
| Pflaumen | 0,6 | 0,2 | 12 | 216 (52) | C, E, Niacin | K, P, Ca, Mg |

| 100 g enthalten | Eiweiß (in g) | Fett (in g) | Kohlenhy-drate (in g) | Kilojoule (Kilokalorien) | Vitamine | Mineralstoffe |
|---|---|---|---|---|---|---|
| Reineclaude | 0,8 | – | 13,5 | 239 (57) | C | K, P, Ca, Mg, Fe |
| Rosinen | 2,5 | 0,5 | 66 | 1170 (280) | C, Niacin | K, P, Ca, Na, Mg |
| Sanddornbeere | 1,4 | 7,1 | 5,2 | 387 (93) | C, A | K, Ca, Mg, P |
| Walnuss | 14,4 | 62,5 | 12 | 2900 (694) | E, C, B6, Niacin | K, P, Mg, Ca, Fe |
| Weinbeere (-traube) | 0,7 | 0,3 | 16 | 293 (70) | C, Niacin | K, P, Ca, Mg |
| Zitrone | 0,7 | 0,6 | 8 | 170 (40) | C | K, Ca, P, Ca |
| Zuckermelone (Honig-) | 0,9 | 0,1 | 12,4 | 226 (54) | C, A, Niacin | K, P, Na, Mg, Ca |
| **Getränke** | | | | | | |
| Apfelsaft | – | – | 12 | 200 (48) | C, Niacin | K, P, Ca, Mg, Na |
| Apfelsinensaft, frisch gepresst | 0,6 | 0,2 | 11 | 200 (48) | C, Niacin | K, P, Mg, Ca |
| Cola | – | – | 10,5 | 176 (42) | – | P, Na, Ca |
| Dessertweine (Portwein, Sherry, Wermut) | 0,1 | – | – | – | – | Mg, Ca |
| Himbeersirup | – | – | 66 | 1120 (267) | C | K, Ca, P, Mg, Fe |
| Kaffee, geröstet | 13,3 | 12,8 | 1,5 | 765 (183) | Niacin | Mg, P, Ca, Fe, Na |
| Rotwein, schwere Qualität | 0,2 | – | – | 3,6 (0,9) | Niacin, Pan-tothensäure | K, P, Mg, Ca, Na |
| Sekt, weiß (deutscher) | 0,1 | – | – | 2,6 (0,6) | – | – |
| Tee, schwarzer | 26 | 5 | 0,8 | 685 (164) | B2 | K, P, Ca, Ng, Fe, Na |
| Traubensaft | 0,2 | – | 17 | 282 (68) | C | K, Ca, P, Mg |
| Vollbier, dunkel | 0,4 | – | 2,8 | 7,6 (1,8) | Niacin | K, P, Ca, Na |
| Vollbier, hell | 0,5 | – | 2,9 | 9,5 (2,3) | Niacin | K, P, Mg, Na, Ca |
| Weißwein, mittlere Qualität | 0,1 | – | – | 2,5 (0,6) | Niacin | K, P, Mg, Ca |
| Whisky | – | – | – | – | – | K, Ca |
| **Süßwaren** | | | | | | |
| Apfelgelee | – | – | – | – | – | K, Na, Ca, P |
| Apfelsinenkonfitüre | 0,3 | – | 60 | 1017 (243) | C | K, Ca, Na, P |
| Eiskreme | 4 | 11,7 | 21 | 876 (209) | B2, A | Ca, P, Na, K |
| Erdbeerkonfitüre | 0,4 | – | 58 | 981 (234) | C | K, P, Ca |
| Honig (Blüten-) | 0,4 | – | 75 | 1263 (300) | C, Niacin | K, P, Na, Mg, Ca, Fe |
| Kakaopulver | 20 | 24,5 | 11 | 1495 (357) | B2, Niacin, Pantothen-säure | K, P, Mg, Ca, Na, Fe |
| Marzipan | 8 | 25 | 49 | 1940 (464) | C, B2, Niacin | P, K, Mg, Ca, Na, Fe |
| Rohzucker (Brauner Zucker) | – | – | 96 | 1613 (386) | – | K, Na, Ca, Fe |
| Schokolade (Milch-) | 9,2 | 31,5 | 54 | 2300 (550) | B2, Niacin, Pantothensäure | K, P, Ca, Mg, Na, Fe |
| Zucker (Rohr-, Rüben-) | – | – | 99,8 | 1670 (400) | – | K |

# Landwirtschaft und Ernährung

## Lebensmittelzusatzstoffe*

| Nummer | Name | Bemerkung | Verwendung |
|---|---|---|---|
| E 102 | Tartrazin | synthetisch | gelber Farbstoff |
| E 104 | Chinolingelb | synthetisch | grüngelber Farbstoff |
| E 110 | Gelborange S, Sunsetgelb FCF | synthetisch | gelber Farbstoff |
| E 120 | Karmin, Cochenille, Karminsäure | natürlicher Stoff aus der Cochenille-Schildlaus (Coccus cacti) | roter Farbstoff |
| E 122 | Azorubin, Carmoisin | synthetisch | roter Farbstoff |
| E 123 | Amaranth | synthetisch | roter Farbstoff |
| E 124 | Ponceau 4 R, Cochenillerot A | synthetisch | roter Farbstoff |
| E 127 | Erythrosin | Di-Natrium-Salz von 2,4,5,7-Tetraiod-fluorescein; synthetisch | kirschroter Farbstoff |
| E 128 | Rot 2G | synthetisch | roter Farbstoff |
| E 131 | Patentblau V | synthetischer Triphenylmethan-Stoff | hellblauer Farbstoff |
| E 132 | Indigotin, Indigokarmin | synthetisch | dunkelblauer Farbstoff |
| E 133 | Brillantblau FCF | synthetisch | hellblauer Farbstoff |
| E 150 | Zuckerkulör | gebrannter Zucker, Karamel | brauner Farbstoff |
| E 151 | Brillantschwarz PN, Schwarz PN | synthetisch | schwarzer Farbstoff |
| E 153 | Aktivkohle; pflanzlichen Ursprungs | wird industriell im Labor hergestellt | schwarzer Farbstoff; zur Einfärbung von Stärkezuckerlösungen und bei der Bleichung von Ölen u.a. verwendet |
| E 154 | Braun FK | synthetisch | brauner Farbstoff für englische Räucherfische |
| E 155 | Braun HT | synthetisch | brauner Farbstoff für Süßwaren |
| E 210 | Benzoesäure | wird synthetisch hergestellt; kommt natürlich u.a. in Preiselbeeren vor | Konservierungsmittel |
| E 211–219 | verschiedene Salze der Benzoesäure | werden aus Benzoesäure hergestellt | Konservierungsmittel |
| E 220 | Schwefeldioxid | natürlicher Stoff; entsteht bei der Schwefeloder Gipsherstellung u.a. | Konservierungsmittel, Antioxidans, Farbstabilisator |
| E 221 | Natriumsulfit | Salz der schwefligen Säure | Konservierungsmittel, Antioxidans, Farbstabilisator |
| E 222 | Natriumhydrogensulfit | Salz der schwefligen Säure | Konservierungsmittel, Antioxidans, Farbstabilisator |
| E 223 | Natriumbetabisulfit | Salz der schwefligen Säure | Konservierungsmittel, Antioxidans, Farbstabilisator |
| E 224 | Kaliummetabisulfit | Salz der schwefligen Säure | Konservierungsmittel, Antioxidans, Farbstabilisator |
| E 226 | Calciumsulfit | Salz der schwefligen Säure | Konservierungsmittel, Antioxidans, Farbstabilisator |
| E 230–232 | verschiedene Phenole | synthetisch | Konservierungsmittel; nur zur Oberflächenbehandlung von Zitrusfrüchten und Bananen |
| E 236–238 | Ameisensäure und ihr Natrium- und Calciumsalz | natürlich z.T. als Ester in vielen Pflanzen und Insekten, bes. Ameisen | zum Desinfizieren von Bier- und Weinfässern; Konservierungsmittel für Fischwaren und Sauerkonserven |
| E 249–252 | verschiedene Nitrate | aus Salpetersäure | Konservierungsstoff; für Nitratpökelsalzherstellung |

| Nummer | Name | Bemerkung | Verwendung |
|---|---|---|---|
| E 310–312 | verschiedene Gallate (Propylgallat, Octylgallat, Dodecylgallat) | Ester der Gallussäure | Antioxidans; nur für bestimmte Lebensmittel unter Berücksichtigung der Höchstmengen zugelassen |
| E 407 | Carrageen | natürlich aus Rotalgen (Chondrus crispus u.a.) | Gelier- und Verdickungsmittel |
| E 420 | Sorbit, Sorbitsirup | in den Früchten der Eberesche (Sorbus aucuparia) sowie in Kern- und Steinobst, Zitrusfrüchten und Ananas | Zuckeraustauschstoff für Zuckerwaren und Marzipan (Feuchthaltemittel) |
| E 421 | Mannit, Mannazucker, Mannitol | natürlicher Zuckeralkohol in Nadelbäumen und in der Manna-Esche (Fraxinus ornus); synthetisch | Zuckeraustauschstoff in Süßwaren und diätetischen Lebensmitteln; in Kosmetika Feuchthaltemittel |
| E 430 | Polyoxyethylen (8)stearat | synthetisch | Emulgator, Stabilisator |
| E 431 | Polyoxyethylen (40)stearat | synthetisch | Emulgator; sorgt dafür, dass sich Brot frisch anfühlt |
| E 432-436 | Polyoxyethylen-Sorbitanester, Polysorbat | synthetische Ester von Fettsäuren mit Sorbit und Polyoxyethylenethern | Emulgatoren, Komplexbildner |
| E 450 a-c | verschiedene Phosphate | Salze der Phosphorsäure | Puffer, Komplexbildner, Emulgator, Farbstabilisator, Festigungsmittel, Mineralstoff |
| E 466 | Carboxymethylcellulose | Celluloseverbindung | Verdickungs-, Trenn-, Überzugs- und Schaummittel |
| E 513 | Schwefelsäure | kommerzielle Gewinnung mit dem Kontakt- oder Kammerverfahren | Säuerungsmittel; zum Aufschluss von Eiweiß |
| E 535 | Natriumferrocyanid | synthetisch | Stabilisator, Komplexbildner |
| E 536 | Kaliumferrocyanid | Nebenprodukt bei der Erdgasreinigung | Stabilisator, Trennmittel (verbessert die Rieselfähigkeit des Speisesalzes) |
| E 553 (b) | Talkum | natürliches Mineral | Trennmittel; verhindert das Verklumpen und Aneinanderkleben von Süßwaren |
| E 621 | Natriumglutamat, MSG | Natriumsalz der Glutaminsäure | Geschmacksverstärker |
| E 627 | Dinatriumguanylat, Guanylat | synthetisch | Geschmacksverstärker |
| E 631 | Dinatriuminosinat, Inosinat | natürlich im Blut- und Muskelgewebe (Purinderivat) | Geschmacksverstärker |
| E 635 | Dinatrium-5'-ribonucleotid | Mischung aus Natriumguanylat und -inosinat | Geschmacksverstärker |
| E 907 | raffiniertes mikrokristallines Wachs, mikrokristalline Paraffine | aus Erdöl | Kaugummizutat; zum Beschichten bestimmter Käsesorten u.a. |

* Zusatzstoffe, bei denen gelegentlich negative Reaktionen beobachtet werden

## Über die Lebensmittelzusatzstoffe ▲

Stoffe werden Lebensmitteln beigefügt, um ihre Farbe (Farbstoffe), Lebensdauer (Konservierungsstoffe, Antioxidationsmittel), Textur (Emulgatoren, Stabilisatoren, Verdickungsmittel), Rieselfähigkeit (Trennmittel), ihren Geschmack zu erhöhen (Geschmacksverstärker) oder ihr Aussehen zu verbessern (Überzugsmittel).

Die Europäische Union hat diesen Zusatzstoffen jeweils eine E-Nummer zugewiesen, die auf der Verpackung angegeben sein muss, sofern sie diese enthalten. Generell sind die Zusatzstoffe unbedenklich, doch können überempfindliche Personen, besonders Kinder, auf einige allergisch reagieren.

# Landwirtschaft und Ernährung

## Arten von Lebensmittelvergiftungen

| Auslöser | Infektionsquelle | Symptome | Latenzzeit |
|---|---|---|---|
| Bacillus cereus (B) | Sporen in Reisprodukten | Durchfall und Erbrechen | 2 bis 14 Std. |
| Campylobacter fetus (B) | Fleisch, mit Fäkalien verunreinigtes Trinkwasser | Durchfall, Bauchschmerzen, Fieber | 1 bis 4 Tage |
| Clostridium botulinum (Botulismus) (B) | Lebensmittel, die mit dem Bakteriengift kontaminiert sind | Übelkeit, Erbrechen, Doppeltsehen; gewöhnlich tödlich | 8 bis 36 Std. |
| Clostridium perfringens (B) | Fleisch oder Gemüse, das mit Fäkalien verunreinigt ist | Bauchkrämpfe | 6 bis 12 Std. |
| Entamoeba histolytica (Amöbenruhr) (E) | verunreinigte Lebensmittel oder Trinkwasser | heftiger Durchfall und Fieber | bis zu mehreren Jahren |
| Listeria monocytogenes (Listeriose) (B) | infizierte Hühner, Pastete und weiche Käse | grippeähnliche Symptome; kann für ältere Menschen und Babys tödlich sein | 7 bis 30 Tage |
| Norwalk-Virus (V) | infizierte Schalentiere | Durchfall und Erbrechen | 2 Tage |
| Rotavirus (V) | durch Fäkalien verunreinigte Lebensmittel oder Trinkwasser | Durchfall und Erbrechen | 1 bis 2 Tage |
| Salmonella (B) | ungenügend gekochte infizierte Eier und Geflügel | Durchfall, Bauchschmerzen, Erbrechen, Fieber | 1 bis 2 Tage |
| Shigella (Bakterienruhr) (B) | mit Fäkalien kontaminierte Lebensmittel | heftiger Durchfall und Austrocknung | 1 bis 2 Tage |
| Staphylococcus (Gift bildende Stämme) (B) | durch Wundkontakt kontaminierte Lebensmittel | Erbrechen | 1 bis 6 Std. |

(B)=Bakterien; (V)=Virus; (E)=Einzeller

## Lebensmittelskandale

| Jahr | Land | Skandal | Folgen |
|---|---|---|---|
| 1980 | Indien | In Spirituosen, die in der Stadt Bangalore verkauft werden, ist Methylalkohol enthalten | fast 280 Tote; hunderte Erkrankte |
| 1981 | Spanien | Mit Chemikalien versetztes Speiseöl kommt in den Handel | fast 700 Tote und 30 000 Erkrankte |
| 1985 | Österreich, Italien | Frostschutzmittel Diethylenglykol wird mit Wein verschnitten | hunderte Vergiftungsfälle |
| 1987 | BR Deutschland | Würmerbefall durch fehlerhafte Behandlung/ Lagerung von frischem Fisch | Darmerkrankungen bei Menschen |
| 1988 | BR Deutschland | große Mengen Masthormone werden in Kalbfleisch nachgewiesen | Aufnahme giftiger Hormone über die Nahrung |
| 1995 | Großbritannien | Ungenügend erhitzte Tierkadaver werden an Rinder verfüttert und lösen bei Mensch und Tier eine der Creutzfeldt-Jakob-Krankheit ähnliche Erkrankung mit Todesfolge aus (BSE) | mehrere Todesfälle bei Menschen; Zahl der Infizierten ungewiss |

## Über BSE ▲

BSE (Bovine Spongiforme Enzephalopathie), auch als Rinderwahnsinn bezeichnet, trat seit 1985 in Großbritannien auf, blieb aber nicht auf Großbritannien beschränkt, sondern weitete sich durch Tierimporte auf andere europäische Länder aus. Um den Schutz der Verbraucher vor einem Verzehr des Fleischs infizierter Tiere zu gewährleisten, setzte die Europäische Union Mitte der 90er Jahre einen mehrjährigen Importstopp für britisches Rindfleisch durch.

BSE führt zu einer langsamen Zerstörung von Knochen und Gehirn und nach qualvoller Krankheit zum Tod.

## Häufige Schlankheitsdiäten

| Diättyp | Nahrungsbestandteile | Vor- und Nachteile | Wirksamkeit |
|---|---|---|---|
| Trinkkuren | im Handel erhältliche Eiweiß-präparate mit niedrigem Kaloriengehalt zum Trinken | Da diese Diäten oft weniger als 800 Kalorien pro Tag enthalten, führen sie zwar zu Gewichtsverlust, doch kommt es dabei auch zum Abbau von Muskelgewebe | Gefährlich, wenn die Diät über längere Zeit durchgeführt wird. Nach Beenden der Diät wird das verlorene Gewicht schnell wieder zurückgewonnen |
| kohlenhydrat-arme, eiweiß-reiche Diäten | geringe Mengen kohlenhydrat-reicher Lebensmittel wie Kartoffeln, überwiegend eiweiß-reiche Nahrungsmittel wie Fleisch | Es kommt zu Gewichtsverlust durch den Abbau von Muskelgewebe und durch Flüssigkeitsverlust, aber der Fettanteil des Körpers bleibt derselbe | Nach Beenden dieser Diät kommt es häufig zu einer größeren Gewichtszunahme als vorher. Der hohe Eiweißgehalt der Diät kann gefährliche Auswirkungen haben |
| fettarme, kohlenhydrat- und ballaststoff-reiche, ausgewogene Diäten | eine breite Palette ballaststoffreicher, kohlenhydrat-reicher, aber fettarmer, frischer Nahrungsmittel | Vorausgesetzt die Nährstoffe sind ausgewogen und die Diät enthält genügend, aber nicht zu viele Kalorien, ist diese Art von Diät zur Gewichtsreduktion geeignet, besonders wenn sie mit viel Bewegung kombiniert wird | Wenn es gelingt, diese Art von Diät nach Erreichen des gewünschten Gewichtsverlusts beizubehalten, besteht eine gute Chance, das verlorene Fettgewebe nicht wieder aufzubauen |
| Diäten mit nur einem Nah-rungsbestandteil | eine Diät, die z.B. nur aus Obst oder nur aus einer Obstsorte wie Weintrauben besteht | Bewirkt Gewichtsverlust sowohl durch den Verlust von Muskelgewebe als auch von Fettgewebe. Kann Nährstoffmangel und Durchfall hervorrufen | Unwirksam, da jeglicher Gewichtsverlust nach Beendigung der Diät wieder ausgeglichen wird |

## Einteilung der Lebensmittel für eine kalorienarme Diät

| Lebensmittel Typ A | Lebensmittel Typ B | Lebensmittel Typ C |
|---|---|---|
| **Vegetarisch** | **Vegetarisch** | **Fleisch, Fisch, Milchprodukte** |
| Müsli (ungesüßt) | Trockenfrüchte | Frühstücksspeck |
| Früchte (außer Avocado) | Margarine (mehrfach ungesättigt) | Rind (fette Stücke) |
| Gemüse (auch Kartoffeln) | Nüsse (außer Erdnüsse) | Butter |
| Pflanzliches Eiweiß (z.B. Tofu) | Teigwaren (besonders Vollkorn) | Käse (außer fettarme Sorten) |
| Vollkornbrot | Hülsenfrüchte (z.B. Bohnen, Linsen) | Ente |
| | Reis (besonders ungeschält) | Fisch (gebraten) |
| **Fleisch, Fisch, Milchprodukte** | Pflanzenöle | Eis |
| Huhn und anderes Geflügel (außer | | Lamm (fette Stücke) |
| Ente) ohne Haut | **Fleisch, Fisch, Milchprodukte** | Mayonnaise |
| Kabeljau, Schellfisch und andere | Rind (magere Stücke) | Vollmilch |
| fettarme Fische | Eier | Schwein (fette Stücke) |
| Muscheln und andere Schalentiere | Lamm (magere Stücke) | Salami |
| Lachs (aus der Dose nur, wenn in | Fetter Fisch (z.B. Hering, Makrele) | Würstchen |
| Salzlake oder Wasser eingelegt) | Schwein (magere Stücke) | |
| entrahmte Milch | Sardinen (aus der Dose nur, wenn in | **Snacks** |
| Tunfisch (aus der Dose nur, wenn | Salzlake eingelegt) | Kekse, Kuchen, Schokolade |
| in Salzlake oder Wasser eingelegt) | | Hamburger, Pommes frites |
| Jogurt (einfach, fettarm) | | Chips |

## Über die kalorienarme Diät  ▲

Lebensmittel, die man bei einer kalorienarmen Diät zu sich nehmen sollte, sind solche des Typs A und B – die des Typs C sollte man möglichst meiden. Fetthaltige Nahrung vom Typ B (z.B. Fleisch) sollte man in Maßen essen, Obst und Gemüse aller Art dagegen häufig und so viel man will.

# Natur- und Umweltschutz

## Bedeutende Umweltschutzabkommen

| Jahr | Konferenzort | Inhalt |
|---|---|---|
| **Allgemeine Abkommen** | | |
| 1986 | Genf | Einheitliche Europäische Akte (mit Umweltschutzmaßnahmen) |
| 1992 | Rio de Janeiro | Leitlinien zum Umgang mit der Umwelt |
| 1992 | Rio de Janeiro* | Aktionsprogramm Umwelt |
| **Abfallentsorgung** | | |
| 1972 | Brüssel | Prävention vor Verschmutzung durch das Abladen von Müll |
| 1989 | Basel | Übereinkommen zur Kontrolle von Giftmüllexporten |
| 1989 | Brüssel | Richtlinie der Europäischen Gemeinschaft gegen Mülltourismus |
| **Gewässerschutz** | | |
| 1974 | Helsinki | Schutz der maritimen Ostsee-Umwelt |
| 1976 | Barcelona | Mittelmeerabkommen |
| 1976 | Bonn | Schutz des Rheins vor chemischer Verschmutzung |
| 1980 | Canberra | Schutz der lebenden Meeresressourcen in der Antarktis |
| **Klima- und Emissionsschutz** | | |
| 1985 | Helsinki | Abkommen zur Reduzierung von Schwefelemissionen |
| 1985/89 | Wien/Helsinki | Abkommen zum Schutz der Ozonschicht |
| 1988 | Sofia | Abkommen zur Kontrolle von Stickstoffemissionen |
| 1992 | Kopenhagen | Abkommen zum FCKW-Ausstieg |
| 1992 | Rio de Janeiro* | Klimakonferenz (Reduzierung von Treibhausgasen) |
| **Landschaftsschutz** | | |
| 1991 | Salzburg | Alpenkonvention |
| 1992 | Wien | Alpentransitabkommen (Einschränkung des Güterverkehrs) |
| 1994 | Genf | Schutz des tropischen Regenwalds |
| **Tierschutz** | | |
| 1971 | Ramsar/Iran | Schutz von Feuchtgebieten als Lebensraum für Wasservögel |
| 1973 | Washington | Artenschutzabkommen |
| 1992 | Rio de Janeiro | Abkommen zum Schutz der Artenvielfalt |

* seit 1992 zahlreiche Folgetreffen zur Überprüfung der Umsetzung aller Rio-Beschlüsse

## Ausgestorbene Tier- und Pflanzenarten*

| Region | Ausgestorbene Arten Tiere | Pflanzen | Region | Ausgestorbene Arten Tiere | Pflanzen |
|---|---|---|---|---|---|
| Afrika | 4 | 50 | Inseln im Pazifischen | | |
| Asien | 13 | 26 | Ozean | 169 | 118 |
| Australasien | 40 | 185 | Inseln im Indischen Ozean | 75 | 36 |
| Europa und GUS | 6 | 35 | Inseln im Atlantik | 42 | 9 |
| Nordamerika und Karibik | 120 | 127 | Inseln im Südatlantik und | | |
| Südamerika | 2 | 19 | in der Antarktis | 7 | 1 |
| **Insgesamt** | **185** | **442** | **Insgesamt** | **293** | **164** |

* Seit 1600; regional registriert. Seit dem Jahr 1700 sind mindestens 300 Wirbel-tierarten ausgestorben. Ende des 20. Jahrhunderts wird geschätzt, dass täglich zwischen 50 und 100 Arten aussterben.

## Ausgestorbene Arten seit 1600

| Klasse | Ausgestorbene Arten | Anteil (in %) |
|---|---|---|
| Korallen | 354 | 0,4 |
| Weichtiere (Stamm) | 191 | 0,2 |
| Krebstiere | 4 | 0,01 |
| Insekten | 61 | 0,005 |
| Fische | 29 | 0,1 |
| Amphibien | 2 | 0,07 |
| Reptilien | 23 | 0,4 |
| Vögel | 116 | 1,2 |
| Säugetiere | 59 | 1,3 |
| Insgesamt | 839 | |

## Zurzeit bedrohte Arten nach Klassen

| Klasse | Arten | Prozentual bedroht |
|---|---|---|
| Weichtiere | 354 | 0,4 |
| Krebstiere (Stamm) | 126 | 3 |
| Insekten | 873 | 2 |
| Fische | 452 | 2 |
| Amphibien | 59 | 2 |
| Reptilien | 167 | 3 |
| Vögel | 1029 | 11 |
| Säugetiere | 505 | 11 |
| Insgesamt | 3565 | |

## Durch den Menschen bedrohte Tierarten

| Art/Name | Standort | Ursache für die Bedrohung |
|---|---|---|
| **Bedroht durch die Zerstörung des Lebensraumes** | | |
| Fingertier *Daubentonia madagascarensis* | Madagaskar | Entwaldung |
| Gelbstirn-Waldsänger *Vermivora bachmanii* | Nordamerika | Fällen des Sumpfwaldes; seltenster Singvogel Nordamerikas |
| Cabot-Saturhuhn *Tragopan caboti* | Südostchina | Zerstörung des Lebensraumes (Wald) |
| Mittelasiatische Kobra *Naja oxiana* | Zentralasien, Nordindien | Zerstörung des natürlichen Lebensraumes |
| Australische Gespenstfledermaus *Macroderma gigas* | N und W des tropischen Australien | Höhlen, in denen sie leben, durch Gesteinsabbau zerstört |
| Kolobri-Art *Glaucis dohrnii* | Brasilien | Zerstörung des Regenwaldes am Amazonas |
| Asiatischer Elefant *Elephas maximus* | Süd- und Südostasien | hauptsächlich Entwaldung |
| Latifi-Otter *Vipera latifii* | Iran | Zerstörung des begrenzten Lebensraumes nahe Teheran beim Bau eines Wasserkraftwerkes |
| Kragenfaultier *Bradypus torquatus* | Brasilien | Zerstörung des Regenwaldes am Amazonas |
| Batagurschildkröte *Batagur baska* | Südostasien | Zerstörung der Nistplätze durch Entfernung von Sand |
| **Bedroht durch Wilderei, Jagd, Sport oder Tierhandel** | | |
| Afrikanischer Wildhund *Lycaon pictus* | Süd- und Ostafrika | Verfolgung durch den Menschen; Krankheit |
| Fluss- oder Amazonasmanati *Trichechus inunguis* | Brasilien | gejagt wegen des Fleisches |
| Spitzkrokodil *Crocodylus acutus* | Nord- und Südamerika | wegen der Häute gejagt |
| Weiße Oryxantilope *Oryx leucoryx* | Saudi-Arabien | traditionell, u.a. mit Hochleistungswaffen gejagt; in freier Wildbahn ausgerottet |
| Blauwal *Balaenoptera musculus* | alle Ozeane | gejagt wegen des Trans und Fleisches |
| Kalifornischer Kondor *Gymnogyps californianus* | Kalifornien | wie viele gejagte Vögel erschossen, in Fallen gefangen und vergiftet |
| Chinesische Fasanenart *Ophophorus lhusii* | West-China | Jagd |

⇒ S. 310

# Natur- und Umweltschutz

| Art/Name | Standort | Ursache für die Bedrohung |
|---|---|---|
| Galapagos-Schildkröte *Testudo elephantopus* | Galapagosinseln | Wilderei wegen des Fleisches, Öls, Tierhandels und von verärgerten Bauern und Fischern getötet |
| Riesenotter *Pteronura brasilensis* | Brasilien | gejagt wegen des Pelzes |
| Suppenschildkröte *Chelonia mydas* | warme Ozeane weltweit | getötet wegen des Fleisches und der Häute; Eierraub.; einige in Fischernetzen getötet |
| Brasilianische Ara-Art *Andorhynchus leari* | Brasilien | in Fallen gefangen für die Vogelzucht |
| Java-Nashorn *Rhinocerus sondaicus* | Südostasien | gejagt und gewildert wegen des Horns und der angeblichen Heilkraft des Blutes und der Organe |
| Kurzschwanzalbatros *Diomedea albatrus* | Japan | gejagt wegen der Federn; auch Zerstörung des Lebensraumes; brütet langsam, daher nur langsame Erholung des Bestandes |
| Abessinischer Fuchs *Canis simensis* | Äthiopien | Jagd; Verlust der natürlichen Nahrung |
| Barasingha *Cervus duvauceli* | Nord- und Mittelindien, Nepal | Wilderei und Nahrungswettbewerb mit dem Hausvieh |

**Bedroht durch Verschmutzung und eingeschleppte Krankheiten**

| Art/Name | Standort | Ursache für die Bedrohung |
|---|---|---|
| Waldrapp *Geronticus eremita* | Südeuropa, Nordafrika | Verseuchung der Eier durch Pestizide; Jagd, Wilderei und Tierhandel |
| Toczanowski-Lappentaucher *Podiceps taczanowskii* | Peru | Verschmutzung der Binnensee-Lebensräume durch Kupferbergbau |
| Mittelmeer-Mönchsrobbe *Monachus monachus* | Westatlantik, Mittelmeer | Meeresverschmutzung, Verfolgung durch Fischer; Störungen an den Brutstätten |
| Salzsumpf-Erntemaus *Reithrodontomys raviventris* | Kalifornien | Wasserverschmutzung durch städtische und industrielle Entwicklung |
| Schreikranich *Grus americana* | Nordamerika | Verschmutzung, Zerstörung und Störung der Feuchtgebiete |

**Bedroht durch räuberisches Verhalten oder Rivalität eingeführter Arten**

| Art/Name | Standort | Ursache für die Bedrohung |
|---|---|---|
| Arabischer Tahr *Hemitragus jayakari* | Oman | Rivalität mit Hausziegen |
| Kurzkammleguan *Brachylophus fasciatus* | Fidschi und Tonga | räuberisches Verhalten der eingeführten Mungos |
| Kagu *Rhynochetus jubatus* | Neukaledonien | räuberisches Verhalten eingeführter Hunde, Katzen, Schweine und Ratten |
| Wekaralle *Gallirallus sylvestris* | Lord Howe Island (Tasmansee) | Beschädigung des Lebensraumes durch wildlebende Ziegen und Schweine; Ratten rauben die Eier |
| Kaninchen-Nasenbeutler *Macrotis lagotis* | Australien | Kampf mit Kaninchen um Lebensraum |
| Falsche Spitzkopfschildkröte *Pseudemydura umbrina* | Südwest-Australien | räuberisches Verhalten eingeführter Füchse und Hunde; Zerstörung des Lebensraumes |
| Takahe *Notornis mantelli* | Neuseeland | von eingeführtem Wild ausgehender Konkurrenzkampf; Angriffe von eingeführten Wieseln |

## Am stärksten bedrohte Tierarten der Welt

| Artname | Gebiet | Artname | Gebiet | Artname | Gebiet |
|---|---|---|---|---|---|
| Bastardschildkröte | Atlantik | Java-Nashorn | Java | Schwarzfußiltis | Nordamerika |
| China-Alligator | China | Kouprey-Rind | Indochina | Seychellendajal | Seychellen |
| Chines. Flussdelfin | China | Löwenaffe | Brasilien | Spinnenaffe | Brasilien |
| Davidshirsch | China | Mindorobüffel | Philippinen | Spix-Blauara | Brasilien |
| Eulenpapagei | Neuseeland | Przewalski-Pferd | Asien, Europa | Tiger (4 von 5 Arten) | Asien |
| Großer Panda | China | Säbelantilope | Nordafrika | Zwergwildschwein | Nepal–Assam |

## Naturparks in Deutschland

| Name | Bundesland | Gründungsjahr | Fläche (in km²) |
|------|-----------|---------------|-----------------|
| Altmühltal | Bayern | 1995 | 2962 |
| Arnsberger Wald | Nordrhein-Westfalen | 1961 | 482 |
| Augsburg – Westliche Wälder | Bayern | 1974 | 1175 |
| Aukrug | Schleswig-Holstein | 1970 | 384 |
| Bayerische Rhön | Bayern | 1967 | 1245 |
| Bayerischer Spessart | Bayern | 1963 | 1710 |
| Bayerischer Wald | Bayern | 1967 | 3020 |
| Bergisches Land | Nordrhein-Westfalen | 1973 | 1910 |
| Bergstraße-Odenwald | Hessen/Bayern | 1960 | 1629 |
| Dahme-Heideseen | Brandenburg | 1998 | 594 |
| Diemelsee | Nordrhein-Westfalen/Hessen | 1965 | 334 |
| Drömling | Sachsen-Anhalt | 1990 | 278 |
| Dümmer | Niedersachsen/Nordrhein-Westfalen | 1972 | 472 |
| Ebbegebirge | Nordrhein-Westfalen | 1964 | 777 |
| Eggegebirge/Südl. Teutoburger Wald | Nordrhein-Westfalen | 1965 | 680 |
| Elbtalaue | Brandenburg | 1990 | 536 |
| Elbufer-Drawehn | Niedersachsen | 1968 | 750 |
| Elm-Lappwald | Niedersachsen | 1976 | 470 |
| Erzgebirge/Vogtland | Sachsen | 1996 | 1495 |
| Feldberger Seenlandschaft | Mecklenburg-Vorpommern | 1997 | 360 |
| Fichtelgebirge | Bayern | 1971 | 1028 |
| Fränkische Schweiz/Veldensteiner Forst | Bayern | 1968 | 2310 |
| Frankenhöhe | Bayern | 1974 | 1105 |
| Frankenwald | Bayern | 1973 | 1023 |
| Habichtswald | Hessen | 1962 | 474 |
| Harz | Niedersachsen | 1960 | 790 |
| Haßberge | Bayern | 1974 | 804 |
| Hessische Rhön | Hessen | 1963 | 700 |
| Hessischer Spessart | Hessen | 1962 | 730 |
| Hochtaunus | Hessen | 1962 | 1200 |
| Hohe Mark | Nordrhein-Westfalen | 1963 | 1041 |
| Hoher Flämig | Brandenburg | 1997 | 827 |
| Hoher Vogelsberg | Hessen | 1958 | 384 |
| Hohes Venn-Eifel | Nordrhein-Westfalen/Rheinland-Pfalz | 1960 | 1751 |
| Holsteinische Schweiz | Schleswig-Holstein | 1986 | 633 |
| Homert | Nordrhein-Westfalen | 1965 | 550 |
| Hüttener Berge | Schleswig-Holstein | 1971 | 219 |
| Kottenforst-Ville | Nordrhein-Westfalen | 1959 | 880 |
| Lauenburgische Seen | Schleswig-Holstein | 1960 | 474 |
| Lüneburger Heide | Niedersachsen | 1921 | 234 |
| Märkische Schweiz | Brandenburg | 1990 | 205 |
| Mecklenb. Schweiz/Elbetal | Mecklenburg-Vorpommern | 1997/1998 | 674/426 |
| Meißner-Kaufunger Wald | Hessen | 1962 | 421 |
| Münden | Niedersachsen | 1959 | 380 |
| Nassau | Rheinland-Pfalz | 1962 | 590 |
| Neckartal-Odenwald | Baden-Württemberg | 1980 | 1300 |
| Niederlausitzer Heidelandschaft | Brandenburg | 1996 | 490 |
| Niederlausitzer Landrücken | Brandenburg | 1997 | 582 |
| Nördlicher Oberpfälzer Wald | Bayern | 1971 | 641 |
| Nördl. Teutoburger Wald/Wiehengeb. | Nordrhein-Westfalen/Niedersachsen | 1962 | 1220 |
| Nossentiner/Schwinzer Heide | Mecklenburg-Vorpommern | 1996 | 365 |
| Obere Donau | Baden-Württemberg | 1980 | 857 |
| Oberer Bayerischer Wald | Bayern | 1965 | 1738 |
| Oberpfälzer Wald | Bayern | 1971 | 817 |
| Pfälzerwald | Rheinland-Pfalz | 1958 | 1798 |
| Rhein-Taunus | Hessen | 1968 | 808 |

⇒ S. 312

# Natur- und Umweltschutz

| Name | Bundesland | Gründungsjahr | Fläche (in km²) |
|---|---|---|---|
| Rhein-Westerwald | Rheinland-Pfalz | 1962 | 446 |
| Rothaargebirge | Nordrhein-Westfalen | 1963 | 1355 |
| Saale-Unstrut-Triasland | Sachsen-Anhalt | 1999 | 712 |
| Saar-Hunsrück | Rheinland-Pfalz/Saarland | 1980 | 1951 |
| Schlaubetal | Brandenburg | 1995 | 227 |
| Schönbuch | Baden-Württemberg | 1974 | 156 |
| Schwäbisch-Fränkischer Wald | Baden-Württemberg | 1979 | 904 |
| Schwalm-Nette | Nordrhein-Westfalen | 1965 | 435 |
| Siebengebirge | Nordrhein-Westfalen | 1959 | 48 |
| Solling-Vogler | Niedersachsen | 1966 | 530 |
| Steigerwald | Bayern | 1988 | 1280 |
| Steinhuder Meer | Niedersachsen | 1974 | 310 |
| Steinwald | Bayern | 1987 | 246 |
| Stromberg-Heuchelberg | Baden-Württemberg | 1980 | 328 |
| Südeifel | Rheinland-Pfalz | 1958 | 432 |
| Südheide | Niedersachsen | 1963 | 500 |
| Uckermärkische Seen | Brandenburg | 1997 | 890 |
| Weserbergland, Schaumburg-Hameln | Niedersachsen | 1975 | 1125 |
| Westensee | Schleswig-Holstein | 1970 | 250 |
| Westhavelland | Brandenburg | 1998 | 1366 |
| Wildeshauser Geest | Niedersachsen | 1984 | 1554 |

## Nationalparks in Deutschland

| Name | Bundesland | Gründungsjahr | Fläche (in km²) |
|---|---|---|---|
| Bayerischer Wald | Bayern | 1970 | 234 |
| Berchtesgaden | Bayern | 1978 | 208 |
| Hainich | Thüringen | 1997 | 76 |
| Hamburgisches Wattenmeer | Hamburg | 1990 | 117 |
| Harz | Niedersachsen | 1994 | 158 |
| Hochharz | Sachsen-Anhalt | 1990 | 59 |
| Jasmund | Mecklenburg-Vorpommern | 1990 | 30 |
| Kellerwald | Hessen | geplant | 57 |
| Müritz | Mecklenburg-Vorpommern | 1990 | 319 |
| Niedersächsisches Wattenmeer | Niedersachsen | 1986 | 2363 |
| Sächsische Schweiz | Sachsen | 1990 | 93 |
| Schleswig-Holsteinisches Wattenmeer | Schleswig-Holstein | 1985 | 2730 |
| Unteres Odertal | Brandenburg | 1995 | 105* |
| Vorpommersche Boddenlandschaft | Mecklenburg-Vorpommern | 1990 | 805 |

* zusätzlich 105 km² auf polnischem Gebiet

## Ausgewählte Nationalparks und Naturschutzgebiete weltweit

| Name | Land | Fläche (in km²) | Attraktionen |
|---|---|---|---|
| Amazonia | Brasilien | 9940 | Regenwald |
| Badlands | USA | 985 | prähistorische Fossilien, dramatisch erodierte Hügel |
| Banff | Kanada | 6640 | spektakuläre Gletscherlandschaft; heiße Quellen |
| Bialowieski | Polen | 53 | größtes Überbleibsel des Urwaldes; Wisent |
| Camargue | Frankreich | 131 | Feuchtgebiet; viele seltene Vögel, insbesondere Flamingos |
| Canaima | Venezuela | 30000 | höchster Wasserfall der Welt, Angel Falls (978 m) |
| Canyonlands | USA | 1365 | tiefe Schluchten, farbenprächtige Felsen, spektakuläre Bodenformationen |

| Name | Land | Fläche (in km²) | Attraktionen |
|---|---|---|---|
| Carlsbad Caverns | USA | 189 | riesige Kalksteinhöhlen mit Millionen Fledermäusen |
| Carnarvon | Australien | 2980 | Höhlenzeichnungen der Ureinwohner; Felsenkängurus |
| Chitwan | Nepal | 932 | Königstiger, Gaviale, Ganges-Delphine |
| Corbett | Indien | 520 | Indische Tiger, Gaviale, Sumpfkrokodile |
| Dartmoor | Großbritannien | 954 | Wildponys |
| Death Valley | USA | 8368 | tiefster Punkt (86 m u. M.) der westlichen Hemisphäre; einzigartige Flora und Fauna; »Hitzepol« (+56,7°C) |
| Doñana | Spanien | 507 | Feuchtgebiet; seltene Vögel und Säugetiere, Spanischer Luchs |
| Everglades | USA | 5929 | Sumpf, Mangroven; subtropische Zufluchtstätte für wild lebende Tiere |
| Etoscha | Namibia | 22270 | Sumpfland und Busch; zahlreiche seltene Wildtiere |
| Fjordland | Neuseeland | 12570 | Kiwis, Keas, Weka-Rallen, Takahe, Kakapo (Eulenpapagei) |
| Fuji-Hakone-Izu | Japan | 1232 | Fudschijama; vielfältiges Tier- und Pflanzenleben |
| Galápagosinseln | Ecuador | 6937 | Riesenleguane, Riesenschildkröten |
| Gemsbok | Botswana | 24305 | Wüste, Grasland; Löwen, große Herden wild lebender Tiere |
| Gir | Indien | 258 | Asiatische Löwen |
| Glacier | USA | 4102 | Ur-Nadelwald; Gletscher |
| Gran Paradiso | Italien | 702 | alpine Landschaft; Gemsen, Steinböcke |
| Grand Canyon | USA | 4834 | kilometertiefe Canyons, farbenprächtige Wände |
| Hardangervidda | Norwegen | 3422 | Plateau eines alten Felsens; große Herden wilder Rentiere |
| Hawaii Volcanoes | USA | 920 | aktive Vulkane; seltene Pflanzen und Tiere |
| Heron Island | Australien | 0,17 | Teil des Großen Barriereriffs; Korallen, wirbellose Tiere, Korallenfische |
| Hoge Veluwe | Niederlande | 54 | zumeist stabilisierte Dünen; feuchte und trockene Heide |
| Iguazú/Iguaçú | Argent./Brasilien | 6900 | Wasserfälle |
| Kafue | Sambia | 22400 | zahlreiche Tiere und Vögel, Zufluchtstätte des Spitzlippen-Nashorns |
| Kakadu | Australien | 20277 | Felsenmalereien der Ureinwohner; Krokodile, Wasservögel |
| Kaziranga | Indien | 430 | Indisches Panzernashorn, Sumpfwild |
| Khao Yai | Thailand | 2169 | große Höhlen und Wasserfälle; viele Vogelarten |
| Kilimandscharo | Tansania | 756 | Afrikas höchster Berg Kilimandscharo; schwarze Stummelaffen |
| Krüger-Nationalpark | Südafrika | 19485 | zahlreiche Säugetiere und Vögel, seltenes Breitlippen-Nashorn |
| Lainzer Tiergarten | Österreich | 25 | altes Wald- und Wiesengebiet; Wildschweine, Rotwild, Mufflon |
| Lake District | Großbritannien | 2292 | Seen- und Berglandschaft |
| Los Glaciares | Argentinien/Chile | 1618 | glaziale Bodenformationen |
| Manu | Peru | 15328 | Amazonas/Anden-Ökosystem; kleine Säugetiere, Vögel |
| Mount Apo | Philippinen | 728 | Vulkane; Affen-Adler |
| Mount Cook | Neuseeland | 699 | höchster Berg Neuseelands: Mt. Cook |
| Namib Desert/Naukluft | Namibia | 23400 | einzige echte Wüste im südlichen Afrika |
| Ngorongoro | Tansania | 21475 | riesiger Vulkankrater |
| Olymp | Griechenland | 40 | Olymp; Macchia und Wald; wilde Bergziegen |
| Olympic | USA | 3712 | zerklüftete Gipfel, Gletscher, dichter Wald; Roosevelt-Wapiti |
| Petrified Forest | USA | 379 | Millionen Jahre alte Baumstämme; farbenprächtige Sande |
| Redwood | USA | 422 | urtümlicher Redwood-Bestand, Roosevelt-Wapiti |
| Royal | Australien | 150 | zweitältester Nationalpark der Welt (1879) |
| Ruwenzori | Uganda | 995 | Flusspferde, Schimpansen, Paviane, schwarze Stummelaffen |
| Sagarmatha | Nepal | 1148 | Mount Everest; Himalaya-Glanzfasan, Himalaya-Tahr |
| Sarek | Schweden | 1970 | Rentierherden |
| Serengeti | Tansania | 14763 | große Tierwanderungen zu Beginn der Trockenzeit |
| Snowdonia | Großbritannien | 2142 | vergletscherte Berglandschaft; vielfältige Flora und Fauna |
| Schweizer Nationalpark | Schweiz | 172 | alpine Wälder, alpine Flora; Steinböcke |
| Tatra | Tschechien/Polen | 712 | Berglandschaft; Bären, Luchse, Murmeltiere |
| Tikal | Guatemala | 574 | Maya-Ruinen; Tiere des Regenwaldes |

⇒ S. 314

# Natur- und Umweltschutz

| Name | Land | Fläche (in km²) | Attraktionen |
|------|------|-----------------|--------------|
| Toubkal | Marokko | 360 | Magots, Stachelschweine, Hyänen, Waldrapp |
| Tsavo | Kenia | 20812 | vielfältige Wirbeltiere |
| Uluru (Ayers Rock) | Australien | 1326 | Wüste; Uluru (Ayers Rock) und Olgas |
| Victoria Falls | Simbabwe/Sambia | 190 | spektakulärer Wasserfall |
| Virunga | Dem. Rep. Kongo | 7800 | tätige Vulkane; Berggorillas |
| Waterton Lakes | Kanada | 526 | vielfältige Flora und Fauna |
| Waza | Kamerun | 1700 | Giraffen, Elefanten, Strauße, Hirschantilopen |
| Wolong | China | 2000 | Riesenpandas, Gold-Languren, Schneeleoparden |
| Wood Buffalo | Kanada | 44800 | Zufluchtstätte für den Amerikan. Bison, Schreikraniche |
| Yellowstone | USA | 8991 | größtes Geysir-Gebiet der Welt; Bären, Rotwild, Elche, Bisons |
| Yosemite | USA | 3080 | große Wasserfälle; vielfältige Flora und Fauna, Mammutbäume |

## Weltkulturerbe der Menschheit

| Land | Name | Kategorie* | Aufnahmejahr |
|------|------|------------|--------------|
| Ägypten | Theben und seine Totenstadt | K | 1979 |
| | Das islamische Kairo | K | 1979 |
| | Memphis und seine Totenstadt mit den Pyramiden von Giseh, Abusir, Sakkara und Dahschur | K | 1979 |
| | Die nubischen Denkmäler von Abu Simbel bis Philae | K | 1979 |
| | Frühchristliche Ruinen von Abu Mena | K | 1979 |
| Äthiopien | Felsenkirchen von Lalibela | K | 1978 |
| | Nationalpark Simien | N | 1978 |
| | Fasil Ghebbi in der Region Gondar | K | 1979 |
| | Ruinen von Aksum | K | 1980 |
| | Tal am Unterlauf des Flusses Awash | K | 1980 |
| | Tal am Unterlauf des Flusses Omo | K | 1980 |
| | Reliefierte Stelen von Tiya | K | 1980 |
| Albanien | Ruinenstadt Butrinti | K | 1992 |
| Algerien | Bergfestung Beni Hammad | K | 1980 |
| | Felsmalereien des Tassili n'Ajjer | K, N | 1982 |
| | Tal von M'zab | K | 1982 |
| | Römische Ruinen von Djemila | K | 1982 |
| | Ruinenstadt Tipasa | K | 1982 |
| | Römische Ruinen von Timgad | K | 1982 |
| | Kasbah (Altstadt) von Algier | K | 1992 |
| Argentinien | Nationalpark Los Glaciares | N | 1981 |
| | Nationalpark Iguazu | N, GÜ | 1984 |
| | Vier Jesuitenmissionen der Guaraní: San Igancio Mini, Santa Ana, Nuestra Señora de Loreto, Santa Maria Mayor | K, GÜ | 1984 |
| | Halbinsel Valdés | N | 1999 |
| | Cueva de las Manos, Rio Pinturas | K | 1999 |
| Armenien | Kloster Haghbat | K | 1996 |
| Australien | Großes Barriereriff | N | 1981 |
| | Nationalpark Kakadu | K, N | 1981 |
| | Seengebiet von Willandra | K, N | 1981 |
| | Nationalparks von West-Tasmanien | K, N | 1982 |
| | Lord Howe-Inselgruppe | N | 1982 |
| | Nationalpark Uluru (Ayers Rock) / Katatjuta (The Olgas) | K, N | 1987 |
| | Schutzgebiete des gemäßigten und subtropischen Regenwalds im mittleren Osten Australiens | N | 1987 |
| | Nationalpark Wet Tropics in Queensland | N | 1988 |
| | Naturpark Shark Bay (Haifischbucht in Westaustralien) | N | 1991 |
| | Fraser-Insel | N | 1992 |

| Land | Name | Kategorie* | Aufnahmejahr |
|------|------|------------|--------------|
| | Fossilienlagerstätte Riversleigh/Naracoorte | N | 1994 |
| | Heard- und McDonald-Inseln (subantarktische Vulkaninseln) | N | 1997 |
| | Macquarie-Insel | N | 1997 |
| Bangladesch | Historische Moscheenstadt Bagerhat | K | 1985 |
| | Ruinen des buddhistischen Klosters von Paharpur | K | 1985 |
| | Mangrovenwälder der Sundarbans | N | 1997 |
| Belgien | Flämische Beginenhöfe | K | 1998 |
| | Die vier Schiffshebewerke des Canal du Centre | K | 1998 |
| | Der Große Platz (Grote Markt / Grand Place) in Brüssel | K | 1998 |
| | Mittelalterliche Glockentürme von Flandern und Wallonien (Belfried) | K | 1999 |
| Belize | Barrier-Riff | N | 1996 |
| Benin | Königspaläste von Abomey | K | 1985 |
| Bolivien | Potosi, Stadt und Silberminen | K | 1987 |
| | Jesuitenmissionen der Chiquitos | K | 1990 |
| | Altstadt von Sucre | K | 1990 |
| | Vorkolumbianische Festung Samaipata | K | 1998 |
| Brasilien | Altstadt von Ouro Preto | K | 1980 |
| | Altstadt von Olinda | K | 1982 |
| | Nationalpark Iguaçu | N, GÜ | 1984 |
| | Jesuitenmissionen der Guaraní: Ruinen von São Miguel das Missões | K, GÜ | 1984 |
| | Historisches Zentrum von Salvador de Bahia | K | 1985 |
| | Wallfahrtskirche »Guter Jesus« von Congonhas | K | 1985 |
| | Brasília | K | 1987 |
| | Nationalpark Serra da Capivara (mit Felszeichnungen) | K | 1991 |
| | Historischer Stadtkern von São Luís do Maranhão | K | 1997 |
| | Historisches Zentrum von Diamantina | K | 1999 |
| | Regenwaldgebiet der »Küste der Entdeckung« (Costa do Descobrimento) | N | 1999 |
| | Südöstliche Atlantische Wälder | N | 1999 |
| Bulgarien | Kirche von Bojana (Sofia) | K | 1979 |
| | Felsenrelief des Reiters von Madara | K | 1979 |
| | Felskirchen von Ivanovo | K | 1979 |
| | Thrakergrab von Kazanlak | K | 1979 |
| | Altstadt von Nessebar | K | 1983 |
| | Biosphärenreservat Srebarna | N | 1983 |
| | Nationalpark Pirin | N | 1983 |
| | Kloster Rila | K | 1983 |
| | Thrakergrab von Sweschtari | K | 1985 |
| Chile | Rapa Nui Nationalpark (Osterinsel) | K | 1995 |
| China | Große Mauer | K | 1987 |
| | Bergregion Taishan | K, N | 1987 |
| | Kaiserpalast der Ming- und der Qing-Dynastien in Peking | K | 1987 |
| | Höhlen von Mogao | K | 1987 |
| | Grabmal des ersten Kaisers von China, Qin Shi Huang | K | 1987 |
| | Fundstätte des »Peking-Menschen« in Zhoukoudian | K | 1987 |
| | Gebirgslandschaft Huangshan | K, N | 1990 |
| | Geschichts- und Landschaftspark Jiuzhaigou-Tal | N | 1992 |
| | Geschichts- und Landschaftspark Huanglong | N | 1992 |
| | Geschichts- und Landschaftspark Wulingyuan | N | 1992 |
| | Sommerresidenz und zugehörige Tempel bei Chengde | K | 1994 |
| | Konfuziustempel, Friedhof und Residenz der Familie Kong in Qufu | K | 1994 |
| | Historische Gebäude in den Bergen von Wudang | K | 1994 |
| | Potala in Lhasa | K | 1994 |
| | Nationalpark Lushan | K | 1996 |
| | Berglandschaft Shan Emei und »Großer Buddha von Leshan« | K, N | 1996 |
| | Altstadt von Lijiang | K | 1997 |
| | Altstadt von Ping Yao | K | 1997 |
| | Klassische Gärten von Suzhou | K | 1997 |
| | Sommerpalast »Kaiserliche Gärten« bei Peking | K | 1998 |

⇒ S. 316

**315**

# Natur- und Umweltschutz

| Land | Name | Kategorie* | Aufnahmejahr |
|------|------|-----------|--------------|
| | Himmelstempel mit kaiserlichem Opferaltar in Peking | K | 1998 |
| | Felsbilder von Dazu | K | 1999 |
| | Mount Wuyi | K, N | 1999 |
| Costa Rica | Naturschutzgebiet Talamanca und Nationalpark La Amistad (bis Panama) | N, GÜ | 1983 |
| | Nationalpark Kokosinseln | N | 1997 |
| | Schutzgebiet Guanacaste | N | 1999 |
| Côte d'Ivoire | Naturschutzgebiet Nimba-Berge | N, GÜ | 1981 |
| | Nationalpark Tai | N | 1982 |
| | Nationalpark Comoé | N | 1983 |
| Dänemark | Grabhügel, Runen und Kirche von Jelling | K | 1994 |
| | Kathedrale von Roskilde | K | 1995 |
| Deutschland | Aachener Dom | K | 1978 |
| | Speyerer Dom | K | 1981 |
| | Würzburger Residenz | K | 1981 |
| | Wallfahrtskirche »Die Wies« | K | 1983 |
| | Schlösser Augustusburg und Falkenlust in Brühl | K | 1984 |
| | Dom und Michaeliskirche von Hildesheim | K | 1985 |
| | Römische Baudenkmäler, Dom und Liebfrauenkirche in Trier | K | 1986 |
| | Hansestadt Lübeck | K | 1987 |
| | Schlösser und Parks von Potsdam-Sanssouci und Berlin (Glienicke und Pfaueninsel) | K | 1990 |
| | ehem. Benediktiner-Abtei Lorsch mit ehem. Kloster Altenmünster | K | 1991 |
| | Bergwerk Rammelsberg und Altstadt von Goslar | K | 1992 |
| | Altstadt von Bamberg | K | 1993 |
| | Kloster Maulbronn | K | 1993 |
| | Stiftskirche, Schloss und Altstadt von Quedlinburg | K | 1994 |
| | Völklinger Hütte | K | 1994 |
| | Fossilienlagerstätte Grube Messel | N | 1995 |
| | Bauhausstätten in Weimar und Dessau | K | 1996 |
| | Kölner Dom | K | 1996 |
| | Luthergedenkstätten in Eisleben und Wittenberg | K | 1996 |
| | Klassisches Weimar | K | 1998 |
| | Wartburg | K | 1999 |
| | Berliner Museumsinsel | K | 1999 |
| Dominica | Nationalpark Morne Trois Pitons | N | 1997 |
| Dominikan. Rep. | Kolonialzeitlicher Stadtbereich von Santo Domingo | K | 1990 |
| Ecuador | Nationalpark Galapagos-Inseln | N | 1978 |
| | Altstadt von Quito | K | 1978 |
| | Nationalpark Sangay | N | 1983 |
| | Historisches Zentrum von Santa Ana de los Rios de Cuenca | K | 1999 |
| El Salvador | Ruinen von Joya de Ceren | K | 1993 |
| Estland | Altstadt von Tallinn (Reval) | K | 1997 |
| Finnland | Stadt Rauma (Holzhäuser) | K | 1991 |
| | Festung Suomenlinna | K | 1991 |
| | Kirche von Petäjävesi | K | 1994 |
| | Sägemühlenkomplex von Verla | K | 1996 |
| | Friedhof von Sammallahdenmäki mit Grabstätten aus der Bronzezeit | K | 1999 |
| Frankreich | Kathedrale von Chartres | K | 1979 |
| | Höhlenmalereien im Tal der Vézère | K | 1979 |
| | Mont St. Michel und seine Bucht | K | 1979 |
| | Schloss und Park von Versailles | K | 1979 |
| | Abteikirche und Stadthügel von Vézelay | K | 1979 |
| | Kathedrale von Amiens | K | 1981 |
| | Schloss Chambord an der Loire | K | 1981 |
| | ehem. Zisterzienserabtei Fontenay | K | 1981 |
| | Schloss und Park von Fontainebleau | K | 1981 |
| | Römische und romanische Denkmäler von Arles | K | 1981 |
| | Amphitheater und Triumphbogen von Orange | K | 1981 |

| Land | Name | Kategorie* | Aufnahmejahr |
|------|------|-----------|--------------|
| | Königliche Salinen von Arc-et-Senans | K | 1982 |
| | Place Stanislas, Place de la Carrière und Place d'Alliance in Nancy | K | 1983 |
| | Kirche von Saint-Savin-sur-Gartempe | K | 1983 |
| | Kap Girolata, Cap Porto, Naturschutzgebiet Scandola und die Piana Calanques auf Korsika | N | 1983 |
| | Römischer Aquädukt Pont du Gard | K | 1985 |
| | Straßburg, Grand Île (historisches Zentrum) | K | 1988 |
| | Seineufer in Paris zwischen Pont de Sully und Pont d'Iéna | K | 1991 |
| | Reims: Kathedrale, Palais du Tau und Kloster Saint Remi | K | 1991 |
| | Kathedrale von Bourges | K | 1992 |
| | Papstpalast mit umliegendem historischen Ensemble in Avignon | K | 1995 |
| | Canal du Midi | K | 1996 |
| | Carcassonne | K | 1997 |
| | Berglandschaft Mont Perdu in den Pyrenäen | K, N, GÜ | 1997 |
| | Pilgerwege nach Santiago de Compostela | K | 1998 |
| | Historische Stätten in Lyon | K | 1998 |
| | Bezirk Saint-Emilion | K | 1999 |
| Georgien | Historische Kirchen von Mtskheta | K | 1994 |
| | Kathedrale von Bagrati und Kloster von Ghelati | K | 1994 |
| | Bergdörfer von Swanetien | K | 1996 |
| Ghana | Festungen und Schlösser der Kolonialzeit an der Volta-Mündung, in Accra, der Zentral- und der Westregion | K | 1979 |
| | Traditionelle Bauwerke der Ashanti | K | 1980 |
| Griechenland | Apollontempel von Bassae | K | 1986 |
| | Ruinenstätte Delphi (Apollonheiligtum) | K | 1987 |
| | Akropolis von Athen | K | 1987 |
| | Berg Athos | K, N | 1988 |
| | Meteora-Klöster | K, N | 1988 |
| | Frühchristliche und byzantinische Denkmäler von Saloniki | K | 1988 |
| | Antike Stadt Epidauros | K | 1988 |
| | Rhodos, mittelalterliche Stadt | K | 1988 |
| | Ruinen von Olympia | K | 1989 |
| | Mystras | K | 1989 |
| | Insel Delos | K | 1990 |
| | Klöster Daphni, Hosios Lukas und Nea Moni (Insel Chios) | K | 1990 |
| | Pythagoreion und Heraion von Samos | K | 1992 |
| | Archäologische Stätte Verjina | K | 1996 |
| | Archäologische Stätten von Mykene und Tiryns | K | 1999 |
| | Historische Altstadt (Chorá) mit dem Kloster des Hl. Johannes und der Höhle der Apokalypse auf der Insel Patmos | K | 1999 |
| Großbritannien | Die »Straße der Riesen« (Giant's Causeway) und ihre Küste | N | 1986 |
| | Burg und Kathedrale von Durham | K | 1986 |
| | Industriedenkmäler im Tal von Ironbridge | K | 1986 |
| | Königlicher Park von Studley mit den Ruinen von Fountains Abbey | K | 1986 |
| | Stonehenge, Avebury und zugehörige Denkmäler der Megalith-Kultur | K | 1986 |
| | Burgen und befestigte Städte König Edwards I. in der Grafschaft Gwynedd (Wales) | K | 1986 |
| | Inselgruppe St. Kilda | N | 1986 |
| | Schloss Blenheim | K | 1987 |
| | Stadt Bath | K | 1987 |
| | Hadrianswall | K | 1987 |
| | Westminster (Palast und Abtei) und Margaretenkirche in London | K | 1987 |
| | Südseeinsel Henderson Island | N | 1988 |
| | Tower von London | K | 1988 |
| | Kathedrale, ehem. Abtei St. Augustin, St. Martins-Kirche in Canterbury | K | 1988 |
| | Edinburgh | K | 1995 |
| | Wildreservat der Insel Gough | N | 1995 |
| | Gebäude und königlicher Park von Greenwich | K | 1997 |

⇒ S. 318

317

# Natur- und Umweltschutz

| Land | Name | Kategorie* | Aufnahmejahr |
|------|------|-----------|--------------|
| | Jungsteinzeitliche Monumente auf den Orkney-Inseln (Schottland) | K | 1999 |
| Guatemala | Antigua Guatemala | K | 1979 |
| | Nationalpark Tikal | K, N | 1979 |
| | Maya-Ruinen und archäologischer Park Quirigua | K | 1981 |
| Guinea | Naturschutzgebiet Nimba-Berge | N, GÜ | 1981 |
| Haiti | Historischer Nationalpark mit Zitadelle, Schloss Sans Souci und Ruinen von Ramiers | K | 1982 |
| Honduras | Maya-Ruinen von Copán | K | 1980 |
| | Biosphärenreservat Rio Plátano | N | 1982 |
| Indien | Felsentempel von Ajanta | K | 1983 |
| | Höhlentempel Ellora | K | 1983 |
| | Agra, Rotes Fort | K | 1983 |
| | Agra, Tadsch Mahal | K | 1983 |
| | Sonnentempel von Konarak | K | 1984 |
| | Tempelbezirk von Mahabalipuram | K | 1985 |
| | Nationalpark Kaziranga | N | 1985 |
| | Wildschutzgebiet Manas | N | 1985 |
| | Nationalpark Keoladeo | N | 1985 |
| | Kirchen und Klöster von Goa | K | 1986 |
| | Tempelbezirk von Khajuraho | K | 1986 |
| | Tempelbezirk von Hampi | K | 1986 |
| | Moghulstadt Fatehpur Sikri | K | 1986 |
| | Tempelanlage von Pattadakal | K | 1987 |
| | Höhlen von Elephanta | K | 1987 |
| | Tempel von Brihadisvara in Thanjavur | K | 1987 |
| | Nationalpark Sundarbans | N | 1987 |
| | Nationalpark Nanda Devi | N | 1988 |
| | Buddhistisches Heiligtum bei Sanchi | K | 1989 |
| | Grabmal Kaiser Humajuns in Delhi | K | 1993 |
| | Kutub Minar mit seinen Moscheen und Grabbauten in Delhi | K | 1993 |
| | Himalaya-Gebirgsbahn nach Darjeeling | K | 1999 |
| Indonesien | Nationalpark Komodo-Inseln | N | 1991 |
| | Nationalpark Ujung Kulon (Java) mit Krakatau-Vulkan | N | 1991 |
| | Buddhistische Tempelanlagen von Borobudur | K | 1991 |
| | Hindutempel von Prambanan | K | 1991 |
| | Archäologische Stätte Sangiran | K | 1996 |
| | Lorentz-Nationalpark | N | 1999 |
| Irak | Ruinen der Partherstadt Hatra | K | 1985 |
| Iran | Ruinen von Persepolis | K | 1979 |
| | Ruinenstadt Tschoga Zanbil | K | 1979 |
| | Meidan-e Schah (Königsplatz) von Isfahan | K | 1979 |
| Irland | Archäologisches Ensemble Bend of the Boyne | K | 1993 |
| | Felseninsel Skellig Michael mit frühmittelalterlicher Klostersiedlung | K | 1996 |
| Italien | Felsenzeichnungen im Val Camonica (Lombardei) | K | 1979 |
| | Kirche und Dominikanerkonvent Santa Maria delle Grazie mit Leonardo da Vincis »Abendmahl« in Mailand | K | 1980 |
| | Historisches Zentrum von Rom, Basilika St. Paul »vor den Mauern« in Rom und Vatikanstadt | K, GÜ | 1980 |
| | Historisches Zentrum von Florenz | K | 1982 |
| | Venedig und seine Lagune | K | 1987 |
| | Domplatz von Pisa | K | 1987 |
| | Historisches Zentrum von San Gimignano | K | 1990 |
| | Felsarchitektur der Sassi di Matera | K | 1993 |
| | Vicenza und die Villen des Architekten Palladio in der Region Venetien | K | 1994 |
| | Historisches Zentrum von Siena | K | 1995 |
| | Historisches Zentrum von Neapel | K | 1995 |
| | Crespi d'Adda (typische Gewerbewohnsiedlung aus dem 19./20. Jh.) | K | 1995 |
| | Ferrara: Stadt der Renaissance | K | 1995 |

| Land | Name | Kategorie* | Aufnahmejahr |
|---|---|---|---|
| | Castel del Monte | K | 1996 |
| | »Trulli« (Rundbauten) von Alberobello | K | 1996 |
| | Frühchristliche Baudenkmäler und Mosaike von Ravenna | K | 1996 |
| | Historisches Zentrum von Pienza | K | 1996 |
| | Königl. Schloss in Caserta mit Park, Aquädukt und San-Leucio-Anlage | K | 1997 |
| | Residenzen des Hauses Savoyen in Turin und Umgebung | K | 1997 |
| | Botanischer Garten in Padua | K | 1997 |
| | Kathedrale, Torre Civica und Piazza Grande in Modena | K | 1997 |
| | Archäologische Stätten von Pompeji, Herculaneum, Torre Annunziata | K | 1997 |
| | Römische Villa von Casale (Sizilien) mit ihren Mosaiken | K | 1997 |
| | Nuraghe (bronzezeitliche Turmbauten) von Barumini (Sardinien) | K | 1997 |
| | Kulturlandschaften Portovenere und Cinque Terre | K | 1997 |
| | Kulturlandschaft Küste von Amalfi | K | 1997 |
| | Archäologische Stätten von Agrigent | K | 1997 |
| | Nationalpark Cilento Val di Diano mit Paestum, Velia und der Kartause von Padua | K | 1998 |
| | Historisches Zentrum von Urbino | K | 1998 |
| | Archäologische Fundstätten und Basilika des Patriarchen von Aquileia | K | 1998 |
| | Hadriansvilla | K | 1999 |
| Japan | Adelssitz Himeji-jo | K | 1993 |
| | Buddhistische Heiligtümer von Horyu-ji | K | 1993 |
| | Zedernwald von Ikushima | N | 1993 |
| | Buchenwald von Shirakami | N | 1993 |
| | Baudenkmäler und Gärten der Kaiserstadt Kyoto | K | 1994 |
| | Historische Dörfer von Shirakawa-go und Gokayama | K | 1995 |
| | Friedensdenkmal in Hiroshima | K | 1996 |
| | Shinto-Schrein von Itsukushima | K | 1996 |
| | Baudenkmäler und Gärten der Kaiserstadt Nara | K | 1998 |
| | Schreine und Tempel von Nikko | K | 1999 |
| Jemen | Altstadt von Shibam und ihre Stadtmauer | K | 1982 |
| | Altstadt von Sana'a | K | 1988 |
| | Medina von Zabid | K | 1993 |
| Jordanien | Ruinen von Petra | K | 1985 |
| | Wüstenschloss Q'useir Amra | K | 1985 |
| Jugoslawien | Bucht und Region von Kotor | K | 1979 |
| | Stadt Stari Ras und Kloster Sopocani | K | 1979 |
| | Nationalpark Durmitor | N | 1980 |
| | Kloster Studenica | K | 1988 |
| Kambodscha | Ruinen von Angkor Vat | K | 1992 |
| Kamerun | Tierreservat Dja | N | 1987 |
| Kanada | Historischer Nationalpark (Wikingersiedlung) »L'Anse aux Meadows« | K | 1978 |
| | Nationalpark Nahanni | N | 1978 |
| | Dinosaurier-Provinzpark | N | 1979 |
| | Nationalparks Kluane, Wrangell-Saint-Elias (mit amerikanischem Teil) und Provinzpark Tatshenshini-Alsek | N, GÜ | 1979 |
| | Anthony-Insel | K | 1981 |
| | Abgrund der zu Tode gestürzten Bisons (»Head Smashed-in Buffalo Jump«) | K | 1981 |
| | Nationalpark Wood Buffalo | N | 1983 |
| | National- und Provinzparks in den kanadischen Rocky Mountains | N | 1984 |
| | Historischer Bereich von Québec | K | 1985 |
| | Nationalpark Gros Morne | N | 1987 |
| | Altstadt von Lunenburg | K | 1995 |
| | Friedenspark Waterton-Naturpark und Glacier-Naturpark (USA) | N, GÜ | 1995 |
| | Paläontologischer Park von Miguasha | N | 1999 |
| Kenia | Nationalpark Mount Kenya | N | 1997 |
| | Sibiloi-Insel (Fundstätte fossiler Säugetiere) | N | 1997 |
| Kolumbien | Hafen, Befestigungen und Baudenkmäler der Kolonialzeit in Cartagena | K | 1984 |
| | Nationalpark Los Katjos | N | 1994 |

⇒ S. 320

# Natur- und Umweltschutz

| Land | Name | Kategorie* | Aufnahmejahr |
|------|------|-----------|--------------|
| | Historisches Zentrum von Santa Cruz de Mompox | K | 1995 |
| | Archäologischer Park von Tierradentro | K | 1995 |
| | Archäologischer Park von San Agustín | K | 1995 |
| Kongo, | Nationalpark Virunga | N | 1979 |
| Dem. Rep. | Nationalpark Garamba | N | 1980 |
| | Nationalpark Kahuzi-Biega | N | 1981 |
| | Nationalpark Salonga | N | 1984 |
| | Okapi-Tierschutzgebiet | N | 1996 |
| Korea, Süd | Grottentempel von Sokkuran und Tempel von Pulguksa | K | 1995 |
| | Tempel von Haeinsa Changgyong P'ango (Aufbewahrungsort der Tafeln der Tripitaka Koreana) | K | 1995 |
| | Chongmyo-Schrein der königlichen Ahnenverehrung in Seoul | K | 1995 |
| | Palast von Ch'angdokkung | K | 1997 |
| | Festung Hwasong | K | 1997 |
| Kroatien | Altstadt von Dubrovnik, ein Streifen der Stadt außerhalb der Mauern und eine nahe gelegene Insel | K | 1979 |
| | Altstadt und Palast Kaiser Diokletians in Split | K | 1979 |
| | Nationalpark der Seen von Plitvice | N | 1979 |
| | Euphrasius-Basilika und historischer Stadtkern von Porec | K | 1997 |
| | Historische Stadt Trogir | K | 1997 |
| Kuba | Altstadt und Festungsanlagen von Havanna | K | 1982 |
| | Stadt Trinidad und Zuckerfabriken im Valle de los Ingenios | K | 1988 |
| | Burg San Pedro de la Roca in Santiago de Cuba | K | 1997 |
| | Nationalpark Desembarco del Granma | N | 1999 |
| | Viñales-Tal | K | 1999 |
| Laos | Luang Prabang mit Königspalast und buddhistischen Klöstern | K | 1995 |
| Lettland | Historischer Stadtkern von Riga | K | 1997 |
| Libanon | Ruinen der Omeyaden-Stadt Anjar | K | 1984 |
| | Ruinen von Baalbek | K | 1984 |
| | Ruinen von Byblos | K | 1984 |
| | Ruinen von Tyros | K | 1984 |
| | Wadi Qadisha (Heiliges Tal) und Wald der Libanonzedern | K | 1998 |
| Libyen | Ruinen von Leptis Magna | K | 1982 |
| | Ruinen von Sabratha | K | 1982 |
| | Ruinen von Kyrene | K | 1982 |
| | Felsmalereien von Tadrart Acacus | K | 1985 |
| | Altstadt von Ghadames | K | 1988 |
| Litauen | Altstadt von Vilnius (Wilna) | K | 1994 |
| Luxemburg | Altstadtviertel und Festungen von Luxemburg | K | 1994 |
| Madagaskar | Naturschutzgebiet Tsingy de Bemaraha | N | 1990 |
| Malawi | Nationalpark Malawi-See | N | 1984 |
| Mali | Djenné, islamische Stadt und vorislamische Städte | K | 1988 |
| | Moscheen, Mausoleen und Friedhöfe von Timbuktu | K | 1988 |
| | Felsen von Bandiagara | K, N | 1989 |
| Malta | Stadt Valletta | K | 1980 |
| | Tempel von Gigantija | K | 1980 |
| | Hypogäum (unterirdischer Kultraum) von Hal Saflieni | K | 1980 |
| Marokko | Altstadt von Fes | K | 1981 |
| | Altstadt von Marrakesch | K | 1985 |
| | Befestigte Stadt Aït-Ben-Haddou | K | 1987 |
| | Altstadt von Meknès | K | 1996 |
| | Ausgrabungsstätte Volubilis | K | 1997 |
| | Medina von Tetuan (Titawin) | K | 1997 |
| Mauretanien | Nationalpark Banc d'Arguin | N | 1989 |
| | Karawanenstädte Ouadane, Chinguetti, Tichitt, Oualata in der Sahara | K | 1996 |
| Mazedonien | Stadt und See von Ohrid mit Umgebung | K, N | 1979 |
| Mexiko | Mexico (historisches Zentrum) und Xochimilco | K | 1987 |
| | Ruinen und Nationalpark von Palenque | K | 1987 |

| Land | Name | Kategorie* | Aufnahmejahr |
|---|---|---|---|
| | Ruinen von Teotihuacán | K | 1987 |
| | Altstadt von Oaxaca und Ruinen von Monte Alban | K | 1987 |
| | Historisches Zentrum von Puebla | K | 1987 |
| | Biosphärenreservat Sian Ka'an | N | 1987 |
| | Historisches Zentrum und Bergwerksanlagen von Guanajuato | K | 1988 |
| | Ruinen von Chichen-Itza | K | 1988 |
| | Altstadt von Morelia | K | 1991 |
| | Präkolumbianische Stadt El Tajin | K | 1992 |
| | Lagune von El Vizcaino (Schutzgebiet für Wale) | N | 1993 |
| | Altstadt von Zacatecas | K | 1993 |
| | Felszeichnungen in der Sierra de San Francisco | K | 1993 |
| | Klöster des 16. Jh. an den Hängen des Popocatepetl | K | 1994 |
| | Uxmal, Zeremonialzentrum und Stadt der Mayakultur | K | 1996 |
| | Denkmalensemble von Querétaro | K | 1996 |
| | Cabañas-Hospiz in Guadalajara | K | 1997 |
| | Denkmalbereich von Tlacotalpan | K | 1998 |
| | Archäologische Stätten von Paquimé in Casas Grandes | K | 1998 |
| | Archäologische Stätte Xochicalco | K | 1999 |
| | Historische Stadt und Festung von Campeche | K | 1999 |
| Mosambik | Insel Moçambique | K | 1991 |
| Nepal | Tal von Kathmandu | K | 1979 |
| | Nationalpark Sagarmatha (Mount Everest) | N | 1979 |
| | Königlicher Nationalpark Chitwan | N | 1984 |
| | Lumbini (Geburtsort Buddhas) | K | 1997 |
| Neuseeland | Naturschutzgebiet Te Wahipounamu mit Nationalparks Westland / Mount Cook und Fjordland | N | 1990 |
| | Nationalpark Tongariro | K, N | 1990 |
| | Subantarktische Inseln (der fünf Inselgruppen Snares, Bounty-Inseln, Antipodeninseln, Aucklandinseln und Campbell) | N | 1998 |
| Niederlande | Schokland | K | 1995 |
| | Befestigungssystem von Amsterdam | K | 1996 |
| | Mühlenanlagen in Kinderdijk-Elshout | K | 1997 |
| | Hafen und Innenstadt von Willemstad (niederländische Antilleninsel Curaçao) | K | 1997 |
| | Dampfpumpwerk von Wouda (Ir.D.F.Woudagemaal) in Friesland | K | 1998 |
| | Beemster Polder (»Droogmakerij de Beemster«) | K | 1999 |
| Niger | Naturparks Aïr und Ténéré | N | 1991 |
| | Nationalpark »W« | N | 1996 |
| Nigeria | Kulturlandschaft von Sukur | K | 1999 |
| Norwegen | Stabkirche von Urnes | K | 1979 |
| | »Bryggen« (Hafenstadt von Bergen) | K | 1979 |
| | Stadt und Bergwerke von Røros | K | 1980 |
| | Felszeichnungen von Alta | K | 1985 |
| Oman | Festung Bahla | K | 1987 |
| | Bat, Festung mit Al-Khutm und Al-Ayn, bronzezeitliche Siedlung bzw. Totenstadt | K | 1988 |
| | Wildschutzgebiet in der Wüste Omans (Heimat der arabischen Oryxantilope) | N | 1994 |
| Österreich | Altstadt von Salzburg | K | 1996 |
| | Schloss und Park von Schönbrunn | K | 1996 |
| | Kulturlandschaft Hallstatt-Dachstein / Salzkammergut | K | 1997 |
| | Semmeringbahn mit umgebender Landschaft | K | 1998 |
| | Altstadt von Graz | K | 1999 |
| Pakistan | Ruinenstadt Moenjodaro | K | 1980 |
| | Buddhistische Ruinen von Takht-i-Bahi | K | 1980 |
| | Ruinenstadt Taxila | K | 1980 |
| | Festung und Shalimar-Gärten in Lahore | K | 1981 |
| | Ruinen und Totenstadt von Thatta | K | 1981 |

⇒ S. 322

# Natur- und Umweltschutz

| Land | Name | Kategorie* | Aufnahmejahr |
|---|---|---|---|
| | Festung Rohtas | K | 1997 |
| Panama | Festungen Portobello und San Lorenzo an der karibischen Küste | K | 1980 |
| | Nationalpark Darien | N | 1981 |
| | Naturschutzgebiet La Amistad (bis Costa Rica) | N, GÜ | 1983 |
| | Historisches Viertel von Panama und der Salón Bolívar | K | 1997 |
| Paraguay | Jesuitenmissionen La Santisima Trinidad de Paraná und Jesus | | |
| | de Tavarangue | K | 1993 |
| Peru | Stadt Cuzco | K | 1983 |
| | Ruinenstadt Machu Picchu | K, N | 1983 |
| | Ruinenstadt Chavin | K | 1985 |
| | Nationalpark Huascaran | N | 1985 |
| | Nationalpark Manú | N | 1987 |
| | Ruinenstadt Chan Chan | K | 1988 |
| | Nationalpark Rio Abiseo mit archäologischem Park | K, N | 1990 |
| | Altstadt von Lima mit Franziskanerkloster | K | 1991 |
| | Linien und Bodenzeichnungen von Nasca und Pampas de Jumana | K | 1994 |
| Philippinen | Barockkirchen in Manila, Santa Maria, Paoay und Miagao | K | 1993 |
| | Marinepark Korallenriff Tubbataha | N | 1993 |
| | Reisterrassen im Bergland von Ifugao | K | 1995 |
| | Puerto-Princesa Subterranean River National Park | N | 1999 |
| | Historische Altstadt von Vigan | K | 1999 |
| Polen | Altstadt von Krakau | K | 1978 |
| | Salzbergwerk von Wieliczka | K | 1978 |
| | Konzentrationslager Auschwitz | K | 1979 |
| | Altstadt von Warschau | K | 1980 |
| | Nationalpark Bialowieza (Belowescher Heide) | N, GÜ | 1992 |
| | Altstadt von Zamosc | K | 1992 |
| | Stadt Torun (Thorn) | K | 1997 |
| | Burg Malbork (Marienburg) | K | 1997 |
| | Kalwaria Zebrzydowska: Architekturpark und Wallfahrtsstätte | K | 1999 |
| Portugal | Stadtzentrum von Angra do Heroísmo auf der Azoren-Insel Terceira | K | 1983 |
| | Hieronymuskloster und Turm von Belém in Lissabon | K | 1983 |
| | Kloster Batalha | K | 1983 |
| | Christuskloster in Tomar | K | 1983 |
| | Historisches Zentrum von Evora | K | 1988 |
| | Kloster Alcobaça | K | 1989 |
| | Stadt Sintra und Sintragebirge | K | 1995 |
| | Historisches Zentrum von Porto | K | 1996 |
| | Prähistorische Felsritzungen im Tal von Côa | K | 1998 |
| | Lorbeerwald »Laurisilva« von Madeira | N | 1999 |
| Rumänien | Biosphärenreservat Donaudelta | N | 1991 |
| | Dörfer und Wehrkirchen in Transsilvanien | K | 1993 |
| | Kloster Horezu | K | 1993 |
| | Bemalte Kirchen in der nördlichen Moldau | K | 1993 |
| | Festungsanlage der Daker in den Bergen von Orastie (Broos) | K | 1999 |
| | Holzkirchen von Maramures (Marmarosch) | K | 1999 |
| | Historisches Zentrum von Sighisoara (Schäßburg) | K | 1999 |
| Russland | Historisches Zentrum von Sankt Petersburg | K | 1990 |
| | Kirchen von Kishi Pogost (Insel Kishi im Onegasee) | K | 1990 |
| | Kreml und Roter Platz in Moskau | K | 1990 |
| | Baudenkmäler von Nowgorod und Umgebung | K | 1992 |
| | Geschichts- und Kulturdenkmäler auf den Solowetzky-Inseln am | | |
| | Weißen Meer | K | 1992 |
| | Kathedrale von Wladimir, Klöster und Kirchen von Susdal und Kideksha | K | 1992 |
| | Befestigtes Kloster der heiligen Dreifaltigkeit und des heiligen Sergius | | |
| | in Sergiev Posad | K | 1993 |
| | Auferstehungskirche in Kolomenskoe | K | 1994 |
| | Waldgebiet von Virgin Komi | N | 1995 |

| Land | Name | Kategorie* | Aufnahmejahr |
|------|------|-----------|--------------|
| | Baikalsee | N | 1996 |
| | Vulkane von Kamtschatka | N | 1996 |
| | Goldene Berge des Altai in Südsibirien | N | 1998 |
| | Westlicher Kaukasus | N | 1999 |
| Salomonen | Korallenatoll East Rennell | N | 1998 |
| Sambia | Victoria-Fälle | N, GÜ | 1989 |
| Schweden | Königliches Sommerschloss Drottningholm | K | 1991 |
| | Wikingersiedlungen Birka und Hovgården | K | 1993 |
| | Eisenhütte Engelberg | K | 1993 |
| | Felszeichnungen von Tanum | K | 1994 |
| | Skogskyrkogården (Friedhof) bei Stockholm | K | 1994 |
| | Hansestadt Visby | K | 1995 |
| | Kirchenbezirk Gammelstad in Luleå | K | 1996 |
| | Arktische Kulturlandschaft Lapplands | K, N | 1996 |
| | Marinehafen von Karlskrona | K | 1998 |
| Schweiz | Kloster St. Gallen | K | 1983 |
| | Benediktinerkloster St. Johann in Müstair | K | 1983 |
| | Altstadt von Bern | K | 1983 |
| Senegal | Insel Gorée | K | 1978 |
| | Nationales Vogelschutzgebiet Djoudj | N | 1981 |
| | Nationalpark Niokolo-Koba | N | 1981 |
| Seychellen | Aldabra-Atoll | N | 1982 |
| | Naturpark Mai-Tal | N | 1983 |
| Simbabwe | Mana-Pools-Nationalpark, Sapi und Chewore-Safari | N | 1984 |
| | Ruinenstadt Groß-Simbabwe | K | 1988 |
| | Ruinen von Khami | K | 1988 |
| | Victoria-Fälle | N, GÜ | 1989 |
| Slowakei | Geschütztes Bauerndorf Vlkolinec | K | 1993 |
| | Spissky Hrad (Zipser Burg) mit Spisske Podhrahie (Kirchdrauf) und Spisska Kapitula (Zipser Kapitel) | K | 1993 |
| | Bergbaustadt Banska Stiavnica (Schemnitz) | K | 1993 |
| | Höhlen im Aggteleker und Slowakischen Karst | N, GÜ | 1995 |
| Slowenien | Höhlen von Skocjan | N | 1988 |
| Spanien | Moschee-Kathedrale und Altstadt von Córdoba | K | 1984 |
| | Altstadt von Granada, Alhambra und Generalife-Palast | K | 1984 |
| | Kathedrale von Burgos | K | 1984 |
| | Escorial (Kloster mit Umgebung) | K | 1984 |
| | Park Güell, Palais Güell und Casa Milá von Antonio Gaudí in Barcelona | K | 1984 |
| | Höhle von Altamira | K | 1985 |
| | Altstadt von Segovia mit Aquädukt | K | 1985 |
| | Kirchen des Königreiches Asturien | K | 1985 |
| | Altstadt von Santiago de Compostela | K | 1985 |
| | Altstadt von Avila und Kirchen außerhalb der Stadtmauer | K | 1985 |
| | Mudejar-Architektur in Teruel | K | 1986 |
| | Altstadt von Toledo | K | 1986 |
| | Nationalpark Garajonay (Kanaren, Insel Gomera) | N | 1986 |
| | Altstadt Cáceres | K | 1986 |
| | Kathedrale, Alcazar und Archivo de Indias in Sevilla | K | 1987 |
| | Altstadt von Salamanca | K | 1988 |
| | Ehemalige Zisterzienserabtei von Poblet | K | 1991 |
| | Bauten der Römerzeit und des frühen Mittelalters in Merida | K | 1993 |
| | Königliches Kloster von Santa Maria de Guadeloupe | K | 1993 |
| | Pilgerweg nach Santiago de Compostela | K | 1993 |
| | Nationalpark Doñana (Andalusien) | N | 1994 |
| | Cuenca und seine historische Befestigungsanlage | K | 1996 |
| | Seidenbörse »La Lonja de la Seda« in Valencia | K | 1996 |
| | Las Médulas mit seinen Goldminen | K | 1997 |
| | Palau de la Musica Catalana und Hospital von Sant Pau in Barcelona | K | 1997 |

⇒ S. 324

# Natur- und Umweltschutz

| Land | Name | Kategorie* | Aufnahmejahr |
|------|------|-----------|--------------|
| | San Millán-Klöster von Yuso und Suso | K | 1997 |
| | Berglandschaft Mont Perdu in den Pyrenäen | K, N, GÜ | 1997 |
| | Universität und historisches Zentrum von Alcalá de Henares | K | 1998 |
| | Vorgeschichtliche Felsmalereien im östlichen Spanien | K | 1998 |
| | San Cristóbal de La Laguna (Insel Teneriffa) | K | 1999 |
| | Ibiza: Biologische Vielfalt und Kultur | K, N | 1999 |
| Sri Lanka | Heilige Stadt Anuradhapura | K | 1982 |
| | Ruinenstadt Polonnaruva | K | 1982 |
| | Ruinenstadt Sigirija | K | 1982 |
| | Naturschutzgebiet Sinharaja Forest | N | 1988 |
| | Heilige Stadt Kandy | K | 1988 |
| | Altstadt und Festungswerke von Gallé | K | 1988 |
| | Goldener Felsentempel von Dambulla | K | 1991 |
| St. Kitts und Nevis | Nationalpark und Fort von Brimstone Hill | K | 1999 |
| Südafrika | Robben Island | K | 1999 |
| | Fossilienfundstätten von Sterkfontein, Swartkrans, Kromdraai und Umgebung | K | 1999 |
| | Greater St. Lucia Wetland Park | N | 1999 |
| Syrien | Altstadt von Damaskus | K | 1979 |
| | Ruinen von Palmyra | K | 1980 |
| | Altstadt von Bosra | K | 1980 |
| | Altstadt von Aleppo | K | 1988 |
| Tansania | Naturschutzgebiet Ngorongoro | N | 1979 |
| | Ruinen von Kilwa Kisiwani und von Songo Mnara | K | 1981 |
| | Nationalpark Serengeti | N | 1981 |
| | Wildreservat von Selous | N | 1982 |
| | Nationalpark Kilimandscharo | N | 1987 |
| Thailand | Wildschutzgebiet Thung Yai-Huai Kha Khaeng | N | 1991 |
| | Ruinen von Sukhothai | K | 1991 |
| | Ruinen von Ayutthaya | K | 1991 |
| | Archäologische Denkmäler von Ban Chiang | K | 1992 |
| Tschechische Rep. | Historisches Zentrum von Prag | K | 1992 |
| | Historisches Zentrum von Cesky Krumlov (Böhmisch Krumau) | K | 1992 |
| | Historisches Zentrum von Telc (Teltsch) | K | 1992 |
| | Wallfahrtskirche Hl. Johannes Nepomuk von Zelena Hora (Grüneberg) | K | 1994 |
| | Historisches Zentrum von Kutná Hora (Kuttenberg) und Marienkirche von Sedlec (Sedletz) | K | 1995 |
| | Kulturlandschaft von Lednice (Eisgrub)-Valtice (Feldsberg) | K | 1996 |
| | Historisches Dorf Holesovice | K | 1998 |
| | Schloss und Park Kromeriz (Kromeritz) | K | 1998 |
| | Schloss Lytomysl (Leitomischl) | K | 1999 |
| Türkei | Historische Bereiche von Istanbul | K | 1985 |
| | Nationalpark Göreme und die Felsendenkmäler von Kappadokien | K, N | 1985 |
| | Große Moschee und Krankenhaus von Divrigi | K | 1985 |
| | Hattusa (ehemalige Hauptstadt der Hethiter) | K | 1986 |
| | Ruinenstätte Nemrut Dag | K | 1987 |
| | Ruinen von Xanthos mit dem Heiligtum der Latona | K | 1988 |
| | Antike Stadt Hierapolis-Pamukkale | K, N | 1988 |
| | Stadt Safranbolu | K | 1994 |
| | Archäologische Stätte von Troja | K | 1998 |
| Tunesien | Amphitheater von El-Djem | K | 1979 |
| | Ruinen von Karthago | K | 1979 |
| | Altstadt von Tunis | K | 1979 |
| | Nationalpark Ichkeul | N | 1980 |
| | Punische Stadt Kerkuan und ihre Totenstadt | K | 1985 |
| | Altstadt von Sousse | K | 1988 |
| | Altstadt von Kairouan | K | 1988 |
| | Ruinen der antiken Stadt Dougga/Thugga | K | 1997 |

| Land | Name | Kategorie* | Aufnahmejahr |
|------|------|-----------|--------------|
| Turkmenistan | Ruinen der alten Stadt Merw | K | 1999 |
| Uganda | Urwald von Bwindi | N | 1994 |
| | Ruwenzori-Gebirge | N | 1994 |
| Ukraine | Sophienkathedrale und Höhlenkloster Lawra Petschersk in Kiew | K | 1990 |
| | Historisches Zentrum von Lwiw (Lemberg) | K | 1998 |
| Ungarn | Burgviertel Buda und Uferzone der Donau in Budapest | K | 1987 |
| | Traditionelles Dorf Hollokö | K | 1987 |
| | Aggtelek-Höhlen und der Slowakische Karst | N, GÜ | 1995 |
| | Benediktinerabtei Pannonhalma | K | 1996 |
| | Nationalpark Hortobágy | K | 1999 |
| Uruguay | Historisches Viertel von Colonia del Sacramento | K | 1995 |
| Usbekistan | Historisches Zentrum Itchan-Kala der Stadt Chiwa | K | 1990 |
| | Historisches Zentrum von Buchara | K | 1993 |
| Vatikanstadt | Vatikanstadt und Basilika St. Paul vor den Mauern in Rom | K, GÜ | 1984 |
| Venezuela | Historisches Zentrum von Coro | K | 1993 |
| | Nationalpark Canaima | N | 1994 |
| Vereinigte Staaten von Amerika | Nationalpark Mesa Verde | K | 1978 |
| | Nationalpark Yellowstone | N | 1978 |
| | Nationalpark Everglades | N | 1979 |
| | Nationalpark Grand Canyon | N | 1979 |
| | Nationalparks Kluane, Wrangell-Saint-Elias (mit kanadischem Teil) und Provinzpark Tatshenshini-Alsek | N, GÜ | 1979 |
| | Unabhängigkeitshalle in Philadelphia | K | 1979 |
| | Nationalpark Redwood | N | 1980 |
| | Nationalpark Mammuthöhlen | N | 1981 |
| | Nationalpark Olympic Mountains | N | 1981 |
| | Cahokia Mounds (vorgeschichtliche Siedlung) | K | 1982 |
| | Nationalpark Great Smoky Mountains | N | 1983 |
| | Festung La Fortaleza und Altstadt von San Juan in Puerto Rico | K | 1983 |
| | Freiheitsstatue | K | 1984 |
| | Nationalpark Yosemite | N | 1984 |
| | Monticello und Universität von Virginia in Charlottesville | K | 1987 |
| | Historischer Nationalpark Chaco | K | 1987 |
| | Nationalpark »Vulkane von Hawaii« | N | 1987 |
| | Pueblo (Indianerdorf) Taos | K | 1992 |
| | Karlsbader Höhlen-Nationalpark | N | 1995 |
| | Friedenspark Waterton Naturpark (Kanada) und Glacier Naturpark | N, GÜ | 1995 |
| Vietnam | Kaiserstadt Huë | K | 1993 |
| | Bucht von Ha-Long | N | 1994 |
| | Historische Altstadt von Hoi An | K | 1999 |
| | Tempelstadt My Son | K | 1999 |
| Weißrussland | Nationalpark Belovezhskaya Pushcha / Bialowieza | N, GÜ | 1992 |
| Zentralafrik. Rep. | Nationalpark Manovo-Gounda St. Floris | N | 1988 |
| Zypern | Ruinen von Paphos | K | 1980 |
| | Bemalte Kirchen im Gebiet von Tróodos | K | 1985 |
| | Archäologische Stätte Choirokoitia | K | 1998 |

Auf Vorschlag von Jordanien:
| | Altstadt und Stadtmauern von Jerusalem | K | |
|--|--|--|--|

\* 480 Kulturdenkmäler (K) und 128 Naturdenkmäler (N). Weitere 22 Denkmäler gehören sowohl dem Kultur- als auch dem Naturerbe an. Grenzüberschreitende Welterbestätten sind mit GÜ gekennzeichnet.

# Technikgeschichte

**vor Christus**

| | |
|---|---|
| 600 000 | Geräte aus Knochen und Stein werden benutzt |
| 350 000 | Gebrauch des Feuers ist bekannt |
| 14 000 | Nachgewiesene Höhlenmalereien |
| 8000 | Keramikgegenstände werden angefertigt; Anfänge des Ackerbaus; Ton und Lehm als Baumaterial verwendet |
| 5000 | Werkzeuge und Geräte bestehen aus Feuerstein, Geweihen, Holz, Leder |
| 4000 | In Mesopotamien ist das Rad bekannt |
| 3000 | Feuer kann mit Hilfe von Feuerschwamm entzündet werden; Ägypter haben Segelschiffe; die Sumerer kennen Räderfahrzeuge; in Mesopotamien und Ägypten gibt es ausgebildete Schriftsysteme |
| 2300 | In Mesopotamien werden Schöpfwerke verwendet |
| 2000 | In Ägypten gibt es Gerbereien; Lasten werden mit Hilfe von Walzen, Hebeln und Keilen transportiert; auf der Insel Kreta ist die Tinte bekannt |
| 1830 | In Mitteleuropa hat die Bronzezeit begonnen |
| 1800 | In Ägypten ist das Glas bekannt |
| 1400 | Ägypter kennen die Schnellwaage mit einem Laufgewicht; Pergament-Schriftrollen sind in Gebrauch |
| 1000 | Beginn der Eisenzeit in Europa |
| 700 | In China ist das Eisen bekannt |
| 600 | Ägypter und Griechen kennen die Wasserschraube; in Athen fördert man Silber; Kanal zwischen Nil und Rotem Meer |
| 550 | Bau von Windmühlen in Griechenland |
| 500 | Griechen benutzen seegängige Ruderschiffe; Griechenland hat Getreidemühlen; Römer befassen sich mit Metallurgie |
| 290 | Die Ägypter verwenden Schreibtafeln aus Wachs |
| 260 | Archimedes (*um 285 v.Chr., †212 v.Chr.) erfindet den Flaschenzug |
| 215 | In China benutzt man Haarpinsel als Schreibgerät |
| 212 | Archimedes baut Brennspiegel und setzt sie im Krieg ein |
| 200 | Baubeginn der Chinesischen Mauer |
| 200 | Das Wasserrad mit senkrechter Welle ist bereits bekannt |
| 100 | Römer kennen das unterschlächtige Wasserrad; Erfindung des Papiers in China |
| 0 | In Rom gibt es Wassermühlen |

**nach Christus**

| | |
|---|---|
| 930 | Ältester Bergbau in Amberg |
| 970 | Anfänge des Mansfelder Bergbaues |
| 10. Jh. | Kloster Tegernsee hat Fenster mit bunten Glasscheiben |

| | |
|---|---|
| 1120 | Chinesen kennen den Kompass |
| 1200 | In Florenz gibt es bedeutende Tuchwebereien (Manufakturen); die Pulverrakete ist in China bekannt |
| 1206 | Im Oberharz werden Silbererze gefördert |
| 1280 | In Italien wird die Brille erfunden |
| 1313 | Der Mönch Bertold Schwarz erfindet das Schießpulver |
| 1389 | Ulman Stromer erbaut vor den Toren von Nürnberg die erste (sicher nachgewiesene) Papiermühle in Deutschland |
| 1405 | K. Kyeser von Eichstätt veröffentlicht seine große kriegstechnische Bilderhandschrift »Bellifortis«, in der u.a. ein Geschütz mit drei Rohren abgebildet ist |
| 1427 | H. Arnold erfindet die Uhrfeder |
| 1445 | J. Gutenberg (*um 1400, †1468) aus Mainz erfindet den Buchdruck mit beweglichen Lettern, die er mit einem von ihm erdachten Handgießinstrument goss |
| 1448 | In Wien haben die meisten Häuser Glasfenster |
| 1480 | Leonardo da Vinci (*1452, †1519) erfindet den Fallschirm |
| 1505 | P. Henlein (*um 1480, †1542) erfindet die erste brauchbare Taschenuhr |
| 1501 | In Nürnberg verwendet man eine Drehbank mit Support |
| 1577 | W. Bourne verwendet das Log |
| 1578 | Basson baut eine Drehbank |
| 1590 | Z. Janssen (*1580, † zw. 1628 u. 1638) aus Holland erfindet das Mikroskop |
| 1601 | Gründung der Gobelin-Manufaktur in Frankreich |
| 1602 | In Nürnberg gibt es die erste fahrbare Feuerspritze |
| 1623 | R. Mansell (England) entdeckt das Flintglas; W. Schickard (*1592, †1635) konstruiert eine Rechenmaschine |
| 1631 | Der Jesuit C. Scheiner (*1577, †1650) entwickelt den Storchschnabel |
| 1641 | B. Pascal (*1623, †1662) baut eine mechanische Rechenmaschine (Addiermaschine) |
| 1650 | O. von Guericke (*1602, †1686) baut die erste Luftpumpe |
| 1656 | C. Huygens (*1629, †1695) konstruiert die Pendeluhr |
| 1660 | I. Newton (*1643, †1727) erkennt das für die Raumfahrt wichtige Rückstoßprinzip (actio = reactio) |
| 1663 | O. von Guericke (*1602, †1686) baut eine Elektrisiermaschine |
| 1665 | In England kommt der Bleistift auf |
| 1667 | Zum ersten Mal wird versucht, die Pariser Straßen mit Kerzen-Laternen zu beleuchten |

| | |
|---|---|
| 1676 | Rennequin baut die Pumpe von Marley, um das Seinewasser zu heben |
| 1681 | D. Papin (*1647, † zw. 1712 u. 1714) baut eine Dampfmaschine |
| 1687 | E. Weigel konstruiert einen Aufzug (Fahrstuhl) |
| 1695 | Morin erfindet weiches Porzellan |
| 1707 | D. Papin baut das erste Dampfschiff |
| 1709 | J. F. Böttger (*1682, †1719) und E. W. von Tschirnhaus (*1651, †1708) erfinden das (harte) Porzellan |
| 1710 | Moritz baut die Bohrmaschine; J. Wedgwood (*1730, †1795) beginnt mit der Herstellung von feinen Fayencen |
| 1713 | A. Darby stellt Koks her |
| 1735 | A. Darby verwendet einen Koksofen (und erzeugt damit Eisen) |
| 1737 | J. de Vaucanson (*1709, †1782) baut seinen ersten Automaten |
| 1740 | S. Hales (*1677, †1761) erfindet den Ventilator |
| 1745 | W. Cook baut eine Dampfheizung |
| 1748 | J. Jansen erfindet die Stahlschreibfeder |
| 1752 | B. Franklin (*1706, †1790) erfindet den Blitzableiter |
| 1754 | H. Cort baut ein Eisenwalzwerk |
| 1759 | C. P. Oberkampf (*1738, †1845) gründet die erste Seidenwaren-Manufaktur in Frankreich; J. Wedgwood stellt Steingut her; T. Mudge (*1715, †1794) entwickelt die freie Ankerhemmung |
| 1765 | J. Watt (*1736, †1819) baut die Dampfmaschine |
| 1767 | J. Hargraves (*um 1740, †1778) entwickelt die Jenny-Spinnmaschine |
| 1769 | N. J. Cugnot (*1725, †1804) baut den ersten Dampfwagen, den Vorläufer des Automobils; R. Arkwright (*1732, †1792) konstruiert die Spinnmaschine |
| 1776 | Hatton erfindet die Hobelmaschine; D. Bushnell (*1742, †1826) baut den Torpedo |
| 1779 | Darnal konstruiert eine Dampfmühle |
| 1780 | Gervinus entwickelt die Kreissäge; L. Galvani (*1737, †1798) entdeckt die »galvanische« Elektrizität (Galvanismus) |
| 1781 | J. Watt (*1736, †1819) konstruiert den Dampfkessel |
| 1783 | Die Brüder J.-E. Montgolfier (*1745, †1799) und J.-M. Montgolfier (*1740, †1810) bauen einen mit erhitzter Luft betriebenen Luftballon (Montgolfière) |
| 1785 | E. Cartwright (*1743, †1823) erfindet den mechanischen Webstuhl |
| 1786 | A. Meikle baut eine Schlagleisten-Dreschmaschine; Dundowald und Pikkle führen Gasbeleuchtung in London ein |
| 1789 | W. Jessop (*1745, †1814) stellt die Kopfschiene her (die Grundform der heutigen Eisenbahnschiene) |
| 1792 | W. Murdock (*1754, †1839) führt die Gasbeleuchtung erfolgreich durch; E. Cartwright baut eine Wollkämm-Maschine |
| 1793 | Erstes Telegramm wird mit dem optischen Telegrafen von C. Chappe (*1763, †1805) über eine Strecke von 70 km gesendet |
| 1795 | J. Bramah (*1748, †1814) baut die hydraulische Presse |
| 1796 | A. Senefelder (*1771, †1834) entwickelt die Lithographie (Steindruck) |
| 1801 | Focard-Château erfindet den Eisschrank |
| 1803 | R. Trevithick (*1771, †1833) baut die erste Schienendampflokomotive (nicht verwendbar wegen schlechten Schienenmaterials) |
| 1805 | J. M. Jacquard (*1752, †1834) erfindet eine Webmaschine (Jacquardmaschine) |
| 1807 | R. Fulton (*1765, †1815) baut ein Dampfschiff (Schaufelrad-Flussdampfer) |
| 1808 | Newberry erfindet die Bandsäge |
| 1809 | C. Cagniard de la Tour (*1777, †1859) erfindet die Sirene |
| 1810 | F. Koenig (*1774, †1833) baut die Buchdruckschnellpresse |
| 1812 | F. Koenig konstruiert die Zylinderdruckmaschine (Schnellpresse) |
| 1814 | G. Stephenson (*1781, †1848) baut die erste betriebsfähige Lokomotive |
| 1816 | J. N. Niepce (*1765, †1833) entwickelt die Grundlagen der Fotografie; G. Lankensperger erfindet die Achsschenkellenkung |
| 1817 | K. F. von Drais (*1785, †1851) baut eine Laufmaschine (Vorläufer des Fahrrads) |
| 1818 | E. Whitney (*1765, †1825) konstruiert die Fräsmaschine |
| 1820 | J. L. MacAdam entwickelt eine Straßenpacklage (Makadam); C. F. Gauß (*1777, †1855) erfindet den Heliographen |
| 1821 | C. Babbage (*1792, †1871) entwickelt die Lochkarte |
| 1825 | G. Stephenson baut die erste Eisenbahn; J. G. Philip stellt das erste Metallgewebe her |
| 1826 | J. Ressel (*1793, †1857) entwickelt die Schiffsschraube; Sturgeon (*1783, †1850) erfindet den Elektromagneten |
| 1827 | Fourneyron (*1802, †1867) konstruiert die Wasserturbine; J. N. von Dreyse (*1787, †1867) baut ein Gewehr, das Zündnadelpatronen verschießt |
| 1828 | J. Thorp baut die Ringspinnmaschine; die erste fahrbare Dampffeuerspritze entsteht |
| 1829 | Jedlicka erfindet einen Elektromotor; H. Maudslay (*1771, †1831) baut die Mikrometerschraube; A. Shawk konstruiert die Dampffeuerspritze |

⇒ S. 328

# Technikgeschichte

| | |
|---|---|
| 1830 | J. Madersperger (*1768, †1850) baut die erste Nähmaschine; A. R. Polonceau konstruiert die Straßenwalze |
| 1832 | F. v. Faber du Faure baut den Gasgenerator |
| 1833 | G. Stephenson erfindet die mit Dampf betriebene Bremse; C. F. Gauß (*1777, †1855) und W. E. Weber (*1804, †1891) bauen den ersten elektrischen Telegrafen (elektromagnetischer Nadeltelegraf) |
| 1834 | J. Albert (*1787, †1846) entwickelt das Drahtseil; W. H. F. Talbot (*1800, †1877) erfindet das Chlorsilber-Fotopapier |
| 1835 | S. Colt (*1814, †1862) konstruiert den Revolver; L. Daguerre (*1797, †1851) erfindet die Fotografie; S. Morse (*1791, †1872) baut den Schreibtelegrafen; M. H. von Jacobi (*1801, †1874) und Spencer erfinden die Galvanoplastik; A. Siebe konstruiert den Taucherhelm |
| 1839 | C. N. Goodyear (*1800, †1860) entdeckt Vulkanisation des Kautschuks; J. Nasmyth (*1808, †1890) baut den Dampfhammer |
| 1841 | J. Whitworth (*1803, †1887) entwickelt erstmals ein einheitliches Gewindesystem |
| 1843 | E. Drescher erfindet den Füllfederhalter; F. G. Keller (*1816, †1895) stellt Holzschliff her |
| 1844 | J. Mercer (*1791, †1866) entwickelt das Merzerisationsverfahren |
| 1846 | W. von Siemens (*1816, †1892) erfindet den elektrischen Zeigertelegrafen und konstruiert das elektrische Kabel; Marinoni (*1823, †1904) erfindet die Rotationspresse; die ersten Kugellager werden hergestellt |
| 1848 | Dubosc (*1817, †1886) und L. Foucault (*1819, †1868) erfinden die Bogenlampe; C. A. von Steinheil (*1801, †1870) errichtet in München die erste Feuermeldeanlage |
| 1849 | W. Bauer (*1822, †1875) baut ein Unterseeboot |
| 1850 | J. Mayer erfindet den Stahlguss, Pittler baut die Revolverdrehmaschine; Amberger konstruiert die elektrische Bremse; Hoskyns erfindet die Bodenfräse |
| 1853 | J. L. Clark (*1822, †1898) baut eine Rohrpostanlage |
| 1857 | E. A. Cowper (*1819, †1893) baut den nach ihm benannten Winderhitzer; Eisenstück erfindet die Strickmaschine |
| 1859 | G. R. Planté (*1834, †1889) erfindet den Akkumulator |
| 1860 | A. A. Chassepot (*1833, †1905) stellt das Chassepotgewehr her; J. J. E. Lenoir (*1822, †1900) baut einen Verbrennungsmotor (Gasmotor); P. Michaux (†1883) erfindet die Fahrrad-Tretkurbel |
| 1861 | J. P. Reis (*1834, †1874) erfindet den Fernsprecher; F.-F. von Dücker (*1827, †1892) baut eine Drahtseilbahn |
| 1862 | N. A. Otto (*1832, †1891) erfindet den Benzinmotor; N. Riggenbach erhält ein Patent auf die erste Zahnradbahn (Rigi-Bahn 1871) |
| 1863 | W. Bullock baut eine Rotationsdruckmaschine |
| 1866 | C. A. Steinheil (*1801, †1870) konstruiert das Linsensystem Aplanat; P. Mitterhofer (*1822, †1893) erfindet die Schreibmaschine; die erste Zahnradbahn in den USA wird gebaut |
| 1867 | J. Monier (*1823, †1906) erfindet den Eisenbeton; A. Nobel (*1833, †1896) erfindet das Dynamit; W. von Siemens (*1816, †1892) baut die Dynamomaschine; G. M. Pullman (*1831, †1897) baut die ersten Schlafwagen; G. Westinghouse (*1846, †1914) erfindet die vollautomatische Bremse |
| 1868 | J. Albert erfindet das Lichtdruckverfahren |
| 1870 | W. von Siemens konstruiert das Dampfstrahlgebläse; Tilghman erfindet das Sandstrahlgebläse |
| 1872 | F. von Hefner-Alteneck (*1845, †1904) baut die Gleichstrommaschine |
| 1874 | J. M. E. Baudot (*1845, †1903) vollendet sein Telegrafensystem (Drucktelegraf, zugleich mit Mehrfachausnutzung der Leitung) |
| 1875 | C. von Linde (*1842, †1934) baut die Ammoniak-Kältemaschine |
| 1876 | N. A. Otto und E. Langen (*1833, †1895) bauen den patentreifen Viertaktmotor; A. G. Bell (*1847, †1922) konstruiert den Fernsprechautomaten |
| 1877 | T. A. Edison (*1847, †1931) erfindet das Grammofon |
| 1878 | E. Eastman (*1854, †1932) stellt die ersten fotografischen Platten her (vervollkommnet 1880); S. G. Thomas (*1850, †1885) erfindet das nach ihm benannte Stahlerzeugungsverfahren; E. Hughes (*1831, †1900) erfindet das Mikrofon |
| 1879 | W. von Siemens baut die elektrische Straßenbahn; J. Ritty stellt eine Registrierkasse her; Brush baut die Compoundmaschine |
| 1880 | T. A. Edison erfindet die Kohlenfadenlampe; W. von Siemens baut einen elektrischen Aufzug |
| 1881 | In Berlin fährt die erste elektrische Straßenbahn; G. von Meisenbach erfindet die Autotypie |
| 1882 | W. von Siemens baut eine elektrische Grubenlokomotive; T. A. Edison baut das erste Elektrokraftwerk; H. Seeley paten- |

| | |
|---|---|
| | tiert ein elektrisches Bügeleisen mit offenem Lichtbogen |
| 1883 | G. Daimler (*1834, †1900) stellt das erste Kraftrad her (Motorrad mit Verbrennungsmotor); P. Nipkow (*1860, †1940) erfindet die Lochscheibe und damit ein Grundelement des späteren Fernsehens; H. S. Maxim (*1840, †1916) stellt das Maschinengewehr her |
| 1884 | L.-M.-H. de Chardonnet (*1839, †1924) stellt Kunstseide her; O. Mergenthaler (*1854, †1899) erfindet die Setzmaschine (Linotype); C. A. Parsons (*1854, †1931) baut die Dampfturbine; L. A. Pelton (*1829, †1908) konstruiert die Freistrahlturbine; G. W. Eastman entwickelt den Rollfilm |
| 1885 | H. Bauer erfindet den Druckknopf; Anthon stellt mechanisch Holzwolle her; autogenes Schweißen wird in der Praxis angewendet; die Brüder R. (*1856, †1922) und M. Mannesmann erfinden ein Schrägwalzverfahren zur Herstellung nahtloser Rohre; C. F. Benz (*1844, †1929) baut den Verbrennungsmotor |
| 1886 | C. F. Benz baut den Benzinkraftwagen |
| 1887 | E. Berliner (*1851, †1928) stellt die Schallplatte her; N. Tesla (*1856, †1943) erfindet den Drehstrommotor |
| 1888 | F. A. Haselwander (*1859, †1932) stellt den Drehstromgenerator her; W. Doehring und E. Hoyer fertigen Spannbeton; J. B. Dunlop (*1840, †1921) erfindet den luftgefüllten Gummireifen |
| 1889 | A. G. Eiffel (*1832, †1923) baut anlässlich der Weltausstellung in Paris den nach ihm benannten Eiffelturm; J. H. Northop erfindet den Webautomaten; N. Tesla konstruiert den Wechselstromgenerator |
| 1890 | E. Branly erfindet den Kohärer (Fritter); P. Rudolph berechnet den Anastigmat |
| 1891 | O. Lilienthal (*1848, †1896) unternimmt die ersten Gleitflüge; Auer von Welsbach (*1813, †1869) erfindet das Gasglühlicht |
| 1892 | F. Galton (*1822, †1911) entwickelt die Daktyloskopie (Fingerabdruckverfahren) |
| 1895 | W. C. Röntgen (*1845, †1923) entdeckt die »Röntgenstrahlen«, die auch in der Technik einen großen Anwendungsbereich haben; A. Lumière (*1862, †1954) und I. Lumière (*1864, †1948) erfinden den Kinematographen; A. S. Popow (*1859, †1906) verwendet erstmals eine Antenne; C. von Linde (*1842, †1934) erzeugt flüssige Luft |
| 1896 | O. Meßter (*1866, †1943) erfindet das Malteserkreuz für Kinovorführgeräte; R. Diesel (*1858, †1913) entwickelt den |

| | |
|---|---|
| | nach ihm benannten Motor; G. Marconi (*1874, †1937) entwickelt die drahtlose Telegrafie |
| 1897 | H. Goldschmidt (*1861, †1923) entwickelt die Aluminothermie |
| 1899 | M. J. Owens baut die Flaschenglasmaschine; Elektrostahl wird industriell erzeugt |
| 1900 | F. Graf von Zeppelin (*1838, †1917) baut ein lenkbares Luftschiff (Starr-Luftschiff); K. Mertens entwickelt den Kupfertiefdruck; F. A. Kjellin (*1872, †1910) konstruiert den Induktionsofen |
| 1901 | K. F. Braun (*1850, †1918) entwickelt den Kristalldetektor; E. Menna erfindet das autogene Schneiden |
| 1903 | E. O. Schlick (*1840, †1913) konstruiert den Schiffskreisel; die Brüder O. Wright (*1871, †1948) und W. Wright (*1867, †1912) führen den ersten gesteuerten Motorflug aus; K. E. Ziolkowskij (*1857, †1935) schreibt das Buch »Die Erforschung des Planetenraumes mit Rückstoßgeräten« |
| 1904 | Der Offsetdruck wird von Rubel in den USA erfunden; C. Hülsmeyer (*1881, †1957) erhält ein Patent für das Radarverfahren; J. A. Fleming (*1849, †1945) erfindet die Diode (Elektronenröhre); A. Korn (*1870, †1945) entwickelt die Bildtelegrafie |
| 1905 | H. Holzwarth (*1877, †1953) konstruiert die Gasturbine; A. Garde erfindet die rotierende Quecksilberpumpe |
| 1906 | R. von Lieben (*1878, †1913) entwickelt die Verstärkerröhre; A. Wilm (*1869, †1937) erfindet das Duraluminium; M. Wien (*1866, †1938) baut den Löschfunksender |
| 1907 | L. de Forest (*1873, †1961) entwickelt die Triode |
| 1908 | H. Anschütz-Kaempfe (*1872, †1931) konstruiert den Kreiselkompass |
| 1912 | V. Kaplan (*1876, †1934) entwickelt die nach ihr benannte Turbine; A. Brehm (*1880, †1952) erfindet ein Echolotverfahren; der als unsinkbar geltende Schnelldampfer »Titanic« stößt bei seiner Jungfernfahrt am 15.4. gegen einen Eisberg und sinkt (1517 Todesopfer) |
| 1914 | Der schwedische Ingenieur G. Sundback erhält ein Patent für den Reißverschluss |
| 1915 | H. Junkers (*1859, †1935) baut das erste Ganzmetallflugzeug |
| 1916 | W. Gaede (*1878, †1945) erfindet die Diffusionspumpe |
| 1919 | H. Vogt (*1890, †1979), J. Engl (*1893, †1942) und J. Massolle (*1889, †1957) entwickeln das Tonfilm-Verfahren |

⇒ S. 330

**329**

# Technikgeschichte

| | |
|---|---|
| 1922 | H. Busch (*1884, †1973) konstruiert die erste elektrische Linse |
| 1924 | A. Flettner (*1885, †1961) baut das Rotorschiff |
| 1926 | R. H. Goddard (*1882, †1945) startet die erste Flüssigkeitsrakete der Welt, sie fliegt 56 m hoch |
| 1928 | M. Valier (*1895, †1930) baut ein Raketenauto; V. K. Zworykin (*1889, †1982) baut die Fernseh-Bildaufnahmeröhre (Ikonoskop) |
| 1930 | H. Junkers baut den Schwerölmotor; P. Schmidt entwickelt das Strahltriebwerk; F. A. Zander konstruiert das Flüssigkeits-Strahltriebwerk |
| 1932 | A. Piccard (*1884, †1962) erreicht mit einem Stratosphärenballon 17 km Höhe |
| 1933 | M. Knoll (*1897, †1969), E. Brüche (*1900), E. Ruska (*1906) u.a. entwickeln das Elektronenmikroskop |
| 1935 | R. A. Watson-Watt (*1892, †1973) entwickelt das Radar zu einem technisch brauchbaren System; das Tonbandgerät wird erfunden |
| 1936 | K. Zuse (*1910, †1995) baut die erste programmgesteuerte Rechenanlage |
| 1937 | H. Focke (*1890, †1979) konstruiert den Hubschrauber |
| 1939 | E. Heinkel (*1888, †1958) baut das erste Düsenflugzeug; E. Lumbeck (*1886, †1979) entwickelt die nach ihm benannte Klebebindung |
| 1942 | Die Flüssigkeitsrakete A 4 (später V 2 genannt) erreicht eine Höhe von 90 km und fliegt 192 km weit; der Ungar Biro erhält ein Patent auf den Kugelschreiber |
| 1945 | P. Spencer erfindet den Mikrowellenherd |
| 1947 | C. Yeager durchbricht am 14.10. mit dem Flugzeug die Schallmauer (1630 km/h) |
| 1948 | J. Bardeen (*1908, †1991), W. H. Brattain (*1902, †1987) und W. Shockley (*1910, †1989) erfinden den Transistor; D. Gabor veröffentlicht erste Arbeiten über Holografie; E. H. Land (*1909) entwickelt die Sofortbildkamera |
| 1950 | E. W. Müller (*1911) erfindet das Feldelektronenmikroskop |
| 1951 | Die erste Wasserstoffbombe wird von den USA gezündet; C. H. Townes (*1915) baut den Maser; E. W. Müller (*1911) entwickelt das Feldionenmikroskop |
| 1952 | Das Farbfernsehen wird in den USA von NTSC (National Television System Committee), in Deutschland von W. Bruch (*1908, †1990) (Telefunken), in Frankreich von H. de France (*1911) entwickelt |
| 1954 | F. Wankel (*1902, †1988) entwickelt den nach ihm benannten Kreiskolbenmotor; die »Nautilus«, das erste mit Kernenergie angetriebene U-Boot (und damit Fahrzeug) der Welt, läuft vom Stapel |
| 1957 | Start (4.10.) des ersten künstlichen Erdsatelliten der Welt (Sputnik) in der UdSSR |
| 1958 | Start (31.1.) des ersten amerikanischen Erdsatelliten Explorer I |
| 1959 | Erste fotografische Aufnahme von der Mondrückseite durch eine sowjetische Mondsonde |
| 1960 | T. H. Maiman (*1927) entwickelt den Laser (Lichtverstärker); erstes sowjetisches Raumschiff befindet sich auf einer Erdumlaufbahn (15.5.) |
| 1961 | Als erster Mensch umkreist J. Gagarin (*1934, †1968) am 12.4. mit dem Raumschiff »Wostok I« die Erde; Start (12.2.) des ersten von der Erde aus steuerbaren Raumschiffes »Sputnik 8« (UdSSR) |
| 1962 | Der Fernsehsatellit »Telstar« beginnt seine Tätigkeit; Indienststellung der »Savannah«, des am 21.7.1959 vom Stapel gelaufenen ersten atomgetriebenen Handelsschiffes |
| 1965 | A. Leonow (*1934) verlässt sein Raumschiff »Woschod 2« und bewegt sich als erster Mensch frei im Weltraum |
| 1966 | Eine sowjetische Raumkapsel landet erstmals weich auf dem Mond |
| 1967 | Einführung (25.8.) des PAL-Farbfernsehsystems in der BR Deutschland; sowjetischer Nachrichtensatellit »Molnija 1« wird gestartet; das erste europäische Gezeitenkraftwerk bei Saint-Malo (Bretagne) wird fertig gestellt |
| 1968 | Das sowjetische Überschall-Verkehrsflugzeug Tupolew »TU-144« absolviert am 31.12. (zwei Monate vor der »Concorde«) seinen Erstflug; das amerikanische Raumschiff »Apollo 8« umkreist zehnmal den Mond |
| 1969 | N. Armstrong (*1930) betritt im Rahmen der Apollo-11-Mission am 20.7. als erster Mensch den Mond; die beiden sowjetischen Raumschiffe »Sojus 4« und »Sojus 5« werden gekoppelt und bilden damit die erste Raumstation |
| 1970 | Drittes amerikanisches Mondlandeunternehmen (Apollo 13) missglückt; der Taschenrechner wird in den USA entwickelt |
| 1971 | Unternehmen »Apollo 14« und »Apollo 15« geglückt; die sowjetische Raumstation Saljut wird am 19. 4. in den Erdorbit gebracht; ein MHD-Generator wird in der UdSSR entwickelt |
| 1972 | Die Unternehmen »Apollo 16« und »Apollo 17« verlaufen erfolgreich |
| 1973 | Erfolgreicher Start des amerikanischen Raumlaboratoriums Skylab |

330

| 1974 | Erste Kabelfernsehnetze in den USA |
|------|-----|
| 1975 | Mit Apollo/Sojus kommt es im Juli zum ersten gemeinsamen bemannten Raumflugunternehmen zwischen den USA und der UdSSR |
| 1976 | Die amerikanischen Raumsonden »Viking 1« und »Viking 2« landen weich auf dem Mars |
| 1978 | Test einer in Japan entwickelten Magnetschwebebahn; der DDR-Kosmonaut S. Jähn (*1937) startet mit dem Raumschiff »Sojus 31« zur Raumstation Saljut 6/ Sojus 29; er ist damit der erste Deutsche im Weltraum |
| 1979 | Die europäische Trägerrakete »Ariane« wird erstmals am 24.12. erfolgreich in Kourou (Französisch-Guyana) gestartet; eine in der BR Deutschland entwickelte Drehstromlokomotive (DB-Lok, Baureihe 120) wird erfolgreich erprobt; Entwicklung optischer Transistoren; Transrapid 05 befördert erstmals öffentlich Personen |
| 1981 | Erststart (12.4.) des Space Shuttle »Columbia«, des wieder verwendbaren Raumtransporters; Produktion der Neutronenwaffe durch USA und UdSSR; Tiefbohrung in über 10000 m Tiefe (UdSSR) |
| 1982 | Einführung der Kernspintomographie als Diagnoseverfahren |
| 1983 | Start (28.1.) des Space Shuttle »Columbia« mit dem europäischen Weltraumlabor »Spacelab«, zur Besatzung gehört der Deutsche Ulf Merbold |
| 1984 | Erstmals Satelliten-Reparatur im All und Einfangen verloren gegangener Satelliten (mittels der Space Shuttle »Challenger« und »Discovery«) |

| 1985 | Probestart einer schweren sowjetischen Trägerrakete (Startmasse ca. 3500 t, Nutzlast maximal 150 t), mit deren Hilfe eine Weltraumstation rasch aufgebaut werden kann |
|------|-----|
| 1986 | Beim Start am 28.1. explodiert die US-Raumfähre »Challenger«. Alle sieben Astronauten kommen ums Leben; Start der sowjetischen Raumstation Mir; Unfall am 26.4. im sowjetischen Kernreaktor Tschernobyl, bei dem der Reaktorkern zerstört wird |
| 1988 | Mikroskopisch kleine Maschinenteile werden aus Silicium hergestellt |
| 1990 | Der französische Hochgeschwindigkeitszug TGV Atlantique erreicht eine Geschwindigkeit von 515 km/h |
| 1992 | Motorola bringt das erste Handy auf den Markt, das mit dem grenzüberschreitenden Mobilfunksystem GSM funktioniert |
| 1994 | Eröffnung des Eurotunnels unter dem Ärmelkanal |
| 1997 | Markteinführung der DVD (Digital Versatile Disc) mit bis zu 17 Gigabyte Speicherkapazität |
| 1998 | Eröffnung der 3,9 km langen Akashi-Kaikyo-Hängebrücke in Japan |
| 1999 | In 19 Tagen, 1 Stunde und 49 Minuten gelingt den Piloten B. Piccard und B. Jones mit ihrem Gasballon »Orbiter 3« die erste Nonstop-Erdumrundung |
| 2000 | Die Brückenverbindung über den Öresund zwischen Dänemark und Schweden wird für den Verkehr freigegeben |
| 2000 | Die ersten beiden Module der Internationalen Raumstation ISS werden im Weltall stationiert |

## Bedeutende Weltausstellungen

| Jahr | Ort | Fläche (in ha) | Staaten/ Organisat. | Besucher (in Mio.) | Innovationen/Besonderheiten |
|------|-----|------|------|------|------|
| 1851 | London | 10,4 | 28 | 6,0 | Kautschuk; 560 m langer Kristallpalast |
| 1855 | Paris | 15,2 | 31 | 5,2 | Aluminium; großer Industriepalast aus Eisen |
| 1862 | London | 12,5 | 36 | 6,1 | Linoleum; Nähmaschine |
| 1867 | Paris | 68,7 | 42 | 11,0 | hydraulischer Aufzug; Gasmotor; Gaslampe |
| 1873 | Wien | 233 | 35 | 7,3 | Dynamit; Elsässer Bauernhof brennt ab |
| 1876 | Philadelphia | 115 | 35 | 10,2 | Phonograph; Schreibmaschine; Telefon |
| 1878 | Paris | 75 | 36 | 16,2 | elektrische Bogenlampe; Eisschrank |
| 1889 | Paris | 96 | 35 | 32,2 | Automobil; Glühbirne; Eiffelturm |
| 1893 | Chicago | 290 | 45 | 27,5 | Riesenrad, Reißverschluss |
| 1900 | Paris | 230 | 40 | 50,8 | Rolltreppe; II. Olympische Spiele integriert |
| 1904 | St. Louis | 500 | 60 | 19,7 | Flugzeug; III. Olympische Spiele integriert |
| 1905 | Lüttich | 70 | 35 | 7,0 | Ausstellung findet kaum Beachtung |
| 1913 | Gent | 130 | 24 | 9,5 | großer Besucherandrang |
| 1915 | San Francisco | 254 | 29 | 19,0 | Fließband; Farbfotografie |
| 1926 | Philadelphia | | | | Tonfilm; elektrische Schreibmaschine |

⇒ S. 332

# Bauwesen

| Jahr | Ort | Fläche (in ha) | Staaten/ Organisat. | Besucher (in Mio.) | Innovationen/Besonderheiten |
|------|-----|------|------|------|------|
| 1929/30 | Barcelona | 118 | 20 | – | Expo im Zeichen der Weltwirtschaftskrise |
| 1933/34 | Chicago | 170 | 15 | 38,9 | Fernsehen; Riesenscheinwerfer |
| 1935 | Brüssel | 125 | 25 | 20,0 | keine Besonderheiten |
| 1937 | Paris | 105 | 45 | 31,0 | Asbest; Plastik; Plexiglas |
| 1939/40 | New York | 518 | 55 | 45,0 | Nylon; Roboter; Treffen der Religionen |
| 1958 | Brüssel | 200 | 48 | 41,4 | Atomenergie (Atomium); Computer; Sputnik |
| 1964/65 | New York | 261 | – | 51,6 | Farbfernsehen; Kernfusion |
| 1967 | Montreal | 400 | 62 | 50,3 | Atomuhr |
| 1970 | Osaka | 330 | 77 | 64,2 | Hightech; Pflanzen aus allen Klimazonen |
| 1992 | Sevilla | 215 | 111 | 40,0 | Virtuelle Realität |
| 2000 | Hannover | 160 | 182 | ca. 15 | Miteinander von Mensch, Natur und Technik |

## Die sieben Weltwunder*

| Bezeichnung | Ort | Anmerkungen |
|------|-----|------|
| 1. Pyramiden von Gizeh | Gizeh | während der 4. Dynastie (um 2590–2470 v. Chr.) von den Königen Cheops, Chephren und Mykerinos errichtet |
| 2. Hängende Gärten der Semiramis | Babylon | Semiramis: sagenhafte Königin Assyriens |
| 3. Tempel der Artemis | Ephesos | 356 v. Chr. von Herostratos in Brand gesteckt, um 300 wieder aufgebaut, 262 n. Chr. von den Goten zerstört |
| 4. Zeus-Statue | Tempel von Olympia | geschaffen von dem griechischen Bildhauer Pheidias aus Gold und Elfenbein |
| 5. Mausoleum | Halikarnassos | Grabmal des Königs Mausolos, errichtet 352 v. Chr. |
| 6. Koloss von Rhodos | Hafeneinfahrt, Rhodos | 290 v. Chr. geschaffenes Bronzestandbild, 224 v. Chr. während eines Erdbebens eingestürzt |
| 7. Leuchtturm von Alexandria | Insel Pharos | errichtet 280/279 v. Chr., durch ein Erdbeben im 13. Jh. zerstört |

Ordnungszahlen entsprechen der Grafikbeschriftung

* Die sieben Weltwunder sind die von Antipastros von Sidon als rühmenswert bezeichneten Bauwerke der Antike

**Die sieben Weltwunder des klassischen Altertums**

1

2
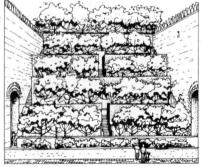

**Die sieben Weltwunder des klassischen Altertums**

3
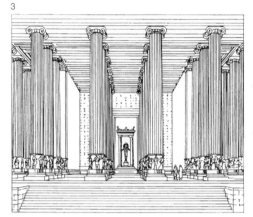

6

4

5
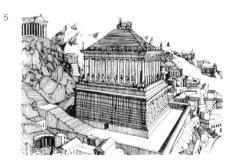

7
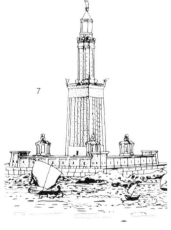

# Bauwesen

| Bekannte Bauwerke | | |
|---|---|---|
| Bauwerk | Standort | Höhe (in m)* |
| Petronas Tower | Kuala Lumpur/ Malaysia | 450 |
| Sears Tower | Chicago | 443 |
| Jin Mao Tower | Shanghai | 421 |
| World Trade Center | New York | 412 |
| Empire State Building | New York | 381 |
| Chrysler Building | New York | 319 |
| Eiffelturm | Paris | 318 |
| Bank of Manhattan | New York | 282 |
| Antennentürme | Nauen | 260 |
| Woolworth Building | New York | 241 |
| Golden-Gate-Brücke | San Francisco | 227 |
| Boulder-Staudamm | Arizona | 223 |
| Nationalmuseum | Turin | 164 |
| Münster | Ulm | 161 |
| Obelisk | Washington | 160 |
| Dom | Köln | 159 |
| Schornstein Fernheizwerk | Leipzig | 154 |
| Kathedrale | Rouen | 148 |
| Kathedrale Notre Dame | Paris | 142 |
| Münster | Straßburg | 142 |
| Peterskirche | Rom | 138 |
| Cheops-Pyramide | Gizeh | 137 |
| Stephansdom | Wien | 136,7 |
| Kathedrale | Antwerpen | 120 |
| Schwe-Dagon-Pagode | Rangun | 112 |
| Dom | Berlin | 110 |
| Invalidendom | Paris | 105 |
| Atomium | Brüssel | 102 |
| Frauenkirche | München | 99 |
| Campanile | Venedig | 98,6 |
| Freiheitsstatue | New York | 93 |
| Völkerschlachtdenkmal | Leipzig | 91 |
| Capitol | Washington | 90 |
| Göltzschtalbrücke | Vogtland | 78 |
| Reichsgericht | Leipzig | 68,5 |
| Hermannsdenkmal | Detmold | 55,5 |
| Schiefer Turm | Pisa | 54 |
| Nelsonsäule | London | 44 |
| Christus-Statue | Rio de Janeiro | 40 |
| Niederwalddenkmal | Rüdesheim | 35,5 |
| Koloss von Rhodos | Rhodos | 35 |
| Brandenburger Tor | Berlin | 26 |
| Bavaria | München | 20,5 |

* Die meisten der höchsten Gebäude der Welt weisen eine zusätzliche Dachantenne auf, die in einigen Quellen mit in die Höhenangaben einbezogen wird. Die hier gemachten Angaben beziehen sich jeweils auf die Höhe bis zur Dachkante (ohne Aufbauten).

| Bekannte Brücken | | | |
|---|---|---|---|
| Name | Land | größte Spann- weite (in m) | Baujahr |
| Akashi-Kaikyo | Japan | 1991 | 1998 |
| Minami-Bisan-Seto | Japan | 1723 | 1987 |
| Große Beltbrücke | Dänemark | 1624 | 1997 |
| Humber[1] | Großbrit. | 1410 | 1981 |
| Jiangyin | China | 1385 | 1998 |
| Tsing Ma | China | 1377 | 1997 |
| Verrazano- Narrows | USA | 1298 | 1964 |
| Golden Gate | USA | 1280 | 1937 |
| Höga-Kusten | Schweden | 1210 | 1997 |
| Ting Kau | China | 1177 | 1998 |
| Mackinac | USA | 1158 | 1957 |
| Bosporus II | Türkei | 1090 | 1988 |
| Bosporus | Türkei | 1074 | 1973 |
| G. Washington | USA | 1067 | 1931 |
| Bendorf | Deutschland | 1030 | 1965 |
| Salazar | Portugal | 1014 | 1966 |
| Firth of Forth | Großbrit. | 1006 | 1964 |
| Severn | Großbrit. | 988 | 1966 |
| Rainbow | Japan | 918 | 1993 |
| Normandie | Frankreich | 856 | 1995 |
| Yokohama Bay | Japan | 855 | 1989 |
| Tacoma Narrows II | USA | 854 | 1950 |
| Kincardine | Großbrit. | 822 | 1936 |
| Transbay | USA | 705 | 1933 |
| Bronx Whitestone | USA | 698 | 1939 |
| Delaware Memorial | USA | 654 | 1951 |
| Tancarville | Frankreich | 608 | 1959 |
| Kleine Beltbrücke | Dänemark | 600 | 1970 |
| Ambassador | USA | 564 | 1929 |
| Quebec | Kanada | 549 | 1917 |
| Benjamin Franklin | USA | 534 | 1926 |
| New River George[2] | USA | 518 | 1977 |
| Bayonne | USA | 504 | 1932 |
| Sydney Harbour | Australien | 503 | 1932 |
| Delaware River | USA | 501 | 1974 |
| Cooper River | USA | 488 | 1989 |
| Brooklyn | USA | 486 | 1883 |
| Mississippi | USA | 480 | 1958 |
| Lions Gate | Kanada | 473 | 1938 |
| Alex Fraser[3] | Kanada | 465 | 1986 |
| Chao Phraya | Thailand | 450 | 1989 |
| Köln-Rodenkirchen | Deutschland | 377 | 1954 |
| Astoria | USA | 376 | 1966 |
| Port Mann | Kanada | 366 | 1964 |
| Duisburg | Deutschland | 350 | 1970 |
| Thatcher Ferry | Panama | 344 | 1962 |
| Trois-Rivières | Kanada | 336 | 1962 |
| Lower Yarra | Australien | 336 | 1970 |
| Cincinnati | USA | 332 | 1867 |
| Moldau | Tschechien | 330 | 1964 |

[1] längste Hängebrücke
[2] längste Bogenbrücke
[3] längste Schrägseilbrücke

## Bedeutende Dämme

| Name | Fluss und Land | Höhe (in m) |
|---|---|---|
| Rogun | Vahš, Tadschikistan | 335 |
| Nurek | Vahš, Tadschikistan | 310 |
| Grande Dixence | Dixence, Schweiz | 285 |
| Inguri | Inguri, Georgien | 272 |
| Chicoasén | Grijalva, Mexiko | 263 |
| Vaiont | Vaiont, Italien | 262 |
| Kiew | Dnjepr, Ukraine | 256 |
| Ertan | Ertan, China | 245 |
| Guavio | Guaviare, Kolumbien | 245 |
| Mica | Columbia, Kanada | 244 |
| Mauvoisin | Drance de Bagnes, Schweiz | 237 |
| Sajansk | Enisej, Russland | 236 |
| Hoover | Colorado, USA | 221 |
| Itaipú | Paraná, an der Grenze Argentinien, Brasilien und Paraguay | 189 |
| Atatürk | Euphrat, Türkei | 184 |
| Grand Coulee | Columbia, USA | 168 |

## Bedeutende Türme

| Ort | Land | Höhe (in m) |
|---|---|---|
| Fargo | USA | 628 |
| Toronto | Kanada | 553 |
| Moskau | Russland | 537 |
| Knoxville | USA | 533 |
| New York | USA | 450 |
| Berlin | Deutschland | 362 |
| Gartow | Deutschland | 344 |
| Frankfurt/M. | Deutschland | 331 |
| Paris | Frankreich | 320,7 |
| München | Deutschland | 290 |
| Hamburg | Deutschland | 271,5 |
| Wien | Österreich | 252 |
| Dortmund | Deutschland | 220 |
| Stuttgart | Deutschland | 216,6 |

## Die höchsten Wolkenkratzer

| Gebäude | Ort | Höhe (in m) | Baujahr |
|---|---|---|---|
| Melbourne Tower | Melbourne | 560 | (in Bau) |
| Chongqing Tower | Chongqing (China) | 457 | (in Bau) |
| Petronas Tower | Kuala Lumpur (Malaysia) | 450 | 1996 |
| Sears Tower | Chicago | 443 | 1973 |
| Jin Mao Tower | Shanghai | 421 | 1998 |
| World Trade Center | New York | 412 | 1973 |
| Empire State Building | New York | 381 | 1931 |
| Chrysler Building | New York | 319 | 1930 |

## Bedeutende Tunnel

| Name | Land | Länge (in km) | Baujahr |
|---|---|---|---|
| Seikan | Japan | 54 | 1988 |
| Eurotunnel | Großbrit./ Frankreich | 50 | 1994 |
| Dai-shimizu | Japan | 22 | 1979 |
| Simplon I | Schweiz/ Italien | 20 | 1906 |
| Simplon II | Schweiz/ Italien | 20 | 1922 |
| Gr. Appenin | Italien | 19 | 1934 |
| Shin-Kanmon | Japan | 19 | 1975 |
| Rokko | Japan | 16 | 1972 |
| St. Gotthard* | Schweiz | 16 | 1980 |
| St. Gotthard | Schweiz | 15 | 1882 |
| Lötschberg | Schweiz | 15 | 1913 |
| Furka | Schweiz | 15 | 1982 |
| Rogers Pass | Kanada | 15 | 1988 |
| Mt. MacDonald | Kanada | 15 | 1989 |
| Fréjus* | Frankr./Italien | 14 | 1871 |
| Shin-shimizu | Japan | 14 | 1961 |
| Hokuriku | Japan | 14 | 1962 |
| Arlberg* | Österreich | 14 | 1978 |
| Cascade | USA | 13 | 1929 |
| Aki | Japan | 13 | 1975 |
| Inntal | Österreich | 13 | 1994 |
| Mont Blanc* | Frankr./Italien | 12 | 1965 |
| London und Southwark | Großbrit. | 11 | 1890 |
| Keijo | Japan | 11 | 1970 |
| Flathead | USA | 11 | 1970 |
| Lierasen | Norwegen | 11 | 1973 |
| Landrücken | Deutschland | 11 | 1991 |
| Arlberg | Österreich | 10 | 1884 |
| Moffat | USA | 10 | 1928 |
| Kvineshei | Norwegen | 10 | 1943 |
| Santa Lucia | Italien | 10 | 1977 |
| Ricken | Schweiz | 9 | 1910 |
| Rimutaka | Neuseeland | 9 | 1955 |
| Bigo | Japan | 9 | 1975 |
| Hoosac | USA | 8 | 1876 |
| Ronco | Italien | 8 | 1889 |
| Karawanken | Österreich/ Slowenien | 8 | 1906 |
| Tauern | Österreich | 8 | 1909 |
| Grenchenberg | Schweiz | 8 | 1915 |
| Hauenstein | Schweiz | 8 | 1916 |
| Connaught | Kanada | 8 | 1916 |
| Otira | Neuseeland | 8 | 1923 |
| Haegebostad | Norwegen | 8 | 1943 |
| New Tunna | Japan | 8 | 1964 |
| Kobe | Japan | 8 | 1971 |
| Karawanken* | Österreich/ Slowenien | 8 | 1991 |

* Straßentunnel

# Bauwesen

## Wärmeverluste bei einem freistehenden Einfamilienhaus

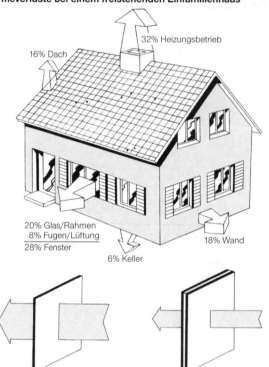

- 32% Heizungsbetrieb
- 16% Dach
- 20% Glas/Rahmen
- 8% Fugen/Lüftung
- 28% Fenster
- 6% Keller
- 18% Wand

Der jährliche Wärmeverlust pro m² Fensterfläche entspricht bei Einfachverglasung rd. 40 l, bei Doppelverglasung rd. 20 l Heizöl

Vor allem zwei Maßnahmen führen zu einem geringeren Energieverbrauch: Wärmedämmung und eine Modernisierung der Heizungsanlage. Durch undichte Fensterfugen wird jede halbe Stunde die gesamte Raumluft ausgewechselt. Der Wärmeverlust bei Einfachverglasung ist etwa doppelt so hoch wie bei Doppelverglasung. Die Wirkung der Doppelverglasung beruht darauf, dass eine ruhende Luftschicht zwischen den beiden Scheiben weniger Wärme zur kalten Außenscheibe überträgt.

Die Wärmedämmung der Außenwände verringert den Wärmedurchgang durch die Außenflächen des Hauses. Je geringer das Gewicht und die Feuchtigkeit eines Baustoffes sind, desto größer ist die erzielte Wärmedämmung. Baustoffe unterschiedlicher Dicke können deshalb die gleiche Wärmedämmung besitzen.

## Wärmedämmung von Baustoffen

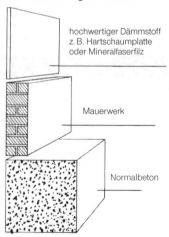

- hochwertiger Dämmstoff z. B. Hartschaumplatte oder Mineralfaserfilz
- Mauerwerk
- Normalbeton

| Wärmeenergiebedarf (k-Wert*) | | |
|---|---|---|
| Bauteil | DIN-Norm<br>k-Wert | besserer<br>Wärmeschutz<br>k-Wert |
| Außenwände | 1,39[1] | 0,35[2] |
| Fenster,<br>Fenstertüren | 5,2[3] | 1,9[4] |

[1] mittelschweres Mauerwerk, 24 cm
[2] 24 cm Mauerwerk mit 8–10 cm Dämmschicht
[3] Einfachverglasung
[4] Dreifachverglasung

* Der Wert gibt den Wärmeverlust pro Quadratmeter und pro Kelvin Unterschiedstemperatur in Watt an.

# Energie

**Aufbau eines Flach-Sonnenkollektors**

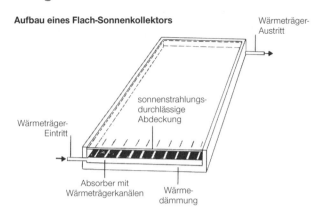

Wärmeträger-Austritt

sonnenstrahlungs-durchlässige Abdeckung

Wärmeträger-Eintritt

Absorber mit Wärmeträgerkanälen

Wärme-dämmung

## ◀ Sonnenkollektoren

Sonnenkollektoren absorbieren mit hohem Wirkungsgrad die Sonneneinstrahlung und strahlen mit geringem Wirkungsgrad ab. Die Differenz zwischen absorbierter und abgestrahlter Energie wird genutzt, indem eine Flüssigkeit als Wärmeträger erwärmt wird.

Sonnenkollektoren werden zur Warmwasserbereitung und zur Stromerzeugung (Fotovoltaik) eingesetzt.

## Meilensteine der Elektrotechnik

| | |
|---|---|
| 1854 | Erfindung der Gasentladungsröhre (Vorläufer der Leuchtstoffröhre) durch den Physiker J. Plücker |
| 1859 | J. Plücker entdeckt die Kathodenstrahlen |
| 1874 | G.J. Stoney stellt These von der Existenz der Elektronen als kleinsten Ladungsträgern auf |
| 1883 | T.A. Edisons Entdeckung des nach ihm benannten Effekts (Stromfluss im Vakuum) bildet die Basis der Röhrenelektronik und – zunächst – der Glühlampe |
| 1895 | Kathodenstrahlen werden von J.-B. Perrin als Teilchenströme erkannt |
| 1897 | Entwicklung der Elektronenstrahlröhre (Braun'sche Röhre) durch K.F. Braun |
| 1900 | Erster Hochfrequenzgenerator des Kanadiers R.A. Fessenden |
| 1904 | Entwicklung der Diode (Gleichrichterröhre) durch A. Fleming |
| 1905 | Bau einer Richtantenne durch G. Marconi |
| 1906 | Entwicklung der Triode (Elektronenröhre mit drei Elektroden) durch L. De Forest |
| 1906 | Bau einer Verstärkerröhre durch R. v. Lieben |
| 1911 | R.A. Millikan misst erstmals die Stärke der elektrischen Elementarladung |
| 1913 | A. Meißner entwickelt einen Röhrensender mit Rückkopplung |
| 1919 | Konstruktion des elektronischen Kippschalters durch W.H. Eccles und F.W. Jordan |
| 1921 | Bau einer Mikrowellenröhre durch A.W. Hull |
| 1926 | H. Busch begründet die Elektronenoptik |
| 1928 | J. Lilienfeld legt mit der Erklärung des Feldeffekttransistors die Basis für die spätere Halbleitertechnik |
| 1930 | Entwicklung einer Art integrierter Schaltung durch Elektronenröhrenfirma Loewe |
| 1931 | Erstes Elektronenmikroskop von M. Knoll und E. Ruska entwickelt |
| 1935 | Bau des ersten funktionsfähigen Radargeräts durch R.A. Watson-Watt |
| 1939 | Entwicklung der Frequenzmodulation durch E.H. Armstrong |
| 1948 | Bau des ersten funktionsfähigen Transistors durch J. Bardeen, W.H. Brattain und W. Shockley |
| 1952 | G. Dummer baut eine integrierte Schaltung aus elektronischen Bauteilen |
| 1952 | Fertigung erster Klystrons und Magnetrons durch R. Svoboda |
| 1952 | Verwendung von Silicium in der Halbleiterproduktion |
| 1953 | Bau eines Masers durch C.H. Townes |
| 1955 | Erste elektronische Bildabtaster von EMI entwickelt |
| 1958 | Bau der ersten Halbleiterchips durch J.S Kilby/Texas Instruments |
| 1960 | Einführung des Thyristors (steuerbarer Siliciumgleichrichter) in der Starkstromtechnik |
| 1962 | Entwicklung von Leuchtdioden durch N. Kolonyak |
| 1966 | Bau von TTL-Schaltkreisen (Transistor-Transistor-Logik) ermöglicht die Kopplung von Funktionen bei der Produktion integrierter Schaltungen |
| 1971 | Fertigung erster Mikroprozessoren für die Computertechnik durch M.E. Hoff/Texas Instruments |
| 1979 | Konstruktion von Transphasoren (optische Transistoren) zum Bau optischer Datenübertragungssysteme |
| 80er Jahre | Schnell wachsende Speicherkapazitäten bei Mikrochips |
| 1994 | Verwendung von Galliumarsenid-Halbleitern in der elektronischen Produktion |

**337**

# Energie

| Motorenarten | | | |
|---|---|---|---|
| **Name** | **Jahr** | **Erfinder** | **Funktionsweise** |
| Kolbendampfmaschine | 1712 | Thomas Newcomen | Dampf treibt einen Kolben und Zylinder an; Arbeitszylinder muss ständig abgekühlt werden |
| Dampfmaschine | 1765 | James Watt | Dampfdruck kochenden Wassers treibt Motorteile an; durch Trennung des Kondensators vom Zylinder entfallen die Pausen für dessen Abkühlung |
| Gasverbrennungsmotor | 1876 | Nikolaus Otto | gasförmiger Kraftstoff setzt Kolben in Zylindern in Gang; Viertaktprinzip: 1. Ansaugen des Luft-Kraftstoff-Gemischs; 2. Verdichten (Kolben komprimiert Kraftstoffgemisch); 3. Zünden des Gemischs; 4. Abgase abführen. Bei jedem Schritt hebt bzw. senkt sich der Kolben. |
| Dieselmotor | 1892 | Rudolf Diesel | Im Gegensatz zum Benzinmotor benötigt dieser Viertaktmotor keinen Zündfunken (durch Zündkerzen); die Entzündung des Kraftstoffs erfolgt durch hohen Druck. Zudem haben Dieselmotoren keinen Vergaser; die Kraftstoffmenge wird per Pumpe in die Zylinder eingespritzt. |

| Stromerzeugung | |
|---|---|
| **Erzeuger** | **Erläuterung** |
| Drehstromgenerator | elektromagnetische Maschinen, die bei hohen Drehzahlen rotieren |
| Dampfturbine | liefert Rotationsantrieb für Kraftwerke |
| Turbo-Generator | Kombination von Turbine und Generator |
| **Kraftwerk** | **Erläuterung** |
| Wärmekraftwerk | Antriebswärme stammt aus Verbrennung fossiler Brennstoffe |
| Kernkraftwerk | Wärme wird durch Kernreaktion (Kettenreaktion) geliefert |
| Wasserkraftwerk | schnell fließendes Wasser treibt die Turbinen an |
| Gezeitenkraftwerk | Turbinen werden durch einströmendes Meerwasser angetrieben |

| Alternative Energiequellen | |
|---|---|
| **Quelle** | **Erläuterung** |
| Solarenergie | Sonnenenergie wird durch ein Fotoelement (Fotozelle) direkt in Elektrizität umgewandelt |
| Windenergie | Windgespeiste Rotorblätter treiben einen elektrischen Generator an |
| Wasserkraft | Einsatz von Wasserturbinen unter Staudämmen |
| Bioenergie | Energiegewinnung aus Pflanzen, z.B. durch Verbrennung, Erzeugung von Biogas (Methan) unter Bakterieneinfluss, Kraftstofferzeugung durch Vergärung von Zucker oder Stärke zu Alkohol |
| Geothermische Energie | Wasser wird kilometertief in etwa 100° C heiße Erdschichten geleitet; der über ein anderes Bohrloch aufsteigende Wasserdampf treibt einen Turbo-Generator an |

| Typen von Kernreaktoren | |
|---|---|
| **Reaktortyp** | **Erläuterung** |
| Siedewasserreaktor | Wasser siedet im Reaktorkern, der radioaktive Dampf treibt eine Turbine an |
| Druckwasserreaktor | Wasser nimmt im Primärkreis Wärme auf und gibt sie an den Sekundärkreis ab. Der Druck im Primärkreis erhöht den Siedepunkt; es kommt nicht zur Dampfbildung |
| Schwimmbadreaktor | wie Druckwasserreaktor; der Brennstoff ist unmittelbar im Kühlmittel (Wasser) gelöst |
| Brutreaktor (Brüter) | Reaktor liefert Energie und zugleich neues spaltbares Material aus einem Brutstoff (z.B. Uran-238 oder Thorium-232). Unterschieden wird nach zwei Brutmöglichkeiten: 1.) Erbrütung von spaltbarem Plutonium-237 aus Uran-238 2.) Erbrütung von spaltbarem Uran-233 aus Thorium-232 |
| Hochtemperaturreaktor | Reaktor mit beschichteten Partikeln als Brennstoff, eingebettet in Graphitbrennelemente |
| Kugelhaufenreaktor | Variante des Hochtemperaturreaktors mit Graphitkugeln als Brennelemente |
| Fusionsreaktor | Deuteriumgas wird auf 100 Mio.°C erhitzt und sorgt für Kernschmelzung |

## Schematischer Aufbau eines Kernkraftwerkes

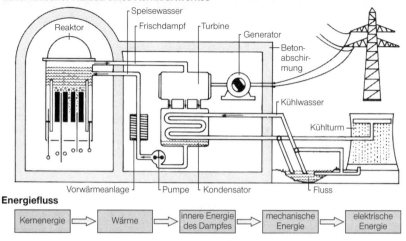

### Energiefluss

Kernenergie $\Rightarrow$ Wärme $\Rightarrow$ innere Energie des Dampfes $\Rightarrow$ mechanische Energie $\Rightarrow$ elektrische Energie

## Hauptbestandteile eines Kernreaktors

| Bestandteil | Erläuterung |
|---|---|
| Spaltbares Material | Uranisotope der Massenzahl 235 (Vorkommen in natürlichem oder angereichertem Uran); Uranisotope der Massenzahl 233 und Plutoniumisotope (müssen in Brutreaktoren erzeugt werden) |
| Moderator oder Bremssubstanz | Stoffe zur Abbremsung der Neutronen (Graphit, schweres Wasser, reines, normales Wasser) |
| Steuerungs- und Kontrolleinrichtungen | zumeist Cadmiumstäbe (gut geeignet zum Einfangen von Neutronen); können in Kernreaktor eingeschoben werden |
| Kühlmittel | Gase (Kohlendioxid, Helium), Wasser, leicht schmelzende Metalle (Natrium) |
| Schutzwandung | Schutz gegen starke radioaktive Strahlung der Kernreaktoren |

## Stromerzeugung in ausgewählten Ländern

| Land | Gesamt (in 1000 GWh*) | davon in Kernkraftwerken (in 1000 GWh*) | Kernenergie (Anteil in %) |
|---|---|---|---|
| Frankreich | 504 | 376 | 74,6 |
| Schweiz | 61 | 24 | 39,3 |
| Japan | 907 | 319 | 35,2 |
| Deutschland | 546 | 160 | 29,3 |
| Spanien | 184 | 53 | 28,8 |
| Großbritannien | 345 | 89 | 25,8 |
| USA | 3459 | 715 | 20,7 |
| Kanada | 549 | 93 | 16,9 |
| Russland | 847 | 109 | 12,9 |
| China | 1059 | k.A. | – |
| Welt | 13720 | 2416 | 17,6 |

*GWh = Gigawattstunden

# Energie

## Noch betriebene Kernkraftwerke in Deutschland

| Inbetriebnahme | Standort | Reaktortyp | Nettoleistung (MWe) |
|---|---|---|---|
| 1969 | Obrigheim | Druckwasserreaktor | 340 |
| 1972 | Stade | Druckwasserreaktor | 640 |
| 1972 | Würgassen | Siedewasserreaktor | 640 |
| 1976 | Neckarwestheim 1 | Druckwasserreaktor | 795 |
| 1976 | Brunsbüttel | Siedewasserreaktor | 771 |
| 1977 | Biblis B | Druckwasserreaktor | 1240 |
| 1979 | Ohu 1 | Siedewasserreaktor | 870 |
| 1979 | Unterweser/Esensham | Druckwasserreaktor | 1230 |
| 1980 | Philippsburg 1 | Siedewasserreaktor | 864 |
| 1982 | Grafenrheinfeld | Druckwasserreaktor | 1225 |
| 1984 | Krümmel | Siedewasserreaktor | 1260 |
| 1984 | Grundremmingen B | Siedewasserreaktor | 1244 |
| 1985 | Grohnde | Druckwasserreaktor | 1300 |
| 1985 | Grundremmingen C | Siedewasserreaktor | 1244 |
| 1985 | Philippsburg 2 | Druckwasserreaktor | 1268 |
| 1986 | Mülheim-Kärlich | Druckwasserreaktor | 1227 |
| 1987 | Brokdorf | Druckwasserreaktor | 1307 |
| 1988 | Neckarwestheim 2 | Druckwasserreaktor | 1230 |
| 1988 | Ohu 2 | Druckwasserreaktor | 1285 |
| 1988 | Emsland | Druckwasserreaktor | 1242 |

## Meilensteine der Kernforschung

| | |
|---|---|
| 1919 | Dem Briten Ernest Rutherford gelingt die erste künstliche Kernumwandlung durch Schießen von Alpha-teilchen auf Stickstoff |
| 1932 | Der Brite James Chadwick entdeckt die Neutronen (ungeladene Teilchen) als Teil des Atomkerns |
| 1938 | Den Deutschen Otto Hahn und Fritz Straßmann gelingt die erste Kernspaltung durch Neutronen-beschuss von Urankernen |
| 1939 | Otto Hahns langjährige Mitarbeiterin Lise Meitner und ihr österreichischer Landsmann Otto Robert Frisch deuten das Experiment von Hahn und Straßmann erstmals als Kernspaltung |
| 1942 | Der Italiener Enrico Fermi führt in einem Forschungsreaktor in Chicago (USA) die erste kontrollierte Kernspaltungs-Kettenreaktion durch |
| 1954 | Der weltweit erste Reaktor zur Stromerzeugung geht in Obninsk bei Moskau ans Netz |
| 1961 | In Kahl am Main startet das erste deutsche Kernkraftwerk seinen Betrieb |

## Unfälle in Kernkraftwerken

| Jahr | Kernkraftwerk | Unfall |
|---|---|---|
| 1957 | Windscale, Sellafield, Cumbria, Großbritannien | Brennstoff im Reaktor überhitzt, wodurch sich Graphit und 3 t Uran entzünden; Arbeiter sind dem Fünffachen der maximal zulässigen Radioaktivität ausgesetzt |
| 1957 | Cheljabinsk-40, Kasli, Russland | Explosion in Plutoniumwerk verseucht große Bereiche des Urals; wahre Ursache und Wirkung unbekannt |
| 1961 | SL-1-Reaktor, Idaho Falls, Idaho, USA | Zentraler Steuerstab manuell und zu schnell zurückgezogen; die meiste Radioaktivität im Werk zurückgehalten |
| 1972 | Reaktor Würgassen, Kassel, Deutschland | Zufälliges Öffnen eines Ventils führt zur Ableitung von 1000 m³ radioaktiven Wassers in die Weser |
| 1973-79 | Windscale, Sellafield, Cumbria, Großbritannien | Vorfälle bei Wiederaufbereitungsanlagen, u.a. Freisetzung von radioakti-vem Gas (1973), das Haut und Lungen von 35 Beschäftigten kontaminiert |
| 1979 | Three Mile Island, Pennsylvania, USA | Schmelzen des Reaktorkerns führt zur Freisetzung von radioaktivem Gas; örtliche Anwohner erleiden Strahlenkrankheit; Zahl der Krebstoten steigt |

| Jahr | Kernkraftwerk | Unfall |
|------|---------------|--------|
| 1981 | Cap La Hague, Normandie, Frankreich | Silo für Brennstoff und Trockenabfall fängt Feuer, was Arbeiter dem 38-fachen der maximal zulässigen Radioaktivitätsbelastung aussetzt |
| 1986 | Gore, Oklahoma, USA | Unfall in der Uran-Wiederaufbereitungsanlage; ein Zylinder aus Uranhexafluorid platzt, was radioaktives Gas freisetzt |
| 1986 | Tschernobyl, Ukraine, UdSSR | Kernreaktor explodiert und setzt eine radioaktive Wolke über Europa frei; 31 Feuerwehrleute und Werksarbeiter durch Strahlungsverbrennungen getötet; weltweit 40000 Todesfälle durch Krebs infolge des Unfalls |
| 1991 | Rhopsodie, Cadarache, Frankreich | Eine Explosion in altem Versuchsschnellreaktor tötet einen Ingenieur und verletzt vier weitere ernsthaft |
| 1993 | Tomsk, Sibirien, Russland | Eine Explosion in der Wiederaufbereitungsanlage löst Feuer aus, was 20 m³ radioaktiven Materials und eine radioaktive Gaswolke freisetzt |
| 1999 | Tokaimura, Japan | Unkontrollierte Kettenreaktion in einer Uran-Verarbeitungsanlage führt zu einem starken Austritt von Radioaktivität; 49 Menschen betroffen |

### Strahlung radioaktiver Stoffe

| Strahlungsart | Erläuterung |
|---------------|-------------|
| Alphastrahlen | Doppelt positiv geladene Heliumkerne |
| Betastrahlen | Elektronen (Betateilchen), die mit etwa 99% der Lichtgeschwindigkeit ausgesendet werden |
| Gammastrahlen | Elektromagnetische Strahlen (Röntgenstrahlen) mit sehr kurzer Wellenlänge |

### Bergbauformen in Deutschland

| Abbau von | Erläuterung |
|-----------|-------------|
| Steinkohle | Abgebaut werden Schichten (Flöze) ab etwa 80 cm Dicke. |
| Braunkohle | Fast die gesamte Braunkohlenförderung wird verstromt |
| Salz | Förderung von Kalisalz und Steinsalz durch Bohr- und Sprengarbeit |
| Erz | Seit Ende der 80er Jahre in Deutschland nicht mehr betrieben |

### Abbau von Stein- und Braunkohle

| Land | Förderung in 1000 t | Land | Förderung in 1000 t |
|------|---------------------|------|---------------------|
| China | 1368700 | Südafrika | 220071 |
| USA | 993017 | Polen | 199345 |
| Indien | 327262 | Tschechische Republik | 72525 |
| Russland | 256704 | Nordkorea | 65000 |
| Australien | 254321 | | |
| Deutschland | 228311 | weltweit | 4747822 |

**Tagebau im Lockergebirge**

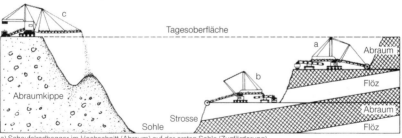

a) Schaufelradbagger im Hochschnitt (Abraum) auf der ersten Sohle (Zugförderung)
b) Schaufelradbagger im Tiefschnitt (Kohle) auf der zweiten Sohle (Bandförderung)
c) Bandabsetzer auf der Abraumkippe

# Energie

## Schnitt durch ein Kohlebergwerk

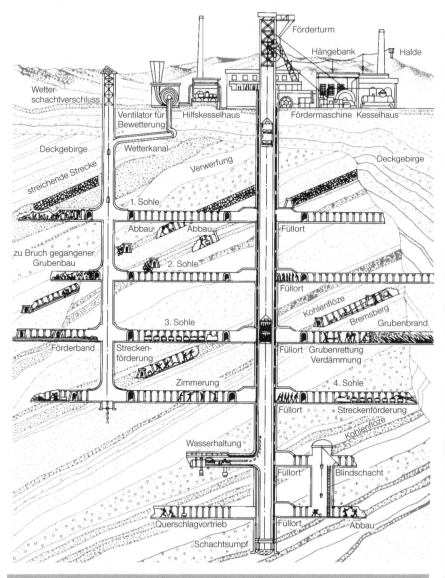

Förderturm

Hängebank

Halde

Wetter-schachtverschluss

Ventilator für Bewetterung

Hilfskesselhaus

Fördermaschine Kesselhaus

Deckgebirge

Wetterkanal

Verwerfung

Deckgebirge

streichende Strecke

1. Sohle

Abbau

Abbau

Füllort

zu Bruch gegangener Grubenbau

2. Sohle

Füllort

Kohlenflöze

Bremsberg

3. Sohle

Grubenbrand

Förderband

Strecken-förderung

Füllort  Grubenrettung Verdämmung

Zimmerung

4. Sohle

Füllort

Streckenförderung

Kohlenflöze

Wasserhaltung

Füllort

Blindschacht

Querschlagvortrieb

Füllort

Abbau

Schachtsumpf

## Über den Kohlebergbau ▲

Kohle ist nach Öl und Erdgas der drittwichtigste fossi-le Brennstoff. Kohle besteht überwiegend aus Kohlen-stoff, der aus den Rückständen von Pflanzen stammt, die in Sümpfen versanken und dann durch Sedimente überlagert wurden. Die wichtigsten Lagerstätten ha-ben sich im Karbon entwickelt, einem Zeitraum vor 360 Mio. bis 290 Mio. Jahren. Die Wirkung des Drucks wandelte die Pflanzenteile in Kohle um.

**Förderung von Erdöl/Erdgas im festländischen Bereich**

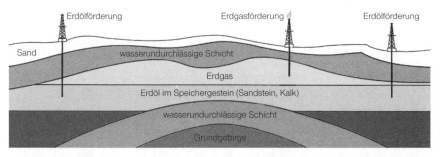

| Energieverbrauch im Vergleich | | | | | |
|---|---|---|---|---|---|
| Land | Gesamt (in Mio. t RÖE*) | pro Kopf (in t RÖE*) | Anteil der Energieträger (in %) | | |
| | | | Kohle | Erdöl | Gas |
| USA | 2144,1 | 7,89 | 24,6 | 39,5 | 26,6 |
| China | 904,6 | 0,74 | 75,4 | 20,5 | 1,9 |
| Russland | 580,5 | 3,93 | 19,5 | 22,0 | 51,3 |
| Japan | 506,3 | 4,03 | 17,7 | 52,6 | 11,6 |
| Deutschland | 340,0 | 4,14 | 25,5 | 40,1 | 20,9 |
| Indien | 260,3 | 0,27 | 56,2 | 31,9 | 8,5 |
| Frankreich | 244,3 | 4,17 | 5,4 | 37,6 | 12,8 |
| Kanada | 227,3 | 7,59 | 11,7 | 36,1 | 29,7 |
| Großbritannien | 224,9 | 2,86 | 18,0 | 36,1 | 34,3 |
| Brasilien | 124,1 | 0,76 | 9,1 | 66,7 | 4,3 |
| Südafrika | 107,7 | 2,49 | 77,2 | 19,5 | – |
| Schweiz | 25,0 | 3,44 | 0,4 | 51,2 | 10,0 |
| Österreich | 23,6 | 2,89 | 10,6 | 49,2 | 26,3 |

\* RÖE (= Rohöleinheit) – 1 Tonne Rohöleinheit = 41860 kJ Hu/kg (unterer Heizwert/kg)

| Produktion und Verbrauch von Erdöl | |
|---|---|
| Land | Mio. t |
| **Produktion** | |
| Saudi-Arabien | 404 |
| USA | 402 |
| Russland | 304 |
| Iran | 180 |
| Mexiko | 173 |
| China | 160 |
| Venezuela | 159 |
| **Verbrauch** | |
| USA | 841,6 |
| Japan | 259,8 |
| Russland | 147,7 |
| China | 140,2 |
| Deutschland | 136,6 |
| Frankreich | 97,0 |
| Südkorea | 96,9 |

| Produktion und Verbrauch von Erdgas | |
|---|---|
| Land | Mrd. m³ |
| **Produktion** | |
| Russland | 601,3 |
| USA | 586,6 |
| Kanada | 181,8 |
| Großbritannien | 102,5 |
| Algerien | 86,1 |
| Indonesien | 85,7 |
| Niederlande | 79,4 |
| **Verbrauch** | |
| USA | 627,2 |
| Russland | 480,0 |
| Deutschland | 100,5 |
| Ukraine | 94,3 |
| Großbritannien | 91,4 |
| Kanada | 86,8 |
| Japan | 66,9 |

# Energie / Nachrichtentechnik

## Schwere Ölkatastrophen

| Jahr | Ort | Schiff/Bohrung | Tonnen | Ursache |
|------|-----|----------------|--------|---------|
| 1967 | Großbritannien | Torrey Canyon | 123 624 | Havarie |
| 1972 | Golf von Oman | Sea Star | 115 000 | Kollision |
| 1977 | Hawaii-Inseln | Hawaiian Patriot | 100 980 | Brand |
| 1978 | Frankreich | Amoco Cadiz | 221 408 | Havarie |
| 1979 | Westindien | Atlantic Empress | 257 040 | Kollision |
| 1979 | Türkei | Independenta | 94 703 | Kollision |
| 1979 | Golf von Mexiko | Ölbohrung Ixtoc 1 | 571 200 | Blowout |
| 1980 | Griechenland | Irenes Serenade | 81 600 | Brand |
| 1983 | Südafrika | Castillo De Bellver | 239 360 | Brand |
| 1983 | Persischer Golf | Ölfeld Nowruz | 700 000 | Blowout |
| 1988 | Kanada | Odyssey | 136 000 | Brand |
| 1989 | Alaska | Exxon Valdez | 39 375 | Havarie |
| 1989 | Kanarische Inseln | Khark V | 76 160 | Explosion |
| 1991 | Italien | Haven | 100 000 | Brand |
| 1991 | Persischer Golf | – | 340 000 | Krieg |
| 1992 | Spanien | Aegean Sea | 80 000 | Brand |
| 1993 | Shetland-Inseln | Braer | 84 000 | Havarie |
| 1996 | Milford Haven | Sea Empress | 72 000 | Havarie |
| 1999 | Bretagne | Erica | 30 000 | Havarie |

## Übertragungsmedien der Nachrichtentechnik

| Medium | Funktionsweise |
|--------|----------------|
| Telegraf | Die Buchstaben des Morsealphabets (Punkte und Striche) entsprechen kurzen und langen Stromimpulsen, die per Taster und Elektromagnet übertragen werden. |
| Fernschreiber | Per normaler Schreibmaschinentastatur und eigenem Leitungsnetz können einzelne Teilnehmer angewählt werden. |
| Telefon | Durch ein Mikrofon werden die Schallschwingungen der Luft in elektrische Schwingungen übersetzt (Frequenzbereich von 300 bis 3000 Hertz). |
| Rundfunk | Freie Ausbreitung elektromagnetischer Wellen im Raum; nach Art der Übertragung werden kürzere oder längere Wellen verwendet. |
| Radar | Versenden von Impulsen in Form kurzer Wellenzüge, die von Gegenständen zurückgeworfen und dann empfangen werden können (Abstandmessung zum Gegenstand). |
| Fernsehen (Ursprungsprinzip) | Ein Lichtstrahl tastet das zu übertragende Bild ab; er zerlegt das Bild in rd. 0,5 Mio. Punkte. Die Helligkeitswerte der einzelnen Punkte werden in Stromstöße umgesetzt und per Sender ausgestrahlt. Auf dem Bildschirm setzen sich die Punkte zum kompletten Bild zusammen. |
| Farbfernsehen | Das Bild wird durch Farbfilter zerlegt und von verschiedenen Signalen übertragen (Helligkeit; Differenzen zwischen den Grundfarben und dem Schwarzweißsignal). Aus den Signalen setzt der Farbempfänger die Grundfarben (rot, blau, grün) zusammen. Durch additive Farbmischung im Auge entsteht das komplette Farbfernsehbild. |
| Internet | Die Daten (Bilder, Töne, Schrift) werden per Computer und (i.d.R.) Glasfasernetz zu einer Schaltstelle übertragen, die die Informationen per Netz/Satellit zur Verteilstelle beim Empfänger weiterleitet. Von der dortigen Verteilstelle gelangen die Daten zum Empfänger. |

## Bedeutende Farbfernsehnormen

| Entwicklung | Name | Ort/Verbreitung | Erläuterung |
|-------------|------|-----------------|-------------|
| 40er Jahre | NTSC (National Television System Committee) | Nordamerika | Grundfarben erscheinen gleichzeitig (simultan) auf dem Bildschirm |
| 1967 | PAL (Phase Alternation Line) | Westeuropa | behebt Farbtonschwankungen von NTSC |
| | SECAM (Sequentiel à mémoire) | Frankreich, Osteuropa | Farbwerte nacheinander einzeln übertragen |
| 1992 | HDTV (High Definition Television) | weltweit | Hochauflösendes Fernsehen; klarere Farben |

## Meilensteine der Kommunikations- und Medienentwicklung

| | |
|---|---|
| um 100 v. Chr. | Erfindung des Papiers in China |
| um 1040 | Druck mit beweglichen Lettern (aus Keramik) in China |
| 1389 | Ulman Stromer baut bei Nürnberg die erste Papiermühle in Deutschland |
| 1403 | Druck mit Metalllettern in Korea |
| um 1440 | Johannes Gutenberg erfindet die Buchdruckpresse |
| 1477 | Aufkommen des Tiefdruckverfahrens mit gravierten Druckplatten aus Metall (Kupferstich) |
| 1492 | Verwendung von Graphit für Bleistifte |
| 1605 | Abraham Verkoevan druckt in Antwerpen die erste Zeitung |
| 1642 | Ludwig von Siegen erfindet Mezzotinto (künstlerisches Tiefdruckverfahren mit hoher Tonwertskala) |
| 1710 | Jacob Le Blon entwickelt ein Verfahren zum Drucken mit drei Farben |
| 1725 | William Ged erfindet ein Stereotypie-Verfahren für den Druck |
| 1768 | Jean le Prince entwickelt das Aquatinta-Tiefdruckverfahren |
| um 1790 | Firmin Didot entwickelt eine Methode zur Herstellung von Stereotypieplatten |
| 1795 | Nicholas Conté stellt Buntstifte her |
| 1798 | Louis Robert konstruiert eine Maschine zum Herstellen von Papier (aus Zellstoff); Aloys Senefelder erfindet die Lithographie |
| 1804 | Francisco Salva konstruiert einen elektrischen Telegrafen, der für jeden Buchstaben eine eigene Übertragungsleitung benötigt |
| 1806 | Ralph Wedgwood erfindet Kohlepapier |
| 1810 | Friedrich König konstruiert eine dampfbetriebene Druckerpresse |
| 1822 | William Church erfindet eine Einzelbuchstabensetzmaschine |
| 1823 | Francis Ronalds entwickelt einen elektrischen Telegrafen |
| 1833 | Carl F. Gauß und Wilhelm Weber bauen einen elektrischen Telegrafen |
| 1837 | Godfrey Engelmann erfindet die Chromolithographie |
| 1838 | Samuel Morse erfindet den ersten brauchbaren elektromagnetischen Telegrafen und entwickelt das nach ihm benannte Alphabet |
| 1847 | Richard Hoe erfindet die Rotationspresse |
| 1850 | Francis Galton erfindet einen Fernschreiber |
| 1851 | Verlegung eines Unterwasser-Telegrafenkabels durch den Ärmelkanal |
| 1855 | David Hughes konstruiert einen Drucktelegrafen; Alphonse Poitevin erfindet das Lichtdruckverfahren (Kollotypie) |
| 1865 | William Bullock baut die erste brauchbare Rotationspresse für den Buchdruck |
| 1866 | Verlegung des ersten funktionsfähigen Transatlantik-Telegrafenkabels |
| 1872 | Thomas A. Edison patentiert eine elektrische Schreibmaschine |
| 1874 | Alexander G. Bell konstruiert einen Mehrfachtelegrafen |
| 1876 | Bell patentiert das Telefon |
| 1877 | Edison erfindet den Phonographen |
| 1878 | David Hughes prägt den Begriff »Mikrofon« für sein verbessertes klangempfindliches Gerät |
| 1884 | Ottmar Mergenthaler konstruiert die Linotype-Zeilensetz- und -gießmaschine; Paul Nipkow patentiert die rotierende Nipkow'sche Scheibe zum mechanischen Zerlegen eines Bildes in Zeilen |
| 1885 | C. Tainter erfindet das Diktafon |
| 1886 | Frederick Ives erfindet ein Halbton-Tiefdruckverfahren |
| 1887 | Tolbert Lanston entwickelt das Monotypie-Verfahren; Emil Berliner erfindet das Grammofon |
| 1889 | Almon Strowger baut die erste automatische Fernsprechvermittlung |
| 1894 | Oliver Lodge erfindet den Kohärer (Detektor für Funkwellen); Guglielmo Marconi entwickelt die drahtlose Telegrafie |
| 1895 | Karl Klic erfindet das Heliogravüre-Druckverfahren |
| 1898 | Valdemar Poulsen erfindet ein Verfahren, Töne mit einem magnetisierten Stahlband aufzuzeichnen (Magnetton) |
| 1901 | Erste transatlantische Funkübertragungen durch Guglielmo Marconi |
| 1902 | Reginald Fessenden führt die drahtlose Telefonie ein; Valdemar Poulsen konstruiert den Lichtbogensender; erstes transpazifisches Telegrafenkabel verlegt |
| 1904 | A. Korn erfindet das Telefaxgerät; Emil Berliner führt Schallplatten ein; John Fleming erfindet die Diode (Elektronenröhre mit zwei Elektroden) |
| 1905 | A. Strowger erfindet das Selbstwähltelefon; Vertrieb von doppelseitigen Grammofon-Schallplatten |
| 1906 | Lee De Forest erfindet die Verstärkerröhre (Triode); Reginald Fessenden beginnt kommerzielle Rundfunkübertragungen (Wort und Musik); die Firma Wratten & Wainwright bringt panchromatische Fotoplatten auf den Markt |
| 1911 | Karl F. Braun und A. Campbell-Swinton verwenden die Kathodenstrahlröhre zur Bildaufzeichnung |

⇒ S. 346

# Nachrichtentechnik

| 1912 | Reginald Fessenden entwickelt den Überlagerungsfunkempfänger |
|------|------|
| 1914 | Edwin Armstrong erfindet einen Funkempfänger mit positiver Rückkopplung; Edward Kleinschmidt konstruiert einen Fernschreiber |
| 1916 | Frederick Kolster baut ein Funkpeilgerät |
| 1917 | E. C. Wente erfindet das Kondensatormikrofon |
| 1921 | Albert Hull erfindet das Magnetron (zur Erzeugung von Mikrowellen) |
| 1923 | Wladimir K. Zworykin entwickelt das Ikonoskop |
| 1925 | John Logie Baird führt ein mechanisches Fernsehen (unter Verwendung der Nipkow'schen Scheibe) vor |
| 1927 | Vorstellung eines Bildfernsprechers (Videophon) |
| 1928 | John Logie Baird gelingt eine transatlantische Fernsehübertragung |
| 1931 | Eröffnung der ersten Fernschreibvermittlung (in London) |
| 1932 | Die Firma RCA stellt einen Fernsehempfänger mit einer Kathodenstrahlröhre vor |
| 1933 | Edwin Armstrong patentiert die Frequenzmodulation für Rundfunkübertragungen |
| 1937 | Chester Carlson erfindet die Xerographie (Trockenfotokopie) |
| 1938 | Laszlo Biro patentiert den Kugelschreiber |
| 1939 | William Heubner erfindet eine Fotosetzmaschine |
| 1950 | Der handvermittelte öffentliche Autotelefondienst wird in Deutschland eingeführt (das spätere A-Netz, 1958) |
| 1955 | Narinder Kapany demonstriert erstmals Lichtwellenleiter |
| 1956 | Die Bell Telephone Company bringt das Bildtelefon auf den Markt |
| 1959 | Sony bringt den ersten Walkman (Walkman TPS-L2) in Japan heraus |

| 1960 | Start des Ballonsatelliten Echo 1 |
|------|------|
| 1961 | Patentierung des Silicium-Chips |
| 1962 | Der Fernsehsatellit Telstar wird in die Erdumlaufbahn gebracht |
| 1964 | Einrichtung von geostationären Satellitenrichtfunkverbindungen |
| 1965 | Start des ersten kommerziellen Kommunikationssatelliten (Early Bird) durch die USA; Einführung des Computersatzes in Deutschland |
| 1969 | Das ARPANET, Vorläufer des Internet, wird mit vier Rechnern in den USA gebaut |
| 1974 | Zwei Versuchsnetze für Kabelfernsehen werden in Deutschland installiert |
| 1977 | In den USA werden Fernsehsignale mittels Lichtwellenleiter übertragen |
| 1979 | Der Telefax-Dienst wird in Deutschland eingeführt |
| 1985 | Amerikanische Ingenieure senden 300 000 Telefonsignale gleichzeitig durch einen einzigen Lichtwellenleiter |
| 1987 | Ein Lichtwellenleiter für die Telekommunikation wird durch den Atlantik verlegt |
| 1989 | Tim Berners-Lee schlägt vor, ein Kommunikationsnetz für Physiker zu schaffen, aus dem sich das World Wide Web entwickelt |
| 1992 | Einführung des D-Netzes für Mobilfunk in Deutschland; Motorola stellt das erste Handy für grenzüberschreitende Gespräche vor |
| 1996 | Einführung des digitalen Fernsehens in Deutschland |
| 1999 | Der Internet-Zugang per Stromnetz mit der Digital-Powerline-Technologie wird getestet |
| 2000 | In Deutschland werden die Frequenzen für das künftige weltweite Mobilfunk-System UMTS versteigert |

## Wichtige Druckverfahren

| Verfahren | Erläuterung |
|-----------|-------------|
| Hochdruck (Buchdruck) | Druck mit erhabenen Lettern. Der Rahmen (Druckform) mit den Lettern war ursprünglich auf einem waagerechten Tisch befestigt und wurde über eine Druckwalze eingefärbt. Danach wurde das Papier mit einer zweiten Druckwalze gegen die Druckform gepresst. |
| Flachdruck (Lithographie) | Druckende und nicht druckende Flächen liegen nahezu in einer Ebene. Nur die druckenden Stellen nehmen die Druckfarbe an. Als Basismaterial für die Druckvorlage wurde früher Stein verwendet (Steindruck), inzwischen wird Metall (insbesondere Aluminium) bevorzugt. |
| Tiefdruck (Gravur) | Das Druckbild wird in die Druckplatte graviert. Nach dem Einfärben und Abwischen der Platte bleibt nur in den Vertiefungen Druckfarbe übrig. Dann wird das Papier in einer Presse auf die Druckform gepresst und die Druckfarbe auf das Papier übertragen. |

## Moderne Formen der Datenfernübertragung

| Name | Erläuterung |
|---|---|
| Telefax | Ein Telefaxgerät tastet die zu sendende Seite elektronisch ab, konvertiert das Bild in elektrische Signale und sendet diese über die Telefonleitung an ein Gerät des Empfängers, das die Signale entschlüsselt. |
| Modem | Der Modulator/Demodulator verbindet einen Computer mit der Telefonleitung und ermöglicht die Übertragung von Daten vom eigenen Rechner zu einem anderen PC. Das Modem ver- bzw. entschlüsselt die zu sendende Nachricht, wobei aus digitalen Signalen (Computersprache) analoge Signale (Telefondatensignale) werden. Das Modem des Empfängers verwandelt die Daten in computerlesbare Zeichen zurück. |
| ISDN | Integrated Services Digital Network; Computer können direkt (ohne zwischengeschaltetes Modem) an die digitalen ISDN-Leitungen angeschlossen werden. Daten werden auf diese Weise deutlich schneller als per Modem und herkömmlicher Telefonleitung übertragen. |

## Meilensteine der Telefon- und Mobilfunkentwicklung

| | | | |
|---|---|---|---|
| 1861 | Erste Vorführung eines Magnettelefons durch Johann Philipp Reis | 1958 | Einführung des A-Mobilnetzes in der BR Deutschland erlaubt Telefonieren aus dem Auto (per Vermittlung) |
| 1872 | Alexander Graham Bell entwickelt ein verbessertes elektromagnetisches Telefon | 1960 | Erster Fernmeldesatellit (Echo 1) |
| 1880 | Erste öffentliche Münztelefone in den USA aufgestellt | 1970 | Telefonverbindungen zwischen den USA und Europa sind per Direktwahl möglich |
| 1887 | Hamburg und Berlin sind die ersten per Fernleitung verbundenen deutschen Städte | 1974 | B-Mobilfunknetz erlaubt vermittlungsfreie Telefonate in Deutschland |
| 1889 | Automatische Vermittlung in den USA erstmals möglich | 1977 | USA nehmen erste öffentliche Glasfaser-Telefonleitung in Betrieb |
| 1909 | Erstes Selbstwahl-Fernmeldeamt im Deutschen Reich eingerichtet | 1982 | ISDN-Leitungen erlauben digitales Telefonieren in Deutschland |
| 1917 | Gespräche per Funktelefon während der Zugfahrt Hamburg–Berlin möglich | 1985 | C-Netz erlaubt verbessertes mobiles Telefonieren in Deutschland |
| 1926 | Erste Selbstwahltelefone in Berlin; erste transatlantische Funkverbindung | 1992 | D-Mobilfunknetz und GSM-System erlauben grenzüberschreitendes mobiles Telefonieren |
| 1936 | Bildtelefonieren zwischen Leipzig und Berlin möglich | 1998 | Telefonieren per Handy über Satellit möglich (Iridium-Netz) |
| 1956 | Erstes Transatlantikkabel verbindet USA und Europa | 2002 (geplant) | Einführung eines weltweiten Mobilfunksystems (UMTS) |

## Telefon-Ländervorwahlen

| | | | | | |
|---|---|---|---|---|---|
| Afghanistan | 0093 | Bangladesch | 00880 | China | 0086 |
| Ägypten | 0020 | Barbados | 001246 | Costa Rica | 00506 |
| Albanien | 00355 | Belgien | 0032 | Côte d'Ivoire | 00225 |
| Algerien | 00213 | Belize | 00501 | Dänemark | 0045 |
| Andorra | 00376 | Benin | 00229 | Deutschland | 0049 |
| Angola | 00244 | Bhutan | 00975 | Djibouti | 00253 |
| Antigua/Barbuda | 001268 | Bolivien | 00591 | Dominica | 001767 |
| Äquatorialguinea | 00240 | Bosnien-Herzegowina | 00387 | Dominikanische Rep. | 001809 |
| Argentinien | 0054 | Botswana | 00267 | Ecuador | 00593 |
| Armenien | 00374 | Brasilien | 0055 | El Salvador | 00503 |
| Aserbaidschan | 00994 | Brunei | 00673 | Eritrea | 00291 |
| Äthiopien | 00251 | Bulgarien | 00359 | Estland | 00372 |
| Australien | 0061 | Burkina Faso | 00226 | Fidschi | 00679 |
| Bahamas | 001242 | Burundi | 00257 | Finnland | 00358 |
| Bahrain | 00973 | Chile | 0056 | Frankreich | 0033 |

⇒ S. 348

| Land | Vorwahl | Land | Vorwahl | Land | Vorwahl |
|---|---|---|---|---|---|
| Gabun | 00241 | Libyen | 00218 | Sambia | 00260 |
| Gambia | 00220 | Liechtenstein | 00423 | Samoa | 00685 |
| Georgien | 00995 | Litauen | 00370 | San Marino | 00378 |
| Ghana | 00233 | Luxemburg | 00352 | São Tomé & Príncipe | 00239 |
| Grenada | 001473 | Madagaskar | 00261 | Saudi-Arabien | 00966 |
| Griechenland | 0030 | Malawi | 00265 | Schweden | 0046 |
| Großbritannien | 0044 | Malaysia | 0060 | Schweiz | 0041 |
| Guatemala | 00502 | Malediven | 00960 | Senegal | 00221 |
| Guinea | 00224 | Mali | 00223 | Seychellen | 00248 |
| Guinea-Bissau | 00245 | Malta | 00356 | Sierra Leone | 00232 |
| Guyana | 00592 | Marokko | 00212 | Simbabwe | 00263 |
| Haiti | 00509 | Marshallinseln | 00692 | Singapur | 0065 |
| Honduras | 00504 | Mauretanien | 00222 | Slowakei | 00421 |
| Indien | 0091 | Mauritius | 00230 | Slowenien | 00386 |
| Indonesien | 0062 | Mazedonien | 00389 | Somalia | 00252 |
| Irak | 00964 | Mexiko | 0052 | Spanien | 0034 |
| Iran | 0098 | Mikronesien | 00691 | Sri Lanka | 0094 |
| Irland | 00353 | Moldawien | 00373 | Südafrika | 0027 |
| Island | 00354 | Monaco | 00377 | Sudan | 00249 |
| Israel | 00972 | Mongolei | 00976 | Suriname | 00597 |
| Italien | 0039 | Mosambik | 00258 | Swasiland | 00268 |
| Jamaika | 001876 | Myanmar (Birma) | 0095 | Syrien | 00963 |
| Japan | 0081 | Namibia | 00264 | Tadschikistan | 007 |
| Jemen | 00967 | Nauru | 00674 | Taiwan | 00886 |
| Jordanien | 00962 | Nepal | 00977 | Tansania | 00255 |
| Jugoslawien | 00381 | Neuseeland | 0064 | Thailand | 0066 |
| Kambodscha | 00855 | Nicaragua | 00505 | Togo | 00228 |
| Kamerun | 00237 | Niederlande | 0031 | Tonga | 00676 |
| Kanada | 001 | Niger | 00227 | Trinidad & Tobago | 001868 |
| Kap Verde | 00238 | Nigeria | 00234 | Tschad | 00235 |
| Kasachstan | 007 | Norwegen | 0047 | Tschechien | 00420 |
| Katar | 00974 | Oman | 00968 | Tunesien | 00216 |
| Kenia | 00254 | Österreich | 0043 | Türkei | 0090 |
| Kirgisistan | 00996 | Pakistan | 0092 | Turkmenistan | 00993 |
| Kiribati | 00686 | Palau | 00680 | Tuvalu | 00688 |
| Kolumbien | 0057 | Panama | 00507 | Uganda | 00256 |
| Komoren | 00269 | Papua-Neuguinea | 00675 | Ukraine | 00380 |
| Kongo, Dem. Rep. | 00243 | Paraguay | 00595 | Ungarn | 0036 |
| Kongo, Rep. | 00242 | Peru | 0051 | Uruguay | 00598 |
| Korea, Nord | 00850 | Philippinen | 0063 | USA | 001 |
| Korea, Süd | 0082 | Polen | 0048 | Usbekistan | 00998 |
| Kroatien | 00385 | Portugal | 00351 | Vanuatu | 00678 |
| Kuba | 0053 | Ruanda | 00250 | Vatikanstadt | 00396 |
| Kuwait | 00965 | Rumänien | 0040 | Venezuela | 0058 |
| Laos | 00856 | Russland | 007 | Verein. Arab. Emirate | 00971 |
| Lesotho | 00266 | Saint Kitts & Nevis | 001869 | Vietnam | 0084 |
| Lettland | 00371 | Saint Lucia | 001758 | Weißrussland | 00375 |
| Libanon | 00961 | Saint Vincent/Grenad. | 001784 | Zentralafrikan. Rep. | 00236 |
| Liberia | 00231 | Salomonen | 00677 | Zypern | 00357 |

## Über die Ländervorwahlen ▲

Gesprächsteilnehmer in den einzelnen Ländern der Erde sind in der Regel durch die Wahl der jeweiligen Länderkennnummer plus Städtevorwahl und die Anschlussnummer des Teilnehmers zu erreichen. Dabei ist zu beachten, dass die 0 der Städtevorwahl weggelassen werden muss, wenn zuvor die Länderkennnummer gewählt worden ist. Zusätzlich zu diesen Länderkennnummern existiert noch eine Reihe von lokalen Sondernummern, insbesondere in weitläufigen Inselregionen (z.B. spezielle Pazifik-Vorwahl), aber auch für abgespaltene Staatsgebiete (z.B. eigene Vorwahl für Nordzypern).

## Meilensteine der Fotografie

| | |
|---|---|
| 1816 | Erste Bildwiedergabe (Heliografie) durch Joseph Nicéphore Niepce |
| 1826 | Niepce erstellt erste Fotografie |
| 1837 | Daguerrotypie (Fotobelichtung mittels Silberplatten; Fixierung mit Silberiodid) durch Jacques Daguerre |
| 1838 | Talbotypie (Foto-Verfielfältigung) durch William F. Talbot |
| 1887 | Erste Zelluloid-Filmbänder von Hannibal Goodwin eingeführt |
| 1888 | Erste Rollfilmkamera von Eastman/Kodak kommt auf den Markt |
| 1907 | Erste Farbfotos veröffentlicht (Autochrome-Verfahren der Brüder Lumière) |
| 1925 | Leica der Firma Leitz ist die erste Kleinbildkamera (24 x 36-mm-Negative) |

| | |
|---|---|
| 1935 | Kodak-Farbfilm (Kodachrome) kommt auf den Markt |
| 1947 | Erste Polaroid-Sofortbildkamera von Edwin H. Land entwickelt |
| 1959 | Voigtländer erfindet das Zoom-Objektiv |
| 1977 | Erstes Sofortbild-Schmalfilmsystem von Polaroid |
| 1982 | Fotodisc-Kamera kommt auf den Markt |
| 1990 | Foto-CD mit digitalisierten Bilddaten ermöglichen Foto-Bearbeitung am Computer |
| 1994 | Digitale Kameras vorgestellt |
| 1996 | Fotografie-Industrie führt einen verbesserten Standard für die Amateurfotografie (APS) ein |
| 1999 | Digitale Kameras liefern bei mehr als 2 Mio. Bildpunkten (Pixeln) hochauflösende Bilder |

## Filmempfindlichkeit (ISO-Werte)*

| | | | |
|---|---|---|---|
| 6/ 9° | 32/16° | 160/23° | 800/30° |
| 8/10° | 40/17° | 200/24° | 1000/31° |
| 10/11° | 50/18° | 250/25° | 1250/32° |
| 12/12° | 64/19° | 320/26° | 1600/33° |
| 16/13° | 80/20° | 400/27° | 2000/34° |
| 20/14° | 100/21° | 500/28° | 2500/35° |
| 25/15° | 125/22° | 650/29° | 3200/36° |

Die ISO-Zahl ist eine Kombination aus der DIN-Angabe (erste Zahl) und dem ASA-Wert (zweite Zahl). Je größer die ISO-Zahl, desto empfindlicher ist der Film.

* Durch die fett gedruckten Zahlen werden die am häufigsten verwendeten Filme hervorgehoben.

## Blenden, Distanzen, Verschlusszeiten

| Blende | Distanzeinstellung | Schärfebereich |
|---|---|---|
| 3,5 | 15 | 7,5 m – ∞ |
| 4 | 13 | 6,5 m – ∞ |
| 8 | 8 | 4,0 m – ∞ |
| 16 | 3,4 | 1,7 m – ∞ |
| 22 | 2,4 | 1,2 m – ∞ |

| Blendenöffnung | Verschlusszeit |
|---|---|
| 22 | $^1/8$ |
| 16 | $^1/15$ |
| 11 | $^1/30$ |
| 8 | $^1/60$ |
| 5,6 | $^1/125$ |
| 4 | $^1/250$ |
| 2,8 | $^1/500$ |
| 2 | $^1/1000$ |
| 1,4 | $^1/2000$ |

## Wichtige Begriffe der Elektronik

| Begriff | Erläuterung |
|---|---|
| Elektronik | Umfasst Herstellung und Anwendung elektronischer Bauelemente |
| Aktive Bauelemente | Röhren, Dioden, Transistoren, Thyristoren, Fotozellen u.a. |
| Passive Bauelemente | Elektronische Widerstände, Kondensatoren etc. einer elektronischen Schaltung |
| Integrierte Schaltung | Komplette Baustufe wird ohne jede Lötstelle auf der Trägerplatte angeordnet |
| Festkörperschaltung | Gesamte Schaltung besteht aus einem beschichteten Halbleiterplättchen mit den Schaltelementen |
| Automatisierung | Technische Einrichtungen, die ständig wiederkehrende gleichartige Verrichtungen selbstständig ausführen können |
| Transferstraße | Werkstück wandert durch die Maschinen einer automatischen Maschinenstraße |
| VPS (Verbindungsprogrammierte Steuerung) | Fest programmierte (verdrahtete) oder durch Wahlschalter umprogrammierbare Steuerung von Produktionsprozessen (bis Ende der 70er Jahre) |
| SPS (Speicherprogrammierbare Steuerung) | Nachfolger der VPS; frei- bzw. austauschprogrammierbare Steuerung von Produktionsprozessen (einfache Programmänderungen und größere Flexibilität der Produktion möglich) |

# Elektronik/EDV

## Logische Grundelemente

| Benennung | gültig: DIN 40700 Teil 14 | Boolesche Funktions-gleichung | Wahrheits-tabelle |
|---|---|---|---|
| Durchschaltung (Buffer) | A — 1 — Y | $Y = A$ | A \| Y<br>0 \| 0<br>1 \| 0 |
| NICHT (NOT, Inverter) | A — 1 — Y | $Y = \overline{A}$ | A \| Y<br>0 \| 1<br>1 \| 0 |
| UND (AND) | A & Y<br>B | $Y = A \wedge B$<br>$Y = A \cdot B$ | A \| B \| Y<br>0 \| 0 \| 0<br>0 \| 1 \| 0<br>1 \| 0 \| 0<br>1 \| 1 \| 1 |
| UND-NICHT (NAND) | A & Y<br>B | $Y = \overline{A \wedge B}$<br>$Y = \overline{A \cdot B}$ | A \| B \| Y<br>0 \| 0 \| 1<br>0 \| 1 \| 1<br>1 \| 0 \| 1<br>1 \| 1 \| 0 |
| ODER (OR) | A ≥1 Y<br>B | $Y = A \vee B$<br>$Y = A + B$ | A \| B \| Y<br>0 \| 0 \| 0<br>0 \| 1 \| 1<br>1 \| 0 \| 1<br>1 \| 1 \| 1 |
| ODER-NICHT (NOR) | A ≥1 Y<br>B | $Y = \overline{A \vee B}$<br>$Y = \overline{A + B}$ | A \| B \| Y<br>0 \| 0 \| 1<br>0 \| 1 \| 0<br>1 \| 0 \| 0<br>1 \| 1 \| 0 |
| Exklusives ODER (Exclusive OR, Antivalenz) | A =1 Y<br>B | $Y = (A \wedge \overline{B})$<br>$\vee (\overline{A} \wedge B)$<br>$Y = A \oplus B$ | A \| B \| Y<br>0 \| 0 \| 0<br>0 \| 1 \| 1<br>1 \| 0 \| 1<br>1 \| 1 \| 0 |
| Äquivalenz (Identity, Exclusive NOR) | A = Y<br>B | $Y = (A \wedge B)$<br>$\vee (\overline{A} \wedge \overline{B})$<br>$Y = \overline{A \oplus B}$ | A \| B \| Y<br>0 \| 0 \| 1<br>0 \| 1 \| 0<br>1 \| 0 \| 0<br>1 \| 1 \| 1 |

### Über die logischen Grundelemente ▲

Elektronische Schaltungen lassen sich aus einigen Grundschaltungen aufbauen und in ihrer Wirkungsweise mit den Regeln der Schaltalgebra beschreiben.

## Steuerung von Produktionsabläufen

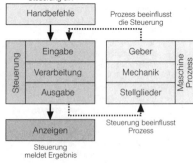

Mensch greift in die Steuerung ein

Handbefehle — Prozess beeinflusst die Steuerung

Steuerung: Eingabe / Verarbeitung / Ausgabe

Geber / Mechanik / Stellglieder — Maschine Prozess

Anzeigen — Steuerung beeinflusst Prozess

Steuerung meldet Ergebnis

### Zeichendarstellung im Computer

| Dezimalzahl | Dualzahl |
|---|---|
| 1 | $1 \cdot 2^0 =$ 1 |
| 2 | $1 \cdot 2^1 + 0 \cdot 2^0 =$ 10 |
| 3 | $1 \cdot 2^1 + 1 \cdot 2^0 =$ 11 |
| 4 | $1 \cdot 2^2 + 0 \cdot 2^1 + 0 \cdot 2^0 =$ 100 |
| 5 | $1 \cdot 2^2 + 0 \cdot 2^1 + 1 \cdot 2^0 =$ 101 |
| 6 | $1 \cdot 2^2 + 1 \cdot 2^1 + 0 \cdot 2^0 =$ 110 |
| 7 | $1 \cdot 2^2 + 1 \cdot 2^1 + 1 \cdot 2^0 =$ 111 |
| 8 | $1 \cdot 2^3 + 0 \cdot 2^2 + 0 \cdot 2^1 + 0 \cdot 2^0 =$ 1000 |
| 9 | $1 \cdot 2^3 + 0 \cdot 2^2 + 0 \cdot 2^1 + 1 \cdot 2^0 =$ 1001 |
| 10 | $1 \cdot 2^3 + 0 \cdot 2^2 + 1 \cdot 2^1 + 0 \cdot 2^0 =$ 1010 |

### Über die Zeichendarstellung ▲

| | |
|---|---|
| Binäres System | System mit zwei Zuständen (Ein/Aus; 0/1) |
| Dezimalsystem | Zahlen als Potenzen von 10 |
| Dualsystem | Zahlen als Potenzen von 2 |
| Bit | Stelle einer Dualzahl (kleinste Informationseinheit im Computer) |
| ASCII (American Standard Code of Information Interchange) | Code verwendet 8 Bit (oder 1 Byte) zur Darstellung von Zeichen (vor allem für PC) |
| EBCDI (Extended Binary Coded Decimal Interchange | Code verwendet 8 Bit (oder 1 Byte) zur Darstellung von Zeichen (nicht nur für PC) |
| Hexadezimalsystem | Umsetzung des schwer lesbaren Dualsystems zur einfacheren Entzifferung in ein System, das auf der Zahl 16 basiert |

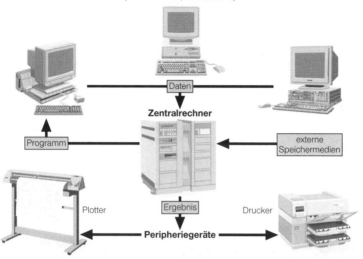

**Eingabegeräte**
(z. B. Terminals, Workstations)

Daten

**Zentralrechner**

Programm

externe
Speichermedien

Plotter · Ergebnis · Drucker

**Peripheriegeräte**

*Systemdarstellung der elektronischen Datenverarbeitung als Netzwerkbetrieb*

## Geschichte von Datenverarbeitung und Computer (siehe auch Informatik, S. 115)

| | |
|---|---|
| um 1600 | Entwicklung der Logarithmentafel durch den schottischen Lord J. Napier |
| 1623 | Konstruktion der ersten Rechenmaschine durch W. Schickard |
| 1642 | Konstruktion einer Rechenmaschine nach dem Prinzip des Kilometerzählers durch B. Pascal |
| 1673 | Konstruktion einer Staffelwalzen-Rechenmaschine durch G. W. von Leibniz |
| 1679 | G. W. von Leibniz entwickelt das duale Zahlensystem |
| 1833 | Der britische Mathematiker C. Babbage entwirft den ersten programmgesteuerten Rechenautomaten |
| 1886 | Der amerikanische Ingenieur H. Hollerith konstruiert eine elektromechanische Lochkartenmaschine |
| 1911 | H. Hollerith entwickelt eine Lochkartenanlage für Handel und Registratur |
| 1930 | Vannevar Bush baut den ersten elektromechanischen Analogrechner |
| 1941 | Erster programmgesteuerter Rechenautomat des deutschen Ingenieurs K. Zuse |
| 1942 | J. Atanasoff baut den ersten Rechner mit Röhrentechnik |
| 1944 | Der Mathematiker H. Aiken entwickelt den ersten programmgesteuerten Rechenautomaten der USA, den MARK I |
| 1944 | Der amerikanische Mathematiker J. von Neumann beginnt mit der Konstruktion |

| | |
|---|---|
| | des ersten Rechners, in dem Programme ebenso wie die Daten codiert sind |
| 1945 | Der erste voll elektronische Großrechner der Welt, ENIAC, wird in den USA gebaut |
| 1948 | Erfindung des Transistors durch die US-Physiker J. Bardeen, W. H. Brattain und W. Shockley |
| 1949 | Speicherprogrammierbarer Röhrenrechner EDSAC von M. Wilkes vorgestellt |
| 1955 | Unter der Leitung von J. Felker wird in den Bell Laboratories/USA der erste mit Transistoren bestückte Computer (TRADIC) fertig gestellt |
| 1962 | Computer der dritten Generation benutzen Transistoren von Salzkorngröße |
| 1967 | Anita Mark 8 von N. Kitz gilt als erster PC (Tischrechner) |
| 1968 | Einsatz von integrierten Schaltkreisen |
| seit 1978 | Einsatz von hoch integrierten Schaltkreisen; Beginn des Durchbruchs der Mikrocomputer |
| seit 1985 | Entwicklung von Chips mit 1 MB Speicherkapazität und mehr |
| 1989 | Laptops kommen auf den Markt |
| 1989 | In der BR Deutschland sind mehr als 1 Mio. Büroarbeitsplätze mit Personalcomputern ausgestattet; Serienfertigung von 4 MB-Speicherchips |
| 1994 | Power PC mit leistungsstärkeren Chips |
| 1995 | Pentium (Pro) Chip von Intel entwickelt |

351

# Elektronik/EDV

## Einsatz von Industrierobotern

| Begriff | Erläuterung |
|---|---|
| **Steuerungsarten** | |
| Punktsteuerung (PTP; Point-To-Point) | Industrieroboter fährt einzelne Punkte im Arbeitsraum an |
| Bahnsteuerung (CP; Continuous-Path) | Arbeiten entlang definierter (programmierter) Bahnen im Arbeitsraum |
| **Programmierung** | |
| manuell | durch Lochstreifen oder Steckfelder (nur bei kleinen Datenmengen) |
| Teach-in-Verfahren | Punktsteuerung: Raumpunkte werden angefahren und abgespeichert |
| | Bahnsteuerung: Abfahren und Speichern der Roboter-Achsen-Bewegung |
| | (beide Formen leiden unter mangelnder Flexibilität) |
| Programmierung mit Computersprachen | beliebig änderbar; auf spezielle Anwendungen zugeschnitten |
| Sensorsteuerung | Roboter reagieren auf unterschiedliche Produktionsteile durch »Fühlen« |
| **Einsatzbereiche** | |
| Montage | Zusammenbau und Bestücken von Kleingeräten und Leiterplatinen |
| Glasieren, Beschichten, Lackieren | Produktion von Waschbecken, Kfz-Karosserien etc. |
| Entgraten | z.B. bei Gussteilen und Spritzgussteilen |
| Bahnschweißen | Schweißen mit dem Schweißbrenner |
| Punktschweißen | z.B. von Gehäusen aller Art |

## Integrierter EDV-Einsatz in der Industrie

| Begriff | Erläuterung |
|---|---|
| CAD (Computer Aided Design) | Rechnerunterstützte Entwicklung, Konstruktion und Zeichnungserstellung |
| CAM (Computer Aided Manufacturing) | EDV-unterstützte Steuerung und Überwachung der Produktionsmittel |
| | (Fertigungssteuerung und -überwachung durch Belegerstellung, Auftrags- |
| | verfolgung, Maschinen- und Personaleinsatzkontrolle) |
| CAD/CAM | Umfasst Integration der Produkttechnologie und informationstechnische |
| | Verkettung von CAD, CAP, CAM und CAQ |
| CAP (Computer Aided Planning) | Rechnergeleitete Arbeitsplanung (Fertigungs-, Montage-, Prüfvorbereitung) |
| CAQ (Computer Aided Quality Assurance) | Planung und Durchführung der Sicherung der Produktionsqualität |
| CAE (Computer Aided Engineering) | Zusammenfassung der Arbeiten in den Bereichen CAD, CAP, CAM und CAQ |
| PPS (Produktionsplanungs- und -steuerungssystem) | Planung, Steuerung, Überwachung der Produktionsabläufe (von Angebot bis Versand) unter Einbezug von Mengen-, Termin- und Kapazitätsvorgabe |
| CIM (Computer Integrated Manufacturing) | Alle Informationsprozesse und Produktionstechnologien sind hinsichtlich technischer und organisatorischer Funktionen zusammengefasst |
| CAO (Computer Aided Office) | Datenverarbeitung im kaufmännischen und Verwaltungsbereich |
| CAI (Computer Aided Industry) | Zusammenfassung von CIM und CAO zum umfassenden EDV-Konzept |

### Begriffsdefinition von CIM im Schaubild

## Natürliche und künstliche Faserstoffe

| Faserstoffe | Erläuterung |
|---|---|
| **Natürliche Faserstoffe** | |
| Tierische Faserstoffe (Eiweiß-Faserstoffe) | Hergestellt aus Schafwolle, Haaren (Kaninchen, Ziegen, Kamele); Seide von edlen und wilden Seidenraupen (zudem Spinnen- und Muschelseide) |
| Pflanzliche Faserstoffe (Zellulose-Faserstoffe) | Gewonnen aus Samenhaaren (Baumwolle, Kapok), Stängelfasern oder echten Bastfasern (Flachs, Hanf, Ramie, Nessel), Blattfasern (Manila, Alfagras), Fruchtfasern (Kokos) |
| Mineralische Faserstoffe | Asbest (Asbestfaser) |
| **Künstliche (synthetische) Faserstoffe** | |
| Regenerate | Erzeugt aus tierischen oder pflanzlichen Ausgangsstoffen; auch Faserstoffe aus Gummi und mineralischen Stoffen (Basalt, Lava, Glas) |
| Kunststoffe (Polymerisate) | Entstanden durch Polymerisation (Zusammentritt mehrerer Moleküle eines Stoffes zu einer neuen Verbindung), z.B. Faserstoffe aus Polyvinylchlorid oder Polyethylen |

## Formen der Textilverarbeitung

| Verarbeitungsform | Erläuterung |
|---|---|
| Spinnen | Technischer Ablauf der Fadenbildung vor dem Weben (Garnherstellung aus tierischen, pflanzlichen oder künstlichen Fasern); mit Handspindel und Tretspinnrad lässt sich in einem Arbeitsgang ein fester Faden bilden, beim Spinnen mit Maschinen in mehreren Arbeitsfolgen. Unterscheidung nach Material (Baumwoll-, Flachs-Spinnerei), nach herzustellendem Garn und Verfahren (Kammgarn-, Streichgarn-Spinnerei), nach verwendeter Spinnmaschine (Ring-, Selfaktor-, Trocken-, Nass-Spinnerei) |
| Weben | Gewebeherstellung mittels Webstuhl mit <br> – Fachbildevorrichtung (bewegt die Schäfte und teilt die längs gespannten Kettenfäden) <br> – Schlagvorrichtung (treibt den Schützen mit der Schussspule von einem Schützenkasten zum anderen) <br> – Lade (nimmt die beiden Schützenkästen und das Riet auf) <br> – Schussdichtenregler (zieht das Gewebe gleichmäßig weiter, so dass immer die gleiche Anzahl an Schussfäden eingetragen wird) <br> Unterscheidung nach Gewebeform (Breit-, Band-, Rundwebstühle), nach Fachbildevorrichtung (Exzenter-, Schaftmaschinen-, Jacquard-, Damastwebstühle), nach Gewebeart und Rohstoff (Baumwoll-, Seiden-, Woll-, Teppich-, Frottier-, Gardinenwebstühle) |
| Wirken | Über die Warenbreite verteilt werden mehrere Schleifen gebildet und so mehrere Maschen gleichzeitig hergestellt. Unterscheidung nach Flachwirken (Herstellen von Breitwirkwaren) und Rundwirken (Herstellung von Schlauchwirkwaren); nach Wirkwaren: <br> – Kulierware (ein Faden stellt alle Maschen in einer Reihe her) <br> – Kettenware (eine Vielzahl von Fäden (Kette) arbeitet nebeneinander) <br> – Strickware (größer als andere Wirkwaren, da durch Handstricken hergestellt) |

## Textilprüfung

| Prüfbereich | Kriterien |
|---|---|
| Äußere Merkmale | Glanz, Farbe, Weißgehalt, Faserkräuselung, Fadenrichtungen, Fadendichte, Schauseite der Gewebe |
| Abmessungen | Länge und Feinheit bei Fasern, Nummernbestimmung bei Halbzeugen und Garnen, Breiten-, Dicken- und Längenbestimmung bei Geweben sowie Flächengewichtsermittlung |
| Gewicht | Gewichtsanteile von Kette und Schuss bei Geweben |
| Material | Zusammensetzung, Struktur und Schädigung von Faserstoffen durch Faserstoffanalyse |
| sonstige Stoffe | Fremd- und Begleitstoffe (aufgebrachte, zurückgebliebene sowie Begleitsubstanzen) |
| Eigenschaften | physikalische und chemische Eigenschaften (Dichte, Isoliervermögen, Färbbarkeit, Knitter-, Druck-, Zug-, Biegeeigenschaften, Festigkeit, Elastizität, Widerstandsfähigkeit) |

# Textiltechnik

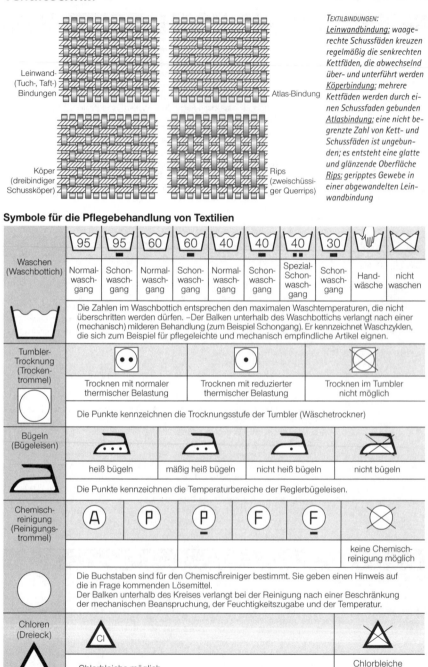

Leinwand-
(Tuch-, Taft-)
Bindungen

Köper
(dreibindiger
Schussköper)

Atlas-Bindung

Rips
(zweischüssi-
ger Querrips)

*TEXTILBINDUNGEN:*
*Leinwandbindung: waage-*
*rechte Schussfäden kreuzen*
*regelmäßig die senkrechten*
*Kettfäden, die abwechselnd*
*über- und unterführt werden*
*Köperbindung: mehrere*
*Kettfäden werden durch ei-*
*nen Schussfaden gebunden*
*Atlasbindung: eine nicht be-*
*grenzte Zahl von Kett- und*
*Schussfäden ist ungebun-*
*den; es entsteht eine glatte*
*und glänzende Oberfläche*
*Rips: geripptes Gewebe in*
*einer abgewandelten Lein-*
*wandbindung*

## Symbole für die Pflegebehandlung von Textilien

| Waschen (Waschbottich) | 95 | 95 | 60 | 60 | 40 | 40 | 40 | 30 | Handwäsche | nicht waschen |
|---|---|---|---|---|---|---|---|---|---|---|
| | Normal-wasch-gang | Schon-wasch-gang | Normal-wasch-gang | Schon-wasch-gang | Normal-wasch-gang | Schon-wasch-gang | Spezial-Schon-wasch-gang | Schon-wasch-gang | Handwäsche | nicht waschen |

Die Zahlen im Waschbottich entsprechen den maximalen Waschtemperaturen, die nicht überschritten werden dürfen. – Der Balken unterhalb des Waschbottichs verlangt nach einer (mechanisch) milderen Behandlung (zum Beispiel Schongang). Er kennzeichnet Waschzyklen, die sich zum Beispiel für pflegeleichte und mechanisch empfindliche Artikel eignen.

| Tumbler-Trocknung (Trocken-trommel) | Trocknen mit normaler thermischer Belastung | Trocknen mit reduzierter thermischer Belastung | Trocknen im Tumbler nicht möglich |
|---|---|---|---|

Die Punkte kennzeichnen die Trocknungsstufe der Tumbler (Wäschetrockner)

| Bügeln (Bügeleisen) | heiß bügeln | mäßig heiß bügeln | nicht heiß bügeln | nicht bügeln |
|---|---|---|---|---|

Die Punkte kennzeichnen die Temperaturbereiche der Reglerbügeleisen.

| Chemisch-reinigung (Reinigungs-trommel) | (A) | (P) | (P) | (F) | (F) | keine Chemisch-reinigung möglich |
|---|---|---|---|---|---|---|

Die Buchstaben sind für den Chemischreiniger bestimmt. Sie geben einen Hinweis auf die in Frage kommenden Lösemittel.
Der Balken unterhalb des Kreises verlangt bei der Reinigung nach einer Beschränkung der mechanischen Beanspruchung, der Feuchtigkeitszugabe und der Temperatur.

| Chloren (Dreieck) | Chlorbleiche möglich | Chlorbleiche nicht möglich |
|---|---|---|

| Feinheit und Nummer | | Chemische Reinigungsarten | |
|---|---|---|---|
| Feinheitsmaß | Längenbezogene Masse (Verhältnis von Masse zu Länge) Einheit: tex; 1 tex = 1 g/1 km; verwendet für Garne und Vorgarne | Trockenwäsche | Wäsche in organischen Lösungsmitteln |
| | Einheit: mtex (Millitex); 1 mtex = 1 mg/1 km; verwendet für Fasern | Lösungsmittel | Perchlorethylen, Trichlorethylen, Tetrachlorkohlenstoff, Benzin, jeweils mit Reinigungsverstärkern (grenzflächenaktive Substanzen) |
| | Einheit: ktex (Kilotex); 1 ktex = 1 kg/1 km; verwendet für Karden-, Streckbänder, Kammzüge | Chemisch-, Vollreinigung | 1.) Vorsortieren des Reinigungsgutes (Faserart, Farbe, Verschmutzung) 2.) Wahl von Reinigungsverfahren und Lösungsmittel 3.) Grundbehandlung in Reinigungsmaschine 4.) Nachbehandlung zur Fleckenentfernung (Detachieren) 5.) Aufarbeiten (Dämpfen, Bügeln) 6.) Imprägnieren (ggf.) |
| Gewichtsnummer (Titer) | Internationaler (legaler) Titer Einheit: td; 1 td = 0,05 g*/450 m = 1 g/9 km; | | |
| | Einheit: grex (Dezimaltiter); 1 grex = 1 g/10 km; | Kleiderbad (Einfachreinigung) | 1.) Vorsortierung nach Faserart und Farbe 2.) Grundbehandlung in Reinigungsmaschine 3.) Beseitigung leicht entfernbarer Flecken; hartnäckige Flecken werden nicht entfernt 4.) Aufarbeiten (Dämpfen, Bügeln) |
| | Einheit: kgrex (Kilogrex); 1 kgrex = 1 kg/10 km = 1 g/10 m | | |
| Längennummer | (Verhältnis von Länge zu Gewicht); metrische Nummer Einheit: Nm; 1 Nm = Länge in m/Gewicht in g | | |
| Engl. Nummern | Baumwollnummer ($Ne_B$); 840 yd/1 lb Leinennummer ($Ne_L$); 300 yd/1 lb Kammgarnnummer ($Ne_K$); 500 yd/1 lb Streichgarnnummer ($Ne_W$); 256 yd/1 lb | Automaten-, Münzreinigung | Grundbehandlung in Reinigungsmaschine (oft in Selbstbedienung); es werden keine Flecken entfernt, es erfolgt auch kein Dämpfen oder Bügeln |
| Franz. Nummer | (Nf); 1 km/0,5 kg | | |

* 0,05 g = italienische Gewichtseinheit Denier (den)

Bei der chemischen Reinigung ist insbesondere darauf zu achten, dass das zu behandelnde Kleidungsstück farbecht ist. Bei nicht farbechten Kleidungsstücken besteht die Gefahr des Abfärbens, Verfärbens und Ausbleichens.

◄ **Über die Textilpflegekennzeichen**

Um im Haushalt oder in Reinigungsbetrieben die richtige Behandlung von Textilien zu erleichtern, wurden auf Grund von internationalen Vereinbarungen Symbole mit entsprechenden Hinweisen geschaffen.
Es gibt vier Grundsymbole:
1.) Für das Waschen ein Bottich mit Temperaturangabe
2.) Für das Chloren (Waschen unter Zusatz von Chlorlauge) ein Dreieck mit den Buchstaben Cl
3.) Für das Bügeln ein Bügeleisen mit Einstellungsangabe
4.) Für das chemische Reinigen eine Reinigungstrommel (Kreis) mit Reinigungsmittelhinweis. Der Kreis sagt dem Verbraucher, dass chemisch gereinigt werden kann; die Buchstaben geben Hinweise auf die Reinigungsart.

Verträgt eine Ware eine Behandlungsart nicht, ist das entsprechende Symbol durchgestrichen. Die Kennzeichnung von Kleidungsstücken mit solchen Etiketten durch die Textilhersteller ist freiwillig.

355

# Kfz-Technik

| | |
|---|---|
| 1769 | Erster Dampfwagen des Franzosen Joseph Cugnot |
| 1827 | Stanislaus Baudry stellt die ersten (von Pferden gezogenen) Busse vor |
| 1859 | Jean Lenoir konstruiert einen direkt wirkenden Gasmotor mit elektrischer Zündung |
| 1876 | Nikolaus Otto entwickelt den Viertaktgasmotor mit Verdichtung |
| 1885 | Carl Benz und Gottlieb Daimler entwickeln einen Verbrennungsmotor und bauen die ersten Motorräder und Automobile |
| 1892 | Rudolf Diesel erfindet den »Selbstzünder« oder Dieselmotor |
| 1901 | Bau des ersten Automobils mit Frontantrieb (in Frankreich) |
| 1902 | Robert Bosch erfindet die Zündkerze; Louis Renault erfindet Trommelbremsen für Automobile |
| 1903 | Bau des ersten Automobils mit Vierradantrieb (in den Niederlanden); in Frankreich Patent auf einen Sicherheitsgurt |
| 1904 | Die Firma Michelin bringt den luftgefüllten Reifen für Automobile auf den Markt |
| 1905 | Omnibusse mit Benzinmotoren verkehren in London; Einführung von splitterfreiem Sicherheitsglas für Windschutzscheiben bei Kraftfahrzeugen; erste Stoßstangen in Großbritannien montiert |
| 1908 | Henry Ford stellt sein Ford-Modell T vor; erster Zwölfzylinder für einen Personenkraftwagen wird in den USA präsentiert |
| 1909 | Erstmals wird eine Beheizung des Innenraums in amerikanischen Pkw angeboten |
| 1910 | Hermann Föttinger erfindet ein automatisches Getriebe für Kraftfahrzeuge |
| 1912 | Cadillac baut Autos mit elektrischem Anlasser und Elektrobeleuchtung |
| 1913 | Per Seilzug betriebene Blinker werden in den USA vorgestellt |
| 1916 | Die Firma Dodge bringt die ersten Kraftfahrzeuge mit Vollstahlkarosserie auf den Markt; erste Autos mit Scheibenwischer |
| 1919 | Einführung des ersten Kraftfahrzeugs aus Massenproduktion in Europa (Citroën Typ A) |
| 1920 | Hydropneumatische Federung in Frankreich erfunden |
| 1921 | Die Firma Duesenberg baut Kraftfahrzeuge mit hydraulischen Bremsen; erste elektrische Scheibenwischer |
| 1923 | Die Firma Benz beginnt mit dem Bau von Diesel-Lkw |
| 1924 | Eröffnung der Autostrada zwischen Mailand und Varese in Italien |
| 1926 | In Frankreich wird der Allradantrieb entwickelt |
| 1929 | Die Firma Cadillac bringt Fahrzeuge mit Synchrongetrieben auf den Markt |
| 1934 | Bau von Kraftfahrzeugen mit selbst tragender Karosserie durch Citroën; erstmals Frontantrieb in Frankreich erprobt |
| 1935 | Eröffnung des ersten Autobahnabschnitts in Deutschland zwischen Frankfurt/M. und Darmstadt |
| 1936 | Mercedes produziert den ersten mit Diesel betriebenen Serienwagen (260D); Fiat führt sein Babyauto, den Topolino, ein |
| 1937 | Die Firma Chrysler bringt Personenwagen mit Automatik-Getriebe auf den Markt |
| 1938 | Ferdinand Porsche stellt den Prototypen des VW-Käfers vor |
| 1940 | Eröffnung des ersten Motorways in den USA, der Pennsylvania Turnpike (durch die Appalachen); US-Armee setzt einen Allzweck-Jeep mit Vierradantrieb ein |
| 1947 | Die Firma Goodyear bringt schlauchlose Autoreifen auf den Markt |
| 1948 | Jaguar stellt den Sportwagen XK120 auf den Markt |
| 1950 | Die Firma Rover baut den ersten Kraftwagen mit Gasturbinenantrieb; die Firma Chrysler stellt die Servolenkung vor |
| 1963 | Bau des ersten Kraftwagens mit Wankelmotor in Japan |
| 1966 | Einführung von Benzineinspritzmotoren (Großbritannien) |
| 1973 | In den USA werden Abgaskatalysatoren in Autos eingebaut |
| 1974 | In vielen Ländern sind Elektroautos in der Testphase (Deutschland: seit 1974 bei Daimler-Benz) |
| 1977 | Elektronisch gesteuerte optimale Benzineinspritzung bei VW-Modellen |
| 1982 | Die Firma Bosch entwickelt das Antiblockiersystem (ABS) |
| 1983 | In Deutschland kommen die ersten Kat-Autos auf den Markt |
| 1985 | In Japan wird ein Bordcomputer für Autos entwickelt; er zeigt automatisch Fehler und Wartungsbedarf an |
| 1988 | Einführung von bleifreiem Benzin in der Europäischen Gemeinschaft |
| 1989 | Ausstellung von solargetriebenen Automobilen in Deutschland; in den USA geht der Airbag in Serie |
| 1995 | Autos mit sprechender Einparkhilfe kommen auf den Markt |
| 1996 | Navigationshilfen mittels sprechender Computer erleichtern die Suche von Straßen und Adressen |
| 1997 | Dreiliterauto in einigen Ländern in der Entwicklungsphase |

## Verbrennungsmotoren

### Zweitaktmotor

Arbeitsweise: 2 Kolbenwege = 1 Arbeitsleistung

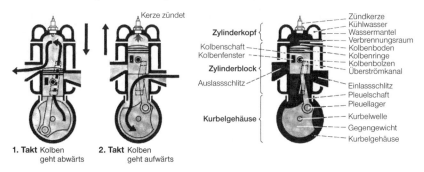

**1. Takt** Kolben geht abwärts   **2. Takt** Kolben geht aufwärts

### Viertaktmotor

Arbeitsweise: 4 Kolbenwege = 1 Arbeitsleistung

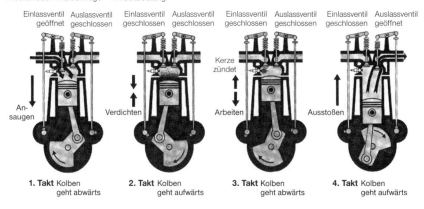

| Einlassventil geöffnet | Auslassventil geschlossen | Einlassventil geschlossen | Auslassventil geschlossen | Einlassventil geschlossen | Auslassventil geschlossen | Einlassventil geschlossen | Auslassventil geöffnet |
|---|---|---|---|---|---|---|---|

An-saugen   Verdichten   Arbeiten   Ausstoßen

**1. Takt** Kolben geht abwärts   **2. Takt** Kolben geht aufwärts   **3. Takt** Kolben geht abwärts   **4. Takt** Kolben geht aufwärts

### Wankelmotor

Der Wankelmotor führt alle Arbeitstakte, die auch ein Viertaktmotor hat, bei einer einzigen Umdrehung dreimal aus, so dass jeder Leerlauf vermieden und dadurch Kraftstoff gespart wird

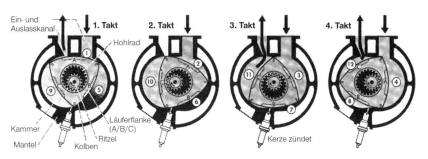

1-4 Ansaugen  5-7 Verdichten, Zündung  8-10 Arbeitshub (Verbrennung)  11-12 Ausschieben

# Kfz-Technik

## Abgas- und Schwefelgrenzwerte für Kfz in der EU

| Fahrzeug | Schadstoff | ab 1997 (Euro II) | ab 2000 (Euro III) | ab 2005 (Euro IV) |
|---|---|---|---|---|
| **Pkw (bei Dieselmotoren auch Klein-Lkw)** | | | | |
| Benzinmotor | Schwefel im Benzin | 0,5‰ | 0,15‰ | 0,05‰ |
| | Stickoxid[1] | 0,252 | 0,14 | 0,07 |
| | Kohlenmonoxid[1] | 2,7 | 1,5 | 0,7 |
| | Kohlenwasserstoff[1] | 0,341 | 0,17 | 0,08 |
| Dieselmotor | Schwefel im Diesel | 0,5‰ | 0,35‰ | 0,05‰ |
| | Stickoxid[1] | 0,7 | 0,5 | 0,25 |
| | Kohlenmonoxid[1] | 1,0 | 0,6 | 0,47 |
| | Ruß- und andere Partikel[1] | 0,08 | 0,05 | 0,025 |
| **Lkw und Busse ab 3,5 t** | | | | |
| | Stickoxid[2] | 7,0 | 5,0 | 3,5 |
| | Kohlenmonoxid[2] | 4,0 | 2,1 | 1,5 |
| | Kohlenwasserstoff[2] | 1,1 | 0,66 | 0,46 |
| | Ruß- und andere Partikel[2] | 0,15 | 0,1 | 0,02 |

[1] in g pro Kilometer
[2] in g pro kWh Motorleistung

## Schnitt durch eine Zündkerze

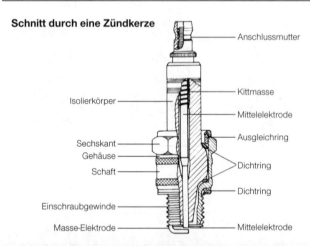

Anschlussmutter

Kittmasse

Mittelelektrode

Isolierkörper

Ausgleichring

Sechskant

Gehäuse

Dichtring

Schaft

Dichtring

Einschraubgewinde

Masse-Elektrode

Mittelelektrode

## »Zündkerzengesicht«

| Zustand | Aussehen | Ursache |
|---|---|---|
| normal | Isolatorfuß graugelb bis braun | Wärmezustand der Kerze richtig; Motor in Ordnung |
| verrußt | samtartiger, stumpfschwarzer Rußbelag auf Elektroden, Isolatorfuß und Gehäuseinnerem | Gemisch zu fett, Luftmangel, Elektrodenabstand zu groß; Wärmewert der Zündkerze zu hoch |
| verölt | Belag von feuchter Ölkohle und Ruß auf Elektroden, Isolatorfuß und Kerzengehäuse | zu viel Öl im Verbrennungsraum, bei Zweitaktmotoren zu viel Öl im Gemisch, ausgelaufene Zylinder und Kolbenringe |
| überhitzt | Schmelzperlen auf Isolatorfuß, angefressene Elektroden, Belagbildung aus Bleiverbindungen | Gemisch zu mager, Zündkerze undicht oder lose, schlecht schließende Ventile; Wärmewert zu niedrig |

## Säuredichte und Frostsicherheit bei Batterien

| Ladezustand | Ladezustand |
|---|---|
| **Säuredichte kg/l** | **Frostsicherheit** |
| – voll geladen    1,28 | – voll geladen    –65 °C |
| – halb geladen    1,20 | – halb geladen    –27 °C |
| – entladen    1,12 | – entladen    –10 °C |

### ▲  Über den Ladezustand

Die Säuredichte einer Bleibatterie ist ein Maß für den Ladezustand. Mit steigender Ladung erhöht sich die Dichte. Die Messung ist auf 20° C Säuretemperatur bezogen. Eine Temperaturerhöhung hat eine Verringerung, eine Temperaturerniedrigung eine Erhöhung der Säuredichte zur Folge – einer Temperaturänderung von 14° C entspricht eine Änderung der Säuredichte von 0,01 kg/l.

### Über die Frostsicherheit  ▲

Voll aufgeladene Batterien sind im Allgemeinen völlig frostsicher. Mit sinkendem Ladezustand erhöht sich die Gefahr des Gefrierens. Eine gefrorene Batterie kann platzen und dadurch unbrauchbar werden. Vor dem Laden einer gefrorenen Batterie muss diese erst aufgetaut werden. Dazu sollte die Batterie aus dem Wagen ausgebaut und in einen beheizten Raum mitgenommen werden.

## Temperatureinfluss auf Leistung von Kfz-Batterien

| Temperatur (in °C) | Batteriekapazität* | Verhältnis zur Nennkapazität |
|---|---|---|
| +30 | 39,5 Ah | 104% |
| +27 | 38,0 Ah | 100% |
| +20 | 36,5 Ah | 96% |
| +10 | 33,0 Ah | 87% |
| 0 | 27,0 Ah | 72% |
| –10 | 21,5 Ah | 57% |
| –20 | 16,0 Ah | 42% |

\* Eine voll geladene Batterie gibt bei der Normtemperatur von 27 °C ihre volle Leistung ab, hier eine 12 V/38 Ah-Batterie (Ah = Ampère-Stunden)

### Die Lichtmaschine

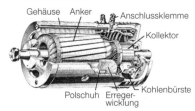

Gehäuse   Anker   Anschlussklemme
Kollektor
Kohlenbürste
Polschuh   Erregerwicklung

### ▲  Über die Lichtmaschine

Die Lichtmaschine ist ein elektrischer Generator, der den Strom erzeugt und bei laufendem Motor die Stromverbraucher versorgt.
Als Stromspeicher dient die Batterie, die auch Spannungsspitzen ausgleicht.
Die Lichtmaschine wird vom Motor angetrieben.

## Leistungsbedarf der Pkw-Stromverbraucher

| | |
|---|---|
| Abblendlicht | bis 55 W |
| Anlasser | 0,8 – 3 kW |
| Batteriezündung | 15 W |
| Blinkleuchten | je 18 W |
| Bremsleuchten | je 21 W |
| Deckenleuchten | je 5 W |
| Fernlicht | bis 60 W |
| Heckscheibenheizung | 100 W |
| Heizungsgebläse | 20 – 60 W |
| Hupe, Fanfaren | je 25 – 40 W |
| Instrumentenleuchten | je 2 W |
| Kennzeichenleuchte | 10 W |
| Nebelscheinwerfer | bis 55 W |
| Nebelschlussleuchte | 21 W |
| Parkleuchte | 3 – 5 W |
| Radio | 10 – 15 W |
| Rückfahrscheinwerfer | je 21 W |
| Scheibenwischer | 15 – 25 W |
| Schlussleuchten | 5 – 10 W |
| Zigarettenanzünder | 100 W |

**359**

# Kfz-Technik

## Aufbau und Funktion eines Katalysators

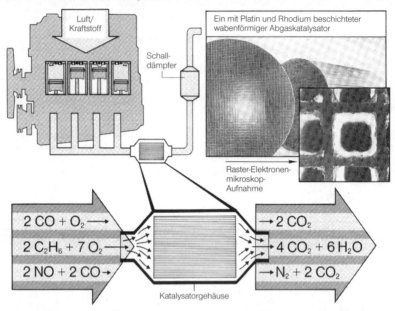

Luft/ Kraftstoff

Schalldämpfer

Ein mit Platin und Rhodium beschichteter wabenförmiger Abgaskatalysator

Raster-Elektronen-mikroskop-Aufnahme

$$2\,CO + O_2 \longrightarrow \quad \longrightarrow 2\,CO_2$$
$$2\,C_2H_6 + 7\,O_2 \longrightarrow \quad \longrightarrow 4\,CO_2 + 6\,H_2O$$
$$2\,NO + 2\,CO \longrightarrow \quad \longrightarrow N_2 + 2\,CO_2$$

Katalysatorgehäuse

▼ **Über den Anlasser**

Der Anlasser ist ein elektrischer Hilfsmotor, um einen Verbrennungsmotor in Gang zu setzen. Er bekommt von der Batterie den Strom. Das von ihm erzeugte Drehmoment wird durch ein Ritzel auf einen Zahnkranz am Schwungrad des Motors übertragen.

**Über den Katalysator** ▲

Im Kraftfahrzeug dient der Katalysator der Abgasreinigung. Der abgebildete Katalysator ist ein Keramik-Monolith-Katalysator aus hochtemperaturbeständigem Magnesium-Aluminium-Silicat als Trägermaterial.

### Der Anlasser

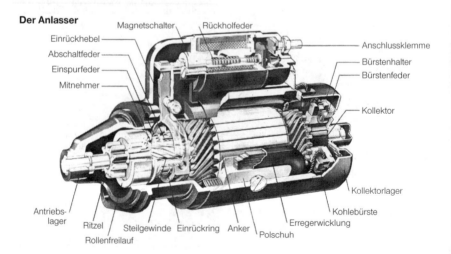

Magnetschalter, Rückholfeder
Einrückhebel
Abschaltfeder
Einspurfeder
Mitnehmer
Anschlussklemme
Bürstenhalter
Bürstenfeder
Kollektor
Kollektorlager
Antriebslager
Ritzel
Rollenfreilauf
Steilgewinde
Einrückring
Anker
Polschuh
Erregerwicklung
Kohlebürste

## Abgas-Katalysatoren

| Katalysator | Erläuterung |
|---|---|
| CO/HC-Katalysator | CO (Kohlenmonoxid) und HC (Kohlenwasserstoff) werden durch Verbrennung (Oxidation mit Sauerstoff) in $CO_2$ (Kohlendioxid) und Wasser ($H_2O$) umgewandelt; der Stickoxidgehalt der Abgase bleibt jedoch erhalten $$2CO + O_2 \rightarrow 2CO_2$$ $$2C_2H_6 + 7O_2 \rightarrow 4CO_2 + 6H_2O$$ |
| Reduktions-Katalysator | Stickoxiden wird Sauerstoff entzogen; als Reduktionsmittel dient Kohlenmonoxid. In sauerstoffarmer Atmosphäre am Katalysator wird NO zu Stickstoff reduziert; CO oxidiert zu $CO_2$ $$2NO + 2CO \rightarrow N_2 + 2CO_2$$ |
| Doppelbett-Katalysator | besteht aus hintereinander angeordneten CO/HC- und Reduktions-Katalysatoren (weitergehende Abgasentgiftung) |
| Einbett-Dreiwege-Katalysator | gleichzeitige Reduktion und Oxidation; die Abgasstoffe CO, HC und $NO_x$ werden umgesetzt (Dreiwege). Reduziert unverbrannte Kohlenwasserstoffe (HC) zu etwa 80%, Kohlenmonoxid (CO) zu etwa 85%, Stickoxide ($NO_x$) zu etwa 70% |

## Internationale Kfz-Kennzeichen

| | | | | | | | |
|---|---|---|---|---|---|---|---|
| A | Österreich | ER | Eritrea | KSA | Saudi-Arabien | | |
| AFG | Afghanistan | ES | El Salvador | KWT | Kuwait | | |
| AL | Albanien | EST | Estland | KZ | Kasachstan | | |
| AND | Andorra | ET | Ägypten | L | Luxemburg | | |
| ANG | Angola | ETH | Äthiopien | LAO | Laos | | |
| AUS | Australien | F | Frankreich | LS | Lesotho | | |
| AZ | Aserbaidschan | FIN | Finnland | LT | Litauen | | |
| B | Belgien | FJI | Fidschi | LV | Lettland | | |
| BD | Bangladesch | FL | Liechtenstein | M | Malta | | |
| BDS | Barbados | FR | Färöer | MA | Marokko | | |
| BF | Burkina Faso | GB | Großbritannien | MAL | Malaysia | | |
| BG | Bulgarien | GBA | Alderney | MC | Monaco | | |
| BH | Belize | GBG | Guernsey | MD | Moldova | | |
| BIH | Bosnien-Herzegowina | GBJ | Jersey | MEX | Mexiko | | |
| BOL | Bolivien | GBM | Isle of Man | MGL | Mongolei | | |
| BR | Brasilien | GBZ | Gibraltar | MK | Mazedonien | | |
| BRN | Bahrain | GCA | Guatemala | MOC | Mosambik | | |
| BRU | Brunei | GE | Georgien | MS | Mauritius | | |
| BS | Bahamas | GH | Ghana | MW | Malawi | | |
| BY | Weißrussland | GR | Griechenland | MYA | Myanmar | | |
| C | Kuba | GUY | Guyana | N | Norwegen | | |
| CDN | Kanada | H | Ungarn | NA | Niederländ. Antillen | | |
| CH | Schweiz | HK | Hongkong | NAM | Namibia | | |
| CI | Côte d'Ivoire | HN | Honduras | NIC | Nicaragua | | |
| CO | Kolumbien | HR | Kroatien | NL | Niederlande | | |
| CR | Costa Rica | I | Italien | NZ | Neuseeland | | |
| CY | Zypern | IL | Israel | OM | Oman | | |
| CZ | Tschechische Republik | IND | Indien | P | Portugal | | |
| D | Deutschland | IR | Iran | PA | Panama | | |
| DK | Dänemark | IRL | Irland | PE | Peru | | |
| DOM | Dominikanische Rep. | IRQ | Irak | PK | Pakistan | | |
| DZ | Algerien | IS | Island | PL | Polen | | |
| E | Spanien | J | Japan | PY | Paraguay | | |
| EAK | Kenia | JA | Jamaika | Q | Katar | | |
| EAT | Tansania | JOR | Jordanien | RA | Argentinien | | |
| EAU | Uganda | K | Kambodscha | RB | Botsuana | | |
| EC | Ecuador | KS | Kirgisistan | RC | China (Taiwan) | | |

⇒ S. 362

# Straßenverkehr

| | | | | | | | |
|---|---|---|---|---|---|---|---|
| RCA | Zentralafrik. Republik | S | Schweden | USA | Ver. Staaten v. Amerika |
| RCB | Kongo | SD | Swasiland | UZ | Usbekistan |
| RCH | Chile | SGP | Singapur | V | Vatikanstadt |
| RH | Haiti | SK | Slowakische Republik | VN | Vietnam |
| RI | Indonesien | SLO | Slowenien | WAG | Gambia |
| RIM | Mauretanien | SME | Suriname | WAL | Sierra Leone |
| RL | Libanon | SN | Senegal | WAN | Nigeria |
| RM | Madagaskar | SP | Somalia | WD | Dominica |
| RMM | Mali | SY | Seychellen | WG | Grenada |
| RN | Niger | SYR | Syrien | WL | Santa Lucia |
| RO | Rumänien | THA | Thailand | WS | Samoa |
| ROK | Korea, Süd | TJ | Tadschikistan | WV | St. Vincent/Grenadinen |
| ROU | Uruguay | TM | Turkmenistan | YU | Jugoslawien |
| RP | Philippinen | TN | Tunesien | YV | Venezuela |
| RSM | San Marino | TR | Türkei | Z | Sambia |
| RT | Togo | TT | Trinidad und Tobago | ZA | Südafrika |
| RUS | Russland | UA | Ukraine | ZRE | Dem. Rep. Kongo |
| RWA | Ruanda | UAE | Verein. Arab. Emirate | ZW | Simbabwe |

## Deutsche Kfz-Kennzeichen

| | | | | | |
|---|---|---|---|---|---|
| A | Augsburg | BÖ | Bördekreis | DLG | Dillingen an der Donau |
| AA | Ostalbkreis (Aalen) | BOR | Borken | DM | Demmin |
| AB | Aschaffenburg | BOT | Bottrop | DN | Düren |
| ABG | Altenburger Land | BRA | Wesermarsch (Brake) | DO | Dortmund |
| AC | Aachen | BRB | Brandenburg | DON | Donau-Ries |
| AIC | Aichach-Friedberg | BS | Braunschweig | DU | Duisburg |
| AK | Altenkirchen Westerwald | BT | Bayreuth | DÜW | Bad Dürkheim Weinstraße |
| AM | Amberg | BTF | Bitterfeld | DW | Weißeritzkreis (Dippoldis- |
| AN | Ansbach | BÜS | Kreis Konstanz (Büsingen) | | walde) |
| ANA | Annaberg | BM | Erftkreis (Bergheim) | DZ | Delitzsch |
| AÖ | Altötting | BZ | Bautzen | | |
| AP | Weimarer Land (Apolda) | | | E | Essen |
| AS | Amberg-Sulzbach | C | Chemnitz | EA | Eisenach |
| ASL | Aschersleben-Staßfurt | CB | Cottbus | EBE | Ebersberg |
| ASZ | Aue-Schwarzenberg | CE | Celle | ED | Erding |
| AUR | Aurich | CHA | Cham | EE | Elbe-Elster-Kreis |
| AW | Ahrweiler | CLP | Cloppenburg | EF | Erfurt |
| AZ | Alzey-Worms | CO | Coburg | EI | Eichstätt |
| AZE | Anhalt-Zerbst | COC | Cochem-Zell | EIC | Eichsfeld |
| | | COE | Coesfeld | EL | Emsland |
| B | Berlin | CUX | Cuxhaven | EM | Emmendingen |
| BA | Bamberg | CW | Calw | EMD | Emden |
| BAD | Baden-Baden | | | EMS | Rhein-Lahn-Kreis/ |
| BAR | Barnim | D | Düsseldorf | | Lahnstein (Bad Ems) |
| BB | Böblingen | DA | Darmstadt/Darmstadt- | EN | Ennepe-Ruhr-Kreis |
| BBG | Bernburg | | Dieburg | ER | Erlangen |
| BC | Biberach/Riß | DAH | Dachau | ERB | Odenwaldkreis (Erbach) |
| BGL | Berchtesgadener Land | DAN | Lüchow-Dannenberg | ERH | Erlangen-Höchstadt |
| BI | Bielefeld | DAU | Daun | ES | Esslingen |
| BIR | Birkenfeld Nahe/Idar- | DBR | Bad Doberan | ESW | Werra-Meißner-Kreis |
| | Oberstein | DD | Dresden | | (Eschwege) |
| BIT | Bitburg-Prüm | DE | Dessau | EU | Euskirchen |
| BL | Zollernalbkreis (Balingen) | DEG | Deggendorf | | |
| BLK | Burgenlandkreis | DEL | Delmenhorst | F | Frankfurt am Main |
| BM | Erftkreis (Bergheim) | DGF | Dingolfing-Landau | FB | Wetteraukreis (Friedberg) |
| BN | Bonn | DH | Diepholz | FD | Fulda |
| BO | Bochum | DL | Döbeln | FDS | Freudenstadt |

| | | | | | |
|---|---|---|---|---|---|
| FF | Frankfurt an der Oder | HL | Hansestadt Lübeck | LB | Ludwigsburg |
| FFB | Fürstenfeldbruck | HM | Hameln-Pyrmont | LD | Landau |
| FG | Freiberg | HN | Heilbronn, Neckar | LDK | Lahn-Dill-Kreis |
| FL | Flensburg | HO | Hof | LDS | Landkreis Dahme-Spreewald |
| FN | Bodenseekreis (Friedrichs-hafen) | HOL | Holzminden | LER | Leer |
| | | HOM | Saarpfalz-Kreis (Homburg Saar) | LEV | Leverkusen |
| FO | Forchheim | | | LG | Lüneburg |
| FR | Freiburg/Breisgau-Hochschwarzwald | HP | Bergstraße (Heppenheim) | LI | Lindau am Bodensee |
| | | HR | Schwalm-Eder-Kreis (Homberg) | LIF | Lichtenfels |
| FRG | Freyung-Grafenau | | | LIP | Lippe |
| FRI | Friesland | HRO | Hansestadt Rostock | LL | Landsberg am Lech |
| FS | Freising | HS | Heinsberg | LM | Limburg-Weilburg |
| FT | Frankenthal Pfalz | HSK | Hochsauerlandkreis | LÖ | Lörrach |
| FÜ | Fürth | HST | Hansestadt Stralsund | LOS | Landkreis Oder-Spree |
| | | HU | Main-Kinzig-Kreis (Hanau) | LU | Ludwigshafen |
| G | Gera | HVL | Havelland | LWL | Ludwigslust |
| GAP | Garmisch-Partenkirchen | HWI | Hansestadt Wismar | | |
| GC | Chemnitzer Land (Glauchau) | HX | Höxter | M | München |
| GE | Gelsenkirchen | HY | Hoyerswerda | MA | Mannheim |
| GER | Germersheim | | | MB | Miesbach |
| GF | Gifhorn | IGB | St. Ingbert | MD | Magdeburg |
| GG | Groß-Gerau | IK | Ilm-Kreis | ME | Mettmann |
| GI | Gießen | IN | Ingolstadt | MEI | Meißen |
| GL | Rheinisch-Berg. Kreis (Berg. Gladbach) | IZ | Steinburg (Itzehoe) | MEK | Mittlerer Erzgebirgskreis |
| | | | | MG | Mönchengladbach |
| GM | Oberbergischer Kreis (Gummersbach) | J | Jena | MH | Mülheim an der Ruhr |
| | | JL | Jerichower Land | MI | Minden-Lübbecke |
| GÖ | Göttingen | | | MIL | Miltenberg |
| GP | Göppingen | K | Köln | MK | Märkischer Kreis |
| GR | Görlitz | KA | Karlsruhe | ML | Mansfelder Land |
| GRZ | Greiz | KB | Waldeck-Frankenberg (Korbach) | MM | Memmingen |
| GS | Goslar | | | MN | Unterallgäu (Mindelheim) |
| GT | Gütersloh | KC | Kronach | MOL | Märkisch-Oderland |
| GTH | Gotha | KE | Kempten | MOS | Neckar-Odenwald-Kreis (Mosbach) |
| GÜ | Güstrow | KEH | Kelheim | | |
| GZ | Günzburg | KF | Kaufbeuren | MQ | Merseburg-Querfurt |
| | | KG | Bad Kissingen | MR | Marburg-Biedenkopf |
| H | Hannover | KH | Bad Kreuznach | MS | Münster |
| HA | Hagen | KI | Kiel | MSP | Main-Spessart-Kreis |
| HAL | Halle | KIB | Donnersbergkreis (Kirch-heimbolanden) | MST | Mecklenburg-Strelitz |
| HAM | Hamm | | | MTK | Main-Taunus-Kreis |
| HAS | Haßberge | KL | Kaiserslautern | MTL | Muldentalkreis |
| HB | Hansestadt Bremen/Bremerhaven | KLE | Kleve | MÜ | Mühldorf am Inn |
| | | KM | Kamenz | MÜR | Müritz |
| HBN | Hildburghausen | KN | Konstanz | MW | Mittweida |
| HBS | Halberstadt | KO | Koblenz | MYK | Mayen-Koblenz/Andernach |
| HD | Heidelberg/Rhein-Neckar-Kreis | KÖT | Köthen | MZ | Mainz/Mainz-Bingen |
| | | KR | Krefeld | MZG | Merzig-Wadern |
| HDH | Heidenheim Brenz | KS | Kassel | | |
| HE | Helmstedt | KT | Kitzingen | N | Nürnberg |
| HEF | Hersfeld-Rotenburg | KU | Kulmbach | NB | Neubrandenburg |
| HEI | Dithmarschen (Heide/Holst.) | KÜN | Hohenlohekreis (Künzelsau) | ND | Neuburg/Donau-Schrobenhausen |
| HER | Herne | KUS | Kusel | | |
| HF | Herford | KYF | Kyffhäuserkreis | NDH | Nordhausen |
| HG | Hochtaunuskreis (Bad Homburg) | | | NE | Neuss |
| | | L | Leipzig/Leipziger Land | NEA | Neustadt a. d. Aisch-Bad Windsheim |
| HGW | Hansestadt Greifswald | LA | Landshut | | |
| HH | Hansestadt Hamburg | LAU | Nürnberger Land (Lauf a. d. Pegnitz) | NES | Rhön-Grabfeld (Bad Neu-stadt/Saale) |
| HI | Hildesheim | | | | |

⇒ S. 364

**363**

# Straßenverkehr

| | | | | | | | |
|---|---|---|---|---|---|---|---|
| NEW | Neustadt a. d. Waldnaab | | RH | Roth | | TO | Torgau-Oschatz |
| NF | Nordfriesland | | RO | Rosenheim | | TÖL | Bad Tölz-Wolfratshausen |
| NI | Nienburg Weser | | ROW | Rotenburg Wümme | | TR | Trier/Trier-Saarburg |
| NK | Neunkirchen Saar | | RS | Remscheid | | TS | Traunstein |
| NM | Neumarkt in der Oberpfalz | | RT | Reutlingen | | TÜ | Tübingen |
| NMS | Neumünster | | RÜD | Rheingau-Taunus-Kreis | | TUT | Tuttlingen |
| NOH | Grafschaft Bentheim | | | (Rüdesheim) | | | |
| | (Nordhorn) | | RÜG | Rügen | | UE | Uelzen |
| NOL | Niederschlesischer Ober- | | RV | Ravensburg | | UER | Uecker-Randow |
| | lausitzkreis | | RW | Rottweil | | UH | Unstrut-Hainich-Kreis |
| NOM | Northeim | | RZ | Herzogtum Lauenburg | | UL | Ulm Donau/Alb-Donau- |
| NR | Neuwied Rhein | | | (Ratzeburg) | | | Kreis |
| NU | Neu-Ulm | | | | | UM | Uckermark |
| NVP | Nordvorpommern | | S | Stuttgart | | UN | Unna |
| NW | Neustadt Weinstraße | | SAD | Schwandorf | | | |
| NWM | Nordwestmecklenburg | | SAW | Altmarkkreis Salzwedel | | V | Vogtlandkreis |
| | | | SB | Saarbrücken | | VB | Vogelsbergkreis |
| OA | Oberallgäu | | SBK | Schönebeck | | VEC | Vechta |
| OAL | Ostallgäu | | SC | Schwabach | | VER | Verden |
| OB | Oberhausen | | SDL | Stendal | | VIE | Viersen |
| OD | Stormarn (Bad Oldesloe) | | SE | Segeberg | | VK | Völklingen |
| OE | Olpe | | SFA | Soltau-Fallingbostel | | VS | Schwarzwald-Baar-Kreis |
| OF | Offenbach am Main | | SG | Solingen | | | (Villingen-Schwenningen) |
| OG | Ortenaukreis (Offenburg) | | SGH | Sangerhausen | | | |
| OH | Ostholstein | | SHA | Schwäbisch Hall | | W | Wuppertal |
| OHA | Osterode Harz | | SHG | Schaumburg | | WAF | Warendorf |
| OHV | Oberhavel | | SHK | Saale-Holzlandkreis | | WAK | Wartburgkreis |
| OHZ | Osterholz | | SHL | Suhl | | WB | Wittenberg |
| OK | Ohrekreis | | SI | Siegen-Wittgenstein | | WE | Weimar |
| OL | Oldenburg in Oldenburg | | SIG | Sigmaringen | | WEN | Weiden in der Oberpfalz |
| OPR | Ostprignitz-Ruppin | | SIM | Rhein-Hunsrück-Kreis | | WES | Wesel |
| OS | Osnabrück | | | (Simmern) | | WF | Wolfenbüttel |
| OSL | Oberspreewald-Lausitz | | SK | Saalkreis | | WHV | Wilhelmshaven |
| OVP | Ostvorpommern | | SL | Schleswig-Flensburg | | WI | Wiesbaden |
| | | | SLF | Saalfeld-Rudolstadt | | WIL | Bernkastel-Wittlich |
| P | Potsdam | | SLS | Saarlouis | | WL | Harburg (Winsen Luhe) |
| PA | Passau | | SM | Schmalkalden-Meiningen | | WM | Weilheim-Schongau |
| PAF | Pfaffenhofen an der Ilm | | SN | Schwerin | | WN | Rems-Murr-Kreis (Waib- |
| PAN | Rottal-Inn (Pfarrkirchen) | | SO | Soest | | | lingen) |
| PB | Paderborn | | SOK | Saale-Orla-Kreis | | WND | St. Wendel |
| PCH | Parchim | | SÖM | Sömmerda | | WO | Worms |
| PE | Peine | | SON | Sonneberg | | WOB | Wolfsburg |
| PF | Pforzheim/Enzkreis | | SP | Speyer | | WR | Wernigerode |
| PI | Pinneberg | | SPN | Spree-Neiße-Kreis | | WSF | Weißenfels |
| PIR | Sächsische Schweiz (Pirna) | | SR | Straubing/Straubing-Bogen | | WST | Ammerland (Westerstede) |
| PL | Plauen | | ST | Steinfurt | | WT | Waldshut |
| PLÖ | Plön | | STA | Starnberg | | WTM | Wittmund |
| PM | Potsdam-Mittelmark | | STD | Stade | | WÜ | Würzburg |
| PR | Prignitz | | STL | Stollberg | | WUG | Weißenburg-Gunzenhausen |
| PS | Pirmasens | | SU | Rhein-Sieg-Kreis | | WUN | Wunsiedel im Fichtel- |
| | | | | (Siegburg) | | | gebirge |
| QLB | Quedlinburg | | SÜW | Südliche Weinstraße | | WW | Westerwald |
| | | | SW | Schweinfurt | | | |
| R | Regensburg | | SZ | Salzgitter | | Z | Zwickau/Zwickauer Land |
| RA | Rastatt | | | | | ZI | Löbau-Zittau |
| RD | Rendsburg-Eckernförde | | TBB | Main-Tauber-Kreis | | ZW | Zweibrücken |
| RE | Recklinghausen | | | (Tauberbischofsheim) | | | |
| REG | Regen | | TF | Teltow-Fläming | | | |
| RG | Riesa-Großenhain | | TIR | Tirschenreuth | | | |

## Österreichische Kfz-Kennzeichen

| | |
|---|---|
| B | Burgenland |
| G | Graz |
| K | Kärnten |
| L | Linz |
| N | Niederösterreich |
| O | Oberösterreich |
| S | Salzburg |
| St | Steiermark |
| T | Tirol |
| V | Vorarlberg |
| W | Wien |

## Namhafte Straßen in aller Welt

| | |
|---|---|
| Alaska-Straße | Dawson Creek/Kanada – Fairbanks |
| Burma-Straße | Lashio/Birma – Chongqing/China |
| Corniche | Französische Rivieraküste |
| Kap-Kairo-Straße | Kapstadt/Südafrika – Kairo |
| Lavendel-Straße | Avignon – Nizza |
| Pan-American-Highway | Feuerland – Mittelamerika – USA – Alaska |
| Route Napoléon | Paris – Lyon – Avignon – Marseille |
| Seidenstraße | Turkestan – Pamir – Vorderasien – Rom |
| Strada del Sole | Mailand – Florenz – Rom – Neapel |

## Schweizer Kfz-Kennzeichen

| | |
|---|---|
| AG | Aargau |
| AI | Appenzell-Innerrhoden |
| AR | Appenzell-Außerrhoden |
| BE | Bern |
| BL | Basel-Land |
| BS | Basel-Stadt |
| FR | Fribourg/Freiburg |
| GE | Genève/Genf |
| GL | Glarus |
| GR | Graubünden |
| LU | Luzern |
| NE | Neuchâtel/Neuenburg |
| NW | Nidwalden |
| OW | Obwalden |
| SG | Sankt Gallen |
| SH | Schaffhausen |
| SO | Solothurn |
| SZ | Schwyz |
| TG | Thurgau |
| TI | Tessin |
| UR | Uri |
| VD | Vaud/Waadt |
| VS | Valais/Wallis |
| ZG | Zug |
| ZH | Zürich |

## Ausgewählte deutsche Ferienstraßen

| Name | Länder/Landschaften | Wichtige Orte |
|---|---|---|
| Alte Salzstraße (85 km) | Lauenburgische Seen | Lübeck – Ratzeburg – Mölln – Lauenburg – Lüneburg |
| Bäderstraße (55 km) | Hessen, Rheinland-Pfalz | Wiesbaden – Schlangenbad – Bad Schwalbach – Holzhausen – Nassau – Bad Ems – Lahnstein |
| Badische Weinstraße (200 km) | Schwarzwald-Vorberge, Rheinebene, Kaiserstuhl, Markgräfler Land | Baden-Baden – Bühl – Offenburg – Gengenbach – Lahr – Freiburg – Staufen – Mülheim – Lörrach |
| Bergstraße (85 km) | Westrand des Odenwaldes | Darmstadt – Heppenheim – Weinheim – Heidelberg – Wiesloch |
| Burgenstraße (280 km) | Unteres Neckartal mit Odenwald, Hohenloher Land | Mannheim – Heidelberg – Eberbach – Bad Wimpfen – Heilbronn – Langenburg – Rothenburg – Ansbach – Heilsbronn – Nürnberg |
| Deutsche Alleenstraße (1250 km) | Ostsee, Mecklenburger Schweiz, Erzgebirge, Rhön, Hunsrück, Pfälzer Wald | Stralsund – Rheinsberg – Wittenberg – Dresden – Plauen – Fulda – Bad Kreuznach – Karlsruhe |
| Deutsche Alpenstraße (440 km) | Allgäu, Bayerische Alpen | Lindau – Füssen – Oberammergau – Ettal – Garmisch-Partenkirchen – Tegernsee – Schliersee – Reit im Winkl – Ruhpolding – Berchtesgaden |
| Deutsche Edelsteinstraße (60 km) | Hunsrück | Idar-Oberstein – Fischbach – Mörschied – Allenbach – Idar-Oberstein |
| Deutsche Ferienstraße Alpen-Ostsee (1780 km) | Alpen, Voralpenland, Altmühltal, Fränkischer Jura, Hohenloher Ebene, Odenwald, Spessart, Vogelsberg, Knüll, Hoher Meißner, Leinebergland, Harz, Lüneburger Heide, Holsteinische Schweiz, Ostsee | Königssee – Berchtesgaden – Wasserburg – Landshut – Kelheim – Ellwangen – Eberbach – Alsfeld – Eschwege – Göttingen – Goslar – Lüneburg – Lübeck – Plön – Puttgarden ⇒ S. 366 |

# Straßenverkehr

| Name | Länder/Landschaften | Wichtige Orte |
|---|---|---|
| Deutsche Märchenstraße (600 km) | Kinzigtal, Hessisches Bergland, Vogelsberg, Weserbergland, Weser, Nordseeküste | Hanau – Alsfeld – Fritzlar – Kassel – Holzminden – Hameln – Bad Oeynhausen – Nienburg – Verden – Bremen |
| Deutsche Spielzeug- straße (300 km) | Franken, Thüringer Wald | Zirndorf – Nürnberg – Erlangen – Coburg – Sonneberg – Lauscha – Arnstadt – Waltershausen |
| Deutsche Uhrenstraße (320 km) | Südlicher und Mittlerer Schwarzwald | Villingen-Schwenningen – Neustadt-Titisee – St. Märgen – Waldkirch – Furtwangen – Schramberg – Rottweil |
| Deutsche Weinstraße (80 km) | Ostabdachung des Pfälzer Waldes (Die Haardt) | Grünstadt – Bad Dürkheim – Deidesheim – Neustadt/ Weinstraße – Edenkoben – Bad Bergzabern – Schweigen |
| Deutsche Wildstraße (150 km) | Eifel | Daun – Bitburg – Prüm – Daun |
| Grüne Küstenstraße (530 km) | Nordseeküste, Dithmarschen, Unterelbe, Ostfriesland | Sylt – Niebüll – Husum – Glückstadt – Bremen – Cuxhaven – Oldenburg – Emden |
| Harz-Heide-Straße (185 km) | Harz, Harzvorland, Lüneburger Heide | Göttingen – Duderstadt – Braunlage – Bad Harzburg – Wolfenbüttel – Braunschweig – Uelzen – Lüneburg |
| Hunsrück-Höhenstraße (150 km) | Hunsrück | Saarburg – Hermeskeil – Kastellaun – Koblenz |
| Kannenbäckerstraße (36 km) | Westerwald | Boden – Höhr-Grenzenhausen – Neuhäusel |
| Klassikerstraße (300 km) | Thüringen | Eisenach – Gotha – Erfurt – Weimar – Rudolstadt – Ilmenau – Meiningen |
| Limes-Straße (700 km) | Bayern, Baden-Württemberg, Hessen, Rheinland-Pfalz | Regensburg – Eichstätt – Aalen – Lorch – Jagsthausen – Aschaffenburg – Echzell – Bad Ems – Rheinbrohl |
| Märkische Eiszeitstraße (340 km) | Brandenburg | Prenzlau – Schwedt – Bad Freienwalde – Bernau |
| Nibelungenstraße (130 km) | Rheinebene, Odenwald, Maintal | Worms – Bensheim – Lindenfels – Amorbach – Miltenberg – Wertheim |
| Oberschwäbische Barockstraße (300 km) | Oberschwaben, Bodenseegebiet, Allgäu | Ulm – Zwiefalten – Bad Waldsee – Weingarten – Friedrichshafen – Wangen – Isny – Memmingen – Biberach – Ulm |
| Ostmarkstraße (225 km) | Oberpfälzer Wald, Bayerischer Wald | Bayreuth – Weiden – Cham – Viechtach – Regen – Passau |
| Romantische Straße (360 km) | Tauberland, Ries, Lechfeld, Allgäu | Würzburg – Tauberbischofsheim – Bad Mergentheim – Rothenburg – Dinkelsbühl – Nördlingen – Donauwörth – Augsburg – Landsberg – Hohenschwangau – Füssen |
| Sächsische Silberstraße (230 km) | Erzgebirge | Zwickau – Annaberg – Marienberg – Freiberg – Dresden |
| Sächsische Weinstraße (55 km) | Sächsische Schweiz | Pirna – Dresden – Radebeul – Meißen – Diesbar-Seußlitz |
| Schwäbische Albstraße (230 km) | Schwäbische Alb | Aalen – Nördlingen – Heidenheim – Geislingen – Wiesensteig – Urach – Albstadt – Tuttlingen |
| Schwäbische Dichterstraße (230 km) | Neckartal, Odenwald, Taubertal, Schwäbische Alb, Oberschwaben, Bodensee | Bad Mergentheim – Heilbronn – Marbach – Stuttgart – Tübingen – Urach – Biberach – Meersburg |
| Schwarzwald-Bodensee- Straße (130 km) | Vogesen, Schwarzwald, Bodenseegebiet | Breisach – Freiburg – Neustadt – Donaueschingen – Überlingen – Meeresburg – Friedrichshafen – Lindau |
| Schwarzwald- Hochstraße (60 km) | Nördlicher Schwarzwald | Baden-Baden – Bühlerhöhe – Mummelsee – Kniebis – Freudenstadt |
| Schwarzwald- Tälerstraße (100 km) | Murgtal, oberes Kinzigtal | Rastatt – Gernsbach – Freudenstadt – Wolfach |
| Straße der Residenzen (780 km) | Main- und Taubertal, Oberfranken, Oberpfalz, Innviertel | Frankfurt/M. – Aschaffenburg – Bad Mergentheim – Würzburg – Bamberg – Coburg – Kulmbach – Bayreuth – Sulzbach-Rosenberg – Regensburg – Landshut – Laufen – Salzburg |
| Straße der Romanik (100 km) | Sachsen-Anhalt, Harz | Magdeburg – Halle – Merseburg – Naumburg – Tilleda – Walbeck – Jerichow – Magdeburg |
| Thüringer Porzellanstraße (340 km) | Thüringen | Plauen – Ilmenau – Gräfenthal – Saalfeld – Reichenbach – Blankenhain – Rudolstadt – Königsee |

## Meilensteine der Zweiradgeschichte

| | |
|---|---|
| Ende 15. Jh. | Zweiradentwurf von L. da Vinci (erstmals 1649 von J. Hautsch in Nürnberg gebaut) |
| 1791 | Konstruktion nicht lenkbarer Laufräder (Célérifères) durch den Franzosen C. de Sivrac |
| 1813 | Per Muskelkraft betriebenes Laufrad des Deutschen C.F. Drais von Sauerbronn (Draisine) wird patentiert |
| 1817 | Drais von Sauerbronn stellt ein erstes lenkbares Laufrad vor |
| 1839 | Der Schotte K. Macmillan erfindet das Fahrrad mit Pedalen und Hinterradantrieb |
| 1853 | P.M. Fischer konstruiert ein Fahrrad mit Tretkurbelantrieb |
| 1861 | Das Fahrrad mit Tretkurbelantrieb des Franzosen P. Michaux geht in Produktion |
| 1869 | Erste Fahrradfabrik in Deutschland eröffnet (C.F. Müller in Stuttgart); E. und P. Michaux konstruieren ein (dampfbetriebenes) Motorrad |
| 1871 | In England werden von W. Hillman und J. Starley erste Hochräder vorgestellt; Drahtspeichen ersetzen erstmals die Holzspeichen |
| 1878 | »Safety«-Räder des Briten T. Shergold (Niederräder mit Kettenantrieb) setzen sich durch |
| 1885 | C. Benz und G. Daimler bauen die ersten Motorräder |
| 1886 | E. Butler baut ein Motorrad mit wassergekühltem Zweitaktmotor |
| 1888 | Der Ire J.B. Dunlop erfindet den luftgefüllten Reifen (für Fahrräder) |
| 1899 | Großbritannien setzt erste Motorräder für militärische Zwecke ein |
| 1900 | E. Sachs konstruiert die Freilaufnabe und die Rücktrittbremse |
| Um 1900 | Erste Liegeräder kommen in Frankreich auf den Markt (so genannte HPV) |
| 1902 | Erste Versuche der britischen Firma Sturmey-Archer mit Gangschaltungen an Fahrrädern |
| 1902 | G. Gauthier baut den ersten Motorroller, der als »Sesselauto« bekannt wird |
| 1915 | In New York kommt der Motorroller »Auto-Ped« auf den Markt |
| 1946 | Die italienische Firma Piaggio präsentiert den ersten Motorroller Marke Vespa |
| 1958 | Erstes Moulton-Rad (Klapprad mit kleinen Rädern) von A. Moulton in Großbritannien der Öffentlichkeit vorgestellt |
| 1985 | Mountainbikes kommen in Mode |
| 1986 | Die französische Firma Péchiney stellt ein Fahrrad vor, dessen Metallteile ganz aus Aluminium gefertigt sind |

## Länder mit Linksverkehr

Antigua und Barbuda
Australien
Bahamas
Bangladesch
Barbados
Bhutan
Botswana
Brunei
Dominica
Fidschi
Grenada
Großbritannien
Guyana
Indien
Indonesien
Irland
Jamaika
Japan
Kenia
Kiribati
Lesotho
Malawi
Malaysia
Malta
Mauritius
Mosambik
Namibia
Nepal
Neuseeland
Pakistan
Papua-Neuguinea
Sambia
Simbabwe
St. Kitts und Nevis
St. Lucia
St. Vincent und die Grenadinen
Seychellen
Singapur
Somalia
Sri Lanka
Südafrika
Surinam
Swasiland
Tansania
Thailand
Tonga
Trinidad und Tobago
Tuvalu
Uganda
Zypern

### weitere Regionen

Bermuda
Cook-Inseln
Falkland-Inseln
Montserrat
Norfolk-Inseln
Solomon-Inseln

# Eisenbahn

| | |
|---|---|
| 1770 | Nicolas Cugnot baut eine dreirädrige, dampfbetriebene Lafette |
| 1804 | Richard Trevithick baut eine Schienendampflokomotive |
| 1814 | George Stephenson baut seine erste Dampflokomotive (»Blücher«). |
| 1825 | Eröffnung der Stockton–Darlington-Eisenbahnstrecke in England (die erste Passagiereisenbahnlinie); George Cayley erfindet das Gleiskettenfahrzeug |
| 1830 | Die Dampflokomotive »Rocket« von Stephenson gewinnt das Eisenbahnrennen in Rainhill (bei Liverpool); Eröffnung der ersten Eisenbahnstrecke in den USA (South Carolina Railroad) |
| 1835 | Auf der Strecke Nürnberg–Fürth wird die erste deutsche Dampfeisenbahn in Betrieb genommen |
| 1867 | George Westinghouse erfindet die selbsttätige Druckluftbremse (für Eisenbahnen) |
| 1869 | Vollendung der transkontinentalen Eisenbahnstrecke durch die USA |
| 1887 | Bau des ersten Luxuszugs (mit Schlaf-, Speise-, Salonwagen) durch den Amerikaner George M. Pullman |
| 1889 | Anatole Mallet baut eine dampfbetriebene Lenkachslokomotive |
| 1901 | Wuppertaler Schwebebahn wird in Betrieb genommen |
| 1902 | Wilhelm Schmidt entwickelt den Dampfüberhitzer (für Lokomotiven) |
| 1904 | Eröffnung der Transsibirischen Eisenbahn (zwischen Moskau und Wladiwostok) und des ersten Teilstücks der Bagdadbahn |
| 1912 | Betrieb der ersten Diesellokomotive in Deutschland |
| 1916 | Bau der Transsibirischen Eisenbahn abgeschlossen |
| 1917 | Fertigstellung der Trans-Australian Railway (mit dem längsten geraden Eisenbahnstreckenabschnitt der Welt: 480 km). |
| 1921 | Die erste weitgehend funktionsfähige Dampfturbinenlokomotive wird in Schweden vorgestellt |
| 1924 | Erste Großdiesellokomotive in Deutschland gebaut |
| 1936 | Erster Zug-Fährendienst über den Ärmelkanal aufgenommen |
| 1938 | Die britische »Mallard« stellt mit 203 km/h den Geschwindigkeitsrekord für dampfgetriebene Eisenbahnen auf |
| 1941 | Die vereinigte Eisenbahngesellschaft der Schweiz führt eine Lokomotive mit einer Gasturbine ein |
| 1950 | Erste Gelenkzüge in Spanien entwickelt |
| 1958 | Entwicklung von Diesellokomotiven mit Reisegeschwindigkeiten von 140 km/h (entwickelt in Frankreich) |
| 1964 | Inbetriebnahme des japanischen Hochgeschwindigkeitszuges »Shinkansen« |
| 1981 | Inbetriebnahme des französischen Hochgeschwindigkeitszuges TGV (»Train á Grande Vitesse«) |
| 1983 | Erste Hochgeschwindigkeitsstrecke in Europa zwischen Paris und Lyon eingeweiht; erste Testfahrt des Transrapid auf einer Teststrecke im Emsland |
| 1990 | Neuer Geschwindigkeitsweltrekord auf der Schiene durch den TGV mit 515 km/h (auf der Strecke Paris – Tours) |
| 1991 | Inbetriebnahme des deutschen Hochgeschwindigkeitszuges ICE (»Intercity-Express«) |
| 1993 | Frachtzüge zwischen Rotterdam und Mailand werden über Satellit computergesteuert |
| 1994 | Zugverkehr zwischen Frankreich und England durch den Eurotunnel |

| Spurweiten | Länder | Spurweiten | Länder |
|---|---|---|---|
| 1676 mm | Argentinien, Chile, Indien, Pakistan, Bangladesch, Spanien, Portugal (1668 mm), Sri Lanka | 1050 mm<br>1000 mm<br>(Meterspur) | Algerien, Jordanien, Libanon, Syrien<br>Afrika (West), viele Staaten Südamerikas, Indien, Kambodscha, Malaysia, Singapur, Myanmar, Pakistan, Schweiz, Thailand, Vietnam |
| 1600 mm | Australien (Süd), Brasilien, Irland, Nordirland | | |
| 1524 mm | Finnland, GUS-Staaten, Panama, baltische Staaten | | |
| 1435 mm (Normalspur) | meiste europ. Staaten, Nordamerika, Ägypten, Australien (West; Neusüdwales), China, Iran, Kuba, Mexiko, Peru, Uruguay | Weltweit existieren etwa 30 verschiedene Spurweiten zwischen 381 mm und 1676 mm | |
| 1067 mm (Kapspur) | viele Staaten Afrikas, Teile Australiens und Neuseelands, Japan, Indonesien | Schmalspurbahnen mit Spurweiten zwischen 1000 mm und 600 mm sind in topographisch schwierigem Gelände verbreitet | |

**Entfernungsanzeiger***

| Zwischen | Aachen | Berlin | Bielefeld | Bremen | Dortmund | Dresden | Düsseldorf | Erfurt | Essen | Frankfurt/M. | Halle/Saale | Hamburg | Hannover | Innsbruck | Karlsruhe | Kassel | Köln | Leipzig | Magdeburg | Mannheim | München | Nürnberg | Saarbrücken | Stuttgart | Wien | Wuppertal |
|---|---|---|---|---|---|---|---|---|---|---|---|---|---|---|---|---|---|---|---|---|---|---|---|---|---|---|
| Aachen | – | 647 | 235 | 380 | 158 | 670 | 81 | 451 | 113 | 248 | 524 | 465 | 366 | 758 | 385 | 332 | 71 | 575 | 499 | 322 | 619 | 468 | 261 | 436 | 949 | 117 |
| Berlin | 624 | – | 413 | 392 | 493 | 196 | 565 | 287 | 542 | 539 | 162 | 290 | 256 | 825 | 385 | 366 | 477 | 165 | 142 | 628 | 653 | 476 | 747 | 652 | 730 | 529 |
| Bielefeld | 257 | 366 | – | 188 | 86 | 557 | 179 | 243 | 122 | 296 | 337 | 239 | 116 | 709 | 429 | 117 | 190 | 372 | 265 | 363 | 575 | 399 | 447 | 474 | 912 | 143 |
| Bremen | 376 | 339 | 188 | – | 241 | 479 | 302 | 334 | 256 | 449 | 333 | 114 | 111 | 852 | 592 | 270 | 329 | 368 | 260 | 526 | 717 | 589 | 633 | 660 | 900 | 287 |
| Dortmund | 159 | 464 | 98 | 239 | – | 537 | 68 | 298 | 36 | 239 | 379 | 355 | 213 | 769 | 365 | 172 | 88 | 414 | 345 | 298 | 635 | 459 | 348 | 432 | 972 | 41 |
| Dresden | 737 | 180 | 499 | 512 | 589 | – | 648 | 237 | 618 | 506 | 146 | 459 | 368 | 609 | 559 | 365 | 626 | 111 | 228 | 529 | 491 | 315 | 651 | 493 | 468 | 573 |
| Düsseldorf | 89 | 543 | 176 | 295 | 78 | 609 | – | 417 | 43 | 263 | 444 | 414 | 285 | 833 | 415 | 257 | 41 | 573 | 241 | 344 | 504 | 409 | 329 | 485 | 1013 | 36 |
| Erfurt | 506 | 271 | 309 | 413 | 374 | 237 | 417 | – | 403 | 209 | 109 | 415 | 237 | 610 | 427 | 161 | 436 | 77 | 200 | 415 | 438 | 212 | 427 | 382 | 767 | 334 |
| Essen | 124 | 498 | 133 | 256 | 35 | 618 | 43 | 403 | – | 290 | 460 | 414 | 285 | 876 | 384 | 259 | 41 | 398 | 282 | 430 | 766 | 458 | 410 | 514 | 954 | 22 |
| Frankfurt/M. | 294 | 539 | 349 | 449 | 276 | 506 | 269 | 209 | 290 | – | 313 | 498 | 338 | 522 | 133 | 179 | 177 | 367 | 385 | 80 | 396 | 220 | 184 | 184 | 699 | 227 |
| Halle/Saale | 579 | 162 | 341 | 354 | 385 | 158 | 444 | 109 | 460 | 313 | – | 349 | 222 | 598 | 385 | 223 | 598 | 35 | 82 | 464 | 464 | 466 | 548 | 466 | 801 | 415 |
| Hamburg | 494 | 290 | 294 | 119 | 358 | 470 | 414 | 415 | 414 | 498 | 341 | – | 160 | 599 | 631 | 319 | 420 | 348 | 231 | 578 | 766 | 599 | 680 | 682 | 877 | 373 |
| Hannover | 386 | 256 | 110 | 119 | 208 | 390 | 285 | 237 | 285 | 338 | 222 | 185 | – | 740 | 471 | 159 | 296 | 257 | 148 | 408 | 606 | 457 | 522 | 522 | 788 | 249 |
| Innsbruck | 865 | 825 | 822 | 915 | 910 | 716 | 833 | 610 | 876 | 522 | 598 | 599 | 740 | – | 401 | 592 | 686 | 585 | 686 | 467 | 134 | 310 | 601 | 313 | 464 | 757 |
| Karlsruhe | 416 | 385 | 489 | 623 | 422 | 384 | 415 | 427 | 384 | 133 | 385 | 631 | 471 | 401 | – | 312 | 310 | 515 | 515 | 66 | 322 | 236 | 145 | 83 | 733 | 360 |
| Kassel | 346 | 366 | 149 | 289 | 213 | 376 | 257 | 161 | 259 | 179 | 223 | 319 | 159 | 592 | 312 | – | 254 | 206 | 167 | 258 | 458 | 282 | 363 | 363 | 795 | 238 |
| Köln | 72 | 477 | 216 | 335 | 104 | 667 | 41 | 436 | 41 | 177 | 598 | 420 | 296 | 686 | 310 | 254 | – | 496 | 460 | 234 | 573 | 397 | 260 | 358 | 876 | 50 |
| Leipzig | 617 | 165 | 379 | 392 | 469 | 120 | 573 | 77 | 398 | 367 | 35 | 348 | 257 | 585 | 515 | 206 | 496 | – | 117 | 447 | 455 | 279 | 551 | 457 | 527 | 450 |
| Magdeburg | 508 | 142 | 257 | 270 | 355 | 240 | 241 | 200 | 282 | 385 | 82 | 231 | 148 | 686 | 515 | 167 | 460 | 117 | – | 465 | 546 | 370 | 569 | 548 | 645 | 381 |
| Mannheim | 346 | 628 | 436 | 566 | 392 | 594 | 344 | 415 | 430 | 61 | 464 | 578 | 408 | 467 | 66 | 258 | 234 | 532 | 574 | – | 360 | 245 | 122 | 121 | 740 | 257 |
| München | 707 | 653 | 664 | 757 | 752 | 543 | 635 | 438 | 766 | 396 | 464 | 766 | 606 | 134 | 322 | 458 | 573 | 455 | 546 | 360 | – | 176 | 467 | 239 | 417 | 623 |
| Nürnberg | 532 | 476 | 582 | 514 | 514 | 357 | 504 | 212 | 458 | 220 | 466 | 599 | 606 | 310 | 236 | 282 | 397 | 279 | 370 | 245 | 199 | – | 381 | 178 | 513 | 447 |
| Saarbrücken | 341 | 747 | 485 | 605 | 373 | 715 | 409 | 427 | 410 | 184 | 548 | 680 | 522 | 601 | 145 | 363 | 260 | 551 | 569 | 122 | 467 | 381 | – | 228 | 884 | 303 |
| Stuttgart | 474 | 652 | 660 | 660 | 483 | 597 | 485 | 382 | 514 | 184 | 466 | 682 | 522 | 313 | 83 | 363 | 358 | 457 | 548 | 121 | 239 | 178 | 228 | – | 646 | 388 |
| Wien | 1045 | 730 | 1002 | 1095 | 1091 | 550 | 1013 | 767 | 954 | 699 | 801 | 877 | 788 | 464 | 733 | 795 | 876 | 527 | 645 | 740 | 417 | 513 | 884 | 646 | – | 960 |
| Wuppertal | 116 | 509 | 142 | 283 | 58 | 621 | 27 | 390 | 45 | 268 | 463 | 401 | 251 | 839 | 390 | 230 | 47 | 501 | 390 | 321 | 681 | 508 | 339 | 445 | 1019 | – |

* In Bahn-km (Dreieck links oben) und Auto-km (Dreieck rechts unten)

# Eisenbahn

| Geschichte der U-Bahn | |
| --- | --- |
| 1863 | Erste (dampfbetriebene) U-Bahn in London |
| 1890 | Eröffnung der ersten U-Bahn in London |
| 1900 | Eröffnung der Métro in Paris |
| 1902 | Eröffnung der U-Bahn in Berlin |
| 1904 | Eröffnung der Subway in New York |
| 1912 | Einweihung der U-Bahn in Hamburg |
| 1919 | Madrid erhält eine U-Bahn |
| 1935 | U-Bahn-Verkehr in Moskau beginnt |
| 1955 | In Rom nimmt die U-Bahn ihre Fahrt auf |
| 1968 | Frankfurt und Rotterdam erhalten eine U-Bahn |
| 1971 | U-Bahn in München und Nürnberg |
| 1974 | Prager U-Bahn eingeweiht |
| 1976 | U-Bahnen in Wien und Brüssel |

**Signale im Schienenverkehr**

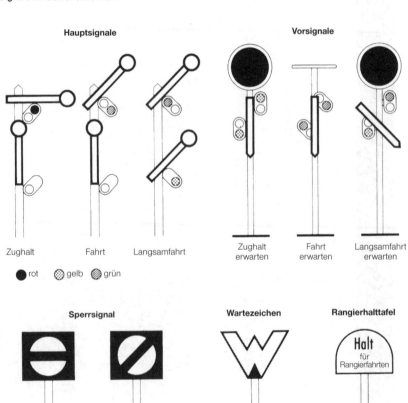

Hauptsignale

Vorsignale

Zughalt  Fahrt  Langsamfahrt

Zughalt erwarten  Fahrt erwarten  Langsamfahrt erwarten

● rot  ⦾ gelb  ◉ grün

Sperrsignal

Wartezeichen

Rangierhalttafel

Halt!
Fahrverbot

Fahrverbot
aufgehoben

Halt
für
Rangierfahrten

## Bedeutende europäische Bahnhöfe

| Einweihung | Bahnhof | Ort |
|---|---|---|
| 1839 | Euston | London |
| 1841 | Trijunct | Derby/England |
| 1852 | Gare de l'Est | Paris |
| 1852 | King's Cross | London |
| 1854 | New Street | Birmingham |
| 1854 | Paddington | London |
| 1865 | Gare du Nord | Paris |
| 1868 | Gare d'Austerlitz | Paris |
| 1876 | St. Pancras | London |
| 1878 | Anhalter Bahnhof | Berlin |
| 1882 | Schlesischer Bahnhof | Berlin |

| Einweihung | Bahnhof | Ort |
|---|---|---|
| 1884 | Hauptbahnhof | München |
| 1888 | Hauptbahnhof | Frankfurt/M. |
| 1894 (1998) | Hauptbahnhof | Köln |
| 1898 | Hauptbahnhof | Dresden |
| 1905 | SBB | Basel |
| 1906 | Hauptbahnhof | Hamburg |
| 1915 | Hauptbahnhof | Leipzig |
| 1930 | Centrale | Mailand |
| 1995 (Neubau) | Wilhelmshöhe | Kassel |
| 2002 (Neubau) | Lehrter Bahnhof | Berlin |

## Meilensteine der Schifffahrtsgeschichte

| | |
|---|---|
| 4000 v. Chr. | Segelschiffe in Mesopotamien genutzt |
| 1. Jh. v. Chr. | Die Chinesen erfinden das Ruder |
| um 1100 | Chinesen verwenden Magnetkompasse |
| um 1370 | Schleusenbau in holländischen Kanälen |
| um 1400 | Konstruktion von Dreimast-Segelschiffen |
| 1573 | Humphrey Cole erfindet das Log zum Messen der Geschwindigkeit von Schiffen |
| 1620 | Cornelius van Drebbel baut ein U-Boot |
| 1642 | Eröffnung des Briare-Kanals in Frankreich zwischen der Loire und der Seine |
| 1666 | Pierre Riquet baut den Canal du Midi zwischen Mittelmeer und Atlantik |
| 1716 | Edmond Halley baut eine Tauchglocke mit Sauerstoffversorgung |
| 1735 | John Harrison erfindet den Chronometer |
| 1783 | Jouffroy d'Abbans baut einen Schaufelraddampfer |
| 1787 | John Fitch baut ein Dampfschiff |
| 1798 | Robert Fulton baut ein Unterseeboot |
| 1821 | Bau des ersten Handelsschiffes mit Eisenrumpf (»Aaron Manby«) |
| 1833 | Erste Überquerung des Atlantiks durch ein Dampfschiff (»Royal William«) ausschließlich mit Dampfantrieb |
| 1835 | Francis Smith (Großbritannien) und John Ericsson (USA) erfinden unabhängig voneinander die Schiffsschraube |
| 1843 | Überquerung des Atlantiks durch die »Great Britain«, dem ersten Eisendampfer mit Schiffsschraube |
| 1848 | Eröffnung des Illinois-Michigan-Kanals, der die Großen Seen mit dem Mississippi verbindet |
| 1863 | »Plongeur«, das erste kraftgetriebene U-Boot, wird in Frankreich gebaut |
| 1867 | Heinrich Gerber baut die erste Auslegerbrücke über den Main bei Haßfurt |
| 1869 | Ferdinand de Lesseps stellt den Suezkanal fertig |
| 1883 | Gottlieb Daimler baut ein Motorboot |

| | |
|---|---|
| 1886 | Daimler baut das erste Schiff, das mit einem Dieselmotor angetrieben wird |
| 1897 | Charles Parsons baut ein Schiff mit Dampfturbinenantrieb (»Turbinia«) |
| 1900 | Erstes Tragflächenboot in Italien |
| 1907 | Stapellauf der »SS Lusitania« und der »SS Mauritania« (beide 31000 t); die »Lusitania« überquert den Atlantik in fünf Tagen und 45 Minuten |
| 1908 | Hermann Anschütz-Kaempfe konstruiert den Kreiselkompass |
| 1910 | H. Frahm entwickelt einen Mechanismus zur Schlingerdämpfung für Schiffe |
| 1912 | Einführung der Dieselkraft für Hochseeschiffe mit dem Stapellauf der »Selandia« in Dänemark; die »SS Titanic« sinkt auf ihrer Jungfernfahrt im Nordatlantik |
| 1914 | Eröffnung des Panamakanals |
| 1916 | Paul Langevin konstruiert einen Sonar zur Ortung von Eisbergen |
| 1918 | Alexander Bell baut ein Hochgeschwindigkeits-Tragflächenboot; Briten verwenden Unterwasserschallanlagen zum Orten von Unterseebooten und Minen |
| 1936 | Stapellauf des ersten dieselelektrischen Schiffes (»Wuppertal«) |
| 1938 | Stapellauf der »SS Queen Elizabeth«, des größten Linienschiffes |
| 1952 | Überquerung des Atlantik durch die »SS United States« (3 Tage, 10 Std., 40 Min.) |
| 1954 | Stapellauf des ersten Atomunterseeboots (»Nautilus«, USA) |
| 1958 | Stapellauf des atomgetriebenen Eisbrechers »Lenin« (UdSSR) und des atomgetriebenen Handelsschiffs »Savannah« (USA) |
| 1960 | Unterwasserumrundung der Erde durch das US-Atomunterseeboot »Triton« |
| 1964 | Einführung von Containerfrachtschiffen |
| 1971 | Stapellauf des japanischen Supertankers »Nisseki Maru« (372400 t) |

# Schifffahrt

## Historische Schiffe

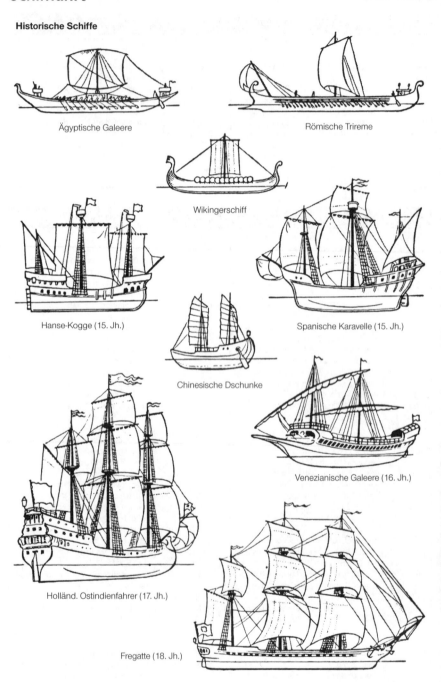

Ägyptische Galeere

Römische Trireme

Wikingerschiff

Hanse-Kogge (15. Jh.)

Spanische Karavelle (15. Jh.)

Chinesische Dschunke

Venezianische Galeere (16. Jh.)

Holländ. Ostindienfahrer (17. Jh.)

Fregatte (18. Jh.)

## Wichtige Begriffe der Schifffahrt

| Begriff | Erläuterung |
|---|---|
| **Schiffstypen** | |
| Frachtschiffe | Trockenfrachtschiffe (Stückgut-, Massengutfrachter; Linien-, Trampfrachter) |
| | Tankschiffe (Rohöl-, Produkten-, Chemikalien-, Gastanker) |
| Fahrgastschiffe | Linien-, Kreuzfahrt-, Fährschiffe, Fracht-Kombi-Schiffe (für mehr als zwölf Personen) |
| Sonderschiffe | Kriegs-, Polizei-, Zollschiffe; Eisbrecher, Feuerschiffe, Fischerei-, Hafenfahrzeuge, |
| | Forschungsschiffe, Kabelleger, Kran- und Bergungsschiffe, Rettungskreuzer, Schlepper |
| **Schiffsaufbau** | |
| Schiffsteile | Körper (Rumpf), Aufbauten, Masten, Ladeeinrichtungen, Takelage (bei Segelschiffen) |
| **Größe und Geschwindigkeit** | |
| Größe | Registertonnen (Raumgehalt); Tragfähigkeit (tdw; bei Frachtern); Wasserverdrängung |
| | (ts; bei Kriegsschiffen) |
| Geschwindigkeit | Seeschiffe: Knoten (1 Kn = 1,852 km/h) |
| | Binnenschiffe: Kilometer je Stunde (km/h) |

## Wichtige internationale Seehäfen

| Seehafen | Land | Umschlag (in Mio. t) | Seehafen | Land | Umschlag (in Mio. t) |
|---|---|---|---|---|---|
| Rotterdam | Niederlande | 293,4 | Schanghai | China | 165,8 |
| Singapur | | 290,1 | Nagoya | Japan | 137,3 |
| Chiba | Japan | 173,7 | Yokohama | Japan | 128,3 |
| Kobe | Japan | 171,0 | Hongkong | China | 110,9 |

## Seeschifffahrtskanäle in Europa

| Kanal | Land | eröffnet | Verbindung | Länge (in km) | Tiefe (in m) | Schleusen | Tragfähigkeit (bis ... t) |
|---|---|---|---|---|---|---|---|
| Nord-Ostsee-Kanal | Deutschland | 1895 | Nordsee–Ostsee | 98,7 | 11,3 | 2 | Seeschiffe[1] |
| Nieuwe Waterweg | Niederlande | 1872 | Nordsee–Nieuwe Maas | 10 | 11–12 | – | Seeschiffe |
| Nordseekanal | Niederlande | 1876 | Nordsee–IJsselmeer (Amsterdam) | 27 | 15 | 4 | Seeschiffe |
| Amsterdam-Rhein-K. | Niederlande | 1952 | Waal (Rhein)– IJsselmeer (Nordsee) | 72 | 4,2 | 4 | 4300 |
| Brügger Seekanal | Belgien | 1907 | Nordsee–Brügge | 12,0 | 8,5 | – | 6000 |
| Brüssel-Rupel-K. | Belgien | 1922 | Brüssel–Antwerpen | 32,0 | 6,4 | 4 | 6000 |
| Terneuzen-Gent-K. | Belgien | 1968 | Nordsee–Gent | 33,0 | 12,5 | – | Seeschiffe |
| Manchester-Kanal | Großbritannien | 1894 | Manchester–Liverpool (Irische See) | 58,0 | 8,5 | 5 | 15000 |
| Alfons-XIII.-Kanal | Spanien | 1926 | Sevilla–Golf von Cádiz | 85,0 | | 8 | Seeschiffe |
| Kanal von Korinth | Griechenland | 1893 | Ionisches Meer– Ägäisches Meer | 6,5 | 7,0 | – | 10000 |
| Wolga-Don-Kanal | Russland | 1952 | Don (Schwarzes Meer) –Wolga Kasp. Meer | 101,0 | 13 | | 10000 |
| Weißmeerkanal | Russland | 1933 | Weißes Meer– Onegasee | 227,0 | 5,0 | 19 | 3000 |
| Moskaukanal | Russland | 1937 | Moskau–Wolga | 128,0 | 5,5 | 11 | 18000 |
| Rhein-Main-Donau-Kanal | Deutschland | 1992 | Schwarzes Meer– Nordsee | 500 | 3,0 | 50 | 2100 |

[1] Höchstzulässiger Tiefgang 9,5 m

# Schifffahrt

## Seeschifffahrtskanäle außerhalb Europas

| Kanal | Land | eröffnet | Verbindung | Länge (in km) | Tiefe (in m) | Schleusen | Tragfähigkeit (bis ... t) |
|---|---|---|---|---|---|---|---|
| **Afrika/Asien** | | | | | | | |
| Suezkanal | Ägypten | 1869 | Mittelmeer–Rotes Meer (Ind. Ozean) | 161,0 | 12,9 | – | Seeschiffe |
| **Amerika** | | | | | | | |
| Wellandkanal | Kanada | 1931 | Eriesee–Ontariosee | 45,0 | 8,8 | 8 | Seeschiffe[1] |
| St.-Lorenz-Seeweg | Kanada/USA | 1959 | St.-Lorenz-Strom (Atlantik)–Große Seen | 3775 | 8,0 | 7 | Seeschiffe |
| Lake-Waton-Kanal | USA | 1934 | Pazifischer Ozean–Lake Washington | 12,8 | 9,2 | 1 | Seeschiffe |
| Cape-Cod-Kanal | USA | 1914 | Cape Cod Bay–Buzzards Bay | 13,0 | 9,7 | | Seeschiffe |
| Houstonkanal | USA | 1940 | Houston–Galveston (Golf v. Mexiko) | 91,2 | 10,3 | – | Seeschiffe |
| Panamakanal | Panama | 1914 | Atlantik–Pazifik | 81,3 | 12,5–13,7 | 6 | Seeschiffe |

[1] Höchstzulässiger Tiefgang 7,6 m

## Gewinner des Blauen Bandes*

| Jahr | Schiff | Land | Schiffsart[1] | Zeit Tage | Std. | Min. | Geschwindigkeit (Knoten) |
|---|---|---|---|---|---|---|---|
| 1838 | Sirius | Großbrit. | RD | 18 | 10 | – | 6,5 |
| 1863 | Scotia | Großbrit. | RD | 8 | 3 | 0 | 14,5 |
| 1869 | City of Brussels | Großbrit. | 1SD | 7 | 22 | 3 | 14,7 |
| 1873 | Baltic | Großbrit. | 1SD | 7 | 20 | 9 | 15,1 |
| 1875 | Germanic | Großbrit. | 1SD | 7 | 15 | 17 | 15,7 |
| 1876 | Britannic | Großbrit. | 1SD | 7 | 12 | 41 | 15,9 |
| 1879 | Arizona | Großbrit. | 1SD | 7 | 8 | 0 | 16,0 |
| 1882 | Alaska | Großbrit. | 1SD | 6 | 18 | 37 | 16,9 |
| 1884 | Oregon | Großbrit. | 1SD | 6 | 9 | 42 | 18,2 |
| 1889 | City of Paris | Großbrit. | 2SD | 5 | 22 | 50 | 19,5 |
| 1891 | Teutonic | Großbrit. | 2SD | 5 | 21 | 3 | 19,9 |
| 1894 | Lucania | Großbrit. | 2SD | 5 | 8 | 38 | 22,0 |
| 1898 | Kaiser Wilhelm der Große | Deutschland | 2SD | 5 | 15 | 20 | 22,3 |
| 1900 | Deutschland | Deutschland | 2SD | 5 | 7 | 38 | 23,5 |
| 1909 | Mauretania | Großbrit. | 3SD | 4 | 21 | 44 | 26,9 |
| 1930 | Europa | Deutschland | 4SD | 4 | 17 | 6 | 27,9 |
| 1933 | Bremen | Deutschland | 4SD | 4 | 16 | 15 | 28,5 |
| 1933 | Rex | Italien | 4SD | 4 | 13 | 58 | 28,9 |
| 1936 | Queen Mary | Großbrit. | 4SD | 4 | 0 | 27 | 30,1 |
| 1937 | Normandie | Frankreich | 4SD | 3 | 22 | 7 | 31,2 |
| 1938 | Queen Mary | Großbrit. | 4SD | 3 | 20 | 42 | 31,7 |
| 1952 | United States | USA | 4SD | 3 | 10 | 40 | 35,6 |
| 1986 | Virgin Atlantic Challenger | Großbrit. | Rennjacht | 3 | 8 | 31 | 41,1 |

* Das Blaue Band ist eine sinnbildliche Auszeichnung für das schnellste Schiff auf der Nordatlantikroute zwischen Europa und Amerika

[1] RD Raddampfer; 1SD, ..., 4SD Ein-, Zwei- bzw. Vierschraubendampfer

# Knoten

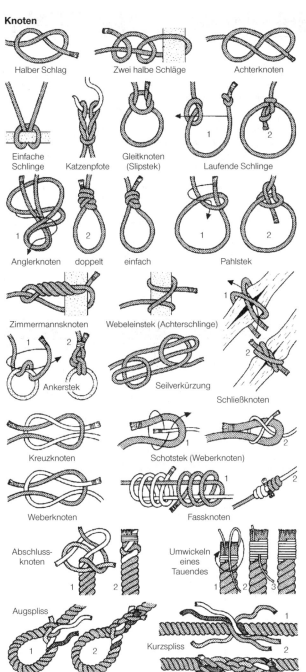

Halber Schlag    Zwei halbe Schläge    Achterknoten

Einfache
Schlinge    Katzenpfote    Gleitknoten (Slipstek)    Laufende Schlinge

Anglerknoten   doppelt    einfach    Pahlstek

Zimmermannsknoten    Webeleinstek (Achterschlinge)

Ankerstek    Seilverkürzung

Schließknoten

Kreuzknoten    Schotstek (Weberknoten)

Weberknoten    Fassknoten

Abschluss-
knoten    Umwickeln eines Tauendes

Augspliss

Kurzspliss

## ◄ Über Schifferknoten

Je nach Bedarf und Anwendung lassen sich die verschiedenen Knoten einsetzen:

– HALBER SCHLAG:
   lockere Befestigung

– ÜBERHANDKNOTEN:
   einfache Befestigung

– SLIPSTEK:
   leicht lösbar

– KREUZ– ODER WEBERKNOTEN
   (SCHIFFERKNOTEN):
   relativ leicht lösbarer Verbindungsknoten

– SCHOTSTEK:
   Verbindung ungleich starker Enden

– DOPPELTER SCHOTSTEK:
   starke Belastung und großer Stärkeunterschied

– WEBELEINSTEK:
   schnelle Befestigung an Rundhölzern

– TROSSENSTEK:
   Verbindung schwerer Trossen (Tauwerk)

– STOPPERSTEK:
   schnelles Abstoppen einer Trosse (Tauwerk)

# Schifffahrt / Luftfahrt

| Schiffskatastrophen* | | | |
|---|---|---|---|
| Jahr | Schiff | Unglück | Tote |
| 1904 | General Sloccum | Feuer während einer Ausflugsfahrt | 1021 |
| 1912 | Titanic | Untergang nach Kollision mit einem Eisberg | 1503 |
| 1912 | Kiche Maru | Untergang des Passagierdampfers in schwerer See | 1000 |
| 1914 | Empress of Ireland | Kollision mit einem Frachter auf dem St.-Lorenz-Strom | 1027 |
| 1915 | Lusitania | Untergang nach Torpedobeschuss von deutschem U-Boot | 1198 |
| 1916 | Hsin Yu | Untergang in schwerer See vor chinesischer Küste | 1000 |
| 1917 | Imo | Kollision mit französischem Munitionsschiff bei Halifax | 1600 |
| 1926 | chines. Truppentransporter | Schiffsexplosion während Truppentransports | 1200 |
| 1945 | Wilhelm Gustloff u.a. | Versenkung deutscher Flüchtlingsschiffe durch U-Boote | 5000 |
| 1945 | chines. Dampfer | Passagierschiff versinkt vor Hongkong | 1550 |
| 1948 | Kiang-ya | Explosion des Dampfers vor Shanghai | 2750 |
| 1949 | chines. Truppentransporter | Schiffsexplosion während Truppentransports | 6000 |
| 1949 | Tai Ping | Kollision des chinesischen Passagierdampfers mit Frachtschiff | 1500 |
| 1955 | Noworossijsk | Sowjetisches Kriegsschiff sinkt während einer Übung | 1500 |
| 1987 | Doña Paz | Kollision des Fährschiffes mit einem Öltanker | 3000 |
| 1990 | Scandinavian Star | Feuer auf dem Fährschiff während einer Fahrt im Skagerrak | 158 |
| 1991 | Moby Prince | Kollision der Fähre mit dem Tanker Agip Abruzzo | 138 |
| 1994 | Estonia | Fähre sinkt in schwerer See wegen eines Materialfehlers | 918 |
| 1996 | Bukoba | Kentern der überladenen tansanischen Fähre auf Victoriasee | 1000 |

* außer Tankerunfälle; dazu siehe S. 344

| Meilensteine der Luftfahrtsgeschichte | | | |
|---|---|---|---|
| 1709 | Erstes Heißluftballon-Modell von Bartolomeo de Gusmao | 1910 | Beginn des kommerziellen Luftverkehrs mit Luftschiffen |
| 1783 | Heißluftballon der Brüder J.-E. Montgolfier (*1745, †1799) und J.-M. Montgolfier (*1740, †1810); Wasserstoffballon von J. A. Charles (*1746, †1823) | 1914 | Erste militärische Verwendung von Luftschiffen und Flugzeugen im Ersten Weltkrieg |
| | | 1919 | Beginn planmäßiger Luftverkehrsdienste mit Flugzeugen |
| 1784 | Erste Überquerung des Ärmelkanals mit einem Ballon | 1919 | Erste Überquerung des Nordatlantiks durch J. Alcock (*1892, †1919) |
| 1797 | Erster Fallschirmabsprung aus einem Ballon durch den Franzosen A. J. Garnerin | 1926 | Erste Überfliegung des Nordpols (R. E. Byrd, *1888, †1957) |
| 1852 | Erste Fahrtversuche bemannter Luftschiffe mit Dampfmaschinenantrieb (H. Giffard, *1825, †1882; P: Haenlein, A. Krebs und C. Renard) | 1926 | Gründung der Deutschen Luft-Hansa |
| | | 1927 | Erster Nonstopflug von New York nach Paris (C. A. Lindbergh, *1902, †1974) |
| | | 1929 | Erste Überfliegung des Südpols (R. E. Byrd, *1888, †1957) |
| 1891 | Erste bemannte Gleitflüge mit einem Luftfahrzeug schwerer als Luft (O. Lilienthal, *1848, †1896) | 1932 | Beginn des Luftschiff-Linienverkehrs über den Südatlantik |
| 1896 | O. Lilienthal verunglückt tödlich nach Absturz mit seinem Hängegleiter | 1935 | Linienverkehr mit Flugzeugen über den Pazifik |
| | | 1939 | Linienverkehr mit Flugzeugen über den Nordatlantik |
| 1900 | Erstes Starrluftschiff (F. von Zeppelin, *1838, †1917) | 1939 | Erstes Strahlflugzeug (He 178) |
| 1901 | Dem Deutschamerikaner G. Whitehead gelingt der erste – ungesteuerte – Motorflug der Geschichte | 1946 | Erste Schleudersitz-Versuche (B. Lynch) |
| | | 1947 | Erster Überschallflug (C. E. Yeager mit Bell X-1) |
| 1903 | Erster gelenkter Motorflug von O. Wright (*1871, †1948) und W. Wright (*1867, †1912) | 1949 | Erste Erdumrundung ohne Zwischenlandung |
| | | 1952 | Beginn des Luftverkehrs mit Strahlflugzeugen (Comet) |
| 1907 | Erster bemannter Hubschrauberflug (P. Cornu) | 1954 | Neugründung der Deutschen Lufthansa |
| 1909 | Erste Überquerung des Ärmelkanals mit einem Flugzeug durch L. Blériot (*1872, †1936) | 1955 | Wiederaufnahme planmäßigen Flugverkehrs durch die Lufthansa |

| 1955 | Erste Versuche mit strahlgetriebenen Senkrechtstartern |
|------|--------|
| 1957 | Erste Luftverkehrsdienste über den Nordpol |
| 1958 | Erster Transatlantik-Verkehr mit Düsenverkehrsflugzeugen (Comet 4) |
| 1960 | Erste Düsenverkehrsmaschinen der Lufthansa (Boeing 707) |
| 1967 | Erste Transatlantik-Überquerung mit einem Hubschrauber |
| 1968 | Flug des ersten kommerziellen Überschall-Linienflugzeugs (UdSSR) |
| 1969 | Jungfernflug des Überschall-Linienflugzeugs Concorde |
| 1973 | Erster Flug des Airbus A 300 (europäische Gemeinschaftsproduktion) |
| 1976 | Beginn des Überschall-Flugverkehrs (Concorde) |
| 1978 | Erstmalige Überquerung des Nordatlantiks mit einem Freiballon |

| 1979 | Ein Muskelkraft-Flugzeug überquert erstmals den Ärmelkanal |
|------|--------|
| 1981 | Überquerung des Ärmelkanals mit einem von Sonnenenergie getriebenen Flugzeug |
| 1986 | Erste Erdumrundung ohne Zwischenlandung und Nachbetankung mit dem Propellerflugzeug »Voyager« (D. Rutan, J. Yeager) |
| 1987 | Erstes Verkehrsflugzeug mit elektrohydraulischer Flugsteuerung (fly-by-wire; Airbus A 320) |
| 1988 | Erstes mit Wasserstoff getriebenes Verkehrsflugzeug (Tupolew Tu-155) |
| 1991 | Jungfernflug des Airbus A-340 nonstop von London nach Sydney |
| 1999 | In 19 Tagen, 1 Std. und 49 Min. gelingt B. Piccard und B. Jones mit dem Gasballon »Orbiter 3« die erste Nonstop-Erdumrundung (Flugstrecke 42 810 km) |

## Wichtige Begriffe von Luftfahrt und Flugzeugen

| Begriff | Erläuterung |
|---------|-------------|
| Zelle | Alle Bauteile, die dem Auftrieb, der Stabilität, Manövrierfähigkeit und Zuladung dienen, und zwar |
| Tragflügel | Gerüst aus (Leichtmetall-)Holmen und Rippen, die der Bespannung/Beplankung die Profilform geben |
| Rumpf | wirkt als Hebelarm der Leitwerkkräfte; Hauptträger der Nutzlast; besteht aus Spanten und tragender Haut |
| Leitwerk | dient zur Stabilisierung; der gleiche Aufbau wie bei Tragflächen; Unterscheidung nach waagerechtem Höhen-, senkrechtem Seitenleitwerk und Querrudern |
| Fahrwerk | Bewegung des Flugzeugs am Boden; zumeist Einziehmechanismus für Flugphase |
| Triebwerk | Kolbenmotor mit Luftschraube oder Propellerturbine oder Strahltriebwerk |

## Frühe Atlantikflüge

| Datum | Pilot | Luftfahrzeug | Strecke |
|-------|-------|--------------|---------|
| 14./15.6. 1919 | Alcock u. Brown | Vickers-Vimy-Flugzeug | Neufundland – Irland |
| 2.– 6.7.1919 | G. H. Scott | Luftschiff R 34 | Schottland – New York |
| 9.–13.7. 1919 | | | New York – Südengland |
| 12.–15.10.1924 | Eckener | Luftschiff ZR III | Friedrichshafen – Lakehurst |
| 20./21.5.1927 | Lindbergh | Ryan-Hochdecker | Long Island – Paris* |
| 4.– 6.6.1927 | Chamberlin-Levine | Bellanca | New York – Helfta bei Eisleben |
| 12./13.4.1928 | Köhl, v. Hünefeld, Fitzmaurice | Junkers W 33 | Irland – Labrador |
| 15.8.– 4.9.1929 | Eckener | Luftschiff LZ 127 | Flug um die Welt |
| 24./25.6.1930 | Kingsford-Smith | Fokker-Flugzeug | Dublin – Neufundland |
| 1./2.9.1930 | Costes u. Bellonte | Bréguet XIX | Paris – New York |
| 23./24.6.1931 | Post | Lockheed Vega | Neufundland – England |
| 21./22.5.1932 | Earhart | Lockheed Vega | Neufundland – Irland |
| 18./19.8.1932 | Mollison | Havilland | Dublin – New Brunswick |
| 22.– 24.7.1933 | Mollison | Havilland | Südwales – Connecticut |
| Sommer 1933 | Deutsche Luft-Hansa | Dornier Do 18 | Horta – New York |

* Erster Allein- und Nonstopflug zum europäischen Festland

# Luftfahrt

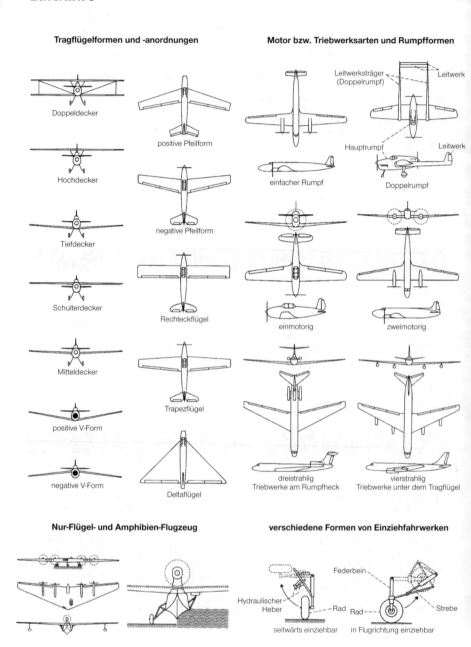

**Tragflügelformen und -anordnungen**

Doppeldecker

Hochdecker

Tiefdecker

Schulterdecker

Mitteldecker

positive V-Form

negative V-Form

positive Pfeilform

negative Pfeilform

Rechteckflügel

Trapezflügel

Deltaflügel

**Motor bzw. Triebwerksarten und Rumpfformen**

Leitwerksträger (Doppelrumpf)

Leitwerk

Hauptrumpf

Leitwerk

einfacher Rumpf

Doppelrumpf

einmotorig

zweimotorig

dreistrahlig
Triebwerke am Rumpfheck

vierstrahlig
Triebwerke unter dem Tragflügel

**Nur-Flügel- und Amphibien-Flugzeug**

**verschiedene Formen von Einziehfahrwerken**

Federbein

Hydraulischer Heber

Rad

Rad

Strebe

seitwärts einziehbar

in Flugrichtung einziehbar

## Größte Flughäfen in Deutschland

| Flughafen | Passagiere 1999* |
|---|---|
| Frankfurt/Main | 45 900 000 |
| München | 21 282 900 |
| Düsseldorf | 15 926 000 |
| Berlin-Tegel | 9 605 400 |
| Hamburg | 9 458 600 |
| Stuttgart | 7 688 900 |
| Köln/Bonn | 5 990 200 |
| Hannover | 5 097 900 |
| Nürnberg | 2 779 400 |
| Leipzig/Halle | 2 156 900 |
| Berlin-Schönefeld | 1 932 000 |
| Bremen | 1 849 600 |
| Dresden | 1 748 200 |
| Münster/Osnabrück | 1 564 300 |
| Berlin-Tempelhof | 840 900 |
| Saarbrücken | 442 900 |
| Erfurt | 366 800 |

* Zahlen gerundet

## Größte Flughäfen weltweit

| Flughafen | Passagiere 1999 |
|---|---|
| Atlanta | 77 900 000 |
| Chicago O'Hare | 72 600 000 |
| Los Angeles | 63 900 000 |
| London Heathrow | 62 300 000 |
| Dallas | 60 000 000 |
| Tokio Haneda | 54 300 000 |
| Frankfurt/Main | 45 900 000 |
| Paris Charles de Gaulle | 43 600 000 |
| San Francisco | 40 400 000 |
| Denver | 38 000 000 |
| Amsterdam | 36 800 000 |
| Minneapolis | 34 200 000 |
| Detroit | 34 000 000 |
| Miami | 33 900 000 |
| Newark | 33 800 000 |
| Las Vegas | 33 700 000 |
| Phoenix | 33 500 000 |
| Seoul | 33 400 000 |
| Houston | 33 100 000 |

## Ausgewählte Fluggesellschaften

| Land | Fluggesellschaft | Abkürzung |
|---|---|---|
| Argentinien | Aerolineas Argentinas | – |
| Australien | Qantas Empire Airways Ltd. | Qantas |
| Belgien | Société Anonyme Belge d'Exploitation de la Navigation Aérienne | Sabena |
| Brasilien | Viação Aérea Rio Grandense | VARIG |
| Deutschland | Deutsche Lufthansa AG | – |
| Frankreich | Compagnie Nationale Air France | AF |
| Griechenland | Olympic Airways | |
| Großbritannien | British Airways | |
| Indien | Air India International | |
| Israel | El Al Israel Airlines | – |
| Italien | Alitalia, Linee Aeree Italiane | – |
| Japan | Japan Air Lines | JAL |
| Kanada | Air Canada | – |
| Kolumbien | Aerovias Nacionales de Colombia S.A. | AVIANCA |
| Mexiko | Mexicana | |
| Niederlande | Koninklijke Luchtvaart Maatschappij | KLM |
| Österreich | Austrian Airlines | AUA |
| Polen | Polskie Linie Lotnicze | LOT |
| Portugal | Trasportes Aéreos Portugueses | TAP |
| Russland | Aeroflot | Aeroflot |
| Schweiz | Schweizerische Luftverkehr AG | Swissair |
| Singapur | Singapore Airlines | |
| Skandinavien | Scandinavian Airlines System | SAS |
| Spanien | Lineas Aéreas de España | Iberia |
| Südafrika | South African Airways | SAA |
| USA | American Airlines Inc. | AA |
| | Pan American World Airways Inc. | PanAm |
| | Trans World Airlines Inc. | TWA |
| | United Airlines | UAL |

# Luftfahrt

| Flugzeugtyp | Land | Sitze | Spannweite (in m) | Länge (in m) |
|---|---|---|---|---|
| **Passagierjets** | | | | |
| Aérospatiale Caravelle | Frankreich | 139 | 34,3 | 36,2 |
| Airbus A300 | Europ. Konsortium | 330 | 44,8 | 53,6 |
| Airbus A310 | Europ. Konsortium | 240 | 43,9 | 46,6 |
| Airbus A320 | Europ. Konsortium | 179 | 33,9 | 35,7 |
| Airbus A330 | Europ. Konsortium | 335 | 60,3 | 63,5 |
| Airbus A340 | Europ. Konsortium | 335 | 60,3 | 63,6 |
| BAe 146 | Großbritannien | 93 | 26,3 | 26,1 |
| BAe One-Eleven | Großbritannien | 119 | 28,5 | 32,6 |
| Boeing 707 | USA | 195 | 44,2 | 46,6 |
| Boeing 727 | USA | 189 | 32,9 | 46,6 |
| Boeing 737-100 | USA | 115 | 28,3 | 30,4 |
| Boeing 737-200 | USA | 130 | 28,3 | 30,4 |
| Boeing 737-300 | USA | 149 | 28,8 | 33,4 |
| Boeing 737-400 | USA | 170 | 28,8 | 36,4 |
| Boeing 737-500 | USA | 108 | 28,8 | 36,4 |
| Boeing 747 | USA | 490 | 59,6 | 70,5 |
| Boeing 747-400 | USA | 630 | 64,9 | 70,6 |
| Boeing 757 | USA | 204 | 37,9 | 47,3 |
| Boeing 767 | USA | 255 | 47,5 | 48,5 |
| Boeing 777 | USA | 400 | 60,2 | 63,7 |
| Concorde | Frankreich/Großbritannien | 128 | 25,5 | 61,6 |
| Fokker F28 | Niederlande | 85 | 25,0 | 26,7 |
| Fokker 100 | Niederlande | 110 | 28,0 | 35,5 |
| Iljuschin Il-62 | Russland | 186 | 43,2 | 53,1 |
| Iljuschin Il-86 | Russland | 350 | 48,0 | 59,5 |
| Iljuschin Il-96-300 | Russland | 300 | 57,6 | 55,3 |
| Jakowlew Jak-42 | Russland | 120 | 34,9 | 36,3 |
| McDonnell Douglas DC-8 | USA | 173 | 43,4 | 45,8 |
| McDonnell Douglas DC-8 Super 60 | USA | 259 | 45,2 | 57,1 |
| McDonnell Douglas DC-9 | USA | 125 | 28,4 | 38,2 |
| McDonnell Douglas DC-10 | USA | 380 | 50,4 | 55,5 |
| McDonnell Douglas MD-11 | USA | 405 | 51,6 | 61,2 |
| McDonnell Douglas MD-80 | USA | 172 | 32,8 | 41,3 |
| Tupolew Tu-134 | Russland | 72 | 29,0 | 34,3 |
| Tupolew Tu-154 | Russland | 180 | 37,5 | 47,9 |
| Tupolew Tu-204 | Russland | 214 | 42,0 | 46,2 |
| **Regionalflugzeuge** | | | | |
| Antonow An-24 | Ukraine | 50 | 29,2 | 23,5 |
| ATR 72 | Frankreich/Italien | 74 | 24,5 | 22,6 |
| BAe ATP | Großbritannien | 64 | 30,6 | 26,0 |
| Canadair Regional Jet | Kanada | 50 | 21,4 | 26,9 |
| Convair 540-640 | USA | 56 | 32,1 | 24,1 |
| Convair CV-440 Metropolitan | USA | 52 | 32,1 | 24,1 |
| Curtiss C-46 | USA | 62 | 32,9 | 23,2 |
| Fokker 50 | Niederlande | 58 | 29,0 | 25,2 |
| Fokker F27 | Niederlande | 52 | 29,0 | 25,0 |
| Iljuschin Il-18/20 | Russland | 122 | 37,4 | 35,9 |
| Iljuschin Il-114 | Russland | 60 | 30,0 | 26,3 |
| Lockheed L-188 | USA | 98 | 30,1 | 31,8 |
| NAMC YS-11A | Japan | 60 | 32,0 | 26,3 |
| Saab 2000 | Schweden | 50 | 24,7 | 27,9 |
| Vickers Viscount | Großbritannien | 65 | 28,5 | 25,0 |

## Entfernungstabelle*

| Zwischen | Berlin | Bombay | Buenos Aires | Hongkong | Honolulu | Kairo | Kalkutta | Kapstadt | Lissabon | London | Los Angeles | Moskau | New York | Paris | Rio de Janeiro | San Francisco | Sydney | Tokio |
|---|---|---|---|---|---|---|---|---|---|---|---|---|---|---|---|---|---|---|
| Berlin | – | 6315 | 11858 | 8784 | 11815 | 2917 | 7040 | 9519 | 2256 | 920 | 9359 | 1592 | 6442 | 864 | 9924 | 9191 | 16000 | 8997 |
| Bombay | 6315 | – | 15008 | 4256 | 13076 | 4317 | 1648 | 8213 | 7959 | 7242 | 14096 | 4960 | 12600 | 7026 | 13500 | 13637 | 10080 | 6796 |
| Buenos Aires | 11858 | 15008 | – | 18240 | 12245 | 11885 | 16340 | 6932 | 9940 | 11071 | 9837 | 13280 | 8472 | 11026 | 2000 | 10380 | 11744 | 18562 |
| Hongkong | 8784 | 4256 | 18240 | – | 8984 | 8053 | 2600 | 11695 | 10928 | 9616 | 11752 | 7080 | 12976 | 9632 | 17512 | 11248 | 7264 | 2960 |
| Honolulu | 11815 | 13076 | 12245 | 8984 | – | 14280 | 11320 | 18684 | 12536 | 11712 | 4192 | 11360 | 8082 | 12040 | 13440 | 3852 | 7994 | 6208 |
| Kairo | 2917 | 4317 | 11885 | 8053 | 14280 | – | 5640 | 7152 | 3784 | 3549 | 12280 | 2760 | 9122 | 3232 | 9988 | 12087 | 14240 | 9608 |
| Kalkutta | 7040 | 1648 | 16340 | 2600 | 11320 | 5640 | – | 9601 | 8972 | 7944 | 13133 | 5472 | 12672 | 7840 | 14920 | 12608 | 9031 | 5136 |
| Kapstadt | 9519 | 8213 | 6932 | 11695 | 18684 | 7152 | 9601 | – | 8333 | 9560 | 16264 | 10061 | 12552 | 9220 | 6160 | 16544 | 11023 | 14775 |
| Lissabon | 2256 | 7959 | 9940 | 10928 | 12536 | 3784 | 8972 | 8333 | – | 1560 | 9040 | 3888 | 5392 | 1432 | 7528 | 9096 | 18000 | 11080 |
| London | 920 | 7242 | 11071 | 9616 | 11712 | 3549 | 7944 | 9560 | 1560 | – | 8794 | 2464 | 5601 | 336 | 9196 | 8704 | 16824 | 9680 |
| Los Angeles | 9359 | 14096 | 9837 | 11752 | 4192 | 12280 | 13133 | 16264 | 9040 | 8794 | – | 9808 | 3946 | 9138 | 10128 | 552 | 11920 | 8960 |
| Moskau | 1592 | 4960 | 13280 | 7080 | 11360 | 2760 | 5472 | 10061 | 3888 | 2464 | 9808 | – | 7090 | 2461 | 11312 | 9381 | 14320 | 7412 |
| New York | 6442 | 12600 | 8472 | 12976 | 8082 | 9122 | 12672 | 12552 | 5392 | 5601 | 3946 | 7090 | – | 5760 | 7696 | 4170 | 15784 | 10954 |
| Paris | 864 | 7026 | 11026 | 9632 | 12040 | 3232 | 7840 | 9220 | 1432 | 336 | 9138 | 2461 | 5760 | – | 9136 | 9088 | 16802 | 9812 |
| Rio de Janeiro | 9924 | 13500 | 2000 | 17512 | 13440 | 9988 | 14920 | 6160 | 7528 | 9196 | 10128 | 11312 | 7696 | 9136 | – | 10648 | 13480 | 18560 |
| San Francisco | 9191 | 13637 | 10380 | 11248 | 3852 | 12087 | 12608 | 16544 | 9096 | 8704 | 552 | 9381 | 4170 | 9088 | 10648 | – | 11712 | 8401 |
| Sydney | 16000 | 10080 | 11744 | 7264 | 7994 | 14240 | 9031 | 11023 | 18000 | 16824 | 11920 | 14320 | 15784 | 16802 | 13480 | 11712 | – | 7680 |
| Tokio | 8997 | 6796 | 18562 | 2960 | 6208 | 9608 | 5136 | 14775 | 11080 | 9680 | 8960 | 7412 | 10954 | 9812 | 18560 | 8401 | 7680 | – |

* Luftlinie auf Großkreisen in km

# Luftfahrt

**ILS-Verfahren**

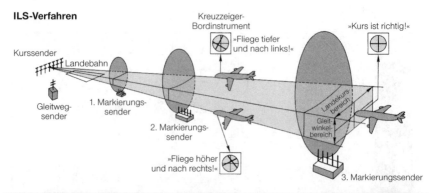

Kreuzzeiger-Bordinstrument
»Fliege tiefer und nach links!«
»Kurs ist richtig!«
Kurssender
Landebahn
Gleitweg-sender
1. Markierungs-sender
2. Markierungs-sender
»Fliege höher und nach rechts!«
Landekurs-bereich
Gleit-winkel-bereich
3. Markierungssender

## Luftschiffkatastrophen

| Jahr | Luftfahrzeug | Ereignis | Tote |
|------|--------------|----------|------|
| 1925 | Luftschiff »USS Shenandoah« | Zerstörung durch einen Sturm | 29 |
| 1930 | Luftschiff »R 101« | Kollision mit einem Berg | 48 |
| 1933 | Luftschiff »USS Akron« | Absturz nach einem Sturm über dem Atlantik | 70 |
| 1937 | Luftschiff »Hindenburg« | Feuer kurz vor der Landung in Lakehurst/USA | 36 |

## Flugzeugkatastrophen

| Jahr | Luftfahrzeug | Ereignis | Tote |
|------|--------------|----------|------|
| 1972 | Sowjetisches Flugzeug | Explosion bei Notlandeversuch nahe Moskau | 176 |
| 1973 | Boeing 707 | Absturz wegen Nebels über Nigeria | 178, vor allem Pilger |
| 1974 | DC-10 | Absturz kurz nach dem Start in Paris | 346 |
| 1974 | DC-10 | Absturz über Sri Lanka | 191, vor allem Pilger |
| 1975 | US-Flugzeug | Absturz kurz nach dem Start in Saigon | 172, vor allem Kinder |
| 1977 | Niederländ. und US-Flugzeug | Zusammenstoß in der Luft über Teneriffa | 575, vor allem Urlauber |
| 1978 | Jumbo Jet | Explosion in der Nähe von Bombay | 213 |
| 1979 | DC-10 | Absturz über Chicago | 273 |
| 1979 | DC-10 | Zerschellt an einem Berg in der Antarktis | 257 |
| 1980 | Saudi-Arabisches Flugzeug | Feuer nach Notlandung in Riad | 301 |
| 1983 | Südkoreanischer Jumbo-Jet | Abschuss durch sowjetisches Kampfflugzeug | 269 |
| 1985 | Indischer Jumbo-Jet | Absturz nahe Großbritannien | 329 |
| 1985 | Boeing 747 | Absturz nahe Tokio | 520 |
| 1985 | US-Truppentransporter | Absturz über Neufundland | 256 |
| 1988 | Iranischer Airbus | Abschuss durch US-Marine im Persischen Golf | 290 |
| 1988 | Boeing 747 (PanAm) | Explosion nach Terroranschlag über Schottland | 270 |
| 1994 | Chinesisches Flugzeug | Absturz kurz vor der Landung in Japan | 264 |
| 1996 | Antonow 32 (African Airlines) | Absturz in die Innenstadt von Kinshasa | 350 |
| 1996 | Charterflugzeug (Birgen Air) | Absturz wegen technischen Defekts | 189 |
| 1996 | Boeing 757-100 | Explosion nahe New York | 230 |
| 1996 | Fokker 100 | Absturz bei São Paulo | 101 |
| 1996 | Boeing 747 und Iljuschin-76 | Zusammenstoß über Indien | 349 |
| 1997 | Boeing 747 | Absturz bei Guam | 227 |
| 1998 | MD-11 | Absturz der Passagiermaschine im Atlantik | 229 |
| 1999 | Boeing 767 (Egypt Air) | Absturz wegen technischen Defekts | 217 |
| 2000 | Airbus A-310 (Kenya Airways) | Absturz kurz nach dem Start in Nairobi | 170 |
| 2000 | Boeing 737 | Absturz vor der Landung auf den Philippinen | 131 |
| 2000 | Concorde | Absturz kurz nach dem Start in Paris | 114 |

# Raketentechnik

## Raumfahrttechnologie*

Atmosphäre (Chemie, Veränderung)
Automation
Biomedizin
Computertechnik
Erdkruste und Erdinneres (Erforschung der Zusammensetzung, Struktur und Veränderung)
Geologische Lagerstätten (Auffinden)
Großindustrielle Abläufe (Organisation)
Informationstechnik
Kartografie
Kommunikation (insbesondere EDV-Vernetzung, Rundfunk, Telefon)
Lebenserhaltende Systeme (Funktionsweise unter Extrembedingungen)
Lebewesen (Interaktionen mit der physikalischen Welt)
Menschliches Verhalten (Interaktionen mit der Umwelt)
Mikrogravitationsforschung (Verhalten von Werkstoffen und Organismen bei weitgehender Schwerelosigkeit
Ozeane (Zusammensetzung, Veränderung, Wechselwirkungen mit dem Festland)
Ressourcenverwaltung der Erde
Roboter
Satellitensteuerung
Sensortechnologie
Steuerungssysteme
Transportoptimierung
Umweltkontrolle
Werkstofftechnik
Wettervorhersage

\* Auswirkungen der Raumfahrttechnologie auf andere Bereiche von Technik und Wissenschaft

## Basisdaten der Saturn 5 ▶

| | |
|---|---|
| Gesamthöhe ohne Nutzlast | 85,7 m |
| Gesamthöhe mit Apollo-Raumfahrzeug und Rettungsrakete | 111 m |
| Startmasse mit Nutzlast, davon Treibstoff | 2890 t, 2526 t |
| Durchmesser der ersten und zweiten Stufe | 10,1 m |
| Durchmesser der dritten Stufe im oberen Teil | 6,6 m |
| Treibstoffverbrauch der ersten Stufe | 13400 kg/s |
| Zahl der Triebwerke: 1. Stufe | 5 |
| 2. Stufe | 5 |
| 3. Stufe | 1 |

## Über die Mondrakete ▼

Die dreistufige Rakete Saturn 5 der amerikanischen Weltraumbehörde NASA wurde bis zum Jahr 1972 im US-Mondlandeprogramm Apollo sowie zum Start der ersten amerikanischen Experimental-Weltraumstation Skylab (Mai 1973) verwendet.

### Mondrakete Saturn 5

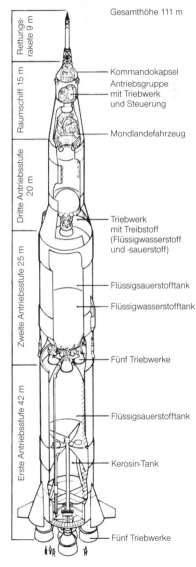

Gesamthöhe 111 m

Rettungsrakete 9 m

Raumschiff 15 m

Dritte Antriebsstufe 20 m

Zweite Antriebsstufe 25 m

Erste Antriebsstufe 42 m

Kommandokapsel
Antriebsgruppe mit Triebwerk und Steuerung

Mondlandefahrzeug

Triebwerk mit Treibstoff (Flüssigwasserstoff und -sauerstoff)

Flüssigsauerstofftank

Flüssigwasserstofftank

Fünf Triebwerke

Flüssigsauerstofftank

Kerosin-Tank

Fünf Triebwerke

# Raketentechnik

## Die europäische Trägerrakete Ariane

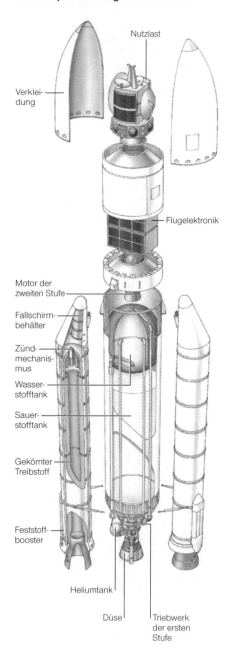

Nutzlast

Verkleidung

Flugelektronik

Motor der zweiten Stufe

Fallschirmbehälter

Zündmechanismus

Wasserstofftank

Sauerstofftank

Gekörnter Treibstoff

Feststoffbooster

Heliumtank

Düse

Triebwerk der ersten Stufe

**Raketengrundgesetz***

| Rückstoßprinzip (3. Newton'sches Gesetz; actio = reactio) | Eine Rakete fliegt, indem sie eine große Masse kleiner Teilchen (Verbrennungsgase) aus dem Triebwerk stößt; der dabei entstehende Impuls bewegt sie in die andere Richtung. Der entstehende Rückstoß (Raketenschub) ist um so größer, je höher der zeitliche Treibstoff-Massendurchsatz und je höher die Ausströmgeschwindigkeit ist. |
| --- | --- |
| Anforderungen an Raketen | Hohe Ausströmgeschwindigkeit; extreme Leichtbauweise; hochenergetische Raketentreibstoffe |

*\* Tabellarische Übersichten zum Thema Weltraumfahrt (Geschichte, Raumflüge) siehe Seite 80–82*

## Raketenantriebe

### Chemische Raketentriebwerke

| Festtreibstoff-Raketenmotor | Der ausschließlich feste Treibstoff lagert, zündet und verbrennt in der Brennkammer; Einsatz für kleinere Forschungs- und Militärraketen und schubstarke Antriebe großer Trägerraketen |
| --- | --- |
| Flüssigkeits-Raketentriebwerk | Exakte Einhaltung von Bahnrichtung, -höhe und -geschwindigkeit, gute Regelbarkeit; Einsatz beim Satellitentransport und anderer Nutzlasten, Einschuss von Raumsonden |
| Lithergolrakete (Hybridtriebwerk) | Kombination von Fest- und Flüssigtreibstoff; Festbrennstoff in der Brennkammer, flüssige Treibstoffkomponente wird auf den Festblock in der Brennkammer gespritzt |

### Thermonukleare Raketentriebwerke

Kernenergie wird als Wärme auf die zu beschleunigende Teilchenmasse übertragen; Problem: Bau eines leistungs- und flugfähigen Reaktors.

### Elektrische Raketentriebwerke

Wegen zu geringen Raketenschubs nur ergänzend eingesetzt (z.B. Ionenrakete); kann Energie z.B. auf Erdumlaufbahnen liefern, für die Ausrichtung von Solargeneratoren, Lageregelung von Erdsatelliten, Hauptantrieb für Nutzlasten (Raumsonden zu den äußeren Planeten). Außerdem: elektrothermische und elektromagnetische Raketen (Plasma-Antriebe); sind in der Praxis kaum von Bedeutung.

**Ablauf eines Space-Shuttle-Raumfluges**

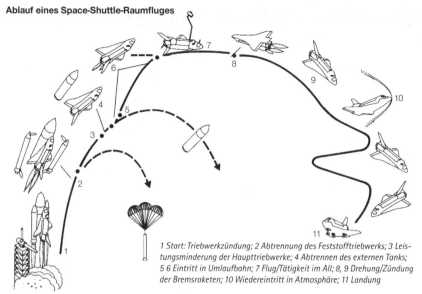

1 Start: Triebwerkzündung; 2 Abtrennung des Feststofftriebwerks; 3 Leistungsminderung der Haupttriebwerke; 4 Abtrennen des externen Tanks; 5 6 Eintritt in Umlaufbahn; 7 Flug/Tätigkeit im All; 8, 9 Drehung/Zündung der Bremsraketen; 10 Wiedereintritt in Atmosphäre; 11 Landung

**Weltraumtransporter Space Shuttle**

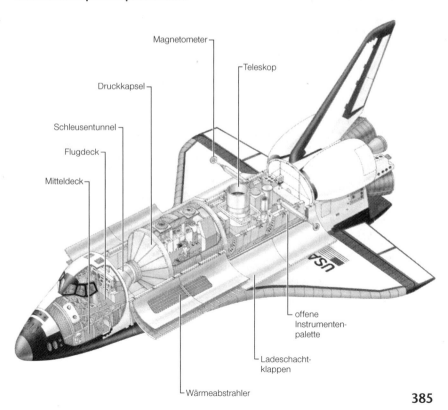

Magnetometer

Teleskop

Druckkapsel

Schleusentunnel

Flugdeck

Mitteldeck

offene Instrumentenpalette

Ladeschachtklappen

Wärmeabstrahler

# Wirtschaftsgeschichte

| | |
|---|---|
| **1903** | Internationale Währungskonferenz in Berlin: Beschluss eines festen Währungsverhältnisses zwischen den Silber- und den Goldwährungsländern |
| **1927** | Erste Weltwirtschaftskonferenz der Geschichte in Genf |
| **1929** | Börsensturz in New York am 24. Oktober (»Schwarzer Freitag«); Beginn der Weltwirtschaftskrise |
| **1933** | Roosevelt führt in den USA die Politik des New Deal ein |
| **1944** | Auf der Konferenz von Bretton Woods beschließen die 44 Teilnehmerstaaten die Gründung der Weltbank, des Internationalen Währungsfonds sowie eine Neuordnung der Weltwirtschaft |
| **1945** | Der Internationale Währungsfonds nimmt seine Arbeit auf |
| **1946** | Die Weltbank beginnt ihre Tätigkeit |
| **1947** | Mit dem Marshallplan verkünden die USA ein wirtschaftliches Hilfsprogramm für Europa; Unterzeichnung des Allgemeinen Zoll- und Handelsabkommens GATT |
| **1948** | Einführung der Zollunion der Beneluxstaaten; Währungsreform in Deutschland |
| **1949** | Gründung des Rats für gegenseitige Wirtschaftshilfe (COMECON) der Ostblockstaaten UdSSR, Bulgarien, Polen, Ungarn, Rumänien und Tschechoslowakei |
| **1952** | Vertrag über EGKS (Europäische Gemeinschaft für Kohle und Stahl), genannt Montanunion, tritt in Kraft; erster Versuch einer wirtschaftlichen und politischen Einigung in Europa nach dem 2. Weltkrieg |
| **1957** | Unterzeichnung der Römischen Verträge zur Gründung der Europäischen Wirtschaftsgemeinschaft (EWG) und der Europäischen Atomgemeinschaft (EURATOM); treten 1958 in Kraft |
| **1960** | Sieben Nicht-EWG-Staaten gründen die EFTA (Europäische Freihandelszone); Gründung der OPEC (Organisation Erdöl exportierender Länder); Gründung der Organisation für wirtschaftliche Zusammenarbeit und Entwicklung (OECD) |
| **1961** | Der Zentralamerikanische Gemeinsame Markt (LAFTA) tritt in Kraft |
| **1967** | Die EWG wird zusammen mit EGKS und EURATOM integrierter Bestandteil der Europäischen Gemeinschaft (EG) |
| **1972** | EG-Staaten führen die »Währungsschlange« ein, ein Wechselkurssystem mit geringer Schwankungsbreite |
| **1973** | Großbritannien, Irland und Dänemark treten der EG bei; Öl-Krise: OPEC erhöht Ölpreise drastisch, womit die größte Rezession seit der Weltwirtschaftskrise ausgelöst wird; |
| | Gründung der Wirtschaftsgemeinschaft Karibischer Gemeinsamer Markt (CARICOM); Freihandelsabkommen zwischen EG und EFTA tritt in Kraft |
| **1975** | In Lomé unterzeichnen EG und die 46 AKP-Staaten (Länder im afrikanischen, karibischen und pazifischen Raum) ein Abkommen über Handel, technische und finanzielle Zusammenarbeit (Lomé I); weitere Abkommen 1979, 1984, 1989; erstes G7-Treffen mit den Teilnehmern USA, BR Deutschland, Japan, Frankreich, Großbritannien, Italien, Kanada |
| **1976** | China lockert seine Planwirtschaft |
| **1979** | Das Europäisches Währungssystem (EWS) tritt in Kraft; eine zweite drastische Ölpreiserhöhung um rund 50% führt in den USA und in Großbritannien zur Stagnation |
| **1981** | Mit dem Beitritt Griechenlands als zehntem EG-Mitglied wird die Süderweiterung der EG eingeleitet |
| **1982** | Schwerste Rezession seit 1945 weltweit: die Arbeitslosigkeit steigt in den USA auf rund 10% (in der BR Deutschland auf 7,5%) |
| **1986** | Spanien und Portugal treten der EG bei; infolge Änderung der Marktstrategie der OPEC-Staaten kommt es zum Preissturz für Erdöl; EG-Mitgliedstaaten unterzeichnen die Einheitliche Europäische Akte zur Herstellung eines Europäischen Binnenmarktes |
| **1987** | »Schwarzer Montag« am New Yorker Aktienmarkt (19.10.) mit starken Kurseinbrüchen an den Weltbörsen; die zwölf EG-Staaten einigen sich in Brüssel auf eine Agrarreform |
| **1989** | Nach dem Zusammenbruch des kommunistischen Ostblocks kommt es zur Hyperinflation in osteuropäischen Staaten |
| **1990** | Als Folge der Wiedervereinigung und eskalierender Kosten gerät die D-Mark unter Druck. In der EG tritt die erste Stufe der Wirtschafts- und Währungsunion in Kraft |
| **1991** | Der Rat für gegenseitige Wirtschaftshilfe (COMECON) löst sich auf |
| **1992** | Mit der Angleichung von nationalem und EG-Recht ist der Europäische Binnenmarkt verwirklicht; Kanada, USA und Mexiko unterzeichnen Übereinkunft über eine nordamerikanische Freihandelszone (NAFTA) |
| **1993** | Der Maastrichter Vertrag (1992) über die Europäische Union (EU) tritt in Kraft |
| **1994** | Zwischen EG und EFTA tritt der Europäische Wirtschaftsraum (EWR) in Kraft |
| **1995** | Die Welthandelsorganisation WTO löst das GATT ab |
| **1998** | Schwere Währungs- und Finanzkrise in Asien |
| **1999** | Dritte Stufe der EU-Wirtschafts- und Währungsunion mit einem festen Wechselkursverhältnis unter den Teilnehmerstaaten |

## Grundbegriffe

| Begriff | Erläuterung |
|---|---|
| Rationalitätsprinzip | Maximalprinzip: Mit den vorhandenen Mitteln soll ein optimales Ergebnis erreicht werden |
| | Minimalprinzip: Ein bestimmtes Ergebnis soll mit geringstem Mitteleinsatz erreicht werden |
| Grundbedürfnisse | Primäre oder Existenzbedürfnisse: Essen, Trinken, Kleidung, Wohnung |
| Luxusbedürfnisse | Alle über einen gewissen Wohlstand hinausgehende Bedürfnisse |
| Bedarf | Teil der Bedürfnisse, der mit den verfügbaren Mitteln befriedigt werden kann |
| Individualbedarf | Je nach Entscheidung der einzelnen privaten Haushalte; u.a. durch Einkommen bestimmt |
| Kollektivbedarf | Durch politische Instanzen zu entscheidende Befriedigung kollektiver Bedürfnisse (z.B. Straßenbau, Bildungseinrichtungen) |
| Produktionsfaktoren | Zur Produktion benötigte Einsatzgüter materieller Art (z.B. Maschinen, Gebäude) und immaterieller Art (z.B. Arbeitskraft); eingeteilt in Natur (Grund und Boden, Rohstoffe), menschliche Arbeit und Kapital (Sach- und Geldmittel) |
| Preis | Tauschwert eines Gutes, vor allem der in Geld ausgedrückte Wert eines Gutes/einer Leistung |
| Gesamtnachfrage | Alle individuellen (Kauf-)Nachfragen nach einem Gut |
| Gesamtangebot | Alle individuellen (Verkaufs-)Angebote eines Gutes |
| Gleichgewichtspreis | Zusammentreffen von Angebot und Nachfrage ((Marktpreis) |

### Preisbildung

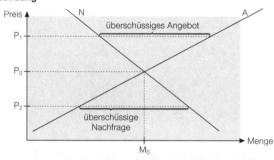

### ◀ Über Preisbildung

Auf dem Markt bildet sich im Schnittpunkt $P_0$ der so genannte Gleichgewichtspreis heraus, bei dem Angebot und Nachfrage übereinstimmen (Schnittpunkt der Angebotskurve A mit der Nachfragekurve N; umgesetzte Menge $M_0$)

## Bedeutende Wirtschaftstheorien

| Theorie | Vertreter | Erläuterung |
|---|---|---|
| Freie Marktwirtschaft | Walter Eucken (1891–1950) | Der freie Markt soll durch staatliche Überwachung von Monopolen und Kartellen gesichert werden |
| Keynesianismus | John Maynard Keynes (1883–1946) | Beschäftigungsniveau einer Volkswirtschaft bestimmt die Gesamtnachfrage; staatliche Beschäftigungsprogramme |
| Klassische National-ökonomie | Adam Smith (1723–1790) | Nationaler Reichtum durch Arbeit des Volkes; Reichtum kann durch Arbeitsteilung gesteigert werden; freier Wettbewerb ohne staatliche Eingriffe (liberale Wirtschaftslehre) |
| Marktmachttheorien (Countervailing power) | John K. Galbraith (*1908) | Kritik des Kapitalismus; eine Marktmacht ruft die Bildung einer Gegenmarktmacht hervor |
| Marxismus | Karl Marx (1818–1883) | Basis des wissenschaftlichen Sozialismus; Ausbeutung des Proletariats führt zum Klassenkampf und zur Überwindung des Kapitalismus durch eine klassenfreie Gesellschaft (Kommunismus) |
| Monetarismus | Milton Friedman (*1912) | Konjunktursteuerung über die Geldmenge; auf diese Weise werden Selbstheilungskräfte des Marktes aktiviert |
| Ökonometrie | Joseph A. Schumpeter (1883–1950) | Stellt Bedeutung des Unternehmers für eine funktionierende Volkswirtschaft heraus, die durch Monopole gefährdet ist |
| Ökonomische Nutzenlehre | Vilfredo Pareto (1848–1923) | Markt wird durch den Kampf rivalisierender Gruppen bestimmt; neoklassische Gleichgewichtstheorie |
| Staatsmonopolistischer Kapitalismus | Rudolf Hilferding (1877–1941) | Herrschaft der Monopole in einem Staatswesen, herbeigeführt durch die Kooperation von Großkapitalisten und Staat |

# Grundbegriffe

**Marktwirtschaft**

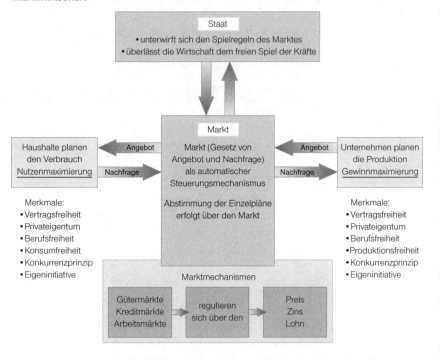

## Über die Marktwirtschaft ▲

In der Marktwirtschaft entscheiden die Dispositionen der Haushalte und Unternehmen über Produktion und Verteilung der Güter. Notwendige Voraussetzungen des marktwirtschaftlichen Modells sind vor allem die Existenz von Privateigentum an Produktionsmitteln sowie die Existenz grundlegender und allgemeiner Freiheitsrechte (z.B. Vertragsfreiheit, Freiheit der Berufs- und Arbeitsplatzwahl, Gewerbefreiheit, Produktions-, Handels- und Konsumfreiheit). Den Wirtschaftsteilnehmern wird also ein Höchstmaß an personeller Freiheit eingeräumt. Sie entscheiden im Rahmen ihrer jeweiligen Möglichkeiten und ohne Zwang. Die marktwirtschaftliche Ordnung veranlasst die Produzenten, sich auf erkennbare Wünsche der Konsumenten einzustellen. Um Gewinn erzielen zu können, müssen die Produzenten Güter und Dienstleistungen bereitstellen, die den Käuferwünschen entsprechen. Dem Nachfrager (Verbraucher) kommt demnach eine zentrale Rolle zu: Er beeinflusst die Richtung der Produktion. Größe und Art der Nachfrage stellen die Weichen für den einzuschlagenden Produktionsweg. Ein wichtiges Merkmal für dieses Modell ist die relative wirtschaftliche Abstinenz des Staates: Dessen wirtschaftliche Aktivität ist im Wesentlichen auf die Bereitstellung öffentlicher Güter und solcher Produktionen beschränkt, die nicht wettbewerblich organisiert werden sollen (z.B. bis in die 90er Jahre die Energieversorgung und der Telefonmarkt).

Trotz dezentraler Planung ist der Wirtschaftsprozess im Marktmodell nicht willkürlich, sondern Resultat der ständigen Koordination vieler Einzelpläne auf dem Markt. Dabei dienen Preise als zentrale und damit entscheidende Koordinierungsinstrument. Sie sind nichts anderes als in Geld ausgedrückte Tauschwerte knapper Güter, das Ergebnis des Zusammentreffens von Angebot und Nachfrage.

Rein marktwirtschaftliche Systeme sind in der Realität kaum anzutreffen. Die BR Deutschland beispielsweise versucht seit Ende der 40er Jahre mit der Konzeption der Sozialen Marktwirtschaft einen Ausgleich zwischen unternehmerischer Freiheit und sozialer Gerechtigkeit herzustellen. Darüber hinaus fließen in eine marktwirtschaftliche Ordnung immer auch Aspekte der Zentralverwaltungswirtschaft mit ein.

## Zentralverwaltungswirtschaft

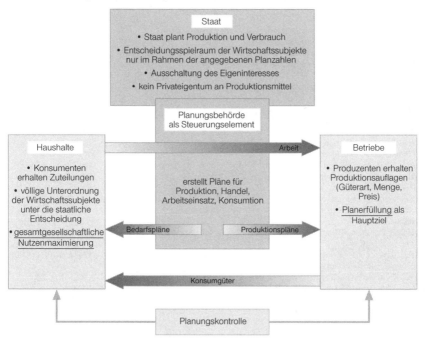

Im Gegensatz zum marktwirtschaftlichen Modell ist in der Zentralverwaltungswirtschaft die zentrale Lenkung des gesamten Wirtschaftsgeschehens das ordnungsbestimmende Merkmal. Da die grundlegenden Entscheidungen über die Güterproduktion, den Einsatz der Produktionsfaktoren und über die Güterverteilung durch die Zentralverwaltung getroffen werden, werden in dem Maße, in dem die Verwaltung wirtschaftliche Entscheidungen an sich zieht, die Entscheidungsmöglichkeiten der wirtschaftenden Subjekte beschränkt.

Weitere entscheidende Merkmale neben der zentralen Planung, Lenkung und Kontrolle des gesamten Wirtschaftsgeschehens sind: Aufhebung des Privateigentums an Produktionsmitteln (Staats-, Kollektiveigentum); staatlich festgelegte Preise für Güter und Dienstleistungen, Arbeit (Löhne) und Kapital (Zinsen); zentrale Verteilung der Produkte; enge Verknüpfung von Politik und Wirtschaft.

Dem Planungszeitraum entsprechend wird zwischen lang- und mittelfristigen Perspektivplänen und kurzfristigen Operativplänen unterschieden. Die mittelfristigen Perspektivpläne werden für einen Zeitraum von fünf bis sieben Jahren, die langfristigen Pläne für einen Zeitraum von 15 bis 20 Jahren aufgestellt. Die Perspektivpläne sollen die Entwicklung der Volkswirtschaft vorausbestimmen und die Wege und Mittel zu ihrer Verwirklichung aufzeigen. Sie bilden die Grundlage für die Aufstellung der jährlich zu erstellenden Operativpläne.

Gegenüber der Marktwirtschaft hat die Plan- oder Zentralverwaltungswirtschaft eine Reihe von Nachteilen und Schwächen aufzuweisen, die Ende der 80er Jahre letztendlich zum wirtschaftlichen Kollaps der sozialistischen Staaten in Osteuropa führten: Bürokratismus und Schwerfälligkeit der Planungsbehörden sowie Ausschaltung der Privatinitiative lähmen den Anreiz für individuelles Engagement im Rahmen einer Volkswirtschaft und belegen die Unfähigkeit der Zentralverwaltungswirtschaft, die Produktion in kurzen Zeiträumen dem heimischen bzw. weltweiten Bedarf anzupassen. Darüber hinaus unterschätzen die staatlichen Stellen vielfach den Eigennutzgedanken in der idealtypisch klassenlosen Gesellschaft.

# Wirtschaftsbündnisse

## Bedeutende Wirtschaftsbündnisse

| Bündnis | Mitgliedsstaaten | Gründungsjahr |
|---|---|---|
| AFTA (Regionale Freihandelszone Südostasiens) | alle ASEAN-Staaten | 1992 |
| AKP-Staaten (Entwicklungsländer Afrikas, des Karibik- und Pazifikraums) | 69 | 1975 |
| APEC (Asiatisch-pazifische wirtschaftliche Zusammenarbeit) | 21 | 1989 |
| ASEAN (Vereinigung südostasiatischer Nationen) | 10 | 1967 |
| COMECON/RGW (Rat für gegenseitige Wirtschaftshilfe) | – | 1949 (1991 aufgelöst) |
| EFTA (Europäische Freihandelsassoziation) | 4 | 1960 |
| EWG/EG/EU (Europ. Wirtschaftsgemeinschaft/ Europ. Gemeinschaft/Europ. Union) | 6/12/15 | 1957/1967/1993 |
| FTTA (Freihandelszone Amerikas) | – | geplant ab 2005 |
| GATT (Allgmeines Zoll- und Handelsabkommen | 134* | 1947 (seit 1995 WTO) |
| IWF (Internationaler Währungsfonds) | 182 | 1944 |
| MERCOSUR (Gemeinsamer Markt für den südlichen Teil Amerikas) | 6 | 1990 |
| NAFTA (Nordamerikanisches Freihandels-abkommen) | 3 | 1994 |
| OECD (Organisation für wirtschaftliche Zusammen-arbeit und Entwicklung) | 29 | 1961 (löste OEEC ab) |
| OEEC (Organisation für wirtschaftliche Zusammenarbeit in Europa) | 20* | 1948 (seit 1961 OECD) |
| OPEC (Organisation Erdöl exportierender Länder) | 11 | 1960 |
| SADC (Südafrikanische Entwicklungs-Koordi-nations-Komitee) | 11 | 1980 |
| WTO (Welthandelsorganisation) | alle GATT-Mitglieder | 1995 (löste GATT ab) |

* zum Zeitpunkt des Übergangs

## Weltweite Großfusionen und Übernahmen

| Jahr | Unternehmen | Länder | Branche | Kaufpreis (in Mrd. US-$) |
|---|---|---|---|---|
| 1996 | Sandoz/Ciba-Geigy | Schweiz | Pharma | 36 |
| 1997 | Worldcom/MCI | USA | Telekommunikation | 37 |
| 1997 | Zürich Versicherung/BAT | Schweiz/Großbritannien | Tabak | 36 |
| 1998 | Exxon/Mobil | USA | Öl | 86 |
| 1998 | Travelers Group/Citicorp | USA | Banken | 73 |
| 1998 | SBC/Ameritech | USA | Telekommunikation | 72 |
| 1998 | Nations Bank/Bank America | USA | Banken | 60 |
| 1998 | BP/Amoco | Großbritannien/USA | Öl | 48 |
| 1998 | AT&T/Tele-Communication | USA | Telekommunikation | 48 |
| 1998 | Daimler Benz/Chrysler | Deutschland/USA | Automobil | 35 |
| 1999 | MCI Worldcom/Sprint | USA | Telekommunikation | 127 |
| 1999 | Pfizer/Warner-Lambert | USA | Pharma | 88 |
| 1999 | Alcan/Pechiney/Algroup | Kanada/Frankr./Schweiz | Verpackungsindustrie | ** |
| 1999 | Bell Atlantic/GTE | USA | Telekommunikation | 71 |
| 1999 | Deutsche Bank/US-Bankers Trust | Deutschland/USA | Banken | 1300*** |
| 2000 | United Airlines/US Airways | USA | Luftfahrt | 9,2 |
| 2000 | AOL/Time Warner | USA | Internet/Medien | 165* |
| 2000 | Vodaphone/Mannesmann | Deutschland/Großbrit. | Telekommunikation | 371* |

* Transaktionswert     ** Zusammenschluss; Umsatzerwartung 40 Mrd. DM     *** Bilanzsumme

## Größte Banken in Europa*

| Banken (Land) | Bilanzsumme (in Mrd. Euro) |
|---|---|
| HSBC Holding (Großbritannien) | 92,9 |
| Lloyds TSB (Großbritannien) | 65,4 |
| UBS (Schweiz) | 55,0 |
| Credit Suisse (Schweiz) | 48,3 |
| BNP/Paribas (Frankreich) | 46,2 |
| Barclays PLC (Großbritannien) | 42,3 |
| Deutsche Bank (Deutschland) | 40,7 |
| NatWest (Großbritannien) | 37,1 |
| Banco Santander (Spanien) | 35,2 |
| ABN Amro Holding (Niederlande) | 32,6 |

* nach Börsenwert 1999

## Präsidenten der Deutschen Bundesbank

| Name | Amtszeit |
|---|---|
| Karl Blessing (1900–1971) | 1957–1969 |
| Karl Klasen (1909–1991) | 1969–1977 |
| Otmar Emminger (1911–1986) | 1977–1979 |
| Karl Otto Pöhl (*1929) | 1980–1991 |
| Helmut Schlesinger (*1924) | 1991–1993 |
| Hans Tietmeyer (*1931) | 1993–1999 |
| Ernst Welteke (*1942) | seit 1999 |

## Größte Unternehmen in Deutschland*

| Unternehmen | Umsatz (in Mio. DM) |
|---|---|
| DaimlerChrysler AG | 293 345 |
| Volkswagen | 147 013 |
| Siemens | 134 134 |
| Veba AG | 95 763 |
| Volkswagen AG | 78 417 |
| Siemens AG | 67 941 |
| BMW | 67 285 |
| RWE AG | 66 267 |
| Thyssen Krupp AG | 63 325 |
| BASF-Gruppe | 57 644 |
| Robert Bosch GmbH | 54 579 |
| Bayer | 53 433 |
| Mannesmann AG | 45 510 |
| BMW AG | 42 578 |
| Viag AG | 38 113 |
| Adam Opel AG | 32 024 |
| Audi AG | 29 624 |
| Aventis Pharma AG | 27 188 |
| RAG-Konzern | 26 698 |
| MAN AG | 25 927 |
| Ford-Werke AG | 25 894 |
| Degussa-Hüls AG | 24 163 |
| Henkel | 22 220 |

* Stand 1999

## Bedeutende internationale Marken

| Marke | Markenwert* (in Mrd. Dollar) | Herkunft | Marke | Markenwert* (in Mrd. Dollar) | Herkunft |
|---|---|---|---|---|---|
| Coca-Cola | 72,5 | USA | BMW | 13,0 | Deutschland |
| Microsoft | 70,2 | USA | Kodak | 11,9 | USA |
| IBM | 58,2 | USA | Heinz | 11,8 | USA |
| Intel | 39,0 | USA | Budweiser | 10,7 | USA |
| Nokia | 38,5 | Finnland | Xerox | 9,7 | USA |
| General Electric | 38,1 | USA | Dell | 9,5 | USA |
| Ford | 36,4 | USA | Gap | 8,5 | USA |
| Disney | 33,5 | USA | Nike | 8,0 | USA |
| McDonald's | 27,9 | USA | Volkswagen | 7,8 | Deutschland |
| AT&T | 25,5 | USA | Ericsson | 7,8 | Schweden |
| Marlboro | 22,1 | USA | Kellogg's | 7,4 | USA |
| Mercedes | 21,1 | Deutschland | Louis Vuitton | 6,9 | Frankreich |
| Hewlett-Packard | 20,6 | USA | Pepsi Cola | 6,6 | USA |
| Cisco Systems | 20,0 | USA | Apple | 6,6 | USA |
| Toyota | 18,9 | Japan | MTV | 6,4 | USA |
| Citibank | 18,9 | USA | Yahoo! | 6,3 | USA |
| Gillette | 17,4 | USA | SAP | 6,1 | Deutschland |
| Sony | 16,4 | Japan | IKEA | 6,0 | Schweden |
| American Express | 16,1 | USA | Duracell | 5,9 | USA |
| Honda | 15,2 | Japan | Philips | 5,5 | Niederlande |
| Compaq | 14,6 | USA | | | |
| Nescafé | 13,7 | Schweiz | * Stand 2000 | | |

# Post

## Bedeutende Messen in Deutschland

| Messe | Branche | Ort | Gründungsjahr |
|---|---|---|---|
| Ambiente | Tischkultur, Küche, Geschenke | Frankfurt/M. | 1949 |
| Anuga | Lebensmittel-Technologie | Köln | 1966 |
| Boot | Wasserfahrzeuge | Düsseldorf | 1951 |
| Buchmesse | Verlage | Frankfurt/M. | 1949 |
| | Verlage | Leipzig | 1991 (Neugründung) |
| CeBIT | Computer-, Kommunikationstechnik | Hannover | 1986 |
| Constructa | Bauindustrie | Hannover | 1951 |
| DRUPA | Druck-, Papierindustrie | Düsseldorf | 1951 |
| Funkausstellung | Audiovisuelle Medien | Berlin | 1950 |
| GDS | Schuhe | Düsseldorf | 1956 |
| IAA | Automobilindustrie | Frankfurt/M. | 1951 |
| IGEDO | Mode | Düsseldorf | 1949 |
| inhorgenta | Schmuck | München | 1974 |
| Internationale Grüne Woche | Landwirtschaft, Ernährung | Berlin | 1926 |
| Handwerksmesse | Handwerk, Kunsthandwerk | München | 1949 |
| Hannover-Messe | Industrie-Erzeugnisse | Hannover | 1947 |
| Ledermesse | Leder | Offenbach | 1950 |
| Möbelmesse | Möbelindustrie | Köln | 1949 |
| Equitana | Pferdesport | Essen | 1972 |
| Photokina | Foto-, Videobranche | Köln | 1951 |
| Spielwarenmesse | Spielzeug | Nürnberg | 1949 |
| SPOGA | Sportartikel, Garten, Camping | Köln | 1960 |
| Süßwarenmesse | Süßwaren | Köln | 1971 |

## Geschichte der Post in Deutschland

| | | | |
|---|---|---|---|
| 1615 | Familie Thurn und Taxis übernimmt im Auftrag Maximilians I. die habsburgische Postbeförderung | 1949 | Post der BR Deutschland wird der Bundesverwaltung unterstellt |
| 1867 | Postmonopol geht von der Familie Thurn und Taxis an den preußischen Staat über | 1950 | Einrichtung des Bundesministerium für das Post- und Fernmeldewesen; Gründung der Deutschen Bundespost |
| 1868 | Gründung der Norddeutschen Bundespost | 1955 | Post ermöglicht erstmals Selbstwähldienst für Telefongespräche ins Ausland |
| 1871 | Gründung der Deutschen Reichspost | | |
| 1874 | Auf Anregung des deutschen Generalpostmeisters H. von Stephan wird der Weltpostverein gegründet | 1961 | Briefe werden in automatischen Verteilanlagen sortiert |
| 1876 | Post übernimmt die Organisation der Telegrafie | 1962 | Vierstellige Postleitzahlen strukturieren die Postverteilung neu |
| 1900 | Erstes Überseekabel ermöglicht Telefonieren zwischen Deutschem Reich und USA | 1967 | Bundespost richtet erste Datexnetze ein |
| | | 1979 | Bundespost richtet Telefax-Dienst ein |
| 1908 | Erstes öffentliches Wählfernsprechamt in Europa in Hildesheim eröffnet | 1982 | Kabelpilotprojekte unter Leitung der Bundespost schaffen Voraussetzungen für das Kabelfernsehen in Deutschland |
| 1909 | Einführung des Postscheckdienstes | | |
| 1914 | Großfunkstelle Nauen bei Berlin ermöglicht weltweites Funken | 1983 | Bundespost richtet Btx-Dienst ein |
| 1919 | Post ist für den gesamten Funkbetrieb im Deutschen Reich zuständig | 1989 | Aufsplittung der Deutschen Bundespost in die Unternehmensbereiche Deutsche Telekom, Postdienst (Deutsche Post) und Postbank |
| 1920 | Post von Württemberg und Bayern wird in die Reichspost eingegliedert | | |
| 1923 | Beginn des Rundfunkbetriebs im Deutschen Reich, organisiert von der Reichspost | 1993 | Einführung der fünfstelligen Postleitzahlen in Deutschland |
| 1933 | Deutsches Reich richtet weltweit erstes Fernschreibnetz ein | 1994 | Bundestag beschließt Privatisierung der drei Unternehmensbereiche der ehemaligen Deutschen Bundespost |
| 1948 | Beginnende Einrichtung des Selbstwählferndienstes | 1996 | Deutsche Telekom geht an die Börse |
| | | 1998 | Auflösung des Bundespostministeriums |

## Nationale Portogebühren in Deutschland

| Postsendung | Porto* (in DM) |
|---|---|
| **Briefkommunikation** | |
| **Briefe und Postkarten** | |
| Standardbrief (bis 20 g) | 1,10 |
| Kompaktbrief (bis 50 g) | 2,20 |
| Großbrief (bis 500 g) | 3,00 |
| Maxibrief (bis 1 kg) | 4,40 |
| Postkarte | 1,00 |
| | |
| **Bücher und Broschüren** | |
| Standard (bis 20 g) | 0,80 |
| Kompakt (bis 50 g) | 1,10 |
| Groß (bis 500 g) | 1,50 |
| Maxi (bis 1 kg) | 2,50 |
| | |
| **Waren** | |
| Standard (bis 20 g) | 0,80 |
| Kompakt (bis 50 g) | 1,30 |
| Maxi (bis 500 g) | 3,00 |
| | |
| **Zusatzleistungen**\*\* | |
| Übergabeeinschreiben | 4,00 |
| Einwurfeinschreiben | 3,00 |
| Eigenhändig (an Empfänger persönlich) | 3,50 |
| Rückschein | 3,50 |
| Nachnahme (Briefe, Postkarten) | 3,50 |
| Nachnahme (Geldübermittlung) | 3,00 |
| Anschriftenprüfung | 0,60 |
| Anschriftenberichtigungskarte | 0,60 |
| | |
| **Sonstige Leistungen**\*\* | |
| Zusätzliches Entgelt (bei Überschreitung von Höchstgewicht und Höchstmaßen) | 3,00 |
| Einziehungsentgelt (zu geringes Porto) | 1,00 |
| Stundungsentgelt (je angebrochene DM) | 0,02 |
| Stundungsentgelt (mind. monatlich) | 25,00 |
| Unverpackt eingelieferte Schlüssel | 6,00 |
| | |
| **Direkt-Marketing** | |
| **Infopost und Kataloge** | |
| Standard | 0,47 |
| Kompakt (bis 20 g) | 0,58 |
| Kompakt (21–50 g) | 0,59–0,79 |
| Groß (bis 20 g) | 0,70 |
| Groß (21–100 g) | 0,71–1,25 |
| Groß (101–1000 g) | 1,25–2,05 |
| Maxi (bis 20 g) | 1,42 |
| Maxi (21–100 g) | 1,43–1,97 |
| Maxi (101–1000 g) | 1,97–2,77 |
| Schwer | 3,00–6,60 |
| | |
| **Zusatzleistungen**\*\* | |
| Werbeantwort (Briefe und Postkarten) | 0,10 |
| erhöhtes Werbeantwortentgelt | 0,50 |
| Rücksendung (Infopost und Katalog) | 0,60 |

| Postsendung | Porto* (in DM) |
|---|---|
| **Sonstige Leistungen**\*\* | |
| Codieren einer Infopost Schwer | 0,30 |
| Rollbehälterbenutzung der Post | 8,00 |
| | |
| **Päckchen und Pakete** | |
| **Päckchen** | |
| Päckchen (bis 2 kg) | 6,90 |
| Pluspäckchen (bis 20 kg; inkl. Verpackung) | 8,90 |
| Nachsendung eines Päckchens | 6,90 |
| | |
| **Pakete** | |
| Paket (bis 4 kg) | 11,00 |
| Paket (4–8 kg) | 12,50 |
| Paket (8–12 kg) | 14,00 |
| Paket (12–20 kg) | 17,00 |
| | |
| **Zusatzleistungen**\*\* | |
| Express-Service | 18,00 |
| Express vor 12 Uhr | 23,00 |
| Express vor 10 Uhr | 33,00 |
| Express vor 9 Uhr | 48,00 |
| Express Sonn- und Feiertagszustellung | 78,00 |
| Eigenhändig (an Empfänger persönlich) | 16,00 |
| Rückschein | 3,50 |
| Transportversicherung (Wert bis 5000 DM) | 5,00 |
| Transportversicherung (Wert bis 50 000 DM) | 20,00 |
| Nachnahme-Einzugsentgelt | 5,00 |
| Nachnahme-Übermittlungsentgelt | 3,00 |
| Unfrei | 1,40 |
| Sperrgut | 35,00 |
| Unzustellbarkeitsanzeige | 2,50 |
| Nachsendung | 6,90 |
| | |
| **Packsets**\*\* | |
| Größe XS (22,5 x 14,5 x 3,5 cm) | 1,50 |
| Größe S (25 x 17,5 x 10 cm) | 1,90 |
| Größe M (35 x 25 x 12 cm) | 2,50 |
| Größe L (40 x 25 x 15 cm) | 2,90 |
| Größe XL (50 x 30 x 20 cm) | 3,50 |
| Größe F (Flaschen; 37,5 x 13 x 13 cm) | 2,90 |
| | |
| **Fahrrad/Postgepäck** | |
| Fahrrad-Beförderung | 80,00 |
| Postgepäck (Reisegepäck à max. 20 kg) | 18,50 |
| Rücksendung unzustellbaren Postgepäcks | 15,00 |
| | |
| **Express** | |
| **Briefe**\*\*\* | |
| Briefe (bis 50 g) | 12,50 |
| Briefe (51–1000 g) | 14,00 |
| Briefe (1001–2000 g) | 16,00 |
| | |
| **Extras**\*\* | |
| Brief vor 12 Uhr | 5,00 |
| Brief vor 10 Uhr | 15,00 |
| Brief vor 9 Uhr | 30,00 |

⇒ S. 394

# Post

| Postsendung | Porto* (in DM) |
|---|---|
| Transportversicherung (Wert bis 5000 DM) | 5,00 |
| Transportversicherung (Wert bis 50000 DM) | 20,00 |
| Eigenhändig (an Empfänger persönlich) | 16,00 |
| Rückschein | 3,50 |
| Zustellung gegen Unterschrift | 4,00 |
| **Telegramm** | |
| Mini (bis 10 Wörter) ohne Schmuckblatt | 29,00 |
| Mini (bis 10 Wörter) mit Schmuckblatt | 37,00 |
| Maxi (bis 30 Wörter) ohne Schmuckblatt | 35,00 |
| Maxi (bis 30 Wörter) mit Schmuckblatt | 43,00 |
| Sonn- und Feiertagszustellung** | 20,00 |

\* Stand August 2000
\** zzgl. zum Beförderungsentgelt
\*** Zustellung am Tag nach der Einlieferung; Aufpreis für Sonn- und Feiertage: 60,00 DM

## Portogebühren ins Ausland

| Postsendung | Porto* (in DM) |
|---|---|
| **Briefkommunikation** | |
| **Europabrief** | |
| Standardbrief | 1,10 |
| Kompaktbrief | 2,20 |
| Maxibrief International (bis 50 g) | 3,00 |
| Maxibrief International (51–100 g) | 5,00 |
| Maxibrief International (101–250 g) | 8,00 |
| Maxibrief International (251–500 g) | 12,00 |
| Maxibrief International (501–750 g) | 16,00 |
| Maxibrief International (751–1000 g) | 20,00 |
| Maxibrief International (1001–1500 g) | 28,00 |
| Maxibrief International (1501–2000 g) | 36,00 |
| Postkarte | 1,00 |
| **Weltbrief Luftbeförderung** | |
| Aerogramm (bis 5 g) | 2,00 |
| Standardbrief | 3,00 |
| Kompaktbrief | 4,00 |
| Maxibrief International (bis 50 g) | 6,00 |
| Maxibrief International (51–100 g) | 10,00 |
| Maxibrief International (101–250 g) | 16,00 |
| Maxibrief International (251–500 g) | 24,00 |
| Maxibrief International (501–750 g) | 32,00 |
| Maxibrief International (751–1000 g) | 40,00 |
| Maxibrief International (1001–1500 g) | 56,00 |
| Maxibrief International (1501–2000 g) | 72,00 |
| Postkarte | 2,00 |

| Postsendung | Porto* (in DM) |
|---|---|
| **Weltbrief Landbeförderung** | |
| Standardbrief | 2,00 |
| Kompaktbrief | 2,20 |
| Maxibrief International (bis 50 g) | 3,00 |
| Maxibrief International (51–100 g) | 5,00 |
| Maxibrief International (101–250 g) | 8,00 |
| Maxibrief International (251–500 g) | 12,00 |
| Maxibrief International (501–750 g) | 16,00 |
| Maxibrief International (751–1000 g) | 20,00 |
| Maxibrief International (1001–1500 g) | 28,00 |
| Maxibrief International (1501–2000 g) | 36,00 |
| Postkarte | 2,00 |
| **Direkt-Marketing** | |
| **Infopost International** | |
| Europa Luft (je Stück) | 0,60 |
| Europa Luft (je Kilo) | 15,00 |
| Europa Land (je Stück) | 0,60 |
| Europa Land (je Kilo) | 9,00 |
| Welt Luft (je Stück) | 0,60 |
| Welt Luft (je Kilo) | 25,00 |
| Welt Land (je Stück) | 0,60 |
| Welt Land (je Kilo) | 15,00 |
| **Infobrief International Europa (Land oder Luft)** | |
| Standard-, Kompaktbrief (je Stück) | 0,60 |
| Standard-, Kompaktbrief (je Kilo) | 16,00 |
| Maxibrief (je Stück) | 0,90 |
| Maxibrief (je Kilo) | 16,00 |
| **Infobrief International Welt (Land)** | |
| Standard-, Kompaktbrief (je Stück) | 0,90 |
| Standard-, Kompaktbrief (je Kilo) | 16,00 |
| Maxibrief (je Stück) | 1,20 |
| Maxibrief (je Kilo) | 16,00 |
| **Infobrief International Welt (Luft)** | |
| Standard-, Kompaktbrief (je Stück) | 1,20 |
| Standard-, Kompaktbrief (je Kilo) | 32,00 |
| Maxibrief (je Stück) | 1,80 |
| Maxibrief (je Kilo) | 32,00 |
| **Päckchen und Pakete** | |
| **Päckchen** | |
| Päckchen (bis 2 kg) Europa | 12,00 |
| Päckchen (bis 2 kg) Welt | 15,00 |
| Pluspäckchen (bis 2 kg) Europa | 18,90 |
| Pluspäckchen (bis 2 kg) Welt | 38,90 |
| **Zusatzleistungen** | |
| Luftpost Europa (bis 250 g) | 1,00 |
| Luftpost Europa (251–500 g) | 2,00 |
| Luftpost Europa (501–750 g) | 3,00 |
| Luftpost Europa (751–1000 g) | 4,00 |
| Luftpost Europa (1001–1500 g) | 6,00 |
| Luftpost Europa (1501–2000 g) | 8,00 |

# Arbeit und Soziales

| Postsendung | Porto* (in DM) |
|---|---|
| Luftpost Welt (bis 250 g) | 3,00 |
| Luftpost Welt (251–500 g) | 7,00 |
| Luftpost Welt (501–750 g) | 11,00 |
| Luftpost Welt (751–1000 g) | 15,00 |
| Luftpost Welt (1001–1500 g) | 23,00 |
| Luftpost Welt (1501–2000 g) | 31,00 |
| Einziehungsentgelt (zu geringes Porto) | 1,00 |
| **Pakete (je nach Entgeltzone)** | |
| **Zone 1 (Europa, nahe Region)** | |
| Paket bis 4 kg | 28,50 |
| Paket über 4 bis 8 kg | 36,50 |
| Paket über 8 bis 12 kg | 44,50 |
| Paket über 12 bis 20 kg | 60,50 |
| **Zone 2 (Europa, fernere Region)** | |
| Paket bis 4 kg | 46,50 |
| Paket über 4 bis 8 kg | 58,50 |

| Postsendung | Porto* (in DM) |
|---|---|
| Paket über 8 bis 12 kg | 70,50 |
| Paket über 12 bis 20 kg | 94,50 |
| **Zone 3 (andere Kontinente, nähere Umgebung)** | |
| Paket bis 4 kg | 52,50 |
| Paket über 4 bis 8 kg | 68,50 |
| Paket über 8 bis 12 kg | 84,50 |
| Paket über 12 bis 20 kg | 116,50 |
| **Zone 4 (andere Kontinente, fernere Umgebung)** | |
| Paket bis 4 kg | 64,50 |
| Paket über 4 bis 8 kg | 92,50 |
| Paket über 8 bis 12 kg | 120,50 |
| Paket über 12 bis 20 kg | 176,50 |

\* Stand August 2000
\*\* zzgl. zum Beförderungsentgelt

## Arbeitgeberverbände in Deutschland

| Verband/Organisation | Aufgaben | Gründungsjahr |
|---|---|---|
| **BDA** (Bundesvereinigung der Deutschen Arbeitgeberverbände) | Sozialpolitische Interessenvertretung der deutschen Privatwirtschaft | 1949 |
| **BDI** (Bundesverband der Deutschen Industrie) | Wirtschaftliche Interessenvertretung der deutschen Industrie | 1949 |
| **DIHT** (Deutscher Industrie- und Handelstag) | Vertretung der gewerblichen Wirtschaft in Deutschland | 1949 |

## Gewerkschaften in Deutschland

| Gewerkschaft | Mitgliederzahl* |
|---|---|
| Deutsche Postgewerkschaft (DPG)** | 457 500 |
| Erziehung und Wissenschaft | 273 800 |
| Gewerkschaft der Eisenbahner Deutschlands (GdED) | 338 100 |
| Gewerkschaft der Polizei | 190 600 |
| Handel, Banken, Versicherungen (HBV)** | 457 700 |
| Holz und Kunststoff | 132 900 |
| IG Bauen, Agrar, Umwelt | 585 400 |
| IG Bergbau, Chemie, Energie (BCE) | 922 800 |
| IG Medien** | 179 100 |
| IG Metall | 2 702 000 |
| Nahrung, Genuss, Gaststätten | 270 000 |
| ÖTV (Öffentliche Dienste, Transport und Verkehr)** | 1 526 900 |
| **Gesamt DGB (Deutscher Gewerkschafts-Bund)** | **8 036 700** |
| Deutsche Angestellten-Gewerkschaft (DAG)** | 480 000 |

\* Stand Anfang 2000
\*\* Teilnahme am Zusammenschluss zur Vereinigten Dienstleistungsgewerkschaft (ver.di) geplant

# Arbeit und Soziales

## Wochenarbeitszeit in der EU

| Land | Wochenstunden* |
|------|------|
| Portugal | 40,3 |
| Großbritannien | 40,2 |
| Spanien | 40,1 |
| Irland | 39,8 |
| Griechenland | 39,7 |
| Frankreich | 39,0 |
| Finnland | 38,9 |
| Luxemburg | 38,8 |
| Dänemark | 38,7 |
| Niederlande | 38,5 |
| Österreich | 38,5 |
| Schweden | 38,5 |
| Deutschland | 38,0 |
| Belgien | 38,0 |
| Italien | 38,0 |

\* Durchschnittswerte bei Vollbeschäftigten

## Jahresurlaub in der EU

| Land | Urlaubstage* |
|------|------|
| Finnland | 37,5 |
| Italien | 37,0 |
| Niederlande | 31,0 |
| Deutschland | 30,0 |
| Luxemburg | 28,0 |
| Dänemark | 27,0 |
| Österreich | 26,5 |
| Frankreich | 25,0 |
| Großbritannien | 25,0 |
| Schweden | 25,0 |
| Griechenland | 22,0 |
| Portugal | 22,0 |
| Spanien | 22,0 |
| Irland | 21,0 |
| Belgien | 20,0 |

\* zusätzliche Freizeitregelungen in einzelnen Ländern

## Einführung von Sozialversicherungen in verschiedenen Ländern

| Land | Krankenversicherung | Rentenversicherung | Arbeitslosenversicherung |
|------|------|------|------|
| Deutschland | 1883 | 1889 | 1927 |
| Frankreich | 1930 | 1910 | 1967 |
| Großbritannien | 1911 | 1908 | 1911 |
| Italien | 1928 | 1919 | 1919 |
| Japan | 1926 | 1942 | 1947 |
| Niederlande | 1913 | 1913 | 1949 |
| Österreich | 1888 | 1927 | 1920 |
| Schweden | 1953 | 1913 | 1934 |
| Schweiz | 1911 | 1908 | 1976 |
| USA | – | 1935 | 1935 |

## Geschichte der Mitbestimmung in Deutschland*

| Jahr | Maßnahme | Erläuterung |
|------|------|------|
| 1920 | Betriebsrätegesetz | Belegschaftsvertretungen in Betrieben mit mindestens fünf Arbeitnehmern vorgeschrieben; Arbeiter haben nur wenig Befugnisse |
| 1933–1945 | Aufhebung der Mitbestimmung | Mitbestimmungsrechte außer Kraft |
| 1951 | Montanunion (EGKS) | Infolge des Beitritts zur Europäischen Gemeinschaft für Kohle und Stahl (EGKS) Einführung der paritätischen Mitbestimmung in der BR Deutschland in Aufsichtsräten von Betrieben mit über 1000 Arbeitern und Angestellten |
| 1952 | Betriebsverfassungsgesetz | Betriebsräte in Unternehmen mit mindestens fünf Arbeitnehmern; Festlegung der Zahl der Arbeitnehmer im Aufsichtsrat |
| 1972 | Neufassung des Betriebsverfassungsgesetzes | weitere Stärkung der Betriebsratsrechte |
| 1976 | Mitbestimmungsgesetz | Paritätisch besetzte Aufsichtsräte bei Kapitalgesellschaften mit über 2000 Beschäftigten |
| bis 2002 | Neufassung des Betriebsverfassungsgesetzes | Geplant ist u.a. die Erweiterung auf neue Unternehmensformen, beispielsweise virtuelle Unternehmen |

\* Eine einheitliche EU-Regelung zur Mitbestimmung existiert noch nicht

# Währungen

## Währungen in allen Ländern

| Land | Währung |
|------|---------|
| Afghanistan | 1 Afghani = 100 Puls |
| Ägypten | 1 Ägyptisches Pfund = 100 Piasters |
| Albanien | 1 Lek = 100 Qindarka |
| Algerien | 1 Algerischer Dinar = 100 Centimes |
| Andorra | Spanische Peseta/Französ. Franc |
| Angola | Readjusted Kwanza |
| Antigua/Barbuda | 1 Ostkaribischer Dollar = 100 Cents |
| Äquatorialguinea | 1 CFA-Franc = 100 Centimes |
| Argentinien | 1 Argentin. Peso = 100 Centavos |
| Armenien | 1 Dram = 100 Luma |
| Aserbaidschan | 1 Aserbaidschan-Manat = 100 Gepik |
| Äthiopien | 1 Birr = 100 Cents |
| Australien | 1 Australischer Dollar = 100 Cents |
| Bahamas | 1 Bahama-Dollar = 100 Cents |
| Bahrein | 1 Bahrein-Dinar = 1000 Fils |
| Bangladesch | 1 Taka = 100 Poisha |
| Barbados | 1 Barbados-Dollar = 100 Cents |
| Belgien | 1 Belgischer Franc = 100 Centimes |
| Belize | 1 Belize-Dollar = 100 Cents |
| Benin | 1 CFA-Franc = 100 Centimes |
| Bhutan | 1 Ngultrum = 100 Chetrum |
| Bolivien | 1 Boliviano = 100 Centavos |
| Bosnien-Herzeg. | 1 Bosn.-Herzeg. Dinar = 100 Para |
| Botswana | 1 Pula = 100 Thebe |
| Brasilien | 1 Real = 100 Centavos |
| Brunei | 1 Brunei-Dollar = 100 Cents |
| Bulgarien | 1 Lev = 100 Stótinki |
| Burkina Faso | 1 CFA-Franc = 100 Centimes |
| Burundi | 1 Burundi-Franc = 100 Centimes |
| Chile | 1 Chilenischer Peso = 100 Centavos |
| China | 1 Renminbi Yuan = 10 Jiao = 100 Fen |
| Costa Rica | 1 Costa-Rica-Colón = 100 Céntimos |
| Côte d'Ivoire | 1 CFA-Franc = 100 Centimes |
| Dänemark | 1 Dänische Krone = 1 Øre |
| Deutschland | 1 D-Mark = 100 Pfennig |
| Djibouti | 1 Djibouti-Franc = 100 Centimes |
| Dominica | 1 Ostkaribischer Dollar = 100 Cents |
| Dominikan. Rep. | 1 Dominikan. Peso = 100 Centavos |
| Ecuador | 1 Sucre = 100 Centavos |
| El Salvador | 1 El-Salvador-Colón = 100 Centavos |
| Eritrea | 1 Nakfa = 100 Cents |
| Estland | 1 Estnische Krone = 100 Senti |
| Fidschi | 1 Fidschi-Dollar = 100 Cents |
| Finnland | 1 Finnmark = 100 Penniä |
| Frankreich | 1 Französ. Franc = 100 Centimes |
| Gabun | 1 CFA-Franc = 100 Centimes |
| Gambia | 1 Dalasi = 100 Bututs |
| Georgien | 1 Lari = 100 Tetri |
| Ghana | 1 Cedi = 100 Pesewas |
| Grenada | 1 Ostkaribischer Dollar = 100 Cents |
| Griechenland | 1 Drachme = 100 Lepta |
| Großbritannien | 1 Pfund Sterling = 100 Pence |
| Guatemala | 1 Quetzal = 100 Centavos |
| Guinea | 1 Guinea-Franc = 100 Centimes |
| Guinea-Bissau | 1 CFA-Franc = 100 Centimes |
| Guyana | 1 Guyana-Dollar = 100 Cents |

| Land | Währung |
|------|---------|
| Haiti | 1 Gourde = 100 Centimes |
| Honduras | 1 Lempira = 100 Centavos |
| Indien | 1 Indische Rupie = 100 Paise |
| Indonesien | 1 Rupiah = 100 Sen |
| Irak | 1 Irak-Dinar = 1000 Fils |
| Iran | 1 Rial = 100 Dinars |
| Irland | 1 Irisches Pfund = 100 Pence |
| Island | 1 Isländische Krone = 100 Aurar |
| Israel | 1 Neuer Schekel = 100 Agorot |
| Italien | 1 Lira = 100 Centesimi |
| Jamaika | 1 Jamaika-Dollar = 100 Cents |
| Japan | 1 Yen = 100 Sen |
| Jemen | 1 Jemen-Rial = 100 Fils |
| Jordanien | 1 Jordan-Dinar = 1000 Fils |
| Jugoslawien | 1 Jugoslaw. Neuer Dinar = Para |
| Kambodscha | 1 Riel = 10 Kak = 100 Sen |
| Kamerun | 1 CFA-Franc = 100 Centimes |
| Kanada | 1 Kanadischer Dollar = 100 Cents |
| Kap Verde | 1 Kap-Verde-Escudo = 100 Centavos |
| Kasachstan | 1 Tenge = 100 Tiin |
| Katar | 1 Katar-Riyal = 100 Dirhams |
| Kenia | 1 Kenia-Shilling = 100 Cents |
| Kirgisistan | 1 Kirgisistan-Som = 100 Tyin |
| Kiribati | 1 Austral.Dollar/Kiribati = 100 Cents |
| Kolumbien | 1 Kolumbian. Peso = 100 Centavos |
| Komoren | 1 Komoren-Franc = 100 Centimes |
| Kongo, Dem. Rep. | Kongo-Franc |
| Kongo, Rep. | 1 CFA-Franc = 100 Centimes |
| Korea, Nord | 1 Won = 100 Chon |
| Korea, Süd | 1 Won = 100 Chon |
| Kroatien | 1 Kroatische Kuna = 100 Lipa |
| Kuba | 1 Kubanischer Peso = 100 Centavos |
| Kuwait | 1 Kuwait-Dinar = 1000 Fils |
| Laos | 1 Neuer Kip = 100 At |
| Lesotho | 1 Loti = 100 Lisente |
| Lettland | 1 Lats = 100 Santims |
| Libanon | 1 Libanes. Pfund = 100 Piastres |
| Liberia | 1 Liberianischer Dollar = 100 Cents |
| Libyen | 1 Libyscher Dinar = 1000 Dirhams |
| Liechtenstein | 1 Schweizer Franken = 100 Rappen |
| Litauen | 1 Litas = 100 Centas |
| Luxemburg | 1 Luxemburg. Franc = 100 Centimes |
| Madagaskar | 1 Madagaskar-Franc = 100 Centimes |
| Makedonien | 1 Denar = 100 Deni |
| Malawi | 1 Malawi-Kwacha = 100 Tambala |
| Malaysia | 1 Malaysischer Ringgit = 100 Sen |
| Malediven | 1 Rufiyaa = 100 Laari |
| Mali | 1 CFA-Franc = 100 Centimes |
| Malta | 1 Maltesische Lira = 100 Cents |
| Marokko | 1 Disham = 100 Centimes |
| Marshallinseln | 1 US-Dollar = 100 Cents |
| Mauretanien | 1 Ouguiya = 5 Khoums |
| Mauritius | 1 Mauritius-Rupie = 100 Cents |
| Mexiko | 1 Mexikan. Peso = 100 Centavos |
| Mikronesien | 1 US-Dollar = 100 Cents |
| Moldawien | 1 Moldawien-Leu = 100 Bani |

⇒ S. 398

# Währungen

| Land | Währung |
|------|---------|
| Monaco | 1 Französ. Franc = 100 Centimes |
| Mongolei | 1 Tugrik = 100 Mongo |
| Mosambik | 1 Metical = 100 Centavos |
| Myanmar | 1 Kyat = 100 Pyas |
| Namibia | 1 Namibia-Dollar = 100 Cents |
| Nauru | 1 Australischer Dollar = 100 Cents |
| Nepal | 1 Nepalesische Rupie = 100 Paisa |
| Neuseeland | 1 Neuseeland-Dollar = 100 Cents |
| Nicaragua | 1 Córdoba = 100 Centavos |
| Niederlande | 1 Niederländ. Gulden = 100 Cents |
| Niger | 1 CFA-Franc = 100 Centimes |
| Nigeria | 1 Naira = 100 Kobo |
| Norwegen | 1 Norwegische Krone = 100 Öre |
| Oman | 1 Rial Omani = 1000 Baizas |
| Österreich | 1 Schilling = 100 Groschen |
| Pakistan | 1 Pakistanische Rupie = 100 Paisa |
| Palau | 1 US-Dollar = 100 Cents |
| Panama | 1 Balboa = 100 Centésimos |
| Papua-Neuguinea | 1 Kina = 100 Toea |
| Paraguay | 1 Guaraní = 100 Céntimos |
| Peru | 1 Neuer Sol = 100 Céntimos |
| Philippinen | 1 Philippin. Peso = 100 Centavos |
| Polen | 1 Złoty = 100 Groszy |
| Portugal | 1 Escudo = 100 Centavos |
| Ruanda | 1 Ruanda-Franc = 100 Centimes |
| Rumänien | 1 Leu = 100 Bani |
| Russland | 1 Rubel = 100 Kopeken |
| Salomonen | 1 Salomonen-Dollar = 100 Cents |
| Sambia | 1 Kwacha = 100 Ngwee |
| Samoa | 1 Tala = 100 Sene |
| San Marino | 1 Italienische Lira = 100 Centesimi |
| São Tomé & Princ. | 1 Dobra = 100 Céntimos |
| Saudi-Arabien | 1 Saudi-Riyal = 20 Qirshes = 100 Hallalas |
| Schweden | 1 Schwedische Krone = 100 Öre |
| Schweiz | 1 Schweizer Franken = 100 Rappen |
| Senegal | 1 CFA-Franc = 100 Centimes |
| Seychellen | 1 Seychellen-Rupie = 100 Cents |
| Sierra Leone | 1 Leone = 100 Cents |
| Simbabwe | 1 Simbabwe-Dollar = 100 Cents |
| Singapur | 1 Singapur-Dollar = 100 Cents |

| Land | Währung |
|------|---------|
| Slowakei | 1 Slowakische Krone = 100 Hellers |
| Slowenien | 1 Tolar = 100 Stotin |
| Somalia | 1 Somalia-Shilling = 100 Cents |
| Spanien | 1 Peseta = 100 Centimos |
| Sri Lanka | 1 Sri-Lanka-Rupie = 100 Sri-Lanka-Cents |
| St. Kitts & Nevis | 1 Ostkaribischer Dollar = 100 Cents |
| St. Lucia | 1 Ostkaribischer Dollar = 100 Cents |
| St. Vincent/Gren. | 1 Ostkaribischer Dollar = 100 Cents |
| Südafrika | 1 Rand = 100 Cents |
| Sudan | 1 Sudanes. Pfund = 100 Piastres |
| Suriname | 1 Suriname-Gulden = 100 Cents |
| Swasiland | 1 Lilangeni = 100 Cents |
| Syrien | 1 Syrisches Pfund = 100 Piastres |
| Tadschikistan | 1 Tadschikistan-Rubel = 100 Tanga |
| Taiwan | 1 Neuer Taiwan-Dollar = 100 Cents |
| Tansania | 1 Tansania-Shilling = 100 Cents |
| Thailand | 1 Baht = 100 Stangs |
| Togo | 1 CFA-Franc = 100 Centimes |
| Tonga | 1 Pa'anga = 100 Seniti |
| Trinidad u. Tobago | 1 Trin.-u.-Tobago-Dollar = 100 Cents |
| Tschad | 1 CFA-Franc = 100 Centimes |
| Tschechische Rep. | 1 Tschechische Krone = 100 Hellers |
| Tunesien | 1 Tunesischer Dinar = 1000 Millimes |
| Türkei | 1 Türkische Lira = 100 Kurus |
| Turkmenistan | 1 Turkmenistan-Manat = 100 Tenge |
| Tuvalu | 1 Australischer Dollar = 100 Cents |
| Uganda | 1 Uganda-Shilling = 100 Cents |
| Ukraine | 1 Griwna = 100 Kopeken |
| Ungarn | 1 Forint = 100 Filler |
| Uruguay | 1 Uruguay. Peso = 100 Centésimos |
| USA | 1 US-Dollar = 100 Cents |
| Usbekistan | 1 Usbekistan-Sum = 100 Tijin |
| Vanuatu | Vatu |
| Vatikanstadt | 1 Italienische Lira = 100 Centesimi |
| Venezuela | 1 Bolívar = 100 Céntimos |
| Ver. Arab. Emirate | 1 Dirham = 100 Fils |
| Vietnam | 1 Dong = 10 Hào |
| Weißrussland | 1 Belarus-Rubel = 100 Kopeken |
| Zentralafrik. Rep. | 1 CFA-Franc = 100 Centimes |
| Zypern | 1 Zypern-Pfund = 100 Cents |

## Feste Euro-Wechselkurse

| Währung | Wert in Euro | Wert in DM |
|---------|-------------|-----------|
| Belgischer Franc | 40,3399 | 20,6255 |
| D-Mark | 1,95583 | |
| Finnmark | 5,94573 | 3,04001 |
| Französischer Franc | 6,55957 | 3,35386 |
| Irisches Pfund | 0,787564 | 0,402676 |
| Italienische Lira | 1936,27 | 990,002 |
| Luxemburgischer Franc | 44,3399 | 20,6255 |
| Niederländischer Gulden | 2,20371 | 1,12674 |
| Österreichischer Schilling | 13,7603 | 7,03552 |
| Portugiesischer Escudo | 200,482 | 102,505 |
| Spanische Peseta | 166,386 | 85,0722 |

## ◄ Über den Euro

Die Aufnahme Griechenlands in den Währungsverbund steht bevor.

Bis 2002 gilt der Euro lediglich im bargeldlosen Zahlungsverkehr; erst ab 2002 auch im direkten Zahlungsverkehr. Die nationalen Währungen bleiben für eine Übergangszeit gültig.

1 Euro = 100 Cents; Scheine im Wert von 5, 10, 20, 50, 100 und 500 Euro, Münzen im Wert von 1 und 2 Euro sowie 1, 2, 5, 10, 20 und 50 Cent

## Bedeutende Börsenindexe

| Index | Erläuterung |
|---|---|
| DAX | Deutscher Aktien-Index; 1988 eingeführter Index mit Werten der 30 umsatzstärksten deutschen Aktiengesellschaften |
| Dow Jones | 1897 eingeführter Gesamtindex mit 65 US-Werten (30 Industrieaktien, 20 Eisenbahnaktien, Aktien von 15 Versorgungsunternehmen) |
| Euro STOXX 50 | 50 wichtigste europäischen Werte |
| Nasdaq | 50 wichtigste Werte des US-amerikanischen Neuen Marktes |
| Nemax-50 | 50 wichtigste in- und ausländische Werte am Neuen Markt |
| Nikkei | Index mit den Werten der umsatzstärksten japanischen Aktiengesellschaften |
| Xetra | 1997/98 eingeführter elektronischer Börsenhandel mit ca. 3500 Wertpapieren aus verschiedenen Indexen |

## Die 30 DAX-Werte*

| Aktiengesellschaft | Kursentwicklung der Aktie 1999 (in %) | Aktiengesellschaft | Kursentwicklung der Aktie 1999 (in %) |
|---|---|---|---|
| adidas-Salomon | − 19,5 | Infineon Technologies | 1999 nicht im DAX |
| Allianz | + 6,7 | Karstadt Quelle | − 10,3 |
| BASF | + 56,8 | Linde | + 10,2 |
| Bayer | + 32,1 | MAN | + 48,8 |
| Bayer. Hypo- und Vereinsbank | + 1,6 | Metro | − 21,4 |
| BMW | + 19,1 | Münchner Rück | + 22,0 |
| Commerzbank | + 35,2 | Preussag | + 47,2 |
| DaimlerChrysler | − 8,2 | RWE | − 16,6 |
| Degussa-Hüls | − 10,9 | SAP | + 47,0 |
| Deutsche Bank | + 71,9 | Schering | + 12,1 |
| Deutsche Lufthansa | + 22,7 | Siemens | + 129,7 |
| Deutsche Telekom | + 152,3 | Thyssen Krupp | + 91,4 |
| Dresdner Bank | + 50,8 | Volkswagen | − 17,7 |
| e.on | Fusion Viag und Veba | | |
| Epcos | 1999 nicht im DAX | Dax-Werte im August 2000; gegenüber 1999 sind Mannesmann (Übernahme durch Vodaphone), Viag und Veba (Zusammenschluss zu e.on) nicht mehr vertreten | |
| Fresenius Medical Care | + 41,3 | | |
| Henkel | − 14,0 | | |

## Verschuldetste Staaten der Erde

| Land | Schulden* (in Mrd. US-Dollar) |
|---|---|
| Brasilien | 204,8 |
| Mexiko | 171,4 |
| Argentinien | 154,0 |
| China | 148,0 |
| Indonesien | 116,6 |
| Indien | 100,4 |
| Thailand | 92,4 |
| Philippinen | 47,9 |
| Malaysia | 37,7 |
| Kuba | 35,1 |
| Pakistan | 34,4 |

* Stand 1999

## Ärmste und reichste Staaten der Erde

| Land | BSP/Kopf (in US-Dollar) |
|---|---|
| **Ärmste Länder** | |
| Mosambik | 90 |
| Äthiopien | 110 |
| Kongo, Dem. Rep. | 110 |
| Burundi | 180 |
| Sierra Leone | 200 |
| **Reichste Länder** | |
| Luxemburg | 45 700 |
| Schweiz | 43 060 |
| Japan | 38 160 |
| Norwegen | 36 100 |
| Liechtenstein | 33 500 |
| Dänemark | 32 100 |

# Verbraucherpreise

## Preisindex für die Lebenshaltung in verschiedenen Ländern*

| Land | 1985 | 1990 | 1995 | 1998 | Land | 1985 | 1990 | 1995 | 1998 |
|------|------|------|------|------|------|------|------|------|------|
| Ägypten | 22,9 | 56,0 | 100 | 112,1[1] | Luxemburg | 80,0 | 87,1 | 100 | 103,8 |
| Australien | 60,4 | 88,4 | 100 | 103,7 | Marokko | 54,9 | 69,0 | 100 | 104,1[1] |
| Belgien | 79,8 | 88,6 | 100 | 104,7 | Mexiko | 3,2 | 44,5 | 100 | 187,9 |
| Chile | 21,6 | 52,2 | 100 | 119,8 | Niederlande | 83,8 | 87,4 | 100 | 106,3 |
| Dänemark | 74,8 | 90,7 | 100 | 106,3 | Norwegen | 65,7 | 88,9 | 100 | 106,2 |
| Deutschland | – | – | 100 | 104,3 | Österreich | 76,6 | 85,2 | 100 | 104,1 |
| Dominik. Rep. | 12,4 | 53,0 | 100 | 114,1[1] | Portugal | 41,4 | 70,6 | 100 | 108,4 |
| Finnland | 70,1 | 89,3 | 100 | 103,2 | Schweden | 60,4 | 81,5 | 100 | 100,9 |
| Frankreich | 77,0 | 89,6 | 100 | 103,9 | Schweiz | 75,6 | 85,6 | 100 | 101,3 |
| Ghana | 7,8 | 30,9 | 100 | 187,5[1] | Simbabwe | 17,6 | 29,8 | 100 | 190,1 |
| Griechenland | 23,4 | 52,1 | 100 | 119,2 | Spanien | 56,6 | 77,8 | 100 | 107,6 |
| Großbritannien | 63,4 | 84,6 | 100 | 109,2 | Südafrika | 28,8 | 58,6 | 100 | 116,6[1] |
| Honduras | 26,0 | 39,3 | 100 | 169,2 | Tunesien | 53,4 | 75,5 | 100 | 110,9 |
| Irland | 75,1 | 88,3 | 100 | 105,5 | Türkei | – | 5,6 | 100 | 634,6 |
| Island | 33,5 | 84,1 | 100 | 105,9 | Ungarn | 16,2 | 32,3 | 100 | 146,2[1] |
| Italien | 59,4 | 78,3 | 100 | 108,0 | USA | 70,6 | 85,8 | 100 | 107,0 |
| Japan | 87,4 | 93,5 | 100 | 102,5 | | | | | |
| Kanada | 72,0 | 89,5 | 100 | 104,3 | * umbasiert auf 1995 = 100 | | | | |
| Korea, Süd | 56,8 | 74,0 | 100 | 117,8 | [1] Zahlen von 1997 | | | | |

## Konjunkturphasen

| Bereich/Indikator | Niedergang (Abstieg 1) | Depression (Abstieg 2) | Aufschwung | Hochschwung |
|-------------------|------------------------|------------------------|------------|-------------|
| Beschäftigung | z.T. abnehmend | sinkend | z.T. zunehmend | insgesamt zunehmend |
| Effektenmarkt | sinkender Umsatz | stark zurückgehend | steigender Umsatz | nachgebend |
| Einkommensteuer | leicht sinkend | sinkend | steigend | stärker steigend |
| Geldmarkt | flüssig | sehr flüssig | fest | fest |
| Löhne | stabil bis sinkend | sinkend | stagnierend | steigend |
| Warenpreise | sinkend | sinkend | steigend | stärker steigend |
| Zinssätze | steigend | sinkend | stabil | steigend |

## Parkinsons »Gesetz«

| 1. Lehrsatz | Jeder Beamte und Angestellte wünscht die Zahl seiner Untergebenen, nicht aber die Zahl seiner Rivalen zu vergrößern. |
|-------------|-------------|
| 2. Lehrsatz | Beamte bzw. Angestellte schaffen einander gegenseitig Arbeit. |
| Parkinsons Erkenntnis | Die Zahl von Verwaltungsangestellten wächst auch dann, wenn die zu verwaltenden Objekte weniger werden (in der Regel um 5,1 – 6,5%). |
| Formel | Für die Entwicklungsberechnung der Angestelltenzahl in einer Verwaltung stellte Parkinson die folgende Formel auf: $$x = \frac{k^m + L}{n}$$ |

k = Zahl der Angestellten, die eine Beförderung durch Einstellung Untergebener erreichen wollen
L = Differenz zwischen Einstellungs- und Pensionsalter
m = Arbeitsstunden pro Angestelltem zur Anfertigung von internen Memoranden
n = tatsächlich erledigte Verwaltungseinheiten
x = jährlich neu einzustellende Personen

## Abkürzungen im Handelsrecht

| Abkürzung | Erläuterung |
|---|---|
| AG | Aktiengesellschaft |
| ARGE | Arbeitsgemeinschaft |
| Co. | Companie/Compagnon als Namenszusatz bei der OHG |
| eGmbH | eingetragene Genossenschaft mit beschränkter Haftpflicht |
| eGmuH | eingetragene Genossenschaft mit unbeschränkter Haftpflicht |
| e.V. | eingetragener Verein |
| GmbH | Gesellschaft mit beschränkter Haftung |
| GmbH & Co. KG | Kommanditgesellschaft mit GmbH als voll haftendem Gesellschafter |
| IG | Interessengemeinschaft |
| Inc. | Incorporated; engl. für AG |
| KG | Kommanditgesellschaft; mindestens ein voll haftender Gesellschafter (Komplementär) und ein beschränkt haftender Kommanditist |
| KG aA | Kommanditgesellschaft auf Aktien (Kommanditisten als Inhaber von Aktien der Gesellschaft) |
| Ltd. | Limited; engl. für GmbH |
| N.V. | Naamloze Vennootschap; niederländisch für AG |
| OHG | Offene Handelsgesellschaft (unbeschränkte Haftung aller Teilhaber) |
| S.A. | Société Anonyme; franz. für AG |
| V.V.a.G. | Versicherungsverein auf Gegenseitigkeit |

## Handelsspannen im Einzelhandel

| Bereich | Handelsspanne* |
|---|---|
| Optische Produkte | 50,4 |
| Feinmechanische Produkte | 50,4 |
| Foto- und Filmkameras | 37,6 |
| Elektrogeräte | 36,1 |
| Uhren | 36,1 |
| Kosmetik | 34,9 |
| Pharmazeutische Produkte | 34,9 |
| Hausrat | 32,4 |
| Möbel | 32,4 |
| Damenoberbekleidung | 32,2 |
| Druck- und Papiererzeugnisse | 32,2 |
| Campingzubehör | 31,7 |
| Sportartikel | 31,7 |
| Herrenoberbekleidung | 30,7 |
| sonstige Bekleidung | 30,5 |
| Schuhe | 30,5 |
| Benzin u. Mineralölprodukte | 27,1 |
| Kohle | 27,1 |
| Büroeinrichtungen | 25,6 |
| Fahrzeuge | 25,6 |
| Maschinen | 25,6 |
| Genussmittel | 20,7 |
| Nahrungsmittel | 20,7 |
| Eier, Milch, Käse | 17,8 |
| Fetterzeugnisse | 17,8 |
| Tabakwaren | 16,6 |

\* Handelsspanne = Differenz zwischen Einkaufs- und
Verkaufspreis einer Ware;
Angaben in % des Verkaufspreises

## Nobelpreisträger für Wirtschaftswissenschaften

| Jahr | Preisträger | Jahr | Preisträger |
|---|---|---|---|
| 1969 | R. Frisch (Norwegen), J. Tinbergen (Niederlande) | 1983 | G. Debreu (USA) |
| 1970 | P. Samuelson (USA) | 1984 | R. Stone (Großbritannien) |
| 1971 | S. Kuznets (USA) | 1985 | F. Modigliani (USA) |
| 1972 | J.R. Hicks (Großbritannien), K.J. Arrow (USA) | 1986 | J. Buchanan (USA) |
| 1973 | W. Leontief (USA) | 1987 | R. Solow (USA) |
| 1974 | F.A. von Hayek (Österreich), G. Myrdal (Schweden) | 1988 | M. Allais (Frankreich) |
| 1975 | L. Kantorowitsch (UdSSR), T. Koopmans (USA) | 1989 | T. Haavelmo (Norwegen) |
| 1976 | M. Friedman (USA) | 1990 | H. Markowitz, M. Miller, W. Sharpe (USA) |
| 1977 | B. Ohlin (Schweden), J.E. Meade (Großbritannien) | 1991 | R.H. Coase (Großbritannien) |
| 1978 | H. Simon (USA) | 1992 | G.S. Becker (USA) |
| 1979 | T. Schultz (USA), A. Lewis (Großbritannien) | 1993 | R.F. Fogel, D.C. North (USA) |
| 1980 | L. Klein (USA) | 1994 | J.C. Harsanyi, J.F. Nash (USA), R. Selten (Deutschland) |
| 1981 | J. Tobin (USA) | 1995 | R. Lucas (USA) |
| 1982 | G. Stigler (USA) | 1996 | J.A. Mirrless (USA), W. Vickrey (Kanada) |
| | | 1997 | R.C. Merton, M.S. Scholes (USA) |
| | | 1998 | A. Sen (Indien) |
| | | 1999 | R.A. Mundell (Kanada) |
| | | 2000 | J.J. Heckman (USA), D.L. McFadden (USA) |

# Altertum

## Daten der Weltgeschichte (Altertum)

| | Ägypten | Griechenland | Italien (Rom) |
|---|---|---|---|
| 3200 v. Chr. | 3000–2640 Frühgeschichte (1. u. 2. Dynastie) 2620–2160 3.–6. Dynastie (Pyramidenzeit) 2570–2450 Blüte des Alten Reiches unter der 4. Dynastie 2155–1991 Zwischenzeit (7.–11. Dynastie; Dezentralisation) | 2500–1900 (Frühhelladische Epoche) in Kreta frühminoische Kultur (2600–2000) | |
| 2000 v. Chr. | 1991–1650 Mittleres Reich (Theben) 12.–14. Dynastie Etwa 1900–1800 Blütezeit unter Amenehmet und Sesostris Um 1700 Einbruch der Hyksos (bis 1550) | 1900–1600 Mittelhelladische Epoche in Griechenland, Einwanderung der indogermanischen Ionier und Achäer | |
| 1600 v. Chr. | 1540–1080 Neues Reich (18.–20. Dynastie) Etwa 1400–1350 Dritte Blütezeit Amenophis III. und IV. 14./13. Jh. Große Eroberungen durch Thutmosis I. u. III. und Ramses II. Ab etwa 1300 Einfall der Seevölker (Philister) | 1600–1100 Mykenische Kultur (Späthelladische Kultur) Etwa 1425 Zerstörung des Palastes von Knossos | |
| 1200 v. Chr. 1000 v. Chr. | Um 1200 bedrängen die Libyer (seit um 2500 v. Chr. im Niltal) die Ägypter Um 1080–946 Machtrückgang unter der 21. Dynastie | 1200–1000 Ägäische Wanderung (»Dorische W.«), Entstehung der Stadtstaaten (Gründung von Sparta) Entstehung der Heldensagen Vor 1100 Troja zerstört 1100–700 protogeometr. u. geometr. Epoche | |
| | 946–610 Fremdherrschaft 946–718 Libysche Fürsten (22. u. 23. Dynastie) | | 900–700 Villanova-Kultur, Este-Kultur, Golasecca-Kultur |

## Daten der Weltgeschichte (Altertum)

| Mesopotamien und Kleinasien | Persien und Indien | Ostasien | |
|---|---|---|---|
| 3200–2300 Sumerische Stadtstaaten (Erfindung der Keilschrift) | 3000–2000 Blütezeit der alten Induskultur (Harappa-Kultur) | | 3200 v. Chr. |
| Um 2500 Erste Dynastie von Ur<br>Seit 2350 Eindringen der Akkader<br>2350–2150 Akkadisches Reich<br>2180–2070 Herrschaft der Könige von Gutäa<br>2070–1950 Reich von Ur (3. Dynastie) | | | |
| | Von 2000 an Einwanderung indogermanischer Stämme in Indien und von Nordwesten her | | 2000 v. Chr. |
| 1894–1595 Altbabylonisches Reich<br>1800–1375 Altassyrisches Reich<br>1728–1686 Hammurapi (Gesetzessammlung)<br>Seit 1600 Staatsgründungen der Hurriter, Reich von Mitanni (bis 1250) | | | 1600 v. Chr. |
| Seit 1480 Herrschaft der Kassiten<br>Um 1380–1200 Hethitisches Großreich. Untergang um 1200 im Zusammenhang mit dem Eindringen der Phryger<br>1350–809 Mittelassyrisches Reich (Assuruballit, Salmanassar I., Tiglatpileser I.); ständige Kämpfe Assyrien – Babylonien<br>Um 1200 werden die phönizischen Stadtstaaten selbständig<br>1128–1106 Nebukadnezar I. von Babylon | Besiedlung des Indus- und Gangeslandes<br>Um 1300–1100 Blüte des Reiches von Elam in Persien | 15. Jh. Begründung der Shang (Yin-)Dynastie (historisch gesichert)<br>Um 1400 älteste Schriftdenkmäler | 1200 v. Chr. |
| | | 1025 Ausdehnung des Zhou-Reiches auf Mittel- und Nordchina | |
| 1000–500 Skythen im Schwarzmeergebiet<br>Um 1000 Saul<br>1004–965 David<br>965–925 Salomo<br>922 Trennung von Israel u. Juda<br>1000–800 Vormachtstellung der phöniz. Stadtstaaten Tyros u. Sidon<br>Um 860–585 Staat von Urartu, Assyrien Vormacht Assurnasirpal II. (883–859) gründet ein assyrisches Großreich | Um 1000 Einwanderung der Arier in Persien<br>Vordringen der arischen Inder nach Dekhan und Ceylon<br>Um 1000 dringen die indogermanischen Iranier im Iran ein<br>836 werden die Meder genannt | | 1000 v. Chr. |

**403**

# Altertum

## Daten der Weltgeschichte (Altertum)

| | Ägypten | Griechenland | Italien (Rom) |
|---|---|---|---|
| **800 v. Chr.** | | 776 Neuordnung der Olympiaden<br>**Etwa 750–550** Kolonisation über die Küsten und Inseln des Mittelmeeres, besonders Sizilien und Unteritalien<br>**Seit 740** Aufstieg Spartas (Eroberung Messeniens, Peloponnesischer Bund) | **Seit 800** griechische Kolonisation in Sizilien und Unteritalien<br><br>753 (angebliche) Gründung Roms<br>753–510 Königszeit (7 sagenhafte Könige) in Rom |
| | 713–332 Spätzeit (25.–31. Dynastie) | | |
| | 664 Befreiung von assyrischer Herrschaft (seit 667) durch Psammetich I., Begründer der 26. Dynastie (664–525) | | |
| **600 v. Chr.** | | 621 Gesetzgebung Drakons in Athen<br>Seit Solon (594 Gesetzgebung) Aufstieg Athens<br>561–528 Blüte Athens unter Peisistratos | 600–500 Vorherrschaft der Etrusker in Mittelitalien |
| | 525 Niederlage Psammetich III. gegen Kambyses<br>525–404 Persische Herrschaft (27. Dynastie) | 510 Sturz der Tyrannis<br>508/07 Demokratische Verfassung des Kleisthenes in Athen<br>500–494 Ionischer Aufstand (in Kleinasien) gegen die Perser<br>492–448 Perserkriege (490 Marathon, 480 Salamis, 479 Plataiai)<br>457–445 Kampf um die Vorherrschaft zwischen Sparta und Athen<br>450–429 Kulturelle Blütezeit Athens unter Perikles (Äschylos, Sophokles, Euripides, Aristophanes, Sokrates, Herodot, Thukydides, Phidias)<br>431–404 Peloponnesischer Krieg zwischen Athen und Sparta<br>404–380 Vorherrschaft Spartas | 510 Rom wird Republik<br><br>493 Bündnis mit den Latinern, seit 494 Volkstribunen<br>474 Seeschlacht von Kyme (Cumae), Etrusker verlieren Seeherrschaft<br>451 Zwölftafelgesetz<br>445 teilweise Gleichberechtigung der Plebejer<br>442 Unterwerfung der Volsker |
| **400 v. Chr.** | 404–342 Einheimische Herrscher (28.–30. Dynastie) | | 396 Vernichtung des etruskischen Veji<br>387 Einfall der Gallier (Brennus)<br>387 Röm. Niederlage an der Allia<br>367 1. plebejischer Konsul<br>361 1. plebejischer Zensor |
| | | 371–362 Vorherrschaft Thebens unter Epaminondas (Siege über die Spartaner bei Leuktra 371 u. Mantineia 362)<br>378–355 Zweiter Attischer Seebund gegen Sparta | |

## Daten der Weltgeschichte (Altertum)

| Mesopotamien und Kleinasien | Persien und Indien | Ostasien | |
|---|---|---|---|
| 858–824 Salmanassar III. | | | |
| 810–806 Semiramis | | | |
| Tiglatpileser III. (745–727) unterwirft Babylonien, Syrien und Armenien (Neuassyrisches Reich) | 675–653 Phraortes, König v. Medien; 653 vom Assyrerkönig Assurbanipal besiegt | 770–249 Östliche Zhou-Dynastie (Beginn der geschichtl. Zeit) Errichtung des japanischen Reiches durch Jimmu (sagenhaft) | 800 v. Chr. |
| 700–547 Königreich Lydien Unter Sargon II. (722–705) Gipfel der Macht | 630–550 Persien Teil des Mederreiches (König Kyaxares) | | |
| 689 Zerstörung Babylons durch Sanherib (704–681) | | | |
| 625–539 Neubabylonisches Reich (Chaldäer) | | | |
| 612 Zerstörung des Assyrischen Reiches durch Meder und Babylonier (Nabupolassar 625–606) Nebukadnezar II. (605–562) schlägt 605 Necho von Ägypten bei Karkemisch und vernichtet 597 das Reich Juda | | | |
| | | 604 bis um 515 Laotse | |
| 597–538 Babylonische Gefangenschaft der Juden | Um 599 Zarathustra geboren Um 566–486 Buddha | | 600 v. Chr. |
| 587 Zerstörung Jerusalems | Kyros d. Gr. (599–530) unterwirft Medien, Armenien, Mesopotamien, Kleinasien und 539 Babylonien | | |
| 539 Zerstörung des Babylonischen Reiches durch die Perser (Kyros II.) | | | |
| Seit 539 Syrien unter persischer Herrschaft | 550–331 Großreich der Achämeniden | 551–479 Konfuzius | |
| 500–106 n. Chr. Reich der Nabatäer mit der Hptst. Petra | Kambyses II. (530–522) erobert Ägypten, Nubien und Libyen | | |
| | 522 Tod von Zarathustra | | |
| | Dareios I. (521–485) unterwirft Thrakien und Makedonien; erfolglose Kriege gegen Griechenland (Xerxes, 486–465) | | |
| | 464–424 Artaxerxes I. | | |
| | 423–404 Dareios II. | Zunehmende Macht der chines. Lehnsfürsten, Kämpfe untereinander und gegen das Königshaus (»Kämpfende Staaten« 453–221) | |
| | 404–359 Artaxerxes II. | | |
| | | | 400 v. Chr. |
| | 359–338 Artaxerxes III. | | |
| | 336–330 Dareios IV. | | |
| 351 Sidon von den Persern zerstört | 334–329 Alexander d. Gr. erobert das Perserreich | | |

# Altertum

## Daten der Weltgeschichte (Altertum)

| | Ägypten | Griechenland | Italien (Rom) |
|---|---|---|---|
| | 341–332 Neue persische Herrschaft | 357–355 Bundesgenossenkrieg, Niedergang Athens, Spartas u. Thebens; Fortdauer der kulturellen Blüte (Platon, Aristoteles; Demosthenes; Praxiteles) Aufstieg Philipps von Makedonien (338 Sieg bei Chaironeia über Athen und Theben) | 343–341 1. Samnitenkrieg 336–334 Unterwerfung von Latium u. Campania 326–304 2. Samnitenkrieg 312 Begründung des Seleukidenreichs 311–309 Krieg gegen die Etrusker |
| | 332/31 Alexander d. Gr. erobert Ägypten (Gründung von Alexandria) 305–33 n. Chr. Herrschaft der makedonischen Ptolemäer | 336–323 Alexander d. Gr., erobert 334-326 Perserreich. Nach seinem Tod Diadochenkämpfe | |
| **300 v. Chr.** | | | **Bis 266** unterwirft Rom Mittel- und Unteritalien |
| | | 298 Pyrrhos erobert Epirus | 298–290 3. Samnitenkrieg 282–272 Krieg gegen Tarent und Pyrrhos von Epirus 266–133 Begründung der Weltherrschaft Roms (Kampf gegen Karthago) 264–241 1. Punischer Krieg gegen Karthago |
| | | 275 Pyrrhos König von Makedonien 266–261 Krieg der Griechen gegen Makedonien | 241 Sizilien römische Provinz 238 Sardinien und Korsika römische Provinz 225–222 Unterwerfung der keltischen Gallier in Norditalien 218–201 2. Punischer Krieg (Hannibal gegen Scipio; Cannae, Zama) |
| **200 v. Chr.** | | 215–205 1. Makedonischer Krieg (Philipp V. mit Hannibal gegen Rom verbündet) 200–197 2. Makedonischer Krieg 171–168 3. Makedonischer Krieg 149–148 4. Makedonischer Krieg | 192–189 Krieg gegen Antiochos III. von Syrien 149–146 3. Punischer Krieg (Zerstörung Karthagos) 147 Makedonien nach 4 Kriegen unterworfen (röm. Provinz) 133 Spanien röm. Provinz (Viriatischer Krieg 148 bis 140; Numantinischer Krieg 142–133) |
| | | 146 Zerstörung Korinths; Griechenland römisch | 133–121 Innere Unruhen und Bürgerkriege, Reformversuche der Gracchen 129 Kleinasien römisch (Provinz Asia) 125–120 Südgallien unterworfen 111–105 Krieg gegen Jugurta von Numidien 120–101 Die aus Jütland ausgewanderten Kimbern, Ambronen und Teutonen dringen in Gallien, Spanien und Italien ein; nach römischen Niederlagen Vernichtung der Teutonen 102 bei Aquae Sextiae, der Kimbern 101 bei Vercellae |

## Daten der Weltgeschichte (Altertum)

| Mesopotamien und Kleinasien | Persien und Indien | Ostasien | |
|---|---|---|---|
| **333/32** Alexander d. Gr. erobert Syrien<br>**331** Alexander d. Gr. erobert Mesopotamien | **327–326** Zug Alexanders d. Gr. nach Indien<br>**Um 321–185** Gründung eines Großreiches in Nordindien durch Tschandragupta (Maurya-Reich)<br>**Seit 312** Persien Teil des Seleukidenreiches | | |
| **301–198** Herrschaft der Ptolemäer | | | |
| | | Innere Kämpfe in China, das in viele Einzelstaaten zerfallen war | **300 v. Chr.** |
| **281** Mithradates I. begründet das Königreich Pontos<br><br>**223–187** Antiochos III. (d. Gr.) bedeutendster Seleukidenherrscher | **273–236** Aschoka Herrscher in Indien<br>**250–227** Arsakidenherrschaft (Parther) in Persien | **249** Ende der Zhou-Dynastie<br>**221** Qin Shihuangdi stellt die Reichseinheit her<br>**221–214** China erobert Vietnam<br>**213** Bücherverbrennung in China<br>**Bis 203** Errichtung der Großen Mauer im Norden<br>**202 v. Chr. –222 n. Chr.** Han-Dynastie<br>**201** Einfall der Hunnen in China | |
| | | | **200 v. Chr.** |
| **174** Parthisches Reich gegr.<br>**167–164** Makkabäeraufstand in Palästina<br><br>**138–128** Phraates II. von Parthien<br>**133** König Attalos II. von Pergamon vermacht sein Reich Rom (129 Provinz Asia) | **Seit 171** Großreich der Parther<br><br>**2. Jh. v. Chr. – 3. Jh. n. Chr.** Indoskythisches Reich | **141–87** Kaiser Wudi in China<br>**141–87** Hunnenkriege in China<br><br>Eindringen des Buddhismus, Eroberung der Länder südlich des Chang Jiang und Ostturkistans (104–102) | |
| **120–63** Mithradates IV. von Pontos | | | |
| | | **109–106** China erobert Korea | |

# Altertum

## Daten der Weltgeschichte (Altertum)

| | Ägypten | Griechenland | Italien (Rom) |
|---|---|---|---|
| 100 v. Chr. | | | 91–89 Bundesgenossenkrieg |
| | | | 88–84 1. Mithradatischer Krieg (gegen die Parther) |
| | | 86 Sulla erobert Athen | 83–82 1. Bürgerkrieg (Sulla gegen Marius) |
| | | | 83–82 2. Mithradatischer Krieg |
| | | | 82–79 Diktatur Sullas |
| | | | 74–64 3. Mithradatischer Krieg |
| | | | 74–67 Seeräuberkrieg (Pompeius) |
| | | | 73–71 Sklavenaufstand (Spartacus) |
| | | | 63 Verschwörung Catilinas |
| | | | 60(–49) 1. Triumvirat (Pompeius, Cäsar, Crassus) |
| | | 64 Kreta und Pontos röm. Provinzen | |
| | 51–30 Kleopatra VII. in Ägypten (39 mit Antonius verheiratet) | | 58–51 Cäsar erobert Gallien |
| | | | 49–46 2. Bürgerkrieg (Cäsar siegt über Pompeius) |
| | | | 45 Cäsar Alleinherrscher; Staatsneuordnung |
| | | | 44 Cäsars Ermordung |
| | | | 43 2. Triumvirat |
| | | | 31 Octavian besiegt Antonius bei Aktium |
| | | | Einrichtung des röm. Kaisertums |
| | 30 Tod der Kleopatra und des Antonius; Ägypten röm. Provinz | | 29 Ausdehnung der röm. Herrschaft bis zur Donau |
| um Christi Geburt | | | 9 Schlacht am Teutoburger Wald, Ende der röm. Eroberungspläne in Germanien |
| | | Seit Augustus großer Einfluss der griechischen Kultur auf die römische Welt | 41–54 Claudius erobert Thrakien, Lykien u. Armenien, Beginn der Eroberung von Britannien u. Mauretanien |
| | | Um 54 Der Apostel Paulus besucht Athen und Korinth | 64 Brand Roms |
| | | | 78–84 Agricola erobert England |
| | | | 83–145 Bau des Limes gegen die Germanen |
| | | | 98–117 Unterwerfung Dakiens u. Mesopotamiens unter Trajan |
| 100 | 112 Unterdrückung eines Judenaufstandes | | |
| | | | 122–128 Errichtung des Hadrianswalls in England |
| | 130 Gründung von Antinoopolis | | 125 Bau des Pantheons |
| | | | 145 Der Limes ist im Wesentlichen fertig gestellt |
| | Um 150 Rebellion gegen Rom | | 167–175 Kriege gegen die Markomanen |
| | | | 183 Aufdeckung einer Senatsverschwörung gegen Commodus |
| | | 175 Einfall der Kostoboken in Mittelgriechenland | 193 Dreikaiserjahr |

## Daten der Weltgeschichte (Altertum)

| Mesopotamien und Kleinasien | Persien und Indien | Ostasien | |
|---|---|---|---|
| | | | 100 v. Chr. |
| 83 Ende des Seleukidenreichs in Syrien durch Tigranes von Armenien | | | |
| 64 Syrien u. Kilikien röm. Provinzen | | | |
| 4–39 Herodes Antipas jüdischer König<br>Um 30 Kreuzigung Jesu<br>44 Judäa wird Teil der röm. Provinz Syrien | | 6–9 Untergang der Han-Dynastie in China<br>9–23 Wang-Mang-Dynastie; zahlreiche Aufstände, besonders der Landbevölkerung<br>25 Beginn der jüngeren Han-Dynastie (bis 200) | um Christi Geburt |
| 66–70 Judenaufstand<br>70 Zerstörung Jerusalems | | | |
| | 75 Beginn der Eroberung Nordindiens durch Indo-Skythen (Kuschan-Dynastie) | 89–106 Die Staatsmacht in China fällt in die Hände der Kaiserinnen und Eunuchen | |
| 101/102 1. Dakerkrieg<br>107 Vernichtung des Dakerreiches durch Rom<br>117 Einrichtung der röm. Provinzen Armenien, Mesopotamien und Assyrien<br>132–135 Judenaufstand und Bar Kochba | | 107–117 Aufstände in Tibet gegen China | 100 |
| | 162–165 Krieg Parthiens gegen Rom<br>175 Zerfall des nordindischen Kuschan-Reiches | 150 Auftreten des Buddhismus | |
| 197–199 Erneuter Partherkrieg, Angriffe der Parther auf Mesopotamien und Syrien | | 184 Beginn von Aufständen in China | |

# Altertum/Mittelalter

## Daten der Weltgeschichte (Altertum)

| | Ägypten | Griechenland | Italien (Rom) |
|---|---|---|---|
| 200 | 215 Unruhen in Alexandrien | | |
| | | | 249–251 Christenverfolgung unter Decius |
| | | Um 250 Einfall der Goten | 258/59 Aufgabe des Limes |
| | | | 271 Sieg der Römer über die nach Italien eingefallenen Alemannen |
| | | 267 Plünderung Athens durch die Heruler | 274 Die Franken dringen in Gallien ein |
| | | | 275 Dakien geht den Römern verloren |
| | 280 Die Nubier werden zurückgeschlagen | | 284–305 Diocletian reorganisiert das Reich |
| 300 | | | 293 Einführung der Tetrarchie |
| | | | 303–306 Christenverfolgung |
| | | | 306–312 Machtkämpfe nach dem Rücktritt Diocletians |
| | | | 312 Sieg Konstantins d. Gr. an der Milvischen Brücke |
| | | | 313 Toleranzedikt von Mailand |
| | | | 337–340 Kämpfe zwischen den Söhnen und Neffen Konstantins |

## Daten der Weltgeschichte (Mittelalter)

| | Oströmisches Reich (Byzanz) | Orient und islamische Welt |
|---|---|---|
| 350 | 330 Konstantinopel, das alte Byzanz, von Konstantin d. Gr. seit 324 zur Residenz ausgebaut, wird Hauptstadt des Römischen Reiches | |
| | 357 Constantius II. nimmt Partei für die Arianer gegen die Athanasianer | 356 Antonius, der erste christliche Einsiedlermönch, stirbt in Ägypten |
| | 360 Julian Apostata wird Augustus, dann alleiniger Herrscher | 361 Julian Apostata äußert die Absicht, den Juden Jerusalem zurückzugeben und den Tempel wiederzuerrichten. Der Plan wird nicht verwirklicht |
| | 378 Valens unterliegt bei Adrianopel den Westgoten | |
| | 380 Theodosius I. bricht mit dem Arianismus und macht das katholische Christentum zur Staatsreligion | 387 Armenien wird zwischen Byzanz und dem persischen Sassanidenreich geteilt |
| | 395 Nach Theodosius' Tod wird das Reich faktisch geteilt; Arkadius wird Kaiser des Ostreichs | |
| 400 | 412 Erweiterung und Befestigung von Konstantinopel (Theodosianische Mauer) | 425 Das jüdische Patriarchat in Palästina wird von Theodosius II. abgeschafft |
| | 425 Gründung der Universität Konstantinopel | 429–457 Christenverfolgung im sassanidischen Teil Armeniens |
| | 431 Konzil von Ephesos, Verdammung der Nestorianer | |
| | 438 Codex Theodosianus | |
| | 442–447 Die Bedrohung des Reichs durch die Hunnen wird mit Tributzahlungen abgewendet | |
| 450 | 451 Das Konzil von Chalcedon legt das orthodoxe Glaubensbekenntnis fest. Der Patriarch von Konstantinopel wird dem Papst gleichgestellt | |

## Daten der Weltgeschichte (Altertum)

| Mesopotamien und Kleinasien | Persien und Indien | Ostasien | |
|---|---|---|---|
| | | Um 200 Im südl. Kambodscha entsteht das Reich Ru-nan | 200 |
| 216–218 Parthisch-röm. Krieg | 224 Ardaschir I. begründet in | | |
| 231 Angriff der Perser auf Mesopotamien | Persien die Sassaniden-Dynastie (bis 642) | 220 Zeit der drei Reiche in China (bis 316) | |
| 260 Gefangennahme Valerians durch die Perser bei Edessa | | 265–310 Westliche Qin-Dynastie | |
| | 296/97 Perserfeldzug Diocletians | | 300 |
| 325 1. Konzil von Nicäa | | 317 Beginn der östlichen Qin-Dynastie | |

## Daten der Weltgeschichte (Mittelalter)

| Das christliche Europa | Asien | |
|---|---|---|
| | Um 320 Gründung des Gupta-Reichs in Indien durch Tschandragupta I. | 350 |
| Um 350 Wulfia (Ulfilas), Bischof der Westgoten, übersetzt die Bibel ins Gotische | Um 350 Beginn der Yamato-Zeit in Japan (bis 645). Entstehung eines Staatsgebildes unter Führung von Adelsverbänden | |
| | 357–385 Fu Qian, Kaiser der früheren Qin-Dynastie, erobert ein großes Reich in Nordchina, das nach seinem Tode zerfällt. Er fördert den | |
| 375 Die Hunnen dringen nach Europa vor und unterwerfen das Ostgotenreich. Beginn der Völkerwanderung | Buddhismus und verbietet 374 das Studium des Daoismus | |
| | 369 Erst japanische Niederlassung in Korea | |
| | Um 380–414 Unter Tschandragupta II. umfasst das Gupta-Reich fast ganz Nordindien | |
| 410 Der Westgotenkönig Alarich erobert und plündert Rom | Um 400 Einwanderung von Chinesen und Koreanern nach Japan; Übernahme der chinesischen Schrift | 400 |
| 416 Beginn der Westgotenherrschaft in Spanien | | |
| 430 Tod des Kirchenlehrers Augustinus | 414 Von einer Reise nach Indien zurückgekehrt, schreibt der chinesische Mönch Fa Xian einen »Bericht über die buddhistischen Länder« | |
| | 439 Unter den Nördlichen Wei wird Nordchina erneut staatlich geeinigt | |
| 451 Schlacht auf den Katalaunischen Feldern: Römer, Franken und Westgoten besiegen die Hunnen | Um 455–467 Skandagupta verteidigt das Gupta-Reich gegen die Hunnen | 450 |

411

# Mittelalter

### Oströmisches Reich (Byzanz)

**457** Leon I. wird als erster Kaiser vom Patriarchen gekrönt
**476** Die Oberhoheit Konstantinopels wird von Odoaker in Rom anerkannt
**491** Thronbesteigung Anastasios' I., der das Steuersystem reformiert und einen großen Staatsschatz ansammelt

### Orient und islamische Welt

**465** Die Hephthaliten (»Weißen Hunnen«) besiegen die Sassaniden, ein zweites Mal 484
**488** Aufstand der religiös-sozialrevolutionären Bewegung der Mazdakiten in Persien (Iran)

**500**

**529** Justinian I. schließt die Akademie von Athen
**529–534** Veröffentlichung von Gesetzessammlungen, die – später als »Corpus iuris civilis« bezeichnet – das gesamte römische Recht umfassen
**532** Unterdrückung des Nika-Aufstandes in Konstantinopel. Mit dem Wiederaufbau der während des Aufstandes zerstörten Hagia Sophia wird sofort begonnen
**535** Beginn langwieriger Kämpfe gegen die Ostgoten in Italien
**540** Beginn von Abwehrkämpfen gegen die Perser

**532** »Ewiger Friede« zwischen Persien und Byzanz; er wird 540 durch einen persischen Einfall in Syrien gebrochen

**Um 540** Äthiopier aus Aksum stoßen bis Medina vor, um dort gegen Christenverfolgung einzuschreiten

**550**

**554** Größte Ausdehnung des Reichs
**555** Unterwerfung Italiens durch Sieg über die Ostgoten
**562** Friedensschluss mit den Persern, denen Tribute gezahlt werden müssen
**572** Beginn neuer Kriege gegen die Perser
**588** Verlust der spanischen Besitzungen

**Um 570** Mohammed in Mekka geboren

**600**

**604** Die Perser dringen bis zum Bosporus vor, werden aber zurückgeschlagen
**615** Die Perser bedrohen Konstantinopel
**627** Herakleios besiegt die Perser bei Ninive und erreicht die Rückgabe aller von ihnen eroberten Gebiete
**627** Der lateinische Titel »Imperator« wird durch den griechischen »Basileus« ersetzt
**632** Der Osten des Reichs geht nach Beginn der arabischen Expansion an die Araber verloren

**Um 610** Mohammed beginnt die Offenbarungen zu verkünden, die er von Gott (Allah) erhalten zu haben glaubt
**622** Um Verfolgungen zu entgehen, übersiedelt Mohammed mit seinen Anhängern nach Medina (Hedschra, Beginn der islamischen Zeitrechnung)
**630** Mohammed erobert Mekka und erhebt die alte Kultstätte Kaaba zum islamischen Haupttheiligtum
**632** Tod Mohammeds
**632–644** Unter Mohammeds Nachfolgern (Kalifen) Abu Bakr (632–634) und Omar I. (634–644) erobern die Moslems Palästina, Syrien, Mesopotamien, große Teile Persiens und Ägypten
**644–656** Unter dem Kalifen Othman wird der Koran endgültig fixiert

## Daten der Weltgeschichte (Mittelalter)

### Das christliche Europa

**455** Der Wandalenkönig Geiserich plündert Rom
**476** Die germanischen Hilfstruppen in Italien erheben ihren Anführer Odoaker zum König. Odoaker setzt Kaiser Romulus Augustulus ab. Damit endet das Weströmische Reich
**482–511** Der Kleinkönig Chlodwig I. aus dem Geschlecht der Merowinger macht sich zum Herrscher aller Franken. Er tritt 498 zum Christentum über
**493** Theoderich d. Gr. begründet das Ostgotenreich in Italien
**511** Teilung des Frankenreichs unter die Söhne Chlodwigs
**526** Tod Theoderichs, Zerfall des Ostgotenreichs

**541** Totila wird König der Ostgoten und erobert fast ganz Italien von den Byzantinern zurück

**552** Im Kampf gegen Byzanz fällt der letzte Ostgotenkönig Teja am Vesuv
**558–561** Chlothar I. kann das Frankenreich kurzfristig einigen; danach wird es wieder aufgeteilt
**568** Die Langobarden begründen ein Königreich in Oberitalien

**614** Chlothar II. muss den fränkischen Adligen große Zugeständnisse machen; sie erhalten das Recht, die königlichen Verwaltungsbeamten (Grafen) aus ihren Reihen zu wählen
**Um 625** Samo, ein fränkischer Kaufmann, gründet ein slawisches Großreich in Mitteleuropa

**643** Der Langobardenkönig Rothari veranlasst die erste Aufzeichnung des langobardischen Rechts

### Asien

**Nach 480** Zerfall des Gupta-Reichs
**485** Die Nördlichen Wei führen in ihrem nordchinesischen Reich ein geregeltes Abgaben- und Pflichtarbeitssystem ein

**535** China: Spaltung des Reichs der Nördlichen Wei
**538** Durch eine Sendung buddhistischer Bildwerke aus Korea wird der Buddhismus in Japan bekannt

**Um 570** Ende des Gupta-Reichs in Indien
**581** Yang Jian (Kaiser Wendi) gründet in China die Sui-Dynastie (bis 618)
**589** Wendi erobert das südchinesische Reich der Chen und stellt die staatliche Einheit Chinas nach 300 Jahren der Zerrissenheit wieder her
**594** In Japan wird der Buddhismus Staatsreligion
**Ab 598** Kriege Chinas gegen Korea
**604** Japan: Die Herrscher von Yamato nehmen den Kaisertitel Tenno an
**607** Erste japanische Gesandtschaft nach China
**607–647** Kurzlebiges Großreich in Nordindien unter König Harschar
**618** China: Li Yuan (Kaiser Gaozu) gründet die Tang-Dynastie (bis 907)
**627–649** Politische Machtentfaltung und kulturelle Blütezeit Chinas unter dem Tang-Kaiser Taizong
**629–645** Reise des Mönchs Xuan Zang nach Indien; er wird zum bedeutendsten chinesischen Übersetzer buddhistischer Texte
**645–702** Taika (»Große Reform«) in Japan: Umgestaltung zur absoluten Monarchie nach chinesischem Vorbild

500

550

600

413

# Mittelalter

## Daten der Weltgeschichte (Mittelalter)

| Oströmisches Reich (Byzanz) | Orient und islamische Welt |
|---|---|
| **650** **650** Konstans II. besucht als letzter oströmischer Kaiser Rom | **656–661** Ali, der 4. Kalif, findet keine allgemeine Anerkennung. Der Islam spaltet sich in mehrere Konfessionen |
| | **661** Kalif Moawija I. begründet die Dynastie der Omajjaden; Damaskus wird Residenz |
| **670** Erstmals greifen die Araber Konstantinopel an; der Angriff wird abgewehrt | |
| **681** Das kurz zuvor entstandene Bulgarenreich wird diplomatisch anerkannt | **695** Mit der Eroberung Karthagos ist ganz Nordafrika islamisch |
| **698** Die nordafrikanischen Besitzungen gehen an die Araber verloren | **696** Im islamischen Reich beginnt die Einführung des Arabischen als Verwaltungssprache |
| **700** **717/18** Ein erneuter arabischer Angriff auf Konstantinopel wird zurückgeschlagen | **711** Vorstoß der Araber aus Südpersien ins Industal |
| | **711** Die Araber setzen bei Gibraltar nach Europa über, erobern fast ganz Spanien und dringen in Frankreich ein, wo ihr Vormarsch 732 bei Tours und Poitiers aufgehalten wird |
| **730** Verbot der religiösen Bilderverehrung; Beginn des Bildersturms (Ikonoklasmus) | |
| **731** Die Anhänger des Bilderverbots werden von Papst Gregor III. exkommuniziert; dadurch vertieft sich die Entfremdung zwischen Rom und Konstantinopel | **715** Die Araber erobern Transkaukasien und Zentralasien |
| | **747** Im Osten des Reichs entfesseln die Abbasiden, die ihren Stammbaum auf einen Onkel Mohammeds zurückführen, einen erfolgreichen Aufstand gegen die Omajjaden |
| **750** **751** Mittelitalien geht an die Langobarden verloren | **750** Abu Al Abbas begründet die Abbasiden-Dynastie |
| **754** Das Konzil von Hireia bekräftigt das Bilderverbot | **756** Der Omajjade Abd Ar Rahman begründet in Córdoba eine Dynastie |
| **763** Sieg über die Bulgaren bei Anchialos | **762** Bagdad wird Hauptstadt des islamischen Reiches |
| **787** Das Konzil von Nicäa (Nikaia) erlaubt die Bilderverehrung wieder | **786–809** Unter dem Kalifat von Harun Ar Raschid gelangt das Reich auf den Höhepunkt seiner Macht und seiner kulturellen Ausstrahlung |
| **797** Kaiserin Irene stürzt ihren Sohn Konstantin VI. und regiert allein | |
| **800** **802** Irene erhält einen Heiratsantrag Karls d. Gr. und wird kurz darauf gestürzt | |
| **811** Schwere Niederlage gegen die Bulgaren | **813** Haruns Sohn Al Mamun setzt sich gegen seinen Bruder Al Amin durch |
| **815** Rückkehr zum Bilderverbot | **821** Die iranischen Tahiriden werden Erbstatthalter von Chorasan |
| **826/27** Kreta und Sizilien gehen an die Araber verloren | |
| **843** Endgültige Wiederherstellung der Bilderverehrung | |
| **850** **863** Kyrillos und Methodius werden als Missionare in das Großmährische Reich entsandt | **Ab ca. 850** Allmählicher Zerfall des Kalifats |
| **867** Bruch mit Rom; Zurückweisung des päpstlichen Primats | **868** In Ägypten begründet Achmed Ibn Tulun die Dynastie der Tuluniden |
| | **871** Begründung der Saffariden-Dynastie in Persien |
| **896** Niederlage gegen die Bulgaren bei Bulgarophygon | **897** Begründung der Saiditen-Dynastie im Jemen |
| **900** **907** Fürst Oleg von Kiew greift Konstantinopel an | **909** Erster Vorstoß der schiitischen Fatimiden nach Ägypten |
| **913** Zar Symeon wird vom Patriarchen von Konstantinopel zum Bulgaren-Kaiser gekrönt; unter ihm hat das Bulgarenreich die größte Ausdehnung | |

## Daten der Weltgeschichte (Mittelalter)

### Das christliche Europa

663 Sieg der römischen Kirche in England über die von Rom unabhängige iro-schottische Kirche

687 Der Karolinger Pippin II., der Mittlere, wird Hausmeier und faktisch Herrscher im gesamten Frankenreich

714 Karl Martell, Sohn Pippins des Mittleren, wird Hausmeier
721 Der angelsächsische Mönch Bonifatius beginnt seine Missionstätigkeit in Deutschland
732 Karl Martell besiegt die Araber bei Tours und Poitiers

741 Karls Sohn Pippin der Kleine wird Hausmeier
748 Bonifatius wird Erzbischof von Mainz

751 Pippin der Kleine macht sich zum König des Frankenreiches
754 Pippin wird von Papst Stephan II. gekrönt; unter fränkischem Schutz wird der Kirchenstaat errichtet (»Pippinsche Schenkung«)
768 Karl der Große, ein Sohn Pippins, wird Frankenkönig, 771, nach dem Tod seines Bruders Karlmann, Alleinherrscher
772 Beginn der Feldzüge gegen die Sachsen
774 Karl erobert das Langobardenreich
800 Karl wird in Rom von Papst Leo III. zum römischen Kaiser gekrönt
814 Tod Karls d. Gr.; ihm folgt sein Sohn Ludwig der Fromme (814–840)
830–840 Mehrfach Konflikte zwischen Ludwig und seinen Söhnen sowie zwischen diesen
843 Teilung des Reichs in Verdun zwischen Lothar I., Ludwig dem Deutschen und Karl dem Kahlen

870 Im Vertrag von Meersen teilen sich Ludwig der Deutsche und Karl der Kahle das Erbe Lothars
872 Harald Schönhaar eint Norwegen
885–887 Karl III., der Dicke, vereinigt noch einmal das fränkische Gesamtreich
888 Der Kapetinger Odo von Paris wird König des westfränkischen Reichs
911 Nach dem Tod Ludwigs IV., des letzten ostfränkischen Karolingers, wird Konrad von Franken deutscher König

### Asien

Ab 655 Chinesische Truppen kommen in Korea dem Staat Silla zu Hilfe, der mit japanischer Unterstützung von Paekche angegriffen wird
663 Die Japaner werden aus Korea vertrieben
674 Der letzte persische Sassanidenherrscher Piruz erscheint am chinesischen Kaiserhof in Chang'an (dem heutigen Xi'an)
683–704 Herrschaft der Usurpatorin Wu Zetian in China

710 Verlegung der japanischen Hauptstadt nach Nara. In der Nara-Zeit (710–784) erreicht der Tenno den Höhepunkt seiner Macht
712 Beginn der arabischen Eroberungen in Indien; zunehmender Einfluss des Islam
713–755 Unter Kaiser Xuanzong erlebt China noch einmal eine kulturelle Blüte. Die beiden größten chinesischen Lyriker, Li Bai (Li Tai-po) und Du Fu, schreiben in dieser Zeit ihre Gedichte

751 Niederlage der Chinesen bei Samarkand gegen die Araber. Chinesische Kriegsgefangene bringen Kenntnisse der Papier- und Porzellanherstellung nach dem Orient
755–763 Rebellion der chinesischen Generale An Lushan und Shi Siming
794 Verlegung der japanischen Hauptstadt nach Heian, dem heutigen Kyoto. In der Heian-Zeit (794–1185) löst sich Japan allmählich von der engen Anlehnung an chinesische Vorbilder

821 In einem Vertrag mit Tibet erkennt China dessen Unabhängigkeit und die tibetische Besetzung von Gansu an
845 Vorübergehend werden in China Buddhisten, Manichäer, Moslems und Nestorianer verfolgt
849 Gründung des Reichs Pagan in Birma

Ab 868 Die tatsächliche Herrschaft in Japan geht an die Familie Fujiwara über; der Tenno hat nur noch zeremonielle Funktionen
877–889 Der kambodschanische König Indravarman I. vereinigt Kambodscha, Thailand und Südvietnam unter seiner Herrschaft

907 China: Zusammenbruch der Tang-Herrschaft. Das Reich zerfällt in einzelne Herrschaftsgebiete
916 Gründung des türkisch-mongolischen Reichs der Kitan in Nordchina

650 700 750 800 850 900

# Mittelalter

## Daten der Weltgeschichte (Mittelalter)

| | Oströmisches Reich (Byzanz) | Orient und islamische Welt |
|---|---|---|
| | 924 Symeons Forderung nach dem Titel »Kaiser der Römer und Bulgaren« wird zurückgewiesen | 929 In Spanien nimmt Abd Ar Rahman den Kalifentitel an |
| | 944 Rückeroberung von Edessa | |
| | 945 Thronbesteigung Konstantins VII., der Kunst und Wissenschaft fördert | 945 Die westiranischen Bujiden erobern Bagdad. Der Kalif ist nur noch religiöses Oberhaupt |
| 950 | 957 Besuch der Fürstin Olga von Kiew am Kaiserhof | |
| | 961 Kreta wied zurückerobert, ebenso | |
| | 965 Zypern | 969 Beginn der Fatimiden-Herrschaft in Ägypten; Gründung von Kairo |
| | 971 Ostbulgarien wird unterworfen | |
| | 972 Theophano, Nichte des Kaisers Johannes I., wird mit dem römisch-deutschen Kaiser Otto II. vermählt | Um 990 Vollendung der großen Moschee von Córdoba |
| | 988 Anna, Schwester des Kaisers Basileios, wird mit Wladimir von Kiew vermählt, der zum Christentum übertritt | 999 Begründung der türkischen Dynastie der Ghasnawiden in Persien |
| 1000 | | 1001 Vertrag zwischen den ägyptischen Fatimiden und Byzanz über Syrien |
| | 1014 Basileios II. (»der Bulgarentöter«) besiegt die Bulgaren bei Skopje | |
| | 1018 Das westbulgarische Reich wird unterworfen | |
| | 1025 Tod Basileios' II.; höchste Machtentfaltung des Reiches | 1029 Mahmud von Ghasna besiegt die Bujiden und erobert den größten Teil Persiens |
| | | Um 1030 Nach dem Sturz der spanischen Omajjaden zerfällt ihr Reich in Kleinstaaten |
| | | 1040 Ende der Ghasnawiden-Herrschaft durch |
| | 1043 Rückeroberung von Teilen Siziliens | das Turkvolk der Seldschuken |
| 1050 | 1054 Endgültige Kirchenspaltung: Der Papst und der Patriarch von Konstantinopel bannen sich gegenseitig | 1055 Die Seldschuken erobern Bagdad, 1071 Jerusalem, 1076 Damaskus |
| | 1065 Einbruch der Seldschuken in das Reich | 1072–1092 Herrschaft des Großsultans Melikschah, unter dem das Seldschukenreich seine Blütezeit erlebt |
| | 1071–1078 Bürgerkrieg | |
| | 1081 Alexios I. begründet die Dynastie der Komnenen | 1086 Die Almoraviden erobern von Nordafrika aus große Teile des arabischen Spanien |
| | 1096 Die meisten Teilnehmer des 1. Kreuzzuges schwören in Konstantinopel dem öströmischen Kaiser den Lehnseid | 1089/90 Die Seldschuken erobern Samarkand |
| | | 1099 Die Kreuzfahrer erobern Jerusalem |
| 1100 | 1118 Thronbesteigung Johannes' II., der durch Heirat Ungarn unter byzantinischen Einfluss bringt. | 1118–1194 Herrschaft der Seldschuken im Irak |
| | 1148 Manuel I. schließt mit dem deutschen König Konrad III. ein Bündnis gegen die Normannen | 1147–1269 Herrschaft der Almohaden-Dynastie in Marrakesch. Die Almohaden fassen auch in Spanien Fuß |
| 1150 | 1158 Friedensschluss mit den Normannen und Räumung Italiens | |
| | 1167 Eroberung von Dalmatien, Kroatien und Bosnien | 1171 Der Kurde Saladin stürzt die Fatimiden in Ägypten und begründet die Dynastie der Ajjubiden |
| | 1171 Verhaftung aller im Reich lebenden Venezianer und Beschlagnahme ihres Besitzes | 1187 Saladin erobert Jerusalem, Syrien und Nordmesopotamien |
| | | 1190 Der jüdische Philosoph Moses Maimonides veröffentlicht in Ägypten sein Hauptwerk »Führer der Irrenden« in arabischer Sprache |
| | 1188 Anerkennung der Unabhängigkeit des neuen bulgarischen Reiches | |

## Daten der Weltgeschichte (Mittelalter)

### Das christliche Europa

**921** Vertrag von Bonn: Endgültige Trennung des ost- und des westfränkischen Reiches
**929** Gründung der Burg Meißen
**936/937** Otto I., der Große, errichtet Marken zur Sicherung der Ostgrenzen

**955** Otto I. besiegt die Ungarn auf dem Lechfeld bei Augsburg
**962** Otto wird in Rom zum Kaiser gekrönt
**965** Harald Blauzahn von Dänemark tritt zum Christentum über
**980–990** Von Island aus wird Grönland besiedelt
**987** Nach dem Tod des letzten westfränkischen Karolingers wird Hugo Capet König von Frankreich

**1000** Einführung des Christentums in Island auf Beschluss des Althings
**1000** Leif Eriksson landet als erster Europäer in Nordamerika
**1017** Knut der Große von Dänemark erobert England und wird englischer König
**Ab 1020** Die Normannen ergreifen Besitz von Unteritalien

**1039** Unter Heinrich III. größte Macht des römisch-deutschen Kaisertums

**1059** Die Kardinäle erhalten das alleinige Recht zur Papstwahl
**1066** Der Normannenherzog Wilhelm der Eroberer besiegt König Harald und wird König von England
**1077** Der deutsche König Heinrich IV., von Papst Gregor VII. exkommuniziert, erreicht durch den Bußgang nach Canossa die Aufhebung des Bannes
**1096** Beginn des 1. Kreuzzuges. Die Kreuzfahrer verüben Judenmassaker im Rheinland
**1122** Das Wormser Konkordat beendet den Investiturstreit zwischen Kaiser und Papst
**1143** Portugal wird als Königreich anerkannt

**1150** Heinrich der Löwe, Herzog von Sachsen und Bayern, gründet Braunschweig, 1158 München
**1176** Friedrich I. Barbarossa, dem Heinrich der Löwe die Heerfolge verweigert, unterliegt bei Legnano dem lombardischen Städtebund
**1180** Heinrich der Löwe wird geächtet
**1183** Friede von Konstanz zwischen Friedrich I. und dem lombardischen Städtebund
**1190** Gründung des Deutschen Ordens

### Asien

**918** Gründung der Koryo-Dynastie in Korea

**935/936** Das Reich Koryo annektiert Silla; damit ist die staatliche Einheit Koreas hergestellt

**950**

**960** China: Gründung der Song-Dynastie in Kaifeng (Nördliche Song bis 1127)
**968** China erkennt die Unabhängigkeit Vietnams an, das bis dahin ein chinesisches Protektorat war
**979** Unter den Song wird China wieder geeint. Das Reich wird in 26 Provinzen eingeteilt
**Ab 999** Plünderungsfeldzüge der Ghasnawiden in Nordindien

**1000**

**1004** Friedensschluss der Song mit dem Kitan-Staat; China muss einen hohen Tribut in Silber und Seide leisten
**Um 1010** Die Hofdame Murasaki Shibiku vollendet »Die Geschichte vom Prinzen Genji«, eines der bedeutendsten Werke der japanischen Literatur

**1041** Erfindung des Drucks mit beweglichen Lettern in China

**1050**

**1067** Wang Anshi wird kaiserlicher Kanzler in China; er reformiert das Steuer-, Militär-, Verwaltungs- und Prüfungswesen
**1069** Vietnam erobert Teile des Reichs Champa im Süden
**1073–1076** Vietnamesische Angriffe in Südchina
**1084–1112** Unter König Kyanzitha Blütezeit des Pagan-Reiches in Birma

**1125** Die tungusischen Jin besiegen die Kitan **1100**
**Ab 1127** Die Song herrschen nur noch in Südchina
**1141** Das Reich der Südlichen Song wird ein Vasall des Jin-Staates

**1151** Die Jin verlegen ihre Hauptstadt nach Yanjing (dem heutigen Peking), 1161 nach Kaifeng **1150**
**1181–1200** König Jayavarman II. von Kambodscha lässt große Bauten in Angkor errichten
**1192** Yoritomo aus dem Hause Minamoto wird faktischer Machthaber Japans mit dem Titel Shogun (Kamakura-Zeit 1192–1333)
**1192** Beginn der islamischen Vorherrschaft in Nordindien

⇒ S. 420

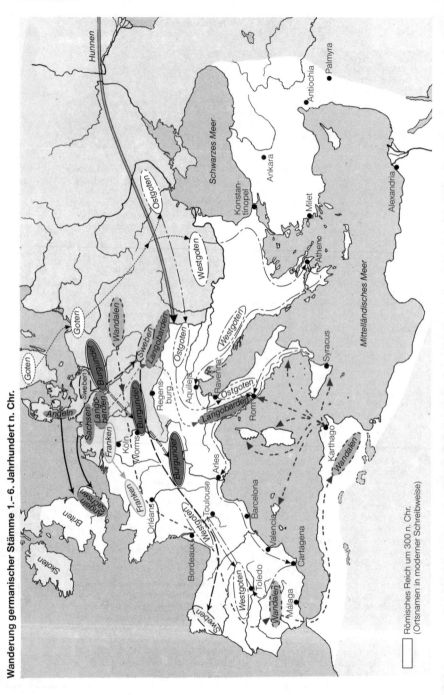

**Wanderung germanischer Stämme 1.–6. Jahrhundert n. Chr.**

Römisches Reich um 300 n. Chr. (Ortsnamen in moderner Schreibweise)

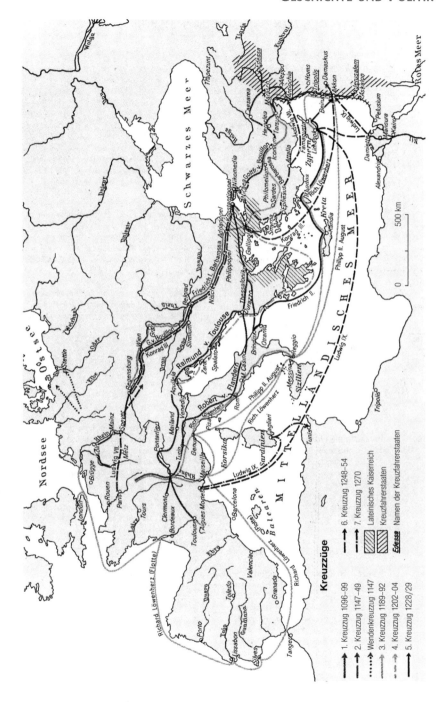

Kreuzzüge

↑ 1. Kreuzzug 1096–99
↑ 2. Kreuzzug 1147–49
↑ Wendenkreuzzug 1147
↑ 3. Kreuzzug 1189–92
↑ 4. Kreuzzug 1202–04
↑ 5. Kreuzzug 1228/29
↑ 6. Kreuzzug 1248–54
↑ 7. Kreuzzug 1270
▨ Lateinisches Kaiserreich
▨ Kreuzfahrerstaaten
*Edessa* Namen der Kreuzfahrerstaaten

# Mittelalter

## Daten der Weltgeschichte (Mittelalter)

| | Oströmisches Reich (Byzanz) | Orient und islamische Welt |
|---|---|---|
| **1200** | **1204** Kreuzfahrer des 4. Kreuzzuges und Venezianer erobern und plündern Konstantinopel. Das Reich wird aufgeteilt; Graf Balduin von Flandern wird Kaiser des »Lateinischen Kaiserreichs« **1205** Ein neuer byzantinischer Staat mit dem Zentrum Nicäa (Nikaia) führt die Tradition von Byzanz fort **1208** Theodor I. Laskaris wird in Nicäa zum Kaiser gekrönt **1225** Kaiser Johannes III. von Nicäa erobert große Teile Kleinasiens | **1212** Schwere Niederlage der Mauren gegen Kastilien, Aragón und Navarra bei Navas de Tolosa **1228–1534** Dynastie der Hafisiden in Tunesien **1235** Begründung der Nasriden-Dynastie in Granada, die sich bis 1492 halten kann |
| **1250** | **1259** Michael VIII. von Nicäa begründet die Dynastie der Palaiologen **1261** Michael erobert Konstantinopel zurück, macht dem Lateinischen Kaiserreich ein Ende und stellt das byzantinische Reich wieder her **1274** Michael erkennt die Kirchenunion mit Rom und den päpstlichen Primat an **1282** Byzanz schürt den Volksaufstand in Sizilien gegen die Franzosen | **1250** In Ägypten werden die Ajjubiden von den Mamluken gestürzt **1258** Mit der mongolischen Eroberung von Bagdad endet das Abbasiden-Kalifat **1261** Errichtung eines abbasidischen »Schatten«-Kalifats in Kairo **1288** Osman I. wird Herrscher eines Turkvolkes in Kleinasien, das sich nach ihm Osmanen nennt **1295** Die mongolischen Ilchane in Persien treten zum Islam über |
| **1300** | **1300/1301** Fast ganz Kleinasien geht an die Türken (Osmanen) verloren **1303–1305** Vergebliche Versuche, mit westlichen Söldnern (»Katalanische Kompanie«) die Türken zurückzuschlagen **1321–1330** Thronstreitigkeiten und Bürgerkriege; fortschreitender Verfall des Reichs | **1329** Sultan Orchan bildet aus christlichen Gefangenen die Elitetruppe der Janitscharen |
| **1350** | **Ab 1354** Die Türken greifen auf europäischen Boden über; nach der Eroberung Adrianopels (1363) ist Konstantinopel von ihnen eingekreist | **1341** Die Türken erobern Nicäa **1353** Zerfall des Ilchan-Staates in Persien **1359** Sultan Murad I. dehnt die osmanische Herrschaft auf die Balkanhalbinsel aus |
| | **1379** Byzanz wird dem Osmanenreich tributpflichtig **1387** Thessaloniki wird türkisch. Das Reich besteht faktisch nur noch aus der Hauptstadt | **1375** Ibn Chaldun beginnt in Algerien mit der Niederschrift seines großen geschichtsphilosophischen Werkes **1389** Die Osmanen besiegen Bosnien, Makedonien und Serbien auf dem Amselfeld **1396** Bulgarien wird osmanische Provinz |
| **1400** | **1402** Nach der Niederlage der Türken gegen Timur werden vorübergehend die Tributzahlungen eingestellt; Thessaloniki wird zurückerobert **1437** Kaiser Johannes VIII. reist nach Italien **1438/39** Auf dem Konzil von Ferrara-Florenz erkennt Johannes die Union mit Rom an; die Führung der orthodoxen Kirche fällt an Russland **1453** Konstantinopel wird von den Osmanen erobert. Kaiser Konstantin XI. fällt im Kampf. Ende des oströmischen Reiches | **1402** Timur Läng schlägt die Osmanen bei Ankara. Ihr weiteres Vordringen in Europa wird dadurch zeitweise gehemmt **1421** Murad II. nimmt die osmanische Eroberungspolitik wieder auf **1453** Mehmed II. erobert Konstantinopel und macht es unter dem Namen Istanbul zur Hauptstadt des Osmanenreiches |

## Daten der Weltgeschichte (Mittelalter)

### Das christliche Europa

**1212** Kinderkreuzzug
**1214** Bei Bouvines besiegt der Staufer Friedrich II. (im Bund mit Frankreich) den Welfen Otto IV. (im Bund mit England)
**1215** England: Die Magna Charta gewährt dem Adel und den Städten Mitbestimmungsrechte
**1219** Dänen erobern Estland; Gründung Revals
**1226** Die Goldbulle von Rimini verleiht dem Deutschen Orden das Recht zur Eroberung des Preußenlandes
**1242** Alexander Newskij, Großfürst von Nowgorod, schlägt das Heer des Deutschen Ordens auf dem Eis des Peipussees
**1250** Mit dem Tod Friedrichs II. endet das universale Kaisertum
**1256–1273** Interregnum im Reich. Bei der Doppelwahl von 1257 sind erstmals die sieben Kurfürsten alleinberechtigte Wähler
**1268** Konradin, der letzte Staufer, wird in Neapel hingerichtet
**1282** Ein Volksaufstand (Sizilianische Vesper) führt zur Vertreibung der Franzosen aus Sizilien
**1291** »Ewiger Bund« der schweizerischen Urkantone Uri, Schwyz und Unterwalden
**1309–1376** »Babylonische Gefangenschaft der Kirche«: Der Papst muss seinen Sitz in Avignon nehmen und ist vom französ. König abhängig
**1315** Die Schweizer Urkantone besiegen Habsburg bei Morgarten
**1332** Luzern, 1351 Zürich, 1352 Glarus und Zug, 1353 Bern treten dem »Ewigen Bund« bei
**1338** Beginn es Hundertjährigen Krieges zwischen England und Frankreich

**1356** Karl IV. erlässt die Goldene Bulle. Sie ist das »Grundgesetz« des römisch-deutschen Reiches bis 1806

**1378–1417** Großes Schisma der Kirche, zeitweise drei rivalisierende Päpste
**1381** Bauernaufstand des Wat Tyler in England
**1386** Schweizer Sieg über Habsburg bei Sempach
**1397** Union von Kalmar zwischen Dänemark, Schweden (bis 1523) und Norwegen (bis 1814)
**1410** Sieg der Polen und Litauer über den Deutschen Orden bei Tannenberg (Grunwald)
**1414–1418** Konzil zu Konstanz: 1415 wird Jan Hus verbrannt; 1417 Beendigung des Schismas
**1415** Friedrich VI. von Hohenzollern erhält die Mark Brandenburg (1417 offizielle Belehnung)
**1415** Heinrich V. von England schlägt die Franzosen bei Azincourt
**1431** Jeanne d'Arc wird in Rouen verbrannt
**1447** Jagiellone Kasimir wird König von Polen

### Asien

**1206** Die mongolischen Stammesfürsten wählen Temudschin zum Oberhaupt mit dem Titel Tschingis Chan. Er beginnt mit Eroberungsfeldzügen — **1200**
**1206** Der Moslem Kutb ud-Din Aibak begründet das Sultanat Delhi
**1215** Die Mongolen erobern Peking
**1220** Gründung der mongol. Hauptstadt Karakorum
**1233** Sieg von Mongolen über Russen an der Kalka
**1234** Die Mongolen vernichten das Jin-Reich in Nordchina
**1240** Die Mongolen verwüsten Kiew
**1241** Sieg der Mongolen über ein deutsch-polnisches Heer bei Liegnitz
**1252** Die Mongolen fallen in Persien ein — **1250**
**1258** Die Mongolen erobern Bagdad
**1260–1279** Sie erobern ganz China. Kublai Chan macht Peking unter dem Namen Chanbalik 1264 zur Hauptstadt. 1271 nimmt er den Kaisertitel an (Yuan-Dynastie 1271–1368)
**1272–1292** Aufenthalt des Venezianers Marco Polo in China
**1274 und 1281** Mongolische Überfälle auf Japan

**1309** Die mongolischen Herrscher verbieten den Chinesen den Besitz von Waffen — **1300**
**1328** Machtkämpfe zwischen Mongolenfürsten in China
**1338** Japan: Takauji aus dem Hause Ashikaga wird Shogun (Muromachi-Zeit 1338 bis 1573). Völlige Entmachtung des Tenno
**1345** Einigung Bengalens durch Ilias Schah
**1351** China: Der antimongolische Aufstand der »Roten Turbane« beginnt — **1350**
**1356** übernimmt Zhu Yuanzhang die Führung
**1360–1405** Timur Läng Herrscher der Mongolen in Zentralasien; Samarkand wird Hauptstadt
**1368** Die Aufständischen erobern Peking und vertreiben die Mongolen. Zhu macht sich zum Kaiser Chinas und begründet die Ming-Dynastie (bis 1644). Hauptstadt wird Nanjing
**1370** Korea erkennt die Oberhoheit der Ming an
**1383–1387** Timur erobert Persien
**1398** Die Mongolen verwüsten Delhi
**1402** Timur besiegt die Osmanen bei Ankara — **1400**
**1405–1507** Dynastie der Timuriden in Persien
**1407** Vollendung der großen chinesischen Enzyklopädie »Yongle Dadian«
**1413–1427** Vietnam von China besetzt
**1421** Verlegung der chinesischen Hauptstadt von Nanjing nach Peking
**1438** Die Khmer setzen sich in Phnom Penh fest
**1440** In Peking beginnt man mit dem Bau der Kaiserpaläste

# Neuzeit

| | Mitteleuropa | West- und Südeuropa | Ost-, Südost- und Nordeuropa |
|---|---|---|---|
| **1450** | 1452 Letzte Kaiserkrönung in Rom (Friedrich III.) 1452 Gutenberg beginnt mit dem Druck der 42-zeiligen Bibel 1476 Sieg der Schweizer über Karl den Kühnen bei Grandson und Murten 1492 Martin Behaim konstruiert den ersten Erdglobus 1495 Der Reichstag zu Worms fasst Beschlüsse zur Reichsreform | 1453 Ende des Hundertjährigen Krieges zwischen England und Frankreich 1455 Beginn der Rosenkriege in England 1469 Vermählung Ferdinands von Aragón mit Isabella von Kastilien 1492 Granada fällt als letzte maurische Bastion; ganz Spanien ist christlich 1494 Vertrag von Tordesillas zwischen Spanien und Portugal zur Abgrenzung der überseeischen Interessensphären | 1460 Schleswig-Holstein wird durch Personalunion mit Dänemark vereinigt 1466 2. Thorner Friede: Unterwerfung des Deutschen Ordens unter Polen 1477 Gründung der Universität Uppsala 1493 Erster gesamtpolnischer (Adels-)Reichstag 1494 Iwan III., Großfürst von Moskau, als »Herrscher von ganz Russland« anerkannt 1499 Erste vollständige russische Bibelübersetzung |
| **1500** | 1502 Erster »Bundschuh«-Aufstand am Oberrhein 1508 Maximilian I. nimmt ohne päpstliche Krönung den Kaisertitel an 1514 Aufstand des »Armen Konrad« in Württemberg 1515 Erbverträge Habsburgs mit Böhmen und Ungarn 1517 Luthers Thesenanschlag; Beginn der Reformation 1519 Karl I. von Spanien wird als Karl V. röm.-deutscher Kaiser | 1504 Frankreich verliert Neapel an Spanien 1506 Der Bau der Peterskirche in Rom beginnt 1513 Macchiavelli schreibt sein Werk »Der Fürst« 1515 Franz I. von Frankreich erobert Mailand 1516 Mit Karl I. (dem späteren Kaiser Karl V.) beginnt die Herrschaft der Habsburger in Spanien | 1502 Woldemar von Plettenberg, Hochmeister des Deutschen Ordens, besiegt die Russen am Smolina-See Um 1510 Der Mönch Filofej nennt Moskau das »Dritte Rom« 1513 Thronbesteigung Christians II. von Dänemark, der seine Thronansprüche in Schweden durchzusetzen sucht 1517 Moskau und der Deutsche Orden schließen ein Bündnis gegen Polen und Litauen |
| **1520** | 1521 Luther vor dem Reichstag zu Worms 1522 Luthers Übersetzung des Neuen Testaments erscheint 1523 Kirchenreform Zwinglis in Zürich 1525 Bauernkrieg in Deutschland; Niederlage der Bauern 1529 Die Türken vor Wien 1532 »Peinliche Halsgerichtsordnung« Karls V. (erstes Reichsstrafgesetzbuch) 1535 Niederschlagung der Wiedertäufer in Münster | 1521 Beginn der Kriege um die Vorherrschaft in Italien zwischen Karl V. und Franz I. von Frankreich 1522 Abschluss der ersten Erdumsegelung (Magalhães und Elcano) 1527 Verwüstung Roms durch Truppen Karls V. (Sacco di Roma) 1534 Ignatius von Loyola gründet den Jesuitenorden 1534 Heinrich VIII. löst die englische Kirche von der Bindung an Rom | 1520 »Stockholmer Blutbad«: Christian II. beseitigt die Adelsopposition 1521 Türken erobern Belgrad 1523 Gustav I. Wasa wird König von Schweden; Ende der dänischen Herrschaft und der Kalmarer Union 1525 Der Deutschordensstaat unter Hochmeister Albrecht von Brandenburg wird weltl. Herzogtum unter poln. Lehnshoheit 1527 Einführung der Reformation in Schweden |
| **1540** | 1541 Kirchenreform Calvins in Genf 1543 Kopernikus' Werk »De revolutionibus orbium coelestium« erscheint 1546/47 Schmalkaldischer Krieg: Karl V. gegen Hessen und Sachsen 1555 Augsburger Religionsfriede 1556 Abdankung Karls V.; Teilung des Habsburger Reichs: Ferdinand I. wird Kaiser, Philipp II. spanischer König | 1542 Papst Paul III. verschärft die Inquisition 1545 Konzil von Trient beginnt 1553 Maria I. (»die Blutige«) wird Königin von England; sie will den Katholizismus wieder einführen 1558 Elisabeth I. folgt Maria auf den Thron 1558 England verliert Calais, den letzten Stützpunkt auf dem Festland | 1541 Die Türken erobern Ofen (Buda) und den größten Teil Ungarns 1547 Iwan IV., (»der Schreckliche«), wird zum »Zaren und Selbstherrscher von ganz Russland« gekrönt 1552 Der polnische Adel erhält das Recht auf Glaubensfreiheit 1556 Die Russen erobern das Tatarenchanat Astrachan und dringen an die Wolgamündung vor |

## Daten der Weltgeschichte (Neuzeit)

| Asien, Australien, Ozeanien | Afrika | Amerika | |
|---|---|---|---|
| **1453** Die Türken erobern Konstantinopel | **1463** Thronbesteigung von Mohammed Rimfa im Haussa-Staat Kano, der unter ihm seine größte Machtentfaltung erreicht | | **1450** |
| **1469** Die turkmenischen »Weißen Hammel« stürzen die Timuriden-Dynastie in Iran | | **1471** Tupac Yupanqui wird Herrscher des Inkareichs | |
| **1481** Die Vietnamesen besetzen das Reich Champa | | | |
| **1495** China: Zur Instandsetzung des Großen Kanals werden 200 000 Mann aufgeboten | **1491** König Nzinga Nkuwu von Kongo wird Christ und nennt sich João I. | **1492** Kolumbus landet auf der Bahama-Insel Guanahani | |
| **1498** Vasco da Gama entdeckt den Seeweg nach Indien | **1493** Askia Mohammed wird Herrscher von Songhai, das unter ihm Großmacht wird | **1497** John Cabot (G. Caboto) betritt nordamerikanisches Festland, wahrscheinlich in Labrador | |
| | | **1498** Kolumbus betritt in Venezuela das südamerikanische Festland | |
| **1502** Ismail I. begründet im Iran die Safawiden-Dynastie | **1503** Die Portugiesen machen das Sultanat Sansibar tributpflichtig | **1500** Cabral nimmt Brasilien für Portugal in Besitz | **1500** |
| **1505** China: Der Eunuch Liu Jin wird faktischer Machthaber (hingerichtet 1510) | **1508** Kongo: Afonso I. folgt seinem Vater João I.; er setzt die Christianisierung und die Zusammenarbeit mit Portugal fort | **1501** Die spanische Krone gestattet die Einfuhr von Sklaven aus Westafrika | |
| **1510** Die Portugiesen erobern Goa | | **1502** Regierungsantritt von Motecuzoma II., der das Aztekenreich auf den Höhepunkt seiner Macht führt | |
| **1512** Im Iran wird der Schiismus Staatsreligion | | | |
| **1516/17** Die Türken erobern Syrien, Palästina und Teile Arabiens. Sultan Slim I. wird Kalif | **1517** Ägypten kommt unter türkische Oberherrschaft | | |
| | | **1519** Eroberung Mexikos durch die Spanier unter Hernán Cortés | |
| **1520** Süleiman II., der Prächtige, wird türkischer Sultan | **1522** Entstehung des Sultanats Baghirmi in Zentralafrika | **1520** Der letzte Aztekenherrscher Motecuzoma II. stirbt in spanischer Gefangenschaft | **1520** |
| **1525** Gesandtschaft aus Mekka erscheint am chinesischen Hof | | **1522** Auf den Ruinen der Aztekenstadt Tenochtitlan gründen die Spanier das heutige Mexiko | |
| **1526** Babur, Urenkel Timurs, gründet die mongolisch-islamische Dynastie der Großmoguln in Indien | **1529** Ahmed Gran, Feldherr des Moslem-Staates Adal, besiegt Kaiser Lebna Dengel von Äthiopien und erobert fast das ganze Land | **1527** Karl V. verpfändet Venezuela an die Welser | |
| **1531** König Tabinshweti einigt Birma | | **1533** Spanier unter Pizarro vernichten das Inka-Reich und töten den letzten Herrscher Atahualpa | |
| **1536** Abschluss eines türkisch-französischen Vertrags gegen Habsburg | **1535** Karl V. schlägt bei Tunis den osmanischen Statthalter von Algerien Cheir ed-Din Barbarossa | **1534** Mit Entdeckungsfahrten Cartiers beginnt die französische Kolonisation Nordamerikas | |
| **1538** Die Türken erobern Aden | | | |
| **1543** Als erste Europäer treffen Portugiesen in Japan ein | **1543** In der Schlacht am Tanasee besiegen die Äthiopier mit portugiesischer Unterstützung die Moslems | **1542** Spanische Gesetze verbieten die Indianersklaverei; daraufhin werden Negersklaven eingeführt | **1540** |
| **1549** Der Jesuit Franz Xaver beginnt mit der Missionierung in Indien und Japan | | **1547** Gründung der Erzbistümer Lima und México | |
| **1550** Peking wird von Mongolen belagert | **1553** In Marokko übernehmen die Saaditen die Herrschaft | **1552** Gründung der Universität Lima, der ersten auf amerikanischem Boden | |
| **1556** Akbar wird Großmogul und beginnt eine Expansionspolitik | **1553** Englische Seefahrer suchen durch das Nördliche Eismeer den Seeweg nach Indien | **1554** Gründung von São Paulo | |
| **1557** Macau wird portugiesische Kolonie | **1559** Kaiser Claudius von Äthiopien fällt im Kampf gegen Adal | | |

# Neuzeit

## Daten der Weltgeschichte (Neuzeit)

| | Mitteleuropa | West- und Südeuropa | Ost-, Südost- und Nordeuropa |
|---|---|---|---|
| 1560 | **1564** Teilung der österreichischen Länder zwischen Kaiser Maximilian II. und den Erzherzögen Ferdinand und Karl<br>**1566** Zweite Helvetische Konfession (gemeinsames Glaubensbekenntnis von Zwinglianern und Calvinisten)<br>**1566** Reichstag zu Augsburg: Annahme der gegenreformatorischen Dekrete des Trienter Konzils<br>**1577** Konkordienformel von Jakob Andreae (einheitliches lutherisches Lehrbekenntnis) | **1563** Das Trienter Konzil verabschiedet das Tridentinische Glaubensbekenntnis<br>**1567** Maria Stuart als Königin von Schottland abgesetzt<br>**1568** Hinrichtung Egmonts und Hoorns durch die Spanier in Brüssel<br>**1572** Bartholomäusnacht in Paris (Ermordung von 2000 Hugenotten)<br>**1579** Zusammenschluss der protestantischen Nordprovinzen der Niederlande zur Utrechter Union | **1561** Estland wird schwedisch<br>**1563–1570** Ergebnisloser Krieg Dänemarks und Lübecks gegen Schweden<br><br>**1570** Massenhinrichtung von Beamten und Diplomaten in Moskau<br>**1573** Alle polnischen Adligen erhalten das Recht zur Teilnahme an der Königswahl<br>**1579** Lubliner Union: Polen mit Litauen unter Sigismund II. August vereinigt |
| 1580 | **1583** Der Erzbischof von Köln, Gerhard Truchsess von Waldburg, tritt zum Protestantismus über und scheitert bei dem Versuch, sein Erzbistum zum weltlichen Fürstentum zu machen (Kölner Krieg)<br>**1587** Das Volksbuch vom Dr. Faust erscheint<br>**1589** Streik der Mansfelder Bergarbeiter | **1580** Spanien annektiert Portugal<br>**1582** Gregorianische Kalenderreform<br>**1587** Hinrichtung Maria Stuarts<br>**1588** Seesieg der Engländer über die spanische Armada<br>**1598** König Heinrich IV. von Frankreich erlässt das Edikt von Nantes (Glaubensfreiheit für Protestanten) | **1582** Friede von Jam Zapolski zwischen Polen und Russland<br>**1589** Mit der Errichtung des Moskauer Patriarchats wird die russische Kirche unabhängig von Konstantinopel<br>**1592** Personalunion Polen-Schweden unter Sigismund III. Wasa<br>**1598** In Russland beginnt die »Zeit der Wirren«; der Regent Boris Godunow wird Zar |
| 1600 | **1608** Gründung der protestantischen Union<br>**1609** Gründung der katholischen Liga<br>**1609** Rudolf II. gewährt den böhmischen Ständen Religionsfreiheit (Majestätsbrief)<br>**1614** Brandenburg erhält Cleve, Mark und Ravensberg<br>**1618** Eine Protestaktion der böhmischen Protestanten (Prager Fenstersturz) wird zum Auslöser des Dreißigjährigen Krieges | **1600** in Rom wird der Philosoph Giordano Bruno verbrannt<br>**1602** Gründung der niederländischen Ostindienkompanie<br>**1603** Personalunion zwischen England und Schottland durch Jakob I. aus dem Haus Stuart<br>**1614/15** Frankreich: letzte Tagung der Generalstände vor der Revolution von 1789<br>**1616** Die Kurie verurteilt die Lehre des Kopernikus | **1600/01** Die rumänischen Fürstentümer Moldau, Walachei und Siebenbürgen vorübergehend vereint<br>**1605** Der »falsche Dmitrij«, der sich als Sohn Iwans IV. ausgibt, wird mit poln. Hilfe russ. Zar; **1608** wird er ermordet<br>**1610–1612** Moskau von polnischen Truppen besetzt<br>**1613** Michael Romanow wird Zar; er begründet die Dynastie der Romanows |
| 1620 | **1620** In der Schlacht am Weißen Berg wird der böhmische Aufstand niedergeschlagen<br>**1625** Wallenstein erhält den Oberbefehl über die kaiserlichen Truppen; 1630 abgesetzt<br>**1631** Gustav Adolf von Schweden besiegt Tilly bei Breitenfeld<br>**1632** Wallenstein erneut Oberbefehlshaber, 1634 ermordet<br>**1632** Gustav Adolf fällt bei Lützen | **1622** Spanien greift aufseiten des Kaisers in den Krieg ein<br>**1628** Das englische Parlament fordert Steuerbewilligungsrecht und Abschaffung der willkürlichen Verhaftungen<br>**1629** Karl I. von England löst das Parlament auf und versucht absolut zu regieren<br>**1632** Galilei muss sein Bekenntnis zum kopernikanischen System widerrufen<br>**1638** Aufstand schottischer Presbyterianer gegen Karl I. | **1621–1629** Schwedisch-polnischer Krieg; Schweden erobert Riga und Livland<br>**1625** Dänemark greift auf protestantischer Seite in den Dreißigjährigen Krieg ein<br>**1630** Schweden greift auf protestantischer Seite in den Dreißigjährigen Krieg ein; 1632 fällt König Gustav Adolf<br>**1637** In Moskau wird eine Behörde für die Verwaltung Sibiriens errichtet |

## Daten der Weltgeschichte (Neuzeit)

### Asien, Australien, Ozeanien

**1564** Erste spanische Ansiedlung auf den Philippinen
**1566** Süleiman II. erlässt ein umfassendes Gesetzbuch

**1571** Die Türken erobern Zypern
**1571** Friedensschluss zwischen China und den Mongolen
**1573** Japan: Oda Nobunaga stürzt den letzten Ashikaga-Shogun
**1579** Akbar macht sich zum religiösen Führer des Islam in Indien

**1581** Steuerreform in China; die Naturalsteuer wird endgültig durch die Geldsteuer ersetzt
**1582** Der Kosakenführer Jermak im Dienst der Kaufmannsfamilie Stroganoff leitet die Eroberung Sibiriens ein
**1586** Akbar erobert Kaschmir
**1592/93** Korea wehrt mit chinesischer Unterstützung einen japanischen Angriff ab
**1598** Die Holländer lassen sich auf Java nieder
**1602** Erster holländischer Stützpunkt an der Malabarküste
**1603** Japan: Ieyasu wird Shogun (Tokugawa-Zeit 1603–1868)
**1605** Willem Janszoon erreicht den Carpentariagolf in Australien

**1613** Erste britische Niederlassung in Indien
**1616** Nurhaci wird Chan der tungusischen Dschurdschen in der Mandschurei

**1625** Shenyang (Mukden) wird Hauptstadt der Dschurdschen
**1628–1658** Höhepunkt des Mogulreichs unter Shah Jagan
**1628** Beginn eines Bauernaufstandes in China, der letztlich zum Zusammenbruch der Ming-Dynastie führt
**1630** Die Jemeniten vertreiben die Türken aus Aden
**1635** Die Dschurdschen nehmen den Namen Mandschu an
**1638** Japan schließt sich völlig vom Ausland ab

### Afrika

**1571** Herrschaftsantritt von Mai Idris Aloma im westafrikanischen Königreich Bornu, das unter ihm seine größte Macht erlangt
**1574** Tunesien kommt unter türkische Herrschaft

**1578** Erste portugiesische Ansiedlungen in Angola
**1578** König Sebastian von Portugal unterliegt bei Kasr-el-Kbir (Marokko) den Mauren

**1585** Entstehung des zweiten Luba-Reiches in Zentralafrika, das sich in der Folge stark ausdehnt

**1591** Die Marokkaner zerstören das Reich Songhai
**1598** Die Holländer erobern Mauritius

**1604** Der König von Temne (im heutigen Sierra Leone) tritt zum Katholizismus über
**Ab 1610** König Uegbadja errichtet das Reich Dahomey

**1618** Gründung der englischen Westafrika-Kompanie
**1618** Errichtung eines englischen Stützpunktes in Gambia
**Ab 1625** Aufstände gegen die portugiesische Herrschaft in Angola
**1626** Die Franzosen gründen Fort St. Louis an der Senegal-Mündung
**1630** Bambara-Königreich am oberen Niger
**1631** Christenverfolgung auf Sansibar
**1632** Kaiser Fasilidas vertreibt die portugiesischen Jesuiten aus Äthiopien

### Amerika

**1562** J. Hawkins bringt afrikanische Sklaven nach Haiti
**1565** Gründung von Rio de Janeiro

**1570** Portugal erlässt ein Gesetz gegen die Indianersklaverei
**1572** Francis Drake kapert eine spanische Silberflotte

**1579** Die Holländer beginnen mit der Kolonisierung Guyanas

**1580** Gründung von Buenos Aires
**1585** Walter Raleigh gründet Virginia, die erste englische Kolonie in Nordamerika
**1585** Der Engländer John Davis durchfährt die Straße zwischen Grönland und Nordamerika

**1595** Raleigh gründet die erste englische Ansiedlung in Guyana

**1607** Gründung der ersten englischen Dauersiedlung, Jamestown in Virginia
**1607** Erster Negeraufstand in Brasilien
**1608** Die Franzosen gründen Québec

**1619** Beginn der Einfuhr von afrikanischen Sklaven in die englischen Kolonien
**1620** Verfolgte englische Puritaner (»Pilgerväter«) landen mit der »Mayflower« und gründen Plymouth in Massachusetts
**1626** Gründung von Neu-Amsterdam, dem späteren New York
**1630** Die Franzosen lassen sich auf Haiti nieder
**1636** Gründung der ersten nordamerikanischen Universität in Cambridge, Mass. (später nach John Harvard benannt)
**1637** Erster großer Krieg gegen die Indianer

| Jahr |
|------|
| 1560 |
| 1580 |
| 1600 |
| 1620 |

# Neuzeit

| | Mitteleuropa | West- und Südeuropa | Ost-, Südost- und Nordeuropa |
|---|---|---|---|
| 1640 | **1644** Beginn der Friedensverhandlungen<br>**1644** Brandenburg beginnt mit dem Aufbau eines stehenden Heeres<br>**1648** Westfälischer Friede: Volle Landeshoheit für die Reichsfürsten, territoriale Gewinne Schwedens und Frankreichs, Anerkennung der Unabhängigkeit der Schweiz und der Niederlande<br>**1650** Otto von Guericke baut die erste Luftpumpe | **1640** Portugal wird unabhängig von Spanien<br>**1640** Wiedereinberufung des englischen Parlaments<br>**1642** Beginn des Bürgerkriegs gegen Karl I. von England<br>**1648–1653** Frankreich: Aufstand des Hochadels (»Fronde«) gegen das absolute Königtum<br>**1649** Hinrichtung Karls I., England Republik | **1648** Der Westfälische Friede macht Schweden zur Vormacht in Nordeuropa<br>**1649** Einführung der vollen Leibeigenschaft in Russland<br>**1652** Im polnischen Reichstag wird erstmals das Vetorecht jedes einzelnen Mitglieds wahrgenommen<br>**1654** Königin Christine von Schweden wird katholisch und dankt ab |
| 1660 | **1660** Die Souveränität Brandenburgs im Herzogtum Preußen wird völkerrechtlich bestätigt<br>**1663** In Regensburg konstituiert sich der »Immerwährende Reichstag«<br>**1667** Einführung der Akzise (indirekten Steuer) in Brandenburg<br>**1675** Sieg des Großen Kurfürsten über die Schweden bei Fehrbellin | **1652–1654** Seekrieg zwischen England und den Niederlanden<br>**1660** England: Wiederherstellung der Monarchie; Karl II. aus dem Haus Stuart wird König<br>**1661** Frankreich: Ludwig XIV. übernimmt die Regierung und beginnt mit dem Bau des Schlosses von Versailles<br>**1667** Beginn der »Reunionskriege« Frankreichs gegen die Niederlande und das Reich<br>**1679** England: Habeas-Corpus-Akte (Schutz vor willkürlicher Verhaftung) | **1654** Anschluss der Ukraine an Russland<br>**1663** Die Türken fallen in Ungarn ein und werden<br>**1664** bei Szentgotthard besiegt<br>**1665** Dänemark erhält eine Verfassung, die den Absolutismus als Staatsform festlegt<br>**1667** Teilung der Ukraine zwischen Polen und Russland<br>**1670/71** Bauernaufstand des Stenka Rasin in Südrussland |
| 1680 | **1683** Die Türken belagern Wien, das aber entsetzt werden kann<br>**1684** Kaiser und Reich erkennen die französischen »Reunionen« an<br>**1685** Der Große Kurfürst gewährt geflüchteten Hugenotten Asyl<br>**1688–1697** Die Pfalz wird mehrmals von den Franzosen verwüstet<br>**1699** Der Friede von Karlowitz mit den Türken bestätigt Österreichs Großmachtstellung | **1681** Frankreich besetzt Straßburg<br>**1684** Französisch-türkisches Bündnis gegen das Reich<br>**1685** Ludwig XIV. hebt das Edikt von Nantes auf; Hunderttausende von Hugenotten fliehen<br>**1688** England: »Glorreiche Revolution« gegen Jakob II. Der neue König Wilhelm III. erkennt die »Bill of Rights« an; England wird eine parlamentarische Monarchie | **1687** Nach dem Sieg der Österreicher bei Mohács über die Türken erkennen die ungarischen Stände das erbliche habsburgische Königtum an<br>**1689** Der 17-jährige Zar Peter I. von Russland übernimmt die Regierung |
| 1700 | **1701** Kurfürst Friedrich III. von Brandenburg krönt sich zum König in Preußen (Friedrich I.)<br>**1701–1714** Im Spanischen Erbfolgekrieg stehen Bayern und Kurköln (beide unter Wittelsbachern) auf der Seite Frankreichs gegen das Reich, Preußen und England<br>**1713** Die Pragmatische Sanktion ermöglicht die weibliche Erbfolge im Hause Habsburg<br>**1714** In Preußen werden Hexenprozesse verboten | **1701** Nach dem Aussterben der spanischen Habsburger wird der Bourbone Philipp V. König; daraufhin bricht der Spanische Erbfolgekrieg aus, an dem fast alle Mächte Europas teilnehmen<br>**1707** Realunion England-Schottland zum vereinigten Königreich Großbritannien<br>**1713** Der Friede von Utrecht beendet den Spanischen Erbfolgekrieg<br>**1714–1837** Personalunion Großbritannien-Hannover | **1697** August der Starke von Sachsen wird König von Polen (Personalunion bis 1763)<br>**1697** Prinz Eugen besiegt die Türken bei Zenta<br>**1700–1701** Nordischer Krieg (Schweden gegen Dänemark, Russland und Polen)<br>**1703** Gründung von St. Petersburg; wird 1713 Hauptstadt<br>**1703–1711** Ungarn: Aufstand gegen die Habsburger unter Ferenc Rákóczi II.<br>**1709** Peter I. besiegt Karl XII. von Schweden bei Poltawa (Ukraine)<br>**1718** Friede von Passarowitz zwischen Österreich und den Osmanen; Österreichs Stellung gestärkt |

## Daten der Weltgeschichte (Neuzeit)

### Asien, Australien, Ozeanien

**1642** Einführung der Theokratie (Herrschaft des Dalai Lama) in Tibet; Lhasa wird Hauptstadt
**1644** Die Mandschu erobern Peking, stürzen die Ming-Dynastie und gründen die Quing-Dynastie
**1650** Einführung der Lateinschrift in Vietnam
**1658–1707** Unter Aurangseb größte Ausdehnung des Mogulreichs
**1658** Kambodscha wird vorübergehend ein Vasall Vietnams
**1661** Bombay wird britischer Stützpunkt
**1661/62** Zhen Chenggong (Coxinga) vertreibt die Holländer aus Taiwan mit dem Ziel, von dort aus die Ming-Herrschaft wiederherzustellen
**1662** Das ganze chinesische Festland ist in den Händen der Mandschu
**1669** Die Türken erobern Kreta

**1683** Mandschu-Truppen erobern Taiwan
**1687** Osmanisches Reich: Janitscharen stürzen Sultan Mehmed IV.
**1689** Chinesisch-russischer Vertrag von Nertschinsk über den Grenzverlauf am Amur
**1690** Gründung von Kalkutta als britische Niederlassung
**1697** Kosaken annektieren Kamtschatka

**1710** Aufstand der Sikhs gegen die Mogulherrschaft
**1715** Erste britische Faktorei in Canton
**1716–1745** Japan: Der Shogun Yoshimune führt Justizreformen durch
**1717** Die Dsungaren besetzen vorübergehend Lhasa
**1718** Der Friede von Passarowitz schwächt das Osmanenreich

### Afrika

**1641–1648** Angola unter holländischer Herrschaft
**1645** Der letzte König von Mali fällt im Krieg gegen die Bambara
**1651** Kongo wird portugiesisches Protektorat und muss jährlich ein Kontingent von Sklaven liefern
**1652** Gründung von Kapstadt
**1655** Ende der Saadi-Dynastie in Marokko

**1664** England baut Forts an der Goldküste
**1665** Der König des Kongo-Reichs, Antonio I., fällt bei dem Versuch, die portugiesische Herrschaft zu stürzen
**1671** Der letzte König von Angola unterwirft sich den Portugiesen
**Um 1675** Große Wanderung der Fulbe in Westafrika

**1682–1706** Unter Kaiser Jasus I. erreicht Äthiopien einen Machthöhepunkt
**1683** Gründung einer brandenburgischen Niederlassung an der Guinea-Küste

**1695–1731** König Osai Tutu gründet das Ashanti-Reich im heutigen Ghana

**Um 1700** Expansion des Reichs Buganda unter König Mawanda
**1707** Die Kapkolonisten nennen sich erstmals »Buren«
**1708–1728** Der Herrscher von Dahomey, Agaja, dehnt sein Reich aus; er treibt Sklavenhandel
**1714** In Tripolis (Libyen) begründet Bei Achmed die Dynastie der Karamanli (bis 1835), die von Istanbul nahezu unabhängig ist

### Amerika

**1643** Die englischen Kolonien in Nordamerika schließen sich zur Neuengland-Föderation zusammen
**1643** Holländische Massaker an Algonqin-Indianern
**1652** In Rhode Island wird das erste Gesetz gegen Sklaverei erlassen
**1655** England erobert das spanische Jamaika
**1655** Die Holländer erobern das 1638 gegründete schwedische Fort Christina (Neu-Schweden)
**1662** Vertreibung der Holländer aus Brasilien
**1664** Neu-Amsterdam wird englisch (New York)

**1675** In den Neuengland-Staaten bildet sich eine Indianer-Konföderation gegen die weißen Siedler
**1676** Aufstand von Farmern gegen den englischen Gouverneur von Virginia

**1680–1682** Die Franzosen erwerben Louisiana
**1681** William Penn gründet die Quäker-Kolonie Pennsylvania

**1689–1697** Kämpfe zwischen Engländern und Franzosen im Norden Neuenglands; beide mit Indianerstämmen verbündet
**1697** Spanien tritt den Westteil Haitis an Frankreich ab
**1698** Erste Goldfunde in Minas Gerais (Brasilien)

**1710/11** Französische Angriffe auf Rio de Janeiro
**1713** Im Frieden von Utrecht verliert Frankreich Neufundland, Neuschottland und seine Stützpunkte an der Hudson Bay; es behält Südkanada und Louisiana
**1713** Der Asiento-Vertrag gibt England das Recht zur Sklaveneinfuhr nach Spanisch-Amerika
**1718** Gründung von New Orleans

| | |
|---|---|
| 1640 | |
| 1660 | |
| 1680 | |
| 1700 | |

# Neuzeit

## Daten der Weltgeschichte (Neuzeit)

| | Mitteleuropa | West- und Südeuropa | Ost-, Südost- und Nordeuropa |
|---|---|---|---|
| 1720 | 1720 Vorpommern mit Stettin wird preußisch<br>1723 Errichtung des Generaldirektoriums als Zentralbehörde in Preußen<br>1731 Erlass eines Reichszunftgesetzes, das die Gesellen benachteiligt<br>1731/32 Vertreibung der Salzburger Protestanten und ihre Ansiedlung in Ostpreußen<br>1733 Preußen: Kantonreglement zur Rekrutierung des Heeres | 1721–1742 Robert Walpole leitender Minister in Großbritannien; er gilt als erster Premierminister<br>1735 Habsburg tritt Neapel-Sizilien an Spanien ab; es erhält dafür Mailand zurück, außerdem Parma und Piacenza<br>1737 Franz Stephan von Lothringen, Gemahl Maria Theresias, wird Großherzog von Toskana | 1721 Der Friede von Nystad beendet den Nordischen Krieg. Russland ist die neue Vormacht im Ostseeraum<br>1721 Das russische Patriarchat wird abgeschafft und statt dessen die Kollegialbehörde des »Heiligen Synods« eingeführt<br>1733–1738 Polnischer Erbfolgekrieg: Russland und Preußen unterstützen August II. von Sachsen (der König bleibt), Frankreich unterstützt Stanislaus Leszcynski |
| 1740 | 1740–1742 1. Schlesischer Krieg zwischen Preußen und Österreich<br>1744/45 2. Schlesischer Krieg; Schlesien wird preußisch<br>1756 Der 3. Schlesische Krieg (Siebenjährige Krieg) beginnt: Preußen gegen Österreich, Frankreich, Russland, Schweden und die meisten Reichsfürsten<br>1758 Preußen schließt mit England einen Subsidienvertrag | 1746 Ein Versuch der Stuarts, auf den schottischen Thron zurückzukehren, scheitert bei Culloden Moor (letzte Schlacht auf britischem Boden)<br>1751 In Frankreich erscheint der erste Band der »Encyclopédie« von Diderot<br>1755 Lissabon wird durch ein Erdbeben zerstört<br>1756–1763 Krieg zwischen England und Frankreich um die Kolonien in Amerika und Indien | 1741 Elisabeth, Tochter Peters des Großen, setzt den einjährigen Iwan VI. ab und macht sich zur Kaiserin<br>1743 Bauernaufstand in Schweden<br><br>1755 Gründung der ersten russischen Universität in Moskau<br><br>1758 Russische Truppen erobern Tilsit und Königsberg |
| 1760 | 1760 Russen und Österreicher besetzen vorübergehend Berlin<br>1762 Preußen schließt Frieden mit Russland<br>1763 Der Frieden von Hubertusburg mit Österreich und Sachsen bestätigt Preußen im Besitz Schlesiens<br>1772 Preußen und Österreich beteiligen sich an der 1. Teilung Polens<br>1776 Gründung des Bankhauses Rothschild<br>1778/79 Bayer. Erbfolgekrieg zwischen Preußen u. Österreich | 1763 Im Frieden von Paris verliert Frankreich seinen nordamerikanischen und indischen Kolonialbesitz<br>1765 James Watt erfindet die Dampfmaschine<br>1768 Frankreich annektiert Korsika<br>1773 Papst Klemens XIV. verbietet den Jesuitenorden<br>1778 Frankreich schließt mit den USA ein Bündnis gegen Großbritannien | 1762 Katharina II. entthront ihren Gatten Peter III. und wird Herrscherin Russlands<br>1770 Russischer Seesieg über die Türken bei Tscheschme<br>1770–1772 Radikale Reformen in Dänemark unter Struensee (1772 hingerichtet)<br>1772 1. Teilung Polens zw. Russland, Österreich und Preußen<br>1773–1775 Aufstand der Donkosaken unter Pugatschow<br>1774 Friede von Kütschük Kainardschi mit der Türkei stärkt russ. Stellung in Südosteuropa |
| 1780 | 1781 Aufhebung der Leibeigenschaft in den habsburg. Ländern<br>1792–1797 1. Koalitionskrieg gegen Frankreich<br>1793 2. Teilung Polens; Preußen erhält Danzig<br>1793 Letzte Hexenhinrichtung auf deutschem Gebiet (Posen)<br>1795 Sonderfriede von Basel zwischen Preußen und Frankreich; Anerkennung des Rheins als französische Grenze | 1789 Beginn der Französischen Revolution<br>1792 Kanonade von Valmy; Niederlage der deutschen Interventionstruppen<br>1792 Frankreich wird Republik<br>1793 Hinrichtung Ludwigs XVI.<br>1793/94 Terrorherrschaft des Wohlfahrtsausschusses<br>1794 Hinrichtung Robespierres<br>1795 Bildung des bürgerlich-liberalen Direktoriums | 1783 Russland annektiert die Krim, 1784 Georgien<br>1787–1792 2. russisch-türkischer Krieg; die Eroberung der Dardanellen scheitert<br>1791 Moderne polnische Verfassung auf der Grundlage der Volkssouveränität<br>1793 Gründung von Odessa<br>1793 2. Teilung Polens<br>1795 3. Teilung Polens führt zur Auflösung des poln. Staates |

## Daten der Weltgeschichte (Neuzeit)

| Asien, Australien, Ozeanien | Afrika | Amerika | |
|---|---|---|---|
| 1720 Tibet wird China tribut-pflichtig | 1725 Die Fulbe gründen einen theokratisch regierten islamischen Staat in Futa Djalon (im heutigen Guinea) | 1720 Brasilien wird selbständiges Vizekönigtum | 1720 |
| 1721/22 Afghanische Stämme erobern Persien | | 1721 Errichtung einer Missionsstation in Grönland | |
| 1722 Der Holländer J. Rogeveen entdeckt die Osterinsel | 1730 Der Imam von Maskat erobert Sansibar | | |
| 1729 Erstes Verbot der Opiumeinfuhr in China | | | |
| 1736 Nadir Schah wird Herrscher von Persien; er besiegt 1739 den Großmogul | | 1737–1741 Negeraufstände in South Carolina | |
| 1736–1796 Unter Kaiser Qianlong erreicht China seine größte Ausdehnung | | 1739 Bildung des Vizekönigtums Neugranada (das heutige Kolumbien, Venezuela und Ecuador umfassend) | |
| 1744 Beginn der Kämpfe zwischen England und Frankreich in Indien | | | 1740 |
| 1744 Der Sektenführer Abd Al Wahhab ruft die arabischen Stämme zur Vertreibung der Türken auf; Emir Ibn Saud wird sein Anhänger | 1752 Arabisch-portugiesisches Abkommen über die Abgrenzung der Einflusssphären in Ostafrika | 1749–1752 Aufstand gegen die Spanier in Venezuela | |
| | | 1754 Gründung der Columbia-Universität | |
| 1747 Unter Ahmed Schah Durrani löst sich Afghanistan von Persien | 1758 Portugiesen lassen sich erneut in Angola nieder | 1758 Abschaffung der Indianersklaverei in Brasilien | |
| 1757 Die Engländer siegen bei Plassey (Indien) über die mit Frankreich verbündeten Bengalen | | 1759 Vertreibung der Jesuiten aus Brasilien | |
| 1761 Die Briten erobern Pondicherry, den letzten französischen Stützpunkt in Indien | 1760 Die Buren dringen über den Oranje-Fluss vor | 1759 Die Engländer erobern Quebec | |
| 1762 China hat 200 Millionen Einwohner | 1765 Die britische Regierung übernimmt die Handelsniederlassungen in Gambia | 1763 Das bereits 1760 eroberte Kanada wird endgültig britisch | 1760 |
| 1768–1774 Türkisch-russischer Krieg | 1768–1773 Ägypten: In einem Aufstand unter Ali Bey gegen die Türken gewinnen die Mamluken ihre faktische Autonomie zurück | 1773 »Boston Tea Party«, Beginn des offenen Konflikts der nordamerikanischen Kolonisten mit England | |
| 1770 James Cook betritt die Ostküste Australiens und nimmt sie als Neusüdwales für Großbritannien in Besitz | | 1775–1783 Nordamerikanischer Unabhängigkeitskrieg | |
| 1774 Warren Hastings wird erster Generalgouverneur von Britisch-Indien | 1779–1781 Erster »Kaffernkrieg« der Buren gegen die Bantuvölker | 1776 Unabhängigkeitserklärung der USA | |
| | | 1777 Sieg der US-Truppen über die Briten bei Saratoga | |
| 1784 Hastings unterwirft große Teile Indiens | 1787 Britische Quäker gründen Freetown (im heutigen Sierra Leone) und siedeln befreite Sklaven aus Westindien an | 1783 Frieden von Paris macht USA von Großbritannien unabhängig; Kanada bleibt britisch | 1780 |
| 1788 Australien wird britische Strafkolonie | 1787–1810 Einigung Madagaskars unter König Andianampinimerinas | 1787 Verfassung der USA verabschiedet; 1789 Zusatzartikel mit den Grundrechten | |
| 1789 Annam wird China tributpflichtig | 1798/99 Ägypten-Feldzug Napoleons; Sieg über die Mamluken bei den Pyramiden; Vernichtung der französischen Flotte durch Nelson bei Abu Qir | 1789 George Washington wird erster Präsident der USA | |
| 1792 Friede von Jassy mit Russland schwächt Osman. Reich | | 1790 Die USA haben 3,9 Mio. Einwohner, darunter 760 000 Schwarze, die zu 92% Sklaven sind | |
| 1792 Ausländern wird das Betreten Tibets verboten | | | |
| 1794 Einigung Persiens unter der Kadscharen-Dynastie | | | |

# Neuzeit

## Daten der Weltgeschichte (Neuzeit)

| Mitteleuropa | West- und Südeuropa | Ost-, Südost- und Nordeuropa |
|---|---|---|
| 1795 Preußen annektiert Zentralpolen (3. Teilung Polens) 1799–1802 2. Koalitionskrieg; Preußen neutral | 1799 Staatsstreich Napoleon Bonapartes | |

### 1800

| Mitteleuropa | West- und Südeuropa | Ost-, Südost- und Nordeuropa |
|---|---|---|
| 1803 Reichsdeputationshauptschluss: Auflösung deutscher Kleinstaaten 1806 Gründung des Rheinbundes; Auflösung des Heiligen Römischen Reiches Deutscher Nation 1806 Preußische Niederlage bei Jena und Auerstedt (4. Koalitionskrieg) 1807–1812 Reformen in Preußen 1813 Beginn der Befreiungskriege, Völkerschlacht bei Leipzig 1814/15 Wiener Kongress; Gründung des Deutschen Bundes 1819 Karlsbader Beschlüsse gegen demokratische Bestrebungen | 1804 Napoleon krönt sich zum Kaiser der Franzosen 1805 Französische Niederlage in der Seeschlacht bei Trafalgar 1806 Napoleon verhängt die Kontinentalsperre 1811–1812 Maschinenstürmer in Großbritannien 1814 Abdankung des besiegten Napoleon 1815 Rückkehr Napoleons, Niederlage bei Waterloo, Verbannung nach St. Helena 1815 Schweizerischer Bundesvertrag: Bildung eines lockeren Staatenbundes 1815 Wiederherstellung des von Napoleon aufgehobenen Kirchenstaates | 1804–1813 Aufstand der Serben gegen die Türken 1806–1812 Russisch-türkischer Krieg 1808 Russland annektiert Finnland 1809–1812 Reformbemühungen M. Speranskijs in Russland 1810 Der französische Marschall Bernadotte wird schwedischer Kronprinz (1818 als Karl XIV. Johann König) 1812 Napoleons Russlandfeldzug endet mit einer schweren Niederlage |

### 1820

| Mitteleuropa | West- und Südeuropa | Ost-, Südost- und Nordeuropa |
|---|---|---|
| 1820 Wiener Schlussakte (Verfassung des Deutschen Bundes) 1830/31 Liberale Verfassungen in meisten schweizer. Kantonen 1832 Hambacher Fest: Massenkundgebung für Demokratie und deutsche Einheit 1833 Frankfurter Zentraluntersuchungskommission zur Verfolgung revolutionärer Umtriebe 1834 Gründung des Deutschen Zollvereins 1835 Erste deutsche Eisenbahn Nürnberg–Fürth 1839 Verbot der Kinderarbeit in Preußen | 1825 Gründung der ersten englischen Gewerkschaft 1830 Julirevolution in Frankreich, »Bürgerkönigtum« 1831 Belgien löst sich von den Niederlanden und wird unabhängig 1832 Großbritannien: Erweiterung des Wahlrechts zugunsten der städtischen Mittelschichten 1834–1839 1. Karlistenkrieg in Spanien 1837 Auflösung der Personalunion Großbritannien-Hannover | 1821 Beginn des griechischen Freiheitskampfes gegen die Türken 1825 Dekabristenaufstand in Russland 1826/27 Russisch-persischer Krieg; Russland erhält das Donaudelta und freie Durchfahrt durch den Bosporus 1830 Griechenland wird unabhängig 1830/31 Polnischer Aufstand, von Russland niedergeschlagen |

### 1840

| Mitteleuropa | West- und Südeuropa | Ost-, Südost- und Nordeuropa |
|---|---|---|
| 1844 Aufstand schles. Weber 1845 »Sonderbund« der katholischen Kantone der Schweiz; 1847 gewaltsam aufgelöst 1848 Die Schweiz erhält eine bundesstaatliche Verfassung 1848/49 Revolution in Deutschland und Österreich, nach Anfangserfolgen niedergeschlagen 1849 Friedrich Wilhelm IV. von Preußen lehnt die Kaiserkrone ab 1850 Oktroyierte Verfassung in Preußen 1858 Liberale »Neue Ära« in Preußen | 1847–1849 2. Karlistenkrieg in Spanien 1848 Februarrevolution in Frankreich; Louis Napoléon wird Präsident der Republik 1848 Revolutionen in den italienischen Staaten 1848 »Kommunistisches Manifest« von Marx und Engels 1852 Louis Napoléon macht sich als Napoleon III. zum Kaiser 1859 Österreich verliert die Lombardei an Italien | 1846 Dänemark vereinigt Schleswig mit dem Königreich 1849 Österreich wirft mit russ. Hilfe den ungar. Aufstand nieder 1852 Londoner Protokoll: Dänemark bleibt bei Schleswig 1853–1856 Schwere Niederlage Russlands im Krimkrieg (gegen Türkei, England, Frankreich und Sardinien) 1857 Beginn der panslawistischen Bewegung 1859 Ion Cuza wird Fürst der vereinigten Fürstentümer Moldau und Walachei |

## Daten der Weltgeschichte (Neuzeit)

| Asien, Australien, Ozeanien | Afrika | Amerika | |
|---|---|---|---|
| 1796 Ceylon, bisher im Besitz der Niederlande, wird britisch | | 1797 Ganz Haiti wird französisch | |
| 1803 Die Briten nehmen Delhi ein | 1801 Abzug der Franzosen aus Ägypten unter britischem Druck | 1804–1806 Haiti unabhängig unter dem schwarzen Kaiser Dessalines | 1800 |
| 1804 Eine russische Gesandtschaft in Nagasaki bemüht sich vergeblich um die Aufnahme von Handelsbeziehungen | 1804 Gründung eines islamischen Fulbe-Haussa-Staates in Nordnigeria | | |
| 1806 Die Wahhabiten erobern Mekka und Medina | 1806 Großbritannien besetzt das Kapland | 1809–1824 Fast alle spanischen Kolonien in Amerika erkämpfen die Unabhängigkeit | |
| 1812 Volkszählung in China: 361 Mio. Einwohner | 1811 Der türkische Statthalter Mohammed Ali beseitigt die Mamlukenherrschaft und wird Alleinherrscher Ägyptens | 1812–1814 Krieg zwischen Großbritannien und den USA, deren Unabhängigkeit endgültig bestätigt wird | |
| 1813 Der Friede von Gülistan zwischen Persien und Russland bringt diesem Gebietsgewinne | 1813–1819 Ägyptische Truppen bekämpfen die Wahhabiten in Nordarabien | 1815 Brasilien wird Königreich unter der portugiesischen Krone | |
| 1813–1828 Die Russen erobern Nordarmenien und Aserbaidschan | | | |
| | 1818 Expansion des Zulu-Reichs unter König Tschaka | | |
| 1819 Die Briten gründen Singapur | | 1819 Die USA erwerben Florida von Spanien | |
| 1824–1826 1. Krieg Großbritanniens gegen Birma | 1820 Mohammed Ali erobert den östlichen Teil des Sudan | 1820 USA: Nördlich des 36. Breitengrades wird die Sklaverei verboten | 1820 |
| 1825–1859 Australien: Gründung einzelner Kolonien, aus denen später die Gliedstaaten werden | 1822 Freigelassene Negersklaven aus den USA gründen Liberia | 1822 Brasilien wird unabhängiges Kaiserreich | |
| 1826 Mahmud II. entmachtet die Janitscharen | 1825 Das Yoruba-Reich wird von den Fulbe unterworfen | 1823 Monroe-Doktrin der USA: Keine Einmischung Amerikas in europäische, Europas in amerikanische Angelegenheiten | |
| 1827 Vernichtung der türkischen Flotte bei Navarino | 1830 Frankreich besetzt Algerien und macht 1834 Algerien zur Kolonie | 1826 Bolivar kann seine Vorstellung von einer Konföderation aller amerikanischen Staaten nicht verwirklichen | |
| | 1831 Mohammed Ali erobert Syrien | | |
| 1839 Die chinesische Regierung beschlagnahmt und vernichtet in Canton von den Engländern eingeführtes Opium | 1835 »Großer Treck« der Buren aus der britischen Kapkolonie ins Innere Südafrikas | 1836 Texas erklärt seine Unabhängigkeit von Mexiko | |
| 1840–1842 Im Opiumkrieg unterliegt China gegen England | 1840 Mohammed Ali verliert Syrien, wird aber faktisch unabhängig | 1843 USA: Die Besiedlung des Mittelwestens beginnt | 1840 |
| 1849 Brit. Sieg über die Sikh im Pandschab; Indien ist britisch | 1845 Vertrag Frankreich-Marokko über die algerisch-marokkanische Grenze | 1843 Die Seminolen-Indianer werden fast völlig ausgerottet | |
| 1850–1864 Taiping-Revolution in China | 1847 Republik Liberia proklamiert | 1844 Gründung der Dominikanischen Republik | |
| 1854 Die US-Flotte erzwingt die Öffnung japanischer Häfen | 1852 Großbritannien erkennt die Burenrepublik Transvaal an | 1845 USA annektieren Texas | |
| 1856–1860 Lorcha-Krieg (2. Opiumkrieg); China muss weitere Konzessionen machen | 1854 Frankreich gründet die Kolonie Senegal | 1846–48 Im Krieg gegen die USA verliert Mexiko Texas, Kalifornien, Arizona u. Neu-Mexiko | |
| 1857/58 Sepoy-Aufstand in Indien | 1855 Fürst Ras Kasa eint Äthiopien und wird Kaiser Theodor II. | 1851/52 Krieg zwischen Argentinien und Brasilien | |
| 1858 Auflösung der Ostindischen Kompanie | 1859 Bau des Suezkanals beginnt | 1857–1860 Bürgerkrieg in Mexiko zwischen Klerikalen und Liberalen, letztere siegen | |

# Neuzeit

## Daten der Weltgeschichte (Neuzeit)

| | Mitteleuropa | West- und Südeuropa | Ost-, Südost- und Nordeuropa |
|---|---|---|---|
| 1860 | 1861 Gründung der Deutschen Fortschrittspartei<br>1862 Bismarck wird preußischer Ministerpräsident<br>1864 Deutsch-Dänischer Krieg<br>1866 Deutscher Krieg; Auflösung des Deutschen Bundes<br>1867 Österreichisch-ungarischer »Ausgleich«, Bildung der Doppelmonarchie<br>1870/71 Deutsch-Französischer Krieg<br>1871 Gründung des Deutschen Reiches<br>1875 Gründung der Sozialistischen Arbeiterpartei<br>1878–1890 Sozialistengesetz ächtet die deutsche Sozialdemokratie | 1861 Einigung Italiens (ohne Venetien und Rom) als Königreich<br>1864 Gründung der Ersten Internationale<br>1867 Weitere Ausdehnung des Wahlrechts in Großbritannien<br>1870 Das Vatikanische Konzil verkündet das Unfehlbarkeitsdogma<br>1870 Frankreich wird nach der Niederlage Republik<br>1870 Rom wird Hauptstadt Italiens<br>1871 Pariser Kommune, von der Armee niedergeschlagen<br>1875 Sozialgesetzgebung in Großbritannien | 1861 Aufhebung der Leibeigenschaft in Russland<br>1861 Vereinigung von Moldau und Walachei zum Fürstentum Rumänien<br>1862 Griechenland: Sturz des Wittelsbachers Otto, Einsetzung der Dynastie Glücksburg<br>1864 Dänemark muss Schleswig, Holstein und Lauenburg an Preußen und Österreich abtreten<br>1867 Realunion Ungarns mit Österreich<br>1877/78 Russisch-türkischer Krieg; Gebietsgewinne Russlands<br>1878 Berliner Kongress: Rumänien, Serbien und Montenegro werden unabhängig; Bosnien und Herzegowina zu Österreich |
| 1880 | 1882 Dreibund Deutschland, Österreich-Ungarn, Italien<br>1883 Beginn der Bismarckschen Sozialgesetzgebung<br>1887 Rückversicherungsvertrag Deutschland–Russland<br>1888 »Dreikaiserjahr« in Deutschland<br>1890 Entlassung Bismarcks durch Wilhelm II.<br>1890 Im Austausch gegen Sansibar kommt Helgoland zu Deutschland<br>1892 Erster Kongress der deutschen Gewerkschaften<br>1897 Erster Zionistenkongress in Basel | 1884/85 Erneute Erweiterung des Wahlrechts in Großbritannien<br><br>1890 Ende der Personalunion Niederlande-Luxemburg<br>1893 Gründung der Independent Labour Party in Großbritannien<br>1893 Ein Gesetz über die Selbstverwaltung Irlands (Home Rule) wird vom britischen Oberhaus abgelehnt | 1881 Zar Alexander II. wird ermordet<br>1882 Milan Obrenoviæ erster König von Serbien<br><br>1895 Alfred Nobel stiftet die Nobelpreise<br>1896 Erste Olympiade der Neuzeit in Athen<br>1897 Aufstand in Kreta gegen die Türkenherrschaft<br>1898 Allgemeines Wahlrecht in Norwegen<br>1899 Die Autonomie Finnlands wird eingeschränkt |
| 1900 | 1900 In Deutschland tritt das Bürgerliche Gesetzbuch in Kraft<br>1907 Allgemeines, gleiches, direktes und geheimes Wahlrecht in Österreich<br>1908 Österreich-Ungarn annektiert Bosnien und Herzegowina<br>1912 Die SPD wird stärkste Partei im Deutschen Reichstag<br>1914 Julikrise und Ausbruch des Ersten Weltkrieges<br>1917 Abspaltung der USPD von der SPD<br>1918 Novemberrevolution, Deutschland wird Republik, Waffenstillstand<br>1918 Zerfall der Donaumonarchie | 1898/99 Dreyfus-Affäre in Frankreich<br>1904 Britisch-französische »Entente cordiale« (herzliches Einvernehmen)<br>1905 Trennung von Kirche und Staat in Frankreich<br>1907 2. Haager Friedenskonferenz<br>1910 Portugal wird Republik<br>1912 Italienisch-französisches Abkommen über Neutralität Italiens im Kriegsfall<br>1914 Ausbruch des Ersten Weltkrieges<br>1915 Kriegseintritt Italiens<br>1918 Waffenstillstand<br>1919/20 Pariser Vorortverträge | 1899 Die Autonomie Finnlands wird eingeschränkt<br>1903 Spaltung der russischen Sozialdemokratie in Menschewiki und Bolschewiki<br>1905 Norwegen löst Union mit Schweden auf<br>1905 Russische Revolution<br>1912/13 Zwei Balkankriege<br>1914 Attentat von Sarajevo löst Ersten Weltkrieg aus<br>1917 Revolution in Russland, Sturz des Zaren, Machtergreifung der Bolschewiki<br>1917/18 Unabhängigkeit Finnlands, der baltischen Staaten, Ungarns, der Tschechoslowakei, Polens, der transkaukasischen Länder<br>1918 Friede zwischen Russland und Deutschland |

## Daten der Weltgeschichte (Neuzeit)

| Asien, Australien, Ozeanien | Afrika | Amerika | |
|---|---|---|---|
| **1860** Gründung von Wladiwostok in der von China an Russland abgetretenen Küstenprovinz | | **1860–1875** Klerikale Diktatur in Ecuador | **1860** |
| **1861** Die Kaiserinwitwe Cixi wird faktische Herrscherin in China (bis 1908) | **1869** Eröffnung des Suezkanals | **1861–1865** Sezessionskrieg in den USA | |
| **1863** Kambodscha wird fanzösisches Protektorat | **1871** Tunesien erhält Autonomie | **1863** Abschaffung der Sklaverei in den USA | |
| **1868** Beginn umfassender Reformen (Meiji-Ära) in Japan nach dem Ende der Shogunatsherrschaft | **1872** Der Ras (Fürst) von Tigre wird als Johannes IV. Kaiser von Äthiopien | **1864–1867** Der österreichische Erzherzog Maximilian ist unter französischem Protektorat Kaiser von Mexiko | |
| **1875** Staatsbankrott des Osmanischen Reiches | **1875** Ägypten verkauft seine Suezkanal-Aktien an Großbritannien | **1867** Die USA kaufen Alaska von Russland | |
| **1877** Die britische Königin Viktoria wird Kaiserin von Indien | **1876** Britisch-französische Finanzkontrolle über Ägypten | **1867** »British North America Act« als Verfassung Kanadas verabschiedet | |
| | **1877** Großbritannien annektiert die Burenrepublik Transvaal für seine Kapkolonie | **1869** Fertigstellung der ersten transkontinentalen Eisenbahn in den USA | |
| | **1879** Die Briten besiegen ein Zulu-Heer bei Ulundi | | |
| **1881** Beginn der Einwanderung russischer Juden nach Palästina | **1881–1885** Mahdi-Aufstand im Sudan | **1882** Erstmals US-Einwanderungsbeschränkungen | **1880** |
| **1884** Nord-Neuguinea wird deutsche Kolonie | **1882** Ägypten wird faktisch britisches Protektorat | **1888** Vollständige Abschaffung der Sklaverei in Brasilien | |
| **1886** Nach dem 3. britisch-birmanischen Krieg kommt Birma zu Britisch-Indien | **1884** Deutschland erwirbt Kolonien in Südwestafrika, Kamerun und Togo | **1889** Brasilien wird Republik | |
| **1887** Bildung der Indochinesischen Union unter einem französischen Generalgouverneur | **1884/85** Die Berliner Kongo-Konferenz erklärt den Kongostaat zum Privateigentum des belgischen Königs | **1889** Erste panamerikanische Konferenz in Washington | |
| **1889** Neue japan. Verfassung | **1887** Italien erwirbt Somaliland | **1890** Letzter Aufstand der Sioux-Indianer wird niedergeschlagen | |
| **1891** Baubeginn der Transsibirischen Eisenbahn | **1890** Offizielle Gründung der Kolonie Deutsch-Ostafrika | **1893** Die USA übernehmen die bisher französischen Konzessionen zum Bau des Panamakanals | |
| **1895** China muss Taiwan an Japan abtreten | **1894–1896** Madagaskar wird französische Kolonie | **1898** Krieg der USA gegen Spanien: Puerto Rico, Guam und Philippinen fallen an die USA | |
| **1898** Kiautschou wird deutsches Pachtgebiet | **1899** Beginn des Burenkriegs | **1898** Die Hawaii-Inseln werden von den USA annektiert | |
| **1900** Boxeraufstand in China | **1902** Ende des Burenkriegs, die Burenrepubliken werden britische Kolonien | **1903** Panama erklärt unter Druck der USA seine Unabhängigkeit von Kolumbien | **1900** |
| **1904/05** Russisch-japanischer Krieg | **1904** Herero-Aufstand in Deutsch-Südwestafrika | **1912** Allgemeines Wahlrecht in Argentinien | |
| **1908/09** Revolution der Jungtürken im Osmanischen Reich | **1905** Erste Marokko-Krise | **1914** Eröffnung des Panamakanals | |
| **1910** Japan annektiert Korea | **1909** Bildung der Südafrikanischen Union, die 1910 Dominion-Status erhält | **1915–1934** Haiti von den USA besetzt | |
| **1911/12** Sturz der Mandschu-Dynastie, China wird Republik | **1911** Zweite Marokko-Krise | **1916–1924** Dominikanische Republik von den USA besetzt | |
| **1914** Kriegseintritt Japans | **1912** Libyen und die Cyrenaika werden italienisch | **1917** Kriegseintritt der USA | |
| **1915/16** Massenmord an Armeniern in der Türkei | **1914–1917** Deutsche Kolonien werden von Entente erobert | **1917** Neue Verfassung in Mexiko | |
| **1917** Balfour-Deklaration über ein jüdisches »Nationalheim« in Palästina | **1917** Gründung der Wafd-Partei in Ägypten | **1919** Der Kongress der USA lehnt die Ratifizierung des Versailler Vertrages ab | |
| **1917** Kriegseintritt Chinas | **1919** Die ehemaligen deutschen Kolonien werden Völkerbundmandate | **1919** Prohibition (Alkoholverbot) in den USA | |
| **1919** Ankara wird Zentrum der türkischen Nationalbewegung unter Kemal Pascha | | | |

⇒ S. 436

# Neuzeit

## Die Mächtegruppierung im 1. Weltkrieg 1914–1918
### (Mittelmächte - Entente - Neutrale)

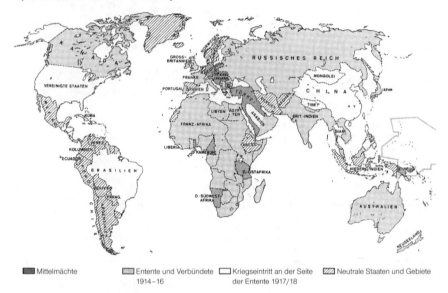

█ Mittelmächte   ▫ Entente und Verbündete 1914–16   ▫ Kriegseintritt an der Seite der Entente 1917/18   ▨ Neutrale Staaten und Gebiete

## Die Mächtegruppierung im 2. Weltkrieg 1939–1945
### (Achsenmächte u. a. - Alliierte - Neutrale)

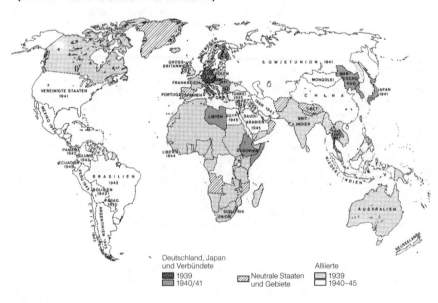

Deutschland, Japan und Verbündete
▨ 1939
█ 1940/41

▨ Neutrale Staaten und Gebiete

Alliierte
▨ 1939
▫ 1940–45

**434**

## Deutschland 1945

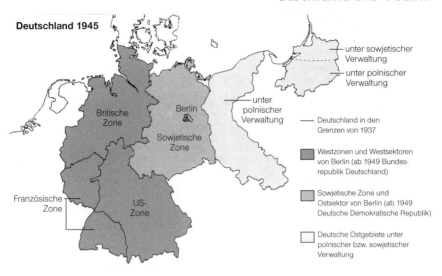

— unter sowjetischer Verwaltung

— unter polnischer Verwaltung

Britische Zone

Berlin

Sowjetische Zone

unter polnischer Verwaltung

Französische Zone

US-Zone

— Deutschland in den Grenzen von 1937

Westzonen und Westsektoren von Berlin (ab 1949 Bundesrepublik Deutschland)

Sowjetische Zone und Ostsektor von Berlin (ab 1949 Deutsche Demokratische Republik)

Deutsche Ostgebiete unter polnischer bzw. sowjetischer Verwaltung

## Bundesrepublik Deutschland und Deutsche Demokratische Republik bis 1990

Schleswig-Holstein

Kiel

Rostock

Hamburg

Schwerin

Neubrandenburg

Bremen

Niedersachsen

D D R

Berlin (West)

Potsdam

Magdeburg

Berlin (Ost)

Frankfurt/Oder

Hannover

Nordrhein-Westfalen

Düsseldorf

Halle

Cottbus

B R D

Erfurt

Leipzig

Dresden

Hessen

Wiesbaden

Suhl

Gera

Karl-Marx-Stadt

Rheinland-Pfalz

Mainz

Saarland

Saarbrücken

Baden-Württemberg

Bayern

Stuttgart

München

435

# Neuzeit

## Daten der Weltgeschichte (Neuzeit)

| | Mitteleuropa | West- und Südeuropa | Ost-, Südost- und Nordeuropa |
|---|---|---|---|
| | 1919 Weimarer Verfassung<br>1919 Friedensverträge von Versailles und Saint-Germain | | 1918–1920 Bürgerkrieg in Russland |
| 1920 | 1920 Kapp-Lüttwitz-Putsch in Deutschland<br>1922 Rapallo-Vertrag zwischen Deutschland und Sowjetrussland<br>1923 Höhepunkt der Inflation, Ruhrbesetzung, Hitler-Putsch<br>1926 Deutschland wird Mitglied des Völkerbundes<br>1930 Großer Wahlerfolg der NSDAP<br>1933 Hitler wird Reichskanzler, Beginn der nationalsozialistischen Diktatur<br>1933 Autoritäre Regierung in Österreich (»Austrofaschismus«)<br>1934 Schutzbund-Aufstand in Wien<br>1935 Entrechtung der Juden durch die Nürnberger Gesetze<br>1938 Annexion Österreichs und des Sudetenlandes<br>1939 Hitler-Stalin-Pakt; Angriff auf Polen, Beginn des Zweiten Weltkriegs | 1922 Mussolini wird italienischer Regierungschef<br>1922 Proklamation des Freistaats Irland (ohne Nordirland)<br>1926 Mussolini wird Diktator<br>1929 Lateranverträge zwischen Italien und dem Vatikan<br>1931 Die Dominions werden Großbritannien rechtlich gleichgestellt<br>1931 Spanien wird Republik<br>1932 Autoritäres Regime Salazar in Portugal<br><br>1936 Volksfrontregierung in Frankreich<br>1936–1939 Spanischer Bürgerkrieg; Franco wird Diktator<br>1937 Enzyklika »Mit brennender Sorge«<br>1939 Kriegserklärung Großbritanniens und Frankreichs an Deutschland; »Nichtkriegführung« Italiens | 1920/21 Polnisch-russischer Krieg<br>1921 »Neue ökonomische Politik« in Sowjetrussland<br>1922 Gründung der Union der Sozialistischen Sowjetrepubliken (UdSSR)<br>1922 Griechisch-türkischer Krieg<br>1925 Zypern wird britische Kronkolonie<br>1926 Staatsstreich Pitsudskis in Polen<br>1929 Nach Ausschaltung aller Rivalen ist Stalin Alleinherrscher der UdSSR<br>1934–1938 »Säuberungen« (Massenhinrichtungen) in der UdSSR<br>1939 Aufteilung Polens zwischen Deutschland und der UdSSR<br>1939/40 Sowjetisch-finnischer Winterkrieg |
| 1940 | 1940–1942 Deutsche Militärerfolge in Europa und Afrika<br>1942 Die »Wannseekonferenz« trifft Vorbereitungen für den Massenmord an den Juden (5–6 Mio. Ermordete)<br>1943 Goebels ruft zum »totalen Krieg« auf<br>1944 Aufstand des 20. Juli<br>1945 Selbstmord Hitlers, bedingungslose Kapitulation, Besatzungsmächte üben Regierungsgewalt in Deutschland aus<br>1946 Nürnberger Prozesse gegen die Hauptkriegsverbrecher<br>1948 Blockade und Spaltung Berlins<br>1949 Gründung der beiden deutschen Staaten<br>1953 Aufstand des 17. Juni in der DDR<br>1955 Beitritt der Bundesrepublik zur NATO, der DDR zum Warschauer Pakt<br>1955 Österreich. Staatsvertrag: Abzug der Besatzungsmächte und dauernde Neutralität | 1940 Frankreich und Niederlande von Deutschen besetzt<br>1940 Luftschlacht um England; Kriegseintritt Italiens<br><br>1943 Sturz Mussolinis, Waffenstillstand mit Italien<br>1944 Landung der Alliierten in Frankreich<br><br>1946 Italien wird Republik<br><br>1949 Gründung der NATO<br>1949 Irland verlässt das Commonwealth<br>1951 Gründung der Montanunion<br><br>1957 Römische Verträge: Gründung von EWG und Euratom, die zusammen mit der Montanunion später die EG bilden | 1940 Dänemark und Norwegen von den Deutschen besetzt<br>1940 Die UdSSR annektiert die baltischen Staaten<br>1941 Deutschland besetzt Jugoslawien und Griechenland und greift die UdSSR an<br>1943 Deutsche Niederlage bei Stalingrad<br>1944 Warschauer Aufstand<br>1945–1947 Vertreibung der Deutschen aus den ehemaligen Ostgebieten und der Tschechoslowakei<br>1945–1948 Errichtung kommunistischer Regimes in den osteuropäischen Ländern<br>1948 Jugoslawien bricht mit der UdSSR<br>1949–1952 Schauprozesse gegen »Titoisten« in osteuropäischen Ländern<br>1953 Tod Stalins; »kollektive Führung«<br>1956 »Entstalinisierung« im Ostblock; Führungswechsel in Polen; Volksaufstand in Ungarn |

## Daten der Weltgeschichte (Neuzeit)

| Asien, Australien, Ozeanien | Afrika | Amerika | |
|---|---|---|---|
| 1922 Vertreibung der Griechen aus Anatolien | 1921–1926 Marokko: Aufstand der Rifkabylen gegen Spanien, dann auch gegen Frankreich | 1920 Ende des Bürgerkrieges in Mexiko | **1920** |
| 1923 Die Türkei wird Republik | | 1920 Frauenwahlrecht in den USA | |
| 1924 Gründung der Mongolischen Volksrepublik | 1922 Ägypten wird unabhängig | 1929 »Schwarzer Freitag« an der New Yorker Börse | |
| 1925 Riza Pahlevi stürzt die Kadscharen-Dynastie und wird Schah von Persien | 1927 Südafrika stellt sexuellen Verkehr zwischen Weißen und Schwarzen unter Strafe | 1930 Staatsstreich R. Trujillos in der Dominikanischen Republik | |
| 1927 Sukarno gründet die Nationalpartei Indonesiens | 1930 Haile Selassie wird Kaiser von Äthiopien | 1932–1935 Chaco-Krieg zwischen Bolivien und Paraguay | |
| 1928 Chiang Kai-shek erobert Peking | 1934 Habib Bourguiba übernimmt die Führung der tunesischen Nationalbewegung | 1933 USA: Beginn des »New Deals« (neue Wirtschafts- und Sozialpolitik) unter Präsident Roosevelt; Aufhebung der Prohibition | |
| 1932 Die Japaner gründen den Satellitenstaat Mandschukuo | 1935/36 Italienisch-äthiopischer Krieg; Äthiopien wird mit Eritrea und Somaliland zur Kolonie Italienisch-Ostafrika | | |
| 1932 Ibn Saud proklamiert das Königreich Saudi-Arabien | | 1937 Beginn der Somoza-Diktatur in Nicaragua | |
| 1934/35 »Langer Marsch« der chinesischen Kommunisten | | 1937 Brasilien: Präsident Vargas proklamiert den autoritären »Neuen Staat« | |
| 1936–1939 Arabischer Aufstand in Palästina | | | |
| 1937 Beginn des japanisch-chinesischen Krieges | | 1939 Die USA erklären ihre Neutralität im Zweiten Weltkrieg | |
| 1939 Großbritannien stoppt die jüdische Einwanderung nach Palästina | | | |
| 1941 Japan greift den US-amerikanischen Flottenstützpunkt Pearl Harbour an | 1941 Das deutsche Afrika-Korps unter Rommel greift in Libyen ein | 1941 Unterstützung Großbritanniens durch die USA | **1940** |
| | 1942 Alliierte Truppen landen in Nordafrika | 1941 Kriegseintritt der USA | |
| 1945 Die USA werfen Atombomben auf Hiroshima und Nagasaki ab; Japan kapituliert | | 1945 Gründung der Vereinten Nationen (UNO) in San Francisco | |
| 1945–1954 1. Indochina-Krieg (Vietnamesen gegen Frankreich) | | 1946 Péron wird Präsident von Argentinien | |
| 1947 Teilung Britisch-Indiens in Indien und Pakistan | | 1947 USA: Truman-Doktrin (Unterstützung vom Kommunismus bedrohter Länder) und Marshall-Plan (Wirtschaftshilfe für Westeuropa) | |
| 1948 Gründung des Staates Israel | 1948 In Südafrika kommt die Nationalpartei an die Regierung und proklamiert die Politik der Rassentrennung (Apartheid) | | |
| 1949 Gründung der VR China | | 1948 Gründung der Organisation Amerikanischer Staaten (OAS) | |
| 1950–1953 Koreakrieg | 1952 Libyen wird unabhängig | | |
| 1951 Friede von San Francisco mit Japan (ohne Zustimmung der UdSSR) | 1953 Ägypten wird Republik | 1950 Die USA greifen in den Koreakrieg ein | |
| | 1954 Beginn des algerischen Unabhängigkeitskampfes | 1952 Erprobung der US-amerikanischen Wasserstoffbombe | |
| 1954 Indonesien löst die Union mit den Niederlanden | 1956 Sudan, Marokko und Tunesien werden unabhängig | 1954 In Paraguay kommt General Stroessner an die Macht | |
| 1957 »Hundert Blumen-Kampagne« in China | 1956 Suezkrise; Großbritannien, Frankreich und Israel greifen Ägypten an | | |
| 1958 »Großer Sprung nach vorn« in China (rasche Industrialisierung, Gründung von Volkskommunen) | 1957 Ghana wird unabhängig | 1958 Alaska wird ein Gliedstaat der USA | |
| | 1958 Guinea wird unabhängig | | |
| | 1958–1961 Ägypten mit Syrien zur Vereinigten Arabischen Republik zusammengeschlossen | 1959 Machtergreifung Castros in Kuba | |

# Neuzeit

## Daten der Weltgeschichte (Neuzeit)

| | Mitteleuropa | West- und Südeuropa | Ost-, Südost- und Nordeuropa |
|---|---|---|---|
| | 1957 Rückkehr des Saarlandes zur Bundesrepublik | 1958 Algerienkrise in Frankreich; neue »gaullistische« Verfassung (Fünfte Republik) | 1957 Start des sowjetischen Sputnik (erster künstlicher Erdtrabant) |
| 1960 | 1960 Kollektivierung der Landwirtschaft in der DDR<br>1961 Die DDR baut eine Mauer quer durch Berlin | | 1960 Kommunistische Weltkonferenz in Moskau<br>1961 Jurij Gagarin als erster Mensch im Weltraum |
| | 1962 »Spiegel-Affäre« in der Bundesrepublik<br>1963 Rücktritt Adenauers nach 14-jähriger Kanzlerschaft<br>1963 Erstes Passierscheinabkommen zwischen Westberlin und der DDR | 1962–1965 2. Vatikanisches Konzil<br>1963 Freundschaftsvertrag Frankreich-Bundesrepublik<br>1964 Malta wird unabhängig | 1961 XXII. Parteitag der KPdSU<br>1961 Abbruch der Beziehungen zwischen Albanien und der UdSSR<br>1964 Sturz Chruschtschows<br>1967 Militärputsch in Griechenland |
| | 1967/68 Studentenunruhen, außerparlamentarische Opposition<br>1968 Verabschiedung der Notstandsgesetze<br>1969 Sozial-liberale Koalition unter W. Brandt<br>1970–1972 Ostverträge, Berlinabkommen, Grundlagenvertrag zwischen Bundesrepublik und DDR<br>1970 Ende der Großen Koalition in Österreich<br>1971 Sturz Ulbrichts in der DDR; Nachfolger: E. Honecker<br>1971 Frauenwahlrecht in der Schweiz<br>1974 Rücktritt Brandts wegen Spionageaffäre Guillaume; Nachfolger: H. Schmidt<br>1977 Höhepunkt des Terrorismus in der Bundesrepublik<br>1979 Die Partei der Grünen organisiert sich auf Bundesebene | 1966 Frankreich verlässt den militärischen Teil der NATO<br>1968 Mai-Unruhen in Paris<br>1969 Rücktritt de Gaulles<br>1971 Einführung der Dezimalwährung in Großbritannien<br>1972 Der Beitritt Norwegens zur EG wird durch Volksabstimmung abgelehnt<br>1973 Großbritannien und Irland treten der EG bei<br>1974 Die »Bewegung der Streitkräfte« stürzt das autoritäre Regime in Portugal<br>1975 Spanien: Franco stirbt<br>1975 Eine Volksabstimmung (die erste in der britischen Geschichte) billigt den EG-Beitritt Großbritanniens<br>1978 Spanien erhält eine demokratische Verfassung<br>1979 Margaret Thatcher wird britische Premierministerin; sie ist der erste weibliche Regierungschef in Europa | 1968 Reformkurs in der Tschechoslowakei (»Prager Frühling«) führt zum Einmarsch von Warschauer-Pakt-Truppen<br>1970 Arbeiterunruhen in Polen, Sturz Gomulkas<br>1972 SALT-I-Abkommen zwischen der UdSSR und den USA<br>1973 Dänemark tritt der EG bei<br>1973 Griechenland wird Republik<br>1974 Putsch auf Zypern, Landung türkischer Truppen; Ende des Militärregimes in Griechenland<br>1975 Proklamation eines türkischen Teilstaates auf Zypern<br>1977 Neue Verfassung der UdSSR |
| 1980 | 1981/82 Friedensdemonstrationen von Gegnern des NATO-Doppelbeschlusses in Bonn<br>1982 Bundeskanzler Schmidt wird durch konstruktives Misstrauensvotum gestürzt; Bildung einer CDU/CSU/FDP-Koalition unter Helmut Kohl<br>1983 Die Bundestagswahl bestätigt die neue Koalition. Erstmals ziehen die Grünen in den Bundestag ein.<br>1983 Die im NATO-Doppelbeschluss vorgesehene Aufstellung von Mittelstreckenraketen beginnt | 1981 Wahl des Sozialisten F. Mitterrand zum französischen Staatspräsidenten; Bildung einer sozialistischen Regierung mit den Kommunisten<br>1981 In Italien verzichten die Christlichen Demokraten erstmals auf das Amt des Regierungschefs; Ministerpräsident wird der Republikaner G. Spadolini<br>1982 Wahlsieg der Sozialisten unter F. González in Spanien<br>1982 Spanien tritt der NATO bei; durch eine Volksabstimmung wird der Beitritt 1986 bestätigt | 1980 Nach einer umfangreichen Streikbewegung entsteht in Polen die unabhängige Gewerkschaft »Solidarität«, die von der Regierung anerkannt wird<br>1981 Griechenland wird Mitglied der EG<br>1981 Partei- und Regierungschef General Jaruzelski verhängt über Polen das Kriegsrecht<br>1982 Die Gewerkschaft »Solidarität« wird aufgelöst<br>1982 Tod des sowjetischen Parteichefs Breschnew; Nachfolger: J. Andropow |

## Daten der Weltgeschichte (Neuzeit)

| Asien, Australien, Ozeanien | Afrika | Amerika | |
|---|---|---|---|
| 1959 Antichinesischer Aufstand in Tibet | | | |
| 1960 Militärputsch in der Türkei | 1961 Südafrika scheidet aus dem Commonwealth aus | 1961 Eine Invasion von Castro-Gegnern in Kuba misslingt | 1960 |
| 1962 Offener Konflikt zwischen China und der UdSSR | 1962 Algerien wird unabhängig | 1962 Kuba-Krise zwischen den USA und der UdSSR | |
| 1964 Die USA greifen in den Vietnamkrieg ein | 1963 Gründung der Organisation für afrikanische Einheit (OAU) | 1963 Präsident J. F. Kennedy wird ermordet | |
| 1966 Staatsstreich der Armee in Indonesien | 1965 Die weiße Regierung Rhodesiens erklärt einseitig die Unabhängigkeit des Landes | 1964 Militärputsch in Brasilien | |
| 1966–1969 »Kulturrevolution« in China | 1967–1970 Bürgerkrieg in Nigeria um die abgespaltene Provinz Biafra | 1967 Castros Kampfgefährte Che Guevara wird bei einem Aufstandsversuch in Bolivien erschossen | |
| 1967 »Sechstagekrieg« im Nahen Osten | 1969 Oberst Ghadafi stürzt die Monarchie in Libyen | 1968 Ermordung des schwarzen Bürgerrechtlers M. L. King | |
| 1971 Indisch-pakistanischer Krieg; Ostpakistan wird als Bangladesch unabhängig | 1971 Idi Amin wird Diktator von Uganda | 1969 Neil Armstrong betritt als erster Mensch den Mond | |
| 1973 »Jom-Kippur-Krieg« | 1974 Der äthiopische Kaiser Haile Selassie wird vom Militär gestürzt | 1972 SALT-I-Abkommen zwischen den USA und der UdSSR | |
| 1973/74 Lieferboykott der arabischen Ölländer; starker Anstieg des Ölpreises | 1974/75 Die portugiesischen Kolonien werden unabhängig | 1973 Die letzten US-Truppen verlassen Vietnam | |
| 1975 Ende des Vietnamkrieges; Laos und Kambodscha werden kommunistisch | 1976 In Angola setzt sich die marxistische MPLA durch; es beginnt ein Bürgerkrieg | 1973 Sturz des sozialistischen Präsidenten Allende in Chile durch das Militär | |
| 1975 Beginn des Bürgerkrieges in Libanon | 1977 In Libyen führt Ghadafi die »direkte Demokratie« ein, bleibt aber Diktator | 1974 US-Präsident Nixon muss wegen der Watergate-Affäre zurücktreten | |
| 1976 Tod Mao Zedongs, Verhaftung der »Viererbande« | 1977/78 Krieg zwischen Somalia und Äthiopien um die Provinz Ogaden | 1976 Das Militär stürzt die argentinische Präsidentin Isabel Perón | |
| 1978 Einmarsch Vietnams in Kambodscha | 1979 Amin wird mit tansanischer Hilfe gestürzt | 1978/79 Bürgerkrieg in Nicaragua; Sturz der Somoza-Diktatur | |
| 1978 Beginn der Reformpolitik in China unter Denk Xiaoping | | | |
| 1979 Islamische Revolution in Iran | | | |
| 1979 Friedensschluss zwischen Israel und Ägypten | | | |
| 1979 Einmarsch sowjetischer Truppen in Afghanistan | | | |
| 1980 Militärputsch in der Türkei | 1980 Simbabwe (das frühere Rhodesien) wird unabhängig | 1981 USA: Amtsantritt von Präsident Ronald Reagan | 1980 |
| 1980 Beginn des Golfkrieges zwischen Irak und Iran | 1981 Der ägyptische Staatspräsident Sadat fällt einem Attentat zum Opfer | 1982 Argentinien besetzt die britischen Falkland-Inseln; britische Truppen erobern sie zurück | |
| 1980/81 Schrittweise Entmachtung des chinesischen Parteichefs Hua Guofeng | 1982 Marokko verlässt die OAU, weil sie die Westsahara-Republik, deren Gebiet Marokko beansprucht, als Mitglied aufgenommen hat | 1983 US-Truppen besetzen die karibische Inselrepublik Grenada | |
| 1982 Israel marschiert in den Libanon ein | 1984 Südafrika führt parlamentarische Vertretungen für Mischlinge und Asiaten ein | 1983 Mit der Wahl R. Alfonsins zum Präsidenten kehrt Argentinien zur Demokratie zurück | |
| 1984 Giftgaskatastrophe im indischen Bhopal; 2500 Tote | 1984 Südafrika und Moçambique schließen einen Vertrag über gegenseitige Nichteinmischung | 1984 Reagan wird mit großer Mehrheit wiedergewählt | |
| 1985 Israel zieht seine Truppen aus dem Libanon ab | | 1985 Erste demokratische Präsidentenwahl in Brasilien seit 20 Jahren. Wahlsieger T. Neves stirbt; im Amt folgt ihm Vizepräsident J. Sarney | |
| 1986 Sturz des Diktators Marcos auf den Philippinen; Corazón Aquino wird Präsidentin | | | |

# Neuzeit

## Daten der Weltgeschichte (Neuzeit)

| | Mitteleuropa | West- und Südeuropa | Ost-, Südost- und Nordeuropa |
|---|---|---|---|
| noch 1980 | **1986** Die schweizerische Bevölkerung lehnt in einem Referendum den Beitritt zur UNO ab<br>**1987** Bildung einer Regierung der Großen Koalition in Österreich<br>**1987** Bei der Neuwahl des Deutschen Bundestages siegt abermals die christlich-liberale Koalition; Gewinne der Grünen<br>**1987** Offizieller Besuch des DDR-Staatsratsvorsitzenden Honecker in der Bundesrepublik<br>**1988** In der DDR kommt es zu einer Demonstration von Systemkritikern, die bald darauf abgeschoben werden<br>**1988** Hoher Wahlsieg der SPD bei den Landtagswahlen in Schleswig-Holstein<br>**1988** Verabschiedung der Steuerreform in der Bundesrepublik<br>**1988** Bayerns Ministerpräsident Franz-Josef Strauß stirbt<br>**1989** Richard von Weizsäcker wird für eine zweite Amtszeit zum Bundespräsidenten gewählt<br>**1989** In der DDR beginnt eine Massenflucht über die österreichisch-ungarische Grenze, Polen und die Tschechoslowakei in die Bundesrepublik<br>**1989** Erich Honecker verliert alle Staats- und Parteiämter. Nachfolger Egon Krenz lässt die Grenzübergänge nach West-Berlin und in die Bundesrepublik öffnen. Mehrere Millionen DDR-Bewohner nutzen die neue Reisefreiheit. DDR-Ministerpräsident wird Hans Modrow<br>**1989** In der DDR bilden sich zahlreiche neue Parteien und Oppositionsgruppen<br>**1989** Bundeskanzler Helmut Kohl verkündet ein 10-Punkte-Programm zur Wiedergewinnung der Einheit Deutschlands<br>**1989** Egon Krenz verliert alle Partei- und Staatsämter. Gregor Gysi übernimmt die Führung der SED. Politbüro und Zentralkomitee werden abgeschafft<br>**1989** Das Brandenburger Tor wird wieder geöffnet | **1983** Großbritannien: Zweiter Wahlsieg von M. Thatcher<br>**1983** Italien: Der Sozialist B. Craxi wird Ministerpräsident<br>**1984** Die französischen Kommunisten scheiden aus der Regierung aus<br>**1986** Spanien und Portugal werden Mitglieder der EG<br>**1987** Dritter Wahlsieg M. Thatchers in Großbritannien; sie ist der am längsten regierende Premierminister des Landes im 20. Jahrhundert<br>**1988** In Zypern wird der Unabhängige G. Vassiliou zum Präsidenten gewählt<br>**1988** F. Mitterrand wird zum französischen Präsidenten wiedergewählt; seine Partei verfehlt die absolute Mehrheit<br>**1989** Frankreich feiert den 200. Jahrestag der Französischen Revolution<br>**1989** Felipe González verliert bei den spanischen Parlamentswahlen mit seiner Sozialistischen Arbeiterpartei die absolute Mehrheit. Trotzdem bleibt González Ministerpräsident<br>**1989** In Griechenland kann bei den Wahlen keine Partei eine klare Parlamentsmehrheit gewinnen<br>**1989** Im Hafen von La Valetta (Malta) treffen sich der US-amerikanische Präsident George Bush und der sowjetische Staats- und Parteichef Michail Gorbatschow zu einem Gipfelgespräch | **1984** Tod Andropow; Nachfolger: K. Tschernenko<br>**1985** Tod Tschernenkos; Nachfolger: M. Gorbatschow, der die Parteiführung personell erneuert und umfassende Reformen ankündigt (»Glasnost«, »Perestroika«)<br>**1986** Im sowjetischen Tschernobyl ereignet sich der bisher schwerste Unfall in einem Kernkraftwerk<br>**1987** Abkommen über den Abbau von Mittelstreckenraketen zwischen der UdSSR und den USA<br>**1988** Unruhen in den Gebieten nationaler Minderheiten in der UdSSR<br>**1988** In Ungarn wird J. Kádár als Parteichef durch K. Grósz abgelöst<br>**1988** Michail Gorbatschow wird als Nachfolger von Andrej Gromyko zum Vorsitzenden des Präsidiums des Obersten Sowjets gewählt.<br>**1988** In der Tschechoslowakei wird L. Adamec neuer Ministerpräsident<br>**1988** In der UdSSR verwüstet ein schweres Erdbeben den Kaukasus<br>**1989** In der jugoslawischen Region Kosovo brechen schwere Unruhen aus<br>**1989** Bei den ersten teilweise freien Wahlen in Polen erzielen die Kandidaten der Opposition große Erfolge. Tadeusz Mazowiecki wird zum ersten bürgerlichen Ministerpräsidenten seit mehr als 40 Jahren gewählt.<br>**1989** Ungarn: Die »Sozialistische Volksrepublik« wird in »Republik Ungarn« umbenannt<br>**1989** Nach blutigen Kämpfen wird der rumänische Staats- und Parteichef Ceauşescu gestürzt<br>**1989** Der frühere Dissident Václav Havel wird tschechoslowakischer Staatspräsident |

## Daten der Weltgeschichte (Neuzeit)

### Asien, Australien, Ozeanien

**1986** Najibullah wird neuer Parteichef in Afghanistan
**1987** Nach Studentenunruhen muss Chinas KP-Generalsekretär Hu Yaobang zurücktreten
**1987** In der Türkei wird das Betätigungsverbot für bestimmte Politiker aufgehoben
**1987** Antichinesische Demonstrationen in Tibet
**1987** Bei der Präsidentenwahl in Südkorea siegt der Kandidat der Regierungspartei, Roh Tae Woo
**1988** Israel: anhaltende Unruhen in den besetzten Gebieten
**1988** Taiwan: Mit Lee Teng-hui wird erstmals ein gebürtiger Taiwanese Staatspräsident
**1988** Die UdSSR beginnt mit dem Abzug ihrer Truppen aus Afghanistan
**1988** Der pakistanische Präsident Zia ul-Haq kommt bei einem Flugzeugabsturz ums Leben
**1988** Im Golfkrieg zwischen Irak und Iran wird ein Waffenstillstand geschlossen
**1988** In Birma übernimmt General Saw Maung die Macht
**1988** Benazir Bhutto wird neue pakistanische Premierministerin
**1989** Der japanische Kaiser Hirohito stirbt
**1989** Die chinesische Regierung lässt in Peking ein Massaker an demonstrierenden Studenten verüben
**1989** Der iranische Revolutionsführer Khomeini stirbt
**1989** Rajiv Gandhi verliert die indischen Parlamentswahlen

### Afrika

**1985** Präsident Numeiri im Sudan wird vom Militär gestürzt
**1987** In Südafrika kommt es zu großen Streiks schwarzer Arbeiter
**1987** Simbabwe wird Präsidialrepublik mit einer Einheitspartei
**1988** Im Sudan wird die Partei der Moslembrüder in die Regierungskoalition aufgenommen
**1988** Bei Wahlen in Senegal kommt es zu Unruhen und zur vorübergehenden Verhaftung des Oppositionsführers
**1988** In Burundi kommt es zu blutigen Kämpfen zwischen Tutsis und Hutus
**1988** In Algier ruft der Palästinensische Nationalrat einen unabhängigen Palästinenserstaat aus
**1989** Frederik de Klerk wird neuer Staatspräsident Südafrikas
**1989** Bei den Wahlen zu einer Verfassunggebenden Versammlung in Namibia gewinnt die SWAPO die absolute Mehrheit
**1989** Im Sudan übernehmen nach einem Putsch die Militärs die Macht

### Amerika

**1985** D. Ortega wird Präsident von Nicaragua noch 1980
**1987** In Nicaragua tritt eine Verfassung in Kraft, die zum Teil sofort suspendiert wird
**1987** Abkommen über den Abbau von Mittelstreckenraketen zwischen den USA und der UdSSR
**1987** Kursstürze an der New Yorker Aktienbörse; Kursverfall des US-Dollars
**1988** Nicaragua: Waffenstillstand zwischen der Regierung und den Widerstandsgruppen (»Contras«)
**1988** Reagan reist zu einem Staatsbesuch in die UdSSR
**1988** Haiti: Der erst kürzlich gewählte Präsident L. Manigat wird vom Militär gestürzt
**1988** In Chile lehnt die Bevölkerung in einem Referendum eine weitere achtjährige Amtszeit von Präsident Pinochet ab
**1989** George H. Bush wird 41. Präsident der Vereinigten Staaten
**1989** In Paraguay wird der Diktator Alfredo Stroesser gestürzt
**1989** Alfredo Cristiani wird neuer Präsident von El Salvador
**1989** Carlos Menem gewinnt die Präsidentschaftswahlen in Argentinien
**1989** In Kolumbien kommt es zu einem »Rauschgiftkrieg«
**1989** Der Christdemokrat Aylwin gewinnt die Präsidentschaftswahlen in Chile
**1989** Die USA führen eine Militärintervention in Panama durch

# Neuzeit

## Daten der Weltgeschichte (Neuzeit)

| | Mitteleuropa | West- und Südeuropa | Ost-, Südost- und Nordeuropa |
|---|---|---|---|
| 1990 | 1990 Freie Wahlen in der DDR; Lothar de Maizière (CDU) wird Ministerpräsident<br>1990 Auf Oskar Lafontaine, den Kanzlerkandidaten der SPD, wird ein Attentat verübt<br>1990 Bei Landtagswahlen in Nordrhein-Westfalen verteidigt die SPD ihre absolute Mehrheit. In Niedersachsen wird die SPD stärkste Partei. Gerhard Schröder wird neuer Ministerpräsident<br>1990 Die Währungs-, Wirtschafts- und Sozialunion tritt in Kraft. Die DM wird alleiniges Zahlungsmittel in beiden deutschen Staaten<br>1990 Die Außenminister der vier Siegermächte und der beiden deutschen Staaten unterzeichnen in Moskau den Zwei-plus-vier-Vertrag. Nach seiner Ratifizierung erlöschen alle Rechte der vier Mächte in bezug auf Deutschland<br>1990 Mit Anbruch des 3.Oktobers 1990 ist die Teilung Deutschlands beendet<br>1990 Bei den Nationalratswahlen in Österreich kann sich die SPÖ behaupten, die ÖVP muss eine Niederlage hinnehmen<br>1990 In den fünf neuen Bundesländern finden Landtagswahlen statt<br>1990 Die ersten gesamtdeutschen Bundestagswahlen gewinnen die Koalitionsparteien CDU, CSU und FDP | 1990 Nach erneuten Parlamentswahlen in Griechenland wird der Konservative Konstantin Mitsotakis Ministerpräsident. Konstantin Karamanlis wird zum Staatspräsidenten gewählt<br>1990 Bei den Präsidentschaftswahlen in Irland gewinnt die linksliberale Mary Robinson<br>1990 Auf dem KSZE-Gipfeltreffen in Paris wird die Charta für ein freies Europa unterzeichnet<br>1990 Die britische Premierministerin Margaret Thatcher tritt von ihrem Amt zurück. Ihr Nachfolger wird John Major | 1990 In der UdSSR wird ein Präsidialsystem eingeführt. M. Gorbatschow wird zum Staatspräsidenten gewählt. Die baltischen Sowjetrepubliken erklären ihre Unabhängigkeit<br>1990 In Ungarn gewinnt das Demokratische Forum unter Joszef Antall die Parlamentswahlen<br>1990 Der offizielle Staatsname der Tschechoslowakei wird Tschechische und Slowakische Föderative Republik<br>1990 Das lettische Parlament erklärt die Wiederherstellung seiner staatlichen Souveränität<br>1990 Die Front zur nationalen Rettung gewinnt die Parlamentswahlen in Rumänien<br>1990 Bei den ersten freien Parlamentswahlen gewinnt das tschechische Bürgerforum (zusammen mit der slowakischen Öffentlichkeit gegen Gewalt) die absolute Mehrheit<br>1990 Die Sozialistische Partei gewinnt die ersten freien Parlamentswahlen in Bulgarien<br>1990 Arpád Göncz wird zum ungarischen Staatspräsidenten gewählt<br>1990 Lech Wałęsa wird zum polnischen Staatspräsidenten gewählt<br>1990 Der sowjetische Außenminister Schewardnadse kündigt seinen Rücktritt an und warnt vor der drohenden Gefahr einer Diktatur |
| 1991 | 1991 In Deutschland wird Helmut Kohl erneut zum Bundeskanzler gewählt<br>1991 Erwin Teufel wird Nachfolger des zurückgetretenen Lothar Späth als Ministerpräsident Baden-Württembergs<br>1991 Die SPD gewinnt die Landtagswahl in Hessen. Hans Eichel wird neuer Ministerpräsident<br>1991 Eberhard Diepgen (CDU) wird zum neuen Regierenden Bürgermeister von Berlin gewählt | 1991 In Portugal wird Mario Soares als Staatspräsident wiedergewählt<br>1991 Nach dem Rücktritt Michel Rocards wird Edith Cresson französische Premierministerin<br>1991 Die liberal-konservative PSD gewinnt in Portugal zum dritten Mal hintereinander die Parlamentswahlen<br>1991 In Madrid eröffnen G. Bush und M. Gorbatschow die Nahost-Friedenskonferenz | 1991 Nach den finnischen Parlamentswahlen wird der Konservative Esko Aho neuer Ministerpräsident<br>1991 Die ersten freien Wahlen in Albanien werden von den Kommunisten gewonnen<br>1991 In Jugoslawien erklären die Teilrepubliken Kroatien und Slowenien (später auch Makedonien) ihre Unabhängigkeit. Dies führt zu einer Intervention der von Serben dominierten Bundesarmee. Während diese<br>⇒ S. 444 |

⇒ S. 444

## Daten der Weltgeschichte (Neuzeit)

| Asien, Australien, Ozeanien | Afrika | Amerika | |
|---|---|---|---|
| **1990** Die Labor Party unter R. Hawke gewinnt die Parlamentswahlen in Australien<br>**1990** Indien zieht seine Truppenverbände aus Sri Lanka ab<br>**1990** Die Arabische Republik Jemen und die Demokratische Volksrepublik Jemen vereinigen sich zur Republik Jemen<br>**1990** In Birma gewinnt die Opposition die Parlamentswahlen. Die herrschenden Militärs verweigern jedoch die Machtübergabe<br>**1990** Die ersten freien Parlamentswahlen in der Mongolischen Volksrepublik gewinnt die regierende MRVP<br>**1990** Irakische Truppen annektieren Kuwait. Der UN-Sicherheitsrat verhängt ein Wirtschaftsembargo gegen Irak. Die USA und andere Staaten verlegen Truppen in die Golfregion<br>**1990** Pakistans Premierministerin Benazir Bhutto wird entlassen. Nach Parlamentswahlen wird Nawiz Sharif Premier<br>**1990** Der indische Regierungschef Vishwanath Pratap Singh tritt zurück<br>**1990** In Nepal tritt eine neue Verfassung in Kraft<br>**1990** In Tokio besteigt Akihito als 125. Tenno den Chrysanthementhron<br>**1990** Der UN-Sicherheitsrat stellt dem Irak ein Ultimatum bis zum 15. 1. 1991, Kuwait zu räumen | **1990** Namibia wird endgültig unabhängig<br>**1990** In Südafrika werden politische Reformen eingeleitet. Nelson Mandela wird aus der Haft entlassen. Der ANC stellt den bewaffneten Kampf ein<br>**1990** In Sambia scheitert ein Putschversuch gegen Präsident Kaunda<br>**1990** In Liberia wird das Regime von Staatspräsident Doe von Rebellen gestürzt. Doe wird ermordet<br>**1990** Per Referendum wird in São Tomé und Principe eine neue Verfassung angenommen<br>**1990** Der Einmarsch von Tutsi-Rebellen aus Uganda löst in Ruanda einen Bürgerkrieg aus<br>**1990** Nach der Flucht von Präsident Habré übernehmen im Tschad die Rebellen unter Führung von Idris Déby die Macht | **1990** Luis Alberto Lacalle wird neuer Staatspräsident von Uruguay<br>**1990** Fernando Collor de Mello wird neuer Staatspräsident von Brasilien<br>**1990** Die Opposition unter Violeta Chamorro gewinnt die Parlamentswahl in Nicaragua<br>**1990** Joaquin Balaguer wird erneut zum Präsidenten der Dominikanischen Republik gewählt<br>**1990** Der liberale Politiker César Fabiria siegt bei Präsidentenwahlen in Kolumbien<br>**1990** Bei den Präsidentschaftswahlen in Peru setzt sich überraschend der politisch unerfahrene Alberto Fujimori durch<br>**1990** Bei Kongress- und Gouverneurswahlen in den USA können die Demokraten ihre Mehrheiten ausbauen<br>**1990** In Buenos Aires scheitert ein Putsch von Einheiten des Militärs<br>**1990** Der linksgerichtete Priester Aristide gewinnt die Präsidentschaftswahlen in Haiti | **1990** |
| **1991** Zwischen einer multinationalen Streitmacht unter US-Führung und dem Irak kommt es zum Golfkrieg um die Befreiung Kuwaits. Die Auseinandersetzung endet mit einer völligen irakischen Niederlage<br>**1991** Militärputsch in Thailand<br>**1991** Khaleda Zia von der Nationalpartei wird Regierungschefin in Bangladesch<br>**1991** In Indien wird Rajiv Gandhi Opfer eines Attentats. Nach den Parlamentswahlen wird P. Narasimha Rao Premier | **1991** In Somalia wird Präsident S. Barre von Rebellen gestürzt<br>**1991** Bei freien Präsidentschaftswahlen in Kap Verde wird Antonio Mascarenhas Monteiro gewählt<br>**1991** In Benin unterliegt der seit 1972 amtierende Präsident Kérékou bei Präsidentschaftswahlen dem Ministerpräsidenten einer Übergangsregierung Nicepholo Soglo<br>**1991** Der seit 1968 regierende malische Präsident Traoré wird gestürzt | **1991** J. S. Elias gewinnt die Präsidentschaftswahlen von Guatemala<br>**1991** In Kolumbien tritt eine neue Verfassung in Kraft. Im Zusammenhang damit erklärt die kolumbianische Drogenmafia den Krieg gegen den kolumbianischen Staat für beendet<br>**1991** Die Regierung von El Salvador und die linke Guerillabewegung FMNL unterzeichnen unter UNO-Vermittlung ein Friedensabkommen | **1991** |

# Neuzeit

## Daten der Weltgeschichte (Neuzeit)

| Mitteleuropa | West- und Südeuropa | Ost-, Südost- und Nordeuropa |
|---|---|---|
| **1991** Erich Honecker wird ohne Zustimmung der deutschen Behörden nach Moskau ausgeflogen<br>**1991** Durch die Hinterlegung der Ratifikationsurkunde zum »Vertrag über die abschließende Regelung in bezug auf Deutschland« durch die Sowjetunion am 15. 3. wird Deutschland endgültig souverän<br>**1991** Der Chef der Treuhand Karsten Rohwedder wird von RAF-Terroristen erschossen<br>**1991** Die SPD gewinnt die Landtagswahlen in Rheinland-Pfalz, Rudolf Scharping wird Ministerpräsident<br>**1991** Björn Engholm wird neuer Vorsitzender der SPD<br>**1991** Die Sozialistische Partei Österreichs beschließt ihre Umbenennung in Sozialdemokratische Partei Österreichs<br>**1991** Der Deutsche Bundestag beschließt, dass der Sitz von Bundestag und Bundesrat von Bonn nach Berlin verlegt wird<br>**1991** Der Landeshauptmann von Kärnten, Jörg Haider, wird nach einer umstrittenen Äußerung zur nationalsozialistischen Beschäftigungspolitik durch ein Misstrauensvotum als Regierungschef abgelöst<br>**1991** In Hoyerswerda kommt es zu schweren Ausschreitungen Rechtsradikaler gegen ein Asylantenwohnheim | **1991** Die belgische Regierungskoalition erleidet bei vorgezogenen Parlamentswahlen erhebliche Stimmenverluste<br>**1991** Auf dem Gipfeltreffen der Staats- und Regierungschefs der Europäischen Gemeinschaft in Maastricht werden die Weichen für eine Europäische Union gestellt | sich aus Slowenien nach kurzer Zeit zurückzieht, entwickelt sich in Kroatien ein blutiger Bürgerkrieg<br>**1991** COMECON und Warschauer Pakt werden endgültig aufgelöst<br>**1991** In der UdSSR scheitert ein Putsch konservativer Kräfte gegen Präsident Gorbatschow. Die Tätigkeit der KPdSU wird suspendiert bzw. verboten. Die Unabhängigkeit von Estland, Lettland und Litauen wird anerkannt<br>**1991** Bei den Parlamentswahlen in Schweden erleiden die regierenden Sozialdemokraten eine vernichtende Niederlage<br>**1991** In Bulgarien wird die oppositionelle Union der demokratischen Kräfte nach den Parlamentswahlen stärkste Partei<br>**1991** Der politische und wirtschaftliche Zerfall der UdSSR ist nicht mehr aufzuhalten. Nach Gründung der GUS tritt M. Gorbatschow als Staatspräsident zurück. Die staatliche Existenz der Sowjetunion ist beendet |
| **1992** Der thüringische Ministerpräsident Duchac tritt zurück. Nachfolger wird Bernhard Vogel<br>**1992** Nachfolger des zurückgetretenen Ministerpräsidenten von Mecklenburg-Vorpommern, Gomolka, wird Berndt Seite<br>**1992** Bei Landtagswahlen in Schleswig-Holstein und Baden-Württemberg erzielen rechtsradikale Parteien hohe Stimmenanteile<br>**1992** Bundesaußenminister Genscher scheidet auf eigenen Wunsch aus der Regierung aus | **1992** Der irische Premierminister Haughey tritt zurück. Nachfolger wird Albert Reynolds<br>**1992** In Belgien wird Jean-Luc Dehaene neuer Regierungschef<br>**1992** Die französische Regierung unter Edith Cresson tritt zurück. Neuer Premier wird Pierre Bérégovoy<br>**1992** Bei den italienischen Parlamentswahlen muss die regierende Koalition starke Stimmenverluste hinnehmen<br>**1992** Die Konservativen unter John Major gewinnen die britischen Unterhauswahlen | **1992** S. Schelew gewinnt die Stichwahl bei den Präsidentschaftswahlen in Bulgarien<br>**1992** Die EG-Staaten erkennen die Souveränität Sloweniens und Kroatiens an<br>**1992** Eduard Schewardnadse wird Staatschef von Georgien<br>**1992** Nach der Unabhängigkeitserklärung Bosnien-Herzegowina kommt es zum blutigen Konflikt mit der von Serbien dominierten Bundesarmee<br>**1992** Serbien und Montenegro proklamieren die neue Bundesrepublik Jugoslawien |

## Daten der Weltgeschichte (Neuzeit)

### Asien, Australien, Ozeanien

**1991** Die kambodschanischen Bürgerkriegsparteien unterzeichnen in Paris unter Schirmherrschaft der Vereinten Nationen ein Friedensabkommen. Prinz Norodom Sihanouk wird Staatsoberhaupt
**1991** Der australische Premier Bob Hawke wird von seiner eigenen Partei gestürzt. Nachfolger wird Paul Keating
**1991** S. Demirel, dessen Partei des Rechten Weges die Parlamentswahlen gewonnen hat, wird neuer türkischer Ministerpräsident

### Afrika

**1991** Der Bürgerkrieg in Äthiopien führt zu Rücktritt und Flucht des Staatschefs Haile Mariam Mengistu
**1991** Vertreter der angolanischen Regierung und der UNITA-Rebellen unterzeichnen einen Friedensvertrag, der den Bürgerkrieg beendet
**1991** In Südafrika werden die letzten Apartheidgesetze abgeschafft
**1991** In Zaire kommt es zu Gewaltaktionen meuternder Soldaten
**1991** Der seit 23 Jahren regierende Staatspräsident Kaunda wird bei freien Präsidentschaftswahlen aus dem Amt gewählt. Nachfolger wird Frederick Chiluba
**1991** In Somalia kommt es zu blutigen Auseinandersetzungen zwischen rivalisierenden Machtgruppen
**1991** In Algerien gewinnt die Islamische Heilsfront die ersten freien Parlamentswahlen

### Amerika

**1991** In Haiti wird der demokratisch gewählte Präsident Jean-Bertrand Aristide vom Militär gestürzt
**1991** Die UNO-Vollversammlung in New York wählt B. Boutros Ghali zum neuen UNO-Generalsekretär

**1992** Nach dem Bruch der Koalitionsregierung in Israel werden Neuwahlen für Juni ausgeschrieben
**1992** Zwischen Armenien und Aserbaidschan eskaliert der Konflikt um Nagorny-Karabach
**1992** Die Mongolische Volksrepublik wird in Mongolei umbenannt; eine demokratische Verfassung tritt in Kraft
**1992** Die zwischen Nord- und Südkorea unterzeichneten Verträge über Freundschaft und Entnuklearisierung treten in Kraft

**1992** In Algerien tritt Präsident Chadli unter dem Druck der Armee zurück. Der Ausnahmezustand wird verlängert. Die Islamische Heilsfront wird verboten
**1992** Erstmals seit 1964 finden in Kamerun Parlamentswahlen statt. Dabei gewinnt die Regierungspartei RDPC die Mehrheit
**1992** In Südafrika spricht sich die Mehrheit der Bevölkerung in einem Referendum für die Fortsetzung der Reformpolitik aus
**1992** In Sierra Leone übernimmt das Militär die Macht

**1992** Ein Putschversuch der Streitkräfte in Venezuela scheitert
**1992** Mit Unterstützung des Militärs beseitigt der peruanische Präsident Fujimori die verfassungsmäßige Ordnung und regiert diktatorisch
**1992** In Los Angeles kommt es zu gewalttätigen Rassenunruhen
**1992** In Rio de Janeiro findet die UN-Konferenz über Umwelt und Entwicklung statt
**1992** Bill Clinton wird demokratischer Präsidentschaftskandidat

**1992**

# Neuzeit

## Daten der Weltgeschichte (Neuzeit)

| | Mitteleuropa | West- und Südeuropa | Ost-, Südost- und Nordeuropa |
|---|---|---|---|
| | 1992 Thomas Klestil wird neuer österreichischer Bundespräsident | 1992 Der italienische Staatspräsident Cossiga tritt zurück. Nachfolger wird Oscar Scalfaro | 1992 Die dänische Bevölkerung lehnt den Vertrag von Maastricht ab |
| | 1992 Erich Honecker wird nach Deutschland zurückgebracht. Er soll sich wegen der Todesschüsse an der innerdeutschen Grenze verantworten | 1992 In Sevilla wird die Weltausstellung eröffnet | 1992 In der Tschechoslowakei verstärken sich die separatistischen Tendenzen. Nach den Parlamentswahlen erklärt die |
| | 1992 Der ehemalige SPD-Vorsitzende und Bundeskanzler Willy Brandt stirbt im Alter von 78 Jahren | 1992 Nach langwierigen Koalitionsverhandlungen wird der Sozialist G. Amato neuer italienischer Ministerpräsident | Slowakei ihre Souveränität. Präsident Havel tritt zurück |
| | 1992 Die Grünen- und Friedens-Politiker P. Kelly und G. Bastian werden in ihrem Haus tot aufgefunden | 1992 Italien wird von einer Terrorwelle der Mafia erschüttert | 1992 Das tschechoslowakische Parlament beschließt die Auflösung des föderalen Staates zum 1.1.1993 |
| | 1992 Grüne und Bündnis 90 vereinigen sich zu einer Partei | 1992 Die irische Bevölkerung stimmt dem Vertrag von Maastricht zu | 1992 V. Tschernomyrdin wird neuer russischer Ministerpräsident |
| | 1992 Die Schweizer lehnen durch Volksabstimmung den Beitritt zum Europäischen Wirtschaftsraum (EWR) ab | 1992 In Amsterdam führt der Absturz eines Flugzeugs über einem Wohngebiet zu einem verheerenden Unglück | |
| | 1992 A.Ogi wird neuer Bundespräsident der Schweiz | 1992 In Brüssel werden die GATT-Verhandlungen zwischen der EG und den USA abgeschlossen | |
| 1993 | 1993 Erich Honecker verlässt nach Aufhebung seiner Haftbefehle das Gefängnis und reist nach Chile aus | 1993 Der sog. Europäische Binnenmarkt tritt innerhalb der EG-Staaten in Kraft | 1993 Die Tschechische Republik und die Slowakische Republik werden aufgrund der Auflösung der Tschechoslowakei |
| | 1993 Das Bundeskabinett entsendet zur Unterstützung der UN-Hilfstruppen deutsche Soldaten nach Somalia | 1993 Bei den Parlamentswahlen in Frankreich schlagen die bürgerlichen Parteien die sozialistische Regierung vernichtend | selbstständige Staaten |
| | 1993 B. Engholm, Ministerpräsident von Schleswig-Holstein und SPD-Vorsitzender, tritt aufgrund einer Falschaussage im Barschel-Untersuchungsausschuss zurück | 1993 Der frühere französische Ministerpräsident Bérégovoy verübt Selbstmord | 1993 In Moskau wird das START-II-Abkommen über strategische Atomwaffen von Clinton und Jelzin unterzeichnet |
| | | 1993 Wegen des Vorwurfs der Begünstigung der Mafia wird die Immunität des ehemaligen italienischen Ministerpräsidenten Andreotti aufgehoben | 1993 Der dänische Ministerpräsident P. Schlüter wird wegen des sog. »Tamilenskandals« durch P. N. Rasmussen abgelöst |
| | 1993 Neue Ministerpräsidentin von Schleswig-Holstein wird H. Simonis (SPD) | 1993 Briten stimmen dem EU-Vertrag von Maastricht zu | 1993 Der frühere KP-Chef A. Brasauskas wird neuer Staatspräsident von Litauen, nachdem |
| | 1993 E. Stoiber wird im bayerischen Landtag zum Ministerpräsidenten gewählt | 1993 Bei vorgezogenen Neuwahlen in Spanien behaupten die regierenden Sozialisten ihre Mehrheit | er im Oktober 1992 die Parlamentswahlen für sich entschieden hatte |
| | 1993 In Solingen sterben bei einem Brandanschlag jugendlicher Rechtsextremisten fünf türkische Frauen und Mädchen | 1993 Nach dem Tod des belgischen Königs Baudouin I. wird sein Bruder Albert Nachfolger | 1993 Die Dänen stimmen bei einer Volksabstimmung dem EU-Vertrag von Maastricht zu |
| | 1993 R. Scharping wird nach einer Befragung der SPD-Mitglieder zum neuen Parteivorsitzenden der SPD gewählt | 1993 Bei Wahlen in Griechenland siegt die sozialistische Partei mit absoluter Mehrheit. Ministerpräsident wird Papandreou | 1993 Bei den Parlamentswahlen in Polen gewinnen die demokratischen Linksparteien. W. Pawlak von der Bauernpartei wird neuer Regierungschef |
| | 1993 Wegen der Pannen beim GSG-9-Einsatz in Bad Kleinen tritt Innenminister Seiters | 1993 Der italienische Filmregisseur F. Fellini stirbt in Rom | 1993 In Moskau wird ein national-kommunistischer Putschversuch gegen die Regierung Jelzins niedergeschlagen |

⇒ S. 448

## Daten der Weltgeschichte (Neuzeit)

### Asien, Australien, Ozeanien

**1992** In Afghanistan wird Präsident Najibullah gestürzt
**1992** Nach blutigen Unruhen muss der thailändische Premier Suchinda zurücktreten
**1992** Die Wahlen in Israel gewinnt die Arbeiterpartei
**1992** Der neue Staatspräsident des kommunistischen Vietnam heißt Le Duc Anh
**1992** Fanatische Hindus zerstören die älteste Moschee Indiens in Ayodhya
**1992** Aserbaidschan tritt aus der GUS aus und erst am 20.9. 1993 nach Aufhebung des Ausnahmezustandes wieder ein
**1992** Bei den südkoreanischen Präsidentschaftswahlen siegt der Führer der Regierungspartei Kim Young-Sam

**1993** Neuer taiwanesischer Ministerpräsident wird der ehemalige Außenminister Lien Chan
**1993** In Islamabad, der Hauptstadt Pakistans, unterzeichnen acht verschiedene afghanische Gruppierungen einen Friedensvertrag
**1993** Der Staatspräsident von Sri Lanka, R. Premadasa, stirbt bei einem Bombenattentat
**1993** Der türkische Staatspräsident T. Özal stirbt. Nachfolger wird S. Demirel
**1993** In Kambodscha gewinnt bei unter UN-Aufsicht stehenden Wahlen die Partei des Prinzen Norodom Ranarridh, des Sohnes von Norodom Sihanouk.
**1993** In der Türkei stellt T. Çiller als erste Frau im Amt der Ministerpräsidentin ihre Regierung vor
**1993** In Japan verlieren bei Wahlen die seit Jahrzehnten regierenden Liberaldemokraten. Neuer Regierungschef wird Morihiro Hosokawa
**1993** Am 13.9.1993 unterzeichnen Israel und die PLO das Gaza-Jericho-Abkommen

### Afrika

**1992** In Algerien fällt der Präsident des Obersten Staatsrates, M. Boudiaf, einem Attentat zum Opfer
**1992** In Togo wird durch einen Volksentscheid eine freiheitliche Verfassung angenommen
**1992** Bei Wahlen in Angola gelingt der Partei des Präsidenten J.E. dos Santos der Sieg, den allerdings sein Widersacher J. Savimbi nicht anerkennt
**1992** Durch Friedensvertrag zwischen Regierung und Rebellen wird der Bürgerkrieg in Mosambik beendet
**1992** Islamische Extremisten in Ägypten rufen zum Kampf gegen die Regierung auf und verüben Anschläge auf Touristen
**1992** Eine Militärintervention der UNO soll in Somalia die Hungerhilfe für die Bevölkerung sichern

**1993** In Addis Abeba findet eine Friedenskonferenz der UNO zur Lösung der Probleme in Somalia statt
**1993** Bei den Präsidentenwahlen in Madagaskar gewinnt der Oppositionsführer A. Zafy gegen den Diktator Didier Ratsiraka
**1993** In Niger gewinnen nach jahrzehntelanger Diktatur die oppositionellen »Kräfte des Wandels« die ersten freien Parlamentswahlen
**1993** In Südafrika wird C. Hani, der Chef der kommunistischen Partei, ermordet
**1993** Am 24. 5. wird Eritrea unabhängig und in die UNO aufgenommen
**1993** In der nordafrikanischen Republik Djibouti bestätigt die erste freie Präsidentschaftswahl H.G. Aptidon im Amt
**1993** In Nigeria annulliert die Militärregierung die Präsidentschaftswahl
**1993** In Zaire sterben bei ethnischen Unruhen, die durch den seit dem Staatsstreich von 1965 herrschenden Mobutu geschürt wurden, zahlreiche Menschen

### Amerika

**1992** In Madrid findet die 2. Iberoamerikanische Gipfelkonferenz statt
**1992** Die NAFTA, eine Freihandelszone zwischen Kanada, den USA und Mexiko, wird beschlossen
**1992** In Peru kommt der Führer der terroristischen Organisation »Leuchtender Pfad« in Haft
**1992** Brasiliens Präsident Collor de Mello muss wegen des Vorwurfs der Korruption und des Amtsmissbrauchs sein Amt niederlegen
**1992** Den Friedensnobelpreis erhält Rigoberta Menchú, eine indianische Bürgerrechtskämpferin aus Guatemala
**1992** Bill Clinton wird zum 42. Präsidenten der USA gewählt

**1993** Bei einer Bombenexplosion im New Yorker World Trade Center werden sechs Menschen getötet
**1993** Bei einem Gipfeltreffen von Clinton und Jelzin in Vancouver wird Russland eine Finanzhilfe versprochen
**1993** Nach zweimonatiger Belagerung durch die US-Bundespolizei sterben über 80 Sektenmitglieder bei einer von der Davidianer-Sekte in ihrem Hauptsitz Waco selbst gelegten Feuer
**1993** In Paraguay siegt die Colorado-Partei mit J. C. Wasmosy
**1993** Der Präsident von Venezuela, C. A. Pérez, wird wegen des Verdachts der Bestechlichkeit seines Amts enthoben
**1993** Boliviens neuer Präsident wird G. Sanchez de Lozada
**1993** In Kanada wird K. Campbell als erste Frau Regierungschefin
**1993** Bei Parlamentswahlen in Kanada siegen die Liberalen
**1993** In Honduras löst nach Wahlen der liberale C. R. Reina die regierenden Konservativen ab

**1993**

# Neuzeit

## Daten der Weltgeschichte (Neuzeit)

| Mitteleuropa | West- und Südeuropa | Ost-, Südost- und Nordeuropa |
|---|---|---|
| zurück und wird Generalbundesanwalt A. v. Stahl in den einstweiligen Ruhestand versetzt. Neuer Innenminister wird M. Kanther (CDU) **1993** Nach Verlusten von SPD und CDU bei den Hamburger Bürgerschaftswahlen bilden die SPD und die neue Statt Partei ein Regierungsbündnis | **1993** Das GATT-Abkommen zur Liberalisierung der Weltmärkte wird in Genf von 117 Staaten unterzeichnet **1993** Großbritannien und Irland vereinbaren eine Friedenslösung für Nordirland | **1993** Bei Wahlen zur russischen Staatsduma siegen die Reformgegner über Jelzin |

**1994**

| Mitteleuropa | West- und Südeuropa | Ost-, Südost- und Nordeuropa |
|---|---|---|
| **1994** Die EU und Österreich einigen sich über den Beitritt zur Gemeinschaft, für den im Juni 66% der Österreicher stimmen **1994** Regierungskoalition und SPD-Opposition einigen sich auf die Einführung einer Pflegeversicherung **1994** Bei Landtagswahlen in Niedersachsen gewinnt die SPD unter Ministerpräsident G. Schröder die absolute Mehrheit **1994** Zum neuen Bundespräsidenten wird der Präsident des Bundesverfassungsgerichts R. Herzog (CDU) gewählt **1994** Erich Honecker stirbt in Chile an Leberkrebs **1994** Nach Landtagswahlen in Sachsen-Anhalt, bei denen die CDU nur eine knappe Mehrheit vor der SPD erzielte und die PDS mit fast 20 Prozent drittstärkste Partei wurde, wird im dritten Wahlgang R. Höppner (SPD) mit Hilfe der PDS zum neuen Ministerpräsidenten gewählt **1994** Am 50. Jahrestag des Warschauer Aufstandes bittet Bundespräsident R. Herzog die Polen um Vergebung für die deutschen Verbrechen im Zweiten Weltkrieg **1994** Die letzten Einheiten der einmal aus 550 000 Soldaten bestehenden russischen Armee verlassen unter feierlichem Zeremoniell Deutschland **1994** Bei Landtagswahlen gewinnt SPD-Ministerpräsident M. Stolpe die absolute Mehrheit in Brandenburg; ebenso CDU-Ministerpräsident K. Biedenkopf in Sachsen | **1994** Italiens Ministerpräsident Ciampi tritt zurück **1994** Bei den italienischen Parlamentswahlen siegt ein Bündnis aus drei rechten Parteien, das von dem Medienunternehmer Berlusconi angeführt wird **1994** England und Frankreich eröffnen in feierlicher Zeremonie den Tunnel unter dem Ärmelkanal **1994** In der Normandie gedenken die ehemaligen Westalliierten des 50. Jahrestages der Landung (D-Day) **1994** In Neapel findet der Weltwirtschaftsgipfel der führenden Industriestaaten statt **1994** Die EU-Kommission leitet als neuer Präsident der Luxemburger Jacques Santer **1994** Die irische Terrororganisation IRA verkündet einen einseitigen und uneingeschränkten Waffenstillstand **1994** Griechenland konzentriert Truppen an der Grenze zu Albanien **1994** In Italien werden Ermittlungen gegen den Ministerpräsidenten Berlusconi wegen des Verdachts auf Bestechung der Steuerbehörden eingeleitet. Er tritt am 22. 12. nach Querelen in der Regierungskoalition zurück **1994** Auf dem AIDS-Gipfel in Paris kritisiert der UNO-Generalsekretär Boutros Ghali die Verzögerungen bei der Bekämpfung der Krankheit | **1994** Den Staaten Osteuropas wird auf einer Gipfelkonferenz der NATO in Brüssel »Partnerschaft für den Frieden« angeboten **1994** Finnlands neuer Präsident wird der Sozialdemokrat Ahtisaari **1994** Im Bosnienkrieg fliegen amerikanische Kampfflugzeuge Angriffe und schießen serbische Maschinen ab **1994** Bei den ungarischen Parlamentswahlen siegen die Sozialisten unter G. Horn mit großer Mehrheit, bilden aber dennoch eine Koalition **1994** Russland tritt der »Partnerschaft für den Frieden« der NATO bei **1994** In Schweden siegen bei Wahlen die Sozialdemokraten unter Carlsson **1994** In der Ostsee ertrinken bei dem Untergang der estnischen Fähre »Estonia« über 900 Menschen **1994** In Finnland und Schweden spricht sich die Mehrheit für, in Norwegen gegen den Beitritt zur EU aus **1994** Russland stellt der Kaukasusrepublik Tschetschenien das Ultimatum, ihre Truppen aufzulösen. Am 11. 12. rücken russische Truppen in Tschetschenien ein |

## Daten der Weltgeschichte (Neuzeit)

### Asien, Australien, Ozeanien

**1993** In Kambodscha wird Prinz Norodom Sihanouk als König auf die neue Verfassung vereidigt

**1993** In Pakistan bildet nach erfolgreichen Wahlen die Partei der früheren Ministerpräsidentin Benazir Bhutto erneut die Regierung

**1994** In der afghanischen Hauptstadt Kabul kommt es zu Unruhen

**1994** Katastrophale Buschbrände in Australien bedrohen auch die Stadt Sydney

**1994** Der Präsident Syriens, H. Al Assad, berät in Genf mit Clinton über Friedensschritte im Nahen Osten

**1994** In Indonesien richtet ein Erdbeben verheerende Schäden an

**1994** Bei einem Massaker in der Ibrahimmoschee in Hebron tötet ein jüdischer Extremist 52 Araber

**1994** Nordkoreas Verweigerung der Inspektion seiner Atomanlagen verschärft den Konflikt mit den USA

**1994** In Japan sterben 262 Menschen bei einem Flugzeugabsturz

**1994** In Bangladesch werden mehr als 500 Menschen bei einem Wirbelsturm getötet

**1994** Im Bürgerkrieg im Jemen bekämpfen sich der islamische Nordjemen und der sozialistische Südjemen, das seine Unabhängigkeit erklärt

**1994** Nach dem Autonomieabkommen zwischen Israel und der PLO beginnt am 13. 5. die Selbstverwaltung der Palästinenser in Jericho und im Gazastreifen

**1994** In Libanon werden bei einem israelischen Luftangriff 45 Menschen getötet

**1994** Nordkorea tritt aus der Internationalen Atomenergiekommission aus. Nach dem Tod des Machthabers Kim II Sung

### Afrika

**1993** Im Tschad unterzeichnen Regierung und Rebellen ein Versöhnungsabkommen

**1993** Der US-Sicherheitsrat verhängt ein Waffenembargo gegen die rechtsgerichteten UNITA-Rebellen in Angola

**1993** Die Südafrikaner Nelson Mandela und F.W. de Klerk erhalten den Friedensnobelpreis

**1994** Nach dem tödlichen Flugzeugabsturz der Präsidenten von Burundi und Ruanda kommt es in Ruanda zu einem grausamen Bürgerkrieg zwischen Hutu und Tutsi, der zu einer Massenflucht führt

**1994** In Südafrika siegt bei den Wahlen der Afrikanische Nationalkongress ANC, der mit seinem Präsidenten Mandela eine Regierung der nationalen Einheit aus Schwarzen und Weißen bildet

**1994** In Kenia fordert ein Fährunglück nahe der Stadt Mombassa 276 Opfer

**1994** Frankreich engagiert sich militärisch in Ruanda. Eine Luftbrücke soll die mit ruandischen Flüchtlingen überfüllten Massenlager in Zaire versorgen

**1994** Bei einem Erdbeben um die algerische Stadt Mascara finden über 150 Menschen den Tod

**1994** In Kairo findet die 3. Weltbevölkerungskonferenz der UNO einen Kompromiss in Abtreibungsfragen

**1994** In Ägypten ertrinken über 700 Menschen im Hochwasser

**1994** Vor der Küste Somalias sinkt das Kreuzfahrtschiff »Achille Lauro« nach einem Brand. Von 1000 Passagieren finden zwei den Tod

**1994** Bei der Geiselnahme an Bord eines französischen Flugzeugs werden in Algier vier Menschen von Moslemextremisten ermordet, die durch eine französische Antiterror-Einheit getötet werden

### Amerika

**1993** Der Chef des kolumbianischen Drogenkartells, P. Escobar, wird erschossen

**1993** In Venezuela wird R. Caldera zum neuen Staatspräsidenten gewählt

**1993** In Chile wird der Christdemokrat E. Frei gewählt

**1994** In Mexiko fordert die Befreiungsbewegung Zapata während eines Indioaufstandes mehr Selbstbestimmung und Verbesserung der sozialen Situation

**1994** Ein Erdbeben in Los Angeles richtet schwere Schäden an und tötet über 60 Menschen

**1994** In der sog. »Whitewater«-Affäre sucht US-Präsident Clinton den Vorwurf der Bereicherung bei Immobiliengeschäften zu entkräften

**1994** Die Frau des ermordeten US-Präsidenten John F. Kennedy, Jacqueline Kennedy-Onassis, stirbt

**1994** Bei den 15. Fußball-Weltmeisterschaften in den USA wird Brasilien Weltmeister

**1994** In Washington wird der Kriegszustand zwischen Israel und Jordanien für beendet erklärt

**1994** Im kommunistischen Kuba kommt es zu einer Massenflucht, die die USA mit einer Absperrung ihrer Grenzen beantworten

**1994** Der aus Venezuela stammende Topterrorist »Carlos« wird nach seiner Verhaftung in Afrika an Frankreich ausgeliefert

**1994** In Mexiko bestätigt bei Wahlen die seit 65 Jahren regierende Partei unter E. Zedillo ihre Macht

**1994** Eine Militärintervention der USA in Haiti stürzt die Militärdiktatur und ermöglicht die Rückkehr von Präsident Aristide

**1994**

⇒ S. 451

**449**

# Neuzeit

## Daten der Weltgeschichte (Neuzeit)

| Mitteleuropa | West- und Südeuropa | Ost-, Südost- und Nordeuropa |
|---|---|---|
| **1994** Die CSU behält trotz der sog. Amigo-Affäre bei bayerischen Landtagswahlen die absolute Mehrheit<br>**1994** Bei den österreichischen Parlamentswahlen verlieren die Parteien der großen Koalition SPÖ und ÖVP viele Stimmen. F. Vranitzky bleibt aber Bundeskanzler<br>**1994** Bei der zweiten gesamtdeutschen Bundestagwahl gewinnt die CDU/CSU/FDP-Koalition knapp, so dass H. Kohl zum fünften Mal zum Bundeskanzler gewählt wird<br>**1994** Bei Landtagswahlen in Thüringen und in Mecklenburg-Vorpommern erhält die CDU die meisten Stimmen, und die PDS erzielt starke Gewinne. Im Saarland verteidigt die SPD die absolute Mehrheit | | |
| **1995** Österreich tritt der Europäischen Union (EU) bei<br>**1995** Österreich wird Mitglied der NATO-Initiative »Partnerschaft für den Frieden«<br>**1995** Die rot-grüne Koalition in Hessen behauptet sich bei den Landtagswahlen<br>**1995** Als erstes Bundesland führt Berlin das kommunale Wahlrecht für EU-Ausländer ein<br>**1995** Mit Inkrafttreten des Schengener Abkommens enden die Grenzkontrollen zwischen den Signatarstaaten<br>**1995** Regierungskrise in Österreich nach Rücktritt von vier SPÖ-Ministern<br>**1995** Bei den Landtagswahlen in Bremen und Nordrhein-Westfalen verliert die SPA zwar deutlich, stellt aber weiterhin den Regierungschef<br>**1995** In Österreich zerbricht die SPÖ/ÖVP-Koalition wegen eines Streits über die Finanzierung von Sozialleistungen<br>**1995** Die Schweizer Sozialdemokraten werden nach 20 Jahren erstmals wieder stärkste Kraft in der Nationalversammlung | **1995** Jean-Claude Juncker wird Premierminister in Luxemburg; sein Vorgänger Jacques Santer übernimmt die Präsidentschaft der EU-Kommission<br>**1995** Jacques Chirac gewinnt die Präsidentschaftswahlen in Frankreich gegen den Sozialisten Lionel Jospin<br>**1995** Lamberto Dini wird italienischer Ministerpräsident<br>**1995** Erstmals seit 1972 offizielle Gespräche zwischen der katholischen Sinn Féin und der britischen Regierung<br>**1995** Frankreichs Ministerpräsident Edouard Balladur tritt zurück; sein Nachfolger wird Alain Juppé<br>**1995** Trotz internationaler Proteste beginnt Frankreich mit Atombombentests am Mururoa-Atoll im Südpazifik<br>**1995** Italiens früherer Ministerpräsident Giulio Andreotti steht wegen »krimineller Kontakte« zur Mafia vor Gericht<br>**1995** Der Belgier Willy Claes tritt nach Korruptionsvorwürfen als NATO-Generalsekretär zurück; Nachfolger wird der Spanier Javier Solana | **1995** Finnland und Schweden treten der EU bei<br>**1995** Die oppositionellen Sozialdemokraten unter Paavo Lipponen gewinnen die Reichstagswahlen in Finnland<br>**1995** Neuer polnischer Ministerpräsident wird der frühere Kommunist Josef Oleksy; er löst Waldemar Pawlak ab<br>**1995** Griechischer Ministerpräsident wird der PASOK-Politiker Kostis Stephanopoulos<br>**1995** Islands Ministerpräsident David Oddson wird in seinem Amt bestätigt<br>**1995** Das Haager UN-Kriegsverbrechertribunal klagt den Serbenführer Karadžić und seinen Militärchef Mladić wegen schwerer Kriegsverbrechen an<br>**1995** Bosnische Serben erobern die UN-Schutzzone Srebrenica, deportieren oder ermorden die moslemischen Einwohner<br>**1995** Griechenland und Makedonien erkennen einander nach jahrelangem Streit diplomatisch an<br>**1995** Eduard Schewardnadse wird als georgischer Staatspräsident bestätigt |

Die Jahreszahl **1995** steht in der linken Randspalte auf Höhe der entsprechenden Einträge.

## Daten der Weltgeschichte (Neuzeit)

### Asien, Australien, Ozeanien

kommt es allerdings schon am 14. 8. zu einer Einigung mit den USA über das nordkoreanische Atomprogramm

**1994** Nach Einnahme der südjemenitischen Hafenstadt Aden durch den Nordjemen kommt es zum Waffenstillstand

**1994** Erste Meldungen über die Ausbreitung der Pest in Indien berichten über zahlreiche Opfer und eine Massenflucht

**1994** Der Israeli Rabin und der Palästinenser Arafat erhalten den Friedensnobelpreis

**1994** Bei einem Festakt in der Arava-Wüste wird der Friedensvertrag zwischen Israel und Jordanien besiegelt. Kurz darauf folgt der erste Besuch des jordanischen Königs Hussein in Israel

**1994** Irak erkennt das Emirat Kuwait diplomatisch an

**1995** Die Fundamentalistengruppe Islamischer Heiliger Krieg tötet bei einem Bombenanschlag in Israel 21 Menschen; 62 werden verletzt

**1995** Die islamisch-fundamentalistischen Taliban-Milizen in Afghanistan erobern wichtige Stellungen der Mudschaheddin

**1995** Bei einem Giftgasanschlag in der Tokioer U-Bahn sterben zwölf Menschen

**1995** Im Nordirak gehen türkische Truppen gegen die PKK vor

**1995** Die regierende indische Kongresspartei spaltet sich nach 1968 und 1978 zum dritten Mal

**1995** In Katar übernimmt Kronprinz Khalifa ibn Hamad ath-Thani nach einem Staatsstreich gegen seinen Vater die Macht

**1995** Ein chinesischer Atomwaffentest führt zu weltweiten Protesten; Frankreichs Atomwaffentests am Mururoa-Atoll rufen Unruhen in Polynesien hervor

**1995** Israels Ministerpräsident Rabin und PLO-Chef Arafat einigen sich auf einen israelischen Teilabzug aus dem Westjordanland und die erweiterte palästinensische Autonomie

### Afrika

**1995** Die letzten 2400 UN-Soldaten und -Angestellten verlassen Somalia. Das Bürgerkriegsland konnte seit Beginn der UN-Intervention 1992 nicht befriedet werden

**1995** Südafrikas Präsident Nelson Mandela entlässt seine mit Korruptions- und Mordvorwürfen belastete Frau Winnie aus der Regierung

**1995** Die ZANU, Partei von Präsident Robert Mugabe, gewinnt bei den Parlamentswahlen in Simbabwe 118 von 120 Sitzen

**1995** Nach 20 Jahren Bürgerkrieg in Angola erkennt UNITA-Rebellenchef Jonas Savimbi den Staatspräsidenten Dos Santos als legitimes Oberhaupt des Landes an

**1995** In Addis Abeba scheitert ein Attentat moslemischer Fundamentalisten auf den ägyptischen Staatspräsidenten Hosni Mubarak

**1995** In Nigeria werden der Menschenrechtler Ken Saro-Wiwa und acht weitere Mitglieder des ums Überleben kämpfenden Ogoni-Volkes trotz internationaler Proteste hingerichtet

### Amerika

**1994** Die Kongress- und Gouverneurswahlen in den USA gewinnen die Republikaner weit vor den Demokraten unter Präsident Clinton

**1995** Brasilien, Argentinien und Paraguay bilden den gemeinsamen Markt MERCOSUR

**1995** Zwischen Peru und Ecuador bricht ein Grenzkrieg um Bodenschätze aus; der Konflikt dauert drei Wochen

**1995** In Mexiko marschieren Truppen in die von zapatistischen Aufständischen beherrschten Teile des Bundesstaats Chiapas ein

**1995** Der US-Investmentbankier James D. Wolfensohn wird Präsident der Weltbankgruppe

**1995** Bei einem Terroranschlag von Rechtsradikalen in Oklahoma City sterben 168 Menschen

**1995** In den USA wird der des Mordes angeklagte Ex-Football-Star O.J. Simpson in einem Aufsehen erregenden Prozess freigesprochen

**1995** Mit knapper Mehrheit stimmen die Einwohner von Québec für den Verbleib der Provinz bei Kanada

**1995** Ein Haushaltskompromiss zwischen Kongress und Präsident Clinton stellt die Zahlungsfähigkeit der US-Regierung wieder her

**1995**

# Neuzeit

| Mitteleuropa | West- und Südeuropa | Ost-, Südost- und Nordeuropa |
|---|---|---|
| 1995 SPD-Chef Rudolf Scharping wird beim Parteitag von Oskar Lafontaine gestürzt | 1995 In Paris wird der in Dayton/Ohio ausagehandelte Friedensvertrag für Bosnien-Herzegowina unterzeichnet | 1995 Alexander Kwasniewski löst Lech Wałęsa als polnischen Staatspräsidenten ab |
| 1995 Der Deutsche Bundestag stimmt dem Einsatz der Bundeswehr in Bosnien-Herzegowina zur Unterstützung der NATO-Friedenstruppe zu | 1995 In Madrid einigen sich die EU-Regierungschefs auf die Bezeichnung »Euro« für die künftige europäische Einheitswährung | 1995 Das Friedensabkommen von Dayton/Ohio beendet den Bürgerkrieg in Ex-Jugoslawien und legt die neuen Staatsgrenzen fest |
| 1995 Bei vorgezogenen Nationalratswahlen in Österreich wird die SPÖ um Bundeskanzler Franz Vranitzky als stärkste Partei bestätigt | | 1995 Der UN-Sicherheitsrat billigt die Friedenstruppe (Ifor) für Bosnien-Herzegowina; die NATO übernimmt von der UNO die militärische Kontrolle |

**1996**

| | | |
|---|---|---|
| 1996 Der 27.1. wird Nationaler Gedenktag in Erinnerung an die Befreiung des Konzentrationslagers Auschwitz vor 51 Jahren | 1996 Der frühere französische Staatspräsident François Mitterrand stirbt in Paris | 1996 Der griechische Ministerpräsident Andreas Papandreou tritt zurück; sein Amt übernimmt Kostas Simitis |
| 1996 Die deutsche Bundesregierung, Arbeitgeber und Gewerkschaften einigen sich auf ein – allerdings wenig erfolgreiches – »Bündnis für Arbeit« | 1996 Lamberto Dini tritt als italienischer Ministerpräsident zurück | 1996 Polnischer Ministerpräsident wird der Ex-Kommunist Wlodzimierz Cimoszcewicz |
| 1996 Neuauflage der Großen Koalition von SPÖ und ÖVP in Österreich | 1996 Portugiesischer Präsident wird der Sozialist Jorge Sampaio; er löst seinen Parteifreund Mario Soares ab | 1996 Russland wird 39. Mitglied des Europarats |
| 1996 Trotz Verlusten bleiben die SPD-Ministerpräsidenten Heide Simonis (Schleswig-Holstein) und Kurt Beck (Rheinland-Pfalz) nach den Landtagswahlen im Amt. In Baden-Württemberg wird Ministerpräsident Erwin Teufel (CDU) bestätigt | 1996 Neuer Ministerpräsident in Spanien wird der Konservative José Maria Aznar | 1996 Göran Persson löst Ingvar Carlsson als schwedischer Ministerpräsident ab |
| 1996 Per Referendum wird die von den Regierungen befürwortete Vereinigung der Länder Berlin und Brandenburg abgelehnt | 1996 Die EU-Kommission verhängt wegen der BSE-Gefahr ein generelles Ausfuhrverbot für britisches Rindfleisch | 1996 Boris Jelzin wird als russischer Staatspräsident bestätigt |
| 1996 Im Rahmen der Diskussion um das »Nazi-Gold« setzt der Schweizer Nationalrat eine unabhängige Untersuchungsgruppe ein | 1996 Der parteilose Wirtschaftsprofessor Romano Prodi wird Ministerpräsident in Italien | 1996 Russland und Tschetschenien beenden nach 20 Monaten den Tschetschenienkrieg |
| 1996 Erstmals seit 1945 verliert die SPÖ bei Kommunalwahlen in Wien die absolute Mehrheit | 1996 Als letztes EU-Land schafft Belgien die Todesstrafe formell ab | 1996 Die PASOK-Partei von Ministerpräsident Simitis erringt bei Parlamentswahlen die absolute Mehrheit |
| 1996 Rekorderlös (rd. 20 Mrd. DM) beim Börsengang der Deutschen Telekom | 1996 In Belgien wird der Kinderschänder Marc Dutroux verhaftet; im Oktober kommt es in Brüssel zum »Weißen Marsch« zum Gedenken an die Opfer | 1996 Alija Izetbegović gewinnt die ersten freien Wahlen in Bosnien-Herzegowina |
| 1996 Deutsch-tschechische Aussöhnungserklärung in Prag paraphiert | | 1996 Finnland tritt dem Europäischen Währungssystem bei |
| | | 1996 Petar Stojanov, Führer der bürgerlichen Opposition, wird bulgarischer Staatspräsident |
| | | 1996 In Jugoslawien erringt die Partei von Slobodan Milošević die absolute Mehrheit |
| | | 1996 In Slowenien wird der Liberale Janez Drnovšek als Ministerpräsident bestätigt |
| | | 1996 Der Konservative Emil Constantinescu wird rumänischer Staatspräsident |

## Daten der Weltgeschichte (Neuzeit)

### Asien, Australien, Ozeanien

**1995** Israels Ministerpräsident Rabin wird am 4.11. von einem rechtsradikalen Israeli ermordet; Nachfolger wird Shimon Peres
**1995** In Südkorea wird der ehemalige Staatspräsident Chun Doo Hwan verhaftet
**1995** Im Bürgerkrieg in Sri Lanka erobern Regierungstruppen die tamilische Hochburg Jaffna
**1995** Der chinesische Bürgerrechtler Wei Jingsheng wird zu 14 Jahren Haft verurteilt
**1996** Neuer Ministerpräsident in Japan wird R. Hashimoto
**1996** PLO-Chef Arafat wird zum Präsidenten des Palästinensischen Autonomierats gewählt
**1996** Die seit 1983 regierende Labour Party verliert die australischen Parlamentswahlen; neuer Premier wird der Konservative John W. Howard
**1996** Der türkische Ministerpräsident Mesut Yilmaz tritt nach drei Monaten zurück; Nachfolger wird Neçmettin Erbakan
**1996** Die erste direkte Präsidentschaftswahl in Taiwan gewinnt der Amtsinhaber Lee Teng-hui
**1996** Die erste Direktwahl eines israelischen Ministerpräsidenten gewinnt der Konservative Benjamin Netanjahu gegen den Amtsinhaber Shimon Peres
**1996** In Bangladesch gewinnt die Awami-Liga die Parlamentswahlen
**1996** Die philippinische Regierung und die Moslem-Rebellen auf Mindanao beenden den langjährigen Bürgerkrieg
**1996** Im afghanischen Bürgerkrieg erobern die Taliban-Milizen die Hauptstadt Kabul; der kommunistische Ex-Präsident Najibullah wird hingerichtet
**1996** Nach Korruptionsvorwürfen muss Pakistans Ministerpräsidentin Benazir Bhutto zurücktreten
**1996** Erstmals seit dem Golfkrieg 1991 darf der Irak größere Mengen Rohöl exportieren

### Afrika

**1995** In Algerien wird der 1993 vom Militär eingesetzte Staatschef Liamine Zeroual bei den Präsidentschaftswahlen im Amt bestätigt. Islamische Fundamentalisten waren nicht zur Wahl zugelassen

**1996** Nach dem Sturz des Präsidenten von Niger, Mahamane Ousmane, übernimmt Oberst Ibrahim Barré Maïnassara die Macht
**1996** In Algerien sterben 18 Menschen durch die Explosion zweier Autobomben; der Anschlag geht auf das Konto der islamischen Terrorgruppe GIA
**1996** Im Sudan wird Generalleutnant Omar Hassan Ahmad al-Bashir bei Präsidentschaftswahlen im Amt bestätigt
**1996** In Liberia brechen Kämpfe verfeindeter Milizen aus; die westafrikanische Friedenstruppe ECOMOG beruhigt die Lage
**1996** Die von der Tutsi-Minderheit beherrschte Armee übernimmt die Macht in Burundi. Pierre Buyoya ernennt sich zum Staatschef und setzt Präsident Sylvestre Ntibantunganya, einen Hutu, ab
**1996** Nach dem Tod des somalischen Milizenchefs Mohammed Farah Aidid ernennt sich dessen Sohn Hussein Mohammed Aidid zum Staatschef
**1996** Die Senatorin Ruth Perry wird zum Staatsoberhaupt von Liberia gewählt
**1996** In Zaire bricht eine Rebellion gegen Staatschef Sésé-Séko Mobutu aus. Die Aufständischen unter Führung von Laurent Désiré Kabila werden von Ruanda und Uganda unterstützt
**1996** Der Ghanaer Kofi Annan wird neuer Generalsekretär der Vereinten Nationen

### Amerika

**1995** Der Oberste Gerichtshof in Argentinien stimmt der Auslieferung des Ex-SS-Offiziers Erich Priebke an Italien zu. Er soll sich wegen des Mordes an hunderten Zivilisten 1944 bei Rom verantworten
**1995** Ein Gericht in Florida stimmt der Auslieferung des Bauunternehmers Jürgen Schneider an Deutschland zu

**1996** Neuer Präsident in Guatemala wird Alvaro Arzú Irigoyen von der rechtsliberalen Partei der Nationalen Vorhut (PAN)
**1996** Als Nachfolger von Jean Bertrand Aristide tritt René Préval das Präsidentenamt in Haiti an
**1996** In den USA wird der sog. Una-Bomber, dem 16 Briefbombenanschläge zur Last gelegt werden, verhaftet
**1996** Während der Olympischen Spiele in Atlanta explodiert bei einem Openair-Konzert eine Rohrbombe; zwei Menschen sterben, 111 werden verletzt
**1996** Präsident von Nicaragua wird der rechtsliberale Arnoldo Aleman
**1996** US-Präsident Bill Clinton wird mit großer Mehrheit für eine zweite Amtszeit gewählt
**1996** In Peru stürmen Mitglieder der linken Guerillagruppe Túpac Amaru die japanische Botschaft und nehmen fast 500 Menschen als Geiseln.

**1996**

453

# Neuzeit

## Daten der Weltgeschichte (Neuzeit)

| | Mitteleuropa | West- und Südeuropa | Ost-, Südost- und Nordeuropa |
|---|---|---|---|
| **1997** | **1997** Österreichischer Bundeskanzler wird Viktor Klima (SPÖ); er löst Franz Vranitzky ab<br>**1997** Der Schweizer Bundesrat stimmt einem Fonds für Opfer des NS-Völkermords zu<br>**1997** Der Deutsche Bundestag rehabilitiert die Opfer der NS-Militärjustiz, die u.a. wegen Kriegsdienstverweigerung und Fahnenflucht verurteilt wurden<br>**1997** Bei ihrem größten Katastropheneinsatz kämpft die Bundeswehr gegen das Oder-Hochwasser an der deutsch-polnischen Grenze<br>**1997** Die Zahl der zwischen 1949 und 1989 bei Fluchtversuchen aus der DDR getöteten Menschen wird mit 916 (wahrscheinlich 950) angegeben<br>**1997** Im »Politbüro-Prozess« erhält Egon Krenz, letzter Staats- und Parteichef der DDR, wegen der Todesschüsse an der innerdeutschen Grenze sechseinhalb Jahre Haft<br>**1997** Bei der Hamburger Bürgerschaftswahl muss die siegreiche SPD heftige Stimmeneinbußen hinnehmen. Der Erste Bürgermeister Henning Voscherau (SPD) tritt daraufhin noch am Wahlabend zurück; sein Nachfolger wird Ortwin Runde<br>**1997** Der Bundestag beschließt eine Verlängerung der Verjährungsfrist für DDR-Unrecht | **1997** Neuer Präsident des Europäischen Parlaments wird der spanische Christdemokrat José Maria Gil-Robles<br>**1997** In Großbritannien gelingt erstmals das Klonen eines Tieres (des Schafes »Dolly«) aus den Zellen eines erwachsenen Ausgangstieres<br>**1997** Tausende Menschen flüchten per Schiff aus Albanien nach Italien<br>**1997** Deutlicher Sieg der Labour Party unter Tony Blair bei den britischen Unterhauswahlen (419 von 659 Sitzen). Blair beendet als neuer Premierminister eine 18-jährige konservative Herrschaft<br>**1997** Die Sozialisten gewinnen die französischen Parlamentswahlen klar; Ministerpräsident wird Lionel Jospin<br>**1997** Mafiaboss Pietro Aglieri wird bei Palermo gefasst<br>**1997** Die britische Herrschaft über Hongkong endet<br>**1997** Prinzessin Diana stirbt in Paris nach einem Autounfall<br>**1997** Die Bevölkerung in Schottland und Wales stimmt für eigene Regionalparlamente<br>**1997** Beginn von Allparteien-Friedensgesprächen in Nordirland<br>**1997** Mary McAleese wird neue irische Präsidentin | **1997** Von der Roten Armee nach 1945 in die UdSSR gebrachte deutsche Kulturgüter und Kunstwerke gehen nach einem Beschluss der Duma in russischen Besitz über (sog. Beutekunstgesetz)<br>**1997** Russland und die NATO unterzeichnen ein Abkommen über Sicherheit und Zusammenarbeit und erklären den Kalten Krieg offiziell für beendet; dem neu gegründeten Euro-Atlantischen Partnerschaftsrat gehören außer den NATO-Staaten auch osteuropäische Länder an<br>**1997** Der kroatische Präsident Franjo Tudjman wird in seinem Amt bestätigt<br>**1997** In der Tschechischen Republik tritt Ministerpräsident Václav Klaus zurück; Anfang 1998 wird Josef Tosovsky als sein Nachfolger vereidigt<br>**1997** Polen, die Tschechische Republik und Ungarn treten der NATO bei<br>**1997** Polen, die Tschechische Republik, Ungarn Slowenien, Estland und Zypern erhalten offizielle Einladungen für Beitrittsverhandlungen zur Europäischen Union |
| **1998** | **1998** Der sog. Große Lauschangriff wird vom Deutschen Bundestag mit knapper Zweidrittelmehrheit verabschiedet<br>**1998** Im Januar erreicht die Arbeitslosigkeit in Deutschland mit 4,82 Mio. einen neuen Höchststand nach dem Zweiten Weltkrieg<br>**1998** Ministerpräsident Gerhard Schröder (SPD) gewinnt im März die niedersächsische Landtagswahl mit 47,9% der Stimmen und wird daraufhin zum Kanzlerkandidaten seiner Partei gekürt | **1998** Bei landesweiten Regionalwahlen in Frankreich das Linksbündnis von Ministerpräsident Lionel Jospin stärkste Kraft<br>**1998** Die französische Nationalversammlung stimmt für die Einführung des Euro<br>**1998** Der Niederländer Wim Duisenberg wird erster Präsident der neuen Europäischen Zentralbank in Frankfurt/M.<br>**1998** Die Sozialdemokraten gewinnen die Parlamentswahlen in den Niederlanden; Ministerpräsident bleibt Wim Kok | **1998** Valdas Adamkus wird neuer Präsident Litauens<br>**1998** Václav Havel wird als tschechischer Staatspräsident bestätigt<br>**1998** Die russische Staatsduma ratifiziert die Europäische Menschenrechtskonvention<br>**1998** Der Sozialdemokrat Poul Rasmussen wird als dänischer Ministerpräsident bestätigt<br>**1998** Die albanische Mehrheit im Kosovo wählt ein von Belgrad nicht anerkanntes Parlament und bestätigt Ibrahim Rugova als ihren Präsidenten |

454

## Daten der Weltgeschichte (Neuzeit)

### Asien, Australien, Ozeanien

**1997** Israel räumt die 1967 eroberte westjordanische Stadt Hebron weitgehend; die Verwaltung geht an die Palästinenser
**1997** Der gemäßigte Rebellenführer Aslan Maschadow wird tschetschenischer Präsident
**1997** In China stirbt Deng Xiaoping
**1997** Vietnam und die USA tauschen erstmals seit dem Ende des Vietnamkriegs 1975 wieder Botschafter aus
**1997** In der Türkei tritt Neçmettin Erbakan als Ministerpräsident zurück
**1997** Der eher liberale Zayed Muhamad Chatami wird zum iranischen Präsidenten gewählt
**1997** Indien und Pakistan beginnen Gespräche über eine friedliche Regelung des Kaschmir-Konflikts
**1997** Ein Friedensabkommen beendet den vierjährigen Bürgerkrieg in Tadschikistan
**1997** Hongkong gehört nach Ende der britischen Herrschaft wieder zu China
**1997** Erstmals wird mit Raman Narayanan ein Kastenloser indisches Staatsoberhaupt
**1997** In Indien stirbt Mutter Teresa, der »Engel der Armen«
**1997** Jiang Zemin wird als Generalsekretär der KP Chinas bestätigt

**1998** UN-Generalsekretär Kofi Annan verhindert eine erneute militärische Eskalation im Irak; Saddam Hussein hatte UN-Inspektoren mehrfach des Landes verwiesen
**1998** In der Türkei wird die Islamische Wohlfahrtspartei des früheren Ministerpräsidenten Neçmettin Erbakan als verfassungsfeindlich verboten
**1998** In Südkorea wird Kim Dae Jung als Präsident vereidigt
**1998** Ezer Weizman wird als Staatspräsident in Israel bestätigt

### Afrika

**1997** Nach sieben Monaten Bürgerkrieg in Zaire nehmen die Rebellentruppen von Laurent-Désiré Kabila weitgehend kampflos die Hauptstadt Kinshasa ein. Diktator Sésé-Séko Mobutu hat das Land verlassen; er stirbt wenig später
**1997** Im Bürgerkriegsland Algerien gewinnt die regierende Nationaldemokratische Sammlungsbewegung die Parlamentswahlen; mit der früheren Sozialistischen Einheitspartei FLN hat sie die absolute Mehrheit. Die Islamische Heilsfront FIS war nicht zur Wahl zugelassen
**1997** Islamische Fundamentalisten ermorden im ägyptischen Luxor 58 ausländische Urlauber und vier Einheimische. Mit den Anschlägen wollen die Terroristen den Tourismus als bedeutende Devisenquelle des Landes behindern
**1997** Für den aus Altersgründen ausscheidenden ANC-Chef Nelson Mandela wird Thabo Mbeki Vorsitzender des Afrikanischen Nationalkongresses
**1997** Mehr als 400 Menschen sterben bei Massakern in Algerien, die von fundamentalistischen Terroristen verübt werden

**1998** Der seit Jahren schwelende Grenzkonflikt zwischen Äthiopien und Eritrea weitet sich zum Krieg aus. Grund ist ein von beiden Seiten beanspruchtes etwa 400 km$^2$ großes Gebiet
**1998** Bei Bombenanschlägen auf die amerikanischen Botschaften in Nairobi (Kenia) und Daressalam (Tansania) werden 263 Menschen getötet und über 5000 verletzt. Die USA vermuten den Fundamentalisten und Multimillionär Osama bin Laden als Drahtzieher

### Amerika

**1997** Bei den Parlamentswahlen in El Salvador wird die rechtsgerichtete ARENA-Partei stärkste Kraft vor der früheren Guerillabewegung FMLN
**1997** Bei San Diego in den USA begehen 39 Mitglieder der Sekte Heaven's Gate Selbstmord
**1997** Die USA stimmen als einziger westlicher Staat gegen die UN-Resolution zur Abschaffung der Todesstrafe, ratifiziert aber die Konvention zur Ächtung von Chemiewaffen
**1997** In Peru beenden Elitesoldaten die viermonatige Geiselnahme in der japanischen Botschaft; eine Geisel, zwei Soldaten und die 14 Rebellen sterben
**1997** Die Liberale Partei von Premier Jean Chrétien behauptet bei den Unterhauswahlen in Kanada die absolute Mehrheit
**1997** In Kuba werden die zuvor in Bolivien identifizierten Gebeine des Revolutionärs Ernesto »Che« Guevara beigesetzt
**1997** Der frühere Militärdiktator Hugo Banzer wird frei gewählter Präsident von Bolivien
**1997** Vertreter aus 121 Staaten schließen in Kanada einen Vertrag zum Verbot von Landminen
**1997** Erstmals seit 1929 verliert die Partei der Institutionalisierten Revolution (PRI) die absolute Mehrheit in Mexiko, bleibt aber Regierungspartei

**1998** Erstmals besucht Papst Johannes Paul II. Kuba
**1998** US-Präsident Clinton wiederholt seine eidesstattliche Erklärung, keine sexuelle Beziehung zu der Praktikantin Monica Lewinski gehabt zu haben
**1998** In Washington unterzeichnen Vertreter aus 15 Staaten den Vertrag zum Bau einer Internationalen Raumstation
**1998** Der chilenische Ex-Diktator Augusto Pinochet gibt den Oberbefehl über das Militär ab und wird zum Senator auf Lebenszeit ernannt

**1997**

**1998**

# Neuzeit

## Daten der Weltgeschichte (Neuzeit)

| Mitteleuropa | West- und Südeuropa | Ost-, Südost- und Nordeuropa |
|---|---|---|
| **noch 1998** | | |

**noch 1998**

**Mitteleuropa**

1998 Der Bundestag schränkt gegen die Stimmen der regierenden CDU/CSU die Regelungen zum Großen Lauschangriff ein

1998 Das Amt des zurückgetretenen nordrhein-westfälischen Ministerpräsidenten Johannes Rau (SPD) übernimmt dessen Parteifreund Wolfgang Clement

1998 Österreichs Bundespräsident Thomas Klestil wird vom Volk für eine zweite Amtszeit gewählt

1998 Die terroristische Rote Armee Fraktion erklärt ihre Selbstauflösung

1998 Der Deutsche Bundestag stimmt der Einführung des Euro – und damit dem Ende der D-Mark – zu

1998 Gründungsfeier der Europäischen Zentralbank in Frankfurt/M.

1998 Die Reform der deutschen Rechtschreibung tritt in Kraft

1998 Die SPD gewinnt die Bundestagswahlen; Bundeskanzler wird Gerhard Schröder. Die SPD geht eine Koalition mit Bündnis '90/Die Grünen ein

1998 In Bayern wird die CSU-Herrschaft bei den Landtagswahlen bestätigt

1998 Der Deutsche Bundestag schafft die Voraussetzungen für die Teilnahme von Bundeswehrsoldaten an einem möglichen NATO-Kampfeinsatz in Jugoslawien

1998 Der Schweizer Bundesrat beschließt den langfristigen Ausstieg aus der Atomenergie

1998 In Mecklenburg-Vorpommern gehen SPD und PDS nach den Landtagswahlen erstmals eine Koalition ein

1998 Wolfgang Schäuble wird als Nachfolger Helmut Kohls CDU-Vorsitzender

1998 Mit Ruth Dreifuss wird in der Schweiz erstmals eine Bundespräsidentin gewählt

**West- und Südeuropa**

1998 Durchbruch bei den Friedensgesprächen In Nordirland; das sog. Stormont-Abkommen wird von der katholischen und protestantischen Bevölkerung in Abstimmungen angenommen. Im Juni wird erstmals ein Regionalparlament gewählt

1998 Italiens früherer Ministerpräsident Silvio Berlusconi wird wegen Bestechung von Steuerinspekteuren und illegaler Parteienfinanzierung zu einer Haftstrafe verurteilt

1998 Beim schwersten Terroranschlag in Nordirland sterben in Omagh 28 Menschen durch eine Autobombe, über 200 werden verletzt; verantwortlich ist die sog. Real-IRA, die das Friedensabkommen ablehnt

1998 In Spanien tritt ein »unbefristeter und totaler Waffenstillstand« der baskischen Separationsbewegung ETA in Kraft

1998 In Italien tritt die Regierung Prodi zurück; neuer Ministerpräsident wird Massimo D'Alema von der ex-kommunistischen Demokratischen Linkspartei (PDS)

1998 In London wird der frühere chilenische Diktator Augusto Pinochet infolge eines spanischen Auslieferungsantrags verhaftet. Er soll in Spanien u.a. wegen Völkermords und Folter vor Gericht gestellt werden

1998 Infolge eines deutschen Haftbefehls wird in Italien der PKK-Führer Abdullah Öcalan verhaftet. Da Deutschland auf die Auslieferung verzichtet, kommt Öcalan wieder frei

**Ost-, Südost- und Nordeuropa**

1998 Der russische Präsident Jelzin entlässt Ministerpräsident Wiktor Tschernomyrdin; sein Nachfolger wird Sergej Kirijenko

1998 In Brüssel beginnen die EU-Beitrittsverhandlungen mit Polen, Ungarn, der Tschechischen Republik und Zypern

1998 Die EU beschließt Sanktionen gegen Jugoslawien wegen dessen gewaltsamer Kosovo-Politik

1998 Die Bürgerliche Partei gewinnt die Parlamentswahlen in Ungarn

1998 Die Sozialdemokraten unter dem künftigen Ministerpräsidenten Miloš Zeman gewinnen die tschechischen Parlamentswahlen

1998 Nach fünfmonatiger Amtszeit wird Ministerpräsident Kirijenko wieder entlassen; zum kommissarischen Nachfolger ernennt Jelzin dessen Vorgänger Wiktor Tschernomyrdin. Neuer, von der Duma bestätigter Ministerpräsident wird jedoch Jewgeni Primakow

1998 Trotz starker Stimmenverluste bleibt Göran Persson schwedischer Ministerpräsident

1998 Etwa 2000 OSZE-Beobachter sollen den zugesagten Rückzug serbischer Truppen aus dem Kosovo überprüfen

## Daten der Weltgeschichte (Neuzeit)

### Asien, Australien, Ozeanien

**1998** Neuer chinesischer Ministerpräsident wird Zhu Rongji; er löst Li Peng ab

**1998** In Kambodscha stirbt der Ex-Diktator Pol Pot

**1998** Trotz internationaler Proteste führt Indien Atombombentests durch; wenige Tage später zieht Pakistan nach

**1998** In Indonesien tritt der seit 32 Jahren herrschende Präsident Suharto nach Massenunruhen zurück; sein Nachfolger wird Jusuf Habibie

**1998** In Asien kommt es zu einer tiefgreifenden Wirtschafts- und Finanzkrise; besonders betroffen sind Japan und die so genannten Tigerstaaten

**1998** Bei einem China-Besuch spricht US-Präsident Clinton live und unzensiert per Fernsehen zur Bevölkerung des Landes

**1998** Japans Ministerpräsident Hashimoto tritt zurück; sein Nachfolger wird Keizo Obuchi

**1998** China unterzeichnet bei den Vereinten Nationen ein internationales Abkommen, das die uneingeschränkten Bürgerrechte garantiert (u.a. Meinungsfreiheit; Abschaffung der Folter)

**1998** Eine »Jahrhundertflut« fordert in China mehrere tausend Menschenleben

**1998** Irans Staatschef Chatami erklärt die Rushdie-Affäre offiziell für beendet

**1998** Keizo Obuchi entschuldigt sich als erster Ministerpräsident Japans bei einem Staatsbesuch in Korea für das während der japanischen Besetzung des Landes begangene Unrecht

**1998** Neuer Präsident im Libanon wird General Emile Lahoud; er löst Elias Hrawi nach neunjähriger Amtszeit ab

**1998** Israel stimmt in Washington einem Teilabzug aus dem Westjordanland zu

**1998** Die gegen Israel gerichteten Passagen der PLO-Charta werden gestrichen

### Afrika

**1998** In Arusha (Tansania) verurteilt ein UN-Tribunal den Ex-Premierminister von Ruanda, Jean Kambanda, zu lebenslanger Haft. In seiner viermonatigen Amtszeit waren 1994 über 500 000 Tutsi ermordet worden; 3 Mio. flohen in Nachbarländer

**1998** Mehr als 700 Menschen sterben bei der Explosion einer Erdöl-Pipeline in Nigeria, fast 1000 Menschen erleiden schwere Verbrennungen

**1998** Die Kommission für Wahrheit und Versöhnung in Südafrika unter Leitung von Desmond Tutu legt ihren Abschlussbericht über Menschenrechtsverletzungen während der Apartheid vor

### Amerika

**1998** US-Präsident Clinton sagt unter Eid vor einer Grand Jury über die sog. Lewinsky-Affäre aus; die Anhörung wird live übertragen. Per Fernsehen gesteht Clinton erstmals eine »unschickliche Beziehung« zu der Praktikantin im Weißen Haus ein

**1998** Der Rechtsausschuss des US-Repräsentantenhauses beschließt die Veröffentlichung der geheimen Untersuchungsakten des Sonderermittlers Kenneth Starr in der Lewinsky-Affäre

**1998** Der Sozialdemokrat Fernando Henrique Cardoso wird als brasilianischer Staatspräsident wiedergewählt

**1998** Das US-Repräsentantenhaus stimmt für ein Amtsenthebungsverfahren gegen Präsident Clinton wegen Meineids und Amtsmissbrauchs; es ist das dritte Impeachment-Verfahren in der Geschichte des Landes

**1998** Bei Zwischenwahlen zum US-Kongress gewinnen die Demokraten von Bill Clinton hinzu, die Republikaner bleiben aber stärkste Partei im Kongress

**1998** Der linksgerichtete Nationalist Hugo Chavez wird zum Staatspräsidenten von Venezuela gewählt

noch 1998

# Neuzeit

## Daten der Weltgeschichte (Neuzeit)

| Mitteleuropa | West- und Südeuropa | Ost-, Südost- und Nordeuropa |
|---|---|---|
| **1999** | | |

**1999** Einführung des Euro in Deutschland und in weiteren zehn EU-Staaten (zunächst nur bargeldloser Zahlungsverkehr)
**1999** Edmund Stoiber übernimmt von Theo Waigel das Amt des CSU-Vorsitzenden
**1999** Die CDU gewinnt die Landtagswahlen in Hessen; Ministerpräsident wird Roland Koch
**1999** Die Bundesregierung und deutsche Großkonzerne einigen sich auf die Einrichtung eines Entschädigungsfonds für ehemalige NS-Zwangsarbeiter
**1999** Der Deutsche Bundestag beschließt die Ökosteuer
**1999** Die rechtsextreme FPÖ wird bei den Parlamentswahlen in Kärnten stärkste Partei
**1999** Oskar Lafontaine tritt von allen politischen Ämtern (SPD-Vorsitz, Bundesfinanzminister, Bundestagsmandat) zurück
**1999** Gerhard Schröder wird Vorsitzender der SPD
**1999** Johannes Rau (SPD) wird zum Bundespräsidenten gewählt
**1999** Nach der Landtagswahl in Brandenburg muss Ministerpräsident Manfred Stolpe (SPD) eine Koalition mit der CDU eingehen. Die CDU gewinnt die Landtagswahl im Saarland; Regierungschef wird Peter Müller
**1999** Absolute Mehrheit der CDU in Thüringen unter Bernhard Vogel und in Sachsen unter Kurt Biedenkopf
**1999** Bei den Nationalratswahlen in Österreich wird die rechtsextreme FPÖ hinter der SPÖ zweitstärkste Kraft
**1999** Die Berliner CDU um den Regierenden Bürgermeister Eberhard Diepgen gewinnt die Wahlen zum Abgeordnetenhaus
**1999** Die SVP unter dem Rechtspopulisten Christoph Blocher wird bei den Nationalratswahlen stärkste Kraft
**1999** CDU-Finanzskandale (u.a. Schwarzkonten, Parteispendenaffäre) werden bekannt

**1999** In Rambouillet bei Paris einigen sich die Kosovo-Konfliktparteien auf eine weitgehende Autonomie des Kosovo innerhalb Serbiens; der Versuch einer Friedensregelung scheitert jedoch letztendlich an Serbenführer Milošević
**1999** Der Italiener Romano Prodi wird Präsident der Europäischen Kommission
**1999** Aus der nach 292 Jahren ersten Wahl zu einem schottischen Parlament geht die Labour Party als Siegerin hervor
**1999** Der parteilose Politiker Carlo Azeglio Ciampi wird zum neuen italienischen Staatspräsidenten gewählt
**1999** Sinn Féin, der politische Arm der IRA, stimmt erstmals grundsätzlich einer Entwaffnung der IRA zu
**1999** Die geplante Regierungsbildung in Nordirland scheitert am Widerstand der protestantischen Ulster Unionist Party (UUP) um David Trimble
**1999** Der ehemalige italienische Ministerpräsident Giulio Andreotti wird von der Mordanklage an einem Journalisten freigesprochen. Auch ein Prozess wegen Mitgliedschaft in der Mafia endet mit einem Freispruch
**1999** In Portugal gewinnen die Sozialisten unter Ministerpräsident Antonio Guterres die Parlamentswahlen
**1999** Der Spanier Javier Solana wechselt vom Amt des NATO-Generalsekretärs auf den Posten des EU-Beauftragten für Außen- und Sicherheitspolitik
**1999** In Nordirland gehen 27 Jahre Direktherrschaft Londons zu Ende. Katholiken und Protestanten bilden die Regierung der jetzt autonomen Provinz
**1999** Die baskische Terrororganisation ETA kündigt nach 14 Monaten die Waffenruhe auf
**1999** Portugal gibt seine letzte Kolonie, Macao, an China zurück

**1999** Nach weiteren serbischen Gewalttaten im Kosovo droht die NATO Konsequenzen an; die internationale Kontaktgruppe setzt eine Frist für eine Verhandlungslösung
**1999** Serbien verweigert die Stationierung einer internationalen Friedenstruppe im Kosovo
**1999** Am 24.3. beginnt die NATO mit Luftangriffen auf serbische Ziele
**1999** Belgrad setzt die Vertreibung der albanischen Bevölkerung aus dem Kosovo mit Gewalt fort; Millionen Menschen flüchten in die Nachbarstaaten
**1999** Eine NATO-Rakete trifft die chinesische Botschaft in Belgrad; Bilanz: vier Tote und 20 Verletzte
**1999** Boris Jelzin entlässt Russlands Ministerpräsident Jewgeni Primakow; Nachfolger wird Sergej Stepaschin; ein Amtsenthebungsverfahren gegen Jelzin scheitert
**1999** Die Kriegsgegner unterzeichnen ein Abkommen zum Rückzug der serbischen Truppen aus dem Kosovo (9.6.); die NATO stellt ihre Luftangriffe ein
**1999** Die Kosovo-Befreiungsarmee UÇK unterzeichnet ein Abkommen über ihre Entwaffnung; die Rückführung der kosovo-albanischen Flüchtlinge beginnt
**1999** Russische Truppen marschieren erneut in Tschetschenien ein
**1999** Wladimir Putin löst Sergej Stepaschin als russischen Ministerpräsidenten ab
**1999** Der ukrainische Präsident Leonid Kutschma wird in seinem Amt bestätigt
**1999** Der kroatische Präsident Franjo Tudjman stirbt
**1999** Bei den russischen Parlamentswahlen siegen Präsident Jelzin nahe stehenden Parteien
**1999** Russlands Präsident Jelzin tritt am 31.12. überraschend zurück; Wladimir Putin wird sein kommissarischer Nachfolger

## Daten der Weltgeschichte (Neuzeit)

### Asien, Australien, Ozeanien

1999 König Hussain von Jordanien stirbt; sein Sohn Abdallah besteigt den Thron
1999 Der türkische Sozialdemokrat Bülent Ecevit führt eine Minderheitsregierung
1999 In China kommt es nach der Bombardierung der Belgrader Botschaft durch die NATO zu anti-westlichen Demonstrationen
1999 Israelischer Ministerpräsident wird Ehud Barak (Arbeiterpartei); er löst den Konservativen Benjamin Netanjahu ab
1999 Zwischen Indien und Pakistan eskaliert der Kaschmir-Konflikt
1999 Zwischen China und Taiwan kommt es zu schweren Spannungen; Hintergrund ist die von der Volksrepublik angestrebte Wiedervereinigung
1999 In der Türkei beginnt der Hochverratsprozess gegen den PKK-Führer Abdullah Öcalan
1999 Die PKK erklärt den Kampf gegen die Türkei für beendet
1999 Die Wahlen zum indischen Kongress bestätigen die Indische Volkspartei und den Ministerpräsidenten Atal Behari Vajpayee
1999 Generalstabschef Pervez Musharraf führt einen Putsch in Pakistan durch und ernennt sich zum Regierungschef
1999 Als Nachfolger von Jusuf Habibie wird der gemäßigte Moslemführer Abdurrahman Wahid Präsident Indonesiens
1999 Abdullah Öcalan wird in der Türkei zum Tode verurteilt; das Urteil wird nicht vollstreckt
1999 Radikale Nationalisten erschießen im armenischen Parlament Ministerpräsident Wasgen Sarkisjan
1999 China tritt der Welthandelsorganisation WTO bei und öffnet seinen Markt für amerikanische Waren
1999 China erhält die portugiesische Kolonie Macao zurück

### Afrika

1999 Der Grenzkonflikt zwischen Äthiopien und Eritrea eskaliert erneut; beide Seiten haben tausende Tote zu beklagen
1999 In Kenia wird der PKK-Vorsitzende Abdullah Öcalan festgenommen und kurz darauf in die Türkei gebracht, wo ihm ein Prozess wegen Hochverrats gemacht wird
1999 Nachdem Libyen zwei Tatverdächtige des Flugzeuganschlags über Lockerbie 1988 in die Niederlande ausgeliefert hat, werden UN-Sanktionen gegen Libyen ausgesetzt
1999 Das UN-Kriegsverbrechertribunal in Arusha (Tansania) verurteilt die Ruander Clement Kayishema und Obed Ruzindana wegen ihrer Beteiligung am Völkermord an den Tutsi zu viermal lebenslanger bzw. 25 Jahren Haft
1999 Der ANC verfehlt bei den Parlamentswahlen in Südafrika nur knapp die Zweidrittelmehrheit; neuer Staatspräsident wird der ANC-Chef Thabo Mbeki
1999 Durch einen von Präsident Abdelaziz Bouteflika verkündete Amnestie kommen in Algerien 5000 politische Gefangene aus den Reihen der Armee des Islamischen Heils (AIS) frei; die AIS stellt ihren Kampf gegen die Regierung daraufhin ein
1999 In Marokko stirbt König Hassan II.; Nachfolger wird sein Sohn Mohammed VI.
1999 Das algerische Volk stimmt per Referendum einer von Staatspräsident Abdelaziz Bouteflika vorgeschlagenen Teilamnestie für islamische Fundamentalisten zu; das Ende des Bürgerkriegs rückt damit näher
1999 Der Staatsgründer Tansanias, Julius Kambarage Nyerere, stirbt 77-jährig in London

### Amerika

1999 US-Präsident Clinton kündigt die deutlichste Erhöhung des Verteidigungshaushalts seit Ende des Kalten Krieges an
1999 Im Amtsenthebungsverfahren wird US-Präsident Clinton vom Senat in allen Anklagepunkten freigesprochen
1999 In Litteton bei Denver erschießen zwei Jugendliche zwölf Mitschüler und einen Lehrer, bevor sie sich selbst umbringen. In den USA häufen sich ähnliche Fälle und lösen eine Diskussion über Waffenbesitz bei Jugendlichen aus
1999 Bei einem Flugzeugabsturz kommen John F. Kennedy jr., der Sohn des früheren US-Präsidenten, und seine Frau ums Leben
1999 Die USA und Russland einigen sich auf die Aufnahme von Start-III-Verhandlungen über die Reduzierung atomarer Langstreckenwaffen
1999 Der von Republikanern beherrschte US-Senat verhindert die Ratifizierung des Vertrags über einen weltweiten Atomteststopp
1999 Der Sonderermittler in der Lewinsky-Affäre, Kenneth Starr, legt sein Amt nieder
1999 Fernando de la Rúa von der oppositionellen Mitte-Links-Allianz gewinnt die Präsidentschaftswahlen in Argentinien
1999 Die USA stimmen nach 13-jähriger Verhandlung dem WTO-Beitritt Chinas zu
1999 Hillary Clinton, Frau des US-Präsidenten, gibt ihre Kandidatur für die Senatorenwahlen 2000 in New York bekannt
1999 Rd. 85 Jahre nach der Eröffnung des Panamakanals übernimmt Panama von den USA die Kontrolle der Wasserstraße. Die Übergabe des Kanals geht auf einen 1977 geschlossenen bilateralen Vertrag zurück

1999

459

# Neuzeit

## Daten der Weltgeschichte (Neuzeit)

| Mitteleuropa | West- und Südeuropa | Ost-, Südost- und Nordeuropa |
|---|---|---|
| **2000** | | |
| 2000 Der Unternehmer Paul Spiegel wird Präsident des Zentralrats der Juden in Deutschland | 2000 Die Ausfuhrbeschränkungen für britisches Rindfleisch, die 1996 wegen der Rinderkrankheit BSE erlassen worden sind, werden EU-weit aufgehoben, nachdem auch der Deutsche Bundesrat einer entsprechenden Verordnung zugestimmt hat | 2000 Der serbische Milizenchef und mutmaßliche Kriegsverbrecher Zeljko Raznatovic wird in Belgrad bei einem Attentat erschossen |
| 2000 Die hessische CDU gibt die Existenz schwarzer Auslandskonten zu | | 2000 Russische Truppen erobern nach wochenlangen erbitterten Kämpfen die tschetschenische Hauptstadt Grosny; die Rebellen ziehen sich zurück |
| 2000 Im Zuge einer Flugaffäre tritt der nordrhein-westfälische Finanzminister Heinz Schleußer (SPD) zurück | 2000 Auf einem EU-Sondergipfel in der portugiesischen Hauptstadt Lissabon einigen sich die 15 Staats- und Regierungschefs auf eine Internet- und Bildungsoffensive in der Union. So sollen u.a. alle Schulen in der EU mit Internetanschlüssen ausgestattet werden | 2000 Bei den Präsidentschaftswahlen in Finnland setzt sich die Sozialdemokratin Tarja Halonen gegen den Vorsitzenden der bäuerlichen Zentrumspartei, Esko Aho, durch. Halonen wird erstes weibliches Staatsoberhaupt ihres Landes |
| 2000 Die seit 1992 geplante Transrapid-Strecke zwischen Hamburg und Berlin wird aus wirtschaftlichen Gründen nicht gebaut | | |
| 2000 Als Konsequenz aus parteiinternen Auseinandersetzungen in Folge des Finanzskandals kündigt der CDU-Vorsitzende und Fraktionschef Wolfgang Schäuble seinen Rückzug von beiden politischen Ämtern an | 2000 In Großbritannien wird der 16 Monate zuvor verhängte Hausarrest gegen den chilenischen Ex-Diktator Augusto Pinochet wegen dessen angeblich schlechten Gesundheitszustands aufgehoben; Pinochet kehrt in seine Heimat zurück | 2000 Neuer kroatischer Staatspräsident wird der Zentrumspolitiker Stipe Mesic; er setzt sich gegen den Sozialliberalen Drazen Budisa durch |
| 2000 Bundespräsident Johannes Rau ist das erste deutsche Staatsoberhaupt, das vor den Abgeordneten der israelischen Knesset spricht | 2000 In Rom legt Johannes Paul II. als erster Papst in der Geschichte der katholischen Kirche ein umfassendes Schuldbekenntnis (»Mea Culpa«) zu den Sünden der Kirche ab | 2000 Bei der bislang größten Razzia beschlagnahmt UN-Friedenstruppe KFOR in Kosovska Mitrovica (Region Kosovo) zahlreiche Waffen. In der geteilten Stadt war es immer wieder zu blutigen Zusammenstößen zwischen Serben und Albanern gekommen |
| 2000 Bei den Landtagswahlen in Schleswig-Holstein wird die seit 1996 regierende rot-grüne Koalition bestätigt. Die SPD baut ihre Position als stärkste Partei aus | 2000 Bei den spanischen Parlamentswahlen setzt sich die Konservative Volkspartei von Ministerpräsident José Maria Aznar mit absoluter Mehrheit der Stimmen durch; die Sozialisten erzielen ihr schlechtestes Ergebnis seit 20 Jahren | 2000 In Norwegen übernimmt der Sozialdemokrat Jens Stoltenberg das Amt des Ministerpräsidenten; er löst den Christdemokraten Kjell Magne Bondevik ab |
| 2000 Begleitet von massiven Protesten tritt in Österreich die 1999 zu Stande gekommene rechtskonservative Regierung von ÖVP und FPÖ ihr Amt an; neuer Bundeskanzler ist Wolfgang Schüssel (ÖVP) | 2000 Nach einer Niederlage bei den Kommunalwahlen tritt Ministerpräsident Massimo D'Alema zurück. Die neue Mitte-Links-Regierung wird von dem Parteilosen Giuliano Amato geführt | 2000 Der am 31.12.1999 eingesetzte Übergangspräsident Wladimir Putin wird im ersten Wahlgang zum neuen russischen Präsidenten gewählt. Sein schärfster Widersacher, der Kommunistenchef Gennadi Sjuganow, bleibt chancenlos |
| 2000 Nach monatelangem Übernahmepoker fusioniert die Mannesmann AG mit dem britischen Mobilfunkkonzern Vodafone Air Touch | 2000 Kurz nach dem Start in Paris fängt eine Concorde Feuer und stürzt ab; alle Passagiere sterben. Das Unglück markiert das Ende der französisch-britischen Concorde als Überschall-Passagierflugzeug | 2000 Die Sozialisten unter Ministerpräsident Kostas Simitis behaupten bei den Parlamentswahlen in Griechenland ihre Mehrheit knapp vor der konservativen Neuen Demokratie um Herausforderer Konstantinos Karamanlis |
| 2000 Angela Merkel wird zur neuen Parteichefin der CDU gewählt; Fraktionsvorsitzender wird Friedrich Merz, Generalsekretär Ruprecht Polenz | | |
| 2000 Bei den Landtagswahlen in Nordrhein-Westwahlen wird die rot-grüne Koalition trotz Einbußen bestätigt | | |

## Daten der Weltgeschichte (Neuzeit)

### Asien, Australien, Ozeanien

**2000** Die Reformkräfte um den amtierenden Präsidenten Mohammed Chatami erreichen bei den Parlamentswahlen in Iran erstmals die absolute Mehrheit der Stimmen

**2000** Trotz Protesten der Volksrepublik China wählt das von Peking nicht anerkannte Taiwan einen neuen Präsidenten. Der Chef der bislang oppositionellen Demokratischen Fortschrittspartei, Chen Shuibian, beendet die seit 1949 ununterbrochene Herrschaft der Guomindang

**2000** Bei einem Massaker im indischen Teil Kaschmirs werden 40 Angehörige der religiösen Minderheit der Sikhs von einer bewaffneten Bande ermordet

**2000** Drei Tage nach dem Schlaganfall des bisherigen Amtsinhabers Keizo Obuchi wird Yoshiro Mori von der Liberaldemokratischen Partei (LDP) vom Parlament zum neuen japanischen Ministerpräsidenten gewählt

**2000** Im dritten Wahlgang wählt das türkische Parlament den Vorsitzenden des Verfassungsgerichtes, Ahmet Necdet Sezer, zum neuen Staatspräsidenten

**2000** Indien ist nach China das zweite Land mit mehr als 1 Mrd. Einwohnern

**2000** Mehr als 22 Jahre nach dem Einmarsch in den Libanon zieht Israel seine Besatzungstruppen aus dem nördlichen Nachbarland zurück

**2000** Bei den Staatspräsidentenwahlen in Israel setzt sich überraschend der Konservative Moshe Katsaw gegen den von der Regierung unterstützten Shimon Peres durch; die Wahl verschärft die Regierungskrise

**2000** Eine wochenlange Geiselnahme durch moslemische Terroristen auf der philippinischen Insel Jolo endet durch die Vermittlung Libyens mit der Freilassung von Gefangenen

### Afrika

**2000** Nach schweren Unwettern sterben im Südteil des afrikanischen Kontinents tausende Menschen; in Botswana, Mosambik, Simbabwe und Südafrika werden weit über 1 Mio. Einheimische obdachlos

**2000** Im Südwesten von Uganda verbrennen sich 535 Anhänger der »Bewegung für die Wiedereinsetzung der zehn Gebote Gottes«; es ist der größte Massenselbstmord einer Sekte seit über 20 Jahren

**2000** In Sierra Leone wird der untergetauchte Rebellenführer Foday Sankoh (Revolutionäre Vereinigte Front) von regierungsnahem Milizen gefangen genommen und anschließend den Vereinten Nationen überstellt

**2000** Der äthiopische Ministerpräsident Meles Zenawi erklärt den monatelangen Grenzkrieg mit Eritrea für siegreich beendet, nachdem die eritreischen Truppen das umkämpfte Gebiet geräumt haben

**2000** Der seit Dezember 1999 in Algerien regierende Ministerpräsident Ahmed Benbitour tritt zurück. Sein Amt übernimmt Ali Benflis, ein Vertrauter des Staatspräsidenten Abdelaziz Bouteflika

**2000** Bei den ersten Präsidentschaftswahlen seit Ausbruch des Bürgerkriegs 1990 in Somalia setzt sich der frühere Innenminister Abdihassim Salad Hassan durch

### Amerika

**2000** Bei den Präsidentschaftswahlen in Chile setzt sich der Sozialist Ricardo Lagos gegen den Rechtspopulisten Joaquin Lavin aus dem Pinochet-Lager durch

**2000** Nach Protesten gegen Präsident Jamil Mahuad übernimmt die Armee kurzzeitig die Macht in Ecuador; neuer Staatschef wird der bisherige Vizepräsident Gustavo Noboa

**2000** Der weltweit führende Internetanbieter American Online (AOL) und der amerikanische Medienkonzern Time Warner kündigen ihren Zusammenschluss an (Fusionswert 350 Mrd. US-Dollar)

**2000** Nach dem Freispruch von vier Polizisten, die einen unbewaffneten afrikanischen Einwanderer mit 41 Schüssen getötet hatten, kommt es in New York zu massiven Protesten

**2000** In Manhattan wird das Rose Center for Earth and Space eröffnet; Herzstück ist eine überdimensionale Planetenkugel in der Mitte des Gebäudes

**2000** In Chile wird die Immunität des Ex-Diktators Augusto Pinochet per Gerichtsbeschluss aufgehoben, wodurch eine Anklage Pinochets wegen Menschenrechtsverletzungen während seiner Herrschaft ermöglicht wird

**2000** Al Gore (Demokraten) und George Bush jr. (Republikaner) stehen als Kandidaten ihrer Parteien für die US-Präsidentschaftswahlen im November fest

**2000** In Washington wird Horst Köhler als erster Deutscher zum Generaldirektor des Internationalen Währungsfonds (IWF) gewählt

**2000** Aus umstrittenen Präsidentschaftswahlen geht Amtsinhaber Alberto Fujimori in Peru als Sieger hervor; die Opposition erkennt das Wahlergebnis nicht an

**2000**

# Organisationen

## Völkerbund und Vereinte Nationen

| | |
|---|---|
| 1918 | US-Präsident Thomas Woodrow Wilson nennt die Friedensbedingungen der Alliierten; in diesem 14-Punkte-Programm ist auch die Idee eines Völkerbundes zur langfristigen Friedenssicherung enthalten |
| 1919 | Bei den Friedensverhandlungen in Versailles werden Wilsons 14 Punkte zur Grundlage der Regelungen; die 45 Staaten nehmen die Völkerbundsatzung an. Da der US-Senat die Versailler Verträge ablehnt, können die USA dem Völkerbund nicht beitreten (ebenso wie Ecuador und das spätere Saudi-Arabien) |
| 1920 | Mit Inkrafttreten der Satzung nimmt der Völkerbund mit Sitz in Genf seine Arbeit auf |
| 1926 | Das Deutsche Reich wird in den Völkerbund aufgenommen |
| Ab 1932 | Der Völkerbund muss zunehmend seine Machtlosigkeit eingestehen, z.B. beim Scheitern der Genfer Abrüstungsverhandlungen (1932), dem italienischen Feldzug in Abessinien (1935), den japanischen Eroberungskriegen in Fernost (30er/40er Jahre), dem Spanischen Bürgerkrieg (1936–1939) und Hitlers Expansionspolitik sowie dem Zweiten Weltkrieg (1939–1945) |
| 1941 | US-Präsident Franklin D. Roosevelt und der britische Premier Winston Churchill legen in der Atlantikcharta die Grundsätze einer Nachkriegspolitik fest. Die acht Prinzipien bilden die Grundlage für die spätere UNO-Satzung |
| 1944 | Auf der Konferenz von Dumbarton Oaks beraten China, Großbritannien, UdSSR und USA über die künftige UN-Satzung |
| 1945 | Mit der Annahme der Satzung durch 51 Staaten werden die Vereinten Nationen am 26.6. in San Francisco gegründet; die Satzung tritt am 24.10. in Kraft |
| 1946 | Nach Gründung der UNO löst sich der Völkerbund am 18.4. offiziell auf |

## Gründungsmitglieder der UNO

| | |
|---|---|
| Ägypten | Kuba |
| Argentinien | Libanon |
| Äthiopien | Liberia |
| Australien | Luxemburg |
| Belgien | Mexiko |
| Bolivien | Neuseeland |
| Brasilien | Nicaragua |
| Chile | Niederlande |
| China | Norwegen |
| Costa Rica | Panama |
| Dänemark | Paraguay |
| Dominikanische Rep. | Peru |
| Ecuador | Philippinen |
| El Salvador | Polen |
| Frankreich | Saudi-Arabien |
| Griechenland | Sowjetunion |
| Großbritannien | Südafrika |
| Guatemala | Syrien |
| Haiti | Tschechoslowakei |
| Honduras | Türkei |
| Indien | Ukrainische SSR |
| Irak | Uruguay |
| Iran | USA |
| Jugoslawien | Venezuela |
| Kanada | Weißrussische SSR |
| Kolumbien | |

## Hauptorgane der UNO

**Generalversammlung:** Zentrales politisches Beratungsorgan (Parlament) der UN; alle Mitgliedsstaaten sind vertreten, jeder hat eine Stimme

**Sicherheitsrat:** 15 Mitglieder, davon fünf ständige Mitglieder: China, Frankreich, Großbritannien, Russland, USA. Die übrigen zehn Mitglieder werden von der Generalversammlung mit Zweidrittelmehrheit für zwei Jahre gewählt. Sicherheitsrat kann von Mitgliedsstaaten Streitkräfte und sonstige Unterstützung anfordern

**Wirtschafts- und Sozialrat:** Beobachtet Wirtschaft, soziale Verhältnisse, Kultur, Bildung und Gesundheitswesen in den Mitgliedsstaaten und achtet auf Einhaltung der Menschenrechte. 54 Mitglieder, mit Zweidrittelmehrheit von der Generalversammlung gewählt

**Internationaler Gerichtshof:** Sitz in Den Haag; übt Rechtsprechung in Streitfällen zwischen Staaten aus; besteht aus 15 unabhängigen Richtern, die vom Sicherheitsrat und der Generalversammlung für neun Jahre gewählt werden

**Sekretariat:** Erledigt die tägliche Arbeit der Organisation; geleitet vom Generalsekretär, der auf Empfehlung des Sicherheitsrats von der Generalversammlung für fünf Jahre gewählt wird

## Generalsekretäre der UNO

| Name | Land | Amtszeit |
|---|---|---|
| Trygve Lie | Norwegen | 1946–1952 |
| Dag Hammarskjöld | Schweden | 1953–1961 |
| Sithu U Thant | Birma | 1961–1971 |
| Kurt Waldheim | Österreich | 1972–1981 |
| Javier Pérez de Cuellar | Peru | 1982–1991 |
| Butros Butros-Ghali | Ägypten | 1992–1996 |
| Kofi Annan | Ghana | seit 1996 |

## Die Organisation der Vereinten Nationen

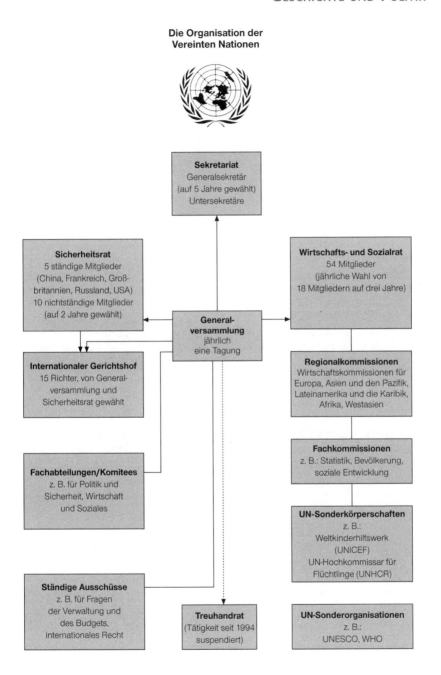

**Sekretariat**
Generalsekretär
(auf 5 Jahre gewählt)
Untersekretäre

**Sicherheitsrat**
5 ständige Mitglieder
(China, Frankreich, Groß-
britannien, Russland, USA)
10 nichtständige Mitglieder
(auf 2 Jahre gewählt)

**Wirtschafts- und Sozialrat**
54 Mitglieder
(jährliche Wahl von
18 Mitgliedern auf drei Jahre)

**General-
versammlung**
jährlich
eine Tagung

**Internationaler Gerichtshof**
15 Richter, von General-
versammlung und
Sicherheitsrat gewählt

**Regionalkommissionen**
Wirtschaftskommissionen für
Europa, Asien und den Pazifik,
Lateinamerika und die Karibik,
Afrika, Westasien

**Fachkommissionen**
z. B.: Statistik, Bevölkerung,
soziale Entwicklung

**Fachabteilungen/Komitees**
z. B. für Politik und
Sicherheit, Wirtschaft
und Soziales

**UN-Sonderkörperschaften**
z. B.:
Weltkinderhilfswerk
(UNICEF)
UN-Hochkommissar für
Flüchtlinge (UNHCR)

**Ständige Ausschüsse**
z. B. für Fragen
der Verwaltung und
des Budgets,
internationales Recht

**Treuhandrat**
(Tätigkeit seit 1994
suspendiert)

**UN-Sonderorganisationen**
z. B.:
UNESCO, WHO

# Organisationen

## UNO-Programme und -Organisationen

| | | | |
|---|---|---|---|
| FAO | Food and Agriculture Organization, Ernährungs- und Landwirtschaftsorganisation | UNEP | UN Environment Programme, Umweltprogramm der UN |
| IAEA, IAEO | International Atomic Energy Agency, Internationale Atomenergie-Organisation | UNESCO | UN Education, Scientific and Cultural Organization, Organisation der UN für |
| IBRD | International Bank for Reconstruction and Development, Internationale Bank für Wiederaufbau und Entwicklung (Weltbank) | | Erziehung, Wissenschaft und Kultur |
| | | UNHCR | UN High Commissioner for Refugees, Hoher Kommissar der UN für Flüchtlinge |
| ICAO | International Civil Aviation Organization, Internationale Zivilluftfahrt-Organisation | UNICEF | UN Children's Emergency Fund, Kinderhilfswerk der UN |
| IDA | International Development Association, Internationale Entwicklungsorganisation | UNIDO | UN Industrial Development Organization, Organisation der UN für industrielle Entwicklung. |
| IFAD | International Fund for Agricultural Development, Internationaler Fonds für landwirtschaftliche Entwicklung | UNITAR | UN Institute for Training and Research, Ausbildungs- und Forschungs-Institut der UN |
| IFC | International Finance Corporation, Internationale Finanz-Korporation | UNRWA | UN Relief and Works Agency for Palestine Refugees in the Near East, Hilfswerk der UN für Palästinaflüchtlinge im Nahen Osten |
| ILO | International Labour Organization, Internationale Arbeitsorganisation | UPU | Universal Postal Union, Weltpostverein |
| IMF | International Monetary Fund, Internationaler Währungsfonds | WFC | World Food Council, Welternährungsrat |
| | | WFP | World Food Programme, Welternährungsprogramm |
| INSTRAW | International Research and Training Institute for the Advancement of Women, Internationales Forschungs- und Ausbildungsinstitut zur Förderung der Frau | WHO | World Health Organization, Weltgesundheitsorganisation |
| | | WIPO | World Intellectual Property Organization, Weltorganisation für geistiges Eigentum |
| ITU | International Telecommunication Union, Internationale Fernmeldeunion | WMO | World Meteorological Organization, Meteorologische Weltorganisation |
| UNCHS | UN Centre for Human Settlements (Habitat), Zentrum der UN für Wohn- und Siedlungswesen (Habitat) | WTO | World Trade Organization, Welthandelsorganisation; bis 1994 GATT, General Agreement on Tariffs and Trade, Allgemeines Zoll- und Handelsabkommen |
| UNCTAD | UN Conference on Trade and Development, Handels- und Entwicklungskonferenz der UN | | |
| UNDP | UN Development Programme, Entwicklungsprogramm der UN | | |

## Friedensmissionen der UN-Blauhelme

| Zeitraum | Friedensmission | Einsatzländer |
|---|---|---|
| 1956–1967 | UNEF I | Naher Osten, insbesondere Sinai-Halbinsel |
| 1958 | UNOGIL | Libanon |
| 1960–1964 | ONUC | Kongo |
| 1962–1963 | UNSF | Neuguinea |
| 1963–1964 | UNYOM | Jemen |
| 1965–1966 | DOMREP | Dominikanische Republik |
| 1965–1966 | UNIPOM | Indien, insbesondere Kaschmir-Region |
| 1973–1979 | UNEF II | Naher Osten, insbesondere Sinai-Halbinsel |
| 1988–1990 | UNGOMAP | Afghanistan/Pakistan |
| 1988–1991 | UNIIMOG | Irak und Iran |
| 1989–1990 | UNTAG | Namibia |
| 1989–1990 | ONUVEN | Nicaragua |
| 1989–1991 | ONUCA | El Salvador, Honduras, Nicaragua |
| 1990 | ONUVEH | Haiti |
| 1991–1995 | ONUSAL | El Salvador |
| seit 1991 | MINURSO | Westsahara |
| seit 1991 | UNIKOM | Irak, Kuwait |
| 1992–1993 | UNTAC | Kambodscha |

| Zeitraum | Friedensmission | Einsatzländer |
|---|---|---|
| 1992–1994 | UNOMOZ | Mosambik |
| 1992–1995 | UNOSOM | Somalia |
| 1992–1995 | UNPROFOR | Bosnien-Herzegowina, Kroatien |
| 1993–1996 | UNOMIH | Haiti |
| 1993–1996 | UNAMIR | Ruanda |
| 1993–1998 | UNOMIL | Liberia |
| seit 1993 | UNOMIG | Georgien |
| seit 1994 | UNMOT | Tadschikistan |
| 1995–1997 | UNAVEM III | Angola |
| seit 1995 | UNMIBH | Bosnien-Herzegowina |
| seit 1995 | UNPREDEP | Makedonien |
| 1996–1997 | UNSMIH | Haiti |
| 1996–1998 | UNTAES | Kroatien, Ostslawonien |
| seit 1996 | UNMOP | Kroatien |
| 1997–1998 | MINUGUA | Guatemala |
| seit 1997 | MIPONUH | Haiti |
| seit 1997 | MONUA | Angola |
| seit 1998 | MINURCA | Zentralafrikanische Republik |
| seit 1999 | KFOR | Kosovo |

## Geschichte der Menschenrechte im 20. Jahrhundert

| | | | | |
|---|---|---|---|---|
| 1902 | Italien, Russland, USA: Arbeiter und Studenten streiken für die Anerkennung von Gewerkschaften | | 1920 | USA: Gründung der American Civil Liberties Union; Frauen erhalten das Wahlrecht |
| 1903 | Großbritannien: Emmeline Pankhurst gründet zum Kampf für das Frauenwahlrecht die Women's Social and Political Union (WSPU) | | 1926 | Südafrika: Schwarze dürfen bestimmte qualifizierte Berufe nicht ausüben |
| | | | 1927 | Großbritannien: Sympathiestreiks werden gesetzlich verboten |
| 1905 | Russland: Zar Nikolaus II. gewährt eine Verfassung, die Bürgerrechte garantiert, aber nach einem Jahr wieder aufgehoben wird | | 1932 | USA: Der Oberste Gerichtshof bestimmt, dass Personen, die wegen Kapitalverbrechen vor Gerichten der Gliedstaaten angeklagt sind, eine angemessene Verteidigung haben müssen – UdSSR: Stalin schickt Truppen in die Ukraine und den Kaukasus; sie gehen gewaltsam gegen »Kulaken« (wohlhabende Bauern) vor |
| 1906 | Finnland: Steuern zahlende Frauen über 24 Jahre erhalten das Wahlrecht – Südafrika: Mahatma Gandhi organisiert gewaltlosen Widerstand der indischen Einwanderer gegen Diskriminierung | | | |
| 1908 | Dänemark: Alle Steuerzahler über 25 Jahre erhalten Wahlrecht | | 1933 | Deutschland: NS-Regime errichtet in Dachau das erste Konzentrationslager; Juden dürfen nicht mehr Beamte sein |
| 1909 | USA: Die Schwarzenorganisation National Association for the Advancement of Colored People (NAACP) in New York gegründet | | 1935 | UdSSR: Kinder ab zwölf Jahre unterliegen dem Erwachsenenstrafrecht – Deutschland: Die Nürnberger Gesetze entziehen den Juden die staatsbürgerlichen Rechte |
| 1910 | China: Abschaffung der Sklaverei | | | |
| 1912 | Südafrika: Gründung der South African Native Education Association (später: African National Congress, ANC) – Österreich: Erstmals wird eine Frau ins Parlament gewählt | | 1936 | Südafrika: Rassentrennungsgesetze verabschiedet – UdSSR: Beginn der »Großen Säuberung«; in den nächsten Jahren werden Millionen Menschen als »Volksfeinde« getötet |
| 1913 | USA: Alice Paul gründet die National Woman's Party | | 1938 | Deutschland: Organisierte Zerstörung von Synagogen, Angriffe auf jüdische Geschäfte und Wohnungen (»Kristallnacht«); weitere berufliche Einschränkungen |
| 1914 | USA: Miliz des Staates Colorado tötet 21 Arbeiter, die für die Anerkennung ihrer Gewerkschaften demonstrieren – Türkei: Frauen zur Universität zugelassen | | | |
| | | | 1941 | Deutschland: Juden müssen den gelben »Judenstern« an der Kleidung tragen |
| 1918 | Großbritannien: Frauen über 30 Jahre und alle Männer über 21 Jahre erhalten das Wahlrecht. Das Unterhaus lässt weibliche Mitglieder zu | | 1942 | Deutschland: Auf der »Wannsee-Konferenz« wird der Völkermord an den Juden festgelegt |
| | | | 1945 | Frankreich: Frauen erhalten das Wahlrecht |
| 1919 | Deutschland: Frauen erhalten das aktive und passive Wahlrecht | | 1946 | Japan und Italien: Frauen erhalten das Wahlrecht |

⇒ S. 466

# Organisationen

| | |
|---|---|
| 1947 | Japan: Frauen erlangen Gleichberechtigung in Bezug auf Eigentum und Scheidung – Indien: »Unberührbarkeit« für ungesetzlich erklärt |
| 1948 | UNO: Allgemeine Erklärung der Menschenrechte angenommen – USA: Rassentrennung in den Streitkräften wird aufgehoben |
| 1949 | Deutschland: Das Grundgesetz der Bundesrepublik tritt in Kraft; die Grundrechte sind unmittelbar geltendes Recht – Großbritannien: Das Oberhaus lässt weibliche Mitglieder zu |
| 1949–1960 | China: 26 Mio. Menschen kommen durch kommunistische Gewalt ums Leben |
| 1950 | Korea: UN-Streitkräfte und Truppen beider Seiten begehen schwere Menschenrechtsverletzungen gegen Kriegsgefangene – USA: Das McCarran-Gesetz schränkt die Rechte von (vermeintlichen) Kommunisten ein |
| 1955 | Südafrika: Juristische Hindernisse gegen weitere Apartheid-Gesetze werden entfernt – USA: Der Oberste Gerichtshof ordnet die Aufhebung der Rassentrennung an allen öffentlichen Orten an |
| 1956 | Polen: Über 100 Demonstranten werden getötet, als Militär in Posen einen Arbeiteraufstand niederschlägt – USA: Martin Luther King führt in Montgomery einen Bus-Boykott an, nachdem die Schwarze Rosa Parks verhaftet worden ist, weil sie sich geweigert hatte, ihren Sitzplatz einem Weißen zu überlassen – Südafrika: Die Regierung fordert 100 000 Nichtweiße in Johannesburg auf, ihre Wohnungen binnen eines Jahres zu verlassen |
| 1957 | USA: Bundestruppen werden zur Central High School in Little Rock (Arkansas) entsandt, wo eine Menschenmenge neun schwarze Kinder daran hindert, die Schule zu betreten – China: Kampage gegen »Rechte«; Hunderttausende Intellektuelle werden zur »Erziehung« aufs Land geschickt |
| 1958 | Marokko: Frauen erhalten das Recht, ihren Ehemann selbst zu wählen |
| 1959 | UNO: Die Vollversammlung verurteilt Rassendiskriminierung |
| 1960 | Südafrika: In Sharpeville bei Johannesburg erschießt die Polizei 72 Anti-Apartheid-Demonstranten. Der Ausnahmezustand wird verhängt, 22 000 Personen werden verhaftet, der African National Congress (ANC) und der Pan-African Congress (PAC) verboten |
| 1961 | Deutschland: Bau der Berliner Mauer. Die Bewohner der DDR haben keine Möglichkeit mehr, den Staat ungefährdet zu verlassen |
| 1962 | USA: Unruhen an der Universität von Mississippi, als der schwarze Student James H. Meredith seinen Studienplatz einnehmen will |
| 1963 | USA: Martin Luther King hält in Washington seine historische Rede »I have a dream«. Über 200 000 Menschen marschieren für Bürgerrechtsreformen nach Washington |

| | |
|---|---|
| | Der US-Kongress garantiert Frauen gleichen Lohn für gleiche Arbeit |
| 1964 | Südafrika: Nelson Mandela und sieben andere Bürgerrechtler werden zu lebenslanger Haft verurteilt. Die Polizei wird ermächtigt, Verdächtige bis zu sechs Monaten festzuhalten, ohne ihre Verhaftung zu melden |
| 1965 | USA: Malcolm X bei der Vorbereitung einer Rede über Rassenharmonie erschossen; Martin Luther King und 770 Anhänger bei einer Bürgerrechtsdemonstration verhaftet; Gesetz über Wahlrecht tritt in Kraft |
| 1966 | China: Mao Zedong proklamiert die »Kulturrevolution«; Millionen Intellektuelle und Funktionäre werden gedemütigt und misshandelt – USA: Gründung der National Organization for Women; in Massachusetts wird der erste schwarze Senator gewählt |
| 1967 | USA: Martin Luther King ruft zu einer großen Kampagne des zivilen Ungehorsams für Bürgerrechtsreformen auf |
| 1968 | USA: Martin Luther King ermordet – Tschechoslowakei: Truppen des Warschauer Pakts schlagen den »Prager Frühling« nieder |
| 1972 | 13 katholische Bürgerrechtsdemonstranten in Nordirland von britischen Soldaten erschossen (»Blutsonntag«) |
| 1975 | Kambodscha: Rote Khmer beginnen mit Massenmord an Intellektuellen, politischen Gegnern und Bauern; alle Personen über zehn Jahren werden zur Feldarbeit gezwungen – KSZE: Die Schlussakte der Konferenz für Sicherheit und Zusammenarbeit in Europa bekennt sich zu den klassischen Grundrechten; damit wirkt sie stark auf die entstehenden Bürgerrechtsbewegungen in den sozialistischen Ländern |
| 1976 | Indien: Die Regierung behält sich vor, politische Gegner ohne Prozess zu verhaften – Südafrika: In Soweto feuert die Polizei auf Demonstranten (176 Tote) |
| 1977 | Tschechoslowakei: Bürgerrechtler verbreiten die »Charta 77«, ein Manifest für Bürger- und Menschenrechte gemäß der KSZE-Schlussakte |
| 1979 | Iran: Protestmarsch von Frauen in Teheran gegen Aufhebung des Familienschutzgesetzes |
| 1980 | Polen: »Solidarität« als erste unabhängige Gewerkschaft in Osteuropa gegründet – El Salvador: Erzbischof Oscar Arnulfo Romero, ein Vorkämpfer für Menschenrechte, wird ermordet |
| 1985 | DDR: Gründung der ersten Bürgerrechtsgruppe (»Initiative für Frieden und Menschenrechte«) – Südafrika: Ausnahmezustand wird verhängt, er gibt der Polizei fast unbegrenzte Machtbefugnisse in den schwarzen Townships |
| 1986 | Südafrika: »Subversive« Presseberichte werden verboten. Anti-Apartheid-Demonstrationen führen zur Aufhebung der Passgesetze. – |

| 1988 | USA: Der Oberste Gerichtshof gibt den Gliedstaaten das Recht, homosexuellen Verkehr zwischen Erwachsenen unter Strafe zu stellen Großbritannien: Kommunalen und staatlichen Schulen wird verboten, Homosexualität als akzeptable alternative Lebensform darzustellen |
| 1989 | China: Militär schlägt eine Demonstration für Demokratie auf dem Pekinger Tiananmen-Platz nieder und tötet Hunderte Studenten – DDR: Öffnung der Berliner Mauer |
| 1990 | Deutschland: Vereinigung des Landes; die Grundrechte gelten in ganz Deutschland – Südafrika: Nelson Mandela wird freigelassen; Verbot des ANC und Aufhebung der Rassen-trennungsgesetze – USA: Diskriminierung von Behinderten wird gesetzlich verboten |
| 1992 | Südafrika: In einem Referendum stimmen die Weißen mit großer Mehrheit für freie Wahlen – USA: Der Freispruch von Polizisten, die den unbewaffneten schwarzen Autofahrer Rodney King geschlagen haben, führt zu gewalttätigen Ausschreitungen |
| 1994 | Südafrika: Die ersten freien Wahlen bringen Mandela ins Präsidentenamt |
| 1999 | Menschenrechtsverletzungen im Kosovo führen zum NATO-Luftkrieg gegen Jugoslawien |

## Bedeutende politische und militärische Organisationen

| Organisation | Gründung | Erläuterung |
|---|---|---|
| Arabische Liga | 1945 | Arabische Staaten und PLO; politische, kulturelle, wirtschaftliche, militärische Kooperation; Festigung der Beziehungen zwischen Mitgliedern |
| Commonwealth of Nations | 1948 | Verbund von Großbritannien und früheren britischen Kolonien; politische, wirtschaftliche und kulturelle Zusammenarbeit |
| Europarat | 1949 | Zusammenschluss europäischer Staaten zur Förderung des politischen, wirtschaftlichen und sozialen Fortschritts; Wahrung des Kulturerbes |
| NATO (Nordatlantikpakt) | 1949 | Wahrung der Freiheit der Vertragsstaaten durch gemeinsame Verteidigung; seit 1999 Eingreifen außerhalb der NATO-Staaten möglich, z.B. zur Verhinderung von Völkermord |
| Nordischer Rat | 1951 | Wirtschaftliche, soziale, kulturelle Kooperation der nordeuropäischen Staaten; außerdem Zoll- und Passunion, freier Arbeitsmarkt |
| OAS (Organisation amerikanischer Staaten) | 1948 | Zusammenschluss zur Stärkung von Frieden, Souveränität und Zusammenarbeit; Hilfe bei wirtschaftlichen und politischen Problemen |
| OAU (Organisation für Afrikanische Einheit) | 1963 | Interafrikanische Zusammenarbeit auf politischem, militärischem, wirtschaftlichem, kulturellem, technologischem und sozialem Gebiet |
| WEU (Westeuropäische Union) | 1954 | Gegenseitiger Beistand westeuropäischer Staaten zur Erhaltung von Frieden und Sicherheit; der NATO angeschlossen |

## Meilensteine der Geschichte von EWG, EG und EU

| 1957 | Durch Unterzeichnung der Römischen Verträge gründen die Benelux-Staaten, die BR Deutschland, Frankreich und Italien die Europäische Wirtschaftsgemeinschaft (EWG) und die Europäische Atomgemeinschaft (EURATOM) |
| 1967 | Gründung der Europäischen Gemeinschaft durch die Vereinigung von EURATOM, EWG und Montanunion |
| 1968 | Durch die Europäische Zollunion werden die Binnenzölle in der EG abgeschafft |
| 1973 | Erweiterung der EG um Dänemark, Großbritannien und Irland |
| 1974 | Die EG-Regierungschefs schaffen als gemeinsames Gremium den Europäischen Rat |
| 1979 | Erste Direktwahlen zum Europäischen Parlament; Schaffung des Europäischen Währungssystems (EWS) mit der Währungseinheit ECU |
| 1981 | EG-Aufnahme Griechenlands |
| 1986 | EG-Aufnahme von Portugal und Spanien; die Einheitliche Europäische Akte bereitet den Einheitlichen Binnenmarkt vor |
| 1992 | Der Maastrichter Vertrag begründet die Europäische Union (EU), die eine enge wirtschaftliche, politische und soziale Vereinigung bilden soll; EFTA- und künftige EU-Staaten einigen sich im EWR-Vertrag auf freien Verkehr von Waren, Dienstleistungen, Kapital und Personen |
| 1995 | EU um Finnland, Österreich und Schweden erweitert; Schengener Vertrag beendet Grenzkontrollen zwischen Signatarstaaten |
| 1999 | Elf EU-Staaten führen den Euro ein |

# Organisationen

## EU-Mitgliedsstaaten

| Beitrittsjahr | Land | Einwohner*<br>(in Mio.) | Fläche<br>(in km²) | BSP**<br>(pro Einw.) |
|---|---|---|---|---|
| 1957 | Belgien | 10,2 | 30 519 | 25 380 |
| 1957 | BR Deutschland | 82,1 | 357 022 | 26 570 |
| 1957 | Frankreich | 58,9 | 543 965 | 24 210 |
| 1957 | Italien | 57,3 | 301 268 | 20 090 |
| 1957 | Luxemburg | 0,4 | 2 586 | 45 100 |
| 1957 | Niederlande | 15,7 | 41 500 | 24 780 |
| 1973 | Dänemark | 5,3 | 43 094 | 33 040 |
| 1973 | Großbritannien | 58,7 | 244 100 | 21 410 |
| 1973 | Irland | 3,7 | 70 282 | 18 710 |
| 1981 | Griechenland | 10,6 | 131 990 | 11 740 |
| 1986 | Portugal | 9,9 | 91 982 | 10 670 |
| 1986 | Spanien | 39,6 | 505 992 | 14 100 |
| 1995 | Finnland | 5,2 | 338 145 | 24 280 |
| 1995 | Österreich | 8,1 | 83 853 | 26 830 |
| 1995 | Schweden | 8,9 | 449 964 | 25 580 |

* Stand 2000    ** Stand 1998; Angaben in US-Dollar

## Europäische Organe und Organisationen

**Europäische Kommission:** Exekutivorgan der EU mit 20 Mitgliedern (Kommissare), die für fünf Jahre ernannt werden. Der Präsident der Kommission wird von den Mitgliedstaaten ernannt; das Europäische Parlament muss seiner Ernennung zustimmen. Die Kommission macht Vorschläge zur EU-Politik, stellt den EU-Haushaltsplan auf, führt die Politik der Union durch, überwacht die Einhaltung der Vertragsbestimmungen durch die Mitgliedstaaten, sorgt für faire Wettbewerbsbedingungen innerhalb der Union.

**Rat der Europäischen Union (Ministerrat):** Jeder Mitgliedsstaat ist durch einen Minister vertreten; Rat entscheidet über die Vorschläge der Kommission

**Europäischer Gerichtshof:** Das Recht sprechende Organ der EU mit 15 Richtern; entscheidet bei Streitigkeiten zwischen Mitgliedstaaten und/oder EU-Organen

**Wirtschafts- und Sozialausschuss:** Das offizielle Beratungs- und Vertretungsorgan wirtschaftlicher und sozialer Interessengruppen in der EU

**Europäisches Parlament:** Volksvertretung mit 626 Abgeordneten, die in den Mitgliedstaaten direkt auf fünf Jahre gewählt werden; Abgeordnete schließen sich nach parteipolitischer Orientierung zu Länder übergreifenden Fraktionen zusammen. Plenarsitzungen finden in Straßburg, Ausschusssitzungen in Brüssel statt. Das Parlament wirkt an der Gesetzgebung der EU mit, kontrolliert die Gemeinschaftspolitik durch Anfragen an den Ministerrat und die Kommission, entscheidet mit dem Ministerrat über den EU-Haushalt, muss Zustimmung bei Beitritten und Assoziierungen geben

**Europäischer Rat:** Gebildet aus den Staats- und Regierungschefs der Mitgliedstaaten und dem Präsidenten der Kommission; trifft grundlegende Entscheidungen für die EU und gibt die Richtlinien für Kommission und Rat vor; Rat tagt in der Regel zweimal pro Jahr, zeitgleich tagen die Außenminister

### Die Organe der Europäischen Union

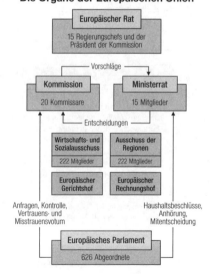

Europäischer Rat
15 Regierungschefs und der Präsident der Kommission

Vorschläge

Kommission
20 Kommissare

Ministerrat
15 Mitglieder

Entscheidungen

Wirtschafts- und Sozialausschuss
222 Mitglieder

Ausschuss der Regionen
222 Mitglieder

Europäischer Gerichtshof

Europäischer Rechnungshof

Anfragen, Kontrolle, Vertrauens- und Misstrauensvotum

Haushaltsbeschlüsse, Anhörung, Mitentscheidung

Europäisches Parlament
626 Abgeordnete

## Herrscher, Staats- und Regierungschefs

| Name | Regierungszeit |
|---|---|
| **Ägypten (Könige oder Pharaonen)** | |
| **Frühgeschichte** | |
| 1. Dynastie: Hor Aha (Menes) | 2960–2930 v. Chr. |
| 2. Dynastie: | 2780–2640 |
| | |
| **Altes Reich** | |
| 3. Dynastie: Djoser | 2620–2600 |
| 4. Dynastie: Snofru | 2570–2545 |
| Cheops | 2545–2520 |
| Chephren | 2510–2485 |
| Mykerinos | 2485–2455 |
| 5. Dynastie: Userkaf | 2450–2442 |
| Sahure | 2442–2430 |
| Niuserre | 2390–2360 |
| Unas | 2310–2290 |
| 6. Dynastie: Teti | 2290–2268 |
| Pepi I. | 2268–2228 |
| Pepi II. | 2221–2157 |
| | |
| **1. Zwischenzeit** | |
| 7. Dynastie (Interregnum): | 2155 |
| 8. Dynastie: | 2155–2135 |
| 9. und 10. Dynastie: | 2135–2040 |
| 11. Dynastie: Mentu-hotep I. | 2134–2118 |
| Mentu-hotep II. | 2061–2010 |
| Mentu-hotep III. | 2010–1998 |
| | |
| **Mittleres Reich** | |
| 12. Dynastie: Amenehmet I. | 1991–1971 |
| Sesostris I. | 1971–1929 |
| Amenehmet II. | 1929–1897 |
| Sesostris III. | 1878–1842 |
| Amenehmet III. | 1842–1798 |
| Amenehmet IV. | 1798–1789 |
| 13. und (Auflösung des | |
| 14. Dynastie: Staates) | 1781–1650 |
| | |
| **2. Zwischenzeit** | |
| 15. und 16. Dynastie (Hyksos): | 1650–1550 |
| 17. Dynastie (Theben): | 1650–1550 |
| | |
| **Neues Reich** | |
| 18. Dynastie: Amosis I. | 1554–1529 |
| Amenophis I. | 1529–1508 |
| Thutmosis I. | 1508–1493 |
| Thutmosis II. | 1493–1490 |
| Hatschepsut | 1490–1470 |
| Thutmosis III. | 1470–1439 |
| Amenophis II. | 1439–1413 |
| Thutmosis IV. | 1413–1403 |
| Amenophis III. | 1403–1365 |
| Amenophis IV. | 1365–1349 |
| Tutanchamun | 1346–1336 |
| Haremhab | 1332–1305 |

| Name | Regierungszeit |
|---|---|
| 19. Dynastie: Ramses I. | 1305–1303 |
| Sethos I. | 1303–1290 |
| Ramses II. | 1290–1224 |
| Merenptah | 1224–1214 |
| Amenmesse | 1214–1210 |
| Sethos II. | 1210–1204 |
| 20. Dynastie: Sethnachte | 1196–1193 |
| Ramses III. | 1193–1162 |
| Ramessiden | 1162–1080 |
| (Ramses IV.–XI.) | |
| | |
| **3. Zwischenzeit** | |
| 21. Dynastie: Smendes | 1080–1054 |
| Psusennes | 1054–1004 |
| Amenophtis | 1004–985 |
| Psusennes II. | 960–946 |
| 22. Dynastie: Schoschenk I. | 946–925 |
| Orsokon II. | 888–860 |
| 23. Dynastie: (rivalisierende | 820–718 |
| libysche Könige) | |
| 24. Dynastie | |
| (in Sais): Tefnachte | 740–718 |
| 25. Dynastie | |
| (Kuschiten): Pije | 740–713 |
| | |
| **Spätzeit** | |
| Schabako | 713–698 |
| Taharka | 690–610 |
| 26. Dynastie: Psammetich I. | 664–610 |
| Necho | 610–595 |
| Psammetich II. | 595–570 |
| Amosis | 570–526 |
| 27. Dynastie: | |
| (1. Perserherrschaft) | 525–404 |
| 28. bis 30. Dynastie: | 404–342 |
| 31. Dynastie: Alexander d. Gr. | 332–323 |
| (2. Perserherrschaft) | |
| | |
| **Griechisch-römische Zeit** | |
| Ptolemäer | ab 305 |
| Kleopatra VII. | 51–30 |
| römische Herrschaft ab 30 v. Chr. | |
| | |
| **Römische Kaiser (in Klammern Mitregentschaften)** | |
| **Iulisch-Claudisches Kaiserhaus** | |
| Augustus | 27 v. –14 n. Chr. |
| Tiberius | 14–37 |
| Caligula | 37–41 |
| Claudius | 41–54 |
| Nero | 54–58 |
| | |
| **Vierkaiserjahr (einschl. Vespasian)** | |
| Galba | 68–69 |
| Otho | 69 |
| Vitellius | 69 |

⇒ S. 470

# Herrscher

| Name | Regierungszeit |
|------|----------------|
| **Flavisches Kaiserhaus** | |
| Vespasian | 69–79 |
| Titus | 79–81 |
| Domitian | 81–96 |
| | |
| **Adoptivkaiser** | |
| Nerva | 96–98 |
| Trajan | 98–117 |
| Hadrian | 117–138 |
| Antonius Pius | 138–161 |
| Marc Aurel | 161–180 |
| Lucius Verus | 161–169 |
| Commodus | (177) 180–192 |
| | |
| **Fünfkaiserjahr (einschl. Septimus Severus)** | |
| Pertinax | 193 |
| Didius Juianus | 193 |
| Pescennius Niger | 193–194 |
| Clodius Albinus | 193–197 |
| | |
| **Severisches Kaiserhaus** | |
| Septimius Severus | 193–211 |
| Geta | (209) 211–212 |
| Caracalla | (198) 212–217 |
| Macrinus u. Diadumenianus | 217–218 |
| (im O vom Heer ausgerufen, keine Severer) | |
| Elagabal | 218–222 |
| Severus Alexander | 222–235 |
| | |
| **Soldatenkaiser** | |
| Maximius Thrax | 235–238 |
| Gordian I. | 238 |
| Gordian II. | 238 |
| Pupienus | 238 |
| Balbinus | 238 |
| Gordian III. | 238–244 |
| Philippus Arabs | 244–249 |
| Decius | 249–251 |
| Trebonianus Gallus | 251–253 |
| Volusianus | 251–253 |
| Aemilianus | 253 |
| Valerian | 253–260 |
| Gallienus | (253) 260–268 |
| Postumus (Gallisches Sonderreich) | 259–268 |
| Claudius II. Goticus | 268–270 |
| Victorinus (Gallisches Sonderreich) | 268–270 |
| Quintillus | 270 |
| Aurelian | 270–275 |
| Tetricus (Gallisches Sonderreich) | 270–274 |
| Tacitus | 275–276 |
| Florianus | 276 |
| Probus | 276–282 |
| Carus | 282–283 |
| Carinus | 283–285 |
| Numerianus | 283–284 |

| Name | Regierungszeit |
|------|----------------|
| **Tetrarchie** | |
| Diocletian | 284–305 |
| Maximian | 286–305 |
| Carausius u. | 286–293 |
| Allectus: Gegenkaiser in Britannien | 293–296 |
| Galerius | 305–311 |
| Constantius Chlorus | 305–306 |
| Flavius Severus | 306–307 |
| Maxentius (Usurpator in Rom) | 306–312 |
| Maximinus Daia | 309–313 |
| Licinius | 308–324 |
| | |
| **Kaiser bis zur Reichsteilung** | |
| Konstantin d. Gr. | (306) 324–337 |
| Konstantin II. | 337–340 |
| Constantius II. | 337–361 |
| Constans | 337–350 |
| Julian Apostata | 361–363 |
| Jovianus | 363–364 |
| Valentinian I. | 364–375 |
| Valens | (364) 375–378 |
| Gratian | 375–383 |
| Magnus Maximus | 383–388 |
| Valentinian II. | (375) 383–392 |
| Eugenius | 392–394 |
| Theodosius d. Gr. | (379) 394–395 |
| | |
| **Weströmische Kaiser nach der Reichsteilung** | |
| Honorius | (393) 395–423 |
| Constantius III. | 421 |
| Johannes | 423–425 |
| Valentinian III. | 425–455 |
| Petronius Maximus | 455 |
| Avitus | 455–456 |
| Maiorianus | 457–461 |
| Libius Severus | 461–465 |
| Anthemius | 467–472 |
| Olybrius | 472 |
| Glycerius | 473–474 |
| Julius Nepos | 474–480 |
| Romulus Augustulus | 475–476 |
| | |
| **Byzantinisches (Oströmisches) Reich** | |
| **Kaiser** | |
| **Theodosianische Dynastie** | |
| Arkadios | 395–408 |
| Theodosios II. | 408–450 |
| | |
| **Thrakische Dynastie** | |
| Markianos | 450–457 |
| Leon I. | 457–474 |
| Leon II. | 474 |
| Zenon | 474–475 |
| Basiliskos | 475–476 |
| Zenon (erneut) | 476–491 |
| Anastasios I. | 491–518 |

| Name | Regierungszeit |
|------|----------------|
| **Justinianische Dynastie** | |
| Justinos I. | 518–527 |
| Justinian I. | 527–565 |
| Justinos II. | 565–578 |
| Tiberios I. | 578–582 |
| Maurikios | 582–602 |
| Phokas | 602–610 |
| **Herakleianische Dynastie** | |
| Herakleios I. | 610–641 |
| Konstantin III. | 641 |
| Heraklonas | 641 |
| Konstans II. | 641–668 |
| Konstantin IV. | 668–685 |
| Justinian II. | 685–695 |
| Leontios | 695–698 |
| Tiberios II. | 698–705 |
| Justinian II. (erneut) | 705–711 |
| Philippikos | 711–713 |
| Anastasios II. | 713–715 |
| Theodosios III. | 715–717 |
| **Syrische (Isaurier-)Dynastie** | |
| Leon III. | 717–741 |
| Konstantin V. | 741–775 |
| Leon IV. | 775–780 |
| Konstantin VI. | 780–797 |
| Irene | 797–802 |
| Nikephoros I. | 802–811 |
| Staurakios | 811 |
| Michael I. | 811–813 |
| Leon V. | 813–820 |
| **Amorische (Phrygische) Dynastie** | |
| Michael II. | 820–829 |
| Theophilos | 829–842 |
| Michael III. | 842–867 |
| **Makedonische Dynastie** | |
| Basileios I. | 867–886 |
| Leon VI. | 886–912 |
| Alexandros | 912–913 |
| Konstantin VII. | 913–959 |
| Romanos I. | 920–944 |
| Romanos II. | 959–963 |
| Nikephoros II. | 963–969 |
| Johannes I. | 969–976 |
| Basileios II. | 976–1025 |
| Konstantin VIII. | 1025–1028 |
| Romanos III. | 1028–1034 |
| Michael IV. | 1034–1041 |
| Michael V. | 1041–1042 |
| Zoe und Theodora | 1042 |
| Konstantin IX. | 1042–1055 |
| Theodora (erneut) | 1055–1056 |
| Michael VI. | 1056–1057 |
| Isaak I. | 1057–1059 |

| Name | Regierungszeit |
|------|----------------|
| **Dynastie der Dukas** | |
| Konstantin X. | 1059–1067 |
| Romanos IV. | 1068–1071 |
| Michael VII. | 1071–1078 |
| Nikephoros III. | 1078–1081 |
| **Dynastie der Komnenen** | |
| Alexios I. | 1081–1118 |
| Johannes II. | 1118–1143 |
| Manuel I. | 1143–1180 |
| Alexios II. | 1180–1183 |
| Andronikos I. | 1183–1185 |
| **Dynastie der Angeloi** | |
| Isaak II. | 1185–1195 |
| Alexios III. | 1195–1203 |
| Isaak II. (erneut) | 1203–1204 |
| Alexios V. | 1204 |
| **Dynastie der Laskariden (in Nikaia)** | |
| Theodor I. | 1204–1222 |
| Johannes III. | 1222–1254 |
| Theodor II. | 1254–1258 |
| Johannes IV. | 1258–1261 |
| **Dynastie der Palaiologen** | |
| Michael VIII. | 1261–1282 |
| Andronikos II. | 1282–1328 |
| Andronikos III. | 1328–1341 |
| Johannes V. | 1341–1376 |
| Johannes VI. (Gegenkaiser) | 1347–1354 |
| Andronikos IV. | 1376–1379 |
| Johannes V. (erneut) | 1379–1391 |
| Johannes VII. (Gegenkaiser) | 1390 |
| Manuel II. | 1391–1425 |
| Johannes VIII. | 1425–1448 |
| Konstantin XI. | 1449–1453 |

| **Germanische Reiche** | |
|------|----------------|
| **Reich der Ostgoten in Italien** | |
| **Könige** | |
| Theoderich d. Gr. | 473–526 |
| Athalarich (unter Vormundschaft von Amalasuntha) | 526–534 |
| Theodehad | 534–536 |
| Witiches (Witigis) | 536–540 |
| Ildibad (Hildebad) | 540–541 |
| Erarich | 541 |
| Totila | 541–552 |
| Teja | 552–553 |

⇒ S. 472

**471**

# Herrscher

| Name | Regierungszeit |
|---|---|
| **Reich der Westgoten in Südfrankreich und Spanien** | |
| **Könige** | |
| Wallia | 415–418 |
| Theoderich I. (Theoderid) | 418–451 |
| Thorismund | 451–453 |
| Theoderich II. | 453–466 |
| Eurich | 466–484 |
| Alarich II. | 484–507 |
| Gesalech | 507–511 |
| Amalarich (bis 526 unter ostgotischer Vormundschaft) | 511–531 |
| Teudis | 531–548 |
| Teudegisel | 548–549 |
| Agila | 549–554 |
| Athanagild | 554–567 |
| Leowa I. | 568–573 |
| Leowigild | 568–586 |
| Rekkared I. | 586–601 |
| Leowa II. | 601–603 |
| Witterich | 603–610 |
| Gundemar | 610–612 |
| Sisibut | 612–621 |
| Rekkared II. | 621 |
| Swintila | 621–631 |
| Sisinand | 631–636 |
| Chintila | 636–639 |
| Tulga | 639–642 |
| Chindaswind | 642–653 |
| Rekkeswind | 653–672 |
| Wamba | 672–680 |
| Erwich | 680–687 |
| Egica | 687–702 |
| Witiza | 702–710 |
| Roderich | 710–711 |
| **Reich der Wandalen in Nordafrika** | |
| **Könige** | |
| Geiserich | 428–477 |
| Hunerich | 477–484 |
| Gunthamund | 484–496 |
| Thrasamund | 496–523 |
| Hilderich | 523–530 |
| Gelimer | 530–534 |
| **Reich der Langobarden in Italien** | |
| **Könige** | |
| Alboin | 658–572 |
| Cleph | 572–574 |
| (Interregnum | 574–584) |
| Authari | 584–590 |
| Agilulf | 591–615 od. 616 |
| Adaloald (Adelwald) | 616–625 od. 626 |
| Arioald (Ariwald) | 625 od. 626–636 |
| Rothari | 636–652 |
| Rodaold (Rodwald) | 652–653 |
| Aripert I. | 653–661 |
| Grimoald (Grimwald) | 662–671 |

| Name | Regierungszeit |
|---|---|
| Garibald | 671 |
| Pectarit | 671–688 |
| Cunipert | 688–700 |
| Liutpert | 700 |
| Raginpert | 701 |
| Aripert II. | 701–712 |
| Ansprand | 712 |
| Liutprand | 712–744 |
| Hildeprand (seit 736 Mitregent) | 744 |
| Ratchis | 744–749 |
| Aistulf | 749–756 |
| Ratchis (erneut) | 756–757 |
| Desiderius | 757–774 |
| **Reich der Franken** | |
| **Könige** | |
| **Merowinger** | |
| Chlodwig I. | 481 od. 482–511 |
| (Reich geteilt | 511–558) |
| Chlotar I. | 558–561 |
| (Reich geteilt | 561–613) |
| Chlotar II. | 613–629 |
| Dagobert I. | 629–638 od. 639 |
| (Reich geteilt | 638–679) |
| Theuderich III. | 679–690 od. 691 |
| Chlodwig III. | 690 od. 691–694 |
| Childebert III. | 694–711 |
| Dagobert III. | 711–715 od. 716 |
| Chilperich II. | 715 od. 716–721 |
| Theuderich IV. | 721–737 |
| (Interregnum | 737–743) |
| Childerich III. | 743–751 |
| **Karolinger** | |
| Pippin III. | 751–768 |
| (Reich geteilt | 768–771) |
| Karl I., d. Gr. (seit 800 Kaiser) | 771–814 |
| Ludwig I., der Fromme (Kaiser) | 814–840 |
| Lothar I. (Kaiser) | 840–843 |
| (Reichsteilung | 843) |
| **Ostfränkisches Reich** | |
| Ludwig der Deutsche | 843–876 |
| (Reich geteilt | 876–882) |
| Karl III., der Dicke (Kaiser) | 882–887 |
| Arnulf von Kärnten (Kaiser) | 887–899 |
| Ludwig das Kind | 900–911 |
| **Westfränkisches Reich** | |
| Karl der Kahle (Kaiser) | 843–877 |
| Ludwig II., der Stammler | 877–879 |
| (Reich geteilt | 879–884) |
| Karl III., der Dicke (von Ostfranken) | 884–887 |
| Odo von Paris (Kapetinger) | 888–898 |
| Karl III., der Einfältige | 898–923 |
| Rudolf (Burgunder) | 923–936 |
| Ludwig IV. | 936–954 |

| Name | Regierungszeit |
|---|---|
| Lothar II. | 954–986 |
| Ludwig V., der Faule | 986–987 |
| **Deutschland** | |
| RÖMISCH-DEUTSCHES REICH | |
| Der Reichsname lautete seit dem 11. Jahrhundert »Römisches Reich«, seit dem 13. Jh. »Heiliges Römisches Reich«, seit dem 15. Jh. »Heiliges Römisches Reich Deutscher Nation«. | |
| **Deutsche Könige (\* = auch römische Kaiser)** | |
| **Konradiner** | |
| Konrad I. | 911–918 |

| Name | Regierungszeit |
|---|---|
| **Ottonen** | |
| Heinrich I. | 919–936 |
| Otto I., der Große* | 936–973 |
| Otto II.* | 973–983 |
| Otto III.* | 983–1002 |
| Heinrich II.* | 1002–1024 |
| **Salier** | |
| Konrad II.* | 1024–1039 |
| Heinrich III.* | 1039–1056 |
| Heinrich IV.* | 1056–1106 |
| (Rudolf v. Rheinfelden; Gegenkönig | 1077–1080) |
| (Hermann v. Salm; Gegenkönig | 1081–1088) |
| Heinrich V.* | 1106–1125 |

⇒ S. 474

## Stammtafel der Ottonen, Salier, Staufer

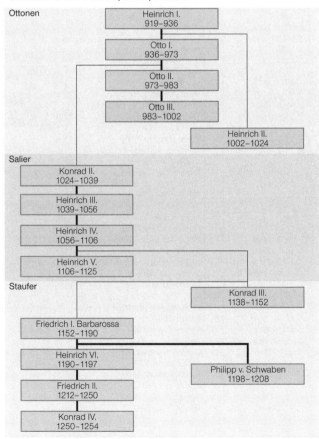

# Herrscher

| Name | Regierungszeit |
|---|---|
| **Supplinburger** | |
| Lothar III.* | 1125–1137 |
| | |
| **Staufer** | |
| Konrad III. | 1138–1152 |
| Friedrich I. Barbarossa* | 1152–1190 |
| Heinrich VI.* | 1190–1197 |
| Philipp von Schwaben (Doppelwahl) | 1198–1208 |
| Otto IV. (Welfe)* (Doppelwahl) | 1198–1218 |
| Friedrich II.* | 1212–1250 |
| (Heinrich Raspe von | |
| Thüringen; Gegenkönig | 1246–1247) |
| (Wilhelm v. Holland; Gegenkönig | 1247–1256) |
| Konrad IV. | 1250–1254 |
| | |
| **Interregnum** | |
| Alfons X. von Kastilien | 1257–1275 |
| Richard von Cornwall | 1257–1272 |
| | |
| **Verschiedene Häuser** | |
| Rudolf I. von Habsburg | 1273–1291 |
| Adolf von Nassau | 1292–1298 |
| Albrecht I. von Österreich | |
| (Habsburger) | 1298–1308 |
| Heinrich VII. von Luxemburg* | 1308–1313 |
| Ludwig IV., der Bayer | |
| (Wittelsbacher; Doppelwahl) | 1314–1347 |
| Friedrich der Schöne von Österreich | |
| (Habsburger; Doppelwahl) | 1314–1330 |
| Karl IV. (Luxemburger) | 1346–1378 |
| Günther von Schwarzburg | |
| (Gegenkönig) | 1349 |
| Wenzel von Böhmen (Luxemburger) | 1378–1400 |
| Ruprecht von der Pfalz | |
| (Wittelsbacher) | 1400–1410 |
| Sigismund (Luxemburger)* | 1410–1437 |
| Jobst von Mähren (Luxem- | |
| burger; Gegenkönig) | 1410–1411 |
| | |
| **Habsburger** | |
| Albrecht II. | 1438–1439 |
| Friedrich III.* | 1440–1493 |
| Maximilian I.* | 1493–1515 |
| Karl V.* | 1519–1556 |
| Ferdinand I.* | 1556–1564 |
| Maximilian II.* | 1564–1576 |
| Rudolf II.* | 1576–1612 |
| Matthias* | 1612–1619 |
| Ferdinand II.* | 1619–1637 |
| Ferdinand III.* | 1637–1657 |
| Leopold I.* | 1658–1705 |
| Joseph I.* | 1705–1711 |
| Karl VI.* | 1711–1740 |
| | |
| **Wittelsbacher** | |
| Karl VII.* | 1742–1745 |

| Name | Regierungszeit |
|---|---|
| **Habsburger (Haus Habsburg-Lothringen)** | |
| Franz I.* | 1745–1765 |
| Joseph II.* | 1765–1790 |
| Leopold II.* | 1790–1792 |
| Franz II.* | 1792–1806 |
| | |
| **Deutsches Reich** | |
| **Kaiser** | |
| Wilhelm I. | 1871–1888 |
| Friedrich III. | 1888 |
| Wilhelm II. | 1888–1918 |
| | |
| **Reichspräsidenten** | |
| Friedrich Ebert | 1919–1925 |
| Paul von Hindenburg | 1925–1934 |
| Adolf Hitler | 1934–1945 |
| | |
| **Reichskanzler** | |
| Otto Fürst von Bismarck | 1871–1890 |
| Leo Graf von Caprivi | 1890–1894 |
| Chlodwig Fürst zu Hohenlohe- | |
| Schillingsfürst | 1894–1900 |
| Bernhard Fürst von Bülow | 1900–1909 |
| Theobald von Bethmann Hollweg | 1909–1917 |
| Georg Michaelis | 1917 |
| Georg Graf von Hertling | 1917–1918 |
| Max Prinz von Baden | 1918 |
| Friedrich Ebert (SPD) | 1918 |
| Philipp Scheidemann (SPD) | |
| (Reichsministerpräsident) | 1919 |
| Gustav Bauer (SPD) | 1919–1920 |
| Hermann Müller (SPD) | 1920 |
| Konstantin Fehrenbach (Zentrum) | 1920–1921 |
| Joseph Wirth (Zentrum) | 1921–1922 |
| Wilhelm Cuno (parteilos) | 1922–1923 |
| Gustav Stresemann (DVP) | 1923 |
| Wilhelm Marx (Zentrum) | 1923–1924 |
| Hans Luther (parteilos) | 1925–1926 |
| Wilhelm Marx (Zentrum) | 1926–1928 |
| Hermann Müller (SPD) | 1928–1930 |
| Heinrich Brüning (Zentrum) | 1930–1932 |
| Franz von Papen (Zentrum) | 1932 |
| Kurt von Schleicher (parteilos) | 1932–1933 |
| Adolf Hitler (NSDAP) | 1933–1945 |
| Karl Dönitz (NSDAP) | 1945 |
| | |
| **Bundesrepublik Deutschland** | |
| **Bundespräsidenten** | |
| Theodor Heuss (FDP) | 1949–1959 |
| Heinrich Lübke (CDU) | 1959–1969 |
| Gustav Heinemann (SPD) | 1969–1974 |
| Walter Scheel (FDP) | 1974–1979 |
| Carl Carstens (CDU) | 1979–1984 |
| Richard von Weizsäcker (CDU) | 1984–1994 |
| Roman Herzog (CDU) | 1994–1999 |
| Johannes Rau (SPD) | seit 1999 |

| Name | Regierungszeit |
|---|---|
| **Bundeskanzler** | |
| Konrad Adenauer (CDU) | 1949–1963 |
| Ludwig Erhard (CDU) | 1963–1966 |
| Kurt Georg Kiesinger (CDU) | 1966–1969 |
| Willy Brandt (SPD) | 1969–1974 |
| Helmut Schmidt (SPD) | 1974–1982 |
| Helmut Kohl (CDU) | 1982–1998 |
| Gerhard Schröder (SPD) | seit 1998 |
| | |
| DEUTSCHE DEMOKRATISCHE REPUBLIK | |
| **Staatsoberhäupter** | |
| Wilhelm Pieck | 1949–1960 |
| Walter Ulbricht | 1960–1973 |
| Willi Stoph | 1973–1976 |
| Erich Honecker | 1976–1989 |
| Egon Krenz | 1989 |
| Manfred Gerlach | 1989/90 |
| Sabine Bergmann-Pohl | 1990 |
| | |
| **Vorsitzende des Ministerrats bzw. Ministerpräsidenten** | |
| Otto Grotewohl | 1949–1964 |
| Willi Stoph | 1964–1973 |
| Horst Sindermann | 1973–1976 |
| Willi Stoph | 1976–1989 |
| Hans Modrow | 1989/90 |
| Lothar de Maizière | 1990 |
| | |
| **Parteichefs der SED** | |
| (1950–1953 und seit 1976 Generalsekretär, 1953–1976 Erster Sekretär) | |
| Walter Ulbricht | 1950–1971 |
| Erich Honecker | 1971–1989 |
| Egon Krenz | 1989 |
| Gregor Gysi | 1989–1990 |
| | |
| **Brandenburg-Preußen** | |
| **Markgrafen (seit 1356 Kurfürsten) von Brandenburg** | |
| **Askanier** | |
| Albrecht I., der Bär | 1157–1170 |
| Otto I. | 1170–1184 |
| Otto II. | 1184–1205 |
| Albrecht II. | 1205–1220 |
| Johann I. und Otto III. | 1220–1258 |
| | |
| (Landesteilung; Linien Stendal und Salzwedel | 1258–1320) |
| | |
| **Wittelsbacher** | |
| Ludwig der Ältere | 1323–1351 |
| Ludwig der Römer | 1351–1356 |
| Otto der Faule | 1351–1373 |
| | |
| **Luxemburger** | |
| Wenzel (1378 deutscher König) | 1373–1378 |
| Sigismund (1410 König, 1433 Kaiser) | 1378–1397 |
| Jobst von Mähren | 1397–1411 |
| Sigismund (erneut) | 1411–1415 |

| Name | Regierungszeit |
|---|---|
| **Hohenzollern** | |
| Friedrich I. (förmlich belehnt 1417) | 1415–1440 |
| Friedrich II., der Eiserne | 1440–1470 |
| Albrecht Achilles | 1470–1486 |
| Johann Cicero | 1486–1499 |
| Joachim I. Nestor | 1499–1535 |
| Joachim II. Hektor | 1535–1571 |
| Johann Georg | 1571–1598 |
| Joachim Friedrich | 1598–1608 |
| Johann Sigismund | 1608–1640 |
| Friedrich Wilhelm, d. Große Kurfürst | 1640–1688 |
| Friedrich III. (1701 König Friedrich I.) | 1688–1701 |
| | |
| **Könige in Preußen (seit 1772 von Preußen)** | |
| **Hohenzollern** | |
| Friedrich I. (bis 1701 Kurfürst Friedrich III.) | 1701–1713 |
| Friedrich Wilhelm I. | 1713–1740 |
| Friedrich II., der Große | 1740–1786 |
| Friedrich Wilhelm II. | 1786–1797 |
| Friedrich Wilhelm III. | 1797–1840 |
| Friedrich Wilhelm IV. | 1840–1861 |
| Wilhelm I. (1871 Dt. Kaiser) | 1861–1888 |
| Friedrich III. (Dt. Kaiser) | 1888 |
| Wilhelm II. (Dt. Kaiser) | 1888–1918 |
| | |
| **Ministerpräsidenten** | |
| Adolf Heinrich Graf von Arnim-Boitzenburg | 1848 |
| Ludolf Camphausen | 1848 |
| Rudolf von Auerswald | 1848 |
| Ernst von Pfuel | 1848 |
| Friedrich Wilhelm Graf von Brandenburg | 1848–1850 |
| Otto Freiherr von Manteuffel | 1850–1858 |
| Karl Anton Fürst von Hohenzollern-Sigmaringen | 1858–1862 |
| Adolf Prinz zu Hohenlohe-Ingelfingen | 1862 |
| Otto von Bismarck (1865 Graf, 1871 Fürst) | 1862–1873 |
| Albrecht Graf von Roon | 1873 |
| Otto von Bismarck | 1873–1890 |
| Leo Graf von Caprivi | 1890–1892 |
| Botho Graf zu Eulenburg | 1892–1894 |
| Chlodwig Fürst zu Hohenlohe-Schillingsfürst | 1894–1900 |
| Bernhard Fürst von Bülow | 1900–1909 |
| Theobald von Bethmann Hollweg | 1909–1917 |
| Georg Michaelis | 1917 |
| Georg Graf von Hertling | 1917–1918 |
| Max Prinz von Baden | 1918 |
| Paul Hirsch (SPD) und Heinrich Ströbel (USPD) | 1918–1919 |
| Paul Hirsch (SPD) | 1919–1920 |
| Otto Braun (SPD) | 1920–1921 |

⇒ S. 476

**475**

# Herrscher

## Stammtafel der preußischen Hohenzollern

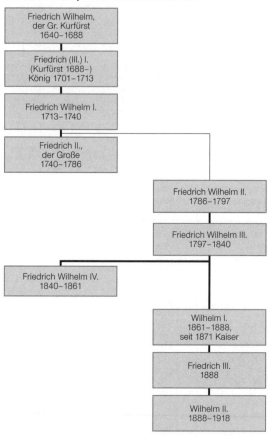

Friedrich Wilhelm, der Gr. Kurfürst 1640–1688

Friedrich (III.) I. (Kurfürst 1688–) König 1701–1713

Friedrich Wilhelm I. 1713–1740

Friedrich II., der Große 1740–1786

Friedrich Wilhelm II. 1786–1797

Friedrich Wilhelm III. 1797–1840

Friedrich Wilhelm IV. 1840–1861

Wilhelm I. 1861–1888, seit 1871 Kaiser

Friedrich III. 1888

Wilhelm II. 1888–1918

| Name | Regierungszeit |
|---|---|
| Adam Stegerwald (Zentrum) | 1921 |
| Otto Braun (SPD) | 1921–1925 |
| Wilhelm Marx (Zentrum) | 1925 |
| Otto Braun (SPD) | 1925–1932 |
| Franz v. Papen (Reichskommissar) | 1932 |
| Kurt v. Schleicher (Reichskommissar) | 1932–1933 |
| Franz v. Papen (Reichskommissar) | 1933 |
| Hermann Göring (NSDAP) | 1933–1945 |
| | |
| **Bayern** | |
| Herzöge | |
| **Agilofinger** | um 560–788 |
| | |
| **Karolinger** | 788–899 |

| Name | Regierungszeit |
|---|---|
| **Luitpoldinger** | |
| Luitpold | 899–907 |
| Arnulf | 907–937 |
| Eberhard | 937–938 |
| Berthold von Kärnten | 938–947 |
| | |
| **Liudolfinger (Sachsen)** | |
| Heinrich I. | 948–955 |
| Heinrich II., der Zänker | 955–976 |
| Otto von Schwaben | 976–982 |
| | |
| **Luitpoldinger** | |
| Heinrich III. von Kärnten | 983–985 |

| Name | Regierungszeit |
|---|---|
| **Liudolfinger** | |
| Heinrich II., der Zänker (erneut) | 985–995 |
| Heinrich IV. (= Kaiser Heinrich II.) | 995–1004 |
| | |
| **Verschiedene Häuser** | |
| Heinrich V. von Lothringen | 1004–1009 |
| Heinrich IV. (erneut) | 1009–1017 |
| Heinrich V. (erneut) | 1018–1026 |
| Heinrich VI. (= Kaiser Heinrich III.) | 1027–1042 |
| Heinrich VII. von Luxemburg | 1042–1047 |
| Heinrich VI. (erneut) | 1047–1049 |
| Konrad I. von Zütphen | 1049–1053 |
| Heinrich VIII. (= Kaiser Heinrich IV.) | 1053–1054 |
| Konrad II. von Franken | 1054–1055 |
| Agnes (Kaiserin) | 1055–1061 |
| Otto von Northeim | 1061–1070 |
| | |
| **Welfen** | |
| Welf IV. (I.) | 1070–1077 |
| Heinrich VIII. (erneut; Salier) | 1077–1095 |
| Welf IV. (I.; erneut) | 1096–1101 |
| Welf V. (II.) | 1101–1120 |
| Heinrich IX., der Schwarze | 1120–1126 |
| Heinrich X., der Stolze | 1126–1139 |
| | |
| **Babenberger** | |
| Leopold (= Leopold IV. v. Österreich) | 1139–1141 |
| Heinrich IX. (= Heinrich II. | |
| Jasomirgott von Österreich) | 1143–1156 |
| | |
| **Welfen** | |
| Heinrich XII., der Löwe | 1156–1180 |
| | |
| **Wittelsbacher** | |
| Otto I. | 1180–1183 |
| Ludwig I. | 1183–1231 |
| Otto II., der Erlauchte | 1231–1253 |
| Ludwig II., der Strenge und | |
| Heinrich XIII. | 1253–1255 |
| (mehrere Landesteilungen | 1255–1505) |
| Albrecht IV., der Weise (Herzog von | |
| Bayern-München, 1505 Bayern) | 1467–1508 |
| Wilhelm IV. | 1508–1550 |
| Albrecht V., der Großmütige | 1550–1579 |
| Wilhelm V., der Fromme | 1579–1597 |
| Maximilian I. (1623 Kurfürst) | 1598–1623 |
| | |
| **Kurfürsten** | |
| **Wittelsbacher** | |
| Maximilian I. (seit 1598 Herzog) | 1623–1651 |
| Ferdinand Maria | 1651–1679 |
| Maximilian II. | 1679–1726 |
| Karl Albrecht (= Kaiser Karl VII.) | 1726–1745 |
| Maximilian III. | 1745–1777 |
| Karl Theodor | 1777–1799 |
| Maximilian IV. (1806 König | |
| Maximilian I.) | 1799–1806 |

| Name | Regierungszeit |
|---|---|
| **Könige** | |
| **Wittelsbacher** | |
| Maximilian I. (seit 1799 Kurfürst | |
| Maximilian IV.) | 1806–1825 |
| Ludwig I. | 1825–1848 |
| Maximilian II. | 1848–1864 |
| Ludwig II. | 1864–1886 |
| Otto (unter Regentschaft) | 1886–1913 |
| Ludwig III. | 1913–1918 |
| | |
| **Österreich** | |
| **Markgrafen** | |
| **Babenberger** | |
| Leopold (Luitpold) I. | 976–994 |
| Heinrich I. | 994–1018 |
| Adalbert | 1018–1055 |
| Ernst der Tapfere | 1055–1075 |
| Leopold II. | 1075–1095 |
| Leopold III. | 1095–1136 |
| Leopold IV. | 1136–1141 |
| Heinrich II. Jasomirgott | |
| (1156 Herzog) | 1141–1156 |
| | |
| **Herzöge** | |
| **Babenberger** | |
| Heinrich II. Jasomirgott | 1156–1177 |
| Leopold V. | 1177–1194 |
| Friedrich I. | 1195–1198 |
| Leopold VI. | 1198–1230 |
| Friedrich II. | 1230–1246 |
| (Interregnum | 1246–1278) |
| | |
| **Habsburger** | |
| Rudolf I. (1273 dt. König) | 1278–1282 |
| Albrecht I. (1298 dt. König) | 1282–1308 |
| Friedrich I., der Schöne | |
| (1314 dt. König) | 1309–1330 |
| Albrecht II. | 1330–1358 |
| Rudolf IV. | 1358–1365 |
| Albrecht III. und Leopold III. | 1365–1379) |
| (Landesteilung unter mehrere | |
| habsburgische Linien) | 1379–1490 |
| | |
| **Erzherzöge (seit 1453)** | |
| **Habsburger** | |
| Maximilian I. (1508 röm. Kaiser) | 1493–1519 |
| Karl I. (1519 röm. Kaiser Karl V.) | 1519–1521 |
| Ferdinand I. (1556 röm. Kaiser) | 1521–1564 |
| Maximilian II. (1564 röm. Kaiser) | 1564–1576 |
| Rudolf V. (1576 röm. Kaiser | |
| Rudolf II.) | 1576–1608 |
| Matthias (1612 röm. Kaiser) | 1608–1619 |
| Ferdinand II. (1619 röm. Kaiser) | 1619–1637 |
| Ferdinand III. (1637 röm. Kaiser) | 1637–1657 |
| Leopold V. (1658 röm. | |
| Kaiser Leopold I.) | 1657–1705 |

⇒ S. 478

**477**

# Herrscher

## Stammtafel der Habsburger

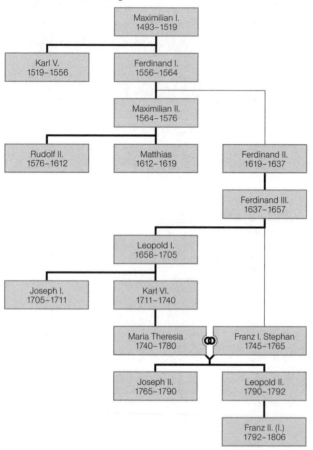

| Name | Regierungszeit |
|---|---|
| Joseph I. (1705 röm. Kaiser) | 1705–1711 |
| Karl III. (1711 röm. Kaiser Karl VI.) | 1711–1740 |
| Maria Theresia | 1740–1780 |
| Joseph II. (1765 röm. Kaiser) | 1780–1790 |
| Leopold II. (1790 röm. Kaiser) | 1790–1792 |
| Franz I. | 1792–1804 |
| (1792–1806 röm. Kaiser Franz II., 1804 Kaiser Franz I. v. Österreich) | |
| | |
| **Kaiser** | |
| **Habsburger** | |
| Franz I. | 1804–1835 |
| Ferdinand I. | 1835–1848 |
| Franz Joseph I. | 1848–1916 |
| Karl I. | 1916–1918 |

| Name | Regierungszeit |
|---|---|
| **Bundespräsidenten** | |
| Michael Hainisch (parteilos) | 1920–1928 |
| Wilhelm Miklas (christlich-sozial) | 1928–1938 |
| (»Anschluss« an das Dt. Reich | 1938–1945) |
| Karl Renner (SPÖ) | 1945–1950 |
| Theodor Körner (SPÖ) | 1951–1957 |
| Adolf Schärf (SPÖ) | 1957–1965 |
| Franz Jonas (SPÖ) | 1965–1974 |
| Rudolf Kirchschläger (parteilos) | 1974–1986 |
| Kurt Waldheim (parteilos) | 1986–1992 |
| Thomas Klestil (ÖVP) | seit 1992 |

| Name | Regierungszeit |
|---|---|
| **Ministerpräsidenten der österreichischen Reichshälfte** | |
| (seit dem österreichisch-ungarischen Ausgleich) | |
| Karl Fürst Auersperg | 1867–1868 |
| Eduard Graf Taaffe | 1868–1870 |
| Leopold Hasner von Artha | 1870 |
| Alfred Graf Potocki | 1870–1871 |
| Karl Graf von Hohenwart | 1871 |
| Ludwig Freiherr von Holzgethan | 1871 |
| Adolf Fürst Auersperg | 1871–1879 |
| Karl von Stremayr | 1879 |
| Eduard Graf Taaffe | 1879–1893 |
| Alfred Fürst zu Windischgrätz | 1893–1895 |
| Erich Graf von Kielmansegg | 1895 |
| Kasimir Graf Badeni | 1895–1897 |
| Paul Freiherr Gautsch | |
| von Frankenthurn | 1897–1898 |
| Franz Graf von Thun-Hohenstein | 1898–1899 |
| Manfred Graf von Clary-Aldringen | 1899 |
| Heinrich von Wittek | 1899–1900 |
| Ernst von Koerber | 1900–1904 |
| Paul Freiherr Gautsch | |
| von Frankenthurn | 1905–1906 |
| Konrad Prinz von Hohenlohe- | |
| Waldenburg | 1906 |
| Max Wladimir Freiherr von Beck | 1906–1908 |
| Richard Freiherr von Bienerth | 1908–1911 |
| Paul Freiherr Gautsch | |
| von Frankenthurn | 1911 |
| Karl Reichsgraf von Stürgkh | 1911–1916 |
| Ernst von Koerber | 1916 |
| Heinrich Graf von Clam-Martinitz | 1916–1917 |
| Ernst Seidler von Feuchtenegg | 1917–1918 |
| Max Freiherr Hussarek von Heinlein | 1918 |
| Heinrich Lammasch | 1918 |
| | |
| **Bundeskanzler** | |
| Karl Renner (Staatskanzler; | |
| Sozialdemokrat) | 1919–1920 |
| Michael Mayr (christlich-sozial) | 1920–1921 |
| Johann Schober (deutschliberal) | 1921–1922 |
| Ignaz Seipl (christlich-sozial) | 1922–1924 |
| Rudolf Ramek (christlich-sozial) | 1924–1926 |
| Ignaz Seipl (christlich-sozial) | 1926–1929 |
| Ernst Streeruwitz (christlich-sozial) | 1929 |
| Johann Schober (deutschliberal) | 1929–1930 |
| Carl Vaugoin (christlich-sozial) | 1930 |
| Otto Ender (christlich-sozial) | 1930–1931 |
| Karl Buresch (christlich-sozial) | 1931–1932 |
| Engelbert Dollfuß (christlich-sozial) | 1932–1934 |
| Kurt Schuschnigg (christlich-sozial) | 1934–1938 |
| Arthur Seyß-Inquart | |
| (Nationalsozialist) | 1938 |
| (»Anschluss« an das Dt. Reich | 1938–1945) |
| Karl Renner (SPÖ) | 1945 |
| Leopold Figl (ÖVP) | 1945–1953 |
| Julius Raab (ÖVP) | 1953–1961 |
| Alfons Gorbach (ÖVP) | 1961–1964 |

| Name | Regierungszeit |
|---|---|
| Josef Klaus (SPÖ) | 1964–1970 |
| Bruno Kreisky (SPÖ) | 1970–1983 |
| Fred Sinowatz (SPÖ) | 1983–1986 |
| Franz Vranitzky (SPÖ) | 1986–1997 |
| Viktor Klima (SPÖ) | 1997–2000 |
| Wolfgang Schüssel (ÖVP) | seit 2000 |
| | |
| **Schweiz** | |
| **Bundespräsidenten seit 1945** | |
| Eduard von Steiger | 1945 |
| Karl Kobelt | 1946 |
| Philipp Etter | 1947 |
| Enrico Celio | 1948 |
| Ernst Nobs | 1949 |
| Max Petitpierre | 1950 |
| Eduard von Steiger | 1951 |
| Karl Kobelt | 1952 |
| Philipp Etter | 1953 |
| Rodolphe Rubattel | 1954 |
| Max Petitpierre | 1955 |
| Markus Feldmann | 1956 |
| Hans Streuli | 1957 |
| Thomas Holenstein | 1958 |
| Paul Chaudet | 1959 |
| Max Petitpierre | 1960 |
| Friedrich T. Wahlen | 1961 |
| Paul Chaudet | 1962 |
| Willy Spühler | 1963 |
| Ludwig von Moos | 1964 |
| Hans Peter Tschudi | 1965 |
| Hans Schaffner | 1966 |
| Roger Bonvin | 1967 |
| Willy Spühler | 1968 |
| Ludwig von Moos | 1969 |
| Hans Peter Tschudi | 1970 |
| Rudolf Gnägi | 1971 |
| Nello Celio | 1972 |
| Roger Bonvin | 1973 |
| Ernst Brugger | 1974 |
| Pierre Graber | 1975 |
| Rudolf Gnägi | 1976 |
| Kurt Furgler | 1977 |
| Willy Ritschard | 1978 |
| Hans Hürlimann | 1979 |
| Georges-André Chevallaz | 1980 |
| Kurt Furgler | 1981 |
| Fritz Honegger | 1982 |
| Pierre Aubert | 1983 |
| Leon Schlumpf | 1984 |
| Kurt Furgler | 1985 |
| Alphons Egli | 1986 |
| Pierre Aubert | 1987 |
| Otto Stich | 1988 |
| Jean-Pascal Delamuraz | 1989 |
| Arnold Koller | 1990 |
| Flavio Cotti | 1991 |

⇒ S. 480

# Herrscher

| Name | Regierungszeit |
| --- | --- |
| René Felber | 1992 |
| Adolf Ogi | 1993 |
| Otto Stich | 1994 |
| Kaspar Villiger | 1995 |
| Jean-Pascal Delamuraz | 1996 |
| Arnold Koller | 1997 |
| Flavio Cotti | 1998 |
| Ruth Dreifuss | 1999 |
| Adolf Ogi | 2000 |

## Dänemark
### Könige

| Name | Regierungszeit |
| --- | --- |
| Gorm der Alte | † um 950 |
| Harald Blauzahn | um 960–986 |
| Sven I. Gabelbart | 986–1014 |
| Harald Svensson | 1014–1018 |
| Knut der Große | 1018–1035 |
| Hardeknut | 1035–1042 |
| Magnus I., der Gute | 1042–1047 |
| Sven Estridsen | 1047–1076 |
| Harald Hein | 1076–1080 |
| Knut der Heilige | 1080–1086 |
| Olad Hunger | 1086–1095 |
| Erich I. | 1095–1103 |
| Niels | 1104–1134 |
| Erich II. | 1134–1137 |
| Erich III. | 1137–1147 |
| (Thronkämpfe | 1147–1157) |
| Waldemar I., der Große | 1157–1182 |
| Knut VI. | 1182–1202 |
| Waldemar II., der Sieger | 1202–1241 |
| Erich IV. | 1241–1250 |
| Abel | 1250–1252 |
| Christoph I. | 1252–1259 |
| Erich V. | 1259–1286 |
| Erich VI. | 1286–1319 |
| Christoph II. | 1319–1326 |
| Waldemar III. | 1326–1330 |
| Christoph II. (erneut) | 1330–1332 |
| (Interregnum | 1332–1340) |
| Waldemar II. Atterdag | 1340–1375 |
| Olaf IV. | 1376–1387 |
| Margarete I. | 1387–1412 |
| Erich VII. von Pommern | 1412–1439 |
| Christoph III. von Bayern | 1440–1448 |

### Haus Oldenburg

| Name | Regierungszeit |
| --- | --- |
| Christian I. | 1448–1481 |
| Johann | 1481–1513 |
| Christian II. | 1513–1523 |
| Friedrich I. | 1523–1533 |
| (»Grafenfehde« | 1533–1536) |
| Christian III. | 1536–1559 |
| Friedrich II. | 1559–1588 |
| Christian IV. | 1588–1648 |
| Friedrich III. | 1648–1670 |

| Name | Regierungszeit |
| --- | --- |
| Christian V. | 1670–1699 |
| Friedrich IV. | 1699–1730 |
| Christian VI. | 1730–1746 |
| Friedrich V. | 1746–1766 |
| Christian VII. | 1766–1808 |
| Friedrich VI. | 1808–1839 |
| Christian VIII. | 1839–1848 |
| Friedrich VII. | 1848–1863 |

### Haus Glücksburg

| Name | Regierungszeit |
| --- | --- |
| Christian IX. | 1863–1906 |
| Friedrich VIII. | 1906–1912 |
| Christian X. | 1912–1947 |
| Friedrich IX. | 1947–1972 |
| Margarete II. | seit 1972 |

## England/Großbritannien
### Könige
### Haus Wessex

| Name | Regierungszeit |
| --- | --- |
| Egbert | 825–839 |
| Ethelwulf | 839–855 |
| Ethelbald | 855–860 |
| Ethelbert | 860–866 |
| Ethelred I. | 866–871 |
| Alfred der Große | 871–899 |
| Eduard I., der Ältere | 899–924 |
| Athelstan | 934–939 |
| Edmund | 939–946 |
| Edred | 946–955 |
| Edwy | 955–959 |
| Edgar | 959–975 |
| Eduard II., der Märtyrer | 975–978 |
| Ethelred II. | 978–1016 |
| (dänische Herrschaft | 1016–1042) |
| Eduard der Bekenner | 1042–1066 |
| Harald II. | 1066 |

### Normannen

| Name | Regierungszeit |
| --- | --- |
| Wilhelm I., der Eroberer | 1066–1087 |
| Wilhelm II. | 1087–1100 |
| Heinrich I. | 1100–1135 |
| Stephan von Blois (Usurpator) | 1135–1154 |

### Haus Anjou-Plantagenet

| Name | Regierungszeit |
| --- | --- |
| Heinrich II. | 1154–1189 |
| Richard I. Löwenherz | 1189–1199 |
| Johann ohne Land | 1199–1216 |
| Heinrich III. | 1216–1272 |
| Eduard I. | 1272–1307 |
| Eduard II. | 1307–1327 |
| Eduard III. | 1327–1377 |
| Richard II. | 1377–1399 |

### Haus Lancaster

| Name | Regierungszeit |
| --- | --- |
| Heinrich IV. | 1399–1413 |

| Name | Regierungszeit |
|---|---|
| Heinrich V. | 1413–1422 |
| Heinrich VI. | 1422–1461 |
| Heinrich VI. (erneut) | 1470–1471 |
| | |
| **Haus York** | |
| Eduard IV. | 1461–1470 |
| Eduard IV. (erneut) | 1471–1483 |
| Eduard V. | 1483 |
| Richard III. | 1483–1485 |
| | |
| **Haus Tudor** | |
| Heinrich VII. | 1485–1509 |
| Heinrich VIII. | 1509–1547 |
| Eduard VI. | 1547–1553 |
| Marie (die Katholische/die Blutige) | 1553–1558 |
| Elisabeth I. | 1558–1603 |
| | |
| **Haus Stuart** | |
| Jakob I. | 1603–1625 |
| Karl I. | 1625–1649 |
| | |
| **Lordprotektoren der Republik** | |
| Oliver Cromwell | 1653–1658 |
| Richard Cromwell | 1658–1659 |
| | |
| **Könige** | |
| **Haus Stuart** | |
| Karl II. | 1660–1685 |
| Jakob II. | 1685–1688 |
| Wilhelm III. (Haus Oranien u. Stuart) | 1689–1702 |
| Anna | 1702–1714 |
| | |
| **Haus Hannover** | |
| Georg I. | 1714–1727 |
| Georg II. | 1727–1760 |
| Georg III. | 1760–1820 |
| Georg IV. | 1820–1830 |
| Wilhelm IV. | 1830–1837 |
| Viktoria | 1837–1901 |
| | |
| **Haus Sachsen–Coburg–Gotha** | |
| (umbenannt 1917 in Haus Windsor) | |
| Eduard VII. | 1901–1910 |
| Georg V. | 1910–1936 |
| Eduard VIII. | 1936 |
| Georg VI. | 1936–1952 |
| Elisabeth II. | seit 1952 |
| | |
| **Premierminister des 20. Jahrhunderts** | |
| *(Kons. = Konservative Partei; Lab. = Labour Party;* | |
| *Lib. = Liberale Partei)* | |
| | |
| Arthur James Balfour (Kons.) | 1902–1905 |
| Henry Campbell-Bannermann (Lib.) | 1905–1908 |
| Herbert Henry Asquith (Lib.) | 1908–1916 |
| David Lloyd George (Lib.) | 1916–1922 |
| Andrew Bonar Law (Kons.) | 1922–1923 |

| Name | Regierungszeit |
|---|---|
| Stanley Baldwin (Kons.) | 1923–1924 |
| James Ramsay MacDonald (Lab.) | 1924 |
| Stanley Baldwin (erneut) | 1924–1929 |
| James Ramsay MacDonald (erneut) | 1929–1935 |
| Stanley Baldwin (erneut) | 1935–1937 |
| Arthur Neville Chamberlain (Kons.) | 1937–1940 |
| Winston Churchill (Kons.) | 1940–1945 |
| Clement Attlee (Lab.) | 1945–1951 |
| Winston Churchill (erneut) | 1951–1955 |
| Anthony Eden (Kons.) | 1955–1957 |
| Harold Macmillan (Kons.) | 1957–1963 |
| Alec Douglas-Home (Kons.) | 1963–1964 |
| Harold Wilson (Lab.) | 1964–1970 |
| Edward Heath (Kons.) | 1970–1974 |
| Harold Wilson (erneut) | 1974–1976 |
| James Callaghan (Lab.) | 1976–1979 |
| Margaret Thatcher (Kons.) | 1979–1990 |
| John Major (Kons.) | 1990–1997 |
| Tony Blair (Lab.) | seit 1997 |
| | |
| **Frankreich** | |
| **Könige** | |
| **Kapetinger** | |
| Hugo Capet | 987–996 |
| Robert | 996–1031 |
| Heinrich I. | 1031–1060 |
| Philipp I. | 1060–1108 |
| Ludwig VI. | 1108–1137 |
| Ludwig VII. | 1137–1180 |
| Philipp II. August | 1180–1223 |
| Ludwig VIII. | 1223–1226 |
| Ludwig IX., der Heilige | 1226–1270 |
| Philipp III. | 1270–1285 |
| Philipp IV., der Schöne | 1285–1314 |
| Ludwig X. | 1314–1316 |
| Philipp V. | 1316–1322 |
| Karl IV. | 1322–1328 |
| | |
| **Haus Valois** | |
| Philipp VI. | 1328–1350 |
| Johann der Gute | 1350–1364 |
| Karl V., der Weise | 1364–1380 |
| Karl VI. | 1380–1422 |
| Karl VII. | 1422–1461 |
| Ludwig XI. | 1461–1483 |
| Karl VIII. | 1483–1498 |
| | |
| **Haus Valois-Orléans** | |
| Ludwig XII. | 1498–1515 |
| | |
| **Haus Angoulême** | |
| Franz I. | 1515–1547 |
| Heinrich II. | 1547–1559 |
| Franz II. | 1559–1560 |
| Karl IX. | 1560–1574 |
| Heinrich III. | 1574–1589 |

⇒ S. 482

**481**

# Herrscher

| Name | Regierungszeit |
|---|---|
| **Haus Bourbon** | |
| Heinrich IV. | 1589–1610 |
| Ludwig XIII. | 1610–1643 |
| Ludwig XIV. | 1643–1715 |
| Ludwig XV. | 1715–1774 |
| Ludwig XVI. | 1774–1792 |
| | |
| ERSTE REPUBLIK | |
| Nationalkonvent | 1792–1795 |
| Direktorium | 1795–1799 |
| Konsulat | 1799–1804 |
| | |
| ERSTES KAISERREICH | |
| Napoleon I. | 1804–1814 |
| | |
| **Könige** | |
| **Haus Bourbon** | |
| Ludwig XVIII. | 1814–1815 |
| | |
| ERSTES KAISERREICH (»HUNDERT TAGE«) | |
| Napoleon I. | 1815 |

| Name | Regierungszeit |
|---|---|
| **Könige** | |
| **Haus Bourbon** | |
| Ludwig XVIII. | 1815–1824 |
| Karl X. | 1824–1830 |
| | |
| **Haus Orléans** | |
| Ludwig Philipp | 1830–1848 |
| | |
| ZWEITE REPUBLIK | |
| Präsident Louis Napoleon Bonaparte | |
| (1852 Kaiser Napoleon III.) | 1848–1852 |
| | |
| ZWEITES KAISERREICH | |
| Napoleon III. | 1852–1870 |
| | |
| DRITTE REPUBLIK | |
| **Präsidenten** | |
| Adolphe Thiers | 1871–1873 |
| Patrice Maurice Comte | |
| de Mac-Mahon | 1873–1879 |
| Jules Grévy | 1879–1887 |
| Sadi Carnot | 1887–1894 |

**Stammtafel der Familie Bonaparte**

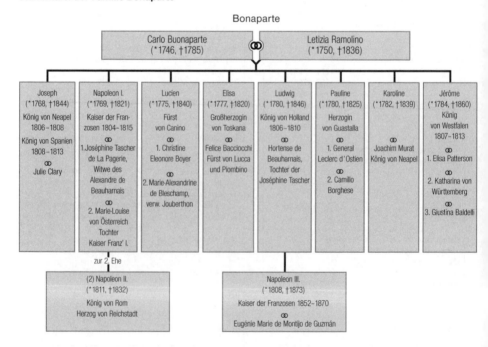

| Name | Regierungszeit |
|---|---|
| Jean Casimir-Périer | 1894–1895 |
| Félix Faure | 1895–1899 |
| Émile Loubet | 1899–1906 |
| Armand Fallières | 1906–1913 |
| Raymond Poincaré | 1913–1920 |
| Paul Deschanel | 1920 |
| Alexandre Millerand | 1920–1924 |
| Gaston Doumergue | 1924–1931 |
| Paul Doumer | 1931–1932 |
| Albert Lebrun | 1932–1940 |

**VICHY-REGIME**

| | |
|---|---|
| Philippe Pétain (Chef des Staates) | 1940–1944 |

**ÜBERGANGSZEIT**

| | |
|---|---|
| Charles de Gaulle | |
| (provisorisches Staatsoberhaupt) | 1944–1946 |

**VIERTE REPUBLIK**
**Präsidenten**

| | |
|---|---|
| Vincent Auriol | 1947–1954 |
| René Coty | 1954–1959 |

**FÜNFTE REPUBLIK**
**Präsidenten**

| | |
|---|---|
| Charles de Gaulle | 1959–1969 |
| Georges Pompidou | 1969–1974 |
| Valéry Giscard d'Estaing | 1974–1981 |
| François Mitterrand | 1981–1995 |
| Jacques Chirac | seit 1995 |

**REGIERUNGSCHEFS DER VIERTEN UND FÜNFTEN REPUBLIK**
chr.-dem. = christlich-demokratisch; gaull. = gaullistisch; kons. = konservativ; linkslib. = linksliberal; soz. = sozialistisch
**Ministerpräsidenten (Vierte Republik)**

| | |
|---|---|
| Félix Gouin (soz.) | 1946 |
| Georges Bidault (chr.-dem.) | 1946 |
| Lèon Blum (soz.) | 1946–1947 |
| Paul Ramadier (soz.) | 1947 |
| Robert Schuman (chr.-dem.) | 1947–1948 |
| André Marie (linkslib.) | 1948 |
| Robert Schuman (erneut) | 1948 |
| Henri Queuille (linkslib.) | 1948–1949 |
| Georges Bidault (erneut) | 1949–1950 |
| Henri Queuille (erneut) | 1950 |
| René Pleven (linkslib.) | 1950–1951 |
| Henri Queuille (erneut) | 1951 |
| René Pleven (erneut) | 1951–1952 |
| Edgar Faure (linkslib.) | 1952 |
| Antoine Pinay (kons.) | 1952 |
| René Mayer (linkslib.) | 1953 |
| Joseph Laniel (kons.) | 1953–1954 |
| Pierre Mendès-France (linkslib.) | 1954–1955 |
| Christian Pineau (soz.) | 1955 |
| Edgar Faure (erneut) | 1955–1956 |
| Guy Mollet (soz.) | 1956–1957 |

| Name | Regierungszeit |
|---|---|
| Maurice Bourgès-Maunoury (linkslib.) | 1957 |
| Félix Gaillard (linkslib.) | 1957–1958 |
| Pierre Pflimlin (chr.-dem.) | 1958 |
| Charles de Gaulle | 1958–1959 |

**Premierminister (Fünfte Republik)**

| | |
|---|---|
| Michel Debré (gaull.) | 1959–1962 |
| Georges Pompidou (gaull.) | 1962–1968 |
| Maurice Couve de Murville (gaull.) | 1968–1969 |
| Jacques Chaban-Delmas (gaull.) | 1969–1972 |
| Pierre Messmer (gaull.) | 1972–1974 |
| Jacques Chirac (gaull.) | 1974–1976 |
| Raymond Barre (parteilos) | 1976–1981 |
| Pierre Mauroy (soz.) | 1981–1984 |
| Laurent Fabius (soz.) | 1984–1986 |
| Jacques Chirac (erneut) | 1986–1988 |
| Michel Rocard (soz.) | 1988–1991 |
| Edith Cresson (soz.) | 1991–1992 |
| Pierre Bérégovoy (soz.) | 1992–1993 |
| Edouard Balladur (gaull.) | 1993–1995 |
| Alain Juppé (gaull.) | 1995–1997 |
| Lionel Jospin (soz.) | seit 1997 |

**Polen**
**Könige**
*Mehrere Herrscher der Piasten-Dynastie führten nicht den Königs-, sondern den Herzogstitel. Sie sind nachstehend mit * gekennzeichnet.*
**Piasten**

| | |
|---|---|
| Mieszko I.* | 960–992 |
| Bolesław I. | 992–1025 |
| Mieszko II. | 1025–1034 |
| Kasimir I.* | 1034–1058 |
| Bolesław II. | 1058–1079 |
| Władysław I.* | 1079–1102 |
| Hbigniew* und Bolesław III.* | 1102–1107 |
| Bolesław III.* | 1107–1138 |
| (Teilherzogtümer | 1138–1295) |
| Przemyśl II. | 1295–1296 |
| | |
| (böhmische Herrschaft: | |
| Wenzel II. | 1300–1405 |
| Wenzel III. | 1305–1306) |
| | |
| Władysław I. (1320 König) | 1306–1333 |
| Kasimir III. | 1333–1370 |
| | |
| (ungarische Herrschaft: | |
| Ludwig I. | 1370–1382) |
| Jadwiga (1386 vermählt mit Jagiełło, | |
| als König Władyslaw II.) | 1384–1399 |

**Jagiellonen**

| | |
|---|---|
| Władysław II. | 1386–1434 |
| Władysław III. | 1434–1444 |
| Kasimir IV. | 1447–1492 |

⇒ S. 484

**483**

# Herrscher

| Name | Regierungszeit |
|------|----------------|
| Johann I. Albrecht | 1492–1501 |
| Alexander | 1501–1506 |
| Sigismund I. | 1507–1548 |
| Sigismund II. | 1548–1572 |
| | |
| **Wahlkönige** | |
| Heinrich von Valois | 1573–1574 |
| Stephan Báthory | 1575–1586 |
| Sigismund III. Wasa | 1587–1632 |
| Władysław IV. Wasa | 1632–1648 |
| Johann II. Kasimir Wasa | 1648–1668 |
| Michael Korybut Wiśniowiecki | 1669–1673 |
| Johann III. Sobieski | 1673–1696 |
| August II. von Sachsen | 1697–1733 |
| August III. von Sachsen | 1733–1763 |
| Stanisław Poniatowski | 1763–1795 |
| | |
| (Polen geteilt zwischen Österreich, Preußen und Russland | 1795–1918) |
| | |
| **Staatschef** | |
| Józef Piłsudski | 1918–1922 |
| | |
| **Präsidenten** | |
| Gabriel Narutowicz | 1922 |
| Stanisław Wojciechowski | 1922–1926 |
| Ignacy Mościcki | 1926–1939 |
| | |
| (deutsche Besatzungsherrschaft | 1939–1945) |
| | |
| **Vorsitzender des Landesnationalrats** | |
| Bolesław Bierut | 1945–1947 |
| | |
| **Präsident** | |
| Bolesław Bierut | 1947–1952 |
| | |
| **Vorsitzende des Staatsrates (seit 1989 Präsident)** | |
| Aleksander Zawadzki | 1952–1964 |
| Edward Ochab | 1964–1968 |
| Marian Spychalski | 1968–1970 |
| Józef Cyrankiewicz | 1970–1972 |
| Henryk Jabłoński | 1972–1985 |
| Wojciech Jaruzelski | 1985–1990 |
| Lech Wałęsa | 1990–1995 |
| Aleksander Kwasniewski | seit 1995 |
| | |
| **Parteiführer der Polnischen Vereinigten Arbeiterpartei** | |
| *(1948–1952 Vorsitzender, seither Erster Sekretär)* | |
| Bolesław Bierut | 1948–1956 |
| Edward Ochab | 1956 |
| Władysław Gomulka | 1956–1970 |
| Edward Gierek | 1970–1981 |
| Stanisław Kania | 1980–1981 |
| Wojciech Jaruzelski | 1981–1989 |
| Mieczysław Rakowski | 1989–1990 |

| Name | Regierungszeit |
|------|----------------|
| **Russland/Sowjetunion** | |
| **Großfürsten von Kiew** | |
| **Rjurikiden** | |
| Oleg | 882–912 |
| Igor | 912–945 |
| Swajatoslaw (Igorewitsch) | 945–972 |
| Jaropolk I. | 972–979 |
| Wladimir der Heilige | 980–1015 |
| Jaroslaw der Weise | 1015–1054 |
| Isjaslaw I. | 1054–1073 |
| Swjatoslaw (Jaroslawitsch) | 1073–1976 |
| Isjaslaw I. (erneut) | 1076–1078 |
| Wsewolod I. | 1078–1093 |
| Swjatopolk | 1093–1113 |
| Wladimir II. Monomach | 1113–1125 |
| Mstislaw I., der Große | 1125–1132 |
| Jaropolk II. | 1132–1139 |
| Wsewolod II. | 1139–1146 |
| Isjaslaw II. | 1146–1149 |
| Jurij Dolgorukij | 1149–1151 |
| Isjaslaw II. (erneut) | 1151–1154 |
| Isjaslaw III. | 1154–1155 |
| Jurij Dolgorukij (erneut) | 1155–1157 |
| Isjaslaw III. (erneut) | 1157–1158 |
| Rostislaw | 1158–1167 |
| Mstislaw II. | 1167–1169 |
| | |
| **Großfürsten von Wladimir** | |
| **Rjurikiden** | |
| Andrej Bogoljubskij | 1169–1175 |
| Michail | 1175–1176 |
| Wsewolod | 1176–1212 |
| Jurij (Wsewoloditsch) | 1212–1216 |
| Konstantin | 1216–1218 |
| Jurij (erneut) | 1218–1238 |
| Jaroslaw (Wsewoloditsch) | 1238–1246 |
| Swjatoslaw | 1246–1249 |
| Andrej (Jaroslawitsch) | 1249–1252 |
| Alexander Newskij | 1252–1263 |
| Jaroslaw (Jaroslawitsch) | 1263–1271 |
| Wassilij | 1271–1277 |
| Dmitrij (Alexandrowitsch) | 1277–1281 |
| Andrej (Alexandrowitsch) | 1281–1283 |
| Dmitrij (erneut) | 1283–1293 |
| Andrej (erneut) | 1293–1304 |
| Michail von Twer | 1304–1318 |
| Jurij (Danilowitsch) | 1317–1322 |
| Dmitrij (Michajlowitsch) | 1322–1326 |
| Alexander (Michajlowitsch) | 1326–1328 |
| | |
| **Großfürsten von Wladimir und Moskau** | |
| **Rjurikiden** | |
| Iwan I. Kalita | 1328–1340 |
| Semjon der Stolze | 1340–1353 |
| Iwan II. | 1353–1359 |
| Dmitrij (Konstantinowitsch) | 1360–1362 |
| Dmitrij Donskoj | 1362–1389 |

| Name | Regierungszeit |
|---|---|
| Wassilij I. | 1389–1425 |
| **Großfürsten von Moskau** | |
| **Rjurikiden** | |
| Wassilij II. | 1425–1446 |
| Dmitrij Schemjaka | 1446–1447 |
| Wassilij II. (erneut) | 1447–1462 |
| Iwan III. | 1462–1505 |
| Wassilij III. | 1505–1533 |
| Iwan IV., der Schreckliche | |
| (1547 Zar Iwan IV.) | 1533–1547 |
| | |
| **Zaren von Russland** | |
| **Rjurikiden** | |
| Iwan IV., der Schreckliche | 1547–1584 |
| Fjodor I. | 1584–1598 |
| | |
| **ohne dynastische Bindung** | |
| Boris Godunow | 1598–1605 |
| Fjodor II. | 1605 |
| »Falscher Dmitrij« | 1605–1606 |
| Wassilij Schuiskij | 1606–1610 |
| (polnische Herrschaft | 1610–1613) |
| | |
| **Haus Romanow** | |
| Michail | 1613–1645 |
| Alexej | 1645–1676 |
| Fjodor III. | 1676–1682 |
| Iwan V. | 1682–1696 |
| Peter I., der Große (Mitregent, 1696 | |
| Alleinherrscher, 1721 Kaiser) | 1682–1721 |
| | |
| **Kaiser (Imperatoren) von Russland** | |
| **Haus Romanow** | |
| Peter I. der Große | 1721–1725 |
| Katharina I. | 1725–1727 |
| Peter II. | 1727–1730 |
| Anna | 1730–1740 |
| Iwan VI. | 1740–1741 |
| Elisabeth | 1741–1762 |
| | |
| **Haus Romanow-Holstein-Gottorp** | |
| Peter III. | 1762 |
| Katharina II., die Große | 1762–1796 |
| Paul I. | 1796–1801 |
| Alexander I. | 1801–1825 |
| Nikolaus I. | 1825–1855 |
| Alexander II. | 1855–1881 |
| Alexander III. | 1881–1894 |
| Nikolaus II. | 1894–1917 |
| | |
| **Staatsoberhäupter Sowjetrusslands/der Sowjetunion** | |
| *(1917–1938 Vors. des Zentralexekutivkomitees,* | |
| *1938–1989 Vors. des Präsidiums des Obersten Sowjets,* | |
| *seit 1989 Vors. des Obersten Sowjets)* | |
| Lew Kamenew | 1917 |
| Jakow Swerdlow | 1917–1919 |

| Name | Regierungszeit |
|---|---|
| Michail Kalinin | 1919–1946 |
| Nikolaj Schwernik | 1946–1953 |
| Kliment Woroschilow | 1953–1960 |
| Leonid Breschnew | 1960–1964 |
| Anastas Mikojan | 1964–1965 |
| Nikolaj Podgornyj | 1965–1977 |
| Leonid Breschnew (erneut) | 1977–1982 |
| Jurij Andropow | 1983–1984 |
| Konstantin Tschernenko | 1984–1985 |
| Andrej Gromyko | 1985–1988 |
| Michail Gorbatschow | 1988–1991 |
| | |
| **Regierungschefs der Sowjetunion** | |
| *(1917–1946 Vors. des Rates der Volkskommissare,* | |
| *seit 1946 Vors. des Ministerrats)* | |
| Wladimir Lenin | 1917–1924 |
| Alexej Rykow | 1924–1930 |
| Wjatscheslaw Molotow | 1930–1941 |
| Josef Stalin | 1941–1953 |
| Georgij Malenkow | 1953–1955 |
| Nikolaj Bulganin | 1955–1958 |
| Nikita Chruschtschow | 1958–1964 |
| Alexej Kossygin | 1964–1980 |
| Nikolaj Tichonow | 1980–1985 |
| Nikolaj Ryschkow | 1985–1991 |
| | |
| **Parteiführer der Kommunistischen Partei** | |
| Wladimir Lenin (ohne formelles Amt) | 1912–1924 |
| (Machtkämpfe | 1924–1929) |
| Josef Stalin | |
| (seit 1922 Generalsekretär) | 1929–1953 |
| Nikita Chruschtschow | |
| (Erster Sekretär) | 1953–1964 |
| Leonid Breschnew (Erster Sekretär; | |
| 1966 Generalsekretär) | 1964–1982 |
| Jurij Andropow (Genralsekretär) | 1982–1984 |
| Konstantin Tschernenko | |
| (Generalsekretär) | 1984–1985 |
| Michail Gorbatschow | |
| (Generalsekretär) | 1985–1991 |
| | |
| **Russische Präsidenten (seit 1991)** | |
| Boris Jelzin | 1991–1999 |
| Wladimir Putin | seit 2000 |
| | |
| **Russische Ministerpräsidenten (seit 1991)** | |
| Boris Jelzin | 1991–1992 |
| Jegor Gaidar | 1992 |
| Wiktor Tschernomyrdin | 1992–1998 |
| Sergej Kirijenko | 1998 |
| Jewgeni Primakow | 1998–1999 |
| Sergej Stepaschin | 1999 |
| Wladimir Putin | 1999–2000 |
| Michail Kasjanow | seit 2000 |

# Herrscher

| Name | Regierungszeit |
|---|---|
| **Spanien** | |
| **Könige** | |
| Isabella von Kastilien und | 1474–1504 |
| Ferdinand (V.) von Aragón | 1479–1516 |
| | |
| **Habsburger** | |
| Karl I. (= Kaiser Karl V.) | 1516–1556 |
| Philipp II. | 1556–1598 |
| Philipp III. | 1598–1621 |
| Philipp IV. | 1621–1665 |
| Karl II. | 1665–1700 |
| | |
| **Bourbonen** | |
| Philipp V. | 1700–1724 |
| Ludwig | 1724 |
| Philipp V. (erneut) | 1724–1746 |
| Ferdinand VI. | 1746–1759 |
| Karl III. | 1759–1788 |
| Karl IV. | 1788–1808 |
| Ferdinand VII. | 1808 |
| | |
| **Bonaparte** | |
| Joseph | 1808–1813 |
| | |
| **Bourbonen** | |
| Ferdinand VII. (erneut) | 1813–1833 |
| Isabella II. | 1833–1868 |
| | |
| **Regent** | |
| Francisco Serrano y Domínguez | 1869–1871 |
| | |
| **König** | |
| **Savoyen** | |
| Amadeus | 1871–1873 |
| | |
| **Präsidenten** | |
| Estanislaos Figuéras | 1873 |
| Francisco Pi Margal | 1873 |
| Nicolás Salmerón y Alonso | 1873 |
| Emilio Castelar y Ripoll | 1873–1874 |
| Francisco Serrano y Domínguez | 1874 |
| | |
| **Könige** | |
| **Bourbonen** | |
| Alfons XII. | 1874–1885 |
| Alfons XIII. | 1886–1931 |
| | |
| **Präsidenten** | |
| Niceto Alcalá Zamora y Tores | 1931–1936 |
| Manuel Azaña | 1936–1939 |
| | |
| **Staatschef (Caudillo)** | |
| Francisco Franco y Bahamonde | 1936–1975 |
| | |
| **König** | |
| **Bourbonen** | |
| Juan Carlos | seit 1975 |

| Name | Regierungszeit |
|---|---|
| **Ministerpräsidenten (seit 1977)** | |
| *(kons. = konservativ; soz. = sozialistisch)* | |
| Adolfo Suárez González (kons.) | 1977–1982 |
| Felipe González (soz.) | 1982–1996 |
| José María Aznar (kons.) | seit 1996 |
| | |
| **Vereinigte Staaten von Amerika** | |
| **Präsidenten** | |
| George Washington (Föderalist) | 1789–1797 |
| John Adams (Föderalist) | 1797–1801 |
| Thomas Jefferson (Demokrat) | 1801–1809 |
| James Madison (Demokrat) | 1809–1817 |
| James Monroe (Demokrat) | 1817–1825 |
| John Quincy Adams (Demokrat) | 1825–1829 |
| Andrew Jackson (Demokrat) | 1829–1837 |
| Martin van Buren (Demokrat) | 1837–1841 |
| William Henry Harrison (Whig) | 1841 |
| John Tyler (Demokrat) | 1841–1845 |
| James Polk (Demokrat) | 1845–1849 |
| Zachary Taylor (Whig) | 1849–1850 |
| Millard Fillmore (Whig) | 1850–1853 |
| Franklin Pierce (Demokrat) | 1853–1857 |
| James Buchanan (Demokrat) | 1857–1861 |
| Abraham Lincoln (Republikaner) | 1861–1865 |
| Andrew Johnson (Republikaner) | 1865–1869 |
| Ulysses S. Grant (Republikaner) | 1869–1877 |
| Rutherford Hayes (Republikaner) | 1877–1881 |
| James Garfield (Republikaner) | 1881 |
| Chester A. Arthur (Republikaner) | 1881–1885 |
| Grover Cleveland (Demokrat) | 1885–1889 |
| Benjamin Harrison (Republikaner) | 1889–1893 |
| Grover Cleveland (Demokrat) | 1893–1897 |
| William MacKinley (Republikaner) | 1897–1901 |
| Theodore Roosevelt (Republikaner) | 1901–1909 |
| William H. Taft (Republikaner) | 1909–1913 |
| Woodrow Wilson (Demokrat) | 1913–1921 |
| Warren G. Harding (Republikaner) | 1921–1923 |
| Calvin Coolidge (Republikaner) | 1923–1929 |
| Herbert Hoover (Republikaner) | 1929–1933 |
| Franklin D. Roosevelt (Demokrat) | 1933–1945 |
| Harry S. Truman (Demokrat) | 1945–1953 |
| Dwight D. Eisenhower (Republikaner) | 1953–1961 |
| John F. Kennedy (Demokrat) | 1961–1963 |
| Lyndon B. Johnson (Demokrat) | 1953–1969 |
| Richard M. Nixon (Republikaner) | 1969–1974 |
| Gerald R. Ford (Republikaner) | 1974–1977 |
| Jimmy (James E.) Carter (Demokrat) | 1977–1981 |
| Ronald W. Reagan (Republikaner) | 1981–1989 |
| George H. Bush (Republikaner) | 1989–1993 |
| Bill (William J.) Clinton (Demokrat) | 1993–2001 |

| Name | Regierungszeit |
|------|----------------|
| **China** | |

Bei den Kaisern der Ming- und der Qing-Dynastie wird an erster Stelle der Herrschername und an zweiter Stelle die Regierungsdevise genannt, die häufig auch als Name gebraucht wird. Den Kaisertitel nahm als erster König Zheng von Qin an; er regierte Gesamt-China 221–210 v. Chr. als »Erster Kaiser von Qin«

| Name | Regierungszeit |
|------|----------------|
| **Dynastien** | |
| Xia (legendär) | 21.–16. Jh. v. Chr. |
| Shang | 16.–11. Jh. v. Chr. |
| Westliche Zhou | 11. Jh.–770 v. Chr. |
| Östliche Zhou | 770–476 v. Chr. |
| »Streitende Reiche« | 475–221 v. Chr. |
| Qin | 221–207 v. Chr. |
| Westliche Han | 206 v. –24 n. Chr. |
| Östliche Han | 25–220 |
| »Drei Reiche« | 220–265 |
| Westliche Jin | 265–316 |
| Östliche Jin | 317–420 |
| »Nördliche und Südliche Dynastien« | 420–589 |
| Sui | 581–618 |
| Tang | 618–907 |
| »Fünf Dynastien« | 907–960 |
| Song | 960–1279 |
| Yuan (Mongolen) | 1280–1368 |
| | |
| **Kaiser** | |
| **Ming** | |
| Tauzu/Hongwu | 1368–1398 |
| Huidi/Jianwen | 1399–1402 |
| Chengzu/Yongle | 1403–1424 |
| Renzong/Hongxi | 1425 |
| Xuanzong/Xuande | 1426–1435 |
| Yingzong/Zhengtong | 1436–1449 |
| Daizong/Jiangtai | 1450–1456 |
| Yingzong/Tianshun | 1457–1464 |
| Xianzong/Chenghua | 1465–1487 |
| Xiaozong/Hongzhi | 1488–1505 |
| Wuzong/Zhengde | 1506–1521 |
| Shizong/Jiajing | 1522–1566 |
| Muzong/Longqing | 1567–1572 |
| Shenzong/Wanli | 1573–1620 |
| Guangzong/Taichang | 1620 |
| Xizong/Tianqi | 1621–1627 |
| Sizong/Chongzhen | 1628–1644 |
| | |
| **Qing (Mandschu)** | |
| Shizu/Shunzhi | 1644–1661 |
| Shengzu/Kangxi | 1662–1722 |
| Shizong/Yongzheng | 1723–1735 |
| Gaozong/Qianlong | 1736–1795 |
| Renzong/Jiaqing | 1796–1820 |
| Xuanzong/Daoguang | 1821–1850 |
| Wenzong/Xianfeng | 1851–1861 |
| Muzong/Tongzhi | 1862–1874 |
| Dezong/Guangxu | 1875–1908 |
| -/Xuantong (Pu Yi) | 1909–1911 |

| Name | Regierungszeit |
|------|----------------|
| **Präsidenten der Republik** | |
| Sun Yatsen | 1912 |
| Yuan Shikai | 1912–1916 |
| Li Yuanhong | 1916–1917 |
| Feng Guozhang | 1917–1918 |
| Xu Shichang | 1918–1922 |
| Cao Kun | 1923–1924 |
| Duan Chirui | 1924–1926 |
| Chiang Kaishek (Staatschef) | 1928–1931 |
| Lin Sen | 1932–1943 |
| Chiang Kaishek (1943–1948 Staatschef) | 1948–1949 |
| | |
| **Staatsoberhäupter der Volksrepublik** | |
| **Vorsitzender der Zentralen Volksregierung** | |
| Mao Zedong | 1949–1954 |
| | |
| **Vorsitzende der Volksrepublik** | |
| Mao Zedong | 1954–1959 |
| Liu Shaoqi | 1959–1968 |
| Dong Biwu (amtierend) | 1968–1975 |
| | |
| **Vorsitzende des Ständigen Ausschusses des Nationalen Volkskongresses** | |
| Zhu De | 1975–1976 |
| Wu De (amtierend) | 1976–1978 |
| Ye Jianying | 1978–1983 |
| | |
| **Präsidenten der Volksrepublik** | |
| Li Xiannian | 1983–1988 |
| Yang Shangkun | 1988–1993 |
| Jiang Zemin | seit 1993 |
| | |
| **Ministerpräsidenten der Volksrepublik** | |
| Zhou Enlai | 1949–1976 |
| Hua Guofeng | 1976–1980 |
| Zhao Ziyang | 1980–1987 |
| Li Peng | 1987–1998 |
| Zhu Rongji | seit 1998 |
| | |
| **Parteiführer der Kommunistischen Partei** | |
| **Vorsitzende des Zentralkomitees** | |
| Mao Zedong | 1945–1976 |
| Hua Guofeng | 1976–1981 |
| Hu Yaobang | 1981–1982 |
| | |
| **Generalsekretäre des Zentralkomitees** | |
| Hu Yaobang | 1982–1987 |
| Zhao Ziyang | 1987–1989 |
| Jiang Zemin | seit 1989 |
| | |
| **Inoffizieller Führer** | |
| Deng Xiaoping | 1978–1997 |

**487**

# Parteien

## Wahlergebnisse der wichtigsten Parteien im Deutschen Kaiserreich

| Partei | Stimmenanteil/Sitze* | | | | | | | | | | | | |
|---|---|---|---|---|---|---|---|---|---|---|---|---|---|
| | 1871 | 1874 | 1877 | 1878 | 1881 | 1884 | 1887 | 1890 | 1893 | 1898 | 1903 | 1907 | 1912 |
| Dt.-Konservative | 14,1 | 7,0 | 9,8 | 13,0 | 16,3 | 15,2 | 15,2 | 12,4 | 13,5 | 11,1 | 10,0 | 9,4 | 9,2 |
| | 57 | 22 | 40 | 59 | 50 | 78 | 80 | 73 | 72 | 56 | 54 | 60 | 43 |
| Dt. Reformpartei/ Antisemiten | | | | | | | 0,2 | 0,7 | 3,5 | 3,7 | 3,6 | 2,1 | 0,5 |
| | | | | | | | 1 | 5 | 16 | 13 | 11 | 16 | 3 |
| Dt. Reichspartei | 8,9 | 7,2 | 7,9 | 13,6 | 7,5 | 6,9 | 9,8 | 6,7 | 5,7 | 4,5 | 3,5 | 4,0 | 3,0 |
| | 37 | 33 | 38 | 57 | 28 | 28 | 41 | 20 | 28 | 23 | 21 | 24 | 14 |
| Dt. Volkspartei | 0,5 | 0,4 | 0,8 | 1,1 | 2,0 | 1,7 | | 2,0 | 2,2 | | | | |
| | 1 | 1 | 4 | 3 | 9 | 7 | | 10 | 11 | | | | |
| Fortschrittspartei | 8,8 | 8,6 | 7,8 | 6,7 | 12,8 | | | | | | | | |
| | 46 | 49 | 35 | 26 | 60 | | | | | | | | |
| Freisinnige Partei | | | | | | 17,6 | 12,9 | 16,0 | 8,6 | 7,2 | 5,7 | 6,5 | |
| | | | | | | 67 | 32 | 66 | 13 | 12 | 9 | 14 | |
| Freisinnige/Fort- schrittl. Volkspartei | | | | | | | | | 3,4 | 2,5 | 2,6 | 3,2 | 12,2 |
| | | | | | | | | | 24 | 29 | 21 | 28 | 42 |
| Lib. Reichspartei/ Lib. Vereinigung | 7,0 | 1,0 | 2,5 | 2,7 | 8,4 | | | | | | | | |
| | 30 | 3 | 13 | 10 | 46 | | | | | | | | |
| Nationalliberale | 30,1 | 29,7 | 27,2 | 23,1 | 14,6 | 17,6 | 22,2 | 16,3 | 13,0 | 12,5 | 13,8 | 14,5 | 13,6 |
| | 125 | 155 | 128 | 99 | 47 | 51 | 99 | 42 | 53 | 46 | 51 | 54 | 45 |
| Sozialdemokraten | 3,2 | 6,8 | 9,1 | 7,6 | 6,1 | 9,7 | 10,1 | 19,7 | 23,3 | 27,2 | 31,7 | 28,9 | 34,8 |
| | 2 | 9 | 12 | 9 | 12 | 24 | 11 | 35 | 44 | 56 | 81 | 43 | 110 |
| Zentrum | 18,7 | 27,9 | 24,8 | 23,1 | 23,2 | 22,6 | 20,1 | 18,6 | 19,1 | 18,8 | 19,7 | 19,4 | 16,4 |
| | 61 | 91 | 93 | 94 | 100 | 99 | 98 | 106 | 96 | 102 | 100 | 105 | 91 |

* Erste Zahl: Stimmenanteil in %, zweite Zahl: Reichstagssitze; ermittelt nach Dreiklassenwahlrecht

## Wahlergebnisse der wichtigsten Parteien in der Weimarer Republik

| Partei | Stimmenanteil/Sitze* | | | | | | | |
|---|---|---|---|---|---|---|---|---|
| | 1919[1] | 1920 | 1924[2] | 1924[3] | 1928 | 1930 | 1932[4] | 1932[5] |
| Bayerische Volkspartei (BVP) | | 4,2 | 3,2 | 3,8 | 3,1 | 3,0 | 3,2 | 3,1 |
| | | 21 | 16 | 19 | 16 | 19 | 22 | 20 |
| Deutsche Demokratische Partei (DDP) | 18,5 | 8,3 | 5,7 | 6,3 | 4,9 | | | |
| | 75 | 45 | 28 | 32 | 25 | | | |
| Deutsche Volkspartei (DVP) | 4,4 | 13,9 | 9,2 | 10,1 | 8,7 | 4,5 | 1,2 | 1,9 |
| | 19 | 62 | 45 | 51 | 45 | 30 | 7 | 11 |
| Deutschnationale Volkspartei (DNVP) | 10,3 | 15,1 | 19,5 | 20,5 | 14,2 | 7,0 | 5,9 | 8,9 |
| | 44 | 66 | 95 | 103 | 78 | 41 | 37 | 52 |
| Kommunistische Partei Deutschlands (KPD) | | 2,1 | 12,6 | 9,0 | 10,6 | 13,1 | 14,5 | 16,9 |
| | | 4 | 62 | 45 | 54 | 77 | 89 | 100 |
| Nationalsozialistische Deutsche Arbeiterpartei (NSDAP) | | | 6,5 | 3,0 | 2,6 | 18,3 | 37,4 | 33,1 |
| | | | 32 | 14 | 12 | 107 | 230 | 196 |
| Sozialdemokratische Partei Deutschlands (SPD) | 37,9 | 21,7 | 20,5 | 26,0 | 29,8 | 24,5 | 21,6 | 20,4 |
| | 163 | 113 | 100 | 131 | 153 | 143 | 133 | 121 |
| Unabhängige Sozialdemokratische Partei Deutschlands (USPD) | 7,6 | 17,9 | | | | | | |
| | 22 | 81 | | | | | | |
| Zentrum | 19,7 | 13,6 | 13,4 | 13,6 | 12,1 | 11,8 | 12,5 | 11,9 |
| | 91 | 64 | 65 | 69 | 62 | 68 | 75 | 70 |

* Erste Zahl: Stimmenanteil in %, zweite Zahl: Reichstagssitze
[1] Wahlen zur Nationalversammlung     [2] Mai 1924     [3] Dezember 1924     [4] Juli 1932     [5] November 1932

## Wahlergebnisse der wichtigsten Parteien in der BR Deutschland

| Partei | 1949 | 1953 | 1957 | 1961 | 1965 | 1969 | 1972 | 1976 | 1980 | 1983 | 1987 | 1990 | 1994 | 1998 |
|---|---|---|---|---|---|---|---|---|---|---|---|---|---|---|
| CDU/CSU | 31,0 | 45,2 | 50,2 | 45,3 | 47,6 | 46,1 | 44,9 | 48,6 | 44,5 | 48,8 | 44,3 | 43,8 | 41,5 | 35,1 |
|  | 139 | 243 | 270 | 242 | 245 | 242 | 225 | 243 | 226 | 244 | 223 | 319 | 294 | 245 |
| DP | 4,0 | 3,3 | 3,4 | | | | | | | | | | | |
|  | 17 | 15 | 17 | | | | | | | | | | | |
| FDP | 11,9 | 9,5 | 7,7 | 12,8 | 9,5 | 5,8 | 8,4 | 7,9 | 10,6 | 7,0 | 9,1 | 11,0 | 6,9 | 6,2 |
|  | 52 | 48 | 41 | 67 | 49 | 30 | 41 | 39 | 53 | 34 | 46 | 79 | 47 | 43 |
| Grüne** | | | | | | | | | | 5,6 | 8,3 | 1,2 | 7,3 | 6,7 |
|  | | | | | | | | | | 27 | 42 | 8 | 49 | 47 |
| KPD | 5,7 | | | | | | | | | | | | | |
|  | 15 | | | | | | | | | | | | | |
| PDS | | | | | | | | | | | | 2,4 | 4,4 | 5,1 |
|  | | | | | | | | | | | | 17 | 30 | 36 |
| SPD | 29,2 | 28,8 | 31,8 | 36,2 | 39,3 | 42,7 | 45,8 | 42,6 | 42,9 | 38,2 | 37,0 | 33,5 | 36,4 | 40,9 |
|  | 131 | 151 | 169 | 190 | 202 | 224 | 230 | 214 | 218 | 193 | 186 | 239 | 252 | 298 |
| Zentrum | 3,1 | 0,8 | | | | | | | | | | | | |
|  | 10 | 3 | | | | | | | | | | | | |

* Erste Zahl: Stimmenanteil in %, zweite Zahl: Bundestagssitze          ** Ab 1990 Bündnis '90/Die Grünen

## Wichtige deutsche Parteien (seit 1861)

| Gründungsjahr | Name | Erläuterung |
|---|---|---|
| 1861 | Deutsche Fortschrittspartei | Linksliberal, für uneingeschränkten Parlamentarismus. Im preußischen Verfassungskonflikt über die Indemnitätsvorlage trennten sich von ihr die Nationalliberalen unter Bennigsen |
| 1863 | Allgem. Deutscher Arbeiterverein | Beginn der deutschen Arbeiterbewegung; Begründer Lassalle; 1875 Vereinigung mit der Sozialdemokratischen Arbeiterpartei |
| 1867 | Nationalliberale Partei | Geführt von Bennigsen, unterstützte Bismarcks Einigungspolitik und später den Kulturkampf |
| 1868 | Deutsche Volkspartei | Für Süddeutschland gegründet, radikalliberale, republikanische Bewegung, die in der deutschen Frage jeden Zentralismus ablehnte; 1910 in der Fortschrittlichen Volkspartei aufgegangen |
| 1869 | Sozialdemokratische Arbeiterpartei | Gründer: Bebel, Liebknecht; marxistische Grundhaltung |
| 1870 | Zentrumspartei | Christlich, überwiegend katholisch, unter Windthorst Gegner Bismarcks im Kulturkampf, unterstützte aber dessen Wirtschafts- und Sozialpolitik. Von 1881–1912 und 1916–1918 stärkste Fraktion im Reichstag. 1894 bis 1906 die Regierung stützende Partei |
| **Kaiserreich** | | |
| 1875 | Sozialistische Arbeiterpartei | Zusammenschluss des Allgemeinen Deutschen Arbeitervereins (»Lassalleaner«) mit der Sozialdemokratischen Arbeiterpartei (»Eisenacher«); 1878 verboten |
| 1876 | Deutschkonservative Partei | Monarchistisch, christlich, national, antisozialistisch, vertrat vorwiegend agraische Interessen, unterstützte Bismarck in der Schutzzollpolitik |
| 1884 | Deutsche Freisinnige Partei | Linksliberale Partei aus Anhängern der Fortschrittspartei und ehemaligen Nationalliberalen; Gegner eines Staatssozialismus. Über einer Heeresvorlage des Reichskanzlers Caprivi gespalten in Freisinnige Vereinigung und Eugen Richters Freisinnige Volkspartei |

⇒ S. 490

# Parteien

| Gründungsjahr | Name | Erläuterung |
|---|---|---|
| um 1890 | Antisemitische Partei | Ihre Forderungen wurden im sog. Tivoliprogramm von den Konservativen übernommen; seit 1833 als Deutsche Reformpartei tätig |
| 1890 | Sozialdemokratische Partei (SPD) | Entstand aus der 1878 verbotenen Sozialistischen Arbeiterpartei Deutschlands |
| 1896 | Nationalsozialer Verein | Von Naumann u.a. gegründet; Versuch einer Vermittlung zwischen sozialen und nationalen Forderungen; 1903 Verbindung mit der Freisinnigen Vereinigung |
| 1910 | Fortschrittliche Volkspartei | Zusammenschluss aller linksliberalen Kräfte: der Freisinnigen Vereinigung, der Freisinnigen Volkspartei und der Deutschen Volkspartei |
| 1917 | Unabhängige Sozialdemokratische Partei Deutschlands (USPD) | Entstand als linke (pazifistische) Abspaltung von der SPD. 1920 Spaltung; die Mehrheit schloss sich der KPD an; die übrige USPD vereinigte sich 1922 wieder mit der SPD |
| **Weimarer Republik** | | |
| 1918 | Kommunistische Partei (KPD) | Trennte sich am 31.12.1918 unter Führung von Rosa Luxemburg und Karl Liebknecht von der USPD; propagierte die proletarische Revolution (keine Beteiligung an den Wahlen, Agitation mit Massenstreiks und Gewalt) |
| 1918 | Deutsche Volkspartei (DVP) | Unter Gustav Stresemann sammelten sich hier der rechte Flügel der früheren Nationalliberalen und Anhänger der Freikonservativen |
| 1918 | Deutsche Demokratische Partei (DDP) | Linker Flügel der früheren Nationalliberalen und Linksliberalen |
| 1918 | Deutschnationale Volkspartei (DNVP) | In der Nachfolge der Konservativen und der sozialen, christlichen Rechten; nationalistisch, monarchistisch, antisemitisch, seit 1928 unter Führung Hugenbergs |
| 1918 | Bayerische Volkspartei (BVP) | Föderalistisch, bayerische Abspaltung vom Zentrum; starke katholische Ausrichtung |
| 1919 | Nationalsozialistische Deutsche Arbeiterpartei (NSDAP) | Aus der Deutschen Arbeiterpartei entwickelt; 1920 Parteiprogramm; 1921 Hitler Vorsitzender; 1923, nach dem Umsturzversuch in München, verboten; 1925 Neugründung; ab Juli 1933 Staatspartei. Rassisch begründeter Antisemitismus, Nationalismus, anfangs gemäßigter Sozialismus |
| 1922 | Deutschvölkische Freiheitspartei | Abgespalten von der Deutschnationalen Volkspartei, seit 1924 Nationalsozialistische Freiheitspartei, parlamentarische Repräsentation der Nationalsozialisten; antisemitisch |
| 1928 | Reichspartei des Deutschen Mittelstandes | Wirtschaftspartei |
| **Besatzungszeit/BR Deutschland** | | |
| 1945 | Christlich-Soziale Union (CSU) | Hervorgegangen überwiegend aus der Bayerischen Volkspartei; auf Bayern beschränkte Partei; bildet seit 1949 eine gemeinsame Fraktion mit der CDU |
| 1945 | Christlich-Demokrat. Union (CDU) | Zunächst auf regionaler Ebene, in der BR Deutschland bundesweit agierende konservativ-christliche Partei der sozialen Marktwirtschaft |
| 1946 | Sozialistische Einheitspartei Deutschlands (SED) | In der Sowjetischen Besatzungszone aus KPD und SPD zwangsvereinigt; 1990 in der PDS aufgegangen |
| 1948 | Freie Demokratische Partei (FDP) | Gegründet von Mitgliedern liberaler Parteien der Weimarer Republik (DDP und DVP) |
| 1983 | Die Grünen | Entstanden aus ökologisch, basisdemokratisch orientierten, pazifistischen Bürgerinitiativen; 1990 Zusammenschluss mit dem Bündnis '90 |
| 1990 | Partei des Demokratischen Sozialismus (PDS) | Die SED-Nachfolgepartei versteht sich als ostdeutsche Interessenvertreterin |

### CDU-Vorsitzende

| Amtszeit | Name |
|---|---|
| 1950–1966 | Konrad Adenauer |
| 1966–1967 | Ludwig Erhard |
| 1967–1972 | Kurt Georg Kiesinger |
| 1972–1973 | Rainer Barzel |
| 1973–1998 | Helmut Kohl |
| 1998–2000 | Wolfgang Schäuble |
| seit 2000 | Angela Merkel |

### SPD-Vorsitzende

| Amtszeit | Name |
|---|---|
| 1890–1911 | August Bebel/Paul Singer |
| 1911–1913 | August Bebel/Hugo Haase |
| 1913–1917 | Friedrich Ebert/Hugo Haase |
| 1917–1919 | Friedrich Ebert/Philipp Scheidemann |
| 1919–1922 | Hermann Müller/Otto Wels |
| 1922–1928 | Artur Crispien/Otto Wels/Hermann Müller |
| 1928–1931 | Artur Crispien/Otto Wels |
| 1931–1933 | Artur Crispien/Otto Wels/Hans Vogel |
| 1946–1952 | Kurt Schumacher |
| 1952–1963 | Erich Ollenhauer |
| 1964–1987 | Willy Brandt |
| 1987–1991 | Hans-Jochen Vogel |
| 1991–1993 | Björn Engholm |
| 1993–1995 | Rudolf Scharping |
| 1995–1999 | Oskar Lafontaine |
| seit 1999 | Gerhard Schröder |

### CSU-Vorsitzende

| Amtszeit | Name |
|---|---|
| 1946–1949 | Josef Müller |
| 1949–1955 | Hans Ehard |
| 1955–1961 | Hanns Seidel |
| 1961–1988 | Franz Josef Strauß |
| 1988–1998 | Theodor Waigel |
| seit 1998 | Edmund Stoiber |

### SED-Vorsitzende

| Amtszeit | Name |
|---|---|
| 1946–1950 | Wilhelm Pieck/Otto Grotewohl |
| 1950–1971 | Walter Ulbricht |
| 1971–1989 | Erich Honecker |
| 1989 | Egon Krenz |
| 1989–1990 | Gregor Gysi |

### FDP-Vorsitzende

| Amtszeit | Name |
|---|---|
| 1948–1949 | Theodor Heuss |
| 1949–1954 | Franz Blücher |
| 1954–1957 | Thomas Dehler |
| 1957–1960 | Reinhold Maier |
| 1960–1968 | Erich Mende |
| 1968–1974 | Walter Scheel |
| 1974–1985 | Hans-Dietrich Genscher |
| 1985–1988 | Martin Bangemann |
| 1988–1992 | Otto Graf Lambsdorff |
| 1992–1995 | Klaus Kinkel |
| seit 1995 | Wolfgang Gerhardt |

### KPD-Vorsitzende

| Amtszeit | Name |
|---|---|
| 1918–1919 | Karl Liebknecht/Rosa Luxemburg |
| 1920–1921 | Ernst Däumig/Paul Levi |
| 1921 | Heinrich Brandler/Walter Stoecker |
| 1921–1923 | Ernst Meyer |
| 1923 | Heinrich Brandler |
| 1924 | Arkadi Maslow/Hermann Remmele |
| 1924–1925 | Ruth Fischer |
| 1925–1933 | Ernst Thälmann |
| 1933–1944 | Ernst Thälmann (Exilvorsitzender) |
| 1945 | SBZ*: Wilhelm Pieck/Walter Ulbricht |
| 1949–1956 | BRD**: Vorstandsgremien |

\* In der Sowjetischen Besatzungszone (SBZ) ging die KPD 1946 infolge einer Zwangsvereinigung mit der SPD in der Sozialistischen Einheitspartei Deutschlands (SED) auf

\*\* Die KPD wurde 1956 in der BR Deutschland vom Bundesverfassungsgericht als verfassungsfeindliche Organisation verboten

### Parteistiftungen

| Partei | Name |
|---|---|
| CDU | Konrad-Adenauer-Stiftung |
| CSU | Hanns-Seidel-Stiftung |
| FDP | Friedrich-Naumann-Stiftung |
| Grüne | Stiftungsverband Regenbogen (u.a. mit Heinrich-Böll-Stiftung) |
| SPD | Friedrich-Ebert-Stiftung |

**491**

# Parteien

## Größte österreichische Parteien

| Gründungsjahr | Name | Erläuterung |
|---|---|---|
| 1889 | Sozialistische Partei Österreichs (SPÖ) | 1889–1934: Sozialdemokratische Partei Österreichs; 1945 unter heutigem Namen reaktiviert |
| 1945 | Österreichische Volkspartei (ÖVP) | Bürgerlich-konservative Partei der sozialen Marktwirtschaft; entstanden aus dem Zusammenschluss der Christlich-Sozialen Partei und der Vaterländischen Front |
| 1956 | Freiheitliche Partei Österreichs (FPÖ; Freiheitliche) | Entstanden aus dem Zusammenschluss von Freiheitspartei, Verband der Unabhängigen sowie liberalen und nationalen Splitterparteien; national-konservativ; unter dem Vorsitz Jörg Haiders in den 90er Jahren rechtspopulistisch |

## Größte schweizerische Parteien

| Gründungsjahr | Name | Erläuterung |
|---|---|---|
| 1888 | Sozialdemokratische Partei (SPS) | Sozialdemokratische, antikommunistische Ausrichtung; Ziel des Klassenkampfes 1959 aus dem Programm gestrichen |
| 1894 | Freisinnig-Demokratische Partei (FDP) | Auf wirtschaftliche und kulturelle Freiheit ausgerichtete liberal-konservative Mittelstandspartei |
| 1912/1970 | Christlich-demokratische Volkspartei (CVP) | Geht zurück auf die 1912 gegründete Schweizerische Konservative Volkspartei; heutiger Name seit 1970; überwiegend katholische Partei; Einsatz für Familie und innere Sicherheit |
| 1918/1971 | Schweizerische Volkspartei (SVP) | Hervorgegangen aus Bauern-, Gewerbe- und Bürgerpartei und Demokratischer Partei; heutiger Name seit 1971; tritt für Asylverschärfung und bewaffnete Neutralität ein |

Die vier genannten Parteien stellen seit 1959 eine Große Koalition; die sieben Bundesratsposten werden nach einem festen Parteienschlüssel (»Zauberformel«) vergeben

## Wichtige Parteien in weiteren Staaten

| Gründungsjahr | Name | Gründungsjahr | Name |
|---|---|---|---|
| **Belgien** | | 1958 | Partei der Gaullisten, urspr. Union für die Neue Republik (Union pour la Nouvelle République), seit 1976 Sammlungsbewegung für die Republik (Rassemblement pour la République, RPR, J. Chirac) |
| 1846 | Partei der Freiheit und des Fortschritts (bis 1961: Liberale Partei) | | |
| 1885 | Sozialistische Partei (bis 1946: Arbeiterpartei) | | |
| 1945 | Christlich-Soziale Partei (PSC; 1830–1940: Katholische Partei) | 1960 | Vereinigte Sozialistische Partei (Parti Socialiste Unifié, PSU) |
| | | 1962 | Republikanische Partei (Parti Républicain; V. Giscard d'Estaing) |
| **Frankreich** | | 1969 | Sozialistische Partei (PS; F. Mitterrand), entstanden aus Section Française de l'Internationale Ouvrière |
| 1901 | Radikalsozialisten (Parti Radical et Radical-Socialiste; M. Faure, F. Gaillard, R. Billières, J.-J. Servan-Schreiber) | | |
| 1920 | Französische Kommunistische Partei (Parti Communiste Français, PCF; W. Rochet, J. Duclos, G. Marchais, R. Hue) | 1972 | Nationale Front (Front National; J.M. Le Pen) |
| | | 1976 | Zentrum der sozialen Demokraten (Centre des démocrates sociaux) |
| 1944–1967 | Volksrepublikanische Bewegung (Mouvement Républicain Populaire, MRP) | 1978 | Vereinigung für die französische Demokratie (Union pour la Democratie Française; J. Lecanuet) |

| Gründungsjahr | Name |
|---|---|
| **Großbritannien** | |
| um 1830 | Konservative Partei (British Conservative and Unionist Party; in der Nachfolge der Tory Party) |
| um 1839 | Liberale Partei (Liberal Party; früher Whig Party) |
| 1900 | Arbeiter-Partei (Labour Party) |
| 1981 | Sozialdemokratische Partei (Social Democratic Party) |
| 1988 | Social and Liberal Democratic Party |
| **Irland** | |
| 1926 | Republikaner (Fianna Fail) |
| 1933 | Vereinigte Irland-Partei (Fine Gael; United Ireland Party) Arbeiter-Partei (Labour Party) |
| **Israel** | |
| 1912 | Agudat Israel, betont religiös |
| 1930 | Mapai, sozialdemokratisch[1] |
| 1948 | Cherut, zionistisch, nationalistisch[2] |
| 1948 | Mapam, sozialistisch |
| 1956 | Nationalreligiöse Partei |
| 1965 | Liberale Partei[2] |
| 1968 | Israelische Arbeitspartei (seit 1992 »Avoda«) |
| 1983 | Schas, betont religiös |
| 1987 | Zionistische Erneuerung (»Tsomet«), liberal-nationalistisch |

[1] seit 1968 in der Israelischen Arbeitspartei
[2] seit 1973 im Likud-Block

| Gründungsjahr | Name |
|---|---|
| **Italien** | |
| 1893 | Italienische Sozialistische Partei (Partito Socialista Italiano, PSI) |
| 1895 | Republikanische Partei (Partito Repubblicano Italiano, PRI) |
| 1919 | Christlich-Demokratische Partei (Partito Democrazia Cristiana, DC; unter diesem Namen seit 1943) |
| 1921 | Italienische Kommunistische Partei (Partito Comunista Italiano, PCI) |
| 1922 | Liberale Partei (Partito Liberale Italiano, PLI; anknüpfend an die um 1845 gegründete Liberale Partei) |
| 1948 | Neofaschistische Partei (Movimento Sociale Italiano, MSI) |
| 1969 | Vereinigte Sozialistische Partei (Partito Socialista Unitario), anknüpfend an die 1947 gegründete Sozialdemokratische Partei |
| 1991 | Partei der Demokratischen Linken (PDS; sozialdemokratisch) |
| 1994 | Forza Italia; national-konservativ |
| 1994 | Nationale Allianz; neofaschistisch |

| Gründungsjahr | Name |
|---|---|
| **Japan** | |
| 1921 | Kommunistische Partei Japans |
| 1945 | Japanische Sozialistische Partei |
| 1955 | Liberal-Demokratische Partei; konservativ |
| 1993 | Neue Initiative (Sakigake) |
| 1994 | Neue Fortschrittspartei (Shinshinto) |
| **Kanada** | |
| 1854 | Fortschrittlich-Konservative Partei (Progressive Conservative Party) |
| 1873 | Liberale Partei (Liberal Party) |
| 1961 | Neue Demokratische Partei (New Democratic Party), sozialistisch Reform-Partei (Reform Party), konservativ Bloc Québécois (Separatisten) |
| **Niederlande** | |
| 1878 | Antirevolutionäre Partei (ARP) |
| 1894 | Sozialdemokratische Arbeiterpartei; ab 1946 Partei der Arbeit (PvdA) |
| 1908 | Christlich-Historische Union (CHU) |
| 1945 | Katholische Volks-Partei (KVP; 1901–1940; Röm.-Kath. Staatspartei) |
| 1948 | Volks-Partei für Freiheit und Demokratie (VVD; liberale Partei) |
| 1966 | Democraten '66 (Partei links von der Mitte) |
| 1970 | Demokratische Sozialisten 1970 |
| 1980 | Christlich-Demokratischer Appell (CDA, Zusammenschluss von ARP, CHU u. KVP) |
| **Portugal** | |
| 1874 | Sozialistische Partei (PS; neugegr. 1973) |
| 1921 | Kommunistische Partei (PCP; 1926–1974 illegal) |
| 1974 | Demokratische Volks-Partei (PPD), rechtssozialdemokratisch |
| 1974 | Demokratisch-Soziales Zentrum (CDS), konservative Rechts-Partei |
| **Schweden** | |
| 1889 | Sozialdemokratische Arbeiterpartei |
| 1902 | Liberale Volks-Partei |
| 1904 | Konservative Partei |
| 1917 | Kommunistische Partei Schwedens |
| 1958 | Zentrums-Partei, früher »Bauernbund« (gegründet 1922) |
| 1964 | Christdemokratische Partei |
| **USA** | |
| 1828 | Demokratische Partei (Democratic Party) |
| 1854 | Republikanische P. (Republican Party) |

# Parteien

## Die ältesten Arbeiterparteien in Europa

| Gründungsjahr | Land | Name/Erläuterung |
|---|---|---|
| 1863 | Deutschland | Allgemeiner Deutscher Arbeiterverein; ab 1890 Sozialdemokratische Partei Deutschlands (SPD) |
| 1871 | Dänemark | Internationaler Arbeiterverein für Dänemark; ab 1961 Dänische Sozial-demokraten (SD) |
| 1874 | Portugal | Sozialistische Partei Portugals (PSP); 1973 Neugründung |
| 1879 | Frankreich | Französische Arbeiterpartei; ab 1902 Französische Sozialistische Partei |
| 1879 | Spanien | Spanische Sozialistische Arbeiterpartei |
| 1885 | Belgien | Belgische Arbeiterpartei; ab 1945 Belgische Sozialistische Partei (BSP) |
| 1887 | Norwegen | Vereinigte Norwegische Arbeiterpartei; ab 1891 Norwegische Arbeiterpartei |
| 1889 | Österreich | Sozialdemokratische Arbeiterpartei Österreichs; ab 1945 Sozialistische Partei Österreichs (SPÖ) |
| 1889 | Schweden | Sozialdemokratische Arbeiterpartei |
| 1893 | Italien | Italienische Partei der Arbeiter; ab 1895 Italienische Sozialistische Partei |
| 1894 | Niederlande | Sozialdemokratische Arbeiterpartei der Niederlande; ab 1946 Partei der Arbeit (PvdA) |
| 1899 | Finnland | Finnische Arbeiterpartei; seit 1903 Sozialdemokratische Partei Finnlands |
| 1900 | Großbritannien | Labour Representation Committee; ab 1906 Labour Party |

## Sozialistische und Kommunistische Internationale

| Zeitraum | Name | Erläuterung |
|---|---|---|
| 1864–1876 | I. Internationale (sozialistisch) | **Ausrichtung:** Aufnahme des Kampfes für eine klassenlose Gesellschaft<br>**Ende:** Scheitern an organisatorischen Fragen zur straffen Kaderführung |
| 1889–1914 | II. Internationale (sozialistisch) | **Ausrichtung:** Betonung des marxistischen Ansatzes<br>**Ende:** Widerspruch zwischen Revolutionären und Reformpolitikern |
| 1919–1923 | II. Internationale (Neugründung; sozialistisch) | **Ausrichtung:** Reformpolitiker wollen sozialistische Ziele durch die Reform des kapitalistischen Staates (ohne Revolution) erreichen<br>**Ende:** Heftige Gegensätze zur III. Internationale |
| 1919–1943 | III. Internationale (kommunistisch) | **Ausrichtung:** Weltweite revolutionäre Durchsetzung des Kommunismus<br>**Ende:** Zusammenbruch im Zweiten Weltkrieg |
| 1921–1923 | Zweieinhalbte (Wiener) Internationale (sozialistisch) | **Ausrichtung:** Aufhebung der Spaltung der Arbeiterklasse<br>**Ende:** Fusion mit der II. Internationale zur Sozialistischen Arbeiter-Internationale |
| 1923–1940 | Sozialistische Arbeiter-Internationale | **Ausrichtung:** Stärkung des reformorientierten Politikansatzes<br>**Ende:** Zusammenbruch im Zweiten Weltkrieg |
| 1938–1956 | IV. Internationale (kommunistisch) | **Ausrichtung:** Orthodoxe Verfechtung des Internationalismus<br>**Ende:** Im Zuge der Entstalinisierung als obsolet betrachtet |
| 1947–1956 | Kominform (kommunistisch) | **Ausrichtung:** Gleichberechtigte Verbindung aller Arbeiterparteien<br>**Ende:** Faktisch führende Rolle der KPdSU stößt auf Widerspruch |
| seit 1951 | Sozialistische Internationale | **Ausrichtung:** Lose Organisation der Parteien mit sozialdemokratischer bzw. demokratisch-sozialistischer Programmatik |

## Über die Parlamentarischen Regierungssysteme ▶

Beim Zweikammersystem besteht das Parlament aus zwei unterschiedlich zusammengesetzten Versammlungen (Kammern). Eine der Kammern wird unmittelbar vom Volk gewählt, die zweite wird in der Regel aus Vertretern der Gliedstaaten gebildet.

Beim Einkammersystem gibt es nur eine parlamentarische Einrichtung. Insgesamt haben derzeit 69 Staaten ein Zweikammersystem und 107 Staaten ein Einkammersystem (Staaten im Ausnahme- oder Kriegszustand sind nicht berücksichtigt)

## Parlamentarische Regierungssysteme

### Zweikammersystem

**Afrika:** Ägypten, Algerien, Gabun, Kongo, Liberia, Madagaskar, Marokko, Mauretanien, Namibia, Südafrika, Swasiland, Tschad

**Nord-, Mittel- und Südamerika:** Antigua und Barbuda, Argentinien, Bahamas, Barbados, Belize, Bolivien, Brasilien, Chile, Dominikanische Republik, Grenada, Haiti, Jamaika, Kanada, Kolumbien, Mexiko, Paraguay, Peru, Saint Lucia, Trinidad und Tobago, Uruguay, Venezuela, USA

**Asien:** Indien, Japan, Jordanien, Kasachstan, Kirgisistan, Malaysia, Nepal, Pakistan, Philippinen, Thailand, Turkmenistan

**Australien und Ozeanien:** Australien, Fidschi, Marshallinseln, Palau

**Europa:** Belgien, Bosnien-Herzegowina, Deutschland, Frankreich, Großbritannien, Irland, Italien, Jugoslawien, Kroatien, Niederlande, Norwegen, Österreich, Polen, Rumänien, Russland, Schweiz, Slowenien, Spanien, Tschechische Republik, Weißrussland

### Einkammersystem

**Afrika:** Angola, Äquatorialguinea, Äthiopien, Benin, Botswana, Burkina Faso, Burundi, Cote d'Ivoire, Djibouti, Gambia, Ghana, Guinea-Bissau, Kamerun, Kap Verde, Kenia, Komoren, Demokratische Republik Kongo, Lesotho, Libyen, Malawi, Mali, Mauritius, Mosambik, Niger, Sambia, São Tomé und Príncipe, Senegal, Seychellen, Simbabwe, Tansania, Togo, Tunesien, Uganda, Zentralafrikanische Republik

**Mittel- und Südamerika:** Costa Rica, Dominica, Ecuador, El Salvador, Guatemala, Guyana, Honduras, Kuba, Nicaragua, Panama, Saint Kitts und Nevis, Saint Vincent und die Grenadinen, Suriname

**Asien:** Armenien, Aserbaidschan, Bangladesch, Bhutan, Brunei, China, Georgien, Indonesien, Irak, Iran, Israel, Jemen, Kambodscha, Korea (Nord), Korea (Süd), Kuwait, Laos, Libanon, Malediven, Mongolei, Singapur, Syrien, Tadschikistan, Usbekistan, Vietnam

**Australien und Ozeanien:** Kiribati, Mikronesien, Nauru, Neuseeland, Papua-Neuguinea, Salomonen, Samoa, Tonga, Tuvalu, Vanuatu

**Europa:** Albanien, Andorra, Bulgarien, Dänemark, Estland, Finnland, Griechenland, Island, Lettland, Liechtenstein, Litauen, Luxemburg, Malta, Makedonien, Moldawien, Monaco, Portugal, San Marino, Schweden, Slowakei, Türkei, Ukraine, Ungarn, Zypern

## Länder ohne Todesstrafe

**Afrika**
Angola, Guinea-Bissau, Kap Verde, Mauritius, Mosambik, Namibia, São Tomé und Principe, Südafrika

**Asien**
Israel, Kambodscha, Nepal

**Australien und Ozeanien**
Australien, Fidschi, Kiribati, Marshallinseln, Mikronesien, Neuseeland, Palau, Salomonen, Tuvalu, Vanuatu

**Europa**
Andorra, Belgien, Dänemark, Deutschland, Finnland, Frankreich, Griechenland, Großbritannien, Irland, Island, Italien, Kroatien, Liechtenstein, Luxemburg, Malta, Makedonien, Moldawien, Monaco, Niederlande, Norwegen, Österreich, Portugal, Rumänien, San Marino, Schweden, Schweiz, Slowakei, Slowenien, Spanien, Tschechische Republik, Ukraine, Ungarn, Vatikanstadt, Zypern

**Nord- und Südamerika**
Argentinien, Brasilien, Costa Rica, Domin. Rep., Ecuador, Haiti, Honduras, Kanada, El Salvador, Kolumbien, Mexiko, Nicaragua, Panama, Paraguay, Peru, Uruguay, Venezuela

## Erste Länder mit Frauenwahlrecht

| Jahr | Land |
|------|------|
| 1893 | Neuseeland |
| 1902 | Australien |
| 1906 | Finnland (ab 24 Jahre) |
| 1913 | Norwegen (eingeschränkt seit 1907) |
| 1915 | Dänemark |
| 1917 | Sowjetrussland |
| 1918 | Großbritannien |
| 1918 | Deutschland |
| 1918 | Österreich |
| 1920 | USA |

## Über das Frauenwahlrecht ▲

In einigen Länderregionen und/oder auf kommunaler Ebene galt das Frauenwahlrecht teilweise schon früher. Häufig war es an bestimmte Vorgaben gebunden (beispielsweise mussten die Frauen verheiratet sein oder selbst Steuern zahlen).
Als letztes westliches Land führte 1971 die Schweiz das Frauenwahlrecht ein. Auf schweizerischer Kantonsebene in Appenzell-Innerrhoden existiert dieses Recht erst seit 1990.

# Internationale Politik

| Wichtige Kolonien der Imperialmächte | | |
|---|---|---|
| Kolonie | heutiger Name | Unabhängig |
| **Belgien** | | |
| Belgisch-Kongo | Kongo, Dem. Rep. | 1960 |
| **Deutsches Reich** | | |
| Dt.-Neuguinea | Papua-Neuguinea | 1975 |
| Dt.-Ostafrika | Ruanda, Tansania | 1962, 1964 |
| Dt.-Südwestafrika | Namibia | 1990 |
| Kamerun | Kamerun | 1960 |
| Karolinen | Mikronesien | 1986 |
| Kiautschou | Shangdong | zu China |
| Marianen | Marianen, Guam | zu USA |
| Marshallinseln | Marshallinseln | 1991 |
| Nauru | Nauru | 1968 |
| Palauinseln | Palau | 1994 |
| Togo | Togo | 1962 |
| West-Samoa | Samoa | 1962 |
| **Frankreich** | | |
| Algerien | Algerien | 1962 |
| Dahomey* | Benin | 1960 |
| Elfenbeinküste* | Côte d'Ivoire | 1960 |
| Frz.-Kongo | Gabun/Kongo, Rep. | 1960 |
| Frz.-Somaliland | Djibouti | 1977 |
| Guinea* | Guinea | 1958 |
| Indochina | Kambodscha/Laos | 1945 |
| Komoren | Komoren | 1975 |
| Madagaskar | Madagaskar | 1960 |
| Marokko | Marokko | 1956 |
| Mauretanien* | Mauretanien | 1960 |
| Niger* | Niger | 1960 |
| Obervolta* | Burkina Faso | 1960 |
| Senegal | Senegal | 1960 |
| Sudan* | Mali | 1960 |
| Tschad* | Tschad | 1960 |
| Tunesien | Tunesien | 1956 |
| Ubangi-Chari* | Zentralafr. Rep. | 1960 |
| Vietnam | Vietnam | 1945 |

\* Französisch-Westafrika 1876–1898

| **Großbritannien** | | |
|---|---|---|
| Aden | Jemen | 1963 |
| Ägypten | Ägypten | 1922 |
| Anglo-Ägypt. Sudan | Sudan | 1956 |
| Antigua u. Barbuda | Antiugua u. Barbuda | 1981 |
| Bahamas | Bahamas | 1973 |
| Bahrein | Bahrein | 1971 |
| Barbados | Barbados | 1966 |
| Basutoland | Lesotho | 1966 |
| Belize | Belize | 1981 |
| Betschuanaland | Botswana | 1966 |
| Birma, Burma | Myanmar | 1948 |
| Britisch-Guayana | Guyana | 1966 |
| Britisch-Indien | Indien/Pakistan | 1947 |
| Britisch-Ostafrika | Kenia | 1963 |
| Britisch-Somaliland | Somalia | 1979 |

| Kolonie | heutiger Name | Unabhängig |
|---|---|---|
| Ceylon | Sri Lanka | 1948 |
| Dominica | Dominica | 1978 |
| Fidschi | Fidschi | 1970 |
| Gambia | Gambia | 1965 |
| Goldküste | Ghana | 1957 |
| Grenada | Grenada | 1974 |
| Irland | Irland | 1922 |
| Jamaika | Jamaika | 1962 |
| Kanada (Dominion) | Kanada | 1931 |
| Katar | Katar | 1971 |
| Kuwait | Kuwait | 1961 |
| Njassaland | Malawi | 1964 |
| Nordborneo | Brunei | 1984 |
| Nordrhodesien | Sambia | 1964 |
| Malaya | Malaysia | 1963 |
| Malediven | Malediven | 1965 |
| Malta | Malta | 1964 |
| Mauritius | Mauritius | 1968 |
| Neuseeland | Neuseeland | 1931 |
| Nigeria | Nigeria | 1960 |
| Oman | Oman | 1951 |
| Ostpakistan | Bangladesch | 1971 |
| Salomonen | Salomonen | 1978 |
| Samoa | Samoa | 1962 |
| Seychellen | Seychellen | 1976 |
| Sierra Leone | Sierra Leone | 1961 |
| Singapur | Singapur | 1965 |
| Südrhodesien | Simbabwe | 1980 |
| Südafrikan. Union | Südafrika | 1931 |
| Swasiland | Swasiland | 1968 |
| Trinidad u. Tobago | Trinidad u. Tobago | 1962 |
| Uganda | Uganda | 1962 |
| Verein. Arab. Emirate | Verein. Arab. Emirate | 1971 |
| Vanuatu | Vanuatu | 1980 |
| Zypern | Zypern | 1960 |
| **Italien** | | |
| Eritrea | Eritrea | 1993 |
| 1952 zu Äthiopien | | |
| Somaliland | Somalia | 1979 |
| Tripolitanien | Libyen | 1951 |
| **Niederlande** | | |
| Niederl.-Guayana | Suriname | 1987 |
| Niederl.-Indien | Indonesien | 1945 |
| **Portugal** | | |
| Angola | Angola | 1975 |
| Portugies.-Guinea | Guinea-Bissau | 1960 |
| Portugies.-Ostafrika | Mosambik | 1974 |
| **Spanien** | | |
| Ifni | 1969 zu Marokko | |
| Rio de Oro | Westsahara | – |
| **USA** | | |
| Philippinen | Philippinen | 1946 |

## Apartheidgesetze

| Jahr | Gesetz/Bereich | Bedeutung/Folgen |
|------|----------------|------------------|
| 1911 | Mines and Works Act | Nichtweiße dürfen nur unqualifizierte Arbeiten ausüben |
| 1911 | Native Land Act | Nichtweiße dürfen außerhalb der Reservate kein Land erwerben |
| 1923 | Wohngebietstrennung | Nichtweiße müssen sich außerhalb von Städten in festgelegten Gebieten ansiedeln |
| 1950 | Group Areas Act | Zuordnung aller Einwohner zu Rassen und Wohngebieten |
| 1954 | Zwangsumsiedlung | Nichtweiße müssen in eigens eingerichteten Homelands wohnen |
| 1991 | Anti-Apartheid-Gesetz | Gesetzliche Aufhebung der Rassentrennung |
| 1994 | Anti-Apartheid-Gesetz | Offizielles Ende der Apartheid |

## Bedeutende Revolutionen und Volksaufstände im 20. Jahrhundert

| Zeit | Land | Erläuterung |
|------|------|-------------|
| 1905 | Russland | Bürgerliche Revolution zwingt Zar Nikolaus II. zum sog. Oktobermanifest; es legt politische Rechte fest (u.a. Gründung der Staatsduma); später weitgehend zurückgenommen |
| 1911 | China | Revolution beendet die Mandschu-Dynastie: Kaiser Pu Yi dankt ab, Sun Yatsen wird erster Präsident der Republik |
| 1911–1920 | Mexiko | Agrarrevolutionäre Bewegung von Emiliano Zapata erzwingt 1911 den Sturz des Diktators Porfirio Diaz. Ein Jahr nach dem Tod Zapatas (1919) gibt Anführer Pancho Villa den Kampf um eine Landreform auf |
| 1917 | Russland | Als Folge der Februarrevolution dankt Zar Nikolaus II. ab; Russland wird zunächst Republik, ehe die Oktoberrevolution 1917 die weltweit erste sozialistische Regierung (Bolschewiki um Lenin) an die Macht bringt |
| 1918 | Deutsches Reich, Österreich | Durch die Novemberrevolution wird in beiden Ländern die Monarchie zu Gunsten der Republik beseitigt |
| 1921 | Marokko | Aufstand der Rifkabylen gegen die spanische Kolonialherrschaft wird von spanischen und französischen Truppen brutal niedergeschlagen |
| 1953 | DDR | Juniaufstand der Arbeiter gegen Normerhöhungen wird vom sowjetischen Militär gewaltsam beendet |
| 1956 | Polen | Im Posener Aufstand fordern Arbeiter demokratische Rechte; die Armee beendet die Unruhen mit Gewalt |
| 1956 | Ungarn | Demokratische Revolution des Volkes wird von sowjetischen Truppen gewaltsam niedergeschlagen |
| 1959 | Kuba | Guerillas um Fidel Castro und Ernesto »Che« Guevara stürzen den diktatorisch herrschenden Batista-Clan. In der Folgezeit etabliert Castro ein sozialistisches System |
| 1966–1969 | China | Infolge wirtschaftlicher Probleme kommt es zu Auseinandersetzungen in der KP; Mao Zedong lässt den Parteiapparat mit Hilfe junger Studenten (»Rote Garden«) zerschlagen |
| 1968 | Tschechoslowakei | »Prager Frühling« (Versuch, einen »Sozialismus mit menschlichem Antlitz« zu etablieren) scheitert an einmarschierenden Warschauer-Pakt-Truppen |
| 1979 | Iran | Islamische Revolution führt zum Sturz von Schah Resa Pahlawi; politisches und religiöses Oberhaupt wird Ayatollah Ruhollah Khomeini |
| 1979 | Nicaragua | Sandinistische Befreiungsbewegung stürzt die rechtsgerichtete Diktatur des Somoza-Clans |
| 1986 | Philippinen | Ein unblutiger Putsch führt zum Ende der Marcos-Diktatur; neues Staatsoberhaupt wird Corazón Aquino |
| 1989 | DDR | Friedliche Massendemonstrationen führen zum Fall der Berliner Mauer und zum Ende der SED-Herrschaft |
| 1989 | Tschechoslowakei | Die »Samtene Revolution« beseitigt das sozialistische System und bringt den Bürgerrechtler und Dramatiker Václav Havel an die Macht |
| 1994 | Mexiko | Indios im Bundesstaat Chiapas machen in einem Aufstand auf ihre rechtlose Situation aufmerksam |

# Internationale Politik

| Jahr | Putsch/Ort | Erläuterung |
|------|-----------|-------------|
| | **Wichtige Putsche und Putschversuche** | |
| 1920 | Kapp-Putsch (Dt. Reich) | Staatsstreich rechter Militärs und Politiker um Wolfgang Kapp und General Walther von Lüttwitz; scheitert an einem Generalstreik; Anführer werden nur unwesentlich bestraft |
| 1923 | Hitler-Putsch (Dt. Reich) | Adolf Hitler erklärt in München die Berliner Reichsregierung für abgesetzt; Ordnungskräfte schlagen den Putsch nieder; Hitler erhält fünf Jahre Festungshaft, muss aber nur acht Monate verbüßen |
| 1936 | Spanien | Von Spanisch-Marokko aus beginnt Francisco Franco Bahamonde einen Putsch gegen die republikanische Regierung in Madrid. Nach dem Sieg im Bürgerkrieg baut Franco 1939 eine faschistische Diktatur auf |
| 1952 | Ägypten | Das Militär um Mohammed Nagib und Gamal Abd el-Nasser zwingt König Faruk zum Thronverzicht. 1953 wird die Monarchie abgeschafft |
| 1954 | Paraguay | Der diktatorisch herrschende Staatschef Federico Chaves wird vom Oberbefehlshaber der Armee, Alfredo Stroessner, abgesetzt. 1989 wird Diktator Stroessner seinerseits vom Militär entmachtet |
| 1955 | Argentinien | Juan Domingo Perón wird vom Militär gestürzt und setzt sich nach Spanien ab. 1962 kehrt Argentinien kurzzeitig zur Demokratie zurück |
| 1958 | Irak | König Faisal II. wird bei einem Militärputsch getötet; die Militärs um General Abd el-Karim Kasim rufen die Republik aus |
| 1964 | Brasilien | Rechtsgerichtete Militärs stürzen Präsident João Goulart, der nach Uruguay flieht; General Humberto de Castelo Branco übernimmt die Macht |
| 1965 | Kongo-Kinshasa | General Mobutu putscht sich an die Macht und errichtet eine Diktatur, die bis 1997 Bestand hat |
| 1967 | Griechenland | Rechte Militärs um Georgios Papadopoulos putschen sich an die Macht und lösen die demokratische Ordnung auf. Eine zivile Regierung übernimmt erst 1974 wieder die Amtsgeschäfte |
| 1968 | Irak | Nach einem Putsch der Baath-Partei wird Hassan al-Bakr anstelle von Abd al-Salam Arif Staatspräsident. Bakr, der sich außenpolitisch an die UdSSR anlehnt, geht mit Gewalt gegen Oppositionelle vor |
| 1969 | Libyen | Der unblutige Putsch unter Muammar el-Ghaddafi beseitigt die Monarchie und etabliert eine islamisch-sozialistische Republik, die faktisch von Revolutionsführer Ghaddafi kontrolliert wird |
| 1970 | Kambodscha | Staatschef Norodom Sihanouk wird von einer Militärjunta um Lon Nol gestürzt; aus dem folgenden Bürgerkrieg gehen die Roten Khmer unter Schreckensherrscher Pol Pot als Sieger hervor |
| 1970 | Syrien | Hafis al-Assad wird nach einem Putsch gegen Präsident Nur ad Din al Atasi zum starken Mann des Landes; er nähert Syrien der UdSSR an |
| 1971 | Uganda | Idi Amin Dada stürzt Staatschef Milton Obote und errichtet eine Gewaltherrschaft, der bis zu seinem Sturz 1979 rd. 300 000 Menschen zum Opfer fallen |
| 1973 | Chile | Der demokratisch gewählte Marxist Salvador Allende wird von rechtsgerichteten Militärs und mit Hilfe des US-Geheimdienstes CIA gestürzt und ermordet. Neuer Staatschef wird Augusto Pinochet Ugarte |
| 1974 | Äthiopien | Die 44-jährige Herrschaft von Kaiser Haile Selassie I. wird durch das Militär beendet; das Land erhält ein sozialistisches Regierungssystem |
| 1974 | Portugal | Die sog. Nelkenrevolution, angeführt von der Bewegung der Streitkräfte, beendet die seit 41 Jahren bestehende rechtsgerichtete Diktatur. 1976 wird Portugal zur Republik |
| 1976 | Argentinien | Die kurzzeitig herrschende Präsidentin Isabel Perón wird durch das Militär um Jorge Videla entmachtet; erst sieben Jahre später kehrt das Land zur Demokratie zurück |
| 1977 | Pakistan | Das Militär um Zia ul-Haq entmachtet Präsident Zulfikar Ali Khan Bhutto und richtet ihn hin. Bhuttos Tochter Benazir siegt bei den Präsidentschaftswahlen 1988 |
| 1980 | Türkei | Das Militär unter Kenan Evren löst den Präsidenten Süleyman Demirel ab; die Armee bleibt auch weiterhin der alles beherrschende Machtfaktor in der Türkei |

| Jahr | Putsch/Ort | Erläuterung |
|------|-----------|-------------|
| 1983 | Nigeria | Der westlich orientierte Staatspräsident Shebu Shagari wird vom Militär entmachtet; der neue Machthaber Buhari wird 1985 von General Ibrahim Babangida ersetzt |
| 1987 | Burkina Faso | Präsident Thomas Sankara, 1983 per Militärputsch an die Macht gekommen, wird von orthodox-marxistischen Truppenverbänden um Blaise Compaoré ermordet |
| 1991 | Haiti | Der gewählte Präsident Jean-Bertrand Aristide wird vom Militär um Raoul Cédras gestürzt; 1994 erzwingen die USA die Wiedereinsetzung Aristides ins Präsidentenamt |
| 1991 | UdSSR | Altkommunisten versuchen durch einen Staatsstreich, die Reformpolitik Michail Gorbatschows und den drohenden Zerfall des Landes aufzuhalten. Der Putsch scheitert; am 21.12.1991 löst sich die UdSSR auf |
| 1993 | Nigeria | General Sani Abacha übernimmt die Macht; er lässt Oppositionelle verfolgen und hinrichten; die innenpolitischen Auseinandersetzungen steigern sich |
| 1997 | Sierra Leone | Das Militär setzt den demokratisch gewählten Präsidenten Ahmad Tejan Kabbah ab und macht Johnny Paul Koroma zum neuen Herrscher des Landes |
| 1999 | Pakistan | Das Militär unter General Pervez Musharraf setzt den Regierungschef Nawaz Sharif ab, weil er gegenüber Indien im Kaschmir-Konflikt zu nachgiebig gewesen sei; das Militär setzt die Verfassung außer Kraft |

## Bedeutende Bürgerkriege im 20. Jahrhundert*

| Zeitraum | Land | Kontrahenten/Erläuterung |
|----------|------|--------------------------|
| 1911–1949 | China | Nach dem Ende der Monarchie (1911) befehden sich die revolutionären Guomindang zunächst mit Kaisertreuen und Provinzführern (Warlords); ab den 20er Jahren steht der Konflikt zwischen Guomindang und Kommunisten im Mittelpunkt; 1949 setzen sich die Kommunisten durch |
| 1916–1921 | Irland | Die sich verzögernde britische Zusage zur irischen Selbstverwaltung löst 1916 den Osteraufstand aus; bis 1921 erkämpfen die Iren den Freistaat-Status; Nordirland bleibt als Provinz Ulster bei Großbritannien |
| 1917–1920 | Russland | Nach der Oktoberrevolution behaupten sich die Bolschewiken gegen Menschewiken, Monarchisten, Sozialrevolutionäre und Bürgerliche; der Sieg der Bolschewiken festigt die neue sozialistische Ordnung |
| 1936–1939 | Spanien | Mit Hilfe aus Deutschland und Italien siegen die Faschisten unter Francisco Franco Bahamonde gegen die Republikaner; Franco etabliert eine Diktatur |
| 1942–1949 | Griechenland | Die Volksbefreiungsarmee ELAS will den Übergang des Landes zum Sozialismus erkämpfen, scheitert aber an den von Großbritannien und den USA unterstützten Regierungsverbänden |
| 1958–1989 | Libanon | Der Konflikt zwischen der prowestlich-christlichen und verschiedenen moslemischen Bevölkerungsgruppen wird durch das Eingreifen Israels und Syriens geschürt; 1989 sieht der Frieden von Taif erstmals wieder eine Regierungsbeteiligung aller Religionsgruppen vor |
| 1967–1970 | Biafra | Nachdem sich die vom Ibo-Volk bewohnte Ostregion Nigerias für unabhängig erklärt hat, stellen Regierungstruppen die vorherige staatliche Einheit wieder her |
| 1969–1994 | Nordirland | Die katholische IRA versucht mit Gewalt, die Teilung Irlands aufzuheben; militante Protestanten kämpfen für den Verbleib Nordirlands bei Großbritannien; 1994 einigen sich beide Seiten auf einen Waffenstillstand, 1998 kommt es zum Friedensschluss zwischen den Konfliktgruppen |
| 1975–1994 | Angola | Die sozialistische Regierungspartei MPLA und die rechtsgerichtete Rebellenbewegung UNITA kämpfen mit Gewalt um die Macht. 1994 stellen beide Seiten erstmals eine gemeinsame Regierung |

⇒ S. 500

# Internationale Politik

| Zeitraum | Land | Kontrahenten/Erläuterung |
|---|---|---|
| seit 1975 | Osttimor/Indonesien | Nach der einseitig erklärten Unabhängigkeit der Region besetzen indonesische Truppen Osttimor, dessen Bevölkerung 1999 für die Eigenstaatlichkeit stimmt; proindonesische Milizen verüben nach dem Referendum zahlreiche Massaker an der Zivilbevölkerung |
| 1990–1995 | Ruanda | Der Stammeskonflikt zwischen Hutu und Tutsi eskaliert 1994 nach dem Mord an Staatspräsident Juvenal Habyarimana, einem Hutu; Hunderttausende werden ermordet, Millionen Menschen fliehen |
| 1991–1995 | Jugoslawien | Die serbisch dominierte Zentralmacht versucht mit Gewalt, die Eigenstaatlichkeit der ehemaligen jugoslawischen Teilrepubliken rückgängig zu machen. Der Konflikt wird durch das Abkommen von Dayton/Ohio 1995 beendet |
| seit 1991 | Algerien | Fundamentalistische Islamisten kämpfen für einen islamischen Staat und verüben Massaker unter der Zivilbevölkerung; 2000 stellen einige Gruppierungen den Kampf ein |
| seit 1992 | Afghanistan | Verschiedene Mudschaheddin-Gruppen und radikal-islamische Taliban-Milizen versuchen das nach dem Abzug sowjetischer Truppen und dem Sturz der Regierung entstandene Machtvakuum zu füllen. Die Taliban setzen sich weitgehend durch; im Norden verhindert eine von Russland und dem Iran unterstützte Nordallianz eine weitere Ausdehnung |
| 1999 | Jugoslawien | Serben vertreiben Hunderttausende Menschen aus der Provinz Kosovo; Tausende werden ermordet; ein Kampfeinsatz der NATO beendet den Bürgerkrieg |

\* Nicht erwähnt sind die zahlreichen Befreiungskriege zur Beendigung der Kolonialherrschaft (vor allem in Afrika und Asien); siehe hierzu auch Kriegstabelle, S. 500ff

## Bedeutende Kriege und Aufstände im 20. Jahrhundert*

| Zeitraum | Krieg | Kontrahenten/Erläuterung |
|---|---|---|
| 1899–1902 | Burenkrieg | Transvaal und Oranjefreistaat kämpfen gegen die britische Kolonialherrschaft; im Frieden von Vereeniging (1902) sichern sich die Briten die Macht in Südafrika |
| 1900–1901 | Boxeraufstand | Der chinesische Geheimbund der »Boxer« setzt sich gegen die einflussreichen europäischen Großmächte zur Wehr; das Boxerprotokoll (1901) sichert den Europäern weitere Rechte |
| 1904–1905 | Russisch-Japanischer Krieg | Im Russisch-Japanischen Krieg geht es um die Vorherrschaft im Fernen Osten; der Frieden von Portsmouth (1905) bringt Japan erhebliche Gebietsgewinne |
| 1905–1907 | Maji-Maji-Aufstand | In Deutsch-Ostafrika kämpfen die Einheimischen gegen die deutsche Willkürherrschaft; Kolonialherrscher schlagen den Aufstand brutal nieder (mehr als 200000 Tote) |
| 1907–1912 | Marokkokriege | Frankreich und Spanier (anfangs auch das Deutsche Reich) streiten um die Kolonie Marokko; die Einheimischen streben die Unabhängigkeit an; der Vertrag von Fes (1912) sieht ein französisches Protektorat vor |
| 1911–1912 | Tripoliskrieg | Das durch den Zerfall des Osmanischen Reiches entstehende Machtvakuum will Italien durch Etablierung einer Kolonie in Tripolis nutzen; Italien gewinnt die Dodekanes, Libyen und Rhodos |
| 1912–1913 | Balkankriege | Das Osmanische Reich verliert seinen Einfluss auf dem Balkan an die Staaten des Balkanbunds; um die Frage der Aufteilung des Kriegsgewinns entbrennt der zweite Balkankrieg (1913) |
| 1914–1918 | Erster Weltkrieg | Machtpolitische Gegensätze der europäischen Großmächte führen zum Weltkrieg, der mit der deutschen Niederlage, dem Zerfall Österreich-Ungarns und der Gründung zahlreicher neuer Staaten endet |
| 1919–1920 | Polnisch-Russischer Krieg | Der Streit um die polnischen Ländergrenzen endet im Frieden von Riga mit einer Verschiebung des polnischen Staatsgebiets nach Westen auf Kosten des im Ersten Weltkrieg unterlegenen Deutschen Reichs |

| Zeitraum | Krieg | Kontrahenten/Erläuterung |
|---|---|---|
| 1921–1922 | Griechisch-Türkischer Krieg | Der Friedensvertrag von Sèvres schlägt Griechenland nach dem Ersten Weltkrieg große türkische Gebiete zu; während des Kriegs erobert die Türkei die Landstriche zurück |
| 1932–1935 | Chaco-Krieg | Bolivien und Paraguay streiten um das Ölgebiet Chaco; der Frieden von Buenos Aires sichert Paraguay den Großteil der Region; Bolivien erhält einen Zugang zum Atlantik auf dem Wasserweg |
| 1935–1936 | Abessinienkrieg | Italien verleibt Äthiopien (Abessinien) seinem kolonialen Machtbereich in Afrika ein, zu dem auch Eritrea und Somaliland gehören; die Gebiete werden 1941 von den Alliierten befreit |
| 1937–1945 | Chinesisch-Japanischer Krieg | Japan überfällt China, um seinen asiatischen Machtbereich weiter auszudehnen; 1945 muss Japan jedoch kapitulieren; China erhält die Mandschurei zurück |
| 1939–1940 | Finnisch-Sowjetischer Winterkrieg | Finnland weigert sich, der UdSSR Militärstützpunkte zu überlassen; im folgenden Krieg erweist sich die Rote Armee als übermächtig; die Sowjetunion verleibt sich finnische Gebiete (u.a. Ostkarelien) ein |
| 1939–1945 | Zweiter Weltkrieg | Hitlers Aggressionspolitik mündet in den größten militärischen Konflikt, der mit dem Sieg der Alliierten und dem Ende der Naziherrschaft endet; im Rahmen der Eroberungsfeldzüge verübt das Deutsche Reich einen beispiellosen Völkermord an den europäischen Juden |
| 1945–1949 | Indonesischer Freiheitskrieg | Gegen die Machtansprüche der alten Kolonialmacht Niederlande und gegen Großbritannien setzt sich das nach Unabhängigkeit strebende indonesische Volk erfolgreich zur Wehr |
| 1946–1954 | Indochinakrieg | Französische Kolonialansprüche enden in einer militärischen Niederlage: Kambodscha und Laos erhalten auf der Genfer Indochina-Konferenz 1954 die Unabhängigkeit; Vietnam wird provisorisch bis zu einer endgültigen Regelung geteilt |
| 1947–1948 | 1. Indisch-Pakistanischer Krieg | Die neuen selbstständigen Staaten Indien und Pakistan streiten um die Zugehörigkeit Kaschmirs, das unter den Kontrahenten aufgeteilt wird |
| 1948–1949 | 1. Nahostkrieg | Die arabischen Staaten versuchen, die Proklamierung des Staates Israel durch einen Krieg rückgängig zu machen; die Frontlinien werden zu den provisorischen Grenzen des neuen Landes |
| 1950–1953 | Koreakrieg | Das kommunistische Nordkorea marschiert in den prowestlichen Süden ein, um die Teilung des Landes aufzuheben; UN-Truppen unter Führung der USA stehen dem Süden bei; nach dem Waffenstillstand von Panmunjom (1953) verfestigen sich die ideologischen Grenzen |
| 1954–1962 | Algerienkrieg | Nach langem Kampf muss die französische Kolonialmacht die Unabhängigkeit Algeriens anerkennen (1962 per Referendum durchgesetzt) |
| 1956 | 2. Nahostkrieg | Auf die Suezkrise (Verstaatlichung des Kanals durch Ägypten) reagiert Israel mit einem Vorstoß bis zur Wasserstraße, muss diese auf sowjetischen und amerikanischen Druck aber wieder preisgeben |
| 1957–1962 | Niederländisch-Indonesischer Krieg | Im Streit zwischen den Niederlanden und Indonesien um die Vormachtstellung im Westen Neuguineas kommt es zu einer Eingliederung des umkämpften Gebiets in den indonesischen Staatsverband |
| 1959–1962 | Chinesisch-Indischer Krieg | Zwischen den beiden asiatischen Staaten kommt es zu massiven Grenzstreitigkeiten, da China die britische Grenzziehung von 1913 lange Zeit nicht anerkennen will |
| 1961–1993 | Äthiopisch-Eritreischer Krieg | Nach der Annexion Eritreas durch das Nachbarland erreicht Eritrea erst nach fast 30 Jahre langem Kampf die Unabhängigkeit von Äthiopien; der Frieden bleibt jedoch brüchig |
| 1963–1964 | Algerisch-Marokkanischer Krieg | Zwischen den beiden ehemals von Frankreich beherrschten Staaten kommt es zu heftigen Auseinandersetzungen wegen einer von beiden Seiten beanspruchten Grenzregion |
| 1963–1964 | 1. Zypernkrieg | Auseinandersetzungen zwischen der griechisch-zypriotischen Mehrheit und der türkischen Minderheit führen zur Teilung der Insel in einen türkischen Nord- und einen griechischen Südteil |
| 1963–1966 | Indonesisch-Malaysischer Krieg | Der Versuch Indonesien, das eigene Machtgebiet auf Kosten Malaysias weiter auszudehnen, endet 1966 im Frieden von Jakarta mit der gegenseitigen Anerkennung des Status quo |

⇒ S. 502

**501**

# Internationale Politik

| Zeitraum | Krieg | Kontrahenten/Erläuterung |
|---|---|---|
| 1964–1973/1975 | Vietnamkrieg | Das US-Engagement auf Seiten des Südens gegen das kommunistische Nordvietnam endet mit der Niederlage der USA; der Pariser Frieden legt die Vereinigung Vietnams unter kommunistischer Herrschaft fest |
| 1965 | 2. Indisch-Pakistanischer Krieg | Erneut kommt es zwischen beiden Staaten zum Konflikt um die Region Kaschmir; im Vertrag von Taschkent (1966) wird die bisherige Grenzregelung bestätigt |
| 1966–1990 | Namibischer Freiheitskrieg | Obwohl die UNO 1966 Südafriks UN-Mandat für Namibia nicht verlängert, zieht sich der Apartheidstaat nicht aus dem Nachbarland zurück; erst 1990 erhält Namibia die Unabhängigkeit |
| 1967 | 3. Nahostkrieg (Sechstagekrieg) | Mit einem Präventivschlag zerstört Israel einen Großteil der arabischen Luftwaffe und erobert die Golan-Höhen, die Sinai-Halbinsel, den Gaza-Streifen und das Westjordanland |
| 1969 | Fußballkrieg | Nach einem Fußball-Länderspiel beider Staaten kommt es zu Unruhen, in deren Verlauf Truppen aus El Salvador nach Honduras vordringen |
| 1971 | 3. Indisch-Pakistanischer Krieg | Das Unabhängigkeitsstreben Ostpakistans wird von Indien unterstützt; nach der Kapitulation der pakistanischen Truppen wird der Osten des Landes als Bangladesch selbstständig |
| 1973 | 4. Nahostkrieg (Jom-Kippur-Krieg) | Während des jüdischen Feiertags Jom Kippur greifen die arabischen Nachbarn Israel an; das Ziel, die 1967 von Israel eroberten Gebiete zurückzuerobern, scheitert jedoch |
| 1974 | Zypernkrieg | Die griechisch-zypriotische Enosis-Bewegung strebt die Angliederung der Insel an Griechenland an; die Türkei reagiert mit einem Truppeneinmarsch zur Sicherung des türkischen Nordteils |
| seit 1976 | Westsahara-Konflikt | Der Kampf der Befreiungsbewegung Polisario führt zum Rückzug Mauretaniens; das Machtvakuum wird von Marokko ausgefüllt; eine zugesagte Volksabstimmung über die Westsahara steht noch aus |
| 1979 | Jemenitischer Krieg | Der ideologische Widerspruch zwischen dem arabischen und dem sozialistischen Teil führt zum Krieg; der Friedensvertrag (1979) sieht die – 1990 vollzogene – Wiedervereinigung vor |
| 1979–1988 | Afghanistankrieg | Die Sowjetunion lässt Truppen einmarschieren, um das von moslemischen Verbänden bedrängte sozialistische Regime zu stützen; der Versuch scheitert – 1988 zieht die Rote Armee ab |
| 1980–1988 | 1. Golfkrieg | Ein verlustreicher Krieg zwischen dem Iran und dem Irak um wichtige Gebiete am Persischen Golf wird 1988 unter UN-Vermittlung beendet; keine Seite kann Gebietsgewinne vorweisen |
| 1982 | Falklandkrieg | Als Argentinien die Falklandinseln für sich beansprucht, entsendet Großbritannien Kriegsschiffe und besiegt die argentinischen Verbände |
| 1983 | Grenada-Invasion | Nachdem auf der Karibikinsel eine sozialistische Regierung etabliert worden ist, entsenden die USA Truppen nach Grenada und setzen eine von Washington akzeptierte Regierung ein |
| 1989 | Panama-Invasion | Die US-Invasion markiert das Ende der panamaischen Regierung; die USA nehmen den bisherigen Militärmachthaber Noriega wegen Beteiligung am Drogenschmuggel fest |
| 1991 | 2. Golfkrieg | Um sich die Kontrolle über Ölfelder zu sichern, besetzt der Irak das Nachbarland Kuwait; das Emirat wird von UN-Truppen befreit |
| 1994–1996 | 1. Tschetschenienkrieg | Das tschetschenische Unabhängigkeitsstreben von Moskau endet mit dem Einmarsch russischer Truppen in der moslemischen Region |
| 1998–2000 | Äthiopisch-eritreischer Grenzkrieg | Der Konflikt um eine von beiden Seiten beanspruchte Grenzregion eskaliert mit deren Besetzung durch eritreische Truppenverbände; 2000 kommt es zum Truppenrückzug und zu Friedensverhandlungen |
| 1999 | Kosovokrieg | Der Versuch Serbiens, das Autonomiestreben des Kosovo durch die Vertreibung der Kosovo-Albaner zu beenden, scheitert durch den ersten Kampfeinsatz in der Geschichte der NATO |
| seit 1999 | 2. Tschetschenienkrieg | Erneut flammen die Kämpfe zwischen der moslemischen Kaukasusregion und der russischen Zentralgewalt auf; der Krieg führt zu hohen Verlusten auf beiden Seiten |

* Nicht erwähnt sind Bürgerkriege; siehe hierzu auch Tabelle, S. 499f

## Ursachen des Ersten Weltkriegs

- Weltweite koloniale und Handelsrivalitäten zwischen den Großmächten
- Interessenkonflikt auf dem Balkan zwischen dem Deutschen Reich und Russland sowie zwischen Österreich und Serbien
- Frankreichs Wunsch, Elsass-Lothringen wieder zu gewinnen und die Schmach der Kriegsniederlage von 1871 zu tilgen
- Weit verzweigtes System von Vorkriegsallianzen und Beistandspakten

Hoch motiviert zogen die Soldaten in den Krieg, der nach allgemeiner Meinung im Deutschen Reich »in sechs Wochen beendet« sein sollte. Was folgte, waren vier Jahre verbissener Material- und Grabenkrieg, der Europa durch Massen von Opfern bei minimalem Gewinn von Terrain schockierte. Als schwere Hypothek hinterließ der Krieg eine Reihe neuer Nationalstaaten, die aus der Erbmasse des Osmanischen und des Habsburgerreiches hervorgegangen waren.

## Verlauf des Ersten Weltkriegs

1914 Erzherzog Franz Ferdinand bei Attentat in Sarajevo getötet; Österreich-Ungarn erklärt Serbien den Krieg; Deutschland folgt mit Kriegserklärungen an Russland und Frankreich; lang anhaltender Stellungskrieg beginnt an der Westfront
1915 Italien erklärt Österreich den Krieg
1916 Deutsche Verdun-Offensive mit verheerenden Verlusten scheitert; britisch-französische Offensive an der Somme scheitert ebenfalls; Stellungskrieg bleibt bestehen
1917 Dem uneingeschränkten deutschen U-Boot-Krieg folgt der Kriegseintritt der USA, der die Alliierten entlastet
1918 Zweite Marne-Schlacht zwingt das Deutsche Reich letztendlich zur Kapitulation; Waffenstillstand am 11. November
1919 Im Frieden von Versailles verliert das Deutsche Reich industrielle Kerngebiete und wird zu hohen Reparationsleistungen verpflichtet, was den deutschen Revanchismus anheizt

## Verluste im Zweiten Weltkrieg

| Land | Bevölkerung 1940 (in Mio.) | maximal | Soldaten tot/vermisst | verwundet | Zivilisten tot/vermisst |
|---|---|---|---|---|---|
| Australien | 7,1 | 680 000 | 34 000 | 181 000 | 100 |
| Belgien | 8,1 | 800 000 | 10 000 | 15 000 | 90 000 |
| Bulgarien | 6,7 | 450 000 | 19 000 | 22 000 | n. v. |
| China | 541,0 | 5 000 000 | 1 500 000 | 2 000 000 | 20 000 000 |
| Deutschland* | 79,4 | 10 000 000 | 3 500 000 | 2 000 000 | 2 000 000 |
| Finnland | 3,9 | 250 000 | 79 000 | 50 000 | 11 000 |
| Frankreich | 41,9 | 5 000 000 | 340 000 | 390 000 | 473 000 |
| Griechenland | 7,2 | 150 000 | 17 000 | 47 000 | 391 000 |
| Großbritannien** | 47,8 | 4 700 000 | 420 000 | 377 000 | 70 000 |
| Indien | 388,8 | 2 400 000 | 48 000 | 65 000 | n. v. |
| Italien | 45,4 | 4 500 000 | 380 000 | 225 000 | 180 000 |
| Japan | 73,1 | 6 000 000 | 1 200 000 | 326 000 | 600 000 |
| Jugoslawien | 16,3 | 3 700 000 | 305 000 | 425 000 | 1 400 000 |
| Kanada | 11,4 | 780 000 | 43 000 | 53 000 | n. v. |
| Niederlande | 9,0 | 500 000 | 14 000 | 2000 | 242 000 |
| Neuseeland | 1,7 | 157 000 | 12 000 | 16 000 | n. v. |
| Norwegen | 3,0 | 25 000 | 5000 | 400 | 8000 |
| Polen | 35,0 | 1 000 000 | 600 000 | 530 000 | 6 000 000 |
| Rumänien | 20,0 | 600 000 | 73 000 | 49 000 | 465 000 |
| Südafrika | 10,7 | 140 000 | 9000 | 15 000 | n. v. |
| Tschechoslowakei | 15,2 | 180 000 | 7000 | 8000 | 310 000 |
| UdSSR | 193,0 | 20 000 000 | 13 600 000 | 5 000 000 | 7 700 000 |
| Ungarn | 14,0 | 350 000 | 147 000 | n. v. | 280 000 |
| USA | 132,0 | 16 400 000 | 292 000 | 675 000 | n. v. |

\* mit Österreich
\** Tote und Verwundete inkl. der Kolonien außer Indien
n. v. = Zahlen liegen nicht vor

# Internationale Politik

| Datum | Ereignis |
| --- | --- |
| 1.9.1939 | Beginn des Zweiten Weltkriegs mit dem deutschen Überfall auf Polen |
| 3.9.1939 | Britische und französische Kriegserklärungen an das Deutsche Reich |
| 17.9.1939 | Sowjetischer Einmarsch in Ostpolen |
| 27.9.1939 | Polnische Kapitulation |
| 30.11.1939–12.3.1940 | Sowjetisch-Finnischer Winterkrieg; große finnische Gebietsverluste |
| 9.4.1940 | Deutsche Besetzung Dänemarks; deutscher Angriff auf Norwegen (Kapitulation 10.6.) |
| 10.5.1940 | Deutscher Einmarsch in Belgien und den Niederlanden (Kapitulation 28.5. bzw. 15.5.) |
| 13.5.1940–22.6.1940 | Deutscher Frankreichfeldzug; keine Besetzung Südostfrankreichs (»Vichy«-Frankreich); Einnahme von Paris am 14.6. |
| 10.6.1940 | Italien erklärt Frankreich und Großbritannien den Krieg |
| 15.6.1940 | Sowjetische Truppen besetzen das Baltikum |
| 24.6.1940 | Bildung des Französischen Nationalkomitees unter General de Gaulle in London |
| 7.9.1940 | Beginn der deutschen Luftangriffe auf London (am 15.9. für Großbritannien entschieden) |
| 27.9.1940 | Dreimächtepakt zwischen Deutschland, Italien und Japan |
| 28.10.1940 | Italienischer Angriff auf Griechenland |
| 11.2.1941 | Einsatzbeginn des deutschen Afrika-Korps unter Feldmarschall Rommel in Nordafrika |
| 6.4.1941 | Deutsche Truppen greifen Jugoslawien und Griechenland an (Kapitulationen 17. bzw. 21.4.) |
| 18.5.1941 | Italienische Kapitulation vor britischen Truppen in Äthiopien |
| 22.6.1941 | Deutscher Angriff auf die UdSSR; schnelle deutsche Gebietsgewinne |
| 26.9.1941 | Deutsche Einnahme Kiews (600 000 sowjetische Kriegsgefangene) |
| 18.11.1941 | Britischer Vorstoß in Nordafrika |
| 5.12.1941 | Beginn der sowjetischen Gegenoffensive |
| 7.12.1941 | Japanischer Überfall auf den US-Flottenstützpunkt Pearl Harbor; vier Tage später folgt deutsche, italienische und japanische Kriegserklärung an die USA |
| 8.12.1941 | Beginn einer japanischen Großoffensive mit Einnahme von Hongkong (27.12.), den Philippinen (2.1.1942), Singapur (15.2.), Rangun (7.3.) und Java (8.3.) |
| 3.–7.6.1942 | Japanische Niederlage im Kampf um die Midway-Inseln; Wendepunkt im Pazifikkrieg |
| 28.6.1942 | Beginn der deutschen Sommeroffensive in der UdSSR (19.8. Angriff auf Stalingrad) |
| 30.6.1942 | Das deutsche Afrika-Korps erreicht El Alamein |
| 7./8.11.1942 | Britische und amerikanische Truppen landen in Marokko und Algerien |
| 11.11.1942 | Deutsche Truppen rücken in den zuvor unbesetzten Teil Frankreichs ein |
| 31.1./2.2.1943 | Kapitulation der deutschen Truppen in Stalingrad |
| 19.4.–19.5.1943 | Aufstand im Warschauer Getto; von deutschen Truppen gewaltsam beendet |
| 13.5.1943 | Kapitulation der deutschen und italienischen Truppen in Nordafrika |
| 10.7.1943 | Alliierte Landung auf Sizilien |
| 3.9.1943 | Italien schließt Waffenstillstand mit den Alliierten |
| 18.11.–1.12.1943 | Alliierte Konferenz der »Großen Drei« in Teheran (Churchill, Roosevelt, Stalin) |
| 27.1.1944 | Ende der deutschen Belagerung Leningrads |
| 8.2.1944 | US-Verbände landen auf den Marshall-Inseln |
| 6.6.1944 | Beginn der alliierten Invasion an der Küste der Normandie (»D-Day«) |
| 20.7.1944 | Attentatsversuch des deutschen Widerstands auf Hitler scheitert |
| 1.8.1944–2.10.1944 | Vergeblicher Aufstand der polnischen Heimatarmee, da sowjetische Hilfe ausbleibt |
| 25.8.1944 | Amerikanische und gaullistische Truppen befreien Paris |
| 31.8.1944 | Sowjetische Truppen erobern Bukarest (19.9. Einnahme Sofias) |
| 21.10.1944 | Erste deutsche Großstadt (Aachen) von US-Truppen erobert |
| 16.12.1944 | Vergebliche deutsche Ardennenoffensive beginnt |
| 17.1.1945 | Sowjetische Truppen nehmen Warschau ein (11.2. Einnahme Budapests, 9.4. Königsbergs, 13.4. Wiens) |
| 4.–11.2.1945 | Alliierte Konferenz in Jalta |
| 13./14.2.1945 | Zerstörung Dresdens durch alliierte Luftangriffe |
| 1.4.1945 | US-Truppen landen auf Okinawa |
| 25.4.1945 | Amerikanische und sowjetische Soldaten treffen einander bei Torgau an der Elbe |
| 2.5.1945 | Berlin kapituliert vor der Roten Armee, die deutsche Armee in Italien vor den Alliierten |
| 7./9.5.1945 | Bedingungslose deutsche Kapitulation in Reims bzw. Karlshorst |
| 6./9.8.1945 | Abwurf von US-Atombomben auf Hiroshima und Nagasaki |
| 14.8.1945 | Mit der Kapitulation Japans endet der Zweite Weltkrieg |

## Antijüdische Gesetze und Maßnahmen im Deutschen Reich

| | |
|---|---|
| 7.4.1933 | Das Gesetz zur Wiederherstellung des Berufsbeamtentums bedeutet ein Berufsverbot für jüdische Beamte |
| 15.9.1935 | Die anlässlich des siebten Reichsparteitags der NSDAP verabschiedeten Nürnberger Gesetze verbieten Ehen zwischen »Ariern« und Juden; die Juden im Deutschen Reich verlieren die bürgerliche Gleichberechtigung |
| 26.4.1938 | Juden, die ein Vermögen von mehr als 5000 Reichsmark besitzen, müssen dies anmelden; ab sofort unterliegen Errichtung, Verpachtung und Veräußerung von Gewerbebetrieben an bzw. von Juden der behördlichen Genehmigungspflicht |
| 14.6.1938 | Jüdische Gewerbebetriebe sind kennzeichnungspflichtig |

| | |
|---|---|
| 25.7.1938 | Juden werden vom Arztberuf ausgeschlossen; weitere Berufsverbote folgen |
| 17.8.1938 | Juden mit nichtjüdischen Vornamen müssen ab 1.1.1939 den zusätzlichen Vornamen »Sara« bzw. »Israel« annehmen |
| 27.9.1938 | Juden dürfen nicht mehr als Rechtsanwälte, ab 17.1.1939 nicht mehr als Zahn- und Tierärzte praktizieren |
| 5.10.1938 | Alle Juden müssen ihre Reisepässe abgeben; die Wiederausgabe erfolgt nach der Kennzeichnung mit dem Buchstaben J |
| 1.9.1941 | Alle Juden im Deutschen Reich müssen einen gelben Judenstern tragen |
| 23.10.1941 | Deutsche Juden dürfen nicht mehr aus dem Deutschen Reich auswandern |
| 20.1.1942 | Die »Wannsee-Konferenz« beschließt den Völkermord an den Juden |

## Wichtige Konferenzen der Alliierten des Zweiten Weltkriegs

| Zeitraum | Konferenz | Erläuterung |
|---|---|---|
| 9.–12.8.1941 | Atlantikkonferenz | Auf einem Schiff vor Neufundland legen der Brite Winston Churchill und Franklin D. Roosevelt (USA) die Atlantikcharta fest; sie sieht das Selbstbestimmungsrecht aller Völker vor |
| 24.9.1941 | Londoner Konferenz | Abgesandte mehrerer europäischer Exilregierungen stimmen mit amerikanischen, britischen und sowjetischen Regierungsvertretern eine engere Kooperation gegen das Deutsche Reich ab |
| 18.–26.6.1942 | Washingtoner Konferenz | Churchill und Roosevelt beschließen vor Vertretern aus Australien, China, Kanada und der UdSSR die alliierte Landung in Nordafrika für Ende 1942 |
| 12.–15.8.1942 | Moskauer Konferenz | Beim alliierten Gipfeltreffen besprechen die Regierungsvertreter aus Großbritannien, UdSSR und USA die geplante alliierte Landung in Nordafrika |
| 14.–26.1.1943 | Konferenz von Casablanca | Churchill und Roosevelt einigen sich auf die alliierte Landung in Sizilien Mitte 1943. Der Krieg soll bis zur deutschen Kapitulation fortgesetzt werden |
| 12.–25.5.1943 | Trident-Konferenz in Washington | Churchill und Roosevelt stimmen sich über die weitere Kriegsplanung ab (u.a. alliierte Landungen in Sizilien und Frankreich, Luftangriffe auf das Deutsche Reich) |
| 14.–24.8.1943 | Quadrant-Konferenz in Québec | Die Regierungen Großbritanniens und der USA entscheiden endgültig über die Strategie der alliierten Landung in Frankreich und über das weitere Vorgehen gegen Italien |
| 19.–30.10.1943 | Moskauer Konferenz | Der amerikanische, britische und sowjetische Außenminister tauschen sich über die territoriale Neuordnung nach Kriegsende und die Behandlung von Kriegsverbrechern aus |
| 22.–26.11.1943 | Konferenz von Kairo | China, Großbritannien und die USA koordinieren ihre Kriegsstrategien gegenüber Japan. China erhofft sich anstelle Japans den Aufstieg zur Großmacht in Fernost |
| 28.11.–1.12.1943 | Konferenz von Teheran | Bei ihrem ersten Treffen sprechen Churchill, Roosevelt und Josef W. Stalin das weitere militärische Vorgehen sowie die territoriale Neuordnung nach Kriegsende ab |
| 21.8.–7.10.1944 | Konferenz von Dumbarton Oaks | Regierungsvertreter aus China, Großbritannien, der UdSSR und den USA bereiten die Gründungskonferenz der Vereinten Nationen vor |

⇒ S. 506

**505**

# Internationale Politik

| Zeitraum | Konferenz | Erläuterung |
|---|---|---|
| 11.–16.9.1944 | Konferenz von Québec | Churchill und Roosevelt einigen sich auf den Morgenthau-Plan, der u.a. die Teilung und regionale Internationalisierung Deutschlands sowie dessen Umbau zum Agrarland vorsieht |
| 9.–18.10.1944 | Konferenz von Moskau | Churchill und Stalin einigen sich über ihre jeweiligen Interessen- und Einflusssphären auf dem Balkan. Großbritannien sichert sich u.a. die Kontrolle über Griechenland |
| 4.–11.2.1945 | Konferenz von Jalta | Churchill, Roosevelt und Stalin treffen Maßnahmen zur Beendigung des Kriegs, zur Gründung der Vereinten Nationen und zur Neugestaltung Europas (insbesondere Deutschlands) |
| 17.7.–2.8.1945 | Potsdamer Konferenz | Die Regierungschefs Großbritanniens, der UdSSR und USA einigen sich auf eine gemeinsame Besatzungspolitik für das Deutsche Reich. Auch Frankreich stimmt dem Abkommen zu |

## Bedeutende Stationen des Kalten Kriegs

| Zeitraum | Ereignis | Erläuterung |
|---|---|---|
| 1948/49 | Berlin-Blockade | Am 24.6.1948 verhängt die Sowjetunion eine totale Blockade über die Westsektoren Berlins und sperrt alle Bahnlinien, Straßen und Schifffahrtswege; Großbritannien und die USA versorgen die Stadt per Luftbrücke. Am 12.5.1949 hebt die UdSSR die Blockade auf |
| 1950–1953 | Koreakrieg | Der kommunistische Norden des geteilten Landes greift am 25.6.1950 den westlich orientierten Süden an. Im Sommer 1951 beginnen Friedensverhandlungen in Panmunjom, die am 27.7.1953 zum Waffenstillstandsabkommen und zur Wiederherstellung der Grenze entlang des 38. Breitengrads führen |
| 1961 | Berliner Mauer | Nach Absprache mit der UdSSR lässt die DDR-Führung am 13.8.1961 eine Mauer um den – fortan isolierten – Westteil Berlins errichten. Im Zuge der demokratischen Umwälzungen in der DDR fällt die Mauer am 9.11.1989 |
| 1962 | Kubakrise | Nachdem die UdSSR Raketen auf Kuba stationiert hat, verhängen die USA eine Seeblockade gegen die Insel und fordern den Abzug der Waffen. Am 28.10.1962 gibt die sowjetische Führung nach |
| 1964–1975 | Vietnamkrieg | In den Krieg zwischen dem kommunistischen Nordvietnam und Südvietnam greifen die USA im August 1964 auf südvietnamesischer Seite ein. 1973 ziehen die USA nach massiven Verlusten ihre Truppen ab, 1975 kapituliert Südvietnam |

## Bedeutende Spione

| Name | Erläuterung |
|---|---|
| Anthony F. Blunt | Der Angehörige des britischen Geheimdienstes berät u.a. die Königin; 1979 wird er als Agent der UdSSR enttarnt |
| Klaus Fuchs | Der 1933 nach Großbritannien emigrierte Deutsche arbeitet am US-Atombombenprojekt mit und informiert den KGB |
| Günter Guillaume | Der persönliche Referent von Bundeskanzler Willy Brandt (SPD) entpuppt sich 1974 als DDR-Spion; Brandt tritt zurück |
| Mata Hari | Die niederländische Tänzerin soll als Spionin im Ersten Weltkrieg für das Deutsche Reich und Frankreich aktiv gewesen sein; 1917 wird sie hingerichtet |
| Kim Philby | Der Mitarbeiter des britischen Geheimdienstes spioniert für die Sowjetunion, in die er sich 1963 absetzt |
| Francis Gary Powers | Der Pilot eines amerikanischen Spionage-Fernaufklärers wird 1960 über der UdSSR abgeschossen (Austausch 1962 in Berlin gegen den Atomspion Rudolf Abel) |
| Alfred Redl | Der österreichische Oberst in der k.u.k.-Armee spioniert von 1901 bis 1913 für Russland und begeht nach seiner Enttarnung Selbstmord |

| Name | Erläuterung |
|---|---|
| Julius und Ethel Rosenberg | Das Ehepaar wird wegen des Verrats geheimer Daten über den Bau der US-Atombombe an die UdSSR 1953 hingerichtet |
| Richard Sorge | Der deutsche Kommunist spioniert ab 1929 für die UdSSR und ab 1933 für Japan; u.a. warnt er den Kreml vor dem deutschen Überfall |
| Hansjoachim Tiedge | Der mit Spionageabwehr befasste Regierungsdirektor im bundesdeutschen Verfassungsschutz setzt sich 1985 in die DDR ab |
| Leopold Trepper | Der sowjetische Offizier koordiniert die im Westen aktive Geheimdienstgruppe Rote Kapelle, 1942 wird er von der Gestapo verhaftet |

## Terroranschläge der Rote Armee Fraktion

| Datum | Ort | Anschlag |
|---|---|---|
| 11.5.1972 | Frankfurt/M. | Bei einem Bombenanschlag auf die Zentrale der Fünften US-Armee kommt eine Person ums Leben, 13 weitere Menschen werden zum Teil schwer verletzt |
| 24.5.1972 | Heidelberg | Die Detonation einer Autobombe im Hauptquartier der amerikanischen Landstreitkräfte in Europa fordert das Leben von drei US-Soldaten; mehrere Menschen werden verletzt |
| 10.11.1974 | Berlin | Bei einem gescheiterten Entführungsversuch wird der Berliner Kammergerichtspräsident Günter von Drenkmann in seiner Wohnung erschossen |
| 27.2.1975 | Berlin | Die »Bewegung 2. Juni« presst im Austausch gegen den von ihr entführten Berliner CDU-Chef Peter Lorenz sechs Gesinnungsgenossen frei. Die Terroristen werden in den Jemen ausgeflogen |
| 24.4.1975 | Stockholm | Bei einem Anschlag auf die deutsche Botschaft in der schwedischen Hauptstadt sterben zwei Diplomaten und ein Terrorist. Der Versuch, die inhaftierte RAF-Führungsgruppe freizupressen, scheitert |
| 7.4.1977 | Karlsruhe | Mitglieder der RAF ermorden Generalbundesanwalt Siegfried Buback, der zusammen mit zwei Begleitern in seinem Dienstwagen unterwegs ist |
| 30.7.1977 | Frankfurt/M. | Bei einem gescheiterten Entführungsversuch wird der Vorstandssprecher der Dresdner Bank AG, Jürgen Ponto, in seinem Haus niedergeschossen; er stirbt wenig später im Krankenhaus |
| 5.9.1977 | Köln | Für die Freilassung des entführten Arbeitgeberpräsidenten Hanns-Martin Schleyer fordert die RAF die Entlassung der inhaftierten RAF-Führung. Als die Freipressung scheitert, wird Schleyer erschossen |
| 31.8.1981 | Ramstein | Bei einem Bombenanschlag auf das amerikanische Hauptquartier der Luftstreitkräfte in Ramstein (Deutschland) werden 20 Personen zum Teil schwer verletzt |
| 15.9.1981 | Heidelberg | Der Oberbefehlshaber der amerikanischen Landstreitkräfte in Europa, General Frederick James Kroesen, überlebt einen Anschlag der RAF mit leichten Verletzungen |
| 1.2.1985 | München | Der Leiter der Motoren- und Turbinen-Union (MTU), Ernst Zimmermann, wird von einem RAF-Kommando in seinem Haus überfallen, gefesselt und schließlich erschossen |
| 8.8.1985 | Frankfurt/M. | Bei einem RAF-Bombenanschlag auf einen US-Luftwaffenstützpunkt sterben zwei Menschen, elf werden verletzt. Die Täter betreten die Anlage mit dem Ausweis eines zuvor ermordeten Soldaten |
| 9.7.1986 | München | Das Siemens-Vorstandsmitglied Karl-Heinz Beckurts und dessen Fahrer kommen bei einem Bombenanschlag auf den Dienstwagen des Managers ums Leben |
| 10.10.1986 | Bonn | Der Leiter der politischen Abteilung II im Auswärtigen Amt, Gerold von Braunmühl, wird in seinem Haus von einem RAF-Kommando erschossen |
| 30.11.1989 | Bad Homburg | Auf den Vorstandssprecher der Deutschen Bank, Alfred Herrhausen, wird ein Bombenanschlag verübt. Herrhausen stirbt, sein Fahrer erleidet schwere Verletzungen |
| 1.4.1991 | Düsseldorf | Der Leiter der Treuhandanstalt, Detlev Karsten Rohwedder, wird in seinem Haus erschossen; Rohwedders Frau wird bei dem Attentat verletzt |

# Internationale Politik

| Anschläge ausländischer Terroristen | | |
|---|---|---|
| Jahr | Ort | Anschlag |
| 1972 | München (BR Deutschland) | Arabische Terroristen der Gruppe »Schwarzer September« nehmen israelische Sportler während der Olympischen Spiele als Geiseln. Elf Israelis, fünf Araber und ein Polizist kommen ums Leben |
| 1978 | Rom (Italien) | Der christdemokratische Politiker Aldo Moro wird von den links-terroristischen Roten Brigaden entführt. Als die Forderung der Täter (Freilassung 13 Gefangener) nicht erfüllt wird, muss Moro sterben |
| 1979 | Mullaghmore (Irland) | Bei einem Anschlag der Irisch-Republikanischen Armee (IRA) kommt der britische Großadmiral und Kriegsheld Louis Mount-batten ums Leben; mit ihm sterben drei weitere Personen |
| 1980 | Bologna (Italien) | Eine rechtsradikale Terrorgruppe verübt einen Bombenanschlag auf den Bahnhof der italienischen Stadt. 84 Menschen sterben, mehr als 200 werden zum Teil schwer verletzt |
| 1988 | Lockerbie (Großbritannien) | Die Explosion eines Jumbojets über der schottischen Gemeinde fordert 270 Menschenleben. Zu dem Bombenanschlag bekennen sich islamistische Gruppen |
| 1993 | New York (USA) | Die Detonation einer Bombe im World Trade Center kostet sechs Menschen das Leben, mehr als 300 werden verletzt. Der Anschlag islamischer Fundamentalisten löst in den USA einen Schock aus |
| 1994 | Paris (Frankreich) | Bei einem Bombenanschlag im unterirdischen Bahnhof St. Michel im Zentrum der Stadt werden sieben Personen getötet und 94 zum Teil schwer verletzt. Zu der Tat bekennen sich radikale Islamisten |
| 1995 | Tokio (Japan) | Die Aum-Sekte ist verantwortlich für Giftgasanschläge auf mehrere U-Bahn-Strecken der Stadt. Das Nervengas Sarin tötet zwölf Menschen, mehr als 5000 Personen werden verletzt |
| 1995 | Oklahoma (USA) | 167 Menschen sterben durch die Detonation einer Autobombe, die ein Bürogebäude völlig zerstört. Urheber des Anschlags ist eine rechtsradikale amerikanische Gruppierung |
| 1995 | Jerusalem (Israel) | Das Bombenattentat in einem Linienbus fordert fünf Menschen-leben und 101 Verletzte. Zu dem Anschlag bekennt sich die palästinensische Organisation Hamas |
| 1997 | Luxor (Ägypten) | 58 Touristen und vier Einheimische fallen einem Terroranschlag moslemischer Extremisten zum Opfer. Die sechs Attentäter schießen mit Maschinengewehren wahllos in die Menschenmenge |
| 1998 | Omagh (Nordirland) | Beim schwersten Terroranschlag in Nordirland sterben 28 Menschen durch eine Autobombe, über 200 werden verletzt; verantwortlich ist die sog. Real-IRA, die das Friedensabkommen ablehnt |
| 1998 | Nairobi (Kenia), Daressalam (Tansania) | Bei Bombenanschlägen auf die amerikanischen Botschaften werden 263 Menschen getötet und über 5000 verletzt. Die USA vermuten den Fundamentalisten und Multimillionär Osama bin Laden als Drahtzieher |

| Bedeutende Terrororganisationen | |
|---|---|
| Al Fatah | Anschläge für ein eigenständiges Palästina und die Zerstörung Israels |
| ETA (»Baskenland und Freiheit«) | Kampf für ein von Spanien unabhängiges Baskenland; besitzt nur wenig Rückhalt in der Bevölkerung |
| FIS (Islamische Heilsfront) | Terror und Massaker für einen algerischen Gottesstaat |
| Hamas | Terroranschläge gegen Israel für ein eigenständiges Palästina |
| Hisbollah | Kampf für einen schiitischen libanesischen Staat |
| Irisch Republikanische Armee (IRA) | Die nordirische Untergrundorganisation kämpft für ein vereintes Irland; seit dem Friedensschluss 1998 nur noch Anschläge von Splittergruppen (z.B. Real IRA) |
| Islamischer Heiliger Krieg | Kampf für einen schiitischen libanesischen Staat |

508

## Genfer Konferenzen

| Jahr | Konferenz | Erläuterung |
|---|---|---|
| 1932 | Abrüstungskonferenz | An der am 2.2.1932 vom Völkerbund einberufenen Konferenz beteiligen sich 61 Staaten. Am 14.10.1933 verlässt das Deutsche Reich, das die von Frankreich abgelehnte militärische Gleichberechtigung verlangt, die Konferenz und tritt aus dem Völkerbund aus |
| 1954 | Indochinakonferenz | Die VR China, Frankreich, Kambodscha, Laos, die USA sowie Nord- und Südvietnam sind vom 26.4. bis 21.7.1954 an der Konferenz zur Beendigung des Indochinakriegs beteiligt. Die Teilnehmer einigen sich auf drei Waffenstillstandsabkommen und eine Demarkationslinie am 17. Breitengrad, können den Konflikt aber nicht beilegen |
| 1955 | Viermächtekonferenz | Die Regierungschefs Frankreichs, Großbritanniens, der UdSSR und der USA versuchen vom 18. bis 23.7.1955 vergeblich, Probleme der europäischen Sicherheit, die Deutschlandfrage, das Ost-West-Verhältnis sowie Abrüstungsmaßnahmen zu regeln |
| 1959 | Außenministerkonferenz | Vom 11.5 bis 20.6. und vom 13.7. bis 5.8.1959 beraten die Außenminister Frankreichs, Großbritanniens, der UdSSR und der USA vergeblich über die Deutschlandfrage sowie über Abrüstung |
| 1961/62 | Laoskonferenz | 14 Staaten verhandeln vom 16.5.1961 bis 23.7.1962 über ein Ende des Bürgerkriegs in Laos, der sich durch Fremdeinmischung verschärft hat. Im Schlussprotokoll erklärt Laos seine Neutralität |
| 1962 | Abrüstungskonferenz | Auf der zum 14.3.1962 erstmals einberufenen Konferenz tagen 17, später 40 Staaten über Maßnahmen zur Abrüstung. Die Verhandlungen bereiten das Atomteststoppabkommen (1963), den Atomwaffensperr- (1968) und Meeresbodenvertrag (1971) sowie die Verträge über biologische Waffen (1972) und Umweltkriegführung (1977) vor |
| 1973 | Nahostkonferenz | Auf dem von der UNO für den 21./22.12.1973 organisierten Treffen verhandeln USA, UdSSR, Ägypten, Israel und Jordanien vergeblich über die Beendigung des Israelisch-Arabischen Kriegs |
| 1981 | Abrüstungskonferenz | Ab dem 10.11.1981 diskutieren die Sowjetunion und die USA über den Abbau der Atomwaffen. Die Gespräche führen zu den Abkommen START I (1991) und START II (1993; mit Russland) |
| 1983 | Libanonkonferenz | Vom 31.10. bis 5.11.1983 gelingt es den Vetretern der wichtigsten politisch-religiösen Gruppen im Libanon nicht, sich auf eine Beendigung des Bürgerkriegs zu verständigen |
| 1992 | Jugoslawienkonferenz | Die Gesprächsrunde mit Vertretern Bosniens, Jugoslawiens, Kroatiens sowie UNO- und EU-Vermittlern scheitert an den Gegensätzen der Volksgruppen und kann den Bürgerkrieg nicht beenden |

## Genfer Konventionen

| Jahr | Konvention |
|---|---|
| 1929 | **Abkommen zur Verbesserung des Loses der Kranken und Verwundeten im Feld:** Die Konvention schreibt das erste, 1864 auf Initiative des Schweizers Henri Dunant abgeschlossene Genfer Abkommen fort – u.a. wird der Neutralitätsstatus für Hospitäler, Lazarette und Sanitätspersonal gesichert |
| 1929 | **Abkommen über die Behandlung der Kriegsgefangenen:** Die Konvention sichert Kriegsgefangenen eine menschliche Behandlung zu. Folterung, Beeinträchtigung der Menschenwürde sowie Hinrichtung ohne vorheriges rechtsstaatliches Verfahren sind untersagt |
| 1949 | **Abkommen zum Schutz der Kriegsopfer:** Insgesamt vier Konventionen ersetzen und erweitern die vorherigen Abkommen und werden von fast allen Staaten der Erde ratifiziert |
| 1951 | **Abkommen über die Rechtsstellung von Flüchtlingen:** Die Konvention regelt die Behandlung von Menschen, die ihre Heimat aus politischen, religiösen oder ethnischen Gründen verlassen haben. Eine Zurückweisung der Flüchtlinge in Länder, die ihre Freiheit bedrohen, ist untersagt |
| 1972 | **Abkommen zur biologischen Kriegführung:** Das Abkommen verbietet die Herstellung, Verbreitung und Lagerung biologischer Waffen. Allerdings bleibt die Forschung zum Schutz vor biologischen Waffen erlaubt |

# Internationale Politik

## Bedeutende Friedensverträge

| Jahr | Friedensschluss | Erläuterung |
| --- | --- | --- |
| 1902 | Frieden von Vereeniging | Das Abkommen beendet den 1899 ausgebrochenen Burenkrieg zwischen der britischen Kolonialmacht und den Burenrepubliken Oranjefreistaat und Südafrikanische Republik (Transvaal) |
| 1918 | Frieden von Brest-Litowsk | Der Separatfrieden zwischen dem Deutschen Reich und Russland beendet den Ersten Weltkrieg für Russland, das große Gebiete abtreten muss |
| 1919 | Versailler Vertrag | Der Vertrag schreibt die alleinige Schuld des Deutschen Reichs am Ersten Weltkrieg fest und verpflichtet das Land zu hohen Reparationen und zu Gebietsabtretungen |
| 1920 | Frieden von Sèvres | Das Abkommen besiegelt das Ende des Osmanischen Reichs, das auf ein Zehntel seiner Vorkriegsgröße schrumpft. Der Vertrag wird 1923 im Frieden von Lausanne, der den Griechisch-Türkischen Krieg beendet, teilweise revidiert |
| 1947 | Pariser Friedensverträge | Die Alliierten schließen mit den Verbündeten des Deutschen Reichs im Zweiten Weltkrieg einen Separatfrieden und erlegen ihnen u.a. Reparationen und Gebietsabtretungen auf |
| 1951 | Frieden von San Francisco | Der Abschluss des Vertrags beendet formell den Zweiten Weltkrieg zwischen Japan und seinen Gegnern. Das Land verliert 45% seines Staatsgebiets und erhält die volle Souveränität zurück |
| 1954 | Genfer Abkommen | Mit Unterzeichnung des Abkommens endet der Indochinakrieg; Vietnam wird in zwei Hälften geteilt |
| 1973 | Pariser Abkommen | Der Friedensschluss im Vietnamkrieg verpflichtet die USA zum Truppenrückzug und zur Anerkennung Vietnams, erweist sich aber als vorläufig: Die Kampfhandlungen enden erst 1975 |
| 1993 | Gaza-Jericho-Abkommen | Der zwischen Israel und der PLO geschlossene Rahmenvertrag sichert den Palästinensern bis 1999 die vollständige territoriale Unabhängigkeit im israelisch besetzten Gazastreifen und in Jericho (Westjordanland) zu |
| 1995 | Frieden von Dayton/ Pariser Friedensvertrag | Auf Druck von NATO und USA einigen sich die in dem Jugoslawienkrieg verwickelten Kriegsparteien auf einen Friedensplan, der Bosnien in eine moslemisch-kroatische Föderation und eine serbische Republik teilt. Das Abkommen von Dayton wird im Friedensvertrag von Paris angenommen |

## Bedeutende Abrüstungsabkommen

| Jahr | Abkommen | Erläuterung |
| --- | --- | --- |
| 1922 | Washingtoner Flottenabkommen | Die Seemächte England, Frankreich, Italien, Japan und die USA vereinbaren eine erste Flottenreduzierung |
| 1925 | Genfer Protokoll | Die Signatarstaaten sprechen sich gegen einen Einsatz von Giftgas und gegen bakteriologische Kriegführung aus |
| 1935 | Deutsch-britisches Flottenabkommen | Der Vertrag erlaubt dem Deutschen Reich den Aufbau einer Flotte (Verhältnis 35:100 gegenüber England) |
| 1963 | Atomteststoppabkommen | Atomwaffenversuche im Weltraum, unter Wasser und in der Atmosphäre werden verboten |
| 1967 | Weltraumvertrag | Die Unterzeichnerstaaten verpflichten sich, keine Waffen im All zu stationieren |
| 1968 | Atomwaffensperrvertrag | Herstellung, Verbreitung und Erwerb von Atomwaffen werden untersagt |
| 1971 | Meeresbodenvertrag | Die Signatarstaaten verpflichten sich, keine Waffenabschussvorrichtungen im Meer zu installieren |
| 1972 | Konvention zur biologischen Kriegführung | Der Vertrag verbietet die Entwicklung, Herstellung und Lagerung von biologischen Kampfstoffen |
| 1972 | SALT-I-Verträge | UdSSR und USA vereinbaren die Begrenzung von Raketenabwehrsystemen (ABM-Vertrag) sowie von taktischen Offensivwaffen. |

| Jahr | Abkommen | Erläuterung |
|------|----------|-------------|
| 1979 | SALT-II-Verträge | Der Vertrag zwischen UdSSR und USA sieht Begrenzungen bei strategischen Waffen und bei deren Neuentwicklung vor |
| 1987 | INF-Vertrag | Die UdSSR und die USA beschließen die komplette Zerstörung ihrer jeweiligen atomaren Mittelstreckenraketen |
| 1990 | KSE-Vertrag | Das Abkommen sieht den Verzicht auf militärische Erstschläge und Höchstgrenzen für konventionelle Waffen vor |
| 1991 | START-Abkommen | Die Vertragsstaaten stimmen zu, ihre konventionellen Strategiewaffenpotenziale zu reduzieren |
| 1993 | C-Waffen-Abkommen | Die Signatarstaaten verzichten darauf, chemische Waffen zu entwickeln, herzustellen und zu lagern |
| 1996 | Atomteststoppvertrag | Der Vertrag verbietet jedwede Art von Atomexplosion (militärisch oder zivil) |

## Friedensnobelpreisträger

| Jahr | Preisträger | Jahr | Preisträger |
|------|-------------|------|-------------|
| 1901 | Jean Henri Dunant (Schweiz), Frédéric Passy (Frankreich) | 1932 | – |
| 1902 | Élie Ducommun, Charles Albert Gobat (Schweiz) | 1933 | Norman Angell (Großbritannien) |
| 1903 | William R. Cremer (Großbritannien) | 1934 | Arthur Henderson (Großbritannien) |
| 1904 | Institut für Internationales Recht (Belgien) | 1935 | Carl von Ossietzky (Deutschland) |
| 1905 | Bertha von Suttner (Österreich) | 1936 | Carlos Saavedra Lamas (Argentinien) |
| 1906 | Theodore Roosevelt (USA) | 1937 | Edgar Algernon Cecil of Chelwood (Großbritannien) |
| 1907 | Ernesto T. Moneta (Italien), Louis Renault (Frankreich) | 1938 | Internationales Nansen-Amt für Flüchtlinge (Genf) |
| 1908 | Klaus Pontus Arnoldson (Schweden), Fredrik Bajer (Dänemark) | 1939 | – |
| 1909 | Auguste M. F. Beernaert (Belgien), Paul d'Estournelles (Frankreich) | 1940 | – |
| | | 1941 | – |
| 1910 | Internationales Friedensbüro (Bern) | 1942 | – |
| 1911 | Tobias M. C. Asser (Niederlande), Alfred H. Fried (Österreich) | 1943 | – |
| 1912 | Elihu Root (USA) | 1944 | Internationales Komitee vom Roten Kreuz (Genf) |
| 1913 | Henri La Fontaine (Belgien) | 1945 | Cordell Hull (USA) |
| 1914 | – | 1946 | John R. Mott (USA), Emily Greene Balch (USA) |
| 1915 | – | | |
| 1916 | – | 1947 | Friends Service Council (Großbritannien), Friends Service Committee (USA) |
| 1917 | Internationales Komitee vom Roten Kreuz | | |
| 1918 | – | 1948 | – |
| 1919 | Thomas Woodrow Wilson (USA) | 1949 | John Boyd Orr (Großbritannien) |
| 1920 | Léon Bourgeois (Frankreich) | 1950 | Ralph J. Bunche (USA) |
| 1921 | Karl Hjalmar Branting (Schweden), Christian Louis Lange (Norwegen) | 1951 | Léon Jouhaux (Frankreich) |
| | | 1952 | Albert Schweitzer (Deutschland) |
| 1922 | Fridtjof Nansen (Norwegen) | 1953 | George C. Marshall (USA) |
| 1923 | – | 1954 | Amt des Hohen Kommissars der UN für Flüchtlinge (Genf) |
| 1924 | – | | |
| 1925 | Austen Chamberlain (Großbritannien), Charles G. Dawes (USA) | 1955 | – |
| | | 1956 | – |
| 1926 | Aristide Briand (Frankreich), Gustav Stresemann (Deutschland) | 1957 | Lester B. Pearson (Kanada) |
| | | 1958 | Dominique Georges Pire (Belgien) |
| 1927 | Ferdinand Buisson (Frankreich), Ludwig Quidde (Deutschland) | 1959 | Philip Noel-Baker (Großbritannien) |
| | | 1960 | Albert John Luthuli (Südafrika) |
| 1928 | – | 1961 | Dag Hammarskjöld (Schweden) |
| 1929 | Frank Billings Kellogg (USA) | 1962 | Linus Pauling (USA) |
| 1930 | Nathan Söderblom (Schweden) | 1963 | Internationales Komitee vom Roten Kreuz (Genf) |
| 1931 | Jane Addams (USA), Nicholas M. Butler (USA) | 1964 | Martin Luther King (USA) |
| | | 1965 | Weltkinderhilfswerk der UNO (UNICEF) |

⇒ S. 512

**511**

# Internationale Politik/Militär

| Jahr | | Jahr | |
|------|--|------|--|
| 1966 | – | 1985 | Internationale Ärzte zur Verhinderung des Atomkriegs |
| 1967 | – | 1986 | Elie Wiesel (USA) |
| 1968 | René Cassin (Frankreich) | 1987 | Oscar Arías Sánchez (Costa Rica) |
| 1969 | Internationale Arbeitsorganisation (Genf) | 1988 | Friedenstruppe der Vereinten Nationen |
| 1970 | Norman E. Borlaug (USA) | 1989 | Ngawang Lobsang Tenzin Gyatso |
| 1971 | Willy Brandt (BR Deutschland) | | (14. Dalai-Lama; Tibet) |
| 1972 | – | 1990 | Michail Gorbatschow (UdSSR) |
| 1973 | Henry Kissinger (USA) | 1991 | Aung San Suu Kyi (Myanmar) |
| | Le Duc Tho (Nordvietnam) | 1992 | Rigoberta Menchú (Guatemala) |
| 1974 | Sean MacBride (Irland), | 1993 | Nelson Mandela, Frederik Willem de Klerk |
| | Eisaku Sato (Japan) | | (Südafrika) |
| 1975 | Andrej Sacharow (UdSSR) | 1994 | Jasir Arafat (Palästina), |
| 1976 | Mairead Corrigan, Betty Williams (Nordirland) | | Shimon Peres, Yitzhak Rabin (Israel) |
| 1977 | Amnesty International (London) | 1995 | Internationale Pugwash-Konferenzen und |
| 1978 | Menachem Begin (Israel), | | deren Mitbegründer Joseph Rotblat |
| | Mohammed Anwar as-Sadat (Ägypten) | 1996 | Carlos Filipe Ximenes Belo, José Ramos Horta |
| 1979 | Mutter Teresa (Albanien) | | (Indonesien) |
| 1980 | Adolfo Pérez Esquivel (Argentinien) | 1997 | Internationale Kampagne zum Verbot von |
| 1981 | Amt des Hohen Kommissars der UN für | | Landminen und an deren Sprecherin und |
| | Flüchtlinge (Genf) | | Koordinatorin Jody Williams |
| 1982 | Alva R. Myrdal (Schweden), | 1998 | John Hume, David Trimble (Nordirland) |
| | Alfonso García Robles (Mexiko) | 1999 | Ärzte ohne Grenzen (Frankreich) |
| 1983 | Lech Wałęsa (Polen) | 2000 | Kim Dae Jung (Südkorea) |
| 1984 | Desmond Tutu (Südafrika) | | |

## Stationen der Militärgeschichte

### vor Christus

| | |
|--|--|
| um 8000 | Jericho im Jordantal ist eine der frühesten befestigten Städte |
| um 4000 | Ägyptische Krieger tragen Schilde zum Schutz vor Geschossen |
| um 2700 | In Seekriegen des Mittelmeerraums werden Segelschiffe und Galeeren eingesetzt |
| um 2500 | Mesopotamische Krieger benutzen Streitkolben, Äxte und Stoßspeere mit metallener Spitze; sie tragen Lederpanzer und Bronzehelme; benutzen von Eseln gezogene Kampfwagen |
| um 2300 | Schleuder und Wurfspieß in Gebrauch. |
| um 1900 | Bronzewaffen in Europa |
| um 1468 | Bei Megiddo benutzen Ägypter von zwei Pferden gezogene zweirädrige Kampfwagen, besetzt mit Wagenlenker (mit großem Schild) und Kämpfer mit Bogen und Wurfspieß. |
| um 1400 | In Griechenland ist das Schwert in Gebrauch |
| um 1200 | Eiserne Waffen im Vorderen Orient |
| um 700 | Assyrische Krieger tragen eiserne Schuppenpanzer; sie benutzen lange eiserne Schwerter, Kampfwagen für vier Mann und Sturmböcke auf Rädern; berittene Bogenschützen und Schleuderer bilden Reiterei-Einheiten |

| | |
|--|--|
| um 600 | Einsatz von Kampfelefanten in Indien |
| um 500 | Athenische Trireme (Kriegsschiff mit drei Reihen von Ruderern auf jeder Seite) in Gebrauch |
| um 400 | Chinesen benutzen die Armbrust. Im Westen werden Drehkraft-Wurfmaschinen eingesetzt |
| um 300 | Kettenpanzer, wahrscheinlich von keltischen Kriegern entwickelt |
| um 250 | Mit Wurfgeschützen bestückte römische Galeeren |
| um 214 | Der chinesische Kaiser Qin Shihuangdi ordnet den Bau der Großen Mauer an |
| um 130 | Parthische Pferdepanzer in Gebrauch |
| um 100 | Entwicklung des römischen Legionärsheeres |

### nach Christus

| | |
|--|--|
| um 450 | Der Metallsteigbügel, der dem Reiter einen sicheren Sitz gibt, taucht in den asiatischen Steppen auf |
| um 600 | Mit Bogen bewaffnete Panzerreiter bilden die Hauptmacht der weströmischen und byzantinischen Heere |
| um 650 | Byzantinische Streitkräfte benutzen das »griechische Feuer« |
| um 850 | Burgen des Typs »Motte und Baillie« |
| um 900 | Bildung der Samuraischicht in Japan; genagelte Hufeisen im Norden Eurasiens |

| | |
|---|---|
| 1054 | Frühestes bekanntes Rezept für Schießpulver in China |
| um 1100 | Wurfgeschütz (Blide) und Armbrust im Abendland |
| um 1150 | Europäische Kriegsschiffe gewinnen durch Heckruder an Manövrierfähigkeit; Entwicklung des Langbogens in Wales |
| 1232 | Raketen als Kriegswaffen in China erwähnt |
| um 1300 | Burgen mit mehreren Mauerringen (stärkste Burgtypen) werden unter Eduard I. in England gebaut. Frühe Geschütze (mit Kupfer ausgekleidete Bambusröhren) in China und Arabien in Gebrauch |
| 1346 | Erster sicher nachweisbarer Einsatz von Kanonen: Engländer gegen Franzosen bei Crécy (Frankreich) |
| um 1400 | Entwicklung der Luntenschlossmuskete und des Abzugsmechanismus' |
| 1406 | Beim Bau des englischen Kriegsschiffes »Christopher of the Tower« ist die Bestückung mit Geschützen vorgesehen |
| um 1420 | Ziska entwickelt »Feldartillerie« und »Wagenburg«. Seine hussitischen Soldaten schießen mit an die Schulter angelegten langen Gewehren |
| 1453 | Bei der Belagerung von Konstantinopel entwickeln türkische Kanoniere den Mörser |
| um 1460 | Guss von Bronzekanonen in Frankreich. Die Hakenbüchse (Arkebuse) taucht auf. Europäische Büchsenmacher stellen versuchsweise erste Pistolen her |
| um 1485 | Leonardo da Vinci skizziert mehrläufige »Maschinengewehre«, einen »Panzerwagen« und einen »Hubschrauber« |
| um 1500 | Der kombinierte Einsatz von Arkebusieren und Pikenieren macht die Infanterie wirksamer als die Kavallerie |
| 1510–1520 | Deutsche benutzen Feuerwaffen mit Radschloss |
| 1537 | Der Italiener Niccolò Fontana (Tartaglia) begründet wissenschaftliche Ballistik |
| 1539 | Erste Erwähnung des Steinschlosses |
| 1540 | Spanien führt als Schutzmaßnahme gegen die Seeräuberei im Atlantik das Geleitzugsystem ein |
| um 1545 | Muskete erstmals in Spanien in Gebrauch |
| 1585 | Holländer benutzen in Antwerpen Treibminen, deren Detonation durch ein Uhrwerk ausgelöst wird |
| 1588 | Holländer machen als Erste Gebrauch von explodierenden Artilleriegeschossen |
| um 1595 | Pistolenbewehrte deutsche Reiter, die in aufeinander folgenden Reihen angreifen, kündigen eine neue Rolle der Kavallerie an |

| | |
|---|---|
| um 1598 | Koreaner benutzen eisengepanzertes Kriegsschiff im Kampf gegen Japaner |
| um 1620 | Gustav II. Adolf führt »Lederkanonen« ein. Der Engländer Cornelis Drebbel baut das erste brauchbare U-Boot, bemannt mit zwölf Ruderern; Luftzufuhr durch Röhren |
| 1647 | Frankreichs Armee führt das Spundbajonett ein. Erster Winkflaggen-Code in der englischen Flotte |
| 1674 | Granatwerfer von dem Holländer Menno van Coehoorn erfunden |
| 1684 | Der englische Naturwissenschaftler Robert Hooke erfindet den Heliografen (Signalgerät mittels Blinkzeichen) |
| um 1700 | Tüllen- und Sockelbajonett in Gebrauch |
| 1718 | Der englische Erfinder James Puckle erhält ein Patent auf ein einläufiges »Maschinengewehr« mit Steinschloss, Handkurbel und rundem Magazin |
| 1769 | Der französische Ingenieur Nicolas Cugnot baut das erste per Dampfmaschine getriebene Fahrzeug, eine Geschützlafette. Österreichische Dragoner erhalten Hinterlader-Musketen, vermutlich die ersten Hinterlader in militärischem Gebrauch |
| 1776 | »Turtle« (Schildkröte), vom US-Erfinder David Bushnell entworfenes handgetriebenes Einmann-Tauchboot |
| 1779 | Die britische Marine führt die Karronade (ein kurzes, glattes Geschütz) ein |
| 1784 | Der britische General Henry Shrapnel erfindet das Schrapnellgeschoss |
| 1794 | Während der Schlacht von Fleurus steigt ein französischer General in einem Beobachtungsballon auf |
| 1797 | Erster Fallschirmabsprung |
| 1799 | Der britische Wissenschaftler und Ingenieur William Congreve erfindet Spreng- und Brandraketen |
| 1800 | Der Amerikaner Eli Whitney begründet die Serienfertigung von Musketen mit austauschbaren Teilen |
| 1801 | In den USA Bau der »Nautilus«, eines eisernen, handgetriebenen »Unterseetorpedobootes« mit Kommandoturm |
| 1807 | Perkussionsschloss wird patentiert |
| 1812 | Konstruktion eines Hinterladergewehrs, bei dem Treibsatz und Zündladung in einer Patrone vereinigt sind |
| 1814 | Das erste dampfgetriebene Kriegsschiff, die »Demologos«, läuft vom Stapel |
| 1818 | Herstellung des ersten echten Revolvers, fünfschüssig mit manuell drehbarer Trommel |
| 1828 | Erfindung des Zündnadelgewehrs |
| 1836 | Samuel Colt erhält ein Patent für einen Perkussionsrevolver mit automatisch |

⇒ S. 514

**513**

# Militär

| | |
|---|---|
| | drehender Fünfkammertrommel. Die Schiffsschraube wird patentiert und von den größeren Kriegsflotten eingeführt |
| 1843 | Colt konstruiert eine Seemine, die per Unterwasserkabel ferngezündet wird |
| 1847 | Revolver in allgemeinem Gebrauch. Entdeckung des Nitroglycerins |
| 1848 | Hinterladergewehr in allgemeinem Gebrauch. Die preußische Armee führt das Zündnadelgewehr von Nikolaus von Dreyse ein |
| 1849 | Erfindung des konisch geformten Spitzgeschosses, das Reichweite und Treffgenauigkeit verbessert. Erfindung der Schießbaumwolle |
| um 1854 | William Armstrong (England) konstruiert Hinterladergeschütze mit gezogenem, gusseisernem Lauf |
| 1855 | Im Krimkrieg benutzen britische Pioniere erstmals den elektrischen Feldtelegrafen. Die Russen legen in der Ostsee erstmals Kontaktreibminen |
| 1856 | Erfindung des Stahlkonverters erleichtert die Massenproduktion von Waffen |
| 1858/59 | Französische Dampffregatte »La Gloire« ist das erste gepanzerte Kriegsschiff |
| 1859 | Im Krieg um die Einigung Italiens erster nennenswerter Einsatz der Eisenbahn zum Truppenaufmarsch; erste Luftaufnahmen aus Aufklärungsballons |
| 1860 | Entwicklung des Mehrladegewehrs mit Röhrenmagazin für sieben Patronen |
| 1862 | John Ericsson baut für die US-Marine die »Monitor«, das erste Kriegsschiff mit drehbarem Geschützturm; im US-Bürgerkrieg erster Panzerschiffkampf (»Monitor« gegen »Virginia«) |
| 1863 | Trinitrotuluol (TNT) erstmals hergestellt |
| 1864 | Das Südstaaten-Tauchboot »Hunley« versenkt das Nordstaatenschiff »Housatonic« mit einem Spierentorpedo: Sprengladung an einer am Bug befestigten Stange (Spiere) |
| 1866 | Torpedo mit Eigenantrieb konstruiert; 1868 von der österreichischen Marine eingeführt. Der Schwede Alfred Nobel erfindet das Dynamit |
| 1868 | Die schweizerische Armee nimmt das erste Schlagbolzen-Mehrladegewehr in Gebrauch; System Vetterli-Vitali, Kaliber 10 mm, Röhrenmagazin für elf Patronen |
| 1871 | Erstes Luftabwehrgeschütz: die deutsche »Ballonkanone« von Krupp, Kaliber 37 mm, gegen französische Ballons, die Depeschen befördern |
| 1873 | Maschinelle Herstellung von Stacheldraht |
| um 1875 | Alfred Nobel erfindet das Ballistit; Erfindung des Cordits |

| | |
|---|---|
| 1877 | Erstes eigens konstruiertes Torpedoboot: die englische »Lightning« mit schwenkbaren Rohren für Torpedos mit Eigenantrieb |
| 1879 | Gewehr mit Kastenmagazin patentiert |
| 1883 | »Maxim«-Gewehr vervollkommnet, von der britischen Armee 1888 eingeführt |
| 1885 | Erstmals Benutzung des elektrischen Telegrafen während des Kampfes: bei Tofrek (Sudan) telegrafiert der britische Kommandeur mit der Operationsbasis |
| 1893 | Erste Selbstladepistole (»automatische Pistole«), achtschüssig; Vorbild der berühmten Luger Parabellum von 1898 |
| 1897 | Die französische »75« ist ein Markstein in der Entwicklung der Feldartillerie |
| 1900 | Der Amerikaner John P. Holland entwickelt das erste einsatzfähige U-Boot. Vorführung eines gasbetriebenen Flammenwerfers, im Krieg eingesetzt ab 1915 |
| 1903 | Erste motorisierte Armee-Einheiten in Frankreich und Großbritannien |
| 1904 | Österreich stellt den ersten Panzerwagen in Dienst: Daimler, 35 PS, Maxim-Gewehr in drehbarem Turm |
| 1908 | Lenkbare Luftschiffe werden für Bombenangriffe ausgerüstet |
| 1910 | Erstes eigens für Kampfzwecke gebautes Flugzeug: Voisin-Doppeldecker mit Maschinengewehr. Einführung des zweisitzigen Doppeldeckers BE 2 für Aufklärung und Bombenabwurf |
| 1911/12 | Italienisch-türkischer Krieg in Libyen: Italiener fliegen erste Bombenangriffe bei Tag und Nacht, machen Luftaufnahmen zu Aufklärungszwecken und werfen Propagandaflugblätter ab; erstmals Abschuss eines Piloten vom Boden aus. Zugleich erster Einsatz von Lkw, Sanitätsfahrzeugen und Panzerwagen |
| 1914 | Igor Sikorskij baut für die russischen Streitkräfte den ersten schweren Bomber, den viermotorigen »Ilja Muromez«, 1915–1917 im Einsatz. Erster »Flugzeugträger«: die japanische »Wakamiya« |
| 1915 | Erster strategischer Bombenangriff von Zeppelin-Luftschiffen auf Großbritannien. Beginn des Gaskriegs: Deutsche setzen Tränengas gegen Russen ein |
| 1916 | Erste Panzer: Angriff britischer »Mark I«-Tanks an der Somme. Firma Bergmann in Suhl beginnt Konstruktion der Maschinenpistole (Mpi 18.I). Der Franzose Paul Langevin entwickelt ein Verfahren zur Ortung von U-Booten mit Ultraschall |
| 1917 | Erster unbemannter Flugkörper für Boden-Boden-Einsatz: der automatisch gelenkte Doppeldecker »Bug« befördert 136 kg Sprengstoff |

| | |
|---|---|
| 1918 | Der französische Renault FT-17 ist der erste Panzer mit voll drehbarem Turm. Die britische »Argus« ist der erste Flugzeugträger mit unverbautem Flugdeck |
| 1927 | Erste Fallschirmtruppen (Italiener) üben Massenabsprung |
| 1931 | Erster Fallschirm-Kampfeinsatz: sowjetische Truppen gegen Aufständische |
| 1935 | Der Brite Robert Watson-Watt vervollkommnet die Funkmesstechnik (Radar). Die amerikanische »Fliegende Festung« Boeing B-17 ist der erste zur Selbstverteidigung fähige Bomber. Erster militärisch verwendbarer Hubschrauber: der französische Breguet-Dorand Gyroplane Laboratoire |
| 1936 | Erste große »Luftbrücke« für Menschen und Material: deutsche und italienische Flugzeuge befördern 13 000 Mann der Afrika-Armee des Generals Franco von Marokko nach Spanien |
| 1937 | Bau des ersten Düsentriebwerks |
| 1938 | Erster Flug eines Düsenflugzeugs, der deutschen Heinkel He 178; erstes Flugzeug mit Raketenantrieb, Heinkel He 176. In den USA baut Sikorsky (dort seit 1919) den Hubschrauber R-4. Großbritannien errichtet an seinen Küsten Radar-Luftwarnstationen |
| 1940 | Herstellung von Napalm. Deutsche Wissenschaftler entwickeln die Nervengase Tabun, Sarin und Soman |
| 1942 | Erstes Sturmgewehr im Einsatz. Beginn des »Manhattan-Projekts«: intensive Forschung zum Bau einer Atombombe |
| 1943 | Erster Erfolg eines ferngelenkten Flugkörpers: die deutsche Henschel Hs 293 versenkt am 27. August die britische »Egret«. Erstes Düsenflugzeug im Einsatz. Größte Panzerschlacht der Kriegsgeschichte bei Kursk (Russland) |
| 1944 | Erste Düsen-Kampfflugzeuge im Einsatz: die britische Gloster Meteor (Juni) und die deutsche Messerschmitt Me 262 (Juli). Deutsche »V-Waffen«: V 1 (Fi 103), Marschflugkörper mit pulsierendem Strahlantrieb, »fliegende Bombe« mit 850 kg Sprengstoff; V2 (A 4), ballistische Flüssigkeitsrakete mit 975 kg Sprengstoff |
| 1945 | Erster Einsatz der Atombombe: zwei amerikanische Bomben zerstören die japanischen Städte Hiroshima und Nagasaki; damit endet der Zweite Weltkrieg im Fernen Osten |
| 1947 | Erster Interkontinentalbomber |
| 1950 | Erster Kampf zwischen Düsenflugzeugen: Im Koreakrieg schießt eine amerikanische Lockheed F-80 C »Shooting Star« eine von Chinesen geflogene sowjetische MiG 15 ab |
| 1951 | Erster Gruppentransport mit Hubschraubern zum Kampfeinsatz: US-Marineinfanteristen in Korea |
| 1952 | Die USA zünden die erste Wasserstoffbombe und starten den Bau des ersten atomgetriebenen U-Boots (»Nautilus«) |
| 1953 | Erstes Kampfflugzeug mit Überschallgeschwindigkeit (amerikanische F-100) |
| 1954 | Stationierung der ersten Boden-Boden-Rakete, der amerikanischen taktischen Nuklearwaffe »Honest John«. Die UdSSR stationiert 1954/55 die SS-3 »Shyster« |
| 1957 | Stationierung der ersten Interkontinentalrakete (ICBM), der amerikanischen SM-62 A »Snark«. Erste sowjetische ICBM, die SS-6 »Sapwood«, erprobt |
| 1958 | Bau des ersten brauchbaren Lasers |
| 1960 | Erstes mit »Polaris«-Raketen ausgerüstetes U-Boot, die »George Washington« (USA), einsatzfähig. Erstes atomgetriebenes Überwasserkriegsschiff, die »Long Beach« (USA), läuft vom Stapel |
| 1961 | Erster atomgetriebener Flugzeugträger, die »Enterprise« (USA) |
| 1967 | Erstes Kampfflugzeug mit Schwenkflügeln, der amerikanische Jagdbomber General Dynamics F-111, einsatzbereit |
| 1969 | Erster »Senkrechtstarter« (S/VTOL, Vertikal- bzw. Kurzstart und -landung), der britische »Harrier«, einsatzbereit |
| 1970 | Die USA stationieren erste Raketen mit Mehrfachsprengköpfen (MIRV) |
| 1972 | Die USA benutzen in Vietnam »intelligente«, durch Laser und Kamerabilder gelenkte Waffen |
| 1977 | Die USA erklären, dass sie eine Neutronenbombe entwickeln |
| 1981 | Erstes gegen Radaraufklärung geschütztes »Stealth«-Flugzeug, die amerikanische Lockheed F-117 A »Nighthawk« |
| 1983 | Die USA verkünden das SDI-Programm (Strategische Verteidigungs-Initiative, »Krieg der Sterne«) |
| 1984 | Vermutlich verwendet der Irak im Krieg gegen den Iran erstmals Nervengase |
| 1991 | In der Operation »Wüstensturm« (UNO gegen Irak) werden erstmals Tomahawk- und MLRS-Raketen eingesetzt |
| 1995 | Erster »Stealth«-Hubschrauber, der amerikanische Sikorsky RAH-66 »Comanche« |
| 1999 | Vorstellung des neuen russischen Jägers MiG 1.42. Vertrag über das Verbot von Einsatz, Lagerung, Herstellung und Weitergabe der Landminen und über deren Vernichtung tritt in Kraft |

# Militär

| Bedeutende Schlachten der Militärgeschichte | | |
|---|---|---|
| Jahr | Ort | Erläuterung |
| 1468 v. Chr. | Megiddo (Israel) | Erste verbürgte Schlacht; Ägypter unter Thutmosis III. besiegen das Heer eines syrischen Fürstenbundes unter dem Herrscher von Kadesch |
| 490 v. Chr. | Marathon (Griechenland) | Athener und Platäer besiegen persische Eindringlinge |
| 480 v. Chr. | Salamis (Griechenland) | Athenische Flotte (360 Triremen) unter Themistokles vernichtet persische Flotte (600 Galeeren) unter Xerxes |
| 331 v. Chr. | Arbela-Gaugamela (Irak) | Makedonier (47000) unter Alexander dem Großen schlagen Perser (250000) unter Dareios III. |
| 9 n. Chr. | Teutoburger Wald (Deutschland) | Krieger germanischer Stämme unter dem Cheruskerfürsten Arminius vernichten drei römische Legionen unter Publius Quintilius Varus und beenden die römische Herrschaft zwischen Rhein und Elbe |
| 451 | Châlons-sur-Marne (Frankreich) | Ein römisch-westgotisches Heer besiegt die Hunnen (40000) unter Attila und stoppt ihren Vormarsch in Europa |
| 732 | Tours (Frankreich) | Franken (30000) unter Karl Martell besiegen Sarazenen (80000) unter Abd Ar-Rahman und halten das Vordringen des Islam nach Westeuropa auf |
| 1066 | Hastings (England) | Normannen (9000) unter Herzog Wilhelm von der Normandie besiegen Angelsachsen (10000) unter König Harald (Harold) II. und unterwerfen England ihrer Herrschaft |
| 1415 | Azincourt (Frankreich) | Im Hundertjährigen Krieg schlagen Engländer (5700) unter König Heinrich V. die Franzosen (25000) unter Charles d'Albret und ebnen den Weg für die Eroberung der Normandie |
| 1428/29 | Orléans (Frankreich) | Franzosen unter Führung von Jeanne d'Arc kommen der Besatzung der Stadt (5400) unter Graf Jean de Dunois zur Hilfe und zwingen Engländer und Burgunder (5500) unter den Earls of Salisbury und Suffolk, die Belagerung aufzugeben (Kriegswende zu Gunsten Frankreichs) |
| 1453 | Konstantinopel (Türkei) | Osmanische Türken (50000) unter Sultan Mehmed II. überwältigen nach starkem Beschuss die byzantinischen Verteidiger unter Kaiser Konstantin XI.; die erste Schlacht, bei der die Artillerie eine entscheidende Rolle spielt |
| 1525 | Pavia (Italien) | Deutsche Pikeniere und spanische Arkebusiere des Heeres Karls V. unter Ferdinando Francesco d'Avalos besiegen das französische Heer Franz' I., bestehend aus »Gendarmerie« (schwerer Kavallerie) sowie schweizerischen und deutschen Söldnern |
| 1571 | Lepanto (Griechenland) | Die Flotte der »Heiligen Liga« (Papst, Spanien, Venedig, 208 Schiffe) unter Juan d'Austria besiegt die türkische Flotte (230 Schiffe) unter Ali Pascha; letzte große Galeerenschlacht |
| 1588 | Ärmelkanal | Die englische Flotte (6000 Mann, 34 Kriegsschiffe, 163 Hilfsschiffe) unter Howard of Effingham, Francis Drake, John Hawkins und Martin Frobisher vertreibt die spanische Invasionsstreitmacht (Armada; 28500 Mann, 20 Galeonen, 52 kleinere Kriegsschiffe, 58 Hilfsschiffe) unter Herzog von Medina-Sidonia |
| 1631 | Breitenfeld (Deutschland) | Im Dreißigjährigen Krieg besiegt eine schwedisch-kursächsische Armee (40000) unter Gustav II. Adolf die »Kaiserlichen« (katholische Liga, 30000) unter Tilly |
| 1704 | Höchstädt (Deutschland; in England: Blenheim) | Im Spanischen Erbfolgekrieg siegen Engländer und Kaiserliche (52000) unter Marlborough und Prinz Eugen über Franzosen und Bayern (56000) unter Tallard; sie verhindern damit die Eroberung Wiens |
| 1709 | Poltawa (Ukraine) | Russen (40000) unter Peter dem Großen schlagen Schweden und Kosaken (30000) unter Karl XII.; der militärische Erfolg sichert Russlands Macht in Osteuropa |
| 1781 | Yorktown (Virginia, USA) | Im amerikanischen Revolutionskrieg wird die britische Armee (7500) unter Cornwallis von Amerikanern (8850) unter Washington und Franzosen (7000) unter Rochambeau eingekesselt; mit ihrer Kapitulation ist die Unabhängigkeit der USA gesichert |
| 1792 | Valmy (Frankreich) | Im 1. Koalitionskrieg stoppen die Franzosen (36000) unter Dumouriez und Kellermann den Vormarsch der Preußen und Österreicher (34000) unter dem Herzog von Braunschweig nach Paris und sichern damit den Fortbestand des revolutionären Regimes |

| Jahr | Ort | Erläuterung |
|------|-----|-------------|
| 1805 | Austerlitz (heute Tschechische Republik) | Franzosen (73 000, 139 Geschütze) unter Napoleon I. schlagen Russen und Österreicher (85 000, 278 Geschütze) unter Zar Alexander I. und Kaiser Franz II.; das westliche Deutschland kommt unter französische Oberhoheit; gleichzeitig Ende des Heiligen Römischen Reichs Deutscher Nation |
| 1805 | Trafalgar (Spanien) | Die britische Flotte (27 Schiffe) unter Nelson vernichtet eine französisch-spanische Flotte (33 Schiffe) unter Villeneuve und macht so Napoleons Plan einer Landung in England zunichte |
| 1815 | Waterloo (Belgien) | Eine englisch-niederländische Armee (68 000, 156 Geschütze) unter Wellington, im kritischen Augenblick verstärkt durch Preußen (31 000) unter Führung von Blücher, besiegt die Franzosen (72 000, 246 Geschütze) unter Napoleon I.; damit enden die Napoleonischen Kriege |
| 1863 | Gettysburg (USA) | Die Potomac-Unionsarmee (88 000) unter Meade schlägt den nördlichen Vorstoß der Konföderierten-Armee von Nord-Virginia (75 000) unter Lee zurück; der Wendepunkt im amerikanischen Sezessionskrieg |
| 1866 | Königgrätz (heute Tschechische Republik) | Im Deutschen Krieg besiegen die Preußen (278 000) unter Prinz Friedrich Karl und Moltke die Österreicher (271 000) unter Benedek; die Einheit Deutschlands ohne Österreich rückt näher |
| 1870 | Sedan (Frankreich) | Im Deutsch-Französischen Krieg besiegen die Deutschen (200 000, 744 Geschütze) unter Moltke die Franzosen (120 000, 564 Geschütze) unter Mac-Mahon; Sturz des französischen Zweiten Kaiserreichs |
| 1905 | Tsushima (Japan) | Im Russisch-Japanischen Krieg vernichtet die japanische Flotte (4 Schlachtschiffe, 8 Kreuzer) unter Togo die russische Flotte (8 Schlachtschiffe, 9 Kreuzer) unter Roschdestwenskij; Japan wird durch den militärischen Erfolg zur asiatischen Großmacht |
| 1914 | Marne (Frankreich) | Im Ersten Weltkrieg stoppen Franzosen (1 Mio.) unter Joffre und das britische Expeditionskorps (80 000) unter French den deutschen Vormarsch und verhindern die Einnahme von Paris |
| 1914 | Tannenberg (heute Polen) | Die deutsche 8. Armee (300 000, 818 Geschütze) unter Hindenburg und Ludendorff vernichtet die russische 2. Armee (300 000, 620 Geschütze) unter Samsonow; die eingedrungenen Russen müssen Ostpreußen räumen |
| 1940 | Luftschlacht um England | Am 13. August greift die deutsche Luftwaffe mit 2300 Kampfflugzeugen an; ihr Ziel ist die Vernichtung der Royal Air Force (800 Kampfflugzeuge) zur Vorbereitung einer Invasion; der Plan wird nach hohen Verlusten im Oktober aufgegeben |
| 1941 | Pearl Harbor (Hawaii) | Überraschungsangriff der japanischen 1. Luftflotte (8 Flugzeugträger, 360 Flugzeuge) unter Nagumo auf den Stützpunkt der amerikanischen Pazifikflotte. Die Amerikaner verlieren etwa 4000 Mann, 4 Schlachtschiffe, 3 leichte Kreuzer, 3 Zerstörer und 261 Flugzeuge; die Japaner 29 Flugzeuge und 5 Kleinst-U-Boote; die USA erklären daraufhin Japan den Krieg; das Deutsche Reich erklärt den Kriegszustand mit den USA |
| 1942 | Midway (Pazifik) | Die amerikanische Pazifikflotte (3 Flugzeugträger, 250 Flugzeuge, 73 andere Kriegsschiffe) unter Nimitz stoppt die japanische Flotte (6 Flugzeugträger, 280 Flugzeuge, 156 andere Kriegsschiffe, 51 000 Mann) unter Yamamoto. Die Japaner verlieren 4 schwere Flugzeugträger und 275 Flugzeuge; sie können Midway nicht einnehmen; die Schlacht markiert den Wendepunkt des Krieges im Pazifik |
| 1942 | El Alamein (Ägypten) | Die britische 8. Armee (200 000, 1029 Panzer) unter Montgomery schlägt die deutsche Panzerarmee Afrika (104 000, 489 Panzer) unter Rommel und beendet damit die Bedrohung des Suezkanals durch Deutschland |
| 1942/43 | Stalingrad (jetzt Wolgograd, Russland) | In sechsmonatigem erbittertem Kampf vernichtet die sowjetische 62. Armee (300 000) unter Tschuikow die deutsche 6. Armee (230 000) unter Paulus; die Schlacht markiert den entscheidenden Wendepunkt des Zweiten Weltkriegs an der Ostfront |
| 1944/45 | Ardennen (Belgien und Luxemburg) | Die 1. und 3. Armee der USA (400 000, 1100 Panzer) unter Eisenhower stoppen den Vorstoß dreier deutscher Armeen (6. SS-Panzerarmee, 5. Panzerarmee, 7. Armee, 250 000, 1000 Panzer) unter Rundstedt; damit scheitert der letzte deutsche Versuch, den Vormarsch der Alliierten an der Westfront aufzuhalten |

⇒ S. 518

# Militär

| Jahr | Ort | Erläuterung |
|---|---|---|
| 1954 | Dien Bien Phu (Vietnam) | Im Indochinakrieg erzwingen die kommunistischen Viet-Minh-Streitkräfte (50 000, 48 schwere Geschütze) unter Giap nach dreimonatiger Belagerung die Kapitulation des französischen Stützpunktes (16 000, 28 schwere Geschütze) unter de Castries; das Ende der französischen Kolonialherrschaft in Indochina ist damit besiegelt; die USA nehmen mehr und mehr die Rolle einer Vormacht in der Region ein |
| 1991 | Kuwait und Irak | UNO-Streitkräfte (490 000, 3400 Panzer, 2500 Kampfflugzeuge und Hubschrauber) unter Schwarzkopf setzen im Golfkrieg die irakischen Truppen (550 000, 4200 Panzer, 700 Kampfflugzeuge und Hubschrauber) außer Gefecht und machen die Annexion Kuwaits durch Irak rückgängig. Verluste der Alliierten: rd. 600 Tote, Verwundete und Vermisste; der Iraker: 100 000 Tote und Verwundete |

## Bedeutende Militärbündnisse und -abkommen im 20. Jahrhundert

| Jahr | Bündnis/Abkommen | Erläuterung |
|---|---|---|
| 1904 | Entente cordiale | Bündnis zwischen Frankreich und Großbritannien, enthält auch militärische Absprachen für ein gemeinsames Vorgehen gegen das Deutsche Reich im Kriegsfall |
| 1907 | Tripelentente | In dem Bündnis treffen Frankreich, Großbritannien und Russland militärische Absprachen für den Fall eines Krieges mit dem Deutschen Reich. Ab 1914 (Beginn des Ersten Weltkriegs) wird die Entente zum festen Militärbündnis |
| 1936 | Antikominternpakt | Das ursprünglich zwischen dem Deutschen Reich und Japan geschlossene Abkommen (seit 1937 um Italien erweitert) richtet sich gegen die Kommunistische Internationale (Komintern) und die UdSSR. Die Unterzeichnerstaaten verpflichten sich zu gegenseitiger Neutralität bzw. zu Gesprächen im Fall von Militärinterventionen oder Angriffsdrohungen der Komintern |
| 1949 | NATO | In dem Defensivbündnis vereinbaren die westeuropäischen Staaten, Kanada und die USA die gegenseitige Verteidigung. Nach der Auflösung des Warschauer Pakts (1991) arbeitet die NATO mit den neuen demokratischen Staaten Osteuropas zusammen (Partnerschaft für den Frieden); 1999 absolviert der Nordatlantikpakt im Kosovo-Krieg gegen Jugoslawien seinen ersten Kampfeinsatz (außerhalb des eigenen Bündnisgebiets) |
| 1951 | ANZUS | Verteidigungsbündnis zwischen Australien, Neuseeland und den USA; 1986 Ausschluss des strikt gegen Atomwaffen eingestellten Neuseelands wegen dessen Weigerung, US-Kriegsschiffe mit Atomwaffen in eigene Hoheitsgewässer fahren zu lassen |
| 1954 | WEU | Der militärische Beistandspakt westeuropäischer Staaten gewährleistet u.a. Rüstungskontrolle und Selbstverteidigung; das Bündnis steht allerdings immer im Schatten der NATO |
| 1955 | SEATO | Der südostasiatische Verteidigungspakt dient der gegenseitigen Verteidigungshilfe zwischen den Signatarstaaten und soll in dieser Region die westliche Interessensphäre gegen kommunistische Expansionspläne absichern |
| 1955 | Warschauer Pakt | Das Militärbündnis der sozialistisch regierten Staaten Osteuropas sieht den militärischen Beistand im Fall eines Angriffs vor. Die Mitglieder akzeptieren die Stationierung sowjetischer Truppen auf ihrem Territorium. Im Zuge der Demokratisierung in Osteuropa wird der Pakt 1991 aufgelöst |

## Moderne Waffen und Waffensysteme

| Name | Erläuterung |
|------|-------------|
| AK-47 (Awtomat Kalaschnikowa) | Sowjetisches Sturmgewehr, eingeführt 1947, einfach, robust, zuverlässig; Kaliber 7,62 |
| ALBM (Air-Launched Ballistic Missile) | Vom Flugzeug abgefeuerte Rakete |
| ALCM (Air-Launched Cruise Missile) | Vom Flugzeug abgefeuerter Marschflugkörper |
| AWACS (Airborne Warning and Control System) | Luftgestütztes Frühwarn- und Leitsystem; Großflugzeuge mit weit reichendem Radargerät zur Überwachung des Luftraums; können auch Leitfunktionen für die eigenen fliegenden Verbände übernehmen |
| Harrier (»Weihe«) | Britischer Senkrechtstarter (für Vertikal- bzw. Kurzstart und -landung), taktisches Kampfflugzeug |
| ICBM (Intercontinental Ballistic Missile) | Interkontinentalrakete, Reichweite maximal 10000 km |
| IRBM (Intermediate-Range Ballistic Missile) | Mittelstreckenrakete, Reichweite 3340 bis 10000 km |
| MIRV (Multiple Independently-Targeted Re-Entry Vehicle) | Interkontinental- oder Mittelstreckenrakete mit mehreren (mindestens zehn) Sprengköpfen, die unabhängig voneinander zu verschiedenen Zielen gelenkt werden können |
| MLRS (Multiple-Launch Rocket System) | US-amerikanischer Mehrfachraketenwerfer, auf Gleiskettenfahrzeug montiert, verschießt zwölf 227-mm-Raketen, die in je 644 handgranatengroße Einzelgeschosse zerfallen und sie über ein Gebiet von 1 km Ausdehnung verstreuen |
| MRBM (Medium-Range Ballistic Missile) | Mittelstreckenrakete, Reichweite 1670 bis 3340 km |
| Neutronenbombe | Populäre Bezeichnung für eine Kernwaffe mit verringerter Spreng-, aber erheblich gesteigerter Strahlenwirkung; ihre Strahlung, vor allem in Form von Neutronen, zerstört kein Material, wirkt aber tödlich |
| Patriot (MIM-104) | US-amerikanisches mobiles Flugabwehrsystem; acht Abschussrampen mit je vier Raketen, Reichweite etwa 70 km; Zielaufspürung durch Radar in mehreren 100 km Entfernung; Vorrichtung gegen Funkstörung |
| Pioneer | Israelischer ferngesteuerter Aufklärungs-Flugkörper, übermittelt Bilder aus einer Entfernung von bis zu 190 km |
| SAM (Surface-to-Air Missile) | Boden-Luft-Rakete |
| Scud | NATO-Bezeichnung für die russische Kurzstreckenrakete SS-1. Die irakische Scud-B (»Al Hussain«) befördert rd. 500 kg Sprengladung etwa 650 km weit |
| SDI (Strategic Defense Initiative) | Strategische Verteidigungsinitiative, populär »Krieg der Sterne«, von den USA 1983 verkündeter Plan, im Weltraum auf Erdumlaufbahnen Defensivwaffen zu stationieren, die Atomraketen unschädlich machen können |
| SLBM (Submarine-Launched Ballistic Missile) | Von einem U-Boot abgefeuerte Rakete |
| Smart Weapons (intelligente Waffen) | Bomben, Geschosse oder Raketen, die mit Lenksystemen wie TV, Laser oder TERCOM ihr Ziel punktgenau treffen können |
| SRAM (Short-Range Attack Missile) | Kurzstrecken-Angriffsrakete |
| SRBM (Short-Range Ballistic Missile) | Kurzstreckenrakete, Reichweite unter 1670 km |
| SSM (Surface-to-Surface Missile) | Boden-Boden-Rakete |
| Stealth (Heimlichkeit) | Tarnkappentechnik, populäre Bezeichnung für technische Mittel, die Flugzeuge, Flugkörper oder Schiffe vor Entdeckung durch Sicht, Radar, Sonar oder Infrarot-Sensoren schützen |
| TERCOM (Terrain Contour-Matching Guidance System) | Radargerät an Bord eines Flugkörpers, das während des Flugs Daten zur Bodenbeschaffenheit aufnimmt und den Kurs entsprechend korrigiert |
| Tomahawk | Marschflugkörper mit TERCOM-Lenkung, kann vom Boden, aus der Luft, von U-Booten und Überwasserschiffen abgefeuert werden; Sprengkopf 454 kg, maximale Reichweite 576 km, Höchstgeschwindigkeit 919 km/h |

# Recht

## Bedeutende Gesetzessammlungen

| Name | gültig seit | Erläuterung |
|------|-------------|-------------|
| Corpus Iuris Civilis | 550 | Im Auftrag von Kaiser Justinian erstellte amtliche römische Rechtssammlung; diente auch in Deutschland als Rechtsquelle (bis 1900) |
| Sachsenspiegel | 1230 | Der sächsische Ritter Eike von Repkow stellt das wichtigste deutsche Rechtswerk des Mittelalters zusammen |
| Constitutio Criminalis Carolina | 1532 | Von Kaiser Karl V. als Basis des deutschen Strafrechts bestimmte Gesetzessammlung |
| Corpus Iuris Canonici | 1580 | In Anlehnung an den Corpus Iuris Civilis entstandene Sammlung kirchlicher Rechtsquellen des Mittelalters |
| Code Napoléon | 1807 | Umfasst fünf Bereiche (Zivilrecht, Zivilprozessrecht, Strafrecht, Strafprozessrecht, Handelsrecht); bildet den Ausgangspunkt für die Gesetzesgrundlagen in zahlreichen Ländern |
| Codex Iuris Canonici | 1918 | Löst das Corpus Iuris Canonici ab; bildet insbesondere für das katholische Kirchenrecht die Grundlage |
| Bürgerliches Gesetzbuch | 1900 | Regelt das Privatrecht in Deutschland; bildet erstmals ein einheitliches Bürgerliches Recht |

## Stationen der Rechtsgeschichte

### vor Christus

| | |
|---|---|
| 2350 | Codex Urukagina (Gesetzessammlung der Herrscher von Mesopotamien) |
| 2050 | Codex Ur-Nammu (früheste historische Gesetzessammlung) |
| 1700 | Codex Hammurabi (in Babylonien entwickelter Codex) |
| 1300 | Zehn Gebote (im Buch Mose verewigte göttliche Gesetzessammlung) |
| ab 1280 | Manu'sche Gesetze (Niederschrift überlieferter Regeln in Indien) |
| 621 | Drakonische Gesetze (strenges Athener Regelwerk) |
| 450 | Zwölftafelgesetz (frühe, schriftlich fixierte römische Gesetze) |
| 350 | Codex Li Kuei (erstes kaiserliches Gesetzeswerk in China) |

### nach Christus

| | |
|---|---|
| 529 | Justinian-Codex (Corpus Iuris Civilis; Weiterentwicklung römischen Rechts, prägt modernes Rechtsverständnis) |
| 604 | Verfassung der 17 Artikel (Basis für Gesetz und Moral in Japan) |
| 653 | T'ang-Codex (chinesischer Codex mit über 500 Strafrechtsartikeln) |
| 1100 | Erste juristische Fakultät in Bologna |
| 1215 | Magna Charta (Basis für Rechte des britischen Adels und Bürgertums gegenüber der Krone) |
| 1864 | Genfer Konvention (regelt Anwendung von Menschenrechten in Kriegszeiten; aufgestellt vom Schweizer H. Dunant) |
| 1948 | Allgemeine Menschenrechtserklärung (UN-Liste der Grundrechte aller Menschen) |

## Menschenrechte*

- Recht auf Leben
- Schutz gegen Folter oder unmenschliche Behandlung
- Schutz gegen Sklaverei oder Knechtschaft
- Recht auf ordentliche richterliche Anhörung
- Schutz gegen rückwirkende Gesetzesgeltung
- Schutz von Familienleben, Heim und Briefverkehr
- Recht auf Gedanken-, Gewissens- und Religionsfreiheit
- Recht auf freie Meinungsäußerung und Pressefreiheit
- Recht auf Versammlungs- und Vereinigungsfreiheit
- Gewerkschaftliches Koalitionsrecht
- Recht auf Eheschließung
- Recht auf Achtung des Eigentums
- Recht auf Erziehung und Erziehungsfreiheit
- Recht auf freie und geheime Wahlen

\* Europ. Konvention zur Wahrung der Menschenrechte

## Grundrechte in Deutschland*

1. Menschenwürde
2. Freiheit der Person
3. Gleichheit vor Gesetz
4. Freiheit des Glaubens
5. Freie Meinungsäußerung
6. Schutz von Ehe und Familie
7. Rechte auf Bildung (Schule)
8. Versammlungsfreiheit
9. Vereinigungsfreiheit
10. Brief-, Post- und Fernmeldegeheimnis
11. Freizügigkeitsrecht
12. Berufsfreiheit
13. Unverletzlichkeit der Wohnung
14. Recht auf Eigentum
15. Gemeineigentum
16. Recht auf Staatsangehörigkeit, Asylrecht
17. Petitionsrecht

\* Gemäß der Artikel 1–17 des Grundgesetzes

## Gerichtsbarkeit in Deutschland

**Bundesverfassungsgericht**
Das oberste Gericht hat den Rang eines eigenständigen Verfassungsorgans und entscheidet mit bindender Wirkung über die Auslegung des Grundgesetzes, über öffentlich-rechtliche Streitigkeiten zwischen Bund und Ländern und über Verfassungsbeschwerden

**Ordentliche Gerichtsbarkeit**
Für Straf- und Zivilsachen zuständig; sie wird ausgeübt von Amtsgerichten, Landgerichten, Oberlandesgerichten und dem Bundesgerichtshof

**Arbeitsgerichtsbarkeit**
Befasst sich mit Streitigkeiten aus Arbeitsverhältnissen, Streitigkeiten zwischen Tarifpartnern sowie mit Angelegenheiten der Betriebsverfassung und Mitbestimmung. Instanzen sind: Arbeitsgericht – Landesarbeitsgericht – Bundesarbeitsgericht

**Verwaltungsgerichtsbarkeit**
Befasst sich mit Rechts- und Streitfragen in der öffentlichen Verwaltung. Instanzen sind: Verwaltungsgericht – Verwaltungsgerichtshof bzw. Oberverwaltungsgericht – Bundesverwaltungsgericht

**Finanzgerichtsbarkeit**
Beschäftigt sich mit Steuer- und Abgabesachen; die beiden Instanzen sind die Finanzgerichte als obere Landesgerichte und auf Bundesebene der Bundesfinanzhof

**Sozialgerichtsbarkeit**
Für Rechtsstreitigkeiten aus dem Bereich der Sozialversicherung zuständig; Rechtsinstanzen sind: Sozialgericht – Landessozialgericht – Bundessozialgericht

## Zuständigkeit der Gerichte in Deutschland

| Gericht | Zuständigkeit |
|---|---|
| **Zivilprozesse** | |
| Amtsgericht | Streitfälle bis 3000 DM; Mahnverfahren; Mietsachen |
| Familiengericht (Teil des Amtsgerichts) | Ehe- und Familiensachen; Scheidungsfolgen |
| Landgericht (Zivilkammer) | Streitfälle über 3000 DM; nicht vermögensrechtliche Angelegenheiten; Berufungsinstanz des Amtsgerichts |
| Oberlandesgericht (Zivilsenat) | Berufungsinstanz gegen Familien- und Landgerichte |
| Bundesgerichtshof (Zivilsenat) | Revisionen von Urteilen der Oberlandesgerichte |
| **Strafprozesse** | |
| Amtsgericht | Vergehen, für die max. 6–12 Monate Haft zu erwarten sind |
| Schöffengericht (Teil des Amtsgerichts) | Vergehen, für die max. 3 Jahre Haft zu erwarten sind |
| Kleine Strafkammer (Teil des Landgerichts) | Berufungsinstanz gegen Urteile des Amtsgerichts |
| Große Strafkammer (Teil des Landgerichts) | Alle sonstigen Verbrechen; Berufungsinstanz des Schöffengerichts |
| Schwurgericht (Teil des Landgerichts) | Verbrechen mit Todesfolge; z.T. auch Brandstiftung, räuberischer Diebstahl, räuberische Erpressung |
| Oberlandesgericht (Strafsenat) | Revisionsinstanz für alle Urteile; Erstinstanz bei Staatsschutzsachen |
| Bundesgerichtshof (Strafsenat) | Revision gegen Schwurgerichts- und Strafkammerurteile |
| **Arbeitsprozesse** | |
| Arbeitsgericht | Streitfälle aus Arbeitsverhältnissen |
| Landesarbeitsgericht | Berufungsinstanz gegen Amtsgerichte (mind. 300 DM Streitwert) |
| Bundesarbeitsgericht | Berufungsinstanz gegen Urteile der Landesarbeitsgerichte |
| **Sozialprozesse** | |
| Sozialgericht | Streitfälle über Sozialversicherung, Lohnfortzahlung, Kriegsopferversorgung |
| Landessozialgericht | Berufungs- und Beschwerdeinstanz gegen Sozialgerichte |
| Bundessozialgericht | Berufungs- und Beschwerdeinstanz gegen Landessozialgerichte |
| **Steuerprozesse** | |
| Finanzgericht | Abgelehnte Einsprüche gegen Steuerentscheidungen |
| Bundesfinanzhof | Berufungsinstanz gegen Finanzgerichte (Gegenstandswert über 10000 DM) |

**521**

# Religion

**vor Christus**

| | |
|---|---|
| 60 000 | Neandertaler praktizieren vermutlich zeremonielle Bestattungen |
| um 20 000 | Höhlenmalerei an Cromagnon-Fundstellen lassen auf schamanistische Praktiken schließen |
| 3761 | Traditionelles Schöpfungsdatum im jüdischen Kalender |
| 3113 | Erste Datierung im Maya-Kalender im Zusammenhang mit religiösen Riten |
| um 3000 | Mit Entwicklung der Landwirtschaft Verbreitung neolithischer Figurinen: Darstellung der »Muttergottheit« |
| 3000–2500 | In Mesopotamien wird der Sieg des sumerischen Frühlingsgottes über die Göttin des Chaos gefeiert |
| 2773 | Erste Datierung im alten ägyptischen Kalender |
| um 2750 | Gilgamesch, legendärer König von Uruk in Mesopotamien |
| um 2500 | Errichtung der Cheopspyramide im ägyptischen Gizeh |
| 2500–2000 | Schlange und Stier als wichtigste religiöse Symbole der minoischen Kultur Kretas. Ägypten: Isis- und Osiris-Kult versprechen Leben nach dem Tode. Verehrung Inannas als assyrisch-babylonische Göttin der Liebe |
| um 2000 | Der jüdische Patriarch Abraham zieht von Ur in Mesopotamien in das »gelobte Land« Kanaan |
| 2000–1500 | Marduk ist die höchste Gottheit in Babylon |
| um 1800 | Lage und Ausrichtung westeuropäischer Megalithmonumente, wie Stonehenge in England, lassen auf astronomische Riten schließen |
| um 1750 | Erhalten gebliebene chinesische »Orakelknochen« aus der Shang-Dynastie; Vorläufer des I Ging |
| um 1570 | Ägyptisches Totenbuch: Vorstellungen vom Leben nach dem Tod |
| um 1500 | Vedische Upanischaden bilden Basis für hinduistische Philosophie und Religion |
| um 1385 | Der ägyptische König Echnaton versucht, Amun und andere Götter Thebens durch den Sonnengott Aton als einzige Gottheit zu ersetzen |
| um 1300 | Ein von Pferden gezogener Sonnenwagen aus Bronze weist auf Sonnenkult hin (Trundholm, Dänemark) |
| um 1250 | Nach Verfolgung durch Ägypter beginnt der Exodus der Israeliten nach Kanaan |
| um 1230 | Moses empfängt die Zehn Gebote auf dem Berg Sinai |
| um 1100 | Die mykenischen Griechen verehren das Orakel von Delphi |

| | |
|---|---|
| um 1000 | China: An die Stelle mystischen Glaubens der Shang-Dynastie tritt der Rationalismus der Chou-Dynastie, deren Gründer Wen die Hexagramme des I Ging entwirft |
| um 900–800 | Erste jüdische Propheten in Palästina; Elias bekämpft Anbetung des Fruchtbarkeitsgottes Baal. Bau des Apollo-Tempels im griechischen Delphi |
| um 800–700 | Die Propheten Amos, Hosea und Jesaja kämpfen in Israel gegen Ungerechtigkeit; Jesaja prophezeit die Ankunft des Messias |
| um 600 | Nazca-Indianer in Peru bilden in der Wüste Vögel und andere Tiere nach, vermutlich zu rituellen Zwecken |
| 586 | Erste jüdische Diaspora nach Zerstörung Jerusalems und Deportierung der Juden durch den babylonischen König Nebukadnezar |
| 582 | Höhepunkt des Orakelkults in Delphi |
| um 550 | Vardhamana Mahavira gründet in Indien den Jainismus. Anfänge des Zoroastrismus in Persien (Iran) |
| um 536 | Kyros der Große von Persien, Eroberer Babylons, gestattet die Rückkehr der Juden nach Palästina und stellt staatliche Mittel zur Wiedererrichtung des Tempels zur Verfügung |
| um 500 | Prinz Siddharta Gautama, genannt Buddha, begründet in Indien den Buddhismus |
| um 425–400 | Niederschrift des hinduistischen Epos Ramayana in Sanskrit; die Tora (Pentateuch oder Fünf Bücher Mose) erhält ihre gegenwärtige Gestalt |
| ab 300 | Nordamerikanische Indianer der Hopewell-Kultur mit Zentrum in der Region Ohio errichten Hügel in Form von Tieren, vermutlich zu religiös-rituellen Zwecken |
| um 250 | Der indische König Aschoka konvertiert zum Buddhismus und erklärt ihn zur Staatsreligion; sein Einfluss führt zur Einführung des Buddhismus in Ceylon (Sri Lanka). In Palästina entsteht die Septuaginta, die griechische Fassung des hebräischen Alten Testaments |
| um 175–164 | Judenverfolgung in Palästina durch den syrischen Herrscher Antiochus IV. |
| 168 | Schändung des Tempels in Jerusalem; Wiedereinweihung des Tempels durch Judas Makkabäus |
| um 150–100 | Ramayana-Textkorpus vereinheitlicht |
| 67 | Mithras-Kult gelangt von Persien nach Rom (laut Plutarch) |
| um 4 | Wahrscheinliches Geburtsjahr von Jesus in Palästina |

| nach Christus | |
|---|---|
| 29 | Wahrscheinliches Datum der Kreuzigung von Jesus |
| um 40 | Errichtung einer der ersten christlichen Kirchen im griechischen Korinth |
| um 44–49 | Paulus (um 3–um 66) predigt vor seiner ersten Missionsreise nach Zypern und Galatien (Kleinasien) in Antiochien |
| um 60 | Buddhismus gelangt nach China |
| 64 | Verfolgung der Christen in Rom durch Nero |
| um 65 | Entstehung des Markus-Evangeliums (erstes christliches Evangelium) |
| um 68 | Zerstörung Qumrans, Zentrum der asketisch-mystischen jüdischen Sekte der Essener (»Heiler«) durch die Römer; ihre Schriften, die Qumran-Rollen, werden 1947 entdeckt |
| 100 | Buddhismus gelangt nach Zentralasien |
| um 200 | Der indische Buddhist, Philosoph und Asket Nagarjuna gewinnt wesentlichen Einfluss auf die buddhistische Madhamika-Schule (mittlerer Weg) |
| um 230–245 | Acht Bücher gegen Celsus von Origenes, die umfassendste christliche Apologie |
| um 250 | Verstärkte Christenverfolgung durch Kaiser Decius; Verehrung christlicher Märtyrer als Heilige |
| 303–313 | Letzte Christenverfolgungen im Römischen Reich unter Kaiser Diokletian |
| 305 | Antonius der Große gründet bei Memphis in Ägypten das erste Kloster |
| 313 | Edikt von Mailand: Erlass Kaiser Konstantins des Großen zur Tolerierung des christlichen Glaubens im ganzen Römischen Reich |
| 314 | Erstes allgemeines Konzil der westlichen christlichen Kirche in Arles |
| 325 | Konzil von Nicäa legt Grundlagen der christlichen Lehre fest |
| 337 | Konstantin der Große konvertiert auf dem Sterbebett zum Christentum |
| 342–343 | Konzil von Sardica erkennt den päpstlichen Anspruch auf Oberherrschaft über die Kirche an |
| um 350 | Entstehung der christlichen Kirche in Abessinien (Äthiopien) |
| um 370 | Buddhismus gelangt nach Korea |
| um 386 | Hieronymus verfasst die Vulgata, die Übersetzung der Bibel in lateinischer Sprache |
| 391 | Kaiser Theodosius verbietet im gesamten Römischen Reich heidnische Riten und schließt die Göttertempel |
| 395 | Augustinus, der erste große christliche Philosoph, wird Bischof von Hippo in Nordafrika |
| 398 | Ernennung des Johannes Chrysostomos zum Erzbischof von Konstantinopel |

| | |
|---|---|
| 401 | Papst Innozenz I. beansprucht weltweite Oberherrschaft über die römische Kirche |
| um 432 | Missionierung Irlands |
| 451 | Lösung der koptischen Christen von der Ostkirche nach dem Konzil von Chalcedon |
| 484–519 | Erstes Schisma zwischen West- (römischer) und Ost- (später orthodoxer) Kirche |
| 491 | Armenische Kirche löst sich von Rom und Konstantinopel |
| 496 | Mit der Taufe König Chlodwigs beginnt die Bekehrung der Franken zum Christentum |
| um 520–525 | Erste erhaltene buddhistische Inschriften (in indischer Schrift) in Indonesien |
| 524 | Boethius, römischer Philosoph und Übersetzer aristotelischer Schriften, verfasst »De Consolatione Philosophiae« |
| 528 | Justinian I. unterdrückt die Philosophenschulen in Athen |
| um 530 | Benedikt von Nursia gründet die Abtei von Monte Cassino bei Neapel |
| 563 | Kolumban beginnt mit der Missionierung Schottlands |
| um 570 | Geburt des Propheten Mohammed in Mekka. Die ersten spanischen Westgoten treten zum Christentum über |
| um 585 | Kolumban beginnt mit der Missionierung Galliens |
| 587 | Erstes buddhistisches Kloster in Japan |
| um 590 | Übertritt der ersten Lombarden Norditaliens zum Christentum |
| 590 | Erste wesentliche Reformen in Verwaltung und Riten der römischen Kirche durch Papst Gregor I. |
| 597 | Augustinus beginnt im Auftrag Gregors I. mit der Missionierung Englands |
| 622 | Hijra, die Auswanderung Mohammeds von Mekka nach Yathrib (Medina); Beginn der islamischen Zeitrechnung |
| um 625 | Buddhismus wird japanische Religion. Mohammed diktiert den Koran |
| um 630 | Buddhismus wird Staatsreligion Tibets |
| um 632 | Nach dem Tod Mohammeds wird Abu Bakr sein Nachfolger (Kalif) |
| 635–642 | Islam erobert Ägypten, Syrien, Persien |
| 638 | Einnahme Jerusalems |
| um 640 | Persische Anhänger des Zoroastrismus lassen sich in Indien nieder, wo sie später als Parsen bezeichnet werden |
| 664 | Synode von Whitby: römische Kirche übernimmt Kontrolle über keltische Kirche |
| ab 700 | Indianer der Mississippi-Kultur errichten riesige, bis heute erhaltene Erdpyramiden als Tempelplattformen |
| um 700 | Evangelien von Lindisfarne: illustrierte, vom keltischen Christentum inspirierte Klosterhandschriften |

⇒ S. 524

# Religion

| | |
|---|---|
| 726 | Der byzantinische Kaiser Leo III. verbietet die Bilderverehrung: Ikonoklasten (»Bilderstürmer«) sorgen für Aufruhr im ganzen Reich |
| 731 | Beda Venerabilis, angelsächsischer Mönch, schreibt die Kirchengeschichte des englischen Volkes |
| 732 | Sieg Karl Martells bei Tours und Poitiers stoppt Expansion des Islam in Europa |
| 772 | Karl der Große erklärt das Christentum zur Religion Sachsens |
| um 800 | Der Mönch Saicho führt von China aus den Tendai-Buddhismus in Japan ein |
| um 840–850 | Buddhistenverfolgung in China |
| um 860 | Die griechischen Brüder Kyrill(os) und Method(ios) bekehren die Südslawen zum Christentum; Kyrill gilt als Schöpfer des slawischen (kyrillischen) Alphabets |
| um 940 | Christianisierung Ungarns |
| um 960 | Griechischer Berg Athos wird Zentrum des Mönchtums |
| um 965 | Dunstan schreibt dem englischen Klerus den Zölibat vor. Dänemark und Polen werden christlich |
| um 987 | Wladimir I. von Kiew ist erster christlicher Herrscher Russlands |
| um 990 | Aelfric Grammaticus übersetzt das Alte Testament ins Englische. Das Christentum erreicht Island und Grönland. Spanien wird geistiges Zentrum des Judentums |
| 1003–1013 | Kalif al-Hakim von Ägypten verfolgt Christen und Juden und zerstört Kirchen, darunter die Grabeskirche in Jerusalem |
| 1016 | Kalif al-Hakim erklärt sich zum Gott; seine Nachfolger sind Vorläufer der Drusen im heutigen Syrien und Libanon |
| 1022 | Synode zu Pavia fordert Zölibat für den höheren Klerus |
| um 1050 | Die Tukulor in Senegal übernehmen als erste Afrikaner südlich der Sahara den Islam |
| 1054 | Großes Schisma zwischen Ost- und Westkirche (Orthodoxe und Katholiken) |
| 1073 | Wahl Papst Gregors VII. (hl. Hildebrand), größter Verteidiger der weltlichen Macht des Papsttums im Mittelalter |
| 1093 | Der italienische Philosoph Anselm wird Erzbischof von Canterbury; in seiner Schrift »Proslogion« versucht er, die Existenz Gottes zu beweisen |
| 1095 | Papst Urban II. ruft auf dem Konzil von Clermont zum 1. Kreuzzug auf und gewinnt dafür in ganz Westeuropa zahlreiche Anhänger |
| 1096 | Am 1. Kreuzzug nehmen über 30000 Soldaten teil; Anführer: Gottfried von Bouillon, Raimund von Toulouse und Bohemund von Tarent; Ziel: Konstantinopel |
| 1097 | Kreuzfahrer und byzantinische Griechen schlagen die Moslems in Nicäa |
| 1098 | Antiochien ergibt sich den Kreuzfahrern. Gründung des Zisterzienser-Mönchsordens im französischen Citeaux |
| 1099 | Einnahme Jerusalems durch die Kreuzfahrer, die 40000 Menschen töten und Moscheen und Synagogen in Brand setzen |
| 1120 | Gründung des Ordens der Tempelritter (Templerorden) in Jerusalem zur Führung und zum Schutz der Pilger |
| 1121 | Der französische Theologe Peter Abälard wird als Ketzer verurteilt |
| 1123 | Das erste Laterankonzil verbietet die Priesterehe |
| 1130 | »Gegenpapst« Kardinal Pierleone bestreitet die Gültigkeit der Wahl Papst Innozenz' II. |
| um 1146 | Zisterzienser Bernhard von Clairvaux ruft zum 2. Kreuzzug auf |
| 1147 | Unter Führung Ludwigs VII. von Frankreich und Konrad III. von Deutschland nehmen 500000 Soldaten am 2. Kreuzzug teil |
| 1154 | Nicolas Breakspear wird als erster und einziger Engländer zum Papst (Hadrian IV.) gewählt |
| 1175 | Petrus Waldes von Lyon gründet die Gemeinschaft der Waldenser, die sich freiwillig der Armut unterwirft |
| 1182 | Philipp II. vertreibt die Juden aus Frankreich |
| 1184 | Petrus Waldes wird exkommuniziert |
| 1189 | Massaker an Juden in England bei der Krönung Richards I. (Löwenherz). Beginn des 3. Kreuzzugs unter Führung Friedrich Barbarossas und Richards I. |
| 1192 | Ende des 3. Kreuzzugs, nachdem Saladin den Christen freien Zugang zum Hl. Grab in Jerusalem gewährt hat |
| 1208 | Aufruf von Papst Innozenz III. zum Kreuzzug gegen die Ketzer von Albi (Albigenser) in Südwestfrankreich und die Waldenser |
| 1209 | Franz von Assisi gründet eine Bruderschaft, aus der der Franziskanerorden hervorgeht |
| 1215 | Viertes (Großes) Laterankonzil unter Innozenz III.: Lehre von der Eucharistie. Gründung des Dominikanerordens |
| um 1230 | Papst Gregor IX. überträgt den Dominikanern die Hauptverantwortung für die Inquisition |
| 1258 | Flagellantenbewegung in Europa: öffentliche und geheime Selbstgeißelung zur Vermeidung göttlicher Strafe |
| 1290 | Vertreibung der Menschen jüdischen Glaubens aus England |

| | |
|---|---|
| um 1295 | Offizielle Übernahme des Konfuzianismus durch die mongolischen Herrscher Chinas |
| 1306 | Vertreibung der Juden aus Frankreich. Christliche Mission in China |
| 1309 | Beginn des Exils der Päpste in Avignon (bis 1377) |
| 1349 | Judenverfolgung in Deutschland |
| 1378 | Großes Schisma: In Rom und Avignon werden rivalisierende Päpste gewählt (bis 1417). |
| 1380 | Erste vollständige englische Bibelübersetzung durch John Wiclif |
| 1402 | Der böhmische Reformer Johannes Hus predigt in Prag; er wird 1415 wegen Häresie auf dem Scheiterhaufen verbrannt |
| um 1425 | »De imitatione Christi«, einflussreiches Werk, das nicht zweifelsfrei Thomas von Kempen zugeschrieben wird |
| 1453 | Osmanen erobern Konstantinopel und nennen es Istanbul |
| 1456 | Papst Kalixt III. verdammt den Halley'schen Kometen als Werk des Teufels |
| 1478 | Die spanischen Herrscher Ferdinand und Isabella rufen die Inquisition ins Leben, ein gegen Moslems und Juden gerichtetes Tribunal zur Verfolgung des Ketzertums |
| 1482 | Ernennung des Dominikanermönchs Tomas de Torquemada zum Großinquisitor von Aragon und Kastilien |
| 1492 | Vertreibung der Juden aus Spanien |
| 1497 | Vertreibung der Juden aus Portugal |
| 1498 | Der italienische Dominikanermönch Girolamo Savonarola wird wegen Häresie auf dem Scheiterhaufen verbrannt |
| 1500 | Der spanische Großinquisitor Francisco Jiménez de Cisneros befiehlt die zwangsweise Massenbekehrung der Moslems. |
| 1501 | Die Herrnhuter Brüdergemeine, eine evangelische Gemeinde, veröffentlicht das erste protestantische Gesangbuch |
| 1509 | Der humanistische Philosoph und Kabbalist Johann Reuchlin protestiert gegen die Verfolgung der Juden in Deutschland. »Encomium Moriae« (Lob der Torheit) von Erasmus, Satire auf die Korruption der Kirche |
| um 1510 | Schiismus wird persische Staatsreligion |
| 1517 | Martin Luther verfasst die »95 Thesen« gegen den Ablasshandel: Beginn der Reformation |
| 1518–1525 | Zwingli leitet in Zürich die Schweizer Reformation ein |
| 1519 | In einer Debatte mit dem katholischen Theologen Johann Eck in Leipzig stellt Luther die Autorität des Papstes in Frage |
| 1520 | Papst Leo X. exkommuniziert Luther. In der Schweiz, in Deutschland und den Niederlanden entsteht die Wiedertäufer-Bewegung. |
| 1521 | Reichstag zu Worms: Luther wird von Kaiser Karl V. verurteilt und stellt sich unter den Schutz des Kurfürsten von Sachsen. Leo X. verleiht Heinrich VIII. von England wegen seiner prokatholischen Haltung den Titel »Verteidiger des Glaubens« |
| 1522 | Luther übersetzt auf der Wartburg das Neue Testament ins Deutsche |
| 1525 | Luther heiratet die ehemalige Nonne Katharina von Bora. Der Gegenspieler Luthers und Führer des Bauernkriegs in Thüringen, Thomas Müntzer, gründet in Mühlhausen eine kurzlebige Gemeinschaft, die alle kirchliche und weltliche Obrigkeit ablehnt. Gründung des Kapuzinerordens in Italien |
| 1527 | Schweden wird lutherisch |
| 1528 | Der Österreicher Jakob Hutter gründet eine »Gemeinschaft der Liebe« aus vorwiegend Herrnhuter Brüdern. John Knox leitet in Schottland die Reformation ein |
| 1529 | Protest der Lutheraner beim Zweiten Reichstag zu Speyer führt zur Bezeichnung »Protestanten«. Judenverfolgung in Ungarn |
| 1530 | Philipp Melanchthon fasst die protestantische Lehre im Augsburger Bekenntnis zusammen; die protestantischen Reichsfürsten schließen sich im Schmalkaldischen Bund gegen Karl V. zusammen |
| 1531 | Erasmus von Rotterdam veröffentlicht den vollständigen Kanon der erhaltenen Werke des Aristoteles. Zwingli fällt in der Schlacht zwischen Schweizer Katholiken und Protestanten |
| 1534 | Ignatius von Loyola gründet in Paris die Gesellschaft Jesu (Jesuiten). Luther schließt mit dem Alten Testament seine deutsche Bibelübersetzung ab |
| 1535 | Heinrich VIII. lässt Thomas Morus und John Fisher hinrichten. Angela Merici gründet die Gesellschaft der Hl. Ursula (Ursulinen) in Brescia |
| 1536 | Heinrich VIII. beginnt mit der Auflösung englischen Klöster. Dänemark und Norwegen werden lutherisch. Die protestantischen Lehren breiten sich rasch in ganz Europa aus |
| um 1537 | Menno Simons gründet eine evangelische Gemeinschaft (Erwachsenentaufe) |
| 1541 | Calvin errichtet in Genf eine theokratische Herrschaft |

⇒ S. 526

# Religion

| | |
|---|---|
| 1542 | Missionsreise des Jesuiten Franz Xaver nach Goa. Papst Paul III. setzt eine römische Inquisition gegen die reformatorische Bewegung ein |
| 1543 | »Index Librorum Prohibitorum« (Liste verbotener Bücher) Papst Pauls III. Spanische Inquisition verbrennt Protestanten auf dem Scheiterhaufen |
| 1545–1563 | Konzil von Trient: Die ökumenische Zusammenkunft der katholischen Kirchen plant die Gegenreformation und reformiert die römisch-katholische Lehre |
| 1548 | Erzbischof Cranmer verfasst das »Book of Common Prayer«. Ignatius von Loyola legt sein Werk »Geistliche Übungen, Regeln für die Jesuiten« vor |
| 1548 | Geburt des italienischen Philosophen Giordano Bruno |
| 1548–1552 | Missionsreise Franz Xavers nach Japan |
| 1551 | Judenverfolgung in Bayern. Ignatius gründet in Rom »Collegium Romanum« als päpstliche Universität. |
| 1553 | Königin Maria I., wegen ihrer antiprotestantischen Politik »Bloody Mary« genannt, führt England zum Katholizismus zurück |
| 1555 | Der Augsburger Religionsfriede regelt das Nebeneinander von Katholiken und Anhängern Luthers: cuius regio, eius religio (»Wem das Land gehört, der bestimmt auch die Religion«) |
| 1558 | Königin Elisabeth I. führt England zum Protestantismus zurück |
| 1561 | Maria Stuart unterstützt in Schottland die Gegenreformation |
| 1562 | Massaker von Vassy, bei dem über 1200 französische Hugenotten (Protestanten) getötet werden: Beginn des ersten französischen Religionskriegs |
| 1563 | Gründung der Kirche von England durch 39 Artikel, in denen die protestantische Lehre mit der katholischen Kirchenstruktur verbunden wird; zu den Gegnern gehören Puritaner (damals bereits so genannt), Separatisten und Presbyterianer. Das englische Hexengesetz verbietet Folter und schreibt Tod durch Erhängen nur für Mord durch Zauberei vor; in England werden keine Hexen verbrannt. Gegenreformation in Bayern und Polen |
| 1564 | Der italienische Priester Filippo Neri gründet den Gebets- und Wohltätigkeitsorden der Oratorianer |
| 1566 | Die »Helvetische Konfession« des Schweizer Theologen Heinrich Bullinger trägt zur Versöhnung zwischen Zwinglianern und Lutheranern bei |
| 1567 | Calvinistischer Bildersturm in den Niederlanden |
| 1568 | Jesuitische Missionare in Japan |
| 1570 | Papst Pius V. exkommuniziert die englische Königin Elisabeth I. |
| 1580 | Die englischen Jesuiten Edmund Campion und Robert Parsons beginnen mit der Missionierung Englands; Campion wird gefangen genommen und 1581 erhängt. Der italienische Kardinal und Reformer Karl Borromäus gründet in Mailand »Sonntagsschulen«. |
| 1583 | Der Jesuit Matteo Ricci beginnt mit der Missionierung Chinas |
| 1586 | Akbar der Große propagiert Din Alahi als die universale Religion der Hindus; bis zur moslemischen Renaissance im 18. Jh. ist diese Einheitsreligion von Bedeutung |
| 1587 | Toyotomi Hideyoshi verbannt christliche Missionare aus Japan. Der französische Philosoph Jean Bodin verfasst das »Colloquium Heptaplomeres«, in dem er für religiöse Toleranz eintritt |
| 1593 | Christenverfolgung in Japan |
| 1594 | »Laws of Ecclesiastical Policy« des englischen Theologen Richard Hooker erscheint; richtungsweisend für die anglikanische Theologie |
| 1597 | König Jakob VI. von Schottland verfasst die Demonologie, eine Schrift gegen die Hexerei |
| 1598 | Edikt von Nantes gewährt den französischen Hugenotten eingeschränkte Religionsfreiheit; es wird 1685 widerrufen |
| um 1600 | Die Lehren des italienischen protestantischen Reformers Fausto Sozzini begründen eine rationalistische, antitrinitarische Bewegung (Sozianer), die die Göttlichkeit Jesu leugnet und im 17. und 18. Jh. die anglikanischen Gemeinschaften sowie die unitaristische Bewegung beeinflusst. Der Islam wird in vielen Teilen Indonesiens vorherrschende Religion |
| 1600 | Der italienische Philosoph, Theologe und ehemalige Dominikaner Giordano Bruno wird wegen Häresie und Verteidigung der kopernikanischen Theorien auf dem Scheiterhaufen verbrannt. Katholikenverfolgung in Schweden |
| um 1610 | Bamberg wird mit etwa 900 Hexenprozessen europäisches Zentrum der Hexenverfolgung (bis etwa 1637) |
| 1611 | Erscheinen der »King James«-Bibel in England |
| 1616 | »Die Chymische Hochzeit Christiani Rosencreutz« des Theologen Johann Valentin Andreä begründet (oder wiederbelebt) die Rosenkreuzer-Bewegung |

| | |
|---|---|
| 1617 | Postume Veröffentlichung der Gesammelten Werke Calvins in Genf |
| 1620 | Puritanische Separatisten, später Pilgrim Fathers genannt, gelangen auf der »Mayflower« nach Nordamerika |
| 1623 | Die Christenverfolgung in Japan eskaliert: Christen werden vielfach zur Widerrufung ihres Glaubens gezwungen |
| 1625 | Der französische Priester Vinzenz von Paul gründet die Weltpriesterschaft der Lazaristen (Vinzentiner) für die Missionsarbeit unter französischen Bauern |
| 1633 | Vincent de Paul und Louise de Marillac gründen den offenen Orden der Barmherzigen Schwestern, der sich den Armen widmet. Erste Gemeinde der Baptisten in Southwark, London |
| 1636 | Der gebürtiger Waliser und Puritaner Roger Williams wird aus Massachusetts verbannt und gründet in Providence/ Rhode Island eine rein demokratische Kolonie, in der Religionsfreiheit herrscht |
| 1639 | Roger Williams gründet die erste Baptistenkirche in Nordamerika |
| 1640 | Postume Veröffentlichung von »Augustinus«, einer Abhandlung des holländischen Theologen Cornelius Otto Jansen gegen die Jesuiten, in der eine strikte Gnaden- und Prädestinationslehre vertreten wird |
| 1643 | »Religio Medici« des engl. Arztes Sir Thomas Browne, ein Meisterwerk spiritueller Meditation |
| ab 1643 | Über 50 000 Hugenotten werden aus Frankreich vertrieben (bis 1715) |
| 1644 | Matthew Hopkins ernennt sich zum »obersten Hexenjäger« Englands: In zwei Jahren werden ca. 200 angebliche Hexen erhängt |
| 1646 | Der von dem deutschen Theosophen und Mystiker Jakob Böhme beeinflusste englische Wanderprediger George Fox (1624–1691) empfängt eine göttliche Offenbarung, die ihn dazu inspiriert, brüderliche Liebe zu predigen. Seine Anhänger nennen sich Gesellschaft der Freunde (Quäker) |
| 1648 | Erster dokumentierter Hexenprozess in Nordamerika: Margaret Jones wird in Plymouth/Massachusetts erhängt. Der jüdische Mystiker aus Smyrna und selbsterklärte Messias Sabbatai Zwi ist Urheber einer kabbalistischen Bewegung; nach seiner Verhaftung in Istanbul tritt er 1666 zum Islam über |
| 1655 | Cromwell lässt Juden wieder in England zu |
| 1656 | Spinoza wird wegen Häresie aus der jüdischen Gemeinde Amsterdams ausgeschlossen. »Vindiciae Judaeorum« von |

| | |
|---|---|
| | Manasse ben Israel: Erwiderung auf Angriffe gegen die Wiederzulassung der Juden in England. Blaise Pascal verfasst die »Lettres Provinciales« gegen die Jesuiten. »Some Gospel Truths Opened« des englischen Schriftstellers und Predigers John Bunyan: ein Angriff auf die Quäker |
| 1661–1663 | Der Missionar John Eliot übersetzt die Bibel in die Sprache der Algonkin-Indianer: die erste in Amerika gedruckte Bibel |
| 1664 | Abt Armand de Rance gründet in der Abtei von La Trappe in der Normandie den Armuts- und Schweigeorden der Trappisten (»Zisterzienser von der strengen Observanz«) |
| 1668 | Der englische Quäker William Penn greift die Trinitätslehre an; Haft im Tower von London |
| 1679 | »Discours sur l'Histoire Universelle« des französischen Kirchenmannes Jacques Bossuet: eine der ersten Geschichtsphilosophien |
| 1682 | Etwa 60 000 französische Hugenotten werden zur Annahme des katholischen Glaubens gezwungen |
| 1685 | Ludwig XIV. von Frankreich widerruft das Edikt von Nantes: protestantische Kirchen werden geschlossen; Verbot aller nichtkatholischen Konfessionen in Frankreich; Massenexodus der Hugenotten. Letzte Hinrichtung wegen Hexerei in England |
| 1686 | »Systema Theologicum« von Leibniz, der letzte ehrgeizige Versuch, Katholizismus und Protestantismus durch das Studium ihrer Glaubensinhalte zu versöhnen |
| 1688 | »Medulla Theologicae« des deutschen Theologen und Jesuiten Hermann Busenbaum, ein Handbuch jesuitischer Moralphilosophie, das die These enthält: »Der Zweck heiligt die Mittel« |
| 1689 | Hexenwahn in Salem/Massachusetts: von etwa 150 Menschen, die zwischen 1689 und 1693 angeklagt werden, sterben 19 durch Erhängen, zwei Frauen kommen im Gefängnis um |
| 1699 | Guru Govind Singh, zehnter und letzter sikhistischer Guru, gründet die Khalsa-Bruderschaft und gibt der Sikh-Gemeinschaft damit eine klar umrissene Identität |
| 1710 | Vertreibung jansenistischer Nonnen aus Port-Royal; der Konflikt zwischen Jansenisten und Jesuiten eskaliert. »Theodizee« von Leibniz: Gott schuf aus einer unendlichen Menge von Substanzen die beste aller möglichen Welten |

⇒ S. 528

**527**

# Religion

| | |
|---|---|
| 1713 | Ludwig XIV. erzwingt die päpstliche Bulle »Unigenitus Dei Filius«, die den Jansenismus verdammt; dies führt zu einem Konflikt zwischen Staat und Kirche |
| 1714 | Letzter Hexenprozess in Russland. Abschaffung der Hexenprozesse in Preußen |
| 1717 | Gründung der Großen Freimaurerloge in London |
| 1719 | Vertreibung der Jesuiten aus Russland |
| um 1722 | Der einflussreiche deutsche Theologe Nikolaus Ludwig Graf von Zinzendorf gründet die Herrnhuter Brüdergemeine in Sachsen für die aus Böhmen vertriebenen Brüder |
| 1728 | Gründung einer Freimaurerloge in Madrid, die aber bald durch die Inquisition unterdrückt wird |
| 1729 | John und Charles Wesley gründen den Holy Club (»Oxforder Methodisten«) in Oxford |
| 1730 | »Christianity as Old as the Creation« des englischen Deisten Matthew Tindal: die Bibel der Deisten, deren Ziel es ist, das Übernatürliche aus der Religion zu verbannen |
| 1732 | Gründung der Siebenten-Tags-Baptisten in Germantown/Pennsylvania. Die Londoner Freimaurerloge nimmt auch Juden auf |
| 1734 | Die Herrnhuter Brüdergemeine gründet eine Kirche in Nordamerika und beginnt mit der Missionierung vor allem der amerikanischen Indianer und Inuit. Die »Lettres Philosophiques« von Voltaire handeln von der religiösen Toleranz |
| 1738 | Der englische Methodistenprediger George Whitefield folgt John Wesley nach Nordamerika, um an der großen Erweckungsbewegung teilzunehmen. Kronprinz Friedrich II. von Preußen tritt der Freimaurerloge bei. Papst Clemens XII. verdammt in der Bulle »In Eminenti« die Freimaurerei |
| 1739 | John Wesley gründet den Methodismus als evangelikale Bewegung innerhalb der Kirche von England; erstes methodistisches Gotteshaus in Bristol |
| 1743 | Judenpogrome in Russland |
| um 1745 | Der arabische religiöse Reformer Muhammad ibn Abd al-Wahhab (1703–1792) erhält Unterstützung von den Herrschern des heutigen Saudi-Arabien für seine Wahhabiten-Bewegung, eine fundamentalistische islamische Bewegung, die bis heute großen Einfluss besitzt |
| um 1745 | Anhaltende Christenverfolgung in China (bis 1790) |
| 1747 | Der schwedische Wissenschaftler und Philosoph Emanuel Swedenborg gibt nach Christus- und Engelsvisionen seine wissenschaftliche Tätigkeit auf. Zusammenfassung seiner spirituellen Erfahrungen im »Geistlichen Tagebuch« |
| um 1750 | Der osteuropäische jüdische Prediger Baal schem tow begründet die asketisch-mystische Bewegung des Chassidismus, die bis heute im orthodoxen Judentum in Europa und USA fortbesteht |
| 1751 | Die französischen Enzyklopädisten unter Führung von Diderot und Jean le Rond d'Alembert beginnen mit der 28-bändigen »Encyclopédie«, ein Schlüsselwerk der Aufklärung, das sich vor allem durch Skepsis gegen die Religion und durch politischen Liberalismus auszeichnet; die ersten beiden Bände werden wegen feindseliger Haltung zum Klerus unterdrückt (1752) |
| 1753 | Englische Gesetze erlauben die Einbürgerung der Juden |
| 1758 | »Das Neue Jerusalem« von Swedenborg erscheint |
| 1759 | Vertreibung der Jesuiten aus Portugal. |
| 1761 | Amerikanische Quäker schließen Sklavenhändler aus ihrer Gemeinschaft aus |
| 1762 | Vertreibung der Jesuiten aus Frankreich |
| 1764 | Russland konfisziert Landbesitz der Kirchen |
| 1766 | Katharina die Große von Russland gewährt freie Religionsausübung |
| 1773 | Auflösung des Jesuitenordens durch Papst Clemens XIV. |
| 1776 | Ann Lee gründet die Niederlassung der United Society for Believers in Christ's Second Appearing (Shakers) in Niskayuna/New York. Der bayerische Rechtsanwalt Adam Weishaupt gründet den Illuminatenorden, eine Geheimgesellschaft zur Verbreitung einer auf menschliche und göttliche Vernunft gegründeten Religion |
| 1780 | Londoner Protestanten gründen Sonntagsschulen für Kinder der Armen |
| 1782 | Vermutlich letzte auf dem Recht basierende Hexenverbrennung Europas in Glarus, Schweiz |
| 1783 | Mendelssohn stellt in seiner Schrift »Jerusalem« das Judentum als Vernunftreligion dar |
| 1787 | Anhänger Swedenborgs gründen die Kirche des Neuen Jerusalem; Swedenborgianismus findet später weltweite Verbreitung. Gründung einer Gesellschaft zur Abschaffung der Sklaverei in USA |

| | |
|---|---|
| 1793 | Das nachrevolutionäre Frankreich verbietet die Gottesverehrung |
| 1795 | Unabhängigkeit der Methodisten von der Kirche von England |
| 1804 | Gründung der British and Foreign Bible Society in London |
| 1808 | Napoleon schafft Inquisition in Spanien und Italien ab |
| 1811 | »Großes Schisma«: ein Großteil der walisischen Protestanten tritt aus der anglikanischen Kirche aus |
| 1812 | Emanzipation der Juden in Preußen |
| 1814 | Papst Pius VII. setzt Inquisition und Gesellschaft Jesu (Jesuiten) wieder ein. |
| 1815 | Berliner Juden eröffnen »Reform«-Synagoge, um ihren Glauben mit der modernen Welt in Einklang zu bringen |
| 1816 | Gründung der amerikanischen Bibelgesellschaft |
| 1820 | Abschaffung der Inquisition in Spanien. Vertreibung der Jesuiten aus Rom |
| 1825 | Aufgrund von Visionen empfängt der russische Heilige Seraphim von Sarow Pilger |
| 1827 | John Nelson Darby gründet in Dublin eine evangelikale Bewegung, die späteren Plymouthbrüder |
| 1830 | Der amerikanische Visionär Joseph Smith gründet die Kirche Jesu Christi der Heiligen der Letzten Tage (Mormonen). Ausweisung des Jesuitenordens aus Russland |
| 1831 | Erste adventistische Predigten von William Miller in den USA |
| 1840 | Die Mormonen gründen in Hancock County/Illinois die Nauvoo-Gemeinschaft; 1843 leben dort rund 20 000 Mormonen |
| 1848 | Anfänge des Spiritismus in USA und rasche Verbreitung |
| 1854 | Papst Pius IX. erklärt die unbefleckte Empfängnis der Jungfrau Maria zum Glaubensdogma |
| 1857 | Mormonenkrieg in Utah: US-Truppen werden zur Unterdrückung der mormonischen Polygamisten entsandt |
| 1858 | Bernadette Soubirous hat im französischen Lourdes eine Reihe von Visionen von der Jungfrau Maria |
| 1859 | »Über die Entstehung der Arten durch natürliche Zuchtwahl« des englischen Biologen Charles Darwin löst eine Glaubenskrise aus. Der deutsche Wissenschaftler Konstantin Tischendorf entdeckt im Katharinenkloster auf dem Berg Sinai den »Codex Sinaiticus« |
| 1863 | Gründung der Siebenten-Tags-Adventisten durch die Amerikanerin Ellen Gould White. |
| 1864 | Enzyklika »Syllabus Errorum« von Papst Pius IX. gegen Liberalismus, Sozialismus und Rationalismus |
| 1865 | Der Engländer William Booth gründet die Christliche Mission |
| 1870 | Erstes Vatikanisches Konzil verkündet das Dogma von der Unfehlbarkeit des Papstes |
| 1872 | Der Amerikaner Charles Taze Russell gründet in Pittsburgh (USA) die Zeugen Jehovas. Bismarcks »Kulturkampf« richtet sich auch gegen die Jesuiten, die aus Deutschland vertrieben werden |
| 1873 | Gründung der Sikh-Gemeinschaft Singh Sabha in Amritsar (Indien). |
| 1875 | Gründung der Theosophischen Gesellschaft in New York. |
| 1878 | Gründung der Heilsarmee durch William Booth in London |
| 1879 | Gründung des »Wachtturms«, der Zeitschrift der Zeugen Jehovas |
| 1885 | Die Mormonen spalten sich in einen polygamistischen und einen monogamistischen Zweig |
| 1891 | In der päpstlichen Enzyklika »Rerum novarum« werden soziale Reformen zur Lösung der Arbeiterfrage befürwortet |
| 1896 | Der hinduistische Heilige Ramana Maharishi lehrt in Südindien am Berg Arunachala |
| 1904 | Trennung von Staat und Kirche in Frankreich. Der brit. Okkultist Aleister Crowley veröffentlicht »The Book of the Law«, das Einfluss auf die Wiederbelebung von Hexerei und Satanskulten hat |
| 1910 | Weltmissionskonferenz in Edinburgh gründet Internationalen Missionsrat |
| 1916 | »Vom Geist des Judentums«, eine Schrift zur Förderung eines modernen Judentums des österreichisch-jüdischen Religionsphilosophen Martin Buber |
| 1917 | »Codex Juris Canonicus« |
| 1920 | Bildung des politischen Flügels des Sikhismus, Akali Dal |
| 1929 | In den Lateranverträgen zwischen Italien und dem Hl. Stuhl wird die Souveränität des Hl. Stuhls über die Vatikanstadt (Kirchenstaat) staatsrechtlich anerkannt |
| 1930 | Rastafari-Sekte in Jamaika behauptet, die weiße Religion unterdrücke die schwarze Kultur |
| 1934 | »Barmer Bekenntnis« der evangelischen Kirche |
| 1937 | Die Judenverfolgung in Deutschland dehnt sich auch auf die christlichen Nazigegner aus. Bildung der buddhistischen Sekte Soka Gakkai (»Gesellschaft für Wertbildung«) in Japan |

⇒ S. 530

# Religion

| | |
|---|---|
| 1945 | Abschaffung des Staatsshinto in Japan |
| 1947 | Entdeckung der Qumran-Rollen am Toten Meer |
| 1948 | Gründung des Weltkirchenrats; 1. Vollversammlung des Ökumenischen Rates der Kirchen in Amsterdam. Gründung der Evangelischen Kirche in Deutschland |
| 1950 | Päpstliche Enzyklika »Humani generis« wendet sich gegen Existenzialismus, naturwissenschaftliche »Hypothesen« und alle »Irrlehren«. Tenzin Gyatso, der 14. Dalai Lama, flieht vor der chinesischen Invasion Tibets. Papst Pius XII. erklärt die Himmelfahrt Mariens zum Dogma |
| 1954 | Gründung der Scientology-Kirche in Los Angeles. Der koreanische Prediger Sun Myung Mun gründet die Vereinigungskirche, die später Mun-Sekte heißt |
| um 1959 | Entstehung der Theologie der Befreiung |
| 1961 | Erste panorthodoxe Konferenz auf Rhodos, der weitere folgten, zur Vorbereitung einer geplanten großen Synode |
| 1962–1965 | Das Zweite (Ökumenische) Vatikanische Konzil, von Papst Johannes XXIII. einberufen, liberalisiert den römischen Katholizismus |
| 1966 | Swami Prabhupada (A. C. Bhaktivedanta) gründet die Internationale Gesellschaft für Krishna-Bewusstsein (Hare Krishna) in den USA. Holländischer Katechismus (katholisch) |
| 1968 | Papst Paul VI. bestätigt die Verurteilung der Geburtenkontrolle |
| 1969 | Bund der Evangelischen Kirchen in der DDR |
| 1971 | Mao Zedong beginnt eine Kampagne gegen den Konfuzianismus in China. Beginn der »Jesus-Bewegung« in den USA |
| 1974 | Der Begiff »Jugendreligionen« wird geprägt |

| | |
|---|---|
| 1978 | Der polnische Kardinal Karol Wojtyla wird zum Papst Johannes Paul II. gewählt. Massenselbstmord in der von Jim Jones geleiteten Volkstempel-Sekte in Jonestown (Guyana) |
| 1979 | Der Iran wird islamischer Staat. Allgemeine Konferenz des lateinamerikanischen Episkopats in Puebla |
| 1983 | Der Weltkirchenrat veranstaltet eine historische ökumenische Eucharistiefeier. Revision des »Codex Juris Canonicus« |
| 1984 | Revisioin der Lutherbibel im Auftrag der EKD. Sikh-Anführer Sant Jarnail Singh Bhindranwale stirbt bei der Besetzung des Goldenen Tempels in Amritsar |
| 1985 | Außerordentliche Bischofssynode in Rom zur Überprüfung der Reformen des 2. Vatikanischen Konzils |
| 1986 | Papst Johannes Paul II. besucht eine Synagoge |
| 1990 | Das sowjetische Parlament revidiert die Antireligionsgesetze von 1929 |
| 1991 | Wiedervereinigung des Bundes der Evangelischen Kirchen in der DDR mit der Evangelischen Kirche in Deutschland |
| 1992 | Der Papst rehabilitiert Galileo Galilei. Die Generalsynode der anglikanischen Kirche billigt die Zulassung von Frauen zum Priesteramt. |
| 1992 | Neuer offizieller katholischer Katechismus |
| 1995 | Volksbegehren der katholischen Kirche in Deutschland (gegen Zölibat, Frauenbenachteiligung u.a.) |
| 1999 | Verständigung von Katholiken und Lutheranern in zentralen Glaubenswahrheiten. Papst Johannes Paul II. räumt in einer Verkündigungsbulle schuldhaftes Verfehlen der Kirche ein (Anspielung auf Inquisition und Rolle der Kirche im Dritten Reich) |

## Weltreligionen

| Religion | Schätzung |
|---|---|
| Christen | |
|   Katholiken | 598–784 Mio. |
|   Protestanten | 340 Mio. |
|   Orthodoxe | 77–100 Mio. |
| Islam | |
|   Sunniten | 450–600 Mio. |
|   Schiiten | 86–90 Mio. |
| Konfuzianer | 156–310 Mio. |
| Daoisten | 31 Mio. |
| Buddhisten | 245–900 Mio. |
| Hindus | 478–518 Mio. |
| Juden | 17 Mio. |

## Prähistorische Religionen

**Schamanismus**
Paläolithische Höhlenzeichnungen lassen darauf schließen, dass der Schamanismus die älteste religiöse Tradition der Welt ist. Im Jäger- und Sammlerleben brauchten die Nomaden enge Beziehungen zur Natur. Der Schamane ist Arzt, Zukunftsdeuter und Priester, der in die Welt der Geister eintritt und Hilfe herberuift

**Muttergottheit**
Die Verehrung der weiblichen Gottheit, die mit Natur und Fruchtbarkeit gleichgesetzt wird, breitet sich mit der Entstehung der Landwirtschaft (um 8000 v.Chr.) aus. Bildnisse finden sich in den meisten frühen Agrargesellschaften

## Götter Mesopotamiens

| Name | Erläuterung |
|---|---|
| An (Anu) | Sumerischer Himmelsgott; Ahnengott des irdischen Königtums; Stadtgott von Uru |
| Aschur | Assyrischer Mond- und Kriegsgott |
| Enki (Ea) | Babylonischer Gott des frischen Wassers; Schutzgott des Handwerks und des praktischen Wissens |
| Enlil | Sumerischer. Gott der Erde. Stadtgott von Nippur; schickte eine Flut, vor der sich nur eine Familie retten konnte |
| Ereschkigal | Sumerische Göttin des Todes und Königin der Unterwelt |
| Innana (Ischtar) | Sumerische Göttin der Fruchtbarkeit und Königin des Himmels; Göttin der Liebe; in Babylonien waren ihre Tempel Schauplatz ehrenvoller Prostitution; besonders in ihrer assyrischen Erscheinungsform auch Göttin des Krieges |
| Ischkur (Adad) | Babylonischer Sturmgott; im gesamten babylonischen Einflussgebiet bekannt; Symbole: Blitz und Stier |
| Marduk | Stadtgott von Babylon. Herr der Götter, der den Drachen Tiamat tötete |
| Nannar (Sin) | Sumerischer Mondgott; Sohn des Enlil; fuhr mit einem Schiff über den Himmel |
| Negal | Babylonischer Gott des Todes, liebte Katastrophen, Epidemien und den Krieg |
| Ninhursaga | Sumerische Göttin der wilden Tiere, Pflanzen und der Fruchtbarkeit |
| Ninurta | Sumerischer Gott der Landwirtschaft und des Krieges; Herr der Ordnung |
| Nintur | Sumerische Göttin der Geburt |
| Schamasch (Utu) | Babylonischer Gott der Sonne und Gerechtigkeit. Inspirator der ersten niedergeschriebenen Gesetze, des Hammurabi-Kodex |
| Tammuz (Dumuzi) | Babylonischer Gott der Fruchtbarkeit und Wiedergeburt. Gatte der Ischtar |
| Tiamat | Babylonische Göttin des Meeres und Urdrache des Chaos; von Marduk getötet |

## Götter der Ägypter

| Name | Erläuterung |
|---|---|
| Amun (Amon) | Luftgott, Schöpfergott. Heilige Tiere: Widder und Gans |
| Anubis | Totengott in Gestalt eines Hundes oder Schakals |
| Apis | Sohn des Ptah, Stiergott in Memphis, Vermittler der Fruchtbarkeit |
| Aton | Sonnengott (die sichtbare Sonnenscheibe) |
| Atum | Urgott und Weltschöpfer |
| Bastet | Katzenköpfige Göttin des Herdes; heiliges Tier: Katze |
| Chnum | Schöpfergott in Widdergestalt, Spender des Wassers |
| Chons | Mondgott |
| Geb | Erdgott |
| Hapi | Gott der Nilüberschwemmung |
| Harachte | Gott der Morgensonne, in Falkengestalt |
| Hathor | Himmelsgöttin, Göttin der Liebe und der Musik, in Kuhgestalt oder in Menschengestalt |
| Horus | Himmelsgott, Schutzgott des Pharaos, in Falkengestalt; Sohn von Isis und Osiris |
| Imhotep | Baumeister und Arzt, als Gott der Heilkunst verehrt |
| Isis | Personifikation des Königsthrons, Göttermutter; Schwester und Gemahlin des Osiris |
| Maat | Göttin der Weltordnung, Tochter des Re |
| Meschenet | Geburtsgöttin |
| Min | Fruchtbarkeitsgott, Herr der östlichen Wüste |
| Month | Kriegerischer Schutzgott des Pharaos; heiliges Tier: weißer Stier mit schwarzem Gesicht |
| Mut | Gemahlin des Amun, mit Geierhaube dargestellt |
| Neith | Kriegsgöttin |
| Nephthys | Totengöttin, Schwester der Isis, Gemahlin des Seth |

⇒ S. 532

**531**

# Religion

| Name | Erläuterung |
|------|-------------|
| Nut | Himmelsgöttin |
| Osiris | Fruchtbarkeitsgott, Herrscher der Unterwelt; wird von seinem Bruder Seth ermordet und von seiner Schwester und Gemahlin Isis wieder zum Leben erweckt |
| Ptah | Schöpfergott von Memphis, Gott des Handwerks |
| Re | Sonnengott, Weltschöpfer, Hauptkultort Heliopolis, falkenköpfig dargestellt |
| Sachmet | Kriegsgöttin, in Löwinnengestalt, Gemahlin des Ptah |
| Schu | Luftgott, Bruder und Gemahl der Tefnut |
| Seth | Gott der Wüste, Bruder und Widersacher des Osiris, nach dessen Ermordung Verkörperung des Bösen |
| Sokar | Erd- und Totengott |
| Tefnut | Göttin der Feuchtigkeit, der Weltordnung; Schwester und Gemahlin des Schu |
| Thot | Mondgott, Gott der Zeitrechnung und des Kalenders, der Schreibkunst, Helfer der Toten; mit Ibiskopf dargestellt |

## Götter der Griechen und Römer

| Griechische Namen | Römische Namen | Erläuterung |
|-------------------|----------------|-------------|
| Amphitrite | | Meeresgöttin; Gemahlin des Poseidon |
| Aphrodite | Venus | Göttin der Liebe; Gemahlin des Hephaistos |
| Apollon | Apollo | Gott der Jugend, der Musik, der Weissagung, des Bogenschießens, der Heilkunst; Schutzherr der Künste, Sohn des Zeus |
| Ares | Mars | Gott des Krieges; Sohn des Zeus und der Hera |
| Artemis | Diana | Jungfräuliche Göttin der Jagd und der Geburt; Tochter des Zeus, Schwester des Apollon |
| Asklepios | Aesculapius | Gott der Heilkunst; Sohn des Apollon |
| Ate | | Unheilsgöttin |
| Athene | Minerva | Göttin der Weisheit, der Künste, des Handwerks, Kriegs- und Friedensgöttin; Tochter des Zeus |
| Demeter | Ceres | Göttin der Erdfruchtbarkeit; Tochter des Kronos und der Rhea |
| Dike | | Göttin der Gerechtigkeit |
| Dionysos (Bakchos) | Bacchus | Gott der Vegetation, des Weines und des Rausches |
| Eirene | | Göttin des Friedens |
| Eos | Aurora | Göttin der Morgenröte |
| Erinyen | Furiae | Göttliche Rächerinnen des Bösen, häufig euphemistisch Eumeniden (die Freundlichen) genannt |
| Eris | | Göttin der Zwietracht |
| Eros | Amor, Cupido | Gott der Liebe |
| Eunomia | | Göttin der Ordnung |
| Gaia | Tellus | Göttin der Erde; Mutter und Gemahlin des Uranos |
| Giganten | | Söhne des Uranos und der Gaia |
| Gorgonen | | Drei Schwestern mit Schlangenhaaren; verwandelten Menschen in Steine |
| Grazien | | Drei Töchter von Zeus und Hera, die Schönheit und Vollkommenheit verkörperten |
| Hades | Pluto | Gott der Unterwelt |
| Hebe | Juventas | Göttin der Jugend, Mundschenk der Götter; Tochter des Zeus und der Hera |
| Hekate | | Göttin der Unterwelt |
| Helios | Sol | Sonnengott |
| Hephaistos | Vulcanus | Gott des Feuers und der Schmiedearbeit; Sohn des Zeus und der Hera |
| Hera | Juno | Göttin der Ehe und der Geburt; Gattin (und Schwester) des Zeus |

| Griechische Namen | Römische Namen | Erläuterung |
|---|---|---|
| Hermes | Mercurius | Götterbote, Führer der Toten in die Unterwelt; Gott der Herden, Gott der Reisenden und der Diebe; Sohn des Zeus |
| Hestia | Vesta | Göttin des Herdes und des Herdfeuers; Tochter des Kronos und der Rhea |
| Horen | | Göttinnen der Jahreszeiten; bei Hesiod: Eunomia, Dike, Eirene |
| Hyperion | | Sonnengott; Sohn des Uranos und der Gaia, Titan |
| Hypnos | Somnus | Gott des Schlafes |
| Kentauren | | Wesen halb Mensch, halb Tier |
| Kronos | Saturn | Herrscher der Titanen, Sohn des Uranos und der Gaia; folgte seinem Vater in der Weltherrschaft |
| Kyklopen | | Einäugige Riesen, deren Anführer Polyphem von Odysseus geblendet wurde |
| Mnemosyne | | Göttin der Erinnerungsgabe; Mutter der Musen |
| Moiren: Klotho, Lachesis, Atropos | Parzen | Schicksalsgöttinnen |
| Musen | | Schutzgöttinnen der Künste; Töchter des Zeus und der Mnemosyne |
| - Erato | | Lyrik, Hymnik |
| - Euterpe | | Flötenspiel |
| - Kalliope | | Epische Dichtkunst |
| - Klio | | Geschichte |
| - Melpomene | | Tragödie |
| - Polyhymnia | | Ernster Gesang |
| - Terpsichore | | Tanz |
| - Thalia | | Komödie |
| - Urania | | Astronomie |
| Nemesis | | Göttin der Vergeltung für Übeltaten oder unverdientes Glück |
| Nereus | | Meeresgott, Vater der Nereiden |
| Nike | Victoria | Göttin des Sieges |
| Nymphen: Oreaden, Nereiden, Najaden, Okeaniden, Dryaden | | Naturgöttinnen niederen Ranges, wohnen in Quellen (Najaden), in Grotten, im Meer (Nereiden, Okeaniden), in Bäumen (Dryaden) und auf Bergen (Oreaden) |
| Nyx | Nox | Göttin der Nacht |
| Okeanos | | Flussgott; Titan |
| Pan | Faunus | Wald- und Weidegott |
| Persephone | Proserpina | Vegetationsgöttin; Tochter der Demeter, Gemahlin des Hades |
| Phorkys | | Meergott; Sohn des Pontos und der Gaia |
| Plutos | | Gott des Reichtums; Sohn der Demeter |
| Pontos | | Gott des Meeres |
| Poseidon | Neptun | Gott des Meeres, der Erdbeben, der Pferde; Sohn des Kronos und der Rhea |
| Priapos | | Gott der Fruchtbarkeit |
| Proteus | | Niederer Meeresgott |
| Rhea | Ops | Göttermutter; Gemahlin des Kronos, Titanin |
| Satyrn | | Halb Ziege, halb Mensch, meist als bäuerlich, zügellos und wollüstig dargestellt |
| Selene | Luna | Mondgöttin; Schwester des Helios und der Eos |
| Sirenen | | Dämoninnen, die mit ihrem Gesang Seefahrer auf ihre Insel lockten |
| Tethys | | Tochter des Uranos und der Gaia, Gemahlin des Okeanos, Titanin |
| Thanatos | | Gott des Todes |
| Theia | | Tochter des Uranos und der Gaia, Titanin |

⇒ S. 534

# Religion

| Griechische Namen | Römische Namen | Erläuterung |
|---|---|---|
| Themis | | Göttin der Ordnung; Tochter des Uranos und der Gaia, Titanin |
| Titanen | | Sechs Söhne und sechs Töchter des Uranos und der Gaia, vorolympische Götter, die im Krieg gegen Zeus unterlagen |
| – Atlas | | Träger des Himmels |
| – Leto (Latona) | | Mutter des Zeus, Zwillinge Apollon und Artemis |
| – Prometheus | | Wohltäter der Menschen und Kulturbringer |
| Triton | | Meeresgott; Sohn des Poseidon und der Amphitrite |
| Tyche | Fortuna | Göttin des Zufalls |
| Uranos | | Himmelsgott; Sohn und Gemahl der Gaia, Vater der Titanen |
| Zeus | Jupiter | Himmelsgott, Göttervater, Wettergott, Hüter der staatlichen Ordnung; der älteste Sohn des Kronos und der Rhea |

## Über die griechisch-römische Welt der Götter ▲

Die Vorfahren der Griechen verehrten die Muttergöttin als Schutzherrin der Fruchtbarkeit und der Erde. Ab 2000 v.Chr. führten indoeuropäische hellenistische Invasoren den Himmelsgott Zeus ein, der später der oberste Gott des klassischen Griechenland wurde. Der Mutterkult fand Eingang in das Pantheon der griechischen Götter. Als Wohnstatt der Götter (Olympier) wurde der Olymp, höchster Berg Griechenlands, verehrt. Jenseits des Olymp lag die Unterwelt (Reich des Todes). Die römische Religion schloss Elemente verschiedener Völker ein, basierte aber im Wesentlichen auf der griechischen Religion. Entsprechend waren die wichtigsten Götter griechische Gottheiten unter anderem Namen. Daneben verehrte jeder Haushalt seine Schutzgeister (Laren und Penaten), jeder Mensch besaß einen eigenen Schutzgeist (Genius).

## Götter der Kelten

| Name | Erläuterung |
|---|---|
| Aine (An, Ana, Dana) | Irische Mutter der Götter, auch Sonnengöttin |
| Arawn | Walisischer König der Unterwelt |
| Arianrhod (Aranrhod) | Walisische Göttin des Himmels und der Fruchtbarkeit |
| Badb | Irische Kriegsgöttin |
| Belenos (Belenus) | Gälischer Lichtgott, Hirtengott, Schutzherr der Ordnung und der Heilkunst |
| Bran | Held, dessen magischer Kopf in London bestattet und später von König Arthur ausgegraben wurde |
| Brigit (Berecyntia, Briganta) | Irische Göttin der Dichtkunst und des Herdes und des Heims, später vermischt mit der heiligen Brigid/Bridget, der zweiten Schutzheiligen Irlands |
| Cernunnos (»der Gehörnte«) | Gälischer Gott der Natur und der wilden Tiere |
| Cuchulainn | Kriegsheld von Ulster |
| Dana | Erd- und Fruchtbarkeitsgöttin, Mutter der Götter |
| Dylan | Walisische Meergottheit |
| Eithne | Irische Göttin des Getreides und der Jungfrauen |
| Epona (»die Stute«) | Göttin und Schutzherrin der Pferde und Reiter |
| Fionn mac Cumhal (Finn Mac Cool) | Irischer Sonnenhalbgott |
| Gwydion | König und Held der britischen Kelten, Zauberer und Barde |
| Lir (Llyr) | Meergott |
| Lugh | Irischer Sonnengott, steht mit dem Erntefest Lughnasa in Zusammenhang |
| Matronen | Muttergöttinnen, namenlose Fruchtbarkeitsgöttinnen |
| Morrigan | Kriegsgöttin |

| Name | Erläuterung |
|------|-------------|
| Ogmios (Ogma) | Keule tragender Gott der Redekunst; ihm wird die Erfindung des Ogham-Runenalphabets zugeschrieben |
| Rhiannon | »Große Königin« der Götter, mit Pferden in Verbindung gebracht |
| Taranis | Gälischer Sturmgott |
| Teutates | Gälischer Kriegsgott |
| Tuatha Dé Danann | »Volk Dana«; besiedelten um 1500 v.Chr. Irland und wurden Gottheiten (Dana) |

## Götter der Germanen

| Name | Erläuterung |
|------|-------------|
| Ägir | Meergott, Zerstörer der Schiffe |
| Asen | Größtes der Göttergeschlechter, das in Asgard wohnt, Herrscher über die Welt und die Menschen, in ihrer Macht aber begrenzt durch das Schicksal; vorwiegend Götter des Krieges |
| Balder | Gott des Guten und der Gerechtigkeit (Ase, Sohn Wodans und der Frigg) |
| Bragi | Gott der Dichtkunst (Ase, Sohn Wodans, Gemahl der Idun) |
| Disen | Natur- und Fruchtbarkeitsgöttinnen |
| Donar (süd-germanisch) | Gewittergott; nordgermanisch ʼThor |
| Forseti | Richtergott (Ase, Sohn Balders) |
| Freyja | Göttin der Liebe und Fruchtbarkeit (Wanin, Tochter des Njörd, Schwester und Gemahlin des Freyr) |
| Freyr | Fruchtbarkeitsgott (Wane, Sohn des Njörd) |
| Frigg | Hauptgöttin der Asen, Gemahlin Wodans, Mutter Balders |
| Heimdall | Wächter der Götter (Ase) |
| Hel | Göttin der Unterwelt; Tochter des Loki |
| Hermod | Götterbote; Sohn Odins |
| Hödr | Blinder Gott, der auf Anstiften Lokis seinen Bruder Balder tötet (Ase, Sohn Wodans) |
| Idun | Hüterin der goldenen Äpfel, die den Göttern ewige Jugend bewahren; Gattin Bragis |
| Loki | Vater gottfeindlicher Mächte (Fenriswolf, Hel, Midgardschlange), listenreicher und wandlungsfähiger Helfer der Götter; verursacht Tod Balders und führt Weltuntergang (Ragnarök) herbei |
| Nerthus | Fruchtbarkeitsgöttin |
| Njörd | Gott des Meeres und der Seefahrt, Fruchtbarkeitsgott (Wane, Vater des Freyr und der Freyja) |
| Nornen | Drei Schicksalsgöttinnen: Urd (Vergangenheit), Werdandi (Gegenwart), Skuld (Zukunft) |
| Sif | Asin, Gemahlin Thors |
| Odin | bei den Nordgermanen Oberhaupt der Asen, höchster Gott; entspricht im Süden Wodan |
| Thor | Donnergott und Fruchtbarkeitsgott, Bekämpfer der Riesen (Ase, Sohn Wodans und der Erdmutter Jörd), im Süden: Donar |
| Tyr (Ziu) | Himmels- und Kriegsgott (Ase) |
| Walküren | Ursprünglich Totendämonen, später überirdische Kriegerinnen, die die im Kampf gefallenen Helden für Walhall, den Aufenthaltsort Wodans, auswählen |
| Wanen | Neben den Asen die 2. Götterfamilie, Fruchtbarkeitsgötter |
| Wodan | Allvater, Totengott, Kriegsgott, Gott der Dichtung, der Magie, der Runen, der Ekstase; der höchste Gott der Asen, Gemahl der Frigg |

## Über germanische Religion und Mythologie ▲

Die Kenntnisse über Glauben und Mythologie der Wikinger stammt vorwiegend aus mittelalterlichen Sammlungen. Die germanische Mythologie, geprägt von Heroismus und Fatalismus, spiegelt die rauhen Lebensverhältnisse wider. Die Kriegsgötter in menschlicher Gestalt stehen im Austausch mit der Welt der Sterblichen. Die Wikinger glaubten, der Weltuntergang (Ragnarök) bedeute auch das Ende der Götter.

# Religion

## Götter im Hinduismus

| Name | Erläuterung |
|------|-------------|
| Adityas | Gruppe von sieben Göttern, u.a. Varuna und Mitra |
| Agni | Feuergott |
| Ashvins | Zwillingspaar der göttlichen Ärzte, Rosselenker am Morgenhimmel |
| Brahma(n) | Urgrund alles Seins, personifiziert Schöpfer und Lenker der Welt |
| Buddha | Im Hinduismus eine Inkarnation Vishnus |
| Devi | Gattin Shivas, → Durga |
| Durga | Gattin Shivas, »Große Mutter«, in ihrem schrecklichen Aspekt Kali |
| Ganesha | Elefantenköpfiger Sohn des Shiva und der Parvati, Gott der Schreibkunst; Nothelfer |
| Indra | Kriegs- und Gewittergott |
| Kali | »Die Schwarze«, Gattin Shivas, der schreckliche Aspekt der Durga |
| Kama | Liebesgott |
| Krishna | »Der Dunkle«, verehrt als Inkarnation Vishnus |
| Lakshmi | Gattin Vishnus, Göttin des Glücks |
| Manu | Stammvater der Menschheit, Urheber der Ordnung und Sitte |
| Mitra | Gott des Lichts, der Freundschaft und der Verträge |
| Naga | Schlangengottheiten, Fruchtbarkeitsträger |
| Parvati | Gattin Shivas |
| Prajapati | Gattin Shivas |
| Rama | Als eine Inkarnation Vishnus verehrt |
| Rudra | Sturmgott, Herr der Tiere; Name des Shiva |
| Sarasvati | Göttin der Gelehrsamkeit |
| Shakti | Gattin Shivas, Personifikation der schöpferischen Energie |
| Shiva | Zusammen mit Vishnu der höchste Gott, Schöpfer und Zerstörer des Alls |
| Skanda | Kriegsgott, Sohn Shivas |
| Varuna | Hüter der kosmischen und der sittlichen Weltordnung, später Gott des Wassers |
| Vishnu | Bildet mit Brahma und Indra eine Götterdreiheit: Erhalter der Welt; zehn verschiedene Inkarnationen (Avataras) |
| Yama | Urmensch, zugleich Gott des Todes |

## Götter der afrikanischen Religionen

| Name | Erläuterung |
|------|-------------|
| Agwe | Grünäugiger, hellhäutiger Gott des Meeres |
| Amma | Schöpfergott der Dogon |
| Anansi | Spinnengott Westafrikas; Trickster-Gott, für seine Schläue bekannt |
| Baron Samedi | Wichtigstes Mitglied der Guede, der Geistergötter des Todes |
| Chuku | Höchster Gott der Ibo Ostnigerias |
| Damballa | Schlangengott, z.T. mit dem heiligen Patrick gleichgesetzt |
| Erzulie | Hellhäutige Fruchtbarkeitsgöttin, bei zahlreichen Völkern und Stämmen mit der Jungfrau Maria gleichgesetzt |
| Gu | Schmiedgott der Fon von Benin, Westafrika; gab den Sterblichen die Werkzeuge |
| Imana | Höchster Gott der Banjarwanda von Burundi |
| Kaang | Schöpfergott der Buschleute Südwestafrikas |
| Legba | Wächtergottheit des Tores zwischen der Welt der Menschen und der Loa (Götter und Geister); ursprünglich Elegua, Trickster-Gott der Yoruba |
| Lisa | Höchste Gottheit und Himmelsgott der Bantu Südafrikas |
| Loco | Gott der Vegetation |
| Mawu-Lisa | Großer Gott der Fon von Benin; Schöpfergott |
| Modimo | Schöpfergott Simbabwes; nur unvollkommene Wesen wie die Badimo und kleine Kinder können Verbindung mit ihm aufnehmen |
| Mulungu | Himmelsgott der Nyamwezi von Tansania |
| Nkosazana | Fruchtbarkeitsgöttin der Zulu Südafrikas |

| Name | Erläuterung |
|---|---|
| Ogoun (Ogu) | Gott des Feuers und des Heilens, abgeleitet von Ogun, einem Gott der Yoruba (Gott des Eisens, des Krieges und der Jäger). |
| Olorun | Höchster Gott der Yoruba, Herrscher über das Schicksal der Sterblichen, Richter über ihre Seelen |
| Oshosi | Jägergott, gleichgesetzt mit dem heiligen Georg |
| Oshun (Orisha) | Göttin der Liebe |
| Shango | Donnergott, Ahnengottheit der Könige von Oyo, Westafrika. Sein Kult vermischte sich mit dem des hl. Hieronymus und Johannes des Täufers |
| Unkulunkulu | Großer Geist der Zulu |
| Yemaya | Göttin des Meeres |

## Götter der zentral- und südamerikanischen Religionen

| Name | Erläuterung |
|---|---|
| Ah Puch | Todesgott der Maya |
| Chac | Regen- und Ackerbaugott der Maya |
| Cinteotl | Maisgott der Azteken/Tolteken |
| Coatlicue (»Schlangenkleid«) | Erdgöttin der Azteken/Tolteken |
| Ek Chuah (»Herr des schwarzen Krieges«) | Kriegsgott der Maya; auch Schutzherr der Händler |
| Huitzilopochtli (»blauer Kolibri zur Linken«) | Oberste Gottheit und Kriegsgott der Azteken; verlangte Menschenopfer |
| Hunab Ku | Schöpfergott der Maya; zerstörte die Welt dreimal durch eine Flut |
| Inti | Sonnengott der Inka, von dem die Herrscherdynastie ihre Herkunft ableitete |
| Itzamna | Hauptgott der Maya, Herr über Tag und Nacht und die Heilkunst |
| Ixchel | Maya-Göttin der Geburt, Fruchtbarkeit und Heilkunst |
| Michtlantecuhtli | Bei Azteken und Tolteken Gott der Unterwelt, durch die die Seelen wandern |
| Ometecuhtli (»zweifacher Herr«) | Hermaphroditischer Schöpfergott der Azteken |
| Quetzalcoatl (»gefiederte Schlange«) | Azteken-Gott des Windes |
| Tezcatlipoca (»rauchender Spiegel«) | Krieg- und Stammesgott der Azteken |
| Tlaloc | Bei Azteken und Tolteken Regengott, der Fruchtbarkeit bringt; verlangte Kinderopfer |
| Tlazolteotl | Azteken-Göttin der Liebe, des Überflusses und der Zauberkraft |
| Viracocha | Bei den Inka Schöpfergott, Sonnen- und Sturmgott |
| Xipe Totec | Azteken-Gott der Goldschmiede, des Ackerbaus; ihm wurden Menschenopfer gebracht |
| Xiuhtecuhtli | Bei Azteken und Tolteken Gott des Feuers, der Sonne und der Vulkane |
| Xochiquetzal (»Blumenfeder«) | Azteken-Göttin der Blumen und der Liebe |
| Xolotl | Azteken-Gott des Nachthimmels |
| Yum Kaax | Maisgottheit der Maya |

## Über den Islam ▶

Der Islam ist ein monotheistischer Glauben, der zu den weitest verbreiteten der Welt gehört. Islam bedeutet Unterwerfung unter den Willen Gottes (Allah). Für seine Anhänger, den Moslems, gibt es nur einen Gott, und Mohammed ist sein Prophet. Die grundlegende Forderung des Islam besteht im Gehorsam gegenüber den Befehlen Allahs, wie es im heiligen Buch, dem Koran, geschrieben steht. Alle frommen Moslems haben fünf Pflichten oder Aufgaben zu erfüllen: das Glaubensbekenntnis (Shahada) sprechen; jeden Tag fünfmal zu festgesetzter Stunde beten (Salat), im Ramadan, dem heiligen Monat der Niederschrift des Koran, fasten; mindestens ein Vierzigstel ihres Einkommens als Almosen (Zakat) geben und bestimmte Besitztümer für wohltätige Zwecke spenden; einmal im Leben nach Mekka pilgern (Haj) und dort in der Kaaba die Riten vollziehen. Außerdem sind Glücksspiele, Alkohol und Schweinefleisch verboten.

# Religion

## Islamische Glaubensgruppen

### Sunniten
Nach ihrer Auffassung ging die Autorität Mohammeds auf die vier nach ihm folgenden Kalifen über. Die sunnitischen Imame sind religiöse Führer und Lehrer. An der Al-Azar-Universität in Kairo werden Studenten für die Missionstätigkeit ausgebildet. Etwa 90% aller Moslems weltweit gehören zur Gruppe der Sunniten.

### Schiiten
Mohammeds Schwiegersohn Ali und dessen Nachkommen stellen für sie die wahre Autorität dar; die Linie der Imame endete im 9. Jh. Seitdem haben die Ayatollahs die kollektive Führung in Stellvertretung übernommen, bis der lang erwartete letzte Imam auftaucht. Die Schiiten besitzen ein eigenes Rechtssystem und eine eigene Theologie und leben vor allem in Iran (dem Hauptzentrum, in dem Ayatollah Khomeini 1979 die Islamische Republik ins Leben rief), in Irak, in Indien und im Nahen Osten.

### Ismailiten oder Siebenerschiiten
Sie entwickelten sich im 9. Jh. aus einer Untergrundbewegung. Die Ismailiten leben in Asien und Afrika; ein Zweig der Ismailiten betrachtet Aga Khan IV. als den 49. Imam.

### Sufis
Die islamischen Mystiker tauchten erstmals im 7. Jh. auf. Sie gründeten religiöse Bruderschaften, die sich dem Gedanken der mystischen Vereinigung mit Gott verschrieben und mit dem orthodoxen Islam in Konflikt gerieten.

## Die 13 Grundsätze des Glaubens*

| Grundsatz | Inhalt |
|---|---|
| 1 | Gott existiert |
| 2 | Es gibt nur einen Gott |
| 3 | Gott besitzt keine körperliche Gestalt |
| 4 | Gott existiert jenseits der Zeit |
| 5 | Nur Gott allein soll angebetet werden |
| 6 | Gott spricht durch seine Propheten |
| 7 | Moses war der größte Prophet |
| 8 | Die Tora ist das Werk Gottes |
| 9 | Die Tora ist unveränderlich |
| 10 | Gott kennt die Gedanken und Taten aller Menschen |
| 11 | Wer Gutes tut, wird belohnt, wer Schlechtes tut, wird bestraft |
| 12 | Der Messias wird kommen |
| 13 | Es wird eine leibliche Auferstehung der Toten geben, doch nur die Seele hat ein ewiges Leben |

* nach dem jüdischen Philosophen Maimonides (1135–1204)

## Jüdisches Schrifttum

| Name | Inhalt |
|---|---|
| **Hebräische Bibel (Tanakh)** | |
| **I. Tora (Pentateuch)** | |
| Genesis | Schöpfung, Bund zwischen Gott und Israel |
| Exodus | Auszug aus Ägypten und Ankunft im Gelobten Land |
| Levitikus, Numeri, Deuteronomium | Vorschriften für das religiöse und soziale Leben |
| **II. Die prophetischen Bücher** | |
| Buch Josua | Teilung des Gelobten Landes |
| Buch der Richter | Von Josua bis Samuel |
| Die Bücher Samuel | Vom letzten Richter bis König David |
| Die Bücher der Könige | Von Salomon bis zur Gefangenschaft |
| Buch Jesaja | Der Prophet des universellen Gottes |
| Buch Jeremia | Der Prophet des Herzens |
| Buch Ezechiel (Hesekiel) | Der Prophet der Exilzeit |
| Die zwölf kleineren Propheten | |
| **III. Ketubim (Schriften)** | |
| Psalmen | Die religiösen Hymnen Israels |
| Sprichwörter | Gedanken über das Alltagsleben |
| Hiob | Das Leiden eines Gerechten |
| Das Hohelied | Liebeslied |
| Buch Ruth | Über Tugend und Mitgefühl |
| Klagelieder | Die Trauer Israels |
| Buch der Prediger | Weisheitsbücher |
| Buch Esther | Die Königin von Susa |
| Buch Daniel | Die Vorherrschaft Gottes |
| Die Bücher Esra und Nehemia | Über die Wiederherstellung der alten Ordnung |
| Die Bücher der Chronik | Die neu geschriebene Geschichte |
| **Talmud (Deutungen und Kommentare zur Tora)** | |
| Mischna | Mündlich überlieferter Gesetzeskodex um Landwirtschaft, Feste, Verbrechen und Strafen, Ehe und Scheidung, Tempelopfer, Speisevorschriften und rituelle Reinigung |
| Gemara | Kommentare und Ausdeutungen der Mischna |
| Midrasch | Kommentare und Predigten |
| Halacha | Kodex des jüdischen Gesetzes und der Riten |
| Haggada | Legenden und Erzählungen |

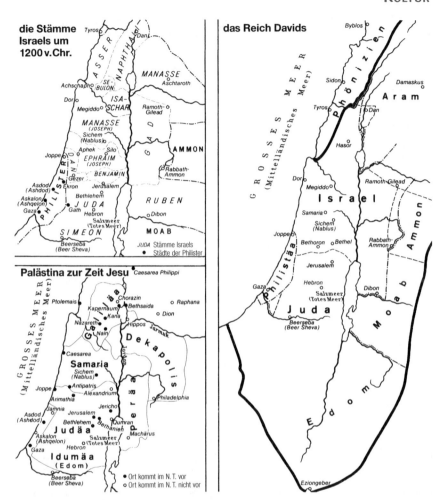

die Stämme Israels um 1200 v.Chr.

das Reich Davids

Palästina zur Zeit Jesu

JUDA Stämme Israels
• Städte der Philister

• Ort kommt im N. T. vor
o Ort kommt im N. T. nicht vor

| Jüdische Sekten und Strömungen ||
| --- | --- |
| Sekte/Strömung | Erläuterung |
| Pharisäer | Im 1. Jahrhundert Minderheit im Judentum Palästinas, die streng auf die Einhaltung der Gesetze, z.B. die Reinheitsgebote, achtete |
| Sephardim | Abkömmlinge der in Spanien und Portugal lebenden Juden, auch Spaniolen genannt, die 1492 von dort vertrieben wurden und nach Nordafrika, in die Türkei, nach Italien und in den Nahen Osten flüchteten |
| Aschkenasim | Die Juden zentral- und osteuropäischer Herkunft mit eigenen Sitten und Bräuchen, einer eigenen Interpretation des Talmud sowie eigener Musik und Sprache (Jiddisch) |
| Chassidismus | Von Polen ausgehende mystische Bewegung des 18. Jahrhundert, deren Mittelpunkt die Verehrung Gottes unter Führung einer heiligen Person (Rebbe) ist |
| Zionismus | National-jüdische Bewegung, die die Errichtung eines jüdischen Staates in Palästina erreichte. Unterschiedliche Strömungen sind bis heute lebendig |

# Religion

| Papst | Amtszeit | Papst | Amtszeit |
|---|---|---|---|
| Petrus, Hl. | bis 67? | Symmachus, Hl. | 498–514 |
| Linus, Hl. | 67–76? | (Laurentius | 498, 501–506) |
| Anaklet, Hl. | 76–88? | Homisdas, Hl. | 514–523 |
| Klemens, Hl. | 88–97? | Johannes I., Hl. | 523–526 |
| Evaristus, Hl. | 97–105? | Felix IV. (III.), Hl. | 526–530 |
| Alexander I., Hl. | 105–115? | Bonifatius II. | 530–532 |
| Sixtus I., Hl. | 115–125? | (Dioscurus | 530) |
| Telesphorus, Hl. | 125–138? | Johannes II. | 533–535 |
| Hyginus, Hl. | 136/138–140/142 | Agapetus I., Hl. | 535–536 |
| Pius I., Hl. | um 142–155? | Silverius, Hl. | 536–537 |
| Aniketos, Hl. | 155–166? | Vigilius | 537–555 |
| Soter, Hl. | 166–174? | Pelagius I. | 556–561 |
| Eleutherus, Hl. | 175–189? | Johannes III. | 561–574 |
| Viktor I., Hl. | 189–198? | Benedikt I. | 575–579 |
| Zephyrinus, Hl. | 198/199–217 | Pelagius II. | 579–590 |
| Kalixt I., Hl. | 217–222 | Gregor I., Hl. | 590–604 |
| (Hippolytos, Hl. | 217–235) | Sabinianus | 604–606 |
| Urban I., Hl. | 222–230 | Bonifatius III. | 607 |
| Pontianus, Hl. | 230–235 | Bonifatius IV., Hl. | 608–615 |
| Anteros, Hl. | 235–236 | Deusdedit, Hl. | 615–618 |
| Fabianus, Hl. | 236–250 | Bonifatius V. | 619–625 |
| (Novatian | 251) | Honorius I. | 625–638 |
| Cornelius, Hl. | 251–253 | Severinus | 640 |
| Lucius I., Hl. | 253–254 | Johannes IV. | 640–642 |
| Stephan I., Hl. | 254–257 | Theodor I. | 642–649 |
| Sixtus II., Hl. | 257–258 | Martin I., Hl. | 649–653 |
| Dionysius, Hl. | 259–268 | Eugen I., Hl. | 654–657 |
| Felix I., Hl. | 269–274 | Vitalian, Hl. | 657–672 |
| Eutychianus, Hl. | 275–283 | Adeodatus II. | 672–676 |
| Cajus, Hl. | 283–296 | Donus | 676–678 |
| Marcellinus, Hl. | 296–304 | Agatho, Hl. | 678–681 |
| Marcellus I., Hl. | 308–309 | Leo II., Hl. | 682–683 |
| Eusebius, Hl. | 309 | Benedikt II., Hl. | 684–685 |
| Miltiades, Hl. | 311–314 | Johannes V. | 685–686 |
| Silvester I., Hl. | 314–335 | Konon | 686–687 |
| Markus, Hl. | 336 | (Theodor | 687) |
| Julius I., Hl. | 337–352 | (Paschalis | 687) |
| Liberius | 352–366 | Sergius I., Hl. | 687–701 |
| (Felix II. | 355–358) | Johannes VI. | 701–705 |
| Damasus I., Hl. | 366–384 | Johannes VII. | 705–707 |
| (Ursinus | 366–367) | Sisinnius | 708 |
| Siricius, Hl. | 384–399 | Konstantin I. | 708–715 |
| Anastasius I., Hl. | 399–402 | Gregor II., Hl. | 715–731 |
| Innozenz I., Hl. | 402–417 | Gregor III., Hl. | 731–741 |
| Zosimus | 417–418 | Zacharias, Hl. | 741–752 |
| Bonifatius I., Hl. | 418–422 | Stephan II. | 752–757 |
| (Eulalius | 418–419) | Paul I., Hl. | 752–767 |
| Cölestin I., Hl. | 422–432 | (Konstantin II. | 767–768) |
| Sixtus III., Hl. | 432–440 | (Philippus | 768) |
| Leo I., Hl. | 440–461 | Stephan III. | 768–772 |
| Hilarus, Hl. | 461–468 | Hadrian I. | 772–795 |
| Simplicius, Hl. | 468–483 | Leo III., Hl. | 795–816 |
| Felix III. (II.), Hl. | 483–492 | Stephan IV. | 816–817 |
| Gelasius I., Hl. | 492–496 | Paschalis I., Hl. | 817–824 |
| Anastasius II. | 496–498 | Eugen II. | 824–827 |

| Papst | Amtszeit |
|---|---|
| Valentin | 827 |
| Gregor IV. | 827–844 |
| (Johannes | 844) |
| Sergius II. | 844–847 |
| Leo IV., Hl. | 847–855 |
| Benedikt III. | 855–858 |
| (Anastasius II. | 855) |
| Nikolaus I., Hl. | 858–867 |
| Hadrian II. | 867–872 |
| Johannes VIII. | 872–882 |
| Marinus I. | 882–884 |
| Hadrian III., Hl. | 884–885 |
| Stephan V. | 885–891 |
| Formosus | 891–896 |
| Bonifatius VI. | 896 |
| Stephan VI. | 896–897 |
| Romanus | 897 |
| Theodor II. | 897 |
| Johannes IX. | 898–900 |
| Benedikt IV. | 900–903 |
| Leo V. | 903 |
| (Christophorus | 903–904) |
| Sergius III. | 904–911 |
| Anastasius III. | 911–913 |
| Lando | 913–914 |
| Johannes X. | 914–928 |
| Leo VI. | 928 |
| Stephan VII. | 928–931 |
| Johannes XI. | 931–935 |
| Leo VII. | 936–939 |
| Stephan VIII. | 939–942 |
| Marinus II. | 942–946 |
| Agapetus II. | 946–955 |
| Johannes XII. | 955–964 |
| Leo VIII. | 963–965 |
| Benedikt V. | 964 |
| Johannes XIII. | 965–972 |
| Benedikt VI.. | 973–974 |
| (Bonifatius VII. | 974, 984–985) |
| Benedikt VII. | 974–983 |
| Johannes XIV. | 983–984 |
| Johannes XV. | 985–996 |
| Gregor V. | 996–999 |
| (Johannes XVI. | 997–998) |
| Silvester II. | 999–1003 |
| Johannes XVII. | 1003 |
| Johannes XVIII. | 1004–1009 |
| Sergius IV. | 1009–1012 |
| Benedikt VIII. | 1012–1024 |
| (Gregor | 1012) |
| Johannes XIX. | 1024–1032 |
| Benedikt IX. | 1032–1044 |
| Silvester III. | 1045 |
| Benedikt IX. (zum zweiten Mal) | 1045 |
| Gregor VI. | 1045–1046 |
| Klemens II. | 1046–1047 |
| Benedikt IX. (zum dritten Mal) | 1047–1048 |

| Papst | Amtszeit |
|---|---|
| Damasus II. | 1048 |
| Leo IX., Hl. | 1049–1054 |
| Viktor II. | 1055–1057 |
| Stephan IX. | 1057–1058 |
| (Benedikt X. | 1058–1059) |
| Nikolaus II. | 1058–1061 |
| Alexander II. | 1061–1073 |
| (Honorius II. | 1061–1064) |
| Gregor VII., Hl. | 1073–1085 |
| (Klemens III. | 1080, 1084–1098) |
| Viktor III., Sel. | 1086–1087 |
| Urban II., Sel. | 1088–1099 |
| Paschalis II. | 1099–1118 |
| (Theoderich | 1100) |
| (Albert | 1102) |
| (Silvester IV. | 1105–1111) |
| Gelasius II. | 1118–1119 |
| (Gregor VIII. | 1118–1121) |
| Kalixt II. | 1119–1124 |
| Honorius II. | 1124–1130 |
| (Cölestin II. | 1124) |
| Innozenz II. | 1130–1143 |
| (Anaklet II. | 1130–1138) |
| (Viktor IV. | 1138) |
| Cölestin II. | 1143–1144 |
| Lucius II. | 1144–1145 |
| Eugen III., Sel. | 1145–1153 |
| Anastasius IV. | 1153–1154 |
| Hadrian IV. | 1154–1159 |
| Alexander III. | 1159–1181 |
| (Viktor IV. | 1159–1164) |
| (Paschalis III. | 1164–1168) |
| (Kalixt III. | 1168–1178) |
| (Innozenz III. | 1179–1180) |
| Lucius III. | 1181–1185 |
| Urban III. | 1185–1187 |
| Gregor VIII. | 1187 |
| Klemens III. | 1187–1191 |
| Cölestin III. | 1191–1198 |
| Innozenz III. | 1198–1216 |
| Honorius III. | 1216–1227 |
| Gregor IX. | 1227–1241 |
| Cölestin IV. | 1241 |
| Innozenz IV. | 1243–1254 |
| Alexander IV. | 1254–1261 |
| Urban IV. | 1261–1264 |
| Klemens IV. | 1265–1268 |
| Gregor X., Sel. | 1271–1276 |
| Innozenz V., Sel. | 1276 |
| Hadrian V. | 1276 |
| Johannes XXI. | 1276–1277 |
| Nikolaus III. | 1277–1280 |
| Martin IV. | 1281–1285 |
| Honorius IV. | 1285–1287 |
| Nikolaus IV. | 1288–1292 |
| Cölestin V., Hl. | 1294 |
| Bonifatius VIII. | 1294–1303 |

⇒ S. 542

**541**

# Religion

| Papst | Amtszeit | Papst | Amtszeit |
|---|---|---|---|
| Benedikt XI., Sel. | 1303–1304 | Urban VII. | 1590 |
| Klemens V. | 1305–1314 | Gregor XIV. | 1590–1591 |
| Johannes XXII. | 1316–1334 | Innozenz IX. | 1591 |
| (Nikolaus V. | 1328–1330) | Klemens VIII. | 1592–1605 |
| Benedikt XII. | 1334–1342 | Leo XI. | 1605 |
| Klemens VI. | 1342–1352 | Paul V. | 1605–1621 |
| Innozenz VI. | 1352–1362 | Gregor XV. | 1621–1623 |
| Urban V., Sel. | 1362–1370 | Urban VIII. | 1623–1644 |
| Gregor XI. | 1370–1378 | Innozenz X. | 1644–1655 |
| Urban VI. | 1378–1389 | Alexander VII. | 1655–1667 |
| (Klemens VII. | 1378–1394) | Klemens IX. | 1667–1669 |
| Bonifatius IX. | 1389–1404 | Klemens X. | 1670–1676 |
| (Benedikt XIII. | 1394–1417) | Innozenz XI., Sel. | 1676–1689 |
| Innozenz VII. | 1404–1406 | Alexander VIII. | 1689–1691 |
| Gregor XII. | 1406–1415 | Innozenz XII. | 1691–1700 |
| (Alexander V. | 1409–1410) | Klemens XI. | 1700–1721 |
| (Johannes XXIII. | 1410–1415) | Innozenz XIII. | 1721–1724 |
| Martin V. | 1417–1431 | Benedikt XIII. | 1724–1730 |
| Eugen IV. | 1431–1447 | Klemens XII. | 1730–1740 |
| (Felix V. | 1440–1449) | Benedikt XIV. | 1740–1758 |
| Nikolaus V. | 1447–1455 | Klemens XIII. | 1758–1769 |
| Kalixt III. | 1455–1458 | Klemens XIV. | 1769–1774 |
| Pius II. | 1458–1464 | Pius VI. | 1774–1799 |
| Paul II. | 1464–1471 | Pius VII. | 1800–1823 |
| Sixtus IV. | 1471–1484 | Leo XII. | 1823–1829 |
| Innozenz VIII. | 1484–1492 | Pius VIII. | 1829–1830 |
| Alexander VI. | 1492–1503 | Gregor XVI. | 1831–1846 |
| Pius III. | 1503 | Pius IX. | 1846–1878 |
| Julius II. | 1503–1513 | Leo XIII. | 1878–1903 |
| Leo X. | 1513–1521 | Pius X., Hl. | 1903–1914 |
| Hadrian VI. | 1522–1523 | Benedikt XV. | 1914–1922 |
| Klemens VII. | 1523–1534 | Pius XI. | 1922–1939 |
| Paul III. | 1534–1549 | Pius XII., Hl. | 1939–1958 |
| Julius III. | 1550–1555 | Johannes XXIII., Hl. | 1958–1963 |
| Marcellus II. | 1555 | Paul VI. | 1963–1978 |
| Paul IV. | 1555–1559 | Johannes Paul I. | 1978 |
| Pius IV. | 1559–1565 | Johannes Paul II. | seit 1978 |
| Pius V., Hl. | 1566–1572 | | |
| Gregor XIII. | 1572–1585 | ?: Regierungszeit nicht genau feststehend; Namen der Gegenpäpste sind in Klammern gesetzt; Hl. = Heilige, Sel. = Selige | |
| Sixtus V. | 1585–1590 | | |

## Die Schriften der Bibel

| Schrift | Erläuterung |
|---|---|
| **Altes Testament** | |
| Das 1. Buch Mose (Genesis) | Urgeschichte, Patriarchengeschichte |
| Das 2. Buch Mose (Exodus) | Auszug der Israeliten aus Ägypten bis zum Sinai; Bundesschluss |
| Das 3. Buch Mose (Levitikus) | Kult- und Dienstordnungen der levitischen Priester |
| Das 4. Buch Mose (Numeri) | Zählungen und Gesetze |
| Das 5. Buch Mose (Deuteronomium) | Zweites Gesetz (Reden und Gesetze Moses); Landnahme Israels |
| Das Buch Josua | Josua, Nachfolger Moses, Führer Israels bei der Landnahme des Westjordanlandes |
| Das Buch der Richter | Charismatisch begabte Führer Israels in Notzeiten vor Einsetzung des Königtums |
| Das Buch Ruth | Erzählung von der Moabiterin Ruth |

| Schrift | Erläuterung |
|---|---|
| Das 1. und 2. Buch Samuel | Von Samuel, Saul und David |
| Das 1. und 2. Buch von den Königen | Geschichte Salomos, Geschichte der beiden Reiche Juda und Israel bis zum babylonischen Exil |
| Das 1. und 2. Buch der Chronik | Sauls Tod, Geschichte Davids, Geschichte des Reiches Juda; kultische Ordnungen |
| Das Buch Esra | Rückkehr aus dem babylonischen Exil bis zur Wiedereinweihung des Tempels in Jerusalem |
| Das Buch Nehemia | Neuaufbau der Jerusalemer Volks- und Kultgemeinschaft |
| Das Buch Esther | Geschichte einer Jüdin am persischen Hof; Begründung des jüdischen Purimfestes |
| Das Buch Hiob (Ijob) | Rahmenerzählung von einem Mann aus dem Lande Uz; Problem des unverschuldeten Leidens |
| Der Psalter (Psalmen) | Hymnen, Klage- und Danklieder sowie Wallfahrts-, Königs- und Weisheitslieder |
| Die Sprüche Salomos | Kompendium der israelitischen Weisheit |
| Der Prediger Salomo (Kohelet) | Weisheitsschrift, in weiten Strecken durch aufklärerischen Pessimismus gekennzeichnet |
| Das Hohelied Salomos | Poetische Liebeslieder, später geistlich umgedeutet |
| Jesaja | Prophet in der 2. Hälfte des 8. Jh. v. Chr. in Jerusalem |
| Jeremia | Prophet 627–585 v. Chr. in Jerusalem |
| Klagelieder Jeremias | Über den Untergang des jüdischen Staates und Jerusalems |
| Hesekiel (Ezechiel) | Prophet in der Zeit des Exils in Babylon 395–571 v. Chr. |
| Daniel | Wirkte um 540 v. Chr. in Babylon |
| Hosea | Prophet in der 2. Hälfte des 8. Jh. v. Chr. im Nordreich Israel |
| Joel | Prophet in der 1. Hälfte des 4. Jh. v. Chr., wirkte in Jerusalem; Endzeitverkündigung |
| Amos | Prophet um 750 v. Chr. im Nordreich Israel |
| Obadia | Prophet um 587 v. Chr.; verkündet das Gericht über Edom |
| Jona | Prophet um 780 v. Chr. im Nordreich Israel, wirkte als Bußprediger in Ninive |
| Micha | Prophet um 740 v. Chr., verkündet den Untergang Jerusalems |
| Nahum | Prophet im 7. Jh. v. Chr. in Juda, weissagt den Untergang Ninives |
| Habakuk | Prophet um 600 v. Chr. im Südreich Juda |
| Zephanja | Prophet im letzten Drittel des 7. Jh. v. Chr. in Juda |
| Haggai | Prophet um 520 v. Chr. in Jerusalem, fordert zum Wiederaufbau des Tempels auf |
| Sacharja | Prophet um 520 v. Chr. in Jerusalem |
| Maleachi | Prophet im 4. Jh. v. Chr. in Jerusalem |

| Neues Testament | |
|---|---|
| Das Evangelium des Matthäus | Um 80 n. Chr. verfasst; das Evangelium bezeugt Jesus als den verheißenen Messias Israels |
| Das Evangelium des Markus | Ältestes Evangelium, um 70 entstanden; verkündet Jesus als Sohn Gottes und Offenbarer, der das Reich Gottes heraufführt |
| Das Evangelium des Lukas | Um 90 entstanden; verkündet Jesus als »die Mitte der Zeit« zwischen den Propheten und dem noch ausstehenden Reich Gottes |
| Das Evangelium des Johannes | Um 100 entstanden; Jesus gilt als der Offenbarer und als Erlöser aus der Finsternis der Welt |
| Die Apostelgeschichte (des Lukas) | Um 90–100 entstanden; beschreibt den Weg des Evangeliums von Jerusalem nach Rom unter dem Wirken der Apostel |
| Der Brief des Paulus an die Römer | 57/58 in Korinth geschrieben, der theologisch bedeutsamste der zahlreichen Briefe des Paulus |
| Der 1. und 2. Brief des Paulus an die Korinther | Um 55 geschrieben; Einzelfragen des Glaubens und des Gemeindeaufbaus |
| Der Brief des Paulus an die Galater | 51–54 verfasst; der Brief wendet sich gegen eine judenchristliche Gegenmission |

⇒ S. 544

# Religion

| Schrift | Erläuterung |
|---|---|
| Der Brief des Paulus an die Epheser | 80–90 verfasst (nicht von Paulus); Belehrung über das Wesen der einen Kirche aus Juden und Heiden |
| Der Brief des Paulus an die Philipper | Gefangenschaftsbrief |
| Der Brief des Paulus an die Kolosser | Gefangenschaftsbrief (vermutlich nicht von Paulus) an eine heidenchristliche Gemeinde |
| Der 1. und 2. Brief des Paulus an die Thessalonicher | Der 1. Brief um 50 in Korinth entstanden (der 2. nicht von Paulus) |
| Der 1. und 2. Brief des Paulus an Timotheus | Briefe an seinen Mitarbeiter (Echtheit ungewiss) |
| Der Brief des Paulus an Titus | Brief an seinen Begleiter (Echtheit ungewiss) |
| Der Brief des Paulus an Philemon | Gefangenschaftsbrief, an einen Christen in Kolossä |
| Der Brief an die Hebräer | Verfasser unbekannt; befasst sich mit dem Verhältnis zwischen der israelitischen und der christlichen Offenbarung |
| Der Brief des Jakobus | 70–80 entstanden, Lehrschrift, setzt sich aus Mahnungen, Weisungen und Warnungen zusammen |
| Der 1. und 2. Brief des Petrus | Trost- und Mahnschreiben; Echtheit umstritten |
| Der 1., 2. und 3. Brief des Johannes | Um 100 entstanden, dem Johannesevangelium nahe stehend; Warnung vor Irrlehren |
| Der Brief des Judas | Um 100 entstanden; Warnung vor Irrlehren |
| Die Offenbarung des Johannes | 81–96 entstanden, Verfasserschaft unklar; Visionsbericht, Sendschreiben an sieben Gemeinden |

## Kirchenjahr

### Weihnachtsfestkreis
1. Advent *(violett)*
2. Advent *(violett)*
3. Advent *(violett)*
4. Advent *(violett)*
24.12. Heiligabend
25.12. Erster Weihnachtsfeiertag *(weiß)*
26.12. Zweiter Weihnachtsfeiertag *(weiß)*
1. Sonntag nach Weihnachten *(grün)*
31.12. Silvester *(grün)*
1.1. Neujahr *(grün)*
6.1. Epiphanias / Tag der Erscheinung Christi
 (in der römischen Kirche wird der Weisen aus dem Morgenland gedacht, in der Ostkirche wird an diesem Tag Weihnachten gefeiert; *grün*)

Epiphaniaszeit mit 1 bis 6 Sonntagen nach Epiphanias *(grün)*
Estomihi/Sonntag vor der Passionszeit *(grün)*

### Osterfestkreis
Aschermittwoch/Mittwoch nach Estomihi
Invokavit/1. Sonntag der Passionszeit
Reminiscere/2. Sonntag der Passionszeit
Okuli/3. Sonntag der Passionszeit
Lätare/4. Sonntag der Passionszeit
Judika/5. Sonntag der Passionszeit
Palmarum (Palmsonntag)/6. Sonntag der Passionszeit
Karfreitag *(rot)*
Ostersonntag *(weiß)*
Ostermontag *(weiß)*
Quasimodogeniti (Weißer Sonntag)

Misericordias Domini
Jubilate
Kantate
Rogate
Christi Himmelfahrt/Donnerstag der 6. Woche nach Ostern
Exaudi
Pfingstsonntag/50. Tag nach Ostern *(rot)*
Pfingstmontag *(rot)*

### Allgemeine Kirchenjahreszeit
Trinitatis (Sonntag nach Pfingsten)
Fronleichnam/2. Donnerstag nach Pfingsten (kath.)
24.6. Tag der Geburt Johannes des Täufers (Johannis)
29.6. Tag der Apostel Petrus und Paulus (kath.)
15.8. Aufnahme Marias (Mariä Himmelfahrt; kath.)
Erntedankfest (meist am ersten Sonntag nach Michaelis, 29.9.)
31.10. Reformationsfest (ev.)
1.11. Allerheiligen (kath.)
Mittwoch vor dem letzten Sonntag des Kirchenjahres: Buß- und Bettag (ev.)
Letzter Sonntag des Kirchenjahres: Totensonntag/ Ewigkeitssonntag (ev.)


In *kursiv* die liturgischen Farben.
Weiß: Lichtfarbe, bei Herren- und Marienfesten
Grün: Sonntage außerhalb der Festkreise
Rot: Symbolik des Blutes und des Feuers

## Die zwölf Apostel

| Name | Erläuterung |
|---|---|
| Petrus (»Fels«) | Ursprünglich Simon, Fischer und Bruder des Andreas, Anführer der Apostel (griechisch die Abgesandten) und der Erste, der einen Nichtjuden taufte. Erlitt das Märtyrertum, vermutlich in Rom. Heiligenfest: 29. Juni |
| Andreas | Bruder des Petrus, predigte vermutlich in Kleinasien und Skythien; Martyrium in Achaia (Griechenland); wurde vermutlich an einem X-förmigen Kreuz aufgehängt. Schutzheiliger Schottlands und Russlands. Heiligenfest: 30. November |
| Jakobus (»der Ältere«) | Sohn des Fischers Zebedäus, Bruder des Johannes; predigte vermutlich in Spanien, wurde im Jahr 44 von Herodes Agrippa in Judäa hingerichtet. Der Legende nach gelangten seine Überreste nach Santiago de Compostela in Galicien, das später Wallfahrtszentrum wurde. Heiligenfest: 25. Juli |
| Johannes | Bruder des Jakobus; gilt als Verfasser der Apokalypse und lebte wahrscheinlich in Ephesus, später in der Verbannung auf Patmos, wo er in hohem Alter starb |
| Philippus | Möglicherweise ein Schüler Johannes des Täufers und Missionar in Kleinasien |
| Bartholomäus | Missionierte vermutlich in Indien |
| Matthäus (Levi) | Ehemals Zöllner; gilt als Verfasser eines Evangeliums und missionierte in Judäa, Persien und Äthiopien. Heiligenfest: 21. September |
| Thomas Didymus (»der Zwilling«) | Zweifelte an der Auferstehung Jesu, bis er einen entsprechenden Beweis erhielt; predigte der Überlieferung nach in Indien. Schutzheiliger Portugals. Heiligenfest: 21. Dezember |
| Jakobus (»der Jüngere«) | Sohn des Alphäus; wird nur in den Evangelien als Apostel genannt |
| Judas (auch Thaddäus) | Sohn des Jakobus; der Überlieferung nach Martyrium in Persien. Heiligenfest: 28. Oktober |
| Simon der Zelot | Religiös-politischer Aktivist; missionierte vermutlich in Persien |
| Judas Iskariot (Ischariot) | Verriet Jesus aus ungeklärten Gründen; angeblich erhängte er sich aus Reue. Matthias nahm die Stelle des Judas nach dessen Tod ein |

## Heilige

| Name | Lebensdaten | Patron(in) | Heiligenfest |
|---|---|---|---|
| Aegidius | †721 | Jäger, Vieh, Hirten, Aussätzige | 1.9. |
| Agnes | †259 o. 304 | Kinder und Jungfrauen | 21.1. |
| Alacoque, Marguerite-Marie | 1647–1690 | | 16.10. |
| Albertus Magnus | 1193–1280 | Naturwissenschaftler | 15.11. |
| Aloysius von Gonzaga | 1568–1591 | Jugend | 21.6. |
| Ambrosius | 339–397 | Bienenzüchter, Bienen | 7.12. |
| Andreas | †60 | Russland, Schottland; Fischer, Bergwerksleute, Metzger | 30.11. |
| Angela Merici | 1474–1540 | | 27.1. |
| Anna | 1. Jh. v.Chr. | Frauen, Bergleute, Schiffer | 26.7. |
| Ansgar | 801–865 | | 3.2. |
| Antonius | 251–356 | Feuer, Pest u.a. Seuchen | 17.1. |
| Antonius von Padua | 1195–1231 | Franziskaner, Bäcker, Eheleute; zum Wiederauffinden verlorener Sachen | 13.6. |
| Athanasius | 295–373 | | 2.5. |
| Augustinus, Aurelius | 354–430 | Theologen, Bierbrauer, Buchdrucker | 28.8. |
| Barbara | †306 | Architekten, Bergleute, Köche; Artillerie | 4.12. |
| Beda Venerabilis | 672–735 | | 25.5. |
| Bellarmin, Robert | 1542–1621 | | 17.9. |
| Benedikt von Nursia | 480–547 | Europa; Höhlenforscher, Lehrer, Schulkinder | 11.7 |
| Benno | †1106 | München, Dresden-Meißen; Fischer, gegen Unwetter | 16.6 |
| Bernadette Soubirous | 1844–1879 | | 16.4 |
| Bernhardin von Siena | 1380–1444 | Wollweber | 20.5 |

⇒ S. 546

# Religion

| Name | Lebensdaten | Patron(in) | Heiligenfest |
|---|---|---|---|
| Bernhard von Clairvaux | 1090–1153 | Zisterzienser, Burgund; Bienen, Bienenzüchter | 20.8. |
| Birgitta von Schweden | 1302–1373 | Pilger | 23.7. |
| Blasius | †um 316 | Ärzte, Bauarbeiter, Gerber, Weber | 3.2. |
| Bonaventura | 1221–1274 | Franziskaner, Theologen | 15.7. |
| Bonifatius | 675–754 | Fulda; Bierbrauer, Schneider | 5.6. |
| Borromäus, Karl | 1538–1584 | Seelsorger, Seminare, Borromäerinnen | 4.11. |
| Cäcilia | †um 222 | Kirchenmusik, Dichter, Orgelbauer | 22.11. |
| Christophorus | †um 250 | Schiffer, Pilger und Reisende, Kraftfahrer | 24.7. |
| Clara von Assisi | 1194–1253 | Sticker, Wäscherinnen | 11.8. |
| Dominikus | 1170–1221 | Näherinnen, Schneider | 8.8. |
| Elisabeth (von Thüringen) | 1207–1231 | Bäcker, Bettler, Witwen und Waisen | 19.11. |
| Erasmus | 4. Jh. | Drechsler, Schiffer, Weber | 2.6. |
| Eustachius | 2. Jh. | Jäger, Klempner, Förster | 20.9. |
| Fidelis von Sigmaringen | 1578–1622 | Hohenzollern; Juristen | 24.4. |
| Florian | †um 304 | Gegen Feuer und Wassergefahr | 4.5. |
| Franz von Assisi | 1181–1226 | Arme, Kaufleute; Umweltschutz | 4.10. |
| Franz von Sales | 1567–1622 | Schriftsteller, katholische Presse | 24.1. |
| Franz Xaver | 1506–1552 | katholische Missionen, Seereisende | 3.12. |
| Georg | †um 305 | Artisten, Bauern, Ritter, Soldaten | 23.4. |
| Hieronymus | 347–419 | Asketen, Gelehrte, Lehrer, Schüler, Übersetzer | 30.9. |
| Hilarius von Poitiers | 315–467 | La Rochelle | 13.1. |
| Hildegard von Bingen | 1098–1179 | Sprachforscher | 17.9. |
| Hippolytos | †235 | Gefängniswärter; Pferde | 13.8. |
| Hubertus | 655–727 | Jäger, Schützengilde; Optiker | 3.11. |
| Ignatius von Antiochia | †vor 117 |  | 17.10. |
| Ignatius von Loyola | 1491–1556 | Jesuiten; Exerzitienhäuser | 31.7. |
| Isidor von Sevilla | 560–636 |  | 4.4. |
| Januarius | †305 | Goldschmiede | 19.9. |
| Jeanne d'Arc | 1411–1431 | Frankreich | 30.5. |
| Johannes von Capestrano | 1386–1456 |  | 23.10. |
| Johannes Chrysostomos | 344–407 | Prediger | 13.9. |
| Johannes vom Kreuz | 1542–1591 |  | 14.12. |
| Johannes Nepomuk | 1350–1393 | Priester, Schiffer; Brücken | 26.5. |
| Johannes der Täufer | 1. Jh. | Abstinente, Architekten, Hirten, Musiker, Winzer | 24.6. |
| Joseph | 1.Jh. v.Chr. – 1.Jh. n.Chr. | ganze Kirche; christliche Familie, Reisende, Sterbende, Zimmerleute | 19.3. |
| Kolbe, Maximilian | 1894–1941 |  | 14.8. |
| Katharina von Alexandria |  | Theologen, Philosophen | 25.11. |
| Kosmas und Damian | †304 | Ärzte, Apotheker | 26.9. |
| Kyrillos und Methodios | 9. Jh. | Europa | 14.2. |
| Laurentius | †258 | Arme Seelen im Fegefeuer; Schüler, Arme, Bibliothekare, Feuerwehr, Winzer | 10.8. |
| Leonhard | 6. Jh. | Gefangene, Pferde | 6.11. |
| Liudger | 742–809 |  | 26.3. |
| Lucia | †303 | Bauern, Blinde | 13.12. |
| Martin | 316–397 | Soldaten, Reiter, Weber, Abstinenzler, Reisende | 11.11. |
| Mauritius | †302 | Färber, Glasmaler, Waffenschmiede | 22.9. |
| Monika | 332–387 | Frauen und Mütter | 27.8. |
| Nikolaus (von Myra) | 4. Jh. | Schiffahrt, Kaufleute, Richter, Reisende, Schüler | 6.12. |
| Nikolaus von der Flüe | 1417–1487 |  | 25.9. |
| Norbert von Xanten | 1082–1134 | Prämonstratenser | 6.6. |

| Name | Lebensdaten | Patron(in) | Heiligenfest |
|---|---|---|---|
| Otto von Bamberg | 1060–1139 | | 30.6. |
| Pantaleon | †305 | Ärzte, Hebammen | 27.7. |
| Patrick | | Bergleute, Friseure, Schmiede | 17.3. |
| Petrus Canisius | 1521–1597 | Katholische Schulorganisation Deutschlands | 27.4. |
| Petrus Damiani | 1007–1072 | | 21.2. |
| Philipp Neri | 1515–1595 | | 26.5. |
| Rupert | †718 | Salzburg; Bergbau | 24.9. |
| Sebastian | 3. Jh. | Gegen die Pest; Schützen | 20.1. |
| Sophia | 2. Jh. | Witwen | 30.9. |
| Stanislaus Kostka | 1550–1568 | Polen | 13.11. |
| Stephanus, 1. Märtyrer | | Pferde, Kutscher, Steinhauer, Sterbende | 26.12. |
| Theresia von Avila | 1515–1582 | Spanien | 15.10. |
| Theresia von Lisieux | 1873–1897 | Missionen | 1.10. |
| Thomas von Aquin | 1225–1274 | Theologen, Buchhändler | 28.1. |
| Ulrich von Augsburg | 890–973 | Weber, Sterbende | 4.7. |
| Ursula | †um 304 | Jugend, Lehrerinnen | 21.10. |
| Valentin | †um 270 | | 14.2. |
| Vinzenz Ferrer | 1350–1419 | Bleigießer, Dachdecker | 5.4. |
| Vinzenz von Paul | 1581–1660 | Gefangene, Klerus, Krankenhäuser | 27.9. |
| Vitus | 4. Jh. | Kupfer- und Kesselschmiede; Fallsucht, Lahme, Blinde, Winzer | 15.6. |
| Walpurga | 710–779 | Bauern | 25.2. |
| Wolfgang | 924–994 | Bildschnitzer, Hirten, Schiffer | 31.10. |

## Ökumenische Konzile

| Jahr | Ort | Hauptgegenstand |
|---|---|---|
| 325 | Nicäa I | Nicänisches Glaubensbekenntnis (gegen den Arianismus): Wesensgleichheit des Sohnes mit dem Vater |
| 381 | Konstantinopel I | Nicaeno-Konstantinopolitanisches Glaubensbekenntnis: Gottheit des Heiligen Geistes |
| 431 | Ephesus | Gottesmutterschaft Mariens (gegen den Nestorianismus) |
| 451 | Chalzedon | Zwei Naturen in der einen Person Christi |
| 553 | Konstantinopel II | Beilegung des Dreikapitelstreites |
| 680/681 | Konstantinopel III | Gegen den Monotheletismus |
| 787 | Nicäa II | Erlaubtheit der Bilderverehrung |
| 869/870 | Konstantinopel IV | Beseitigung des Schismas des Photios |
| 1123 | Lateran I | Bestätigung des Wormser Konkordats |
| 1139 | Lateran II | Beseitigung des Schismas Anaklets II. |
| 1179 | Lateran III. | Papstwahl, Kirchenreform |
| 1215 | Lateran IV | Gegen die Katharer, Kirchenreform |
| 1245 | Lyon I | Absetzung Kaiser Friedrichs II. |
| 1274 | Lyon II | Konklaveordnung, Kreuzzug, Wiedervereinigung mit der griechischen Kirche |
| 1311/1312 | Vienne | Aufhebung des Templerordens, Franziskanischer Armutsstreit |
| 1414–1418 | Konstanz | Beseitigung des Abendländ. Schismas, Kirchenreform, Verurteilung des J. Hus |
| 1431–1449 | Basel-Ferrara-Florenz-Rom | Kirchenreform, Union mit Griechen, Armeniern, Jakobiten |
| 1512–1517 | Lateran V | Kirchenreform |
| 1545–1563 | Trient | Stellung gegenüber dem Protestantismus |
| 1869/1870 | Vatikan I | Glaube, Primat und Unfehlbarkeit des Papstes |
| 1962–1965 | Vatikan II | Kirchenreform, Wiederannäherung der christlichen Kirchen |

# Religion

| Katholikentage nach dem 2. Weltkrieg | | |
|---|---|---|
| Jahr | Ort | Leitwort |
| 1948 | Mainz | Der Christ in der Not der Zeit |
| 1949 | Bochum | Gerechtigkeit schafft Frieden |
| 1950 | Altötting-Passau | Zuerst das Reich Gottes |
| 1952 | Berlin (West) | Gott lebt |
| 1954 | Fulda | Ihr sollt mir Zeugen sein |
| 1956 | Köln | Die Kirche, das Zeichen Gottes unter den Völkern |
| 1958 | Berlin (West) | Unsere Sorge, der Mensch, unser Heil, der Herr |
| 1962 | Hannover | Glauben, danken, dienen |
| 1964 | Stuttgart | Wandelt euch durch ein neues Denken |
| 1966 | Bamberg | Auf dein Wort hin |
| 1968 | Essen | Mitten in dieser Welt |
| 1970 | Trier | Gemeinde des Herrn |
| 1974 | Mönchengladbach | Für das Leben der Welt |
| 1978 | Freiburg i. Br. | Ich will euch Zukunft und Hoffnung geben |
| 1980 | Berlin (West) | Christi Liebe ist stärker |
| 1982 | Düsseldorf | Kehrt um und glaubt – erneuert die Welt |
| 1984 | München | Dem Leben trauen, weil Gott es mit uns lebt |
| 1989 | Aachen | Dein Reich komme |
| 1990 | Berlin | Wie im Himmel so auf Erden |
| 1992 | Karlsruhe | Eine neue Stadt entsteht – Europa bauen in der einen Welt |
| 1994 | Dresden | Unterwegs zur Einheit |
| 1998 | Mainz | Gebt Zeugnis von eurer Hoffnung |
| 2000 | Hamburg | Sein ist die Zeit |

| Landeskirchen Deutschlands | |
|---|---|
| Kirche | Landeskirchen |
| Evangelische Kirche der Union | Anhalt |
| | Berlin-Brandenburg |
| | Görlitzer Kirchengebiet |
| | Pommern |
| | Rheinland |
| | Kirchenprovinz Sachsen |
| | Westfalen |
| Sonstige unierte Kirchen | Baden |
| | Bremen |
| | Hessen und Nassau |
| | Kurhessen-Waldeck |
| | Pfalz |
| Vereinigte Evangelisch-lutherische Kirche Deutschlands | Bayern |
| | Braunschweig |
| | Hannover |
| | Mecklenburg |
| | Nordelbien |
| | Sachsen |
| | Schaumburg-Lippe |
| | Thüringen |
| Sonstige lutherische Kirchen | Oldenburg |
| | Württemberg |
| Reformierte Kirchen | Lippe |

## Deutsche Evangelische Kirchentage

| Jahr | Ort | Losung |
|------|-----|--------|
| 1949 | Hannover | Kirche in Bewegung |
| 1950 | Essen | Rettet den Menschen |
| 1951 | Berlin | Wir sind doch Brüder |
| 1952 | Stuttgart | Wählt das Leben |
| 1953 | Hamburg | Werft euer Vertrauen nicht weg |
| 1954 | Leipzig | Seid fröhlich in Hoffnung |
| 1956 | Frankfurt a. M. | Lasset euch versöhnen mit Gott |
| 1957 | Thüringen | Der Herr ist Gott |
|  |  | (aus polit. Gründen nicht zustande gekommen) |
| 1959 | München | Ihr sollt mein Volk sein |
| 1961 | Berlin (West) | Ich bin bei euch |
| 1963 | Dortmund | Mit Konflikten leben |
| 1965 | Köln | In der Freiheit bestehen |
| 1967 | Hannover | Der Frieden ist unter uns |
| 1969 | Stuttgart | Hungern nach Gerechtigkeit |
| 1971 | Augsburg | Ökumenisches Pfingsttreffen |
| 1973 | Düsseldorf | Nicht vom Brot allein |
| 1975 | Frankfurt a. M. | In Ängsten – und siehe, wir leben |
| 1977 | Berlin (West) | Einer trage des anderen Last |
| 1979 | Nürnberg | Zur Hoffnung berufen |
| 1981 | Hamburg | Fürchte dich nicht |
| 1983 | Hannover | Umkehr zum Leben |
| 1985 | Düsseldorf | Die Erde ist des Herrn |
| 1987 | Frankfurt a. M. | Seht, welch ein Mensch |
| 1989 | Berlin (West) | Unsere Zeit in Gottes Händen |
| 1991 | Ruhrgebiet | Gottes Geist befreit zum Leben |
| 1993 | München | Nehmet einander an |
| 1995 | Hamburg | Es ist dir gesagt Mensch, was gut ist |
| 1997 | Leipzig | Auf dem Weg der Gerechtigkeit ist Leben |
| 1999 | Stuttgart | Ihr seid das Salz der Erde |

## Geistliche Orden

| Name | Gründungsjahr | Bemerkung |
|------|---------------|-----------|
| **Mönchs-, Bruder- und Einsiedlerorden** | | |
| Assumptionisten | 1845 | |
| Augustiner-Chorherren | um 1060 | Nach Regeln Augustinus |
| Augustiner-Eremiten | 1256 | |
| Basilianer | um 360 | Orthodoxer Orden |
| Benediktiner | 529 | Gründer: Benedikt von Nursia; schwarzes Habit |
| Claretiner | 1849 | |
| Dominikaner | 1215 | Gegründet von Dominikus; schwarzes Habit |
| Franziskaner | 1209 | Gründer: Franz von Assisi; graues Habit |
| Gemeinschaft der Mönche von Theodoros Studites | um 800 | Orthodoxer Orden |
| Gemeinschaft von Taizé | 1940 | Ökumenisch |
| Gesellschaft Mariens; Maristen | 1817 | |
| Herz-Jesu-Priester | 1878 | Römisch-katholisch |
| Hospitaliter von Johannes von Gott | 1537 | |
| Jesuiten | 1534 | Gegründet von Ignatius von Loyola |
| Kapuziner | 1528 | Gründer: Matthäus von Bascio |
| Karmeliter | 1156 | Gründer: Berthold von Kalabrien; braunes, an Festtagen weißes Habit; seit 1593 zwei Orden |

⇒ S. 550

**549**

# Religion

| Name | Gründungsjahr | Besonderheit |
|---|---|---|
| Kartäuser | 1084 | Gegründet von Bruno |
| Kloster Tabennesi des Pachomius | 318 | Erstes christliches Kloster in Ägypten |
| Orden von Fontevrault | um 1100 | |
| Piaristen | 1617 | |
| Prämonstratenser | 1120 | |
| Silvestriner | 1230 | Regeln des hl. Benedikt |
| Trappisten | 1664 | Römisch-katholisch |
| Trinitarier | 1198 | |
| Zisterzienser | 1098 | Gründer: Robert von Molesme; weißes Habit |
| **Frauenorden** | | |
| Barmherzige Schwestern | 1827 | Römisch-katholisch |
| Beginen | um 1180 | |
| Benediktinerinnen | 529 | |
| Brigittinnen | 1344 | |
| Damen vom Heiligsten Herzen Jesu | 1800 | Römisch-katholisch |
| Die Kleinen Schwestern | 1840 | Römisch-katholisch |
| Frauenorden von Fontevrault | um 1100 | |
| Karmeliterinnen | 1452 | |
| Kartäuserinnen | 1229 | |
| Klarissen | 1214 | Franziskanisch |
| Marienschwesternschaft | 1865 | Protestantisch |
| Unbeschuhte Karmeliterinnen | 1562 | Barfüßerinnen |
| Ursulinen | 1535 | |
| Vinzentinerinnen | 1629 | Römisch-katholisch |

## Religiöse Bewegungen

| Name | Gründer | Gründungsjahr |
|---|---|---|
| Ananda-Marga-Bewegung | Prabhat Ranjan Sarkar | 1955 |
| Bhagwan-Rajneesh-Bewegung (Neo-Sannyas-Bewegung) | Shree Rajneesh | 1966 |
| Christengemeinschaft | Friedrich Rittelmeyer | 1922 |
| Christliche Wissenschaft, Christian Science | Mary Baker-Eddy | 1879 |
| Darbysten | John Nelson Darby | 1827 |
| Divine Light Mission (Mission des göttlichen Lichts) | Guru Maharaj Ji | 1960 |
| Familie der Liebe, Kinder Gottes (Children of God) | David Berg | 1969 |
| Gemeinden Christi | | 19. Jh. |
| Gralsbewegung | Oskar Ernst Bernhardt | 1928 |
| Hare-Krishna-Bewegung (Internationale Gesellschaft für Krishna-Bewusstsein) | Swami Prabhupada | 1966 |
| Jehovas Zeugen | Charles Taze Russell | 1879 |
| Katholisch-apostolische Gemeinden | Henry Drummond | 1826 |
| Mormonen; Kirche Jesu Christi der Heiligen Letzen Tage | Joe Smith | 1830 |
| Neuapostolische Kirche | | 1860 |
| Pfingstbewegung | | 1906 |
| Quäker | George Fox | 1652 |
| Scientology | Lafayette Ronald Hubbard | 1954 |
| Siebenten-Tags-Adventisten | Ellen Gould White | 1861 |
| Transzendentale Meditation | Maharishi Mahesh Jogi | 1958 |
| Vereinigungskirche (Mun-Sekte) | San Myung Mun | 1954 |

## Bedeutende Stationen der Geschichte der Philosophie

### vor Christus

| | |
|---|---|
| 624 | Geburt des Thales von Milet, der das Wasser als Ursubstanz betrachtet; erster Vertreter der abendländischen Philosophie, |
| 611 | Geburt des Anaximander von Milet, der glaubte, alle Dinge entstünden aus einer einzigen Substanz und der Mensch stamme von den Fischen ab |
| 586 | Geburt des Anaximenes von Milet, der die Luft als Ursubstanz betrachtete |
| 581 | Geburt des griechischen Philosophen und Mathematikers Pythagoras von Samos; er glaubte an die Seelenwanderung |
| 551 | Geburt des Konfuzius in China |
| 540 | Geburt von Parmenides; erster Vertreter des Idealismus |
| um 500 | Heraklit erklärt, dass »alles fließt«; er betrachtet das Feuer als Ursubstanz |
| um 495 | Geburt des Empedokles; Theorie von den vier Urelementen: Erde, Luft, Feuer und Wasser |
| um 490 | Geburt des Zenon von Elea, Schüler des Parmenides; Zenon versuchte die Einheit und Unveränderlichkeit des Seins zu beweisen |
| 469 | Geburt von Sokrates, der die nach ihm benannte Methode der Wahrheitssuche entwickelte; Lehrer Platos |
| um 460 | Geburt von Demokrit, Begründer des Atomismus |
| um 427 | Geburt von Platon, Gründer der ersten Philosophenschule, der Akademie in Athen; sah im Philosophen den idealen Staatslenker; Lehrer des Aristoteles |
| 384 | Geburt von Aristoteles in Mazedonien; stützte seine Welterklärung auf vier tragende Prinzipien (die einander bedingenden Form und Materie, die Bewegung und das Ziel aller Bewegungen und Veränderungen); später Schüler in Platons Akademie |
| 371 | Geburt des konfuzianischen Philosophen Mencius (Meng Zi) |
| 341 | Geburt von Epikur, Begründer des Epikureismus, einer hedonistischen Philosophie; lehrte die Sterblichkeit der Seele |
| 336 | Geburt Zenons von Kition, Begründer des Stoizismus |
| 335 | Aristoteles gründet das Lykaion, eine Philosophenschule |
| 306 | Epikur eröffnet seine Schule für Philosophie in Athen |
| um 300 | Zenon von Kition gründet eine Philosophenschule in der Stoa Poikile in Athen, die den Stoikern ihren Namen gab |

| | |
|---|---|
| um 289 | Nach dem Tod des Mencius in China fassen Schüler seine Lehren im Buch Meng Zis zusammen |
| 60 | Der römische Philosoph und Dichter Lukrez legt in seinem sechsbändigen Werk »De Rerum Natura« die epikureische Weltsicht dar, eine atomistische Theorie, derzufolge die Materie aus winzigen Einzelteilchen besteht |

### nach Christus

| | |
|---|---|
| um 175 | Der römische Kaiser Marcus Aurelius beginnt seine Selbstbetrachtungen, das klassische Werk des Stoizismus |
| um 197 | Apologeticum des karthagischen Philosophen der lateinischen Kirche, Tertullian, gegen Juden und Heiden |
| um 200 | Der griechische Philosoph und Physiker Sextus Empiricus legt die Philosophie des agnostischen Skeptizismus dar |
| um 250–270 | Verbreitung des Neuplatonismus durch die Schriften Plotins |
| 354 | Geburt von Augustinus, dessen Thesen über die Prädestination (Vorherbestimmtheit) des menschlichen Schicksals das mittelalterliche Denken entscheidend prägen |
| 395 | Augustinus, der erste große christliche Philosoph, wird Bischof von Hippo in Nordafrika |
| 524 | Boethius, römischer Philosoph und Übersetzer aristotelischer Schriften, verfasst »De Consolatione Philosophiae« |
| 528 | Justinian I. unterdrückt die Philosophenschulen in Athen |
| 980 | Geburt des islamischen Philosophen und Arztes Avicenna bei Buchara; verhilft dem Werk des Aristoteles zu einer Renaissance und zur eigentlichen Wirkung |
| 1079 | Geburt des französischen Theologen und Philosophen Peter Abälard; wegen seiner nominalistischen Haltung von der Kirche angefeindet |
| 1093 | Der italienische Philosoph Anselm wird Erzbischof von Canterbury; in seiner Schrift »Proslogion« versucht er, die Existenz Gottes zu beweisen |
| 1190 | Versuch des spanischen Philosophen Maimonides, die aristotelische Philosophie mit jüdischem Denken in Einklang zu bringen |
| 1214 | Geburt des Franziskanermönchs und Philosophen Roger Bacon, der die Rolle des Experiments und der Mathematik in der Wissenschaft betont |

⇒ S. 552

# Philosophie

| | |
|---|---|
| 1225 | Geburt des italienischen scholastischen Philosophen und Theologen Thomas von Aquin; erklärte den Glauben als über- (nicht wider-)vernünftig und schied damit Glauben und Wissen aus |
| um 1295 | Offizielle Übernahme des Konfuzianis- mus durch die mongolischen Herrscher Chinas |
| 1440 | Gründung der platonischen Akademie in Florenz. Nikolaus von Kues: »De Docta Ignorantia«, über die Grenzen mensch- lichen Wissens |
| 1466 | Geburt des Erasmus von Rotterdam; beförderte entscheidend die Ausbreitung des humanistischen Denkens |
| 1469 | Geburt des italienischen politischen Philosophen Niccolò Machiavelli, der in »Il Principe« den Staatsführern zu List und, falls notwendig, Täuschung rät |
| 1492 | »De Ente et Uno« von Pico della Miran- dola: Versuch, die ontologischen Lehren Platons und Aristoteles' zu versöhnen |
| 1509 | Der humanistische Philosoph und Kab- balist Johann Reuchlin protestiert gegen die Verfolgung der Juden in Deutsch- land. »Encomium Moriae« (Lob der Tor- heit) von Erasmus, Satire auf die Korrup- tion der Kirche |
| 1516 | »Utopia« von Thomas Morus; Rückgriff auf griechische Denktradition, Forderung nach sozialen Reformen |
| 1531 | Erasmus von Rotterdam veröffentlicht den vollständigen Kanon der erhaltenen Werke des Aristoteles |
| 1535 | Heinrich VIII. lässt Thomas Morus hinrichten |
| 1548 | Geburt des italienischen Philosophen Giordano Bruno; schließt die Unend- lichkeit des Weltalls aus der Unendlich- keit Gottes, die die Annahme verbietet, Gott könne nur Endliches geschaffen haben |
| 1561 | Geburt des Philosophen Sir Francis Bacon, der erste große britische Empiri- ker, Pionier der wissenschaftlichen Methode. |
| 1587 | Der französische Philosoph Jean Bodin verfasst das »Colloquium Heptaplome- res«, in dem er für religiöse Toleranz ein- tritt |
| 1588 | Geburt des englischen Philosophen Thomas Hobbes; Staatsphilosoph des Absolutismus; Naturzustand des Men- schen (Kampf aller gegen alle) kann nur durch den Staat und seinen absoluten Herrscher gebändigt werden |
| 1591 | Die »Philosophia Sensibus Demonstrata« des italienischen Philosophen Tommaso Campanella: empirisches, antischolasti- sches Werk |
| 1596 | Geburt des französischen Naturwissen- schaftlers und Philosophen René Descartes; Philosoph des methodischen Zweifels |
| 1600 | Der italienische Philosoph, Theologe und ehemalige Dominikaner Giordano Bruno wird wegen Häresie und Verteidigung der kopernikanischen Theorien auf dem Scheiterhaufen verbrannt |
| 1620 | »Novum Organum« (Neue Logik) von Francis Bacon |
| 1623 | Geburt des französischen Philosophen Blaise Pascal; ging davon aus, dass sich Verstand und Sinne gegenseitig täu- schen; Suche nach einem Weg zwischen Dogmatismus und Rationalismus |
| 1624 | »Tractatus de veritate« von Baron Ed- ward Herbert von Cherbury; enthält für den englischen Deismus zentrale Ge- danken |
| 1632 | Geburt des holländischen Philosophen Baruch Spinoza, der das Denkgebäude Descartes' ausbaute, seinen Dualismus aber ablehnte; sein Hauptwerk, die »Ethika«, wurde erst nach seinem Tod 1677 von Freunden veröffentlicht. Geburt des englischen Dualisten und Empiristen John Locke; sah im mensch- lichen Erkenntnisvermögen eine erst während des Lebens beschriebene Tafel |
| 1637 | Descartes verfasst seine »Abhandlung über die Methode« |
| 1642 | »Über den Bürger« von Thomas Hobbes: naturalistische Gesellschaftsphilosophie |
| 1644 | »Prinzipien der Philosophie« von Des- cartes, darin sein berühmtes Diktum »Cogito, ergo sum« (Ich denke, also bin ich) |
| 1646 | Geburt des deutschen Philosophen Gottfried Wilhelm Leibniz; für ihn war die Welt die beste aller möglichen |
| 1651 | »Leviathan« von Hobbes: ohne den Staat »wäre das Leben des Menschen einsam, arm, hässlich, triebhaft und kurz« |
| 1654 | Blaise Pascal schließt sich in Port-Royal (Frankreich) mit den Jansenisten zu- sammen |
| 1656 | Spinoza wird wegen Häresie aus der jüdischen Gemeinde Amsterdams aus- geschlossen. Blaise Pascal verfasst die »Lettres Provinciales« gegen die Je- suiten |

| | |
|---|---|
| 1661 | »The Vanity of Dogmatizing« des englischen Philosophen und Geistlichen Joseph Glanvill: ein Angriff auf die scholastische Philosophie und eine Verteidigung der Gedankenfreiheit |
| 1662 | »La Logique, ou L'Art de Penser« der Jansenisten von Port-Royal erscheint, die so genannte Logik von Port-Royal |
| 1674 | »De la Recherche de la Vérité« des französischen Philosophen und Kartesianers Nicolas Malebranche erscheint |
| 1679 | »Discours sur l'Histoire Universelle« des französischen Kirchenmannes Jacques Bossuet: eine der ersten Geschichtsphilosophien |
| 1685 | Geburt des irischen Philosophen und Bischofs George Berkeley, eines Vertreters des Empirismus, der die Existenz der materiellen Substanz leugnete |
| 1686 | »Systema Theologicum« von Leibniz, der letzte ehrgeizige Versuch, Katholizismus und Protestantismus durch das Studium ihrer Glaubensinhalte zu versöhnen |
| 1688 | »Medulla Theologicae« des deutschen Theologen und Jesuiten Hermann Busenbaum, ein Handbuch jesuitischer Moralphilosophie, das die These enthält: »Der Zweck heiligt die Mittel.« |
| 1689 | Der einflussreiche englische Philosoph John Locke verfasst seine zwei folgenreichen Werke: »Versuch über den menschlichen Verstand«, ein Klassiker des britischen Empirismus, und »Zwei Abhandlungen über die Regierung«, eine vehemente Verteidigung der konstitutionellen Herrschaft und der persönlichen Freiheit. Geburt des französischen Staatstheoretikers Charles de Montesqieu; seine Lehre von der Gewaltenteilung bereiteten die Französische Revolution vor und hatten großen Einfluss auf die modernen demokratischen Verfassungen |
| 1696 | »Dictionnaire Historique et Critique« des französischen Philosophen Pierre Bayle veröffentlicht, eine skeptische Analyse philosophischer und theologischer Behauptungen |
| 1710 | »Theodizee« von Leibniz: Gott schuf aus einer unendlichen Menge von Substanzen die beste aller möglichen Welten |
| 1711 | Geburt des schottischen Philosophen und Historikers David Hume, eines bedeutenden Vertreters des britischen Empirismus: agnostische Skepsis gegen alle metaphysischen Theorien |
| 1712 | Geburt des Philosophen Jean-Jacques Rousseau in Genf, der den Gedanken vom edlen Wilden entwickelte und die Beziehung zwischen Moralität und Umwelt untersuchte; großer Einfluss auf die Französische Revolution und die demokratischen Bewegungen |
| 1724 | Geburt des Philosophen Imanuel Kant, Begründer der modernen Erkenntnistheorie |
| 1726 | Voltaire, führender Repräsentant der französsischen Aufklärung, geht nach zweimaliger Haft in der Bastille nach England. |
| 1727 | Gründung der Amerikanischen Philosophischen Gesellschaft in Philadelphia |
| 1734 | Die »Lettres Philosophiques« von Voltaire befassen sich mit der religiösen Toleranz |
| 1739 | »Traktat über die menschliche Natur« von David Hume |
| 1744 | Geburt des deutschen Philosophen, Kritikers und Dichters Johann Gottfried Herder, nach dem historische Epochen nur als Ergebnis bestimmter Umstände zu verstehen seien: Grundgedanke des Historismus |
| 1746 | »Pensées Philosophiques« des französischen Philosophen, Dramatikers und Enzyklopädisten Denis Diderot; maßgeblicher Einfluss auf die Epoche, die in die Französische Revolution mündet |
| 1747 | Der französische Arzt und Philosoph Julien Offray de Lamettrie behauptet in »L'Homme Machine«, dass alle psychischen Phänomene ihre Grundlage in der Physis haben |
| 1748 | Geburt des englischen utilitaristischen Philosophen und Gesetzesreformers Jeremy Bentham; für ihn ist das allgemein Gute gleichzusetzen mit dem größten Glück der größtmöglichen Zahl von Menschen. Der französische Staatstheoretiker Charles de Montesqieu veröffentlicht anonym sein Hauptwerk »Der Geist der Gesetze« |
| 1751 | »Eine Untersuchung über die Prinzipien der Moral« von David Hume. Die französischen Enzyklopädisten unter Führung von Diderot und Jean le Rond d'Alembert beginnen mit der Erarbeitung der 28-bändigen »Encyclopédie«, ein Schlüsselwerk der Aufklärung, das sich vor allem durch Skepsis gegen die Religion und durch politischen Liberalismus auszeichnet |

⇒ S. 554

# Philosophie

| | |
|---|---|
| 1755 | Kant veröffentlicht seine Schrift »Allgemeine Naturgeschichte und Theorie des Himmels«. Der schottisch-irische Philosoph Frances Hutcheson schreibt »A System of Moral Philosophy«, eine Weiterentwicklung der Theorie des von Gott verliehenen »moralischen Sinnes« von Shaftesbury |
| 1758 | »De L'Esprit« des französischen Philosophen Claude-Adrien Helvétius, demzufolge das Eigeninteresse die Triebkraft aller menschlichen Tätigkeit sei |
| 1759 | »Candide ou l'optimisme« von Voltaire, ein satirischer Roman gegen den Unsterblichkeitsgedanken und Leibniz' Optimismus |
| 1762 | »Gesellschaftsvertrag« von Rousseau (»Der Mensch ist frei geboren und liegt doch überall in Ketten«). Geburt des deutschen Philosophen J. G. Fichte, ein radikaler Idealist, der mit der kantischen Annahme einer Welt der Dinge an sich brach und Realität nur den Erkenntnissen des autonomen Ichs zuerkannte. »Traktat über die Toleranz« von Voltaire |
| 1764 | Veröffentlichung des »Philosophischen Wörterbuchs«, in dem Voltaire seine Ansichten über Politik, Religion, Moral und Metaphysik darlegt. Der italienische Jurist Cesare de Bonesana fordert in »Von den Verbrechen und Strafen« die Abschaffung von Folter und Todesstrafe |
| 1767 | Der deutsch-jüdische Philosoph und Theologe Moses Mendelssohn setzt sich in »Phaedon oder Über die Unsterblichkeit der Seele« mit Platons Unsterblichkeitsbegriff auseinander |
| 1768 | Geburt des deutschen Religionsphilosophen Friedrich Schleiermacher, der den Glauben im »Gefühl der schlechten Abhängigkeit von Gott« begründet sah |
| 1770 | Geburt des deutschen Philosophen Georg Wilhelm Friedrich Hegel; Hegel ist der Hauptvertreter des deutschen Idealismus und betonte den evolutionären Charakter der Geschichte des Denkens |
| 1772 | »Über den Ursprung der Sprache« von Herder |
| 1776 | Letzter Band der »Encyclopédie« von Diderot erscheint. Der Begründer der Nationalökonomie, der Brite Adam Smith legt sein Hauptwerk »Der Wohlstand der Völker« vor: Lehre des wirtschaftlichen und individuellen Liberalismus |
| 1781 | Kant veröffentlicht seine »Kritik der reinen Vernunft«, das als eines der einflussreichsten Werke der deutschen Philosophie gilt |
| 1784 | John Wesley verfasst »Deed of Declaration«, die Charta des Methodismus. »Ideen zur Philosophie der Geschichte der Menschheit« von Herder wird veröffentlicht |
| 1785 | Kants »Grundlegung zur Metaphysik der Sitten« erscheint |
| 1788 | Geburt des deutschen Philosophen Arthur Schopenhauer, der zwei Aspekte des Ich – in der Vorstellung und im Willen – unterscheidet. Kant formuliert den »kategorischen Imperativ« in seiner »Kritik der praktischen Vernunft« |
| 1789 | Französische Revolution |
| 1792 | »Menschenrechte« des englisch-amerikanischen Philosophen Thomas Paine und »Vindication of the Rights of Women« der anglo-irischen Feministin Mary Wollstonecraft erscheinen |
| 1798 | Geburt des französischen Philosophen Auguste Comte, Begründer des Positivismus; Nächstenliebe ist höchste Pflicht, Comte hielt alles für wissenschaftlich erklärbar |
| 1804 | Geburt des deutschen Philosophen Ludwig Feuerbach; im Mittelpunkt seines Sensualismus steht der Mensch; seine Kritik an Hegel beeinflusste Marx und seinen historischen Materialismus entscheidend |
| 1806 | Geburt des englischen Philosophen John Stuart Mill, der eine Versöhnung von persönlicher Freiheit und Utilitarismus anstrebt |
| 1813 | Geburt des dänischen Philosophen und Theologen Sören Kierkegaard; seine Betonung der individuellen Existenz war von großem Einfluss auf den Existenzialismus |
| 1818 | Geburt des deutschen Sozialtheoretikers Karl Marx. Sein Konzept vom Fortschritt der Geschichte wurzelt im Werk Hegels |
| 1819 | Schopenhauers »Die Welt als Wille und Vorstellung« erscheint |
| 1820 | Geburt des britischen Philosophen Herbert Spencer, Vertreter des Evolutionismus (alles Sein steht in einem immerwährenden Entwicklungsprozess) |
| 1824 | Der britische Reformer Robert Owen tritt für die Befreiung der Frau und eine fortschrittliche Erziehung ein |

| | |
|---|---|
| 1830–1842 | »Cours de Philosophie Positive« des französischen Philosophen Auguste Comte, eine systematische Darlegung des Positivismus |
| 1836 | »Nature« von Ralph Waldo Emerson, erscheint: ein Werk des romantischen Transzendentalismus, das die Ideale der Selbsterkenntnis und Selbstachtung betont |
| 1839 | Geburt des amerikanischen Philosophen und Physikers Charles Peirce, des Begründers des Pragmatismus: die praktischen Folgen eines Begriffs machen die Bedeutung dieses Begriffs aus |
| 1842 | Geburt des amerikanischen Philosophen und Psychologen William James; er vertrat die pragmatische Ansicht, dass metaphysische Fragen durch Rückgriff auf ihre praktischen Folgen lösbar oder aber trivial sind |
| 1843 | »System der deduktiven und induktiven Logik« von John Stuart Mill. »Entweder-Oder« von Sören Kierkegaard |
| 1844 | Geburt des deutschen Philosophen Friedrich Nietzsche, der den Willen zur Macht als Triebkraft allen menschlichen Eifers ansah. »Furcht und Zittern« und »Der Begriff Angst« von Kierkegaard erscheinen |
| 1845 | Max Stirner vertritt in »Der Einzige und sein Eigentum« eine radikal-egozentrische, anarchistische Philosophie. »Die Lage der arbeitenden Klasse in England 1844« von Friedrich Engels erscheint |
| 1846 | »Philosophie des Elends« von Proudhon |
| 1847 | »Das Elend der Philosophie« von Karl Marx erscheint |
| 1848 | »Das kommunistische Manifest« von Marx und Engels sowie die »Prinzipien der politischen Ökonomie« von John Stuart Mill erscheinen |
| 1855 | »Prinzipien der Psychologie« von Herbert Spencer |
| 1859 | »Über die Entstehung der Arten durch natürliche Zuchtwahl« des englischen Biologen Charles Darwin löst eine Glaubenskrise aus. Geburt des deutschen Philosophen Edmund Husserl, Begründer der Phänomenologie |
| 1863 | »Utilitarismus« von John Stuart Mill wird veröffentlicht. Geburt des spanisch-amerikanischen Philosophen George Santayana, kritischer Realist: die Welt ist Materie in Bewegung und Vernunft ein Ergebnis dieser Bewegung |
| 1866 | Geburt von Benedetto Croce; führender italienischer Philosoph des 20. Jh.; betonte den Vorrang des Geistigen |
| 1867 | Karl Marx veröffentlicht den ersten Band von »Das Kapital« |
| 1872 | Geburt des englischen Philosophen Bertrand Russell; Vertreter einer skeptischen Erkenntnistheorie |
| 1873 | Geburt des englischen Empiristen G. E. Moore, der den moralischen Begriff des Guten analysierte. »The Study of Sociology« von Spencer sowie »Staat und Anarchie« von Bakunin erscheinen |
| 1878 | »Menschliches – Allzumenschliches« von Nietzsche erscheint |
| 1879 | »Prinzipien der Ethik« von Spencer |
| 1883 | Geburt des deutschen Philosophen Karl Jaspers, einer der Begründer der Existenzphilosophie, die den Menschen zur Bejahung seiner Freiheit und zur Annahme seiner geschichtlichen Situation anhalten will |
| ab 1883 | »Also sprach Zarathustra« von Friedrich Nietzsche erscheint |
| 1884 | Gründung der amerikanischen Gesellschaft für Para-Forschung u.a. durch den Psychologen William James |
| 1886 | »Jenseits von Gut und Böse« von Nietzsche |
| 1889 | Geburt des österreichisch-britischen Philosophen Ludwig Wittgenstein, der die Erkenntnis als Abbild der konkreten, atomistisch voneinander unabhängigen Tatsachen begriff; auch bedeutender Sprachphilosoph. »Zeit und Freiheit« des französischen Philosophen Henri Bergson, eine Theorie des evolutionären Vitalismus, erscheint |
| 1892 | »Sinn und Bedeutung« des deutschen Logikers Friedrich Ludwig Gottlob Frege; Unterscheidung zwischen der Bedeutung eines Begriffs und dem Gegenstand, auf den er sich bezieht |
| 1895 | »Studien über Hysterie« von Sigmund Freud und Josef Breuer, ein Werk, das die Psychoanalyse begründete |
| 1900 | »Traumdeutung« von Sigmund Freud. »Das Lachen« von Henri Bergson |
| 1900–1901 | »Logische Untersuchungen« von Edmund Husserl |
| 1901 | Geburt des polnischen Logikers Alfred Tarski, dessen Semantik großen Einfluss auf die Sprachphilosophie des 20. Jh. hatte. »Die protestantische Ethik und der Geist des Kapitalismus« von Max Weber erscheint |

⇒ S. 556

# Philosophie

| | | | |
|---|---|---|---|
| 1902 | Geburt des österreichisch-englischen Wissenschaftstheoretikers Karl Popper; Exponent des kritischen Rationalismus, der die Unbeweisbarkeit wissenschaftlicher Gesetze annimmt | 1919 | »Psychologie der Weltanschauungen« von Karl Jaspers |
| 1905 | Geburt des französischen Philosophen, Romanciers, Existenzialisten und marxistischen Atheisten Jean-Paul Sartre, der das Individuum zu absoluter Freiheit verurteilt sah | 1921 | »Tractatus logico-philosophicus« von Wittgenstein: »Abbild«-Theorie der Bedeutung |
| | | 1923 | »Ich und Du« von Martin Buber, die klassische Ausformung seiner Dialog-Philosophie, erscheint |
| 1906 | Geburt des österreichisch-amerikanischen Mathematikers und Philosophen Kurt Gödel: ein formales arithmetisches System kann mit Mitteln des Systems nicht hinreichend überprüft werden | um 1925 | Gründung des Wiener Kreises; Gruppe von Neopositivisten |
| | | 1927 | »Sein und Zeit« des deutschen Philosophen Martin Heidegger |
| 1908 | Geburt des französischen Philosophen Maurice Merleau-Ponty: phänomenologische Beschreibung des Bewusstseins | 1932 | »Logik der Forschung« von Karl Popper |
| | | 1934 | »Das Sein und das Nichts« von Jean Paul Sartre erscheint: Betonung der politischen Verantwortung des Einzelnen |
| 1910 | »Principia Mathematica« von Bertrand Russell und Alfred North Whitehead | 1936 | »Determinismus und Indeterminismus in der Physik« von Ernst Cassirer, ein Werk des Neukantianismus |
| 1912 | Gründung der Anthroposophischen Gesellschaft durch den österreichischen Sozialphilosophen Rudolf Steiner mit dem Ziel, die menschliche Fähigkeit der spirituellen Wahrnehmung wiederherzustellen. »Wandlungen und Symbole der Libido« von C. G. Jung | 1951 | »Neue Wege in der Psychoanalyse« von der Psychoanalytikerin Karen Horney. »Minima moralia« des deutschen Philosophen Theodor W. Adorno: kulturhistorische Betrachtungen |
| | | 1954–1959 | »Das Prinzip Hoffnung« des deutschen Philosophen Ernst Bloch erscheint, ein Werk über die Bedeutung der Utopie für die Gegenwart des Menschen |
| 1913 | »Ideen zu einer reinen Phänomenologie und phänomenologischen Philosophie« von Edmund Husserl erscheinen. »Internationale Zeitschrift für Sozialpsychologie« von Alfred Adler | 1955 | »Der Mensch im Kosmos« des französischen Theologen und Jesuiten Pierre Teilhard de Chardin |
| | | 1971 | Mao Zedong beginnt eine Kampagne gegen den Konfuzianismus in China |
| 1916 | »Vom Geist des Judentums«, eine Schrift zur Förderung eines modernen Judentums des österreichisch-jüdischen Religionsphilosophen Martin Buber | 1985 | Jürgen Habermas postuliert die »Neue Unübersichtlichkeit« |

## Denkrichtungen und Theorien der Philosophie

| Denkrichtung | Erläuterung |
|---|---|
| Agnostizismus | Erkenntnistheoretischer Standpunkt, nach dem über die Erfahrung Hinausgehendes, Metaphysisches nicht erkannt werden kann |
| Atheismus | Verneinung der Existenz von Göttern oder Gottes oder generell eines metaphysischen Urgrundes der Welt |
| Atomismus | Vorstellung, nach der das Universum aus selbstständigen, kleinsten, unteilbaren Teilchen aufgebaut ist |
| Deismus | Vernunftglaube an Gott und eine natürliche, philosophische Religion |
| Determinismus | Alle Willenshandlungen sind ursächlich vorbestimmt, im Gegensatz zur Behauptung der Willensfreiheit |
| Dialektischer und historischer Materialismus | Grundlage der Ideologie des Marxismus, nach der allein die Produktionsverhältnisse des materiellen Lebens den menschlichen Lebensprozess und die Geschichte bestimmen |
| Dogmatismus | Metaphysische Denkweise, die sich an überlieferten Lehrsätzen orientiert, ohne sie zu überprüfen |
| Dualismus | Welt wird von einander entgegengesetzten Prinzipien beherrscht: z.B. Gut und Böse, Gott und Teufel |

| Denkrichtung | Erläuterung |
|---|---|
| Empiriokritizismus | Erfahrungsphilosophie, die auf alle metaphysischen und apriorischen Elemente vollständig verzichtet |
| Eudämonismus | Richtung der Ethik, die allein Glückseligkeit als Ziel menschlichen Handelns sieht |
| Evolutionismus | Begreift die Welt und Leben als immerwährende Entwicklung zum Höheren |
| Existenzialismus | Ablehnung objektiver Werte, Forderung nach Setzung individueller Werte, da in der Welt kein über individuelle Existenz hinausweisender Sinn vorhanden ist |
| Hedonismus | Lust ist einziges ethisches Ziel und höchstes Gut |
| Humanismus | Rückbesinnung auf das antike Ideal freien Menschentums; jede Lehre, die den Menschen ins Zentrum aller Sinnsuche stellt |
| Idealismus | Erkenntnistheoretisch: Erkenntnis geht vom erkennenden Subjekt aus; metaphysisch: Annahme, dass wahre Realität nur dem Ideellen zukomme; ethisch: Überzeugung vom überragenden Wert des Sittlichen |
| Illusionismus | Idealistische Erkenntnistheorie, die Welt und Werte als Täuschung und Schein ansieht |
| Individualismus | Ethische Haltung mit dem Individuum als Wertmittelpunkt |
| Instrumentalismus | Denken als reines Mittel zur besseren Beherrschung der Wirklichkeit, nicht ihrer Widerspiegelung |
| Konszientialismus | Nur im Bewusstein gibt es Wirkliches, alles Sein ist Bewusstsein |
| Kritizismus | Methode zur Untersuchung der Möglichkeit von Vernunfterkenntnis im Gegensatz zur Selbstgewissheit des Dogmatismus und des Skeptizismus |
| Materialismus | Unabhängige Existenz des Geistigen wird verneint, nur die Existenz einer einzigen Substanz, der Materie anerkannt; ethisch: Absolutsetzung physischen Wohlergehens |
| Mechanismus | Zurückführung aller Naturvorgänge auf Mechanik |
| Monismus | Metaphysisch: Erklärung des Seins aus einem einzigen Prinzip; erkenntnistheoretisch: Versuch, den Dualismus von Subjekt und Objekt, Sein und Bewusstsein, Erscheinung und Ding an sich zu überwinden |
| Naturalismus | Überzeugung, alle Phänomene mit natürlichen Kategorien erfassen zu können |
| Nominalismus | Allgemeinbegriffe haben keine Entsprechung in der Wirklichkeit, weder innerhalb noch außerhalb des Verstandes, sondern nur eine Wortbedeutung |
| Okkasionalismus | Zur Überwindung des Dualismus Seele-Körper ist bei jedem Willensakt göttliche Vermittlung erforderlich |
| Optimismus | Überzeugung vom Sieg des Guten im Leben und dieser Welt als beste aller möglichen |
| Panlogismus | Anschauung, die nur das Vernünftige für wirklich und damit alles Wirkliche für vernünftig hält |
| Pantheismus | Allgottheitslehre, in der Gott und die Welt als eins gesehen werden |
| Personalismus | Alles Wirkliche ist personaler Natur, alles Leben Selbstbewusstein verschiedenen Grades |
| Pessimismus | Überzeugung vom Sieg des Bösen in Leben und dieser Welt als der schlechtesten aller möglichen |
| Phänomenalismus | Erkenntnistheoretisch: Menschliches Erkennen ist auf Erscheinungen beschränkt und erfährt nichts über die Dinge an sich |
| Positivismus | Alle Erkenntnis beruht auf Wahrnehmung, Metaphysik ist mithin unmöglich |
| Pragmatismus | Methode der Wahrheits- und Wertprüfung allein anhand der praktischen Konsequenzen einer Theorie oder Handlung |
| Rationalismus | Erkenntnistheoretische Haltung, die das Gewinnen von Erkenntnissen nur durch Denken für möglich hält |
| Realismus | Metaphysisch: Auffassung von der Wirklichkeit der Allgemeinbegriffe; erkenntnistheoretisch: Annahme einer selbstständigen Wahrheit, die im Erkennen erkannt wird |
| Relativismus | Ablehnung alles Absoluten, Unbedingten |
| Sensualismus | Alles Erkennen wird aus Sinneseindrücken, Empfindungen abgeleitet |
| Skeptizismus | Haltung, die von der Ungewissheit aller Erkenntnisse ausgeht, an denen auch nur der geringste Zweifel denkbar ist |
| Solipsismus | Nur das Ich ist wirklich, alles Sein ist folglich Bewusstein |
| Spiritualismus | Alles Sein wurzelt im Geistigen |
| Subjektivismus | Alles Erkennen ist nur für den Erkennenden von Bedeutung |
| Theismus | Annahme eines persönlichen, überweltlichen Gottes |
| Transzendentalismus | Methode der Prüfung der Möglichkeiten und Grenzen menschlicher Erkenntnis |
| Universalismus | Metaphysisch: Im Ganzen, im Universum wird das einzig Wirkliche gesehen; ethisch: Verknüpfung sittlichen Handelns mit dem Wohl der Menschheit |
| Voluntarismus | Metaphysisch: Annahme, dass der Wille Urgrund aller Dinge ist |

# Literatur und Sprache

## Bedeutende Autoren und Werke des Barock

| Autor | Lebensdaten | Werk | Erscheinungsjahr |
|---|---|---|---|
| Mateo Alemán | 1547–1614 | Guzmán de Alfarache | 1599–1604 |
| Miguel de Cervantes Saavedra | 1547–1616 | Don Quichotte | 1605/1615 |
| Unbekannt | | Lazarillo von Tormes | 1554 |
| Lope F. de Vega Carpio | 1562–1635 | Arkadien | 1598 |
| | | Die Jüdin von Toledo | 1617 |
| Tirso de Molina | 1584–1648 | Don Gil von den grünen Hosen | 1635 |
| Martin Opitz | 1597–1639 | Buch von der deutschen Poeterey | 1624 |
| Pedro Calderón de Barca | 1600–1681 | Dame Kobold | 1636 |
| | | Das Leben ein Traum | 1636 |
| Friedrich von Logau | 1604–1655 | Sinngedichte | 1638 |
| Pierre Corneille | 1606–1684 | Cid | 1637 |
| | | Horaz | 1641 |
| Georg Philipp Harsdörffer | 1607–1658 | Poetischer Trichter | 1647–1653 |
| Paul Gerhardt | 1607–1676 | Geistliche Lieder | 1648 |
| John Milton | 1608–1674 | Das verlorene Paradies | 1667 |
| Andreas Gryphius | 1616–1664 | Teutsche Reimgedichte | 1650 |
| | | Horribilicribrifax | 1663 |
| Philipp von Zesen | 1619–1689 | Adriatischer Rosemund | 1645 |
| Molière | 1622–1673 | Tartüff | 1664 |
| | | Der Geizige | 1668 |
| | | Der eingebildete Kranke | 1673 |
| Hans Jakob Christoffel von Grimmelshausen | um 1622–1676 | Der Abentheuerliche Simplicissimus Teutsch | 1669 |
| Daniel Casper von Lohenstein | 1635–1683 | Großmütiger Feldherr Arminius | 1689f |
| Jean Racine | 1639–1699 | Phädra | 1677 |

## Bedeutende Autoren und Werke der Aufklärung

| Autor | Lebensdaten | Werk | Erscheinungsjahr |
|---|---|---|---|
| Daniel Defoe | 1660–1731 | Robinson Crusoe | 1719 |
| Jonathan Swift | 1667–1745 | Moll Flanders | 1722 |
| | | Gullivers Reisen | 1726 |
| Edward Young | 1683–1765 | Nachtgedanken | 1742–1745 |
| Alexander Pope | 1688–1744 | Der Lockenraub | 1712 |
| Voltaire | 1694–1778 | Zadig oder Das Schicksal | 1747 |
| | | Candide oder Über den Optimismus | 1759 |
| Johann Christoph Gottsched | 1700–1766 | Versuch einer critischen Dichtkunst | 1730 |
| | | Der sterbende Cato | 1732 |
| Henry Fielding | 1707–1754 | Tom Jones | 1749 |
| Carlo Goldoni | 1707–1793 | Der Diener zweier Herren | 1753 |
| Albrecht von Haller | 1708–1777 | Die Alpen | 1732 |
| Samuel Johnson | 1709–1784 | Englisches Wörterbuch | 1755 |
| Jean-Jacques Rousseau | 1712–1778 | Julie oder Die neue Heloise | 1761 |
| | | Der Gesellschaftsvertrag | 1762 |
| Lawrence Sterne | 1713–1768 | Das Leben und die Ansichten Tristram Shandys | 1759–1767 |
| Denis Diderot | 1713–1784 | Enzyklopädie | 1751–1772 |
| Christian Fürchtegott Gellert | 1715–1769 | Das Leben der schwedischen Gräfin von G... | 1746 |
| | | Fabeln und Erzählungen | 1748 |
| Johann Ludwig Gleim | 1719–1803 | Anakreontische Lyrik und Kriegslieder | |
| Friedrich Gottlieb Klopstock | 1724–1803 | Der Messias | 1748–1773 |
| | | Die Frühlingsfeier | 1759–1771 |

⇒ S. 560

# Literatur und Sprache

| Autor | Lebensdaten | Werk | Erscheinungsjahr |
|---|---|---|---|
| Imanuel Kant | 1724–1804 | Kritik der reinen Vernunft | 1781 |
| | | Kritik der praktischen Vernunft | 1788 |
| | | Kritik der Urteilskraft | 1798 |
| Gotthold Ephraim Lessing | 1729–1781 | Miß Sara Simpson | 1755 |
| | | Minna von Barnhelm | 1767 |
| | | Emilia Galotti | 1772 |
| | | Nathan der Weise | 1779 |
| Christoph Martin Wieland | 1733–1813 | Die Geschichte der Abderiten | 1774–1781 |

## Bedeutende Autoren und Werke des Sturm und Drang

| Autor | Lebensdaten | Werk | Erscheinungsjahr |
|---|---|---|---|
| Johann Georg Hamann | 1730–1788 | Kreuzzüge des Philologen | 1762 |
| Heinrich Wilhlem von | | | |
| Gerstenberg | 1737–1823 | Ugolino | 1768 |
| Matthias Claudius | 1740–1815 | Der Mond ist aufgegangen | 1779 |
| Johann Gottfried Herder | 1744–1803 | Abhandlungen über den Ursprung der Sprache | 1772 |
| Johann Wolfgang von Goethe | 1749–1832 | Götz von Berlichingen | 1773 |
| | | Prometheus | 1773 |
| | | Die Leiden des jungen Werthers | 1774 |
| Jakob Michael Reinhold Lenz | 1751–1792 | Die Soldaten | 1776 |
| Friedrich Maximilian Klinger | 1752–1831 | Sturm und Drang | 1777 |

## Bedeutende Autoren und Werke der Weimarer Klassik

| Autor | Lebensdaten | Werk | Erscheinungsjahr |
|---|---|---|---|
| Johann Wolfgang von Goethe | 1749–1832 | Iphigenie auf Tauris | 1779 |
| | | Torquato Tasso | 1790 |
| | | Wilhelm Meisters Lehrjahre | 1795 |
| | | Faust, der Tragödie erster Teil | 1808 |
| | | Faust, der Tragödie zweiter Teil | 1832 |
| Friedrich Schiller | 1759–1805 | Die Räuber | 1781 |
| | | Kabale und Liebe | 1784 |
| | | Wallensteins Tod | 1799 |
| | | Maria Stuart | 1800 |

## Bedeutende Autoren und Werke der Romantik

| Autor | Lebensdaten | Werk | Erscheinungsjahr |
|---|---|---|---|
| François René Chateaubriand | 1768–1848 | Atala | 1801 |
| Novalis (Friedrich Freiherr | 1772–1801 | Hymnen an die Nacht | 1797 |
| von Hardenberg) | | Heinrich von Ofterdingen | 1802 |
| Friedrich von Schlegel | 1772–1829 | Athenäum (zusammen mit seinem Bruder | |
| | | August Wilhelm herausgegeben) | 1798–1800 |
| | | Lucinde | 1799 |
| Wilhelm Heinrich Wackenroder | 1773–1798 | Herzensergießungen eines kunstliebenden | |
| | | Klosterbruders | 1797 |
| Ludwig Tieck | 1773–1853 | William Lovell | 1795ff |
| | | Volksmärchen | 1797 |

| Autor | Lebensdaten | Werk | Erscheinungsjahr |
|---|---|---|---|
| E. T. A. Hoffmann | 1776–1822 | Die Elixiere des Teufels | 1815/16 |
| | | Lebens-Ansichten des Katers Murr | 1820–1822 |
| Clemens Brentano | 1778–1842 | Godwi | 1801 |
| | | Des Knaben Wunderhorn (zusammen mit Achim von Arnim) | 1806–1808 |
| Achim von Arnim | 1781–1831 | Die Kronenwächter | 1817 |
| Adalbert von Chamisso | 1781–1838 | Peter Schlemihls wundersame Geschichte | 1814 |
| Brüder Grimm | | Kinder- und Hausmärchen | 1812–1822 |
| - Jacob Grimm | 1785–1863 | Bedeutende Arbeiten zur deutschen | |
| - Wilhelm Grimm | 1786–1859 | Sprache und Literatur | |
| Lord Byron | 1788–1824 | Ritter Harolds Pilgerfahrt | 1812–1818 |
| | | Don Juan | 1818–1824 |
| Joseph von Eichendorff | 1788–1857 | Aus dem Leben eines Taugenichts | 1826 |
| Percy B. Shelley | 1792–1822 | Die Cenci | 1819 |
| John Keats | 1795–1821 | Sensualistische Lyrik (Oden, Sonette) | |
| Heinrich Heine | 1797–1856 | Buch der Lieder | 1827 |
| Alexander Puschkin | 1799–1837 | Boris Godunow | 1831 |
| | | Eugen Onegin | 1833 |
| Michail Lermontow | 1814–1814 | Ein Held unserer Zeit | 1840 |

## Bedeutende Autoren und Werke des Realismus

| Autor | Lebensdaten | Werk | Erscheinungsjahr |
|---|---|---|---|
| Stendhal (H. Beyle) | 1783–1842 | Rot und Schwarz | 1830 |
| Honoré de Balzac | 1799–1850 | Vater Goriot | 1834/35 |
| | | Verlorene Illusionen | 1837–1843 |
| Alexandre Dumas (»Vater«) | 1802–1870 | Die drei Musketiere | 1844 |
| | | Der Graf von Monte Christo | 1845/46 |
| Victor Hugo | 1802–1885 | Der Glöckner von Notre-Dame | 1831 |
| | | Die Elenden | 1862 |
| Nathaniel Hawthorne | 1804–1864 | Der scharlachrote Buchstabe | 1850 |
| Nikolaj Gogol | 1809–1852 | Der Revisor | 1836 |
| | | Der Mantel | 1842 |
| | | Die toten Seelen | 1842 |
| Edgar Allan Poe | 1809–1849 | Der Untergang des Hauses Usher | 1839 |
| William Makepeace Thackeray | 1811–1863 | Jahrmarkt der Eitelkeit | 1847 |
| Charles Dickens | 1812–1870 | Oliver Twist | 1837/38 |
| | | David Copperfield | 1849/50 |
| Georg Büchner | 1813–1837 | Dantons Tod | 1835 |
| Friedrich Hebbel | 1813–1863 | Maria Magdalene | 1844 |
| | | Agnes Bernauer | 1855 |
| Gustav Freytag | 1816–1895 | Soll und Haben | 1855 |
| Theodor Storm | 1817–1888 | Immensee | 1849 |
| | | Pole Poppenspäler | 1875 |
| | | Der Schimmelreiter | 1888 |
| Emily Brontë | 1818–1848 | Sturmhöhe | 1847/51 |
| Gottfried Keller | 1819–1890 | Der grüne Heinrich | 1854/55* |
| | | Die Leute von Seldwyla | 1856 |
| Hermann Melville | 1819–1891 | Moby Dick | 1851 |
| Theodor Fontane | 1819–1898 | Irrungen – Wirrungen | 1888 |
| | | Effi Briest | 1895 |
| | | Der Stechlin | 1899 |
| Gustave Flaubert | 1821–1880 | Madame Bovary | 1857 |
| | | Lehrjahre des Gefühls | 1869 |

* Endfassung 1879/80

⇒ S. 562

# Literatur und Sprache

| Autor | Lebensdaten | Werk | Erscheinungsjahr |
|---|---|---|---|
| Fjodor M. Dostojewskij | 1821–1881 | Der Idiot | 1868/69 |
| | | Die Dämonen | 1871/72 |
| | | Die Brüder Karamasow | 1879/80 |
| Conrad Ferdinand Meyer | 1825–1898 | Der Schuss von der Kanzel | 1877 |
| | | Die Versuchung des Pescara | 1887 |
| Lew N. Tolstoj | 1828–1910 | Krieg und Frieden | 1864–1869 |
| | | Anna Karenina | 1873–1876 |
| Wilhelm Raabe | 1831–1910 | Der Hungerpastor | 1864 |
| | | Die Chronik der Sperlingsgasse | 1857 |
| Wilhelm Busch | 1832–1908 | Max und Moritz | 1856 |

## Bedeutende Autoren und Werke des Biedermeier

| Autor | Lebensdaten | Werk | Erscheinungsjahr |
|---|---|---|---|
| Ferdinand Raimund | 1790–1836 | Der Alpenkönig und der Menschenfeind | 1828 |
| Franz Grillparzer | 1791–1872 | Sappho | 1818 |
| | | Der Traum ein Leben | 1834 |
| Karl Immermann | 1796–1840 | Die Epigonen | 1836 |
| | | Münchhausen | 1838 |
| Annette von Droste-Hülshoff | 1797–1848 | Die Judenbuche | 1842 |
| | | Gedichte | 1844 |
| Johann Nepomuk Nestroy | 1801–1862 | Der böse Geist Lumpazivagabundus | 1833*/1835 |
| | | Der Talisman | 1840*/1843 |
| Nikolaus Lenau | 1802–1850 | Gedichte | 1832 |
| | | Faust | 1835 |
| Eduard Mörike | 1804–1875 | Maler Nolten | 1832 |
| | | Gedichte | 1838 |
| | | Mozart auf der Reise nach Prag | 1855 |
| Adalbert Stifter | 1805–1868 | Nachsommer | 1857 |
| | | Witiko | 1865–1867 |

\* Uraufführung

## Bedeutende Autoren und Werke der Jahrhundertwende

| Autor | Lebensdaten | Werk | Erscheinungsjahr |
|---|---|---|---|
| Henrik Ibsen | 1828–1906 | Peer Gynt | 1867 |
| | | Nora oder Ein Puppenheim | 1879 |
| | | Gespenster | 1881 |
| Mark Twain (Samuel Langhorne Clemens) | 1835–1910 | Tom Sawyers Abenteuer | 1876 |
| | | Huckleberry Finns Abenteuer | 1884–1890 |
| Émile Zola | 1840–1902 | Nana | 1879/80 |
| | | Germinal | 1885 |
| Stéphane Mallarmé | 1842–1898 | Poésies | 1887 |
| Paul Verlaine | 1844–1896 | Saturnische Gedichte | 1866 |
| August Strindberg | 1849–1912 | Der Vater | 1887 |
| | | Fräulein Julie | 1888 |
| Guy de Maupassant | 1850–1893 | Bel Ami | 1885 |
| George Bernard Shaw | 1856–1950 | Helden | 1894 |
| | | Caesar und Cleopatra | 1898 |
| | | Pygmalion | 1912 |
| Selma Lagerlöf | 1858–1940 | Gösta Berling | 1891 |
| | | Wunderbare Reise des kleinen Nils Holgersson mit den Wildgänsen | 1906f |

| Autor | Lebensdaten | Werk | Erscheinungsjahr |
|---|---|---|---|
| Knut Hamsun | 1859–1952 | Hunger | 1890 |
| | | Segen der Erde | 1917 |
| Anton P. Tschechow | 1860–1904 | Die Möwe | 1896 |
| | | Onkel Wanja | 1897 |
| | | Der Kirschgarten | 1904 |
| Arthur Schnitzler | 1862–1931 | Reigen | 1900 |
| | | Der einsame Weg | 1903 |
| Gerhart Hauptmann | 1862–1946 | Vor Sonnenaufgang | 1889 |
| | | Der Biberpelz | 1893 |
| | | Rose Bernd | 1903 |
| | | Die Ratten | 1911 |
| Arno Holz | 1863–1929 | Papa Hamlet (mit Johannes Schlaf) | 1889 |
| | | Die Familie Selicke (mit Johannes Schlaf) | 1890 |
| Frank Wedekind | 1864–1918 | Der Erdgeist | 1895 |
| | | Die Büchse der Pandora | 1904 |
| Ricarda Huch | 1864–1947 | Gedichte | 1891 |
| Stefan George | 1868–1933 | Hymnen | 1890 |
| | | Algabal | 1892 |
| | | Der siebente Ring | 1907 |
| Maxim Gorkij | 1868–1936 | Die Kleinbürger | 1901 |
| | | Nachtasyl | 1902 |
| | | Die Mutter | 1907 |
| Heinrich Mann | 1871–1950 | Professor Unrat | 1905 |
| | | Der Untertan | 1918 |
| Hugo von Hofmannsthal | 1874–1929 | Jedermann | 1911 |
| | | Der Schwierige | 1921 |
| Rainer Maria Rilke | 1875–1926 | Das Buch der Bilder | 1902 |
| | | Die Aufzeichnungen des Malte Laurids Brigge | 1910 |
| Thomas Mann | 1875–1955 | Buddenbrooks | 1901 |
| | | Tonio Kröger | 1903 |
| | | Der Tod in Venedig | 1912 |
| Hermann Hesse | 1877–1962 | Peter Camenzind | 1904 |
| | | Unterm Rad | 1906 |

| Bedeutende Autoren und Werke des Expressionismus | | | |
|---|---|---|---|
| Autor | Lebensdaten | Werk | Erscheinungsjahr |
| Else Lasker-Schüler | 1869–1945 | Die Wupper | 1906 |
| | | Die gesammelten Gedichte | 1917 |
| Ernst Barlach | 1870–1938 | Der tote Tag | 1912 |
| | | Der arme Vetter | 1918 |
| | | Die echten Sedemunds | 1920 |
| | | Der blaue Boll | 1926 |
| August Stramm | 1974–1915 | Du | 1915 |
| Carl Sternheim | 1878–1942 | Die Hose | 1911 |
| | | Bürger Schippel | 1913 |
| | | Der Snob | 1914 |
| | | Das Fossil | 1923 |
| Alfred Döblin | 1878–1957 | Die Ermordung einer Butterblume | 1913 |
| | | Die drei Sprünge des Wang-lun | 1915 |
| Georg Kaiser | 1878–1945 | Die Bürger von Calais | 1914 |
| | | Von morgens bis mitternachts | 1917 |
| | | Die Koralle | 1917 |
| | | Gas | 1918 |
| | | Gas II | 1920 |

⇒ S. 564

# Literatur und Sprache

| Autor | Lebensdaten | Werk | Erscheinungsjahr |
|---|---|---|---|
| Ernst Stadler | 1883–1914 | Der Aufbruch | 1914 |
| Gottfried Benn | 1886–1956 | Morgue | 1912 |
| | | Gehirne | 1915 |
| Hans Arp | 1886–1966 | Die Wolkenpumpe/Der Vogel Selbdritt | 1919/20 |
| Georg Trakl | 1887–1914 | Gedichte | 1913 |
| | | Sebastian im Traum | 1914 |
| Jakob van Hoddis | 1887–1942 | Weltende | 1911 |
| Kurt Schwitters | 1887–1948 | Anna Blume | 1919 |
| | | Auguste Bolte | 1923 |
| | | Die Ursonate | 1932* |
| Georg Heym | 1887–1912 | Der ewige Tag | 1911 |
| | | Umbrae vitae (nachgelassene Gedichte) | 1912 |
| Franz Werfel | 1890–1945 | Der Weltfreund | 1911 |
| | | Wir sind | 1913 |
| Johannes R. Becher | 1891–1958 | An Europa | 1916 |
| | | Arbeiter, Bauern, Soldaten | 1921 |
| Ernst Toller | 1893–1939 | Die Wandlung | 1919 |
| | | Masse Mensch | 1921 |
| | | Die Maschinenstürmer | 1922 |
| | | Hinkemann | 1923 |

\* erstmals vollständig

| Bedeutende Autoren und Werke der Weimarer Republik und des Dritten Reichs | | | |
|---|---|---|---|
| Autor | Lebensdaten | Werk | Erscheinungsjahr |
| Heinrich Mann | 1871–1950 | Der Untertan | 1918 |
| | | Die Jugend des Königs Henri Quatre | 1935 |
| | | Die Vollendung des Königs Henri Quatre | 1938 |
| Thomas Mann | 1875–1955 | Der Zauberberg | 1924 |
| | | Joseph und seine Brüder | 1933–1943 |
| | | Doktor Faustus | 1947 |
| Hermann Hesse | 1877–1962 | Siddharta | 1922 |
| | | Der Steppenwolf | 1927 |
| | | Das Glasperlenspiel | 1943 |
| Alfred Döblin | 1878–1957 | Wallenstein | 1920 |
| | | Berlin Alexanderplatz | 1929 |
| Robert Musil | 1880–1942 | Drei Frauen | 1924 |
| | | Der Mann ohne Eigenschaften | 1930–1943 |
| Leonhard Frank | 1882–1961 | Das Ochsenfurter Männerquartett | 1927 |
| | | Von drei Millionen Drei | 1932 |
| Franz Kafka | 1883–1924 | In der Strafkolonie | 1919 |
| | | Der Prozess | 1925 |
| | | Das Schloss | 1926 |
| Lion Feuchtwanger | 1884–1958 | Jud Süß | 1925 |
| | | Erfolg | 1930 |
| | | Die Geschwister Oppenheim | 1933 |
| | | Exil | 1940 |
| Gottfried Benn | 1886–1956 | Schutt | 1924 |
| | | Ausgewählte Gedichte | 1936 |
| Hermann Broch | 1885–1951 | Die Schlafwandler | 1931/32 |
| | | Der Tod des Vergil | 1945 |
| Kurt Tucholsky | 1890–1935 | Das Pyrenäenbuch | 1927 |
| | | Deutschland über alles | 1929 |
| | | Schloss Gripsholm | 1931 |

| Autor | Lebensdaten | Werk | Erscheinungsjahr |
|---|---|---|---|
| Johannes R. Becher | 1891–1958 | Alle! | 1920 |
| | | Maschinenrhythmen | 1926 |
| | | Ausgewählte Gedichte aus der Zeit der Verbannung | 1945 |
| Ernst Jünger | 1895–1998 | In Stahlgewittern | 1920 |
| | | Auf den Marmorklippen | 1939 |
| Carl Zuckmayer | 1896–1977 | Der fröhliche Weinberg | 1925 |
| | | Schinderhannes | 1927 |
| | | Der Hauptmann von Köpenick | 1930 |
| Bertolt Brecht | 1898–1956 | Baal | 1920 |
| | | Hauspostille | 1927 |
| | | Die Dreigroschenoper | 1928 |
| | | Furcht und Elend des Dritten Reiches | 1938 |
| | | Leben des Galilei | 1943 |
| | | Mutter Courage und ihre Kinder | 1941 |
| | | Der gute Mensch von Sezuan | 1943 |
| Erich Maria Remarque | 1898–1970 | Im Westen nichts Neues | 1929 |
| | | Der Weg zurück | 1931 |
| Erich Kästner | 1899–1974 | Ein Mann gibt Auskunft | 1928 |
| | | Fabian | 1931 |
| Anna Seghers | 1900–1983 | Aufstand der Fischer von St. Barbara | 1928 |
| | | Das siebte Kreuz | 1942 |
| | | Transit | 1942/48 |
| Ödön von Horváth | 1901–1938 | Geschichten aus dem Wienerwald | 1931 |
| | | Kasimir und Karoline | 1932 |
| | | Jugend ohne Gott | 1937 |

## Bedeutende Autoren und Werke der europäischen Literatur des 20. Jahrhunderts

| Autor | Lebensdaten | Werk | Erscheinungsjahr |
|---|---|---|---|
| Joseph Conrad | 1857–1924 | Lord Jim | 1900 |
| | | Nostromo | 1904 |
| Italo Svevo | 1861–1928 | Zeno Cosini | 1923 |
| André Gide | 1869–1951 | Die Verliese des Vatikan | 1914 |
| | | Die Falschmünzer | 1925 |
| Marcel Proust | 1871–1922 | Auf der Suche nach der verlorenen Zeit | 1913–1927 |
| Virginia Woolf | 1882–1941 | Mrs. Dalloway | 1924 |
| | | Die Wellen | 1931 |
| James Joyce | 1882–1941 | Ulysses | 1922 |
| | | Finnegan's Wake | 1938 |
| D. H. Lawrence | 1885–1930 | Lady Chatterly's Lovers | 1928 |
| T. S. Eliot | 1888–1965 | Das wüste Land | 1922 |
| | | Mord im Dom | 1835 |
| Boris Pasternak | 1890–1960 | Doktor Schiwago | 1957 |
| Aldous Huxley | 1894–1963 | Schöne neue Welt | 1932 |
| Joseph Roth | 1894–1939 | Radetzkymarsch | 1932 |
| André Breton | 1896–1966 | Manifest des Surrealismus | 1924 |
| | | Nadja | 1928 |
| Antoine de Saint-Exupéry | 1900–1944 | Der kleine Prinz | 1943 |
| Nathalie Sarraute | 1900–1999 | Tropismen | 1938 |
| George Orwell | 1903–1950 | Die Farm der Tiere | 1945 |
| | | 1984 | 1949 |
| William Golding | 1911–1993 | Der Herr der Fliegen | 1954 |
| Albert Camus | 1913–1960 | Der Fremde | 1942 |

⇒ S. 566

# Literatur und Sprache

| Autor | Lebensdaten | Werk | Erscheinungsjahr |
|---|---|---|---|
| Graham Greene | 1904–1991 | Das Herz aller Dinge | 1948 |
| | | Der dritte Mann | 1950 |
| Jean Paul Sartre | 1905–1980 | Die Fliegen | 1943 |
| | | Das Sein und das Nichts | 1943 |
| | | Geschlossene Gesellschaft | 1944 |
| Samuel Beckett | 1906–1989 | Warten auf Godot | 1953 |
| | | Endspiel | 1957 |
| Cesare Pavese | 1808–1950 | Handwerk des Lebens | 1952 |
| Camilo José Cela | *1916 | Der Bienenkorb | 1951 |
| Alexander Solschenizyn | *1918 | Der erste Kreis der Hölle | 1968 |
| | | Archipel Gulag | 1973–1975 |
| José Saramago | *1922 | Das Memorial | 1982 |
| Italo Calvino | 1923–1985 | Der Baron auf den Bäumen | 1957 |
| Umberto Eco | *1932 | Der Name der Rose | 1980 |
| Cees Nooteboom | *1933 | Rituale | 1980 |

| Bedeutende Autoren und Werke der US-amerikanischen Literatur (20. Jh.) | | | |
|---|---|---|---|
| **Autor** | **Lebensdaten** | **Werk** | **Erscheinungsjahr** |
| Theodore Dreiser | 1871–1945 | Eine amerikanische Tragödie | 1925 |
| Jack London | 1876–1916 | Der Ruf der Wildnis | 1907 |
| | | Lockruf des Goldes | 1910 |
| Upton Sinclair | 1878–1968 | Der Sumpf | 1906 |
| Sinclair Lewis | 1885–1951 | Babbitt | 1922 |
| | | Elmer Gantry | 1927 |
| Eugene O'Neill | 1888–1953 | Trauer muss Elektra tragen | 1931 |
| Henry Miller | 1891–1980 | Wendekreis des Krebses | 1934 |
| | | Wendekreis des Steinbocks | 1939 |
| John Dos Passos | 1896–1970 | Manhattan Transfer | 1925 |
| F. Scott Fitzgerald | 1896–1940 | Der große Gatsby | 1925 |
| William Faulkner | 1897–1962 | Schall und Wahn | 1929 |
| | | Licht im August | 1932 |
| | | Absalom, Absalom! | 1936 |
| Thornton Wilder | 1897–1975 | Die Brücke von San Luis Rey | 1927 |
| | | Unsere kleine Stadt | 1938 |
| Ernest Hemingway | 1899–1961 | Wem die Stunde schlägt | 1940 |
| | | Der alte Mann und das Meer | 1952 |
| Margret Mitchell | 1900–1949 | Vom Winde verweht | 1936 |
| Thomas Wolfe | 1900–1938 | Schau heimwärts, Engel | 1929 |
| John Steinbeck | 1902–1968 | Von Mäusen und Menschen | 1937 |
| | | Die Früchte des Zorns | 1939 |
| Erskine Caldwell | 1903–1987 | Die Tabakstraße | 1932 |
| Wystan Hugh Auden | 1907–1973 | Zeitalter der Angst | 1947 |
| Tennessee Williams | 1911–1983 | Die Glasmenagerie | 1944 |
| | | Endstation Sehnsucht | 1947 |
| Saul Bellow | *1915 | Humboldts Vermächtnis | 1975 |
| Arthur Miller | *1915 | Der Tod des Handlungsreisenden | 1949 |
| | | Hexenjagd | 1953 |
| Norman Mailer | *1923 | Die Nackten und die Toten | 1950 |
| Allen Ginsberg | 1926–1997 | Das Geheul und andere Gedichte | 1956 |
| Edward Albee | *1928 | Wer hat Angst vor Virginia Woolf? | 1962 |
| Hubert Selby | *1928 | Letzte Ausfahrt Brooklyn | 1964 |
| John Updike | *1932 | Hasenherz | 1960 |
| John Irving | *1942 | Owen Meany | 1989 |

## Bedeutende Autoren und Werke der lateinamerikanischen Literatur (20. Jh.)

| Autor | Lebensdaten | Werk | Erscheinungsjahr |
|---|---|---|---|
| Romulo Gallegos | 1884–1969 | Doña Bárbara | 1929 |
| Gabriela Mistral | 1889–1957 | Zärtlichkeit | 1924 |
| Mário de Andrade | 1893–1945 | Macunaíma | 1928 |
| Miguel Angel Asturias | 1899–1974 | Der Herr Präsident | 1946 |
| José Luis Borges | 1901–1986 | Der schwarze Spiegel | 1935 |
| Alejo Carpentier | 1904–1980 | Die verlorenen Spuren | 1953 |
| Pablo Neruda | 1904–1973 | Zwanzig Liebesgedichte und ein Lied der Verzweiflung | 1924 |
|  |  | Der große Gesang | 1950 |
| Ernesto Sabato | *1911 | Über Helden und Gräber | 1961 |
| Jorge Amado | *1912 | Dona Flor und ihre zwei Ehemänner | 1966 |
| Julio Cortázar | 1914–1984 | Die Gewinner | 1960 |
| Octavio Paz | 1914–1998 | Das Labyrinth der Einsamkeit | 1950 |
| Carlos Fuentes | *1928 | Hautwechsel | 1969 |
| Gabriel Garcia Marquéz | *1928 | Hundert Jahre Einsamkeit | 1967 |
|  |  | Der Herbst des Patriarchen | 1975 |
| Mario Vargas Llosa | *1936 | Die Stadt und die Hunde | 1962 |
| Isabel Allende | *1942 | Das Geisterhaus | 1982 |

## Bedeutende Autoren und Werke der deutschsprachigen Literatur seit 1945

| Autor | Lebensdaten | Werk | Erscheinungsjahr |
|---|---|---|---|
| Alfred Döblin | 1878–1957 | Hamlet oder Die lange Nacht nimmt kein Ende | 1956 |
| Theodor Plivier | 1892–1955 | Stalingrad | 1945 |
| Carl Zuckmayer | 1896–1977 | Des Teufels General | 1946 |
| Bertolt Brecht | 1898–1956 | Das Verhör des Lukullus | 1951 |
|  |  | Buckower Elegien | 1953 |
| Günther Weisenborn | 1902–1969 | Die Illegalen | 1946 |
| Wolfgnag Koeppen | 1906–1996 | Das Treibhaus | 1953 |
| Wolfgang Weyrauch | 1907–1980 | Tausend Gramm | 1949 |
| Max Frisch | 1911–1991 | Stiller | 1954 |
|  |  | Andorra | 1961 |
|  |  | Mein Name sei Gantenbein | 1964 |
|  |  | Montauk | 1975 |
| Stefan Heym | *1913 | 5 Tage im Juni | 1974 |
|  |  | Collin | 1979 |
| Arno Schmidt | 1914–1979 | Nobodaddy's Kinder | 1963 |
|  |  | Zettels Traum | 1970 |
| Alfred Andersch | 1914–1980 | Die Kirschen der Freiheit | 1952 |
|  |  | Winterspelt | 1974 |
| Peter Weiss | 1916–1982 | Der Schatten des Körpers des Kutschers | 1960 |
|  |  | Die Verfolgung und Ermordung des Jean Paul Marat | 1964 |
|  |  | Ästhetik des Widerstands | 1975–1981 |
| Heinrich Böll | 1917–1985 | Ansichten eines Clowns | 1963 |
|  |  | Billard um halbzehn | 1959 |
|  |  | Gruppenbild mit Dame | 1971 |
| Wolfgang Borchert | 1921–1947 | Laterne, Nacht und Sterne | 1946 |
|  |  | Draußen vor der Tür | 1947 |
| Friedrich Dürrenmatt | 1921–1990 | Der Richter und sein Henker | 1952 |
|  |  | Der Besuch der alten Dame | 1956 |

⇒ S. 568

# Literatur und Sprache

| Autor | Lebensdaten | Werk | Erscheinungsjahr |
|---|---|---|---|
| Ernst Jandl | *1925 | Laut und Luise | 1966 |
| Hermann Kant | *1926 | Die Aula | 1965 |
| Ingeborg Bachmann | 1926–1973 | Die gestundete Zeit | 1953 |
| | | Der gute Gott von Manhattan | 1958 |
| | | Malina | 1971 |
| Siegfried Lenz | *1926 | Deutschstunde | 1968 |
| | | Heimatmuseum | 1978 |
| Günter Grass | *1927 | Die Blechtrommel | 1959 |
| | | Katz und Maus | 1961 |
| | | Der Butt | 1977 |
| | | Die Rättin | 1986 |
| | | Unkenrufe | 1992 |
| Martin Walser | *1927 | Das Einhorn | 1966 |
| | | Ein fliehendes Pferd | 1978 |
| | | Brandung | 1985 |
| Christa Wolf | *1929 | Der geteilte Himmel | 1963 |
| | | Nachdenken über Christa T. | 1968 |
| | | Kindheitsmuster | 1977 |
| | | Kein Ort. Nirgends | 1979 |
| | | Kassandra | 1983 |
| | | Störfall | 1987 |
| Heiner Müller | 1929–1995 | Die Umsiedlerin oder Das Leben auf dem Lande | 1961 |
| | | Philoktet | 1964 |
| | | Der Bau | 1964 |
| | | Die Hamletmaschine | 1978 |
| Hans Magnus Enzensberger | *1929 | Landessprache | 1960 |
| | | Das Verhör von Habana | 1970 |
| Peter Rühmkorf | *1929 | Heiße Lyrik (zusammen mit Werner Riegel) | 1956 |
| | | Der Hüter des Misthaufens | 1983 |
| Thomas Bernhard | 1931–1989 | Frost | 1963 |
| | | Verstörung | 1967 |
| | | Die Ursache | 1975 |
| | | Korrektur | 1975 |
| | | Auslöschung | 1986 |
| Peter Härtling | *1933 | Hölderlin. Ein Roman | 1978 |
| Uwe Johnson | 1934–1984 | Mutmaßungen über Jakob | 1959 |
| | | Das dritte Buch über Achim | 1961 |
| | | Jahrestage | 1970–1983 |
| Wolf Biermann | *1936 | Die Drahtharfe | 1965 |
| | | Mit Marx- und Engelszungen | 1968 |
| | | Für meine Genossen | 1972 |
| Jurek Becker | *1937 | Jakob der Lügner | 1970 |
| | | Der Boxer | 1976 |
| | | Amanda herzlos | 1992 |
| Peter Handke | *1942 | Publikumsbeschimpfung | 1966 |
| | | Kaspar | 1967 |
| | | Die Angst des Torwarts beim Elfmeter | 1970 |
| Botho Strauß | *1944 | Bekannte Gesichter, gemischte Gefühle | 1974 |
| | | Trilogie des Wiedersehens | 1976 |
| | | Groß und klein | 1978 |
| | | Kalldewey, Farce | 1981 |
| | | Der Park | 1983 |
| Karin Struck | *1947 | Klassenliebe | 1973 |
| | | Lieben | 1977 |
| | | Trennung | 1978 |
| Bodo Morshäuser | *1953 | Die Berliner Simulation | 1983 |

## Literaturformen und -arten

| Form | Erläuterung | Autoren |
|---|---|---|
| Absurdes Drama | Avantgardistische Dramenform der Moderne, die humorvoll und satirisch mit radikalen ästhetischen Mitteln die absurde und sinnentleerte Welt karikiert | A. Jarry, J. Genet, E. Ionesco, S. Beckett, H. Pinter, V. Havel |
| Anekdote | Kurze, witzige, für eine bestimmte Person charakteristische Erzählung oder Begebenheit | J. P. Hebel, H. v. Kleist |
| Aphorismus | Prägnant formulierter Sinnspruch, der eine Erkenntnis, Lebensweisheit wiedergibt | La Rochefoucauld, F. Nitzsche |
| Autobiografie | Literarische Beschreibung des eigenen Lebens | J. J. Rousseau (»Bekenntnisse«), J. W. Goethe (»Dichtung und Wahrheit«) |
| Ballade | Episches, dramatisch bewegtes Gedicht, das meist ein tragisches Geschehen aus Sage und Mythos wiedergibt | J. W. Goethe, F. Schiller L. Uhland |
| Bildungsroman | Roman, in dem besonders die geistige und innere Bildung des Helden geschildert wird | J. W. Goethe (»Wilhelm Meister«), G. Keller (»Der grüne Heinrich«) |
| Briefroman | Ausschließlich oder überwiegend in Form von erdachten Briefen geschriebener Roman | J. W. Goethe (»Die Leiden des jungen Werthers«) |
| Bürgerliches Trauerspiel | Dramenform in Prosa, mit dem Erstarken des Bürgertums im 18. Jh. entstanden | G. Lillo, G. E. Lessing F. Schiller, C.F. Hebbel |
| Comics, Comicstrips | Gezeichnete Bilderfolge in Streifen mit komischem oder abenteuerlichem Inhalt | R. Goscinny/A. Uderzo (»Asterix«) |
| Commedia dell'Arte | Volkstümliche italienische Stehgreifkomödie des 16. bis 18. Jh. mit festem Handlungsverlauf und zeitlosen Typen, die Dialoge und Monologe improvisiert | C. Gozzi, J. N. Nestroy |
| Detektivroman | Kriminalroman, bei dem der Detektiv und die Aufklärung des Verbrechens durch ihn im Mittelpunkt stehen | R. Chandler, G. Simenon |
| Dialektdichtung | Vollständig in Mundart verfasste Dichtung | K. Groth, F. Reuter |
| Dokumentarstück | Drama, das historische oder zeitgeschichtliche Begebenheiten unter Verwendung dokumentarischen Materials darstellt | P. Weiss,, R. Hochhuth, H. Kipphardt |
| Elegie | Seit der Renaissance Gedichte, die wehmutsvoll die Trauer über Verlust und Trennung beklagen | J. W. Goethe, F. Hölderlin, R. M. Rilke |
| Entwicklungsroman | Schildert – zumeist als Ich-Erzählung – die innere und äußere biografische Reifung einer Persönlichkeit und ihre Prägung durch Umwelt und Kultur | C. M. Wieland, J. W. Goethe (»Wilhelm Meister«), C. Dickens, W. Raabe |
| Epigramm | Kurzes, meist zweizeiliges Sinn- oder Spottgedicht | G. E. Lessing, J. W. Goethe, F. Schiller |
| Episches Theater | von Brecht als Gegenstück zum aristotelischen Theater begründet, geprägt durch die marxistische Kunsttheorie | B. Brecht |
| Epos | Vor allem im Mittelalter verbreitete, groß angelegte Prosadichtung, die ihren Stoff meist Götter- und Heldensagen, Mythen u. a. entnahm | Nibelungenlied, W. von Eschenbach (»Parzival«), G. von Straßburg (»Tristan und Isolde«) |
| | Prosadichtung mit bürgerlich-idyllischem Stoff | J. W. Goethe (»Hermann und Dorothea«) |
| Essay | Literarisch-ästhetisch gestaltete Abhandlung über einen wissenschaftlichen Gegenstand oder eine Frage des kulturellen und sozialen Lebens | M. Montaigne, J. W. Goethe, F. Nietzsche |
| Fabel | Lehrhafte, oft satirische Tierdichtung in Vers oder Prosa | J. F. Gellert, G. E. Lessing |
| Fernsehspiel | Für das Fernsehen entwickelte dramatische Form | L. Ahlsen, K. Wittlinger, H. Breloer |
| Geistliches Lied | Strophisches Lied; stellt ein religiöses Thema schlicht, bildhaft und gemütstief dar. Nachdem Luther das geistliche Lied fest in den Gottesdienst integriert hatte, erlebte es im Barock und im Pietismus seine Blütezeit | Walther von der Vogelweide, M. Luther, P. Gerhardt, C. F. Gellert |

⇒ S. 570

**569**

# Literatur und Sprache

| Form | Erläuterung | Autoren |
|------|-------------|---------|
| Groteske | Närrisch-seltsame Dichtung, in Prosa oder in Versen, in der Unvereinbares, z.B. das Lächerliche, Traurige und Grausige nebeneinander gestellt wird | E. T. A. Hoffmann, E. A. Poe, N. Gogol, F. Kafka, E. Ionesco |
| Heimatdichtung | Jede Dichtung, die aus dem Erleben der Heimat und ihrer Menschen erwächst | L. Ganghofer |
| Hirtendichtung | Auch Schäferdichtung; stellt das Leben friedlicher, bedürfnisloser Hirten dar | Vergil, T. Tasso, G. Guarini |
| Historisches Drama | Auch Historiendrama; gestaltet historische Stoffe als Drama | G. E. Lessing, F. Schiller, C. F. Hebbel |
| Höfisches Epos | In vierhebigen gereimten Versen verfasstes Epos, das einem höfisch-adligen Publikum vorgetragen wurde. Stoffe aus keltischem (»König Artus«, »Tristan«) und antikem (»Alexander«, »Aeneas«) Sagengut | |
| Hörspiel | Dramatische Literaturgattung seit Erfindung des Rundfunks (1923), nur auf das Hören zugeschnitten; strenge Konzentration der Handlung und geringe Personenzahl | G. Eich, F. v. Hoerschelmann, I. Aichinger, W. Schnurre |
| Hymne | Feierlicher Lobgesang, entwickelte sich aus dem antiken Weihe- und Preislied auf Götter, Helden und Sieger bei Wettspielen, seit dem Pietismus Verherrlichung der Gotteserfahrung und des empfindsamen Gefühls | Horaz, F.G. Klopstock, J. W. Goethe, Novalis, F. Hölderlin |
| Idylle | Lyrisch-epische Dichtung, die das beschauliche, naturverbundene Leben einfacher Menschen schildert | E. Mörike, J. P. Hebel |
| Komödie | Form des Dramas, in der ein Konflikt zu einem glücklichen Ende geführt wird, fragwürdige Ideale verspottet werden | Aristophanes, W. Shakespeare, Molière, J. Nestroy, G. Hauptmann, F. Dürrenmatt, M. Frisch |
| Kriminalroman | Roman um ein Verbrechen und seine Aufdeckung | A. Christie, D. Hammett, P. Highsmith, E. Wallace |
| Kurzgeschichte | Kleine Erzählung, die ein in sich abgeschlossenes Erlebnis behandelt | J. P. Hebel (»Kalendergeschichten«), W. Borchert, H. Böll, W. Schnurre, S. Lenz, A. Tschechow, G. de Maupassant |
| Legende | Heiligenerzählung, Sage von frommen Menschen | J. W. Goethe, G. Keller, S. Lagerlöf |
| Lustspiel | Aus der Haltung des Humors erwachsende Dramenform, will nicht menschliche oder gesellschaftliche Unzulänglichkeiten aufdecken wie die Komödie, sondern reine Heiterkeit hervorrufen | G. Büchner, F. Raimund, G. E. Lessing, F. Grillparzer, W. Shakespeare |
| Lyrik | Rhythmische Dichtung, oft in Versen und Strophen; drückt inneres und äußeres Erleben, Stimmungen aus | J. W. Goethe, E. Mörike |
| Märchen | Phantasievolle Erzählung ohne räumliche und zeitliche Bindung, in der die Naturgesetze aufgehoben sind und das Wunder vorherrscht; Unterscheidung zwischen anonymem Volksmärchen und Kunstmärchen eines bestimmten Dichters. | Kinder- und Hausmärchen der Brüder Grimm, »Tausendundeine Nacht«, H.C. Andersen |
| Minnesang | Mittelalterliche Liebeslyrik | Walther von der Vogelweide, Heinrich von Morungen |
| Novelle | Erzählung, die ein ungewöhnliches einzelnes Ereignis berichtet und ohne Abweichungen auf den Höhepunkt der Handlung zustrebt | G. Keller, C. F. Meyer, T. Mann, P. Mérimée, H. Melville |
| Ode | Lyrisches Gedicht in freien Rhythmen, das erhaben-feierliche Stimmungen ausdrückt | Horaz, F. G. Klopstock, F. Hölderlin, F. Schiller, P. B. Shelley |
| Parodie | Verspottende, übertreibende Nachahmung eines ernst gemeinten Werks, das dessen künstlerische Schwächen deutlich machen soll | F. Wedekind, K. Tucholsky, R. Neumann |
| Posse | Anspruchslose, derbe Komödie, in der die komische Wirkung meist durch Übertreibung erreicht wird | J. Nestroy, J. A. Stranitzky |

| Form | Erläuterung | Autoren |
|---|---|---|
| Puppenspiel | Volkstümliche Kunst des Theaterspiels mit Handpuppen oder Marionetten | F. G. von Pocci, »Puppen-spiel vom Dr. Faust«, 17. Jh. |
| Rahmenerzählung | Erzählung oder Gruppe von Erzählungen, die von einer anderen wie ein Rahmen umschlossen ist | C. F. Meyer, T. Storm, G. Keller, Boccaccio |
| Roman | Breit angelegte Prosaerzählung, dessen Held in seiner Ausein-andersetzung mit der Umwelt gezeigt wird; in zahlreiche Arten aufgeteilt (Briefroman, Erziehungsroman, Künstlerroman usw.) | |
| Romanze | Aus Spanien stammende, lyrisch gefärbte Verserzählung | G. A. Bürger, F. Schiller, L. Uhland |
| Saga | Altisländische Prosaerzählform im Geist der Heldendichtung (11.–14. Jh.) | |
| Sage | Mündlich überlieferte Erzählung historischen oder mytho-logischen Inhalts | |
| Satire | Literarisches Werk, das aus einer subjektiven Sicht zeitgenössi-sche Missstände oder Anschauungen lächerlich machen will | K. Tucholsky, E. Kästner, G. B. Shaw, B. Brecht, H. Mann, R. Musil |
| Schicksalstragödie | Tragödie, in der die tragische Schuld nicht im Charakter des Helden begründet ist, sondern durch äußere Mächte herbei-geführt wird; Motive sind: Familienfluch, Blutschuld, Unheils-prophezeiung | |
| Sciencefiction | Utopische Prosadichtung (auch Filme) auf naturwissenschaft-licher Grundlage, seit dem 19. Jh. Themen: Manipulation des Menschen, Weltraumfahrt, Begegnung mit Außerirdischem | R. Bradbury, S. Lem, I. Asimov |
| Shortstory | Begriff der englischen und US-amerikanischen Literatur: Kurzerzählung mit gradliniger Handlung und überraschendem Schluss, häufig mit grotesk-phantastischem Einschlag | S. Crane, M. Twain, Saki, A. Bierce, H. G. Wells |
| Sonett | Gedicht aus zwei Abschnitten zu je vier Versen und zwei Abschnitten zu je drei Versen | W. Shakespeare, S. George, R. M. Rilke |
| Tragödie | Gattung des Dramas, gestaltet das unausweichliche Unterlie-gen des Helden in einem ungelösten Konflikt mit der sittlichen Weltordnung, dem Verhängnis oder dem Schicksal | Sophokles, W. Shakes-peare, Molière, J. Racine, J. W. Goethe, F. Schiller |
| Unterhaltungsliteratur | Anspruchsvolle Literatur, die den Leser vor allem durch Stoff und Spannung fesseln will, eine Grenze zur Trivialliteratur lässt sich nicht ziehen | |
| Vagantendichtung | Weltliche lateinische Dichtung des Mittelalters, vor allem Lieder und Sprüche über Liebe, Spiel und Wein | Sammlung »Carmina Burana« |
| Weltliteratur | Ein 1827 von Goethe geprägter Begriff; er verstand darunter die Literatur, die aus einem übernationalen Geist geschaffen wurde und sich dem Allgemein-Menschlichen annähert | |
| Zauberposse, Zauber-stück | Form des Volksstücks, in der Geister, Zauberer und Dämonen auftreten und in menschliche Verhältnisse eingreifen | E. Schikaneder, F. Raimund |

| Berühmte Comic-Serien | | | |
|---|---|---|---|
| Titel | Premiere | Land | Zeichner |
| The Katzenjammer Kids | 1897 | USA | Rudolph Dirks |
| Little Nemo | 1905 | USA | Winsor McCay |
| Tarzan | 1929 | USA | Harold Foster (nach Romanvorlagen von E. R. Burroughs) |
| Mickey Mouse | 1930 | USA | Walt Disney |
| Donald Duck | 1934 | USA | A. Taliaferro; ab 1942 Carl Barks |
| Superman | 1938 | USA | Jerome Siegel, Joe Shuster |
| Peanuts | 1950 | USA | Charles M. Schulz |
| Fix und Foxi | 1952 | Deutschland | Rolf Kauka, Dorul van der Heide |
| Asterix | 1959 | Frankreich | René Goscinny (Zeichnungen), Alber Uderzo (Texte) |
| Garfield | 1978 | USA | Jim Davis |

**571**

# Literatur und Sprache

## Berühmte Kinder- und Jugendbücher

| Titel | Autor | Erstveröffentlichung | Land |
|---|---|---|---|
| Struwwelpeter | Heinrich Hoffmann | 1845 | Deutschland |
| Alice im Wunderland | Lewis Carroll | 1865 | Großbritannien |
| Die Abenteuer Tom Sawyers | Mark Twain | 1876 | USA |
| Heidis Lehr- und Wanderjahre | Johanna Spyri | 1880 | Schweiz |
| Pinocchio | Carlo Collodi | 1880 | Italien |
| Das Dschungelbuch | Rudyard Kipling | 1894 | Großbritannien |
| Peter Pan | J. M. Barrie | 1906 | Großbritannien |
| Emil und die Detektive | Erich Kästner | 1928 | Deutschland |
| Pippi Langstrumpf | Astrid Lindgren | 1945 | Schweden |
| Timm Thaler oder Das verkaufte Lachen | James Krüss | 1962 | Deutschland |
| Momo | Michael Ende | 1973 | Deutschland |
| Oh, wie schön ist Panama | Janosch | 1978 | Deutschland |
| Die Wolke | Gudrun Pausewang | 1987 | Deutschland |
| Harry Potter und der Stein der Weisen | Joanne K. Rowling | 1997 | Großbritannien |

## Berühmte Abenteuerromane

| Titel | Autor | Erstveröffentlichung | Land |
|---|---|---|---|
| Don Quijote | Miguel de Cervantes Saavedra | 1605–1615 | Spanien |
| Robinson Crusoe | Daniel Defoe | 1719/20 | Großbritannien |
| Die wunderliche Fata einiger Seefahrer... | Johann Gottfried Schnabel | 1731–1743* | Deutschland |
| Das Kajütenbuch | Charles Sealsfield | 1841 | Österreich |
| Die drei Musketiere | Alexandre Dumas | 1844 | Frankreich |
| Der Graf von Monte Christo | Alexandre Dumas | 1845/46 | Frankreich |
| Moby Dick | Herman Melville | 1851 | USA |
| Die Schatzinsel | Robert Louis Stevenson | 1883 | Großbritannien |
| Durch die Wüste | Karl May | ab 1892 | Deutschland |
| Winnetou | Karl May | 1892–1910 | Deutschland |
| Old Surehand | Karl May | 1894 | Deutschland |
| Der Schatz im Silbersee | Karl May | 1894 | Deutschland |
| Der Seewolf | Jack London | 1904 | USA |
| Wolfsblut | Jack London | 1906 | USA |
| Das Totenschiff | B. Traven | 1926 | Deutschland (?) |

* 1828 von Tieck überarbeitet und unter dem Titel »Die Felsenburg« herausgegeben

## Bedeutende Fantasy- und Sciencefiction-Autoren

| Autor | Titel | Erstveröffentlichung | Land |
|---|---|---|---|
| Fantasy | | | |
| Lewis Carroll | Alice im Wunderland | 1865 | Großbritannien |
| William Morris | Die Quelle am Ende der Welt | 1895/96 | Großbritannien |
| J. R. R. Tolkien | Der Herr der Ringe | 1954/55 | Großbritannien |
| Hans Bemmann | Stein und Flöte | 1983 | Deutschland |
| Michael Ende | Die unendliche Geschichte | 1979 | Deutschland |
| Ursula Le Guin | Erdsee-Zyklus | 1968–1990 | USA |
| Marion Zimmer Bradley | Die Nebel von Avalon | 1982 | USA |

| Autor | Titel | Erstveröffent-lichung | Land |
|---|---|---|---|
| **Sciencefiction** | | | |
| Jules Verne | 20 000 Meilen unterm Meer | 1870 | Frankreich |
| H. G. Wells | Der Krieg der Welten | 1898 | Großbritannien |
| Aldous Huxley | Schöne neue Welt | 1932 | Großbritannien |
| George Orwell | 1984 | 1949 | Großbritannien |
| Arthur C. Clarke | 2001 – Odyssee im Weltraum | 1968 | Großbritannien |
| Isaac Asimov | Ich, der Robot | 1950 | USA |
| | Sterne wie Staub | 1951 | |
| Ray Bradbury | Die Mars-Chroniken | 1950 | USA |
| | Fahrenheit 451 | 1953 | |
| Stanislaw Lem | Solaris | 1961 | Polen |
| Kurt Vonnegut | Schlachthof 5 oder Der Kinderkreuzzug | 1969 | USA |
| Herbert W. Franke | Zone Null | 1970 | Österreich |
| | Endzeit | 1985 | |
| John Brunner | Schafe blicken auf | 1972 | Großbritannien |
| | Der Schockwellenreiter | 1975 | |
| William Gibson | Neuromancer | 1984 | USA |
| Douglas Adams | Per Anhalter durch die Galaxis | 1979 | Großbritannien |

| Bedeutende Autoren von Detektivgeschichten und Kriminalromanen | | | |
|---|---|---|---|
| **Autor** | **Titel** | **Erstveröffent-lichung** | **Land** |
| Willkie Collins | Die Frau in Weiß (3 Bände) | 1860 | Großbritannien |
| Arthur Conan Doyle | Die Abenteuer des Doktor Holmes | 1892 | Großbritannien |
| Edgar Wallace | Der Hexer | 1925 | Großbritannien |
| Dashiell Hammett | Der Malteser Falke | 1930 | USA |
| Raymond Chandler | Der tiefe Schlaf | 1939 | USA |
| Agatha Christie | Mord im Pfarrhaus (mit Miss Marple) | 1930 | Großbritannien |
| | Tod im Orientexpress (mit Hercule Poirot) | 1934 | |
| Dorothy Sayers | Lord Peters schwerster Fall | 1926 | Großbritannien |
| Georges Simenon | Maigret und die alte Dame | 1949 | Belgien |
| Ian Fleming | Casino Royal | 1953 | Großbritannien |
| Patricia Highsmith | Ediths Tagebuch | 1977 | USA |
| John le Carré | Der Spion, der aus der Kälte kam | 1963 | Großbritannien |
| Maj Sjöwall/Per Wahlöö | Das Ekel aus Säffle | 1971 | Schweden |
| Henning Mankell | Die fünfte Frau | 1997 | Schweden |

| Bekannte Stilmittel und Stilmängel | | |
|---|---|---|
| **Stilmittel/-mangel** | **Erklärung** | **Beispiel** |
| Allegorie | Ausdruck, der abstrakten Begriff versinnbildlicht | Amor/Eros = Liebe |
| Anakoluth | Falsche Satzkonstruktion: Ein begonnener Satz wird nicht folgerichtig weitergeführt | »Fundevogel und Lenchen hatten einander so lieb, dass, wenn eins das andere nicht sah, ward es traurig« |
| Asyndeton | Aneinanderreihung von Satzteilen ohne Bindewörter | »Ich kam, sah, siegte.« (Caesar) »Alles rennt, rettet, flüchtet« (Schiller) |
| Chiasmus | Überkreuzung von Satzteilen | »Es gibt viel Gutes und viel Neues in diesem Buch, aber das Gute ist nicht neu und das Neue ist nicht gut« |

⇒ S. 574

# Literatur und Sprache

| Stilmittel/-mangel | Erklärung | Beispiel |
|---|---|---|
| Ellipse | Auslassung von Satzteilen, die sich aus dem Zusammenhang ergeben | »Was nun?« statt »Was sollen wir nun tun?«; »Je schneller, um so besser« für »Je schneller es geht, um so besser ist es« |
| Emphase | Hervorhebung eines Wortes oder Satzteils durch Betonung oder Umschreibung | »Ein M a n n steht vor dir«; »Es ist die Not, die wir dringend bekämpfen müssen« |
| Epitheton ornans | Ständig wiederkehrendes Adjektiv, das der Kennzeichnung einer Person oder Sache dient | »Der listenreiche Odysseus« |
| Euphemismus | Umschreibung einer unangenehmen oder anstößigen Sache, die nicht direkt genannt werden soll | »Widersacher« für »Teufel«, »entschlafen« für »sterben« »transpirieren« für »schwitzen« |
| Hyperbel | Übertreibung | »Der Krug war so groß, dass fünf Männer ihn nicht hätten stemmen können« »Ein Bär von einem Mann« |
| Inversion | Abweichen von der regelmäßigen Wortfolge, um ein Wort oder einen Satzteil hervorzuheben | »Groß ist die Königin der Ägypter« |
| Katachrese | Unzulässige Verbindung bildlicher Ausdrücke | »Der Zahn der Zeit, der schon so manche Träne getrocknet hat, wird auch über diese Wunde Gras wachsen lassen« |
| Litotes | Untertreibung | »Er ist nicht gerade einer der Tapfersten« »Das ist nicht übel« statt »Das ist ausgezeichnet« |
| Metapher | Dichterische Verwendung bildhafter Ausdrücke | »Das Auge des Gesetzes« für »Polizei« |
| Metonymie | Verwendung eines Wortes an Stelle eines anderen, wobei beide Wörter in irgendeiner sachlichen Beziehung zueinander stehen (z. B. Teilbegriff anstelle eines Gesamtbegriffs oder Vertauschung von Ursache und Wirkung) | »Brot« für »Nahrung« »Fettwanst« für »dicker Mensch« »Wer nie sein Brot mit Tränen aß« (Tränen = Kummer) |
| Onomatopöie (Laut- oder Klang- malerei) | Versuch, Wörter so zu wählen, dass sie durch den Klang ihre Aussagekraft verstärken | Wörter wie »klatschen«, »krachen«, »zischen« sind Nachahmungen des tatsächlich Gehörten; als Stilmittel: »Hohler und hohler hört man's heulen« |
| Oxymoron | Verbindung von Wörtern mit entgegengesetzter Bedeutung | »alter Knabe«, »das Helldunkel«, »beredtes Schweigen« |
| Parenthese | Einschiebung eines Wortes oder Satzteils in einen Satz, dessen Konstruktion dadurch unterbrochen wird | »Eduard – so nennen wir einen reichen Baron im besten Mannesalter – Eduard hatte...« |
| Pleonasmus | Anhäufung überflüssiger sinnverwandter Worte | »Er hatte die Möglichkeit, es ihm sagen zu können« statt »Er konnte es ihm sagen« |
| Polysyndeton | Im Unterschied zum Asyndeton die häufige Verwendung von Bindewörtern zur Intensivierung der Aussage | »... und wiegen und tanzen und singen dich ein.« (Goethe) |
| Synästhesie | Vermischung verschiedenartiger Sinneseindrücke; Gehör-, Geschmacks-, Gefühls- und Gesichtsempfindungen werden vertauscht | »knallrot«, »warme Farben« »Durch die Nacht, die mich umfangen, blickt zu mir der Töne Licht« (Brentano) |
| Tautologie | Bezeichnung einer Sache oder Eigenschaft durch mehrere Ausdrücke, die das Gleiche bedeuten. Es gibt jedoch auch Tautologien, die in Folge häufigen Gebrauchs zu einem einzigen Begriff bzw. einer feststehenden Wendung verschmolzen sind und nicht mehr als falsch angesehen werden | »weißer Schimmel«, »alter Greis« »voll und ganz«, »immer und ewig«, »letzten Endes« |
| Zeugma | Satzanordnung, bei der ein Satzteil gleichzeitig für mehrere folgende steht; die Konstruktion wirkt meist komisch | »Er hob den Blick und ein Bein gen Himmel« |

## Schriftsteller-Pseudonyme

| Pseudonym | Name |
| --- | --- |
| Carl Amery | Christian Mayer |
| Claude Anet | Jean Schopper |
| Angelus Silesius | Johannes Scheffler |
| Ferdinand Avenarius | Wilhelm Häring |
| Peter Bamm | Curt Emmrich |
| C. C. Bergius | Egon Maria Zimmer |
| Ludwig Börne | Löb Baruch |
| C. W. Ceram | Kurt W. Marek |
| Agatha Christie | M. E. L. Mallowan geb. Christie |
| Joseph Conrad | Josef Konrad Korzeniowski |
| George Eliot | Mary Ann (Marian) Evans |
| Hans Fallada | Rudolf Ditzen |
| Johannes Fischart | Erich Dombrowski |
| Anatole France | Jacques Anatole Thibault |
| Maxim Gorki | Alexej Maximowitsch Peschkow |
| Jeremias Gotthelf | Albert Bitzius |
| Knut Hamsun | Knud Pedersen |
| Han Suyin | Elizabeth Comber |
| O. Henry | William Sidney Porter |
| Janosch | Horst Eckert |
| Jean Paul | Johann Paul Friedrich Richter |
| A. E. Johann | Alfred Ernst Wollschläger |
| Ellis Kaut | Elisabeth Preis |
| Alfred Kerr | Alfred Kempner |
| John LeCarré | David Cornwell |
| Nikolaus Lenau | Nikolaus Niembsch Edler von Strehlenau |
| Jack London | John Griffith |
| Curzio Malaparte | Kurt Suckert |
| Eugenie Marlitt | Friedrike Henriette John |
| Angelika Mechtel | Angelika Eilers |
| Molière | Jean Baptiste Poquelin |
| Alberto Moravia | Alberto Pincherle |
| Novalis | Georg Philipp Freiherr von Hardenberg |
| George Orwell | Eric Arthur Blair |
| Sandra Paretti | Irmgard Schneeberger |
| Sandor Petöfi | István Petrovics |
| James Krüss | Markus Polder |
| Ludwig Renn | Arnold Vieth von Golszenau |
| Roda Roda | Alexander Rosenfeld |
| Joachim Ringelnatz | Hans Bötticher |
| Françoise Sagan | Françoise Quoirez |
| Felix Salten | Zsiga Salzmann |
| George Sand | Aurore Dupin |
| Anna Seghers | Netty Radványi geb. Reiling |
| Ignazio Silone | Secondo Tranquilli |
| Italo Svevo | Ettore Schmitz |
| Stendhal | Marie Henri Beyle |
| B. Traven | Traven Torsvan |
| Thaddäus Troll | Hans Bayer |
| Henry Troyat | Lev Tarassov |
| Mark Twain | Samuel Langhorne Clemens |

## Literatur-Nobelpreisträger

| Jahr | Preisträger |
| --- | --- |
| 1901 | R. Sully Prudhomme, französischer Dichter |
| 1902 | Theodor Mommsen, deutscher Historiker |
| 1903 | Björnstjerne Björnson, norwegischer Dichter |
| 1904 | Frédéric Mistral, französischer Dichter |
| | José Echegaray, spanischer Dramatiker |
| 1905 | Henryk Sienkiewicz, polnischer Schriftsteller |
| 1906 | Giosuè Carducci, italienischer Dichter |
| 1907 | Rudyard Kipling, englischer Schriftsteller |
| 1908 | Rudolf Eucken, deutscher Philosoph |
| 1909 | Selma Lagerlöf, schwedische Schriftstellerin |
| 1910 | Paul von Heyse, deutscher Schriftsteller |
| 1911 | Maurice Maeterlinck, belgischer Dramatiker |
| 1912 | Gerhart Hauptmann, deutscher Dramatiker |
| 1913 | Rabindranath Tagore, indischer Dichter |
| 1914 | Keine Preisverleihung |
| 1915 | Romain Rolland, französischer Schriftsteller |
| 1916 | Verner von Heidenstam, schwedischer Schriftsteller und Dichter |
| 1917 | Karl Gjellerup, dänischer Schriftsteller |
| | Henrik Pontoppidan, dänischer Schriftsteller |
| 1918 | Keine Preisverleihung |
| 1919 | Carl Spitteler, schweizerischer Schriftsteller und Dichter |
| 1920 | Knut Hamsun, norwegischer Schriftsteller |
| 1921 | Anatole France, französischer Schriftsteller |
| 1922 | Jacinto Benavente, spanischer Dramatiker |
| 1923 | William Butler Yeats, irischer Dichter |
| 1924 | Wladislaw Reymont, polnischer Schriftsteller |
| 1925 | George Bernard Shaw, irischer Dramatiker |
| 1926 | Grazia Deledda, italienische Schriftstellerin |
| 1927 | Henri Bergson, französischer Philosoph |
| 1928 | Sigrid Undset, norwegische Schriftstellerin |
| 1929 | Thomas Mann, deutscher Schriftsteller |
| 1930 | Sinclair Lewis, amerikanischer Schriftsteller |
| 1931 | Erik Axel Karlfeldt, schwedischer Dichter |
| 1932 | John Galsworthy, englischer Schriftsteller |
| 1933 | Ivan Bunin, russischer Schriftsteller |
| 1934 | Luigi Pirandello, italienischer Dramatiker |
| 1935 | Keine Preisverleihung |
| 1936 | Eugene O'Neill, amerikanischer Dramatiker |
| 1937 | Roger Martin du Gard, französischer Schriftsteller |
| 1938 | Pearl S. Buck, amerikanische Schriftstellerin |
| 1939 | Frans Eemil Sillanpää, finnischer Schriftsteller |
| 1940 | Keine Preisverleihung |
| 1941 | Keine Preisverleihung |
| 1942 | Keine Preisverleihung |
| 1943 | Keine Preisverleihung |
| 1944 | Johannes V. Jensen, dänischer Schriftsteller |
| 1945 | Gabriela Mistral, chilenische Dichterin |
| 1946 | Hermann Hesse, schweizerischer Dichter |
| 1947 | André Gide, französischer Schriftsteller |
| 1948 | Thomas Stearns Eliot, amerikanisch-englischer Dichter |

⇒ S. 576

# Literatur und Sprache

## Georg-Büchner-Preisträger

| Jahr | Preisträger |
|------|-------------|
| 1994 | Adolf Muschg (*1934) |
| 1995 | Durs Grünbein (* 1962) |
| 1996 | Sarah Kirsch (* 1935) |
| 1997 | H. C. Artmann (* 1921) |
| 1998 | Elfriede Jelinek (* 1946) |
| 1999 | Arnold Stadler (* 1954) |

## Lessing-Preisträger

| Jahr | Preisträger |
|------|-------------|
| 1930 | Friedrich Gundolf (1880–1931) |
| 1934 | Friedrich Griese (1890–1975) |
|      | Konrad Beste (1890–1958) |
| 1938 | Andreas Heusler (1865–1940) |
| 1942 | Hermann Claudius (1878–1980) |
| 1944 | Fritz Schumacher (1869–1947) |
| 1947 | Rudolf Alexander Schröder (1878–1962) |
| 1950 | Ernst Robert Curtius (1886–1956) |
| 1953 | Wilhelm Lehmann (1882–1968) |
|      | Albrecht Goes (* 1908) |
| 1956 | Hans Henny Jahnn (1894–1959) |
| 1959 | Hannah Arendt (1906–1975) |
| 1962 | Werner Haftmann (* 1912) |
| 1965 | Peter Weiss (1916–1982) |
| 1968 | Walter Jens (* 1923) |
| 1971 | Max Horkheimer (1895–1973) |
| 1974 | Gustav Heinemann (1899–1976) |
| 1977 | Jean Améry (1912–1978) |
| 1981 | Rolf Hochhuth (* 1931) |
|      | Agnes Heller (* 1929) |
| 1985 | Hartmut von Hentig (* 1925) |
| 1989 | Alexander Kluge (* 1932) |
| 1993 | Raymond Klibansky (* 1905) |
| 1997 | J. Ph. Reemtsma (* 1952) |

## Ingeborg-Bachmann-Preisträger

| Jahr | Preisträger |
|------|-------------|
| 1977 | Gert Friedrich Jonke (* 1946) |
| 1978 | Ulrich Plenzdorf (* 1934) |
| 1979 | Gert Hofmann (1932–1993) |
| 1980 | Sten Nadolny (* 1942) |
| 1981 | Urs Jaeggi (* 1931) |
| 1982 | Jürg Amann (* 1947) |
| 1983 | Friederike Roth (* 1948) |
| 1984 | Erica Pedretti (* 1930) |
| 1985 | Hermann Burger (1942–1989) |
| 1986 | Katja Lange-Müller (* 1951) |
| 1987 | Uwe Saeger (* 1948) |
| 1988 | Angela Krauß (* 1950) |
| 1989 | Wolfgang Hilbig (* 1941) |
| 1990 | Birgit Vanderbeke (* 1956) |

| Jahr | Preisträger |
|------|-------------|
| 1991 | Emine Sevgi Özdamar (* 1946) |
| 1992 | Alissa Walser (* 1961) |
| 1993 | Kurt Drawert (* 1956) |
| 1994 | Reto Hänny (* 1947) |
| 1995 | Franzobel (* 1967) |
| 1996 | Jan Peter Bremer (* 1965) |
| 1997 | Norbert Niemann (* 1961) |
| 1998 | Sibylle Lewitscharoff (* 1954) |
| 1999 | Terezia Mora (* 1971) |

## Träger des Friedenspreises des Deutschen Buchhandels

| Jahr | Preisträger |
|------|-------------|
| 1950 | Max Tau, deutscher Schriftsteller |
| 1951 | Albert Schweitzer, deutscher evangelischer Theologe, Musikwissenschaftler und Philosoph |
| 1952 | Romano Guardini, deutsch-italienischer katholischer Religionsphilosoph und Theologe |
| 1953 | Martin Buber, jüdischer Religionsphilosoph und Schriftsteller |
| 1954 | Carl Jacob Burckhardt, schweizerischer Historiker, Diplomat und Schriftsteller |
| 1955 | Hermann Hesse, deutsch-schweizerischer Schriftsteller |
| 1956 | Reinhold Schneider, deutscher Schriftsteller |
| 1957 | Thornton Wilder, amerikanischer Dramatiker |
| 1958 | Karl Jaspers, deutscher Philosoph |
| 1959 | Theodor Heuss, deutscher Politiker |
| 1960 | Victor Gollancz, englischer Verleger |
| 1961 | Sarvepalli Radhakrischnan, indischer Philosoph und Politiker |
| 1962 | Paul Tillich, deutsch-amerikanischer evangelischer Theologe und Philosoph |
| 1963 | Carl Friedrich von Weizsäcker, deutscher Physiker und Philosoph |
| 1964 | Gabriel Marcel, französischer Philosoph |
| 1965 | Nelly Sachs, deutsche Lyrikerin |
| 1966 | Augustin Bea, deutscher katholischer Theologe (Jesuit); Willem Adolph Visser 't Hooft, niederländischer evangelischer Theologe |
| 1967 | Ernst Bloch, deutscher Philosoph |
| 1968 | Léopold Sédar Senghor, senegalesischer Politiker und Schriftsteller |
| 1969 | Alexander Mitscherlich, deutscher Psychologe |
| 1970 | Alva Myrdla, schwedische Politikerin; Gunnar Myrdal, schwedischer Nationalökonom |
| 1971 | Marion Gräfin Dönhoff, deutsche Publizistin |
| 1972 | Janusz Korczak, polnischer Arzt und Pädagoge (Preisverleihung postum) |
| 1973 | Club of Rome, internationaler Zusammenschluss von Persönlichkeiten aus verschiedenen Bereichen zur Ermittlung der materiellen Lage der Menschheit |

⇒ S. 578

# Literatur und Sprache

| Jahr | Preisträger |
|---|---|
| 1974 | Roger Schutz (Frère Roger), schweizerischer evangelischer Theologe |
| 1975 | Alfred Grosser, deutsch-französischer Politologe |
| 1976 | Max Frisch, schweizerischer Schriftsteller |
| 1977 | Leszek Kolakowski, polnischer Philosoph |
| 1978 | Astrid Lindgren, schwedische Schriftstellerin |
| 1979 | Yehudi Menuhin, US-amerikanischer Geiger |
| 1980 | Ernesto Cardenal, nicaraguanischer Theologe und Politiker |
| 1981 | Lew Kopelew, russischer Schriftsteller |
| 1982 | George Kennan, US-amerikanischer Diplomat und Historiker |
| 1983 | Manès Sperber, französisch-österreichischer Schriftsteller |
| 1984 | Octavio Paz, mexikanischer Schriftsteller |
| 1985 | Teddy Kollek, israelischer Politiker |
| 1986 | Wladislaw Bartoszewski, polnischer Historiker |
| 1987 | Hans Jonas, deutscher Philosoph |

| Jahr | Preisträger |
|---|---|
| 1988 | Siegfried Lenz, deutscher Schriftsteller |
| 1989 | Václav Havel, tschechoslowakischer Schriftsteller und Politiker |
| 1990 | Karl Dedecius, deutscher Übersetzer und Schriftsteller |
| 1991 | György Konrád, ungarischer Schriftsteller |
| 1992 | Amos Oz, israelischer Schriftsteller |
| 1993 | Friedrich Schorlemmer, deutscher evangelischer Theologe |
| 1994 | Jorge Semprún, spanischer Schriftsteller |
| 1995 | Annemarie Schimmel, deutsche Orientalistin |
| 1996 | Mario Vargas Llosa, peruanischer Schriftsteller |
| 1997 | Yasar Kemasl, türkischer Schriftsteller |
| 1998 | Martin Walser, deutscher Schriftsteller |
| 1999 | Fritz Stern, US-amerikanischer Historiker |
| 2000 | Assia Djebar, algerische Schriftstellerin, Historikerin und Filmemacherin |

## Europäische Sprachen

| Sprache | Sprachfamilie | Verbreitung | Sprecher in Mio. |
|---|---|---|---|
| Dänisch | Indoeuropäisch (Nordgermanisch) | Dänemark | 4,90 |
| | | Deutschland | 0,03 |
| Deutsch | Indoeuropäisch (Westgermanisch) | Deutschland | 73,30 |
| | | Österreich | 7,40 |
| | | Schweiz | 3,90 |
| | | sonstige, zus. ca. | 4,50 |
| Englisch | Indoeuropäisch (Westgermanisch) | Großbritannien | 55,70 |
| | | Irland | 3,00 |
| | | USA | 222,00 |
| | | Kanada | 15,00 |
| | | Australien | 12,00 |
| | | Neuseeland | 3,00 |
| | | Südafrika | 4,00 |
| Finnisch | Finno-Ugrisch (Ostseefinnisch) | Finnland | 4,87 |
| | | Schweden | 0,25 |
| Französisch | Indoeuropäisch (Westromanisch) | Frankreich | 55,00 |
| | | Belgien | 3,20 |
| | | Schweiz | 1,00 |
| | | Kanada | 6,25 |
| | | Monaco | 0,03 |
| Griechisch | Indoeuropäisch | Griechenland | 9,80 |
| | | sonstige, zus. ca. | 3,00 |
| Italienisch | Indoeuropäisch (Südromanisch) | Italien | 54,00 |
| | | Schweiz | 0,60 |
| Katalanisch | Indoeuropäisch (Westromanisch) | Spanien | 9,20 |
| | | Frankreich | 0,30 |
| | | Andorra | 0,02 |
| Niederländisch | Indoeuropäisch (Westgermanisch) | Niederlande | 13,90 |
| | | Belgien | 5,60 |
| | | Frankreich | 0,20 |
| Polnisch | Indoeuropäisch (Westslawisch) | Polen | 35,70 |

| Sprache | Sprachfamilie | Verbreitung | Sprecher in Mio. |
|---|---|---|---|
| Portugiesisch | Indoeuropäisch (Westromanisch) | Portugal | 10,10 |
| | | Frankreich | 1,00 |
| | | Brasilien | 110,00 |
| Rumänisch | Indoeuropäisch (Ostromanisch) | Rumänien | 20,20 |
| | | Moldawien | 2,80 |
| Russisch | Indoeuropäisch (Ostslawisch) | Staaten der ehem. Sowjetunion | 153,50 |
| Schwedisch | Indoeuropäisch (Nordgermanisch) | Schweden | 3,00 |
| | | Finnland | 0,30 |
| Serbokroatisch | Indoeuropäisch (Südslawisch) | Jugoslawien | 10,50 |
| | | Kroatien | 4,50 |
| | | Bosnien-Herzegowina | 3,50 |
| Slowakisch | Indoeuropäisch (Westslawisch) | Slowakei | 4,70 |
| | | Ungarn | 0,10 |
| Spanisch | Indoeuropäisch (Westromanisch) | Spanien | 24,50 |
| | | Frankreich | 0,64 |
| | | Deutschland | 0,16 |
| | | USA | 15,90 |
| | | ganz Lateinamerika (außer Brasilien) | 230,00 |
| Ukrainisch | Indoeuropäisch (Ostslawisch) | Ukraine | 34,70 |
| | | Polen | 0,18 |
| Ungarisch | Finno-Ugrisch (Ugrisch) | Ungarn | 10,30 |
| | | Rumänien | 1,70 |
| | | Jugoslawien | 0,40 |
| | | Österreich | 0,01 |

## Außereuropäische Sprachen

| Sprache | Sprachfamilie | Verbreitung | Sprecher in Mio. |
|---|---|---|---|
| Afrikaans | Indoeuropäisch (Westgermanisch) | Südafrika | 23,5 |
| Arabisch | Hamitosemitisch (Semitisch) | ganz Nordafrika, Naher Osten, sonstige, zus. ca. | 150,0 |
| Bengali | Indoeuropäisch (Indoarisch) | Bangladesch | 125,0 |
| | | Indien | 70,0 |
| Chinesisch | Sinotibetisch (eigene Gruppe mit mehreren Idiomen) | VR China | 1155,0 |
| | | Taiwan | 20,0 |
| Farsi | Indoeuropäisch (Westiranisch) | Iran | 30,0 |
| Hausa | Tschadisch | West- und Zentralafrika | 30,0 |
| Hindi/ Hindustani | Indoeuropäisch (Indoarisch) | Indien | 360,0 |
| Japanisch | keine Zugehörigkeit | Japan | 126,0 |
| Ki Swahili | Niger-Kongo (Bantu) | Ost- und Zentralafrika | 32,0 |
| Koreanisch | keine Zugehörigkeit | Südkorea | 46,0 |
| | | Nordkorea | 23,0 |
| Malaiisch | Malaio-Polynesisch | Indonesien, Malaysia, sonstige, zus. ca. | 136,0 |
| Marathi | Indoeuropäisch (Indoarisch) | Indien | 66,0 |

⇒ S. 580

# Literatur und Sprache

| Sprache | Sprachfamilie | Verbreitung | Sprecher in Mio. |
|---|---|---|---|
| Tamil | Dravidisch | Indien, Sri Lanka, Malaysia, zus. ca. | 55,0 |
| Telugu | Dravidisch | Indien | 72,0 |
| Türkisch | Turk (Altaisch) | Türkei | 57,6 |
| Urdu | Indoeuropäisch (Indoarisch) | Pakistan | 10,0 |
| | | Indien, sonstige, zus. ca. | 54,0 |
| Vietnamesisch | keine Zugehörigkeit | Vietnam | 62,0 |
| Yoruba | Kwa (Nigerkordofanisch) | Nigeria | 18,6 |

## Analphabetenquoten (in %)

| Land | männlich | weiblich | Land | männlich | weiblich |
|---|---|---|---|---|---|
| **Afrika** | | | Tunesien | 21,4 | 45,4 |
| Ägypten | 36,4 | 61,2 | Uganda | 26,3 | 49,8 |
| Algerien | 26,1 | 51,0 | Zentralafrikanische | | |
| Angola | 51,0 | 68,0 | Republik | 31,5 | 47,6 |
| Äthiopien | 54,5 | 74,7 | | | |
| Benin | 51,3 | 74,2 | **Nord- und Mittelamerika** | | |
| Botsuana | 19,5 | 40,1 | Bahamas | 1,5 | 2,0 |
| Burkina Faso | 70,5 | 90,8 | Barbados | 2,0 | 3,2 |
| Burundi | 50,7 | 77,5 | Costa Rica | 5,3 | 5,0 |
| Côte d'Ivoire | 50,1 | 70,0 | Dominikanische Republik | 18,0 | 17,8 |
| Demokratische Republik | | | El Salvador | 26,5 | 30,2 |
| Kongo (bis 1997: Zaire) | 13,4 | 32,3 | Guatemala | 37,5 | 51,4 |
| Gabun | 26,3 | 46,7 | Haiti | 52,0 | 57,8 |
| Gambia | 47,2 | 75,1 | Honduras | 27,4 | 27,3 |
| Ghana | 24,1 | 46,5 | Jamaika | 19,2 | 10,9 |
| Guinea | 50,1 | 78,1 | Mexiko | 8,2 | 12,6 |
| Kamerun | 25,0 | 47,9 | Nicaragua | 35,4 | 33,4 |
| Kap Verde | 18,6 | 36,2 | Panama | 8,6 | 9,8 |
| Kenia | 13,7 | 30,0 | Trinidad und Tobago | 1,2 | 3,0 |
| Lesotho | 18,9 | 37,7 | USA | 3,0 | 3,0 |
| Liberia | 46,1 | 77,6 | | | |
| Libyen | 12,1 | 37,0 | **Südamerika** | | |
| Mali | 60,6 | 76,9 | Argentinien | 3,8 | 3,8 |
| Marokko | 43,4 | 69,0 | Bolivien | 9,5 | 24,0 |
| Mauretanien | 50,4 | 73,7 | Brasilien | 16,7 | 16,8 |
| Moçambique | 42,3 | 76,7 | Chile | 4,6 | 5,0 |
| Namibia | 25,8 | 69,0 | Ecuador | 8,0 | 11,8 |
| Niger | 79,1 | 93,3 | Guyana | 1,4 | 2,5 |
| Nigeria | 32,7 | 52,7 | Kolumbien | 8,8 | 8,6 |
| Ruanda | 30,2 | 48,4 | Paraguay | 6,5 | 9,4 |
| Sambia | 14,4 | 28,7 | Peru | 5,5 | 17,0 |
| Senegal | 57,0 | 76,8 | Suriname | 4,9 | 9,0 |
| Sierra Leone | 54,6 | 81,8 | Uruguay | 3,1 | 2,3 |
| Simbabwe | 9,6 | 20,1 | Venezuela | 8,2 | 9,7 |
| Somalia | 64,0 | 85,8 | | | |
| Südafrika | 80,6 | 75,0 | **Asien** | | |
| Sudan | 35,6 | 62,5 | Afghanistan | 52,8 | 85,0 |
| Swasiland | 70,3 | 65,0 | Armenien | 0,3 | 0,5 |
| Tansania | 20,6 | 43,2 | Aserbaidschan | 0,3 | 0,5 |
| Tschad | 37,9 | 65,3 | Bahrain | 10,9 | 20,6 |

580

| Land | männlich | weiblich |
|------|----------|----------|
| Bangladesch | 50,6 | 73,9 |
| Bhutan | 43,8 | 71,9 |
| Brunei | 7,4 | 16,6 |
| China | 10,1 | 27,3 |
| Georgien | 0,3 | 0,6 |
| Indien | 34,5 | 62,3 |
| Indonesien | 10,4 | 22,0 |
| Irak | 29,3 | 55,0 |
| Iran | 21,6 | 34,2 |
| Israel | 2,3 | 6,4 |
| Jemen | 43,1 | 82,8 |
| Jordanien | 9,4 | 19,8 |
| Kasachstan | 0,9 | 3,9 |
| Katar | 20,8 | 20,1 |
| Kirgisistan | 0,3 | 0,5 |
| Korea, Süd | 0,7 | 3,3 |
| Kuwait | 17,8 | 25,1 |
| Laos | 30,6 | 55,6 |
| Libanon | 5,3 | 9,7 |
| Malaysia | 10,9 | 21,9 |
| Malediven | 6,7 | 7,0 |
| Mongolei | 11,4 | 22,8 |
| Myanmar (Birma) | 11,3 | 22,3 |
| Nepal | 59,1 | 86,0 |
| Oman | 45,0 | 80,0 |
| Pakistan | 50,0 | 75,6 |
| Philippinen | 5,0 | 5,7 |
| Saudi-Arabien | 28,5 | 49,8 |
| Singapur | 4,9 | 17,0 |
| Sri Lanka | 6,6 | 12,8 |
| Syrien | 14,3 | 44,2 |
| Taiwan | 4,8 | 15,4 |
| Thailand | 4,0 | 8,4 |
| Türkei | 8,3 | 27,6 |
| Turkmenistan | 0,2 | 0,4 |

| Land | männlich | weiblich |
|------|----------|----------|
| Usbekistan | 0,2 | 0,4 |
| Vereinigte Arabische Emirate | 21,1 | 20,2 |
| Vietnam | 3,5 | 8,8 |
| **Australien und Ozeanien** | | |
| Fidschi | 6,2 | 10,7 |
| Papua-Neuguinea | 19,0 | 37,3 |
| Salomonen | 37,6 | 55,1 |
| Tonga | 40,0 | 40,0 |
| Tuvalu | 4,5 | 4,5 |
| Vanuatu | 42,7 | 52,2 |
| Westsamoa | 1,5 | 1,9 |
| **Europa** | | |
| Albanien | 4,6 | 8,4 |
| Bosnien-Herzegowina | 5,5 | 22,0 |
| Bulgarien | 1,1 | 2,3 |
| Estland | 0,2 | 0,2 |
| Griechenland | 2,3 | 7,0 |
| Italien | 1,4 | 2,4 |
| Kroatien | 1,8 | 2,9 |
| Litauen | 0,8 | 2,2 |
| Malta | 14,8 | 13,9 |
| Polen | 0,3 | 0,3 |
| Portugal | 7,5 | 13,0 |
| Rumänien | 1,1 | 3,1 |
| Russland | 0,5 | 3,2 |
| Slowakei | 0,4 | 0,5 |
| Spanien | 1,8 | 3,9 |
| Tschechische Republik | 0,4 | 0,5 |
| Ungarn | 0,7 | 1,0 |
| Weißrussland | 0,6 | 3,4 |
| Zypern | 2,1 | 8,0 |

## Wortarten

| Deutsche Bezeichnung | Lateinische Bezeichnung | | Beispiel(e) |
|----------------------|-------------|-------------|-------------|
| | Einzahl | Mehrzahl | |
| Hauptwort | (das) Substantiv(um) | Substantiva | Haus, Tugend |
| a) Eigennamen | (das) Normen proprium | Nomina propria | Karl, Cäsar |
| b) Gattungsnamen | (das) Nomen appellativum | Nomina appellativa | Hund, Buch |
| Eigenschaftswort | (das) Adjektiv(um) | Adjektiva | schön, edel |
| Zahlwort | (das) Numerale | Numeralia | zwei, der Erste |
| a) Grundzahlen | | Kardinalia | zwei, dreißig |
| b) Ordnungszahlen | | Ordinalia | der Erste, der Dritte |
| c) Einteilungszahlen | | Distributiva | je fünf, je zehn |
| d) Vervielfältigungszahlen | | Multiplikativa | einfach, viermal |
| e) Teilungszahlen | | Partitiva | halb, Drittel |
| Fürwort | (das) Pronomen | Pronomina | ich, dein |
| a) Persönliches Fürwort | Personalpronomen | | ich, du, er, wir |
| b) Besitzanzeigendes Fürwort | Possessivpronomen | | mein, sein |
| c) Hinweisendes Fürwort | Demonstrativpronomen | | dieser, jener |
| d) Bestimmendes Fürwort | Determinativpronomen | | derselbe, selbst |

⇒ S. 582

**581**

# Literatur und Sprache

| Deutsche Bezeichnung | Lateinische Bezeichnung | | Beispiel(e) |
|---|---|---|---|
| | Einzahl | Mehrzahl | |
| e) Zurückweisendes (Bezügliches) Fürwort | Relativpronomen | | welcher, der |
| f) Fragendes Fürwort | Interrogativpronomen | | wer?, was? |
| g) Unbestimmtes Fürwort | Pronomen indefinitium | | jemand, etwas |
| h) Rückbezügliches Fürwort | Reflexivpronomen | | sich |
| Zeitwort | (das) Verb(um) | Verba (Verben) | lieben, arbeiten |
| Umstandswort | (das) Adverb(ium) | Adverbia (Adverbien) | oft, sicherlich |
| Verhältniswort | (die) Präposition | Präpositionen | in, auf, mit |
| Bindewort | (die) Konjunktion | Konjunktionen | wenn, dass |
| Empfindungswort | (die) Interjektion | Interjektionen | ach, weh |
| Geschlechtswort | (der) Artikel | Artikel | der, die, das, ein, eine |

## Wortformen

| Deutsche Bezeichnung | Lateinische Bezeichnung | | Beispiel(e) |
|---|---|---|---|
| | Einzahl | Mehrzahl | |

*Die Nennwörter (Nomina) werden dekliniert (Hauptwort: Deklination). Es sind zu unterscheiden:*

| | | | |
|---|---|---|---|
| Geschlecht | (das) Genus | Genera | |
| männlich | Maskulinum | Maskulina | der Mann |
| weiblich | Femininum | Feminina | die Frau |
| sächlich | Neutrum | Neutra | das Kind |
| | | | |
| Zahl | (der) Numerus | Numeri | |
| Einzahl | (der) Singular | | das Haus |
| Mehrzahl | (der) Plural | | die Häuser |
| | | | |
| Fall | (der) Casus (Kasus) | Casus | |
| Werfall (1. Fall) | (der) Nominativ | | das Volk |
| Wesfall (2. Fall) | (der) Genitiv | | des Volkes |
| Wemfall (3. Fall) | (der) Dativ | | dem Volke |
| Wennfall (4. Fall) | (der) Akkusativ | | das Volk |
| im Lateinischen z. B. auch | | | |
| 5. Fall | (der) Ablativ | | fehlt im Deutschen |
| 6. Fall (Ruffall) | (der) Vokativ | | o Volk! |

*Die Eigenschaftswörter (Adjektive) werden gesteigert:*

| | | |
|---|---|---|
| Steigerung | (die) Komparation | |
| 1. Steigerungsstufe | (der) Positiv | hoch |
| 2. Steigerungsstufe | (der) Komparativ | höher |
| 3. Steigerungsstufe | (der) Superlativ | am höchsten |

*Bei der Flexion des Zeitwortes (Verbums), der Konjugation, sind zu unterscheiden:*

| | | | |
|---|---|---|---|
| Zeit | (das) Tempus | Tempora | |
| Gegenwart | (das) Praesens (Präsens) | | ich liebe |
| 1. Vergangenheit (Mitvergangenheit) | (das) Imperfekt(um) | | ich liebte |

| Deutsche Bezeichnung | Lateinische Bezeichnung | | Beispiel(e) |
|---|---|---|---|
| | Einzahl | Mehrzahl | |
| 2. Vergangenheit | (das) Perfekt(um) | | ich habe geliebt |
| Vorvergangenheit | (das) Plusquamperfekt(um) | | ich hatte geliebt |
| Zukunft | (das) Futur(um) I | | ich werde lieben |
| Vorzukunft | (das) Futur(um) II | | ich werde geliebt haben |
| | | | |
| Aussageform | (der) Modus | Modi | |
| Wirklichkeitsform | (der) Indikativ | | ich bin |
| Möglichkeitsform | (der) Konjunktiv | | ich sei |
| Befehlsform | (der) Imperativ | | sei...! |
| | | | |
| Form | (das) Genus | Genera | |
| Tätigkeitsform | (das) Aktivum | | ich liebe |
| Leideform | (das) Passivum | | ich werde geliebt |
| | | | |
| Nominale Verbalformen | | | |
| Nennform | (der) Infinitiv | | lieben |
| 1. Mittelwort | (das) Partizip (Participium) | Partizipien | liebend |
| 2. Mittelwort | (das) Partizip (Participium) | Partizipien | geliebt |
| | | | |
| Personalformen | | | |
| 1. Pers. Einzahl | 1. Pers. Singular | | ich liebe |
| 2. Pers. Einzahl | 2. Pers. Singular | | du liebst |
| 3. Pers. Einzahl | 3. Pers. Singular | | er, sie, es liebt |
| 1. Pers. Mehrzahl | 1. Pers. Plural | | wir lieben |
| 2. Pers. Mehrzahl | 2. Pers. Plural | | ihr liebt |
| 3. Pers. Mehrzahl | 3. Pers. Plural | | sie lieben |

## Wichtige grammatikalische Begriffe

| Begriff | Bedeutung | Begriff | Bedeutung |
|---|---|---|---|
| Adjektiv | Eigenschaftswort | Konjugation | Beugung des Verbs |
| Adverb | Umstandswort | Konjunktion | Bindewort |
| Apposition | Zufügung | Konjunktiv | Möglichkeitsform |
| Attribut | Beifügung | Konsonant | Mitlaut |
| Casus | Fall | Objekt | Satzergänzung |
| Compositum | Zusammengesetztes Wort | Perfekt | 2. Vergangenheit |
| Deklination | Beugung des Substantivs, Adjektivs, Pronomens | Personalpronomen | Persönliches Fürwort |
| | | Plural | Mehrzahl |
| Demonstrativpronomen | Hinweisendes Fürwort | Plusquamperfekt | Vorvergangenheit |
| Futur(um) | Zukunft | Possessivpronomen | Besitzanzeigendes Fürwort |
| Genus | Geschlecht/Form | Prädikat | Satzaussage |
| Imperativ | Befehlsform | Präposition | Verhältniswort |
| Imperfekt | 1. Vergangenheit | Präsens | Gegenwart |
| Indefinitivpronomen | Unbestimmtes Fürwort | Pronomen | Fürwort |
| Indikativ | Wirklichkeitsform | Singular | Einzahl |
| Infinitiv | Nennform | Subjekt | Satzgegenstand |
| Interjektion | Empfindungswort | Substantiv | Hauptwort |
| Interrogativpronomen | Fragendes Fürwort | Syntax | Satzlehre |
| Interrogativsatz | Fragesatz | Temporalsatz | Zeitsatz |
| Kausalsatz | Begründungssatz | Tempus | Zeit |
| Komparation | Steigerung | Verb | Zeitwort |
| Konditionalsatz | Bedingungssatz | Vokal | Selbstlaut |

**583**

# Literatur und Sprache

## I. Zuordnung von Laut und Buchstabe

▷ Die wichtigste Regel für die Rechtschreibung lautet: Wörter eines Wortstammes werden immer gleich geschrieben.

Diese Regel besagt, dass die Schreibung der Wortstämme – gemeint ist dabei der Kern der Wörter –, der Präfixe (Vorsilben), Suffixe (Nachsilben) und Endungen bei der Flexion (Beugung) der Wörter, in Zusammensetzungen und Ableitungen weitgehend gleich bleibt. Deshalb wird es keine großen Schwierigkeiten bereiten, die Schreibung eines nicht geläufigen Wortes zu ergründen, wenn man nach verwandten Wörtern sucht, z.B.

*ankuppeln, ich kupp(e)le an, ich kuppelte an, er hat angekuppelt;*
*die Kupplung; der Kuppler, die Kupplerin*

**Achtung:** Wortstämme können sich auch verändern, und zwar durch Umlaut (*Bau – Gebäude, Hand – die Hände, Kunst – Künstler, Not – nötig, Vater – väterlich*), Ablaut (*schwimmen – schwamm – geschwommen*) oder durch den Wechsel von *-e-* und *-i-* (*geben – du gibst – er gibt*).

▷ Bei Zusammensetzungen bleibt die Stammschreibung erhalten: So werden – wie bisher üblich – bei nachfolgendem Konsonanten alle gleichen Konsonantenbuchstaben geschrieben (*Schifffracht*), jetzt aber auch bei nachfolgendem Vokal: *Schifffahrt.*

Dies betrifft u.a. Wörter wie: *Balletttänzer, Flanelllappen, Flusssand, Stofffetzen* usw.

## Vokale

▷ Folgt im Wortstamm auf einen betonten kurzen Vokal nur ein einzelner Konsonant, so kennzeichnet man die Kürze des Vokals durch Verdopplung des Konsonantenbuchstabens.

Das betrifft Wörter wie: *Ebbe; Paddel; schlaff, Affe; Kontrolle; schlimm, immer; denn, wann; Galopp; knurren, starr; wessen; statt, Hütte*

**Achtung:** *Karamell* (zu *Karamelle*), *nummerieren* (zu *Nummer*)

**Wichtig:** Die Verdopplung des Konsonanten bleibt üblicherweise in Wörtern, die sich aufeinander beziehen lassen, auch dann erhalten, wenn sich die Betonung ändert, z.B.: *Galopp – galoppieren, Kontrolle – kontrollieren* Bei verschiedenen Wörtern verdoppelt man den einzelnen Konsonanten jedoch nicht, obwohl dieser einem betonten kurzen Vokal folgt, z.B.: *Chip, Job, Klub; Mini; ab, an, man, plus, drin; ich bin* usw.

▷ Der bisherige Wechsel von *-ss* zu *-ß* nach kurzem Vokal ist aufgehoben; konsequent wird *-ss* geschrieben.

Entsprechend wird die Konjunktion *dass* geschrieben und damit vom Artikel/Relativpronomen *das* unterschieden. Außerdem: *der Anlass; ein bisschen; der Entschluss; er hasste, der Hass; sie küssten, der Kuss; sie lässt; sie mussten; der Pass* usw.

**Achtung:** Bei langem Vokal und Diphthong (Zwielaut) bleibt das *-ß* erhalten: *groß, Straße; draußen, beißen* Entsprechend wechseln: *fließen – er floss – der Fluss – das Floß*

▷ Für *k* und *z* gilt nach kurzem Vokal eine besondere Regelung: Statt *kk* schreibt man *ck* und statt *zz* meistens *tz*.

Das betrifft Wörter wie: *Acker, locken, Reck; Katze, Matratze*
Ausnahmen: Fremdwörter wie *Mokka, Sakko; Pizza, Razzia*

▷ Wenn einem betonten langen Vokal ein unbetonter kurzer Vokal folgt (oder folgen kann), so steht nach dem langen Vokal stets ein *-h*.

Dies betrifft Wörter wie: *nahen, er naht; drehen, sie drehten; drohen, man drohte; Schuh, Schuhe; fähig; Höhe; früh* Ebenso: *Geweih, leihen, Reihe, verzeihen, Weiher*
**Aber:** *Blei, drei, schreien*

▷ Folgt einem betonten langen Vokal ein *l, m, n* oder *r*, so wird in vielen Wörtern nach dem Vokal ein *h* eingefügt.

Dies betrifft: *Dahlie, lahm; Befehl, benehmen; hohl, Sohn; Huhn, Uhr; ähneln; Höhle, stöhnen; Bühne, führen* usw.

▷ Für den langen *i*-Laut schreibt man *ie*, in fremdsprachigen Suffixen und bei Wortausgängen *-ie, -ier* und *-ieren*.

Dies betrifft: *Biest, Knie, Miete, Tier; Batterie, Lotterie; Scharnier; marschieren, probieren*
**Aber:** *dir, mir, wir; gib* (aber: *ergiebig*); *Biber, Brise, Igel, Liter, Tiger*

**Achtung:** *ih* steht in: *ihm, ihn, ihnen; ihr, ieh* in: *fliehen, Vieh, wiehern, ziehen*, außerdem in Flexionsformen wie *er/sie befiehlt, es gedieh, er/sie sieht, er/sie stiehlt* usw.

▷ Folgen auf *-ee* oder *-ie* die Flexionsendungen oder Ableitungssuffixe *-e, -en, -er, -es, -ell*, so lässt man das e weg.

Das betrifft Wörter wie: *die Feen; die Ideen; des Sees; die Knie, knien; sie schrien, geschrien; industriell*

## Konsonanten

▷ Bei vielen Wörtern kann die Schreibung des Konsonanten am Silbenende oder -anfang aus der Aussprache erweiterter Formen oder verwandter Wörter abgeleitet werden.

Dies betrifft Wörter wie: *gläubig, Gläubige*; aber: *Plastik, Plastiken*
             *der Preis, die Preise, preisen, er preist*; aber: *Fleiß, fleißig*
             *der Rat, des Rates*; aber: *das Rad, des Rades, Radumfang*
             *der Sieg, die Siege, siegen, er siegt*; aber: *Musik, musikalisch*
             *trüb, eingetrübt, trübselig*; aber: *Typ, Typen*

▷ Für die Lautverbindung *[ks]* schreibt man *x*.

Dies betrifft u.a. *boxen, fixen, mixen, Taxi, verflixt*
**Aber:** *Achse, Büchse, Fuchs, Ochse, sechs, Wachs, wechseln* usw.; *Keks, schlaksig* usw.

▷ Folgt auf das *s, ss, ß, x* oder *z* eines Verb- oder Adjektivstammes die Endung *-st* der 2. Person Singular bzw. die Endung *-st(e)* des Superlativs, so lässt man das s der Endung weg.

Das betrifft Wörter wie: *du reist* (zu reisen), *du hasst* (zu hassen), *du reißt* (zu reißen), *du mixt* (zu mixen), *du sitzt* (zu sitzen); (*groß – größer –) größte*

## II. Getrennt- und Zusammenschreibung

▷ Für die Getrennt- und Zusammenschreibung gilt als Grundregel, dass die getrennte Schreibung der Wörter der Normalfall, die Zusammenschreibung dagegen an bestimmte Bedingungen geknüpft ist.

So wird zum Beispiel stets getrennt geschrieben, wenn der erste oder der zweite Bestandteil eines Wortes erweitert ist (wie bei *viele Kilometer weit*, aber *kilometerweit; irgend so ein*, aber *irgendein*); dagegen wird zusammengeschrieben, wenn der erste oder zweite Teil in dieser Form als selbständiges Wort nicht vorkommt (wie bei *wissbegierig, redselig, großspurig, fehlschlagen, kundgeben, weismachen*).

## Verbindungen mit Verben

▷ Partikeln, Adjektive oder Substantive können mit Verben trennbare Zusammensetzungen bilden. Man schreibt sie nur im Infinitiv, im Partizip I und im Partizip II sowie im Nebensatz bei Endstellung des Verbs zusammen.

Dies betrifft
1. Zusammensetzungen aus Partikel + Verb mit den folgenden ersten Bestandteilen:
    *ab-, an-, auf-, aus-, bei-, beisammen-, da-, dabei-, dafür-, dagegen-, daher-, dahin-, daneben-, dar-,*
    *d(a)ran-, d(a)rein-, da(r)nieder-, darum-, davon-, dawider-, dazu-, dazwischen-, drauf-, drauflos-, drin-,*
    *durch-, ein-, einher-, empor-, entgegen-, entlang-, entzwei-, fort-, gegen-, gegenüber-, her-, herab-,*

⇒ S. 586

heran-, herauf-, heraus-, herbei-, herein-, hernieder-, herüber-, herum-, herunter-, hervor-, herzu-, hin-, hinab-, hinan-, hinauf-, hinaus-, hindurch-, hinein-, hintan-, hintenüber-, hinterher-, hinüber-, hinunter-, hinweg-, hinzu-, inne-, los-, mit-, nach-, nieder-, über-, überein-, um-, umher-, umhin-, unter-, vor-, voran-, vorauf-, voraus-, vorbei-, vorher-, vorüber-, vorweg-, weg-, weiter-, wider-, wieder-, zu-, zurecht-, zurück-, zusammen-, zuvor-, zuwider-, zwischen-

2. Zusammensetzungen aus Adverb oder Adjektiv + Verb, bei denen
   - der erste, einfache Bestandteil in dieser Form als selbständiges Wort nicht vorkommt: *fehlgehen, fehlschlagen, feilbieten, kundgeben, kundtun, weismachen*
   - der erste Bestandteil in dieser Verbindung weder erweiterbar noch steigerbar ist: *bereithalten, bloßstellen, fernsehen, festsetzen* (= bestimmen), *freisprechen* (= für nicht schuldig erklären), *gutschreiben* (= anrechnen), *hochrechnen, schwarzarbeiten, totschlagen, wahrsagen* (= prophezeien)

Getrennt schreiben muss man dagegen
1. Verbindungen von Substantiv und Verb:
   *Angst haben, Auto fahren, Diät halten, Eis laufen, Feuer fangen, Fuß fassen, Kopf stehen, Leid tun, Maßhalten, Not leiden, Not tun, Pleite gehen, Posten stehen, Rad fahren, Rat suchen, Schlange stehen, Schuld tragen, Ski laufen, Walzer tanzen*
   **Aber:** Zusammenschreibung bei folgenden ersten Bestandteilen: *heim- (heimfahren), irre- (irreführen), preis- (preisgeben), stand- (standhalten), statt- (stattfinden), teil- (teilnehmen), wett- (wettmachen), wunder- (wundernehmen)*
2. Verbindungen von Verb (Infinitiv) und Verb/Partizip:
   *liegen lassen/gelassen, sitzen lassen/gelassen, kennen lernen/gelernt, sitzen bleiben/geblieben, stehen bleiben/geblieben, spazieren gehen/gegangen*
3. Verbindungen von Partizip und Verb:
   *gefangen nehmen (halten), geschenkt bekommen, getrennt schreiben, verloren gehen*
4. Verbindungen von Adjektiv und Verb (Adjektiv ist steigerbar oder erweiterbar):
   *bekannt machen (etwas noch bekannter machen), fern liegen (ferner liegen, sehr fern liegen), frei sprechen* (= ohne Manuskript sprechen), *genau nehmen, gut gehen, gut schreiben* (= lesbar, verständlich schreiben), *hell strahlen, kurz treten, langsam arbeiten, laut reden, leicht fallen, locker sitzen, nahe bringen, sauber schreiben, schlecht gehen, schnell laufen, schwer nehmen, zufrieden stellen*
   **Aber:** *fernbleiben, festnehmen, freisprechen* (= für nicht schuldig erklären), *gutschreiben* (= anrechnen), *kurzarbeiten* usw.
5. Verbindungen aus zusammengesetztem Adverb und Verb:
   *abhanden kommen, anheim fallen/geben/stellen, beiseite legen/stellen/schieben, überhand nehmen, vonstatten gehen, vorlieb nehmen, zugute halten/kommen/tun, zunichte machen, zupass kommen, zustatten kommen, zuteil werden*
   *aneinander denken/grenzen/legen, aufeinander achten/hören/stapeln, auseinander gehen/laufen/setzen, beieinander bleiben/sein/stehen, durcheinander bringen/reden/sein*
   *auswendig lernen, barfuß laufen, daheim bleiben; auch: allein stehen, (sich) quer stellen*
   *abseits stehen, diesseits/jenseits liegen; abwärts gehen, aufwärts streben, rückwärts fallen, seitwärts treten, vorwärts blicken*
6. Verbindungen aus Adjektiv mit der Endung *-ig, -isch, -lich* und Verb:
   *lästig fallen, übrig bleiben; kritisch denken, spöttisch reden; freundlich grüßen, gründlich säubern*
7. Verbindungen mit *sein:*
   *beisammen sein, da sein, fertig sein, los sein, pleite sein, vorbei sein, vorüber sein, zufrieden sein, zurück sein, zusammen sein*

## Verbindungen mit Adjektiven

Getrenntschreibung erfolgt bei
1. Verbindungen von zwei Adjektiven, bei denen das erste auf *-ig, -isch* oder *-lich* endet:
   *riesig groß, mikroskopisch klein, schrecklich nervös*
   **Aber:** *letztmalig, großspurig*, weil der erste oder zweite Bestandteil nicht allein vorkommt
2. Verbindungen eines Partizips und eines Adjektivs:
   *abschreckend hässlich, blendend weiß, gestochen scharf, kochend heiß, leuchtend rot, strahlend hell*
   bzw. Adjektivs und Partizips:
   *hell strahlend, laut redend*
3. Verbindungen, bei denen der erste Bestandteil erweitert oder gesteigert worden ist oder werden kann:
   *vor Freude strahlend, gegen Hitze beständig, zwei Finger breit, drei Meter hoch, mehrere Jahre lang, seiner*

**586**

*selbst bewusst; sehr ernst gemeint, leichter verdaulich*
*dicht behaart, dünn bewachsen, schwach bevölkert*
**Aber:** Zusammenschreibung: *freudestrahlend, hitzebeständig, fingerbreit, meterhoch,*
*jahrelang*

Lässt sich in Einzelfällen nicht klar entscheiden, ob zusammengeschrieben wird oder getrennt, so bleibt es jedem selbst überlassen, ob er die Fügung als Wortgruppe *(nicht öffentlich)* oder Zusammensetzung *(nichtöffentlich)* auffasst.

## Zusammensetzungen mit Substantiven

▷ Bei den Zusammensetzungen von Substantiven mit Substantiven (auch von fremdsprachigen), mit Adjektiven, Verbstämmen, Pronomen oder Partikeln wie bei mehrteiligen Substantivierungen dominiert die Zusammenschreibung.

Bei allen auftauchenden Fragen hilft der Blick ins Wörterbuch. In Einzelfällen ist Getrenntschreibung möglich bzw. notwendig:
1. bei Verbindungen von Adjektiv und Substantiv:
   *Bigband* oder: *Big Band, Softdrink* oder: *Soft Drink*
2. bei Verbindungen aus Bruchzahl und Substantiv:
   *ein Viertelkilogramm* oder: *ein viertel Kilogramm*
   *fünf Hundertstelsekunden* oder: *fünf hundertstel Sekunden*
3. bei Ableitungen von geographischen Eigennamen auf *-er*:
   *Thüringer Wald, Berliner Bevölkerung, Mecklenburger Landschaft, Schweizer Käse*

## Zusammensetzungen anderer Wortarten

▷ Mehrteilige Adverbien, Konjunktionen, Präpositionen und Pronomen schreibt man zusammen, wenn Wortart, Wortform oder Bedeutung der einzelnen Bestandteile nicht mehr deutlich erkennbar sind.

Dazu gehören:
1. Adverbien wie: *stromabwärts, allerdings, umständehalber, diesmal, erstmals, genauso, seitwärts, bisweilen, jederzeit* usw. und *beinahe, beisammen, irgendwann, nichtsdestoweniger, zuallererst* usw.
2. Konjunktionen wie: *anstatt (dass), solange, sooft, soviel, stattdessen*
3. Präpositionen wie: *anhand, infolge, zuliebe*
4. Pronomen wie: *irgendein, irgendjemand, irgendwelcher*

**Aber:** Getrenntschreibung bei:
1. Fällen, in denen ein Bestandteil erweitert ist:
   *dies eine Mal* (aber: *diesmal*), *den Strom abwärts* (aber: *stromabwärts*), *irgend so ein/eine/einer* (aber: *irgendein*)
2. Fällen, bei denen Wortart oder Bedeutung der einzelnen Bestandteile deutlich erkennbar sind:
   *zu Ende (gehen, kommen), zu Fuß (gehen), zu Hause (bleiben, sein), zu Hilfe (kommen), zu Lande, zu Wasser und zu Lande, zu Schaden (kommen), darüber hinaus, nach wie vor, vor allem; so (wie, zu) hohe Häuser; er hat das schon so (wie, zu) oft gesagt; so (wie, zu) viel Geld; so (wie, zu) viele Leute; so (wie, zu) weit; gar kein, gar nicht, gar nichts, gar sehr, gar wohl*

**Achtung:** In den folgenden Fällen bleibt es jedem selbst überlassen, wie er schreibt:
   *außerstand* oder: *außer Stand setzen; außerstande* oder: *außer Stande sein; imstande* oder: *im Stande sein; infrage* oder: *in Frage stellen; instand* oder: *in Stand setzen; zugrunde* oder: *zu Grunde gehen; zuleide* oder: *zu Leide tun; zumute* oder: *zu Mute sein; zurande* oder: *zu Rande kommen; zuschanden* oder: *zu Schanden machen/werden; zuschulden* oder: *zu Schulden kommen lassen; zustande* oder: *zu Stande bringen; zutage* oder: *zu Tage fördern/treten; zuwege* oder: *zu Wege bringen*
   *sodass* oder: *so dass*
   *anstelle* oder: *an Stelle; aufgrund* oder: *auf Grund; aufseiten* oder: *auf Seiten; mithilfe* oder: *mit Hilfe; vonseiten* oder: *von Seiten; zugunsten* oder: *zu Gunsten; zulasten* oder: *zu Lasten; zuungunsten* oder: *zu Ungunsten*

⇒ S. 588

# Literatur und Sprache

Wenn man ein mehrteiliges Wort mit Bindestrich statt wie üblich zusammenschreibt, lassen sich die einzelnen Bestandteile leichter erfassen. Darüber hinaus können auf diese Weise unübersichtliche Zusammensetzungen besser gegliedert werden. Im Folgenden sind die Fälle aufgeführt, bei denen Bindestrichschreibung die Regel ist.

▷ Ein Bindestrich muss in Zusammensetzungen mit Einzelbuchstaben, Abkürzungen oder Ziffern gesetzt werden.

Dies betrifft
1. Zusammensetzungen mit Einzelbuchstaben:
    *i-Punkt, S-Kurve, s-Laut, s-förmig, T-Shirt, x-beliebig, x-beinig, x-mal, y-Achse;* ebenso:
    *zum x-ten Mal*
2. Zusammensetzungen mit Abkürzungen:
    *Kfz-Schlosser, Fußball-WM, Lungen-Tbc, Dipl.-Ing.* (= Diplomingenieur)
3. Zusammensetzungen mit Ziffern:
    *8-Zylinder; 5-mal, 4-silbig, 100-prozentig, 1-zeilig, 17-jährig, der 17-Jährige; 8:6-Sieg, 2:3-Niederlage; 2/3-Mehrheit, 3/4-Takt*
    **Aber:** *100%ig, 25fach, eine 25er-Gruppe, in den 80er-Jahren* (auch: *in den 80er Jahren*)

▷ Bindestriche müssen in substantivisch gebrauchten Zusammensetzungen gesetzt werden, insbesondere bei substantivisch gebrauchten Infinitiven.

Beispiele: *das Entweder-oder, das Sowohl-als-auch; das Walkie-Talkie; das Make-up; das Auf-die-lange-Bank-Schieben, das An-den-Haaren-Herbeiziehen*

**Aber:** *das Autofahren, das Ballspielen, beim Walzertanzen*

▷ Ein Bindestrich muss zwischen allen Bestandteilen mehrteiliger Zusammensetzungen gesetzt werden.

Beispiele: *K.-o.-Schlag; 10-Pfennig-Briefmarke, 8-Zylinder-Motor, 400-m-Lauf; Berg-und-Tal-Bahn, Kopf-an-Kopf-Rennen; Hals-Nasen-Ohren-Klinik; Erste-Hilfe-Lehrgang, Trimm-dich-Pfad*

▷ Ein Bindestrich kann gesetzt werden u.a. zur Hervorhebung einzelner Bestandteile, auch zur Gliederung unübersichtlicher Zusammensetzungen oder beim Zusammentreffen von drei gleichen Buchstaben.

Dies betrifft
1. die Hervorhebung einzelner Bestandteile:
    *der dass-Satz, die Ich-Erzählung, die Kann-Bestimmung*
2. unübersichtliche Zusammensetzungen:
    *Lotto-Annahmestelle, Software-Angebotsmesse, Desktop-Publishing; physikalisch-chemisch-biologische Prozesse*
3. das Zusammentreffen von drei gleichen Buchstaben:
    *Hawaii-Inseln, Kaffee-Ersatz; Schiff-Fahrt, Schrott-Transport*

▷ Ein Bindestrich muss gesetzt werden in Zusammensetzungen, die als zweiten Bestandteil einen Eigennamen enthalten oder die aus zwei Eigennamen bestehen, ebenso bei den entsprechenden Ableitungen.

Dies betrifft
1. Zusammensetzungen mit Personennamen:
    *Frau Müller-Weber, Eva-Maria; Blumen-Richter, Foto-Müller, Möbel-Schmidt*
2. geographische Eigennamen:
    *Annaberg-Buchholz, Baden-Württemberg, Flughafen Köln-Bonn, Rheinland-Pfalz; baden-württembergisch, rheinland-pfälzisch*

▷ Ein Bindestrich muss gesetzt werden bei mehrteiligen Zusammensetzungen, deren erste Bestandteile aus Eigennamen bestehen.

Beispiele: *Heinrich-Heine-Platz, Oder-Neiße-Grenze; Goethe-Schiller-Archiv, Johann-Sebastian-Bach-Gymnasium*

▷ Ein Bindestrich kann gesetzt werden in Zusammensetzungen, wenn der erste Bestandteil ein Eigenname ist, der besonders hervorgehoben werden soll, oder der zweite Bestandteil bereits eine Zusammensetzung ist.

Beispiele: *Goethe-Ausgabe, Johannes-Passion; Goethe-Geburtshaus, Brecht-Jubiläumsausgabe; Ganges-Ebene, Elbe-Wasserstandsmeldung, Helsinki-Nachfolgekonferenz*

## IV. Groß- und Kleinschreibung

▷ Die Großschreibung tritt im Deutschen am Satzbeginn und im Satzinnern auf. Am Satzanfang signalisiert sie den Beginn eines Textes (Satzanfänge, Überschriften), im Satzinnern dient sie als Mittel, um Wörter oder Wortgruppen besonders hervorzuheben.

Das betrifft
1. Substantive oder Substantivierungen (substantivierte Verben, Adjektive, Pronomen usw.)
2. Eigennamen (Personennamen, Städte- und Straßennamen, Namen von Gebirgen, Gewässern, Schiffen, Zügen usw.)
3. die höfliche Anrede (*Sie, Ihnen, Ihren*)

### Großschreibung am Beginn eines Textes

▷ Das erste Wort einer Überschrift, eines Werktitels und dergleichen schreibt man groß.

Beispiele: *Hohe Schneeverwehungen behindern Autoverkehr*
*Der grüne Heinrich*
*Ungarische Rhapsodie*
*Ein Fall für zwei*
*Grüne Woche (in Berlin)*

**Achtung:** Die Großschreibung des ersten Wortes bleibt auch dann erhalten, wenn ein Titel u. Ä. innerhalb des Satzes gebraucht wird: *Wir lesen Kellers Roman ›Der grüne Heinrich‹.*

▷ Satzanfänge schreibt man groß.

Beispiele: *Gestern hat es geregnet. Du kommst bitte morgen! Hat er das wirklich gesagt?*

**Achtung:**
1. Nach einem Doppelpunkt wird das erste Wort großgeschrieben, wenn die folgende Ausführung als ganzer Satz verstanden wird: *Die Regel lautet: Würfelt man eine Sechs, dann …*
aber Kleinschreibung, wenn nur ein Wort oder ein Teilsatz folgen: *Alle waren da: die Kinder, die Freunde, zahlreiche Verehrer.*
2. Das erste Wort der wörtlichen Rede wird großgeschrieben: *Sie fragte: »Kommt er heute?« Er sagte: »Wir wissen es nicht.« Alle baten: »Bleib!«*

### Großschreibung von Substantiven

▷ Substantive schreibt man groß.

Dies gilt auch für
1. nichtsubstantivische Wörter, wenn sie am Anfang einer Zusammensetzung mit Bindestrich stehen:
*das In-den-Tag-hinein-Leben, der Trimm-dich-Pfad, die X-Beine, die S-Kurve*
2. Substantive als Teile von Zusammensetzungen mit Bindestrich:
*der 400-Meter-Lauf, zum Aus-der-Haut-Fahren*
3. Substantive (auch Zusammensetzungen) aus anderen Sprachen:
*der Drink, das Center, das Cordon bleu, das Know-how, der Airbag, der Bandleader, das Mountainbike, der Worldcup*
auch: *der Softdrink, der Chewinggum, der Fulltimejob*
4. Substantive, die Bestandteile fester Gefüge sind und nicht mit anderen Bestandteilen des Gefüges zusammengeschrieben werden:
*auf Abruf, in/mit Bezug auf, im Grunde, auf Grund* oder: *aufgrund; zu Grunde* oder: *zugrunde gehen;*

⇒ S. 590

*etwas außer Acht lassen, in Betracht kommen, zu Hilfe kommen, in Kauf nehmen;*
*Auto fahren, Rad fahren, Maschine schreiben, Kegel schieben, Diät leben, Folge leisten, Maß halten, Hof halten, Kopf stehen, Leid tun, Not leiden, Not tun, Pleite gehen, Eis laufen;*
*Recht haben/behalten/bekommen, Unrecht haben/behalten/bekommen, Ernst machen mit etwas, Wert legen auf etwas, Angst haben, jemandem Angst (und Bange) machen, (keine) Schuld tragen (aber: recht/ unrecht sein, etwas ernst nehmen, angst und bange sein);*
*zum ersten Mal (aber: einmal, diesmal, nochmal);*
*eines Abends, des Nachts, letzten Endes, guten Mutes, schlechter Laune (aber: abends, nachts)*

5. Zahlsubstantive:
   *ein Dutzend, das Paar (aber: ein paar = einige), das Hundert, das Tausend*
6. Ausdrücke, die als Bezeichnung von Tageszeiten nach den Adverbien *(vor)gestern, heute, (über)morgen* auftreten:
   *Wir treffen uns heute Mittag. Die Frist läuft übermorgen Mitternacht ab. Sie rief gestern Abend an.*

▷ Klein schreibt man dagegen Wörter, die ihre substantivischen Merkmale eingebüßt und die Funktion anderer Wortarten übernommen haben.

Dies betrifft
1. Wörter, die in Verbindung mit den Verben *sein, bleiben, werden* als Adjektive gebraucht werden:
   *angst, bange, gram, leid, pleite, schuld: Uns ist angst und bange. Mir ist das alles leid. Die Firma ist pleite. Er ist schuld daran.*
2. den ersten Bestandteil unfest zusammengesetzter Verben auch in getrennter Stellung:
   *Ich nehme daran teil (teilnehmen). Die Besprechung findet am Freitag statt (stattfinden). Wir geben unser Ziel nicht preis (preisgeben)*
3. Adverbien, Präpositionen, Konjunktionen auf *-s* und *-ens*:
   *abends, anfangs, donnerstags, morgens, rechtens; abseits, angesichts, mangels, mittels, namens, seitens; falls, teils ... teils*
4. die Präpositionen:
   *dank, kraft, laut, statt, an ... statt (an Kindes statt, an seiner statt), trotz, wegen, von ... wegen (von Amts wegen) um ... willen, zeit*
5. die unbestimmten Zahlwörter:
   *ein bisschen (= ein wenig), ein paar (= einige);*
6. Bruchzahlen auf *-tel* und *-stel*:
   *ein zehntel Millimeter, ein viertel Kilogramm, in fünf hundertstel Sekunden, nach drei viertel Stunden*
   **Aber:** Hier ist auch Zusammenschreibung möglich: *ein Zehntelmillimeter, ein Viertelkilogramm, in fünf Hundertstelsekunden, nach drei Viertelstunden*
   **Achtung:** In allen anderen Fällen schreibt man Bruchzahlen auf *-tel* und *-stel* groß: *ein Drittel, das erste Fünftel, um drei Viertel größer, um (ein) Viertel vor fünf*

## Substantivierungen

▷ Wörter anderer Wortarten schreibt man groß, wenn sie als Substantive gebraucht werden.

Dies betrifft
1. substantivierte Adjektive und adjektivisch gebrauchte Partizipien, besonders auch in Verbindung mit Wörtern wie *alles, allerlei, etwas, genug, nichts, viel, wenig*:
   *Wir wünschen alles Gute. Er hat nichts/wenig/etwas/viel Bedeutendes geschrieben. Der Umsatz war dieses Jahr um das Dreifache höher. Das ist das einzig Richtige, was du tun kannst. Wir haben das Folgende/Folgendes verabredet. Wir haben alles des Langen und Breiten diskutiert. Wir sind uns im Großen und Ganzen einig. Die Arbeiten sind im Allgemeinen nicht schlecht geraten. Das ist im Wesentlichen richtig. Im Einzelnen sind aber noch Verbesserungen möglich. Die Polizei tappt im Dunkeln. Die Direktorin war auf dem Laufenden. Es ist das Beste, wenn du kommst. Sie war bis ins Kleinste vorbereitet. Sie war aufs Schrecklichste/auf das Schrecklichste gefasst. Diese Musik gefällt Jungen und Alten/Jung und Alt. Wenn man Schwarz mit Weiß mischt, entsteht Grau. Die Ampel schaltete auf Rot. Mit Englisch kommt man überall durch.*
   **Achtung:** Auch Ordnungszahlen sowie sinnverwandte Wörter, die wie ein Substantiv gebraucht werden, müssen großgeschrieben werden: *Er ist schon der Zweite, der den Rekord des vergangenen Jahres überboten hat. Er kam als Dritter an die Reihe. Er kam vom Hundertsten ins Tausendste. Die Nächste, bitte! Ich muss noch Verschiedenes erledigen. Er hatte das Ganze rasch wieder vergessen. Das muss jeder Einzelne mit sich selbst ausmachen.*

2. substantivierte Verben:
   *Das Lesen fällt mir schwer. Das ist zum Lachen. Uns half nur noch lautes Rufen. Sie wollte auf Biegen und Brechen gewinnen.*
3. substantivierte Pronomen:
   *Sie hatte ein gewisses Etwas. Er bot ihm das Du an. Wir standen vor dem Nichts. Er konnte Mein und Dein nicht unterscheiden.*
4. substantivierte Grundzahlen als Bezeichnung von Ziffern:
   *Er setzte alles auf die Vier. Sie fürchtete sich vor der Dreizehn. Sie hat lauter Einsen im Zeugnis.*
5. substantivierte Adverbien, Präpositionen, Konjunktionen, Interjektionen:
   *Mich störte das ewige Hin und Her. Sie hatte so viel wie möglich im Voraus erledigt. Er stand im Aus. Sein ständiges Aber stört mich. Das Nein fällt ihm schwer.*

▷ In folgenden Fällen schreibt man Adjektive, Partizipien und Pronomen dagegen klein, obwohl sie formale Merkmale der Substantivierung aufweisen.

Das betrifft
1. Adjektive, Partizipien und Pronomen, die sich auf ein vorhergehendes oder nachstehendes Substantiv beziehen:
   *Vor dem Haus spielten viele Kinder, einige kleine im Sandkasten, die größeren am Klettergerüst. Alte Schuhe sind meist bequemer als neue. Dünne Bücher lese ich in der Freizeit, dicke im Urlaub. Leih mir bitte deine Farbstifte, ich habe meine/die meinen/die meinigen vergessen!*
2. Superlative mit am, nach denen mit *Wie?* gefragt werden kann:
   *Dieser Weg ist am steilsten.*
   Ebenso: *Sie hat uns aufs/auf das herzlichste begrüßt* (aber auch: *aufs/auf das Herzlichste*).
3. feste Verbindungen aus Präposition und nichtdekliniertem oder dekliniertem Adjektiv ohne vorangehenden Artikel:
   *Die Pilger kamen von nah und fern. Die Mädchen hielten durch dick und dünn zusammen. Das wird sich über kurz oder lang herausstellen. Damit habe ich mich von klein auf beschäftigt.*
   *Das werde ich dir schwarz auf weiß beweisen.*
   *Aus der Brandruine stieg von neuem Rauch auf. Wir konnten das Feuer nur von weitem betrachten. Der Fahrplan bleibt bis auf weiteres in Kraft. Der Termin stand seit längerem fest.*
4. Pronomen, auch wenn sie als Stellvertreter von Substantiven gebraucht werden:
   *In diesem Wald hat sich schon mancher verirrt. Ich habe mich mit diesen und jenen unterhalten. Das muss (ein) jeder mit sich selbst ausmachen. Man muss mit (den) beiden reden. Wenn einer eine Reise tut, so kann er was erzählen.*
5. die folgenden Zahladjektive mit allen ihren Flexionsformen:
   *viel, wenig; (der, die, das) eine; (der, die, das) andere*
   *Zum Erfolg trugen auch die vielen bei, die ohne Entgelt mitgearbeitet haben. Die meisten haben diesen Film schon einmal gesehen. Die einen kommen, die anderen gehen. Alles andere erzähle ich dir später. Sie hatte noch anderes zu tun.*
6. Kardinalzahlen unter einer Million:
   *Was drei wissen, wissen bald dreißig. Wir waren an die zwanzig. Wir fünf gehören zusammen. Der Abschnitt sieben fehlt im Text.*

## Eigennamen sowie Ableitungen von Eigennamen

▷ Eigennamen schreibt man groß.

Beispiele: *Peter lebt in Wien. Deutschland ist Teil Europas. Die Bahnhofstraße kreuzt die Hauptstraße.*

▷ In mehrteiligen Eigennamen schreibt man das erste Wort und alle weiteren Wörter außer Artikeln, Präpositionen und Konjunktionen groß.

Dies betrifft
1. Personennamen sowie Beinamen, Spitznamen und dergleichen:
   *Johann Wolfgang von Goethe, Walther von der Vogelweide, der Alte Fritz, Katharina die Große, Elisabeth die Zweite; Klein Lisa*
2. geographische und geographisch-politische Eigennamen:
   *Vereinigte Staaten von Amerika, Freie und Hansestadt Hamburg, Tschechische Republik; Unter den Linden; Holsteinische Schweiz, Schwäbische Alb; Rotes Meer, Kleine Antillen, Kap der Guten Hoffnung*
3. Eigennamen anderer Bereiche:
   *das Alte Rathaus (in Leipzig), die Große Mauer (in China)*

⇒ S. 592

# Literatur und Sprache

4. Eigennamen von Institutionen, Organisationen, Einrichtungen:

> *Deutscher Bundestag, Grünes Gewölbe (in Dresden), Zweites Deutsches Fernsehen; Internationales Olympisches Komitee, Sozialdemokratische Partei Deutschlands, Christlich-Demokratische Union; Deutsche Bank, Weiße Flotte, Hotel Vier Jahreszeiten; Berliner Zeitung, DIE ZEIT*

5. inoffizielle Eigennamen, Kurzformen sowie Abkürzungen von Eigennamen:

> *Ferner Osten, Naher Osten, EU (= Europäische Union), ORF (= Österreichischer Rundfunk)*

▷ Ableitungen von geographischen Eigennamen auf *-er* schreibt man groß.

Beispiele: *die Berliner Bevölkerung, die Mecklenburger Landschaft, der Schweizer Käse*
**Aber:** Kleingeschrieben werden adjektivische Ableitungen von Eigennamen auf -(i)sch; mit Apostroph ist auch Großschreibung möglich: *die goethischen* oder: *goetheschen/Goethe'schen Dramen; die homerischen Epen, tschechisches Bier, indischer Tee, die mecklenburgischen Seen, die schweizerischen Berge*
Kleingeschrieben werden auch substantivische Wortgruppen, die zu festen Verbindungen geworden, aber keine Eigennamen sind: *der italienische Salat, der blaue Brief, die gelbe Karte, das gelbe Trikot, das olympische Feuer, der schnelle Brüter, das schwarze Brett, das schwarze Schaf, die schwedischen Gardinen*

▷ In bestimmten substantivischen Wortgruppen werden Adjektive großgeschrieben, obwohl keine Eigennamen vorliegen.

Dies betrifft
1. Titel, Ehrenbezeichnungen und bestimmte Amtsbezeichnungen:
> *der Heilige Vater, der Erste Bürgermeister, der Regierende Bürgermeister, der Technische Direktor, der Oberste Heerführer*
2. fachsprachliche Bezeichnungen:
> *das Fleißige Lieschen, der Rote Milan*
3. besondere Kalendertage:
> *der Heilige Abend, der Erste Mai*
4. bestimmte historische Ereignisse und Epochen:
> *der Westfälische Friede, der Zweite Weltkrieg, die Jüngere Steinzeit*

## Höfliche Anrede

▷ Das Anredepronomen *Sie* und das entsprechende Possessivpronomen *Ihr* sowie die zugehörigen flektierten Formen schreibt man groß.

Beispiele: *Würden Sie mir helfen? Wie geht es Ihnen? Ist das Ihr Mantel?*

▷ Die Anredepronomen *du* und *ihr*, die entsprechenden Possessivpronomen *dein* und *euer* sowie das Reflexivpronomen *sich* schreibt man klein (auch in Briefen).

Beispiele: *Würdest du mir helfen? Hast du dich gut erholt? Haben Sie sich schon angemeldet?*
> *Lieber Freund, ich schreibe dir diesen Brief und schicke dir eure Bilder ...*

## V. Zeichensetzung

Satzzeichen dienen dazu, geschriebene Texte sinnvoll zu gliedern. Daneben verdeutlichen sie, ob ein Satz eine Aussage (Punkt), eine Frage (Fragezeichen), einen Ausruf (Ausrufezeichen) oder eine Aufforderung (Ausrufezeichen) beeinhaltet.

## Der Punkt

▷ Der Punkt steht am Ende eines Ganzsatzes.

Das betrifft
1. Aussagesätze:
> *Sie fährt morgen nach Berlin.*
2. Aufforderungen und Wünsche, die nicht besonders betont werden:
> *Rufen Sie bitte morgen an.*

Weiterhin steht ein Punkt nach
– Ordnungszahlen: Napoleon I., am 30. März
– bestimmten Abkürzungen (Titel, Berufsbezeichnungen, bestimmte Maße):
    *Dr. Müller, Prof. Dr. M. Schmeling; Std., vgl., z.B.*

**Aber:** Keinen Punkt setzt man nach
1. frei stehenden Zeilen (Überschriften usw.):
    *Minna von Barnhelm*
    *Einführung in die Datenverarbeitung*
2. Anschriften, Grußformeln und Unterschriften:
    *Herrn Prof. Dr. Lüsebrink*
    *Mit freundlichen Grüßen*
    *Ihr Paul Meyermann*
3. Abkürzungen, deren Buchstaben als selbständiges Wort gesprochen werden:
    *ARD, SPD, ICE, USA, BMW*
4. weiteren Abkürzungen, insbesondere Maßen, Gewichten, Himmelsrichtungen und technischen Einheiten:
    *cm, kg, DM, NW* (Nordwest), *kWh* (Kilowattstunde), *J* (Joule)

## Das Fragezeichen

▷ Das Fragezeichen steht am Ende eines direkten Fragesatzes oder nach isolierten Fragepronomen.

Beispiele: *Wann kommt er zurück? Warum?*
**Aber:** Ein Fragezeichen steht nicht nach indirekten Fragesätzen: *Ich weiß nicht, was soll es bedeuten. Er fragte, ob sie ihn heiraten wolle.*

## Das Ausrufezeichen

▷ Das Ausrufezeichen steht am Ende einer Aufforderung, eines Ausrufes oder eines Wunsches, wenn sie besonders betont werden sollen.

Beispiele: *Gib mir sofort das Geld! Wenn ich nur schon die Prüfung hinter mir hätte!*

## Das Komma

Das Komma im einfachen Satz steht
1. bei Aufzählungen, die nicht durch *und* bzw. *oder* verbunden sind:
    *Männer, Frauen, Kinder waren in großer Not.*
2. ebenso bei der Aneinanderreihung gleichberechtigter Satzglieder:
    *Wir kamen in Mainz an, fuhren ins Hotel, nahmen ein Bad und gingen in ein Restaurant zum Essen.*
3. vor Konjunktionen, die einen Gegensatz ausdrücken (*aber, jedoch, sondern* usw.):
    *Sie haben zwar gesiegt, aber zwei Spieler sind verletzt worden.*
4. bei Hervorhebungen oder Unterbrechungen des Satzes:
    *Du, kannst du uns etwas Geld geben? München, die heimliche Hauptstadt Deutschlands, lag im Sonnenschein.*
    **Aber:** Kein Komma steht bei zwei oder mehr Adjektiven, die einen festen Begriff bilden:
    *eine neue amerikanische Pop-Gruppe, dunkles bayrisches Bier*

**Wichtig:** Kein Komma steht bei mit gleichrangigen Teilsätzen, Wortgruppen oder Wörtern, die mit *und, oder, beziehungsweise (bzw.), sowie* (= *und*)*, entweder ... oder, sowohl ... als (auch)* oder durch *weder ... noch* verbunden sind:
    *Das Orchester setzte ein und der Vorhang öffnete sich. Seid ihr gestern bereits gekommen oder habt ihr heute den ersten Zug genommen?*
    *Er hat sowohl seine Mutter besucht als auch seine Freunde angerufen.*
Kein Komma steht außerdem bei Infinitivsätzen:
    *Er beschloss sie zu Haus zu besuchen. Das Buch zu lesen war eine reine Freude. Er sagte es nur um damit anzugeben*
Ebenso bei Partizipialgruppen:
    *An der Wand stehend starrte er die Menschen an.*
    *Vor Freude über das Geschenk strahlend kam sie auf mich zu.*

⇒ S. 594

**593**

Soll ein Satz deutlicher gegliedert oder etwas besonders betont werden, kann ein Komma gesetzt werden:

*Ich beschloss, morgen nach Berlin zu fahren und Freunde zu besuchen.*
*Sie hatte vergessen, den Hund hinauszulassen und die Tür wieder abzuschließen.*

5. Ein Komma muss gesetzt werden, wenn der Satz nicht eindeutig zu verstehen ist:

*Wir empfehlen ihm, nichts zu sagen.*
*Wir empfehlen ihm nichts, zu sagen.*

6. Ein Komma steht bei Infinitiv- oder Partizipsätzen, wenn sie durch ein hinweisendes Wort eingeleitet oder wieder aufgenommen werden oder wenn sie als Einschub zu verstehen sind:

*Damit, sie für unseren Plan zu begeistern, beschäftigen wir uns schon lange. Sie für unseren Plan zu gewinnen, damit beschäftigen wir uns schon lange. Die Fans, völlig enttäuscht von der Pop-Gruppe, pfiffen gnadenlos.*

**Aber:** Kein Komma steht bei einem einfachen Partizip:

*Lachend liefen sie aus dem Haus. Gelangweilt starrten sie auf die Bühne.*

▷ Das Komma trennt Hauptsatz und Nebensatz.

Das betrifft
1. Sätze, die durch Konjunktionen eingeleitet sind:

*Ob er die Prüfung besteht, steht in den Sternen.*
*Sie wollen nach Ibiza fahren, weil es ihnen dort gefällt.*

2. Nebensätze ohne einleitende Konjunktion:

*Kommst du morgen, (so) kann ich dir das Buch geben.*

3. Relativsätze:

*Der Mann, der uns geholfen hat, ist gestorben.*

4. indirekte Fragesätze:

*Er fragt nicht, ob sie einen Freund hat.*

5. Sätze mit mehreren untergeordneten Nebensätzen:

*Sie will nicht, dass er ein neues Auto kauft, obwohl der alte Wagen schon klappert.*

## Das Semikolon

▷ Das Semikolon (Strichpunkt) gliedert zwei oder mehr Sätze stärker als ein Komma, trennt aber nicht so stark wie ein Punkt.

Das betrifft
1. vor allem Sätze mit Konjunktionen wie *doch, jedoch, deshalb, daher* und *denn*, die in ihrer Bedeutung eng zusammengehören:

*Wir hatten lange darüber geredet; doch ein Ergebnis erzielten wir nicht.*

2. Aufzählungen, bei denen das Semikolon unterschiedliche Klassen gliedert:

*Alle waren angereist: Schriftsteller und Maler; Wissenschaftler und Intellektuelle; Schüler und Studenten.*

## Der Doppelpunkt

▷ Der Doppelpunkt unterbricht die Aussage und verweist auf eine im Text folgende Information.

Der Doppelpunkt steht
1. vor der direkten Rede:

*Sie sagte: »Wir wollen morgen abreisen.«*
*Er fragte: »Wo ist meine Jacke?«*

2. bei Aufzählungen vor einer Zusammenfassung:

*Kinder, Eltern und Lehrer hatten ein Ziel: die Prüfung.*

**Wichtig:** Folgt dem Doppelpunkt ein Ganzsatz, wird das erste Wort großgeschrieben; bei Teilsätzen schreibt man klein, wenn nicht ein Substantiv (oder ein substantiviertes Wort) folgt. Deshalb:

*Alle Schüler hatten nur ein Ziel: Sie wollten die Prüfung bestehen.*
*Alle Schüler hatten nur ein Ziel: die Prüfung.*

3. vor Ankündigungen in Programmen oder knappen Informationen:

*Am Pult: Lorin Maazel*
*Telefonnummer: 089/2673513*
*Preis: 5,80 Euro*

## Das Anführungszeichen

▷ Das Anführungszeichen steht bei der direkten Rede, bei wörtlichen Zitaten, Titelangaben oder ironischen Wendungen.

Das betrifft
1. die direkte Rede:
   *Sie sagte: »Das wollen wir morgen erledigen.«*
   *»Wohin fahrt ihr?«, fragte sie.*
   *»Ruft sie bitte an!«*
   *»Kommt ihr?«*
   **Wichtig:** Das zweite Anführungszeichen steht immer vor dem Komma, aber hinter dem Punkt, Ausrufe- oder Fragezeichen.
2. wörtliche Zitate:
   *»Denn aus Gemeinem ist der Mensch gemacht,*
   *Und die Gewohnheit nennt er seine Amme.«*
   *(Schiller: Wallensteins Tod, 1. Aufzug, 5. Auftritt)*
3. Titelangaben:
   *Die ›Süddeutsche Zeitung‹ erscheint in München.*
   *Thomas Mann erzählt in seinem Roman »Die Buddenbrooks« vom Aufstieg und Fall einer Lübecker Kaufmannsfamilie*
4. ironische Wendungen:
   *»Plastikwörter« werden immer häufiger.*
   *Er »freute« sich über seine Niederlage.*

## Der Gedankenstrich

▷ Der Gedankenstrich trennt stärker als ein Komma zwischen Gedanken und Ideen oder bezeichnet längere Pausen.

Das betrifft
1. eingeschobene Sätze:
   *Der Dichter – wir hatten ihn häufig erlebt – las heute besonders beeindruckend.*
   **Wichtig:** Ein Komma steht hinter dem zweiten Gedankenstrich, wenn es auch ohne den Einschub hätte stehen müssen:
   *Wir hatten ihn getroffen – es war schon zum zweiten Male –, obwohl wir es nicht wollten.*
2. Gegenüberstellungen oder Hervorhebungen:
   *antik – modern; Weimar – die Stadt der deutschen Klassik*
3. den Sprecherwechsel:
   *»Mach das bitte!« – »Ja, gleich.«*
   *»Siehst du das Ufer?« – »Nein, ich kann nichts erkennen.«*

## Der Apostroph

▷ Der Apostroph (Auslassungszeichen) steht an Stelle ausgelassener Laute oder Buchstaben.

Das betrifft
1. den Genitiv der auf s, ss, ß, tz, ce, x oder z auslautenden Eigennamen:
   *Klaus' Wohnung, Fritz' Auto, Boulez' Komposition*
   **Wichtig:** Der Apostroph ist jetzt auch bei Eigennamen vorgesehen, die mit einem Vokalbuchstaben enden:
   *Carlo's Taverne*
   Ebenso kann ein Apostroph bei Ableitungen von Personennamen auf -sch stehen:
   *die Einstein'sche Relativitätstheorie*
2. Auslassungen im Wortinneren:
   *am Ku'damm, im Dezember '99*
3. Auslassungen am Wortende:
   *Ich fahr' morgen.*
4. die Umgangssprache:
   *So'ne Katastrophe!*
   **Aber:** Kein Apostroph steht bei Verschmelzungen von Artikel und Präposition:
   *ins Kino, hinterm Haus, aufs Boot*

⇒ S. 596

## VI. Worttrennung

▷ Geschriebene Wörter trennt man am Zeilenende so, wie sie sich bei langsamem Sprechen in Silben zerlegen lassen.

Beispiele: *steu-ern; eu-ro-pä-i-sche, Ru-i-ne, Fa-mi-li-en; Haus-tür, Be-fund*

▷ Steht in einfachen Wörtern zwischen Vokalbuchstaben ein einzelner Konsonantenbuchstabe, so kommt er bei der Trennung auf die neue Zeile. Stehen mehrere Konsonantenbuchstaben dazwischen, so kommt nur der letzte auf die neue Zeile. Das gilt auch für *st.*

Beispiele: *Au-ge, A-bend; Hop-fen, ros-ten, leug-nen, sit-zen, Städ-te; Kom-ma, ren-nen; wid-rig, Ar-mut, sechs-ter; imp-fen, kühns-te, knusp-rig, dunk-le*

▷ Stehen Buchstabenverbindungen wie *ch, sch; ph, rh, sh* oder *th* für einen Konsonanten, so trennt man sie nicht. Dasselbe gilt für *ck.*

Beispiele: *Deut-sche; Sa-phir, Ste-phan, Myr-rhe, Goe-the; bli-cken, Zu-cker*

▷ In Fremdwörtern können die Verbindungen aus einem (oder mehreren) Konsonanten + *l, n* oder *r* nach Sprechsilben getrennt werden, oder sie kommen ungetrennt auf die neue Zeile.

Beispiele: *nob-le* oder: *no-ble, Zyk-lus* oder: *Zy-klus, Mag-net* oder: *Ma-gnet, Feb-ruar* oder: *Fe-bruar, Hyd-rant* oder: *Hy-drant*

▷ Zusammensetzungen und Wörter mit Präfix trennt man zwischen den einzelnen Bestandteilen.

Beispiele: *Schul-hof, Week-end; Er-trag, Ver-lust, syn-chron, Pro-gramm, Im-puls*

▷ Wörter, die sprachhistorisch oder von der Herkunftssprache her gesehen Zusammensetzungen sind, aber oft nicht mehr als solche empfunden oder erkannt werden, kann man entweder nach Sprechsilben oder nach ihrer Herkunftssprache trennen.

Beispiele: *hi-nauf* oder: *hin-auf, da-rum* oder: *dar-um, in-te-res-sant* oder: *in-ter-es-sant, Li-no-le-um* oder: *Lin-o-le-um, Pä-da-go-gik* oder: *Päd-a-go-gik*

---

### Fermdsprachliche Vorsilben

| Vorsilbe | Herkunft | Bedeutung |
|---|---|---|
| ab | lat. | von ... weg, von ... herab |
| aero... | gr. | luft... |
| allo... | gr. | anders..., fremd... |
| ambi... | lat. | beid..., doppelt... |
| an... | gr. | ohne..., un... |
| ante... | lat. | vor..., vorher... |
| anthropo... | gr. | menschen... |
| ant(i)... | gr. | gegen... |
| apo... | gr. | von, weg..., fort... |
| äqui... | lat. | gleich... |
| archi... | gr. | ur..., haupt... |
| aristo... | gr. | best... |
| astral.../astro... | lat. | stern... |
| aut(o) | gr. | selbst... |
| bi... | lat. | zweifach..., doppel... |
| biblio... | gr. | buch... |
| bio... | gr. | leben... |
| chron(o) | gr. | zeit... |

| Vorsilbe | Herkunft | Bedeutung |
|---|---|---|
| contra... | lat. | gegen... |
| dem(o)... | gr. | volks... |
| derm(a)... | gr. | haut... |
| des... | frz. | ent..., nicht... |
| di..., dif..., dis... | lat. | auseinander..., zer..., ent... |
| di..., dis... | gr. | zweifach, doppel... |
| dia... | gr. | auseinander..., zer..., durch... |
| dys... | gr. | miss..., schlecht... |
| endo... | gr. | innen... |
| ex... | lat. | aus... |
| extra... | lat. | außerhalb..., über..., hin-aus..., sonder... |
| geo... | gr. | erd..., land... |
| gyn(äko) | gr. | frauen... |
| helio... | gr. | sonnen... |
| hetero... | gr. | anders..., fremd... |
| histo... | gr. | gewebe... |
| homo... | gr. | gleich... |
| hyper... | gr. | über... |
| inter... | lat. | zwischen... |

| Vorsilbe | Herkunft | Bedeutung |
|---|---|---|
| intra... | lat. | innerhalb... |
| log(o)... | gr. | wort..., sprach..., rede... |
| makro... | gr. | groß... |
| mikro... | gr. | klein... |
| mono... | gr. | allein..., einzig... |
| multi... | lat. | viel... |
| neo... | gr. | neu... |
| ortho... | gr. | gerade..., richtig... |
| päd... | gr. | knaben..., kinder... |
| patho... | gr. | krankheits... |
| per... | lat. | (hin)durch..., mit..., für, gegen, aus..., ver... |
| poly... | gr. | viel... |
| prä... | lat. | vor... |
| pro... | lat. | für..., (her)vor... |
| pseud(o)... | gr. | falsch..., unecht... |
| psych(o)... | gr. | seelen... |
| re... | lat. | zurück..., gegen.. |
| super... | lat. | über... |
| tele... | gr. | fern... |
| theo... | gr. | gott(es)... |
| tra..., trans... | lat. | über, jenseits, hindurch |
| ultra... | lat. | darüber hinaus, jenseits, über... |

gr. = griechisch, lat. = lateinisch, frz. = französisch

### Fremdsprachliche Nachsilben

| Nachsilbe | Herkunft | Bedeutung |
|---|---|---|
| ...algie | gr. | ...schmerz |
| ...archie | gr. | ...herrschaft |
| ...fikation | lat. | ...machung |
| ...gen | gr. | aus ... entstanden |
| ...genie, ...go-nie | gr. | ...entstehung, ...bildung |
| ...gnosie | gr. | ...erkenntnis |
| ...gon | gr. | ...eck |
| ...graph/f | gr. | ....(be)schreiber, ...forscher |
| ...graphie/fie | gr. | ...beschreibung, ...kunde |
| ...iatrie | gr. | ...heilkunde |
| ...kratie | gr. | ...herrschaft |
| ...lith | gr. | ...stein |
| ...log(e) | gr. | ...forscher, ...gelehrter |
| ...logie | gr. | ...kunde |
| ...manie | gr. | ...sucht |
| ...pathie | gr. | ...leiden, ...empfindung |
| ...phil | gr. | ...liebend, ...freund |
| ...phobie | gr. | ...furcht, ...scheu |
| ...som(a) | gr. | ...körper |
| ...thek | gr. | ...sammlung, ...einrichtung |
| ...tomie | gr. | ...schnitt |

gr. = griechisch, lat. = lateinisch

## Entwicklung der lateinischen Schreibschrift seit dem 15. Jahrhundert

Lateinische Schreibschrift (Italien) 16. Jahrhundert

Lateinische Schreibschrift (Cancellaresca) 1522

Lateinische Schreibschrift 1649

Lateinische Schreibschrift um 1780

Lateinische Schreibschrift um 1834

Deutsche Normalschrift seit 1941

## Entwicklung der deutschen Schreibschrift seit dem 15. Jahrhundert

Gotische Schreibschrift (Bastarda) 15. Jharhundert

Deutsche Kurrentschrift 1553

Deutsche Kanzleischrift 1553

Deutsche Schreibschrift 1649

Deutsche Schreibschrift 1780

Deutsche Schreibschrift 1834

Deutsche Sütterlinschrift 1937

597

### Das gemeingermanische Runenalphabet (»Futhark«)

| | | | | | |
|---|---|---|---|---|---|
| ᚠ = F | ᚱ = R | ᚺ = H | ᛇ = E | ᛏ = T | ᛚ = L |
| ᚢ = U | ᚲ = K | ᚾ = N | ᛈ = P | ᛒ = B | ᛜ = NG |
| ᚦ = TH | ᚷ = G | ᛁ = I | ᛉ = Z | ᛖ = E | ᛟ = O |
| ᚨ = A | ᚹ = W | ᛃ = J | ᛊ = S | ᛗ = M | ᛞ = D |

### Das 5. Gebot in aztekischer Bilderschrift

### Arabische Schrift

بسم الله الرحمن الرحيم

Sure des Korans: Im Namen Gottes, des Erbarmers, des Barmherzigen

| Hebräisch | Griechisch | Lateinisch | Russisch | Russisch | Arabisch | Arabisch |
|---|---|---|---|---|---|---|
| א aleph | Α α Alpha | A a | А а A | Ф ф Ef | ا Alif | ض Dhad |
| ב beth | Β β Beta | B b | Б б Be | Х х Cha | ب Ba | ط Tha |
| ג gimel | Γ γ Gamma | C c | В в We | Ц ц Ze | ت Ta | ظ Dsa |
| ד daleth | Δ δ Delta | D d | Г г Ge | Ч ч Tsche | ث Tsa | ع Ain |
| ה he | Ε ε Epsilon | F f | Д д De | Ш ш Scha | ج Dschim | غ Ghain |
| ו waw | Ζ ζ Zeta | G g | Е е Je | Щ щ Schtscha | ح Ha | ف Fa |
| ז sajin | Η η Eta | H h | Ж ж Sche | Ъ ъ Twjordü snak | خ Cha | ق Qaf |
| ח cheth | Θ ϑ Theta | I i | З з Se | Ы ы Jerrü | د Dal | ك Kaf |
| ט teth | Ι ι Jota | (J j) | И и I | Ь ь Mjahki snak | ذ Dsal | ل Lam |
| י jod | Κ ϰ Kappa | (K k) | Й й I kratkoje | Э э E | ر Ra | م Mim |
| כ kaph | Λ λ Lambda | L l | К к Ka | Ю ю Ju | ز Sa | ن Nun |
| ל lamed | Μ μ My | M m | Л л El | Я я Ja | س Ssin | ه Ha |
| מ mem | Ν ν Ny | N n | М м Em | | ش Schin | و Waw |
| נ nun | Ξ ξ Xi | O o | Н н En | | ص Ssad | ى Ja |
| ס samech | Ο ο Omikron | P p | О о O | | | |
| ע ajin | Π π Pi | Qu qu | П п Pe | | | |
| פ pe | Ρ ϱ Rho | R r | Р р Er | | | |
| צ zade | Σ σ ς Sigma | S s | С с Es | | | |
| ק koph | Τ τ Tau | T t | Т т Te | | | |
| ר resch | Υ υ Ypsilon | (U u) | У у U | | | |
| שׂ sin | Φ φ Phi | V v | | | | |
| שׁ schin | Χ χ Chi | (W w) | | | | |
| ת taw | Ψ ψ Psi | X x | | | | |
| | Ω ω Omega | (Y y) | | | | |
| | | (Z z) | | | | |

## Die ältesten Universitäten

| Gründungs-jahr | Land (heutiger Name) | Universität | | Gründungs-jahr | Land (heutiger Name) | Universität |
|---|---|---|---|---|---|---|
| 1119 | Italien | Bologna | | 1456 | Deutschland | Greifswald |
| 1222 | Italien | Padua | | 1457 | Deutschland | Freiburg i. Br. |
| 1224 | Italien | Neapel | | 1467 | Slowakei | Bratislava |
| 1229 | Frankreich | Toulouse | | 1476 | Deutschland | Mainz |
| 1235 | Frankreich | Orléans | | 1477 | Deutschland | Tübingen |
| 1249 | Großbritannien | Oxford | | 1477 | Schweden | Uppsala |
| 1253 | Frankreich | Paris (Sorbonne) | | 1479 | Dänemark | Kopenhagen |
| 1254 | Spanien | Salamanca | | 1494 | Großbritannien | Aberdeen (Schottland) |
| 1284 | Großbritannien | Cambridge | | 1502 | Deutschland | Wittenberg |
| 1290 | Portugal | Coimbra | | 1527 | Deutschland | Marburg |
| 1308 | Italien | Perùgia | | 1544 | Russland | Königsberg |
| 1347 | Tschechien | Prag | | 1551 | Peru | Lima |
| 1364 | Polen | Krakau | | 1551 | Mexiko | Mexico |
| 1365 | Österreich | Wien | | 1557 | Deutschland | Jena |
| 1386 | Deutschland | Heidelberg | | 1575 | Niederlande | Leiden |
| 1388 | Deutschland | Köln | | 1583 | Großbritannien | Edinburgh (Schottland) |
| 1392 | Deutschland | Erfurt | | 1592 | Irland | Dublin |
| 1405 | Italien | Turin | | 1614 | Niederlande | Groningen |
| 1409 | Deutschland | Leipzig | | 1621 | Frankreich | Straßburg |
| 1410 | Großbritannien | Saint Andrews (Schottland) | | 1632 | Niederlande | Amsterdam |
| | | | | 1636 | Niederlande | Utrecht |
| 1413 | Frankreich | Aix-en-Provence | | 1636 | USA | Harvard |
| 1419 | Deutschland | Rostock | | 1640 | Finnland | Helsinki |
| 1425 | Belgien | Löwen | | 1666 | Schweden | Lund |
| 1431 | Frankreich | Poitiers | | 1668 | Österreich | Innsbruck |
| 1450 | Spanien | Barcelona | | 1701 | USA | Yale |
| 1451 | Großbritannien | Glasgow (Schottland) | | | | |

## Bedeutende Bibliotheken

| Stadt (Land) | Name | Gründungsjahr |
|---|---|---|
| Berkeley (USA) | Bibliothek der University of California | 1868 |
| Berlin (Deutschland) | Staatsbibliothek zu Berlin – Preußischer Kulturbesitz | 1659 |
| Bern (Schweiz) | Schweizerische Landesbibliothek | 1895 |
| Cambridge (Großbritannien) | University Library | 1415 |
| Cambridge (USA) | Harvard University Library | 1638 |
| Den Haag (Niederlande) | Koninklijke Bibliotheek | 1789 |
| Florenz (Italien) | Biblioteca Nazionale Centrale | 1747 |
| Frankfurt a. M. /Leipzig (Deutschland) | Die Deutsche Bibliothek | 1990 |
| London (Großbritannien) | The British Library | 1973 |
| Madrid (Spanien) | Biblioteca Nacional | 1712 |
| Moskau (Russland) | Rossiiskaya Gosudarstuennaya Biblioteka | 1862 |
| München (Deutschland) | Bayerische Staatsbibliothek | 1558 |
| Paris (Frankreich) | Bibliothèque National | 1518 |
| Peking (China) | Beijing Tushuguan | 1909 |
| St. Petersburg (Russland) | Bibliothek der Akademie der Wissenschaften | 1714 |
| Tokio (Japan) | Kokuritsu Kokkai Toshokan | 1948 |
| Washington (USA) | Library of Congress | 1802 |
| Wien (Österreich) | Österreichische Nationalbibliothek | 1526 |

# Bildung

## Max-Planck-Institute und Forschungsstellen

| Institute für | gegr. | Sitz | Hauptarbeitsgebiete |
|---|---|---|---|
| Aeronomie | 1938 | Katlenburg-Lindau | Erforschung der Stratosphäre, elektrischer Erscheinungen in der Ionosphäre, Magnetosphäre der Erde und anderer Planeten |
| Astronomie | 1969 | Heidelberg | Untersuchungen zum Aufbau des Milchstraßen- und des Planetensystems, Teilnahme an Weltraumforschungsprogrammen |
| Bibliotheca Hertziana | 1913 | Rom | Italienische Kunst von der Antike bis zur Gegenwart; Fachbibliothek für Kultur- und Kunstgeschichte |
| Bildungsforschung | 1963 | Berlin | Erforschung von Bildungsprozessen, Bildungsinhalten, Bildungsorganisationen u. a. in sozialem Kontext |
| Biochemie | 1973 | Martinsried bei München | Bindegewebsforschung; Enzymchemie, experimentelle Medizin, molekulare Biologie der Genwirkungen, Strukturforschung, Virusforschung |
| Biologie | 1915 | Tübingen | Struktur von Chromosomen höherer Organismen, Struktur von Zellwänden, Struktur und Funktion von Membranen |
| Biophysik | 1937 | Frankfurt a. M. | Physikalisch-chemische Grundlagen des Stofftransports durch Membranen; Entsalzung von Meerwasser über umgekehrte Osmose |
| Chemie (Otto-Hahn-Institut) | 1911 | Mainz | Spurenhaushalt der Atmosphäre, isotopische Zusammensetzung in Meteoriten und im Mondgestein |
| Biophysikalische Chemie | 1971 | Göttingen | Forschungen auf den Gebieten der Spektroskopie, Laserphysik, Elektrochemie, molekularen Biologie, Biochemie |
| Eisenforschung | 1917 | Düsseldorf | Metallurgie der Stahlerzeugungsverfahren, Schlacken- und Oxidchemie |
| Entwicklungsbiologie | 1984 | Tübingen | Physikalische, Molekular- und Zellbiologie, Genetik |
| Ernährungsphysiologie | 1973 | Dortmund | Erforschung von molekularen Regulationsmechanismen im Zell- und Organstoffwechsel |
| Experimentelle Endokrinologie | 1979 | Hannover | Hormonforschung auf molekularer und zellulärer Ebene |
| Festkörperforschung | 1970 | Stuttgart | Gitterdynamik fester Stoffe, Halbleiter, Gesetzmäßigkeiten in der Struktur neuer Verbindungen |
| Friedrich-Miescher-Laboratorium | 1969 | Tübingen | Zelldifferenzierung und Endogenese |
| Fritz-Haber-Institut | 1911 | Berlin | Teilinstitute: für physikalische Chemie, für Strukturforschung, für Elektronenmikroskopie |
| Molekulare Genetik | 1965 | Berlin | Molekulare Mechanismen der Desoxyribonukleinsäure-Replikation und der Proteinbiosynthese |
| Geschichte | 1956 | Göttingen | Quellenbearbeitung, historische Bibliographie, Forschungen zur mittelalterlichen und neueren Geschichte |
| Gesellschaftsforschung | 1985 | Köln | Erforschung gesellschaftlicher Prozesse |
| Gmelin-Institut für anorganische Chemie und Grenzgebiete | 1946 | Frankfurt a. M. | Herausgabe des »Gmelin-Handbuchs der anorganischen Chemie« |
| Hirnforschung | 1914 | Frankfurt a. M. | Hirnanatomie, Neuropathologie, Hirntumorforschung, klinische Psychiatrie |
| Immunbiologie | 1963 | Freiburg i. Br. | Biochemie und Genetik der Enterobacteriaceen, Chemie von Immunglobulinen, Cytolyse |
| Kernphysik | 1958 | Heidelberg | Kernphysikalische Untersuchungen, kosmochemische Fragen |
| Kohlenforschung | 1958 | Mülheim/Ruhr | Erarbeitung physiokochemischer Messmethoden, Katalyse, Elektrolyse |
| Biologische Kybernetik | 1967 | Tübingen | Verarbeitung von Informationen in Organismen, Anatomie und Histologie, Verhaltensgenetik |
| Limnologie | 1892 | Plön | Untersuchungen von Binnengewässern und den sie umgebenden Landschaften, Moorforschung |
| Mathematik | 1982 | Bonn | Forschung in der theoretischen Mathematik |

| Institute für | gegr. | Sitz | Hauptarbeitsgebiete |
|---|---|---|---|
| Experimentelle Medizin | 1947 | Göttingen | Medizinische und biologische Grundlagenforschung in mehreren Abteilungen: Biochemische Pharmakologie, Physiologie, Chemie, molekulare Biologie sowie molekulare Genetik |
| Medizinische Forschung | 1927 | Heidelberg | Erforschung der physiologischen, molekular-biologischen, chemischen und physikalischen Grundlagen von Lebensvorgängen |
| Metallforschung | 1921 | Stuttgart | Kristallchemie, Eigenschaften von Legierungen und metallischen Schmelzen, Spannungsmessungen mit Röntgenstrahlen |
| Meteorologie | 1975 | Hamburg | Fragestellungen auf dem Gebiet langfristiger Klimaveränderungen |
| Neurologische Forschung | 1982 | Köln | Erforschung neurologischer Erkrankungen |
| Physik und Astrophysik | 1946 | München | Elementarteilchen-Physik, Astrophysik, Weltraumforschung |
| Physiologische und klinische Forschung (W. G. Kerckhoff-Institut) | 1929 | Bad Nauheim | Physiologische Grundlagenforschung, Intensivierung einer physiologisch-klinischen Zusammenarbeit |
| Plasmaphysik | 1960 | Garching | Grundlagenforschung mit dem Ziel der Beherrschung der Kernfusion |
| Polymerforschung | 1982 | Mainz | Chemie und Physik der Polymere; polymere Werkstoffe; Theorie der Polymersysteme |
| Psychiatrie | 1917 | München | Zwei Teilinstitute: das Theoretische Institut widmet sich der Erforschung der normalen und der pathologischen veränderten Funktionen des Nervensystems, das Klinische Institut den Störungen menschlichen Verhaltens und Erlebens |
| Psycholinguistik | 1978 | Nimwegen | Untersuchung der psychischen Voraussetzungen des Sprachgebrauchs |
| Quantenoptik | 1982 | Garching | Laserforschung |
| Radioastronomie | 1967 | Bonn | Beobachtungen mit dem 100-m-Radioteleskop, Radiospektroskopie |
| Psychologische Forschung | 1981 | München | Entwicklungs- und Motivationspsychologie |
| Ausländisches und internationales Patent-, Urheber- und Wettbewerbsrecht | 1966 | München | Gewerblicher Rechtsschutz, unlauterer Wettbewerb, Kartellrecht |
| Ausländisches und internationales Privatrecht | 1926 | Hamburg | Vergleiche mit ausländischem Recht zum Zweck der internationalen Vereinheitlichung des Rechts |
| Ausländisches, öffentliches Recht und Völkerrecht | 1924 | Heidelberg | Allg. Völkerrecht, Recht der internationalen Organisationen, Recht der Kriegsfolgen, Verfassungsrecht |
| Europäische Rechtsgeschichte | 1964 | Frankfurt a. M. | Rechtsgeschichte in Europa seit dem Hochmittelalter, Edition historischer Rechtsquellen |
| Ausländisches und internationales Sozialrecht | 1975 | München | Grundlagen für die Bestimmungen der Ziele, Techniken und Methoden der weiteren Forschung auf diesen Gebieten |
| Ausländisches und internationales Strafrecht | 1966 | Freiburg i. Br. | Strafverfahrensrecht; strafrechtliche Verfahrenskontrolle |
| Strahlenchemie | 1981 | Mülheim/Ruhr | Untersuchung der (bio)chemischen Wirkungen energiereicher Strahlen |
| Strömungsforschung | 1923 | Göttingen | Strömungsvorgänge in Flüssigkeiten und Gasen, Stoßprozesse zwischen Atomen und Molekülen |
| Systemphysiologie | 1973 | Dortmund | Probleme der Sauerstoffversorgung des menschlichen und tierischen Organismus |
| Verhaltensphysiologie | 1950 | Seewiesen/Oberbayern | Gesetzmäßigkeiten, die biologisch sinnvollem Verhalten zugrunde liegen; acht Abteilungen einschließlich Vogelwarte |
| Zellbiologie | 1979 | Ladenburg | Zelldifferenzierung, Regulation zellulärer Prozesse (drei Abteilungen) |
| Züchtungsforschung (Erwin-Baur-Institut) | 1927 | Köln | Elementarprozesse der Energieumsetzung in Lebewesen; genetische Grundlagen der Züchtung |

# Bildende Kunst

| | |
|---|---|
| 1748 | Beginn der Ausgrabungen in Pompeji durch J. de Alcubierre |
| 1764 | Veröffentlichung von J. Winckelmanns (*1717, †1768) »Geschichte der Kunst des Altertums« |
| 1799 | Entdeckung des Rosette-Steins in Ägypten durch Soldaten Napoleons |
| 1802 | Erster Lehrstuhl für klassische Archäologie an der Universität Kiel |
| 1809–1822 | Veröffentlichung der 30-bändigen »Déscription de l'Egypt«, der ersten Gesamtdarstellung der ägyptischen Geschichte |
| 1820 | Die Venus von Milo wird auf der Insel Melos auf einem Feld gefunden |
| 1824 | Entzifferung der ägyptischen Hieroglyphen durch J. Champollion (*1790, †1832) |
| 1835 | H. Rawlinson (*1810, †1895) kopiert die Felsinschriften in Bisutun und beginnt mit der Entzifferung der Keilschrift |
| 1839–1842 | J. Stephens (*1793, †1852) und F. Catherwood (*1799, †1843) erforschen die Mayastädte Copán, Palenque, Uxmal und das südamerikanische Chichen Itzá |
| 1845–1847 | Erste Grabungen in Nimrud durch A. Layard (*1817, †1894) |
| 1846 | Entdeckung des keltischen Friedhofs von Hallstatt (Österreich) |
| 1856 | Entdeckung des Schädelfragments im Neandertal |
| 1869–1873 | Troja-Grabung von H. Schliemann (*1822, †1890) |
| 1875 | Beginn der Grabungen in Olympia durch E. Curtius (*1814, †1896) |
| 1876 | Grabung Schliemanns in Mykene |
| 1879 | Entdeckung der Höhlenmalereien in Altamira |
| 1880 | Beginn der Ägypten-Grabungen von W. Flinders Petrie (*1853, †1942) |
| 1899–1917 | R. Koldewey (*1855, †1925) gräbt große Teile Babylons aus |
| 1900–1925 | Ausgrabung des Palastes von Knossos durch A. Evans (*1851, †1941) |
| 1911 | Im Urubamba-Tal in Peru entdecken amerikanische Archäologen die Inka-Stadt Machu Picchu (um 1450–1572) |
| 1920 | Entdeckung der Siedlung von Harappa in Indien durch J. Marshall (*1876, †1958) |
| 1922 | H. Carter (*1873, †1939) entdeckt das Grab des ägyptischen Königs Tutanchamun, J. Marshall mit Mohenjo-Daro die bedeutendste Stadt der Induskultur (etwa 3000–1400 v. Chr.) in Pakistan |
| 1922–1934 | L. Wooley (*1880, †1960) legt die Stadt Ur frei |
| 1928 | Entdeckung des Poseidons von Kap Artemision durch Taucher |
| 1930–1940 | Persepolis, die achämenidische Königsstadt der Perser wird von Mitarbeitern des Chicagoer Oriental Institute ausgegraben |
| 1940 | Spielende Kinder entdecken die etwa 16 000 Jahre alten Höhlenmalereien von Lascaux (Frankreich) |
| 1947 | T. Heyerdahl (*1914) fährt mit einem Balsafloß Kon-Tiki von Südamerika nach Polynesien (Tuamotu-Inseln) |
| 1956 | Nordwestlich von Peking wird mit der Freilegung der Grabanlage des chinesischen Kaisers Wan Li, dem bedeutendsten der 13 Ming-Gräber, begonnen |
| 1958 | Entdeckung von Çatal Hüyük durch J. Mellaart (*1925) |
| 1960 | Nobelpreis für W. Libby (*1908, †1980) für die Entwicklung der C-14-Datierung (bereits 1947 veröffentlicht) |
| 1963–1968 | Versetzen des Tempels von Abu Simbel |
| 1972 | Taucher finden zwei griechische Kriegerbronzen im Meer bei Riace |
| 1974 | Entdeckung des Grabes des chinesischen Kaisers Qin Shihuangdi bei Xi'an mit hunderten Tonfiguren als Grabwache |
| 1976 | Ein unberaubtes keltisches Fürstengrab wird bei Hochdorf nahe Ludwigsburg gefunden |
| 1983 | In der südöstlichen Türkei bei Çayönü können Reste eines 9000 Jahre alten Dorfes mit Steinbauten gesichert werden |
| 1985 | In Schweden gelingt die Klonierung von Erbsubstanz einer altägyptischen Mumie |
| 1989 | Neue Funde im Tempel Amenophis III. in Luxor |
| 1990 | Im türkischen Neval Çori wird der bislang älteste Tempel der Welt freigelegt |
| 1991 | Fund einer vorgeschichtlichen Leiche (Similaun-Mann) in einem Gletscher der Ötztaler Alpen |
| 1991 | Entdeckung der Höhle von Calanques nahe Cassis (Frankreich) |
| 1993 | M. Korfmann entdeckt die äußere Mauer Trojas, die Unterstadt mit mehr als 200 000 m² |
| 1995 | K. Weeks entdeckt ca. 660 km von Kairo entfernt die bisher größte Pharaonengrabstätte |
| 1996 | Der französische Meeresbiologe F. Goddio entdeckt Überreste einer versunkenen Stadt im Hafenbecken von Alexandria. Man vermutet, dass es sich um den Palast Kleopatras handelt |
| 1999 | Auf dem Gipfel des argentinischen Vulkans Llullaillaco werden drei etwa 500 Jahre alte gefrorene Inka-Leichen gefunden |

| Altägyptische Kulturepochen | | |
|---|---|---|
| Zeitraum | Epoche | Bedeutende Kunstwerke |
| 3000–2130 v. Chr. | Altes Reich | Totenkult, Pyramiden, Stufenpyramiden des Djoser in Sakkara (2750); Pyramiden von Mykerinos (ca. 2575) sowie Chephren (ca. 2600) und Cheops (1650). |
| 2040–1650 v. Chr. | Mittleres Reich | Totentempel des Mentu-Hotep II. in Theben; Felsengräber; Pyramiden; Statuen der Könige Amenemhet und Sestoris (12. Dynastie); Bildwerke mit Menschen, in deren Gesichtern sich Schmerz und Leid ergreifend spiegeln |
| 1550–1070 v. Chr. | Neues Reich | Tempel von Luxor; Königsstatuen; thebanische Königsgräber; Tempel der Hatschepsut (1490); Tempelanlagen von Luxor und Abu Simbel. Grabmal des Königs Tutanchamun (um 1350); Reliefs im Tempel der Hatschepsut und in der Säulenhalle in Karnak; Büste der Nofretete; Wand- und Deckenmalereien in der Tempelanlage von Amarna; Menschendarstellungen mit dem Ausdruck heiterer Gelöstheit |

## Pyramiden

Ägypten:
Stufenpyramide von Sakkara

Mesopotamien:
Zikkurat von Ur

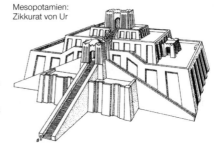

Ägypten:
Cheopspyramide

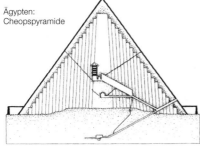

Altamerika:
Stufentempel von
Chichen Itza

Südostasien: Borobudur

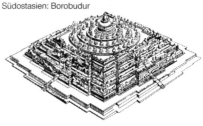

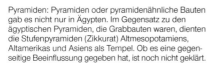

Pyramiden: Pyramiden oder pyramidenähnliche Bauten gab es nicht nur in Ägypten. Im Gegensatz zu den ägyptischen Pyramiden, die Grabbauten waren, dienten die Stufenpyramiden (Zikkurat) Altmesopotamiens, Altamerikas und Asiens als Tempel. Ob es eine gegenseitige Beeinflussung gegeben hat, ist noch nicht geklärt.

# Bildende Kunst

| Zeitraum | Epoche/Bedeutende Kunstwerke |
|---|---|
| **vor Christus** | |
| um 4000 | Hochkultur in Mesopotamien; die Sumerer erfinden die Keilschrift |
| 3000–2050 | Sumerisch-akkadische Kunst (früh- und spätsumerische Zeit). Weihestatuetten aus Stein; Reliefkunst mit Inschriften und kriegerischen Darstellungen; Tempelbauten mit Hochterrassen und Höfen, Wandmosaike; Bau des Weißen Tempels von Warka (Uruk). Großskulpturen (Frauenkopf aus Uruk), Steingefäße mit Reliefs (Alabastervase aus Uruk). Gold- und Silberschmiedekunst in Form von Waffen, Schmuck, Tierfiguren und Gefäßen. In der Blüte der Blütezeit der akkadischen Kunst (2250–2050) Steinschneidekunst (Glyptik) mit Darstellungen von Götterkämpfen |
| 2070–1950 | Erneuter Höhepunkt der sumerischen Kunst: 3. Dynastie von Ur; kultische Steinschneidearbeiten; Terrakottareliefs |
| 1900 | Politische Führung Babyloniens – bekannt: die Gesetzesstele (Inschrift-, Grenzstein oder Grabmal, mit Reliefs verziert) des Begründers des babylonischen Reiches Hammurapi |
| 1450–1200 | Ausdehnung des Hethiterreiches mit der Hauptstadt Boghazköy. Tempelbauten und große Festungsanlagen, Mauern, Tore wie das Löwentor von Boghazköy, Zyklopenmauer. Hauptkultstätte: Yazilikaya-Relief der 1000 Götter; Tierplastiken, Löwen- und Sphinxskulpturen |
| | Ausbreitung der assyrischen Kunst (seit etwa 1500) mit großen Palästen und Tempelbauten in Ninive und Assur |
| 1100–700 | Entwicklung der neu-assyrischen Kunst; Großskulpturen und Reliefkunst mit Kriegs-, Jagd- und kultischen Darstellungen; Palast des Assurnasirpal II. (883–859); Südwestpalast des Sanherib und Nordpalast des Assurbanipal in Ninive (660 vollendet); Tierfiguren, bronzene Türbeschläge mit Reliefs verziert; Kleinplastiken von Göttern; Gefäße und Schalen |
| 604–652 | Zweite Blütezeit der babylonischen Kunst unter Nebukadnezar II. Verwendung von lehmgebrannten Ziegeln in der Architektur; Plastiken aus Ton; Wiederaufbau des Stufentemples in Babylon (Zikkurat); Verwendung von farbig glasierten Ziegeln für prächtige Reliefdarstellungen von Großtieren (vorherrschende Farben: Blau und Gelb); Prozessionsstraße mit Löwen, Drachen und Stieren vom Ischtartor |
| 612–330 | Ausbreitung des persischen Reiches im Vorderen Orient. Prunkvolle Paläste und Tempel in Susa, Ekbatana und Babylon; Residenz von Persepolis. Kunsthandwerkliche Arbeiten aus Bronze und aus Edelmetall |
| nach 330 | Ausbreitung der hellenistischen Kunst und damit auch römische Einflüsse |
| **nach Christus** | |
| ab 300 | Ausbreitung der christlich-byzantinischen Kunst über Vorderasien und über Nordafrika; Tempel in Baalbek (150); Grabeskirche in Jerusalem (225); Sonnentempel des Baal in Palmyra (Syrien) |
| ab 650 | Ablösung der frühchristlichen Kunst durch islamische Kunst. Am Hof der Kalifen in Damaskus monumentale Palastbauten und Moscheen; Verfeinerung der Mosaikkunst; Große Moschee von Damaskus (Baubeginn: 705) |
| 750–1250 | Abbasidische Epoche mit der Hauptstadt Bagdad als Mittelpunkt |
| 970–1170 | Fatimidischer Stil in Ägypten und Syrien. Aufblühen des Kunsthandwerks in Form von prachtvollen Elfenbein- und Holzschnitzereien sowie Fayencen (Tonwaren, bedeckt mit weißer Zinnglasur) |
| 1050–1250 | Seldschukische Kunstepoche mit monumentalen Grabbauten wie der Iwan-Moschee; Miniaturmalereien, älteste kunstvoll geknüpfte Teppiche, Metallgefäße |
| 1220–1500 | Kunst der Mamelucken. Die Mamelucken beherrschten von Kairo aus Ägypten und Syrien. Bau von Mausoleen und Grabmoscheen mit den bekannten Minaretten |
| 1030–1500 | Maurischer Stil als Höhepunkt der islamischen Architektur, der Schrift- und Kleinkunst (seit 1100 auch in Spanien). Bekannteste Stilmittel: Bogen- und Stalaktitengewölbe (zackenförmig herunterhängendes Steinwerk); Zitadelle in Aleppo (Ende 13. Jh.); Bau der Alhambra (ab 14. Jh.), Palast in Granada mit Löwenhof; Baubeginn der Großen Moschee von Isfahan (ab 14. Jh.); Sultan-Hasan-Moschee in Kairo (1361 geweiht); Höhepunkt von Wand- und Fassadenplastiken; Miniaturen und Buchmalereien; Höhepunkt der Seidenweberei und Teppichknüpfkunst; kunsthandwerkliche Arbeiten, besonders aus Glas und Holz. Kuppelmoschee in Samarkand (14. Jh.) |
| ab 1600 | Kuppelbauten und Moscheen in Isfahan; Sultan-Achmed-Moschee in Istanbul (1609–1616); Miniaturmalereien, Wandmalereien, Blütezeit der Teppichknüpfkunst |

| Wichtige Kulturepochen Indiens | |
|---|---|
| Zeitraum | Epoche/Bedeutende Kunstwerke |

**vor Christus**

| | |
|---|---|
| 3000 (Bronzezeit) | Amri-Kultur (vorwiegend in Belutschistan, Häuser aus luftgetrockneten Lehmziegeln, Keramik mit geometrischen Mustern) |
| 3000–2000 | Indus- oder Harappa-Kultur im Industal und Pandschab, hochentwickelte Stadtbaukunst; Steatitsiegelschnitzereien, Terrakottaplastiken, Schmuckarbeiten aus Edelsteinen |
| 2000 | Jhukar- (oder Dschukhar-)Kultur (Pakistan), sog. barbarische Übergangskultur (Eisenwaffen, Kriegswagen) |
| 1500–500 | Unterwerfung der indischen Urvölker durch arische Nomaden. Danach wedisches Zeitalter mit Niederschrift der »vier Weden« (Sanskrit, älteste Form der indischen Sprachentwicklung). Keramikarbeiten |
| 600–300 | Frühindische Periode mit Holz- und Lehmbauten, Rundfenster und Rippengewölbe in Klöstern, figurale Plastiken; Keramikarbeiten |
| 400–100 | Maurya-Epoche mit skythischen und vor allem hellenistischen Einflüssen; Terrakottastatuetten; erotische Darstellungen, Fruchtbarkeitssymbolismus. In Patna Palast- und Residenzbauten; Felsenklöster von Barabar. Relief der großen Stupa von Santschi; Reliefkapelle mit Tiermotiven, prachtvolle Schmuckarbeiten |

**nach Christus**

| | |
|---|---|
| bis 1. Jh. | Westindischer Stil: Reliefs und Skulpturen von Bharhut; Fresken der Felsentempel in Adschanta |
| 100–300 | Vorklassische Periode: Ghandhara-Kunst mit hellenistisch-buddhistischen Einflüssen; Felstempel und Felsenhallen, buddhistische Tempel in Bombay. Erste figurale Skulptur Buddhas im Höhlentempel von Mathura, Bronzearbeiten |
| 400–500 | Klassische Periode: (Gupta-Kunst), Ausbau der Adschanta-Höhlentempel; Miniaturstuppen; Terrakottawerke, Keramik |
| 600–900 | Spät- und nachklassische Periode: Blütezeit der Gupta-Kunst; hinduistische Tempel, Kultbilder und Plastiken; brahmanische Götternachbildungen; Pallawa-Kunst, Felstempel von Ellora und Elephanta, Höhlentempel mit Relieffassaden in Adschanta, klassische Höhlenmalereien; Bronzeskulpturen |
| 900–1400 | Frühmittelalterliche und mittelalterliche Epoche: Weiterentwicklung der Pallawa-Kunst. Unter der Tschola-Dynastie buddhistische Kunstwerke; Freitempel, Tempeltürme, Pyramidentürme (u.a. in Osian, Orissa, Dekkan). Ab 12. Jh. islamische Einflüsse (Moscheen in Delhi; Ikonen buddhistisch-hinduistischer Prägung; Blütezeit der Bronzegießkunst; Tempelreliefs; Masken, Miniatur- und Wandmalereien u.a. Auf Ceylon ab 1200 islamisches Staatswesen und damit Beeinflussung der Kunsttätigkeiten; Moscheefassaden mit prächtigen Dekorstatuen. Ab 1300 Zerfall des Sultanats Delhi, mongolische Einflüsse; mittelalterliche Tempel (Halebid, Somnathpur, Schwarze Pagode von Konarak). Massive indo-islamische Bauten, u.a. Tempelstädte; Bauplastiken; Statuen mit lächelnden Gesichtszügen (Orissa-Lächeln); ab 1350 Papiermalereien; Keramikarbeiten mit geometrischen Ornamenten |
| 1500–1900 | Mogul-Stil: Verschmelzung hinduistischer und islamischer Elemente, u.a. im Bereich der Tempel- und Festungsbauten (Atala-Moschee in Dschaunpur, Grabmäler in Sahraram und Delhi). Gartenbaukunst (Schalimar in Lahore). Im Süden Hindutempel (Vishnutempel); Deckenfresken (Vidshayanagar); älteste Handschriften (Vasanta-Vilasa). Erotische Malereien; Darstellungen aus Familien- und Hofleben. 1630–1648 Bau des berühmten Taj-Mahal-Grabmals (Agra) im Mogulstil; Perlenmoschee in Agra. Ab 1650 Ende der Mogularchitektur; individuelle Personendarstellungen; islamische Kunstzentren u.a. in Mevar, Kotah, Dschaipur, Jammu, Garhwal; Seidenteppiche; Jade- und Kristallgefäße; Waffenverzierungen; Emaillearbeiten; Holzschnitzereien; Krischna-Kulte und Radschput-Malereien im Norden. Verfall der Bildhauerkunst, die nur im hinduistischen Südindien zu großen Leistungen fähig blieb |
| 20. Jh. | Erneuerungsbestrebungen traditioneller Kunstformen, Auseinandersetzung mit westlichen Einflüssen und Ringen um eigenständige Formen |

# Bildende Kunst

| Wichtige Kunstepochen Chinas | |
|---|---|
| **Zeitraum** | **Epoche/Bedeutende Kunstwerke** |
| **vor Christus** | |
| 2500–1600 | Yangshao- und Longshan-Kultur. Sakralbronzearbeiten, Opfer- und Räuchergefäße mit magischen Tierornamenten |
| 1700–1100 | Shang-Dynastie. Erste Schriften im Tal des mittleren Huang He; befestigte Stadtanlagen; Sakralbronzen; Jade-Geräte; Schalen mit Tierornamenten; Keramik aus Porzellan |
| 1100–249 | Zhou-Dynastien. Sakralbronzen; erste glasierte Keramiken aus Porzellanmasse. Profanbauten (Stadt- und Befestigungsanlagen) in der Tschuntschiu-Periode (722–481) und in der Zeit der »Kämpfenden Reiche« (480–249); Entstehung des Daoismus und Konfuzianismus, welche die Kunst beeinflussen; Bauwerke, vor allem aus Holz |
| ab 221 | Bau der Großen Mauer unter Qin-Kaiser Shihuangdi. Holz- und Jadeplastiken; mythische Figuren; Lackmalereien |
| **nach Christus** | |
| 206–220 | Han-Periode. Blütezeit der Architektur (Weiyang-Palast in Xi'an), Grabbauten und Grabmalereien; Skulpturen aus Stein; grünglasierte Grabbeigaben und Grabplatten mit Flachreliefs; Goldschmiedearbeiten |
| 300–500 | Buddhistische Einflüsse in Tempelanlagen, Klöstern und Pagoden; Grotten- und Höhlentempel; 338 bronzener Buddha; 2. Jh.: Drachenfiguren aus Stein, Fliegendes Pferd aus Wu-Wei |
| 500 | Beginn der Landschaftsmalereien; Seidenweberei; Gold-, Jade-, Lackarbeiten |
| 581–907 | Sui- und Tang-Periode. Klassische Epoche mit Höhepunkt der Gold- und Silberschmiedekunst. Im 7. Jh. Erfindung des Porzellans als dreifarbig glasierte Keramikarbeit. Pagoden aus Ziegeln (älteste von 523); Höhlentempel in Henan. Ab 700 Wildgans-Pagode in Xi'an; Bronzealtäre aus Zhending; Tempelbauten; Tonstatuetten mit farbiger Glasur; Tempera-Malereien (Geschichte der 500 Räuber); Querrollen-Malerei, Landschafts- und figurale Motive. Landschaftsmotive von Wang-Wei; weiße Porzellanarbeiten |
| 907–960 | Periode der fünf Dynastien. Verfall des alten Reichs. Trotzdem prächtige Kunstentfaltung mit vorherrschender Landschaftsmalerei |
| 960–1278 | Song-Dynastie. Tuschmalerei entwickelt sich zu höchster Blüte, Tier und Pflanzenmotive; Aufblühen der Kaiserlichen Akademie; bekannte Akademiemitglieder und Maler: Ma Yuan, Kaiser Hui Zong (1082–1135), Xia Gui, Ma Lin, Liang Kai, Muxi; Beeinflussung der japanischen Zen-Sekte; Baukunst: Holztempel am Wutai Shan, Verwendung von glasierten Ziegeln; Gartenarchitektur; Plastiken mit naturalistischen Ausdrucksfromen; Gold- und Silberschmiedekunst; Keramiken mit farbenprächtigen Glasuren |
| 1279–1368 | Yuan-Dynastie. Wichtigste Kunstgattung wird die Malerei: »Die vier großen Maler« Huang Gongwang, Wu Zhen, Ni Zan, Wang Meng schaffen u.a. Landschaftsbilder; erste Blauweiß-Porzellane mit Unterglasur (Kobalt), kostbare Rotlackarbeiten |
| 1368–1644 | Ming-Dynastie. Peking wird Hauptstadt. Ausbau der Großen Mauer; Bau der Kaiserresidenz »Verbotene Stadt« mit dem »Himmelstempel« und der »Halle der höchsten Harmonie«. Grabtempel der Ming-Herrscher; monumentale Tierplastiken am Prozessionsweg zum Grab des Kaisers Yongle; Malerei: Fortsetzung des Stils der Song-Zeit (vor allem Kaiser Xuan Zi, Regierungszeit 1426–1435); Wu-Schule mit freiem Malstil (Anlehnung an Yuan-Techniken); Ende 16./Anfang 17. Jh. erste Farbholzschnitte. Kaiserliche Porzellanmanufaktur in der Provinz Jiangxi (Blauweiß-Muster), rote Lackschnitzereien |
| 1644–1912 | Qing-Dynastie: Kaiser wurden Förderer der Künste; Verfeinerung der Porzellanarbeiten; realistische Darstellungen in der Malerei. Im Süden Rückbesinnung auf die Individualisten des 17. Jh., Landschafts-, Tier- und Pflanzenmotive (»Die acht Exzentriker von Yangzhou«, »Die acht Meister von Zhenling«, »Die vier Meister von Anhwei«); akademische Malerei der »Vier Wang«. 18. Jh.: Palastanlagen nach Entwürfen von Jesuitenmissionaren im Rokoko-Stil. 19. Jh.: Sommerpalast bei Peking |
| ab 1912 | Kunst der Republik. Grabtempel des Sun Yatsen in Nanking. Stalinistische Monumentalbauten (Große Halle des Volkes in Peking); Monumentalplastiken mit Darstellungen der Revolutionshelden; Büste Mao Zedongs von Liu Kaitschi; Monument der Helden des Volkes. 1965: 114 lebensgroße Tonfiguren des Hofes für Pachteinnahme; Malerei: Anlehnung an traditionelle Vorbilder u.a. durch Lin Schu, Hsiao Sun, Huan Pinhung (Landschaften, Pflanzen und Tiere in Öl oder Tusche), daneben sozialistischer Realismus und Beeinflussung der Kunst durch die Kulturrevolution |

## Wichtige Kunstepochen Japans

| Zeitraum | Epoche/Bedeutende Kunstwerke |
|---|---|
| 100–500 | YaYoi-Periode. Starke Beeinflussung durch chinesische Kunst. Keramik, Grabhügelanlagen von Osaka und Nara (607 Horyuiji-Tempel aus Holz); ab 3. Jh. Haniwa-Figuren als Grabbeigaben |
| ab 550 | Einführung des Buddhismus und damit auch Adaption der chinesischen Schrift. 606 älteste, noch erhaltene Buddhastatue aus Angoin, Tempel- und Klosteranlagen, Lackmalereien, Wandgemälde, Bildstickereien |
| 710–794 | Nara-Periode. Buddhistische Klöster und Tempelanlagen (Todaidschi, Schatzspeicher Schosoin, Yakuschitschi-Tempel); Bildrollen; Bronzestatuen. Ab 792 wird Kyoto Regierungssitz |
| 794–1192 | Heian-Periode. Buddhistische Bauten und Shinto-Heiligtümer. Ab 10. Jh. Wohnräume mit verschiebbaren Wänden und Matten als Raumteilern. Daigoschi-Pagode in Kyoto und Hoodo (Phönixhalle) bei Kyoto. Holzbildwerke mit religiösen Motiven; Entwicklung der Kalligraphie. Landschaftsmalerei; Beginn der eigenständigen Japan-Malerei Yamato-te, Lackmalerei; Lackarbeiten, Bronzewerke |
| 1192–1333 | Kamakura-Periode mit Kamakura als Regierungssitz. Epoche der Schwertritter, der Samurai. Ab 1200 Zen-Klosteranlagen, ab 1300 Shinto-Tempel; Entwicklung des japanischen Wohnhauses; Holzskulpturen mit Motiven der Nara-Periode. Blütezeit des Yamato-te; Landschafts- und Tuschmalereien als Bilderzählungen (1299 Ippen-Rollen des Eni); Blütezeit der Waffenschmiedekunst; Lackarbeiten |
| 1338–1573 | Aschikaga- bzw. Muromachi-Periode mit starken chinesischen Einflüssen; Zen-Tempel werden Kultur- und damit auch Kunstzentren. Blütezeit der Zen-Malerei; Schwarzweiß-Bilder der Kano-Schule (Motonobu); Landschaftsbilder auf verschiebbaren Türen) |
| 1573–1615 | Azuchi- bzw. Momoyama- Periode mit palastartigen Festungen des Generals Hideyoshi (Bauten am Biwa-See und in Osaka), Klöstern; Gärten. Keramikarbeiten mit grauer oder in grüner Glasur; Blütezeit der Lackmalereien |
| 1615–1867 | Edo-Periode. Tokio wird Residenzstadt. Christenverfolgungen. Der Hof wird Zentrum malerischer Stilbildungen, konfuzianischer Einfluss, Literatenmalerei (Yosa Buson, Ike-no-Taiga, Uragami Gyokudo); Farbholzschnitte im Ukiyo-e-Stil); erotische Werke (Haronobu, Moronobu, Utamaro, Sharaku). No-Masken für das No-Spiel; Blütezeit des Kunsthandwerks, besonders der Keramik durch Künstlerkolonie bei Kyoto (berühmte Meister: Kenzan, Ninsei, Hozen); Lackarbeiten und Miniaturen |
| 1867–1912 | Meidschi-Periode. Beeinflussung durch europäische Künstler. Allmählicher Niedergang traditioneller Malweisen und Bauformen |
| ab 1912 | Anlehnung an europäische Vorbilder; Hotel- und Kaufhausbauten im internationalen Stil; Bauhaus-Einflüsse. Nach 1950 bedeutende Bauten durch Kenzo Tange. Malerei: Fortleben der Tuschetechniken durch Seiho und Taikan; Computerkunst |

## Wichtige Kunstepochen Nord-, Mittel- und Südamerikas

| Zeitraum | Epoche/Bedeutende Kunstwerke |
|---|---|
| **vor Christus** | |
| 2600 | Älteste Ackerbaukultur Perus in Huaca Prieta |
| ab 2000 | Dorfkulturen (primitive Gefäße) in Mittelamerika |
| ca. 700 | Mexiko und Mittelkamerika: La-Venta-Kultur (Tempelkulturen), Steinplastiken, Keramik. Danach: Kultur von Tlatilco (Gräberkultur), Mexiko |
| ab 600 | Peruanische Kulturen mit Keramiken und farbig bestickten Totentüchern |
| 500–200 n. Chr. | Kultur von Gallinazo in Peru, Rundpyramide von Cuicuilco |
| ab 500 | Frühform der Maya-Kultur (Mexiko und Guatemala) |
| **nach Christus** | |
| 100–800 | Kunst der Zapoteken um und in der Stadt Monte Alban |
| ab 200–800 | Teotihuacán-Kunst (komplette Stadtanlage mit weltlichen und religiösen Bauten); ab 460 Maya-Stadt Copán |

⇒ S. 608

# Bildende Kunst

| Zeitraum | Epoche/Bedeutende Kunstwerke |
|---|---|
| 300–625 | Frühklassische Maya-Periode in Mittelamerika |
| bis 850 | Klassische Periode und Blütezeit der Maya-Kultur; 534 Gründung von Chichen Itzá und Stufenpyramide von Tiahuanaco; weitere Paläste und Tempel in Tikal und Palenque; Sandsteinskulpturen, Keramikarbeiten |
| bis 900 | Maya-Bauten auf Yucatán |
| ab 950 | Kunst unter dem Einfluss der Tolteken |
| 1200–1521 | Herrschaft der Azteken, Tempelpyramiden und Stadtanlagen in Technotitlan. Dramatisch-realistische Statuen bzw. Kolossalskulpturen (Erd- und Todesgöttin Coatlicue; Kalenderstein mit der Sonne im Mittelpunkt) |
| ca. 1200–1533 | Reich der Inkas in Peru, großes Andenreich; Hauptstadt Cuzco mit Befestigungsmauern, Tempelbauten der Bergfestungen Machu Picchu und Pisac, Steinplastiken, Keramikarbeiten |
| bis 1810 | Kunst unter dem Einfluss der spanischen Kolonialisten, besonders Frranziskanerklöster; später spanisches Rokoko |
| nach 1900 | Entwicklung eigenständiger nationaler Kunstwerke |

## Wichtige Epochen griechischer Kunst

| Architektur | Plastik | Relief | Malerei |
|---|---|---|---|
| **Ägäische Kultur** | | | |
| **2500–1300 v. Chr. Kretisch-minoische Epoche** | | | |
| Paläste (Knossos) | Votivstatuetten aus Bronze und Ton | Goldbecher aus Vaphio | Wandfresken, Vasenmalerei (Kamaresstil), 1800–1500 |
| **1600–1200 v. Chr. Mykenische Epoche** | | | |
| Herrenburgen (Tiryns, Mykene, Athen) | Löwentor in Mykene, nach 1300 | Stierrelief am »Schatzhaus des Atreus« (Schachtgrab) in Mykene | Vasenmalerei |
| **Griechische Kultur** | | | |
| **1100–700 v. Chr. Geometrische Epoche** | | | |
| Gebäudemodell aus Ton (Votivgaben) | Votivstatuetten aus Ton und Bronze, 9. und 8. Jh. | | Vasenmalerei – Geometrischer Stil (850–750) |
| **7. Jahrhundert** | | | |
| Holztempel nicht erhalten | »Dädalische« Plastik auf Kreta, 2. Hälfte 7. Jh. | Bronzerelief, um 660 | Protokorinthischer Stil, 750–625 (Chigi-Kanne) |
| Erste Steintempel in Olympia entwickelt | Apollo Tyskiewicz Nikandre von Naxos | | Orientalisierender Stil, um 650 |
| Dorischer Stil vorherrschend | Göttin von Auxerre Greifenprotome | | Korinthischer Stil, ab 625 |
| **6. Jahrhundert** | | | |
| Korfu: Artemistempel | Ältere Giebel von der Akropolis in Athen | Gorgogiebel vom Artemistempel | Rhodische Vasen |
| Korinth: Apollontempel | | | Attisch-schwarzfigurige Vasen |
| Athen: 1. Athenatempel | Kuroi (Apoll von Tenea) | | |
| Ephesos: Artemistempel | Koren (Mädchen), in Attika 2. Hälfte 6. Jh. | | |
| Selinunt: Apollontempel | Jüngere Giebel von der Akropolis in Athen | | |
| Paestum: »Basilika« (älterer Heratempel) | | Fries vom Siphnier-Schatzhaus in Delphi; Säulentrommel von Didyma | Blüte des schwarzfigurigen Stils |

| Architektur | Plastik | Relief | Malerei |
|---|---|---|---|
| Delphi: Apollontempel, Siphnier-Schatzhaus; Athen: neuer Athenatempel; Paestum: Cerestempel (Athenatempel) **5. Jahrhundert** | Reiter Rampin Giebel vom neuen Athenatempel in Athen | Aristion-Stele Heroenrelief aus Sparta | Attisch-rotfiguriger Stil, um 530 |
| Olympia: Zeustempel, um 500–455 | Giebel des Zeustempels in Olympia, um 500–455 | Metopen am Zeustempel in Olympia, um 500–455 | Attisch-rotfigurige Vasen |
| 479 Zerstörung der Akropolis in Athen | um 480 Strenger Stil Wagenlenker aus Delphi | Ludovisischer Thron, um 470 | Penthesilea-Maler, um 470 |
| Paestum: Poseidontempel (jüngerer Heratempel), um 450 Athen: Parthenontempel, 447–432 (Architekten Iktinos und Kallikrates unter der künstlerischer Oberaufsicht von Phidias) | Poseidon vom Kap Artemision *Meister der klassischen Zeit* (Werke fast nur aus römischen Kopien bekannt): Myron (Athena und Marsyas, Diskuswerfer) | | Nolanische Preisamphoren |
| Athen: Propyläen, 436 bis 432 (Arch. Mnesikles) Phigalia/Bassae: Apollontempel, um 445–420 (Architekt Iktinos) Athen: Theseion, 449–444 Athen: Niketempel, 421 | Phidias (Tiberapoll, Kasseler Apoll, Zeusstatue in Olympia, Athena Lemnia); Phidias u.a. = Giebel des Parthenontempels in Athen, um 440–432 Alkamenes | Phidias u.a. = Fries (vor 442) und Metopen (um 448–442) am Parthenontempel in Athen | Weißgrundige Lekythen (2. Hälfte 5. Jh.) |
| Athen: Erechtheion 421–406 | Erechtheion-Koren, um 420, Venus Genetrix Polyklet, tätig um 450 bis 420 (Diskuswerfer, Speerträger, Kapitolinische Amazone) | Fries im Cella-Innenraum des Apollontempels in Phigalia/Bassae, um 420 Fries und Metopen am Theseion in Athen, um 420 | |
| | Giebel vom Hereion in Argos, nach 423 | Fries am Niketempel in Athen, um 415, Nikebalustrade, um 406 | Meidias-Zeit, um 430–380 |
| **4. Jahrhundert** Epidauros: Asklepiostempel, um 390/80 | *Meister des 4. Jahrh.:* Leochares, tätig um 370–350; Praxiteles, tätig um 370–340/30; Thimotheos, Kephisodot, Skopas, Bryaxis | Attische Grabreliefs um 307 Luxusgesetz, das Grabmalerei verbot | Volutenkratere |
| Halikarnassos: Mausoleum, um 360; Delphi: Apollontempel, um 350; Olympia: Philippeion, um 338 gestiftet; Ephesos: Artemistempel | Lysipp, tätig um 380–320 (Euripides, um 370, ausruhender Herakles, um 320) | Reliefs am Mausoleum von Halikarnassos um 350; Fries am Lysikrates-Monument in Athen, um 335 | |

⇒ S. 610

# Bildende Kunst

| Architektur | Plastik | Relief | Malerei |
|---|---|---|---|
| **Hellenismus** | | | |
| **Letztes Viertel 4. Jahrhundert** | | | |
| Vor allem Profanbauten (Theater, Gymnasien, Markthallen, Rathäuser) Didyma bei Milet: Apollontempel, um 325 | Lysipp-Nachfolge um 300 (Ringer, Betender Knabe, Sandalenbinder) | Alexander-Sarkophag (für den Herrscher von Sidon), um 305 | Alexanderschlacht (Mosaikbilder: Philoxenos aus Eretria), um 315 |
| **3. Jahrhundert** | | | |
| Pergamon: Burg (bis um 160), Athenatempel, um 250 | Tyche von Antiocheia, um 290; Nikeso von Priene, um 280; Demosthenes, um 280; kauernde Aphrodite, um 260; Mädchen von Antium, um 250/225; Knöchelspielerin, um 230; Gallier und sein Weib; Sterbender Gallier, Weihgeschenk aus Pergamon, um 220 | Musenbasis von Mantinea, um 290 | *Wandgemälde* (erhalten nur in pompejanischen Kopien, z.B. Telephos, Herakles u. Omphale, 1. Jh. n.Chr.) |
| **2. Jahrhundert** | | | |
| Pergamon: Großer Altar, 180–160 | Nike von Samothrake, um 190 Thermenherrscher, um 170 | Kleinasiatische »Totenmahl«-Reliefs; Großer Altar von Pergamon, um 180–160, Telephosfries, um 160 (Meister Epigonos u.a.) | |
| Milet: Rathaus, um 175–165 Kos: Asklepios-Heiligtum, um 155 Magnesia: Artemistempel, um 150; Priene: Athenatempel, um 130 | Venus von Milo, 2. Hälfte 2. Jh. | Reliefs am Athenatempel von Priene, Ende 2. Jh. | |
| **1. Jahrhundert** | | | |
| | Borghesischer Fechter, um 80 (Meister Agasias); Farnesischer Stier, um 40 Dornauszieher, um 50 (Meister Apollonios u. Tauriskos) Laokoon-Gruppe, um 40–20 (Meister Hagesandros und Söhne) | Reliefs am Hekatetempel von Lagina, Anfang 1. Jh. Ikarius-Relief (Dionysos bei einem Dichter), um 75 Ölwandrelief, um 50 | |

## Über die griechische Kunst ▲

Die griechische Insel Kreta war im 3. Jahrtausend v. Chr. Zentrum der ersten europäischen Hochkultur. Die Kunst breitete sich nach und nach über die Inseln und Randgebiete des Ägäischen Meeres aus und griff später auch auf das griechische Festland über. König Minos, der Sage nach Sohn des Zeus und der Europa, gab der kretischen Kunst den Namen minoische Kultur. Bemerkenswert sind vor allem die gewaltigen Palastanlagen von Knossos, Phaistos und Hagia Triada sowie kunsthandwerkliche Gefäße.

| Wichtige Epochen römischer Kunst | | | |
|---|---|---|---|
| **Zeitraum** | **Architektur** | **Plastik/Relief** | **Malerei** |
| **Etrusker** | | | |
| 9./8. Jh. v. Chr. | Villanova-Kultur Griechischer Einfluss | Helm- und Hütten-urnen (Tarquinia) | Vasenmalerei: Grie-chisch-geometrischer und korinthischer Ein-fluss |
| 7. Jh. v. Chr. | Hügelgräber mit aus-geschmückten Grab-kammern | Helmurnen (Veji), Urnen mit Totenmasken (Chiusi) Ende 7. Jh.: Erste Groß-plastik (Vulci, Caere, Chiusi u.a.) Bronzegerät Terrakottareliefs | Fresken in Grab-kammern (Grotta Campana, Veji) |
| 6. Jh. v. Chr. | Hügelgräber und Fels-gräber mit Fassaden (Viterbo) Cummucella (Tempel mit Grabanlage, Vulci) Podiumtempel (Tar-quinia, um 550) | Bronzestatuetten, Bronzegerät (Perugia) Terrakottareliefs an Tempeln Grabstelen und Urnen mit Reliefs | Fresken in Grabkam-mern (Tanz, Gast-mahl, Wettkampf), besonders in Tarquinia, Tomba dei Tori, um 550; Tomba degli Auguri, um 530; Tomba della Caccia e della Pesca, um 520 |
| 5. Jh. v. Chr. | | Kapitolinische Wölfin Bronzestatuetten und -gerät Goldschmiedekunst | Tarquinia (Tomba del Triclinio, Tomba del Colle, um 470) |
| 4.–2. Jh. v. Chr. | 396 Veji zerstört | Mars von Todi Porträtbüsten (Brutus) Hellenistischer Ein-fluss (liegende Figu-ren u. Reliefs auf Sarkophagen und Urnen), Bronzegerät | Fresken in Grabkam-mern (Hades-Dar-stellungen), Tarquinia (Tomba del Orco, um 210), Vulci (Tomba François, um 100) |
| **Rom** | | | |
| 6.–2. Jh. v. Chr. | Kapitol, Burghügel. Tem-pel der Kapitolinischen Trias, 509 geweiht Forum Romanum: Vesta-tempel (Urheiligtum) Saturn- und Castor-tempel, 5. Jh. Concordiatempel, 4. Jh. Curia (für Senats-sitzungen) und Rostra (Rednertribüne) Ingenieurbauten (Aquädukte 4. und 3. Jh., Tiberbrücken 3. und 2. Jh.) | Ahnenbilder (Wachs-masken) | Mosaiken (Alexan-derschlacht) und Malereien vor allem in Pompeji erhalten, nur vereinzelt in Rom


1. Pompejanischer Stil, 2. Jh. (Quadersockel, illusionistische Architek-turdarstellungen) |
| | Straßen (Via Appia, Ende 4. Jh., Via Flaminia, Ende 3. Jh.) | Reliefs der Domitius-Ära, 2. Hälfte 2. Jh. | |
| 1. Jh. v. Chr. | Kapitol, Neubau des Jupitertempels, 69 vollendet | *Statuen:* Toga- und Panzerstatuen (Arringatore, um 100; | 2. Pompejanischer Stil, 1. Jh. (illusionisti-sche Ausblicke in |

⇒ S. 612

# Bildende Kunst

| Zeitraum | Architektur | Plastik/Relief | Malerei |
|---|---|---|---|
| | Forum Romanum, Neuordnung unter Sulla, Cäsar, Augustus Basilica Iulia (Gericht), 54–46 Rostra, um 30; Tempel des vergöttlichten Cäsar, 29 geweiht Basilica Aemilia (Markthalle), nach 14 Cäsarforum (Venustempel, 46 geweiht) Augustusforum (Tempel des Mars Ultor, 2 geweiht) Palatin, Haus des Augustus Theater (Steinernes Theater des Pompejus auf dem Marsfeld, 55) Grab des Augustus, 28 Cestius-Pyramide, um 12 | Tivolifeldherr, um 80/70; Togastatue mit zwei Ahnenbüsten, um 45; Augustus von Primaporta, um 20; Togastatue des Augustus, um 14) *Porträts:* Eigentliche Domäne der Römer (Vorstufen: etruskische Porträts und römische Ahnenbilder) Ab Mitte 1. Jh. besonderer Realismus (Greise, Cicero um 60, Pompejus um 50, Cäsar-Porträts alle nach seinem Tod). Später Realismus gemildert, erneuerter griechischer Einfluss (zahlreiche Porträts des Augustus) *Reliefs:* Naturalistische Ornamentik an Bauten, Altären, Urnen und Sarkophagen Figürliche Darstellungen im Stil der Volkskunst (Neapler Schiffrelief) | Landschaften); Pompeji, Villa dei Misteri, Fresken aus der Villa der Livia bei Primaporta (Thermenmuseum) 1. Hälfte 1. Jh., Odysseelandschaften aus einer Villa (Vatikanische Museen) »Aldobrandinische Hochzeit« (Vatikanische Museen), Wandgemälde nach hellenistischen Vorbildern mit der Darstellung der Vorbereitungen zur Hochzeit zwischen Dionysos und Basilinna 3. Pompejanischer Stil, augusteisch (zarte Architekturen als Rahmen der Landschaften und mythologische Szenen) Rom, Villa Farnesina, Haus des Augustus auf dem Palatinischen Pompeji |
| **1. Jh. n. Chr.** Tiberius (14–37) Caligula (37–41) Claudius (41–54) | Neubau Concordia-Tempel Tiberius-Bogen 16 Bau von Aquädukten vollendet den Bau von Aquädukten | *Relief:* Claudische Zeit bringt malerische Stiltendenzen (Valle-Medici-Platten) Gemmen und Karmeen | 4. Pompejanischer Stil (Scheinarchitektur, bewegte Bauglieder, kleine Bilder) |
| Nero (54–68) Vespasian (69–79) Titus (79–81) | Domus Aurea (Kaiserpalast), 64 begonnen Forum Vespasiani begonnen Nervaforum begonnen Kolosseum begonnen Bau des Kolosseum vollendet Titus-Thermen Neubau Tempel des Jupiter Capitolinus, nach 80 | *Porträts:* Starke Beseeltheit, malerische Oberflächenbehandlung des Marmors. Bei den Frauenbüsten Lockenfrisur (Julia Titi) *Statuen:* Togastatuen (faltenreich, starke Plastizität) *Reliefs:* Malerische Stiltendenzen, illusionistische Raumwiedergabe, | Rom, »Grotesken« der Domus Aurea, nach 64 79, Untergang von Pompeji (fast alle Fresken in Neapel, Nationalmuseum) |

| Zeitraum | Architektur | Plastik/Relief | Malerei |
|----------|-------------|----------------|---------|
| Domitian (81–96) | Ausbau der Domus-Augustiana, 92 vollendet Stadion (an der Piazza Navona) Titusbogen, 81 | Realismus der Volks-kunst Titusbogen, 81 Plastischer Dekor des Nervaforums | |
| Nerva (96–98) | Nervaforum vollendet | (zur Zeit Diokletians) | |
| **2. Jh. n. Chr.** | | | |
| Trajan (98–117) | Trajansforum und Basilica Ulpia, 107–113 Mercati Trajani Trajanssäule, 113 Trajansbogen, 114 Trajans-Thermen | Trajan.-Porträt: Verzicht auf malerische Effekte, wieder klassizistischer Reliefs vom Konstantins-bogen (Figurenstaffelung) Trajanssäule, Friese der Basilica Ulpia und des Venustempels | |
| Hadrian (117–138) | Neubau des Pantheon, 120–125 Engelsburg, 130–139 Tempel der Venus und Roma begonnen Tempel des vergöttlichten Trajan Tivoli, Villa Adriana | Hadrian-Porträt, die Bart-tracht des Kaisers über-nommen, neu die Gestaltung des Auges (kreisförmige Iris, vertiefte Pupille) Bildnisse (Büsten, Statuen, Reliefs) des Antinous (†130) Reliefs: Sarkophage mit Relief-dekor, seit 2. Jh. (Girlanden-Sarkophag, Giganten- und Gallierschlachten-Sarkophag) | |
| Antonius Pius (138–161) | Tempel der Venus und Roma vollendet, 136 Tempel des vergöttlichten Hadrian, 145 | Verwendung des Bohrers an Ge-wändern, Haaren, Augen; Ablösung der Figuren vom Grund, Licht- und Schatten-wirkung | |
| Marc Aurel (161–180) Commodus (180–192) | | Reiterstatue Marc Aurels | |
| **3. Jh. n. Chr.** | | | |
| Septimius Severus (193–211) | Bogen des Septimius Severus, 203 Bogen der Argen-tarii, 204 Baubeginn der Cara-calla-Thermen, 206 | In Porträt und Relief Steigerung zu barocken Ausdrucksformen Relief: Bogen des Septimius Severus, 203 | |
| Caracalla (211–217) | Caracalla-Thermen eröffnet, 216 | Schlachtensarkophag Ludovisi, um 230 2. Hälfte 3. Jh. neuer | |
| Diokletian (284–305) | Diokletians-Thermen, 298–305 | Realismus, Ausdrucks-steigerung in allen Darstellungsformen | |
| Konstantin der Große (306–337) | Konstantinsbasilika, 306–313 Konstantinsbogen, 312–315 Rundbauten, Tempel der Penaten | Reliefs am Konstan-tinsbogen Porträt: Kolossalkopf Konstantins | |

# Bildende Kunst

| Architektur | | Malerei/Mosaik | Plastik/Relief |
|---|---|---|---|
| Rom | Byzanz | | |

**1.–3. Jahrhundert**

| | | |
|---|---|---|
| Kulträume in Privathäusern (Dura Europas, 1. Hälfte 3. Jh.) Katakomben, um 250 S. Callisto: erste Gemeindekatakombe | Fresken in Dura Europos, Mitte 3. Jh. Katakomben-Malereien, 1. Hälfte 3. Jh. | |

**4. Jahrhundert**
**Konstantin d. Gr. (306–337)**
**Konstantinische Kirchengründungen:**

| | | | |
|---|---|---|---|
| S. Giovanni in Laterano – Sta. Costanza (Zentralbau) | Jerusalem, Grabeskirche; Konstantinopel (alle zerstört), Apostelkirche mit Mausoleum | Mosaiken in Rom: 4. Jh. Sta. Costanza | Plastik nur vereinzelt: Guter Hirte Sarkophage im 3. Jh. vereinzelt; 4. Jh. Blüte |

**5. Jahrhundert**

| | | | |
|---|---|---|---|
| Rom: Sta. Sabina – S. Pietro in Vinculi Ravenna (seit 402 weströmische Residenz): Mausoleum der Galla Placidia | Konstantinopel, Studiobasilika Saloniki, Demetriosbasilika | Mosaiken in Rom: Sta. Maria Maggiore Mosaiken in Ravenna Mausoleum der Galla Placidia | 5. Jh. Ravenna (Figuren in Muschelnischen) Holztüren: Mailand, S. Ambrogio; Rom, Sta. Sabina |

**6. Jahrhundert**

| | | | |
|---|---|---|---|
| Rom: Sta. Maria Antiqua – SS Apostoli Ravenna: Baptisterium der Arianer – S. Apollinare Nuovo – S. Apollinare in Classe – S. Vitale – Grabmal Theoderichs | Justinian (527–65) Neuer Typ der Kuppelkirchen Konstantinopel, Apostelkirche – Hagia Sophia Saloniki, Sophienkirche Ephesos, Johanneskirche | Mosaiken in Rom: SS. Cosma e Damiano – S. Lorenzo fuori le mura Mosaiken in Ravenna: Baptisterium der Arianer – S. Apollinare Nuovo – S. Vitale – S. Apollinare in Classe | Reliefs an Altarschranken, Ciboriensäulen und als Bauplastik Elfenbeinschnitzereien: Diptychen, Reliquienkästchen, Pyxiden |

**7.–9. Jahrhundert**

| | | |
|---|---|---|
| Rom: Sant' Agnese (7. Jh.) – Sta. Maria in Cosmedin (8. Jh.) – S. Prassede – S. Marco | Mosaiken in Rom: S. Stefano Rotondo (7. Jh.) – Sta. Maria in Cosmedin (8. Jh.) Fresken in Rom: S. Clemente (9. Jh.) | |

| Bereich | Bemerkung |
|---|---|

**8./9. Jahrhundert**

| | |
|---|---|
| Architektur | *Deutschland/Frankreich:* Kaiserpfalzen, zerstört (z.B. Aachen); Kirchen, z.T. Zentralbauten (Aachen, Pfalzkapelle, Vorbild S. Vitale in Ravenna – Germigny-des-Prés, byzantinischer Typ, griechisches Kreuz); meist Basiliken (Fulda, Hersfeld, St. Denis, Steinbach); große Klosterkirchen (Corvey, St. Gallen); 843 Teilung des Fränkischen Reiches |
| Plastik | Hochentwickelte Elfenbeinschnitzerei und Goldschmiedekunst nach antiken Vorbildern (Buchdeckel, liturgisches Gerät). In Ikonographie und Technik sind Byzanz, Rom und die angelsächsische Schule vorbildlich. *Elfenbeinschnitzerei:* Ada-Gruppe, um 800 byzantinischer Einfluss (Lorscher Evangeliar); Liuthard-Gruppe (ab 850), Hochreliefstil, bewegte Figuren (Perikopenbuch Heinrichs II.); Metzer Schule (2. Hälfte 9./10.Jh.) |

| Bereich | Bemerkung |
|---------|-----------|
| Malerei | *Goldschmiedekunst:* Codex Aureus von St. Emmeram (870), Tragaltar des Arnulf von Kärnten (nach 893)<br>*Wandmalerei:* Vor allem in den Kaiserpfalzen (Aachener Dom, Kuppelmosaik, nicht erhalten). Reste der Ausmalung in Müstair, Graubünden. Wandmalerei und Mosaiken in römisch-byzantinischer Tradition; Rom, San Clemente, um 850<br>*Buchmalerei:* Das irische Vorbild (Luxeuil, seit dem 7. Jh.) wirkte auf den ganzen Norden. »Book of Durrow« (Ende 7. Jh.), irisch-keltische Schule. Verbindung nordischer Tradition mit antiken Elementen im »Book of Lindisfarne« (Ende 7. Jh.). Durch irische Missionare auch auf dem Kontinent verbreitet: »Codex millenarius«, Kremsmünster, Schule von St. Gallen. In anderen Schulen das spätrömisch-byzantinische Vorbild bestimmend: Ada-Schule, Palast-Schule (Evangelienbuch Karls d. Gr., frühes 9. Jh.), Reimser Schule (»Utrecht-Psalter«, 9. Jh.), Metzer Schule, Schule von Tours |

**10. Jahrhundert**

| | |
|---|---|
| Architektur | *Deutschland:* meist Basilika mit Querschiff und Flachdecke, häufig Westchor (Fulda). Byzantinischer Einfluss (Gernrode)<br>*Frankreich:* Burgund: Cluny 2 (954–981), Ausbildung des Staffelchores. Daneben Entstehung des Chorumganges mit Kapellenkranz (St-Martin in Tours, St-Philibert in Tournus, Le Mans)<br>*England:* Seit dem 5. Jh. von Irland aus christianisiert. Kleine rechteckige Kirchen (Bradford-on-Avon, Earl's Barton)<br>*Italien:* Seit Mitte 10. Jh. Oberitalien unter deutscher Herrschaft |

**11. Jahrhundert**

| | |
|---|---|
| Architektur | *Deutschland:* Bauornamentik: Würfelkapitell, Lisenen mit Rundbogenfries, Ausbildung des »gebundenen »Systems« (quadratisches Joch, »ausgeschiedene Vierung«, Stützenwechsel); Hauptwerk: St. Michael in Hildesheim (1010–1033)<br>*England:* Spätromanische und byzantinische Vorbilder bleiben bis ins 11. Jh. bestimmend |

## Entwicklung der Romanik

| Italien<br>(11.–Mitte 13. Jh.) | Deutschland<br>(11.–Mitte 13. Jh.) | Frankreich<br>(11.–Mitte 12. Jh.) | England<br>(11./12. Jh.) |
|---|---|---|---|
| **Architektur** | | | |
| Bis ins 11. Jh. Deutschland künstlerisch führend. Im 12. Jh. lombardische Steinmetze in Deutschland tätig (Zwerggalerien eingeführt).<br>1014 Eroberung Süditaliens durch die Normannen (Blüte 1. Hälfte 12. Jh.), im 13. Jh. unter staufischer Herrschaft.<br><br>**Lokalschulen:**<br>*Lombardei:* Basilika, oft mit Emporen, meist ohne Querschiff. Vierungskuppel, Kreuzrippengewölbe. Zwerggalerien am Außenbau, freistehender Campanile.<br>Mailand, S. Ambrogio, um 1140<br>Pavia, S. Michele, nach 1160 | Salischer Stil (seit 1024) Fortführung der ottonischen Formen zu neuer Monumentalität. Im Innern Durchgliederung der Wand durch vorgelegte Dienste, nach 1080 erste Kreuzgewölbe im Mittelschiff (Speyer). Bereicherung des Außenbaus durch Zwerggalerien (Trier, Schwarzrheindorf). Stufenportale und Doppelturmfassaden (Limburg a. d. Hardt). In Köln Ausbildung der Dreikonchenanlage (St. Maria im Kapitol)<br>Schwerpunkte am Rhein: Dome von Speyer, Mainz, Straßburg, Basel, Abteikirche Maria-Laach, Schwarzrheindorf, Doppelkapelle<br>Sachsen: Quedlinburg, | Seit 1050 werden in Lokalschulen verschiedene Bauelemente entwickelt, die um 1150 zur Ausbildung der Gotik führen:<br>Vertikale Wandgliederung (Jumièges)<br>Emporen (Normandie)<br>Triforien (Burgund)<br>Spitzbogen (Lillers, St. Omer, Cluny)<br>Wölbungsprobleme des Mittelschiffs (Tonnen: Nevers, Conques – Spitztonne: Cluny – Kreuzgratgewölbe: Vézelay – Kreuzrippen: Beauvais, Seitenschiff)<br>Chorumgang mit Kapellenkranz<br><br>**Lokalschulen:**<br>*Normandie:* Emporenbasilika mit Querschiff, Staffelchor, Dienste von | Nach der Eroberung durch die Normannen 1066 starke Befestigungen und zahlreiche Kirchengründungen. Bei den Kathedralen Einflüsse aus der Normandie, aber Betonung der Mauertiefe und horizontale Schichtungen der Wandzonen.<br><br>**Festungen:**<br>London, White Tower – Colchester – Rochester<br><br>**Kathedralen 11. Jh.:**<br>Canterbury – St. Albans – Winchester – Rochester – Ely – Gloucester – Bury – Tewkesbury – Durham (Kreuzrippen) – Norwich<br><br>**Kathedralen 12. Jh.:**<br>Hereford – Southwell – |

⇒ S. 616

# Bildende Kunst

| Italien<br>(11.–Mitte 13. Jh.) | Deutschland<br>(11.–Mitte 13. Jh.) | Frankreich<br>(11.–Mitte 12. Jh.) | England<br>(11./12. Jh.) |
|---|---|---|---|
| Como, S. Fedele u.a. Dome von Modena, Piacenza, Parma, Cremona Ferrara Baptisterien in Parma, Cremona *Verona und Venedig:* Am Außenbau zweifarbige Steinschichtung, Lisenen und Bogenreihen Verona, S. Lorenzo – S. Zeno Venedig, S. Marco Dome von Murano, Torcello *Pisa:* Byzantinischer Einfluss, malerischer zweifarbiger Stil am Außenbau Baptisterium – Dom – Campanile Einfluss auf die Kirchen in Lucca und Pistoia *Toskana:* Außenbau zweifarbig, besonders ausgewogen und zartgliedrig. Florenz, S. Miniato Ampoli, Stiftskirche Fiesole, Badia *Umbrien:* Lombardischer Einfluss in Spoleto, S. Eufemia Todi, Kathedrale Toskanischer Einfluss in Spoleto, Dom Assisi, Dom *Rom:* Im 12. Jh. Wiederaufbau zerstörter Kirchen Schmuck durch Marmorintarsien (Cosmaten-Arbeit), S. Clemento – Sta. Maria in Cosmedin – Sta. Maria in Trastevere – S. Lorenzo – Sta. Maria in Aracoeli *Süditalien:* Arabische Einflüsse: Amalfi – Gaeta – Ravello Byzantinische Einflüsse (Kuppelbasilika): Monte Cassino – Canossa Graeco-arabische Mischformen: Palermo, Capella Palatina Normannische Gründun- | Stiftskirche; Hildesheim, St. Godehard; Königslutter, St. Peter und Paul (Mittelschiff gewölbt)<br><br>**Hirsauer Bauschule** Hirsau, St. Peter und Paul Alpirsbach Paulinzella<br><br>**Staufischer Stil** (2. Hälfte 11. Jh. bis Mitte 13. Jh.) Im Außenbau besonders reich und vielgliedrig. Turmgruppen, Zwerggalerien, phantasievolle Fensterformen. *Rheinland:* Köln, St. Aposteln, St. Gereon, Groß St. Martin; Andernach, Pfarrkirche; Worms, Dom; Limburg a. d. Lahn, Stiftskirche *Sachsen:* Braunschweig, Dom – Halberstadt, Liebfrauenkranz *Westfalen:* Dome von Münster, Osnabrück, Paderborn Soest, St. Patroklus *Zisterzienserklöster:* Maulbronn, Eberbach | unten hochgeführt, Flachdecke oder offener Dachstuhl. Zweiturmfassade. Reims, St-Remi Mont St-Michel Jumièges, Abteikirche Caen, St-Trinité, St-Etienne Beauvais, St-Etienne Lillers, St-Omer *Burgund:* Basilika mit Triforium, Chorumgang mit Kapellenkranz, Spitztonne. Cluny, Klosterkirche, Bau 3–4 Vézelay, Abteikirche (Kreuzgratgewölbe) Autun, St-Lazare Beaune, Kathedrale Langres, Kathedrale (Kreuzrippen von der Normandie übernommen) *Auvergne:* Dreischiffige Halle mit Emporen, Tonne, Chorumgang mit Kapellenkranz Nevers, St-Etienne Clermont-Ferrand, Notre-Dame Toulouse, St-Sernin Conques, St-Foy *Poitou:* Dreischiffige Halle (ohne Emporen), Tonne, oft Chorumgang mit Kapellenkranz. Reiche Fassadengestaltung Poitiers, Notre-Dame *Aquitanien:* Kuppelkirchen Angoulême, Kathedrale Perigueux, St-Front Poitiers, St-Hilaire Angers Le Puy, Notre-Dame *Provence:* Basilika, Tonne. Fassade mit Figurenschmuck Arles, St-Gilles und St-Trophime | Exeter – Peterborough – Lincoln – Ramsey – Oxford<br><br>Dorchester, Abteikirche |

616

| Italien (11.–Mitte 13. Jh.) | Deutschland (11.–Mitte 13. Jh.) | Frankreich (11.–Mitte 12. Jh.) | England (11./12. Jh.) |
| --- | --- | --- | --- |
| gen: Troina, Catania, Palermo, Dom und La Martorana, Cefalù, Monreale Staufische Burgen: Castel del Monte u.a. | | | |

**Malerei**

| Italien | Deutschland | Frankreich | England |
| --- | --- | --- | --- |
| Rom, Sta. Maria in Trastevere, Mosaik in der Apsis (1145); Cefalù, Dom, Apsismosaik, um 1150 | **Wandmalerei:** Von der bedeutenden Malerei aus ottonischen Zeit fast nichts erhalten. Einziges vollständiges Zeugnis ist die Wandmalerei in Oberzell/Reichenau, Ende 10. Jh. Zu den wenigen Beispielen hochromanischer Wandmalerei gehören die Klosterkirche in Prüfening (1119–1125) sowie Schwarzrheindorf, Unterkirche, 1150 vollendet.<br><br>**Buchmalerei:** Zentrum ottonischer Buchmalerei ist die Reichenauer Schule mit Eburnant-Gruppe (Gerokodex, 969–976); Ruodprecht-Gruppe (Bibl. Comunale, um 983); Codex Egberti (um 980); Liuthar-Gruppe (Evangeliar Ottos III.), Ende 10. bis Anfang 11. Jh. Weitere Schulen: Hildesheim, Köln, Regensburg, Trier | **Wandmalerei:** Nur in wenigen Resten erhalten: Berzé-la-Ville (12. Jh.), St-Savin-sur-Gartempe.<br><br>**Buchmalerei:** Bedeutendste Werkstatt ist das Kloster Citeaux. (Bibel des Stephan Harding, bis 1109)<br><br>*Bildteppich von Bayeux*, Ende 11. Jh. Historienbild über die Eroberung Englands durch die Normannen | **Buchmalerei:** Schule von Winchester, beeinflusst von der karolingischen Buchmalerei der Reimser Schule Benedictionale des Bischofs Aethelvol (um 980). In Anlehnung an den Utrechter Psalter: Psalter von Peterborough. 2. Schule von Winchester (12. Jh.), Fischblasenmotiv |

| Italien | Deutschland | Frankreich | England | Spanien | Niederlande |
| --- | --- | --- | --- | --- | --- |
| **Plastik** | | | | | |
| Wirkung der südfranzösischen Bauplastik auf die Lombardei, kraftvoller als die provençalischen Vorbilder. Modena, Fassadenreliefs (Wiligelmus von Modena), 1100 ff; Parma, Dom, Kreuzabnahme (Benedetto Antelami), | Ottonische und salische Plastik Gero-Kruzifix, 969–976; Bronzetüren Bernwards für St. Michael, Hildesheim, 1015 vollendet. Nach dem Vorbild der Kleinplastik im 11. Jh. Chorschranken, Türen, als Zierat dienende Skulpturen: | Seit der 1. Hälfte des 11. Jh. Großplastik nach antikem Vorbild. Gewände- und Portalfiguren. Zunächst flächige Behandlung der Figuren bei Expressivität und Übersteigerung Toulouse, St-Sernin, Chorumgangsrelief, | Im Vergleich zu den großen Leistungen der Buchmalerei keine bedeutende Bildnerei. Meist kirchliche Ausstattungsstücke wie Taufsteine, aber auch Kapitelle und Bogenfelder. Chichester, Lazarusrelief, etwa 1140; Lincoln, | Früher als in Südfrankreich und die dortige Entwicklung beeinflussend bedeutende Bauplastik nach mozarabischem Vorbild: León, Panteón de los Reyes, Figurenkapitelle, 11. Jh. Santiago de Compostela, | Höchste Blüte der Goldschmiede- und Emailkunst im Rhein-Maas-Gebiet. Ein Kleinod der Emailkunst schuf Nikolaus von Verdun mit dem Klosterneuburger oder Verduner Altar (bis 1181). Die Längsseiten des |

⇒ S. 618

**617**

# Bildende Kunst

| Italien | Deutschland | Frankreich | England | Spanien | Niederlande |
|---|---|---|---|---|---|
| 1178; Borgo San Donnino, Westportal (Benedetto Antelami zugeschrieben), 1187-1196. Keine Bindung mehr an die Architektur | *Frankfurt,* Madonna im Liebieg-Haus (um 1050); *Paderborn,* Imad-Madonna (um 1050/70); *Augsburg,* Dom, Bronzetüren (Mitte 11. Jh.); *Werden,* Bronzekruzifix (1065/80); *Hildesheim,* St. Michael, Chorschranken (1186ff.) **Romanische Plastik** Im 12. Jh. Übernahme französischer Bauplastik. *Regensburg,* St. Jakob, Südportal (1220/30); *Bamberg,* Dom, Stifterbildnisse, Georgenchorschranken (um 1230) – Höhepunkt der deutschen Sonderentwicklung. Großplastik des 12. Jh.; *Magdeburg,* Grab Friedrich von Wettin (um 1152); *Quedlinburg,* Äbtissinnengräber Braunschweiger Löwe (1166) Bedeutende Metall- und Goldschmiedekunst (Trierer Schule) | 1096; Moissac, Kreuzgang, Kapitelle und Apostelfiguren, um 1100. Tympanon des Südportals; Autun, St-Lazare, Tympanon (Jüngstes Gericht), 1132; Vézelay, Ste-Madeleine, Portale um 1120; St-Gilles-du-Gard, Portal der Westfassade, Marientympanon, um 1150/50 | Kathedrale, Westfassade | Pórtico de la Gloria, Gewändefigurenund Tympanon von Meister Mateo, 1188 vollendet | Kölner Dreikönigsschreins (1181ff.) werden ihm zugeschrieben |

| | | | **Entwicklung der Gotik** | | |
|---|---|---|---|---|---|
| **Frankreich** (12.–15. Jh.) | **Deutschland** (13.–15. Jh.) | **Italien** (13./14. Jh.) | **England** (12.–15. Jh.) | **Spanien** (13.–15. Jh.) | |

**Architektur**

| Frankreich | Deutschland | Italien | England | Spanien |
|---|---|---|---|---|
| Mitte des 12. Jh. von Frankreich ausgehende Entwicklung neuer und Überwindung herkömmlicher Stilformen. Spitzbogen, | Im 13. Jh. Durchdringung spätromanischer Formen mit gotischen Elementen. Im Südwesten direkter Einfluss der französischen Gotik. | Gotische Formen später als im Norden. Bewahrung romanischen Erbes im Verzicht auf Höhenstreben und Auflösung der Wand. | **Early English** (1175 bis 1250) Übernahme gotischer Formen aus Frankreich. Verzicht auf Maßwerk, hohe lanzenförmige | Seit dem frühen 13. Jh. Übernahme der Gotik aus Frankreich. Übergangsstil. Herausragende Beispiele: Kathedralen von *Burgos* (begon- |

| Frankreich (12.–15. Jh.) | Deutschland (13.–15. Jh.) | Italien (13./14. Jh.) | England (12.–15. Jh.) | Spanien (13.–15. Jh.) |
|---|---|---|---|---|
| Vertikalgliederung; steinerne Wandvorlagen, Dienste, Kreuzrippen, außen Strebewerk zum Auffangen des Gewölbeschubs. | *Freiburg*, Ostjoche des Langhauses; *Straßburg*, Südflügel. Endgültige Übernahme erst mit dem Bau der hochgotischen Dome nach dem Vorbild der französischen großen Kathedralen. | **Bettelorden:** *Assisi*, S. Francesco, begonnen 1228; nach französischem Vorbild. *Florenz*, Sta. Croce (begonnen 1295); breites Mittelschiff Seitenkapellen wie Zisterziensergotik. *Rom*, Sta. Maria sopra Minerva, begonnen 1280. | Fenster in reizvoller Gruppierung. Ausgeprägte Längenausdehnung, häufig zwei Querschiffe. Kein Kapellenkranz, sondern Chorabschluss mit »Lady Chapel«. Elegante Linienführung, aber kühler, fast eisiger Raumeindruck. *Canterbury*, Chor, begonnen 1075; *Peterborough*, begonnnen 1201; *Salisbury*, begonnen 1220; *Westminster*, Chor, begonnen 1245; *Ely*, Chor, begonnen 1234. | nen etwa 1221), *Toledo* (begonnen 1227). Streben nach Weite, Verzicht auf große Höhe. Seit dem 14. Jh. überwiegt das Dekorative (Mudéjarstil). Die Tendenz zum Ornamentalen setzt sich fort bis zum Platereskenstil der Spätgotik. Die Fassaden sind nun mit einem Gespinst kleinteiliger Ornamente überzogen. *Sevilla*, Kathedrale, Sakristei u. Kapitelsaal, Anfang 16. Jh. |
| **Frühgotik:** *St-Denis* bei Paris um 1132 unter Abt Suger (Erzieher Ludwigs VII.) begonnen. Erstmals Spitzbogen und normannisches Rippengewölbe; *Notre Dame*, Paris, begonnen 1163, erster Höhepunkt der Gotik, Ausgewogenheit der Fassade mit Fensterrose; *Laon*, begonnen um 1170; sämtlich Emporenbasiliken. | *Kölner Dom*, 1248 von Meister Gerhard entworfen. Fünf Schiffe, Bündelpfeiler, durchfenstertes Triforium, üppiges Strebewerk. *Straßburg*, Münster, Westfassade (begonnen 1276). Triumph der Horizontalen. Vielzahl von Wimpergen und Fialen; mit Maßwerk übersponnen. | **Dome:** *Siena*, begonnen 1225; dreischiffige Basilika von gewaltigen Ausmaßen, Vierung aus 6-eckigem Kuppelraum bestehend. Arkaden mit romanischen Rundbögen. Prächtige Fassade mit breiterem Mittelfeld als Unterbau (Bauleiter Pisano). | **Decorated style** (1250–1340) Völlig eigenständige Entwicklung in England, kein Einfluss vom Kontinent. Die Dekoration überwiegt im Gesamteindruck der Bauten dieser Zeit. Eine Fülle von kleinteiligem Dekor bedeckt die Fassaden. Islamischer Einfluss denkbar. | |
| **Hochgotik:** Bau der großen Kathedralen; Verzicht auf Emporen, der Raum gewinnt an Höhe, außen mächtige Strebebogen, Maßwerk, figürliche Plastik an den Fassaden. *Reims* (begonnen 1211); *Amiens* (begonnen 1220), *Ste-Chapelle* (begonnen 1243). Der 100-jährige Krieg bewirkt eine Stagnation. Erst um die Mitte des 15. Jh. erneute Bautätigkeit. | Gegen Ende des 13. und im 14. Jh. in Deutschland Neubesinnung auf romanische Stilelemente. Reduzierung der Wanddurchfensterung, Verzicht auf Triforien, Verminderung des Strebewerks. | *Orvieto*, begonnen um 1285, 3-schiffige Säulenbasilika, hölzerner Dachstuhl. Die ruhige, durchgeformte Fassade erinnert an die nordische Gotik, kein Turm; im Gesamtcharakter noch romanisch, nur in Details (Wimperge, Fialen, Rose) gotisch. | Geflammtes Maßwerk (flowing tracery), hier sparsam verwendet, beherrscht aber die gesamte kontinentale Spätgotik. *Lichfield*, Chor und Westfassade, begonnen 1275; *York*, Langhaus, begonnen 1291; *Wells*, Marienkapelle, Chor, begonnen 1320; *Beverly*, begonnen 1320. | |
| **Spätgotik:** In Frankreich nicht kontinuierlich aus der klassischen Gotik entwickelt. Übernahme englischer Formen (Style flamboyant). Zur Überfülle neigende Ornamentik, breite | **Backsteingotik:** Im Einflussbereich des Deutschen Ordens und der Hanse. Statt der sonst üblichen Bruchsteine Ziegelbauweise; große Wandflächen, von wenigen Fenstern durchbrochen. Das Maßwerk der französischen Gotik wird zum flächigen Ornament; Netz- und Sterngewölbe. *Lübeck*, St. Marien, seit 1260, vorbildlich für den Norden. Bedeutung des | *Florenz*, begonnen 1296; weite Arkaden, Kreuzrippenwölbung, Rundfenster im Obergaden, einige vorweggenommene Renaissanceelemente. Seit 1334 Giotto Bauleiter. *Mailand*, begonnen 1387; eine der größten Kathedralen des Mittelalters. 5-schiffiges Langhaus, 3-schiffiges Querhaus. | **Perpendicular style** (seit 1340) Wird zum englischen Nationalstil und | |

⇒ S. 620

# Bildende Kunst

| Frankreich (12.–15. Jh.) | Deutschland (13.–15. Jh.) | Italien (13./14. Jh.) | England (12.–15. Jh.) | Spanien (13.–15. Jh.) |
|---|---|---|---|---|
| Mittelschiffe. Um 1500 Übergang zu einem Mischstil aus gotischen und Renaissanceformen. *Cléry* bei Orleans, begonnen 1444; *Vendôme*, Fassade, begonnen 1485; *Auch*, Kathedrale, begonnen 1489; *Chartres*, Neuer Turm, begonnen 1507. | Profanbaus nimmt zu, Patrizierhäuser, Rathäuser, Stadttore. *Danzig*, St. Marien, seit 1259, typisch für die Spätgotik im Norden. | Einfluss der nordischen Gotik (Kölner Dom), keine Türme an den Fassaden. Ornament überwiegt gegenüber konstruktivem Element. | setzt sich praktisch bis in die Neuzeit fort. Vernachlässigung der horizontalen Gliederung, Folgen hochstrebender Vertikalbahnen der Dienste. Streben nach höchster Vereinfachung. Lange einschiffige Räume mit fast völlig verglasten Seitenwänden. Neue Maßwerk- und Gewölbeformen. Maßwerk verschwindet dann zugunsten eines einfachen Gitterwerks. Die komplizierten Gewölbeformen. Netz-, Fächer-, Stern-, Kelchgewölbe sind auf dem Kontinent unerreicht. *Canterbury*, Langhaus, begonnen 1378; *Bristol*, St. Mary Redcliffe, begonnen 1440; *Oxford*, Christ Church, Chor, begonnen 1500; *Cambridge*, Kings College, begonnen 1480; *Windsor*, Schloßkapelle, begonnen 1481; *Westminster*, Kapelle Heinrichs VII., begonnen 1502. | |
| **Regionale Stilformen der Frühgotik** *Burgund:* Mit *Cluny* (1100) Einführung des Spitzbogens. Übernahme des normannischen Rippengewölbes. *Vézelay*, Chor um 1200 *Genf*, Kathedrale, Anfang des 13. Jh. *Anjou:* »Style Plantagenet«, Hallenkirchen mit filigranartigem Rippengewölbe (Einfluss auf die westfälische Gotik). *Angers*, Kathedrale, begonnen 1153. *Normandie:* Ausgeprägter Sonderstil mit romanischen Elementen. *Lisieux*, Kathedrale, um 1180 begonnen | **Hallenkirche:** Spezifisch deutsche Form der gotischen Architektur. Hauptschiff und Seitenschiffe gleich hoch. Gemeinsames Dach über allen Schiffen. Später häufig Verzicht auf Querschiff. Deutlichste Ausprägung in Westfalen. *Paderborn*, Dom, um 1240; *Minden*, Dom, um 1270; *Soest*, Wiesenkirche, um 1340. Süddeutschland, Österreich u. Böhmen: *Schwäbisch-Gmünd*, Kreuzkirche, seit 1351; *Wien*, St. Stephan, Langschiff, seit 1359; *Prag*, St. Veit (begonnen 1344), von Peter Parler vollendet. Einzelne Künstlerpersönlichkeiten (Stettheimer, Parler). | **Profanbauten:** Seit dem frühen 14. Jh. Rathäuser, Adelspaläste, Burgen. *Florenz*, Palazzo Vecchio seit 1299. *Venedig*, Dogenpalast, seit 1310. | | |
| **Zisterziensergotik:** Im Sinne des Ordensanliegens asketische, nüchterne Formen | **Bettelorden:** Asketische Form, Tendenz zu geschlossenen Wänden, Verzicht auf Glockentürme und Skulpturen | | | |

| Frankreich (12.–15. Jh.) | Deutschland (13.–15. Jh.) | Italien (13./14. Jh.) | England (12.–15. Jh.) | Niederlande (14./15. Jh.) |
|---|---|---|---|---|
| **Malerei** | | | | |
| **Buchmalerei:** Im 14. Jh. kommt die Miniaturmalerei im höfischen Stil zu | Zögernd dringen seit der 2. Hälfte des 13. Jh. gotische Elemente in die Malerei ein. | Die geschlossenen Wände der gotischen Dome in Italien erlauben groß- | Bedeutende Buchmalerei, Psalter und Apokalypsen. (Queen Mary's Psalter, | Zentrum der Malerei des 14. und 15. Jh. sind die Niederlande. |

| Frankreich (12.–15. Jh.) | Deutschland (13.–15. Jh.) | Italien (13./14. Jh.) | England (12.–15. Jh.) | Niederlande (14./15. Jh.) |
|---|---|---|---|---|
| neuer Blüte. Gemessenheit und Steife weichen einer gewissen Eleganz der Figuren. Außer Bibeln und Psaltern finden auch weltliche Themen Interesse: Rechtsbücher, Chroniken, Sagen (Parzival, Tristan), Stundenbücher. Schwerpunkte der Buchmalerei nicht mehr die Klöster, sondern Werkstätten; Künstler aus den Niederlanden führend. Seit Mitte des 14. Jh. Einfluss von Italien (Giotto); Versuch zur Perspektive. Um 1360 das erste Tafelbild (Bildnis Johannes des Guten) diesseits der Alpen. Flämische und italienische Einflüsse auch im Werk der Brüder von Limburg (Stundenbuch des Herzogs von Berry, 1416) deutlich. J. Fouquet (*um 1415) zeigt in seiner Miniaturmalerei vor allem flämischen Einfluss. Einige Tafelbilder sind ihm zugeschrieben.\n\n**Glasmalerei:**\nIm 13. Jh. Höhepunkt mit den Glasfenstern der großen Kathedralen (Chartres, Bourges, Le Mans). Zunächst Einlegetechnik, später mit eingebrannten Farben | Die Manessische Liederhandschrift (um 1320) ist weniger elegant und prächtig als die französischen Vorbilder, strahlt aber derb-natürliche Süße aus. Unter Karl IV. wird Prag Zentrum der Bildkunst. Französ. und italien. Meister führen einen verfeinerten höfischen Miniaturstil zu höchster Blüte. Die Tafelmalerei ist von besonderer Zartheit der Gestalten.\n\n**Glasmalerei:**\nErst ein Jahrhundert später als in Frankreich entfaltet sich in Deutschland die Glasmalerei. Zeugnisse sind die Dome in Köln, Straßburg, Marburg, Freiburg, Regensburg.\n\n**Tafelmalerei der Spätgotik:**\n(Altdeutsche Malerei). Im 15. Jh. Ablösung der höfischen durch eine mehr bürgerliche Malerei. Bedeutende Einzelpersönlichkeiten: Konrad von Soest (bis 1420), Konrad Witz (etwa 1400–1445), Stefan Lochner (†1451), Hans Multscher (etwa 1400–1467), Martin Schongauer (etwa 1450–1491), Michael Pacher (etwa 1435–1498?). Kupferstecher: Martin Schongauer und Meister E. S. (tätig in der 2. Hälfte des 15. Jh.) | flächige Wandmalerei. Mittelpunkte sind Rom und Florenz.\nIm 13. Jh. Aufnahme byzantinischer Elemente. In der Tafelmalerei Überwindung der starren Formen, lebendige Gestaltung. Ein Zentrum der Malerei ist Siena, wo zu Beginn des 14. Jh. Künstler wie Duccio und Simone Martini wirken. In Florenz ist Cimabue (†1302) hochberühmt. Der genialste Künstler seiner Epoche aber ist *Giotto di Bondone* (1266–1337), dessen Werke die gesamte europäische Malerei auf den Weg zu neuer Sicht der Wirklichkeit, zu räumlichem Sehen und perspektivischem Aufbau des Bildes bringen. Licht und Schatten bekommen ihre eigene Bedeutung. Giotto ist Wegbereiter der Renaissance. Hauptwerke: Leben Christi und Mariae in der Arena-Kapelle in Padua, 1305–1307, Darstellungen aus dem Leben der beiden Johannes und des hl. Franziskus in S. Croce in Florenz, Szenen aus dem Leben Christi und des hl. Franziskus in San Francesco in Assisi (teilweise von Schülern weitergeführt) | Anfang 14. Jh.) Dekorativer Medaillonstil mit Neigung zum Ornament. Seit etwa 1400 gewinnt der kontinentale »Weiche Stil« Einfluss auf die englische Malerei. | **Tafelmalerei:**\nGegensatz zur höfischen Schule von Paris und Prag: Das Bürgerliche, das Persönlich-Private dominiert. Meist Bilder religiösen Inhalts mit dem Ausdruck großer Fömmigkeit. Vollkommene Beherrschung der malerischen Technik zeichnet diese Meister vor allen in Europa aus. Die Öltechnik als neues Verfahren entspricht den Intentionen der niederländischen Künstler in besonderem Maße.\n\n**Bedeutende Künstlerpersönlichkeiten:**\nBrüder van Eyck (Hubert, etwa 1370–1426; Jan, etwa 1390–1441), Rogier van der Weyden (etwa 1400–1464), Petrus Christus (†1473), Hugo van der Goes (etwa 1440–1482), Hans Memling (etwa 1433–1494), Dieric Bouts (etwa 1415 bis 1475) |

⇒ S. 622

# Bildende Kunst

| Frankreich (12.–15. Jh.) | Deutschland (13.–15. Jh.) | Italien (13./14. Jh.) | England (12.–15. Jh.) | Sonstige (12.–15. Jh.) |
|---|---|---|---|---|

## Plastik

| Frankreich | Deutschland | Italien | England | Sonstige |
|---|---|---|---|---|
| Führende Rolle Frankreichs auch in der figürlichen Plastik. Seit dem 12. Jh. vor allem als Bauplastik an den Fassaden; Entwicklung zur Monumentalplastik. *Chartres,* Kathedrale (um 1145), Gewändefiguren, streng in die Architektur einbezogen, noch ohne Bezug zur Realität, gebunden an ihre transzendente Aufgabe. *Senlis,* Kathedrale (um 1180); Andeutung der Entwicklung zur Lösung aus der Starrheit, zu größerer Wirklichkeitsnähe und Ausdruckskraft. Weicher Fluss der Bewegungen. *Chartres,* Kathedrale, Querhausportale (seit 1194); gelöstere Figuren bilden lebendige Gruppen, Gewänder umschmiegen in parallelem Faltenwurf weich die Gestalten. *Reims,* Kathedrale (um 1230); hier wird eine beinahe klassische Form der Menschendarstellung in der Verbindung von Typischem und Individuellem erreicht. *Amiens,* Kathedrale (seit 1225); volksnäher als Reims, mit eigenwilligen Motiven. Entspricht vollkommen dem gotischen Schönheitsbegriff. | Ende des 13. Jh. Übernahme gotischer Skulpturenformen aus Frankreich. *Straßburg,* Münster (ca. 1220–40); Marientod, Marienkrönung, Ecclesia und Synagoge, Engelspfeiler. Bewegungsintensität, Lösung von der Architektur, fließende Gewänder (Werkstatt aus Chartres). In Frankreich Skulptur als Bauplastik an der Außenwand, in Deutschland findet sie im Innenraum ihren Platz. *Naumburg,* Dom (um 1250), Stifterfiguren und Lettner; anders als die zur Typisierung neigende französische Plastik individueller und von gesteigerter Ausdruckskraft. *Prag,* Dom (um 1350); von Peter Parler geschaffene Büsten der Baumeister und Stifter; Bild des heiligen Wenzel in der Wenzelskapelle (1373).<br><br>**Weicher Stil:** In der 2. Hälfte des 14. Jh. entwickelte sich diese deutsche Form der gotischen Plastik. Charakteristisch die »Schönen Madonnen«.<br><br>**Schnitzaltäre:** *Veit Stoß* (etwa 1445–1533); Krakau, Marienaltar; Bamberger Altar. *Michael Pacher* (etwa 1435–1498?); | Unter dem Staufer Friedrich II. (1195–1250) Einfluss der Antike auf die Künste. Aus der süditalienisch-sizilianischen Bildhauerschule kommt Niccolò *Pisano,* der bedeutendste Meister dieser Zeit. Hauptwerke: Kanzel im Baptisterium von Pisa (1260), Kanzel im Dom von Siena. Pisano schafft eine Verbindung von französischen Formen der Gotik und antiken Stilelementen. Seiner Schule gehören sein Sohn Giovanni Pisano (Fassade des Domes von Siena, 1284–86) und Arnolfo di Cambio (seit 1286 Bauleitung des Domes in Florenz) an. Für die Bildkunst dieser Epoche ist die Toskana Zentrum | Bauplastik spielt in der englischen Gotik eine geringe Rolle. Französische Einflüsse, vor allem von Amiens, deutlich (Westfassade von Wells, etwa 1230). Zu Beginn des 13. Jh. durch die Kreuzzüge byzantinischer Einfluss auf die typischen linearen Formen der englischen Gotik. Bedeutende Grabmalplastik (Grabmal Heinrichs III. und Eleonores in der Westminsterabtei, um 1290). In spätgotischer Zeit Pflege der Alabasterskulptur | **Spanien** Ende des 12. Jh. Übernahme französischer Säulenportale; Santiago de Compostela, Pórtico de la Gloria (1188). Im 13. Jh. Einwirkung nordfranzösischer Formen. Italienischer Einfluss, vor allem der Schule von Pisano, wird im 14. Jh. sichtbar.<br><br>**Niederlande** Mit Claus *Sluter* bringen die Niederlande einen der bedeutendsten Bildhauer der Spätgotik hervor. Seit 1385 in Dijon tätig. Hauptwerk: Brunnen der Kartause von Champmol (1396–1406). Äußerste Ausdrucksintensität bei Hervorhebung der Individualität seiner Figuren. In Werk und Ausstrahlung mit Parler in Prag vergleichbar |

| Frankreich (12.–15. Jh.) | Deutschland (13.–15. Jh.) | Italien (13./14. Jh.) | England (12.–15. Jh.) | Sonstige (12.–15. Jh.) |
|---|---|---|---|---|
| *Paris,* Ste-Chapelle, Apostelfiguren (Mitte 13. Jh.); elegantkokette Figuren mit graziösen Bewegungen | Bozen-Gries, Altar; Altar von St. Wolfgang. *Tilman Riemenschneider* (etwa 1455/60– 1531); Altäre von Creglingen, Rothenburg, Würzburg, Dettwang. *Adam Krafft* (um 1460–1508/09); Sakramentshaus St. Lorenz, Nürnberg | | | |

## Entwicklung der Renaissance

| Italien (15./16. Jh.) | Deutschland (16.–Anfang 17. Jh.) | Frankreich (16. Jh.) | Sonstige (16. Jh.) |
|---|---|---|---|

### Architektur

**Frührenaissance:** Wiederentdeckung und Einbeziehung von Kunstformen der Antike. Florenz wird Mittelpunkt der Baukunst. Bauten von *Brunelleschi* (1377–1446) durch geometrische Grundformen bestimmt: *Florenz,* Domkuppel, Findelhaus, S. Spirito. *Alberti* (1407–72), Rimini, S. Francesco; Florenz, Palazzo Rucellai.

**Hochrenaissance:** Im 16. Jh. übernimmt Rom die künstlerische Führung in Italien. *Bramante* (1444–1514), die Zentralbauanlage des Tempietto bei S. Pietro in Montorio diente als Vorbild für St. Peter. *Raffael* (1483 bis 1520), Villa Madama; nach dem Tod Bramantes Baumeister von St. Peter.

*Peruzzi* (1481 bis 1536), Villa Farnesina. *Sangallo d. J.* (1485–1546), Palazzo Farnese, von Michelangelo vollendet.

**Manierismus:** Seit etwa 1520 zu datieren und gegenüber der Hochrenaissance nicht scharf abzugrenzen. Von Vasari geprägter Begriff für die Kunst Michelangelos. Steigerung des Ausdrucks, Neigung zur Abstraktion, Unwirklichen, sogar Grotesken. *Michelangelo* Buonarotti (1475 bis 1564) fußt auf den künstlerisch-wissenschaftlichen Erkenntnissen der Frührenaissance, begründet den Manierismus und leitet zum Barock über. Hauptwerke: Rom, St. Peter, Zentralbau,

Nur zögernd setzt sich die architektonische Konzeption der Renaissance durch. Zunächst Übernahme von Kleinformen; Grundelemente bleiben noch lange gotisch. Frühestes Renaissance-Bauwerk in Deutschland: Fuggerkapelle in Augsburg (1509–18). Nach dem Vorbild von Il Gesù baut F. Sustris die Michaelskirche in München (1582–97). Seit Ende 16. Jh. Profanbau beherrschend: Schlösser, Paläste, Residenzen, Rathäuser. Grundformen der Renaissance-Architektur finden endgültig Eingang. *Stuttgart,* Altes Schloss (1553–78); *Heidelberg,* Ottheinrichsbau des Schlosses (1556–1566); *Dresden,* Georgenbau (1530–1535);

Bis zur Mitte des 16. Jh. werden nur dekorative Elemente des neuen Stils aus Italien übernommen. Franz I. ruft italienische Künstler ins Land. In den Loireschlössern (Chambord, 1519 begonnen, und Blois, Trakt Franz I., 1512–1524) sowie im Hauptwerk der Baukunst dieser Zeit, Schloss Fontainebleau (begonnen 1527), manifestierte sich die französische Form der Renaissancebaukunst (symmetrische Anlage). Bedeutend vor allem für die dekorativen Künste die »Schule von Fontainebleau«. Seit 1540 ist Serlio, Theoretiker der Renaissance, in Frankreich und beeinflusst die Baukunst nachhaltig. 1546 beginnt Pierre Lescot mit dem Bau des Louvre. Typisch französische

**England:** Die englische Architektur bewahrt lange gotische Stilformen. Der *Tudorstil* bringt einen für das frühe 16. Jh. in England typischen Eklektizismus, wobei gotische Formen dominieren. Seit der Mitte des 16. Jh. (*Elisabethstil*) Anregungen aus Italien, Frankreich und den Niederlanden (Ornamentik). Bedeutende Eigenleistung im Schloss- und Landsitzbau. Schlichte, wenig gegliederte Fassaden, Innenraumgestaltung dem Wohnzweck angemessen. Schloss Longleat (1567–1578); Kirby Hall (1572); Nottingham, Wollaton Hall (1580–1588), von R. Smythson erbaut

**Spanien:** Im 16. Jh. entwickelt sich unter italieni-

⇒ S. 624

**623**

| Italien (15./16. Jh.) | | Deutschland (16.–Anfang 17. Jh.) | Frankreich (16 Jh.) | Sonstige (16. Jh.) |
|---|---|---|---|---|
| Kuppelenwurf; Florenz, Bibliotheca Laurenziana. Beeinflusst von Michelangelo und dem Manierismus verpflichtet sind *Vasari* (1571–74) in Florenz (Erbauer der Uffizien), *Alessi* (1512–1572) in Genua (S. Maria di Carignano), *Palladio* (1508–80) in Venedig (Vicenza, Villa Rotonda); Palladio führt die Kolossalordnung über zwei Geschosse ein; starke Ausstrahlung vor allem auf den Norden (England). *Vignola* (1507–73), | Nachfolger Michelangelos in der Bauleitung von St. Peter. Schloss der Farnese in Caprarola; 1568–84 entsteht mit *Il Gesù* der Ausgangspunkt für den barocken Kirchenbau. Die bekanntesten manieristischen Gartenanlagen gehören zur Villa Medici in Rom, zur Villa d'Este in Tivoli und zur Villa Lante in Bagnaia. Zu nennen sind ferner die weitläufigen Boboli-Gärten in Florenz und der Sacro Bosco in Bomarzo | *Augustusburg,* Schloss (begonnen 1567); *Rothenburg,* Rathaus (begonnen 1572); *Nürnberg,* Rathaus (begonnen 1616); *Bremen,* Rathaus (begonnen 1608); *Braunschweig,* Gewandhaus (1590); *Hameln,* Hochzeitshaus (1610); *Danzig,* Zeughaus (1600–1605); *Augsburg,* Rathaus (1615–1620) und Zeughaus (1602–1607) von Elias Holl, der, beeinflusst vom palladianischen Klassizismus, schon zu barocken Formen übergeleitet. Im Norden und Westen Deutschlands weniger italienischer als niederländischer Einfluss spürbar. Rathaus von Köln. Im österreichischen und böhmischen Raum dagegen Bauten ausschließlich nach italienischem Vorbild: *Prag,* Belvedere (1534–1563) | Elemente verbinden sich mit italienischen Bauformen (Fassade mit Triumphbogenmotiv). Seit 1564 baut Ph. Delorme die Fassade der Tuilerien (im 19. Jh. zerstört) | schem Einfluss ein Baustil, der die spätgotischen Formen des Platereskenstils mit Renaissanceelementen verbindet. Daneben bildet sich der nüchterne, ornamentfeindliche Stil heraus, der seine vollendete Ausprägung im Escorial findet, den J. B. de Toledo und Juan de Herrera 1563–1584 als Klosterpalast für Philipp II. bauen<br><br>**Niederlande:**<br>Bedeutendste Leistung auf dem Gebiet der Ornamentik. Unter Beibehaltung gotischer Bauformen überzieht die Fassaden eine Überfülle von Renaissance-Ornamenten: Arabesken-Ornament, Rollwerk. Cornelis Floris (Rathaus von Antwerpen, 1561–1565) bringt groteske Elemente in das Rollwerk<br><br>**Skandinavien:**<br>Schloss Gripsholm, Schweden (seit 1537). Kopenhagen, Börse (seit 1619); Schloß Kronborg (seit 1574) |

| Italien (15./16. Jh.) | | | Deutschland (16.–Anfang 17. Jh.) | Sonstige (16. Jh.) |
|---|---|---|---|---|

**Malerei**

| Italien (15./16. Jh.) | | | Deutschland (16.–Anfang 17. Jh.) | Sonstige (16. Jh.) |
|---|---|---|---|---|
| **Frührenaissance (Quattrocento):** Die italienische Malerei dieser Zeit weist eine Fülle von großen Einzelpersönlichkeiten und | Wegen künstlerischer Aussage auf. *Masaccio* (1401 bis ca. 1428) knüpft mit seinem Werk an Giotto an. P. *Uccello* (1397–1475), Ent- | wicklung des perspektivischen Bildaufbaus. P. della *Francescas* (etwa 1416–1492) Bilder weisen schon Luftperspektive auf. | **Frührenaissance:** Im 16. Jh. Übernahme der neuen Sicht des Menschen und seiner Umwelt aus Italien, häufig im Widerstreit mit | **Niederlande:** Die Spätform der italienischen Renaissance beeinflusst die niederländischen Maler nachhaltig. Erster Vertreter der |

| Italien (15./16. Jh.) | | Deutschland (16.–Anfang 17. Jh.) | Sonstige (16. Jh.) |
|---|---|---|---|

Maler vorwiegend religiöser Themen: *Fra Angelico* (um 1401–1455) und *Fra Filippo Lippi* (1406–1469). Zentrum der Malerei des 15. Jh. ist Florenz. S. *Botticelli* (um 1444/45–1510), malt religiöse, mythologische und allegorische Bilder. Mit seinen schönen Figuren scheinbar noch der Gotik verhaftet, verwirklicht er allegorische Konzepte des Humanismus. Hauptwerke: Geburt der Venus, Der Frühling, Anbetung der Könige

**Venezianische Malerei:**
Jacopo *Bellini* (um 1400–um 1470) und seine Söhne *Gentile* (Porträtmaler, 1429–1507) und *Giovanni* (Madonnenmaler mit Wirkung auf Tizian und Giorgione, um 1430–1516); ihre Bilder zeichnen sich durch feine Farbgebung und stimmungsvolle Atmosphäre aus. Bedeutung des Zeichnerischen und der Wirklichkeitserfassung geht zurück. Auf die jüngeren Bellini hat A. *Mantegna* (1431–1506) gewirkt (Perspektive, Realismus, Übernahme der antiken Formenwelt)

**Hochrenaissance (Cinquecento):**
Zentren sind weiterhin Florenz, Rom

und Venedig. Im Streben nach dem universalen Menschentyp geht *Leonardo da Vinci* (1452–1519) allen voran. Seit 1482 im Dienste der Sforza in Mailand. Hier entsteht sein bedeutendstes Werk »Das Abendmahl« (1496/97), das in Komposition, Aufbau und Farbgebung, in Verinnerlichung und Harmonie einen Gipfel der Renaissancemalerei bezeichnet. In Florenz (seit 1499) malt er die »Mona Lisa« (1503–1506) und macht den Entwurf für die »Hl. Anna Selbdritt«. Seit 1506 wieder in Mailand beschäftigt er sich vorwiegend mit technisch-wissenschaftlichen Studien (Anatomie, Perspektive, Bildaufbau, Problem von Licht und Schatten). B. *Luini* (etwa 1480/85–1532), Schüler Leonardos und sein Epigone. Ein weiterer Höhepunkt ist das malerische Werk *Michelangelos* (1475–1564). Hauptwerk: Deckengemälde in der Sixtinischen Kapelle (1508–1512) mit der Schöpfungsgeschichte und das Fresko mit der Darstellung des Jüngsten Gerichts (Westwand der Kapelle, 1534–1541). Michelangelo erfährt wie keiner seiner Zeitgenossen den Zwiespalt zwi-

schen persönlichem Erleben und den formalen Regeln von Proportionen und Harmonie. Seine Ausdruckskraft, die Wucht des Erlebnisses sprengen die gesetzte Form; er wirkt über die Jahrhunderte.
P. *Peruginos* (etwa 1450–1523) harmonische Gestalten und malerische Landschaften beeinflussen seinen Schüler *Raffael* (1483–1520). Bis in die Neuzeit als Meister der Harmonie und Schönheit gefeiert; sein Beitrag ist heute umstritten. Gefühlvolle Madonnen und schöne Jünglinge sind untadelig und malerisch-virtuos dargestellt. »Sixtinische Madonna« (1513/14) und Stanzen des Vatikanischen Palastes (1509–1514). Fra *Bartolomeo* (1472–1517) schafft meisterhaft durchkomponierte Figurengruppen, nimmt florentinische und venezianische Einflüsse auf. A. *del Sarto* (1486–1530), bedeutender Zeichner; bei *Correggio* (um 1490–1534) tritt das Zeichnerische gegenüber dem Malerischen zurück. Verzicht auf architektonischen Aufbau der Gestalten.

**Venezianer:**
Die größte Geschlossenheit weist

gotischen Ausdrucksmitteln. Das Hauptwerk des Mathis Gothard Nithart, gen. *Grünewald* (1460/80–1528), der *Isenheimer Altar*, ist lebendigster Ausdruck dieser Spannung. Er ist gekennzeichnet durch große Ausdruckskraft, tiefe Religiosität, aber auch Kenntnis von der Wirkung des Lichts und der Bedeutung des Raumes. Universalster deutscher Künstler der Zeit ist Albrecht *Dürer* (1471–1528), Maler, Holzschneider, Kupferstecher. Reisen in die Niederlande und nach Italien. Versuch, das Schöne mit dem Typischen zu versöhnen. Unerreicht sind seine Holzschnittfolgen: »Apokalypse«, »Die große Passion«, »Das Marienleben« sowie die Blätter »Ritter, Tod und Teufel« und »Hieronymus im Gehäus«. Lucas *Cranach* d. Ä. (1472–1553), Maler religiöser und mythologischer Bilder. Große Zahl von Madonnenbildern. Führt das selbstständige Ganzfigurenbildnis als erster in Deutschland ein. *Donauschule:* In der ersten Hälfte des 16. Jh. im Donaugebiet verbreiteter Malstil, der vor allem durch seine malerischen Landschaften charakterisiert ist. Hauptvertreter:

neuen Malerei ist der Antwerpener Quentin *Massys* (1465/66–1530). Altarbilder, Porträts in leuchtenden Farben und mit zeichnerischer Feinheit. Wirkte besonders auf die niederländische Malerei des 16. Jh. Auch Hieronymus *Bosch* (um 1450–1516) hatte mit seinen phantastisch-realistischen, oft bizarren Darstellungen Einfluss auf die Meister dieser Epoche. J. *Mabuse*, eigtl. *Gossaert* (um 1478–1532), mythologische und Landschaftsdarstellungen. Bedeutung des Aktes in seinen Bildern. Starker italienischer Einfluss deutlich. Die Welt und das Leben der Bauern hat Pieter *Bruegel* d. Ä. (um 1525–1569) in seinen Bildern festgehalten. Alltägliches trifft in seinen Genreszenen auf das Religiös-Überhöhte. Seine Landschaften sind von kräftiger Farbigkeit.

**Frankreich:**
Die Malerei des 16. Jh. wird von der italienisch beeinflussten »Schule von Fontainebleau« beherrscht. Im späten 16. Jh. stark manieristische Züge (Bellange, Callot). Gepflegt wird weniger das religiöse Bild als die Historienmalerei, die vor allem durch

⇒ S. 626

# Bildende Kunst

| Italien (15./16. Jh.) | | | Deutschland (16. – Anfang 17. Jh.) | Sonstige (16. Jh.) |
|---|---|---|---|---|
| das Werk der venezianischen Meister auf: Giorgione (um 1478 bis 1510); weichere Umrisse, gedämpfte Farben, Zurücktreten scharfer Linien. Tizian (1476/77 oder 1489/90–1576), Meister der venezianischen Hochrenaissance. Zunächst Giorgione nahestehend, sind seine | späteren Werke (Darstellungen aus der antiken und christlichen Mythologie) glänzender Ausdruck des Lebensgefühls seiner Zeit. Porträts großer Persönlichkeiten (Karl V., Papst Paul III.). Sein Spätwerk, in dem Farbe und Licht an Bedeutung gewinnen, weist auf Rembrandt hin. | Veroneses (1528–1588) Bilder spiegeln die Lebensfreude und Heiterkeit seiner Welt wider. Maler von Gastmählern und Geselligkeiten. Den venezianischen Manierismus vertritt Tintoretto (1518–1594) mit geheimnisvollen Lichteffekten und gewagten Verkürzungen | Albrecht Altdorfer (um 1480–1538), A. Hirschvogel (1503–1553). Druckgrafik: »Kleinmeister« mit maßgeblichem Einfluss auf das Kunsthandwerk: Hans Baldung, gen. Grien (1484/85–1545), auch Maler bedeutender Altarwerke. Hans Holbein d. J. (1497/98–1543), Hofmaler Heinrichs VIII. von England. Von H. Burgkmair (1473– um 1531) beeinflusst, entwickelte er sich zum bedeutendsten deutschen Porträtmaler. Seine Bildnisse sind durch die realistische Sicht, Klarheit des Ausdrucks und Objektivität charakterisiert. Auch Wand- und Fassadenmalerei. In der Nachfolge der großen Meister setzt sich eine manieristische Strömung durch, die vor allem an den Fürstenhöfen gedeiht: Hans von Aachen, Friedrich Sustris sowie Peter Candid | das Werk von Jean und François Clouet repräsentiert wird. England: Die Malerei des 16. Jh. wird vorwiegend von ausländischen Meistern getragen. Außer H. Holbein d. J. ist der Niederländer A. Mor zu erwähnen. Verbreitet ist die Miniaturmalerei. N. Hilliard (1547–1619) ist der einzige Maler des 16. Jh., von dem wir außer dem Namen auch eine gewisse Vorstellung von seinen Lebensumständen und ein umfangreich erhaltenes Werk haben. Er war Goldschmied, wurde aber vor allem durch seine Bildnisminiaturen bekannt, in denen die überzüchtete Raffinesse des elisabethanischen Zeitalters vollendet zum Ausdruck kommt |

| Italien (15./16. Jh.) | | Deutschland (16. – Anfang 17. Jh.) | Frankreich (16. Jh.) | Sonstige (16. Jh.) |
|---|---|---|---|---|

## Plastik

| | | | | |
|---|---|---|---|---|
| In der spätgotischen Plastik Bewusstwerden der Persönlichkeit, des Individuums; in der Plastik der Früh- und Hochrenaissance ist dieses Bewusstsein gesteigert, die Figur wird eigenständig, | tritt heraus aus der Architektur. Die Skulptur wirkt bahnbrechend auch für die Malerei, die dieser Entwicklung folgt. Frührenaissance: J. della Quercia (etwa 1374–1438). Schwere, | In Deutschland weniger bedeutende Künstlerpersönlichkeiten als in Italien. Auch hält sich die gotische Formenwelt noch lange. Einflüsse aus Italien und den Niederlanden (Floris-Stil) werden | Italienischer Einfluss vor allem in der Grabmalplastik wirksam. Die Kunstvorstellungen der »Schule von Fontainebleau« wirken auch auf die plastischen Künste. Jean Goujon (um 1510– | England England bringt im 16. und 17. Jh. keinen bedeutenden Bildhauer hervor. Italienische Künstler schaffen vor allem Grabmalplastik: Grabmal Heinrichs VII. in der West- |

| Italien (15./16. Jh.) | Deutschland (16. – Anfang 17. Jh.) | Frankreich (16. Jh.) | Sonstige (16. Jh.) |
|---|---|---|---|
| wuchtige Figuren, die Monumentalität Michelangelos vorwegnehmend: S. Giovanni, Siena, bronzener Taufbrunnen (etwa 1430). Neue Bedeutung der Grabmalplastik; Reiterstatuen und besonders Bildnisbüsten. L. *Ghiberti* (1378–1455) stellt nicht das Individuell-Natürliche, sondern das Ideale dar. Theoretiker der Kunst seiner Zeit. Florenz, Bronzereliefs an zwei Türen des Baptisteriums (vielfach als Beginn der modernen Skulptur bezeichnet). *Donatello* (1386–1466): »David« (1435), erste freistehende Plastik der Renaissance. Lucca *della Robbia* (1400–1482): Florenz, Dom, Sängerkanzel, Majolikatechnik. A. *del Verrocchio* (1436–1488): »Reiterdenkmal des Colleoni« leitet über zur Hochrenaissance | aufgenommen. Renaissanceformen finden sich in den Werken von Adam *Krafft* (Nürnberg, Sakramentshaus in St. Lorenz) und Peter *Vischer* (um 1460–1529), Nürnberg, Sebaldusgrab; nach italienischem Vorbild schaffen Vischers Söhne *Hermann* d. Ä., *Peter* d. J. und *Hans* Skulpturen, Grabplatten, Brunnen u.a., die eine deutsche Variante der italienischen Renaissanceplastik darstellen. Adolf *Daucher* (etwa 1460–1523), Büsten am Chorgestühl der Fuggerkapelle, Augsburg. Hans *Backoffen* (um 1470–1519) gehört mit seinem Werk noch der Spätgotik an, findet aber in seinen Grabmälern zu erstaunlicher Monumentalität: Grabdenkmäler im Dom von Mainz. Conrad *Meit* (1475–nach 1544), Deutsch-Niederländer, Hauptwerk: Grabmal der Margarete von Österreich in Brou (1526–1532) | etwa 1566); Fontaine des Innocents, Paris, Nymphenreliefs. P. *Bontemps* (arbeitete um 1550): Grabmal Franz' I. in St-Denis. G. *Pilon* (1539–1590), der bedeutendste Meister der französischen Renaissance-Plastik, macht sich von den Einflüssen der Italiener weitgehend frei. Seine Werke sind durch Realismus und Eleganz gekennzeichnet: Grabmal Heinrichs II. in St-Denis | minsterabtei (um 1515), finden aber keine einheimischen Nachfolger **Spanien** Erst am Ende des 16. Jh. erfolgt die Übernahme von Renaissanceformen. In der Nachfolge Michelangelos und in der Tradition des Platereskenstils schafft Alonso *Berruguete* (etwa 1490–1561) Werke von starker Expressivität: Hochaltar der Klosterkirche S. Benito; Chorgestühl der Kathedrale von Toledo **Skandinavien** Am dänischen Hof wirkt der Lübecker Claus *Berg* von 1504–1532. Seine Werke, wie der Allerheiligenaltar in der Knudskirche von Odense und die Apostelfiguren im Dom zu Güstrow, sind einerseits noch der Spätgotik verhaftet, weisen aber auch schon barocke Elemente auf. **Niederlande** Hier gehen Renaissanceelemente vor allem in die Ornamentik ein. Bauornamentik im Floris-Stil findet auch in Deutschland Verbreitung. C. *Floris* (1514–1575) schafft mit dem Rathaus von Antwerpen (1561–1565) eine Verbindung von Renaissancepalast-Fassade und nordischem Giebelhaus. |
|  | **Hochrenaissance:** Bedeutendste Gestalt dieser Epoche u. zugleich Wegbereiter des Barock ist *Michelangelo* (1475–1564), vor allem in Rom u. Florenz tätig: Pietà in St. Peter; David, Florenz; Grabmal für Papst Julius II., Rom; Grabmal der Medici, Florenz (1520–1534, unvollendet). Vom klassischen Idealbild ausgegangen, zeigt M. in seinem Spätwerk den Verzicht auf Ebenmaß und Vollendung; es hat einen Zug ins Titanische. **Manierismus:** Bedeutendster Vertreter der manierist. Richtung ist J. *Sansovino* (1468 bis 1570): Dogengrab der Venier, Venedig, um 1560; Mars u. Neptun im Hof des Dogenpalastes. B. *Cellini* (1500 bis 71); Goldschmiedearbeiten, Salzfass für Franz I. Großplastik aus Bronze »Perseus mit dem Haupt der Medusa« in Florenz |  |  |

# Bildende Kunst

| Italien (17./18. Jh.) | Deutschland/Österreich (2. Hälfte 17. und 18. Jh.) | Frankreich/England (17. Jh. – Mitte 18. Jh.) |
|---|---|---|

### Architektur

Von Rom ausgehende allgemeineuropäische Stilform des 17. u. 18. Jh. Der römische Barock entwickelt sich aus den Formen der Spätrenaissance. Bewegtheit, ja Kühnheit der Linienführung, reicher plastischer und malerischer Schmuck, bewegte Grundrisse. Vignolas Kirche Il Gesù u. Michelangelos Kuppel von Sankt Peter sind Ausgangspunkte der Entwicklung. Besondere Blüte des Kirchenbaus.

C. *Maderna* (1556–1629) baut das Langhaus von St. Peter. Seine Fassade von Sta. Susanna wird richtungweisend für die barocke Baukunst. (Betonung der Vertikalen, Voluten, Balustrade als Abschluss über dem Giebelfeld.)

**Hochbarock:**
G. *Bernini* (1598–1680), seit 1629 Bauleiter von St. Peter, seit 1656 Bau der Kolonaden von St. Peter; Sant'Andrea al Quirinale, Rom, mit gewaltigem Portikus, wuchtigen Pilastern, Giebelfeld und Kuppel, ovale Mauer zu beiden Seiten des Portikus; Palazzo Barberini, begonnen 1628, vorgezogener Mittelteil der Ein-

gangsfront mit drei Säulenreihen. P. *da Cortona* (1596–1669) liebt gegenüber dem mehr klassischen Stil von Bernini bewegte Formen, kontrastierende Kurven und den Wechsel von Vertiefungen und Vorsprüngen an den Fassaden. SS. Martina e Luca; S. Maria della Pace, Fassade; S. Maria in Via Lata. F. *Borromini* (1599–1667); mit Bernini und Cortona bedeutendster Architekt des Hochbarock. S. Carlo alle quattro fontane (bewegte, wellenförmige Fassade, ovaler Grundriss, elliptische Kuppel; der wuchtigen Fassade entspricht ein kleiner halbdunkler Innenraum); S. Ivo della Sapienza, Rom; Sant' Agnese, Rom.
Norditalien:
Außerhalb Roms größere Wirkung des klassizistischen palladianischen Stils. Vor allem Einfluss auf B. *Longhena* (1598–1682). Hauptwerk: Sta. Maria della Salute, Venedig (Oktogon mit Umgang und Seitenkapellen, zwei Kuppeln und auffallenden, üppigen Voluten). Neben dem Kirchenbau gewinnt der Palastbau an Bedeutung. Angeregt durch Borromini

Erst nach dem 30-jährigen Krieg Verbreitung der neuen, aus Italien kommenden Formen. Im katholischen Süddeutschland, Österreich und Böhmen vor allem Einwirkung Berninis und Guarinis auf Kirchen- und Palastbau, im protestantischen Norden Einfluss Palladios und seiner klassizistischen Auffassung.

**Süddeutscher Barock und Rokoko:**
Zunächst Tätigkeit italienischer Baumeister (München, Theatinerkirche); im 18. Jh. entwickelt sich durch eine Vielzahl großer Baumeister die eigene Form des deutschen Barock und Rokoko. B. *Neumann* (1687–1753): Residenz in Würzburg, eine der schönsten deutschen Schlossanlagen mit berühmtem Treppenhaus (dem nun eine besondere Bedeutung zukommt). Schloss in Bruchsal. *Kirchen:* Vierzehnheiligen (1743–1772) und Neresheim (1745–1792). Johann *Dientzenhofer* (1665–1726): Angeregt von Borromini und Guarini baut er u.a. den Dom in Fulda, die Klosterkirche in Banz, Schloss Pommersfelden mit

imposantem Treppenhaus. Kilian Ignaz *Dientzenhofer* (1689–1751), Meister des Prager Barock, Schüler Hildebrandts in Wien, Hauptwerk: Kirche St. Niklas in der Prager Altstadt (Zentralbau mit elliptischem Grundriss). J. B. *Fischer von Erlach* (1656–1723), Hofbaumeister in Wien. Deutlicher Einfluss Berninis. Monumentalität und Strenge seiner Bauten. Entwurf für Schloss Schönbrunn; Hofbibliothek der Hofburg in Wien; Karlskirche, Wien; Dreifaltigkeitskirche, Salzburg. *Paläste:* Palais Trautson, Wien; Winterpalais des Prinzen Eugen, Wien; Böhmische Hofkanzlei, Wien; Palais Clam-Gallus, Prag. J. L. *von Hildebrandt* (1668–1745), Schüler Fontanas; weniger monumental als Fischer, seine Palais und Schlösser sind heiter und elegant. Hauptwerke: Belvedere, Wien; Umbau von Schloss Mirabell in Salzburg. Dominikus *Zimmermann* (1685–1766); erstes bedeutendes Bauwerk ist die Wallfahrtskirche Steinhausen mit ovalem Langhaus; mit dem Bau der Wallfahrtskirche Wies entwickelte er

**Frankreich**
In Frankreich setzt sich eine pompösklassizistische Spielart des italienischen Barock durch, bei der der Innenraum eine untergeordnete Rolle spielt. Maßgebend ist das repräsentative, pathetische äußere Erscheinungsbild.
S. *de Brosse* (1571–1626) baut für Maria Medici das Palais du Luxembourg nach italienischem Vorbild; F. *Mansart* (1598–1666), klassizistisch-kühle und ausgewogene Fassaden. Hauptwerk: Val-de-Grâce, Paris, Entwurf: Schloss Maisons-Laffitte. J. *Lemercier* (um 1585–1654), Mitarbeit am Bau des Louvre; Schloss Richelieu; Sorbonne-Kirche. D. *Perrault* (1613–1688). Mit seinem klassizistischen Entwurf für den Louvre, den er auch realisiert hat, stach er im Wettbewerb Bernini aus. L. *Le Vau* (1612–1670), Hofarchitekt. Gestaltung repräsentativer Innenräume. Schloss Vaux-le-Vicomte beeinflusst den Schlossbau nachhaltig; am Bau von Versailles beteiligt. J. *Hardouin-Mansart* (1646–1708), Nachfolger Le Vaus in Versailles (Schlosskapelle,

| Italien (17./18. Jh.) | Deutschland/Österreich (2. Hälfte 17. und 18. Jh.) | Frankreich/England (17. Jh. – Mitte 18. Jh.) |
|---|---|---|
| sind die Bauten G. *Guarinis* (1624–1683); Palazzo Carignano, Turin, mit bewegter, wellenförmiger Front (Wirkung auf die österreichischen Palais des 18. Jh.). F. *Juvara* (1678–1736), königlicher Baumeister in Turin. Hauptwerk: Die Votivkirche Superga bei Turin (Zentralbau mit Kuppel). Wirkte in Portugal und Spanien, Palazzo Madama, Turin. **Spätbarock:** C. *Fontana* (1634–1714), Schüler Berninis; klassizistische Elemente in seinen Bauten. S. Marcello al Corso, Rom, Fassade; Palazzo Visconti in Fracati | sich zu einem Meister der Rokokoarchitektur. Brüder *Asam* (Cosmas Damian, 1686–1739, und Egid Quirin, 1692–1750); ihre Nepomukkirche in München ist ein Beispiel für den Barockbau als Gesamtkunstwerk aus architektonischen, plastischen und malerischen Elementen. **Norddeutscher Barock:** A. *Schlüter* (1660?–1714); vor allem Bildhauer, leitet den Umbau des Schlosses in Berlin und baut den Südflügel in dem für den Norden typischen barocken Klassizismus. G. W. *von Knobelsdorff* (1699–1753); baut im Stil des französischen Barock und beeinflusst vom Werk Palladios Schloss Sanssouci und die Berliner Oper und gestaltet den Umbau von Schloss Rheinsberg. Georg *Bähr* (1666–1738); sein Hauptwerk ist der monumentale Kuppelbau der Frauenkirche in Dresden | Grand Trianon im Park von Versailles). Entwicklung neuer Dachformen mit Fenstern. Hauptwerk: Invalidendom. Neue Bedeutung der Gartenarchitektur. Vorbildlich der Park von Versailles, den A. Le Nôtre (1613 bis 1700) gestaltet. **England** Anfang des 17. Jh. verdrängt der palladianische Klassizismus den Eklektizismus des 16. Jh. Inigo *Jones* (1573–1652), strenge, schmucklose Fassaden und wuchtige Baublocks setzen ihn in Gegensatz zum kontinentalen Barock. London, Bankettsaal von Whitehall; Greenwich, Queen's House. Ch. *Wren* (1632–1723) baut nach dem Brand von London eine Vielzahl von Kirchen und Palästen. Stilistisch steht er in der Nachfolge von Jones. Hauptwerk: St.-Pauls-Kathedrale. J. *Vanbrugh* (1664–1726): Schloss Blenheim, Oxford, symmetrische Anlage, geschwungene Eingangsfront mit Kolonnaden |

| Italien (17./18. Jh.) | Niederlande (17. Jh.) | Frankreich (17. – Mitte 18. Jh.) | Deutschland (17./18. Jh.) | Sonstige (17./18. Jh.) |
|---|---|---|---|---|
| **Malerei** | | | | |
| Bologna wird durch die drei *Carracci* (Ludovico, 1555–1619; Agostino, | Die niederländische Malerei des 17. Jh. teilt sich in zwei Hauptströme von | Die französische Malerei des 17. Jh. wird von Italien und den Niederlanden | Im 17. Jh. ist Deutschland ohne Maler von internationalem Rang, da | **England** Unter dem Einfluss des überragenden flämischen Porträ- |

⇒ S. 630

# Bildende Kunst

| Italien (17./18. Jh.) | Niederlande (17. Jh.) | Frankreich (17.–Mitte 18. Jh.) | Deutschland (17./18. Jh.) | Sonstige (17./18. Jh.) |
|---|---|---|---|---|
| 1557–1602; Annibale, 1560 bis 1609) zum Zentrum der Malerei in Norditalien. Begründung der Schule von Bologna, Abkehr vom Manierismus der Vorgänger; Vorbilder sind die Meister der Hochrenaissance (Michelangelo). Durch das Hauptwerk von Annibale und Agostino Carracci (Ausmalung des Palazzo Farnese) wird ihre Malweise auch in Rom bekannt und findet viele Nachahmer. (Wirkung der klassizistischen Richtung vor allem in Frankreich.) Die naturalistische Richtung der frühbarocken Malerei prägt M. da Caravaggio (1573–1610), dessen Helldunkelmalerei auf die gesamte europäische Malerei wirkt. Subjektiv, seiner persönlichen Auffassung entsprechend, gestaltet er allegorische und mythologische Szenen, Genrebilder und Stillleben. Genaue Naturbeobachtung und eigenartige Lichteffekte charakterisieren seine Bilder (Altarbilder, Wandgemälde in Rom, Neapel und Sizilien). Beeinflusst von Caravaggio arbeitet in Neapel der Spanier J. de Ribera (um 1590–1652), der vom Helldunkel zu großer Leuchtkraft und Farbigkeit in seinen Bildern | entgegengesetzten Ausgangspunkten und verschiedener Richtungen: die flämische und die holländische Malerei.

**Flandern:**
P. P. Rubens (1577–1640); trotz intensiven Studiums der italienischen Meister ist sein Werk frei von klassizistischen oder manieristischen Elementen, seine Ausdrucks- und Schaffenskraft ungebändigt. Leuchtende, warme Farben, Freude an der Schönheit des menschlichen Körpers, an der belebten Szene, Neigung zum großen Format; an jedes Thema geht er mit der gleichen Leidenschaft bei vollkommener Beherrschung der Technik heran. Rubens hinterlässt eine Fülle von Tafelbildern, Altären und Porträts (Kreuzaufrichtung und Kreuzabnahme in Antwerpen, 1610–1614; 21 Bilder für das Palais Luxembourg der Maria Medici, 1621 bis 1625; Himmelfahrt Mariae, Antwerpen). A. van Dyck (1599–1641), Schüler von Rubens, entwickelt sich zum Meister des höfischen Porträts, findet (vor allem in England) viele Schüler und Nachahmer. A. Brouwer (um 1606–1638); Darsteller | beeinflusst und ist weniger akademisch als Architektur und Plastik. N. Poussin (1593–1665) lebt lange in Rom; angeregt vom römischen Barock und den Meistern der Renaissance sowie vom französischen Klassizismus, malt er vor allem sog. heroische Landschaften mit anmutigen Gestalten aus der Mythologie. Strenge Komposition und leuchtende Farben. C. Gelleé, gen. Lorrain (1600–1682); beeinflusst von Carracci und Domenichino, schafft er idealistische Landschaften in zarten Farben, denen ein lyrischer Zug eigen ist. Bedeutender Radierer und Zeichner. J. Callot (1592–1635); lebt lange in Italien und entwickelt sich zum hervorragenden Radierer und Zeichner. Volkstümliche Szenen, nicht ohne sozialkritisches Engagement, und Stadtansichten. Unter den Porträtmalern ragen Ph. de Champaigne (1602–1674; Porträts von Richelieu und Ludwig XIII.) und H. Rigaud (1659–1743; Porträtist des königlichen Hofes) hervor. Ch. Lebrun (1619–1690) prägt den Stil Louis XIV. durch Möbel- und Gobelinentwürfe. Malt, beeinflusst vom römischen Barock und | die bedeutendsten Künstler im Ausland leben. A. Elsheimer (1578–1610) in Rom ist von italienischen und niederländischen Vorbildern beeinflusst und wirkt mit seiner Helldunkeltechnik auf die niederländische Malerei des 18. Jh. J. Liss (1595–1629), in Venedig tätig, malt im Stil Caravaggios, J. H. Schönfeld (1609–1684) orientiert sich an der italienischen Malerei; beeinflusst von den Niederländern sind die romantisch-barocken Bilder des M. Willmann (1630–1706).
**Deckenmalerei:**
Ebenso wie die Plastik hat die Deckenmalerei, besonders in Süddeutschland, eine vorwiegend dekorative Funktion. J. M. Rottmayr (1654–1730), C. D. Asam (1686–1739) und F. A. Maulbertsch (1724–1796) begründen die Tradition der Deckenmalerei, die zusammen mit der plastischen Dekoration die festlichschönen Räume des süddeutschen und österreichischen Barock und Rokoko hervorbringt. F. Kobell (1740–99) und Ph. Hackert (1737–1807) pflegen das Landschaftsbild, J. F. A. Tischbein (1750–1812) und J. H. W. Tischbein (1761–1829; | tisten van Dyck wird in England vorwiegend das Porträt gepflegt. Die van-Dyck-Schüler P. Lely (1618–1680) und W. Dobson (1611–1646) sind die bedeutendsten einheimischen Maler der Zeit. Ihre Porträts sind elegant und glatt und verraten den Einfluss ihres Meisters. Dem Genrebild widmet sich besonders W. Hogarth (1697–1764); er begründet die eigentliche englische Malerei. Auch als Karikaturist und zeitkritischer Maler von Bedeutung. Eine neue Blüte der Porträtkunst führen J. Reynolds (1723–1792), Th. Gainsborough (1727–1788) und G. Romney (1734–1802) herauf. Gainsborough pflegt auch das Landschaftsbild, das aber vor allem durch R. Wilson (1714–1782) besondere Bedeutung erlangt.

**Spanien**
Von den venezianischen Meistern, vor allem Tizian, beeinflusst, malt D. Theotocopulos, gen. El Greco (1541–1614) seine mystisch-visionären Bilder von höchster Ausdruckskraft. Ihre Blütezeit erreicht die spanische Malerei im 17. Jh. Unter dem Einfluss von Caravaggio und Raffael wirken F. de Zurbarán (1598–1664), der |

| Italien (17./18. Jh.) | Niederlande (17. Jh.) | Frankreich (17. – Mitte 18. Jh.) | Deutschland (17./18. Jh.) | Sonstige (17./18. Jh.) |
|---|---|---|---|---|
| kommt. Guido *Reni* (1575–1642) und *Domenichino* (1581–1641) malen im Stil der Carracci-Schule. Im Hochbarock blüht die Freskenmalerei mit mehr dekorativem Charakter und stark beeinflusst von den Carracci. Illusionsmalerei der Römer A. *Pozzo* (1642–1709), Maler und Kunsttheoretiker (Deckengemälde von S. Ignazio, Rom; Jesuitenkirche Wien), und P. da *Cortona* (1596–1669; Deckengemälde im Palazzo Pitti Florenz; Fresken in Sta. Maria in Vallicella, Rom). | vorwiegend volkstümlicher Szenen (Straße, Schenke usw.), auch als Landschaftsmaler von Bedeutung. Wirkt nachhaltig auf David *Teniers* d. J. (1610–1690), der wie er die Genremalerei pflegt. J. *Jordaens* (1593–1678) entwickelt sich, beeinflusst von Rubens, zum meisterhaften Darsteller mythologischer und volkstümlicher Szenen. Zusammenarbeit mit F. *Snyders* (1579–1657), der vorwiegend Blumen- und Früchtestillleben sowie Tierbilder malt. | Poussin, vorwiegend Historienbilder (Versailles, Spiegelgalerie). G. *de la Tour* (1593–1652) bevorzugt nächtliche Szenen im Stil Caravaggios; vorwiegend religiöse Sujets. **Rokoko:** A. *Watteau* (1684–1721); Vorbilder sind Rubens und Tizian. Verzicht auf barockes Pathos, statt dessen heitere, anmutige Szenen, galante Bilder von Festen und Landpartien in arkadischer Landschaft; neue Bedeutung der Farbe. F. *Boucher* (1703–1770), Lieblingskünstler des Pariser Hofes, malt | Goethe-Porträt) sowie der Schweizer A. *Graff* (1736–1813) das Porträt. | ein scharfes Hell-Dunkel bevorzugt, E. *Murillo* (1618–1682), dessen an Correggio angelehnte empfindsamen Bilder vor allem religiöse und Genreszenen zeigen und *Velásquez* (1599–1660), der realistische Bilder der königlichen Familie, aber auch Genreszenen in gedämpften, weichen Farben malt. Am Ausgang des Barock steht F. de *Goya* (1746–1828) mit seinem |
| **Venedig:** Im 18. Jh. erneut führende Stellung Venedigs in der Malerei. P. *Longhi* (1702–1785), kleine Genrebilder und Porträts im Stil des venezianischen Rokoko. A. *Canale,* gen. *Canaletto* (1697–1768), malt vorwiegend Stadtansichten und Gebäude in Venedig. Wie sein Onkel wendet sich auch B. *Belotto,* gen. *Canaletto* (1720–1780), der Vedutenmalerei zu: Stadtansichten, F. *Guardi* (1712– 1793), Schüler A. Canales. Seine Stadtansichten sind weniger originalgetreu; Bedeutung der Farbe und des lockeren Pinselstrichs; impressionistisch anmutende Malweise. | **Holland:** Anders als in der lebensvollen, oft leidenschaftlichen Malerei Flanderns wird hier die puritanischbürgerliche Grundhaltung deutlich. Auf einzelne Themenbereiche spezialisierte Maler und Werkstätten sind die Regel. *Rembrandt* Harmensz von Rijn (1606–1669), Maler, Radierer, Zeichner, ist die überragende Malerpersönlichkeit seiner Zeit. Malt vorwiegend religiöse Bilder und Porträts. Das Frühwerk ist charakterisiert durch religiöse Szenen, für die die Hell-Dunkel-Spannung typisch ist. Später dominieren Gruppenbildnisse und Porträts, die ihren Höhepunkt in | vorwiegend galante Bilder sowie einige Bildnisse. Einfluss Watteaus auf seine Malweise deutlich. J. H. *Fragonard* (1732–1806), Schüler Bouchers malt wie dieser Schäferszenen, aber auch Landschaften und Porträts. Vor allem als Radierer bedeutend. J. B. *Chardin* (1699–1779); angeregt von den niederländischen Meistern. Genrebilder und Stillleben. Eigenwillige Licht- und Schattenwirkung und überraschende Zusammenstellung der Farben. | | Werk, das anfänglich von Tiepolo beeinflusst ist. Er macht die Scheußlichkeit des Krieges, die Dämonie und Grausamkeit des Menschen deutlich. Bildnisse von abgründiger psychologischer Durchdringung, Grafikzyklen (»Desastres de la guerra«). |

⇒ S. 632

# Bildende Kunst

| Italien (17./18. Jh.) | | Niederlande (17. Jh.) | | |
|---|---|---|---|---|
| Bedeutendster Maler des 18. Jh. ist G. B. *Tiepolo* (1696–1770). Monumentale, figurenreiche Wand- und Deckengemälde in lichten Farben. 1750–1753 Ausmalung von Treppenhaus und Kaisersaal der Würzburger Residenz, seit 1762 Gemälde im Thronsaal des Madrider Schlosses. | der »Nachtwache« (1642) finden. Farbe und Licht gewinnen an Bedeutung, die Umrisse werden weicher. In der Spätzeit Bilder von gesteigerter Ausdruckskraft und Verinnerlichung, Verzicht auf Dramatik und Leidenschaft. Umfangreiches grafisches Werk, vor allem Radierungen. | Hauptwerke: »Der Geldwechsler« (1627); »Paulus im Gefängnis« (1627); »Hl. Familie« (1631); »Anatomie des Dr. Tulp« (1632); »Die Judenbraut« (1634); »Christus und die Jünger in Emmaus« (1648); »Hendrickje Stoffels« (um 1652); *Radierungen:* »Hl. Familie« (1654); »Nächtliche Kreuz- | abnahme« (1654). *Porträtmalerei:* F. *Hals* (1581/85–1666) löst sich vom italienischen Einfluss; sicher erfasst er Situationen und Szenen. Die wichtigsten Werke sind Gruppenbilder und Porträts in dunklen Farben; seine späten Bilder weisen impressionistische Züge auf. G. *Terborch* | (1617–1681) stellt Damen und Herren der Gesellschaft dar. J. *Vermeer* van Delft (1632–1675): streng komponierte, farblich eigenwillige Innenräume mit Gestalten. Bedeutende Landschaftsmaler: J. v. *Ruisdael* (um 1628/29–1682), M. *Hobbema* (1638–1709), J. v. *Goyen* (1596–1656). |

| Italien (17./18. Jh.) | Deutschland/Österreich (2. Hälfte 17. und 18. Jh.) | Frankreich (17. Jh. bis Mitte 18. Jh.) | Sonstige (17. Jh. bis Mitte 18. Jh.) |
|---|---|---|---|

## Plastik

| | | | |
|---|---|---|---|
| In den plastischen Werken des italienischen Hochbarock ist die Bewegung aufs Höchste gesteigert; keine standbildhafte Pose wie in der Renaissance, sondern steingewordene Begebenheit; keine Schwere, sondern lockere Gruppierung, wallende Gewänder, erregte Gesten. Zusammen mit der Malerei (vor allem Deckenmalerei) rundet die Bauplastik das Gesamtbild des Barockbauwerks ab. Vorbereitend haben Michelangelo und G. da *Bologna* (1529–1608) gewirkt. Größter Meister der italienischen Barockplastik ist G. *Bernini* (1598–1680). Zunächst individualistische Porträtbüsten (Papst Urban VIII., Karl I.). In seinen Marmor- und Bronzegruppen Bewegung, erregtes Pathos der Gebärden und eine erstaunliche Licht- und Schattenwirkung (Raub der Proserpina, Verzückung der hl. Therese). Am Bronzetabernakel von St. Peter in | Barockarchitektur verlangt nach den dekorativen Künsten, nach Plastik und Malerei, aber nur wenige bildhauerische Werke können über diese dekorative Funktion hinaus künstlerischen Anspruch erheben. In der Tradition der Spätrenaissance und am Anfang des deutschen Barock stehen die Bronzefiguren R. *Reichles* (um 1570–1642) in der Münchner Residenz, Schüler des Manieristen Bologna (44 Statuen der Habsburger, Bronzegruppe des hl. Michael am Zeughaus in Augsburg). Auch H. *Gerhard*, Deutsch-Niederländer (um 1550–1622), ist Schüler Bolognas (Augustusbrunnen, Augsburg; Wittelsbacher Brunnen der Münchner Residenz), ebenso A. de *Vries* (um 1560–1626; Merkur- und Herkulesbrunnen in Augsburg). Bildhauer von internationalem Rang ist A. *Schlüter* (1660–1714). Die 21 Kriegermasken am Zeug- | Wie in der Architektur herrscht auch in der Plastik in Akademismus als offizieller Stil des Hofes vor. In diesem Sinne stattet F. *Girardon* (1628–1715) den Park von Versailles, den Louvre und die Tuilerien mit seinen klassizistischen Plastiken aus. Weniger berührt vom offiziellen Stil dieser Zeit ist P. *Puget* (1622–1694), der in der Tradition der Werke Michelangelos und des italienischen Barock steht (Gruppen für den Park von Versailles: Milon von Croton; Figuren am Portal des Touloner Rathauses). Auch in offiziellem Auftrag, aber ohne die akademische Manier Girardons schafft A. *Coyzevox* (1640–1720) zahlreiche Porträtbüsten und Skulpturen, u.a. für Versailles. | **England** Die englische Barockplastik ist ohne bedeutende Künstlerpersönlichkeiten. Dem nüchtern-strengen Formempfinden der Bauten dieser Zeit entspricht der barocke Überschwang der italienischen oder deutschen Skulpturen nicht. Vorwiegend Ausstattungsstücke für Kirchen, Grabmäler und einzelne Bildwerke ohne internationalen Rang<br><br>**Niederlande** H. de *Keyser* (1565–1621), Vertreter des holländischen Frühbarock. Nimmt Anregungen aus Italien wie aus Frankreich auf. Hauptwerk: Standbild des Erasmus von Rotterdam. Beeinflusst von der italienischen Barockplastik sind die kräftigen Gestalten des Flamen *Quellinus* d. Ä. (1609–1668), die an seinen Landsmann Rubens erinnern. Seine wichtigste Leistung ist der Figurenschmuck des Amsterdamer Rathauses. Auch der |

| Italien (17./18. Jh.) | Deutschland/Österreich (2. Hälfte 17. und 18. Jh.) | Frankreich (17. Jh. bis Mitte 18. Jh.) | Sonstige (17. Jh. bis Mitte 18. Jh.) |
|---|---|---|---|
| Rom verschmelzen Architektur und Plastik miteinander. Mit dem Vierströmebrunnen auf der Piazza Navona begründet er die Tradition der freistehenden Brunnen. Als Meister der Dekoration erweist er sich bei der Ausgestaltung der Carnaro-Kapelle in Rom und der Scala Regia im Vatikan. Zeitweise in der Gunst des Papstes verdrängt wurde Bernini durch A. *Algardi* (1595–1654); durch eine große Zahl von Porträtbüsten bekannt. In seinen Skulpturen weniger Überschwang als bei Bernini. Bedeutendstes Werk: »Vertreibung Attilas durch Leo I.« | haus sind die ersten Beispiele seiner Ausdrucks- und Gestaltungskraft. Hauptwerk ist das Reiterdenkmal des Großen Kurfürsten; Sarkophage der Königin Sophie Charlotte und Friedrichs I. Den Weg zum Klassizismus weist der Österreicher G. R. *Donner* (1693–1741) mit seinen Skulpturen, Altären und dem Brunnen auf dem Neuen Markt in Wien. Von italienischen Bildhauern, vor allem Bernini, angeregt, wirkt B. *Permoser* (1651–1732) in Dresden. Seine Skulpturen am Zwinger gehören zu den bedeutendsten deutschen Barockplastiken. Im Stil des süddeutschen Rokoko – mit besonderer Vorliebe für Rocailleformen – wirken J. D. *Straub* (1704–1784, Altar von Ettal), J. A. *Feuchtmayer* (1696–1770, Chorgestühl in Weingarten, Dekorationen des Klosters Salem) und I. *Günther* (1725–1775, Kirche in Rott am Inn, Altar und Dekoration). | | Holländer R. *Verhulst* (1624–1696/98) wirkt vorwiegend im flämischen Raum und steht in der Nachfolge Berninis |
| | | | **Spanien** Eine spezifisch spanische Form der barocken Baukunst und Plastik um 1700 ist der *Churriguerismus*, ein überschwenglich-pathetischer, dekorativer Stil, der durch J. *Churriguera* (1665–1725) und seine Brüder in ganz Spanien verbreitet wird. |

---

## Kunstentwicklung im Klassizismus und 19. Jahrhundert

| Frankreich | Deutschland | England/USA | Italien/Spanien |
|---|---|---|---|
| **Architektur** | | | |
| **Klassizismus:** Bereits im französischen Barock sind klassizistische Elemente zu finden. In der 2. Hälfte des 18. Jh. völlige Abkehr von der barocken Bauweise und Erneuerung von antiken Renaissanceformen. J.-A. *Gabriel* (1698–1782) repräsentiert zunächst das französischen Rokoko, übernimmt dann aus der englischen Archi- | **Klassizismus:** K. v. *Gontard* (1731–1791) leitet vom Barock zu klassizistischen strengen Bauformen über (Schloss Bayreuth, Bauten im Park von Sanssouci). F. W. v. *Erdmannsdorff* (1736–1800) ist von der englischen Form des palladianischen Klassizismus beeinflusst; gestaltet einige Räume von Schloss Sanssouci und baut | **England** Auch der englische Barock hatte durch den Einfluss Palladios stark klassizistische Züge. Seit der Mitte des 18. Jh. entstehen Bauten, die dieser Tradition entsprechen. J. *Soane* (1753–1837) baut die Bank of England (1788–1824). Seiner Art der Verwendung von klassischen Stilelementen, etwa in der Kunstgalerie | **Italien** Seit der 2. Hälfte des 18. Jh. ist der Formen- und Ideenreichtum des italienischen Barock erschöpft. Überall gewinnt der Klassizismus die Oberhand. Relativ geringe Bautätigkeit. G. *Piermarini* (1734–1808) ist der Erbauer der Mailänder Scala (1778). Im 19. Jh. hat Italien vor allem als Anziehungs- |

⇒ S. 634

**633**

# Bildende Kunst

| Frankreich | Deutschland | England/USA | Italien/Spanien |
|---|---|---|---|
| tektur klassizistische Elemente. Hauptwerk: Gestaltung des Place de la Concorde. J.-G. *Soufflot* (1713–1780) baut den Zentralbau des Pantheon und das Theater in Lyon. Er ist ebenso von der Antike wie vom palladianischen Klassizismus beeinflusst. J.-F. *Chalgrin* (1739 –1811) wird als Baumeister des »Arc de Triomphe« (1806–1836) berühmt, der nach dem Vorbild der römischen Triumphbogen entsteht.<br><br>**Revolutionsstil:**<br>Verzicht auf alles schmückende Beiwerk charakterisiert die Architektur von C. N. *Ledoux* (1736–1806). Streng geometrische Formen, keine dekorativen Elemente. Auch als Kunsttheoretiker für die Kunst des 19. und 20. Jh. bedeutend.<br>E.-L. *Boullée* (1728–1799) lehnt die üppigen Formen der französischen Rokoko ab und pflegt eine sachlich-nüchterne klassizistische Bauweise. Erläuterung seiner künstlerischen Vorstellungen in verschiedenen theoretischen Werken.<br><br>**Neubarock:**<br>Herausragendes Beispiel ist die Pariser Oper von Ch. *Garnier* (1825–1898). Trotz barocken Überschwangs und üppiger Dekoration ist das Prinzip der Zweckmäßigkeit in Anlage und Aufteilung der Räume beachtet.<br><br>**Eisenkonstruktionsbau:**<br>Als Wegbereiter der Moderne wirkt H. *Labrouste* (1801–1875) mit seinen dem Zweck entsprechenden Bauten, vor allem mit | Schloss Wörlitz. C. G. *Langhans* (1732–1808) kommt nach spätbarocken Anfängen in seinem Spätwerk zu einem strengen Klassizismus. Baut 1789 bis 1794 das Brandenburger Tor in Berlin.<br>F. *Gilly* (177–1800); von seinem Werk sind fast nur Entwürfe erhalten, an denen die strenge Gestaltung der Grundrisse und die stereometrischen Bauformen des hochbegabten Künstlers auffallen (Entwurf für ein Denkmal Friedrichs d. Gr.; Entwurf für ein Berliner Nationaltheater).<br>K. F. *Schinkel* (1781–1841), Schüler Gillys, verwirklicht manches von den Plänen seines Lehrers. Ganz im Geist des Klassizismus baut er die Neue Wache Unter den Linden in Berlin (1817/18), während Entwürfe wie das »Schloss auf der Akropolis« und »Kaiserpalast auf der Krim« stark romantische Züge aufweisen.<br>L. v. *Klenze* (1784– 1864), Hofbaumeister des Königs von Bayern. Neigung zum Monumentalen und Rückgriffe auf die italienische Renaissance-Architektur kennzeichnen seine Bauten: Glyptothek in München (1816–1830); Alte Pinakothek, München (1825–1836); Pläne für die Walhalla bei Regensburg (1830–1842).<br><br>**Historismus:**<br>C. A. v. *Heideloff* (1789–1865); als Konservator strebt er die Wiederherstellung der ursprünglichen stilistischen Einheit von historischen Bauwerken an. | in Dulwich, wohnt ein manieristisches Moment inne. Um 1830 geht die Entwicklung in der Architektur in zwei historische Richtungen: zur Neogotik und zum Neoklassizismus. Die **Neogotik** (Gothic Revival) findet in England fruchtbaren Boden, da sich gotische Formen bis ins 17. Jh. erhalten hatten. Ch. *Barry* (1795–1860) baut das Parlamentsgebäude in London (1840–1852), die Dekoration besorgt A. W. Pugin (1812–1852).<br>Der **Neoklassizismus** hält sich an die Bauwerke der Antike als Vorbild; es entstehen streng, im Gegensatz zu den kopierten Originalen leblos und nüchtern wirkende Bauten, wie das British Museum (1823–1855) von R. *Smirke*. Nach neuen Formen suchen Architekten wie J. *Paxton* (1801–1865), der neben historisch inspirierten Häusern den Kristallpalast für die Weltausstellung von 1851 baut und damit ein Beispiel für die neue Eisen-Glas-Bauweise und die Verwendung von Serienprodukten gibt. Beeinflusst vom Kunsthandwerk und von den Ideen W. *Morris'* (1834–1896) ist Ph. *Webb* (1831–1915), ein Pionier des Wohnhausbaus (Red House für Morris). Er wie auch R. N. *Shaw* (1831–1912) und Ch. F. *Voysey* (1857–1941) geben dem Jugendstil bedeutsame Impulse.<br><br>**USA**<br>Anfang des 19. Jh. historisierende Bauweise. B. *Latrobe* (1764–1820) baut das Kapitol in | und Treffpunkt der Künstler aus aller Welt Bedeutung. Ein Beispiel für den weit ins 19. Jh. herrschenden Klassizismus ist der Justizpalast in Rom von R. *Calderini* (1840–1916). Neue Wege weist dagegen A. *Antonelli* (1798–1888), dessen spektakulärster Bau, die Eisenkonstruktion »Mole Antonelliana« (seit 1863), 167 m hoch und mit einer mächtigen Kuppel versehen ist.<br><br>**Spanien**<br>Im 19. Jh. bestimmt der Klassizismus die spanische Baukunst. Erst am Ende des Jahrhunderts geht Spanien mit den Bauten A. *Gaudis* (1852–1926) eigene Wege. Zunächst beeinflusst von der französischen Gotik, arbeitet Gaudi an seinem Lebenswerk, der Kathedrale Sagrada Familia in Barcelona. Er verwendet phantastische Dekorations- und Bauformen, weist aber in der Materialbehandlung bereits auf das Neue Bauen hin. |

| Frankreich | Deutschland | England/USA | Italien/Spanien |
|---|---|---|---|
| der Eisenkonstruktion des Lesesaals der Bibliothèque Ste-Geneviève in Paris (1843–1850). G. *Eiffel* (1832–1932), Ingenieur, konstruiert für die Pariser Weltausstellung von 1889 den 300 m hohen Eiffelturm. In seinen eisernen Brücken und Viadukten verbinden sich Zweckmäßigkeit und materialgerecht-künstlerische Formgebung. | F. v. *Gärtner* (1792–1847); auf Drängen seines Auftraggebers, Ludwigs I. von Bayern, verbindet er verschiedene historische Stile in seinen Bauten (München: Universität, Feldherrnhalle, Ludwigskirche). G. *Semper* (1803–1879), Schüler Gärtners, baut das Dresdner Opernhaus im Stil der italienischen Frührenaissance. 1869 Berufung nach Wien, gemeinsam mit Hasenauer Planung der Neuen Hofburg und der Ringmuseen. A. *Messel* (1853–1909), steht zunächst in der Tradition des Historismus, verzichtet später auf dekorative Elemente. Durch den Bau des Kaufhauses Wertheim (1896, auffallende Vertikalgliederung der Fassade) wirkt er ins 20. Jh. hinein. | Washington (1764–1820). Um die Mitte des Jahrhunderts Anfänge des Hochhausbaus. H. *Richardson* (1838–1886) überwindet als erster den Eklektizismus des frühen 19. Jh. (Trinity Church, Boston, 1872–1877). Den ersten Stahlskelettbau konstruiert W. *Le Baron Jenney* (1832–1907). L. *Sullivan* (1856–1924) kommt in seinen Bauten (Waren- und Geschäftshäuser in Chicago, Guranty Building, Buffalo, 1894/95) zu einem Funktionalismus, der nachhaltig ins 20. Jh. wirkt (»Form follows function«) | |

| | Frankreich | Deutschland | England | Sonstige |
|---|---|---|---|---|

### Malerei

| Frankreich | Deutschland | England | Sonstige |
|---|---|---|---|
| **Klassizismus:** Begründet durch J. L. *David* (1748–1825), der sich nach einem Romaufenthalt von der Malerei des Rokoko löst und kühle, streng komponierte Historienbilder schafft. Hofmaler Napoleons. Große Wirkung hat er auf seinen Schüler J. A. D. *Ingres* (1780–1867), der sich vor allem von Raffael inspirieren lässt und vorwiegend Historienbilder in kühlen Farben, daneben aber Akte in kräftigen Farben sowie Porträts malt. | **Romantik:** Antipoden der klassizistischen Maler sind Th. *Géricault* (1791–1824) und vor allem E. *Delacroix* (1798–1863), der die romantische Richtung der französischen Malerei begründet, malerische Landschaften, Stillleben und Historienbilder in leuchtenden Farben malt. Stark beeinflusst von Delacroix ist P. *Puvis de Chavannes* (1824–1898), dessen berühmteste Werke die monumentalen Wandbilder im Pariser Panthéon sind. | **Klassizismus:** A. R. *Mengs* (1728–1779) wendet sich nach mehreren Italien-Besuchen der klassizistischen Malerei zu und wird in Deutschland ihr Hauptvertreter. A. *Carstens* (1754–1898); gebürtiger Däne, Maler von Historienbildern und mythologischen Szenen. Wirkt auf die klassizistische Plastik. **Romantik:** Die Erneuerung der religiösen Malerei setzen sich die Nazarener zum Ziel: J. F. *Overbeck* | Die Tradition der englischen Landschaftsmalerei des 18. Jh. setzen J. *Constable* (1776–1837) und J. M. W. *Turner* (1775–1851) fort und wirken nachhaltig auf die europäische Landschaftsmalerei. Beide können als Vorläufer des Impressionismus bezeichnet werden. Bedeutungsvoll ist das Schaffen von W. *Blake* (1757–1827), dessen Bilder und Buchillustrationen die Präraffaeliten, die Symbolisten und den Jugendstil beeinflussen. | **Italien** Im 19. Jh. bringt Italien keine Maler von europäischem Rang hervor. Wie für die Architekten hat es auch für die Maler lediglich als Anziehungspunkt von Künstlern aus allen Ländern Europas Bedeutung. G. *Segantini* (1858–1899) ist von Millet angeregt und in seiner Technik den Neoimpressionisten verwandt. G. *Baldini* (1842–1931) ist von den französischen Impressionisten wie von der englischen Porträtmalerei beeinflusst. |

⇒ S. 636

**635**

# Bildende Kunst

| Frankreich | | Deutschland | England | Sonstige |
|---|---|---|---|---|

**Realismus:**
Zu den Begründern dieser Richtung gehört G. *Courbet* (1819–1877) mit seinen realistischen Darstellungen von Menschen bei der Arbeit, Porträts und Landschaften. H. *Daumier* (1808–1879), Lithograf und Maler; zunächst noch der Romantik verhaftet. Illustrationen, satirische Zeichnungen, zeitkritische Lithografien, Karikaturen und Gemälde. Von ihm beeinflusst ist J.-F. *Millet* (1814–1875), der bäuerliche Figuren in seine gedämpft-farbigen Landschaften stellt. Zusammen mit Rousseau, Daubigny, Dupré und Corot gehört er der *Schule von Barbizon* an.

**Symbolismus:**
Gegenbewegung gegen den Realismus, die das Geheimnisvolle hinter den Dingen zu ergründen sucht. Hauptvertreter P. *Puvis de Chavannes* (1824–1898), G. *Moreau* (1826–1898), O. *Redon* (1840–1916) und P. *Gauguin* (1843–1903), der seine Traumwelt in der Südsee findet.

**Impressionismus:**
Die Freilichtmalerei der Maler von Barbizon führt in den letzten Jahrzehnten des 19. Jh. zur impressionistischen Malweise, wobei nicht der Gegen-

stand in seinem Wesen und seiner objektiven Gestalt, sondern in seiner subjektiven Erscheinungsform (»impression«) gesehen wird. Zugleich Hellerwerden der Farben, Zurücktreten von Linien und Konturen. Begründer dieser Richtung wird C. *Monet* (1840–1926). A. *Renoir* (1841–1919), E. *Manet* (1832–1883), E. *Degas* (1834–1917; keine konsequente Auflösung der Form), C. *Pissarro* (1830–1903), A. *Sisley* (1839–1899).

**Neoimpressionismus:**
*Pointillisten:* P. *Signac* (1863–1935) und G. *Seurat* (1859–1891); zeitweise auch *Pissarro.*

**Früher Expressionismus:**
Unüberschätzbar in ihrer Wirkung auf die Malerei des 20. Jh. sind die Werke von P. *Cézanne* (1839–1906), der sich vom Impressionismus abkehrt. Rückführung der gesehenen Wirklichkeit auf geometrische Formen, flächige Malweise, weitestgehende Vereinfachung im Bildaufbau. Einfluss auf Fauves und Kubisten. V. *van Gogh* (1853–1890) wirkt mit seinen leidenschaftlichen Bildern von höchster Ausdruckskraft und greller Farbigkeit auf

(1789–1869), F. *Pforr* (1788–1812), P. v. *Cornelius* (1783–1867), J. *Schnorr v. Carolsfeld* (1794–1872), C. Ph. *Fohr* (1795–1818) u.a.; ihre Bilder sind von Dürer und Raffael beeinflusst und durch kühle Farben und lineare Strenge gekennzeichnet. C. D. *Friedrich* (1774–1840) und Ph. O. *Runge* (1777–1810), die Hauptvertreter der romantischen Malerei, verbinden Detailgenauigkeit der Darstellung mit allegorischer Hintergründigkeit. Die Historienmalerei wird vor allem von den sog. *Deutschrömern* getragen: A. *Feuerbach* (1829–1880), A. *Böcklin* (1827–1901), H. v. *Marées* (1837–1887). Meister einer Richtung der Malerei dieser Zeit, die als **Biedermeier** bezeichnet wird, sind C. *Spitzweg* (1808–1885), M. v. *Schwind* (1804–1871), G. F. *Waldmüller* (1793–1865) und nach anfänglicher Anlehnung an die Nazarener F. *Wasmann* (1805–1886).

**Naturalismus und Realismus:**
A. v. *Menzel* (1815–1905), Illustrationen zu Kuglers »Das Leben Friedrichs des Gr.«; Abkehr vom Pathos des Historienbildes und Übernahme eines von Courbet beeinflussten realistischen Stils,

**Präraffaeliten:**
1848 gründeten D. G. *Rossetti* (1828–1892), J. E. *Millais* (1829–1896) und W. H. *Hunt* (1827–1910) einen Künstlerbund, der die Rückkehr zum künstlerischen Ideal der Frührenaissance anstrebt. E. *Burne-Jones* (1833–1882) gestattet eine schönheitstrunkene Traumwelt. Auch die kunsthandwerklichen Vorstellungen von W. *Morris* werden einbezogen. Der Kritiker J. *Ruskin* tritt für die Ziele der Gruppe ein. Ihre Bedeutung liegt vor allem in der Anregung, die sie dem Jugendstil gibt. A. *Beardsley* (1872–1898) repräsentiert mit seinen Zeichnungen den englischen Jugendstil.

**Russland**
Als erster russischer Maler nimmt I. J. *Rjepin* (1844–1930) einen Platz unter den europäischen Künstlern von Rang ein. Bereist mehrere europäische Hauptstädte. Sein malerischer Realismus, der ihn oft in die Nähe der Impressionisten bringt, leitet über zur russischen Moderne des 20. Jh. Die 1870 gegründete Gruppe der »Peredwischniki« (Genossenschaft für Wanderausstellungen) pflegt Landschafts- und Historienmalerei und lässt in Genreszenen starkes soziales Engagement erkennen. M. A. *Wrubel* (1856–1910) ist der Hauptvertreter des russischen Symbolismus.

| Frankreich | Deutschland | England | Sonstige |
|---|---|---|---|
| die Expressionisten. Auch P. *Gauguin* und H. de *Toulouse-Lautrec* (1864 bis | 1901) geben dem Expressionismus wesentliche Impulse. | der bisweilen impressionistische Elemente vorwegnimmt. W. *Leibl* (1844–1900) findet nach realistischen Anfängen zum Naturalismus; in manchen seiner Bilder kommt er den Impressionisten nahe. | |

| Frankreich | Deutschland | England/Dänemark | Italien |
|---|---|---|---|

### Plastik

| Frankreich | Deutschland | England/Dänemark | Italien |
|---|---|---|---|
| Repräsentiver Klassizismus im 1. und 2. Kaiserreich: J.-A. *Houdon* (1741–1828) schafft, angeregt von einem Rom-Aufenthalt, klassizistische Denkmäler und Büsten, die eine Neigung zum Realismus verraten. Bild Voltaires, Büsten Mirabeaus u. Napoleons. P. J. *David d'Angers* (1788–1856) ist von Canova beeinflusst und vor allem durch seine Porträtmedaillons von Bedeutung. Die Lösung vom Klassizismus und die Hinwendung zu einer mehr naturalistischen Richtung bringen die Werke von F. *Rude* (1784–1855), A.-L. *Barye* (1796–1875), J. *Dalou* (1838–1902) und J.-B. *Carpeaux* (1827–1875). Am Ende der Entwicklung steht das überragende Werk von A. *Rodin* (1840–1917), Verehrer Michelangelos. Mit aus der Architektur gelösten Freiplastiken und Gruppen mit eigenartiger Licht- und Schattenwirkung sowie dramatischer Spannung und Ausdruckskraft begründet er die symbolistische Bildhauerei. Hauptwerke: »Der Denker« 1880; »Bürger von Calais« 1886; »Der Kuss« 1886; Bildnisse von Balzac und Hugo. | Übernahme antiker Formen und Ausdrucksmittel, Marmor bevorzugtes Material. G. *Schadow* (1764–1850), bedeutendster klassizistischer Bildhauer in Deutschland. Lernt in Rom Canova und seine Plastiken kennen. In preußischen Diensten schafft er die Quadriga für das Brandenburger Tor. Denkmäler preußischer Feldherren und Bildnisse der Königsfamilie. C. D. *Rauch* (1777–1857); Schüler Schadows, beeinflusst von Thorvaldsen. 1820 schafft er eine bedeutende Goethe-Büste. In München entsteht das Denkmal Max Josephs I. Hauptwerk: Denkmal Friedrichs d. Gr. in Berlin. E. F. A. *Rietschel* (1804–1861), Schüler Rauchs. Goethe-Schiller-Denkmal in Weimar, Tympanon der Berliner und Dresdner Oper. Der Einbruch des Neobarock zeigt sich vor allem in den Denkmalplastiken (Schiller, Bismarck) R. *Begas'* (1831–1911). Zu klassischer Ausgewogenheit findet A. *Hildebrand* in seinen Brunnen und Denkmälern. | **England:** Ende des 18. Jh. gewinnt das Kunsthandwerk an Bedeutung. Keramik: J. *Wedgwood* (1730–1795); Kunsttischlerei: Th. *Sheraton* (1751–1806). Von räumlich und zeitlich weitreichender Bedeutung wird das Werk von W. *Morris* (1834–1896), der in seinen theoretischen Schriften die materialgerechte Fertigung vor allem von Gebrauchsgegenständen proklamiert und der Buchkunst neue Wege weist. Seine Ideen sind für den Jugendstil, die »Art nouveau« u. »Modern art« gleichermaßen von Bedeutung. Die klassizistische Skulptur in England erreicht nicht internationale Maßstäbe und ist vor allem durch die Werke G. F. *Watts'* (1817–1904) repräsentiert. **Dänemark:** B. Thorvaldsen (um 1768–1844), bedeutendster klassizistischer Bildhauer neben Canova. In seinen Hauptwerken (Löwendenkmal bei Luzern, Grabmal Pius' VII. in Rom) ist er ganz den klassischen Vorbildern verpflichtet. | A. Canova (1757–1822), berühmter Bildhauer des Klassizismus mit weitreichendem Einfluss auf die europäische Plastik. Seine glatten Marmorskulpturen, Bildnisbüsten und Grabmäler sind im 19. Jh. hoch geschätzt. Manche seiner Bildwerke weisen realistische Züge auf. Hauptwerke: Grab Papst Clemens' XIV. (1787); »Amor und Psyche«; »Dädalus und Ikarus«. M. *Rosso* (1858–1928) meidet scharfe Konturen, seine Plastiken zeichnen sich durch eigenwillige Behandlung der Oberflächen aus. Theoretiker der impressionistischen Skulptur. |

# Bildende Kunst

| Deutschland/Österreich | Frankreich | Skandinavien | Sonstige |
|---|---|---|---|

## Architektur

**Deutschland/Österreich**

Abkehr vom Klassizismus und Historismus des 19. Jh.

**Jugendstil und Neues Bauen:** Wegweisend für die neue Architektur ist die Wiener Schule (Sezession) mit A. *Loos* (1870–1933), O. *Wagner* (1841–1918), J. *Olbrich* (1867–1908), J. *Hoffmann* (1870–1956).

Ein neues Wirkungsfeld der Architekten wird der Industriebau (Gerüstkonstruktionen). Hier ist P. *Behrens* (1868–1940) mit seinen Bauten für die AEG Berlin maßgebend. H. *Poelzig* (1869 bis 1936) vertritt den Expressionismus in der Architektur. Charakteristisch vor allem das Große Schauspielhaus, Berlin. E. *Mendelsohn* (1887–1953) ist vom Expressionismus beeinflusst und wird durch seine neuartigen Geschäftshäuser (Schocken, Stuttgart) bekannt. O. *Bartning* (1883–1959) ist Architekt von modernen Industriebauten und vor allem Kirchenbaumeister (Stahlkirche auf der Pressa-Ausstellung, Köln, 1928), Notkirchen nach 1945. Der Österreicher R. *Neutra* (1892–1970) richtet die Aufmerksamkeit in erster Linie auf den Wohnbau. Verfasser zahlreicher Bücher zur Architektur. B. *Taut* (1880–1938) zeigt mit seinem Glashaus auf der Kölner Werkbundausstellung von 1914 die Möglichkeit auf, die das Glas für das neue Bauen bietet.

**Bauhaus:** Begründer und Leiter ist W. *Gropius* (1883–1969), der schon mit seinen frühen Bauten (Faguswerke, Alfeld, 1910/11) auf sich aufmerksam gemacht hat. Streng geometrische Baukörper, Konstruktionen aus Stahl und Glas sind für die Bauhauszeit typisch. Das Gebäude des Bauhauses in Dessau selbst gehört zu den wichtigsten Zeugnissen der zeitgenössischen Architektur. Gropius zieht bedeutende Künstler, Maler, Bildhauer als Lehrer ans Bauhaus. 1934 Emigration, seit 1937 in Amerika. 1930 hat L. *Mies van der Rohe* (1886–1969) die Leitung des Bauhauses übernommen. Mit seinem Haus in der Weißenhofsiedlung in Stuttgart und dem Pavillon auf der Internationalen Ausstellung in Barcelona gibt er wichtige Anregungen für das Neue Bauen. Die

**Frankreich**

A. *Perret* (1874–1954) führt den Stahlbeton in den Wohnhausbau ein. Seine Kirche Notre-Dame in Le Raincy (1922/23) gilt bis heute als beispielhaft für den modernen Kirchenbau. Auch für den Industriebau sind seine Entwürfe vorbildlich.

**Funktionalismus:** *Le Corbusier* (1887–1965), einer der großen Meister der modernen Architektur, ist beeinflusst von J. Hoffmann und A. Perret; er führt die Prinzipien des Kubismus in die Architektur ein, indem er die Baukörper auf stereometrische Grundformen zurückführt. Im Vordergrund steht für ihn die Funktion eines Gebäudes und der Bauteile. Seine großen Wohnbauprojekte sind nur teilweise realisiert (Cités radieuses, Marseille, 1954). Seine großزügigen Städtebaupläne konnte er teilweise im Ausland verwirklichen. Zu seinen späten Meisterwerken gehört die Wallfahrtskirche von Ronchamp (1955). Unter den Architekten der Gegenwart ragen vor allem J. *Prouvé* (1901–1984) und B. *Zehrfuss* (1911–1996) hervor.

**Skandinavien**

Die nordischen Länder liefern einen bedeutenden Beitrag zur Baukunst des 20. Jh. sowie zur Raumgestaltung. Besonderes Interesse findet der Wohnbau. E. G. *Asplund* (1885–1940), Schwede, steht an der Schwelle der modernen Architektur. Besondere Leichtigkeit in der Verwendung von Glas und Stahl charakterisiert seine Bauten (Krematorium auf dem Südfriedhof, Stockholm, 1935–1940). A. *Aalto* (1898–1976), Finne, verwirklicht in seiner Architektur die Idee des organischen Bauens (Einbeziehung der Landschaft). Neben zahlreichen Bauwerken in Finnland sind das Massachusetts Institute of Technology in Cambridge/Massachusetts (1947–1949) und das Maison Carré in Bazoches bei Paris (1956–1958) sein Werk. Eero *Saarinen* (1910–1961), Finne, arbeitet zunächst mit seinem Vater Eliel Saarinen in den USA zusammen. Später findet er zur modernen konstruktivistischen Bauweise, bei der er versucht, ästhetische Vorstellungen in den Bauten zu realisieren und organische Formen einzubeziehen.

**Sonstige**

**England**

Ch. R. *Mackintosh* (1868–1928); seine Bauten (Hauptwerk: Kunstschule in Glasgow, 1898/99) wirken nachhaltig auf den Jugendstil. Die moderne englische Architektur zeichnet sich vor allem durch zweckmäßigen Schul- und Collegebau aus.

**Italien**

A. *Sant'Elia* (1888–1916) liefert das futuristische Konzept für die neue italienische Architektur. Plan der Città Nuova (1914). P. L. *Nervi* (1891–1979) ist der bedeutendste Repräsentant der modernen Architektur in Italien. Seine Bauten weisen kühne Konstruktionen und Kuppeln von großer Spannweite auf. Ausstellungshalle Turin (1948/49), UNESCO-Gebäude, Paris (1953–1958), Palazetto dello Sport, Rom (1856/57). E. *Castiglioni* (*1914) entwirft weitgespannte Schalenkonstruktionen, u.a. den Hauptbahnhof von Neapel (1954).

**USA**

F. L. *Wright* (1869–1959) ist vor allem von seinem Lehrer Sullivan und dem englischen Landhausbau beeinflusst.

| Deutschland/Österreich | | Sonstige | |
|---|---|---|---|

Stahlskelettbauweise und die großen verglasten Flächen sind für seine amerikanischen Bauten typisch. Zusammen mit Gropius, Le Corbusier und F. L. Wright gehört er zu den Großen des »Internationalen Stils« in der Baukunst des 20. Jh. Der Nationalsozialismus bringt den Rückgriff auf den Klassizismus. Der Repräsentations- und Monumentalstil dieser Jahre erstickt

die Ideen des Neuen Bauens in Deutschland. Nach 1945 finden die deutschen Architekten Anschluss an die internationale Entwicklung. E. *Eiermann* (1904–1970), H. *Scharoun* (1893–1972), R. *Schwarz* (1897–1961), D. *Böhm* (1880–1955) und G. *Böhm* (*1920). Unter den Architekten der sog. Postmoderne haben sich A. von *Branca* (*1919) und H. Hollein (*1934) einen Namen gemacht.

Außerdem kommt er auf seinen Reisen in Berührung mit japanischen Bauformen. Sein vielfältiges Werk hat nachhaltig auf die gesamte Architektur des 20. Jh. gewirkt. Seine stilistische Eigenart zeigt sich zuerst in den Präriehäusern nach 1900: kubische Formen, Stahlbetonbauweise, Landschaftsbezogenheit. Forderung nach organischem Bauen. Hauptwerke: Larkin Building, Buffalo, 1904; Imperial Hotel,

Tokio, 1916–1922; Haus Falling Water, Bear Run, 1936–1939; Guggenheim-Museum, New York, 1956–1959. Bedeutende Architekten der Gegenwart: L. I. *Kahn* (1901–1974), Ph. *Johnson* (*1906), E. D. *Stone* (1902–1978), H. *Stubbins* (*1912).

Weitere bedeutende Vertreter der internationalen Architektur sind die Niederländer H. P. *Berlage* (1856–1934), H. *van*

de *Velde* (1863–1957), G. *Rietveld* (1888–1964) u. J. J. P. *Oud* (1890–1963) sowie die Brasilianer O. *Niemeyer* (*1907) und L. *Costa* (1902–1998) und der Japaner K. *Tange* (*1913).

| Frankreich | Deutschland/Österreich | | Sonstige |
|---|---|---|---|

## Malerei

Zu Beginn des Jahrhunderts ist Paris Anziehungspunkt der Künstler Europas.

**Nabis:**
Von der flächigen Malerei van Goghs ausgehende Künstlergruppe, deren Bilder durch starke Farbigkeit und symbolistische Inhalte charakterisiert sind: P. *Bonnard* (1867–1947), E. *Vuillard* (1868–1940).

**Fauvismus:**
Dem deutschen Expressionismus vergleichbare Richtung als Reaktion auf Impressionismus. Reine Farben werden flächig nebeneinander gesetzt: H. *Matisse* (1869– 1954), A. *Derain* (1880– 1954), R. *Dufy* (1877– 1953), M. *de Vlaminck* (1876–1958). G. *Rouault* (1871–1958) steht zuerst den Fauves nahe (dann ikonenhafter Stil).

**Impressionismus:**
Deutsche Variante des französischen Impressionismus vertreten durch M. *Liebermann* (1847–1935), M. *Slevogt* (1868–1932) und L. *Corinth* (1858–1925).

**Jugendstil:**
Pflanzenornamentik, flächige Darstellungsweise: Der Schweizer F. *Hodler* (1853–1918), der Österreicher G. *Klimt* (1862–1918); Einfluss auf den Norweger E. *Munch* (1863–1944), dessen Werk im übrigen dem Expressionismus verpflichtet ist.

**Expressionismus:**
*Die Brücke:* 1905 in Dresden gegründeter Künstlerbund, dem E. L. *Kirchner* (1880–1938), E. *Heckel* (1883–1970), K. *Schmidt-Rottluff* (1884–1976), M. *Pechstein*

**Italien**
**Futurismus:**
Vom Kubismus ausgehend, finden sich Künstler zusammen, die das technische Objekt, die Dynamik und das Phänomen der Bewegung in die Malerei einbringen. Sichtbarmachen der Bewegung durch Nebeneinanderdarstellung ihrer einzelnen Phasen. G. *Balla* (1871–1958), U. *Boccioni* (1882–1916), C. *Carrà* (1881–1966), L. *Russolo* (1885–1947).

**Pittura metafisica:**
Von großer Bedeutung für den späteren Surrealismus. Verfremdung der Objekte durch überscharfe Modellierung und perspektivische Übersteigerung, wodurch ein Gefühl der Isolierung erzeugt wird. Begründer ist G. de *Chirico* (1888–1978). *Carrà* und G. *Morandi*

(1890–1964) schließen sich der Bewegung an. A. *Modigliani* (1884–1920), beeinflusst vom Kubismus und der afrikanischen Plastik, findet einen gefälligen, ans Manieristische grenzenden Stil. Bedeutende Beiträge zur modernen italienischen Malerei leisten auch M. *Campigli* (1895–1971), R. *Birolli* (1906–1959), R. *Guttuso* (1912–1987), E. *Vedova* (*1919), A. *Magnelli* (1888–1971). S. *Chia* (*1946) vertritt eine italienische Variante der »Neuen Wilden«.

**England**
Übernahme der verschiedenen Richtungen des 20. Jh. vom Kontinent. P. *Nash* (1899–1946); zunächst vom Neoimpressionismus beeinflußt, vertritt später einen surrealistischen Konstruktivismus.

⇒ S. 640

# Bildende Kunst

| Frankreich | Deutschland/Österreich | Sonstige |
|---|---|---|

**Kubismus:**
Von *Picasso* und G. *Braque*
*(1882-1963)* begründete
Richtung. Zerlegung der
Gegenstände in Grund-
formen Kegel, Kubus, Ku-
gel usw. und Zusammen-
fügen zu flächigen Bildern.
Hier hat die abstrakte
Malerei ihre Wurzel. Eine
Abwandlung ist der Or-
phismus von R. *Delaunay*
(1885-1941).

**Surrealismus:**
Beeinflusst von der italienischen »pittura metafisica«, dem Dadaismus (Arp,
Ernst, Schwitters) und
vom Symbolismus. Ent-
sprechend den Einsichten
der Psychoanalyse wollen
die Surrealisten das Un-
bewusst-Traumhafte auf-
decken. Neben Ernst, Arp,
Chirico und Dali gehören
auch Picasso, Miro, Klee,
Chagall und Y. *Tanguy*
(1900-1955) teilweise
dieser Richtung an.
F. *Léger* (1881-1955)
kommt vom Kubismus zu
einer konstruktivistisch
abstrakten Malweise.

**Ungegenständlich-
abstrakte Malerei:**
P. *Soulages* (*1919), N. *de
Staël* (1914-1955), J. *Ba-
zaine* (*1904), der Wahl-
franzose H. *Hartung* (1904-
1989). Der gebürtige Un-
gar V. *Vasarély* (1908-
1997) ist Begründer der
Op-Art. Hauptvertreter
des »Nouveau Réalisme«
ist Y. *Klein* (1928-1962).

**Nouvelle figuration:**
In den 40er Jahren wand-
te sich ein Mitbegründer
der Gruppe »Abstraction-
Creation«, J. *Helion* (1904-
1987), der gegenständli-
chen Malerei zu. Zu be-
achten außerdem J.-Ch.
*Blais* (*1956) mit Malerei
auf Plakat-Abrissen.

(1881-1955), O. Mueller
(1874-1930) angehören. Eigene Wege gehen E. *Nolde*
(1867-1956) und O. *Ko-
koschka* (1886- 1980).
*Der blaue Reiter:* 1911 in
München von W. *Kadinsky*
(1866-1944) und F. *Marc*
(1880-1916) gegründet. In
den folgenden Jahren
schließen sich A. *Macke*
(1887-1914), P. *Klee*
(1879-1940), G. *Münter*
(1877-1962) und A. *Kubin*
(1877-1959) dem Kreis an.
Erster Weltkrieg und Nachkriegszeit wecken Protest
und Engagement in der
Kunst, z.B. bei G. *Grosz*
(1893-1959). Einen eigen-
willigen Expressionismus
vertritt M. *Beckmann*
(1884-1950).
Als »Neue Sachlichkeit« wird
der starre Realismus von O.
*Dix* (1891-1969), C. *Hofer*
(1878-1955) bezeichnet.
*Bauhausmeister:* L. *Feininger*
(1871-1956), der Ungar L.
*Moholy-Nagy* (1895-1946).
Durch den Kunstterror der
Nationalsozialisten (entarte-
te Kunst) wird die Entwicklung der Künstler behindert.
Die Künstler nach 1945 ma-
len weitgehend abstrakt: W.
*Baumeister* (1889-1955),
E. W. *Nay* (1902-1968),
G. *Meistermann* (1911-
1990), *Wols* (1913-1951),
B. *Schultze* (*1915), H. *Jans-
sen* (1929-1995) pflegen einen lyrischen Surrealismus.
Die »Neuen Wilden« (G. *Ba-
selitz*, J. *Immendorf*, A. *Kiefer*, A. R. *Penck*, M. *Lüpertz*,
H. *Middendorf*) vertreten einen Neo-Expressionismus.
Große Reputation genießen
auch S. *Polke* (*1942) und G.
*Richter* (*1932).
In Österreich: A. *Hrdlicka*
(*1928) und die phantasti-
schen Realisten R. *Hausner*
(1914-1995), F. *Hundertwas-
ser* (1928-2000), A. *Brauer*
(*1929), E. *Fuchs* (*1930).

B. *Nicholson* (1894-1982)
ist in seinen Hauptwerken
der französischen Gruppe
»Abstraction-Création«
verwandt. G. *Sutherland*
(1903-1980) und F.
*Bacon* (1910-1992) fin-
den zu einem expressiven
Surrealismus.

**Holland**
P. *Mondrian* (1872-
1944), nach impressioni-
stischen Anfängen und
Wirkung des Kubismus
auf seinen Stil begründet
er mit Th. v. *Doesburg*
(1883-1931) die Rich-
tung »De Stijl«. Das Spät-
werk Mondrians besteht
aus Bildern, in denen die
reine Farbe und vertikale
und horizontale Linien
dominieren.
K. von *Dongen* (1877-
1968) ist in seinem
Schaffen wesentlich von
Matisse beeinflusst.

**Spanien**
P. *Picasso* (1881-1973);
mit seinem für die ge-
samte moderne Malerei
unüberschätzbaren Werk
durchläuft er die wichtigsten Kunstrichtungen des
20. Jh. Weitere Repräsen-
tanten der modernen eu-
ropäischen Malerei sind
die Spanier J. *Miró* (1893-
1983), J. *Gris* (1887-1927),
S. *Dali* (1904- 1989).

**USA**
E. *Hopper* (1882-1967)
und T. H. *Benton* (1889-
1975) vertreten die ame-
rikanische Variante des
magischen Realismus.
**Action Painting** mit
Tröpfeltechnik bei M. *To-
bey* (1890-1976), J.
*Pollock* (1912-1956), M.
*Louis* (1912-1962).
Führender Vertreter des
abstrakten Expressionis-
mus ist W. de *Kooning*
(1904-1997).

J. *Johns* (*1930) war in
seinen Anfängen ein
Wegbereiter der **Pop-Art**
(collagehafte Verbindung
einzelner Objekte zu neu-
em Zusammenhang).
R. *Rauschenberg* (*1925)
und A. *Warhol* (1928-
1987) sind die bedeu-
tendsten Repräsentanten
dieser Richtung. Die wichtigsten Vertreter des Fo-
torealismus: H. *Nanovitz*
(*1929), J. *Close* (*1940),
J. *De Andrea* (*1941).

**Russland**
Seit der Oktoberrevolu-
tion wird die Avantgarde
der russischen Künstler
bestimmend. M. *Chagall*
(1887-1985), zunächst
durch den französischen
Kubismus beeinflusst,
nimmt Elemente der
Volkskunst und der ostjü-
dischen Glaubenswelt auf
und vertritt - seit 1923
in Paris ansässig - einen
eigenartigen Surrealismus
von großem Symbolge-
halt. W. *Kandinsky*
(1866-1944); nach vom
Jugendstil und französi-
schen Impressionismus
geprägtem Anfang be-
wirkt er 1910 mit seinem
ersten gegenstandslosen
Bild eine Revolution.
Nach kurzer Lehrtätigkeit
in Russland Mitbegründer
des »Blauen Reiter« und
Meister am »Bauhaus«.
A. v. *Jawlenskij* (1864-
1941), von den Fauves
beeinflusst, steht später
dem »Blauen Reiter« na-
he. K. *Malewitsch* (1878-
1935) entwickelt unter
dem Einfluss des Kubis-
mus einen Stil, den er als
»Suprematismus« be-
zeichnet. El *Lissitzky*
(1890-1941); von Male-
witsch beeinflusster Kon-
struktivist. S. *Poliakoffs*
(1906-1969) Bilder zei-
gen verkeilte Formen.

**640**

| Frankreich | Deutschland | England | Sonstige |
|---|---|---|---|

## Plastik

Aus dem Kreis der Nabis geht A. *Maillol* (1861–1944) hervor. Er schafft zunächst Holzplastiken; eigene Formen findet er in seinen Stein- und Bronzeskulpturen, die alle den Körper zum Gegenstand haben. Anders als bei Rodin sind seine Figuren scharf konturiert. Anregungen bezieht er aus der griechischen Plastik. Zu einem eigenwilligen, monumentalen Stil findet E. A. *Bourdelle* (1861–1929). R. *Duchamp-Villon* (1876–1918) kommt vom Jugendstil her und schließt sich später den Kubisten an. Sein Werk umfasst dynamische Holz- und Steinplastiken sowie Bildnisse und Terrakotten. Ch. *Despiau* (1874 bis 1946) ist vor allem durch seine zahlreichen Bildnisbüsten bedeutend. H. *Laurens* (1885–1954); kubistische Plastiken, später zunehmend Rundungen und Kurven sowie Konzentration der Formen. Zur jüngeren Bildhauergeneration gehören: G. *Richier* (1904–1959), J. *Ipoustéguy* (*1920), *César* (*1921). J. *Tinguely* (1925–1991) und N. de *Saint Phalle* (*1930) schufen die begehbare Plastik »Sie« in Stockholm und den Strawinskybrunnen in Paris.

**Expressionismus:** E. *Barlach* (1870–1938); starkes menschliches und soziales Engagement bestimmten seine expressiven Plastiken. Die Spätwerke zeigen zunehmende Verinnerlichung des Ausdrucks und Stilisierung der Formen. K. *Kollwitz* (1867–1945), Grafikerin und Bildhauerin. Sozialkritische Elemente in der Schilderung von Elendsquartieren und Arbeitermilieu. Weitgehende Vereinfachung der Formen. W. *Lehmbruck* (1881–1919), zunächst von Rodin beeinflusst, nähert sich später dem Expressionismus. Als neuklassizistisch kann man die Werke von G. *Kolbe* (1877–1947), R. *Scheibe* (1879–1964) und T. *Stadler* (1888–1982) bezeichnen. Auch G. *Marcks* (1889–1981) und E. *Mataré* (1887–1965) pflegen die gegenständliche Plastik, die später vereinfacht wird. R. *Sintenis* (1888–1965) schafft bewegliche Tierplastiken. Die Plastik der Nachkriegszeit repräsentieren H. *Uhlmann* (1900–1975), K. *Hartung* (1908–1967), O. H. *Hajek* (*1927). Exponent der 70er und 80er Jahre ist der Objektmacher und Aktionist J. *Beuys* (1921–1986).

England bringt eine Reihe für die Plastik des 20. Jh. bedeutender Persönlichkeiten hervor. J. *Epstein* (1880–1959); seine gegenständlichen Figuren, Porträts und religiösen und liturgischen Szenen weisen einen Realismus von großer Expressivität auf. Durch die griechische und mexikanische Skulptur ist H. *Moore* (1898–1986) beeinflusst. Zentrales Thema ist für ihn der Mensch; auch die ungegenständlichen Skulpturen weisen Spuren organischen Wachsens auf. Hohlformen und Mulden sind für seine Bilder charakteristisch. B. *Hepworth* (1903–1975); deutlicher Einfluss Moores und Anregung durch die Konstruktivisten; kommt nach gegenständlichen Anfängen zu völliger Abstraktion

**Italien** Die gegenständliche Plastik repräsentieren mit ihrem Werk E. *de Fiori* (1884–1944), A. *Marini* (1889–1947), M. *Marini* (1901–1980) und G. *Manzù* (1908–1991). Rein abstrakte Plastiken weist das Werk von A. *Viani* (1906–1989) und M. *Mascherini* (*1906) auf.

**Rumänien** Großen Einfluss auf die Plastik der Moderne hat das Werk des Rumänen C. *Brâncuși* (1876–1957), der bei seinen streng geformten Plastiken häufig von der Eigenart des Materials ausgeht.

**USA** Erst im 20. Jh. finden die Bildhauer der USA Anschluss an die europäische Kunst. Die wichtigsten Repräsentanten der Moderne sind M. *Callery* (1903–1977), D. *Hare* (1917–1991), D. *Smith* (1906–1965), S. *Lipton* (1903–1986). C. *Oldenburg* (*1929) vertritt die Pop-Art, E. *Kienholz* (1927–1994) einen symbolisch-sozialkritischen Realismus, J. *Cornell* (1903–1972) schuf

Objektkästen von poetischer Faszination. Wichtigster Vertreter der **Concept Art** und **Minimal Art** ist B. *Naumann* (*1941), auch zahlreiche Videoarbeiten.

**Russland** Eine Reihe bedeutender russischer Bildhauer gehören zur Avantgarde der modernen Plastik. A. *Archipenko* (1887–1964), seit 1908 in Paris, seit 1923 in Amerika, wendet als erster die Vorstellungen des Kubismus auf die Plastik an. W. *Tatlin* (1885–1953) sammelt einen Kreis von Künstlern um sich, die sich Konstruktivisten nennen. A. *Pevsner* (1886–1962) und sein Bruder N. *Gabo* (1890–1977) formulieren 1920 das »Realistische Manifest«. Beide schaffen ungegenständliche Plastiken aus schwerelosem Material. J. *Lipchitz* (1891–1973) stellt nach kubistischen Anfängen Plastiken mit bewegter Oberfläche her. O. *Zadkine* (1890–1967) nimmt eine ähnliche Entwicklung.

# Bildende Kunst

## Angewandte Techniken in der bildenden Kunst

| Technik | Erläuterung |
|---|---|
| **Plastik** | |
| Steinplastik | Je nach Größe der zu erstellenden Skulptur wird ein Gipsmodell angefertigt; dieses Modell dient dem Künstler als Vorlage, wenn er das Original aus dem Stein haut |
| Holzplastik | Die zu erstellende Figur wird aus einem Holzblock hergestellt; als Werkzeuge dienen insbesondere Hammer, Holzmeißel, Messer, Raspeln und Feilen |
| Bronzeplastik | Als Kern des späteren Gusses entwickelt der Künstler ein Modell aus Lehm oder Ton. Es wird mit einer Wachsschicht überzogen, die wiederum einen Lehm- oder Tonmantel erhält. Beim Erwärmen der Form sorgen durch die einzelnen Schichten geschobene Röhrchen für ein Ablaufen des sich verflüssigenden Wachses. Auf diese Weise entsteht Raum für die flüssige Bronze, die im nächsten Arbeitsschritt von oben her eingegossen wird. Nach dem Erkalten der Form werden Lehmmantel und -kern ab- bzw. herausgeschlagen |
| **Malerei** | |
| Wandmalerei | früheste Form der Malerei mit mehreren Unterscheidungen und Spezialtechniken: |
| Höhlenmalerei | Trotz chemischer Farbanalyse keine letztgültige Aussage über die Farben und deren lange Leuchtkraft möglich; vermutlich eine Art wasserlösliche Leimfarbenmalerei mit Knochen- und Hautleim als Bindemittel; außerdem Eisensteine, Manganerde, Kohle und Kalk |
| Secco-Malerei | Farbauftrag auf trockenem Putz |
| Freskomalerei | Farbauftrag auf feuchtem Putz; klassische Technik: Auf einem Rauputz wird eine skizzenhafte Vorzeichnung angefertigt; der eigentliche Farbauftrag überdeckt die Vorzeichnung. Charakteristik: lange Haltbarkeit, Farbtransparenz bzw. satte Farben; keine Lichtreflexe auf der Oberfläche |
| Enkaustik | Auf den Malgrund werden heiße, mit Wachs gebundene Farben aufgetragen; weitere Möglichkeit: Verschmelzung der kalt aufgetragenen Farben mit dem Malgrund durch Bearbeitung mit einem heißen Spachtel |
| Tafelbild | Im Mittelalter häufigster Einsatzbereich der →Temperamalerei |
| Temperamalerei | Die Farbstoffe werden mit einem wasserlöslichen Bindemittel bzw. mit einer Emulsion vermischt; die Emulsion bindet die Flüssigkeiten beim Trocknen dauerhaft. Häufig verwendete Emulsion: Eigelb, gemischt mit Leimlösung und Leinöl. Unterschieden wird zwischen magerer Tempera (Emulsion besteht vorwiegend aus Wasser) und fetter Tempera (Emulsion besteht vorwiegend aus Öl; kann nur mit Terpentin verdünnt werden); klassische Technik: Auf einer mehrlagigen Grundierung entsteht eine Kohlestiftzeichnung, die mit Pinsel und wässriger dunkler Farbe nachgezogen wird; letzter Schritt ist das Ausmalen mit Temperafarben |
| | Vorteil: Temperafarben eignen sich für fast jeden Untergrund |
| | Nachteil: getrocknete Farbtöne sind bei Übermalungen nur schwierig nochmals zu treffen (Problem bei Korrekturen an fertigen Bildern) |
| Ölmalerei | Seit dem frühen 15. Jahrhundert wird Öl als durchsichtiges Bindemittel eingesetzt, was das Auftragen mehrerer durchscheinender Farbschichten übereinander ermöglicht; klassische Technik: Auf mit Kreide (Leimkreide) grundierten Holztafeln (bzw. Leinwänden) entsteht eine Vorzeichnung; eine Ölimprägnierung macht die Grundierung haltbarer. Der Untermalung mit deckenden Lokalfarben wird zur Modellierung Bleiweiß zugesetzt. Ebenfalls mit Bleiweiß werden dann die Schattenpartien aufgemalt. Das weitere Bild entsteht durch schichtenweisen Farbauftrag, wobei lasierend aufgetragene Farbschichten auf hellem Grund Licht reflektieren und so eine besondere Leuchtkraft erhalten. Das fertige Bild erhält zumeist einen Firnisüberzug |
| | Vorteil der Ölmalerei: glänzende, leuchtende Farben, Vielschichtigkeit durch Lichttransparenz |
| | Nachteil der Ölmalerei: Neigung zum Vergilben; häufiges Reißen der oberen Malschichten |

| Technik | Erläuterung |
|---|---|
| Primamalerei | Vereinfachung der Ölmaltechnik durch den Verzicht auf Untermalung; der Malvorgang selbst soll in der Regel nur noch aus einem Arbeitsgang bestehen (keine vielfachen Farbschichten); deckende Farbaufträge werden auf der Palette vorgemischt oder nass vermalt |
| Aquarellmalerei | Durchscheinender Malgrund (zumeist Leinen- oder Büttenpapier), verfließende Farben und helle Farbtöne bewirken eine besondere Farbtransparenz; je nach Farbauftrag und Wassermenge werden lasierende und deckende Aquarellfarben unterschieden: Wasserfarbenmalerei mit deckendem Farbauftrag = →Gouache-malerei; für reines Aquarellmalen werden stark verdünnte, lasierende Farben benutzt. Bei der reinen Aquarellmalerei werden zunächst die hellsten Farben verwendet (Arbeiten vom Hellen zum Dunklen) |
| | Drei Hauptmaltechniken: Malen mit nassem Pinsel in Lasuren über bereits getrocknete Farbflächen; Farbmischung auf einer Palette vor dem Auftragen; Nass-in-Nass-Malerei (Verfließen der Farbtöne) |
| Gouachemalerei | Deckende Wasserfarben werden durch Harzstoffe und Leim gebunden; als Malgrund wird zumeist Papier (Leinen- oder Büttenpapier) verwendet; Reihenfolge des Farbauftrags ist beliebig |
| Pastellmalerei | Mit Pastellfarben wird in der Regel auf Papier oder Pappe gemalt, oft auch auf Leinwänden, die vorab mit Gips präpariert werden; der Malgrund scheint jeweils durch |
| Glasmalerei | In der Regel werden verschieden gefärbte Gläser mosaikartig zu Fenstern zusammengefügt; klassische Technik: Die Glasfarbe besteht aus Kupfer, pulverisiertem grünem Glas und Saphir, angerührt mit Wein und Gummi arabicum; später: Kupfer- oder Eisenpulver, vermischt mit flüssigem Bleiglas |
| | Eine Skizze auf kreidegrundierter Holztafel liefert die Vorlage für das Zuschneiden der einzelnen Glasstücke, die mit der Glasfarbe bemalt werden. Nach dem Aufbrennen der Farbe (bei bis zu 800 °C im Schmelzofen) wird das Gesamtwerk (z.B. Fenster) zusammengesetzt |

**Grafik**
**Zeichnungen**

| | |
|---|---|
| Kohlezeichnung | Diverse Formen; in der Regel für breite, weiche Zeichnungen eingesetzt |
| Bleistiftzeichnung | In der Regel für Skizzen und Unterzeichnungen eingesetzt |
| Silberstiftzeichnung | Der im Mittelalter verwendete Metallgriffel mit eingeschmolzener silberner Spitze liefert einen feinen zartgrauen Strich; als Untergrund wird Pergament mit Bimsstein geschliffen, mit einem Messer geglättet und dann mit einem Brei aus Knochenpulver und Leim- oder Gummiwasser bestrichen |
| Federzeichnung | Eine färbende Flüssigkeit (Tusche, Tinte) fließt von der Spitze einer Feder (auf Papier) ab |
| Kreidezeichnung | Diverse Formen, z.B. mit Stein- oder Naturkreide (aus Tonschiefer gewonnen; schwarz); Steinkreidezeichnungen (braungrau bis schwarzgrau); Rötel (Roteisenstein; als Stift aus Eisenoxid hergestellt) fein verreibbar, rot, matt schimmernd |
| Pastellzeichnung | (auch Trockenmalerei); künstliche Kreiden, zusammengesetzt aus mineralischen oder pflanzlichen Farbpigmenten, weißer Tonerde und wasserlöslichen Bindemitteln sowie Kreidestaub oder Bleiweiß |
| Tuschzeichnung | Mit einer Feder wird die Tusche zu Papier gebracht; als Tuschen werden vor allem Sepia und Bister verwendet |

**Druckgrafik**

| | |
|---|---|
| Holzschnitt | Manuelles Hochdruckverfahren, bei dem die erhabenen Teile (herausgehobene Zeichnung) einer grundierten Holzplatte mit Druckerfarbe eingewalzt und dann auf Papier abgedruckt werden |
| Kupferstich | Nicht die Plattenoberfläche, sondern die Vertiefungen werden gedruckt; die Zeichnung wird auf eine Kupferplatte geritzt, diese mit Farbe eingewalzt und auf einer Tiefdruckpresse abgezogen |
| Radierung | Die Kupferplatte wird nicht manuell, sondern chemisch bearbeitet. Eine Wachs-Harz-Schicht wird auf die Platte aufgetragen; die in die Schicht eingeritzte |

⇒ S. 644

# Bildende Kunst

| Technik | Erläuterung |
|---|---|
| | Zeichnung legt das Kupfer frei, das in einem Säurebad angeätzt wird; nach dem Ätzen folgt der Druck (wie beim Kupferstich) |
| Aquatinta | Sonderform der Radierung; wird besonders zur Wiedergabe von Tuschzeichnungen eingesetzt |
| Stahlstich | Bei diesem dem Kupferstich ähnlichen Tiefdruckverfahren wird die Zeichnung in eine Stahlplatte geätzt |
| Lithografie | Flachdruckverfahren; die Zeichnung wird mit fetthaltiger Tusche oder Kreide auf eine Steinplatte aufgetragen; die Platte wird mit Säure bestrichen; die Ätzung verschließt die Steinporen; die Druckfarbe haftet deshalb nur an der Zeichnung |
| Linolschnitt | (dem Holzschnitt ähnlich); bei diesem druckgrafischen Verfahren werden die Druckstöcke aus Linoleumplatten hergestellt |

## Themenkreise und Motive der bildenden Kunst

| Titel | Kunstobjekt/Künstler | Entstehungs-jahr | Standort |
|---|---|---|---|
| **Abendmahl** | | | |
| Abendmahl | Mosaik | 6. Jh. | Ravenna, San Apollinare Nuovo |
| Abendmahl | Nikolaus von Verdun | 1811 | Klosterneuburger Altar |
| Abendmahl | | 13. Jh. | Lettner des Naumburger Doms |
| Das Abendmahl | Holzschnitt von A. Dürer | 1523 | |
| Abendmahl | Gemälde von Leonardo da Vinci | 1495–1498 | Mailand, Refektorium der Kirche Sta. Maria della Grazie |
| Abendmahl | Gemälde von Tintoretto | 1593/94 | Venedig, San Giorgio Maggiore |
| Das Abendmahl | Gemälde von F. v. Uhde | 1886 | Stuttgart, Staatsgalerie |
| Abendmahl | Gemälde von E. Nolde | | Kopenhagen, Statens Museum for Kunst |
| Das Sakrament des Abendmahls | Gemälde von S. Dalí | 1955 | Washington, National Gallery of Art |
| **Achilleus** | | | |
| Achilleus und Aias beim Brettspiel | Schwarzfigurige Amphora des Exekias | 6. Jh. v. Chr. | Rom, Etruskisches Museum |
| Die Geschichte des Achilleus | Skizzen für eine Folge von Wandteppichen von P.P. Rubens | um 1635 | Rotterdam, Boymans-Museum |
| Die Entdeckung des Achilleus | Gemälde von G.B. Tiepolo | | Castelgomberto, Conte de Schio |
| Die Erziehung des Achilleus | Deckengemälde von E. Delacroix | | Paris, Parlament |
| Achilleus | 15 Lithografien von M. Slevogt | 1908 | |
| **Adam und Eva** | | | |
| Adam und Eva | Fresko | 3. Jh. | Rom, Katakombe der Hl. Petrus und Marcellinus |
| Die Geschichte von Adam und Eva | Buchmalereien in der Bibel des Alkuin | 9. Jh. | London, Britisches Museum |
| Adamspforte | | um 1230 | Bamberger Dom |
| Adam und Eva | Gemälde von Jan van Eyck | 1432 | Gent, St. Bavo |
| Die Erbsünde | Gemälde von Hugo van der Goes | 1467/68 | Wien, Kunsthistorisches Museum |
| Adam und Eva | Plastiken von T. Riemenschneider | 1491–1493 | Würzburg, Mainfränkisches Museum |
| Adam und Eva | Gemälde von A. Dürer | 1507 | Madrid, Paris |
| Adam und Eva | Erschaffung und Vertreibung aus dem Paradies. Linker Flügel des Weltgerichts-Triptychons von H. Bosch | | Wien, Gemäldegalerie der Akademie der bildenden Künste |

| Titel | Kunstobjekt/Künstler | Entstehungs-jahr | Standort |
|---|---|---|---|
| Sündenfall und Vertreibung aus dem Paradies | Fresko von Michelangelo | 1509/10 | Rom, Sixtinische Kapelle |
| Adam und Eva | Gemälde von H. Holbein d.J. | 1517 | Basel, Kunstmuseum |
| Der Sündenfall | Gemälde von Tizian | 1570 | Madrid, Prado |
| Adam und Eva | Plastiken von A. Cano | um 1666/67 | Granada, Sanktuarium der Kathedrale |
| Erzengel Raphael mit Adam und Eva | Aquarellierte Federzeichnung von W. Blake | 1808 | Boston, Museum of Fine Arts |
| Adam und Eva | Gemälde von G. Klimt | 1917/18 | Wien, Österreichische Galerie |
| Erschaffung Evas | Gemälde von S. Dalí | 1950 | London, Lefevre Gallery |
| Adam, sich an das Bäumchen der Erkenntnis haltend | Lithografie von P. Wunderlich | 1970 | |

**Amazonen**

| Titel | Kunstobjekt/Künstler | Entstehungs-jahr | Standort |
|---|---|---|---|
| Herakles und Amazone | Metope vom Heratempel im Selinunt | um 460–450 v.Chr. | Palermo, Museum |
| Verwundete Amazone | Bronzeplastik von Polykleitos | 5. Jh. v.Chr. | Marmorkopie im Kapitolinischen Museum in Rom |
| Amazonenschlacht | Gemälde von P. P. Rubens | um 1620 | München, Alte Pinakothek |
| Amazonenschlacht | Gemälde von A. Feuerbach | 1873 | Nürnberg, Künstlerhaus |
| Kämpfende Amazone | Gemälde von F. von Stuck | | München, Secessionsgalerie |
| Amazonenschlacht | Gemälde von O. Kokoschka | 1955 | |
| Amazonen | Plastik von F. Stuck | | Chicago, Art Institute |
| Zwei Amazonen | Plastik von B. Georgi | 1963 | Im Besitz des Künstlers |

**Anbetung der Hl. Drei Könige**

| Titel | Kunstobjekt/Künstler | Entstehungs-jahr | Standort |
|---|---|---|---|
| Huldigung der Magier | Steinrelief vom Sarkophag der Adelphia (wahrscheinlich römisch) | um 340 –345 | Syrakus, Museo Nazionale |
| Thronende Gottesmutter und Magier | Mosaik | um 520– nach 561 | S. Apollinare in Ravenna |
| Anbetung der Könige | Buchmalerei aus dem Perikopenbuch Heinrichs II., Reichenauer Schule | 1007 oder 1012 | München, Bayerische Staatsbibliothek |
| Dreikönigsschrein | Nikolaus von Verdun (und Kölner Schule) | um 1198–1206 | Köln, Dom |
| Die Anbetung d. Könige | Gemälde von Leonardo da Vinci | um 1481 | Florenz, Uffizien |
| Anbetung der Könige | Gemälde von A. Dürer | 1504 | Florenz, Uffizien |
| Die Anbetung der Hl. Drei Könige | Gemälde von Tizian | 1560 | Mailand, Ambrosianische Pinakothek |
| Anbetung der Könige | Gemälde von D. Velazquez | 1619 | Madrid, Prado |
| Anbetung der Könige | Gemälde von G. B. Tiepolo | 1753 | München, Alte Pinakothek |
| Die Anbetung der Hirten | Gemälde von J. Zick | 1760 | Frankfurt a. M., Städelsches Kunstinstitut |
| Anbetung der Könige | Gemälde von E. Nolde | 1911 | Stiftung Seebüll Ada und Emil Nolde |

**Antonius**

| Titel | Kunstobjekt/Künstler | Entstehungs-jahr | Standort |
|---|---|---|---|
| Die Versuchung des hl. Antonius | Rechter Flügel des Isenheimer Altars (zweite Wandlung) von M. Grünewald | um 1513–1515 | Colmar, Musée Unterlinden |
| Die Versuchungen des hl. Antonius | Triptychon von H. Bosch | | Lissabon, Museu Nazional de Arte Antiga |
| Der hl. Antonius lässt ein unmündiges Kind reden | Fresko von Tizian | 1511 | Padua, Scuola del Santo |
| Versuchung des hl. Antonius | Lithografie-Serie nach Flaubert von O. Redon | 1888/89 | |

⇒ S. 646

# Bildende Kunst

| Titel | Kunstobjekt/Künstler | Entstehungs-<br>jahr | Standort |
|---|---|---|---|
| Die Versuchung des hl. Antonius | Gemälde von L. Corinth | 1897 | München, Bayerische Staatsgemälde-sammlungen |
| Versuchung des hl. Antonius | Gemälde von M. Ernst | 1945 | Duisburg, Wilhelm-Lehmbruck-Museum |
| Die Versuchung des hl. Antonius | Gemälde von S. Dali | 1946 | Brüssel, Musées Royaux des Beaux Arts |
| Baum-Mann und das Gewand, Versuchung des hl. Antonius | Gemälde von J. Vyletal | 1967/68 | |
| **Aphrodite (Venus)** | | | |
| Geburt der Aphrodite | Relief am ludovisischen Thron | 5. Jh. v.Chr. | Rom, Thermenmuseum |
| Aphrodite von Knidos | Plastik von Praxiteles | 4. Jh. v.Chr. | Rom, Vatikanische Museen (Kopie) |
| Aphrodite Kallipygos (»Farnese«) | Plastik | 1. Jh. v.Chr. | Neapel, Museo Nazionale |
| Aphrodite auf der Muschel | Pompejanisches Wandgemälde | 1. Jh. n.Chr. | |
| Geburt der Venus | Gemälde von S. Botticelli | um 1478 | Florenz, Uffizien |
| Schlafende Venus | Gemälde von Giorgone | | Dresden, Gemäldegalerie |
| Venus Anadyomene | Gemälde von Tizian | nach 1530 | London, Bridgewater-Gallery |
| Venus, Vulkan und Amor | Gemälde von Tintoretto | um 1559 | München, Alte Pinakothek |
| Venus, sich spiegelnd (»Rokeby-Venus«) | Gemälde von D. Velazquez | 1656 | London, National Gallery |
| Die Geburt der Venus | Gemälde von O. Redon | 1912 | |
| Triumph der Venus | Gemälde von F. Boucher | 1740 | Stockholm, Nationalmuseum |
| Venus und Amor | Plastik von R. Begas | 1864 | Berlin, Nationalgalerie |
| Die Geburt der Venus | Gemälde von A. Böcklin | 1868/69 | Darmstadt, Hessisches Landesmuseum |
| Die Wiedergeburt der Venus | Gemälde von W. Crane | 1877 | London, Tate Gallery |
| Schlafende Venus | Gemälde von P. Delvaux | 1944 | London, Tate Gallery |
| **Apollo** | | | |
| Apollo von Phidias | Plastik | um 450 v.Chr. | Kassel, Schloss Wilhelmshöhe, Staatliche Gemäldesammlung (Kopie) |
| Apollo Sauroktonos (Eidechsentöter) | Plastik von Praxiteles | 4. Jh. v.Chr. | Rom, Vatikanische Museen (Kopie) |
| Apollo vom Belvedere | Plastik von Leochares nach einem Bronzeoriginal | 4. Jh. v.Chr. | Rom, Vatikanische Museen |
| Triumph des Apollo | Fresko von F. Cossa | um 1470 | Ferrara, Palazzo Schifanoia |
| Apollo und die Musen | Gemälde von N. Poussin | | Madrid, Prado |
| Apollo auf dem Sonnen-wagen | Deckenfresko von D. Tiepolo | | Mailand, Palazzo Cleria |
| Apollo tötet Python | Gemälde von M. W. Turner | | London, National Gallery |
| Apollo | Plastik von A. Rodin | 1900 | |
| Apollos Sonnenwagen | Gemälde von O. Redon (mehrere Fassungen) | 1905–1910 | |
| **Auferstehung Christi** | | | |
| Auferstehung Christi | Miniatur aus dem Utrecht-Psalter | um 830 | |
| Auferstehung Christi | Holzplastik | 1280–1290 | Kloster Wienhausen |
| Auferstehung Christi im Zentrum der Welt | Ebstorfer Weltkarte | um 1300 | Hannover, Kloster Ebstorf |
| Auferstehung Christi | Fresko von A. del Castagno | 1445–1450 | Florenz, S. Apollonia |
| Auferstehung Christi | Wandbild von Piero della Francesca | 1460–1464 | San Sepolcro bei Arezzo Pinacoteca Comunale |

| Titel | Kunstobjekt/Künstler | Entstehungs-jahr | Standort |
|---|---|---|---|
| Auferstehung Christi | Gemälde des Hausbuchmeisters | um 1475 | Frankfurt a. M., Städelsches Kunstinstitut |
| Auferstehung Christi | Gemälde von M. Grünewald rechter Flügel des Isenheimer Altars (1. Wandlung) | um 1513 -1515 | Colmar, Unterlinden-Museum |
| Auferstehung Christi | Gemälde von Tizian | 1520-1522 | Brescia, Kirche Santi Nazzaro e Celso |
| Auferstehung Christi | Gemälde von Rembrandt | 1639 | München, Alte Pinakothek |
| Auferstehung Christi | Gemälde von E. Nolde | 1912 | Stiftung Seebüll Ada und Emil Nolde |
| Auferstehung Christi | Gemälde von A. Egger-Lienz | 1924 | Innsbruck, Museum Ferdinandeum |
| **David** | | | |
| David im Zweikampf mit Goliath | Fresko | 3. Jh. | Dura-Europos (Syrien), Christliche Kapelle |
| David als Prophet | Glasfenster | 12. Jh. | Augsburg, Dom |
| David | Figur von der Goldenen Pforte | um 1240 | Freiberg, Dom |
| David mit Gottesmutter über dem Löwen von Juda | Treibarbeit | um 1370 -1380 | Basel, Münsterschatz (Reliquiar) |
| David | Bronzeplastik von Donatello | um 1430 | Florenz, Bargello |
| David | Bronzeplastik von A. del Verrocchio | vor 1476 | Florenz, Bargello |
| Bathseba im Bade | Gemälde von H. Memling | um 1845 | Stuttgart, Staatsgalerie |
| David | Marmorstatue von Michelangelo | 1501-1504 | Florenz, Accademia |
| David als Vorfahre Christi in der Wurzel Jesse | | 1517-1522 | Kalkar, Sieben-Schmerzen-Altar |
| David | Plastik von G. Bernini | 1623 | Rom, Galleria Borghese |
| Triumph Davids | Gemälde von N. Poussin | 1625-1635 | London, Dulwich College Picture Gallery |
| Bathseba am Springbrunnen | Gemälde von P. P. Rubens | um 1635 | Dresden, Staatliche Kunstsammlungen |
| David und Saul | Gemälde von Rembrandt | um 1658 | Den Haag, Mauritshuis |
| **Daphne** | | | |
| Apollo und Daphne | Römisches Wandgemälde aus Pompeji | | Neapel, Museo Nazionale |
| Apollo und Daphne | Gemälde von A. Pollaiuolo | um 1467 | London, National Gallery |
| Apollo und Daphne | Plastik von L. Bernini | um 1623 -1625 | Rom, Galleria Borghese |
| Apollo und Daphne | Gemälde von G. B. Tiepolo | | Washington, National Gallery |
| Apollo und Daphne | Gemälde von G. F. Watts | 1870 | London, Privatbesitz |
| Daphne | Plastik von R. Sintenis | 1930 | Köln, Wallraf-Richartz-Museum |
| **Dionysos (Bacchus)** | | | |
| Seefahrt des Dionysos mit Delfinen (Schale des Exekias) | | um 540 v.Chr. | München, Glyptothek |
| Dionysos-Mysterien | Römische Wandgemälde | | Pompeji, Villa dei Misteri |
| Bacchus | Plastik von Michelangelo | 1497 | Florenz, Bargello |
| Bacchus und Ariadne | Gemälde von Tizian | 1523 | London, National Gallery |
| Bacchus und die Zecher | Gemälde von D. Velazquez | um 1628 | Madrid, Prado |
| Bacchus | Plastik von B. Thorvaldsen | | Kopenhagen, Thorvaldsen-Museum |
| Bacchus und Bacchanten | Gemälde von A. Feuerbach | 1849 | Mannheim, Privatbesitz |
| Bacchanale | Gemälde von L. Corinth | 1896 | Gelsenkirchen, Städtisches Museum |
| Hommage à Bacchus | Lithografie von P. Picasso | 1960 | Münster, Picasso-Museum |
| **Ernte** | | | |
| Weinkelter | Mosaik | 4. Jh. | Rom, Santa Costanza |
| Heuernte | Gemälde von P. Brueghel d. Ä. | 1565 | Prag, Narodni Galerie |

⇒ S. 648

**647**

# Bildende Kunst

| Titel | Kunstobjekt/Künstler | Entstehungs-jahr | Standort |
|---|---|---|---|
| Der Erntewagen | Gemälde von T. Gainsborough | um 1771 | Birmingham, Barber Institute of Fine Arts |
| Herbst, Weinlese bei Sorrent | Gemälde von P. Hackert | um 1784 | Köln, Wallraf-Richartz-Museum |
| Die Ähren-leserinnen | Gemälde von J. F. Millet | 1857 | Paris, Louvre |
| Die Ernte | Gemälde von R. Zünd | 1860 | Basel, Kunstmuseum |
| Heuernte in der Bretagne | Gemälde von P. Gauguin | 1888 | Paris, Louvre |
| Weizendrescher | Gemälde von T. H. Benton | 1939 | Terre Haute/Indiana, Sheldon Swope Art Gallery |
| **Eros (Amor)** | | | |
| Eros und Psyche | Plastik | | Rom, Kapitolinisches Museum |
| Venus verbindet Amor die Augen | Gemälde von Tizian | um 1565 | Rom, Galleria Borghese |
| Amor und Psyche | Plastik von R. Begas | 1857 | Berlin, Skulpturengalerie |
| Amor und Psyche | Plastik von A. Rodin | 1893 | |
| L'amour et Psyché | Gemälde von A. W. Bouguereau | 1895 | Privatbesitz, USA |
| Amor und Psyche | Gemälde von O. Kokoschka | | |
| **Europa** | | | |
| Europa auf dem Stier | Metope des ältesten Tempels in Selinunt | um 550 v.Chr. | Palermo, Museum |
| Entführung der Europa | Römisches Wandgemälde aus Pompeji | um 10 | Neapel, Museo Nazionale |
| Raub der Europa | Gemälde von Francesco di Giorgio Martini | | Paris, Louvre |
| Raub der Europa | Gemälde von G. B. Tiepolo | um 1720 –1722 | Venedig, Accademia |
| Raub der Europa | Gemälde von Tizian | um 1560 | Boston, Gardner-Museum |
| Raub der Europa | Gemälde von F. Boucher | 1747 | Paris, Louvre |
| Die Entführung der Europa | Gemälde von F. Valloton | 1908 | Bern, Kunstmuseum |
| Raub der Europa | Gemälde von P. Bonnard | 1919 | Ohio, Museum of Art |
| Raub der Europa | Gemälde von M. Beckmann | 1933 | Privatbesitz |
| Raub der Europa | Gemälde von A. Jacquet | 1963 | |
| Europa | Gemälde von H. Erni | 1968 | |
| **Flucht nach Ägypten** | | | |
| Legende zur Flucht nach Ägypten; Ankunft in Sotinen (Heliopolis) | Mosaik | 432–440 | Rom, Sta. Maria Maggiore |
| Flucht nach Ägypten | Wandmalerei | um 800 | Müstair |
| Traum Josephs und Flucht nach Ägypten | Holzrelief an einem Türflügel | 1049 | Köln, St. Maria im Kapitol |
| Die Flucht nach Ägypten | Gemälde von G. Bellini | | Washington, National Gallery of Art |
| Ruhe auf der Flucht | Gemälde von L. Cranach d. Ä. | 1504 | Berlin, Gemäldegalerie |
| Ruhe auf der Flucht nach Ägypten | Gemälde von Caravaggio | um 1586 | Rom, Galleria Doria Pamphily |
| Flucht nach Ägypten bei Nacht | Gemälde von P. P. Rubens | 1614 | Kassel, Staatliche Kunstsammlungen |
| Ruhe auf der Flucht | Gemälde von P. O. Runge | 1805/06 | Hamburg, Kunsthalle |
| Die Flucht nach Ägypten | Gemälde von J. Schnorr von Carolsfeld | 1828 | Düsseldorf, Kunstmuseum |
| Ruhe auf der Flucht | Lithografie von R. Bresdin | 1855 | Chicago, Art Institute |

| Titel | Kunstobjekt/Künstler | Entstehungs-jahr | Standort |
|---|---|---|---|
| **Franziskus** | | | |
| Der hl. Franziskus predigt den Vögeln | Glasfenster | | Königsfelden (Schweiz), Kirche |
| Hl. Franziskus und Szenen aus seinem Leben | Altarbild von B. Berlinghieri | 1235 | Pescia, San Francesco |
| Szenen aus dem Leben des hl. Franziskus | Fresken von Giotto | 1296–1299 | Assisi, San Francesco, Oberkirche |
| Thronende Maria und der hl. Franziskus | Fresko von Cimabue | 1275–1285 | Assisi, San Francesco, Unterkirche |
| Tod des hl. Franziskus | Fresko von Giotto | um 1325 -1329 | Florenz, San Croce, Capella Bardi |
| Szenen aus dem Leben des hl. Franziskus | Fresken von B. Gozzoli | 1450–1452 | Montefalco, San Francesco |
| Der hl. Franziskus in Ekstase | Gemälde von G. Bellini | 1480 | New York, The Frick Collection |
| Stigmatisation des hl. Franziskus | Gemälde von A. Altdorfer | 1507 | Berlin, Gemäldegalerie |
| Hl. Franziskus | Gemälde von El Greco | 1604–1614 | Madrid, Prado |
| Der hl. Franziskus vernimmt die himmlische Musik | Gemälde von F. Ribalta | um 1620 | Madrid, Prado |
| Hl. Franziskus | Gemälde von F. de Zurbarán | um 1630 | Boston, Museum of Fine Arts |
| Tod des hl. Franziskus | Porzellangruppe von J. J. Kändler | 1730 | |
| Der hl. Franziskus in Ekstase | Gemälde von G. B. Piazzetta | um 1732 | Vicenza |
| **Geburt Christi** | | | |
| Geburt Christ | Elfenbeinrelief. Kathedra des Erzbischofs Maximian in Ravenna | 545–553 | Ravenna |
| Geburt Christi | Byzantinisches Mosaik | 11. Jh. | Katholikon des Klosters Hosios Lukas |
| Christi Geburt | Steinrelief vom ehemaligen Lettner der Kathedrale in Chartres | um 1240 -1250 | Chartres, Krypta der Kathedrale |
| Geburt Christi | Wandmalerei in der Arena-Kapelle von Giotto | 1305–1307 | Padua, Arena-Kapelle |
| Geburt Christi | Altarbild von Meister Francke (Englandfahrer-Altar) | nach 1424 | Hamburg, Kunsthalle |
| Geburt Christi | Gemälde von S. Botticelli | um 1500 | London, National Gallery |
| Geburt Christi | Gemälde von A. A. Correggio | 1530 | Dresden, Gemäldegalerie |
| Geburt Christi | Altargruppe von H. Degler | 1604 | Augsburg, St. Ulrich und Afra |
| Heilige Nacht | Triptychon von F. Uhde | 1888/89 | Dresden, Gemäldegalerie |
| Heilige Nacht | Gemälde von E. Nolde | 1912 | Stiftung Seebüll Ada und Emil Nolde |
| **Georg** | | | |
| Der hl. Georg | Bronzegruppe der Brüder M. und G. von Clausenburg | 1373 | Prag, Burghof |
| Der hl. Georg | Plastik von Donatello | um 1410/ 1420 | Florenz, Or San Michele |
| Der hl. Georg und der Drache | Gemälde von Rogier van der Weyden | 1432 | Washington, National Gallery of Art |
| Der hl. Georg | Plastik eines oberrheinischen Meisters | um 1465 | Nördlingen, St. Georg, Hochaltar |
| St. Georg und der Drache | Plastik von B. Notke | 1489 | Stockholm, Nikolaikirche |
| Der hl. Georg mit dem Drachen | Gemälde von Giorgone | | Rom, Nationalgalerie der Alten Künste, Palast Corsini |

⇒ S. 650

**649**

# Bildende Kunst

| Titel | Kunstobjekt/Künstler | Entstehungs-jahr | Standort |
|---|---|---|---|
| Szenen aus der Legende des hl. Georg | Gemälde von V. Carpaccio | zw. 1502 u. 1508 | Venedig, Scuola di San Giorgio degli Schiavoni |
| Der hl. Georg mit dem Drachen | Gemälde von Raffael | 1504/05 | Washington D.C., National Art Gallery |
| Der Kampf des hl. Georg mit dem Drachen | Gemälde von Tintoretto | um 1550 | London, National Gallery |
| Reiterfigur des hl. Georg | Ä. Q. Asam | 1721 | Weltenburg, Hochaltar der Klosterkirche |
| Der hl. Georg und der Drache | Gemälde von F. Pforr | 1788–1812 | Frankfurt a.M., Städelsches Kunstinstitut |
| Der hl. Georg | Gemälde von O. Redon | | |

**Grablegung Christi**

| | | | |
|---|---|---|---|
| Kreuzabnahme und Grablegung | Egbert-Codes, Reichenau | um 980 | Trier, Stadtbibliothek |
| Grablegung Christi | Meister des Wittingauer Altars | um 1380 | |
| Grablegung Christi | Altarbild von Meister Francke | um 1424 | Hamburg, Kunsthalle |
| Grabbereitung Christi | Gemälde von V. Carpaccio | um 1505 | Berlin, Gemäldegalerie |
| Grablegung Christi | Gemälde von Tizian | um 1525 | Paris, Louvre |
| Grablegung | Gemälde von Caravaggio | 1602–1604 | Rom, Pinakothek des Vatikans |
| Grablegung Christi | Gemälde von F. A. von Kaulbach | 1892 | München, Bayerische Staatsgemälde-sammlungen |
| Grablegung Christi | Relief von A. Hildebrand | 1902/03 | Cronberg, Grabmal der Kaiserin Friedrich |
| Grablegung | Gemälde von E. Nolde | 1915 | Hamburg, Kunsthalle |

**Herakles (Herkules)**

| | | | |
|---|---|---|---|
| Die 12 Tagen des Herakles | Metopen vom Zeustempel | 5. Jh. v.Chr. | Olympia |
| Herakles und Antaios | Gemälde von Tintoretto | | Hartford/Connecticut, Wadsworth Atheneum |
| Herakles und Nessos | Plastik von G. da Bologna | 1599 | Florenz, Loggia dei Lanzi |
| Heraklesbrunnen | A. de Vries | 1602 | Augsburg |
| Der trunkene Herakles | Gemälde von P. P. Rubens | 1615/16 | Dresden, Gemäldegalerie |
| Triumph des Herakles | Deckenfresko von G. B. Tiepolo | um 1760 | Verona, Palazzo Canossa |
| Herakles als Bogen-schütze | Plastik von E. A. Bourdelle | 1909 | Brüssel, Museum |

**Hieronymus**

| | | | |
|---|---|---|---|
| Hl. Hieronymus | Mittelteil des Altars der Eremiten v. H. Bosch | | Venedig, Dogenpalast |
| Hieronymus im Gehäus | Gemälde von J. van Eyck | | Detroit, Institute of Arts, City Appropriation |
| Szenen aus der Legende des hl. Hieronymus | Gemälde von V. Carpaccio | 1502 | Venedig, Scuola di San Giorgio degli Schiavoni |
| Hl. Hieronymus | Gemälde von Leonardo da Vinci | | Rom, Vatikanische Museen |
| Hl. Hieronymus im Gehäus | Gemälde von A. de Messina | um 1456 | London, National Gallery |
| Der hl. Hieronymus im Gehäus | Kupferstich von A. Dürer | 1513/14 | |
| Der hl. Hieronymus | Gemälde von Tizian | 1531 | Paris, Louvre |
| Der hl. Hieronymus | Gemälde von A. van Dyck | 1599–1641 | Dresden, Gemäldegalerie |
| Der hl. Hieronymus | Plastik von J. Dietrich | 1738 | Diessen, Hochaltar |

| Titel | Kunstobjekt/Künstler | Entstehungs-jahr | Standort |
|---|---|---|---|
| **Himmelfahrt (Christi und Mariä)** | | | |
| Himmelfahrt Christi | Rabula-Codex; syrisch | 586 | Florenz, Biblioteca Laurenziana |
| Himmelfahrt Christi | Chludoff-Psalter, Konstantinopel | 9. Jh. | Moskau, Historisches Museum |
| Himmelfahrt Christi | Miniatur aus dem Perikopenbuch Heinrichs II., Reichenau | 1007 o.1012 | München, Staatsbibliothek |
| Himmelfahrt Christi | Reliefplastik | 1150–1155 | Chartres, Westfassade |
| Himmelfahrt Christi | Mosaik | um 1200 | Venedig, San Marco, Hauptkuppel |
| Himmelfahrt Christi | Ikone von A. Rubljow | 1408 | Moskau, Tretjakow-Galerie |
| Himmelfahrt Christi | Fresko von Giotto | 1305–1307 | Padua, Arenakapelle |
| Mariä Himmelfahrt | Gemälde von Tizian | 1516–1518 | Venedig, Santa Maria Gloriosa dei Frari |
| Mariä Himmelfahrt | Schnitzaltar von T. Riemen-schneider | 1505–1510 | Creglingen, Herrgottskirche |
| Himmelfahrt Christi | Kuppelfresko von A. A. Correggio | 1520–1524 | Parma, S. Giovanni Evangelista |
| Himmelfahrt Mariä | Gemälde von El Greco | 1577 | Chicago, Art Institute |
| Mariens Himmelfahrt | Hochaltargruppe von Ä. Q. Asam | 1723 | Rohr, ehemalige Augustiner-Chorherren-Stiftskirche |
| Himmelfahrt Christi | Gemälde von E. Nolde | 1912 | Stiftung Seebüll Ada und Emil Nolde |
| **Jüngstes Gericht** | | | |
| Jüngstes Gericht | Fresko | 9. Jh. | Kastoria (Griechenland), Stephans-kirche |
| Jüngstes Gericht | Fresko | um 1000 | Reichenau, St. Georg in Oberzell |
| Gerichtspfeiler | | um 1225 -1230 | Straßburger Münster |
| Jüngstes Gericht | | um 1235 | Fürstentor des Bamberger Doms |
| Jüngstes Gericht | Fresko von Giotto | um 1305 | Padua, Arenakapelle |
| Jüngstes Gericht | Fresken | 1408 | Wladimir, Uspenskij-Kathedrale |
| Jüngstes Gericht | Altarbild von S. Lochner | um 1435 | Köln, Wallraf-Richartz-Museum |
| Weltgerichts-Triptychon | Gemälde von H. Bosch | | Wien, Gemäldegalerie der Akademie der Bildenden Künste |
| Jüngstes Gericht | Fresko von L. Signorelli | 1499–1504 | Orvieto, Capella Nuovo im Dom |
| Jüngstes Gericht | Fresko von Michelangelo | 1536–1541 | Rom, Vatikan, Sixtinische Kapelle |
| Das Große Jüngste Gericht | Gemälde von P. P. Rubens | 1615/16 | München, Alte Pinakothek |
| Das jüngste Gericht | Fresko von P. Cornelius | 1836–1839 | München, Ludwigskirche |
| Jüngstes Gericht | Fresko von V. M. Wasnezow | 1895/96 | Kiew, Wladimirkathedrale |
| **Kreuz, Kreuztragung, Kreuzigung, Kreuzabnahme, Kruzifixus** | | | |
| Kruzifixus des Erz-bischofs Gero | | um 970 | Köln, Dom |
| Kreuzabnahme | Darstellung an den Externsteinen | nach 1115 | bei Detmold |
| Christus am Lettner | | um 1260 | Naumburger Dom |
| Kruzifixus | Gemälde von Cimabue | 1272–1274 | Florenz, Uffizien |
| Kreuztragung Christi | Altarbild von Meister Francke | um 1424 | Hamburg, Kunsthalle |
| Kreuzabnahme Christi | Gemälde von Rogier van der Weyden | 1400–1464 | Madrid, Prado |
| Kruzifixus vom Triumphkreuz | B. Notke | 1477 | Lübeck, Dom |
| Kreuzigung | Gemälde von L. Cranach | 1503 | München, Alte Pinakothek |
| Kreuzigung Christi | Gemälde von M. Grünewald | um 1505 | Basel, Kunstmuseum |
| Kreuzigung | Gemälde von Tintoretto | 1565–1567 | Venedig, Scuola di San Rocco |
| Kreuzigung Christii | Gemälde von El Greco | 1584–1586 | Paris, Louvre |
| Kreuzabnahme | Gemälde von P. P. Rubens | um 1612 | Antwerpen, Kathedrale |
| Kreuzabnahme | Gemälde von Rembrandt | um 1632 | München, Alte Pinakothek |
| Kruzifixus | G. Petel | um 1628 | Dänemark, Schloss Frederiksborg |
| Kreuztragung Christi | Gemälde von C. Le Brun | 1687 | Paris, Louvre |

⇒ S. 652

# Bildende Kunst

| Titel | Kunstobjekt/Künstler | Entstehungs-jahr | Standort |
|---|---|---|---|
| Kreuzigung Christi | Gemälde von M. J. Schmidt, genannt Kremserschmidt | um 1770 | Salzburg, Sammlung Kurt Rossacher |
| Der gekreuzigte Christus | Gemälde von F. de Goya | 1780 | Madrid, Prado |
| Die Kreuzigung | Gemälde von E. Delacroix | 1835 | Vannes, Musée Municipal des Beaux Arts |
| Kreuzigung | Fresko von P. Cornelius | um 1836 | München, Ludwigskirche |
| Kreuzigung Christi | Gemälde von E. Nolde | 1911/12 | Stiftung Seebüll Ada und Emil Nolde |
| Kreuzigung | Gemälde von M. Ernst | 1913 | Köln, Wallraf-Richartz-Museum |
| Der Christus des hl. Johannes vom Kreuz | Gemälde von S. Dalí | 1951 | Glasgow, Art Gallery |

## Krieg, Kampf, Schlacht

| | | | |
|---|---|---|---|
| Die Schlacht Alexanders bei Issos | Mosaik | 2. Jh. v. Chr. | Neapel, Museo Nazionale |
| Die Schlacht von San Romano | Gemälde von P. Uccello | um 1450 | London, National Gallery |
| Schlacht der nackten Männer | Kupferstich von A. del Pollaiuolo | um 1475 | Berlin, Kupferstichkabinett |
| Die Schlacht Alexanders bei Issos | Gemälde von A. Altdorfer | 1529 | München, Alte Pinakothek |
| Herakles und Antäus | Gemälde von H. Baldung, genannt Grien | 1531 | Kassel, Staatliche Kunstsammlungen |
| Die Folgen des Krieges | Gemälde von P. P. Rubens | um 1637 | Florenz, Palazzo Pitti |
| Los Desastros de la guerra | Radierungsfolge von F. de Goya | um 1810 | |
| Stierkampf | Gemälde von F. de Goya | 1814 | Sammlung Wildenstein |
| Die Schlacht | Gemälde von J. Martin | um 1825 –1830 | Basel, Sammlung Carl Laszlo |
| Die Freiheit führt das Volk an | Gemälde von E. Delacroix | 1830 | Paris, Louvre |
| Apotheose des Krieges | Gemälde von W. Wereschtschagin | 1872 | Moskau, Tretjakow-Galerie |
| Der Krieg | Gemälde von H. Rousseau | 1894 | Paris, Louvre |
| Der Krieg | Gemälde von A. Böcklin | 1896 | Zürich, Eigentum der Gottfried-Keller-Stiftung |
| Der Krieg | Gemälde von M. Gromaire | 1925 | Paris, Musée d'Art Moderne |
| Guernica | Gemälde von P. Picasso | 1937 | New York; The Museum of Modern Art |
| Krieg | Gemälde von M. Chagall | 1943 | Paris, Musée national d'art moderne |
| Kain oder Der zweite Weltkrieg | Gemälde von G. Grosz | 1944 | New York, Nachlass G. Grosz |
| Bauernkrieg | Gemälde von W. Tübke | 1976–1988 | Frankenhausen, Panorama (größtes Ölgemälde der Welt; 123 m lang, 14 m hoch) |

## Laokoon

| | | | |
|---|---|---|---|
| Laokoon-Gruppe | Hagesandros-Athenodoros Polydoros | um 50 v. Chr. | Rom, Vatikanische Museen |
| Laokoon | Plastik von A. de Vries | 1623 | Oslo, Drottningholm |
| Laokoon | Gemälde von El Greco | 1606–1610 | Washington, National Gallery |
| Laokoon in der Umlaufbahn | Gemälde von R. Hausner | 1967 | Im Besitz des Künstlers |

## Leda

| | | | |
|---|---|---|---|
| Leda mit dem Schwan | Plastik nach Timotheos | 4. Jh. v. Chr. | Rom, Kapitolinisches Museum |
| Leda mit dem Schwan | Römisches Wandgemälde aus Pompeji | | Neapel, Museo Nazionale |
| Leda mit dem Schwan | Gemälde von Leonardo da Vinci | 1452–1519 | Rom, Sammlung Spindon |

| Titel | Kunstobjekt/Künstler | Entstehungs-jahr | Standort |
|---|---|---|---|
| Leda mit dem Schwan | Gemälde von Michelangelo | 1475–1564 | London, National Gallery |
| Leda | Gemälde von A. A. Correggio | um 1532 | Berlin, Gemäldegalerie |
| Leda mit dem Schwan | Gemälde von F. Boucher | | Stockholm, Nationalmuseum |
| Leda mit dem Schwan (Honni soit qui mal y pense) | Lithografie von P. Gauguin | 1889 | |
| Leda mit dem Schwan | Plastik von J. Desbois | 1905 | |
| Leda atomica | Gemälde von S. Dalí | 1945 | Sammlung Gala Dalí |
| Leda und der Schwan | Gemälde von P. Wunderlich | 1966 | Köln, Sammlung Theo Wormland |

### Liebe

| | | | |
|---|---|---|---|
| Sesostris I. und der Gott Ptah | Pfeiler von einem Bau des Königs in Karnak, 12. Dynastie | | Kairo, Museum |
| Liebesspiel zu dreien | Griechisches Vasenbild von einem rotfigurigen Stamnos | | Paris, Louvre |
| Sexualverkehr mit Apsarasen | Steinrelief | um 1000 | Khajuraho, Vishvanatha-Tempel |
| Der Große Liebesgarten | Kupferstich vom Meister der Liebesgärten | um 1430 | Berlin, Kupferstichkabinett |
| Die Freuden des Bades und der Liebe | Burgundische Miniatur | 15. Jh. | Paris, Bibliothèque Nationale |
| Giovanni Arnolfini und seine Frau | Gemälde von J. van Eyck | 1434 | London, National Gallery |
| Ein Brautpaar | Gemälde der Schwäbischen Schule | um 1470 | Cleveland, Museum of Art |
| Der Garten der Lüste | Mittelteil des Triptychons von H. Bosch | nach 1500 | Madrid, Prado |
| Irdische und himmlische Liebe | Gemälde von Tizian | 1515 | Rom, Galleria Borghese |
| Schäferszene | Gemälde von P. P. Rubens | 1577–1640 | München, Alte Pinakothek |
| Die Tonleiter der Liebe | Gemälde von A. Watteau | 1664–1721 | London, National Gallery |
| Liebespaar unter einem Schirm im Schnee | Farbholzschnitt von S. Harnobu | | Zürich, Museum Rietberg |
| Fürst und Dame auf der Terrasse bei Nacht | Album-Miniatur | um 1775 | Radschastan, Bundi |
| Der Wirbelwind der Liebenden | Aquarell von W. Blake | 1824–1827 | Birmingham, City Art Gallery |
| Das Ewige Idol | Plastik von A. Rodin | 1889 | Paris, Musée Rodin |
| Der Kuss | Holzschnitt von E. Munch | 1897–1902 | Oslo, Stadtmuseum |
| Der Kuss | Gemälde von G. Klimt | 1908 | Wien, Österreichische Galerie |
| Liebesakt | Radierung von M. Beckmann | 1918 | |
| Die Liebenden | Gemälde von P. Picasso | 1923 | Washington, National Gallery of Art |
| Die Verwandlung der Liebenden | Gemälde von A. Masson | 1936 | Paris, Sammlung Simone Collinet |
| Die Liebenden | Gemälde von Y. Tanguy | 1929 | New York, Privatsammlung |
| Die Gitarrenstunde | Gemälde von Balthus | 1934 | Boston, Privatsammlung |
| Hochzeit | Gemälde von W. Lam | 1947 | Berlin, Nationalgalerie |
| Die Liebenden | Gemälde von W. Hutter | 1950 | |
| Arden Anderson & Nora Murphy | Polyesterharzplastik von J. de Andrea | 1972 | |

### Musik

| | | | |
|---|---|---|---|
| Marmorstatuette eines Sängers | | 3. Jtd. v. Chr. | Athen, Nationalmuseum |
| Ägyptische Harfenspielerinnen | Fresko im Grab der Nacht, Theben, 18. Dynastie | | |

⇒ S. 654

# Bildende Kunst

| Titel | Kunstobjekt/Künstler | Entstehungs-jahr | Standort |
|---|---|---|---|
| Assyrische Musikanten | Relief aus dem Königspalast von Ninive | um 700 v. Chr. | London, Britisches Museum |
| Musikanten | Etruskische Wandmalerei | um 475 v. Chr. | Tarquinia, Grab der Leoparden |
| Römische Straßen-musikanten | Pompejanisches Mosaik von Discorides aus Samos | 1. Jh. v. Chr. | |
| Musikanten | Miniatur aus der Bibel Karls des Kahlen | 9. Jh. | Paris, Bibliothèque Nationale |
| Der Minnesänger Heinrich von Frauen-lob mit Musikanten | Miniatur aus der Manessischen Handschrift | 14. Jh. | Heidelberg, Universitätsbibliothek |
| Ländliches Konzert | Gemälde von Giorgione | | |
| Ein Musiker | Gemälde von Leonardo da Vinci | um 1485 –1490 | Mailand, Biblioteca Ambrosiana |
| Engelskonzert | Isenheimer Altar des M. Grünewald | 1513–1515 | Colmar, Musée Unterlinden |
| Drehleierspieler | Gemälde von G. de La Tour | vor 1630 | Nantes, Musée des Beaux-Arts |
| Die hl. Cäcilia beim Orgelspiel | Gemälde von P. P. Rubens | um 1632/35 | Berlin, Gemäldegalerie |
| Musikstunde | Gemälde von Vermeer | | New York, Frick Collection |
| Musikalische Unter-haltung | Gemälde von A. Watteau | | London, Wallace Collection |
| Venezianisches Gala-konzert | Gemälde von F. Guardi | 1728 | München, Alte Pinakothek |
| Das Musikstück | Gemälde von J. M. W. Turner | 1829/30 –1837 | London, Tate Gallery |
| Selbstbildnis als Cello-spieler | Gemälde von G. Courbet | um 1848 | Stockholm, Nationalmuseum |
| Flötenkonzert | Gemälde von A. Menzel | 1852 | Berlin, Nationalgalerie |
| Musiker im Orchester-raum der Oper | Gemälde von E. Degas | um 1868/69 | Paris, Musée d'Orsay |
| Der Geigenspieler und seine Kinder | Plastik von J.-B. Carpeaux | 1870 | Paris, Louvre |
| Dame am Klavier | Gemälde von J. Renoir | um 1875 | Chicago, The Art Institute |
| Musik | Gemälde von G. Klimt | 1895 | München, Neue Pinakothek |
| Der alte Gitarrist | Gemälde von P. Picasso | 1903 | Chicago, The Art Institute |
| Der Violinspieler | Gemälde von M. Chagall | 1912/13 | Amsterdam, Stedelijk |
| Akkordeonspieler | Plastik von O. Zadkine | 1918 | New York, Sammlung Mr. Bay |
| Die Macht der Musik | Gemälde von O. Kokoschka | 1919 | Eindhoven, Stedelijk van Abbe-Museum |
| Bildnis eines Negers | Gemälde von A. Derain | um 1926 | Paris, Musée d'Orsay |
| Der Sänger | Gemälde von R. Tamayo | 1950 | Paris, Musée d'art moderne |
| **Mutter und Kind** | | | |
| Imad-Madonna | Plastik | vor 1068 | Paderborn, Diözesanmuseum |
| Thronende Maria mit Kind | Gemälde von Cimabue | 1272–1274 | Florenz, Uffizien |
| Maria mit Kind | Plastik aus der Werkstatt des Erminoldmeisters | um 1280/90 | Nürnberg, St. Lorenz |
| »Madonna Ruccelai« | Gemälde von Duccio di Buoninsegna | 1285/86 | Florenz, Uffizien |
| Thronende Maria mit Kind, Engeln und Heiligen | Gemälde von A. Lorenzetti | um 1340 | Siena, Pinacoteca Nazionale |
| Maria mit dem schla-fenden Kind | Gemälde von A. Mantegna | um 1450 | Berlin, Gemäldegalerie |

| Titel | Kunstobjekt/Künstler | Entstehungs-jahr | Standort |
|---|---|---|---|
| Maria mit Kind | Gemälde von J. Fouquet | um 1450 | Antwerpen, Koninklijk Museum voor Schone Kunsten |
| Madonna del Magnificat | Gemälde von S. Botticelli | um 1481/82 | Florenz, Uffizien |
| Madonna della Sedia | Gemälde von Raffael | 1510–1512 | Florenz, Palazzo Pitti |
| Helene Fourment mit ihrem Sohn | Gemälde von P. P. Rubens | um 1635 | München, Alte Pinakothek |
| Holbeins Frau mit den beiden älteren Kindern | Gemälde von H. Holbein d. J. | 1528 | Basel, Kunstmuseum |
| Madonna mit Kind | Gemälde von W. Dyce | 1838 | Nottingham, Castle Museum |
| Mutter mit Kind auf dem Arm | Gemälde von H. Daumier | um 1873. | Zürich, Stiftung Sammlung E. G. Bührle |
| Gottesmutter | Gemälde von M. Wrubel | 1885 | Kiew, Museum der russischen Kunst |
| Mutterschaft | Gemälde von P. Gauguin | | New York, Privatsammlung |
| Mutterschaft | Gemälde von P. Picasso | 1905 | Paris, Privatsammlung |
| Mutter und Kind | Gemälde von P. Modersohn-Becker | 1906 | Bremen, Ludwig-Roselius-Stiftung |
| Die Madonna von Port Lligat | Gemälde von S. Dalí | 1950 | Privatsammlung |
| Liegende Mutter mit Kind | Plastik von H. Moore | 1960/61 | |

**Odysseus**

| Titel | Kunstobjekt/Künstler | Entstehungs-jahr | Standort |
|---|---|---|---|
| Odysseus und die Sirenen | Schwarzfigur; Lekythos | nach 480 v. Chr. | Athen, Nationalmuseum |
| Odyssee-Landschaften | Zyklus römisches Wandgemälde mit den Abenteuern des Odysseus | | Rom, Biblioteca Vaticana |
| Odysseus und Kirke | Gemälde von B. Spranger | | Wien, Kunsthistorisches Museum |
| Odysseus und Nausikaa | Gemälde von P. P. Rubens | | Florenz, Palazzo Pitti |
| Odysseus verhöhnt Polyphem | Gemälde von W. Turner | 1829 | London, National Gallery |
| Odysseus und Kalypso | Gemälde von A. Böcklin | 1883 | Basel, Kunstmuseum |
| Odysseus mit Sirenen | Gemälde von J. W. Waterhouse | | Melbourne, National Gallery |
| Odysseus im Kampf mit dem Bettler | Gemälde von L. Corinth | 1903 | |
| Odysseus und Kirke | Gemälde von M. Beckmann | 1934 | Hamburg, Kunsthalle |
| Odysseus und die Sirenen | Gemälde von P. Picasso | 1946 | Antibes, Museum |
| Die Arche des Odysseus | Gemälde von R. Hausner | 1956 | Wien, Historisches Museum |

**Orpheus**

| Titel | Kunstobjekt/Künstler | Entstehungs-jahr | Standort |
|---|---|---|---|
| Orpheus-Eurydike-Hermes | Kopie eines Reliefs | 5. Jh. v. Chr. | Neapel, Museo Nazionale |
| Orpheus und die Tiere | Römisches Mosaik | | Palermo, Museo Nazionale |
| Orpheus in der Unterwelt | Fresko von L. Signorelli | | Orvieto, Dom |
| Orpheus in der Unterwelt | Gemälde von Tintoretto | | Modena, Galleria Estense |
| Orpheus und Eurydike | Gemälde von P. P. Rubens | um 1636/37 | Madrid, Prado |
| Orpheus | Gemälde von N. Poussin | 1650 | Paris, Louvre |
| Orpheus und Eurydike | Gemälde von A. Feuerbach | 1872 | |
| Orpheus und Eurydike | Plastik von A. Rodin | 1894 | |
| Orpheus Tod | Gemälde von O. Redon | um 1904 | Cambridge/ Massachussettes Fogg Art Museum |
| Orpheus | Gemälde von L. Corinth | 1909 | |
| Orpheus, Orpheus siegt | Plastik von H. Geibel | 1953 | |

⇒ S. 656

# Bildende Kunst

| Titel | Kunstobjekt/Künstler | Entstehungs-jahr | Standort |
|---|---|---|---|
| **Pan** | | | |
| Nymphe und Pan | Relief | 2. Jh. n. Chr. | Rom, Vatikanische Museen |
| Pan und die Aglauriden | Römisches Wandgemälde aus Pompeji | | Neapel, Museo Nazionale |
| Pan, der Gott des Lebens und der Musik | Gemälde von L. Signorelli | um 1492 | Früher Berlin, Kaiser-Friedrich-Museum (verbrannt) |
| Pan und Syrinx | Gemälde von P. P. Rubens | | London, Buckingham Palace |
| Pan, Nymphen und Satyrn | Gemälde von D. Teniers d. Ä. | | Wien, Kunsthistorisches Museum |
| Pan und Syrinx | Gemälde von J. Brueghel d. Ä. | | London, National Gallery |
| Pan und Syrinx | Gemälde von F. Boucher | | London, National Gallery |
| Pan, die verlassene Nymphe tröstend | Plastik von R. Begas | 1857 | Berlin, Privatbesitz |
| Pan, kelternd | Plastik von A. Rodin | | Paris, Musée Rodin |
| Pan, der einen Hirten erschreckt | Gemälde von A. Böcklin | 1860 | München, Galerie Schack |
| Der Garten des Pan | Gemälde von E. Burne-Jones | 1886/87 | Melbourne, National Gallery of Victoria |
| Pan | Gemälde von M. Wrubel | 1899 | Moskau, Tretjakow-Galerie |
| Pan | Grafik von P. Picasso | 1948 | |
| **Pietà** | | | |
| Vesperbild | Plastik | um 1320 | Coburg, Veste |
| Pietà von Villeneuve les Avignon | | 15. Jh. | Paris, Louvre |
| Pietà | Plastik von Michelangelo | 1498/99 | Rom, St. Peter |
| Pietà | Gemälde von S. Botticelli | zw. 1490 u. 1500 | München, Alte Pinakothek |
| Pietà | Gemälde von G. Bellini | um 1500 | Venedig, Accademia |
| Pietà | Gemälde von Tizian | 1570–1576 | Venedig, Accademia |
| Pietà | Plastische Gruppe von F. I. Günther | 1764 | Weyarn, ehemalige Augustiner-Chorherren-Klosterkirche |
| Pietà | Gemälde von A. Feuerbach | 1863 | München, Schack-Galerie |
| Pietà | Gemälde von M. Klinge | 1890 | Ehemals Dresden, Schloss Pillnitz (seit 1945 verschollen) |
| **Prometheus** | | | |
| Prometheus | Gemälde von Tizian | 1549/50 | Madrid, Prado |
| Der gefesselte Prometheus | Gemälde von P. P. Rubens | 1613 | Amsterdam, Sammlung Proehl |
| Prometheus | Gemälde von G. Moreau | 1868 | Musée Gustave Moreau |
| Prometheus | Gemälde von A. Feuerbach | 1875 | Wien, Akademie der bildenden Künste |
| Prometheus | Gemälde von A. Böcklin | 1885 | Darmstadt, Hessisches Landesmuseum |
| Gefesselter Prometheus | Plastik von G. Marcks | 1940 | Köln, Wallraf-Richartz-Museum |
| Prometheus erwürgt den Adler des Zeus | Plastik von J. Lipchitz | 1943 | Sammlung Lipchitz |
| Prometheus-Sage | Gemälde-Triptychon von O. Kokoschka | 1950 | Sammlung A. Seilern |
| **Ross und Reiter** | | | |
| Das trojanische Pferd | Halsbild einer kykladischen Relief-amphora | um 670 v. Chr. | Mykonos, Museum |
| Reiterstatue von Mark Aurel | | 170–180 n. Chr. | Rom, Piazza del Campidoglio |
| Reiterstatue Kaiser Karls des Großen aus dem Dom zu Metz | | um 870 | Paris, Louvre |

| Titel | Kunstobjekt/Künstler | Entstehungs-jahr | Standort |
|---|---|---|---|
| Der Reiter | Plastik | um 1235–1237 | Bamberg, Dom |
| Reiterstandbild des Gattamelata | Donatello | um 1450 | Padua, Piazza del Santo |
| Reiterdenkmal des Colleoni | A. del Verrocchio | 1479–1488 | Venedig, auf dem Platz vor der Kirche S. Giovanni e Paolo |
| Karl V. zu Pferde | Gemälde von Tizian | 1548 | Madrid, Prado |
| Reiterbildnis des Baltasar Carlos | Gemälde von D. Vélazquez | um 1635/36 | Madrid, Prado |
| Reiterstandbild des Großen Kurfürsten | A. Schlüter | 1697–1700 | Berlin, Schloss Charlottenburg, Ehrenhof |
| Rossebändiger-Gruppe | Plastik von G. Coustou | 1745 | Paris |
| Reiterstatue Peters des Großen | E. M. Falconet | 1766–1782 | St. Petersburg, Dekabristenplatz |
| Das Derby in Epsom | Gemälde von T. Gericault | 1821 | Paris, Louvre |
| Zirkus Fernando | Gemälde von H. de Toulouse-Lautrec | 1888 | Chicago, Art Institute |
| Der Wagen des Phaëton | Pastell von O. Redon | um 1900 | Amsterdam, Stedelijk Museum |
| Rosselenker | Plastik von T. Tuaillon | 1901 | Bremen, Stadtwall |
| Akrobat auf dem Pferd | Plastik von J. Lipchitz | 1914 | Privatbesitz |
| Reiterin | Plastik von G. Lachaise | 1918 | New York, Museum of Modern Art |
| Das trojanische Pferd | Gemälde von L. Corinth | 1924 | Berlin, Nationalgalerie |
| Rotes Pferd | Gemälde von M. Marini | 1952 | Joseph H. Hirshhorn Collection |
| **Sebastian** | | | |
| Der hl. Sebastian | Gemälde von C. Tura | | Dresden, Gemäldegalerie |
| Hl. Sebastian | Gemälde von Antonello da Messina | um 1476 | Dresden, Gemäldegalerie |
| Sebastianaltar | H. Holbein d. Ä. | 1515/16 | München, Alte Pinakothek |
| Der hl. Sebastian | Gemälde von Tizian | 1570 | St. Petersburg, Eremitage |
| Hl. Sebastian | Gemälde von El Greco | 1610–1614 | Madrid, Prado |
| Die hl. Irene mit dem verwundeten hl. Sebastian | Gemälde von G. de La Tour | um 1640 | Berlin, Gemäldegalerie |
| Der hl. Sebastian | Gemälde von F. Overbeck | um 1813 –1816 | Berlin, Gemäldegalerie |
| Der hl. Sebastian und die frommen Frauen | Gemälde von E. Delacroix | 1858 | Los Angeles, Country Museum |
| Hl. Sebastian | Gemälde von O. Redon | 1910 | Basel, Kunstmuseum |
| **Tod, Totentanz, Triumph des Todes** | | | |
| Tod der Penthesilea | Vasenmalerei des Penthesilea-Malers | um 460 v. Chr. | München, Antikensammlungen |
| Der Gallier und sein Weib | Römische Kopie einer Plastik-gruppe | 3. Jh. v. Chr. | Rom, Thermenmuseum |
| Triumph des Todes | Fresko von F. Traini | um 1355 | Pisa, Camposanto |
| Der Tod von Basel | Fresko | 1437–1441 | Basel, Friedhof des Dominikanerklosters |
| Die drei Lebensalter des Weibes | Gemälde von H. Baldung, genannt Griem | um 1510 | Wien, Kunsthistorisches Museum |
| Totentanz | Holzschnitt von H. Holbein d. J. | 1538 | |
| Der Triumph des Todes | Gemälde von P. Brueghel d. Ä. | zw. 1560 u. 1570 | Madrid, Prado |
| Das Haus des Todes | Gemälde von W. Blake | 1795 | London, Tate Gallery |
| Auch ein Totentanz | Holzschnittzyklus von A. Rethel | 1848 | |
| Der Schatten des Todes | Gemälde von H. Hunt | 1870–1873 | Manchester, City Art Gallery |
| Selbstbildnis mit fiedelndem Tod | Gemälde von A. Böcklin | 1872 | Berlin, Nationalgalerie |

⇒ S. 658

657

# Bildende Kunst

| Titel | Kunstobjekt/Künstler | Entstehungs-jahr | Standort |
|---|---|---|---|
| Die Rennbahn oder Der Tod auf weißem Pferd. | Gemälde von A. P. Ryder | um 1895 | Cleveland/Ohio, Museum of Art |
| Vom Tode | Radierungsfolge von M. Klinger | um 1898 -1910 | |
| Der Totentanz von Anno Neun | Gemälde von A. Egger-Lienz | 1906–1908 | Wien, Österreichische Galerie |
| Totentanz von Basel | Holzschnittfolge von HAP Grieshaber | 1968 | Dresden |
| **Verkündigung** | | | |
| Verkündigung an Maria | Wandmalerei | 4. Jh. | Rom, Priscilla-Katakombe |
| Verkündigung an Maria | Mosaik | 432–440 | Rom, Santa Maria Maggiore |
| Mariä Verkündigung | Plastik | 1230–1240 | Reims, Kathedrale |
| Verkündigung an Maria | Gemälde von S. Martini | 1333 | Florenz, Uffizien |
| Maria der Verkündigung | Gemälde von Antonello da Masina | um 1473 | München, Alte Pinakothek |
| Verkündigung | Gemälde von S. Botticelli | um 1490 | Florenz, Uffizien |
| Verkündigung an Maria | Gemälde von Leonardo da Vinci | | Florenz, Uffizien |
| Verkündigung an Maria | Gemälde von M. Grünewald | 1513–1515 | Isenheimer Altar, Außenflügel, Innenseite; Colmar, Musée Unterlinden |
| Engelsgruß | Schwebendes Medaillon von V. Stoß | 1517/18 | Nürnberg, St. Lorenz |
| Die Verkündigung | Gemälde von Tizian | 1564 | Venedig, San Salvatore |
| Verkündigung an Maria | Gemälde von P. P. Rubens | | Wien, Kunsthistorisches Museum |
| Verkündigung | Gemälde von N. Poussin | 1657 | London, National Gallery |
| Verkündigungsgruppe | Plastik von F. I. Günther | 1764 | Weyarn, ehemalige Augustiner-Chor-herren-Kirche |
| Ecce Ancilla Domini | Gemälde von D. G. Rossetti | 1850 | London, Tate Gallery |
| **Zeus** | | | |
| Thronender Zeus | Goldelfenbeinstatue von Phidias (nicht erhalten) | 5. Jh. v. Chr. | Olympia, Zeustempel |
| Zeus und Hera auf dem Ida | Römisches Wandgemälde aus Pompeji, Casa del poeta tragico | | Neapel, Museo Nazionale |
| Jupiter, Blitze schleudernd | Gemälde von P. Veronese | 1554 | Paris, Louvre |
| Jupiter und Antiope | Gemälde von A. Watteau | 1712 | Paris, Louvre |
| Jupiter, Blitze schleudernd | Plastik von Clodion | 1773 | Sèvres, Museum |
| Jugend des Zeus | Gemälde von L. Corinth | 1905 | Bremen, Kunsthalle |
| Thetis bittet Jupiter um Beistand für ihren Sohn | Gemälde von J.-A.-D. Ingres | 1811 | Aix-en Provence, Musée Granet |

## Themen der Documenta in Kassel

| Ausstellung | Jahr | Leiter | Bemerkung |
|---|---|---|---|
| Documenta I | 1955 | Arnold Bode | Unter dem Titel »Kunst des 20. Jahrhunderts« werden über-wiegend historische Werke und Arbeiten der abstrakten Kunst präsentiert |
| Documenta II | 1959 | Arnold Bode | »Kunst nach 1945« lautet das Motto der Kunstschau; 1770 Werke von 326 Künstlern spiegeln insbesondere den abstrak-ten Expressionismus wider |

| Ausstellung | Jahr | Leiter | Bemerkung |
|---|---|---|---|
| Documenta III | 1964 | Arnold Bode | 1450 Kunstwerke von 280 Künstlern zum Thema »Meisterwerke des 20. Jahrhunderts«; das Hauptaugenmerk liegt auf moderner Kunst und auf Handzeichnungen |
| Documenta IV | 1968 | Jan Leering | Im Mittelpunkt stehen Raumgestaltung, Pop- und Op-Art, Grafik und Kinetische Kunst; ausgestellt werden 1000 Werke von 152 Künstlern |
| Documenta V | 1972 | Jaques Caumont/ Lorenz Dombois | Arbeiten von 180 Künstlern zum Thema »Befragung der Realität – Bildwelten heute«; Schwerpunkte sind Realismus, Aktionskunst und Alltagskultur |
| Documenta VI | 1977 | Manfred Schneckenburger | Werke von 492 Künstlern zum Thema »Die Kunst in den Medien – die Medien in der Kunst« (u.a. Foto, Film, Video) |
| Documenta VII | 1982 | Rudi Fuchs | Unter dem Titel »Autobiografische expressionistische Malerei – Kunst über Künstler« zeigen die 167 Mitwirkenden vor allem Werke aus Neo-Expressionismus und Minimal Art |
| Documenta VIII | 1987 | Edy de Wilde | Der Schwerpunkt der Ausstellung liegt auf den Antworten der Kunst zu Fragen aus Geschichte, Psychologie und Politik; weitere Werke widmen sich der Utopie in der Kunst |
| Documenta IX | 1992 | Jan Hoet | Der Schwerpunkt liegt auf Objekten und Medienkunst; die Werke des zeitgleichen Filmfestivals zählen erstmals zum offiziellen Begleitprogramm |
| Documenta X | 1997 | Catherine David | Erstmals ist eine Frau für das Programm verantwortlich; weitgehender Verzicht auf Malerei und Plastik, statt dessen Betonung von Foto, Film, Video und kunsttheoretischen Aspekten |
| Documenta XI | 2002 | Okwui Enwezor | Erstmals leitet ein Afrikaner die internationale Ausstellung zeitgenössischer Kunst; Schwerpunkte: außereuropäische Kunst und Globalisierung |

## Berühmte Kunstmuseen

| Stadt | Museum | Gründung | Bemerkung |
|---|---|---|---|
| Amsterdam | Rijksmuseum | 1885 | Bedeutendste Sammlung holländischer Malerei mit Werken u.a. von F. Hals, P. de Hooch, Rembrandt (20 Bilder, darunter »Die Nachtwache«), G. Terborch, J. Vermeer |
| | Stedelijk Museum | 1872 | Französische Maler des 19. Jh., deutscher Expressionismus, De Stijl und Vertreter der Gruppe »Cobra«. Anschluss an aktuelle Tendenzen |
| Basel | Kunstmuseum | 1661 | Altdeutsche Malerei mit Werken des Hausbuchmeisters, Holbeins des J. (Bildnis des Erasmus von Rotterdam). Werke schweizerischer Künstler von den Anfängen bis zur Gegenwart (N. M. Deutsch, U. Graf, K. Witz, C. Amiet, A. Böcklin, F. Hodler) |
| Berlin | Stiftung Preußischer Kulturbesitz | 1957 | Zu den ehemaligen staatlichen Museen gehören Museum für Völkerkunde, Museum für Ostasiatische Kunst, Museum für Islamische Kunst, Museum für Indische Kunst |
| | Gemäldegalerie | 1823 | Schwere Verluste 1945 (417 Bilder verbrannt, darunter »Pan als Gott des Naturlebens« von L. Signorelli). Hervorragende Sammlung italienischer Maler (Botticelli, Raffael, Tizian), deutsche Meister (Bildnis »Hieronymus Holzschuher« von A. Dürer), 18 Gemälde von Rubens, 25 Gemälde von Rembrandt (das berühmteste »Der Mann mit dem Goldhelm« ist nicht eigenhändig) |

⇒ S. 660

**659**

# Bildende Kunst

| Stadt | Museum | Gründung | Bemerkung |
|---|---|---|---|
| | Nationalgalerie | 1861 | Als Neue Nationalgalerie seit 1968 in einem Neubau von M. van der Rohe untergebracht. Malerei des 19. und 20. Jahrhunderts. Gut vertreten Biedermeier, deutsche Romantik und französischer Impressionismus |
| | Ägyptisches Museum | | Weltberühmte »Nofretete« |
| | Schloss Charlottenburg | | Das Schloss beherbergt neben dem Ägyptischen Museum die 1986 eröffnete Galerie der Romantik, die als Dependance der Nationalgalerie 150 Gemälde vereinigt, darunter die weltgrößte Sammlung von Bildern C. D. Friedrichs (23 Gemälde, darunter »Der Mönch am Meer«). Im Knobelsdorff-Flügel mehrere Hauptwerke A. Watteaus (darunter »Die Einschiffung nach Kythera« und »Das Ladenschild des Kunsthändlers Gersaint«) |
| | Alte Nationalgalerie | | Deutsche Maler und Bildhauer des 19. und 20. Jh. (darunter »Das Eisenwalzwerk« und »Das Flötenkonzert« von A. von Menzel und die Gruppe der Prinzessinnen Luise und Friederike von Preußen von J. G. Schadow) |
| | Pergamon-Museum | 1930 | Beherbergt Vorderasiatisches Museum (Ischtar-Tor von Babylon), Ostasiatisches und Islamisches Museum sowie Antiken-Sammlungen (Pergamon-Altar) |
| Bern | Kunstmuseum | 1879 | Schweizerische Malerei von den Ursprüngen bis zur Gegenwart, »Paul-Klee-Stiftung« |
| Bilbao | Mueso Guggenheim Bilbao | | Werke europäischer Malerei aus der Sammlung Guggenheim; futuristischer Bau von Frank O. Gehry |
| Boston | Museum of Fine Arts | | Schwerpunkte sind die Sammlungen chinesischer und japanischer Kunst sowie früher amerikanischer Kunst; das Museum besitzt zahlreiche Werke französischer Impressionisten, darunter 43 Gemälde von C. Monet |
| Braunschweig | Herzog-Anton-Ulrich-Museum | 1754 | Hauptsächlich niederländische Malerei des Barock (»Das Familienbild« von Rembrandt, »Das Mädchen mit dem Weinglas« von J. Vermeer) |
| Bremen | Kunsthalle | 1849 | Vorzugsweise Werke moderner Malerei (»Liegender weiblicher Akt« von L. Corinth, »Sylvette« von P. Picasso) |
| Brüssel | Musées Royaux des Beaux Arts de Belgique | 1799 | In der älteren Abteilung Werke von H. Bosch, D. Bouts, P. Bruegel d. Ä. (»Sturz des Ikarus«), J. Gossaert, H. Memling, P. P. Rubens; in der neueren Abteilung Werke belgischer und französischer Malerei seit dem 19. Jh. |
| Budapest | Museum der Bildenden Künste | 1802 | Altägyptische, griechisch-römische und altungarische Kunst, abendländische Malerei mit Schwerpunkten bei den italienischen Meistern vom 13. bis zum 16. Jh. (»Bildnis des Pietro Bembo« von Raffael), bei der spanischen vom 15. bis zum Beginn des 19. Jh. (»Die büßende Magdalena« von El Greco) und den französischen Malern des 19. und 20. Jh. (»Dame mit Fächer« von E. Manet) |
| Chicago | Art Institute | 1882 | Nahezu alle Sammelgebiete; berühmt durch seine Abteilung für ostasiatische Kunst und die Sammlung französischer Malerei. Eigene Abteilung mit amerikanischer Malerei |
| Den Haag | Mauritshuis | 1822 | Flämische und holländische Malerei, darunter P. P. Rubens (Bildnisse Isabella Brant und Helene Fourment) und Vermeer (»Das Mädchen mit der Perle«) |
| Dresden | Staatliche Gemäldegalerie | 1722 | Eine der reichsten Sammlungen älterer abendländischer Malerei, darunter die »Sixtinische Madonna« von Raffael und die »Schlummernde Venus« von Giorgone |

| Stadt | Museum | Gründung | Bemerkung |
|---|---|---|---|
| Essen | Museum Folkwang | 1902* | Sammlung vornehmlich französischer und deutscher Maler des 19. und 20. Jh. (»Mädchen mit Fächer« von P. Gauguin, »Perseus-Triptychon« von M. Beckmann) |
| Florenz | Uffizien | 1580 | Bedeutendste italienische Gemäldesammlung mit Werken der italienischen Renaissance (»Verkündigung an Maria« von S. Martini, »Allegorie des Frühlings« und »Die Geburt der Venus« von S. Botticelli, »Venus« von Tizian) |
| Frankfurt a. M. | Städelsches Kunstinstitut | 1817 | Alte Meister (oberrheinischer Meister des Paradiesgärtleins), A. Elsheimer, J. H. W. Tischbein (»Goethe in der römischen Campagna«), deutsche Realisten. Spektakulärste Neuerwerbung (1982): Frühfassung der »Einschiffung nach Kythera« von A. Watteau |
| Hamburg | Kunsthalle | 1850 | Alte Abteilung (Thomas-Altar von Meister Francke), deutsche Romantiker, französische Impressionisten, 20. Jh.; »Galerie der Gegenwart« im weißen würfelförmigen Neubau von O.M. Ungers mit moderner Kunst ab 1960 |
| Hannover | Kunstmuseum Hannover mit Sammlung Sprengel | 1979 | Expressionisten, Surrealisten, zwei Säle mit Arbeiten des Hannoveraners K. Schwitters |
| | Niedersächsische Landesgalerie | 1856 | Hauptsächlich deutsche Malerei des 19. und 20. Jh. (»Morgen, Mittag, Nachmittag und Abend« von C. D. Friedrich) |
| Karlsruhe | Staatliche Kunsthalle | 1846 | Altdeutsche Malerei, flämische und holländische Malerei, deutsche und französische Kunst des 19. Jh. (A. Feuerbach, H. Thoma), deutsche Kunst des 20. Jh. |
| Kassel | Gemäldegalerie. Alte Meister Schloss Wilhelmshöhe | 1779 | Seit 1974 im wiederaufgebauten Mittelflügel des Schlosses Wilhelmshöhe, Umbau 2000. Hauptsächlich holländische und flämische Meister (»Der Segen Jakobs« und »Saskia als Flora« von Rembrandt, »Der Strand von Scheveningen« von A. van de Velde) |
| | Neue Galerie, Staatliche und Städtische Kunstsammlungen Kassel | 1976 | Schloss Bellevue, Gemälde und Skulpturen von 1750 bis zur Gegenwart. Bilder von J. H. Tischbein d. Ä., J. P. Hackert (»Vesuv-Ausbruch«), Beuys-Raum (Objekt »Rudel«) |
| Köln | Römisch-Germanisches Museum | 1974 | Sammlung provinzialrömischer Denkmäler (Grabmal des Poblicius und Dionysos-Mosaik) |
| | Wallraf-Richartz-Museum | 1823 | Seit 1986 im Neubau des Museum Ludwig. Werke der Kölner Schule (»Muttergottes in der Rosenlaube« von S. Lochner), deutsche und französische Malerei bis ins 20. Jh. Das dem Wallraf-Richarzt-Museum angegliederte Museum Ludwig ist eines der umfangreichsten und vielseitigsten Museen zeitgenössischer Kunst mit Betonung der amerikanischen Szene |
| Kopenhagen | Statens Museum for Kunst | 1896 | Säle nach Ursprungsländern geordnet: Italiener, Deutsche, Flamen, Spanier, Holländer. Abteilung mit zeitgenössischer Malerei (Fauvismus). Kupferstichkabinett mit 100 000 Blättern |
| Leipzig | Museum der Bildenden Künste | 1858 | Deutsche Maler von Meister Francke (»Christus als Schmerzensmann«) bis zu M. Liebermann. Eigene Abteilung mit der Malerei des Sozialistischen Realismus |
| London | British Museum | 1753 | Staatliches Museum für alte Kunst und Völkerkunde mit zahlreichen Abteilungen: Vorderer Orient, Ägypten, griechische Antike (Skulpturen vom Parthenon), Ferner Osten |

* in Hagen, 1921 nach Essen verlegt

⇒ S. 662

# Bildende Kunst

| Stadt | Museum | Gründung | Bemerkung |
|---|---|---|---|
| | Courtauld Institute Galleries | 1931 | Impressionistische und nachimpressionistische Meisterwerke von E. Manet, E. Degas, P. Cézanne, A. Renoir, P. Gauguin, V. van Gogh und H. Toulouse-Lautrec, dazu Werke aus der Renaissance sowie zahlreiche Gemälde von P. P. Rubens und G. Tiepolo |
| | National Gallery | 1824 | Hervorragende Beispiele aus allen Epochen der abendländischen Malerei. Besonders reichhaltig die Abteilung mit italienischer Malerei: »Taufe Christi« von Piero della Francesca, »Bacchus und Ariadne« von Tizian. Eigener Saal mit Werken der englischen Malerei |
| | Tate Gallery | 1897 | Enthält eine Sammlung englischer Malerei vom 18. Jh. bis zur Gegenwart. In einem Anbau (Clore Gallery) ist seit 1987 das Werk von Englands berühmtestem Maler J. M. W. Turner vereinigt |
| | Tate Modern | 2000 | Dépendance der Tate Gallery in einem umgebauten Kraftwerk mit besonderem Schwerpunkt auf zeitgenössischer Kunst |
| Madrid | Museo del Prado | 1809 | Eines der bedeutendsten Museen der Welt mit besonders reichhaltigen Beständen spanischer Malerei (D. Velázquez, F. de Goya mit der nackten und bekleideten Maja) und italienischer Malerei (Fra Angelico, Tizian). In der niederländischen Abteilung einige Hauptwerke von H. Bosch (»Der Heuwagen«, »Versuchung des hl. Antonius«, »Der Garten der Lüste«) |
| Mailand | Pinacoteca di Brera | 1809 | Hauptsächlich italienische Malerei (»Sposalizio« von Raffael) |
| Malibu | J. Paul Getty Museum | | Sammlung des Milliardärs Getty aus zahlreichen Kunstepochen, Schwerpunkte Skulpturen (u.a. Athlet von Lysipp) und Gemälde |
| Mannheim | Städtische Kunsthalle | 1907 | Deutsche Maler von der Romantik bis zur Gegenwart, französische Maler des 19. Jh. (»Die Erschießung Kaiser Maximilians von Mexico« von E. Manet) |
| Moskau | Puschkin-Museum der Bildenden Künste | 1912 | Alle europäischen Malerschulen mit Schwerpunkt auf der französischen Malerei (11 Gemälde von C. Monet, 14 von P. Gauguin, 16 von H. Matisse) |
| | Tretjakow-Galerie | 1858 | Neben den St. Petersburger Sammlungen das größte Museum für russische Kunst (50 000 Kunstwerke in 60 Sälen) |
| München | Alte Pinakothek | 1836 | Ab 1826 im Auftrag König Ludwigs I. von Bayern von Leo von Klenze errichtet. Europäische Tafelmalerei von 1310–1800: »Kirchenväteraltar« von M. Pacher, »Alexanderschlacht« von A. Altdorfer, »Die vier Apostel« von A. Dürer, »Dreikönigsaltar« von R. van der Weyden, »Die Grablegung« von S. Botticelli, mehrere Hauptwerke von Tizian, darunter »Die Dornenkrönung«. 59 Bilder von P. P. Rubens, »Ruhendes Mädchen« von F. Boucher |
| | Lenbach-Haus | 1925 | Werke des Malers F. Lenbach sowie bedeutende Sammlung von Arbeiten der Künstlergruppe Blauer Reiter (u.a. W. Kandinsky, A. Macke, F. Marc, G. Münter) |
| | Neue Pinakothek | 1853 | Im Auftrag König Ludwigs I. von Bayern seit 1846 durch August von Voit erbaut, 1944 zerstört und 1981 durch einen Neubau von A. von Branca ersetzt. Deutsche Malerei des 19. Jh. (»Der arme Poet« von C. Spitzweg, »Im Spiel der Wellen« von A. Böcklin), französische Impressionisten (»Frühling im Atelier« von E. Manet) |

| Stadt | Museum | Gründung | Bemerkung |
|---|---|---|---|
| New York | Metropolitan Museum | 1870 | Gehört zu den größten Sammlungen der Welt (über 1 Mio. Sammelgegenstände). Alle europäischen Schulen in 45 Einzelgalerien; besonders glanzvoll die flämischen Meister; umfassender Überblick über die Entwicklung der amerikanischen Malerei von den Anfängen der Kolonisation bis zur Gegenwart |
| | Museum of Modern Art | 1929 | Mehr als 2000 Gemälde vom Ende des 19. Jh. bis zur Gegenwart (»Schlafende Zigeunerin« von H. Rousseau, »Sternennacht« von V. van Gogh, »Les Demoiselles d'Avignon« von P. Picasso) |
| | Solomon R. Guggenheim | 1956 | Seit 1956 nach Entwürfen von F. Lloyd Wright erbaut. Fast ausschließlich Werke des 20. Jh. Reich vertreten das Werk W. Kandinskys und P. Klees (über 200 Arbeiten) |
| Nürnberg | Germanisches Nationalmuseum | 1852 | Reiche Sammlungen von Waffen, Gerätschaften, Trachten, Plastiken und Einrichtungsgegenständen aus allen Epochen der deutschen Geschichte; Gemäldegalerie mit Werken von A. Altdorfer, K. Witz, H. Baldung (gen. Grien), L. Cranach und A. Dürer |
| Oslo | Munch-Museet | | Rund 100 Gemälde und fast 5000 Zeichnungen des norwegischen Malers |
| | Nasjonalgalleriet (Nationalgalerie) | 1837 | Abteilungen für griechisch-römische Antiken, Skulpturenabteilung, repräsentative Gemäldegalerie (russische Ikonen vom 16. bis zum 18. Jh., Malerei der skandinavischen Länder, darunter mehrere Hauptwerke von E. Munch, z.B. »Der Schrei«) |
| Paris | Centre National d'Art et de Culture Georges Pompidou | 1977 | Das auch Centre Beaubourg genannte Museum vereinigt das Musée National d'Art Moderne und das Centre National d'Art Contemporain. Schwerpunkt ist die französische Malerei vom Ende des 9. Jh. bis zur Gegenwart |
| | Musée de Cluny | 1843 | Sammlung mittelalterlicher Kunst, berühmt ist der sechsteilige Wirkteppich »Die Dame mit dem Einhorn« |
| | Musée d'Orsay | 1986 | Untergebracht im 1939 stillgelegten Pariser Bahnhof Orsay; beherbergt die künstlerische Produktion Frankreichs von der 2. Hälfte des 19. Jh. bis zu den ersten Jahren des 20. Jh., darunter Werke, die zuvor im Louvre, im Palais de Tokyo und im Jeu de Paume (Impressionistensammlung) untergebracht waren |
| | Musée Marmottan | 1932 | Enthält 65 Bilder von C. Monet aus dem Nachlass seines Sohnes Michel, darunter war das berühmte »Impression soleil levant«, das 1986 geraubt wurde und seitdem verschollen ist |
| | Louvre | 1793 | Eines der umfassendsten Museen der Welt. Sechs Abteilungen: 1) Griechisch-römische Altertümer (Nike von Samothrake, Venus von Milo), 2) Ägyptische Altertümer (»Hockender Schreiber«), 3) Orientalische Altertümer (Statue des Verwalters Ebihil), 4) Skulpturen des Mittelalters, der Renaissance und der Neuzeit, 5) Kunstgewerbe des Mittelalters, der Renaissance und der Neuzeit, 6) Gemälde und Zeichnungen (»Mona Lisa« von L. da Vinci, »Bathseba« von Rembrandt, »Die Einschiffung nach Kythera« von A. Watteau) |
| Philadelphia | Philadelphia Museum of Modern Art | | Drittgrößtes Museum der USA mit mehr als 500 000 Gemälden, Skulpturen, Zeichnungen, Drucken und anderen Kunstwerken; große Sammlung mittelalterlicher europäischer Kunst |

⇒ S. 664

# Bildende Kunst

| Stadt | Museum | Gründung | Bemerkung |
|-------|--------|----------|-----------|
| Rom | Galeria Borghese | | Antike Skulpturen sowie Werke von Bernini (»Apoll und Daphne«), Raffael, Cranach, Caravaggio |
| | Pinacoteca Vaticana | 1932 | Mehr als 500 Gemälde vor allem italienischer Meister. Eigene Abteilungen für etruskisch-italienische Altertümer, klassische Antike (Hermes des Praxiteles, Apoll vom Belvedere, Laokoon-Gruppe, aldobrandinische Hochzeit), Vorderen Orient, mittelalterliche und moderne Kunst. In den sog. Stanzen des Raffael die »Disputà« und die »Schule von Athen« |
| | Vatikanische Museen | | Capella Sistina (Sixtinische Kapelle), 1473–1484 als päpstliche Hauskapelle erbaut und mit Fresken der berühmtesten zeitgenössischen Maler geschmückt (Deckengemälde und Altarwand mit dem Jüngsten Gericht von Michelangelo) |
| Rotterdam | Museum Boymans van Beuningen | 1841 | 1956 erweitert. Hauptwerke abendländischer Malerei vom 15. Jh. bis zur Gegenwart (»Der Turmbau zu Babel« von P. Bruegel d. Ä.) |
| São Paulo | Museu de Arte | 1947 | Zahlreiche Werke französischer Malerei |
| Stockholm | Nationalmuseum | 1794 | Hauptwerke aller bedeutenden Schulen der europäischen Malerei (u.a. »Schutzmantelmadonna« von M. Grünewald, »Triumph der Venus« von F. Boucher, »Lektion in der Liebe« von A. Watteau). Eigene Abteilungen mit Werken skandinavischer Maler (»Dame mit Schleier« von A. Roslin) |
| St. Petersburg | Eremitage | 1852 | Mit ca. 2 Mio. Einzelstücken eines der umfassendsten Museen der Welt. 8000 Werke italienischer Malerei (»Lautenspieler« von Caravaggio), 40 Bilder von Rubens, 25 von Rembrandt. Besonders reichhaltig vertreten französische Malerei von F. Clouet bis zu P. Bonnard |
| Stuttgart | Staatsgalerie | 1843 | Erweiterungsbau von James Stirling (Neue Staatsgalerie) 1977.–1984. Europäische Malerei des 14.-20 Jh. (»Bathseba im Bade« von H. Memling, »Felder im Frühling« von C. Monet, »Perseuszyklus« von E. Burne-Jones, »Triadisches Ballett« von O. Schlemmer) |
| Venedig | Gallerie dell'Accademia | 1756 | Reichste und bedeutendste Sammlung venezianischer Malerei (»Legende der hl. Ursula« von V. Carpaccio, »Das Gewitter« von Giorgone, »Gastmahl im Hause des Levi« von P. Veronese) |
| Washington | National Gallery of Art | 1937 | Dank zahlreicher Stifter und Spender eines der reichsten Museen der Welt (über 30 000 Exponate). Italienische Abteilung (»Apollo und Daphne« von G. B. Tiepolo), deutsche Abteilung (»Christus am Kreuz« von M. Grünewald), niederländische Abteilung (»Die Perlenwägerin« von Vermeer), spanische Abteilung (»Tötung des Laokoon und seiner Söhne« von El Greco), französische Abteilung (»Die Lesende« von J.-H. Fragonard). Abteilung mit amerikanischer Malerei (G. Stuart, B. West, J. S. Copley, T. Eakins, W. Homer, A. P. Ryder) |
| | Phillips Collection | 1918 | Französische Meister des 19. und 20. Jh. (»Das Frühstück der Ruderer« von A. Renoir) |
| Wien | Kunsthistorisches Museum | 1863 | Eines der reichsten und bedeutendsten Museen der Welt mit Werken alter Malerei (»Die drei Lebensalter und der Tod« von H. Baldung, genannt Grien), niederländische, flämische und holländische Meister (»Kreuzigungs-Triptychon« von R. van der Weyden, »Turmbau zu Babel« von P. Bruegel d. Ä., »Allegorie der |

| Stadt | Museum | Gründung | Bemerkung |
|---|---|---|---|
| | | | Malerei« von J. Vermeer, 20 Gemälde von A. van Dyck), italienische Abteilung (15 Bilder von Tizian, darunter »Die Kirschenmadonna« und »Die drei Philosophen« von Giorgone); in der spanischen Abteilung zahlreiche Porträts von D. Velázquez |
| | Graphische Sammlung Albertina | 1795 | Mehr als 30 000 Zeichnungen und weit über 800 000 Grafiken aller wichtigen Maler der Weltkunst |
| Zürich | Kunsthaus | 1910 | Werke vor allem schweizerischer Künstler. Über 100 Werke des Bildhauers A. Giacometti, eigene Säle für J. H. Füssli und A. Böcklin, bedeutendste Sammlung von Bildern E. Munchs außerhalb Norwegens |

## Rekordpreise für Gemälde bei Auktionen

| Künstler | Titel | Preis (Dollar) | Auktion |
|---|---|---|---|
| V. van Gogh | Porträt des Dr. Gachet | 82,5 Mio. | Christie's New York, 1990 |
| A. Renoir | Au Moulin de la Galette | 78,1 Mio. | Sotheby's New York, 1990 |
| V. van Gogh | Selbstbildnis ohne Bart (von 1889) | 71,5 Mio. | Christie's New York, 1998 |
| V. van Gogh | Schwertlilien | 53,9 Mio. | Sotheby's New York, 1987 |
| P. Picasso | Les Noces de Pierette | 51,9 Mio. | Binoche et Godeau Paris, 1989 |
| P. Picasso | Yo, Picasso | 47,8 Mio. | Sotheby's New York, 1989 |
| P. Picasso | Au Lapin Agile | 40,7 Mio. | Sotheby's New York, 1989 |
| V. van Gogh | Sonnenblumen | 40,3 Mio. | Christie's London, 1987 |
| J. Pontormo | Porträt Cosimo de' Medici il Vecchio | 38,9 Mio. | Christie's New York, 1989 |
| C. Monet | Seerosenteich mit Uferweg | 33,0 Mio. | Sotheby's New York, 1998 |

## Architekturstile

| Stil | Bemerkung |
|---|---|
| Griechisch | Der für das antike Griechenland und seine Mittelmeerkolonien charakteristische Stil; vom 7. Jh. v. Chr., als die monumentale Baukunst entstand, bis zur Einverleibung Griechenlands ins Römische Reich im 1. Jh. v. Chr. Wichtigste griechische Gebäude waren Tempel, deren typische wohlproportionierte Säulen großen Einfluss auf die römische Architektur und damit auf einen Großteil der späteren europäischen Architektur hatten |
| Römisch | Im Römischen Reich verbreiteter Stil; Blütezeit vom 1. bis zum 4. Jahrhundert; die Römer übernahmen einen Großteil des klassischen Architektur-»Vokabulars« von den Griechen (insbesondere die systematische Verwendung von Säulen), fügten auch Eigenes hinzu und übertrafen ihr Vorbild hinsichtlich Größe der Bauwerke und technischer Errungenschaften |
| Byzantinisch | Stil des Byzantinischen Reiches; Blütezeit vom 4. bis zum 15. Jh.; Zentrum Konstantinopel (ursprünglich Byzanz, heute Istanbul); Mischung von römischen und östlichen Einflüssen; charakteristisch sind die großen Kuppelkirchen mit prächtigen Mosaiken |
| Romanisch | Fast überall in Europa im 11. und 12. Jh. vorherrschender Stil, dessen Charakteristikum der massive Bau mit Rundbögen und Rundbogenfenstern ist (im Gegensatz zu den Spitzbögen der nachfolgenden Gotik) |
| Gotisch | In ganz Europa auf die Romanik folgender Baustil mit den charakteristischen Spitzbögen, mit Rippengewölben, Strebepfeilern und feingearbeitetem Maßwerk; erstmals um 1140 in Frankreich; blühte vielerorts bis zum 16. Jh., wobei allgemein die Fenster an Bedeutung gewannen |
| Renaissance | Wiederbelebung oder »Wiedergeburt« der klassischen Kunst der Antike; breitete sich im 15. Jh., von Italien ausgehend, über Europa aus |
| Barock | Europäischer Stil des 17. bis Anfang des 18. Jh., der kühn und überbordend, frei mit den Formen der Renaissance umging und das fürstliche Repräsentationsbedürfnis befriedigte |

⇒ S. 666

# Bildende Kunst

| Stil | Bemerkung |
|---|---|
| Rokoko | Anfang des 18. Jh. aus dem Barock hervorgegangener Stil; wie bei diesem reichlicher Gebrauch geschwungener Formen, jedoch leichter und verspielter |
| Neugotik | Wiederbelebung des mittelalterlichen gotischen Stils, beginnend in der Epoche der Romantik; Blütezeit im 19. Jh., vor allem in Großbritannien; öffentliche Gebäude, Handels- und Wohnhäuser, aber auch Kirchen |
| Klassizismus | In Deutschland v.a. von Gotthold Ephraim Lessing und Johann Joachim Winckelmann propagierte Wiederbelebung der Stile des antiken Griechenland und Roms im 18. und Anfang des 19. Jh. |
| Art Nouveau/Jugendstil | Bewusst neuer Stil, um 1890–1910, ohne Einflüsse aus der Vergangenheit; vor allem Verwendung wellen- und pflanzenförmiger Dekors und farbiger Materialien |
| Internationaler Stil | Eleganter, funktionaler Stil, der in der fortschrittlichen Architektur der 30er und 40er Jahre des 20. Jh. vorherrschte |
| Brutalismus | Reaktion gegen die elegante Raffinesse des Internationalen Stils in den 50er Jahren; charakteristisch sind klobige Formen und roher Beton |
| High Tech | Seit den 70er Jahren verbreiteter Stil, bei dem die technischen Aspekte des Gebäudes betont werden, vor allem, indem einzelne Bauteile oder Versorgungseinrichtungen (wie Röhren, Belüftung etc.), die gewöhnlich nicht sichtbar sind, als optische Elemente dienen |
| Postmoderne | In den 70er Jahren begonnener Trend, bei dem der kühle Rationalismus des Internationalen Stils zugunsten eines Stileklektizismus aufgegeben wird |

## Griechische Baukunst

Säulenordnungen griechischer Tempel.
Dorisch, 7. Jh. v. Chr. auf dem Peloponnes entwickelt;
ionisch, im 6. Jh. v. Chr. von Kleinasien ausgegangen;
korinthisch, seit dem 4. Jh. v. Chr., hellenistische
Weiterentwicklung der ionischen Ordnung

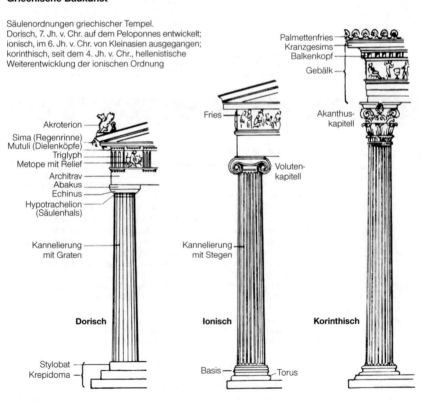

## Frühchristliche Baukunst

## Ottonische Baukunst

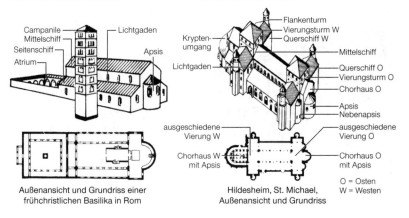

Campanile — Lichtgaden
Mittelschiff —
Seitenschiff — Apsis
Atrium —

Flankenturm
Vierungsturm W
Krypten- — Querschiff W
umgang
Mittelschiff
Lichtgaden — Querschiff O
Vierungsturm O
Chorhaus O

Apsis
Nebenapsis

ausgeschiedene — ausgeschiedene
Vierung W Vierung O

Chorhaus W — Chorhaus O
mit Apsis mit Apsis

O = Osten
W = Westen

Außenansicht und Grundriss einer
frühchristlichen Basilika in Rom

Hildesheim, St. Michael,
Außenansicht und Grundriss

## Rom – Romanik – Gotik

Offener
Dachstuhl

Gurtbogen
Gratgewölbe

Rippen-
gewölbe

Strebebogen
Strebepfeiler
Dienst

Entwicklung der Gewölbeformen von römisch-frühchristlicher Zeit (links)
bis zur Romanik (Mitte) und Gotik (rechts)

## Gotik in Frankreich

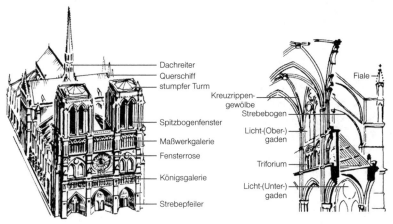

Dachreiter
Querschiff
stumpfer Turm

Spitzbogenfenster

Maßwerkgalerie

Fensterrose

Königsgalerie

Strebepfeiler

Fiale

Kreuzrippen-
gewölbe
Strebebogen

Licht-(Ober-)
gaden

Triforium

Licht-(Unter-)
gaden

Doppelturmfassade von Notre-Dame

Gotisches Kreuzrippengewölbe
mit Strebewerk und Triforium

**667**

# Bildende Kunst

## Renaissance in Italien und Deutschland

**Profanbau**

Rom, Palazzo Farnese 1543–50;
von Sangallo begonnen, fand seine
endgültige Form nach Plänen Michelangelos

**Sakralbau**

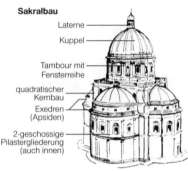

Laterne
Kuppel
Tambour mit Fensterreihe
quadratischer Kernbau
Exedren (Apsiden)
2-geschossige Pilastergliederung (auch innen)

Todi, S. Maria della Consolazione,
1508 von Caprarola begonnen.
Zentralbau mit Kuppel und Laterne

Vicenza, Palazzo Valmarana, 1566;
Beispiel des palladianischen Klassizismus,
der zum Barock überleitet

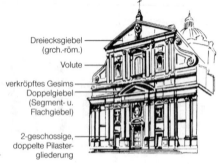

Dreiecksgiebel (grch.-röm.)
Volute
verkröpftes Gesims
Doppelgiebel (Segment- u. Flachgiebel)
2-geschossige, doppelte Pilastergliederung

Rom, Il Gesù beg. 1568, nach Entwürfen
Michelangelos von Vignola erbaute Jesuiten-
kirche; steht an der Schwelle zum Barock

Heidelberg, Schloss Friedrichsbau, 1601–04

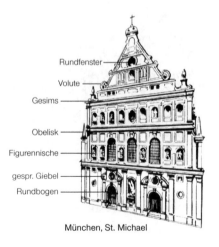

Rundfenster
Volute
Gesims
Obelisk
Figurennische
gespr. Giebel
Rundbogen

München, St. Michael

**Barock in Italien und Deutschland**

Elemente des Barock und Rokoko: Rokoko-Ornament (Rocaile) (links);
barockes Portal mit verkröpftem Gesims, Gesimsfiguren und Girlanden (Mitte links);
Putto (Mitte rechts); barocker Turmhelm mit Voluten und Pilastern (rechts)

Rom, S. Maria della Pace, 1656–57 nach Entwürfen von Bramante und Cortona (links);
Weingarten, Klosterkirche, 1515–24 von C. Moosbrugger begonnen, von A. Schreck und
Ch. Thumb vollendet. Größter barocker Kirchenbau Süddeutschlands (rechts)

**Klassizismus**

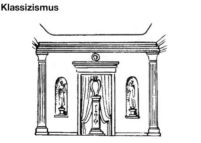 

Klassizistische Innenwand (links) und Palais mit strenger Säulenordnung (rechts)

669

# Bildende Kunst

| | Meisterwerke der Baukunst | |
|---|---|---|
| Ort | Bauwerk | Bemerkung |
| **Europa** | | |
| **Deutschland** | | |
| Aachen | Pfalzkapelle | Von Baumeister Odo von Metz 798–805 für Kaiser Karl den Großen erbaut |
| Berlin | Brandenburger Tor | Tor 1788–1791 von Carl Gottfried Langhans erbaut, Quadriga 1789–1794 von Gottfried Schadow |
| | Neue Wache | Werk von Karl Friedrich Schinkel, 1832–1835 |
| | Philharmonie | Architekt: Hans Scharoun, erbaut 1956–1963 |
| | Schauspielhaus | 1818–1821 von Karl Friedrich Schinkel erbaut |
| Darmstadt | Hochzeitsturm | 1907/08 entstanden, Architekt: Peter Behrens |
| Dessau | Bauhaus | Erbaut 1925/26 nach Plänen von Walter Gropius |
| Dresden | Zwinger | 1711–1722 von Matthäus Daniel Pöppelmann erbaut, plastischer Schmuck von Balthasar Permoser |
| Freiburg | Münster | Querhaus um 1200, dreischiffiges Langhaus 13.–14. Jh., Turm von Heinrich Müller um 1350 vollendet, spätgotischer Chor 1354–1536 |
| Heidelberg | Schloss | Anlage aus dem 13. Jh., mehrfach erweitert |
| Hildesheim | St. Michael | Erbaut 1001–1033 |
| Köln | Dom | Erbaut 1248–1880, erster Plan stammt von Dombaumeister Gerhard von Rile |
| Lübeck | Marienkirche | Backsteingotikbau, entstanden ca. 1260–1350 |
| Maria Laach | Benediktiner Kloster-kirche | Begonnen 1093 |
| München | Olympiastadion | 1968–1972, Planung und Ausführung: Behnisch & Partner und Otto & Partner |
| | Schloss Nymphenburg | Von Agostino Barelli begonnen, von Zuccalli 1675 vollendet, von Josef Effner 1716 ausgebaut |
| Pforzheim | Kloster Maulbronn | Zisterzienserabtei, entstanden um 1215 |
| Potsdam | Schloss Sanssouci | 1745–1747 von Baumeister Hans Georg Wenzeslaus von Knobelsdorff für Friedrich II. erbaut |
| Speyer | Dom | 1030–1061 erbaut auf Veranlassung von Konrad II., erweitert 1082–1111 |
| Staffelstein | Wallfahrtskirche Vierzehnheiligen | Begonnen von Balthasar Neumann, vollendet 1772 |
| Steingaden | Wieskirche | Entstanden 1745–1754; Baumeister Dominikus Zimmermann |
| Ulm | Münster | Größte gotische Pfarrkirche Deutschlands, erbaut 1377–1890 |
| Würzburg | Residenz | Großes Treppenhaus von Balthasar Neumann, vollendet 1772 |
| **Frankreich** | | |
| Autun | Kathedrale St. Lazaré | Fertiggestellt um 1130, Skulpturen von Gislebertus |
| Chambord/Loire | Schloss Chambord | 1519–1537 für Franz I. erbaut |
| Chartres | Kathedrale | Entstanden 1194–1220 |
| Cluny | Kloster | Mutterhaus des Cluniazenser-Ordens, 910 gegründet, zweiter Bau von 981, dritter Bau von 1089 |
| Nimes | Pont du Gard | Aquädukt von 14 v. Chr. |
| Normandie | Mont-St.-Michel | Kapelle von 709, 966 Gründung einer Benediktinerabtei, 1023 Bau einer romanischen Kirche, 1221–1228 Bau des berühmtesten Teils »La Merveille« |
| Paris | Arc de Triomphe | 1806–1835 von Jean-François-Thérèse Chalgrin erbaut |
| | Centre Georges Pompidou | 1977–1981 von Renzo Piano und Richard Rogers erbaut |
| | Eiffelturm | Gebaut von Gustav Eiffel für die Weltausstellung 1889 |
| | La Grande Arche | 1989 erbauter Triumphbogen |
| | Notre Dame | 1163–1245; südliches Querschiff von Jean de Chelles |
| | Sainte Chapell | Für König Ludwig den Heiligen um 1245–1248 errichtet |
| Ronchamp | Notre-Dame-du-Haut | Wallfahrtskirche von Le Corbusier, 1950–1954 |
| Straßburg | Münster | Langhaus 1235–1275, Westfassade von Erwin von Steinbach |

| Ort | Bauwerk | Bemerkung |
|---|---|---|
| Versailles | Schloss | Erster Abschnitt 1661–1689 von L. Le Vau, seit 1678 erweitert von J. Hardouin-Marsart für Ludwig XIV. |
| **Griechenland** | | |
| Athen | Akropolis | Parthenon 454–438 v. Chr. errichtet; Architekt Iktinos, unter der Oberleitung des Phidias |
| Delphi | Heiligtum von Delphi | Seit dem 8 Jh. v. Chr. wichtigster Apollo-Kultort, Tempel im 4. Jh. v. Chr. zuletzt wieder aufgebaut; Tempel der Athena Pronaia aus der Zeit um 380 v. Chr. |
| Kreta | Knossos-Palast | Um 1900 v. Chr. errichtet, mehrmals beschädigt und wieder aufgebaut; 1900 begann der Engländer Sir Arthur Evans mit der systematischen Freilegung und Rekonstruktion |
| Mykene | Löwentor | Entstanden um 1200 v. Chr. |
| **Großbritannien** | | |
| London | Houses of Parliament | 1840–1852 von Charles Barry errichtet |
| | St. Paul's Cathedral | 1675–1710 errichtet, Wiederaufbau nach dem großen Feuer durch Sir Christopher Wren |
| | Tower | Grundstein des White Tower 1078 gelegt von Wilhelm dem Eroberer, zahlreiche Erweiterungen, u.a. Martin Tower von Heinrich III. und Queens House 1530 |
| | Westminster Abbey | Krönungskirche und Grablege der englischen Könige, 13./14. Jh.; Krönungskapelle, 15. Jh. |
| Salisbury | Kathedrale | Erbaut 1220 bis ca. 1270 |
| Salisbury-Ebene | Stonehenge | Sakrale Steinkreisanlage, um 2000 v. Chr. |
| **Italien** | | |
| Apulien | Castel del Monte | Begonnen ca. 1240, für Friedrich II. |
| Florenz | Loggia de' Lanzi | Auch Loggia della Signoria, 1376–1382 |
| | Palazzo Strozzi | Begonnen 1489 von Benedetto da Maiano, 1497–1507 von Cronaca (Simone del Pollaiolo) |
| | San Lorenzo | Kirchenschiff 1425–1446 von Filippo Brunelleschi; Bibliothek Laurenziana von Michelangelo |
| | Santo Spirito | Begonnen 1436 von Filippo Brunelleschi |
| | Uffizien | Begonnen 1560 von Giorgio Vasari |
| Mailand | Dom | Begonnen 1387, geweiht 1418, jedoch bislang nicht fertig gestellt |
| | San Ambrogio | Erste Hälfte des 12. Jh. |
| Paestum | Hera-, Athena-, Poseidontempel | Griechische Kolonie aus dem 6. Jh. v. Chr. |
| Pavia | Kartause | Begonnen 1396; Fassade nach 1473 |
| Pisa | Dom | 1063 begonnen, 1118 geweiht, von Buscheto später erweitert worden |
| Ravenna | Mausoleum der Galla Placidia | 424/425 entstanden |
| | San Apollinare in Classe | Bauzeit 532/536–549 |
| | Theoderich-Mausoleum | Erstes Viertel des 6. Jh. |
| Rom | Diokletians-Thermen | 298–305 entstanden |
| | Domus Aurea | 64 n. Chr. von Nero nach dem Brand Roms erbaut |
| | Engelsburg | 135 als Mausoleum für Kaiser Hadrian begonnen, später als Festung und als Fluchtburg der Päpste benutzt |
| | Kolosseum | 72–80 erbaut |
| | Konstantinsbogen | 312–315 anlässlich des Sieges über Maxentius an der Milvischen Brücke errichtet |
| | Palazzo Farnese | 1541 von Sangallo d.J., Michelangelo und della Porta erbaut |
| | Pantheon | 27 v. Chr. von Agrippa errichtet, 80 n. Chr. abgebrannt und 120–124 n. Chr. von Hadrian erneuert |

⇒ S. 672

# Bildende Kunst

| Ort bzw. Land | Bauwerk | Bemerkung |
|---|---|---|
| noch: Rom | Petersdom | 1506 nach Plänen von D. Bramante begonnen, Entwurf später mehrfach geändert. Dombaumeister: Bramante (1506–1614), Raffael (1515–1520), A. da Sangallo (bis 1546, z.T. zusammen mit B. Peruzzi), Michelangelo (1546–1564), seit 1607 Weiterführung des Langhauses von C. Maderna, 1656–1663 Vollendung der Fassade und Gestaltung des Petersplatzes von G.L. Bernini |
| | Santa Maria Maggiore | 432–440 unter Sixtus III. errichtet; 1605–1611 Cappella Paolina in Santa Maria Maggiore von Flaminio Ponzio; die Fassade ist von Ferdinando Fuga, 1741–1743 |
| | Titusbogen | 70 fertiggestellt |
| Siena | Dom | Entstanden im 13./14. Jh., reicher Skulpturenschmuck von Giovanni Pisano |
| Sizilien | Monreale | 1174–1189 erbaut |
| Venedig | Dogenpalast | Seit 1340 nach Vorgängerbauten errichtet |
| | San Marco | 1063–1095 erbaut |
| | Santa Maria della Salute | Im 17. Jh. von Baldassare Longhena erbaut |
| Vicenza | Villa Rotonda | Begonnen ca. 1567 von Andrea Palladio für den Marchese Capra |
| **Österreich** | | |
| Melk | Benediktinerstift | 1702–1736 von Jakob Prandtauer erbaut |
| Wien | Belvedere | Erbaut um 1720 von J. Lukas von Hildebrandt |
| | Schloss Schönbrunn | 1695–1713 von J. B. Fischer zu Erlach erbaut, 1744–1749 von N. Pacassi umgestaltet |
| **Russland** | | |
| Moskau | Kreml | 1326–1339 erste Bauperiode, jedoch alles zerstört, rote Backsteinmauer von 1485 bis 1495, mehrere Kirchen aus dem 15. Jh.; Steinpalast (Terem) aus dem 17. Jh.; 18. und 19. Jh. Bau mehrerer großer öffentlicher Gebäude und Paläste |
| St. Petersburg | Winterpalast | 1754–1762 von B. F. Conte Rastrelli errichtet |
| **Spanien** | | |
| Barcelona | Sagrada Familia | 1884–1926 von Antonio Gaudí begonnen, bis heute unvollendet |
| Cordoba | Moschee | 785 gegründet, bis 990 dreimal erweitert |
| Granada | Alhambra | Baubeginn 1300 unter Ibn al-Ahmar, 1333–1354 Umbau unter Jusuf I., mehrfache Restaurierungen |
| Madrid | El Escorial | 1563 Grundsteinlegung, 1584 beendet; Baumeister Juan Bautisto de Toledo, später Juan de Herrera, für Philipp II. zu Ehren des hl. Laurentius |
| **Amerika** | | |
| Brasilien | Parlament Brasília | Erbaut 1957–1960 von Oscar Niemeyer |
| Guatemala | Tikal | Zeremonialstätte der Maya, um 100 v. Chr. – 900 n. Chr. |
| Mexiko | Chichén Itzá | Ruinenstadt der Maya, 11. – 12. Jh. |
| | Tempel von Tula | Ruinenstätte der Tolteken, um 900 |
| | Uxmal | Ruinenstadt der Maya, 9. – 11. Jh. |
| Peru | Machu Picchu | Ruinenstadt der Inka, 15. Jh. |
| USA | Empire State Building | 1930/31 in New York errichtet |
| | Guggenheim-Museum | 1956–1959 von Frank Lloyd Wright in New York errichtet |
| | Seagram Building | Bau in New York von Ludwig Mies van der Rohe, 1956–1958 |
| **Asien** | | |
| China | Chinesische Mauer | Begonnen 221–10 v. Chr., vollendet 1368–1644 |
| | Verbotene Stadt, Peking | Um 1420 entstanden, Kaiserpalast |
| Indien | Rotes Fort in Delhi | Um 1650 entstandene Residenz des Schah |
| | Tadsch Mahal | 1630–1648 in Agra entstanden, Grabmal für die Lieblingsfrau des Mogulkaisers Shah Jahan |

| Ort bzw. Land | Bauwerk | Bemerkung |
|---|---|---|
| Irak | Große Moschee des Al Mutawakkil, Samarra | Errichtet 847–861 |
| | Ischtartor, Babylon | Datiert aus dem 6. Jh. v. Chr. |
| Iran | Blaue Moschee, Isfahan | 1612–1638 errichtet |
| Japan | Goldener Tempel/Kaiserpalast in Kyoto | Von 800–1868 Sitz der japanischen Kaiser, Silberpavillon 1498, Katsura-Palast 1620–1647, Nijo-Schloss frühes 17. Jh. |
| | Olympisches Schwimmstadion Tokio | 1960–1964 von Kenzo Tange erbaut |
| | Schloss von Kumamoto | Entstanden im 17. Jh. |
| | Tempel in Nikko | Errichtet im 8. Jh., Shinto-Schreine, 1616–1636 |
| Kambodscha | Angkor Wat | Errichtet in der ersten Hälfte des 12. Jh. unter König Suryavarman II. |
| Saudi-Arabien | Kaaba, Mekka | Um 700 wurde von Walid I. eine Säulenhalle um die Kaaba erbaut, weitere Erweiterungen bis heute, besonders aber im 16. Jh. |
| Türkei | Hagia Sophia, Istanbul | Errichtet 532–537 von den Architekten Anthemios von Tralles und Isidoros von Milet |
| **Afrika** | | |
| Ägypten | Abu Simbel | Ca. 1280 v. Chr. auf Veranlassung Ramses II. erbaut |
| | Amuntempel von Karnak | 1400 v. Chr. bei Luxor von Amenophis II. erbaut |
| | Cheopspyramide, Gizeh | Errichtet ca. 2500–2400 v. Chr., Grabmal des Pharaos Chufu oder Cheops |
| **Australien/Ozeanien** | | |
| Australien | Opernhaus Sydney | Errichtet 1957–1965 von Jørn Utzon |

## Stationen der Geschichte der dekorativen Künste

**vor Christus**

| | |
|---|---|
| 7000 | Erste Tonkeramiken in Ägypten und Sumer |
| 5000–4000 | Weißbemalte Keramik in Ägypten und Südosteuropa. Blau-grün glasierte Perlen in Ägypten |
| 4000–3000 | Töpferscheibe in Mesopotamien. Glasierte Keramik in Ägypten |
| 3000–2500 | Fayence-Statuetten in Ägypten. Webstuhl in Europa bekannt. Seidenherstellung in China. |
| 2000–1500 | Kleine Gefäße aus Opakglas in Mesopotamien. Feine Goldarbeiten im minoischen Kreta |
| 1500–1000 | Ägypten: Import von Glas, vermutlich aus Westasien; Wandteppiche. Feingearbeitete Bronzevasen, große Bronzetrommeln und -glocken in China |
| 1000–900 | Geometrische Ornamentik in der griechischen Kunst. Purpurgewinnung im Mittelmeerraum |
| 600–500 | Attische Keramik, schwarzfigurig, später rotfigurig. Keltische Ornamentik in Europa (Latène-Kultur) |
| 521–486 | Beim Palastbau in Persepolis (Darius I.) Rückgriff auf ornamentale Elemente aus Assyrien, Ägypten und Griechenland |
| 500–400 | Chinesische Handwerker entwickeln Bleiglasur |
| 300–200 | Filztextilien in Zentralasien |
| um 200 | China exportiert Seide in den Westen |
| um 100 | Syrer erfinden die Glasbläserei |

**nach Christus**

| | |
|---|---|
| 550 | Gemusterte Seidenstoffe in Ägypten |
| 552 | Byzanz: Kaiser Justinian lässt durch Missionare Seidenraupen aus China und Ceylon schmuggeln; Beginn der europäischen Seidenindustrie |
| um 600 | Entwicklung des Goldschmiedehandwerks im merowingischen Frankenreich |
| um 645 | Angelsächsische Gold- und Metallarbeiten (Goldschmuck aus dem Schiffsgrab von Sutton Hoo) |
| 751 | Hölzerne »Gigaku«-Masken in Japan |
| um 850 | China: Erfindung des Porzellans |
| um 900 | Dänische Handwerkskunst (Schiffsgrab von Oseberg: Holzschnitzereien, Schlitten, Wagen, Werkzeug) |
| 1025–1029 | Entstehung des Kamins mit Rauchfang in Westeuropa |
| 1067 | Normandie: komplizierte Stickerei am Teppich von Bayeux |
| 1125–1129 | Älteste erhaltene Glasmalerei im Augsburger Dom |
| um 1150 | Wurzel-Jesse-Fenster in der Kathedrale von York: die älteste erhaltene Glasmalerei in England |

⇒ S. 674

**673**

# Bildende Kunst

| | |
|---|---|
| 1193 | Indigo und Pernambukholz zum Färben gelangen aus Indien nach Europa |
| 1292 | Anfänge der venezianischen Glasindustrie |
| um 1333 | Werkstatt des Ugolino da Vieri in Siena fertigt Reliquiar aus vergoldetem Silber mit Emailplatten für die Kathedrale von Orvieto |
| 1402 | Teppichwirkerei in Arras stellt Szenen aus dem Leben der Heiligen Piat und Eleutherus dar (Kathedrale von Tournai) |
| um 1430 | Luca della Robbia eröffnet seine Majolika-Werkstatt in Florenz |
| um 1450 | Die Familie Gobelin gründet eine Stofffärberei außerhalb von Paris, die sich zu einer der berühmtesten Teppichmanufakturen entwickelt |
| um 1500 | Erste Fayence- (Faenza, Italien) und Majolika- (Mallorca) Manufakturen in Europa |
| 1518 | Porzellan aus dem Fernen Osten erstmals nach Europa eingeführt |
| 1543 | Benvenuto Cellinis (Florenz) Salzfass: Goldschmiedearbeit für König Franz I. von Frankreich |
| 1575 | Erstmals europäische Porzellanherstellung in Europa (Florenz), die jedoch noch nicht chinesische Qualität erreicht |
| 1578 | Fayence-Töpferei in Nevers (Frankreich) |
| 1589 | Pfarrer William Lee aus Cambridge erfindet die erste Strickmaschine |
| 1609 | Fayenceglasur aus Zinn in Delft |
| 1622 | Der Nürnberger Georg Schwanhardt erfindet die Glasgravur mit Diamanten |
| um 1645 | Verwendung von Tapeten als billiger Ersatz für Wandteppiche |
| 1650 | Leder als Bezugstoff für Möbel. In Arita (Japan) führt die Kakiemon-Werkstatt die Technik der Überglasur für Porzellan ein |
| 1656 | Kunstperlenherstellung in Paris |
| 1673 | Herstellung von feinem Weichporzellan in Rouen (Frankreich) |
| 1710 | Gründung der Meissner Porzellan-Manufaktur in Sachsen. Erfindung der Farbe Preußisch-Blau |
| 1723 | Französischer Régence-Stil für Möbel wird populär |
| 1738 | Erste Kuckucksuhren im Schwarzwald. Gründung der Manufaktur für Sèvres-Porzellan in Vincennes (Umzug nach Sèvres 1756) |
| 1738–40 | Germain Boffrand gestaltet Räume im Pariser Hôtel de Soubise im Rokoko-Stil |
| 1743 | Der englische Messerschmied Thomas Boulsover in Sheffield erfindet Verfahren, Metallgegenständen eine Silberfolie aufzupressen, und begründet damit den Erfolg des Sheffield-Bestecks |
| 1747 | Nymphenburger Porzellanmanufaktur im Jagdschlösschen Neudeck in der Münchner Vorstadt Au gegründet; seit 1761 in Schloss Nymphenburg |
| 1748 | Platin aus Südamerika nach Europa |
| 1749 | Thomas Chippendale eröffnet seine Londoner Möbelmanufaktur |
| 1755–1760 | Das Anfang des 18. Jh. in Berlin geschaffene Bernsteinzimmer wird in das Schloss von Zarskoje Selo bei St. Petersburg eingebaut |
| 1761 | Johann Ernst Gotzkowsky errichtet Porzellanmanufaktur in Berlin, die 1763 in die »Königliche Porzellanmanufaktur Berlin« umgewandelt wird |
| 1765 | Josiah Wedgwood verbessert seine Keramik (Jasperware, Queen's ware) mit feiner Bleiglasur |
| 1769 | Wedgwood eröffnet Steingutmanufaktur in Staffordshire |
| 1770 | Jacques de Vaucanson konstruiert den ersten mit Lochkarten arbeitenden Webstuhl |
| 1801 | Die französischen Architekten Percier und Fontaine beeinflussen mit ihren Gebäudeausstattungen den Empire-Stil |
| 1818 | Gründung der New England Glass Company of East Cambridge, Massachusetts, einer der großen internationalen Glashersteller des 19. Jh. |
| 1823 | Die Cristallerie de Baccarat und andere französische Glasmanufakturen produzieren Opalglas |
| 1842 | Gründung des russischen Juwelier- und Goldschmiedeunternehmens Fabergé |
| 1850–1920 | Arts-and-Crafts-Bewegung in England |
| 1851 | In den USA produziert Singer die erste praktikable Nähmaschine |
| 1870 | Die Wiener Möbelfirma von Michael Thonet, dem Schöpfer des »Wiener Stuhls«, produziert 400 000 Stück jährlich |
| 1875 | Arthur Lasenby Liberty eröffnet sein Londoner Geschäft für Produkte der Arts-and-Crafts-Bewegung und später des Jugendstils. Die Brüder Daum gründen die Glaswerke Verrerie de Nancy (heute Cristalleries de Nancy) |
| 1876 | David Andersen gründet in Norwegen seine Firma für dekoratives Email |
| 1892 | Glasfenster »Die Vier Jahreszeiten« von Louis Comfort Tiffany und Samuel Bing in Paris ausgestellt |
| 1894 | Der Tscheche Alfons Maria Mucha entwirft Kostüme, Schmuck, Plakate und Bühnenräume für die französische Schauspielerin Sarah Bernhardt. Die deutsche Kunstzeitschrift »Die Jugend« erscheint |

| | |
|---|---|
| 1897 | Gründung der Wiener Sezession, der österreichischen Kunstbewegung des Jugendstils |
| 1898 | Gründung der Mackintosh-Kunstschule in Glasgow (Jugendstil) |
| 1902 | Ausstellung des Art Nouveau (Jugendstil) in der Société Nationale des Beaux-Arts |
| 1903 | Josef Hoffmann gründet Wiener Werkstätten |
| 1907 | Deutscher Architekt Hermann Muthesius gründet den Deutschen Werkbund mit dem Ziel, die Qualität des Industriedesigns zu heben |
| 1908 | Belgischer Chemiker Leo Baekeland entdeckt das Bakelit, einen Kunstharzpressstoff, der für die Schmuckherstellung, für Lampen und Haushaltswaren Verwendung findet |
| 1909 | René Lalique eröffnet seine Glaswerke |
| 1911 | Charles Sykes kreiert den »Spirit of Ecstasy«, die Kühlerfigur des Rolls Royce |
| 1915 | Alfred Wolmarks Fenster in der Marienkirche von Slough, bei dem er abstraktes Design innovativ in Buntglas umsetzt |
| 1916 | Französischer Künstler Jean Luráat führt moderne Gobelinherstellung ein |
| 1917 | Zeitschrift »De Stijl« erscheint, das Organ der modernistischen Bewegung in den Niederlanden |
| 1919 | Walter Gropius gründet das Bauhaus in Weimar, eine Schule mit Werkstätten für gestaltendes Handwerk, Architektur und bildende Künste |
| 1925 | Art Déco beherrscht die Pariser Exposition Internationale des Arts Décoratifs et Industriels Modernes. Das Bauhaus verlagert seinen Sitz von Weimar nach Dessau. Antonin Daum legt in seiner Glasfabrik in Nancy eine breite Produktpalette im Jugendstil vor |
| 1929 | Le Corbusier stellt Stühle mit Stahlrahmenkonstruktion aus |
| 1932 | Josef Hoffmanns Wiener Werkstätten schließen aufgrund finanzieller Schwierigkeiten |
| 1933 | Bauhaus von den Nazis geschlossen und als »Hochburg des Sozialismus« geschmäht |
| 1937 | Russel Wright ist mit modernem amerikanischen Steingutgeschirr erfolgreich |
| 1940 | Der Venezianer Paolo Venini, führender Hersteller von hochwertigem dekorativem Glas und Tischglas, stellt seine Vasen mit Latticino-Dekor vor |
| 1946 | Saarinen beginnt, Möbel für Knoll International zu entwerfen |
| 1948 | Charles Eames entwirft seinen Schalenstuhl aus Kunststoff |
| 1955 | Knoll International beginnt mit der Produktion von Mies van der Rohes klassischen Möbelentwürfen aus der Vorkriegszeit |
| 1959 | Walter Pabst entwirft die ersten Plastiktische |
| 1960 | Verner Panton entwirft seinen klassischen Stapelstuhl. Beginn des internationalen Pop- und Op-Art-Stils in der Innenarchitektur |
| 1961 | Bauhaus-Archiv in Darmstadt eröffnet |
| 1962 | Amerikanische Glasdesigner entwickeln Glas, das bei niedrigeren Temperaturen bearbeitet werden kann |
| 1964 | Terence Conran eröffnet seinen ersten Habitat-Laden mit der Absicht, den Geschmack des Massenpublikums zu heben |
| 1968 | Dänischer Juwelier B. Gabriel Pedersen kreiert sein berühmtes vergoldetes Silberhalsband |
| 1969 | Finnischer Glasbildhauer Oiva Toikka entwirft die Skulptur »Lollipop Isle« in Pop-Farben. In Berlin Gründung des Internationalen Design Zentrums (IDZ). Der englische Künstler Allen Jones entwirft Fiberglasmöbel – Stühle und Tische, die auf fetischistischen weiblichen Figurinen stehen |
| 1970 | Anfänge der erneuten Wertschätzung handgearbeiteter Möbel in Großbritannien und den USA. Finnischer Juwelier Björn Weckstrøm bringt seine Space-Silver-Armbänder heraus |
| 1978 | Beginn des High-Tech-Stils in Innenarchitektur und Möbeldesign |
| 1980 | Terry Jones bringt die grafisch gestaltete Zeitschrift »i-D« heraus mit Schrifttypen, Layout-Entwürfen, dekorativer Kunst und neuer Fotografie |
| 1983 | Laura Ashley schreibt in »Laura Ashley Book of Interior Decoration« über den internationalen Erfolg ihres floralen »ländlichen« Designs, das sie Anfang der 50er Jahre entwickelte |
| 1989 | Keith Haring kreiert das Plakat »Ignorance = Fear«; sein sozialkritisches Werk erhält breite internationale Zustimmung |
| 1991 | Philippe Starck entwirft Möbel aus Plastik und Aluminium – Objekte des täglichen Lebens nach künstlerischen Prinzipien zu erschwinglichen Preisen |
| 1998 | Das New Yorker Museum of Modern Art bietet Nachbildungen seiner ausgestellten Designobjekte – Vasen, Schmuck, Lampen und Spielzeug – im Internet an |
| 1999 | Der Deutsche Ingo Maurer kreiert Leuchten nach dem Vorbild japanischer Papierlampen |

# Musik

| Epoche | Zeit | Stile/Merkmale | Komponisten | Zeitgenossen/Ereignisse |
|---|---|---|---|---|
| | 300 | | | Mailänder Edikt (313) |
| Romanik | 600 | Gregorianischer Choral (bis 1100) | | Papst Gregor I. († 604) |
| (600–1250) | 700 | | | |
| | 800 | | | Karl der Große († 814) |
| | 900 | | | |
| | 1000 | | | |
| | 1100 | Minnesang (bis 1300) | | |
| | | **Frühe Formen der Mehrstimmigkeit** | | |
| Gotik | | **(= Organum)** | | |
| (1150–1550) | 1200 | | | T. von Aquin († 1274) |
| | | Ars antiqua | | |
| | 1300 | (Frankreich) | | Papst Johannes XXII.: |
| | | | | Bulle (1322) |
| Renaissance | 1400 | Ars nova | | |
| (1350–1600) | | | | |
| | | **Cantus-firmus-Sätze:** | | |
| | | **Polyphonie** | | |
| | | Motette, Messe, Madrigal, Chorlied | Dufay († 1474) | |
| | | | Ockeghem († 1497) | |
| | 1500 | Vorherrschaft der Niederländer | Isaac († 1517) | L. da Vinci († 1519) |
| | | | Desprez († 1521) | Kopernikus († 1543) |
| | | | | Martin Luther († 1546) |
| | _tonal_ | | | Reformation |
| | | Meistergesang; höchste Blüte des | | |
| | | deutschen Volksliedes | | |
| | | **Homophone Sätze:** | | |
| | | Madrigal und Kantionalsätze | | |
| | | Madrigalblüte in Italien | O. di Lasso († 1594) | |
| | | | Palestrina († 1594) | |
| Barock | 1600 | **Monodie und Generalbass** | | |
| (1570–1750) | | Anfänge von Oper und Oratorium: | Praetorius († 1621) | Shakespeare († 1616), |
| | | Gründung der französischen Natio- | | Kepler († 1630), Galilei |
| | | naloper (Lully); Venezianische Oper | Monteverdi († 1643) | († 1642) |
| | | Anfänge der selbständigen Instru- | | Dreißigjähriger Krieg |
| | | mentalmusik (Orgel, Laute) | Schütz († 1672) | Descartes († 1650) |
| | | Blüte der englischen Virginal- und | | Spinoza († 1677) |
| | | Madrigalmusik | Purcell († 1695) | |
| | | **Dur-Moll-Tonalität** | | |
| | 1700 | temperierte Stimmung | | Locke († 1704) |
| | | (A. Werckmeister) | | Ludwig XIV. († 1715) |
| | | Neapolitanische Oper | | Leibniz († 1716) |
| | | Verbreitung der italienischen Oper | | Newton († 1727) |
| | | | | August d. Starke († 1733) |
| | | **Absolute Musik; Polyphonie und** | Vivaldi († 1741) | Montesquieu († 1755) |
| | | **Generalbass:** Suite, Fuge | Bach († 1750) | |
| | | | Stamitz († 1757) | |
| | | Höhepunkt der Gattung »Concerto« | Händel († 1759) | |
| | | Höhepunkt der deutschen Kirchen- | | |
| | | musik; Kantate, Oratorium | | |
| Klassik | | **Absolute Musik und Homophonie:** | | Erfindung der Dampf- |
| (1750–1830) | | Sonatenform, Variationenform, | | maschine (1769) |
| | | Symphonie | | Voltaire († 1778) |
| | | Blüte der italienischen Kammer- und | | Rousseau († 1778) |
| | | Konzertmusik | | Maria Theresia († 1780) |

| Epoche | Zeit | Stile/Merkmale | Komponisten | Zeitgenossen/ Ereignisse |
|---|---|---|---|---|
| Wiener Klassik (1770–1830) | | Aufkommen öffentlicher Konzerte Opernreformen | Gluck († 1787) Mozart († 1791) Haydn († 1809) Beethoven († 1827) | Lessing († 1781) Friedrich d. Gr. († 1786) Französische Revolution (1789), Herder († 1803), Kant († 1804), Schiller († 1805), Fichte († 1814) Russlandfeldzug Napoleons (1812), Wiener |
| | 1800 | Wiederentdeckung des Volksliedes | Weber († 1826) Schubert († 1828) Mendelssohn-Bartholdy († 1847) | Kongress (1814) Goethe († 1832), W. von Humboldt († 1835) |
| Romantik (1800–1900) | | **Malerische Musik: Chromatik und Bitonalität Erweiterung der Tonalität: Harmonie, Melodie, Klang als Stimmungswerte** Klavierlied Ausprägung von Nationalstilen Romantische Oper Naturalistische Oper Aufblühen der Operette Sinfonie, Sinfonische Dichtung, Programmmusik | Chopin († 1849) Schumann († 1856) Berlioz († 1869) Rossini († 1868) Bizet († 1875) Mussorgski († 1881) Wagner († 1883) Liszt († 1886) Smetana († 1884) Tschaikowskij († 1893), Bruckner († 1896), Brahms († 1897), J. Strauß († 1899), Verdi († 1901), Grieg († 1907) | Tieck († 1853) Heine († 1856) Schopenhauer († 1860) Feuerbach († 1872) Darwin († 1882) In New Orleans entsteht der Jazz (1888) Erfindung des Kinematografen (1894) Bismarck († 1898) |
| Impressionismus (ab 1880) | 1900 | **Ausweitung der Tonalität:** Harmonie, Melodie und Rhythmus als Klangwerte Neoklassizismus | Mahler († 1911) Debussy († 1918) Puccini († 1924) | Erster Weltkrieg (1914–1918) Bolschewistische Revolution (1917) |
| Expressionismus (ab 1910) | atonal | **Weiterführung der impressionistischen Chromatik, Klangfarbenmelodie** | Ravel († 1937) | Erste Radiomusiksendung (1920) »Neue Sachlichkeit« in der Malerei (1920) |
| Zeitgenössische Musik (ab 1910) | | **Rückgriff auf Diatonik und Polyphonie Neue Rhythmik und Metrik** Stilpluralismus Zwölftonmusik Aleatorik serielle und elektronische Musik | Bartók († 1945) R. Strauss († 1949) Schönberg († 1951) Prokofjew († 1953) Honegger († 1953) Sibelius († 1957) Hindemith († 1963) Strawinsky († 1971) | Weltwirtschaftskrise (1932) Machtergreifung der Nationalsozialisten (1933) Erstes Fernsehprogramm (1937) Freud († 1939) Zweiter Weltkrieg |
| | 1950 | Neue Einfachheit | Milhaud († 1974) Schostakowitsch († 1975), Britten († 1976), Orff († 1982) Nono († 1990) Messiaen († 1992) Boulez (* 1925) Henze (* 1926) Stockhausen (* 1928) | (1939–1945) |

**677**

# Musik

**vor Christus**

| | |
|---|---|
| um 700 | Erstes Musikdokument der Geschichte: eine sumerische Hymne in Keilschrift; Chorgesang in Griechenland |
| um 530 | Pythagoras beschreibt Intervall und Oktave in der Musik |

**nach Christus**

| | |
|---|---|
| 350 | Gründung der Schola Cantorum für Kirchengesang in Rom |
| 386 | Heiliger Ambrosius führt als Bischof von Mailand Hymnengesang im Gottesdienst ein |
| um 750 | Blütezeit der gregorianischen Kirchenmusik in England, Frankreich und Deutschland |
| 855 | Beginn der polyphonen Musik |
| 990 | Erste systematische Musikaufzeichnungen |
| 1026 | Guido von Arezzo führt die Solmisation ein |
| um 1050 | Polyphoner Gesang löst gregorianischen Choral ab |
| um 1150 | Blütezeit der Troubadoure in Frankreich, der Minnesänger in Deutschland |
| 1325 | Erste polyphone Messe in Tournai (Frankreich) aufgeführt |
| 1360 | Entwicklung des Klavichords; die Laute verbreitet sich |
| 1465 | Erste gedruckte Noten |
| 1495 | Flämischer Komponist Josquin Desprez wird Kapellmeister in Cambrai |
| 1537 | In Neapel und Venedig entstehen die ersten Konservatorien |
| 1551 | Palestrina wird neuer Kapellmeister an der Cappella Giulia der Peterskirche in Rom |
| 1553 | Entwicklung der Violine |
| 1600 | Blockflöte wird populär |
| 1610 | Der italienische Komponist Claudio Monteverdi schreibt seine »Vespern« (Choräle) |
| 1637 | Teatro San Cassiano, Venedig: erstes öffentliches Opernhaus |
| um 1650 | Moderne Harmonielehre setzt sich durch; Entwicklung der Ouvertüre |
| 1661 | Ludwig XIV. gründet Académie Royale du Danse in Paris |
| 1663 | Waldhorn wird neues Orchesterinstrument |
| 1664 | Heinrich Schütz komponiert sein Weihnachtsoratorium |
| 1677 | Henry Purcell wird königlicher Hofkomponist in London |
| 1679 | Oper »Belérophon« des französischen Komponisten Jean-Baptiste Lully; Alessandro Scarlatti komponiert die Oper »Gli equivoci nel sembiante« |

| | |
|---|---|
| 1709 | Der Italiener Bartolomeo Cristofori erfindet das Pianoforte; Klarinette wird Orchesterinstrument |
| 1712 | Arcangelo Corelli veröffentlicht seine zwölf Concerti grossi |
| 1719 | Georg Friedrich Händel wird Leiter der Royal Academy of Music, London |
| 1721 | Johann Sebastian Bachs sechs Brandenburgische Konzerte entstehen |
| 1723 | Bach wird Thomaskantor in Leipzig |
| 1727 | »Matthäuspassion« (Oratorium) von Bach |
| 1741 | Oratorium »Messias« von Händel |
| 1748/49 | »Messe in h-moll« von Bach |
| 1750 | »Kunst der Fuge« von Bach |
| 1759 | Sinfonie Nr. 1 in D-Dur von Joseph Haydn |
| 1761 | Haydn wird Kapellmeister am Hof des Grafen Esterházy |
| 1762 | Oper »Orpheus und Eurydike« von Christoph Willibald Gluck |
| 1776 | Gründung des Bolschoi-Balletts in Moskau |
| 1781 | Sinfonie »La Chasse« von Haydn |
| 1786 | Oper »Die Hochzeit des Figaro« von Wolfgang Amadeus Mozart |
| 1787 | Oper »Don Giovanni« von Mozart |
| 1788 | Sinfonie Nr. 41 (»Jupiter«) von Mozart |
| 1790 | Oper »Così fan tutte« von Mozart |
| 1791 | Oper »Die Zauberflöte« von Mozart (UA in seinem Sterbejahr) |
| 1795 | Haydn vollendet die zwölf Londoner Sinfonien |
| 1798 | Oratorium »Die Schöpfung« von Haydn |
| 1803 | Sinfonie Nr. 3 (»Eroica«) von Ludwig van Beethoven |
| 1805 | Der italienische Komponist Niccolò Paganini bereist Europa |
| 1806 | Violinkonzert von Beethoven |
| 1808 | Sinfonie Nr. 6 (»Pastorale«) von Beethoven |
| 1816 | Oper »Der Barbier von Sevilla« von Gioacchino Rossini |
| 1821 | Oper »Der Freischütz« von Carl Maria von Weber |
| 1824 | Sinfonie Nr. 9 (mit »Ode an die Freude«) von Beethoven |
| 1827 | Franz Schubert vollendet den Liederzyklus »Die Winterreise« |
| 1828 | Sinfonie Nr. 9 von Schubert |
| 1829 | Klavierkonzert Nr. 2 f-Moll des polnischen Komponisten Frédéric Chopin |
| 1830 | »Sinfonie fantastique« von Hector Berlioz |
| 1833 | Italienische Sinfonie von Felix Mendelssohn-Bartholdy |
| 1837 | »Grande Messe des Morts« von Berlioz |

| | |
|---|---|
| um 1840 | Französischer Instrumentenbauer A. F. Debain erfindet das Harmonium |
| 1841 | Sinfonie Nr. 1 von Robert Schumann; Oper »Der fliegende Holländer« von Richard Wagner |
| 1844 | Oper »Ernani« von Giuseppe Verdi |
| 1845 | Oper »Tannhäuser« von Wagner |
| 1846 | Oratorium »Elias« von Felix Mendelssohn-Bartholdy |
| 1848 | Oper »Lohengrin« von Wagner |
| 1849 | Sinfonische Dichtung »Tasso« von Franz Liszt |
| 1851 | Oper »Rigoletto« von Verdi |
| 1853 | Oper »Der Troubadour« von Verdi |
| 1858 | Operette »Orpheus in der Unterwelt« von Jacques Offenbach |
| 1866 | Oper »Die verkaufte Braut« von Bedřich Smetana |
| 1867 | Wagners Oper »Die Meistersinger« |
| 1870 | Ballett »Coppélia« des französischen Komponisten Léo Delibes |
| 1874 | Verdis »Requiem« |
| 1875 | Oper »Carmen« von Georges Bizet; Klavierkonzert Nr. 1 von Peter Tschaikowskij; Suite »Peer Gynt« des norwegischen Komponisten Edvard Grieg |
| 1876 | Sinfonie Nr. 1 von Johannes Brahms; Aufführung von Wagners »Ring« bei den ersten Bayreuther Festspielen |
| 1877 | Tschaikowskijs Ballett »Schwanensee« |
| 1879 | Tschaikowskijs Oper »Eugen Onegin« |
| 1881 | Offenbachs phantastische Oper »Hoffmanns Erzählungen« |
| 1882 | Wagners Oper »Parsifal« |
| 1885 | »Sinfonische Variationen« von César Franck; Johannes Brahms' Sinfonie Nr. 4 |
| 1886 | »Karneval der Tiere« von Camille Saint-Saëns |
| 1887 | Verdis Oper »Othello«; Oper »Fürst Igor« von Alexander Borodin |
| 1888 | Sinfonische Suite »Scheherezade« von Nikolaij Rimskij-Korsakow |
| 1890 | Oper »Cavalleria rusticana« des italienischen Komponisten Pietro Mascagni |
| 1892 | Oper »Der Bajazzo« von Ruggiero Leoncavallo; Tschaikowskijs Ballett »Der Nussknacker«; »Prélude à l'après-midi d'un faune« von Claude Debussy |
| 1893 | Sinfonie Nr. 9 (»Aus der Neuen Welt«) von Antonín Dvořák; Suite »Karelia« von Jean Sibelius |
| 1894 | Sinfonie Nr. 2 c-Moll (»Auferstehungssinfonie«) von Gustav Mahler |
| 1896 | Oper »La Bohème« von Giacomo Puccini; sinfonische Dichtung »Also sprach Zarathustra« von Richard Strauss |
| 1899 | »Enigma-Variationen« (Orchestersuite) des englischen Komponisten Edward Elgar |

| | |
|---|---|
| 1900 | Aufführung von Puccinis Oper »Tosca« in Rom |
| 1901 | Maurice Ravels Klavierstück »Jeux d'eau« |
| 1902 | »Pelléas und Mélisande«, Oper von Claude Debussy |
| 1904 | Puccinis Oper »Madame Butterfly« |
| 1908 | Streichquartett Nr. 1 des ungarischen Komponisten Béla Bartók |
| 1909 | Mahlers Sinfonie Nr. 9 |
| 1910 | Ballett »Der Feuervogel« des Russen Igor Strawinsky |
| 1911 | Richard Strauss' Oper »Der Rosenkavalier«; Strawinskys Ballett »Petruschka« |
| 1912 | Arnold Schönbergs Liederzyklus »Pierrot Lunaire«; Ballett »Daphnis und Chloë« von Ravel |
| 1916 | Orchesterzyklus »The Planets« des englischen Komponisten Gustav Holst |
| 1917 | »Sinfonie classique« von Sergej Prokofjew |
| 1919 | Ballett »Der Dreispitz« des spanischen Komponisten Manuel de Falla |
| 1924 | Liederzyklus »Poèmes de Ronsard« von Francis Poulenc; Oper »Das schlaue Füchslein« von Leoš Janáček |
| 1925 | Oper »Wozzeck« von Alban Berg |
| 1926 | Konzert für Klavier und Orchester von Aaron Copland; Strawinskys »Oedipus Rex« (Oratorium) |
| 1928 | Ravels »Boléro« |
| 1935 | Oper »Porgy and Bess« von George Gershwin |
| 1937 | Sinfonie Nr. 5 von Dmitrij Schostakowitsch; Liedersammlung »Carmina Burana« des deutschen Komponisten Carl Orff |
| 1939 | Aaron Coplands Ballett »Billy the Kid« |
| 1944 | Béla Bartóks Violinkonzert |
| 1945 | Oper »Peter Grimes« von Benjamin Britten |
| 1955 | Oper »Die Mittsommernachtshochzeit« des britischen Komponisten Michael Tippett |
| 1960 | Karlheinz Stockhausens »Kontakte« (für elektronische Klänge, Klavier und Schlagzeug) |
| 1976 | »Wir erreichen den Fluss« (Handlung für Musik) des deutschen Komponisten Hans Werner Henze |
| 1988 | Klavierkonzert des polnischen Komponisten Witold Lutoslawski |
| 1992 | Oper »The Voyage« von Philip Glass |
| 1994 | Wiederaufführung der Oper »Der gewaltige Hahnrei« (1932) von Berthold Goldschmidt |
| 1997 | Helmut Lachenmanns 'Musik mit Bildern'. »Das Mädchen mit den Schwefelhölzern« bietet ein neuartiges Klangerlebnis |

# Musik

| Nationalhymnen (Auswahl) | | |
| --- | --- | --- |
| Land | Text; Originaltitel | Deutscher Titel |
| Albanien | Rreth fla mu rit te per bashkuar | Die Fahne, die im Kampf uns einte |
| Australien | Australia's sons let us rejoice (»Advance Australia Fair«) | Froh lasst uns jubeln, Söhne Australiens |
| Belgien | Après des siècles d'esclavage (»Brabançonne«) | Nach fremder Knechtschaft dumpfen Zeiten |
| Bulgarien | Gorda Stara planina | Stolzes Balkangebirge |
| China, Volksrepublik | Qianjin! Ge minzu ying xiongde renmin | Vorwärts, unser heroisches Volk im ganzen Land |
| Dänemark | Der er et yndigt land (Landeshymne) | Es liegt ein lieblich Land |
| | Kong Kristian stod ved héjen mast (Königshymne) | Herr Christian stand am hohen Mast |
| Deutschland | Einigkeit und Recht und Freiheit | |
| Finnland | Oi maame, Suomi, synnyinmaa | O Heimat, Heimat, Vaterland |
| Frankreich | Allons enfants de la patrie! (»Marseillaise«) | Auf, Kinder des Vaterlandes |
| Griechenland | Sé gnosíso apó tin kópsi | Dich erkenn ich: deinem Schwerte |
| Großbritannien | God save our gracious Queen | Gott, schütze die edle, gnädige Königin |
| Irland | Seo dhibh, a cháirde, duan ó gláigh | Wir singen ein Lied, ein Soldatenlied |
| Island | O, Gud vors lands! | O Gott des Landes |
| Israel | Kol od balevav penimah (»Hatikva«) | So lange im Herzen darinnen |
| Italien | Fratelli d'Italia | Ihr Brüder Italiens |
| Jugoslawien | Hej Sloveni jŏšte žividuh naših djedova | Hei, ihr Slawen! Es lebt der Geist unserer Ahnen |
| Kanada | O Canada! Our home and native land! | O Kanada, mein Heim und Vaterland |
| Liechtenstein | Oben am jungen Rhein! | |
| Luxemburg | Où l'Our arrose champs et prés (»Ons Hemecht«) | Wo durch die Au die Else zieht |
| Monaco | Principauté Monaco ma patrie | Fürstentum Monaco, mein Vaterland |
| Niederlande | Wilhelmus van Nassouwe Ben ick van Duytschen bloet | Wilhelm von Nassau bin ich von deutschem Blut |
| Norwegen | Ja, vi elsker dette landet | Ja, wir lieben unsere Heimat |
| Österreich | Land der Berge, Land am Strome | |
| Polen | Jeszcze Polska nie zginěla | Noch ist Polen nicht verloren |
| Portugal | Heróis do mar, nobre povo | Helden der See, du hoch geborene |
| Rumänien | Deşpeaptă-te, romane | Erwache, Rumäne |
| Russland | | »Patriotisches Lied« |
| Schweden | Du gamla du fria du fjällhöga Nord | Du alter, du freier gebirgiger Nord |
| Schweiz | Trittst im Morgenrot daher (»Schweizerpsalm«) | |
| Slowakische Republik | Nad Tatru sa blyská | Ob der Tatra blitzt es |
| Spanien | Viva España! (»Marcha Real«) | Es lebe Spanien! |
| Tschechische Republik | Kde domov muj? | Wo ist meine Heimat? |
| Türkei | Korkma sönmez bu safaklarda yüzen ad sancak | Getrost, der Morgenstern brach an |
| Ungarn | Isten áldd meg a magyart | Segne, Herr, mit frohem Mut |
| Vatikan | Roma immortale di martiri e di santi (»Marcia Pontificia«) | Unsterbliches Rom der Heiligen und Märtyrer |
| Vereinigte Staaten von Amerika | Oh, say, can you see, by the dawn's early light | O sagt, könnt ihr seh'n, dort im Frühlicht so klar |

## Nationalhymnen (Auswahl)

| Textdichter | Entstehung | Komponist | Entstehung | Hymne seit |
|---|---|---|---|---|
| Aleksander Stavr Drenova (1872–1947) | | Ciprian Porumbescu (1853–1883) | 1880 | 1912 |
| Peter Dodds McCormick (1835–1918) | | Peter Dodds McCormick | 1878 | 1974 |
| | | | | |
| Jenneval (1801–1830); umgearbeitet 1860 durch Charles Rogier | | François von Campenhout (1779–1849) | 1830 | 1830 |
| Radoslavov | | Dobri Hrístov | 1885 | 1964 |
| Kollektiv | 1978 | Nie Er (1912–1935) | 1935 | 1978 (1949 Melodie) |
| Adam G. Oehlenschläger (1779–1850) | 1819 | Hans Ernst Kréyer (1798–1879) | 1778 | 1780 |
| Johann Ewald (1743–1781) | 1778 | Johan Hartmann? (1726–1793) | | |
| | | | | |
| Hoffmann von Fallersleben (1798–1874) | 1841 | Joseph Haydn (1732–1809) | 1797 | 1952 (nur 3. Strophe) |
| Johann Ludwig Runeberg (1804–1877) | 1848 | Friedrich Pacius (1809–1891) | 1843 | 1848 |
| Claude J. Rouget de Lisle (1760–1836) | | Claude Joseph Rouget de Lisle | 1792 | 1795 |
| Dionysios Solomos (1798–1857) | 1823 | Nikolaos Mantzaros (1795–1873) | 1828 | 1864 |
| ? | | ? | 1745 (erster Nachweis) | Anfang 19. Jh. |
| Peadar O'Cearney (1883–1942) | 1907 | Peadar O'Cearney und Patrick Heaney (1881–1911) | 1911 | 1926 |
| Matthias Jochumson (1835–1920) | 1874 | Svenbjörn Svenbjörnsson (1847–1926) | 1874 | 1874 |
| Naphtali Herz Imber (1856–1909) | 1878? | Samuel Cohen? | 1882 | 1948 |
| Goffredo Mameli (1827–1909) | 1847 | Michele Novaro (1822–1885) | 1847 | 1946 |
| M. Oginski | 1835 | S. Tomášik | | 1945 (ohne Worte) |
| R. Stanley Weir (1856–1926) | 1908 | Calixa Lavallée (1842–1891) | 1880 | 1964 |
| Jakob Joseph Jauch (19. Jh.) | | | | 1920 |
| Michel Lentz (1820–1893) | 1864 | Johann Anton Zinnen (1827–1898) | 1864 | 1877 |
| Théopile Bellando de Castro (1820–1903) | 1848 | Albrecht (1817–1895) | 1867 | 1867 |
| Philipe van Marninx | 1568 | | 16. Jh. | 1932 |
| Bjernstjerne Bjernson (1832–1910) | 1859 (1869 revidiert) | Rikard Nordraak (1842–1866) | 1863 | 1864 |
| Paula von Preradovič (1887–1951) | 1945 | Wolfgang A. Mozart? (1756–1791) | 1791 | 1947 |
| Jósef Wybicki (1747–1822) | 1797 | Michal K. Oginski (1765–1833) | | 1926 |
| Henrique Lopes de Mendonça (1856–1931) | 1890 | Alfredo Kreil (1850–1907) | 1890 | 1910 |
| A. Murešanu (1816–1863) | | A. Pann (1796–1854) | | 1990 |
| | | M. Glinka (1804–1857) | | 1990 |
| Richard Dybeck (1811–1877) | 1844 | Volkslied | | um 1900 |
| Leonard Widmer (1809–1867) | 1841 | Albert Zwyssig (1808–1854); nach einem Kirchenlied | | 1961 |
| Janko Matúška (1821–1877) | | Volkslied | | 1993 |
| José María Pemán y Pemartin (1898–1981) | | | 18. Jh. | 1937 (Text inoffiziell) |
| Josef Tyl (1808–1856) | 1834 | František Croups | 1834 | 1918 |
| Mehmet Akif Ersoy (1873–1936) | 1921 | Osman Zeki Ungör (1880–1958) | 1921 | 1921 |
| Ferenc Kölcsey | 1823 | Ferenc Erkel (1810–1893) | 1844 | 1844 |
| Antonio Allegra (1905–1969) | 1950 | Charles Gounod (1818–1893) | 1869 | 1949 |
| Francis Scott Key (1780–1843) | 1814 | John Stafford Smith (1750–1836) | 1780 | 1916 |

**681**

# Musik

## Notenschlüssel

Violinschlüssel
Ton c =

Sopranschlüssel

Alt-Schlüssel

Tenor-Schlüssel

Bass-Schlüssel

## Tonarten

C-Dur

a-Moll (melodisch)

G-Dur

e-Moll

D-Dur

h-Moll

A-Dur

fis-Moll

E-Dur

cis-Moll

H-Dur

gis-Moll

Fis-Dur ( = Ges-Dur m. 6♭-Vorzeichnungen)

dis-Moll ( = es-Moll mit 6♭-Vorzeichnungen)

Des-Dur

b-Moll

As-Dur

f-Moll

Es-Dur

c-Moll

B-Dur

g-Moll

F-Dur

d-Moll

## Intervalle

## Notensprache durch Versetzungszeichen

| des<br>cis | es<br>dis | | ges<br>fis | as<br>gis | b<br>ais | |
| --- | --- | --- | --- | --- | --- | --- |
| deses<br>his<br>c | eses<br>cisis<br>d | fes<br>disis<br>e | geses<br>eis<br>f | asas<br>fisis<br>g | bebe<br>gisis<br>a | ces<br>aisis<br>h |

## Über die Intervalle ▲

Die Abstände zwischen zwei Tönen, die Intervalle, werden in *reine*, *große* und *kleine* (um einen Halbton voneinander unterschieden) eingeteilt. Prime, Quarte, Quinte und Oktave sind reine Intervalle

## Quintenzirkel

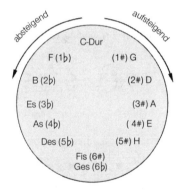

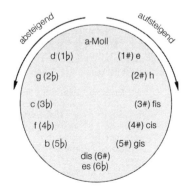

## ◄ Über die Tonarten ►

Die Tonart eines Musikstückes ist aus der Zahl (und Anordnung) der hinter dem Notenschlüssel angegebenen Vorzeichen ersichtlich. Ein Ton, nämlich die Grundstufe oder die erste Stufe einer Tonart, den man als Tonika bezeichnet, liefert den Namen für die betreffende Tonart. Der sich auf der Tonika aufbauende Dreiklang gibt Aufschluss darüber, ob es sich um eine Dur- oder Moll-Tonart handelt. Beim Dur sind Halbtonschritte vom dritten zum vierten und vom siebten zum achten Ton. Jeder Dur-Tonart ist eine Moll-Tonart (Paralleltonart) zugeordnet, die eine kleine Terz tiefer steht. Die Moll-Tonarten haben den ersten Halbtonschritt zwischen dem zweiten und dritten Ton. Der zweite Halbtonschritt liegt gewöhnlich zwischen siebtem und achtem Ton, der siebte Ton muss bei Moll-Tonleitern dafür erhöht werden. Beim *harmonischen Moll* entsteht dadurch ein übermäßiger Schritt (1,5 Stufen) vom sechsten zum siebten Ton. Beim *melodischen Moll* wird dieser Schritt durch Erhöhung des sechsten Tones ausgeglichen, beim Abwärtsgang sind dann beide Erhöhungen aufgelöst.

Die Tonarten können im so genannten Quintenzirkel angeordnet werden. Hierbei gelangt man von C-Dur bzw. a-Moll ausgehend in Quintenschritten nach oben bzw. unten zu allen Tonarten. Geht man von C-Dur aufwärts, gelangt man bei Fis-Dur (oder dis-Moll) zu einer Leiter, die mit der entsprechenden Tonart mit b-Vorzeichen tongleich ist; die b-Tonart wurde durch Quintenschritte von C nach unten erreicht.

## Notenwerte

$^4/_4$    $^2/_4$    $^1/_4$    $^1/_8$    $^1/_{16}$    $^1/_{32}$

Ganze   Halbe   Viertel-   Achtel-   Sech-   Zweiund-
Note   Note   Note   Note   zehntel-   dreißigstel-
                    Note   Note

## Pausen

$^4/_4$    $^2/_4$    $^1/_4$    $^1/_8$    $^1/_{16}$    $^1/_{32}$

Ganze   Halbe   Viertel-   Achtel-   Sech-   Zweiund-
Pause   Pause   Pause   Pause   zehntel-   dreißigstel-
                    Pause   Pause

## Wiederholungszeichen

1. Mal
2. Mal

Ein zu einer Note zugesetzter Punkt
verlängert sie um die Hälfte ihres Wertes

$^3/_4$    $^3/_8$    $^3/_{16}$    $^3/_{32}$    $^3/_{64}$

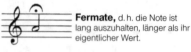

**Fermate,** d. h. die Note ist
lang auszuhalten, länger als ihr
eigentlicher Wert.

**Triole,** d. h. an Stelle von 2
gleichen Notenwerten treten 3,
hier also 3 Achtel statt 2 Achtel.

◀ **Über die Wiederholungszeichen**

Bei der Wiederholung eines Musikabschnittes kann
der Schluss (prima volta) auch ganz ausgelassen
werden; in diesem Fall wird direkt in die Fortsetzung
gesprungen.

## Verzierungen (a Notenbild, b Ausführung)

Langer Vorschlag    Kurzer Vorschlag    Doppelvorschlag    Doppelschlag

Nachschlag    Pralltriller    Mordent

## Tonbezeichnungen

| Deutsch | Italienisch | Französisch | Englisch |
|---------|-------------|-------------|----------|
| C | do | ut | C |
| Ces | do bemolle | ut bémol | C flat |
| Cis | do diesis | ut dièse | C sharp |
| D | re | ré | D |
| Des | re bemolle | ré bémol | D flat |
| Dis | re diesis | ré dièse | D sharp |
| E | mi | mi | E |
| Es | mi bemolle | mi bémol | E flat |
| Eis | mi diesis | mi dièse | E sharp |
| F | fa | fa | F |
| Fes | fa bemolle | fa bémol | F flat |
| Fis | fa diesis | fa dièse | F sharp |
| G | sol | sol | G |
| Ges | sol bemolle | sol bémol | G flat |
| Gis | sol diesis | sol dièse | G sharp |
| A | la | la | A |
| As | la bemolle | la bémol | A flat |
| Ais | la diesis | la dièse | A sharp |
| H | si | si | B |
| B | si bemolle | si bémol | B flat |
| His | si diesis | si dièse | B sharp |

## Musikalische Tempo- und Vortragsbezeichnungen

| Begriff | Bedeutung |
|---------|-----------|
| accelerando; accel. | (allmählich) schneller werdend |
| adagio | ruhig, sanft, langsam (zwischen largo und andante) |
| affettuoso | ausdrucksvoll |
| agitato | aufgeregt, unruhig |
| alla breve | im $^2/_2$-Takt (statt $^4/_4$-Takt) |
| alla marcia | marschähnlich |
| alla polacca | im Polonaisentakt |
| allargando | breiter werdend |
| allegretto | ziemlich bewegt (zwischen andante und allegro) |
| allegro | schnell, lebhaft |
| amabile | lieblich |
| amoroso | lieblich, schmachtend |
| andante | schreitend, mäßig bewegt (zwischen adagio und allegro) |
| andantino | ein wenig gehend |
| animato | belebt, mit lebendigem Ausdruck |
| appassionato | leidenschaftlich |
| arioso | sangbar |
| arpeggio | das harfenähnliche, schnelle Hintereinanderklingen der Töne eines Akkords auf Tasten- oder Saiteninstrumenten |
| assai | ziemlich, sehr |
| a tempo | im ursprünglichen Zeitmaß |
| attacca | ohne Pause weiter |
| calando | langsamer und leiser werdend |

| Begriff | Bedeutung |
|---------|-----------|
| cantabile | gesangvoll, gesanglich |
| capriccioso | launisch, eigenwillig |
| coll'arco | mit dem Bogen |
| col legno | mit dem Holz, nicht mit den Haaren des Bogens zu spielen |
| comodo | mäßig, gemächlich |
| con brio | sprühend, mit Schwung |
| con fuoco | mit Feuer |
| con moto | mit Bewegung |
| con sordino | mit Dämpfer |
| con spirito | mit Geist, geistvoll |
| da capo | »von Anfang an«, wiederholen |
| dal segno | vom Zeichen an (wiederholen) |
| deciso | entschlossen, bestimmt |
| diluendo | verlöschend |
| dolce | zart, sanft |
| energico | energisch |
| eroico | heroisch, schwungvoll |
| espressivo | ausdrucksvoll |
| feroce | wild, heftig |
| fino | bis zum (Endzeichen) |
| flageolett | flötenähnlicher Ton; wird z.B. durch leichtes Aufsetzen des Fingers auf einer Saite erzeugt |
| fugato | nach Art der Fuge |
| funebre | traurig |
| fuoco | feurig |
| furioso | leidenschaftlich, rasend |

⇒ S. 686

# Musik

| Begriff | Bedeutung |
|---|---|
| giocoso | tänzelnd, spielerisch |
| giusto | richtig im Tempo |
| glissando | gleitend (bei Saiten- oder Tasteninstrumenten) |
| grave | schwer |
| grazioso | anmutig |
| lamentoso | klagend |
| larghetto | weniger breit (als largo) |
| largo | breit, feierlich |
| legato | gebunden |
| leggiero | leicht, flüchtig gebunden |
| lento | langsam |
| l'istesso tempo | im gleichen Zeitmaß |
| maestoso | majestätisch |
| ma non troppo | aber nicht zu sehr |
| marcato | deutlich, betont |
| martellato | hämmernd |
| meno ... | weniger ... |
| mesto | betrübt, ernst |
| mezza voce | mit mittlerer, halber Stimme |
| mezzo | mittel, halb |
| misterioso | geheimnisvoll |
| moderato | gemäßigt |
| molto | sehr |
| morendo | ersterbend, verlöschend |
| mosso | bewegt |
| non troppo | nicht zu sehr |
| ostinato | beharrlich, hartnäckig |
| parlando | im Sprechgesang |
| pesante | schwer, wuchtig |
| più ... | mehr ... (z.B. più lento: langsamer) |
| pizzicato | Zupfen der Saiten mit den Fingern |
| poco | ein wenig |
| portato | getragen |
| possibile | möglich |
| presto | sehr schnell |

| Begriff | Bedeutung |
|---|---|
| prestissimo | mit äußerster Schnelligkeit |
| prima vista | vom Blatt |
| rallentando | langsamer werdend |
| religioso | andächtig |
| risoluto | energisch, kräftig |
| ritardando | (allmählich) langsamer werdend |
| ritenuto; rit. | zurückhaltend |
| rubato | im Tempo schwankend |
| scherzando | heiter, scherzend |
| secco | trocken |
| semplice | einfach, schlicht |
| sempre | immer |
| senza ... | ohne ... |
| sereno | heiter |
| serio, serioso | ernst, ernsthaft |
| smorzando | ersterbend, verhauchend |
| solenne | festlich |
| sordo | gedämpft |
| sostenuto | getragen |
| sotto voce | mit gedämpfter Stimme, halblaut |
| spirituoso | belebt, geistvoll |
| staccato | gestoßen, abgehackt |
| strepitoso | geräuschvoll |
| stretto | eng, gedrängt |
| stringendo | drängend, sich steigernd |
| subito | plötzlich |
| tanto | viel, sehr |
| tenuto | gehalten |
| tranquillo | ruhig |
| tutti | alle |
| unisono | im Einklang |
| un poco | ein wenig |
| veloce | schnell |
| vibrato | bebend |
| vivace | lebhaft |
| vivacissimo | sehr lebhaft |

## Musikinstrumente: Sammlungen in Deutschland

| Ort | Sammlung | Gründung | Schwerpunkt |
|---|---|---|---|
| Bad Krozingen | Historische Tasteninstrumente | 1930 | Tasteninstrumente |
| Bamberg | Musikhistorisches Museum Neupert | 1927 | Klavier |
| Berlin | Museum für Völkerkunde | 1934 | 7000 weltweite Instrumente |
| Berlin | Musikinstrumentenmuseum | 1888 | Keine besonderen Schwerpunkte |
| Bochum | Musikinstrumentensammlung Grumbt | 1970 | Kunst- und Volksmusikinstrumente |
| Braunschweig | Braunschweigisches Landesmuseum | 1891 | Kunst- und Volksmusikinstrumente |
| Frankfurt/M. | Historisches Museum Frankfurt | 1878 | Kunst- und Volksmusikinstrumente |
| Göttingen | Musikwissenschaftliches Institut | 1957 | Kunst- und Volksmusikinstrumente |
| Halle | Händel-Haus | 1937 | Kunstmusikinstrumente |
| Hamburg | Museum für Völkerkunde | 1879 | Außereuropäische Instrumente |
| Köln | Rautenstrauch-Joest-Museum | 1901 | Außereuropäische Instrumente |
| Leipzig | Musikinstrumentenmuseum | 1929 | Keine besonderen Schwerpunkte |
| Markneukirchen | Musikinstrumentenmuseum | 1883 | Weltweite Instrumente |
| München | Musikinstrumentenmuseum | 1940 | Kunst- und Volksmusikinstrumente |
| Nürnberg | Germanisches Nationalmuseum | 1852 | Kunst- und Volksmusikinstrumente |
| Stuttgart | Württembergisches Landesmuseum | 1901 | Klaviermechaniken; Kunst-, Volksmusik |

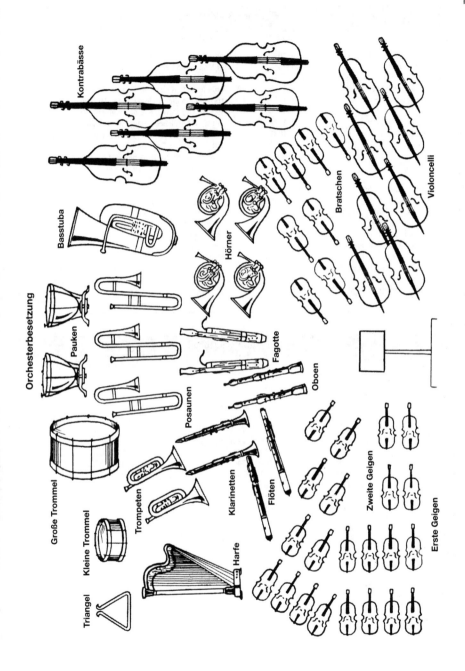

Orchesterbesetzung

Kontrabässe
Violoncelli
Bratschen
Basstuba
Hörner
Pauken
Fagotte
Posaunen
Oboen
Große Trommel
Zweite Geigen
Kleine Trommel
Trompeten
Klarinetten
Flöten
Erste Geigen
Triangel
Harfe

# Musik

| Name | Lebensdaten | Erfindungen, Firmengründungen |
|---|---|---|
| Bechstein, Carl | 1826–1900 | gründete 1853 eine Klavierfabrik in Berlin |
| Blüthner, Julius | 1824–1910 | gründete 1853 eine Klavierfabrik in Leipzig; verbesserte die Repetitionsmechanik |
| Bösendorfer, Ignaz | 1796–1859 | gründete 1828 eine Fabrik in Wien |
| Broadwood, John | 1732–1812 | trat 1770 in die Londoner Firma des Schweizers Burkhard Tschudi ein; entwickelte die englische Mechanik (1777) |
| Cristofori, Bartolomeo | 1665–1732 | gilt als eigentlicher Erfinder des Hammerklaviers (1709) |
| Erard, Sébastien | 1752–1831 | schuf 1777 das erste in Frankreich gebaute Pianoforte; erfand 1822 die Repetitionsmechanik für Klavier; gründete mit seinem Bruder Jean-Baptiste 1780 eine Klavierbaufirma; führte dreichörigen Saitenbezug ein |
| Feurich, Julius | 1821–1900 | gründete 1851 eine Klavierfabrik in Leipzig |
| Ibach, Johannes Adolf | 1766–1848 | gründete 1794 eine Klavierfabrik in Barmen |
| Pleyel, Ignaz | 1757–1831 | gründete 1807 eine Klavierfabrik in Paris |
| Schiedmayer, Johann Lorenz | 1786–1860 | gründete 1809 eine Klavierfabrik in Erlangen |
| Schimmel, Wilhelm | 1854–1947 | gründete 1885 eine Klavierfabrik in Leipzig |
| Silbermann, Gottfried | 1683–1753 | verbesserte seit 1709 die neue Hammerklaviermechanik |
| Stein, Johannes Andreas | 1728–1792 | Schüler Silbermanns; erfand die deutsche oder Wiener Mechanik (um 1755) |
| Steinweg, Heinrich Engelhard | 1797–1871 | gründete 1835 eine Fabrik in Seesen (später Grotrian-Steinweg), 1853 die Firma Steinway & Sons in New York |
| Streicher, Johann Andreas | 1761–1833 | Schwiegersohn von J. A. Stein; verlegte dessen Fabrik von Augsburg nach Wien; verbesserte die deutsche Mechanik |

| Tätig in | Name | Lebensdaten | Schüler von | Verwandtschaft |
|---|---|---|---|---|
| **Italien** | | | | |
| Brescia | Bertolotti, Gasparo (»da Salò«) | 1540–1609 | | |
| | Maggini, Paolo | 1579– um 1630 | G. Bertolotti | |
| Cremona | Amati, Andrea | 1500/05– vor 1580 | | Vater von Girolamo und Antonio |
| | Amati, Girolamo | um 1561–1630 | | |
| | Amati, Antonio | um 1538–1598 | | |
| | Amati, Nicola | 1596–1684 | | Sohn von Girolamo |
| | Amati, Girolamo II | 1649–1740 | | Sohn von Nicola |
| | Stradivari, Antonio | 1644–1737 | N. Amati | Vater von Francesco u. Omobono |
| | Stradivari, Francesco | 1671–1755 | | |
| | Stradivari, Omobono | 1679–1749 | | |
| | Guarneri, Andrea | um 1626–1698 | N. Amati | Vater von Pietro Giovanni und Giuseppe Giovanni Battista |
| | Guarneri, Pietro Giovanni | 1655–1720 | | |
| | Guarneri, Giuseppe Giovanni Battista | 1666– um 1739 | | |
| | Guarneri, Pietro | 1695–1762 | | Sohn von Giuseppe Giovanni Battista |
| | Guarneri, Giuseppe Antonio (»del Gesù«) | 1698–1744 | | Sohn von Giuseppe Giovanni Battista |
| | Ruggieri, Francesco | arbeitete etwa 1645–1700 | | |
| Mailand | Grancino, Paolo | arbeitete 1665–1692 | N. Amati | Vater von Giovanni und Giovanni Battista |
| | Grancino, Giovanni | arbeitete ab 1677, †1737 | | |

| Tätig in | Name | Lebensdaten | Schüler von | Verwandtschaft |
|---|---|---|---|---|
| | Grancino, Giovanni Battista | nachweisbar 1669–1710 | G. B. Guarneri | |
| | Testore, Carlo | um 1660–1737 | G. Grancino | |
| Neapel | Gagliano, Alessandro | um 1660– um 1728 | A. Stradivari ? | Vater von Nicola und Gennaro |
| | Gagliano, Nicola | um 1695–1758 | | |
| | Gagliano, Gennaro | um 1700– nach 1770 | | |
| Piacenza | Guadagnini, Giuseppe | arbeitete um 1700 | A. Stradivari ? | Vater von Lorenzo |
| | Guadagnini, Lorenzo | vor 1695– nach 1760 | | |
| Venedig | Montagnana, Domenico | um 1690–1750 | A. Stradivari | |
| **Österreich** | | | | |
| Tirol | Stainer, Jakob | vor 1617–1683 | | |
| **Deutschland** | | | | |
| Mittenwald | Klotz, Matthias | 1653–1743 | N. Amati ? | Vater von Georg, Sebastian und Johann Karl |
| | Klotz, Georg | 1687–1737 | | |
| | Klotz, Sebastian | 1696–1775 | | |
| | Klotz, Johann Karl | 1709–1769 | | |
| Oberbayern | Tieffenbrucker, Kaspar | um 1514–1571 | | |
| **Frankreich** | | | | |
| Paris | Lupot, Nicolas | 1758–1824 | | |
| | Gand, Charles François | 1787–1845 | | |
| | Vuillaume, Jean-Baptiste | 1798–1875 | | |

## Bedeutende Dirigenten und Orchester

| Dirigent | Land | Lebensdaten | Orchester | Tätigkeit |
|---|---|---|---|---|
| Abbado, Claudio | Italien | *1933 | Berliner Philharmoniker | seit 1989 |
| Abendroth, Hermann | Deutschland | 1883–1956 | Staatskapelle Dresden | 1934–1945 |
| | | | Gewandhausorchester Leipzig | 1934–1945 |
| Barenboim, Daniel | Israel | *1942 | Chicago Symphony Orchestra | seit 1991 |
| Beecham, Thomas | Großbritannien | 1879–1961 | London Philharmonic Orchestra | 1932–1939 |
| Bernstein, Leonard | USA | 1918–1990 | New York Philharmonic Orchestra | 1958–1969 |
| Boulez, Pierre | Frankreich | *1925 | New York Philharmonic Orchestra | 1971–1977 |
| Boult, Adrian | Großbritannien | 1889–1983 | London Philharmonic Orchestra | 1950–1957 |
| Celibidache, Sergiu | Rumänien | 1912–1996 | Münchner Philharmoniker | 1976–1996 |
| Chailly, Riccardo | Italien | *1953 | Concertgebouw Orkest, Amsterdam | seit 1988 |
| Dohnányi, Christoph von | Deutschland | *1929 | Cleveland Orchestra | seit 1984 |
| Furtwängler, Wilhelm | Deutschland | 1886–1954 | Berliner Philharmoniker | 1922–1954 |
| | | | Staatskapelle Dresden | 1922–1928 |
| | | | Gewandhausorchester Leipzig | 1922–1928 |
| | | | Wiener Philharmoniker | 1933–1954 |
| Haitink, Bernard | Niederlande | *1929 | Concertgebouw Orkest, Amsterdam | 1964–1988 |
| Karajan, Herbert von | Österreich | 1908–1989 | Berliner Philharmoniker | 1955–1989 |
| Kempe, Rudolf | Deutschland | 1910–1976 | Münchner Philharmoniker | 1967–1976 |
| Klemperer, Otto | Deutschland | 1885–1973 | London Philharmonic Orchestra | 1959–1973 |
| Maazel, Lorin | USA | *1930 | Cleveland Orchestra | 1972–1982 |
| Mahler, Gustav | Österreich | 1860–1911 | Wiener Philharmoniker | 1897–1907 |
| Masur, Kurt | Deutschland | *1927 | Gewandhausorchester Leipzig | 1970–1996 |
| | | | New York Philharmonic Orchestra | seit 1992 |
| Mehta, Zubin | Indien | *1936 | New York Philharmonic Orchestra | 1978–1992 |
| Mrawinski, Jewgeni | Russland | 1903–1988 | Leningrader Philharmoniker | 1938–1988 |
| Muti, Riccardo | Italien | *1941 | London Philharmonia Orchestra | 1973–1987 |
| | | | Philadelphia Orchestra | 1980–1993 |

⇒ S. 690

**689**

# Musik

| Dirigent | Land | Lebensdaten | Orchester | Tätigkeit |
|---|---|---|---|---|
| Nikisch, Arthur | Deutschland | 1855–1922 | Berliner Philharmoniker | 1895–1922 |
| | | | Gewandhausorchester Leipzig | 1895–1922 |
| Ormandy, Eugene | USA/Ungarn | 1899–1985 | Philadelphia Orchestra | 1936–1980 |
| Reiner, Fritz | USA/Ungarn | 1888–1963 | Chicago Symphony Orchestra | 1953–1963 |
| Sawallisch, Wolfgang | Deutschland | *1923 | Philadelphia Orchestra | seit 1993 |
| Sinopoli, Giuseppe | Italien | *1946 | Staatskapelle Dresden | seit 1992 |
| | | | London Philharmonia Orchestra | 1987–1994 |
| Solti, Georg | Großbrit./Ungarn | 1912–1997 | Chicago Symphony Orchestra | 1969–1991 |
| Stokowski, Leopold | USA | 1882–1977 | Philadelphia Orchestra | 1912–1936 |
| Szell, George | USA/Ungarn | 1897–1970 | Cleveland Orchestra | 1946–1970 |
| Toscanini, Arturo | Italien | 1867–1957 | New York Philharmonic Orchestra | 1929–1936 |
| Walter, Bruno | Deutschland | 1876–1962 | Gewandhausorchester Leipzig | 1929–1933 |
| Weingartner, Felix | Österreich | 1863–1942 | Münchner Philharmoniker | 1898–1905 |
| | | | Wiener Philharmoniker | 1908–1927 |

## Stimmfächer (mit Beispielen)

| Fach | Rolle | Oper | Komponist |
|---|---|---|---|
| Soubrette | Ännchen | Der Freischütz | Carl Maria von Weber |
| Koloratursopran | Königin der Nacht | Die Zauberflöte | Wolfgang Amadeus Mozart |
| Lyrischer Sopran | Undine | Undine | Albert Lortzing |
| Jugendlich-dramatischer Sopran | Mimi | La Bohème | Giacomo Puccini |
| Dramatischer Koloratursopran | Salome | Salome | Richard Strauss |
| Dramatischer Sopran | Leonore | Fidelio | Ludwig van Beethoven |
| Charaktersopran | Carmen | Carmen | Georges Bizet |
| Hochdramatischer Sopran | Kundry | Parsifal | Richard Wagner |
| Dramatischer Mezzosopran | Eboli | Don Carlos | Giuseppe Verdi |
| Lyrischer Mezzosopran | Emilie | Othello | Giuseppe Verdi |
| Dramatischer Alt | Erda | Das Rheingold | Richard Wagner |
| Tiefer Alt | Quickly | Falstaff | Giuseppe Verdi |
| Tenorbuffo | Pedrillo | Die Entführung aus dem Serail | Wolfgang Amadeus Mozart |
| Lyrischer Tenor | Tamino | Die Zauberflöte | Wolfgang Amadeus Mozart |
| Jugendlicher Heldentenor | Parsifal | Parsifal | Richard Wagner |
| Charaktertenor | Dr. Cajus | Falstaff | Giuseppe Verdi |
| Heldentenor | Siegfried | Der Ring der Nibelungen | Richard Wagner |
| Lyrischer Bariton | Figaro | Der Barbier von Sevilla | Gioacchino Rossini |
| Kavalierbariton | Marcel | La Bohème | Giacomo Puccini |
| Charakterbariton | Don Pizarro | Fidelio | Ludwig van Beethoven |
| Heldenbariton | Orest | Elektra | Richard Strauss |
| Leichter Bassbuffo | Dr. Bartolo | Der Barbier von Sevilla | Gioacchino Rossini |
| Schwerer Bassbuffo | Falstaff | Die lustigen Weiber von Windsor | Otto Nicolai |
| Charakterbass | Kuno | Der Freischütz | Carl Maria von Weber |
| Seriöser Bass | Sarastro | Die Zauberflöte | Wolfgang Amadeus Mozart |

## Meisterwerke der Konzertmusik

| Komponist | Lebensdaten | Werke |
|---|---|---|
| Antonio Vivaldi | 1678–1741 | Le quattro stagioni (»Die vier Jahreszeiten«), op. 8 |
| Johann Sebastian Bach | 1685–1750 | Violinkonzert in a-Moll, BWV 1041 (um 1720) |
| | | Violinkonzert in E-Dur, BWV 1042 (um 1720) |
| | | Konzert für 2 Violinen, Streicher und Basso continuo in d-Moll, BWV 1043 (um 1718) |
| | | Brandenburgische Konzerte Nr. 1–6, BWV 1046–1051 (1718–1721) |

| Komponist | Lebensdaten | Werke |
|---|---|---|
| Joseph Haydn | 1732–1809 | Cellokonzert in D-Dur, Hob. VIIb:2 |
| | | Klavierkonzert in D-Dur, Hob. XVIII:11 |
| Wolfgang Amadeus Mozart | 1756–1791 | Violinkonzert G-Dur KV 216 (1775); Violinkonzert D-Dur KV 218 (1775) |
| | | Violinkonzert A-Dur KV 219 (1775); Flötenkonzert G-Dur KV 313 (1778) |
| | | Klavierkonzert d-Moll KV 466 (1785); Klavierkonz. C-Dur KV 467 (1785) |
| | | Klavierkonz. Es-Dur KV 482 (1785); Klavierkonz. A-Dur KV 488 (1786) |
| | | Klavierkonz. c-Moll KV 491 (1786); Klavierkonz. C-Dur KV 503 (1786) |
| | | Klavierkonzert D-Dur KV 537 (»Krönungskonzert«; 1788) |
| | | Klavierkonzert B-Dur KV 595 (1791) |
| | | Klarinettenkonzert A-Dur KV 622 (1791) |
| Ludwig van Beethoven | 1770–1827 | Klavierkonzert Nr. 1 C-Dur op. 15 (1796) |
| | | Romanze für Violine und Orchester G-Dur op. 40 (1802) |
| | | Romanze für Violine und Orchester F-Dur op. 50 (1802) |
| | | Klavierkonzert Nr. 3 c-Moll op. 37 (1803) |
| | | Tripelkonzert für Klavier, Violine, Violoncello und Orchester C-Dur op. 56 (1804) |
| | | Klavierkonz. Nr. 4 G-Dur op. 58 (1806); Violinkonz. D-Dur op. 61 (1806) |
| | | Klavierkonzert Nr. 5 Es-Dur op. 73 (1809) |
| Nicolò Paganini | 1782–1840 | Violinkonzert Nr. 1 D-Dur op. 6; Violinkonzert Nr. 2 h-Moll op. 7 |
| Felix Mendelssohn-Bartholdy | 1809–1847 | Violinkonzert e-Moll op. 64 (1845) |
| Frédéric Chopin | 1810–1849 | Klavierkonzert Nr. 1 e-Moll op. 11 (1830) |
| | | Klavierkonzert Nr. 2 f-Moll op. 21 (1829/30) |
| Robert Schumann | 1810–1856 | Klavierkonzert a-Moll op. 54 (1845) |
| | | Violinkonzert d-Moll (1853); Cellokonzert a-Moll op. 129 (1850) |
| Franz Liszt | 1811–1886 | Klavierkonzert Nr. 1 Es-Dur (1856) |
| | | Klavierkonzert Nr. 2 A-Dur (1861) |
| Henri Vieuxtemps | 1820–1881 | Violinkonzert Nr. 4 op. 31 (1850); Violinkonzert Nr. 5 op. 37 (1867) |
| César Franck | 1822–1890 | Symphonische Variationen für Klavier und Orchester (1885) |
| Edouard Lalo | 1823–1892 | Symphonie espagnole op. 21 (Violinkonzert; 1873) |
| Johannes Brahms | 1833–1897 | Klavierkonzert Nr. 1 d-Moll op. 15 (1859) |
| | | Violinkonzert D-Dur op. 77 (1879) |
| | | Klavierkonzert Nr. 2 B-Dur op. 83 (1881) |
| | | Konzert für Violine, Violoncello und Orchester a-Moll op. 102 (1887) |
| Henryk Wieniawski | 1835–1880 | Violinkonzert Nr. 2 d-Moll op. 22 (1862) |
| Max Bruch | 1838–1920 | Violinkonzert Nr. 1 g-Moll op. 26 (1868) |
| Piotr (Peter) Tschaikowskij | 1840–1893 | Klavierkonzert Nr. 1 b-Moll op. 23 (1874/75) |
| | | Variationen über ein Rokoko-Thema für Violoncello und Orchester A-Dur op. 33 (1877); Violinkonzert D-Dur op. 35 (1878) |
| Antonín Dvořák | 1841–1904 | Violinkonzert a-Moll op. 53 (1882); Cellokonzert h-Moll op. 104 (1896) |
| Edvard Grieg | 1843–1907 | Klavierkonzert a-Moll op. 16 (1869) |
| Ernest A. Chausson | 1855–1899 | Poème, Rhapsodie für Violine und Orchester op. 25 (1896) |
| Edward Elgar | 1857–1934 | Violinkonzert h-Moll op. 61 (1910) |
| Richard Strauss | 1864–1949 | Hornkonzert Nr. 1 Es-Dur op. 11 (1883) |
| | | Burleske für Klavier und Orchester d-Moll (1885) |
| | | Hornkonzert Nr. 2 Es-Dur (1942); Oboenkonzert (1945) |
| Alexander Glasunow | 1865–1936 | Violinkonzert a-Moll op. 82 (1904) |
| Jean Sibelius | 1865–1957 | Violinkonzert d-Moll op. 47 (1904) |
| Sergej Rachmaninow | 1873–1943 | Klavierkonzert Nr. 2 c-Moll op. 18 (1901); Klavierkonzert Nr. 3 d-Moll op. 30 (1909); Rhapsodie über ein Thema von Paganini op. 43 (1934) |
| Maurice Ravel | 1875–1937 | Klavierkonzert G-Dur (1931) |
| Alban Berg | 1885–1935 | Violinkonzert (»Dem Andenken eines Engels«; 1935) |
| Sergej Prokofjew | 1891–1953 | Klavierkonzert Nr. 1 Des-Dur op. 10 (1912) |
| | | Violinkonzert Nr. 1 D-Dur op. 19 (1917) |
| | | Klavierkonzert Nr. 3 C-Dur op. 26 (1921) |
| | | Konzert für Violoncello und Orchester e-Moll op. 125 (1950–1952) |
| Erich W. Korngold | 1897–1957 | Violinkonzert D-Dur op. 35 (1947) |
| George Gershwin | 1898–1937 | Rhapsodie in Blue (1924); Klavierkonzert F-Dur (1925) |
| Dmitrij Schostakowitsch | 1906–1975 | Violinkonzert Nr. 1 a-Moll |

# Musik

| Meisterwerke der Orchestermusik | | |
|---|---|---|
| Komponist | Lebensdaten | Werke |
| Johann Sebastian Bach | 1685–1750 | Suite Nr. 2 h-Moll, BWV 1067; Suite Nr. 3 D-Dur, BWV 1068 |
| Georg Friedrich Händel | 1685–1759 | Wassermusik HWV 348–350 (1715–1717) |
| | | Concerti grossi op. 3, Nr. 1–6 HWV 312–317 (1734) |
| | | Concerti grossi op. 6, Nr. 1–12 HWV 319–330 (1739/40) |
| | | Feuerwerksmusik HWV 351 (1749) |
| Joseph Haydn | 1732–1809 | Sinfonie Nr. 45 fis-Moll; Sinfonie Nr. 88 G-Dur (1787) |
| | | Sinfonie Nr. 92 G-Dur (1789); Sinfonie Nr. 94 G-Dur (1791) |
| | | Sinfonie Nr. 100 G-Dur (1794); Sinfonie Nr. 101 D-Dur (1794) |
| Wolfgang Amadeus Mozart | 1756–1791 | Sinfonie D-Dur KV 297; Sinfonie C-Dur KV 338 (1780) |
| | | Sinfonie D-Dur KV 385 (1782/83) |
| | | Sinfonie C-Dur KV 425 (1783); Sinfonie D-Dur KV 504 (1786) |
| | | Sinfonie Es-Dur KV 543 (1788); Sinfonie g-Moll KV 550 (1788) |
| | | Sinfonie C-Dur KV 551 (1788) |
| Ludwig van Beethoven | 1770–1827 | Sinfonie Nr. 1 C-Dur op. 21 (1800) |
| | | Sinfonie Nr. 2 D-Dur op. 36 (1801/02) |
| | | Sinfonie Nr. 3 Es-Dur (1803); Sinfonie Nr. 4 B-Dur op. 60 (1806) |
| | | Leonoren-Ouvertüre Nr. 3 op. 72a (1806) |
| | | Coriolan-Ouvertüre op. 62 (1807) |
| | | Sinfonie Nr. 5 c-Moll op. 67 (1807/08) |
| | | Sinfonie Nr. 6 F-Dur (1808); Egmont-Ouvertüre op. 84 (1809/10) |
| | | Sinfonie Nr. 7 A-Dur op. 92 (1813); Sinfonie Nr. 8 F-Dur op. 93 (1814) |
| | | Sinfonie Nr. 9 d-Moll op. 125 (1823/24) |
| Franz Schubert | 1797–1828 | Sinfonie Nr. 5 B-Dur D 485 (1841); Sinfonie Nr. 7 h-Moll D 759 |
| | | Sinfonie Nr. 8 C-Dur D 944 (1825/26) |
| Hector Berlioz | 1803–1869 | Symphonie fantastique op. 14 (1830–1832) |
| | | Harold in Italien op. 16 (1834) |
| Felix Mendelssohn-Bartholdy | 1809–1847 | Sinfonie Nr. 3 a-Moll op. 56 (1842); Sinfonie Nr. 4 A-Dur op. 90 (1833) |
| | | Musik zu Shakespeares »Sommernachtstraum« op. 21 und op. 61 |
| Robert Schumann | 1810–1856 | Sinfonie Nr. 1 B-Dur op. 38 (1841); Sinfonie Nr. 2 C-Dur op. 61 (1846) |
| | | Sinfonie Nr. 3 Es-Dur op. 97 (1851) |
| | | Sinfonie Nr. 4 d-Moll op. 120 (1841/1853) |
| Franz Liszt | 1811–1886 | Les Préludes (1848); Faust-Symphonie (1854/57) |
| Richard Wagner | 1813–1883 | Siegfried-Idyll (1870) |
| César Franck | 1822–1890 | Sinfonie d-Moll (1886–1888) |
| Bedřich Smetana | 1824–1884 | Mein Vaterland (1875–1880) |
| Anton Bruckner | 1824–1896 | Sinfonie Nr. 4 Es-Dur (1881); Sinfonie Nr. 7 E-Dur (1881/83) |
| | | Sinfonie Nr. 9 d-Moll (1887/96) |
| Alexander Borodin | 1833–1887 | Sinfonie Nr. 2 h-Moll (1877); Polowetzer Tänze aus »Fürst Igor« |
| Johannes Brahms | 1833–1897 | Variationen über ein Thema von J. Haydn op. 56a (1873) |
| | | Sinfonie Nr. 1 in c-Moll op. 68 (1876) |
| | | Sinfonie Nr. 2 in D-Dur op. 73 (1877) |
| | | Sinfonie Nr. 3 in F-Dur op. 90 (1883) |
| | | Sinfonie Nr. 4 in e-Moll op. 98 (1885) |
| Camille Saint-Saëns | 1835–1921 | Sinfonie Nr. 3 c-Moll op. 78 (1886) |
| Georges Bizet | 1838–1875 | L'Arlésienne-Suiten (1872) |
| Modest Mussorgskij | 1839–1881 | Bilder einer Ausstellung (1874, Orchesterfassung von M. Ravel, 1922) |
| | | Eine Nacht auf dem kahlen Berge (1867, Orchesterfassung von N. Rimskij-Korsakow, 1886) |
| Piotr (Peter) Tschaikowski | 1840–1893 | Romeo und Julia (1869/70); Schwanensee (Ballettmusik; 1877) |
| | | Sinfonie Nr. 4 f-Moll op. 36 (1878); Capriccio Italien op. 45 (1880) |
| | | Serenade für Streichorchester C-Dur op. 48 (1880) |
| | | Ouvertüre 1812 op. 49 (1882) |
| | | Sinfonie Nr. 5 e-Moll op. 63 (1888) |
| | | Dornröschen (1890); Nussknacker (1892) |
| | | Sinfonie Nr. 6 h-Moll op. 74 (1893) |
| Alexis E. Chabrier | 1841–1894 | España (Orchester-Rhapsodie, 1883) |

| Komponist | Lebensdaten | Werke |
|---|---|---|
| Antonín Dvořák | 1841–1904 | Slawische Tänze op. 46 (1878); Slawische Tänze op. 72 (1887) |
| | | Sinfonie Nr. 8 G-Dur op. 88 (1889); Sinfonie Nr. 9 e-Moll op. 95 (1893) |
| Edvard Grieg | 1843–1907 | Peer-Gynt-Suite Nr. 1 op. 46 (1888); Peer Gynt-Suite Nr. 2 op. 55 (1891) |
| Nikolai Rimskij-Korsakow | 1844–1908 | Capriccio espagnol op. 34 (1887) |
| | | Scheherazade (Symphonische Suite op. 35; 1888) |
| Leoš Janáček | 1854–1928 | Taras Bulba (Rhapsodie für Orchester, 1921); Sinfonietta (1926) |
| Edward Elgar | 1857–1934 | Enigma-Variationen op. 36 (1899) |
| | | Sinfonie Nr. 2 Es-Dur op. 63 (1911) |
| | | Fünf Märsche »Pomp and Circumstance« |
| Gustav Mahler | 1860–1911 | Sinfonie Nr. 1 D-Dur (1885–1888) |
| | | Sinfonie Nr. 2 c-Moll (1888–1894) |
| | | Sinfonie Nr. 3 d-Moll (1895/96); Sinfonie Nr. 4 G-Dur (1899–1901) |
| | | Sinfonie Nr. 5 cis-Moll (1901–1903); Sinfonie Nr. 6 a-Moll (1903/04); |
| | | Sinfonie Nr. 7 (1904/05); Sinfonie Nr. 8 Es-Dur (1910) |
| | | Sinfonie Nr. 9 D-Dur (1908/09); Das Lied von der Erde (1907/08) |
| Claude Debussy | 1862–1918 | Prélude à l'après-midi d'un faune (1894); La Mer (1903–1905) |
| Richard Strauss | 1864–1949 | Don Juan op. 20 (1889); Tod und Verklärung op. 24 (1889) |
| | | Till Eulenspiegels lustige Streiche op. 28 (1895) |
| | | Also sprach Zarathustra op. 30 (1896); Don Quixote op. 35 (1898) |
| | | Ein Heldenleben op. 40 (1899); Eine Alpensymphonie op. 64 (1915) |
| Carl Nielsen | 1865–1931 | Sinfonie Nr. 5 op. 50 (1921/22) |
| Paul Dukas | 1865–1935 | Der Zauberlehrling (Symphonisches Scherzo; 1897) |
| Jean Sibelius | 1865–1957 | En Saga op. 9 (1901); Sinfonie Nr. 1 e-Moll op. 39 (1899) |
| | | Finlandia op. 26 (1900); Sinfonie Nr. 2 D-Dur op. 43 (1902) |
| | | Sinfonie Nr. 5 Es-Dur op. 82 (1915/1919) |
| | | Sinfonie Nr. 7 C-Dur op. 105 (1924) |
| Ralph Vaughan Williams | 1872–1958 | Sinfonie Nr. 4 f-Moll (1931–1934) |
| Max Reger | 1873–1916 | Variationen und Fuge über ein Thema von Mozart op. 132 (1914) |
| Gustav Holst | 1874–1934 | Die Planeten op. 32 (1917) |
| Arnold Schönberg | 1874–1951 | Verklärte Nacht op. 4 (1899); Pelléas und Mélisande op. 5 (1905) |
| | | Kammersymphonie für 15 Soloinstrumente op. 9 (1907, Orchester- |
| | | fassung 1935); Fünf Orchesterstücke op. 16 (1912/1949) |
| Charles E. Ives | 1874–1954 | The Unanswered Question (1906); Sinfonie Nr. 4 (1910–1916) |
| Maurice Ravel | 1875–1937 | Rhapsodie espagnole (1908) |
| | | Daphnis und Chloé (Orchestersuite Nr. 3, 1913) |
| | | La Valse (1920); Boléro (1928) |
| Manuel de Falla | 1876–1946 | Der Liebeszauber (Ballettmusik, 1915/1925) |
| | | Der Dreispitz (Ballettmusik, 1919) |
| Ottorino Resphighi | 1879–1936 | Fontane di Roma (1916); Pini di Roma (1924); Feste romane (1929) |
| Béla Bartók | 1881–1945 | Konzert für Orchester (1943) |
| | | Musik für Saiteninstrumente, Schlagzeug und Celesta (1937) |
| Igor Strawinsky | 1882–1971 | Der Feuervogel (Ballettmusik, 1910); Petruschka (Ballettmusik, 1911) |
| | | Le sacre du printemps (Ballettmusik, 1913) |
| | | Concerto in Es für Kammerorchester (1937/38); Sinfonie in C (1940) |
| Sergej Prokofjew | 1891–1953 | Sinfonie Nr. 1 D-Dur op. 25 (1918) |
| | | Peter und der Wolf (Symphonisches Märchen für Kinder op. 67; 1936) |
| | | Romeo und Julia (Orchestersuiten op. 64a, b; 1936/37) |
| Arthur Honegger | 1892–1955 | »Pacific 231« (1923); Sinfonie Nr. 3 (1945/46) |
| Darius Milhaud | 1892–1974 | »Der Ochse auf dem Dach« (1920); »Die Erschaffung der Welt« (1923) |
| Paul Hindemith | 1895–1963 | Mathis der Maler (1934); Sinfonische Metamorphosen (1943) |
| George Gershwin | 1898–1937 | Ein Amerikaner in Paris (1928) |
| Werner Egk | 1901–1983 | Französische Suite (nach Rameau; 1949) |
| Aram I. Chatschaturjan | 1903–1978 | Gajaneh (Ballettmusik, 1942/1957); Spartacus (Ballettmusik, 1954) |
| Dmitrij Schostakowitsch | 1906–1975 | Sinfonie Nr. 5 d-Moll op. 47 (1937) |
| Wolfgang Fortner | 1907–1987 | Sweelinck-Suite (1930) |
| Olivier Messiaen | 1908–1992 | Turangalia-Symphonie (1949) |
| Benjamin Britten | 1913–1976 | Simple Symphony op. 4 (1934); The Young Persons's Guide to the |
| | | Orchestra (Variationen und Fuge über ein Thema von Purcell, 1946) |

# Musik

## Meisterwerke der geistlichen Musik und der Chormusik

| Komponist | Lebensdaten | Werke |
|---|---|---|
| Claudio Monteverdi | 1567–1643 | Die Marien-Vesper (1610) |
| Heinrich Schütz | 1585–1672 | Matthäus-Passion (1666) |
| Johann Sebastian Bach | 1685–1750 | Johannes-Passion (1723); Matthäus-Passion (1729) |
| | | Messe in h-Moll (1733–47); Weihnachts-Oratorium (1734) |
| Georg Friedrich Händel | 1685–1759 | Der Messias (1742); Judas Makkabäus (1744) |
| Joseph Haydn | 1732–1809 | Die Schöpfung (1798); Die Jahreszeiten (1801) |
| Wolfgang Amadeus Mozart | 1756–1791 | Die Krönungsmesse, KV 317 (1779); Messe in d-Moll, KV 65 (1769) |
| | | Messe in c-Moll, KV 427 (1782/83); Requiem in d-Moll, KV 626 (1791) |
| Ludwig van Beethoven | 1770–1827 | Missa solemnis in D-Dur, op. 123 (1819–23) |
| Gioacchino Rossini | 1792–1868 | Stabat Mater (1832) |
| Franz Schubert | 1797–1828 | (Deutsche) Messe Es-Dur D 950 (1828) |
| Hector Berlioz | 1803–1869 | Grande Messe des Morts op. 5 / Requiem (1837) |
| | | Fausts Verdammung op. 24 (1846) |
| Giuseppe Verdi | 1813–1901 | Missa da Requiem für vier Soli, Chor und Orchester (1874) |
| Anton Bruckner | 1824–1896 | Te Deum (1881–84) |
| Johannes Brahms | 1833–1897 | Ein deutsches Requiem (1868) |
| Antonín Dvořák | 1841–1904 | Stabat Mater op. 58 (1876/77) |
| Leoš Janáček | 1854–1928 | Glagolitische Messe (1926) |
| Arnold Schönberg | 1874–1951 | Gurrelieder (1900–11) |
| Igor Strawinsky | 1882–1971 | Oedipus Rex / Opern-Oratorium (1927); Psalmensymphonie (1930) |
| Arthur Honegger | 1892–1955 | Johanna auf dem Scheiterhaufen |
| Carl Orff | 1895–1982 | Carmina Burana (1937) |
| Benjamin Britten | 1913–1976 | War Requiem op. 66 (1962) |

## Meisterwerke der Oper, Operette und des Musicals

| Komponist | Lebensdaten | Werke |
|---|---|---|
| Claudio Monteverdi | 1567–1643 | Orfeo (Oper, 1607); Die Krönung der Poppäa (Oper, 1642) |
| Henry Purcell | 1659–1695 | Dido und Aeneas (Oper, 1689) |
| Georg Friedrich Händel | 1685–1759 | Julius Cäsar (Oper, 1724); Acis und Galatea (Pastoral-Oper, 1732) |
| Christoph Willibald Gluck | 1714–1787 | Orpheus und Eurydike (Oper, 1762); Iphigenie in Aulis (Oper, 1774) |
| Domenico Cimarosa | 1749–1801 | Die heimliche Ehe (Komische Oper, 1792) |
| Wolfgang Amadeus Mozart | 1756–1791 | Idomeneo (Heroische Oper, 1781) |
| | | Die Entführung aus dem Serail (Deutsches Singspiel, 1782) |
| | | Die Hochzeit des Figaro (Komische Oper, 1786) |
| | | Don Giovanni (Oper, 1787); Così fan tutte (Komische Oper, 1790) |
| | | Die Zauberflöte (Zauberoper, 1791) |
| Luigi Cherubini | 1760–1842 | Der Wasserträger (Oper, 1800) |
| Ludwig van Beethoven | 1770–1827 | Fidelio (Oper, 1814) |
| François Adrien Boieldieu | 1775–1834 | Die weiße Dame (Komische Oper, 1825) |
| E.T.A. Hoffmann | 1776–1822 | Undine (Oper, 1816) |
| Daniel François E. Auber | 1782–1871 | Fra Diavolo (Komische Oper, 1830) |
| Carl Maria von Weber | 1786–1826 | Der Freischütz (Romantische Oper, 1821) |
| Giacomo Meyerbeer | 1791–1864 | Die Afrikanerin (Oper, 1865) |
| Gioacchino Rossini | 1792–1868 | Die Italienerin in Algier (Komische Oper, 1813) |
| | | Der Barbier von Sevilla (Komische Oper, 1816) |
| | | Aschenbrödel (Komische Oper, 1817) |
| Heinrich Marschner | 1795–1861 | Hans Heiling (Romantische Oper, 1833) |
| Gaetano Donizetti | 1797–1848 | Der Liebestrank (Komische Oper, 1832) |
| | | Lucia von Lammermoor (Oper, 1835) |
| | | Die Regimentstochter (Komische Oper, 1840) |
| | | Don Pasquale (Komische Oper, 1843) |
| Jacques F. Halévy | 1799–1862 | Die Jüdin (Oper, 1835) |

694

| Komponist | Lebensdaten | Werke |
|---|---|---|
| Vincenzo Bellini | 1801–1835 | Norma (Tragische Oper, 1831) |
| Albert Lortzing | 1801–1851 | Zar und Zimmermann (Komische Oper, 1837) |
| | | Der Wildschütz (Komische Oper, 1843); Undine (Oper, 1845) |
| | | Der Waffenschmied (Oper, 1846) |
| Adolphe Charles Adam | 1803–1856 | Der Postillon von Lonjumeau (Oper, 1836) |
| Hector Berlioz | 1803–1869 | Die Trojaner (Große Oper, 1863/1890) |
| Michail Iwanowitsch Glinka | 1804–1857 | Das Leben für den Zaren (Oper, 1836); Ruslan und Ludmilla (Oper, 1842) |
| Otto Nicolai | 1810–1849 | Die lustigen Weiber von Windsor (Komische Oper, 1843) |
| Friedrich von Flotow | 1812–1883 | Martha oder Der Markt zu Richmond (Komische Oper, 1847) |
| Richard Wagner | 1813–1883 | Der Fliegende Holländer (Romantische Oper, 1843) |
| | | Tannhäuser (Romantische Oper, 1845) |
| | | Lohengrin (Romantische Oper, 1850); Tristan und Isolde (Oper, 1865) |
| | | Die Meistersinger von Nürnberg (Komische Oper, 1868) |
| | | Ring des Nibelungen; 1876 erste Gesamtaufführung: |
| | | Das Rheingold (1869); Die Walküre (1870); Siegfried (1876); |
| | | Götterdämmerung (1876) |
| | | Parsifal (Ein Bühnenweihfestspiel, 1882) |
| Giuseppe Verdi | 1813–1901 | Nabucco (Oper, 1842); Rigoletto (Oper, 1851); La Traviata (Oper, 1853) |
| | | Der Troubadour (Oper, 1854); Ein Maskenball (Oper, 1859) |
| | | Die Macht des Schicksals (Oper, 1862); Don Carlos (Oper, 1867) |
| | | Aida (Oper, 1871); Othello (Oper, 1887); Falstaff (Komische Oper, 1893) |
| Charles François Gounod | 1818–1893 | Margarete (Oper, 1859) |
| Jacques Offenbach | 1819–1880 | Orpheus in der Unterwelt (Operette, 1858) |
| | | Die schöne Helena (Operette, 1864); |
| | | Hoffmanns Erzählungen (Oper, 1881) |
| Franz von Suppé | 1819–1895 | Boccaccio (Operette, 1879) |
| Peter Cornelius | 1824–1874 | Der Barbier von Bagdad (Komische Oper, 1858) |
| Friedrich Smetana | 1824–1884 | Die verkaufte Braut (Komische Oper, 1866) |
| Johann Strauß Sohn | 1825–1899 | Die Fledermaus (Operette, 1874) |
| | | Eine Nacht in Venedig (Operette, 1883) |
| | | Der Zigeunerbaron (Operette, 1885) |
| Alexander Borodin | 1833–1887 | Fürst Igor (Oper, 1890) |
| Amilcare Ponchielli | 1834–1886 | La Gioconda (Oper, 1876) |
| Camille Saint-Saëns | 1835–1921 | Samson und Dalila (Oper, 1877) |
| Georges Bizet | 1838–1875 | Carmen (Oper, 1875) |
| Modest Mussorgskij | 1839–1881 | Boris Godunow (Oper, 1874/1896) |
| Peter Tschaikowskij | 1840–1893 | Eugen Onegin (Oper, 1879); Pique Dame (Oper, 1890) |
| Antonín Dvořák | 1841–1904 | Rusalka (Märchenoper, 1901) |
| Carl Zeller | 1842–1898 | Der Vogelhändler (Operette, 1891) |
| Carl Millöcker | 1842–1899 | Der Bettelstudent (Operette, 1882) |
| Jules Massenet | 1842–1912 | Manon (Komische Oper, 1884); Werther (Lyrisches Drama, 1892) |
| Richard Heuberger | 1850–1914 | Der Opernball (Operette, 1898) |
| Engelbert Humperdinck | 1854–1921 | Hänsel und Gretel (Märchenoper, 1893) |
| Leoš Janáček | 1854–1928 | Jenufa (Oper, 1904); Das schlaue Füchslein (Oper, 1924) |
| Ruggiero Leoncavallo | 1857–1919 | Der Bajazzo (Oper, 1892) |
| Giacomo Puccini | 1858–1924 | La Bohème (Oper, 1896); Tosca (Oper, 1900) |
| | | Madame Butterfly (Oper, 1904); Gianni Schicchi (Oper, 1918) |
| | | Turandot (Oper, 1926) |
| Sidney Jones | 1861–1946 | Die Geisha (Operette, 1896) |
| Claude Debussy | 1862–1918 | Pelléas et Mélisande (Musikdrama, 1902) |
| Pietro Mascagni | 1863–1945 | Cavalleria rusticana (Oper, 1890) |
| Eugen d'Albert | 1864–1932 | Tiefland (Musikdrama, 1903) |
| Richard Strauss | 1864–1949 | Salome (Oper, 1905); Elektra (Oper, 1909) |
| | | Der Rosenkavalier (Komische Oper, 1911) |
| | | Ariadne auf Naxos (Oper, 1912); Frau ohne Schatten (Oper, 1919) |
| | | Arabella (Oper, 1933) |
| Paul Lincke | 1866–1946 | Frau Luna (Operette, 1899) |

⇒ S. 696

# Musik

| Komponist | Lebensdaten | Werke |
|---|---|---|
| Umberto Giordano | 1867–1948 | André Chénier (Oper, 1896) |
| Franz Lehár | 1870–1948 | Die lustige Witwe (Operette, 1905) |
| | | Der Graf von Luxemburg (Operette, 1909); Paganini (Operette, 1925) |
| | | Der Zarewitsch (Operette, 1927) |
| | | Das Land des Lächelns (Operette, 1929) |
| Oscar Strauss | 1870–1954 | Ein Walzertraum (Operette, 1907) |
| Leon Jessel | 1871–1942 | Schwarzwaldmädel (Operette, 1917) |
| Leo Fall | 1873–1925 | Der fidele Bauer (Operette, 1907); Madame Pompadour (Operette, 1923) |
| Arnold Schönberg | 1874–1951 | Moses und Aron (Oper, 1930–1932, unvollendet) |
| Ermanno Wolf-Ferrari | 1876–1948 | Die vier Grobiane (Komische Oper, 1906) |
| Jean Gilbert | 1879–1942 | Die keusche Susanne (Operette, 1910) |
| Emmerich Kálmán | 1882–1953 | Die Csárdásfürstin (Operette, 1915); Gräfin Mariza (Operette, 1924) |
| | | Die Zirkusprinzessin (Operette, 1926) |
| Igor Strawinsky | 1882–1971 | Die Geschichte vom Soldaten (Oper, 1918) |
| Ralph Benatzky | 1884–1957 | Im weißen Rössl (Singspiel, 1930) |
| Alban Berg | 1885–1935 | Wozzek (Oper, 1925); Lulu (Oper, 1937/1979) |
| Eduard Künneke | 1885–1953 | Der Vetter aus Dingsda (Operette, 1921) |
| Irving Berlin | 1888–1989 | Annie Get Your Gun (Musical, 1946) |
| Sergej Prokofjew | 1891–1953 | Die Liebe zu den drei Orangen (Märchenoper, 1921) |
| Paul Abraham | 1892–1960 | Viktoria und ihr Husar (Operette, 1930) |
| | | Blume von Hawaii (Operette, 1931) |
| Cole Porter | 1893–1964 | Kiss Me Kate (Musical, 1948) |
| Paul Hindemith | 1895–1963 | Mathis der Maler (Oper, 1938); Cardillac (Oper, 1952) |
| Nico Dostal | 1895–1981 | Clivia (Operette, 1933) |
| Carl Orff | 1895–1982 | Die Kluge (Oper, 1943) |
| Jaromir Weinberger | 1896–1967 | Schwanda, der Dudelsackpfeifer (Märchenoper, 1927) |
| Erich Wolfgang Korngold | 1897–1957 | Die tote Stadt (Oper, 1920) |
| George Gershwin | 1898–1937 | Porgy und Bess (Oper, 1935) |
| Kurt Weill | 1900–1950 | Die Dreigroschenoper (Oper, 1928) |
| Ernst Krenek | 1900–1991 | Jonny spielt auf (Oper, 1972) |
| Fred Raymond | 1900–1954 | Maske in Blau (Operette, 1937) |
| Werner Egk | 1901–1983 | Die Zaubergeige (Märchenoper, 1935); Peer Gynt (Oper, 1938) |
| Richard Rodgers | 1902–1979 | Oklahoma (Musical, 1943) |
| Frederick Loewe | 1904–1988 | My Fair Lady (Musical, 1956) |
| Dmitrij Schostakowitsch | 1906–1975 | Die Nase (Oper, 1930) |
| Wolfgang Fortner | 1907–1987 | Bluthochzeit (Lyrische Tragödie, 1957) |
| Paul Burkhard | 1911–1977 | Feuerwerk (Musikalische Komödie, 1950) |
| Benjamin Britten | 1913–1976 | Peter Grimes (Oper, 1945); Billy Bud (Oper, 1951) |
| | | Ein Sommernachtstraum (Oper, 1960) |
| Bernd Alois Zimmermann | 1918–1970 | Die Soldaten (Oper, 1965) |
| Leonard Bernstein | 1918–1990 | West Side Story (Musical, 1957); Candide (Oper, 1982) |
| Gottfried von Einem | 1918–1996 | Dantons Tod (Oper, 1947) |
| Giselher Klebe | *1925 | Die Räuber (Oper, 1957) |
| Hans Werner Henze | *1926 | Der junge Lord (Komische Oper, 1965) |
| John Kander | *1927 | Cabaret (Musical, 1966) |
| Jerry Bock | *1928 | Anatevka (Musical, 1964) |
| Galt MacDermot | *1928 | Hair (Musical, 1967) |
| Karlheinz Stockhausen | *1928 | Licht – Die sieben Tage der Woche (Opernzyklus, begonnen 1977) |
| Krzystof Penderecki | *1933 | Die Teufel von Loudon (Oper, 1969); Ubu Rex (Oper, 1991) |
| Siegfried Matthus | *1934 | Judith (Oper, 1985) |
| Udo Zimmermann | *1943 | Der Schuhu und die fliegende Prinzessin (Märchenoper, 1976) |
| | | Die wundersame Schustersfrau (Oper, 1982) |
| Marvin Hamlisch | *1944 | A Chorus Line (Musical, 1975) |
| Andrew Lloyd Webber | *1948 | Jesus Christ Superstar (Rock-Oper, 1971); Cats (Musical, 1981) |
| | | Das Phantom der Oper (Musical, 1986) |

## Stationen der Jazz- und Rock-Geschichte

| | |
|---|---|
| 1900 | Höhepunkt der Ragtime-Welle, u.a. durch Scott Joplins »Maple Leaf Rag« |
| 1917 | Die Original Dixieland Jazz Band nimmt die erste Jazzplatte auf (»Livery Stable Blues«) |
| 1924 | Die »Rhapsody in Blue« von George Gershwin wird in der New Yorker Aeolian Hall vom Paul Whiteman-Orchester uraufgeführt – mit dem Komponisten am Piano |
| 1935 | Nach seinem Durchbruch im Palomar-Ballroom in Los Angeles wird Benny Goodman zum »King of Swing« |
| 1936 | Die Juke Box, ein Automat der bei Einwurf einer Münze eine Schallplatte nach Wahl spielt, wird eingeführt |
| 1937 | Tommy Dorsey nimmt seinen Millionen-Hit »Marie« auf |
| 1938 | Benny Goodmans Carnegie-Hall-Konzert am 16.1. macht den Jazz salonfähig |
| 1949/50 | Miles Davis' später so genannte »Birth of the Cool«-Sessions werden von Capitol aufgenommen |
| 1951 | Benny Goodmans Carnegie-Hall-Konzert von 1938 wird auf LP veröffentlicht und zur bestverkauften Jazz-LP aller Zeiten |
| 1955 | Bill Haleys »Rock Around the Clock« markiert die Geburtsstunde des Rock'n' Roll; Miles Davis holt John Coltrane in sein Quintett |
| 1956 | Mit »Heartbreak Hotel« beginnt die Karriere von Elvis Presley; Johnny Cashs »I Walk the Line« kommt in die Pop Charts |
| 1957 | Die ersten Stereo-LPs erscheinen; Buddy Holly gibt sein Debüt im US-Fernsehen |
| 1959 | Ray Charles nimmt mit »What'd I Say?« den ersten durchschlagenden Soul-Song auf |
| 1960 | Berry Gordy gründet in Detroit das Motown-Label; Ornette Coleman nimmt die LP »Free Jazz« auf, die einem neuen Jazz-Stil den Namen gibt |
| 1963 | Die Beatles haben ihren ersten Hit mit »Please Please Me« |
| 1964 | Die US-Tournee der Beatles bricht alle Rekorde; Film: »A Hard Days Night«; John Coltrane spielt die einflussreiche LP »A Love Supreme« ein |
| 1965 | Bob Dylan, auf E-Gitarre umgestiegen, wird beim Newport Folk Festival ausgebuht; Robert Moog konstruiert den Synthesizer |
| 1967 | »Sgt. Peppers Lonely Hearts Club Band« erscheint, das erfolgreichste Album der Beatles; Monterey Pop Festival u.a. mit Jimi Hendrix, Janis Joplin und Otis Redding |
| 1968 | Die LP »Beggar's Banquet« der Rolling Stones erscheint |
| 1969 | Woodstock-Festival mit Joan Baez, Jimi Hendrix, Janis Joplin und Otis Redding lockt 450000 Besucher an |
| 1970 | Beatle Paul McCartney betreibt die Auflösung der Gruppe; die LP »Bitches Brew« von Miles Davis initiiert den Fusion-Jazz |
| 1971 | Wayne Shorter und Joe Zawinul gründen die Gruppe Weather Report, die einflussreichste Fusion-Gruppe der 70er Jahre |
| 1972 | Bob Marleys »Catch a Fire« popularisiert den Reggae |
| 1974 | Die Gruppe Queen mit Leadsänger Freddy Mercury schafft den Durchbruch mit »Killer Queen« |
| 1975 | Verfilmung der Rockoper »Tommy« der Gruppe The Who |
| 1980 | Beatle John Lennon wird in New York erschossen |
| 1982 | Erster Rap-Hit »The Message« von Grandmaster Flash & The Furious Five; Techno aus Detroit beginnt sich durchzusetzen, ein Oberbegriff für House, Trance, Acid, Ambient u.a., eine auf dem Viervierteltakt basierende Tanzmusik |
| 1983 | Michael Jacksons Album »Thriller« wird größter Verkaufserfolg |
| 1984 | Durch eine Welttournee steigt die irische Rockgruppe U2 zur Kultband der 80er Jahre auf |
| 1985 | Michael Jackson kauft die Rechte an den Beatles-Songs |
| 1990 | MC Hammer gewinnt als erster Rap-Künstler einen Grammy; Drum & Bass bzw. Jungle oder TripHop, die Musik der Londoner Straßenszene der 90er Jahre, kreiert von Disc-Jockeys, prägt die Tanzmusik der 90er Jahre |
| 1992 | Das Album »Nevermind« bringt der amerikanischen Gruppe Nirvana den Durchbruch; Leadsänger Curt Kobain avanciert zum Idol der Jugend |
| 1997 | Elton John schreibt anlässlich des Unfalltodes von Lady Diana ein ursprünglich für Marylin Monroe geschriebenes Lied um und nennt es »Candle in the Wind« |
| 1999 | Puff Daddy will mit seinem Album »Forever« wieder Ghetto-Authentizität beweisen; mit dabei sind auch HipHop-Stars wie Busta Rhymes, R. Kelly und Jay-Z |
| 2000 | Carlos Santana gelingt mit seinem Album »Super Natural« ein grandioses Comeback; bei der Grammy-Verleihung ist er der große Sieger |

# Musik

| Grand Prix Eurovision de la Chanson | | | |
|---|---|---|---|
| Jahr | Ort | Siegertitel | Sänger/in |
| 1956 | Lugano | Refrain | Lys Assia |
| 1957 | Frankfurt/M. | Net als toen | Corry Brocken |
| 1958 | Hilversum | Dors, mon amour | André Claveau |
| 1959 | Cannes | Een beetje | Teddy Scholten |
| 1960 | London | Tom Pillibi | Jacqueline Boyer |
| 1961 | Cannes | Nous les amoureux | Jean-Claude Pascal |
| 1962 | Luxemburg | Un premier amour | Isabelle Aubret |
| 1963 | London | Dansevise | Grethe und Jørgen Ingmann |
| 1964 | Kopenhagen | Non ho l'età | Gigliola Cinquetti |
| 1965 | Neapel | Poupée de cire, poupée de son | France Gall |
| 1966 | Luxemburg | Merci chérie | Udo Jürgens |
| 1967 | Wien | Puppet on a string | Sandie Shaw |
| 1968 | London | La la la | Massiel |
| 1969 | Madrid | Boom Bang-A-Bang | Lulu |
| | | De troubadour | Lenny Kuhr |
| | | Un jour, un enfant | Frida Boccara |
| | | Vivo cantando | Salomé |
| 1970 | Amsterdam | All kinds of everything | Dana |
| 1971 | Dublin | Un banc, un arbre, une rue | Severine |
| 1972 | Edinburgh | Après toi | Vicky Leandros |
| 1973 | Luxemburg | Tu te reconnaîtras | Anne-Marie David |
| 1974 | Brighton | Waterloo | ABBA |
| 1975 | Stockholm | Ding-A-Dong | Teach-In |
| 1976 | Den Haag | Save your kisses for me | Brotherhood of Man |
| 1977 | London | L'oiseau et l'enfant | Marie Myriam |
| 1978 | Paris | A-Ba-Ni-Bi | Izhar Cohen & Alpha Beta |
| 1979 | Jerusalem | Hallelujah | Gali Atari & Milk and Honey |
| 1980 | Den Haag | What's another year | Johnny Logan |
| 1981 | Dublin | Making your mind up | Bucks Fizz |
| 1982 | Harrogate | Ein bisschen Frieden | Nicole |
| 1983 | München | Si la vie est cadeau | Corinne Hermès |
| 1984 | Luxemburg | Diggi-loo Diggi-ley | Herreys |
| 1985 | Göteborg | La det svinge | Bobbysocks |
| 1986 | Bergen | J'aime la vie | Sandra Kim |
| 1987 | Brüssel | Hold me now | Johnny Logan |
| 1988 | Dublin | Ne partez pas sans moi | Céline Dion |
| 1989 | Lausanne | Rock me | Riva |
| 1990 | Zagreb | Insieme: 1992 | Toto Cutugno |
| 1991 | Rom | Fångad av en stormvind | Carola |
| | | C'est le dernier qui a parlé qui a raison | Amina |
| 1992 | Malmö | Why me | Linda Martin |
| 1993 | Millstreet Town | In your eyes | Niamh Kavanagh |
| 1994 | Dublin | Rock'n'Roll kids | Paul Harrington & Charlie McGettigan |
| 1995 | Dublin | Nocturne | Secret Garden |
| 1996 | Oslo | The voice | Eimear Quinn |
| 1997 | Dublin | Love shine a light | Katrina and the Waves |
| 1998 | Birmingham | Diva | Dana International |
| 1999 | Jerusalem | Take me to your heaven | Charlotte Nilsson |
| 2000 | Stockholm | Fly on the wings of love | Olsen Brothers |

## Grand Prix Eurovision de la Chanson

| Land | Deutscher Titel | Sänger/in | Platz |
|---|---|---|---|
| Schweiz | Das Lied vom großen Glück | Walter Schwarz | – |
| | So geht das jede Nacht | Freddy Quinn | – |
| Niederlande | Telefon, Telefon | Margot Hielscher | 4 (von 10) |
| Frankreich | Für zwei Groschen Musik | Margot Hielscher | 7 (von 10) |
| Niederlande | Heute Abend woll'n wir tanzen geh'n | Alice und Ellen Kessler | 8 (von 11) |
| Frankreich | Bonne nuit, ma chérie | Wyn Hoop | 4 (von 13) |
| Luxemburg | Einmal sehen wir uns wieder | Lale Andersen | 13 (von 16) |
| Frankreich | Zwei kleine Italiener | Cornelia Froboess | 6 (von 16) |
| Dänemark | Marcel | Heidi Brühl | 9 (von 16) |
| Italien | Man gewöhnt sich so schnell an das Schöne | Nora Nova | 13 (von 16) |
| Luxemburg | Paradies, wo bist du? | Ulla Wiesner | 15 (von 18) |
| Österreich | Die Zeiger der Uhr | Margot Eskens | 15 (von 18) |
| Großbritannien | Anouschka | Inge Brück | 8 (von 17) |
| Spanien | Ein Hoch der Liebe | Wencke Myhre | 6 (von 17) |
| Großbritannien | Primaballerina | Siw Malmkwist | 9 (von 16) |
| Niederlande | | | |
| Frankreich | | | |
| Spanien | | | |
| Irland | Wunder gibt es immer wieder | Katja Ebstein | 3 (von 12) |
| Monaco | Diese Welt | Katja Ebstein | 3 (von 18) |
| Luxemburg | Nur die Liebe lässt uns leben | Mary Roos | 3 (von 18) |
| Luxemburg | Junger Tag | Gitte Haenning | 8 (von 17) |
| Schweden | Die Sommermelodie | Cindy und Bert | 14 (von 19) |
| Niederlande | Ein Lied kann eine Brücke sein | Joy Fleming | 17 (von 19) |
| Großbritannien | Sing, Sang, Song | Les Humphries Singers | 15 (von 18) |
| Frankreich | Telegram | Silver Convention | 8 (von 18) |
| Israel | Feuer | Ireen Sheer | 6 (von 20) |
| Israel | Dschingis Khan | Dschingis Khan | 4 (von 19) |
| Irland | Theater | Katja Ebstein | 2 (von 19) |
| Großbritannien | Johnny Blue | Lena Valaitis | 2 (von 20) |
| Deutschland | | | 1 (von 18) |
| Luxemburg | Rücksicht | Hoffmann & Hoffmann | 5 (von 20) |
| Schweden | Aufrecht geh'n | Mary Roos | 13 (von 19) |
| Norwegen | Für alle | Wind | 2 (von 19) |
| Belgien | Über die Brücke geh'n | Ingrid Peters | 8 (von 20) |
| Irland | Lass die Sonne in dein Herz | Wind | 2 (von 22) |
| Schweiz | Lied für einen Freund | Maxi & Chris Garden | 14 (von 21) |
| Jugoslawien | Flieger | Nino de Angelo | 14 (von 22) |
| Italien | Frei zu leben | Chris Kempers & Daniel Kovac | 9 (von 22) |
| Schweden | Dieser Traum darf niemals sterben | Atlantis 2000 | 18 (von 22) |
| Frankreich | | | |
| Irland | Träume sind für alle da | Wind | 16 (von 23) |
| Irland | Viel zu weit | Münchner Freiheit | 18 (von 25) |
| Irland | Wir geben 'ne Party | Mekado | 3 (von 25) |
| Norwegen | Verliebt in dich | Stone & Stone | 23 (von 23) |
| Irland | Blauer Planet | Leon | nicht qualifiziert |
| Großbritannien | Zeit | Bianca Schomburg | 18 (von 25) |
| Israel | Guildo hat euch lieb | Guildo Horn | 6 (von 25) |
| Schweden | Reise nach Jerusalem | Sürpriz | 3 (von 24) |
| Dänemark | Wadde hadde dudde da? | Stefan Raab | 5 (von 24) |

# Tanz

| Volks- und Gesellschaftstänze | | | |
|---|---|---|---|
| Name | Takt | Ursprungsland | Entstehung |
| Allemande | gerader Takt | Deutschland | 16. Jahrhundert |
| Blues | 4/4 | USA | um 1920 |
| Bolero | 3/4 | Spanien | 18. Jahrhundert |
| Boogie-Woogie | 4/4 | USA | um 1920 |
| Bourrée | 4/4 | Frankreich | 16. Jahrhundert |
| Branle | gerader Takt | Frankreich | 16. Jahrhundert |
| Calypso | 2/4 und 4/4 | Trinidad | um 1900 |
| Cancan | 2/4 | Algerien | 19. Jahrhundert |
| Cha-Cha-Cha | 2/4 und 4/4 | Kuba | um 1950 |
| Chaconne | 3/4 | vermutl. Spanien | 16. Jahrhundert |
| Charleston | 4/4 | USA | um 1920 |
| Courante | 3/8 oder 6/8 | Frankreich | 16. Jahrhundert |
| Ecossaise | dreiteilig | Schottland | 17. Jahrhundert |
| Fandango | 3/4 | Spanien | 18. Jahrhundert |
| Flamenco | dreiteilig | Spanien | 16. Jahrhundert |
| Forlana | 6/8 | Italien | 17. Jahrhundert |
| Foxtrott | 4/4 | USA | um 1910 |
| Gaillarde | ungerader Takt | Italien | 14. Jahrhundert |
| Galopp | 2/4 | Deutschland | um 1820 |
| Gavotte | 2/4 | Frankreich | 16. Jahrhundert |
| Gigue | drei-, auch zweiteilig | Irland und Schottland | 17. Jahrhundert |
| Habanera | 2/4 | Kuba | 19. Jahrhundert |
| Jitterbug | 4/4 | USA | um 1940 |
| Kontertanz | 6/8 | England | 16. Jahrhundert |
| Krakowiak | 2/4 | Polen | 19. Jahrhundert |
| Ländler | 3/4 | Bayern/Österreich | 15. Jahrhundert |
| Mambo | 2/4 | Kuba | um 1940 |
| Mazurka | 3/4 oder 3/8 | Polen | 17. Jahrhundert |
| Menuett | 3/4 | Frankreich | 17. Jahrhundert |
| Musette | 3/4 oder 6/8 | Frankreich | 17. Jahrhundert |
| Onestep | 2/4 | USA | um 1900 |
| Paso doble | gerader Takt | Spanien, Südamerika | um 1945 |
| Pavane | gerader Takt | Italien | 16. Jahrhundert |
| Polka | 2/4 | Böhmen | um 1830 |
| Polonaise | 3/4 | Polen | 16. Jahrhundert |
| Quadrille | 2/4 | Frankreich | 18. Jahrhundert |
| Rheinländer | 2/4 | Deutschland | um 1840 |
| Rigaudon | gerader Takt | Frankreich | 17. Jahrhundert |
| Rock 'n' Roll | 4/4 | USA | um 1955 |
| Rumba | gerader Takt | Kuba | 19. Jahrhundert |
| Samba | 4/4 | Brasilien | um 1920 |
| Sarabande | 3/4 | Spanien | 16. Jahrhundert |
| Schuhplattler | 3/4 oder 2/4 | Oberbayern | 19. Jahrhundert |
| Siciliano | 6/8 | Sizilien | 18. Jahrhundert |
| Tango | 2/4 | Argentinien | um 1900 |
| Tarantella | 6/8 | Italien | 18. Jahrhundert |
| Twist | 4/4 | USA | um 1960 |
| Walzer | 3/4 | Österreich | um 1770 |

## Geschichte des freien Tanzes

| Jahr | Ereignis |
|------|----------|
| 1900 | Am Pariser World Fair wird für Loie Fuller ein spezielles Theater für ihre Tanzvorführungen gebaut |
| 1900–02 | Isadora Duncan feiert Erfolge in ganz Europa; sie tanzt barfuß in einer einfachen griechischen Tunica |
| 1915 | In Los Angeles gründen Ruth St. Denis und ihr Ehemann und Partner Ted Shawn die Denishawn-Schule, die erste Bühne für freien Tanz in Amerika, an der zahlreiche spätere Stars ausgebildet werden |
| 1927 | Martha Graham eröffnet eine Schule für zeitgenössischen Tanz in New York; sie lehrt die inzwischen weltbekannte Graham-Technik der Kontraktion und Entspannung und bildet eine Tanzgruppe |
| 1928 | Doris Humprey und Charles Weidman eröffnen eine Schule; sie unterrichten eine Methode, die auf den Prinzipien des Zusammenfallens und Wiederaufrichtens basiert |
| 1930 | Premiere von »Lamentations« in New York: In einer Solovorführung benutzt Martha Graham den ganzen Körper, um Gefühle ohne Sprache und Mimik auszudrücken |
| 1931 | Premiere von »The Shakers« in New York, choreografiert von Humprey gemäß ihrer Technik des Zusammenfallens und Wiederaufrichtens |
| 1932 | Ted Shawn eröffnet sein Summer Theatre und gründet die Männergruppe Ted Shawn and his Men, die viel zum Ansehen männlicher Tänzer beiträgt |
| 1936 | Hanya Holm, ehemalige Studentin von Mary Weidman in Deutschland, eröffnet ihr Studio in New York |
| 1941 | Das erste Jacob Pillow Dance Festival ernennt Ted Shawn zum Leiter; das Ted-Shawn-Theater wird gebaut |
| 1944 | Martha Grahams Stück »Appalachian« feiert in New York mit Graham und Erick Hawkins in den Hauptrollen Triumphe |
| 1947 | Die neu gegründete José Limón Dance Company feiert erste Erfolge |
| 1952 | Merce Cunningham bildet eine eigene Tanzgruppe und ernennt den Komponisten und langjährigen Mitarbeiter John Cage zum Musikdirektor; Tanzschritte und Abfolgen werden per Zufall ausgewählt; der Part des Choreografen entfällt |
| 1954 | Bildung der Paul Taylor Dance Company; Taylor legt den Schwerpunkt auf eine freie und athletische Choreografie mit witzigen, lyrischen und satirischen Elementen |
| 1955 | Premiere von Anna Sokolows »Rooms« in New York, ein Werk über soziale Verantwortung |
| 1958 | In New York wird das Alvin Ailey Dance Theatre (später: A City Center Dance Theatre) gegründet; Aileys multikulturelle Tanzgruppe stellt zumeist das Leben im städtischen und ländlichen »schwarzen« Amerika dar |
| 1960 | Alvin Aileys Vorzeigestück »Revelation« wird in New York prämiert; das Werk verbindet traditionelle Spirituals mit Gospelmusik |
| 1962 | Das Judson-Dance-Theater, ein Zusammenschluss von Choreografen, schafft formale Tanztechniken ab und konzentriert sich auf alltägliche Bewegungen; führende Vertreter sind Trisha Brown, Lucinda Childs, Steve Paxton, Yvonne Rainer und später Laura Dean sowie Kei Takei |
| 1966 | Norman Morrice kehrt nach zweijährigem Studium bei Martha Graham zum Ballet Rambert zurück; die Tanzgruppe wendet sich erfolgreich dem freien Tanz zu |
| 1967 | Robert Cohan, ein langjähriger Tänzer bei Martha Graham, übernimmt die Leitung des neu gegründeten London Contemporary Dance Theatre |
| 1968 | Gründung der Lar Lubovitch Dance Company in New York; in Zusammenarbeit mit den Komponisten Steve Reich und Philipp Glass entsteht eine parallele Form der Choreografie |
| 1969 | »The Place« öffnet als neue Heimat des London Contemporary Dance Theatre in London seine Tore |
| 1971 | Premiere von Twyla Tharps »Eight Jelly« in New York zur Klaviermusik von Jelly Roll Morton |
| 1973 | Unter der Leitung von Pina Bausch entsteht in Wuppertal ein neuartiges Tanztheater, das sich mit innovativen Formen des Tanzschauspiels beschäftigt |
| 1980 | Mit eigenen Werken debütiert Mark Morris im Merce-Cunningham-Studio in New York |
| 1981 | Erste Vorführung von Kei Takeis Werk »Light«, ein Elf-Stunden-Stück in insgesamt 15 Teilen |
| 1987 | Die Rambert Dance Company wird in Ballet Rambert umbenannt |
| 1990 | Martha Grahams letztes Werk, »Maple Leaf Rag«, wird in New York mit großem Erfolg uraufgeführt |
| 1991 | Mit »Der plötzliche Tod« stellt der französische Tänzer und Choreograf Maurice Béjart ein weiteres Erfolgsstück vor; Béjarts Werke verbinden klassische Schrittfolgen mit modernen musikalischen Elementen (u.a. Jazz) |

# Theater

## vor Christus

| | |
|---|---|
| um 3200 | Erste rituelle Aufführungen religiöser Dramen in Ägypten |
| um 600 | Aus dem Kultlied (Dithyrambos) auf Dionysos entsteht das griechische Theater |
| 500–400 | Goldenes Zeitalter des griechischen Dramas mit Tragödien von Aischylos (Trilogie Orestie), Sophokles (König Ödipus) und Euripides (Die Bakchen) und den Komödien von Aristophanes (Lysistrata) |
| um 320 | Amphitheater mit über 13000 Zuschauerplätzen im griechischen Epidauros erbaut |
| 300–100 | Stücke von Plautus (Asinaria) und Terenz (Die Schwiegermutter) in Rom; in Indien wird das Ramayana aufgeführt |
| um 250 | Gladiatorenkämpfe in Rom |

## nach Christus

| | |
|---|---|
| 80 | Eröffnung des Kolosseums in Rom als Schauplatz für Spiele, Scheinschlachten und Theateraufführungen |
| 1000–1300 | Mysterien- und Passionsspiele |
| um 1200 | Erste Hofnarren in Europa |
| um 1350 | Entstehung des No-Theaters in Japan |
| um 1400 | Französische Schauspielertruppen führen geistliche Dramen auf |
| um 1500 | Maskenspiele (theatralisch angeordnete Festzüge und Aufführungen) an europäischen Höfen |
| um 1510 | Französische mittelalterliche Sozialsatire |
| ab 1517 | Das süddeutsche Fastnachtsspiel gipfelt in den Stücken des Nürnberger Meistersingers Hans Sachs |
| um 1530 | Italienische Commedia-dell'Arte-Truppen |
| 1548 | Schauspielertruppe gründet in Paris Frankreichs festes Theater |
| 1576 | James Burbage errichtet in London The Theatre, Englands erste Bühne |
| um 1580 | Entstehung des japanischen Volkstheaters Kabuki mit komischen Volkstänzen und Singtanzpantomimen |
| 1585–1615 | Höhepunkt des englischen Dramas mit Werken von Marlowe und Shakespeare |
| ab 1597 | Richard Burbage tritt im Blackfriars Theatre und im Globe Theatre (eröffnet 1599) in London mit einer Truppe auf, der auch William Shakespeare angehört |
| um 1610 | Goldenes Zeitalter des spanischen Dramas mit Werken von Lope de Vega und Calderón |
| um 1640 | Blütezeit des französischen Theaters mit klassischen Stücken von Corneille, Racine und Molière |
| 1680 | Aus dem Zusammenschluss von Molières Schauspielertruppe, dem Hôtel de Bourgogne und dem Théâtre du Marais entsteht die Comédie Française, das französische Nationaltheater |
| 1718 | Mit Oedipus verfasst Voltaire, der letzte in der klassischen Tradition stehende französische Dramatiker, das erste von 65 Bühnenstücken |
| 1747 | David Garrick, Theaterleiter des Drury Lane, führt die Bühnenbeleuchtung ein; er verbannt das Publikum von der Bühne und verlagert das Orchester von der Galerie ins Proszenium |
| 1767 | Gotthold Ephraim Lessings Schrift »Hamburgische Dramaturgie« entsagt dem Regelzwang der herrschenden französischen Bühnenautoren und stellt Shakespeares Dramen als Vorbild hin |
| um 1770 | Oliver Goldsmith kreiert das englische bürgerliche Sittenstück |
| um 1780 | Dramen des Sturm und Drang; Blütezeit des deutschen Theaters mit Werken von Goethe, Schiller und Lenz |
| 1788 | In Stockholm wird das Königliche Dramatische Theater eröffnet |
| 1820–40 | Blüte des Wiener Volkstheaters trotz verschärfter politischer Zensur |
| um 1830 | Romantische Revolution des französischen Theaters mit Werken von Victor Hugo |
| 1862 | Französische Schauspielerin Sarah Bernhardt debütiert an der Comédie Française |
| 1872 | Eleonora Duse steht mit 14 Jahren zum ersten Mal auf der Bühne |
| 1884 | Premiere der »Wildente« des Norwegers Henrik Ibsen, der mit dem sozialkritischen Realismus das Drama revolutioniert |
| 1887 | »Iwanow«, erstes abendfüllendes Stück des Russen Anton Tschechow |
| 1889 | Berliner Verein Freie Bühne gegründet, der unter Leitung des Theaterkritikers Otto Brahm dem Naturalismus, insbesondere Gerhart Hauptmanns Stücken, zum Durchbruch verhilft |
| 1892 | »Die Häuser des Herrn Sartorius«, erstes Stück des anglo-irischen Dramatikers George Bernard Shaw |
| 1897 | Der russische Schauspieler Konstantin Stanislawskij gründet Moskauer Künstlertheater |
| 1904 | Der irische Dichter William Butler Yeats gründet zusammen mit der irischen Dramatikerin Lady Gregory das Abbey Theatre in Dublin |
| 1905 | Max Reinhardt wird Intendant am Deutschen Theater, Berlin |
| 1914 | Die Old Vic Shakespeare Company in London wird eröffnet |
| 1919 | Großes Schauspielhaus (3000 Sitzplätze) in Berlin für Max Reinhardts Massenspiele mit der »Orestie« eingeweiht |
| 1920 | Eröffnung der Salzburger Festspiele |

| | |
|---|---|
| 1923 | Wsewolod Meyerhold begründet in Moskau mit seiner radikal antirealistischen Bühnenkunst ein konstruktivistisches Theaterkonzept |
| 1924 | In Wien wird das Theater in der Josefstadt eröffnet; Erwin Piscator übernimmt die Berliner Freie Volksbühne |
| 1935 | »Mord in der Kathedrale«, ein Stück des anglo-amerikanischen Dichters T. S. Eliot |
| 1938 | Meyerhold, des Formalismus bezichtigt, muss sein Moskauer Theater schließen; »La Sauvage«, ein Stück des französischen Dramatikers Jean Anouilh |
| 1943 | »Die Fliegen«, ein Stück des französischen Dramatikers Jean-Paul Sartre; im Zürcher Schauspielhaus werden Brechts Stücke »Der gute Mensch von Sezuan« und »Leben des Galilei« uraufgeführt |
| 1945 | »Die Glasmenagerie«, Stück des amerikanischen Dramatikers Tennessee Williams |
| 1947 | Sensationelle Inszenierung Giorgio Strehlers von Goldonis »Diener zweier Herren« am Mailänder Piccolo Teatro; Wolfgang Borcherts Heimkehrerstück »Draußen vor der Tür« in Hamburg uraufgeführt |
| 1949 | »Tod eines Handlungsreisenden«, Stück von Arthur Miller |
| 1952 | »Warten auf Godot«, Stück des irischen Dramatikers Samuel Beckett |
| 1954 | Erstes UNESCO-Festival »Theater der Nationen« in Paris |
| 1962 | »Wer hat Angst vor Virginia Woolf?«, Stück des US-Dramatikers Edward Albee; »Die Physiker«, Stück von Friedrich Dürrenmatt (Schweiz) |

| | |
|---|---|
| 1968 | Abschaffung der Theaterzensur in Großbritannien |
| 1969 | New Yorker Living Theatre sucht in »Paradise now« nach elementaren kollektiven Ausdrucksformen |
| 1970 | Peter Stein beginnt seine Theaterarbeit an der Berliner Schaubühne am Halleschen Ufer |
| 1972 | Uraufführung vom Ulrich Plenzdorfs »Die neuen Leiden des jungen W.« |
| 1976 | Thomas Bernhards Stück »Minetti« in Wien uraufgeführt |
| 1979 | Großer Erfolg für »Amedeus« von Peter Shaffer |
| 1980 | »Juristen« von Rolf Hochhuth |
| 1983 | »Offene Zweierbeziehung« von Dario Fo und Franca Rame |
| 1985 | Rainer Werner Fassbinders Stück »Der Müll, die Stadt und der Tod« sorgt in Frankfurt/M. für Proteste |
| 1988 | »Heldenplatz« von Thomas Bernhard sorgt für Proteste in Wien |
| 1992 | Ariane Mnouchkine schließt mit »Die Atriden« eine 1989 begonnene antike Tetralogie ab |
| 1995 | Claus Peymann inszeniert am Wiener Burgtheater Peter Turrinis Stück »Die Schlacht um Wien«; Elfriede Jelineks Stück »Raststätte« am Hamburger Schauspielhaus uraufgeführt |
| 1998 | In »Crave« beschreibt die englische Nachwuchsautorin Sarah Kane einmal mehr exzessive Gewalt; ein Jahr später begeht die 28-Jährige Selbstmord |

## Bedeutende deutschsprachige Kabaretts

| Gründung | Name | Gründungsort/Spielort | Gründer |
|---|---|---|---|
| 1901 | Überbrettl | Berlin | Ernst von Wolzogen |
| 1901 | Schall und Rauch | Berlin | Max Reinhardt |
| 1903 | Simplizissimus | München | Kathi Kobus |
| 1916 | Cabaret Voltaire | Zürich | Hugo Ball |
| 1921 | Wilde Bühne | Berlin | Trude Hesterberg |
| 1929 | Katakombe | Berlin | Werner Finck |
| 1930 | Tingeltangel | Berlin | Felix Hollaender |
| 1931 | Der liebe Augustin | Wien | Stella Kadmon |
| 1931 | Die vier Nachrichter | München | Helmut Käutner |
| 1933 | Die Pfeffermühle | Zürich | Erika Mann |
| 1946 | Cabaret Ulenspiegel | Berlin, West | Werner Finck |
| 1947 | Das Kom(m)ödchen | Düsseldorf | Kay Lorentz, Lore Lorentz |
| 1949 | Die Stachelschweine | Berlin, West | Wolfgang Neuss |
| 1951 | Kleine Freiheit | München | Trude Kolman |
| 1953 | Distel | Berlin, Ost | Erich Brehm |
| 1954 | Pfeffermühle | Leipzig | Conrad Reinhold |
| 1955 | Lach- und Schießgesellschaft | München | Dieter Hildebrandt |
| 1960 | Die Wühlmäuse | Berlin, West | Dieter Hallervorden |

# Medien

| Land/Ort | Titel | Auf-lage (in 1000) |
|---|---|---|
| **Ägypten** | | |
| Kairo | Al Ahram | 900 |
| **Argentinien** | | |
| Buenos Aires | Clarin | 582 |
| | Crónica | 437 |
| **Australien** | | |
| Surry Hills | The Daily Telegraph Mirror | 491 |
| Sydney | The Sydney Morning Herald | 265 |
| **Belgien** | | |
| Brüssel | Het Laatste Nieuws | 304 |
| | Le Soir | 183 |
| **Brasilien** | | |
| São Paulo | Folha de S. Paolo | 480 |
| | O Estado de São Paulo | 345 |
| **Dänemark** | | |
| Kopenhagen | Politiken | 147 |
| | Ekstra Bladet | 169 |
| **Finnland** | | |
| Helsinki | Helsingin Sanomat | 472 |
| **Frankreich** | | |
| Paris | France Soir | 170 |
| | Le Figaro | 367 |
| | Le Monde | 368 |
| | Libération | 117 |
| **Großbritannien** | | |
| London | Daily Mail | 2238 |
| | Daily Mirror | 2324 |
| | Daily Telegraph | 1074 |
| | Express | 1202 |
| | Financial Times | 379 |
| | News of the World* | 4426 |
| | Sun | 3780 |
| | Sunday Express* | 1140 |
| | The Guardian | 404 |
| | The Observer* | 440 |
| | The Times | 796 |
| Edinburgh | Evening News | 86 |
| **Indien** | | |
| Bombay | The Times of India | 642 |
| | Indian Express | 614 |
| **Italien** | | |
| Mailand | Corriere della Sera | 697 |
| | La Repubblica | 650 |

| Land/Ort | Titel | Auf-lage (in 1000) |
|---|---|---|
| Rom | Il Messagero | 335 |
| | L'Unita | 122 |
| Turin | La Stampa | 400 |
| **Japan** | | |
| Tokio | Asahi Shimbun | 4568 |
| | Yomiuri Shimbun | 6167 |
| **Jugoslawien** | | |
| Belgrad | Politika | 236 |
| **Niederlande** | | |
| Amsterdam | De Telegraaf | 800 |
| Rotterdam | Algemeen Dagblad | 414 |
| **Norwegen** | | |
| Oslo | Aftenposten | 280 |
| **Österreich** | | |
| Wien | Kurier | 334 |
| | Neue Kronen-Zeitung | 510 |
| **Polen** | | |
| Warschau | Polityka | 305 |
| Katowice | Dziennik Zachodni | 329 |
| **Russland** | | |
| Moskau | Kosomolskaja Prawda | 1440 |
| | Prawda | 500 |
| | Trud | 1380 |
| **Schweden** | | |
| Stockholm | Expressen | 418 |
| | Dagens Nyheter | 384 |
| **Schweiz** | | |
| Zürich | Neue Zürcher Zeitung | 160 |
| | Tages-Anzeiger | 281 |
| | Die Weltwoche* | 91 |
| **Spanien** | | |
| Madrid | ABC | 311 |
| | El Pais | 420 |
| | Marca | 475 |
| **Tschechische Republik** | | |
| Prag | Blese | 250 |
| | Prace | 145 |
| **Ungarn** | | |
| Budapest | Nepszabadság | 244 |
| **USA** | | |
| Boston | Boston Globe | 493 |
| Los Angeles | Los Angeles Times | 1069 |

| Land/Ort | Titel | Auflage (in 1000) |
|---|---|---|
| New York | Wall Street Journal | 1900 |
| | New York Times | 1158 |
| | New York Post | 901 |
| | USA Today | 2028 |
| Washington | Washington Post | 840 |

* Wochenzeitung

## Zeitungen in Deutschland

| Titel | Ort | Auflage |
|---|---|---|
| Aachener Volkszeitung/ Aachener Nachrichten | Aachen | 177 400 |
| Allgemeine Zeitung | Mainz | 139 100 |
| Augsburger Allgemeine | Augsburg | 261 400 |
| Badische Neueste Nachrichten | Karlsruhe | 173 500 |
| Badische Zeitung | Freiburg | 178 200 |
| Bayernkurier* | München | 160 200 |
| Berliner Morgenpost | Berlin | 199 100 |
| Berliner Zeitung | Berlin | 247 400 |
| Bild | Hamburg | 5 636 600 |
| Bild am Sonntag* | Hamburg | 3 244 000 |
| Braunschweiger Zeitung | Braunschweig | 203 500 |
| Bremer Nachrichten/ Weser Kurier | Bremen | 214 500 |
| Deutsche National-Zeitung/ Deutscher Anzeiger* | München | 85 000 |
| Express | Köln | 454 200 |
| Frankfurter Allgemeine | Frankfurt/M. | 509 700 |
| Frankfurter Neue Presse | Frankfurt/M. | 252 300 |
| Frankfurter Rundschau | Frankfurt/M. | 202 500 |
| Freies Wort | Suhl | 157 700 |
| General-Anzeiger | Bonn | 98 600 |
| Hamburger Abendblatt | Hamburg | 328 500 |
| Hamburger Morgenpost | Hamburg | 195 400 |
| Handelsblatt | Düsseldorf | 188 300 |
| Hannoversche Allgemeine | Hannover | 259 300 |
| Hessische / Niedersächsische Allgemeine | Kassel | 250 200 |
| Kölner Stadtanzeiger | Köln | 305 300 |
| Kölnische Rundschau | Köln | 169 700 |
| Lausitzer Rundschau | Cottbus | 180 700 |
| Leipziger Volkszeitung | Leipzig | 351 900 |
| Lübecker Nachrichten | Lübeck | 123 900 |
| Magdeburger Volksstimme | Magdeburg | 293 500 |
| Mannheimer Morgen | Mannheim | 107 200 |
| Märkische Allgemeine | Potsdam | 233 600 |
| Märkische Oderzeitung | Frankfurt/O. | 184 700 |
| Münchner Merkur | München | 182 400 |
| Neue Osnabrücker Zeitung | Osnabrück | 333 000 |

| Titel | Ort | Auflage |
|---|---|---|
| Neue Westfälische | Bielefeld | 283 500 |
| Nordkurier | Neubrandenburg | 141 100 |
| Nordwest-Zeitung | Oldenburg | 347 000 |
| Nürnberger Nachrichten | Nürnberg | 345 300 |
| Ostsee-Zeitung | Rostock | 221 500 |
| Passauer Neue Presse | Passau | 190 700 |
| Rheinische Post | Düsseldorf | 445 200 |
| Die Rheinpfalz | Ludwigshafen | 262 200 |
| Rhein-Zeitung | Koblenz | 253 600 |
| Ruhr-Nachrichten | Dortmund | 237 900 |
| Saarbrücker Zeitung/Pfälzischer Merkur | Saarbrücken | 201 600 |
| Sächsische Zeitung | Dresden | 392 200 |
| Schwäbische Zeitung | Leutkirch | 208 900 |
| Schwarzwälder Bote | Oberndorf | 154 300 |
| Schweriner Volkszeitung | Schwerin | 154 400 |
| Stuttgarter Zeitung/Stuttgarter Nachrichten | Stuttgart | 229 300 |
| Süddeutsche Zeitung | München | 495 500 |
| Südkurier | Konstanz | 156 800 |
| Südwest Presse | Ulm | 374 300 |
| Der Tagesspiegel | Berlin | 170 200 |
| die tageszeitung (taz) | Berlin | 75 800 |
| Thüringer Allgemeine | Erfurt | 540 400 |
| Trierischer Volksfreund | Trier | 105 000 |
| Die Welt | Hamburg | 290 100 |
| Welt am Sonntag* | Hamburg | 583 000 |
| Westdeutsche Allgemeine Zeitung (WAZ) | Essen | 1 282 800 |
| Westdeutsche Zeitung | Düsseldorf | 1 940 000 |
| Westfalen-Blatt | Bielefeld | 148 800 |
| Westfälische Nachrichten | Münster | 247 800 |
| Die Zeit* | Hamburg | 557 700 |

* Wochenzeitung

## Internationale Nachrichtenagenturen

| Abkürzung | Name | Ort |
|---|---|---|
| AAP | Australian Associated Press | Sydney |
| AFP | Agence France Presse | Paris |
| AICA | Agencia de Información Católica Argentina | Buenos Aires |
| ANA | Athenagence | Athen |
| ANP | Algemeen Nederlands Persbureau | Den Haag |
| ANSA | Agenzia Nazionale Stampa Associata | Rom |
| AP | Associated Press | New York |
| APA | Austria Presse Agentur | Wien |

⇒ S. 706

**705**

# Medien

| Abkürzung | Name | Ort |
|---|---|---|
| ATS-SDA | Agence Télégrafique Suisse – Schweizer. Depeschenagentur | Bern |
| BELGA | Agence Télégrafique Belge de Presse | Brüssel |
| ddp/ADN | Deutscher Depeschendienst/Allgemeiner Deutscher Nachrichtendienst | Bonn |
| dpa | Deutsche Presse-Agentur | Hamburg |
| EFE | Agencia EFE | Madrid |
| epd | Evangelischer Pressedienst | Frankfurt/M. |
| EXTEL | The Exchange Telegraph | London |
| ITAR-TASS | Informazijonnoye Telegrafnoye Agenstvo Rossii – Telegrafnoye Agenstvo Sovietskovo Soyuza | Moskau |
| ITIM | Itonut Israel Meugedet/Associated Israel | Tel Aviv |
| KYODO | Kyodo Tsushisha | Tokio |
| MENA | Middle East News Agency | Kairo |
| NTB | Norsk Telegrambyrå | Oslo |
| PA | The Press Association | London |
| PAP | Polska Agencja Prasowa | Warschau |
| PTI | Press Trust of India | Bombay |
| RB | Ritzaus Bureau | Kopenhagen |
| Reuters | Reuters Ltd. | London |
| RIA-Nowosti | Rossijskoye Informzijonnoye Agenstvo – Nowosti | Moskau |
| SAD | Springer-Ausland-Dienst | Hamburg |
| SAPA | The South African Press Association | Johannesburg |
| sid | Sport-Informationsdienst | Neuss |
| STT-FNB | Oy Suomen Tietoimisto – Finska Notisbyrån Ab | Helsinki |
| Tanjug | Telegrafska Agencija Nova Jugoslavija | Belgrad |
| TT | Tidningarnas Telegrambyrå | Stockholm |
| UPI | United Press International | New York |
| Xinhua | Xinhua | Peking |

## Rundfunkanstalten in Deutschland

| Rundfunkanstalt | Abkürzung | Sendegebiet |
|---|---|---|
| Arbeitsgemeinschaft der öffentlich-rechtlichen Rundfunkanstalten der Bundesrepublik Deutschland | ARD | |
| *Landesrundfunkanstalten* | | |
| Bayerischer Rundfunk | BR | Bayern |
| Hessischer Rundfunk | HR | Hessen |

| Rundfunkanstalt | Abkürzung | Sendegebiet |
|---|---|---|
| Mitteldeutscher Rundfunk | MDR | Sachsen, Sachsen-Anhalt, Thüringen |
| Norddeutscher Rundfunk | NDR | Niedersachsen, Schleswig-Holstein, Hamburg, Mecklenburg-Vorpommern |
| Ostdeutscher Rundfunk Brandenburg | ORB | Brandenburg |
| Radio Bremen | RB | Bremen |
| Saarländischer Rundfunk | SR | Saarland |
| Sender Freies Berlin | SFB | Berlin |
| Südwestrundfunk | SWR | Baden-Württemberg, Rheinland-Pfalz |
| Westdeutscher Rundfunk | WDR | Nordrhein-Westfalen |
| *Anstalten des Bundesrechts* | | |
| Deutschlandfunk | DLF | Deutschland |
| DeutschlandRadio | | und das europäische Ausland |
| Zweites Deutsches Fernsehen | ZDF | Deutschland |

## Wichtige TV-Sender in Deutschland

| Name | Adresse |
|---|---|
| ARD | Arnulfstr. 42, 80335 München |
| ARTE | 2a Rue de la Fonderie, F-67080 Straßburg |
| DSF | Münchner Str. 101g, 85737 Ismaning |
| Eurosport | Siedlerstr. 2, 85774 Unterföhring |
| Kabel 1 | Gutenbergstr. 1 85774 Unterföhring |
| Kinderkanal | Richard-Breslau-Str. 11a, 99094 Erfurt |
| MTV | Bramfelder Str. 117, 22305 Hamburg |
| N24 | Gutenbergstr. 1 85774 Unterföhring |
| n-tv | Taubenstr. 1, 10117 Berlin |
| Phoenix | Appelhofplatz 1, 50600 Köln |
| Pro7 | Medienallee 7, 85767 Unterföhring |
| RTL | Aachener Str. 1036, 50858 Köln |
| RTL2 | Bavariafilmplatz 7, 82031 Grünwald |
| Super RTL | Postfach 301111, 50781 Köln |
| SAT.1 | Oberwallstr. 6–7, 10117 Berlin |
| VIVA | Postfach 190380, 50500 Köln |
| ZDF/3sat | 55100 Mainz |

## Meilensteine in der Entwicklung des Kinos

| | |
|---|---|
| 1826–1834 | Erfindung verschiedener Geräte, um bewegliche Bilder zu zeigen: Stroboskop, stroboskopischer Zylinder und Thaumatrop |
| 1872 | Eadweard Muybridge zeigt mit Hilfe von 24 Kameras den Bewegungsablauf von Pferdebeinen |
| 1877 | Erfindung des Praxinoskops |
| 1878–1895 | Der französische Physiologe Marey entwickelt verschiedene Kameratypen, um menschliche und tierische Bewegungen aufzunehmen |
| 1887 | Augustin le Prince produziert die erste Abfolge von Bildern auf einem perforierten Film. Thomas A. Edison, der Erfinder der Fotografie, unternimmt den ersten Schritt zur Entwicklung eines Aufnahmegeräts für bewegliche Bilder und produziert eine Vorrichtung für begleitende Geräusche |
| 1888 | William Friese-Greene zeigt den ersten Zelluloidfilm und erhält das Patent für die Filmkamera |
| 1889 | Edison erfindet mit dem Kinetoskop ein Betrachtungsgerät für Filme |
| 1891 | Edison erfindet den Filmprojektor und verwendet erstmals 35-mm-Filme |
| 1895 | Die Brüder Auguste und Louis Lumière führen zahlendem Publikum einen Film vor, der einen in einen Bahnhof einfahrenden Zug zeigt |
| 1896 | Pathé führt das von Emil Berliner entwickelte Grammophon ein, das synchron zum Film Schallplatten abspielt |
| 1902 | Georges Méliès dreht den ersten Sciencefiction-Film: »Die Reise zum Mond« |
| 1903 | In den USA entsteht der erste Western, Edwin S. Porters »Der große Eisenbahnraub« |
| 1906 | George Albert Smith erhält in Großbritannien das erste Patent auf einen Farbfilm |
| 1908–1911 | Der Franzose Emile Cohl experimentiert mit Filmanimationen |
| 1912 | In Großbritannien entwirft Eugene Lauste ein experimentelles System für Filmgeräusche |
| 1914–1918 | Vollständige Wochenschau-Berichterstattung von den Ereignissen des Ersten Weltkriegs |
| 1917 | Die Society of Motion Picture Engineers of America legt den 35-mm-Film als ersten offiziellen Filmstandard fest |
| 1918/19 | Das in Deutschland entwickelte Tri-Ergon-System ermöglicht die Aufnahme von Tönen auf der Lichtspur des Films. Lee De Forrest entwickelt im Rahmen seines Phonofilms ebenfalls eine Lichttonspur |
| 1923 | Demonstration des ersten Tonfilms (nach dem Phonofilm-Verfahren) |
| 1926 | Vorführung des Stummfilms »Don Juan« mit einer synchronen Musikpartitur |
| 1927 | Premiere des ersten bedeutenden Tonfilms, »Der Jazz-Sänger«, mit einigen Liedern und Dialogen. Der von Warner Brothers produzierte Streifen erhält den ersten Akademiepreis |
| 1928 | Der erste vollständige Tonfilm (»Die Lichter von New York«) wird uraufgeführt |
| 1930 | Vorführung des Westerns »Der große Treck«, der in 70 mm und nicht im Standardformat von 35 mm gedreht ist. In der Folgezeit werden 70-mm-Filme vorwiegend für Monumentalfilme, insbesondere Historiendramen verwendet |
| 1932 | Einführung des Technicolor-Verfahrens |
| 1935 | Premiere des ersten im Technicolor-Verfahren hergestellten abendfüllenden Films: »Becky Sharp« |
| 1937 | Erster abendfüllender Zeichentrickfilm von Walt Disney: »Schneewittchen und die sieben Zwerge« |
| 1952 | 'Cinerama', ein neuartiges Breitwandfilmverfahren, wird eingeführt; es benötigt drei Kameras und ebenso viele Filmprojektoren |
| 1953 | In den USA werden 3-D- und Breitwandkino eingeführt. Mit der neuen Breitbildkamera hält der Stereoton Einzug und wird schließlich zum Standard erklärt |
| 1959 | Der erste riechende Film (Smell-O-Verfahren) wird vorgeführt, stößt jedoch nur auf geringe Resonanz bei Kritik und Publikum |
| 1970 | Dolby-Stereo setzt sich im internationalen Filmbusiness endgültig durch |
| 1982 | Walt Disneys »Tron« ist der erste am Computer entwickelte Film, in dem allerdings noch »echte« Menschen mitspielen |
| 1985 | »Toy Story« aus den Walt Disney Studios ist der erste vollständig computeranimierte Spielfilm |

# Medien

| Bedeutende Filme | | |
|---|---|---|
| Jahr | Film | Regisseur |
| 1895 | Die Ankunft des Zuges | Louis Lumiére |
| 1902 | Die Reise zum Mond | Georges Méliès |
| 1913 | Der Student von Prag | Stellan Rye |
| 1915 | Die Geburt einer Nation | David Wark Griffith |
| 1916 | Intoleranz | David Wark Griffith |
| 1920 | Das Kabinett des Dr. Caligari | Robert Wiene |
| 1921 | Nosferatu | Friedrich Wilhelm Murnau |
| 1922 | Nanook aus dem Norden | Robert J. Flaherty |
| 1924 | Die zehn Gebote | Cecil B. De Mille |
| | Der Navigator | Buster Keaton/Donald Crisp |
| 1925 | Die freudlose Gasse | Georg Wilhelm Pabst |
| | Panzerkreuzer Potemkin | Sergej Eisenstein |
| | Goldrausch | Charlie Chaplin |
| 1926 | Mutter | Sergej Eisenstein |
| | Der General | Buster Keaton |
| | Napoléon | Abel Gance |
| 1927 | Berlin – Sinfonie einer Großstadt | Walter Ruttmann |
| | Metropolis | Fritz Lang |
| 1928 | Die Passion der Jungfrau von Orléans | Carl Theodor Dreyer |
| | Ein andalusischer Hund | Luis Buñuel/Salvador Dalí |
| 1929 | Die Büchse der Pandora | Georg Wilhelm Pabst |
| | Erpressung | Alfred Hitchcock |
| 1930 | Der blaue Engel | Josef von Sternberg |
| | Unter den Dächern von Paris | René Clair |
| | Das goldene Zeitalter | Luis Buñuel |
| | Der kleine Cäsar | Mervyn LeRoy |
| | Im Westen nichts Neues | Lewis Milestone |
| 1931 | M – Eine Stadt sucht einen Mörder | Fritz Lang |
| | Frankenstein | James Whale |
| | Lichter der Großstadt | Charlie Chaplin |
| 1932 | Grand Hotel | Edmund Goulding |
| | Es lebe die Freiheit | René Clair |
| | Scarface | Howard Hawks |
| | Das Privatleben Heinrichs VIII. | Charles Laughton |
| 1933 | King Kong | Ernest Schoedsack |
| | Das Testament des Dr. Mabuse | Fritz Lang |
| | Duck Soup | Marx Brothers |
| 1934 | Es geschah eines Nachts | Frank Capra |
| | Das Lied von Ceylon | Basil Wright |
| | Atalante | Jean Vigo |
| 1935 | Das Verbrechen des Monsieur Lange | Jean Renoir |
| 1936 | Moderne Zeiten | Charlie Chaplin |
| | Pépé le Moko | Julien Duvivier |
| 1937 | Schneewittchen und die sieben Zwerge | Walt Disney |
| | Camille | George Cukor |
| | Die große Illusion | Jean Renoir |
| | Spanische Erde | Joris Ivens |
| 1938 | Alexander Newski | Sergej Eisenstein |
| 1939 | Vom Winde verweht | Victor Fleming |
| | Ninotschka | Ernst Lubitsch |
| | Die Spielregel | Jean Renoir |
| | Der Glöckner von Notre Dame | William Dieterle |
| 1940 | Der große Diktator | Charlie Chaplin |
| | Fantasia | Walt Disney |
| | Rebecca | Alfred Hitchcock |

| Jahr | Film | Regisseur |
|---|---|---|
| 1941 | Citizen Kane | Orson Welles |
| | Der Malteser Falke | John Huston |
| 1942 | Sein oder Nichtsein | Ernst Lubitsch |
| | Casablanca | Michael Curtiz |
| | Ossessione – Von Liebe besessen | Luchino Visconti |
| 1945 | Kinder des Olymp | Marcel Carné |
| | Rom – offene Stadt | Roberto Rossellini |
| | Unter den Brücken | Helmut Käutner |
| 1946 | Die Schöne und das Biest | Jean Cocteau |
| | Paisà | Roberto Rossellini |
| | Ausgestoßen | Carol Reed |
| | Tote schlafen fest | Howard Hawks |
| | Die Mörder sind unter uns | Wolfgang Staudte |
| | Die besten Jahre unseres Lebens | William Wyler |
| 1947 | Der Schatz der Sierra Madre | John Huston |
| 1948 | Hamlet | Laurence Olivier |
| | Fahrraddiebe | Vittorio De Sica |
| | Panik am roten Fluss | Howard Hawks |
| 1949 | Der dritte Mann | Carol Reed |
| 1950 | Rashomon | Akira Kurosawa |
| | Boulevard der Dämmerung | Billy Wilder |
| | Tagebuch eines Landpfarrers | Robert Bresson |
| | Die schrecklichen Kinder | Jean-Pierre Melville |
| 1951 | African Queen | John Huston |
| | Der Fremde im Zug | Alfred Hitchcock |
| | Der Untertan | Wolfgang Staudte |
| | Ein Amerikaner in Paris | Vincente Minnelli |
| 1952 | Rampenlicht | Charlie Chaplin |
| | Viva Zapata! | Elia Kazan |
| | Die Ferien des Monsieur Hulot | Jacques Tati |
| | Zwölf Uhr mittags | Fred Zinnemann |
| | The Lusty Men | Nicholas Ray |
| 1953 | Verdammt in alle Ewigkeit | Fred Zinnemann |
| | Lohn der Angst | Henri-Georges Clouzot |
| 1954 | Die Faust im Nacken | Elia Kazan |
| | La Strada | Federico Fellinis |
| | Die sieben Samurai | Akira Kurosawa |
| | Wenn es Nacht wird in Paris | Jacques Becker |
| | Das Fenster zum Hof | Alfred Hitchcock |
| 1955 | Denn sie wissen nicht, was sie tun | Nicholas Ray |
| | Lola Montez | Max Ophüls |
| 1956 | In den Wind geschrieben | Douglas Sirk |
| 1957 | Das siebte Siegel | Ingmar Bergman |
| | Wilde Erdbeeren | Ingmar Bergman |
| | Die zwölf Geschworenen | Sidney Lumet |
| | Fahrstuhl zum Schafott | Louis Malle |
| | Giganten | George Stevens |
| | 40 Gewehre | Samuel Fuller |
| 1958 | Asche und Diamant | Andrzej Wajda |
| | Vertigo – Aus dem Reich der Toten | Alfred Hitchcock |
| | Paris gehört uns | Jacques Rivette |
| 1959 | Manche mögen's heiß | Billy Wilder |
| | Hiroshima mon amour | Alain Resnais |
| | Schrei, wenn du kannst | Claude Chabrol |
| | Außer Atem | Jean-Luc Godard |
| | Rio Bravo | Howard Hawks |
| | Die Brücke | Bernhard Wicki |

⇒ S. 710

# Medien

| Jahr | Film | Regisseur |
|------|------|-----------|
| 1960 | Psycho | Alfred Hitchcock |
|      | La Dolce Vita | Federico Fellini |
|      | Frühstück bei Tiffany | Blake Edwards |
| 1961 | Jules und Jim | François Truffaut |
| 1962 | Lawrence von Arabien | David Lean |
|      | Ein Köder für die Bestie | J. Lee Thompson |
|      | Der Teufel mit der weißen Weste | Jean-Pierre Melville |
|      | Die Einsamkeit des Langstreckenläufers | Tony Richardson |
| 1963 | Das Schweigen | Ingmar Bergman |
|      | 8 ¹/₂ | Federico Fellini |
|      | Der Leopard | Luchino Visconti |
|      | Schock-Korridor | Samuel Fuller |
|      | Das Irrlicht | Louis Malle |
| 1964 | Der geteilte Himmel | Konrad Wolf |
|      | Die rote Wüste | Michelangelo Antonioni |
|      | Le bonheur | Agnès Varda |
| 1965 | Ekel | Roman Polanski |
|      | Nicht versöhnt | Jean Marie Straub |
|      | Das Kaninchen bin ich | Kurt Maetzig |
| 1966 | Abschied von gestern | Alexander Kluge |
|      | Der junge Törless | Volker Schlöndorff |
|      | Blow up | Michelangelo Antonioni |
| 1967 | Ich war neunzehn | Konrad Wolf |
|      | Die Reifeprüfung | Mike Nichols |
|      | Bonnie und Clyde | Arthur Penn |
|      | Der eiskalte Engel | Jean-Pierre Melville |
|      | Das Dschungelbuch | Walt Disney |
| 1968 | 2001: Odyssee im Weltraum | Stanley Kubrick |
|      | Rosemarys Baby | Roman Polanski |
|      | Die untreue Frau | Claude Chabrol |
|      | Sie kannten kein Gesetz | Sam Peckinpah |
|      | If... | Lindsay Anderson |
|      | Spiel mir das Lied vom Tod | Sergio Leone |
|      | Teorema – Geometrie der Liebe | Pier Paolo Pasolini |
| 1969 | Easy Rider | Dennis Hopper |
|      | Antonio das Mortes | Glauber Rocha |
| 1970 | Uhrwerk Orange | Stanley Kubrick |
|      | Dirty Harry | Don Siegel |
| 1971 | Der Händler der vier Jahreszeiten | Rainer Werner Fassbinder |
|      | Der Pate | Francis F. Coppola |
|      | Mach's noch einmal, Sam | Woody Allen |
|      | Little big man | Arthur Penn |
| 1972 | Der letzte Tango in Paris | Bernardo Bertolucci |
|      | Der diskrete Charme der Bourgeoisie | Luis Buñuel |
|      | Getaway | Sam Peckinpah |
|      | Cabaret | Bob Fosse |
|      | Jesus Christ Superstar | Norman Jewison |
|      | Solaris | Andrej Tarkowskij |
| 1973 | Die amerikanische Nacht | François Truffaut |
|      | Hexenkessel | Martin Scorsese |
|      | Die Mutter und die Hure | Jean Eustache |
|      | Das große Fressen | Marco Ferreri |
| 1974 | Chinatown | Roman Polanski |
|      | Jeder für sich und Gott gegen alle | Werner Herzog |
|      | Der Pate II | Francis F. Coppola |
| 1975 | Einer flog übers Kuckucksnest | Milos Forman |
|      | Die 120 Tage von Sodom | Pier Paolo Pasolini |

| Jahr | Film | Regisseur |
|------|------|-----------|
| | Im Lauf der Zeit | Wim Wenders |
| | Die Wanderschauspielerin | Thodoros Angelopoulos |
| 1976 | Im Reich der Sinne | Nagisa Oshima |
| | Taxi Driver | Martin Scorsese |
| | Die Unbestechlichen | Alan J. Pakula |
| 1977 | Krieg der Sterne | George Lucas |
| | Unheimliche Begegnung der dritten Art | Steven Spielberg |
| | Mein Vater, mein Herr | Gebrüder Taviani |
| 1978 | Die Ehe der Maria Braun | Rainer Werner Fassbinder |
| | Die Blechtrommel | Volker Schlöndorff |
| | Molière | Ariane Mnouchkine |
| 1979 | Manhattan | Woody Allen |
| | David | Peter Lilienthal |
| | Stalker | Andrej Tarkowskij |
| | Apocalypse Now | Francis F. Coppola |
| 1980 | Heavens's Gate | Michael Cimino |
| | Wie ein wilder Stier | Martin Scorsese |
| 1981 | Die Stunde des Siegers | Hugh Hudson |
| | Jäger des verlorenen Schatzes | Steven Spielberg |
| | Das Boot | Wolfgang Petersen |
| 1982 | E. T. | Steven Spielberg |
| | Tootsie | Sidney Pollack |
| | Der Stand der Dinge | Wim Wenders |
| | Ulysses | Werner Nekes |
| | Das Geld | Robert Bresson |
| 1983 | Es war einmal in Amerika | Sergio Leone |
| 1984 | Terminator | James Cameron |
| | Ghostbusters | Ivan Reitman |
| | Paris, Texas | Wim Wenders |
| 1985 | Susan ... verzweifelt gesucht | Susan Seidelman |
| | Die Ehre der Prizzis | John Huston |
| | Vogelfrei | Agnès Varda |
| 1986 | Blue Velvet | David Lynch |
| | Hannah und ihre Schwestern | Woody Allen |
| | Shoah | Claude Lanzmann |
| | Down by law | Jim Jarmusch |
| 1987 | Falsches Spiel mit Roger Rabbit | Robert Zemeckis |
| 1988 | Ein kurzer Film über das Töten | Krzysztof Kieslowski |
| 1989 | Batman | Tim Burton |
| | Der Koch, der Dieb, der Liebhaber und seine Frau | Peter Greenaway |
| | Sex, Lügen und Video | Steven Soderbergh |
| 1990 | Wild at Heart | David Lynch |
| | Himmel über der Wüste | Bernardo Bertolucci |
| | Der mit dem Wolf tanzt | Kevin Costner |
| | Misery | Rob Reiner |
| | Pretty Woman | Garry Marshall |
| | Kevin – Allein zu Haus | Chris Columbus |
| 1991 | Das Schweigen der Lämmer | Jonathan Demme |
| | Kap der Angst | Martin Scorsese |
| | Die schöne Querulantin | Jacques Rivette |
| | Die Liebenden von Pont-Neuf | Leos Carax |
| | J.F.K. – Tatort Dallas | Oliver Stone |
| | Thelma & Louise | Ridley Scott |
| | König der Fischer | Terry Gilliam |
| 1992 | Malcolm X | Spike Lee |
| | Erbarmungslos | Clint Eastwood |
| | The Player | Robert Altman |

⇒ S. 712

# Film

| Jahr | Film | Regisseur |
|------|------|-----------|
| 1993 | Das Piano | Jane Campion |
| | Jurassic Park | Steven Spielberg |
| | Schindlers Liste | Steven Spielberg |
| | Und täglich grüßt das Murmeltier | Harold Ramis |
| | In the line of fire | Wolfgang Petersen |
| | Schlaflos in Seattle | Nora Ephron |
| 1994 | Forrest Gump | Robert Zemeckis |
| | Pulp Fiction | Quentin Tarantino |
| | Vier Hochzeiten und ein Todesfall | Mike Newell |
| 1995 | Schlafes Bruder | Joseph Vilsmayer |
| | Der Tod und das Mädchen | Roman Polanski |
| | Leon – Der Profi | Luc Besson |
| | Biester | Claude Chabrol |
| | Vor dem Regen | Mileho Manchevski |
| | Bullets over Broadway | Woody Allen |
| | Prêt-à-porter | Robert Altmann |
| 1996 | Michael Collins | Neil Jordan |
| | Fargo | Joel and Ethan Coen |
| 1997 | Unagi | Shohei Imamura |
| | Sinn und Sinnlichkeit | Ang Lee |
| | Romeo und Julia | Baz Luhrmann |
| | Der englische Patient | Anthony Minghella |
| | Kolya | Jan Sverák |
| 1998 | Titanic | James Cameron |
| | Das Fest | Thomas Vinterberg |
| | Die Truman Show | Peter Weir |
| | Lola rennt | Tom Tywker |
| | Das Leben ist schön | Roberto Begnini |
| | The Big Lebowski | Joel und Ethan Coen |
| 1999 | Star Wars – Episode 1 | George Lucas |
| | Late Show | Helmut Dietl |
| | Der Soldat James Ryan | Steven Spielberg |
| | Shakespeare in Love | James Madden |
| 2000 | Eyes Wide Shut | Stanley Kubrick |
| | American Beauty | Sam Mendes |

## Oscar-prämierte Filme*

| Jahr | Filmtitel | Regisseur |
|------|-----------|-----------|
| 1928–29 | Wings | William Wellman |
| 1929–30 | Broadway Melody | Harry Beaumont |
| 1930–31 | Im Westen nichts Neues | Lewis Milestone |
| 1931–32 | Cimarron | Wesley Ruggles |
| 1932–33 | Grand Hotel | Edmund Goulding |
| 1933–34 | Cavalcade | Frank Lloyd |
| 1935 | Es geschah eines Nachts | Frank Capra |
| 1936 | Meuterei auf der Bounty | Frank Lloyd |
| 1937 | Der Große Ziegfeld | Robert Z. Leonard |
| 1938 | Das Leben des Emile Zola | William Dieterle |
| 1939 | Lebenskünstler | Frank Capra |
| 1940 | Vom Winde verweht | Victor Fleming |
| 1941 | Rebecca | Alfred Hitchcock |
| 1942 | Schlagende Wetter | John Ford |
| 1943 | Mrs. Miniver | William Wyler |
| 1944 | Casablanca | Michael Curtiz |

| Jahr | Filmtitel | Regisseur |
|------|-----------|-----------|
| 1945 | Weg zum Glück | Leo McCarey |
| 1946 | Das verlorene Wochenende | Billy Wilder |
| 1947 | Die besten Jahre unseres Lebens | William Wyler |
| 1948 | Tabu der Gerechten | Elia Kazan |
| 1949 | Hamlet | Laurence Olivier |
| 1950 | Der Mann, der herrschen wollte | Robert Rossen |
| 1951 | Alles über Eva | Joseph L. Mankiewicz |
| 1952 | Ein Amerikaner in Paris | Vincente Minnelli |
| 1953 | Die größte Schau der Welt | Cecil B. De Mille |
| 1954 | Verdammt in alle Ewigkeit | Fred Zinnemann |
| 1955 | Die Faust im Nacken | Elia Kazan |
| 1956 | Marty | Delbert Mann |
| 1957 | In achtzig Tagen um die Welt | Michael Anderson |
| 1958 | Die Brücke am Kwai | David Lean |
| 1959 | Gigi | Vincente Minnelli |
| 1960 | Ben Hur | William Wyler |
| 1961 | Das Appartement | Billy Wilder |
| 1962 | West Side Story | Robert Wise/Jerome Robbins |
| 1963 | Lawrence of Arabia | David Lean |
| 1964 | Tom Jones | Tony Richardson |
| 1965 | My Fair Lady | George Cukor |
| 1966 | Meine Lieder, meine Träume | Robert Wise |
| 1967 | Ein Mann zu jeder Jahreszeit | Fred Zinnemann |
| 1968 | In der Hitze der Nacht | Norman Jewison |
| 1969 | Oliver! | Carol Reed |
| 1970 | Asphalt-Cowboy | John Schlesinger |
| 1971 | Patton F | Franklin J. Schaffner |
| 1972 | Brennpunkt Brooklyn | William Friedkin |
| 1973 | Der Pate | Francis F. Coppola |
| 1974 | Der Clou | George Roy Hill |
| 1975 | Der Pate II | Francis F. Coppola |
| 1976 | Einer flog übers Kuckucksnest | Milos Forman |
| 1977 | Rocky | John G. Avildsen |
| 1978 | Der Stadtneurotiker | Woody Allen |
| 1979 | Die durch die Hölle gehen | Michael Cimino |
| 1980 | Kramer gegen Kramer | Robert Benton |
| 1981 | Eine ganz normale Familie | Robert Redford |
| 1982 | Die Stunde des Siegers | Hugh Hudson |
| 1983 | Gandhi | Richard Attenborough |
| 1984 | Zeit der Zärtlichkeit | James L. Brooks |
| 1985 | Amadeus | Milos Forman |
| 1986 | Jenseits von Afrika | Sydney Pollack |
| 1987 | Platoon | Oliver Stone |
| 1988 | Der letzte Kaiser | Bernardo Bertolucci |
| 1989 | Rain Man | Barry Levinson |
| 1990 | Miss Daisy und ihr Chauffeur | Bruce Beresford |
| 1991 | Der mit dem Wolf tanzt | Kevin Costner |
| 1992 | Das Schweigen der Lämmer | Jonathan Demme |
| 1993 | Erbarmungslos | Clint Eastwood |
| 1994 | Schindlers Liste | Steven Spielberg |
| 1995 | Forrest Gump | Robert Zemeckis |
| 1996 | Braveheart | Mel Gibson |
| 1997 | Der englische Patient | Anthony Minghella |
| 1998 | Titanic | James Cameron |
| 1999 | Shakespeare in Love | John Madden |
| 2000 | American Beauty | Sam Mendes |

\* Angegeben ist jeweils das Jahr der Verleihung

# Mode

| | |
|---|---|
| 1845 | Der englische Kostümier Charles Frederick Worth zieht nach Paris; sein Atelier in der Rue de la Paix wird Zentrum der Modewelt |
| 1849 | Amelia Bloomer reformiert die Frauenmode in den USA: Über Pumphosen wird das Kleid getragen; das Korsett entfällt |
| 1904 | Paul Poiret gründet sein Modehaus in Paris; Künstler wie Raoul Dufy und Sonia Delaunay arbeiten für ihn |
| 1905 | Paul Poiret führt in Paris seine weiten Mäntel ein |
| 1908 | »Merry Widow«, ein Hut mit breiter Krempe und überbordendem Schmuck, fasziniert die Damenwelt |
| 1909 | Orientalische, vom Erfolg der Ballets Russes inspirierte Pariser Mode (Turban, Haremshose) |
| 1911 | »Humpelrock« von Poiret |
| 1912 | Coco Chanel eröffnet ihr erstes Geschäft in Deauville, Frankreich |
| 1914 | Erstmals Röcke, die – oben weit und unten eng – die Fußgelenke zeigen |
| 1915 | Cristóbal Balenciaga eröffnet seine ersten Mode- und Schneiderateliers in Madrid und Barcelona |
| 1918 | Coco Chanel und andere machen das Hemdblusenkleid populär |
| 1922 | Kleider mit gerader Linie ohne ausgearbeitetes Oberteil und mit tief sitzender Hüfte begeistern in Paris; Norman Hartnell eröffnet sein Couturiergeschäft |
| 1923 | »Cloche«-Hut in Paris kreiert |
| 1925 | Frauen tragen Make-up; »Oxford bags« – weite, flatternde Hosen bestimmen die Männermode |
| 1926 | Der Rocksaum wandert kurz über das Knie – und damit auf Rekordhöhe |
| 1927 | Zwanglose Tagesgarderobe aus Jersey von Chanel |
| 1928 | Elsa Schiaparelli eröffnet ein Modehaus in Paris und ist mit ihrer fantasievollen Strick- und »Sport«-Kleidung erfolgreich |
| 1929 | Schräg geschnittene Kleider von Vionnet werden populär |
| 1932 | Nina Ricci eröffnet ihren Salon |
| 1934 | Alix (Madame Grés) eröffnet ihr Modehaus in Paris: Sie hat Erfolg mit engen Abendkleidern |
| 1935 | Erste Modeentwürfe von Christian Dior; Betonung der Schulter durch Polster; erstmals Shorts für Frauen |
| 1937 | Balenciaga verlegt sein Modeunternehmen wegen des Spanischen Bürgerkriegs nach Paris; er setzt auf Kleider mit rundem Ausschnitt und betonter Hüfte im neoviktorianischen Stil |
| 1938 | Farbenfrohe Kollektion »Circus Parade« von Schiaparelli |
| 1939 | Schuhe mit Plateausohle und Keilabsatz werden modern |
| 1945 | Pierre Balmain eröffnet sein französisches Modehaus; Teenager in den USA tragen Jeans und überdimensionierte Sweater (»Sloppy Joe«) |
| 1947 | Christian Dior gründet seinen Pariser Salon: Sein »New Look« mit engem Oberteil, schmaler Taille und wadenlangem, glockig weitem Rock wird über Nacht zur Sensation |
| 1949 | Elsa Schiaparelli eröffnet ihren Salon in New York |
| 1950 | Emilio Pucci eröffnet sein Modehaus; Dior, Balenciaga, Fath und Balmain sind tonangebend in der Modewelt; stark konturierende Kleidung mit betontem Busen |
| 1951 | Hubert de Givenchy eröffnet einen eigenen Salon |
| 1953 | Laura und Bernard Ashley stellen auch Dekomaterial und Tapeten her; Pierre Cardin eröffnet ein Modehaus in Paris; Etuikleid von Christian Dior |
| 1954 | Coco Chanel, die sich 1939 zurückgezogen hatte, feiert mit ihrem klassischen Stil und dem Chanel-Kostüm ihr Comeback; Elsa Schiaparelli schließt ihr Modegeschäft |
| 1955 | Mary Quant eröffnet ihre erste »Bazaar«-Boutique in Chelsea, London; Christian Dior erfindet den »A-Linien«-Rock |
| 1957 | Modedesigner favorisieren Capes, Wickelmäntel und die »Sacklinie«; enge Hosen mit bunten italienischen Seidenblusen als Freizeitkleidung |
| 1958 | Yves Saint Laurent entwirft nach dem Tod Christian Diors die Dior-Kollektion dieses Jahres |
| 1959 | »Ballon-Look« mit ballonförmigen Röcken |
| 1960 | »Swinging London« wird Modezentrum der Welt; »Beat«-Kollektion von Yves Saint Laurent: Lederanzüge und viel Schwarz |
| 1961 | André Courrèges eröffnet sein Modehaus |
| 1962 | Yves Saint Laurent eröffnet ein eigenes Modehaus und entwirft seine Colani-Jacke; Jackie Kennedy bringt Chanel-Kostüm und Pillbox-Hut in Mode |
| 1963 | Mary Quant gründet ihr Unternehmen »Ginger« zur Vermarktung ihrer Entwürfe |
| 1964 | André Courrèges führt den Minirock ein; der US-Designer Rudi Gernreich lanciert den »Oben-ohne«-Badeanzug |

| | |
|---|---|
| 1965 | »Clothes of the Future«, Modenschau von André Courrèges: nüchterne, weiße Ensembles; »Op-Art«-Entwürfe von Ossie Clark |
| 1966 | Yves Saint Laurent eröffnet erste Rive-Gauche-Boutique und kreiert Entwürfe zu Themen aus der »Pop-Art« |
| 1967 | Ralph Lauren tritt bei Beau Brummel Neckwear ein und kreiert Polohemden für Männer, später auch für Frauen; Paco Rabanne behauptet: »Meine Badeanzüge sind nicht zum Baden bestimmt, meine Kleider nicht dazu, sich damit hinzusetzen« |
| 1968 | Calvin Klein gründet ein eigenes Unternehmen; erste Modekollektion von Martin Margiela; Ungaro bringt seine Serie »Ungaro Parallele« heraus; Zandra Rhodes beginnt als professionelle Designerin; durchsichtige schwarze Abendkleider aus Chiffon mit Straußenfedern von Yves Saint Laurent |
| 1969 | Die von der Hippie-Kultur inspirierte Bewegung »Funky Chic« entsteht |
| 1970 | Takada Kenzo eröffnet seinen Laden »Jungle Jap« |
| 1971 | Issey Miyake zeigt seine erste Kollektion in New York und Tokio |
| 1972 | Giorgio Armanis erste Herrenkollektion; der Minislip, genannt Tanga, kommt in Saint-Tropez in Mode |
| 1974 | Deutsche Modedesignerin Jil Sander mit Damenoberbekleidung international erfolgreich |
| 1975 | Erste Entwürfe für Damenmode von Giorgio Armani |
| 1976 | Vivienne Westwood, Miss Mouse und Zandra Rhodes kreieren in England den »Punk-Look«: »Der Look, der sich keine Mühe mehr gibt« |
| 1977 | Erste Kollektion von Claude Montana |

| | |
|---|---|
| 1978 | Erste Kollektion von Jasper Conran |
| 1979 | Der hautenge, mit Pailletten besetzte Bodysuit mit betonten Schultern des Pariser Designers Thierry Mugler ist der »letzte Schrei« |
| 1980er | Jahrzehnt der »Power-Kleidung«; zunehmende Berufstätigkeit der Frauen führt zu modischer Geschäftskleidung, in der Regel mit breiten, gepolsterten Schultern; Designerlabel wird häufig als Statussymbol sichtbar getragen |
| 1982 | »The Package« von Norma Kamali: weiße Kleidung aus Wegwerfmaterial |
| 1984 | Erste Kollektion von Rifat Özbek in London; erste Kollektion von Karl Lagerfeld unter eigenem Label |
| 1987 | Christian Lacroix eröffnet sein Modehaus in Paris |
| 1990 | Unterwäsche kommt als Bekleidung in Mode, vor allem vermittelt durch den Popstar Madonna |
| 1991 | Strickkollektion von Jean Muir; Rückkehr zu natürlichen Fasern |
| 1992 | »Grunge« hält Einzug in die Modewelt: mehrschichtige Oberteile und Lumberjack-Hemden mit Folkloreröcken und Stiefeln mit Spitzenbesatz; Wiederbelebung des 70er-Jahre-Stils; Kollektion »Second Life« von Helen Storey mit Recycling-Kleidung |
| 1993 | Knittersamt, Velours und Chiffon für Tages- und Abendkleidung |
| 1994 | »Radlerhose« und A-Linien-Kleider über engärmeligen T-Shirts; umweltfreundlich erzeugte Textilien fördern den Trend zu den Farben Creme und Beige |
| 1996 | Plastik-Chic wird in der Modewelt salonfähig |
| 1999 | Glänzende Seiden-Blazer und -Hosenanzüge; die Trendfarbe ist grau – von silbergrau bis anthrazit |

# Verbände

| Internationale Sportverbände | | | |
|---|---|---|---|
| Sportart | Internationale/deutsche Bezeichnung | Abkürzung | Sitz |
| Autotouristik | Alliance Internationale de Tourisme/ Internationaler Verband für Autotouristik | AIT | Genf |
| Automobilsport | Fédération Internationale de l'Automobile/ Internationaler Automobil-Verband | FIA | Paris |
| Badminton | International Badminton Federation/ Internationaler Badminton-Verband | IBF | Cheltenham |
| Bahnengolf | Fédération Internationale de Golf sur Pistes/ International Minigolf Federation/ Internationaler Bahnen-Golf-Verband | FIGP | Hamburg |
| Basketball | Fédération Internationale de Basketball Amateur/ Internationaler Basketball-Verband | FIBA | München |
| Behindertensport | International Sports Organisation for the Disabled/ Internationaler Behinderten-Sportverband | ISOD | Aylesbury |
| Billard | Union Mondiale de Billard/Weltbillardbund | UMB | Colombier |
| Bobsport | Fédération Internationale de Bobsleigh et de Tobogganing Internationaler Bobsportverband | FIBT | Mailand |
| Bogenschießen | Fédération Internationale de Tir à l'Arc/ Internationaler Verband für Bogenschießen | FITA | Mailand |
| Boxen (Amateure) | Association Internationale de Boxe Amateur/ Internationaler Amateur-Boxverband | AIBA | Berlin |
| Curling | International Curling Federation/ Internationaler Curling-Verband | ICF | Edinburgh |
| Eishockey | International Ice Hockey Federation/ Internationaler Eishockey-Verband | IIHF | Wien |
| Eislauf | International Skating Union/ Internationale Eislauf-Vereinigung | ISU | Davos |
| Eisschießen | Internationale Föderation für Eisstockschießen | IFE | Frankfurt/M. |
| Faustball | Internationaler Faustball-Verband | IFV | Frankfurt/M. |
| Fechten | Fédération Internationale d'Escrime/ Internationaler Fechter-Bund | FIE | Paris |
| Fußball | Fédération Internationale de Football Association Internationaler Fußball-Verband | FIFA | Zürich |
| | Union of European Football Associations/ Europäische Fußball-Union | UEFA | Nyon (Schweiz) |
| Gehörlosensport | Comité International des Sports Silencieux/ Internationales Komitee für Gehörlosensport | CISS | Hvidovre (Dänemark) |
| Gewichtheben | International Weightlifting Federation/ Internationaler Gewichtheber-Verband | IWF | Budapest |
| Golf | World Amateur Golf Council/Welt-Golf-Verband | WAGC | Far Hills (USA) |
| Handball | Fédération Internationale d'Handball/ Internationale Handball-Federation | IHF | Basel |
| Hochschulsport | Fédération Internationale du Sport Universitaire/ Internationaler Hochschulsport-Verband | FISU | Brüssel |
| Hockey | Fédération Internationale de Hockey/ Internationaler Hockey-Verband | FIH | Barcelona |
| Judo | Fédération Internationale de Judo/ Internationale Judo-Föderation | FIJ | Berlin |
| Kanusport | International Canoe Federation/ Internationale Kanu-Föderation | IFC | Budapest |
| Karate | World Union of Karate do Organizations/ Internationaler Karate-Verband | WUKO | Tokio |
| Kegeln | Fédération Internationale de Quilleurs/ Verband Internationaler Sportkegler | FIQ | Espoo (Finnland) |
| Leichtathletik | International Amateur Athletic Federation/ Internationaler Amateur-Leichtathletik-Verband | IAAF | London |

| Sportart | Internationale/deutsche Bezeichnung | Abkürzung | Sitz |
|---|---|---|---|
| Luftsport | Fédération Aéronautique Internationale/ Internationaler Luftsportverband | FAI | Paris |
| Moderner Fünfkampf | Union Internationale de Pentathlon Moderne et Biathlon Internationaler Verband für Modernen Fünfkampf u. Biathlon | UIPMB | Sankt Ibb (Schweden) |
| Motorradsport | Fédération Internationale Motocycliste/ Internationaler Motorradsport-Verband | FIM | Chambésy (Schweiz) |
| Olympische Spiele | International Olympic Committee/ Internationales Olympisches Komitee | IOC | Lausanne |
| Orientierungslauf | International Orienteering Federation/ Internationale Orientierungslauf-Föderation | IOF | Solentuna (Schweden) |
| Radsport (Amateure) | Union Cycliste Internationale/ Internationaler Radsportverband | UCI | Genf |
| Radsport (Profis) | Fédération Internationale du Cyclisme Professionnel Internationaler Berufsradsport-Verband | FICP | Luxemburg |
| Reitsport | Fédération Équestre Internationale/ Internationale Reiterliche Vereinigung | FEI | Bern |
| Ringen | Fédération Internationale de Lutte Amateur/ Internationaler Amateur-Ringer-Verband | FILA | Lausanne |
| Rodeln | Fédération Internationale de Luge de Course/ Internationaler Rennrodel-Verband | FIL | Steiermark |
| Rollsport | Fédération Internationale de Roller-Skating/ Internationale Vereinigung der Rollschuhläufer | FIRS | Lincoln (USA) |
| Rudern | Fédération Internationale des Sociétés d'Aviron Internationale Vereinigung der Ruder-Verbände | FISA | Oberhofen (Schweiz) |
| Rugby | Fédération Internationale de Rugby Amateur/ Internationaler Rugby-Verband | FIRA | Paris |
| Schach | Fédération Internationale des Échecs/ Weltschachbund | FIDE | Luzern |
| Schießsport | Union International de Tir/Internationale Schützen-Union | UIT | München |
| Schwimmen | Fédération Internationale de Natation Amateur/ Internationaler Schwimm-Verband | FINA | Barcelona |
| Segeln | International Yacht Racing Union/ Internationaler Seglerverband | IYRU | London |
| Skibob | Fédération Internationale de Skibob/ Internationaler Skibobverband | FISB | Duisburg |
| Skisport | Fédération Internationale de Ski/ Internationaler Skiverband | FIS | Gümlingen (Schweiz) |
| Sportakrobatik | International Federation of Sports Acrobatics/ Internationaler Sportakrobatik-Verband | IFSA | Sofia |
| Sportfischen | Confédération Internationale de la Pêche Sportive Internationaler Sportfischerverband | CIPS | Rom |
| Sporttauchen | Confédération Mondiale des Activités Subaquatiques/ Internationaler Sporttaucher-Verband | CMAS | Paris |
| Squash | International Squash Rackets Federation/ Internationaler Squash Rackets Verband | ISRF | Cardiff |
| Tanzsport | International Council of Amateur Dancers/ Internationaler Amateur-Tanzsportverband | ICAD | Kirchheim |
| Tennis | International Tennis Federation/ Internationaler Tennis-Bund | ITF | London |
| Tischtennis | International Table Tennis Federation/ Internationaler Tischtennis-Verband | ITTF | St.-Leonards-on-Sea |
| Triathlon | International Triathlon Union/ Internationale Triathlon-Vereinigung | ITU | Adelaide |
| Turnen | Fédération Internationale de Gymnastique/ Internationaler Turnerbund | FIG | Lyss (Schweiz) |
| Volleyball | Fédération Internationale de Volleyball/ Internationaler Volleyball-Verband | FIVB | Lausanne |

# Verbände

| Verband | Abkürzung | Gründungsjahr | Sitz/Geschäftsstelle |
|---|---|---|---|
| **Spitzenverbände** | | | |
| American Football Verband Deutschland | AFVD | 1982 | München |
| Bund Deutscher Radfahrer | BDR | 1884 | Frankfurt/M. |
| Bundesverband Deutscher Gewichtheber | BVDG | 1969 | Leimen |
| Deutsche Billard-Union | DBU | 1911 | Bottrop |
| Deutsche Lebens-Rettungs-Gesellschaft | DLRG | 1913 | Bad Nenndorf |
| Deutscher Aero Club | DAeC | 1950 | Braunschweig |
| Deutscher Alpenverein | DAV | 1869 | München |
| Deutscher Amateur-Box-Verband | DABV | 1949 | Kassel |
| Deutscher Badminton-Verband | DBV | 1953 | Mülheim/Ruhr |
| Deutscher Bahnengolf-Verband | dbv | 1966 | Simmern |
| Deutscher Baseball- und Softball-Verband | DBV | 1953 | Mainz |
| Deutscher Basketball Bund | DBB | 1949 | Hagen |
| Deutscher Behinderten-Sportverband | DBS | 1951 | Duisburg |
| Deutscher Bob- und Schlittensportverband | DBSV | 1911 | Berchtesgaden |
| Deutscher Boccia-Verband | DBV | 1970 | Bickenbach |
| Deutscher Eissport-Verband | DEV | 1890 | München |
| Deutsche Eislauf-Union | DEU | 1965 | München |
| Deutsche Eisschnelllauf-Gemeinschaft | DESG | 1965 | München |
| Deutscher Curling-Verband | DCV | 1966 | München |
| Deutscher Eishockey-Bund | DEB | 1963 | München |
| Deutscher Eisstock-Verband | DESV | 1966 | Garmisch-Partenk. |
| Deutsche Reiterliche Vereinigung | FN | 1905 | Warendorf |
| Deutscher Fechter-Bund | DFB | 1911 | Bonn |
| Deutscher Fußball-Bund | DFB | 1900 | Frankfurt/M. |
| Deutscher Gehörlosen-Sportverband | DGS | 1910 | Essen |
| Deutscher Golf-Verband | DGV | 1907 | Wiesbaden |
| Deutscher Handball-Bund | DHB | 1949 | Dortmund |
| Deutscher Hockey-Bund | DHB | 1909 | Hürth |
| Deutscher Judo-Bund | DJB | 1953 | Frankfurt/M. |
| Deutscher Ju-Jutsu-Verband | DJJV | 1990 | Mainz |
| Deutscher Kanu-Verband | DKV | 1914 | Duisburg |
| Deutscher Karate-Verband | DKV | 1976 | Gladbeck |
| Deutscher Keglerbund | DKB | 1885 | Berlin |
| Deutscher Leichtathletik-Verband | DLV | 1898 | Darmstadt |
| Deutscher Motor Sport Bund | DMSB | 1997 | Frankfurt/M. |
| Allgemeiner Deutscher Automobil Club | ADAC | 1903 | München |
| Automobilclub von Deutschland | AvD | 1899 | Frankfurt/M. |
| Deutscher Motorsport Verband | DMV | 1933 | Frankfurt/M. |
| Deutscher Motoryacht-Verband | DMYV | 1907 | Duisburg |
| Deutscher Pool-Billard-Bund | DPBB | 1971 | Mönchengladbach |
| Deutscher Rasenkraftsport- u. Tauzieh-Verband | DRKV | 1971 | Mammendorf |
| Deutscher Ringer-Bund | DRB | 1972 | Frankfurt/M. |
| Deutscher Rollsport- und Inline-Verband | DRIVe | 1949 | Ulm |
| Deutscher Ruderverband | DRV | 1883 | Hannover |
| Deutscher Rugby-Verband | DRV | 1900 | Hannover |
| Deutscher Schachbund | DSB | 1877 | Berlin |
| Deutscher Schützenbund | DSB | 1861 | Wiesbaden |
| Deutscher Schwimm-Verband | DSV | 1886 | Kassel |
| Deutscher Segler-Verband | DSV | 1888 | Hamburg |
| Deutscher Skibob-Verband | DSBV | 1965 | München |
| Deutscher Skiverband | DSV | 1905 | Planegg |
| Deutscher Sportakrobatik-Bund | DSAB | 1971 | Pfungstadt |
| Deutscher Sportbund | DSB | 1950 | Frankfurt/M. |
| Deutscher Squash Verband | DSV | 1973 | Duisburg |

| Verband | Abkürzung | Gründungsjahr | Sitz/Geschäftsstelle |
|---|---|---|---|
| Deutscher Tanzsportverband | DTV | 1921 | Neu-Isenburg |
| Deutscher Tennis Bund | DTB | 1902 | Hannover |
| Deutscher Tischtennis-Bund | DTTB | 1925 | Frankfurt/M. |
| Deutscher Turner-Bund | DTB | 1950 | Frankfurt/M. |
| Deutscher Verband für Modernen Fünfkampf | DVfMF | 1961 | Darmstadt |
| Deutscher Volleyball-Verband | DVV | 1955 | Frankfurt/M. |
| Deutscher Wasserski-Verband | DWS | 1958 | Hamburg |
| Deutsche Teakwondo Union | DTU | 1981 | München |
| Deutsche Triathlon-Union | DTU | 1985 | Frankfurt/M. |
| Verband Deutscher Sportfischer | VDSF | 1946 | Offenbach |
| Verband Deutscher Sporttaucher | VDST | 1954 | Mörfelden |
| **Sportverbände mit besonderer Aufgabenstellung** | | | |
| Allgemeiner Deutscher Hochschulsportverband | ADH | 1948 | Darmstadt |
| Arbeitsgemeinschaft der Postsportvereine | APV | 1927 | München |
| Bund Deutscher Betriebssportverbände | BDBV | 1954 | Berlin |
| CVJM-Gesamtverband in Deutschland | CVJM | 1921 | Kassel |
| Deutsche Jugendkraft | DJK | 1920 | Düsseldorf |
| Deutscher Aikido-Bund | DAB | 1977 | Bad Bramstedt |
| Deutscher Verband für Freikörperkultur | DFK | 1949 | Hannover |
| Deutsches Polizeisportkuratorium | DPSK | | Düsseldorf |
| Kneipp-Bund | | | Bad Wörishofen |
| Makkabi in Deutschland | | 1921 | Berlin |
| Nationales Olympisches Komitee | NOK | | Frankfurt/M. |
| Rad- und Kraftfahrerbund SOLIDARITÄT | RKB | 1896 | Offenbach |
| Verband Deutscher Eisenbahner-Sportvereine | VDES | 1926 | Frankfurt/M. |
| **Verbände für Wissenschaft und Bildung** | | | |
| Deutscher Sportärztebund | DSÄB | 1950 | Heidelberg |
| Deutscher Sportlehrerverband | DSLV | 1949 | Frankfurt/M. |
| Deutscher Verband für das Skilehrerwesen | dvs | 1951 | München |
| Deutsche Vereinigung für Sportwissenschaft | DVS | 1976 | Frankfurt/M. |
| Gewerkschaft Erziehung und Wissenschaft, Sportkommission | GEW | 1950 | Frankfurt/M. |
| Verband Deutscher Sport- und Gymnastikschulen | VDSG | 1955 | München |
| **Förderverbände** | | | |
| Deutsche Olympische Gesellschaft | DOG | 1951 | Frankfurt/M. |

## Über den Deutschen Sportbund ▲

Die Dachorganisation der Sportverbände und Landessportbunde in der Bundesrepublik Deutschland hat insbesondere die Aufgabe, alle erforderlichen gemeinsamen Maßnahmen zur Förderung des Sports zu koordinieren, die gemeinschaftlichen Interessen seiner Mitgliedsorganisationen gegenüber Staat und Öffentlichkeit zu vertreten sowie die Repräsentanz des bundesdeutschen Sports in überverbandlichen und überfachlichen Angelegenheiten im In- und Ausland zu erfüllen. Dabei geht es um die wachsende Bedeutung des Sports in der Freizeitgesellschaft, die Stellung der Turn- und Sportbewegung gegenüber Bund, Ländern und Gemeinden, die Verbesserung des Sports in den Schulen und Hochschulen, den Ausbau der wissenschaftlichen Forschung auf dem Gebiet des Sports, die Erarbeitung von neuen Programmen im Bereich Freizeit-, Breiten- und Leistungs- bzw. Spitzensport sowie die Errichtung neuer Sport-, Spiel- und Erholungsanlagen.

Organe des Deutschen Sportbunds sind
– der Bundestag (Mitgliederversammlung),
– der Hauptausschuss und
– das Präsidium; letzteres besteht aus dem Geschäftsführenden Präsidium sowie dem Ehrenpräsidenten und sieben weiteren Mitgliedern mit verschiedenen Aufgabenbereichen.

# Olympische Spiele

| | | Olympische Sommerspiele | | | |
|---|---|---|---|---|---|

| Jahr | Ort | Teilnehmer | | Sportarten | Entscheidungen |
|---|---|---|---|---|---|
| | | Länder/NOK | Aktive | | |
| 1896 | Athen | 13 | 295 | 10 | 42 |
| 1900 | Paris | 26 | 1025 | 14 | 97 |
| 1904 | St. Louis | 12 | 554 | 17 | 102 |
| 1906* | Athen | 20 | 884 | 10 | 68 |
| 1908 | London | 23 | 2055 | 15 | 113 |
| 1912 | Stockholm | 28 | 2504 | 13 | 106 |
| 1920 | Antwerpen | 29 | 2676 | 24 | 158 |
| 1924 | Paris | 44 | 3075 | 18 | 131 |
| 1928 | Amsterdam | 46 | 2971 | 15 | 122 |
| 1932 | Los Angeles | 38 | 1431 | 15 | 126 |
| 1936 | Berlin | 49 | 3980 | 20 | 144 |
| 1948 | London | 58 | 4062 | 18 | 150 |
| 1952 | Helsinki | 69 | 5867 | 17 | 149 |
| 1956 | Melbourne | 67 | 3342 | 17 | 151 |
| 1956 | Stockholm** | 29 | 158 | 1 | 6 |
| 1960 | Rom | 83 | 5348 | 17 | 150 |
| 1964 | Tokio | 93 | 5140 | 19 | 163 |
| 1968 | Mexico City | 112 | 5531 | 18 | 172 |
| 1972 | München | 122 | 7147 | 21 | 195 |
| 1976 | Montreal | 88 | 6028 | 21 | 198 |
| 1980 | Moskau | 81 | 5217 | 21 | 203 |
| 1984 | Los Angeles | 141 | 6797 | 21 | 221 |
| 1988 | Seoul | 159 | 9581 | 23 | 237 |
| 1992 | Barcelona | 169 | 9367 | 25 | 257 |
| 1996 | Atlanta | 197 | 10305 | 26 | 271 |
| 2000 | Sydney | 200 | 11212 | 29 | 300 |

* So genannte Zwischenspiele; sie sollten die Akzeptanz der Olympischen Spiele steigern
** Wegen der strengen Quarantänebestimmungen in Melbourne fanden die Reitwettbewerbe in Stockholm statt

| | | Olympische Winterspiele | | | |
|---|---|---|---|---|---|

| Jahr | Ort | Teilnehmer | | Sportarten | Entscheidungen |
|---|---|---|---|---|---|
| | | Länder | Aktive | | |
| 1924 | Chamonix | 16 | 294 | 5 | 14 |
| 1928 | St. Moritz | 25 | 495 | 6 | 13 |
| 1932 | Lake Placid | 17 | 306 | 5 | 14 |
| 1936 | Garmisch-Partenkirchen | 28 | 755 | 5 | 17 |
| 1948 | St. Moritz | 28 | 713 | 6 | 22 |
| 1952 | Oslo | 30 | 732 | 5 | 22 |
| 1956 | Cortina d'Ampezzo | 32 | 818 | 5 | 24 |
| 1960 | Squaw Valley | 30 | 665 | 5 | 27 |
| 1964 | Innsbruck | 36 | 1168 | 7 | 34 |
| 1968 | Grenoble | 37 | 1293 | 7 | 35 |
| 1972 | Sapporo | 35 | 1232 | 7 | 35 |
| 1976 | Innsbruck | 37 | 1128 | 7 | 37 |
| 1980 | Lake Placid | 37 | 1067 | 7 | 37 |
| 1984 | Sarajevo | 49 | 1278 | 7 | 38 |
| 1988 | Calgary | 57 | 1445 | 7 | 46 |
| 1992 | Albertville | 64 | 1808 | 7 | 57 |
| 1994 | Lillehammer | 67 | 1737 | 7 | 61 |
| 1998 | Nagano | 72 | 2450 | 9 | 68 |

| Erfolgreichste Olympia-Teilnehmer 1896–2000 | | | | | |
| --- | --- | --- | --- | --- | --- |
| Name (Land) | Sportart | Teilnahmezeitraum | Medaillen | | |
| | | | Gold | Silber | Bronze |
| Ray Ewry (USA) | Leichtathletik | 1900 bis 1908 | 10 | – | – |
| Larissa Latynina (URS) | Turnen | 1956 bis 1964 | 9 | 5 | 4 |
| Paavo Nurmi (FIN) | Leichtathletik | 1920 bis 1928 | 9 | 3 | – |
| Mark Spitz (USA) | Schwimmen | 1968 bis 1972 | 9 | 1 | 1 |
| Carl Lewis (USA) | Leichtathletik | 1984 bis 1996 | 9 | 1 | – |
| Björn Dæhlie (NOR) | Ski, Nordisch | 1992 bis 1998 | 8 | 4 | – |
| Sawao Kato (JPN) | Turnen | 1968 bis 1976 | 8 | 3 | 1 |
| Matt Biondi (USA) | Schwimmen | 1984 bis 1992 | 8 | 2 | 1 |
| Nikolai Andrianow (URS) | Turnen | 1972 bis 1980 | 7 | 5 | 3 |
| Boris Schaklin (URS) | Turnen | 1956 bis 1964 | 7 | 4 | 2 |
| Vera Caslavska (TCH) | Turnen | 1960 bis 1968 | 7 | 4 | – |
| Wiktor Tschukarin (URS) | Turnen | 1952 bis 1956 | 7 | 3 | 1 |
| Birgit Fischer (GDR/GER) | Kanu | 1980 bis 2000 | 7 | 3 | – |
| Aladar Gerevich (HUN) | Fechten | 1932 bis 1960 | 7 | 1 | 2 |
| Edoardo Mangiarotti (ITA) | Fechten | 1936 bis 1960 | 6 | 5 | 2 |
| Hubert van Innis (BEL) | Bogenschießen | 1900 bis 1920 | 6 | 3 | – |
| Ljubow Jegorowa (EUN/RUS) | Ski, Nordisch | 1992 bis 1994 | 6 | 3 | – |
| Akinori Nakayama (JPN) | Turnen | 1968 bis 1972 | 6 | 2 | 2 |
| Gert Frederiksson (SWE) | Kanu | 1948 bis 1960 | 6 | 1 | 1 |
| Witali Scherbo (EUN/BLR) | Turnen | 1992 bis 1996 | 6 | – | 4 |
| Reiner Klimke (GER/FRG) | Pferdesport | 1964 bis 1988 | 6 | – | 2 |
| Pal Kovacs (HUN) | Fechten | 1936 bis 1960 | 6 | – | 1 |
| Nedo Nadi (ITA) | Fechten | 1912 bis 1920 | 6 | – | – |
| Rudolf Karpati (HUN) | Fechten | 1948 bis 1960 | 6 | – | – |
| Lidia Skoblikowa (URS) | Eisschnelllauf | 1960 bis 1964 | 6 | – | – |
| Kristin Otto (GDR) | Schwimmen | 1988 | 6 | – | – |
| Takashi Ono (JPN) | Turnen | 1952 bis 1964 | 5 | 4 | 4 |
| Carl Osburn (USA) | Sportschießen | 1912 bis 1924 | 5 | 4 | 2 |
| Agnes Keleti (HUN) | Turnen | 1952 bis 1956 | 5 | 3 | 2 |
| Martin Sheridan (USA) | Leichtathletik | 1904 bis 1908 | 5 | 3 | 1 |
| Nadia Comaneci (ROM) | Turnen | 1976 bis 1980 | 5 | 3 | 1 |
| Louis Richardet (SUI) | Sportschießen | 1900 bis 1906 | 5 | 3 | – |
| Ville Ritola (FIN) | Leichtathletik | 1924 bis 1928 | 5 | 3 | – |
| Polina Astachowa (URS) | Turnen | 1956 bis 1964 | 5 | 2 | 3 |
| Konrad Stäheli (SUI) | Sportschießen | 1900 bis 1906 | 5 | 2 | 2 |
| Yukio Endo (JPN) | Turnen | 1960 bis 1968 | 5 | 2 | – |
| Mitsuo Tsukahara (JPN) | Turnen | 1968 bis 1976 | 5 | 1 | 3 |
| Charles Daniels (USA) | Schwimmen | 1904 bis 1908 | 5 | 1 | 2 |
| Willis Lee (USA) | Sportschießen | 1920 | 5 | 1 | 1 |
| Clas Thunberg (FIN) | Eisschnelllauf | 1924 bis 1928 | 5 | 1 | 1 |
| Hans Günter Winkler (GER/FRG) | Pferdesport | 1956 bis 1976 | 5 | 1 | 1 |
| Tom Jager (USA) | Schwimmen | 1984 bis 1992 | 5 | 1 | 1 |
| Krisztina Egerszegi (HUN) | Schwimmen | 1988 bis 1996 | 5 | 1 | 1 |
| Larissa Lazutina (EUN/RUS) | Ski, Nordisch | 1992 bis 1998 | 5 | 1 | 1 |
| Anton Heida (USA) | Turnen | 1904 | 5 | 1 | – |
| Ole Lilloe-Olsen (NOR) | Sportschießen | 1920 bis 1924 | 5 | 1 | – |
| Don Schollander (USA) | Schwimmen | 1964 bis 1968 | 5 | 1 | – |
| Nelli Kim (URS) | Turnen | 1976 bis 1980 | 5 | 1 | – |
| Alfred Lane (USA) | Schwimmen | 1912 bis 1920 | | – | 1 |
| Johnny Weissmuller (USA) | Schwimmen, Wasserball | 1924 bis 1928 | 5 | – | 1 |
| Bonnie Blair (USA) | Eisschnelllauf | 1988 bis 1994 | 5 | – | 1 |
| Morris Fisher (USA) | Sportschießen | 1920 bis 1924 | 5 | – | – |
| Eric Heiden (USA) | Eisschnelllauf | 1980 | 5 | – | – |
| Michael Johnson (USA) | Leichtathletik | 1996 bis 2000 | 5 | – | – |

# Olympische Sommerspiele

| Disziplin | Olympiasieger | Disziplin | Olympiasieger |
|---|---|---|---|
| **1896, Athen** | | Seitpferd | L. Zutter (SUI) |
| **Leichtathletik** | | H. Weingärtner (GER) | G. Kakas (HUN) |
| 100 m | T. Burke (USA) | Tauhangeln | N. Andrikopoulos (GRE) |
| 400 m | T. Burke (USA) | T. Xenakis (GRE) | F. Hofmann (GER) |
| 800 m | E. Flack (AUS) | | |
| 1500 m | E. Flack (AUS) | **Tennis** | |
| Marathon (40 km) | S. Louis (GRE) | Einzel | J. P. Boland (GBR) |
| 110 m Hürden | T. Curtis (USA) | Doppel | J. P. Boland (GBR)/ |
| Hochsprung | E. Clark (USA) | | Fritz Traun (GER) |
| Weitsprung | E. Clark (USA) | | |
| Stabhochsprung | W. Hoyt (USA) | | |
| Dreisprung | J. Connolly (USA) | **1900, Paris** | |
| Kugelstoßen | R. Garrett (USA) | **Leichtathletik** | |
| Diskuswerfen | R. Garrett (USA) | 60 m | A. Kraenzlein (USA) |
| | | 100 m | F. Jarvis (USA) |
| **Schwimmen** | | 200 m | J. Tewksbury (USA) |
| 100 m Kraul | A. Hajós (HUN) | 400 m | M. Long (USA) |
| 500 m Kraul | P. Newmann (AUT) | 800 m | A. Tysoe (GBR) |
| 1200 m Kraul | A. Hajós (HUN) | 1500 m | C. Bennett (GBR) |
| 100 m Matrosenschwimmen | I. Malokinis (GRE) | Marathon (40,260 km) | M. Theato (FRA) |
| | | 110 m Hürden | A. Kraenzlein (USA) |
| **Gewichtheben** | | 200 m Hürden | A. Kraenzlein (USA) |
| einarmig | L. Elliott (GBR) | 400 m Hürden | J. Tewksbury (USA) |
| beidarmig | V. Jensen (DEN) | 2500 m Hindernis | G. Orton (CAN) |
| | | 4000 m Hindernis | J. Rimmer (GBR) |
| **Ringen** | | 5000 m Mannschaft | Großbritannien |
| Offene Klasse | C. Schuhmann (GER) | Hochsprung | I. Baxter (USA) |
| | | Hochsprung aus dem Stand | R. Ewry (USA) |
| **Fechten** | | Stabhochsprung | I. Baxter (USA) |
| Florett-Einzel | E. Gravelotte (FRA) | Weitsprung | A. Kraenzlein (USA) |
| Florett-(Fechtmeister) | L. Pyrgos (GRE) | Weitsprung aus dem Stand | R. Ewry (USA) |
| Säbel-Einzel | I. Georgiadis (GRE) | Dreisprung | M. Prinstein (USA) |
| | | Dreisprung aus dem Stand | R. Ewry (USA) |
| **Radsport** | | Kugelstoßen | R. Sheldon (USA) |
| Sprint | P. Masson (FRA) | Diskuswerfen | R. Bauer (HUN) |
| 2000 m | P. Masson (FRA) | Hammerwerfen | J. Flanagan (USA) |
| 10 000 m | P. Masson (FRA) | Tauziehen | Schweden/Dänemark |
| 100 km | L. Flameng (FRA) | | |
| 12-Stunden-Rennen | A. Schmal (AUT) | **Schwimmen** | |
| Marathon (87 km) | A. Konstantinides (GRE) | 200 m Kraul | F. Lane (AUS) |
| | | 1000 m Kraul | J. A. Jarvis (GBR) |
| **Sportschießen** | | 4000 m Kraul | J. A. Jarvis (GBR) |
| Freigewehr (200 m) | P. Karasevdas (GRE) | 200 m Rücken | E. Hoppenberg (GER) |
| Militärgewehr (300 m) | G. Orphanidis (GRE) | 200 m Mannschaft | Deutschland |
| Pistole (25 m) | I. Phrangoudis (GRE) | 200 m Hindernis | F. Lane (AUS) |
| Revolver (25 m) | J. Paine (USA) | Unterwasserschwimmen | C. de Vendeville (FRA) |
| Revolver (30 m) | S. Paine (USA) | | |
| | | **Fechten** | |
| **Turnen** | | Florett-Einzel | E. Coste (FRA) |
| Barren-Einzel | A. Flatow (GER) | Florett-(Fechtmeister) | L. Mérignac (FRA) |
| Barren-Mannschaft | Deutschland | Degen-Einzel | R. Fonst (CUB) |
| Pferdsprung | C. Schuhmann (GER) | Degen-(Fechtmeister) | A. Ayat (FRA) |
| Reck-Einzel | H. Weingärtner (GER) | Degen-(offen) | A. Ayat (FRA) |
| Reck-Mannschaft | Deutschland | Säbel-Einzel | G. de la Falaise (FRA) |
| Ringe | I. Mitropoulos (GRE) | Säbel-(Fechtmeister) | A. Conte (ITA) |

| Disziplin | Olympiasieger |
|---|---|
| **Rudern** | |
| Einer | H. Barrelet (FRA) |
| Zweier mit Steuermann | Niederlande |
| Vierer mit Steuermann | Frankreich |
| 2. Finallauf* | Deutschland |
| Achter | USA |

* Im zweiten Finallauf wurden spezielle »Siegerpreise« vergeben

| Disziplin | Olympiasieger |
|---|---|
| **Segeln** | |
| Offene Klasse | Großbritannien |
| 0,5 Tonnen | Frankreich |
| 0 5–1,0 Tonnen | Großbritannien |
| 1–2 Tonnen | Deutschland |
| 2–3 Tonnen | Großbritannien |
| 3–10 Tonnen | USA |
| 10–20 Tonnen | Frankreich |
| **Radsport** | |
| 2000 m Sprint | G. Taillandier (FRA) |
| **Pferdesport** | |
| Jagdspringen | A. Haegeman (BEL) |
| Hochsprung | D. M. Gardères (FRA)/ |
| | G. Trissino (ITA) |
| Weitsprung | C. v. Langhendonck (BEL) |
| **Sportschießen** | |
| Schnellfeuer-Pistole | M. Karrouy (FRA) |
| Scheiben-Pistole (50 m) | K. Röderer (SUI) |
| Tontauben-Schießen | R. de Barbarin (FRA) |
| Laufender Keiler | L. Debray (FRA) |
| Lebende Tauben | L. de Lunden (BEL) |
| Armeegewehr | E. Kellenberger (SUI) |
| Armeegewehr 3 Stellungen | |
|   stehend | L. J. Madsen (DEN) |
|   knieend | K. Stäheli (SUI) |
|   liegend | A. Paroche (FRA) |
| Armeegewehr | |
|   Mannschaft | Schweiz |
| Doppelschuss | |
|   Mannschaft | Schweiz |
| **Bogenschießen** | |
| Au cordon doré (50 m) | H. Herouin (FRA) |
| Au chapelet (50 m) | E. Mougin (FRA) |
| Au cordon doré (33 m) | H. van Innis (BEL) |
| Au chapelet (33 m) | H. van Innis (BEL) |
| Sur la perche à la herse | E. Foulon (FRA) |
| Sur la perche à la pyramide | E. Grumiaux (FRA) |
| **Turnen** | |
| Mehrkampf-Einzel | G. Sandras (FRA) |

| Disziplin | Olympiasieger |
|---|---|
| **Tennis** | |
| Herren-Einzel | L. Doherty (GBR) |
| Herren-Doppel | R. Doherty (GBR)/ |
| | L. Doherty (GBR) |
| Damen-Einzel | C. Cooper (GBR) |
| Mixed | C. Cooper (GBR)/ |
| | R. Doherty (GBR) |
| **Fußball** | Großbritannien |
| **Cricket** | Frankreich |
| **Golf** | |
| Herren | C. E. Sand (USA) |
| Damen | M. Abbott (USA) |
| **Polo** | Großbritannien |
| **Rugby** | Frankreich |
| **Wasserball** | Großbritannien |

| **1904, St. Louis** | |
|---|---|
| **Leichtathletik** | |
| 60 m | A. Hahn (USA) |
| 100 m | A. Hahn (USA) |
| 200 m | A. Hahn (USA) |
| 400 m | H. Hillman (USA) |
| 800 m | J. Lightbody (USA) |
| 1500 m | J. Lightbody (USA) |
| Marathon (40 km) | T. Hicks (USA) |
| 110 m Hürden | F. Schule (USA) |
| 200 m Hürden | H. Hillman (USA) |
| 400 m Hürden | H. Hillman (USA) |
| 3000 m Hindernis | J. Lightbody (USA) |
| Querfeldeinlauf | USA |
| Hochsprung | S. Jones (USA) |
| Hochsprung aus dem Stand | R. Ewry (USA) |
| Stabhochsprung | C. Dvorak (USA) |
| Weitsprung | M. Prinstein (USA) |
| Weitsprung aus dem Stand | R. Ewry (USA) |
| Dreisprung | M. Prinstein (USA) |
| Dreisprung aus dem Stand | R. Ewry (USA) |
| Kugelstoßen | R. Rose (USA) |
| Diskuswerfen | M. Sheridan (USA) |
| Hammerwerfen | J. Flanagan (USA) |
| Gewichtwerfen (25,4 kg) | E. Desmarteau (CAN) |
| Zehnkampf | T. Kiely (GBR/IRL) |
| Tauziehen | USA |
| **Schwimmen** | |
| 50 y Kraul | Z. Halmay (HUN) |
| 100 y Kraul | Z. Halmay (HUN) |
| 220 y Kraul | C. Daniels (USA) |
| 440 y Kraul | C. Daniels (USA) |
| 880 y Kraul | E. Rausch (GER) |

# Olympische Sommerspiele

| Disziplin | Olympiasieger |
|---|---|
| 1 Meile Kraul | E. Rausch (GER) |
| 100 y Rücken | W. Brack (GER) |
| 440 y Brust | G. Zacharias (GER) |
| 4 x 50 y Kraul | USA |
| Turmspringen | G. Sheldon (USA) |
| Kopfweitsprung | W. E. Dickey (USA) |
| | |
| **Boxen** | |
| Fliegengewicht (bis 47,63 kg) | G. Finnegan (USA) |
| Bantamgewicht (bis 52,16 kg) | O. Kirk (USA) |
| Federgewicht (bis 56,70 kg) | O. Kirk (USA) |
| Leichtgewicht (bis 61,24 kg) | H. Spanger (USA) |
| Weltergewicht (bis 65,27 kg) | A. Young (USA) |
| Mittelgewicht (bis 71,67 kg) | C. Mayer (USA) |
| Schwergewicht (über 71,67 kg) | S. Berger (USA) |
| | |
| **Gewichtheben** | |
| einarmig (10 Hantelübungen) | O. Osthoff (USA) |
| beidarmig | P. Kakousis (GRE) |
| | |
| **Ringen, Freistil** | |
| Papiergewicht (bis 47,63 kg) | R. Curry (USA) |
| Fliegengewicht (bis 52,16 kg) | G. Mehnert (USA) |
| Bantamgewicht (bis 56,70 kg) | I. Niflot (USA) |
| Federgewicht (bis 61,24 kg) | B. Brandshaw (USA) |
| Leichtgewicht (bis 65,27 kg) | O. Roehm (USA) |
| Weltergewicht (bis 71,67 kg) | C. Erickson (USA) |
| Schwergewicht (über 71,67 kg) | B. Hansen (USA) |
| | |
| **Fechten** | |
| Florett-Einzel | R. Fonst (CUB) |
| Florett-Mannschaft | Kuba |
| Degen-Einzel | R. Fonst (CUB) |
| Säbel-Einzel | M. Díaz (CUB) |
| Stockfechten | A. Van Zo Post (CUB) |
| | |
| **Rudern** | |
| Einer | F. Greer (USA) |
| Doppelzweier | USA |
| Vierer ohne Steuermann | USA |
| Achter | USA |
| | |
| **Bogenschießen** | |
| HERREN | |
| York Round | G. Bryant (USA) |
| American Round | G. Bryant (USA) |
| Team Round | USA |
| | |
| DAMEN | |
| National Round | L. Howell (USA) |
| Columbia Round | L Howell (USA) |
| Team Round | USA |
| | |
| **Turnen** | |
| Mehrkampf-Einzel | J. Lenhart (AUT) |
| Mehrkampf-Mannschaft | USA |
| Barren | G. Eyser (USA) |

| Disziplin | Olympiasieger |
|---|---|
| Pferdsprung | A. Heida (USA)/ |
| | G. Eyser (USA) |
| Seitpferd | A. Heida (USA) |
| Reck | A. Heida (USA)/ |
| | E. Hennig (USA) |
| Ringe | H. Glass (USA) |
| Tauhangeln | G. Eyser (USA) |
| Keulenschwingen | E. Hennig (USA) |
| Geräte-Siebenkampf | A. Heida (USA) |
| Turn-Neunkampf | A. Spinnler (SUI) |
| Leichtathletik-Dreikampf | M. Emmerich (USA) |
| Einzel | B. C. Wright (USA) |
| Doppel | E. W. Leonard/ |
| | B. C. Wright (USA) |
| | |
| **Fußball** | Kanada |
| | |
| **Basketball** | USA |
| | |
| **Lacrosse** | Kanada |
| | |
| **Roque** | C. Jacobus (USA) |
| | |
| **Wasserball** | USA |

### 1906, Athen (Olympische Zwischenspiele)
**Leichtathletik**

| | |
|---|---|
| 100 m | A. Hahn (USA) |
| 400 m | P. Pilgrim (USA) |
| 800 m | P. Pilgrim (USA) |
| 1500 m | J. Lightbody (USA) |
| 5 Meilen | H. C. Hawtrey (GBR) |
| Marathon (41,86 km) | W. Sherring (CAN) |
| 110 m Hürden | R. Leavitt (USA). |
| 1500 m Gehen | G. Bonhag (USA) |
| 3000 m Gehen | G. Sztamties (HUN) |
| Hochsprung | C. Leahy (IRL) |
| Hochsprung aus dem Stand | R. Ewry (USA) |
| Stabhochsprung | F. Gonder (FRA) |
| Weitsprung | M. Prinstein (USA) |
| Weitsprung aus dem Stand | R. Ewry (USA) |
| Dreisprung | P. O'Connor (IRL) |
| Steinstoß (6,4 kg) | N. Georgantas (GRE) |
| Kugelstoßen | M. Sheridan (USA) |
| Diskuswerfen | M. Sheridan (USA) |
| Diskuswerfen antiker Stil | W. Jarvinen (FIN) |
| Speerwerfen | E. Lemming (SWE) |
| Fünfkampf | H. Mellander (SWE) |
| Tauziehen | Deutschland |
| | |
| **Schwimmen** | |
| 100 m Kraul | C. Daniels (USA) |
| 400 m Kraul | O. Scheff (AUT) |
| 1 Meile Kraul | H. Taylor (GBR) |
| 4 x 250 m Kraul | Ungarn |
| Turmspringen | G. Walz (GER) |

| Disziplin | Olympiasieger |
|---|---|
| **Ringen** | |
| Leichtgewicht (bis 75 kg) | R. Watzl (AUT) |
| Mittelgewicht (bis 85 kg) | V. Weckmann (FIN) |
| Schwergewicht (über 85 kg) | S. M. Jensen (DEN) |
| | |
| **Fechten** | |
| Florett, Einzel | G. Dillon (FRA) |
| Degen, Einzel | G. de la Falaise (FRA) |
| Degen, Mannschaft | Frankreich |
| Degen-(Fechtmeister) | C. Verbrugge (BEL) |
| Säbel, Einzel | I. Georgiadis (GRE) |
| Säbel, Mannschaft | Deutschland |
| Säbel-(Fechtmeister) | C. Verbrugge (BEL) |
| Säbel-(3 Treffer) | G. Casmir (GER) |
| | |
| **Rudern** | |
| Einer | G. Delaplane (FRA) |
| Zweier mit Steuermann | Italien |
| Vierer mit Steuermann | Italien |
| Kriegsbarken | Italien |
| 16-Mann-Kriegsbarken | Griechenland |
| | |
| **Radsport** | |
| Straßenrennen (84 km) | F. Vast (FRA) |
| Zeitfahren (333,33 m) | F. Verri (ITA) |
| 1000 m Sprint | F. Verri (ITA) |
| 2000 m Tandemfahren | Großbritannien |
| 5000 m Bahn | F. Verri (ITA) |
| 20 km Bahn | W. Pett (GBR) |
| | |
| **Sportschießen** | |
| Freies Gewehr, Einzel | G. Gudbrandsen Skatteboe (NOR) |
| Freies Gewehr, Mannschaft | Schweiz |
| Schnellfeuer-Pistole | M. Lecoq (FRA) |
| Beliebige Scheibenpistole | G. Orphanidis (GRE) |
| Tontauben-Einzelschuss | G. Merlin (FRA) |
| Tontauben-Doppelschuss | S. Merlin (GBR) |
| Armeegewehr, 200 m | L. Moreaux (FRA) |
| Armeegewehr, 300 m | L. Richardet (SUI) |
| Armeerevolver | L. Richardet (SUI) |
| Duellpistole, 20 m | L. Moreaux (FRA) |
| Duellpistole, 30 m | K. Skarlatos (GRE) |
| | |
| **Turnen** | |
| Mehrkampf-Einzel | P. Payssé (FRA) |
| Mehrkampf-Mannschaft | Norwegen |
| Tauhangeln | G. Aliprantis (GRE) |
| | |
| **Tennis** | |
| Herren-Einzel | M. Décugis (FRA) |
| Herren-Doppel | M. Décugis (FRA)/ M. Germot (FRA) |
| Damen-Einzel | E. Simirioti (GRE) |
| Mixed | M. Décugis (FRA)/ E. Simirioti (GRE) |
| **Fußball** | Dänemark |

| Disziplin | Olympiasieger |
|---|---|
| **1908, London** | |
| **Leichtathletik** | |
| 100 m | R. Walker (RSA) |
| 200 m | R. Kerr (CAN) |
| 400 m | W. Halswelle (GBR) |
| 800 m | M. Sheppard (USA) |
| 1500 m | M. Sheppard (USA) |
| 5 ms (8046,57 m) | E. Voigt (GBR) |
| 3 ms (4828 m) Mannschaft | Großbritannien |
| Marathon | J. Hayes (USA) |
| 110 m Hürden | F. Smithson (USA) |
| 400 m Hürden | C. Bacon (USA) |
| 3200 m Hindernis | A. Russel (GBR) |
| Olympische Staffel | USA |
| 3500 m Gehen | G. Larner (GBR) |
| 10 ms Gehen (16,09 km) | G. Larner (GBR) |
| Hochsprung | H. Porter (USA) |
| Hochsprung aus dem Stand | R. Ewry (USA) |
| Stabhochsprung | E. Cooke (USA)/ A. Gilbert (USA) |
| Weitsprung | F. Irons (USA) |
| Weitsprung aus dem Stand | R. Ewry (USA) |
| Dreisprung | T. Ahearne (IRL) |
| Kugelstoßen | R. Rose (USA) |
| Diskuswerfen | M. Sheridan (USA) |
| Diskuswerfen antiker Stil | M. Sheridan (USA) |
| Hammerwerfen | J. Flanagan (USA) |
| Speerwerfen | E. Lemming (SWE) |
| Speerwerfen freier Stil | E. Lemming (SWE) |
| Tauziehen | Großbritannien |
| | |
| **Schwimmen** | |
| 100 m Kraul | C. Daniels (USA) |
| 400 m Kraul | H. Taylor (GBR) |
| 1500 m Kraul | H. Taylor (GBR) |
| 100 m Rücken | A. Bieberstein (GER) |
| 200 m Brust | F. Holman (GBR) |
| 4 x 200 m Kraul | Großbritannien |
| Kunstspringen | A. Zurner (GER) |
| Turmspringen | H. Johansson (SWE) |
| | |
| **Boxen** | |
| Bantamgewicht (bis 52,62 kg) | H. Thomas (GBR) |
| Federgewicht (bis 57,15 kg) | R. Gunn (GBR) |
| Leichtgewicht (bis 63,50 kg) | F. Grace (GBR) |
| Mittelgewicht (bis 71,67 kg) | J. Douglas (GBR) |
| Schwergewicht (über 71,67 kg) | A. Oldham (GBR) |
| | |
| **Ringen, griechisch–römisch** | |
| Leichtgewicht (bis 66,6 kg) | E. Porro (ITA) |
| Mittelgewicht (bis 73 kg) | F. Martensson (SWE) |
| Halbschwergewicht (bis 93 kg) | V. Weckman (FIN) |
| Schwergewicht (über 93 kg) | R. Weisz (HUN) |
| | |
| **Ringen, Freistil** | |
| Bantamgewicht (bis 54 kg) | G. Mehnert (USA) |
| Federgewicht (bis 60,3 kg) | G. Dole (USA) |

# Olympische Sommerspiele

| Disziplin | Olympiasieger |
|---|---|
| Leichtgewicht (bis 66,6 kg) | G. de Relwyskow (GBR) |
| Mittelgewicht (über 73 kg) | S. Bacon (GBR) |
| Schwergewicht (über 73 kg) | G. Con O'Kelly (IRL) |
| | |
| **Fechten** | |
| Degen-Einzel | G. Alibert (FRA) |
| Degen-Mannschaft | Frankreich |
| Säbel-Einzel | J. Fuchs (HUN) |
| Säbel-Mannschaft | Ungarn |
| | |
| **Rudern** | |
| Einer | H. Blackstaffe (GBR) |
| Zweier ohne Steuermann | Großbritannien |
| Vierer ohne Steuermann | Großbritannien |
| Achter | Großbritannien |
| | |
| **Segeln** | |
| 6 m | Großbritannien |
| 7 m | Großbritannien |
| 8 m | Großbritannien |
| 12 m | Großbritannien |
| | |
| **Motorboot** | |
| Offene Klasse | E. B. Thubron (FRA) |
| unter 60 Fuß | T. Thorycroft/ |
| | B. Redwood (GBR) |
| 8 m | T. Thorycroft/ |
| | B. Redwood (GBR) |
| | |
| **Radsport** | |
| 100 km Bahn | C. H. Bartlett (GBR) |
| 1000 m Sprint | ohne Sieger |
| 20 km Bahn | C. B. Kingsbury (GBR) |
| 2000 m Tandemfahren | Frankreich |
| 5000 m | B. Jones (GBR) |
| 4000 m Mannschaftsverfolgung | Großbritannien |
| | |
| **Sportschießen** | |
| Freies Gewehr | A. Helgerud (NOR) |
| Freies Gewehr, Mannschaft | Norwegen |
| 1000 y | J. Millner (GBR) |
| Armeegewehr | L. Richardet (SUI) |
| Armeegewehr, Mannschaft | USA |
| Kleinkaliber (KK) | A. A. Carnell (GBR) |
| KK, bewegliches Ziel | A. K. Fleming (GBR) |
| KK, verschwindendes Ziel | W. K. Styles (GBR) |
| Kleinkaliber, Mannschaft | Großbritannien |
| Schnellfeuer-Pistole | P. van Asbroek (BEL) |
| Schnellfeuer-Pistole, Team | USA |
| Tontaubenschießen | W. Ewing (CAN) |
| Tontaubenschießen, Team | Großbritannien I |
| Laufender Hirsch | O. Swahn (SWE) |
| Laufender Hirsch, Team | Schweden |
| Laufender Hirsch, Doppelschuss | W. Winans (USA) |
| | |
| **Bogenschießen** | |
| York Round | W. Dod (GBR) |

| Disziplin | Olympiasieger |
|---|---|
| Continental Round | E. Grisot (FRA) |
| Damen | S. Newell (GBR) |
| | |
| **Turnen** | |
| Mehrkampf, Einzel | A. Braglia (ITA) |
| Mehrkampf, Mannschaft | Schweden |
| | |
| **Tennis** | |
| Herren-Einzel | J. Ritchie (GBR) |
| Herren-Einzel, Halle | A. Gore (GBR) |
| Herren-Doppel | G. Hillyard (GBR)/ |
| | R. Doherty (GBR) |
| Herren-Doppel, Halle | A. Gore (GBR)/ |
| | H. R. Barrett (GBR) |
| Damen-Einzel | D. Lambert-Chambers (GBR) |
| Damen-Einzel, Halle | G. Eastlake-Smith (GBR) |
| Raquette, Einzel | E. Noel (GBR) |
| | |
| **Fußball** | Großbritannien |
| | |
| **Hockey** | England |
| | |
| **Jeu de Paume** | J. Gould (USA) |
| | |
| **Lacrosse** | Kanada |
| | |
| **Polo** | Großbritannien |
| | |
| **Rugby** | Australien |
| | |
| **Wasserball** | Großbritannien |
| | |
| **Eiskunstlauf\*** | |
| Herren | U. Salchow (SWE) |
| Herren-Spezial | N. Panin (RUS) |
| Damen | M. Syers (GBR) |
| Paare | A. Hübler/ |
| | H. Burger (GER) |

\* noch keine eigenständigen Winterspiele

## 1912, Stockholm
### Leichtathletik

| | |
|---|---|
| 100 m | R. Craig (USA) |
| 200 m | R. Craig (USA) |
| 400 m | C. Reidpath (USA) |
| 800 m | J. Meredith (USA) |
| 1500 m | A. Jackson (GBR) |
| 3000 m Mannschaft | USA |
| 5000 m | H. Kolehmainen (FIN) |
| 10 000 m | H. Kolehmainen (FIN) |
| Marathon (40,200 km) | K. McArthur (RSA) |
| 110 m Hürden | F. Kelly (USA) |
| Querfeldeinlauf | H. Kolehmainen (FIN) |
| Mannschaft | Schweden |

| Disziplin | Olympiasieger |
|---|---|
| 4 x 100 m | Großbritannien |
| 4 x 400 m | USA |
| 10 km Gehen | G. Goulding (CAN) |
| Hochsprung | A. Richards (USA) |
| Hochsprung aus dem Stand | P. Adams (USA) |
| Stabhochsprung | H. Babcock (USA) |
| Weitsprung | A. Gutterson (USA) |
| Weitsprung aus dem Stand | K. Tsiklitiras (GRE) |
| Dreisprung | G. Lindblom (SWE) |
| Kugelstoßen | P. McDonald (USA) |
| Kugelstoßen beidhändig | R. Rose (USA) |
| Diskuswerfen | A. Taipale (FIN) |
| Diskuswerfen beidhändig | A. Taipale (FIN) |
| Hammerwerfen | M. McGrath (USA) |
| Speerwerfen | E. Lemming (SWE) |
| Speerwerfen beidhändig | J. Saaristo (FIN) |
| Fünfkampf | F. Biie (NOR) |
| Zehnkampf | J. Thorpe (USA) |
| Tauziehen | Schweden |

**Schwimmen**
HERREN

| | |
|---|---|
| 100 m Kraul | P. Kahanamoku (USA) |
| 400 m Kraul | G. Hodgson (CAN) |
| 1500 m Kraul | G. Hodgson (CAN) |
| 100 m Rücken | H. Hebner (USA) |
| 200 m Brust | W. Bathe (GER) |
| 400 m Brust | W. Bathe (GER) |
| 4 x 200 m Kraul | Australien |
| Kunstspringen | P. Günther (GER) |
| Turmspringen | E. Adlerz (SWE) |
| Turmspringen einfach | E. Adlerz (SWE) |

DAMEN

| | |
|---|---|
| 100 m Kraul | F. Durack (AUS) |
| 4 x 100 m Kraul | Großbritannien |
| Turmspringen | G. Johansson (SWE) |

**Ringen, griechisch-römisch**

| | |
|---|---|
| Federgewicht (bis 60 kg) | K. Koskelo (FIN) |
| Leichtgewicht (bis 67,5 kg) | E. Väre (FIN) |
| Mittelgewicht (bis 75 kg) | C. Johansson (SWE) |
| Halbschwergewicht (bis 82,5 kg) | A. Ahlgren (SWE) |
| Schwergewicht (über 82,5 kg) | Y. Saarela (FIN) |

**Fechten**

| | |
|---|---|
| Florett, Einzel | N. Nadi (ITA) |
| Degen, Einzel | P. Anspach (BEL) |
| Degen, Mannschaft | Belgien |
| Säbel, Einzel | J. Fuchs (HUN) |
| Säbel, Mannschaft | Ungarn |

**Moderner Fünfkampf** — G. Lilliehöök (SWE)

**Rudern**

| | |
|---|---|
| Einer | W. Kinnear (GBR) |
| Vierer mit Steuermann | Deutschland |

| Disziplin | Olympiasieger |
|---|---|
| Innendolle | Dänemark |
| Achter | Großbritannien |

**Segeln**

| | |
|---|---|
| 6 m | Frankreich |
| 8 m | Norwegen |
| 10 m | Schweden |
| 12 m | Norwegen |

**Radsport**

| | |
|---|---|
| Straßenrennen (320 km) | R. Lewis (RSA) |
| Mannschaft | Schweden |

**Pferdesport**

| | |
|---|---|
| Military, Einzel | A. Nordlander (SWE) |
| Military, Mannschaft | Schweden |
| Dressur, Einzel | C. Bonde (SWE) |
| Jagdspringen, Einzel | J. Cariou (FRA) |
| Jagdspringen, Mannschaft | Schweden |

**Sportschießen**

| | |
|---|---|
| Freies Gewehr | P. Colas (FRA) |
| Freies Gewehr, Mannschaft | Schweden |
| Armeegewehr | P. Colas (FRA) |
| Armeegewehr, Mannschaft | USA |
| Kleinkaliber (KK) | F. Hird (USA) |
| Kleinkaliber, Mannschaft | Schweden |
| KK, verschwindendes Ziel | W. Carlberg (SWE) |
| Schnellfeuer-Pistole | A. Lane (USA) |
| Beliebige Scheibenpistole | A. Lane (USA) |
| Tontaubenschießen | James Graham (USA) |
| Tontaubenschießen, Team | USA |
| Laufender Hirsch, Einzelschuss | Alfred Swahn (SWE) |
| Laufender Hirsch, Team | Schweden |
| Laufender Hirsch, Doppelschuss | A. Lundberg (SWE) |
| Armeerevolver | USA |

**Turnen**

| | |
|---|---|
| Mehrkampf, Einzel | A. Braglia (ITA) |
| Mehrkampf, Mannschaft | Italien |
| Schwedisches Turnen | Schweden |
| Freies System | Norwegen |

**Tennis**

| | |
|---|---|
| Herren-Einzel, Rasen | C. Winslow (RSA) |
| Herren-Einzel, Halle | A. Gobert (FRA) |
| Herren-Doppel, Rasen | C. Winslow (RSA)/ H. Kifson (RSA) |
| Herren-Doppel, Halle | A. Gobert (FRA)/ M. Germot (FRA) |
| Damen-Einzel, Rasen | M. Broquedis (FRA) |
| Damen-Einzel, Halle | E. Hannam (GBR) |
| Mixed Rasen | D. Köring (GER)/ H. Schomburgk (GER) |
| Mixed Halle | E. Hannam (GBR)/ C. Dixon (GBR) |

# Olympische Sommerspiele

| Disziplin | Olympiasieger |
|---|---|
| **Fußball** | Großbritannien |
| **Wasserball** | Großbritannien |
| **1920, Antwerpen** | |
| **Leichtathletik** | |
| 100 m | C. Paddock (USA) |
| 200 m | A. Woodring (USA) |
| 400 m | B. Rudd (RSA) |
| 800 m | A. Hill (GBR) |
| 1500 m | A. Hill (GBR) |
| 3000 m Mannschaft | USA |
| 5000 m | J. Guillemot (FRA) |
| 10000 m | P. Nurmi (FIN) |
| Marathon | H. Kolehmainen (FIN) |
| 110 m Hürden | E. Thompson (CAN) |
| 400 m Hürden | F. Loomis (USA) |
| 3000 m Hindernis | P. Hodge (GBR) |
| Querfeldeinlauf (ca. 8000 m) | P. Nurmi (FIN) |
| Querfeldeinlauf Mannschaft | Finnland |
| 4 x 100 m | USA |
| 4 x 400 m | Großbritannien |
| 3 km Gehen | U. Frigerio (ITA) |
| 10 km Gehen | U. Frigerio (ITA) |
| Hochsprung | R. Landon (USA) |
| Stabhochsprung | F. Foss (USA) |
| Weitsprung | W. Petersson (SWE) |
| Dreisprung | V. Tuulos (FIN) |
| Kugelstoßen | V. Pörhöla (FIN) |
| Diskuswerfen | E. Niklander (FIN) |
| Hammerwerfen | P. Ryan (USA) |
| Speerwerfen | J. Myyrä (FIN) |
| Gewichtwerfen | P. McDonald (USA) |
| Fünfkampf | E. Lehtonen (FIN) |
| Zehnkampf | H. Lövland (NOR) |
| Tauziehen | Großbritannien |
| **Schwimmen** | |
| HERREN | |
| 100 m Kraul | P. Kahanamoku (USA) |
| 400 m Kraul | N. Ross (USA) |
| 1500 m Kraul | N. Ross (USA) |
| 100 m Rücken | W. Kealoha (USA) |
| 4 x 200 m Kraul | USA |
| 200 m Brust | H. Malmroth (SWE) |
| 400 m Brust | H. Malmroth (SWE) |
| Kunstspringen | L. Kuehn (USA) |
| Turmspringen | C. Pinkston (USA) |
| Turmspringen, einfach | A. Wallmann (SWE) |
| DAMEN | |
| 100 m Kraul | E. Bleibtrey (USA) |
| 400 m Kraul | E. Bleibtrey (USA) |
| 4 x 100 m Kraul | USA |
| Kunstspringen | A. Riggin (USA) |
| Turmspringen | S. Fryland (DEN) |

| Disziplin | Olympiasieger |
|---|---|
| **Boxen** | |
| Fliegengewicht (bis 50,8kg) | F. di Genaro (USA) |
| Bantamgewicht (bis 53,52 kg) | C. Walker (RSA) |
| Federgewicht (bis 57,15 kg) | P. Fritsch (FRA) |
| Leichtgewicht (bis 61,24kg) | S. Mosberg (USA) |
| Weltergewicht (bis 66,68 kg) | A. Schneider (CAN) |
| Mittelgewicht (bis 72,57 kg) | H. Mallin (GBR) |
| Halbschwergew. (bis 79,38 kg) | E. Eagan (USA) |
| Schwergewicht (über 79,38 kg) | R. Rawson (GBR) |
| **Gewichtheben** | |
| Federgewicht (bis 60 kg) | F. de Haes (BEL) |
| Leichtgewicht (bis 67,5 kg) | A. Neuland (EST) |
| Mittelgewicht (bis 75 kg) | H. Gance (FRA) |
| Leichtschwergew. (bis 82,5 kg) | E. Cadine (FRA) |
| Schwergewicht (über 82,5 kg) | F. Bottino (ITA) |
| **Ringen, griechisch-römisch** | |
| Federgewicht (bis 60 kg) | O. Friman (FIN) |
| Leichtgewicht (bis 67,5 kg) | E. Väre (FIN) |
| Mittelgewicht (bis 75 kg) | C. Westergren (SWE) |
| Halbschwergew. (bis 82,5 kg) | C. Johanson (SWE) |
| Schwergewicht (über 82,5 kg) | A. Lindfors (FIN) |
| **Ringen, Freistil** | |
| Federgewicht (bis 60 kg) | C. Ackerly (USA) |
| Leichtgewicht (bis 67,5 kg) | K. Anttila (FIN) |
| Mittelgewicht (bis 75 kg) | E. Leino (FIN) |
| Halbschwergew. (bis 82,5 kg) | A. Larsson (SWE) |
| Schwergewicht (über 82,5 kg) | R. Roth (SUI) |
| **Fechten** | |
| Florett-Einzel | N. Nadi (ITA) |
| Florett-Mannschaft | Italien |
| Degen-Einzel | A. Massard (FRA) |
| Degen-Mannschaft | Italien |
| Säbel-Einzel | N. Nadi (ITA) |
| Säbel-Mannschaft | Italien |
| **Moderner Fünfkampf** | G. Dyrssen (SWE) |
| **Rudern** | |
| Einer | J. Kelly (USA) |
| Doppelzweier | USA |
| Zweier mit Steuermann | Italien |
| Vierer mit Steuermann | Schweiz |
| Achter | USA |
| **Segeln** | |
| 12-Fuß-Dinghi | Niederlande |
| 18-Fuß-Dinghi | Großbritannien |
| 6 m | Norwegen |
| 6 m (Typ 1907) | Belgien |
| 6,5 m (Typ 1919) | Niederlande |
| 7 m | Großbritannien |
| 8 m | Norwegen |
| 8 m (Typ 1907) | Norwegen |

| Disziplin | Olympiasieger |
|---|---|
| 10 m (Typ 1919) | Norwegen |
| 10 m (Typ 1907) | Norwegen |
| 12 m (Typ 1913) | Norwegen |
| 12 m (Typ 1919) | Norwegen |
| Sharpi 30 m | Schweden |
| Sharpi 40 m | Schweden |
| | |
| **Radsport** | |
| Straßenrennen (175 km) | H. Stenqvist (SWE) |
| Straßenrennen, Mannschaft | Frankreich |
| 50 km Bahn | H. George (BEL) |
| 1000 m Sprint | M. Peeters (NED) |
| 2000 m Tandemfahren | Großbritannien |
| 4000 m Mannschaftsverfolgung | Italien |
| | |
| **Pferdesport** | |
| Military-Einzel | H. Mörner (SWE) |
| Military-Mannschaft | Schweden |
| Dressur-Einzel | J. Lundblad (SWE) |
| Jagdspringen-Einzel | T. Lequio (ITA) |
| Jagdspringen-Mannschaft | Schweden |
| Kunstreiten-Einzel | Bouckaert (BEL) |
| Kunstreiten-Mannschaft | Belgien |
| | |
| **Sportschießen** | |
| Freies Gewehr | M. Fisher (USA) |
| Freies Gewehr, Mannschaft | USA |
| Armeegewehr, liegend 300 m | O. Olsen (NOR) |
| – Mannschaft | USA |
| Armeegewehr, stehend 300 m | C. Osburn (USA) |
| – Mannschaft | Dänemark |
| Armeegewehr, liegend 600 m | C. H. Johansson (SWE) |
| – Mannschaft | USA |
| Armeegewehr, liegend 600 + 300 m, Mannschaft | USA |
| Kleinkaliber, stehend | L. Nuesslein (USA) |
| Kleinkaliber, Mannschaft | USA |
| Schnellfeuerpistole | G. Paraense (BRA) |
| Scheibenpistole, 50 m | K. Frederick (USA) |
| Tontaubenschießen | M. Arie (USA) |
| – Mannschaft | USA |
| Laufender Hirsch, Einzelschuss | O. Olsen (NOR) |
| – Mannschaft | Norwegen |
| Laufender Hirsch, Doppelschuss | O. A. Lilloe-Olsen (NOR) |
| – Mannschaft | Norwegen |
| Armeerevolver, 50 m | USA |
| Armeerevolver, 30 m | USA |
| | |
| **Bogenschießen** | |
| Festes Vogelziel, kleine Vögel | E. van Moer (BEL) |
| Festes Vogelziel, große Vögel | E. Cloetens (BEL) |
| – Mannschaft | Belgien |
| Bewegliches Vogelziel, 28 m | H. van Innis (BEL) |
| – Mannschaft | Niederlande |
| Bewegliches Vogelziel, 33 m | H. van Innis (BEL) |
| – Mannschaft | Belgien |
| Bewegliches Vogelziel, 50 m | J. L. Brulé (FRA) |

| Disziplin | Olympiasieger |
|---|---|
| – Mannschaft | Belgien |
| | |
| **Turnen** | |
| Mehrkampf, Einzel | G. Zampori (ITA) |
| Mehrkampf, Mannschaft | Italien |
| Schwedisches Turnen | Schweden |
| Freies System | Dänemark |
| | |
| **Tennis** | |
| Herren-Einzel | L. Raymond (RSA) |
| Herren-Doppel | O. G. Noel Turnbull/ M. Woosnam (GBR) |
| Damen-Einzel | S. Lenglen (FRA) |
| Damen-Doppel | W. M. McNair/ K. McKane (GBR) |
| Mixed | S. Lenglen/ M. Décugis (FRA) |
| | |
| **Fußball** | Belgien |
| | |
| **Hockey** | Großbritannien |
| | |
| **Polo** | Großbritannien |
| | |
| **Rugby** | USA |
| | |
| **Wasserball** | Großbritannien |
| | |
| **Eiskunstlauf*** | |
| Herren | G. Grafström (SWE) |
| Damen | M. Julin (SWE) |
| Paare | L. Jakobsson/ W. Jakobsson (FIN) |
| | |
| **Eishockey*** | Kanada |

* noch keine eigenständigen Winterspiele

| **1924, Paris** | |
|---|---|
| **Leichtathletik** | |
| 100 m | H. Abrahams (GBR) |
| 200 m | J. Scholz (USA) |
| 400 m | E. Liddell (GBR) |
| 800 m | D. Lowe (GBR) |
| 1500 m | P. Nurmi (FIN) |
| 3000 m Mannschaft | Finnland |
| 5000 m | P. Nurmi (FIN) |
| 10000 m | V. Ritola (FIN) |
| Marathon | A. Stenroos (FIN) |
| 110 m Hürden | D. Kinsey (USA) |
| 400 m Hürden | M. Taylor (USA) |
| 3000 m Hindernis | V. Ritola (FIN) |
| Querfeldein (ca. 10 km) | P. Nurmi (FIN) |
| Querfeldein, Mannschaft | Finnland |
| 4 x 100 m | USA |
| 4 x 400 m | USA |

# Olympische Sommerspiele

| Disziplin | Olympiasieger |
|---|---|
| 10 km Gehen | U. Frigerio (ITA) |
| Hochsprung | H. Osborn (USA) |
| Stabhochsprung | L. Barnes (USA) |
| Weitsprung | W. DeHart Hubbard (USA) |
| Dreisprung | A. Winter (AUS) |
| Kugelstoßen | C. Houser (USA) |
| Diskuswerfen | C. Houser (USA) |
| Hammerwerfen | F. Tootell (USA) |
| Speerwerfen | J. Myyrä (FIN) |
| Fünfkampf | E. Lehtonen (FIN) |
| Zehnkampf | H. Osborn (USA) |

**Schwimmen**
**HERREN**

| Disziplin | Olympiasieger |
|---|---|
| 100 m Kraul | J. Weissmuller (USA) |
| 400 m Kraul | J. Weissmuller (USA) |
| 1500 m Kraul | A. Charlton (AUS) |
| 100 m Rücken | W. Kealoha (USA) |
| 200 Brust | R. Skelton (USA) |
| 4 x 200 m Kraul | USA |
| Kunstspringen | A. White (USA) |
| Turmspringen | A. White (USA) |
| Turmspringen, einfach | R. Eve (AUS) |

**DAMEN**

| Disziplin | Olympiasieger |
|---|---|
| 100 m Kraul | E. Lackie (USA) |
| 400 m Kraul | M. Norelius (USA) |
| 200 m Brust | L. Morton (GBR) |
| 100 m Rücken | S. Bauer (USA) |
| 4 x 100 m Kraul | USA |
| Kunstspringen | E. Becker (USA) |
| Turmspringen | C. Smith (USA) |

**Boxen**

| Disziplin | Olympiasieger |
|---|---|
| Fliegengewicht (bis 50,80 kg) | F. LaBarba (USA) |
| Bantamgewicht (bis 53,52 kg) | W. Smith (RSA) |
| Federgewicht (bis 57,15 kg) | J. Fields (USA) |
| Leichtgewicht (bis 61,24 kg) | H. Nielsen (DEN) |
| Weltergewicht (bis 66,68 kg) | J. Delarge (BEL) |
| Mittelgewicht (bis 72,57 kg) | H. Mallin (GBR) |
| Halbschwergew. (bis 79,38 kg) | H. Mitchell (GBR) |
| Schwergewicht (über 79,38 kg) | O. von Porat (NOR) |

**Gewichtheben**

| Disziplin | Olympiasieger |
|---|---|
| Federgewicht (bis 60 kg) | P. Gabetti (ITA) |
| Leichtgewicht (bis 67,5 kg) | E. Decottignies (FRA) |
| Mittelgewicht (bis 75 kg) | C. Galimberti (ITA) |
| Leichtschwergew. (bis 82,5 kg) | C. Rigoulot (FRA) |
| Schwergewicht (über 82.5 kg) | G. Tonani (ITA) |

**Ringen, griechisch-römisch**

| Disziplin | Olympiasieger |
|---|---|
| Bantamgewicht (bis 58 kg) | E. Pütsep (EST) |
| Federgewicht (bis 62 kg) | K. Anttila (FIN) |
| Leichtgewicht (bis 67,5 kg) | O. Friman (FIN) |
| Mittelgewicht (bis 75 kg) | E. Westerlund (FIN) |
| Halbschwergew. (bis 82,5 kg) | C. Westergren (SWE) |
| Schwergewicht (über 82,5 kg) | H. Deglane (FRA) |

**Ringen, Freistil**

| Disziplin | Olympiasieger |
|---|---|
| Bantamgewicht (bis 56 kg) | K. Pihlajamäki (FIN) |
| Federgewicht (bis 61 kg) | R. Reed (USA) |
| Leichtgewicht (bis 66 kg) | R. Vis (USA) |
| Weltergewicht (bis 72 kg) | H. Gehri (SUI) |
| Mittelgewicht (bis 79 kg) | F. Hagmann (SUI) |
| Halbschwergewicht (bis 87 kg) | J. Spellman (USA) |
| Schwergewicht (über 87 kg) | H. Steel (USA) |

**Fechten**
**HERREN**

| Disziplin | Olympiasieger |
|---|---|
| Florett-Einzel | R. Ducret (FRA) |
| Florett-Mannschaft | Frankreich |
| Degen-Einzel | C. Delporte (BEL) |
| Degen-Mannschaft | Frankreich |
| Säbel-Einzel | S. Posta (HUN) |
| Säbel-Mannschaft | Italien |

**DAMEN**

| Disziplin | Olympiasieger |
|---|---|
| Florett-Einzel | E. Osijer (DEN) |

**Moderner Fünfkampf** — B. Lindman (SWE)

**Rudern**

| Disziplin | Olympiasieger |
|---|---|
| Einer | J. Beresford (GBR) |
| Doppelzweier | USA |
| Zweier ohne Steuermann | Niederlande |
| Zweier mit Steuermann | Schweiz |
| Vierer ohne Steuermann | Großbritannien |
| Vierer mit Steuermann | Schweiz |
| Achter | USA |

**Segeln**

| Disziplin | Olympiasieger |
|---|---|
| Ein-Mann-Boot | L. Huybrechts (BEL) |
| 6 m Klasse | Norwegen |
| 8 m Klasse | Norwegen |

**Radsport**

| Disziplin | Olympiasieger |
|---|---|
| Straßenrennen (188 km) | A. Blanchonnet (FRA) |
| Straßenrennen, Mannschaft | Frankreich |
| 1000 m Sprint | L. Michard (FRA) |
| 2000 m Tandemfahren | Frankreich |
| 4000 m Mannschaftsverfolgung | Italien |
| 50 km Bahnrennen | J. Willems (NED) |

**Pferdesport**

| Disziplin | Olympiasieger |
|---|---|
| Military-Einzel | A. v. d. Voort v. Zyp (NED) |
| Military-Mannschaft | Niederlande |
| Dressur-Einzel | E. Linder (SWE) |
| Jagdspringen-Einzel | A. Gemuseus (SUI) |
| Jagdspringen-Mannschaft | Schweden |

**Sportschießen**

| Disziplin | Olympiasieger |
|---|---|
| Freies Gewehr | M. Fisher (USA) |
| Freies Gewehr, Mannschaft | USA |
| Kleinkaliber, liegend | P. Coquelin de Lisle (FRA) |
| Schnellfeuerpistole | H. Bailey (USA) |

| Disziplin | Olympiasieger |
|---|---|
| Tontaubenschießen | G. Halasy (HUN) |
| – Mannschaft | USA |
| Laufender Hirsch, Einzelschuss | J. K. Boles (USA) |
| – Mannschaft | Norwegen |
| Laufender Hirsch, Doppelschuss | O. Lilloe-Olsen (NOR) |
| – Mannschaft | Großbritannien |
| | |
| **Turnen** | |
| Mehrkampf, Einzel | L. Stukelj (YUG) |
| Mehrkampf, Mannschaft | Italien |
| Barren | A. Güttinger (SUI) |
| Pferdsprung | F. Kriz (USA) |
| Reck | L. Stukelj (YUG) |
| Ringe | F. Martino (ITA) |
| Seitpferd | J. Wilhelm (SUI) |
| Seitpferdsprung | A. Séguin (FRA) |
| Tauhangeln | B. Supcik (HTCH) |
| | |
| **Tennis** | |
| Herren-Einzel | V. Richards (USA) |
| Herren-Doppel | V. Richards/ |
| | F. Hunter (USA) |
| Damen-Einzel | H. Wills (USA) |
| Damen-Doppel | H. Wightman/ |
| | H. Wills (USA) |
| Mixed | H. Wightman/ |
| | R. N. Williams (USA) |
| | |
| **Fußball** | Uruguay |
| | |
| **Polo** | Argentinien |
| | |
| **Rugby** | USA |
| | |
| **Wasserball** | Frankreich |

| Disziplin | Olympiasieger |
|---|---|
| Kugelstoßen | J. Kuck (USA) |
| Diskuswerfen | C. Houser (USA) |
| Hammerwerfen | P. O'Callaghan (IRL) |
| Speerwerfen | E. Lundkvist (SWE) |
| Zehnkampf | P. Yrjöla (FIN) |
| | |
| DAMEN | |
| 100 m | E. Robinson (USA) |
| 800 m | L. Radke (GER) |
| 4 x 100 m | Kanada |
| Hochsprung | E. Catherwood (CAN) |
| Diskuswerfen | H. Konopacka (POL) |
| | |
| **Schwimmen** | |
| HERREN | |
| 100 m Kraul | J. Weissmuller (USA) |
| 400 m Kraul | A. Zorilla (ARG) |
| 1500 m Kraul | A. Borg (SWE) |
| 100 m Rücken | G. Kojac (USA) |
| 200 m Brust | Y. Tsuruta (JPN) |
| 4 x 200 m Kraul | USA |
| Kunstspringen | P. Desjardins (USA) |
| Turmspringen | P. Desjardins (USA) |
| | |
| DAMEN | |
| 100 m Kraul | A. Osipovich (USA) |
| 400 m Kraul | M. Norelius (USA) |
| 200 m Brust | H. Schrader (GER) |
| 100 m Rücken | M. Braun (NED) |
| 4 x 100 m Kraul | USA |
| Kunstspringen | H. Meany (USA) |
| Turmspringen | E. Becker (USA) |

| **1928, Amsterdam** | |
|---|---|
| **Leichtathletik** | |
| HERREN | |
| 100 m | P. Williams (CAN) |
| 200 m | P. Williams (CAN) |
| 400 m | R. Barbuti (USA) |
| 800 m | D. Lowe (GBR) |
| 1500 m | H. Larva (FIN) |
| 5000 m | V. Ritola (FIN) |
| 10000 m | P. Nurmi (FIN) |
| Marathon | B. El Quafi (FRA) |
| 110 m Hürden | S. Atkinson (RSA) |
| 400 m Hürden | D. Burghley (GBR) |
| 3000 m Hindernis | T. Loukola (FIN) |
| 4 x 100 m | USA |
| 4 x 400 m | USA |
| Hochsprung | R. King (USA) |
| Stabhochsprung | S. Carr (USA) |
| Weitsprung | E. Hamm (USA) |
| Dreisprung | M. Oda (JPN) |

| **Boxen** | |
|---|---|
| Fliegengewicht (bis 50,8 kg) | A. Kocsis (HUN) |
| Bantamgewicht (bis 53,52 kg) | V. Tamagini (ITA) |
| Federgewicht (bis 57,15 kg) | B. van Klaveren (NED) |
| Leichtgewicht (bis 61,24 kg) | C. Orlandi (ITA) |
| Weltergewicht (bis 66,68 kg) | E. Morgan (NZL) |
| Mittelgewicht (bis 72,57 kg) | P. Toscani (ITA) |
| Halbschwergew. (bis 79,38 kg) | V. Avendano (ARG) |
| Schwergewicht (über 79,38 kg) | A. Jurado (ARG) |
| | |
| **Gewichtheben** | |
| Federgewicht (bis 60 kg) | F. Andrysek (AUT) |
| Leichtgewicht (bis 67,5 kg) | K. Helbig (GER) |
| Mittelgewicht (bis 75 kg) | R. François (FRA) |
| Leichtschwergew. (bis 82,5 kg) | S. Nosseir (EGY) |
| Schwergewicht (über 82.5 kg) | J. Straßberger (GER) |
| | |
| **Ringen, griechisch-römisch** | |
| Bantamgewicht (bis 58 kg) | C. Leucht (GER) |
| Federgewicht (bis 62 kg) | V. Väli (EST) |
| Leichtgewicht (bis 67,5 kg) | L. Keresztes (HUN) |
| Mittelgewicht (bis 75 kg) | V. Kokkinen (FIN) |
| Halbschwergew. (bis 82,5 kg) | I. Mustafa (EGY) |
| Schwergewicht (über 82,5 kg) | A. Svensson (SWE) |

# Olympische Sommerspiele

| Disziplin | Olympiasieger |
|---|---|
| **Ringen, Freistil** | |
| Bantamgewicht (bis 56 kg) | K. Mäkinen (FIN) |
| Federgewicht (bis 61 kg) | A. Morrison (USA) |
| Leichtgewicht (bis 66 kg) | O. Käpp (EST) |
| Weltergewicht (bis 72 kg) | A. Haavisto (FIN) |
| Mittelgewicht (bis 79 kg) | E. Kyburz (SUI) |
| Halbschwergewicht (bis 87 kg) | T. Sjöstedt (SWE) |
| Schwergewicht (über 87 kg) | J. Richthoff (SWE) |
| | |
| **Fechten** | |
| HERREN | |
| Florett-Einzel | L. Gaudin (FRA) |
| Florett-Mannschaft | Italien |
| Degen-Einzel | L. Gaudin (FRA) |
| Degen-Mannschaft | Italien |
| Säbel-Einzel | Ö. Terstianski (HUN) |
| Säbel-Mannschaft | Ungarn |
| | |
| DAMEN | |
| Florett-Einzel | H. Mayer (GER) |
| | |
| **Moderner Fünfkampf** | S. Thofelt (SWE) |
| | |
| **Rudern** | |
| Einer | H. Pearce (AUS) |
| Doppelzweier | USA |
| Zweier ohne Steuermann | Deutschland |
| Zweier mit Steuermann | Schweiz |
| Vierer ohne Steuermann | Großbritannien |
| Vierer mit Steuermann | Italien |
| Achter | USA |
| | |
| **Segeln** | |
| Ein-Mann-Boot | S. Thorell (SWE) |
| 6 m | Norwegen |
| 8 m | Frankreich |
| | |
| **Radsport** | |
| Straßenrennen (168 km) | H. Hansen (DEN) |
| – Mannschaftswertung | Dänemark |
| 1000 m Zeitfahren | W. Falck-Hansen (DEN) |
| 1000 m Sprint | R. Beaufrand (FRA) |
| 2000 m Tandemfahren | Niederlande |
| 4000 m Mannschaftsverfolgung | Italien |
| | |
| **Pferdesport** | |
| Military-Einzel | C. P. de Mortanges (NED) |
| Military-Mannschaft | Niederlande |
| Dressur-Einzel | C. F. von Langen (GER) |
| Dressur-Mannschaft | Deutschland |
| Jagdspringen-Einzel | F. Ventura (TCH) |
| Jagdspringen-Mannschaft | Spanien |
| | |
| **Turnen** | |
| HERREN | |
| Mehrkampf-Einzel | G. Miez (SUI) |
| Mehrkampf-Mannschaft | Schweiz |

| Disziplin | Olympiasieger |
|---|---|
| Barren | L. Vacha (THC) |
| Pferdsprung | E. Mack (SUI) |
| Reck | G. Miez (SUI) |
| Ringe | L. Stukelj (YUG) |
| Seitpferd | H. Hänggi (SUI) |
| | |
| DAMEN | |
| Mehrkampf-Mannschaft | Niederlande |
| | |
| **Fußball** | Uruguay |
| | |
| **Hockey** | Indien |
| | |
| **Wasserball** | Deutschland |

| 1932, Los Angeles | |
|---|---|
| **Leichtathletik** | |
| HERREN | |
| 100 m | E. Tolan (USA) |
| 200 m | E. Tolan (USA) |
| 400 m | W. Carr (USA) |
| 800 m | T. Hampson (GBR) |
| 1500 m | L. Beccali (ITA) |
| 5000 m | L. Lehtinen (FIN) |
| 10000 m | J. Kusocinski (POL) |
| Marathon | J. C. Zabala (ARG) |
| 110 m Hürden | G. Saling (USA) |
| 400 m Hürden | R. Tisdall (IRL) |
| 3000 m Hindernis | V. Iso-Hollo (FIN) |
| 4 x 100 m | USA |
| 4 x 400 m | USA |
| 50 km Gehen | T. Green (GBR) |
| Hochsprung | D. McNaughton (CAN) |
| Stabhochsprung | W. Miller (USA) |
| Weitsprung | E. Gordon (USA) |
| Dreisprung | C. Nambu (JPN) |
| Kugelstoßen | L. Sexton (USA) |
| Diskuswerfen | J. Anderson (USA) |
| Hammerwerfen | P. O'Callaghan (IRL) |
| Speerwerfen | M. Järvinen (FIN) |
| Zehnkampf | J. Bausch (USA) |
| | |
| DAMEN | |
| 100 m | S. Walasiewicz (POL) |
| 80 m Hürden | M. Didriksen (USA) |
| 4 x 100 m | USA |
| Hochsprung | J. Shiley (USA) |
| Diskuswerfen | L. Copeland (USA) |
| Speerwerfen | M. Didriksen (USA) |
| | |
| **Schwimmen** | |
| HERREN | |
| 100 m Kraul | Y. Miyazaki (JPN) |
| 400 m Kraul | C. Crabbe (USA) |
| 1500 m Kraul | K. Kitamura (JPN) |
| 100 m Rücken | M. Kijokawa (JPN) |

| Disziplin | Olympiasieger |
|---|---|
| 200 m Brust | Y. Tsuruta (JPN) |
| 4 x 200 m Kraul | Japan |
| Kunstspringen | M. Galitzen (USA) |
| Turmspringen | H. Smith (USA) |
| **DAMEN** | |
| 100 m Kraul | H. Madison (USA) |
| 400 m Kraul | H. Madison (USA) |
| 200 m Brust | C. Dennis (AUS) |
| 100 m Rücken | E. Hom (USA) |
| 4 x 100 m Kraul | USA |
| Kunstspringen | G. Coleman (USA) |
| Turmspringen | D. Poynton (USA) |
| **Boxen** | |
| Fliegengewicht (bis 50,8 kg) | I. Enekes (HUN) |
| Bantamgewicht (bis 53,52 kg) | H. Gwynne (CAN) |
| Federgewicht (bis 57,15 kg) | C. Robledo (ARG) |
| Leichtgewicht (bis 61,24 kg) | L. Stevens (RSA) |
| Weltergewicht (bis 66,68 kg) | E. Flynn (USA) |
| Mittelgewicht (bis 72,57 kg) | C. Barth (USA) |
| Halbschwergew. (bis 79,38 kg) | D. Carstens (RSA) |
| Schwergewicht (über 79,38 kg) | S. Lovell (ARG) |
| **Gewichtheben** | |
| Federgewicht (bis 60 kg) | R. Suvigny (FRA) |
| Leichtgewicht (bis 67,5 kg) | R. Duverger (FRA) |
| Mittelgewicht (bis 75 kg) | R. Ismayr (GER) |
| Leichtschwergew. (bis 82,5 kg) | L. Hostin (FRA) |
| Schwergewicht (über 82.5 kg) | J. Skoblar (TCH) |
| **Ringen, griechisch-römisch** | |
| Bantamgewicht (bis 56 kg) | J. Brendel (GER) |
| Federgewicht (bis 61 kg) | G. Gozzi (ITA) |
| Leichtgewicht (bis 66 kg) | E. Malmberg (SWE) |
| Weltergewicht (bis 72 kg) | I. Johansson (SWE) |
| Mittelgewicht (bis 79 kg) | V. Kokkinen (FIN) |
| Halbschwergewicht (bis 87 kg) | R. Svensson (SWE) |
| Schwergewicht (über 87 kg) | C. Westergren (SWE) |
| **Ringen, Freistil** | |
| Bantamgewicht (bis 56 kg) | R. Pearce (USA) |
| Federgewicht (bis 61 kg) | H. Pihlajamäki (FIN) |
| Leichtgewicht (bis 66 kg) | C. Pacome (FRA) |
| Weltergewicht (bis 72 kg) | J. van Bebber (USA) |
| Mittelgewicht (bis 79 kg) | I. Johansson (SWE) |
| Halbschwergewicht (bis 87 kg) | P. Mehringer (USA) |
| Schwergewicht (über 87 kg) | J. Richthoff (SWE) |
| **Fechten** | |
| **HERREN** | |
| Florett-Einzel | G. Marzi (ITA) |
| Florett-Mannschaft | Frankreich |
| Degen-Einzel | G. Cornaggia (ITA) |
| Degen-Mannschaft | Frankreich |
| Säbel-Einzel | G. Piller (HUN) |
| Säbel-Mannschaft | Ungarn |

| Disziplin | Olympiasieger |
|---|---|
| **DAMEN** | |
| Florett-Einzel | E. Preis (AUT) |
| **Moderner Fünfkampf** | J. Oxenstierna (SWE) |
| **Rudern** | |
| Einer | H. Pearce (AUS) |
| Doppelzweier | USA |
| Zweier ohne Steuermann | Großbritannien |
| Zweier mit Steuermann | USA |
| Vierer ohne Steuermann | Großbritannien |
| Vierer mit Steuermann | Deutschland |
| Achter | USA |
| **Segeln** | |
| Ein-Mann-Boot | J. Leburn (FRA) |
| Star | USA |
| 6 m | Schweden |
| 8 m | USA |
| **Radsport** | |
| Straßenrennen (100 km) | A. Pavesi (ITA) |
| – Mannschaftswertung | Italien |
| 1000 m Zeitfahren | E. Gray (USA) |
| 1000 m Sprint | J. van Egmond (NED) |
| 2000 m Tandemfahren | Frankreich |
| 4000 m Mannschaftsverfolgung | Italien |
| **Pferdesport** | |
| Military-Einzel | C. Pahud de Mortanges (NED) |
| Military-Mannschaft | USA |
| Dressur-Einzel | X. Lesage (FRA) |
| Dressur-Mannschaft | Frankreich |
| Jagdspringen-Einzel | T. Nishi (JPN) |
| **Sportschießen** | |
| Kleinkaliber (KK) liegend | B. Rönnmark (SWE) |
| Schnellfeuer-Pistole | R. Morigi (ITA) |
| **Turnen** | |
| Mehrkampf-Einzel | R. Neri (ITA) |
| Mehrkampf-Mannschaft | Italien |
| Barren | R. Neri (ITA) |
| Boden | I. Pelle (HUN) |
| Pferdsprung | S. Guglielmetti (ITA) |
| Reck | D. Bixler (USA) |
| Ringe | G. Gulack (USA) |
| Seitpferd | I. Pelle (HUN) |
| Tauhangeln | R. Bass (USA) |
| Federbrettsprung | R. Wolfe (USA) |
| Keulenschwingen | G. Roth (USA) |
| **Hockey** | Indien |
| **Wasserball** | Ungarn |

# Olympische Sommerspiele

| Disziplin | Olympiasieger |
|---|---|
| **1936, Berlin** | |
| **Leichtathletik** | |
| HERREN | |
| 100 m | J. Owens (USA) |
| 200 m | J. Owens (USA) |
| 400 m | A. Williams (USA) |
| 800 m | J. Woodruff (USA) |
| 1500 m | J. Lovelock (NZL) |
| 5000 m | G. Höckert (FIN) |
| 10000 m | I. Salminen (FIN) |
| Marathon | K. Son (JPN) |
| 110 m Hürden | F. Towns (USA) |
| 400 m Hürden | G. Hardin (USA) |
| 3000 m Hindernis | V. Iso-Hollo (FIN) |
| 4 x 100 m | USA |
| 4 x 400 m | Großbritannien |
| 50 km Gehen | H. Whitlock (GBR) |
| Hochsprung | C. Johnson (USA) |
| Stabhochsprung | E. Meadows (USA) |
| Weitsprung | J. Owens (USA) |
| Dreisprung | N. Tajima (JPN) |
| Kugelstoßen | H. Woellke (GER) |
| Diskuswerfen | K. Carpenter (USA) |
| Hammerwerfen | K. Hein (GER) |
| Speerwerfen | G. Stoeck (GER) |
| Zehnkampf | G. Morris (USA) |
| | |
| DAMEN | |
| 100 m | H. Stephens (USA) |
| 80 m Hürden | T. Valla (ITA) |
| 4 x 100 m | USA |
| Hochsprung | I. Csák (HUN) |
| Diskuswerfen | G. Mauermayer (GER) |
| Speerwerfen | T. Fleischer (GER) |
| | |
| **Schwimmen** | |
| HERREN | |
| 100 m Kraul | F. Csik (HUN) |
| 400 m Kraul | J. Medica (USA) |
| 1500 m Kraul | N. Terada (JPN) |
| 100 m Rücken | A. Kiefer (USA) |
| 200 m Brust | T. Hamuro (JPN) |
| 4 x 200 m Kraul | Japan |
| Kunstspringen | R. Degener (USA) |
| Turmspringen | M. Wayne (USA) |
| | |
| DAMEN | |
| 100 m Kraul | R. Mastenbroek (NED) |
| 400 m Kraul | R. Mastenbroek (NED) |
| 200 m Brust | H. Maehata (JPN) |
| 100 m Rücken | D. Senff (NED) |
| 4 x 100 m Kraul | Niederlande |
| Kunstspringen | M. Gestring (USA) |
| Turmspringen | D. Poynton (USA) |
| | |
| **Boxen** | |
| Fliegengewicht (bis 50,8 kg) | W. Kaiser (GER) |

| Disziplin | Olympiasieger |
|---|---|
| Bantamgewicht (bis 53,52 kg) | U. Sergo (ITA) |
| Federgewicht (bis 57,15 kg) | O. Casanovas (ARG) |
| Leichtgewicht (bis 61,24 kg) | I. Harangi (HUN) |
| Weltergewicht (bis 66,68 kg) | S. Suvio (FIN) |
| Mittelgewicht (bis 72,57 kg) | J. Despeaux (FRA) |
| Halbschwergew. (bis 79,38 kg) | R. Michelot (FRA) |
| Schwergewicht (über 79,38 kg) | H. Runge (GER) |
| | |
| **Gewichtheben** | |
| Federgewicht (bis 60 kg) | A. Terlazzo (USA) |
| Leichtgewicht (bis 67,5 kg) | M. Mesbahba (EGY)/ |
| | Robert Fein (AUT) |
| Mittelgewicht (bis 75 kg) | K. El Touni (EGY) |
| Leichtschwergew. (bis 82,5 kg) | L. Hostin (FRA) |
| Schwergewicht (über 82,5 kg) | J. Manger (GER) |
| | |
| **Ringen, griechisch-römisch** | |
| Bantamgewicht (bis 56 kg) | M. Lörincz (HUN) |
| Federgewicht (bis 61 kg) | Y. Erkan (TUR) |
| Leichtgewicht (bis 66 kg) | L. Koskela (FIN) |
| Weltergewicht (bis 72 kg) | R. Svedberg (SWE) |
| Mittelgewicht (bis 79 kg) | I. Johansson (SWE) |
| Halbschwergewicht (bis 87 kg) | A. Cadier (SWE) |
| Schwergewicht (über 87 kg) | K. Palusalo (EST) |
| | |
| **Ringen, Freistil** | |
| Bantamgewicht (bis 56 kg) | Ö. Zombori (HUN) |
| Federgewicht (bis 61 kg) | K. Pihlajamäki (FIN) |
| Leichtgewicht (bis 66 kg) | K. Karpati (HUN) |
| Weltergewicht (bis 72 kg) | F. Lewis (USA) |
| Mittelgewicht (bis 79 kg) | E. Poilvé (FRA) |
| Halbschwergewicht (bis 87 kg) | K. Fridell (SWE) |
| Schwergewicht (über 87 kg) | K. Palusalo (EST) |
| | |
| **Fechten** | |
| HERREN | |
| Florett-Einzel | G. Gaudini (ITA) |
| Florett-Mannschaft | Italien |
| Degen-Einzel | Franco Riccardi (ITA) |
| Degen-Mannschaft | Italien |
| Säbel-Einzel | E. Kabos (HUN) |
| Säbel-Mannschaft | Ungarn |
| | |
| DAMEN | |
| Florett-Einzel | I. Elek (HUN) |
| | |
| **Moderner Fünfkampf** | G. Handrick (GER) |
| | |
| **Kanu** | |
| 1000 m K1 | G. Hradetzky (AUT) |
| 1000 m K2 | Österreich |
| 1000 m C1 | F. Amyot (CAN) |
| 1000 m C2 | Tschechoslowakei |
| 10000 m K1 | E. Krebs (GER) |
| 10000 m K2 | Deutschland |
| 10000 m C2 | Tschechoslowakei |
| 10000 m Faltboot F1 | G. Hradetzky (AUT) |

| Disziplin | Olympiasieger |
|---|---|
| 10 000 m Faltboot F2 | Schweden |
| **Rudern** | |
| Einer | G. Schäfer (GER) |
| Doppelzweier | Großbritannien |
| Zweier ohne Steuermann | Deutschland |
| Zweier mit Steuermann | Deutschland |
| Vierer ohne Steuermann | Deutschland |
| Vierer mit Steuermann | Deutschland |
| Achter | USA |
| **Segeln** | |
| Ein-Mann-Boot | D. Kagchelland (NED) |
| Star | Deutschland |
| 6 m | Großbritannien |
| 8 m | Italien |
| **Radsport** | |
| Straßenrennen | R. Charpentier (FRA) |
| Straßenrennen, Mannschaft | Frankreich |
| 1000 m Zeitfahren | A. van Vliet (NED) |
| 1000 m Sprint | T. Merkens (GER) |
| 2000 m Tandemfahren | Deutschland |
| 4000 m Mannschaftsverfolgung | Frankreich |
| **Pferdesport** | |
| Military-Einzel | H. Stubbendorff (GER) |
| Military-Mannschaft | Deutschland |
| Dressur-Einzel | H. Pollay (GER) |
| Dressur-Mannschaft | Deutschland |
| Jagdspringen-Einzel | K. Hasse (GER) |
| Jagdspringen-Mannschaft | Deutschland |
| **Sportschießen** | |
| Kleinkaliber (KK) liegend | W. Rögeberg (NOR) |
| Schnellfeuerpistole | C. van Oyen (GER) |
| Beliebige Scheibenpistole | T. Ullman (SWE) |
| **Turnen** | |
| HERREN | |
| Mehrkampf, Einzel | A. Schwarzmann (GER) |
| Mehrkampf, Mannschaft | Deutschland |
| Barren | K. Frey (GER) |
| Boden | G. Miez (SUI) |
| Pferdsprung | A. Schwarzmann (GER) |
| Reck | A. Saarvala (FIN) |
| Ringe | A. Hudec (THC) |
| Seitpferd | K. Frey (GER) |
| DAMEN | |
| Mehrkampf, Mannschaft | Deutschland |
| **Fußball** | Italien |
| **Basketball** | USA |
| **Hockey** | Indien |

| Disziplin | Olympiasieger |
|---|---|
| **Polo** | Argentinien |
| **Feldhandball** | Deutschland |
| **Wasserball** | Ungarn |
| **1948, London** | |
| **Leichtathletik** | |
| HERREN | |
| 100 m | H. Dillard (USA) |
| 200 m | M. Patton (USA) |
| 400 m | A. Wint (JAM) |
| 800 m | M. Whitfield (USA) |
| 1500 m | H. Eriksson (SWE) |
| 5000 m | G. Reiff (BEL) |
| 10 000 m | E. Zátopek (TCH) |
| Marathon | D. Cabrera (ARG) |
| 110 m Hürden | W. Porter (USA) |
| 400 m Hürden | R. Cochran (USA) |
| 3000 m Hindernis | T. Sjöstrand (SWE) |
| 4 x 100 m | USA |
| 4 x 400 m | USA |
| 10 km Gehen | J. Mikaelsson (SWE) |
| 50 km Gehen | J. Ljunggren (SWE) |
| Hochsprung | J. Winter (AUS) |
| Stabhochsprung | O. Smith (USA) |
| Weitsprung | W. Steele (USA) |
| Dreisprung | A. Ahman (SWE) |
| Kugelstoßen | W. Thompson (USA) |
| Diskuswerfen | A. Consolini (ITA) |
| Hammerwerfen | I. Nemeth (HUN) |
| Speerwerfen | T. Rautavaara (FIN) |
| Zehnkampf | R. Mathias (USA) |
| DAMEN | |
| 100 m | F. Blankers-Koen (NED) |
| 200 m | F. Blankers-Koen (NED) |
| 80 m Hürden | F. Blankers-Koen (NED) |
| 4 x 100 m | Niederlande |
| Hochsprung | A. Coachman (USA) |
| Weitsprung | O. Gyarmati (HUN) |
| Kugelstoßen | M. Ostermeyer (FRA) |
| Diskuswerfen | M. Ostermeyer (FRA) |
| Speerwerfen | H. Bauma (AUT) |
| **Schwimmen** | |
| HERREN | |
| 100 m Kraul | W. Ris (USA) |
| 400 m Kraul | W. Smith (USA) |
| 1500 m Kraul | J. McLane (USA) |
| 100 m Rücken | A. Stack (USA) |
| 200 m Brust | J. Verdeur (USA) |
| 4 x 200 m Kraul | USA |
| Kunstspringen | B. Harlan (USA) |
| Turmspringen | S. Lee (USA) |

# Olympische Sommerspiele

| Disziplin | Olympiasieger |
|---|---|
| **DAMEN** | |
| 100 m Kraul | G. Andersen (DEN) |
| 400 m Kraul | A. Curtis (USA) |
| 200 m Brust | N. van Vliet (NED) |
| 100 m Rücken | K. Harup (DEN) |
| 4 x 100 m Kraul | USA |
| Kunstspringen | V. Draves (USA) |
| Turmspringen | V. Draves (USA) |
| | |
| **Boxen** | |
| Fliegengewicht (bis 51 kg) | P. Perez (ARG) |
| Bantamgewicht (bis 54 kg) | T. Csik (HUN) |
| Federgewicht (bis 58 kg) | E. Formenti (ITA) |
| Leichtgewicht (bis 62 kg) | G. Dreyer (RSA) |
| Weltergewicht (bis 67 kg) | J. Torma (TCH) |
| Mittelgewicht (bis 73 kg) | L. Papp (HUN) |
| Halbschwergewicht (bis 80 kg) | G. Hunter (RSA) |
| Schwergewicht (über 80 kg) | R. Iglesias (ARG) |
| | |
| **Gewichtheben** | |
| Bantamgewicht (bis 56 kg) | J. di Pietro (USA) |
| Federgewicht (bis 60 kg) | M. Fayad (EGY) |
| Leichtgewicht (bis 67,5 kg) | I. Shams (EGY) |
| Mittelgewicht (bis 75 kg) | F. Spellman (USA) |
| Leichtschwergew. (bis 82,5 kg) | S. Stanczyk (USA) |
| Schwergewicht (über 82,5 kg) | J. Davis (USA) |
| | |
| **Ringen, griechisch–römisch** | |
| Fliegengewicht (bis 52 kg) | P. Lombardi (ITA) |
| Bantamgewicht (bis 57 kg) | K. Pettersson (SWE) |
| Federgewicht (bis 62 kg) | M. Oktav (TUR) |
| Leichtgewicht (bis 67 kg) | G. Freij (SWE) |
| Weltergewicht (bis 73 kg) | G. Andersson (SWE) |
| Mittelgewicht (bis 79 kg) | A. Grönberg (SWE) |
| Halbschwergew. (bis 87 kg) | K.-E. Nilsson (SWE) |
| Schwergewicht (über 87 kg) | Ahmet Kirecci (TUR) |
| | |
| **Ringen, Freistil** | |
| Fliegengewicht (bis 52 kg) | L. Viitala (FIN) |
| Bantamgewicht (bis 57 kg) | N. Akar (TUR) |
| Federgewicht (bis 62 kg) | G. Bilge (TUR) |
| Leichtgewicht (bis 67 kg) | C. Atik (TUR) |
| Weltergewicht (bis 73 kg) | Y. Dogu (TUR) |
| Mittelgewicht (bis 79 kg) | G. Brand (USA) |
| Halbschwergewicht (bis 87 kg) | H. Wittenberg (USA) |
| Schwergewicht (über 87 kg) | G. Bobis (HUN) |
| | |
| **Fechten** | |
| **HERREN** | |
| Florett-Einzel | J. Buhan (FRA) |
| Florett-Mannschaft | Frankreich |
| Degen-Einzel | L. Cantone (ITA) |
| Degen-Mannschaft | Frankreich |
| Säbel-Einzel | A. Gerevich (HUN) |
| Säbel-Mannschaft | Ungarn |

| Disziplin | Olympiasieger |
|---|---|
| **DAMEN** | |
| Florett-Einzel | I. Elek (HUN) |
| | |
| **Moderner Fünfkampf** | W. Grut (SWE) |
| | |
| **Kanu** | |
| **HERREN** | |
| 1000 m K1 | G. Frederiksson (SWE) |
| 1000 m K2 | Schweden |
| 1000 m C1 | J. Holecek (TCH) |
| 1000 m C2 | Tschechoslowakei |
| 10 000 m K1 | G. Frederiksson (SWE) |
| 10 000 m K2 | Schweden |
| 10 000 m C1 | F. Capek (TCH) |
| 10 000 m C2 | USA |
| | |
| **DAMEN** | |
| 500 m K1 | Karen Hoff (DEN) |
| | |
| **RUDERN** | |
| Einer | M. Wood (AUS) |
| Doppelzweier | Großbritannien |
| Zweier ohne Steuermann | Großbritannien |
| Zweier mit Steuermann | Dänemark |
| Vierer ohne Steuermann | Italien |
| Vierer mit Steuermann | USA |
| Achter | USA |
| | |
| **Segeln** | |
| Ein-Mann-Boot | P. Elvström (DEN) |
| Star | USA |
| Swallow | Großbritannien |
| Drachen | Norwegen |
| 6 m | USA |
| | |
| **Radsport** | |
| Straßenrennen | J. Beyaert (FRA) |
| Straßenrennen, Mannschaft | Belgien |
| 1000 m Zeitfahren | J. Dupont (FRA) |
| 1000 m Sprint | M. Ghella (ITA) |
| 2000 m Tandemfahren | Italien |
| 4000 m Mannschaftsverfolgung | Frankreich |
| | |
| **Pferdesport** | |
| Military-Einzel | B. Chevallier (FRA) |
| Military-Mannschaft | USA |
| Dressur-Einzel | H. Moser (SUI) |
| Dressur-Mannschaft | Frankreich |
| Jagdspringen-Einzel | H. Mariles (MEX) |
| Jagdspringen-Mannschaft | Mexiko |
| | |
| **Sportschießen** | |
| Freies Gewehr | E. Grünig (SUI) |
| Kleinkaliber (KK) liegend | A. Cook (USA) |
| Schnellfeuerpistole | K. Takacs (HUN) |
| Beliebige Scheibenpistole | E. Vasquez (PER) |

| Disziplin | Olympiasieger |
|---|---|
| **Turnen** | |
| HERREN | |
| Mehrkampf-Einzel | V. Huhtanen (FIN) |
| Mehrkampf-Mannschaft | Finnland |
| Barren | M. Reusch (SUI) |
| Boden | F. Pataki (HUN) |
| Pferdsprung | P. Aaltonen (FIN) |
| Reck | J. Stalder (SUI) |
| Ringe | K. Frei (SUI) |
| Seitpferd | V. Huhtanen (FIN)/ |
| | P. Aaltonen (FIN)/ |
| | H. Savolainen (FIN) |
| DAMEN | |
| Mehrkampf-Mannschaft | Tschechoslowakei |
| **Fußball** | Schweden |
| **Basketball** | USA |
| **Hockey** | Indien |
| **Wasserball** | Italien |
| **1952, Helsinki** | |
| **Leichtathletik** | |
| HERREN | |
| 100 m | L. Remigino (USA) |
| 200 m | A. Stanfield (USA) |
| 400 m | G. Rhoden (JAM) |
| 800 m | M. Whitfield (USA) |
| 1500 m | J. Barthel (LUX) |
| 5000 m | E. Zátopek (TCH) |
| 10000 m | E. Zátopek (TCH) |
| Marathon | E. Zátopek (TCH) |
| 110 m Hürden | H. Dillard (USA) |
| 400 m Hürden | C. Moore (USA) |
| 3000 m Hindernis | H. Ashenfelter (USA) |
| 4 x 100 m | USA |
| 4 x 400 m | Jamaika |
| 10 km Gehen | J. Mikaelsson (SWE) |
| 50 km Gehen | G. Dordoni (ITA) |
| Hochsprung | W. Davis (USA) |
| Stabhochsprung | R. Richards (USA) |
| Weitsprung | J. Biffle (USA) |
| Dreisprung | A. Ferreira da Silva (BRA) |
| Kugelstoßen | P. O'Brien (USA) |
| Diskuswerfen | S. Iness (USA) |
| Hammerwerfen | J. Csermak (HUN) |
| Speerwerfen | C. Young (USA) |
| Zehnkampf | R. Mathias (USA) |
| DAMEN | |
| 100 m | M. Jackson (AUS) |
| 200 m | M. Jackson (AUS) |
| 80 m Hürden | S. Strickland (AUS) |

| Disziplin | Olympiasieger |
|---|---|
| 4 x 100 m | USA |
| Hochsprung | E. Brand (RSA) |
| Weitsprung | Y. Williams (NZL) |
| Kugelstoßen | G. Zybina (URS) |
| Diskuswerfen | N. Romaschkowa (URS) |
| Speerwerfen | D. Zátopková (TCH) |
| **Schwimmen** | |
| HERREN | |
| 100 m Kraul | C. Scholz (USA) |
| 400 m Kraul | J. Boiteux (FRA) |
| 1500 m Kraul | F. Konno (USA) |
| 100 m Rücken | Y. Oyakawa (JPN) |
| 200 m Brust | J. Davies (AUS) |
| 4 x 200 m Kraul | USA |
| Kunstspringen | D. Browning (USA) |
| Turmspringen | S. Lee (USA) |
| DAMEN | |
| 100 m Kraul | K. Szöke (HUN) |
| 400 m Kraul | V. Gyenge (HUN) |
| 200 m Brust | E. Szekely (HUN) |
| 100 m Rücken | J. Harrison (RSA) |
| 4 x 100 m Kraul | Ungarn |
| Kunstspringen | P. McCormick (USA) |
| Turmspringen | P. McCormick (USA) |
| **Boxen** | |
| Fliegengewicht (bis 51 kg) | N. Brooks (USA) |
| Bantamgewicht (bis 54 kg) | Pentti Hämäläinen (FIN) |
| Federgewicht (bis 57 kg) | J. Zachara (TCH) |
| Leichtgewicht (bis 60 kg) | A. Bolognesi (ITA) |
| Halbweltergew. (bis 63,5 kg) | C. Adkins (USA) |
| Weltergewicht (bis 67 kg) | Z. Chychla (POL) |
| Halbmittelgewicht (bis 71 kg) | L. Papp (HUN) |
| Mittelgewicht (bis 75 kg) | F. Patterson (USA) |
| Halbschwergewicht (bis 81 kg) | N. Lee (USA) |
| Schwergewicht (über 81 kg) | E. Sanders (USA) |
| **Gewichtheben** | |
| Bantamgewicht (bis 56 kg) | I. Udodow (URS) |
| Federgewicht (bis 60 kg) | R. Tschimischkian (URS) |
| Leichtgewicht (bis 67,5 kg) | T. Kono (USA) |
| Mittelgewicht (bis 75 kg) | P. George (USA) |
| Leichtschwergew. (bis 82,5 kg) | T. Lomakin (URS) |
| Mittelschwergew. (bis 90 kg) | N. Schemansky (USA) |
| Schwergewicht (über 90 kg) | John Davis (USA) |
| **Ringen, griechisch-römisch** | |
| Fliegengewicht (bis 52 kg) | B. Gurewitsch (URS) |
| Bantamgewicht (bis 57 kg) | I. Hodos (HUN) |
| Federgewicht (bis 62 kg) | J. Punkin (URS) |
| Leichtgewicht (bis 67 kg) | S. Safin (URS) |
| Weltergewicht (bis 73 kg) | M. Szilvasi (HUN) |
| Mittelgewicht (bis 79 kg) | A. Grönberg (SWE) |
| Halbschwergewicht (bis 87 kg) | K. Gröndahl (FIN) |
| Schwergewicht (über 87 kg) | J. Kotkas (URS) |

# Olympische Sommerspiele

| Disziplin | Olympiasieger |
|---|---|
| **Ringen, Freistil** | |
| Fliegengewicht (bis 52 kg) | H. Gemici (TUR) |
| Bantamgewicht (bis 57 kg) | S. Ishii (JPN) |
| Federgewicht (bis 62 kg) | B. Sit (TUR) |
| Leichtgewicht (bis 67 kg) | O. Anderberg (SWE) |
| Weltergewicht (bis 73 kg) | W. Smith (USA) |
| Mittelgewicht (bis 79 kg) | D. Zimakuridse (URS) |
| Halbschwergewicht (bis 87 kg) | W. Palm (SWE) |
| Schwergewicht (über 87 kg) | A. Mekokischwili (URS) |
| | |
| **Fechten** | |
| HERREN | |
| Florett-Einzel | C. d'Oriola (FRA) |
| Florett-Mannschaft | Frankreich |
| Degen-Einzel | E. Mangiarotti (ITA) |
| Degen-Mannschaft | Italien |
| Säbel-Einzel | P. Kovacs (HUN) |
| Säbel-Mannschaft | Ungarn |
| | |
| DAMEN | |
| Florett-Einzel | I. Camber (ITA) |
| | |
| **Moderner Fünfkampf** | |
| Einzel | L. Hall (SWE) |
| Mannschaft | Ungarn |
| | |
| **Kanu** | |
| HERREN | |
| 1000 m K1 | G. Frederiksson (SWE) |
| 1000 m K2 | Finnland |
| 1000 m C1 | J. Holecek (TCH) |
| 1000 m C2 | Dänemark |
| 10 000 m K1 | T. Strömberg (FIN) |
| 10 000 m K2 | Finnland |
| 10 000 m C1 | F. Havens (USA) |
| 10 000 m C2 | Frankreich |
| | |
| DAMEN | |
| 500 m K1 | S. Saimo (FIN) |
| | |
| **Rudern** | |
| Einer | J. Tukalow (URS) |
| Doppelzweier | Argentinien |
| Zweier ohne Steuermann | USA |
| Zweier mit Steuermann | Frankreich |
| Vierer ohne Steuermann | Jugoslawien |
| Vierer mit Steuermann | Tschechoslowakei |
| Achter | USA |
| | |
| **Segeln** | |
| Ein-Mann-Boot | P. Elvström (DEN) |
| Star | Italien |
| Drachen | Norwegen |
| 5,5 m | USA |
| 6 m | USA |

| Disziplin | Olympiasieger |
|---|---|
| **Radsport** | |
| Straßenrennen (190,4 km) | A. Noyelle (BEL) |
| Straßenrennen, Mannschaft | Belgien |
| 1000 m Zeitfahren | Russel Mockridge (AUS) |
| 1000 m Sprint | Enzo Sacchi (ITA) |
| 2000 m Tandemfahren | Australien |
| 4000 m Mannschaftsverfolgung | Italien |
| | |
| **Pferdesport** | |
| Military-Einzel | H. v. Blixen-Finecke (SWE) |
| Military-Mannschaft | Schweden |
| Dressur-Einzel | H. Saint Cyr (SWE) |
| Dressur-Mannschaft | Schweden |
| Jagdspringen-Einzel | P. J. d'Oriola (FRA) |
| Jagdspringen-Mannschaft | Großbritannien |
| | |
| **Sportschießen** | |
| Freies Gewehr | A. Bogdanow (URS) |
| Kleinkaliber (KK) liegend | J. Sirbu (ROM) |
| Kleinkaliber, | |
| Dreistellungskampf | E. Kongshaug (NOR) |
| Schnellfeuerpistole | K. Takacs (HUN) |
| Beliebige Scheibenpistole | H. Benner (USA) |
| Tontaubenschießen | G. Genereux (CAN) |
| Laufender Hirsch | J. Larsen (NOR) |
| | |
| **Turnen** | |
| HERREN | |
| Mehrkampf, Einzel | W. Tschukarin (URS) |
| Mehrkampf, Mannschaft | UdSSR |
| Barren | H. Eugster (SUI) |
| Boden | W. Thoresson (SWE) |
| Pferdsprung | W. Tschukarin (URS) |
| Reck | J. Günthard (SUI) |
| Ringe | G. Tschaguinian (URS) |
| Seitpferd | W. Tschukarin (URS) |
| | |
| DAMEN | |
| Mehrkampf, Einzel | M. Gorochowskaja (URS) |
| Mehrkampf, Mannschaft | UdSSR |
| Boden | A. Keleti (HUN) |
| Pferdsprung | J. Kalintschuk (URS) |
| Schwebebalken | N. Botscharowa (URS) |
| Stufenbarren | M. Korondi (HUN) |
| Gruppen-Gymnastik | Schweden |
| | |
| **Fußball** | Ungarn |
| | |
| **Basketball** | USA |
| | |
| **Hockey** | Indien |
| | |
| **Wasserball** | Ungarn |

| Disziplin | Olympiasieger |
|---|---|
| **1956, Melbourne** | |
| **Leichtathletik** | |
| HERREN | |
| 100 m | B. Morrow (USA) |
| 200 m | B. Morrow (USA) |
| 400 m | C. Jenkins (USA) |
| 800 m | T. Courtney (USA) |
| 1500 m | R. Delany (IRL) |
| 5000 m | W. Kuz (URS) |
| 10 000 m | W. Kuz (URS) |
| Marathon | A. Mimoun (FRA) |
| 110 m Hürden | L. Calhoun (USA) |
| 400 m Hürden | G. Davis (USA) |
| 3000 m Hindernis | C. Brasher (GBR) |
| 4 x 100 m | USA |
| 4 x 400 m | USA |
| 20 km Gehen | L. Spirin (URS) |
| 50 km Gehen | N. Read (NZL) |
| Hochsprung | C. Dumas (USA) |
| Stabhochsprung | R. Richards (USA) |
| Weitsprung | G. Bell (USA) |
| Dreisprung | A. Ferreira da Silva (BRA) |
| Kugelstoßen | P. O'Brien (USA) |
| Diskuswerfen | A. Oerter (USA) |
| Hammerwerfen | H. Connolly (USA) |
| Speerwerfen | E. Danielsen (NOR) |
| Zehnkampf | M. Campbell (USA) |
| | |
| DAMEN | |
| 100 m | B. Cuthbert (AUS) |
| 200 m | B. Cuthbert (AUS) |
| 80 m Hürden | S. Strickland (AUS) |
| 4 x 100 m | Australien |
| Hochsprung | M. McDaniel (USA) |
| Weitsprung | E. Krzesinska (POL) |
| Kugelstoßen | T. Tischkewitsch (URS) |
| Diskuswerfen | O. Fikotová (TCH) |
| Speerwerfen | I. Jaunzeme (URS) |
| | |
| **Schwimmen** | |
| HERREN | |
| 100 m Kraul | J. Henricks (AUS) |
| 400 m Kraul | M. Rose (AUS) |
| 1500 m Kraul | M. Rose (AUS) |
| 100 m Rücken | D. Theile (AUS) |
| 200 m Brust | M. Furukawa (JPN) |
| 200 m Schmetterling | W. Yorzik (USA) |
| 4 x 200 m Kraul | Australien |
| Kunstspringen | R. Clotworthy (USA) |
| Turmspringen | J. Capilla (MEX) |
| | |
| DAMEN | |
| 100 m Kraul | D. Fraser (AUS) |
| 400 m Kraul | L. Crapp (AUS) |
| 200 m Brust | U. Happe (GER)* |
| 100 m Schmetterling | S. Mann (USA) |
| 4 x 100 m Kraul | Australien |

| Disziplin | Olympiasieger |
|---|---|
| Kunstspringen | P. McCormick (USA) |
| Turmspringen | P. McCormick (USA) |
| | |
| **Boxen** | |
| Fliegengewicht (bis 51 kg) | T. Spinks (GBR) |
| Bantamgewicht (bis 54 kg) | W. Behrendt (GER)* |
| Federgewicht (bis 57 kg) | W. Safronow (URS) |
| Leichtgewicht (bis 60 kg) | R. McTaggart (GBR) |
| Halbweltergew. (bis 63,5 kg) | W. Jengibarian (URS) |
| Weltergewicht (bis 67 kg) | N. Linca (ROM) |
| Halbmittelgewicht (bis 71 kg) | L. Papp (HUN) |
| Mittelgewicht (bis 75 kg) | G. Schatkow (URS) |
| Halbschwergewicht (bis 81 kg) | J. Boyd (USA) |
| Schwergewicht (über 81 kg) | P. Rademacher (USA) |
| | |
| **Gewichtheben** | |
| Bantamgewicht (bis 56 kg) | C. Vinci (USA) |
| Federgewicht (bis 60 kg) | I. Berger (USA) |
| Leichtgewicht (bis 67.5 kg) | I. Rybak (URS) |
| Mittelgewicht (bis 75 kg) | F. Bogdanowski (URS) |
| Leichtschwergew. (bis 82,5 kg) | T. Kono (USA) |
| Mittelschwergew. (bis 90 kg) | A Worobiew (URS) |
| Schwergewicht (über 90 kg) | P. Anderson (USA) |
| | |
| **Ringen, griechisch-römisch** | |
| Fliegengewicht (bis 52 kg) | N. Solowjew (URS) |
| Bantamgewicht (bis 57 kg) | K. Wyrupajew (URS) |
| Federgewicht (bis 62 kg) | R. Mäkinen (FIN) |
| Leichtgewicht (bis 67 kg) | K. Lehtonen (FIN) |
| Weltergewicht (bis 73 kg) | M. Bayrak (TUR) |
| Mittelgewicht (bis 79 kg) | G. Kartosia (URS) |
| Halbschwergewicht (bis 87 kg) | W. Nikolajew (URS) |
| Schwergewicht (über 87 kg) | A. Parfenow (URS) |
| | |
| **Ringen, Freistil** | |
| Fliegengewicht (bis 52 kg) | M. Zsalkalamanidse (URS) |
| Bantamgewicht (bis 57 kg) | M. Dagistanli (TUR) |
| Federgewicht (bis 62 kg) | S. Sasahara (JPN) |
| Leichtgewicht (bis 67 kg) | E. Habibi (IRN) |
| Weltergewicht (bis 73 kg) | M. Ikeda (JPN) |
| Mittelgewicht (bis 79 kg) | N. Stantschev (BUL) |
| Halbschwergewicht (bis 87 kg) | G. Reza Takhti (IRN) |
| Schwergewicht (über 87 kg) | H. Kaplan (TUR) |
| | |
| **Fechten** | |
| HERREN | |
| Florett-Einzel | C. d'Oriola (FRA) |
| Florett-Mannschaft | Italien |
| Degen-Einzel | C. Pavesi (ITA) |
| Degen-Mannschaft | Italien |
| Säbel-Einzel | R. Karpati (HUN) |
| Säbel-Mannschaft | Ungarn |
| | |
| DAMEN | |
| Florett-Einzel | G. Sheen (GBR) |

# Olympische Sommerspiele

| Disziplin | Olympiasieger |
|-----------|---------------|
| **Moderner Fünfkampf** | |
| Einzel | L. Hall (SWE) |
| Mannschaft | UdSSR |
| | |
| **Kanu** | |
| HERREN | |
| 1000 m K1 | G. Frederiksson (SWE) |
| 1000 m K2 | Deutschland* |
| 1000 m C1 | L. Rotman (ROM) |
| 1000 m C2 | Rumänien |
| 10000 m K1 | G. Frederiksson (SWE) |
| 10000 m K2 | Ungarn |
| 10000 m C1 | L. Rotman (ROM) |
| 10000 m C2 | UdSSR |
| | |
| DAMEN | |
| 500 m K1 | J. Dementjewa (URS) |
| | |
| **Rudern** | |
| Einer | W. Iwanow (URS) |
| Doppelzweier | UdSSR |
| Zweier ohne Steuermann | USA |
| Zweier mit Steuermann | USA |
| Vierer ohne Steuermann | Kanada |
| Vierer mit Steuermam | Italien |
| Achter | USA |
| | |
| **Segeln** | |
| Ein-Mann-Boot | P. Elvström (DEN) |
| Star | USA |
| Sharpie | Neuseeland |
| Drachen | Schweden |
| 5,5 m | Schweden |
| | |
| **Radsport** | |
| Straßenrennen (187,731 km) | E. Baldini (ITA) |
| Straßenrennen, Mannschaft | Frankreich |
| 1000 m Zeitfahren | L. Faggin (ITA) |
| 1000 m Sprint | M. Rousseau (FRA) |
| 2000 m Tandemfahren | Australien |
| 4000 m Mannschaftsverfolgung | Italien |
| | |
| **Sportschießen** | |
| Freies Gewehr | W. Borissow (URS) |
| Kleinkaliber (KK) liegend | G. Ouelette (CAN) |
| Kleinkaliber drei Stellungen | A. Bogdanow (URS) |
| Schnellfeuerpistole | S. Petrescu (ROM) |
| Beliebige Scheibenpistole | P. Linnosvuo (FIN) |
| Tontaubenschießen | G. Rossini (ITA) |
| Laufender Hirsch | W. Romanenko (URS) |
| | |
| **Turnen** | |
| HERREN | |
| Mehrkampf, Einzel | W. Tschukarin (URS) |
| Mehrkampf, Mannschaft | UdSSR |
| Barren | W. Tschukarin (URS) |
| Boden | W. Maratow (URS) |

| Disziplin | Olympiasieger |
|-----------|---------------|
| Pferdsprung | H. Bantz (GER)*/ |
| | W. Muratow (URS) |
| Reck | T. Ono (JPN) |
| Ringe | A. Asarjan (URS) |
| Seitpferd | B. Schaklin (URS) |
| | |
| DAMEN | |
| Mehrkampf, Einzel | L. Latynina (URS) |
| Mehrkampf, Mannschaft | UdSSR |
| Boden | A. Keleti (HUN)/ |
| | L. Latynina (URS) |
| Pferdsprung | L. Latynina (URS) |
| Schwebebalken | A. Keleti (HUN) |
| Stufenbarren | A. Keleti (HUN) |
| Gruppen-Gymnastik | Ungarn |
| | |
| **Fußball** | UdSSR |
| | |
| **Basketball** | USA |
| | |
| **Hockey** | Indien |
| | |
| **Wasserball** | Ungarn |
| | |
| **Pferdesport (Stockholm, 10.–17.6.)** | |
| Military-Einzel | P. Kastenman (SWE) |
| Military-Mannschaft | Großbritannien |
| Dressur-Einzel | H. Saint Cyr (SWE) |
| Dressur-Mannschaft | Schweden |
| Jagdspringen-Einzel | H. G. Winkler (GER)* |
| Jagdspringen-Mannschaft | Deutschland* |

\* im Rahmen einer gesamtdeutschen Mannschaft

| 1960, Rom | |
|-----------|---------------|
| **Leichtathletik** | |
| HERREN | |
| 100 m | A. Hary (GER)* |
| 200 m | L. Berutti (ITA) |
| 400 m | O. Davis (USA) |
| 800 m | P. Snell (NZL) |
| 1500 m | H. Elliott (AUS) |
| 5000 m | M. Halberg (NZL) |
| 10000 m | P. Bolotnikow (URS) |
| Marathon | A. Bikila (ETH) |
| 110 m Hürden | L. Calhoun (USA) |
| 400 m Hürden | G. Davis (USA) |
| 3000 m Hindernis | Z. Krzyskowiak (POL) |
| 4 x 100 m | Deutschland* |
| 4 x 400 m | USA |
| 20 km Gehen | W. Golubnitschi (URS) |
| 50 km Gehen | D. Thompson (GBR) |
| Hochsprung | R. Schawlakadze (URS) |
| Stabhochsprung | D. Bragg (USA) |
| Weitsprung | R. Boston (USA) |
| Dreisprung | J. Schmidt (POL) |

| Disziplin | Olympiasieger |
|---|---|
| Kugelstoßen | W. Nieder (USA) |
| Diskuswerfen | A. Oerter (USA) |
| Hammerwerfen | W. Rudenkow (URS) |
| Speerwerfen | W. Tschibulenko (URS) |
| Zehnkampf | R. Johnson (USA) |
| **DAMEN** | |
| 100 m | W. Rudolph (USA) |
| 200 m | W. Rudolph (USA) |
| 800 m | L. Schewtsowa (URS) |
| 80 m Hürden** | C. Quinton (GBR) |
| 4 x 100 m | USA |
| Hochsprung | I. Balas (ROM) |
| Weitsprung | W. Krepkina (URS) |
| Kugelstoßen** | J. Lüttge (GER)* |
| Diskuswerfen | N. Ponomarewa (URS) |
| Speerwerfen | E. Osolina (URS) |

** Die ursprünglichen Siegerinnen Irina (80 m Hürden) und Tamara (Kugelstoßen) Press wurden wegen umstrittenem Geschlechtsstatus' 1967 disqualifiziert und aus den Siegerlisten gestrichen

**Schwimmen**
**HERREN**

| | |
|---|---|
| 100 m Kraul | J. Devitt (AUS) |
| 400 m Kraul | M. Rose (AUS) |
| 1500 m Kraul | J. Konrads (AUS) |
| 100 m Rücken | D. Theile (AUS) |
| 200 m Brust | W. Mullikan (USA) |
| 200 m Schmetterling | M. Troy (USA) |
| 4 x 200 m Kraul | USA |
| 4 x 100 m Lagen | USA |
| Kunstspringen | G. Tobian (USA) |
| Turmspringen | R. Webster (USA) |

**DAMEN**

| | |
|---|---|
| 100 m Kraul | D. Fraser (AUS) |
| 400 m Kraul | C. v. Saltza (USA) |
| 200 m Brust | A. Lonsbrough (GBR) |
| 100 m Rücken | L. Burke (USA) |
| 100 m Schmetterling | C. Schuler (USA) |
| 4 x 100 m Kraul | USA |
| 4 x 100 m Lagen | USA |
| Kunstspringen | I. Krämer (GER)* |
| Turmspringen | Ingrid Krämer (GER)* |

**Boxen**

| | |
|---|---|
| Fliegengewicht (bis 51 kg) | G. Török (HUN) |
| Bantamgewicht (bis 54 kg) | O. Grigorjew (URS) |
| Federgewicht (bis 57 kg) | F. Musso (ITA) |
| Leichtgewicht (bis 60 kg) | K. Pazdior (POL) |
| Halbweltergew. (bis 63,5 kg) | B. Nemecek (TCH) |
| Weltergewicht (bis 67 kg) | G. Benvenuti (ITA) |
| Halbmittelgew. (bis 71 kg) | W. McClure (USA) |
| Mittelgewicht (bis 75 kg) | E. Crook (USA) |
| Halbschwergewicht (bis 81 kg) | C. Clay (USA) |

| Disziplin | Olympiasieger |
|---|---|
| Schwergewicht (über 81 kg) | F. de Piccoli (ITA) |

**Gewichtheben**

| | |
|---|---|
| Bantamgewicht (bis 56 kg) | C. Vinci (USA) |
| Federgewicht (bis 60 kg) | J. Minajew (URS) |
| Leichtgewicht (bis 67,5 kg) | W. Buschujew (URS) |
| Mittelgewicht (bis 75 kg) | A. Kurinow (URS) |
| Leichtschwergew. (bis 82,5 kg) | I. Palinski (POL) |
| Mittelschwergew. (bis 90 kg) | A. Worobiew (URS) |
| Schwergewicht (über 90 kg) | J. Wlassow (URS) |

**Ringen, griechisch-römisch**

| | |
|---|---|
| Fliegengewicht (bis 52 kg) | D. Pirvulescu (ROM) |
| Bantamgewicht (bis 57 kg) | O. Karawajew (URS) |
| Federgewicht (bis 62 kg) | M. Sille (TUR) |
| Leichtgewicht (bis 67 kg) | A. Koridse (URS) |
| Weltergewicht (bis 73 kg) | M. Bayrak (TUR) |
| Mittelgewicht (bis 79 kg) | D. Dobrev (BUL) |
| Halbschwergewicht (bis 87 kg) | T. Kis (TUR) |
| Schwergewicht (über 87 kg) | I. Bogdan (URS) |

**Ringen, Freistil**

| | |
|---|---|
| Fliegengewicht (bis 52 kg) | A. Bilek (TUR) |
| Bantamgewicht (bis 57 kg) | T. McCann (USA) |
| Federgewicht (bis 62 kg) | M. Dagistanli (TUR) |
| Leichtgewicht (bis 67 kg) | S. Wilson (USA) |
| Weltergewicht (bis 73 kg) | D. Blubaugh (USA) |
| Mittelgewicht (bis 79 kg) | H. Güngör (TUR) |
| Halbschwergewicht (bis 87 kg) | I. Atli (TUR) |
| Schwergewicht (über 87 kg) | W. Dietrich (GER)* |

**Fechten**
**HERREN**

| | |
|---|---|
| Florett-Einzel | W. Sdanowitsch (URS) |
| Florett-Mannschaft | UdSSR |
| Degen-Einzel | G. Delfino (ITA) |
| Degen-Mannschaft | Italien |
| Säbel-Einzel | R. Karpati (HUN) |
| Säbel-Mannschaft | Ungarn |

**DAMEN**

| | |
|---|---|
| Florett-Einzel | H. Schmid (GER)* |
| Florett-Mannschaft | UdSSR |

**Moderner Fünfkampf**

| | |
|---|---|
| Einzel | F. Nèmeth (HUN) |
| Mannschaft | Ungarn |

**Kanu**
**HERREN**

| | |
|---|---|
| 1000 m K1 | E. Hansen (DEN) |
| 1000 m K2 | Schweden |
| 1000 m C1 | J. Parti (HUN) |
| 1000 m C2 | UdSSR |
| 4 x 500 m K1 | Deutschland* |

# Olympische Sommerspiele

| Disziplin | Olympiasieger |
|---|---|
| **DAMEN** | |
| 500 m K1 | A. Seredina (URS) |
| 500 m K2 | UdSSR |
| | |
| **Rudern** | |
| Einer | W. Iwanow (URS) |
| Doppelzweier | Tschechoslowakei |
| Zweier ohne Steuermann | UdSSR |
| Zweier mit Steuermann | Deutschland* |
| Vierer ohne Steuermann | USA |
| Vierer mit Steuermann | Deutschland* |
| Achter | Deutschland* |
| | |
| **Segeln** | |
| Ein-Mann-Boot | P. Elvström (DEN) |
| Star | UdSSR |
| Flying Dutchman | Norwegen |
| Drachen | Griechenland |
| 5,5 m | USA |
| | |
| **Radsport** | |
| Straßenrennen, Einzel (175 km) | W. Kapitonow (URS) |
| 100 km Mannschaftszeitfahren | Italien |
| 1000 m Zeitfahren | S. Gaiardoni (ITA) |
| 1000 m Sprint | S. Gaiardoni (ITA) |
| 2000 m Tandemfahren | Italien |
| 4000 m Mannschaftsverfolgung | Italien |
| | |
| **Pferdesport** | |
| Military-Einzel | L. Morgan (AUS) |
| Military-Mannschaft | Australien |
| Dressur-Einzel | S. Filatow (URS) |
| Jagdspringen-Einzel | R. D'Inzeo (ITA) |
| Jagdspringen-Mannschaft | Deutschland* |
| | |
| **Sportschießen** | |
| Freies Gewehr | H. Hammerer (AUT) |
| Kleinkaliber (KK) liegend | P. Kohnke (GER)* |
| Kleinkaliber drei Stellungen | W. Schamburkin (URS) |
| Schnellfeuerpistole | W. McMillan (USA) |
| Beliebige Scheibenpistole | A. Gustschin (URS) |
| Tontaubenschießen | I. Dumitrescu (ROM) |
| | |
| **Turnen** | |
| **HERREN** | |
| Mehrkampf, Einzel | B. Schaklin (URS) |
| Mehrkampf, Mannschaft | Japan |
| Barren | B. Schaklin (URS) |
| Boden | N. Aihara (JPN) |
| Pferdsprung | B. Schaklin (URS)/ T. Ono (JPN) |
| Reck | T. Ono (JPN) |
| Ringe | A. Asarjan (URS) |
| Seitpferd | B. Schaklin (URS)/ E. Ekman (FIN) |

| Disziplin | Olympiasieger |
|---|---|
| **DAMEN** | |
| Mehrkampf, Einzel | L. Latynina (URS) |
| Mehrkampf, Mannschaft | UdSSR |
| Boden | L. Latynina (URS) |
| Pferdsprung | M. Nikolajewa (URS) |
| Schwebebalken | E. Bosakova (TCH) |
| Stufenbarren | P. Astachowa (URS) |
| | |
| **Fußball** | Jugoslawien |
| | |
| **Basketball** | USA |
| | |
| **Hockey** | Pakistan |
| | |
| **Wasserball** | Italien |

\* im Rahmen einer gesamtdeutschen Mannschaft

### 1964, Tokio
### Leichtathletik

| HERREN | |
|---|---|
| 100 m | R. Hayes (USA) |
| 200 m | H. Carr (USA) |
| 400 m | M. Larrabee (USA) |
| 800 m | P. Snell (NZL) |
| 1500 m | P. Snell (NZL) |
| 5000 m | R. Schul (USA) |
| 10 000 m | W. Mills (USA) |
| Marathon | A. Bikila (ETH) |
| 110 m Hürden | H. Jones (USA) |
| 400 m Hürden | W. Cawley (USA) |
| 3000 m Hindernis | G. Roelants (BEL) |
| 4 x 100 m | USA |
| 4 x 400 m | USA |
| 20 km Gehen | K. Matthews (GBR) |
| 50 km Gehen | A. Pamich (ITA) |
| Hochsprung | W. Brumel (URS) |
| Stabhochsprung | F. Hansen (USA) |
| Weitsprung | L. Davies (GBR) |
| Dreisprung | J. Schmidt (POL) |
| Kugelstoßen | D. Long (USA) |
| Diskuswerfen | A. Oerter (USA) |
| Hammerwerfen | R. Klim (URS) |
| Speerwerfen | P. Nevala (FIN) |
| Zehnkampf | W. Holdorf (GER)* |
| | |
| **DAMEN** | |
| 100 m | W. Tyus (USA) |
| 200 m | E. McGuire (USA) |
| 400 m | B. Cuthbert (AUS) |
| 800 m | A. Packer (GBR) |
| 80 m Hürden | K. Balzer (GER)* |
| 4 x 100 m | Polen |
| Hochsprung | I. Balas (ROM) |
| Weitsprung | M. Rand (GBR) |
| Kugelstoßen** | R. Garisch (GER)* |

| Disziplin | Olympiasieger |
| --- | --- |
| Diskuswerfen** | I. Lotz (GER)* |
| Speerwerfen | M. Penes (ROM) |
| Fünfkampf** | M. Rand (GBR) |

** Die ursprünglichen Siegerinnen Tamara (Kugelstoßen/Diskuswerfen) und Irina (Fünfkampf) Press wurden 1967 wegen umstrittenem Geschlechtsstatus' disqualifiziert und aus den Siegerlisten gestrichen

**Schwimmen**
HERREN

| | |
| --- | --- |
| 100 m Kraul | D. Schollander (USA) |
| 400 m Kraul | D. Schollander (USA) |
| 1500 m Kraul | R. Windle (AUS) |
| 200 m Rücken | J. Graef (USA) |
| 200 m Brust | I. O'Brien (AUS) |
| 200 m Schmetterling | K. Berry (AUS) |
| 400 m Lagen | R. Roth (USA) |
| 4 x 100 m Kraul | USA |
| 4 x 200 m Kraul | USA |
| 4 x 100 m Lagen | USA |
| Kunstspringen | K. Sitzberger (USA) |
| Turmspringen | R. Webster (USA) |

DAMEN

| | |
| --- | --- |
| 100 m Kraul | D. Fraser (AUS) |
| 400 m Kraul | V. Duenkel (USA) |
| 200 m Brust | G. Prosumenschikowa (URS) |
| 100 m Rücken | C. Ferguson (USA) |
| 100 m Schmetterling | S. Stouder (USA) |
| 400 m Lagen | D. de Varona (USA) |
| 4 x 100 m Kraul | USA |
| 4 x 100 m Lagen | USA |
| Kunstspringen | I. Engel (GER)* |
| Turmspringen | L. Busch (USA) |

**Boxen**

| | |
| --- | --- |
| Fliegengewicht (bis 51 kg) | F. Atzori (ITA) |
| Bantamgewicht (bis 54 kg) | T. Sakurai (JPN) |
| Federgewicht (bis 57 kg) | S. Stepaschkin (URS) |
| Leichtgewicht (bis 60 kg) | J. Grudzien (POL) |
| Halbweltergew. (bis 63,5 kg) | J. Kulaj (POL) |
| Weltergewicht (bis 67 kg) | M. Kasprzyk (POL) |
| Halbmittelgew. (bis 71 kg) | B. Lagutin (URS) |
| Mittelgewicht (bis 75 kg) | W. Popentschenko (URS) |
| Halbschwergewicht (bis 81 kg) | C. Pinto (ITA) |
| Schwergewicht (über 81 kg) | J. Frazier (USA) |

**Gewichtheben**

| | |
| --- | --- |
| Bantamgewicht (bis 56 kg) | A. Wachonin (URS) |
| Federgewicht (bis 60 kg) | Y. Miyake (JPN) |
| Leichtgewicht (bis 67,5 kg) | W. Baszanowski (POL) |
| Mittelgewicht (bis 75 kg) | H. Zdrazila (TCH) |
| Leichtschwergew. (bis 82,5 kg) | R. Plukfelder (URS) |
| Mittelschwergew. (bis 90 kg) | W. Golowanow (URS) |

| Disziplin | Olympiasieger |
| --- | --- |
| Schwergewicht (über 90 kg) | L. Tschabotdinski (URS) |

**Ringen, griechisch-römisch**

| | |
| --- | --- |
| Fliegengewicht (bis 52 kg) | T. Hanahara (JPN) |
| Bantamgewicht (bis 57 kg) | M. Ichiguchi (JPN) |
| Federgewicht (bis 63 kg) | I. Polyak (HUN) |
| Leichtgewicht (bis 70 kg) | K. Ayvaz (TUR) |
| Weltergewicht (bis 78 kg) | A. Kolesow (URS) |
| Mittelgewicht (bis 87 kg) | B. Simic (YUG) |
| Halbschwergewicht (bis 97 kg) | B. Radev (BUL) |
| Schwergewicht (über 97 kg) | I. Kozma (HUN) |

**Ringen, Freistil**

| | |
| --- | --- |
| Fliegengewicht (bis 52 kg) | Y. Yoshida (JPN) |
| Bantamgewicht (bis 57 kg) | J. Uetake (JPN) |
| Federgewicht (bis 63 kg) | O. Watanabe (JPN) |
| Leichtgewicht (bis 70 kg) | E. Valtschev (BUL) |
| Weltergewicht (bis 78 kg) | I. Ogan (TUR) |
| Mittelgewicht (bis 87 kg) | P. Gardschiev (BUL) |
| Halbschwergew. (bis 97 kg) | A. Medwed (URS) |
| Schwergewicht (über 97 kg) | A. Iwanizky (URS) |

**Judo**

| | |
| --- | --- |
| Leichtgewicht (bis 68 kg) | T. Nakatani (JPN) |
| Mittelgewicht (bis 80 kg) | I. Okano (JPN) |
| Schwergewicht (über 80 kg) | I. Inokuma (JPN) |
| Offene Klasse | A. Geesink (NED) |

**Fechten**
HERREN

| | |
| --- | --- |
| Florett-Einzel | E. Franke (POL) |
| Florett-Mannschaft | UdSSR |
| Degen-Einzel | G. Kriss (URS) |
| Degen-Mannschaft | Ungarn |
| Säbel-Einzel | T. Pezsa (HUN) |
| Säbel-Mannschaft | UdSSR |

DAMEN

| | |
| --- | --- |
| Florett-Einzel | I. Rejtö (HUN) |
| Florett-Mannschaft | Ungarn |

**Moderner Fünfkampf**

| | |
| --- | --- |
| Einzel | F. Török (HUN) |
| Mannschaft | UdSSR |

**Kanu**
HERREN

| | |
| --- | --- |
| 1000 m K1 | R. Peterson (SWE) |
| 1000 m K2 | Schweden |
| 1000 m K4 | UdSSR |
| 1000 m C1 | J. Eschert (GER)* |
| 1000 m C2 | UdSSR |

DAMEN

| | |
| --- | --- |
| 500 m K1 | L. Kwedosjuk (URS) |
| 500 m K2 | Deutschland* |

# Olympische Sommerspiele

| Disziplin | Olympiasieger |
|---|---|
| **Rudern** | |
| Einer | W. Iwanow (URS) |
| Doppelzweier | UdSSR |
| Zweier ohne Steuermann | Kanada |
| Zweier mit Steuermann | USA |
| Vierer ohne Steuermann | Dänemark |
| Vierer mit Steuermann | Deutschland* |
| Achter | USA |
| | |
| **Segeln** | |
| Ein-Mann-Boot | W. Kuhweide (GER)* |
| Star | Bahamas |
| Flying Dutchman | Neuseeland |
| Drachen | Dänemark |
| 5,5 m Boot | Australien |
| | |
| **Radsport** | |
| Straßenrennen, Einzel | M. Zanin (ITA) |
| 100 km Teamzeitfahren | Niederlande |
| 1000 m Zeitfahren | P. Sercu (BEL) |
| 1000 m Sprint | G. Pettenella (ITA) |
| 2000 m Tandemfahren | Italien |
| 4000 m Einzelverfolgung | J. Daler (TCH) |
| 4000 m Mannschaftsverfolgung | Deutschland* |
| | |
| **Pferdesport** | |
| Military-Einzel | M. Checcoli (ITA) |
| Military-Mannschaft | Italien |
| Dressur-Einzel | H. Chammartin (SUI) |
| Dressur-Mannschaft | Deutschland* |
| Jagdspringen-Einzel | P. J. d'Oriola (FRA) |
| Jagdspringen-Mannschaft | Deutschland* |
| | |
| **Sportschießen** | |
| Freies Gewehr | G. Anderson (USA) |
| Kleinkaliber (KK) liegend | L. Hammerl (HUN) |
| Kleinkaliber drei Stellungen | L. Wigger (USA) |
| Schnellfeuerpistole | P. Linnosvuo (FIN) |
| Beliebige Scheibenpistole | V. Markkanen (FIN) |
| Tontaubenschießen | E. Mattarelli (ITA) |
| | |
| **Turnen** | |
| HERREN | |
| Mehrkampf, Einzel | Y. Endo (JPN) |
| Mehrkampf, Mannschaft | Japan |
| Barren | Y. Endo (JPN) |
| Boden | F. Menichelli (ITA) |
| Pferdsprung | H. Yamashita (JPN) |
| Reck | B. Schaklin (URS) |
| Ringe | T. Hatta (JPN) |
| Seitpferd | M. Cerar (YUG) |
| | |
| DAMEN | |
| Mehrkampf, Einzel | V. Caslavska (TCH) |
| Mehrkampf, Mannschaft | UdSSR |
| Boden | L. Latynina (URS) |
| Pferdsprung | V. Caslavska (TCH) |

| Disziplin | Olympiasieger |
|---|---|
| Schwebebalken | V. Caslavska (TCH) |
| Stufenbarren | P. Astachova (URS) |
| | |
| **Fußball** | Ungarn |
| | |
| **Basketball** | USA |
| | |
| **Hockey** | Indien |
| | |
| **Volleyball** | |
| Herren | UdSSR |
| Damen | Japan |
| | |
| **Wasserball** | Ungarn |

\* im Rahmen einer gesamtdeutschen Mannschaft

| 1968, Mexico City | |
|---|---|
| **Leichtathletik** | |
| HERREN | |
| 100 m | J. Hines (USA) |
| 200 m | T. Smith (USA) |
| 400 m | L. Evans (USA) |
| 800 m | R. Doubell (AUS) |
| 1500 m | K. Keino (KEN) |
| 5000 m | M. Gammoudi (TUN) |
| 10 000 m | N. Temu (KEN) |
| Marathon | M. Wolde (ETH) |
| 110 m Hürden | W. Davenport (USA) |
| 400 m Hürden | D. Hemery (GBR) |
| 3000 m Hindernis | A. Biwott (KEN) |
| 4 x 100 m | USA |
| 4 x 400 m | USA |
| 20 km Gehen | W. Golubnitschi (URS) |
| 50 km Gehen | C. Höhne (GDR) |
| Hochsprung | R. Fosbury (USA) |
| Stabhochsprung | R. Seagren (USA) |
| Weitsprung | Bob Beamon (USA) |
| Dreisprung | W. Sanejew (URS) |
| Kugelstoßen | R. Matson (USA) |
| Diskuswerfen | A. Oerter (USA) |
| Hammerwerfen | G. Zsivotsky (HUN) |
| Speerwerfen | J. Lusis (URS) |
| Zehnkampf | W. Toomey (USA) |
| | |
| DAMEN | |
| 100 m | W. Tyus (USA) |
| 200 m | I. Szewinska (POL) |
| 400 m | C. Besson (FRA) |
| 800 m | M. Manning (USA) |
| 80 m Hürden | M. Caird (AUS) |
| 4 x 100 m | USA |
| Hochsprung | M. Rezkova (TCH) |
| Weitsprung | V. Viscopoleanu (ROM) |
| Kugelstoßen | M. Gummel (GDR) |
| Diskuswerfen | L. Manoliu (ROM) |

| Disziplin | Olympiasieger |
|---|---|
| Speerwerfen | A. Nemeth (HUN) |
| Fünfkampf | I. Becker (FRG) |

### Schwimmen
#### HERREN
| Disziplin | Olympiasieger |
|---|---|
| 100 m Freistil | M. Wenden (AUS) |
| 200 m Freistil | M. Wenden (AUS) |
| 400 m Freistil | M. Burton (USA) |
| 1500 m Freistil | M. Burton (USA) |
| 100 m Rücken | R. Matthes (GDR) |
| 200 m Rücken | R. Matthes (GDR) |
| 100 m Brust | D. McKenzie (USA) |
| 200 m Brust | F. Munoz (MEX) |
| 100 m Schmetterling | D. Russell (USA) |
| 200 m Schmetterling | C. Robie (USA) |
| 200 m Lagen | C. Hickcox (USA) |
| 400 m Lagen | C. Hickcox (USA) |
| 4 x 100 m Freistil | USA |
| 4 x 200 m Freistil | USA |
| 4 x 100 m Lagen | USA |
| Kunstspringen | B. Wrightson (USA) |
| Turmspringen | K. Dibiasi (ITA) |

#### DAMEN
| Disziplin | Olympiasieger |
|---|---|
| 100 m Freistil | J. Henne (USA) |
| 200 m Freistil | D. Meyer (USA) |
| 400 m Freistil | D. Meyer (USA) |
| 800 m Freistil | D. Meyer (USA) |
| 100 m Brust | D. Bjedov (YUG) |
| 200 m Brust | S. Wichman (USA) |
| 100 m Rücken | K. Hall (USA) |
| 200 m Rücken | L. Watson (USA) |
| 100 m Schmetterling | L. McClements (AUS) |
| 200 m Schmetterling | A. Kok (NED) |
| 200 m Lagen | C. Kolb (USA) |
| 400 m Lagen | C. Kolb (USA) |
| 4 x 100 m Freistil | USA |
| 4 x 100 m Lagen | USA |
| Kunstspringen | S. Gossick (USA) |
| Turmspringen | M. Duchkova (TCH) |

### Boxen
| Disziplin | Olympiasieger |
|---|---|
| Halbfliegengewicht (bis 48 kg) | F. Rodriguez (VEN) |
| Fliegengewicht (bis 51 kg) | R. Delgado (MEX) |
| Bantamgewicht (bis 54 kg) | W. Sokolow (URS) |
| Federgewicht (bis 57 kg) | A. Roldan (MEX) |
| Leichtgewicht (bis 60 kg) | R. Harris (USA) |
| Halbweltergew. (bis 63,5 kg) | J. Kulaj (POL) |
| Weltergewicht (bis 67 kg) | M. Wolke (GDR) |
| Halbmittelgewicht (bis 71 kg) | B. Lagutin (URS) |
| Mittelgewicht (bis 75 kg) | C. Finnegan (GBR) |
| Halbschwergew. (bis 81 kg) | D. Posnjak (URS) |
| Schwergewicht (über 81 kg) | G. Foreman (USA) |

### Gewichtheben
| Disziplin | Olympiasieger |
|---|---|
| Bantamgewicht (bis 56 kg) | M. Nassiri (IRN) |
| Federgewicht (bis 60 kg) | Y. Miyake (JPN) |
| Leichtgewicht (bis 67,5 kg) | W. Baszanowski (POL) |
| Mittelgewicht (bis 75 kg) | W. Kurenzow (URS) |
| Leichtschwergew. (bis 82,5 kg) | B. Selizki (URS) |
| Mittelschwergew. (bis 90 kg) | K. Kangasniemi (FIN) |
| Schwergewicht (über 90 kg) | L. Tschabotdinski (URS) |

### Ringen, griechisch–römisch
| Disziplin | Olympiasieger |
|---|---|
| Fliegengewicht (bis 52 kg) | P. Kirov (BUL) |
| Bantamgewicht (bis 57 kg) | J. Varga (HUN) |
| Federgewicht (bis 63 kg) | R. Rurua (URS) |
| Leichtgewicht (bis 70 kg) | M. Mumemura (JPN) |
| Weltergewicht (bis 78 kg) | R. Vesper (GDR) |
| Mittelgewicht (bis 87 kg) | L. Metz (GDR) |
| Halbschwergewicht (bis 97 kg) | B. Radev (BUL) |
| Schwergewicht (über 97 kg) | I. Kozma (HUN) |

### Ringen, Freistil
| Disziplin | Olympiasieger |
|---|---|
| Fliegengewicht (bis 52 kg) | S. Nakata (JPN) |
| Bantamgewicht (bis 57 kg) | J. Uetake (JPN) |
| Federgewicht (bis 63 kg) | M. Kaneko (JPN) |
| Leichtgewicht (bis 70 kg) | A. Movahed (IRN) |
| Weltergewicht (bis 78 kg) | M. Ataly (TUR) |
| Mittelgewicht (bis 87 kg) | B. Gurewitsch (URS) |
| Halbschwergew. (bis 97 kg) | A. Ayik (TUR) |
| Schwergewicht (über 97 kg) | A. Medwed (URS) |

### Fechten
#### HERREN
| Disziplin | Olympiasieger |
|---|---|
| Florett-Einzel | I. Drimba (ROM) |
| Florett-Mannschaft | Frankreich |
| Degen-Einzel | G. Kulcsar (HUN) |
| Degen-Mannschaft | Ungarn |
| Säbel-Einzel | J. Pawlowski (POL) |
| Säbel-Mannschaft | UdSSR |

#### DAMEN
| Disziplin | Olympiasieger |
|---|---|
| Florett-Einzel | J. Nowikowa (URS) |
| Florett-Mannschaft | UdSSR |

### Moderner Fünfkampf
| Disziplin | Olympiasieger |
|---|---|
| Einzel | B. Ferm (SWE) |
| Mannschaft | Ungarn |

### Kanu
#### HERREN
| Disziplin | Olympiasieger |
|---|---|
| 1000 m K1 | M. Hesz (HUN) |
| 1000 m K2 | UdSSR |
| 1000 m K4 | Norwegen |
| 1000 m C1 | T. Tatai (HUN) |
| 1000 m C2 | Rumänien |

#### DAMEN
| Disziplin | Olympiasieger |
|---|---|
| 500 m K1 | L. Pinejewa (URS) |
| 500 m K2 | BR Deutschland |

# Olympische Sommerspiele

| Disziplin | Olympiasieger |
|---|---|
| **Rudern** | |
| Einer | J. Wienese (NED) |
| Doppelzweier | UdSSR |
| Zweier ohne Steuermann | DDR |
| Zweier mit Steuermann | Italien |
| Vierer ohne Steuermann | DDR |
| Vierer mit Steuermann | Neuseeland |
| Achter | BR Deutschland |
| | |
| **Segeln** | |
| Ein-Mann-Boot | W. Mankin (URS) |
| Star | USA |
| Flying Dutchman | Großbritannien |
| Drachen | USA |
| 5,5 m | Schweden |
| | |
| **Radsport** | |
| Straßenrennen, Einzel | P. Vianelli (ITA) |
| 100 km Mannschaftszeitfahren | Niederlande |
| 1000 m Zeitfahren | P. Trentin (BEL) |
| 1000 m Sprint | D. Morelon (FRA) |
| 2000 m Tandemfahren | Frankreich |
| 4000 m Einzelverfolgung | D. Rebillard (FRA) |
| 4000 m Mannschaftsverfolgung | Dänemark |
| | |
| **Pferdesport** | |
| Military-Einzel | J.-J. Guyon (FRA) |
| Military-Mannschaft | Großbritannien |
| Dressur-Einzel | I. Kisimow (URS) |
| Dressur-Mannschaft | BR Deutschland |
| Jagdspringen-Einzel | W. Steinkraus (USA) |
| Jagdspringen-Mannschaft | Kanada |
| | |
| **Sportschießen** | |
| Freies Gewehr | G. Anderson (USA) |
| Kleinkaliber (KK) liegend | J. Kurka (TCH) |
| Kleinkaliber drei Stellungen | B. Klingner (FRG) |
| Schnellfeuerpistole | J. Zapedski (POL) |
| Beliebige Scheibenpistole | G. Kossysch (URS) |
| Tontaubenschießen | E. Petrow (URS) |
| Tontaubenschießen Skeet | J. Braithwaite (GBR) |
| | |
| **Turnen** | |
| HERREN | |
| Mehrkampf, Einzel | S. Kato (JPN) |
| Mehrkampf, Mannschaft | Japan |
| Barren | A. Nakajama (JPN) |
| Boden | S. Kato (JPN) |
| Pferdsprung | M. Woronin (URS) |
| Reck | M. Woronin (URS) |
| Ringe | A. Nakajama (JPN) |
| Seitpferd | M. Cerar (YUG) |
| | |
| DAMEN | |
| Mehrkampf, Einzel | V. Caslavska (TCH) |
| Mehrkampf, Mannschaft | UdSSR |
| Boden | L. Petrik (URS) |

| Disziplin | Olympiasieger |
|---|---|
| Pferdsprung | V. Caslavska (TCH) |
| Schwebebalken | N. Kutschinskaja (URS) |
| Stufenbarren | V. Caslavska (TCH) |
| | |
| **Fußball** | Ungarn |
| | |
| **Basketball** | USA |
| | |
| **Hockey** | Pakistan |
| | |
| **Volleyball** | |
| Herren | UdSSR |
| Damen | UdSSR |
| | |
| **Wasserball** | Jugoslawien |

| 1972, München | |
|---|---|
| **Leichtathletik** | |
| HERREN | |
| 100 m | W. Borsow (URS) |
| 200 m | W. Borsow (URS) |
| 400 m | V. Matthews (USA) |
| 800 m | D. Wottle (USA) |
| 1500 m | P. Vasala (FIN) |
| 5000 m | L. Viren (FIN) |
| 10000 m | L. Viren (FIN) |
| Marathon | F. Shorter (USA) |
| 110 m Hürden | R. Milburn (USA) |
| 400 m Hürden | J. Akii-Bua (UGA) |
| 3000 m Hindernis | K. Keino (KEN) |
| 4 x 100 m | USA |
| 4 x 400 m | Kenia |
| 20 km Gehen | P. Frenkel (GDR) |
| 50 km Gehen | B. Kannenberg (FRG) |
| Hochsprung | J. Tarmak (URS) |
| Stabhochsprung | W. Nordwig (GDR) |
| Weitsprung | R. Williams (USA) |
| Dreisprung | W. Sanejew (URS) |
| Kugelstoßen | W. Komar (POL) |
| Diskuswerfen | L. Danek (TCH) |
| Hammerwerfen | A. Bondartschuk (URS) |
| Speerwerfen | K. Wolfermann (FRG) |
| Zehnkampf | N. Awilow (URS) |
| | |
| DAMEN | |
| 100 m | R. Stecher (GDR) |
| 200 m | R. Stecher (GDR) |
| 400 m | M. Zehrt (GDR) |
| 800 m | H. Falck (FRG) |
| 1500 m | L. Bragina (URS) |
| 100 m Hürden | A. Ehrhardt (GDR) |
| 4 x 100 m | BR Deutschland |
| 4 x 400 m | DDR |
| Hochsprung | U. Meyfarth (FRG) |
| Weitsprung | H. Rosendahl (FRG) |
| Kugelstoßen | N. Tschichowa (URS) |

| Disziplin | Olympiasieger |
|---|---|
| Diskuswerfen | F. Melnik (URS) |
| Speerwerfen | R. Fuchs (GDR) |
| Fünfkampf | M. Peters (GBR) |

## Schwimmen
### HERREN

| | |
|---|---|
| 100 m Freistil | M. Spitz (USA) |
| 200 m Freistil | M. Spitz (USA) |
| 400 m Freistil | B. Cooper (AUS) |
| 1500 m Freistil | M. Burton (USA) |
| 100 m Rücken | R. Matthes (GDR) |
| 200 m Rücken | R. Matthes (USA) |
| 100 m Brust | N. Taguchi (JPN) |
| 200 m Brust | J. Hencken (USA) |
| 100 m Schmetterling | M. Spitz (USA) |
| 200 m Schmetterling | M. Spitz (USA) |
| 200 m Lagen | G. Larsson (SWE) |
| 400 m Lagen | G. Larsson (SWE) |
| 4 x 100 m Freistil | USA |
| 4 x 200 m Freistil | USA |
| 4 x 100 m Lagen | USA |
| Kunstspringen | W. Wasin (URS) |
| Turmspringen | K. Dibiasi (ITA) |

### DAMEN

| | |
|---|---|
| 100 m Freistil | S. Neilson (USA) |
| 200 m Freistil | S. Gould (AUS) |
| 400 m Freistil | S. Gould (AUS) |
| 800 m Freistil | K. Rothhammer (USA) |
| 100 m Brust | C. Carr (USA) |
| 200 m Brust | B. Whitfield (AUS) |
| 100 m Rücken | M. Belote (USA) |
| 200 m Rücken | M. Belote (USA) |
| 100 m Schmetterling | M. Aoki (JPN) |
| 200 m Schmetterling | K. Moe (USA) |
| 200 m Lagen | S. Gould (AUS) |
| 400 m Lagen | G. Neall (AUS) |
| 4 x 100 m Freistil | USA |
| 4 x 100 m Lagen | USA |
| Kunstspringen | M. King (USA) |
| Turmspringen | U. Knape (SWE) |

## Boxen

| | |
|---|---|
| Halbfliegengewicht (bis 48 kg) | G. Gedö (HUN) |
| Fliegengewicht (bis 51 kg) | G. Kostadinov (BUL) |
| Bantamgewicht (bis 54 kg) | O. Martinez (CUB) |
| Federgewicht (bis 57 kg) | B. Kusnetzow (URS) |
| Leichtgewicht (bis 60 kg) | J. Szczepanski (POL) |
| Halbweltergew. (bis 63,5 kg) | R. Seales (USA) |
| Weltergewicht (bis 67 kg) | E. Correa (CUB) |
| Halbmittelgewicht (bis 71 kg) | D. Kottysch (FRG) |
| Mittelgewicht (bis 75 kg) | W. Lemetschew (URS) |
| Halbschwergewicht (bis 81 kg) | M. Parlov (YUG) |
| Schwergewicht (über 81 kg) | T. Stevenson (CUB) |

## Gewichtheben

| | |
|---|---|
| Fliegengewicht (bis 52 kg) | Z. Smalcerz (POL) |

| Disziplin | Olympiasieger |
|---|---|
| Bantamgewicht (bis 56 kg) | I. Földi (HUN) |
| Federgewicht (bis 60 kg) | N. Nurikian (BUL) |
| Leichtgewicht (bis 67,5 kg) | M. Kirschinow (URS) |
| Mittelgewicht (bis 75 kg) | J. Bikov (BUL) |
| Leichtschwergew. (bis 82,5 kg) | L. Jensen (NOR) |
| Mittelschwergew. (bis 90 kg) | A. Nikolov (BUL) |
| Schwergewicht (bis 110 kg) | J. Talts (URS) |
| Superschwergew. (über 110 kg) | W. Alexejew (URS) |

## Ringen, griechisch-römisch

| | |
|---|---|
| Papiergewicht (bis 48 kg) | G. Berceanu (ROM) |
| Fliegengewicht (bis 52 kg) | P. Kirov (BUL) |
| Bantamgewicht (bis 57 kg) | R. Kasakow (URS) |
| Federgewicht (bis 62 kg) | G. Markov (BUL) |
| Leichtgewicht (bis 68 kg) | C. Chisamutdinow (URS) |
| Weltergewicht (bis 74 kg) | V. Macha (TCH) |
| Mittelgewicht (bis 82 kg) | C. Hegedüs (HUN) |
| Halbschwergew. (bis 90 kg) | W. Anissimow (URS) |
| Schwergewicht (bis 100 kg) | N. Martinescu (ROM) |
| Superschwergew. (über 100 kg) | A. Roschtschin (URS) |

## Ringen, Freistil

| | |
|---|---|
| Papiergewicht (bis 48 kg) | R. Dimitrijew (URS) |
| Fliegengewicht (bis 52 kg) | K. Kato (JPN) |
| Bantamgewicht (bis 57 kg) | T. Tanaka (JPN) |
| Federgewicht (bis 62 kg) | Z. Abdulbekow (URS) |
| Leichtgewicht (bis 68 kg) | D. Gable (USA) |
| Weltergewicht (bis 74 kg) | W. Wells (USA) |
| Mittelgewicht (bis 82 kg) | L. Tediaschwili (URS) |
| Halbschwergew. (bis 90 kg) | B. Peterson (USA) |
| Schwergewicht (bis 100 kg) | I. Yarligin (URS) |
| Superschwergew. (über 100 kg) | A. Medwed (URS) |

## Judo

| | |
|---|---|
| Leichtgewicht (bis 63 kg) | T. Kawaguchi (JPN) |
| Weltergewicht (bis 70 kg) | T. Nomura (JPN) |
| Mittelgewicht (bis 80 kg) | S. Sekine (JPN) |
| Halbschwergew. (bis 93 kg) | S. Tschokoschwili (URS) |
| Schwergewicht (über 93 kg) | W. Ruska (NED) |
| Offene Klasse | W. Ruska (NED) |

## Fechten
### HERREN

| | |
|---|---|
| Florett-Einzel | W. Woyda (POL) |
| Florett-Mannschaft | Polen |
| Degen-Einzel | C. Fenyvesi (HUN) |
| Degen-Mannschaft | Ungarn |
| Säbel-Einzel | W. Sidjak (URS) |
| Säbel-Mannschaft | Italien |

### DAMEN

| | |
|---|---|
| Florett-Einzel | A. Ragno-Lonzi (ITA) |
| Florett-Mannschaft | UdSSR |

## Moderner Fünfkampf

| | |
|---|---|
| Einzel | A. Balczo (HUN) |
| Mannschaft | UdSSR |

# Olympische Sommerspiele

| Disziplin | Olympiasieger |
|---|---|
| **Kanu** | |
| HERREN | |
| 1000 m K1 | A. Schaparenko (URS) |
| 1000 m K2 | UdSSR |
| 1000 m K4 | UdSSR |
| 1000 m C1 | I. Pazaichin (ROM) |
| 1000 m C2 | UdSSR |
| Kanuslalom K1 | S. Horn (GDR) |
| Kanuslalom C1 | R. Eiben (GDR) |
| Kanuslalom C2 | DDR |
| | |
| DAMEN | |
| 500 m K1 | J. Ryabschinskaja (URS) |
| 500 m K2 | UdSSR |
| Kanuslalom K1 | A. Bahmann (GDR) |
| | |
| **Rudern** | |
| Einer | J. Malischew (URS) |
| Doppelzweier | UdSSR |
| Zweier ohne Steuermann | DDR |
| Zweier mit Steuermann | DDR |
| Vierer ohne Steuermann | DDR |
| Vierer mit Steuermann | BR Deutschland |
| Achter | Neuseeland |
| | |
| **Segeln** | |
| Finn-Dingi | S. Maury (FRA) |
| Star | Australien |
| Flying Dutchman | Großbritannien |
| Tempest | UdSSR |
| Drachen | Australien |
| Soling | USA |
| | |
| **Radsport** | |
| Straßenrennen, Einzel | H. Kuiper (NED) |
| 100 km Mannschaftszeitfahren | UdSSR |
| 1000 m Zeitfahren | N. Fredborg (DEN) |
| 1000 m Sprint | D. Morelon (FRA) |
| 2000 m Tandem | UdSSR |
| 4000 m Einzelverfolgung | K. Knudsen (NOR) |
| 4000 m Mannschaftsverfolgung | BR Deutschland |
| | |
| **Pferdesport** | |
| Military, Einzel | R. Meade (GBR) |
| Military, Mannschaft | Großbritannien |
| Dressur, Einzel | L. Linsenhoff (FRG) |
| Dressur, Mannschaft | UdSSR |
| Jagdspringen, Einzel | G. Mancinelli (ITA) |
| Jagdspringen, Mannschaft | BR Deutschland |
| | |
| **Sportschießen** | |
| Freies Gewehr | L. Wigger (USA) |
| Kleinkaliber (KK) liegend | Ho Jun-Li (PRK) |
| Kleinkaliber drei Stellungen | J. Writer (USA) |
| Schnellfeuerpistole | J. Zapedski (POL) |
| Scheibenpistole | R. Skanaker (SWE) |
| Laufende Scheibe | J. Shelesnjak (URS) |

| Disziplin | Olympiasieger |
|---|---|
| Wurftauben-Skeet | K. Wirnhier (FRG) |
| Wurftauben-Trap | A. Scalzone (ITA) |
| | |
| **Bogenschießen** | |
| Herren | J. Williams (USA) |
| Damen | D. Wilber (USA) |
| | |
| **Turnen** | |
| HERREN | |
| Mehrkampf, Einzel | S. Kato (JPN) |
| Mehrkampf, Mannschaft | Japan |
| Barren | S. Kato (JPN) |
| Boden | N. Andrianow (URS) |
| Pferdsprung | K. Köste (GDR) |
| Reck | M. Tsukahara (JPN) |
| Ringe | A. Nakajama (JPN) |
| Seitpferd | W. Klimenko (URS) |
| | |
| DAMEN | |
| Mehrkampf, Einzel | L. Turistschewa (URS) |
| Mehrkampf, Mannschaft | UdSSR |
| Boden | O. Korbut (URS) |
| Pferdsprung | K. Janz (GDR) |
| Schwebebalken | O. Korbut (URS) |
| Stufenbarren | K. Janz (GDR) |
| | |
| **Fußball** | Polen |
| | |
| **Basketball** | UdSSR |
| | |
| **Hockey** | BR Deutschland |
| | |
| **Handball** | Jugoslawien |
| | |
| **Volleyball** | |
| Herren | Japan |
| Damen | UdSSR |
| | |
| **Wasserball** | UdSSR |

| 1976, Montreal | |
|---|---|
| Leichtathletik | |
| HERREN | |
| 100 m | H. Crawford (TRI) |
| 200 m | D. Quarrie (JAM) |
| 400 m | A. Juantorena (CUB) |
| 800 m | A. Juantorena (CUB) |
| 1500 m | J. Walker (NZL) |
| 5000 m | L. Viren (FIN) |
| 10 000 m | L. Viren (FIN) |
| Marathon | W. Cierpinski (GDR) |
| 110 m Hürden | G. Drut (FRA) |
| 400 m Hürden | E. Moses (USA) |
| 3000 m Hindernis | A. Gäderud (SWE) |
| 4 x 100 m | USA |
| 4 x 400 m | USA |

| Disziplin | Olympiasieger |
|---|---|
| 20 km Gehen | D. Bautista (MEX) |
| Hochsprung | J. Wzsola (POL) |
| Stabhochsprung | T. Slusarski (POL) |
| Weitsprung | A. Robinson (USA) |
| Dreisprung | W. Sanejew (URS) |
| Kugelstoßen | U. Beyer (GDR) |
| Diskuswerfen | M. Wilkins (USA) |
| Hammerwerfen | J. Sedych (URS) |
| Speerwerfen | M. Nemeth (HUN) |
| Zehnkampf | B. Jenner (USA) |
| | |
| **DAMEN** | |
| 100 m | A. Richter (FRG) |
| 200 m | B. Eckert (GDR) |
| 400 m | I. Szewinska (POL) |
| 800 m | T. Kasankina (URS) |
| 1500 m | T. Kasankina (URS) |
| 100 m Hürden | J. Klier (GDR) |
| 4 x 100 m | DDR |
| 4 x 400 m | DDR |
| Hochsprung | R. Ackermann (GDR) |
| Weitsprung | A. Voigt (GDR) |
| Kugelstoßen | I. Christova (BUL) |
| Diskuswerfen | E. Schlaak (GDR) |
| Speerwerfen | R. Fuchs (GDR) |
| Fünfkampf | S. Siegl (GDR) |
| | |
| **SCHWIMMEN** | |
| **HERREN** | |
| 100 m Freistil | J. Montgomery (USA) |
| 200 m Freistil | B. Furniss (USA) |
| 400 m Freistil | B. Goodell (USA) |
| 1500 m Freistil | B. Goodell (USA) |
| 100 m Rücken | J. Naber (USA) |
| 200 m Rücken | J. Naber (USA) |
| 100 m Brust | J. Hencken (USA) |
| 200 m Brust | D. Wilkie (GBR) |
| 100 m Schmetterling | M. Vogel (USA) |
| 200 m Schmetterling | M. Brunner (USA) |
| 400 m Lagen | R. Strachan (USA) |
| 4 x 200 m Freistil | USA |
| 4 x 100 m Lagen | USA |
| Kunstspringen | P. Boggs (USA) |
| Turmspringen | K. Dibiasi (ITA) |
| | |
| **DAMEN** | |
| 100 m Freistil | K. Ender (GDR) |
| 200 m Freistil | K. Ender (GDR) |
| 400 m Freistil | P. Thümer (GDR) |
| 800 m Freistil | P. Thümer (GDR) |
| 100 m Brust | H. Anke (GDR) |
| 200 m Brust | M. Koschewaja (URS) |
| 100 m Rücken | U. Richter (GDR) |
| 200 m Rücken | U. Richter (GDR) |
| 100 m Schmetterling | K. Ender (GDR) |
| 200 m Schmetterling | A. Pollack (GDR) |
| 400 m Lagen | U. Tauber (GDR) |

| Disziplin | Olympiasieger |
|---|---|
| 4 x 100 m Freistil | USA |
| 4 x 100 m Lagen | DDR |
| Kunstspringen | J. Chandler (USA) |
| Turmspringen | E. Wajzechowska (URS) |
| | |
| **BOXEN** | |
| Halbfliegengewicht (bis 48 kg) | J. Hernandez (CUB) |
| Fliegengewicht (bis 51 kg) | L. Randolph (USA) |
| Bantamgewicht (bis 54 kg) | Yong-Jo Gu (PRK) |
| Federgewicht (bis 57 kg) | A. Herrera (CUB) |
| Leichtgewicht (bis 60 kg) | H. Davis (USA) |
| Halbweltergew. (bis 63,5 kg) | R. Leonard (USA) |
| Weltergewicht (bis 67 kg) | J. Bachfeld (GDR) |
| Halbmittelgewicht (bis 71 kg) | J. Ribicki (POL) |
| Mittelgewicht (bis 75 kg) | M. Spinks (USA) |
| Halbschwergewicht (bis 81 kg) | L. Spinks (USA) |
| Schwergewicht (über 81 kg) | T. Stevenson (CUB) |
| | |
| **Gewichtheben** | |
| Fliegengewicht (bis 52 kg) | A. Woronin (URS) |
| Bantamgewicht (bis 56 kg) | N. Nurikian (BUL) |
| Federgewicht (bis 60 kg) | N. Kolesnikow (URS) |
| Leichtgewicht (bis 67,5 kg) | P. Korol (URS) |
| Mittelgewicht (bis 75 kg) | J. Mitkov (BUL) |
| Leichtschwergew. (bis 82,5 kg) | W. Schare (URS) |
| Mittelschwergew. (bis 90 kg) | D. Rigert (URS) |
| Schwergewicht (über 90 kg) | J. Saizew (URS) |
| Superschwergew. (über 110 kg) | W. Alexejew (URS) |
| | |
| **Ringen, griechisch-römisch** | |
| Papiergewicht (bis 48 kg ) | A. Schumakow (URS) |
| Fliegengewicht (bis 52 kg) | W. Konstantinow (URS) |
| Bantamgewicht (bis 57 kg) | P. Ukkola (FIN) |
| Federgewicht (bis 62 kg) | K. Lipien (POL) |
| Leichtgewicht (bis 68 kg) | S. Nalbandian (URS) |
| Weltergewicht (bis 74 kg) | A. Bykow (URS) |
| Mittelgewicht (bis 82 kg) | M. Petkovic (YUG) |
| Halbschwergewicht (bis 90 kg) | W. Anissimar (URS) |
| Schwergewicht (bis 100 kg) | N. Balboschin (URS) |
| Superschwergew. (über 100 kg) | A. Koltschinski (URS) |
| | |
| **Ringen, Freistil** | |
| Papiergewicht (bis 48 kg ) | H. Isajev (BUL) |
| Fliegengewicht (bis 52 kg) | Y. Takada (JPN) |
| Bantamgewicht (bis 57 kg) | W. Jumin (URS) |
| Federgewicht (bis 62 kg) | Yung Mo Yang (KOR) |
| Leichtgewicht (bis 68 kg) | P. Pinegin (URS) |
| Weltergewicht (bis 74 kg) | J. Date (JPN) |
| Mittelgewicht (bis 82 kg) | J. Peterson (USA) |
| Halbschwergewicht (bis 90 kg) | L. Tediaschwili (URS) |
| Schwergewicht (bis 100 kg) | I. Yarigin (URS) |
| Superschwergew. (über 100 kg) | S. Andiew (URS) |
| | |
| **Judo** | |
| Leichtgewicht (bis 63 kg) | H. Torres (CUB) |
| Weltergewicht (bis 70 kg) | W. Newzorow (URS) |
| Mittelgewicht (bis 80 kg) | I. Sonoda (JPN) |

# Olympische Sommerspiele

| Disziplin | Olympiasieger | Disziplin | Olympiasieger |
|---|---|---|---|
| Halbschwergewicht (bis 93 kg) | K. Ninomiya (JPN) | **Segeln** | |
| Schwergewicht (über 93 kg) | S. Nowikow (URS) | Finn-Dingi | J. Schümann (GDR) |
| Offene Klasse | H. Uemura (JPN) | Tempest | Schweden |
| | | Flying Dutchman | BR Deutschland |
| **Fechten** | | Tornado | Großbritannien |
| HERREN | | 470-er Jolle | BR Deutschland |
| Florett-Einzel | F. dal Zotto (ITA) | Soling | Dänemark |
| Florett-Mannschaft | BR Deutschland | | |
| Degen-Einzel | A. Pusch (FRG) | **Radsport** | |
| Degen-Mannschaft | Schweden | Straßenrennen, Einzel | B. Johansson (SWE) |
| Säbel-Einzel | W. Krowopuskow (URS) | 100 km Mannschaftszeitfahren | UdSSR |
| Säbel-Mannschaft | UdSSR | 1000 m Zeitfahren | K. Grünke (GDR) |
| | | 1000 m Sprint | A. Tkac (TCH) |
| DAMEN | | 4000 m Einzelverfolgung | G. Braun (FRG) |
| Florett-Einzel | I. Schwarzenberger (HUN) | 4000 m Mannschaftsverfolgung | BR Deutschland |
| Florett-Mannschaft | UdSSR | | |
| | | **Pferdesport** | |
| **Moderner Fünfkampf** | | Military, Einzel | E. Coffin (USA) |
| Einzel | J. Peciak Pyciak (POL) | Military, Mannschaft | USA |
| Mannschaft | Großbritannien | Dressur, Einzel | C. Stückelberger (SUI) |
| | | Dressur, Mannschaft | BR Deutschland |
| **Kanu** | | Jagdspringen, Einzel | A. Schockemöhle (FRG) |
| HERREN | | Jagdspringen, Mannschaft | Frankreich |
| 500 m K1 | V. Diba (ROM) | | |
| 500 m K2 | DDR | **Sportschießen** | |
| 500 m C1 | A. Rogow (URS) | Kleinkaliber (KK) liegend | K. Smieszek (FRG) |
| 500 m C2 | UdSSR | Kleinkaliber drei Stellungen | L. Bassham (USA) |
| 1000 m K1 | R. Helm (GDR) | Schnellfeuerpistole | N. Klaar (GDR) |
| 1000 m K2 | UdSSR | Freie Pistole | U. Potteck (GDR) |
| 1000 m K4 | UdSSR | Wurftauben-Trap | D. Haldemann (USA) |
| 1000 m C1 | M. Ljubek (YUG) | Wurftauben-Skeet | J. Panacek (TCH) |
| 1000 m C2 | UdSSR | Laufende Scheibe | A. Gasow (URS) |
| | | | |
| DAMEN | | **Bogenschießen** | |
| 500 m K1 | C. Zirzow (GDR) | Herren | D. Pace (USA) |
| 500 m K2 | UdSSR | Damen | L. Ryon (USA) |
| | | | |
| **Rudern** | | **Turnen** | |
| HERREN | | HERREN | |
| Einer | P. Karppinen (FIN) | Mehrkampf, Einzel | N. Andrianow (URS) |
| Doppelzweier | Norwegen | Mehrkampf, Mannschaft | Japan |
| Zweier ohne Steuermann | DDR | Barren | S. Kato (JPN) |
| Zweier mit Steuermann | DDR | Boden | N. Andrianow (URS) |
| Doppelvierer | DDR | Pferdsprung | N. Andrianow (URS) |
| Vierer ohne Steuermann | DDR | Reck | M. Tsukahara (JPN) |
| Vierer mit Steuermann | UdSSR | Ringe | N. Andrianow (URS) |
| Achter | DDR | Seitpferd | Z. Magyar (HUN) |
| | | | |
| DAMEN | | DAMEN | |
| Einer | C. Scheiblich (GDR) | Mehrkampf, Einzel | N. Comaneci (ROM) |
| Doppelzweier | Bulgarien | Mehrkampf, Mannschaft | UdSSR |
| Zweier ohne Steuerfrau | Bulgarien | Boden | N. Kim (URS) |
| Doppelvierer | DDR | Pferdsprung | N. Kim (URS) |
| Vierer mit Steuerfrau | DDR | Schwebebalken | N. Comaneci (ROM) |
| Achter | DDR | Stufenbarren | N. Comaneci (ROM) |
| | | Gruppen-Gymnastik | Schweden |

| Disziplin | Olympiasieger |
|---|---|
| Fußball | DDR |
| **Basketball** | |
| Herren | USA |
| Damen | UdSSR |
| **Hockey** | Neuseeland |
| **Handball** | |
| Herren | UdSSR |
| Damen | UdSSR |
| **Volleyball** | |
| Herren | Polen |
| Damen | Japan |
| **Wasserball** | Ungarn |

| **1980, Moskau** | |
|---|---|
| **Leichtathletik** | |
| **HERREN** | |
| 100 m | A. Wells (GBR) |
| 200 m | P. Mennea (ITA) |
| 400 m | W. Markin (URS) |
| 800 m | S. Ovett (GBR) |
| 1500 m | S. Coe (GBR) |
| 5000 m | M. Yifter (ETH) |
| 10000 m | M. Yifter (ETH) |
| Marathon | W. Cierpinski (GDR) |
| 110 m Hürden | T. Munkelt (GDR) |
| 400 m Hürden | V. Beck (GDR) |
| 3000 m Hindernis | B. Malinowski (POL) |
| 4 x 100 m | UdSSR |
| 4 x 400 m | UdSSR |
| 20 km Gehen | M. Damilano (ITA) |
| 50 km Gehen | H. Gauder (GDR) |
| Hochsprung | G. Wessig (GDR) |
| Stabhochsprung | W. Kozakiewicz (POL) |
| Weitsprung | L. Dombrowski (GDR) |
| Dreisprung | J. Udmää (URS) |
| Kugelstoßen | W. Kisseljew (URS) |
| Diskuswerfen | W. Rastschupkin (URS) |
| Hammerwerfen | J. Sedych (URS) |
| Speerwerfen | D. Kula (URS) |
| Zehnkampf | D. Thompson (GBR) |
| **Damen** | |
| 100 m | L. Kondratjewa (URS) |
| 200 m | B. Eckert (GDR) |
| 400 m | M. Koch (GDR) |
| 800 m | N. Olisarenko (URS) |
| 1500 m | T. Kasankina (URS) |
| 100 m Hürden | W. Komissowa (URS) |
| 4 x 100 m | DDR |
| 4 x 400 m | UdSSR |
| Hochsprung | S. Simeoni (ITA) |

| Disziplin | Olympiasieger |
|---|---|
| Weitsprung | T. Kolpakowa (URS) |
| Kugelstoßen | I. Slupianek (GDR) |
| Diskuswerfen | E. Jahl (GDR) |
| Speerwerfen | M. Colon (CUB) |
| Fünfkampf | N. Tkatschenko (URS) |
| **Schwimmen** | |
| **HERREN** | |
| 100 m Freistil | J. Woithe (GDR) |
| 200 m Freistil | S. Kopljakow (URS) |
| 400 m Freistil | W. Salnikow (URS) |
| 1500 m Freistil | W. Salnikow (URS) |
| 100 m Rücken | B. Baron (SWE) |
| 200 m Rücken | S. Wladar (HUN) |
| 100 m Brust | D. Goodhew (GBR) |
| 200 m Brust | R. Schulpa (URS) |
| 100 m Schmetterling | P. Arvidsson (SWE) |
| 200 m Schmetterling | S. Fesenko (URS) |
| 400 m Lagen | A. Sidorenko (URS) |
| 4 x 200 m Freistil | UdSSR |
| 4 x 100 m Lagen | Australien |
| Kunstspringen | A. Portnow (URS) |
| Turmspringen | F. Hoffmann (GDR) |
| **DAMEN** | |
| 100 m Freistil | B. Krause (GDR) |
| 200 m Freistil | B. Krause (GDR) |
| 400 m Freistil | I. Diers (GDR) |
| 800 m Freistil | M. Ford (AUS) |
| 100 m Brust | U. Geweniger (GDR) |
| 200 m Brust | L. Kaschuschite (URS) |
| 100 m Rücken | R. Reinisch (GDR) |
| 200 m Rücken | R. Reinisch (GDR) |
| 100 m Schmetterling | C. Metschuk (GDR) |
| 200 m Schmetterling | I. Geissler (GDR) |
| 400 m Lagen | P. Schneider (GDR) |
| 4 x 100 m Freistil | DDR |
| 4 x 100 m Lagen | DDR |
| Kunstspringen | I. Kalinina (URS) |
| Turmspringen | M. Jäschke (GDR) |
| **Boxen** | |
| Halbfliegengewicht (bis 48 kg) | S. Sabirow (URS) |
| Fliegengewicht (bis 51 kg) | P. Lessov (BUL) |
| Bantamgewicht (bis 54 kg) | J. Hernandez (CUB) |
| Federgewicht (bis 57 kg) | R. Fink (GDR) |
| Leichtgewicht (bis 60 kg) | A. Herrera (CUB) |
| Halbweltergew. (bis 63,5 kg) | P. Oliva (ITA) |
| Weltergewicht (bis 67 kg) | A. Aldama (CUB) |
| Halbmittelgewicht (bis 71 kg) | A. Martinez (CUB) |
| Mittelgewicht (bis 75 kg) | J. R. Gomez (CUB) |
| Halbschwergew. (bis 81 kg) | S. Kacar (YUG) |
| Schwergewicht (über 81 kg) | T. Stevenson (CUB) |
| **Gewichtheben** | |
| Fliegengewicht (bis 52 kg) | K. Osmonalijew (URS) |
| Bantamgewicht (bis 56 kg) | D. Nunez (CUB) |

# Olympische Sommerspiele

| Disziplin | Olympiasieger |
|-----------|---------------|
| Federgewicht (bis 60 kg) | W. Masin (URS) |
| Leichtgewicht (bis 67,5 kg) | Y. Rusev (BUL) |
| Mittelgewicht (bis 75 kg) | A. Zlatev (BUL) |
| Leichtschwergew. (bis 82,5 kg) | J. Wardanian (URS) |
| Mittelschwergew. (bis 90 kg) | P. Baczako (HUN) |
| 1. Schwergewicht (bis 100 kg) | O. Zaremba (TCH) |
| 2. Schwergewicht (bis 110 kg) | L. Taranenko (URS) |
| Superschwergew. (über 110 kg) | S. Rachmanow (URS) |
| | |
| **Ringen, griechisch–römisch** | |
| Papiergewicht (bis 48 kg) | Z. Uschkempirow (URS) |
| Fliegengewicht (bis 52 kg) | W. Blagidse (URS) |
| Bantamgewicht (bis 57 kg) | C. Serikow (URS) |
| Federgewicht (bis 62 kg) | S. Mygiakis (GRE) |
| Leichtgewicht (bis 68 kg) | S. Rusu (ROM) |
| Weltergewicht (bis 74 kg) | F. Kocsis (HUN) |
| Mittelgewicht (bis 82 kg) | G. Korban (URS) |
| Halbschwergew. (bis 90 kg) | N. Növenyi (HUN) |
| Schwergewicht (bis 100 kg) | G. Raikov (BUL) |
| Superschwergew. (über 100 kg) | A. Koltschinski (URS) |
| | |
| **Ringen, Freistil** | |
| Papiergewicht (bis 48 kg) | C. Pollio (ITA) |
| Fliegengewicht (bis 52 kg) | A. Beloglasow (URS) |
| Bantamgewicht (bis 57 kg) | S. Beloglasow (URS) |
| Federgewicht (bis 62 kg) | M. Abuschew (URS) |
| Leichtgewicht (bis 68 kg) | S. Absaidow (URS) |
| Weltergewicht (bis 74 kg) | V. Raitschev (BUL) |
| Mittelgewicht (bis 82 kg) | I. Abilov (BUL) |
| Halbschwergew. (bis 90 kg) | S. Oganesian (URS) |
| Schwergewicht (bis 100 kg) | I. Mate (URS) |
| Superschwergew. (über 100 kg) | S. Andiew (URS) |
| | |
| **Judo** | |
| Superleichtgewicht (bis 60 kg) | T. Rey (FRA) |
| Halbleichtgewicht (bis 65 kg) | N. Soloduchin (URS) |
| Leichtgewicht (bis 68 kg) | E. Gamba (ITA) |
| Halbmittelgewicht (bis 78 kg) | S. Khabareli (URS) |
| Mittelgewicht (bis 86 kg) | J. Röthlisberger (SUI) |
| Halbschwergew. (bis 95 kg) | R. van de Walle (BEL) |
| Schwergewicht (bis 95 kg) | A. Parisi (FRA) |
| Offene Klasse | D. Lorenz (GDR) |
| | |
| **Fechten** | |
| HERREN | |
| Florett-Einzel | W. Smirnow (URS) |
| Florett-Mannschaft | Frankreich |
| Degen-Einzel | J. Harmemberg (SWE) |
| Degen-Mannschaft | Frankreich |
| Säbel-Einzel | W. Krowopuskow (URS) |
| Säbel-Mannschaft | UdSSR |
| | |
| DAMEN | |
| Florett-Einzel | P. Trinquet (FRA) |
| Florett-Mannschaft | Frankreich |

| Disziplin | Olympiasieger |
|-----------|---------------|
| **Moderner Fünfkampf** | |
| Einzel | A. Starostdin (URS) |
| Mannschaft | UdSSR |
| | |
| **Kanu** | |
| HERREN | |
| 500 m K1 | W. Parfenowitsch (URS) |
| 500 m K2 | UdSSR |
| 500 m C1 | S. Postrekin (URS) |
| 500 m C2 | Ungarn |
| 1000 m K1 | R. Helm (GDR) |
| 1000 m K2 | UdSSR |
| 1000 m K4 | DDR |
| 1000 m C1 | L. Lubenov (BUL) |
| 1000 m C2 | Rumänien |
| | |
| DAMEN | |
| 500 m K1 | B. Fischer (GDR) |
| 500 m K2 | DDR |
| | |
| **Rudern** | |
| HERREN | |
| Einer | P. Karppinen (FIN) |
| Doppelzweier | DDR |
| Zweier ohne Steuermann | DDR |
| Zweier mit Steuermann | DDR |
| Doppelvierer | DDR |
| Vierer ohne Steuermann | DDR |
| Vierer mit Steuermann | DDR |
| Achter | DDR |
| | |
| DAMEN | |
| Einer | S. Toma (ROM) |
| Doppelzweier | UdSSR |
| Zweier ohne Steuerfrau | DDR |
| Doppelvierer | DDR |
| Vierer mit Steuerfrau | DDR |
| Achter | DDR |
| | |
| **Segeln** | |
| Finn-Dingi | E. Rechardt (FIN) |
| Star | UdSSR |
| Flying Dutchman | Spanien |
| Tornado | Brasilien |
| 470-er Klasse | Brasilien |
| Soling | Dänemark |
| | |
| **Radsport** | |
| Straßenrennen, Einzel | S. Suchoruschenko (URS) |
| 100 km Mannschaftszeitfahren | UdSSR |
| 1000 m Zeitfahren | L. Thoms (GDR) |
| 1000 m Sprint | L. Hesslich (GDR) |
| 4000 m Einzelverfolgung | R. Dill-Bundi (SUI) |
| 4000 m Mannschaftsverfolgung | UdSSR |

| Disziplin | Olympiasieger |
|---|---|
| **Pferdesport** | |
| Military, Einzel | F. Roman (ITA) |
| Military, Mannschaft | UdSSR |
| Dressur, Einzel | E. Theurer (AUT) |
| Dressur, Mannschaft | UdSSR |
| Jagdspringen, Einzel | J. Kowalczyk (POL) |
| Jagdspringen, Mannschaft | UdSSR |
| | |
| **Sportschießen** | |
| Kleinkaliber (KK) liegend | K. Varga (HUN) |
| Kleinkaliber drei Stellungen | W. Wlassow (URS) |
| Schnellfeuerpistole | C. Ion (ROM) |
| Freie Pistole | A. Melentew (URS) |
| Tontaubenschießen (Trap) | L. Giovannetti (ITA) |
| Tontaubenschießen (Skeet) | H. K. Rasmussen (DEN) |
| Laufende Scheibe | I. Sokolow (URS) |
| | |
| **Bogenschießen** | |
| Herren | T. Poikolainen (FIN) |
| Damen | K. Losaberidse (URS) |
| | |
| **Turnen** | |
| HERREN | |
| Mehrkampf, Einzel | A. Ditjatin (URS) |
| Mehrkampf, Mannschaft | UdSSR |
| Barren | A. Tkatschew (URS) |
| Boden | R. Brückner (GDR) |
| Pferdsprung | N. Andrianow (URS) |
| Reck | S. Deltschev (BUL) |
| Ringe | A. Ditjatin (URS) |
| Seitpferd | Z. Magyar (HUN) |
| | |
| DAMEN | |
| Mehrkampf, Einzel | J. Dawydowa (URS) |
| Mehrkampf, Mannschaft | UdSSR |
| Boden | N. Comaneci (ROM)/ |
| | N. Kim (URS) |
| Pferdsprung | N. Schaposchnikowa (URS) |
| Schwebebalken | N. Comaneci (ROM) |
| Stufenbarren | M. Gnauck (GDR) |
| | |
| **Fußball** | Tschechoslowakei |
| | |
| **Basketball** | |
| Herren | Jugoslawien |
| Damen | UdSSR |
| | |
| **Hockey** | |
| Herren | Indien |
| Damen | Simbabwe |
| | |
| **Handball** | |
| Herren | DDR |
| Damen | UdSSR |

| Disziplin | Olympiasieger |
|---|---|
| **Volleyball** | |
| Herren | UdSSR |
| Damen | UdSSR |
| | |
| **Wasserball** | UdSSR |
| | |
| **1984, Los Angeles** | |
| Leichtathletik | |
| HERREN | |
| 100 m | C. Lewis (USA) |
| 200 m | C. Lewis (USA) |
| 400 m | A. Babers (USA) |
| 800 m | J. Cruz (BRA) |
| 1500 m | S. Coe (GBR) |
| 5000 m | S. Aouita (MAR) |
| 10000 m | A. Cova (ITA) |
| Marathon | C. Lopez (POR) |
| 110 m Hürden | R. Kingdom (USA) |
| 400 m Hürden | E. Moses (USA) |
| 3000 m Hindernis | J. Korir (KEN) |
| 4 x 100 m | USA |
| 4 x 400 m | USA |
| 20 km Gehen | E. Canto (MEX) |
| 50 km Gehen | R. Gonzalez (MEX) |
| Weitsprung | C. Lewis (USA) |
| Hochsprung | D. Mögenburg (FRG) |
| Stabhochsprung | P. Quinon (FRA) |
| Dreisprung | A. Joyner (USA) |
| Kugelstoßen | A. Andrei (ITA) |
| Diskuswerfen | R. Danneberg (FRG) |
| Hammerwerfen | J. Tiainen (FIN) |
| Speerwerfen | A. Härkönen (FIN) |
| Zehnkampf | D. Thompson (GBR) |
| | |
| DAMEN | |
| 100 m | E. Ashford (USA) |
| 200 m | V. Brisco-Hooks (USA) |
| 400 m | V. Brisco-Hooks (USA) |
| 800 m | D. Melinte (ROM) |
| 1500 m | G. Dorio (ITA) |
| 3000 m | M. Puica (ROM) |
| Marathon | J. Benoit (USA) |
| 100 m Hürden | B. Fitzgerald (USA) |
| 400 m Hürden | N. el Moutawakel (MAR) |
| 4 x 100 m | USA |
| 4 x 400 m | USA |
| Hochsprung | U. Meyfarth (FRG) |
| Weitsprung | A. Cusmir (ROM) |
| Kugelstoßen | C. Losch (FRG) |
| Diskuswerfen | R. Stalman (NED) |
| Speerwerfen | T. Sanderson (GBR) |
| Siebenkampf | G. Nunn (AUS) |

# Olympische Sommerspiele

| Disziplin | Olympiasieger |
|---|---|
| **Schwimmen** | |
| HERREN | |
| 100 m Freistil | A. Gaines (USA) |
| 200 m Freistil | M. Groß (FRG) |
| 400 m Freistil | G. Dicarlo (USA) |
| 1500 m Freistil | M. O'Brien (USA) |
| 100 m Rücken | R. Carey (USA) |
| 200 m Rücken | R. Carey (USA) |
| 100 m Brust | S. Lundquist (USA) |
| 200 m Brust | V. Davis (CAN) |
| 100 m Schmetterling | M. Groß (FRG) |
| 200 m Schmetterling | J. Sieben (AUS) |
| 200 m Lagen | A. Baumann (CAN) |
| 400 m Lagen | A. Baumann (CAN) |
| 4 x 100 m Freistil | USA |
| 4 x 200 m Freistil | USA |
| 4 x 100 m Lagen | USA |
| Kunstspringen | G. Louganis (USA) |
| Turmspringen | G. Louganis (USA) |
| | |
| DAMEN | |
| 100 m Freistil | C. Steinseifer (USA)/ |
| | N. Hogshead (USA) |
| 200 m Freistil | M. Wayte (USA) |
| 400 m Freistil | T. Cohen (USA) |
| 800 m Freistil | T. Cohen (USA) |
| 100 m Rücken | T. Andrews (USA) |
| 200 m Rücken | J. de Rover (NED) |
| 100 m Brust | P. van Staveren (NED) |
| 200 m Brust | A. Ottenbrite (CAN) |
| 100 m Schmetterling | M. T. Meagher (USA) |
| 200 m Schmetterling | M. T. Meagher (USA) |
| 200 m Lagen | T. Caulkins (USA) |
| 400 m Lagen | T. Caulkins (USA) |
| 4 x 400 m Freistil | USA |
| 4 x 100 m Lagen | USA |
| Kunstspringen | S. Bernier (CAN) |
| Turmspringen | Zhiou Jihong (CHN) |
| Synchronschwimmen, Einzel | T. Ruiz (USA) |
| Synchronschwimmen, Duo | USA |
| | |
| **Boxen** | |
| Halbfliegengewicht (bis 48 kg) | P. Gonzalez (USA) |
| Fliegengewicht (bis 51 kg) | S. McCrory (USA) |
| Bantamgewicht (bis 54 kg) | M. Stecca (ITA) |
| Federgewicht (bis 57 kg) | M. Taylor (USA) |
| Leichtgewicht (bis 60 kg) | P. Whitaker (USA) |
| Halbweltergew. (bis 63,5 kg) | J. Page (USA) |
| Weltergewicht (bis 67 kg) | M. Breland (USA) |
| Halbmittelgewicht (bis 71 kg) | F. Tate (USA) |
| Mittelgewicht (bis 75 kg) | J. Sup-Schin (KOR) |
| Halbschwergewicht (bis 81 kg) | A. Josipovic (YUG) |
| Schwergewicht (bis 91 kg) | H. Tillmann (USA) |
| Superschwergew. (über 91 kg) | T. Biggs (USA) |
| | |
| **Gewichtheben** | |
| Fliegengewicht (bis 52 kg) | Guoquiang Chen (CHN) |

| Disziplin | Olympiasieger |
|---|---|
| Bantamgewicht (bis 56 kg) | Wu Schude (CHN) |
| Federgewicht (bis 60 kg) | Weiquiang Chen (CHN) |
| Leichtgewicht (bis 67,5 kg) | Jing Juang Yao (CHN) |
| Mittelgewicht (bis 75 kg) | K.-H. Radschinsky (FRG) |
| Leichtschwergew. (bis 82,5 kg) | P. Becheru (ROM) |
| Mittelschwergew. (bis 90 kg) | N. Vlad (ROM) |
| 1. Schwergewicht (bis 100 kg) | R. Milser (FRG) |
| 2. Schwergewicht (bis 110 kg) | N. Oberburger (ITA) |
| Superschwergew. (über 110 kg) | D. Lukin (AUS) |
| | |
| **Ringen, griechisch-römisch** | |
| Papiergewicht (bis 48 kg) | V. Maenza (ITA) |
| Fliegengewicht (bis 52 kg) | A. Miyahara (JPN) |
| Bantamgewicht (bis 57 kg) | P. Passarelli (FRG) |
| Federgewicht (bis 62 kg) | Kim Weeon Kee (KOR) |
| Leichtgewicht (bis 68 kg) | V. Lisjak (YUG) |
| Weltergewicht (bis 74 kg) | J. Salomäki (FIN) |
| Mittelgewicht (bis 82 kg) | I. Draica (ROM) |
| Halbschwergewicht (bis 90 kg) | S. Fraser (USA) |
| Schwergewicht (bis 100 kg) | V. Andrei (ROM) |
| Superschwergew. (über 100 kg) | J. Blatnick (USA) |
| | |
| **Ringen, Freistil** | |
| Papiergewicht (bis 48 kg) | R. Weaver (USA) |
| Fliegengewicht (bis 52 kg) | S. Trstena (YUG) |
| Bantamgewicht (bis 57 kg) | H. Tomiyama (JPN) |
| Federgewicht (bis 62 kg) | R. Lewis (USA) |
| Leichtgewicht (bis 68 kg) | In Tak Yu (KOR) |
| Weltergewicht (bis 74 kg) | D. Schultz (USA) |
| Mittelgewicht (bis 82 kg) | M. Schultz (USA) |
| Halbschwergewicht (bis 90 kg) | E. Banach (USA) |
| Schwergewicht (bis 100 kg) | L. Banach (USA) |
| Superschwergew. (über 100 kg) | B. Baumgartner (USA) |
| | |
| **Judo** | |
| Superleichtgewicht (bis 60 kg) | S. Hosokawa (JPN) |
| Halbleichtgewicht (bis 65 kg) | Y. Matsuoka (JPN) |
| Leichtgewicht (bis 71 kg) | Beyung Keun An (KOR) |
| Halbmittelgewicht (bis 78 kg) | F. Wieneke (FRG) |
| Mittelgewicht (bis 86 kg) | P. Seisenbacher (AUT) |
| Halbschwergewicht (bis 95 kg) | Hyung Zu Ha (KOR) |
| Schwergewicht (über 95 kg) | H. Saito (JPN) |
| Offene Klasse | Y. Yamashita (JPN) |
| | |
| **Fechten** | |
| HERREN | |
| Florett-Einzel | M. Numa (ITA) |
| Florett-Mannschaft | Italien |
| Säbel-Einzel | J. F. Lamour (FRA) |
| Säbel-Mannschaft | Italien |
| Degen-Einzel | P. Boisse (FRA) |
| Degen-Mannschaft | BR Deutschland |
| | |
| DAMEN | |
| Florett-Einzel | Luan Jujie (CHN) |
| Florett-Mannschaft | BR Deutschland |

| Disziplin | Olympiasieger |
|---|---|
| **Moderner Fünfkampf** | |
| Einzel | D. Masala (ITA) |
| Mannschaft | Italien |
| **Kanu** | |
| HERREN | |
| 500 m K1 | I. Ferguson (NZL) |
| 500 m K2 | Neuseeland |
| 500 m C1 | L. Cain (CAN) |
| 500 m C2 | Jugoslawien |
| 1000 m K1 | A. Thompson (NZL) |
| 1000 m K2 | Kanada |
| 1000 m K4 | Neuseeland |
| 1000 m C1 | U. Eicke (FRG) |
| 1000 m C2 | Rumänien |
| DAMEN | |
| 500 m K1 | A. Andersson (SWE) |
| 500 m K2 | Schweden |
| 500 m K4 | Rumänien |
| **Rudern** | |
| HERREN | |
| Einer | P. Karppinen (FIN) |
| Zweier ohne Steuermann | Rumänien |
| Zweier mit Steuermann | Italien |
| Doppelzweier | USA |
| Vierer ohne Steuermann | Neuseeland |
| Vierer mit Steuermann | Großbritannien |
| Doppelvierer | BR Deutschland |
| Achter | Kanada |
| DAMEN | |
| Einer | V. Racila (ROM) |
| Zweier ohne Steuerfrau | Rumänien |
| Doppelzweier | Rumänien |
| Vierer mit Steuerfrau | Rumänien |
| Doppelvierer | Rumänien |
| Achter | USA |
| **Segeln/Surfen** | |
| Finn-Dingi | R. Coutts (NZL) |
| Flying Dutchman | USA |
| 470-er | Spanien |
| Star | USA |
| Tornado | Neuseeland |
| Soling | USA |
| Windglider | S. van den Berg (NED) |
| **Radsport** | |
| HERREN | |
| Straßenrennen-Einzel | A. Grewal (USA) |
| 100 km Mannschaftsfahren | Italien |
| 1000 m Sprint | M. Gorski (USA) |
| 1000 m Zeitfahren | F. Schmidtke (FRG) |
| 4000 m Einzelverfolgung | S. Hegg (USA) |
| 4000 m Mannschaftsverfolgung | Australien |

| Disziplin | Olympiasieger |
|---|---|
| Punktefahren | R. Ilegems (BEL) |
| DAMEN | |
| Straßenrennen-Einzel | C. Carpenter (USA) |
| **Pferdesport** | |
| Dressur, Einzel | R. Klimke (FRG) |
| Dressur, Mannschaft | BR Deutschland |
| Springreiten, Einzel | J. Fargis (USA) |
| Springreiten, Mannschaft | USA |
| Military, Einzel | M. Todd (NZL) |
| Military, Mannschaft | USA |
| **Sportschießen** | |
| HERREN | |
| Freie Pistole | Xu Heifeng (CHN) |
| Schnellfeuerpistole | T. Kamachi (JPN) |
| Kleinkaliber liegend | E. Etzel (USA) |
| Kleinkaliber drei Stellungen | M. Cooper (GBR) |
| Tontauben (Skeet) | M. Dryke (USA) |
| Tontauben (Trap) | L. Giovannetti (ITA) |
| Laufende Scheibe | Yuwei Li (CHN) |
| Luftgewehr | P. Heberle (FRA) |
| **Damen** | |
| Sportpistole | L. Thom (CAN) |
| Kleinkaliber drei Stellungen | Xiaoxun Wu (CHN) |
| Luftgewehr | P. Spurgin (USA) |
| **Bogenschießen** | |
| Herren | D. Pace (USA) |
| Damen | Soon-Seo Hyang (KOR) |
| **Turnen** | |
| HERREN | |
| Mehrkampf, Einzel | K. Gushiken (JPN) |
| Mehrkampf, Mannschaft | USA |
| Barren | B. Conner (USA) |
| Boden | Li Ning (CHN) |
| Pferdsprung | Lou Yun (CHN) |
| Reck | S. Morisue (JPN) |
| Ringe | K. Gushiken (JPN)/ Li Ning (CHN) |
| Seitpferd | Li Ning (CHN)/ P. Vidmar (USA) |
| DAMEN | |
| Mehrkampf, Einzel | M. L. Retton (USA) |
| Mehrkampf, Mannschaft | Rumänien |
| Boden | E. Szabo (ROM) |
| Pferdsprung | E. Szabo (ROM) |
| Schwebebalken | S. Pauca (ROM)/ E. Szabo (ROM) |
| Stufenbarren | Yanhong Ma (CHN)/ J. McNamara (USA) |

# Olympische Sommerspiele

| Disziplin | Olympiasieger |
|---|---|
| **Rhythmische Sportgymnastik** | |
| Mehrkampf | L. Fung (CAN) |
| **Fußball** | Frankreich |
| **Basketball** | |
| Herren | USA |
| Damen | USA |
| **Hockey** | |
| Herren | Pakistan |
| Damen | Niederlande |
| **Handball** | |
| Herren | Jugoslawien |
| Damen | Jugoslawien |
| **Volleyball** | |
| Herren | USA |
| Damen | China |
| **Wasserball** | Jugoslawien |

## 1988, Seoul

### Leichtathletik

**HERREN**

| Disziplin | Olympiasieger |
|---|---|
| 100 m | C. Lewis (USA)* |
| 200 m | J. Deloach (USA) |
| 400 m | S. Lewis (USA) |
| 800 m | P. Ereng (KEN) |
| 1500 m | P. Rono (KEN) |
| 5000 m | J. Ngugi (KEN) |
| 10000 m | B. Boutaib (MAR) |
| Marathon | G. Bordin (ITA) |
| 110 m Hürden | R. Kingdom (USA) |
| 400 m Hürden | A. Phillips (USA) |
| 3000 m Hindernis | J. Kariuki (KEN) |
| 4 x 100 m | UdSSR |
| 4 x 400 m | USA |
| 20 km Gehen | J. Pribilinec (TCH) |
| 50 km Gehen | W. Iwanenko (URS) |
| Weitsprung | C. Lewis (USA) |
| Hochsprung | G. Awdejenko (URS) |
| Stabhochsprung | S. Bubka (URS) |
| Dreisprung | C. Markov (BUL) |
| Kugelstoßen | U. Timmermann (GDR) |
| Diskuswerfen | J. Schult (GDR) |
| Speerwerfen | T. Korjus (FIN) |
| Hammerwerfen | S. Litwinow (URS) |
| Zehnkampf | C. Schenk (GDR) |

**DAMEN**

| Disziplin | Olympiasieger |
|---|---|
| 100 m | F Griffith-Joyner (USA) |
| 200 m | F. Griffith-Joyner (USA) |
| 400 m | O. Brysgina (URS) |
| 800 m | S. Wodars (GDR) |

| Disziplin | Olympiasieger |
|---|---|
| 1500 m | P. Ivan (ROM) |
| 3000 m | T. Samoilenko (URS) |
| 10000 m | O. Bondarenko (URS) |
| Marathon | R. Mota (POR) |
| 100 m Hürden | J. Donkova (BUL) |
| 400 m Hürden | D. Flintoff (AUS) |
| 4 x 100 m | USA |
| 4 x 400 m | UdSSR |
| Weitsprung | J. Joyner-Kersee (USA) |
| Hochsprung | L. Ritter (USA) |
| Diskuswerfen | M. Hellmann (GDR) |
| Kugelstoßen | N. Lissowskaja (URS) |
| Speerwerfen | P. Felke (GDR) |
| Siebenkampf | J. Joyner-Kersee (USA) |

\* Goldmedaillengewinner Ben Johnson (CAN) wegen Dopings disqualifiziert

### Schwimmen

**HERREN**

| Disziplin | Olympiasieger |
|---|---|
| 50 m Freistil | M. Biondi (USA) |
| 100 m Freistil | M. Biondi (USA) |
| 200 m Freistil | D. Armstrong (AUS) |
| 400 m Freistil | U. Dassler (GDR) |
| 1500 m Freistil | W. Salnikow (URS) |
| 100 m Rücken | D. Suzuki (JPN) |
| 200 m Rücken | I. Poljanski (URS) |
| 100 m Brust | A. Moorhouse (GBR) |
| 200 m Brust | J. Szabo (HUN) |
| 100 m Schmetterling | A. Nesty (SUR) |
| 200 m Schmetterling | M. Groß (FRG) |
| 200 m Lagen | T. Darnyi (HUN) |
| 400 m Lagen | T. Darnyi (HUN) |
| 4 x 100 m Freistil | USA |
| 4 x 200 m Freistil | USA |
| 4 x 100 m Lagen | USA |
| Kunstspringen | G. Louganis (USA) |
| Turmspringen | G. Louganis (USA) |

**DAMEN**

| Disziplin | Olympiasieger |
|---|---|
| 50 m Freistil | K. Otto (GDR) |
| 100 m Freistil | K. Otto (GDR) |
| 200 m Freistil | H. Friedrich (GDR) |
| 400 m Freistil | J. Evans (USA) |
| 800 m Freistil | J. Evans (USA) |
| 100 m Rücken | K. Otto (GDR) |
| 200 m Rücken | K. Egerszegi (HUN) |
| 100 m Brust | T. Dangalovska (BUL) |
| 200 m Brust | S. Hörner (GDR) |
| 100 m Schmetterling | K. Otto (GDR) |
| 200 m Schmetterling | K. Nord (GDR) |
| 200 m Lagen | D. Hunger (GDR) |
| 400 m Lagen | J. Evans (USA) |
| 4 x 100 m Freistil | DDR |
| 4 x 100 m Lagen | DDR |
| Kunstspringen | Min Gao (CHN) |
| Turmspringen | Xu Yanmei (CHN) |

| Disziplin | Olympiasieger |
|---|---|
| Synchronschwimmen, Einzel | C. Waldo (CAN) |
| Synchronschwimmen, Duo | USA |
| **Boxen** | |
| Halbfliegengewicht (bis 48 kg) | I. Marinov (BUL) |
| Fliegengewicht (bis 51 kg) | Kim Kwang-Sun (KOR) |
| Bantamgewicht (bis 54 kg) | K. McKinney (USA) |
| Federgewicht (bis 57 kg) | G. Parisi (ITA) |
| Leichtgewicht (bis 60 kg) | A. Zülow (GDR) |
| Halbweltergew. (bis 63,5 kg) | W. Janowski (URS) |
| Weltergewicht (bis 67 kg) | R. Wangila (KEN) |
| Halbmittelgewicht (bis 71 kg) | Park Si-Hun (KOR) |
| Mittelgewicht (bis 75 kg) | H. Maske (GDR) |
| Halbschwergew. (bis 81 kg) | A. Maynard (USA) |
| Schwergewicht (bis 91 kg) | R. Mercer (USA) |
| Superschwergew. (über 91 kg) | L. Lewis (CAN) |
| **Gewichtheben** | |
| Fliegengewicht (bis 52 kg) | S. Marinov (BUL) |
| Bantamgewicht (bis 56 kg) | O. Mirsojan (URS) |
| Federgewicht (bis 60 kg) | N. Süleimanoglu (TUR) |
| Leichtgewicht (bis 67,5 kg) | J. Kunz (GDR) |
| Mittelgewicht (bis 75 kg) | B. Gidikov (BUL) |
| Leichtschwergew. (bis 82,5 kg) | I. Arsamakow (URS) |
| Mittelschwergew. (bis 90 kg) | A. Chrapaty (URS) |
| 1. Schwergewicht (bis 100 kg) | P. Kusnetzow (URS) |
| 2. Schwergewicht (bis 110 kg) | J. Zacharewitsch (URS) |
| Superschwergew. (über 110 kg) | A. Kurlowitsch (URS) |
| **Ringen, griechisch–römisch** | |
| Papiergewicht (bis 48 kg) | V. Maenza (ITA) |
| Fliegengewicht (bis 52 kg) | J. Rönningen (NOR) |
| Bantamgewicht (bis 57 kg) | A. Sike (HUN) |
| Federgewicht (bis 62 kg) | K. Madschidow (URS) |
| Leichtgewicht (bis 68 kg) | L. Dschulfalakian (URS) |
| Weltergewicht (bis 74 kg) | Yung-Nam Kim (KOR) |
| Mittelgewicht (bis 82 kg) | M. Mamiaschwili (URS) |
| Halbschwergew. (bis 90 kg) | A. Komtschev (BUL) |
| Schwergewicht (bis 100 kg) | A. Wronski (POL) |
| Superschwergew. (bis 130 kg) | A. Karelin (URS) |
| **Ringen, Freistil** | |
| Papiergewicht (bis 48 kg) | T. Kobayashi (JPN) |
| Fliegengewicht (bis 52 kg) | M. Sato (JPN) |
| Bantamgewicht (bis 57 kg) | S. Beloglasow (URS) |
| Federgewicht (bis 62 kg) | J. Smith (USA) |
| Leichtgewicht (bis 68 kg) | A. Fadschajew (URS) |
| Weltergewicht (bis 74 kg) | K. Monday (USA) |
| Mittelgewicht (bis 82 kg) | Han-Myung Wo (KOR) |
| Halbschwergew. (bis 90 kg) | M. Hadartschew (URS) |
| Schwergewicht (bis 100 kg) | V. Puscasu (ROM) |
| Superschwergew. (bis 130 kg) | D. Gobedischwili (URS) |
| **Judo** | |
| Superleichtgew. (bis 60 kg) | Kim Yae-Jup (KOR) |
| Halbleichtgew. (bis 65 kg) | Kyung Keun (KOR) |
| Leichtgewicht (bis 71 kg) | M. Alexandre (FRA) |

| Disziplin | Olympiasieger |
|---|---|
| Halbmittelgew. (bis 78 kg) | W. Legien (POL) |
| Mittelgewicht (bis 86 kg) | P. Seisenbacher (AUT) |
| Halbschwergew. (bis 90 kg) | A. Miquel (BRA) |
| Schwergewicht (über 90 kg) | H. Saito (JPN) |
| **Fechten** | |
| **HERREN** | |
| Florett-Einzel | S. Cerioni (ITA) |
| Florett-Mannschaft | UdSSR |
| Säbel-Einzel | J. F. Lamour (FRA) |
| Säbel-Mannschaft | Ungarn |
| Degen-Einzel | A. Schmitt (FRG) |
| Degen-Mannschaft | Frankreich |
| **DAMEN** | |
| Florett-Einzel | A. Fichtel-Mauriz (FRG) |
| Florett-Mannschaft | BR Deutschland |
| **Moderner Fünfkampf** | |
| Einzel | J. Martinek (HUN) |
| Mannschaft | Ungarn |
| **Kanu** | |
| **HERREN** | |
| 500 m K1 | Z. Gyulay (HUN) |
| 500 m K2 | Neuseeland |
| 500 m C1 | O. Heukrodt (GDR) |
| 500 m C2 | UdSSR |
| 1000 m K1 | G. Barton (USA) |
| 1000 m K2 | USA |
| 1000 m K4 | Ungarn |
| 1000 m C1 | I. Klementjew (URS) |
| 1000 m C2 | UdSSR |
| **DAMEN** | |
| 500 m K1 | V. Gescheva (BUL) |
| 500 m K2 | DDR |
| 500 m K4 | DDR |
| **Rudern** | |
| **HERREN** | |
| Einer | T. Lange (GDR) |
| Doppelzweier | Niederlande |
| Zweier ohne Steuermann | Großbritannien |
| Zweier mit Steuermann | Italien |
| Doppelvierer | Italien |
| Vierer ohne Steuermann | DDR |
| Vierer mit Steuermann | DDR |
| Achter | BR Deutschland |
| **DAMEN** | |
| Einer | J. Behrendt (GDR) |
| Doppelzweier | DDR |
| Zweier ohne Steuerfrau | Rumänien |
| Doppelvierer | DDR |
| Vierer mit Steuerfrau | DDR |
| Achter | DDR |

# Olympische Sommerspiele

| Disziplin | Olympiasieger |
|---|---|
| **Segeln/Surfen** | |
| Finn-Dingi | L. Doreste (ESP) |
| Flying Dutchman | Dänemark |
| Starboot | Großbritannien |
| Tornado | Frankreich |
| Soling | DDR |
| 470-er, Herren | Frankreich |
| 470-er, Damen | USA |
| Surfen | B. Kendall (NZL) |
| | |
| **Radsport** | |
| HERREN | |
| Straßenrennen, Einzel | O. Ludwig (GDR) |
| 100 km Mannschaft | DDR |
| 1000 m Zeitfahren | L. Hesslich (GDR) |
| Sprint | A. Kiritschenko (URS) |
| 4000 m Einzelverfolgung | G. Umaras (URS) |
| 4000 m Mannschaftsverfolgung | UdSSR |
| Punktefahren | D. Frost (DEN) |
| | |
| DAMEN | |
| Straßenrennen | M. Knol (NED) |
| Sprint | E. Salumä (URS) |
| | |
| **Pferdesport** | |
| Dressur, Einzel | N. Uphoff (FRG) |
| Dressur, Mannschaft | BR Deutschland |
| Springreiten, Einzel | P. Durand (FRA) |
| Springreiten, Mannschaft | BR Deutschland |
| Military, Einzel | M. Todd (NZL) |
| Military, Mannschaft | BR Deutschland |
| | |
| **Sportschießen** | |
| HERREN | |
| Freie Pistole | S. Babii (ROM) |
| Schnellfeuerpistole | A. Kusmin (URS) |
| Kleinkaliber liegend | M. Varga (TCH) |
| Kleinkaliber drei Stellungen | M. Cooper (GBR) |
| Luftpistole | T. Kiriakov (BUL) |
| Wurftauben (Trap) | D. Monakow (URS) |
| Wurftauben (Skeet) | A. Wegner (GDR) |
| Laufende Scheibe | T. Heiestad (NOR) |
| Luftgewehr | G. Maksimovic (YUG) |
| | |
| DAMEN | |
| Sportpistole | N. Salukwadse (URS) |
| Luftpistole | J. Sekaric (YUG) |
| Dreistellungskampf | S. Sperber (FRG) |
| Luftgewehr | I. Schilowa (URS) |
| | |
| **Bogenschießen** | |
| HERREN | |
| Einzel | J. Barrs (USA) |
| Mannschaft | Süd-Korea |
| | |
| DAMEN | |
| Einzel | Soon-Seo Hyang (KOR) |

| Disziplin | Olympiasieger |
|---|---|
| Mannschaft | Süd-Korea |
| | |
| **Turnen** | |
| HERREN | |
| Mehrkampf, Einzel | W. Artemow (URS) |
| Mehrkampf, Mannschaft | UdSSR |
| Barren | W. Artemow (URS) |
| Boden | S. Tscharkow (URS) |
| Pferdsprung | Lou Yun (CHN) |
| Reck | W. Artemow (URS)/ |
| | W. Ljukin (URS) |
| Ringe | H. Behrendt (GDR)/ |
| | D. Bilosertschew (URS) |
| Seitpferd | L. Gerasov (BUL)/ |
| | Z. Borkai (HUN)/ |
| | D. Bilosertschew (URS) |
| | |
| DAMEN | |
| Mehrkampf, Einzel | J. Schuschunowa (URS) |
| Mehrkampf, Mannschaft | UdSSR |
| Boden | D. Silivas (ROM) |
| Pferdsprung | S. Boginskaja (URS) |
| Schwebebalken | D. Silivas (ROM) |
| Stufenbarren | D. Silivas (ROM) |
| | |
| **Rhythmische Sportgymnastik** | |
| Mehrkampf | M. Lobatsch (URS) |
| | |
| **Tennis** | |
| HERREN | |
| Einzel | M. Mecir (TCH) |
| Doppel | K. Flach/ |
| | R. Seguso (USA) |
| | |
| DAMEN | |
| Einzel | S. Graf (FRG) |
| Doppel | P. Shriver/ |
| | Z. Garrison (USA) |
| | |
| **Tischtennis** | |
| HERREN | |
| Einzel | Yoo Nam Kyu (KOR) |
| Doppel | China |
| | |
| DAMEN | |
| Einzel | Jing Chen (CHN) |
| Doppel | Süd-Korea |
| | |
| **Fußball** | UdSSR |
| | |
| **Basketball** | |
| Herren | UdSSR |
| Damen | USA |
| | |
| **Hockey** | |
| Herren | Großbritannien |
| Damen | Australien |

| Disziplin | Olympiasieger |
|---|---|
| **Handball** | |
| Herren | UdSSR |
| Damen | Süd-Korea |
| | |
| **Volleyball** | |
| Herren | USA |
| Damen | UdSSR |
| | |
| **Wasserball** | Jugoslawien |

| **1992, Barcelona** | |
|---|---|
| **Leichtathletik** | |
| HERREN | |
| 100 m | L. Christie (GBR) |
| 200 m | M. Marsh (USA) |
| 400 m | Q. Watts (USA) |
| 800 m | W. Tanui (KEN) |
| 1500 m | F. Cacho (ESP) |
| 5000 m | D. Baumann (GER) |
| 10000 m | K. Skah (MAR) |
| Marathon | Young-Cho Hwang (KOR) |
| 110 m Hürden | M. McKoy (CAN) |
| 400 m Hürden | K. Young (USA) |
| 3000 m Hindernis | M. Birir (KEN) |
| 4 x 100 m | USA |
| 4 x 400 m | USA |
| 20 km Gehen | D. Plaza (ESP) |
| 50 km Gehen | A. Perlow (EUN) |
| Hochsprung | J. Sotomayor (CUB) |
| Stabhochsprung | M. Tarassow (EUN) |
| Weitsprung | C. Lewis (USA) |
| Dreisprung | M. Conley (USA) |
| Kugelstoßen | M. Stulce (USA) |
| Diskuswerfen | R. Ubartas (LTU) |
| Speerwerfen | J. Zelezny (TCH) |
| Hammerwerfen | A. Abduwaljew (EUN) |
| Zehnkampf | R. Zmelik (TCH) |
| | |
| DAMEN | |
| 100 m | G. Devers (USA) |
| 200 m | G. Torrence (USA) |
| 400 m | M.-J. Perec (FRA) |
| 800 m | E. van Langen (NED) |
| 1500 m | H. Boulmerka (ALG) |
| 3000 m | J. Romanowa (EUN) |
| 10000 m | D. Tulu (ETH) |
| Marathon | W. Jegorowa (EUN) |
| 100 m Hürden | P. Patoulidou (GRE) |
| 400 m Hürden | S. Gunnell (GBR) |
| 4 x 100 m | USA |
| 4 x 400 m | GUS |
| 10 km Gehen | Yueling Tschen (CHN) |
| Hochsprung | H. Henkel (GER) |
| Weitsprung | H. Drechsler (GER) |
| Kugelstoßen | S. Kriwalewa (EUN) |
| Diskuswerfen | M. Marten (CUB) |

| Disziplin | Olympiasieger |
|---|---|
| Speerwerfen | S. Renk (GER) |
| Siebenkampf | J. Joyner-Kersee (USA) |
| | |
| **Schwimmen** | |
| HERREN | |
| 50 m Freistil | A. Popow (EUN) |
| 100 m Freistil | A. Popow (EUN) |
| 200 m Freistil | J. Sadowij (EUN) |
| 400 m Freistil | J. Sadowij (EUN) |
| 1500 m Freistil | K. Perkins (AUS) |
| 100 m Rücken | M. Tewksbury (CAN) |
| 200 m Rücken | M. Lopez-Zubero (ESP) |
| 100 m Brust | N. Diebel (USA) |
| 200 m Brust | M. Barrowman (USA) |
| 100 m Schmetterling | P. Morales (USA) |
| 200 m Schmetterling | M. Stewart (USA) |
| 200 m Lagen | T. Darnyi (HUN) |
| 400 m Lagen | T. Darnyi (HUN) |
| 4 x 100 m Freistil | USA |
| 4 x 200 m Freistil | GUS |
| 4 x 100 m Lagen | USA |
| Kunstspringen | M. Lenzi (USA) |
| Turmspringen | Schuwei Sun (CHN) |
| | |
| DAMEN | |
| 50 m Freistil | Yang Wenji (CHN) |
| 100 m Freistil | Jong Zhuang (CHN) |
| 200 m Freistil | N. Haislett (USA) |
| 400 m Freistil | D. Hase (GER) |
| 800 m Freistil | J. Evans (USA) |
| 100 m Rücken | K. Egerszegi (HUN) |
| 200 m Rücken | K. Egerszegi (HUN) |
| 100 m Brust | E. Rudowskaja (EUN) |
| 200 m Brust | K. Iwasaki (JPN) |
| 100 m Schmetterling | Hong Quian (CHN) |
| 200 m Schmetterling | S. Sanders (USA) |
| 200 m Lagen | Li Lin (CHN) |
| 400 m Lagen | K. Egerszegi (HUN) |
| 4 x 100 m Freistil | USA |
| 4 x 100 m Lagen | USA |
| Kunstspringen | Min Gao (CHN) |
| Turmspringen | Mingxia Fu (CHN) |
| Synchronschwimmen, Einzel | K. Babb-Sprague (USA) |
| Synchronschwimmen, Duo | USA |
| | |
| **Boxen** | |
| Halbfliegengewicht (bis 48 kg) | R. Marcelo Garcia (CUB) |
| Fliegengewicht (bis 51 kg) | Chol Su Choi (PRK) |
| Bantamgewicht (bis 54 kg) | J. Casamayor (CUB) |
| Federgewicht (bis 57 kg) | A. Tews (GER) |
| Leichtgewicht (bis 60 kg) | O. de la Hoya (USA) |
| Halbweltergew. (bis 63,5 kg) | H. Vinent (CUB) |
| Weltergewicht (bis 67 kg) | M. Carruth (IRL) |
| Halbmittelgew. (bis 71 kg) | J. C. Lemus (CUB) |
| Mittelgewicht (bis 75 kg) | A. Hernandez (CUB) |
| Halbschwergew. (bis 81 kg) | T. May (GER) |
| Schwergewicht (bis 91 kg) | F. Savon (CUB) |

# Olympische Sommerspiele

| Disziplin | Olympiasieger |
|---|---|
| Superschwergew. (über 91 kg) | R. Balado (CUB) |
| **Gewichtheben** | |
| Fliegengewicht (bis 52 kg) | I. Ivanov (BUL) |
| Bantamgewicht (bis 56 kg) | Byung-Chung Kwan (KOR) |
| Federgewicht (bis 60 kg) | N. Süleimanoglu (TUR) |
| Leichtgewicht (bis 67,5 kg) | I. Militosian (EUN) |
| Mittelgewicht (bis 75 kg) | F. Kassapu (EUN) |
| Leichtschwergew. (bis 82,5 kg) | P. Dimas (GRE) |
| Mittelschwergew. (bis 90 kg) | K. Kakiaschwili (EUN) |
| 1. Schwergewicht (bis 100 kg) | W. Tregubow (EUN) |
| 2. Schwergewicht (bis 110 kg) | R. Weller (GER) |
| Superschwergew. (über 110 kg) | A. Kurlowitsch (EUN) |
| **Ringen, griechisch-römisch** | |
| Papiergewicht (bis 48 kg) | O. Kutscherenko (EUN) |
| Fliegengewicht (bis 52 kg) | J. Rönningen (NOR) |
| Bantamgewicht (bis 57 kg) | Han-Bong An (KOR) |
| Federgewicht (bis 62 kg) | A. Pirim (TUR) |
| Leichtgewicht (bis 68 kg) | A. Repka (HUN) |
| Weltergewicht (bis 74 kg) | M. Iskandarian (EUN) |
| Mittelgewicht (bis 82 kg) | P. Farkas (HUN) |
| Halbschwergew. (bis 90 kg) | M. Bullmann (GER) |
| Schwergewicht (bis 100 kg) | H. Milian (CUB) |
| Superschwergew. (bis 130 kg) | A. Karelin (EUN) |
| **Ringen, Freistil** | |
| Halbfliegengew. (bis 48 kg) | Kim II (PRK) |
| Fliegengewicht (bis 52 kg) | Hak-Son Li (PRK) |
| Bantamgewicht (bis 57 kg) | A. Puertos (CUB) |
| Federgewicht (bis 62 kg) | J. Smith (USA) |
| Leichtgewicht (bis 68 kg) | A. Fadschajew (EUN) |
| Weltergewicht (bis 74 kg) | Jang-Soon Park (KOR) |
| Mittelgewicht (bis 82 kg) | K. Jackson (USA) |
| Halbschwergew. (bis 90 kg) | M. Hadartschew (EUN) |
| Schwergewicht (bis 100 kg) | L. Habelow (EUN) |
| Superschwergew. (bis 130 kg) | B. Baumgartner (USA) |
| **Judo** | |
| HERREN | |
| Superleichtgewicht (bis 60 kg) | N. Gusseinow (EUN) |
| Halbleichtgewicht (bis 65 kg) | R. Sampaio (BRA) |
| Leichtgewicht (bis 71 kg) | T. Koga (JPN) |
| Halbmittelgew. (bis 78 kg) | H. Yoshida (JPN) |
| Mittelgewicht (bis 86 kg) | W. Legien (POL) |
| Halbschwergew. (bis 95 kg) | A. Kovacs (HUN) |
| Schwergewicht (über 95 kg) | D. Schaschaleschwili (EUN) |
| DAMEN | |
| Superleichtgewicht (bis 48 kg) | C. Nowak (FRA) |
| Halbleichtgewicht (bis 52 kg) | A. Munoz (ESP) |
| Leichtgewicht (bis 56 kg) | M. Blasco (ESP) |
| Halbmittelgewicht (bis 61 kg) | C. Fleury (FRA) |
| Mittelgewicht (bis 66 kg) | O. Reve (CUB) |
| Halbschwergew. (bis 72 kg) | Mi Jung Kim (KOR) |
| Schwergewicht (über 72 kg) | Xiaoyan Zhuang (CHN) |

| Disziplin | Olympiasieger |
|---|---|
| **Fechten** | |
| HERREN | |
| Florett-Einzel | P. Omnes (FRA) |
| Florett-Mannschaft | Deutschland |
| Säbel-Einzel | B. Szabo (HUN) |
| Säbel-Mannschaft | GUS |
| Degen-Einzel | E. Srecki (FRA) |
| Degen-Mannschaft | Deutschland |
| DAMEN | |
| Florett-Einzel | G. Trillini (ITA) |
| Florett-Mannschaft | Italien |
| **Moderner Fünfkampf** | |
| Einzel | A. Skrzypaszek (POL) |
| Mannschaft | Polen |
| **Kanu** | |
| HERREN | |
| 500 m K1 | M. Kolehmainen (FIN) |
| 500 m K2 | Deutschland |
| 500 m C1 | N. Buchalow (BUL) |
| 500 m C2 | GUS |
| 1000 m K1 | C. Robinson (AUS) |
| 1000 m K2 | Deutschland |
| 1000 m K4 | Deutschland |
| 1000 m C1 | N. Buchalow (BUL) |
| 1000 m C2 | Deutschland |
| Kanuslalom K1 | P. Ferrazzi (ITA) |
| Kanuslalom C1 | L. Pollert (TCH) |
| Kanuslalom C2 | USA |
| DAMEN | |
| 500 m K1 | B. Schmidt (GER) |
| 500 m K2 | Deutschland |
| 500 m K4 | Ungarn |
| Kanuslalom K1 | E. Micheler (GER) |
| **Rudern** | |
| HERREN | |
| Einer | T. Lange (GER) |
| Doppelzweier | Australien |
| Zweier ohne Steuermann | Großbritannien |
| Zweier mit Steuermann | Großbritannien |
| Doppelvierer | Deutschland |
| Vierer ohne Steuermann | Australien |
| Vierer mit Steuermann | Rumänien |
| Achter | Kanada |
| DAMEN | |
| Einer | E. Lipa (ROM) |
| Doppelzweier | Deutschland |
| Zweier ohne Steuerfrau | Kanada |
| Doppelvierer | Deutschland |
| Vierer ohne Steuerfrau | Kanada |
| Achter | Kanada |

| Disziplin | Olympiasieger |
|---|---|
| **Segeln/Surfen** | |
| HERREN | |
| Finn-Dingi | J. van der Ploeg (ESP) |
| Star | USA |
| Flying Dutchman | Spanien |
| Tornado | Frankreich |
| 470-er | Spanien |
| Soling | Dänemark |
| Lechner A-390 | F. David (FRA) |
| | |
| DAMEN | |
| 470-er | Spanien |
| Europa-Klasse | L. Andersen (NOR) |
| Lechner A-390 | B. Kendall (NZL) |
| | |
| **Radsport** | |
| HERREN | |
| Straßenrennen | F. Casartelli (ITA) |
| 100 km, Mannschaft | Deutschland |
| Sprint | J. Fiedler (GER) |
| 1000 m Zeitfahren | J. Moreno (ESP) |
| 4000 m Einzelverfolgung | C. Boardman (GBR) |
| 4000 m Mannschaftsverfolgung | Deutschland |
| Punktefahren | G. Lombardi (ITA) |
| | |
| DAMEN | |
| Straßenrennen | K. Watt (AUS) |
| Sprint | E. Salumä (EST) |
| 3000 m Einzelverfolgung | P. Roßner (GER) |
| | |
| **Pferdesport** | |
| Military, Einzel | M. Ryan (AUS) |
| Military, Mannschaft | Australien |
| Dressur, Einzel | N. Uphoff (GER) |
| Dressur, Mannschaft | Deutschland |
| Springreiten, Einzel | L. Beerbaum (GER) |
| Springreiten, Mannschaft | Niederlande |
| | |
| **Sportschießen** | |
| HERREN | |
| Kleinkaliber (KK) liegend | Eun-Chul Lee (KOR) |
| Kleinkaliber drei Stellungen | G. Petikian (EUN) |
| Schnellfeuerpistole | R. Schumann (GER) |
| Freie Pistole | K. Lukaschik (EUN) |
| Laufende Scheibe | M. Jakosits (GER) |
| Luftpistole | Yifu Wang (CHN) |
| Wurftaube (Skeet) | Shan Zhang (CHN) |
| Wurftaube (Trap) | P. Hrdlicka (TCH) |
| Luftgewehr | J. Fedkin (EUN) |
| | |
| DAMEN | |
| Kombinationspistole | M. Logwinenko (EUN) |
| KK-Standardgewehr | L. Meili (USA) |
| Luftgewehr | Yeo Kab-Soon (KOR) |
| Luftpistole | M. Logwinenko (EUN) |

| Disziplin | Olympiasieger |
|---|---|
| **Bogenschießen** | |
| HERREN | |
| Einzel | S. Flute (FRA) |
| Mannschaft | Spanien |
| | |
| DAMEN | |
| Einzel | Youn-Jeong Cho (KOR) |
| Mannschaft | Süd-Korea |
| | |
| **Turnen** | |
| HERREN | |
| Mehrkampf, Einzel | W. Scherbo (EUN) |
| Mehrkampf, Mannschaft | GUS |
| Barren | W. Scherbo (EUN) |
| Boden | Li Xiaoshuang (CHN) |
| Pferdsprung | W. Scherbo (EUN) |
| Reck | T. Dimas (USA) |
| Ringe | W. Scherbo (EUN) |
| Seitpferd | W. Scherbo (EUN)/ |
| | Pae Gil Su (PRK) |
| | |
| DAMEN | |
| Mehrkampf, Einzel | T. Gutsu (EUN) |
| Mehrkampf, Mannschaft | GUS |
| Boden | L. Milosovici (ROM) |
| Pferdsprung | H. Onodi (HUN)/ |
| | L. Milosovici (ROM) |
| Schwebebalken | T. Lyssenko (EUN) |
| Stufenbarren | Luo Li (CHN) |
| | |
| **Rhythmische Sportgymnastik** | |
| Mehrkampf | A. Timoschenko (EUN) |
| | |
| **Tennis** | |
| HERREN | |
| Einzel | M. Rosset (SUI) |
| Doppel | B. Becker/M. Stich (GER) |
| | |
| DAMEN | |
| Einzel | J. Capriati (USA) |
| Doppel | G. Fernandez/ |
| | M. J. Fernandez (USA) |
| | |
| **Tischtennis** | |
| HERREN | |
| Einzel | J.-O. Waldner (SWE) |
| Doppel | China |
| | |
| DAMEN | |
| Einzel | Yaping Deng (CHN) |
| Doppel | China |
| | |
| **Badminton** | |
| HERREN | |
| Einzel | A. Budi Kusuma (INA) |
| Doppel | Süd-Korea |

# Olympische Sommerspiele

| Disziplin | Olympiasieger |
|---|---|
| **DAMEN** | |
| Einzel | S. Susanti (INA) |
| Doppel | Süd-Korea |
| | |
| **Fußball** | Spanien |
| | |
| **Basketball** | |
| Herren | USA |
| Damen | GUS |
| | |
| **Baseball** | Kuba |
| | |
| **Hockey** | |
| Herren | Deutschland |
| Damen | Spanien |
| | |
| **Handball** | |
| Herren | GUS |
| Damen | Süd-Korea |
| | |
| **Volleyball** | |
| Herren | Brasilien |
| Damen | Kuba |
| | |
| **Wasserball** | Italien |

| Disziplin | Olympiasieger |
|---|---|
| **1996, Atlanta** | |
| **Leichtathletik** | |
| **HERREN** | |
| 100 m | D. Bailey (CAN) |
| 200 m | M. Johnson (USA) |
| 400 m | M. Johnson (USA) |
| 800 m | V. Rodal (NOR) |
| 1500 m | N. Morceli (ALG) |
| 5000 m | V. Niyongabo (BDI) |
| 10000 m | H. Gebrselassie (ETH) |
| 110 m Hürden | A. Johnson (USA) |
| 400 m Hürden | D. Adkins (USA) |
| 3000 m Hindernis | J. Keter (KEN) |
| 4 x 100 m | Kanada |
| 4 x 400 m | USA |
| 20 km Gehen | J. Perez (ECU) |
| 50 km Gehen | R. Korzeniowski (POL) |
| Marathon | J. Thugwane (RSA) |
| Hochsprung | C. Austin (USA) |
| Weitsprung | C. Lewis (USA) |
| Dreisprung | K. Harrison (USA) |
| Stabhochsprung | J. Galfione (FRA) |
| Speerwerfen | J. Zelezny (CZE) |
| Kugelstoßen | R. Barnes (USA) |
| Diskuswerfen | L. Riedel (GER) |
| Hammerwerfen | B. Kiss (HUN) |
| Zehnkampf | D. O'Brian (USA) |
| | |
| **DAMEN** | |
| 100 m | G. Devers (USA) |

| Disziplin | Olympiasieger |
|---|---|
| 200 m | M.-J. Perec (FRA) |
| 400 m | M.-J. Perec (FRA) |
| 800 m | S. Masterkowa (RUS) |
| 1500 m | S. Masterkowa (RUS) |
| 5000 m | Junxia Wang (CHN) |
| 10000 m | F. Ribeiro (POR) |
| 100 m Hürden | L. Enquist (SWE) |
| 400 m Hürden | D. Hemmings (JAM) |
| 4 x 100 m | USA |
| 4 x 400 m | USA |
| 10 km Gehen | J. Nikolajewa (RUS) |
| Marathon | F. Roba (ETH) |
| Hochsprung | S. Kostadinova (BUL) |
| Weitsprung | C. Ajunwa (NGR) |
| Dreisprung | I. Krawets (UKR) |
| Speerwerfen | H. Rautanen (FIN) |
| Kugelstoßen | A. Kumbernuss (GER) |
| Diskuswerfen | I. Wyludda (GER) |
| Siebenkampf | G. Shoua (SYR) |
| | |
| **Schwimmen** | |
| **HERREN** | |
| 50 m Freistil | A. Popow (RUS) |
| 100 m Freistil | A. Popow (RUS) |
| 200 m Freistil | D. Loader (NZL) |
| 400 m Freistil | D. Loader (NZL) |
| 1500 m Freistil | K. Perkins (AUS) |
| 100 m Rücken | J. Rouse (USA) |
| 200 m Rücken | B. Bridgewater (USA) |
| 100 m Brust | F. Deburghgraeve (BEL) |
| 200 m Brust | N. Rozsa (HUN) |
| 100 m Schmetterling | D. Pankratow (RUS) |
| 200 m Schmetterling | D. Pankratow (RUS) |
| 200 m Lagen | A. Czene (HUN) |
| 400 m Lagen | T. Dolan (USA) |
| 4 x 100 m Freistil | USA |
| 4 x 200 m Freistil | USA |
| 4 x 100 m Lagen | USA |
| Kunstspringen | Xiong Ni (CHN) |
| Turmspringen | D. Sautin (RUS) |
| | |
| **DAMEN** | |
| 50 m Freistil | A. van Dyken (USA) |
| 100 m Freistil | Jingyi Le (CHN) |
| 200 m Freistil | C. Poll (CRC) |
| 400 m Freistil | M. Smith (IRL) |
| 800 m Freistil | B. Bennet (USA) |
| 100 m Rücken | B. Botsford (USA) |
| 200 m Rücken | K. Egerszegi (HUN) |
| 100 m Brust | P. Heyns (RSA) |
| 200 m Brust | P. Heyns (RSA) |
| 100 m Schmetterling | A. van Dyken (USA) |
| 200 m Schmetterling | S. O'Neil (AUS) |
| 200 m Lagen | M. Smith (IRL) |
| 400 m Lagen | M. Smith (IRL) |
| 4 x 100 m Freistil | USA |
| 4 x 200 m Freistil | USA |

| Disziplin | Olympiasieger |
|---|---|
| 4 x 100 m Lagen | USA |
| Kunstspringen | Mingxia Fu (CHN) |
| Turmspringen | Mingxia Fu (CHN) |
| Synchronschwimmen, Gruppe | USA |
| **Boxen** | |
| Halbfliegengewicht (bis 48 kg) | D. Petrov (BUL) |
| Fliegengewicht (bis 51 kg) | M. Romero (CUB) |
| Bantamgewicht (bis 54 kg) | I. Kovacs (HUN) |
| Federgewicht (bis 57 kg) | S. Kamsing (THA) |
| Leichtgewicht (bis 60 kg) | H. Soltani (ALG) |
| Halbweltergew. (bis 63,5 kg) | H. Vinent (CUB) |
| Weltergewicht (bis 67 kg) | O. Saitow (RUS) |
| Halbmittelgewicht (bis 71 kg) | D. Reid (USA) |
| Mittelgewicht (bis 75 kg) | A. Hernandez (CUB) |
| Halbschwergewicht (bis 81 kg) | W. Schirow (RUS) |
| Schwergewicht (bis 91 kg) | F. Savon (CUB) |
| Superschwergew. (über 91 kg) | W. Klitschko (UKR) |
| **Gewichtheben** | |
| Fliegengewicht (bis 54 kg) | H. Mutlu (TUR) |
| Bantamgewicht (bis 59 kg) | N. Tang (CHN) |
| Federgewicht (bis 64 kg) | N. Süleimanoglu (TUR) |
| Leichtgewicht (bis 70 kg) | Zhang Xugang (CHN) |
| Mittelgewicht (bis 76 kg) | P. Lara (CUB) |
| Leichtschwergew. (bis 83 kg) | P. Dimas (GRE) |
| Mittelschwergew. (bis 91 kg) | A. Petrow (RUS) |
| 1. Schwergewicht (bis 99 kg) | A. Kakiaschvilis (GRE) |
| 2. Schwergewicht (bis 108 kg) | T. Taimazow (UKR) |
| Superschwergew. (über 108 kg) | A. Tschemerkin (RUS) |
| **Ringen, griechisch-römisch** | |
| Halbfliegengewicht (bis 48 kg) | Kwon-Ho Sim (KOR) |
| Fliegengewicht (bis 52 kg) | A. Nasarian (ARM) |
| Bantamgewicht (bis 57 kg) | J. Melnitschenko (KAZ) |
| Federgewicht (bis 62 kg) | W. Zawadski (POL) |
| Leichtgewicht (bis 68 kg) | R. Wolny (POL) |
| Weltergewicht (bis 74 kg) | F. Ascuy (CUB) |
| Mittelgewicht (bis 82 kg) | H. Yerlikaya (TUR) |
| Halbschwergew. (bis 90 kg) | W. Oleynik (UKR) |
| Schwergewicht (bis 100 kg) | A. Wronski (POL) |
| Superschwergew. (bis 130 kg) | A. Karelin (RUS) |
| **Ringen, Freistil** | |
| Halbfliegengewicht (bis 48 kg) | Kim Il (PRK) |
| Fliegengewicht (bis 52 kg) | V. Jordanov (BUL) |
| Bantamgewicht (bis 57 kg) | K. Cross (USA) |
| Federgewicht (bis 62 kg) | T. Brands (USA) |
| Leichtgewicht (bis 68 kg) | W. Bogiew (RUS) |
| Weltergewicht (bis 74 kg) | B. Saitiew (RUS) |
| Mittelgewicht (bis 82 kg) | H. Magomedow (RUS) |
| Halbschwergew. (bis 90 kg) | R. Khadem (IRI) |
| Schwergewicht (bis 100 kg) | K. Angle (USA) |
| Superschwergew. (bis 130 kg) | M. Demir (TUR) |

| Disziplin | Olympiasieger |
|---|---|
| **Judo** | |
| **HERREN** | |
| Superleichtgewicht (bis 60 kg) | T. Nomura (JPN) |
| Halbleichtgewicht (bis 65 kg) | U. Quellmalz (GER) |
| Leichtgewicht (bis 71 kg) | K. Nakamura (JPN) |
| Halbmittelgewicht (bis 78 kg) | D. Bouras (FRA) |
| Mittelgewicht (bis 86 kg) | Ki-Jung Jeon (KOR) |
| Halbschwergew. (bis 95 kg) | P. Nastula (POL) |
| Schwergewicht (über 95 kg) | D. Douillet (FRA) |
| **DAMEN** | |
| Superleichtgewicht (bis 48 kg) | Kye Sun (KOR) |
| Halbleichtgewicht (bis 52 kg) | M.-C. Restoux (FRA) |
| Leichtgewicht (bis 56 kg) | D. Gonzales (CUB) |
| Halbmittelgewicht (bis 61 kg) | Y. Emoto (JPN) |
| Mittelgewicht (bis 66 kg) | Cho-Min Sun (KOR) |
| Halbschwergewicht (bis 72 kg) | U. Werbrouck (BEL) |
| Schwergewicht (über 72 kg) | Fuming Sun (CHN) |
| **Fechten** | |
| **HERREN** | |
| Florett-Einzel | A. Puccini (ITA) |
| Florett-Mannschaft | Russland |
| Degen-Einzel | A. Beketow (RUS) |
| Degen-Mannschaft | Italien |
| Säbel-Einzel | S. Posdnyakow (RUS) |
| Säbel-Mannschaft | Russland |
| **DAMEN** | |
| Florett-Einzel | L. Badea (ROM) |
| Florett-Mannschaft | Italien |
| Degen-Einzel | L. Flessel (FRA) |
| Degen-Mannschaft | Frankreich |
| **Moderner Fünfkampf** | |
| Einzel | A. Parygin (KAZ) |
| **Kanu** | |
| **HERREN** | |
| 500 m K1 | A. Rossi (ITA) |
| 500 m K2 | Deutschland |
| 500 m C1 | M. Doktor (CZE) |
| 500 m C2 | Ungarn |
| 1000 m K1 | K. Holmann (NOR) |
| 1000 m K2 | Italien |
| 1000 m K4 | Deutschland |
| 1000 m C1 | M. Doktor (CZE) |
| 1000 m C2 | Deutschland |
| Kanuslalom K1 | O. Fix (GER) |
| Kanuslalom C1 | M. Martikan (SVK) |
| Kanuslalom C2 | Frankreich |
| **DAMEN** | |
| K1 500 m | R. Koban (HUN) |
| K2 500 m | Schweden |
| K4 500 m | Deutschland |
| Kanuslalom K1 | S. Hilgertova (CZE) |

763

# Olympische Sommerspiele

| Disziplin | Olympiasieger |
|---|---|
| **Rudern** | |
| HERREN | |
| Einer | X. Müller (SUI) |
| Zweier ohne Steuermann | Großbritannien |
| Doppelzweier | Italien |
| Doppelzweier, Leichtgewicht | Schweiz |
| Vierer ohne Steuermann | Australien |
| Vierer ohne, Leichtgewicht | Dänemark |
| Doppelvierer | Deutschland |
| Achter | Niederlande |
| | |
| DAMEN | |
| Einer | J. Schodotowitsch (BLR) |
| Zweier ohne Steuerfrau | Australien |
| Doppelzweier | Kanada |
| Doppelzweier, Leichtgewicht | Rumänien |
| Doppelvierer | Deutschland |
| Achter | Rumänien |
| | |
| **Segeln/Surfen** | |
| HERREN | |
| 470-er | Ukraine |
| Finn-Dingi | M. Kusznierewicz (POL) |
| Soling | Deutschland |
| Starboot | Brasilien |
| Laser | R. Scheid (BRA) |
| Tornado | Spanien |
| Mistral-Surfen | N. Kaklamanakis (GRE) |
| | |
| DAMEN | |
| 470-er | Spanien |
| Europe | K. Roug (DEN) |
| Mistral-Surfen | Lee Lei-Shan (HKG) |
| | |
| **Radsport** | |
| HERREN | |
| Sprint | J. Fiedler (GER) |
| 1000 m Zeitfahren | F. Rousseau (FRA) |
| 4000 m Einzelverfolgung | A. Colinelli (ITA) |
| 4000 m Mannschaftsverfolgung | Frankreich |
| Punktefahren | S. Martinello (ITA) |
| Straßenrennen | P. Richard (SUI) |
| Einzelzeitfahren, 52 km | M. Indurain (ESP) |
| Mountainbike, Cross-Country | B. J. Brentjens (NED) |
| | |
| DAMEN | |
| Sprint | F. Ballanger (FRA) |
| Einzelverfolgung, 3000 m | A. Bellutti (ITA) |
| Punktefahren | N. Lancien (FRA) |
| Straßenrennen | J. Longo (FRA) |
| Einzelzeitfahren, 25 km | S. Sabirowa (RUS) |
| Mountainbike, Cross-Country | P. Pezzo (ITA) |
| | |
| **Pferdesport** | |
| Springreiten, Einzel | U. Kirchhoff (GER) |
| Springreiten, Mannschaft | Deutschland |
| Dressur, Einzel | I. Werth (GER) |

| Disziplin | Olympiasieger |
|---|---|
| Dressur, Mannschaft | Deutschland |
| Military, Einzel | B. Tait (NZL) |
| Military, Mannschaft | Australien |
| | |
| **Sportschießen** | |
| HERREN | |
| Kleinkaliber (KK) liegend | C. Klees (GER) |
| Kleinkaliber drei Stellungen | J.-P. Amat (FRA) |
| Schnellfeuerpistole | R. Schumann (GER) |
| Freie Pistole | B. Kokorew (RUS) |
| Luftpistole | R. di Donna (ITA) |
| Luftgewehr | A. Hazibekow (RUS) |
| Laufende Scheibe | Ling Yang (CHN) |
| Trap | M. Diamond (AUS) |
| Doppeltrap | R. Mark (AUS) |
| Skeet | E. Falco (ITA) |
| | |
| DAMEN | |
| Kleinkaliber drei Stellungen | A. Ivosev (YUG) |
| Sportpistole | Li Duihong (CHN) |
| Luftpistole | O. Klotschnewa (RUS) |
| Luftgewehr | R. Mauer (POL) |
| Doppeltrap | K. Rhode (USA) |
| | |
| **Bogenschießen** | |
| HERREN | |
| Einzel | J. Huish (USA) |
| Mannschaft | USA |
| | |
| DAMEN | |
| Einzel | Kyung Wook Kim (KOR) |
| Mannschaft | Süd-Korea |
| | |
| **Turnen** | |
| HERREN | |
| Mehrkampf, Einzel | Li Xiaoshuang (CHN) |
| Mehrkampf, Mannschaft | Russland |
| Barren | R. Scharipow (UKR) |
| Boden | I. Melissanidis (GRE) |
| Pferdsprung | A. Nemow (RUS) |
| Reck | A. Wecker (GER) |
| Ringe | J. Chechi (ITA) |
| Seitpferd | L. Donghua (SUI) |
| | |
| Damen | |
| Mehrkampf, Einzel | L. Podkopajewa (UKR) |
| Mehrkampf, Mannschaft | USA |
| Boden | L. Podkopajewa (UKR) |
| Pferdsprung | S. Amanar (ROM) |
| Schwebebalken | S. Miller (USA) |
| Stufenbarren | S. Tschorkina (RUS) |
| | |
| **Rhythmische Sportgymnastik** | |
| Einzel | E. Serebrianskaja (UKR) |
| Mannschaft | Spanien |

| Disziplin | Olympiasieger |
|---|---|
| **Tennis** | |
| HERREN | |
| Einzel | A. Agassi (USA) |
| Doppel | T. Woodbridge/ |
| | M. Woodforde (AUS) |
| | |
| DAMEN | |
| Einzel | L. Davenport (USA) |
| Doppel | G. Fernandez/ |
| | M.-J. Fernandez (USA) |
| | |
| **Tischtennis** | |
| HERREN | |
| Einzel | Lin Guoliang (CHN) |
| Doppel | China |
| | |
| DAMEN | |
| Einzel | Deng Yaping (CHN) |
| Doppel | China |
| | |
| **Badminton** | |
| HERREN | |
| Einzel | P.-E. Hoyer-Larsen (DEN) |
| Doppel | Indonesien |
| | |
| DAMEN | |
| Einzel | Bang Soo-Hyun (KOR) |
| Doppel | China |
| | |
| Mixed | Süd-Korea |
| | |
| **Fußball** | |
| Herren | Nigeria |
| Damen | USA |
| | |
| **Basketball** | |
| Herren | USA |
| Damen | USA |
| | |
| **Baseball** | Kuba |
| | |
| **Softball** | USA |
| | |
| **Hockey** | |
| Herren | Niederlande |
| Damen | Australien |
| | |
| **Handball** | |
| Herren | Kroatien |
| Damen | Dänemark |
| | |
| **Volleyball** | |
| Herren | Niederlande |
| Damen | Kuba |
| | |
| **Beachvolleyball** | |
| Herren | USA |

| Disziplin | Olympiasieger |
|---|---|
| Damen | Brasilien |
| | |
| Wasserball | Spanien |
| | |
| **2000, Sydney** | |
| **Leichtathletik** | |
| HERREN | |
| 100 m | M. Greene (USA) |
| 200 m | K. Kenteris (GRE) |
| 400 m | M. Johnson (USA) |
| 800 m | N. Schumann (GER) |
| 1500 m | N. Ngeny (KEN) |
| 5000 m | M. Wolde (ETH) |
| 10000 m | H. Gebrselassie (ETH) |
| 110 m Hürden | A. Garcia (CUB) |
| 400 m Hürden | A. Taylor (USA) |
| 3000 m Hindernis | R. Kosgei (KEN) |
| 4 x 100 m | USA |
| 4 x 400 m | USA |
| 20 km Gehen | R. Korzeniowski (POL) |
| 50 km Gehen | R. Korzeniowski (POL) |
| Marathon | G. Abera (ETH) |
| Hochsprung | S. Klijugin (RUS) |
| Weitsprung | I. Pedroso (CUB) |
| Dreisprung | J. Edwards (GBR) |
| Stabhochsprung | N. Hysong (USA) |
| Speerwerfen | J. Zelezny (CZE) |
| Kugelstoßen | A. Harju (FIN) |
| Diskuswerfen | V. Alekna (LTU) |
| Hammerwerfen | S. Ziolkowski (POL) |
| Zehnkampf | E. Nool (EST) |
| | |
| DAMEN | |
| 100 m | M. Jones (USA) |
| 200 m | M. Jones (USA) |
| 400 m | C. Freeman (AUS) |
| 800 m | M. Mutola (MOZ) |
| 1500 m | N. Merah-Benida (ALG) |
| 5000 m | G. Szabo (ROM) |
| 10000 m | D. Tulu (ETH) |
| 100 m Hürden | O. Schischigina (KAZ) |
| 400 m Hürden | I. Priwalowa (RUS) |
| 4 x 100 m | Bahamas |
| 4 x 400 m | USA |
| 20 km Gehen | Wang Liping (CHN) |
| Marathon | N. Takahashi (JPN) |
| Hochsprung | J. Jelesina (RUS) |
| Weitsprung | H. Drechsler (GER) |
| Dreisprung | T. Marinova (BUL) |
| Stabhochsprung | S. Dragila (USA) |
| Speerwerfen | T. Hattestad (NOR) |
| Kugelstoßen | J. Korolschik (BLR) |
| Diskuswerfen | E. Zwerewa (BLR) |
| Hammerwerfen | K. Skolimowska (POL) |
| Siebenkampf | D. Lewis (GBR) |

# Olympische Sommerspiele

| Disziplin | Olympiasieger |
|---|---|
| **Schwimmen** | |
| **HERREN** | |
| 50 m Freistil | G. Hall Jr. (USA) |
| 100 m Freistil | P. v.d. Hoogenband (NED) |
| 200 m Freistil | P. v.d. Hoogenband (NED) |
| 400 m Freistil | I. Thorpe (AUS) |
| 1500 m Freistil | G. Hackett (AUS) |
| 100 m Rücken | L. Krayzelburg (USA) |
| 200 m Rücken | L. Krayzelburg (USA) |
| 100 m Brust | D. Fioravanti (ITA) |
| 200 m Brust | D. Fioravanti (ITA) |
| 100 m Schmetterling | L. Frölander (SWE) |
| 200 m Schmetterling | T. Malchow (USA) |
| 200 m Lagen | M. Rosolino (ITA) |
| 400 m Lagen | T. Dolan (USA) |
| 4 x 100 m Freistil | Australien |
| 4 x 200 m Freistil | Australien |
| 4 x 100 m Lagen | USA |
| Kunstspringen | Ni Xiong (CHN) |
| Kunstspringen, Synchron | China |
| Turmspringen | Tian Liang (CHN) |
| Turmspringen, Synchron | Russland |
| | |
| **DAMEN** | |
| 50 m Freistil | I. De Bruijn (NED) |
| 100 m Freistil | I. De Bruijn (NED) |
| 200 m Freistil | S. O'Neill (AUS) |
| 400 m Freistil | B. Bennett (USA) |
| 800 m Freistil | B. Bennett (USA) |
| 100 m Rücken | D. Mocanu (ROM) |
| 200 m Rücken | D. Mocanu (ROM) |
| 100 m Brust | M. Quann (USA) |
| 200 m Brust | A. Kovacs (HUN) |
| 100 m Schmetterling | I. De Bruijn (NED) |
| 200 m Schmetterling | M. Hyman (USA) |
| 200 m Lagen | J. Kloschkowa (UKR) |
| 400 m Lagen | J. Kloschkowa (UKR) |
| 4 x 100 m Freistil | USA |
| 4 x 200 m Freistil | USA |
| 4 x 100 m Lagen | USA |
| Kunstspringen | Mingxia Fu (CHN) |
| Kunstspringen, Synchron | Russland |
| Turmspringen | L. Wilkinson (USA) |
| Turmspringen, Synchron | China |
| Synchronschwimmen, Duett | Russland |
| Synchronschwimmen, Gruppe | Russland |
| | |
| **Boxen** | |
| Halbfliegengewicht (bis 48 kg) | B. Asloum (FRA) |
| Fliegengewicht (bis 51 kg) | W. Ponlid (THA) |
| Bantamgewicht (bis 54 kg) | G. R. Ortiz (CUB) |
| Federgewicht (bis 57 kg) | B. Sattarchanow (KAZ) |
| Leichtgewicht (bis 60 kg) | M. Kindelan (CUB) |
| Halbweltergew. (bis 63,5 kg) | M. Abdullajew (UZB) |
| Weltergewicht (bis 67 kg) | O. Saitow (RUS) |
| Halbmittelgewicht (bis 71 kg) | J. Ibraimow (KAZ) |
| Mittelgewicht (bis 75 kg) | J. Gutierrez (CUB) |

| Disziplin | Olympiasieger |
|---|---|
| Halbschwergewicht (bis 81 kg) | A. Lebsiak (RUS) |
| Schwergewicht (bis 91 kg) | F. Savon (CUB) |
| Superschwergew. (über 91 kg) | A. Harrison (GBR) |
| | |
| **Gewichtheben** | |
| **HERREN** | |
| Fliegengewicht (bis 56 kg) | H. Mutlu (TUR) |
| Bantamgewicht (bis 62 kg) | N. Pechalov (CRO) |
| Federgewicht (bis 69 kg) | G. Bojevski (BUL) |
| Leichtgewicht (bis 77 kg) | Xugang Zhan (CHN) |
| Weltergewicht (bis 85 kg) | P. Dimas (GRE) |
| Mittelgewicht (bis 94 kg) | A. Kakiasvilis (GRE) |
| Schwergewicht (bis 105 kg) | H. Tavakoli (IRI) |
| Superschwergew. (über 105 kg) | H. Rezazadeh (IRI) |
| | |
| **DAMEN** | |
| Fliegengewicht (bis 48 kg) | T. Nott (USA) |
| Bantamgewicht (bis 53 kg) | Xia Yang (CHN) |
| Federgewicht (bis 58 kg) | S. J. Mendivil (MEX) |
| Leichtgewicht (bis 63 kg) | Xiaomin Chen (CHN) |
| Weltergewicht (bis 69 kg) | Weining Lin (CHN) |
| Mittelgewicht (bis 75 kg) | M. I. Urrutia (COL) |
| Schwergewicht (über 75 kg) | Meiynan Ding (CHN) |
| | |
| **Ringen, griechisch-römisch** | |
| Fliegengewicht (bis 54 kg) | Sim Kwon-Ho (KOR) |
| Bantamgewicht (bis 58 kg) | A. Nasarian (BUL) |
| Federgewicht (bis 63 kg) | W. Samurgaschew (RUS) |
| Leichtgewicht (bis 69 kg) | F. Azcuy (CUB) |
| Weltergewicht (bis 76 kg) | M. Kardanow (RUS) |
| Mittelgewicht (bis 85 kg) | H. Yerlikaya (TUR) |
| Halbschwergewicht (bis 97 kg) | M. Ljungberg (SWE) |
| Schwergewicht (bis 130 kg) | R. Gardner (USA) |
| | |
| **Ringen, Freistil** | |
| Fliegengewicht (bis 54 kg) | N. Abdullajew (AZE) |
| Bantamgewicht (bis 58 kg) | A. Dabir (IRI) |
| Federgewicht (bis 63 kg) | M. Umachanow (RUS) |
| Leichtgewicht (bis 69 kg) | D. Igali (CAN) |
| Weltergewicht (bis 76 kg) | B. Slay (USA) |
| Mittelgewicht (bis 85 kg) | A. Saitiew (RUS) |
| Halbschwergewicht (bis 97 kg) | S. Murtasalijew (RUS) |
| Schwergewicht (bis 130 kg) | D. Mussulbes (RUS) |
| | |
| **Judo** | |
| **HERREN** | |
| Superleichtgewicht (bis 60 kg) | T. Nomura (JPN) |
| Halbleichtgewicht (bis 66 kg) | H. Ozkan (TUR) |
| Leichtgewicht (bis 73 kg) | G. Maddaloni (ITA) |
| Halbmittelgewicht (bis 81 kg) | M. Takimoto (JPN) |
| Mittelgewicht (bis 90 kg) | M. Huizinga (NED) |
| Halbschwergew. (bis 100 kg) | K. Inoue (JPN) |
| Schwergewicht (über 100 kg) | D. Douillet (FRA) |
| | |
| **DAMEN** | |
| Superleichtgewicht (bis 48 kg) | R. Tamura (JPN) |
| Halbleichtgewicht (bis 52 kg) | L. Verdecia (CUB) |

| Disziplin | Olympiasieger |
|---|---|
| Leichtgewicht (bis 57 kg) | I. Fernandez (ESP) |
| Halbmittelgewicht (bis 63 kg) | S. Vandenhende (FRA) |
| Mittelgewicht (bis 70 kg) | S. Veranes (CUB) |
| Halbschwergew. (bis 78 kg) | Lin Tang (CHN) |
| Schwergewicht (über 78 kg) | Hua Yuan (CHN) |
| | |
| **Teakwondo** | |
| **HERREN** | |
| bis 58 kg | M. Mouroutsos (GRE) |
| bis 68 kg | S. Lopez (USA) |
| bis 80 kg | A. Matos Fuentes (CUB) |
| über 80 kg | Kyong-Hun Kim (KOR) |
| | |
| **DAMEN** | |
| bis 49 kg | L. Burns (AUS) |
| bis 57 kg | Jae-Eun Jung (KOR) |
| bis 67 kg | Sun-Hee Lee (KOR) |
| über 67 kg | Zhong Cheng (CHN) |
| | |
| **Fechten** | |
| **HERREN** | |
| Florett, Einzel | Young-Ho Kim (KOR) |
| Florett, Mannschaft | Frankreich |
| Degen, Einzel | P. Kolobkow (RUS) |
| Degen, Mannschaft | Italien |
| Säbel, Einzel | M. Covaliu (ROM) |
| Säbel, Mannschaft | Russland |
| | |
| **DAMEN** | |
| Florett, Einzel | V. Vezzali (ITA) |
| Florett, Mannschaft | Italien |
| Degen, Einzel | T. Nagy (HUN) |
| Degen, Mannschaft | Russland |
| | |
| **Moderner Fünfkampf** | |
| Herren | D. Swatkowski (RUS) |
| Damen | S. Cook (GBR) |
| | |
| **Kanu** | |
| **HERREN** | |
| 500 m K1 | K. Holmann (NOR) |
| 500 m K2 | Ungarn |
| 500 m C1 | G. Kolonics (HUN) |
| 500 m C2 | Ungarn |
| 1000 m K1 | K. Holmann (NOR) |
| 1000 m K2 | Italien |
| 1000 m K4 | Ungarn |
| 1000 m C1 | A. Dittmer (GER) |
| 1000 m C2 | Rumänien |
| Kanuslalom K1 | T. Schmidt (GER) |
| Kanuslalom C1 | T. Estanguet (FRA) |
| Kanuslalom C2 | Slowakei |
| | |
| **DAMEN** | |
| K1 500 m | J. Idem Guerrini (ITA) |
| K2 500 m | Deutschland |
| K4 500 m | Deutschland |

| Disziplin | Olympiasieger |
|---|---|
| Kanuslalom K1 | S. Hilgertova (CZE) |
| | |
| **Rudern** | |
| **HERREN** | |
| Einer | R. Waddell (NZL) |
| Zweier ohne Steuermann | Frankreich |
| Doppelzweier | Slowenien |
| Doppelzweier, Leichtgewicht | Polen |
| Vierer ohne Steuermann | Großbritannien |
| Vierer ohne, Leichtgewicht | Frankreich |
| Doppelvierer | Italien |
| Achter | Großbritannien |
| | |
| **DAMEN** | |
| Einer | E. Karsten (BLR) |
| Zweier ohne Steuerfrau | Rumänien |
| Doppelzweier | Deutschland |
| Doppelzweier, Leichtgewicht | Rumänien |
| Doppelvierer | Deutschland |
| Achter | Rumänien |
| | |
| **Segeln/Surfen** | |
| 49-er (Offen) | Finnland |
| Laser (Offen) | B. Ainslie (GBR) |
| Tornado (Offen) | Österreich |
| 470-er, Herren | Australien |
| 470-er, Damen | Australien |
| Finn-Dingi, Herren | I. Percy (GBR) |
| Soling, Herren | Dänemark |
| Starboot, Herren | USA |
| Mistral-Surfen, Herren | C. Sieber (AUT) |
| Mistral-Surfen, Damen | A. Sensini (ITA) |
| Europe, Damen | S. Robertson (GBR) |
| | |
| **Radsport** | |
| **HERREN** | |
| Keirin | F. Rousseau (FRA) |
| Sprint | M. Nothstein (USA) |
| Olympischer Sprint | Frankreich |
| 1000 m Zeitfahren | J. Queally (GBR) |
| 4000 m Einzelverfolgung | R. Bartko (GER) |
| 4000 m Mannschaftsverfolgung | Deutschland |
| Punktefahren | J. Llaneras (ESP) |
| Zweier-Mannschaft | Australien |
| Straßenrennen | J. Ullrich (GER) |
| Einzelzeitfahren | W. Ekimow (RUS) |
| Mountainbike, Cross-Country | M. Martinez (FRA) |
| | |
| **DAMEN** | |
| Sprint | F. Ballanger (FRA) |
| Zeitfahren, 500 m | F. Ballanger (FRA) |
| Einzelverfolgung, 3000 m | L. Zijlaard (NED) |
| Punktefahren | A. Bellutti (ITA) |
| Straßenrennen | L. Zijlaard (NED) |
| Einzelzeitfahren | L. Zijlaard (NED) |
| Mountainbike, Cross-Country | P. Pezzo (ITA) |

# Olympische Sommerspiele

| Disziplin | Olympiasieger |
|---|---|
| **Pferdesport** | |
| Springreiten, Einzel | J. Dubbeldam (NED) |
| Springreiten, Mannschaft | Deutschland |
| Dressur, Einzel | A. v. Grunsven (NED) |
| Dressur, Mannschaft | Deutschland |
| Military, Einzel | D. O'Connor (USA) |
| Military, Mannschaft | Australien |
| | |
| **Sportschießen** | |
| HERREN | |
| Kleinkaliber (KK) liegend | J. Edman (SWE) |
| Kleinkaliber drei Stellungen | R. Debevec (SLO) |
| Schnellfeuerpistole | S. Alifirenko (RUS) |
| Freie Pistole | T. Kirjakov (BUL) |
| Luftpistole | F. Dumoulin (FRA) |
| Luftgewehr | Yalin Cai (CHN) |
| Laufende Scheibe | Ling Yang (CHN) |
| Trap | M. Diamond (AUS) |
| Doppeltrap | R. Faulds (GBR) |
| Skeet | M. Miltschew (UKR) |
| | |
| DAMEN | |
| Kleinkaliber drei Stellungen | R. Mauer-Rozanska (POL) |
| Sportpistole | M. Grozdeva (BUL) |
| Luftpistole | Tao Luna (CHN) |
| Luftgewehr | N. Johnson (USA) |
| Trap | D. Gudzineviciute (LTU) |
| Doppeltrap | P. Hansen (SWE) |
| Skeet | Z. Meftachetdinowa (AZE) |
| | |
| **Bogenschießen** | |
| Herren, Einzel | S. Fairweather (AUS) |
| Herren, Mannschaft | Südkorea |
| Damen, Einzel | Yun Mi-Jin (KOR) |
| Damen, Mannschaft | Südkorea |
| | |
| **Turnen** | |
| HERREN | |
| Mehrkampf, Einzel | A. Nemow (RUS) |
| Mehrkampf, Mannschaft | China |
| Barren | Li Xiaopeng (CHN) |
| Boden | I. Vihrovs (LAT) |
| Pferdsprung | G. Deferr (ESP) |
| Reck | A. Nemow (RUS) |
| Ringe | S. Csollany (HUN) |
| Seitpferd | M. Urzica (ROM) |
| | |
| DAMEN | |
| Mehrkampf, Einzel | S. Amanar (ROM) |
| Mehrkampf, Mannschaft | Rumänien |
| Boden | E. Zamolodschikowa (RUS) |
| Pferdsprung | E. Zamolodschikowa (RUS) |
| Schwebebalken | Liu Xuan (CHN) |
| Stufenbarren | S. Chorkina (RUS) |
| | |
| **Trampolin** | |
| Herren, Einzel | A. Moskalenko (RUS) |

| Disziplin | Olympiasieger |
|---|---|
| Damen, Einzel | I. Karawajewa (RUS) |
| | |
| **Rhythmische Sportgymnastik** | |
| Einzel | J. Barsukowa (RUS) |
| Mannschaft | Russland |
| | |
| **Tennis** | |
| Herren, Einzel | J. Kafelnikow (RUS) |
| Herren, Doppel | Kanada |
| Damen, Einzel | V. Williams (USA) |
| Damen, Doppel | USA |
| | |
| **Tischtennis** | |
| Herren, Einzel | Kong Linghui (CHN) |
| Herren, Doppel | China |
| Damen, Einzel | Wang Nan (CHN) |
| Damen, Doppel | China |
| | |
| **Badminton** | |
| Herren, Einzel | Ji Xinpeng (China) |
| Herren, Doppel | Indonesien |
| Damen, Einzel | Gong Zhichao (CHN) |
| Damen, Doppel | China |
| Mixed | China |
| | |
| **Fußball** | |
| Herren | Kamerun |
| Damen | Norwegen |
| | |
| **Basketball** | |
| Herren | USA |
| Damen | USA |
| | |
| **Baseball** | USA |
| **Softball** | USA |
| | |
| **Hockey** | |
| Herren | Niederlande |
| Damen | Australien |
| | |
| **Handball** | |
| Herren | Russland |
| Damen | Dänemark |
| | |
| **Volleyball** | |
| Herren | Jugoslawien |
| Damen | Kuba |
| Beach, Herren | USA |
| Beach, Damen | Australien |
| | |
| **Wasserball** | |
| Herren | Ungarn |
| Damen | Australien |
| | |
| **Triathlon** | |
| Herren | S. Whitfield (CAN) |
| Damen | B. McMahon (SUI) |

# Olympische Winterspiele

| Olympiasieger bei Olympischen Winterspielen | | | |
|---|---|---|---|

| Disziplin | Olympiasieger | Disziplin | Olympiasieger |
|---|---|---|---|
| **1924, Chamonix** | | **1932, Lake Placid** | |
| **Ski, Nordisch** | | **Ski, Nordisch** | |
| 18 km Langlauf | T. Haug (NOR) | 18 km Langlauf | S. Utterström (SWE) |
| 50 km Langlauf | T. Haug (NOR) | 50 km Langlauf | V. Saarinen (FIN) |
| Skispringen | J. T. Thams (NOR) | Skispringen | B. Ruud (NOR) |
| Nordische Kombination | T. Haug (NOR) | Nordische Kombination | J. Gröttumsbraaten (NOR) |
| | | | |
| **Eiskunstlauf** | | **Eiskunstlauf** | |
| Herren | G. Grafström (SWE) | Herren | K. Schäfer (AUT) |
| Damen | H. Plank-Szabo (AUT) | Damen | S. Henie (NOR) |
| Paare | H. Engelmann/ | Paare | A. Brunet/ |
| | A. Berger (AUT) | | P. Brunet (FRA) |
| | | | |
| **Eisschnelllauf** | | **Eisschnelllauf** | |
| 500 m | C. Jewtraw (USA) | 500 m | J. Shea (USA) |
| 1500 m | C. Thunberg (FIN) | 1500 m | J. Shea (USA) |
| 5000 m | C. Thunberg (FIN) | 5000 m | I. Jaffee (USA) |
| 10 000 m | J. Skutnabb (FIN) | 10 000 m | I. Jaffee (USA) |
| Punktsieger | C. Thunberg (FIN) | | |
| | | **Bob** | |
| **Bob** | | Zweier | USA I |
| Vierer (2 Läufe) | Schweiz I | Vierer | USA I |
| | | | |
| **Eishockey** | Kanada | **Eishockey** | Kanada |
| | | | |
| **1928, St. Moritz** | | **1936, Garmisch-Partenkirchen** | |
| **Ski, Nordisch** | | **Ski, Alpin** | |
| 18 km Langlauf | J. Gröttumsbraaten (NOR) | Kombination Herren | F. Pfnür (GER) |
| 50 km Langlauf | P. E. Hedlund (SWE) | Kombination Damen | C. Cranz (GER) |
| Skispringen | A. Andersen (NOR) | | |
| Nordische Kombination | J. Gröttumsbraaten (NOR) | **Ski, Nordisch** | |
| | | 18 km Langlauf | E.-A. Larsson (SWE) |
| **Eiskunstlauf** | | 50 km Langlauf | E. Wiklund (SWE) |
| Herren | G. Grafström (SWE) | 4 x 10 km | Finnland |
| Damen | S. Henie (NOR) | Skispringen | B. Ruud (NOR) |
| Paare | A. Joly/P. Brunet (FRA) | Nordische Kombination | O. Hagen (NOR) |
| | | | |
| **Eisschnelllauf** | | **Eiskunstlauf** | |
| 500 m | C. Thunberg (FIN)/ | Herren | K. Schäfer (AUT) |
| | B. Evensen (NOR) | Damen | S. Henie (NOR) |
| 1500 m | C. Thunberg (FIN) | Paare | M. Herber/E. Baier (GER) |
| 5000 m | I. Ballangrud (NOR) | | |
| | | **Eisschnelllauf** | |
| **Bob** | | 500 m | I. Ballangrud (NOR) |
| Vierer (2 Läufe) | USA II | 1500 m | C. Mathiesen (NOR) |
| | | 5000 m | I. Ballangrud (NOR) |
| **Skeleton** | J. Heaton (USA) | 10 000 m | I. Ballangrud (NOR) |
| | | | |
| **Eishockey** | Kanada | **Bob** | |
| | | Zweier | USA I |
| | | Vierer | Schweiz II |
| | | | |
| | | **Eishockey** | Großbritannien |

# Olympische Winterspiele

| Disziplin | Olympiasieger |
|---|---|
| **1948, St. Moritz** | |
| **Ski, Alpin** | |
| HERREN | |
| Abfahrt | H. Oreiller (FRA) |
| Slalom | E. Reinalter (SUI) |
| Kombination | H. Oreiller ( FRA) |
| | |
| DAMEN | |
| Abfahrt | H. Schlunegger (SUI) |
| Slalom | G. Frazer (USA) |
| Kombination | T. Beiser (AUT) |
| | |
| **Ski, Nordisch** | |
| 18 km Langlauf | M. Lundström (SWE) |
| 50 km Langlauf | N. Karlsson (SWE) |
| 4 x 10 km | Schweden |
| Skispringen | P. Hugsted (NOR) |
| Nordische Kombination | H. Hasu (FIN) |
| | |
| **Eiskunstlauf** | |
| Herren | R. Button (USA) |
| Damen | B. A. Scott (CAN) |
| Paare | M. Lannoy/ |
| | P. Baugniet (BEL) |
| | |
| **Eisschnelllauf** | |
| 500 m | F. Helgesen (NOR) |
| 1500 m | S. Farstadt (NOR) |
| 5000 m | R. Liaklev (NOR) |
| 10 000 m | A. Seyffarth (SWE) |
| | |
| **Bob** | |
| Zweier | Schweiz II |
| Vierer | USA II |
| | |
| **Skeleton** | N. Bibbia (ITA) |
| | |
| **Eishockey** | Kanada |
| | |
| **1952, Oslo** | |
| **Ski, Alpin** | |
| HERREN | |
| Abfahrt | Z. Colo (ITA) |
| Slalom | O. Schneider (AUT) |
| Riesenslalom | S. Eriksen (NOR) |
| | |
| DAMEN | |
| Abfahrt | T. Jochum-Beiser (AUT) |
| Slalom | A. Mead-Lawrence (USA) |
| Riesenslalom | A. Mead-Lawrence (USA) |
| | |
| **Ski, Nordisch** | |
| HERREN | |
| 18 km Langlauf | H. Brenden (NOR) |
| 50 km Langlauf | V. Hakulinen (FIN) |
| 4 x 10 km | Finnland |

| Disziplin | Olympiasieger |
|---|---|
| Skispringen | A. Bergmann (NOR) |
| Nordische Kombination | S. Slattvik (NOR) |
| | |
| DAMEN | |
| 10 km Langlauf | L. Wideman (FIN) |
| | |
| **Eiskunstlauf** | |
| Herren | R. Button (USA) |
| Damen | J. Altwegg (GBR) |
| Paare | R. Baran/P. Falk (FRG) |
| | |
| **Eisschnelllauf** | |
| 500 m | K. Henry (USA) |
| 1500 m | H. Andersen (NOR) |
| 5000 m | H. Andersen (NOR) |
| 10 000 m | H. Andersen (NOR) |
| | |
| **Bob** | |
| Zweier | BR Deutschland I |
| Vierer | BR Deutschland |
| | |
| **Eishockey** | Kanada |
| | |
| **1956, Cortina d'Ampezzo** | |
| **Ski, Alpin** | |
| HERREN | |
| Abfahrt | T. Sailer (AUT) |
| Slalom | T. Sailer (AUT) |
| Riesenslalom | T. Sailer (AUT) |
| | |
| **Damen** | |
| Abfahrt | M. Berthod (SUI) |
| Slalom | R. Colliard (SUI) |
| Riesenslalom | O. Reichert (GER)* |
| | |
| **Ski, Nordisch** | |
| HERREN | |
| 15 km Langlauf | H. Brenden (NOR) |
| 30 km Langlauf | V. Hakulinen (FIN) |
| 50 km Langlauf | S. Jernberg (SWE) |
| 4 x 10 km | UdSSR |
| Skispringen | A. Hyvärinen (FIN) |
| Nordische Kombination | S. Stenersen (NOR) |
| | |
| DAMEN | |
| 10 km Langlauf | L. Kosyrewa (URS) |
| 3 x 5 km | Finnland |
| | |
| **Eiskunstlauf** | |
| Herren | H. A. Jenkins (USA) |
| Damen | T. Albright (USA) |
| Paare | E. Schwarz/ |
| | K. Oppelt (AUT) |
| | |
| **Eisschnelllauf** | |
| 500 m | J. Grischin (URS) |

| Disziplin | Olympiasieger |
|-----------|---------------|
| 1500 m | J. Grischin (URS) |
| 5000 m | B. Schilkow (URS) |
| 10 000 m | S. Ericsson (SWE) |
| | |
| **Bob** | |
| Zweier | Italien I |
| Vierer | Schweiz I |
| | |
| **Eishockey** | UdSSR |

\* im Rahmen einer gesamtdeutschen Mannschaft

### 1960, Squaw Valley

**Ski, Alpin**

| HERREN | |
|--------|---|
| Abfahrt | J. Vuarnet (FRA) |
| Slalom | E. Hinterseer (AUT) |
| Riesenslalom | R. Staub (SUI) |

| DAMEN | |
|-------|---|
| Abfahrt | H. Biebl (GER)\* |
| Slalom | A. Heggtveit (CAN) |
| Riesenslalom | Y. Ruegg (SUI) |

**Ski, Nordisch**

| HERREN | |
|--------|---|
| 15 km Langlauf | H. Brusveen (NOR) |
| 30 km Langlauf | S. Jernberg (SWE) |
| 50 km Langlauf | K. Hämäläinen (FIN) |
| 4 x 10 km | Finnland |
| Skispringen | H. Recknagel (GER)\* |
| Nordische Kombination | G. Thoma (GER)\* |

| DAMEN | |
|-------|---|
| 10 km Langlauf | M. Gusakowa (URS) |
| 3 x 5 km | Schweden |

| **Biathlon** | |
|--------------|---|
| 20 km | K. Lestander (SWE) |

**Eiskunstlauf**

| Herren | D. Jenkins (USA) |
|--------|---|
| Damen | C. Heiss (USA) |
| Paare | B. Wagner/R. Paul (CAN) |

**Eisschnelllauf**

| HERREN | |
|--------|---|
| 500 m | J. Grischin (URS) |
| 1500 m | R. Aas (NOR) |
| 5000 m | W. Kositschkin (URS) |
| 10 000 m | K. Johannesen (NOR) |

| DAMEN | |
|-------|---|
| 500 m | H. Haase (GER)\* |
| 1000 m | K. Gussewa (URS) |
| 1500 m | L. Skoblikowa (URS) |

| Disziplin | Olympiasieger |
|-----------|---------------|
| 3000 m | L. Skoblikowa (URS) |
| | |
| **Eishockey** | USA |

\* im Rahmen einer gesamtdeutschen Mannschaft

### 1964, Innsbruck

**Ski, Alpin**

| HERREN | |
|--------|---|
| Abfahrt | E. Zimmermann (AUT) |
| Slalom | J. Stiegler (AUT) |
| Riesenslalom | F. Bonlieu (FRA) |

| DAMEN | |
|-------|---|
| Abfahrt | C. Haas (AUT) |
| Slalom | C. Goitschel (FRA) |
| Riesenslalom | M. Goitschel (FRA) |

**Ski, Nordisch**

| HERREN | |
|--------|---|
| 15 km Langlauf | E. Mäntyranta (FIN) |
| 30 km Langlauf | E. Mäntyranta (FIN) |
| 50 km Langlauf | K. Hämäläinen (FIN) |
| 4 x 10 km | Schweden |
| Skispringen Normalschanze | V. Kankkonen (FIN) |
| Skispringen Großschanze | T. Engan (NOR) |
| Nordische Kombination | T. Knutsen (NOR) |

| DAMEN | |
|-------|---|
| 5 km Langlauf | K. Bojarskich (URS) |
| 10 km Langlauf | K. Bojarskich (URS) |
| 3 x 5 km | UdSSR |

| **Biathlon** | |
|--------------|---|
| 20 km | W. Melanin (URS) |

**Eiskunstlauf**

| Herren | M. Schnelldorfer (GER)\* |
|--------|---|
| Damen | S. Dijkstra (NED) |
| Paare | L. Belusowa/ O. Protopopow (URS) |

**Eisschnelllauf**

| HERREN | |
|--------|---|
| 500 m | R. McDermott (USA) |
| 1500 m | A. Antson (URS) |
| 5000 m | K. Johannesen (NOR) |
| 10 000 m | J. Nilsson (SWE) |

| DAMEN | |
|-------|---|
| 500 m | L. Skoblikowa (URS) |
| 1000 m | L. Skoblikowa (URS) |
| 1500 m | L. Skoblikowa (URS) |
| 3000 m | L. Skoblikowa (URS) |

# Olympische Winterspiele

| Disziplin | Olympiasieger |
|---|---|
| **Bob** | |
| Zweier | Großbritannien |
| Vierer | Kanada I |
| | |
| **Rodeln** | |
| HERREN | |
| Einer | T. Köhler (GER)* |
| Doppel | J. Feistmantl/ |
| | M. Stengl (AUT) |
| | |
| DAMEN | |
| Einer | O. Enderlein (GER)* |
| | |
| **Eishockey** | UdSSR |

\* im Rahmen einer gesamtdeutschen Mannschaft

| Disziplin | Olympiasieger |
|---|---|
| **1968, Grenoble** | |
| **Ski, Alpin** | |
| HERREN | |
| Abfahrt | J.-C. Killy (FRA) |
| Slalom | J.-C. Killy (FRA) |
| Riesenslalom | J.-C. Killy (FRA) |
| | |
| DAMEN | |
| Abfahrt | O. Pall (AUT) |
| Slalom | M. Goitschel (FRA) |
| Riesenslalom | N. Greene (CAN) |
| | |
| **Ski, Nordisch** | |
| HERREN | |
| 15 km Langlauf | H. Grönningen (NOR) |
| 30 km Langlauf | F. Nones (ITA) |
| 50 km Langlauf | O. Ellefsaeter (NOR) |
| 4 x 10 km | Norwegen |
| Skispringen Normalschanze | J. Raska (TCH) |
| Skispringen Großschanze | W. Belusow (URS) |
| Nordische Kombination | F. Keller (FRG) |
| | |
| DAMEN | |
| 5 km Langlauf | T. Gustafsson (SWE) |
| 10 km Langlauf | T. Gustafsson (SWE) |
| 3 x 5 km | Norwegen |
| | |
| **Biathlon** | |
| 20 km | M. Solberg (NOR) |
| 4 x 7,5 km | UdSSR |
| | |
| **Eiskunstlauf** | |
| Herren | W. Schwarz (AUT) |
| Damen | P. Fleming (USA) |
| Paare | L. Belusowa/ |
| | O. Protopopow (URS) |

| Disziplin | Olympiasieger |
|---|---|
| **Eisschnelllauf** | |
| HERREN | |
| 500 m | E. Keller (FRG) |
| 1500 m | K. Verkerk (NED) |
| 5000 m | F. A. Maier (NOR) |
| 10 000 m | J. Höglin (SWE) |
| | |
| DAMEN | |
| 500 m | L. Titowa (URS) |
| 1000 m | C. Geijssen (NED) |
| 1500 m | K. Mustonen (FIN) |
| 3000 m | A. Schut (NED) |
| | |
| **Bob** | |
| Zweier | Italien I |
| Vierer | Italien I |
| | |
| **Rodeln** | |
| HERREN | |
| Einer | M. Schmid (AUT) |
| Doppel | K.-M. Bonsack/ |
| | T. Köhler (GDR) |
| | |
| DAMEN | |
| Einer | E. Lechner (ITA) |
| | |
| **Eishockey** | UdSSR |

| Disziplin | Olympiasieger |
|---|---|
| **1972, Sapporo** | |
| **Ski, Alpin** | |
| HERREN | |
| Abfahrt | B. Russi (SUI) |
| Slalom | F. F. Ochoa (ESP) |
| Riesenslalom | G. Thöni (ITA) |
| | |
| DAMEN | |
| Abfahrt | M.-T. Nadig (SUI) |
| Slalom | B. Cochran (USA) |
| Riesenslalom | M.-T. Nadig (SUI) |
| | |
| **Ski, Nordisch** | |
| HERREN | |
| 15 km Langlauf | S.-A. Lundbäck (SWE) |
| 30 km Langlauf | W. Wedenin (URS) |
| 50 km Langlauf | P. Tyldum (NOR) |
| 4 x 10 km | UdSSR |
| Skispringen Normalschanze | Y. Kasaya (JPN) |
| Skispringen Großschanze | W. Fortuna (POL) |
| Nordische Kombination | U. Wehling (GDR) |
| | |
| DAMEN | |
| 5 km Langlauf | G. Kulakowa (URS) |
| 10 km Langlauf | G. Kulakowa (URS) |
| 3 x 5 km | UdSSR |

| Disziplin | Olympiasieger |
|---|---|
| **Biathlon** | |
| 20 km | M. Solberg (NOR) |
| 4 x 7,5 km | UdSSR |
| | |
| **Eiskunstlauf** | |
| Herren | O. Nepela (TCH) |
| Damen | B. Schuba (AUT) |
| Paare | I. Rodnina/ |
| | A. Ulanow (URS) |
| | |
| **Eisschnelllauf** | |
| HERREN | |
| 500 m | E. Keller (FRG) |
| 1500 m | A. Schenk (NED) |
| 5000 m | A. Schenk (NED) |
| 10 000 m | A. Schenk (NED) |
| | |
| DAMEN | |
| 500 m | A. Henning (USA) |
| 1000 m | M. Pflug-Holzner (FRG) |
| 1500 m | D. Holum (USA) |
| 3000 m | S. Baas-Kaiser (NED) |
| | |
| **Bob** | |
| Zweier | BR Deutschland II |
| Vierer | Schweiz I |
| | |
| **Rodeln** | |
| HERREN | |
| Einer | W. Scheidel (GDR) |
| Doppel | P. Hildgartner/ |
| | W. Plaikner (ITA) |
| | |
| DAMEN | |
| Einer | A.-M. Müller (GDR) |
| | |
| **Eishockey** | UdSSR |

**1976, Innsbruck**

**Ski, Alpin**

| | |
|---|---|
| HERREN | |
| Abfahrt | F. Klammer (AUT) |
| Slalom | P. Gros (ITA) |
| Riesenslalom | H. Hemmi (SUI) |
| | |
| DAMEN | |
| Abfahrt | R. Mittermaier (FRG) |
| Slalom | R. Mittermaier (FRG) |
| Riesenslalom | K. Kreiner (CAN) |

**Ski, Nordisch**

| | |
|---|---|
| HERREN | |
| 15 km Langlauf | N. Bajukow (URS) |
| 30 km Langlauf | S. Saweliew (URS) |
| 50 km Langlauf | I. Formo (NOR) |
| 4 x 10 km | Finnland |

| Disziplin | Olympiasieger |
|---|---|
| Skispringen Normalschanze | H.-G. Aschenbach (GDR) |
| Skispringen Großschanze | K. Schnabl (AUT) |
| Nordische Kombination | U. Wehling (GDR) |
| | |
| DAMEN | |
| 5 km Langlauf | H. Takalo (FIN) |
| 10 km Langlauf | R. Smetanina (URS) |
| 4 x 5 km | UdSSR |
| | |
| **Biathlon** | |
| 20 km | N. Kruglow (URS) |
| 4 x 7,5 km | UdSSR |
| | |
| **Eiskunstlauf** | |
| Herren | J. Curry (GBR) |
| Damen | D. Hamill (USA) |
| Paare | I. Rodnina/ |
| | A. Saizew (URS) |
| Eistanz | L. Pachomowa/ |
| | A. Gorschkow (URS) |
| | |
| **Eisschnelllauf** | |
| HERREN | |
| 500 m | J. Kulikow (URS) |
| 1000 m | P. Müller (USA) |
| 1500 m | J. E. Storholt (NOR) |
| 5000 m | S. Stensen (NOR) |
| 10 000 m | P. Kleine (NED) |
| | |
| DAMEN | |
| 500 m | S. Young (USA) |
| 1000 m | T. Awerina (URS) |
| 1500 m | G. Stepanskaja (URS) |
| 3000 m | T. Awerina (URS) |
| | |
| **Bob** | |
| Zweier | DDR I |
| Vierer | DDR I |
| | |
| **Rodeln** | |
| HERREN | |
| Einer | D. Günther (GDR) |
| Doppel | H. Rinn/N. Hahn (GDR) |
| | |
| DAMEN | |
| Einer | M. Schumann (GDR) |
| | |
| **Eishockey** | UdSSR |

**1980, Lake Placid**

**Ski, Alpin**

| | |
|---|---|
| HERREN | |
| Abfahrt | L. Stock (AUT) |
| Slalom | I. Stenmark (SWE) |
| Riesenslalom | I. Stenmark (SWE) |

# Olympische Winterspiele

| Disziplin | Olympiasieger |
|---|---|
| **DAMEN** | |
| Abfahrt | A. Moser-Pröll (AUT) |
| Slalom | H. Wenzel (LIE) |
| Riesenslalom | H. Wenzel (LIE) |
| | |
| **Ski, Nordisch** | |
| HERREN | |
| 15 km Langlauf | T. Wassberg (NOR) |
| 30 km Langlauf | N. Simjatow (URS) |
| 50 km Langlauf | N. Simjatow (URS) |
| 4 x 10 km | UdSSR |
| Skispringen Normalschanze | A. Innauer (AUT) |
| Skispringen Großschanze | J. Törmänen (FIN) |
| Nordische Kombination | U. Wehling (GDR) |
| | |
| **DAMEN** | |
| 5 km Langlauf | R. Smetanina (URS) |
| 10 km Langlauf | B. Pätzold (GDR) |
| 4 x 5 km | DDR |
| | |
| **Biathlon** | |
| 10 km | F. Ullrich (GDR) |
| 20 km | A. Aljabiew (URS) |
| 4 x 7,5 km | UdSSR |
| | |
| **Eiskunstlauf** | |
| Herren | R. Cousins (GBR) |
| Damen | A. Pötzsch (GDR) |
| Paare | I. Rodnina/ |
| | A. Saizew (URS) |
| Eistanz | N. Linitschuk/ |
| | G. Karponosow (URS) |
| | |
| **Eisschnelllauf** | |
| HERREN | |
| 500 m | E. Heiden (USA) |
| 1000 m | E. Heiden (USA) |
| 1500 m | E. Heiden (USA) |
| 5000 m | E. Heiden (USA) |
| 10 000 m | E. Heiden (USA) |
| | |
| **DAMEN** | |
| 500 m | K. Enke (GDR) |
| 1000 m | N. Petrusewa (URS) |
| 1500 m | A. Borckink (NED) |
| 3000 m | B. E. Jensen (NOR) |
| | |
| **Bob** | |
| Zweier | Schweiz I |
| Vierer | DDR I |
| | |
| **Rodeln** | |
| HERREN | |
| Einer | B. Glass (GDR) |
| Doppel | H. Rinn/N. Hahn (GDR) |

| Disziplin | Olympiasieger |
|---|---|
| **DAMEN** | |
| Einer | W. Sosulia (URS) |
| | |
| Eishockey | USA |
| | |
| **1984, Sarajevo** | |
| **Ski, Alpin** | |
| HERREN | |
| Abfahrt | W. Johnson (USA) |
| Slalom | P. Mahre (USA) |
| Riesenslalom | M. Julen (SUI) |
| | |
| **DAMEN** | |
| Abfahrt | M. Figini (SUI) |
| Slalom | P. Magoni (ITA) |
| Riesenslalom | D. Armstrong (USA) |
| | |
| **Ski, Nordisch** | |
| HERREN | |
| 15 km Langlauf | G. Svan (SWE) |
| 30 km Langlauf | N. Simjatow (URS) |
| 50 km Langlauf | T. Wassberg (SWE) |
| 4 x 10 km | Schweden |
| Skispringen Normalschanze | J. Weißflog (GDR) |
| Skispringen Großschanze | M. Nykänen (FIN) |
| Nordische Kombination | T. Sandberg (NOR) |
| | |
| **DAMEN** | |
| 5 km Langlauf | M.-L. Hämäläinen (FIN) |
| 10 km Langlauf | M.-L. Hämäläinen (FIN) |
| 20 km Langlauf | M.-L. Hämäläinen (FIN) |
| 4 x 5 km | Norwegen |
| | |
| **Biathlon** | |
| 10 km | E. Kvalfoss (NOR) |
| 20 km | P. Angerer (FRG) |
| 4 x 7,5 km | UdSSR |
| | |
| **Eiskunstlauf** | |
| Herren | S. Hamilton (USA) |
| Damen | K. Witt (GDR) |
| Paare | E. Walowa/ |
| | O. Wassiljew (URS) |
| Eistanz | J. Torvill/ |
| | C. Dean (GBR) |
| | |
| **Eisschnelllauf** | |
| HERREN | |
| 500 m | S. Fokitschew (URS) |
| 1000 m | G. Boucher (CAN) |
| 1500 m | G. Boucher (CAN) |
| 5000 m | T. Gustafsson (SWE) |
| 10 000 m | I. Malkow (URS) |
| | |
| **DAMEN** | |
| 500 m | C. Rothenburger (GDR) |

| Disziplin | Olympiasieger |
|---|---|
| 1000 m | K. Enke (GDR) |
| 1500 m | K. Enke (GDR) |
| 3000 m | A. Schöne (GDR) |
| | |
| **Rodeln** | |
| HERREN | |
| Einer | P. Hildgartner (ITA) |
| Doppel | H. Stanggassinger/ |
| | F. Wembacher (FRG) |
| | |
| DAMEN | |
| Einer | S. Martin (GDR) |
| | |
| **Bob** | |
| Zweier | DDR II |
| Vierer | DDR I |
| | |
| **Eishockey** | UdSSR |

| | |
|---|---|
| **1988, Calgary** | |
| **Ski, Alpin** | |
| HERREN | |
| Abfahrt | P. Zurbriggen (SUI) |
| Slalom | A. Tomba (ITA) |
| Riesenslalom | A. Tomba (ITA) |
| Super G | F. Piccard (FRA) |
| Kombination | H. Strolz (AUT) |
| | |
| DAMEN | |
| Abfahrt | M. Kiehl (FRG) |
| Slalom | V. Schneider (SUI) |
| Riesenslalom | V. Schneider (SUI) |
| Super G | S. Wolf (AUT) |
| Kombination | A. Wachter (AUT) |
| | |
| **Ski, Nordisch** | |
| HERREN | |
| 15 km Langlauf klassisch | M. Dewjatjarow (URS) |
| 30 km Langlauf klassisch | A. Prokurow (URS) |
| 50 km Langlauf Freistil | G. Svan (SWE) |
| 4 x 10 km | Schweden |
| Skispringen Normalschanze | M. Nykänen (FIN) |
| Skispringen Großschanze | M. Nykänen (FIN) |
| Skispringen Mannschaft | Finnland |
| Nord. Kombination Einzel | H. Kempf (SUI) |
| Nord. Kombination Mannschaft | BR Deutschland |
| | |
| DAMEN | |
| 5 km Langlauf klassisch | M. Matikainen (FIN) |
| 10 km Langlauf klassisch | W. Wentsene (URS) |
| 20 km Langlauf Freistil | T. Tichonowa (URS) |
| 4 x 5 km | UdSSR |
| | |
| **Biathlon** | |
| 10 km | F.-P. Roetsch (GDR) |
| 20 km | F.-P. Roetsch (GDR) |

| Disziplin | Olympiasieger |
|---|---|
| 4 x 7,5 km | UdSSR |
| | |
| **Eiskunstlauf** | |
| Herren | B. Boitano (USA) |
| Damen | K. Witt (GDR) |
| Paare | J. Gordejewa/ |
| | S. Grinkow (URS) |
| Eistanz | N. Bestemianowa/ |
| | A. Bukin (URS) |
| | |
| **Eisschnelllauf** | |
| HERREN | |
| 500 m | U.-J. Mey (GDR) |
| 1000 m | N. Guljajew (URS) |
| 1500 m | A. Hoffman (GDR) |
| 5000 m | T. Gustafsson (SWE) |
| 10 000 m | T. Gustafsson (SWE) |
| | |
| DAMEN | |
| 500 m | B. Blair (USA) |
| 1000 m | C. Rothenburger (GDR) |
| 1500 m | Y. van Gennip (NED) |
| 3000 m | Y. van Gennip (NED) |
| 5000 m | Y. van Gennip (NED) |
| | |
| **Bob** | |
| Zweier | UdSSR I |
| Vierer | Schweiz I |
| | |
| **Rodeln** | |
| HERREN | |
| Einer | J. Müller (GDR) |
| Doppel | J. Hoffman/ |
| | J. Pietzsch (GDR) |
| | |
| DAMEN | |
| Einzel | S. Martin-Walter (GDR) |
| | |
| **Eishockey** | UdSSR |

| | |
|---|---|
| **1992, Albertville** | |
| **Ski, Alpin** | |
| HERREN | |
| Abfahrt | P. Ortlieb (AUT) |
| Slalom | F. C. Jagge (NOR) |
| Riesenslalom | A. Tomba (ITA) |
| Super-G | K.-A. Aamodt (NOR) |
| Kombination | J. Polig (ITA) |
| Ski, Freistil-Buckelpiste | E. Grospiron (FRA) |
| | |
| DAMEN | |
| Abfahrt | K. Lee-Gartner (CAN) |
| Slalom | P. Kronberger (AUT) |
| Riesenslalom | P. Wiberg (SWE) |
| Super-G | D. Compagnoni (ITA) |
| Kombination | P. Kronberger (AUT) |

# Olympische Winterspiele

| Disziplin | Olympiasieger |
|---|---|
| Ski, Freistil-Buckelpiste | D. Weinbrecht (USA) |
| **Ski, Nordisch** | |
| HERREN | |
| 10 km Langlauf klassisch | V. Ulvang (NOR) |
| Langlauf Kombination | B. Dæhlie (NOR) |
| 30 km Langlauf klassisch | V. Ulvang (NOR) |
| 50 km Langlauf Freistil | B. Dæhlie (NOR) |
| 4 x 10 km | Norwegen |
| Skispringen Normalschanze | E. Vettori (AUT) |
| Skispringen Großschanze | T. Nieminen (FIN) |
| Skispringen Mannschaft | Finnland |
| Nord. Kombination Einzel | F. Guy (FRA) |
| Nord. Kombination Mannschaft | Japan |
| **DAMEN** | |
| 5 km klassisch | M. Lukkarinen (FIN) |
| Langlauf Kombination | L. Jegorowa (EUN) |
| 15 km klassisch | L. Jegorowa (EUN) |
| 30 km Freistil | S. Belmondo (ITA) |
| 4 x 5 km | GUS |
| **Biathlon** | |
| HERREN | |
| 10 km | M. Kirchner (GER) |
| 20 km | J. Redkin (EUN) |
| 4 x 7,5 km | Deutschland |
| **DAMEN** | |
| 7,5 km | A. Reszowa (EUN) |
| 15 km | A. Misersky (GER) |
| 3 x 7,5 km | Frankreich |
| **Eiskunstlauf** | |
| Herren | W. Petrenko (EUN) |
| Damen | K. Yamaguchi (USA) |
| Paare | N. Mischkutionok/ A. Dimitriew (EUN) |
| Eistanz | M. Klimowa/ S. Ponomarenko (EUN) |
| **Eisschnelllauf** | |
| HERREN | |
| 500 m | U.-J. Mey (GER) |
| 1000 m | O. Zinke (GER) |
| 1500 m | J. O. Koss (NOR) |
| 5000 m | G. Karlstad (NOR) |
| 10000 m | B. Veldkamp (NED) |
| Shorttrack, 1000 m Einzel | Ki Hoon Kim (KOR) |
| Shorttrack, 5000 m Staffel | Süd-Korea |
| **DAMEN** | |
| 500 m | B. Blair (USA) |
| 1000 m | B. Blair (USA) |
| 1500 m | J. Börner (GER) |
| 3000 m | G. Niemann (GER) |
| 5000 m | G. Niemann (GER) |

| Disziplin | Olympiasieger |
|---|---|
| Shorttrack, 500 m Einzel | C. Turner (USA) |
| Shorttrack, 3000 m Staffel | Kanada |
| **Bob** | |
| Zweier | Schweiz I |
| Vierer | Österreich I |
| **Rodeln** | |
| HERREN | |
| Einer | G. Hackl (GER) |
| Doppel | S. Krauße/ J. Behrendt (GER) |
| **DAMEN** | |
| Einer | D. Neuner (AUT) |
| **Eishockey** | GUS |
| **1994, Lillehammer** | |
| **Ski, Alpin** | |
| HERREN | |
| Abfahrt | T. Moe (USA) |
| Slalom | T. Stanggassinger (AUT) |
| Riesenslalom | M. Wasmeier (GER) |
| Super-G | M. Wasmeier (GER) |
| Kombination | L. Kjus (NOR) |
| Ski, Freistil-Buckelpiste | J.-L. Brassard (CAN) |
| Ski, Freistil-Springen | A. Schönbächler (SUI) |
| **DAMEN** | |
| Abfahrt | K. Seizinger (GER) |
| Slalom | V. Schneider (SUI) |
| Riesenslalom | D. Compagnoni (ITA) |
| Super-G | D. Roffe (USA) |
| Kombination | P. Wiberg (SWE) |
| Ski, Freistil-Buckelpiste | S. L. Hattestad (NOR) |
| Ski, Freistil-Springen | L. Tscherjassowa (UZB) |
| **Ski, Nordisch** | |
| HERREN | |
| 10 km Langlauf klassisch | B. Dæhlie (NOR) |
| Langlauf Kombination | B. Dæhlie (NOR) |
| 30 km Langlauf | T. Alsgaard (NOR) |
| 50 km Langlauf Freistil | W. Smirnow (KAZ) |
| 4 x 10 km | Italien |
| Skispringen, Normalschanze | E. Bredesen (NOR) |
| Skispringen, Großschanze | J. Weißflog (GER) |
| Skispringen, Mannschaft | Deutschland |
| Nord. Kombination Einzel | F.-B. Lundberg (NOR) |
| Nord. Kombination Mannschaft | Japan |
| **DAMEN** | |
| 5 km Langlauf klassisch | L. Jegorowa (RUS) |
| Langlauf-Kombination | L. Jegorowa (RUS) |
| 15 km Langlauf | M. di Centa (ITA) |
| 30 km Langlauf Freistil | M. di Centa (ITA) |

| Disziplin | Olympiasieger |
|---|---|
| 4 x 5 km | Russland |
| **Biathlon** | |
| HERREN | |
| 10 km | S. Tschepikow (RUS) |
| 20 km | S. Tarassow (RUS) |
| 4 x 7,5 km | Deutschland |
| DAMEN | |
| 7,5 km | M. Bedard (CAN) |
| 15 km | M. Bedard (CAN) |
| 4 x 7,5 km | Russland |
| **Eiskunstlauf** | |
| Herren | A. Urmanow (RUS) |
| Damen | O. Bajul (UKR) |
| Paare | J. Gordejewa/ |
| | S. Grinkow (RUS) |
| Eistanz | O. Gritschuk/ |
| | J. Platow (RUS) |
| **Eisschnelllauf** | |
| HERREN | |
| 500 m | A. Golubiew (RUS) |
| 1000 m | D. Jansen (USA) |
| 1500 m | J. O. Koss (NOR) |
| 5000 m | J. O. Koss (NOR) |
| 10000 m | J. O. Koss (NOR) |
| Shorttrack 500 m Einzel | Ji Hoon Chae (KOR) |
| Shorttrack 1000 m Einzel | Ki Hoon Kim (KOR) |
| Shorttrack 5000 m Staffel | Italien |
| DAMEN | |
| 500 m | B. Blair (USA) |
| 1000 m | B. Blair (USA) |
| 1500 m | E. Hunyadi (AUT) |
| 3000 m | S. Baschanowa (RUS) |
| 5000 m | C. Pechstein (GER) |
| Shorttrack 500 m Einzel | C. Turner (USA) |
| Shorttrack 1000 m Einzel | Lee-Kyung Chun (KOR) |
| Shorttrack 3000 m Staffel | Süd-Korea |
| **Rodeln** | |
| HERREN | |
| Einer | G. Hackl (GER) |
| Doppel | K. Brugger/ |
| | W. Huber (ITA) |
| DAMEN | |
| Einer | G. Weissensteiner (ITA) |
| **Bob** | |
| Zweier | Schweiz I |
| Vierer | Deutschland II |
| **Eishockey** | Schweden |

| Disziplin | Olympiasieger |
|---|---|
| **1998, Nagano** | |
| **Ski, Alpin** | |
| HERREN | |
| Abfahrt | J.-L. Cretier (FRA) |
| Slalom | H.-P. Buraas (NOR) |
| Riesenslalom | H. Maier (AUT) |
| Super-G | H. Maier (AUT) |
| Kombination | M. Reiter (AUT) |
| Trickski, Buckelpiste | J. Moseley (USA) |
| Trickski, Springen | E. Bergoust (USA) |
| DAMEN | |
| Abfahrt | K. Seizinger (GER) |
| Slalom | H. Gerg (GER) |
| Riesenslalom | D. Compagnoni (ITA) |
| Super-G | P. Street (USA) |
| Kombination | K. Seizinger (GER) |
| Trickski, Buckelpiste | T. Satoya (JPN) |
| Trickski, Springen | N. Stone (USA) |
| **Ski, Nordisch** | |
| HERREN | |
| 10 km Langlauf | B. Dæhlie (NOR) |
| 15 km Langlauf | T. Alsgaard (NOR) |
| 30 km Langlauf | M. Myllylä (FIN) |
| 50 km Langlauf | B. Dæhlie (NOR) |
| 4 x 10 km | Norwegen |
| Skispringen, Normalschanze | J. Soinonen (FIN) |
| Skispringen, Großschanze | K. Funaki (JPN) |
| Skispringen, Mannschaft | Japan |
| Nord. Kombination Einzel | B. E. Vik (NOR) |
| Nord. Kombination Mannschaft | Norwegen |
| DAMEN | |
| 5 km Langlauf klassisch | L. Lazutina (RUS) |
| 10 km Verfolgung | L. Lazutina (RUS) |
| 15 km Langlauf | O. Danilowa (RUS) |
| 30 km Langlauf Freistil | J. Tschepalowa (RUS) |
| 4 x 5 km | Russland |
| **Snowboard** | |
| HERREN | |
| Riesenslalom | R. Rebagliati (CAN) |
| Halfpipe | G. Simmen (SUI) |
| DAMEN | |
| Riesenslalom | K. Ruby (FRA) |
| Halfpipe | N. Thost (GER) |
| **Biathlon** | |
| HERREN | |
| 10 km | O. E. Björndalen (NOR) |
| 20 km | H. Hanevold (NOR) |
| 4 x 7,5 km | Deutschland |
| DAMEN | |
| 7,5 km | G. Kuklewa (RUS) |

# Olympische Winterspiele

| Disziplin | Olympiasieger |
|---|---|
| 15 km | E. Davofska (BUL) |
| 4 x 7,5 km | Deutschland |
| | |
| Eiskunstlauf | |
| Herren | I. Kulik (RUS) |
| Damen | T. Lipinski (USA) |
| Paare | O. Kasakowa/ |
| | A. Dmitriew (RUS) |
| Eistanz | O. Gritschuk/ |
| | J. Platow (RUS) |
| | |
| Eisschnelllauf | |
| HERREN | |
| 500 m | H. Shimizu (JPN) |
| 1000 m | I. Postma (NED) |
| 1500 m | A. Söndral (NOR) |
| 5000 m | G. Romme (NED) |
| 10 000 m | G. Romme (NED) |
| Shorttrack 500 m Einzel | T. Hishitani (JPN) |
| Shorttrack 1000 m Einzel | Dong-Sung Kim (KOR) |
| Shorttrack 5000 m Staffel | Kanada |
| | |
| DAMEN | |
| 500 m | C. LeMay-Doan (CAN) |
| 1000 m | M. Timmer (NED) |
| 1500 m | M. Timmer (NED) |
| 3000 m | G. Niemann- |
| | Stirnemann (GER) |
| 5000 m | C. Pechstein (GER) |
| Shorttrack 500 m Einzel | A. Perreault (CAN) |
| Shorttrack 1000 m Einzel | Lee-Kyung Chun (KOR) |
| Shorttrack 3000 m Staffel | Süd-Korea |

| Disziplin | Olympiasieger |
|---|---|
| Rodeln | |
| HERREN | |
| Einer | G. Hackl (GER) |
| Doppel | S. Krauße/ |
| | J. Behrendt (GER) |
| | |
| DAMEN | |
| Einer | S. Kraushaar (GER) |
| | |
| Bob | |
| Zweier | Italien I |
| Vierer | Deutschland II |
| | |
| Eishockey | |
| Männer | Tschechische Republik |
| Frauen | USA |
| | |
| Curling | |
| Männer | Schweiz |
| Frauen | Kanada |

## IOC-Präsidenten

| Name | Land | Amtszeit |
|---|---|---|
| Pierre de Coubertin | Frankreich | 1894–1925 |
| Henry de Baillet-Latour | Belgien | 1925–1942 |
| Johannes S. Edström | Schweden | 1944–1953 |
| Avery Brundage | USA | 1953–1972 |
| Michael M. Killanin | Irland | 1972–1980 |
| Juan Antonio Samaranch | Spanien | seit 1980 |

## Spielfeld Badminton

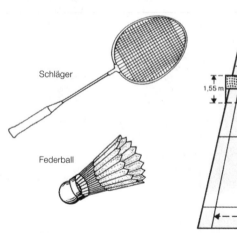

Schläger

Federball

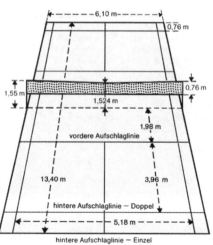

6,10 m

0,76 m

1,55 m

0,76 m

1,524 m

1,98 m

vordere Aufschlaglinie

13,40 m

3,96 m

hintere Aufschlaglinie – Doppel

5,18 m

hintere Aufschlaglinie – Einzel

| American Football | |
|---|---|
| Entstehung | Um 1870 aus Rugby |
| Hauptverbreitung | USA, Kanada |
| Spielfläche | Rasenplatz (120 x 50 m); aufgeteilt in 5-m-Zonen und zwei 10-m-Endzonen; zwei Tore (bis 7,2 m breit) |
| Spielgerät | Eiförmige Leder-(Kunststoff-)hülle um Gummiblase; Umfang 71 x 54 cm; Gewicht 400 g |
| Mannschaften | 2 x 11 Spieler |
| Wertung | Touchdown (Ablegen/Tragen des Balles in Endzone des Gegners; 6 Punkte); Field Goal (Schießen des Balles zwischen die oberen Torstangen; 3 Punkte) |
| Spielzeit | 4 x 12 Minuten (effektiv) |

| Badminton | |
|---|---|
| Entstehung | Indien, China, Inkareich; erstmals feste Regeln 1872 in Badminton (England) festgelegt |
| Hauptverbreitung | weltweit |
| Spielfläche | 13,4 x 5,18 m (Einzel) 13,4 x 6,1 m (Doppel) |
| Spielgerät | Federball mit 14–16 Federn und Korkteil; Gewicht 4,73–5,5 g |
| Mannschaften | Einzel, Doppel, Mixed |
| Wertung | Ein Satz bis 15 Punkte (Herreneinzel, Doppel) bzw. elf Punkte (Dameneinzel) |
| Spielzeit | Sieger ist, wer zuerst zwei Sätze gewonnen hat; beim Satzstand von 1:1 entscheidet ein dritter Satz |

| Baseball | |
|---|---|
| Entstehung | Frühes 18. Jahrhundert; kam Mitte des 18. Jahrhunderts von Großbritannien in die USA |
| Hauptverbreitung | Nordamerika, Japan |
| Spielfläche | Quadratische Rasenfläche mit Seitenlängen von 27,45 m; in einer Ecke das Schlagmal (Home base), in den anderen Ecken je ein Laufmal (Base); Werferplattform in der Spielfeldmitte |
| Spielgerät | Ball mit Korkkern, Garnummantelung und weißer Leder-(Kunststoff-)hülle; Umfang 22,86 cm; Gewicht 142–149 g; Schlagkeulen mit 1,07 m Länge |
| Mannschaften | 2 x 9 Spieler |
| Wertung | Lauf ins Home base (1 Punkt): Der Schläger trifft den Ball und umläuft dann das Feld von Mal zu Mal |
| Spielzeit | 9 Spielabschnitte pro Mannschaft |

| Basketball | |
|---|---|
| Entstehung | Über 1000 Jahre alt; moderne Regeln 1891 in Springfield/Ohio |
| Hauptverbreitung | Weltweit |
| Spielfläche | 28 x 15 m, Hallenplatz; in kleineren Hallen (untere Spielklassen) auch 24 x 13 m |
| Spielgerät | Hohlball aus Leder oder Kunststoff; Umfang 75–78 cm; Gewicht 600–650 g |
| Mannschaften | 2 x 5 Spieler (+ jeweils fünf Auswechselspieler) |
| Wertung | Wurf in den in 3,05 m Höhe aufgehängten Korb: 2 Punkte; bei Würfen von jenseits einer 6,25 m entfernten Linie: 3 Punkte; jeder Freiwurftreffer; 1 Punkt; Anzahl der Freiwürfe jeweils nach Vergehen |
| Spielzeit | 2 x 20 Minuten (effektiv); in Nordamerika aufgeteilt in vier Viertel (Quarter) |

**Spielfeld Basketball**

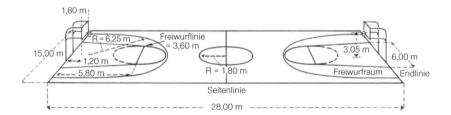

779

# Sportarten

| Curling | |
|---|---|
| Entstehung | In Schottland; Regeln um 1700 |
| Hauptverbreitung | Nordamerika, Schottland, Schweiz |
| Spielfläche | Ebene Eisbahn; Länge 44,5 m (von Footline zu Footline 42 m) |
| Spielgerät | Oval-runder Curlingstein, zumeist aus poliertem Granit; Gewicht bis 20 kg; Umfang 91,4 cm; Stein mit Griff und Bolzen für den Wurf |
| Mannschaften | 2 x 4 Spieler; jeder Spieler mit zwei Steinen (Würfen) |
| Wertung | In jedem Durchgang (End), deren Zahl (maximal 17) zuvor bestimmt wird, werden die Steine gezählt, die näher am Zielmittelpunkt liegen als die gegnerischen (Shots); Sieger ist die Mannschaft mit den meisten Shots |
| Spielzeit | Absolvierung der festgelegten Durchgänge (Ends) |

| Eisstockschießen | |
|---|---|
| Entstehung | Seit Jahrhunderten bekannt |
| Hauptverbreitung | Bayern, Österreich, Schweiz |
| Spielfläche | Eisbahn (im Sommer auch Asphaltbahn), besteht aus Mittelfeld und zwei Start- bzw. Zielfeldern; Länge 28 x 3 m |
| Spielgerät | Eisstock mit runder, 3 mm starker Laufsohle aus Holz oder Kunststoff; Durchmesser mit Ring 27–29 cm; Höhe bis 35 cm; Gewicht 5–5,5 kg; rundes Zielobjekt (Daube) aus Gummi; Durchmesser 12 cm |
| Mannschaften | 2 x 4 Spieler |
| Wertung | In jedem der maximal 6 Durchgänge (Kehren) werden die Stöcke gezählt, die näher an der Daube liegen als die gegnerischen: erster Stock: 3 Punkte; sonst: 2 Punkte |
| Spielzeit | 6 Kehren (Durchgänge) |

**Spielfeld Eishockey**

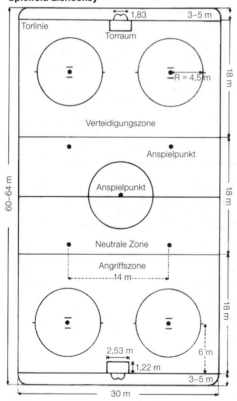

| Eishockey | |
|---|---|
| Entstehung | Um 1860 von britischen Soldaten in Kanada eingeführt; seit 1888 mit Puck nach festen Regeln |
| Hauptverbreitung | Nordamerika, Europa |
| Spielfläche | Eisfläche von 60 x 30 m; umgebende Bande 1,15–1,22 m hoch; Torbreite 1,83 m; Torhöhe 1,22 m |
| Spielgerät | Puck (runde Hartgummischeibe); Durchmesser 7,62 cm; Höhe 2,54 cm; Schlägerlänge 1,35 m |
| Mannschaften | 2 x 6 Spieler plus jeweils 9 Auswechselspieler |
| Wertung | Nach erzielten Toren |
| Spielzeit | 3 x 20 Minuten (effektiv) |

| Eishockey-Weltmeister | |
|---|---|
| Land | Weltmeistertitel |
| Russland/UdSSR | 23 |
| Kanada | 21 |
| Tschechoslowakei/Tschechien | 9 |
| Schweden | 7 |
| USA | 2 |
| Großbritannien | 1 |
| Finnland | 1 |

Die erste Weltmeisterschaft wurde 1920 ausgetragen; Weltmeister wurde Kanada

## Fußball

| | |
|---|---|
| Entstehung | Bekannt seit dem Altertum; Regeln in heutiger Form in England Mitte 19. Jahrhundert |
| Hauptverbreitung | Weltweit |
| Spielfläche | Rasenplatz; Länge 90–120 m; Breite 45–90 m; Normalmaß 105 x 70 m; Torbreite 7,32 m; Torhöhe 2,44 m |
| Spielgerät | Hohlball aus Leder oder Kunststoff; Umfang 68–71 cm; Gewicht 396–453 g |
| Mannschaften | 2 x 11 Spieler (Auswechselungen 2 Feldspieler, 1 Torwart möglich) |
| Wertung | Nach erzielten Toren |
| Spielzeit | 2 x 45 Minuten |

## Fußball-Europameister

| Jahr | Finale |
|---|---|
| 1960* | UdSSR–Jugoslawien 2:1 |
| 1964* | Spanien–UdSSR 2:1 |
| 1968 | Italien–Jugoslawien 2:0 |
| 1972 | BR Deutschland – UdSSR 3:0 |
| 1976 | Tschechoslowakei–BR Deutschland 5:3 n.E. |
| 1980 | BR Deutschland–Belgien 2:1 |
| 1984 | Frankreich–Spanien 2:0 |
| 1988 | Niederlande–UdSSR 2:0 |
| 1992 | Dänemark–Deutschland 2:0 |
| 1996 | Deutschland–Tschechien 2:1 |
| 2000 | Frankreich–Italien 2:1 |

\* Europapokal der Nationen

## Fußball-Europapokalsieger

| Jahr | UEFA-Pokal* | Cupsieger | Landesmeister** |
|---|---|---|---|
| 1956 | – | – | Real Madrid |
| 1957 | – | – | Real Madrid |
| 1958 | FC Barcelona | – | Real Madrid |
| 1959 | – | – | Real Madrid |
| 1960 | FC Barcelona | – | Real Madrid |
| 1961 | AS Rom | FC Florenz | Benfica Lissabon |
| 1962 | FC Valencia | Atletico Madrid | Benfica Lissabon |
| 1963 | FC Valencia | Tottenham Hotspurs | AC Mailand |
| 1964 | Real Saragossa | Sporting Lissabon | Inter Mailand |
| 1965 | Ferencvaros Budapest | West Ham United | Inter Mailand |
| 1966 | FC Barcelona | Borussia Dortmund | Real Madrid |
| 1967 | Dynamo Zagreb | Bayern München | Celtic Glasgow |
| 1968 | Leeds United | AC Mailand | Manchester United |
| 1969 | Newcastle United | Slovan Bratislava | AC Mailand |
| 1970 | Arsenal London | Manchester City | Feyenoord Rotterdam |
| 1971 | Leeds United | Chelsea London | Ajax Amsterdam |
| 1972 | Tottenham Hotspurs | Glasgow Rangers | Ajax Amsterdam |
| 1973 | FC Liverpool | AC Mailand | Ajax Amsterdam |
| 1974 | Feyenoord Rotterdam | 1. FC Magdeburg | Bayern München |
| 1975 | Borussia Mönchengladbach | Dynamo Kiew | Bayern München |
| 1976 | FC Liverpool | RSC Anderlecht | Bayern München |
| 1977 | Juventus Turin | Hamburger SV | FC Liverpool |
| 1978 | PSV Eindhoven | RSC Anderlecht | FC Liverpool |
| 1979 | Borussia Mönchengladbach | FC Barcelona | Nottingham Forest |
| 1980 | Eintracht Frankfurt | FC Valencia | Nottingham Forest |
| 1981 | Ipswich Town | Dynamo Tiflis | FC Liverpool |
| 1982 | IFK Göteborg | FC Barcelona | Aston Villa |
| 1983 | RSC Anderlecht | FC Aberdeen | Hamburger SV |
| 1984 | Tottenham Hotspurs | Juventus Turin | FC Liverpool |
| 1985 | Real Madrid | FC Everton | Juventus Turin |
| 1986 | Real Madrid | Dynamo Kiew | Steaua Bukarest |
| 1987 | IFK Göteborg | Ajax Amsterdam | FC Porto |
| 1988 | Bayer 04 Leverkusen | KV Mechelen | PSV Eindhoven |
| 1989 | SSC Neapel | FC Barcelona | AC Mailand |
| 1990 | Juventus Turin | Sampdoria Genua | AC Mailand |
| 1991 | Inter Mailand | Manchester United | Roter Stern Belgrad |

⇒ S. 782

**781**

# Sportarten

| Jahr | UEFA-Pokal* | Cupsieger | Landesmeister |
|------|-------------|-----------|---------------|
| 1992 | Ajax Amsterdam | Werder Bremen | FC Barcelona |
| 1993 | Juventus Turin | AC Parma | Olympique Marseille |
| 1994 | Inter Mailand | Arsenal London | AC Mailand |
| 1995 | AC Parma | Real Saragossa | Ajax Amsterdam |
| 1996 | Bayern München | Paris St. Germain | Juventus Turin |
| 1997 | FC Schalke 04 | FC Barcelona | Borussia Dortmund |
| 1998 | Inter Mailand | Chelsea London | Real Madrid |
| 1999 | AC Parma | Lazio Rom | Manchester United |
| 2000 | Galatasaray Istanbul | nicht mehr ausgespielt | Real Madrid |

\* bis 1971 Messecup \qquad \qquad ** seit 1993 Champions League

## Fußball-Weltmeister

| 1930 | Uruguay | 1962 | Brasilien | 1986 | Argentinien |
|------|---------|------|-----------|------|-------------|
| 1934 | Italien | 1966 | England | 1990 | BR Deutschland |
| 1938 | Italien | 1970 | Brasilien | 1994 | Brasilien |
| 1950 | Uruguay | 1974 | BR Deutschland | 1998 | Frankreich |
| 1954 | BR Deutschland | 1978 | Argentinien | | |
| 1958 | Brasilien | 1982 | Italien | | |

## Deutsche Fußballmeister

| 1903 | VfB Leipzig | 1938 | Hannover 96 | 1971 | Bor. Mönchengladbach |
|------|-------------|------|-------------|------|----------------------|
| 1904 | – | 1939 | FC Schalke 04 | 1972 | Bayern München |
| 1905 | Union 92 Berlin | 1940 | FC Schalke 04 | 1973 | Bayern München |
| 1906 | VfB Leipzig | 1941 | Rapid Wien | 1974 | Bayern München |
| 1907 | Freiburger FC | 1942 | FC Schalke 04 | 1975 | Bor. Mönchengladbach |
| 1908 | Viktoria Berlin | 1943 | Dresdner SC | 1976 | Bor. Mönchengladbach |
| 1909 | Phönix Karlsruhe | 1944 | Dresdner SC | 1977 | Bor. Mönchengladbach |
| 1910 | Karlsruher FV | 1945–1947 | – | 1978 | 1. FC Köln |
| 1911 | Viktoria Berlin | 1948 | 1. FC Nürnberg | 1979 | Hamburger SV |
| 1912 | Holstein Kiel | 1949 | VfR Mannheim | 1980 | Bayern München |
| 1913 | VfB Leipzig | 1950 | VfB Stuttgart | 1981 | Bayern München |
| 1914 | SpVgg Fürth | 1951 | 1. FC Kaiserslautern | 1982 | Hamburger SV |
| 1915–1919 | – | 1952 | VfB Stuttgart | 1983 | Hamburger SV |
| 1920 | 1. FC Nürnberg | 1953 | 1. FC Kaiserslautern | 1984 | VfB Stuttgart |
| 1921 | 1. FC Nürnberg | 1954 | Hannover 96 | 1985 | Bayern München |
| 1922 | – | 1955 | Rot-Weiß Essen | 1986 | Bayern München |
| 1923 | Hamburger SV | 1956 | Borussia Dortmund | 1987 | Bayern München |
| 1924 | 1. FC Nürnberg | 1957 | Borussia Dortmund | 1988 | Werder Bremen |
| 1925 | 1. FC Nürnberg | 1958 | FC Schalke 04 | 1989 | Bayern München |
| 1926 | SpVgg Fürth | 1959 | Eintracht Frankfurt | 1990 | Bayern München |
| 1927 | 1. FC Nürnberg | 1960 | Hamburger SV | 1991 | 1. FC Kaiserslautern |
| 1928 | Hamburger SV | 1961 | 1. FC Nürnberg | 1992 | VfB Stuttgart |
| 1929 | SpVgg Fürth | 1962 | 1. FC Köln | 1993 | Werder Bremen |
| 1930 | Hertha BSC Berlin | 1963 | Borussia Dortmund | 1994 | Bayern München |
| 1931 | Hertha BSC Berlin | 1964 | 1. FC Köln | 1995 | Borussia Dortmund |
| 1932 | Bayern München | 1965 | Werder Bremen | 1996 | Borussia Dortmund |
| 1933 | Fortuna Düsseldorf | 1966 | 1860 München | 1997 | Bayern München |
| 1934 | FC Schalke 04 | 1967 | Eintr. Braunschweig | 1998 | 1. FC Kaiserslautern |
| 1935 | FC Schalke 04 | 1968 | 1. FC Nürnberg | 1999 | Bayern München |
| 1936 | 1. FC Nürnberg | 1969 | Bayern München | 2000 | Bayern München |
| 1937 | FC Schalke 04 | 1970 | Bor. Mönchengladbach | | |

**Spielfeld Fußball**

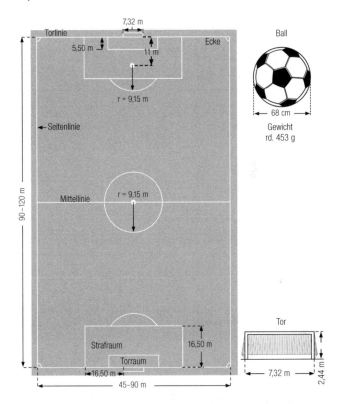

**Golf**

| | |
|---|---|
| Entstehung | Aus Schottland stammend; über das British Empire weltweit verbreitet |
| Hauptverbreitung | Weltweit |
| Spielfläche | Golfplatz mit 18 Spielbahnen, die bis zu 500 m lang sind |
| Spielgerät | Golfball mit Gummikern und Hartgummihülle; Durchmesser 41 mm; Gewicht 45,9 g; 5–14 Schläger, verwendet je nach Situation |
| Mannschaften | Einzelsport (selten Mannschaften) |
| Wertung | Der Ball muss mit möglichst wenig Schlägen vom Abschlag ins jeweilige Loch befördert werden; wer die geringste Schlagzahl aufweist, hat gewonnen |
| Spielzeit | 4 x 18 Bahnen |

**Golf: Wichtige Begriffe**

| | |
|---|---|
| Birdie | Spieler benötigt einen Schlag weniger als für das Loch vorgesehen (»Eins unter par«) |
| Bogey | Spieler benötigt einen Schlag mehr als für das Loch vorgesehen (»Eins über par«) |
| Eagle | Spieler benötigt zwei Schläge weniger als für das Loch vorgesehen (»Zwei unter par«) |
| Fairway | Kurz gemähte Spielbahn zwischen Abschlag und Grün |
| Green | Grün; kurz geschorene Fläche am Loch |
| Handicap | Bezeichnung der Spielstärke; je geringer die Zahl desto besser der Spieler (schlechtester Wert: 36) |
| Par | Für ein Loch als Standard festgesetzte Schlagzahl |

# Sportarten

**Spielfeld Hallenhandball**

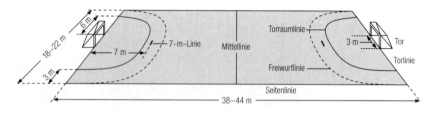

| Hallenhandball | |
|---|---|
| Entstehung | Aus dem um 1919 in Deutschland entwickelten Feldhandball in Skandinavien entstanden (zunächst Kleinfeld-, später Hallenspiel) |
| Hauptverbreitung | Weltweit |
| Spielfläche | 40 x 20 m (Halle); Torbreite 3 m; Torhöhe 2 m |
| Spielgerät | Hohlball aus Leder oder Kunststoff; Umfang 58–60 cm; Gewicht 425–475 g (Frauen: 54–56 cm; 325–400 g) |
| Mannschaften | 2 x 7 Spieler (plus jeweils fünf Auswechselspieler) |
| Wertung | Nach erzielten Toren |
| Spielzeit | 2 x 30 Minuten |

| Hockey | |
|---|---|
| Entstehung | In der Antike; feste Regeln um 1850 in England |
| Hauptverbreitung | Asien, Australien, Europa |
| Spielfläche | Feld: 91,4 x 55 m; Torbreite 3,66 m; Torhöhe 2,14 m; Halle: 18–22 x 36–44 m; Torbreite 3 m; Torhöhe 2 m |
| Spielgerät | Ball aus Leder oder Kunststoff; Umfang 22,4–23,5 cm; Gewicht 156–163 g; Stockgewicht 340–794 g |
| Mannschaften | Feld: 2 x 11 Spieler (zwei Auswechselungen möglich); Halle: 2 x 6 Spieler plus je 6 Auswechselspieler |
| Wertung | Nach erzielten Toren |
| Spielzeit | Feld: 2 x 35 Min.; Halle: 2 x 20 Min. |

## Hallenhandball: Weltmeister

| Männer | | Frauen | |
|---|---|---|---|
| 1938 | Deutschland | 1957 | Tschechoslowakei |
| 1954 | Schweden | 1962 | Rumänien |
| 1958 | Schweden | 1965 | Ungarn |
| 1961 | Rumänien | 1971 | DDR |
| 1964 | Rumänien | 1973 | Jugoslawien |
| 1967 | Tschechoslowakei | 1975 | DDR |
| 1970 | Rumänien | 1978 | DDR |
| 1974 | Rumänien | 1982 | UdSSR |
| 1978 | Deutschland | 1986 | UdSSR |
| 1982 | UdSSR | 1990 | UdSSR |
| 1986 | Jugoslawien | 1993 | Deutschland |
| 1990 | Schweden | 1995 | Süd-Korea |
| 1993 | Russland | 1997 | Dänemark |
| 1995 | Frankreich | 1999 | Norwegen |
| 1997 | Russland | | |
| 1999 | Schweden | | |

## Hockey: Weltmeister

| Männer | | Frauen | |
|---|---|---|---|
| 1971 | Pakistan | 1974 | Niederlande |
| 1973 | Niederlande | 1976 | BR Deutschland |
| 1975 | Indien | 1978 | Niederlande |
| 1978 | Pakistan | 1979 | Niederlande |
| 1982 | Pakistan | 1981 | BR Deutschland |
| 1986 | Australien | 1983 | Niederlande |
| 1990 | Niederlande | 1986 | Niederlande |
| 1994 | Pakistan | 1990 | Niederlande |
| 1998 | Niederlande | 1994 | Australien |
| | | 1998 | Australien |

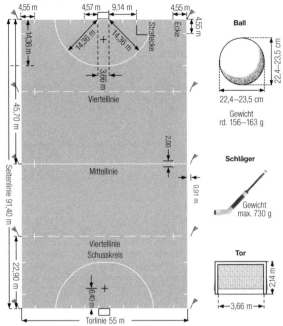

## Spielfeld Feldhockey

4,55 m  4,57 m  9,14 m  4,55 m

4,55 m

14,36 m

14,36 m  14,36 m

Strafecke

Ecke

45,70 m

3,66 m

Viertellinie

2,00

Seitenlinie 91,40 m

Mittellinie

0,91 m

22,90 m

Viertellinie
Schusskreis

6,40 m

Torlinie 55 m

**Ball**

22,4–23,5 cm

22,4–23,5 cm

Gewicht
rd. 156–163 g

**Schläger**

Gewicht
max. 730 g

**Tor**

2,14 m

◄—3,66 m—►

## Kegeln

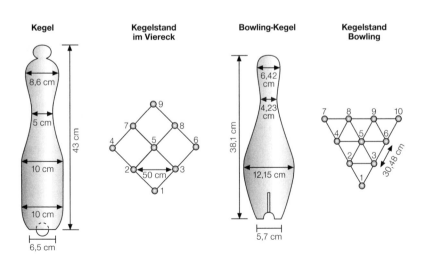

**Kegel**

8,6 cm

5 cm

43 cm

10 cm

10 cm

6,5 cm

**Kegelstand
im Viereck**

9

7   8

4   5   6

2   50 cm   3

1

**Bowling-Kegel**

6,42
cm

4,23
cm

38,1 cm

12,15 cm

5,7 cm

**Kegelstand
Bowling**

7   8   9   10

4   5   6

2   3

30,48 cm

1

# Sportarten

## Asphaltbahn

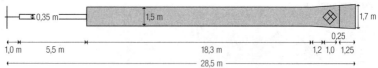

## Bohlenbahn

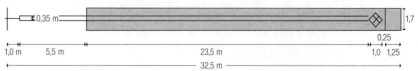

## Scherenbahn

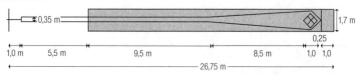

## Bowlingbahn

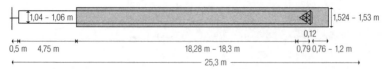

| Kegeln | |
|---|---|
| Entstehung | Bekannt im alten Ägypten; erstmals 1157 erwähnt |
| Hauptverbreitung | Europa, Nordamerika |
| Spielfläche | Siehe Grafik oben |
| Spielgerät | Kegelgewicht (Asphalt, Bohle, Schere) 1,75–1,85 kg; (Bowling) 1,35–1,64 kg; Kugeln (Asphalt, Bohle, Schere): Durchmesser 16 cm; Gewicht 2,8–3,15 kg; Kugeln (Bowling): Durchmesser 21,8 cm; Gewicht bis 7,257 kg |
| Mannschaften | Einzel, Paare, Mannschaften |
| Wertung | Je nach Spielsystem; häufig »In-die-Vollen« (jeder Wurf auf alle Kegel; Serien zu 50 oder 100 Kugeln) bzw. »Abräumen« (alle Kegel müssen umfallen; Serien zu 50 oder 100 Kugeln); die Wertung beim Ten Pin Bowling geht von Serien zu zehn Feldern (Frames) aus, wobei pro Serie insgesamt 21 Würfe möglich sind |
| Spielzeit | Je nach Spielsystem; in der Regel keine Zeitbegrenzung |

| Leichtathletik | |
|---|---|
| Entstehung | Laufen, Werfen, Springen seit Beginn der Menschheitsgeschichte zur Körperertüchtigung bzw. als notwendige Fortbewegungsarten; wichtiger Bestandteil (neben den Kampfsportarten) der antiken und der modernen Olympischen Spiele |
| Hauptverbreitung | Weltweit |
| Spielfläche | Stadion mit 400-m-Kunststoffbahn und mit Kunststoff ausgelegten Wurf- und Sprunganlagen |
| Spielgerät | Je nach leichtathletischer Disziplin (z.B. Kugel bei Kugelstoß, Speer beim Speerwurf, Diskus beim Diskuswurf, Hammer beim Hammerwurf, Staffelstab für 4 x 100- und 4 x 400-m-Staffeln) siehe S. 787 |
| Mannschaften | Einzel- und Staffelwettbewerbe |
| Wertung | Laufzeiten, Weiten- und Höhenmessung; Punktsystem beim Sieben- und Zehnkampf |
| Spielzeit | Je nach Disziplin |

## Leichtathletik-Kampfbahn

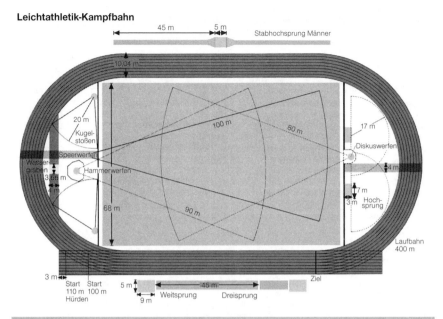

## Leichtathletik -Disziplinen ▲

### Laufwettbewerbe
- Rundbahnlänge: 400 m
- Bahnenanzahl: mindestens acht
- Auflagematerial: Kunststoff

100-M-LAUF UND HÜRDENSPRINTS:
- auf acht geraden Bahnen
- Bahnenbreite: 1,22 m
- Zahl der Hürden: zehn
  MÄNNER 110 M HÜRDEN:
  - Höhe der Hürden: 1,067 m
  - Abstand der Hürden: 9,14 m
  MÄNNER 400 M HÜRDEN:
  - Höhe der Hürden: 0,914 m
  - Abstand der Hürden: 35 m
  FRAUEN 100 M HÜRDEN:
  - Höhe der Hürden: 0,84 m
  - Abstand der Hürden: 8,50 m
  FRAUEN 400 M HÜRDEN:
  - Höhe der Hürden: 0,762 m
  - Abstand der Hürden: 35 m

3000 M HINDERNISLAUF:
- Zahl der Hindernisse: 28
- Höhe der Hindernisse: 0,91 m
- Tiefe des Wassergrabens: 0,70 m

### Sprungwettbewerbe
- Mit Kunststoff ausgelegte
  Anlagen
- Elektronische Ergebnismessungen

WEITSPRUNG:
- Länge der Sprunggrube: mindes-
  tens 9 m
- Breite der Sprunggrube: 5 m
- Breite des Absprungbalkens: 1,22 m

DREISPRUNG:
- Länge der Sprunggrube: mindes-
  tens 9 m; Länge mit Bahn nach
  Absprungbalken: mind. 19 m
- Breite der Sprunggrube: 5 m

HOCHSPRUNG:
- Maße der Sprungmatte:
  3 x 7 x 0,5 m
- Sprunglatte: dreikantig,
  3 x 3 x 3 cm

STABHOCHSPRUNG:
- Einstichkasten: 1 m lang, 20 cm
  tief
- Stablänge: 4-5 m; Gewicht: 3 kg;
  Material: Fieberglas; früher Holz

### Wurf- und Stoßwettbewerbe
- Mit Kunststoff ausgelegte
  Anlagen
- Elektronische Ergebnismessungen

KUGELSTOß:
- Stoßkreis-Durchmesser: 2,135 m
- Gewicht der Kugel:
  Männer: 7,257 kg; Frauen: 5 kg

DISKUSWURF:
- Wurfkreis-Durchmesser: 2,50 m
- Schutzgitteröffnung: 6 m breit
- Gewicht des Diskus:
  Männer: 2 kg; Frauen: 1 kg

HAMMERWURF:
- Wurfkreis-Durchmesser: 2,135 m
- Schutzgitteröffnung: 6 m breit
- Gewicht des Hammers:
  Männer: 7,257 kg; Frauen: 5 kg

SPEERWURF:
- Länge der Anlaufbahn: 30-36,5 m
- Gewicht des Speers:
  Männer: 800 g; Frauen: 600 g
- Länge des Speers: Männer: 260-
  270 cm; Frauen: 220-230 cm

# Sportarten

## Leichtathletik-Weltrekorde im Freien (Stand: Oktober 2000)

| Disziplin | Männer | Frauen |
|---|---|---|
| 100 m | 9,79 sec  M. Greene (USA, 1999) | 10,49 sec  F. Griffith-Joyner (USA, 1988) |
| 200 m | 19,32 sec  M. Johnson (USA, 1996) | 21,34 sec  F. Griffith-Joyner (USA, 1988) |
| 400 m | 43,18 sec  M. Johnson (USA, 1999) | 47,60 sec  M. Koch (GDR, 1985) |
| 800 m | 1:41,11 min  W. Kipketer (DEN, 1997) | 1:53,28 min  J. Kratochvilova (CSR, 1983) |
| 1500 m | 3:26,00 min  H. El Guerrouj (MAR, 1998) | 3:50,46 min  Y. Qu (CHN, 1993) |
| 1 Meile | 3:43,16 min  H. El Guerrouj (MAR, 1999) | 4:12,56 min  S. Masterkowa (RUS, 1996) |
| 3000 m | 7:20,67 min  D. Komen (KEN, 1996) | 8:06,11 min  J. Wang (CHN, 1993) |
| 5000 m | 12:39,36 min  H. Gebrselassie (ETH, 1998) | 14:31,27 min  D. Yanmei (CHN, 1997) |
| 10 000 m | 26:22,75 min  H. Gebrselassie (ETH, 1998) | 29:31,78 min  J. Wang (CHN, 1993) |
| Halbmarathon | 59:06 min  P. Tergat (KEN, 2000) | 1:06:43,0 h  M. Chiba (JPN, 1997) |
| Marathon | 2:06:05,0 h  R. Costa (POR, 1998) | 2:20:47,0 h  I. Kristiansen (NOR, 1998) |
| 100 m Hürden | – | 12,21 sec  J. Donkova (BUL, 1988) |
| 110 m Hürden | 12,91 sec  C. Jackson (GBR, 1993) | – |
| 400 m Hürden | 46,78 sec  K. Young (USA, 1992) | 52,61 sec  K. Batten (USA, 1995) |
| 3000 m Hindernis | 7:55,72 min  B. Barmasai (KEN, 1997) | – |
| 4 x 100 m | 37,40 sec  (USA, 1992) | 41,37 sec  (GDR, 1985) |
| 4 x 400 m | 2:54,20 min  (USA, 1998) | 3:15,17 min  (URS, 1988) |
| 10 km Gehen | – | 41:04,0 min  J. Nikolajewa (RUS, 1996) |
| 20 km Gehen | 1:17:25,6 h  B. Segura (MEX, 1994) | – |
| 50 km Gehen | 3:37:41,0 h  A. Perlow (URS, 1989) | – |
| Hochsprung | 2,45 m  J. Sotomayor (CUB, 1993) | 2,09 m  S. Kostadinova (BUL, 1987) |
| Stabhochsprung | 6,14 m  S. Bubka (UKR, 1994) | 4,60 m  E. George (AUS, 1999) |
| Weitsprung | 8,95 m  M. Powell (USA, 1991) | 7,52 m  G. Tschistjakowa (URS, 1988) |
| Dreisprung | 18,29 m  J. Edwards (GBR, 1995) | 15,50 m  I. Krawets (UKR, 1995) |
| Kugelstoß | 23,12 m  R. Barnes (USA, 1990) | 22,63 m  N. Lissowskaja (URS, 1987) |
| Diskuswurf | 74,08 m  J. Schult (GDR, 1986) | 76,80 m  G. Reinsch (GDR, 1988) |
| Hammerwurf | 86,74 m  J. Sedych (URS, 1986) | 75,97 m  M. Melinte (ROM, 1999) |
| Speerwurf | 98,48 m  J. Zelezny (TCH, 1996) | 80,00 m  P. Felke (GDR, 1988) |
| Siebenkampf | – | 7291 Punkte  J. Joyner-Kersee (USA, 1988) |
| Zehnkampf | 8894 Punkte  T. Dvorak (TCH, 1999) | – |

## Leichtathletik-Weltrekorde in der Halle (Stand: Oktober 2000)

| Disziplin | Männer | Frauen |
|---|---|---|
| 60 m | 6,39 sec  M. Greene (USA, 1998) | 6,92 sec  I. Priwalowa (RUS, 1993) |
| 200 m | 19,92 sec  F. Fredericks (NAM, 1996) | 21,87 sec  M. Ottey (JAM, 1993) |
| 400 m | 44,63 sec  M. Johnson (USA, 1995) | 49,59 sec  J. Kratochvilova (CSR, 1982) |
| 800 m | 1:42,67 min  W. Kipketer (DEN, 1997) | 1:56,36 min  M. Mutola (MOZ, 1998) |
| 1000 m | 2:14,96 min  W. Kipketer (DEN, 2000) | – |
| 1500 m | 3:31,18 min  H. El Guerrouj (MAR, 1997) | 4:00,27 min  D. Melinte (ROM, 1990) |
| 1 Meile | 3:48,45 min  H. El Guerrouj (MAR, 1997) | 4:17,14 min  D. Melinte (ROM, 1990) |
| 3000 m | 7:24,90 min  D. Komen (KEN, 1998) | 8:33,82 min  E. van Hulst (NED, 1989) |
| 5000 m | 12:50,38 min  H. Gebrselassie (ETH, 1999) | 14:47,35 min  G. Szabo (ROM, 1999) |
| 60 m Hürden | 7,30 sec  C. Jackson (GBR, 1994) | 7,69 sec  L. Naroschilenko (URS, 1990) |
| 4 x 400 m | 3:02,83 min  (USA, 1999) | 3:24,25 min  (RUS, 1999) |
| 3000 m Gehen | – | 11:44,0 min  A. Iwanowa (RUS, 1992) |
| 5000 m Gehen | 18:07,08 min  M. Schtschennikow (RUS, 1995) | |
| Hochsprung | 2,43 m  J. Sotomayor (CUB, 1989) | 2,07 m  H. Henkel (GER, 1992) |
| Stabhochsprung | 6,15 m  S. Bubka (UKR, 1993) | 4,62 m  S. Dragila (USA, 2000) |
| Weitsprung | 8,79 m  C. Lewis (USA, 1984) | 7,37 m  H. Drechsler (GDR, 1988) |
| Dreisprung | 17,83 m  A. Urratia (CUB, 1997) | 15,03 m  J. Chen (RUS, 1995) |
| Kugelstoß | 22,66 m  R. Barnes (USA, 1989) | 22,50 m  H. Fibingerova (CSR, 1977) |
| Fünfkampf | – | 4991 Punkte  I. Bjelowa (RUS, 1992) |
| Siebenkampf | 6476 Punkte  D. O'Brien (USA) | – |

| \multicolumn{4}{c}{Motorsport: Formel-1-Weltmeister} |
|------|------|------|------|
| Jahr | Name | Land | Rennwagen |
| 1950 | Nino Farina | Italien | Alfa Romeo |
| 1951 | Juan Manuel Fangio | Argentinien | Alfa Romeo |
| 1952 | Alberto Ascari | Italien | Ferrari |
| 1953 | Alberto Ascari | Italien | Ferrari |
| 1954 | Juan Manuel Fangio | Argentinien | Maserati |
| 1955 | Juan Manuel Fangio | Argentinien | Mercedes |
| 1956 | Juan Manuel Fangio | Argentinien | Ferrari |
| 1957 | Juan Manuel Fangio | Argentinien | Maserati |
| 1958 | Mike Hawthorn | Großbritannien | Ferrari |
| 1959 | Jack Brabham | Australien | Cooper-Climax |
| 1960 | Jack Brabham | Australien | Cooper-Climax |
| 1961 | Phil Hill | USA | Ferrari |
| 1962 | Graham Hill | Großbritannien | BRM |
| 1963 | Jim Clark | Großbritannien | Lotus-Climax |
| 1964 | John Surtees | Großbritannien | Ferrari |
| 1965 | Jim Clark | Großbritannien | Lotus-Climax |
| 1966 | Jack Brabham | Australien | Brabham-Repco |
| 1967 | David Hulme | Neuseeland | Brabham-Repco |
| 1968 | Graham Hill | Großbritannien | Lotus-Ford |
| 1969 | Jackie Stewart | Großbritannien | Matra-Ford |
| 1970 | Jochen Rindt | Österreich | Lotus-Ford |
| 1971 | Jackie Stewart | Großbritannien | Tyrrell-Ford |
| 1972 | Emerson Fittipaldi | Brasilien | Lotus-Ford |
| 1973 | Jackie Stewart | Großbritannien | Tyrrell-Ford |
| 1974 | Emerson Fittipaldi | Brasilien | McLaren-Ford |
| 1975 | Niki Lauda | Österreich | Ferrari |
| 1976 | James Hunt | Großbritannien | McLaren-Ford |
| 1977 | Niki Lauda | Österreich | Ferrari |
| 1978 | Mario Andretti | USA | Lotus-Ford |
| 1979 | Jody Scheckter | Südafrika | Ferrari |
| 1980 | Alan Jones | Australien | Williams-Ford |
| 1981 | Nelson Piquet | Brasilien | Brabham-Ford |
| 1982 | Keke Rosberg | Finnland | Williams-Ford |
| 1983 | Nelson Piquet | Brasilien | Brabham-BMW |
| 1984 | Niki Lauda | Österreich | McLaren-Porsche |
| 1985 | Alain Prost | Frankreich | McLaren-Porsche |
| 1986 | Alain Prost | Frankreich | McLaren-Porsche |
| 1987 | Nelson Piquet | Brasilien | Williams-Honda |
| 1988 | Ayrton Senna | Brasilien | McLaren-Honda |
| 1989 | Alain Prost | Frankreich | McLaren-Honda |
| 1990 | Ayrton Senna | Brasilien | McLaren-Honda |
| 1991 | Ayrton Senna | Brasilien | McLaren-Honda |
| 1992 | Nigel Mansell | Großbritannien | Williams-Renault |
| 1993 | Alain Prost | Frankreich | Williams-Renault |
| 1994 | Michael Schumacher | Deutschland | Benetton-Ford |
| 1995 | Michael Schumacher | Deutschland | Benetton-Renault |
| 1996 | Damon Hill | Großbritannien | Williams-Renault |
| 1997 | Jacques Villeneuve | Kanada | Williams-Renault |
| 1998 | Mika Häkkinen | Finnland | McLaren-Mercedes |
| 1999 | Mika Häkkinen | Finnland | McLaren-Mercedes |
| 2000 | Michael Schumacher | Deutschland | Ferrari |

# Sportarten

## Radsport

Unterschieden wird zwischen Radrennen auf der Straße, der Bahn und Wettbewerben in der Halle:

| | |
|---|---|
| Straßenrennsport | Rundstrecken-, Etappen-, Berg-rennen, Zeitfahren, Querfeldein-rennen, Straßenrennen, Kriterium |
| Bahnrennsport | Fliegerrennen (Sprint), Verfolgungs-rennen, Tandem-, Zeitfahren, Vor-gaberennen, Punktefahren, Aus-scheidungs-, Steherrennen, Zweier-Mannschaftsfahren, Viererverfolgung |
| Hallenwettbewerbe | Radball, Radpolo, Kunstradfahren (Einer-, Zweier-, Vierer-, Sechser-gruppe) |

## Radsport: Sieger der Tour de France

| | |
|---|---|
| 1903 | M. Grain (Frankreich) |
| 1904 | H. Cornet (Frankreich) |
| 1905 | L. Trousselier (Frankreich) |
| 1906 | R. Pottier (Frankreich) |
| 1907 | L. Petit-Breton (Frankreich) |
| 1908 | L. Petit-Breton (Frankreich) |
| 1909 | F. Faber (Luxemburg) |
| 1910 | O. Lapize (Frankreich) |
| 1911 | G. Garrigou (Frankreich) |
| 1912 | O. Defraye (Belgien) |
| 1913 | P. Thys (Belgien) |
| 1914 | P. Thys (Belgien) |
| 1919 | F. Lambot (Belgien) |
| 1920 | P. Thys (Belgien) |
| 1921 | L. Scieur (Belgien) |
| 1922 | E. Lambot (Belgien |
| 1923 | H. Pellissier (Frankreich) |
| 1924 | O. Bottecchia (Italien) |
| 1925 | O. Bottecchia (Italien) |
| 1926 | L. Buysse (Belgien) |
| 1927 | N. Frantz (Luxemburg) |
| 1928 | N. Frantz (Luxemburg) |
| 1929 | M. Dewaele (Belgien) |
| 1930 | A. Leducq (Frankreich) |
| 1931 | A. Magne (Frankreich) |
| 1932 | A. Leducq (Frankreich) |
| 1933 | G. Speicher (Frankreich) |
| 1934 | A. Magne (Frankreich) |
| 1935 | R. Maes (Belgien) |
| 1936 | S. Maes (Belgien) |
| 1937 | R. Lapebie (Frankreich) |
| 1938 | G. Bartali (Italien) |
| 1939 | S. Maes (Belgien) |
| 1947 | J. Robic (Frankreich) |
| 1948 | G. Bartali (Italien) |
| 1949 | F. Coppi (Italien) |
| 1950 | F. Kübler (Schweiz) |
| 1951 | H. Koblet (Schweiz) |
| 1952 | F. Coppi (Italien) |

| | |
|---|---|
| 1953–1955 | L. Bobet (Frankreich) |
| 1956 | R. Walkowiak (Frankreich) |
| 1957 | J. Anquetil (Frankreich) |
| 1958 | C. Gaul (Luxemburg) |
| 1959 | F. Bahamontes (Spanien) |
| 1960 | G. Nencini (Italien) |
| 1961–1964 | J. Anquetil (Frankreich) |
| 1965 | F. Gimondi (Italien) |
| 1966 | L. Aimar (Frankreich) |
| 1967 | R. Pingeon (Frankreich) |
| 1968 | J. Janssen (Niederlande) |
| 1969–1972 | E. Merckx (Belgien) |
| 1973 | L. Ocana (Spanien) |
| 1974 | E. Merckx (Belgien) |
| 1975 | B. Thevenet (Frankreich) |
| 1976 | L. v. Impe (Belgien) |
| 1977 | B. Thevenet (Frankreich) |
| 1978 | B. Hinault (Frankreich) |
| 1979 | B. Hinault (Frankreich) |
| 1980 | J. Zoetemelk (Niederlande) |
| 1981 | B. Hinault (Frankreich) |
| 1982 | B. Hinault (Frankreich) |
| 1983 | L. Fignon (Frankreich) |
| 1984 | L. Fignon (Frankreich) |
| 1985 | B. Hinault (Frankreich) |
| 1986 | G. Lemond (USA) |
| 1987 | S. Roche (Irland) |
| 1988 | P. Delgado (Spanien) |
| 1989 | G. Lemond (USA) |
| 1990 | G. Lemond (USA) |
| 1991–1995 | M. Indurain (Spanien) |
| 1996 | B. Riis (Dänemark) |
| 1997 | J. Ullrich (Deutschland) |
| 1998 | M. Pantani (Italien) |
| 1999 | L. Armstrong (USA) |
| 2000 | L. Armstrong (USA) |

## Reitsport

Unterschieden wird zwischen

- Galopprennsport
- Trabrennsport
- Springreiten
- Dressurreiten
- Vielseitigkeitsreiterei (Military)
- Polo

In den jeweiligen Rennsportwettbewerben treten Paare aus Reiter und Pferd an. Beim Springreiten, Dressurrei-ten und in der Vielseitigkeitsreiterei werden sowohl Einzelkonkurrenzen als auch Mannschaftswettbewerbe ausgetragen. Lediglich beim Polo finden ausschließlich Mannschaftswettbewerbe statt.

Zu den olympischen Wettbewerben zählen Springrei-ten, Dressurreiten und die Vielseitigkeitsreiterei.

## Bedeutende Galopprennen

| Rennen | Premiere | Distanz (in km) | | Rennen | Premiere | Distanz (in km) |
|---|---|---|---|---|---|---|
| **Englische Klassiker** | | | | **Französischer Klassiker** | | |
| St. Leger | 1776 | ca. 2,9 | | Prix de l'Arc de Triomphe | 1920 | 2,4 |
| Oaks | 1779 | ca. 2,4 | | | | |
| Derby | 1780 | ca. 2,4 | | **Amerikanische Klassiker (für 3-Jährige)** | | |
| 2000 Guineas | 1809 | ca. 1,6 | | Belmont Stakes | 1867 | ca. 2,4 |
| 1000 Guineas | 1814 | ca. 1,6 | | Preakness Stakes | 1873 | ca. 1,9 |
| | | | | Kentucky Derby | 1875 | ca. 2 |
| **JAGD- UND HINDERNISRENNEN** | | | | | | |
| Grand National | 1839 | ca. 7,2 | | **Deutsche Klassiker (für 3-Jährige)** | | |
| Cheltenham Gold Cup | 1924 | ca. 5,2 | | Preis der Diana | 1848 | 2,2 |
| Champion Hurdle | 1927 | ca. 3,2 | | Henckelrennen | 1871 | 1,6 |
| | | | | Deutsches St. Leger | 1881 | 2,8 |
| **Irischer Klassiker** | | | | Deutsches Derby | 1889 | 2,4 |
| Irish Derby | 1866 | ca. 2,4 | | Schwarzgold-Rennen | 1919 | 1,6 |

## Rollhockey

| | |
|---|---|
| Entstehung | Um 1930 in Spanien und Portugal |
| Hauptverbreitung | Europa, Südamerika |
| Spielfläche | 20 x 40 m aus Asphalt, Holz, Beton oder Kunststoff; abgerundete Ecken und Bande; Torbreite 1,55 m; Torhöhe 1,05 m |
| Spielgerät | Hartgummiball; Umfang 23 cm; Gewicht 155 g; Schlägerlänge 91–115 cm; Breite 5 cm; Rollendurchmesser der Rollschuhe 3 cm |
| Mannschaften | 2 x 5 Spieler (mögliche Auswechselungen zwei Spieler, ein Torwart) |
| Wertung | Nach erzielten Toren |
| Spielzeit | 2 x 25 Minuten (effektiv) |

## Squash

| | |
|---|---|
| Entstehung | Mitte des 19. Jahrhunderts in England |
| Hauptverbreitung | Europa, Asien, Australien |
| Spielfläche | Einzelbox: Länge 9,75 m; Breite 6,4 m; Höhe 5,5 m; Doppelbox: Länge 13,72 m; Breite 7,62 m; Höhe 7 m; Rückseite offen oder aus Glas |
| Spielgerät | Nahtloser Gummihohlball, mit Filzstoff überzogen; Durchmesser 4 cm; Gewicht 23,3–24,6 g; Schlägerlänge höchstens 68,5 cm |
| Mannschaften | Einzel oder Doppel |
| Wertung | Punktwertung je Satz bis 9 Gewinnpunkte (Einzel) bzw. bis 15 Punkte (Doppel) |
| Spielzeit | 2 oder 3 Gewinnsätze |

## Rugby

| | |
|---|---|
| Entstehung | 1823 in Rugby/England; feste Regeln ab 1875 |
| Hauptverbreitung | Europa, Australien, Südafrika |
| Spielfläche | Maximal 100 x 69 m Rasenfläche plus 2 x 22 m Malfelder; Malstangen: Breite 5,6 m; Höhe 6 m (Querlatte 3 m) |
| Spielgerät | Eiförmiger Hohlball aus Leder oder Kunststoff; Länge 28–30 cm; Längenumfang 76–79 cm; Breitenumfang 58–62 cm; Gewicht 400–440 g |
| Mannschaften | Feld: 2 x 15 Spieler |
| Wertung | Versuch (4 Punkte): Ball wird ins gegnerische Malfeld gelegt; Schuss durch Malstangen nach erfolgreichem Versuch (3 Punkte); Straftritte oder Dropkicks durch die Malstangen (3 Punkte); Sieger ist, wer die meisten Punkte hat |
| Spielzeit | 2 x 40 Minuten |

## Schwimmen

Unterschieden wird zwischen
- Brustschwimmen: 50, 100 und 200 m
- Kraulschwimmen: 50, 100, 200, 400, 800 und 1500 m
- Rückenschwimmen: 50, 100 und 200 m
- Delphinschwimmen 50, 100 und 200 m

Bei Wettkämpfen werden die Freistilstrecken im Kraulstil absolviert. Zudem werden Lagenwettbewerbe (200 und 400 m) sowie Staffelrennen (Freistil, Lagen) über 4 x 100 m und 4 x 200 m (Freistil) ausgetragen

# Sportarten

| Schwimm-Weltrekorde, Langbahn (Stand: Oktober 2000) | | |
|---|---|---|
| Disziplin | Männer | Frauen |
| **Einzelwettbewerbe** | | |
| 50 m Freistil | 21,64 sec  A. Popow (RUS, 2000) | 24,13 sec  I. de Bruijn (NED, 2000) |
| 100 m Freistil | 47,84 sec  P. v.d. Hoogenband (NED, 2000) | 53,77 sec  I. de Bruijn (NED, 2000) |
| 200 m Freistil | 1:45,35 min  P. v.d. Hoogenband (NED, 2000) | 1:56,78 min  F. van Almsick (GER, 1994) |
| 400 m Freistil | 3:40,59 min  I. Thorpe (AUS, 2000) | 4:03,85 min  J. Evans (USA, 1988) |
| 800 m Freistil | 7:46,00 min  K. Perkins (AUS, 1994) | 8:16,22 min  J. Evans (USA, 1989) |
| 1500 m Freistil | 14:41,66 min  K. Perkins (AUS, 1994) | 15:52,10 min  J. Evans (USA, 1988) |
| 50 m Rücken | 24,99 sec  L. Krayzelburg (USA, 1999) | 28,67 sec  M. Nakamura (JPN, 2000) |
| 100 m Rücken | 53,60 sec  L. Krayzelburg (USA, 1999) | 1:00,16 min  He Cihong (CHN, 1994) |
| 200 m Rücken | 1:55,87 min  L. Krayzelburg (USA, 1999) | 2:06,62 min  K. Egerszegi (HUN, 1991) |
| 50 m Brust | 27,61 sec  A. Dschabunja (UKR, 1996) | 30,83 sec  P. Heyns (RSA, 1999) |
| 100 m Brust | 1:00,36 min  R. Sludnow (RUS, 2000) | 1:06,52 min  P. Heyns (RSA, 1999) |
| 200 m Brust | 2:10,16 min  M. Barrowman (USA, 1992) | 2:23,64 min  P. Heyns (RSA, 1999) |
| 50 m Delphin | 23,11 sec  M. Klim (AUS, 2000) | 25,64 sec  I. de Bruijn (NED, 2000) |
| 100 m Delphin | 51,81 sec  M. Klim (AUS, 1999) | 56,61 sec  I. de Bruijn (NED, 2000) |
| 200 m Delphin | 1:55,18 min  T. Malchow (USA, 2000) | 2:05,81 min  S. O'Neill (AUS, 2000) |
| 200 m Lagen | 1:58,16 min  J. Sievinen (FIN, 1994) | 2:09,72 min  Yanyan Wu (CHN, 1997) |
| 400 m Lagen | 4:11,76 min  T. Dolan (USA, 2000) | 4:33,59 min  J. Klochkowa (UKR, 2000) |
| **Staffelwettbewerbe** | | |
| 4 x 100 m Lagen | 3:33,73 min  USA (2000) | 3:58,30 min  USA (2000) |
| 4 x 100 m Freistil | 3:13,67 min  AUS (2000) | 3:36,61 min  USA (2000) |
| 4 x 200 m Freistil | 7:07,05 min  AUS (2000) | 7:07,05 min  AUS (2000) |

## Spielfeld Tennis

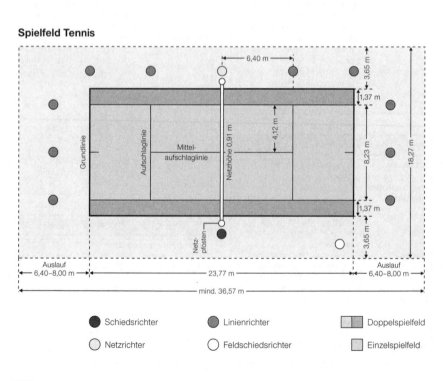

- ● Schiedsrichter
- ○ Netzrichter
- ● Linienrichter
- ○ Feldschiedsrichter
- Doppelspielfeld
- Einzelspielfeld

792

## Tennis

| Entstehung | Aus früheren Ballspielen, z.B. Jeu de Paume; erste feste Regeln 1874 in England |
|---|---|
| Hauptverbreitung | Weltweit |
| Spielfläche | Einzel: 23,77 x 8,23 m; Doppel: 23,77 x 10,97 m; Netzhöhe in der Mitte 91,5 cm |
| Spielgerät | Nahtloser Gummihohlball mit Wollstoffhülle; Durchmesser 6,35 – 6,67 cm; Gewicht 56,7 – 58,47 g |
| Mannschaften | Einzel, Doppel, Mixed, Mannschaftswettbewerbe |
| Wertung | Zählweise nach Punkten, Spielen und Sätzen; Punktzählweise 15 – 30 – 40 – Spiel (bei zwei Punkten Vorsprung); ein Satz ist beendet, wenn ein Spieler sechs oder sieben Spiele gewonnen und dabei mindestens zwei Spiele Vorsprung hat (bei 6:6 Tiebreak) |
| Spielzeit | 2 Gewinnsätze (Frauen; Männer bei einfachen Turnieren) oder 3 Gewinnsätze (Männer bei Grand-slam-Turnieren) |

## Tennis: Wimbledonsieger

| Jahr | Männer | Frauen |
|---|---|---|
| 1877 | S. Gore (GBR) | – |
| 1878 | P. Hadow (GBR) | – |
| 1879 | J. Hartley (GBR) | – |
| 1880 | J. Hartley (GBR) | – |
| 1881 | W. Renshaw (GBR) | – |
| 1882 | W. Renshaw (GBR) | – |
| 1883 | W. Renshaw (GBR) | – |
| 1884 | W. Renshaw (GBR) | M. Watson (GBR) |
| 1885 | W. Renshaw (GBR) | M. Watson (GBR) |
| 1886 | W. Renshaw (GBR) | B. Gingley (GBR) |
| 1887 | H. Lawford (GBR) | L. Dod (GBR) |
| 1888 | E. Renshaw (GBR) | L. Dod (GBR) |
| 1889 | W. Renshaw (GBR) | G. Hillyard (GBR) |
| 1890 | W. Hamilton (GBR) | L. Rice (GBR) |
| 1891 | W. Baddeley (GBR) | L. Dod (GBR) |
| 1892 | W. Baddeley (GBR) | L. Dod (GBR) |
| 1893 | J. Pim (GBR) | L. Dod (GBR) |
| 1894 | J. Pim (GBR) | G. Hillyard (GBR) |
| 1895 | W. Baddeley (GBR) | C. Cooper (GBR) |
| 1896 | H. Mahony (GBR) | C. Cooper (GBR) |
| 1897 | R. Doherty (GBR) | G. Hillyard (GBR) |
| 1898 | R. Doherty (GBR) | C. Cooper (GBR) |
| 1899 | R. Doherty (GBR) | G. Hillyard (GBR) |
| 1900 | R. Doherty (GBR) | G. Hillyard (GBR) |
| 1901 | A. Gore (GBR) | A. Sterry (GBR) |
| 1902 | H. Doherty (GBR) | M. Robb (GBR) |
| 1903 | H. Doherty (GBR) | D. Douglass (GBR) |

| Jahr | Männer | Frauen |
|---|---|---|
| 1904 | H. Doherty (GBR) | D. Douglass (GBR) |
| 1905 | H. Doherty (GBR) | M. Sutton (USA) |
| 1906 | H. Doherty (GBR) | D. Douglass (GBR) |
| 1907 | N. Brookes (AUS) | M. Sutton (USA) |
| 1908 | A. Gore (GBR) | A. Sterry (GBR) |
| 1909 | A. Gore (GBR) | D. Boothby (GBR) |
| 1910 | A. Wilding (NZL) | M. Chambers (GBR) |
| 1911 | A. Wilding (NZL) | M. Chambers (GBR) |
| 1912 | A. Wilding (NZL) | D. Larcombe (GBR) |
| 1913 | A. Wilding (NZL) | M. Chambers (GBR) |
| 1914 | N. Brookes (AUS) | M. Chambers (GBR) |
| 1915–18 | nicht ausgetragen | |
| 1919 | G. Patterson (AUS) | S. Lenglen (FRA) |
| 1920 | W. Tilden (USA) | S. Lenglen (FRA) |
| 1921 | W. Tilden (USA) | S. Lenglen (FRA) |
| 1922 | G. Patterson (AUS) | S. Lenglen (FRA) |
| 1923 | W. Johnston (USA) | S. Lenglen (FRA) |
| 1924 | J. Borotra (FRA) | K. McKane (GBR) |
| 1925 | R. Lacoste (FRA) | S. Lenglen (FRA) |
| 1926 | J. Borotra (FRA) | L. Godfree (GBR) |
| 1927 | H. Cochet (FRA) | H. Wills (USA) |
| 1928 | R. Lacoste (FRA) | H. Wills (USA) |
| 1929 | H. Cochet (FRA) | H. Wills (USA) |
| 1930 | W. Tilden (USA) | H. Moody (USA) |
| 1931 | S. Wood (USA) | C. Aussem (GER) |
| 1932 | E. Vines (USA) | H. Moody (USA) |
| 1933 | J. Crawford (AUS) | H. Moody (USA) |
| 1934 | F. Perry (GBR) | D. Round (GBR) |
| 1935 | F. Perry (GBR) | H. Moody (USA) |
| 1936 | F. Perry (GBR) | H. Jacobs (USA) |
| 1937 | D. Budge (USA) | D. Round (GBR) |
| 1938 | D. Budge (USA) | H. Moody (USA) |
| 1939 | R. Riggs (USA) | A. Marble (USA) |
| 1940–45 | nicht ausgetragen | |
| 1946 | Y. Petra (FRA) | P. Betz (USA) |
| 1947 | J. Kramer (USA) | M. Osborne (USA) |
| 1948 | R. Falkenburg (USA) | L. Brough (USA) |
| 1949 | T. Schroeder (USA) | L. Brough (USA) |
| 1950 | B. Patty (USA) | L. Brough (USA) |
| 1951 | D. Savitt (USA) | D. Hart (USA) |
| 1952 | F. Sedgman (AUS) | M. Conolly (USA) |
| 1953 | V. Seixas (USA) | M. Conolly (USA) |
| 1954 | J. Drobny (TCH) | M. Conolly (USA) |
| 1955 | A. Trabert (USA) | L. Brough (USA) |
| 1956 | L. Hoad (AUS) | S. Fry (USA) |
| 1957 | L. Hoad (AUS) | A. Gibson (USA) |
| 1958 | A. Cooper (AUS) | A. Gibson (USA) |
| 1959 | A. Olmedo (PER) | M. Bueno (BRA) |
| 1960 | N. Fraser (AUS) | M. Bueno (BRA) |
| 1961 | R. Laver (AUS) | A. Mortimer (GBR) |
| 1962 | R. Laver (AUS) | K. Susman (USA) |
| 1963 | C. McKinley (USA) | M. Smith (AUS) |
| 1964 | R. Emerson (AUS) | M. Bueno (BRA) |
| 1965 | R. Emerson (AUS) | M. Smith (AUS) |
| 1966 | M. Santana (ESP) | B.-J. King (USA) |
| 1967 | J. Newcombe (AUS) | B.-J. King (USA) |
| 1968 | R. Laver (AUS) | B.-J. King (USA) |

⇒ S. 794

# Sportarten

| Jahr | Männer | Frauen |
|------|--------|--------|
| 1969 | R. Laver (AUS) | A. Jones (GBR) |
| 1970 | J. Newcombe (AUS) | M. Court (AUS) |
| 1971 | J. Newcombe (AUS) | E. Goolagong (AUS) |
| 1972 | S. Smith (USA) | B.-J. King (USA) |
| 1973 | J. Kodes (TCH) | B.-J. King (USA) |
| 1974 | J. Connors (USA) | C. Evert (USA) |
| 1975 | A. Ashe (USA) | B.-J. King (USA) |
| 1976 | B. Borg (SWE) | C. Evert (USA) |
| 1977 | B. Borg (SWE) | V. Wade (GBR) |
| 1978 | B. Borg (SWE) | M. Navratilova (TCH) |
| 1979 | B. Borg (SWE) | M. Navratilova (TCH) |
| 1980 | B. Borg (SWE) | E. Goolagong (AUS) |
| 1981 | J. McEnroe (USA) | C. Evert (USA) |
| 1982 | J. Connors (USA) | M. Navratilova (USA) |
| 1983 | J. McEnroe (USA) | M. Navratilova (USA) |
| 1984 | J. McEnroe (USA) | M. Navratilova (USA) |
| 1985 | B. Becker (FRG) | M. Navratilova (USA) |
| 1986 | B. Becker (FRG) | M. Navratilova (USA) |
| 1987 | P. Cash (AUS) | M. Navratilova (USA) |
| 1988 | S. Edberg (SWE) | S. Graf (FRG) |
| 1989 | B. Becker (FRG) | S. Graf (FRG) |
| 1990 | S. Edberg (SWE) | M. Navratilova (USA) |
| 1991 | M. Stich (GER) | S. Graf (GER) |
| 1992 | A. Agassi (USA) | S. Graf (GER) |
| 1993 | P. Sampras (USA) | S. Graf (GER) |
| 1994 | P. Sampras (USA) | C. Martinez (ESP) |
| 1995 | P. Sampras (USA) | S. Graf (GER) |
| 1996 | R. Krajicek (NED) | S. Graf (GER) |
| 1997 | P. Sampras (USA) | M. Hingis (SUI) |
| 1998 | P. Sampras (USA) | J. Novotna (CZE) |
| 1999 | P. Sampras (USA) | L. Davenport (USA) |
| 2000 | P. Sampras (USA) | V. Williams (USA) |

| Jahr | Sieger |
|------|--------|
| 1958 | USA |
| 1959–1962 | Australien |
| 1963 | USA |
| 1964–1967 | Australien |
| 1968–1972 | USA |
| 1973 | Australien |
| 1974 | Südafrika |
| 1975 | Schweden |
| 1976 | Italien |
| 1977 | Australien |
| 1978–1979 | USA |
| 1980 | Tschechoslowakei |
| 1981–1982 | USA |
| 1983 | Australien |
| 1984–1985 | Schweden |
| 1986 | Australien |
| 1987 | Schweden |
| 1988–1989 | BR Deutschland |
| 1990 | USA |
| 1991 | Frankreich |
| 1992 | USA |
| 1993 | Deutschland |
| 1994 | Schweden |
| 1995 | USA |
| 1996 | Frankreich |
| 1997 | Schweden |
| 1998 | Schweden |
| 1999 | Australien |

## Tennis: Davis-Cup-Sieger

| Jahr | Sieger |
|------|--------|
| 1900–1902 | USA |
| 1903–1906 | Großbritannien |
| 1907–1911 | Australien |
| 1912 | Großbritannien |
| 1913 | USA |
| 1914 | Australien |
| 1915–1918 | nicht ausgetragen |
| 1919 | Australien |
| 1920–1926 | USA |
| 1927–1932 | Frankreich |
| 1933–1936 | Großbritannien |
| 1937–1938 | USA |
| 1939 | Australien |
| 1940–1945 | nicht ausgetragen |
| 1946–1949 | USA |
| 1950–1953 | Australien |
| 1954 | USA |
| 1955–1957 | Australien |

## Tischtennis

| | |
|------|------|
| Entstehung | Aus dem einfachen Pingpongspiel hervorgegangen; heutiges Spiel durch Erfindung von Zelluloidbällen und Noppengummi-Schlägerbelägen entwickelt |
| Hauptverbreitung | Weltweit; besonders populär in Fernost |
| Spielfläche | Tischbreite 1,525 m; Tischlänge 2,74 m; Tischhöhe 76 cm; Netzbreite 1,83 m; Netzhöhe 15,25 cm |
| Spielgerät | Zelluloidball; Durchmesser 3,72–3,82 cm; Gewicht 2,4–2,53 g; Schlägerseiten müssen unterschiedlich gefärbt sein; Gesamtstärke des Belags maximal 4 mm; Schläger muss auf Holz bestehen |
| Mannschaften | Einzel, Doppel, Mixed, Mannschaftswettbewerbe |
| Wertung | Zählweise nach Punkten; Satzende bei 21 Punkten (bei zwei Punkten Vorsprung) |
| Spielzeit | 2 oder 3 Gewinnsätze (je nach Turnier) |

## Tischtennis

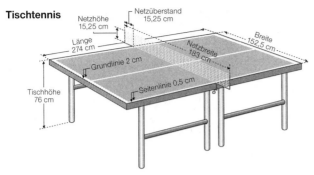

Netzhöhe 15,25 cm
Netzüberstand 15,25 cm
Länge 274 cm
Breite 152,5 cm
Netzbreite 183 cm
Grundlinie 2 cm
Seitenlinie 0,5 cm
Tischhöhe 76 cm

## Volleyball

| Volleyball | |
|---|---|
| Entstehung | 1895 in den USA von William C. Morgan entwickeltes Freizeit-Ballspiel |
| Hauptverbreitung | Weltweit |
| Spielfläche | Rechteck von 18 x 9 m; durch eine Mittellinie inkl. Netz geteilt; Netzhöhe 2,43 m (Männer), 2,24 m (Frauen) |
| Spielgerät | Ball aus Gummiblase und Leder- oder Kunststoffhülle; Umfang 65–67 cm; Gewicht 260–280 g |
| Mannschaften | 2 x 6 Spieler (plus jeweils 6 Auswechselspieler) |
| Wertung | Zählweise nach Punkten; Satzende bei 15 Punkten (bei zwei Punkten Vorsprung) |
| Spielzeit | 3 Gewinnsätze |

### Volleyball

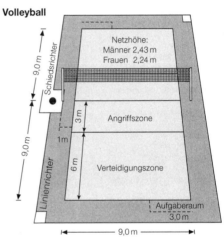

Schiedsrichter
Linienrichter
Netzhöhe: Männer 2,43 m Frauen 2,24 m
Angriffszone
Verteidigungszone
Aufgaberaum 3,0 m
9,0 m
9,0 m
3 m
6 m
1 m
9,0 m

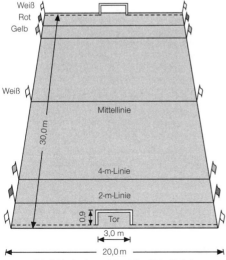

Weiß
Rot
Gelb
Weiß
Mittellinie
30,0 m
4-m-Linie
2-m-Linie
0,9
Tor
3,0 m
20,0 m
Spielfeldbefestigungsleine 0,3 m hinter Torlinie

| Wasserball | |
|---|---|
| Entstehung | 1876 in England; erste feste Regeln 1886 in England |
| Hauptverbreitung | Weltweit |
| Spielfläche | Wasserfläche 30 x 20 m; Tiefe 1,8 m; Torbreite 3 m; Torhöhe 0,9 m |
| Spielgerät | Wasserdichter Ball aus Leder- oder Kunststoff; Umfang 68–71 cm; Gewicht 400–450 g |
| Mannschaften | 2 x 7 Spieler (plus jeweils 4 Auswechselspieler) |
| Wertung | Nach Zahl der Tore |
| Spielzeit | 4 x 7 Minuten (effektiv) |

**795**

# Sportarten

## Gewichtsklassen bei verschiedenen Sportarten

| Gewichtsklasse | Gewichtslimit | Gewichtsklasse | Gewichtslimit |
|---|---|---|---|
| **Männer** | | Mittelgewicht | bis 86 kg |
| **Boxen** | | Halbschwergewicht | bis 95 kg |
| Halbfliegengewicht | bis 48 kg | Schwergewicht | über 95 kg |
| Fliegengewicht | bis 51 kg | | |
| Bantamgewicht | bis 54 kg | | |
| Federgewicht | bis 57 kg | **Frauen** | |
| Leichtgewicht | bis 60 kg | **Gewichtheben** | |
| Halbweltergewicht | bis 63,5 kg | Fliegengewicht | bis 46 kg |
| Weltergewicht | bis 67 kg | Bantamgewicht | bis 50 kg |
| Halbmittelgewicht | bis 71 kg | Federgewicht | bis 54 kg |
| Mittelgewicht | bis 75 kg | Leichtgewicht | bis 59 kg |
| Halbschwergewicht | bis 81 kg | Mittelgewicht | bis 64 kg |
| Schwergewicht | bis 91 kg | Leichtschwergewicht | bis 70 kg |
| Superschwergewicht | über 91 kg | Mittelschwergewicht | bis 76 kg |
| | | 1. Schwergewicht | bis 83 kg |
| **Gewichtheben** | | 2. Schwergewicht | über 83 kg |
| Fliegengewicht | bis 54 kg | | |
| Bantamgewicht | bis 59 kg | | |
| Federgewicht | bis 64 kg | **Judo** | |
| Leichtgewicht | bis 70 kg | Superleichtgewicht | bis 48 kg |
| Mittelgewicht | bis 76 kg | Halbleichtgewicht | bis 52 kg |
| Leichtschwergewicht | bis 83 kg | Leichtgewicht | bis 56 kg |
| Mittelschwergewicht | bis 91 kg | Halbmittelgewicht | bis 61 kg |
| 1. Schwergewicht | bis 99 kg | Mittelgewicht | bis 66 kg |
| 2. Schwergewicht | bis 108 kg | Halbschwergewicht | bis 72 kg |
| Superschwergewicht | über 108 kg | Schwergewicht | über 72 kg |

| Gewichtsklasse | Gewichtslimit |
|---|---|
| **Ringen, griechisch-römisch** | |
| Halbfliegengewicht | bis 48 kg |
| Fliegengewicht | bis 52 kg |
| Bantamgewicht | bis 57 kg |
| Federgewicht | bis 62 kg |
| Leichtgewicht | bis 68 kg |
| Weltergewicht | bis 74 kg |
| Mittelgewicht | bis 82 kg |
| Halbschwergewicht | bis 90 kg |
| Schwergewicht | bis 100 kg |
| Superschwergewicht | bis 130 kg |
| | |
| **Ringen, Freistil** | |
| Halbfliegengewicht | bis 48 kg |
| Fliegengewicht | bis 52 kg |
| Bantamgewicht | bis 57 kg |
| Federgewicht | bis 62 kg |
| Leichtgewicht | bis 68 kg |
| Weltergewicht | bis 74 kg |
| Mittelgewicht | bis 82 kg |
| Halbschwergewicht | bis 90 kg |
| Schwergewicht | bis 100 kg |
| Superschwergewicht | bis 130 kg |
| | |
| **Judo** | |
| Superleichtgewicht | bis 60 kg |
| Halbleichtgewicht | bis 65 kg |
| Leichtgewicht | bis 71 kg |
| Halbmittelgewicht | bis 78 kg |

## Asiatische Kampfsportarten

**Aikido**
Entwickelte sich als »Weg der Harmonie« aus dem Jiu-Jitsu; Aikido besteht ausschließlich aus Defensivtechniken

**Karate**
Entstanden im 16. Jahrhundert aus dem Kung-fu; das moderne Karate (»leere Hände«) entwickelte sich um 1920, zunächst unter der Bezeichnung »Shotokan«; Schläge können mit Händen und Füßen ausgeteilt werden

**Kendo**
Ein japanischer Schwertkampf, bei dem die Kämpfer Bambusstäbe verwenden; die Kontrahenten müssen wegen des Verletzungsrisikos Gesichtsmasken und einen Körperschutz tragen

**Kung-fu**
Eine Gruppe chinesischer Kampftechniken; der Begriff Kung-fu bedeutet so viel wie »harte Arbeit«

**Teakwondo**
Die koreanische Form des unbewaffneten Kampfes ähnelt dem Karate; frei übersetzt bedeutet Teakwondo »Weg von Fuß und Faust«

## Deutsche Sportler des Jahres

| Jahr | Sportler | Sportlerin | Mannschaft |
|------|----------|------------|------------|
| 1947 | Gottfried von Cramm (Tennis) | – | – |
| 1948 | Gottfried von Cramm (Tennis) | – | – |
| 1949 | Georg Meier (Motorsport) | – | – |
| 1950 | Herbert Klein (Schwimmen) | – | – |
| 1951 | Ria u. Paul Falk (Eis- u. Rollsport) | – | – |
| 1952 | Karl Kling (Motorsport) | – | – |
| 1953 | Werner Haas (Motorsport) | – | – |
| 1954 | Heinz Fütterer (Leichtathletik) | – | – |
| 1955 | Hans Günter Winkler (Reiten) | – | – |
| 1956 | Hans Günter Winkler (Reiten) | – | – |
| 1957 | Manfred Germar (Leichtathletik) | – | Borussia Dortmund (Fußball) |
| 1958 | Fritz Thiedemann (Reiten) | – | Leichtathletik-Nationalmannschaft |
| 1959 | Martin Lauer (Leichtathletik) | Marika Kilius (Eiskunstlauf) | Deutschland-Achter (Rudern) |
| 1960 | Georg Thoma (Skisport) | Ingrid Krämer (Kunstspringen) | Deutschland-Achter (Rudern) |
| 1961 | Graf Berghe v. Trips (Motorsport) | Heidi Schmid (Fechten) | 1. FC Nürnberg (Fußball) |
| 1962 | Gerhard Hetz (Schwimmen) | Jutta Heine (Leichtathletik) | Ratzeburger Achter (Rudern) |
| 1963 | Gerhard Hetz (Schwimmen) | Ursel Brunner (Schwimmen) | Hockey-Nationalmannschaft |
| 1964 | Willi Holdorf (Leichtathletik) | Roswitha Esser/Annemarie Zimmermann (Kanu-Zweier) | Berliner-Ruder-Club-Vierer |
| 1965 | Hans-Joachim Klein (Schwimmen) | Helga Hoffmann (Leichtathletik) | Leichtathletik-Nationalmannschaft |
| 1966 | Rudi Altig (Radsport) | Helga Hoffmann/Karin Frisch (Leichtathletik) | Fußball-Nationalmannschaft |
| 1967 | Kurt Bendlin (Leichtathletik) | Liesel Westermann (Leichtathletik) | Bayern München (Fußball) |
| 1968 | Franz Keller (Skisport) | Ingrid Becker (Leichtathletik) | Deutschland-Achter (Rudern) |
| 1969 | Hans Faßnacht (Schwimmen) | Liesel Westermann (Leichtathletik) | Springreiter-Equipe |
| 1970 | Hans Faßnacht (Schwimmen) | Heide Rosendahl (Leichtathletik) | Fußball-Nationalmannschaft |
| 1971 | Hans Faßnacht (Schwimmen) | Ingrid Mickler-Becker (Leichtathl.) | Borussia Mönchengladbach (Fußball) |
| 1972 | Klaus Wolfermann (Leichtathletik) | Heide Rosendahl (Leichtathletik) | Hockey-Nationalmannschaft |
| 1973 | Klaus Wolfermann (Leichtathletik) | Uta Schorn (Turnen) | Bahn-Rad-Vierer |
| 1974 | Eberhard Gienger (Turnen) | Christel Justen (Schwimmen) | Fußball-Nationalmannschaft |
| 1975 | Peter Michael Kolbe (Rudern) | Ellen Wellmann (Leichtathletik) | Borussia Mönchengladbach (Fußball) |
| 1976 | Gregor Braun (Radsport) | Rosi Mittermaier (Skisport) | Bahn-Rad-Vierer |
| 1977 | Dietrich Thurau (Radsport) | Eva Wilms (Leichtathletik) | Florettfechter-Nationalmannschaft |
| 1978 | Eberhard Gienger (Turnen) | Maria Epple (Skisport) | Hallenhandball-Nationalmannschaft |
| 1979 | Harald Schmid (Leichtathletik) | Christa Kinshofer (Skisport) | TV Großwallstadt (Handball) |
| 1980 | Guido Kratschmer (Leichtathletik) | Irene Epple (Skisport) | Fußball-Nationalmannschaft |
| 1981 | Anton Mang (Motorsport) | Ulrike Meyfarth (Leichtathletik) | Wasserball-Nationalmannschaft |
| 1982 | Michael Groß (Schwimmen) | Ulrike Meyfarth (Leichtathletik) | 4-400-m-Staffel (Leichtathletik) |
| 1983 | Michael Groß (Schwimmen) | Ulrike Meyfarth (Leichtathletik) | VfL Gummersbach (Handball) |
| 1984 | Michael Groß (Schwimmen) | Ulrike Meyfarth (Leichtathletik) | Degenfechter-Nationalmannschaft |
| 1985 | Boris Becker (Tennis) | Cornelia Hanisch (Fechten) | Davis-Cup-Tennisteam |
| 1986 | Boris Becker (Tennis) | Steffi Graf (Tennis) | Degenfechter-Nationalmannschaft |
| 1987 | Harald Schmid (Leichtathletik) | Steffi Graf (Tennis) | Federations-Cup-Team (Tennis) |
| 1988 | Michael Groß (Schwimmen) | Steffi Graf (Tennis) | Ruder-Achter |
| 1989 | Boris Becker (Tennis) | Steffi Graf (Tennis) | Ruder-Achter |
| 1990 | Boris Becker (Tennis) | Katrin Krabbe (Leichtathletik) | Fußball-Nationalmannschaft |
| 1991 | Michael Stich (Tennis) | Katrin Krabbe (Leichtathletik) | 1. FC Kaiserslautern (Fußball) |
| 1992 | Dieter Baumann (Leichtathletik) | Heike Henkel (Leichtathletik) | Hockey-Nationalmannschaft |
| 1993 | Henry Maske (Boxsport) | Franziska van Almsick (Schwimmen) | Basketball-Nationalmannschaft |
| 1994 | Markus Wasmeier (Skisport) | Katja Seizinger (Skisport) | Skisprung-Nationalmannschaft |
| 1995 | Michael Schumacher (Motorsport) | Franziska van Almsick (Schwimmen) | Borussia Dortmund (Fußball) |
| 1996 | Frank Busemann (Leichtathletik) | Katja Seizinger (Skisport) | Fußball-Nationalmannschaft |
| 1997 | Jan Ullrich (Radsport) | Astrid Kumbernuss (Leichtathletik) | Team Telekom (Radsport) |
| 1998 | Georg Hackl (Rodeln) | Katja Seizinger (Skisport) | 1. FC Kaiserslautern (Fußball) |
| 1999 | Martin Schmitt (Skisport) | Steffi Graf (Tennis) | Skisprung-Nationalmannschaft |

# Sportarten

| | Bronze | Silber | Gold | Gold | Gold | Gold | Gold | Gold |
|---|---|---|---|---|---|---|---|---|
| **Bedingungen für das Deutsche Sportabzeichen (Männer)** | | | | | | | | |
| Übung | Bronze | Silber | Gold | Gold | Gold | Gold | Gold | Gold |
| Alter | von 18–29 | von 30–39 | von 40–44 | von 45–49 | von 50–54 | von 55–59 | von 60–64 | ab 65 |
| I. 200 m Schwimmen | 6:00 | 7:00 | 7:30 | 8:00 | 8:30 | 9:00 | 9:30 | 10:00 |
| II. Hochsprung | 1,35 | 1,30 | 1,25 | 1,15 | 1,05 | 1,00 | 0,95 | 0,90 |
| Weitsprung | 4,75 | 4,50 | 4,25 | 4,00 | – | – | – | – |
| Standweitsprung | – | – | – | – | 2,00 | 1,90 | 1,80 | 1,70 |
| Sprung: Hocke oder Grätsche | 1,20 | 1,10 | 1,40 | 1,30 | 1,20 | 1,10 | 1,00 | 1,00 |
| III. 50-m-Lauf | – | – | – | 8,2 | – | – | – | – |
| 75-m-Lauf | – | – | 11,0 | – | – | – | – | – |
| 100-m-Lauf | 13,4 | 14,0 | 14,5 | 16,0 | 17,0 | 18,0 | 19,0 | 20,0 |
| 400-m-Lauf | 68,0 | 70,0 | 72,0 | 74,0 | – | – | – | – |
| 1000-m-Lauf | – | – | – | – | 5:00 | 5:30 | 6:00 | 6:30 |
| IV. Kugel (7,25; 6,25; 5 kg) | 8,00 | 7,75 | 7,50 | 7,25 | 7,25 | 7,00 | 7,00 | 6,75 |
| Steinstoß (15 kg, links und rechts) | 9,00 | 8,75 | 8,50 | 8,50 | – | – | – | – |
| Schleuderball (1; 1,5 kg) | 35,00 | 34,00 | 33,00 | 32,00 | 30,00 | 28,00 | 26,00 | 24,00 |
| 100 m Schwimmen | 1:40 | 1:45 | 1:50 | 2:00 | 2:10 | 2:20 | 2:30 | 2:40 |
| V. 3000-m-Lauf | – | – | 15:00 | 17:30 | 19:00 | 20:00 | 21:00 | 22:00 |
| 5000-m-Lauf | 23:00 | 26:00 | 28:00 | 31:00 | 34:00 | 36:00 | 36:00 | 36:00 |
| 20 km Radfahren | 45:00 | 47:30 | 50:00 | 52:30 | 55:00 | 60:00 | 65:00 | 70:00 |
| 1000 m Schwimmen | 26:00 | 28:00 | 30:00 | 32:00 | 34:00 | 36:00 | 38:00 | 40:00 |
| 15-km-Skilanglauf | 72:00 | 75:00 | 79:00 | 83:00 | 88:00 | 93:00 | 99:00 | 105:00 |

| | Männl. Jugend | | | Weibl. Jugend | | |
|---|---|---|---|---|---|---|
| **Bedingungen für das Deutsche Jugend-Sportabzeichen** | | | | | | |
| Übung | Bronze | Br. m. Silb. | Silber | Bronze | Br. m. Silb. | Silber |
| Alter | 13/14 | 15/16 | 17/18 | 13/14 | 15/16 | 17/18 |
| I. 200 m Schwimmen | 8:30 | 7:30 | 6:30 | 9:30 | 8:30 | 7:30 |
| II. Hochsprung | 1,15 | 1,25 | 1,30 | 1,00 | 1,05 | 1,10 |
| Weitsprung | 3,75 | 4,25 | 4,50 | 3,20 | 3,40 | 3,50 |
| Sprung: Hocke oder Grätsche | 1,10 | 1,10 | 1,20 | 1,10 | 1,10 | 1,20 |
| III. 75-m-Lauf | 12,0 | 11,5 | 10,8 | 12,8 | 12,6 | 12,4 |
| 100-m-Lauf | 15,0 | 14,6 | 14,0 | 16,4 | 16,2 | 16,0 |
| IV. Kugel (3 – 5 kg) | 7,00 | 7,50 | 8,00 | 4,50 | 5,50 | 6,00 |
| Schlagball (80 g) | 40,0 | – | – | 25,0 | 30,0 | 35,0 |
| Wurfball (200 g) | 32,0 | 35,0 | 38,0 | 20,0 | 23,0 | 25,0 |
| Schleuderball (1 kg) | 25,0 | 30,0 | 35,0 | 20,0 | 23,0 | 25,0 |
| 100 m Schwimmen | 2:15 | 2:05 | 1:55 | 2:35 | 2:25 | 2:15 |
| Reckturnen/Bodenturnen | Aufschwung, Umschwung, Unterschwung/Radwende | | | | | |
| V. 800-m-Lauf (männl. Jugend: 1000 m) | 4:30 | 4:10 | 3:50 | 4:40 | 4:35 | 4:30 |
| 2000-m-Lauf | 10:00 | 9:30 | 8:40 | 13:00 | 12:30 | 12:00 |
| 3000-m-Lauf | – | 14:40 | 14:00 | – | 19:00 | 18:30 |
| Radfahren (20 km) | 60:00 | 50:00 | 45:00 | 70:00 | 65:00 | 60:00 |
| 600 m Schimmen | 18:00 | 17:30 | 17:00 | 20:00 | 19:30 | 19:00 |
| Skilanglauf (5 km; männl. Jugend 5/8/10 km) | 32:00 | 46:00 | 52:00 | 35:00 | 32:00 | 30:00 |

| Bedingungen für das Deutsche Sportabzeichen (Frauen) | | | | | | | | |
|---|---|---|---|---|---|---|---|---|
| Übung | Bronze | Silber | Gold | Gold | Gold | Gold | Gold | Gold |
| Alter | von 18–29 | von 30–39 | von 40–44 | von 45–49 | von 50–54 | von 55–59 | von 60–64 | ab 65 |
| I. 200 m Schwimmen | 7:00 | 8:00 | 9:00 | 9:30 | 10:00 | 10:30 | 11:00 | 11:30 |
| II. Hochsprung | 1,10 | 1,05 | 1,00 | 0,95 | 0,90 | 0,85 | 0,80 | 0,75 |
| Weitsprung | 3,50 | 3,25 | 3,00 | – | – | – | – | – |
| Standweitsprung | – | – | – | 1,60 | 1,50 | 1,40 | 1,30 | 1,20 |
| Sprung: Hocke oder Grätsche | 1,20 | 1,10 | 1,10 | 1,20 | 1,10 | 1,00 | 1,00 | 1,00 |
| III. 50-m-Lauf | – | – | 9,2 | – | – | – | – | – |
| 75-m-Lauf | 12,4 | 13,0 | – | – | – | – | – | – |
| 100-m-Lauf | 16,0 | 17,0 | 18,5 | 20,0 | 21,0 | 22,0 | 23,0 | 24,0 |
| 1000-m-Lauf | – | – | 6:40 | 7:00 | 7:20 | 7:40 | 8:00 | 8:20 |
| IV. Kugel (4 bzw. 3 kg) | 6,75 | 6,25 | 6,00 | 5,75 | 5,75 | 5,50 | 5,25 | 5,00 |
| Schlagball (80 g) | 37,00 | 34,00 | 31,00 | 29,00 | 27,00 | 25,00 | 24,00 | 23,00 |
| Wurfball (200 g) | 27,00 | 25,00 | 24,00 | 23,00 | 22,00 | 21,00 | 20,00 | 19,00 |
| Schleuderball (1; 1,5 kg) | 27,00 | 25,00 | 24,00 | 23,00 | 22,00 | 21,00 | 20,00 | 19,00 |
| 100 m Schwimmen | 2:00 | 2:20 | 2:35 | 2:50 | 3:05 | 3:30 | 3:35 | 3:50 |
| V. 2000-m-Lauf | 12:00 | 13:00 | 14:00 | 15:00 | 16:00 | 17:00 | 17:30 | 18:00 |
| 5000-m-Lauf | 32:00 | 35:00 | 38:00 | 40:30 | 43:30 | 46:30 | – | – |
| 20 km Radfahren | 60:00 | 65:00 | 70:00 | 72:30 | 75:00 | 77:30 | 80:00 | 82:30 |
| 1000 m Schwimmen | 28:00 | 30:00 | 32:00 | 34:00 | 36:00 | 38:00 | 40:00 | 42:00 |
| 10-km-Skilanglauf | 54:00 | 60:00 | 65:00 | 70:00 | 75:00 | 80:00 | 85:00 | 90:00 |

| Bedingungen für das Deutsche Schüler-Sportabzeichen | | | | | | |
|---|---|---|---|---|---|---|
| | | Schüler | | | Schülerinnen | |
| Übung | Bronze | Bronze | Silber | Bronze | Bronze | Silber |
| Alter | 8 | 9/10 | 11/12 | 8 | 9/10 | 11/12 |
| I. 50 m Schwimmen | beliebige Zeit | | | beliebige Zeit | | |
| II. Hochsprung | 0,75 | 0,85 | 1,00 | 0,70 | 0,80 | 0,95 |
| Sprung: Hocke oder Grätsche | 1,00 | 1,00 | 1,00 | 1,00 | 1,00 | 1,00 |
| III. 50-m-Lauf | 10,3 | 9,9 | 9,2 | 10,4 | 10,0 | 9,5 |
| 75-m-Lauf | – | – | 12,7 | – | – | 13,1 |
| IV. Schlagball (80 g) | 17,00 | 20,00 | 27,00 | 10,00 | 12,50 | 17,50 |
| Wurfball (200 g) | – | 18,00 | 22,00 | – | 11,00 | 14,00 |
| Geräteturnen | Reckturnen: Aufschwung/Umschwung | | | | | |
| Bodenturnen | Rad | | | | | |
| V. 800-m-Lauf | 4:50 | 4:30 | 4:10 | 5:20 | 5:00 | 4:50 |
| 1000-m-Lauf | – | 5:40 | 5:15 | – | – | – |
| 4 km Skilanglauf | beliebige Zeit | | | beliebige Zeit | | |

# Spiele

## Schach: Figuren und Züge

**Bauer**
Acht Figuren; nur geradeaus nach vorn auf der gleichen Linie, ein oder zwei Felder beim ersten Zug und danach nur noch ein Feld; beim Schlagen nur ein Feld diagonal nach vorn

**Turm**
Zwei Figuren; eine beliebige Anzahl freier Felder geradeaus nach vorn in der Linie oder in der Reihe zur Seite

**Springer**
Zwei Figuren; ein L-förmiger Zug (»Rösselsprung«) zwei Felder in eine Richtung und ein Feld im rechten Winkel, kann auch über im Wege stehende Figuren hinweg ziehen

**Läufer**
Zwei Figuren; eine beliebige Anzahl unblockierter Felder in diagonaler Richtung; ein auf schwarz startender Läufer kann nie auf ein weißes Feld gelangen

**Dame**
Eine Figur; die Dame kombiniert die Züge von Turm und Läufer und ist daher die wirkungsvollste Figur; sie kann über eine beliebige Anzahl freier Felder in jede Richtung bewegt werden

**König**
Eine Figur; kann nur ein Feld in jede Richtung ziehen (Ausnahme: Rochade)

**Rochade**
Ein spezieller Zug, den ein Spieler nur einmal machen kann; dabei wird der König zwei Felder nach links oder rechts in Richtung des auf seinem Ausgangsfeld stehenden Turmes bewegt. Der Turm wird auf das Feld gestellt, das der König übersprungen hat.
Dies ist nicht erlaubt,
– wenn entweder der Turm oder der König vorher schon gezogen wurden
– wenn eine Figur zwischen ihnen steht
– wenn der König oder eines der Felder, das er durch die Rochade besetzt, angegriffen wird

**En-passant-Schlagen**
Ein Bauer, der beim ersten Zug zwei Felder zieht, kann en passant von einem gegnerischen Bauer in der fünften Reihe geschlagen werden, als ob er sich nur um ein Feld vorwärts bewegt hätte

**Umtausch eines Bauern**
Ein Bauer, der die gegnerische Grundreihe erreicht, kann gegen jede höhere Figur eingetauscht werden (in der Regel gegen die Dame) bzw. ohne Umtausch deren Funktion übernehmen (ein Spieler kann auf diese Weise theoretisch zwei oder mehr Damen gleichzeitig haben

## Schachweltmeister

| | |
|---|---|
| 1886–1894 | Wilhelm Steinitz (AUT) |
| 1894–1921 | Emanuel Lasker (GER) |
| 1921–1927 | José Raúl Capablanca (CUB) |
| 1927–1935 | Alexander Aljechin (URS) |
| 1935–1937 | Max Euwe (NED) |
| 1937–1946 | Alexander Aljechin (URS) |
| 1948–1957 | Michail Botwinnik (URS) |
| 1957–1958 | Wassili Smyslow (URS) |
| 1958–1960 | Michail Botwinnik (URS) |
| 1960–1961 | Michail Tal (URS) |
| 1961–1963 | Michail Botwinnik (URS) |
| 1963–1969 | Tigran Petrosjan (URS) |
| 1969–1972 | Boris Spasskij (URS) |
| 1972–1975 | Bobby Fischer (USA) |
| 1975–1985 | Anatoli Karpow (URS) |
| 1985–1993 | Garri Kasparow (URS/RUS)* |
| 1994–1999 | Anatoli Karpow (RUS) |
| seit 1999 | Alexander Khalifman (RUS) |

* Unter Leitung Kasparows spalteten sich einige Spieler 1993 vom Weltschachverband FIDE ab und gründeten eine Profivereinigung (Professional Chess Association). Kasparow wurde daraufhin der WM-Titel aberkannt; er setzte sich 1993 bei den ersten Profi-Weltmeisterschaften durch (seither Titelträger der Profis)

## Weitere Brettspiele

**Backgammon**
Ein Spiel für zwei Spieler, ausgetragen auf einem speziellen Backgammon-Brett. Die eigenen Steine werden jeweils nach der zuvor gewürfelten Zahl vorwärts bewegt. Sieger ist, wer all seine Steine im Endfeld (ein Viertel des Brettes) versammelt und sie von dort durch Würfeln vom Brett entfernt hat

**Cluedo**
Ein Spiel für mehrere Spieler, ausgetragen auf einem speziellen Brett, das in mehrere Wohnräume unterteilt ist. Mittel spezieller Personen-, Ort- und Werkzeugkarten muss ein »Mord« aufgeklärt werden

**Dame**
Ein Spiel für zwei Spieler, ausgetragen auf einem Schachbrett mit 2 x 12 runden Steinen (schwarz und weiß). Sieger ist, wer die gegnerischen Steine durch Überspringen komplett abgeräumt hat

**Domino**
Ein Spiel für zwei bis vier Spieler mit 28 Steinen, die in jeweils zwei Hälften unterteilt sind. Auf jeder Hälfte befinden sich null bis sechs Punkte. Ziel ist es, alle eigenen Steine abzulegen, indem man sie an die Steine am Ende der Dominokette anlegt, die die gleiche Punktzahl wie der jeweils eigene Stein aufweist

## Go

Taktisches Spiel für zwei Spieler, ausgetragen auf einem Brett mit 19 waagerechten und senkrechten Linien, die insgesamt 361 Schnittpunkte haben. Ziel ist es, die Steine des Gegners einzukreisen

## Mah-Jongg

Ein Plättchenspiel für zwei bis sechs Spieler, besteht aus 136 Plättchen (Ziegel), die verschiedenen Farben und Gruppen zugeordnet sind. Das Spiel ähnelt in Regeln und Ziel dem Kartenspiel Rommé

## Monopoly

Ein Spiel für mindestens zwei Spieler, ausgetragen auf einem speziellen Brett, das in Straßenzüge, Bahnhöfe, Versorgungsbetriebe und Ereignisfelder aufgeteilt ist. Sieger ist, wer durch den Kauf von Straßen und deren Bebauung mit Häusern und Hotels den meisten Profit erwirtschaftet und die anderen Spieler in den Bankrott treibt

## Scrabble

Ein Wortspiel für zwei oder drei Spieler, ausgetragen auf einem Brett, das wie ein Kreuzworträtsel aufgebaut ist. Punkte werden erzielt, indem Buchstabenplättchen mit unterschiedlichem Wert auf dem Brett zu Wörtern kombiniert werden; Sieger ist, wer die meisten Punkte gesammelt hat

### Kartenspiele

## Baccara

Ein Kasino-Kartenspiel gegen die Bank (den Geber). Ziel ist es, mit zwei oder drei Karten den Punktwert neun zu erreichen

## Black Jack (17 und 4)

Ein Spiel für zwei bis sieben Spieler, die gegen die Bank (den Geber) antreten. Ziel ist es, mit den eigenen Karten näher als der Geber an den Punktwert 21 zu kommen, ohne diesen Wert zu übertreffen

## Bridge

Ein Spiel für zwei Spielerpaare, ausgetragen mit 52 Karten. Die Spieler, die am höchsten bieten, gehen einen »Kontrakt« ein, um das Spiel mit einer bestimmten Trumpffarbe (bzw. ohne Trumpf) zu eröffnen und eine bestimmte Anzahl von Stichen zu machen. Für das Erfüllen des Kontrakts (oder dessen Schlagen) gibt es Punkte; Ziel ist es, mehr Punkte als die Gegenpartei zu erzielen

## Canasta

Ein Spiel für mindestens zwei Spieler, ausgetragen mit 2 x 52 Karten. Ziel ist es, gleiche Karten zu sammeln, abzulegen und auf diese Weise Punkte zu sammeln. Als »Canasta« wird dabei eine Kombination aus sieben gleichwertigen Karten bezeichnet

## Doppelkopf

Ein Spiel für vier Spieler, ausgetragen mit 2 x 24 Karten. Die Spieler mit den Kreuz-Damen spielen gemeinsam gegen das andere Paar; Sieger ist das Paar, das mit seinen Stichen mehr Punkte erreicht als die Gegenpartei

## Poker

Ein Wettspiel für mindestens zwei Spieler, die jeweils fünf Karten erhalten. Durch einmaliges Austauschen von Karten wird versucht, eine bestimmte Kartenkombination zu erhalten. Kombinationen in der Reihenfolge ihrer Wertigkeit sind:

STRAIGHT FLUSH: eine ununterbrochene Reihe aufeinander folgender Werte in einer einzigen Farbe

VIER GLEICHE: vier Karten eines Wertes

FULL HOUSE: drei Gleiche und ein Paar

FLUSH: fünf beliebige Karten in einer einzigen Farbe

STRAIGHT: eine lückenlose Reihe von fünf aufeinander folgenden Werten in beliebiger Farbe

DREI GLEICHE: drei gleichartige Karten neben zwei beliebigen anderen

ZWEI PAARE: zwei Paare eines beliebigen Werts neben einer fünften Karte, die nicht zählt

EIN PAAR: zwei gleichwertige Karten neben drei beliebigen anderen, die nichts zählen

KEIN PAAR: keine Kombination aus wertgleichen Karten

Durch »Bluffen« beim Wetteinsatz kann der Gegner über den Wert des eigenen Blattes getäuscht und so zu Fehleinschätzungen verleitet werden

## Rommé

Ein Spiel für zwei bis sechs Spieler, ausgetragen mit 52 Karten. Ziel ist es, gleiche Karten zu sammeln, abzulegen und auf diese Weise mehr Punkte zu sammeln als die Gegner

## Skat

Ein Spiel für drei Spieler, ausgetragen mit 32 Karten. Durch »Reizen« des eigenen Blattes wird ermittelt, wer das Spiel macht und gegen die anderen beiden Spieler antritt. Sieger ist, wer mit seinen Stichen mehr Punkte erreicht als die Gegenpartei

## Tarock (Tarot)

Ein Spiel für vier Spieler, ausgetragen mit 78 Karten. Große Bedeutung hat das Trumpf- und Stichspiel seit Beginn des 19. Jahrhunderts für die Wahrsagerei erhalten

## Whist

Ein Spiel für vier Spieler (zwei Spielpaare), ausgetragen mit 52 Karten, von denen jeder Spieler 13 erhält. Das Ziel besteht darin, mehr Stiche oder Runden als die Gegenpartei zu gewinnen

# Staaten

| Land | Fläche (in km²) | Einwohner (in 1000) | Hauptstadt/ Verwaltungssitz |
|---|---|---|---|
| **Europa** | | | |
| Albanien | 28 748 | 3445 | Tirana |
| Andorra | 453 | 76 | Andorra la Vella |
| Belgien | 30 519 | 10 213 | Brüssel |
| Bosnien-Herzegowina | 51 129 | 3994 | Sarajevo |
| Bulgarien | 110 912 | 8387 | Sofia |
| Dänemark | 43 094 | 5258 | Kopenhagen |
| Färöer | 1399 | 48 | Tórshavn |
| Grönland (autonome Region) | 2 175 600 | 59 | Godthåb |
| Deutschland | 357 021 | 82 057 | Berlin |
| Estland | 45 100 | 1442 | Tallinn |
| Finnland | 338 145 | 5156 | Helsinki |
| Frankreich | 543 965 | 58 733 | Paris |
| Griechenland | 131 957 | 10 551 | Athen |
| Großbritannien und Nordirland | 241 751 | 59 009 | London |
| davon: England und Wales | 151 188 | 52 211 | London |
| Schottland | 77 080 | 5123 | Edinburgh |
| Nordirland | 13 483 | 1675 | Belfast |
| Kanalinseln | 195 | 151 | St. Helier/St. Peter Port |
| Insel Man | 572 | 77 | Douglas |
| Gibraltar | 6 | 28 | Gibraltar |
| Irland | 70 284 | 3564 | Dublin |
| Island | 103 000 | 277 | Reykjavík |
| Italien | 301 268 | 57 244 | Rom |
| Jugoslawien (Serbien/Montenegro) | 102 173 | 10 410 | Belgrad |
| Kroatien | 56 538 | 4494 | Zagreb |
| Lettland | 64 600 | 2447 | Riga |
| Liechtenstein | 160 | 32 | Vaduz |
| Litauen | 65 200 | 3710 | Vilnius |
| Luxemburg | 2586 | 422 | Luxemburg |
| Malta | 316 | 374 | Valletta |
| Mazedonien | 25 713 | 2205 | Skopje |
| Moldawien | 33 700 | 4451 | Chişinău |
| Monaco | 1,95 | 33 | Monaco |
| Niederlande | 41 526 | 15 739 | Amsterdam/Den Haag |
| Norwegen | 323 877 | 4379 | Oslo |
| Arktische Gebiete | 63 304 | 3 | – |
| Österreich | 83 859 | 8210 | Wien |
| Polen | 323 250 | 38 664 | Warschau |
| Portugal[1] | 91 982 | 9798 | Lissabon |
| Rumänien | 238 391 | 22 573 | Bukarest |
| Russische Föderation | 17 075 400 | 147 231 | Moskau |
| San Marino | 61 | 26 | San Marino |
| Schweden | 449 964 | 8863 | Stockholm |
| Schweiz | 41 284 | 7325 | Bern |
| Slowakei | 49 012 | 5360 | Bratislava |
| Slowenien | 20 256 | 1919 | Ljubljana |
| Spanien[2] | 505 992 | 39 754 | Madrid |
| Tschechische Republik | 78 864 | 10 223 | Prag |
| Ukraine | 603 700 | 51 218 | Kiew |
| Ungarn | 93 032 | 9930 | Budapest |
| Vatikanstadt | 0,44 | 1 | – |
| Weißrussland | 207 600 | 10 323 | Minsk |
| Zypern | 9251 | 776 | Nikosia |

## Die Staaten und abhängigen Gebiete der Erde

| Religion (überwiegend) | Sprachen (überwiegend) | Volksgruppen (überwiegend) |
| --- | --- | --- |
| Islam, Christentum | Albanisch | Albaner |
| Christentum (röm.-kath.) | Katalanisch, Spanisch, Französisch | Katalanen, Spanier, Franzosen |
| Christentum (röm.-kath.) | Niederländisch, Französisch, Deutsch | Flamen, Wallonen, Deutsche |
| Islam, Christentum | Kroatisch, Serbisch | Bosniaken, Serben, Kroaten |
| Christentum (griech.-orth.) | Bulgarisch | Bulgaren, Türken |
| Christentum (protestant.) | Dänisch | Dänen |
| Christentum (protestant.) | Färingisch, Dänisch | Färinger |
| Christentum (protestant.) | Dänisch, Eskimoisch | Grönländer, Eskimos |
| Christentum (röm.-kath., protestant.) | Deutsch | Deutsche, Ausländer |
| Christentum (protestant.) | Estnisch, Russisch | Esten, Russen |
| Christentum (protestant.) | Finnisch, Schwedisch | Finnen, Finnlandschweden |
| Christentum (röm.-kath.) | Französisch | Franzosen |
| Christentum (griech.-orth.) | Neugriechisch | Griechen |
| Christentum (protestant., röm.-kath.) | Englisch | Engländer, Waliser, Schotten, Iren |
| Christentum (anglikan., röm.-kath.) | Englisch | Engländer, Waliser |
| Christentum (presbyterian., röm.-kath.) | Englisch | Schotten |
| Christentum (protestant., röm.-kath.) | Englisch | Iren |
| Christentum (anglikan., röm.-kath.) | Französisch, Englisch | Engländer |
| Christentum (anglikan.) | Englisch, Manx | Engländer, Manx |
| Christentum (röm.-kath., anglikan.) | Englisch, Spanisch | Spanier, Maltesen, Portugiesen |
| Christentum (röm.-kath.) | Irisch, Englisch | Iren |
| Christentum (protestant.) | Isländisch | Isländer |
| Christentum (röm.-kath.) | Italienisch | Italiener, Sarden, Südtiroler |
| Christentum, Islam | Serbokroatisch, Albanisch, Ungarisch | Serben, Albaner, Montenegriner |
| Christentum (röm.-kath.) | Kroatisch | Kroaten, Serben, Bosnier |
| Christentum (protestant., röm.-kath.) | Lettisch, Russisch | Letten, Russen |
| Christentum (röm.-kath.) | Deutsch | Liechtensteiner |
| Christentum (röm.-kath.) | Litauisch, Polnisch, Russisch | Litauer, Polen, Russen |
| Christentum (röm.-kath.) | Letzebuergesch, Französisch, Deutsch | Luxemburger |
| Christentum (röm.-kath.) | Maltesisch, Englisch | Malteser, Briten |
| Christentum, Islam | Mazedonisch, Albanisch, Türkisch | Mazedonier, Albaner, Türken |
| Christentum, Judentum | Rumänisch, Russisch, Ukrainisch | Rumänen, Russen, Ukrainer |
| Christentum (röm.-kath.) | Französisch, Monegassisch, Italienisch | Franzosen, Monegassen, Italiener |
| Christentum (röm.-kath., protestant.) | Niederländisch, Friesisch | Niederländer, Friesen |
| Christentum (protestant.) | Norwegisch | Norweger, Samen, Finnen |
| Christentum (protestant.) | Norwegisch | Norweger, Samen |
| Christentum (röm.-kath.) | Deutsch | Österreicher, Ausländer |
| Christentum (röm.-kath.) | Polnisch | Polen |
| Christentum (röm.-kath.) | Portugiesisch | Portugiesen |
| Christentum (rumän.-orth.) | Rumänisch | Rumänen, Ungarn |
| Christentum (russ.-orth.), Islam | Russisch, Nationalsprachen | Russen, Tataren, Ukrainer |
| Christentum (röm.-kath.) | Italienisch, Romagnol | Italiener |
| Christentum (protestant.) | Schwedisch | Schweden |
| Christentum (röm.-kath., protestant.) | Deutsch, Französisch, Italienisch | Schweizer, Ausländer |
| Christentum (röm.-kath.) | Slowakisch, Ungarisch | Slowaken, Ungarn |
| Christentum (röm.-kath.) | Slowenisch | Slowenen, Kroaten, Serben |
| Christentum (röm.-kath.) | Spanisch, Katalanisch, Baskisch | Spanier, Katalanen, Basken, Galicier |
| Christentum (röm.-kath.) | Tschechisch, Slowakisch | Tschechen, Slowaken |
| Christentum (orth., röm.-kath.) | Ukrainisch, Russisch | Ukrainer, Russen |
| Christentum (röm.-kath., protestant.) | Ungarisch | Madjaren |
| Christentum (röm.-kath) | Latein, Italienisch | – |
| Christentum (russ.-orth., röm.-kath.) | Weißrussisch, Russisch | Weißrussen, Russen, Polen |
| Christentum (griech.-orth.), Islam | Griechisch, Türkisch, Englisch | Zyprioten, Griechen, Türken, Briten |

⇒ S. 804

# Staaten

| Land | Fläche (in km²) | Einwohner (in 1000) | Hauptstadt/ Verwaltungssitz |
|---|---|---|---|
| **Asien** | | | |
| Afghanistan | 652090 | 23364 | Kabul |
| Armenien | 29800 | 3646 | Erewan |
| Aserbaidschan | 86600 | 7714 | Baku |
| Bahrain | 694 | 594 | Al Manama |
| Bangladesch | 143998 | 124043 | Dhaka |
| Bhutan | 47000 | 1917 | Thimbu |
| Brunei | 5765 | 313 | Bandar Seri Begawan |
| China, Volksrepublik | 9596961 | 1233316 | Peking |
| Hongkong | 1075 | 6298 | Victoria |
| Macau | 18 | 461 | Macau |
| Georgien | 69700 | 5428 | Tiflis |
| Indien | 3287590 | 975772 | Delhi |
| Indonesien³ | 1904569 | 206522 | Jakarta |
| Irak | 438317 | 21795 | Bagdad |
| Iran | 1633188 | 73057 | Teheran |
| Israel | 21056 | 5883 | Jerusalem |
| Japan | 377829 | 125920 | Tokio |
| Jemen | 527968 | 16891 | Sana'a |
| Jordanien | 97740 | 5956 | Amman |
| Kambodscha | 181035 | 10751 | Phnom Penh |
| Kasachstan | 2717300 | 16854 | Astana |
| Katar | 11000 | 579 | Doha |
| Kirgisistan | 198500 | 4497 | Bischkek |
| Korea, Nord– | 120538 | 23206 | Phyongyang |
| Korea, Süd– | 99268 | 46115 | Seoul |
| Kuwait | 17818 | 1809 | Kuwait |
| Laos | 236800 | 5358 | Vientiane |
| Libanon | 10400 | 3194 | Beirut |
| Malaysia | 329758 | 21450 | Kuala Lumpur |
| Malediven | 298 | 282 | Malé |
| Mongolei | 1566500 | 2624 | Ulan Bator |
| Myanmar (Birma) | 676578 | 47625 | Rangun |
| Nepal | 147181 | 23168 | Kathmandu |
| Oman | 212457 | 2504 | Maskat |
| Pakistan | 796095 | 147811 | Islamabad |
| Philippinen | 300000 | 72164 | Manila |
| Saudi-Arabien | 2149690 | 20207 | Riad |
| Singapur | 618 | 3491 | Singapur |
| Sri Lanka | 65610 | 18450 | Colombo |
| Syrien | 185180 | 15335 | Damaskus |
| Tadschikistan | 143100 | 6161 | Duschanbe |
| Taiwan | 36000 | 21775 | Taipeh |
| Thailand | 513115 | 59612 | Bangkok |
| Türkei | 774815 | 63763 | Ankara |
| Turkmenistan | 488100 | 4316 | Aschgabad |
| Vereinigte Arabische Emirate | 83600 | 2354 | Abu Dhabi |
| Vietnam | 331689 | 77896 | Hanoi |
| **Afrika** | | | |
| Ägypten | 1001449 | 65675 | Kairo |
| Algerien | 2381741 | 30175 | Algier |
| Angola | 1246700 | 11967 | Luanda |
| Äquatorialguinea | 28051 | 430 | Malabo |
| Äthiopien | 1104300 | 62111 | Addis Abeba |
| Benin | 112622 | 5881 | Porto Novo |
| Botswana | 581730 | 1551 | Gaborone |

| Religion (überwiegend) | Sprachen (überwiegend) | Volksgruppen (überwiegend) |
|---|---|---|
| Islam | Paschtu, Dari | Paschtunen, Tadschiken, Usbeken |
| Christentum, Islam | Armenisch, Russisch, Kurdisch | Armenier, Aseri, Russen, Kurden |
| Islam | Aseri-Türkisch, Russisch | Aseri, Russen, Armenier |
| Islam | Arabisch, Englisch | Araber, Inder, Pakistaner, Perser |
| Islam, Hinduismus | Bengali | Bengalen |
| Buddhismus, Hinduismus | Dsongha | Bhotia, Lhopa, Leptscha |
| Islam, Buddhismus, Christentum | Malaiisch | Malaien, Chinesen |
| Konfuzianismus, Buddhismus | Chinesisch | Chinesen, Turk-, Thaivölker, Tibeter |
| Buddhismus, Konfuzianismus, Christentum | Englisch, Chinesisch | Chinesen, Europäer |
| Buddhismus, Christentum, Islam | Portugiesisch, Chinesisch | Chinesen, Europäer |
| Christentum, Islam | Georgisch, Russisch, Armenisch | Georgier, Armenier, Aseri, Russen |
| Hinduismus, Islam, Christentum | Hindi, Englisch | Hindi, Bengali, Marathi, Tamilen |
| Islam, Christentum, Hinduismus | Bahasa Indonesia | Javaner, Sundanesen, Maduresen |
| Islam | Arabisch | Araber, Kurden |
| Islam | Persisch (Farsi) | Perser, Kurden, Aserbaidschaner |
| Judentum, Islam, Christentum | Neu-Hebräisch, Arabisch | Israelis, Palästinenser |
| Buddhismus, Schintoismus | Japanisch | Japaner |
| Islam | Arabisch | Jemeniten |
| Islam | Arabisch | Araber |
| Buddhismus, Islam | Khmer, Französisch, Vietnamesisch | Khmer, Vietnamesen, Chinesen |
| Islam, Christentum (russ.-orth.) | Kasachisch, Russisch | Kasachen, Russen, Ukrainer |
| Islam | Arabisch | Araber, Perser, Pakistaner |
| Islam | Kirgisisch, Russisch | Kirgisen, Russen, Usbeken |
| Buddhismus, Konfuzianismus | Koreanisch | Koreaner |
| Christentum, Konfuzianismus, Buddhismus | Koreanisch | Koreaner |
| Islam | Arabisch | Kuwaiter, Ausländer |
| Buddhismus | Lao, Französisch | Laoten |
| Islam, Christentum | Arabisch | Libanesen |
| Islam, Buddhismus, Konfuzianismus | Malaiisch | Malaien, Chinesen, Inder |
| Islam | Maldivisch (Divehi), Englisch | Malediver |
| Buddhismus | Mongolisch | Mongolen, Kasachen |
| Buddhismus | Birmanisch | Birmanen, Shan, Karen |
| Hinduismus, Buddhismus, Islam | Nepali, Bihari | Nepalesen, tibet. u. ind. Völker |
| Islam | Arabisch | Araber, Belutschen, Perser |
| Islam | Urdu, Pandschabi, Sindhi | Pandschabi, Sindhi, Paschtunen |
| Christentum (röm.-kath.), Islam | Filipino, Tagalog, Cebuano | Filipinos, Indonesier, Polynesier |
| Islam | Arabisch | Araber, Ausländer |
| Buddhismus, Daoismus, Islam, Christent. | Malaiisch, Chinesisch, Englisch | Chinesen, Malaien, Inder |
| Buddhismus, Hinduismus, Islam, Christent. | Singhalesisch, Tamil, Englisch | Singhalesen, Tamilen, Moors |
| Islam | Arabisch | Araber, Kurden |
| Islam | Tadschikisch, Russisch, Usbekisch | Tadschiken, Usbeken, Russen |
| Konfuzianismus, Buddhismus, Daoismus | Chinesisch | Chinesen, Malaien |
| Buddhismus, Islam | Thai | Thaivölker, Chinesen, Malaien |
| Islam | Türkisch | Türken, Kurden, Araber |
| Islam | Turkmenisch | Turkmenen, Russen, Usbeken |
| Islam | Arabisch | Araber, Perser, Inder, Pakistaner |
| Buddhismus, Christentum (röm.-kath.) | Vietnamesisch | Vietnamesen, Chinesen |
| Islam, Christentum | Arabisch, Englisch | Ägypter, Sudanesen, Nubier |
| Islam | Arabisch, Berber-Sprachen | Araber, Berber |
| Christentum (röm.-kath.) | Portugiesisch, Bantu-Sprachen | Bantu |
| Christentum (röm.-kath.), Naturreligionen | Spanisch, Bantu-Sprachen | Bantu |
| Christentum, Islam, Naturreligionen | Amharisch | Amharen, Tigre, Oromo |
| Naturreligionen, Islam, Christentum | Französisch, afrikan. Sprachen | Fon, Ewe, Yoruba |
| Naturreligionen, Christentum | Englisch, Bantu-Sprachen | Bantu (Sotho-Tswana) |

⇒ S. 806

# Staaten

| Land | Fläche (in km²) | Einwohner (in 1000) | Hauptstadt/ Verwaltungssitz |
|---|---|---|---|
| Burkina Faso | 274000 | 11402 | Quagadougou |
| Burundi | 27834 | 6589 | Bujumbura |
| Côte d'Ivoire (Elfenbeinküste) | 322463 | 14567 | Abidjan |
| Djibouti | 23200 | 652 | Djibouti |
| Eritrea | 117600 | 3548 | Asmara |
| Gabun | 267668 | 1170 | Libreville |
| Gambia | 11295 | 1194 | Banjul |
| Ghana | 238533 | 18857 | Accra |
| Guinea | 245857 | 7673 | Conakry |
| Guinea-Bissau | 36125 | 1134 | Bissau |
| Kamerun | 475442 | 14323 | Yaoundé |
| Kap Verde | 4033 | 417 | Praia |
| Kenia | 580367 | 29020 | Nairobi |
| Komoren | 2235 | 672 | Moroni |
| Kongo, Demokratische Republik | 2344858 | 49208 | Kinshasa |
| Kongo, Republik | 342000 | 2822 | Brazzaville |
| Lesotho | 30355 | 2184 | Maseru |
| Liberia | 111369 | 2748 | Monrovia |
| Libyen | 1759540 | 5980 | Tripolis |
| Madagaskar | 587041 | 16348 | Antananarivo |
| Malawi | 118484 | 10377 | Lilongwe |
| Mali | 1240192 | 11832 | Bamako |
| Marokko | 446550 | 28012 | Rabat |
| Westsahara | 266000 | 273 | Al Aaiún |
| Mauretanien | 1025520 | 2453 | Nouakchott |
| Mauritius | 2040 | 1154 | Port Louis |
| Mayotte (französisch) | 374 | 131 | Dzaoudzi |
| Mosambik | 801590 | 18691 | Maputo |
| Namibia | 824292 | 1653 | Windhuk |
| Niger | 1267000 | 10119 | Niamey |
| Nigeria | 923768 | 121773 | Abuja |
| Réunion (französisch) | 2510 | 682 | Saint-Denis |
| Ruanda | 26338 | 6528 | Kigali |
| Sambia | 752618 | 8690 | Lusaka |
| São Tomé und Príncipe | 964 | 141 | São Tomé |
| Senegal | 196722 | 9001 | Dakar |
| Seychellen | 455 | 76 | Victoria |
| Sierra Leone | 71740 | 4577 | Freetown |
| Simbabwe | 390757 | 11924 | Harare |
| Somalia | 637657 | 10653 | Mogadischu |
| St. Helena (britisch) | 122 | 6 | Jamestown |
| Südafrika | 1221037 | 44295 | Pretoria; Kapstadt |
| Sudan | 2505813 | 28526 | Khartum |
| Swasiland | 17364 | 931 | Mbabane |
| Tansania | 883749 | 32189 | Dodoma; Daressalam |
| Togo | 56785 | 4434 | Lomé |
| Tschad | 1284000 | 6892 | N'Djamena |
| Tunesien | 163610 | 9497 | Tunis |
| Uganda | 241038 | 21318 | Kampala |
| Zentralafrikanische Republik | 622984 | 3489 | Bangui |
| **Amerika** | | | |
| Anguilla (britisch) | 96 | 8 | Valley |
| Antigua und Barbuda | 442 | 67 | St. John's |
| Argentinien | 2780400 | 36123 | Buenos Aires |
| Aruba (niederländisch) | 193 | 72 | Oranjestad |
| Bahamas | 13878 | 293 | Nassau |

| Religion (überwiegend) | Sprachen (überwiegend) | Volksgruppen (überwiegend) |
|---|---|---|
| Naturreligionen, Islam | Französisch, Arabisch, More | Voltavölker, Sudanvölker, Fulbe |
| Christentum, Naturreligionen | Kirundi, Französisch | Hutu, Tutsi |
| Naturreligionen, Islam, Christentum | Französisch | Baule, Kru, Senufo, Dyula |
| Islam | Französisch, Arabisch, Issa, Danakil | Issa, Afar, Franzosen, Araber |
| Islam, Christentum | Arabisch, Tigrinja, Englisch | Tigrinja, Tigre, Afar |
| Christentum, Naturreligionen | Französisch | Bantu |
| Islam | Englisch, Mandingo, Wolof, Eul | Mandingo, Wolof, Fulbe, Djola |
| Christentum, Islam, Naturreligionen | Englisch, Kwa, Gur | Ashanti, Mossi, Ewe |
| Islam | Französisch, Mandingo, Ful | Mandingo, Fulbe |
| Naturreligionen, Islam, Christentum | Portugiesisch | Balanta, Fulbe, Mandingo |
| Christentum, Islam, Naturreligionen | Französisch, Englisch | Bantu, Fulbe, Haussa |
| Christentum (röm.-kath.) | Portugiesisch | Mulatten, Schwarze |
| Naturreligionen, Christentum, Islam | Kisuaheli | Bantu, Niloten |
| Islam | Französisch, Komorisch, Arabisch | Komorer |
| Christentum, Islam, Naturreligionen | Französisch, Chiluba, Lingala | Bantu, Sudanvölker, Niloten |
| Christentum, Naturreligionen | Französisch, Lingala, Monokutuba | Bantu |
| Christentum | Sotho, Englisch | Basotho |
| Naturreligionen, Islam, Christentum | Englisch, afrikan. Sprachen | Kpelle, Bassa, Kru, Mandingo |
| Islam | Arabisch, Englisch | Libyer, Berber, Ägypter |
| Naturreligionen, Christentum, Islam | Französisch, Malagasy | Madagassen, Inder, Franzosen |
| Christentum, Naturreligionen | Englisch, Chichewa | Bantu |
| Islam, Naturreligionen | Französisch, Bambara | Bambara, Fulbe, Senufo, Tuareg |
| Islam | Arabisch, Berberdialekte, Französisch | Marokkaner, Berber, Ausländer |
| Islam | Spanisch, Arabisch, Hasania | Berber, Araber |
| Islam | Arabisch, Französisch, Solinke | Mauren, Wolof, Toucouleur |
| Hinduismus, Christentum, Islam | Englisch, Mauritianisch, Bhojipuri | Inder, Kreolen, Chinesen, Weiße |
| Islam, Christentum | Französisch, Komorisch | Mahorais, Komorer |
| Naturreligionen, Christentum, Islam | Portugiesisch, Bantu-Sprachen | Bantu |
| Christentum | Afrikaans, Englisch, Bantu-Sprachen | Bantu, Buschmänner |
| Islam, Naturreligionen | Französisch, Haussa, Songhai-Djerma | Haussa, Fulbe, Tuareg, Songhai-Dj. |
| Islam, Christentum, Naturreligionen | Englisch, Kwa, Ful, Haussa | Haussa-Fulani, Ibo, Yoruba, Fulbe |
| Christentum (röm.-kath.) | Französisch | Mulatten, Franzosen, Inder |
| Christentum, Naturreligionen | Französ., Engl., Kinyarwanda, Kisuaheli | Hutu, Tutsi, Batwa |
| Christentum, Naturreligionen | Englisch, Bantu-Sprachen | Bantu |
| Christentum | Portugiesisch | Schwarze, Mulatten |
| Islam, Christentum | Französisch, Wolof, Mande | Wolof, Toucouleur, Fulbe, Mauren |
| Christentum (röm.-kath., anglikan.) | Kreolisch, Englisch, Französisch | Kreolen, Inder, Madag., Chinesen |
| Naturreligionen, Islam | Englisch, Mande | Temne, Mende, Limba |
| Naturreligionen, Christentum | Englisch, Bantu-Sprachen | Bantu (Shona), Ndebele, Weiße |
| Islam | Somali, Arabisch | Somal-Stämme |
| Christentum (protestant.) | Englisch | Mulatten, Weiße |
| Christentum (protestant.) | Afrikaans, Englisch, afrikan. Sprachen | Schwarzafrik., Weiße, Mischlinge |
| Islam, Naturreligionen, Christentum | Arabisch, afrikan. Sprachen | Araber, Nilohamiten, Nubier, Niloten |
| Christentum, Naturreligionen | Si-Swati, Englisch | Swasi, Zulu |
| Islam, Christentum, Naturreligionen | Kisuaheli, Englisch | Bantu, Massai, Suaheli |
| Naturreligionen, Christentum, Islam | Französisch, Kabyé, Ewe, Gur | Kwa- und Voltavölker, Fulbe |
| Islam, Christentum, Naturreligionen | Französisch, Arabisch | Araber, Sara, tschadische Gruppen |
| Islam | Arabisch, Französisch | Araber, Berber |
| Christentum, Islam | Englisch, Kisuaheli, Bantu-Sprachen | Bantu-Völker, Niloten |
| Naturreligionen, Christentum, Islam | Französisch, Sangho | Bantu, Banda, Gbaya, Azande |
| Christentum | Englisch | Schwarze, Mulatten, Europäer |
| Christentum (anglikan.) | Englisch, Kreolisch | Schwarze, Mulatten |
| Christentum (röm.-kath.) | Spanisch | Weiße, Mestizen, Indianer |
| Christentum | Niederländisch, Papiamento | Weiße, Mestizen |
| Christentum | Englisch, Kreolisch | Schwarze, Mulatten, Weiße |

⇒ S. 808

# Staaten

| Land | Fläche (in km²) | Einwohner (in 1000) | Hauptstadt/ Verwaltungssitz |
|------|------|------|------|
| Barbados | 430 | 263 | Bridgetown |
| Belize | 22696 | 230 | Belmopan |
| Bermudainseln (britisch) | 53 | 64 | Hamilton |
| Bolivien | 1098581 | 7957 | La Paz; Sucre |
| Brasilien | 8547403 | 165158 | Brasília |
| Caymaninseln (britisch) | 264 | 34 | George Town |
| Chile | 756626 | 14824 | Santiago de Chile |
| Costa Rica | 51100 | 3650 | San José |
| Dominica | 751 | 71 | Roseau |
| Dominikanische Republik | 48734 | 8232 | Santo Domingo |
| Ecuador | 283561 | 12175 | Quito |
| El Salvador | 21041 | 6059 | San Salvador |
| Falklandinseln (britisch) | 12173 | 2 | Port Stanley |
| Französisch-Guayana | 90000 | 166 | Cayenne |
| Grenada | 344 | 93 | St. George's |
| Guadeloupe (französisch) | 1705 | 444 | Basse-Terre |
| Guatemala | 108889 | 11562 | Guatemala |
| Guyana | 214969 | 856 | Georgetown |
| Haiti | 27750 | 7534 | Port-au-Prince |
| Honduras | 112088 | 6147 | Tegucigalpa |
| Jamaika | 10990 | 2539 | Kingston |
| Jungferninseln (britisch) | 151 | 20 | Road Town |
| Jungferninseln (US-amerikanisch) | 347 | 107 | Charlotte Amalie |
| Kanada | 9970610 | 30194 | Ottawa |
| Kolumbien | 1138914 | 37685 | Bogotá |
| Kuba | 110861 | 11115 | Havanna |
| Martinique (französisch) | 1102 | 392 | Fort-de-France |
| Mexiko | 1958201 | 95831 | Mexico City |
| Montserrat (britisch) | 102 | 11 | Plymouth |
| Nicaragua | 130000 | 4464 | Managua |
| Niederländisch-Antillen | 800 | 198 | Willemstad |
| Panama | 75517 | 2767 | Panama City |
| Paraguay | 406752 | 5222 | Asunción |
| Peru | 1285216 | 24797 | Lima |
| Puerto Rico (US-amerikanisch) | 8875 | 3807 | San Juan |
| St. Kitts und Nevis | 261 | 41 | Basseterre |
| St. Lucia | 622 | 148 | Castries |
| St. Pierre und Miquelon (französisch) | 242 | 7 | St. Pierre |
| St. Vincent und die Grenadinen | 388 | 115 | Kingstown |
| Suriname | 163265 | 442 | Paramaribo |
| Trinidad und Tobago | 5130 | 1318 | Port-of-Spain |
| Turks- und Caicosinseln (britisch) | 430 | 16 | Grand Turk |
| Uruguay | 177414 | 3239 | Montevideo |
| Venezuela | 912050 | 23242 | Caracas |
| Vereinigte Staaten von Amerika | 9363520 | 273754 | Washington, D.C. |
| **Australien und Ozeanien** | | | |
| Amerikanisch-Samoa (US-amerik.) | 199 | 59 | Pago Pago |
| Australien | 7741220 | 18445 | Canberra |
|   Kokosinseln | 14 | 1 | Bantam |
|   Norfolkinsel | 36 | 2 | Kingston |
|   Weihnachtsinsel | 135 | 1 | Flying Fish Cove |
| Fidschi | 18274 | 822 | Suva |
| Französisch-Polynesien | 4000 | 232 | Papeete |
| Guam (US-amerikanisch) | 549 | 159 | Agaña |
| Kiribati | 726 | 83 | Bairiki |
| Marshallinseln | 181 | 61 | Uliga |

| Religion (überwiegend) | Sprachen (überwiegend) | Volksgruppen (überwiegend) |
|---|---|---|
| Christentum (anglikan.) | Englisch, Bajan | Schwarze, Weiße, Mulatten |
| Christentum (röm.-kath., protestant.) | Englisch, Spanisch | Mestizen, Kreolen, Indianer |
| Christentum (anglikan., röm.-kath.) | Englisch | Schwarze, Weiße |
| Christentum (röm.-kath.) | Spanisch, Ketschua, Aimara | Indios, Mestizen, Weiße |
| Christentum, Naturrelig., afrobrasil. Kulte | Portugiesisch, indian. Sprachen | Weiße, Mulatten, Schwarze, Indianer |
| Christentum (protestant.) | Englisch | Mulatten, Schwarze |
| Christentum (röm.-kath., protestant.) | Spanisch | Mestizen, Weiße, Indianer |
| Christentum (röm.-kath.) | Spanisch | Weiße, Kreolen, Mestizen, Mulatten |
| Christentum (röm.-kath.) | Englisch, Patois | Mulatten, Kreolen |
| Christentum (röm.-kath.) | Spanisch | Mulatten, Schwarze, Weiße |
| Christentum (röm.-kath.) | Spanisch, Ketschua | Mestizen, Indianer, Weiße, Mulatten |
| Christentum (röm.-kath., protestant.) | Spanisch, Englisch | Mestizen, Indianer, Weiße |
| Christentum (anglikan.) | Englisch | Weiße |
| Christentum (röm.-kath.) | Französisch, Kreolisch | Kreolen, Indianer, Buschneger |
| Christentum (röm.-kath., protestant.) | Englisch, Kreolisch | Schwarze, Mulatten, Inder |
| Christentum (röm.-kath.) | Französisch, Kreolisch | Mulatten, Schwarze, Kreolen |
| Christentum (röm.-kath.) | Spanisch | Indianer, Mestizen, Zambos |
| Christentum, Hinduismus, Islam | Englisch, Hindi | Inder, Schwarze, Mulatten, Mestizen |
| Christentum, Voodoo-Kulte | Französisch, Kreolisch | Schwarze, Mulatten |
| Christentum (röm.-kath.) | Spanisch, Englisch | Mestizen, Indianer, Schwarze |
| Christentum (protestant.), Rastafari | Englisch | Schwarze, Mulatten, Inder |
| Christentum (protestant.) | Englisch | Schwarze, Mulatten |
| Christentum (protestant.) | Englisch, Spanisch | Schwarze, Mulatten, Weiße |
| Christentum (röm.-kath., protestant.) | Englisch, Französisch | Weiße, Indianer, Eskimos |
| Christentum (röm.-kath.) | Spanisch, Chibcha | Mestizen, Weiße, Mulatten |
| Christentum (röm.-kath.) | Spanisch | Mulatten, Weiße, Schwarze |
| Christentum (röm.-kath.) | Französisch, Kreolisch | Schwarze, Inder, Weiße |
| Christentum (röm.-kath.) | Spanisch, indian. Sprachen | Mestizen, Weiße, Indianer |
| Christentum (protestant.) | Englisch | Schwarze |
| Christentum (röm.-kath.) | Spanisch, Englisch, indian. Sprachen | Mestizen, Schwarze, Weiße, Indianer |
| Christentum (röm.-kath.) | Niederländisch, Papiamento | Schwarze, Mulatten, Indianer |
| Christentum (röm.-kath.) | Spanisch, Englisch | Mestizen, Schwarze, Mulatten |
| Christentum (röm.-kath.) | Spanisch, Guarani | Mestizen, Indianer, Weiße |
| Christentum (röm-kath.) | Spanisch, Ketschua, Aimara | Indianer, Mestizen, Weiße |
| Christentum (röm.-kath.) | Spanisch, Englisch | Weiße, Schwarze, Mulatten |
| Christentum | Englisch, Kreolisch | Schwarze, Mulatten, Weiße |
| Christentum (röm.-kath., protestant.) | Englisch, Patois | Schwarze, Mulatten, Inder |
| Christentum (röm.-kath.) | Französisch | Weiße |
| Christentum (protestant., röm.-kath.) | Englisch, Kreolisch | Schwarze, Mulatten, Inder, Weiße |
| Hinduismus, Christentum, Islam | Niederländisch, Hindi, Javanisch | Kreolen, Inder, Javaner, Schwarze |
| Christentum, Hinduismus, Islam | Englisch, Hindi, Kreolisch | Schwarze, Inder, Mulatten, Weiße |
| Christentum (protestant.) | Englisch | Schwarze, Mulatten |
| Christentum (röm.-kath.) | Spanisch | Weiße, Mestizen, Mulatten |
| Christentum (röm.-kath.) | Spanisch, indian. Sprachen | Mestizen, Mulatten, Weiße |
| Christentum (protestant., röm.-kath.) | Englisch, Spanisch | Weiße, Schwarze, Hispanics |
| Christentum | Englisch, Samoanisch | Polynesier |
| Christentum | Englisch | Weiße, Aborigines, Chinesen |
| Islam, Christentum | Englisch | Malaien |
| Christentum | Englisch | Weiße |
| Buddhismus, Christentum, Islam | Englisch | Chinesen, Malaien, Weiße |
| Christentum, Hinduismus, Islam | Englisch, Fidschianisch, Hindi | Inder, Fidschianer, Rotumas |
| Christentum (protestant., röm.-kath.) | Französisch, polynes. Sprachen | Polynes., Mischl., Weiße, Chinesen |
| Christentum (röm.-kath.) | Englisch, Chamorro | malaiische Chamorro, Philippiner |
| Christentum (röm.-kath., protestant.) | Kiribati, Englisch | Mikronesier, Polynesier, Chinesen |
| Christentum (röm.-kath.) | Englisch | Mikronesier, US-Amerikaner |

⇒ S. 810

# Staaten

| Land | Fläche (in km²) | Einwohner (in 1000) | Hauptstadt/ Verwaltungssitz |
|---|---|---|---|
| Mikronesien | 702 | 134 | Kolonia |
| Nauru | 21 | 11 | Yaren |
| Neukaledonien (französisch) | 18575 | 189 | Nouméa |
| Neuseeland | 270534 | 3680 | Wellington |
| Cookinseln | 236 | 20 | Avarua |
| Niue | 260 | 2 | Alofi |
| Tokelau-Inseln | 12 | 2 | Fakaofo |
| Nördliche Marianen (US-amerikan.) | 464 | 51 | Susupe |
| Palau | 459 | 17 | Koror |
| Papua-Neuguinea | 462840 | 4602 | Port Moresby |
| Pitcairn (britisch) | 5 | – | Adamstown |
| Salomonen | 28896 | 417 | Honiara |
| Samoa | 2831 | 170 | Apia |
| Tonga | 747 | 99 | Nuku'alofa |
| Tuvalu | 26 | 10 | Vaiaku |
| Vanuatu | 12189 | 182 | Port Vila |
| Wallis- und Futuna-Inseln (französ.) | 200 | 15 | Mata Utu |

¹ mit Azoren und Madeira
² mit Balearen und Kanarischen Inseln
³ mit Osttimor

Datenstand Einwohnerzahlen 1998

## Bevölkerungsreichste Staaten

| | Land | Einwohner (in 1000) |
|---|---|---|
| 1 | China | 1233316 |
| 2 | Indien | 975772 |
| 3 | USA | 273754 |
| 4 | Indonesien | 206522 |
| 5 | Brasilien | 165158 |
| 6 | Pakistan | 147811 |
| 7 | Russische Föderation | 147231 |
| 8 | Japan | 125920 |
| 9 | Bangladesch | 124043 |
| 10 | Nigeria | 121773 |

## Bevölkerungsärmste Staaten

| | Land | Einwohner (in 1000) |
|---|---|---|
| 1 | Vatikanstadt | 1 |
| 2 | Tuvalu | 10 |
| 3 | Nauru | 11 |
| 4 | Palau | 17 |
| 5 | San Marino | 26 |
| 6 | Liechtenstein | 32 |
| 7 | Monaco | 33 |
| 8 | St. Kitts und Nevis | 41 |
| 9 | Marshallinseln | 61 |
| 10 | Antigua und Barbuda | 67 |

## Höchstes Bevölkerungswachstum

| Land | Bevölkerungswachstum (in %) |
|---|---|
| Kambodscha | 5,7 |
| Katar | 5,4 |
| Verein. Arab. Emirate | 5,2 |
| Andorra | 4,7 |
| Oman | 4,6 |
| Kuwait | 4,5 |
| Gabun | 4,3 |
| Libyen | 4,3 |
| Saudi-Arabien | 4,3 |
| Côte d'Ivoire | 4,2 |
| Djibouti | 4,2 |
| Kenia | 4,1 |
| Tuvalu | 4,1 |
| Jordanien | 3,9 |
| Malawi | 3,8 |
| Komoren | 3,7 |
| Kongo | 3,7 |
| Salomonen | 3,7 |
| Simbabwe | 3,7 |
| Syrien | 3,6 |
| Honduras | 3,6 |
| Irak | 3,6 |
| Sambia | 3,6 |
| Marshallinseln | 3,5 |
| Mikronesien | 3,5 |
| Palau | 3,5 |
| Tansania | 3,5 |

| Religion (überwiegend) | Sprachen (überwiegend) | Volksgruppen (überwiegend) |
|---|---|---|
| Christentum (röm.-kath.) | Englisch | Mikronesier, Polynesier |
| Christentum (protestant., röm.-kath.) | Englisch, Naurisch | Polyn.-mikron.-melan. Mischlinge |
| Christentum, Islam | Französ., melanes., polynes. Sprachen | Melanesier, Weiße, Polynesier |
| Christentum, Maori-Religionen | Englisch, Maori | Weiße, Maori, Polynesier |
| Christentum (protestant., röm.-kath.) | Englisch, Maori | Polynesier |
| Christentum (protestant.) | Englisch, Niueanisch | Polynesier |
| Christentum (protestant., röm.-kath.) | Englisch, Tokelauisch | Polynesier |
| Christentum (röm.-kath.) | Englisch, Chamorro, Karolinisch | Polynesier |
| Christentum (protestant., röm.-kath.) | mikronesische Dialekte, Englisch | Palauer, Filipinos |
| Christentum, Naturreligionen | Englisch, Papua-Sprachen, Pidgin | Papua, Melanesier, Polynesier, Weiße |
| Christentum (Adventisten) | Pitcairn-Englisch | Polynesier, Weiße |
| Christentum, Naturreligionen | Englisch, melanes., polynes. Sprachen | Melanesier, Polynesier |
| Christentum (protestant., röm.-kath.) | Samoanisch, Englisch | Polynesier, Mischlinge |
| Christentum (protestant., röm.-kath.) | Tongaisch, Englisch | Polynesier |
| Christentum (protestant.) | Tuvaluisch, Englisch | Polynesier, Melanesier |
| Christentum (protestant., röm.-kath.) | Bislama, Englisch, Französisch | Melanesier, Polynesier, Weiße |
| Christentum (röm.-kath.) | Französisch, polynes. Sprachen | Polynesier, Weiße |

## Größte Staaten

| | Land | Fläche (in km²) |
|---|---|---|
| 1 | Russische Föderation | 17 075 400 |
| 2 | Kanada | 9 970 610 |
| 3 | China | 9 596 961 |
| 4 | USA | 9 363 520 |
| 5 | Brasilien | 8 547 403 |
| 6 | Australien | 7 741 220 |
| 7 | Indien | 3 287 590 |
| 8 | Argentinien | 2 780 400 |
| 9 | Kasachstan | 2 717 300 |
| 10 | Sudan | 2 505 813 |

## Kleinste Staaten

| | Land | Fläche (in km²) |
|---|---|---|
| 1 | Vatikanstadt | 0,44 |
| 2 | Monaco | 1,95 |
| 3 | Nauru | 21 |
| 4 | Tuvalu | 26 |
| 5 | San Marino | 61 |
| 6 | Liechtenstein | 160 |
| 7 | Marshallinseln | 181 |
| 8 | St. Kitts und Nevis | 261 |
| 9 | Malediven | 298 |
| 10 | Malta | 316 |

## Staaten mit dichtester Besiedlung

| Land | Einwohner (pro km²) |
|---|---|
| Monaco | 16923 |
| Singapur | 5649 |
| Vatikanstadt | 2273 |
| Malta | 1184 |
| Malediven | 946 |
| Bangladesch | 861 |
| Bahrain | 856 |
| Barbados | 612 |
| Taiwan | 605 |
| Mauritius | 566 |
| Nauru | 524 |
| Korea, Süd | 465 |
| San Marino | 426 |
| Tuvalu | 385 |
| Niederlande | 379 |
| Marshallinseln | 337 |
| Belgien | 335 |
| Japan | 333 |
| Libanon | 307 |
| Komoren | 301 |
| Indien | 297 |
| St. Vincent und die Grenadinen | 296 |
| El Salvador | 288 |
| Sri Lanka | 281 |
| Israel | 279 |
| Haiti | 271 |
| Grenada | 270 |

**811**

# Staaten

## Deutsche Bundesländer

| Bundesland | Hauptstadt | Fläche (in km²) | Einwohner (in 1000) | Einwohner (pro km²) | Größte Stadt (Einwohner) |
|---|---|---|---|---|---|
| Baden-Württemberg | Stuttgart | 35751 | 9822 | 275 | Stuttgart (592000) |
| Bayern | München | 70554 | 11449 | 162 | München (1229000) |
| Berlin | | 889 | 3434 | 3863 | |
| Brandenburg | Potsdam | 29056 | 2578 | 89 | Potsdam (139000) |
| Bremen | | 404 | 682 | 1688 | Bremen (553000) |
| Hamburg | | 755 | 1652 | 2188 | |
| Hessen | Wiesbaden | 21114 | 5763 | 273 | Frankfurt/M. (654000) |
| Mecklenburg-Vorpommern | Schwerin | 23559 | 1924 | 82 | Rostock (244000) |
| Niedersachsen | Hannover | 47351 | 7387 | 156 | Hannover (517000) |
| Nordrhein-Westfalen | Düsseldorf | 34070 | 17350 | 509 | Köln (1001000) |
| Rheinland-Pfalz | Mainz | 19849 | 3764 | 190 | Mainz (183000) |
| Saarland | Saarbrücken | 2570 | 1073 | 418 | Saarbrücken (192000) |
| Sachsen | Dresden | 18341 | 4764 | 260 | Leipzig (503000) |
| Sachsen-Anhalt | Magdeburg | 20607 | 2874 | 139 | Halle (303000) |
| Schleswig-Holstein | Kiel | 15731 | 2626 | 167 | Kiel (247000) |
| Thüringen | Erfurt | 16251 | 2611 | 161 | Erfurt (215000) |

## Bundesstaaten der USA

| Staat (seit) | Abkürzung | Fläche (in km²) | Einwohner (in 1000) | Hauptstadt | Größte Stadt |
|---|---|---|---|---|---|
| Alabama (1819) | Al. | 133915 | 4273 | Montgomery | Birmingham |
| Alaska (1959) | Ak. | 1530693 | 607 | Juneau | Anchorage |
| Arizona (1912) | Ariz. | 295259 | 4428 | Phoenix | Phoenix |
| Arkansas (1836) | Ark. | 137754 | 2509 | Little Rock | Little Rock |
| California (1850) | Cal. | 411047 | 31878 | Sacramento | Los Angeles |
| Colorado (1876) | Col. | 269594 | 3822 | Denver | Denver |
| Connecticut (1788) | Conn. | 12997 | 3274 | Hartford | Bridgeport |
| Delaware (1787) | Del. | 5294 | 724 | Dover | Wilmington |
| Florida (1845) | Fla. | 151939 | 14399 | Tallahassee | Jacksonville |
| Georgia (1788) | Ga. | 152576 | 7353 | Atlanta | Atlanta |
| Hawaii (1959) | Hi. | 16670 | 1183 | Honolulu | Honolulu |
| Idaho (1890) | Id. | 216430 | 1189 | Boise | Boise |
| Illinois (1818) | Ill. | 149885 | 11846 | Springfield | Chicago |
| Indiana (1816) | Ind. | 94309 | 5840 | Indianapolis | Indianapolis |
| Iowa (1846) | Ia. | 145752 | 2851 | Des Moines | Des Moines |
| Kansas (1861) | Kan. | 213096 | 2572 | Topeka | Wichita |
| Kentucky (1792) | Ky. | 104659 | 3883 | Frankfort | Louisville |
| Louisiana (1812) | La. | 123677 | 4350 | Baton Rouge | New Orleans |
| Maine (1820) | Me. | 86156 | 1243 | Augusta | Portland |
| Maryland (1788) | Md. | 27091 | 5071 | Annapolis | Baltimore |
| Massachusetts (1788) | Mass. | 21455 | 6092 | Boston | Boston |
| Michigan (1837) | Mich. | 251493 | 9594 | Lansing | Detroit |
| Minnesota (1858) | Minn. | 224329 | 4657 | St. Paul | Minneapolis |
| Mississippi (1817) | Miss. | 123514 | 2716 | Jackson | Jackson |
| Missouri (1821) | Mo. | 180514 | 5358 | Jefferson City | St. Louis |
| Montana (1889) | Mont. | 380847 | 879 | Helena | Billings |
| Nebraska (1867) | Neb. | 200349 | 1652 | Lincoln | Omaha |
| Nevada (1864) | Nev. | 286352 | 1603 | Carson City | Las Vegas |
| New Hampshire (1788) | N.H. | 24032 | 1162 | Concord | Manchester |
| New Jersey (1787) | N.J. | 20168 | 7987 | Trenton | Newark |
| New Mexico (1912) | N.M. | 314924 | 1713 | Santa Fé | Albuquerque |

⇒ S. 814

**Die Bundesländer der Bundesrepublik Deutschland**

# Städte

| Staat (seit) | Abkürzung | Fläche (in km²) | Einwohner (in 1000) | Hauptstadt | Größte Stadt |
|---|---|---|---|---|---|
| New York (1788) | N.Y. | 136 583 | 18 184 | Albany | New York |
| North Carolina (1789) | N.C. | 136 412 | 7322 | Raleigh | Charlotte |
| North Dakota (1889) | N.D. | 183 117 | 643 | Bismarck | Fargo |
| Ohio (1803) | O. | 115 998 | 11 172 | Columbus | Cleveland |
| Oklahoma (1907) | Okla. | 181 185 | 3300 | Oklahoma City | Oklahoma City |
| Oregon (1859) | Ore. | 251 418 | 3203 | Salem | Portland |
| Pennsylvania (1787) | Pa. | 119 251 | 12 056 | Harrisburg | Philadelphia |
| Rhode Island (1790) | R.I. | 3139 | 990 | Providence | Providence |
| South Carolina (1788) | S.C. | 80 852 | 3698 | Columbia | Columbia |
| South Dakota (1889) | S.D. | 199 730 | 732 | Pierre | Sioux Falls |
| Tennessee (1796) | Tenn. | 109 152 | 5319 | Nashville | Memphis |
| Texas (1845) | Tex. | 691 027 | 19 128 | Austin | Houston |
| Utah (1896) | U. | 219 887 | 2000 | Salt Lake City | Salt Lake City |
| Vermont (1791) | Vt. | 24 900 | 588 | Montpelier | Burlington |
| Virginia (1788) | Va. | 105 586 | 6675 | Richmond | Norfolk |
| Washington (1889) | Wash. | 176 479 | 5532 | Olympia | Seattle |
| West Virginia (1863) | W.Va. | 62 758 | 1825 | Charleston | Charleston |
| Wisconsin (1848) | Wis. | 171 496 | 5159 | Madison | Milwaukee |
| Wyoming (1890) | Wyo. | 253 324 | 481 | Cheyenne | Casper |
| Bundesterritorium: | | | | | |
| District of Columbia | D.C. | 179 | 543 | Washington | |

## Größte Städte der Erde (historisch)

| Zeitraum | Stadt | Land (histor.) | Land (heute) | Einwohner in diesem Zeitraum |
|---|---|---|---|---|
| 4. Jt. v. Chr. | Ur | Babylonien | Irak | 30 000 |
| 3. Jt. v. Chr. | Uruk | Babylonien | Irak | 100 000 |
| 1700–700 v. Chr. | Babylon | Babylonien | Irak | 150 000 |
| 7. Jh. v. Chr. | Ninive | Assyrien | Irak | 120 000 |
| 600–400 v. Chr. | Babylon | Babylonien | Irak | 350 000 |
| 400–300 v. Chr. | Pataliputra | Magadha | Indien | 500 000 |
| 300–150 v. Chr. | Seleukia | Seleukidenreich | Irak | 600 000 |
| 150 v. Chr.–350 n. Chr. | Rom | Römisches Reich | Italien | 1 100 000 |
| 350–800 | Byzanz | Oströmisches Reich | Türkei | 700 000 |
| 800–900 | Bagdad | Kalifenreich | Irak | 750 000 |
| 900–1100 | Angkor | Khmer-Reich | Kambodscha | 1 500 000 |
| 1100–1300 | Hangtschou | China | China | 2 000 000 |
| 1300–1850 | Peking | China | China | 2 550 000 |
| 1850–1920 | London | Großbritannien | Großbritannien | 8 000 000 |
| 1920–1957 | New York | USA | USA | 14 100 000 |
| seit 1957 | Tokio | Japan | Japan | 20 000 000 |

## Größte Städte der Erde (Stand 2000)*

| Stadt | Land | Einwohner (in Mio.) | Stadt | Land | Einwohner (in Mio.) |
|---|---|---|---|---|---|
| Tokio-Yokohama | Japan | 27,4 | Los Angeles | USA | 12,6 |
| New York | USA | 18,2 | Kalkutta | Indien | 12,1 |
| Mexico City | Mexiko | 16,9 | Buenos Aires | Argentinien | 12,0 |
| São Paulo | Brasilien | 16,8 | Seoul | Korea, Süd | 11,8 |
| Mumbai (Bombay) | Indien | 15,7 | Peking | China | 11,4 |
| Schanghai | China | 14,2 | Delhi | Indien | 10,9 |

| Stadt | Land | Einwohner (in Mio.) |
|---|---|---|
| Lagos | Nigeria | 10,9 |
| Paris | Frankreich | 10,6 |
| Osaka-Kobe-Kyoto | Japan | 10,6 |
| Rio de Janeiro | Brasilien | 10,3 |
| Karachi | Pakistan | 10,1 |
| Kairo | Ägypten | 9,9 |
| Tianjin | China | 9,6 |
| Manila | Philippinen | 9,6 |
| Jakarta | Indonesien | 9,5 |
| Moskau | Russland | 9,3 |
| Dhaka | Bangladesch | 9,0 |
| Istanbul | Türkei | 8,2 |
| London | Großbritannien | 7,6 |
| Teheran | Iran | 6,9 |

| Stadt | Land | Einwohner (in Mio.) |
|---|---|---|
| Chicago | USA | 6,9 |
| Bangkok | Thailand | 6,7 |
| Lima | Peru | 6,4 |
| Hongkong | China | 6,3 |
| Bogotá | Kolumbien | 6,2 |
| Madras | Indien | 6,1 |
| Philadelphia | USA | 5,9 |
| Lahore | Pakistan | 5,2 |
| Santiago | Chile | 5,1 |
| Madrid | Spanien | 5,0 |
| St. Petersburg | Russland | 4,7 |

\* Schätzung für die städtische Agglomeration
Quelle: Vereinte Nationen

## Millionenstädte nach Regionen und Erdteilen

| Region/Erdteil | 1880 | 1890 | 1900 | 1920 | 1930 | 1940 | 1950 | 1960 | 1970 | 1980 | 1990 | 2000 |
|---|---|---|---|---|---|---|---|---|---|---|---|---|
| Europa | 3 | 4 | 4 | 5 | 11 | 14 | 20 | 22 | 30 | 37 | 30 | 30 |
| Russland/Sowjetunion | – | 1 | 2 | 2 | 2 | 2 | 2 | 4 | 10 | 21 | 23 | 22 |
| Vorderasien | – | – | – | – | – | – | 1 | 2 | 9 | 18 | 22 |
| Süd- und Südostasien | – | – | – | – | 2 | 2 | 6 | 12 | 18 | 29 | 27 | 29 |
| Ostasien | 1 | 2 | 3 | 7 | 7 | 9 | 16 | 23 | 27 | 34 | 41 | 47 |
| Afrika | – | – | – | – | 1 | 1 | 1 | 3 | 6 | 16 | 19 | 24 |
| Nordamerika | 1 | 3 | 3 | 4 | 5 | 6 | 11 | 21 | 31 | 40 | 30 | 32 |
| Mittelamerika | – | – | – | – | – | 1 | 1 | 1 | 4 | 8 | 9 | 9 |
| Südamerika | – | – | – | 2 | 2 | 4 | 4 | 7 | 11 | 20 | 22 | 25 |
| Australien | – | – | – | – | 1 | 2 | 2 | 2 | 2 | 3 | 5 | 5 |
| Insgesamt | 5 | 10 | 12 | 20 | 31 | 41 | 64 | 97 | 141 | 217 | 224 | 245 |

## Städte mit über 8 Mio. Einwohnern

| Region/Erdteil | 1975 | 1995 | 2015\* |
|---|---|---|---|
| Afrika | – | 2 | 3 |
| Asien | 4 | 13 | 22 |
| Europa | 2 | 2 | 3 |
| Lateinamerika/Karibik | 3 | 4 | 6 |
| Nordamerika | 2 | 2 | 2 |

**Städte mit über 8 Mio. Einwohnern im Jahr 2015\***

| | |
|---|---|
| Tokio (Japan) | 28,9 Mio. |
| Mumbai (Bombay, Indien) | 26,3 Mio. |
| Lagos (Nigeria) | 24,6 Mio. |
| São Paulo (Brasilien) | 20,3 Mio. |
| Dhaka (Bangladesch) | 19,5 Mio. |
| Karachi (Pakistan) | 19,4 Mio. |
| Mexico City (Mexiko) | 19,2 Mio. |
| Schanghai (China) | 18,0 Mio. |
| New York (USA) | 17,6 Mio. |
| Kalkutta (Indien) | 17,3 Mio. |
| Delhi (Indien) | 16,9 Mio. |
| Peking (China) | 15,6 Mio. |
| Manila (Philippinen) | 14,7 Mio. |
| Kairo (Ägypten) | 14,4 Mio. |

| | |
|---|---|
| Los Angeles (USA) | 14,2 Mio. |
| Buenos Aires (Argentinien) | 13,9 Mio. |
| Jakarta (Indonesien) | 13,9 Mio. |
| Tianjin (China) | 13,5 Mio. |
| Seoul (Südkorea) | 13,0 Mio. |
| Istanbul (Türkei) | 12,3 Mio. |
| Hangzhou (China) | 11,4 Mio. |
| Osaka (Japan) | 10,6 Mio. |
| Hyderabad (Indien) | 10,5 Mio. |
| Teheran (Iran) | 10,3 Mio. |
| Lahore (Pakistan) | 10,0 Mio. |
| Bangkok (Thailand) | 9,8 Mio. |
| Paris (Frankreich) | 9,7 Mio. |
| Kinshasa (Kongo, Dem. Rep.) | 9,4 Mio. |
| Lima (Peru) | 9,4 Mio. |
| Moskau (Russland) | 9,3 Mio. |
| Madras (Indien) | 9,1 Mio. |
| Changchun (China) | 8,9 Mio. |
| Bogotá (Kolumbien) | 8,4 Mio. |
| Harbin (China) | 8,1 Mio. |
| Bangalore (Indien) | 8,0 Mio. |

\* Schätzung der Vereinten Nationen

# Städte

# Register

Aufgenommen wurden nur Begriffe, zu denen unter dem genannten Eintrag weiterführende Informationen zu finden sind.
**Fette** Seitenzahlen verweisen auf tabellarische Übersichten, die einen historischen Abriss/Einstieg in das Thema bieten.
*Kursive* Seitenzahlen verweisen auf Grafiken.

# A

# Register

# Register

# Register

# Register

## M

Magische Quadrate *99*
Magmagesteine 56
Magnetismus 121
Magnoliengewächse 272
Mah-Jongg (Spiel) 801
Maji-Maji-Aufstand 500
Makromineralien 296
Malerei
- 19. Jahrhundert 635ff
- 20. Jahrhundert 639f
- angewandte Techniken 642f
- Barock 629ff
- frühchristliche 614
- Gotik 620f
- Klassizismus 635ff
- Renaissance 624ff
- Rokoko 629ff
- Romanik 617
Malvengewächse 265, 285
Manglebaumgewächse 275
Marken, internationale (Handel) 391
Marktwirtschaft 388, *388*
Marokkokriege 500
Mars 73, 75, 76, 82
Maße
- antike 129
- nichtmetrische 128
Masse-Einheiten 125, 127
Mathematik *92f*
Mathematik (Klassifizierung) 93f
Mathematische Zeichen 95
Maulbeergewächse 264, 272, 283
Max-Planck-Institute 600f
Mechanik 120
Medienentwicklung 345f
Medizin **182ff**
Meeresstraßen 31
Meeresströmungen *30*, 31
Meerestiefen, größte 31
Meerwasser (Hauptinhaltsstoffe) 32
Melonenbaumgewächse 285
Mengenlehre 110f
Mensch
- Atmungssystem 170, *170*
- Auge 173, *173*
- Blut 171, *171*
- Blutkreislauf 170, *170*

- Drüsen 175, *175*
- Gebiss 167, *167*
- Gehirn 172, *172*
- Gelenke 167, *167, 168*
- Geschlechtsorgane *176*, 177, *177*
- Geschlechtsreife 177
- Haare 174
- Harnsystem 176, *176*
- Haut 174, *174*
- Herzschlag 171, *171*
- Hormone 175, *175*
- Idealgewicht 165
- Kopf 172, *172*
- Körperfunktionen 165
- Körpergröße 163
- Lunge 170, *170*
- Muskeln 167, *167*, 168
- Ohr 173, *173*
- Rückenmark 172, *172*
- Schwangerschaft 178, *178*
- Schweißdrüsen 174, *174*
- Skelett 166, *166*
- Verdauungssystem 169, *169*
- Wasserhaushalt 298
Menschenrassen 161f
Menschenrechte 520
- Geschichte **465ff**
Menschheit (Entwicklungsstufen) 160, *160*, 162
Merkur 73, 81
Mesopotamien (Geschichte) 403ff
Messen, bedeutende 392
Messtechnik 122
Metalle 146f
Metallgewinnung 63
Meteoritenkrater 76
Meteorströme 77
Milch 298f
- Zusammensetzung 298
Milchprodukte 298f
Militärabkommen 518
Militärbündnisse 518
Militärgeschichte **512ff**
- Schlachten 516ff
Militärorganisationen 467
Millionenstädte 815
Mimosengewächse 274
Mineralien 59, 296f
- gesteinsbildende 60
Mineralsäuren 149ff

Miozän 160
Mistelgewächse 267
Mitbestimmung (Geschichte) 396
Mittelalter
- Geschichte **410ff**
- Autoren und Werke 558
Mitteleuropa (Geschichte) 422ff
Mittelpleistozän 160
Mobilfunk 347
Mode (Geschichte) **714f**
Modem 347
Mohnblumengewächse 264
Mohngewächse 289
Molekül 141
Monate
- gregorianische 88
- hinduistische 88
- islamische 88
- jüdische 88
Monatssymbole 88
Mönchsorden 549f
Mond *67*
Mond (Basisdaten) **73**
Monde der Planeten 75
Mondfinsternis *67*, 72
Mondmeere 74
Mondrakete 383, *383*
Mongolider Rassenkreis 161
Monopoly 801
Morchelpilze 279
Motorenarten 338
Motorrad (Geschichte) **367**
Motorsport 789
Möwenvögel 223f
Musical (Meisterwerke) 694ff
Musik
- Chormusik 694
- Dirigenten 689f
- Fermate *684*
- Geigenbauer 688f
- geistliche Musik 694
- Geschichte **676ff**
- Grand Prix Eurovision 698f
- Intervalle 683, *683*
- Jazz (Geschichte) 697
- Klavierbauer 688
- Konzertmusik 690f
- Lautstärkebezeichnungen 684
- Musical 694ff
- Notenschlüssel *682*
- Notenwerte *684*

# Register

# Register

# Register

# Register